全面实行

股票发行注册制
制度规则汇编

上

《全面实行股票发行注册制制度规则汇编》编写组◎编

新华出版社

图书在版编目（CIP）数据

全面实行股票发行注册制制度规则汇编. 上 / 《全面实行股票发行注册制制度规则汇编》编写组编. -- 北京：新华出版社, 2023.3

ISBN 978-7-5166-6769-9

Ⅰ. ①全… Ⅱ. ①全… Ⅲ. ①股票发行－金融监管－监管制度－汇编－中国

Ⅳ. ①F832.51

中国国家版本馆CIP数据核字（2023）第049005号

全面实行股票发行注册制制度规则汇编

编　　者：《全面实行股票发行注册制制度规则汇编》编写组

出 版 人：匡乐成		出版统筹：许　新	

责任编辑：徐　光　唐波勇　蒋小云　刘宏森　张云杰

封面设计：李尘工作室

出版发行：新华出版社

地　　址：北京石景山区京原路8号　　　邮　　编：100040

网　　址：http://www.xinhuapub.com

经　　销：新华书店、新华出版社天猫旗舰店、京东旗舰店及各大网店

购书热线：010－63077122　　　中国新闻书店购书热线：010－63072012

照　　排：六合方圆

印　　刷：三河市君旺印务有限公司

成品尺寸：170mm×240mm　1/16

印　　张：126.5　　　　　　　字　　数：2440千字

版　　次：2023年3月第一版　　　印　　次：2023年3月第一次印刷

书　　号：ISBN 978-7-5166-6769-9

定　　价：398.00元（全三册）

前　言

　　2023 年 2 月 17 日，中国证券监督管理委员会（以下简称证监会）发布全面实行股票发行注册制相关制度规则，自公布之日起施行。上海证券交易所、深圳证券交易所、北京证券交易所、全国中小企业股份转让系统有限责任公司、中国证券登记结算有限责任公司、中国证券金融股份有限公司、中国证券业协会（以下分别简称上交所、深交所、北交所、全国股转公司、中国结算、中证金融、证券业协会）配套制度规则同步发布实施。全面实行注册制制度规则的发布实施，标志着注册制的制度安排基本定型，标志着注册制推广到全市场和各类公开发行股票行为，在中国资本市场改革发展进程中具有里程碑意义。

　　以习近平同志为核心的党中央高度重视股票发行注册制改革。2018 年 11 月 5 日，习近平总书记在首届中国国际进口博览会开幕式上宣布，在上交所设立科创板并试点注册制，标志着注册制改革进入启动实施阶段。根据党中央、国务院决策部署，证监会采取试点先行、先增量后存量、逐步推开的改革路径。2019 年 7 月 22 日，首批科创板公司上市交易。2020 年 8 月 24 日，深交所创业板改革并试点注册制正式落地。2021 年 11 月 15 日，北交所揭牌开市，同步试点注册制。总的看，试点注册制是成功的，主要制度安排经受住了市场检验，资本市场服务实体经济特别是科技创新的功能作用明显提升，法治建设取得重大突破，发行人、中介机构合规诚信意识逐步增强，市场优胜劣汰机制更趋完善，市场结构和生态显著优化，给市场各方带来了实实在在的获得感，向全市场推广水到渠成。

　　全面实行股票发行注册制的指导思想是，深入贯彻习近平新时代中国特色社会主义思想和党的二十大精神，落实党中央、国务院决策部署，紧紧围绕"打造一个规范、透明、开放、有活力、有韧性的资本市场"的总目标，完整、准确、全面贯彻新发展理念，坚持稳中求进工作总基调，坚持建制度、不干预、零容忍，坚持市场化、法治化的改革方向，坚持尊重注册制基本内涵、借鉴全球最佳实践、体现中国特色和发展阶段特征的原则，突出把选择权交给市场这一注册制改革的本质，同步加强监管，推进一揽子改革，健全资本市场功能，提高直接融资比重，更好促进经济高质量发展。在改革思路上，把握好"一个统一""三个统筹"。"一个统一"，即统一注册制安排并在全国性证券交易场所各市场板块全面实行。"三个统筹"：一是统筹完善多层次资本市场体系；二是统筹推进基础制度改革；三是统筹抓好证监会自身建设。

这次改革总结试点注册制经验，推广实践证明行之有效的制度，进一步完善注册制安排。一是优化注册程序。坚持交易所审核和证监会注册各有侧重、相互衔接的基本架构。进一步压实交易所发行上市审核主体责任，交易所对企业是否符合发行条件、上市条件和信息披露要求进行全面审核。证监会基于交易所的审核意见依法作出是否同意注册的决定。二是统一注册制度。整合上交所、深交所试点注册制制度规则，制定统一的首次公开发行股票注册管理办法和上市公司证券发行注册管理办法，北交所注册制制度规则与上交所、深交所总体保持一致。交易所制定修订本所统一的股票发行上市审核业务规则。三是完善监督制衡机制。证监会加强对交易所审核工作的统筹协调和监督考核，督促交易所提高审核质量。改革完善上市委、重组委（以下简称"两委"）人员组成、任期、职责和议事规则，对政治素质、专业背景、职业操守提出更高要求，提高专职人员比例，加强纪律约束，切实发挥"两委"的把关作用。另外，全国中小企业股份转让系统（以下简称全国股转系统）同步实行注册制，有关安排与交易所保持总体一致。

注册制改革的本质是把选择权交给市场，强化市场约束和法治约束。说到底，是对政府与市场关系的调整。与核准制相比，不仅涉及审核主体的变化，更重要的是充分贯彻以信息披露为核心的理念，发行上市全过程更加规范、透明、可预期。一是大幅优化发行上市条件。注册制仅保留了企业公开发行股票必要的资格条件、合规条件，将核准制下的实质性门槛尽可能转化为信息披露要求，监管部门不再对企业的投资价值作出判断。二是切实把好信息披露质量关。实行注册制，绝不意味着放松质量要求，审核把关更加严格。审核工作主要通过问询来进行，督促发行人真实、准确、完整披露信息。同时，综合运用多要素校验、现场督导、现场检查、投诉举报核查、监管执法等多种方式，压实发行人的信息披露第一责任、中介机构的"看门人"责任。三是坚持开门搞审核。审核注册的标准、程序、内容、过程、结果全部向社会公开，公权力运行全程透明，严格制衡，接受社会监督。上述情况表明，注册制与核准制有根本的区别。

这次改革的重中之重是上交所、深交所主板。经过30多年的改革发展，我国证券交易所市场由单一板块逐步向多层次拓展，错位发展、功能互补的市场格局基本形成。基于这一实际，改革后主板突出大盘蓝筹特色，重点支持业务模式成熟、经营业绩稳定、规模较大、具有行业代表性的优质企业。相应的，设置多元包容的上市条件，并与科创板、创业板拉开距离。主板改革后，多层次资本市场体系将更加清晰，基本覆盖不同行业、不同类型、不同成长阶段的企业。主板主要服务于成熟期大型企业。科创板突出"硬科技"特色，发挥资本市场改革"试验田"作用。创业板主要服务于成长型创新创业企业。北交所与全国股转系统共同打造服务创新型中小企业主阵地。

这次改革进一步完善了资本市场基础制度。主要包括：完善发行承销制度，约束非理性定价；改进交易制度，优化融资融券和转融通机制；完善上市公司独立董事制度；健全常态化退市机制，畅通多元退出渠道；加快投资端改革，引入更多中长期资金。同时，支持全国股转系统探索完善更加契合中小企业特点的基础制度。

注册制改革是放管结合的改革。证监会充分考虑我国资本市场发展尚不充分、中小投资者占比高、诚信环境不够完善的现实国情，加大发行上市全链条各环节监管力度。坚持"申报即担责"原则，压实发行人及实际控制人责任。督促中介机构归位尽责，加强能力建设。加强发行监管与上市公司持续监管的联动，规范上市公司治理。以"零容忍"的态度严厉打击欺诈发行、财务造假等违法违规行为，切实保护投资者合法权益。

注册制改革是一场涉及监管理念、监管体制、监管方式的深刻变革。证监会坚持把政治建设摆在首位，旗帜鲜明讲政治，主动适应新的形势和任务，深化"放管服"改革，加快监管转型，把工作重心转变到统筹协调、规则制定、监督检查、秩序管理、环境创造上来，切实提高监管能力，加强事中事后监管。

证监会党委和中央纪委国家监委驻证监会纪检监察组高度重视防范注册制下的廉政风险，以强有力监督打造廉洁的注册制。落实中央纪委国家监委的部署，对证券交易所实行驻点监督。建立健全覆盖发行、上市、再融资、并购重组、退市、监管执法等各环节全流程的监督制约机制。强化关键岗位人员廉政风险防控，加强行业廉洁从业监管。对资本市场领域腐败"零容忍"，一体推进不敢腐、不能腐、不想腐，持之以恒正风肃纪，切实形成严的氛围。

这次改革发布的制度规则共 165 部，包括证监会制度规则 57 部，证券交易所、全国股转公司、中国结算、中证金融、证券业协会配套制度规则 108 部。内容涵盖发行条件、注册程序、保荐承销、重大资产重组、监管执法、投资者保护等各个方面。为帮助广大投资者和证券从业人员更好地了解全面实行股票发行注册制的具体政策，我们将这些制度规则汇编出版，形成本书。

本书编写组

2023 年 3 月

目 录

CONTENTS

上 册

第一部分　证监会规章、规范性文件、监管规则适用指引

规 章

规范性文件

监管规则适用指引

中 册

第二部分 上交所、深交所规则

上交所规则

深交所规则

下 册

第三部分　北交所、全国股转公司、中国结算、中证金融、证券业协会规则

北交所规则

全国股转公司规则

中国结算规则

中证金融规则

证券业协会规则

附　录

第一部分

证监会规章、规范性文件、监管规则适用指引

规　章

首次公开发行股票注册管理办法

（中国证监会令第 205 号　2023 年 2 月 17 日）

第一章　总　则

第一条　为规范首次公开发行股票并上市相关活动，保护投资者合法权益和社会公共利益，根据《中华人民共和国证券法》《中华人民共和国公司法》《国务院办公厅关于贯彻实施修订后的证券法有关工作的通知》《国务院办公厅转发证监会关于开展创新企业境内发行股票或存托凭证试点若干意见的通知》及相关法律法规，制定本办法。

第二条　在中华人民共和国境内首次公开发行并在上海证券交易所、深圳证券交易所（以下统称交易所）上市的股票的发行注册，适用本办法。

第三条　发行人申请首次公开发行股票并上市，应当符合相关板块定位。

主板突出"大盘蓝筹"特色，重点支持业务模式成熟、经营业绩稳定、规模较大、具有行业代表性的优质企业。

科创板面向世界科技前沿、面向经济主战场、面向国家重大需求。优先支持符合国家战略，拥有关键核心技术，科技创新能力突出，主要依靠核心技术开展生产经营，具有稳定的商业模式，市场认可度高，社会形象良好，具有较强成长性的企业。

创业板深入贯彻创新驱动发展战略，适应发展更多依靠创新、创造、创意的大趋势，主要服务成长型创新创业企业，支持传统产业与新技术、新产业、新业态、新模式深度融合。

第四条　中国证券监督管理委员会（以下简称中国证监会）加强对发行上市审核注册工作的统筹指导监督管理，统一审核理念，统一审核标准并公开，定期检查交易所审核标准、制度的执行情况。

第五条　首次公开发行股票并上市，应当符合发行条件、上市条件以及相关信息披露要求，依法经交易所发行上市审核，并报中国证监会注册。

第六条　发行人应当诚实守信，依法充分披露投资者作出价值判断和投资决策所必需的信息，充分揭示当前及未来可预见的、对发行人构成重大不利影响的直接和间接风险，所披露信息必须真实、准确、完整，简明清晰、通俗易懂，不得有虚假记载、误导性陈述或者重大遗漏。

发行人应当按保荐人、证券服务机构要求，依法向其提供真实、准确、完整的财务会计资料和其他资料，配合相关机构开展尽职调查和其他相关工作。

发行人的控股股东、实际控制人、董事、监事、高级管理人员、有关股东应当配合相关机构开展尽职调查和其他相关工作，不得要求或者协助发行人隐瞒应当提供的资料或者应当披露的信息。

第七条　保荐人应当诚实守信，勤勉尽责，按照依法制定的业务规则和行业自律规范的要求，充分了解发行人经营情况、风险和发展前景，以提高上市公司质量为导向，根据相关板块定位保荐项目，对注册申请文件和信息披露资料进行审慎核查，对发行人是否符合发行条件、上市条件独立作出专业判断，审慎作出推荐决定，并对招股说明书及其所出具的相关文件的真实性、准确性、完整性负责。

第八条　证券服务机构应当严格遵守法律法规、中国证监会制定的监管规则、业务规则和本行业公认的业务标准和道德规范，建立并保持有效的质量控制体系，保护投资者合法权益，审慎履行职责，作出专业判断与认定，保证所出具文件的真实性、准确性和完整性。

证券服务机构及其相关执业人员应当对与本专业相关的业务事项履行特别注意义务，对其他业务事项履行普通注意义务，并承担相应法律责任。

证券服务机构及其执业人员从事证券服务应当配合中国证监会的监督管理，在规定的期限内提供、报送或披露相关资料、信息，并保证其提供、报送或披露的资料、信息真实、准确、完整，不得有虚假记载、误导性陈述或者重大遗漏。

证券服务机构应当妥善保存客户委托文件、核查和验证资料、工作底稿以及与质量控制、内部管理、业务经营有关的信息和资料。

第九条　对发行人首次公开发行股票申请予以注册，不表明中国证监会和交易所对该股票的投资价值或者投资者的收益作出实质性判断或者保证，也不表明中国证监会和交易所对注册申请文件的真实性、准确性、完整性作出保证。

第二章　发行条件

第十条　发行人是依法设立且持续经营三年以上的股份有限公司，具备健全且运行良好的组织机构，相关机构和人员能够依法履行职责。

有限责任公司按原账面净资产值折股整体变更为股份有限公司的，持续经营时间可以从有限责任公司成立之日起计算。

第十一条　发行人会计基础工作规范，财务报表的编制和披露符合企业会计准则和相关信息披露规则的规定，在所有重大方面公允地反映了发行人的财务状况、经营成果和现金流量，最近三年财务会计报告由注册会计师出具无保留意见的审计报告。

发行人内部控制制度健全且被有效执行，能够合理保证公司运行效率、合法合规和财务报告的可靠性，并由注册会计师出具无保留结论的内部控制鉴证报告。

第十二条 发行人业务完整，具有直接面向市场独立持续经营的能力：

（一）资产完整，业务及人员、财务、机构独立，与控股股东、实际控制人及其控制的其他企业间不存在对发行人构成重大不利影响的同业竞争，不存在严重影响独立性或者显失公平的关联交易；

（二）主营业务、控制权和管理团队稳定，首次公开发行股票并在主板上市的，最近三年内主营业务和董事、高级管理人员均没有发生重大不利变化；首次公开发行股票并在科创板、创业板上市的，最近二年内主营业务和董事、高级管理人员均没有发生重大不利变化；首次公开发行股票并在科创板上市的，核心技术人员应当稳定且最近二年内没有发生重大不利变化；

发行人的股份权属清晰，不存在导致控制权可能变更的重大权属纠纷，首次公开发行股票并在主板上市的，最近三年实际控制人没有发生变更；首次公开发行股票并在科创板、创业板上市的，最近二年实际控制人没有发生变更；

（三）不存在涉及主要资产、核心技术、商标等的重大权属纠纷，重大偿债风险，重大担保、诉讼、仲裁等或有事项，经营环境已经或者将要发生重大变化等对持续经营有重大不利影响的事项。

第十三条 发行人生产经营符合法律、行政法规的规定，符合国家产业政策。

最近三年内，发行人及其控股股东、实际控制人不存在贪污、贿赂、侵占财产、挪用财产或者破坏社会主义市场经济秩序的刑事犯罪，不存在欺诈发行、重大信息披露违法或者其他涉及国家安全、公共安全、生态安全、生产安全、公众健康安全等领域的重大违法行为。

董事、监事和高级管理人员不存在最近三年内受到中国证监会行政处罚，或者因涉嫌犯罪正在被司法机关立案侦查或者涉嫌违法违规正在被中国证监会立案调查且尚未有明确结论意见等情形。

第三章 注册程序

第十四条 发行人董事会应当依法就本次发行股票的具体方案、本次募集资金使用的可行性及其他必须明确的事项作出决议，并提请股东大会批准。

第十五条 发行人股东大会应当就本次发行股票作出决议，决议至少应当包括下列事项：

（一）本次公开发行股票的种类和数量；

（二）发行对象；

（三）定价方式；

（四）募集资金用途；

（五）发行前滚存利润的分配方案；

（六）决议的有效期；

（七）对董事会办理本次发行具体事宜的授权；

（八）其他必须明确的事项。

第十六条　发行人申请首次公开发行股票并上市，应当按照中国证监会有关规定制作注册申请文件，依法由保荐人保荐并向交易所申报。

交易所收到注册申请文件，五个工作日内作出是否受理的决定。

第十七条　自注册申请文件申报之日起，发行人及其控股股东、实际控制人、董事、监事、高级管理人员，以及与本次股票公开发行并上市相关的保荐人、证券服务机构及相关责任人员，即承担相应法律责任，并承诺不得影响或干扰发行上市审核注册工作。

第十八条　注册申请文件受理后，未经中国证监会或者交易所同意，不得改动。

发生重大事项的，发行人、保荐人、证券服务机构应当及时向交易所报告，并按要求更新注册申请文件和信息披露资料。

第十九条　交易所设立独立的审核部门，负责审核发行人公开发行并上市申请；设立科技创新咨询委员会或行业咨询专家库，负责为板块建设和发行上市审核提供专业咨询和政策建议；设立上市委员会，负责对审核部门出具的审核报告和发行人的申请文件提出审议意见。

交易所主要通过向发行人提出审核问询、发行人回答问题方式开展审核工作，判断发行人是否符合发行条件、上市条件和信息披露要求，督促发行人完善信息披露内容。

第二十条　交易所按照规定的条件和程序，形成发行人是否符合发行条件和信息披露要求的审核意见。认为发行人符合发行条件和信息披露要求的，将审核意见、发行人注册申请文件及相关审核资料报中国证监会注册；认为发行人不符合发行条件或者信息披露要求的，作出终止发行上市审核决定。

交易所审核过程中，发现重大敏感事项、重大无先例情况、重大舆情、重大违法线索的，应当及时向中国证监会请示报告，中国证监会及时明确意见。

第二十一条　交易所应当自受理注册申请文件之日起在规定的时限内形成审核意见。发行人根据要求补充、修改注册申请文件，或者交易所按照规定对发行人实施现场检查，要求保荐人、证券服务机构对有关事项进行专项核查，并要求发行人补充、修改申请文件的时间不计算在内。

第二十二条　交易所应当提高审核工作透明度，接受社会监督，公开下列事项：

（一）发行上市审核标准和程序等发行上市审核业务规则和相关业务细则；

（二）在审企业名单、企业基本情况及审核工作进度；

（三）发行上市审核问询及回复情况，但涉及国家秘密或者发行人商业秘密的除外；

（四）上市委员会会议的时间、参会委员名单、审议的发行人名单、审议结果及现场问询问题；

（五）对股票公开发行并上市相关主体采取的自律监管措施或者纪律处分；

（六）交易所规定的其他事项。

第二十三条　中国证监会在交易所收到注册申请文件之日起，同步关注发行人是否符合国家产业政策和板块定位。

第二十四条　中国证监会收到交易所审核意见及相关资料后，基于交易所审核意见，依法履行发行注册程序。在二十个工作日内对发行人的注册申请作出予以注册或者不予注册的决定。

前款规定的注册期限内，中国证监会发现存在影响发行条件的新增事项的，可以要求交易所进一步问询并就新增事项形成审核意见。发行人根据要求补充、修改注册申请文件，或者中国证监会要求交易所进一步问询，要求保荐人、证券服务机构等对有关事项进行核查，对发行人现场检查，并要求发行人补充、修改申请文件的时间不计算在内。

中国证监会认为交易所对新增事项的审核意见依据明显不充分，可以退回交易所补充审核。交易所补充审核后，认为发行人符合发行条件和信息披露要求的，重新向中国证监会报送审核意见及相关资料，前款规定的注册期限重新计算。

第二十五条　中国证监会的予以注册决定，自作出之日起一年内有效，发行人应当在注册决定有效期内发行股票，发行时点由发行人自主选择。

第二十六条　中国证监会作出予以注册决定后、发行人股票上市交易前，发行人应当及时更新信息披露文件内容，财务报表已过有效期的，发行人应当补充财务会计报告等文件；保荐人以及证券服务机构应当持续履行尽职调查职责；发生重大事项的，发行人、保荐人应当及时向交易所报告。

交易所应当对上述事项及时处理，发现发行人存在重大事项影响发行条件、上市条件的，应当出具明确意见并及时向中国证监会报告。

第二十七条　中国证监会作出予以注册决定后、发行人股票上市交易前，发行人应当持续符合发行条件，发现可能影响本次发行的重大事项的，中国证监会可以要求发行人暂缓发行、上市；相关重大事项导致发行人不符合发行条件的，应当撤销注册。中国证监会撤销注册后，股票尚未发行的，发行人应当停止发行；股票已经发行尚未上市的，发行人应当按照发行价并加算银行同期存款利息返还股票持有人。

第二十八条　交易所认为发行人不符合发行条件或者信息披露要求，作出终止发行上市审核决定，或者中国证监会作出不予注册决定的，自决定作出之日起六个月后，发行人可以再次提出公开发行股票并上市申请。

第二十九条　中国证监会应当按规定公开股票发行注册行政许可事项相关的监管信息。

第三十条　存在下列情形之一的，发行人、保荐人应当及时书面报告交易所或者中国证监会，交易所或者中国证监会应当中止相应发行上市审核程序或者发行注册程序：

（一）相关主体涉嫌违反本办法第十三条第二款规定，被立案调查或者被司法机关侦查，尚未结案；

（二）发行人的保荐人以及律师事务所、会计师事务所等证券服务机构被中国证监会依法采取限制业务活动、责令停业整顿、指定其他机构托管、接管等措施，或者被证券交易所、国务院批准的其他全国性证券交易场所实施一定期限内不接受其出具的相关文件的纪律处分，尚未解除；

（三）发行人的签字保荐代表人、签字律师、签字会计师等中介机构签字人员被中国证监会依法采取认定为不适当人选等监管措施或者证券市场禁入的措施，被证券交易所、国务院批准的其他全国性证券交易场所实施一定期限内不接受其出具的相关文件的纪律处分，或者被证券业协会采取认定不适合从事相关业务的纪律处分，尚未解除；

（四）发行人及保荐人主动要求中止发行上市审核程序或者发行注册程序，理由正当且经交易所或者中国证监会同意；

（五）发行人注册申请文件中记载的财务资料已过有效期，需要补充提交；

（六）中国证监会规定的其他情形。

前款所列情形消失后，发行人可以提交恢复申请。交易所或者中国证监会按照规定恢复发行上市审核程序或者发行注册程序。

第三十一条　存在下列情形之一的，交易所或者中国证监会应当终止相应发行上市审核程序或者发行注册程序，并向发行人说明理由：

（一）发行人撤回注册申请或者保荐人撤销保荐；

（二）发行人未在要求的期限内对注册申请文件作出解释说明或者补充、修改；

（三）注册申请文件存在虚假记载、误导性陈述或者重大遗漏；

（四）发行人阻碍或者拒绝中国证监会、交易所依法对发行人实施检查、核查；

（五）发行人及其关联方以不正当手段严重干扰发行上市审核或者发行注册工作；

（六）发行人法人资格终止；

（七）注册申请文件内容存在重大缺陷，严重影响投资者理解和发行上市审核或者发行注册工作；

（八）发行人注册申请文件中记载的财务资料已过有效期且逾期三个月未更新；

（九）发行人发行上市审核程序中止超过交易所规定的时限或者发行注册程序中止超过三个月仍未恢复；

（十）交易所认为发行人不符合发行条件或者信息披露要求；

（十一）中国证监会规定的其他情形。

第三十二条　中国证监会和交易所可以对发行人进行现场检查，可以要求保荐人、证券服务机构对有关事项进行专项核查并出具意见。

中国证监会和交易所应当建立健全信息披露质量现场检查以及对保荐业务、发行承销业务的常态化检查制度。

第三十三条　中国证监会与交易所建立全流程电子化审核注册系统，实现电子化受理、审核，发行注册各环节实时信息共享，并依法向社会公开相关信息。

第四章　信息披露

第三十四条　发行人申请首次公开发行股票并上市，应当按照中国证监会制定的信息披露规则，编制并披露招股说明书，保证相关信息真实、准确、完整。信息披露内容应当简明清晰，通俗易懂，不得有虚假记载、误导性陈述或者重大遗漏。

中国证监会制定的信息披露规则是信息披露的最低要求。不论上述规则是否有明确规定，凡是投资者作出价值判断和投资决策所必需的信息，发行人均应当充分披露，内容应当真实、准确、完整。

第三十五条　中国证监会依法制定招股说明书内容与格式准则、编报规则等信息披露规则，对相关信息披露文件的内容、格式、编制要求、披露形式等作出规定。

交易所可以依据中国证监会部门规章和规范性文件，制定信息披露细则或指引，在中国证监会确定的信息披露内容范围内，对信息披露提出细化和补充要求，报中国证监会批准后实施。

第三十六条　发行人及其董事、监事、高级管理人员应当在招股说明书上签字、盖章，保证招股说明书的内容真实、准确、完整，不存在虚假记载、误导性陈述或者重大遗漏，按照诚信原则履行承诺，并声明承担相应法律责任。

发行人控股股东、实际控制人应当在招股说明书上签字、盖章，确认招股说明书的内容真实、准确、完整，不存在虚假记载、误导性陈述或者重大遗漏，按照诚信原则履行承诺，并声明承担相应法律责任。

第三十七条　保荐人及其保荐代表人应当在招股说明书上签字、盖章，确认招股说明书的内容真实、准确、完整，不存在虚假记载、误导性陈述或者重大遗漏，并声明承担相应的法律责任。

第三十八条　为证券发行出具专项文件的律师、注册会计师、资产评估人员、资信评级人员以及其所在机构，应当在招股说明书上签字、盖章，确认对发行人信息披露文件引用其出具的专业意见无异议，信息披露文件不因引用其出具的专业意见而出现虚假记载、误导性陈述或者重大遗漏，并声明承担相应的法律责任。

第三十九条　发行人应当以投资者需求为导向，基于板块定位，结合所属行业及发展趋势，充分披露业务模式、公司治理、发展战略、经营政策、会计政策、财务状况分析等相关信息。

首次公开发行股票并在主板上市的，还应充分披露业务发展过程和模式成熟度，披露经营稳定性和行业地位；首次公开发行股票并在科创板上市的，还应充分披露科研水平、科研人员、科研资金投入等相关信息；首次公开发行股票并在创业板上市的，还应充分披露自身的创新、创造、创意特征，针对性披露科技创新、模式创新或者业态创新情况。

第四十条　发行人应当以投资者需求为导向，精准清晰充分地披露可能对公司经营业绩、核心竞争力、业务稳定性以及未来发展产生重大不利影响的各种风险因素。

第四十一条　发行人尚未盈利的，应当充分披露尚未盈利的成因，以及对公司现金流、业务拓展、人才吸引、团队稳定性、研发投入、战略性投入、生产经营可持续性等方面的影响。

第四十二条　发行人应当披露募集资金的投向和使用管理制度，披露募集资金对发行人主营业务发展的贡献、未来经营战略的影响。

首次公开发行股票并在科创板上市的，还应当披露募集资金重点投向科技创新领域的具体安排。

首次公开发行股票并在创业板上市的，还应当披露募集资金对发行人业务创新、创造、创意性的支持作用。

第四十三条　符合相关规定、存在特别表决权股份的企业申请首次公开发行股票并上市的，发行人应当在招股说明书等公开发行文件中，披露并特别提示差异化表决安排的主要内容、相关风险和对公司治理的影响，以及依法落实保护投资者合法权益的各项措施。

保荐人和发行人律师应当就公司章程规定的特别表决权股份的持有人资格、特别表决权股份拥有的表决权数量与普通股份拥有的表决权数量的比例安排、持有人所持特别表决权股份能够参与表决的股东大会事项范围、特别表决权股份锁定安排以及转让限制等事项是否符合有关规定发表专业意见。

第四十四条　发行人存在申报前制定、上市后实施的期权激励计划的，应当符合中国证监会和交易所的规定，并充分披露有关信息。

第四十五条　发行人应当在招股说明书中披露公开发行股份前已发行股份的锁定期安排，特别是尚未盈利情况下发行人控股股东、实际控制人、董事、监事、高级管理人员股份的锁定期安排。

发行人控股股东和实际控制人及其亲属应当披露所持股份自发行人股票上市之日起三十六个月不得转让的锁定安排。

　　首次公开发行股票并在科创板上市的，还应当披露核心技术人员股份的锁定期安排。

　　保荐人和发行人律师应当就本条事项是否符合有关规定发表专业意见。

　　第四十六条　招股说明书的有效期为六个月，自公开发行前最后一次签署之日起算。

　　招股说明书引用经审计的财务报表在其最近一期截止日后六个月内有效，特殊情况下可以适当延长，但至多不超过三个月。财务报表应当以年度末、半年度末或者季度末为截止日。

　　第四十七条　交易所受理注册申请文件后，发行人应当按规定，将招股说明书、发行保荐书、上市保荐书、审计报告和法律意见书等文件在交易所网站预先披露。

　　第四十八条　预先披露的招股说明书及其他注册申请文件不能含有价格信息，发行人不得据此发行股票。

　　发行人应当在预先披露的招股说明书显要位置作如下声明："本公司的发行申请尚需经交易所和中国证监会履行相应程序。本招股说明书不具有据以发行股票的法律效力，仅供预先披露之用。投资者应当以正式公告的招股说明书作为投资决定的依据。"

　　第四十九条　交易所认为发行人符合发行条件和信息披露要求，将发行人注册申请文件报送中国证监会时，招股说明书、发行保荐书、上市保荐书、审计报告和法律意见书等文件应当同步在交易所网站和中国证监会网站公开。

　　第五十条　发行人在发行股票前应当在交易所网站和符合中国证监会规定条件的报刊依法开办的网站全文刊登招股说明书，同时在符合中国证监会规定条件的报刊刊登提示性公告，告知投资者网上刊登的地址及获取文件的途径。

　　发行人可以将招股说明书以及有关附件刊登于其他网站，但披露内容应当完全一致，且不得早于在交易所网站、符合中国证监会规定条件的网站的披露时间。

　　保荐人出具的发行保荐书、证券服务机构出具的文件以及其他与发行有关的重要文件应当作为招股说明书的附件。

第五章　监督管理和法律责任

　　第五十一条　中国证监会负责建立健全以信息披露为核心的注册制规则体系，制定股票发行注册并上市的规章规则，依法批准交易所制定的有关业务规则，并监督相关业务规则执行情况。

　　第五十二条　中国证监会建立对交易所发行上市审核工作的监督机制，持续关注交易所审核情况，监督交易所审核责任的履行情况。

　　第五十三条　中国证监会对交易所发行上市审核等相关工作进行年度例行检

查，在检查过程中，可以调阅审核工作文件、提出问题、列席相关审核会议。

中国证监会选取交易所发行上市审核过程中的重大项目，定期或不定期按一定比例随机抽取交易所发行上市审核过程中的项目，同步关注交易所审核理念、标准的执行情况。中国证监会可以调阅审核工作文件、提出问题、列席相关审核会议。

对于中国证监会在检查监督过程中发现的问题，交易所应当整改。

第五十四条　中国证监会建立对发行上市监管全流程的权力运行监督制约机制，对发行上市审核程序和发行注册程序相关内控制度运行情况进行督导督察，对廉政纪律执行情况和相关人员的履职尽责情况进行监督监察。

第五十五条　交易所应当建立内部防火墙制度，发行上市审核部门、发行承销监管部门与其他部门隔离运行。参与发行上市审核的人员，不得与发行人及其控股股东、实际控制人、相关保荐人、证券服务机构有利害关系，不得直接或者间接与发行人、保荐人、证券服务机构有利益往来，不得持有发行人股票，不得私下与发行人接触。

第五十六条　交易所应当建立定期报告和重大发行上市事项请示报告制度，及时总结发行上市审核和发行承销监管的工作情况，并报告中国证监会。

第五十七条　交易所发行上市审核工作违反本办法规定，有下列情形之一的，由中国证监会责令改正；情节严重的，追究直接责任人员相关责任：

（一）未按审核标准开展发行上市审核工作；

（二）未按审核程序开展发行上市审核工作；

（三）发现重大敏感事项、重大无先例情况、重大舆情、重大违法线索未请示报告或请示报告不及时；

（四）不配合中国证监会对发行上市审核工作的检查监督，或者不按中国证监会的整改要求进行整改。

第五十八条　发行人在证券发行文件中隐瞒重要事实或者编造重大虚假内容的，中国证监会可以对有关责任人员采取证券市场禁入的措施。

第五十九条　发行人存在本办法第三十一条第（三）项、第（四）项、第（五）项规定的情形，重大事项未报告、未披露，或者发行人及其董事、监事、高级管理人员、控股股东、实际控制人的签字、盖章系伪造或者变造的，中国证监会可以对有关责任人员采取证券市场禁入的措施。

第六十条　发行人的控股股东、实际控制人违反本办法规定，致使发行人所报送的注册申请文件和披露的信息存在虚假记载、误导性陈述或者重大遗漏，或者组织、指使发行人进行财务造假、利润操纵或者在证券发行文件中隐瞒重要事实或编造重大虚假内容的，中国证监会可以对有关责任人员采取证券市场禁入的措施。

发行人的董事、监事和高级管理人员及其他信息披露义务人违反本办法规定，致使发行人所报送的注册申请文件和披露的信息存在虚假记载、误导性陈述或者重大遗漏的，中国证监会视情节轻重，可以对有关责任人员采取责令改正、监管谈话、出具警示函等监管措施；情节严重的，可以采取证券市场禁入的措施。

第六十一条　保荐人及其保荐代表人等相关人员违反本办法规定，未勤勉尽责的，中国证监会视情节轻重，按照《证券发行上市保荐业务管理办法》规定采取措施。

第六十二条　证券服务机构未勤勉尽责，致使发行人信息披露资料中与其职责有关的内容及其所出具的文件存在虚假记载、误导性陈述或者重大遗漏的，中国证监会可以采取责令改正、监管谈话、出具警示函等监管措施；情节严重的，可以对有关责任人员采取证券市场禁入的措施。

第六十三条　证券服务机构及其相关人员存在下列情形之一的，中国证监会可以对有关责任人员采取证券市场禁入的措施：

（一）伪造或者变造签字、盖章；

（二）重大事项未报告、未披露；

（三）以不正当手段干扰审核注册工作；

（四）不履行其他法定职责。

第六十四条　证券服务机构存在以下情形之一的，中国证监会视情节轻重，可以采取责令改正、监管谈话、出具警示函等监管措施；情节严重的，可以对有关责任人员采取证券市场禁入的措施：

（一）制作或者出具的文件不齐备或者不符合要求；

（二）擅自改动注册申请文件、信息披露资料或者其他已提交文件；

（三）注册申请文件或者信息披露资料存在相互矛盾或者同一事实表述不一致且有实质性差异；

（四）文件披露的内容表述不清，逻辑混乱，严重影响投资者理解；

（五）未及时报告或者未及时披露重大事项。

发行人存在前款规定情形的，中国证监会视情节轻重，可以采取责令改正、监管谈话、出具警示函等监管措施；情节严重的，可以对有关责任人员采取证券市场禁入的措施。

第六十五条　发行人披露盈利预测，利润实现数如未达到盈利预测的百分之八十的，除因不可抗力外，其法定代表人、财务负责人应当在股东大会以及交易所网站、符合中国证监会规定条件的媒体上公开作出解释并道歉；中国证监会可以对法定代表人处以警告。

利润实现数未达到盈利预测的百分之五十的，除因不可抗力外，中国证监会可以采取责令改正、监管谈话、出具警示函等监管措施。

注册会计师为上述盈利预测出具审核报告的过程中未勤勉尽责的，中国证监会视情节轻重，对相关机构和责任人员采取监管谈话等监管措施；情节严重的，给予警告等行政处罚。

第六十六条　发行人及其控股股东和实际控制人、董事、监事、高级管理人员，保荐人、承销商、证券服务机构及其相关执业人员，在股票公开发行并上市相关的活动中存在其他违反本办法规定行为的，中国证监会视情节轻重，可以采取责令改正、监管谈话、出具警示函、责令公开说明、责令定期报告等监管措施；情节严重的，可以对有关责任人员采取证券市场禁入的措施。

第六十七条　发行人及其控股股东、实际控制人、保荐人、证券服务机构及其相关人员违反《中华人民共和国证券法》依法应予以行政处罚的，中国证监会将依法予以处罚；涉嫌犯罪的，依法移送司法机关，追究其刑事责任。

第六十八条　交易所负责对发行人及其控股股东、实际控制人、保荐人、承销商、证券服务机构等进行自律监管。

交易所发现发行上市过程中存在违反自律监管规则的行为，可以对有关单位和责任人员采取一定期限内不接受与证券发行相关的文件、认定为不适当人选等自律监管措施或者纪律处分。

第六十九条　中国证监会将遵守本办法的情况记入证券市场诚信档案，会同有关部门加强信息共享，依法实施守信激励与失信惩戒。

第六章　附　则

第七十条　本办法规定的"最近一年""最近二年""最近三年"以自然月计，另有规定的除外。

第七十一条　本办法自公布之日起施行。《首次公开发行股票并上市管理办法》（证监会令第196号）、《科创板首次公开发行股票注册管理办法（试行）》（证监会令第174号）、《创业板首次公开发行股票注册管理办法（试行）》（证监会令第167号）同时废止。

上市公司证券发行注册管理办法

（中国证监会令第 206 号　2023 年 2 月 17 日）

第一章　总　则

第一条　为了规范上海证券交易所、深圳证券交易所上市公司（以下简称上市公司）证券发行行为，保护投资者合法权益和社会公共利益，根据《中华人民共和国证券法》（以下简称《证券法》）、《中华人民共和国公司法》《国务院办公厅关于贯彻实施修订后的证券法有关工作的通知》《国务院办公厅转发证监会关于开展创新企业境内发行股票或存托凭证试点若干意见的通知》（以下简称《若干意见》）及相关法律法规，制定本办法。

第二条　上市公司申请在境内发行下列证券，适用本办法：

（一）股票；

（二）可转换公司债券（以下简称可转债）；

（三）存托凭证；

（四）国务院认定的其他品种。

前款所称可转债，是指上市公司依法发行、在一定期间内依据约定的条件可以转换成股份的公司债券。

第三条　上市公司发行证券，可以向不特定对象发行，也可以向特定对象发行。

向不特定对象发行证券包括上市公司向原股东配售股份（以下简称配股）、向不特定对象募集股份（以下简称增发）和向不特定对象发行可转债。

向特定对象发行证券包括上市公司向特定对象发行股票、向特定对象发行可转债。

第四条　上市公司发行证券的，应当符合《证券法》和本办法规定的发行条件和相关信息披露要求，依法经上海证券交易所或深圳证券交易所（以下简称交易所）发行上市审核并报中国证券监督管理委员会（以下简称中国证监会）注册，但因依法实行股权激励、公积金转为增加公司资本、分配股票股利的除外。

第五条　上市公司应当诚实守信，依法充分披露投资者作出价值判断和投资决策所必需的信息，充分揭示当前及未来可预见对上市公司构成重大不利影响的直接和间接风险，所披露信息必须真实、准确、完整，简明清晰、通俗易懂，不得有虚假记载、误导性陈述或者重大遗漏。

上市公司应当按照保荐人、证券服务机构要求，依法向其提供真实、准确、完整的财务会计资料和其他资料，配合相关机构开展尽职调查和其他相关工作。

上市公司控股股东、实际控制人、董事、监事、高级管理人员应当配合相关机构开展尽职调查和其他相关工作，不得要求或者协助上市公司隐瞒应当提供的资料或者应当披露的信息。

第六条　保荐人应当诚实守信，勤勉尽责，按照依法制定的业务规则和行业自律规范的要求，充分了解上市公司经营情况、风险和发展前景，以提高上市公司质量为导向保荐项目，对注册申请文件和信息披露资料进行审慎核查，对上市公司是否符合发行条件独立作出专业判断，审慎作出推荐决定，并对募集说明书或者其他信息披露文件及其所出具的相关文件的真实性、准确性、完整性负责。

第七条　证券服务机构应当严格遵守法律法规、中国证监会制定的监管规则、业务规则和本行业公认的业务标准和道德规范，建立并保持有效的质量控制体系，保护投资者合法权益，审慎履行职责，作出专业判断与认定，保证所出具文件的真实性、准确性和完整性。

证券服务机构及其相关执业人员应当对与本专业相关的业务事项履行特别注意义务，对其他业务事项履行普通注意义务，并承担相应法律责任。

证券服务机构及其执业人员从事证券服务业务应当配合中国证监会的监督管理，在规定的期限内提供、报送或披露相关资料、信息，并保证其提供、报送或披露的资料、信息真实、准确、完整，不得有虚假记载、误导性陈述或者重大遗漏。

证券服务机构应当妥善保存客户委托文件、核查和验证资料、工作底稿以及与质量控制、内部管理、业务经营有关的信息和资料。

第八条　对上市公司发行证券申请予以注册，不表明中国证监会和交易所对该证券的投资价值或者投资者的收益作出实质性判断或者保证，也不表明中国证监会和交易所对申请文件的真实性、准确性、完整性作出保证。

第二章　发行条件

第一节　发行股票

第九条　上市公司向不特定对象发行股票，应当符合下列规定：

（一）具备健全且运行良好的组织机构；

（二）现任董事、监事和高级管理人员符合法律、行政法规规定的任职要求；

（三）具有完整的业务体系和直接面向市场独立经营的能力，不存在对持续经营有重大不利影响的情形；

（四）会计基础工作规范，内部控制制度健全且有效执行，财务报表的编制和披露符合企业会计准则和相关信息披露规则的规定，在所有重大方面公允反映了上市公司的财务状况、经营成果和现金流量，最近三年财务会计报告被出具无保留意见审计报告；

（五）除金融类企业外，最近一期末不存在金额较大的财务性投资；

（六）交易所主板上市公司配股、增发的，应当最近三个会计年度盈利；增发还应当满足最近三个会计年度加权平均净资产收益率平均不低于百分之六；净利润以扣除非经常性损益前后孰低者为计算依据。

第十条　上市公司存在下列情形之一的，不得向不特定对象发行股票：

（一）擅自改变前次募集资金用途未作纠正，或者未经股东大会认可；

（二）上市公司或者其现任董事、监事和高级管理人员最近三年受到中国证监会行政处罚，或者最近一年受到证券交易所公开谴责，或者因涉嫌犯罪正在被司法机关立案侦查或者涉嫌违法违规正在被中国证监会立案调查；

（三）上市公司或者其控股股东、实际控制人最近一年存在未履行向投资者作出的公开承诺的情形；

（四）上市公司或者其控股股东、实际控制人最近三年存在贪污、贿赂、侵占财产、挪用财产或者破坏社会主义市场经济秩序的刑事犯罪，或者存在严重损害上市公司利益、投资者合法权益、社会公共利益的重大违法行为。

第十一条　上市公司存在下列情形之一的，不得向特定对象发行股票：

（一）擅自改变前次募集资金用途未作纠正，或者未经股东大会认可；

（二）最近一年财务报表的编制和披露在重大方面不符合企业会计准则或者相关信息披露规则的规定；最近一年财务会计报告被出具否定意见或者无法表示意见的审计报告；最近一年财务会计报告被出具保留意见的审计报告，且保留意见所涉及事项对上市公司的重大不利影响尚未消除。本次发行涉及重大资产重组的除外；

（三）现任董事、监事和高级管理人员最近三年受到中国证监会行政处罚，或者最近一年受到证券交易所公开谴责；

（四）上市公司或者其现任董事、监事和高级管理人员因涉嫌犯罪正在被司法机关立案侦查或者涉嫌违法违规正在被中国证监会立案调查；

（五）控股股东、实际控制人最近三年存在严重损害上市公司利益或者投资者合法权益的重大违法行为；

（六）最近三年存在严重损害投资者合法权益或者社会公共利益的重大违法行为。

第十二条　上市公司发行股票，募集资金使用应当符合下列规定：

（一）符合国家产业政策和有关环境保护、土地管理等法律、行政法规规定；

（二）除金融类企业外，本次募集资金使用不得为持有财务性投资，不得直接或者间接投资于以买卖有价证券为主要业务的公司；

（三）募集资金项目实施后，不会与控股股东、实际控制人及其控制的其他企业新增构成重大不利影响的同业竞争、显失公平的关联交易，或者严重影响公司生产经营的独立性；

（四）科创板上市公司发行股票募集的资金应当投资于科技创新领域的业务。

第二节　发行可转债

第十三条　上市公司发行可转债，应当符合下列规定：

（一）具备健全且运行良好的组织机构；

（二）最近三年平均可分配利润足以支付公司债券一年的利息；

（三）具有合理的资产负债结构和正常的现金流量；

（四）交易所主板上市公司向不特定对象发行可转债的，应当最近三个会计年度盈利，且最近三个会计年度加权平均净资产收益率平均不低于百分之六；净利润以扣除非经常性损益前后孰低者为计算依据。

除前款规定条件外，上市公司向不特定对象发行可转债，还应当遵守本办法第九条第（二）项至第（五）项、第十条的规定；向特定对象发行可转债，还应当遵守本办法第十一条的规定。但是，按照公司债券募集办法，上市公司通过收购本公司股份的方式进行公司债券转换的除外。

第十四条　上市公司存在下列情形之一的，不得发行可转债：

（一）对已公开发行的公司债券或者其他债务有违约或者延迟支付本息的事实，仍处于继续状态；

（二）违反《证券法》规定，改变公开发行公司债券所募资金用途。

第十五条　上市公司发行可转债，募集资金使用应当符合本办法第十二条的规定，且不得用于弥补亏损和非生产性支出。

第三章　发行程序

第十六条　上市公司申请发行证券，董事会应当依法就下列事项作出决议，并提请股东大会批准：

（一）本次证券发行的方案；

（二）本次发行方案的论证分析报告；

（三）本次募集资金使用的可行性报告；

（四）其他必须明确的事项。

上市公司董事会拟引入战略投资者的，应当将引入战略投资者的事项作为单独议案，就每名战略投资者单独审议，并提交股东大会批准。

董事会依照前二款作出决议，董事会决议日与首次公开发行股票上市日的时间间隔不得少于六个月。

第十七条　董事会在编制本次发行方案的论证分析报告时，应当结合上市公司所处行业和发展阶段、融资规划、财务状况、资金需求等情况进行论证分析，独立董事应当发表专项意见。论证分析报告应当包括下列内容：

（一）本次发行证券及其品种选择的必要性；

（二）本次发行对象的选择范围、数量和标准的适当性；

（三）本次发行定价的原则、依据、方法和程序的合理性；

（四）本次发行方式的可行性；

（五）本次发行方案的公平性、合理性；

（六）本次发行对原股东权益或者即期回报摊薄的影响以及填补的具体措施。

第十八条 股东大会就发行证券作出的决定，应当包括下列事项：

（一）本次发行证券的种类和数量；

（二）发行方式、发行对象及向原股东配售的安排；

（三）定价方式或者价格区间；

（四）募集资金用途；

（五）决议的有效期；

（六）对董事会办理本次发行具体事宜的授权；

（七）其他必须明确的事项。

第十九条 股东大会就发行可转债作出的决定，应当包括下列事项：

（一）本办法第十八条规定的事项；

（二）债券利率；

（三）债券期限；

（四）赎回条款；

（五）回售条款；

（六）还本付息的期限和方式；

（七）转股期；

（八）转股价格的确定和修正。

第二十条 股东大会就发行证券事项作出决议，必须经出席会议的股东所持表决权的三分之二以上通过，中小投资者表决情况应当单独计票。向本公司特定的股东及其关联人发行证券的，股东大会就发行方案进行表决时，关联股东应当回避。股东大会对引入战略投资者议案作出决议的，应当就每名战略投资者单独表决。

上市公司就发行证券事项召开股东大会，应当提供网络投票方式，公司还可以通过其他方式为股东参加股东大会提供便利。

第二十一条 上市公司年度股东大会可以根据公司章程的规定，授权董事会决定向特定对象发行融资总额不超过人民币三亿元且不超过最近一年末净资产百分之二十的股票，该项授权在下一年度股东大会召开日失效。

上市公司年度股东大会给予董事会前款授权的，应当就本办法第十八条规定的事项通过相关决定。

第二十二条　上市公司申请发行证券，应当按照中国证监会有关规定制作注册申请文件，依法由保荐人保荐并向交易所申报。

交易所收到注册申请文件后，五个工作日内作出是否受理的决定。

第二十三条　申请文件受理后，未经中国证监会或者交易所同意，不得改动。发生重大事项的，上市公司、保荐人、证券服务机构应当及时向交易所报告，并按要求更新申请文件和信息披露资料。

自注册申请文件申报之日起，上市公司及其控股股东、实际控制人、董事、监事、高级管理人员，以及与证券发行相关的保荐人、证券服务机构及相关责任人员，即承担相应法律责任，并承诺不得影响或干扰发行上市审核注册工作。

第二十四条　交易所审核部门负责审核上市公司证券发行上市申请；交易所上市委员会负责对上市公司向不特定对象发行证券的申请文件和审核部门出具的审核报告提出审议意见。

交易所主要通过向上市公司提出审核问询、上市公司回答问题方式开展审核工作，判断上市公司发行申请是否符合发行条件和信息披露要求。

第二十五条　上市公司应当向交易所报送审核问询回复的相关文件，并以临时公告的形式披露交易所审核问询回复意见。

第二十六条　交易所按照规定的条件和程序，形成上市公司是否符合发行条件和信息披露要求的审核意见，认为上市公司符合发行条件和信息披露要求的，将审核意见、上市公司注册申请文件及相关审核资料报中国证监会注册；认为上市公司不符合发行条件或者信息披露要求的，作出终止发行上市审核决定。

交易所应当建立重大发行上市事项请示报告制度。交易所审核过程中，发现重大敏感事项、重大无先例情况、重大舆情、重大违法线索的，应当及时向中国证监会请示报告。

第二十七条　交易所应当自受理注册申请文件之日起二个月内形成审核意见，但本办法另有规定的除外。

上市公司根据要求补充、修改申请文件，或者交易所按照规定对上市公司实施现场检查，要求保荐人、证券服务机构对有关事项进行专项核查，并要求上市公司补充、修改申请文件的时间不计算在内。

第二十八条　符合相关规定的上市公司按照本办法第二十一条规定申请向特定对象发行股票的，适用简易程序。

第二十九条　交易所采用简易程序的，应当在收到注册申请文件后，两个工作日内作出是否受理的决定，自受理之日起三个工作日内完成审核并形成上市公司是否符合发行条件和信息披露要求的审核意见。

交易所应当制定简易程序的业务规则，并报中国证监会批准。

第三十条　中国证监会在交易所收到上市公司注册申请文件之日起，同步关注其是否符合国家产业政策和板块定位。

第三十一条 中国证监会收到交易所审核意见及相关资料后，基于交易所审核意见，依法履行发行注册程序。在十五个工作日内对上市公司的注册申请作出予以注册或者不予注册的决定。

前款规定的注册期限内，中国证监会发现存在影响发行条件的新增事项的，可以要求交易所进一步问询并就新增事项形成审核意见。上市公司根据要求补充、修改注册申请文件，或者保荐人、证券服务机构等对有关事项进行核查，对上市公司现场检查，并要求上市公司补充、修改申请文件的时间不计算在内。

中国证监会认为交易所对新增事项的审核意见依据明显不充分，可以退回交易所补充审核。交易所补充审核后，认为上市公司符合发行条件和信息披露要求的，重新向中国证监会报送审核意见及相关资料，前款规定的注册期限重新计算。

中国证监会收到交易所依照本办法第二十九条规定报送的审核意见、上市公司注册申请文件及相关审核资料后，三个工作日内作出予以注册或者不予注册的决定。

第三十二条 中国证监会的予以注册决定，自作出之日起一年内有效，上市公司应当在注册决定有效期内发行证券，发行时点由上市公司自主选择。

适用简易程序的，应当在中国证监会作出予以注册决定后十个工作日内完成发行缴款，未完成的，本次发行批文失效。

第三十三条 中国证监会作出予以注册决定后、上市公司证券上市交易前，上市公司应当及时更新信息披露文件；保荐人以及证券服务机构应当持续履行尽职调查职责；发生重大事项的，上市公司、保荐人应当及时向交易所报告。

交易所应当对上述事项及时处理，发现上市公司存在重大事项影响发行条件的，应当出具明确意见并及时向中国证监会报告。

第三十四条 中国证监会作出予以注册决定后、上市公司证券上市交易前，上市公司应当持续符合发行条件，发现可能影响本次发行的重大事项的，中国证监会可以要求上市公司暂缓发行、上市；相关重大事项导致上市公司不符合发行条件的，应当撤销注册。

中国证监会撤销注册后，证券尚未发行的，上市公司应当停止发行；证券已经发行尚未上市的，上市公司应当按照发行价并加算银行同期存款利息返还证券持有人。

第三十五条 交易所认为上市公司不符合发行条件或者信息披露要求，作出终止发行上市审核决定，或者中国证监会作出不予注册决定的，自决定作出之日起六个月后，上市公司可以再次提出证券发行申请。

第三十六条 上市公司证券发行上市审核或者注册程序的中止、终止等情形参照适用《首次公开发行股票注册管理办法》的相关规定。

上市公司证券发行上市审核或者注册程序过程中，存在重大资产重组、实际控制人变更等事项，应当及时申请中止相应发行上市审核程序或者发行注册程序，相关股份登记或资产权属登记完成后，上市公司可以提交恢复申请，因本次发行导致实际控制人变更的情形除外。

第三十七条　中国证监会和交易所可以对上市公司进行现场检查，或者要求保荐人、证券服务机构对有关事项进行专项核查并出具意见。

第四章　信息披露

第三十八条　上市公司发行证券，应当以投资者决策需求为导向，按照中国证监会制定的信息披露规则，编制募集说明书或者其他信息披露文件，依法履行信息披露义务，保证相关信息真实、准确、完整。信息披露内容应当简明清晰，通俗易懂，不得有虚假记载、误导性陈述或者重大遗漏。

中国证监会制定的信息披露规则是信息披露的最低要求。不论上述规则是否有明确规定，凡是投资者作出价值判断和投资决策所必需的信息，上市公司均应当充分披露，内容应当真实、准确、完整。

第三十九条　中国证监会依法制定募集说明书或者其他证券发行信息披露文件内容与格式准则、编报规则等信息披露规则，对申请文件和信息披露资料的内容、格式、编制要求、披露形式等作出规定。

交易所可以依据中国证监会部门规章和规范性文件，制定信息披露细则或者指引，在中国证监会确定的信息披露内容范围内，对信息披露提出细化和补充要求，报中国证监会批准后实施。

第四十条　上市公司应当在募集说明书或者其他证券发行信息披露文件中，以投资者需求为导向，有针对性地披露业务模式、公司治理、发展战略、经营政策、会计政策等信息，并充分揭示可能对公司核心竞争力、经营稳定性以及未来发展产生重大不利影响的风险因素。上市公司应当理性融资，合理确定融资规模，本次募集资金主要投向主业。

科创板上市公司还应当充分披露科研水平、科研人员、科研资金投入等相关信息。

第四十一条　证券发行议案经董事会表决通过后，应当在两个工作日内披露，并及时公告召开股东大会的通知。

使用募集资金收购资产或者股权的，应当在公告召开股东大会通知的同时，披露该资产或者股权的基本情况、交易价格、定价依据以及是否与公司股东或者其他关联人存在利害关系。

第四十二条　股东大会通过本次发行议案之日起两个工作日内，上市公司应当披露股东大会决议公告。

第四十三条　上市公司提出发行申请后，出现下列情形之一的，应当在次一个工作日予以公告：

（一）收到交易所不予受理或者终止发行上市审核决定；

（二）收到中国证监会终止发行注册决定；

（三）收到中国证监会予以注册或者不予注册的决定；

（四）上市公司撤回证券发行申请。

第四十四条　上市公司及其董事、监事、高级管理人员应当在募集说明书或者其他证券发行信息披露文件上签字、盖章，保证信息披露内容真实、准确、完整，不存在虚假记载、误导性陈述或者重大遗漏，按照诚信原则履行承诺，并声明承担相应的法律责任。

上市公司控股股东、实际控制人应当在募集说明书或者其他证券发行信息披露文件上签字、盖章，确认信息披露内容真实、准确、完整，不存在虚假记载、误导性陈述或者重大遗漏，按照诚信原则履行承诺，并声明承担相应法律责任。

第四十五条　保荐人及其保荐代表人应当在募集说明书或者其他证券发行信息披露文件上签字、盖章，确认信息披露内容真实、准确、完整，不存在虚假记载、误导性陈述或者重大遗漏，并声明承担相应的法律责任。

第四十六条　为证券发行出具专项文件的律师、注册会计师、资产评估人员、资信评级人员及其所在机构，应当在募集说明书或者其他证券发行信息披露文件上签字、盖章，确认对上市公司信息披露文件引用其出具的专业意见无异议，信息披露文件不因引用其出具的专业意见而出现虚假记载、误导性陈述或者重大遗漏，并声明承担相应的法律责任。

第四十七条　募集说明书等证券发行信息披露文件所引用的审计报告、盈利预测审核报告、资产评估报告、资信评级报告，应当由符合规定的证券服务机构出具，并由至少二名有执业资格的人员签署。

募集说明书或者其他证券发行信息披露文件所引用的法律意见书，应当由律师事务所出具，并由至少二名经办律师签署。

第四十八条　募集说明书自最后签署之日起六个月内有效。

募集说明书或者其他证券发行信息披露文件不得使用超过有效期的资产评估报告或者资信评级报告。

第四十九条　向不特定对象发行证券申请经注册后，上市公司应当在证券发行前二至五个工作日内将公司募集说明书刊登在交易所网站和符合中国证监会规定条件的报刊依法开办的网站，供公众查阅。

第五十条　向特定对象发行证券申请经注册后，上市公司应当在证券发行前将公司募集文件刊登在交易所网站和符合中国证监会规定条件的报刊依法开办的网站，供公众查阅。

向特定对象发行证券的，上市公司应当在证券发行后的二个工作日内，将发行情况报告书刊登在交易所网站和符合中国证监会规定条件的报刊依法开办的网站，供公众查阅。

第五十一条　上市公司可以将募集说明书或者其他证券发行信息披露文件、发行情况报告书刊登于其他网站，但不得早于按照本办法第四十九条、第五十条规定披露信息的时间。

第五章　发行与承销

第五十二条　上市公司证券发行与承销行为，适用《证券发行与承销管理办法》（以下简称《承销办法》），但本办法另有规定的除外。

交易所可以根据《承销办法》和本办法制定上市公司证券发行承销业务规则，并报中国证监会批准。

第五十三条　上市公司配股的，拟配售股份数量不超过本次配售前股本总额的百分之五十，并应当采用代销方式发行。

控股股东应当在股东大会召开前公开承诺认配股份的数量。控股股东不履行认配股份的承诺，或者代销期限届满，原股东认购股票的数量未达到拟配售数量百分之七十的，上市公司应当按照发行价并加算银行同期存款利息返还已经认购的股东。

第五十四条　上市公司增发的，发行价格应当不低于公告招股意向书前二十个交易日或者前一个交易日公司股票均价。

第五十五条　上市公司向特定对象发行证券，发行对象应当符合股东大会决议规定的条件，且每次发行对象不超过三十五名。

发行对象为境外战略投资者的，应当遵守国家的相关规定。

第五十六条　上市公司向特定对象发行股票，发行价格应当不低于定价基准日前二十个交易日公司股票均价的百分之八十。

前款所称"定价基准日"，是指计算发行底价的基准日。

第五十七条　向特定对象发行股票的定价基准日为发行期首日。上市公司应当以不低于发行底价的价格发行股票。

上市公司董事会决议提前确定全部发行对象，且发行对象属于下列情形之一的，定价基准日可以为关于本次发行股票的董事会决议公告日、股东大会决议公告日或者发行期首日：

（一）上市公司的控股股东、实际控制人或者其控制的关联人；

（二）通过认购本次发行的股票取得上市公司实际控制权的投资者；

（三）董事会拟引入的境内外战略投资者。

第五十八条　向特定对象发行股票发行对象属于本办法第五十七条第二款规

定以外的情形的，上市公司应当以竞价方式确定发行价格和发行对象。

董事会决议确定部分发行对象的，确定的发行对象不得参与竞价，且应当接受竞价结果，并明确在通过竞价方式未能产生发行价格的情况下，是否继续参与认购、价格确定原则及认购数量。

第五十九条　向特定对象发行的股票，自发行结束之日起六个月内不得转让。发行对象属于本办法第五十七条第二款规定情形的，其认购的股票自发行结束之日起十八个月内不得转让。

第六十条　向特定对象发行股票的定价基准日为本次发行股票的董事会决议公告日或者股东大会决议公告日的，向特定对象发行股票的董事会决议公告后，出现下列情况需要重新召开董事会的，应当由董事会重新确定本次发行的定价基准日：

（一）本次发行股票股东大会决议的有效期已过；

（二）本次发行方案发生重大变化；

（三）其他对本次发行定价具有重大影响的事项。

第六十一条　可转债应当具有期限、面值、利率、评级、债券持有人权利、转股价格及调整原则、赎回及回售、转股价格向下修正等要素。

向不特定对象发行的可转债利率由上市公司与主承销商依法协商确定。

向特定对象发行的可转债应当采用竞价方式确定利率和发行对象。

第六十二条　可转债自发行结束之日起六个月后方可转换为公司股票，转股期限由公司根据可转债的存续期限及公司财务状况确定。

债券持有人对转股或者不转股有选择权，并于转股的次日成为上市公司股东。

第六十三条　向特定对象发行的可转债不得采用公开的集中交易方式转让。

向特定对象发行的可转债转股的，所转股票自可转债发行结束之日起十八个月内不得转让。

第六十四条　向不特定对象发行可转债的转股价格应当不低于募集说明书公告日前二十个交易日上市公司股票交易均价和前一个交易日均价。

向特定对象发行可转债的转股价格应当不低于认购邀请书发出前二十个交易日上市公司股票交易均价和前一个交易日的均价，且不得向下修正。

第六十五条　上市公司发行证券，应当由证券公司承销。上市公司董事会决议提前确定全部发行对象的，可以由上市公司自行销售。

第六十六条　向特定对象发行证券，上市公司及其控股股东、实际控制人、主要股东不得向发行对象做出保底保收益或者变相保底保收益承诺，也不得直接或者通过利益相关方向发行对象提供财务资助或者其他补偿。

第六章　监督管理和法律责任

第六十七条　中国证监会依法批准交易所制定的上市公司证券发行上市的审

核标准、审核程序、信息披露、发行承销等方面的制度规则，指导交易所制定与发行上市审核相关的其他业务规则。

第六十八条　中国证监会建立对交易所发行上市审核工作和发行承销过程监管的监督机制，持续关注交易所审核情况和发行承销过程监管情况，监督交易所责任履行情况。

第六十九条　中国证监会对交易所发行上市审核和发行承销过程监管等相关工作进行年度例行检查。在检查过程中，可以调阅审核工作文件，提出问题、列席相关审核会议。

中国证监会选取交易所发行上市审核过程中的重大项目，定期或不定期按一定比例随机抽取交易所发行上市审核过程中的项目，同步关注交易所审核理念、标准的执行情况。中国证监会可以调阅审核工作文件、提出问题、列席相关审核会议。

对于中国证监会在检查监督过程中发现的问题，交易所应当整改。

第七十条　交易所发行上市审核工作违反本办法规定，有下列情形之一的，由中国证监会责令改正；情节严重的，追究直接责任人员相关责任：

（一）未按审核标准开展发行上市审核工作；

（二）未按审核程序开展发行上市审核工作；

（三）发现重大敏感事项、重大无先例情况、重大舆情、重大违法线索未请示报告或请示报告不及时；

（四）不配合中国证监会对发行上市审核工作和发行承销监管工作的检查监督，或者不按中国证监会的整改要求进行整改。

第七十一条　上市公司在证券发行文件中隐瞒重要事实或者编造重大虚假内容的，中国证监会可以对有关责任人员采取证券市场禁入的措施。

第七十二条　存在下列情形之一的，中国证监会可以对上市公司有关责任人员采取证券市场禁入的措施：

（一）申请文件存在虚假记载、误导性陈述或者重大遗漏；

（二）上市公司阻碍或者拒绝中国证监会、交易所依法对其实施检查、核查；

（三）上市公司及其关联方以不正当手段严重干扰发行上市审核或者发行注册工作；

（四）重大事项未报告、未披露；

（五）上市公司及其董事、监事、高级管理人员、控股股东、实际控制人的签名、盖章系伪造或者变造。

第七十三条　上市公司控股股东、实际控制人违反本办法的规定，致使上市公司所报送的申请文件和披露的信息存在虚假记载、误导性陈述或者重大遗漏，或者组织、指使上市公司进行财务造假、利润操纵或者在证券发行文件中隐瞒重要事实或者编造重大虚假内容的，中国证监会视情节轻重，可以对有关责任人员采取证券市场禁入的措施。

上市公司董事、监事和高级管理人员违反本办法规定，致使上市公司所报送的申请文件和披露的信息存在虚假记载、误导性陈述或者重大遗漏的，中国证监会视情节轻重，可以对有关责任人员采取责令改正、监管谈话、出具警示函等监管措施；情节严重的，可以采取证券市场禁入的措施。

第七十四条　保荐人及其保荐代表人等相关人员违反本办法规定，未勤勉尽责的，中国证监会视情节轻重，按照《证券发行上市保荐业务管理办法》规定采取措施。

第七十五条　证券服务机构未勤勉尽责，致使上市公司信息披露资料中与其职责有关的内容及其所出具的文件存在虚假记载、误导性陈述或者重大遗漏的，中国证监会视情节轻重，可以采取责令改正、监管谈话、出具警示函等监管措施；情节严重的，可以对有关责任人员采取证券市场禁入的措施。

第七十六条　证券服务机构及其相关人员存在下列情形之一的，中国证监会可以对有关责任人员采取证券市场禁入的措施：

（一）伪造或者变造签字、盖章；

（二）重大事项未报告或者未披露；

（三）以不正当手段干扰审核注册工作；

（四）不履行其他法定职责。

第七十七条　证券服务机构及其责任人员存在下列情形之一的，中国证监会视情节轻重，可以采取责令改正、监管谈话、出具警示函等监管措施；情节严重的，可以对有关责任人员采取证券市场禁入的措施：

（一）制作或者出具的文件不齐备或者不符合要求；

（二）擅自改动申请文件、信息披露资料或者其他已提交文件；

（三）申请文件或者信息披露资料存在相互矛盾或者同一事实表述不一致且有实质性差异；

（四）文件披露的内容表述不清，逻辑混乱，严重影响阅读理解；

（五）对重大事项未及时报告或者未及时披露。

上市公司存在前款规定情形的，中国证监会视情节轻重，可以采取责令改正、监管谈话、出具警示函等监管措施；情节严重的，可以对有关责任人员采取证券市场禁入的措施。

第七十八条　按照本办法第二十八条申请注册的，交易所和中国证监会发现上市公司或者相关中介机构及其责任人员存在相关违法违规行为的，中国证监会按照本章规定从重处罚，并可以对有关责任人员采取证券市场禁入的措施。

第七十九条　上市公司披露盈利预测，利润实现数如未达到盈利预测的百分之八十的，除因不可抗力外，其法定代表人、财务负责人应当在股东大会以及交易所网站、符合中国证监会规定条件的媒体上公开作出解释并道歉；中国证监会可以对法定代表人处以警告。

利润实现数未达到盈利预测百分之五十的，除因不可抗力外，中国证监会可以采取责令改正、监管谈话、出具警示函等监管措施。

注册会计师为上述盈利预测出具审核报告的过程中未勤勉尽责的，中国证监会视情节轻重，对相关机构和责任人员采取监管谈话等监管措施；情节严重的，给予警告等行政处罚。

第八十条　参与认购的投资者擅自转让限售期限未满的证券的，中国证监会可以责令改正，依法予以行政处罚。

第八十一条　相关主体违反本办法第六十六条规定的，中国证监会视情节轻重，可以采取责令改正、监管谈话、出具警示函等监管措施，以及证券市场禁入的措施；保荐人、证券服务机构未勤勉尽责的，中国证监会还可以对有关责任人员采取证券市场禁入的措施。

第八十二条　上市公司及其控股股东和实际控制人、董事、监事、高级管理人员，保荐人、承销商、证券服务机构及其相关执业人员、参与认购的投资者，在证券发行并上市相关的活动中存在其他违反本办法规定行为的，中国证监会视情节轻重，可以采取责令改正、监管谈话、出具警示函、责令公开说明、责令定期报告等监管措施；情节严重的，可以对有关责任人员采取证券市场禁入的措施。

第八十三条　上市公司及其控股股东、实际控制人、保荐人、证券服务机构及其相关人员违反《证券法》依法应予以行政处罚的，中国证监会依法予以处罚；涉嫌犯罪的，依法移送司法机关，追究其刑事责任。

第八十四条　交易所负责对上市公司及其控股股东、实际控制人、保荐人、承销商、证券服务机构等进行自律监管。

中国证券业协会负责制定保荐业务、发行承销自律监管规则，对保荐人、承销商、保荐代表人等进行自律监管。

交易所和中国证券业协会发现发行上市过程中存在违反自律监管规则的行为，可以对有关单位和责任人员采取一定期限不接受与证券发行相关的文件、认定为不适当人选、认定不适合从事相关业务等自律监管措施或者纪律处分。

第七章　附　则

第八十五条　符合《若干意见》等规定的红筹企业，首次公开发行股票并在交易所上市后，发行股票还应当符合本办法的规定。

符合《若干意见》等规定的红筹企业，首次公开发行存托凭证并在交易所上市后，发行以红筹企业新增证券为基础证券的存托凭证，适用《证券法》《若干意见》以及本办法关于上市公司发行股票的规定，本办法没有规定的，适用中国证监会关于存托凭证的有关规定。

发行存托凭证的红筹企业境外基础股票配股时，相关方案安排应当确保存托凭证持有人实际享有权益与境外基础股票持有人权益相当。

第八十六条　上市公司发行优先股、向员工发行证券用于激励的办法，由中国证监会另行规定。

第八十七条　上市公司向特定对象发行股票将导致上市公司控制权发生变化的，还应当符合中国证监会的其他规定。

第八十八条　依据本办法通过向特定对象发行股票取得的上市公司股份，其减持不适用《上市公司股东、董监高减持股份的若干规定》的有关规定。

第八十九条　本办法自公布之日起施行。《上市公司证券发行管理办法》（证监会令第163号）、《创业板上市公司证券发行注册管理办法（试行）》（证监会令第168号）、《科创板上市公司证券发行注册管理办法（试行）》（证监会令第171号）、《上市公司非公开发行股票实施细则》（证监会公告〔2020〕11号）同时废止。

证券发行上市保荐业务管理办法

（中国证监会令第 207 号 2023 年 2 月 17 日）

第一章 总 则

第一条 为了规范证券发行上市保荐业务，提高上市公司质量和证券公司执业水平，保护投资者的合法权益，促进证券市场健康发展，根据《中华人民共和国证券法》（以下简称《证券法》）、《证券公司监督管理条例》等有关法律、行政法规，制定本办法。

第二条 发行人申请从事下列发行事项，依法采取承销方式的，应当聘请具有保荐业务资格的证券公司履行保荐职责：

（一）首次公开发行股票；

（二）向不特定合格投资者公开发行股票并在北京证券交易所（以下简称北交所）上市；

（三）上市公司发行新股、可转换公司债券；

（四）公开发行存托凭证；

（五）中国证券监督管理委员会（以下简称中国证监会）认定的其他情形。

发行人申请公开发行法律、行政法规规定实行保荐制度的其他证券的，依照前款规定办理。

上述已发行证券的上市保荐事项由证券交易所规定。

第三条 证券公司从事证券发行上市保荐业务，应当依照本办法规定向中国证监会申请保荐业务资格。

未经中国证监会核准，任何机构不得从事保荐业务。

第四条 保荐机构履行保荐职责，应当指定品行良好、具备组织实施保荐项目专业能力的保荐代表人具体负责保荐工作。保荐代表人应当熟练掌握保荐业务相关的法律、会计、财务管理、税务、审计等专业知识，最近五年内具备三十六个月以上保荐相关业务经历、最近十二个月持续从事保荐相关业务，最近十二个月内未受到证券交易所等自律组织的重大纪律处分或者中国证监会的重大监管措施，最近三十六个月内未受到中国证监会的行政处罚。

中国证券业协会制定保荐代表人自律管理规范，组织非准入型的水平评价测试，保障和提高保荐代表人的专业能力水平。

第五条 保荐机构及其保荐代表人、其他从事保荐业务的人员应当遵守法律、行政法规和中国证监会、证券交易所、中国证券业协会的相关规定，恪守业务规则和行业规范，诚实守信，勤勉尽责，廉洁从业，尽职推荐发行人证券发行上市，持续督导发行人履行规范运作、信守承诺、信息披露等义务。

保荐机构及其保荐代表人、其他从事保荐业务的人员不得通过从事保荐业务谋取任何不正当利益。

第六条　保荐代表人应当遵守职业道德准则，珍视和维护保荐代表人职业声誉，保持应有的职业谨慎，保持和提高专业胜任能力。

保荐代表人应当维护发行人的合法利益，对从事保荐业务过程中获知的发行人信息保密。保荐代表人应当恪守独立履行职责的原则，不因迎合发行人或者满足发行人的不当要求而丧失客观、公正的立场，不得唆使、协助或者参与发行人及证券服务机构等实施非法的或者具有欺诈性的行为。

保荐代表人及其配偶不得以任何名义或者方式持有发行人的股份。

保荐代表人、保荐业务负责人、内核负责人、保荐业务部门负责人及其他保荐业务人员应当保持独立、客观、审慎，与接受其服务的发行人及其关联方不存在利害关系，不存在妨碍其进行独立专业判断的情形。

第七条　同次发行的证券，其发行保荐和上市保荐应当由同一保荐机构承担。保荐机构依法对发行人申请文件、证券发行募集文件进行核查，向中国证监会、证券交易所出具保荐意见。保荐机构应当保证所出具的文件真实、准确、完整。

证券发行规模达到一定数量的，可以采用联合保荐，但参与联合保荐的保荐机构不得超过二家。

证券发行的主承销商可以由该保荐机构担任，也可以由其他具有保荐业务资格的证券公司与该保荐机构共同担任。

第八条　发行人及其控股股东、实际控制人、董事、监事、高级管理人员，为证券发行上市制作、出具有关文件的会计师事务所、律师事务所、资产评估机构等证券服务机构及其签字人员，应当依照法律、行政法规和中国证监会、证券交易所的规定，配合保荐机构及其保荐代表人履行保荐职责，并承担相应的责任。

保荐机构及其保荐代表人履行保荐职责，不能减轻或者免除发行人及其控股股东、实际控制人、董事、监事、高级管理人员、证券服务机构及其签字人员的责任。

第九条　中国证监会依法对保荐机构及其保荐代表人、其他从事保荐业务的人员进行监督管理。

证券交易所、中国证券业协会对保荐机构及其保荐代表人、其他从事保荐业务的人员进行自律管理。对违反相关自律管理规则的保荐机构和责任人员，证券交易所、中国证券业协会可以采取一定期限内不接受与证券发行相关的文件、认定不适合从事相关业务等自律管理措施或者纪律处分。

第二章　保荐业务的资格管理

第十条　证券公司申请保荐业务资格，应当具备下列条件：

（一）注册资本、净资本符合规定；

（二）具有完善的公司治理和内部控制制度，风险控制指标符合相关规定；

（三）保荐业务部门具有健全的业务规程、内部风险评估和控制系统，内部机构设置合理，具备相应的研究能力、销售能力等后台支持；

（四）具有良好的保荐业务团队且专业结构合理，从业人员不少于三十五人，其中最近三年从事保荐相关业务的人员不少于二十人；

（五）保荐代表人不少于四人；

（六）最近二年未因重大违法违规行为而受到处罚，最近一年未被采取重大监管措施，无因涉嫌重大违法违规正受到有关机关或者行业自律组织调查的情形；

（七）中国证监会规定的其他条件。

第十一条　证券公司应当保证申请文件真实、准确、完整。申请期间，申请文件内容发生重大变化的，应当自变化之日起二个工作日内向中国证监会提交更新资料。

第十二条　中国证监会依法受理、审查申请文件。对保荐业务资格的申请，自受理之日起三个月内做出核准或者不予核准的书面决定。

第十三条　证券公司取得保荐业务资格后，应当持续符合本办法第十条规定的条件。保荐机构因重大违法违规行为受到行政处罚的，中国证监会撤销其保荐业务资格；不再具备第十条规定其他条件的，中国证监会可以责令其限期整改，逾期仍然不符合要求的，中国证监会撤销其保荐业务资格。

第十四条　保荐机构出现下列情况的，应当在五个工作日内向其住所地的中国证监会派出机构报告：

（一）保荐业务负责人、内核负责人、保荐业务部门负责人发生变化；

（二）保荐业务部门机构设置发生重大变化；

（三）保荐业务执业情况发生重大不利变化；

（四）中国证监会要求的其他事项。

第十五条　保荐机构应当在证券公司年度报告中报送年度执业情况。年度执业情况应当包括以下内容：

（一）保荐机构、保荐代表人年度执业情况的说明；

（二）保荐机构对保荐代表人尽职调查工作日志检查情况的说明；

（三）保荐机构对保荐代表人的年度考核、评定情况；

（四）保荐机构、保荐代表人其他重大事项的说明；

（五）保荐机构对年度执业情况真实性、准确性、完整性承担责任的承诺函，并应由其法定代表人签字；

（六）中国证监会要求的其他事项。

第三章　保荐职责

第十六条　保荐机构应当尽职推荐发行人证券发行上市。

发行人证券上市后，保荐机构应当持续督导发行人履行规范运作、信守承诺、信息披露等义务。

第十七条　保荐机构推荐发行人证券发行上市，应当遵循诚实守信、勤勉尽责的原则，按照中国证监会对保荐机构尽职调查工作的要求，对发行人进行全面调查，充分了解发行人的经营状况及其面临的风险和问题。

第十八条　保荐机构在推荐发行人首次公开发行股票并上市和推荐发行人向不特定合格投资者公开发行股票并在北交所上市前，应当对发行人进行辅导。辅导内容包括，对发行人的董事、监事和高级管理人员、持有百分之五以上股份的股东和实际控制人（或者其法定代表人）进行系统的法规知识、证券市场知识培训，使其全面掌握发行上市、规范运作等方面的有关法律法规和规则，知悉信息披露和履行承诺等方面的责任和义务，树立进入证券市场的诚信意识、自律意识和法制意识，以及中国证监会规定的其他事项。

第十九条　保荐机构辅导工作完成后，应当由发行人所在地的中国证监会派出机构进行辅导验收。发行人所在地在境外的，应当由发行人境内主营业地或境内证券事务机构所在地的中国证监会派出机构进行辅导验收。

第二十条　保荐机构应当与发行人签订保荐协议，明确双方的权利和义务，按照行业规范协商确定履行保荐职责的相关费用。

保荐协议签订后，保荐机构应当在五个工作日内向承担辅导验收职责的中国证监会派出机构报告。

第二十一条　保荐机构应当确信发行人符合法律、行政法规和中国证监会、证券交易所的有关规定，方可推荐其证券发行上市。

保荐机构决定推荐发行人证券发行上市的，可以根据发行人的委托，组织编制申请文件并出具推荐文件。

第二十二条　对发行人申请文件、证券发行募集文件中有证券服务机构及其签字人员出具专业意见的内容，保荐机构可以合理信赖，对相关内容应当保持职业怀疑、运用职业判断进行分析，存在重大异常、前后重大矛盾，或者与保荐机构获得的信息存在重大差异的，保荐机构应当对有关事项进行调查、复核，并可聘请其他证券服务机构提供专业服务。

第二十三条　对发行人申请文件、证券发行募集文件中无证券服务机构及其签字人员专业意见支持的内容，保荐机构应当获得充分的尽职调查证据，在对各种证据进行综合分析的基础上对发行人提供的资料和披露的内容进行独立判断，并有充分理由确信所作的判断与发行人申请文件、证券发行募集文件的内容不存在实质性差异。

第二十四条　保荐机构推荐发行人发行证券，应当向证券交易所提交发行保荐书、保荐代表人专项授权书以及中国证监会要求的其他与保荐业务有关的文件。发行保荐书应当包括下列内容：

（一）逐项说明本次发行是否符合《中华人民共和国公司法》《证券法》规定的发行条件和程序；

（二）逐项说明本次发行是否符合中国证监会的有关规定，并载明得出每项结论的查证过程及事实依据；

（三）发行人存在的主要风险；

（四）对发行人发展前景的评价；

（五）保荐机构内部审核程序简介及内核意见；

（六）保荐机构及其关联方与发行人及其关联方之间的利害关系及主要业务往来情况；

（七）相关承诺事项；

（八）中国证监会要求的其他事项。

第二十五条　在发行保荐书中，保荐机构应当就下列事项做出承诺：

（一）有充分理由确信发行人符合法律法规及中国证监会有关证券发行上市的相关规定；

（二）有充分理由确信发行人申请文件和信息披露资料不存在虚假记载、误导性陈述或者重大遗漏；

（三）有充分理由确信发行人及其董事在申请文件和信息披露资料中表达意见的依据充分合理；

（四）有充分理由确信申请文件和信息披露资料与证券服务机构发表的意见不存在实质性差异；

（五）保证所指定的保荐代表人及本保荐机构的相关人员已勤勉尽责，对发行人申请文件和信息披露资料进行了尽职调查、审慎核查；

（六）保证保荐书、与履行保荐职责有关的其他文件不存在虚假记载、误导性陈述或者重大遗漏；

（七）保证对发行人提供的专业服务和出具的专业意见符合法律、行政法规、中国证监会的规定和行业规范；

（八）自愿接受中国证监会依照本办法采取的监管措施；

（九）中国证监会规定的其他事项。

第二十六条　保荐机构推荐发行人证券上市，应当按照证券交易所的规定提交上市保荐书及其他与保荐业务有关的文件。

第二十七条　保荐机构提交发行保荐书、上市保荐书后，应当配合证券交易所、中国证监会的发行上市审核和注册工作，并承担下列工作：

（一）组织发行人及证券服务机构对证券交易所、中国证监会的意见进行答复；

（二）按照证券交易所、中国证监会的要求对涉及本次证券发行上市的特定事项进行尽职调查或者核查；

（三）指定保荐代表人与证券交易所、中国证监会职能部门进行专业沟通，接受上市委员会问询；

（四）证券交易所、中国证监会规定的其他工作。

第二十八条　保荐机构应当针对发行人的具体情况，确定证券发行上市后持续督导的内容，督导发行人履行有关上市公司规范运作、信守承诺和信息披露等义务，审阅信息披露文件及向中国证监会、证券交易所提交的其他文件，并承担下列工作：

（一）督导发行人有效执行并完善防止控股股东、实际控制人、其他关联方违规占用发行人资源的制度；

（二）督导发行人有效执行并完善防止其董事、监事、高级管理人员利用职务之便损害发行人利益的内控制度；

（三）督导发行人有效执行并完善保障关联交易公允性和合规性的制度，并对关联交易发表意见；

（四）持续关注发行人募集资金的专户存储、投资项目的实施等承诺事项；

（五）持续关注发行人为他人提供担保等事项，并发表意见；

（六）中国证监会、证券交易所规定及保荐协议约定的其他工作。

第二十九条　持续督导的期间由证券交易所规定。

持续督导期届满，如有尚未完结的保荐工作，保荐机构应当继续完成。

保荐机构在履行保荐职责期间未勤勉尽责的，其责任不因持续督导期届满而免除或者终止。

第四章　保荐业务规程

第三十条　保荐机构应当建立分工合理、权责明确、相互制衡、有效监督的内部控制组织体系，发挥项目承做、质量控制、内核合规风控等的全流程内部控制作用，形成科学、合理、有效的保荐业务决策、执行和监督等机制，确保保荐业务纳入公司整体合规管理和风险控制范围。

第三十一条　保荐机构应当建立健全并执行覆盖全部保荐业务流程和全体保荐业务人员的内部控制制度，包括但不限于立项制度、质量控制制度、问核制度、内核制度、反馈意见报告制度、风险事件报告制度、合规检查制度、应急处理制度等，定期对保荐业务内部控制的有效性进行全面评估，保证保荐业务负责人、内核负责人、保荐业务部门负责人、保荐代表人、项目协办人及其他保荐业务相关人员勤勉尽责，严格控制风险，提高保荐业务整体质量。

第三十二条　保荐机构应当建立健全内部问责机制，明确保荐业务人员履职规范和问责措施。

保荐业务人员被采取自律管理措施、纪律处分、监管措施、证券市场禁入措施、行政处罚、刑事处罚等的，保荐机构应当进行内部问责。

保荐机构应当在劳动合同、内部制度中明确，保荐业务人员出现前款情形的，应当退还相关违规行为发生当年除基本工资外的其他部分或全部薪酬。

第三十三条　保荐机构对外提交和报送的发行上市申请文件、反馈意见、披露文件等重要材料和文件应当履行内核程序，由内核机构审议决策。未通过内核程序的保荐业务项目不得以公司名义对外提交或者报送相关文件。

第三十四条　保荐机构应当根据保荐业务特点制定科学、合理的薪酬考核体系，综合考量业务人员的专业胜任能力、执业质量、合规情况、业务收入等各项因素，不得以业务包干等承包方式开展保荐业务，或者以其他形式实施过度激励。

第三十五条　保荐机构从事保荐业务应当综合评估项目执行成本与风险责任，合理确定报价，不得以明显低于行业定价水平等不正当竞争方式招揽业务。

第三十六条　保荐机构应当建立健全保荐业务制度体系，细化尽职调查、辅导、文件申报、持续督导等各个环节的执业标准和操作流程，提高制度的针对性和可执行性。

保荐机构应当根据监管要求、制度执行等情况，及时更新和完善保荐业务制度体系。

第三十七条　保荐机构应当建立健全廉洁从业管理内控体系，加强对工作人员的管理，不得在开展保荐业务的过程中谋取或输送不正当利益。

第三十八条　保荐机构应当根据保荐业务类型和业务环节的不同，细化反洗钱要求，加强对客户身份的识别、可疑报告、客户资料及交易记录保存、反洗钱培训与宣传等工作。

第三十九条　保荐机构应当建立健全对保荐代表人及其他保荐业务相关人员的持续培训制度。

第四十条　保荐机构应当建立健全工作底稿制度，按规定建设应用工作底稿电子化管理系统。

保荐机构应当为每一项目建立独立的保荐工作底稿。保荐代表人必须为其具体负责的每一项目建立尽职调查工作日志，作为保荐工作底稿的一部分存档备查；保荐机构应当定期对尽职调查工作日志进行检查。

保荐工作底稿应当真实、准确、完整地反映保荐工作的全过程，保存期不少于二十年。

第四十一条　保荐机构及其控股股东、实际控制人、重要关联方持有发行人股份的，或者发行人持有、控制保荐机构股份的，保荐机构在推荐发行人证券发行上市时，应当进行利益冲突审查，出具合规审核意见，并按规定充分披露。通过披露仍不能消除影响的，保荐机构应联合一家无关联保荐机构共同履行保荐职责，且该无关联保荐机构为第一保荐机构。

第四十二条　刊登证券发行募集文件前终止保荐协议的，保荐机构和发行人应当自终止之日起五个工作日内分别向中国证监会、证券交易所报告，并说明原因。

第四十三条　刊登证券发行募集文件以后直至持续督导工作结束，保荐机构和发行人不得终止保荐协议，但存在合理理由的情形除外。发行人因再次申请发行证券另行聘请保荐机构、保荐机构被中国证监会撤销保荐业务资格的，应当终止保荐协议。

终止保荐协议的，保荐机构和发行人应当自终止之日起五个工作日内向中国证监会、证券交易所报告，说明原因。

第四十四条　持续督导期间，保荐机构被撤销保荐业务资格的，发行人应当在一个月内另行聘请保荐机构，未在规定期限内另行聘请的，中国证监会可以为其指定保荐机构。

第四十五条　另行聘请的保荐机构应当完成原保荐机构未完成的持续督导工作。

因原保荐机构被撤销保荐业务资格而另行聘请保荐机构的，另行聘请的保荐机构持续督导的时间不得少于一个完整的会计年度。

另行聘请的保荐机构应当自保荐协议签订之日起开展保荐工作并承担相应的责任。原保荐机构在履行保荐职责期间未勤勉尽责的，其责任不因保荐机构的更换而免除或者终止。

第四十六条　保荐机构应当指定二名保荐代表人具体负责一家发行人的保荐工作，出具由法定代表人签字的专项授权书，并确保保荐机构有关部门和人员有效分工协作。保荐机构可以指定一名项目协办人。

第四十七条　证券发行后，保荐机构不得更换保荐代表人，但因保荐代表人离职或者不符合保荐代表人要求的，应当更换保荐代表人。

保荐机构更换保荐代表人的，应当通知发行人，并在五个工作日内向中国证监会、证券交易所报告，说明原因。原保荐代表人在具体负责保荐工作期间未勤勉尽责的，其责任不因保荐代表人的更换而免除或者终止。

第四十八条　保荐机构法定代表人、保荐业务负责人、内核负责人、保荐业务部门负责人、保荐代表人和项目协办人应当在发行保荐书上签字，保荐机构法定代表人、保荐代表人应当同时在证券发行募集文件上签字。

第四十九条　保荐机构应当将履行保荐职责时发表的意见及时告知发行人，同时在保荐工作底稿中保存，并可以依照本办法规定公开发表声明、向中国证监会或者证券交易所报告。

第五十条　持续督导工作结束后，保荐机构应当在发行人公告年度报告之日起的十个工作日内向中国证监会、证券交易所报送保荐总结报告书。保荐机构法定代表人和保荐代表人应当在保荐总结报告书上签字。保荐总结报告书应当包括下列内容：

（一）发行人的基本情况；

（二）保荐工作概述；

（三）履行保荐职责期间发生的重大事项及处理情况；

（四）对发行人配合保荐工作情况的说明及评价；

（五）对证券服务机构参与证券发行上市相关工作情况的说明及评价；

（六）中国证监会、证券交易所要求的其他事项。

第五十一条　保荐代表人及其他保荐业务相关人员属于内幕信息的知情人员，应当遵守法律、行政法规和中国证监会的规定，不得利用内幕信息直接或者间接为保荐机构、本人或者他人谋取不正当利益。

第五章　保荐业务协调

第五十二条　发行人应当为保荐机构及时提供真实、准确、完整的财务会计资料和其他资料，全面配合保荐机构开展尽职调查和其他相关工作。

发行人的控股股东、实际控制人、董事、监事、高级管理人员应当全面配合保荐机构开展尽职调查和其他相关工作，不得要求或者协助发行人隐瞒应当披露的信息。

第五十三条　保荐机构及其保荐代表人履行保荐职责，可以对发行人行使下列权利：

（一）要求发行人按照本办法规定和保荐协议约定的方式，及时通报信息；

（二）定期或者不定期对发行人进行回访，查阅保荐工作需要的发行人材料；

（三）列席发行人的股东大会、董事会和监事会；

（四）对发行人的信息披露文件及向中国证监会、证券交易所提交的其他文件进行事前审阅；

（五）对有关部门关注的发行人相关事项进行核查，必要时可聘请相关证券服务机构配合；

（六）按照中国证监会、证券交易所信息披露规定，对发行人违法违规的事项发表公开声明；

（七）中国证监会、证券交易所规定或者保荐协议约定的其他权利。

第五十四条 发行人有下列情形之一的，应当及时通知或者咨询保荐机构，并将相关文件送交保荐机构：

（一）变更募集资金及投资项目等承诺事项；

（二）发生关联交易、为他人提供担保等事项；

（三）涉及重大诉讼、资产发生重大损失；

（四）公司财务状况及生产经营的外部条件发生重大变化；

（五）重大投资行为和重大购置资产的决定；

（六）股东及董事、监事、高级管理人员的变动；

（七）召开董事会、监事会、股东大会；

（八）履行信息披露义务或者向中国证监会、证券交易所报告有关事项；

（九）发生违法违规行为或者其他重大事项；

（十）中国证监会、证券交易所规定或者保荐协议约定的其他事项。

第五十五条 证券发行前，发行人及其控股股东、实际控制人、董事、监事、高级管理人员不配合保荐机构履行保荐职责的，保荐机构应当发表保留意见，并在发行保荐书中予以说明；情节严重的，应当不予保荐，已保荐的应当撤销保荐。

第五十六条 证券发行后，保荐机构有充分理由确信发行人可能存在违法违规行为以及其他不当行为的，应当督促发行人作出说明并限期纠正；情节严重的，应当向中国证监会、证券交易所报告。

第五十七条 保荐机构应当组织协调证券服务机构及其签字人员参与证券发行上市的相关工作。

发行人为证券发行上市聘用的会计师事务所、律师事务所、资产评估机构以及其他证券服务机构，保荐机构有充分理由认为其专业能力存在明显缺陷的，可以向发行人建议更换。

第五十八条 保荐机构对证券服务机构及其签字人员出具的专业意见存有疑义的，应当主动与证券服务机构进行协商，并可要求其作出解释或者出具依据。

第五十九条 保荐机构有充分理由确信证券服务机构及其签字人员出具的专业意见可能存在虚假记载、误导性陈述或重大遗漏等违法违规情形或者其他不当情形的，应当及时发表意见；情节严重的，应当向中国证监会、证券交易所报告。

第六十条 证券服务机构及其签字人员应当严格按照依法制定的业务规则和行业自律规范，审慎履行职责，作出专业判断与认定，对保荐机构提出的疑义或者意见，应当保持专业独立性，进行审慎的复核判断，并向保荐机构、发行人及时发表意见。

证券服务机构应当建立并保持有效的质量控制体系，保护投资者合法权益。证券服务机构应当妥善保存客户委托文件、核查和验证资料、工作底稿以及与质量控制、内部管理、业务经营有关的信息和资料。

第六章　监管措施和法律责任

第六十一条　中国证监会可以对保荐机构及其与发行上市保荐工作相关的人员、证券服务机构、发行人及其与证券发行上市工作相关的人员等进行定期或者不定期现场检查，相关主体应当积极配合检查，如实提供有关资料，不得拒绝、阻挠、逃避检查，不得谎报、隐匿、销毁相关证据材料。

第六十二条　中国证监会对保荐机构及其相关人员进行持续动态的跟踪管理，记录其业务资格、执业情况、违法违规行为、其他不良行为以及对其采取的监管措施等，对保荐机构业务质量进行评价。

保荐信用记录和质量评价结果向社会公开。

第六十三条　证券公司提交的保荐业务资格申请文件存在虚假记载、误导性陈述或者重大遗漏的，中国证监会不予受理或者不予核准，并给予警告；已核准的，撤销其保荐业务资格。

第六十四条　保荐机构、保荐代表人、保荐业务负责人、内核负责人、保荐业务部门负责人及其他保荐业务相关人员违反本办法，未诚实守信、勤勉尽责地履行相关义务的，中国证监会可以对其采取重点关注、责令进行业务学习、出具警示函、责令公开说明、责令改正、责令增加内部合规检查的次数并提交合规检查报告、监管谈话、责令处分有关责任人员并报告结果、依法认定为不适当人选等监管措施；依法应给予行政处罚的，依照有关规定进行处罚；情节严重涉嫌犯罪的，依法移送司法机关，追究其刑事责任。

第六十五条　出现下列情形之一的，中国证监会可以视情节轻重，对保荐机构、保荐代表人采取出具警示函、责令改正、监管谈话等监管措施；情节严重的，中国证监会可以采取暂停保荐机构的保荐业务、依法认定保荐代表人为不适当人选三个月到十二个月的监管措施：

（一）制作或者出具的文件不齐备或者不符合要求；

（二）擅自改动申请文件、信息披露资料或者其他已提交文件；

（三）申请文件或者信息披露资料存在相互矛盾或者同一事实表述不一致且有实质性差异；

（四）文件披露的内容表述不清，逻辑混乱，严重影响投资者理解；

（五）未及时报告或者未及时披露重大事项；

（六）指定不符合本办法第四条规定要求的人员具体负责保荐工作；

（七）未通过内核程序，以公司名义对外提交或披露保荐业务项目文件；

（八）采取业务包干等承包方式或其他形式进行过度激励；

（九）以显著低于行业定价水平等不正当竞争方式招揽业务，违反公平竞争、破坏市场秩序。

第六十六条　保荐机构出现下列情形之一的，中国证监会可以视情节轻重，暂停保荐业务三个月到三十六个月，并可以责令保荐机构更换董事、监事、高级管理人员或者限制其权利；情节特别严重的，撤销其保荐业务资格：

（一）向中国证监会、证券交易所提交的与保荐工作相关的文件存在虚假记载、误导性陈述或者重大遗漏；

（二）重大事项未报告、未披露；

（三）内部控制制度存在重大缺陷或者未有效执行；

（四）尽职调查制度、内部核查制度、持续督导制度、保荐工作底稿制度等保荐业务制度存在重大缺陷或者未有效执行；

（五）廉洁从业管理内控体系、反洗钱制度存在重大缺陷或者未有效执行；

（六）保荐工作底稿存在虚假记载、误导性陈述或者重大遗漏；

（七）唆使、协助或者参与发行人及证券服务机构提供存在虚假记载、误导性陈述或者重大遗漏的文件；

（八）唆使、协助或者参与发行人干扰中国证监会、证券交易所及其上市委员会的审核、注册工作；

（九）通过从事保荐业务谋取不正当利益；

（十）伪造或者变造签字、盖章；

（十一）严重违反诚实守信、勤勉尽责、廉洁从业义务的其他情形。

第六十七条　保荐代表人出现下列情形之一的，中国证监会可以根据情节轻重，依法采取认定为不适当人选三个月到三十六个月的监管措施：

（一）尽职调查工作日志缺失或者遗漏、隐瞒重要问题；

（二）未完成或者未参加辅导工作；

（三）重大事项未报告、未披露；

（四）未参加持续督导工作，或者持续督导工作严重未勤勉尽责；

（五）因保荐业务或其具体负责保荐工作的发行人在保荐期间内受到证券交易所、中国证券业协会公开谴责；

（六）唆使、协助或者参与发行人干扰中国证监会、证券交易所及其上市委员会的审核、注册工作；

（七）伪造或者变造签字、盖章；

（八）严重违反诚实守信、勤勉尽责、廉洁从业义务的其他情形。

第六十八条　保荐代表人出现下列情形之一的，中国证监会可以依法采取认定为不适当人选的监管措施；情节严重的，对其采取证券市场禁入的措施：

（一）在与保荐工作相关文件上签字推荐发行人证券发行上市，但未参加尽职调查工作，或者尽职调查工作不彻底、不充分，明显不符合业务规则和行业规范；

（二）通过从事保荐业务谋取不正当利益；

（三）本人及其配偶以任何名义或者方式持有发行人的股份；

（四）唆使、协助或者参与发行人及证券服务机构提供存在虚假记载、误导性陈述或者重大遗漏的文件；

（五）参与组织编制的与保荐工作相关文件存在虚假记载、误导性陈述或者重大遗漏。

第六十九条　发行人出现下列情形之一的，中国证监会可以暂停保荐机构的保荐业务十二个月到三十六个月，责令保荐机构更换相关负责人，对保荐代表人依法采取认定为不适当人选的监管措施；情节严重的，撤销保荐业务资格，对相关责任人采取证券市场禁入的措施：

（一）证券发行募集文件等申请文件存在虚假记载、误导性陈述或者重大遗漏；

（二）持续督导期间信息披露文件存在虚假记载、误导性陈述或者重大遗漏。

第七十条　发行人在持续督导期间出现下列情形之一的，中国证监会可以根据情节轻重，对保荐机构及其相关责任人员采取出具警示函、责令改正、监管谈话、对保荐代表人依法认定为不适当人选、暂停保荐机构的保荐业务等监管措施：

（一）首次公开发行股票并在主板上市和主板上市公司向不特定对象公开发行证券并上市当年营业利润比上年下滑百分之五十以上；

（二）首次公开发行股票并上市、股票向不特定合格投资者公开发行并在北交所上市和上市公司向不特定对象公开发行证券并上市当年即亏损且选取的上市标准含净利润标准；

（三）首次公开发行股票并上市和股票向不特定合格投资者公开发行并在北交所上市之日起十二个月内控股股东或者实际控制人发生变更；

（四）证券上市当年累计百分之五十以上募集资金的用途与承诺不符；

（五）首次公开发行股票并上市和股票向不特定合格投资者公开发行并在北交所上市之日起十二个月内累计百分之五十以上资产或者主营业务发生重组；

（六）上市公司向不特定对象公开发行证券并上市之日起十二个月内累计百分之五十以上资产或者主营业务发生重组，且未在证券发行募集文件中披露；

（七）实际盈利低于盈利预测达百分之二十以上；

（八）关联交易显失公允或者程序违规，涉及金额较大；

（九）控股股东、实际控制人或其他关联方违规占用发行人资源，涉及金额较大；

（十）违规为他人提供担保，涉及金额较大；

（十一）违规购买或出售资产、借款、委托资产管理等，涉及金额较大；

（十二）董事、监事、高级管理人员侵占发行人利益受到行政处罚或者被追究刑事责任；

（十三）违反上市公司规范运作和信息披露等有关法律法规，情节严重的；

（十四）中国证监会规定的其他情形。

前款涉及的净利润以扣除非经常性损益前后孰低者为计算依据。

第七十一条　保荐代表人被依法采取认定为不适当人选的监管措施的，对已受理的该保荐代表人具体负责推荐的项目，保荐机构应当更换保荐代表人，并指派与本项目无关的人员进行复核；对负有责任的保荐业务负责人、内核负责人、保荐业务部门负责人等人员，保荐机构应当根据内部管理规定进行问责惩戒，情节严重的，应当予以更换。

第七十二条　保荐机构、保荐业务负责人、内核负责人或者保荐业务部门负责人在一个自然年度内被采取本办法第六十四条规定的监管措施累计五次以上，中国证监会可以暂停保荐机构的保荐业务三个月，依法责令保荐机构更换保荐业务负责人、内核负责人或者保荐业务部门负责人。

保荐代表人在两个自然年度内被采取本办法第六十四条规定的监管措施累计二次以上，中国证监会可以依法对相关保荐代表人采取认定为不适当人选六个月的监管措施。

第七十三条　对中国证监会拟采取的监管措施，保荐机构及其保荐代表人提出申辩的，如有充分证据证明下列事实且理由成立，中国证监会予以采纳：

（一）发行人或者其董事、监事、高级管理人员故意隐瞒重大事实，保荐机构和保荐代表人已履行勤勉尽责义务；

（二）发行人已在证券发行募集文件中做出特别提示，保荐机构和保荐代表人已履行勤勉尽责义务；

（三）发行人因不可抗力致使业绩、募集资金运用等出现异常或者未能履行承诺；

（四）发行人及其董事、监事、高级管理人员在持续督导期间故意违法违规，保荐机构和保荐代表人主动予以揭示，已履行勤勉尽责义务；

（五）保荐机构、保荐代表人已履行勤勉尽责义务的其他情形。

第七十四条　发行人违反本办法规定，持续督导期间违法违规且拒不纠正，发生重大事项未及时通知保荐机构，出现应当变更保荐机构情形未及时予以变更，或者发生其他严重不配合保荐工作情形的，中国证监会可以责令改正，予以公布并可以根据情节轻重采取下列措施：

（一）要求发行人每月向中国证监会报告接受保荐机构督导的情况；

（二）要求发行人披露月度财务报告、相关资料；

（三）指定证券服务机构进行核查；

（四）要求证券交易所对发行人证券的交易实行特别提示；

（五）对有关责任人员采取证券市场禁入措施。

第七十五条　发行人及其控股股东、实际控制人、董事、监事、高级管理人员未有效配合保荐机构及其保荐代表人开展尽职调查和其他相关工作的，中国证监会可以对相关单位和责任人员采取重点关注、出具警示函、责令公开说明、责令改正、监管谈话等监管措施。情节严重的，对有关责任人采取证券市场禁入的措施。

第七十六条　证券服务机构及其签字人员违反本办法规定的，中国证监会可以对相关机构和责任人员采取重点关注、出具警示函、责令公开说明、责令改正、监管谈话等监管措施，情节严重的可以对有关责任人员采取证券市场禁入的措施。

第七十七条　证券服务机构及其签字人员出具的专业意见存在虚假记载、误导性陈述或重大遗漏，或者因不配合保荐工作而导致严重后果的，中国证监会可以对有关责任人员采取证券市场禁入的措施，并将处理结果予以公布。

第七十八条　发行人及其控股股东、实际控制人、董事、监事、高级管理人员、证券服务机构及其签字人员违反法律、行政法规，依法应予行政处罚的，依照有关规定进行处罚；涉嫌犯罪的，依法移送司法机关，追究其刑事责任。

第七章　附　则

第七十九条　本办法所称"保荐机构"，是指《证券法》第十条所指"保荐人"。

第八十条　本办法自公布之日起施行。

证券发行与承销管理办法

（中国证监会令第 208 号　2023 年 2 月 17 日）

第一章　总　则

第一条　为规范证券发行与承销行为，保护投资者合法权益，根据《中华人民共和国证券法》（以下简称《证券法》）和《中华人民共和国公司法》，制定本办法。

第二条　发行人在境内发行股票、存托凭证或者可转换公司债券（以下统称证券），证券公司在境内承销证券以及投资者认购境内发行的证券，首次公开发行证券时公司股东向投资者公开发售其所持股份（以下简称老股转让），适用本办法。中国证券监督管理委员会（以下简称中国证监会）另有规定的，从其规定。

存托凭证境外基础证券发行人应当履行本办法中发行人的义务，承担相应的法律责任。

第三条　中国证监会依法对证券发行与承销行为进行监督管理。证券交易所、证券登记结算机构和中国证券业协会应当制定相关业务规则，规范证券发行与承销行为。

中国证监会依法批准证券交易所制定的发行承销制度规则，建立对证券交易所发行承销过程监管的监督机制，持续关注证券交易所发行承销过程监管情况。

证券交易所对证券发行承销过程实施监管，对发行人及其控股股东、实际控制人、董事、监事、高级管理人员，承销商、证券服务机构、投资者等进行自律管理。

中国证券业协会负责对承销商、网下投资者进行自律管理。

第四条　证券公司承销证券，应当依据本办法以及中国证监会有关风险控制和内部控制等相关规定，制定严格的风险管理制度和内部控制制度，加强定价和配售过程管理，落实承销责任。

为证券发行出具相关文件的证券服务机构和人员，应当按照本行业公认的业务标准和道德规范，严格履行法定职责，对其所出具文件的真实性、准确性和完整性承担责任。

第二章　定价与配售

第五条　首次公开发行证券，可以通过询价的方式确定证券发行价格，也可以通过发行人与主承销商自主协商直接定价等其他合法可行的方式确定发行价格。发行人和主承销商应当在招股意向书（或招股说明书，下同）和发行公告中披露本次发行证券的定价方式。

首次公开发行证券通过询价方式确定发行价格的，可以初步询价后确定发行价格，也可以在初步询价确定发行价格区间后，通过累计投标询价确定发行价格。

第六条　首次公开发行证券发行数量二千万股（份）以下且无老股转让计划的，发行人和主承销商可以通过直接定价的方式确定发行价格。发行人尚未盈利的，应当通过向网下投资者询价方式确定发行价格，不得直接定价。

通过直接定价方式确定的发行价格对应市盈率不得超过同行业上市公司二级市场平均市盈率；已经或者同时境外发行的，通过直接定价方式确定的发行价格还不得超过发行人境外市场价格。

首次公开发行证券采用直接定价方式的，除本办法第二十三条第三款规定的情形外全部向网上投资者发行，不进行网下询价和配售。

第七条　首次公开发行证券采用询价方式的，应当向证券公司、基金管理公司、期货公司、信托公司、保险公司、财务公司、合格境外投资者和私募基金管理人等专业机构投资者，以及经中国证监会批准的证券交易所规则规定的其他投资者询价。上述询价对象统称网下投资者。

网下投资者应当具备丰富的投资经验、良好的定价能力和风险承受能力，向中国证券业协会注册，接受中国证券业协会的自律管理，遵守中国证券业协会的自律规则。

发行人和主承销商可以在符合中国证监会相关规定和证券交易所、中国证券业协会自律规则前提下，协商设置网下投资者的具体条件，并在发行公告中预先披露。主承销商应当对网下投资者是否符合预先披露的条件进行核查，对不符合条件的投资者，应当拒绝或剔除其报价。

第八条　首次公开发行证券采用询价方式的，主承销商应当遵守中国证券业协会关于投资价值研究报告的规定，向网下投资者提供投资价值研究报告。

第九条　首次公开发行证券采用询价方式的，符合条件的网下投资者可以自主决定是否报价。符合条件的网下投资者报价的，主承销商无正当理由不得拒绝。网下投资者应当遵循独立、客观、诚信的原则合理报价，不得协商报价或者故意压低、抬高价格。

网下投资者参与报价时，应当按照中国证券业协会的规定持有一定金额的非限售股份或存托凭证。

参与询价的网下投资者可以为其管理的不同配售对象分别报价，具体适用证券交易所规定。首次公开发行证券发行价格或价格区间确定后，提供有效报价的投资者方可参与申购。

第十条　首次公开发行证券采用询价方式的，网下投资者报价后，发行人和主承销商应当剔除拟申购总量中报价最高的部分，然后根据剩余报价及拟申购数量协商确定发行价格。剔除部分的配售对象不得参与网下申购。最高报价剔除的具体要求适用证券交易所相关规定。

公开发行证券数量在四亿股(份)以下的，有效报价投资者的数量不少于十家；公开发行证券数量超过四亿股（份）的，有效报价投资者的数量不少于二十家。剔除最高报价部分后有效报价投资者数量不足的，应当中止发行。

第十一条　首次公开发行证券时，发行人和主承销商可以自主协商确定有效报价条件、配售原则和配售方式，并按照事先确定的配售原则在有效申购的网下投资者中选择配售证券的对象。

第十二条　首次公开发行证券采用询价方式在主板上市的，公开发行后总股本在四亿股（份）以下的，网下初始发行比例不低于本次公开发行证券数量的百分之六十；公开发行后总股本超过四亿股（份）或者发行人尚未盈利的，网下初始发行比例不低于本次公开发行证券数量的百分之七十。首次公开发行证券采用询价方式在科创板、创业板上市的，公开发行后总股本在四亿股（份）以下的，网下初始发行比例不低于本次公开发行证券数量的百分之七十；公开发行后总股本超过四亿股（份）或者发行人尚未盈利的，网下初始发行比例不低于本次公开发行证券数量的百分之八十。

发行人和主承销商应当安排不低于本次网下发行证券数量的一定比例的证券优先向公募基金、社保基金、养老金、年金基金、保险资金和合格境外投资者资金等配售，网下优先配售比例下限遵守证券交易所相关规定。公募基金、社保基金、养老金、年金基金、保险资金和合格境外投资者资金有效申购不足安排数量的，发行人和主承销商可以向其他符合条件的网下投资者配售剩余部分。

对网下投资者进行分类配售的，同类投资者获得配售的比例应当相同。公募基金、社保基金、养老金、年金基金、保险资金和合格境外投资者资金的配售比例应当不低于其他投资者。

安排战略配售的，应当扣除战略配售部分后确定网下网上发行比例。

第十三条　首次公开发行证券，网下投资者应当结合行业监管要求、资产规模等合理确定申购金额，不得超资产规模申购，承销商应当认定超资产规模的申购为无效申购。

第十四条　首次公开发行证券采用询价方式的，发行人和主承销商可以安排一定比例的网下发行证券设置一定期限的限售期，具体安排适用证券交易所规定。

第十五条　首次公开发行证券采用询价方式的，网上投资者有效申购数量超过网上初始发行数量一定倍数的，应当从网下向网上回拨一定数量的证券。有效申购倍数、回拨比例及回拨后无限售期网下发行证券占本次公开发行证券数量比例由证券交易所规定。

网上投资者申购数量不足网上初始发行数量的，发行人和主承销商可以将网上发行部分向网下回拨。

网下投资者申购数量不足网下初始发行数量的，发行人和主承销商不得将网下发行部分向网上回拨，应当中止发行。

第十六条　首次公开发行证券，网上投资者应当持有一定数量非限售股份或存托凭证，并自主表达申购意向，不得概括委托证券公司进行证券申购。采用其他方式进行网上申购和配售的，应当符合中国证监会的有关规定。

第十七条　首次公开发行证券的网下发行应当和网上发行同时进行，网下和网上投资者在申购时无需缴付申购资金。

网上申购时仅公告发行价格区间、未确定发行价格的，主承销商应当安排投资者按价格区间上限申购。

投资者应当自行选择参与网下或网上发行，不得同时参与。

第十八条　首次公开发行证券，市场发生重大变化的，发行人和主承销商可以要求网下投资者缴纳保证金，保证金占拟申购金额比例上限由证券交易所规定。

第十九条　网下和网上投资者申购证券获得配售后，应当按时足额缴付认购资金。网上投资者在一定期限内多次未足额缴款的，由中国证券业协会会同证券交易所进行自律管理。

除本办法规定的中止发行情形外，发行人和主承销商还可以在符合中国证监会和证券交易所相关规定前提下约定中止发行的其他具体情形并预先披露。中止发行后，在注册文件有效期内，经向证券交易所报备，可以重新启动发行。

第二十条　首次公开发行证券，市场发生重大变化，投资者弃购数量占本次公开发行证券数量的比例较大的，发行人和主承销商可以就投资者弃购部分向网下投资者进行二次配售，具体要求适用证券交易所规定。

第二十一条　首次公开发行证券，可以实施战略配售。

参与战略配售的投资者不得参与本次公开发行证券网上发行与网下发行，但证券投资基金管理人管理的未参与战略配售的公募基金、社保基金、养老金、年金基金除外。参与战略配售的投资者应当按照最终确定的发行价格认购其承诺认购数量的证券，并承诺获得本次配售的证券持有期限不少于十二个月，持有期限自本次公开发行的证券上市之日起计算。

参与战略配售的投资者在承诺的持有期限内，可以按规定向证券金融公司借出获得配售的证券。借出期限届满后，证券金融公司应当将借入的证券返还给参与战略配售的投资者。

参与战略配售的投资者应当使用自有资金认购，不得接受他人委托或者委托他人参与配售，但依法设立并符合特定投资目的的证券投资基金等除外。

第二十二条　首次公开发行证券实施战略配售的，参与战略配售的投资者的数量应当不超过三十五名，战略配售证券数量占本次公开发行证券数量的比例应当不超过百分之五十。

发行人和主承销商应当根据本次公开发行证券数量、证券限售安排等情况，合理确定参与战略配售的投资者数量和配售比例，保障证券上市后必要的流动性。

发行人应当与参与战略配售的投资者事先签署配售协议。主承销商应当对参与战略配售的投资者的选取标准、配售资格等进行核查，要求发行人、参与战略配售的投资者就核查事项出具承诺函，并聘请律师事务所出具法律意见书。

发行人和主承销商应当在发行公告中披露参与战略配售的投资者的选择标准、向参与战略配售的投资者配售的证券数量、占本次公开发行证券数量的比例以及持有期限等。

第二十三条　发行人的高级管理人员与核心员工可以通过设立资产管理计划参与战略配售。前述资产管理计划获配的证券数量不得超过本次公开发行证券数量的百分之十。

发行人的高级管理人员与核心员工按照前款规定参与战略配售的，应当经发行人董事会审议通过，并在招股说明书中披露参与人员的姓名、担任职务、参与比例等事项。

保荐人的相关子公司或者保荐人所属证券公司的相关子公司参与发行人证券配售的具体规则由证券交易所另行规定。

第二十四条　首次公开发行证券，发行人和主承销商可以在发行方案中采用超额配售选择权。采用超额配售选择权发行证券的数量不得超过首次公开发行证券数量的百分之十五。超额配售选择权的实施应当遵守证券交易所、证券登记结算机构和中国证券业协会的规定。

第二十五条　首次公开发行证券时公司股东公开发售股份的，公司股东应当遵循平等自愿的原则协商确定首次公开发行时公司股东之间各自公开发售股份的数量。公司股东公开发售股份的发行价格应当与公司发行股份的价格相同。

首次公开发行证券时公司股东公开发售的股份，公司股东已持有时间应当在三十六个月以上。

公司股东公开发售股份的，股份发售后，公司的股权结构不得发生重大变化，实际控制人不得发生变更。

公司股东公开发售股份的具体办法由证券交易所规定。

第二十六条　首次公开发行证券网下配售时，发行人和主承销商不得向下列对象配售证券：

（一）发行人及其股东、实际控制人、董事、监事、高级管理人员和其他员工；发行人及其股东、实际控制人、董事、监事、高级管理人员能够直接或间接实施控制、共同控制或施加重大影响的公司，以及该公司控股股东、控股子公司和控股股东控制的其他子公司；

（二）主承销商及其持股比例百分之五以上的股东，主承销商的董事、监事、高级管理人员和其他员工；主承销商及其持股比例百分之五以上的股东、董事、监事、高级管理人员能够直接或间接实施控制、共同控制或施加重大影响的公司，以及该公司控股股东、控股子公司和控股股东控制的其他子公司；

（三）承销商及其控股股东、董事、监事、高级管理人员和其他员工；

（四）本条第（一）、（二）、（三）项所述人士的关系密切的家庭成员，包括配偶、子女及其配偶、父母及配偶的父母、兄弟姐妹及其配偶、配偶的兄弟姐妹、子女配偶的父母；

（五）过去六个月内与主承销商存在保荐、承销业务关系的公司及其持股百分之五以上的股东、实际控制人、董事、监事、高级管理人员，或已与主承销商签署保荐、承销业务合同或达成相关意向的公司及其持股百分之五以上的股东、实际控制人、董事、监事、高级管理人员；

（六）通过配售可能导致不当行为或不正当利益的其他自然人、法人和组织。

本条第（二）、（三）项规定的禁止配售对象管理的公募基金、社保基金、养老金、年金基金不受前款规定的限制，但应当符合中国证监会和国务院其他主管部门的有关规定。

第二十七条　发行人和承销商及相关人员不得有下列行为：

（一）泄露询价和定价信息；

（二）劝诱网下投资者抬高报价，干扰网下投资者正常报价和申购；

（三）以提供透支、回扣或者中国证监会认定的其他不正当手段诱使他人申购证券；

（四）以代持、信托持股等方式谋取不正当利益或向其他相关利益主体输送利益；

（五）直接或通过其利益相关方向参与认购的投资者提供财务资助或者补偿；

（六）以自有资金或者变相通过自有资金参与网下配售；

（七）与网下投资者互相串通，协商报价和配售；

（八）收取网下投资者回扣或其他相关利益；

（九）以任何方式操纵发行定价。

第三章 证券承销

第二十八条 证券公司承销证券，应当依照《证券法》第二十六条的规定采用包销或者代销方式。

发行人和主承销商应当签订承销协议，在承销协议中界定双方的权利义务关系，约定明确的承销基数。采用包销方式的，应当明确包销责任；采用代销方式的，应当约定发行失败后的处理措施。

证券发行由承销团承销的，组成承销团的承销商应当签订承销团协议，由主承销商负责组织承销工作。证券发行由两家以上证券公司联合主承销的，所有担任主承销商的证券公司应当共同承担主承销责任，履行相关义务。承销团由三家以上承销商组成的，可以设副主承销商，协助主承销商组织承销活动。

证券公司不得以不正当竞争手段招揽承销业务。承销团成员应当按照承销团协议及承销协议的规定进行承销活动，不得进行虚假承销。

第二十九条 证券发行采用代销方式的，应当在发行公告或者认购邀请书中披露发行失败后的处理措施。证券发行失败后，主承销商应当协助发行人按照发行价并加算银行同期存款利息返还证券认购人。

第三十条 证券公司实施承销前，应当向证券交易所报送发行与承销方案。

第三十一条 投资者申购缴款结束后，发行人和主承销商应当聘请符合《证券法》规定的会计师事务所对申购和募集资金进行验证，并出具验资报告；应当聘请符合《证券法》规定的律师事务所对网下发行过程、配售行为、参与定价和配售的投资者资质条件及其与发行人和承销商的关联关系、资金划拨等事项进行见证，并出具专项法律意见书。

首次公开发行证券和上市公司向不特定对象发行证券在证券上市之日起十个工作日内，上市公司向特定对象发行证券在验资完成之日起十个工作日内，主承销商应当将验资报告、专项法律意见书、承销总结报告等文件一并通过证券交易所向中国证监会备案。

第四章 上市公司证券发行与承销的特别规定

第三十二条 上市公司向特定对象发行证券未采用自行销售方式或者上市公司向原股东配售股份（以下简称配股）的，应当采用代销方式。

上市公司向特定对象发行证券采用自行销售方式的，应当遵守中国证监会和证券交易所的相关规定。

第三十三条 上市公司发行证券，存在利润分配方案、公积金转增股本方案尚未提交股东大会表决或者虽经股东大会表决通过但未实施的，应当在方案实施后发行。相关方案实施前，主承销商不得承销上市公司发行的证券。

利润分配方案实施完毕时间为股息、红利发放日，公积金转增股本方案实施完毕时间为除权日。

第三十四条　上市公司配股的，应当向股权登记日登记在册的股东配售，且配售比例应当相同。

上市公司向不特定对象募集股份（以下简称增发）或者向不特定对象发行可转换公司债券的，可以全部或者部分向原股东优先配售，优先配售比例应当在发行公告中披露。

网上投资者在申购可转换公司债券时无需缴付申购资金。

第三十五条　上市公司增发或者向不特定对象发行可转换公司债券的，经审慎评估，主承销商可以对参与网下配售的机构投资者进行分类，对不同类别的机构投资者设定不同的配售比例，对同一类别的机构投资者应当按相同的比例进行配售。主承销商应当在发行公告中明确机构投资者的分类标准。

主承销商未对机构投资者进行分类的，应当在网下配售和网上发行之间建立回拨机制，回拨后两者的获配比例应当一致。

第三十六条　上市公司和主承销商可以在增发发行方案中采用超额配售选择权，具体比照本办法第二十四条执行。

第三十七条　上市公司向不特定对象发行证券的，应当比照本办法第十三条关于首次公开发行证券网下投资者不得超资产规模申购、第二十条关于首次公开发行证券二次配售的规定执行。

第三十八条　上市公司向特定对象发行证券的，上市公司及其控股股东、实际控制人、主要股东不得向发行对象做出保底保收益或者变相保底保收益承诺，也不得直接或者通过利益相关方向发行对象提供财务资助或者其他补偿。

第三十九条　上市公司向特定对象发行证券采用竞价方式的，认购邀请书内容、认购邀请书发送对象范围、发行价格及发行对象的确定原则等应当符合中国证监会及证券交易所相关规定，上市公司和主承销商的控股股东、实际控制人、董事、监事、高级管理人员及其控制或者施加重大影响的关联方不得参与竞价。

第四十条　上市公司发行证券期间相关证券的停复牌安排，应当遵守证券交易所的相关业务规则。

第五章　信息披露

第四十一条　发行人和主承销商在发行过程中，应当按照中国证监会规定的要求编制信息披露文件，履行信息披露义务。发行人和承销商在发行过程中披露的信息，应当真实、准确、完整、及时，不得有虚假记载、误导性陈述或者重大遗漏。

第四十二条　首次公开发行证券申请文件受理后至发行人发行申请经中国证

监会注册、依法刊登招股意向书前，发行人及与本次发行有关的当事人不得采取任何公开方式或变相公开方式进行与证券发行相关的推介活动，也不得通过其他利益关联方或委托他人等方式进行相关活动。

第四十三条　首次公开发行证券招股意向书刊登后，发行人和主承销商可以向网下投资者进行推介和询价，并通过互联网等方式向公众投资者进行推介。

发行人和主承销商向公众投资者进行推介时，向公众投资者提供的发行人信息的内容及完整性应当与向网下投资者提供的信息保持一致。

第四十四条　发行人和主承销商在推介过程中不得夸大宣传，或者以虚假广告等不正当手段诱导、误导投资者，不得披露除招股意向书等公开信息以外的发行人其他信息。

承销商应当保留推介、定价、配售等承销过程中的相关资料至少三年并存档备查，包括推介宣传材料、路演现场录音等，如实、全面反映询价、定价和配售过程。

第四十五条　发行人和主承销商在发行过程中公告的信息，应当在证券交易所网站和符合中国证监会规定条件的媒体发布，同时将其置备于公司住所、证券交易所，供社会公众查阅。

第四十六条　发行人披露的招股意向书除不含发行价格、筹资金额以外，其内容与格式应当与招股说明书一致，并与招股说明书具有同等法律效力。

第四十七条　首次公开发行证券的发行人和主承销商应当在发行和承销过程中公开披露以下信息，并遵守证券交易所的相关规定：

（一）招股意向书刊登首日，应当在发行公告中披露发行定价方式、定价程序、参与网下询价投资者条件、证券配售原则、配售方式、有效报价的确定方式、中止发行安排、发行时间安排和路演推介相关安排等信息；发行人股东进行老股转让的，还应当披露预计老股转让的数量上限，老股转让股东名称及各自转让老股数量，并明确新股发行与老股转让数量的调整机制；

（二）网上申购前，应当披露每位网下投资者的详细报价情况，包括投资者名称、申购价格及对应的拟申购数量；剔除最高报价有关情况；剔除最高报价后网下投资者报价的中位数和加权平均数以及公募基金、社保基金、养老金、年金基金、保险资金和合格境外投资者资金报价的中位数和加权平均数；有效报价和发行价格或者价格区间的确定过程；发行价格或者价格区间及对应的市盈率；按照发行价格计算的募集资金情况，所筹资金不能满足使用需求的，还应当披露相关投资风险；网下网上的发行方式和发行数量；回拨机制；中止发行安排；申购缴款要求等。已公告老股转让方案的，还应当披露老股转让和新股发行的确定数量，老股转让股东名称及各自转让老股数量，并提示投资者关注，发行人将不会获得老股转让部分所得资金；

（三）采用询价方式且存在以下情形之一的，应当在网上申购前发布投资风险特别公告，详细说明定价合理性，提示投资者注意投资风险：发行价格对应市盈率超过同行业上市公司二级市场平均市盈率的；发行价格超过剔除最高报价后网下投资者报价的中位数和加权平均数，以及剔除最高报价后公募基金、社保基金、养老金、年金基金、保险资金和合格境外投资者资金报价中位数和加权平均数的孰低值的；发行价格超过境外市场价格的；发行人尚未盈利的；

（四）在发行结果公告中披露获配投资者名称以及每个获配投资者的报价、申购数量和获配数量等，并明确说明自主配售的结果是否符合事先公布的配售原则；对于提供有效报价但未参与申购，或实际申购数量明显少于报价时拟申购量的投资者应当列表公示并着重说明；披露网上、网下投资者获配未缴款金额以及主承销商的包销比例，列表公示获得配售但未足额缴款的网下投资者；披露保荐费用、承销费用、其他中介费用等发行费用信息；

（五）实施战略配售的，应当在网下配售结果公告中披露参与战略配售的投资者的名称、认购数量及持有期限等情况。

第四十八条　发行人和主承销商在披露发行市盈率时，应当同时披露发行市盈率的计算方式。在进行市盈率比较分析时，应当合理确定发行人行业归属，并分析说明行业归属的依据。存在多个市盈率口径时，应当充分列示可供选择的比较基准，并按照审慎、充分提示风险的原则选取和披露行业平均市盈率。发行人还可以同时披露市净率等反映发行人所在行业特点的估值指标。

发行人尚未盈利的，可以不披露发行市盈率及与同行业市盈率比较的相关信息，但应当披露市销率、市净率等反映发行人所在行业特点的估值指标。

第六章　监督管理和法律责任

第四十九条　证券交易所应当建立内部防火墙制度，发行承销监管部门与其他部门隔离运行。

证券交易所应当建立定期报告制度，及时总结发行承销监管的工作情况，并向中国证监会报告。

发行承销涉嫌违法违规或者存在异常情形的，证券交易所应当及时调查处理。发现违法违规情形的，可以按照自律监管规则对有关单位和责任人员采取一定期限内不接受与证券承销业务相关的文件、认定为不适当人选等自律监管措施或纪律处分。

证券交易所在发行承销监管过程中，发现重大敏感事项、重大无先例情况、重大舆情、重大违法线索的，应当及时向中国证监会请示报告。

第五十条　中国证券业协会应当建立对承销商询价、定价、配售行为和网下投资者报价、申购行为的日常监管制度，加强相关行为的监督检查，发现违法违规情形的，可以按照自律监管规则对有关单位和责任人员采取认定不适合从事相关业务等自律监管措施或者纪律处分。

中国证券业协会应当建立对网下投资者和承销商的跟踪分析和评价体系，并根据评价结果采取奖惩措施。

第五十一条　证券公司承销擅自公开发行或者变相公开发行的证券的，中国证监会可以采取本办法第五十五条规定的措施。依法应予行政处罚的，依照《证券法》第一百八十三条的规定处罚。

第五十二条　证券公司及其直接负责的主管人员和其他直接责任人员在承销证券过程中，有下列行为之一的，中国证监会可以采取本办法第五十五条规定的监管措施；依法应予行政处罚的，依照《证券法》第一百八十四条的规定予以处罚：

（一）进行虚假的或者误导投资者的广告宣传或者其他宣传推介活动；

（二）以不正当竞争手段招揽承销业务；

（三）从事本办法第二十七条规定禁止的行为；

（四）向不符合本办法第七条规定的网下投资者配售证券，或向本办法第二十六条规定禁止配售的对象配售证券；

（五）未按本办法要求披露有关文件；

（六）未按照事先披露的原则和方式配售证券，或其他未依照披露文件实施的行为；

（七）向投资者提供除招股意向书等公开信息以外的发行人其他信息；

（八）未按照本办法要求保留推介、定价、配售等承销过程中相关资料；

（九）其他违反证券承销业务规定的行为。

第五十三条　发行人及其直接负责的主管人员和其他直接责任人员有下列行为之一的，中国证监会可以采取本办法第五十五条规定的监管措施；违反《证券法》相关规定的，依法进行行政处罚：

（一）从事本办法第二十七条规定禁止的行为；

（二）夸大宣传，或者以虚假广告等不正当手段诱导、误导投资者；

（三）向投资者提供除招股意向书等公开信息以外的发行人信息。

第五十四条　公司股东公开发售股份违反本办法第二十五条规定的，中国证监会可以采取本办法第五十五条规定的监管措施；违反法律、行政法规、中国证监会其他规定和证券交易所规则规定的，依法进行查处；涉嫌犯罪的，依法移送司法机关，追究刑事责任。

第五十五条　发行人及其控股股东和实际控制人、证券公司、证券服务机构、投资者及其直接负责的主管人员和其他直接责任人员有失诚信，存在其他违反法律、行政法规或者本办法规定的行为的，中国证监会可以视情节轻重采取责令改正、监管谈话、出具警示函、责令公开说明等监管措施；情节严重的，可以对有关责任人员采取证券市场禁入措施；依法应予行政处罚的，依照有关规定进行处罚；涉嫌犯罪的，依法移送司法机关，追究其刑事责任。

第五十六条　中国证监会发现发行承销涉嫌违法违规或者存在异常情形的，可以要求证券交易所对相关事项进行调查处理，或者直接责令发行人和承销商暂停或者中止发行。

第五十七条　中国证监会发现证券交易所自律监管措施或者纪律处分失当的，可以责令证券交易所改正。

中国证监会对证券交易所发行承销过程监管工作进行年度例行检查，定期或者不定期按一定比例对证券交易所发行承销过程监管等相关工作进行抽查。

对于中国证监会在检查和抽查过程中发现的问题，证券交易所应当整改。

证券交易所发现重大敏感事项、重大无先例情况、重大舆情、重大违法线索未向中国证监会请示报告或者请示报告不及时，不配合中国证监会对发行承销监管工作的检查、抽查或者不按中国证监会的整改要求进行整改的，由中国证监会责令改正；情节严重的，追究直接责任人员相关责任。

第五十八条　中国证监会将遵守本办法的情况记入证券市场诚信档案，会同有关部门加强信息共享，依法实施守信激励与失信惩戒。

第七章　附　则

第五十九条　北京证券交易所的证券发行与承销适用中国证监会其他相关规定。

上市公司向不特定对象发行优先股的发行程序参照本办法关于上市公司增发的相关规定执行，向特定对象发行优先股的发行程序参照本办法关于上市公司向特定对象发行证券的相关规定执行，《优先股试点管理办法》或者中国证监会另有规定的，从其规定。

第六十条　本办法所称"公募基金"是指通过公开募集方式设立的证券投资基金；"社保基金"是指全国社会保障基金；"养老金"是指基本养老保险基金；"年金基金"是指企业年金基金和职业年金基金；"保险资金"是指符合《保险资金运用管理办法》等规定的保险资金。

本办法所称"同行业上市公司二级市场平均市盈率"按以下原则确定：

（一）中证指数有限公司发布的同行业最近一个月静态平均市盈率；

（二）中证指数有限公司未发布本款第（一）项市盈率的，可以由主承销商计算不少于三家同行业可比上市公司的二级市场最近一个月静态平均市盈率得出。

本办法所称"以上""以下""不少于""不超过""低于"均含本数，所称"超过""不足"均不含本数。

第六十一条　本办法自公布之日起施行。

优先股试点管理办法

（中国证监会令第 209 号　2023 年 2 月 17 日）

第一章　总　则

第一条　为规范优先股发行和交易行为，保护投资者合法权益，根据《中华人民共和国公司法》（以下简称《公司法》）、《中华人民共和国证券法》（以下简称《证券法》）、《国务院关于开展优先股试点的指导意见》及相关法律法规，制定本办法。

第二条　本办法所称优先股是指依照《公司法》，在一般规定的普通种类股份之外，另行规定的其他种类股份，其股份持有人优先于普通股股东分配公司利润和剩余财产，但参与公司决策管理等权利受到限制。

第三条　上市公司可以发行优先股，非上市公众公司可以向特定对象发行优先股。

第四条　优先股试点应当符合《公司法》《证券法》《国务院关于开展优先股试点的指导意见》和本办法的相关规定，并遵循公开、公平、公正的原则，禁止欺诈、内幕交易和操纵市场的行为。

第五条　证券公司及其他证券服务机构参与优先股试点，应当遵守法律法规及中国证券监督管理委员会（以下简称中国证监会）相关规定，遵循行业公认的业务标准和行为规范，诚实守信、勤勉尽责。

第六条　试点期间不允许发行在股息分配和剩余财产分配上具有不同优先顺序的优先股，但允许发行在其他条款上具有不同设置的优先股。

同一公司既发行强制分红优先股，又发行不含强制分红条款优先股的，不属于发行在股息分配上具有不同优先顺序的优先股。

第七条　相同条款的优先股应当具有同等权利。同次发行的相同条款优先股，每股发行的条件、价格和票面股息率应当相同；任何单位或者个人认购的股份，每股应当支付相同价额。

第二章　优先股股东权利的行使

第八条　发行优先股的公司除按《国务院关于开展优先股试点的指导意见》制定章程有关条款外，还应当按本办法在章程中明确优先股股东的有关权利和义务。

第九条　优先股股东按照约定的股息率分配股息后，有权同普通股股东一起参加剩余利润分配的，公司章程应明确优先股股东参与剩余利润分配的比例、条件等事项。

第十条　出现以下情况之一的，公司召开股东大会会议应通知优先股股东，并遵循《公司法》及公司章程通知普通股股东的规定程序。优先股股东有权出席股东大会会议，就以下事项与普通股股东分类表决，其所持每一优先股有一表决权，但公司持有的本公司优先股没有表决权：

（一）修改公司章程中与优先股相关的内容；

（二）一次或累计减少公司注册资本超过百分之十；

（三）公司合并、分立、解散或变更公司形式；

（四）发行优先股；

（五）公司章程规定的其他情形。

上述事项的决议，除须经出席会议的普通股股东（含表决权恢复的优先股股东）所持表决权的三分之二以上通过之外，还须经出席会议的优先股股东（不含表决权恢复的优先股股东）所持表决权的三分之二以上通过。

第十一条　公司股东大会可授权公司董事会按公司章程的约定向优先股支付股息。公司累计三个会计年度或连续两个会计年度未按约定支付优先股股息的，股东大会批准当年不按约定分配利润的方案次日起，优先股股东有权出席股东大会与普通股股东共同表决，每股优先股股份享有公司章程规定的一定比例表决权。

对于股息可累积到下一会计年度的优先股，表决权恢复直至公司全额支付所欠股息。对于股息不可累积的优先股，表决权恢复直至公司全额支付当年股息。公司章程可规定优先股表决权恢复的其他情形。

第十二条　优先股股东有权查阅公司章程、股东名册、公司债券存根、股东大会会议记录、董事会会议决议、监事会会议决议、财务会计报告。

第十三条　发行人回购优先股包括发行人要求赎回优先股和投资者要求回售优先股两种情况，并应在公司章程和招股文件中规定其具体条件。发行人要求赎回优先股的，必须完全支付所欠股息，但商业银行发行优先股补充资本的除外。优先股回购后相应减记发行在外的优先股股份总数。

第十四条　公司董事、监事、高级管理人员应当向公司申报所持有的本公司优先股及其变动情况，在任职期间每年转让的股份不得超过其所持本公司优先股股份总数的百分之二十五。公司章程可以对公司董事、监事、高级管理人员转让其所持有的本公司优先股股份作出其他限制性规定。

第十五条　除《国务院关于开展优先股试点的指导意见》规定的事项外，计算股东人数和持股比例时应分别计算普通股和优先股。

第十六条　公司章程中规定优先股采用固定股息率的，可以在优先股存续期内采取相同的固定股息率，或明确每年的固定股息率，各年度的股息率可以不同；公司章程中规定优先股采用浮动股息率的，应当明确优先股存续期内票面股息率的计算方法。

第三章　上市公司发行优先股

第一节　一般规定

第十七条　上市公司应当与控股股东或实际控制人的人员、资产、财务分开，机构、业务独立。

第十八条　上市公司内部控制制度健全，能够有效保证公司运行效率、合法合规和财务报告的可靠性，内部控制的有效性应当不存在重大缺陷。

第十九条　上市公司发行优先股，最近三个会计年度实现的年均可分配利润应当不少于优先股一年的股息。

第二十条　上市公司最近三年现金分红情况应当符合公司章程及中国证监会的有关监管规定。

第二十一条　上市公司报告期不存在重大会计违规事项。向不特定对象发行优先股，最近三年财务报表被注册会计师出具的审计报告应当为标准审计报告或带强调事项段的无保留意见的审计报告；向特定对象发行优先股，最近一年财务报表被注册会计师出具的审计报告为非标准审计报告的，所涉及事项对公司无重大不利影响或者在发行前重大不利影响已经消除。

第二十二条　上市公司发行优先股募集资金应有明确用途，与公司业务范围、经营规模相匹配，募集资金用途符合国家产业政策和有关环境保护、土地管理等法律和行政法规的规定。

除金融类企业外，本次募集资金使用项目不得为持有交易性金融资产和可供出售的金融资产、借予他人等财务性投资，不得直接或间接投资于以买卖有价证券为主要业务的公司。

第二十三条　上市公司已发行的优先股不得超过公司普通股股份总数的百分之五十，且筹资金额不得超过发行前净资产的百分之五十，已回购、转换的优先股不纳入计算。

第二十四条　上市公司同一次发行的优先股，条款应当相同。每次优先股发行完毕前，不得再次发行优先股。

第二十五条　上市公司存在下列情形之一的，不得发行优先股：

（一）本次发行申请文件有虚假记载、误导性陈述或重大遗漏；

（二）最近十二个月内受到过中国证监会的行政处罚；

（三）因涉嫌犯罪正被司法机关立案侦查或涉嫌违法违规正被中国证监会立案调查；

（四）上市公司的权益被控股股东或实际控制人严重损害且尚未消除；

（五）上市公司及其附属公司违规对外提供担保且尚未解除；

（六）存在可能严重影响公司持续经营的担保、诉讼、仲裁、市场重大质疑或其他重大事项；

（七）其董事和高级管理人员不符合法律、行政法规和规章规定的任职资格；

（八）严重损害投资者合法权益和社会公共利益的其他情形。

第二节　向不特定对象发行的特别规定

第二十六条　上市公司向不特定对象发行优先股，应当符合以下情形之一：

（一）其普通股为上证 50 指数成份股；

（二）以向不特定对象发行优先股作为支付手段收购或吸收合并其他上市公司；

（三）以减少注册资本为目的回购普通股的，可以向不特定对象发行优先股作为支付手段，或者在回购方案实施完毕后，可向不特定对象发行不超过回购减资总额的优先股。

中国证监会同意向不特定对象发行优先股注册后不再符合本条第（一）项情形的，上市公司仍可实施本次发行。

第二十七条　上市公司最近三个会计年度应当连续盈利。扣除非经常性损益后的净利润与扣除前的净利润相比，以孰低者作为计算依据。

第二十八条　上市公司向不特定对象发行优先股应当在公司章程中规定以下事项：

（一）采取固定股息率；

（二）在有可分配税后利润的情况下必须向优先股股东分配股息；

（三）未向优先股股东足额派发股息的差额部分应当累积到下一会计年度；

（四）优先股股东按照约定的股息率分配股息后，不再同普通股股东一起参加剩余利润分配。

商业银行发行优先股补充资本的，可就第（二）项和第（三）项事项另行约定。

第二十九条　上市公司向不特定对象发行优先股的，可以向原股东优先配售。

第三十条　除本办法第二十五条的规定外，上市公司最近三十六个月内因违反工商、税收、土地、环保、海关法律、行政法规或规章，受到行政处罚且情节严重的，不得向不特定对象发行优先股。

第三十一条　上市公司向不特定对象发行优先股，公司及其控股股东或实际控制人最近十二个月内应当不存在违反向投资者作出的公开承诺的行为。

第三节　其他规定

第三十二条　优先股每股票面金额为一百元。

优先股发行价格和票面股息率应当公允、合理，不得损害股东或其他利益相关方的合法利益，发行价格不得低于优先股票面金额。

向不特定对象发行优先股的价格或票面股息率以市场询价或中国证监会认可的其他公开方式确定。向特定对象发行优先股的票面股息率不得高于最近两个会计年度的年均加权平均净资产收益率。

第三十三条　上市公司不得发行可转换为普通股的优先股。但商业银行可根据商业银行资本监管规定，向特定对象发行触发事件发生时强制转换为普通股的优先股，并遵守有关规定。

第三十四条　上市公司向特定对象发行优先股仅向本办法规定的合格投资者发行，每次发行对象不得超过二百人，且相同条款优先股的发行对象累计不得超过二百人。

发行对象为境外战略投资者的，还应当符合国务院相关部门的规定。

第四节　发行程序

第三十五条　上市公司申请发行优先股，董事会应当按照中国证监会有关信息披露规定，公开披露本次优先股发行预案，并依法就以下事项作出决议，提请股东大会批准。

（一）本次优先股的发行方案；

（二）向特定对象发行优先股且发行对象确定的，上市公司与相应发行对象签订的附条件生效的优先股认购合同。认购合同应当载明发行对象拟认购优先股的数量、认购价格或定价原则、票面股息率或其确定原则，以及其他必要条款。认购合同应当约定发行对象不得以竞价方式参与认购，且本次发行一经上市公司董事会、股东大会批准并经中国证监会注册，该合同即应生效；

（三）向特定对象发行优先股且发行对象尚未确定的，决议应包括发行对象的范围和资格、定价原则、发行数量或数量区间。

上市公司的控股股东、实际控制人或其控制的关联人参与认购本次向特定对象发行优先股的，按照前款第（二）项执行。

第三十六条　上市公司独立董事应当就上市公司本次发行对公司各类股东权益的影响发表专项意见，并与董事会决议一同披露。

第三十七条　上市公司股东大会就发行优先股进行审议，应当就下列事项逐项进行表决：

（一）本次发行优先股的种类和数量；

（二）发行方式、发行对象及向原股东配售的安排；

（三）票面金额、发行价格或其确定原则；

（四）优先股股东参与分配利润的方式，包括：票面股息率或其确定原则、股息发放的条件、股息支付方式、股息是否累积、是否可以参与剩余利润分配等；

（五）回购条款，包括回购的条件、期间、价格及其确定原则、回购选择权的行使主体等（如有）；

（六）募集资金用途；

（七）公司与发行对象签订的附条件生效的优先股认购合同（如有）；

（八）决议的有效期；

（九）公司章程关于优先股股东和普通股股东利润分配、剩余财产分配、优先股表决权恢复等相关政策条款的修订方案；

（十）对董事会办理本次发行具体事宜的授权；

（十一）其他事项。

上述决议，须经出席会议的普通股股东（含表决权恢复的优先股股东）所持表决权的三分之二以上通过。已发行优先股的，还须经出席会议的优先股股东（不含表决权恢复的优先股股东）所持表决权的三分之二以上通过。上市公司向公司特定股东及其关联人发行优先股的，股东大会就发行方案进行表决时，关联股东应当回避。

第三十八条　上市公司就发行优先股事项召开股东大会，应当提供网络投票，还可以通过中国证监会认可的其他方式为股东参加股东大会提供便利。

第三十九条　上市公司申请发行优先股应当由保荐人保荐并向证券交易所申报，其申请、审核、注册、发行等相关程序参照《上市公司证券发行注册管理办法》和《证券发行与承销管理办法》或《北京证券交易所上市公司证券发行注册管理办法》的规定。

第四十条　上市公司发行优先股，可以申请一次注册，分次发行，不同次发行的优先股除票面股息率外，其他条款应当相同。自中国证监会同意注册之日起，公司应在六个月内实施首次发行，剩余数量应当在二十四个月内发行完毕。超过注册文件时限的，须申请中国证监会重新注册。首次发行数量应当不少于总发行数量的百分之五十，剩余各次发行的数量由公司自行确定，每次发行完毕后五个工作日内报中国证监会备案。

第四章　非上市公众公司向特定对象发行优先股

第四十一条　非上市公众公司向特定对象发行优先股应符合下列条件：

（一）合法规范经营；

（二）公司治理机制健全；

（三）依法履行信息披露义务。

第四十二条　非上市公众公司向特定对象发行优先股应当遵守本办法第二十三条、第二十四条、第二十五条、第三十二条、第三十三条的规定。

第四十三条　非上市公众公司向特定对象发行优先股仅向本办法规定的合格投资者发行，每次发行对象不得超过二百人，且相同条款优先股的发行对象累计不得超过二百人。

第四十四条　非上市公众公司拟发行优先股的，董事会应依法就具体方案、本次发行对公司各类股东权益的影响、发行优先股的目的、募集资金的用途及其他必须明确的事项作出决议，并提请股东大会批准。

董事会决议确定具体发行对象的，董事会决议应当确定具体的发行对象名称及其认购价格或定价原则、认购数量或数量区间等；同时应在召开董事会前与相应发行对象签订附条件生效的股份认购合同。董事会决议未确定具体发行对象的，董事会决议应当明确发行对象的范围和资格、定价原则等。

第四十五条　非上市公众公司股东大会就发行优先股进行审议，表决事项参照本办法第三十七条执行。发行优先股决议，须经出席会议的普通股股东（含表决权恢复的优先股股东）所持表决权的三分之二以上通过。已发行优先股的，还须经出席会议的优先股股东（不含表决权恢复的优先股股东）所持表决权的三分之二以上通过。非上市公众公司向公司特定股东及其关联人发行优先股的，股东大会就发行方案进行表决时，关联股东应当回避，公司普通股股东（不含表决权恢复的优先股股东）人数少于二百人的除外。

第四十六条　非上市公众公司发行优先股的申请、审核、注册（豁免）、发行等相关程序应按照《非上市公众公司监督管理办法》等相关规定办理。

第五章　交易转让和登记结算

第四十七条　优先股发行后可以申请上市交易或转让，不设限售期。

向不特定对象发行的优先股可以在证券交易所上市交易。上市公司向特定对象发行的优先股可以在证券交易所转让，非上市公众公司向特定对象发行的优先股可以在全国中小企业股份转让系统转让，转让范围仅限合格投资者。交易或转让的具体办法由证券交易所或全国中小企业股份转让系统另行制定。

第四十八条　优先股交易或转让环节的投资者适当性标准应当与发行环节保持一致；向特定对象发行的相同条款优先股经交易或转让后，投资者不得超过二百人。

第四十九条　中国证券登记结算公司为优先股提供登记、存管、清算、交收等服务。

第六章　信息披露

第五十条　公司应当按照中国证监会有关信息披露规则编制募集优先股说明书或其他信息披露文件，依法履行信息披露义务。上市公司相关信息披露程序和要求参照《上市公司证券发行注册管理办法》《北京证券交易所上市公司证券发行注册管理办法》及有关监管指引的规定。非上市公众公司向特定对象发行优先股的信息披露程序和要求参照《非上市公众公司监督管理办法》及有关监管指引的规定。

第五十一条　发行优先股的公司披露定期报告时，应当以专门章节披露已发行优先股情况、持有公司优先股股份最多的前十名股东的名单和持股数额、优先股股东的利润分配情况、优先股的回购情况、优先股股东表决权恢复及行使情况、优先股会计处理情况及其他与优先股有关的情况，具体内容与格式由中国证监会规定。

第五十二条　发行优先股的上市公司，发生表决权恢复、回购普通股等事项，以及其他可能对其普通股或优先股交易或转让价格产生较大影响事项的，上市公司应当按照《证券法》第八十条以及中国证监会的相关规定，履行临时报告、公告等信息披露义务。

第五十三条　发行优先股的非上市公众公司按照《非上市公众公司监督管理办法》《非上市公众公司信息披露管理办法》及有关监管指引的规定履行日常信息披露义务。

第七章　回购与并购重组

第五十四条　上市公司可以向特定对象发行优先股作为支付手段，向公司特定股东回购普通股。上市公司回购普通股的价格应当公允、合理，不得损害股东或其他利益相关方的合法利益。

第五十五条　上市公司以减少注册资本为目的回购普通股向不特定对象发行优先股的，以及以向特定对象发行优先股为支付手段向公司特定股东回购普通股的，除应当符合优先股发行条件和程序，还应符合以下规定：

（一）上市公司回购普通股应当由董事会依法作出决议并提交股东大会批准；

（二）上市公司股东大会就回购普通股作出的决议，应当包括下列事项：回购普通股的价格区间，回购普通股的数量和比例，回购普通股的期限，决议的有效期，对董事会办理本次回购股份事宜的具体授权，其他相关事项。以发行优先股作为支付手段的，应当包括拟用于支付的优先股总金额以及支付比例；回购方案实施完毕之日起一年内向不特定对象发行优先股的，应当包括回购的资金总额以及资金来源；

（三）上市公司股东大会就回购普通股作出决议，必须经出席会议的普通股股东（含表决权恢复的优先股股东）所持表决权的三分之二以上通过；

（四）上市公司应当在股东大会作出回购普通股决议后的次日公告该决议；

（五）依法通知债权人。

本办法未做规定的应当符合中国证监会有关上市公司回购的其他规定。

第五十六条　上市公司收购要约适用于被收购公司的所有股东，但可以针对优先股股东和普通股股东提出不同的收购条件。

第五十七条　上市公司可以按照《上市公司重大资产重组管理办法》规定的条件发行优先股购买资产，同时应当遵守本办法第三十三条，以及第三十五条至第三十八条的规定，依法披露有关信息、履行相应程序。

第五十八条　上市公司发行优先股作为支付手段购买资产的，可以同时募集配套资金。

第五十九条　非上市公众公司发行优先股的方案涉及重大资产重组的，应当符合中国证监会有关重大资产重组的规定。

第八章　监管措施和法律责任

第六十条　公司及其控股股东或实际控制人，公司董事、监事、高级管理人员以及其他直接责任人员，相关市场中介机构及责任人员，以及优先股试点的其他市场参与者违反本办法规定的，依照《公司法》《证券法》和中国证监会的有关规定处理；涉嫌犯罪的，依法移送司法机关，追究其刑事责任。

第六十一条　上市公司、非上市公众公司违反本办法规定，存在未按规定制定有关章程条款、不按照约定召集股东大会恢复优先股股东表决权等损害优先股股东和中小股东权益等行为的，中国证监会应当责令改正，对上市公司、非上市公众公司和其直接负责的主管人员和其他直接责任人员，可以采取相应的行政监管措施以及警告、三万元以下罚款等行政处罚。

第六十二条　上市公司违反本办法第二十二条第二款规定的，中国证监会可以责令改正，并可以对有关责任人员采取证券市场禁入的措施。

第六十三条　上市公司、非上市公众公司向特定对象发行优先股，相关投资者为本办法规定的合格投资者以外的投资者的，中国证监会应当责令改正，并可以自确认之日起对有关责任人员采取证券市场禁入的措施。

第六十四条　承销机构在承销向特定对象发行的优先股时，将优先股配售给不符合本办法合格投资者规定的对象的，中国证监会可以责令改正，并可以对有关责任人员采取证券市场禁入的措施。

第六十五条　证券交易所负责对发行人及其控股股东、实际控制人、保荐人、承销商、证券服务机构等进行自律监管。

证券交易所发现发行上市过程中存在违反自律监管规则的行为，可以对有关单位和责任人员采取一定期限内不接受与证券发行相关的文件、认定为不适当人选等自律监管措施或者纪律处分。

第九章　附　则

第六十六条　本办法所称合格投资者包括：

（一）经有关金融监管部门批准设立的金融机构，包括商业银行、证券公司、基金管理公司、信托公司和保险公司等；

（二）上述金融机构面向投资者发行的理财产品，包括但不限于银行理财产品、信托产品、投连险产品、基金产品、证券公司资产管理产品等；

（三）实收资本或实收股本总额不低于人民币五百万元的企业法人；

（四）实缴出资总额不低于人民币五百万元的合伙企业；

（五）合格境外机构投资者（QFII）、人民币合格境外机构投资者（RQFII）、符合国务院相关部门规定的境外战略投资者；

（六）除发行人董事、高级管理人员及其配偶以外的，名下各类证券账户、资金账户、资产管理账户的资产总额不低于人民币五百万元的个人投资者；

（七）经中国证监会认可的其他合格投资者。

第六十七条　非上市公众公司首次公开发行普通股并同时向特定对象发行优先股的，其优先股的发行与信息披露应符合本办法中关于上市公司向特定对象发行优先股的有关规定。

第六十八条　注册在境内的境外上市公司在境外发行优先股，应当符合境外募集股份及上市的有关规定。

注册在境内的境外上市公司在境内发行优先股，参照执行本办法关于非上市公众公司发行优先股的规定，以及《非上市公众公司监督管理办法》等相关规定，其优先股可以在全国中小企业股份转让系统进行转让。

第六十九条　本办法下列用语含义如下：

（一）强制分红：公司在有可分配税后利润的情况下必须向优先股股东分配股息；

（二）可分配税后利润：发行人股东依法享有的未分配利润；

（三）加权平均净资产收益率：按照《公开发行证券的公司信息披露编报规则第9号——净资产收益率和每股收益的计算及披露》计算的加权平均净资产收益率；

（四）上证50指数：中证指数有限公司发布的上证50指数。

第七十条　本办法中计算合格投资者人数时，同一资产管理机构以其管理的两只以上产品认购或受让优先股的，视为一人。

第七十一条　本办法自公布之日起施行。

北京证券交易所向不特定合格投资者公开发行股票注册管理办法

（中国证监会令第 210 号　2023 年 2 月 17 日）

第一章　总　则

第一条　为了规范北京证券交易所（以下简称北交所）向不特定合格投资者公开发行股票相关活动，保护投资者合法权益和社会公共利益，根据《中华人民共和国证券法》（以下简称《证券法》）、《中华人民共和国公司法》《国务院办公厅关于贯彻实施修订后的证券法有关工作的通知》及相关法律法规，制定本办法。

第二条　股票向不特定合格投资者公开发行（以下简称公开发行）并在北交所上市的发行注册，适用本办法。

前款所称的合格投资者应当符合中国证券监督管理委员会（以下简称中国证监会）和北交所的投资者适当性管理规定。

第三条　北交所充分发挥对全国中小企业股份转让系统（以下简称全国股转系统）的示范引领作用，深入贯彻创新驱动发展战略，聚焦实体经济，主要服务创新型中小企业，重点支持先进制造业和现代服务业等领域的企业，推动传统产业转型升级，培育经济发展新动能，促进经济高质量发展。

第四条　公开发行股票并在北交所上市，应当符合发行条件、上市条件以及相关信息披露要求，依法经北交所发行上市审核，并报中国证监会注册。

第五条　发行人应当诚实守信，依法充分披露投资者作出价值判断和投资决策所必需的信息，充分揭示当前及未来可预见对发行人构成重大不利影响的直接和间接风险，所披露信息必须真实、准确、完整，简明清晰、通俗易懂，不得有虚假记载、误导性陈述或者重大遗漏。

发行人应当按保荐人、证券服务机构要求，依法向其提供真实、准确、完整的财务会计资料和其他资料，配合相关机构开展尽职调查和其他相关工作。

发行人的控股股东、实际控制人、董事、监事、高级管理人员、有关股东应当配合相关机构开展尽职调查和其他相关工作，不得要求或者协助发行人隐瞒应当提供的资料或者应当披露的信息。

第六条　保荐人应当诚实守信，勤勉尽责，按照依法制定的业务规则和行业自律规范的要求，充分了解发行人经营情况、风险和发展前景，以提高上市公司质量为导向保荐项目，对注册申请文件和信息披露资料进行审慎核查，对发行人是否符合发行条件、上市条件独立作出专业判断，审慎作出保荐决定，并对招股说明书及其所出具的相关文件的真实性、准确性、完整性负责。

第七条　证券服务机构应当严格遵守法律法规、中国证监会制定的监管规则、业务规则和本行业公认的业务标准和道德规范，建立并保持有效的质量控制体系，保护投资者合法权益，审慎履行职责，作出专业判断与认定，保证所出具的文件的真实性、准确性、完整性。

证券服务机构及其相关执业人员应当对与本专业相关的业务事项履行特别注意义务，对其他业务事项履行普通注意义务，并承担相应法律责任。

证券服务机构及其执业人员从事证券服务应当配合中国证监会的监督管理，在规定的期限内提供、报送或披露相关资料、信息，并保证其提供、报送或披露的资料、信息真实、准确、完整，不得有虚假记载、误导性陈述或者重大遗漏。

证券服务机构应当妥善保存客户委托文件、核查和验证资料、工作底稿以及与质量控制、内部管理、业务经营有关的信息和资料。

第八条　对发行人公开发行股票申请予以注册，不表明中国证监会和北交所对该股票的投资价值或者投资者的收益作出实质性判断或者保证，也不表明中国证监会和北交所对注册申请文件的真实性、准确性、完整性作出保证。

第二章　发行条件

第九条　发行人应当为在全国股转系统连续挂牌满十二个月的创新层挂牌公司。

第十条　发行人申请公开发行股票，应当符合下列规定：

（一）具备健全且运行良好的组织机构；

（二）具有持续经营能力，财务状况良好；

（三）最近三年财务会计报告无虚假记载，被出具无保留意见审计报告；

（四）依法规范经营。

第十一条　发行人及其控股股东、实际控制人存在下列情形之一的，发行人不得公开发行股票：

（一）最近三年内存在贪污、贿赂、侵占财产、挪用财产或者破坏社会主义市场经济秩序的刑事犯罪；

（二）最近三年内存在欺诈发行、重大信息披露违法或者其他涉及国家安全、公共安全、生态安全、生产安全、公众健康安全等领域的重大违法行为；

（三）最近一年内受到中国证监会行政处罚。

第三章　注册程序

第十二条　发行人董事会应当依法就本次股票发行的具体方案、本次募集资金使用的可行性及其他必须明确的事项作出决议，并提请股东大会批准。

发行人监事会应当对董事会编制的招股说明书等证券发行文件进行审核并提出书面审核意见。

第十三条　发行人股东大会就本次股票发行作出决议，决议应当包括下列事项：

（一）本次公开发行股票的种类和数量；

（二）发行对象的范围；

（三）定价方式、发行价格（区间）或发行底价；

（四）募集资金用途；

（五）决议的有效期；

（六）对董事会办理本次发行具体事宜的授权；

（七）发行前滚存利润的分配方案；

（八）其他必须明确的事项。

第十四条　发行人股东大会就本次股票发行事项作出决议，必须经出席会议的股东所持表决权的三分之二以上通过。发行人应当对出席会议的持股比例在百分之五以下的中小股东表决情况单独计票并予以披露。

发行人就本次股票发行事项召开股东大会，应当提供网络投票的方式，发行人还可以通过其他方式为股东参加股东大会提供便利。

第十五条　发行人申请公开发行股票，应当按照中国证监会有关规定制作注册申请文件，依法由保荐人保荐并向北交所申报。北交所收到注册申请文件后，应当在五个工作日内作出是否受理的决定。

保荐人应当指定保荐代表人负责具体保荐工作。

保荐人及保荐代表人应当按照本办法、《证券发行上市保荐业务管理办法》以及北交所相关保荐业务规则的规定履行职责，并依法承担相应的责任。

第十六条　自注册申请文件申报之日起，发行人及其控股股东、实际控制人、董事、监事、高级管理人员，以及与本次股票公开发行相关的保荐人、证券服务机构及相关责任人员，即承担相应法律责任，并承诺不得影响或干扰发行上市审核注册工作。

第十七条　注册申请文件受理后，未经中国证监会或者北交所同意，不得改动。

发生重大事项的，发行人、保荐人、证券服务机构应当及时向北交所报告，并按要求更新注册申请文件和信息披露资料。

第十八条　北交所设立独立的审核部门，负责审核发行人公开发行并上市申请；设立上市委员会，负责对审核部门出具的审核报告和发行人的申请文件提出审议意见。北交所可以设立行业咨询委员会，负责为发行上市审核提供专业咨询和政策建议。

北交所应当根据本办法制定发行上市审核业务规则，并报中国证监会批准。

第十九条　北交所主要通过向发行人提出审核问询、发行人回答问题方式开展审核工作，判断发行人是否符合发行条件、上市条件和信息披露要求。

第二十条　北交所按照规定的条件和程序，形成发行人是否符合发行条件和信息披露要求的审核意见。认为发行人符合发行条件和信息披露要求的，将审核意见、发行人注册申请文件及相关审核资料报送中国证监会注册；认为发行人不符合发行条件或者信息披露要求的，作出终止发行上市审核决定。

北交所审核过程中，发现重大敏感事项、重大无先例情况、重大舆情、重大违法线索的，应当及时向中国证监会请示报告，中国证监会及时提出明确意见。

第二十一条　北交所应当自受理注册申请文件之日起二个月内形成审核意见，通过对发行人实施现场检查、对保荐人实施现场督导、要求保荐人或证券服务机构对有关事项进行专项核查等方式要求发行人补充、修改申请文件的时间不计算在内。

第二十二条　中国证监会在北交所收到注册申请文件之日起，同步关注发行人是否符合国家产业政策和北交所定位。

中国证监会收到北交所报送的审核意见、发行人注册申请文件及相关审核资料后，基于北交所审核意见，依法履行发行注册程序。中国证监会发现存在影响发行条件的新增事项的，可以要求北交所进一步问询并就新增事项形成审核意见。

中国证监会认为北交所对新增事项的审核意见依据明显不充分的，可以退回北交所补充审核。北交所补充审核后，认为发行人符合发行条件和信息披露要求的，重新向中国证监会报送审核意见及相关资料，本办法第二十三条规定的注册期限重新计算。

第二十三条　中国证监会在二十个工作日内对发行人的注册申请作出同意注册或不予注册的决定，通过要求北交所进一步问询、要求保荐人或证券服务机构等对有关事项进行核查、对发行人现场检查等方式要求发行人补充、修改申请文件的时间不计算在内。

第二十四条　中国证监会的予以注册决定，自作出之日起一年内有效，发行人应当在注册决定有效期内发行股票，发行时点由发行人自主选择。

第二十五条　中国证监会作出予以注册决定后、发行人股票上市交易前，发行人应当及时更新信息披露文件内容，财务报表已过有效期的，发行人应当补充财务会计报告等文件；保荐人以及证券服务机构应当持续履行尽职调查责任；发生重大事项的，发行人、保荐人应当及时向北交所报告。北交所应当对上述事项及时处理，发现发行人存在重大事项影响发行条件、上市条件的，应当出具明确意见并及时向中国证监会报告。

中国证监会作出予以注册决定后、发行人股票上市交易前应当持续符合发行条件，发生可能影响本次发行的重大事项的，中国证监会可以要求发行人暂缓发行、上市；相关重大事项导致发行人不符合发行条件的，中国证监会应当撤销注册。中国证监会撤销注册后，股票尚未发行的，发行人应当停止发行；股票已经发行尚未上市的，发行人应当按照发行价并加算银行同期存款利息返还股票持有人。

第二十六条　北交所认为发行人不符合发行条件或者信息披露要求，作出终止发行上市审核决定，或者中国证监会作出不予注册决定的，自决定作出之日起六个月后，发行人可以再次提出公开发行股票并上市申请。

第二十七条　北交所应当提高审核工作透明度，接受社会监督，公开下列事项：

（一）发行上市审核标准和程序等发行上市审核业务规则和相关业务细则；

（二）在审企业名单、企业基本情况及审核工作进度；

（三）发行上市审核问询及回复情况，但涉及国家秘密或者发行人商业秘密的除外；

（四）上市委员会会议的时间、参会委员名单、审议的发行人名单、审议结果及现场问询问题；

（五）对股票公开发行并上市相关主体采取的自律监管措施或者纪律处分；

（六）北交所规定的其他事项。

中国证监会应当按规定公开股票发行注册相关的监管信息。

第二十八条　存在下列情形之一的，发行人、保荐人应当及时书面报告北交所或者中国证监会，北交所或者中国证监会应当中止相应发行上市审核程序或者发行注册程序：

（一）发行人及其控股股东、实际控制人涉嫌贪污、贿赂、侵占财产、挪用财产或者破坏社会主义市场经济秩序的犯罪，或者涉嫌欺诈发行、重大信息披露违法或其他涉及国家安全、公共安全、生态安全、生产安全、公众健康安全等领域的重大违法行为，被立案调查或者被司法机关侦查，尚未结案；

（二）发行人的保荐人以及律师事务所、会计师事务所等证券服务机构被中国证监会依法采取限制业务活动、责令停业整顿、指定其他机构托管、接管等措施，或者被证券交易所、国务院批准的其他全国性证券交易场所实施一定期限内不接受其出具的相关文件的纪律处分，尚未解除；

（三）发行人的签字保荐代表人、签字律师、签字会计师等中介机构签字人员被中国证监会依法采取认定为不适当人选等监管措施或者证券市场禁入的措施，被证券交易所、国务院批准的其他全国性证券交易场所实施一定期限内不接受其出具的相关文件的纪律处分，或者被证券业协会采取认定不适合从事相关业务的纪律处分，尚未解除；

（四）发行人及保荐人主动要求中止发行上市审核程序或者发行注册程序，理由正当且经北交所或者中国证监会同意；

（五）发行人注册申请文件中记载的财务资料已过有效期，需要补充提交；

（六）中国证监会规定的其他情形。

前款所列情形消失后，发行人可以提交恢复申请。北交所或者中国证监会按照规定恢复发行上市审核程序或者发行注册程序。

第二十九条　存在下列情形之一的，北交所或者中国证监会应当终止相应发行上市审核程序或者发行注册程序，并向发行人说明理由：

（一）发行人撤回注册申请或者保荐人撤销保荐；

（二）发行人未在要求的期限内对注册申请文件作出解释说明或者补充、修改；

（三）注册申请文件存在虚假记载、误导性陈述或者重大遗漏；

（四）发行人阻碍或者拒绝中国证监会、北交所依法对发行人实施检查、核查；

（五）发行人及其关联方以不正当手段严重干扰发行上市审核或者发行注册工作；

（六）发行人法人资格终止；

（七）注册申请文件内容存在重大缺陷，严重影响投资者理解和发行上市审核或者发行注册工作；

（八）发行人注册申请文件中记载的财务资料已过有效期且逾期三个月未更新；

（九）发行人发行上市审核程序中止超过北交所规定的时限或者发行注册程序中止超过三个月仍未恢复；

（十）北交所认为发行人不符合发行条件或者信息披露要求；

（十一）中国证监会规定的其他情形。

第三十条　中国证监会和北交所可以对发行人进行现场检查，可以要求保荐人、证券服务机构对有关事项进行专项核查并出具意见。

第四章　信息披露

第三十一条　发行人应当按照中国证监会制定的信息披露规则，编制并披露招股说明书。

发行人应当以投资者需求为导向，结合所属行业的特点和发展趋势，充分披露自身的创新特征。

中国证监会制定的信息披露规则是信息披露的最低要求。不论上述规则是否有明确规定，凡是投资者作出价值判断和投资决策所必需的信息，发行人均应当充分披露。

第三十二条　中国证监会依法制定招股说明书内容与格式准则等信息披露规则，对相关信息披露文件的内容、格式等作出规定。

北交所可以依据中国证监会部门规章和规范性文件，制定信息披露细则或指引，在中国证监会确定的信息披露内容范围内，对信息披露提出细化和补充要求。

第三十三条　北交所受理注册申请文件后，发行人应当按规定将招股说明书、发行保荐书、上市保荐书、审计报告和法律意见书等文件在北交所网站预先披露。

北交所将发行人注册申请文件报送中国证监会时，前款规定的文件应当同步在北交所网站和中国证监会网站公开。

预先披露的招股说明书及其他注册申请文件不能含有价格信息，发行人不得据此发行股票。

第三十四条　发行人在发行股票前应当在符合《证券法》规定的信息披露平台刊登经注册生效的招股说明书，同时将其置备于公司住所、北交所，供社会公众查阅。

发行人可以将招股说明书以及有关附件刊登于其他报刊、网站，但披露内容应当完全一致，且不得早于在符合《证券法》规定的信息披露平台的披露时间。

第五章　发行承销

第三十五条　公开发行股票并在北交所上市的发行与承销行为，适用本办法。

北交所应当根据本办法制定发行承销业务规则，并报中国证监会批准。

第三十六条　发行人公开发行股票，应当聘请具有证券承销业务资格的证券公司承销，按照《证券法》有关规定签订承销协议，确定采取代销或包销方式。

第三十七条　证券公司承销公开发行股票，应当依据本办法以及依法制定的业务规则和行业自律规范的有关风险控制和内部控制等相关规定，制定严格的风险管理制度和内部控制制度，加强定价和配售过程管理，落实承销责任。为股票发行出具相关文件的证券服务机构和人员，应当按照行业公认的业务标准和道德规范，严格履行法定职责，保证所出具文件的真实性、准确性和完整性。

第三十八条　发行人可以与主承销商自主协商直接定价，也可以通过合格投资者网上竞价，或者网下询价等方式确定股票发行价格和发行对象。发行人和主承销商应当在招股说明书和发行公告中披露本次发行股票采用的定价方式。

发行人应当对定价依据及定价方式、定价的合理性作出充分说明并披露，主承销商应当对本次发行价格的合理性、相关定价依据和定价方法的合理性，是否损害现有股东利益等发表意见。

第三十九条　发行人通过网下询价方式确定股票发行价格和发行对象的，询价对象应当是经中国证券业协会注册的网下投资者。

发行人和主承销商可以根据北交所和中国证券业协会相关自律规则的规定，设置网下投资者的具体条件，并在发行公告中预先披露。

第四十条　获中国证监会同意注册后，发行人与主承销商应当及时向北交所报送发行与承销方案。

第四十一条　公开发行股票可以向战略投资者配售。发行人的高级管理人员、核心员工可以参与战略配售。

前款所称的核心员工，应当由公司董事会提名，并向全体员工公示和征求意见，由监事会发表明确意见后，经股东大会审议批准。

发行人应当与战略投资者事先签署配售协议。发行人和主承销商应当在发行公告中披露战略投资者的选择标准、向战略投资者配售的股票总量、占本次发行股票的比例以及持有期限等。

第四十二条　发行人、承销商及相关人员不得存在以下行为：

（一）泄露询价或定价信息；

（二）以任何方式操纵发行定价；

（三）夸大宣传，或以虚假广告等不正当手段诱导、误导投资者；

（四）向投资者提供除招股意向书等公开信息以外的公司信息；

（五）以提供透支、回扣或者中国证监会认定的其他不正当手段诱使他人申购股票；

（六）以代持、信托持股等方式谋取不正当利益或向其他相关利益主体输送利益；

（七）直接或通过其利益相关方向参与申购的投资者提供财务资助或者补偿；

（八）以自有资金或者变相通过自有资金参与网下配售；

（九）与投资者互相串通，协商报价和配售；

（十）收取投资者回扣或其他相关利益；

（十一）中国证监会规定的其他情形。

第六章　监督管理与法律责任

第四十三条　中国证监会建立对发行上市监管全流程的权力运行监督制约机制，对发行上市审核程序和发行注册程序相关内控制度运行情况进行督导督察，对廉政纪律执行情况和相关人员的履职尽责情况进行监督监察。

中国证监会建立对北交所发行上市审核工作和发行承销过程监管的监督机制，可以通过选取或抽取项目同步关注、调阅审核工作文件、提出问题、列席相关审核会议等方式对北交所相关工作进行检查或抽查。对于中国证监会检查监督过程中发现的问题，北交所应当整改。

第四十四条　北交所应当建立内部防火墙制度，发行上市审核部门、发行承销监管部门与其他部门隔离运行。参与发行上市审核的人员，不得与发行人及其控股股东、实际控制人、相关保荐人、证券服务机构有利害关系，不得直接或者间接与发行人、保荐人、证券服务机构有利益往来，不得持有发行人股票，不得私下与发行人接触。

北交所应当发挥自律管理作用，对公开发行并上市相关行为进行监督。发现发行人及其控股股东、实际控制人、董事、监事、高级管理人员以及保荐人、承销商、证券服务机构及其相关执业人员等违反法律、行政法规和中国证监会相关规定的，应当向中国证监会报告，并采取自律管理措施。

北交所对股票发行承销过程实施自律管理。发现异常情形或者涉嫌违法违规的，中国证监会可以要求北交所对相关事项进行调查处理，或者直接责令发行人、承销商暂停或中止发行。

北交所应当建立定期报告和重大发行上市事项请示报告制度，及时总结发行上市审核和发行承销监管的工作情况，并报告中国证监会。

第四十五条　中国证券业协会应当发挥自律管理作用，对从事股票公开发行业务的保荐人进行监督，督促其勤勉尽责地履行尽职调查和督导职责。发现保荐人有违反法律、行政法规和中国证监会相关规定的行为，应当向中国证监会报告，并采取自律管理措施。

中国证券业协会应当建立对承销商询价、定价、配售行为和询价投资者报价行为的自律管理制度，并加强相关行为的监督检查，发现违规情形的，应当及时采取自律管理措施。

第四十六条　北交所发行上市审核工作存在下列情形之一的，由中国证监会责令改正；情节严重的，追究直接责任人员相关责任：

（一）未按审核标准开展发行上市审核工作；

（二）未按审核程序开展发行上市审核工作；

（三）发现重大敏感事项、重大无先例情况、重大舆情、重大违法线索未请示报告或请示报告不及时；

（四）不配合中国证监会对发行上市审核工作和发行承销监管工作的检查监督，或者不按中国证监会的要求进行整改。

第四十七条　发行人在发行股票文件中隐瞒重要事实或者编造重大虚假内容的，中国证监会可以视情节轻重，对发行人及相关责任人员依法采取责令改正、监管谈话、出具警示函等监管措施；情节严重的，可以对相关责任人员采取证券市场禁入的措施。

第四十八条　发行人的控股股东、实际控制人违反本办法规定，致使发行人所报送的注册申请文件和披露的信息存在虚假记载、误导性陈述或者重大遗漏，或者组织、指使发行人进行财务造假、利润操纵或者在发行股票文件中隐瞒重要事实或编造重大虚假内容的，中国证监会可以视情节轻重，依法采取责令改正、监管谈话、出具警示函等监管措施；情节严重的，可以对相关责任人员采取证券市场禁入的措施。

发行人的董事、监事和高级管理人员违反本办法规定，致使发行人所报送的注册申请文件和披露的信息存在虚假记载、误导性陈述或者重大遗漏的，中国证监会可以视情节轻重，依法采取责令改正、监管谈话、出具警示函等监管措施，或者采取证券市场禁入的措施。

第四十九条　保荐人、保荐代表人违反本办法规定，未勤勉尽责的，中国证监会可以视情节轻重，按照《证券发行上市保荐业务管理办法》规定采取措施。

证券服务机构未勤勉尽责，致使发行人信息披露资料中与其职责有关的内容及其所出具的文件存在虚假记载、误导性陈述或者重大遗漏的，中国证监会可以视情节轻重，对证券服务机构及相关责任人员依法采取责令改正、监管谈话、出具警示函等监管措施；情节严重的，可以对相关责任人员采取证券市场禁入的措施。

第五十条　发行人、证券服务机构存在以下情形之一的，中国证监会可以视情节轻重，依法采取责令改正、监管谈话、出具警示函等监管措施；情节严重的，可以对有关责任人员采取证券市场禁入的措施：

（一）制作或者出具的文件不齐备或者不符合要求；

（二）擅自改动注册申请文件、信息披露资料或者其他已提交文件；

（三）注册申请文件或者信息披露资料存在相互矛盾或者同一事实表述不一致且有实质性差异；

（四）文件披露的内容表述不清，逻辑混乱，严重影响投资者理解；

（五）未及时报告或者未及时披露重大事项。

第五十一条　承销商及其直接负责的主管人员和其他责任人员在承销证券过程中，违反本办法第四十二条规定的，中国证监会可以依法采取责令改正、监管谈话、出具警示函等监管措施；情节严重的，可以对相关责任人员采取证券市场禁入的措施。

第五十二条　发行人及其控股股东和实际控制人、董事、监事、高级管理人员，承销商、证券服务机构及其相关执业人员，在股票公开发行并上市相关的活动中存在其他违反本办法规定行为的，中国证监会可以依法采取责令改正、监管谈话、出具警示函、责令公开说明、责令定期报告等监管措施；情节严重的，可以对相关责任人员采取证券市场禁入的措施。

发行人及其控股股东、实际控制人、董事、监事、高级管理人员以及承销商、证券服务机构及其相关执业人员等违反《证券法》依法应当予以行政处罚的，中国证监会将依法予以处罚。涉嫌犯罪的，依法移送司法机关，追究其刑事责任。

第五十三条　中国证监会将遵守本办法的情况记入证券市场诚信档案，会同有关部门加强信息共享，依法实施守信激励与失信惩戒。

第七章　附　则

第五十四条　本办法自公布之日起施行。2021 年 10 月 30 日发布的《北京证券交易所向不特定合格投资者公开发行股票注册管理办法（试行）》（证监会令第 187 号）同时废止。

北京证券交易所上市公司证券发行注册管理办法

（中国证监会令第 211 号 2023 年 2 月 17 日）

第一章 总 则

第一条 为了规范北京证券交易所上市公司（以下简称上市公司）证券发行行为，保护投资者合法权益和社会公共利益，根据《中华人民共和国证券法》（以下简称《证券法》）、《中华人民共和国公司法》《国务院办公厅关于贯彻实施修订后的证券法有关工作的通知》及相关法律法规，制定本办法。

第二条 上市公司申请在境内发行股票、可转换为股票的公司债券及国务院认定的其他证券品种，适用本办法。

第三条 上市公司发行证券，可以向不特定合格投资者公开发行，也可以向特定对象发行。

第四条 上市公司发行证券的，应当符合《证券法》和本办法规定的发行条件和相关信息披露要求，依法经北京证券交易所（以下简称北交所）发行上市审核，并报中国证券监督管理委员会（以下简称中国证监会）注册，但因依法实行股权激励、公积金转为增加公司资本、分配股票股利的除外。

第五条 上市公司应当诚实守信，依法充分披露投资者作出价值判断和投资决策所必需的信息，充分揭示当前及未来可预见对上市公司构成重大不利影响的直接和间接风险，所披露信息必须真实、准确、完整，简明清晰、通俗易懂，不得有虚假记载、误导性陈述或者重大遗漏。

上市公司应当按照保荐人、证券服务机构要求，依法向其提供真实、准确、完整的财务会计资料和其他资料，配合相关机构开展尽职调查和其他相关工作。

上市公司的控股股东、实际控制人、董事、监事、高级管理人员、有关股东应当配合相关机构开展尽职调查和其他相关工作，不得要求或者协助上市公司隐瞒应当提供的资料或者应当披露的信息。

第六条 保荐人应当诚实守信，勤勉尽责，按照依法制定的业务规则和行业自律规范的要求，充分了解上市公司经营情况、风险和发展前景，以提高上市公司质量为导向保荐项目，对注册申请文件和信息披露资料进行审慎核查，对上市公司是否符合发行条件独立作出专业判断，审慎作出保荐决定，并对募集说明书、发行情况报告书或者其他信息披露文件及其所出具的相关文件的真实性、准确性、完整性负责。

第七条　证券服务机构应当严格遵守法律法规、中国证监会制定的监管规则、业务规则和本行业公认的业务标准和道德规范，建立并保持有效的质量控制体系，保护投资者合法权益，审慎履行职责，作出专业判断与认定，保证所出具文件的真实性、准确性、完整性。

证券服务机构及其相关执业人员应当对与本专业相关的业务事项履行特别注意义务，对其他业务事项履行普通注意义务，并承担相应法律责任。

证券服务机构及其执业人员从事证券服务应当配合中国证监会的监督管理，在规定的期限内提供、报送或披露相关资料、信息，并保证其提供、报送或披露的资料、信息真实、准确、完整，不得有虚假记载、误导性陈述或者重大遗漏。

证券服务机构应当妥善保存客户委托文件、核查和验证资料、工作底稿以及与质量控制、内部管理、业务经营有关的信息和资料。

第八条　对上市公司发行证券申请予以注册，不表明中国证监会和北交所对该证券的投资价值或者投资者的收益作出实质性判断或者保证，也不表明中国证监会和北交所对申请文件的真实性、准确性、完整性作出保证。

第二章　发行条件

第九条　上市公司向特定对象发行股票，应当符合下列规定：

（一）具备健全且运行良好的组织机构；

（二）具有独立、稳定经营能力，不存在对持续经营有重大不利影响的情形；

（三）最近一年财务会计报告无虚假记载，未被出具否定意见或无法表示意见的审计报告；最近一年财务会计报告被出具保留意见的审计报告，保留意见所涉及事项对上市公司的重大不利影响已经消除。本次发行涉及重大资产重组的除外；

（四）合法规范经营，依法履行信息披露义务。

第十条　上市公司存在下列情形之一的，不得向特定对象发行股票：

（一）上市公司或其控股股东、实际控制人最近三年内存在贪污、贿赂、侵占财产、挪用财产或者破坏社会主义市场经济秩序的刑事犯罪，存在欺诈发行、重大信息披露违法或者其他涉及国家安全、公共安全、生态安全、生产安全、公众健康安全等领域的重大违法行为；

（二）上市公司或其控股股东、实际控制人，现任董事、监事、高级管理人员最近一年内受到中国证监会行政处罚、北交所公开谴责；或因涉嫌犯罪正被司法机关立案侦查或者涉嫌违法违规正被中国证监会立案调查，尚未有明确结论意见；

（三）擅自改变募集资金用途，未作纠正或者未经股东大会认可；

（四）上市公司或其控股股东、实际控制人被列入失信被执行人名单且情形尚未消除；

（五）上市公司利益严重受损的其他情形。

第十一条　上市公司向不特定合格投资者公开发行股票的，除应当符合本办法第九条、第十条规定的条件外，还应当符合《北京证券交易所向不特定合格投资者公开发行股票注册管理办法》规定的其他条件。

第十二条　上市公司发行可转换为股票的公司债券，应当符合下列规定：

（一）具备健全且运行良好的组织机构；

（二）最近三年平均可分配利润足以支付公司债券一年的利息；

（三）具有合理的资产负债结构和正常的现金流量。

除前款规定条件外，上市公司向特定对象发行可转换为股票的公司债券，还应当遵守本办法第九条、第十条的规定；向不特定合格投资者公开发行可转换为股票的公司债券，还应当遵守本办法第十一条的规定。但上市公司通过收购本公司股份的方式进行公司债券转换的除外。

第十三条　上市公司存在下列情形之一的，不得发行可转换为股票的公司债券：

（一）对已公开发行的公司债券或者其他债务有违约或者延迟支付本息的事实，仍处于继续状态；

（二）违反《证券法》规定，改变公开发行公司债券所募资金用途。

第十四条　上市公司及其控股股东、实际控制人、主要股东不得向发行对象作出保底保收益或者变相保底保收益承诺，也不得直接或者通过利益相关方向发行对象提供财务资助或者其他补偿。

第十五条　上市公司应当将募集资金主要投向主业。上市公司最近一期末存在持有金额较大的财务性投资的，保荐人应当对上市公司本次募集资金的必要性和合理性审慎发表核查意见。

第三章　发行程序

第一节　上市公司审议

第十六条　董事会应当依法就本次发行证券的具体方案、本次募集资金使用的可行性及其他必须明确的事项作出决议，并提请股东大会批准。

独立董事应当就证券发行事项的必要性、合理性、可行性、公平性发表专项意见。

第十七条　监事会应当对董事会编制的募集说明书等证券发行文件进行审核并提出书面审核意见。

第十八条　股东大会就本次发行证券作出决议，决议应当包括下列事项：

（一）本次发行证券的种类和数量（数量上限）；

（二）发行方式、发行对象或范围、现有股东的优先认购安排（如有）；

（三）定价方式或发行价格（区间）；

（四）限售情况（如有）；

（五）募集资金用途；

（六）决议的有效期；

（七）对董事会办理本次发行具体事宜的授权；

（八）发行前滚存利润的分配方案；

（九）其他必须明确的事项。

第十九条　股东大会就发行可转换为股票的公司债券作出决议，除应当符合本办法第十八条的规定外，还应当就债券利率、债券期限、赎回条款、回售条款、还本付息的期限和方式、转股期、转股价格的确定和修正等事项作出决议。

第二十条　股东大会就发行证券事项作出决议，必须经出席会议的股东所持表决权的三分之二以上通过。上市公司应当对出席会议的持股比例在百分之五以下的中小股东表决情况单独计票并予以披露。

上市公司就发行证券事项召开股东大会，应当提供网络投票的方式，上市公司还可以通过其他方式为股东参加股东大会提供便利。

第二十一条　董事会、股东大会就向特定对象发行证券事项作出决议，应当按要求履行表决权回避制度，上市公司向原股东配售股份的除外。

第二十二条　上市公司拟引入战略投资者的，董事会、股东大会应当将引入战略投资者的事项作为单独议案，就每名战略投资者单独审议。

第二十三条　根据公司章程的规定，上市公司年度股东大会可以授权董事会向特定对象发行累计融资额低于一亿元且低于公司最近一年末净资产百分之二十的股票，该项授权的有效期不得超过上市公司下一年度股东大会召开日。

第二节　审核与注册

第二十四条　上市公司申请发行证券，应当按照中国证监会有关规定制作注册申请文件，依法由保荐人保荐并向北交所申报。北交所收到注册申请文件后，应当在五个工作日内作出是否受理的决定，本办法另有规定的除外。

第二十五条　自注册申请文件申报之日起，上市公司及其控股股东、实际控制人、董事、监事、高级管理人员，以及与本次证券发行相关的保荐人、证券服务机构及相关责任人员，即承担相应法律责任，并承诺不得影响或干扰发行上市审核注册工作。

第二十六条　注册申请文件受理后，未经中国证监会或者北交所同意，不得改动。

发生重大事项的，上市公司、保荐人、证券服务机构应当及时向北交所报告，并按要求更新注册申请文件和信息披露资料。

第二十七条　上市公司发行证券，不属于本办法第二十八条规定情形的，保荐人应当指定保荐代表人负责具体保荐工作。

保荐人及保荐代表人应当按照本办法及《证券发行上市保荐业务管理办法》

以及北交所相关保荐业务规则的规定履行职责，并依法承担相应的责任。

第二十八条 上市公司向前十名股东、实际控制人、董事、监事、高级管理人员及核心员工发行股票，连续十二个月内发行的股份未超过公司总股本百分之十且融资总额不超过二千万元的，无需提供保荐人出具的保荐文件以及律师事务所出具的法律意见书。

按照前款规定发行股票的，董事会决议中应当明确发行对象、发行价格和发行数量，且不得存在以下情形：

（一）上市公司采用本办法第二十三条规定的方式发行；

（二）认购人以非现金资产认购；

（三）发行股票导致上市公司控制权发生变动；

（四）本次发行中存在特殊投资条款安排；

（五）上市公司或其控股股东、实际控制人，现任董事、监事、高级管理人员最近一年内被中国证监会给予行政处罚或采取监管措施、被北交所采取纪律处分。

第二十九条 北交所审核部门负责审核上市公司证券发行申请；北交所上市委员会负责对上市公司向不特定合格投资者公开发行证券的申请文件和审核部门出具的审核报告提出审议意见。

北交所应当根据本办法制定上市公司证券发行审核业务规则，并报中国证监会批准。

第三十条 北交所主要通过向上市公司提出审核问询、上市公司回答问题方式开展审核工作，判断上市公司是否符合发行条件和信息披露要求。

第三十一条 北交所按照规定的条件和程序，形成上市公司是否符合发行条件和信息披露要求的审核意见。认为上市公司符合发行条件和信息披露要求的，将审核意见、上市公司注册申请文件及相关审核资料报送中国证监会注册；认为上市公司不符合发行条件或者信息披露要求的，作出终止发行上市审核决定。

北交所审核过程中，发现重大敏感事项、重大无先例情况、重大舆情、重大违法线索的，应当及时向中国证监会请示报告，中国证监会及时提出明确意见。

第三十二条 北交所应当自受理注册申请文件之日起二个月内形成审核意见。

上市公司采用本办法第二十三条规定的方式向特定对象发行股票且按照竞价方式确定发行价格和发行对象的，北交所应当在二个工作日内作出是否受理的决定，并自受理注册申请文件之日起三个工作日内形成审核意见。

通过对上市公司实施现场检查、对保荐人实施现场督导、要求保荐人或证券服务机构对有关事项进行专项核查等方式要求上市公司补充、修改申请文件的时间不计算在内。

第三十三条 中国证监会在北交所收到注册申请文件之日起，同步关注本次发行是否符合国家产业政策和北交所定位。

中国证监会收到北交所报送的审核意见、上市公司注册申请文件及相关审核资料后，基于北交所审核意见，依法履行发行注册程序。中国证监会发现存在影响发行条件的新增事项的，可以要求北交所进一步问询并就新增事项形成审核意见。

中国证监会认为北交所对新增事项的审核意见依据明显不充分的，可以退回北交所补充审核。北交所补充审核后，认为上市公司符合发行条件和信息披露要求的，重新向中国证监会报送审核意见及相关资料，本办法第三十四条规定的注册期限重新计算。

第三十四条　中国证监会在十五个工作日内对上市公司的注册申请作出同意注册或不予注册的决定。通过要求北交所进一步问询、要求保荐人或证券服务机构等对有关事项进行核查、对上市公司现场检查等方式要求上市公司补充、修改申请文件的时间不计算在内。

第三十五条　中国证监会的予以注册决定，自作出之日起一年内有效，上市公司应当在注册决定有效期内发行证券，发行时点由上市公司自主选择。

第三十六条　中国证监会作出予以注册决定后、上市公司证券上市交易前，上市公司应当及时更新信息披露文件；保荐人以及证券服务机构应当持续履行尽职调查职责；发生重大事项的，上市公司、保荐人应当及时向北交所报告。北交所应当对上述事项及时处理，发现上市公司存在重大事项影响发行条件的，应当出具明确意见并及时向中国证监会报告。

中国证监会作出予以注册决定后、上市公司证券上市交易前应当持续符合发行条件，发生可能影响本次发行的重大事项的，中国证监会可以要求上市公司暂缓发行、上市；相关重大事项导致上市公司不符合发行条件的，中国证监会应当撤销注册。中国证监会撤销注册后，证券尚未发行的，上市公司应当停止发行；证券已经发行尚未上市的，上市公司应当按照发行价并加算银行同期存款利息返还证券持有人。

第三十七条　上市公司申请向特定对象发行股票，可申请一次注册，分期发行。自中国证监会予以注册之日起，公司应当在三个月内首期发行，剩余数量应当在十二个月内发行完毕。首期发行数量应当不少于总发行数量的百分之五十，剩余各期发行的数量由公司自行确定，每期发行后五个工作日内将发行情况报北交所备案。

第三十八条　北交所认为上市公司不符合发行条件或者信息披露要求，作出终止发行上市审核决定，或者中国证监会作出不予注册决定的，自决定作出之日起六个月后，上市公司可以再次提出证券发行申请。

第三十九条　上市公司证券发行上市审核或者注册程序的中止、终止等情形参照适用《北京证券交易所向不特定合格投资者公开发行股票注册管理办法》的相关规定。

上市公司证券发行上市审核或注册过程中，存在重大资产重组、实际控制人变更等事项，应当及时申请中止相应发行上市审核程序或者发行注册程序，相关股份登记或资产权属登记后，上市公司可以提交恢复申请，因本次发行导致实际控制人变更的情形除外。

第四十条　中国证监会和北交所可以对上市公司进行现场检查，可以要求保荐人、证券服务机构对有关事项进行专项核查并出具意见。

第三节　定价、发售与认购

第四十一条　上市公司发行证券，应当聘请具有证券承销业务资格的证券公司承销，但上市公司向特定对象发行证券且董事会提前确定全部发行对象的除外。

上市公司向不特定合格投资者公开发行股票的，发行承销的具体要求参照适用《北京证券交易所向不特定合格投资者公开发行股票注册管理办法》的相关规定，本办法另有规定的除外。

上市公司向特定对象发行证券的发行承销行为，适用本章规定。

第四十二条　上市公司向原股东配售股份的，应当采用代销方式发行。

控股股东应当在股东大会召开前公开承诺认配股份的数量。控股股东不履行认配股份的承诺，或者代销期限届满，原股东认购股票的数量未达到拟配售数量百分之七十的，上市公司应当按照发行价并加算银行同期存款利息返还已经认购的股东。

第四十三条　上市公司向不特定合格投资者公开发行股票的，发行价格应当不低于公告招股意向书前二十个交易日或者前一个交易日公司股票均价。

第四十四条　上市公司向特定对象发行股票的，发行价格应当不低于定价基准日前二十个交易日公司股票均价的百分之八十。

向特定对象发行股票的定价基准日为发行期首日。

上市公司董事会决议提前确定全部发行对象，且发行对象属于下列情形之一的，定价基准日可以为关于本次发行股票的董事会决议公告日、股东大会决议公告日或者发行期首日：

（一）上市公司的控股股东、实际控制人或者其控制的关联方；

（二）按照本办法第二十八条规定参与认购的上市公司前十名股东、董事、监事、高级管理人员及核心员工；

（三）通过认购本次发行的股票成为上市公司控股股东或实际控制人的投资者；

（四）董事会拟引入的境内外战略投资者。

上市公司向特定对象发行股票的定价基准日为本次发行股票的董事会决议公告日或者股东大会决议公告日的，向特定对象发行股票的董事会决议公告后，出现下列情况需要重新召开董事会的，应当由董事会重新确定本次发行的定价基准日：

（一）本次发行股票股东大会决议的有效期已过；

（二）本次发行方案发生重大变化；

（三）其他对本次发行定价具有重大影响的事项。

第四十五条 上市公司向特定对象发行股票的，发行对象属于本办法第四十四条第三款规定以外情形的，上市公司应当以竞价方式确定发行价格和发行对象。

上市公司向特定对象发行可转换为股票的公司债券的，上市公司应当采用竞价方式确定利率和发行对象，本次发行涉及发行可转换为股票的公司债券购买资产的除外。

董事会决议确定部分发行对象的，确定的发行对象不得参与竞价，且应当接受竞价结果，并明确在通过竞价方式未能产生发行价格的情况下，是否继续参与认购、价格确定原则及认购数量。

上市公司发行证券采用竞价方式的，上市公司和承销商的控股股东、实际控制人、董事、监事、高级管理人员及其控制或者施加重大影响的关联方不得参与竞价。

第四十六条 上市公司以竞价方式向特定对象发行股票的，在发行期首日前一工作日，上市公司及承销商可以向符合条件的特定对象提供认购邀请书。认购邀请书发送对象至少应当包括：

（一）已经提交认购意向书的投资者；

（二）上市公司前二十名股东；

（三）合计不少于十家证券投资基金管理公司、证券公司或保险机构。

认购邀请书发送后，上市公司及承销商应当在认购邀请书约定的时间内收集特定投资者签署的申购报价表。

在申购报价期间，上市公司及承销商应当确保任何工作人员不泄露发行对象的申购报价情况。

申购报价结束后，上市公司及承销商应当对有效申购按照报价高低进行累计统计，按照价格优先等董事会确定的原则合理确定发行对象、发行价格和发行股数。

第四十七条 上市公司向特定对象发行证券的，发行对象确定后，上市公司应当与发行对象签订认购合同，上市公司向原股东配售股份的除外。

第四十八条 向特定对象发行的股票，自发行结束之日起六个月内不得转让，做市商为取得做市库存股参与发行认购的除外，但做市商应当承诺自发行结束之日起六个月内不得申请退出为上市公司做市。

发行对象属于本办法第四十四条第三款规定情形的，其认购的股票自发行结束之日起十二个月内不得转让。法律法规、部门规章对前述股票的限售期另有规定的，同时还应当遵守相关规定。

第四十九条　上市公司向原股东配售股份的，应当向股权登记日在册的股东配售，且配售比例应当相同。

向原股东配售股份的价格由上市公司和承销商协商确定，豁免适用本节关于向特定对象发行股票定价与限售的相关规定。

第五十条　上市公司在证券发行过程中触及北交所规定的终止上市情形的，应当终止发行。

第四章　信息披露

第五十一条　上市公司应当按照中国证监会制定的信息披露规则，编制并披露募集说明书、发行情况报告书等信息披露文件。

上市公司应当以投资者需求为导向，根据自身特点，有针对性地披露上市公司基本信息、本次发行情况以及本次发行对上市公司的影响。

中国证监会制定的信息披露规则是信息披露的最低要求。不论上述规则是否有明确规定，凡是投资者作出价值判断和投资决策所必需的信息，上市公司均应当充分披露。

第五十二条　中国证监会依法制定募集说明书、发行情况报告书内容与格式准则等信息披露规则，对相关信息披露文件的内容、格式等作出规定。

北交所可以依据中国证监会部门规章和规范性文件，制定信息披露细则或指引，在中国证监会确定的信息披露内容范围内，对信息披露提出细化和补充要求。

第五十三条　上市公司应当结合现有主营业务、生产经营规模、财务状况、技术条件、发展目标、前次发行募集资金使用情况等因素合理确定募集资金规模，充分披露本次募集资金的必要性和合理性。

第五十四条　上市公司应当按照中国证监会和北交所有关规定及时披露董事会决议、股东大会通知、股东大会决议、受理通知、审核决定、注册决定等发行进展公告。

第五十五条　北交所认为上市公司符合发行条件和信息披露要求，将上市公司注册申请文件报送中国证监会时，募集说明书等文件应当同步在北交所网站和中国证监会网站公开。

第五十六条　上市公司应当在发行证券前在符合《证券法》规定的信息披露平台刊登经注册生效的募集说明书，同时将其置备于公司住所、北交所，供社会公众查阅。

第五十七条　向特定对象发行证券的，上市公司应当在发行结束后，按照中国证监会和北交所的有关要求编制并披露发行情况报告书。

申请分期发行的上市公司应在每期发行后，按照中国证监会和北交所的有关要求进行披露，并在全部发行结束或者超过注册文件有效期后按照中国证监会的有关要求编制并披露发行情况报告书。

第五十八条　上市公司可以将募集说明书以及有关附件刊登于其他报刊、网站，但披露内容应当完全一致，且不得早于在符合《证券法》规定的信息披露平台的披露时间。

第五章　监督管理与法律责任

第五十九条　中国证监会建立对发行上市监管全流程的权力运行监督制约机制，对发行上市审核程序和发行注册程序相关内控制度运行情况进行督导督察，对廉政纪律执行情况和相关人员的履职尽责情况进行监督监察。

中国证监会建立对北交所发行上市审核工作和发行承销过程监管的监督机制，可以通过选取或抽取项目同步关注、调阅审核工作文件、提出问题、列席相关审核会议等方式对北交所相关工作进行检查或抽查。对于中国证监会检查监督过程中发现的问题，北交所应当整改。

第六十条　北交所应当建立内部防火墙制度，发行上市审核部门、发行承销监管部门与其他部门隔离运行。参与发行上市审核的人员，不得与上市公司及其控股股东、实际控制人、相关保荐人、证券服务机构有利害关系，不得直接或者间接与上市公司、保荐人、证券服务机构有利益往来，不得持有上市公司股票，不得私下与上市公司接触。

北交所应当发挥自律管理作用，对证券发行相关行为进行监督。发现上市公司及其控股股东、实际控制人、董事、监事、高级管理人员以及保荐人、承销商、证券服务机构及其相关执业人员等违反法律、行政法规和中国证监会相关规定的，应当向中国证监会报告，并采取自律管理措施。

北交所对证券发行承销过程实施自律管理。发现异常情形或者涉嫌违法违规的，中国证监会可以要求北交所对相关事项进行调查处理，或者直接责令上市公司、承销商暂停或中止发行。

北交所应当建立定期报告和重大发行上市事项请示报告制度，及时总结发行上市审核和发行承销监管的工作情况，并报告中国证监会。

第六十一条　中国证券业协会应当发挥自律管理作用，对从事证券发行业务的保荐人进行监督，督促其勤勉尽责地履行尽职调查和督导职责。发现保荐人有违反法律、行政法规和中国证监会相关规定的行为，应当向中国证监会报告，并采取自律管理措施。

中国证券业协会应当建立对承销商询价、定价、配售行为和询价投资者报价行为的自律管理制度，并加强相关行为的监督检查，发现违规情形的，应当及时采取自律管理措施。

第六十二条　北交所发行上市审核工作存在下列情形之一的，由中国证监会责令改正；情节严重的，追究直接责任人员相关责任：

（一）未按审核标准开展发行上市审核工作；

（二）未按审核程序开展发行上市审核工作；

（三）发现重大敏感事项、重大无先例情况、重大舆情、重大违法线索未请示报告或请示报告不及时；

（四）不配合中国证监会对发行上市审核工作和发行承销监管工作的检查监督，或者不按中国证监会的要求进行整改。

第六十三条　上市公司在证券发行文件中隐瞒重要事实或者编造重大虚假内容的，中国证监会可以视情节轻重，对上市公司及相关责任人员依法采取责令改正、监管谈话、出具警示函等监管措施；情节严重的，可以对相关责任人员采取证券市场禁入的措施。

第六十四条　上市公司的控股股东、实际控制人违反本办法规定，致使上市公司报送的注册申请文件和披露的信息存在虚假记载、误导性陈述或者重大遗漏，或者组织、指使上市公司进行财务造假、利润操纵或者在发行证券文件中隐瞒重要事实或编造重大虚假内容的，中国证监会可以视情节轻重，依法采取责令改正、监管谈话、出具警示函等监管措施；情节严重的，可以对相关责任人员采取证券市场禁入的措施。

上市公司的董事、监事和高级管理人员违反本办法规定，致使上市公司报送的注册申请文件和披露的信息存在虚假记载、误导性陈述或者重大遗漏的，中国证监会可以视情节轻重，依法采取责令改正、监管谈话、出具警示函等监管措施，或者采取证券市场禁入的措施。

第六十五条　保荐人、保荐代表人违反本办法规定，未勤勉尽责的，中国证监会可以视情节轻重，按照《证券发行上市保荐业务管理办法》规定采取措施。

证券服务机构未勤勉尽责，致使上市公司信息披露资料中与其职责有关的内容及其所出具的文件存在虚假记载、误导性陈述或者重大遗漏的，中国证监会可以视情节轻重，对证券服务机构及相关责任人员，依法采取责令改正、监管谈话、出具警示函等监管措施；情节严重的，可以对相关责任人员采取证券市场禁入的措施。

第六十六条　上市公司、证券服务机构存在以下情形之一的，中国证监会可以视情节轻重，依法采取责令改正、监管谈话、出具警示函等监管措施；情节严重的，可以对相关责任人员采取证券市场禁入的措施：

（一）制作或者出具的文件不齐备或者不符合要求；

（二）擅自改动注册申请文件、信息披露资料或者其他已提交文件；

（三）注册申请文件或者信息披露资料存在相互矛盾或者同一事实表述不一致且有实质性差异；

（四）文件披露的内容表述不清，逻辑混乱，严重影响投资者理解；

（五）未及时报告或者未及时披露重大事项。

第六十七条　承销商及其直接负责的主管人员和其他责任人员在承销证券过程中，存在违法违规行为的，中国证监会可以视情节轻重，依法采取责令改正、监管谈话、出具警示函等监管措施；情节严重的，可以对相关责任人员采取证券市场禁入的措施。

第六十八条　北交所按照本办法第三十二条第二款开展审核工作的，北交所和中国证监会发现上市公司或者相关中介机构及其责任人员存在相关违法违规行为的，中国证监会按照本章规定从重处罚。

第六十九条　参与认购的投资者擅自转让限售期限未满的证券的，中国证监会可以视情节轻重，依法采取责令改正、监管谈话、出具警示函等监管措施。

第七十条　相关主体违反本办法第十四条规定的，中国证监会可以视情节轻重，依法采取责令改正、监管谈话、出具警示函等监管措施；情节严重的，可以对相关责任人员采取证券市场禁入的措施。

第七十一条　上市公司及其控股股东和实际控制人、董事、监事、高级管理人员，承销商、证券服务机构及其相关执业人员，在证券发行活动中存在其他违反本办法规定行为的，中国证监会可以视情节轻重，依法采取责令改正、监管谈话、出具警示函、责令公开说明、责令定期报告等监管措施；情节严重的，可以对相关责任人员采取证券市场禁入的措施。

上市公司及其控股股东、实际控制人、董事、监事、高级管理人员以及承销商、证券服务机构及其相关执业人员等违反《证券法》依法应当予以行政处罚的，中国证监会将依法予以处罚。涉嫌犯罪的，依法移送司法机关，追究其刑事责任。

第七十二条　中国证监会将遵守本办法的情况记入证券市场诚信档案，会同有关部门加强信息共享，依法实施守信激励与失信惩戒。

第六章　附　则

第七十三条　本办法所称战略投资者，是指符合下列情形之一，且与上市公司具有协同效应，愿意长期持有上市公司较大比例股份，愿意且有能力协助上市公司提高公司治理质量，具有良好诚信记录，最近三年未受到中国证监会行政处罚或被追究刑事责任的投资者：

（一）能够为上市公司带来领先的技术资源，增强上市公司的核心竞争力和创新能力，带动上市公司产业技术升级，提升上市公司盈利能力；

（二）能够为上市公司带来市场渠道、品牌等战略性资源，促进上市公司市场拓展，推动实现上市公司销售业绩提升；

（三）具备相关产业投资背景，且自愿设定二十四个月及以上限售期的其他长期投资者。

境外战略投资者应当同时遵守国家的相关规定。

第七十四条　本办法所称的核心员工，应当由上市公司董事会提名，并向全体员工公示和征求意见，由监事会发表明确意见后，经股东大会审议批准。

第七十五条　上市公司向不特定合格投资者公开发行可转换为股票的公司债券的，还应当遵守中国证监会的相关规定。

上市公司发行优先股的，其申请、审核、注册、发行等相关程序，参照本办法相关规定执行。

第七十六条　本办法自公布之日起施行。2021 年 10 月 30 日发布的《北京证券交易所上市公司证券发行注册管理办法（试行）》（证监会令第 188 号）同时废止。

非上市公众公司监督管理办法

（中国证监会令第 212 号 2023 年 2 月 17 日）

第一章 总 则

第一条 为了规范非上市公众公司股票转让和发行行为，保护投资者合法权益，维护社会公共利益，根据《中华人民共和国证券法》（以下简称《证券法》）、《中华人民共和国公司法》（以下简称《公司法》）及相关法律法规的规定，制定本办法。

第二条 本办法所称非上市公众公司（以下简称公众公司）是指有下列情形之一且其股票未在证券交易所上市交易的股份有限公司：

（一）股票向特定对象发行或者转让导致股东累计超过二百人；

（二）股票公开转让。

第三条 公众公司应当按照法律、行政法规、本办法和公司章程的规定，做到股权明晰，合法规范经营，公司治理机制健全，履行信息披露义务。

第四条 公众公司公开转让股票应当在全国中小企业股份转让系统（以下简称全国股转系统）进行，公开转让的公众公司股票应当在中国证券登记结算公司集中登记存管。

第五条 公众公司可以依法进行股权融资、债权融资、资产重组等。

公众公司发行优先股、可转换公司债券等证券品种，应当遵守法律、行政法规和中国证券监督管理委员会（以下简称中国证监会）的相关规定。

第六条 为公司出具专项文件的证券公司、律师事务所、会计师事务所及其他证券服务机构，应当勤勉尽责、诚实守信，认真履行审慎核查义务，按照依法制定的业务规则、行业执业规范和职业道德准则发表专业意见，保证所出具文件的真实性、准确性和完整性，并接受中国证监会的监管。

第二章 公司治理

第七条 公众公司应当依法制定公司章程。

公司章程的制定和修改应当符合《公司法》和中国证监会的相关规定。

第八条 公众公司应当建立兼顾公司特点和公司治理机制基本要求的股东大会、董事会、监事会制度，明晰职责和议事规则。

第九条 公众公司的治理结构应当确保所有股东，特别是中小股东充分行使法律、行政法规和公司章程规定的合法权利。

股东对法律、行政法规和公司章程规定的公司重大事项，享有知情权和参与权。

公众公司应当建立健全投资者关系管理，保护投资者的合法权益。

第十条　公众公司股东大会、董事会、监事会的召集、提案审议、通知时间、召开程序、授权委托、表决和决议等应当符合法律、行政法规和公司章程的规定；会议记录应当完整并安全保存。

股东大会的提案审议应当符合规定程序，保障股东的知情权、参与权、质询权和表决权；董事会应当在职权范围和股东大会授权范围内对审议事项作出决议，不得代替股东大会对超出董事会职权范围和授权范围的事项进行决议。

第十一条　公众公司董事会应当对公司的治理机制是否给所有的股东提供合适的保护和平等权利等情况进行充分讨论、评估。

第十二条　公众公司应当强化内部管理，按照相关规定建立会计核算体系、财务管理和风险控制等制度，确保公司财务报告真实可靠及行为合法合规。

第十三条　公众公司进行关联交易应当遵循平等、自愿、等价、有偿的原则，保证交易公平、公允，维护公司的合法权益，根据法律、行政法规、中国证监会的规定和公司章程，履行相应的审议程序。

关联交易不得损害公众公司利益。

第十四条　公众公司应当采取有效措施防止股东及其关联方以各种形式占用或者转移公司的资金、资产及其他资源。

公众公司股东、实际控制人、董事、监事及高级管理人员不得实施侵占公司资产、利益输送等损害公众公司利益的行为。

未经董事会或股东大会批准或授权，公众公司不得对外提供担保。

第十五条　公众公司实施并购重组行为，应当按照法律、行政法规、中国证监会的规定和公司章程，履行相应的决策程序并聘请证券公司和相关证券服务机构出具专业意见。

任何单位和个人不得利用并购重组损害公众公司及其股东的合法权益。

第十六条　进行公众公司收购，收购人或者其实际控制人应当具有健全的公司治理机制和良好的诚信记录。收购人不得以任何形式从被收购公司获得财务资助，不得利用收购活动损害被收购公司及其股东的合法权益。

在公众公司收购中，收购人应该承诺所持有的被收购公司的股份，在收购完成后十二个月内不得转让。

第十七条　公众公司实施重大资产重组，重组的相关资产应当权属清晰、定价公允，重组后的公众公司治理机制健全，不得损害公众公司和股东的合法权益。

第十八条　公众公司应当按照法律的规定，同时结合公司的实际情况在公司章程中约定建立表决权回避制度。

第十九条　公众公司应当在公司章程中约定纠纷解决机制。股东有权按照法律、行政法规和公司章程的规定，通过仲裁、民事诉讼或者其他法律手段保护其合法权益。

第二十条　股票公开转让的科技创新公司存在特别表决权股份的，应当在公司章程中规定以下事项：

（一）特别表决权股份的持有人资格；

（二）特别表决权股份拥有的表决权数量与普通股份拥有的表决权数量的比例安排；

（三）持有人所持特别表决权股份能够参与表决的股东大会事项范围；

（四）特别表决权股份锁定安排及转让限制；

（五）特别表决权股份与普通股份的转换情形；

（六）其他事项。

全国股转系统应对存在特别表决权股份的公司表决权差异的设置、存续、调整、信息披露和投资者保护等事项制定具体规定。

第三章　信息披露

第二十一条　公司及其他信息披露义务人应当按照法律、行政法规和中国证监会的规定履行信息披露义务，所披露的信息应当真实、准确、完整，不得有虚假记载、误导性陈述或者重大遗漏。公司及其他信息披露义务人应当及时、公平地向所有投资者披露信息，但是法律、行政法规另有规定的除外。

公司的董事、监事、高级管理人员应当忠实、勤勉地履行职责，保证公司及时、公正地披露信息，保证公司披露信息的真实、准确、完整。

第二十二条　信息披露文件主要包括公开转让说明书、定向转让说明书、定向发行说明书、发行情况报告书、定期报告和临时报告等。具体的内容与格式、编制规则及披露要求，由中国证监会另行制定。

第二十三条　股票公开转让与定向发行的公众公司应当报送年度报告、中期报告，并予公告。年度报告中的财务会计报告应当经符合《证券法》规定的会计师事务所审计。

股票向特定对象转让导致股东累计超过二百人的公众公司，应当报送年度报告，并予公告。年度报告中的财务会计报告应当经会计师事务所审计。

第二十四条　公众公司董事、高级管理人员应当对定期报告签署书面确认意见。

公众公司监事会应当对董事会编制的定期报告进行审核并提出书面审核意见，说明董事会对定期报告的编制和审核程序是否符合法律、行政法规、中国证监会的规定和公司章程，报告的内容是否能够真实、准确、完整地反映公司实际情况。监事应当签署书面确认意见。

公众公司董事、监事、高级管理人员无法保证定期报告内容的真实性、准确性、完整性或者有异议的，应当在书面确认意见中发表意见并陈述理由，并与定期报告同时披露。公众公司不予披露的，董事、监事和高级管理人员可以直接申请披露。

公众公司不得以董事、高级管理人员对定期报告内容有异议为由不按时披露定期报告。

第二十五条 证券公司、律师事务所、会计师事务所及其他证券服务机构出具的文件和其他有关的重要文件应当作为备查文件，予以披露。

第二十六条 发生可能对股票价格产生较大影响的重大事件，投资者尚未得知时，公众公司应当立即将有关该重大事件的情况向中国证监会和全国股转系统报送临时报告，并予以公告，说明事件的起因、目前的状态和可能产生的后果。

第二十七条 中国证监会对公众公司实行差异化信息披露管理，具体规定由中国证监会另行制定。

第二十八条 公众公司实施并购重组的，相关信息披露义务人应当依法严格履行公告义务。

参与并购重组的相关单位和人员，应当及时、准确地向公众公司通报有关信息，配合公众公司真实、准确、完整地进行披露，在并购重组的信息依法披露前负有保密义务，禁止利用该信息进行内幕交易。

第二十九条 公众公司应当制定信息披露事务管理制度并指定具有相关专业知识的人员负责信息披露事务。

第三十条 除监事会公告外，公众公司披露的信息应当以董事会公告的形式发布。董事、监事、高级管理人员非经董事会书面授权，不得对外发布未披露的信息。

第三十一条 公司及其他信息披露义务人依法披露的信息，应当在符合《证券法》规定的信息披露平台公布。公司及其他信息披露义务人可在公司网站或者其他公众媒体上刊登依本办法必须披露的信息，但披露的内容应当完全一致，且不得早于在上述信息披露平台披露的时间。

股票向特定对象转让导致股东累计超过二百人的公众公司可以在公司章程中约定其他信息披露方式；在《证券法》规定的信息披露平台披露相关信息的，应当符合前款要求。

第三十二条 公司及其他信息披露义务人应当将信息披露公告文稿和相关备查文件置备于公司住所、全国股转系统（如适用）供社会公众查阅。

第三十三条 公司应当配合为其提供服务的证券公司及律师事务所、会计师事务所等证券服务机构的工作，按要求提供所需资料，不得要求证券公司、证券服务机构出具与客观事实不符的文件或者阻碍其工作。

第四章 股票转让

第三十四条 股票向特定对象转让导致股东累计超过二百人的股份有限公司，应当自上述行为发生之日起三个月内，按照中国证监会有关规定制作申请文件，申请文件应当包括但不限于：定向转让说明书、律师事务所出具的法律意见书、会计师事务所出具的审计报告。股份有限公司持申请文件向中国证监会申请注册。在提交申请文件前，股份有限公司应当将相关情况通知所有股东。

在三个月内股东人数降至二百人以内的，可以不提出申请。

股票向特定对象转让应当以非公开方式协议转让。申请股票挂牌公开转让的，按照本办法第三十五条、第三十六条的规定办理。

第三十五条 公司申请其股票挂牌公开转让的，董事会应当依法就股票挂牌公开转让的具体方案作出决议，并提请股东大会批准，股东大会决议必须经出席会议的股东所持表决权的三分之二以上通过。

董事会和股东大会决议中还应当包括以下内容：

（一）按照中国证监会的相关规定修改公司章程；

（二）按照法律、行政法规和公司章程的规定建立健全公司治理机制；

（三）履行信息披露义务，按照相关规定披露公开转让说明书、年度报告、中期报告及其他信息披露内容。

公司申请其股票挂牌公开转让时，可以按照本办法第五章规定申请发行股票。

第三十六条 股东人数超过二百人的公司申请其股票挂牌公开转让，应当按照中国证监会有关规定制作公开转让的申请文件，申请文件应当包括但不限于：公开转让说明书、符合《证券法》规定的律师事务所出具的法律意见书、符合《证券法》规定的会计师事务所出具的审计报告、证券公司出具的推荐文件。公司持申请文件向全国股转系统申报。

中国证监会在全国股转系统收到注册申请文件之日起，同步关注公司是否符合国家产业政策和全国股转系统定位。

全国股转系统认为公司符合挂牌公开转让条件和信息披露要求的，将审核意见、公司注册申请文件及相关审核资料报送中国证监会注册；认为公司不符合挂牌公开转让条件或者信息披露要求的，作出终止审核决定。

中国证监会收到全国股转系统报送的审核意见、公司注册申请文件及相关审核资料后，基于全国股转系统的审核意见，依法履行注册程序。中国证监会发现存在影响挂牌公开转让条件的新增事项的，可以要求全国股转系统进一步问询并就新增事项形成审核意见；认为全国股转系统对新增事项的审核意见依据明显不充分的，可以退回全国股转系统补充审核，本办法第三十九条规定的注册期限重新计算。

公开转让说明书应当在公开转让前披露。

第三十七条　股东人数未超过二百人的公司申请其股票挂牌公开转让，中国证监会豁免注册，由全国股转系统进行审核。

第三十八条　全国股转系统审核过程中，发现公司涉嫌违反国家产业政策或全国股转系统定位的，或者发现重大敏感事项、重大无先例情况、重大舆情、重大违法线索的，应当及时向中国证监会请示报告，中国证监会及时提出明确意见。

第三十九条　中国证监会在二十个工作日内对注册申请作出同意注册或不予注册的决定，通过要求全国股转系统进一步问询、要求证券公司或证券服务机构等对有关事项进行核查、对公司现场检查等方式要求公司补充、修改申请文件的时间不计算在内。

第四十条　公司及其董事、监事、高级管理人员，应当对公开转让说明书、定向转让说明书签署书面确认意见，保证所披露的信息真实、准确、完整。

第四十一条　申请股票挂牌公开转让的公司应当聘请证券公司推荐其股票挂牌公开转让。证券公司应当对所推荐的股票公开转让的公众公司进行持续督导，督促公司诚实守信、及时履行信息披露义务、完善公司治理、提高规范运作水平。

股票公开转让的公众公司应当配合证券公司持续督导工作，接受证券公司的指导和督促。

第四十二条　本办法施行前股东人数超过二百人的股份有限公司，符合条件的，可以申请在全国股转系统挂牌公开转让股票、公开发行并在证券交易所上市。

第五章　定向发行

第四十三条　本办法所称定向发行包括股份有限公司向特定对象发行股票导致股东累计超过二百人，以及公众公司向特定对象发行股票两种情形。

前款所称特定对象的范围包括下列机构或者自然人：

（一）公司股东；

（二）公司的董事、监事、高级管理人员、核心员工；

（三）符合投资者适当性管理规定的自然人投资者、法人投资者及其他非法人组织。

股票未公开转让的公司确定发行对象时，符合第二款第（三）项规定的投资者合计不得超过三十五名。

核心员工的认定，应当由公司董事会提名，并向全体员工公示和征求意见，由监事会发表明确意见后，经股东大会审议批准。

投资者适当性管理规定由中国证监会另行制定。

第四十四条　公司应当对发行对象的身份进行确认，有充分理由确信发行对象符合本办法和公司的相关规定。

公司应当与发行对象签订包含风险揭示条款的认购协议，发行过程中不得采取公开路演、询价等方式。

第四十五条 公司董事会应当依法就本次股票发行的具体方案作出决议，并提请股东大会批准，股东大会决议必须经出席会议的股东所持表决权的三分之二以上通过。

监事会应当对董事会编制的股票发行文件进行审核并提出书面审核意见。监事应当签署书面确认意见。

股东大会就股票发行作出的决议，至少应当包括下列事项：

（一）本次发行股票的种类和数量（数量上限）；

（二）发行对象或范围、现有股东优先认购安排；

（三）定价方式或发行价格（区间）；

（四）限售情况；

（五）募集资金用途；

（六）决议的有效期；

（七）对董事会办理本次发行具体事宜的授权；

（八）发行前滚存利润的分配方案；

（九）其他必须明确的事项。

申请向特定对象发行股票导致股东累计超过二百人的股份有限公司，董事会和股东大会决议中还应当包括以下内容：

（一）按照中国证监会的相关规定修改公司章程；

（二）按照法律、行政法规和公司章程的规定建立健全公司治理机制；

（三）履行信息披露义务，按照相关规定披露定向发行说明书、发行情况报告书、年度报告、中期报告及其他信息披露内容。

根据公司章程以及全国股转系统的规定，股票公开转让的公司年度股东大会可以授权董事会向特定对象发行股票，该项授权的有效期不得超过公司下一年度股东大会召开日。

第四十六条 董事会、股东大会决议确定具体发行对象的，董事、股东参与认购或者与认购对象存在关联关系的，应当回避表决。

出席董事会的无关联关系董事人数不足三人的，应当将该事项提交公司股东大会审议。

第四十七条 公司应当按照中国证监会有关规定制作定向发行的申请文件，申请文件应当包括但不限于：定向发行说明书、符合《证券法》规定的律师事务所出具的法律意见书、符合《证券法》规定的会计师事务所出具的审计报告、证券公司出具的推荐文件。

第四十八条 股票公开转让的公众公司向公司前十名股东、实际控制人、董事、监事、高级管理人员及核心员工定向发行股票，连续十二个月内发行的股份未超过公司总股本百分之十且融资总额不超过二千万元的，无需提供证券公司出具的推荐文件以及律师事务所出具的法律意见书。

按照前款规定发行股票的，董事会决议中应当明确发行对象、发行价格和发行数量，且公司不得存在以下情形：

（一）公司采用本办法第四十五条第五款规定方式发行的；

（二）认购人以非现金资产认购的；

（三）发行股票导致公司控制权发生变动的；

（四）本次发行中存在特殊投资条款安排的；

（五）公司或其控股股东、实际控制人、董事、监事、高级管理人员最近十二个月内被中国证监会给予行政处罚或采取监管措施、被全国股转系统采取纪律处分的。

第四十九条　股票公开转让的公众公司向特定对象发行股票后股东累计超过二百人的，应当持申请文件向全国股转系统申报，中国证监会基于全国股转系统的审核意见依法履行注册程序。

股票公开转让的公众公司向特定对象发行股票后股东累计不超过二百人的，中国证监会豁免注册，由全国股转系统自律管理。

中国证监会和全国股转系统按照本办法第三十六条、第三十八条规定的程序进行审核注册。

第五十条　股票未公开转让的公司向特定对象发行股票后股东累计超过二百人的，应当持申请文件向中国证监会申报；中国证监会认为公司符合发行条件和信息披露要求的，依法作出同意注册的决定。

第五十一条　中国证监会按照本办法第三十九条的规定作出同意注册或不予注册的决定。

第五十二条　股票公开转让的公众公司申请定向发行股票，可申请一次注册，分期发行。自中国证监会予以注册之日起，公司应当在三个月内首期发行，剩余数量应当在十二个月内发行完毕。超过注册文件限定的有效期未发行的，须重新经中国证监会注册后方可发行。首期发行数量应当不少于总发行数量的百分之五十，剩余各期发行的数量由公司自行确定，每期发行后五个工作日内将发行情况报送全国股转系统备案。

第五十三条　股票发行结束后，公众公司应当按照中国证监会的有关要求编制并披露发行情况报告书。申请分期发行的公众公司应在每期发行后按照中国证监会的有关要求进行披露，并在全部发行结束或者超过注册文件有效期后按照中国证监会的有关要求编制并披露发行情况报告书。

豁免向中国证监会申请注册定向发行的公众公司，应当在发行结束后按照中国证监会的有关要求编制并披露发行情况报告书。

第五十四条　公司及其董事、监事、高级管理人员，应当对定向发行说明书、发行情况报告书签署书面确认意见，保证所披露的信息真实、准确、完整。

第五十五条　公众公司定向发行股份购买资产的，按照本章有关规定办理。

第六章　监督管理

第五十六条　中国证监会会同国务院有关部门、地方人民政府，依照法律法规和国务院有关规定，各司其职，分工协作，对公众公司进行持续监管，防范风险，维护证券市场秩序。

第五十七条　中国证监会依法履行对公司股票转让、股票发行、信息披露的监管职责，有权对公司、证券公司、证券服务机构等采取《证券法》规定的有关措施。

第五十八条　中国证监会建立对审核注册全流程的权力运行监督制约机制，对审核注册程序相关内控制度运行情况进行督导督察，对廉政纪律执行情况和相关人员的履职尽责情况进行监督监察。

中国证监会建立对全国股转系统审核监管工作的监督机制，可以通过选取或抽取项目同步关注、调阅审核工作文件、提出问题、列席相关审核会议等方式对全国股转系统相关工作进行检查或抽查。对于中国证监会检查监督过程中发现的问题，全国股转系统应当整改。

第五十九条　全国股转系统应当发挥自律管理作用，对股票公开转让的公众公司及相关信息披露义务人披露信息进行监督，督促其依法及时、准确地披露信息。发现股票公开转让的公众公司及相关信息披露义务人有违反法律、行政法规和中国证监会相关规定的行为，应当向中国证监会报告，并采取自律管理措施。

全国股转系统可以依据相关规则对股票公开转让的公众公司进行现场检查或非现场检查。

第六十条　全国股转系统应当建立定期报告和重大审核事项请示报告制度，及时总结审核工作情况，并报告中国证监会。

第六十一条　中国证券业协会应当发挥自律管理作用，对从事公司股票转让和股票发行业务的证券公司进行监督，督促其勤勉尽责地履行尽职调查和督导职责。发现证券公司有违反法律、行政法规和中国证监会相关规定的行为，应当向中国证监会报告，并采取自律管理措施。

第六十二条　中国证监会可以要求公司及其他信息披露义务人或者其董事、监事、高级管理人员对有关信息披露问题作出解释、说明或者提供相关资料，并要求公司提供证券公司或者证券服务机构的专业意见。

中国证监会对证券公司和证券服务机构出具文件的真实性、准确性、完整性有疑义的，可以要求相关机构作出解释、补充，并调阅其工作底稿。

第六十三条　证券公司在从事股票转让、股票发行等业务活动中，应当按照中国证监会和全国股转系统的有关规定勤勉尽责地进行尽职调查，规范履行内核程序，认真编制相关文件，并持续督导所推荐公司及时履行信息披露义务、完善公司治理。

第六十四条　证券服务机构为公司的股票转让、股票发行等活动出具审计报告、资产评估报告或者法律意见书等文件的，应当严格履行法定职责，遵循勤勉尽责和诚实信用原则，对公司的主体资格、股本情况、规范运作、财务状况、公司治理、信息披露等内容的真实性、准确性、完整性进行充分的核查和验证，并保证其出具的文件不存在虚假记载、误导性陈述或者重大遗漏。

第六十五条　中国证监会依法对公司及其他信息披露义务人、证券公司、证券服务机构进行监督检查或者调查，被检查或者调查对象有义务提供相关文件资料。对于发现问题的单位和个人，中国证监会可以采取责令改正、监管谈话、责令公开说明、出具警示函等监管措施，并记入诚信档案；涉嫌违法、犯罪的，应当立案调查或者移送司法机关。

第七章　法律责任

第六十六条　全国股转系统审核工作存在下列情形之一的，由中国证监会责令改正；情节严重的，追究直接责任人员相关责任：

（一）未按审核标准开展审核工作；

（二）未按审核程序开展审核工作；

（三）发现涉嫌违反国家产业政策、全国股转系统定位或者发现重大敏感事项、重大无先例情况、重大舆情、重大违法线索，未请示报告或请示报告不及时；

（四）不配合中国证监会对审核工作的检查监督，或者不按中国证监会的要求进行整改。

第六十七条　公司在其公告的股票挂牌公开转让、股票发行文件中隐瞒重要事实或者编造重要虚假内容的，除依照《证券法》有关规定进行处罚外，中国证监会可视情节轻重，依法采取责令改正、监管谈话、出具警示函等监管措施；情节严重的，中国证监会可以对有关责任人员采取证券市场禁入的措施。

公司擅自改动已提交的股票转让、股票发行申请文件的，或发生重大事项未及时报告或者未及时披露的，中国证监会可视情节轻重，依法采取责令改正、监管谈话、出具警示函等监管措施。

第六十八条　公司向不符合本办法规定条件的投资者发行股票的，中国证监会可以责令改正。

第六十九条　公司未依照本办法第三十四条、第三十六条、第四十九条、第五十条规定，擅自转让或者发行股票的，依照《证券法》有关规定进行处罚。

第七十条 公众公司违反本办法第十三条、第十四条规定的，中国证监会可以责令改正，对相关责任主体给予警告，单处或者并处十万元以下的罚款，涉及金融安全且有危害后果的，单处或者并处二十万元以下的罚款。

第七十一条 公司及其他信息披露义务人未按照规定披露信息，或者所披露的信息有虚假记载、误导性陈述或者重大遗漏的，依照《证券法》有关规定进行处罚。

第七十二条 信息披露义务人及其董事、监事、高级管理人员，公司控股股东、实际控制人，为信息披露义务人出具专项文件的证券公司、证券服务机构及其工作人员，违反《证券法》、行政法规和中国证监会相关规定的，中国证监会可以依法采取责令改正、监管谈话、出具警示函等监管措施，并记入诚信档案；情节严重的，中国证监会可以对有关责任人员采取证券市场禁入的措施。

第七十三条 公众公司内幕信息知情人或非法获取内幕信息的人，在对公众公司股票价格有重大影响的信息公开前，泄露该信息、买卖或者建议他人买卖该股票的，依照《证券法》有关规定进行处罚。

第七十四条 股票公开转让的公众公司及其股东、实际控制人未按本办法规定配合证券公司、证券服务机构尽职调查、持续督导等工作的，中国证监会可以依法采取责令改正、监管谈话、出具警示函等监管措施，并记入诚信档案。

第七十五条 证券公司及其工作人员未按本办法规定履行持续督导责任，情节严重的，中国证监会可以依法采取责令改正、监管谈话、出具警示函等监管措施。

第七十六条 证券公司、证券服务机构出具的文件有虚假记载、误导性陈述或者重大遗漏的，除依照《证券法》及相关法律法规的规定处罚外，中国证监会可以依法采取责令改正、监管谈话、出具警示函等监管措施；情节严重的，中国证监会可以对有关责任人员采取证券市场禁入的措施。

第七十七条 证券公司、证券服务机构擅自改动已提交的股票转让、股票发行申请文件的，或发生重大事项未及时报告或者未及时披露的，中国证监会可视情节轻重，依法采取责令改正、监管谈话、出具警示函等监管措施。

第八章 附 则

第七十八条 公众公司申请在证券交易所上市的，应当遵守中国证监会和证券交易所的相关规定。

第七十九条 注册在境内的境外上市公司在境内定向发行股份、将境内股份在全国股转系统挂牌公开转让，按照本办法相关规定执行。

第八十条 本办法施行前股东人数超过二百人的股份有限公司，不在全国股转系统挂牌公开转让股票或证券交易所上市的，应当按相关要求规范后申请纳入非上市公众公司监管。

第八十一条　公司发行优先股、可转换公司债券的，应当符合中国证监会和全国股转系统的有关规定，普通股、优先股、可转换公司债券持有人数合并计算，并按照本办法第五章有关规定办理。

第八十二条　本办法所称股份有限公司是指首次申请股票转让或定向发行的股份有限公司；所称公司包括非上市公众公司和首次申请股票转让或定向发行的股份有限公司。

第八十三条　本办法自公布之日起施行。

非上市公众公司重大资产重组管理办法

（中国证监会令第 213 号 2023 年 2 月 17 日）

第一章 总 则

第一条 为了规范非上市公众公司（以下简称公众公司）重大资产重组行为，保护公众公司和投资者的合法权益，促进公众公司质量不断提高，维护证券市场秩序和社会公共利益，根据《中华人民共和国证券法》（以下简称《证券法》）、《中华人民共和国公司法》《国务院关于全国中小企业股份转让系统有关问题的决定》《国务院关于进一步优化企业兼并重组市场环境的意见》及其他相关法律、行政法规，制定本办法。

第二条 本办法适用于股票在全国中小企业股份转让系统（以下简称全国股转系统）公开转让的公众公司重大资产重组行为。

本办法所称的重大资产重组是指公众公司及其控股或者控制的公司在日常经营活动之外购买、出售资产或者通过其他方式进行资产交易，导致公众公司的业务、资产发生重大变化的资产交易行为。

公众公司及其控股或者控制的公司购买、出售资产，达到下列标准之一的，构成重大资产重组：

（一）购买、出售的资产总额占公众公司最近一个会计年度经审计的合并财务会计报表期末资产总额的比例达到百分之五十以上；

（二）购买、出售的资产净额占公众公司最近一个会计年度经审计的合并财务会计报表期末净资产额的比例达到百分之五十以上，且购买、出售的资产总额占公众公司最近一个会计年度经审计的合并财务会计报表期末资产总额的比例达到百分之三十以上。

购买、出售资产未达到前款规定标准，但中国证券监督管理委员会（以下简称中国证监会）发现涉嫌违反国家产业政策、违反法律和行政法规、违反中国证监会的规定、可能损害公众公司或者投资者合法权益等重大问题的，可以根据审慎监管原则，责令公众公司按照本办法的规定补充披露相关信息、暂停交易、聘请独立财务顾问或者其他证券服务机构补充核查并披露专业意见。

公众公司发行股份购买资产触及本条所列指标的，应当按照本办法的相关要求办理。

第三条 本办法第二条所称通过其他方式进行资产交易，包括：

（一）以认缴、实缴等方式与他人新设参股企业，或对已设立的企业增资或者减资；

（二）受托经营、租赁其他企业资产或将经营性资产委托他人经营、租赁；

（三）接受附义务的资产赠与或者对外捐赠资产；

（四）中国证监会根据审慎监管原则认定的其他情形。

上述资产交易实质上构成购买、出售资产的，且达到本办法第二条第三款规定的重大资产重组标准的，应当按照本办法的规定履行相关义务和程序。

第四条　公众公司实施重大资产重组，应当就本次交易符合下列要求作出充分说明，并予以披露：

（一）重大资产重组所涉及的资产定价公允，不存在损害公众公司和股东合法权益的情形；

（二）重大资产重组所涉及的资产权属清晰，资产过户或者转移不存在法律障碍，相关债权债务处理合法；所购买的资产，应当为权属清晰的经营性资产；

（三）实施重大资产重组后有利于提高公众公司资产质量和增强持续经营能力，不存在可能导致公众公司重组后主要资产为现金或者无具体经营业务的情形；

（四）实施重大资产重组后有利于公众公司形成或者保持健全有效的法人治理结构。

第五条　公众公司实施重大资产重组，有关各方应当及时、公平地披露或者提供信息，保证所披露或者提供信息的真实、准确、完整，不得有虚假记载、误导性陈述或者重大遗漏。

第六条　公众公司的董事、监事和高级管理人员在重大资产重组中，应当诚实守信、勤勉尽责，维护公众公司资产的安全，保护公众公司和全体股东的合法权益。

第七条　公众公司实施重大资产重组，应当聘请符合《证券法》规定的独立财务顾问、律师事务所以及会计师事务所等证券服务机构出具相关意见。公众公司也可以同时聘请其他机构为其重大资产重组提供顾问服务。

为公众公司重大资产重组提供服务的证券服务机构及人员，应当遵守法律、行政法规和中国证监会的有关规定，遵循本行业公认的业务标准和道德规范，严格履行职责，不得谋取不正当利益，并应当对其所制作、出具文件的真实性、准确性和完整性承担责任。

第八条　任何单位和个人对知悉的公众公司重大资产重组信息在依法披露前负有保密义务，不得利用公众公司重大资产重组信息从事内幕交易、操纵证券市场等违法活动。

第二章　重大资产重组的信息管理

第九条　公众公司与交易对方就重大资产重组进行初步磋商时，应当采取有效的保密措施，限定相关敏感信息的知悉范围，并与参与或知悉本次重大资产重组信息的相关主体签订保密协议。

第十条 公众公司及其控股股东、实际控制人等相关主体研究、筹划、决策重大资产重组事项，原则上应当在相关股票暂停转让后或者非转让时间进行，并尽量简化决策流程、提高决策效率、缩短决策时限，尽可能缩小内幕信息知情人范围。如需要向有关部门进行政策咨询、方案论证的，应当在相关股票暂停转让后进行。

第十一条 公众公司筹划重大资产重组事项，应当详细记载筹划过程中每一具体环节的进展情况，包括商议相关方案、形成相关意向、签署相关协议或者意向书的具体时间、地点、参与机构和人员、商议和决议内容等，制作书面的交易进程备忘录并予以妥当保存。参与每一具体环节的所有人员应当即时在备忘录上签名确认。

公众公司应当按照全国股转系统的规定及时做好内幕信息知情人登记工作。

第十二条 在筹划公众公司重大资产重组的阶段，交易各方初步达成实质性意向或者虽未达成实质性意向，但相关信息已在媒体上传播或者预计该信息难以保密或者公司股票转让出现异常波动的，公众公司应当及时向全国股转系统申请股票暂停转让。

第十三条 筹划、实施公众公司重大资产重组，相关信息披露义务人应当公平地向所有投资者披露可能对公众公司股票转让价格产生较大影响的相关信息，不得有选择性地向特定对象提前泄露。但是，法律、行政法规另有规定的除外。

公众公司的股东、实际控制人以及参与重大资产重组筹划、论证、决策等环节的其他相关机构和人员，应当及时、准确地向公众公司通报有关信息，并配合公众公司及时、准确、完整地进行披露。

第三章 重大资产重组的程序

第十四条 公众公司进行重大资产重组，应当由董事会依法作出决议，并提交股东大会审议。

第十五条 公众公司召开董事会决议重大资产重组事项，应当在披露决议的同时披露本次重大资产重组报告书、独立财务顾问报告、法律意见书以及重组涉及的审计报告、资产评估报告（或资产估值报告）。董事会还应当就召开股东大会事项作出安排并披露。

如公众公司就本次重大资产重组首次召开董事会前，相关资产尚未完成审计等工作的，在披露首次董事会决议的同时应当披露重大资产重组预案及独立财务顾问对预案的核查意见。公众公司应在披露重大资产重组预案后六个月内完成审计等工作，并再次召开董事会，在披露董事会决议时一并披露重大资产重组报告书、独立财务顾问报告、法律意见书以及本次重大资产重组涉及的审计报告、资产评估报告（或资产估值报告）等。董事会还应当就召开股东大会事项作出安排并披露。

第十六条　股东大会就重大资产重组事项作出的决议，必须经出席会议的股东所持表决权的三分之二以上通过。公众公司股东人数超过二百人的，应当对出席会议的持股比例在百分之十以下的股东表决情况实施单独计票。公众公司应当在决议后及时披露表决情况。

前款所称持股比例在百分之十以下的股东，不包括公众公司董事、监事、高级管理人员及其关联人以及持股比例在百分之十以上股东的关联人。

公众公司重大资产重组事项与本公司股东或者其关联人存在关联关系的，股东大会就重大资产重组事项进行表决时，关联股东应当回避表决。

第十七条　公众公司可视自身情况在公司章程中约定是否提供网络投票方式以便于股东参加股东大会；退市公司应当采用安全、便捷的网络投票方式为股东参加股东大会提供便利。

第十八条　公众公司重大资产重组可以使用现金、股份、可转换债券、优先股等支付手段购买资产。

使用股份、可转换债券、优先股等支付手段购买资产的，其支付手段的价格由交易双方自行协商确定，定价可以参考董事会召开前一定期间内公众公司股票的市场价格、同行业可比公司的市盈率或市净率等。董事会应当对定价方法和依据进行充分披露。

第十九条　公众公司向特定对象发行股份购买资产后股东累计超过二百人的重大资产重组，应当持申请文件向全国股转系统申报。

中国证监会在全国股转系统收到注册申请文件之日起，同步关注本次发行股份是否符合国家产业政策和全国股转系统定位。

全国股转系统认为公众公司符合重大资产重组实施要求和信息披露要求的，将审核意见、公众公司注册申请文件及相关审核资料报送中国证监会注册；认为公众公司不符合重大资产重组实施要求和信息披露要求的，作出终止审核决定。

中国证监会收到全国股转系统报送的审核意见、公司注册申请文件及相关审核资料后，基于全国股转系统的审核意见，依法履行注册程序。中国证监会发现存在影响重大资产重组实施要求的新增事项的，可以要求全国股转系统进一步问询并就新增事项形成审核意见；认为全国股转系统对新增事项的审核意见依据明显不充分的，可以退回全国股转系统补充审核，本办法第二十二条规定的注册期限重新计算。

第二十条　公众公司向特定对象发行股份购买资产后股东累计不超过二百人的重大资产重组，中国证监会豁免注册，由全国股转系统自律管理。

公众公司重大资产重组不涉及发行股份的，全国股转系统对重大资产重组报告书、独立财务顾问报告、法律意见书以及重组涉及的审计报告、资产评估报告（或资产估值报告）等信息披露文件的完备性进行审查。

第二十一条　全国股转系统审核过程中，发现本次发行股份涉嫌违反国家产业政策或全国股转系统定位的，或者发现重大敏感事项、重大无先例情况、重大舆情、重大违法线索的，应当及时向中国证监会请示报告，中国证监会及时提出明确意见。

第二十二条　中国证监会在二十个工作日内对注册申请作出同意注册或不予注册的决定，通过要求全国股转系统进一步问询、要求证券公司或证券服务机构等对有关事项进行核查、对公司现场检查等方式要求公司补充、修改申请文件的时间不计算在内。

第二十三条　股东大会作出重大资产重组的决议后，公众公司拟对交易对象、交易标的、交易价格等作出变更，构成对原重组方案重大调整的，应当按照本办法的规定重新履行程序。

股东大会作出重大资产重组的决议后，公众公司董事会决议终止本次交易或者撤回有关申请的，应当说明原因并披露，并提交股东大会审议。

第二十四条　中国证监会不予注册的，自中国证监会作出不予注册的决定之日起三个月内，全国股转系统不受理该公众公司发行股份购买资产的重大资产重组申请。

第二十五条　公众公司实施重大资产重组，相关当事人作出公开承诺事项的，应当同时提出未能履行承诺时的约束措施并披露。

全国股转系统应当加强对相关当事人履行公开承诺行为的监督和约束，对不履行承诺的行为及时实施自律管理。

第二十六条　公众公司重大资产重组完成相关批准程序后，应当及时实施重组方案，并在本次重大资产重组实施完毕之日起二个工作日内，编制并披露实施情况报告书及独立财务顾问、律师的专业意见。

退市公司重大资产重组涉及发行股份的，自中国证监会作出同意注册决定之日起六十日内，本次重大资产重组未实施完毕的，退市公司应当于期满后二个工作日内披露实施进展情况；此后每三十日应当披露一次，直至实施完毕。

第二十七条　独立财务顾问应当按照中国证监会的相关规定，对实施重大资产重组的公众公司履行持续督导职责。持续督导的期限自公众公司完成本次重大资产重组之日起，应当不少于一个完整会计年度。

第二十八条　独立财务顾问应当结合公众公司重大资产重组实施当年和实施完毕后的第一个完整会计年度的年报，自年报披露之日起十五日内，对重大资产重组实施的下列事项出具持续督导意见，报送全国股转系统，并披露：

（一）交易资产的交付或者过户情况；

（二）交易各方当事人承诺的履行情况及未能履行承诺时相关约束措施的执行情况；

（三）公司治理结构与运行情况；

（四）本次重大资产重组对公司运营、经营业绩影响的状况；

（五）盈利预测的实现情况（如有）；

（六）与已公布的重组方案存在差异的其他事项。

第二十九条　本次重大资产重组涉及发行股份的，特定对象以资产认购而取得的公众公司股份，应当承诺自股份发行结束之日起六个月内不得转让；属于下列情形之一的，应当承诺十二个月内不得转让：

（一）特定对象为公众公司控股股东、实际控制人或者其控制的关联人；

（二）特定对象通过认购本次发行的股份取得公众公司的实际控制权；

（三）特定对象取得本次发行的股份时，对其用于认购股份的资产持续拥有权益的时间不足十二个月。

第四章　监督管理与法律责任

第三十条　全国股转系统对公众公司重大资产重组实施自律管理。

全国股转系统应当对公众公司涉及重大资产重组的股票暂停与恢复转让、防范内幕交易等作出制度安排；加强对公众公司重大资产重组期间股票转让的实时监管，建立相应的市场核查机制，并在后续阶段对股票转让情况进行持续监管。

全国股转系统应当督促公众公司及其他信息披露义务人依法履行信息披露义务，发现公众公司重大资产重组信息披露文件中有违反法律、行政法规和中国证监会规定行为的，应当向中国证监会报告，并实施自律管理；情节严重的，应当要求其暂停重大资产重组。

全国股转系统应当督促为公众公司提供服务的独立财务顾问诚实守信、勤勉尽责，发现独立财务顾问有违反法律、行政法规和中国证监会规定行为的，应当向中国证监会报告，并实施自律管理。

全国股转系统可以依据相关规则对实施重大资产重组的公众公司进行现场检查或非现场检查。

第三十一条　全国股转系统应当建立定期报告和重大审核事项请示报告制度，及时总结审核工作情况，并报告中国证监会。

第三十二条　中国证监会依法对公众公司重大资产重组实施监督管理。

中国证监会发现公众公司进行重大资产重组未按照本办法的规定履行信息披露及相关义务、存在可能损害公众公司或者投资者合法权益情形的，有权要求其补充披露相关信息、暂停或者终止其重大资产重组；有权对公众公司、证券服务机构采取《证券法》第一百七十条规定的措施。

第三十三条　中国证监会建立对审核注册全流程的权力运行监督制约机制，对审核注册程序相关内控制度运行情况进行督导督察，对廉政纪律执行情况和相关人员的履职尽责情况进行监督监察。

中国证监会建立对全国股转系统审核监管工作的监督机制，可以通过选取或抽取项目同步关注、调阅审核工作文件、提出问题、列席相关审核会议等方式对全国股转系统相关工作进行检查或抽查。对于中国证监会检查监督过程中发现的问题，全国股转系统应当整改。

第三十四条　重大资产重组实施完毕后，凡不属于公众公司管理层事前无法获知且事后无法控制的原因，购买资产实现的利润未达到盈利预测报告或者资产评估报告预测金额的百分之八十，或者实际运营情况与重大资产重组报告书存在较大差距的，公众公司的董事长、总经理、财务负责人应当在公众公司披露年度报告的同时，作出解释，并向投资者公开道歉；实现利润未达到预测金额的百分之五十的，中国证监会可以对公众公司及相关责任人员采取监管谈话、出具警示函、责令定期报告等监管措施。

第三十五条　全国股转系统审核工作存在下列情形之一的，由中国证监会责令改正；情节严重的，追究直接责任人员相关责任：

（一）未按审核标准开展审核工作；

（二）未按审核程序开展审核工作；

（三）发现涉嫌违反国家产业政策、全国股转系统定位或者发现重大敏感事项、重大无先例情况、重大舆情、重大违法线索，未请示报告或请示报告不及时；

（四）不配合中国证监会对审核工作的检查监督，或者不按中国证监会的要求进行整改。

第三十六条　公众公司或其他信息披露义务人未按照本办法的规定披露或报送信息、报告，或者披露或报送的信息、报告有虚假记载、误导性陈述或者重大遗漏的，由中国证监会责令改正，依照《证券法》第一百九十七条予以处罚；情节严重的，可以责令暂停或者终止重大资产重组，并可以对有关责任人员采取证券市场禁入的措施。

公众公司的控股股东、实际控制人组织、指使从事前款违法违规行为，或者隐瞒相关事项导致发生前款情形的，依照《证券法》第一百九十七条予以处罚；情节严重的，可以责令暂停或者终止重组活动，并可以对有关责任人员采取证券市场禁入的措施；涉嫌犯罪的，依法移送司法机关追究刑事责任。

第三十七条　公众公司董事、监事和高级管理人员在重大资产重组中，未履行诚实守信、勤勉尽责义务，或者公众公司的股东、实际控制人及其有关负责人员未按照本办法的规定履行相关义务，导致重组方案损害公众公司利益的，由中国证监会采取责令改正，并可以采取监管谈话、出具警示函等监管措施；情节严重的，处以警告、罚款，并可以对有关责任人员采取证券市场禁入的措施；涉嫌犯罪的，依法移送司法机关追究刑事责任。

第三十八条　为重大资产重组出具财务顾问报告、审计报告、法律意见书、资产评估报告（或资产估值报告）及其他专业文件的证券服务机构及其从业人员未履行诚实守信、勤勉尽责义务，违反行业规范、业务规则的，采取责令改正、监管谈话、出具警示函等监管措施；情节严重的，依法追究法律责任，并可以对有关责任人员采取证券市场禁入的措施。

前款规定的证券服务机构及其从业人员所制作、出具的文件存在虚假记载、误导性陈述或者重大遗漏的，责令改正，依照《证券法》第二百一十三条予以处罚；情节严重的，可以对有关责任人员采取证券市场禁入的措施；涉嫌犯罪的，依法移送司法机关追究刑事责任。

第三十九条　违反本办法的规定构成证券违法行为的，依照《证券法》等法律法规的规定追究法律责任。

第五章　附　则

第四十条　计算本办法第二条规定的比例时，应当遵守下列规定：

（一）购买的资产为股权的，且购买股权导致公众公司取得被投资企业控股权的，其资产总额以被投资企业的资产总额和成交金额二者中的较高者为准，资产净额以被投资企业的净资产额和成交金额二者中的较高者为准；出售股权导致公众公司丧失被投资企业控股权的，其资产总额、资产净额分别以被投资企业的资产总额以及净资产额为准。

除前款规定的情形外，购买的资产为股权的，其资产总额、资产净额均以成交金额为准；出售的资产为股权的，其资产总额、资产净额均以该股权的账面价值为准；

（二）购买的资产为非股权资产的，其资产总额以该资产的账面值和成交金额二者中的较高者为准，资产净额以相关资产与负债账面值的差额和成交金额二者中的较高者为准；出售的资产为非股权资产的，其资产总额、资产净额分别以该资产的账面值、相关资产与负债账面值的差额为准；该非股权资产不涉及负债的，不适用本办法第二条第三款第（二）项规定的资产净额标准；

（三）公众公司同时购买、出售资产的，应当分别计算购买、出售资产的相关比例，并以二者中比例较高者为准；

（四）公众公司在十二个月内连续对同一或者相关资产进行购买、出售的，以其累计数分别计算相应数额。已按照本办法的规定履行相应程序的资产交易行为，无须纳入累计计算的范围。

交易标的资产属于同一交易方所有或者控制，或者属于相同或者相近的业务范围，或者中国证监会认定的其他情形下，可以认定为同一或者相关资产。

第四十一条　特定对象以现金认购公众公司定向发行的股份后，公众公司用同一次定向发行所募集的资金向该特定对象购买资产达到重大资产重组标准的适用本办法。

公众公司按照经中国证监会注册或经全国股转系统审核无异议的定向发行文件披露的募集资金用途，使用募集资金购买资产、对外投资的行为，不适用本办法。

第四十二条　公众公司重大资产重组涉及发行可转换债券、优先股等其他支付手段的，应当遵守《证券法》《国务院关于开展优先股试点的指导意见》和中国证监会的相关规定。

第四十三条　为公众公司重大资产重组提供服务的独立财务顾问业务许可、业务规则及法律责任等，按照中国证监会关于上市公司并购重组财务顾问的相关规定执行。

第四十四条　退市公司符合中国证监会和证券交易所规定的重新上市条件的，可依法向证券交易所提出申请。

第四十五条　股票不在全国股转系统公开转让的公众公司重大资产重组履行的决策程序和信息披露内容比照本办法的相关规定执行。

第四十六条　本办法自公布之日起施行。

上市公司重大资产重组管理办法

（中国证监会令第 214 号 2023 年 2 月 17 日）

第一章 总 则

第一条 为了规范上市公司重大资产重组行为，保护上市公司和投资者的合法权益，促进上市公司质量不断提高，维护证券市场秩序和社会公共利益，根据《中华人民共和国公司法》《中华人民共和国证券法》（以下简称《证券法》）等法律、行政法规的规定，制定本办法。

第二条 本办法适用于上市公司及其控股或者控制的公司在日常经营活动之外购买、出售资产或者通过其他方式进行资产交易达到规定的标准，导致上市公司的主营业务、资产、收入发生重大变化的资产交易行为（以下简称重大资产重组）。

上市公司发行股份购买资产应当符合本办法的规定。

上市公司按照经中国证券监督管理委员会（以下简称中国证监会）注册的证券发行申请所披露的募集资金用途，使用募集资金购买资产、对外投资的行为，不适用本办法。

第三条 任何单位和个人不得利用重大资产重组损害上市公司及其股东的合法权益。

第四条 上市公司实施重大资产重组，有关各方必须及时、公平地披露或者提供信息，保证所披露或者提供信息的真实、准确、完整，不得有虚假记载、误导性陈述或者重大遗漏。

第五条 上市公司的董事、监事和高级管理人员在重大资产重组活动中，应当诚实守信、勤勉尽责，维护公司资产的安全，保护公司和全体股东的合法权益。

第六条 为重大资产重组提供服务的证券服务机构和人员，应当遵守法律、行政法规和中国证监会的有关规定，以及证券交易所的相关规则，遵循本行业公认的业务标准和道德规范，诚实守信，勤勉尽责，严格履行职责，对其所制作、出具文件的真实性、准确性和完整性承担责任。

前款规定的证券服务机构和人员，不得教唆、协助或者伙同委托人编制或者披露存在虚假记载、误导性陈述或者重大遗漏的报告、公告文件，不得从事不正当竞争，不得利用上市公司重大资产重组谋取不正当利益。

第七条 任何单位和个人对所知悉的重大资产重组信息在依法披露前负有保

密义务。

禁止任何单位和个人利用重大资产重组信息从事内幕交易、操纵证券市场等违法活动。

第八条　中国证监会依法对上市公司重大资产重组行为进行监督管理。

证券交易所依法制定上市公司重大资产重组业务规则，并对上市公司重大资产重组行为、证券服务机构和人员履职行为等进行自律管理。

中国证监会基于证券交易所的审核意见，依法对上市公司发行股份购买资产涉及的证券发行申请履行注册程序，并对证券交易所的审核工作进行监督。

第九条　对上市公司发行股份购买资产涉及的证券发行申请予以注册，不表明中国证监会和证券交易所对该证券的投资价值或者投资者的收益作出实质性判断或者保证，也不表明中国证监会和证券交易所对申请文件的真实性、准确性、完整性作出保证。

第十条　鼓励依法设立的并购基金、股权投资基金、创业投资基金、产业投资基金等投资机构参与上市公司并购重组。

第二章　重大资产重组的原则和标准

第十一条　上市公司实施重大资产重组，应当就本次交易符合下列要求作出充分说明，并予以披露：

（一）符合国家产业政策和有关环境保护、土地管理、反垄断、外商投资、对外投资等法律和行政法规的规定；

（二）不会导致上市公司不符合股票上市条件；

（三）重大资产重组所涉及的资产定价公允，不存在损害上市公司和股东合法权益的情形；

（四）重大资产重组所涉及的资产权属清晰，资产过户或者转移不存在法律障碍，相关债权债务处理合法；

（五）有利于上市公司增强持续经营能力，不存在可能导致上市公司重组后主要资产为现金或者无具体经营业务的情形；

（六）有利于上市公司在业务、资产、财务、人员、机构等方面与实际控制人及其关联人保持独立，符合中国证监会关于上市公司独立性的相关规定；

（七）有利于上市公司形成或者保持健全有效的法人治理结构。

第十二条　上市公司及其控股或者控制的公司购买、出售资产，达到下列标准之一的，构成重大资产重组：

（一）购买、出售的资产总额占上市公司最近一个会计年度经审计的合并财务会计报告期末资产总额的比例达到百分之五十以上；

（二）购买、出售的资产在最近一个会计年度所产生的营业收入占上市公司同期经审计的合并财务会计报告营业收入的比例达到百分之五十以上，且超过五千万元人民币；

（三）购买、出售的资产净额占上市公司最近一个会计年度经审计的合并财务会计报告期末净资产额的比例达到百分之五十以上，且超过五千万元人民币。

购买、出售资产未达到前款规定标准，但中国证监会发现涉嫌违反国家产业政策、违反法律和行政法规、违反中国证监会的规定、可能损害上市公司或者投资者合法权益等重大问题的，可以根据审慎监管原则，责令上市公司暂停交易、按照本办法的规定补充披露相关信息、聘请符合《证券法》规定的独立财务顾问或者其他证券服务机构补充核查并披露专业意见。

第十三条　上市公司自控制权发生变更之日起三十六个月内，向收购人及其关联人购买资产，导致上市公司发生以下根本变化情形之一的，构成重大资产重组，应当按照本办法的规定履行相关义务和程序：

（一）购买的资产总额占上市公司控制权发生变更的前一个会计年度经审计的合并财务会计报告期末资产总额的比例达到百分之一百以上；

（二）购买的资产在最近一个会计年度所产生的营业收入占上市公司控制权发生变更的前一个会计年度经审计的合并财务会计报告营业收入的比例达到百分之一百以上；

（三）购买的资产净额占上市公司控制权发生变更的前一个会计年度经审计的合并财务会计报告期末净资产额的比例达到百分之一百以上；

（四）为购买资产发行的股份占上市公司首次向收购人及其关联人购买资产的董事会决议前一个交易日的股份的比例达到百分之一百以上；

（五）上市公司向收购人及其关联人购买资产虽未达到第（一）至第（四）项标准，但可能导致上市公司主营业务发生根本变化；

（六）中国证监会认定的可能导致上市公司发生根本变化的其他情形。

上市公司实施前款规定的重大资产重组，应当符合下列规定：

（一）符合本办法第十一条、第四十三条规定的要求；

（二）上市公司购买的资产对应的经营实体应当是股份有限公司或者有限责任公司，且符合《首次公开发行股票注册管理办法》规定的其他发行条件、相关板块定位，以及证券交易所规定的具体条件；

（三）上市公司及其最近三年内的控股股东、实际控制人不存在因涉嫌犯罪正被司法机关立案侦查或涉嫌违法违规正被中国证监会立案调查的情形。但是，涉嫌犯罪或违法违规的行为已经终止满三年，交易方案能够消除该行为可能造成的不良后果，且不影响对相关行为人追究责任的除外；

（四）上市公司及其控股股东、实际控制人最近十二个月内未受到证券交易所公开谴责，不存在其他重大失信行为；

（五）本次重大资产重组不存在中国证监会认定的可能损害投资者合法权益，或者违背公开、公平、公正原则的其他情形。

上市公司实施第一款规定的重大资产重组，涉及发行股份的，适用《证券法》和中国证监会的相关规定，应当报经中国证监会注册。

第一款所称控制权，按照《上市公司收购管理办法》第八十四条的规定进行认定。上市公司股权分散，董事、高级管理人员可以支配公司重大的财务和经营决策的，视为具有上市公司控制权。

上市公司自控制权发生变更之日起，向收购人及其关联人购买的资产属于金融、创业投资等特定行业的，由中国证监会另行规定。

第十四条　计算本办法第十二条、第十三条规定的标准时，应当遵守下列规定：

（一）购买的资产为股权的，其资产总额以被投资企业的资产总额与该项投资所占股权比例的乘积和成交金额二者中的较高者为准，营业收入以被投资企业的营业收入与该项投资所占股权比例的乘积为准，资产净额以被投资企业的净资产额与该项投资所占股权比例的乘积和成交金额二者中的较高者为准；出售的资产为股权的，其资产总额、营业收入以及资产净额分别以被投资企业的资产总额、营业收入以及净资产额与该项投资所占股权比例的乘积为准。

购买股权导致上市公司取得被投资企业控股权的，其资产总额以被投资企业的资产总额和成交金额二者中的较高者为准，营业收入以被投资企业的营业收入为准，资产净额以被投资企业的净资产额和成交金额二者中的较高者为准；出售股权导致上市公司丧失被投资企业控股权的，其资产总额、营业收入以及资产净额分别以被投资企业的资产总额、营业收入以及净资产额为准；

（二）购买的资产为非股权资产的，其资产总额以该资产的账面值和成交金额二者中的较高者为准，资产净额以相关资产与负债的账面值差额和成交金额二者中的较高者为准；出售的资产为非股权资产的，其资产总额、资产净额分别以该资产的账面值、相关资产与负债账面值的差额为准；该非股权资产不涉及负债的，不适用本办法第十二条第一款第（三）项规定的资产净额标准；

（三）上市公司同时购买、出售资产的，应当分别计算购买、出售资产的相关比例，并以二者中比例较高者为准；

（四）上市公司在十二个月内连续对同一或者相关资产进行购买、出售的，以其累计数分别计算相应数额。已按照本办法的规定编制并披露重大资产重组报告书的资产交易行为，无须纳入累计计算的范围。中国证监会对本办法第十三条第一款规定的重大资产重组的累计期限和范围另有规定的，从其规定。

交易标的资产属于同一交易方所有或者控制，或者属于相同或者相近的业务范围，或者中国证监会认定的其他情形下，可以认定为同一或者相关资产。

第十五条　本办法第二条所称通过其他方式进行资产交易，包括：

（一）与他人新设企业、对已设立的企业增资或者减资；

（二）受托经营、租赁其他企业资产或者将经营性资产委托他人经营、租赁；

（三）接受附义务的资产赠与或者对外捐赠资产；

（四）中国证监会根据审慎监管原则认定的其他情形。

上述资产交易实质上构成购买、出售资产，且达到本办法第十二条、第十三条规定的标准的，应当按照本办法的规定履行相关义务和程序。

第三章　重大资产重组的程序

第十六条　上市公司与交易对方就重大资产重组事宜进行初步磋商时，应当立即采取必要且充分的保密措施，制定严格有效的保密制度，限定相关敏感信息的知悉范围。上市公司及交易对方聘请证券服务机构的，应当立即与所聘请的证券服务机构签署保密协议。

上市公司关于重大资产重组的董事会决议公告前，相关信息已在媒体上传播或者公司股票交易出现异常波动的，上市公司应当立即将有关计划、方案或者相关事项的现状以及相关进展情况和风险因素等予以公告，并按照有关信息披露规则办理其他相关事宜。

第十七条　上市公司应当聘请符合《证券法》规定的独立财务顾问、律师事务所以及会计师事务所等证券服务机构就重大资产重组出具意见。

独立财务顾问和律师事务所应当审慎核查重大资产重组是否构成关联交易，并依据核查确认的相关事实发表明确意见。重大资产重组涉及关联交易的，独立财务顾问应当就本次重组对上市公司非关联股东的影响发表明确意见。

资产交易定价以资产评估结果为依据的，上市公司应当聘请符合《证券法》规定的资产评估机构出具资产评估报告。

证券服务机构在其出具的意见中采用其他证券服务机构或者人员的专业意见的，仍然应当进行尽职调查，审慎核查其采用的专业意见的内容，并对利用其他证券服务机构或者人员的专业意见所形成的结论负责。在保持职业怀疑并进行审慎核查、开展必要调查和复核的基础上，排除职业怀疑的，可以合理信赖。

第十八条　上市公司及交易对方与证券服务机构签订聘用合同后，非因正当事由不得更换证券服务机构。确有正当事由需要更换证券服务机构的，应当披露更换的具体原因以及证券服务机构的陈述意见。

第十九条　上市公司应当在重大资产重组报告书的管理层讨论与分析部分，就本次交易对上市公司的持续经营能力、未来发展前景、当年每股收益等财务指标和非财务指标的影响进行详细分析；涉及购买资产的，还应当就上市公司对交易标的资产的整合管控安排进行详细分析。

第二十条　重大资产重组中相关资产以资产评估结果作为定价依据的，资产评估机构应当按照资产评估相关准则和规范开展执业活动；上市公司董事会应当对评估机构的独立性、评估假设前提的合理性、评估方法与评估目的的相关性以及评估定价的公允性发表明确意见。

相关资产不以资产评估结果作为定价依据的，上市公司应当在重大资产重组报告书中详细分析说明相关资产的估值方法、参数及其他影响估值结果的指标和因素。上市公司董事会应当对估值机构的独立性、估值假设前提的合理性、估值方法与估值目的的相关性发表明确意见，并结合相关资产的市场可比交易价格、同行业上市公司的市盈率或者市净率等通行指标，在重大资产重组报告书中详细分析本次交易定价的公允性。

前两款情形中，评估机构、估值机构原则上应当采取两种以上的方法进行评估或者估值；上市公司独立董事应当出席董事会会议，对评估机构或者估值机构的独立性、评估或者估值假设前提的合理性和交易定价的公允性发表独立意见，并单独予以披露。

第二十一条　上市公司进行重大资产重组，应当由董事会依法作出决议，并提交股东大会批准。

上市公司董事会应当就重大资产重组是否构成关联交易作出明确判断，并作为董事会决议事项予以披露。

上市公司独立董事应当在充分了解相关信息的基础上，就重大资产重组发表独立意见。重大资产重组构成关联交易的，独立董事可以另行聘请独立财务顾问就本次交易对上市公司非关联股东的影响发表意见。上市公司应当积极配合独立董事调阅相关材料，并通过安排实地调查、组织证券服务机构汇报等方式，为独立董事履行职责提供必要的支持和便利。

第二十二条　上市公司应当在董事会作出重大资产重组决议后的次一工作日至少披露下列文件：

（一）董事会决议及独立董事的意见；

（二）上市公司重大资产重组预案。

本次重组的重大资产重组报告书、独立财务顾问报告、法律意见书以及重组涉及的审计报告、资产评估报告或者估值报告至迟应当与召开股东大会的通知同时公告。上市公司自愿披露盈利预测报告的，该报告应当经符合《证券法》规定的会计师事务所审核，与重大资产重组报告书同时公告。

第一款第（二）项及第二款规定的信息披露文件的内容与格式另行规定。

上市公司应当在证券交易所的网站和一家符合中国证监会规定条件的媒体公告董事会决议、独立董事的意见、重大资产重组报告书及其摘要、相关证券服务机构的报告或者意见等信息披露文件。

第二十三条　上市公司股东大会就重大资产重组作出的决议，至少应当包括下列事项：

（一）本次重大资产重组的方式、交易标的和交易对方；

（二）交易价格或者价格区间；

（三）定价方式或者定价依据；

（四）相关资产自定价基准日至交割日期间损益的归属；

（五）相关资产办理权属转移的合同义务和违约责任；

（六）决议的有效期；

（七）对董事会办理本次重大资产重组事宜的具体授权；

（八）其他需要明确的事项。

第二十四条　上市公司股东大会就重大资产重组事项作出决议，必须经出席会议的股东所持表决权的三分之二以上通过。

上市公司重大资产重组事宜与本公司股东或者其关联人存在关联关系的，股东大会就重大资产重组事项进行表决时，关联股东应当回避表决。

交易对方已经与上市公司控股股东就受让上市公司股权或者向上市公司推荐董事达成协议或者合意，可能导致上市公司的实际控制权发生变化的，上市公司控股股东及其关联人应当回避表决。

上市公司就重大资产重组事宜召开股东大会，应当以现场会议形式召开，并应当提供网络投票和其他合法方式为股东参加股东大会提供便利。除上市公司的董事、监事、高级管理人员、单独或者合计持有上市公司百分之五以上股份的股东以外，其他股东的投票情况应当单独统计并予以披露。

第二十五条　上市公司应当在股东大会作出重大资产重组决议后的次一工作日公告该决议，以及律师事务所对本次会议的召集程序、召集人和出席人员的资格、表决程序以及表决结果等事项出具的法律意见书。

涉及发行股份购买资产的，上市公司应当根据中国证监会的规定委托独立财务顾问，在作出决议后三个工作日内向证券交易所提出申请。

第二十六条　上市公司全体董事、监事、高级管理人员应当公开承诺，保证重大资产重组的信息披露和申请文件不存在虚假记载、误导性陈述或者重大遗漏。

重大资产重组的交易对方应当公开承诺，将及时向上市公司提供本次重组相关信息，并保证所提供的信息真实、准确、完整，如因提供的信息存在虚假记载、误导性陈述或者重大遗漏，给上市公司或者投资者造成损失的，将依法承担赔偿责任。

前两款规定的单位和个人还应当公开承诺，如本次交易因涉嫌所提供或者披露的信息存在虚假记载、误导性陈述或者重大遗漏，被司法机关立案侦查或者被中国证监会立案调查的，在案件调查结论明确之前，将暂停转让其在该上市公司拥有权益的股份。

第二十七条　证券交易所设立并购重组委员会（以下简称并购重组委）依法审议上市公司发行股份购买资产申请，提出审议意见。

证券交易所应当在规定的时限内基于并购重组委的审议意见，形成本次交易是否符合重组条件和信息披露要求的审核意见。

证券交易所认为符合相关条件和要求的，将审核意见、上市公司注册申请文件及相关审核资料报中国证监会注册；认为不符合相关条件和要求的，作出终止审核决定。

第二十八条　中国证监会收到证券交易所报送的审核意见等相关文件后，依照法定条件和程序，在十五个工作日内对上市公司的注册申请作出予以注册或者不予注册的决定，按规定应当扣除的时间不计算在本款规定的时限内。

中国证监会基于证券交易所的审核意见依法履行注册程序，发现存在影响重组条件的新增事项，可以要求证券交易所问询并就新增事项形成审核意见。

中国证监会认为证券交易所对前款规定的新增事项审核意见依据明显不充分的，可以退回补充审核。证券交易所补充审核后，认为符合重组条件和信息披露要求的，重新向中国证监会报送审核意见等相关文件，注册期限按照第一款规定重新计算。

第二十九条　股东大会作出重大资产重组的决议后，上市公司拟对交易对象、交易标的、交易价格等作出变更，构成对原交易方案重大调整的，应当在董事会表决通过后重新提交股东大会审议，并及时公告相关文件。

证券交易所审核或者中国证监会注册期间，上市公司按照前款规定对原交易方案作出重大调整的，应当按照本办法的规定向证券交易所重新提出申请，同时公告相关文件。

证券交易所审核或者中国证监会注册期间，上市公司董事会决议撤回申请的，应当说明原因，向证券交易所提出申请，予以公告；上市公司董事会决议终止本次交易的，应当按照公司章程的规定提交股东大会审议，股东大会就重大资产重组事项作出决议时已具体授权董事会可以决议终止本次交易的除外。

第三十条　上市公司收到中国证监会就其申请作出的予以注册或者不予注册的决定后，应当在次一工作日予以公告。

中国证监会予以注册的，上市公司应当在公告注册决定的同时，按照相关信息披露准则的规定补充披露相关文件。

第三十一条　上市公司重大资产重组不涉及发行股份的，应当根据中国证监会的规定聘请独立财务顾问和其他证券服务机构，按照本办法和证券交易所的要求履行相关程序、披露相关信息。

证券交易所通过问询、现场检查、现场督导、要求独立财务顾问和其他证券服务机构补充核查并披露专业意见等方式进行自律管理，发现重组活动明显违反本办法规定的重组条件和信息披露要求，可能因定价显失公允、不正当利益输送等问题严重损害上市公司、投资者合法权益的，可以报请中国证监会根据本办法的规定采取相关措施。

第三十二条　上市公司重大资产重组完成相关批准程序后，应当及时实施重组方案，并于实施完毕之日起三个工作日内编制实施情况报告书，向证券交易所提交书面报告，并予以公告。

上市公司聘请的独立财务顾问和律师事务所应当对重大资产重组的实施过程、资产过户事宜和相关后续事项的合规性及风险进行核查，发表明确的结论性意见。独立财务顾问和律师事务所出具的意见应当与实施情况报告书同时报告、公告。

第三十三条　自完成相关批准程序之日起六十日内，本次重大资产重组未实施完毕的，上市公司应当于期满后次一工作日将实施进展情况报告，并予以公告；此后每三十日应当公告一次，直至实施完毕。属于本办法第四十四条规定的交易情形的，自收到中国证监会注册文件之日起超过十二个月未实施完毕的，注册文件失效。

第三十四条　上市公司在实施重大资产重组的过程中，发生法律、法规要求披露的重大事项的，应当及时作出公告；该事项导致本次交易发生实质性变动的，须重新提交股东大会审议，涉及发行股份购买资产的，还须按照本办法的规定向证券交易所重新提出申请。

第三十五条　采取收益现值法、假设开发法等基于未来收益预期的方法对拟购买资产进行评估或者估值并作为定价参考依据的，上市公司应当在重大资产重组实施完毕后三年内的年度报告中单独披露相关资产的实际盈利数与利润预测数的差异情况，并由会计师事务所对此出具专项审核意见；交易对方应当与上市公司就相关资产实际盈利数不足利润预测数的情况签订明确可行的补偿协议。

预计本次重大资产重组将摊薄上市公司当年每股收益的，上市公司应当提出填补每股收益的具体措施，并将相关议案提交董事会和股东大会进行表决。负责落实该等具体措施的相关责任主体应当公开承诺，保证切实履行其义务和责任。

上市公司向控股股东、实际控制人或者其控制的关联人之外的特定对象购买资产且未导致控制权发生变更的，不适用前两款规定，上市公司与交易对方可以根据市场化原则，自主协商是否采取业绩补偿和每股收益填补措施及相关具体安排。

第三十六条　上市公司重大资产重组发生下列情形的，独立财务顾问应当及时出具核查意见，并予以公告：

（一）上市公司完成相关批准程序前，对交易对象、交易标的、交易价格等作出变更，构成对原重组方案重大调整，或者因发生重大事项导致原重组方案发生实质性变动的；

（二）上市公司完成相关批准程序后，在实施重组过程中发生重大事项，导致原重组方案发生实质性变动的。

第三十七条 独立财务顾问应当按照中国证监会的相关规定，以及证券交易所的相关规则，对实施重大资产重组的上市公司履行持续督导职责。持续督导的期限自本次重大资产重组实施完毕之日起，应当不少于一个会计年度。实施本办法第十三条规定的重大资产重组，持续督导的期限自本次重大资产重组实施完毕之日起，应当不少于三个会计年度。持续督导期限届满后，仍存在尚未完结的督导事项的，独立财务顾问应当就相关事项继续履行持续督导职责。

第三十八条 独立财务顾问应当结合上市公司重大资产重组当年和实施完毕后的第一个会计年度的年报，自年报披露之日起十五日内，对重大资产重组实施的下列事项出具持续督导意见，并予以公告：

（一）交易资产的交付或者过户情况；

（二）交易各方当事人承诺的履行情况；

（三）已公告的盈利预测或者利润预测的实现情况；

（四）管理层讨论与分析部分提及的各项业务的发展现状，以及上市公司对所购买资产整合管控安排的执行情况；

（五）公司治理结构与运行情况；

（六）与已公布的重组方案存在差异的其他事项。

独立财务顾问还应当结合本办法第十三条规定的重大资产重组实施完毕后的第二、第三个会计年度的年报，自年报披露之日起十五日内，对前款第（二）至（六）项事项出具持续督导意见，并予以公告。

第四章 重大资产重组的信息管理

第三十九条 上市公司筹划、实施重大资产重组，相关信息披露义务人应当公平地向所有投资者披露可能对上市公司股票交易价格产生较大影响的相关信息（以下简称股价敏感信息），不得提前泄露。

第四十条 上市公司的股东、实际控制人以及参与重大资产重组筹划、论证、决策等环节的其他相关机构和人员，应当做好保密工作。对于依法应当披露的信息，应当及时通知上市公司，并配合上市公司及时、准确、完整地进行披露。相关信息发生泄露的，应当立即通知上市公司，并督促上市公司依法披露。

第四十一条 上市公司及其董事、监事、高级管理人员，重大资产重组的交易对方及其关联方，交易对方及其关联方的董事、监事、高级管理人员或者主要负责人，交易各方聘请的证券服务机构及其从业人员，参与重大资产重组筹划、论证、决策、审批等环节的相关机构和人员，以及因直系亲属关系、提供服务和业务往来等知悉或者可能知悉股价敏感信息的其他相关机构和人员，在重大资产重组的股价敏感信息依法披露前负有保密义务，禁止利用该信息进行内幕交易。

第四十二条　上市公司筹划重大资产重组事项，应当详细记载筹划过程中每一具体环节的进展情况，包括商议相关方案、形成相关意向、签署相关协议或者意向书的具体时间、地点、参与机构和人员、商议和决议内容等，制作书面的交易进程备忘录并予以妥当保存。参与每一具体环节的所有人员应当即时在备忘录上签名确认。

上市公司筹划发行股份购买资产，可以按照证券交易所的有关规定申请停牌。上市公司不申请停牌的，应当就本次交易做好保密工作，在发行股份购买资产预案、发行股份购买资产报告书披露前，不得披露所筹划交易的相关信息。信息已经泄露的，上市公司应当立即披露发行股份购买资产预案、发行股份购买资产报告书，或者申请停牌。

上市公司筹划不涉及发行股份的重大资产重组，应当分阶段披露相关情况，不得申请停牌。

上市公司股票交易价格因重大资产重组的市场传闻发生异常波动时，上市公司应当及时核实有无影响上市公司股票交易价格的重组事项并予以澄清，不得以相关事项存在不确定性为由不履行信息披露义务。

第五章　发行股份购买资产

第四十三条　上市公司发行股份购买资产，应当符合下列规定：

（一）充分说明并披露本次交易有利于提高上市公司资产质量、改善财务状况和增强持续经营能力，有利于上市公司减少关联交易、避免同业竞争、增强独立性；

（二）上市公司最近一年及一期财务会计报告被会计师事务所出具无保留意见审计报告；被出具保留意见、否定意见或者无法表示意见的审计报告的，须经会计师事务所专项核查确认，该保留意见、否定意见或者无法表示意见所涉及事项的重大影响已经消除或者将通过本次交易予以消除；

（三）上市公司及其现任董事、高级管理人员不存在因涉嫌犯罪正被司法机关立案侦查或涉嫌违法违规正被中国证监会立案调查的情形。但是，涉嫌犯罪或违法违规的行为已经终止满三年，交易方案有助于消除该行为可能造成的不良后果，且不影响对相关行为人追究责任的除外；

（四）充分说明并披露上市公司发行股份所购买的资产为权属清晰的经营性资产，并能在约定期限内办理完毕权属转移手续；

（五）中国证监会规定的其他条件。

上市公司为促进行业的整合、转型升级，在其控制权不发生变更的情况下，可以向控股股东、实际控制人或者其控制的关联人之外的特定对象发行股份购买资产。所购买资产与现有主营业务没有显著协同效应的，应当充分说明并披露本次交易后的经营发展战略和业务管理模式，以及业务转型升级可能面临的风险和应对措施。

特定对象以现金或者资产认购上市公司发行的股份后，上市公司用同一次发行所募集的资金向该特定对象购买资产的，视同上市公司发行股份购买资产。

第四十四条　上市公司发行股份购买资产的，可以同时募集部分配套资金，其定价方式按照相关规定办理。

上市公司发行股份购买资产应当遵守本办法关于重大资产重组的规定，编制发行股份购买资产预案、发行股份购买资产报告书，并向证券交易所提出申请。

第四十五条　上市公司发行股份的价格不得低于市场参考价的百分之八十。市场参考价为本次发行股份购买资产的董事会决议公告日前二十个交易日、六十个交易日或者一百二十个交易日的公司股票交易均价之一。本次发行股份购买资产的董事会决议应当说明市场参考价的选择依据。

前款所称交易均价的计算公式为：董事会决议公告日前若干个交易日公司股票交易均价＝决议公告日前若干个交易日公司股票交易总额／决议公告日前若干个交易日公司股票交易总量。

本次发行股份购买资产的董事会决议可以明确，在中国证监会注册前，上市公司的股票价格相比最初确定的发行价格发生重大变化的，董事会可以按照已经设定的调整方案对发行价格进行一次调整。

前款规定的发行价格调整方案应当明确、具体、可操作，详细说明是否相应调整拟购买资产的定价、发行股份数量及其理由，在首次董事会决议公告时充分披露，并按照规定提交股东大会审议。股东大会作出决议后，董事会按照已经设定的方案调整发行价格的，上市公司无需按照本办法第二十九条的规定向证券交易所重新提出申请。

第四十六条　特定对象以资产认购而取得的上市公司股份，自股份发行结束之日起十二个月内不得转让；属于下列情形之一的，三十六个月内不得转让：

（一）特定对象为上市公司控股股东、实际控制人或者其控制的关联人；

（二）特定对象通过认购本次发行的股份取得上市公司的实际控制权；

（三）特定对象取得本次发行的股份时，对其用于认购股份的资产持续拥有权益的时间不足十二个月。

属于本办法第十三条第一款规定的交易情形的，上市公司原控股股东、原实际控制人及其控制的关联人，以及在交易过程中从该等主体直接或间接受让该上市公司股份的特定对象应当公开承诺，在本次交易完成后三十六个月内不转让其在该上市公司中拥有权益的股份；除收购人及其关联人以外的特定对象应当公开承诺，其以资产认购而取得的上市公司股份自股份发行结束之日起二十四个月内不得转让。

第四十七条　上市公司发行股份购买资产导致特定对象持有或者控制的股份达到法定比例的，应当按照《上市公司收购管理办法》的规定履行相关义务。

上市公司向控股股东、实际控制人或者其控制的关联人发行股份购买资产，或者发行股份购买资产将导致上市公司实际控制权发生变更的，认购股份的特定对象应当在发行股份购买资产报告书中公开承诺：本次交易完成后六个月内如上市公司股票连续二十个交易日的收盘价低于发行价，或者交易完成后六个月期末收盘价低于发行价的，其持有公司股票的锁定期自动延长至少六个月。

前款规定的特定对象还应当在发行股份购买资产报告书中公开承诺：如本次交易因涉嫌所提供或披露的信息存在虚假记载、误导性陈述或者重大遗漏，被司法机关立案侦查或者被中国证监会立案调查的，在案件调查结论明确以前，不转让其在该上市公司拥有权益的股份。

第四十八条　中国证监会对上市公司发行股份购买资产的申请作出予以注册的决定后，上市公司应当及时实施。向特定对象购买的相关资产过户至上市公司后，上市公司聘请的独立财务顾问和律师事务所应当对资产过户事宜和相关后续事项的合规性及风险进行核查，并发表明确意见。上市公司应当在相关资产过户完成后三个工作日内就过户情况作出公告，公告中应当包括独立财务顾问和律师事务所的结论性意见。

上市公司完成前款规定的公告、报告后，可以到证券交易所、证券登记结算机构为认购股份的特定对象申请办理证券登记手续。

第四十九条　换股吸收合并涉及上市公司的，上市公司的股份定价及发行按照本办法有关规定执行。

上市公司发行优先股用于购买资产或者与其他公司合并，中国证监会另有规定的，从其规定。

上市公司可以向特定对象发行可转换为股票的公司债券、定向权证、存托凭证等用于购买资产或者与其他公司合并。

第六章　监督管理和法律责任

第五十条　未依照本办法的规定履行相关义务或者程序，擅自实施重大资产重组的，由中国证监会责令改正，并可以采取监管谈话、出具警示函等监管措施；情节严重的，可以责令暂停或者终止重组活动，处以警告、罚款，并可以对有关责任人员采取证券市场禁入的措施。

擅自实施本办法第十三条第一款规定的重大资产重组，交易尚未完成的，中国证监会责令上市公司暂停重组活动、补充披露相关信息，涉及发行股份的，按照本办法规定报送注册申请文件；交易已经完成的，可以处以警告、罚款，并对有关责任人员采取证券市场禁入的措施；涉嫌犯罪的，依法移送司法机关追究刑事责任。

上市公司重大资产重组因定价显失公允、不正当利益输送等问题损害上市公司、投资者合法权益的，由中国证监会责令改正，并可以采取监管谈话、出具警示函等监管措施；情节严重的，可以责令暂停或者终止重组活动，处以警告、罚款，并可以对有关责任人员采取证券市场禁入的措施。

第五十一条　上市公司或者其他信息披露义务人未按照本办法规定报送重大资产重组有关报告或者履行信息披露义务的，由中国证监会责令改正，依照《证券法》第一百九十七条予以处罚；情节严重的，可以责令暂停或者终止重组活动，并可以对有关责任人员采取证券市场禁入的措施；涉嫌犯罪的，依法移送司法机关追究刑事责任。

上市公司控股股东、实际控制人组织、指使从事前款违法违规行为，或者隐瞒相关事项导致发生前款情形的，依照《证券法》第一百九十七条予以处罚；情节严重的，可以责令暂停或者终止重组活动，并可以对有关责任人员采取证券市场禁入的措施；涉嫌犯罪的，依法移送司法机关追究刑事责任。

重大资产重组的交易对方未及时向上市公司或者其他信息披露义务人提供信息的，按照第一款规定执行。

第五十二条　上市公司或者其他信息披露义务人报送的报告或者披露的信息存在虚假记载、误导性陈述或者重大遗漏的，由中国证监会责令改正，依照《证券法》第一百九十七条予以处罚；情节严重的，可以责令暂停或者终止重组活动，并可以对有关责任人员采取证券市场禁入的措施；涉嫌犯罪的，依法移送司法机关追究刑事责任。

上市公司的控股股东、实际控制人组织、指使从事前款违法违规行为，或者隐瞒相关事项导致发生前款情形的，依照《证券法》第一百九十七条予以处罚；情节严重的，可以责令暂停或者终止重组活动，并可以对有关责任人员采取证券市场禁入的措施；涉嫌犯罪的，依法移送司法机关追究刑事责任。

重大资产重组的交易对方提供的信息有虚假记载、误导性陈述或者重大遗漏的，按照第一款规定执行。

第五十三条　上市公司发行股份购买资产，在其公告的有关文件中隐瞒重要事实或者编造重大虚假内容的，中国证监会依照《证券法》第一百八十一条予以处罚。

上市公司的控股股东、实际控制人组织、指使从事前款违法行为的，中国证监会依照《证券法》第一百八十一条予以处罚。

第五十四条　重大资产重组涉嫌本办法第五十条、第五十一条、第五十二条、第五十三条规定情形的，中国证监会可以责令上市公司作出公开说明、聘请独立财务顾问或者其他证券服务机构补充核查并披露专业意见，在公开说明、披露专业意见之前，上市公司应当暂停重组活动；上市公司涉嫌前述情形被司法机关立案侦查或者被中国证监会立案调查的，在案件调查结论明确之前应当暂停重组活动。

涉嫌本办法第五十一条、第五十二条、第五十三条规定情形，被司法机关立案侦查或者被中国证监会立案调查的，有关单位和个人应当严格遵守其所作的公开承诺，在案件调查结论明确之前，不得转让其在该上市公司拥有权益的股份。

第五十五条　上市公司董事、监事和高级管理人员未履行诚实守信、勤勉尽责义务，或者上市公司的股东、实际控制人及其有关负责人未按照本办法的规定履行相关义务，导致重组方案损害上市公司利益的，由中国证监会责令改正，并可以采取监管谈话、出具警示函等监管措施；情节严重的，处以警告、罚款，并可以对有关责任人员采取证券市场禁入的措施；涉嫌犯罪的，依法移送司法机关追究刑事责任。

第五十六条　为重大资产重组出具独立财务顾问报告、审计报告、法律意见书、资产评估报告、估值报告及其他专业文件的证券服务机构及其从业人员未履行诚实守信、勤勉尽责义务，违反中国证监会的有关规定、行业规范、业务规则，或者未依法履行报告和公告义务、持续督导义务的，由中国证监会责令改正，并可以采取监管谈话、出具警示函、责令公开说明、责令定期报告等监管措施；情节严重的，依法追究法律责任，并可以对有关责任人员采取证券市场禁入的措施。

前款规定的证券服务机构及其从业人员所制作、出具的文件存在虚假记载、误导性陈述或者重大遗漏的，由中国证监会责令改正，依照《证券法》第二百一十三条予以处罚；情节严重的，可以采取证券市场禁入的措施；涉嫌犯罪的，依法移送司法机关追究刑事责任。

第五十七条　重大资产重组实施完毕后，凡因不属于上市公司管理层事前无法获知且事后无法控制的原因，上市公司所购买资产实现的利润未达到资产评估报告或者估值报告预测金额的百分之八十，或者实际运营情况与重大资产重组报告书中管理层讨论与分析部分存在较大差距，以及上市公司实现的利润未达到盈利预测报告预测金额的百分之八十的，上市公司的董事长、总经理以及对此承担相应责任的会计师事务所、独立财务顾问、资产评估机构、估值机构及其从业人员应当在上市公司披露年度报告的同时，在同一媒体上作出解释，并向投资者公开道歉；实现利润未达到预测金额百分之五十的，中国证监会可以对上市公司、相关机构及其责任人员采取监管谈话、出具警示函、责令定期报告等监管措施。

交易对方超期未履行或者违反业绩补偿协议、承诺的，由中国证监会责令改正，并可以采取监管谈话、出具警示函、责令公开说明等监管措施，将相关情况记入诚信档案；情节严重的，可以对有关责任人员采取证券市场禁入的措施。

第五十八条　任何知悉重大资产重组信息的人员在相关信息依法公开前，泄露该信息、买卖或者建议他人买卖相关上市公司证券、利用重大资产重组散布虚假信息、操纵证券市场或者进行欺诈活动的，中国证监会依照《证券法》第一百九十一条、第一百九十二条、第一百九十三条予以处罚；涉嫌犯罪的，依法移送司法机关追究刑事责任。

第七章　附　则

第五十九条　中国证监会对证券交易所相关板块上市公司重大资产重组另有规定的，从其规定，关于注册时限的规定适用本办法。

第六十条　实施重大资产重组的上市公司为创新试点红筹企业，或者上市公司拟购买资产涉及创新试点红筹企业的，在计算本办法规定的重大资产重组认定标准等监管指标时，应当采用根据中国企业会计准则编制或者调整的财务数据。

上市公司中的创新试点红筹企业实施重大资产重组，可以按照境外注册地法律法规和公司章程履行内部决策程序，并及时披露重大资产重组报告书、独立财务顾问报告、法律意见书以及重组涉及的审计报告、资产评估报告或者估值报告。

第六十一条　本办法自公布之日起施行。

存托凭证发行与交易管理办法（试行）

（中国证监会令第 215 号 2023 年 2 月 17 日）

第一章 总 则

第一条 为了规范存托凭证发行和交易行为，保护投资者合法权益，维护证券市场秩序，根据《中华人民共和国证券法》（以下简称《证券法》）、《中华人民共和国证券投资基金法》《关于开展创新企业境内发行股票或存托凭证试点的若干意见》（以下简称《若干意见》）以及相关法律、行政法规，制定本办法。

第二条 本办法所称存托凭证是指由存托人签发、以境外证券为基础在中国境内发行、代表境外基础证券权益的证券。

存托凭证的发行和交易，适用《证券法》《若干意见》、本办法以及中国证券监督管理委员会（以下简称中国证监会）的其他规定。存托凭证的境外基础证券发行人应当参与存托凭证发行，依法履行公开发行证券的公司、上市公司的义务，承担相应的法律责任。

第三条 境外基础证券发行人的股权结构、公司治理、运行规范等事项适用境外注册地公司法等法律法规规定的，应当保障对中国境内投资者权益的保护总体上不低于中国法律、行政法规以及中国证监会规定的要求，并保障存托凭证持有人实际享有的权益与境外基础证券持有人的权益相当，不得存在跨境歧视。

第四条 中国证监会依照上市公司监管的相关规定，对发行存托凭证的境外基础证券发行人进行持续监督管理。法律、行政法规或者中国证监会另有规定的除外。

证券交易所依据章程、协议和业务规则，对存托凭证上市、交易活动和境外基础证券发行人及其他信息披露义务人的信息披露行为等进行自律监管。

第二章 存托凭证的发行

第五条 公开发行以股票为基础证券的存托凭证的，境外基础证券发行人应当符合下列条件：

（一）《证券法》第十二条第一款第（一）项至第（四）项关于股票公开发行的基本条件；

（二）为依法设立且持续经营三年以上的公司，公司的主要资产不存在重大权属纠纷；

（三）最近三年内实际控制人未发生变更，且控股股东和受控股股东、实际控制人支配的股东持有的境外基础证券发行人股份不存在重大权属纠纷；

（四）境外基础证券发行人及其控股股东、实际控制人最近三年内不存在损害投资者合法权益和社会公共利益的重大违法行为；

（五）会计基础工作规范、内部控制制度健全；

（六）董事、监事和高级管理人员应当信誉良好，符合公司注册地法律规定的任职要求，近期无重大违法失信记录；

（七）中国证监会规定的其他条件。

第六条　公开发行以股票为基础证券的存托凭证的，境外基础证券发行人应当按照中国证监会规定的格式和内容，向证券交易所报送发行申请文件。

第七条　申请公开发行存托凭证的，境外基础证券发行人应当依照《证券法》《若干意见》以及中国证监会规定，依法经证券交易所审核，并报中国证监会注册，具体审核、注册程序应当符合中国证监会、证券交易所的有关规定。

第八条　申请存托凭证公开发行并上市的，境外基础证券发行人应当依照《证券法》第十条的规定，聘请具有保荐业务资格的证券公司担任保荐人。保荐人应当依照法律、行政法规以及中国证监会规定尽职履行存托凭证发行上市推荐和持续督导职责。

公开发行存托凭证的，应当依照《证券法》第二十六条至第三十四条的规定，由证券公司承销，但投资者购买以非新增证券为基础证券的存托凭证以及中国证监会规定无需由证券公司承销的其他情形除外。

第九条　存托凭证在中国境内首次公开发行并上市后，拟发行以境外基础证券发行人新增证券为基础证券的存托凭证的，适用《证券法》《若干意见》以及中国证监会关于上市公司证券发行的规定。

第三章　存托凭证的上市和交易

第十条　依法公开发行的存托凭证应当在中国境内证券交易所上市交易。境外基础证券发行人申请存托凭证上市的，应当符合证券交易所业务规则规定的上市条件，并按照证券交易所的规定提出上市申请，证券交易所审核同意后，双方签订上市协议。

证券交易所应当依据《证券法》《若干意见》以及中国证监会规定制定存托凭证上市的相关业务规则。

第十一条　存托凭证的交易应当遵守法律、行政法规、中国证监会规定以及证券交易所业务规则的规定。

存托凭证的交易可以按照有关规定采取做市商交易方式。

证券交易所应当按照《证券法》第一百一十二条规定，对存托凭证交易实行实时监控，并可以根据需要，按照业务规则对出现重大异常交易情况的证券账户的投资者限制交易，并及时报告中国证监会。

第十二条　境外基础证券发行人的股东、实际控制人、董事、监事、高级管理人员和存托凭证的其他投资者在中国境内减持其持有的存托凭证的，应当遵守法律、行政法规、中国证监会规定以及证券交易所业务规则的规定。

第十三条　境外基础证券发行人的收购及相关股份权益变动活动应当遵守法律、行政法规以及中国证监会规定。

第十四条　境外基础证券发行人实施重大资产重组、发行存托凭证购买资产的，应当符合法律、行政法规以及中国证监会规定。境外基础证券发行人不得通过发行存托凭证在中国境内重组上市。

第十五条　存托凭证应当在中国证券登记结算有限责任公司集中登记、存管和结算。

中国证券登记结算有限责任公司应当依据《证券法》《若干意见》以及中国证监会规定制定存托凭证登记结算业务规则。

第四章　存托凭证的信息披露

第十六条　境外基础证券发行人及其控股股东、实际控制人等信息披露义务人应当依照《证券法》《若干意见》、中国证监会规定以及证券交易所业务规则，及时、公平地履行信息披露义务，所披露的信息必须真实、准确、完整，简明清晰，通俗易懂，不得有虚假记载、误导性陈述或者重大遗漏。

境外基础证券发行人的董事、监事、高级管理人员应当依照《证券法》《若干意见》、中国证监会规定以及证券交易所业务规则，忠实、勤勉地履行职责，保证境外基础证券发行人及时、公平地披露信息，所披露的信息真实、准确、完整。

证券交易所对境外基础证券发行人及其他信息披露义务人披露信息进行监督，督促其依法及时、准确地披露信息。

第十七条　境外基础证券发行人应当按照中国证监会、证券交易所的规定编制并披露招股说明书、上市公告书，披露存托协议、托管协议等文件。

境外基础证券发行人应当在招股说明书中，充分披露境外注册地公司法律制度及其公司章程或者章程性文件的主要规定与《中华人民共和国公司法》等法律制度的主要差异，以及该差异对存托凭证在中国境内发行、上市和对投资者保护的影响。

境外基础证券发行人具有股东投票权差异、企业协议控制架构或者类似特殊安排的，应当在招股说明书等公开发行文件显要位置充分、详细披露相关情况特别是风险、公司治理等信息，并以专章说明依法落实保护投资者合法权益规定的各项措施。

境外基础证券发行人的董事、高级管理人员应当对招股说明书签署书面确认意见。境外基础证券发行人的监事会或者履行类似职务的机构应当对董事会编制的招股说明书进行审核并提出书面审核意见。监事应当签署书面确认意见。

第十八条　境外基础证券发行人应当按照《证券法》《若干意见》、中国证监会规定以及证券交易所业务规则，按时披露定期报告，并及时就可能对基础证券、存托凭证及其衍生品种交易价格产生较大影响的重大事件披露临时报告。

第十九条　境外基础证券发行人应当按照中国证监会和证券交易所规定的内容和格式要求，编制并披露定期报告。

境外基础证券发行人具有股东投票权差异、企业协议控制架构或者类似特殊安排的，应当在定期报告中披露相关情形及其对中国境内投资者带来的重大影响和风险。

境外基础证券发行人的董事、高级管理人员应当对定期报告签署书面确认意见。境外基础证券发行人的监事会或者履行类似职务的机构应当对董事会编制的定期报告进行审核并提出书面审核意见。监事应当签署书面确认意见。

第二十条　发生《证券法》第八十条以及《上市公司信息披露管理办法》第二十二条规定的重大事件，投资者尚未得知时，境外基础证券发行人应当立即将有关该重大事件的情况向中国证监会和证券交易所报送临时报告，并予公告，说明事件的起因、目前的状态和可能产生的法律后果。

持有或者通过持有境内外存托凭证而间接持有境外基础证券发行人发行的股份合计达到百分之五以上的投资者，属于《证券法》第八十条第二款第（八）项规定的持有公司百分之五以上股份的股东。

《上市公司信息披露管理办法》第二十二条第二款第（八）项规定的任一股东所持公司百分之五以上股份，包括持有或者通过持有境内外存托凭证而间接持有境外基础证券发行人发行的股份合计达到百分之五。

《上市公司信息披露管理办法》第二十二条第二款第（九）项规定的主要资产包括境外基础证券发行人境内实体运营企业的主要资产。

第二十一条　发生以下情形之一的，境外基础证券发行人应当及时进行披露：

（一）存托人、托管人发生变化；

（二）存托的基础财产被质押、挪用、司法冻结或者发生其他权属变化；

（三）对存托协议作出重大修改；

（四）对托管协议作出重大修改；

（五）对股东投票权差异、企业协议控制架构或者类似特殊安排作出重大调整；

（六）中国证监会规定的其他情形。

第二十二条　境外基础证券发行人及其控股股东、实际控制人等信息披露义务人应当保证其在境外市场披露的信息同时在境内市场披露。

第二十三条　中国证监会、证券交易所对证券已在境外上市的基础证券发行人及其控股股东、实际控制人等信息披露义务人，可以根据境外上市地的监管水平以及境外基础证券发行人公司治理、信息披露等合规运作情况，对其信息披露事项作出具体规定。

除前款规定外，境外基础证券发行人及其控股股东、实际控制人等信息披露义务人有其他需要免予披露或者暂缓披露相关信息特殊情况的，可以根据中国证监会规定以及证券交易所业务规则免予披露或者暂缓披露相关信息，但应当说明原因，并聘请律师事务所就上述事项出具法律意见。

免予披露或者暂缓披露相关信息的原因和律师事务所出具的法律意见应当按规定及时披露。

第二十四条　境外基础证券发行人或者其他信息披露义务人向中国证监会、证券交易所提供的文件或者信息披露文件应当使用中文，文件内容应当与其在境外市场提供的文件或者所披露的文件的内容一致。上述文件内容不一致时，以中文文件为准。

第二十五条　境外基础证券发行人应当在中国境内设立证券事务机构，聘任熟悉境内信息披露规定和要求的信息披露境内代表，负责存托凭证上市期间的信息披露与监管联络事宜。

第五章　存托凭证的存托和托管

第二十六条　下列机构可以依法担任存托人：

（一）中国证券登记结算有限责任公司及其子公司；

（二）经国务院银行业监督管理机构批准的商业银行；

（三）证券公司。

担任存托人的机构应当符合下列条件：

（一）组织机构健全，内部控制规范，风险管理有效；

（二）财务状况良好，净资产或者资本净额符合规定；

（三）信誉良好，最近三年内无重大违法行为；

（四）拥有与开展存托业务相适应的从业人员、机构配置和业务设施；

（五）法律、行政法规和规章规定的其他条件。

第二十七条　存托人应当承担以下职责：

（一）与境外基础证券发行人签署存托协议，并根据存托协议约定协助完成存托凭证的发行上市；

（二）安排存放存托凭证基础财产，可以委托具有相应业务资质、能力和良好信誉的托管人管理存托凭证基础财产，并与其签订托管协议，督促其履行基础财产的托管职责。存托凭证基础财产因托管人过错受到损害的，存托人承担连带赔偿责任；

（三）建立并维护存托凭证持有人名册；

（四）办理存托凭证的签发与注销；

（五）按照中国证监会规定和存托协议约定，向存托凭证持有人发送通知等文件；

（六）按照存托协议约定，向存托凭证持有人派发红利、股息等权益，根据存托凭证持有人意愿行使表决权等权利；

（七）境外基础证券发行人股东大会审议有关存托凭证持有人权利义务的议案时，存托人应当参加股东大会并为存托凭证持有人权益行使表决权；

（八）中国证监会规定和存托协议约定的其他职责。

第二十八条　境外基础证券发行人、存托人和存托凭证持有人通过存托协议明确存托凭证所代表权益和各方权利义务。投资者持有存托凭证即成为存托协议当事人，视为其同意并遵守存托协议约定。

存托协议应当符合法律、行政法规以及中国证监会规定，并包括以下条款：

（一）境外基础证券发行人、存托人的名称、注册地、成立依据的法律和主要经营场所；

（二）基础证券的种类；

（三）发行存托凭证的数量安排；

（四）存托凭证的签发、注销等安排；

（五）基础财产的存放和托管安排；

（六）境外基础证券发行人的权利和义务；

（七）存托人的权利和义务；

（八）存托凭证持有人的权利和义务；

（九）基础证券涉及的分红权、表决权等相应权利的具体行使方式和程序；

（十）存托凭证持有人的保护机制；

（十一）存托凭证涉及收费标准、收费对象和税费处理；

（十二）约定事项的变更方式；

（十三）存托凭证终止上市的安排；

（十四）违约责任；

（十五）解决争议的方法；

（十六）存托协议适用中国法律；

（十七）诉讼管辖法院为中国境内有管辖权的人民法院；

（十八）其他重要事项。

境外基础证券发行人、存托人修改存托协议的，应当由境外基础证券发行人提前以公告形式通知存托凭证持有人。

境外基础证券发行人应当向证券交易所提交存托协议，作为其发行、上市申请文件。存托协议修改的，应当及时向中国证监会和证券交易所报告。

第二十九条　存托人可以委托境外金融机构担任托管人。存托人委托托管人的，应当在存托协议中明确基础财产由托管人托管。托管人应当承担下列职责：

（一）托管基础财产；

（二）按照托管协议约定，协助办理分红派息、投票等相关事项；

（三）向存托人提供基础证券的市场信息；

（四）中国证监会规定和托管协议约定的其他职责。

第三十条　存托人与托管人签订的托管协议，应当包括下列条款：

（一）协议当事人的名称、注册地和主要经营场所；

（二）基础证券种类和数量；

（三）存托人指令的发送、确认和执行的程序；

（四）基础财产不得作为托管人破产财产或者清算财产，及相关资产隔离措施；

（五）托管人的报酬计算方法与支付方式；

（六）基础财产托管及解除托管的程序；

（七）约定事项的变更方式；

（八）违约责任；

（九）解决争议的方法；

（十）其他重要事项。

境外基础证券发行人应当向证券交易所提交存托人与托管人签署的托管协议，作为其发行申请文件。托管协议修改的，存托人应当及时告知境外基础证券发行人，并由境外基础证券发行人向中国证监会和证券交易所报告。

第三十一条　存托人、托管人应当忠实、勤勉地履行各项职责和义务，不得损害存托凭证持有人的合法权益。

存托人行使境外基础证券相应权利，应当按照存托协议约定的方式事先征求存托凭证持有人的意愿并按其意愿办理，不得擅自行使相应权利或者处分相应存托凭证基础财产。

第三十二条　存托人应当为存托凭证基础财产单独立户，将存托凭证基础财产与其自有财产有效隔离、分别管理、分别记账，不得将存托凭证基础财产归入其自有财产，不得侵占、挪用存托凭证基础财产。

第三十三条　存托人不得买卖其签发的存托凭证，不得兼任其履行存托职责的存托凭证的保荐人。

第六章　投资者保护

第三十四条　向投资者销售存托凭证或者提供相关服务的机构，应当遵守中国证监会关于投资者适当性管理的规定。

证券交易所应当在业务规则中明确存托凭证投资者适当性管理的相关事项。

第三十五条　境外基础证券发行人应当确保存托凭证持有人实际享有的资产收益、参与重大决策、剩余财产分配等权益与境外基础证券持有人权益相当。境外基础证券发行人不得作出任何损害存托凭证持有人合法权益的行为。

法律、行政法规以及中国证监会规定对投资者保护有强制性规定的，应当适用其规定。

第三十六条　境外基础证券发行人、存托人应当按照存托协议约定，采用安全、经济、便捷的网络或者其他方式为存托凭证持有人行使权利提供便利。

第三十七条　中证中小投资者服务中心有限责任公司可以购买最小交易份额的存托凭证，依法行使存托凭证持有人的各项权利。

中证中小投资者服务中心有限责任公司可以接受存托凭证持有人的委托，代为行使存托凭证持有人的各项权利。

中证中小投资者服务中心有限责任公司可以支持受损害的存托凭证持有人依法向人民法院提起民事诉讼。

第三十八条　境外基础证券发行人因欺诈发行、虚假陈述或者其他重大违法行为给投资者造成损失的，境外基础证券发行人的控股股东、实际控制人、相关的证券公司可以先行赔付。

第三十九条　境外基础证券发行人与其境内实体运营企业之间的关系安排，不得损害存托凭证持有人等投资者的合法权益。

第四十条　境外基础证券发行人具有股东投票权差异等特殊架构的，其持有特别投票权的股东应当按照所适用的法律以及公司章程行使权利，不得滥用特别投票权，不得损害存托凭证持有人等投资者的合法权益。

出现前款情形，损害存托凭证持有人等投资者合法权益的，境外基础证券发行人及特别投票权股东应当改正，并依法承担对投资者的损害赔偿责任。

第四十一条　存托凭证终止上市的情形和程序，由证券交易所业务规则规定。

存托凭证出现终止上市情形的，存托人应当根据存托协议的约定，为存托凭证持有人的权利行使提供必要保障。

存托凭证终止上市的，存托人应当根据存托协议的约定卖出基础证券，并将卖出所得扣除税费后及时分配给存托凭证持有人。基础证券无法卖出的，境外基础证券发行人应当在存托协议中作出合理安排，保障存托凭证持有人的合法权益。

第四十二条　存托凭证持有人与境外基础证券发行人、存托人、证券服务机构等主体发生纠纷的，可以向中证中小投资者服务中心有限责任公司及其他依法设立的调解组织申请调解。

第四十三条　投资者通过证券投资基金投资存托凭证的，基金管理人应当制定严格的投资决策流程和风险管理制度，做好制度、业务流程、技术系统等方面准备工作。

基金管理人应当根据审慎原则合理控制基金投资存托凭证的比例，在基金合同、招募说明书中明确投资存托凭证的比例、策略等，并充分揭示风险。

基金托管人应当加强对基金投资存托凭证的监督，切实保护基金份额持有人的合法权益。

第四十四条　已经获得中国证监会核准或者准予注册的公开募集证券投资基金投资存托凭证，应当遵守以下规定：

（一）基金合同已明确约定基金可投资境内上市交易的股票的，基金管理人可以投资存托凭证；

（二）基金合同没有明确约定基金可投资境内上市交易的股票的，如果投资存托凭证，基金管理人应当召开基金份额持有人大会进行表决。

公开募集证券投资基金投资存托凭证的比例限制、估值核算、信息披露等依照境内上市交易的股票执行。

第四十五条　合格境外机构投资者和人民币合格境外机构投资者投资存托凭证的比例限制按照有关管理规定执行，计算基础为境内上市的存托凭证。

第七章　监督管理和法律责任

第四十六条　中国证监会依法履行职责，对境外基础证券发行人及其控股股东、实际控制人、境内实体运营企业、存托人、托管人、保荐人、承销机构、证券服务机构及其他主体采取进行现场检查、进入涉嫌违法行为发生场所调查取证等措施的，适用《证券法》第一百七十条规定。

第四十七条　存托凭证的发行、交易等活动违反本办法规定的，中国证监会可以依法采取以下监管措施：

（一）责令改正；

（二）监管谈话；

（三）出具警示函；

（四）认定为不适当人选；

（五）依法可以采取的其他监管措施。

第四十八条　有下列行为的，中国证监会依据《证券法》相关规定进行行政处罚；构成犯罪的，依法追究刑事责任：

（一）未经中国证监会注册，擅自公开或者变相公开发行存托凭证；

（二）境外基础证券发行人在其公告的证券发行文件中隐瞒重要事实或者编造重大虚假内容；

（三）保荐人在存托凭证发行、上市中出具有虚假记载、误导性陈述或者重大遗漏的保荐书，或者不履行其他法定职责；

（四）境外基础证券发行人或者其他信息披露义务人未按照规定披露信息、报送有关报告，或者所披露的信息、报送的报告有虚假记载、误导性陈述或者重大遗漏；

（五）内幕信息知情人和非法获取内幕信息的人利用内幕信息买卖存托凭证、泄露内幕信息、建议他人买卖存托凭证；

（六）违反《证券法》的规定操纵存托凭证市场；

（七）证券服务机构在为存托凭证的发行、交易等证券业务活动提供服务中，未勤勉尽责，所制作、出具的文件有虚假记载、误导性陈述或者重大遗漏；

（八）法律、行政法规禁止参与股票交易的人员，直接或者以化名、借他人名义持有、买卖、接受他人赠送存托凭证；

（九）为存托凭证的发行出具审计报告、资产评估报告或者法律意见书等文件的证券服务机构及其从业人员，在该存托凭证承销期内和期满后六个月内，买卖该存托凭证；

（十）为境外基础证券发行人及其控股股东、实际控制人，或者收购人、重大资产交易方出具审计报告、资产评估报告或者法律意见书等文件的证券服务机构及其从业人员，自接受境外基础证券发行人委托之日起至上述文件公开后五日内，买卖该存托凭证；

（十一）境外基础证券发行人的董事、监事、高级管理人员、通过存托凭证或者其他方式持有境外基础证券发行人发行的百分之五以上股份的投资者，将其持有的存托凭证在买入后六个月内卖出，或者在卖出后六个月内又买入；

（十二）《证券法》规定的其他违法行为。

第四十九条　境外基础证券发行人的股东、实际控制人、董事、监事、高级管理人员和存托凭证的其他投资者违反本办法第十二条的规定，在中国境内减持其持有的存托凭证的，依照《证券法》第一百八十六条的规定处罚。

第五十条　收购人违反本办法第十三条规定的，依照《证券法》第一百九十六条的规定处罚。

收购人及其控股股东、实际控制人，利用对境外基础证券发行人的收购，损害被收购境外基础证券发行人及其投资者的合法权益的，依照《证券法》第一百九十六条的规定承担相应责任。

第五十一条　存托人、托管人违反本办法规定的，责令改正，给予警告，并处十万元以下的罚款，涉及金融安全且有危害后果的，并处二十万元以下的罚款。

对直接负责的主管人员和其他直接责任人员给予警告，并处十万元以下的罚款，涉及金融安全且有危害后果的，并处二十万元以下的罚款。

经中国证监会责令改正后拒不改正或者违法违规情节严重的，中国证监会可以采取责令境外基础证券发行人更换存托人、责令存托人更换托管人、取消存托人资质等监管措施。

存托人中参与存托业务的人员，在任期内，直接或者以化名、借他人名义持有、买卖、接受他人赠送存托凭证的，责令改正，给予警告，并处十万元以下的罚款，涉及金融安全且有危害后果的，并处二十万元以下的罚款。

第五十二条　违反本办法情节严重的，中国证监会可以对有关责任人员采取证券市场禁入的措施。

第五十三条　境外基础证券发行人及其控股股东、实际控制人、存托人、托管人、保荐人、承销机构、证券服务机构等违反本办法规定，导致存托凭证持有人等投资者合法权益受到损害的，应当依法承担赔偿责任。

第五十四条　证券交易所发现存托凭证的发行、交易等活动中存在违反业务规则的行为，可以对有关单位和责任人员采取一定期限内不接受与证券发行相关的文件、认定为不适当人选等自律监管措施或者纪律处分。

第八章　附　则

第五十五条　境内企业在境外发行存托凭证适用《证券法》等法律、行政法规以及中国证监会关于境内企业到境外发行证券或者将其证券在境外上市交易的规定。境内上市公司以新增证券为基础在境外发行存托凭证的，还应当同时符合有关上市公司证券发行的规定。

第五十六条　存托凭证与基础证券之间的转换应当符合国家有关规定。

境内证券交易所与境外证券交易所之间互联互通业务中涉及的存托凭证发行、交易、信息披露和投资者保护等事宜，中国证监会或者证券交易所另有规定的，从其规定。

第五十七条　中国证监会与有关国家或者地区的证券监督管理机构加强跨境监管执法合作，依法查处存托凭证业务相关跨境违法违规行为。

第五十八条　本办法下列用语具有如下含义：

（一）基础证券，是指存托凭证代表的由境外基础证券发行人在境外发行的证券；

（二）基础财产，是指基础证券及其衍生权益；

（三）存托人，是指按照存托协议的约定持有境外基础证券，并相应签发代表境外基础证券权益的存托凭证的中国境内法人；

（四）托管人，是指受存托人委托，按照托管协议托管存托凭证所代表的基础证券的金融机构；

（五）控股股东，是指通过存托凭证或者其他方式持有境外基础证券发行人发行的股份合计达到百分之五十以上的股东；持有股份的比例虽然不足百分之五十，但依其持有的股份所享有的表决权已足以对股东大会或者董事会的决议产生重大影响的股东；

（六）实际控制人，是指虽不是境外基础证券发行人的股东，但通过投资关系、协议或者其他安排，能够实际支配境外基础证券发行人的人；

（七）董事、监事、高级管理人员，是指境外基础证券发行人的董事、监事、高级管理人员或者履行类似职务的人员。没有监事、监事会或者履行类似职务的人员或者机构安排的，不适用《证券法》和本办法有关监事、监事会的规定；

（八）境内实体运营企业，是指由注册地在境外、主要经营活动在境内的红筹企业通过协议方式实际控制的境内企业；

（九）内幕信息，是指《证券法》第五十二条和本办法第二十条、第二十一条规定的信息；

（十）内幕信息知情人，是指《证券法》第五十一条规定的人员及存托人、托管人的相关人员。其中，持有或者通过持有境内外存托凭证而间接持有境外基础证券发行人发行的股份合计达到百分之五以上的投资者，属于《证券法》第五十一条第（二）项规定的持有公司百分之五以上股份的股东。

第五十九条　本办法自公布之日起施行。

欺诈发行上市股票责令回购实施办法（试行）

（中国证监会令第 216 号 2023 年 2 月 17 日）

第一条　为了规范股票发行相关活动，保护投资者合法权益和社会公共利益，根据《中华人民共和国证券法》及相关法律法规，制定本办法。

第二条　股票的发行人在招股说明书等证券发行文件中隐瞒重要事实或者编造重大虚假内容，已经发行并上市的，中国证券监督管理委员会（以下简称中国证监会）可以依法责令发行人回购欺诈发行的股票，或者责令负有责任的控股股东、实际控制人买回股票（以下统称回购），但发行人和负有责任的控股股东、实际控制人明显不具备回购能力，或者存在其他不适合采取责令回购措施情形的除外。

第三条　发行人或者负有责任的控股股东、实际控制人按照中国证监会的决定回购欺诈发行的股票的，应当向自本次发行至欺诈发行揭露日或者更正日期间买入欺诈发行的股票，且在回购时仍然持有股票的投资者发出要约。

下列股票不得纳入回购范围：

（一）对欺诈发行负有责任的发行人的董事、监事、高级管理人员、控股股东、实际控制人持有的股票；

（二）对欺诈发行负有责任的证券公司因包销买入的股票；

（三）投资者知悉或者应当知悉发行人在证券发行文件中隐瞒重要事实或者编造重大虚假内容后买入的股票。

第四条　发行人或者负有责任的控股股东、实际控制人回购股票的，应当以基准价格回购。投资者买入股票价格高于基准价格的，以买入股票价格作为回购价格。

发行人或者负有责任的控股股东、实际控制人在证券发行文件中承诺的回购价格高于前款规定的价格的，应当以承诺的价格回购。

本办法所称的揭露日、更正日与基准价格，参照《最高人民法院关于审理证券市场虚假陈述侵权民事赔偿案件的若干规定》确定。投资者买入价格，按照该投资者买入股票的平均价格确定。

第五条　中国证监会认定发行人构成欺诈发行并作出责令回购决定的，应当查明事实情况，听取发行人或者其控股股东、实际控制人等相关当事人的陈述、申辩，并经中国证监会主要负责人批准，制作责令回购决定书。

责令回购决定书应当包括回购方案的制定期限、回购对象范围、回购股份数量、发行人和负有责任的控股股东、实际控制人各自需要承担的回购股份比例、回购价格或者价格确定方式等内容。

第六条　中国证监会作出责令回购决定的，证券交易所可以按照业务规则对发行人股票实施停牌。

对有证据证明已经或者可能转移或者隐匿违法资金等涉案财产的，中国证监会可以依法予以冻结、查封。

第七条　发行人或者负有责任的控股股东、实际控制人被采取责令回购措施的，应当在收到责令回购决定书后两个交易日内披露有关信息，并在责令回购决定书要求的期限内，根据本办法规定及责令回购决定书的要求制定股票回购方案。

发行人或者负有责任的控股股东、实际控制人可以委托依照法律、行政法规或者中国证监会规定设立的投资者保护机构（以下简称投资者保护机构），协助制定、实施股票回购方案。

第八条　股票回购方案应当包含以下内容：

（一）拟回购股票的对象范围；

（二）可能回购的最大股票数量和占公司总股本的比例；

（三）回购价格和可能涉及的最高资金总额；

（四）回购股票的资金来源、资金到位期限；

（五）根据责令回购决定书确定的回购比例，发行人和负有责任的控股股东、实际控制人各自需要承担的回购资金数额；

（六）投资者开始申报时间和结束申报的时间，且申报期不得少于十五日；

（七）回购股票的实施程序；

（八）中国证监会要求的其他内容。

第九条　发行人或者负有责任的控股股东、实际控制人应当在制定股票回购方案后二个交易日内公告，向中国证监会和证券交易所报送股票回购方案，并按照方案发出回购要约。

股票回购方案不符合本办法规定或者责令回购决定书要求的，中国证监会可以要求发行人或者负有责任的控股股东、实际控制人重新制定。

第十条　证券交易所、证券登记结算机构、投资者保护机构应当为发行人或者负有责任的控股股东、实际控制人制定、实施回购方案提供数据查询、交易过户、清算交收和其他必要的协助，并配合相关机构执行责令回购决定。

第十一条　发行人或者负有责任的控股股东、实际控制人应当在股票回购方案实施完毕后二个交易日内，公告回购方案的实施情况，并向中国证监会报告。

发行人实施回购的，应当自股票回购方案实施完毕之日起十日内注销其回购的股票。

第十二条　中国证监会依法对股票回购方案的制定和实施进行监督指导。

第十三条　发行人或者负有责任的控股股东、实际控制人不服责令回购决定的，可以在法定期限内申请行政复议或者提起行政诉讼，但复议或者诉讼期间责令回购决定不停止执行。

发行人或者负有责任的控股股东、实际控制人履行责令回购决定，主动消除或者减轻欺诈发行行为危害后果的，中国证监会依法对其从轻或者减轻行政处罚。

第十四条　发行人或者负有责任的控股股东、实际控制人拒不按照责令回购决定制定股票回购方案的，投资者可以依据责令回购决定确定的回购对象范围、回购价格等向人民法院提起民事诉讼，要求履行回购义务。

投资者对发行人或者负有责任的控股股东、实际控制人制定的股票回购方案有争议，或者要求发行人及负有责任的控股股东、实际控制人按照股票回购方案履行回购义务的，可以依法向人民法院提起民事诉讼，并可以在取得生效判决、裁定后申请强制执行。

第十五条　发行人或者负有责任的控股股东、实际控制人按照本办法规定回购股票的，不适用《中华人民共和国证券法》第四十四条的规定和《上市公司收购管理办法》《上市公司股份回购规则》的规定。

第十六条　本办法自公布之日起施行。

中国证券监督管理委员会行政许可实施程序规定

（中国证监会令第 217 号　2023 年 2 月 17 日）

第一章　总　则

第一条　为了规范中国证券监督管理委员会（以下简称中国证监会）实施行政许可行为，完善证券期货行政许可实施程序制度，根据《中华人民共和国行政许可法》《中华人民共和国证券法》《中华人民共和国证券投资基金法》《中华人民共和国期货和衍生品法》等法律、行政法规，制定本规定。

第二条　本规定所称行政许可，是指中国证监会根据自然人、法人或者其他组织（以下称申请人）的申请，经依法审查，准予其从事证券期货市场特定活动的行为。

第三条　中国证监会实施行政许可，其程序适用本规定。

申请人依法取得行政许可后，申请变更行政许可、延续行政许可有效期的，适用本规定。

第四条　中国证监会依照法定的权限、范围、条件和程序实施行政许可，遵循公开、公平、公正和便民的原则，提高办事效率，提供优质服务。

法律、行政法规规定实施行政许可应当遵循审慎监管原则的，从其规定。

第五条　中国证监会可以依法授权派出机构实施行政许可。授权实施的行政许可，以派出机构的名义作出行政许可决定。

第六条　中国证监会实施行政许可实行统一受理或接收、统一送达、一次告知补正、说明理由、公示等制度。

第七条　中国证监会建设在线政务服务平台，推动行政许可事项全流程网上办理，鼓励并支持申请人通过中国证监会政务服务平台办理行政许可事项。

第二章　一般程序

第一节　受　理

第八条　中国证监会实施行政许可，由专门的机构（以下称受理部门）办理行政许可申请受理事项。

第九条　申请人提交申请材料，受理部门应当要求申请人出示单位介绍信、身份证等身份证明文件，并予以核对。申请人委托他人提交申请材料的，受理部门还应当要求受托人提交申请人的授权委托书，出示受托人的身份证明文件。受理部门应当留存申请人、申请人的受托人的身份证明文件复印件。

申请人提交申请材料，应当填写《申请材料情况登记表》。

第十条　受理部门发现申请事项依法不需要取得行政许可或者不属于中国证监会职权范围的，应当即时告知申请人不予受理，并出具不予受理通知。申请事项依法不属于中国证监会职权范围的，还应当同时告知申请人向有关行政机关申请。

第十一条　受理部门接收申请材料，应当及时办理登记手续，并向申请人开具申请材料接收凭证。

第十二条　负责审查申请材料的部门（以下称审查部门）对申请材料进行形式审查，需要申请人补正申请材料的，应当自出具申请材料接收凭证之日起五个工作日内一次性提出全部补正要求。审查部门不得多次要求申请人补正申请材料。

第十三条　需要申请人补正申请材料的，受理部门应当出具补正通知；申请人补正申请材料需要使用已提交申请材料的，应当将申请材料退回申请人并予以登记。

申请人应当自补正通知发出之日起三十个工作日内提交补正申请材料。

受理部门负责接收、登记申请人按照要求提交的补正申请材料。

第十四条　申请人在作出受理申请决定之前要求撤回申请的，受理部门应当检查并留存申请人或者其受托人的身份证明文件（或复印件）、授权委托书、撤回申请的报告，收回申请材料接收凭证，经登记后将申请材料退回申请人。

将申请材料退回申请人，应当留存一份申请材料（或复印件）。

第十五条　申请事项属于中国证监会职权范围，申请材料齐全、符合法定形式的，由受理部门出具受理通知。

决定受理的申请，按照法律、行政法规的规定，申请人应当交纳有关费用的，受理部门应当通知申请人先行交费，凭交费凭证领取受理通知。

第十六条　申请人有下列情形之一的，作出不予受理申请决定：

（一）通知申请人补正申请材料，申请人在三十个工作日内未能提交全部补正申请材料；

（二）申请人在三十个工作日内提交的补正申请材料仍不齐全或者不符合法定形式；

（三）法律、行政法规及中国证监会规定的其他情形。

申请人在三十个工作日内提交补正申请材料确有困难的，可以提交延期补正的书面申请，并说明理由；经审查部门认可的，可以适当延期。

决定不予受理申请的，受理部门出具不予受理通知，告知申请人或者其受托人取回申请材料。申请人或者其受托人取回申请材料的，受理部门应当检查并留存申请人或者其受托人的身份证明文件（或复印件）、授权委托书，经登记后将申请材料退回申请人。

第十七条 受理或者不予受理申请决定，应当自出具申请材料接收凭证之日起五个工作日内或者接收全部补正申请材料之日起两个工作日内作出，逾期不作出决定或者不告知申请人补正申请材料的，自出具申请材料接收凭证之日起即为受理。

第二节 审 查

第十八条 审查部门在审查申请材料过程中，认为需要申请人作出书面说明、解释的，原则上应当将问题一次汇总成书面反馈意见。申请人应当在审查部门规定的期限内提交书面回复意见。

确需由申请人作出进一步说明、解释的，审查部门可以提出第二次书面反馈意见，并要求申请人在书面反馈意见发出之日起三十个工作日内提交书面回复意见。

申请人的书面回复意见不明确，情况复杂，审查部门难以作出准确判断的，经中国证监会负责人批准，可以增加书面反馈的次数，并要求申请人在书面反馈意见发出之日起三十个工作日内提交书面回复意见。

书面反馈意见由受理部门告知、送达申请人。申请人提交的书面回复意见，由受理部门负责接收、登记。

审查部门负责审查申请材料的工作人员在首次书面反馈意见告知、送达申请人之前，不得就申请事项主动与申请人或者其受托人进行接触。

申请人在第一款、第二款规定的期限内提交书面回复意见确有困难的，可以提交延期回复的书面报告，并说明理由；经审查部门认可的，可以适当延期。

第十九条 需要申请人当面就其提交的书面回复意见作出说明、解释的，审查部门应当指派二名以上工作人员在办公场所与申请人、申请人聘请的中介机构或者申请人的受托人进行会谈。涉及重大事项的，审查部门应当制作会谈记录，并由审查部门工作人员、参与会谈的申请人、申请人聘请的中介机构或者申请人的受托人签字确认。

需要申请人就其提交的书面回复意见作出说明、解释，事项简单的，审查部门工作人员可以通过电话、传真、电子邮件等方式办理，并制作、留存有关电话记录、传真件或者电子邮件。

第二十条 审查部门在审查申请材料过程中，依据法定条件和程序，可以直接或者委托派出机构对申请材料的有关内容进行实地核查。

对有关举报材料，中国证监会及其派出机构可以通过下列方式进行核查：

（一）要求申请人作出书面说明；

（二）要求负有法定职责的有关中介机构作出书面说明；

（三）委托有关中介机构进行实地核查；

（四）直接进行实地核查；

（五）法律、行政法规以及中国证监会规定的其他核查方式。

需要实地核查的，中国证监会及其派出机构应当指派二名以上工作人员进行核查。

第三节　决　定

第二十一条　在审查申请材料过程中，申请人有下列情形之一的，应当作出终止审查的决定，通知申请人：

（一）申请人主动要求撤回申请；

（二）申请人是自然人，该自然人死亡或者丧失行为能力；

（三）申请人是法人或者其他组织，该法人或者其他组织依法终止；

（四）申请人未在规定的期限内提交书面回复意见，且未提交延期回复的报告，或者虽提交延期回复的报告，但未说明理由或理由不充分。

第二十二条　申请人主动要求撤回申请的，应当向受理部门提交书面报告，受理部门应当出具终止审查通知，经检查并留存申请人或者其受托人的身份证明文件（或复印件）、授权委托书，留存一份申请材料（或复印件），登记后将申请材料退回申请人。

第二十三条　在审查申请材料过程中，有下列情形之一的，应当作出中止审查的决定，通知申请人：

（一）申请人因涉嫌违法违规被行政机关调查，或者被司法机关侦查，尚未结案，对其行政许可事项影响重大；

（二）申请人被依法采取限制业务活动、责令停业整顿、指定其他机构托管、接管等监管措施或者风险处置措施，尚未解除；

（三）对有关法律、行政法规、规章的规定，需要进一步明确具体含义，请求有关机关作出解释；

（四）申请人主动要求中止审查，理由正当。

法律、行政法规、规章对前款情形另有规定的，从其规定。

第二十四条　因本规定第二十三条第一款第一项至三项规定情形中止审查的，该情形消失后，中国证监会恢复审查，通知申请人。

申请人主动要求中止审查的，应当向受理部门提交书面申请。同意中止审查的，受理部门应当出具中止审查通知。申请人申请恢复审查的，应当向受理部门提交书面申请。同意恢复审查的，受理部门应当出具恢复审查通知。

申请人主动要求中止审查的，如未在三个月内申请恢复审查，中国证监会可以决定终止审查。

第二十五条　中国证监会根据申请人的申请是否符合法定条件、标准，作出准予或者不予行政许可的决定。

作出不予行政许可决定的，应当在不予行政许可决定中说明理由，并告知申请人享有依法申请行政复议或者提起行政诉讼的权利。

第二十六条 作出准予行政许可的决定,需要颁发行政许可证件的,应当向申请人颁发下列行政许可证件:

(一)中国证监会的批准文件;

(二)资格证、资质证或者其他合格证书;

(三)许可证、执照或者其他许可证书;

(四)法律、行政法规规定的其他行政许可证件。

第三章 简易程序

第二十七条 事项简单、审查标准明确、申请材料采用格式文本的行政许可,其实施程序适用本章规定。

适用简易程序的行政许可事项,由中国证监会予以公布。

第二十八条 适用简易程序的行政许可,受理部门当场进行形式审查,并直接作出是否受理的决定或者提出补正申请材料的要求。申请材料存在可以当场更正的错误的,受理部门应当允许申请人当场更正。

第二十九条 审查部门在审查适用简易程序的行政许可申请过程中,可以向申请人口头提出申请材料中存在的问题,要求申请人进行说明、解释,并应当制作相关记录后签字保存。确需书面反馈意见的,依照本规定第十八条的规定办理。

第三十条 适用简易程序的行政许可,由审查部门根据中国证监会负责人的授权,作出准予或者不予行政许可的决定,并加盖中国证监会印章。

第四章 特殊程序

第三十一条 派出机构进行初步审查、中国证监会进行复审并作出决定的行政许可,由派出机构依照本规定第二章第一节的规定接收、登记申请材料,作出是否受理的决定并送达申请人。

中国证监会根据审查情况和派出机构的初步审查意见,作出准予或者不予行政许可的决定。

第三十二条 中国证监会审查、派出机构出具书面意见的行政许可,其受理事项依照本规定第二章第一节的规定办理。

中国证监会根据审查情况和派出机构的意见,作出准予或者不予行政许可的决定。

第三十三条 依法由中国证监会和其他行政机关共同作出决定的行政许可,中国证监会主办的,其受理事项依照本规定第二章第一节的规定办理。

中国证监会提出审查意见,将申请材料移送有关行政机关审查会签。有关行政机关审查会签完毕,中国证监会根据会签情况作出准予或者不予行政许可的决定。

第三十四条　依法由中国证监会和其他行政机关共同作出决定的行政许可，其他行政机关主办的，由受理部门接收、登记申请材料。

中国证监会审查会签后，退回主办行政机关或者转送其他需要会签的行政机关。

第五章　证券发行注册程序

第三十五条　由证券交易所、国务院批准的其他全国性证券交易场所（以下合称审核机构）审核并经中国证监会注册的公开发行证券行政许可，其注册程序适用本章规定。

第三十六条　审核机构将审核意见、注册申请文件及相关审核资料报送至中国证监会履行发行注册程序。负责审阅注册材料的部门（以下称注册部门）确认接收相关注册材料后，由受理部门向审核机构出具注册申请接收凭证。

第三十七条　注册部门按照规定决定问询或者要求审核机构进一步问询的，由受理部门向审核机构出具相关问询问题告知函。

申请人应当在注册部门规定的期限内向审核机构提交问询回复意见，审核机构将相关问询回复意见等材料及时报送至受理部门，受理部门接收后转注册部门办理。

第三十八条　注册部门按照规定决定退回审核机构补充审核的，由受理部门向审核机构出具补充审核告知函。

审核机构补充审核后，认为申请人符合发行条件和信息披露要求的，重新向受理部门报送审核意见及相关资料，受理部门接收后转注册部门办理。

第三十九条　注册部门按照规定作出中止、恢复、终止注册决定的，由受理部门出具中止、恢复、终止注册通知。

第四十条　审核机构提交中国证监会注册后，申请人主动要求中止注册、恢复注册、撤回申请的，应当通过审核机构向受理部门提交书面报告，理由正当且经过注册部门同意的，受理部门应当出具中止、恢复、终止注册通知。

第四十一条　中国证监会根据申请人的申请是否符合法定条件、标准，作出予以注册或者不予注册的决定。

作出不予注册决定的，应当在不予注册决定中说明理由，并告知申请人享有依法申请行政复议或者提起行政诉讼的权利。

第六章　期限与送达

第四十二条　除本规定第四章规定的由派出机构进行初步审查的行政许可、中国证监会和其他行政机关共同作出决定的行政许可以及第五章规定的证券发行注册程序外，中国证监会实施行政许可应当自受理申请之日起二十个工作日内作出行政许可决定。二十个工作日内不能作出行政许可决定的，经中国证监会负责人批准,可以延长十个工作日,并由受理部门将延长期限的理由告知申请人。但是,法律、行政法规另有规定的,从其规定。

第四十三条　派出机构进行初步审查,中国证监会进行复审并作出决定的行政许可,派出机构应当自其受理行政许可申请之日起二十个工作日内审查完毕并向中国证监会报送初步审查意见和全部申请材料。中国证监会应当自接收前述材料之日起二十个工作日内作出行政许可决定。但是,法律、行政法规另有规定的,从其规定。

第四十四条　由审核机构审核并经中国证监会注册的公开发行证券行政许可,中国证监会应当在规定的期限内对申请人的注册申请作出予以注册或者不予注册的决定。

第四十五条　需要申请人对申请材料中存在的问题进行说明、解释的,自出具书面反馈意见或问询问题告知函之日起到接收申请人书面回复意见的时间,不计算在本章规定的期限内。

第四十六条　对行政许可申请有关事项进行核查或者对申请人现场检查,并要求申请人补充、修改申请文件的时间,不计算在本章规定的期限内。

第四十七条　依法需要专家评审的行政许可,自书面通知专家参加评审会议之日起到评审会议结束所需的时间,不计算在本章规定的期限内。受理部门应当将专家评审会议所需时间在受理通知书中注明。

第四十八条　依照本规定中止审查(注册)行政许可申请的,自书面通知中止审查(注册)之日起至书面通知恢复审查(注册)之日止的时间,不计算在本章规定的期限内。

第四十九条　作出准予或者不予行政许可的决定,应当自作出决定之日起十个工作日内向申请人送达行政许可证件或者不予行政许可的书面决定。

第五十条　在行政许可接收、受理、审查、注册环节出具的申请材料接收凭证,送达的补正通知、受理通知、不予受理通知、中止审查通知、中止注册通知、恢复审查通知、恢复注册通知、书面反馈意见、问询问题告知函、补充审核告知函等行政许可文件,应当加盖中国证监会行政许可专用章。

由派出机构进行初步审查的行政许可,派出机构在受理环节出具的有关行政许可文件应使用加盖中国证监会行政许可专用章的函件。

在行政许可决定环节送达的终止审查通知、终止注册通知、行政许可证件以及不予行政许可书面决定等,应当加盖中国证监会印章。

第五十一条　接收凭证、补正通知、受理通知、不予受理通知、书面反馈意见、中止审查通知、中止注册通知、恢复审查通知、恢复注册通知、终止审查通知、终止注册通知、问询问题告知函、补充审核告知函以及行政许可证件、不予行政许可书面决定等行政许可文件,由受理部门统一告知、送达申请人或者审核机构,受理部门应当对送达的情况进行记录并存档。

依据本规定第三十一条、第三十二条作出的行政许可书面决定，还应当同时抄送有关派出机构。

第五十二条　行政许可文件可以通过邮寄、申请人自行领取、申请人委托他人领取、公告、电子送达、通过审核机构送达等方式送达申请人。

第五十三条　申请人要求邮寄送达行政许可文件的，受理部门应当采用挂号信或者特快专递的方式送达，并应当附送达回证，在挂号信或者特快专递的封面写明行政许可文件的名称。受理部门应当及时向邮政部门索要证明申请人签收的邮政部门回执。

第五十四条　申请人自行领取行政许可文件的，受理部门应当要求申请人出示单位介绍信、身份证等身份证明文件并予以签收。申请人委托他人领取的，受理部门应当要求受托人出示申请人的授权委托书、受托人的身份证明文件并予以签收。受理部门应当留存申请人、申请人的受托人的身份证明文件复印件。

第五十五条　申请人在接到领取通知五个工作日内不领取行政许可文件且受理部门无法通过邮寄等方式送达的，可以公告送达。自公告之日起，经过三十日，即视为送达。

第七章　公　示

第五十六条　行政许可的事项、依据、条件、数量、程序、期限以及需要申请人提交的全部申请材料的目录和申请书示范文本等应当通过中国证监会互联网站或者其他有效便捷的公示方式进行公示，以方便申请人查阅。

第五十七条　申请人要求对公示内容予以说明、解释的，审查（注册）部门予以说明、解释。

第五十八条　作出准予或者不予行政许可决定的，应当自作出决定之日起二十个工作日内在中国证监会互联网站上予以公布；但涉及国家秘密、商业秘密、个人隐私的除外。

第八章　附　则

第五十九条　法律、行政法规对有关行政许可实施程序另有规定的，从其规定。

本规定有原则规定，中国证监会规章及规范性文件有具体程序规定的，依照具体程序规定执行。

本规定第三章、第四章、第五章未作出规定的其他程序，适用第二章的规定。

第六十条　公开募集基金注册、股票未公开转让的股份有限公司股票向特定对象转让导致股东累计超过二百人注册、股票未公开转让的股份有限公司向特定对象发行证券导致证券持有人累计超过二百人注册、股东人数超过二百人的股票未公开转让的股份有限公司向特定对象发行证券注册的行政许可适用本规定第二章的规定。

中国证监会派出机构实施行政许可，参照本规定执行。

第六十一条　中国证监会及其工作人员在实施行政许可活动中违反本规定的，依照有关行政许可执法监督的规定进行处理。

第六十二条　本规定自公布之日起施行。

规范性文件

公开发行证券的公司信息披露内容与格式准则
第 57 号——招股说明书

（中国证监会公告〔2023〕第 4 号　2023 年 2 月 17 日）

第一章　总　则

第一条　为规范首次公开发行股票的信息披露行为，保护投资者合法权益，根据《中华人民共和国公司法》（以下简称《公司法》）、《中华人民共和国证券法》（以下简称《证券法》）、《国务院办公厅关于贯彻实施修订后的证券法有关工作的通知》《首次公开发行股票注册管理办法》（证监会令第 205 号）的规定，制定本准则。

第二条　申请在中华人民共和国境内首次公开发行股票并在上海证券交易所、深圳证券交易所（以下统称交易所）上市的公司（以下简称发行人或公司）应按本准则编制招股说明书，作为申请首次公开发行股票并上市的必备法律文件，并按本准则的规定进行披露。

第三条　本准则的规定是对招股说明书信息披露的最低要求。不论本准则是否有明确规定，凡对投资者作出价值判断和投资决策所必需的信息，均应披露。

本准则某些具体要求对发行人确实不适用的，发行人可根据实际情况，在不影响披露内容完整性前提下作适当调整，并在提交申请时作出说明。

第四条　发行人应以投资者投资需求为导向编制招股说明书，为投资者作出价值判断和投资决策提供充分且必要的信息，保证相关信息真实、准确、完整。

第五条　发行人在招股说明书中披露的财务会计信息应有充分依据，引用的财务报表、盈利预测报告（如有）应由符合《证券法》规定的会计师事务所审计、审阅或审核。

第六条　发行人在招股说明书中应谨慎、合理地披露盈利预测及其他涉及发行人未来经营和财务状况信息。

第七条　发行人有充分依据证明本准则要求披露的某些信息涉及国家秘密、商业秘密及其他因披露可能导致违反国家有关保密法律法规规定或严重损害公司利益的，可按程序申请豁免披露。

第八条　招股说明书应便于投资者阅读，简明清晰，通俗易懂，尽量使用图表、图片或其他较为直观的披露方式，具有可读性和可理解性：

（一）应客观、全面，使用事实描述性语言，突出事件实质，不得选择性披露，不得使用市场推广和宣传用语；

（二）应使用直接、简洁、确定的语句，尽可能使用日常用语、短句和图表，避免使用艰深晦涩、生僻难懂的专业术语或公文用语，避免直接从法律文件中摘抄复杂信息而不对相关内容作出清晰正确解释；

（三）披露内容应具有相关性，围绕发行人实际情况作出充分、准确、具体的分析描述；

（四）应充分利用索引和附件等方式，不同章节或段落披露同一语词、表述、事项应具有一致性，在不影响信息披露完整性和不致引起阅读不便前提下，可以相互引征；

（五）披露内容不得简单罗列、堆砌，避免冗余、格式化、模板化。

第九条　招股说明书引用相关意见、数据或有外文译本的，应符合下列要求：

（一）应准确引用与本次发行有关的中介机构专业意见或报告；

（二）引用第三方数据或结论，应注明资料来源，确保权威、客观、独立并符合时效性要求，应披露第三方数据是否专门为本次发行准备以及发行人是否为此支付费用或提供帮助；

（三）引用数字应采用阿拉伯数字，货币金额除特别说明外应指人民币金额，并以元、千元、万元或百万元为单位；

（四）应保证中、外文文本一致，并在外文文本上注明："本招股说明书分别以中、英（或日、法等）文编制，对中外文本理解发生歧义时，以中文文本为准。"

第十条　信息披露事项涉及重要性水平判断的，发行人应结合自身业务特点，区分合同、子公司及参股公司、关联交易、诉讼或仲裁、资源要素等不同事项，披露重要性水平确定标准和选择依据。

第十一条　特定行业发行人，除执行本准则外，还应执行中国证券监督管理委员会（以下简称中国证监会）制定的该行业信息披露特别规定。

第十二条　发行人在境内外同时发行股票的，应遵循"就高不就低"原则编制招股说明书，并保证同一事项披露内容一致。

第十三条　发行人报送申请文件后发生应披露事项的，应按规定及时履行信息披露义务。

第十四条　发行人发行股票前应在交易所网站和符合中国证监会规定条件的报刊依法开办的网站全文刊登招股说明书，同时在符合中国证监会规定条件的报刊刊登提示性公告，告知投资者网上刊登地址及获取文件途径。

发行人可以将招股说明书以及有关附件刊登于其他网站，但披露内容应完全一致，且不得早于在交易所网站、符合中国证监会规定条件的网站的披露时间。

保荐人出具的发行保荐书、证券服务机构出具的文件以及其他与发行有关的重要文件应作为招股说明书的附件。

第二章 一般规定

第一节 封面、扉页、目录、释义

第十五条 招股说明书文本封面应标有"×××公司首次公开发行股票并在主板/科创板/创业板上市招股说明书"字样，并载明发行人、保荐人、主承销商的名称和住所。

第十六条 发行人应在招股说明书扉页显要位置载明：

"中国证监会、交易所对本次发行所作的任何决定或意见，均不表明其对发行人注册申请文件及所披露信息的真实性、准确性、完整性作出保证，也不表明其对发行人的盈利能力、投资价值或者对投资者的收益作出实质性判断或保证。任何与之相反的声明均属虚假不实陈述。"

"根据《证券法》规定，股票依法发行后，发行人经营与收益的变化，由发行人自行负责；投资者自主判断发行人的投资价值，自主作出投资决策，自行承担股票依法发行后因发行人经营与收益变化或者股票价格变动引致的投资风险。"

第十七条 招股说明书扉页应列表载明下列内容：

（一）发行股票类型；

（二）发行股数，股东公开发售股数（如有）；

（三）每股面值；

（四）每股发行价格；

（五）预计发行日期；

（六）拟上市的证券交易所和板块；

（七）发行后总股本，发行境外上市外资股的还应披露境内上市流通的股份数量和境外上市流通的股份数量；

（八）保荐人、主承销商；

（九）招股说明书签署日期。

发行人股东公开发售股份的，应载明发行人拟发行新股和股东拟公开发售股份的数量，提示股东公开发售股份所得资金不归发行人所有。

第十八条 招股说明书目录应标明各章、节的标题及相应页码，内容编排应符合通行惯例。

第十九条 发行人应在招股说明书目录次页对可能造成投资者理解障碍及有特定含义的术语作出释义。

第二节 概 览

第二十条 发行人应对招股说明书作精确、扼要的概览，确保概览内容具体清晰、易于理解，以便投资者整体把握企业概况，不应重复列示招股说明书其他章节的内容，不得披露招股说明书其他章节披露内容以外的其他信息。

第二十一条　发行人应在招股说明书概览显要位置声明：

"本概览仅对招股说明书全文作扼要提示。投资者作出投资决策前，应认真阅读招股说明书全文。"

第二十二条　发行人应结合业务情况披露有助于投资者了解其业务特征及本次发行相关的重要信息，并根据重要性原则对披露内容进行排序，概览内容包括但不限于：

（一）遵循重要性和相关性原则，根据实际情况作"重大事项提示"，简明扼要披露重大风险和其他应提醒投资者特别关注的重要事项，并索引至相关章节内容；

（二）列表披露发行人及本次发行的中介机构基本情况，参考格式如下：

（一）发行人基本情况			
发行人名称		成立日期	
注册资本		法定代表人	
注册地址		主要生产经营地址	
控股股东		实际控制人	
行业分类		在其他交易场所（申请）挂牌或上市的情况	
（二）本次发行的有关中介机构			
保荐人		主承销商	
发行人律师		其他承销机构	
审计机构		评估机构（如有）	
发行人与本次发行有关的保荐人、承销机构、证券服务机构及其负责人、高级管理人员、经办人员之间存在的直接或间接的股权关系或其他利益关系			
（三）本次发行其他有关机构			
股票登记机构		收款银行	
其他与本次发行有关的机构			

（三）列表披露本次发行概况，参考格式如下：

（一）本次发行的基本情况	
股票种类	
每股面值	

续表

发行股数		占发行后总股本比例	
其中：发行新股数量		占发行后总股本比例	
股东公开发售股份数量		占发行后总股本比例	
发行后总股本			
每股发行价格			
发行市盈率（标明计算基础和口径）			
发行前每股净资产		发行前每股收益	
发行后每股净资产		发行后每股收益	
发行市净率（标明计算基础和口径）			
预测净利润（如有）			
发行方式			
发行对象			
承销方式			
募集资金总额			
募集资金净额			
募集资金投资项目			
发行费用概算			
高级管理人员、员工拟参与战略配售情况（如有）			
保荐人相关子公司拟参与战略配售情况（如有）			
拟公开发售股份股东名称、持股数量及拟公开发售股份数量、发行费用的分摊原则（如有）			
（二）本次发行上市的重要日期			
刊登发行公告日期			
开始询价推介日期			
刊登定价公告日期			
申购日期和缴款日期			
股票上市日期			

（四）结合主要经营和财务数据概述发行人主营业务经营情况，包括主要业务、主要产品或服务及其用途、所需主要原材料及重要供应商、主要生产模式、

销售方式和渠道及重要客户、行业竞争情况及发行人在行业中的竞争地位（如市场份额或排名数据）等；

（五）简要披露发行人板块定位情况；

（六）列表披露发行人报告期主要财务数据和财务指标，参考格式如下：

项目				
资产总额（万元）				
归属于母公司所有者权益（万元）				
资产负债率（母公司）（%）				
营业收入（万元）				
净利润（万元）				
归属于母公司所有者的净利润（万元）				
扣除非经常性损益后归属于母公司所有者的净利润（万元）				
基本每股收益（元）				
稀释每股收益（元）				
加权平均净资产收益率（%）				
经营活动产生的现金流量净额（万元）				
现金分红（万元）				
研发投入占营业收入的比例（%）				

（七）简要披露发行人财务报告审计截止日后主要财务信息及经营状况、盈利预测信息（如有）；

（八）披露发行人选择的具体上市标准；

（九）简要披露发行人公司治理特殊安排等重要事项（如有）；

（十）简要披露募集资金运用与未来发展规划；

（十一）其他对发行人有重大影响的事项（如重大诉讼等）。

第三节 风险因素

第二十三条 发行人应遵循重要性原则，简明易懂且具逻辑性地披露当前及未来可预见对发行人构成重大不利影响的直接和间接风险。

发行人应按方便投资者投资决策原则将风险因素分类为与发行人相关的风险、与行业相关的风险和其他风险。

第二十四条 发行人应结合行业特征、自身情况等，针对性、个性化披露实际面临的风险因素，应避免笼统、模板化表述，不应披露可适用任何发行人的风险。

第二十五条 发行人应使用恰当标题概括描述具体风险点，精准清晰充分地揭示每项风险因素的具体情形、产生原因、目前发展阶段和对发行人的影响。风险因素所依赖的事实应与招股说明书其他章节信息保持一致。

第二十六条 发行人应对风险因素作定量分析，对导致风险的变动性因素作敏感性分析。无法定量分析的，应针对性作出定性描述，清晰告知投资者可能发生的最不利情形。

第二十七条 一项风险因素不得描述多个风险。披露风险因素不得包含风险对策、发行人竞争优势及类似表述。

第四节 发行人基本情况

第二十八条 发行人应披露基本情况，主要包括：

（一）注册名称（中、英文）；

（二）注册资本；

（三）法定代表人；

（四）成立日期；

（五）住所和邮政编码；

（六）电话、传真号码；

（七）互联网网址；

（八）电子信箱；

（九）负责信息披露和投资者关系的部门、负责人和联系方式。

第二十九条 发行人应以时间轴、图表或其他有效形式简要披露公司设立情况和报告期内股本、股东变化情况。发行人属于有限责任公司整体变更为股份有限公司的，应披露有限责任公司设立情况。

发行人应简要披露成立以来重要事件（含报告期内重大资产重组），包括具体内容、所履行的法定程序以及对管理层、控制权、业务发展及经营业绩的影响。

发行人应披露公司在其他证券市场的上市／挂牌情况，包括上市／挂牌时间、地点、期间受处罚情况、退市情况等（如有）。

第三十条 发行人应采用方框图或其他有效形式，全面披露持有发行人百分之五以上股份或表决权的主要股东、实际控制人，发行人的分公司、子公司及参股公司。

第三十一条 发行人应简要披露重要子公司及对发行人有重大影响的参股公司情况，主要包括成立时间、注册资本、实收资本、注册地和主要生产经营地、主营业务情况、在发行人业务板块中定位、股东构成及控制情况、最近一年及一期末的总资产和净资产、最近一年及一期的营业收入和净利润，并标明财务数据是否经过审计及审计机构名称。

发行人确定子公司是否重要时，应考虑子公司的收入、利润、总资产、净资产等财务指标占合并报表相关指标的比例，以及子公司经营业务、未来发展战略、持有资质或证照等对公司的影响等因素。

发行人应列表简要披露其他子公司及参股公司情况，包括股权结构、出资金额、持股比例、入股时间、控股方及主营业务情况等。

第三十二条　发行人应披露持有发行人百分之五以上股份或表决权的主要股东及实际控制人的基本情况，主要包括：

（一）控股股东、实际控制人的基本情况。控股股东、实际控制人为法人的，应披露成立时间、注册资本、实收资本、注册地和主要生产经营地、股东构成、主营业务及其与发行人主营业务的关系、最近一年及一期末的总资产和净资产、最近一年及一期的营业收入和净利润，并标明财务数据是否经过审计及审计机构名称；控股股东、实际控制人为自然人的，应披露国籍、是否拥有永久境外居留权、身份证号码；控股股东、实际控制人为合伙企业等非法人组织的，应披露出资人构成、出资比例及实际控制人；

（二）控股股东和实际控制人直接或间接持有发行人的股份是否存在被质押、冻结或发生诉讼纠纷等情形，上述情形产生的原因及对发行人可能产生的影响；

（三）实际控制人应披露至最终的国有控股主体、集体组织、自然人等；

（四）无控股股东、实际控制人的，应参照本条对发行人控股股东及实际控制人的要求披露对发行人有重大影响的股东情况；

（五）其他持有发行人百分之五以上股份或表决权的主要股东的基本情况。主要股东为法人的，应披露成立时间、注册资本、实收资本、注册地和主要生产经营地、股东构成、主营业务及其与发行人主营业务的关系；主要股东为自然人的，应披露国籍、是否拥有永久境外居留权、身份证号码；主要股东为合伙企业等非法人组织的，应披露出资人构成、出资比例。

第三十三条　发行人存在特别表决权股份或类似安排的，应披露相关安排的基本情况，包括设置特别表决权安排的股东大会决议、特别表决权安排运行期限、持有人资格、特别表决权股份拥有的表决权数量与普通股份拥有表决权数量的比例安排、持有人所持特别表决权股份参与表决的股东大会事项范围、特别表决权股份锁定安排及转让限制等，应披露差异化表决安排可能导致的相关风险和对公司治理的影响，以及相关投资者保护措施。

第三十四条　发行人存在协议控制架构的，应披露协议控制架构的具体安排，包括协议控制架构涉及的各方法律主体的基本情况、主要合同核心条款等。

第三十五条　发行人应披露控股股东、实际控制人报告期内是否存在贪污、贿赂、侵占财产、挪用财产或者破坏社会主义市场经济秩序的刑事犯罪，是否存在欺诈发行、重大信息披露违法或者其他涉及国家安全、公共安全、生态安全、生产安全、公众健康安全等领域的重大违法行为。

第三十六条　发行人应披露股本有关情况，主要包括：

（一）本次发行前总股本、本次发行及公开发售的股份，以及本次发行及公开发售的股份占发行后总股本的比例；

（二）本次发行前的前十名股东；

（三）本次发行前的前十名自然人股东及其担任发行人职务情况；

（四）发行人股本有国有股份或外资股份的，应根据有关主管部门对股份设置的批复文件披露相应的股东名称、持股数量、持股比例。涉及国有股的，应在国有股东之后标注"SS"、"CS"，披露前述标识的依据及含义；

（五）发行人申报前十二个月新增股东的基本情况、入股原因、入股价格及定价依据，新增股东与发行人其他股东、董事、监事、高级管理人员是否存在关联关系，新增股东与本次发行的中介机构及其负责人、高级管理人员、经办人员是否存在关联关系，新增股东是否存在股份代持情形等。属于战略投资者的，应予注明并说明具体战略关系；

（六）本次发行前各股东间的关联关系、一致行动关系及关联股东各自持股比例；

（七）发行人股东公开发售股份的，应披露公开发售股份对发行人的控制权、治理结构及生产经营的影响，并提示投资者关注上述事项。

第三十七条　发行人应披露董事、监事、高级管理人员及其他核心人员的简要情况，主要包括：

（一）姓名、国籍及境外居留权；

（二）性别、年龄；

（三）学历及专业背景、职称；

（四）主要业务经历及实际负责的业务活动；对发行人设立、发展有重要影响的董事、监事、高级管理人员及其他核心人员，还应披露其创业或从业历程；

（五）曾经担任的重要职务及任期；

（六）现任发行人的职务及任期；对于董事、监事，应披露其提名人；

（七）兼职情况及所兼职单位与发行人的关联关系，与发行人其他董事、监事、高级管理人员及其他核心人员的亲属关系；

（八）最近三年涉及行政处罚、监督管理措施、纪律处分或自律监管措施、被司法机关立案侦查、被中国证监会立案调查情况。

第三十八条　发行人应披露与董事、监事、高级管理人员及其他核心人员签订的对投资者作出价值判断和投资决策有重大影响的协议，以及有关协议履行情况。

发行人应列表披露董事、监事、高级管理人员、其他核心人员及其配偶、父母、配偶的父母、子女、子女的配偶以任何方式直接或间接持有发行人股份的情况，持有人姓名及所持股份被质押、冻结或发生诉讼纠纷的情况。股份被质押、冻结或发生诉讼纠纷的，应披露原因及对发行人可能产生的影响。

第三十九条　发行人董事、监事、高级管理人员及其他核心人员最近三年内发生变动的，应以列表方式汇总披露变动情况、原因及影响。

第四十条　发行人应披露董事、监事、高级管理人员及其他核心人员与发行人及其业务相关的对外投资情况，包括投资金额、持股比例、有关承诺和协议、利益冲突解决情况。

第四十一条　发行人应披露董事、监事、高级管理人员及其他核心人员的薪酬组成、确定依据、所履行程序及报告期内薪酬总额占发行人各期利润总额的比例，最近一年从发行人及其关联企业获得收入情况，以及其他待遇和退休金计划等。

发行人应简要披露本次公开发行申报前已经制定或实施的股权激励或期权激励及相关安排，披露其对公司经营状况、财务状况、控制权变化等方面的影响，以及上市后行权安排。

第四十二条　发行人应简要披露员工情况，包括员工人数及报告期内变化情况，员工专业结构，报告期内社会保险和住房公积金缴纳情况。

第五节　业务与技术

第四十三条　发行人应按照业务重要性顺序，清晰、准确、客观、完整披露主营业务、主要产品或服务及演变情况。发行人经营多种业务、产品或服务的，分类口径应前后一致。发行人的主营业务、主要产品或服务分属不同行业的，应分行业分别披露相关信息。主要包括：

（一）主营业务、主要产品或服务的基本情况，主营业务收入的主要构成及特征；

（二）主要经营模式，如采购模式、生产或服务模式、营销及管理模式等，分析采用目前经营模式的原因、影响经营模式的关键因素、经营模式和影响因素在报告期内的变化情况及未来变化趋势。发行人的业务及模式具有创新性的，应披露其独特性、创新内容及持续创新机制；

（三）成立以来主营业务、主要产品或服务、主要经营模式的演变情况；

（四）结合主要经营和财务数据，分析发行人主要业务经营情况和核心技术产业化情况；

（五）主要产品或服务的工艺流程图或服务的流程图，结合流程图关键节点说明核心技术的具体使用情况和效果；相关业务无固定流程的，发行人应结合业务和产品特征针对性分析业务关键环节和核心技术在业务中的具体表现；

（六）结合所属行业特点，披露报告期各期具有代表性的业务指标，并分析变动情况及原因；

（七）结合主要产品和业务，披露符合产业政策和国家经济发展战略的情况。

第四十四条　发行人应结合所处行业情况披露业务竞争状况，主要包括：

（一）所属行业及确定所属行业的依据；

（二）结合行业特征及发行人自身情况，针对性、个性化简要披露所属细分行业的行业主管部门、行业监管体制、行业主要法律法规政策；发行人应避免简单重述行业共性法律法规政策，应重点结合报告期初以来新制定或修订、预期近期出台的与发行人生产经营密切相关、对目前或未来经营有重大影响的法律法规、行业政策，披露对发行人经营资质、准入门槛、运营模式、行业竞争格局等方面的主要影响；

（三）所属细分行业技术水平及特点、进入本行业主要壁垒、行业发展态势、面临机遇与风险、行业周期性特征，以及上述情况在报告期内的变化和未来可预见的变化趋势；发行人所属行业在产业链中的地位和作用，与上、下游行业之间的关联性；

（四）所属细分行业竞争格局、行业内主要企业，发行人产品或服务的市场地位、竞争优势与劣势，发行人与同行业可比公司在经营情况、市场地位、技术实力、衡量核心竞争力的关键业务数据、指标等方面的比较情况；

发行人应披露同行业可比公司的选择依据及相关业务可比程度；可以结合不同业务选择不同可比公司，但同一业务可比公司应保持一致；

（五）发行人描述竞争状况、市场地位及竞争优劣势应有最新市场数据支持，可从主要产品或服务的生产链、具体架构、产品模块、参数等方面运用图表结合数据，分析披露主要产品或服务竞争优劣势；

（六）发行人在披露主要产品或服务特点、业务模式、行业竞争程度、外部市场环境等影响因素时，应说明相关因素如何影响盈利和财务状况。

第四十五条　发行人应披露销售情况和主要客户，主要包括：

（一）报告期各期主要产品或服务的规模（产能、产量、销量，或服务能力、服务量）、销售收入、产品或服务的主要客户群体、销售价格的总体变动情况。存在多种销售模式的，应披露各销售模式的规模及占当期销售总额的比例；

（二）报告期各期向前五名客户合计销售额占当期销售总额的比例；向单个客户的销售占比超过百分之五十的、新增属于前五名客户或严重依赖少数客户的，应披露客户名称或姓名、销售比例；上述客户为发行人关联方的，应披露产品最终实现销售情况；受同一实际控制人控制的客户，应合并计算销售额。

第四十六条　发行人应披露采购情况和主要供应商，主要包括：

（一）报告期各期采购产品、原材料、能源或接受服务的情况，相关价格变动情况及趋势；

（二）报告期各期向前五名供应商合计采购额占当期采购总额的比例；向单个供应商的采购占比超过百分之五十的、新增属于前五名供应商或严重依赖少数供应商的，应披露供应商名称或姓名、采购比例；受同一实际控制人控制的供应商，应合并计算采购额。

第四十七条　发行人应披露对主要业务有重大影响的主要固定资产、无形资产等资源要素的构成，分析各要素与所提供产品或服务的内在联系（如分析各要素的充分性、适当性、相关产能及利用程度），对生产经营的重要程度，是否存在瑕疵及瑕疵资产占比，是否存在纠纷或潜在纠纷，是否对发行人持续经营存在重大不利影响。

发行人与他人共享资源要素（如特许经营权）的，应披露共享的方式、条件、期限、费用等。

第四十八条　发行人应披露主要产品或服务的核心技术及技术来源，相关技术所处阶段（如处于基础研究、试生产、小批量生产或大批量生产阶段）；披露核心技术是否取得专利或其他技术保护措施。

发行人应按重要性原则披露正在从事对发行人目前或未来经营有重大影响的研发项目、进展情况及拟达到目标，报告期研发费用占营业收入的比例等。与他人合作研发的，应披露合作协议主要内容、权利义务划分约定及采取的保密措施等。

发行人应披露保持技术持续创新的机制、技术储备及创新安排等。

第四十九条　发行人应披露生产经营涉及的主要环境污染物、主要处理设施及处理能力。

存在高危险、重污染情况的，应披露安全生产及污染治理情况、安全生产及环境保护方面受处罚情况、最近三年相关成本费用支出及未来支出情况，是否符合安全生产和环境保护要求。

发行人应依法披露法律法规强制披露的环境信息。

第五十条　发行人在中华人民共和国境外生产经营的，应披露经营的总体情况，并对有关业务活动进行地域性分析。发行人在境外拥有资产的，应披露主要资产的具体内容、资产规模、所在地、经营管理和盈利情况等。

第六节　财务会计信息与管理层分析

第五十一条　发行人应使用投资者可理解的语言，采用定量与定性相结合的方法，清晰披露所有重大财务会计信息，并结合自身业务特点和投资者决策需要，分析重要财务会计信息的构成、来源与变化等情况，保证财务会计信息与业务经营信息的逻辑一致性。

发行人应披露与财务会计信息相关的重大事项及重要性水平的判断标准。

发行人应提示投资者阅读财务报告、审计报告和审阅报告（如有）全文。

第五十二条　发行人应披露报告期的资产负债、利润表和现金流量表，以及会计师事务所的审计意见类型和关键审计事项；编制合并财务报表的，原则上只披露合并财务报表，同时说明合并财务报表的编制基础、合并范围及变化情况；存在协议控制架构或类似特殊安排的，应披露其是否纳入合并范围及依据；存在多个业务或地区分部的，应披露分部信息。

第五十三条　发行人应结合自身业务活动实质、经营模式特点等，重点披露与行业相关、与同行业可比公司存在重大差异或对发行人财务状况、经营成果及财务报表理解具有重大影响的会计政策及其关键判断、会计估计及其假设的衡量标准、会计政策及会计估计的具体执行标准及选择依据，并分析是否符合一般会计原则。发行人不应简单重述一般会计原则。

发行人重大会计政策或会计估计与可比上市公司存在较大差异的，应分析差异原因及影响。发行人报告期存在重大会计政策变更、会计估计变更、会计差错更正的，应披露变更或更正的具体内容、原因及对发行人财务状况和经营成果的影响。

第五十四条　发行人应依据经注册会计师鉴证的非经常性损益明细表，以合并财务报表数据为基础，披露报告期非经常性损益的具体内容、金额及对当期经营成果的影响、扣除非经常性损益后的净利润金额。

第五十五条　发行人应披露报告期母公司及重要子公司、各主要业务适用的主要税种、税率。存在税收优惠的，应按税种分项说明相关法律法规或政策依据、批准或备案情况、具体幅度及有效期限。

报告期发行人税收政策存在重大变化或税收优惠政策对发行人经营成果有重大影响的，发行人应披露税收政策变化对经营成果的影响及报告期各期税收优惠占税前利润的比例，并分析发行人是否对税收优惠存在严重依赖、未来税收优惠是否可持续。

第五十六条　发行人应结合所在行业特征，针对性披露报告期的主要财务指标，包括流动比率、速动比率、资产负债率、利息保障倍数、应收账款周转率、存货周转率、息税折旧摊销前利润、归属于发行人股东的净利润、归属于发行人股东扣除非经常性损益后的净利润、研发投入占营业收入的比例、每股经营活动产生的现金流量、每股净现金流量、基本每股收益、稀释每股收益、归属于发行人股东的每股净资产、净资产收益率。净资产收益率和每股收益的计算应执行中国证监会有关规定。

第五十七条　发行人的管理层分析一般应包括发行人的经营成果，资产质量，偿债能力、流动性与持续经营能力，重大资本性支出与资产业务重组等方面。发行人应明确披露对上述方面有重大影响的关键因素及影响程度，并分析该等因素对公司未来财务状况和盈利能力可能产生的影响；目前已存在新的趋势或变化的，应分析可能对公司未来财务状况和盈利能力产生重大影响的情况。

影响因素的分析应包括财务因素和非财务因素，发行人应将财务会计信息与业务经营信息互为对比印证；不应简单重述财务报表或附注内容，应采用逐年比较、差异因素量化计算、同行业对比等易于理解的分析方式。

发行人对经营成果、资产质量、偿债能力及流动性与持续经营能力、重大资本性支出与资产业务重组的分析一般应包括但不限于第五十八条至第六十一条的内容，可结合实际情况按照重要性原则针对性增减。

第五十八条　发行人应以管理层视角，结合"业务与技术"中披露的业务、经营模式、技术水平、竞争力等要素披露报告期内取得经营成果的逻辑，应披露主要影响项目、事项或因素在数值与结构变动方面的原因、影响程度及风险趋势，一般应包括下列内容：

（一）报告期营业收入以及主营业务收入的构成与变动原因；按产品或服务的类别及地区分布，结合客户结构及销售模式，分析主要产品或服务的销售数量、价格与结构变化情况、原因及对营业收入变化的具体影响；产销量或合同订单完成量等业务数据与财务数据的一致性；营业收入存在季节性波动的，应分析季节性因素对各季度经营成果的影响；

（二）报告期营业成本的分部信息、主要成本项目构成及变动原因；结合主要原材料、能源等采购对象的数量与价格变动情况及原因，分析营业成本变化的影响因素；

（三）报告期毛利的构成与变动情况；综合毛利率、分产品或服务毛利率的变动情况；以数据分析方式说明毛利率的主要影响因素及变化趋势；存在同行业可比公司相同或相近产品或服务的，应对比分析毛利率差异和原因；

（四）报告期销售费用、管理费用、研发费用、财务费用的主要构成及变动原因；与同行业可比公司存在显著差异的，应结合业务特点和经营模式分析原因；

按重要性原则披露研发费用对应研发项目的整体预算、费用支出、实施进度等情况；

（五）对报告期经营成果有重大影响的非经常性损益项目、少数股东损益、未纳入合并报表范围的对外投资形成的投资收益或价值变动对公司经营成果及盈利能力稳定性的影响；区分与收益相关或与资产相关的政府补助，分析披露对发行人报告期与未来期间的影响；

（六）按税种分项披露报告期公司应缴与实缴税额及各期变化原因；

（七）尚未盈利或存在累计未弥补亏损的，应充分披露该情形成因，以及对公司现金流、业务拓展、人才吸引、团队稳定、研发投入、战略性投入、生产经营可持续性等方面的影响。

第五十九条　发行人应结合经营管理政策分析资产质量，披露对发行人存在重大影响的主要资产项目的质量特征、风险状况、变动原因及趋势，一般应包括下列内容：

（一）结合应收款项主要构成、账龄结构、预期信用损失的确定方法、信用政策、主要债务人等因素，分析披露报告期应收款项的变动原因及期后回款进度，说明是否存在较大坏账风险；应收款项坏账准备计提比例明显低于同行业可比公司的，应分析披露具体原因；

（二）结合业务模式、存货管理政策、经营风险控制等因素，分析披露报告期末存货的分类构成及变动原因，说明是否存在异常的存货余额或结构变动情形；结合存货减值测试的方法和结果，分析存货减值计提是否充分；

（三）报告期末持有金额较大的以摊余成本计量的金融资产、以公允价值计量且其变动计入其他综合收益的金融资产、以公允价值计量且其变动计入当期损益的金融资产以及借与他人款项、委托理财等财务性投资的，应分析投资目的、期限、管控方式、可回收性、减值准备计提充分性及对发行人资金安排或流动性的影响；

（四）结合产能、业务量或经营规模变化等因素，分析披露报告期末固定资产的分布特征与变动原因，重要固定资产折旧年限与同行业可比公司相比是否合理；报告期存在大额在建工程转入固定资产的，应说明其内容、依据及影响，尚未完工交付项目转入固定资产的条件和预计时间；固定资产与在建工程是否存在重大减值迹象；

（五）报告期末主要对外投资项目的投资期限、投资金额和价值变动、股权投资占比等情况，对发行人报告期及未来的影响；对外投资项目已计提减值或存在减值迹象的，应披露减值测试的方法与结果，分析减值准备计提是否充分；

（六）报告期末无形资产、开发支出的主要类别与变动原因，重要无形资产对发行人业务和财务的影响；无形资产减值测试的方法与结果，减值准备计提的充分性；存在开发支出资本化的，应披露具体项目、资本化依据、时间及金额；

（七）报告期末商誉的形成原因、变动与减值测试依据等。

第六十条　发行人应分析偿债能力、流动性与持续经营能力，一般应包括下列内容：

（一）最近一期末银行借款、关联方借款、合同承诺债务、或有负债等主要债项的金额、期限、利率及利息费用等情况；逾期未偿还债项原因及解决措施；借款费用资本化情况及依据、时间和金额。发行人应分析可预见的未来需偿还的负债金额及利息金额，重点说明未来十二个月内的情况，并结合公司相关偿债能力指标、现金流、融资能力与渠道、表内负债、表外融资及或有负债等情况，分析公司偿债能力；

（二）报告期股利分配的具体实施情况；

（三）报告期经营活动产生的现金流量、投资活动产生的现金流量、筹资活动产生的现金流量的基本情况、主要构成和变动原因。报告期经营活动产生的现金流量净额为负数或者与当期净利润存在较大差异的，应分析披露原因及主要影响因素；

（四）截至报告期末的重大资本性支出决议以及未来其他可预见的重大资本性支出计划和资金需求量；涉及跨行业投资的，应说明与公司未来发展战略的关系；存在较大资金缺口的，应说明解决措施及影响；

（五）结合长短期债务配置期限、影响现金流量的重要事件或承诺事项以及风险管理政策，分析披露发行人的流动性已经或可能产生的重大变化或风险趋势，以及发行人应对流动性风险的具体措施；

（六）结合公司的业务或产品定位、报告期经营策略以及未来经营计划，分析披露发行人持续经营能力是否存在重大不利变化的风险因素，以及管理层自我评判的依据。

第六十一条　发行人报告期存在重大投资或资本性支出、重大资产业务重组或股权收购合并等事项的，应分析披露该等重大事项的必要性与基本情况，对发行人生产经营战略、报告期及未来期间经营成果和财务状况的影响。

第六十二条　发行人披露的财务会计信息或业绩预告信息应满足及时性要求。

发行人应扼要披露资产负债表日后事项、或有事项、其他重要事项以及重大担保、诉讼等事项在招股说明书签署日的进展情况，披露该等事项对发行人未来财务状况、经营成果及持续经营能力的影响。

第六十三条　发行人认为提供盈利预测信息有助于投资者对发行人作出正确判断，且确信能对未来期间盈利情况作出比较切合实际预测的，可以披露盈利预测信息，并声明："本公司盈利预测报告是管理层在最佳估计假设基础上编制的，但所依据的各种假设具有不确定性，投资者应谨慎使用。"

发行人应提示投资者阅读盈利预测报告及审核报告全文。

第六十四条　发行人尚未盈利的，应披露未来是否可实现盈利的前瞻性信息及其依据、基础假设等。

发行人应声明："本公司前瞻性信息是建立在推测性假设数据基础上的预测，具有重大不确定性，投资者应谨慎使用。"

第六十五条　发行人已境外上市或拟同时境内外上市的，因适用不同会计准则导致财务报告存在差异的，应披露差异事项产生原因及差异调节表，并注明境外会计师事务所的名称。境内外会计师事务所的审计意见类型存在差异的，应披露境外会计师事务所的审计意见类型及差异原因。

第七节　募集资金运用与未来发展规划

第六十六条　发行人应披露募集资金的投向和使用管理制度，披露募集资金对发行人主营业务发展的贡献、未来经营战略的影响。

发行人应结合公司主营业务、生产经营规模、财务状况、技术条件、管理能力、发展目标等情况，披露募集资金投资项目的确定依据，披露相关项目实施后是否新增构成重大不利影响的同业竞争，是否对发行人的独立性产生不利影响。

第六十七条　发行人应按照重要性原则披露募集资金运用情况，主要包括：

（一）募集资金的具体用途，简要分析可行性及与发行人主要业务、核心技术之间的关系；

（二）募集资金的运用和管理安排，所筹资金不能满足预计资金使用需求的，应披露缺口部分的资金来源及落实情况；

（三）募集资金运用涉及审批、核准或备案程序的，应披露相关程序履行情况；

（四）募集资金运用涉及与他人合作的，应披露合作方基本情况、合作方式、各方权利义务关系；

（五）募集资金拟用于收购资产的，应披露拟收购资产的内容、定价情况及与发行人主营业务的关系；向实际控制人、控股股东及其关联方收购资产，对被收购资产有效益承诺的，应披露承诺效益无法完成时的补偿责任；

（六）募集资金拟用于向其他企业增资或收购其他企业股份的，应披露拟增资或收购企业的基本情况、主要经营情况及财务情况，增资资金折合股份或收购股份定价情况，增资或收购前后持股比例及控制情况，增资或收购行为与发行人业务发展规划的关系；

（七）募集资金用于偿还债务的，应披露该项债务的金额、利率、到期日、产生原因及用途，对发行人偿债能力、财务状况和财务费用的具体影响。

第六十八条　发行人应披露制定的战略规划，报告期内为实现战略目标已采取的措施及实施效果，未来规划采取的措施等。

第八节　公司治理与独立性

第六十九条　发行人应结合《公司法》、中国证监会关于公司治理的有关规定及公司章程，披露报告期内发行人公司治理存在的缺陷及改进情况。

第七十条　发行人应披露公司管理层对内部控制完整性、合理性及有效性的自我评估意见以及注册会计师对公司内部控制的鉴证意见。报告期内公司内部控制存在重大缺陷的，发行人应披露相关内控缺陷及整改情况。

第七十一条　发行人应披露报告期内存在的违法违规行为及受到处罚、监督管理措施、纪律处分或自律监管措施的情况，并说明对发行人的影响。

发行人可汇总或分类披露情节显著轻微的违法违规行为及受到处罚、监督管理措施、纪律处分或自律监管措施的情况。

第七十二条　发行人应披露报告期内是否存在资金被控股股东、实际控制人及其控制的其他企业以借款、代偿债务、代垫款项或者其他方式占用的情况，或者为控股股东、实际控制人及其控制的其他企业担保的情况。

第七十三条　发行人应分析披露其具有直接面向市场独立持续经营的能力，主要包括：

（一）资产完整方面。生产型企业具备与生产经营有关的主要生产系统、辅助生产系统和配套设施，合法拥有与生产经营有关的主要土地、厂房、机器设备以及商标、专利、非专利技术的所有权或者使用权，具有独立的原料采购和产品销售系统；非生产型企业具备与经营有关的业务体系及主要相关资产；

（二）人员独立方面。发行人的总经理、副总经理、财务负责人和董事会秘书等高级管理人员不在控股股东、实际控制人及其控制的其他企业担任除董事、监事以外的其他职务，不在控股股东、实际控制人及其控制的其他企业领薪；发行人的财务人员不在控股股东、实际控制人及其控制的其他企业兼职；

（三）财务独立方面。发行人已建立独立的财务核算体系、能够独立作出财务决策；具有规范的财务会计制度和对分公司、子公司的财务管理制度；发行人未与控股股东、实际控制人及其控制的其他企业共用银行账户；

（四）机构独立方面。发行人已建立健全内部经营管理机构、独立行使经营管理职权，与控股股东和实际控制人及其控制的其他企业不存在机构混同的情形；

（五）业务独立方面。发行人的业务独立于控股股东、实际控制人及其控制的其他企业，与控股股东、实际控制人及其控制的其他企业不存在对发行人构成重大不利影响的同业竞争，以及严重影响独立性或者显失公平的关联交易；

（六）发行人主营业务、控制权、管理团队稳定，最近三年内主营业务和董事、高级管理人员均没有发生重大不利变化；发行人的股份权属清晰，不存在导致控制权可能变更的重大权属纠纷，最近三年实际控制人没有发生变更；

（七）发行人不存在主要资产、核心技术、商标有重大权属纠纷，重大偿债风险，重大担保、诉讼、仲裁等或有事项，经营环境已经或将要发生重大变化等对持续经营有重大影响的事项。

报告期内发行人独立持续经营能力存在瑕疵的，发行人应披露瑕疵情形及整改情况。

第七十四条　发行人应披露与控股股东、实际控制人及其控制的其他企业从事相同、相似业务的情况，并论证是否对发行人构成重大不利影响，披露发行人防范利益输送、利益冲突及保持独立性的具体安排等。

控股股东、实际控制人控制的其他企业报告期内与发行人发生重大关联交易或与发行人从事相同、相似业务的，发行人应披露该企业的基本情况，包括主营业务、与发行人业务关系、最近一年及一期末总资产和净资产、最近一年及一期营业收入和净利润，并标明是否经审计及审计机构名称。

第七十五条　发行人应根据《公司法》《企业会计准则》及中国证监会有关规定披露关联方、关联关系和关联交易。

第七十六条　发行人应披露报告期内关联交易总体情况，并根据交易性质和频率，按照经常性和偶发性分类披露关联交易及关联交易对发行人财务状况和经营成果的影响。

发行人应区分重大关联交易和一般关联交易，并披露重大关联交易的判断标准及依据。

重大经常性关联交易，应分别披露报告期内关联方名称、交易内容、交易价格确定方法及公允性、交易金额及占当期营业收入或营业成本的比例、占当期同类型交易比例以及关联交易变化趋势，与交易相关应收应付款项余额及变化原因，以及上述关联交易是否将持续发生。

重大偶发性关联交易，应披露报告期内关联方名称、交易时间、交易内容、交易价格确定方法及公允性、交易金额、资金结算情况、交易产生的利润及对发行人当期经营成果、主营业务的影响。

发行人应列表汇总简要披露报告期内发生的全部一般关联交易。

第七十七条　发行人应披露关联交易的原因，简要披露报告期内关联交易是否履行公司章程规定的审议程序，以及独立董事对关联交易履行的审议程序是否合法及交易价格是否公允的意见。

第七十八条　发行人应披露报告期内关联方变化情况。关联方变为非关联方的，发行人应比照关联交易的要求持续披露与原关联方的后续交易情况，以及原关联方相关资产、人员的去向等。

第九节　投资者保护

第七十九条　发行人应简要披露本次发行完成前滚存利润的分配安排和已履行的决策程序。发行前滚存利润归发行前股东享有的，应披露滚存利润审计和派发情况。

第八十条　发行人应披露本次发行前后股利分配政策差异情况，有关现金分红的股利分配政策、决策程序及监督机制。发行人分红资金主要来源于重要子公司的，应披露子公司分红政策。

第八十一条　发行人存在特别表决权股份、协议控制架构或类似特殊安排，尚未盈利或存在累计未弥补亏损的，应披露保护投资者合法权益的各项措施，包括但不限于下列内容：

（一）发行人存在特别表决权股份等特殊架构的，持有特别表决权的股东应按照所适用的法律以及公司章程行使权利，不得滥用特别表决权，不得损害投资者的合法权益。损害投资者合法权益的，发行人及持有特别表决权的股东应改正，并依法承担对投资者的损害赔偿责任；

（二）尚未盈利企业的控股股东、实际控制人和董事、监事、高级管理人员关于减持股票的特殊安排或承诺。

第十节　其他重要事项

第八十二条　发行人应披露对报告期经营活动、财务状况或未来发展等具有重要影响的已履行、正在履行和将要履行的合同情况，包括合同当事人、合同标的、合同价款或报酬、履行期限、实际履行情况等，并分析对发行人的影响及存在的风险。与同一交易主体在一个会计年度内连续发生的相同内容或性质的合同应累计计算。

第八十三条　发行人应披露对外担保情况，主要包括：

（一）被担保人的名称、注册资本、实收资本、住所、生产经营情况、与发行人有无关联关系、最近一年及一期末总资产和净资产、最近一年及一期营业收入和净利润；

（二）主债务的种类、金额和履行期限；

（三）担保方式；采用抵押、质押方式的，应披露担保物的种类、数量、价值等相关情况；

（四）担保范围；

（五）担保期间；

（六）解决争议方法；

（七）其他对担保人有重大影响的条款；

（八）担保履行情况；

（九）存在反担保的，应简要披露相关情况；

（十）该等担保对发行人业务经营和财务状况的影响。

第八十四条　发行人应披露对财务状况、经营成果、声誉、业务活动、未来前景等可能产生较大影响的诉讼或仲裁事项，以及控股股东或实际控制人、子公司，发行人董事、监事、高级管理人员和其他核心人员作为一方当事人可能对发行人产生影响的刑事诉讼、重大诉讼或仲裁事项，主要包括：

（一）案件受理情况和基本案情；

（二）诉讼或仲裁请求；

（三）判决、裁决结果及执行情况；

（四）诉讼、仲裁案件对发行人的影响。

第十一节　声　明

第八十五条　发行人及其全体董事、监事、高级管理人员应在招股说明书正文的尾页声明：

"本公司及全体董事、监事、高级管理人员承诺本招股说明书的内容真实、准确、完整，不存在虚假记载、误导性陈述或重大遗漏，按照诚信原则履行承诺，并承担相应的法律责任。"

声明应由全体董事、监事、高级管理人员签字，并由发行人盖章。

第八十六条　发行人控股股东、实际控制人应在招股说明书正文后声明：

"本公司（或本人）承诺本招股说明书的内容真实、准确、完整，不存在虚假记载、误导性陈述或重大遗漏，按照诚信原则履行承诺，并承担相应的法律责任。"

声明应由控股股东、实际控制人签字、盖章。

第八十七条 保荐人（主承销商）应在招股说明书正文后声明：

"本公司已对招股说明书进行核查，确认招股说明书的内容真实、准确、完整，不存在虚假记载、误导性陈述或重大遗漏，并承担相应的法律责任。"

声明应由法定代表人、保荐代表人、项目协办人签字，并由保荐人（主承销商）盖章。

第八十八条 发行人律师应在招股说明书正文后声明：

"本所及经办律师已阅读招股说明书，确认招股说明书与本所出具的法律意见书无矛盾之处。本所及经办律师对发行人在招股说明书中引用的法律意见书的内容无异议，确认招股说明书不致因上述内容而出现虚假记载、误导性陈述或重大遗漏，并承担相应的法律责任。"

声明应由经办律师及所在律师事务所负责人签字，并由律师事务所盖章。

第八十九条 为本次发行承担审计业务的会计师事务所应在招股说明书正文后声明：

"本所及签字注册会计师已阅读招股说明书，确认招股说明书与本所出具的审计报告、审阅报告（如有）、盈利预测审核报告（如有）、内部控制鉴证报告及经本所鉴证的非经常性损益明细表等无矛盾之处。本所及签字注册会计师对发行人在招股说明书中引用的审计报告、审阅报告（如有）、盈利预测审核报告（如有）、内部控制鉴证报告及经本所鉴证的非经常性损益明细表等的内容无异议，确认招股说明书不致因上述内容而出现虚假记载、误导性陈述或重大遗漏，并承担相应的法律责任。"

声明应由签字注册会计师及所在会计师事务所负责人签字，并由会计师事务所盖章。

第九十条 为本次发行承担评估业务的资产评估机构应在招股说明书正文后声明：

"本机构及签字资产评估师已阅读招股说明书，确认招股说明书与本机构出具的资产评估报告无矛盾之处。本机构及签字资产评估师对发行人在招股说明书中引用的资产评估报告的内容无异议，确认招股说明书不致因上述内容而出现虚假记载、误导性陈述或重大遗漏，并承担相应的法律责任。"

声明应由签字资产评估师及所在资产评估机构负责人签字，并由资产评估机构盖章。

第九十一条 为本次发行承担验资业务的机构应在招股说明书正文后声明：

"本机构及签字注册会计师已阅读招股说明书，确认招股说明书与本机构出具的验资报告无矛盾之处。本机构及签字注册会计师对发行人在招股说明书中引用的验资报告的内容无异议，确认招股说明书不致因上述内容而出现虚假记载、误导性陈述或重大遗漏，并承担相应的法律责任。"

声明应由签字注册会计师及所在验资机构负责人签字，并由验资机构盖章。

第九十二条　本准则要求的有关人员签名下方应以印刷体形式注明其姓名。

第十二节　附　件

第九十三条　发行人应按本准则规定披露以下附件：

（一）发行保荐书；

（二）上市保荐书；

（三）法律意见书；

（四）财务报告及审计报告；

（五）公司章程（草案）；

（六）落实投资者关系管理相关规定的安排、股利分配决策程序、股东投票机制建立情况；

（七）与投资者保护相关的承诺。应充分披露发行人、股东、实际控制人、发行人的董事、监事、高级管理人员以及本次发行的保荐人及证券服务机构等作出的重要承诺、未能履行承诺的约束措施以及已触发履行条件承诺事项的履行情况。承诺事项主要包括：

1. 本次发行前股东所持股份的限售安排、自愿锁定股份、延长锁定期限以及股东持股及减持意向等承诺；

2. 稳定股价的措施和承诺；

3. 发行人因欺诈发行、虚假陈述或者其他重大违法行为给投资者造成损失的，发行人控股股东、实际控制人、相关证券公司自愿作出先行赔付投资者的承诺（如有）；

4. 股份回购和股份买回的措施和承诺；

5. 对欺诈发行上市的股份回购和股份买回承诺；

6. 填补被摊薄即期回报的措施及承诺；

7. 利润分配政策的承诺；

8. 依法承担赔偿责任的承诺；

9. 控股股东、实际控制人避免新增同业竞争的承诺；

10. 其他承诺事项。

（八）发行人及其他责任主体作出的与发行人本次发行上市相关的其他承诺事项；

（九）发行人审计报告基准日至招股说明书签署日之间的相关财务报告及审阅报告（如有）；

（十）盈利预测报告及审核报告（如有）；

（十一）内部控制鉴证报告；

（十二）经注册会计师鉴证的非经常性损益明细表；

（十三）股东大会、董事会、监事会、独立董事、董事会秘书制度的建立健全及运行情况说明；

（十四）审计委员会及其他专门委员会的设置情况说明；

（十五）募集资金具体运用情况（如募集资金投向和使用管理制度、募集资金投入的时间周期和进度、投资项目可能存在的环保问题及新取得的土地或房产等）；

（十六）子公司、参股公司简要情况（包括成立时间、注册资本、实收资本、注册地和主要生产经营地、主营业务情况、在发行人业务板块中定位、股东构成及控制情况、最近一年及一期末的总资产和净资产、最近一年及一期的营业收入和净利润，并标明财务数据是否经过审计及审计机构名称）；

（十七）其他与本次发行有关的重要文件。

第三章　特别规定

第九十四条　拟在科创板上市的发行人应在招股说明书显要位置提示科创板投资风险，作如下声明：

"本次发行股票拟在科创板上市，科创板公司具有研发投入大、经营风险高、业绩不稳定、退市风险高等特点，投资者面临较大的市场风险。投资者应充分了解科创板的投资风险及本公司所披露的风险因素，审慎作出投资决定。"

拟在创业板上市的发行人应在招股说明书显要位置提示创业板投资风险，作如下声明：

"本次发行股票拟在创业板上市，创业板公司具有创新投入大、新旧产业融合存在不确定性、尚处于成长期、经营风险高、业绩不稳定、退市风险高等特点，投资者面临较大的市场风险。投资者应充分了解创业板的投资风险及本公司所披露的风险因素，审慎作出投资决定。"

第九十五条　发行人应在"业务与技术"中详细披露以下内容：

拟在主板上市的，应披露业务发展过程和模式成熟度、经营稳定性和行业地位；拟在科创板上市的，应披露科研水平、科研人员、科研资金投入等相关信息；拟在创业板上市，应披露自身的创新、创造、创意特征，针对性披露科技创新、模式创新或者业态创新情况。

第九十六条　拟在科创板或创业板上市的发行人适用本准则第三十九条和第七十三条第（六）款相关规定时披露"最近二年"情况。

第九十七条　拟在科创板或创业板上市的发行人应在"业务与技术"中结合行业技术水平和对行业的贡献，披露发行人的技术先进性及具体表征；披露发行人的核心技术在主营业务及产品或服务中的应用和贡献情况；披露核心技术人员、研发人员占员工总数的比例，核心技术人员的学历背景构成，取得的专业资质及重要科研成果和获得奖项情况，对公司研发的具体贡献，发行人对核心技术人员实施的约束激励措施，报告期内核心技术人员的主要变动情况及对发行人的影响。

拟在科创板上市的发行人应披露核心技术的科研实力和成果情况，包括获得重要奖项、承担重大科研项目、核心学术期刊发表论文等情况；披露发行人新技术新产品商业化情况。

第九十八条　拟在科创板上市的发行人应披露募集资金重点投向科技创新领域的具体安排。

拟在创业板上市的发行人应披露募集资金对其业务创新、创造、创意性的支持作用。

第九十九条　拟在科创板上市且尚未盈利的发行人应在"投资者保护"中披露核心技术人员关于减持股票的特殊安排或承诺。

第一百条　拟在科创板上市的发行人应在"附件"中充分披露核心技术人员的重要承诺、未能履行承诺的约束措施以及已触发履行条件承诺事项的履行情况。

第四章　附　则

第一百零一条　红筹企业申请首次公开发行股票或发行存托凭证并在主板 /科创板 / 创业板上市的，应同时遵循本准则以及《公开发行证券的公司信息披露编报规则第 23 号——试点红筹企业公开发行存托凭证招股说明书内容与格式指引》等规定。

第一百零二条　本准则自公布之日起施行。《公开发行证券的公司信息披露内容与格式准则第 1 号——招股说明书（2015 年修订）》（证监会公告〔2015〕32 号）、《公开发行证券的公司信息披露内容与格式准则第 41 号——科创板公司招股说明书》（证监会公告〔2019〕6 号）、《公开发行证券的公司信息披露内容与格式准则第 28 号——创业板公司招股说明书（2020 年修订）》（证监会公告〔2020〕31 号）同时废止。

公开发行证券的公司信息披露内容与格式准则第 58 号——首次公开发行股票并上市申请文件

（中国证监会公告〔2023〕第 5 号　2023 年 2 月 17 日）

第一条　为规范首次公开发行股票并上市申请文件的格式和报送方式，根据《中华人民共和国证券法》《国务院办公厅关于贯彻实施修订后的证券法有关工作的通知》《首次公开发行股票注册管理办法》（证监会令第 205 号）的规定，制定本准则。

第二条　申请在中华人民共和国境内首次公开发行股票并在上海证券交易所、深圳证券交易所（以下统称交易所）上市的公司（以下简称发行人）应按本准则的要求制作和报送申请文件，并通过交易所发行上市审核业务系统报送电子文件。

报送的电子文件应和预留原件一致。发行人律师应对报送的电子文件与预留原件的一致性出具鉴证意见。报送的电子文件和预留原件具有同等的法律效力。

第三条　本准则附件规定的申请文件目录是对发行申请文件的最低要求。中国证券监督管理委员会（以下简称中国证监会）和交易所根据审核需要可以要求发行人、保荐人和相关证券服务机构补充文件。如果某些文件对发行人不适用，发行人应作出书面说明。补充文件和相关说明也应通过交易所发行上市审核业务系统报送。

第四条　申请文件一经受理，未经中国证监会或者交易所同意，不得改动。

第五条　发行人应确保申请文件的原始纸质文件已存档。

对于申请文件的原始纸质文件，发行人不能提供有关文件原件的，应由发行人律师提供鉴证意见，或由出文单位盖章，以保证与原件一致。如原出文单位不再存续，由承继其职权的单位或作出撤销决定的单位出文证明文件的真实性。

第六条　申请文件的原始纸质文件所有需要签名处，应载明签名字样的印刷体，并由签名人亲笔签名，不得以名章、签名章等代替。

申请文件的原始纸质文件中需要由发行人律师鉴证的文件，发行人律师应在该文件首页注明"以下第 ×× 页至第 ×× 页与原件一致"，并签名和签署鉴证日期，律师事务所应在该文件首页加盖公章，并在第 ×× 页至第 ×× 页侧面以公章加盖骑缝章。

第七条　发行人应根据交易所对申请文件的问询及中国证监会对申请文件的

反馈问题补充、修改材料。保荐人和相关证券服务机构应对相关问题进行尽职调查并补充出具专业意见。

第八条 发行人向交易所发行上市审核业务系统报送的申请文件应采用标准".doc"、".docx"或".pdf"格式，按幅面为209毫米×295毫米规格的纸张（相当于标准 A4 纸张规格）进行排版，并应采用合适的字体、字号、行距，易于投资者阅读。

申请文件的正文文字应为宋体小四号，1.5 倍行距。一级标题应为黑体三号，二级标题应为黑体四号，三级标题应为黑体小四号，且各级标题应采用一致的段落间距。

申请文件章与章之间、节与节之间应有明显的分隔标识。文档应根据各级标题建立文档结构图以便于阅读。

申请文件中的页码应与目录中标识的页码相符。例如，第四部分 4 — 1 的页码标注为 4 — 1 — 1，4 — 1 — 2，4 — 1 — 3，……4 — 1 — n。

第九条 未按本准则的要求制作和报送申请文件的，交易所可以按照有关规定不予受理。

第十条 红筹企业申请首次公开发行股票或发行存托凭证并上市，应同时按照本准则和相关规定制作和报送申请文件。

第十一条 本准则自公布之日起施行。《公开发行证券的公司信息披露内容与格式准则第 9 号——首次公开发行股票并上市申请文件》（证监发行字〔2006〕6 号）、《公开发行证券的公司信息披露内容与格式准则第 42 号——首次公开发行股票并在科创板上市申请文件》（证监会公告〔2019〕7 号）、《公开发行证券的公司信息披露内容与格式准则第 29 号——首次公开发行股票并在创业板上市申请文件（2020 年修订）》（证监会公告〔2020〕32 号）同时废止。

附录

首次公开发行股票并上市申请文件目录

一、招股文件

1-1 招股说明书（申报稿）

二、发行人关于本次发行上市的申请与授权文件

2-1 关于本次公开发行股票并上市的申请报告

2-2 董事会有关本次发行并上市的决议

2-3 股东大会有关本次发行并上市的决议

2-4 关于符合板块定位要求的专项说明

三、保荐人和证券服务机构关于本次发行上市的文件

3-1 保荐人关于本次发行上市的文件

3-1-1 关于发行人符合板块定位要求的专项意见

3-1-2 发行保荐书

3-1-3 上市保荐书

3-1-4 保荐工作报告

3-1-5 签字保荐代表人在审企业家数说明

3-1-6 关于发行人预计市值的分析报告（如适用）

3-1-7 保荐机构相关子公司参与配售的相关文件（如有）

3-2 会计师关于本次发行上市的文件

3-2-1 财务报告及审计报告

3-2-2 发行人审计报告基准日至招股说明书签署日之间的相关财务报告及审阅报告（如有）

3-2-3 盈利预测报告及审核报告（如有）

3-2-4 内部控制鉴证报告

3-2-5 经注册会计师鉴证的非经常性损益明细表

3-3 发行人律师关于本次发行上市的文件

3-3-1 法律意见书

3-3-2 律师工作报告

3-3-3 关于发行人董事、监事、高级管理人员、控股股东和实际控制人在相关文件上签名盖章的真实性的鉴证意见

3-3-4 关于申请电子文件与预留原件一致的鉴证意见

四、发行人的设立文件

4-1 发行人的企业法人营业执照

4-2 发行人公司章程（草案）

4-3 发行人关于公司设立以来股本演变情况的说明及其董事、监事、高级管理人员的确认意见

4-4 商务主管部门出具的外资确认文件（如有）

五、与财务会计资料相关的其他文件

5-1 发行人关于最近三年及一期的纳税情况

5-1-1 发行人最近三年及一期所得税纳税申报表

5-1-2 有关发行人税收优惠、政府补助的证明文件

5-1-3 主要税种纳税情况的说明

5-1-4 注册会计师对主要税种纳税情况说明出具的意见

5-1-5 发行人及其重要子公司或主要经营机构最近三年及一期纳税情况的证明

5-2 发行人需报送的财务资料

5-2-1 最近三年及一期原始财务报表

5-2-2 原始财务报表与申报财务报表的差异比较表

5-2-3 注册会计师对差异情况出具的意见

5-3 发行人设立时和最近三年及一期的资产评估报告（如有）

5-4 发行人的历次验资报告或出资证明

5-5 发行人大股东或控股股东最近一年的原始财务报表及审计报告（如有）

六、关于本次发行上市募集资金运用的文件

6-1 发行人关于募集资金运用方向的总体安排及其合理性、必要性的说明

6-2 募集资金投资项目的审批、核准或备案文件（如有）

6-3 发行人拟收购资产（或股权）的财务报表、资产评估报告及审计报告、盈利预测报告（如有）

6-4 发行人拟收购资产（或股权）的合同或合同草案（如有）

七、其他文件

7-1 产权和特许经营权证书

7-1-1 发行人拥有或使用的对其生产经营有重大影响的商标、专利、计算机软件著作权等知识产权以及土地使用权、房屋所有权等产权证书清单（需列明证书所有者或使用者名称、证书号码、权利期限、取得方式、是否及存在何种他项权利等内容）

7-1-2 发行人律师就 7-1-1 清单所列产权证书出具的鉴证意见

7-1-3 特许经营权证书（如有）

7-2 重要合同

7-2-1 对发行人有重大影响的商标、专利、专有技术等知识产权许可使用协议（如有）

7-2-2 重大关联交易协议（如有）

7-2-3 重组协议（如有）

7-2-4 特别表决权股份等差异化表决安排涉及的协议（如有）

7-2-5 高级管理人员、员工配售协议（如有）

7-2-6 重要采购合同

7-2-7 重要销售合同

7-2-8 其他对报告期经营活动、财务状况或未来发展等具有重要影响的已履行、正在履行和将要履行的合同（如有）

7-3 特定行业（或企业）的管理部门出具的相关意见（如有）

7-4 承诺事项

7-4-1 发行人及其实际控制人、控股股东、持股 5% 以上股东以及发行人董事、

监事、高级管理人员等责任主体的重要承诺以及未履行承诺的约束措施

7-4-2 有关消除或避免相关同业竞争的协议以及发行人的控股股东和实际控制人出具的相关承诺

7-4-3 发行人董事、监事、高级管理人员对证券发行文件的确认意见以及监事会的书面审核意见

7-4-4 发行人控股股东、实际控制人对证券发行文件的确认意见

7-4-5 发行人关于申请电子文件与预留原件一致的承诺函

7-4-6 保荐人关于申请电子文件与预留原件一致的承诺函

7-4-7 发行人、保荐人及相关主体保证不影响和干扰审核的承诺函

7-5 说明事项

7-5-1 发行人关于申请文件不适用情况的说明

7-5-2 发行人关于招股说明书不适用情况的说明

7-5-3 信息披露豁免申请（如有）

7-6 保荐协议和承销协议

7-7 股东信息核查

7-7-1 发行人关于股东信息披露的专项承诺

7-7-2 保荐人关于发行人股东信息披露的专项核查报告

7-7-3 律师事务所关于发行人股东信息披露的专项核查报告

7-8 历次聘请保荐机构情况的说明

7-9 其他文件

公开发行证券的公司信息披露内容与格式准则第 59 号——上市公司发行证券申请文件

（中国证监会公告〔2023〕第 6 号　2023 年 2 月 17 日）

第一条　为规范上海证券交易所、深圳证券交易所（以下统称交易所）上市公司（以下简称发行人）发行证券申请文件的报送行为，根据《中华人民共和国公司法》《中华人民共和国证券法》《上市公司证券发行注册管理办法》，制定本准则。

第二条　发行人申请发行证券的，应按本准则的规定制作申请文件，并通过交易所发行上市审核业务系统报送电子文件。

报送的电子文件应和预留原件一致。发行人律师应对报送的电子文件和预留原件的一致性出具鉴证意见。报送的电子文件和预留原件具有同等的法律效力。

第三条　本准则规定的申请文件目录是对发行申请文件的最低要求，中国证券监督管理委员会（以下简称中国证监会）和交易所根据需要，可以要求发行人、保荐人和相关证券服务机构提供补充文件。补充文件和相关说明也应通过交易所发行上市审核业务系统报送。

第四条　发行人认为申请文件目录中的某些内容对其不适用的，应就不适用的内容作出列表说明。

第五条　保荐人应对科创板上市公司募集资金投向属于科技创新领域出具专项意见。

第六条　申请文件一经受理，未经中国证监会或者交易所同意，不得改动。

第七条　发行人应确保申请文件的原始纸质文件已存档。

对于申请文件的原始纸质文件，发行人不能提供有关文件原件的，应由发行人律师提供鉴证意见，或由出文单位盖章，以保证与原件一致。如原出文单位不再存续，由承继其职权的单位或作出撤销决定的单位出文证明文件的真实性。

第八条　申请文件的原始纸质文件所有需要签名处，应载明签名字样的印刷体，并由签名人亲笔签名，不得以名章、签名章等代替。

申请文件的原始纸质文件中需要由发行人律师鉴证的文件，发行人律师应在该文件首页注明"以下第 ×× 页至第 ×× 页与原件一致"，并签名和签署鉴证日期，律师事务所应在该文件首页加盖公章，并在第 ×× 页至第 ×× 页侧面以公章加盖骑缝章。

第九条　发行人应根据交易所对发行申请文件的审核问询以及中国证监会对申请文件的注册反馈问题提供补充和修改材料。保荐人和相关证券服务机构应对相关问题进行尽职调查并出具专业意见。

第十条　发行人向交易所发行上市审核业务系统报送的申请文件应采用标准".doc"".docx"或".pdf"格式文件，按幅面为209毫米×295毫米规格的纸张（标准A4纸张规格）进行排版，并应采用合适的字体、字号、行距，以便于投资者阅读。

申请文件的正文文字应为宋体小四，1.5倍行距。一级标题应为黑体三号，二级标题应为黑体四号，三级标题应为黑体小四号，且各级标题应分别采用一致的段落间距。

申请文件章与章之间、节与节之间应有明显的分隔标识。为便于阅读，".doc"".docx"文档应根据各级标题建立文档结构图，".pdf"文档应建立书签。

申请文件中的页码应与目录中的页码相符。例如，第四部分4-1的页码标注为：4-1-1，4-1-2，4-1-3，……4-1-n。

第十一条　未按本准则的要求制作和报送发行申请文件的，交易所可按有关规定不予受理。

第十二条　红筹企业发行证券的，应按本准则和相关规定制作和报送申请文件。

第十三条　本准则由中国证监会负责解释。

第十四条　本准则自公布之日起施行。《公开发行证券的公司信息披露内容与格式准则第10号——上市公司公开发行证券申请文件》（证监发行字〔2006〕1号）、《公开发行证券的公司信息披露内容与格式准则第37号——创业板上市公司发行证券申请文件（2020年修订）》（证监会公告〔2020〕35号）、《公开发行证券的公司信息披露内容与格式准则第45号——科创板上市公司发行证券申请文件》（证监会公告〔2020〕39号）同时废止。

附件

上市公司发行证券申请文件目录

第一章、本次证券发行的募集文件

1-1 募集说明书申报稿

第二章、发行人关于本次证券发行的申请与授权文件

2-1 发行人关于本次证券发行的申请报告

2-2 发行人关于本次发行方案的论证分析报告

2-3 董事会关于本次发行的决议

2-4 股东大会关于本次发行的决议

2-5 发行人董事、监事、高级管理人员、控股股东、实际控制人对证券发行文件的确认意见以及监事会的书面审核意见

第三章、保荐人关于本次证券发行的文件

3-1 证券发行保荐书

3-2 发行保荐工作报告

3-3 尽职调查报告（最近三年及一期）

3-4 关于战略投资者适格性的专项意见及独立董事、监事会对是否保护上市公司和中小股东的合法权益的明确意见（向特定对象发行证券适用）

3-5 关于本次募集资金投向属于科技创新领域的专项意见（科创板适用）

3-6 签字保荐代表人在审企业家数说明

第四章、发行人律师关于本次证券发行的文件

4-1 法律意见书

4-2 律师工作报告

4-3 关于发行人董事、监事、高级管理人员、控股股东和实际控制人在相关文件上签名盖章的真实性的鉴证意见

4-4 关于申请电子文件与预留原件一致的鉴证意见

第五章、关于本次证券发行募集资金运用的文件

5-1 关于本次募集资金使用的可行性报告

5-2 有关部门对募集资金投资项目的审批、核准或备案文件（如有）

5-3 发行人关于本次募集资金投向属于科技创新领域的说明（科创板适用）

5-4 本次募集资金收购资产的财务报告、审计报告及相关评估报告（如有）

5-5 发行人拟收购资产的合同或其草案（如有）

第六章、其他文件

6-1 发行人最近三年的财务报告及其审计报告以及最近一期的财务报告（向不特定对象发行证券适用）

6-2 发行人最近一年的财务报告及其审计报告以及最近一期的财务报告（向特定对象发行证券适用）

6-3 最近三年一期合并口径和母公司口径的比较式财务报表

6-4 盈利预测报告及其审核报告（如有）

6-5 会计师事务所关于发行人的内部控制鉴证报告 / 内部控制审计报告

6-6 董事会编制、股东大会批准的关于前次募集资金使用情况的报告以及会计师出具的鉴证报告

6-7 发行人关于前次募集资金投向属于科技创新领域的说明（科创板适用）

6-8 保荐人关于前次募集资金投向属于科技创新领域的核查意见（科创板适

用）

6-9 经注册会计师核验的发行人非经常性损益明细表

6-10 发行人董事会、会计师事务所以及注册会计师关于最近一年保留意见审计报告的补充意见（向特定对象发行证券适用）

6-11 特定行业或企业的主管部门出具的相关意见（如有）

6-12 国务院主管部门关于引入境外战略投资者的有关文件（向特定对象发行证券适用）

6-13 附生效条件的认购合同（向特定对象发行证券适用）

6-14 本次发行可转换公司债券的资信评级报告

6-15 发行人营业执照及公司章程

6-16 发行人关于申请文件不适用情况的说明

6-17 发行人信息披露豁免申请（如有）

6-18 发行人关于本次发行是否涉及重大资产重组的说明

6-19 发行人、保荐人及相关主体保证不影响和干扰审核及注册程序的承诺函

6-20 发行人全体董事、监事、高级管理人员对发行申请文件真实性、准确性和完整性的承诺书

6-21 发行人关于申请电子文件与预留原件一致的承诺函

6-22 保荐人关于申请电子文件与预留原件一致的承诺函

6-23 其他相关文件

公开发行证券的公司信息披露内容与格式准则第 60 号
——上市公司向不特定对象发行证券募集说明书

（中国证监会公告〔2023〕第 7 号 2023 年 2 月 17 日）

第一章 总 则

第一条 为规范上海证券交易所、深圳证券交易所（以下统称交易所）上市公司（以下简称发行人）发行证券的信息披露行为，保护投资者合法权益，根据《中华人民共和国公司法》（以下简称《公司法》）、《中华人民共和国证券法》（以下简称《证券法》）、《上市公司证券发行注册管理办法》的规定，制定本准则。

第二条 本准则所称证券包括股票、可转换公司债券（以下简称可转债）、存托凭证以及国务院认定的其他品种。

第三条 申请向不特定对象发行证券并上市的公司，应按本准则的规定编制募集说明书并予以披露。

前款规定的募集说明书包括配股说明书、增发招股意向书、增发招股说明书、可转债募集说明书等募集文件。

第四条 发行人应以投资者投资需求为导向编制募集说明书，为投资者作出价值判断和投资决策提供充分且必要的信息，保证相关信息的内容真实、准确、完整。

募集说明书涉及应公开而未公开重大信息的，发行人应按有关规定及时履行信息披露义务。

本次发行涉及重大资产重组的，募集说明书的信息披露还应符合中国证券监督管理委员会（以下简称中国证监会）有关重大资产重组的规定。

第五条 募集说明书的编制应遵循以下要求：

（一）应客观、全面，使用事实描述性语言，突出事件实质，不得选择性披露，不得使用市场推广的宣传用语；

（二）应使用直接、简洁、确定的语句，尽可能使用短句、解释性句子和表单，尽量避免使用艰深晦涩、生僻难懂的专业术语或公文用语，避免直接从法律文件中摘抄复杂信息而不对相关内容作出清晰正确解释；

（三）披露的内容应具有相关性，围绕发行人实际情况作出充分、准确、具体的分析描述；

（四）对不同章节或段落出现的同一语词、表述、事项的披露应具有一致性，在不影响信息披露的完整性和不致引起阅读不便的前提下，可以相互引征；

（五）应准确引用与本次发行有关的中介机构的专业意见或报告；

（六）引用第三方数据或结论，应注明资料来源并真实、准确、完整引用，确保依据权威、客观、独立并符合时效性要求，应披露第三方数据是否专门为本次发行准备以及发行人是否为此支付费用或提供帮助；

（七）引用的数字应采用阿拉伯数字，货币金额除特别说明外，应指人民币金额，并以元、千元、万元或百万元为单位；

（八）对于曾在定期报告、临时报告或其他信息披露文件中披露过的信息，如事实未发生变化，发行人可采用索引的方法进行披露，并提供查询网址；

（九）发行人可编制募集说明书外文译本，但应保证中、外文文本一致，并在外文文本上注明："本募集说明书分别以中、英（或日、法等）文编制，对中外文本理解发生歧义时，以中文文本为准。"

第六条　增发招股意向书除发行数量、发行价格等内容可不确定外，其他内容和格式应与增发招股说明书一致。

增发招股意向书应载明"本招股意向书的所有内容均构成招股说明书不可撤销的组成部分，与招股说明书具有同等法律效力。"

发行价格确定后，发行人应编制增发招股说明书，刊登于交易所网站和符合中国证监会规定条件的报刊依法开办的网站。

第七条　发行人应在交易所网站和符合中国证监会规定条件的报刊依法开办的网站披露本次发行募集说明书，并在符合中国证监会规定条件的报刊依法开办的网站刊登上市公司发行证券提示性公告，告知投资者网上刊登的地址及获取文件的途径。

提示性公告应载有下列内容：

（一）发行证券的类型；

（二）发行数量；

（三）面值；

（四）发行方式与发行对象；

（五）承销方式（如有）；

（六）发行日期（预计）；

（七）发行人、保荐人、主承销商的联系地址及联系电话。

第八条　发行人将募集说明书披露于其他渠道的，其内容应完全一致，且不得早于在交易所网站、符合中国证监会规定条件的报刊依法开办的网站的披露时间。

第九条　本准则某些具体要求对发行人不适用的，发行人可根据实际情况，在不影响内容完整性的前提下作适当调整，但应在提交申请时作书面说明。

第十条　发行人有充分证据证明本准则要求披露的某些信息涉及国家秘密、商业秘密及其他因披露可能导致违反国家有关保密法律法规规定或严重损害公司利益的，可申请豁免按本准则披露。

第十一条　特殊行业的发行人编制募集说明书，还应遵循中国证监会关于该行业信息披露的特别规定。

第二章　募集说明书

第一节　封面、扉页、目录、释义

第十二条　募集说明书文本封面应标有"×××公司×××说明书"字样，并载明已上市证券简称和代码、发行人注册地、保荐人、主承销商、募集说明书公告时间。

第十三条　募集说明书文本扉页应刊载如下声明：

"中国证监会、交易所对本次发行所作的任何决定或意见，均不表明其对申请文件及所披露信息的真实性、准确性、完整性作出保证，也不表明其对发行人的盈利能力、投资价值或者对投资者的收益作出实质性判断或保证。任何与之相反的声明均属虚假不实陈述。"

"根据《证券法》的规定，证券依法发行后，发行人经营与收益的变化，由发行人自行负责。投资者自主判断发行人的投资价值，自主作出投资决策，自行承担证券依法发行后因发行人经营与收益变化或者证券价格变动引致的投资风险。"

第十四条　发行人应在募集说明书文本扉页中，就对投资者作出投资决策或价值判断有重大影响的事项作"重大事项提示"，提醒投资者注意。

第十五条　募集说明书目录应标明各章、节的标题及相应的页码。发行人应在目录次页对投资者理解可能造成障碍或有特定含意的术语作出释义。

第二节　本次发行概况

第十六条　发行人应披露本次发行的基本情况，包括：

（一）发行人的中英文名称及注册地、境内上市证券简称和代码、上市地；

（二）本次发行的背景和目的；

（三）本次发行的证券类型、发行数量、证券面值、发行价格或定价方式、预计募集资金量（含发行费用）及募集资金净额、募集资金专项存储的账户；

（四）募集资金投向；

（五）发行方式与发行对象；

（六）承销方式及承销期；

（七）发行费用；

（八）证券上市的时间安排、申请上市的证券交易所；

（九）本次发行证券的上市流通，包括各类投资者持有期的限制或承诺。

第十七条　向不特定对象发行可转债的，发行人应披露可转债的基本条款，包括：

（一）期限，最短为一年，最长为六年；

（二）面值，每张面值一百元；

（三）利率；

（四）转股期限；

（五）评级情况，资信评级机构进行信用评级和跟踪评级，资信评级机构每年至少公告一次跟踪评级报告；

（六）保护债券持有人权利的办法，以及债券持有人会议的权利、程序和决议生效条件。存在下列事项之一的，应召开债券持有人会议：拟变更募集说明书的约定，发行人不能按期支付本息，发行人减资、合并、分立、解散或者申请破产，保证人或者担保物发生重大变化，以及其他影响债券持有人重大权益的事项；

（七）转股价格调整的原则及方式。发行可转债后，因配股、增发、送股、派息、分立及其他原因引起上市公司股份变动的，应同时调整转股价格；如果约定转股价格向下修正条款的，应同时约定转股价格修正方案须提交公司股东大会表决且须经出席会议的股东所持表决权的三分之二以上同意，持有公司可转债的股东回避表决，修正后的转股价格不低于通过修正方案的股东大会召开日前二十个交易日上市公司股票交易均价和前一个交易日的均价；

（八）赎回条款，规定上市公司可按事先约定的条件和价格赎回尚未转股的可转债；

（九）回售条款，债券持有人可以按事先约定的条件和价格将所持债券回售给上市公司的回售条款；上市公司改变公告的募集资金用途的，应赋予债券持有人一次回售权利的条款；

（十）还本付息期限、方式等，应约定可转债期满后五个工作日内办理完毕偿还债券余额本息的事项；

（十一）构成可转债违约的情形、违约责任及其承担方式以及可转债发生违约后的诉讼、仲裁或其他争议解决机制。

第十八条　发行人应列表披露下列机构的名称、法定代表人、住所、经办人员姓名、联系电话、传真：

（一）发行人；

（二）保荐人和承销机构；

（三）律师事务所；

（四）会计师事务所；

（五）申请上市的证券交易所；

（六）收款银行；

（七）资产评估机构（如有）；

（八）资信评级机构（如有）；

（九）债券担保人（如有）；

（十）其他与本次发行有关的机构。

第十九条　发行人应列表披露其与本次发行有关的保荐人、承销机构、证券服务机构及其负责人、高级管理人员、经办人员之间存在的直接或间接的股权关系或其他利益关系。

第三节　风险因素

第二十条　发行人应遵循重要性原则按顺序简明易懂且具逻辑性地披露当前及未来可预见对发行人及本次发行产生重大不利影响的直接和间接风险。

发行人应以方便投资者投资决策参考的原则，将风险因素分类为与发行人相关的风险、与行业相关的风险和其他风险。

第二十一条　发行人应结合行业特征、自身情况等，针对性、个性化披露其实际面临的风险因素，应避免笼统、模板化表述，所披露内容不应是可适用于任何发行人的风险。

第二十二条　发行人应使用恰当标题概括描述具体风险点，清晰、充分、准确揭示每项风险因素的具体情形、产生原因、目前发展阶段和对发行人的影响程度。风险因素所依赖的事实应与募集说明书其他章节信息保持一致。

第二十三条　发行人应对风险因素作定量分析，对导致风险的变动性因素作敏感性分析。无法定量分析的，应针对性作出定性描述，以清晰方式告知投资者可能发生的最不利情形。

第二十四条　一项风险因素不得描述多个风险。披露风险因素不得包含风险对策、发行人竞争优势及类似表述。

第四节　发行人基本情况

第二十五条　发行人应披露本次发行前的股本总额及前十名股东的名称、持股数量、股份性质、股份限售的有关情况。

第二十六条　科创板上市公司应披露科技创新水平以及保持科技创新能力的机制或措施。

第二十七条　发行人应以图表方式披露其组织结构和对其他企业的重要权益投资情况。

列表披露发行人重要子公司的成立时间、注册资本、实收资本、发行人持有的权益比例、主要业务及主要生产经营地、最近一年该企业总资产、净资产、营业收入、净利润等财务数据，并注明有关财务数据是否经过审计及审计机构名称。

发行人确定子公司是否重要时，应考虑子公司的收入、利润、总资产、净资产等财务指标占合并报表相关指标的比例，以及子公司经营业务、未来发展战略、持有资质或证照等对公司的影响等因素。

第二十八条 发行人应披露控股股东和实际控制人的基本情况及最近三年（上市不足三年的为上市以来）的变化情况；无控股股东、实际控制人的，应披露对发行人有重大影响的股东情况。

实际控制人应披露到最终的国有控股主体、集体组织或自然人为止。若发行人的控股股东或实际控制人为自然人，应披露其姓名、简要背景及所持有的发行人股票被质押的情况，同时披露该自然人对其他企业的投资情况。若发行人的控股股东或实际控制人为法人，应披露该法人的名称及其股东。披露该法人的成立日期、注册资本、主要业务、主要资产的规模及分布、最近一年母公司财务报表的主要财务数据、所持有的发行人股票被质押的情况。

第二十九条 发行人应披露报告期内发行人、控股股东、实际控制人以及发行人董事、监事、高级管理人员、其他核心人员作出的重要承诺及其履行情况，以及与本次发行相关的承诺事项。

第三十条 发行人应列表披露现任董事、监事、高级管理人员、其他核心人员的基本情况，包括姓名、性别、年龄、主要从业经历、兼职、薪酬、持有本公司的股份及最近三年的变动情况等。

发行人应披露其对董事、高级管理人员及其他员工的激励情况。

科创板上市公司应披露核心技术人员的基本情况。

第三十一条 发行人存在特别表决权股份或类似安排的，应披露相关安排的基本情况，包括设置特别表决权安排的股东大会决议、特别表决权安排运行期限、持有人资格、特别表决权股份拥有的表决权数量与普通股份拥有表决权数量的比例安排、持有人所持特别表决权股份参与表决的股东大会事项范围、特别表决权股份锁定安排及转让限制等，还应披露差异化表决安排可能导致的相关风险和对公司治理的影响，以及相关投资者保护措施。

第三十二条 发行人存在协议控制架构的，应披露协议控制架构的具体安排，包括协议控制架构涉及的各方法律主体的基本情况、主要合同核心条款等。

第三十三条 发行人应披露所处行业的基本情况，包括：

（一）行业监管体制及最近三年监管政策的变化；

（二）创业板上市公司应披露该行业近三年在新技术、新产业、新业态、新模式方面的发展情况和未来发展趋势；科创板上市公司应披露该行业近三年在科技创新方面的发展情况和未来发展趋势；

（三）行业整体竞争格局及市场集中情况，发行人产品或服务的市场地位、主要竞争对手、行业技术壁垒或主要进入障碍；

（四）发行人所处行业与上下游行业之间的关联性及上下游行业发展状况。

第三十四条　发行人应清晰、准确、客观、完整披露其主要业务的有关情况，包括：

（一）主营业务，产品或服务的主要内容或用途；

（二）主要经营模式，如采购模式、生产或服务模式、营销及管理模式等；

（三）报告期各期主要产品或服务的规模（产能、产量、销量，或服务能力、服务量），以及向前五大客户的销售金额及占比，向前五大客户的销售占比超过百分之五十、向单个客户的销售占比超过百分之三十或新增属于前五大客户的，应重点分析说明；

（四）报告期各期采购产品、原材料、能源或接受服务的情况，以及向前五大供应商的采购金额及占比，向前五大供应商采购占比超过百分之五十、向单个供应商的采购占比超过百分之三十或新增属于前五大供应商的，应重点分析说明；

（五）董事、监事、高级管理人员和其他核心人员，主要关联方或持有发行人百分之五以上股份的股东在上述供应商或客户中所占的权益，若无，亦应说明；

（六）境内外采购、销售金额及占比情况，境外购销业务占比较大的发行人，应披露产品进出口国的有关对外贸易政策对发行人生产经营的影响；

（七）存在高危险、重污染情况的，应披露安全生产及污染治理情况，并说明是否符合国家关于安全生产和环境保护的要求；

（八）现有业务发展安排及未来发展战略。

第三十五条　发行人应披露与产品或服务有关的技术情况，包括：

（一）报告期各期研发投入的构成及占营业收入的比例，报告期内研发形成的重要专利及非专利技术，以及其应用情况；

（二）现有核心技术人员、研发人员占员工总数的比例，报告期内前述人员的变动情况；

（三）核心技术来源及其对发行人的影响。

第三十六条　发行人应披露与其业务相关的主要固定资产及无形资产，主要包括：

（一）生产经营所需的主要生产设备、房屋及其取得和使用情况、成新率或尚可使用年限、在发行人及下属公司中分布情况等；

（二）商标、专利、非专利技术、土地使用权等主要无形资产的价值、取得方式和时间、使用情况、使用期限或保护期，以及对发行人生产经营的重大影响。

发行人主要固定资产及无形资产较多的，可分类汇总披露资产类型、价值、取得方式、已使用及尚可使用期限等情况。

若发行人所有或使用的资产存在纠纷或潜在纠纷的，应明确提示。

第三十七条　发行人应简要披露最近三年（上市不足三年的为上市以来）发

生的重大资产重组的有关情况，包括重组内容、重组进展、对发行人的影响，以及重组资产的运营情况。

第三十八条　发行人在境外进行生产经营的，应披露经营的总体情况，并对有关业务活动进行地域性分析。发行人在境外拥有资产的，应详细披露主要资产的具体内容、资产规模、所在地、经营管理和盈利情况等。

第三十九条　发行人应披露报告期内的分红情况，说明其现金分红能力、影响分红的因素，以及实际分红情况与公司章程及资本支出需求的匹配性。

第四十条　发行人发行可转债的，还应披露最近三年已公开发行公司债券或者其他债务是否有违约或者延迟支付本息的情形，是否仍处于继续状态；最近三年平均可分配利润是否足以支付公司债券一年的利息。

第五节　财务会计信息与管理层分析

第四十一条　发行人应披露与财务会计信息相关的重大事项或重要性水平的判断标准。发行人应提示投资者阅读财务报告及审计报告全文。

第四十二条　发行人应披露最近三年审计意见的类型。存在非标准无保留意见的，应说明强调事项段和其他事项段的主要内容及影响。

第四十三条　发行人应披露最近三年及一期的资产负债表、利润表和现金流量表。

发行人编制合并财务报表的，原则上只需披露合并财务报表，同时说明合并财务报表的编制基础、合并范围及变化情况。

第四十四条　发行人应列表披露最近三年及一期的流动比率、速动比率、母公司及合并口径资产负债率、应收账款周转率、存货周转率、每股经营活动现金流量、每股净现金流量、基本每股收益、净资产收益率等财务指标以及非经常性损益明细表。

上述财务指标除特别说明外以合并财务报表的数据为基础进行计算，其中净资产收益率和每股收益的计算执行中国证监会的有关规定。

第四十五条　发行人最近三年及一期存在会计政策变更、会计估计变更的，应披露变更的原因、内容、影响数的处理方法及对报告期发行人财务状况、经营成果的影响。发行人最近三年及一期存在重大会计差错更正的，应披露前期差错的性质及影响。

第四十六条　发行人应以管理层的视角，结合"发行人基本情况"中披露的业务、经营模式、行业及技术等要素，对其财务状况、经营成果、资本性支出、技术创新等方面进行分析。

第四十七条　财务状况分析包括：

（一）发行人应披露公司资产、负债的主要构成，说明应收款项、存货、商誉等主要资产项目相关的减值准备的计提情况是否与资产实际状况相符，以及资产、负债项目金额发生重大变动或趋势性变化的原因；

（二）发行人应结合流动资产、非流动资产的构成及变化情况，以及流动比率、速动比率水平，分析说明公司偿债能力、资产结构的合理性，以及流动资金的占用情况及成因；偿债能力较低的公司，应分析公司偿债能力的变化趋势、影响及应对措施；

发行人应结合公司的现金流量、银行授信及其他渠道融资情况，说明未来到期有息负债的偿付能力及风险；

（三）发行人应披露其截至最近一期末，持有财务性投资余额的具体明细、持有原因及未来处置计划，不存在金额较大的财务性投资的基本情况。

第四十八条　经营成果分析包括：

（一）发行人应结合营业收入的构成及占比，分析说明地域性因素或季节性因素对公司营业收入的影响；

（二）发行人应结合毛利或利润的主要来源，说明影响盈利能力的主要因素；

（三）发行人应对照利润表重要科目的波动情况，分析说明波动原因及对经营成果的影响；

（四）发行人应列表披露最近三年及一期公司综合毛利率、分业务毛利率的数据及变动情况；最近三年及一期毛利率发生重大变化的，应披露具体影响因素及其影响程度；

（五）报告期内投资收益及非经常性损益对公司经营成果有重大影响的，发行人应分析投资收益及非经常性损益的来源、可持续性；

（六）发行人报告期亏损或存在累计未弥补亏损的，应结合业务发展情况分析公司盈利能力的预计变化，以及当前盈利状况对公司可持续经营的影响。

第四十九条　资本性支出分析包括：

（一）发行人应披露最近三年及一期重大资本性支出概况；

（二）发行人应说明已公布或可预见将实施的重大资本性支出的支出内容、支出目的及资金需求的解决方式；

（三）科创板上市公司应分析说明重大资本性支出与科技创新之间的关系；

（四）资本性支出涉及跨行业投资的，应分析有关支出对公司经营业务的影响。

第五十条　技术创新分析包括：

（一）技术先进性及具体表现；

（二）正在从事的研发项目及进展情况；

（三）保持持续技术创新的机制和安排。

第五十一条　发行人认为提供盈利预测信息有助于投资者对发行人作出正确判断，且发行人确信能对未来期间盈利情况作出比较切合实际预测的，发行人可以披露盈利预测信息，并声明："本公司盈利预测报告是管理层在最佳估计假设基础上编制的，但所依据的各种假设具有不确定性，投资者投资决策时应谨慎使用。"盈利预测报告应由符合《证券法》规定的会计师事务所审核。

发行人应提示投资者阅读盈利预测报告及审核报告全文。

第五十二条 发行人存在重大担保、仲裁、诉讼、其他或有事项和重大期后事项的，应同时说明其对发行人财务状况、盈利能力及持续经营的影响。

第五十三条 发行人应分析说明本次发行的影响，包括：

（一）本次发行完成后，上市公司业务及资产的变动或整合计划；

（二）本次发行完成后，创业板上市公司新旧产业融合情况的变化；

（三）本次发行完成后，科创板上市公司科技创新情况的变化；

（四）本次发行完成后，上市公司控制权结构的变化。

第六节 合规经营与独立性

第五十四条 发行人应披露报告期内与生产经营相关的重大违法违规行为及受到处罚的情况，并说明对发行人的影响。

发行人应披露报告期内发行人及其董事、监事、高级管理人员、控股股东、实际控制人被中国证监会行政处罚或采取监管措施及整改情况，被证券交易所公开谴责的情况，以及因涉嫌犯罪正在被司法机关立案侦查或者涉嫌违法违规正在被中国证监会立案调查的情况。

第五十五条 发行人应披露报告期内是否存在资金被控股股东、实际控制人及其控制的其他企业以借款、代偿债务、代垫款项或者其他方式占用的情况，或者为控股股东、实际控制人及其控制的其他企业担保的情况。

第五十六条 发行人应披露是否存在与控股股东、实际控制人及其控制的企业从事相同、相似业务的情况，说明上市以来是否发生新的同业竞争或影响发行人独立性的关联交易，是否存在违反同业竞争及关联交易相关承诺的情况。

对存在相同、相似业务的，发行人应对是否存在同业竞争做出合理解释。对于已存在或可能存在的具有重大不利影响的同业竞争，发行人应披露解决同业竞争的具体措施。

第五十七条 发行人应根据《公司法》《企业会计准则》及中国证监会有关规定披露关联方、关联关系和关联交易的有关情况。

发行人根据交易性质和频率，按照经常性和偶发性分类披露关联交易及关联交易对发行人财务状况和经营成果的影响。

发行人应区分重大关联交易和一般关联交易，并披露重大关联交易的判断标准及依据。

重大经常性的关联交易，应披露报告期内关联方名称、交易内容、交易价格的确定方法、交易金额、占当期营业收入或营业成本的比重，以及与交易相关应收应付款项的余额。

重大偶发性的关联交易，应披露报告期内关联方名称、交易内容、交易价格的确定方法、交易金额、交易产生的利润及对发行人当期经营成果的影响。

发行人应以汇总表形式简要披露报告期内发生的全部一般关联交易。

第五十八条　发行人应披露说明关联交易的必要性、交易价格的公允性、履行的程序及独立董事的有关意见。

第七节　本次募集资金运用

第五十九条　董事会关于本次募集资金使用的可行性分析包括：

（一）本次募集资金投资项目的基本情况和经营前景，与现有业务或发展战略的关系，项目的实施准备和进展情况，预计实施时间，整体进度安排，发行人的实施能力及资金缺口的解决方式；

（二）募投项目效益预测的假设条件及主要计算过程；

（三）科创板上市公司应披露本次募集资金投资于科技创新领域的说明，以及募投项目实施促进公司科技创新水平提升的方式；

（四）本次募集资金投资项目涉及立项、土地、环保等有关审批、批准或备案事项的进展、尚需履行的程序及是否存在重大不确定性。

第六十条　募集资金用于扩大既有业务的，发行人应披露既有业务的发展概况，并结合市场需求及未来发展预期说明扩大业务规模的必要性，新增产能规模的合理性。

募集资金用于拓展新业务的，发行人应结合公司发展战略及项目实施前景，说明拓展新业务的考虑以及未来新业务与既有业务的发展安排，新业务在人员、技术、市场等方面的储备及可行性。

第六十一条　募集资金用于研发投入的，发行人应披露研发投入的主要内容、技术可行性、研发预算及时间安排、目前研发投入及进展、预计未来研发费用资本化情况、已取得及预计取得的研发成果等。

第六十二条　募集资金用于补充流动资金、偿还债务的，发行人应结合公司经营情况，说明本次融资的原因及融资规模的合理性。

第六十三条　募集资金用于对外投资或合作经营的，发行人应披露：

（一）合资或合作方的基本情况，包括名称、法定代表人、住所、注册资本、主要股东、主要业务，与发行人是否存在关联关系，投资规模及各方投资比例，合资或合作方的出资方式，合资协议的主要条款以及可能对发行人不利的条款；

（二）拟组建的企业法人的基本情况，包括设立、注册资本、主要业务，组织管理和发行人对其的控制情况。

第六十四条　本次募集资金用于收购资产的，发行人应披露以下内容：

（一）标的资产的基本情况；

（二）附生效条件的资产转让合同的内容摘要；

（三）资产定价方式及定价结果合理性的讨论与分析。

第六十五条　收购的资产为非股权资产的，标的资产的基本情况包括：

（一）相关资产的名称、所有者、主要用途及其技术水平；

（二）资产权属是否清晰，是否存在权利受限、权属争议或者妨碍权属转移的其他情况；

（三）相关资产独立运营的，应披露其最近一年一期的业务发展情况和经审计的财务信息摘要，分析主要财务指标状况及发展趋势。

第六十六条　收购的资产为其他企业股权的（含增资方式收购），标的资产的基本情况包括：

（一）股权所在公司的名称、企业性质、注册地、主要办公地点、法定代表人、注册资本；股权及控制关系，包括公司的主要股东及其持股比例、股东出资协议及公司章程中可能对本次交易产生影响的主要内容以及原董事、监事、高级管理人员的安排；

（二）本次收购或增资的背景和目的；

（三）股权所在公司重要经营性资产的权属状况、主要负债内容、对外担保以及重要专利或关键技术的纠纷情况；对于科创板上市公司，应披露股权所在公司的科技创新水平；

（四）股权所在公司最近一年一期的业务发展情况和经审计的财务信息摘要，分析主要财务指标状况及发展趋势；

（五）本次收购完成后是否可能导致股权所在公司的现有管理团队、其他核心人员、主要客户及供应商、公司发展战略等产生重大变化。

第六十七条　附生效条件的资产转让合同的内容摘要包括：

（一）目标资产及其价格或定价依据；

（二）资产交付或过户时间安排；

（三）资产自评估截止日至资产交付日所产生收益的归属；

（四）与资产相关的人员安排。

第六十八条　资产定价合理性的讨论与分析包括：

（一）资产交易价格以资产评估结果作为定价依据的，发行人应披露董事会就评估机构的独立性、评估假设前提的合理性、评估方法与评估目的的相关性以及评估定价的公允性所发表的意见；

（二）采取收益现值法等基于未来收益预期的方法对拟购买资产进行评估，且评估结果与经审计的账面值存在显著差异的，发行人应披露董事会就评估机构对增长期、收入增长率、毛利率、费用率、折现率等关键评估参数的选取依据及上述参数合理性所发表的意见；

（三）资产交易价格不以资产评估结果作为定价依据的，发行人应披露董事会就收购定价的过程、定价方法的合理性及定价结果的公允性所发表的意见。收购价格与评估报告结果存在显著差异的，发行人应分析差异的原因，并说明收购价格是否可能损害上市公司及其中小股东的利益。

第六十九条 本次收购的资产在最近三年曾进行过评估或交易的，发行人应披露评估的目的、方法及结果，以及交易双方的名称、定价依据及交易价格。交易未达成的，也应披露上述信息。

第七十条 资产出让方存在业绩承诺的，发行人应披露业绩承诺的金额、业绩口径及计算方法、补偿保障措施及保障措施的可行性。

第七十一条 本次收购预计形成较大金额商誉的，发行人应说明本次收购产生的协同效应以及能够从协同效应中受益的资产组或资产组组合。发行人应同时说明预计形成商誉的金额及其确定方法，形成大额商誉的合理性以及该商誉对未来经营业绩的影响。

如本次收购的购买对价或盈利预测中包含已作出承诺的重要事项的，应披露该承诺事项的具体内容、预计发生时间及其对未来现金流的影响。

第八节 历次募集资金运用

第七十二条 发行人应披露最近五年内募集资金运用的基本情况，包括实际募集资金金额、募投项目及其变更情况、资金投入进度及效益等。

第七十三条 前次募集资金用途发生变更或项目延期的，发行人应披露变更或延期的原因、内容、履行的决策程序，及其实施进展和效益。科创板上市公司还应说明变更后募投项目是否属于科技创新领域。

第七十四条 科创板上市公司应披露前次募集资金使用对发行人科技创新的作用。

第七十五条 发行人应披露会计师事务所对前次募集资金运用所出具的报告结论。

第九节 声 明

第七十六条 发行人及全体董事、监事、高级管理人员应在募集说明书正文后声明：

"本公司及全体董事、监事、高级管理人员承诺本募集说明书内容真实、准确、完整，不存在虚假记载、误导性陈述或重大遗漏，按照诚信原则履行承诺，并承担相应的法律责任。"

声明应由全体董事、监事、高级管理人员签名，并由发行人加盖公章。

第七十七条 发行人控股股东、实际控制人应在募集说明书正文后声明：

"本公司或本人承诺本募集说明书内容真实、准确、完整，不存在虚假记载、误导性陈述或重大遗漏，按照诚信原则履行承诺，并承担相应的法律责任。"

声明应由控股股东、实际控制人签名，并加盖公章（自然人除外）。

第七十八条　保荐人及其保荐代表人应在募集说明书正文后声明：

"本公司已对募集说明书进行了核查，确认本募集说明书内容真实、准确、完整，不存在虚假记载、误导性陈述或重大遗漏，并承担相应的法律责任。"

声明应由法定代表人、保荐代表人、项目协办人签名，并由保荐人加盖公章。

第七十九条　发行人律师应在募集说明书正文后声明：

"本所及经办律师已阅读募集说明书，确认募集说明书内容与本所出具的法律意见书不存在矛盾。本所及经办律师对发行人在募集说明书中引用的法律意见书的内容无异议，确认募集说明书不因引用上述内容而出现虚假记载、误导性陈述或重大遗漏，并承担相应的法律责任。"

声明应由经办律师及所在律师事务所负责人签名，并由律师事务所加盖公章。

第八十条　为本次发行承担审计业务的会计师事务所应在募集说明书正文后声明：

"本所及签字注册会计师已阅读募集说明书，确认募集说明书内容与本所出具的审计报告、盈利预测审核报告（如有）等文件不存在矛盾。本所及签字注册会计师对发行人在募集说明书中引用的审计报告、盈利预测审核报告（如有）等文件的内容无异议，确认募集说明书不因引用上述内容而出现虚假记载、误导性陈述或重大遗漏，并承担相应的法律责任。"

声明应由签字注册会计师及所在会计师事务所负责人签名，并由会计师事务所加盖公章。

第八十一条　为本次发行承担评估业务的资产评估机构应在募集说明书正文后声明：

"本机构及签字资产评估师已阅读募集说明书，确认募集说明书内容与本机构出具的评估报告不存在矛盾。本机构及签字资产评估师对发行人在募集说明书中引用的评估报告的内容无异议，确认募集说明书不因引用上述内容而出现虚假记载、误导性陈述或重大遗漏，并承担相应的法律责任。"

声明应由签字资产评估师及单位负责人签名，并由资产评估机构加盖公章。

第八十二条　为本次发行承担债券信用评级业务的机构应在募集说明书正文后声明：

"本机构及签字资信评级人员已阅读募集说明书，确认募集说明书内容与本机构出具的资信评级报告不存在矛盾。本机构及签字资信评级人员对发行人在募集说明书中引用的资信评级报告的内容无异议，确认募集说明书不因引用上述内容而出现虚假记载、误导性陈述或重大遗漏，并承担相应的法律责任。"

声明应由签字资信评级人员及单位负责人签名，并由评级机构加盖公章。

第八十三条　发行人董事会应在募集说明书正文后声明：

本次发行摊薄即期回报的，发行人董事会按照国务院和中国证监会有关规定作出的承诺并兑现填补回报的具体措施。

第八十四条　本准则所要求的有关人员的签名下方，应以印刷体形式注明其签名。

第十节　备查文件

第八十五条　募集说明书结尾应列明备查文件，并在交易所网站和符合中国证监会规定条件的报刊依法开办的网站上披露，包括：

（一）发行人最近三年的财务报告及审计报告，以及最近一期的财务报告；

（二）保荐人出具的发行保荐书、发行保荐工作报告和尽职调查报告；

（三）法律意见书和律师工作报告；

（四）董事会编制、股东大会批准的关于前次募集资金使用情况的报告以及会计师出具的鉴证报告；

（五）盈利预测报告及其审核报告（如有）；

（六）拟收购资产的评估报告及有关审核文件（如有）；

（七）资信评级报告（如有）；

（八）中国证监会对本次发行予以注册的文件；

（九）其他与本次发行有关的重要文件。

第三章　附　则

第八十六条　依照法律法规、规章和交易所规则的规定，本次发行证券需要披露其他信息的，应按照各有关规定予以披露。

第八十七条　符合规定的红筹企业申请向不特定对象发行证券的，其募集说明书的编制应遵循本准则和其他有关规定的要求。

第八十八条　本准则由中国证监会负责解释。

第八十九条　本准则自公布之日起施行。《公开发行证券的公司信息披露内容与格式准则第 11 号——上市公司公开发行证券募集说明书》（证监发行字〔2006〕2 号）、《公开发行证券的公司信息披露内容与格式准则第 35 号——创业板上市公司向不特定对象发行证券募集说明书（2020 年修订）》（证监会公告〔2020〕33 号）、《公开发行证券的公司信息披露内容与格式准则第 43 号——科创板上市公司向不特定对象发行证券募集说明书》（证监会公告〔2020〕37 号）同时废止。

公开发行证券的公司信息披露内容与格式准则第 61 号 ——上市公司向特定对象发行证券募集说明书和 发行情况报告书

（中国证监会公告〔2023〕第 8 号 2023 年 2 月 17 日）

第一章 总 则

第一条 为规范上海证券交易所、深圳证券交易所（以下统称交易所）上市公司（以下简称发行人）发行证券的信息披露行为，保护投资者合法权益，根据《中华人民共和国公司法》（以下简称《公司法》）、《中华人民共和国证券法》（以下简称《证券法》）、《上市公司证券发行注册管理办法》的规定，制定本准则。

第二条 本准则所称证券包括股票、可转换公司债券（以下简称可转债）、存托凭证以及国务院认定的其他品种。

第三条 申请向特定对象发行证券并上市的公司，应按本准则的规定编制募集说明书并于注册后两个工作日内，在交易所网站和符合中国证券监督管理委员会（以下简称中国证监会）规定条件的报刊依法开办的网站披露。

第四条 上市公司向特定对象发行证券结束后，应在两个工作日内，按本准则第三章的要求编制发行情况报告书，并在交易所网站和符合中国证监会规定条件的报刊依法开办的网站披露。

第五条 在不影响信息披露的完整并保证阅读方便的前提下，对于曾在定期报告、临时公告或者其他信息披露文件中披露过的信息，如事实未发生变化，发行人可以采用索引的方法进行披露，并提供查询网址。

募集说明书涉及应公开而未公开重大信息的，发行人应按有关规定及时履行信息披露义务。

本准则某些具体要求对发行人确不适用的，发行人可以根据实际情况调整，并在募集说明书中作出说明。

发行人有充分证据证明本准则要求披露的某些信息涉及国家秘密、商业秘密及其他因披露可能导致其违反国家有关保密法律法规规定或严重损害公司利益的，发行人可申请豁免按本准则披露。

本次发行涉及重大资产重组的，募集说明书的信息披露内容还应符合中国证监会有关重大资产重组的规定。

第二章 募集说明书

第六条 发行人应在募集说明书文本扉页中，就对投资者作出投资决策或价值判断有重大影响的事项作"重大事项提示"，提醒投资者注意。

第七条 募集说明书应披露：

（一）发行人基本情况；

（二）本次证券发行概要；

（三）董事会关于本次募集资金使用的可行性分析；

（四）本次募集资金收购资产的有关情况（如有）；

（五）董事会关于本次发行对公司影响的讨论与分析；

（六）与本次发行相关的风险因素；

（七）与本次发行相关的声明；

（八）其他事项。

第八条 发行人基本情况包括：

（一）股权结构、控股股东及实际控制人情况；

（二）所处行业的主要特点及行业竞争情况；

（三）主要业务模式、产品或服务的主要内容；

（四）现有业务发展安排及未来发展战略；

（五）截至最近一期末，不存在金额较大的财务性投资的基本情况；

（六）科创板上市公司应披露科技创新水平以及保持科技创新能力的机制或措施。

第九条 本次证券发行概要包括：

（一）本次发行的背景和目的；

（二）发行对象及与发行人的关系；

（三）发行证券的价格或定价方式、发行数量、限售期；

（四）募集资金金额及投向；

（五）本次发行是否构成关联交易；

（六）本次发行是否将导致公司控制权发生变化；

（七）本次发行方案取得有关主管部门批准的情况以及尚需呈报批准的程序。

第十条 向特定对象发行可转债的，发行人应披露可转债的基本条款，包括：

（一）期限，最短为一年，最长为六年；

（二）面值，每张面值一百元；

（三）利率确定方式；

（四）转股期限；

（五）评级情况（如有）；

（六）保护债券持有人权利的办法，以及债券持有人会议的权利、程序和决议生效条件。存在下列事项之一的，应召开债券持有人会议：拟变更募集说明书的约定，发行人不能按期支付本息，发行人减资、合并、分立、解散或者申请破产，保证人或者担保物发生重大变化，以及其他影响债券持有人重大权益的事项；

（七）转股价格调整的原则及方式，发行可转债后，因配股、增发、送股、派息、分立及其他原因引起上市公司股份变动的，应同时调整转股价格；

（八）赎回条款，规定上市公司可按事先约定的条件和价格赎回尚未转股的可转债；

（九）回售条款，债券持有人可以按事先约定的条件和价格将所持债券回售给上市公司的回售条款；上市公司改变公告的募集资金用途的，应赋予债券持有人一次回售权利的条款；

（十）还本付息期限、方式等，应约定可转债期满后五个工作日内办理完毕偿还债券余额本息的事项；

（十一）构成可转债违约的情形、违约责任及其承担方式以及可转债发生违约后的诉讼、仲裁或其他争议解决机制；

（十二）可转债受托管理事项。

第十一条　发行对象为上市公司控股股东、实际控制人及其控制的关联人、境内外战略投资者，或者发行对象认购本次发行的证券将导致公司实际控制权发生变化的，关于发行对象的披露内容包括：

（一）发行对象的基本情况，包括：

1. 发行对象是法人的，应披露发行对象的名称、注册地、法定代表人、控股股东及实际控制人；

2. 发行对象是自然人的，应披露姓名、住所及最近三年的主要任职经历；

3. 发行对象是战略投资者的，应披露战略投资者符合相关规定的情况；

4. 本募集说明书披露前十二个月内，发行对象及其控股股东、实际控制人与上市公司之间的重大交易情况。

（二）附生效条件的认购合同内容摘要，包括：

1. 合同主体、签订时间；

2. 认购方式、认购数量及价格、限售期；

3. 合同的生效条件和生效时间；

4. 合同附带的保留条款、前置条件；

5. 违约责任条款。

第十二条　董事会关于本次募集资金使用的可行性分析包括：

（一）本次募集资金投资项目的基本情况和经营前景，与现有业务或发展战略的关系，项目的实施准备和进展情况，预计实施时间，整体进度安排，发行人的实施能力及资金缺口的解决方式；

（二）募投项目效益预测的假设条件及主要计算过程；

（三）本次募集资金投资项目涉及立项、土地、环保等有关审批、批准或备案事项的进展、尚需履行的程序及是否存在重大不确定性；

（四）募集资金用于扩大既有业务的，发行人应披露既有业务的发展概况，并结合市场需求及未来发展预期说明扩大业务规模的必要性，新增产能规模的合理性；募集资金用于拓展新业务的，发行人应结合公司发展战略及项目实施前景，披露拓展新业务的考虑以及未来新业务与既有业务的发展安排，新业务在人员、技术、市场等方面的储备及可行性；

（五）募集资金用于研发投入的，发行人应披露研发投入的主要内容、技术可行性、研发预算及时间安排、目前研发投入及进展、预计未来研发费用资本化的情况、已取得及预计取得的研发成果等；

（六）募集资金用于补充流动资金、偿还债务的，发行人应结合公司经营情况，说明本次融资的原因及融资规模的合理性；

（七）科创板上市公司应披露本次募集资金投资于科技创新领域的主营业务的说明，以及募投项目实施促进公司科技创新水平提升的方式。

第十三条　募集资金用于对外投资或合作经营的，发行人应披露：

（一）合资或合作方的基本情况，包括名称、法定代表人、住所、注册资本、主要股东、主要业务，与发行人是否存在关联关系，投资规模及各方投资比例，合资或合作方的出资方式，合资协议的主要条款以及可能对发行人不利的条款；

（二）拟组建的企业法人的基本情况，包括设立、注册资本、主要业务，组织管理和发行人对其的控制情况。

第十四条　本次募集资金收购资产的有关情况包括：

（一）标的资产的基本情况；

（二）附生效条件的资产转让合同的内容摘要；

（三）董事会关于资产定价方式及定价结果合理性的讨论与分析。

第十五条　本次募集资金收购非股权资产的，标的资产的基本情况包括：

（一）相关资产的名称、所有者、主要用途及其技术水平；

（二）资产权属是否清晰，是否存在权利受限、权属争议或者妨碍权属转移的其他情况；

（三）相关资产独立运营的，应披露其最近一年一期的业务发展情况和经审计的财务信息摘要，分析主要财务指标状况及发展趋势。

第十六条　募集资金收购其他企业股权的（含增资方式收购），标的资产的基本情况包括：

（一）股权所在公司的名称、企业性质、注册地、主要办公地点、法定代表人、注册资本；股权及控制关系，包括公司的主要股东及其持股比例、股东出资协议及公司章程中可能对本次交易产生影响的主要内容以及原董事、监事、高级管理人员的安排；

（二）本次增资或收购的背景和目的；

（三）股权所在公司重要经营性资产的权属状况、主要负债内容、对外担保以及重要专利或关键技术的纠纷情况；对于科创板上市公司，应披露股权所在公司的科技创新水平；

（四）股权所在公司最近一年一期的业务发展情况和经审计的财务信息摘要，分析主要财务指标状况及发展趋势；

（五）本次收购完成后是否可能导致股权所在公司的现有管理团队、核心技术人员、主要客户及供应商、公司发展战略等产生重大变化。

第十七条　附生效条件的资产转让合同的内容摘要包括：

（一）目标资产及其价格或定价依据；

（二）资产交付或过户时间安排；

（三）资产自评估截止日至资产交付日所产生收益的归属；

（四）与资产相关的人员安排。

第十八条　董事会关于资产定价方式及定价结果合理性的讨论与分析，包括：

（一）资产交易价格以资产评估结果作为定价依据的，发行人应披露董事会就评估机构的独立性、评估假设前提的合理性、评估方法与评估目的的相关性以及评估定价的公允性所发表的意见；

（二）采取收益现值法等基于未来收益预期的方法对拟购买资产进行评估，且评估结果与经审计的账面值存在显著差异的，发行人应披露董事会就评估机构对增长期、收入增长率、毛利率、费用率、折现率等关键评估参数的选取依据及上述参数合理性所发表的意见；

（三）资产交易价格不以资产评估结果作为定价依据的，发行人应披露董事会就收购定价的过程、定价方法的合理性及定价结果的公允性所发表的意见。收购价格与评估报告结果存在显著差异的，发行人应分析差异的原因，并说明收购价格是否可能损害上市公司及其中小股东的利益。

第十九条　本次收购资产在最近三年曾进行过评估或交易的，发行人应披露评估的目的、方法及结果，以及交易双方的名称、定价依据及交易价格。交易未达成的，也应披露上述信息。

第二十条　资产出让方存在业绩承诺的，发行人应披露业绩承诺的金额、业绩口径及计算方法、补偿保障措施及保障措施的可行性。

第二十一条　本次收购预计形成较大金额商誉的，发行人应说明本次收购产生的协同效应以及能够从协同效应中受益的资产组或资产组组合。发行人应同时说明预计形成商誉的金额及其确定方法，形成大额商誉的合理性以及该商誉对未来经营业绩的影响。

如本次收购的购买对价或盈利预测中包含已作出承诺的重要事项的，应披露该承诺事项的具体内容、预计发生时间及其对未来现金流的影响。

第二十二条　董事会关于本次发行对公司影响的讨论与分析部分包括：

（一）本次发行完成后，上市公司的业务及资产的变动或整合计划；

（二）本次发行完成后，上市公司控制权结构的变化；

（三）本次发行完成后，上市公司与发行对象及发行对象的控股股东和实际控制人从事的业务存在同业竞争或潜在同业竞争的情况；

（四）本次发行完成后，上市公司与发行对象及发行对象的控股股东和实际控制人可能存在的关联交易的情况；

（五）科创板上市公司应披露本次发行完成后，上市公司科研创新能力的变化。

第二十三条　发行人应披露最近五年内募集资金运用的基本情况，包括实际募集资金金额、募投项目及其变更情况、资金投入进度及效益等。

前次募集资金用途发生变更或项目延期的，发行人应披露原因、内容、履行的决策程序及其实施进展和效益。科创板上市公司还应说明变更后募投项目是否属于科技创新领域。

科创板上市公司应披露前次募集资金使用对发行人科技创新的作用。

发行人应披露会计师事务所对前次募集资金运用所出具的报告结论。

第二十四条　与本次发行相关的风险因素包括：

（一）对公司核心竞争力、经营稳定性及未来发展可能产生重大不利影响的因素；

（二）可能导致本次发行失败或募集资金不足的因素；

（三）对本次募投项目的实施过程或实施效果可能产生重大不利影响的因素。

第二十五条　与本次发行相关的声明应当包括以下内容：

（一）发行人及全体董事、监事、高级管理人员应在募集说明书正文的尾页声明：

"本公司及全体董事、监事、高级管理人员承诺本募集说明书内容真实、准确、完整，不存在虚假记载、误导性陈述或重大遗漏，按照诚信原则履行承诺，并承担相应的法律责任。"

声明应由全体董事、监事、高级管理人员签名，并由发行人加盖公章。

（二）发行人控股股东、实际控制人应在募集说明书正文后声明：

"本公司或本人承诺本募集说明书内容真实、准确、完整，不存在虚假记载、误导性陈述或重大遗漏，按照诚信原则履行承诺，并承担相应的法律责任。"

声明应由控股股东、实际控制人签名，并加盖公章（自然人除外）。

（三）保荐人及其保荐代表人应在募集说明书正文后声明：

"本公司已对募集说明书进行了核查，确认本募集说明书内容真实、准确、完整，不存在虚假记载、误导性陈述或重大遗漏，并承担相应的法律责任。"

声明应由法定代表人、保荐代表人、项目协办人签名，并由保荐人加盖公章。

（四）发行人律师应在募集说明书正文后声明：

"本所及经办律师已阅读募集说明书，确认募集说明书内容与本所出具的法律意见书不存在矛盾。本所及经办律师对发行人在募集说明书中引用的法律意见书的内容无异议，确认募集说明书不因引用上述内容而出现虚假记载、误导性陈述或重大遗漏，并承担相应的法律责任。"

声明应由经办律师及所在律师事务所负责人签名，并由律师事务所加盖公章。

（五）为本次发行承担审计业务的会计师事务所应在募集说明书正文后声明：

"本所及签字注册会计师已阅读募集说明书，确认募集说明书内容与本所出具的审计报告、盈利预测审核报告（如有）等文件不存在矛盾。本所及签字注册会计师对发行人在募集说明书中引用的审计报告、盈利预测审核报告（如有）等文件的内容无异议，确认募集说明书不因引用上述内容而出现虚假记载、误导性陈述或重大遗漏，并承担相应的法律责任。"

声明应由签字注册会计师及所在会计师事务所负责人签名，并由会计师事务所加盖公章。

（六）为本次发行承担评估业务的资产评估机构应在募集说明书正文后声明：

"本机构及签字资产评估师已阅读募集说明书，确认募集说明书与本机构出具的评估报告不存在矛盾。本机构及签字资产评估师对发行人在募集说明书中引用的评估报告的内容无异议，确认募集说明书不因引用上述内容而出现虚假记载、误导性陈述或重大遗漏，并承担相应的法律责任。"

声明应由签字资产评估师及单位负责人签名，并由资产评估机构加盖公章。

（七）为本次发行承担债券信用评级业务的机构应在募集说明书正文后声明：

"本机构及签字资信评级人员已阅读募集说明书，确认募集说明书与本机构出具的资信评级报告不存在矛盾。本机构及签字资信评级人员对发行人在募集说明书中引用的资信评级报告的内容无异议，确认募集说明书不因引用上述内容而出现虚假记载、误导性陈述或重大遗漏，并承担相应的法律责任。"

声明应由签字资信评级人员及单位负责人签名，并由评级机构加盖公章。

（八）发行人董事会应在募集说明书正文后声明：

本次发行摊薄即期回报的，发行人董事会按照国务院和中国证监会有关规定作出的承诺并兑现填补回报的具体措施。

第三章　发行情况报告书

第二十六条　发行情况报告书包括：

（一）本次发行的基本情况；

（二）发行前后相关情况对比；

（三）保荐人关于本次发行过程和发行对象合规性的结论性意见；

（四）发行人律师关于本次发行过程和发行对象合规性的结论性意见；

（五）与本次发行相关的声明；

（六）备查文件。

第二十七条　由于情况发生变化，导致董事会决议中关于本次发行对公司影响的讨论与分析需要修正或补充的，董事会应在发行情况报告书中作专项说明。

第二十八条　本次发行的基本情况包括：

（一）本次发行履行的相关程序，包括但不限于董事会和股东大会表决的时间、中国证监会予以注册的时间、资金到账和验资时间，以及办理证券登记的时间；

（二）本次发行证券的类型、发行数量、证券面值、发行价格、募集资金量、发行费用等；本次发行的证券为可转债的，还应披露可转债的利率、期限、转股期及转股价格；

（三）各发行对象的名称、企业性质、注册地、注册资本、主要办公地点、法定代表人、主要经营范围及其认购数量与限售期，应明示限售期的截止日；与发行人的关联关系，该发行对象及其关联方与发行人最近一年重大交易情况（按照偶发性和经常性分别列示）以及未来交易的安排；发行对象是自然人的，应当披露其姓名、住所；

（四）采用竞价方式发行证券的，说明各认购对象的申购报价及其获配情况，发行价格与基准价格（如有）的比率；

（五）本次发行相关机构的名称、法定代表人、经办人员、办公地址、联系电话、传真；相关机构包括保荐人和承销机构、律师事务所、会计师事务所、资产评估机构、资信评级机构等。

第二十九条　发行前后相关情况对比包括：

（一）本次发行前后前十名股东持股数量、持股比例、股份性质及其股份限售比较情况；

（二）本次发行对公司的影响，包括股本结构、资产结构、业务结构、公司治理、关联交易和同业竞争以及董事、监事、高级管理人员和科研人员结构等的变动情况。

第三十条　保荐人关于本次发行过程和发行对象合规性的结论性意见包括：

（一）关于本次发行定价过程合规性的说明；

（二）关于发行对象的选择是否公平、公正，是否符合上市公司及其全体股东的利益的说明。

第三十一条　发行人律师关于本次发行过程和发行对象合规性的结论性意见包括：

（一）关于发行对象资格合规性的说明；

（二）关于本次发行相关合同等法律文件合规性的说明；

（三）本次发行涉及资产转让或者其他后续事项的，关于办理资产过户或其他后续事项的程序、期限及法律风险的说明。

第三十二条　发行人全体董事、监事及高级管理人员应在发行情况报告书的首页声明：

"本公司全体董事、监事及高级管理人员承诺本发行情况报告书不存在虚假记载、误导性陈述或重大遗漏，并对其真实性、准确性、完整性承担相应的法律责任。"

声明应由全体董事、监事及高级管理人员签名，并由发行人加盖公章。

第三十三条　发行情况报告书的备查文件包括：

（一）保荐人出具的发行保荐书、发行保荐工作报告和尽职调查报告；

（二）发行人律师出具的法律意见书和律师工作报告。

第四章　附　则

第三十四条　依照法律法规、规章和交易所规则的规定，本次发行证券需要披露其他信息的，应按照各有关规定予以披露。

第三十五条　符合规定的红筹企业申请向特定对象发行证券的，应遵循本准则和其他有关规定的要求。

第三十六条　本准则由中国证监会负责解释。

第三十七条　本准则自公布之日起施行。《公开发行证券的公司信息披露内容与格式准则第 25 号——上市公司非公开发行股票预案和发行情况报告书》（证监发行字〔2007〕303 号）、《公开发行证券的公司信息披露内容与格式准则第 36 号——创业板上市公司向特定对象发行证券募集说明书和发行情况报告书（2020 年修订）》（证监会公告〔2020〕34 号）、《公开发行证券的公司信息披露内容与格式准则第 44 号——科创板上市公司向特定对象发行证券募集说明书和发行情况报告书》（证监会公告〔2020〕38 号）同时废止。

公开发行证券的公司信息披露内容与格式准则
第 32 号——发行优先股申请文件

（中国证监会公告〔2023〕第 9 号　2023 年 2 月 17 日）

第一条　为规范上市公司发行优先股申请文件的报送行为，根据《中华人民共和国证券法》《优先股试点管理办法》（证监会令第 209 号）制定本准则。

第二条　申请发行优先股的上市公司（以下简称发行人），应按本准则的规定制作申请文件，并通过证券交易所发行上市审核业务系统报送电子文件。

报送的电子文件应和预留原件一致。发行人律师应对报送的电子文件和预留原件的一致性出具鉴证意见。报送的电子文件和预留原件具有同等的法律效力。

第三条　本准则规定的申请文件目录是对发行申请文件的最低要求，中国证券监督管理委员会（以下简称中国证监会）和证券交易所根据审核需要，可以要求发行人和中介机构补充材料。如果某些材料对发行人不适用，可不必提供，但应向中国证监会和证券交易所作出列表说明。补充文件和相关说明也应通过证券交易所发行上市审核业务系统报送。

第四条　申请文件一经受理，未经中国证监会或者证券交易所同意不得增加、减少、撤回或更换。

第五条　对于申请文件的原始纸质文件，发行人不能提供有关文件原件的，应由发行人律师提供鉴证意见，或由出文单位盖章，以保证与原件一致。如原出文单位不再存续，由承继其职权的单位或作出撤销决定的单位出文证明文件的真实性。

申请文件的原始纸质文件所有需要签名处，应载明签名字样的印刷体，并由签名人亲笔签名，不得以名章、签名章等代替。

申请文件的原始纸质文件中需要由发行人律师鉴证的文件，发行人律师应在该文件首页注明"以下第 ×× 页至第 ××× 页与原件一致"，并签名和签署鉴证日期，律师事务所应在该文件首页加盖公章，并在第 ×× 页至第 ××× 页侧面以公章加盖骑缝章。

第六条　发行人向证券交易所发行上市审核业务系统报送的申请文件应采用标准".doc"".docx"或".pdf"格式文件，按幅面为 209 毫米 ×295 毫米规格的纸张（标准 A4 纸张规格）进行排版，并应采用合适的字体、字号、行距，以便于投资者阅读。

申请文件的正文文字应为宋体小四，1.5 倍行距。一级标题应为黑体三号，二级标题应为黑体四号，三级标题应为黑体小四号，且各级标题应分别采用一致的段落间距。

申请文件章与章之间、节与节之间应有明显的分隔标识。为便于阅读，".doc"".docx"文档应根据各级标题建立文档结构图，".pdf"文档应建立书签。

申请文件中的页码应与目录中的页码相符。例如，第四部分 4-1 的页码标注为：4-1-1，4-1-2，4-1-3，……4-1-n。

第七条　未按本准则的要求制作和报送发行申请文件的，证券交易所可不予受理。

第八条　本准则由中国证监会负责解释。

第九条　本准则自公布之日起施行。

附录

上市公司发行优先股申请文件目录

第一章　本次发行优先股的募集文件

1-1 募集说明书（申报稿）

1-2 募集说明书概览（申报稿）

第二章　发行人的申请与授权文件

2-1 发行人申请报告

2-2 发行人发行预案

2-3 发行人董事会决议

2-4 发行人股东大会决议

第三章　保荐机构和发行人律师出具的文件

3-1 保荐机构出具的证券发行保荐书

3-2 保荐机构出具的保荐工作报告

3-3 发行人律师出具的法律意见书

3-4 发行人律师出具的律师工作报告

3-5 关于发行人董事、监事、高级管理人员以及发行人控股股东和实际控制人在相关文件上签名盖章的真实性的鉴证意见

3-6 关于申请电子文件与预留原件一致的鉴证意见

第四章　关于本次发行优先股募集资金使用的文件

4-1 发行人拟收购资产（包括权益）最近一年的财务报告和审计报告及最近一期的财务报告、资产评估报告（如有）

4–2 发行人拟收购资产（包括权益）的合同或其草案（如有）

第五章　其他文件

5–1 发行人最近三年的财务报告和审计报告及最近一期的财务报告、最近三年及一期比较式财务报表，如最近三年发生重大资产重组的，还应提供重组时编制的重组前模拟财务报告及审计报告

5–2 发行人最近三年及一期非经常性损益明细表

5–3 审计机构关于发行人最近一年末内部控制的审计报告或鉴证报告

5–4 发行人董事会、审计机构关于报告期内非标准审计报告涉及事项对公司是否有重大不利影响或重大不利影响是否已经消除的说明（如有）

5–5 盈利预测报告及盈利预测报告审核报告（如有）

5–6 资信评级机构为本次发行优先股出具的资信评级报告（如有）

5–7 本次发行优先股的担保合同、担保函、担保人就提供担保获得的授权文件（如有）

5–8 发行人对本次发行优先股作出的有关声明和承诺

5–9 审计机构关于本次发行优先股相关会计处理事项的专项意见

5–10 发行人公司章程

5–11 特定行业（或企业）主管部门出具的监管意见书

5–12 承销协议（发行前按证券交易所要求提供）

5–13 发行人全体董事、监事、高级管理人员对发行申请文件真实性、准确性和完整性的承诺书

5–14 发行人关于申请文件不适用情况的说明（如有）

5–15 发行人信息披露豁免申请（如有）

5–16 发行人保证不影响和干扰审核及注册程序的承诺函

5–17 发行人关于申请电子文件与预留原件一致的承诺函

5–18 保荐人关于申请电子文件与预留原件一致的承诺函

5–19 其他相关文件

公开发行证券的公司信息披露内容与格式准则第 33 号——发行优先股预案和发行情况报告书

（中国证监会公告〔2023〕第 10 号　2023 年 2 月 17 日）

第一章　总　则

第一条　为规范上市公司发行优先股的信息披露行为，保护投资者合法权益，根据《中华人民共和国公司法》《中华人民共和国证券法》《优先股试点管理办法》等法律、法规及中国证券监督管理委员会（以下简称中国证监会）的有关规定，制定本准则。

第二条　申请发行优先股的上市公司（以下简称发行人），应当按照本准则第二章的要求编制发行优先股预案（以下简称发行预案），作为董事会决议的附件，与董事会决议同时披露。

第三条　向不特定对象发行优先股发行结束后，发行人应按证券交易所有关规定披露上市公告书；向特定对象发行优先股发行结束后，发行人应当按照本准则第三章的要求编制并披露发行情况报告书。

第四条　在不影响信息披露的完整性并保证阅读方便的前提下，对于已在公司日常信息披露文件中披露过的信息，如事实未发生变化，发行人可以采用索引的方法进行披露，并须提供查询网址。

本准则某些具体要求对发行人确不适用的，发行人可以根据实际情况调整，并在发行预案中作出说明。

本次发行涉及重大资产重组的，发行预案的信息披露内容还应当符合中国证监会有关重大资产重组的规定。

第二章　发行优先股预案

第五条　发行预案应当包括以下内容：

（一）本次优先股发行的目的；

（二）本次优先股发行方案；

（三）本次优先股发行带来的主要风险；

（四）本次发行募集资金使用计划；

（五）董事会关于本次发行对公司影响的讨论与分析；

（六）本次优先股发行涉及的公司章程修订情况；

（七）其他有必要披露的事项。

发行预案披露后，公司发生与本次发行相关的重大事项，发行人应按有关规定及时履行信息披露义务。

第六条 发行预案披露本次发行目的时，应结合公司行业特点、业务发展和资本结构等情况，说明确定本次发行品种和融资规模的依据。

第七条 公司确定发行方案时，应符合相关法律法规的要求，披露内容包括：

（一）本次发行优先股的种类和数量；

（二）发行方式、发行对象或发行对象范围及向原股东配售的安排、是否分次发行；

（三）票面金额、发行价格或定价原则；

（四）票面股息率或其确定原则；

（五）优先股股东参与分配利润的方式，包括：股息发放的条件及设定条件所依据的财务报表口径、股息支付方式、股息是否累积、是否可以参与剩余利润分配等；

（六）回购条款，包括发行人要求赎回和投资者要求回售的条件、期间、价格或其确定原则、回购选择权的行使主体等；

（七）商业银行在触发事件发生时，将优先股强制转换为普通股的转换价格的确定方式（如有）；

（八）表决权的限制和恢复，包括表决权恢复的情形及恢复的具体计算方法；

（九）清偿顺序及清算方法；

（十）信用评级情况及跟踪评级安排（如有）；

（十一）担保方式及担保主体（如有）；

（十二）本次优先股发行后上市交易或转让的安排。

第八条 向特定对象发行优先股，发行对象属于下列情形之一的，发行预案应披露具体发行对象及其认购价格或定价原则：

（一）上市公司的控股股东、实际控制人或其控制的关联人；

（二）董事会已确定的发行对象。

第九条 向特定对象发行优先股且发行对象已确定的，发行预案还应包括以下内容：

（一）发行对象的基本情况，并明确发行对象与发行人是否存在关联关系；

（二）优先股认购合同的主要内容，例如：

1.合同主体、签订时间；

2.认购价格、认购方式、支付方式；

3.合同的生效条件和生效时间；

4. 违约责任条款。

第十条 发行人应当遵循重要性原则,披露可能直接或间接对发行人及原股东产生重大不利影响的所有因素。发行人应结合自身的实际情况及优先股的条款设置,充分、准确、具体地揭示相关风险因素,可以量化分析的,应披露具体影响程度。例如:

(一)分红减少的风险。量化分析本次优先股股息发放对普通股及已发行优先股股息发放的影响;

(二)表决权被摊薄的风险。优先股表决权恢复导致的原股东表决权被摊薄的风险,特别是可能发生控制权变更的风险;

(三)普通股股东的清偿顺序风险;

(四)税务风险。

第十一条 发行人应列表披露本次募集资金的使用计划。

第十二条 本次发行募集资金用于补充流动资金的,应当分析与同行业上市公司对流动资金的需求水平是否相当;募集资金用于偿还银行贷款的,应当结合市场利率水平、公司融资成本说明偿还银行贷款后公司负债结构是否合理;银行、证券、保险等金融行业公司募集资金补充资本的,应结合行业监管指标、对普通股现金分红的影响分析本次融资规模的合理性。

第十三条 募集资金用于项目投资的,应披露项目需要资金数额、项目内容及进度和涉及的审批情况。

募集资金投入项目导致发行人生产经营模式发生变化的,发行人应结合其在新模式下的经营管理能力、技术准备情况、产品市场开拓情况等,对项目的可行性进行分析。

第十四条 募集资金用于收购资产并以评估作为价格确定依据的,应披露评估报告,用于收购企业或股权的,还应披露拟收购资产前一年度经审计的资产负债表、利润表及最近一期的经营状况。

拟收购的资产在首次董事会前尚未进行审计、评估的,发行人应当在审计、评估完成后再次召开董事会,对相关事项作出补充决议,并编制优先股发行预案的补充公告。

第十五条 募集资金用于收购资产的,发行预案应披露以下内容:

(一)目标资产的主要情况,如资产构成、成新率、适用情况;

(二)资产转让合同主要内容,如交易价格及确定依据、资产交付、合同的生效条件和生效时间、违约责任条款等;

(三)资产权属是否清晰、是否存在权利受限、权属争议或者妨碍权属转移的其他情况;

(四)董事会对资产收购价格公允性的分析说明、相关评估机构对其执业独立性的意见和独立董事对收购价格公允性的意见；相关资产在最近三年曾进行资产评估或者交易的，还应当说明评估价值和交易价格、交易对方；

（五）如收购企业或股权的，还应披露因收购而新增的重要债务，分析说明给公司增加的偿债风险及是否取得债权人的书面同意或经债券持有人会议审议通过；发行人尚须履行的义务，包括员工安置及潜在负债情况；资产自评估截止日至资产交付日所产生收益的归属等。

第十六条　发行人董事会应分析本次优先股发行对公司的影响，例如：

（一）本次发行优先股相关的会计处理方法；

（二）本次发行的优先股发放的股息能否在所得税前列支及政策依据；

（三）本次发行对公司股本、净资产（净资本）、营运资金、资产负债率、净资产收益率、归属于普通股股东的每股收益等主要财务数据和财务指标的影响，并注明财务数据和财务指标的相关报表口径；

（四）本次发行对金融行业发行人资本监管指标的影响及相关行业资本监管要求；

（五）最近三年内利用募集资金投资已完工项目的实施效果及尚未完工重大投资项目的资金来源、进度和与本次发行的关系；

（六）本次发行募集资金进行项目投资或购买资产的，应披露项目实施后上市公司与控股股东及其关联人之间的关联交易及同业竞争等变化情况；向控股股东或其关联方购买的，还应披露本次发行完成后，公司是否存在资金、资产被控股股东及其关联人占用的情形，或公司为控股股东及其关联人提供担保的情形；

（七）最近三年现金分红情况，并结合母公司及重要子公司的现金分红政策、发行人股东依法享有的未分配利润、已发行优先股的票面股息率及历史实际支付情况、未来需要偿还的大额债务和重大资本支出计划等，分析披露发行人本次优先股股息或优先股回购的支付能力；

（八）与本次发行相关的董事会声明及承诺事项：

1.董事会关于除本次发行外未来十二个月内是否有其他股权融资计划的声明；

2.本次发行摊薄即期回报的，发行人董事会按照国务院、中国证监会和证券交易所有关规定作出的关于承诺并兑现填补回报的具体措施。

第十七条　发行预案应说明本次优先股发行涉及的公司章程修订情况，例如：

（一）利润分配条款，包括票面股息率、是否强制分红、是否可累积、是否参与剩余利润分配；

（二）剩余财产分配条款；

（三）表决权限制与恢复条款；

（四）回购优先股的具体条件、优先股转换为普通股的具体条件（如有）；

（五）与优先股股东权利义务相关的其他内容。

第三章　发行情况报告书

第十八条　发行情况报告书应列表说明本次向特定对象发行的基本情况。

（一）本次发行履行的相关程序，参考格式如下：

序号	相关程序	相关程序的说明	时间
1	董事会决议	（会议届次、相关议案）	（董事会召开的时间）
2	股东大会决议	（会议届次、相关议案）	（股东大会召开的时间）
3	其他需履行的程序（如国资委批复、主管部门的批复）	（批复文号、文件名称）	（取得相关批复的时间）
4	证券交易所审核	/	（审核意见形成的时间）
5	中国证监会注册	（注册文件的文号）	（取得注册批复的时间）
6	募集资金到账	（到账金额、发行费用）	（到账时间）
7	募集资金验资	（验资机构、验资报告）	（验资时间）
8	登记托管	（登记机构）	（登记托管的时间）
9	转让安排	（转让的平台）	（可转让的时间）

（二）各发行对象的名称、类型和认购数量，并备注与发行人的关联方及关联交易情况，参考格式如下：

序号	发行对象名称	性质	认购金额	是否为关联方	最近一年是否存在关联交易
1					
2					
3					
……					

注：①发行对象性质按《优先股试点管理办法》所规定的合格投资者类别列示；

②最近一年存在重大关联交易的，需按照偶发性和经常性进一步披露关联交易的信息。

（三）本次发行优先股的类型及主要条款，参考格式如下：

本次发行方案要点					
1	面值		2	发行价格	
3	发行数量		4	发行规模	
5	是否累积		6	是否参与	
7	是否调息		8	股息支付方式	
9	票面股息率的确定原则				

续表

10	股息发放的条件		
11	转换安排		
12	回购安排		
13	评级安排		
14	担保安排		
15	表决权恢复的安排		
16	其他特别条款	（如：为满足行业监管所设定的发行条款）	
		（如：本次发行的特别安排等）	

（四）本次发行相关机构及经办人员。

第十九条　发行情况报告书应当披露保荐人关于本次向特定对象发行过程和发行对象合规性报告的结论意见及持续督导责任。内容至少包括：

（一）本次发行定价过程合规性的说明；

（二）发行对象的选择是否公平、公正，是否符合上市公司及其全体股东的利益的说明；

（三）持续督导责任的内容及履行方式。

第二十条　发行情况报告书应当披露发行人律师关于本次向特定对象发行过程和发行对象合规性报告的结论意见。内容至少包括：

（一）发行对象资格的合规性的说明；

（二）本次发行相关合同等法律文件的合规性的说明；

（三）本次发行涉及资产转让或者其他后续事项的，应当陈述办理资产过户或者其他后续事项的程序、期限，并进行法律风险评估。

第二十一条　发行人全体董事应在发行情况报告书的首页披露声明和承诺：

"本公司全体董事承诺本发行情况报告书不存在虚假记载、误导性陈述或重大遗漏，并对其真实性、准确性、完整性承担相应的法律责任。"

本次发行摊薄即期回报的，董事会关于填补回报具体措施的承诺。

声明和承诺应由全体董事签名，并由发行人加盖公章。

第二十二条　发行情况报告书应将募集说明书作为备查文件，并在证券交易所的网站和符合中国证监会规定条件的报刊依法开办的网站披露。

第四章　附　则

第二十三条　本准则由中国证监会负责解释。

第二十四条　本准则自公布之日起施行。

公开发行证券的公司信息披露内容与格式准则第 34 号
——发行优先股募集说明书

（中国证监会公告〔2023〕第 11 号　2023 年 2 月 17 日）

第一章　总　则

第一条　为规范上市公司发行优先股的信息披露行为，保护投资者合法权益，根据《中华人民共和国公司法》《中华人民共和国证券法》（以下简称《证券法》）、《优先股试点管理办法》等法律、法规及中国证券监督管理委员会（以下简称中国证监会）的有关规定，制定本准则。

第二条　申请发行优先股的上市公司（以下简称发行人），应当按照本准则的要求编制优先股募集说明书（以下简称募集说明书），作为申请发行优先股的必备文件。向不特定对象发行优先股，募集说明书应按规定披露；向特定对象发行优先股，应按本准则的规定编制募集说明书并于注册后二个工作日内，在证券交易所网站和符合中国证监会规定条件的报刊依法开办的网站披露。

第三条　募集说明书的信息披露应当以投资者需求为导向，本准则的规定是对募集说明书信息披露的最低要求。不论本准则是否有明确规定，凡对投资者做出投资决策有重大影响的信息，均应披露。本准则某些具体要求对发行人确不适用的，发行人可以根据实际情况调整，并在申报时作书面说明。

募集说明书涉及未公开重大信息的，发行人应按有关规定及时履行信息披露义务。

本次发行涉及重大资产重组的，募集说明书的信息披露还应当符合中国证监会有关重大资产重组的规定。

第四条　募集说明书的编制应遵循以下要求：

（一）表述通俗易懂，并采用表格或其他较为直观的方式披露公司及其产品、财务等情况，定性分析与定量分析方法应相互结合；

（二）引用的资料应注明来源，事实依据应充分、客观；

（三）引用的数字应采用阿拉伯数字，货币金额除特别说明外，应指人民币金额，并以元、千元、万元或百万元为单位；

（四）涉及财务数据或财务指标的，应注明相关报表口径；

（五）发行人可编制募集说明书外文译本，但应保证中、外文文本的一致性，在对中外文本的理解上发生歧义时，以中文文本为准；

（六）募集说明书概览的内容，应摘自募集说明书，并与其保持一致。

第五条　在不影响信息披露的完整性并保证阅读方便的前提下，发行人可以采用相互引征的方法，对各相关部分的内容进行适当的技术处理。对于已在本次优先股发行预案及公司日常信息披露文件中披露过的信息，如事实未发生变化，发行人可以采用索引的方法进行披露，并须提供查询网址。

发行人在募集说明书中索引公司其他信息披露文件的内容，为募集说明书的有效组成部分，发行人及中介机构应承担相应的法律责任。

第二章　募集说明书

第一节　封面、扉页、目录、释义

第六条　募集说明书文本封面应标明"×××公司向不特定对象发行（或向特定对象发行）优先股募集说明书"字样，封面还应载明已经上市普通股简称和代码、发行人注册地、保荐机构、主承销商、募集说明书公告时间（向不特定对象发行适用）。

向特定对象发行优先股的，募集说明书文本封面还应注明："本募集说明书仅供拟认购的合格投资者使用，不得利用本募集说明书及申购从事内幕交易或操纵证券市场"。

第七条　募集说明书文本扉页应当刊载如下声明：

"本公司全体董事、监事、高级管理人员承诺募集说明书及其概览不存在任何虚假记载、误导性陈述或重大遗漏，并保证所披露信息的真实、准确、完整。

"公司负责人、主管会计工作负责人及会计机构负责人（会计主管人员）保证募集说明书及其概览中财务会计报告真实、完整。

"中国证监会、证券交易所对本次发行所作的任何决定或意见，均不表明其对上市公司所披露信息的真实性、准确性和完整性作出实质性判断或保证，也不表明其对本次优先股的价值或投资者的收益作出实质性判断或者保证。任何与之相反的声明均属虚假不实陈述。

"根据《证券法》的规定，证券依法发行后，发行人经营与收益的变化，由发行人自行负责，由此变化引致的投资风险，由投资者自行负责。"

第八条　发行人应针对实际情况在募集说明书文本扉页作"重大事项提示"，提醒投资者需特别关注的与本次发行相关的重大风险或重大事项，例如：

（一）本次发行的优先股是否上市交易。如果上市交易，其与公司普通股分属不同的股份类别，将以不同股份代码进行交易，存在交易不活跃或价格大幅波动的风险；如果不上市交易，存在交易受限的风险；

（二）本次发行的优先股的票面股息率或其确定原则、股息发放条件、股息是否累积、是否参与剩余利润分配；

（三）是否设有回购或强制转换为普通股的条款；

（四）本次发行的优先股的会计处理方法；

（五）表决权限制与恢复的约定；

（六）公司生产经营中存在的其他重大事项。

第九条　募集说明书目录应标明各章、节的标题及其对应的页码。发行人应对投资者理解可能有障碍及有特定含意的术语作出释义。募集说明书释义应在目录次页排印。

第十条　特殊行业的发行人编制募集说明书及其概览，还应遵循中国证监会关于该行业的信息披露特别规定。

第二节　本次发行概况

第十一条　发行人应披露本次发行的基本情况，主要包括：

（一）发行的审批文件和本次优先股的名称和发行总额。如发行人分次发行的，披露各次发行安排；

（二）本次发行优先股的种类和数量；

（三）发行方式、发行对象或发行对象范围及向原股东配售的安排；

（四）票面金额、发行价格或定价原则；

（五）票面股息率或其确定原则；

（六）承销方式；

（七）发行费用概算。

第十二条　发行人应披露本次优先股发行和上市交易或转让的时间安排，披露至上市交易或转让前的有关重要日期，主要包括：

（一）发行公告刊登日期（向不特定对象发行适用）；

（二）预计发行日期；

（三）申购日期；

（四）资金冻结日期（如有）；

（五）上市交易或转让安排。

第十三条　发行人应披露本次发行涉及的下列机构的名称、法定代表人、经办人员、住所、联系电话、传真：

（一）发行人；

（二）保荐机构和承销团成员；

（三）发行人律师事务所；

（四）审计机构；

（五）申请上市交易或转让的证券交易所；

（六）股票登记机构；

（七）收款银行；

（八）资产评估机构（如有）；

（九）资信评级机构（如有）；

（十）担保人（如有）；

（十一）其他与本次发行相关的机构。

第十四条　发行人应披露其与本次发行有关的中介机构及其负责人、高级管理人员及经办人员之间存在的直接或间接的股权关系或其他利害关系。

第三节　风险因素

第十五条　发行人应当遵循重要性原则，披露可能直接或间接对优先股投资者、发行人及原股东、公司生产经营产生重大不利影响的所有因素。发行人应当结合自身的实际情况及优先股的条款设置，充分、准确、具体地揭示相关风险因素，可以量化分析的，应披露具体影响程度。例如：

（一）本次优先股的投资风险

1. 股息不可累积，或者不参与剩余利润分配；

2. 不能足额派息的风险。发行人应列明可能导致实际股息率低于票面股息率的各种影响因素；

3. 表决权限制的风险；

4. 市价波动风险和交易风险。因价格波动或交易不活跃而可能受到的不利影响；

5. 回购风险。发行人应列明可能导致公司赎回优先股的各种影响因素；

6. 强制转换风险。商业银行在触发事件发生时强制将优先股转为普通股的风险；

7. 优先股股东的清偿顺序风险；

8. 提供信用评级的，评级下降的风险；

9. 提供担保的，担保资产或担保人财务状况发生重大不利变化的风险。

（二）发行人及原股东面临的与本次发行有关的风险

1. 分红减少的风险。量化分析本次优先股股息发放对普通股及已发行优先股股息发放的影响；

2. 表决权被摊薄的风险。优先股表决权恢复导致的原股东表决权被摊薄的风险，特别是可能发生控制权变更的风险；

3. 普通股股东的清偿顺序风险；

4. 税务风险；

5. 其他风险。例如：利率风险、流动性风险、与本次优先股相关的公允价值波动风险。

（三）与发行人生产经营有关的风险

1. 行业风险。例如，可能涉及行业前景、行业经营环境的不利变化，公司行业地位下降的风险；

2.财务风险。应结合公司财务状况具体分析面临的风险因素；

3.管理风险。例如，内部控制存在的缺陷；因营业规模、营业范围扩大或者业务转型而导致的管理风险；

4.政策风险。例如，产业政策、行业管理、环境保护、税收制度等发生变化对公司的影响。

第四节　本次发行的优先股与已发行的优先股

第十六条　发行人应披露本次发行方案的主要内容，包括：

（一）本次发行优先股的种类和数量；

（二）发行方式、发行对象或发行对象范围及向原股东配售的安排、发行对象资格要求；

（三）票面金额、发行价格或定价原则；

（四）票面股息率或其确定原则；

（五）优先股股东参与分配利润的方式，包括：股息发放的条件、股息支付方式、股息是否累积、是否可以参与剩余利润分配等；

（六）回购条款，包括发行人要求赎回和投资者要求回售的条件、期间、价格或其确定原则、回购选择权的行使主体等；

（七）商业银行在触发事件发生时，将优先股强制转换为普通股的转换价格确定方式（如有）；

（八）表决权的限制和恢复，包括表决权恢复的情形及恢复的具体计算方法；

（九）清偿顺序及清算方法；

（十）信用评级情况及跟踪评级安排（如有）；

（十一）担保方式及担保主体（如有）；

（十二）本次优先股发行后上市交易或转让的安排。

第十七条　发行人应披露本次发行优先股相关的会计处理方法。

第十八条　发行人应披露本次发行的优先股发放的股息能否在所得税前列支及政策依据。

第十九条　发行人应披露本次发行对公司股本、净资产（净资本）、营运资金、资产负债率、净资产收益率、归属于普通股股东的每股收益等主要财务数据和财务指标的影响。

第二十条　金融行业发行人应披露本次发行对公司资本监管指标的影响及相关行业资本监管要求。

第二十一条　发行人应披露投资者与本次发行的优先股交易、股息发放、回购、转换等相关的税费、征收依据及缴纳方式。

第二十二条　发行人应披露已发行在外的优先股的简要情况，包括发行时间、发行总量及融资总额、现有发行在外数量、已回购或转换为普通股的数量、各期股息实际发放情况等。

发行人应列表披露本次发行的优先股与已发行在外优先股主要条款的差异比较。

第二十三条 发行人聘请资信评级机构对本次发行的优先股进行信用评级的，应披露其信用评级情况及跟踪评级安排。

第二十四条 本次发行的优先股提供担保的，应披露担保及授权情况。

第五节 发行人基本情况及主要业务

第二十五条 发行人应提请投资者可在公司日常信息披露文件中查阅公司的基本情况，包括股本变动及股东情况、董事、监事、高级管理人员及其持股情况等。

第二十六条 发行人应披露控股股东和实际控制人的基本情况、发行人组织架构和管理模式以及发行人董事、监事、高级管理人员名单。实际控制人应披露到最终的国有控股主体、集体企业或自然人为止。

第二十七条 发行人应结合所处的行业特点、财务信息、分部报告、主要对外投资等情况披露公司从事的主要业务、主要产品及各业务板块的经营状况。

第六节 财务会计信息及管理层讨论与分析

第二十八条 发行人应提请投资者，欲完整了解公司财务会计信息，应查阅公司日常信息披露文件。

第二十九条 审计机构曾对发行人最近三年财务报表出具非标准审计报告的，发行人应披露董事会和审计机构关于非标准审计报告涉及事项对公司是否有重大不利影响或重大不利影响是否已经消除的说明。

第三十条 发行人应简要披露财务会计信息，主要包括：

（一）最近三年及一期的资产负债表、利润表及现金流量表。编制合并财务报表的，仅需披露合并财务报表。最近三年及一期合并财务报表范围发生重大变化的，应披露具体变化情况。最近三年内发生重大资产重组的，披露的最近三年及一期财务报表应包括：重组完成后各年的资产负债表、利润表和现金流量表，以及重组时编制的重组前模拟利润表和模拟报表的编制基础；

（二）最近三年及一期的主要财务指标。

第三十一条 发行人应主要依据最近三年及一期的合并财务报表分析公司财务状况、盈利能力和现金流量。

第三十二条 发行人在分析财务状况时，应披露最近三年及一期末资产、负债的重要项目和重大变化情况及原因。

第三十三条 发行人在分析盈利能力时，应披露以下内容：

（一）最近三年及一期营业收入、营业成本、营业利润、利润总额和净利润的重大变化情况及原因；

（二）最近三年及一期综合毛利率和分产品或服务的毛利率的重大变化情况

及原因；

（三）最近三年及一期非经常性损益和投资收益的主要构成、重大变化情况及原因；上述项目金额及占净利润比重较高的，还应分析对公司盈利能力的影响；

（四）最近三年及一期税收政策及变化对公司盈利能力的影响。

第三十四条 发行人在分析现金流量时，应披露最近三年及一期经营活动产生的现金流量净额的构成、变动情况及原因。经营活动产生的现金流量净额为负数或者远低于当期净利润的，应披露原因及对公司盈利能力的影响。

第三十五条 发行人应披露最近三年现金分红情况。并应结合母公司及重要子公司的现金分红政策、发行人股东依法享有的未分配利润、已发行优先股的票面股息率及历史实际支付情况、未来需要偿还的大额债务和重大资本支出计划等，分析披露发行人本次优先股股息或优先股回购的支付能力。

第三十六条 发行人披露盈利预测报告的，应在募集说明书中简要披露预测数，同时应声明："本公司盈利预测报告是管理层在最佳估计假设的基础上编制的，但所依据的各种假设具有不确定性，投资者进行投资决策时应谨慎使用"。

第七节 募集资金运用

第三十七条 发行人应提请投资者，欲完整了解公司募集资金运用情况，应查阅公司本次优先股发行预案。

第三十八条 发行人应列表披露本次募集资金的用途。

第三十九条 发行人应披露本次优先股发行预案公布后的募集资金投资项目的进展情况。

第八节 其他重要事项

第四十条 发行人应披露公司最近一期末的对外担保情况，并披露对公司财务状况、经营成果、声誉、业务活动、未来前景等可能产生较大影响的未决诉讼或仲裁事项，可能出现的处理结果或已生效法律文书的执行情况。

第四十一条 发行人应披露与本次发行相关的董事会声明及承诺事项。例如：

（一）董事会关于除本次发行外未来十二个月内是否有其他股权融资计划的声明；

（二）本次发行摊薄即期回报的，发行人董事会按照国务院、中国证监会和证券交易所有关规定作出的关于承诺并兑现填补回报的具体措施。

第九节 董事、监事、高级管理人员及有关中介机构声明

第四十二条 发行人全体董事、监事及高级管理人员应在募集说明书正文的尾页声明：

"本公司全体董事、监事及高级管理人员承诺本募集说明书及其概览不存在虚假记载、误导性陈述或重大遗漏，并对其真实性、准确性、完整性承担相应的法律责任。"

声明应由全体董事、监事及高级管理人员签名，并由发行人加盖公章。

第四十三条　保荐机构（主承销商）应在募集说明书正文后声明：

"本公司已对募集说明书及其概览进行了核查，确认不存在虚假记载、误导性陈述或重大遗漏，并对其真实性、准确性和完整性承担相应的法律责任。"

声明应由项目协办人、保荐代表人、法定代表人或其授权代表签名，并由保荐机构加盖公章。

第四十四条　发行人律师应在募集说明书正文后声明：

"本所及签字的律师已阅读募集说明书及其概览，确认募集说明书及其概览与本所出具的法律意见书不存在矛盾。本所及签字律师对发行人在募集说明书及其概览中引用的法律意见书的内容无异议，确认募集说明书及其概览不致因所引用内容出现虚假记载、误导性陈述或重大遗漏，并对其真实性、准确性和完整性承担相应的法律责任。"

声明应由签字的律师、所在律师事务所负责人签名，并由律师事务所加盖公章。

第四十五条　承担审计业务的会计师事务所应在募集说明书正文后声明：

"本所及签字注册会计师已阅读募集说明书及其概览，确认募集说明书及其概览与本所出具的报告不存在矛盾。本所及签字注册会计师对发行人在募集说明书及其概览中引用的审计报告的内容无异议（或盈利预测已经本所审核），确认募集说明书及其概览不致因所引用内容而出现虚假记载、误导性陈述或重大遗漏，并对其真实性、准确性和完整性承担相应的法律责任。"

声明应由签字注册会计师及所在会计师事务所负责人签名，并由会计师事务所加盖公章。

第四十六条　承担资信评级业务或者资产评估业务的机构（如有）应在募集说明书正文后声明：

"本机构及签字的资信评级人员（或资产评估人员）已阅读募集说明书及其概览，确认募集说明书及其概览与本机构出具的报告不存在矛盾。本机构及签字的资信评级人员（或资产评估人员）对发行人在募集说明书及其概览中引用的报告的内容无异议，确认募集说明书及其概览不致因所引用内容而出现虚假记载、误导性陈述或重大遗漏，并对其真实性、准确性和完整性承担相应的法律责任。"

声明应由签字的资信评级人员（或资产评估人员）及单位负责人签名，并由资信评级机构或者资产评估机构加盖公章。

第十节　备查文件

第四十七条　募集说明书结尾应列明备查文件，并在证券交易所的网站和符合中国证监会规定条件的报刊依法开办的网站披露备查文件。

第四十八条　备查文件包括下列文件：

（一）最近三年的财务报告、审计报告及最近一期的财务报告；

（二）本次优先股发行预案；

（三）保荐机构出具的发行保荐书；

（四）法律意见书；

（五）公司章程；

（六）发行人对本次发行优先股作出的有关声明和承诺；

（七）中国证监会对本次发行予以注册的文件。

如有下列文件，应作为备查文件披露：

（一）发行人董事会、审计机构关于报告期内非标准审计报告涉及事项对公司是否有重大不利影响或重大不利影响是否已经消除的说明；

（二）最近三年内发生重大资产重组的，重组时编制的重组前模拟财务报告及审计报告；

（三）盈利预测及审核报告；

（四）资信评级报告；

（五）担保合同；

（六）拟收购资产的资产评估报告及有关批复文件；

（七）其他与本次发行有关的重要文件。

第三章　募集说明书概览

第四十九条　发行人向不特定对象发行优先股的，应当将募集说明书概览刊登在符合中国证监会规定条件的报刊，并提示可以查询募集说明书全文的网址。

第五十条　发行人应在募集说明书概览的显要位置声明本准则第七条的内容及以下内容：

"本概览的编制主是为了方便投资者快速浏览，投资者如欲申购，务请在申购前认真阅读募集说明书全文及发行人的日常信息披露文件。"

第五十一条　募集说明书概览的内容至少包括下列各部分：

（一）发行人及本次发行的中介机构基本情况，参考格式如下：

（一）发行人基本情况			
发行人名称		股票简称	
注册资本		法定代表人	
注册地址		控股股东或实际控制人	
行业分类		主要产品及服务	
（二）本次发行的有关中介机构			
保荐机构、主承销商		承销团成员	
发行人律师		审计机构	

续表

评估机构（如有）		评级机构（如有）	
（三）发行人的重大事项			
未决诉讼、未决仲裁、对外担保等重大事项			

（二）本次发行方案要点、重大事项提示、发行安排、本次优先股的会计处理及税项安排，参考格式如下：

（一）本次发行方案要点					
1	面值		2	发行价格	
3	发行数量		4	发行规模	
5	是否累积		6	是否参与	
7	是否调息		8	股息支付方式	
9	票面股息率的确定原则				
10	股息发放的条件				
11	转换安排				
12	回购安排				
13	评级安排				
14	担保安排				
15	向原股东配售的安排	（适用于向不特定对象发行）			
16	交易或转让的安排				
17	表决权恢复的安排				
18	募集资金投资项目				
19	其他特别条款的说明	（如：为满足行业监管所设定的发行条款） （如：本次发行的特别安排等）			
（二）本次发行的重大事项提示（如已在本概览中专门披露的事项外，此处须与募集说明书正文中的重大事项提示保持一致，具体表述可适当简化）					
1	交易安排的风险、交易不活跃的风险				
2	影响股息支付的因素				
3	设置回购条款或强制转换为普通股条款带来的风险				
4	本次发行的其他重大事项				
（三）本次发行的时间安排					
1	发行公告刊登日期	（适用于向不特定对象发行）			

续表

2	预期发行日期	
3	申购日期	
4	资金冻结日期（如有）	
5	上市交易或转让的安排	
（四）本次优先股的会计处理及税项安排		
1	本次优先股的会计处理	
2	本次优先股股息的税务处理及相关税项安排	

注：金融行业发行人可根据行业监管的要求和行业特点对本概览进行适当调整。

（三）发行人最近三年及一期的主要财务数据及财务指标，参考格式如下：

项目				
资产总额（万元）				
归属于母公司所有者权益（万元）				
资产负债率（母公司）				
营业收入（万元）				
净利润（万元）				
归属于母公司所有者的净利润（万元）				
扣除非经常性损益后归属于母公司所有者的净利润（万元）				
基本每股收益（元）				
稀释每股收益（元）				
加权平均净资产收益率（％）				
经营活动产生的现金流量净额（万元）				
现金分红（万元）				

注：需注明财务数据及财务指标的相关填报口径。

第四章　附　则

第五十二条　本准则由中国证监会负责解释。

第五十三条　本准则自公布之日起施行。

试点创新企业境内发行股票或存托凭证并上市监管工作实施办法

（中国证监会公告〔2023〕第 12 号 2023 年 2 月 17 日）

第一章 总 则

第一条 为规范有序推进创新企业在境内发行股票或存托凭证试点，保护投资者的合法权益和社会公共利益，根据《中华人民共和国证券法》（以下简称《证券法》）、《中华人民共和国公司法》《关于开展创新企业境内发行股票或存托凭证试点的若干意见》（以下简称《若干意见》）、《存托凭证发行与交易管理办法（试行）》（以下简称《存托凭证管理办法》）等法律法规及规范性文件，制定本办法。

第二条 试点创新企业（以下简称试点企业，包括纳入试点的红筹企业和境内注册企业）在中华人民共和国境内公开发行股票或存托凭证，适用本办法。

第三条 中国证券监督管理委员会（以下简称中国证监会）根据公开、公平、公正的原则选取试点企业，依法负责试点企业股票或存托凭证公开发行申请的注册。

中国证监会依照《证券法》《若干意见》《存托凭证管理办法》《首次公开发行股票注册管理办法》（以下简称《首发办法》）、《上市公司证券发行注册管理办法》（以下简称《再融资办法》）等规定，对试点企业及相关主体实施监管。

第四条 投资者应自主判断试点企业的投资价值，自主作出投资决策，自行承担投资风险。

中国证监会对试点企业公开发行股票或存托凭证的注册，不表明其对试点企业的盈利能力、投资价值或者投资者的收益作出实质性判断或保证。

第五条 试点企业的控股股东、实际控制人、董事、监事、高级管理人员等责任主体应当诚实守信，全面履行公开承诺事项，不得损害境内投资者的合法权益。

第二章 试点企业的选取

第六条 试点企业应当是符合国家战略、科技创新能力突出并掌握核心技术、市场认可度高，属于互联网、大数据、云计算、人工智能、软件和集成电路、高端装备制造、生物医药等高新技术产业和战略性新兴产业，达到相当规模，社会形象良好，具有稳定的商业模式和盈利模式，对经济社会发展有突出贡献，能够引领实体经济转型升级的创新企业。

试点企业可以是已境外上市的红筹企业，或尚未境外上市的企业（包括红筹企业和境内注册企业）。

除第一款规定范围内的红筹企业外，属于新一代信息技术、新能源、新材料、新能源汽车、绿色环保、航空航天、海洋装备等高新技术产业和战略性新兴产业，或者具有国家重大战略意义的红筹企业，纳入试点范围。

第七条　已境外上市试点红筹企业发行股票或存托凭证并在境内上市的，应当符合下列标准之一：

（一）市值不低于二千亿元人民币；

（二）市值二百亿元人民币以上，且拥有自主研发、国际领先技术，科技创新能力较强，同行业竞争中处于相对优势地位。

前款所称市值，按照试点企业提交纳入试点申请日前一百二十个交易日平均市值计算，汇率按照人民银行公布的申请日前一日中间价计算。上市不足一百二十个交易日的，按全部交易日平均市值计算。

第八条　尚未境外上市试点企业发行股票或存托凭证并在境内上市的，应当符合下列标准之一：

（一）最近一年经审计的主营业务收入不低于三十亿元人民币，且企业估值不低于二百亿元人民币，企业估值应参考最近三轮融资估值及相应投资人、投资金额、投资股份占总股本的比例，并结合收益法、成本法、市场乘数法等估值方法综合判定。融资不足三轮的，参考全部融资估值判定；

（二）拥有自主研发、国际领先、能够引领国内重要领域发展的知识产权或专有技术，具备明显的技术优势的高新技术企业，研发人员占比超过百分之三十，已取得与主营业务相关的发明专利一百项以上，或者取得至少一项与主营业务相关的一类新药药品批件，或者拥有经有权主管部门认定具有国际领先和引领作用的核心技术；依靠科技创新与知识产权参与市场竞争，具有相对优势的竞争地位，主要产品市场占有率排名前三，最近三年营业收入复合增长率百分之三十以上，最近一年经审计的主营业务收入不低于十亿元人民币，且最近三年研发投入合计占主营业务收入合计的比例百分之十以上。

对国家创新驱动发展战略有重要意义，且拥有较强发展潜力和市场前景的企业除外；

（三）尚未境外上市红筹企业营业收入快速增长，拥有自主研发、国际领先技术、同行业竞争中处于相对优势地位；且预期市值不低于人民币一百亿元，或预计市值不低于人民币五十亿元、最近一年营业收入不低于人民币五亿元。

营业收入快速增长是指，最近一年营业收入不低于人民币五亿元的，最近三年营业收入复合增长率百分之十以上；最近一年营业收入低于人民币五亿元的，最近三年营业收入复合增长率百分之二十以上；受行业周期性波动等因素影响，行业整体处于下行周期的，发行人最近三年营业收入复合增长率高于同行业可比公司同期平均增长水平。处于研发阶段的红筹企业和对国家创新驱动发展战略有重要意义的红筹企业除外。

第三章　试点企业的发行条件及审核注册程序

第九条　试点企业申请境内发行股票应当符合《证券法》《若干意见》《首发办法》等规定的条件。

申请发行股票的试点红筹企业存在协议控制架构的，中国证监会征求红筹企业境内实体实际从事业务的国务院行业主管部门和国家发展改革委、商务部意见，依法依规处理。

第十条　试点红筹企业发行存托凭证应当符合《证券法》《若干意见》《存托凭证管理办法》的有关规定。

对于《存托凭证管理办法》规定的"会计基础工作规范、内部控制制度健全"、"董事、监事和高级管理人员应当信誉良好，符合公司注册地法律规定的任职要求，近期无重大违法失信记录"具体应符合以下要求：

（一）会计基础工作规范，财务报表的编制和披露符合相关会计准则和信息披露规则的规定，在所有重大方面公允地反映了公司的财务状况、经营成果和现金流量，并由注册会计师出具无保留意见的审计报告；

（二）内部控制制度健全且被有效执行，能够合理保证公司运行效率、合法合规和财务报告的可靠性，并由符合《证券法》规定的会计师事务所出具无保留结论的内部控制鉴证报告；

（三）公司的董事和高级管理人员应当具备注册地法律规定的要求，且最近三年内不存在因重大违规受到监管部门处罚的情形；不存在因涉嫌犯罪被司法机关立案侦查或者涉嫌违法违规被中国证监会立案调查，尚未有明确结论意见的情形。

第十一条　试点红筹企业发行存托凭证存在股东投票权差异、企业协议控制架构或类似特殊安排的，应当按照相关信息披露规定在招股说明书等公开发行文件显要位置充分、详细披露相关情况，特别是风险、公司治理等信息，以及依法落实保护投资者合法权益规定的各项措施。存在投票权差异的，相关安排应当符合拟上市证券交易所的相关规定，并应明确维持特殊投票权的前提条件，特殊投票权不得随相关股份的转让而转让，以及除境内公开发行前公司章程已有合理规定外，境内公开发行后不得通过任何方式提高特殊投票权股份的数量及其代表投票权的比例。

第十二条　试点红筹企业的股权结构、公司治理、运营规范等事项适用境外注册地公司法等法律法规规定的，其投资者权益保护水平，包括资产收益、参与重大决策、剩余财产分配等权益，总体上应不低于境内法律、行政法规以及中国证监会规定的要求，并保障境内存托凭证持有人实际享有的权益与境外基础证券持有人的权益相当。

第十三条　试点企业境内发行股票或存托凭证应当聘请具有保荐业务资格的证券公司履行保荐职责。保荐人及其保荐代表人应当按照《证券发行上市保荐业务管理办法》《保荐人尽职调查工作准则》《保荐创新企业境内发行股票或存托凭证尽职调查工作实施规定》等规定，履行保荐职责，开展尽职调查工作。

试点企业注册地在境外的，试点企业和保荐人应向试点企业境内主营业地派出机构申请办理辅导备案和辅导验收事宜。

第十四条　试点企业应聘请符合《证券法》规定的律师事务所、会计师事务所履行职责。

律师事务所应按照《律师事务所从事证券法律业务管理办法》《公开发行证券公司信息披露的编报规则第 12 号——公开发行证券的法律意见书和律师工作报告》等规定从事证券法律业务并出具相关文件。

审计机构应按照《中国注册会计师审计准则》及其他相关规定，对公司实施审计工作，出具审计报告。

第十五条　申请纳入试点并在境内公开发行股票或存托凭证的企业，应当按照中国证监会有关规定制作证券发行申请文件，由保荐人保荐并向证券交易所报送申请文件。保荐人应就企业是否符合试点标准和发行条件发表核查意见。

第十六条　试点企业依法披露的信息，必须真实、准确、完整，不得有虚假记载、误导性陈述或者重大遗漏。

信息披露应当符合《证券法》《首发办法》《公开发行证券的公司信息披露内容与格式准则第 57 号——招股说明书》《公开发行证券的公司信息披露编报规则第 23 号——试点红筹企业公开发行存托凭证招股说明书内容与格式指引》等法律法规及规范性文件有关信息披露的规定。

第十七条　证券交易所依法对试点企业证券发行上市申请文件进行审核，并报中国证监会注册。具体注册程序应当符合《证券法》《首发办法》《再融资办法》等关于证券发行注册程序的有关规定。

第四章　发行与上市

第十八条　试点企业股票及存托凭证的发行与承销按照《存托凭证管理办法》《证券发行与承销管理办法》办理。

第十九条　试点企业发行股票的，公开发行的股份比例按照现行股票上市有关规定执行；已在境外上市的，境内外公开发行的股份可合并计算。

试点企业发行存托凭证的，相关上市要求，按照拟上市证券交易所的有关规定执行。

第二十条　试点红筹企业发行股票或存托凭证的，境外存量股票在境内减持退出的要求如下：

（一）试点红筹企业不得在境内公开发行的同时出售存量股份，或同时出售以发行在外存量基础股票对应的存托凭证；

（二）试点红筹企业境内上市后，境内发行的存托凭证与境外发行的存量基础股票原则上暂不安排相互转换。

第二十一条　试点企业发行股票的，其股东应遵守境内法律、行政法规、中国证监会规定和拟上市证券交易所业务规则中关于股份减持的规定。

尚未境外上市红筹企业在境内上市的，应当在申报前就存量股份减持等涉及用汇的事项形成方案，报中国证监会，由中国证监会征求相关主管部门意见。

尚未盈利的试点企业发行股票的，控股股东、实际控制人、董事、高级管理人员在试点企业实现盈利前不得减持在境内证券交易所上市的公司股票。

第二十二条　试点红筹企业发行存托凭证的，实际控制人应承诺境内上市后三年内不主动放弃实际控制人地位。

尚未盈利的试点红筹企业发行存托凭证的，相关减持安排需符合拟上市证券交易所的有关规定。

第五章　附　则

第二十三条　本办法自公布之日起施行。

公开发行证券的公司信息披露内容与格式准则 第 40 号——试点红筹企业公开发行存托凭证 并上市申请文件

（中国证监会公告〔2023〕第 13 号 2023 年 2 月 17 日）

第一条 为了规范试点红筹企业公开发行存托凭证并上市申请文件的格式和报送方式，根据《中华人民共和国证券法》《关于开展创新企业境内发行股票或存托凭证试点的若干意见》《存托凭证发行与交易管理办法（试行）》的规定，制定本准则。

第二条 申请在中华人民共和国境内公开发行存托凭证并上市的公司（以下简称境外基础证券发行人）应按本准则的要求制作和报送申请文件，并通过上海证券交易所或深圳证券交易所（以下简称交易所）发行上市审核业务系统报送电子文件。

报送的电子文件应和预留原件一致。发行人律师应对报送的电子文件与预留原件的一致性出具鉴证意见。报送的电子文件和预留原件具有同等的法律效力。

第三条 本准则附录规定的申请文件目录是对发行申请文件的最低要求。根据审核需要，中国证券监督管理委员会（以下简称中国证监会）和交易所可以要求境外基础证券发行人、保荐人和相关证券服务机构补充文件。如果某些文件对境外基础证券发行人不适用，应作出书面说明。补充文件和相关说明也应通过交易所发行上市审核业务系统报送。

第四条 申请文件一经受理，未经同意，不得增加、撤回或更换。

第五条 境外基础证券发行人和相关信息披露义务人提供的所有文件和信息披露文件应当使用简体中文。

第六条 境外基础证券发行人应确保申请文件的原始纸质文件已存档。

对于申请文件的原始纸质文件，境外基础证券发行人不能提供有关文件原件的，应由境外基础证券发行人律师提供鉴证意见，或由出文单位盖章，以保证与原件一致。如原出文单位不再存续，由承继其职权的单位或作出撤销决定的单位出文证明文件的真实性。

第七条 申请文件的原始纸质文件所有需要签名处，应载明签名字样的印刷体，并由签名人亲笔签名，不得以名章、签名章等代替。

申请文件的原始纸质文件中需要由境外基础证券发行人律师鉴证的文件，律师应在该文件首页注明"以下第 ×× 页至第 ×× 页与原件一致"，并签名和签署鉴证日期，律师事务所应在该文件首页加盖公章，并在第 ×× 页至第 ×× 页侧面以公章加盖骑缝章。

第八条　境外基础证券发行人应根据交易所对申请文件的问询及中国证监会对申请文件的反馈问题提供补充材料。保荐人和相关证券服务机构应对相关问题进行尽职调查并补充出具专业意见。

第九条　境外基础证券发行人向交易所发行上市审核业务系统报送的申请文件应采用标准".doc"、".docx"或".pdf"格式文件，按幅面为 209 毫米 × 295 毫米规格的纸张（相当于标准 A4 纸张规格）进行排版，并应采用合适的字体、字号、行距，易于投资者阅读。

第十条　境外基础证券发行人向交易所发行上市审核业务系统报送的申请文件应标明境外基础证券发行人董事会秘书、存托人、保荐人和相关证券服务机构项目负责人的姓名、电话、传真及其他方便的联系方式。

第十一条　申请文件章与章之间、节与节之间应有明显的分隔标识。文档应根据各级标题建立文档结构图以便于阅读。

申请文件中的页码应与目录中标识的页码相符。例如，第四章 4-1 的页码标注为 4-1-1，4-1-2，4-1-3，……4-1-n。

第十二条　未按本准则的要求制作和报送申请文件的，交易所按照有关规定不予受理。

第十三条　本准则自公布之日起施行。《公开发行证券的公司信息披露内容与格式准则第 40 号——试点红筹企业公开发行存托凭证并上市申请文件》（证监会公告〔2018〕15 号）同时废止。

附录

试点红筹企业公开发行存托凭证并上市申请文件目录

第一章　招股说明书与发行公告

1-1 招股说明书（申报稿）
1-2 境外基础证券发行人董事、高级管理人员对招股说明书的确认意见
1-3 发行公告（发行前提供）

第二章　关于本次发行的申请及授权文件

2-1 境外基础证券发行人关于纳入试点的申请报告

2-2 境外基础证券发行人关于本次发行的申请报告

2-3 境外基础证券发行人董事会有关本次发行的决议

2-4 境外基础证券发行人股东（大）会有关本次发行的决议（如有）

2-5 关于符合板块定位要求的专项说明（如有）

第三章　保荐人和证券服务机构文件

3-1 保荐人关于本次发行的文件

3-1-1 关于境外基础证券发行人符合试点企业选取标准的核查报告

3-1-2 关于境外基础证券发行人符合板块定位要求的专项意见（如有）

3-1-3 发行保荐书（附：关于对境内投资者权益的保护总体上不低于境内法律、行政法规以及中国证监会要求的结论性意见）

3-1-4 上市保荐书

3-1-5 保荐工作报告

3-1-6 未在境外上市的基础证券发行人的估值报告

3-1-7 签字保荐人在审企业家数说明

3-1-8 关于发行人预计市值的分析报告（如适用）

3-1-9 保荐机构相关子公司参与配售的相关文件（如有）

3-2 注册会计师关于本次发行的文件

3-2-1 根据中国企业会计准则编制的财务报表及审计报告（如选用）

3-2-2 根据国际财务报告准则或美国会计准则编制的财务报表及审计报告并同时按照中国企业会计准则调整的差异调节信息及审计报告（如选用）

3-2-3 境外基础证券发行人审计报告基准日至招股说明书签署日之间的相关财务报表及审阅报告（发行前提供）

3-2-4 盈利预测报告及审核报告（如有）

3-2-5 内部控制鉴证报告

3-2-6 经注册会计师鉴证的非经常性损益明细表

3-3 境外基础证券发行人律师关于本次发行的文件

3-3-1 关于境外基础证券发行人符合试点企业选取标准的核查报告

3-3-2 法律意见书（附：关于对境内投资者权益的保护总体上不低于境内法律、行政法规以及中国证监会要求的结论性意见）

3-3-3 律师工作报告

3-3-4 关于申请电子文件与预留原件一致的鉴证

第四章　境外基础证券发行人的设立文件

4-1 境外基础证券发行人的公司注册文件

4-2 境外基础证券发行人公司章程

第五章　与财务会计资料相关的其他文件

5-1 境外基础证券发行人关于最近三年及一期的纳税情况的说明

5-1-1 境外基础证券发行人主要经营实体最近三年及一期所得税纳税申报表

5-1-2 对境外基础证券发行人有重大影响的税收优惠、财政补贴证明文件（如有）

5-1-3 主要税种纳税情况的说明及注册会计师出具的意见

5-1-4 境内主要经营实体主管税收征管机构出具的最近三年及一期该经营实体纳税情况的证明

5-2 公司需报送的其他财务资料

5-2-1 主要经营实体最近三年原始财务报表

5-2-2 主要经营实体原始财务报表与本次申报经审计的财务报表差异比较表

5-2-3 注册会计师对差异情况出具的意见

5-3 境外基础证券发行人设立时和最近三年及一期的资产评估报告（含土地评估报告）（如有）

5-4 境外基础证券发行人的历次验资报告（如有）

5-5 境外基础证券发行人大股东或控股股东最近一年及一期的原始财务报表及审计报告（如有）

第六章　其他文件

6-1 产权和特许经营权证书

6-1-1 境外基础证券发行人拥有或使用的对其生产经营有重大影响的商标、专利、计算机软件著作权等知识产权以及土地使用权、房屋所有权、采矿权等产权证书清单（需由境外基础证券发行人律师出具鉴证意见）

6-1-2 特许经营权证书

6-2 重要合同

6-2-1 协议控制架构等特殊安排涉及的协议

6-2-2 投票权差异、投票协议或类似特殊安排涉及的协议

6-2-3 对境外基础证券发行人有重大影响的商标、专利、专有技术等知识产权许可使用协议

6-2-4 重大关联交易协议

6-2-5 重大资产购买或出售协议

6-3 承诺和说明事项

6-3-1 境外基础证券发行人关于确保存托凭证持有人实际享有与境外基础股

票持有人相当权益的承诺

6-3-2 境外基础证券发行人关于确保存托凭证持有人在合法权益受到损害时能够获得与境外投资者相当赔偿的承诺

6-3-3 有关消除或避免同业竞争的协议以及境外基础证券发行人的控股股东和实际控制人出具的相关承诺

6-3-4 境外基础证券发行人全体董事对发行申请文件真实性、准确性、完整性、及时性的承诺书

6-3-5 境外基础证券发行人关于对境内投资者权益的保护总体上不低于境内法律、行政法规以及中国证监会要求的说明

6-3-6 境外基础证券发行人相关股东关于股份锁定的承诺

6-4 特定行业（或企业）的管理部门出具的相关意见（如有）

6-5 存托协议

6-6 托管协议

6-7 保荐协议和承销协议

《首次公开发行股票注册管理办法》第十二条、第十三条、第三十一条、第四十四条、第四十五条和《公开发行证券的公司信息披露内容与格式准则第57号——招股说明书》第七条有关规定的适用意见——证券期货法律适用意见第17号

（中国证监会公告〔2023〕第 14 号 2023 年 2 月 17 日）

为了正确理解与适用《首次公开发行股票注册管理办法》第十二条、第十三条、第三十一条、第四十四条、第四十五条，《公开发行证券的公司信息披露内容与格式准则第 57 号——招股说明书》第七条的有关规定，中国证券监督管理委员会（以下简称中国证监会）制定了本证券期货法律适用意见，现予公布，请遵照执行。

一、关于《首次公开发行股票注册管理办法》第十二条"构成重大不利影响的同业竞争"的理解与适用

《首次公开发行股票注册管理办法》第十二条规定，发行人"与控股股东、实际控制人及其控制的其他企业间不存在对发行人构成重大不利影响的同业竞争"。现提出如下适用意见：

（一）判断原则。同业竞争的"同业"是指竞争方从事与发行人主营业务相同或者相似的业务。核查认定该相同或者相似的业务是否与发行人构成"竞争"时，应当按照实质重于形式的原则，结合相关企业历史沿革、资产、人员、主营业务（包括但不限于产品服务的具体特点、技术、商标商号、客户、供应商等）等方面与发行人的关系，以及业务是否有替代性、竞争性、是否有利益冲突、是否在同一市场范围内销售等，论证是否与发行人构成竞争；不能简单以产品销售地域不同、产品的档次不同等认定不构成同业竞争。竞争方的同类收入或者毛利占发行人主营业务收入或者毛利的比例达百分之三十以上的，如无充分相反证据，原则上应当认定为构成重大不利影响的同业竞争。

对于控股股东、实际控制人控制的与发行人从事相同或者相似业务的企业，发行人还应当结合目前自身业务和关联方业务的经营情况、未来发展战略等，在招股说明书中披露未来对于相关资产、业务的安排，以及避免上市后出现构成重大不利影响的同业竞争的措施。

（二）核查范围。中介机构应当针对发行人控股股东、实际控制人及其近亲

属全资或者控股的企业进行核查。

如果发行人控股股东、实际控制人是自然人，其配偶及夫妻双方的父母、子女控制的企业与发行人存在竞争关系的，应当认定为构成同业竞争。

发行人控股股东、实际控制人的其他亲属及其控制的企业与发行人存在竞争关系的，应当充分披露前述相关企业在历史沿革、资产、人员、业务、技术、财务等方面对发行人独立性的影响，报告期内交易或者资金往来，销售渠道、主要客户及供应商重叠等情况，以及发行人未来有无收购安排。

二、关于《首次公开发行股票注册管理办法》第十二条"实际控制人没有发生变更"和第四十五条控股股东、实际控制人锁定期安排的理解与适用

《首次公开发行股票注册管理办法》第十二条规定"首次公开发行股票并在主板上市的，最近三年实际控制人没有发生变更；首次公开发行股票并在科创板、创业板上市的，最近二年实际控制人没有发生变更"；第四十五条规定"发行人控股股东和实际控制人及其亲属应当披露所持股份自发行人股票上市之日起三十六个月不得转让的锁定安排"。现提出如下适用意见：

（一）基本要求

实际控制人是指拥有公司控制权、能够实际支配公司行为的主体。发行人应当在招股说明书中披露公司控制权的归属、公司的股权及控制结构，并真实、准确、完整地披露公司控制权或者股权及控制结构可能存在的不稳定性及其对公司的持续经营能力的潜在影响和风险。

在确定公司控制权归属时，应当本着实事求是的原则，尊重企业的实际情况，以发行人自身的认定为主，由发行人股东予以确认。保荐机构、发行人律师应当通过核查公司章程、协议或者其他安排以及发行人股东大会（股东出席会议情况、表决过程、审议结果、董事提名和任命等）、董事会（重大决策的提议和表决过程等）、监事会及发行人经营管理的实际运作情况，对实际控制人认定发表明确意见。

发行人股权较为分散但存在单一股东控制比例达到百分之三十的情形的，若无相反的证据，原则上应当将该股东认定为控股股东或者实际控制人。存在下列情形之一的，保荐机构、发行人律师应当进一步说明是否通过实际控制人认定规避发行条件或者监管并发表专项意见：

1. 公司认定存在实际控制人，但其他持股比例较高的股东与实际控制人持股比例接近；

2. 公司认定无实际控制人，但第一大股东持股接近百分之三十，其他股东比例不高且较为分散。

保荐机构及发行人律师应当重点关注最近三十六个月（主板）或者二十四个月（科创板、创业板）内公司控制权是否发生变化。涉嫌为满足发行条件而调整实际控制人认定范围的，应当从严把握，审慎进行核查及信息披露。

发行人及中介机构通常不应以股东间存在代持关系、表决权让与协议、一致行动协议等为由，认定公司控制权未发生变动。

实际控制人为单名自然人或者有亲属关系的多名自然人，实际控制人去世导致股权变动，股份受让人为继承人的，通常不视为公司控制权发生变更。其他多名自然人为实际控制人，实际控制人之一去世的，保荐机构及发行人律师应当结合股权结构、去世自然人在股东大会或者董事会决策中的作用、对发行人持续经营的影响等因素综合判断公司控制权是否发生变更。

（二）共同实际控制人

发行人主张多人共同拥有公司控制权的，应当符合以下条件：

1. 每人都必须直接持有公司股份或者间接支配公司股份的表决权；

2. 发行人公司治理结构健全、运行良好，多人共同拥有公司控制权的情况不影响发行人的规范运作；

3. 多人共同拥有公司控制权的情况，一般应当通过公司章程、协议或者其他安排予以明确。公司章程、协议或者其他安排必须合法有效、权利义务清晰、责任明确，并对发生意见分歧或者纠纷时的解决机制作出安排。该情况在最近三十六个月（主板）或者二十四个月（科创板、创业板）内且在首发后的可预期期限内是稳定、有效存在的，共同拥有公司控制权的多人没有出现重大变更；

4. 根据发行人的具体情况认为发行人应当符合的其他条件。

法定或者约定形成的一致行动关系并不必然导致多人共同拥有公司控制权，发行人及中介机构不应为扩大履行实际控制人义务的主体范围或者满足发行条件而作出违背事实的认定。主张通过一致行动协议共同拥有公司控制权但无第一大股东为纯财务投资人等合理理由的，一般不能排除第一大股东为共同控制人。共同控制人签署一致行动协议的，应当在协议中明确发生意见分歧或者纠纷时的解决机制。

实际控制人的配偶、直系亲属，如持有公司股份达到百分之五以上或者虽未达到百分之五但是担任公司董事、高级管理人员并在公司经营决策中发挥重要作用，保荐机构、发行人律师应当说明上述主体是否为共同实际控制人。

如果发行人最近三十六个月（主板）或者二十四个月（科创板、创业板）内持有、实际支配公司股份表决权比例最高的主体发生变化，且变化前后的主体不属于同一实际控制人，视为公司控制权发生变更。发行人最近三十六个月（主板）或者二十四个月（科创板、创业板）内持有、实际支配公司股份表决权比例最高的主体存在重大不确定性的，比照前述规定执行。

（三）无实际控制人

发行人不存在拥有公司控制权的主体或者公司控制权的归属难以判断，如果符合以下情形，可视为公司控制权没有发生变更：

1. 发行人的股权及控制结构、经营管理层和主营业务在首发前三十六个月（主板）或者二十四个月（科创板、创业板）内没有发生重大变化；

2. 发行人的股权及控制结构不影响公司治理有效性；

3. 发行人及其保荐机构和律师能够提供证据充分证明公司控制权没有发生变更。

相关股东采取股份锁定等有利于公司股权及控制结构稳定措施的，可将该等情形作为判断公司控制权没有发生变更的重要因素。

（四）国有股权无偿划转或者重组等导致发行人控股股东发生变更

因国有资产监督管理需要，国务院或者省级人民政府国有资产监督管理机构无偿划转直属国有控股企业的国有股权或者对该等企业进行重组等导致发行人控股股东发生变更的，如果符合以下情形，可视为公司控制权没有发生变更：

1. 有关国有股权无偿划转或者重组等属于国有资产监督管理的整体性调整，经国务院国有资产监督管理机构或者省级人民政府按照相关程序决策通过，且发行人能够提供有关决策或者批复文件；

2. 发行人与原控股股东不存在构成重大不利影响的同业竞争或者大量的关联交易，没有故意规避《首次公开发行股票注册管理办法》规定的其他发行条件；

3. 有关国有股权无偿划转或者重组等对发行人的经营管理层、主营业务和独立性没有重大不利影响。

按照国有资产监督管理的整体性调整，国务院国有资产监督管理机构直属国有企业与地方国有企业之间无偿划转国有股权或者重组等导致发行人控股股东发生变更的，比照前款规定执行，但是应当经国务院国有资产监督管理机构批准并提交相关批复文件。

不属于前两款规定情形的国有股权无偿划转或者重组等导致发行人控股股东发生变更的，视为公司控制权发生变更。

（五）锁定期安排

1. 发行人控股股东和实际控制人所持股份自发行人股票上市之日起三十六个月内不得转让，控股股东和实际控制人的亲属（依据《民法典》相关规定认定）、一致行动人所持股份应当比照控股股东和实际控制人所持股份进行锁定。

2. 为确保发行人股权结构稳定、正常生产经营不因发行人控制权发生变化而受到影响，发行人没有或者难以认定实际控制人的，发行人股东应当按持股比例从高到低依次承诺其所持股份自上市之日起锁定三十六个月，直至锁定股份的总数不低于发行前股份总数的百分之五十一。对于具有一致行动关系的股东，应当合并后计算持股比例再进行排序锁定。

位列上述应当予以锁定的百分之五十一股份范围的股东，符合下列情形之一的，可不适用上述锁定三十六个月的规定：

（1）员工持股计划；

（2）持股百分之五以下的股东；

（3）非发行人第一大股东且符合一定条件的创业投资基金股东，具体条件参照创投基金的监管规定。

"符合一定条件的创业投资基金股东"的认定程序为，由创业投资基金股东向保荐机构提交书面材料，经保荐机构和发行人律师核查后认为符合相关认定标准的，在申报时由保荐机构向交易所提交书面材料，交易所在认定时应当征求相关职能部门的意见。

3. 发行人申报前六个月内进行增资扩股的，新增股份的持有人应当承诺新增股份自发行人完成增资扩股工商变更登记手续之日起锁定三十六个月。在申报前六个月内从控股股东或者实际控制人处受让的股份，应当比照控股股东或者实际控制人所持股份进行锁定。相关股东刻意规避股份锁定期要求的，应当按照相关规定进行股份锁定。

三、关于《首次公开发行股票注册管理办法》第十三条"国家安全、公共安全、生态安全、生产安全、公众健康安全等领域的重大违法行为"的理解与适用

《首次公开发行股票注册管理办法》第十三条规定，最近三年内，发行人及其控股股东、实际控制人不存在"其他涉及国家安全、公共安全、生态安全、生产安全、公众健康安全等领域的重大违法行为"。现提出如下适用意见：

（一）涉及国家安全、公共安全、生态安全、生产安全、公众健康安全等领域的重大违法行为是指发行人及其控股股东、实际控制人违反相关领域法律、行政法规或者规章，受到刑事处罚或者情节严重行政处罚的行为。

有以下情形之一且中介机构出具明确核查结论的，可以不认定为重大违法行为：

1. 违法行为轻微、罚款数额较小；

2. 相关处罚依据未认定该行为属于情节严重的情形；

3. 有权机关证明该行为不属于重大违法。

违法行为导致严重环境污染、重大人员伤亡或者社会影响恶劣等并被处罚的，不适用上述规定。

（二）发行人合并报表范围内的各级子公司，如对发行人主营业务收入或者净利润不具有重要影响（占比不超过百分之五），其违法行为可不视为发行人本身存在重大违法行为，但相关违法行为导致严重环境污染、重大人员伤亡或者社会影响恶劣等的除外。

如被处罚主体为发行人收购而来，且相关处罚于发行人收购完成之前已执行完毕，原则上不视为发行人存在重大违法行为。但发行人主营业务收入和净利润主要来源于被处罚主体或者相关违法行为导致严重环境污染、重大人员伤亡或者社会影响恶劣等的除外。

（三）最近三年从刑罚执行完毕或者行政处罚执行完毕之日起计算三十六个月。

（四）保荐机构和发行人律师应当对发行人及其控股股东、实际控制人是否存在上述事项进行核查，并对是否构成重大违法行为及发行上市的法律障碍发表明确意见。

四、关于《首次公开发行股票注册管理办法》第三十一条"中国证监会规定的其他情形"的理解与适用

《首次公开发行股票注册管理办法》第三十一条规定，存在相关情形之一的，交易所或者中国证监会应当终止相应发行上市审核程序或者发行注册程序。除了列举的十种情形外，还有"中国证监会规定的其他情形"。现提出如下适用意见：

发行人申报后，通过增资或者股权转让产生新股东的，原则上应当终止发行上市审核程序或者发行注册程序，但股权变动未造成实际控制人变更，未对发行人股权结构的稳定性和持续经营能力造成不利影响，且符合下列情形的除外：新股东产生系因继承、离婚、执行法院判决、执行仲裁裁决、执行国家法规政策要求或者由省级及以上人民政府主导，且新股东承诺其所持股份上市后三十六个月之内不转让、不上市交易（继承、离婚原因除外）。

在核查和信息披露方面，发行人申报后产生新股东且符合上述要求无需重新申报的，应当比照申报前十二个月新增股东的核查和信息披露要求执行。除此之外，保荐机构和发行人律师还应当对股权转让事项是否造成发行人实际控制人变更，是否对发行人股权结构的稳定性和持续经营能力造成不利影响进行核查并发表意见。

五、关于《首次公开发行股票注册管理办法》第四十四条规定的"期权激励计划"的理解与适用

《首次公开发行股票注册管理办法》第四十四条规定"发行人存在申报前制定、上市后实施的期权激励计划的，应当符合中国证监会和交易所的规定，并充分披露有关信息"。现提出如下适用意见：

（一）首发申报前制定、上市后实施的期权激励计划

1.发行人首发申报前制定、上市后实施的期权激励计划应当符合的要求

发行人存在首发申报前制定、上市后实施的期权激励计划的，应当体现增强公司凝聚力、维护公司长期稳定发展的导向。

期权激励计划原则上应当符合下列要求：

（1）激励对象应当符合相关上市板块的规定；

（2）激励计划的必备内容与基本要求，激励工具的定义与权利限制，行权安排，回购或者终止行权，实施程序等内容，应当参考《上市公司股权激励管理办法》的相关规定执行；

（3）期权的行权价格由股东自行商定确定，但原则上不应低于最近一年经

审计的净资产或者评估值；

（4）发行人全部在有效期内的期权激励计划所对应股票数量占上市前总股本的比例原则上不得超过百分之十五，且不得设置预留权益；

（5）在审期间，发行人不应新增期权激励计划，相关激励对象不得行权；最近一期末资产负债表日后行权的，申报前须增加一期审计；

（6）在制定期权激励计划时应当充分考虑实际控制人稳定，避免上市后期权行权导致实际控制人发生变化；

（7）激励对象在发行人上市后行权认购的股票，应当承诺自行权日起三十六个月内不减持，同时承诺上述期限届满后比照董事、监事及高级管理人员的相关减持规定执行。

2. 发行人信息披露要求

发行人应当在招股说明书中充分披露期权激励计划的有关信息：

（1）期权激励计划的基本内容、制定计划履行的决策程序、目前的执行情况；

（2）期权行权价格的确定原则，以及和最近一年经审计的净资产或者评估值的差异与原因；

（3）期权激励计划对公司经营状况、财务状况、控制权变化等方面的影响；

（4）涉及股份支付费用的会计处理等。

3. 中介机构核查要求

保荐机构及申报会计师应当对下述事项进行核查并发表核查意见：

（1）期权激励计划的制定和执行情况是否符合以上要求；

（2）发行人是否在招股说明书中充分披露期权激励计划的有关信息；

（3）股份支付相关权益工具公允价值的计量方法及结果是否合理；

（4）发行人报告期内股份支付相关会计处理是否符合《企业会计准则》相关规定。

（二）首发申报前实施员工持股计划

1. 发行人首发申报前实施员工持股计划应当符合的要求

发行人首发申报前实施员工持股计划的，原则上应当全部由公司员工构成，体现增强公司凝聚力、维护公司长期稳定发展的导向，建立健全激励约束长效机制，有利于兼顾员工与公司长远利益，为公司持续发展夯实基础。

员工持股计划应当符合下列要求：

（1）发行人应当严格按照法律、行政法规、规章及规范性文件要求履行决策程序，并遵循公司自主决定、员工自愿参加的原则，不得以摊派、强行分配等方式强制实施员工持股计划。

（2）参与持股计划的员工，与其他投资者权益平等，盈亏自负，风险自担，不得利用知悉公司相关信息的优势，侵害其他投资者合法权益。

员工入股应当主要以货币出资，并按约定及时足额缴纳。按照国家有关法律法规，员工以科技成果出资入股的，应当提供所有权属证明并依法评估作价，及时办理财产权转移手续。

（3）发行人实施员工持股计划，可以通过公司制企业、合伙制企业、资产管理计划等持股平台间接持股，并建立健全持股在平台内部的流转、退出机制，以及所持发行人股权的管理机制。

参与持股计划的员工因离职、退休、死亡等原因离开公司的，其所持股份权益应当按照员工持股计划章程或者协议约定的方式处置。

2. 员工持股计划计算股东人数的原则

（1）依法以公司制企业、合伙制企业、资产管理计划等持股平台实施的员工持股计划，在计算公司股东人数时，员工人数不计算在内；

（2）参与员工持股计划时为公司员工，离职后按照员工持股计划章程或者协议约定等仍持有员工持股计划权益的人员，可不视为外部人员；

（3）新《证券法》施行之前（即 2020 年 3 月 1 日之前）设立的员工持股计划，参与人包括少量外部人员的，可不做清理。在计算公司股东人数时，公司员工人数不计算在内，外部人员按实际人数穿透计算。

3. 发行人信息披露要求

发行人应当在招股说明书中充分披露员工持股计划的人员构成、人员离职后的股份处理、股份锁定期等内容。

4. 中介机构核查要求

保荐机构及发行人律师应当对员工持股计划的设立背景、具体人员构成、价格公允性、员工持股计划章程或者协议约定情况、员工减持承诺情况、规范运行情况及备案情况进行充分核查，并就员工持股计划是否合法合规实施，是否存在损害发行人利益的情形发表明确意见。

5. 考虑到发行条件对发行人股权清晰、控制权稳定的要求，发行人控股股东或者实际控制人存在职工持股会或者工会持股情形的，应当予以清理。

对于间接股东存在职工持股会或者工会持股情形的，如不涉及发行人实际控制人控制的各级主体，发行人不需要清理，但应当予以充分披露。

对于职工持股会或者工会持有发行人子公司股份，经保荐机构、发行人律师核查后认为不构成发行人重大违法行为的，发行人不需要清理，但应当予以充分披露。

六、关于《公开发行证券的公司信息披露内容与格式准则第 57 号——招股说明书》第七条信息豁免披露的理解与适用

《公开发行证券的公司信息披露内容与格式准则第 57 号——招股说明书》第七条规定"发行人有充分依据证明本准则要求披露的某些信息涉及国家秘密、商

业秘密及其他因披露可能导致违反国家有关保密法律法规规定或严重损害公司利益的，可按程序申请豁免披露"。现提出如下适用意见：

（一）国家秘密。涉及国家秘密或者其他因披露可能导致发行人违反国家有关保密法律法规规定的信息，原则上可以豁免披露；如要求豁免披露的信息内容较多或者较为重要，可能对投资者的投资决策有重大影响，中介机构应当审慎论证是否符合发行上市的信息披露要求。

涉及国家秘密或者其他因披露可能导致发行人违反国家有关保密法律法规规定的，发行人关于信息豁免披露的申请文件应当逐项说明：

1. 申请豁免披露的信息、认定涉密的依据及理由；

2. 相关信息披露文件是否符合有关保密规定和《公开发行证券的公司信息披露内容与格式准则第57号——招股说明书》要求，涉及军工的是否符合《军工企业对外融资特殊财务信息披露管理暂行办法》等相关规定，豁免披露是否对投资者决策判断构成重大障碍；

3. 内部保密制度的制定和执行情况，是否符合《保密法》等相关法律法规的规定，是否存在因违反保密规定受到处罚的情形。

对于发行上市审核注册过程中提出的信息豁免披露或者调整意见，发行人应当相应回复、补充相关文件的内容，有实质性增减的，应当说明调整后的内容是否符合相关规定、是否存在泄密风险。

发行人需提供国家主管部门关于该信息为涉密信息的认定文件。发行人全体董事、监事、高级管理人员出具关于首次公开发行股票并上市的申请文件不存在泄密事项且能够持续履行保密义务的声明，发行人控股股东、实际控制人对其已履行和能够持续履行相关保密义务出具承诺文件。

（二）商业秘密。涉及商业秘密或者其他因披露可能严重损害公司利益的信息，如属于《公开发行证券的公司信息披露内容与格式准则第57号——招股说明书》规定应当予以披露的信息，中介机构应当审慎论证是否符合豁免披露的要求。

1. 商业秘密符合下列情形之一，且尚未公开、未泄密的，原则上可以豁免披露：

（1）商业秘密涉及产品核心技术信息；

（2）商业秘密涉及客户、供应商等他人经营信息、且披露该信息可能导致发行人或者他人受到较大国际政治经济形势影响。

2. 商业秘密涉及发行人自身经营信息（如成本、营业收入、利润、毛利率等）、披露后可能损害发行人利益的，如该信息属于《公开发行证券的公司信息披露内容与格式准则第57号——招股说明书》、证券期货法律适用意见、监管规则适用指引等中国证监会和交易所相关规则要求披露的信息，原则上不可以豁免披露。

3. 涉及商业秘密或者其他因披露可能严重损害公司利益的，发行人关于信息豁免披露的申请文件应当逐项说明：

（1）申请豁免披露的信息、该信息是否依据内部程序认定为商业秘密，发行人关于商业秘密的管理制度、认定依据、决策程序等；

（2）申请豁免披露的信息是否属于已公开信息或者泄密信息；相关信息披露文件是否符合《公开发行证券的公司信息披露内容与格式准则第57号——招股说明书》及相关规定要求，豁免披露是否对投资者决策判断构成重大障碍。

（三）中介机构核查要求。保荐机构、发行人律师应当对发行人将相关信息认定为国家秘密、商业秘密或者因披露可能导致其违反国家有关保密法律法规规定或者严重损害公司利益的依据是否充分进行核查，并对该信息豁免披露符合相关规定、不影响投资者决策判断、不存在泄密风险出具意见明确、依据充分的专项核查报告。申报会计师应当出具对发行人审计范围是否受到限制、审计证据的充分性以及发行人豁免披露的财务信息是否影响投资者决策判断的核查报告。

涉及军工的，中介机构应当说明开展军工涉密业务咨询服务是否符合国防科技工业管理部门等军工涉密业务主管部门的规定。

（四）替代性披露要求。对于豁免披露的信息，发行人应当采取汇总概括、代码或者指数化等替代性方式进行披露，替代方式对投资者作出价值判断及投资决策不应构成重大障碍，并符合《公开发行证券的公司信息披露内容与格式准则第57号——招股说明书》的基本要求。中介机构应当就其替代披露方式是否合理，是否对投资者作出价值判断及投资决策存在重大障碍，并符合《公开发行证券的公司信息披露内容与格式准则第57号——招股说明书》的基本要求发表明确意见。

（五）在提交发行上市申请文件或者问询回复时，发行人及中介机构应当一并提交关于信息豁免披露的专项说明、核查意见。如豁免申请未获得同意，发行人应当补充披露相关信息。

（六）发行上市申请文件、审核问询回复等需要对外披露的文件涉及上述情形的，均可依法提出豁免申请。

（七）再融资信息豁免披露相关要求参照上述规定执行，中国证监会对再融资信息豁免披露有特别规定的，从其规定。

七、本适用意见自公布之日起施行，《〈首次公开发行股票并上市管理办法〉第十二条"实际控制人没有发生变更"的理解和适用——证券期货法律适用意见第1号》同时废止

《上市公司证券发行注册管理办法》第九条、第十条、第十一条、第十三条、第四十条、第五十七条、第六十条有关规定的适用意见——证券期货法律适用意见第18号

（中国证监会公告〔2023〕第15号　2023年2月17日）

为了正确理解与适用《上市公司证券发行注册管理办法》第九条、第十条、第十一条、第十三条、第四十条、第五十七条、第六十条的有关规定，中国证券监督管理委员会（以下简称中国证监会）制定了《〈上市公司证券发行注册管理办法〉第九条、第十条、第十一条、第十三条、第四十条、第五十七条、第六十条有关规定的适用意见——证券期货法律适用意见第18号》，现予公布，请遵照执行。

一、关于第九条"最近一期末不存在金额较大的财务性投资"的理解与适用

《上市公司证券发行注册管理办法》第九条规定，"除金融类企业外，最近一期末不存在金额较大的财务性投资"；《公开发行证券的公司信息披露内容与格式准则第60号——上市公司向不特定对象发行证券募集说明书》第四十七条规定，"发行人应披露其截至最近一期末，持有财务性投资余额的具体明细、持有原因及未来处置计划，不存在金额较大的财务性投资的基本情况"；《公开发行证券的公司信息披露内容与格式准则第61号——上市公司向特定对象发行证券募集说明书和发行情况报告书》第八条规定，"截至最近一期末，不存在金额较大的财务性投资的基本情况"。现提出如下适用意见：

（一）财务性投资包括但不限于：投资类金融业务；非金融企业投资金融业务（不包括投资前后持股比例未增加的对集团财务公司的投资）；与公司主营业务无关的股权投资；投资产业基金、并购基金；拆借资金；委托贷款；购买收益波动大且风险较高的金融产品等。

（二）围绕产业链上下游以获取技术、原料或者渠道为目的的产业投资，以收购或者整合为目的的并购投资，以拓展客户、渠道为目的的拆借资金、委托贷款，如符合公司主营业务及战略发展方向，不界定为财务性投资。

（三）上市公司及其子公司参股类金融公司的，适用本条要求；经营类金融业务的不适用本条，经营类金融业务是指将类金融业务收入纳入合并报表。

（四）基于历史原因，通过发起设立、政策性重组等形成且短期难以清退的财务性投资，不纳入财务性投资计算口径。

（五）金额较大是指，公司已持有和拟持有的财务性投资金额超过公司合并报表归属于母公司净资产的百分之三十（不包括对合并报表范围内的类金融业务的投资金额）。

（六）本次发行董事会决议日前六个月至本次发行前新投入和拟投入的财务性投资金额应当从本次募集资金总额中扣除。投入是指支付投资资金、披露投资意向或者签订投资协议等。

（七）发行人应当结合前述情况，准确披露截至最近一期末不存在金额较大的财务性投资的基本情况。

保荐机构、会计师及律师应当结合投资背景、投资目的、投资期限以及形成过程等，就发行人对外投资是否属于财务性投资以及截至最近一期末是否存在金额较大的财务性投资发表明确意见。

二、关于第十条"严重损害上市公司利益、投资者合法权益、社会公共利益的重大违法行为"、第十一条"严重损害上市公司利益或者投资者合法权益的重大违法行为"和"严重损害投资者合法权益或者社会公共利益的重大违法行为"的理解与适用

《上市公司证券发行注册管理办法》第十条规定，上市公司及其控股股东、实际控制人最近三年"存在严重损害上市公司利益、投资者合法权益、社会公共利益的重大违法行为"的，不得向不特定对象发行股票；第十一条规定，上市公司"控股股东、实际控制人最近三年存在严重损害上市公司利益或者投资者合法权益的重大违法行为"的，或者上市公司"最近三年存在严重损害投资者合法权益或者社会公共利益的重大违法行为"的，不得向特定对象发行股票。现提出如下适用意见：

（一）重大违法行为的认定标准

1. "重大违法行为"是指违反法律、行政法规或者规章，受到刑事处罚或者情节严重行政处罚的行为。

2. 有以下情形之一且中介机构出具明确核查结论的，可以不认定为重大违法行为：

（1）违法行为轻微、罚款金额较小；

（2）相关处罚依据未认定该行为属于情节严重的情形；

（3）有权机关证明该行为不属于重大违法行为。

违法行为导致严重环境污染、重大人员伤亡或者社会影响恶劣等的除外。

3. 发行人合并报表范围内的各级子公司，如对发行人主营业务收入和净利润不具有重要影响（占比不超过百分之五），其违法行为可不视为发行人存在重大违法行为，但违法行为导致严重环境污染、重大人员伤亡或者社会影响恶劣等的除外。

4.如被处罚主体为发行人收购而来，且相关处罚于发行人收购完成之前已执行完毕，原则上不视为发行人存在相关情形。但上市公司主营业务收入和净利润主要来源于被处罚主体或者违法行为导致严重环境污染、重大人员伤亡、社会影响恶劣等的除外。

5.最近三年从刑罚执行完毕或者行政处罚执行完毕之日起计算三十六个月。

（二）严重损害上市公司利益、投资者合法权益、社会公共利益的判断标准

对于严重损害上市公司利益、投资者合法权益或者社会公共利益的重大违法行为，需根据行为性质、主观恶性程度、社会影响等具体情况综合判断。

在国家安全、公共安全、生态安全、生产安全、公众健康安全等领域存在重大违法行为的，原则上构成严重损害社会公共利益的违法行为。

上市公司及其控股股东、实际控制人存在欺诈发行、虚假陈述、内幕交易、操纵市场等行为的，原则上构成严重损害上市公司利益和投资者合法权益的违法行为。

（三）保荐机构和律师应当对上市公司及其控股股东、实际控制人是否存在上述事项进行核查，并对是否构成严重损害上市公司利益、投资者合法权益、社会公共利益的重大违法行为及本次再融资的法律障碍发表明确意见。

三、关于第十三条"合理的资产负债结构和正常的现金流量"的理解与适用

《上市公司证券发行注册管理办法》第十三条规定，上市公司发行可转债应当"具有合理的资产负债结构和正常的现金流量"。现提出如下适用意见：

（一）本次发行完成后，累计债券余额不超过最近一期末净资产的百分之五十。

（二）发行人向不特定对象发行的公司债及企业债计入累计债券余额。计入权益类科目的债券产品（如永续债），向特定对象发行的除可转债外的其他债券产品及在银行间市场发行的债券，以及具有资本补充属性的次级债、二级资本债及期限在一年以内的短期债券，不计入累计债券余额。累计债券余额指合并口径的账面余额，净资产指合并口径净资产。

（三）发行人应当披露最近一期末债券持有情况及本次发行完成后累计债券余额占最近一期末净资产比重情况，并结合所在行业的特点及自身经营情况，分析说明本次发行规模对资产负债结构的影响及合理性，以及公司是否有足够的现金流来支付公司债券的本息。

保荐机构应当就前述事项发表核查意见。

四、关于第四十条"理性融资，合理确定融资规模"的理解与适用

《上市公司证券发行注册管理办法》第四十条规定，上市公司应当"理性融资，合理确定融资规模"。现提出如下适用意见：

（一）上市公司申请向特定对象发行股票的，拟发行的股份数量原则上不得

超过本次发行前总股本的百分之三十。

（二）上市公司申请增发、配股、向特定对象发行股票的，本次发行董事会决议日距离前次募集资金到位日原则上不得少于十八个月。前次募集资金基本使用完毕或者募集资金投向未发生变更且按计划投入的，相应间隔原则上不得少于六个月。前次募集资金包括首发、增发、配股、向特定对象发行股票，上市公司发行可转债、优先股、发行股份购买资产并配套募集资金和适用简易程序的，不适用上述规定。

（三）实施重大资产重组前上市公司不符合向不特定对象发行证券条件或者本次重组导致上市公司实际控制人发生变化的，申请向不特定对象发行证券时须运行一个完整的会计年度。

（四）上市公司应当披露本次证券发行数量、融资间隔、募集资金金额及投向，并结合前述情况说明本次发行是否"理性融资，合理确定融资规模"。

保荐机构及会计师应当就前述事项发表核查意见。

五、关于募集资金用于补流还贷如何适用第四十条"主要投向主业"的理解与适用

《上市公司证券发行注册管理办法》第四十条规定，"本次募集资金主要投向主业"。现就募集资金用于补充流动资金或者偿还债务如何适用"主要投向主业"，提出如下适用意见：

（一）通过配股、发行优先股或者董事会确定发行对象的向特定对象发行股票方式募集资金的，可以将募集资金全部用于补充流动资金和偿还债务。通过其他方式募集资金的，用于补充流动资金和偿还债务的比例不得超过募集资金总额的百分之三十。对于具有轻资产、高研发投入特点的企业，补充流动资金和偿还债务超过上述比例的，应当充分论证其合理性，且超过部分原则上应当用于主营业务相关的研发投入。

（二）金融类企业可以将募集资金全部用于补充资本金。

（三）募集资金用于支付人员工资、货款、预备费、市场推广费、铺底流动资金等非资本性支出的，视为补充流动资金。资本化阶段的研发支出不视为补充流动资金。工程施工类项目建设期超过一年的，视为资本性支出。

（四）募集资金用于收购资产的，如本次发行董事会前已完成资产过户登记，本次募集资金用途视为补充流动资金；如本次发行董事会前尚未完成资产过户登记，本次募集资金用途视为收购资产。

（五）上市公司应当披露本次募集资金中资本性支出、非资本性支出构成以及补充流动资金占募集资金的比例，并结合公司业务规模、业务增长情况、现金流状况、资产构成及资金占用情况，论证说明本次补充流动资金的原因及规模的合理性。

保荐机构及会计师应当就发行人募集资金投资构成是否属于资本性支出发表核查意见。对于补充流动资金或者偿还债务规模明显超过企业实际经营情况且缺乏合理理由的，保荐机构应当就本次募集资金的合理性审慎发表意见。

六、关于第五十七条向特定对象发行股票引入的境内外"战略投资者"的理解与适用

《上市公司证券发行注册管理办法》第五十七条规定，上市公司向特定对象发行股票，可以引入境内外"战略投资者"。现提出如下适用意见：

（一）关于战略投资者的基本要求

《上市公司证券发行注册管理办法》第五十七条所称战略投资者，是指具有同行业或者相关行业较强的重要战略性资源，与上市公司谋求双方协调互补的长期共同战略利益，愿意长期持有上市公司较大比例股份，愿意并且有能力认真履行相应职责，提名董事实际参与公司治理，提升上市公司治理水平，帮助上市公司显著提高公司质量和内在价值，具有良好诚信记录，最近三年未受到中国证监会行政处罚或者被追究刑事责任的投资者。

战略投资者还应当符合下列情形之一：

1. 能够给上市公司带来国际国内领先的核心技术资源，显著增强上市公司的核心竞争力和创新能力，带动上市公司的产业技术升级，显著提升上市公司的盈利能力；

2. 能够给上市公司带来国际国内领先的市场、渠道、品牌等战略性资源，大幅促进上市公司市场拓展，推动实现上市公司销售业绩大幅提升。

（二）关于上市公司引入战略投资者的决策程序

上市公司拟引入战略投资者的，应当按照《公司法》《证券法》《上市公司证券发行注册管理办法》和公司章程的规定，履行相应的决策程序。

1. 上市公司应当与战略投资者签订具有法律约束力的战略合作协议，作出切实可行的战略合作安排。战略合作协议的主要内容应当包括：战略投资者具备的优势及其与上市公司的协同效应，双方的合作方式、合作领域、合作目标、合作期限、战略投资者拟认购股份的数量、定价依据、参与上市公司经营管理的安排、持股期限及未来退出安排、未履行相关义务的违约责任等；

2. 上市公司董事会应当将引入战略投资者的事项作为单独议案审议，并提交股东大会审议。独立董事、监事会应当对议案是否有利于保护上市公司和中小股东合法权益发表明确意见；

3. 上市公司股东大会对引入战略投资者议案作出决议，应当就每名战略投资者单独表决，且必须经出席会议的股东所持表决权三分之二以上通过，中小投资者的表决情况应当单独计票并披露。

（三）关于上市公司引入战略投资者的信息披露要求

上市公司应当按照《上市公司证券发行注册管理办法》的有关规定，充分履行信息披露义务。

1. 董事会议案应当充分披露公司引入战略投资者的目的，商业合理性，募集资金使用安排，战略投资者的基本情况、穿透披露股权或者投资者结构、战略合作协议的主要内容等；

2. 向特定对象发行股票完成后，上市公司应当在年报、半年报中披露战略投资者参与战略合作的具体情况及效果。

（四）关于保荐机构、证券服务机构的履职要求

1. 保荐机构和发行人律师应当勤勉尽责履行核查义务，并对下列事项发表明确意见：

（1）投资者是否符合战略投资者的要求，上市公司利益和中小投资者合法权益是否得到有效保护；

（2）上市公司是否存在借战略投资者入股名义损害中小投资者合法权益的情形；

（3）上市公司及其控股股东、实际控制人、主要股东是否存在向发行对象作出保底保收益或者变相保底保收益承诺，或者直接或者通过利益相关方向发行对象提供其他财务资助或者补偿的情形。

2. 持续督导期间，保荐机构应当履行职责，持续关注战略投资者与上市公司战略合作情况，督促上市公司及战略投资者认真履行战略合作协议的相关义务，切实发挥战略投资者的作用；发现上市公司及战略投资者未履行相关义务的，应当及时向监管机构报告。

（五）关于监管和处罚

上市公司、战略投资者、保荐机构、证券服务机构等相关各方未按照上述要求披露相关信息或者履行职责，或者所披露的信息存在虚假记载、误导性陈述或者重大遗漏的，中国证监会将依照《证券法》《上市公司证券发行注册管理办法》等法律法规对上市公司、有关各方及其相关责任人员追究法律责任。

（六）上市公司引入境外战略投资者应当同时遵守国家的相关规定。

七、关于第六十条"发行方案发生重大变化"的理解与适用

《上市公司证券发行注册管理办法》第六十条规定，向特定对象发行股票的定价基准日为本次发行股票的董事会决议公告日或者股东大会决议公告日的，本次"发行方案发生重大变化"需要重新确定定价基准日。现提出如下适用意见：

（一）本次发行方案发生重大变化的情形

向特定对象发行股票的董事会决议公告后，如果本次证券发行方案出现以下情形之一，应当视为本次发行方案发生重大变化，具体包括：

1. 增加募集资金数额；

2. 增加新的募投项目；

3. 增加发行对象或者认购股份，其中增加认购股份既包括增加所有发行对象认购股份的总量，也包括增加个别发行对象认购股份的数量；

4. 其他可能对本次发行定价具有重大影响的事项。

减少募集资金、减少募投项目、减少发行对象及其对应的认购股份并相应调减募集资金总额不视为本次发行方案发生重大变化。

（二）本次发行方案发生重大变化需要履行的程序

向特定对象发行股票的董事会决议公告后，本次发行方案发生重大变化的，应当由董事会重新确定本次发行的定价基准日，并经股东大会表决通过。上市公司提交发行申请文件后涉及发行方案发生重大变化的，应当撤回本次向特定对象发行股票的申请并重新申报。

申报前，本次证券发行方案发生变化但不属于重大变化的，上市公司履行决策程序后调整方案，并履行相关信息披露义务；申报后，本次证券发行方案发生变化但不属于重大变化的，上市公司应当及时报告证券交易所，并及时履行方案调整的内外部程序。保荐机构和发行人律师应当就发行方案的调整是否已履行必要的内外部程序、本次方案调整是否影响本次证券发行发表明确意见。

八、本适用意见自公布之日起施行，《发行监管问答——关于上市公司非公开发行股票引入战略投资者有关事项的监管要求》《发行监管问答——关于引导规范上市公司融资行为的监管要求（修订版）》同时废止

公开发行证券的公司信息披露内容与格式准则
第46号——北京证券交易所公司招股说明书

（中国证监会公告〔2023〕第16号 2023年2月17日）

第一章 总 则

第一条 为了规范北京证券交易所（以下简称北交所）向不特定合格投资者公开发行股票（以下简称公开发行）的信息披露行为，保护投资者的合法权益，根据《中华人民共和国证券法》（以下简称《证券法》）、《中华人民共和国公司法》（以下简称《公司法》）和《北京证券交易所向不特定合格投资者公开发行股票注册管理办法》的规定，制定本准则。

第二条 申请公开发行并在北交所上市的公司（以下简称发行人）应当按本准则编制招股说明书，作为申请公开发行的必备法律文件，并按本准则规定进行披露。

第三条 本准则的规定是对招股说明书信息披露的最低要求。不论本准则是否有明确规定，凡对投资者作出价值判断和投资决策有重大影响的信息，均应当披露。国家有关部门对发行人信息披露另有规定的，发行人还应当遵守其规定并履行信息披露义务。

招股说明书涉及未公开重大信息的，发行人应当按有关规定及时履行信息披露义务。

第四条 发行人在招股说明书中披露预测性信息及其他涉及发行人未来经营和财务状况信息，应当谨慎、合理。

第五条 发行人作为信息披露第一责任人，应当以投资者投资需求为导向编制招股说明书，为投资者作出价值判断和投资决策提供充分且必要的信息，保证相关信息的内容真实、准确、完整。

第六条 发行人应当加强投资者权益保护，在招股说明书中充分披露投资者权益保护的情况，说明在保障投资者尤其是中小投资者依法享有获取公司信息、享有资产收益、参与重大决策和选择管理者等权利方面采取的措施。

第七条 本准则某些具体要求对发行人确实不适用的，发行人可根据实际情况，在不影响披露内容完整性的前提下作适当调整，但应当在申报时作书面说明。

第八条 发行人有充分依据证明本准则要求披露的信息涉及国家秘密、商业秘密及其他因披露可能导致其违反国家有关保密法律法规或严重损害公司利益的，发行人可申请豁免按本准则披露。

第九条　招股说明书的编制应当符合下列一般要求：

（一）信息披露内容应当简明易懂，语言应当浅白平实，便于投资者阅读、理解，应当使用事实描述性语言，尽量采用图表、图片或其他较为直观的方式披露公司及其产品、财务等情况；

（二）应当准确引用与本次发行有关的中介机构的专业意见或报告，引用第三方数据或结论的，应当注明资料来源，确保有权威、客观、独立的依据并符合时效性要求；

（三）引用的数字应当采用阿拉伯数字，有关金额的资料除特别说明之外，应当指人民币金额，并以元、千元、万元或亿元为单位；

（四）发行人可根据有关规定或其他需求，编制招股说明书外文译本，但应当保证中外文文本的一致性，在对中外文本的理解上发生歧义时，以中文文本为准。

第十条　在不影响信息披露的完整性并保证阅读方便的前提下，发行人可采用相互引征的方法，对各相关部分的内容进行适当的技术处理；对于曾在全国中小企业股份转让系统（以下简称全国股转系统）挂牌期间公开披露过的信息，如事实未发生变化，发行人可以采用索引的方式进行披露。

第十一条　信息披露事项涉及重要性水平判断的，发行人应当结合自身业务特点，披露重要性水平的确定标准和依据。

第十二条　发行人下属企业的资产、收入或利润规模对发行人有重大影响的，应当参照本准则的规定披露相关信息。

第十二条　发行人在报送申请文件后，发生应予披露事项的，应当按规定及时履行信息披露义务。

第十四条　发行人应当按照中国证券监督管理委员会（以下简称中国证监会）和北交所的规定披露招股说明书（申报稿）。

发行人应当在招股说明书（申报稿）显要位置作如下声明："本公司的发行申请尚未经中国证监会注册。本招股说明书申报稿不具有据以发行股票的法律效力，投资者应当以正式公告的招股说明书全文作为投资决定的依据。"

"本次股票发行后拟在北京证券交易所上市，该市场具有较高的投资风险。北京证券交易所主要服务创新型中小企业，上市公司具有经营风险高、业绩不稳定、退市风险高等特点，投资者面临较大的市场风险。投资者应当充分了解北京证券交易所市场的投资风险及本公司所披露的风险因素，审慎作出投资决定。"

第十五条　发行人应当在符合《证券法》规定的信息披露平台披露招股说明书及其备查文件和中国证监会要求披露的其他文件，供投资者查阅。

发行人可以将招股说明书及其备查文件刊登于其他报刊、网站，但披露内容应当完全一致，且不得早于在符合《证券法》规定的信息披露平台的披露时间。

第十六条　招股意向书除发行数量、发行价格及筹资金额等内容可不确定外，其内容和格式应当与招股说明书一致。

招股意向书应当载明"本招股意向书的所有内容构成招股说明书不可撤销的组成部分，与招股说明书具有同等法律效力。"

第二章　招股说明书

第一节　封面、书脊、扉页、目录、释义

第十七条　招股说明书文本封面应当标有"×××公司招股说明书"字样，并载明发行人名称、证券简称、证券代码和住所，保荐人、主承销商的名称和住所。

第十八条　招股说明书纸质文本书脊应当标有"×××公司招股说明书"字样。

第十九条　招股说明书扉页应当载明下列内容：

（一）发行股票类型；

（二）发行股数；

（三）每股面值；

（四）定价方式；

（五）每股发行价格；

（六）预计发行日期；

（七）发行后总股本，发行境外上市外资股的公司还应当披露在境内上市流通的股份数量和在境外上市流通的股份数量；

（八）保荐人、主承销商；

（九）招股说明书签署日期。

第二十条　发行人应当在招股说明书扉页的显要位置载明：

"中国证监会和北京证券交易所对本次发行所作的任何决定或意见，均不表明其对注册申请文件及所披露信息的真实性、准确性、完整性作出保证，也不表明其对发行人的盈利能力、投资价值或者对投资者的收益作出实质性判断或者保证。任何与之相反的声明均属虚假不实陈述。

根据《证券法》的规定，股票依法发行后，发行人经营与收益的变化，由发行人自行负责；投资者自主判断发行人的投资价值，自主作出投资决策，自行承担股票依法发行后因发行人经营与收益变化或者股票价格变动引致的投资风险。"

第二十一条　发行人应当在招股说明书扉页作出如下声明：

"发行人及全体董事、监事、高级管理人员承诺招股说明书及其他信息披露资料不存在虚假记载、误导性陈述或者重大遗漏，并对其真实性、准确性、完整性承担相应的法律责任。

发行人控股股东、实际控制人承诺招股说明书不存在虚假记载、误导性陈述

或者重大遗漏，并对其真实性、准确性、完整性承担相应的法律责任。

公司负责人和主管会计工作的负责人、会计机构负责人保证招股说明书中财务会计资料真实、准确、完整。

发行人及全体董事、监事、高级管理人员、发行人的控股股东、实际控制人以及保荐人、承销商承诺因发行人招股说明书及其他信息披露资料有虚假记载、误导性陈述或者重大遗漏，致使投资者在证券发行和交易中遭受损失的，将依法承担法律责任。

保荐人及证券服务机构承诺因其为发行人本次公开发行股票制作、出具的文件有虚假记载、误导性陈述或者重大遗漏，给投资者造成损失的，将依法承担法律责任。"

第二十二条　发行人应当根据本准则及相关规定，针对实际情况在招股说明书首页作"重大事项提示"，提醒投资者需特别关注的重要事项，并提醒投资者认真阅读招股说明书正文内容。

第二十三条　招股说明书的目录应当标明各章、节的标题及相应的页码，内容编排应当符合通行的惯例。

第二十四条　发行人应当对可能造成投资者理解障碍及有特定含义的术语作出释义。招股说明书的释义应当在目录次页列示。

第二节　概　览

第二十五条　发行人应当声明："本概览仅对招股说明书作扼要提示。投资者作出投资决策前，应当认真阅读招股说明书全文。"

第二十六条　发行人应当披露本次发行所履行的决策程序。本次发行依照法律法规的规定应当取得其他监管机关审批的，应当披露审批程序的办理情况。

第二十七条　发行人应当披露本次发行的基本情况，主要包括：

（一）发行股票类型；

（二）每股面值；

（三）发行股数、占发行后总股本的比例；

（四）定价方式；

（五）每股发行价格；

（六）发行市盈率、市净率；

（七）预测净利润及发行后每股收益（如有）；

（八）发行前和发行后的每股净资产、净资产收益率；

（九）本次发行股票上市流通情况，包括各类投资者持有期的限制或承诺；

（十）发行方式和发行对象；

（十一）战略配售情况（如有）；

（十二）预计募集资金总额和净额，发行费用概算（包括保荐费用、承销费用、律师费用、审计费用、评估费用、发行手续费用等）；

（十三）承销方式及承销期；

（十四）询价对象范围及其他报价条件（如有）；

（十五）优先配售对象及条件（如有）。

第二十八条　发行人应当披露下列机构的名称、法定代表人、住所、联系电话、传真，同时应当披露有关经办人员的姓名：

（一）保荐人、承销商；

（二）律师事务所；

（三）会计师事务所；

（四）资产评估机构（如有）；

（五）股票登记机构；

（六）收款银行；

（七）其他与本次发行有关的机构。

第二十九条　发行人应当披露其与本次发行有关的保荐人、承销商、证券服务机构及其负责人、高级管理人员、经办人员之间存在的直接或间接的股权关系或其他利害关系。

第三十条　发行人应当简要披露发行人及其控股股东、实际控制人的情况，概述发行人主营业务的情况。

发行人应当列表披露最近三年及一期的主要会计数据及财务指标，主要包括：资产总额、股东权益合计、归属于母公司所有者的股东权益、资产负债率（母公司）、营业收入、毛利率、净利润、归属于母公司所有者的净利润、归属于母公司所有者的扣除非经常性损益后的净利润、加权平均净资产收益率、扣除非经常性损益后净资产收益率、基本每股收益、稀释每股收益、经营活动产生的现金流量净额、研发投入占营业收入的比例。除特别指出外，上述财务指标应当以合并财务报表的数据为基础进行计算。相关指标的计算应当执行中国证监会的有关规定。

第三十一条　简要披露发行人自身的创新特征，包括但不限于技术创新、模式创新和科技成果转化等情况。

第三十二条　披露发行人选择的具体上市标准及对上市标准的分析说明。

第三十三条　发行人应当简要披露公司治理特殊安排等重要事项。

第三十四条　发行人应当简要披露募集资金用途。

第三节　风险因素

第三十五条　发行人应当遵循重要性原则披露可能直接或间接对发行人及本次发行产生重大不利影响的所有风险因素。

第三十六条　发行人应当针对自身实际情况描述相关风险因素，描述应当充分、准确、具体，并作定量分析，无法进行定量分析的，应当有针对性地作出定性描述，但不得采用普遍适用的模糊表述；有关风险因素对发行人生产经营状况和持续盈利能力有严重不利影响的，应当作"重大事项提示"；风险因素中不得包含风险对策、发行人竞争优势及任何可能减轻风险因素的类似表述。

第三十七条 发行人应当结合自身实际情况，披露由于技术、产品、政策、经营模式变化等可能导致的风险，包括但不限于：

（一）经营风险，包括市场或经营前景或行业政策变化，商业周期变化，经营模式失败，依赖单一客户、单一技术、单一原材料等风险；

（二）财务风险，包括现金流状况不佳，资产周转能力差，重大资产减值，重大担保或偿债风险等；

（三）技术风险，包括技术升级迭代、研发失败、技术专利许可或授权不具排他性、技术未能形成产品或实现产业化等风险；

（四）人力资源风险，公司董事、监事、高级管理人员或核心技术（业务）人员存在违反保密、竞业禁止等方面规定的情形，公司人力资源无法匹配公司发展需求，关键岗位人才流失，管理经验不足，公司业务依赖单一人员等；

（五）尚未盈利或存在累计未弥补亏损的风险，包括未来一定期间无法盈利或无法进行利润分配的风险，对发行人资金状况、业务拓展、人才引进、团队稳定、研发投入、市场拓展等方面产生不利影响的风险等；

（六）法律风险，包括重大技术、产品纠纷或诉讼风险，土地、资产权属瑕疵，股权纠纷，行政处罚等方面对发行人合法合规性及持续经营的影响；

（七）发行失败风险，包括发行认购不足等风险；

（八）特别表决权股份或类似公司治理特殊安排的风险；

（九）可能严重影响公司持续经营的其他因素。

第四节　发行人基本情况

第三十八条 发行人应当披露其基本信息，主要包括：

（一）注册中、英文名称；

（二）统一社会信用代码；

（三）注册资本；

（四）法定代表人；

（五）成立日期；

（六）住所和邮政编码；

（七）电话、传真号码；

（八）互联网网址；

（九）电子信箱；

（十）负责信息披露和投资者关系的部门、负责人和电话号码。

第三十九条 发行人应当披露在全国股转系统挂牌期间的基本情况，主要包括：

（一）证券简称、证券代码、挂牌日期和目前所属层级；

（二）主办券商及其变动情况；

（三）报告期内年报审计机构及其变动情况；

（四）股票交易方式及其变更情况；

（五）报告期内发行融资情况，包括但不限于发行方式、金额、资金用途等；

（六）报告期内重大资产重组情况，对发行人业务和管理、股权结构及经营业绩的影响；

（七）报告期内控制权变动情况；

（八）报告期内股利分配情况。

第四十条　发行人应当采用图表等形式全面披露持有发行人百分之五以上股份或表决权的主要股东、实际控制人，控股股东、实际控制人所控制的其他企业，发行人的分公司、控股子公司、参股公司以及其他有重要影响的关联方。

第四十一条　发行人应当披露持有发行人百分之五以上股份或表决权的主要股东及发行人实际控制人的基本情况，主要包括：

（一）持有发行人百分之五以上股份或表决权的主要股东及发行人实际控制人为法人的，应当披露成立时间、注册资本、实收资本、注册地和主要生产经营地、股东构成、主营业务及其与发行人主营业务的关系；为自然人的，应当披露其国籍及拥有境外居留权情况、身份证件类型及号码和其在发行人处担任的职务；为合伙企业等非法人组织的，应当披露该合伙企业的合伙人构成、出资比例等。

发行人的控股股东及实际控制人为法人的，还应当披露其最近一年及一期末的总资产和净资产、最近一年及一期的净利润，并标明有关财务数据是否经过审计及审计机构名称；

（二）控股股东和实际控制人及持有发行人百分之五以上股份或表决权的主要股东直接或间接持有发行人的股份是否存在涉诉、质押、冻结或其他有争议的情况；

（三）实际控制人应当披露至最终的国有控股主体、集体组织、自然人等；

（四）无控股股东、实际控制人的，应当参照本条对发行人控股股东及实际控制人的要求披露对发行人有重大影响的股东情况。

第四十二条　发行人应当披露有关股本的情况，主要包括：

（一）本次发行前的总股本、本次拟发行的股份及占发行后总股本的比例；

（二）本次发行前的前十名股东持股数量、股份性质及其限售情况。

第四十三条　发行人应当披露本次公开发行申报前已经制定或实施的股权激励及相关安排（如限制性股票、股票期权等），发行人控股股东、实际控制人与其他股东签署的特殊投资约定等可能导致股权结构变化的事项，并说明其对公司经营状况、财务状况、控制权变化等方面的影响。

第四十四条　发行人应当简要披露其控股子公司、有重大影响的参股公司的情况，主要包括成立时间、注册资本、实收资本、注册地和主要生产经营地、股东构成及控制情况、主营业务及其与发行人主营业务的关系、主要产品或服务、最近一年及一期末的总资产和净资产、最近一年及一期的净利润，并标明有关财务数据是否经过审计及审计机构名称。

发行人应当列表简要披露其他参股公司的情况，包括出资金额、持股比例、入股时间、控股方及主营业务情况等。

第四十五条　发行人应当披露董事、监事、高级管理人员的简要情况，主要包括：姓名，国籍及境外居留权，性别，出生年月，学历及专业背景，职称，职业经历（应当包含曾经担任的重要职务及任期、主要负责内容及重大工作成果），现任职务及任期，兼职情况及兼职单位与发行人的关联关系，与其他董事、监事、高级管理人员的亲属关系，薪酬情况（应当包含薪酬组成、确定依据、报告期内薪酬总额占各期发行人利润总额的比重等）。

第四十六条　发行人应当列表披露董事、监事、高级管理人员及其近亲属直接或间接持有发行人股份的情况、持有人姓名，所持股份的涉诉、质押或冻结情况，以及是否履行相关信息披露义务。

发行人应当披露董事、监事、高级管理人员与发行人业务相关的对外投资情况，包括投资金额、持股比例、有关承诺和协议，对于存在利益冲突情形的，应当披露解决情况。

第四十七条　发行人应当充分披露报告期内发行人、控股股东、实际控制人、持股百分之五以上股东以及发行人的董事、监事、高级管理人员等责任主体所作出的重要承诺及承诺的履行情况，以及其他与本次发行相关的承诺事项，如规范或避免同业竞争承诺、减持意向或价格承诺、稳定公司股价预案以及相关约束措施等。

第五节　业务和技术

第四十八条　发行人应当清晰、准确、客观地披露主营业务、主要产品或服务的情况，包括：

（一）主营业务、主要产品或服务的基本情况，主营业务收入的主要构成；

（二）主要经营模式，如盈利模式、采购模式、生产或服务模式、营销及管理模式等，分析采用目前经营模式的原因、影响经营模式的关键因素、经营模式及其影响因素在报告期内的变化情况及未来变化趋势。发行人的业务及其模式具有创新性的，还应当披露其独特性、创新内容及持续创新机制；

（三）设立以来主营业务、主要产品或服务、主要经营模式的演变情况；

（四）发行人应当结合内部组织结构（包括部门、生产车间、子公司、分公司等）披露主要生产或服务流程、方式；

（五）生产经营中涉及的主要环境污染物、主要处理设施及处理能力。

第四十九条　发行人应当结合所处行业基本情况披露其竞争状况，主要包括：

（一）所属行业及确定所属行业的依据；

（二）发行人所处行业的主管部门、监管体制、主要法律法规和政策及对发行人经营发展的影响等；

（三）行业技术水平及技术特点、主要技术门槛和技术壁垒，衡量核心竞争力的关键指标，行业技术的发展趋势，行业特有的经营模式、周期性、区域性或季节性特征等；

（四）发行人产品或服务的市场地位、行业内的主要企业、竞争优势与劣势、行业发展态势、面临的机遇与挑战，以及上述情况在报告期内的变化及未来可预见的变化趋势；

（五）发行人与同行业可比公司在经营情况、市场地位、技术实力、衡量核心竞争力的关键业务数据、指标等方面的比较情况。

第五十条　发行人应当根据重要性原则披露主营业务的具体情况，主要包括：

（一）销售情况和主要客户：报告期内各期主要产品或服务的规模（产能、产量、销量，或服务能力、服务量）、销售收入、产品或服务的主要客户群体、销售价格的总体变动情况；存在多种销售模式的，应当披露各销售模式的规模及占当期销售总额的比重。报告期内各期向前五名客户合计的销售额占各期销售总额的百分比，向单个客户的销售比例超过总额的百分之五十的、前五名客户中存在新增客户的或严重依赖于少数客户的，应当披露其名称或姓名、销售比例，该客户为发行人关联方的，应当披露产品最终实现销售的情况。受同一实际控制人控制的客户，应当合并计算销售额；

（二）采购情况和主要供应商：报告期内采购产品、原材料、能源或接受服务的情况，相关价格变动趋势；报告期内各期向前五名供应商合计的采购额占当期采购总额的百分比，向单个供应商的采购比例超过总额的百分之五十的、前五名供应商中存在新增供应商的或严重依赖于少数供应商的，应当披露其名称或姓名、采购比例。受同一实际控制人控制的供应商，应当合并计算采购额；

（三）董事、监事、高级管理人员、主要关联方在上述客户或供应商中所占的权益；若无，应当明确说明；

（四）报告期内对持续经营有重要影响的合同的基本情况，包括合同当事人、合同标的、合同价款或报酬、履行期限、实际履行情况等；与同一交易主体在一个会计年度内连续发生的相同内容或性质的合同应当累计计算。发行人还应当披露重大影响的判断标准。

第五十一条　发行人应当遵循重要性原则披露与其业务相关的关键资源要素，主要包括：

（一）产品或服务所使用的主要技术、技术来源及所处阶段（如处于基础研究、试生产、小批量生产或大批量生产阶段），说明技术属于原始创新、集成创新或引进消化吸收再创新的情况；披露核心技术与已取得的专利及非专利技术的对应关系，以及在主营业务及产品或服务中的应用，并披露核心技术产品收入占营业收入的比例。产品或服务所使用的主要技术为外购的，应当披露相关协议中的权利义务安排；

（二）取得的业务许可资格或资质情况，主要包括名称、内容、授予机构、有效期限；

（三）拥有的特许经营权的情况，主要包括特许经营权的取得、特许经营权的期限、费用标准，对发行人业务的影响；

（四）对主要业务有重大影响的主要固定资产、无形资产的构成，分析其与所提供产品或服务的内在联系，是否存在瑕疵、纠纷和潜在纠纷，是否对发行人持续经营存在重大不利影响。发行人允许他人使用自己所有的资产，或作为被许可方使用他人资产的，应当披露许可合同的主要内容，主要包括许可人、被许可人、许可使用的具体资产内容、许可方式、许可年限、许可使用费等；

（五）员工情况，包括人数、年龄分布、专业构成、学历结构等。核心技术（业务）人员的姓名、年龄、主要业务经历及职务、现任职务与任期、所取得的专业资质及重要科研成果、获得的奖项、持有发行人的股份情况、对外投资情况及兼职情况，核心技术（业务）人员是否存在侵犯第三方知识产权或商业秘密、违反与第三方的竞业限制约定或保密协议的情况，报告期内核心技术（业务）人员的主要变动情况及对发行人的影响；

（六）正在从事的研发项目、所处阶段及进展情况、相应人员、经费投入、拟达到的目标；结合行业技术发展趋势，披露相关科研项目与行业技术水平的比较；披露报告期内研发投入的构成、占营业收入的比例。与其他单位合作研发的，还应当披露合作协议的主要内容，权利义务划分约定及采取的保密措施等。

第五十二条　发行人在境外进行生产经营的，应当对有关业务活动进行地域性分析。发行人拥有境外资产的，应当详细披露该项资产的规模、所在地、经营管理情况等。

第六节　公司治理

第五十三条　发行人应当披露股东大会、董事会、监事会、独立董事、董事会秘书制度的建立健全及运行情况，说明上述机构和人员履行职责的情况。

第五十四条　发行人存在特别表决权股份或类似安排的，应当披露相关安排的基本情况，包括设置特别表决权安排的股东大会决议、特别表决权安排运行期限、持有人资格、特别表决权股份拥有的表决权数量与普通股份拥有表决权数量的比例安排、持有人所持特别表决权股份能够参与表决的股东大会事项范围、特别表决权股份锁定安排及转让限制等，还应当披露特别表决权安排可能导致的相关风险、对公司治理的影响、相关投资者保护措施，以及保荐人和发行人律师针对上述事项是否合法合规发表的专业意见。

第五十五条　发行人应当结合内部控制的要素简要说明公司内部控制的基本情况，并披露公司管理层对内部控制完整性、合理性及有效性的自我评估意见以及注册会计师对公司内部控制的鉴证意见。注册会计师指出公司内部控制存在缺陷的，发行人应予披露并说明改进措施。

第五十六条　发行人应当披露报告期内存在的违法违规行为及受到的行政处罚情况，并说明对发行人的影响。

第五十七条　发行人应当披露报告期内是否存在资金被控股股东、实际控制人及其控制的其他企业以借款、代偿债务、代垫款项或者其他方式占用的情况，固定资产、无形资产等资产被控股股东、实际控制人及其控制的其他企业转移的情况，或者为控股股东、实际控制人及其控制的其他企业担保的情况。

第五十八条　发行人应当披露是否存在与控股股东、实际控制人及其控制的其他企业从事相同、相似业务的情况，如存在的，应当对不存在对发行人构成重大不利影响的同业竞争作出合理解释，并披露发行人防范利益输送、利益冲突及保持独立性的具体安排。

发行人控股股东、实际控制人作出规范或避免同业竞争承诺的，发行人应当披露承诺的履行情况。

第五十九条　发行人应当根据《公司法》、企业会计准则及中国证监会有关规定进行关联方认定，充分披露关联方、关联关系和关联交易。

发行人应当披露报告期内发生的关联交易是否已履行《公司法》、公司章程规定的决策程序，以及是否履行相关信息披露义务。

发行人应当根据交易的性质和频率，按照经常性和偶发性分类披露关联交易及关联交易对其财务状况和经营成果的影响。

购销商品、提供劳务等经常性关联交易，应当分别披露报告期内关联方名称、交易内容、交易价格的确定方法、交易金额、占当期营业收入或营业成本的比重、占当期同类型交易的比重以及关联交易增减变化的趋势，与交易相关应收应付款项的余额及增减变化的原因，以及上述关联交易是否仍将持续进行。

偶发性关联交易，应当披露关联方名称、交易时间、交易内容、交易金额、交易价格的确定方法、资金结算情况、交易产生的利润及对发行人当期经营成果的影响、交易对公司主营业务的影响。

发行人应当披露报告期内关联方的变化情况。由关联方变为非关联方的，发行人应当比照关联交易的要求持续披露与上述原关联方的后续交易情况，以及相关资产、人员的去向等。

发行人应当披露报告期内所发生的全部关联交易的简要汇总表。

第七节　财务会计信息

第六十条　发行人应当披露报告期内的资产负债表、利润表和现金流量表，以及会计师事务所的审计意见类型。发行人编制合并财务报表的，原则上只需披露合并财务报表，同时说明合并财务报表的编制基础、合并范围及变化情况。但合并财务报表与母公司财务报表存在显著差异的，应当披露母公司财务报表。

第六十一条　发行人应当结合业务活动实质、经营模式、关键审计事项等充分披露对公允反映公司财务状况和经营成果有重大影响的会计政策和会计估计。发行人重大会计政策或会计估计与可比公司存在较大差异的，应当分析重大会计政策或会计估计的差异产生的原因及对公司的影响。

第六十二条　发行人存在多个业务或地区分部的，应当披露分部信息。发行人分析公司财务会计信息时，应当利用分部信息。

第六十三条　发行人应当依据经注册会计师鉴证的非经常性损益明细表，以合并财务报表的数据为基础，披露报告期非经常性损益的具体内容、金额及对当期经营成果的影响，并计算报告期扣除非经常性损益后的净利润金额。

第六十四条　发行人应当列表披露最近三年及一期的主要会计数据及财务指标，主要包括：资产总额、股东权益合计、归属于母公司所有者的股东权益、每股净资产、归属于母公司所有者的每股净资产、资产负债率、营业收入、毛利率、净利润、归属于母公司所有者的净利润、扣除非经常性损益后的净利润、归属于母公司所有者的扣除非经常性损益后的净利润、息税折旧摊销前利润、加权平均净资产收益率、扣除非经常性损益后净资产收益率、基本每股收益、稀释每股收益、经营活动产生的现金流量净额、每股经营活动产生的现金流量净额、研发投入占营业收入的比例、应收账款周转率、存货周转率、流动比率、速动比率。除特别指出外，上述财务指标应当以合并财务报表的数据为基础进行计算。相关指标的计算应当执行中国证监会的有关规定。

第六十五条　发行人认为提供盈利预测报告将有助于投资者对发行人及投资于发行人的股票作出正确判断，且发行人确信能对最近的未来期间的盈利情况作出比较切合实际的预测的，发行人可以披露盈利预测报告。

发行人披露盈利预测报告的，应当声明："本公司盈利预测报告是管理层在最佳估计假设的基础上编制的，但所依据的各种假设具有不确定性，投资者进行投资决策时应当谨慎使用。"发行人应当提示投资者阅读盈利预测报告及审核报告全文。发行人应当在"重大事项提示"中提醒投资者关注已披露的盈利预测信息。

第八节　管理层讨论与分析

第六十六条　发行人应当主要依据最近三年及一期的合并财务报表分析发行人财务状况、盈利能力及现金流量等情况。分析时不应仅以引述方式重复财务报表的内容，应当选择使用逐年比较、与同行业对比分析等便于理解的形式。选择同行业公司对比分析时，发行人应当披露选择相关公司的原因，分析所选公司与发行人之间的可比性。分析影响因素时不应仅限于财务因素，还应当包括非财务因素，并将财务会计信息与业务经营信息对比印证。

第六十七条　发行人应当结合"业务和技术"中披露的自身业务特点等要素深入分析影响收入、成本、费用和利润的主要因素，以及对发行人具有核心意义或其变动对业绩变动具有较强预示作用的财务或非财务指标；分析报告期内上述因素和指标对财务状况和盈利能力的影响程度，及其对公司未来财务状况和盈利能力可能产生的影响。目前已经存在新的趋势或变化，可能对公司未来财务状况和盈利能力产生重大影响的，发行人应当分析具体的影响。

第六十八条　发行人财务状况分析应当结合最近三年及一期末资产、负债的主要构成，对资产、负债结构变动的主要原因、影响因素及程度进行充分说明，包括但不限于下列内容：

（一）最近三年及一期末应收款项的账面原值、坏账准备、账面价值，结合应收款项的构成、账龄、信用期、主要债务人等，分析说明报告期内应收款项的变动情况及原因、期后回款进度；坏账准备的计提比例是否与实际状况相符、是否与同行业可比公司存在显著差异；最近三年及一期末主要客户和新增主要客户的应收款项金额、占比情况；

（二）最近三年及一期末存货的类别、账面价值、存货跌价准备，结合业务模式、内控制度、存货构成等因素，分析说明报告期内存货余额的变动情况及原因，并对存货跌价准备计提的充分性进行分析；

（三）最近一期末持有金额较大的金融资产、借与他人款项、委托理财等财务性投资的，应当分析其投资目的、对发行人资金安排的影响、投资期限、发行人对投资的监管方案、投资的可回收性及减值准备计提的充足性；

（四）结合报告期内产能、业务量或生产经营情况等因素，说明固定资产结构与变动原因，重要固定资产折旧年限与同行业可比公司相比是否合理；报告期内大额在建工程的具体情况，包括项目名称、预算金额、实际金额及变动情况、利息资本化的情况、资金来源、预计未来转入固定资产的时间与条件、项目建设完成后相关产能情况等；固定资产与在建工程是否存在重大减值因素；

（五）最近三年及一期末无形资产的主要类别与变动原因，无形资产减值测试的方法与结果；报告期内存在研发支出资本化的，应当披露开发阶段资本化及开发支出结转无形资产的具体时点和条件，研发支出资本化对公司损益的影响以及发行人在研发支出资本化方面的内控制度等，并说明具体项目、依据、时间及金额；

（六）最近一期末商誉的形成原因、增减变动情况，商誉减值测试过程与方法；

（七）最近一期末的主要债项，包括银行借款、关联方借款、合同承诺债务、或有负债等主要债项的金额、期限、利率及利息费用等情况。有逾期未偿还债项的，应当说明其金额、利率、用途、未按期偿还的原因、预计还款期等。结合主要债项的构成、比例、用途等，分析说明报告期内债项的变动情况及原因，并说明借款费用资本化情况。发行人应当分析可预见的未来需偿还的负债金额及相应利息金额，并结合发行人的现金流量状况、在银行的资信状况、可利用的融资渠道及授信额度、表内负债、表外融资情况及或有负债等情况，分析发行人的偿债能力和流动性风险。

第六十九条　发行人盈利能力分析应当按照利润表项目对最近三年及一期经营成果变化的原因、影响因素、程度和风险趋势进行充分说明，包括但不限于下列内容：

（一）最近三年及一期营业收入构成情况，并分别按照产品或服务类别及业务、地区分布分类列示；分析营业收入增减变化的情况及原因；披露主要产品或服务的销售价格、销售量的变化情况及原因；营业收入存在季节性波动的，应当分析说明其原因及合理性；

（二）最近三年及一期营业成本的主要构成情况；结合主要原材料和能源的采购数量及采购价格等，披露营业成本增减变化情况及原因；

（三）最近三年及一期的综合毛利率、分产品或服务的毛利率及变动情况；报告期内毛利率发生重大变化的，以数据分析方式说明相关因素对毛利率变动的影响程度；

（四）最近三年及一期销售费用、管理费用、财务费用的构成及变动情况，说明上述费用占同期营业收入的比例，以及与主营业务的匹配情况，并解释异常波动的原因；与同行业可比公司相比如存在显著差异，应当结合业务特点和经营模式分析原因；

（五）最近三年及一期营业利润、利润总额和净利润金额，分析发行人净利润的主要来源及净利润增减变化情况及原因；

（六）最近三年及一期非经常性损益、合并财务报表范围以外的投资收益对公司经营成果有重大影响的，应当分析原因及对公司经营成果及盈利能力稳定性的影响；区分并分析与收益相关或与资产相关政府补助对发行人报告期与未来期间的影响。

第七十条　现金流量的分析一般应当包括下列内容：

（一）最近三年及一期经营活动产生的现金流量、投资活动产生的现金流量、筹资活动产生的现金流量的基本情况和变动原因；

（二）最近三年及一期经营活动产生的现金流量净额为负数或者与净利润存在较大差异的，应当分析披露原因。

第七十一条　资本性支出分析一般应当包括：

（一）最近三年及一期重大资本性支出的情况；如果资本性支出导致发行人固定资产大规模增加或进行跨行业投资的，应当分析资本性支出对发行人主要业务和经营成果的影响；

（二）截至报告期末的重大资本性支出决议以及未来可预见的重大资本性支出计划及资金需求量，如涉及跨行业投资的，应当说明其与发行人业务发展规划的关系。

第七十二条　发行人应当披露最近三年及一期执行的税收政策、缴纳的税种，并按税种分项说明执行的税率。存在税收减、免、返、退或其他税收优惠的，应当按税种分项说明相关法律法规或政策依据、批准或备案认定情况、具体幅度及有效期限。报告期内发行人税收政策存在重大变化或者税收优惠政策对发行人经营成果有重大影响的，发行人应当披露税收政策变化对经营成果的影响情况或者报告期内每期税收优惠占税前利润的比例，并对发行人是否对税收优惠存在严重依赖、未来税收优惠的可持续性等进行分析。

第七十三条　发行人最近三年及一期存在会计政策变更、会计估计变更的，应当披露变更的性质、内容、原因、变更影响数的处理方法及对发行人财务状况、经营成果的影响；发行人最近三年及一期存在会计差错更正的，应当披露前期差错的性质、影响。

第七十四条　发行人存在重大期后事项和其他或有事项的，应当说明其对发行人财务状况、盈利能力及持续经营的影响。

第七十五条　发行人应当披露本次发行完成前滚存利润的分配安排和已履行的决策程序。若发行前的滚存利润归发行前的股东享有，应当披露滚存利润的审计和实际派发情况，同时在招股说明书首页对滚存利润中由发行前股东单独享有的金额以及是否派发完毕作"重大事项提示"。

第九节　募集资金运用

第七十六条　发行人应当结合公司现有主营业务、生产经营规模、财务状况、技术条件、管理能力、发展目标合理确定本次发行募集资金用途和规模。发行人应当披露募集资金的具体用途和使用安排、募集资金管理制度、专户存储安排等情况。

第七十七条　发行人应当根据重要性原则披露募集资金运用情况：

（一）募集资金拟用于项目建设的，应当说明资金需求和资金投入安排，是否符合国家产业政策和法律、行政法规的规定；并披露所涉及审批或备案程序、土地、房产和环保事项等相关情况；

（二）募集资金拟用于购买资产的，应当对标的资产的情况进行说明，并列明收购后对发行人资产质量及持续经营能力的影响、是否构成重大资产重组，如构成，应当说明是否符合重大资产重组的有关规定并披露相关信息；募集资金拟用于向发行人控股股东、实际控制人或其关联方收购资产的，如对被收购资产有效益承诺，应当披露效益无法完成时的补偿责任；

（三）募集资金拟用于补充流动资金的，应当说明主要用途及合理性；

（四）募集资金拟用于偿还银行贷款的，应当列明拟偿还贷款的明细情况及贷款的使用情况；

（五）募集资金拟用于其他用途的，应当明确披露募集资金用途、资金需求的测算过程及募集资金的投入安排。

第七十八条　发行人应当披露报告期内募集资金运用的基本情况。如存在变更募集资金用途的，应当列表披露历次变更情况、披露募集资金的变更金额及占所募集资金净额的比例，并说明变更事项是否已经公司董事会、股东大会审议以及变更后的具体用途。

第十节　其他重要事项

第七十九条　发行人尚未盈利或存在累计未弥补亏损的，应当披露成因、影响及改善措施，包括但不限于：

（一）发行人应当结合行业特点分析该等情形的成因，充分披露尚未盈利或存在累计未弥补亏损对公司现金流、业务拓展、人才吸引、团队稳定性、研发投入、战略性投入、生产经营可持续性等方面的影响；

（二）发行人改善盈利状况的经营策略，未来是否可实现盈利的前瞻性信息及其依据、基础假设等。

披露前瞻性信息的，发行人应当声明："本公司前瞻性信息是建立在推测性假设的数据基础上的预测，具有重人不确定性，投资者进行投资决策时应当谨慎使用。"

第八十条　发行人应当披露当前对外担保的情况，主要包括：

（一）被担保人的名称、注册资本、实收资本、住所、生产经营情况、与发行人的关系以及最近一年及一期末的总资产、净资产和最近一年及一期的净利润，并标明有关财务数据是否经过审计及审计机构名称；

（二）主债务的种类、金额和履行债务的期限；

（三）担保方式：采用保证方式还是抵押、质押方式；采用抵押、质押方式的，应当披露担保物的种类、数量、价值等相关情况；

（四）担保范围；

（五）担保期间；

（六）争议解决安排；

（七）其他对担保人有重大影响的条款；

（八）担保履行情况；

（九）如存在反担保的，应当简要披露相关情况；

（十）该等担保对发行人业务经营与财务状况的影响。

第八十一条　发行人应当披露对财务状况、经营成果、声誉、业务活动、未来前景等可能产生重大影响的诉讼或仲裁事项，以及控股股东或实际控制人、控股子公司，发行人董事、监事、高级管理人员和核心技术（业务）人员作为一方当事人可能对发行人产生影响的刑事诉讼、重大诉讼或仲裁事项，主要包括：

（一）案件受理情况和基本案情；

（二）诉讼或仲裁请求；

（三）判决、裁决结果及执行情况；

（四）诉讼、仲裁案件对发行人的影响。

第八十二条　发行人应当披露控股股东、实际控制人、董事、监事、高级管理人员报告期内是否存在重大违法行为。

第十一节　声明与承诺

第八十三条　发行人全体董事、监事、高级管理人员应当在招股说明书正文的尾页声明：

"本公司全体董事、监事、高级管理人员承诺本招股说明书不存在虚假记载、误导性陈述或者重大遗漏，并对其真实性、准确性、完整性承担相应的法律责任。"

声明应当由发行人全体董事、监事、高级管理人员签名，并由发行人加盖公章。

第八十四条　发行人控股股东、实际控制人应当在招股说明书正文后声明：

"本公司或本人承诺本招股说明书不存在虚假记载、误导性陈述或者重大遗漏，并对其真实性、准确性、完整性承担相应的法律责任。"

声明应当由控股股东、实际控制人签名，加盖公章。

第八十五条　保荐人（主承销商）应当在招股说明书正文后声明：

"本公司已对招股说明书进行了核查，确认不存在虚假记载、误导性陈述或者重大遗漏，并对其真实性、准确性、完整性承担相应的法律责任。"

声明应当由法定代表人、保荐代表人、项目协办人签名，并由保荐人（主承销商）加盖公章。

第八十六条　发行人律师应当在招股说明书正文后声明：

"本所及经办律师已阅读招股说明书，确认招股说明书与本所出具的法律意见书和律师工作报告无矛盾之处。本所及经办律师对发行人在招股说明书中引用的法律意见书和律师工作报告的内容无异议，确认招股说明书不致因上述内容而出现虚假记载、误导性陈述或者重大遗漏，并对其真实性、准确性、完整性承担相应的法律责任。"

声明应当由经办律师及所在律师事务所负责人签名，并由律师事务所加盖公章。

第八十七条　承担审计业务的会计师事务所应当在招股说明书正文后声明：

"本所及签字注册会计师已阅读招股说明书，确认招股说明书与本所出具的审计报告、盈利预测审核报告（如有）、内部控制鉴证报告、发行人前次募集资金使用情况的报告（如有）及经本所鉴证的非经常性损益明细表等无矛盾之处。本所及签字注册会计师对发行人在招股说明书中引用的审计报告、盈利预测审核报告（如有）、内部控制鉴证报告、发行人前次募集资金使用情况的报告（如有）及经本所鉴证的非经常性损益明细表内容无异议，确认招股说明书不致因上述内容而出现虚假记载、误导性陈述或者重大遗漏，并对其真实性、准确性、完整性承担相应的法律责任。"

声明应当由签字注册会计师及所在会计师事务所负责人签名，并由会计师事务所加盖公章。

第八十八条　承担评估业务的资产评估机构应当在招股说明书正文后声明：

"本机构及签字注册资产评估师已阅读招股说明书，确认招股说明书与本机构出具的资产评估报告无矛盾之处。本机构及签字注册资产评估师对发行人在招股说明书中引用的资产评估报告的内容无异议，确认招股说明书不致因上述内容而出现虚假记载、误导性陈述或者重大遗漏，并对其真实性、准确性、完整性承担相应的法律责任。"

声明应当由签字注册资产评估师及所在资产评估机构负责人签名，并由资产评估机构加盖公章。

第八十九条　本准则所要求的有关人员的签名下方应当以印刷体形式注明其姓名。

第十二节　备查文件

第九十条　招股说明书结尾应当列明备查文件，应当包括下列文件：

（一）发行保荐书；

（二）上市保荐书；

（三）法律意见书；

（四）财务报告及审计报告；

（五）资产评估报告（如有）；

（六）公司章程（草案）；

（七）发行人及其他责任主体作出的与发行人本次发行相关的承诺事项；

（八）盈利预测报告及审核报告（如有）；

（九）内部控制鉴证报告；

（十）经注册会计师鉴证的发行人前次募集资金使用情况报告；

（十一）经注册会计师鉴证的非经常性损益明细表；

（十二）中国证监会同意本次公开发行注册的文件；

（十三）其他与本次发行有关的重要文件。

第三章　附　则

第九十一条　本准则自公布之日起施行。《公开发行证券的公司信息披露内容与格式准则第 46 号——北京证券交易所公司招股说明书》（证监会公告〔2021〕26 号）同时废止。

公开发行证券的公司信息披露内容与格式准则第47号——向不特定合格投资者公开发行股票并在北京证券交易所上市申请文件

（中国证监会公告〔2023〕第17号 2023年2月17日）

第一条 为了规范向不特定合格投资者公开发行股票（以下简称公开发行）并在北京证券交易所上市申请文件的格式和报送行为，根据《中华人民共和国证券法》《中华人民共和国公司法》《北京证券交易所向不特定合格投资者公开发行股票注册管理办法》的规定，制定本准则。

第二条 申请公开发行并在北京证券交易所上市的公司（以下简称发行人）应当按本准则的规定制作和报送申请文件，并通过北京证券交易所（以下简称北交所）发行上市审核业务系统报送电子文件。

报送的电子文件应当和预留原件一致。发行人律师应当对所报送电子文件与预留原件的一致性出具鉴证意见。报送的电子文件和预留原件具有同等的法律效力。

第三条 本准则规定的申请文件目录是对发行申请文件的最低要求，中国证券监督管理委员会（以下简称中国证监会）和北交所可以要求发行人和中介机构补充及更新材料。如果某些材料对发行人不适用，可不提供，但应当作出书面说明。

第四条 招股说明书的有效期为六个月，自公开发行前最后一次签署之日起计算。

招股说明书引用的财务报告在其最近一期截止日后六个月内有效，特殊情况下发行人可申请适当延长，但最多不超过三个月。

第五条 申请文件一经受理，未经同意，不得增加、撤回或更换。

第六条 发行人应当确保申请文件的原始纸质文件已存档。

发行人不能提供有关文件原件的，应当由发行人律师提供鉴证意见，或由出文单位盖章，以保证与原件一致。如原出文单位不再存续，由承继其职能的单位或作出撤销决定的单位出文证明文件的真实性。

第七条 申请文件所有需要签名处，应当载明签名字样的印刷体，并由签名人亲笔签名，不得以名章、签名章等代替。

申请文件中需要由发行人律师鉴证的文件，发行人律师应当在该文件首页注明"以下第×××页至第×××页与原件一致"，并签名和签署鉴证日期，律师事务所应当在该文件首页加盖公章，并在第×××页至第×××页侧面以公章加盖骑缝章。

第八条　发行人应当根据北交所对申请文件的问询及中国证监会对申请文件的反馈问题提供补充材料或更新材料。有关中介机构应当对相关问题进行尽职调查并补充出具专业意见。

第九条　未按本准则的要求制作和报送申请文件的，北交所按照有关规定不予受理。

第十条　本准则自公布之日起施行。《公开发行证券的公司信息披露内容与格式准则第 47 号——向不特定合格投资者公开发行股票并在北京证券交易所上市申请文件》（证监会公告〔2021〕27 号）同时废止。

附件：向不特定合格投资者公开发行股票并在北京证券交易所上市申请文件目录

附件

向不特定合格投资者公开发行股票并在北京证券交易所上市申请文件目录

一、发行文件

1–1 招股说明书（申报稿）

二、发行人关于本次发行上市的申请与授权文件

2–1 发行人关于本次公开发行股票并在北交所上市的申请报告

2–2 发行人董事会有关本次公开发行并在北交所上市的决议

2–3 发行人股东大会有关本次公开发行并在北交所上市的决议

2–4 发行人监事会对招股说明书真实性、准确性、完整性的书面审核意见

三、保荐人关于本次发行的文件

3–1 发行保荐书

3–2 上市保荐书

3–3 保荐工作报告

四、会计师关于本次发行的文件

4–1 最近三年及一期的财务报告和审计报告

4–2 盈利预测报告及审核报告（如有）

4–3 内部控制鉴证报告

4–4 经注册会计师鉴证的非经常性损益明细表

4–5 会计师事务所关于发行人前次募集资金使用情况的报告（如有）

五、律师关于本次发行的文件

5-1 法律意见书

5-2 律师工作报告

5-3 发行人律师关于发行人董事、监事、高级管理人员、发行人控股股东和实际控制人在相关文件上签名盖章的真实性的鉴证意见

5-4 关于申请电子文件与预留原件一致的鉴证意见

六、关于本次发行募集资金运用的文件

6-1 募集资金投资项目的审批、核准或备案文件（如有）

6-2 发行人拟收购资产（包括权益）的有关财务报告、审计报告、资产评估报告（如有）

6-3 发行人拟收购资产（包括权益）的合同或其草案（如有）

七、其他文件

7-1 发行人营业执照及公司章程（草案）

7-2 发行人控股股东、实际控制人最近一年及一期的财务报告及审计报告（如有）

7-3 承诺事项

7-3-1 发行人及其控股股东、实际控制人、持股百分之五以上股东以及发行人董事、监事、高级管理人员等责任主体的重要承诺及未履行承诺的约束措施

7-3-2 发行人及其控股股东、实际控制人、全体董事、监事、高级管理人员、保荐人（主承销商）、律师事务所、会计师事务所及其他证券服务机构对发行申请文件真实性、准确性、完整性的承诺书以及前述主体及保荐人、证券服务机构的相关责任人员关于不得影响或干扰发行上市审核注册工作的承诺书

7-3-3 发行人、保荐人关于申请电子文件与预留原件一致的承诺函

7-4 信息披露豁免申请及保荐人核查意见（如有）

7-5 特定行业（或企业）管理部门出具的相关意见（如有）

7-6 保荐协议

7-7 其他文件

公开发行证券的公司信息披露内容与格式准则第 48 号——北京证券交易所上市公司向不特定合格投资者公开发行股票募集说明书

（中国证监会公告〔2023〕第 18 号　2023 年 2 月 17 日）

第一章　总　则

第一条　为了规范北京证券交易所（以下简称北交所）上市公司向不特定合格投资者公开发行股票（以下简称公开发行）的信息披露行为，保护投资者的合法权益，根据《中华人民共和国证券法》（以下简称《证券法》）、《中华人民共和国公司法》（以下简称《公司法》）和《北京证券交易所上市公司证券发行注册管理办法》的规定，制定本准则。

第二条　北交所上市公司（以下简称上市公司）申请公开发行的，应当按照本准则编制上市公司向不特定合格投资者公开发行股票募集说明书（以下简称募集说明书），作为公开发行的必备法律文件，并按本准则的规定进行披露。

第三条　本准则的规定是对募集说明书信息披露的最低要求。不论本准则是否有明确规定，凡对投资者作出价值判断和投资决策有重大影响的信息，均应当披露。国家有关部门对上市公司信息披露另有规定的，上市公司还应当遵守其规定并履行信息披露义务。

募集说明书涉及未公开重大信息的，上市公司应当按有关规定及时履行信息披露义务。

第四条　上市公司在募集说明书中披露预测性信息及其他涉及上市公司未来经营和财务状况信息，应当谨慎、合理。

第五条　上市公司作为信息披露第一责任人，应当以投资者投资需求为导向编制募集说明书，为投资者作出价值判断和投资决策提供充分且必要的信息，保证相关信息的内容真实、准确、完整。

第六条　本准则某些具体要求对上市公司确实不适用的，上市公司可根据实际情况，在不影响披露内容完整性的前提下作适当调整，但应当在申报时作书面说明。

第七条　上市公司有充分依据证明本准则要求披露的信息涉及国家秘密、商业秘密及其他因披露可能导致其违反国家有关保密法律法规或严重损害公司利益的，上市公司可申请豁免按本准则披露。

第八条　募集说明书的编制应当符合下列一般要求：

（一）信息披露内容应当简明易懂，语言应当浅白平实，便于投资者阅读、理解，应当使用事实描述性语言，尽量采用图表、图片或其他较为直观的方式披露公司及其产品、财务等情况；

（二）应当准确引用与本次发行有关的中介机构的专业意见或报告，引用第三方数据或结论的，应当注明资料来源，确保有权威、客观、独立的依据并符合时效性要求；

（三）引用的数字应当采用阿拉伯数字，有关金额的资料除特别说明之外，应当指人民币金额，并以元、千元、万元或亿元为单位；

（四）上市公司可根据有关规定或其他需求，编制募集说明书外文译本，但应当保证中外文文本的一致性，在对中外文本的理解上发生歧义时，以中文文本为准。

第九条　在不影响信息披露的完整性并保证阅读方便的前提下，上市公司可采用相互引征的方法，对各相关部分的内容进行适当的技术处理；对于曾在定期报告、临时报告和其他信息披露文件中披露过的信息，如事实未发生变化，上市公司可以采用索引的方式进行披露。

第十条　信息披露事项涉及重要性水平判断的，上市公司应当结合自身业务特点，披露重要性水平的确定标准和依据。

第十一条　上市公司下属企业的资产、收入或利润规模对上市公司有重大影响的，应当参照本准则的规定披露相关信息。

第十二条　上市公司在报送申请文件后，发生应予披露事项的，应当按规定及时履行信息披露义务。

第十三条　上市公司应当按照中国证券监督管理委员会（以下简称中国证监会）规定披露募集说明书（申报稿）。

上市公司应当在募集说明书（申报稿）显要位置作如下声明："本公司的发行申请尚未经中国证监会注册。本募集说明书申报稿不具有据以发行股票的法律效力，投资者应当以正式公告的募集说明书全文作为投资决定的依据。"

第十四条　上市公司应当在符合《证券法》规定的信息披露平台披露募集说明书及其备查文件和中国证监会要求披露的其他文件，供投资者查阅。

上市公司可以将募集说明书及其备查文件刊登于其他报刊、网站，但披露内容应当完全一致，且不得早于在符合《证券法》规定的信息披露平台的披露时间。

第十五条　上市公司公开发行招股意向书除发行数量、发行价格及筹资金额等内容可不确定外，其内容和格式应当与募集说明书一致。

招股意向书应当载明"本招股意向书的所有内容构成募集说明书不可撤销的

组成部分，与募集说明书具有同等法律效力。"

第二章　募集说明书

第一节　封面、书脊、扉页、目录、释义

第十六条　募集说明书文本封面应当标有"×××公司向不特定合格投资者公开发行股票募集说明书"字样，并载明上市公司名称、证券简称、证券代码和住所，保荐人、主承销商的名称和住所。

第十七条　募集说明书纸质文本书脊应当标有"×××公司向不特定合格投资者公开发行股票募集说明书"字样。

第十八条　募集说明书扉页应当载明下列内容：

（一）发行股票类型；

（二）发行股数；

（三）每股面值；

（四）定价方式；

（五）每股发行价格；

（六）预计发行日期；

（七）发行后总股本，发行境外上市外资股的公司还应当披露在境内上市流通的股份数量和在境外上市流通的股份数量；

（八）保荐人、主承销商；

（九）募集说明书签署日期。

第十九条　上市公司应当在募集说明书扉页的显要位置载明：

"中国证监会和北京证券交易所对本次发行所作的任何决定或意见，均不表明其对公开发行申请文件及所披露信息的真实性、准确性、完整性作出保证，也不表明其对上市公司的盈利能力、投资价值或者对投资者的收益作出实质性判断或者保证。任何与之相反的声明均属虚假不实陈述。

根据《证券法》的规定，股票依法发行后，上市公司经营与收益的变化，由上市公司自行负责；投资者自主判断上市公司的投资价值，自主作出投资决策，自行承担股票依法发行后因上市公司经营与收益变化或者股票价格变动引致的投资风险。"

第二十条　上市公司应当在募集说明书扉页作出如下声明：

"上市公司及全体董事、监事、高级管理人员承诺募集说明书及其他信息披露资料不存在虚假记载、误导性陈述或者重大遗漏，并对其真实性、准确性、完整性承担相应的法律责任。

上市公司控股股东、实际控制人承诺募集说明书不存在虚假记载、误导性陈述或者重大遗漏，并对其真实性、准确性、完整性承担相应的法律责任。

公司负责人和主管会计工作的负责人、会计机构负责人保证募集说明书中财务会计资料真实、准确、完整。

上市公司及全体董事、监事、高级管理人员、上市公司的控股股东、实际控制人以及保荐人、承销商承诺因上市公司募集说明书及其他信息披露资料有虚假记载、误导性陈述或者重大遗漏，致使投资者在证券发行和交易中遭受损失的，将依法承担法律责任。

保荐人及证券服务机构承诺因其为上市公司本次公开发行股票制作、出具的文件有虚假记载、误导性陈述或者重大遗漏，给投资者造成损失的，将依法承担法律责任。"

第二十一条　上市公司应当根据本准则及相关规定，针对实际情况在募集说明书首页作"重大事项提示"，提醒投资者需特别关注的重要事项，并提醒投资者认真阅读募集说明书正文内容。

第二十二条　募集说明书的目录应当标明各章、节的标题及相应的页码，内容编排应当符合通行的惯例。

第二十三条　上市公司应当对可能造成投资者理解障碍及有特定含义的术语作出释义。募集说明书的释义应当在目录次页列示。

第二节　本次发行概览

第二十四条　上市公司应当声明："本概览仅对募集说明书作扼要提示。投资者作出投资决策前，应当认真阅读募集说明书全文。"

第二十五条　上市公司应当披露本次发行所履行的决策程序。本次发行依照法律法规的规定应当取得其他监管机关审批的，应当披露审批程序的办理情况。

第二十六条　上市公司应当披露本次发行的基本情况，主要包括：

（一）发行股票类型；

（二）每股面值；

（三）发行股数、占发行后总股本的比例；

（四）定价方式；

（五）每股发行价格；

（六）发行市盈率、市净率；

（七）预测净利润及发行后每股收益（如有）；

（八）发行前和发行后的每股净资产、净资产收益率；

（九）本次发行股票的上市流通情况，包括各类投资者持有期的限制或承诺；

（十）发行方式和发行对象；

（十一）预计募集资金总额和净额，发行费用概算（包括保荐费用、承销费用、律师费用、审计费用、评估费用、发行手续费用等）；

（十二）承销方式及承销期；

（十三）承销期间的停牌、复牌及本次发行股份上市的时间安排；

（十四）询价对象范围及其他报价条件（如有）；

（十五）优先配售对象及条件（如有）。

第二十七条　上市公司应当披露下列机构的名称、法定代表人、住所、联系电话、传真，同时应当披露有关经办人员的姓名：

（一）保荐人、承销商；

（二）律师事务所；

（三）会计师事务所；

（四）资产评估机构（如有）；

（五）股票登记机构；

（六）收款银行；

（七）其他与本次发行有关的机构。

第二十八条　上市公司应当披露其与本次发行有关的保荐人、承销商、证券服务机构及其负责人、高级管理人员、经办人员之间存在的直接或间接的股权关系或其他利害关系。

第二十九条　上市公司应当简要披露上市公司及其控股股东、实际控制人的情况，概述上市公司主营业务的情况。

上市公司应当列表披露最近三年及一期的主要会计数据及财务指标，主要包括：资产总额、股东权益合计、归属于母公司所有者的股东权益、资产负债率（母公司）、营业收入、毛利率、净利润、归属于母公司所有者的净利润、扣除非经常性损益后的净利润、归属于母公司所有者的扣除非经常性损益后的净利润、加权平均净资产收益率、扣除非经常性损益后净资产收益率、基本每股收益、稀释每股收益、经营活动产生的现金流量净额、研发投入占营业收入的比例。除特别指出外，上述财务指标应当以合并财务报表的数据为基础进行计算。相关指标的计算应当执行中国证监会的有关规定。

第三十条　上市公司应当简要披露公司治理特殊安排等重要事项。

第三十一条　上市公司应当简要披露募集资金用途。

第三节　风险因素

第三十二条　上市公司应当遵循重要性原则披露可能直接或间接对上市公司及本次发行产生重大不利影响的所有风险因素。

第三十三条　上市公司应当针对自身实际情况描述相关风险因素，描述应当充分、准确、具体，并作定量分析，无法进行定量分析的，应当有针对性地作出定性描述，但不得采用普遍适用的模糊表述；有关风险因素对上市公司生产经营状况和持续盈利能力有严重不利影响的，应当作"重大事项提示"；风险因素中不得包含风险对策、上市公司竞争优势及任何可能减轻风险因素的类似表述。

第三十四条　上市公司应当结合自身实际情况，披露由于技术、产品、政策、经营模式变化等可能导致的风险，包括但不限于：

（一）经营风险；

（二）财务风险；

（三）技术风险；

（四）人力资源风险；

（五）尚未盈利或存在累计未弥补亏损的风险，包括未来一定期间无法盈利或无法进行利润分配的风险，对上市公司资金状况、业务拓展、人才引进、团队稳定、研发投入、市场拓展等方面产生不利影响的风险等；

（六）法律风险；

（七）发行失败风险；

（八）特别表决权股份或类似公司治理特殊安排的风险；

（九）可能严重影响公司持续经营的其他因素。

第四节　上市公司基本情况

第三十五条　上市公司应当披露其基本信息，主要包括：

（一）注册中、英文名称，证券简称、证券代码；

（二）统一社会信用代码；

（三）注册资本；

（四）法定代表人；

（五）成立日期；

（六）住所和邮政编码；

（七）电话、传真号码；

（八）互联网网址；

（九）电子信箱；

（十）负责信息披露和投资者关系的部门、负责人和电话号码。

第三十六条　上市公司应当披露在北交所上市期间的基本情况，主要包括：

（一）报告期内发行融资情况，包括但不限于发行方式、金额、资金用途等；

（二）报告期内重大资产重组情况，对上市公司业务和管理、股权结构及经营业绩的影响；

（三）报告期内控制权变动情况；

（四）报告期内股利分配情况。

第三十七条　上市公司应当采用图表等形式全面披露持有上市公司百分之五以上股份或表决权的主要股东、实际控制人，控股股东、实际控制人所控制的其他企业，上市公司的分公司、控股子公司、参股公司以及其他有重要影响的关联方。

第三十八条 上市公司应当披露控股股东、实际控制人的基本情况及上市以来（上市超过三年的为最近三年）的变化情况，具体如下：

（一）实际控制人应当披露至最终的国有控股主体、集体组织、自然人；

（二）上市公司的控股股东或实际控制人为自然人的，应当披露其国籍及拥有境外居留权情况、身份证件类型及号码和其在上市公司处担任的职务；

（三）上市公司的控股股东或实际控制人为合伙企业等非法人组织的，应当披露该合伙企业的合伙人构成、出资比例；

（四）上市公司的控股股东或实际控制人为法人的，应当披露其最近一年及一期末的总资产和净资产、最近一年及一期的净利润，并标明有关财务数据是否经过审计及审计机构名称；

（五）控股股东和实际控制人直接或间接持有上市公司的股份是否存在涉诉、质押、冻结或其他有争议的情况；

（六）无控股股东、实际控制人的，应当参照本条对上市公司控股股东及实际控制人的要求披露对上市公司有重大影响的股东情况。

第三十九条 上市公司应当披露本次发行前的股本总额及前十大股东的姓名或名称、持股数量、股份性质、股份限售的有关情况。

第四十条 上市公司应当披露本次公开发行申报前已经制定或实施的股权激励及相关安排（如限制性股票、股票期权等），上市公司控股股东、实际控制人与其他股东签署的特殊投资约定等可能导致股权结构变化的事项，并说明其对公司经营状况、财务状况、控制权变化等方面的影响。

第四十一条 上市公司应当简要披露其控股子公司、有重大影响的参股公司的情况，主要包括成立时间、注册资本、实收资本、注册地和主要生产经营地、股东构成及控制情况、主营业务及其与上市公司主营业务的关系、主要产品或服务、最近一年及一期末的总资产和净资产、最近一年及一期的净利润，并标明有关财务数据是否经过审计及审计机构名称。

第四十二条 上市公司应当披露董事、监事、高级管理人员的简要情况，主要包括：姓名，国籍及境外居留权，性别，出生年月，学历及专业背景，职称，职业经历，现任职务及任期，兼职情况及兼职单位与上市公司的关联关系，与其他董事、监事、高级管理人员的亲属关系，薪酬情况。

第四十三条 上市公司应当列表披露董事、监事、高级管理人员及其近亲属直接或间接持有上市公司股份的情况，持有人姓名，所持股份的涉诉、质押或冻结情况，以及是否履行相关信息披露义务。

第四十四条 上市公司应当充分披露报告期内上市公司、控股股东、实际控制人、持股百分之五以上的股东以及上市公司的董事、监事、高级管理人员等责任主体所作出的重要承诺及承诺的履行情况，以及其他与本次发行相关的承诺事项。

第五节　业务和技术

第四十五条　上市公司应当清晰、准确、客观地披露主营业务、主要产品或服务的情况，包括：

（一）主营业务、主要产品或服务的基本情况，主营业务收入的主要构成；

（二）主要经营模式，如盈利模式、采购模式、生产或服务模式、营销及管理模式等；上市公司的业务及其模式具有创新性的，还应当披露其独特性、创新内容及持续创新机制；

（三）上市以来（上市超过三年的为最近三年）主营业务、主要产品或服务、主要经营模式是否发生变化，以及演变情况；

（四）上市公司应当结合内部组织结构（包括部门、生产车间、子公司、分公司等）披露主要生产或服务流程、方式；

（五）存在高危险、重污染情况的，还应当披露生产经营中涉及的主要环境污染物、主要处理设施及处理能力。

第四十六条　上市公司应当结合所处行业基本情况披露其竞争状况，主要包括：

（一）所属行业及确定所属行业的依据，最近三年是否发生变化及变化情况；

（二）上市公司所处行业的主管部门、监管体制、主要法律法规和政策最近三年的变化情况，以及对上市公司经营发展的影响等；

（三）行业技术水平及技术特点、主要技术门槛和技术壁垒，衡量核心竞争力的关键指标，行业技术的发展趋势，行业特有的经营模式、周期性、区域性或季节性特征等；

（四）上市公司产品或服务的市场地位、行业内的主要企业、竞争优势与劣势、行业发展态势、面临的机遇与挑战，以及上述情况在报告期内的变化及未来可预见的变化趋势。

第四十七条　上市公司应当根据重要性原则披露主营业务的具体情况，主要包括：

（一）销售情况和主要客户：报告期内各期主要产品或服务的规模（产能、产量、销量，或服务能力、服务量）、销售收入、产品或服务的主要客户群体、销售价格的总体变动情况，以及向前五大客户的销售金额及占比；

（二）采购情况和主要供应商：报告期内采购产品、原材料、能源或接受服务的情况，相关价格变动趋势，以及向前五大供应商采购的金额及占比；

（三）董事、监事、高级管理人员、主要关联方在上述客户或供应商中所占的权益；若无，应当明确说明；

（四）报告期内对持续经营有重要影响的合同的基本情况，包括合同当事人、合同标的、合同价款或报酬、履行期限、实际履行情况等；与同一交易主体在一个会计年度内连续发生的相同内容或性质的合同应当累计计算。上市公司还应当披露重大影响的判断标准。

第四十八条 上市公司应当遵循重要性原则披露与其业务相关的关键资源要素，主要包括：

（一）产品或服务所使用的主要技术、技术来源及所处阶段（如处于基础研究、试生产、小批量生产或大批量生产阶段），说明技术属于原始创新、集成创新或引进消化吸收再创新的情况；披露核心技术与已取得的专利及非专利技术的对应关系，以及在主营业务及产品或服务中的应用，并披露核心技术产品收入占营业收入的比例。产品或服务所使用的主要技术为外购的，应当披露相关协议中的权利义务安排；

（二）取得的业务许可资格或资质情况，主要包括名称、内容、授予机构、有效期限；

（三）拥有的特许经营权的情况，主要包括特许经营权的取得、特许经营权的期限、费用标准，对上市公司业务的影响；

（四）对主要业务有重大影响的主要固定资产、无形资产的构成，分析其与所提供产品或服务的内在联系，是否存在瑕疵、纠纷和潜在纠纷，是否对上市公司持续经营存在重大不利影响。上市公司允许他人使用自己所有的资产，或作为被许可方使用他人资产的，应当披露许可合同的主要内容，主要包括许可人、被许可人、许可使用的具体资产内容、许可方式、许可年限、许可使用费等；

（五）核心技术（业务）人员占员工总数的比例，报告期内前述人员的主要变动情况及对上市公司的影响；

（六）正在从事的研发项目、所处阶段及进展情况、相应人员、经费投入、拟达到的目标；结合行业技术发展趋势，披露相关科研项目与行业技术水平的比较；披露报告期内研发投入的构成、占营业收入的比例。与其他单位合作研发的，还应当披露合作协议的主要内容，权利义务划分约定及采取的保密措施等。

第四十九条 上市公司在境外进行生产经营的，应当对有关业务活动进行地域性分析。上市公司拥有境外资产的，应当详细披露该项资产的规模、所在地、经营管理情况等。

第六节 公司治理

第五十条 上市公司应当披露报告期内存在的违法违规行为及受到的行政处罚情况，并说明对上市公司的影响。

上市公司应当披露报告期内上市公司及其董事、监事、高级管理人员、控股股东、实际控制人被中国证监会行政处罚或采取监管措施及整改情况，被证券交易所公开谴责的情况，以及因涉嫌犯罪正在被司法机关立案侦查或者涉嫌违法违规正在被中国证监会立案调查的情况。

第五十一条 上市公司应当结合内部控制的要素简要说明公司内部控制的基

本情况，并披露公司管理层对内部控制完整性、合理性及有效性的自我评估意见以及注册会计师对公司内部控制的鉴证意见。注册会计师指出公司内部控制存在缺陷的，上市公司应予披露并说明改进措施。

第五十二条　上市公司应当披露报告期内是否存在资金被控股股东、实际控制人及其控制的其他企业以借款、代偿债务、代垫款项或者其他方式占用的情况，固定资产、无形资产等资产被控股股东、实际控制人及其控制的其他企业转移的情况，或者为控股股东、实际控制人及其控制的其他企业担保的情况。

第五十三条　上市公司应当披露是否存在与控股股东、实际控制人及其控制的其他企业从事相同、相似业务的情况，如存在的，应当对不存在对上市公司构成重大不利影响的同业竞争作出合理解释，并披露上市公司防范利益输送、利益冲突及保持独立性的具体安排。

上市公司控股股东、实际控制人作出规范或避免同业竞争承诺的，上市公司应当披露承诺的履行情况。

第五十四条　上市公司应当根据《公司法》、企业会计准则及中国证监会有关规定进行关联方认定，充分披露关联方、关联关系和关联交易。上市公司控股子公司可免于作为关联方披露。

上市公司应当披露报告期内发生的关联交易是否已履行《公司法》、公司章程规定的决策程序，以及是否履行相关信息披露义务。

上市公司应当根据交易的性质和频率，按照经常性和偶发性分类披露关联交易及关联交易对其财务状况和经营成果的影响。

购销商品、提供劳务等经常性关联交易，应当分别披露报告期内关联方名称、交易内容、交易价格的确定方法、交易金额、占当期营业收入或营业成本的比重，与交易相关应收应付款项的余额及增减变化的原因。

偶发性关联交易，应当披露关联方名称、交易时间、交易内容、交易金额、交易价格的确定方法、资金结算情况、交易产生的利润及对上市公司当期经营成果的影响、交易对公司主营业务的影响。

第七节　财务会计信息

第五十五条　上市公司应当披露最近三年及一期的资产负债表、利润表、现金流量表和所有者权益变动表，以及会计师事务所的审计意见类型。上市公司编制合并财务报表的，应当同时披露合并财务报表和母公司财务报表。最近三年及一期合并财务报表范围发生重大变化的，还应当披露合并财务报表范围的具体变化情况、变化原因及其影响。

第五十六条　上市公司应当结合业务活动实质、经营模式、关键审计事项等充分披露对公允反映公司财务状况和经营成果有重大影响的会计政策和会计估计。上市公司重大会计政策或会计估计与可比公司存在较大差异的，应当分析重大会计政策或会计估计的差异产生的原因及对公司的影响。

第五十七条　上市公司存在多个业务或地区分部的，应当披露分部信息。上市公司分析公司财务会计信息时，应当利用分部信息。

第五十八条　上市公司应当依据经注册会计师鉴证的非经常性损益明细表，以合并财务报表的数据为基础，披露报告期非经常性损益的具体内容、金额及对当期经营成果的影响，并计算报告期扣除非经常性损益后的净利润金额。

第五十九条　上市公司应当列表披露最近三年及一期的主要会计数据及财务指标，主要包括：资产总额、股东权益合计、归属于母公司所有者的股东权益、每股净资产、归属于母公司所有者的每股净资产、资产负债率、营业收入、毛利率、净利润、归属于母公司所有者的净利润、扣除非经常性损益后的净利润、归属于母公司所有者的扣除非经常性损益后的净利润、息税折旧摊销前利润、加权平均净资产收益率、扣除非经常性损益后净资产收益率、基本每股收益、稀释每股收益、经营活动产生的现金流量净额、每股经营活动产生的现金流量净额、研发投入占营业收入的比例、应收账款周转率、存货周转率、流动比率、速动比率。除特别指出外，上述财务指标应当以合并财务报表的数据为基础进行计算。相关指标的计算应当执行中国证监会的有关规定。

第六十条　上市公司认为提供盈利预测报告将有助于投资者对上市公司及投资于上市公司的股票作出正确判断，且上市公司确信能对最近的未来期间的盈利情况作出比较切合实际的预测的，上市公司可以披露盈利预测报告。

第六十一条　上市公司披露盈利预测报告的，应当声明："本公司盈利预测报告是管理层在最佳估计假设的基础上编制的，但所依据的各种假设具有不确定性，投资者进行投资决策时应当谨慎使用。"上市公司应当提示投资者阅读盈利预测报告及审核报告全文。上市公司应当在"重大事项提示"中提醒投资者关注已披露的盈利预测信息。

第八节　管理层讨论与分析

第六十二条　上市公司应当主要依据最近三年及一期的合并财务报表分析上市公司财务状况、盈利能力及现金流量等情况。分析时不应仅以引述方式重复财务报表的内容，应当选择使用逐年比较、与同行业对比分析等便于理解的形式。选择同行业公司对比分析时，上市公司应当披露选择相关公司的原因，分析所选公司与上市公司之间的可比性。分析影响因素时不应仅限于财务因素，还应当包括非财务因素，并将财务会计信息与业务经营信息对比印证。

第六十三条　上市公司应当结合"业务和技术"中披露的自身业务特点等要素深入分析影响收入、成本、费用和利润的主要因素，以及对上市公司具有核心意义或其变动对业绩变动具有较强预示作用的财务或非财务指标；分析报告期内上述因素和指标对财务状况和盈利能力的影响程度，及其对公司未来财务状况和盈利能力可能产生的影响。目前已经存在新的趋势或变化，可能对公司未来财务状况和盈利能力产生重大影响的，上市公司应当分析具体的影响。

第六十四条　上市公司财务状况分析应当结合最近三年及一期末资产、负债的主要构成，对资产、负债结构变动的主要原因、影响因素及程度进行充分说明，包括但不限于下列内容：

（一）最近三年及一期末应收款项的账面原值、坏账准备、账面价值，结合应收款项的构成、比例、账龄、信用期、主要债务人等，分析说明报告期内应收款项的变动情况及原因、期后回款进度；坏账准备的计提比例是否与实际状况相符、是否与同行业可比公司存在显著差异；最近三年及一期末主要客户和新增主要客户的应收款项金额、占比情况；

（二）最近三年及一期末存货的类别、账面价值、存货跌价准备，结合业务模式、内控制度、存货构成等因素，分析说明报告期内存货余额的变动情况及原因；

（三）最近一期末持有金额较大的金融资产、借与他人款项、委托理财等财务性投资的，应当分析其投资目的、对上市公司资金安排的影响、投资期限、上市公司对投资的监管方案、投资的可回收性及减值准备的计提充足性；

（四）结合报告期内产能、业务量或生产经营情况等因素，说明固定资产结构与变动原因，重要固定资产折旧年限与同行业可比公司相比是否合理；报告期内大额在建工程的具体情况，包括项目名称、预算金额、实际金额及变动情况、利息资本化的情况、资金来源、预计未来转入固定资产的时间与条件、项目建设完成后相关产能情况等；固定资产与在建工程是否存在重大减值因素；

（五）最近三年及一期末无形资产的主要类别与变动原因，无形资产减值测试的方法与结果；报告期内存在研发支出资本化的，应当披露开发阶段资本化及开发支出结转无形资产的具体时点和条件，研发支出资本化对公司损益的影响以及上市公司在研发支出资本化方面的内控制度等，并说明具体项目、依据、时间及金额；

（六）最近一期末商誉的形成原因、增减变动情况，商誉减值测试过程与方法；

（七）最近一期末的主要债项，包括银行借款、关联方借款、合同承诺债务、或有负债等主要债项的金额、期限、利率及利息费用等情况。有逾期未偿还债项的，应当说明其金额、利率、用途、未按期偿还的原因、预计还款期等。结合主要债项的构成、比例、借款费用资本化情况、用途等，分析说明报告期内债项的变动情况及原因。上市公司应当分析可预见的未来需偿还的负债金额及相应利息金额，并结合上市公司的现金流量状况、在银行的资信状况、可利用的融资渠道及授信额度、表内负债、表外融资情况及或有负债等情况，分析上市公司的偿债能力和流动性风险。

第六十五条　上市公司盈利能力分析应当按照利润表项目对最近三年及一期

经营成果变化的原因、影响因素、程度和风险趋势进行充分说明，包括但不限于下列内容：

（一）最近三年及一期营业收入构成情况，并分别按照产品或服务类别及业务、地区分布分类列示；分析营业收入增减变化的情况及原因；披露主要产品或服务的销售价格、销售量的变化情况及原因；营业收入存在季节性波动的，应当分析说明其影响情况；

（二）最近三年及一期营业成本的主要构成情况；结合主要原材料和能源的采购数量及采购价格等，披露营业成本增减变化情况及原因；

（三）最近三年及一期的综合毛利率、分产品或服务的毛利率及变动情况；报告期内毛利率发生重大变化的，以数据分析方式说明相关因素对毛利率变动的影响程度；

（四）最近三年及一期销售费用、管理费用、财务费用的构成及变动情况，说明上述费用占同期营业收入的比例，以及与主营业务的匹配情况，并解释异常波动的原因；与同行业可比公司相比如存在显著差异，应当结合业务特点和经营模式分析原因；

（五）最近三年及一期营业利润、利润总额和净利润金额，分析上市公司净利润的主要来源及净利润增减变化情况及原因；

（六）最近三年及一期非经常性损益、合并财务报表范围以外的投资收益对公司经营成果有重大影响的，应当分析原因及对公司经营成果及盈利能力稳定性的影响；区分并分析与收益相关或与资产相关政府补助对上市公司报告期与未来期间的影响。

第六十六条　现金流量的分析一般应当包括下列内容：

（一）最近三年及一期经营活动产生的现金流量、投资活动产生的现金流量、筹资活动产生的现金流量的基本情况和变动原因；

（二）最近三年及一期经营活动产生的现金流量净额为负数或者与净利润存在较大差异的，应当分析披露原因。

第六十七条　资本性支出分析一般应当包括：

（一）最近三年及一期重大资本性支出的情况；如果资本性支出导致上市公司固定资产大规模增加或进行跨行业投资的，应当分析资本性支出对上市公司主要业务和经营成果的影响；

（二）截至报告期末的重大资本性支出决议以及未来可预见的重大资本性支出计划及资金需求量，如涉及跨行业投资的，应当说明其与上市公司业务发展规划的关系。

第六十八条　上市公司尚未盈利或存在累计未弥补亏损的，应当披露成因、影响及改善措施，包括但不限于：

（一）上市公司应当结合行业特点分析该等情形的成因，充分披露尚未盈利或存在累计未弥补亏损对公司现金流、业务拓展、人才吸引、团队稳定性、研发投入、战略性投入、生产经营可持续性等方面的影响；

（二）上市公司改善盈利状况的经营策略，未来是否可实现盈利的前瞻性信息及其依据、基础假设等。

第六十九条　上市公司最近三年及一期存在会计政策变更、会计估计变更的，应当披露变更的性质、内容、原因、变更影响数的处理方法及对上市公司财务状况、经营成果的影响；上市公司最近三年及一期存在会计差错更正的，应当披露前期差错的性质、影响。

第七十条　上市公司存在重大担保、诉讼、仲裁，重大期后事项和其他或有事项的，应当说明其对上市公司财务状况、盈利能力及持续经营的影响。

第七十一条　上市公司应当披露本次发行完成前滚存利润的分配安排和已履行的决策程序。若发行前的滚存利润归发行前的股东享有，应当披露滚存利润的审计和实际派发情况，同时在募集说明书首页对滚存利润中由发行前股东单独享有的金额以及是否派发完毕作"重大事项提示"。

第九节　募集资金运用

第七十二条　上市公司应当结合公司现有主营业务、生产经营规模、财务状况、技术条件、管理能力、发展目标合理确定本次发行募集资金用途和规模。上市公司应当披露募集资金的具体用途和使用安排、必要性、合理性、可行性及募集资金管理制度、专户存储安排等情况。

第七十三条　上市公司应当根据重要性原则披露本次发行募集资金运用情况：

（一）募集资金拟用于项目建设的，应当说明资金需求和资金投入安排，是否符合国家产业政策和法律、行政法规的规定，并披露所涉及审批或备案程序、土地、房产和环保事项等相关情况；

（二）募集资金拟用于购买资产的，应当对标的资产的情况进行说明，并列明资产定价的合理性、收购后对上市公司资产质量及持续经营能力的影响；相关资产独立运营的，披露其最近一年一期的业务发展情况和经审计的财务信息摘要，分析主要财务指标状况及发展趋势；按照本次发行前最近一期经审计的财务数据，是否构成重大资产重组，如构成，应当说明是否符合重大资产重组的有关规定并披露相关信息；

（三）募集资金拟用于补充流动资金的，应当说明主要用途及合理性；

（四）募集资金拟用于偿还银行贷款的，应当列明拟偿还贷款的明细情况及贷款的使用情况；

（五）募集资金拟用于其他用途的，应当明确披露募集资金用途、资金需求的测算过程及募集资金的投入安排；形成商誉的，应当披露商誉相关情况。

第七十四条 上市公司应当披露报告期内募集资金运用的基本情况。如存在变更募集资金用途的，应当列表披露历次变更情况、披露募集资金的变更金额及占所募集资金净额的比例，并说明变更事项是否已经公司董事会、股东大会审议以及变更后的具体用途。

第十节 声明与承诺

第七十五条 上市公司全体董事、监事、高级管理人员应当在募集说明书正文的尾页声明：

"本公司全体董事、监事、高级管理人员承诺本募集说明书不存在虚假记载、误导性陈述或者重大遗漏，并对其真实性、准确性、完整性承担相应的法律责任。"

声明应当由上市公司全体董事、监事、高级管理人员签名，并由上市公司加盖公章。

第七十六条 上市公司控股股东、实际控制人应当在募集说明书正文后声明：

"本公司或本人承诺本募集说明书不存在虚假记载、误导性陈述或者重大遗漏，并对其真实性、准确性、完整性承担相应的法律责任。"

声明应当由控股股东、实际控制人签名，加盖公章。

第七十七条 保荐人（主承销商）应当在募集说明书正文后声明：

"本公司已对募集说明书进行了核查，确认不存在虚假记载、误导性陈述或者重大遗漏，并对其真实性、准确性、完整性承担相应的法律责任。"

声明应当由法定代表人、保荐代表人、项目协办人签名，并由保荐人（主承销商）加盖公章。

第七十八条 上市公司律师应当在募集说明书正文后声明：

"本所及经办律师已阅读募集说明书，确认募集说明书与本所出具的法律意见书和律师工作报告无矛盾之处。本所及经办律师对上市公司在募集说明书中引用的法律意见书和律师工作报告的内容无异议，确认募集说明书不致因上述内容而出现虚假记载、误导性陈述或者重大遗漏，并对其真实性、准确性、完整性承担相应的法律责任。"

声明应当由经办律师及所在律师事务所负责人签名，并由律师事务所加盖公章。

第七十九条 承担审计业务的会计师事务所应当在募集说明书正文后声明：

"本所及签字注册会计师已阅读募集说明书，确认募集说明书与本所出具的审计报告、盈利预测审核报告（如有）、内部控制鉴证报告、上市公司前次募集资金使用情况的报告（如有）及经本所鉴证的非经常性损益明细表等无矛盾之处。本所及签字注册会计师对上市公司在募集说明书中引用的审计报告、盈利预测审核报告（如有）、内部控制鉴证报告、上市公司前次募集资金使用情况的报告（如有）及经本所鉴证的非经常性损益明细表内容无异议，确认募集说明书不致因上述内容而出现虚假记载、误导性陈述或者重大遗漏，并对其真实性、准确性、完整性承担相应的法律责任。"

声明应当由签字注册会计师及所在会计师事务所负责人签名，并由会计师事务所加盖公章。

第八十条　承担评估业务的资产评估机构应当在募集说明书正文后声明：

"本机构及签字注册资产评估师已阅读募集说明书，确认募集说明书与本机构出具的资产评估报告无矛盾之处。本机构及签字注册资产评估师对上市公司在募集说明书中引用的资产评估报告的内容无异议，确认募集说明书不致因上述内容而出现虚假记载、误导性陈述或者重大遗漏，并对其真实性、准确性、完整性承担相应的法律责任。"

声明应当由签字注册资产评估师及所在资产评估机构负责人签名，并由资产评估机构加盖公章。

第八十一条　本准则所要求的有关人员的签名下方应当以印刷体形式注明其姓名。

第十一节　备查文件

第八十二条　募集说明书结尾应当列明备查文件，应当包括下列文件：

（一）发行保荐书；

（二）上市保荐书；

（三）法律意见书；

（四）财务报告及审计报告；

（五）上市公司及其他责任主体作出的与上市公司本次发行相关的承诺事项；

（六）盈利预测报告及审核报告（如有）；

（七）内部控制鉴证报告；

（八）经注册会计师鉴证的非经常性损益明细表；

（九）中国证监会对本次发行予以注册的文件；

（十）其他与本次发行有关的重要文件。

第三章　附　则

第八十三条　本准则由中国证监会负责解释。

第八十四条　本准则自公布之日起施行。《公开发行证券的公司信息披露内容与格式准则第 48 号——北京证券交易所上市公司向不特定合格投资者公开发行股票募集说明书》（证监会公告〔2021〕28 号）同时废止。

公开发行证券的公司信息披露内容与格式准则第 49 号——北京证券交易所上市公司向特定对象发行股票募集说明书和发行情况报告书

（中国证监会公告〔2023〕第 19 号　2023 年 2 月 17 日）

第一章　总　则

第一条　为了规范北京证券交易所（以下简称北交所）上市公司向特定对象发行（以下简称定向发行）股票的信息披露行为，根据《中华人民共和国证券法》（以下简称《证券法》）、《中华人民共和国公司法》和《北京证券交易所上市公司证券发行注册管理办法》的规定，制定本准则。

第二条　北交所上市公司（以下简称上市公司）进行定向发行，应当按照本准则编制向特定对象发行股票募集说明书（以下简称募集说明书），作为定向发行股票的必备法律文件，并按本准则的规定进行披露。

第三条　上市公司定向发行股票结束后，应当按照本准则的要求编制并披露发行情况报告书。

第四条　在不影响信息披露的完整性并保证阅读方便的前提下，对于曾在定期报告、临时公告或者其他信息披露文件中披露过的信息，如事实未发生变化，上市公司可以采用索引的方法进行披露。

第五条　本准则的规定是对信息披露的最低要求。不论本准则是否有明确规定，凡对投资者作出价值判断和投资决策有重大影响的信息，上市公司均应当予以披露。国家有关部门对上市公司信息披露另有规定的，上市公司还应当遵守其相关规定并履行信息披露义务。

本准则某些具体要求对本次定向发行股票确实不适用的，上市公司可以根据实际情况调整，但应当在提交申请文件时作出专项说明。

本次发行涉及重大资产重组的，募集说明书的信息披露内容还应当符合中国证券监督管理委员会（以下简称中国证监会）关于重大资产重组的规定。

第六条　上市公司应当在符合《证券法》规定的信息披露平台披露募集说明书及其备查文件、发行情况报告书和中国证监会要求披露的其他文件，供投资者查阅。

第二章　募集说明书

第七条　募集说明书扉页应当载有如下声明：

"本公司及控股股东、实际控制人、全体董事、监事、高级管理人员承诺募集说明书不存在虚假记载、误导性陈述或者重大遗漏，并对其真实性、准确性、完整性承担相应的法律责任。

本公司负责人和主管会计工作的负责人、会计机构负责人保证募集说明书中财务会计资料真实、准确、完整。

对本公司发行证券申请予以注册，不表明中国证监会和北京证券交易所对该证券的投资价值或者投资者的收益作出实质性判断或者保证。任何与之相反的声明均属虚假不实陈述。

根据《证券法》的规定，本公司经营与收益的变化，由本公司自行负责，由此变化引致的投资风险，由投资者自行负责。"

第八条　上市公司应当披露以下内容：

（一）上市公司基本情况，包括股权结构、控股股东及实际控制人情况、所处行业的主要特点及行业竞争情况、主要业务模式、产品或服务的主要内容；

（二）本次定向发行的目的；

（三）发行对象及公司现有股东优先认购安排。如董事会未确定具体发行对象的，应当披露股票发行对象的范围和确定方法；董事会已确定发行对象的，应当披露发行对象的基本情况、资金来源，以及本募集说明书披露前十二个月内，发行对象及其控股股东、实际控制人与上市公司之间的重大交易情况。发行对象是战略投资者的，还应当披露战略投资者符合相关规定的情况；

（四）发行价格或定价方式；

（五）股票发行数量或数量上限；

（六）发行对象关于持有本次定向发行股票的限售安排及自愿锁定的承诺。如无限售安排，应当说明；

（七）本次发行是否构成关联交易；

（八）本次发行是否将导致公司控制权发生变化；

（九）报告期内募集资金的使用情况；

（十）本次募集资金用途及募集资金的必要性、合理性、可行性。本次募集资金用于补充流动资金的，应当按照用途进行列举披露或测算相应需求量；用于偿还银行贷款的，应当列明拟偿还贷款的明细情况及贷款的使用情况；用于项目建设的，应当说明资金需求和资金投入安排，是否符合国家产业政策和法律、行政法规的规定；用于购买资产的，应当按照本准则第九条至第十三条的规定披露相关内容；用于其他用途的，应当明确披露募集资金用途、资金需求的测算过程及募集资金的投入安排；

（十一）本次发行募集资金专项账户的设立情况以及保证募集资金合理使用的措施；

（十二）本次发行前滚存未分配利润的处置方案；

（十三）本次定向发行需要履行的国资、外资等相关主管部门审批、核准或备案等程序的情况。

除上述内容外，上市公司还应当按照本准则第十四条有关规定进行披露。

第九条　通过本次发行拟引入的资产为非股权资产的，上市公司应当披露相关资产的下列基本情况：

（一）资产名称、类别以及所有者和经营管理者的基本情况；

（二）资产权属是否清晰、是否存在权利受限、权属争议或者妨碍权属转移的其他情况；

相关资产涉及许可他人使用，或者上市公司作为被许可方使用他人资产的，应当简要披露许可合同的主要内容；资产交易涉及债权债务转移的，应当披露相关债权债务的基本情况、债权人同意转移的证明及与此相关的解决方案；所从事业务需要取得许可资格或资质的，还应当披露当前许可资格或资质的状况；涉及需有关主管部门批准的，应当说明是否已获得有效批准；

（三）资产独立运营和核算的，披露最近一年及一期（如有）经会计师事务所审计的财务信息摘要及审计意见；被出具非标准审计意见的，应当披露涉及事项及其影响；

（四）资产的交易价格及定价依据。披露相关资产经审计的账面值；交易价格以资产评估结果作为依据的，应当披露资产评估方法和资产评估结果。

第十条　通过本次发行拟引入的资产为股权的，上市公司应当披露相关股权的下列基本情况：

（一）股权所在公司的名称、企业性质、注册地、主要办公地点、法定代表人、注册资本；股权及控制关系，包括公司的主要股东及其持股比例、最近二年控股股东或实际控制人的变化情况、股东出资协议及公司章程中可能对本次交易产生影响的主要内容以及原董事、监事、高级管理人员的安排；

（二）股权权属是否清晰、是否存在权利受限、权属争议或者妨碍权属转移的其他情况；

股权资产为有限责任公司股权的，股权转让是否已取得其他股东同意，或有证据表明其他股东已放弃优先购买权；股权对应公司所从事业务需要取得许可资格或资质的，还应当披露当前许可资格或资质的状况；涉及需有关主管部门批准的，应当说明是否已获得批准；

（三）股权所在公司主要资产的权属状况及对外担保和主要负债情况，重要专利或关键技术的纠纷情况；

（四）股权所在公司最近一年及一期（如有）的业务发展情况和经符合《证券法》规定的会计师事务所审计的财务信息摘要及审计意见，被出具非标准审计意见的应当披露涉及事项及其影响，分析主要财务指标状况及发展趋势；

（五）股权的评估方法及资产评估价值（如有）、交易价格及定价依据；

（六）本次收购完成后是否可能导致股权所在公司的现有管理团队、核心技术人员、主要客户及供应商、公司发展战略等产生重大变化。

第十一条　资产交易根据资产评估结果定价的，在评估机构出具资产评估报告后，公司董事会应当对评估机构的独立性、评估假设前提和评估结论的合理性、评估方法的适用性、主要参数的合理性、未来收益预测的谨慎性等问题发表意见，并说明定价的合理性，资产定价是否存在损害公司和股东合法权益的情形。

资产交易价格不以资产评估结果作为定价依据的，董事会应当具体说明收购定价的过程、定价方法的合理性及定价结果的公允性。收购价格与评估报告结果存在显著差异的，上市公司应当就差异的原因进行分析，并就收购价格是否可能损害上市公司及其中小股东的利益进行说明。

本次拟收购资产在最近三年曾进行过评估或交易的，上市公司应当披露评估的目的、方法及结果，以及交易双方的名称、定价依据及交易价格。交易未达成的，也应当披露上述信息。

第十二条　资产出让方存在业绩承诺的，上市公司应当披露业绩承诺的金额、业绩口径及计算方法、补偿保障措施及保障措施的可行性。

第十三条　本次收购预计形成较大金额商誉的，上市公司应当说明本次收购产生的协同效应以及能够从协同效应中受益的资产组或资产组组合。上市公司应当同时说明预计形成商誉的金额及其确定方法，形成大额商誉的合理性以及该商誉对未来经营业绩的影响。

如本次收购的购买对价或盈利预测中包含已作出承诺的重要事项的，应当披露该承诺事项的具体内容、预计发生时间及其对未来现金流的影响。

第十四条　附生效条件的股票认购合同的内容摘要应当包括：

（一）合同主体、签订时间；

（二）认购方式、认购数量及价格、支付方式；

（三）合同的生效条件和生效时间；

（四）合同附带的任何保留条款、前置条件；

（五）相关股票限售安排；

（六）违约责任条款及纠纷解决机制。

附生效条件的资产转让合同的内容摘要除前款内容外，至少还应当包括：

（一）目标资产及其价格或定价依据；

（二）资产交付或过户时间安排；

（三）资产自评估截止日至资产交付日所产生收益的归属；

（四）与资产相关的人员安排；

（五）与目标资产相关的业绩补偿安排（如有）。

第十五条 上市公司应当披露报告期内的主要财务数据和指标，并对其进行逐年比较。主要包括总资产、总负债、归属于母公司所有者的净资产、应收账款、预付账款、存货、应付账款、营业收入、归属于母公司所有者的净利润、经营活动产生的现金流量净额、资产负债率、归属于母公司所有者的每股净资产、流动比率、速动比率、应收账款周转率、存货周转率、毛利率、净资产收益率、每股收益等。除特别指出外，上述财务指标应当以合并财务报表的数据为基础进行计算，相关指标的计算应当执行中国证监会的有关规定。

第十六条 上市公司在定向发行股票前存在特别表决权股份的，应当充分披露并特别提示特别表决权股份的具体安排。

第十七条 本次定向发行股票对上市公司的影响。上市公司应当披露以下内容：

（一）本次定向发行对上市公司经营管理的影响，上市公司的业务及资产的变动或整合计划；

（二）本次定向发行后，上市公司财务状况、持续经营能力及现金流量的变动情况；

（三）本次定向发行后，上市公司与发行对象及其控股股东、实际控制人存在同业竞争、潜在同业竞争以及可能存在关联交易等变化情况；

（四）通过本次发行引入资产的，是否导致增加本公司的债务或者或有负债；

（五）本次定向发行前后上市公司控制权变动情况；

（六）本次定向发行对其他股东权益的影响；

（七）本次定向发行相关特有风险的说明。

第十八条 上市公司应当披露下列机构的名称、法定代表人、住所、联系电话、传真，同时应当披露有关经办人员的姓名：

（一）保荐人；

（二）律师事务所；

（三）会计师事务所；

（四）资产评估机构（如有）；

（五）股票登记机构；

（六）其他与定向发行有关的机构。

第十九条 上市公司全体董事、监事、高级管理人员应当在募集说明书正文的尾页声明：

"本公司全体董事、监事、高级管理人员承诺本募集说明书不存在虚假记载、误导性陈述或者重大遗漏，并对其真实性、准确性、完整性承担相应的法律责任。"

声明应当由全体董事、监事、高级管理人员签名，并由上市公司加盖公章。

第二十条　上市公司控股股东、实际控制人应当在募集说明书正文的尾页声明：

"本公司或本人承诺本募集说明书不存在虚假记载、误导性陈述或者重大遗漏，并对其真实性、准确性和完整性承担相应的法律责任。"

声明应当由控股股东、实际控制人签名，加盖公章。

第二十一条　保荐人应当对上市公司募集说明书的真实性、准确性、完整性进行核查，并在募集说明书正文后声明：

"本公司已对募集说明书进行了核查，确认不存在虚假记载、误导性陈述或者重大遗漏，并对其真实性、准确性和完整性承担相应的法律责任。"

声明应当由法定代表人、保荐代表人、项目协办人签名，并由保荐人加盖公章。

第二十二条　为上市公司定向发行提供服务的证券服务机构应当在募集说明书正文后声明：

"本机构及经办人员（经办律师、签字注册会计师、签字注册资产评估师）已阅读募集说明书，确认募集说明书与本机构出具的专业报告（法律意见书、审计报告、资产评估报告等）无矛盾之处。本机构及经办人员对上市公司在募集说明书中引用的专业报告的内容无异议，确认募集说明书不致因上述内容而出现虚假记载、误导性陈述或者重大遗漏，并对其真实性、准确性和完整性承担相应的法律责任。"

声明应当由经办人员及所在机构负责人签名，并由机构加盖公章。

第二十三条　募集说明书结尾应当列明备查文件，备查文件应当包括：

（一）发行保荐书、发行保荐工作报告；

（二）法律意见书和律师工作报告；

（三）其他与本次定向发行有关的重要文件。

第三章　发行情况报告书

第二十四条　上市公司应当在发行情况报告书中至少披露以下内容：

（一）本次发行履行的相关程序，包括但不限于董事会和股东大会表决的时间、中国证监会予以注册的时间、资金到账和验资时间，以及办理股份登记的时间；

（二）本次定向发行股票的数量、发行价格、认购方式、认购对象基本情况及与上市公司的关联关系、认购股票数量、认购资金来源、实际募集资金总额及投入安排、发行费用等；

（三）采用竞价方式发行的，说明各认购对象的申购报价及其获配情况，发行价格与基准价格（如有）的比率；

（四）新增股份限售安排；

（五）募集资金三方监管协议的签订情况；

（六）募集资金用于置换前期自有资金投入的，应当说明前期自有资金投入的具体使用情况等相关信息；

（七）本次发行涉及的国资、外资等相关主管部门核准、登记、备案程序等；

（八）本次发行相关机构的名称、法定代表人、经办人员、办公地址、联系电话、传真；相关机构包括保荐人和承销商、律师事务所、会计师事务所、资产评估机构、资信评级机构等。

第二十五条　上市公司应当披露本次定向发行前后相关对比情况：

（一）本次定向发行前后前十名股东持股数量、持股比例、股份性质及限售等比较情况；

（二）本次定向发行前后股本结构、资产结构、业务结构、公司治理、关联交易、同业竞争、公司控制权、董事、监事和高级管理人员持股的变动情况；

（三）本次定向发行前后主要财务指标变化情况，包括但不限于上市公司最近二年主要财务指标、按定向发行完成后总股本计算的每股收益、归属于母公司所有者的每股净资产、资产负债率等指标。

第二十六条　上市公司定向发行股票导致公司控制权变动的，应当披露控制权变动的基本情况、是否已按照《北京证券交易所上市公司持续监管办法（试行）》《上市公司收购管理办法》等有关规定履行信息披露义务。

第二十七条　由于情况发生变化，导致董事会决议中关于本次定向发行的有关事项需要修正或者补充说明的，上市公司应当在发行情况报告书中作出专门说明，并披露调整的内容及履行的审议程序。

第二十八条　上市公司全体董事、监事、高级管理人员应当在发行情况报告书的扉页声明：

"本公司全体董事、监事、高级管理人员承诺本发行情况报告书不存在虚假记载、误导性陈述或者重大遗漏，并对其真实性、准确性、完整性承担相应的法律责任。"

声明应当由全体董事、监事、高级管理人员签名，并由上市公司加盖公章。

第二十九条　上市公司控股股东、实际控制人应当在发行情况报告书正文后声明：

"本公司或本人承诺本发行情况报告书不存在虚假记载、误导性陈述或者重大遗漏，并对其真实性、准确性和完整性承担相应的法律责任。"

声明应当由控股股东、实际控制人签名，加盖公章。

第四章　中介机构意见

第三十条　上市公司进行定向发行聘请的保荐人应当按照本准则及有关规定

出具发行保荐书、发行保荐工作报告，对以下事项进行说明和分析，并逐项发表明确意见：

（一）上市公司是否符合《北京证券交易所上市公司证券发行注册管理办法》规定的发行条件；

（二）上市公司的公司治理规范性；

（三）上市公司本次定向发行是否规范履行了信息披露义务；上市公司对其或相关责任主体在报告期内曾因信息披露违规或违法被中国证监会采取监管措施或给予行政处罚、被北交所依法采取自律管理措施或纪律处分的整改情况；

（四）本次定向发行对象或范围是否符合投资者适当性要求；核心员工参与认购的，上市公司是否已经履行相关认定程序；参与认购的私募投资基金管理人或私募投资基金完成登记或备案情况。上市公司向原股东配售股份的除外；

（五）本次定向发行对象认购资金来源的合法合规性，上市公司向原股东配售股份的除外；

（六）本次定向发行决策程序是否合法合规，是否已按规定履行了国资、外资等相关主管部门的审批、核准或备案等程序；

（七）本次发行定价的合法合规性、合理性；本次定向发行是否涉及股份支付；

（八）本次定向发行相关认购协议等法律文件的合法合规性，上市公司向原股东配售股份的除外；

（九）本次定向发行新增股份限售安排的合法合规性；

（十）上市公司建立健全募集资金内部控制及管理制度的情况；上市公司本次募集资金的必要性、合理性及可行性，本次募集资金用途的合规性；报告期内募集资金的管理及使用情况，如存在违规情形，应当对违规事实、违规处理结果、相关责任主体的整改情况等进行核实并说明；

（十一）本次定向发行引入资产的合法合规性；

（十二）本次定向发行对上市公司的影响；

（十三）保荐人认为应当发表的其他意见。

第三十一条　上市公司进行定向发行聘请的律师应当按照本准则及有关规定出具法律意见书，并对照中国证监会的各项规定，在充分核查验证的基础上，对以下事项进行说明和分析，并逐项发表明确意见：

（一）上市公司是否符合《北京证券交易所上市公司证券发行注册管理办法》规定的发行条件；

（二）本次定向发行对象或范围是否符合投资者适当性要求；核心员工参与认购的，上市公司是否已经履行相关认定程序；参与认购的私募投资基金管理人或私募投资基金完成登记或备案的情况。上市公司向原股东配售股份的除外；

（三）本次定向发行对象认购资金来源的合法合规性，上市公司向原股东配售股份的除外；

（四）本次定向发行决策程序是否合法合规，是否已按规定履行了国资、外资等相关主管部门的审批、核准或备案等程序；

（五）本次定向发行相关认购协议等法律文件的合法合规性，上市公司向原股东配售股份的除外；

（六）本次定向发行新增股份限售安排的合法合规性；

（七）本次发行涉及资产转让或者其他后续事项的，关于办理资产过户或其他后续事项的程序、期限及法律风险的说明；

（八）律师认为应当发表的其他意见。

第五章　附　则

第三十二条　上市公司定向发行符合《北京证券交易所上市公司证券发行注册管理办法》第二十八条规定的，无需提供保荐人出具的保荐文件以及律师事务所出具的法律意见书。

上市公司定向发行依法未聘请保荐人的，无需提供保荐人出具的保荐文件。

第三十三条　本准则自公布之日起施行。《公开发行证券的公司信息披露内容与格式准则第 49 号——北京证券交易所上市公司向特定对象发行股票募集说明书和发行情况报告书》（证监会公告〔2021〕29 号）同时废止。

公开发行证券的公司信息披露内容与格式准则第50号——北京证券交易所上市公司向特定对象发行可转换公司债券募集说明书和发行情况报告书

（中国证监会公告〔2023〕第20号 2023年2月17日）

第一章 总 则

第一条 为规范北京证券交易所（以下简称北交所）上市公司向特定对象发行可转换公司债券（以下简称定向发行可转债）的信息披露行为，保护投资者合法权益，根据《中华人民共和国证券法》（以下简称《证券法》）、《中华人民共和国公司法》《北京证券交易所上市公司证券发行注册管理办法》《可转换公司债券管理办法》等规定，制定本准则。

第二条 北交所上市公司（以下简称上市公司）定向发行可转债，应当按照本准则编制定向发行可转债募集说明书，作为定向发行可转债的必备法律文件，并按本准则的规定进行披露。

第三条 上市公司定向发行可转债结束后，应当按照本准则的要求编制并披露发行情况报告书。

第四条 在不影响信息披露的完整性并保证阅读方便的前提下，对于曾在定期报告、临时公告或者其他信息披露文件中披露过的信息，如事实未发生变化，上市公司可以采用索引的方式进行披露。

第五条 本准则的规定是对信息披露的最低要求。不论本准则是否有明确规定，凡对投资者作出价值判断和投资决策有重大影响的信息，上市公司均应当予以披露。

本准则某些具体要求对本次定向发行可转债确实不适用的，上市公司可以根据实际情况适当调整，但应当在提交申请文件时作出专项说明。

第六条 上市公司应当在符合《证券法》规定的信息披露平台披露定向发行可转债募集说明书及其备查文件、发行情况报告书和中国证券监督管理委员会（以下简称中国证监会）要求披露的其他文件，供投资者查阅。

第二章 定向发行可转债募集说明书

第七条 定向发行可转债募集说明书扉页应当载有如下声明：

"本公司及控股股东、实际控制人、全体董事、监事、高级管理人员承诺定向发行可转债募集说明书不存在虚假记载、误导性陈述或者重大遗漏，并对其真实性、准确性、完整性承担相应的法律责任。

公司负责人和主管会计工作的负责人、会计机构负责人保证定向发行可转债募集说明书中财务会计资料真实、准确、完整。

对本公司发行证券申请予以注册，不表明中国证监会和北京证券交易所对该证券的投资价值或者投资者的收益作出实质性判断或者保证。任何与之相反的声明均属虚假不实陈述。

根据《证券法》的规定，本公司经营与收益的变化，由本公司自行负责，由此变化引致的投资风险，由投资者自行负责。"

第八条　上市公司应当披露本次定向发行可转债的基本情况：

（一）上市公司基本情况，包括股权结构、控股股东及实际控制人情况、所处行业的主要特点及行业竞争情况、主要业务模式、产品或服务的主要内容；

（二）本次定向发行可转债的目的；

（三）发行对象及公司现有股东优先认购安排。如董事会未确定具体发行对象的，应当披露发行对象的范围和确定方法；董事会已确定发行对象的，应当披露发行对象的资金来源；

（四）发行价格、发行数量或者数量上限；

（五）本次定向发行可转债发行对象的自愿锁定承诺及转股后新增股份的限售安排；

（六）本次定向发行可转债约定的受托管理事项；

（七）本次募集资金用途及募集资金的必要性、合理性、可行性。本次募集资金用于补充流动资金的，应当按照用途进行列举披露或测算相应需求量；用于偿还银行贷款的，应当列明拟偿还贷款的明细情况及贷款的使用情况；用于项目建设的，应当说明资金需求和资金投入安排，是否符合国家产业政策和法律、行政法规的规定；用于购买资产的，应当按照《公开发行证券的公司信息披露内容与格式准则第 49 号——北京证券交易所上市公司向特定对象发行股票募集说明书和发行情况报告书》第九条至第十三条的规定披露相关内容；用于其他用途的，应当明确披露募集资金用途、资金需求的测算过程及募集资金的投入安排；

（八）本次发行募集资金专项账户的设立情况以及保证募集资金合理使用的措施；

（九）报告期内募集资金的使用情况；

（十）本次定向发行可转债需要履行的国资、外资等相关主管部门审批、核准或备案等程序的情况。

除上述内容外，上市公司还应当按向特定对象发行股票的规定披露附生效条件的可转债认购合同的内容摘要。

第九条　上市公司应当披露可转债的基本条款，包括：

（一）期限，最短为一年，最长为六年；

（二）面值，每张面值一百元；

（三）利率确定方式；

（四）转股价格或其确定方式；

（五）转股期限，可转债自发行结束之日起六个月后方可转换为公司股票；

（六）转股价格调整的原则及方式。发行可转债后，因配股、增发、送股、派息、分立、减资及其他原因引起公司股份变动的，应当同时调整转股价格；

（七）转股时不足转换成一股的补偿方式；

（八）评级、担保情况（如有）；

（九）赎回条款（如有）；

（十）回售条款（如有），但公司改变公告的募集资金用途的，应当赋予债券持有人一次回售权利；

（十一）还本付息期限、方式等，应当约定可转债期满后五个工作日内办理完毕偿还债券余额本息的事项；

（十二）转换年度有关股利的归属安排；

（十三）其他中国证监会认为有必要明确的事项。

第十条　上市公司应当披露保护债券持有人权利的具体安排，以及债券持有人会议的权利、程序和决议生效条件。存在下列事项之一的，应当召开债券持有人会议：拟变更定向发行可转债募集说明书的约定，上市公司不能按期支付本息，上市公司减资、合并、分立、解散或者申请破产，保证人或者担保物发生重大变化，以及其他影响债券持有人重大权益的事项。

第十一条　除应当按向特定对象发行股票的规定披露报告期内主要财务数据和指标外，上市公司还应当披露报告期各期利息保障倍数、贷款偿还率、利息偿付率等财务指标。

上市公司应当披露报告期内发行债券和债券偿还情况，以及资信评级情况（如有）。

第十二条　上市公司应当披露已发行在外可转债的简要情况，包括发行时间、发行总量及融资总额、已转股金额、转股数量、已赎回或回售可转债的数量等。

上市公司应当列表披露本次可转债与已发行在外可转债主要条款的差异比较。

第十三条　上市公司在定向发行可转债前存在特别表决权股份的，应当充分披露并特别提示特别表决权股份的具体安排。

第十四条　本次定向发行可转债对上市公司的影响。上市公司应当披露以下内容：

（一）本次定向发行可转债对上市公司经营管理的影响，上市公司的业务及资产的变动或整合计划；

（二）本次定向发行可转债后上市公司财务状况、持续经营能力及现金流量的变动情况，上市公司应当重点披露本次定向发行可转债后公司负债结构的变化；

（三）本次定向发行后，上市公司与发行对象及其控股股东、实际控制人存在同业竞争、潜在同业竞争以及可能存在关联交易等变化情况；

（四）本次定向发行可转债部分或全部转股后对公司控制权结构的影响；

（五）本次定向发行可转债相关特有风险的说明。上市公司应当有针对性、差异化地披露属于本公司或者本行业的特有风险以及经营过程中的不确定性因素。

第十五条　上市公司应当披露下列机构的名称、法定代表人、住所、联系电话、传真，同时应当披露有关经办人员的姓名：

（一）保荐人；

（二）律师事务所；

（三）会计师事务所；

（四）资产评估机构（如有）；

（五）登记机构；

（六）评级机构 / 担保机构（如有）；

（七）其他与本次发行有关的机构。

第十六条　上市公司全体董事、监事、高级管理人员应当在定向发行可转债募集说明书正文的尾页声明：

"本公司全体董事、监事、高级管理人员承诺本定向发行可转债募集说明书不存在虚假记载、误导性陈述或者重大遗漏，并对其真实性、准确性、完整性承担相应的法律责任。"

声明应当由全体董事、监事、高级管理人员签名，并由上市公司加盖公章。

第十七条　上市公司控股股东、实际控制人应当在定向发行可转债募集说明书正文的尾页声明：

"本公司或本人承诺本定向发行可转债募集说明书不存在虚假记载、误导性陈述或者重大遗漏，并对其真实性、准确性和完整性承担相应的法律责任。"

声明应当由控股股东、实际控制人签名，并加盖公章。

第十八条　保荐人应当对上市公司定向发行可转债募集说明书的真实性、准确性、完整性进行核查，并在定向发行可转债募集说明书正文后声明：

"本公司已对定向发行可转债募集说明书进行了核查，确认不存在虚假记载、误导性陈述或者重大遗漏，并对其真实性、准确性和完整性承担相应的法律责任。"

声明应当由法定代表人、保荐代表人、项目协办人签名，并由保荐人加盖公章。

第十九条　为上市公司定向发行可转债提供服务的证券服务机构应当在定向发行可转债募集说明书正文后声明：

"本机构及经办人员（经办律师、签字注册会计师、签字注册资产评估师、签字资信评级人员）已阅读定向发行可转债募集说明书，确认定向发行可转债募集说明书与本机构出具的专业报告（法律意见书、审计报告、资产评估报告、资信评级报告等）无矛盾之处。本机构及经办人员对上市公司在定向发行可转债募集说明书中引用的专业报告的内容无异议，确认定向发行可转债募集说明书不致因上述内容而出现虚假记载、误导性陈述或者重大遗漏，并对其真实性、准确性和完整性承担相应的法律责任。"

声明应当由经办人员及所在机构负责人签名，并由机构加盖公章。

第二十条　定向发行可转债募集说明书结尾应当列明备查文件，备查文件应当包括：

（一）发行保荐书、发行保荐工作报告；

（二）法律意见书和律师工作报告；

（三）中国证监会同意本次定向发行可转债注册的文件；

（四）其他与本次定向发行可转债有关的重要文件。

如有下列文件，也应当作为备查文件披露：

（一）资信评级报告；

（二）担保合同和担保函；

（三）上市公司董事会关于近一年保留意见审计报告涉及事项处理情况的说明；

（四）会计师事务所及注册会计师关于近一年保留意见审计报告的专项说明。

第三章　发行情况报告书

第二十一条　上市公司应当在发行情况报告书中至少披露以下内容：

（一）本次发行履行的相关程序，包括但不限于董事会和股东大会表决的时间、中国证监会予以注册的时间、资金到账和验资时间，以及办理证券登记的时间；

（二）本次定向发行可转债的数量、票面金额、利率、期限、转股期、转股价格及其调整安排、认购方式、认购人、认购数量、认购资金来源、限售安排、现有股东优先认购情况、实际募集资金总额、发行费用等；

（三）本次发行实际募集金额未达到预计募集金额时，实际募集资金的投入安排；

（四）限售安排及自愿锁定承诺；

（五）募集资金三方监管协议的签订情况；

（六）募集资金用于置换前期自有资金投入的，应当说明前期自有资金投入的具体使用情况等相关信息；

（七）本次发行涉及的国资、外资等相关主管部门核准、登记、备案程序等。

第二十二条　上市公司应当披露本次发行前后可转债数量、资产负债结构、业务结构、主要财务指标等变化情况，以及可转债部分或全部转股后对公司控制权结构的影响。

上市公司应当披露本次可转债部分或全部转股后关联交易、同业竞争、公司控制权、董事、监事和高级管理人员持股的变动情况。

第二十三条　由于情况发生变化，导致董事会决议中关于本次定向发行可转债的有关事项需要修正或者补充说明的，上市公司应当在发行情况报告书中作出专门说明，并披露调整的内容及履行的审议程序。

第二十四条　上市公司全体董事、监事、高级管理人员应当在发行情况报告书的首页声明：

"公司全体董事、监事、高级管理人员承诺本发行情况报告书不存在虚假记载、误导性陈述或者重大遗漏，并对其真实性、准确性、完整性承担相应的法律责任。"

声明应当由全体董事、监事、高级管理人员签名，并由上市公司加盖公章。

第二十五条　上市公司控股股东、实际控制人应当在发行情况报告书正文后声明：

"本公司或本人承诺本发行情况报告书不存在虚假记载、误导性陈述或者重大遗漏，并对其真实性、准确性和完整性承担相应的法律责任。"

声明应当由控股股东、实际控制人签名，并加盖公章。

第四章　中介机构意见

第二十六条　上市公司进行定向发行可转债聘请的保荐人应当按照本准则及有关规定出具发行保荐书、发行保荐工作报告，对以下事项进行说明和分析，并逐项发表明确意见：

（一）上市公司是否符合《北京证券交易所上市公司证券发行注册管理办法》规定的发行条件；

（二）上市公司的公司治理规范性；

（三）上市公司本次定向发行可转债是否规范履行了信息披露义务；上市公司对其或相关责任主体在报告期内曾因信息披露违规或违法被中国证监会采取监管措施或给予行政处罚、被北交所依法采取自律管理措施或纪律处分的整改情况；

（四）上市公司对现有股东优先认购安排的合法合规性；

（五）本次定向发行可转债发行对象或范围是否符合投资者适当性要求；参与认购的私募投资基金管理人或私募投资基金完成登记或备案情况；

（六）本次定向发行可转债发行对象认购资金来源的合法合规性；

（七）本次定向发行可转债决策程序是否合法合规，是否已按规定履行了国资、外资等相关主管部门的审批、核准或备案等程序；

（八）本次定向发行可转债的转股价格、利率及其他条款内容的合法合规性、合理性；

（九）本次定向发行可转债相关认购协议等法律文件的合法合规性；

（十）本次定向发行可转债转股后新增股份限售安排的合法合规性；

（十一）上市公司建立健全募集资金内部控制及管理制度的情况；上市公司本次募集资金的必要性及合理性，本次募集资金用途的合规性；

（十二）本次定向发行可转债对上市公司的影响；

（十三）保荐人认为应当发表的其他意见。

第二十七条　上市公司聘请的律师应当按照本准则及有关规定出具法律意见书，并对照中国证监会的各项规定，在充分核查验证的基础上，对以下事项进行说明和分析，并逐项发表明确意见：

（一）上市公司是否符合《北京证券交易所上市公司证券发行注册管理办法》规定的发行条件；

（二）上市公司对现有股东优先认购安排的合法合规性；

（三）本次定向发行可转债发行对象或范围是否符合投资者适当性要求；参与认购的私募投资基金管理人或私募投资基金完成登记或备案的情况；

（四）本次定向发行可转债发行对象认购资金来源的合法合规性；

（五）本次定向发行可转债决策程序是否合法合规，是否已按规定履行了国资、外资等相关主管部门的审批、核准或备案等程序；

（六）本次定向发行可转债的转股价格、利率及其他条款内容的合法合规性、合理性；

（七）本次定向发行可转债相关认购协议等法律文件的合法合规性；

（八）本次定向发行可转债转股后新增股份限售安排的合法合规性；

（九）律师认为应当发表的其他意见。

第五章　附　则

第二十八条　以资产认购本次定向发行可转债的，还应当根据中国证监会及北交所其他相关规定进行信息披露。

第二十九条　国家有关部门对上市公司信息披露另有规定的，上市公司还应当遵守相关规定并履行信息披露义务。

第三十条　上市公司定向发行可转债依法未聘请保荐人的，无需提供保荐人出具的保荐文件。

第三十一条　本准则由中国证监会负责解释。

第三十二条　本准则自公布之日起施行。《公开发行证券的公司信息披露内容与格式准则第 50 号——北京证券交易所上市公司向特定对象发行可转换公司债券募集说明书和发行情况报告书》（证监会公告〔2021〕30 号）同时废止。

公开发行证券的公司信息披露内容与格式准则第 51 号
——北京证券交易所上市公司向特定对象发行优先股 募集说明书和发行情况报告书

（中国证监会公告〔2023〕第 21 号 2023 年 2 月 17 日）

第一章 总 则

第一条 为了规范北京证券交易所（以下简称北交所）上市公司向特定对象发行（以下简称定向发行）优先股的信息披露行为，根据《中华人民共和国证券法》（以下简称《证券法》）、《中华人民共和国公司法》《优先股试点管理办法》《北京证券交易所上市公司证券发行注册管理办法》的规定，制定本准则。

第二条 北交所上市公司（以下简称上市公司）定向发行优先股，应当按照本准则编制定向发行优先股募集说明书（以下简称募集说明书），作为定向发行优先股的必备法律文件，并按本准则的规定进行披露。

第三条 上市公司定向发行优先股结束后，应当按本准则的要求编制并披露发行情况报告书。

第四条 在不影响信息披露的完整性并保证阅读方便的前提下，对于曾在定期报告、临时公告或者其他信息披露文件中披露过的信息，如事实未发生变化，上市公司可以采用索引的方法进行披露。

第五条 本准则某些具体要求对本次定向发行优先股确实不适用或者需要豁免适用的，上市公司可以根据实际情况调整，但应当在提交申请文件时作出专项说明。

第六条 上市公司应当在符合《证券法》规定的信息披露平台披露募集说明书及其备查文件、发行情况报告书和中国证券监督管理委员会（以下简称中国证监会）要求披露的其他文件，供投资者查阅。

国家有关部门对上市公司信息披露另有规定的，上市公司还应当遵守其规定并履行信息披露义务。

第二章 募集说明书

第七条 募集说明书扉页应当载有如下声明：

"本公司及控股股东、实际控制人、全体董事、监事、高级管理人员承诺募集说明书不存在虚假记载、误导性陈述或者重大遗漏，并对其真实性、准确性、完整性承担相应的法律责任。

本公司负责人和主管会计工作的负责人、会计机构负责人保证募集说明书中财务会计资料真实、准确、完整。

中国证监会、北京证券交易所对本公司定向发行优先股所作的任何决定或意见，均不表明其对本公司优先股的价值或投资者的收益作出实质性判断或者保证。任何与之相反的声明均属虚假不实陈述。

根据《证券法》的规定，本公司经营与收益的变化，由本公司自行负责，由此变化引致的投资风险，由投资者自行负责。"

第八条　上市公司应当披露本次定向发行优先股的基本情况：

（一）发行目的和发行总额。拟分次发行的，披露分次发行安排；

（二）发行方式、发行对象及公司现有股东认购安排（如有）。如董事会未确定具体发行对象的，应当披露发行对象的范围和确定方法；

（三）票面金额、发行价格或定价原则；

（四）本次发行优先股的种类、数量或数量上限；

（五）募集资金的必要性、合理性、可行性及募集投向；

（六）本次发行涉及的主管部门审批、核准、注册或备案事项情况。

除上述内容外，上市公司还应当披露本准则第十五条规定的附生效条件的优先股认购合同的内容摘要。

第九条　上市公司应当在基本情况中披露本次定向发行优先股的具体条款设置：

（一）优先股股东参与利润分配的方式，包括：票面股息率或其确定原则、股息发放的条件、股息支付方式、股息是否累积、是否可以参与剩余利润分配等；涉及财务数据或财务指标的，应当注明相关报表口径；

（二）优先股的回购条款，包括：回购选择权的行使主体、回购条件、回购期间、回购价格或确定原则及其调整方法等；

（三）表决权的限制和恢复，包括表决权恢复的情形及恢复的具体计算方法；

（四）清偿顺序及每股清算金额的确定方法；

（五）有评级安排的，需披露信用评级情况；

（六）有担保安排的，需披露担保及授权情况；

（七）其他中国证监会认为有必要披露的重大事项。

第十条　上市公司应当列表披露本次募集资金的使用计划：

（一）募集资金拟用于补充流动资金的，应当分析与同行业上市公司对流动资金的需求水平是否相当；

（二）募集资金拟用于偿还银行贷款的，应当结合市场利率水平、公司融资成本说明偿还银行贷款后公司负债结构是否合理；

（三）募集资金拟用于项目投资的，应当披露项目所需的资金数额、项目内容及进度和涉及的审批情况，是否符合国家产业政策和法律、行政法规的规定。募集资金投入项目导致上市公司生产经营模式发生变化的，上市公司应当结合其在新模式下的经营管理能力、技术准备情况、产品市场开拓情况等，对项目的可行性进行分析。

第十一条　通过本次发行引入资产的，上市公司还应当按照本准则第十二条、第十三条、第十四条的规定披露相关内容，同时披露本准则第十五条规定的附生效条件的资产转让合同的内容摘要。

第十二条　通过本次发行拟引入的资产为非股权资产的，上市公司应当披露相关资产的下列基本情况：

（一）资产名称、类别以及所有者和经营管理者的基本情况；

（二）资产权属是否清晰、是否存在权利受限、权属争议或者妨碍资产转移的其他情况；

（三）资产独立运营和核算的，披露最近一年及一期经会计师事务所审计的主要财务数据；

（四）资产的交易价格及定价依据。披露相关资产经审计的账面值；交易价格以资产评估结果作为依据的，应当披露资产评估方法和资产评估结果。

第十三条　通过本次发行拟引入的资产为股权的，上市公司应当披露相关股权的下列基本情况：

（一)股权所在的公司的名称、企业性质、注册地、主要办公地点、法定代表人、注册资本；股权及控制关系，包括公司的主要股东及其持股比例、最近二年控股股东或实际控制人的变化情况、股东出资协议及公司章程中可能对本次交易产生影响的主要内容、原高管人员的安排；

（二）股权所在的公司主要资产的权属状况及对外担保和主要负债情况；

（三）股权所在的公司最近一年及一期的业务发展情况和经会计师事务所审计的主要财务数据和财务指标；

（四）股权的资产评估价值（如有）、交易价格及定价依据。

第十四条　资产交易根据资产评估结果定价的，在评估机构出具资产评估报告后，公司董事会应当对评估机构的独立性、评估假设前提和评估结论的合理性、评估方法的适用性、主要参数的合理性、未来收益预测的谨慎性等问题发表意见，并说明定价的合理性，资产定价是否存在损害公司和股东合法权益的情形。

资产交易价格不以资产评估结果作为定价依据的，董事会应当具体说明收购定价的过程、定价方法的合理性及定价结果的公允性。收购价格与评估报告结果存在显著差异的，上市公司应当就差异的原因进行分析，并就收购价格是否可能损害上市公司及其中小股东的利益进行说明。

本次拟收购资产在最近三年曾进行过评估或交易的，上市公司应当披露评估的目的、方法及结果，以及交易双方的名称、定价依据及交易价格。交易未达成的，也应当披露上述信息。

第十五条　董事会决议确定具体发行对象的，应当披露附生效条件的优先股认购合同内容摘要，认购合同内容摘要应当包括以下内容：

（一）合同主体、签订时间；

（二）认购价格、认购方式、支付方式；

（三）合同的生效条件和生效时间；

（四）合同附带的任何保留条款、前置条件；

（五）违约责任条款；

（六）优先股股东参与利润分配和剩余财产分配的相关约定；

（七）优先股回购的相关约定；

（八）优先股股东表决权限制与恢复的约定；

（九）其他与定向发行相关的条款。

附生效条件的资产转让合同的内容摘要除前款第一项至第五项内容外，至少还应当包括：

（一）目标资产及其价格或定价依据；

（二）资产交付或过户时间安排；

（三）资产自评估截止日至资产交付日所产生收益的归属（如有）；

（四）与资产相关的人员安排。

第十六条　上市公司应当披露已发行在外优先股的简要情况，包括发行时间、发行总量及融资总额、现有发行在外数量、已回购优先股的数量、各期股息实际发放情况等。

上市公司应当列表披露本次定向发行优先股与已发行在外优先股主要条款的差异比较。

第十七条　上市公司应当结合以下方面详细披露本次定向发行优先股对上市公司的影响：

（一）本次发行对上市公司经营管理的影响；

（二）本次发行后上市公司财务状况、盈利能力、偿债能力及现金流量的变动情况，上市公司应当重点披露本次发行优先股后公司资产负债结构的变化；

（三）本次发行对公司股本、净资产（净资本）、资产负债率、净资产收益率、归属于普通股股东的每股收益等主要财务数据和财务指标的影响；

（四）上市公司与控股股东及其关联人之间的业务关系、管理关系、关联交易及同业竞争等变化情况；

（五）以资产认购优先股的行为是否导致增加本公司的债务或者或有负债；

（六）本次发行对上市公司的税务影响；

（七）上市公司应当有针对性、差异化地披露属于本公司或者本行业的特有风险以及经营过程中的不确定性因素。

第十八条　上市公司应当披露最近三年的现金分红情况，并分析披露对本次定向发行优先股股息或优先股回购的支付能力。

第十九条　上市公司应当披露本次定向发行优先股对上市公司普通股股东权益的影响；已发行优先股的，还应当说明对其他优先股股东权益的影响。

第二十条　上市公司应当结合自身的实际情况及优先股的条款设置，披露可能直接或间接对上市公司以及优先股投资者产生重大不利影响的相关风险因素，如不能足额派息的风险、表决权受限的风险、回购风险、交易风险、分红减少和权益摊薄风险、税务风险等。

第二十一条　上市公司应当披露本次定向发行优先股相关的会计处理方法以及本次发行的优先股发放的股息是否在所得税前列支及政策依据。

第二十二条　上市公司应当披露投资者与本次发行的优先股转让、股息发放、回购等相关的税费、征收依据及缴纳方式。

第二十三条　上市公司应当披露公司最近一期末的对外担保情况，并披露对公司财务状况、经营成果、声誉、业务活动、未来前景等可能产生较大影响的未决诉讼或仲裁事项，可能出现的处理结果或已生效法律文书的执行情况。

第二十四条　上市公司应当披露下列机构的名称、法定代表人、住所、联系电话、传真，同时应当披露有关经办人员的姓名：

（一）保荐人；

（二）律师事务所；

（三）会计师事务所；

（四）资产评估机构（如有）；

（五）资信评级机构（如有）；

（六）优先股登记机构；

（七）担保人（如有）；

（八）其他与本次发行有关的机构。

第二十五条　上市公司全体董事、监事、高级管理人员应当在募集说明书正文的尾页声明：

"本公司全体董事、监事、高级管理人员承诺本募集说明书不存在虚假记载、误导性陈述或者重大遗漏，并对其真实性、准确性、完整性承担相应的法律责任。"

声明应当由全体董事、监事、高级管理人员签名，并由上市公司加盖公章。

第二十六条　上市公司控股股东、实际控制人应当在募集说明书正文的尾页声明：

"本公司或本人承诺本募集说明书不存在虚假记载、误导性陈述或者重大遗漏，并对其真实性、准确性和完整性承担相应的法律责任。"

声明应当由控股股东、实际控制人签名，加盖公章。

第二十七条　保荐人应当对募集说明书的真实性、准确性、完整性进行核查，并在募集说明书正文后声明：

"本公司已对募集说明书进行了核查，确认不存在虚假记载、误导性陈述或者重大遗漏，并对其真实性、准确性和完整性承担相应的法律责任。"

声明应当由法定代表人、保荐代表人、项目协办人签名，并加盖保荐人公章。

第二十八条　为上市公司定向发行优先股提供服务的证券服务机构应当在募集说明书正文后声明：

"本机构及经办人员（经办律师、签字注册会计师、签字注册资产评估师、资信评级人员）已阅读募集说明书，确认募集说明书与本机构出具的专业报告（法律意见书、审计报告、资产评估报告或资产估值报告、资信评级报告等）无矛盾之处。本机构及经办人员对上市公司在募集说明书中引用的专业报告的内容无异议，确认募集说明书不致因上述内容而出现虚假记载、误导性陈述或者重大遗漏，并对其真实性、准确性和完整性承担相应的法律责任。"

声明应当由经办人员及所在机构负责人签名，并加盖所在机构公章。

第二十九条　募集说明书结尾应当列明备查文件，备查文件应当包括：

（一）上市公司最近二年的财务报告和审计报告及最近一期（如有）的财务报告；

（二）定向发行优先股发行保荐书；

（三）法律意见书；

（四）中国证监会同意本次定向发行注册的文件；

（五）公司章程及其修订情况的说明；

（六）其他与本次定向发行有关的重要文件。

如有下列文件，也应当作为备查文件披露：

（一）资产评估报告或资产估值报告；

（二）资信评级报告；

（三）担保合同和担保函；

（四）上市公司董事会关于非标准无保留意见审计报告涉及事项处理情况的说明；

（五）会计师事务所及注册会计师关于非标准无保留意见审计报告的补充意见；

（六）通过本次定向发行拟引入资产的资产评估报告或资产估值报告及有关审核文件。

第三章 发行情况报告书

第三十条 上市公司应当在发行情况报告书中至少披露以下内容：

（一）本次定向发行优先股的类型及主要条款，包括发行数量、发行价格、票面股息率、转换安排、回购安排等；

（二）本次发行履行的相关程序；

（三）各发行对象的名称、类型和认购数量，并备注与上市公司的关联关系及关联交易情况；

（四）限售安排及自愿锁定承诺；

（五）募集资金三方监管协议的签订情况；

（六）本次发行实际募集金额未达到预计募集金额时，实际募集资金的投入安排；

（七）募集资金用于置换前期自有资金投入的，应当说明前期自有资金投入的具体使用情况等相关信息；

（八）本次发行涉及的国资、外资等相关主管机关审批、核准、注册或备案程序等。

第三十一条 上市公司应当披露本次发行前后股本结构、资产结构、业务结构、主要财务指标的变化情况。

第三十二条 认购人以非现金资产认购定向发行优先股的，上市公司应当披露非现金资产的过户或交付情况，并说明资产相关实际情况与募集说明书中披露的信息是否存在差异。

第三十三条 由于情况发生变化，导致董事会决议中关于本次定向发行的有关事项需要修正或者补充说明的，上市公司应当在发行情况报告书中作出专门说明。

第三十四条 上市公司全体董事、监事、高级管理人员应当在发行情况报告书的首页声明：

"本公司全体董事、监事、高级管理人员承诺本发行情况报告书不存在虚假记载、误导性陈述或者重大遗漏，并对其真实性、准确性、完整性承担相应的法律责任。"

声明应当由全体董事、监事、高级管理人员签名，并加盖上市公司公章。

第三十五条 上市公司控股股东、实际控制人应当在发行情况报告书正文后声明：

"本公司或本人承诺本发行情况报告书不存在虚假记载、误导性陈述或者重大遗漏，并对其真实性、准确性和完整性承担相应的法律责任。"

声明应当由控股股东、实际控制人签名，加盖公章。

第四章　中介机构意见

第三十六条　保荐人应当按照本准则及有关规定出具发行保荐书，对以下事项进行说明和分析，并逐项发表明确意见：

（一）上市公司是否符合《优先股试点管理办法》规定的发行条件；

（二）上市公司是否存在《优先股试点管理办法》规定的不得发行优先股的情形；

（三）上市公司的财务状况、偿付能力；

（四）上市公司的对外担保情况、未决诉讼或仲裁事项；

（五）本次发行优先股决策程序是否合法合规，是否已按规定履行了国资、外资等相关主管部门的审批、核准、注册或备案等程序；

（六）本次优先股发行的规模、募集金额、票面股息率或发行价格的合法合规性；

（七）本次发行优先股具体条款设置的合法合规性；

（八）上市公司建立健全募集资金内部控制及管理制度的情况；上市公司本次募集资金的必要性、合理性和可行性，本次募集资金用途的合规性；报告期内募集资金的管理及使用情况，如存在违规情形，应当对违规事实、违规处理结果、相关责任主体的整改情况等进行核实并说明；

（九）本次优先股发行对象的投资者适当性；

（十）本次优先股发行对象认购资金来源的合法合规性；

（十一）本次发行优先股的风险因素；

（十二）本次发行优先股对上市公司、普通股股东、其他优先股股东（如有）的影响；

（十三）本次发行涉及公司章程修改的事项；

（十四）本次发行优先股的会计处理方法，以及相关税费政策和依据；

（十五）非现金资产认购的相关事项（如有）；

（十六）保荐人认为需要说明的其他事项。

第三十七条　上市公司进行定向发行优先股聘请的律师应当按照本准则及有关规定出具法律意见书，并对照中国证监会的各项规定，在充分核查验证的基础上，对以下事项进行说明和分析，并逐项发表明确意见：

（一）上市公司是否符合《优先股试点管理办法》规定的发行条件；

（二）上市公司是否存在《优先股试点管理办法》规定的不得发行优先股的情形；

（三）本次定向发行对象或范围是否符合投资者适当性要求；

（四）本次定向发行对象认购资金来源的合法合规性；

（五）本次定向发行决策程序是否合法合规，是否已按规定履行了国资、外资等相关主管部门的审批、核准、注册或备案等程序；

（六）本次定向发行相关认购协议、公司章程等法律文件的合法合规性；

（七）本次定向发行的规模、募集金额、票面股息率或发行价格及具体条款设置的合法合规性；

（八）律师认为应当发表的其他意见。

第五章　附　则

第三十八条　上市公司定向发行优先股依法未聘请保荐人的，无需提供保荐人出具的保荐文件。

第三十九条　本准则自公布之日起施行。《公开发行证券的公司信息披露内容与格式准则第 51 号——北京证券交易所上市公司向特定对象发行优先股募集说明书和发行情况报告书》（证监会公告〔2021〕31 号）同时废止。

公开发行证券的公司信息披露内容与格式准则第52号——北京证券交易所上市公司发行证券申请文件

（中国证监会公告〔2023〕第22号　2023年2月17日）

第一条　为了规范北京证券交易所（以下简称北交所）上市公司发行证券申请文件的报送行为，根据《中华人民共和国证券法》《中华人民共和国公司法》《北京证券交易所上市公司证券发行注册管理办法》《优先股试点管理办法》《可转换公司债券管理办法》规定，制定本准则。

第二条　北交所上市公司（以下简称上市公司）进行证券发行，应当按本准则要求制作和报送申请文件。

需要报送电子文件的，电子文件应当和预留原件一致。上市公司律师应当对报送的电子文件与原件的一致性出具鉴证意见。报送的电子文件和原件具有同等的法律效力。

第三条　本准则规定的申请文件目录（见附件）是证券发行申请文件的最低要求。根据审核需要，中国证券监督管理委员会（以下简称中国证监会）和北交所可以要求上市公司和相关证券服务机构补充文件。上市公司认为某些文件对其不适用的，应当作出书面说明。

第四条　上市公司发行证券募集说明书自最后签署之日起六个月内有效。

募集说明书引用的财务报告在其最近一期截止日后六个月内有效，特殊情况下上市公司可以申请适当延长，但最多不超过一个月。

第五条　申请文件一经受理，未经同意，不得增加、撤回或者更换。

第六条　对于申请文件的原始纸质文件，上市公司不能提供有关文件原件的，应当由上市公司律师提供鉴证意见，或由出文单位盖章，以保证与原件一致。如原出文单位不再存续，由承继其职权的单位或作出撤销决定的单位出文证明文件的真实性。

第七条　申请文件所有需要签名处，应当载明签名字样的印刷体，并由签名人亲笔签名，不得以名章、签名章等代替。

申请文件中需要由上市公司律师鉴证的文件，上市公司律师应当在该文件首页注明"以下第×××页至第×××页与原件一致"，并签名和签署鉴证日期，律师事务所应当在该文件首页加盖公章，并在第×××页至第×××页侧面以公章加盖骑缝章。

第八条　上市公司应当根据北交所对发行申请文件的审核问询以及中国证监会对申请文件的注册反馈问题，提供补充材料。保荐人和相关证券服务机构应当对相关问题进行尽职调查并补充出具专业意见。

第九条　申请文件的扉页应当标明上市公司信息披露事务负责人、保荐人及相关证券服务机构项目负责人的姓名、电话、传真及其他方便的联系方式。

第十条　未按本准则的要求制作和报送申请文件的，北交所按照有关规定不予受理。

第十一条　上市公司发行证券依法未聘请保荐人的，无需提供保荐人出具的保荐文件。

第十二条　本准则自公布之日起施行。《公开发行证券的公司信息披露内容与格式准则第52号——北京证券交易所上市公司发行证券申请文件》（证监会公告〔2021〕32号）同时废止。

附件：1. 北交所上市公司向不特定合格投资者公开发行股票申请文件

2. 北交所上市公司向特定对象发行股票申请文件

3. 北交所上市公司向特定对象发行可转换公司债券申请文件

4. 北交所上市公司向特定对象发行优先股申请文件

附件1

北交所上市公司向不特定合格投资者公开发行股票申请文件目录

一、发行文件

1-1 上市公司向不特定合格投资者公开发行股票募集说明书

二、上市公司关于本次发行的申请与授权文件

2-1 上市公司关于本次向不特定合格投资者公开发行股票的申请报告

2-2 上市公司董事会有关本次向不特定合格投资者公开发行股票的决议

2-3 上市公司股东大会有关本次向不特定合格投资者公开发行股票的决议

2-4 上市公司监事会对募集说明书真实性、准确性、完整性的审核意见

三、保荐人关于本次发行的文件

3-1 发行保荐书

3-2 保荐工作报告

四、会计师关于本次发行的文件

4-1 最近三年的财务报告和审计报告及最近一期的财务报告

4-2 盈利预测报告及审核报告（如有）

4-3 会计师事务所关于上市公司的内部控制鉴证报告

4-4 会计师事务所关于前次募集资金使用情况的报告（如有）

4-5 经注册会计师核验的上市公司非经常性损益明细表

五、律师关于本次发行的文件

5-1 法律意见书

5-2 律师工作报告

5-3 上市公司律师关于上市公司董事、监事、高级管理人员、上市公司控股股东和实际控制人在相关文件上签名盖章的真实性的鉴证意见

5-4 关于申请电子文件与预留原件一致的鉴证意见

六、关于本次发行募集资金运用的文件

6-1 有关部门募集资金投资项目的审批、核准或备案文件（如有）

6-2 上市公司拟收购资产（包括权益）的有关财务报告、审计报告、资产评估报告（如有）

6-3 上市公司拟收购资产（包括权益）的合同或其草案（如有）

七、其他文件

7-1 上市公司信息披露豁免说明

7-2 上市公司关于本次发行是否涉及重大资产重组的说明

7-3 上市公司全体董事、监事、高级管理人员对发行申请文件真实性、准确性和完整性的承诺书以及前述主体、上市公司和控股股东、实际控制人及与本次股票公开发行相关的保荐人、证券服务机构及相关责任人员关于不得影响或干扰发行上市审核注册工作的承诺书

7-4 上市公司、保荐人关于申请电子文件与预留原件一致的承诺函

7-5 其他相关文件

附件2

北交所上市公司向特定对象发行股票申请文件目录

一、发行文件

1-1 上市公司向特定对象发行股票募集说明书

二、上市公司关于本次发行的申请与授权文件

2-1 上市公司关于本次向特定对象发行股票的申请报告

2-2 上市公司董事会有关本次向特定对象发行股票的决议

2-3 上市公司股东大会有关本次向特定对象发行股票的决议

2-4 上市公司监事会对募集说明书真实性、准确性、完整性的审核意见

三、保荐人关于本次发行的文件

3-1 发行保荐书

3-2 发行保荐工作报告

3-3 关于战略投资者适格性的专项意见（如有）

四、会计师关于本次发行的文件

4-1 最近二年的财务报告和审计报告及最近一期（如有）的财务报告

4-2 盈利预测报告及其审核报告（如有）

4-3 会计师事务所关于上市公司的内部控制鉴证报告

4-4 经注册会计师核验的上市公司非经常性损益明细表

4-5 上市公司董事会、会计师事务所及注册会计师关于最近一年保留意见审计报告的补充意见（如有）

五、律师关于本次发行的文件

5-1 法律意见书

5-2 律师工作报告

5-3 关于上市公司董事、监事、高级管理人员以及上市公司控股股东、实际控制人在相关文件上签名盖章的真实性的鉴证意见

5-4 关于申请电子文件与预留文件一致的鉴证意见

六、关于本次发行募集资金运用的文件

6-1 有关部门对募集资金投资项目的审批、核准或备案文件（如有）

6-2 本次向特定对象发行收购资产相关的最近一年及一期（如有）的财务报告及其审计报告、资产评估报告（如有）

6-3 上市公司拟收购资产或股权的合同或其草案（如有）

七、其他文件

7-1 国务院主管部门关于引入境外战略投资者的有关文件（如有）

7-2 上市公司信息披露豁免说明

7-3 上市公司关于本次发行是否涉及重大资产重组的说明

7-4 上市公司全体董事、监事、高级管理人员对发行申请文件真实性、准确性和完整性的承诺书以及前述主体、上市公司和控股股东、实际控制人及与本次发行相关的保荐人、证券服务机构及相关责任人员关于不得影响或干扰发行上市审核注册工作的承诺书

7-5 上市公司、保荐人关于申请电子文件与预留原件一致的承诺函

7-6 其他相关文件

附件3

北交所上市公司向特定对象发行
可转换公司债券申请文件目录

一、发行文件

1-1 上市公司向特定对象发行可转换公司债券募集说明书

二、上市公司关于向特定对象发行可转换公司债券的申请与授权文件

2-1 上市公司关于本次向特定对象发行可转换公司债券的申请报告

2-2 上市公司董事会有关本次向特定对象发行可转换公司债券的决议

2-3 上市公司股东大会有关本次向特定对象发行可转换公司债券的决议

2-4 上市公司监事会对向特定对象发行可转换公司债券募集说明书真实性、准确性、完整性的审核意见

三、保荐人关于本次发行的文件

3-1 发行保荐书

3-2 发行保荐工作报告

四、会计师关于本次发行的文件

4-1 最近二年的财务报告和审计报告及最近一期（如有）的财务报告

4-2 盈利预测报告及其审核报告（如有）

4-3 会计师事务所关于上市公司的内部控制鉴证报告

4-4 经注册会计师核验的上市公司非经常性损益明细表

4-5 上市公司董事会、会计师事务所及注册会计师关于最近一年保留意见审计报告的补充意见（如有）

五、律师关于本次发行的文件

5-1 法律意见书

5-2 律师工作报告

5-3 关于上市公司董事、监事、高级管理人员以及上市公司控股股东、实际控制人在相关文件上签名盖章的真实性的鉴证意见

5-4 关于申请电子文件与预留文件一致的鉴证意见

六、关于本次发行募集资金运用的文件

6-1 有关部门对募集资金投资项目的审批、核准或备案文件（如有）

6-2 本次拟收购资产相关的最近一年及一期（如有）的财务报告及其审计报告、资产评估报告（如有）

6-3 上市公司拟收购资产或股权的合同或其草案（如有）

七、其他文件

7-1 本次向特定对象发行可转换公司债券的资信评级报告（如有）

7-2 本次向特定对象发行可转换公司债券的担保合同、担保函、担保人就提供担保获得的授权文件（如有）

7-3 上市公司信息披露豁免说明

7-4 上市公司全体董事、监事、高级管理人员对发行申请文件真实性、准确性和完整性的承诺书以及前述主体、上市公司和控股股东、实际控制人及与本次发行相关的保荐人、证券服务机构及相关责任人员关于不得影响或干扰发行上市审核注册工作的承诺书

7-5 上市公司、保荐人关于申请电子文件与预留原件一致的承诺函

7-6 其他相关文件

附件 4

北交所上市公司向特定对象发行优先股申请文件目录

一、发行文件

1-1 上市公司向特定对象发行优先股募集说明书

二、上市公司关于本次发行优先股的申请与授权文件

2-1 上市公司关于本次向特定对象发行优先股的申请报告

2-2 上市公司董事会有关本次向特定对象发行优先股的决议

2-3 上市公司股东大会有关本次向特定对象发行优先股的决议

2-4 上市公司监事会对募集说明书真实性、准确性、完整性的审核意见

三、保荐人关于本次发行的文件

3-1 发行保荐书

3-2 发行保荐工作报告

四、证券服务机构关于本次发行的文件

4-1 上市公司最近二年的财务报告及其审计报告及最近一期（如有）的财务报告

4-2 法律意见书

4-3 律师工作报告

4-4 会计师事务所关于上市公司最近一年末内部控制的审计报告或鉴证报告

4-5 上市公司董事会、会计师事务所关于报告期内非标准审计报告涉及事项对公司是否有重大不利影响或重大不利影响是否已经消除的说明（如有）

4-6 本次向特定对象发行优先股收购资产相关的最近一年及一期（如有）的

财务报告及其审计报告、资产评估报告或资产估值报告（如有）

4-7 资信评级机构为本次向特定对象发行优先股出具的资信评级报告（如有）

4-8 本次向特定对象发行优先股的担保合同、担保函、担保人就提供担保获得的授权文件（如有）

公开发行证券的公司信息披露内容与格式准则第 56 号
——北京证券交易所上市公司重大资产重组

（中国证监会公告〔2023〕第 23 号　2023 年 2 月 17 日）

第一章　总　则

第一条　为了规范北京证券交易所上市公司（以下简称上市公司）重大资产重组的信息披露行为，根据《中华人民共和国证券法》（以下简称《证券法》）、《中华人民共和国公司法》《上市公司重大资产重组管理办法》（以下简称《重组办法》）、《北京证券交易所上市公司持续监管办法（试行）》及其他相关法律、行政法规及部门规章的规定，制定本准则。

第二条　上市公司实施《重组办法》规定的资产交易行为（以下简称重大资产重组），应当按照《重组办法》、本准则的要求编制并披露重大资产重组报告书（以下简称重组报告书）及其他相关信息披露文件。上市公司披露的所有信息应当真实、准确、完整，简明清晰、通俗易懂，不得有虚假记载、误导性陈述或者重大遗漏。

上市公司发行股份购买资产的，还应当按照本准则的要求制作和报送申请文件。

第三条　本准则的规定是对重组报告书及其他相关信息披露文件的最低要求。不论本准则是否有明确规定，凡对上市公司股票及其衍生品交易价格可能产生较大影响或对投资者投资决策有重大影响的信息，均应当披露。

上市公司根据自身及所属行业或业态特征，可在本准则基础上增加有利于投资者判断和信息披露完整性的相关内容。本准则某些具体要求对上市公司不适用的，上市公司可根据实际情况，在不影响内容完整性的前提下作适当调整，但应当在披露时作出相应说明。

中国证券监督管理委员会（以下简称中国证监会）、北京证券交易所（以下简称北交所）可以根据监管实际需要，要求上市公司补充披露其他有关信息或提供其他有关文件。

有充分依据证明本准则要求披露的信息涉及国家秘密、商业秘密及其他因披露可能导致其违反国家有关保密法律法规或严重损害公司利益的，上市公司可不予披露或提供，但应当在相关章节中详细说明未按本准则要求进行披露或提供的原因。

第四条　重大资产重组有关各方应当及时、公平地披露或提供信息，披露或提供的所有信息应当真实、准确、完整，所描述的事实应当有充分、客观、公正的依据，所引用的数据应当注明资料来源，不得有虚假记载、误导性陈述或者重大遗漏。

上市公司全体董事、监事、高级管理人员及相关证券服务机构及其人员应当按要求在所披露或提供的有关文件上发表声明，确保披露或提供文件的真实性、准确性和完整性。

交易对方应当按要求在所披露或申请的有关文件上发表声明，确保为本次重组所提供的信息的真实性、准确性和完整性。

第五条　上市公司应当在符合《证券法》规定的信息披露平台披露重组报告书及其备查文件，以及中国证监会、北交所要求披露的其他文件，供投资者查阅。

第二章　重组预案

第六条　上市公司披露重大资产重组预案（以下简称重组预案），应当至少包括以下内容：

（一）重大事项提示、重大风险提示；

（二）公司基本情况、交易对方基本情况、本次交易的背景和目的、本次交易的方案概况、交易标的基本情况，披露本次交易是否构成《重组办法》第十三条规定的交易情形（以下简称重组上市）及其判断依据。

以公开招标、公开拍卖等方式购买或出售资产的，如确实无法在重组预案中披露交易对方基本情况，应当说明无法披露的原因及影响。交易标的属于境外资产或者通过公开招标、公开拍卖等方式购买的，如确实无法披露财务数据，应当说明无法披露的原因和影响，并提出解决方案；

（三）重组支付方式、募集配套资金等情况（如涉及）；

（四）公司最近三十六个月的控制权变动情况，最近三年的主营业务发展情况以及因本次交易导致的股权控制结构的预计变化情况；

（五）本次交易对公司的影响以及交易过程中对保护投资者合法权益的相关安排；

（六）本次交易存在其他重大不确定性因素，应当对相关风险作出充分说明和特别提示，涉及有关报批事项的，应当详细说明已向有关主管部门报批的进展情况和尚需呈报批准的程序，并对可能无法获得批准的风险作出特别提示；

（七）独立财务顾问、律师事务所、会计师事务所等证券服务机构的结论性意见；证券服务机构尚未出具意见的，应当作出关于"证券服务机构意见将在重大资产重组报告书中予以披露"的特别提示；

（八）上市公司的控股股东及其一致行动人对本次重组的原则性意见，及控股股东及其一致行动人、董事、监事、高级管理人员自本次重组预案披露之日起至实施完毕期间的股份减持计划。上市公司披露为无控股股东的，应当比照前述要求，披露第一大股东及持股百分之五以上股东的意见及减持计划。

第三章 重大资产重组报告书

第七条 上市公司披露重组报告书，应当就与本次重组有关的重大事项进行"重大事项提示"，至少包括以下内容：

（一）本次重组方案简要介绍，以及按《重组办法》规定计算的相关指标、是否构成关联交易、是否构成重组上市及判断依据、重组支付方式及募集配套资金安排（如涉及）、交易标的评估或估值情况、重组对上市公司影响等简要介绍；

（二）如披露本次交易不构成重组上市，但交易完成后，持有上市公司百分之五以上股份的股东或者实际控制人持股情况或者控制公司的情况以及上市公司的业务构成都将发生较大变化的，应当披露未来三十六个月上市公司维持或变更控制权、调整主营业务的相关安排、承诺、协议等，如存在，应当详细披露主要内容；

（三）本次重组已履行的和尚未履行的决策程序及报批程序，本次重组方案实施前尚需取得的有关批准。涉及并联审批的，应当明确取得批准前不得实施本次重组方案；

（四）披露本次重组相关方作出的重要承诺；

（五）上市公司的控股股东及其一致行动人对本次重组的原则性意见，及控股股东及其一致行动人、董事、监事、高级管理人员自本次重组预案或重组报告书披露之日起至实施完毕期间的股份减持计划。上市公司披露为无控股股东的，应当比照前述要求，披露第一大股东及持股百分之五以上股东的意见及减持计划；

（六）本次重组对中小投资者权益保护的安排；

（七）其他需要提醒投资者重点关注的事项。

第八条 上市公司应当在重组报告书中针对本次重组的实际情况，遵循重要性和相关性原则，在所披露的"风险因素"基础上选择若干可能直接或间接对本次重组及重组后上市公司生产经营状况、财务状况和持续经营能力等产生严重不利影响的风险因素，进行"重大风险提示"。

第九条 重组报告书中应当介绍本次重组的基本情况，包括交易背景及目的、交易决策过程和批准情况、交易具体方案、重组对上市公司的影响。

第十条 重组报告书中应当披露本次交易各方情况，包括：

（一）上市公司基本情况，包括公司设立情况及曾用名称，最近三十六个月的控股权变动情况及重大资产重组情况、主要业务发展情况和主要财务指标，以及控股股东、实际控制人概况。

上市公司是否因涉嫌犯罪被司法机关立案侦查或者涉嫌违法违规被中国证监会立案调查，最近三年是否受到行政处罚或者刑事处罚，如存在，应当披露相关情况，并说明对本次重组的影响。构成重组上市的，还应当说明上市公司及其最近三年内的控股股东、实际控制人是否存在因涉嫌犯罪正被司法机关立案侦查或涉嫌违法违规被中国证监会立案调查的情形，如存在，涉嫌犯罪或违法违规的行为终止是否已满三年，交易方案是否能够消除该行为可能造成的不良后果，是否影响对相关行为人追究责任。上市公司及其控股股东、实际控制人最近十二个月内是否受到证券交易所公开谴责，是否存在其他重大失信行为；

（二）交易对方基本情况及其与上市公司之间的关联关系情况、向上市公司推荐董事或者高级管理人员的情况，交易对方及其主要管理人员最近三年内的违法违规情况及说明（与证券市场明显无关的除外）、诚信情况以及涉及与经济纠纷有关的重大民事诉讼或者仲裁的情况说明。交易对方为多个主体的，应当披露交易对方之间是否存在关联关系及其情况说明。交易对方成立不足一个完整会计年度、没有具体经营业务或者专为本次交易而设立的，应当充分披露交易对方的实际控制人或者相关控股公司的相关资料。

第十一条　交易标的为完整经营性资产的（包括股权或其他构成可独立核算会计主体的经营性资产），应当披露：

（一）该经营性资产的名称、企业性质、注册地、主要办公地点、法定代表人、注册资本、成立日期、统一社会信用代码、历史沿革情况；

（二）该经营性资产的产权或控制关系，包括其主要股东或权益持有人及持有股权或权益的比例、公司章程中可能对本次交易产生影响的主要内容或相关投资协议、原高级管理人员的安排、是否存在影响该资产独立性的协议或其他安排（如让渡经营管理权、收益权等）；

（三）主要资产的权属状况、对外担保情况、主要负债情况、或有负债情况、权利限制情况、违法违规、涉及诉讼等重大争议或存在妨碍权属转移的其他情况；

（四）最近三年业务发展情况及报告期经审计的主要财务指标；

（五）交易标的为企业股权的，应当披露该企业是否存在出资瑕疵或影响其合法存续的情况；上市公司在交易完成后将成为持股型公司的，应当披露作为主要交易标的的企业股权是否为控股权；交易标的为有限责任公司股权的，应当披露是否已取得该公司其他股东的同意或者符合公司章程规定的股权转让前置条件；

（六）该经营性资产的权益最近三年曾进行与交易、增资或改制相关的评估或估值的，应当披露相关评估或估值的方法、评估或估值结果及其与账面值的增减情况，交易价格、交易对方和增资改制的情况，并列表说明该经营性资产最近三年评估或估值情况与本次重组评估或估值情况的差异原因；

（七）该经营性资产的下属企业构成该经营性资产最近一期经审计的资产总

额、营业收入、净资产额或净利润来源百分之二十以上且有重大影响的，应当参照上述要求披露该下属企业的相关信息。

第十二条　交易标的不构成完整经营性资产的，应当披露：

（一）相关资产的名称、类别及最近三年的运营情况和报告期经审计的财务数据，包括但不限于资产总额、资产净额、可准确核算的收入或费用额；

（二）相关资产的权属状况，包括产权是否清晰，是否存在抵押、质押等权利限制，是否涉及诉讼、仲裁、司法强制执行等重大争议或存在妨碍权属转移的其他情况；

（三）相关资产在最近三年曾进行资产评估、估值或者交易的，应当披露评估或估值结果、交易价格、交易对方等情况。

第十三条　重大资产重组中相关资产以资产评估结果或估值报告结果作为定价依据的，应当至少披露以下信息：

（一）评估或估值的基本情况，分析评估或估值增减值主要原因、不同评估或估值方法的评估或估值结果的差异及其原因、最终确定评估或估值结论的理由；

（二）对评估或估值结论有重要影响的评估或估值假设；

（三）选用的评估或估值方法和重要评估或估值参数以及相关依据；

（四）引用其他评估机构或估值机构报告内容、特殊类别资产相关第三方专业鉴定等资料的，应当对其相关专业机构、业务资质、签字评估师或鉴定师、评估或估值情况进行必要披露；

（五）存在评估或估值特殊处理、对评估或估值结论有重大影响事项的，应当进行说明并分析其对评估或估值结论的影响；存在前述情况或因评估或估值程序受限造成评估报告或估值报告使用受限的，应当提请报告使用者关注；

（六）评估或估值基准日至重组报告书签署日的重要变化事项及其对评估或估值结果的影响；

（七）该交易标的的下属企业构成该交易标的的最近一期经审计的资产总额、营业收入、净资产额或净利润来源百分之二十以上且有重大影响的，应当参照上述要求披露。交易标的涉及其他长期股权投资的，应当列表披露评估或估值的基本情况。

第十四条　上市公司董事会应当对本次交易标的的评估或估值的合理性以及定价的公允性做出分析，包括但不限于：

（一）资产评估机构或估值机构的独立性、假设前提的合理性、评估或估值方法与目的的相关性；

（二）评估或估值依据的合理性；

（三）交易标的后续经营中行业、技术等方面的变化趋势、拟采取的应对措施及其对评估或估值的影响；

（四）报告期变动频繁且影响较大的指标对评估或估值的影响，并进行敏感性分析；

（五）交易标的与上市公司现有业务的协同效应、对未来上市公司业绩的影响，对交易定价的影响；

（六）结合交易标的的市场可比交易价格、同行业上市公司的市盈率或者市净率等指标，分析交易定价的公允性；

（七）说明评估或估值基准日至重组报告书披露日交易标的发生的重要变化事项，分析其对交易作价的影响；

（八）如交易定价与评估或估值结果存在较大差异，分析说明差异的原因及其合理性。

上市公司独立董事对评估机构或者估值机构的独立性、评估或者估值假设前提的合理性和交易定价的公允性发表的独立意见。

第十五条　资产交易涉及重大资产购买的，上市公司应当根据重要性原则披露拟购买资产主要业务的具体情况，包括：

（一）主要业务、主要产品或服务及其用途、报告期内的变化情况；

（二）业务模式或商业模式；

（三）与主要业务相关的情况，主要包括：

1. 报告期内各期主要产品或服务的规模、产能、产量、期初及期末库存、销售收入，产品或服务的主要消费群体、销售价格的变动情况，报告期内各期向前五名客户的销售及关联关系情况，如前五大客户为交易对方及其关联方的，应当披露产品最终实现销售的情况；

2. 报告期内主要产品或服务的原材料、能源及其供应情况，价格变动趋势及占成本的比重，报告期内各期向前五名供应商的采购及关联关系情况；

3. 报告期董事、监事、高级管理人员和核心技术人员，其他关联方或持有拟购买资产百分之五以上股份的股东在前五名供应商或客户中所占的权益情况；

4. 主要产品或服务所处行业的主管部门、监管体制、主要法律法规及政策，所从事的业务需要取得许可资格或资质的，还应当披露当前许可资格或资质的情况；

5. 安全生产、环保、质量控制等合规经营情况。

（四）与其业务相关的资源要素，主要包括：

1. 产品或服务所使用的主要技术及其所处阶段；

2. 主要生产设备、房屋建筑物的取得和使用情况、成新率或尚可使用年限等；

3. 主要无形资产的取得方式和时间、使用情况、使用期限或保护期、最近一期末账面价值及上述资产对拟购买资产生产经营的重要程度；

4. 拟购买所从事的业务需要取得许可资格或资质的，还应当披露当前许可资格或资质的情况；

5. 特许经营权的取得、期限、费用标准及对拟购买资产持续生产经营的影响；

6. 员工的简要情况，其中核心业务和技术人员应当披露姓名、年龄、主要业务经历及职务、现任职务及任期以及持有上市公司股份情况；

7. 其他体现所属行业或业态特征的资源要素。

（五）拟购买资产报告期的会计政策及相关会计处理，主要包括：

1. 收入成本的确认原则和计量方法；

2. 比较分析会计政策和会计估计与同行业或同类资产之间的差异及对拟购买资产利润的影响；

3. 财务报表编制基础，确定合并报表时的重大判断和假设，合并财务报表范围、变化情况及变化原因；

4. 报告期存在资产转移剥离调整的，还应当披露资产转移剥离调整的原则、方法和具体剥离情况，及对拟购买资产利润产生的影响；

5. 拟购买资产的重大会计政策或会计估计与上市公司存在较大差异的，报告期发生变更的或者按规定将要进行变更的，应当分析重大会计政策或会计估计的差异或变更对拟购买资产利润产生的影响；

6. 行业特殊的会计处理政策。

第十六条 资产交易涉及重大资产出售的，上市公司应当按照本准则第十五条（一）、（二）的要求进行披露，简要介绍拟出售资产主要业务及与其相关的资源要素的基本情况。

第十七条 资产交易涉及债权债务转移的，应当披露该等债权债务的基本情况、债权人同意转移的情况及与此相关的解决方案，交易完成后上市公司是否存在偿债风险和其他或有风险及应对措施。

第十八条 上市公司应当披露本次交易合同的主要内容，包括但不限于：

（一）资产出售或购买协议：

1. 合同主体、签订时间；

2. 交易价格、定价依据以及支付方式（一次或分次支付的安排及特别条款、股份发行条款等）；

3. 资产交付或过户的时间安排；

4. 交易标的自定价基准日至交割日期间损益的归属和实现方式；

5. 合同的生效条件和生效时间；合同附带的任何形式的保留条款、补充协议和前置条件；

6. 与资产相关的人员安排；

7. 违约责任条款。

（二）业绩补偿协议（如有）；

（三）募集配套资金证券认购协议（如有）；

（四）其他重要协议。

上市公司应当披露本次资产交易中相关当事人的公开承诺事项及提出的未能履行承诺时的约束措施（如有）。

第十九条　上市公司应当对照《重组办法》第十一条，逐项说明本次交易是否符合《重组办法》的规定。

独立财务顾问和律师对本次交易是否符合《重组办法》等规章的规定发表的明确意见。

其他证券服务机构出具的相关报告的结论性意见。

第二十条　上市公司应当按照《重组办法》第十九条披露管理层就本次交易对上市公司影响的讨论与分析，包括且不限于：

（一）本次交易前上市公司财务状况和经营成果的讨论与分析；上市公司主要资产或利润构成在本次交易前一年发生重大变动的，应当详细说明具体变动情况及原因；

（二）交易标的的行业特点，包括但不限于行业的竞争格局、发展影响因素、行业特征、进入壁垒、上下游发展状况、进出口相关政策与环境影响等；交易标的技术及管理水平等核心竞争力情况、产品的市场占有率及变化等行业地位情况；

（三）交易标的的财务状况及盈利能力分析，至少包括：

1. 资产、负债的主要构成及其变动情况；

2. 主要财务指标的变动分析；

3. 结合交易标的具体情况，分别按各产品或服务类别及各业务、各地区的收入构成，分析营业收入增减变化的情况及原因；

4. 逐项分析报告期利润表项目变化的原因，列表披露报告期交易标的毛利率的数据及变动情况；报告期上述指标发生重大变化的，应当重点分析；

5. 其他可能影响其财务状况和盈利能力的主要情况。

（四）本次交易对上市公司的持续经营能力、未来发展前景、当期每股收益等财务指标和非财务指标的影响。

上市公司应当披露并分析对拟购买资产的整合管控安排，包括在业务、资产、财务、人员、机构等方面的具体整合管控计划。

第二十一条　交易标的为完整经营性资产的，应当披露报告期的简要财务报表。

上市公司可自愿披露拟购买资产盈利预测的主要数据。

第二十二条　上市公司应当披露交易标的在报告期是否存在关联交易、关联交易的具体内容、必要性及定价公允性。

本次交易完成后，上市公司与实际控制人及其关联企业之间是否存在同业竞争或关联交易、同业竞争或关联交易的具体内容和拟采取的具体解决或规范措施。

第二十三条　上市公司应当以简明扼要的方式，遵循重要性原则，对本次重组及重组后上市公司的相关风险予以揭示，并进行定量分析，无法进行定量分析的，应当有针对性地作出定性描述。

上市公司应当披露的风险包括但不限于本次重组审批风险、交易标的权属风险、债权债务转移风险、交易标的评估或估值风险，交易标的由于政策、市场、经营、技术、汇率等因素对上市公司持续经营影响的风险，以及整合风险、业务转型风险、财务风险等。

上市公司和相关各方应当全面、审慎评估可能对本次重组以及重组后上市公司产生重大不利影响的所有因素，如有除上述风险之外的因素，应当予以充分披露。

第二十四条　上市公司应当披露重组涉及的其他重要事项，包括：

（一）本次交易完成后，上市公司是否存在资金、资产被实际控制人或其他关联人占用的情形；上市公司是否存在为实际控制人或其他关联人提供担保的情形；

（二）上市公司负债结构是否合理，是否存在因本次交易大量增加负债（包括或有负债）的情况；

（三）上市公司在最近十二个月内曾发生资产交易的，应当说明与本次交易的关系；

（四）本次交易对上市公司治理机制的影响；

（五）本次交易后上市公司的现金分红政策及相应的安排、董事会对上述情况的说明；

（六）本次交易涉及的相关主体买卖上市公司股票的自查情况；

（七）独立财务顾问和律师事务所对本次交易出具的结论性意见；

（八）本次交易聘请的独立财务顾问、律师事务所、会计师事务所、资产评估机构（如有）等专业机构名称、法定代表人、住所、联系电话、传真，以及有关经办人员的姓名；

（九）其他能够影响股东及其他投资者做出合理判断的、有关本次交易的所有信息，以及中国证监会及北交所要求披露的其他信息。

第二十五条　上市公司重大资产重组构成重组上市的，除应当按本章规定编制重组报告书外，还应当按照《公开发行证券的公司信息披露内容与格式准则第46号——北京证券交易所公司招股说明书》第二章第三节至第八节等相关章节的要求，对重组报告书的相关内容加以补充。上市公司应当逐项说明其购买的资产对应的经营实体是否符合《北京证券交易所向不特定合格投资者公开发行股票注册管理办法》（以下简称《注册管理办法》）规定的发行条件和北交所规定的置入资产的条件，证券服务机构应当发表明确的结论性意见。

第二十六条　上市公司以发行普通股作为对价向特定对象购买资产（以下简称发行股份购买资产）的，重组报告书中除包括本准则第二十五条规定的内容外，还应当包括以下内容：

（一）披露发行股份情况：

1. 上市公司发行股份的价格、定价原则、发行价格调整方案（如有），并充分说明定价的依据及合理性；

2. 上市公司拟发行股份的种类、每股面值、拟发行股份的数量及占发行后总股本的比例；

3. 特定对象所持股份的转让或交易限制，股东关于自愿锁定所持股份的相关承诺，本次重组涉及的业绩承诺；

4. 上市公司发行股份前后主要财务数据（如每股收益、每股净资产等）和其他重要财务指标的对照表；

5. 本次发行股份前后上市公司的股权结构，说明本次发行股份是否导致上市公司控制权发生变化。

（二）披露董事会结合股份发行价对应的市盈率、市净率水平以及本次发行对上市公司盈利能力、持续发展能力的影响等对股份发行定价合理性所作的分析；

（三）逐项说明是否符合《重组办法》第四十三条的规定。

上市公司重大资产重组以优先股、可转换公司债券等支付手段作为支付对价的，应当比照上述要求，并按照中国证监会及北交所的相关规定进行披露。

第二十七条 换股吸收合并涉及上市公司的，除比照本准则第二十六条相关要求进行披露之外，还应当包括以下内容：

（一）换股各方名称；

（二）换股价格及确定方法、换股价格调整方案；

（三）异议股东权利保护及现金选择权的相关安排；

（四）债权债务处置及债权人权利保护的相关安排；

（五）相关资产过户或交付的安排、员工安置情况。

上市公司发行优先股、向特定对象发行可转换公司债券等用于与其他公司合并的，应当比照上述要求，并按照中国证监会及北交所的相关规定进行披露。

第二十八条 上市公司发行股份购买资产同时募集部分配套资金的，在重组报告书"发行股份情况"部分还应当披露以下内容：

（一）募集配套资金的金额及占交易总金额的比例；

（二）募集配套资金发行股份的种类、每股面值、定价原则、发行数量及占本次交易前总股本的比例、占发行后总股本的比例；

（三）募集配套资金的必要性、具体用途、资金安排、测试依据、使用计划进度和预期收益；

（四）其他信息。本次募集配套资金管理和使用的内部控制制度，募集配套资金使用的分级审批权限、决策程序、风险控制措施及信息披露程序；本次募集配套资金失败的补救措施；对交易标的采取收益法评估时，预测现金流中是否包含了募集配套资金投入带来的收益。

第二十九条 上市公司应当编制重组报告书摘要，向公众提供有关本次重组的简要情况。摘要内容必须忠实于重组报告书全文，不得出现与全文相矛盾之处。上市公司编制的重组报告书摘要应当至少包括以下内容：

（一）本准则第七条到第九条的内容；

（二）上市公司应当在重组报告书摘要的显著位置载明：

"本重大资产重组报告书摘要的目的仅为向公众提供有关本次重组的简要情况，并不包括重大资产重组报告书全文的各部分内容。重大资产重组报告书全文同时刊载于×××网站；备查文件的查阅方式为：×××。"

"本公司及全体董事、监事、高级管理人员保证重大资产重组报告书及其摘要内容的真实、准确、完整，对报告书及其摘要的虚假记载、误导性陈述或者重大遗漏负相应的法律责任"。

第四章 中介机构的意见

第三十条 独立财务顾问应当按照本准则及有关业务准则的规定出具独立财务顾问报告，报告应当至少包括以下内容：

（一）说明本次重组是否符合《重组办法》的规定；是否构成重组上市，如构成，购买的资产对应的经营实体是否符合《注册管理办法》规定的发行条件和北交所规定的置入资产的条件；

（二）全面分析本次交易所涉及的资产定价和支付手段定价，并对定价的合理性发表明确意见；

（三）本次交易根据资产评估结果定价，应当对所选取的评估方法的适当性、评估假设前提的合理性、重要评估参数取值的合理性发表明确意见；本次交易不以资产评估结果作为定价依据的，应当对相关资产的估值方法、参数选择的合理性及其他影响估值结果的指标和因素发表明确意见；

（四）说明本次交易完成后上市公司的持续经营能力、市场地位、持续发展能力、公司治理机制、财务状况及是否存在损害股东合法权益的问题；

（五）对交易合同约定的资产交付安排是否可能导致上市公司交付现金或其他资产后不能及时获得对价的风险、相关的违约责任是否切实有效发表明确意见；

（六）对本次重组是否构成关联交易进行核查，并依据核查确认的相关事实发表明确意见。涉及关联交易的，还应当充分分析本次交易的必要性及本次交易是否损害上市公司及非关联股东的利益；

（七）交易对方与上市公司就相关资产实际盈利数不足利润预测数的情况签订补偿协议或提出填补每股收益具体措施的，独立财务顾问应当对补偿安排或具体措施的可行性、合理性发表意见（如有）。

第三十一条 上市公司应当提供由律师事务所按照本准则及有关业务准则的规定出具的法律意见书。律师事务所应当对照中国证监会的各项规定，在充分核查验证的基础上，至少就上市公司本次重组涉及的以下法律问题和事项发表明确的结论性意见：

（一）上市公司和交易对方是否具备相应的主体资格、是否依法有效存续；

（二）本次交易是否构成重组上市，如构成，购买的资产对应的经营实体是否符合《注册管理办法》规定的发行条件和北交所规定的置入资产的条件；

（三）本次交易是否已履行必要的批准或授权程序，相关的批准和授权是否合法有效；本次交易是否构成关联交易，构成关联交易的，是否已依法履行必要的审议批准程序和信息披露义务；本次交易涉及的须呈报有关主管部门批准的事项是否已获得有效批准；本次交易的相关合同和协议是否合法有效；

（四）标的资产（包括标的股权所涉及企业的主要资产）的权属状况是否清晰，权属证书是否完备有效，尚未取得完备权属证书的，应当说明取得权属证书是否存在法律障碍；标的资产是否存在产权纠纷或潜在纠纷，如有，应当说明对本次交易的影响；标的资产是否存在抵押、担保或其他权利受到限制的情况，如有，应当说明对本次交易的影响；

（五）本次交易所涉及的债权债务的处理及其他相关权利、义务的处理是否合法有效，其实施或履行是否存在法律障碍和风险；

（六）上市公司、交易对方和其他相关各方是否已履行法定的披露和报告义务，是否存在应当披露而未披露的合同、协议、安排或其他事项；

（七）本次交易是否符合《重组办法》等规章和相关规范性文件规定的原则和实质性条件；

（八）参与上市公司本次交易活动的证券服务机构是否具备必要的资格；

（九）本次交易是否符合相关法律、行政法规、部门规章和规范性文件的规定，是否存在法律障碍，是否存在其他可能对本次交易构成影响的法律问题和风险。

第三十二条 上市公司应当提供本次交易所涉及的相关资产的财务报告和审计报告。经审计的最近一期财务资料在财务会计报表截止日后六个月内有效，特别情况下可申请适当延长，但延长时间至多不超过一个月。

财务报告和审计报告应当按照与上市公司相同的会计制度和会计政策编制。

上市公司拟进行《重组办法》第十三条规定的重大资产重组的，还应当披露依据重组完成后的资产架构编制的上市公司最近一年及一期的备考财务报告和审计报告。其他重大资产重组，应当披露最近一年及一期的备考财务报告和审阅报告。

截至重组报告书披露之日，交易标的资产的财务状况和经营成果发生重大变动的，应当补充披露最近一期相关财务资料。

第三十三条　上市公司重大资产重组以评估值或资产估值报告中的估值金额作为交易标的定价依据的，应当披露相关资产的资产评估报告或资产估值报告。

资产评估机构或估值机构为本次重组而出具的评估或估值资料中应当明确声明在评估或估值基准日后××月内（最长十二个月）有效。

第五章　声明及附件

第三十四条　上市公司全体董事、监事、高级管理人员应当在重组报告书正文的尾页声明：

"本公司全体董事、监事、高级管理人员承诺本重大资产重组报告书不存在虚假记载、误导性陈述或者重大遗漏，并对其真实性、准确性、完整性承担个别和连带的法律责任。"

声明应当由全体董事、监事、高级管理人员签名，并加盖上市公司公章。

第三十五条　独立财务顾问应当对重组报告书的真实性、准确性、完整性进行核查，并在重组报告书正文后声明：

"本公司已对重大资产重组报告书进行了核查，确认不存在虚假记载、误导性陈述或者重大遗漏，并对其真实性、准确性和完整性承担相应的法律责任。"

声明应当由法定代表人或授权代表人、项目负责人、独立财务顾问主办人签名，并由独立财务顾问加盖公章。

第三十六条　为上市公司重大资产重组提供服务的其他证券服务机构应当在重组报告书正文后声明：

"本机构及经办人员（经办律师、签字注册会计师、签字注册资产评估师）已阅读重大资产重组报告书，确认重大资产重组报告书与本机构出具的专业报告（法律意见书、审计报告、资产评估报告）无矛盾之处。本机构及经办人员对上市公司在重大资产重组报告书中引用的专业报告的内容无异议，确认重大资产重组报告书不致因上述内容而出现虚假记载、误导性陈述或者重大遗漏，并对其真实性、准确性和完整性承担相应的法律责任。"

声明应当由经办人员及所在机构负责人签名，并由机构加盖公章。

第三十七条　重组报告书结尾应当列明附件并披露。附件应当包括下列文件：

（一）独立财务顾问报告；

（二）财务会计报表及审计报告；

（三）法律意见书；

（四）资产评估报告、资产估值报告（如有）；

（五）拟购买资产盈利预测报告（如有）；

（六）自查报告及相关说明；

（七）其他与本次重组有关的重要文件。

第三十八条　上市公司董事会应当就本次重组申请股票停止交易前或首次作出决议前（孰早）六个月至重组报告书披露之前一日止，上市公司及其董事、监事、高级管理人员，上市公司控股股东、实际控制人及其董事、监事、高级管理人员（或主要负责人），交易对方及其控股股东、实际控制人、董事、监事、高级管理人员（或主要负责人），相关专业机构及其他知悉本次重大资产交易内幕信息的法人和自然人，以及上述相关人员的直系亲属买卖上市公司股票及其他相关证券情况进行自查并制作自查报告。

前述主体在上述期限内存在买卖上市公司股票行为的，当事人应当书面说明其买卖股票行为是否利用了相关内幕信息；上市公司及相关方应当书面说明相关申请事项的动议时间，买卖股票人员是否参与决策，买卖行为与本次申请事项是否存在关联关系；律师事务所应当对相关当事人及其买卖行为进行核查，对该行为是否涉嫌内幕交易、是否对本次交易构成法律障碍发表明确意见。

第六章　持续披露

第三十九条　上市公司重大资产重组申请经中国证监会同意注册的，上市公司及相关证券服务机构应当根据中国证监会的注册情况重新修订重组报告书及相关证券服务机构的报告或意见，并作出补充披露。

第四十条　上市公司重大资产重组实施完毕后应当编制并披露至少包含以下内容的重大资产重组实施情况报告书：

（一）本次重组的实施过程，相关资产过户或交付、相关债权债务处理以及证券发行登记等事宜的办理状况；

（二）相关实际情况与此前披露的信息是否存在差异，包括相关资产的权属情况及历史财务数据是否如实披露、相关盈利预测或者管理层预计达到的目标是否实现、控股股东及其一致行动人、董事、监事、高级管理人员等特定主体自本次重组预案或重组报告书披露之日起至实施完毕期间的股份减持情况是否与计划一致等；

（三）董事、监事、高级管理人员的更换情况及其他相关人员的调整情况；重组过程中，是否存在上市公司资产被实际控制人及其他关联人占用、为实际控制人及其关联方提供担保的情形；

（四）相关协议、承诺的履行情况及未能履行承诺时相关约束措施的执行情况、后续事项的合规性及风险；

（五）其他需要披露的事项。

独立财务顾问应当对前款所述内容逐项进行核查，并发表明确意见。律师事务所应当对前款所述内容涉及的法律问题逐项进行核查，并发表明确意见。

第七章 附 则

第四十一条 本准则所述报告期指最近二年及一期，涉及重组上市情形的，报告期指最近三年及一期。

第四十二条 国家有关部门对上市公司信息披露另有规定的，上市公司还应当遵守相关规定并履行信息披露义务。

第四十三条 本准则由中国证监会负责解释。

第四十四条 本准则自公布之日起施行。《公开发行证券的公司信息披露内容与格式准则第 56 号——北京证券交易所上市公司重大资产重组》（证监会公告〔2021〕36 号）同时废止。

附件：上市公司重大资产重组申请文件目录

附件

上市公司重大资产重组申请文件目录

一、报送要求

上市公司应当按本准则的规定制作和报送重大资产重组申请文件。需要报送电子文件的，报送的电子文件应当和预留原件一致。上市公司律师应当对所报送电子文件与预留原件的一致性出具鉴证意见。

上市公司不能提供有关文件原件的，应当由其聘请的律师提供鉴证意见，或由出文单位盖章，以保证与原件一致。如原出文单位不再存续，由承继其职权的单位或作出撤销决定的单位出文证明文件的真实性。

申请文件所有需要签名处，均应当为签名人亲笔签名，不得以名章、签名章等代替。

申请文件一经受理，未经中国证监会、北交所同意，不得增加、撤回或更换。

二、报送的具体文件

（一）上市公司重大资产重组报告书

1-1 发行股份购买资产申请报告

1-2 重大资产重组报告书

1-3 重大资产重组的董事会决议和股东大会决议

1-4 上市公司独立董事意见

1-5 公告的其他相关信息披露文件

（二）独立财务顾问和律师事务所出具的文件

2-1 独立财务顾问报告

2–2　法律意见书

2–3　关于本次交易产业政策和交易类型的独立财务顾问核查意见

2–4　关于申请电子文件与预留原件一致的鉴证意见

（三）本次重大资产重组涉及的财务信息相关文件

3–1　本次重大资产重组涉及的拟购买、出售资产的财务报告和审计报告（确实无法提供的，应当说明原因及相关资产的财务状况和经营成果）

3–2　本次重大资产重组涉及的拟购买、出售资产的评估报告及评估说明，资产估值报告（如有）

3–3　交易对方最近一年的财务报告和审计报告（如有）

3–4　拟购买资产盈利预测报告（如有）

3–5　根据本次重大资产重组完成后的架构编制的上市公司最近一年及一期的备考财务报告及其审阅报告

3–6　上市公司董事会、注册会计师关于上市公司最近一年及一期的非无保留意见审计报告的补充意见（如有）

3–7　独立财务顾问、会计师事务所对交易标的业绩真实性的专项核查意见

（四）重组上市的申请文件要求（如涉及）

4–1　内部控制鉴证报告

4–2　标的资产最近三年及一期的财务报告和审计报告

4–3　标的资产最近三年原始报表及其与申报财务报表的差异比较表及会计师事务所出具的意见

4–4　标的资产最近三年及一期非经常性损益明细表及会计师事务所出具的专项说明

4–5　标的资产最近三年及一期的纳税证明文件

4–6　根据本次重大资产重组完成后的架构编制的上市公司最近一年及一期的备考财务报告及其审计报告

（五）本次重大资产重组涉及的有关协议、合同和决议

5–1　重大资产重组的协议或合同

5–2　涉及本次重大资产重组的其他重要协议或合同

5–3　交易对方内部权力机关批准本次交易事项的相关决议

5–4　涉及本次重大资产重组的承诺函

5–5　交易对方与上市公司就相关资产实际盈利数不足利润预测数的情况签订的补偿协议（如有）

（六）本次重大资产重组的其他文件

6–1　有关部门对重大资产重组的审批、核准或备案文件

6–2　关于股份锁定期的承诺

6-3 交易对方的营业执照复印件

6-4 拟购买资产的权属证明文件

6-5 与拟购买资产生产经营有关的资质证明或批准文件

6-6 上市公司及其控股股东、实际控制人、全体董事、监事、高级管理人员、独立财务顾问、律师事务所、会计师事务所、资产评估机构等证券服务机构及其签字人员对重大资产重组申请文件真实性、准确性和完整性的承诺书以及前述主体及独立财务顾问、证券服务机构的相关责任人员关于不得影响或干扰发行上市审核注册工作的承诺书

6-7 上市公司与交易对方就重大资产重组事宜采取的保密措施及保密制度的说明，并提供与所聘请的证券服务机构签署的保密协议及交易进程备忘录

6-8 本次重大资产重组前十二个月内上市公司购买、出售资产的说明及专业机构意见（如有）

6-9 上市公司及其董事、监事、高级管理人员，上市公司控股股东、实际控制人及其董事、监事、高级管理人员（或主要负责人），交易对方及其控股股东、实际控制人、董事、监事、高级管理人员（或主要负责人），相关证券服务机构以及其他知悉本次重大资产重组内幕信息的单位和自然人以及上述相关人员的直系亲属在董事会就本次重组申请股票停牌前或首次作出决议前（孰早）六个月至重大资产重组报告书披露之前一日止，买卖该上市公司股票及其他相关证券情况的自查报告，并提供证券登记结算机构就前述单位及自然人二级市场交易情况出具的证明文件

6-10 资产评估结果备案或核准文件（如有）

6-11 中国证监会、北交所要求提供的其他文件

非上市公众公司信息披露内容与格式准则第1号
——公开转让说明书

（中国证监会公告〔2023〕第24号　2023年2月17日）

第一章　总　则

第一条　为规范股票公开转让的信息披露行为，保护投资者合法权益，根据《中华人民共和国证券法》（以下简称《证券法》）、《中华人民共和国公司法》（以下简称《公司法》）和《非上市公众公司监督管理办法》的规定，制定本准则。

第二条　股份有限公司（以下简称申请人）申请股票在全国中小企业股份转让系统（以下简称全国股转系统）公开转让，应当按本准则编制公开转让说明书，作为申请股票公开转让的必备法律文件，并按本准则的规定进行披露。

第三条　本准则的规定是对公开转让说明书信息披露的最低要求。不论本准则是否有明确规定，凡对投资者投资决策有重大影响的信息，均应当披露。国家有关部门对申请人信息披露另有规定的，申请人还应当遵守其规定并履行信息披露义务。

申请人根据自身及所属行业或业态特征，可在本准则基础上增加有利于投资者判断和信息披露完整性的相关内容。

本准则某些具体要求对申请人不适用的，申请人可根据实际情况，在不影响内容完整性的前提下作适当调整，但应当在申报时作书面说明。

申请人有充分依据证明本准则要求披露的信息涉及国家秘密、商业秘密等，披露可能导致其违反国家有关保密法律法规或严重损害公司利益的，申请人可申请豁免按本准则披露。

第四条　申请人在公开转让说明书中披露的所有信息应当真实、准确、完整，不得有虚假记载、误导性陈述或者重大遗漏。

申请人在报送申请文件后，发生应予披露事项的，应当按规定及时履行信息披露义务。

第五条　公开转让说明书的编制应当符合下列一般要求：

（一）信息披露内容应当简明易懂，语言应当浅白平实，便于投资者阅读、理解，不得有夸大性、广告性、诋毁性的词句，尽量采用图表、图片或其他较为直观的方式披露公司及其产品、财务等情况，对有特定含义的专业术语应当作出释义；

（二）应当准确引用有关中介机构的专业意见或报告，引用第三方数据或结论的，应当注明资料来源，确保有权威、客观、独立的依据并符合时效性要求；

（三）业务、产品或服务、行业等方面的统计口径应当前后一致；

（四）引用的数字应当采用阿拉伯数字，有关金额的资料除特别说明之外，应当指人民币金额，并以元、千元、万元或亿元为单位；

（五）信息披露事项涉及重要性水平判断的，申请人应当结合自身业务特点，披露重要性水平的确定标准和依据。

在不影响信息披露的完整性并保证阅读方便的前提下，申请人可采用相互引证的方法，对各相关部分的内容进行适当的技术处理。

第六条　申请人应当在符合《证券法》规定的信息披露平台披露公开转让说明书及附件，供投资者查阅。

申请人可以将公开转让说明书及附件刊登于其他报刊、网站，但披露内容应当完全一致，且不得早于在符合《证券法》规定的信息披露平台的披露时间。

第七条　公开转让说明书封面应当标有"×××公司公开转让说明书"字样、公司及主办券商的名称，并在申报稿封面载明：

"本公司的公开转让的申请尚未得到中国证监会注册或全国股转系统同意。公开转让说明书申报稿不具有据以公开转让的法律效力，投资者应当以正式公告的公开转让说明书全文作为投资决策的依据。"

申请人应当在公开转让说明书扉页的显要位置载明：

"中国证监会或全国股转系统对本公司股票公开转让所作的任何决定或意见，均不表明其对本公司股票公开转让申请文件及所披露信息的真实性、准确性、完整性作出保证，也不表明其对股票的价值或投资者的收益作出实质性判断或者保证。任何与之相反的声明均属虚假不实陈述。"

"根据《证券法》的规定，本公司经营与收益的变化，由本公司自行负责，由此变化引致的投资风险，由投资者自行承担。"

申请人应当在公开转让说明书扉页作出如下声明：

"本公司及控股股东、实际控制人、全体董事、监事、高级管理人员承诺公开转让说明书及其他信息披露资料不存在虚假记载、误导性陈述或者重大遗漏，并对其真实性、准确性、完整性承担相应的法律责任。"

"本公司负责人和主管会计工作的负责人、会计机构负责人保证公开转让说明书中财务会计资料真实、准确、完整。"

"本公司及控股股东、实际控制人、全体董事、监事、高级管理人员承诺因公开转让说明书及其他信息披露资料有虚假记载、误导性陈述或者重大遗漏，致使投资者在证券发行和交易中遭受损失的，将依法承担法律责任。"

"主办券商及证券服务机构承诺因其为申请人本次公开转让股票制作、出具的文件有虚假记载、误导性陈述或者重大遗漏，给投资者造成损失的，将依法承担相应的法律责任。"

申请人应当针对实际情况在公开转让说明书首页作"重大事项提示"，提醒投资者给予特别关注。

第二章　公开转让说明书

第一节　基本情况

第八条　申请人应当简要披露下列情况：公司名称、法定代表人、设立日期、注册资本、住所、邮编、董事会秘书或信息披露事务负责人、所属行业、经营范围、主要业务、统一社会信用代码等。

第九条　申请人应当披露股票简称，股票种类，股票总量，每股面值，股东所持股份的限售安排及股东对所持股份自愿锁定的承诺。

第十条　申请人应当披露公司股权结构图，并披露控股股东、实际控制人、前十名股东及其他持有百分之五以上股份或表决权的股东的名称、持股数量及比例、股东性质、直接或间接持股存在质押或其他争议事项的具体情况及股东之间的关联关系。

第十一条　申请人应当披露控股股东和实际控制人的基本情况以及实际控制人报告期内是否发生变化。

申请人应当简要披露股份有限公司的设立情况和报告期内的股本和股东变化情况。属于有限责任公司整体变更为股份有限公司的，还应当披露有限责任公司的设立情况。

申请人应当简要披露报告期内的重大资产重组情况，包括具体内容、所履行的法定程序以及对公司业务、管理层、实际控制人及经营业绩的影响。

第十二条　申请人应当披露本次申报前已经制定或实施的股权激励及相关安排（如限制性股票、股票期权等），申请人控股股东、实际控制人与其他股东签署的特殊投资约定等可能导致股权结构变化的事项，并说明其对公司经营状况、财务状况、控制权变化等方面的影响。

第十三条　申请人应当披露董事、监事、高级管理人员的简要情况，主要包括：姓名、国籍及境外居留权、性别、年龄、学历、职称、现任职务及任期、职业经历。

第十四条　申请人董事、监事、高级管理人员存在下列情形的，应当披露具体情况：

（一）本人及其近亲属以任何方式直接或间接持有申请人股份的；

（二）相互之间存在亲属关系的；

（三）与申请人签定重要协议或作出重要承诺的；

（四）在其他单位兼职的；

（五）对外投资与申请人存在利益冲突的；

（六）报告期内发生变动的；

（七）其他可能对本人任职资格或申请人经营有不利影响的情形。

第十五条　申请人应当简要披露其控股子公司或纳入合并报表的其他企业的情况，主要包括注册资本、主营业务、股东构成及持股比例、最近一年及一期末的总资产、净资产、最近一年及一期的净利润，并标明有关财务数据是否经过审计及审计机构名称。

申请人应当列表简要披露其参股公司的情况，包括出资金额、持股比例、入股时间、控股方及主营业务情况等。

第十六条　申请人应当披露下列机构的名称、法定代表人、住所、联系电话、传真，同时应当披露有关经办人员的姓名：

（一）主办券商；

（二）律师事务所；

（三）会计师事务所；

（四）资产评估机构（如有）；

（五）股票登记机构；

（六）做市商（如有）；

（七）其他与公开转让有关的机构。

第十七条　申请人申请公开转让同时定向发行的，应当披露拟发行数量、发行对象或范围、发行价格或区间、预计募集资金金额。同时，按照中国证券监督管理委员会（以下简称中国证监会）和全国股转系统有关定向发行信息披露要求，在公开转让说明书"公司财务"后增加"定向发行"章节，披露相关信息。

第十八条　申请人应当披露申请进入全国股转系统的市场层级、选择适用的挂牌条件、具体标准以及相应的分析说明。

第十九条　申请人应当充分披露公司、股东、实际控制人、董事、监事、高级管理人员、核心技术（业务）人员以及本次申请挂牌的主办券商及证券服务机构等作出的重要承诺、承诺的履行情况及未能履行承诺的约束措施。

第二节　公司业务

第二十条　申请人应当披露主要业务、主要产品或服务的基本情况。

第二十一条　申请人应当简要披露其商业模式，说明如何使用产品或服务及关键资源要素获取收入、利润及现金流。

第二十二条　申请人可以结合自身实际披露其经营特色、创新特征和发展前景等情况。

第二十三条　申请人应当结合所处细分行业基本情况披露其竞争状况，主要包括：

（一）所属细分行业及其确定依据；

（二）所属细分行业的主管部门、监管体制，主要法律法规政策及对公司经营发展的具体影响；

（三）所属细分行业的发展情况、未来趋势，衡量核心竞争力的关键指标，行业特有的经营模式及特征等；

（四）申请人产品或服务的市场地位、竞争优势与劣势，申请人与同行业可比公司的比较情况。

第二十四条　申请人应当简要披露与主要业务相关的情况，主要包括：

（一）报告期内业务收入的主要构成及各期主要产品或服务的规模、销售收入；

（二）产品或服务的主要消费群体，报告期内各期向前五名客户的销售额合计及占当期销售总额的百分比；

（三）报告期内主要产品或服务的原材料、能源及供应情况，占成本的比重，报告期内各期向前五名供应商的采购额合计及占当期采购总额的百分比；

（四）报告期内对持续经营有重大影响的业务合同及履行情况。

第二十五条　申请人应当遵循重要性原则披露与其业务相关的资源要素，主要包括：

（一）产品或服务所使用的主要技术；

（二）主要生产设备、房屋建筑物的取得和使用情况、成新率或尚可使用年限等；

（三）主要无形资产的取得方式和时间、使用情况、使用期限或保护期、最近一期期末账面价值；

（四）申请人所从事的业务需要取得许可资格或资质的，应当披露当前许可资格或资质的情况；

（五）特许经营权的取得、期限、费用标准；

（六）申请人员工的简要情况，其中核心业务和技术人员应当披露姓名、年龄、主要业务经历及职务、现任职务及任期、持有申请人股份情况以及报告期内的变动情况和影响；

（七）报告期内的研发模式、研发机构设置、研发人员构成、已取得的研发成果及权属，以及研发投入的构成、占营业收入的比例；

（八）其他体现所属行业或业态特征的资源要素。

第二十六条　申请人可以遵循重要性原则，结合自身实践情况，定量分析或有针对性地定性描述由于技术、产品、政策、商业模式变化等可能导致的风险以及生产经营中的不确定因素。

有关风险因素对申请人生产经营状况和持续经营能力有严重不利影响的，应当作"重大事项提示"。

第三节　公司治理

第二十七条　申请人应当披露报告期内股东大会、董事会、监事会的建立健全及运行情况，说明上述机构和人员履行职责的情况。

第二十八条　申请人存在特别表决权股份或类似安排的，应当披露相关安排的基本情况，还应当披露特别表决权安排可能导致的相关风险、对公司治理的影响、相关投资者保护措施，以及主办券商和律师针对上述事项是否合法合规发表的专业意见。

第二十九条　申请人应当披露公司及控股股东、实际控制人、董事、监事、高级管理人员报告期内是否存在违法违规及受处罚、被立案调查、立案侦查、被列为失信联合惩戒对象等情况，并说明对公司的影响。

第三十条　申请人应当披露与控股股东、实际控制人及其控制的其他企业在业务、资产、人员、财务、机构方面的独立情况。

第三十一条　申请人应当披露是否存在与控股股东、实际控制人及其控制的其他企业从事相同、相似业务的情况。对存在相同、相似业务的，申请人应当对是否存在同业竞争作出合理解释。

申请人应当披露控股股东、实际控制人为避免或规范同业竞争采取的措施及作出的承诺。

第三十二条　申请人应当披露报告期内是否存在资金被控股股东、实际控制人及其控制的其他企业以借款、代偿债务、代垫款项或者其他方式占用，资产被控股股东、实际控制人及其控制的其他企业转移，或者为控股股东、实际控制人及其控制的其他企业提供担保。

申请人应当说明为防止发生资金占用、资产转移行为所采取的措施和相应的制度安排。

第三十三条　申请人应当简要披露会计核算、财务管理、风险控制、重大事项决策、纠纷解决机制、关联股东和董事回避制度等内部管理制度的建立健全情况，并披露董事会对公司治理机制执行情况的评估意见。

申请人应当披露投资者关系管理的相关制度安排，说明公司是否具有完善的投资者信息沟通渠道，及时解决投资者投诉问题，以及为保证公司及其股东、董事、监事、高级管理人员通过仲裁、诉讼等方式解决相互之间的矛盾纠纷所采取的措施。

除上述事项外，申请人可以披露便利股东尤其是中小股东参与公司治理的其他内部制度。

第四节　公司财务

第三十四条　申请人应当披露报告期内的财务报表，以及会计师事务所的审计意见类型。申请人编制合并财务报表的，原则上只需披露合并财务报表，合并财务报表与母公司财务报表存在显著差异的，还应当披露母公司财务报表。

申请人应当披露财务报表的编制基础、合并财务报表范围及变化情况。

第三十五条　申请人应当结合业务活动实质、经营模式、关键审计事项等充分披露对公允反映公司财务状况和经营成果有重大影响的会计政策和会计估计。申请人重大会计政策或会计估计与可比公司（如有）存在较大差异的，应当分析差异产生的原因及对公司的影响。

第三十六条　申请人应当列表披露报告期内的主要财务数据指标，主要包括：营业收入、净利润、毛利率、净资产收益率、每股收益、净资产、经营活动产生的现金流量净额、研发投入占营业收入的比例、资产负债率、应收账款周转率和存货周转率等。

第三十七条　申请人应当以管理层的视角，将报告期内的会计数据及财务指标进行比较，对公司的经营成果、资产质量、偿债能力、流动性与持续经营能力进行分析，发生重大变化的应当说明原因。

申请人应当披露与财务会计信息相关的重大事项或重要性水平的判断标准。

申请人应当提示投资者阅读财务报告及审计报告全文。

第三十八条　申请人应当根据《公司法》《企业会计准则》及中国证监会有关规定披露关联方、关联关系、关联交易，并说明相应的决策权限、决策程序、定价机制等。

申请人应当根据交易的性质和频率，按照经常性和偶发性分类披露关联交易及关联交易对其财务状况和经营成果的影响。

公司应当披露报告期内关联方的变化情况。由关联方变为非关联方的，应当比照关联交易的要求持续披露与上述原关联方的后续交易情况。

第三十九条　申请人应当简要披露财务报表附注中的资产负债表日后事项、或有事项及其他重要事项。

申请人应当简要披露对财务状况、经营成果、声誉、业务活动、未来前景等可能产生较大影响的诉讼或仲裁事项，以及控股股东或实际控制人、控股子公司，申请人董事、监事、高级管理人员和核心技术（业务）人员作为一方当事人可能对申请人产生重大影响的刑事诉讼、重大诉讼或仲裁事项。

申请人存在对外担保的，应当披露对外担保的情况；不存在对外担保的，应予说明。

第四十条　申请人应当披露报告期内的股利分配政策、实际股利分配情况以及公开转让后的股利分配政策。

第四十一条　持续经营时间少于二个会计年度的申请人，应当结合自身实际情况披露具体明确的经营目标及计划，并对有关重大不确定性因素做"重大事项提示"，提醒投资者审慎判断和决策。

第五节　有关声明

第四十二条　申请人全体董事、监事、高级管理人员应当在公开转让说明书正文的尾页声明：

"本公司全体董事、监事、高级管理人员承诺本公开转让说明书不存在虚假记载、误导性陈述或者重大遗漏，并对其真实性、准确性、完整性承担个别和连带的法律责任。"

声明应当由全体董事、监事、高级管理人员签名，并由申请人加盖公章。

第四十三条　申请人控股股东、实际控制人应当在公开转让说明书正文的尾页声明：

"本公司或本人承诺本公开转让说明书不存在虚假记载、误导性陈述或者重大遗漏，并对其真实性、准确性和完整性承担个别和连带的法律责任。"

声明应当由控股股东、实际控制人签名，加盖公章。

第四十四条　主办券商应当对公开转让说明书的真实性、准确性、完整性进行核查，并在公开转让说明书正文后声明：

"本公司已对公开转让说明书进行了核查，确认不存在虚假记载、误导性陈述或者重大遗漏，并对其真实性、准确性和完整性承担相应的法律责任。"

声明应当由主办券商法定代表人、项目负责人签名，并加盖主办券商公章。

第四十五条　为申请人股票公开转让提供服务的证券服务机构应当在公开转让说明书正文后声明：

"本机构及经办人员（经办律师、签字注册会计师、签字资产评估师）已阅读公开转让说明书，确认公开转让说明书与本机构出具的专业报告（法律意见书、审计报告、资产评估报告）无矛盾之处。本机构及经办人员对申请人在公开转让说明书中引用的专业报告的内容无异议，确认公开转让说明书不致因上述内容而出现虚假记载、误导性陈述或者重大遗漏，并对其真实性、准确性和完整性承担相应的法律责任。"

声明应当由经办人员及所在机构负责人签名，并加盖机构公章。

第六节　附　件

第四十六条　公开转让说明书结尾应当列明附件，并在符合《证券法》规定的信息披露平台披露。附件应当包括下列文件：

（一）主办券商推荐报告；

（二）财务报表及审计报告；

（三）法律意见书；

（四）公司章程；

（五）中国证监会同意挂牌公开转让的注册文件（如适用）；

（六）全国股转系统同意公开转让的审核文件（如适用）；

（七）其他与公开转让有关的重要文件。

第三章 附 则

第四十七条 全国股转系统可以在本准则的基础上，对信息披露提出细化和补充要求，申请人应当遵守相关规定。

第四十八条 本准则自公布之日起施行。《非上市公众公司信息披露内容与格式准则第 1 号——公开转让说明书》（证监会公告〔2013〕50 号公布、证监会公告〔2020〕20 号修正）同时废止。

非上市公众公司信息披露内容与格式准则第 2 号
——公开转让股票申请文件

（中国证监会公告〔2023〕第 25 号 2023 年 2 月 17 日）

第一条　为规范股份有限公司股票公开转让申请文件的格式和报送行为，根据《中华人民共和国证券法》《中华人民共和国公司法》和《非上市公众公司监督管理办法》的规定，制定本准则。

第二条　股份有限公司（以下简称申请人）申请股票在全国中小企业股份转让系统（以下简称全国股转系统）公开转让，应当按本准则的要求制作和报送申请文件，并通过全国股转系统公开转让审查业务系统报送电子文件。

报送的电子文件应当和预留原件一致。申请人律师应当对所报送电子文件与预留原件的一致性出具鉴证意见。报送的电子文件和预留原件具有同等的法律效力。

第三条　本准则附件规定的申请文件目录是对公开转让申请文件的最低要求。中国证券监督管理委员会（以下简称中国证监会）和全国股转系统可以要求申请人和中介机构报送和补充文件。如果某些文件对申请人不适用，可不提供，但应当作出书面说明。

申请公开转让同时发行股票或可转换公司债券的，应当按照中国证监会和全国股转系统的规定在公开转让申请文件中增加有关内容。

第四条　公开转让说明书引用的财务报告在其最近一期截止日后六个月内有效，特殊情况下申请人可以申请延长，但延长期至多不超过三个月。

第五条　申请文件一经受理，未经同意，不得增加、撤回或更换。

第六条　申请人应当确保申请文件的原始纸质文件已存档。

申请人不能提供有关文件的原件的，应当由申请人律师提供鉴证意见，或由出文单位盖章，以保证与原件一致。如原出文单位不再存续，由承继其职权的单位或作出撤销决定的单位出文证明文件的真实性。

第七条　申请文件所有需要签名处，应当载明签名字样的印刷体，并由签名人亲笔签名，不得以名章、签名章等代替。

申请文件中需要由申请人律师鉴证的文件，申请人律师应当在该文件首页注明"以下第×××页至第×××页与原件一致"，并签名和签署鉴证日期，律师事务所应当在该文件首页加盖公章，并在第×××页至第×××页侧面以公章加盖骑缝章。

第八条　申请人应当根据全国股转系统对申请文件的审核问询及中国证监会对申请文件的反馈意见提供补充材料。有关中介机构应当对相关问题进行核查并补充出具专业意见。

第九条　申请文件的扉页应当标明申请人信息披露事务负责人和相关中介机构项目负责人的姓名、电话、传真及其他方便的联系方式。

第十条　未按本准则的要求制作和报送申请文件的，全国股转系统按照有关规定不予受理。

第十一条　本准则自公布之日起施行。《非上市公众公司信息披露内容与格式准则第 2 号——公开转让股票申请文件》（证监会公告〔2013〕51 号公布、证监会公告〔2020〕20 号修正）同时废止。

附件：公开转让股票申请文件目录

附件

公开转让股票申请文件目录

第一章　公开转让说明书及授权文件

1-1 申请人关于公开转让的申请报告

1-2 公开转让说明书（申报稿）

1-3 申请人董事会有关公开转让的决议

1-4 申请人股东大会有关公开转让的决议

1-5 申请人监事会对公开转让说明书真实性、准确性、完整性的书面审核意见

第二章　主办券商推荐文件

2-1 主办券商关于公开转让的推荐报告

第三章　证券服务机构关于公开转让的文件

3-1 财务报表及审计报告（申请人最近二年原始财务报表与申报财务报表存在差异时，需要提供差异比较表及注册会计师对差异情况出具的意见）

3-2 申请人律师关于公开转让的法律意见书

3-3 申请人设立时和报告期的资产评估报告（如有）

第四章　其他文件

4-1 企业法人营业执照

4-2 申请人公司章程（草案）

4-3 国有资产管理部门出具的国有股权设置批复文件及商务主管部门出具的外资股确认文件（如有）

4-4 证券简称及证券代码申请书

4-5 关于申请电子文件与预留原件文件一致的鉴证意见

4-6 申请人设立以来股本演变情况及董事、监事、高级管理人员确认意见

4-7 特定行业（或企业）管理部门出具的相关意见（如有）

4-8 信息披露豁免申请及中介机构核查意见（如有）

4-9 定向发行说明书（如适用）

非上市公众公司信息披露内容与格式准则第3号
——定向发行说明书和发行情况报告书

（中国证监会公告〔2023〕第26号 2023年2月17日）

第一章 总 则

第一条 为了规范非上市公众公司向特定对象发行股票（以下简称定向发行）的信息披露行为，根据《中华人民共和国证券法》（以下简称《证券法》）、《中华人民共和国公司法》和《非上市公众公司监督管理办法》（以下简称《公众公司办法》）的规定，制定本准则。

第二条 非上市公众公司（以下简称申请人）进行定向发行，应当按照本准则编制定向发行说明书，作为定向发行的必备法律文件，并按本准则的规定进行披露。

第三条 申请人定向发行结束后，应当按照本准则的要求编制并披露发行情况报告书。

第四条 在不影响信息披露的完整并保证阅读方便的前提下，对于曾在定期报告、临时公告或者其他信息披露文件中披露过的信息，如事实未发生变化，申请人可以采用索引的方法进行披露。

第五条 本准则的规定是对信息披露的最低要求。不论本准则是否有明确规定，凡对投资者作出价值判断和投资决策有重大影响的信息，申请人均应当予以披露。国家有关部门对信息披露另有规定的，申请人还应当遵守其相关规定并履行信息披露义务。

本准则某些具体要求对本次定向发行确实不适用的，申请人可以根据实际情况调整，但应当在提交申请文件时作出专项说明。

第六条 申请人应当在符合《证券法》规定的信息披露平台披露定向发行说明书及其备查文件、发行情况报告书和中国证券监督管理委员会（以下简称中国证监会）要求披露的其他文件，供投资者查阅。

第二章 定向发行说明书

第七条 定向发行说明书扉页应当载有如下声明：

"本公司及控股股东、实际控制人、全体董事、监事、高级管理人员承诺定向发行说明书不存在虚假记载、误导性陈述或者重大遗漏，并对其真实性、准确性、完整性承担相应的法律责任。

本公司负责人和主管会计工作的负责人、会计机构负责人保证定向发行说明书中财务会计资料真实、准确、完整。

中国证监会或全国中小企业股份转让系统对本公司股票定向发行所作的任何决定或意见，均不表明其对本公司股票的价值或投资者的收益作出实质性判断或者保证。任何与之相反的声明均属虚假不实陈述。

根据《证券法》的规定，本公司经营与收益的变化，由本公司自行负责，由此变化引致的投资风险，由投资者自行负责。"

第八条　申请人应当披露以下内容：

（一）公司基本情况，包括行业情况、主要业务模式、提供的产品及服务情况；

（二）本次定向发行的目的；

（三）发行对象及公司现有股东优先认购安排。如董事会未确定具体发行对象的，应当披露股票发行对象的范围和确定方法；董事会已确定发行对象的，应当披露发行对象的资金来源；

（四）发行价格和定价原则。如董事会未确定具体发行价格的，应当披露价格区间；

（五）股票发行数量或数量上限；

（六）发行对象关于持有本次定向发行股票的限售安排及自愿锁定的承诺。如无限售安排，应当说明；

（七）报告期内募集资金的使用情况；

（八）本次募集资金用途及募集资金的必要性、合理性、可行性。募集资金的使用主体及使用形式；本次募集资金用于补充流动资金的，应当按照用途进行列举披露或测算相应需求量；用于偿还银行贷款的，应当列明拟偿还贷款的明细情况及贷款的使用情况；用于项目建设的，应当说明资金需求和资金投入安排，是否符合国家产业政策和法律、行政法规的规定；用于购买资产的，应当按照本准则第十条、第十一条、第十二条的规定披露相关内容；用于其他用途的，应当明确披露募集资金用途、资金需求的测算过程及募集资金的投入安排；

（九）本次发行募集资金专项账户的设立情况以及保证募集资金合理使用的措施；

（十）本次发行前滚存未分配利润的处置方案；

（十一）本次定向发行需要履行的国资、外资等相关主管部门审批、核准或备案等程序的情况；

（十二）持有申请人百分之五以上股份的股东股权质押、冻结情况。

除上述内容外，申请人还应当披露本准则第十三条规定的附生效条件的股票认购合同的内容摘要。

第九条　有以资产认购本次定向发行股份的，申请人还应当按照本准则第十条、第十一条、第十二条的规定披露相关内容，同时披露本准则第十三条规定的附生效条件的资产转让合同的内容摘要。

第十条　以资产认购本次定向发行股份，其资产为非股权资产的，申请人应当披露相关资产的下列基本情况：

（一）资产名称、类别以及所有者和经营管理者的基本情况；

（二）资产权属是否清晰、是否存在权利受限、权属争议或者妨碍权属转移的其他情况；

相关资产涉及许可他人使用，或者申请人作为被许可方使用他人资产的，应当简要披露许可合同的主要内容；资产交易涉及债权债务转移的，应当披露相关债权债务的基本情况、债权人同意转移的证明及与此相关的解决方案；所从事业务需要取得许可资格或资质的，还应当披露当前许可资格或资质的状况；涉及需有关主管部门批准的，应当说明是否已获得有效批准；

（三）资产独立运营和核算的，披露最近一年及一期（如有）经符合《证券法》规定的会计师事务所审计的财务信息摘要及审计意见；被出具非标准审计意见的，应当披露涉及事项及其影响；

（四）资产的交易价格及定价依据。披露相关资产经审计的账面值；交易价格以资产评估结果作为依据的，应当披露资产评估方法和资产评估结果。

第十一条　以资产认购本次定向发行股份，其资产为股权的，申请人应当披露相关股权的下列基本情况：

（一）股权所投资的公司的名称、企业性质、注册地、主要办公地点、法定代表人、注册资本；股权及控制关系，包括公司的主要股东及其持股比例、最近二年控股股东或实际控制人的变化情况、股东出资协议及公司章程中可能对本次交易产生影响的主要内容、原高管人员的安排；

（二）股权权属是否清晰、是否存在权利受限、权属争议或者妨碍权属转移的其他情况；

股权资产为有限责任公司股权的，股权转让是否已取得其他股东同意，或有证据表明其他股东已放弃优先购买权；股权对应公司所从事业务需要取得许可资格或资质的，还应当披露当前许可资格或资质的状况；涉及需有关主管部门批准的，应当说明是否已获得批准；

（三）股权所投资的公司主要资产的权属状况及对外担保和主要负债情况；

（四）股权所投资的公司最近一年及一期（如有）的业务发展情况和经符合《证券法》规定的会计师事务所审计的财务信息摘要及审计意见，被出具非标准审计意见的应当披露涉及事项及其影响；

（五）股权的评估方法及资产评估价值（如有）、交易价格及定价依据。

第十二条　本次定向发行资产交易价格以经审计的账面值为依据的，申请人董事会应当对定价合理性予以说明。

资产交易根据资产评估结果定价的，在评估机构出具资产评估报告后，公司董事会应当对评估机构的独立性、评估假设前提和评估结论的合理性、评估方法的适用性、主要参数的合理性、未来收益预测的谨慎性等问题发表意见，并说明定价的合理性，资产定价是否存在损害公司和股东合法权益的情形。

第十三条　附生效条件的股票认购合同的内容摘要应当包括：

（一）合同主体、签订时间；

（二）认购方式、支付方式；

（三）合同的生效条件和生效时间；

（四）合同附带的任何保留条款、前置条件；

（五）相关股票限售安排；

（六）特殊投资条款（如有）；

（七）违约责任条款及纠纷解决机制。

附生效条件的资产转让合同的内容摘要除前款内容外，至少还应当包括：

（一）目标资产及其价格或定价依据；

（二）资产交付或过户时间安排；

（三）资产自评估截止日至资产交付日所产生收益的归属；

（四）与资产相关的人员安排；

（五）与目标资产相关的业绩补偿安排（如有）。

第十四条　申请人应当披露报告期内的主要财务数据和指标，并对其进行逐年比较。主要包括总资产、总负债、归属于母公司所有者的净资产、应收账款、预付账款、存货、应付账款、营业收入、归属于母公司所有者的净利润、经营活动产生的现金流量净额、资产负债率、归属于母公司所有者的每股净资产、流动比率、速动比率、应收账款周转率、存货周转率、毛利率、净资产收益率、每股收益等。除特别指出外，上述财务指标应当以合并财务报表的数据为基础进行计算，相关指标的计算应当执行中国证监会的有关规定。

第十五条　申请人在定向发行前存在特别表决权股份的，应当充分披露并特别提示特别表决权股份的具体安排。

第十六条　申请人适用《公众公司办法》第四十五条发行股票的，申请人应当披露公司章程的规定及股东大会的授权情况。

第十七条　本次定向发行对申请人的影响。申请人应当披露以下内容：

（一）本次定向发行对申请人经营管理的影响；

（二）本次定向发行后申请人财务状况、盈利能力及现金流量的变动情况；

（三）申请人与控股股东及其关联人之间的业务关系、管理关系、关联交易及同业竞争等变化情况；

（四）发行对象以资产认购申请人股票的行为是否导致增加本公司的债务或者或有负债；

（五）本次定向发行前后申请人控制权变动情况；

（六）本次定向发行对其他股东权益的影响；

（七）本次定向发行相关特有风险的说明。申请人应当有针对性、差异化地披露属于本公司或者本行业的特有风险以及经营过程中的不确定性因素。

第十八条　申请人应当披露下列机构的名称、法定代表人、住所、联系电话、传真，同时应当披露有关经办人员的姓名：

（一）主办券商；

（二）律师事务所；

（三）会计师事务所；

（四）资产评估机构（如有）；

（五）股票登记机构；

（六）其他与定向发行有关的机构。

第十九条　申请人全体董事、监事、高级管理人员应当在定向发行说明书正文的尾页声明：

"本公司全体董事、监事、高级管理人员承诺本定向发行说明书不存在虚假记载、误导性陈述或者重大遗漏，并对其真实性、准确性、完整性承担相应的法律责任。"

声明应当由全体董事、监事、高级管理人员签名，并由申请人加盖公章。

第二十条　申请人控股股东、实际控制人应当在定向发行说明书正文的尾页声明：

"本公司或本人承诺本定向发行说明书不存在虚假记载、误导性陈述或者重大遗漏，并对其真实性、准确性和完整性承担相应的法律责任。"

声明应当由控股股东、实际控制人签名，加盖公章。

第二十一条　主办券商应当对申请人定向发行说明书的真实性、准确性、完整性进行核查，并在定向发行说明书正文后声明：

"本公司已对定向发行说明书进行了核查，确认不存在虚假记载、误导性陈述或者重大遗漏，并对其真实性、准确性和完整性承担相应的法律责任。"

声明应当由法定代表人、项目负责人签名，并由主办券商加盖公章。

第二十二条　为申请人定向发行提供服务的证券服务机构应当在定向发行说明书正文后声明：

"本机构及经办人员（经办律师、签字注册会计师、签字注册资产评估师）已阅读定向发行说明书，确认定向发行说明书与本机构出具的专业报告（法律意见书、审计报告、资产评估报告等）无矛盾之处。本机构及经办人员对申请人在定向发行说明书中引用的专业报告的内容无异议，确认定向发行说明书不致因上述内容而出现虚假记载、误导性陈述或者重大遗漏，并对其真实性、准确性和完整性承担相应的法律责任。"

声明应当由经办人员及所在机构负责人签名，并由机构加盖公章。

第二十三条　定向发行说明书结尾应当列明备查文件，备查文件应当包括：

（一）定向发行推荐工作报告；

（二）法律意见书；

（三）中国证监会对本次定向发行予以注册的文件（如有）；

（四）其他与本次定向发行有关的重要文件。

如有下列文件，也应当作为备查文件披露：

（一）资信评级报告；

（二）担保合同和担保函；

（三）申请人董事会关于非标准无保留意见审计报告涉及事项处理情况的说明；

（四）会计师事务所及注册会计师关于非标准无保留意见审计报告的专项说明；

（五）通过本次定向发行拟进入资产的资产评估报告及有关审核文件。

第三章　发行情况报告书

第二十四条　申请人应当在发行情况报告书中至少披露以下内容：

（一）本次定向发行股票的数量、发行价格、认购方式、认购人、认购股票数量、认购资金来源、现有股东优先认购情况、实际募集资金总额；

（二）本次发行实际募集金额未达到预计募集金额时，实际募集资金的投入安排；

（三）新增股份限售安排；

（四）特殊投资条款内容（如有）；

（五）募集资金三方监管协议的签订情况；

（六）募集资金用于置换前期自有资金投入的，应当说明前期自有资金投入的具体使用情况等相关信息；

（七）本次发行涉及的国资、外资等相关主管机关核准、登记、备案程序等。

第二十五条　本次定向发行前后相关情况对比。申请人应当披露以下内容：

（一）本次定向发行前后前十名股东持股数量、持股比例及股票限售等比较情况；

（二）本次定向发行前后股本结构、股东人数、资产结构、业务结构、公司控制权、董事、监事和高级管理人员持股的变动情况；

（三）本次定向发行前后主要财务指标变化情况，包括但不限于申请人最近二年主要财务指标、按定向发行完成后总股本计算的每股收益、归属于母公司所有者的每股净资产、资产负债率等指标。

第二十六条　申请人定向发行股票导致公司控制权变动的，应当披露控制权变动的基本情况、是否已按照《非上市公众公司收购管理办法》的规定履行信息披露义务。

第二十七条　认购人以非现金资产认购定向发行股票的，申请人应当披露非现金资产的过户或交付情况，并说明资产相关实际情况与定向发行说明书中披露的信息是否存在差异。

第二十八条　由于情况发生变化，导致董事会决议中关于本次定向发行的有关事项需要修正或者补充说明的，申请人应当在发行情况报告书中作出专门说明，并披露调整的内容及履行的审议程序。

第二十九条　申请人全体董事、监事、高级管理人员应当在发行情况报告书的扉页声明：

"本公司全体董事、监事、高级管理人员承诺本发行情况报告书不存在虚假记载、误导性陈述或者重大遗漏，并对其真实性、准确性、完整性承担相应的法律责任。"

声明应当由全体董事、监事、高级管理人员签名，并由申请人加盖公章。

第三十条　申请人控股股东、实际控制人应当在发行情况报告书正文后声明：

"本公司或本人承诺本发行情况报告书不存在虚假记载、误导性陈述或者重大遗漏，并对其真实性、准确性和完整性承担相应的法律责任。"

声明应当由控股股东、实际控制人签名，加盖公章。

第四章　中介机构意见

第三十一条　申请人进行定向发行聘请的主办券商应当按照本准则及有关规定出具定向发行推荐工作报告，对以下事项进行说明和分析，并逐项发表明确意见：

（一）申请人的公司治理规范性，是否存在违反《公众公司办法》第二章规定的情形；

（二）申请人本次定向发行是否需要履行中国证监会注册程序；

（三）申请人本次定向发行是否规范履行了信息披露义务；申请人对其或相关责任主体在报告期内曾因信息披露违规或违法被中国证监会采取监管措施或给予行政处罚、被全国中小企业股份转让系统依法采取自律管理措施或纪律处分的整改情况；

（四）申请人现有股东优先认购安排的合法合规性；

（五）本次定向发行对象或范围是否符合投资者适当性要求；核心员工参与认购的，申请人是否已经履行相关认定程序；参与认购的私募投资基金管理人或私募投资基金完成登记或备案情况；

（六）本次定向发行对象认购资金来源的合法合规性；

（七）本次定向发行决策程序是否合法合规，是否已按规定履行了国资、外资等相关主管部门的审批、核准或备案等程序；

（八）本次发行定价的合法合规性、合理性；本次定向发行是否涉及股份支付；

（九）本次定向发行相关认购协议等法律文件的合法合规性；

（十）本次定向发行新增股份限售安排的合法合规性；

（十一）申请人建立健全募集资金内部控制及管理制度的情况；申请人本次募集资金的必要性及合理性，本次募集资金用途的合规性；报告期内募集资金的管理及使用情况，如存在违规情形，应当对违规事实、违规处理结果、相关责任主体的整改情况等进行核实并说明；

（十二）本次定向发行购买资产的合法合规性；

（十三）本次定向发行对申请人的影响；

（十四）主办券商认为应当发表的其他意见。

第三十二条　申请人进行定向发行聘请的律师应当按照本准则及有关规定出具法律意见书，并对照中国证监会的各项规定，在充分核查验证的基础上，对以下事项进行说明和分析，并逐项发表明确意见：

（一）申请人的公司治理规范性，是否存在违反《公众公司办法》第二章规定的情形；

（二）申请人本次定向发行是否需要履行中国证监会注册程序；

（三）申请人现有股东优先认购安排的合法合规性；

（四）本次定向发行对象或范围是否符合投资者适当性要求；核心员工参与认购的，申请人是否已经履行相关认定程序；参与认购的私募投资基金管理人或私募投资基金完成登记或备案的情况；

（五）本次定向发行对象认购资金来源的合法合规性；

（六）本次定向发行决策程序是否合法合规，是否已按规定履行了国资、外资等相关主管部门的审批、核准或备案等程序；

（七）本次定向发行相关认购协议等法律文件的合法合规性；

（八）本次定向发行新增股份限售安排的合法合规性；

（九）律师认为应当发表的其他意见。

第五章　附　则

第三十三条　申请人定向发行符合《公众公司办法》第四十八条第一款规定的，无需提供主办券商出具的推荐文件以及律师事务所出具的法律意见书。

第三十四条　本准则由中国证监会负责解释。

第三十五条　本准则自公布之日起施行。《非上市公众公司信息披露内容与格式准则第3号——定向发行说明书和发行情况报告书（2020年修订）》（证监会公告〔2020〕3号）同时废止。

非上市公众公司信息披露内容与格式准则第4号
——定向发行申请文件

（中国证监会公告〔2023〕第27号　2023年2月17日）

第一条　为了规范非上市公众公司向特定对象发行股票（以下简称定向发行）申请文件的内容和格式，根据《中华人民共和国证券法》《中华人民共和国公司法》和《非上市公众公司监督管理办法》的规定，制定本准则。

第二条　非上市公众公司（以下简称申请人）进行定向发行，应当按本准则要求制作和报送申请文件。

需要报送电子文件的，电子文件应当和预留原件一致。申请人律师应当对报送的电子文件与原件的一致性出具鉴证意见。报送的电子文件和原件具有同等的法律效力。

第三条　本准则规定的申请文件目录（见附件）是定向发行申请文件的最低要求。根据需要，中国证券监督管理委员会（以下简称中国证监会）或全国中小企业股份转让系统（以下简称全国股转系统）可以要求申请人和相关证券服务机构补充文件。如果申请人认为某些文件对其不适用，应当作出书面说明。

第四条　定向发行说明书引用的财务报告在其最近一期截止日后六个月内有效，特殊情况下可以申请延长，但延长期至多不超过三个月。

第五条　申请文件一经受理，未经同意，不得增加、撤回或者更换。

第六条　对于申请文件的原始纸质文件，申请人不能提供有关文件原件的，应当由申请人律师提供鉴证意见，或由出文单位盖章，以保证与原件一致。如原出文单位不再存续，由承继其职权的单位或作出撤销决定的单位出文证明文件的真实性。

第七条　申请文件所有需要签名处，应当载明签名字样的印刷体，并由签名人亲笔签名，不得以名章、签名章等代替。

申请文件中需要由申请人律师鉴证的文件，申请人律师应当在该文件首页注明"以下第×××页至第×××页与原件一致"，并签名和签署鉴证日期，律师事务所应当在该文件首页加盖公章，并在第×××页至第×××页侧面以公章加盖骑缝章。

第八条　申请人应当根据全国股转系统对发行申请文件的审核问询或中国证监会对申请文件的注册反馈问题，提供补充材料。相关证券服务机构应当对审核问询及注册反馈相关问题进行核查或补充出具专业意见。

第九条　申请文件的扉页应当标明申请人信息披露事务负责人及相关证券服务机构项目负责人的姓名、电话、传真及其他方便的联系方式。

第十条　未按本准则的要求制作和报送申请文件的，中国证监会或全国股转系统按照有关规定不予受理。

第十一条　本准则由中国证监会负责解释。

第十二条　本准则自公布之日起施行。《非上市公众公司信息披露内容与格式准则第4号——定向发行申请文件（2020年修订）》（证监会公告〔2020〕4号）同时废止。

附件：定向发行申请文件目录

附件

定向发行申请文件目录

第一章　定向发行说明书及授权文件

1-1 申请人关于定向发行的申请报告

1-2 定向发行说明书

1-3 申请人关于定向发行的董事会决议

1-4 申请人关于定向发行的股东大会决议

1-5 申请人监事会对定向发行说明书真实性、准确性、完整性的审核意见

第二章　定向发行推荐文件

2-1 主办券商定向发行推荐工作报告

第三章　证券服务机构关于定向发行的文件

3-1 最近二年的财务报告和审计报告及最近一期（如有）的财务报告

3-2 法律意见书

3-3 关于申请电子文件与预留文件一致的鉴证意见

3-4 本次定向发行收购资产相关的最近一年及一期（如有）的财务报告及其审计报告、资产评估报告（如有）

第四章　其他文件

4-1 国资、外资等相关主管部门的审批、核准或备案文件（如有）

非上市公众公司信息披露内容与格式准则第 6 号
——重大资产重组报告书

（中国证监会公告〔2023〕第 28 号　2023 年 2 月 17 日）

第一章　总　则

第一条　为规范非上市公众公司（以下简称公众公司）重大资产重组的信息披露行为，根据《中华人民共和国证券法》《中华人民共和国公司法》《非上市公众公司重大资产重组管理办法》（以下简称《重组办法》）及其他相关法律、行政法规及部门规章的规定，制定本准则。

第二条　公众公司实施重大资产重组应当按照本准则的要求编制并披露重大资产重组报告书（以下简称重组报告书）及其他相关信息披露文件。公众公司披露的所有信息应当真实、准确、完整，不得有虚假记载、误导性陈述或者重大遗漏。

第三条　本准则的规定是对重组报告书及其他相关信息披露文件的最低要求。不论本准则是否有明确规定，凡对投资者投资决策有重大影响的信息，均应当披露。

公众公司根据自身及所属行业或业态特征，可在本准则基础上增加有利于投资者判断和信息披露完整性的相关内容。本准则某些具体要求对公众公司不适用的，公众公司可根据实际情况，在不影响内容完整性的前提下作适当调整，但应当在披露时作出相应说明。

第四条　公众公司应当提供本次交易所涉及的相关资产的财务报告和审计报告，经审计的最近一期财务资料在财务会计报表截止日后六个月内有效。特别情况下可申请适当延长，但延长时间至多不超过一个月。

截至重组报告书披露之日，交易标的资产的财务状况和经营成果发生重大变动的，应当补充披露最近一期相关财务资料。

第五条　重组报告书扉页应当载有如下声明："本公司及全体董事、监事、高级管理人员承诺重大资产重组报告书不存在虚假记载、误导性陈述或者重大遗漏，并对其真实性、准确性、完整性承担相应的法律责任。"

第六条　公众公司应当在全国中小企业股份转让系统（以下简称全国股转系统）指定的信息披露平台（www.neeq.com.cn 或 www.neeq.cc）披露重组报告书及其备查文件、中国证券监督管理委员会（以下简称中国证监会）要求披露的其他文件，供投资者查阅。

第二章　重组预案和重组报告书

第七条　公众公司披露重大资产重组预案的（以下简称重组预案），应当至少包括以下内容：

（一）公众公司基本情况、交易对方基本情况、本次交易的背景和目的、本次交易的具体方案、交易标的基本情况；

（二）本次交易对公众公司的影响以及交易过程中对保护投资者合法权益的相关安排；

（三）本次交易行为涉及有关报批事项的，应当详细说明已向有关主管部门报批的进展情况和尚需呈报批准的程序，并对可能无法获得批准的风险作出特别提示；

（四）独立财务顾问、律师事务所、会计师事务所等证券服务机构的结论性意见；证券服务机构尚未出具意见的，应当作出关于"证券服务机构意见将在重大资产重组报告书中予以披露"的特别提示；

（五）退市公司应当对本次交易完成后是否申请重新上市以及其中的不确定性风险作出特别提示。

第八条　公众公司披露重组报告书的，应当至少包括以下内容：

（一）交易概述

简要介绍本次重组的基本情况，包括交易对方名称、交易双方实施本次交易的背景和目的、决策过程、交易标的名称、交易价格、是否构成关联交易、按照《重组办法》规定计算的相关指标、董事会和股东大会表决情况、中小股东单独计票结果等。

退市公司还应当对本次交易完成后是否申请重新上市、对申请重新上市相关事宜的后续计划及其中的不确定性风险进行说明并披露；

（二）公众公司基本情况，包括公司设立情况及曾用名称，最近二年的控股权变动情况、主要业务发展情况和主要财务指标，以及控股股东、实际控制人概况；

（三）交易对方基本情况及与公众公司之间是否存在关联关系及其情况说明、交易对方及其主要管理人员最近二年内是否存在违法违规情形及其情况说明（与证券市场明显无关的除外）；

（四）交易标的

1.交易标的的基本情况

（1）交易标的为完整经营性资产的（包括股权或其他构成可独立核算会计主体的经营性资产），应当披露：

a.该经营性资产的名称、企业性质、注册地、主要办公地点、法定代表人、注册资本、成立日期、税务登记证号码、组织机构代码、历史沿革；

b. 该经营性资产的产权或控制关系，包括其主要股东或权益持有人及持有股权或权益的比例、公司章程中可能对本次交易产生影响的主要内容或相关投资协议、原高管人员的安排、是否存在影响该资产独立性的协议或其他安排（如让渡经营管理权、收益权等）；

c. 主要资产的权属状况、对外担保情况及主要负债情况；

d. 交易标的为有限责任公司股权的，应当披露是否已取得该公司其他股东的同意或者符合公司章程规定的股权转让前置条件；

e. 该经营性资产的权益最近二年曾进行资产评估、交易、增资或改制的，应当披露相关的评估价值、交易价格、交易对方和增资改制的情况。

（2）交易标的不构成完整经营性资产的，应当披露：

a. 相关资产的名称、类别及最近二年的运营情况；

b. 相关资产的权属状况，包括产权是否清晰，是否存在抵押、质押等权利限制，是否涉及诉讼、仲裁、司法强制执行等重大争议；

c. 相关资产在最近二年曾进行资产评估或者交易的，应当披露评估价值、交易价格、交易对方等情况。

2. 资产交易根据资产评估结果定价的，应当披露资产评估方法和资产评估结果（包括各类资产的评估值、增减值额及增减值率，以及主要的增减值原因等）。

3. 资产交易涉及重大资产购买的，公众公司应当根据重要性原则披露拟购买资产主要业务的具体情况，包括：

（1）主要业务、主要产品或服务及其用途；

（2）业务模式或商业模式；

（3）与主要业务相关的情况，主要包括：

a. 报告期内各期主要产品或服务的规模、销售收入，产品或服务的主要消费群体，报告期内各期向前五名客户合计的销售额占当期销售总额的百分比；

b. 报告期内主要产品或服务的原材料、能源及其供应情况，占成本的比重，报告期内各期向前五名供应商合计的采购额占当期采购总额的百分比；

c. 所从事的业务需要取得许可资格或资质的，还应当披露当前许可资格或资质的情况；

（4）与其业务相关的资源要素，主要包括：

a. 产品或服务所使用的主要技术；

b. 主要生产设备、房屋建筑物的取得和使用情况、成新率或尚可使用年限等；

c. 主要无形资产的取得方式和时间、使用情况、使用期限或保护期、最近一期末账面价值；

d. 拟购买所从事的业务需要取得许可资格或资质的，还应当披露当前许可资格或资质的情况；

e. 特许经营权的取得、期限、费用标准；

f. 员工的简要情况，其中核心业务和技术人员应当披露姓名、年龄、主要业务经历及职务、现任职务及任期以及持有公众公司股份情况；

g. 其他体现所属行业或业态特征的资源要素。

4. 资产交易涉及重大资产出售的，公众公司应当按照前述第3项中（1）、（2）的要求进行披露，简要介绍拟出售资产主要业务及与其相关的资源要素的基本情况。

5. 资产交易涉及债权债务转移的，应当披露该等债权债务的基本情况、债权人同意转移的情况及与此相关的解决方案。

6. 资产交易中存在的可能妨碍权属转移的其他情形；

（五）本次交易合同的主要内容

1. 合同主体、签订时间；

2. 交易价格、定价依据以及支付方式（一次或分次支付的安排及特别条款、股份发行条款等）；

3. 资产交付或过户的时间安排；

4. 交易标的自定价基准日至交割日期间损益的归属和实现方式；

5. 合同的生效条件和生效时间；合同附带的任何形式的保留条款、补充协议和前置条件；

6. 与资产相关的人员安排；

（六）本次资产交易中相关当事人的公开承诺事项及提出的未能履行承诺时的约束措施（如有）；

（七）财务会计信息

1. 交易标的为完整经营性资产的，应当披露最近二年的简要财务报表；交易标的不构成完整经营性资产的，应当披露相关资产最近二年经审计的财务数据，包括但不限于资产总额、资产净额、可准确核算的收入或费用额。

2. 拟购买资产盈利预测的主要数据（如有）；

（八）独立财务顾问和律师对本次交易出具的结论性意见。

独立财务顾问不是为其提供持续督导业务的主办券商的，还应当详细披露主办券商不适宜担任独立财务顾问的具体原因；

（九）本次交易聘请的独立财务顾问、律师事务所、会计师事务所、资产评估机构（如有）等专业机构名称、法定代表人、住所、联系电话、传真，以及有关经办人员的姓名。

第九条　公众公司重大资产重组以发行普通股作为对价向特定对象购买资产（以下简称发行股份购买资产）的，重组报告书中除包括本准则第八条规定的内容外，还应当包括以下内容：

在本准则第八条规定的"交易标的"部分后，加入第（五）部分"发行股份情况"，其以下各部分依次顺延。在"发行股份情况"部分应当披露以下内容：

1. 公众公司发行股份的价格及定价原则，并充分说明定价的合理性；

2. 公众公司拟发行股份的种类、每股面值；

3. 公众公司拟发行股份的数量、占发行后总股本的比例；

4. 特定对象所持股份的转让或交易限制，股东关于自愿锁定所持股份的相关承诺；

5. 公众公司发行股份前后主要财务数据（如每股收益、每股净资产等）和其他重要财务指标的对照表；

6. 本次发行股份前后公众公司的股权结构，说明本次发行股份是否导致公众公司控制权发生变化。

公众公司重大资产重组以优先股、可转换债券等支付手段作为支付对价的，还应当按照中国证监会关于优先股、可转换债券的相关规定进行披露。

第三章　中介机构的意见

第十条　独立财务顾问应当按照本准则及有关业务准则的规定出具独立财务顾问报告，报告应当至少包括以下内容：

（一）说明本次重组是否符合《重组办法》的规定；

（二）说明本次交易所涉及的资产定价和支付手段定价的合理性；

（三）说明本次交易完成后公众公司的财务状况及是否存在损害股东合法权益的问题；

（四）对交易合同约定的资产交付安排是否可能导致公众公司交付现金或其他资产后不能及时获得对价的风险、相关的违约责任是否切实有效发表明确意见；

（五）对本次重组是否构成关联交易进行核查，并依据核查确认的相关事实发表明确意见。涉及关联交易的，还应当充分分析本次交易的必要性及本次交易是否损害公众公司及非关联股东的利益。

第十一条　公众公司应当提供由律师按照本准则及有关业务准则的规定出具的法律意见书。律师应当对照中国证监会的各项规定，在充分核查验证的基础上，至少就公众公司本次重组涉及的以下法律问题和事项发表明确的结论性意见：

（一）公众公司和交易对方是否具备相应的主体资格、是否依法有效存续；

（二）本次交易是否已履行必要的批准或授权程序，相关的批准和授权是否合法有效；本次交易是否构成关联交易，构成关联交易的，是否已依法履行必要的审议批准程序和信息披露义务；本次交易涉及的须呈报有关主管部门批准的事项是否已获得有效批准；本次交易的相关合同和协议是否合法有效；

（三）标的资产（包括标的股权所涉及企业的主要资产）的权属状况是否清晰，权属证书是否完备有效，尚未取得完备权属证书的，应当说明取得权属证书是否存在法律障碍；标的资产是否存在产权纠纷或潜在纠纷，如有，应当说明对本次交易的影响；标的资产是否存在抵押、担保或其他权利受到限制的情况，如有，应当说明对本次交易的影响；

（四）本次交易所涉及的债权债务的处理及其他相关权利、义务的处理是否合法有效，其实施或履行是否存在法律障碍和风险；

（五）公众公司、交易对方和其他相关各方是否已履行法定的披露和报告义务，是否存在应当披露而未披露的合同、协议、安排或其他事项；

（六）本次交易是否符合《重组办法》和相关规范性文件规定的原则和条件；

（七）参与公众公司本次交易活动的证券服务机构是否具备必要的资格；

（八）本次交易是否符合相关法律、行政法规、部门规章和规范性文件的规定，是否存在法律障碍，是否存在其他可能对本次交易构成影响的法律问题和风险。

第十二条　公众公司应当提供本次交易所涉及的相关资产最近二年的财务会计报表（财务数据）和审计报告；存在本准则第四条规定情况的，还应当提供最近一期的财务会计报表和审计报告。

第十三条　公众公司重大资产重组以评估值或资产估值报告中的估值金额作为交易标的定价依据的，应当提供相关资产的资产评估报告或资产估值报告。

第十四条　公众公司可视自身情况决定是否披露拟购买资产经审核的盈利预测报告。

第四章　声明及附件

第十五条　公众公司全体董事、监事、高级管理人员应当在重组报告书正文的尾页声明：

"本公司全体董事、监事、高级管理人员承诺本重大资产重组报告书不存在虚假记载、误导性陈述或者重大遗漏，并对其真实性、准确性、完整性承担相应的法律责任。"

声明应当由全体董事、监事、高级管理人员签名，并加盖公众公司公章。

第十六条　独立财务顾问应当对重组报告书的真实性、准确性、完整性进行核查，并在重组报告书正文后声明：

"本公司已对重大资产重组报告书进行了核查，确认不存在虚假记载、误导性陈述或者重大遗漏，并对其真实性、准确性和完整性承担相应的法律责任。"

声明应当由法定代表人或授权代表人、项目负责人、独立财务顾问主办人签名，并由独立财务顾问加盖公章。

第十七条　为公众公司重大资产重组提供服务的其他证券服务机构应当在重

组报告书正文后声明：

"本机构及经办人员（经办律师、签字注册会计师、签字注册资产评估师）已阅读重大资产重组报告书，确认重大资产重组报告书与本机构出具的专业报告（法律意见书、审计报告、资产评估报告）无矛盾之处。本机构及经办人员对公众公司在重大资产重组报告书中引用的专业报告的内容无异议，确认重大资产重组报告书不致因上述内容而出现虚假记载、误导性陈述或者重大遗漏，并对其真实性、准确性和完整性承担相应的法律责任。"

声明应当由经办人员及所在机构负责人签名，并由机构加盖公章。

第十八条　重组报告书结尾应当列明附件并披露。附件应当包括下列文件：

（一）独立财务顾问报告；

（二）财务会计报表及审计报告；

（三）法律意见书；

（四）资产评估报告、资产估值报告（如有）；

（五）拟购买资产盈利预测报告（如有）；

（六）公众公司及其董事、监事、高级管理人员，交易对方及其董事、监事、高级管理人员（或主要负责人），相关专业机构及其他知悉本次重大资产交易内幕信息的法人和自然人，以及上述相关人员的直系亲属买卖该公众公司股票及其他相关证券情况的自查报告及说明；

（七）其他与公开转让有关的重要文件。

第五章　持续披露

第十九条　公众公司发行股份购买资产申请经中国证监会注册的，公众公司及相关证券服务机构应当根据中国证监会的注册情况重新修订重组报告书及相关证券服务机构的报告或意见，并作出补充披露。

第二十条　公众公司重大资产重组实施完毕后应当编制并披露至少包含以下内容的重大资产重组实施情况报告书：

（一）本次重组的实施过程，相关资产过户或交付、相关债权债务处理以及证券发行登记等事宜的办理状况；

（二）相关实际情况与此前披露的信息是否存在差异；

（三）相关协议、承诺的履行情况及未能履行承诺时相关约束措施的执行情况；

（四）其他需要披露的事项。

独立财务顾问应当对前款所述内容逐项进行核查，并发表明确意见。律师应当对前款所述内容涉及的法律问题逐项进行核查，并发表明确意见。

第六章　附　则

第二十一条　本准则由中国证监会负责解释。

第二十二条　本准则自公布之日起施行。《非上市公众公司信息披露内容与格式准则第6号——重大资产重组报告书》（证监会公告〔2014〕35号）同时废止。

附件：非上市公众公司发行股份购买资产的重大资产重组申请文件目录

附件

非上市公众公司发行股份购买资产的重大资产重组申请文件目录

一、报送要求

公众公司因发行股份购买资产的重大资产重组向中国证监会或全国股转系统报送申请文件，需要报送电子文件的，电子文件应当和预留原件一致。公众公司聘请的律师应当对报送的电子文件与原件的一致性出具鉴证意见。报送的电子文件和原件具有同等的法律效力。

对于申请文件的原始纸质文件，公众公司不能提供有关文件原件的，应当由其聘请的律师提供鉴证意见，或由出文单位盖章，以保证与原件一致。如原出文单位不再存续，由承继其职权的单位或作出撤销决定的单位出文证明文件的真实性。

申请文件所有需要签名处，均应当为签名人亲笔签名，不得以名章、签名章等代替。

申请文件一经受理，未经中国证监会、全国股转系统同意，不得增加、撤回或更换。

二、报送的具体文件

（一）公众公司重大资产重组报告书

1-1 发行股份购买资产申请报告

1-2 重大资产重组报告书

1-3 重大资产重组的董事会决议、监事会书面审核意见和股东大会决议

（二）独立财务顾问和律师出具的文件

2-1 独立财务顾问报告

2-2 法律意见书

（三）本次重大资产重组涉及的财务信息相关文件

3-1 本次重大资产重组涉及的拟购买、出售资产的财务报告和审计报告（确

实无法提供的，应当说明原因及相关资产的财务状况和经营成果）

3-2 本次重大资产重组涉及的拟购买、出售资产的评估报告及评估说明，资产估值报告（如有）

3-3 交易对方最近一年的财务报告和审计报告（如有）

3-4 拟购买资产盈利预测报告（如有）

（四）本次重大资产重组涉及的有关协议、合同和决议

4-1 重大资产重组的协议或合同

4-2 涉及本次重大资产重组的其他重要协议或合同

4-3 交易对方内部权力机关批准本次交易事项的相关决议

（五）本次重大资产重组的其他文件

5-1 有关部门对重大资产重组的审批、核准或备案文件

5-2 关于股份锁定期的承诺

5-3 交易对方的营业执照复印件

5-4 拟购买资产的权属证明文件

5-5 与拟购买资产生产经营有关的资质证明或批准文件

5-6 公众公司全体董事和独立财务顾问、律师事务所、会计师事务所、资产评估机构等证券服务机构及其签字人员对重大资产重组申请文件真实性、准确性和完整性的承诺书

5-7 公众公司与交易对方就重大资产重组事宜采取的保密措施及保密制度的说明，并提供与所聘请的证券服务机构签署的保密协议及交易进程备忘录

5-8 本次重大资产重组前十二个月内公众公司购买、出售资产的说明及专业机构意见（如有）

5-9 关于申请电子文件与预留文件一致的鉴证意见

5-10 中国证监会要求提供的其他文件

非上市公众公司信息披露内容与格式准则第 7 号
——定向发行优先股说明书和发行情况报告书

（中国证监会公告〔2023〕第 29 号 2023 年 2 月 17 日）

第一章 总 则

第一条 为了规范非上市公众公司（以下简称申请人）定向发行优先股的信息披露行为，根据《中华人民共和国证券法》（以下简称《证券法》）、《中华人民共和国公司法》《非上市公众公司监督管理办法》《优先股试点管理办法》的规定，制定本准则。

第二条 申请人定向发行优先股，应当按照本准则编制定向发行优先股说明书并披露。发行后普通股股东、可转换公司债券持有人与优先股股东人数合并累计超过二百人的非上市公众公司定向发行优先股，应当向中国证券监督管理委员会（以下简称中国证监会）申请注册；发行后普通股股东、可转换公司债券持有人与优先股股东人数合并累计不超过二百人的非上市公众公司定向发行优先股，中国证监会豁免注册，由全国中小企业股份转让系统（以下简称全国股转系统）自律管理。

注册在境内的境外上市公司在境内发行优先股，参照本准则的规定披露，应当向中国证监会申请注册。

第三条 申请人定向发行结束后，应当按照本准则的要求编制并披露发行情况报告书。

第四条 在不影响信息披露的完整性并保证阅读方便的前提下，对于曾在定期报告、临时公告或者其他信息披露文件中披露过的信息，如事实未发生变化，申请人可以采用索引的方法进行披露。

第五条 本准则某些具体要求对本次定向发行确实不适用或者需要豁免适用的，申请人可以根据实际情况调整，但应当在提交申请文件时作出专项说明。

第六条 申请人发行的优先股在全国股转系统转让的，应当在符合《证券法》规定的信息披露平台上披露定向发行优先股说明书及其备查文件、发行情况报告书和中国证监会要求披露的其他文件，供投资者查阅。

第二章 定向发行优先股说明书

第七条 定向发行优先股说明书扉页应当载有如下声明：

"本公司及控股股东、实际控制人、全体董事、监事、高级管理人员承诺定向发行优先股说明书不存在虚假记载、误导性陈述或者重大遗漏，并对其真实性、准确性、完整性承担相应的法律责任。

本公司负责人和主管会计工作的负责人、会计机构负责人保证定向发行优先股说明书中财务会计资料真实、准确、完整。

中国证监会或全国中小企业股份转让系统对本公司定向发行优先股所作的任何决定或意见，均不表明其对本公司优先股的价值或投资者的收益作出实质性判断或者保证。任何与之相反的声明均属虚假不实陈述。

根据《证券法》的规定，本公司经营与收益的变化，由本公司自行负责，由此变化引致的投资风险，由投资者自行负责。"

第八条　申请人应当披露本次定向发行的基本情况：

（一）公司基本情况。包括行业情况、主要业务模式、提供的产品及服务情况等；

（二）发行目的和发行总额。拟分次发行的，披露分次发行安排；

（三）发行方式、发行对象及公司现有股东认购安排（如有）。如董事会未确定具体发行对象的，应当披露发行对象的范围和确定方法；

（四）票面金额、发行价格或定价原则；

（五）本次发行优先股的种类、数量或数量上限；

（六）募集资金投向；

（七）本次发行涉及的主管部门审批、核准或备案事项情况；

（八）持有申请人百分之五以上股份的股东股权质押、冻结情况。

除上述内容外，申请人还应当披露本准则第十四条规定的附生效条件的优先股认购合同的内容摘要。

第九条　申请人应当在基本情况中披露本次定向发行的优先股的具体条款设置：

（一）优先股股东参与利润分配的方式，包括：票面股息率或其确定原则、股息发放的条件、股息支付方式、股息是否累积、是否可以参与剩余利润分配等；涉及财务数据或财务指标的，应当注明相关报表口径；

（二）优先股的回购条款，包括：回购选择权的行使主体、回购条件、回购期间、回购价格或确定原则及其调整方法等；

（三）优先股转换为普通股的条款（仅商业银行适用），包括：转换权的行使主体、转换条件（含触发事项）、转换时间、转换价格或确定原则及其调整方法等；

（四）表决权的限制和恢复，包括表决权恢复的情形及恢复的具体计算方法；

（五）清偿顺序及每股清算金额的确定方法；

（六）有评级安排的，需披露信用评级情况；

（七）有担保安排的，需披露担保及授权情况；

（八）其他中国证监会认为有必要披露的重大事项。

第十条　以资产认购本次定向发行优先股的，申请人还应当按照本准则第十一条、第十二条、第十三条的规定披露相关内容，同时披露本准则第十四条规定的附生效条件的资产转让合同的内容摘要。

第十一条　以资产认购本次定向发行优先股、其资产为非股权资产的，申请人应当披露相关资产的下列基本情况：

（一）资产名称、类别以及所有者和经营管理者的基本情况；

（二）资产权属是否清晰、是否存在权利受限、权属争议或者妨碍资产转移的其他情况；

（三）资产独立运营和核算的，披露最近一年及一期经会计师事务所审计的主要财务数据；

（四）资产的交易价格及定价依据。披露相关资产经审计的账面值；交易价格以资产评估结果作为依据的，应当披露资产评估方法和资产评估结果。

第十二条　以资产认购本次定向发行优先股、其资产为股权的，申请人应当披露相关股权的下列基本情况：

（一）股权所投资的公司的名称、企业性质、注册地、主要办公地点、法定代表人、注册资本；股权及控制关系，包括公司的主要股东及其持股比例、最近二年控股股东或实际控制人的变化情况、股东出资协议及公司章程中可能对本次交易产生影响的主要内容、原高管人员的安排；

（二）股权所投资的公司主要资产的权属状况及对外担保和主要负债情况；

（三）股权所投资的公司最近一年及一期的业务发展情况和经会计师事务所审计的主要财务数据和财务指标；

（四）股权的资产评估价值（如有）、交易价格及定价依据。

第十三条　资产交易价格以经审计的账面值为依据的，公司董事会应当对定价的合理性予以说明。

资产交易根据资产评估结果定价的，公司董事会应当对定价的合理性予以说明，并对资产定价是否存在损害公司和股东合法权益等情形发表意见。

第十四条　董事会决议确定具体发行对象的，应当披露附生效条件的优先股认购合同，应当包括以下内容：

（一）合同主体、签订时间；

（二）认购价格、认购方式、支付方式；

（三）合同的生效条件和生效时间；

（四）合同附带的任何保留条款、前置条件；

（五）违约责任条款；

（六）优先股股东参与利润分配和剩余财产分配的相关约定；

（七）优先股回购的相关约定；

（八）优先股股东表决权限制与恢复的约定；

（九）其他与定向发行相关的条款。

附生效条件的资产转让合同的内容摘要除前款第一项至第五项内容外，至少还应当包括：

（一）目标资产及其价格或定价依据；

（二）资产交付或过户时间安排；

（三）资产自评估截止日至资产交付日所产生收益的归属（如有）；

（四）与资产相关的人员安排。

第十五条　申请人应当披露已发行在外优先股的简要情况，包括发行时间、发行总量及融资总额、现有发行在外数量、已回购优先股的数量、各期股息实际发放情况等。

申请人应当列表披露本次优先股与已发行在外优先股主要条款的差异比较。

第十六条　本次定向发行对申请人的影响。申请人应当披露以下内容：

（一）本次发行对申请人经营管理的影响；

（二）本次发行后申请人财务状况、盈利能力、偿债能力及现金流量的变动情况，申请人应当重点披露本次发行优先股后公司资产负债结构的变化；

（三）本次发行对公司股本、净资产（净资本）、资产负债率、净资产收益率、归属于普通股股东的每股收益等主要财务数据和财务指标的影响；

（四）申请人与控股股东及其关联人之间的业务关系、管理关系、关联交易及同业竞争等变化情况；

（五）以资产认购优先股的行为是否导致增加本公司的债务或者或有负债；

（六）本次发行对申请人的税务影响；

（七）申请人应当有针对性、差异化的披露属于本公司或者本行业的特有风险以及经营过程中的不确定性因素；

（八）银行、证券、保险等金融行业公司还需披露本次发行对其资本监管指标的影响及相关行业资本监管要求。

第十七条　申请人应当披露本次定向发行对申请人普通股股东权益的影响；已发行优先股的，还应当说明对其他优先股股东权益的影响。

第十八条　申请人应当结合自身的实际情况及优先股的条款设置，披露可能直接或间接对申请人以及优先股投资者产生重大不利影响的相关风险因素，如不能足额派息的风险、表决权受限的风险、回购风险、交易风险、分红减少和权益摊薄风险、税务风险等。

第十九条　申请人应当披露本次定向发行相关的会计处理方法以及本次发行

的优先股发放的股息是否在所得税前列支及政策依据。

第二十条　申请人应当披露投资者与本次发行的优先股转让、股息发放、回购等相关的税费、征收依据及缴纳方式。

第二十一条　申请人应当披露公司最近一期末的对外担保情况，并披露对公司财务状况、经营成果、声誉、业务活动、未来前景等可能产生较大影响的未决诉讼或仲裁事项，可能出现的处理结果或已生效法律文书的执行情况。

第二十二条　注册在境内的境外上市公司在境内发行优先股的，应当披露公司的基本情况、控股股东和实际控制人的基本情况、公司组织架构和管理模式以及董事、监事、高级管理人员名单。实际控制人应当披露到最终的国有控制主体、集体企业或自然人为止。

注册在境内的境外上市公司应当结合所处的行业特点、财务信息、分部报告、主要对外投资等情况披露公司从事的主要业务、主要产品及各业务板块的经营状况。

第二十三条　注册在境内的境外上市公司在境内发行优先股的，应当按照《企业会计准则》的规定编制财务报表，并经符合《证券法》规定的会计师事务所审计。最近二年财务报表被符合《证券法》规定的会计师事务所出具非标准无保留意见审计报告的，公司应当披露董事会关于非标准无保留意见审计报告所涉及事项的说明和符合《证券法》规定的会计师事务所及注册会计师关于非标准无保留意见审计报告的补充意见。

注册在境内的境外上市公司应当简要披露财务会计信息，主要包括：最近二年及一期资产负债表、利润表及现金流量表简表。编制合并财务报表的，应当披露合并财务报表。最近二年及一期合并财务报表范围发生重大变化的，应当披露具体变化情况。最近二年内发生重大资产重组的，应当披露重组完成后各年的财务报表以及重组时编制的重组前模拟财务报表和编制基础；最近二年及一期的主要财务指标。

第二十四条　注册在境内的境外上市公司还应当提示投资者，如需完整了解公司财务会计信息、股份变动情况等详细内容，可在境外上市地相关披露平台查阅公司日常信息披露文件。

第二十五条　申请人应当披露下列机构的名称、法定代表人、住所、联系电话、传真，同时应当披露有关经办人员的姓名：

（一）证券公司；

（二）律师事务所；

（三）会计师事务所；

（四）资产评估机构（如有）；

（五）资信评级机构（如有）；

（六）优先股登记机构；

（七）担保人（如有）；

（八）其他与本次发行有关的机构。

第二十六条　申请人全体董事、监事、高级管理人员应当在定向发行优先股说明书正文的尾页声明：

"本公司全体董事、监事、高级管理人员承诺本定向发行优先股说明书不存在虚假记载、误导性陈述或者重大遗漏，并对其真实性、准确性、完整性承担相应的法律责任。"

声明应当由全体董事、监事、高级管理人员签名，并由申请人加盖公章。

第二十七条　申请人控股股东、实际控制人应当在定向发行优先股说明书正文的尾页声明：

"本公司或本人承诺本定向发行优先股说明书不存在虚假记载、误导性陈述或者重大遗漏，并对其真实性、准确性和完整性承担相应的法律责任。"

声明应当由控股股东、实际控制人签名，加盖公章。

第二十八条　证券公司应当对申请人定向发行优先股说明书的真实性、准确性、完整性进行核查，并在定向发行优先股说明书正文后声明：

"本公司已对定向发行优先股说明书进行了核查，确认不存在虚假记载、误导性陈述或者重大遗漏，并对其真实性、准确性和完整性承担相应的法律责任。"

声明应当由法定代表人、项目负责人签名，并由证券公司加盖公章。

第二十九条　为申请人定向发行优先股提供服务的证券服务机构应当在定向发行优先股说明书正文后声明：

"本机构及经办人员（经办律师、签字注册会计师、签字注册资产评估师、资信评级人员）已阅读定向发行优先股说明书，确认定向发行优先股说明书与本机构出具的专业报告（法律意见书、审计报告、资产评估报告或资产估值报告、资信评级报告等）无矛盾之处。本机构及经办人员对申请人在定向发行优先股说明书中引用的专业报告的内容无异议，确认定向发行优先股说明书不致因上述内容而出现虚假记载、误导性陈述或者重大遗漏，并对其真实性、准确性和完整性承担相应的法律责任。"

声明应当由经办人员及所在机构负责人签名，并由机构加盖公章。

第三十条　定向发行优先股说明书结尾应当列明备查文件，备查文件应当包括：

（一）申请人最近二年的财务报告和审计报告及最近一期（如有）的财务报告；

（二）定向发行优先股推荐工作报告；

（三）法律意见书；

（四）中国证监会同意本次定向发行注册的文件（如有）；

（五）公司章程及其修订情况的说明；

（六）其他与本次定向发行有关的重要文件。

如有下列文件，也应当作为备查文件披露：

（一）资产评估报告或资产估值报告；

（二）资信评级报告；

（三）担保合同和担保函；

（四）申请人董事会关于非标准无保留意见审计报告涉及事项处理情况的说明；

（五）会计师事务所及注册会计师关于非标准无保留意见审计报告的补充意见；

（六）通过本次定向发行拟进入资产的资产评估报告或资产估值报告及有关审核文件。

第三章　发行情况报告书

第三十一条　申请人应当在发行情况报告书中披露本次定向发行履行的相关程序、优先股的类型及主要条款、发行对象及认购数量、相关机构及经办人员。

第三十二条　申请人应当披露本次发行前后股本结构、股东人数、资产结构、业务结构、主要财务指标的变化情况。

第三十三条　申请人应当在发行情况报告书中披露证券公司关于本次定向发行过程、结果和发行对象合规性的结论意见。内容至少包括：

（一）关于本次定向发行过程、定价方法及结果的合法、合规性的说明；

（二）关于本次定向发行对象是否符合《优先股试点管理办法》的规定，是否符合公司及其全体股东的利益的说明；

（三）证券公司认为需要说明的其他事项。

第三十四条　申请人应当在发行情况报告书中披露律师关于本次定向发行过程、结果和发行对象合规性的结论意见。内容至少包括：

（一）关于发行对象资格的合规性的说明；

（二）关于本次定向发行过程及结果合法、合规性的说明；

（三）关于本次定向发行相关合同等法律文件的合规性的说明；

（四）本次定向发行涉及资产转让或者其他后续事项的，应当陈述办理资产过户或者其他后续事项的程序、期限，并对因资产瑕疵导致不能过户的法律风险进行评估；

（五）律师认为需要说明的其他事项。

第三十五条　由于情况发生变化，导致董事会决议中关于本次定向发行的有关事项需要修正或者补充说明的，申请人应当在发行情况报告书中作出专门说明。

第三十六条　申请人全体董事、监事、高级管理人员应当在发行情况报告书的首页声明：

"公司全体董事、监事、高级管理人员承诺本发行情况报告书不存在虚假记载、误导性陈述或者重大遗漏，并对其真实性、准确性、完整性承担相应的法律责任。"

声明应当由全体董事、监事、高级管理人员签名，并由申请人加盖公章。

第三十七条　申请人控股股东、实际控制人应当在发行情况报告书正文后声明：

"本公司或本人承诺本发行情况报告书不存在虚假记载、误导性陈述或者重大遗漏，并对其真实性、准确性和完整性承担相应的法律责任。"

声明应当由控股股东、实际控制人签名，加盖公章。

第四章　附　则

第三十八条　申请人定向发行优先股符合《优先股试点管理办法》和《非上市公众公司监督管理办法》第四十八条第一款规定的，无需提供主办券商出具的推荐文件以及律师事务所出具的法律意见书。

第三十九条　本准则由中国证监会负责解释。

第四十条　本准则自公布之日起施行。《非上市公众公司信息披露内容与格式准则第 7 号——定向发行优先股说明书和发行情况报告书》（证监会公告〔2014〕44 号发布、证监会公告〔2020〕20 号修正）同时废止。

非上市公众公司信息披露内容与格式准则第8号——定向发行优先股申请文件

（中国证监会公告〔2023〕第30号 2023年2月17日）

第一条 为了规范非上市公众公司（以下简称申请人）定向发行优先股申请文件的内容和格式，根据《中华人民共和国证券法》（以下简称《证券法》）、《中华人民共和国公司法》《非上市公众公司监督管理办法》《优先股试点管理办法》的规定，制定本准则。

第二条 申请人定向发行优先股，应当按本准则要求制作和报送申请文件。

注册在境内的境外上市公司在境内发行优先股，参照本准则要求制作和报送申请文件。

需要报送电子文件的，电子文件应当和预留原件一致。申请人律师应当对报送的电子文件与原件的一致性出具鉴证意见。报送的电子文件和原件具有同等的法律效力。

第三条 本准则规定的申请文件目录（见附件）是定向发行优先股申请文件的最低要求。根据审核需要，中国证券监督管理委员会（以下简称中国证监会）、全国中小企业股份转让系统（以下简称全国股转系统）可以要求申请人和相关证券服务机构补充文件。如果某些文件对申请人不适用，可不提供，但应当向中国证监会、全国股转系统作出书面说明。

第四条 申请文件一经受理，未经中国证监会、全国股转系统同意，不得增加、撤回或者更换。

第五条 申请人不能提供有关文件原件的，应当由申请人律师提供鉴证意见，或由出文单位盖章，以保证与原件一致。如原出文单位不再存续，由承继其职权的单位或作出撤销决定的单位出文证明文件的真实性。

第六条 申请文件所有需要签名处，均应当为签名人亲笔签名，不得以名章、签名章等代替。

申请文件中需要由申请人律师鉴证的文件，申请人律师应当在该文件首页注明"以下第×××页至第×××页与原件一致"，并签名和签署鉴证日期，律师事务所应当在该文件首页加盖公章，并在第×××页至第×××页侧面以公章加盖骑缝章。

第七条 申请人应当根据全国股转系统对发行申请文件的审核问询（如有）

以及中国证监会对申请文件的注册反馈问题，提供补充材料。相关证券服务机构应当对审核问询及注册反馈相关问题进行核查或补充出具专业意见。

第八条 申请文件的扉页应当标明申请人信息披露事务负责人及相关证券服务机构项目负责人的姓名、电话、传真及其他方便的联系方式。

第九条 未按本准则的要求制作和报送申请文件的，中国证监会、全国股转系统按照有关规定不予受理。

第十条 申请人的普通股在全国股转系统公开转让的，申请文件中的审计报告、资产评估报告应当由符合《证券法》规定的会计师事务所、资产评估机构出具。

第十一条 发行后普通股股东人数、可转换公司债券持有人数与优先股股东人数合并累计不超过二百人的非上市公众公司定向发行优先股，申请文件目录由全国股转系统另行规定。

第十二条 本准则自公布之日起施行。《非上市公众公司信息披露内容与格式准则第8号——定向发行优先股申请文件》（证监会公告〔2014〕45号发布、证监会公告〔2020〕20号修正）同时废止。

附件：非上市公众公司定向发行优先股申请文件目录

附件

非上市公众公司定向发行优先股申请文件目录

第一章 定向发行优先股说明书及授权文件

1-1 申请人关于定向发行优先股的申请报告

1-2 定向发行优先股说明书

1-3 申请人关于定向发行优先股的董事会决议

1-4 申请人关于定向发行优先股的股东大会决议

1-5 特定行业主管部门出具的监管意见（如有）

1-6 申请人监事会对定向发行优先股说明书真实性、准确性、完整性的审核意见

第二章 定向发行优先股推荐文件

2-1 证券公司定向发行优先股推荐工作报告

第三章 证券服务机构关于定向发行优先股的文件

3-1 申请人最近二年的财务报告和审计报告及最近一期（如有）的财务报告

3-2 法律意见书

3-3 本次定向发行优先股收购资产相关的最近一年及一期的财务报告及其审计报告、资产评估报告或资产估值报告（如有）

3-4 资信评级机构为本次定向发行优先股出具的资信评级报告（如有）

3-5 本次定向发行优先股的担保合同、担保函、担保人就提供担保获得的授权文件（如有）

第四章　注册在境内的境外上市公司的补充文件

4-1 申请人的企业法人营业执照

4-2 公司章程（草案）

4-3 国有资产管理部门出具的国有股权设置批复文件及商务主管部门出具的外资股确认文件（如有）

非上市公众公司信息披露内容与格式准则第 18 号——定向发行可转换公司债券说明书和发行情况报告书

（中国证监会公告〔2023〕第 31 号　2023 年 2 月 17 日）

第一章　总　则

第一条　为了规范非上市公众公司（以下简称申请人）向特定对象发行可转换公司债券（以下简称定向发行可转债）的信息披露行为，根据《中华人民共和国证券法》（以下简称《证券法》）、《中华人民共和国公司法》《非上市公众公司监督管理办法》（以下简称《公众公司办法》）、《可转换公司债券管理办法》的规定，制定本准则。

第二条　申请人定向发行可转债，应当按照本准则编制定向发行可转债说明书，作为定向发行可转债的必备法律文件，并按本准则的规定进行披露。

第三条　申请人定向发行可转债结束后，应当按照本准则的要求编制并披露发行情况报告书。

第四条　在不影响信息披露的完整性并保证阅读方便的前提下，对于曾在定期报告、临时公告或者其他信息披露文件中披露过的信息，如事实未发生变化，申请人可以采用索引的方式进行披露。

第五条　本准则的规定是对信息披露的最低要求。不论本准则是否有明确规定，凡对投资者作出价值判断和投资决策有重大影响的信息，申请人均应当予以披露。国家有关部门对信息披露另有规定的，申请人还应当遵守其相关规定并履行信息披露义务。

本准则某些具体要求对本次定向发行可转债确实不适用的，申请人可以根据实际情况适当调整，但应当在提交申请文件时作出专项说明。

第六条　申请人应当在符合《证券法》规定的信息披露平台披露定向发行可转债说明书及其备查文件、发行情况报告书和中国证券监督管理委员会（以下简称中国证监会）要求披露的其他文件，供投资者查阅。

第二章　定向发行可转债说明书

第七条　定向发行可转债说明书扉页应当载有如下声明：

"本公司及控股股东、实际控制人、全体董事、监事、高级管理人员承诺定向发行可转债说明书不存在虚假记载、误导性陈述或者重大遗漏，并对其真实性、准确性、完整性承担相应的法律责任。

本公司负责人和主管会计工作的负责人、会计机构负责人保证定向发行可转债说明书中财务会计资料真实、准确、完整。

中国证监会或全国中小企业股份转让系统对本公司定向发行可转债所作的任何决定或意见，均不表明其对本公司可转债的价值或投资者的收益作出实质性判断或者保证。任何与之相反的声明均属虚假不实陈述。

根据《证券法》的规定，本公司经营与收益的变化，由本公司自行负责，由此变化引致的投资风险，由投资者自行负责。"

第八条　申请人应当披露本次定向发行可转债的基本情况：

（一）公司基本情况。包括行业情况、主要业务模式、提供的产品及服务情况等；

（二）本次定向发行可转债的目的；

（三）发行对象及公司现有股东优先认购安排。如董事会未确定具体发行对象的，应当披露发行对象的范围和确定方法；董事会已确定发行对象的，应当披露发行对象的资金来源；

（四）发行价格或定价原则、发行数量或者数量上限；

（五）本次定向发行可转债发行对象的自愿锁定承诺及转股后新增股份的限售安排。如无限售安排，应当说明；

（六）本次定向发行可转债约定的受托管理事项；

（七）本次募集资金用途及募集资金的必要性、合理性、可行性。募集资金的使用主体及使用形式；本次募集资金拟用于补充流动资金的，应当按照用途进行列举披露或测算相应需求量；拟用于偿还银行贷款的，应当列明拟偿还贷款的明细情况及贷款的使用情况；拟用于项目建设的，应当说明资金需求和资金投入安排，是否符合国家产业政策和法律、行政法规的规定；拟用于购买资产的，应当按照以资产认购定向发行可转债的规定披露相关内容；拟用于其他用途的，应当明确披露募集资金用途、资金需求的测算过程及募集资金的投入安排；

（八）本次发行募集资金专项账户的设立情况以及保证募集资金合理使用的措施；

（九）报告期内募集资金的使用情况；

（十）本次定向发行可转债需要履行的国资、外资等相关主管部门审批、核准或备案等程序的情况；

（十一）持有申请人百分之五以上股份的股东股权质押、冻结情况。

除上述内容外，申请人还应当按定向发行股票的规定披露附生效条件的可转债认购合同的内容摘要。

第九条　申请人应当披露可转债的基本条款，包括：

（一）期限，最短为一年，最长为六年；

（二）面值，每张面值一百元；

（三）利率或其确定方式；

（四）转股价格或其确定方式；

（五）转股期限，可转债自发行结束之日起六个月后方可转换为公司股票；

（六）转股价格调整的原则及方式。发行可转债后，因配股、增发、送股、派息、分立、减资及其他原因引起公司股份变动的，应当同时调整转股价格；

（七）转股时不足转换成一股的补偿方式；

（八）评级、担保情况（如有）；

（九）赎回条款（如有）；

（十）回售条款（如有），但公司改变公告的募集资金用途的，应当赋予债券持有人一次回售权利；

（十一）还本付息期限、方式等，应当约定可转债期满后五个工作日内办理完毕偿还债券余额本息的事项；

（十二）转换年度有关股利的归属安排；

（十三）其他中国证监会认为有必要明确的事项。

第十条　申请人应当披露保护债券持有人权利的具体安排，以及债券持有人会议的权利、程序和决议生效条件。

第十一条　以资产认购本次定向发行可转债的，还应当按照《非上市公众公司信息披露内容与格式准则第3号——定向发行说明书和发行情况报告书》第九条至第十三条相关要求进行信息披露。

第十二条　除应当按定向发行普通股的规定披露报告期内主要财务数据和指标外，申请人还应当披露报告期各期利息保障倍数、贷款偿还率、利息偿付率等财务指标。

申请人应当披露报告期内发行债券和债券偿还情况，以及资信评级情况（如有）。

第十三条　申请人应当披露已发行在外可转债的简要情况，包括发行时间、发行总量及融资总额、已转股金额、转股数量、已赎回或回售可转债的数量等。

申请人应当列表披露本次可转债与已发行在外可转债主要条款的差异比较。

第十四条　申请人在定向发行可转债前存在特别表决权股份的，应当充分披露并特别提示特别表决权股份的具体安排。

第十五条　本次定向发行可转债对申请人的影响。申请人应当披露以下内容：

（一）本次定向发行可转债对申请人经营管理的影响；

（二）本次定向发行可转债后申请人财务状况、盈利能力及现金流量的变动情况，申请人应当重点披露本次定向发行可转债后公司负债结构的变化；

（三）本次定向发行可转债部分或全部转股后对公司控制权结构的影响；

（四）本次定向发行可转债相关特有风险的说明。申请人应当有针对性、差异化地披露属于本公司或者本行业的特有风险以及经营过程中的不确定性因素。

第十六条　申请人应当披露下列机构的名称、法定代表人、住所、联系电话、传真，同时应当披露有关经办人员的姓名：

（一）主办券商；

（二）律师事务所；

（三）会计师事务所；

（四）资产评估机构（如有）；

（五）登记机构；

（六）评级机构／担保机构（如有）；

（七）其他与本次发行有关的机构。

第十七条　申请人全体董事、监事、高级管理人员应当在定向发行可转债说明书正文的尾页声明：

"本公司全体董事、监事、高级管理人员承诺本定向发行可转债说明书不存在虚假记载、误导性陈述或者重大遗漏，并对其真实性、准确性、完整性承担相应的法律责任。"

声明应当由全体董事、监事、高级管理人员签名，并由申请人加盖公章。

第十八条　申请人控股股东、实际控制人应当在定向发行可转债说明书正文的尾页声明：

"本公司或本人承诺本定向发行可转债说明书不存在虚假记载、误导性陈述或者重大遗漏，并对其真实性、准确性和完整性承担相应的法律责任。"

声明应当由控股股东、实际控制人签名，并加盖公章。

第十九条　主办券商应当对申请人定向发行可转债说明书的真实性、准确性、完整性进行核查，并在定向发行可转债说明书正文后声明：

"本公司已对定向发行可转债说明书进行了核查，确认不存在虚假记载、误导性陈述或者重大遗漏，并对其真实性、准确性和完整性承担相应的法律责任。"

声明应当由法定代表人、项目负责人签名，并由主办券商加盖公章。

第二十条　为申请人定向发行可转债提供服务的证券服务机构应当在定向发行可转债说明书正文后声明：

"本机构及经办人员（经办律师、签字注册会计师、签字注册资产评估师、签字资信评级人员）已阅读定向发行可转债说明书，确认定向发行可转债说明书与本机构出具的专业报告（法律意见书、审计报告、资产评估报告、资信评级报告等）无矛盾之处。本机构及经办人员对申请人在定向发行可转债说明书中引用的专业报告的内容无异议，确认定向发行可转债说明书不致因上述内容而出现虚假记载、误导性陈述或者重大遗漏，并对其真实性、准确性和完整性承担相应的法律责任。"

声明应当由经办人员及所在机构负责人签名，并由机构加盖公章。

第二十一条　定向发行可转债说明书结尾应当列明备查文件，备查文件应当包括：

（一）定向发行可转债推荐工作报告；

（二）法律意见书；

（三）中国证监会对本次定向发行可转债予以注册的文件（如有）；

（四）其他与本次定向发行可转债有关的重要文件。

如有下列文件，也应当作为备查文件披露：

（一）资信评级报告；

（二）担保合同和担保函；

（三）申请人董事会关于非标准无保留意见审计报告涉及事项处理情况的说明；

（四）会计师事务所及注册会计师关于非标准无保留意见审计报告的专项说明；

（五）本次定向发行可转债购买资产的资产评估报告及有关审核文件。

第三章　发行情况报告书

第二十二条　申请人应当在发行情况报告书中至少披露以下内容：

（一）本次定向发行可转债的数量、票面金额、发行价格、利率、期限、转股期、转股价格及其调整安排、认购方式、认购人、认购数量、认购资金来源、限售安排、现有股东优先认购情况、实际募集资金总额；

（二）本次发行实际募集金额未达到预计募集金额时，实际募集资金的投入安排；

（三）限售安排及自愿锁定承诺；

（四）特殊投资条款内容（如有）；

（五）募集资金三方监管协议的签订情况；

（六）募集资金用于置换前期自有资金投入的，应当说明前期自有资金投入的具体使用情况等相关信息；

（七）本次发行涉及的国资、外资等相关主管机关核准、登记、备案程序等。

第二十三条　申请人应当披露本次发行前后可转债数量、资产负债结构、业务结构、主要财务指标等变化情况，以及可转债部分或全部转股后对公司控制权结构的影响。

第二十四条　认购人以非现金资产认购定向发行可转债的，申请人应当披露非现金资产的过户或交付情况，并说明资产相关实际情况与定向发行可转债说明书中披露的信息是否存在差异。

第二十五条　由于情况发生变化，导致董事会决议中关于本次定向发行可转债的有关事项需要修正或者补充说明的，申请人应当在发行情况报告书中作出专门说明，并披露调整的内容及履行的审议程序。

第二十六条　申请人全体董事、监事、高级管理人员应当在发行情况报告书的首页声明：

"公司全体董事、监事、高级管理人员承诺本发行情况报告书不存在虚假记载、误导性陈述或者重大遗漏，并对其真实性、准确性、完整性承担相应的法律责任。"

声明应当由全体董事、监事、高级管理人员签名，并由申请人加盖公章。

第二十七条　申请人控股股东、实际控制人应当在发行情况报告书正文后声明：

"本公司或本人承诺本发行情况报告书不存在虚假记载、误导性陈述或者重大遗漏，并对其真实性、准确性和完整性承担相应的法律责任。"

声明应当由控股股东、实际控制人签名，并加盖公章。

第四章　中介机构意见

第二十八条　申请人聘请的主办券商应当按照本准则及有关规定出具定向发行可转债推荐工作报告，对以下事项进行说明和分析，并逐项发表明确意见：

（一）申请人的公司治理规范性，是否存在违反《公众公司办法》第二章规定的情形；

（二）申请人本次定向发行可转债是否需要履行中国证监会注册程序；

（三）申请人本次定向发行可转债是否规范履行了信息披露义务；申请人对其或相关责任主体在报告期内曾因信息披露违规或违法被中国证监会采取监管措施或给予行政处罚、被全国中小企业股份转让系统依法采取自律管理措施或纪律处分的整改情况；

（四）申请人对现有股东优先认购安排的合法合规性；

（五）本次定向发行可转债发行对象或范围是否符合投资者适当性要求；核心员工参与认购的，申请人是否已经履行相关认定程序；参与认购的私募投资基金管理人或私募投资基金完成登记或备案情况；

（六）本次定向发行可转债发行对象认购资金来源的合法合规性；

（七）本次定向发行可转债决策程序是否合法合规，是否已按规定履行了国资、外资等相关主管部门的审批、核准或备案等程序；

（八）本次定向发行可转债发行价格、转股价格、利率及其他条款内容的合法合规性、合理性；

（九）本次定向发行可转债相关认购协议等法律文件的合法合规性；

（十）本次定向发行可转债转股后新增股份限售安排的合法合规性；

（十一）申请人建立健全募集资金内部控制及管理制度的情况；申请人本次募集资金的必要性及合理性，本次募集资金用途的合规性；

（十二）本次定向发行可转债对申请人的影响；

（十三）本次定向发行购买资产的合法合规性；

（十四）主办券商认为应当发表的其他意见。

第二十九条　申请人聘请的律师应当按照本准则及有关规定出具法律意见书，并对照中国证监会的各项规定，在充分核查验证的基础上，对以下事项进行说明和分析，并逐项发表明确意见：

（一）申请人的公司治理规范性，是否存在违反《公众公司办法》第二章规定的情形；

（二）申请人本次定向发行可转债是否需要履行中国证监会注册程序；

（三）申请人对现有股东优先认购安排的合法合规性；

（四）本次定向发行可转债发行对象或范围是否符合投资者适当性要求；核心员工参与认购的，申请人是否已经履行相关认定程序；参与认购的私募投资基金管理人或私募投资基金完成登记或备案的情况；

（五）本次定向发行可转债发行对象认购资金来源的合法合规性；

（六）本次定向发行可转债决策程序是否合法合规，是否已按规定履行了国资、外资等相关主管部门的审批、核准或备案等程序；

（七）本次定向发行可转债发行价格、转股价格、利率及其他条款内容的合法合规性、合理性；

（八）本次定向发行可转债相关认购协议等法律文件的合法合规性；

（九）本次定向发行可转债转股后新增股份限售安排的合法合规性；

（十）律师认为应当发表的其他意见。

第五章　附　则

第三十条　申请人定向发行可转债符合《公众公司办法》第四十八条第一款规定的，无需提供主办券商出具的推荐文件以及律师事务所出具的法律意见书。

第三十一条　本准则由中国证监会负责解释。

第三十二条　本准则自公布之日起施行。《非上市公众公司信息披露内容与格式准则第 18 号——定向发行可转换公司债券说明书和发行情况报告书》（证监会公告〔2021〕37 号）同时废止。

非上市公众公司信息披露内容与格式准则第 19 号
——定向发行可转换公司债券申请文件

（中国证监会公告〔2023〕第 32 号 2023 年 2 月 17 日）

第一条 为了规范非上市公众公司（以下简称申请人）向特定对象发行可转换公司债券（以下简称定向发行可转债）申请文件的内容和格式，根据《中华人民共和国证券法》《中华人民共和国公司法》《非上市公众公司监督管理办法》《可转换公司债券管理办法》的规定，制定本准则。

第二条 申请人定向发行可转债，应当按本准则要求制作和报送电子文件。

报送的电子文件应当和预留原件一致。申请人律师应当对报送的电子文件与原件的一致性出具鉴证意见。报送的电子文件和原件具有同等的法律效力。

第三条 本准则规定的申请文件目录（见附件）是定向发行可转债申请文件的最低要求。根据审核需要，中国证券监督管理委员会（以下简称中国证监会）或全国中小企业股份转让系统（以下简称全国股转系统）可以要求申请人和相关证券服务机构补充文件。如果申请人认为某些文件对其不适用，应当作出书面说明。

第四条 定向发行可转债说明书引用的财务报告在其最近一期截止日后六个月内有效，特殊情况下可以申请延长，但延长期至多不超过三个月。

第五条 申请文件一经受理，未经同意，不得增加、撤回或者更换。

第六条 对于申请文件的原始纸质文件，申请人不能提供有关文件原件的，应当由申请人律师提供鉴证意见，或由出文单位盖章，以保证与原件一致。如原出文单位不再存续，由承继其职权的单位或作出撤销决定的单位出文证明文件的真实性。

第七条 申请文件所有需要签名处，应当载明签名字样的印刷体，并由签名人亲笔签名，不得以名章、签名章等代替。

申请文件中需要由申请人律师鉴证的文件，申请人律师应当在该文件首页注明"以下第 ××× 页至第 ××× 页与原件一致"，并签名和签署鉴证日期，律师事务所应当在该文件首页加盖公章，并在第 ××× 页至第 ××× 页侧面以公章加盖骑缝章。

第八条 申请人应当根据全国股转系统对发行申请文件的审核问询或中国证监会对申请文件的注册反馈问题，提供补充材料。相关证券服务机构应当对审核问询及注册反馈相关问题进行核查或补充出具专业意见。

第九条 申请文件的扉页应当标明申请人信息披露事务负责人及相关证券服务机构项目负责人的姓名、电话、传真及其他方便的联系方式。

第十条 未按本准则的要求制作和报送申请文件的，中国证监会或全国股转系统按照有关规定不予受理。

第十一条 本准则由中国证监会负责解释。

第十二条 本准则自公布之日起施行。《非上市公众公司信息披露内容与格式准则第 19 号——定向发行可转换公司债券发行申请文件》（证监会公告〔2021〕38 号）同时废止。

附件：定向发行可转债申请文件目录

附件

定向发行可转债申请文件目录

一、定向发行可转债说明书及授权文件

1-1 申请人关于定向发行可转债的申请报告

1-2 定向发行可转债说明书

1-3 申请人关于定向发行可转债的董事会决议

1-4 申请人关于定向发行可转债的股东大会决议

1-5 申请人监事会对定向发行可转债说明书真实性、准确性、完整性的审核意见

二、可转债发行推荐文件

2-1 主办券商定向发行可转债推荐工作报告

三、证券服务机构关于可转债发行的文件

3-1 最近二年的财务报告和审计报告及最近一期（如有）的财务报告

3-2 法律意见书

3-3 资信评级机构为本次定向发行可转债出具的资信评级报告（如有）

3-4 本次定向发行可转债的担保合同、担保函、担保人就提供担保获得的授权文件（如有）

3-5 关于申请电子文件与预留文件一致的鉴证意见

3-6 本次可转债发行收购资产相关的最近一年及一期（如有）的财务报告及其审计报告、资产评估报告（如有）

四、其他文件

4-1 国资、外资等相关主管部门的审批、核准或备案文件（如有）

非上市公众公司监管指引第 2 号——申请文件

（中国证监会公告〔2023〕第 33 号 2023 年 2 月 17 日）

为了规范股票未公开转让的非上市公众公司股票定向转让及定向发行申请文件的内容与格式，根据《中华人民共和国证券法》和《非上市公众公司监督管理办法》的有关规定，现明确监管要求如下：

一、股票向特定对象发行或者转让导致股东累计超过二百人的公司，在向中国证券监督管理委员会（以下简称中国证监会）申请注册时，应当按本指引的要求制作和报送下列申请文件：

（一）申请报告；

（二）定向转让说明书 / 定向发行说明书；

（三）公司章程（草案）；

（四）企业法人营业执照；

（五）股东大会及董事会相关决议；

（六）财务报表及审计报告；

（七）法律意见书；

（八）证券公司关于定向发行的推荐工作报告；

（九）中国证监会规定的其他文件。

二、公司应当保证申请文件内容真实、准确、完整，不存在虚假记载、误导性陈述或者重大遗漏。证券公司、证券服务机构及人员应当做到勤勉尽责、诚实守信，并对其出具的相关文件及申请文件中引用内容的真实性、准确性、完整性承担相应的法律责任。

三、公司编制申请文件时，应当尽量使用事实描述性语言；申请文件所有需要签名处，均应当为签名人亲笔签名，不得以名章、签名章等代替。申请文件一经受理，未经中国证监会同意，不得增加、撤回或者更换。

四、本指引自公布之日起施行。《非上市公众公司监管指引第 2 号——申请文件》（证监会公告〔2013〕2 号）同时废止。

非上市公众公司监管指引第 4 号——股东人数超过二百人的未上市股份有限公司申请行政许可有关问题的审核指引

（中国证监会公告〔2023〕第 34 号　2023 年 2 月 17 日）

《中华人民共和国证券法》（以下简称《证券法》）明确规定"向特定对象发行证券累计超过二百人的"属于公开发行，需依法报经中国证券监督管理委员会（以下简称中国证监会）注册。对于股东人数已经超过二百人的未上市股份有限公司（以下简称二百人公司），符合本指引规定的，可申请公开发行并在证券交易所上市、在全国中小企业股份转让系统（以下简称全国股转系统）挂牌公开转让等行政许可。对二百人公司合规性的审核纳入行政许可过程中一并审核，不再单独审核。现将二百人公司的审核标准、申请文件、股份代持及间接持股处理等事项的监管要求明确如下：

一、审核标准

二百人公司申请行政许可的合规性应当符合本指引规定的下列要求：

（一）公司依法设立且合法存续

二百人公司的设立、增资等行为不违反当时法律明确的禁止性规定，目前处于合法存续状态。城市商业银行、农村商业银行等银行业股份公司应当符合《关于规范金融企业内部职工持股的通知》（财金〔2010〕97 号）。

二百人公司的设立、历次增资依法需要批准的，应当经过有权部门的批准。存在不规范情形的，应当经过规范整改，并经当地省级人民政府确认。

二百人公司在股份形成及转让过程中不存在虚假陈述、出资不实、股权管理混乱等情形，不存在重大诉讼、纠纷以及重大风险隐患。

（二）股权清晰

二百人公司的股权清晰，是指股权形成真实、有效，权属清晰及股权结构清晰。具体要求包括：

股权权属明确。二百人公司应当设置股东名册并进行有序管理，股东、公司及相关方对股份归属、股份数量及持股比例无异议。股权结构中存在工会或职工持股会代持、委托持股、信托持股以及通过"持股平台"间接持股等情形的，应当按照本指引的相关规定进行规范。

本指引所称"持股平台"是指单纯以持股为目的的合伙企业、公司等持股主体；

股东与公司之间、股东之间、股东与第三方之间不存在重大股份权属争议、纠纷或潜在纠纷；

股东出资行为真实，不存在重大法律瑕疵，或者相关行为已经得到有效规范，不存在风险隐患。

申请行政许可的二百人公司应当对股份进行确权，通过公证、律师见证等方式明确股份的权属。申请公开发行并在证券交易所上市的，经过确权的股份数量应当达到股份总数的百分之九十以上（含百分之九十）；申请在全国股转系统挂牌公开转让的，经过确权的股份数量应当达到股份总数的百分之八十以上（含百分之八十）。未确权的部分应当设立股份托管账户，专户管理，并明确披露有关责任的承担主体。

（三）经营规范

二百人公司持续规范经营，不存在资不抵债或者明显缺乏清偿能力等破产风险的情形。

（四）公司治理与信息披露制度健全

二百人公司按照中国证监会的相关规定，已经建立健全了公司治理机制和履行信息披露义务的各项制度。

二、申请文件

（一）二百人公司申请行政许可，应当提交下列文件：

1. 公司关于股权形成过程的专项说明；

2. 设立、历次增资的批准文件；

3. 证券公司出具的专项核查报告；

4. 律师事务所出具的专项法律意见书，或者在提交行政许可的法律意见书中出具专项法律意见。

以上各项文件如已在申请公开发行并在证券交易所上市或者在全国股份转让系统挂牌公开转让的申请文件中提交，可不重复提交。

（二）存在下列情形之一的，应当报送省级人民政府出具的确认函：

1. 1994 年 7 月 1 日《公司法》实施前，经过体改部门批准设立，但存在内部职工股超范围或超比例发行、法人股向社会个人发行等不规范情形的定向募集公司；

2. 1994 年 7 月 1 日《公司法》实施前，依法批准向社会公开发行股票的公司；

3. 按照《国务院办公厅转发证监会关于清理整顿场外非法股票交易方案的通知》（国办发〔1998〕10 号），清理整顿证券交易场所后"下柜"形成的股东超过二百人的公司；

4. 中国证监会认为需要省级人民政府出具确认函的其他情形。

省级人民政府出具的确认函应当说明公司股份形成、规范的过程以及存在的问题，并明确承担相应责任。

（三）股份已经委托股份托管机构进行集中托管的，应当由股份托管机构出具股份托管情况的证明。股份未进行集中托管的，应当按照前款规定提供省级人民政府的确认函。

（四）属于二百人公司的城市商业银行、农村商业银行等银行业股份公司应当提供中国银行业监督管理机构出具的监管意见。

三、关于股份代持及间接持股的处理

（一）一般规定

股份公司股权结构中存在工会代持、职工持股会代持、委托持股或信托持股等股份代持关系，或者存在通过"持股平台"间接持股的安排以致实际股东超过二百人的，在依据本指引申请行政许可时，应当已经将代持股份还原至实际股东、将间接持股转为直接持股，并依法履行了相应的法律程序。

（二）特别规定

以依法设立的员工持股计划以及以已经接受证券监督管理机构监管的私募股权基金、资产管理计划和其他金融计划进行持股，并规范运作的，可不进行股份还原或转为直接持股。

四、相关各方的责任

（一）公司及其相关人员的责任

在申请文件制作及申报过程中，公司及其控股股东、实际控制人、董事、监事及高级管理人员应当在申请文件中签名保证内容真实、准确、完整。

公司控股股东、实际控制人、董事、监事及高级管理人员应当积极配合相关证券公司、律师事务所、会计师事务所开展尽职调查。

（二）中介机构的职责

证券公司、律师事务所应当勤勉尽责，对公司股份形成、经营情况、公司治理及信息披露等方面进行充分核查验证，确保所出具的文件无虚假记载、误导性陈述或者重大遗漏。

五、附则

（一）申请行政许可的二百人公司的控股股东、实际控制人或者重要控股子公司也属于二百人公司的，应当依照本指引的要求进行规范。

（二）2006年1月1日《证券法》修订实施后，未上市股份有限公司股东人数超过二百人的，应当符合《证券法》和《非上市公众公司监督管理办法》的有关规定。国家另有规定的，从其规定。

（三）本指引自公布之日起施行。《非上市公众公司监管指引第4号——股东人数超过200人的未上市股份有限公司申请行政许可有关问题的审核指引》（根据证监会公告〔2020〕66号修正）同时废止。

公开发行证券的公司信息披露内容与格式准则第 26 号
——上市公司重大资产重组

（中国证监会公告〔2023〕第 35 号　2023 年 2 月 17 日）

第一章　总　则

第一条　为规范上市公司重大资产重组的信息披露行为，根据《中华人民共和国证券法》（以下简称《证券法》）、《上市公司重大资产重组管理办法》（以下简称《重组办法》）及其他相关法律、行政法规及部门规章的规定，制定本准则。

第二条　上市公司进行《重组办法》规定的资产交易行为（以下简称重大资产重组），应当按照本准则编制重大资产重组报告书（以下简称重组报告书）等信息披露文件，并按《重组办法》等相关规定予以披露。

上市公司进行需经中国证券监督管理委员会（以下简称中国证监会）注册的资产交易行为，还应当按照本准则的要求制作并向证券交易所报送申请文件。上市公司未按照本准则的要求制作、报送申请文件的，证券交易所可不予受理或者要求其重新制作、报送。

第三条　本准则的规定是对上市公司重大资产重组信息披露或申请文件的最低要求。不论本准则是否有明确规定，凡对上市公司股票及其衍生品交易价格可能产生较大影响或对投资者做出投资决策有重大影响的信息，均应当披露或提供。

本准则某些具体要求对当次重大资产重组确实不适用的，上市公司可根据实际情况，在不影响内容完整性的前提下予以适当调整，但应当在披露或申请时作出说明。

中国证监会、证券交易所可以根据监管实际需要，要求上市公司补充披露其他有关信息或提供其他有关文件。

第四条　由于涉及国家机密、商业秘密（如核心技术的保密资料、商业合同的具体内容等）等特殊原因，本准则规定的某些信息或文件确实不便披露或提供的，上市公司可以不予披露或提供，但应当在相关章节中详细说明未按本准则要求进行披露或提供的原因。中国证监会、证券交易所认为需要披露或提供的，上市公司应当披露或提供。

第五条　重大资产重组有关各方应当及时、公平地披露或提供信息，披露或提供的所有信息应当真实、准确、完整，所描述的事实应当有充分、客观、公正的依据，所引用的数据应当注明资料来源，不得有虚假记载、误导性陈述或者重大遗漏。

上市公司全体董事、监事、高级管理人员及相关证券服务机构及其人员应当按要求在重大资产重组信息披露或申请文件中发表声明，确保披露或提供文件的真实性、准确性和完整性。

交易对方应当按要求在重大资产重组信息披露或申请文件中发表声明，确保为本次重组所提供的信息的真实性、准确性和完整性。

第六条　重大资产重组信息披露文件应当便于投资者阅读，在充分披露的基础上做到逻辑清晰、简明扼要，具有可读性和可理解性。

在不影响信息披露的完整性和不致引起阅读不便的前提下，上市公司可以采用相互引证的方法，对重大资产重组信息披露文件和申请文件（如涉及）相关部分进行适当的技术处理，以避免重复，保持文字简洁。

第二章　重组预案

第七条　上市公司编制的重组预案应当至少包括以下内容：

（一）重大事项提示、重大风险提示；

（二）本次交易的背景和目的；

（三）本次交易的方案概况。方案介绍中应当披露本次交易是否构成《重组办法》第十三条规定的交易情形（以下简称重组上市）及其判断依据；

（四）上市公司最近三十六个月的控制权变动情况，最近三年的主营业务发展情况以及因本次交易导致的股权控制结构的预计变化情况；

（五）主要交易对方基本情况。主要交易对方为法人的，应当披露其名称、注册地、法定代表人，与其控股股东、实际控制人之间的产权及控制关系结构图；主要交易对方为自然人的，应当披露其姓名（包括曾用名）、性别、国籍、是否取得其他国家或者地区的居留权等；主要交易对方为其他主体的，应当披露其名称、性质，如为合伙企业，还应当披露合伙企业相关的产权及控制关系、主要合伙人等情况。

上市公司以公开招标、公开拍卖等方式购买或出售资产的，如确实无法在重组预案中披露交易对方基本情况，应当说明无法披露的原因及影响；

（六）交易标的基本情况，包括报告期（本准则所述报告期指最近两年及一期，如初步估算为重组上市的情形，报告期指最近三年及一期）主营业务（主要产品或服务、盈利模式、核心竞争力等概要情况）、主要财务指标（可为未审计数）、预估值及拟定价（如有）等。未披露预估值及拟定价的，应当说明原因及影响。

相关证券服务机构未完成审计、评估或估值、盈利预测审核（如涉及）的，上市公司应当作出"相关资产经审计的财务数据、评估或估值结果以及经审核的盈利预测数据（如涉及）将在重大资产重组报告书中予以披露"的特别提示以及"相关资产经审计的财务数据、评估或估值最终结果可能与预案披露情况存在较大差异"的风险揭示。

交易标的属于境外资产或者通过公开招标、公开拍卖等方式购买的，如确实无法披露财务数据，应当说明无法披露的原因和影响，并提出解决方案；

（七）重组支付方式情况。上市公司支付现金购买资产的，应当披露资金来源。上市公司发行股份购买资产的，应当披露发行股份的定价及依据、本次发行股份购买资产的董事会决议明确的发行价格调整方案等相关信息。上市公司通过发行优先股、向特定对象发行可转换为股票的公司债券（以下简称可转债）、定向权证、存托凭证等购买资产的，应当比照前述发行股份的要求披露相关信息。

交易方案涉及吸收合并的，应当披露换股价格及确定方法、本次吸收合并的董事会决议明确的换股价格调整方案、异议股东权利保护安排、债权人权利保护安排等相关信息。

交易方案涉及募集配套资金的，应当简要披露募集配套资金的预计金额及相当于发行证券购买资产交易价格的比例、证券发行情况、用途等相关信息；

（八）本次交易存在其他重大不确定性因素，包括尚需取得有关主管部门的批准等情况的，应当对相关风险作出充分说明和特别提示；

（九）上市公司的控股股东及其一致行动人对本次重组的原则性意见，以及上市公司控股股东及其一致行动人、董事、监事、高级管理人员自本次重组预案披露之日起至实施完毕期间的股份减持计划。上市公司披露为无控股股东的，应当比照前述要求，披露第一大股东及持股百分之五以上股东的意见及减持计划；

（十）相关证券服务机构对重组预案已披露内容发表的核查意见（如有）。

第三章　重组报告书

第一节　封面、目录、释义

第八条　上市公司应当在重组报告书全文文本封面列明重组报告书的标题。重组报告书标题应当明确具体交易形式，包括但不限于：×××公司重大资产购买报告书、×××公司重大资产出售报告书、×××公司重大资产置换报告书、×××公司发行股份购买资产报告书或×××公司吸收合并×××公司报告书。

资产重组采取两种以上交易形式组合的，应当在标题中列明，如"×××公司重大资产置换及发行股份购买资产报告书"；发行股份购买资产同时募集配套资金的，应当在标题中标明"并募集配套资金"，如"×××公司发行股份购买资产并募集配套资金报告书"；资产重组构成关联交易的，还应当在标题中标明"暨关联交易"的字样，如"×××公司重大资产购买暨关联交易报告书"。

同时，封面中应当载明以下内容：

（1）上市公司的名称、股票上市地点、股票简称、股票代码；

（2）交易对方的名称或姓名；

（3）独立财务顾问名称；

（4）重组报告书签署日期。

第九条　重组报告书的目录应当标明各章、节的标题及相应的页码，内容编排应当符合通行的中文惯例。

第十条　上市公司应当在重组报告书中对可能造成投资者理解障碍及有特定含义的术语作出释义，释义应当在目录次页排印。

第二节　重大事项提示

第十一条　上市公司应当在重组报告书扉页中，遵循重要性和相关性原则，以简明扼要的方式，就与本次重组有关的重大事项，进行"重大事项提示"。包括但不限于：

（一）本次重组方案简要介绍，主要包括：

1. 以表格形式简介重组方案概况，参考格式如下：

交易形式			
交易方案简介			
交易价格 （不含募集配套资金金额）			
交易标的一	名称		
	主营业务		
	所属行业		
	其他（如为拟购买资产）	符合板块定位	□是　□否　□不适用
		属于上市公司的同行业或上下游	□是　□否
		与上市公司主营业务具有协同效应	□是　□否
交易标的二	名称		
	主营业务		
	所属行业		
	其他（如为拟购买资产）	符合板块定位	□是　□否　□不适用
		属于上市公司的同行业或上下游	□是　□否
		与上市公司主营业务具有协同效应	□是　□否
交易性质		构成关联交易	□是　□否
		构成《重组办法》第十二条规定的重大资产重组	□是　□否
		构成重组上市	□是　□否

续表

本次交易有无业绩补偿承诺	□有	□无
本次交易有无减值补偿承诺	□有	□无
其他需特别说明的事项		

2. 以表格形式简介交易标的评估或估值情况，参考格式如下：

交易标的名称	基准日	评估或估值方法	评估或估值结果	增值率/溢价率	本次拟交易的权益比例	交易价格	其他说明
合计	–			–	–		

注：①交易标的如使用两种或两种以上评估或估值方法的，表格中填写最终采用的评估或估值情况；

②如涉及加期评估或估值的，表格中填写作为最终作价参考依据的评估或估值情况；加期评估或估值情况及是否存在评估或估值减值情况应当备注说明。

3. 以表格形式简介本次重组支付方式：

1）如涉及购买资产，参考格式如下：

序号	交易对方	交易标的名称及权益比例	支付方式				向该交易对方支付的总对价
			现金对价	股份对价	可转债对价	其他	
1							
2							
合计	–	–					

2）如涉及出售资产，参考格式如下：

序号	交易对方	交易标的名称及权益比例	支付方式		向该交易对方收取的总对价
			现金对价	其他	
1					
2					
合计	–	–			

4. 上市公司发行股份购买资产的，应当以表格形式简介发行情况，参考格式如下：

续表

股票种类		每股面值	
定价基准日		发行价格	（　）元／股，不低于定价基准日前（　）个交易日的上市公司股票交易均价的（　）%
发行数量		（　）股，占发行后上市公司总股本的比例为（　）%	
是否设置发行价格调整方案		□是　　　□否	
锁定期安排			

上市公司发行可转债购买资产的，应当以表格形式简介可转债发行情况，参考格式如下：

证券种类	可转换为普通股 A 股的公司债券	每张面值	
票面利率		存续期限	
发行数量	（　）张	评级情况（如有）	
初始转股价格	（　）元／股，不低于定价基准日前（　）个交易日的上市公司股票交易均价的（　）%	转股期限	
是否约定转股价格调整条款		□是　　　□否	
是否约定赎回条款		□是　　　□否	
是否约定回售条款		□是　　　□否	
锁定期安排			

上市公司发行优先股、定向权证、存托凭证等购买资产的，应当比照上述要求以表格形式简介发行情况；

5. 本次交易属于吸收合并的，不适用上述要求，参考格式如下：

	交易形式		
	交易方案简介		
吸收合并方	公司名称		
	主营业务		
	所属行业		
	换股价格（发行价格）	是否设置换股价格调整方案	□是　　　□否
	定价原则		

续表

被吸收合并方	公司名称		
	主营业务		
	所属行业		
	换股价格 / 交易价格		
	溢价率		
	定价原则		
吸收合并方与被吸收合并方之间的关联关系			
评估或估值情况（如有）	评估 / 估值对象	吸收合并方	被吸收合并方
	评估 / 估值方法		
	基准日		
	评估 / 估值结果		
	增值率		
吸收合并方异议股东现金选择权价格		是否设置现金选择权价格调整方案	□是　　□否
被吸收合并方异议股东现金选择权价格		是否设置现金选择权价格调整方案	□是　　□否
股份锁定期安排			
本次交易有无业绩补偿承诺			□有　　□无
本次交易有无减值补偿承诺			□有　　□无
本次交易是否符合中国证监会关于板块定位的要求			□是　　□否
吸收合并方与被吸收合并方是否属于同行业或上下游			□是　　□否
吸收合并方与被吸收合并方是否具有协同效应			□是　　□否
其他需要特别说明的事项			

（二）募集配套资金情况（如涉及）的简要介绍，主要包括：

1. 以表格形式简介募集配套资金安排，参考格式如下：

募集配套资金金额	发行股份	
	发行可转债（如有）	
	发行其他证券（如有）	
	合计	

发行对象	发行股份	示例：不超过三十五名特定对象 / 包含 ××× 在内的不超过三十五名特定对象 / ×××
	发行可转债（如有）	
	发行其他证券（如有）	

募集配套资金用途	项目名称	拟使用募集资金金额	使用金额占全部募集配套资金金额的比例

2. 上市公司发行股份、可转债等募集配套资金的，应当比照第（一）项第 4 目以表格形式简介发行情况；

（三）本次重组对上市公司影响的简要介绍，主要包括：

1. 简要介绍本次重组对上市公司主营业务的影响；

2. 列表披露本次重组对上市公司股权结构的影响；

3. 列表披露本次重组对上市公司主要财务指标的影响；

（四）本次重组尚未履行的决策程序及报批程序，本次重组方案实施前尚需取得的有关批准。涉及并联审批的，应当明确取得批准前不得实施本次重组方案；

（五）上市公司的控股股东及其一致行动人对本次重组的原则性意见，以及上市公司控股股东及其一致行动人、董事、监事、高级管理人员自本次重组预案或重组报告书披露之日起至实施完毕期间的股份减持计划。上市公司披露为无控股股东的，应当比照前述要求，披露第一大股东及持股百分之五以上股东的意见及减持计划；

（六）简要介绍本次重组对中小投资者权益保护的安排，包括但不限于股东大会表决情况、网络投票安排、并购重组摊薄当期每股收益的填补回报安排等；

（七）其他需要提醒投资者重点关注的事项。

第三节　重大风险提示

第十二条　上市公司应当在重组报告书扉页中针对本次重组的实际情况，遵循重要性和相关性原则，在本章第十三节"风险因素"基础上，选择若干可能直接或间接对本次重组及重组后上市公司生产经营状况、财务状况和持续经营能力等产生严重不利影响的风险因素，进行"重大风险提示"。不得简单重复第十三节"风险因素"的相关内容。

第四节　本次交易概况

第十三条　本次重组的交易概况，包括但不限于：

（一）交易背景及目的；

（二）本次交易具体方案。如交易方案发生重大调整，应当披露调整内容、调整原因及已履行的审议程序；

（三）本次交易的性质：

1. 本次交易是否构成《重组办法》第十二条规定的重大资产重组，以及按《重组办法》规定计算的相关指标；

2. 本次交易是否构成关联交易。如构成关联交易，应当披露构成关联交易的原因、涉及董事和股东的回避表决安排；

3. 本次交易是否构成重组上市及判断依据。如披露本次交易不构成重组上市，但交易完成后，持有上市公司百分之五以上股份的股东或者实际控制人持股情况或者控制公司的情况以及上市公司的业务构成都将发生较大变化，应当披露未来三十六个月上市公司是否存在维持或变更控制权、调整主营业务的相关安排、承诺、协议等，如存在，应当详细披露主要内容；

（四）本次重组对上市公司的影响；

（五）本次交易决策过程和批准情况；

（六）列表披露本次重组相关方作出的重要承诺，已在重组报告书扉页载明的承诺除外。

第五节　交易各方

第十四条　上市公司基本情况，包括最近三十六个月的控制权变动情况，最近三年重大资产重组的基本情况、效果及相关承诺违反情况（如有），最近三年的主营业务发展情况和主要财务指标，以及控股股东、实际控制人概况。

上市公司是否因涉嫌犯罪被司法机关立案侦查或者涉嫌违法违规被中国证监会立案调查，最近三年是否受到行政处罚或者刑事处罚，如存在，应当披露相关情况，并说明对本次重组的影响。

第十五条　交易对方情况：

（一）交易对方为法人的，应当披露其名称、企业性质、注册地、主要办公地点、法定代表人、注册资本、统一社会信用代码、历史沿革、经营范围，最近三年注册资本变化情况、主要业务发展状况和最近两年主要财务指标，最近一年简要财务报表并注明是否已经审计。

以方框图或者其他有效形式，全面披露交易对方相关的产权及控制关系，包括交易对方的主要股东或权益持有人、股权或权益的间接控制人及各层之间的产权关系结构图，直至自然人、国有资产管理部门或者股东之间达成某种协议或安排的其他机构，并披露是否存在影响交易对方独立性的协议或其他安排（如协议控制架构，让渡经营管理权、收益权等），如存在，披露具体情况；以文字简要介绍交易对方的主要股东及其他关联人的基本情况；列示交易对方按产业类别划分的下属企业名目。

交易对方成立不足一个完整会计年度、没有具体经营业务或者是专为本次交易而设立的，还应当按照上述要求披露交易对方的实际控制人或者控股公司的相关资料；

（二）交易对方为自然人的，应当披露其姓名（包括曾用名）、性别、国籍、身份证号码、住所、通讯地址、是否取得其他国家或者地区的居留权、最近三年的职业和职务，并注明每份职业的起止日期和任职单位，是否与任职单位存在产权关系，以及其控制的企业和关联企业的基本情况；

（三）交易对方为其他主体的，应当披露其名称、性质及相关协议安排，并比照第（一）项相关要求，披露该主体的基本情况及其相关产权及控制关系，以及该主体下属企业名目等情况。如为合伙企业，应当穿透披露至最终出资人，同时还应当披露合伙人、最终出资人与参与本次交易的其他有关主体的关联关系（如有）。交易完成后合伙企业成为上市公司第一大股东或持股百分之五以上股东的，还应当披露最终出资人的资金来源，合伙企业利润分配、亏损负担及合伙事务执行（含表决权行使）的有关协议安排，上市公司董事会就本次交易申请停牌前或首次作出决议前（孰早）六个月内及停牌期间（如有）合伙人入伙、退伙、转让财产份额、有限合伙人与普通合伙人转变身份的情况及未来存续期间内的类似变动安排（如有）。如为契约型私募基金、券商资产管理计划、基金专户及基金子公司产品、信托计划、理财产品、保险资管计划、专为本次交易设立的公司等，应当比照对合伙企业的上述要求进行披露；

（四）交易对方为多个主体的，应当披露交易对方之间是否存在关联关系及情况说明；

（五）交易对方与上市公司及其控股股东、实际控制人之间是否存在关联关系及情况说明，交易对方是否属于上市公司控股股东、实际控制人控制的关联人及情况说明，交易对方向上市公司推荐董事或者高级管理人员的情况；

（六）交易对方及其主要管理人员最近五年内受过行政处罚（与证券市场明显无关的除外）、刑事处罚、涉及与经济纠纷有关的重大民事诉讼或者仲裁的，应当披露处罚机关或者受理机构的名称、处罚种类、诉讼或者仲裁结果、日期、原因和执行情况；

（七）交易对方及其主要管理人员最近五年的诚信情况，包括但不限于：交易对方及其主要管理人员未按期偿还大额债务、未履行承诺、被中国证监会采取行政监管措施或受到证券交易所纪律处分的情况等。

第六节　交易标的

第十六条　交易标的为完整经营性资产的（包括股权或其他构成可独立核算会计主体的经营性资产），应当披露：

（一）该经营性资产的名称、企业性质、注册地、主要办公地点、法定代表人、注册资本、成立日期、统一社会信用代码；

（二）该经营性资产的历史沿革，包括设立情况、历次增减资或股权转让情况、是否存在出资瑕疵或影响其合法存续的情况。

该经营性资产最近三年增减资及股权转让的原因、作价依据及其合理性，股权变动相关方的关联关系，是否履行必要的审议和批准程序，是否符合相关法律法规及公司章程的规定，是否存在违反限制或禁止性规定而转让的情形。

该经营性资产最近三年申请首次公开发行股票并上市的情况及终止原因（如有），以及该经营性资产最近三年作为上市公司重大资产重组交易标的的情况及终止原因（如有）；

（三）该经营性资产的产权及控制关系，包括其主要股东或权益持有人及其持有股权或权益的比例，公司章程或相关投资协议中可能对本次交易产生影响的主要内容，高级管理人员的安排。是否存在影响该资产独立性的协议或其他安排（如协议控制架构，让渡经营管理权、收益权等），如存在，披露具体情况；

（四）该经营性资产及其对应的主要资产的权属状况、对外担保情况及主要负债、或有负债情况，说明产权是否清晰，是否存在抵押、质押等权利限制，是否涉及诉讼、仲裁、司法强制执行等重大争议或者存在妨碍权属转移的其他情况；

（五）该经营性资产的违法违规情况，包括是否因涉嫌犯罪被司法机关立案侦查或者涉嫌违法违规被中国证监会立案调查，最近三年内是否受到行政处罚或者刑事处罚，如存在，应当披露相关情况，并说明对本次重组的影响；

（六）最近三年主营业务发展情况。如果该经营性资产的主营业务和产品（或服务）分属不同行业，则应当按不同行业分别披露相关信息；

（七）报告期经审计的主要财务指标；

（八）上市公司在交易完成后将成为持股型公司的，应当披露作为主要交易标的的企业股权是否为控股权。交易标的为有限责任公司股权的，应当披露是否已取得该公司其他股东的同意或者符合公司章程规定的股权转让前置条件；

（九）该经营性资产的权益最近三年曾进行与交易、增资或改制相关的评估或估值的，应当披露相关评估或估值的方法、评估或估值结果及其与账面值的增减情况、交易价格、交易对方和增资改制的情况，并列表说明该经营性资产最近三年评估或估值情况与本次重组评估或估值情况的差异原因；

（十）该经营性资产的下属企业构成该经营性资产最近一期经审计的资产总额、营业收入、净资产额或净利润来源百分之二十以上且有重大影响的，应当参照上述要求披露该下属企业的相关信息。

第十七条 交易标的不构成完整经营性资产的，应当披露：

（一）相关资产的名称、类别；

（二）相关资产的权属状况，包括产权是否清晰，是否存在抵押、质押等权利限制，是否涉及诉讼、仲裁、司法强制执行等重大争议或者存在妨碍权属转移的其他情况；

（三）相关资产最近三年的运营情况和报告期经审计的财务数据，包括但不限于资产总额、净资产额、可准确核算的收入或费用额；

（四）相关资产在最近三年曾进行评估、估值或者交易的，应当披露评估或估值结果、交易价格、交易对方等情况，并列表说明相关资产最近三年评估或估值情况与本次重组评估或估值情况的差异原因。

第十八条　交易标的涉及土地使用权、矿业权等资源类权利的，应当披露是否已取得相应的权属证书、是否已具备相应的开发或开采条件，以及土地出让金、矿业权价款等费用的缴纳情况。

交易标的涉及立项、环保、行业准入、用地、规划、施工建设等有关报批事项的，应当披露是否已取得相应的许可证书或相关主管部门的批复文件。

交易标的未取得许可证书或相关主管部门的批复文件的（如涉及），上市公司应当作出"标的资产×××许可证书或相关主管部门的批复文件尚未取得，本次重组存在重大不确定性"的特别提示。

第十九条　交易标的涉及许可他人使用自己所有的资产，或者作为被许可方使用他人资产的，应当简要披露许可合同的主要内容，包括许可人、被许可人、许可使用的具体资产内容、许可方式、许可年限、许可使用费等，以及合同履行情况；充分说明本次重组对上述许可合同效力的影响，该等资产对交易标的的持续经营的影响，并就许可的范围、使用的稳定性、协议安排的合理性等进行说明。

第二十条　资产交易涉及债权债务转移的，应当披露该等债权债务的基本情况、已取得债权人书面同意的情况，说明未获得同意部分的债务金额、债务形成原因、到期日，以及处理该部分债务的具体安排，说明交易完成后上市公司是否存在偿债风险和其他或有风险及应对措施。

第二十一条　资产交易涉及重大资产购买的，上市公司应当根据重要性原则，结合行业特点，披露拟购买资产主营业务的具体情况，包括：

（一）主要产品（或服务）所处行业的主管部门、监管体制、主要法律法规及政策等。涉及境外业务的，披露境外主要法律法规及政策；

（二）主要产品（或服务）的用途及报告期的变化情况。如从事多种产品（或服务）生产经营的，产品（或服务）分类的口径应当前后一致。如产品（或服务）分属不同行业，则应当按不同行业分别披露相关信息；

（三）主要产品的工艺流程图或主要服务的流程图；

（四）主要经营模式（通常包括采购模式、生产或服务模式、销售模式）、盈利模式和结算模式。

科创板、创业板上市公司拟购买资产的业务及其模式具有创新性的，还应当披露其独特性、创新内容及持续创新机制；

（五）列表披露报告期各期主要产品（或服务）的产能、产量、期初及期末库存、销量、销售收入，产品（或服务）的主要消费群体、销售价格的变动情况。存在多种销售模式的，应当披露各种销售模式的销售额及占当期销售总额的比重。报告期各期向前五名客户合计的销售额占当期销售总额的百分比，向单个客户的销售比例超过总额的百分之五十的、新增属于前五名客户或严重依赖于少数客户的，应当披露其名称及销售比例。如该客户为交易对方及其关联方，则应当披露产品最终实现销售的情况。受同一实际控制人控制的销售客户，应当合并计算销售额；

（六）报告期主要产品的原材料和能源及其供应情况，主要原材料和能源的价格变动趋势、主要原材料和能源占成本的比重。报告期各期向前五名供应商合计的采购额占当期采购总额的百分比，向单个供应商的采购比例超过总额的百分之五十的、新增属于前五名供应商或严重依赖于少数供应商的，应当披露其名称及采购比例。受同一实际控制人控制的供应商，应当合并计算采购额；

（七）拟购买资产报告期内的董事、监事、高级管理人员和核心技术人员，其他主要关联方或持股百分之五以上的股东在前五名供应商或客户中所占的权益。如无，亦应当明确说明；

（八）如在境外进行生产经营，应当对有关业务活动进行地域性分析。如在境外拥有资产，应当详细披露主要资产的规模、所在地、经营管理和盈利情况等具体内容；

（九）存在高危险、重污染、高耗能情况的，应当披露安全生产、污染治理和节能管理制度及执行情况，因安全生产、环境保护和能源消耗原因受到处罚的情况，相关审批备案手续的履行情况，最近三年相关费用成本支出及未来支出的情况，说明是否符合国家关于安全生产、环境保护和节约能源的要求；

（十）主要产品和服务的质量控制情况，包括质量控制标准、质量控制措施、出现的质量纠纷等；

（十一）主要产品生产技术所处的阶段，如处于基础研究、试生产、小批量生产或大批量生产阶段。

科创板、创业板上市公司还应当披露拟购买资产主要产品（或服务）核心技术的技术来源、是否取得专利或其他技术保护措施、在主营业务及产品（或服务）中的应用和贡献情况，以及报告期内研发投入的构成、占营业收入的比例。结合行业技术水平和对行业的贡献，披露拟购买资产技术先进性及具体表征；

（十二）报告期核心技术人员特点分析及变动情况。

科创板、创业板上市公司还应当披露核心技术人员、研发人员占员工总数的比例，核心技术人员的学历背景构成、取得的专业资质及重要科研成果和获得奖项情况、对拟购买资产研发的具体贡献，拟购买资产对核心技术人员实施的约束激励措施。

第二十二条　资产交易涉及重大资产购买的，上市公司应当列表披露与拟购买资产业务相关的主要固定资产、无形资产及特许经营权的具体情况，包括：

（一）生产经营所使用的主要生产设备、房屋建筑物及其取得和使用情况、成新率或尚可使用年限；

（二）商标、专利、非专利技术、土地使用权、水面养殖权、探矿权、采矿权等主要无形资产的数量、取得方式和时间、使用情况、使用期限或保护期、最近一期期末账面价值，以及上述资产对拟购买资产生产经营的重要程度；

（三）拥有的特许经营权的情况，主要包括特许经营权的取得情况、期限、费用标准，以及对拟购买资产持续生产经营的影响。

第二十三条　资产交易涉及重大资产购买的，上市公司应当披露拟购买资产报告期内财务报表编制基础、会计政策、会计估计及相关会计处理，但不应简单重述一般会计原则或《企业会计准则》的相关规定：

（一）结合拟购买资产自身业务活动实质、经营模式特点及关键审计事项等，披露对其财务状况和经营成果有重大影响的会计政策及其关键判断、会计估计及其关键假设的衡量标准等。

上市公司应当根据拟购买资产的不同销售模式、结算政策、重要合同条款等因素，披露各类业务的收入成本确认政策。详细披露对单项履约义务的识别，对某一时点或某一时段内履约义务的判断，对控制权转移的考量与分析，对履约进度的确定方法（如有）；

（二）比较分析会计政策和会计估计与同行业或同类资产之间的差异及对拟购买资产利润的影响；

（三）财务报表编制基础，确定合并报表时的重大判断和假设，合并财务报表范围、变化情况及变化原因；

（四）报告期存在资产转移剥离调整的，还应当披露资产转移剥离调整的原则、方法和具体情况，以及对拟购买资产利润产生的影响；

（五）拟购买资产的重大会计政策或会计估计与上市公司存在较大差异的，报告期发生变更的或者按规定将要进行变更的，应当分析重大会计政策或会计估计的差异或变更对拟购买资产利润产生的影响；

（六）行业特殊的会计处理政策。

第七节　交易标的评估或估值

第二十四条　重大资产重组中相关资产以资产评估结果或估值报告结果作为定价依据的，应当至少披露以下信息：

（一）评估或估值的基本情况（包括账面价值、所采用的评估或估值方法、评估或估值结果、增减值幅度，下同），分析评估或估值增减值主要原因，不同评估或估值方法的评估或估值结果的差异及其原因，最终确定评估或估值方法、结论的理由；

（二）对评估或估值结论有重要影响的评估或估值假设，如宏观和外部环境假设及根据交易标的自身状况所采用的特定假设等；

（三）选用的评估或估值方法和重要评估或估值参数以及相关依据。具体如下：

1. 收益法：具体模型、未来预期收益现金流、折现率确定方法、评估或估值测算过程、非经营性和溢余资产的分析与确认等。逐项披露重要评估或估值参数的预测依据及合理性。对于预测期数据与报告期、同行业可比公司存在较大差异的，应当逐项分析差异原因及合理性；

2. 市场法：具体模型、价值比率的选取及理由、可比对象或可比案例的选取原则、调整因素和流动性折扣的考虑测算等；

3. 资产基础法：主要资产的评估或估值方法及选择理由、评估或估值结果等，如：房地产企业的存货，矿产资源类企业的矿业权，生产型企业的主要房屋和关键设备等固定资产、对未来经营存在重大影响的在建工程，科技创新企业的核心技术等无形资产，以及持股型企业的长期股权投资等。主要资产采用收益法、市场法评估或估值的，应当参照上述收益法或市场法的相关要求进行披露；

（四）引用其他评估机构或估值机构报告内容（如矿业权评估报告、土地估价报告等）、特殊类别资产（如珠宝、林权、生物资产等）相关第三方专业鉴定等资料的，应当对相关专业机构、业务资质、签字评估师或鉴定师、评估或估值情况进行必要披露；

（五）存在评估或估值特殊处理、对评估或估值结论有重大影响事项，应当进行说明并分析其对评估或估值结论的影响。存在前述情况或因评估或估值程序受限造成评估报告或估值报告使用受限的，应当提请报告使用者关注；

（六）评估或估值基准日至重组报告书签署日的重要变化事项及其对评估或估值结果的影响；

（七）该交易标的的下属企业构成该交易标的的最近一期经审计的资产总额、营业收入、净资产额或净利润来源百分之二十以上且有重大影响的，应当参照上述要求披露。交易标的涉及其他长期股权投资的，应当列表披露评估或估值的基本情况。

第二十五条　上市公司董事会应当对本次交易标的评估或估值的合理性以及定价的公允性做出分析。包括但不限于：

（一）对资产评估机构或估值机构的独立性、假设前提的合理性、评估或估值方法与目的的相关性发表意见；

（二）结合报告期及未来财务预测的相关情况（包括各产品产销量、销售价格、毛利率、净利润等）、所处行业地位、行业发展趋势、行业竞争及经营情况等，详细说明评估或估值依据的合理性。如果未来预测与报告期财务情况差异较大的，应当分析说明差异的原因及其合理性；

（三）分析交易标的后续经营过程中政策、宏观环境、技术、行业、重大合作协议、经营许可、技术许可、税收优惠等方面的变化趋势、董事会拟采取的应对措施及其对评估或估值的影响；

（四）结合交易标的经营模式，分析报告期变动频繁且影响较大的指标（如成本、价格、销量、毛利率等方面）对评估或估值的影响，并进行敏感性分析；

（五）分析说明交易标的与上市公司现有业务是否存在显著可量化的协同效应。如有，说明对未来上市公司业绩的影响，交易定价中是否考虑了上述协同效应；

（六）结合交易标的的市场可比交易价格、同行业上市公司的市盈率或者市净率等指标，分析交易定价的公允性；

（七）说明评估或估值基准日至重组报告书签署日交易标的发生的重要变化事项，分析其对交易作价的影响；

（八）如交易定价与评估或估值结果存在较大差异，分析说明差异的原因及其合理性。

第二十六条　上市公司独立董事对评估机构或者估值机构的独立性、评估或者估值假设前提的合理性和交易定价的公允性发表的独立意见。

第八节　本次交易主要合同

第二十七条　上市公司应当披露本次交易合同的主要内容，包括但不限于：

（一）资产出售或购买协议：

1. 合同主体、签订时间；

2. 交易价格及定价依据；

3. 支付方式（一次或分次支付的安排或特别条款、股份发行条款等）；

4. 资产交付或过户的时间安排；

5. 交易标的自定价基准日至交割日期间损益的归属；

6. 与资产相关的人员安排；

7. 合同的生效条件和生效时间；

8. 合同附带的任何形式的保留条款、补充协议和前置条件；

9. 违约责任条款；

（二）业绩补偿协议（如有）；

（三）募集配套资金证券认购协议（如有）；

（四）其他重要协议。

第九节　交易的合规性分析

第二十八条　上市公司应当对照《重组办法》第十一条，逐项说明本次交易是否符合《重组办法》的规定。

科创板上市公司应当说明本次交易是否符合《科创板上市公司持续监管办法（试行）》第二十条的规定。

创业板上市公司应当说明本次交易是否符合《创业板上市公司持续监管办法（试行）》第十八条的规定。

第二十九条 独立财务顾问和律师事务所对本次交易是否符合《重组办法》等规定发表的明确意见。

其他证券服务机构出具的相关报告的结论性意见。

第十节 管理层讨论与分析

第三十条 上市公司董事会就本次交易对上市公司的影响进行的讨论与分析。该讨论与分析的内容应当着重于董事会已知的、从一般性财务报告分析难以取得且对上市公司未来经营具有影响的重大事项。

第三十一条 上市公司应当使用投资者可理解的语言，采用定量与定性相结合的方法，清晰披露本次交易相关的所有重大财务会计信息，并结合上市公司、交易标的业务特点和投资者决策需要，分析重要财务会计信息的构成、来源与变化等情况，保证财务会计信息与业务经营信息的逻辑一致性。

第三十二条 本次交易前上市公司财务状况和经营成果的讨论与分析；上市公司主要资产或利润构成在本次交易前一年发生重大变动的，应当详细说明具体变动情况及原因。

第三十三条 结合上市公司情况，对交易标的所属细分行业特点和经营情况的讨论与分析：

（一）行业特点：

1. 行业竞争格局和市场化程度，行业内主要企业及其市场份额，市场供求状况及变动原因，行业利润水平的变动趋势及变动原因等；

2. 影响行业发展的有利和不利因素，如境内外产业政策、技术替代、行业发展瓶颈、国际市场冲击等；

3. 进入该行业的主要障碍；

4. 行业技术水平及技术特点，经营模式，以及行业在技术、产业、业态、模式等方面的发展情况和未来发展趋势等；

5. 行业周期性，以及区域性或季节性特征；

6. 所处行业与上下游行业之间的关联性，上下游行业发展状况对该行业及其发展前景的有利和不利影响；

7. 交易标的的境外购销业务比例较大的，还应当披露产品进出口国的有关对外贸易政策，相关贸易政策对交易标的的生产经营的影响，以及进口国同类产品的竞争格局等情况；

（二）交易标的的核心竞争力及行业地位：

技术及管理水平、产品（或服务）的市场占有率最近三年的变化情况及未来变化趋势等体现交易标的核心竞争力与行业地位的相关情况；

（三）交易标的财务状况分析：

1. 资产、负债的主要构成。对于报告期各期末占比较高的资产、负债项目，应当逐项分析各项资产或者负债项目的具体构成、形成原因，对于重要资产类项目（如应收款项、存货、固定资产、商誉、其他应收款等），应当充分论证其减值损失计提的充分性。报告期内，资产结构、负债结构发生重大变化的，还应当分析说明导致变化的主要因素。对于报告期各期末变动较大的资产、负债项目，还应当逐项分析变动原因及合理性；

2. 报告期流动比率、速动比率、资产负债率、息税折旧摊销前利润、利息保障倍数的变动趋势以及与同行业可比公司的对比情况。交易标的的报告期经营活动产生的现金流量净额为负数或者远低于当期净利润的，应当分析原因；

3. 报告期应收账款周转率、存货周转率等反映资产周转能力的财务指标的变动趋势，并结合市场发展、行业竞争状况、生产模式及物流管理、销售模式及赊销政策等情况，分析说明交易标的的资产周转能力；

4. 最近一期末持有金额较大的财务性投资的，应当分析其投资目的、对交易标的的资金安排的影响、投资期限、交易标的的对投资的监管方案、投资的可回收性及减值准备的计提是否充足；

（四）交易标的的盈利能力分析：

1. 基于交易标的的报告期营业收入的分部数据，结合交易标的的具体情况，分别按各产品（或服务）类别及各业务、各地区的收入构成，分析营业收入变化的情况及原因。营业收入存在季节性波动的，应当分析季节性因素对各季度经营成果的影响。如交易标的的存在经销模式、线上销售、境外销售等特殊情形的，应当进行针对性分析，并说明终端销售情况；

2. 报告期营业成本的分部数据、主要成本项目构成及变动原因。结合主要原材料、能源等采购对象的数量与价格变动，分析营业成本变化的影响因素；

3. 结合交易标的的所从事主营业务、采用的经营模式及行业竞争情况，分析报告期利润的主要来源、可能影响盈利能力持续性和稳定性的主要因素；

4. 结合利润构成及资产周转能力等说明盈利能力的驱动要素及其可持续性；

5. 按照利润表项目逐项分析报告期经营成果变化的原因，对于变动幅度较大的项目应当重点说明；

6. 列表披露并分析报告期交易标的的综合毛利率、分产品（或服务）毛利率的数据及变动情况。报告期发生重大变化的，还应当用数据说明相关因素对毛利率变动的影响程度。存在同行业可比公司相同或相近产品（或服务）的，应当对比分析毛利率差异和原因；

7. 报告期非经常性损益的构成及原因，非经常性损益（如财政补贴）是否具备持续性，非经常性损益对盈利稳定性的影响及影响原因；

8. 报告期投资收益、少数股东损益对经营成果有重大影响的，应当分析原因及对盈利稳定性的影响；

9. 报告期销售费用、管理费用、研发费用、财务费用的主要构成，如存在较大变动的，应当披露变动原因。期间费用水平的变动趋势，与同行业可比公司存在显著差异的，应当结合业务特点和经营模式分析原因；

（五）交易标的报告期财务指标变化较大或报告期财务数据不足以真实、准确、完整反映交易标的经营状况的情况下，应当披露反映交易标的经营状况的其他信息。

第三十四条　上市公司应当披露并分析对拟购买资产的整合管控安排，包括在业务、资产、财务、人员、机构等方面的具体整合管控计划。

第三十五条　就本次交易对上市公司的持续经营能力、未来发展前景、当期每股收益等财务指标和非财务指标的影响进行详细分析：

（一）本次交易对上市公司的持续经营能力影响的分析：

1. 从本次交易完成后的规模效应、产业链整合、运营成本、销售渠道、技术或资产整合等方面，分析本次交易对上市公司盈利能力驱动因素及持续经营能力的影响；

2. 本次交易完成后形成多主业的，结合财务指标分析说明未来各业务构成、经营发展战略、业务管理模式以及对上市公司持续经营能力的影响；

3. 结合本次交易完成后将从事的新业务的市场情况、风险因素等，分析说明上市公司未来经营中的优势和劣势；

4. 结合本次交易完成后的资产、负债的主要构成及行业分析说明交易后上市公司资产负债率是否处于合理水平。结合上市公司的现金流量状况、可利用的融资渠道及授信额度、或有负债（如担保、诉讼、承诺）等情况，分析说明上市公司的财务安全性；

5. 结合与本次交易有关的企业合并的会计政策及会计处理，分析本次交易对上市公司财务状况、持续经营能力的影响；

6. 本次交易前交易标的商誉的形成过程、金额及减值情况，本次交易完成后上市公司商誉的金额及相当于净利润、净资产额、资产总额的比例，以及后续商誉减值的具体应对措施；

7. 科创板上市公司还应当披露本次交易对上市公司科研创新能力的影响；

（二）本次交易对上市公司未来发展前景影响的分析：

1. 结合本次交易的具体整合管控计划，分析对上市公司未来发展的影响；

2. 交易当年和未来两年拟执行的发展计划，包括提高竞争能力、市场和业务开拓等方面；

（三）本次交易对上市公司当期每股收益等财务指标和非财务指标影响的分析：

1.分析本次交易对上市公司主要财务指标及反映上市公司未来持续经营能力的其他重要非财务指标（如每股储量、每股产能或每股用户数等）的影响。如预计交易后将摊薄上市公司当年每股收益的，根据《重组办法》第三十五条披露填补每股收益的具体措施；

2.预计本次交易对上市公司未来资本性支出的影响，以及上市公司为满足该等资本性支出初步拟定的融资计划；

3.结合本次交易职工安置方案及执行情况，分析其对上市公司的影响；

4.结合本次交易成本（包括但不限于交易税费、中介机构费用等）的具体情况，分析其对上市公司的影响。

第十一节　财务会计信息

第三十六条　交易标的为完整经营性资产的，报告期的简要财务报表。

第三十七条　依据交易完成后的资产、业务架构编制的上市公司最近一年及一期的简要备考财务报表。

第三十八条　上市公司或相关资产盈利预测的主要数据（如有，包括主营业务收入、利润总额、净利润等）。

第十二节　同业竞争和关联交易

第三十九条　交易标的在报告期是否存在关联交易、关联交易的具体内容、必要性及定价公允性。

第四十条　列表披露本次交易前后上市公司最近一年及一期关联交易的金额及占比；本次交易完成后，上市公司与实际控制人及其关联企业之间是否存在同业竞争或关联交易、同业竞争或关联交易的具体内容和拟采取的具体解决或规范措施。

第十三节　风险因素

第四十一条　上市公司应当以简明扼要的方式，遵循重要性原则，对本次重组及重组后上市公司的相关风险予以揭示，并进行定量分析，无法进行定量分析的，应当有针对性地作出定性描述。

第四十二条　上市公司应当披露的风险包括但不限于以下内容：

（一）本次重组审批风险。本次重组尚未履行的决策程序及报批程序未能获得批准的风险；

（二）交易标的权属风险。如抵押、质押等权利限制，诉讼、仲裁或司法强制执行等重大争议或者妨碍权属转移的其他情形，可能导致本次重组存在的潜在不利影响和风险等；

（三）债权债务转移风险。资产交易涉及债权债务转移的，未获得债权人同意的债务可能给上市公司带来的偿债风险或其他或有风险；

（四）交易标的评估或估值风险。本次评估或估值存在报告期变动频繁且对评估或估值影响较大的指标，该指标的预测对本次评估或估值的影响，进而对交易价格公允性的影响等；

（五）交易标的对上市公司持续经营影响的风险。由于政策、市场、技术、汇率等因素引起的风险：

1. 政策风险。交易标的经营环境和法律环境发生变化导致的政策风险，如财政、金融、税收（如所得税优惠、出口退税等）、贸易、土地使用、产业政策（如属国家限制发展的范围）、行业管理、环境保护等，或可能因重组后生产经营情况发生变化不能继续适用原有的相关政策引致的风险；

2. 市场风险。交易标的主要产品（或服务）的市场前景、行业经营环境的变化、商业周期或产品生命周期的影响、市场饱和或市场分割、过度依赖单一市场、市场占有率下降和市场竞争的风险等；

3. 经营风险。经营模式发生变化，经营业绩不稳定，主要产品或主要原材料价格波动，过度依赖某一重要原材料、产品（或服务），经营场所过度集中或分散，非经常性损益或投资收益金额较大等；

4. 技术风险。交易标的涉及的技术不成熟、技术尚未产业化、技术缺乏有效保护或保护期限短或保护期限到期、缺乏核心技术或核心技术依赖他人、产品或技术的快速更新换代可能导致现有产品或技术面临被淘汰、核心技术人员流失及核心技术失密等风险；

5. 可能严重影响上市公司持续经营的其他因素，如自然灾害、安全生产、汇率变化、外贸环境等；

（六）整合风险。上市公司管理水平不能适应重组后上市公司规模扩张或业务变化的风险，交易标的与上市公司原有业务、资产、财务、人员、机构等方面的整合风险；

（七）业务转型风险。上市公司所购买资产与现有主营业务没有显著协同效应的，涉及的业务转型升级可能面临的风险；

（八）财务风险。本次重组导致上市公司财务结构发生重大变化的风险。

上市公司和相关各方应当全面、审慎评估可能对本次重组以及重组后上市公司产生重大不利影响的所有因素，如有除上述风险之外的因素，应当予以充分披露。

第十四节　其他重要事项

第四十三条　报告期内，拟购买资产的股东及其关联方、资产所有人及其关联方是否存在对拟购买资产的非经营性资金占用。

本次交易完成后，上市公司是否存在资金、资产被实际控制人或其他关联人占用的情形；上市公司是否存在为实际控制人或其他关联人提供担保的情形。

第四十四条　上市公司负债结构是否合理，是否存在因本次交易大量增加负债（包括或有负债）的情况。

第四十五条　上市公司在最近十二个月内曾发生资产交易的，应当说明与本次交易的关系。

第四十六条　本次交易对上市公司治理机制的影响。

第四十七条　本次交易后上市公司的现金分红政策及相应的安排、董事会对上述情况的说明。

第四十八条　本次交易涉及的相关主体买卖上市公司股票的自查情况。

第四十九条　其他能够影响股东及其他投资者做出合理判断的有关本次交易的所有信息。

上市公司已披露的媒体说明会、对证券交易所问询函的回复中有关本次交易的信息，应当在重组报告书相应章节进行披露。

第五十条　独立财务顾问和律师事务所对本次交易出具的结论性意见。

第五十一条　本次交易所聘请的独立财务顾问、律师事务所、会计师事务所、资产评估机构（如有）、估值机构（如有）等专业机构名称、法定代表人、住所、联系电话、传真，以及有关经办人员的姓名。

第五十二条　中国证监会、证券交易所要求披露的其他信息。

第五十三条　上市公司应当在重组报告书的扉页载明：

"本公司及全体董事、监事、高级管理人员保证本报告书内容的真实、准确、完整，对报告书的虚假记载、误导性陈述或重大遗漏负相应的法律责任。"

第五十四条　上市公司控股股东、实际控制人、董事、监事、高级管理人员及交易对方应当公开承诺：如本次交易所披露或提供的信息涉嫌虚假记载、误导性陈述或者重大遗漏，被司法机关立案侦查或者被中国证监会立案调查的，在形成调查结论以前，不转让在该上市公司拥有权益的股份，并于收到立案稽查通知的两个交易日内将暂停转让的书面申请和股票账户提交上市公司董事会，由董事会代其向证券交易所和证券登记结算机构申请锁定；未在两个交易日内提交锁定申请的，授权董事会核实后直接向证券交易所和证券登记结算机构报送本人或本单位的身份信息和账户信息并申请锁定；董事会未向证券交易所和证券登记结算机构报送本人或本单位的身份信息和账户信息的，授权证券交易所和证券登记结算机构直接锁定相关股份。如调查结论发现存在违法违规情节，本人或本单位承诺锁定股份自愿用于相关投资者赔偿安排。

第十五节　重组上市

第五十五条　上市公司重大资产重组构成重组上市的，除应当按本章第一节至第十四节规定编制重组报告书外，还应当按照《公开发行证券的公司信息披露内容与格式准则第 57 号——招股说明书》（以下简称《57 号准则》）相关章节的要求，对重组报告书的相关内容加以补充或调整。

需要补充或调整披露的内容包括但不限于：

（一）在"风险因素"部分，按照《57 号准则》"风险因素"相关要求予以调整；

（二）在"交易标的"部分，补充《57 号准则》"发行人基本情况""业务与技术"相关内容；

（三）在"管理层讨论与分析"和"财务会计信息"部分，分别补充《57 号准则》"财务会计信息与管理层分析"相关内容；

（四）在"管理层讨论与分析"部分，补充《57 号准则》第六十八条规定的相关内容；

（五）在"同业竞争和关联交易"部分，补充《57 号准则》第七十四条至第七十八条规定的相关内容；

（六）在"其他重要事项"部分，补充《57 号准则》"公司治理与独立性""投资者保护""其他重要事项"相关内容。

第五十六条　上市公司重大资产重组构成重组上市的，还应当在本章第九节规定的"交易的合规性分析"部分，逐项说明本次交易是否符合《重组办法》第十三条的规定。

第十六节　重组支付方式

第五十七条　上市公司拟支付现金购买资产的，应当在本章第四节规定的"本次交易概况"部分披露资金来源及具体支付安排。如资金来源于借贷，应当披露借贷协议的主要内容，包括借款方、借贷数额、利息、借贷期限、担保及其他重要条款，并披露还款计划及还款资金来源。如涉及分期支付，应当披露分期支付的条件、金额及付款期限等。

第五十八条　上市公司拟发行股份购买资产的，重组报告书中还应当包括以下内容：

（一）在本章第六节规定的"交易标的"部分后，加入一节"发行股份情况"，其以下各部分依次顺延。在"发行股份情况"部分应当披露以下内容：

1. 上市公司发行股份的价格、定价原则及合理性分析。上市公司应当披露按照《重组办法》第四十五条计算的董事会就发行股份购买资产作出决议公告日前二十个交易日、六十个交易日或者一百二十个交易日的公司股票交易均价，以及发行股份市场参考价的选择依据及理由，并进行合理性分析；

2. 本次发行股份购买资产的董事会决议明确的发行价格调整方案及可能产生的影响，是否有利于股东保护；如发行价格仅单向调整，应当说明理由。

如董事会已决定对发行价格进行调整的，还应当说明发行价格调整结果、调整程序、是否相应调整交易标的的定价及理由、发行股份数量的变化情况等；

3. 上市公司拟发行股份的种类、每股面值；

4. 上市公司拟发行股份的数量、占发行后总股本的比例；

5. 特定对象所持股份的转让或交易限制，股东关于锁定所持股份的相关承诺。

（二）在本章第七节规定的"交易标的评估或估值"部分，披露董事会结合股份发行价对应的市盈率、市净率水平以及本次发行对上市公司盈利能力、持续发展能力的影响等对股份发行定价合理性所作的分析；

（三）在本章第九节规定的"交易的合规性分析"部分，逐项说明是否符合《重组办法》第四十三条的规定。

第五十九条　上市公司拟发行优先股购买资产的，重组报告书中除包括本准则第五十八条第（二）项、第（三）项规定的内容外，还应当在"发行股份情况"部分，比照本准则第五十八条第（一）项相关要求，并结合《公开发行证券的公司信息披露内容与格式准则第 34 号——发行优先股募集说明书》第四节、第六节第三十五条相关要求，披露相关信息。

如本次优先股发行涉及公司章程的，还应当披露公司章程相应修订情况。

第六十条　上市公司拟发行可转债购买资产的，重组报告书还应当包括以下内容：

（一）在本章第六节规定的"交易标的"部分后，加入一节"发行可转换为股票的公司债券情况"，其以下各部分依次顺延。在"发行可转换为股票的公司债券情况"部分应当披露以下内容：

1. 上市公司拟发行可转债的种类、面值；

2. 上市公司拟发行可转债的数量；

3. 可转债的期限、利率及确定方式、还本付息期限及方式、评级情况（如有）；

4. 可转债的初始转股价格及确定方式、转股期限、转股价格调整的原则及方式；

5. 可转债的其他基本条款，包括赎回条款（如有）、回售条款（如有）等；

6. 债券持有人保护的相关约定，包括受托管理事项安排，债券持有人会议规则，构成可转债违约的情形、违约责任及其承担方式，以及可转债发生违约后的诉讼、仲裁或其他争议解决机制等；

7. 特定对象所持可转债及转股后股份的转让或交易限制，股东关于锁定所持股份的相关承诺；

（二）在本章第九节规定的"交易的合规性分析"部分，逐项说明是否符合《证券法》第十五条第三款及中国证监会关于发行可转换为股票的公司债券购买资产的相关规定。

第六十一条　上市公司拟通过定向权证、存托凭证等其他支付方式购买资产的，应当比照上述要求，披露相关内容。

第十七节　换股吸收合并

第六十二条　换股吸收合并涉及上市公司的，重组报告书还应当在本章第六节规定的"交易标的"部分后，加入一节"换股吸收合并方案"，其以下各部分依次顺延。"换股吸收合并方案"部分应当比照本准则第五十八条相关要求进行披露，此外还应当包括以下内容：

（一）换股各方名称；

（二）换股价格及确定方法；

（三）本次换股吸收合并的董事会决议明确的换股价格调整方案；

（四）本次换股吸收合并对异议股东权利保护的相关安排，如为提供现金选择权，应当披露其安排，包括定价及定价原则、被提供现金选择权的股东范围（异议股东或全体股东）、现金选择权提供方、与换股价格的差异及差异原因；

（五）本次换股吸收合并涉及的债权债务处置及债权人权利保护的相关安排；

（六）本次换股吸收合并涉及的相关资产过户或交付的安排；

（七）本次换股吸收合并涉及的员工安置。

第六十三条　上市公司发行优先股、可转债、定向权证、存托凭证用于与其他公司合并的，应当比照上述要求，披露相关内容。

第十八节　募集配套资金

第六十四条　上市公司发行股份购买资产同时发行股份募集部分配套资金的，在重组报告书"发行股份情况"部分还应当披露以下内容：

（一）募集配套资金的金额及相当于发行证券购买资产交易价格的比例；

（二）募集配套资金的股份发行情况。比照本准则第五十八条相关要求，披露上市公司募集配套资金的股份发行情况，包括发行股份的种类、每股面值、发行价格、定价原则、发行数量及占本次发行前总股本的比例、占发行后总股本的比例、限售期；

（三）募集配套资金的用途。包括具体用途、资金安排、测试依据、使用计划进度和预期收益，如募集配套资金用于投资项目的，应当披露项目是否取得相应的许可证书或者有关主管部门的批复文件；

（四）募集配套资金的必要性。结合行业特点、资金用途、前次募集资金使用效率、上市公司及交易标的现有生产经营规模、财务状况等方面，说明募集配套资金的必要性及配套金额是否与之相匹配；

（五）其他信息。本次募集配套资金管理和使用的内部控制制度，募集配套资金使用的分级审批权限、决策程序、风险控制措施及信息披露程序。本次募集配套资金失败的补救措施。对交易标的采取收益法评估时，预测现金流中是否包含了募集配套资金投入带来的收益；

（六）上市公司董事会决议确定具体发行对象的，应当披露发行对象的基本情况、认购数量或者数量区间。上市公司董事会决议确定部分发行对象的，还应当披露发行对象在没有通过竞价方式产生发行价格的情况下是否继续参与认购、认购数量及价格确定原则；

（七）科创板上市公司募集配套资金的，应当披露相关资金是否用于科技创新领域，以及募投项目实施促进上市公司科技创新水平提升的方式；

（八）在本章第九节规定的"交易的合规性分析"部分，上市公司还应当逐项说明是否符合《上市公司证券发行注册管理办法》第十一条的规定。

第六十五条　上市公司发行可转债募集配套资金的，应当比照本准则第六十条第（一）项和第六十四条相关要求，披露相关内容，并在本章第九节规定的"交易的合规性分析"部分逐项说明是否符合《上市公司证券发行注册管理办法》第十三条、第十四条及《可转换公司债券管理办法》相关规定。

第十九节　重组报告书摘要

第六十六条　编制重组报告书摘要的目的是为向公众提供有关本次重组的简要情况，摘要内容必须忠实于重组报告书全文，不得出现与全文相矛盾之处。上市公司编制的重组报告书摘要应当至少包括以下内容：

（一）本准则第三章第一节到第三节部分的内容；

（二）上市公司应当在重组报告书摘要的显著位置载明：

"本重大资产重组报告书摘要的目的仅为向公众提供有关本次重组的简要情况，并不包括重大资产重组报告书全文的各部分内容。重大资产重组报告书全文同时刊载于×××网站。"

"本公司及全体董事、监事、高级管理人员保证重大资产重组报告书及其摘要内容的真实、准确、完整，对报告书及其摘要的虚假记载、误导性陈述或重大遗漏负相应的法律责任。"

第四章　证券服务机构报告

第一节　独立财务顾问报告

第六十七条　上市公司应当披露由独立财务顾问按照本准则及有关业务准则的规定出具的独立财务顾问报告。独立财务顾问应当至少就以下事项发表明确的结论性意见：

（一）结合对本准则第三章规定的内容进行核查的实际情况，逐项说明本次重组是否符合《重组办法》第十一条的规定。拟发行股份购买资产的，还应当结合核查的实际情况，逐项说明是否符合《重组办法》第四十三条的规定。拟发行可转债购买资产的，还应当逐项说明是否符合《证券法》第十五条第三款及中国证监会关于发行可转换为股票的公司债券购买资产的规定；

（二）本次交易是否构成重组上市。如构成，还应当结合核查的实际情况，逐项说明是否符合《重组办法》第十三条的规定；

（三）上市公司拟发行股份募集配套资金的，应当结合核查的实际情况，逐项说明是否符合《上市公司证券发行注册管理办法》第十一条的规定。拟发行可转债募集配套资金的，应当逐项说明是否符合《上市公司证券发行注册管理办法》第十三条、第十四条及《可转换公司债券管理办法》的相关规定；

（四）对本次交易所涉及的资产定价和股份定价（如涉及）进行全面分析，说明定价是否合理；

（五）本次交易以资产评估结果作为定价依据的，应当对所选取的评估方法的适当性、评估假设前提的合理性、重要评估参数取值的合理性发表明确意见。本次交易不以资产评估结果作为定价依据的，应当对相关资产的估值方法、参数选择的合理性及其他影响估值结果的指标和因素发表明确意见；

（六）结合上市公司管理层讨论与分析以及盈利预测（如有），分析说明本次交易完成后上市公司的持续经营能力和财务状况、本次交易是否有利于上市公司的持续发展、是否存在损害股东合法权益的问题；

（七）对交易完成后上市公司的市场地位、经营业绩、持续发展能力、公司治理机制进行全面分析；

（八）对交易合同约定的资产交付安排是否可能导致上市公司交付现金或其他资产后不能及时获得对价的风险、相关的违约责任是否切实有效，发表明确意见；

（九）对本次重组是否构成关联交易进行核查，并依据核查确认的相关事实发表明确意见。涉及关联交易的，还应当充分分析本次交易的必要性及本次交易是否损害上市公司及非关联股东的利益；

（十）交易对方与上市公司根据《重组办法》第三十五条的规定，就相关资产实际盈利数不足利润预测数的情况签订补偿协议或提出填补每股收益具体措施的，独立财务顾问应当对补偿安排或具体措施的可行性、合理性发表意见（如有）。

第二节　法律意见书

第六十八条　上市公司应当披露由律师事务所按照本准则及有关业务准则的规定出具的法律意见书。律师事务所应当对照中国证监会的各项规定，在充分核查验证的基础上，至少就上市公司本次重组涉及的以下法律问题和事项发表明确的结论性意见：

（一）上市公司和交易对方是否具备相应的主体资格、是否依法有效存续；

（二）本次交易是否构成重组上市。如构成，还应当结合核查的实际情况，逐项说明是否符合《重组办法》第十三条的规定；

（三）本次交易是否已履行必要的批准或授权程序，相关的批准和授权是否合法有效。本次交易是否构成关联交易。构成关联交易的，是否已依法履行必要的信息披露义务和审议批准程序。本次交易涉及的须呈报有关主管部门批准的事项是否已获得有效批准。本次交易的相关合同和协议是否合法有效；

（四）交易标的（包括标的股权所涉及企业的主要资产）的权属状况是否清晰，权属证书是否完备有效。尚未取得完备权属证书的，应当说明取得权属证书是否存在法律障碍。交易标的是否存在产权纠纷或潜在纠纷，如有，应当说明对本次交易的影响。交易标的是否存在抵押、担保或其他权利受到限制的情况，如有，应当说明对本次交易的影响；

（五）本次交易所涉及的债权债务的处理及其他相关权利、义务的处理是否合法有效，其实施或履行是否存在法律障碍和风险；

（六）上市公司、交易对方和其他相关各方是否已履行法定的披露和报告义务，是否存在应当披露而未披露的合同、协议、安排或其他事项；

（七）本次交易是否符合《重组办法》等规章、规范性文件规定的原则和实质性条件；

（八）参与上市公司本次交易活动的证券服务机构是否已履行《证券法》规定的审批或备案程序；

（九）本次交易是否符合相关法律、法规、规章和规范性文件的规定，是否存在法律障碍，是否存在其他可能对本次交易构成影响的法律问题和风险。

第三节　相关财务资料

第六十九条　上市公司应当披露本次交易所涉及的相关资产的财务报告和审计报告。经审计的最近一期财务资料在财务报告截止日后六个月内有效，特别情况下可申请适当延长，但延长时间至多不超过一个月。

有关财务报告和审计报告应当按照与上市公司相同的会计制度和会计政策编制。如不能披露完整财务报告，应当解释原因，并出具对相关资产财务状况、经营成果的说明及审计报告。交易标的涉及红筹企业的，应当按照《公开发行证券的公司信息披露编报规则第 24 号——注册制下创新试点红筹企业财务报告信息特别规定》及其他相关业务规则披露交易标的财务会计信息。

上市公司拟进行重组上市的，还应当披露依据重组完成后的资产架构编制的上市公司最近一年及一期的备考财务报告和审计报告。其他重大资产重组，应当披露最近一年及一期的备考财务报告和审阅报告。

交易标的的财务资料虽处于第一款所述有效期内，但截至重组报告书披露之日，该等资产的财务状况和经营成果发生重大变动的，应当补充披露最近一期的相关财务资料（包括该等资产的财务报告、备考财务资料等）。

第七十条　根据《重组办法》第二十二条规定，披露盈利预测报告。

盈利预测报告数据包含了非经常性损益项目的，应当特别说明。

第四节　资产评估报告及估值报告

第七十一条　上市公司重大资产重组以评估值为交易标的定价依据的，应当披露相关资产的资产评估报告及评估说明。

上市公司重大资产重组不以资产评估结果作为定价依据的，应当披露相关资产的估值报告；估值报告应当包括但不限于以下内容：估值目的、估值对象和估值范围、价值类型、估值基准日、估值假设、估值依据、估值方法、估值参数及其他影响估值结果的指标和因素、估值结论、特别事项说明、估值报告日等；估值人员需在估值报告上签字并由所属机构加盖公章。

资产评估机构或估值机构为本次重组而出具的评估或估值资料应当明确声明在评估或估值基准日后 × 月内（最长十二个月）有效。

第五章　二级市场自查报告

第七十二条　上市公司董事会应当就本次重组申请股票停牌前或首次作出决议前（孰早）六个月至重组报告书披露之前一日止，上市公司及其董事、监事、高级管理人员，上市公司控股股东、实际控制人及其董事、监事、高级管理人员（或主要负责人），交易对方及其控股股东、实际控制人、董事、监事、高级管理人员（或主要负责人），相关专业机构及其他知悉本次重大资产交易内幕信息的法人和自然人，以及上述相关人员的直系亲属买卖该上市公司股票及其他相关证券情况进行自查，并制作自查报告。

法人的自查报告应当列明法人的名称、股票账户、有无买卖股票行为并盖章确认；自然人的自查报告应当列明自然人的姓名、职务、身份证号码、股票账户、有无买卖股票行为，并经本人签字确认。

前述法人及自然人在第一款规定的期限内存在买卖上市公司股票行为的，当事人应当书面说明其买卖股票行为是否利用了相关内幕信息；上市公司及相关方应当书面说明相关重组事项的动议时间，买卖股票人员是否参与决策，买卖行为是否与本次重组事项有关；律师事务所应当对相关当事人及其买卖股票行为进行核查，对该行为是否涉嫌内幕交易、是否对本次交易构成法律障碍发表明确意见。

第六章　重组实施情况报告书

第七十三条　上市公司编制的重大资产重组实施情况报告书应当至少披露以下内容：

（一）本次重组的实施过程，相关资产过户或交付、相关债权债务处理以及证券发行登记等事宜的办理状况；

（二）相关实际情况与此前披露的信息是否存在差异（包括相关资产的权属情况及历史财务数据是否如实披露，相关盈利预测、利润预测或者管理层预计达到的目标是否实现，控股股东及其一致行动人、董事、监事、高级管理人员等特定主体自本次重组预案或重组报告书披露之日起至实施完毕期间的股份减持情况是否与计划一致等）；

（三）交易标的董事、监事、高级管理人员的更换情况及其他相关人员的调整情况；

（四）重组实施过程中，是否发生上市公司资金、资产被实际控制人或其他关联人占用的情形，或上市公司为实际控制人或其他关联人提供担保的情形；

（五）相关协议及承诺的履行情况；

（六）相关后续事项的合规性及风险；

（七）其他需要披露的事项。

独立财务顾问应当对前款所述内容逐项进行核查，并发表明确意见。律师事务所应当对前款所述内容涉及的法律问题逐项进行核查，并发表明确意见。

第七章　重大资产重组申请文件格式和报送方式

第七十四条　上市公司进行需经中国证监会注册的资产交易行为，应当通过证券交易所审核业务系统报送申请文件。

报送的电子文件应当和原始纸质文件一致。律师事务所应当对所报送电子文件与原始纸质文件的一致性出具鉴证意见。报送的电子文件与原始纸质文件具有同等的法律效力。

第七十五条　申请文件的原始纸质文件所有需要签名处，应当载明签名字样的印刷体，并由签名人亲笔签名，不得以名章、签名章等代替。

对于申请文件的原始纸质文件，如上市公司不能提供有关文件原件，应当由上市公司聘请的律师事务所提供鉴证意见，或由出文单位盖章，以保证与原件一致。如原出文单位不再存续，可由承继其职权的单位或做出撤销决定的单位出文证明文件的真实性。

需要由律师事务所鉴证的文件，律师应当在该文件首页注明"以下第 × 页至第 × 页与原件一致"，并签名和签署鉴证日期，律师事务所应当在该文件首页加盖公章，并在第 × 页至第 × 页侧面以公章加盖骑缝章。

上市公司应当确保申请文件的原始纸质文件已存档。

第七十六条　上市公司应当根据证券交易所对申请文件的审核问询提供补充和修改材料。相关证券服务机构应当对审核问询相关问题进行尽职调查或补充出具专业意见。

上市公司重大资产重组申请获得中国证监会注册的，上市公司及相关证券服务机构应当根据中国证监会的注册情况重新修订并披露重组报告书及相关证券服务机构的报告或意见。上市公司及相关证券服务机构应当在修订的重组报告书及相关证券服务机构报告或意见的首页就补充或修改的内容作出特别提示。

第七十七条　上市公司向证券交易所审核业务系统报送的申请文件应当采用

标准".doc"".docx"或".pdf"格式文件，按幅面为 209 毫米 × 295 毫米规格的纸张（标准 A4 纸张规格）进行排版，并应当采用合适的字体、字号、行距，以便于阅读。

申请文件的正文文字应当为宋体小四，1.5 倍行距。一级标题应当为黑体三号，二级标题应当为黑体四号，三级标题应当为黑体小四号，且各级标题应当分别采用一致的段落间距。

第七十八条　申请文件的封面应当标有"×××公司重大资产重组申请文件"字样及重大资产重组报告书标题。

第七十九条　申请文件章与章之间、章与节之间应当有明显的分隔标识。为便于阅读，".doc"".docx"文档应当根据各级标题建立文档结构图，".pdf"文档应当建立书签。

第八十条　申请文件中的页码应当与目录中的页码相符。例如，第四部分 4 — 1 的页码标注为 4 — 1 — 1，4 — 1 — 2，4 — 1 — 3，......4 — 1 — n。

第八章　附　则

第八十一条　本准则由中国证监会负责解释。

第八十二条　本准则自公布之日起施行。2022 年 1 月 5 日施行的《公开发行证券的公司信息披露内容与格式准则第 26 号——上市公司重大资产重组（2022 年修订）》（证监会公告〔2022〕10 号）同时废止。

附件

上市公司重大资产重组申请文件目录

0 — 0 重大资产重组申请文件目录及交易各方和中介机构联系表（包含上市公司及其控股股东、实际控制人、董事、监事和高级管理人员，构成收购人的交易对方，以及独立财务顾问、律师事务所、会计师事务所、资产评估机构、估值机构等证券服务机构及其签字人员的名单，包括名称 / 姓名、组织机构代码、统一社会信用代码 / 公民身份证号码或其他身份信息、联系方式）

0 — 1 并购重组方案概况表

0 — 2 关于电子文件与原始纸质文件一致的承诺函及律师事务所鉴证意见

0 — 3 关于本次重大资产重组申请文件不适用内容的说明

第一部分　上市公司重大资产重组报告书及相关文件

1 — 1 重大资产重组报告书

1 — 2 重大资产重组的董事会决议和股东大会决议

1—3　公告的其他相关信息披露文件

第二部分　独立财务顾问和律师事务所出具的文件

2—1　独立财务顾问报告

2—2　法律意见书

2—3　关于本次交易符合中国证监会关于重大资产重组对板块定位的要求的独立财务顾问核查意见（如适用）

2—4　关于本次交易适用快速审核通道的独立财务顾问核查意见（如适用）

2—5　关于本次交易符合"小额快速"审核机制的独立财务顾问核查意见（如适用）

第三部分　本次重大资产重组涉及的财务信息相关文件

3—1　本次重大资产重组涉及的拟购买资产最近两年及一期的财务报告和审计报告（确实无法提供的，应当说明原因及相关资产的财务状况和经营成果）

3—2　本次重大资产重组涉及的拟购买资产的评估报告及评估说明，或者估值报告

3—3　本次重大资产重组涉及的拟出售资产最近两年及一期的财务报告和审计报告（确实无法提供的，应当说明原因及相关资产的财务状况和经营成果）

3—4　本次重大资产重组涉及的拟出售资产的评估报告及评估说明，或者估值报告

3—5　根据本次重大资产重组完成后的架构编制的上市公司最近一年及一期的备考财务报告及其审阅报告

3—6　盈利预测报告和审核报告（如有）

3—7　上市公司董事会、会计师事务所关于上市公司最近一年及一期的非无保留意见审计报告的补充意见（如有）

3—8　交易对方最近一年的财务报告和审计报告（如有）

3—9　独立财务顾问、会计师事务所对交易标的业绩真实性的专项核查意见

第四部分　关于重组上市的申请文件要求

4—1　内部控制鉴证报告

4—2　标的资产最近三年及一期的财务报告和审计报告

4—3　标的资产最近三年原始报表及其与申报财务报表的差异比较表及会计师事务所出具的意见

4—4　标的资产最近三年及一期非经常性损益明细表及会计师事务所出具的专项说明

4—5　标的资产最近三年及一期的纳税证明文件

4—6　根据本次重大资产重组完成后的架构编制的上市公司最近一年及一期的备考财务报告及其审计报告

第五部分　本次重大资产重组涉及的有关协议、合同、决议及承诺函

5－1　重大资产重组的协议或合同

5－2　涉及本次重大资产重组的其他重要协议或合同

5－3　交易对方与上市公司就相关资产实际盈利数不足利润预测数的情况签订的补偿协议（如有）

5－4　涉及本次重大资产重组的承诺函

5－5　涉及本次重大资产重组的媒体说明会召开情况、对证券交易所问询函的回复等已披露信息

第六部分　本次重大资产重组的其他文件

6－1　有关部门对重大资产重组的审批、核准或备案文件

6－2　债权人同意函（如有）

6－3　拟购买资产的权属证书

6－4　与拟购买资产生产经营有关的资质证书或批准文件

6－5　内幕信息知情人名单，包括名称／姓名、职务、组织机构代码、统一社会信用代码／公民身份证号码或其他身份信息等

6－6　上市公司及其董事、监事、高级管理人员，上市公司控股股东、实际控制人及其董事、监事、高级管理人员（或主要负责人），交易对方及其控股股东、实际控制人、董事、监事、高级管理人员（或主要负责人），相关证券服务机构和其他知悉本次重大资产重组内幕信息的单位和自然人以及上述相关人员的直系亲属在董事会就本次重组申请股票停牌前或首次作出决议前（孰早）六个月至重大资产重组报告书披露之前一日止，买卖该上市公司股票及其他相关证券情况的自查报告，并提供证券登记结算机构就前述单位及自然人二级市场交易情况出具的证明文件

6－7　资产评估结果备案或核准文件（如有）

6－8　中国证监会、证券交易所要求提供的其他文件

《上市公司收购管理办法》第六十二条、第六十三条及《上市公司重大资产重组管理办法》第四十六条有关限制股份转让的适用意见——证券期货法律适用意见第4号

（中国证监会公告〔2023〕第36号　2023年2月17日）

为了正确理解与适用《上市公司收购管理办法》（以下简称《收购办法》）及《上市公司重大资产重组管理办法》（以下简称《重组办法》）有关规定，中国证券监督管理委员会制定了《〈上市公司收购管理办法〉第六十二条、第六十三条及〈上市公司重大资产重组管理办法〉第四十六条有关限制股份转让的适用意见——证券期货法律适用意见第4号》，现予公布，请遵照执行。

一、适用《收购办法》第六十二条第（二）项、第六十三条第一款第（三）项及《重组办法》第四十六条规定时，在控制关系清晰明确，易于判断的情况下，同一实际控制人控制之下不同主体之间转让上市公司股份，不属于上述规定限制转让的范围。

二、上市公司的实际控制人、控股股东及相关市场主体不得通过持股结构调整进行利益输送等损害上市公司及投资者利益的行为。

三、前述在同一实际控制人控制之下不同主体之间转让上市公司股份行为完成后，受让方或实际控制人仍应当按照诚实信用原则忠实履行相关承诺义务，不得擅自变更、解除承诺义务。

四、律师事务所应当就上市公司的股份转让是否属于同一实际控制人之下不同主体之间的转让出具法律意见书。律师事务所应当确保法律意见书的结论明确，依据适当、充分，法律分析清晰、合理，违反相关规定的，除依法采取相应的监管措施外，监管部门还将对律师事务所此后出具的法律意见书给予重点关注。律师事务所和律师存在违法违规行为的，将依法追究其法律责任。

五、上述股份转让中，涉及股份过户登记的，应按照有关股份协议转让规则办理。

六、本规定自公布之日起施行。2021年1月15日施行的《〈上市公司收购管理办法〉第六十二条、第六十三条及〈上市公司重大资产重组管理办法〉第四十六条有关限制股份转让的适用意见——证券期货法律适用意见第4号》（证监会公告〔2021〕1号）同时废止。

《上市公司重大资产重组管理办法》第十四条、第四十四条的适用意见——证券期货法律适用意见第12号

（中国证监会公告〔2023〕第 37 号 2023 年 2 月 17 日）

为了正确理解与适用《上市公司重大资产重组管理办法》（以下简称《重组办法》）第十四条、第四十四条的规定，中国证券监督管理委员会（以下简称中国证监会）制定了《〈上市公司重大资产重组管理办法〉第十四条、第四十四条的适用意见——证券期货法律适用意见第12号》，现予公布，请遵照执行。

一、《重组办法》第十四条第一款第（四）项规定："上市公司在十二个月内连续对同一或者相关资产进行购买、出售的，以其累计数分别计算相应数额。已按照本办法的规定编制并披露重大资产重组报告书的资产交易行为，无须纳入累计计算的范围。中国证监会对本办法第十三条第一款规定的重大资产重组的累计期限和范围另有规定的，从其规定。"现就《重组办法》第十四条有关规定提出适用意见如下：

（一）在上市公司股东大会作出购买或者出售资产的决议后十二个月内，股东大会再次或者多次作出购买、出售同一或者相关资产的决议的，应当适用《重组办法》第十四条第一款第（四）项的规定。在计算相应指标时，应当以第一次交易时最近一个会计年度上市公司经审计的合并财务会计报告期末资产总额、期末净资产额、当期营业收入作为分母；

（二）考虑到《重组办法》第十三条规定的重组行为的特殊性，为防止化整为零规避监管，严格执行拟注入资产须符合首次公开发行股票有关条件的要求，计算相应指标时应当遵循如下原则：

1.执行累计首次原则，即上市公司控制权发生变更之日起三十六个月内（含上市公司控制权发生变更的同时），向收购人及其关联人购买的资产所对应的资产总额、资产净额、营业收入，占上市公司控制权发生变更的前一个会计年度经审计的合并财务会计报告的相应指标的比例累计首次达到百分之一百以上的，或者所对应的发行股份的数量，占上市公司首次向收购人及其关联人购买资产的董事会决议前一个交易日的股份比例累计首次达到百分之一百以上的，合并视为一次重大资产重组，涉及发行股份的应当按规定申请注册；前述三十六个月内分次购买资产的，每次所购买资产对应的资产总额、资产净额、营业收入，以该购买事项首次公告日的前一个会计年度经审计的相应指标为准；

2. 执行预期合并原则，即上市公司按累计首次原则编制并披露重大资产重组方案时，如存在同业竞争或非正常关联交易等问题，则对于收购人及其关联人为解决该等问题所制定的承诺方案，涉及上市公司控制权发生变更之日起三十六个月内向上市公司注入资产的，也将合并计算。

二、《重组办法》第四十四条第一款规定："上市公司发行股份购买资产的，可以同时募集部分配套资金，其定价方式按照相关规定办理。"现就该规定中发行股份购买资产项目配套融资提出适用意见如下：

上市公司发行股份购买资产同时募集配套资金，所配套资金比例不超过拟购买资产交易价格百分之一百的，一并适用发行股份购买资产的审核、注册程序；超过百分之一百的，一并适用上市公司发行股份融资（以下简称再融资）的审核、注册程序。不属于发行股份购买资产项目配套融资的再融资，按照中国证监会相关规定办理。

三、本规定自公布之日起施行。2022 年 1 月 5 日施行的《〈上市公司重大资产重组管理办法〉第十四条、第四十四条的适用意见——证券期货法律适用意见第 12 号（2022 年修订）》（证监会公告〔2022〕6 号）同时废止。

《上市公司重大资产重组管理办法》第二十九条、第四十五条的适用意见——证券期货法律适用意见第 15 号

（中国证监会公告〔2023〕第 38 号 2023 年 2 月 17 日）

为了正确理解与适用《上市公司重大资产重组管理办法》（以下简称《重组办法》）第二十九条、第四十五条的规定，中国证券监督管理委员会制定了《〈上市公司重大资产重组管理办法〉第二十九条、第四十五条的适用意见——证券期货法律适用意见第 15 号》，现予公布，请遵照执行。

一、《重组办法》第二十九条第一款规定："股东大会作出重大资产重组的决议后，上市公司拟对交易对象、交易标的、交易价格等作出变更，构成对原交易方案重大调整的，应当在董事会表决通过后重新提交股东大会审议，并及时公告相关文件。"现就该规定中构成重组方案重大调整的认定，提出适用意见如下：

（一）拟对交易对象进行变更的，原则上视为构成对重组方案重大调整，但是有以下两种情况的，可以视为不构成对重组方案重大调整：

1. 拟减少交易对象的，如交易各方同意将该交易对象及其持有的标的资产份额剔除出重组方案，且剔除相关标的资产后按照下述有关交易标的的变更的规定不构成对重组方案重大调整的；

2. 拟调整交易对象所持标的资产份额的，如交易各方同意交易对象之间转让标的资产份额，且转让份额不超过交易作价百分之二十的；

（二）拟对标的资产进行变更的，原则上视为构成对重组方案重大调整，但是同时满足以下条件的，可以视为不构成对重组方案重大调整：

1. 拟增加或减少的交易标的的交易作价、资产总额、资产净额及营业收入占原标的资产相应指标总量的比例均不超过百分之二十；

2. 变更标的资产对交易标的的生产经营不构成实质性影响，包括不影响标的资产及业务完整性等；

（三）新增或调增配套募集资金，应当视为构成对重组方案重大调整。调减或取消配套募集资金不构成重组方案的重大调整。证券交易所并购重组委员会会议可以提出本次交易符合重组条件和信息披露要求的审议意见，但要求申请人调减或取消配套募集资金。

二、《重组办法》第四十五条第四款规定："前款规定的发行价格调整方案应当明确、具体、可操作，详细说明是否相应调整拟购买资产的定价、发行股份

数量及其理由，在首次董事会决议公告时充分披露，并按照规定提交股东大会审议。股东大会作出决议后，董事会按照已经设定的方案调整发行价格的，上市公司无需按照本办法第二十九条的规定向证券交易所重新提出申请。"现就该规定中发行价格调整方案的相关要求，提出适用意见如下：

（一）发行价格调整方案应当建立在市场和同行业指数变动基础上，且上市公司的股票价格相比最初确定的发行价格须同时发生重大变化；

（二）发行价格调整方案应当有利于保护股东权益，设置双向调整机制。若仅单向调整，应当说明理由，是否有利于中小股东保护；

（三）调价基准日应当明确、具体。股东大会授权董事会对发行价格调整进行决策的，在调价条件触发后，董事会应当审慎、及时履职；

（四）董事会决定在重组方案中设置发行价格调整机制时，应对发行价格调整方案可能产生的影响以及是否有利于股东保护进行充分评估论证并做信息披露；

（五）董事会在调价条件触发后根据股东大会授权对是否调整发行价格进行决议。决定对发行价格进行调整的，应对发行价格调整可能产生的影响、价格调整的合理性、是否有利于股东保护等进行充分评估论证并做信息披露，并应同时披露董事会就此决策的勤勉尽责情况。决定不对发行价格进行调整的，应当披露原因、可能产生的影响以及是否有利于股东保护等，并应同时披露董事会就此决策的勤勉尽责情况；

（六）独立财务顾问和律师事务所应当对以上情况进行核查并发表明确意见。

三、本规定自公布之日起施行。2020 年 7 月 31 日施行的《〈上市公司重大资产重组管理办法〉第二十八条、第四十五条的适用意见——证券期货法律适用意见第 15 号》（证监会公告〔2020〕53 号）同时废止。

上市公司监管指引第 7 号——上市公司重大资产重组相关股票异常交易监管

（中国证监会公告〔2023〕第 39 号 2023 年 2 月 17 日）

第一条　为加强与上市公司重大资产重组相关股票异常交易监管，防控和打击内幕交易，维护证券市场秩序，保护投资者合法权益，根据《中华人民共和国证券法》《中华人民共和国行政许可法》《国务院办公厅转发证监会等部门关于依法打击和防控资本市场内幕交易意见的通知》《上市公司信息披露管理办法》《上市公司重大资产重组管理办法》，制定本指引。

第二条　上市公司和交易对方，以及其控股股东、实际控制人，为本次重大资产重组提供服务的证券公司、证券服务机构等重大资产重组相关主体，应当严格按照法律、行政法规、规章的规定，做好重大资产重组信息的管理和内幕信息知情人登记工作，增强保密意识。

第三条　上市公司及其控股股东、实际控制人等相关方研究、筹划、决策涉及上市公司重大资产重组事项的，原则上应当在非交易时间进行，并应当简化决策流程、提高决策效率、缩短决策时限，尽可能缩小内幕信息知情人范围。

如需要向有关部门进行政策咨询、方案论证的，应当做好相关保密工作。

第四条　上市公司因发行股份购买资产事项首次披露后，证券交易所立即启动二级市场股票交易核查程序，并在后续各阶段对二级市场股票交易情况进行持续监管。

第五条　上市公司向证券交易所提出发行股份购买资产申请，如该重大资产重组事项涉嫌内幕交易被中国证券监督管理委员会（以下简称中国证监会）立案调查或者被司法机关立案侦查，尚未受理的，证券交易所不予受理；已经受理的，证券交易所暂停审核、中国证监会暂停注册。

第六条　按照本指引第五条不予受理或暂停审核、注册的发行股份购买资产申请，如符合以下条件，未受理的，恢复受理程序；暂停审核、注册的，恢复审核、注册：

（一）中国证监会或者司法机关经调查核实未发现上市公司、占本次重组总交易金额比例在百分之二十以上的交易对方（如涉及多个交易对方违规的，交易金额合并计算），及上述主体的控股股东、实际控制人及其控制的机构存在内幕交易的；

（二）中国证监会或者司法机关经调查核实未发现上市公司董事、监事、高级管理人员，上市公司控股股东、实际控制人的董事、监事、高级管理人员，交易对方的董事、监事、高级管理人员，占本次重组总交易金额比例在百分之二十以下的交易对方及其控股股东、实际控制人及上述主体控制的机构，为本次重大资产重组提供服务的证券公司、证券服务机构及其经办人员，参与本次重大资产重组的其他主体等存在内幕交易的；或者上述主体虽涉嫌内幕交易，但已被撤换或者退出本次重大资产重组交易的；

（三）被立案调查或者立案侦查的事项未涉及第（一）项、第（二）项所列主体的。

依据前款第（二）项规定撤换独立财务顾问的，上市公司应当撤回原发行股份购买资产申请，重新向证券交易所提出申请。

上市公司对交易对象、交易标的等作出变更导致重大资产重组方案重大调整的，还应当重新履行相应的决策程序。

第七条　证券交易所、中国证监会根据掌握的情况，确认不予受理或暂停审核、注册的上市公司发行股份购买资产申请符合本指引第六条规定条件的，及时恢复受理、审核或者恢复注册。

上市公司有证据证明其发行股份购买资产申请符合本指引第六条规定条件的，经聘请的独立财务顾问和律师事务所对本次重大资产重组有关的主体进行尽职调查，并出具确认意见，可以向证券交易所、中国证监会提出恢复受理、审核或者恢复注册的申请。证券交易所、中国证监会根据掌握的情况，决定是否恢复受理、审核或者恢复注册。

第八条　因本次重大资产重组事项存在重大市场质疑或者有明确线索的举报，上市公司及涉及的相关机构和人员应当就市场质疑及时作出说明或澄清；中国证监会、证券交易所应当对该项举报进行核查。如果该涉嫌内幕交易的重大市场质疑或者举报涉及事项已被中国证监会立案调查或者被司法机关立案侦查，按照本指引第五条至第七条的规定执行。

第九条　证券交易所受理发行股份购买资产申请后，本指引第六条第一款第（一）项所列主体因本次重大资产重组相关的内幕交易被中国证监会行政处罚或者被司法机关依法追究刑事责任的，证券交易所终止审核、中国证监会终止注册。

第十条　发行股份购买资产申请被证券交易所不予受理、恢复受理程序、暂停审核、恢复审核或者终止审核，被中国证监会暂停注册、恢复注册或者终止注册的，上市公司应当及时公告并作出风险提示。

第十一条　上市公司披露重大资产重组预案或者草案后主动终止重大资产重组进程的，上市公司应当同时承诺自公告之日起至少一个月内不再筹划重大资产重组，并予以披露。

发行股份购买资产申请因上市公司控股股东及其实际控制人存在内幕交易被证券交易所、中国证监会依照本指引第九条的规定终止审核或者终止注册的，上市公司应当同时承诺自公告之日起至少十二个月内不再筹划重大资产重组，并予以披露。

第十二条　本指引第六条所列主体因涉嫌本次重大资产重组相关的内幕交易被立案调查或者立案侦查的，自立案之日起至责任认定前不得参与任何上市公司的重大资产重组。中国证监会作出行政处罚或者司法机关依法追究刑事责任的，上述主体自中国证监会作出行政处罚决定或者司法机关作出相关裁判生效之日起至少三十六个月内不得参与任何上市公司的重大资产重组。

第十三条　上市公司及其控股股东、实际控制人和交易相关方、证券公司及证券服务机构、其他信息披露义务人，应当配合中国证监会的监管执法工作。拒不配合的，中国证监会将依法采取监管措施，并将实施监管措施的情况对外公布。

第十四条　关于上市公司吸收合并、分立的审核、注册事项，参照本指引执行。

第十五条　证券交易所可以根据本指引相关规定，就不涉及发行股份的上市公司重大资产重组制定股票异常交易监管业务规则。

第十六条　本指引自公布之日起施行。2022年1月5日施行的《上市公司监管指引第7号——上市公司重大资产重组相关股票异常交易监管》（证监会公告〔2022〕23号）同时废止。

上市公司监管指引第 9 号——上市公司筹划和实施重大资产重组的监管要求

（中国证监会公告〔2023〕第 40 号　2023 年 2 月 17 日）

第一条　上市公司拟实施重大资产重组的，全体董事应当严格履行诚信义务，切实做好信息保密等工作。

重大资产重组的首次董事会决议经表决通过后，上市公司应当在决议当日或者次一工作日的非交易时间向证券交易所申请公告。董事会应当按照《上市公司重大资产重组管理办法》及相关的信息披露准则编制重大资产重组预案或者报告书，并将该预案或者报告书作为董事会决议的附件，与董事会决议同时公告。

重大资产重组的交易对方应当承诺，保证其所提供信息的真实性、准确性和完整性，保证不存在虚假记载、误导性陈述或者重大遗漏，并声明承担相应的法律责任。该等承诺和声明应当与上市公司董事会决议同时公告。

第二条　上市公司首次召开董事会审议重大资产重组事项的，应当在召开董事会的当日或者前一日与相应的交易对方签订附生效条件的交易合同。

重大资产重组涉及发行股份购买资产的，交易合同应当载明本次重大资产重组事项一经上市公司董事会、股东大会批准并经中国证券监督管理委员会（以下简称中国证监会）注册，交易合同即应生效；交易合同应当载明特定对象拟认购股份的数量或者数量区间、认购价格或者定价原则、限售期，以及目标资产的基本情况、交易价格或者定价原则、资产过户或交付的时间安排和违约责任等条款。

第三条　发行股份购买资产的首次董事会决议公告后，董事会在六个月内未发布召开股东大会通知的，上市公司应当重新召开董事会审议发行股份购买资产事项，并以该次董事会决议公告日作为发行股份的定价基准日。

发行股份购买资产事项提交股东大会审议未获批准的，上市公司董事会如再次作出发行股份购买资产的决议，应当以该次董事会决议公告日作为发行股份的定价基准日。

第四条　上市公司拟实施重大资产重组的，董事会应当就本次交易是否符合下列规定作出审慎判断，并记载于董事会决议中：

（一）交易标的资产涉及立项、环保、行业准入、用地、规划、建设施工等有关报批事项的，应当在重大资产重组预案和报告书中披露是否已取得相应的许可证书或有关主管部门的批复文件。本次交易行为涉及有关报批事项的，应当在重大资产重组预案和报告书中详细披露已向有关主管部门报批的进展情况和尚需呈报批准的程序。重大资产重组预案和报告书中应当对报批事项可能无法获得批准的风险作出特别提示；

（二）上市公司拟购买资产的，在本次交易的首次董事会决议公告前，资产出售方必须已经合法拥有标的资产的完整权利，不存在限制或者禁止转让的情形。

上市公司拟购买的资产为企业股权的，该企业应当不存在出资不实或者影响其合法存续的情况；上市公司在交易完成后成为持股型公司的，作为主要标的资产的企业股权应当为控股权。

上市公司拟购买的资产为土地使用权、矿业权等资源类权利的，应当已取得相应的权属证书，并具备相应的开发或者开采条件；

（三）上市公司购买资产应当有利于提高上市公司资产的完整性（包括取得生产经营所需要的商标权、专利权、非专利技术、采矿权、特许经营权等无形资产），有利于上市公司在人员、采购、生产、销售、知识产权等方面保持独立；

（四）本次交易应当有利于上市公司改善财务状况、增强持续经营能力，有利于上市公司突出主业、增强抗风险能力，有利于上市公司增强独立性、减少关联交易、避免同业竞争。

第五条　重大资产重组的首次董事会决议公告后，上市公司董事会和交易对方非因充分正当事由，撤销、中止重组方案或者对重组方案作出重大调整（包括但不限于变更主要交易对象、变更主要标的资产等）的，中国证监会将依据有关规定对上市公司、交易对方、证券服务机构等单位和相关人员采取监管措施，并依法追究法律责任。

第六条　上市公司重大资产重组时，标的资产存在被其股东及其关联方、资产所有人及其关联方非经营性资金占用的，前述有关各方应当在证券交易所受理申请材料前，解决对标的资产的非经营性资金占用问题。

前述重大资产重组无需向证券交易所提出申请的，有关各方应当在重组方案提交上市公司股东大会审议前，解决对标的资产的非经营性资金占用问题。

第七条　本指引自公布之日起施行。2016 年 9 月 9 日施行的《关于规范上市公司重大资产重组若干问题的规定》（证监会公告〔2016〕17 号）、2022 年 1 月 5 日施行的《〈上市公司重大资产重组管理办法〉第三条有关标的资产存在资金占用问题的适用意见——证券期货法律适用意见第 10 号》（证监会公告〔2022〕18 号）同时废止。

监管规则适用指引

监管规则适用指引——发行类第 3 号

3-1 保荐机构管理层的保荐项目签字责任要求

一、风险控制要求

保荐机构管理层应当确保首发和再融资保荐项目符合以下风险控制要求：

（一）保荐机构从事首发和再融资保荐业务，应当以保荐项目风险控制为核心，建立健全保荐业务的内部控制制度，增强自我约束和风险控制能力，切实提高保荐项目执业质量。

（二）保荐机构在执行立项、尽职调查、质量控制、内核、持续督导等保荐业务各个环节相关制度的基础上，进一步强化保荐项目的风险控制，保荐项目的风险控制应当纳入保荐机构公司整体层面的合规和风险控制体系。

（三）风险控制应当贯彻保荐业务各个环节，问询意见回复报告、举报信核查报告和上市委意见回复报告均应履行公司整体层面相应决策和风险控制程序。

二、签字要求

保荐机构相关人员应按照《首次公开发行股票注册管理办法》《证券发行上市保荐业务管理办法》相关规定履行签字要求，在证券发行募集文件，包括招股说明书、发行保荐书等文件中签字确认，并声明承担相应的法律责任。

同时，保荐机构法定代表人应当在保荐工作报告（保荐机构尽职调查报告）、各轮问询意见回复报告、举报信核查等各类核查报告和上市委意见回复报告等文件中签字确认，并声明承担相应的法律责任。

声明模板如下：

1. 招股说明书、募集说明书的声明

"本人已认真阅读 ××× 公司招股说明书（募集说明书）的全部内容，确认招股说明书不存在虚假记载、误导性陈述或者重大遗漏，并对招股说明书（募集说明书）真实性、准确性、完整性、及时性承担相应法律责任。"

2. 各轮问询意见回复报告、举报信核查等各项核查报告、上市委意见回复报告的声明

"本人已认真阅读 ××× 公司本次问询意见回复报告（举报信核查报告、上市委意见回复报告等）的全部内容，了解报告涉及问题的核查过程、本公司的内核和风险控制流程，确认本公司按照勤勉尽责原则履行核查程序，问询意见回复报告（举报信核查报告、上市委意见回复报告等）不存在虚假记载、误导性陈述或者重大遗漏，并对上述文件的真实性、准确性、完整性、及时性承担相应法律责任。"

3-2 发行人发行审核过程中变更中介机构或签字人员的处理

一、处理原则

（一）发行审核过程中，发行人更换保荐机构的，按照交易所发行审核相关要求处理。

（二）发行审核过程中，发行人更换签字保荐代表人、律师事务所及签字律师、会计师事务所及签字会计师等中介机构或签字人员的，相关中介机构应当做好更换的衔接工作，更换后的中介机构或签字人员完成尽职调查并出具专业意见后，应当将齐备的文件及时提交中国证监会或交易所，并办理中介机构或签字人员变更手续。

（三）更换后的中介机构承担核查申请文件或出具专业报告真实、准确、完整的责任。被更换的中介机构，不得免除其所辅导或更换前所保证的申请文件或专业报告真实、准确、完整的责任。

二、变更专项说明

（一）更换中介机构或签字人员过程中，发行人、保荐机构应当出具专项说明（更换保荐机构的，由更换后保荐机构出具专项说明），变更前后的中介机构或签字人员均应当出具承诺函。如仅涉及签字人员变更的，除变更前后的签字人员外，所属中介机构应当出具承诺函。

（二）专项说明或承诺函应当说明变更原因、变更后中介机构或签字人员的基本情况（从业资格、执业情况）等内容，还应当对变更前后中介机构或签字人员签署的相关文件的真实性、准确性、完整性等事项进行承诺。

（三）专项说明或承诺函应当由相关负责人及签字人员签字，发行人或中介机构盖章。

专项说明或承诺函模板如下：

1. 发行人关于变更中介机构或者签字人员的专项说明

基本情况：**** 公司（以下简称本公司）于 ** 年 ** 月 ** 日向贵会 / 所提交 **** 申请，于 ** 年 ** 月 ** 日被受理。本次变更前，*****（保荐机构 / 会计师事务所 / 律师事务所 / 评估机构）为 *************，现拟变更为 ***************；*****（保荐代表人 / 签字会计师 / 律师 / 评估师）为 *************，现拟变更为 ***************。

变更事由：******************

本公司同意上述变更事项。

特此说明。

★★★★★★ 公司（落款、盖章）

★★ 年 ★★ 月 ★★ 日

2. 保荐机构关于变更中介机构或者签字人员的专项说明

基本情况：★★★★ 公司（以下简称发行人）于 ★★ 年 ★★ 月 ★★ 日向贵会 / 所提交 ★★★★ 申请，于 ★★ 年 ★★ 月 ★★ 日被受理。本公司作为保荐机构承担本次发行的保荐工作。本次变更前，★★★★★（保荐机构 / 会计师事务所 / 律师事务所 / 评估机构）为 ★★★★★★★★★★★，现拟变更为 ★★★★★★★★★★★★★；★★★★★（保荐代表人 / 签字会计师 / 律师 / 评估师）为 ★★★★★★★★★★★，现拟变更为 ★★★★★★★★★★★★★。

变更事由：★★★★★★★★★★★★★★★★★★★。经核查，上述变更事由属实。

变更后中介机构和签字人员基本情况（相关资格、从业情况等）：★★★★★★★★★★★★★★★★★★

★★★★★（变更后中介机构或签字人员）同意承担中介机构（或保荐代表人 / 签字会计师 / 律师 / 评估师）职责，履行尽职调查义务，承诺对 ★★★★★★★★（变更前中介机构或签字人员）签署的相关文件均予以认可并承担相应法律责任，并对今后签署材料的真实性、准确性、完整性承担相应法律责任。

本公司对 ★★★★★（变更后中介机构或签字人员）出具的专项报告进行复核，认为 ★★★★★（变更后中介机构或签字人员）已履行尽职调查义务，并出具专业意见，且与 ★★★★★★★★（变更前中介机构或签字人员）的结论性意见一致。

同时，变更过程中相关工作安排已有序交接。上述变更事项不会对发行人本次发行申请构成不利影响，不会对本次发行申请构成障碍。本公司同意上述变更事项。

特此说明。

★★★★★★ 公司（落款、盖章）

★★★★★★★ 公司董事长或总经理（签字）

★★ 年 ★★ 月 ★★ 日

3. 变更前中介机构或签字人员关于变更中介机构或者签字人员的承诺函

基本情况：★★★★ 公司（以下简称发行人）于 ★★ 年 ★★ 月 ★★ 日向贵会 / 所提交 ★★★★ 申请，于 ★★ 年 ★★ 月 ★★ 日被受理。本次变更前，★★★★★（保荐机构 / 会计师事务所 / 律师事务所 / 评估机构）为 ★★★★★★★★★★★，现拟变更为 ★★★★★★★★★★★★★；★★★★★（保荐代表人 / 签字会计师 / 律师 / 评估师）为 ★★★★★★★★★★★，现拟变更为 ★★★★★★★★★★★★★。

变更事由：★★★★★★★★★★★★★★★★★★

本公司（所、人）承诺：

1. 本公司（所、人）确认此前签署的相关文件均真实、准确、完整，不存在虚假记载、误导性陈述和重大遗漏。

2.本公司（所、人）承诺将一直对变更前所签署的相关文件的真实性、准确性、完整性承担法律责任。

同时，变更过程中相关工作安排已有序交接。上述变更事项不会对发行人本次发行申请构成不利影响，不会对本次发行申请构成障碍。

特此承诺。

******（落款、盖章）

*******负责人或者签字人员（签字）

年月**日

4.变更后中介机构或签字人员关于变更中介机构或者签字人员的承诺函

基本情况：****公司（以下简称发行人）于**年**月**日向贵会/所提交****申请，于**年**月**日被受理。本次变更前，*****（保荐机构/会计师事务所/律师事务所/评估机构）为*************，现拟变更为*************；*****（保荐代表人/签字会计师/律师/评估师）为*************，现拟变更为*************。

变更事由：*******************

本公司（所、人）基本情况（相关资格、从业情况等）：*******************

本公司（所、人）同意承担中介机构（或保荐代表人/签字会计师/律师/评估师）职责，履行尽职调查义务，承诺对********（变更前中介机构或签字人员）签署的相关文件均予以认可并承担相应法律责任，并对今后签署材料的真实性、准确性、完整性承担相应法律责任。确保相关文件不存在虚假记载、误导性陈述和重大遗漏。

同时，变更过程中相关工作安排已有序交接。上述变更事项不会对发行人本次发行申请构成不利影响，不会对本次发行申请构成障碍。

特此承诺。

******（落款、盖章）

*******负责人或者签字人员（签字）

年月**日

5.仅涉及签字人员变更时中介机构关于变更签字人员的承诺函模板

基本情况：****公司（以下简称发行人）于**年**月**日向贵会/所提交****申请，于**年**月**日被受理。本次变更前，*****（保荐代表人/签字会计师/律师/评估师）为*********，现拟变更为*********。

变更事由：*******************

变更后签字人员的基本情况（相关资格、从业情况等）：*******************

*****（变更前签字人员）承诺对此前签署材料的真实性、准确性、完整性负责，并将一直承担相应法律责任。

本公司（所）对*****（变更前签字人员）的承诺进行复核，认为*****（变更前签字人员）已履行尽职调查义务，并出具专业意见。本公司（所）承诺对*****（变更前签字人员）签署的相关文件均予以认可并承担相应法律责任，确保此前出具文件不存在虚假记载、误导性陈述和重大遗漏。

*****（变更后签字人员）同意承担***（保荐代表人／签字律师／会计师／评估师）职责，履行尽职调查义务，承诺对********（变更前签字人员）签署的相关文件均予以认可并承担相应法律责任，并对今后签署材料的真实性、准确性、完整性承担相应法律责任。

本公司（所）对*****（变更后签字人员）的承诺进行复核，认为*****（变更后签字人员）已履行尽职调查义务，并出具专业意见，且与********（变更前签字人员）的结论性意见一致。本公司（所）承诺对*****（变更后签字人员）签署的相关文件均予以认可并承担相应法律责任，确保相关文件不存在虚假记载、误导性陈述和重大遗漏。

同时，变更过程中相关工作安排已有序交接。上述变更事项不会对发行人本次发行申请构成不利影响，不会对本次发行申请构成障碍。

特此承诺。

******（落款、盖章）

*******负责人（签字）

年月**日

3-3 发行规模达到一定数量实施联合保荐的标准

拟融资金额超过100亿元的IPO项目、拟融资金额超过200亿元的再融资项目可以按照《证券发行上市保荐业务管理办法》相关规定实行联合保荐，参与联合保荐的保荐机构不得超过2家。

3-4 影响发行的重大事项的核查及承诺要求

交易所上市委员会审议后（向特定对象发行的在发行上市审核机构审核后），中介机构应当关注发行人是否持续符合发行条件、上市条件和信息披露要求，并核查是否存在可能影响本次发行上市的重大事项。

交易所将审核意见、发行人注册申请文件及相关审核资料报送中国证监会履行发行注册程序前，发行人、保荐机构及相关中介机构应当向交易所就未发生可能影响本次发行上市的重大事项出具承诺。

发行人、保荐机构及相关中介机构应当在披露招股意向书前，或启动发行前向交易所就未发生可能影响本次发行上市的重大事项出具承诺。

发行人、保荐机构应当在上市公告书中公开承诺，公司不存在影响发行上市的重大事项。

3-5 关于再融资申请文件的更新及补正要求

在审核注册阶段，发行人公告新的年报、半年报后，应在 10 个工作日内报送更新后的全套申报材料。发行人新公布季度报告或临时公告的，如涉及影响本次发行的重大事项或季度财务数据发生重大不利变化（亏损或扣非前后合并口径归属于母公司的净利润同比下降超过 30%），应于 5 个工作日内报送专项核查报告，对相关事项对本次发行的影响进行说明。

3-6 其他说明

本指引自公布之日起施行。

《发行监管问答——关于反馈意见和发审会询问问题等公开的相关要求》《发行监管问答——关于首发、再融资申报文件相关问题与解答》《发行监管问答——关于进一步强化保荐机构管理层对保荐项目签字责任的监管要求》《发行监管问答——关于规范中介机构及签字人员变更时涉及专项说明及承诺函的监管要求》《发行监管问答——关于发行规模达到一定数量实行联合保荐的相关标准》《发行监管问答——关于首次公开发行股票预先披露等问题》《股票发行审核标准备忘录第 8 号——关于发行人报送申请文件后变更中介机构的处理办法》《关于加强对通过发审会的拟发行公司证券的公司会后事项监管的通知》《股票发行审核标准备忘录第 5 号——关于已通过发审委拟发行证券的公司会后事项监管及封卷工作的操作流程》《发行监管问答——关于公开发行股票申请审核过程中关于中止审查等事项的要求》《关于近期报送及补正再融资申请文件相关要求的通知》《关于首次公开发行股票公司招股说明书网上披露有关事宜的通知》等同步废止。

监管规则适用指引——发行类第 4 号

4-1 历史上自然人股东人数较多的核查要求

对于历史沿革涉及较多自然人股东的发行人，保荐机构、发行人律师应当核查历史上自然人股东入股、退股（含工会、职工持股会清理等事项）是否按照当时有效的法律法规履行了相应程序，入股或股权转让协议、款项收付凭证、工商登记资料等法律文件是否齐备，并抽取一定比例的股东进行访谈，就相关自然人股东股权变动的真实性、所履行程序的合法性，是否存在委托持股或信托持股情形，是否存在争议或潜在纠纷发表明确意见。对于存在争议或潜在纠纷的，保荐机构、发行人律师应对相关纠纷对发行人股权清晰稳定的影响发表明确意见。发行人以定向募集方式设立股份公司的，中介机构应以有权部门就发行人历史沿革的合规性、是否存在争议或潜在纠纷等事项的意见作为其发表意见的依据。

4-2 申报前引入新股东的相关要求

对 IPO 申报前 12 个月通过增资或股权转让产生的新股东，保荐机构、发行人律师应按照《监管规则适用指引—关于申请首发上市企业股东信息披露》《监管规则适用指引——发行类第 2 号》的相关要求进行核查。发行人在招股说明书信息披露时，除满足招股说明书信息披露准则的要求外，如新股东为法人，应披露其股权结构及实际控制人；如为自然人，应披露其基本信息；如为合伙企业，应披露合伙企业的普通合伙人及其实际控制人、有限合伙人的基本信息。最近一年末资产负债表日后增资扩股引入新股东的，申报前须增加一期审计。

红筹企业（是指注册地在境外、主要经营活动在境内的企业）拆除红筹架构以境内企业为主体申请上市，如该境内企业直接股东原持有红筹企业股权、持有境内企业股权比例为根据红筹企业持股比例转换而来，且该股东自持有红筹企业股权之日至 IPO 申报时点满 12 个月，原则上不视为新股东。

发行人直接股东如以持有发行人重要子公司（置换时资产、营业收入或利润占比超过 50%）股权置换为发行人股权的，如该股东自持有子公司股权之日至 IPO 申报时点满 12 个月，原则上不视为新股东。

4-3 对赌协议

投资机构在投资发行人时约定对赌协议等类似安排的，保荐机构及发行人律师、申报会计师应当重点就以下事项核查并发表明确核查意见：一是发行人是否为对赌协议当事人；二是对赌协议是否存在可能导致公司控制权变化的约定；三是对赌协议是否与市值挂钩；四是对赌协议是否存在严重影响发行人持续经营能力或者其他严重影响投资者权益的情形。存在上述情形的，保荐机构、发行人律师、申报会计师应当审慎论证是否符合股权清晰稳定、会计处理规范等方面的要求，不符合相关要求的对赌协议原则上应在申报前清理。

发行人应当在招股说明书中披露对赌协议的具体内容、对发行人可能存在的影响等，并进行风险提示。

解除对赌协议应关注以下方面：

（1）约定"自始无效"，对回售责任"自始无效"相关协议签订日在财务报告出具日之前的，可视为发行人在报告期内对该笔对赌不存在股份回购义务，发行人收到的相关投资款在报告期内可确认为权益工具；对回售责任"自始无效"相关协议签订日在财务报告出具日之后的，需补充提供协议签订后最新一期经审计的财务报告。

（2）未约定"自始无效"的，发行人收到的相关投资款在对赌安排终止前应作为金融工具核算。

4-4 资产管理产品、契约型私募投资基金投资发行人的核查及披露要求

银行非保本理财产品，资金信托，证券公司、证券公司子公司、基金管理公司、基金管理子公司、期货公司、期货公司子公司、保险资产管理机构、金融资产投资公司发行的资产管理产品等《关于规范金融机构资产管理业务的指导意见》（银发〔2018〕106号）规定的产品（以下统称资产管理产品），以及契约型私募投资基金，直接持有发行人股份的，中介机构和发行人应从以下方面核查披露相关信息：

（1）中介机构应核查确认公司控股股东、实际控制人、第一大股东不属于资产管理产品、契约型私募投资基金。

（2）资产管理产品、契约型私募投资基金为发行人股东的，中介机构应核查确认该股东依法设立并有效存续，已纳入国家金融监管部门有效监管，并已按照规定履行审批、备案或报告程序，其管理人也已依法注册登记。

（3）发行人应当按照首发信息披露准则的要求对资产管理产品、契约型私募投资基金股东进行信息披露。通过协议转让、特定事项协议转让和大宗交易方式形成的资产管理产品、契约型私募投资基金股东，中介机构应对控股股东、实际控制人、董事、监事、高级管理人员及其近亲属，本次发行的中介机构及其负责人、高级管理人员、经办人员是否直接或间接在该等资产管理产品、契约型私募投资基金中持有权益进行核查并发表明确意见。

（4）中介机构应核查确认资产管理产品、契约型私募投资基金已作出合理安排，可确保符合现行锁定期和减持规则要求。

4-5 出资瑕疵

发行人的注册资本应依法足额缴纳。发起人或者股东用作出资的资产的财产权转移手续已办理完毕。保荐机构和发行人律师应关注发行人是否存在股东未全面履行出资义务、抽逃出资、出资方式等存在瑕疵，或者发行人历史上涉及国有企业、集体企业改制存在瑕疵的情形。

（1）历史上存在出资瑕疵的，应当在申报前依法采取补救措施。保荐机构和发行人律师应当对出资瑕疵事项的影响及发行人或相关股东是否因出资瑕疵受到过行政处罚、是否构成重大违法行为及本次发行的法律障碍，是否存在纠纷或潜在纠纷进行核查并发表明确意见。发行人应当充分披露存在的出资瑕疵事项、采取的补救措施，以及中介机构的核查意见。

（2）对于发行人是国有或集体企业改制而来，或发行人主要资产来自于国有或集体企业，或历史上存在挂靠集体组织经营的企业，若改制或取得资产过程中法律依据不明确、相关程序存在瑕疵或与有关法律法规存在明显冲突，原则上发行人应在招股说明书中披露有权部门关于改制或取得资产程序的合法性、是否造成国有或集体资产流失的意见。国有企业、集体企业改制过程不存在上述情况的，保荐机构、发行人律师应结合当时有效的法律法规等，分析说明有关改制行为是否经有权机关批准、法律依据是否充分、履行的程序是否合法以及对发行人的影响等。发行人应在招股说明书中披露相关中介机构的核查意见。

4-6 发行人资产来自于上市公司

境内上市公司在境内分拆子公司上市，保荐机构和发行人律师应核查是否符合境内分拆上市的相关规定并发表意见；境外上市公司在境内分拆子公司上市，保荐机构和发行人律师应核查是否符合境外监管的相关规定并发表意见。

除上述情形外的发行人部分资产来自于上市公司，保荐机构和发行人律师应当针对以下事项进行核查并发表意见：

（1）发行人取得上市公司资产的背景、所履行的决策程序、审批程序与信息披露情况，是否符合法律法规、交易双方公司章程以及证监会和证券交易所有关上市公司监管和信息披露要求，资产转让是否存在诉讼、争议或潜在纠纷。

（2）发行人及其关联方的董事、监事和高级管理人员在上市公司及其关联方的历史任职情况及合法合规性，是否存在违反竞业禁止义务的情形，与上市公司及其董事、监事和高级管理人员是否存在亲属及其他密切关系，如存在，在相关决策程序履行过程中，相关人员是否回避表决或采取保护非关联股东利益的有效措施；资产转让过程中是否存在损害上市公司及其中小投资者合法利益的情形。

（3）发行人来自上市公司的资产置入发行人的时间，在发行人资产中的占比情况，对发行人生产经营的作用。

4-7 股权质押、冻结或发生诉讼仲裁

对于控股股东、实际控制人支配的发行人股权出现质押、冻结或诉讼仲裁的，发行人应当按照招股说明书准则要求予以充分披露；保荐机构、发行人律师应当充分核查发生上述情形的原因，相关股权比例，质权人、申请人或其他利益相关方的基本情况，约定的质权实现情形，控股股东、实际控制人的财务状况和清偿能力，以及是否存在股份被强制处分的可能性、是否存在影响发行人控制权稳定的情形等。对于被冻结或诉讼纠纷的股权达到一定比例或被质押的股权达到一定比例且控股股东、实际控制人明显不具备清偿能力，导致发行人控制权存在不确定性的，保荐机构及发行人律师应充分论证，并就是否符合发行条件审慎发表意见。

对于发行人的董事、监事及高级管理人员所持股份发生被质押、冻结或发生诉讼纠纷等情形的，发行人应当按照招股说明书准则的要求予以充分披露，并向投资者揭示风险。

4-8 境外控制架构

实际控制人实现控制的条线存在境外控制架构的，保荐机构和发行人律师应当对发行人设置此类架构的原因、合法性及合理性、持股的真实性、是否存在委托持股、信托持股、是否有各种影响控股权的约定、股东的出资来源等问题进行核查，说明发行人控股股东和受控股股东、实际控制人支配的股东所持发行人的股份权属是否清晰，以及发行人如何确保其公司治理和内控的有效性，并发表明确意见。

4-9 诉讼或仲裁

（1）发行人应当在招股说明书中披露对股权结构、生产经营、财务状况、未来发展等可能产生较大影响的诉讼或仲裁事项，包括案件受理情况和基本案情，诉讼或仲裁请求，判决、裁决结果及执行情况，诉讼或仲裁事项对发行人的影响等。如诉讼或仲裁事项可能对发行人产生重大影响，应当充分披露发行人涉及诉讼或仲裁的有关风险。

（2）保荐机构、发行人律师应当全面核查报告期内发生或虽在报告期外发生但仍对发行人产生较大影响的诉讼或仲裁的相关情况，包括案件受理情况和基本案情，诉讼或仲裁请求，判决、裁决结果及执行情况，诉讼或仲裁事项对发行

人的影响等。

发行人提交首发申请至上市期间，保荐机构、发行人律师应当持续关注发行人诉讼或仲裁的进展情况、发行人是否新发生诉讼或仲裁事项。发行人诉讼或仲裁的重大进展情况以及新发生的对股权结构、生产经营、财务状况、未来发展等可能产生较大影响的诉讼或仲裁事项，应当及时补充披露。

（3）发行人控股股东、实际控制人、控股子公司、董事、监事、高级管理人员和核心技术人员涉及的重大诉讼或仲裁事项比照上述标准执行。

（4）涉及主要产品、核心商标、专利、技术等方面的诉讼或仲裁可能对发行人生产经营造成重大影响，或者诉讼、仲裁有可能导致发行人实际控制人变更，或者其他可能导致发行人不符合发行条件的情形，保荐机构和发行人律师应在提出明确依据的基础上，充分论证该等诉讼、仲裁事项是否构成本次发行的法律障碍并审慎发表意见。

4-10 资产完整性

发行人租赁控股股东、实际控制人房产或者商标、专利来自于控股股东、实际控制人授权使用的，保荐机构和发行人律师通常应关注并核查以下方面：相关资产的具体用途、对发行人的重要程度、未投入发行人的原因、租赁或授权使用费用的公允性、是否能确保发行人长期使用、今后的处置方案等，并就该等情况是否对发行人资产完整性和独立性构成重大不利影响发表明确意见。

如发行人存在以下情形之一的，保荐机构及发行人律师应当重点关注、充分核查论证并发表意见：一是生产型企业的发行人，其生产经营所必需的主要厂房、机器设备等固定资产系向控股股东、实际控制人租赁使用；二是发行人的核心商标、专利、主要技术等无形资产是由控股股东、实际控制人授权使用。

4-11 关联交易

中介机构在尽职调查过程中，应当尊重企业合法合理、正常公允且确实有必要的经营行为，如存在关联交易的，应就交易的合法性、必要性、合理性及公允性，以及关联方认定，关联交易履行的程序等事项，基于谨慎原则进行核查，同时请发行人予以充分信息披露，具体如下：

（1）关于关联方认定。发行人应当按照《公司法》《企业会计准则》和中国证监会、证券交易所的相关规定认定并披露关联方。

（2）关于关联交易的必要性、合理性和公允性。发行人应披露关联交易的交易内容、交易金额、交易背景以及相关交易与发行人主营业务之间的关系；还应结合可比市场公允价格、第三方市场价格、关联方与其他交易方的价格等，说明并摘要披露关联交易的公允性，是否存在对发行人或关联方的利益输送。

对于控股股东、实际控制人与发行人之间关联交易对应的营业收入、成本费用或利润总额占发行人相应指标的比例较高（如达到30%）的，发行人应结合相关关联方的财务状况和经营情况、关联交易产生的营业收入、利润总额合理性等，充分说明并摘要披露关联交易是否影响发行人的经营独立性、是否构成对控股股东或实际控制人的依赖，是否存在通过关联交易调节发行人收入利润或成本费用、对发行人利益输送的情形；此外，发行人还应披露未来减少与控股股东、实际控制人发生关联交易的具体措施。

（3）关于关联交易的决策程序。发行人应当披露章程对关联交易决策程序的规定，已发生关联交易的决策过程是否与章程相符，关联股东或董事在审议相关交易时是否回避，以及独立董事和监事会成员是否发表不同意见等。

（4）关于关联方和关联交易的核查。保荐机构及发行人律师应对发行人的关联方认定，发行人关联交易信息披露的完整性，关联交易的必要性、合理性和公允性，关联交易是否影响发行人的独立性、是否可能对发行人产生重大不利影响，以及是否已履行关联交易决策程序等进行充分核查并发表意见。

4-12 董事、高级管理人员、核心技术人员变化

发行人应当按照要求披露董事、高级管理人员的变动情况。中介机构对上述人员是否发生重大变化的认定，应当本着实质重于形式的原则，综合两方面因素分析：一是最近36个月（或24个月）内的变动人数及比例，在计算人数比例时，以董事和高级管理人员合计总数作为基数；二是上述人员离职或无法正常参与发行人的生产经营是否对发行人生产经营产生重大不利影响。

如果最近36个月（或24个月）内发行人的董事、高级管理人员变动人数比例较大，或董事、高级管理人员中的核心人员发生变化，对发行人的生产经营产生重大不利影响的，保荐机构及发行人律师应当重点关注、充分核查论证并审慎发表意见。

变动后新增的董事、高级管理人员来自原股东委派或发行人内部培养产生的，原则上不构成人员的重大变化。发行人管理层因退休、调任等原因发生岗位变化的，不轻易认定为重大变化，但发行人应当披露相关人员变动对公司生产经营的影响。

发行人申请在科创板上市的，还应当按照上述要求披露核心技术人员的变动情况。保荐机构及发行人律师按照要求核查论证并发表意见。

4-13 土地使用权

发行人存在使用或租赁使用集体建设用地、划拨地、农用地、耕地、基本农田及其上建造的房产等情形的，保荐机构和发行人律师应对其取得和使用是否符

合《土地管理法》等法律法规的规定、是否依法办理了必要的审批或租赁备案手续、有关房产是否为合法建筑、是否可能被行政处罚、是否构成重大违法行为出具明确意见，说明具体理由和依据。

上述土地为发行人自有或虽为租赁但房产为自建的，如存在不规范情形且短期内无法整改，保荐机构和发行人律师应结合该土地或房产的面积占发行人全部土地或房产面积的比例、使用上述土地或房产产生的营业收入、毛利、利润情况，评估其对于发行人的重要性。如面积占比较低、对生产经营影响不大，应披露将来如因土地问题被处罚的责任承担主体、搬迁的费用及承担主体、有无下一步解决措施等，并对该等事项做重大风险提示。

发行人生产经营用的主要房产系租赁上述土地上所建房产的，如存在不规范情形，原则上不构成发行上市障碍。保荐机构和发行人律师应就其是否对发行人持续经营构成重大影响发表明确意见。发行人应披露如因土地问题被处罚的责任承担主体、搬迁的费用及承担主体、有无下一步解决措施等，并对该等事项做重大风险提示。

发行人募投用地尚未取得的，需披露募投用地的计划、取得土地的具体安排、进度等。保荐机构、发行人律师需对募投用地是否符合土地政策、城市规划、募投用地落实的风险等进行核查并发表明确意见。

4-14 环保问题的披露及核查要求

发行人应当在招股说明书中充分做好相关信息披露，包括：生产经营中涉及环境污染的具体环节、主要污染物名称及排放量、主要处理设施及处理能力；报告期内，发行人环保投资和相关费用成本支出情况，环保设施实际运行情况，报告期内环保投入、环保相关成本费用是否与处理公司生产经营所产生的污染相匹配；募投项目所采取的环保措施及相应的资金来源和金额等；公司生产经营与募集资金投资项目是否符合国家和地方环保要求，发行人若发生环保事故或受到行政处罚的，应披露原因、经过等具体情况，发行人是否构成重大违法行为，整改措施及整改后是否符合环保法律法规的有关规定。

保荐机构和发行人律师应对发行人的环保情况进行核查，包括：是否符合国家和地方环保要求，已建项目和已经开工的在建项目是否履行环评手续，公司排污达标检测情况和环保部门现场检查情况，公司是否发生环保事故或重大群体性的环保事件，有关公司环保的媒体报道。

在对发行人全面系统核查基础上，保荐机构和发行人律师应对发行人生产经营总体是否符合国家和地方环保法规和要求发表明确意见，发行人曾发生环保事故或因环保问题受到处罚的，保荐机构和发行人律师应对是否构成重大违法行为发表明确意见。

4-15 发行人与关联方共同投资

发行人如存在与其控股股东、实际控制人、董事、监事、高级管理人员及其亲属直接或者间接共同设立公司情形，发行人及中介机构应主要披露及核查以下事项：

（1）发行人应当披露相关公司的基本情况，包括但不限于公司名称、成立时间、注册资本、住所、经营范围、股权结构、最近一年又一期主要财务数据及简要历史沿革。

（2）中介机构应当核查发行人与上述主体共同设立公司的背景、原因和必要性，说明发行人出资是否合法合规、出资价格是否公允。

（3）如发行人与共同设立的公司存在业务或资金往来的，还应当披露相关交易的交易内容、交易金额、交易背景以及相关交易与发行人主营业务之间的关系。中介机构应当核查相关交易的真实性、合法性、必要性、合理性及公允性，是否存在损害发行人利益的行为。

（4）如公司共同投资方为董事、高级管理人员及其近亲属，中介机构应核查说明公司是否符合《公司法》相关规定，即董事、高级管理人员未经股东会或者股东大会同意，不得利用职务便利为自己或者他人谋取属于公司的商业机会，自营或者为他人经营与所任职公司同类的业务。

4-16 社保、公积金缴纳

发行人报告期内存在应缴未缴社会保险和住房公积金情形的，应当在招股说明书中披露应缴未缴的具体情况及形成原因，如补缴对发行人的持续经营可能造成的影响，揭示相关风险，并披露应对方案。保荐机构、发行人律师应对前述事项进行核查，并对是否属于重大违法行为出具明确意见。

4-17 公众公司、H 股公司或境外分拆、退市公司申请 IPO 的核查要求

发行人曾为或现为新三板挂牌公司、境外上市公司的，应说明并简要披露其在挂牌或上市过程中，以及挂牌或上市期间在信息披露、股权交易、董事会或股东大会决策等方面的合法合规性，披露摘牌或退市程序的合法合规性（如有），是否存在受到处罚的情形。涉及境外退市或境外上市公司资产出售的，发行人还应披露相关外汇流转及使用的合法合规性。保荐机构及发行人律师应对上述事项进行核查并发表意见。

如新三板挂牌公司的股东中包含被认定为不适格股东的，发行人应合并披露相关持股比例，合计持股比例较高的，应披露原因及其对发行人生产经营的影响。

4-18 募集资金用途

首次公开发行股票的募集资金除可用于固定资产投资项目外，还可用于公司的一般用途，如补充流动资金、偿还银行贷款等。募集资金的数额和投资方向应当与发行人现有生产经营规模、财务状况、技术水平和管理能力、未来资本支出规划等相适应。发行人应谨慎运用募集资金、注重投资者回报，并根据相关监管要求，加强募集资金运用的持续性信息披露。

募集资金用于固定资产投资项目的，发行人应按照招股说明书信息披露准则的要求披露项目的建设情况、市场前景及相关风险等。募集资金用于补充流动资金等一般用途的，发行人应在招股说明书中分析披露募集资金用于上述一般用途的合理性和必要性。其中，用于补充流动资金的，应结合公司行业特点、现有规模及成长性、资金周转速度等合理确定相应规模；用于偿还银行贷款的，应结合银行信贷及债权融资环境、公司偿债风险控制目标等说明偿还银行贷款后公司负债结构合理性等。

募集资金投向科技创新领域的，发行人应当披露其具体安排及与发行人现有主要业务、核心技术之间的关系、发行人为实施募投项目所储备的研发基础。保荐机构应当对募集资金用途是否符合科创领域、是否与发行人现有业务与技术水平相匹配、发行人是否具备实施本次募投项目的科研能力发表核查意见。

已通过上市委员会审议的，发行人原则上不得调整募集资金投资项目，但可根据募投项目实际投资情况、成本变化等因素合理调整募集资金的需求量，并可以将部分募集资金用于公司一般用途，但需在招股说明书中说明调整的原因。已通过上市委员会审议的发行人如提出增加新股发行数量的，属于发行上市审核规则规定的影响发行上市及投资者判断的重大事项，需重新提交上市委员会审议。

4-19 首发相关承诺

（1）关于减持价格和股票锁定期延长承诺

《中国证监会关于进一步推进新股发行体制改革的意见》规定了解禁后 24 个月内减持价不低于发行价和特定情形下锁定期限自动延长 6 个月的最低承诺要求，发行人控股股东、持有股份的董事、高级管理人员也可根据具体情形提出更高、更细的锁定要求。对于已作出承诺的董事、高级管理人员，应明确不因其职务变更、离职等原因，而放弃履行承诺。

（2）关于上市 36 个月内公司股价低于每股净资产时承诺稳定公司股价的预案

启动预案的触发条件必须明确，比如公司股票连续 20 个交易日收盘价均低于每股净资产；发行人、控股股东、董事（独立董事除外）及高级管理人员都必须提出相应的股价稳定措施，具体措施可以是发行人回购公司股票，控股股东增持公司股票，董事、高级管理人员增持公司股票、减薪等，上述措施的启动情形和具体内容应当明确，确定出现相关情形时股价稳定措施何时启动，将履行的法律程序等，以明确市场预期。稳定股价措施可根据公司的具体情况自主决定，但应明确可预期，比如明确增持公司股票的数量或资金金额。对于未来新聘的董事、高级管理人员，也应要求其履行公司发行上市时董事、高级管理人员已作出的相应承诺要求。

（3）关于股份回购承诺

招股说明书及有关申报文件应明确如招股说明书存在对判断发行人是否符合法律规定的发行条件构成重大、实质影响的虚假记载、误导性陈述或者重大遗漏需回购股份情形的，发行人、控股股东将如何启动股份回购措施、以什么价格回购等；公司及控股股东、实际控制人、董事、监事、高级管理人员及相关中介机构作出的关于赔偿投资者损失的承诺应当具体、明确，确保投资者合法权益得到有效保护。

（4）关于持股5%以上股东持股意向

发行前持股5%及其以上的股东必须至少披露限售期结束后24个月内的减持意向，减持意向应说明减持的价格预期、减持股数，不可以"根据市场情况减持"等语句敷衍。招股说明书及相关申报材料应披露该等股东持有股份的锁定期安排，将在满足何种条件时，以何种方式、价格在什么期限内进行减持；并承诺在减持前3个交易日予以公告，通过证券交易所集中竞价交易首次减持的在减持前15个交易日予以公告。如未履行上述承诺，要明确将承担何种责任和后果。

（5）关于发行人及其控股股东、中介机构各自的职责

发行人及其控股股东等责任主体所作出的承诺及相关约束措施，是招股说明书等申报文件的必备内容，应按要求进行充分披露。除上述承诺外，包括发行人、控股股东等主体作出的其他承诺，如控股股东、实际控制人关于规范关联交易等的承诺等，也应同时提出未能履行承诺时的约束措施。

保荐机构应对相关承诺的内容合法、合理，失信补救措施的及时有效等发表核查意见。发行人律师应对相关承诺及约束措施的合法性发表意见。

4-20 中小商业银行披露及核查要求

中小商业银行申报发行上市，发行人应重点说明并披露下列问题：

（1）中小商业银行是否符合产权清晰、公司治理健全、风险管控能力强、资产质量好、有一定规模且业务较为全面、竞争力和盈利能力较强的要求。

（2）最近两年银行业监管部门监管评级的综合评级结果。

（3）最近三年年末及最近一期末风险监管核心指标是否符合银行业监管部门的相关规定。

（4）持续经营能力。

（5）最近一年及最近一期末存款或贷款规模在主要经营地中小商业银行的市场份额排名中是否居于前列。

（6）最近三年内是否进行过重大不良资产处置、剥离，或发生过重大银行案件。

（7）报告期内监管评级、风险监管核心指标的变动情况及变动原因。

（8）内部职工持股是否符合《关于规范金融企业内部职工持股的通知》（财金〔2010〕97号）的规定。

（9）银行设立、历次增资和股权转让是否按规定向银行业监管部门履行了必要的审批或者备案等手续。

（10）是否已结合资本状况、股权结构、业务现状及其发展状况等因素，合理确定资本金补充机制，并在招股说明书中予以披露。

（11）是否参照《公开发行证券的公司信息披露编报规则第26号——商业银行信息披露特别规定》（证监会公告〔2008〕33号）的规定编制招股说明书。

保荐机构、发行人律师应对前述事项进行核查，并对下列事项发表明确核查意见：

（1）贷款风险分类制度的健全性和执行的有效性，所推荐的中小商业银行是否已根据银行业监管部门要求制定贷款分类制度并在报告期内得到有效执行。

（2）公司治理结构、风险管理体系和内部控制制度的健全性和有效性，所推荐的中小商业银行是否已建立健全的公司治理结构、完善的风险管理体系和内部控制制度，其报告期内各项风险管理与内部控制措施是否得到全面有效执行。

（3）重点风险领域相关业务的风险与合法、合规性，所推荐的中小商业银行相关业务是否合法、合规，是否存在重大风险。

（4）贷款集中度和关联贷款，所推荐中小商业银行是否存在重大信用风险。

4-21 其他说明

本指引自公布之日起施行。

《发行监管问答——关于首发企业中创业投资基金股东的锁定期安排》《发行监管问答——中小商业银行发行上市审核》《发行监管问答——募集资金运用信息披露》《发行监管问答——落实首发承诺及老股转让规定》《发行监管问答——关于相关责任主体承诺事项的问答》《发行监管问答——关于调整首次公开发行股票企业征求国家发改委意见材料的要求》《发行监管问答——首发企业上市地选择和申报时间把握等》《发行监管问答——关于与发行监管工作相关的私募投资基金备案问题的解答》《首发业务若干问题解答》等同步废止。

监管规则适用指引——发行类第5号

5-1 增资或转让股份形成的股份支付

一、具体适用情形

发行人向职工（含持股平台）、顾问、客户、供应商及其他利益相关方等新增股份，以及主要股东及其关联方向职工（含持股平台）、客户、供应商及其他利益相关方等转让股份，发行人应根据重要性水平，依据实质重于形式原则，对相关协议、交易安排及实际执行情况进行综合判断，并进行相应会计处理。有充分证据支持属于同一次股权激励方案、决策程序、相关协议而实施的股份支付，原则上一并考虑适用。

1. 实际控制人／老股东增资

解决股份代持等规范措施导致股份变动，家族内部财产分割、继承、赠与等非交易行为导致股份变动，资产重组、业务并购、转换持股方式、向老股东同比例配售新股等导致股份变动，有充分证据支持相关股份获取与发行人获得其服务无关的，不适用《企业会计准则第11号——股份支付》。

为发行人提供服务的实际控制人／老股东以低于股份公允价值的价格增资入股，且超过其原持股比例而获得的新增股份，应属于股份支付。如果增资协议约定，所有股东均有权按各自原持股比例获得新增股份，但股东之间转让新增股份受让权且构成集团内股份支付，导致实际控制人／老股东超过其原持股比例获得的新增股份，也属于股份支付。实际控制人／老股东原持股比例，应按照相关股东直接持有与穿透控股平台后间接持有的股份比例合并计算。

2. 顾问或实际控制人／老股东亲友获取股份

发行人的顾问或实际控制人／老股东亲友（以下简称当事人）以低于股份公允价值的价格取得股份，应综合考虑发行人是否获取当事人及其关联方的服务。

发行人获取当事人及其关联方服务的，应构成股份支付。

实际控制人／老股东亲友未向发行人提供服务，但通过增资取得发行人股份的，应考虑是否实际构成发行人或其他股东向实际控制人／老股东亲友让予利益，从而构成对实际控制人／老股东的股权激励。

3. 客户、供应商获取股份

发行人客户、供应商入股的，应综合考虑购销交易公允性、入股价格公允性等因素判断。

购销交易价格与第三方交易价格、同类商品市场价等相比不存在重大差异，且发行人未从此类客户、供应商获取其他利益的，一般不构成股份支付。

购销交易价格显著低于／高于第三方交易价格、同类商品市场价等可比价格的：（1）客户、供应商入股价格未显著低于同期财务投资者入股价格的，一般不构成股份支付；（2）客户、供应商入股价格显著低于同期财务投资者入股价格的，需要考虑此类情形是否构成股份支付；是否显著低于同期财务投资者入股价格，应综合考虑与价格公允性相关的各项因素。

二、确定公允价值应考虑因素

确定公允价值，应综合考虑以下因素：（1）入股时期，业绩基础与变动预期，市场环境变化；（2）行业特点，同行业并购重组市盈率、市净率水平；（3）股份支付实施或发生当年市盈率、市净率等指标；（4）熟悉情况并按公平原则自愿交易的各方最近达成的入股价格或股权转让价格，如近期合理的外部投资者入股价，但要避免采用难以证明公允性的外部投资者入股价；（5）采用恰当的估值技术确定公允价值，但要避免采取有争议的、结果显失公平的估值技术或公允价值确定方法，如明显增长预期下按照成本法评估的净资产或账面净资产。判断价格是否公允应考虑与某次交易价格是否一致，是否处于股权公允价值的合理区间范围内。

三、确定等待期应考虑因素

股份立即授予或转让完成且没有明确约定等待期等限制条件的，股份支付费用原则上应一次性计入发生当期，并作为偶发事项计入非经常性损益。设定等待期的股份支付，股份支付费用应采用恰当方法在等待期内分摊，并计入经常性损益。

发行人应结合股权激励方案及相关决议、入股协议、服务合同、发行人回购权的期限、回购价格等有关等待期的约定及实际执行情况，综合判断相关约定是否实质上构成隐含的可行权条件，即职工是否必须完成一段时间的服务或完成相关业绩方可真正获得股权激励对应的经济利益。

发行人在股权激励方案中没有明确约定等待期，但约定一旦职工离职或存在其他情形（例如职工考核不达标等非市场业绩条件），发行人、实际控制人或其指定人员有权回购其所持股份或在职工持股平台所持有财产份额的，应考虑此类条款或实际执行情况是否构成实质性的等待期，尤其关注回购价格影响。回购价格公允，回购仅是股权归属安排的，职工在授予日已获得相关利益，原则上不认定存在等待期，股份支付费用无需分摊。回购价格不公允或尚未明确约定的，表明职工在授予日不能确定获得相关利益，只有满足特定条件后才能获得相关利益，应考虑是否构成等待期。

1. 发行人的回购权存在特定期限

发行人对于职工离职时相关股份的回购权存在特定期限，例如固定期限届满前、公司上市前或上市后一定期间等，无证据支持相关回购价格公允的，一般应将回购权存续期间认定为等待期。

2. 发行人的回购权没有特定期限，且回购价格不公允

发行人的回购权没有特定期限或约定职工任意时间离职时发行人均有权回购其权益，且回购价格与公允价值存在较大差异的，例如职工仅享有持有期间的分红权、回购价格是原始出资额或原始出资额加定期利息等，发行人应结合回购价格等分析职工实际取得的经济利益，判断该事项应适用职工薪酬准则还是股份支付准则。

3. 发行人的回购权没有特定期限，且回购价格及定价基础均未明确约定

发行人的回购权没有特定期限，且回购价格及定价基础均未明确约定的，应考虑相关安排的商业合理性。发行人应在申报前根据股权激励的目的和商业实质对相关条款予以规范，明确回购权期限及回购价格。

四、核查要求

保荐机构及申报会计师应对发行人的股份变动是否适用《企业会计准则第11号——股份支付》进行核查，并对以下问题发表明确意见：股份支付相关安排是否具有商业合理性；股份支付相关权益工具公允价值的计量方法及结果是否合理，与同期可比公司估值是否存在重大差异；与股权所有权或收益权等相关的限制性条件是否真实、可行，相关约定是否实质上构成隐含的可行权条件，等待期的判断是否准确，等待期各年/期确认的职工服务成本或费用是否准确；发行人股份支付相关会计处理是否符合规定。

五、信息披露

发行人应根据重要性原则，在招股说明书中披露股份支付的形成原因、具体对象、权益工具的数量及确定依据、权益工具的公允价值及确认方法、职工持有份额/股份转让的具体安排等。

5-2 应收款项减值

保荐机构及申报会计师应对发行人应收款项包括但不限于以下事项进行核查并发表明确意见：

一、根据预期信用损失模型，发行人可依据包括客户类型、商业模式、付款方式、回款周期、历史逾期、违约风险、时间损失、账龄结构等因素形成的显著差异，对应收款项划分不同组合分别进行减值测试。

二、发行人评估预期信用损失，应考虑所有合理且有依据的信息，包括前瞻性信息，并说明预期信用损失的确定方法和相关参数的确定依据。

三、如果对某些单项或某些组合应收款项不计提坏账准备，发行人应充分说明并详细论证未计提的依据和原因，是否存在确凿证据，是否存在信用风险，账

龄结构是否与收款周期一致，是否考虑前瞻性信息，不应仅以欠款方为关联方客户、优质客户、政府工程客户或历史上未发生实际损失等理由而不计提坏账准备。

四、发行人重要客户以现金、银行转账以外方式回款的，应清晰披露回款方式。

五、发行人应清晰说明应收账款账龄的起算时点，分析披露的账龄情况与实际是否相符；应收账款初始确认后又转为商业承兑汇票结算的或应收票据初始确认后又转为应收账款结算的，发行人应连续计算账龄并评估预期信用损失；应收账款保理业务，如为有追索权债权转让，发行人应根据原有账龄评估预期信用损失。

六、发行人应参考同行业上市公司确定合理的应收账款坏账准备计提政策；计提比例与同行业上市公司存在显著差异的，应在招股说明书中披露具体原因。

5-3 客户资源或客户关系及企业合并涉及无形资产的判断

一、客户资源或客户关系，只有源自合同性权利或其他法定权利且确保能在较长时期内获得稳定收益，才能确认为无形资产。发行人无法控制客户资源或客户关系带来的未来经济利益的，不应确认无形资产。发行人开拓市场过程中支付的营销费用，或仅购买相关客户资料，而客户并未与出售方签订独家或长期买卖合同，有关"客户资源"或"客户关系"支出通常应为发行人获取客户渠道的费用。

发行人已将客户资源或客户关系确认为无形资产的，应详细说明确认的依据，是否符合无形资产的确认条件。发行人应在资产负债表日判断是否存在可能发生减值的迹象，如考虑上述无形资产对应合同的实际履行情况与确认时设定的相关参数是否存在明显差异等。保荐机构及申报会计师应针对上述事项发表明确意见。

二、非同一控制下企业合并中，购买方在初始确认购入的资产时，应充分识别被购买方拥有但财务报表未确认的无形资产，满足会计准则规定确认条件的，应确认为无形资产。

在企业合并确认无形资产的过程中，发行人应保持专业谨慎，充分论证是否存在确凿证据以及可计量、可确认的条件，评估师应按照公认可靠的评估方法确认其公允价值。保荐机构及申报会计师应保持应有的职业谨慎，详细核查发行人确认的无形资产是否符合会计准则规定的确认条件和计量要求，是否存在虚构无形资产情形，是否存在估值风险和减值风险。

5-4 研发支出资本化

一、会计处理要求

研究阶段的支出，应于发生时计入当期损益；开发阶段的支出，在同时满足会计准则列明的条件时，才能按规定确认为无形资产。

初始确认和计量时，发行人应结合研发支出资本化相关内控制度的健全性和有效性，逐条具体分析进行资本化的开发支出是否同时满足会计准则规定的条件。后续计量时，相关无形资产的预计使用寿命和摊销方法应符合会计准则规定，按规定进行减值测试并足额计提减值准备。

二、核查要求

中介机构应从研究开发项目的立项与验收、研究阶段及开发阶段划分、资本化条件确定、费用归集及会计核算和相关信息披露等方面，关注发行人研究开发活动和财务报告流程相关内部控制是否健全有效并一贯执行，对发行人研发支出资本化相关会计处理的合规性、谨慎性和一贯性发表核查意见：

1. 研发支出成本费用归集范围是否恰当，研发支出是否真实、准确，是否与相关研发活动相关。

2. 研究阶段和开发阶段划分是否合理，是否与研发流程相联系，是否遵循正常研发活动的周期及行业惯例并一贯运用，是否完整、准确披露研究阶段与开发阶段划分依据。

3. 研发支出资本化条件是否均已满足，是否具有内外部证据支持。应重点从技术可行性，预期产生经济利益方式，技术、财务资源和其他资源支持等方面进行关注。

4. 是否为申请高新技术企业认定及企业所得税费用加计扣除等目的虚增研发支出。

5. 研发支出资本化的会计处理与同行业可比公司是否存在重大差异及差异的合理性。

三、信息披露

发行人应根据重要性原则，在招股说明书中披露：

1. 研发支出资本化相关会计政策，与资本化相关研发项目的研究内容、进度、成果、完成时间（或预计完成时间）、经济利益产生方式（或预计产生方式）、当期和累计资本化金额、主要支出构成，以及资本化的起始时点和确定依据等。

2. 与研发支出资本化相关的无形资产的预计使用寿命、摊销方法、减值等情况，并说明是否符合相关规定，研发支出资本化时点是否与同行业可比公司存在重大差异及合理性。发行人应结合研发项目推进和研究成果运用可能发生的内外部不利变化、与研发支出资本化相关的无形资产规模等因素，充分披露相关无形资产的减值风险及对公司未来业绩可能产生的不利影响。

5-5 科研项目相关政府补助

一、会计处理要求

发行人应结合科研项目获取政府经济资源的主要目的和科研成果所有权归属，判断上述从政府取得的经济资源适用的具体准则。

若发行人充分证明相关科研项目与日常活动相关，从政府取得的经济资源属于提供研发服务或者使用相关科研项目技术所生产商品的对价或者对价组成部分，原则上适用收入准则；若发行人充分证明从该科研项目获得的政府经济资源是无偿的，补助资金主要用途是形成发行人自有知识产权，原则上适用政府补助准则。

发行人应结合补助条件、形式、与公司日常活动的相关性等，说明相关会计处理是否符合会计准则规定。

二、非经常性损益列报要求

企业从政府无偿取得的货币性资产或非货币性资产应确认为政府补助。企业应根据《公开发行证券的公司信息披露解释性公告第1号——非经常性损益》判断政府补助是否应列入非经常性损益。通常情况下，政府补助文件中明确补助发放标准，企业可根据其经营活动的产量或者销量等确定可能持续收到的补助金额，属于定额或定量的政府补助，应列入经常性损益。企业因研究或专项课题等获得的政府补助，即使政府通过预算等方式明确各期补助发放金额，但与企业经营活动的产量或者销量等无关，则不属于定额或定量的政府补助，应列入非经常性损益。

三、核查要求

保荐机构及申报会计师应核查发行人上述事项，并对发行人政府补助相关会计处理和非经常性损益列报的合规性发表意见。

四、信息披露

发行人应根据重要性原则，披露所承担科研项目的名称、类别、实施周期、总预算及其中的财政预算金额、计入当期收益和经常性损益的政府补助金额等内容。

5-6 有关涉税事项

1. 发行人依法取得的税收优惠，如高新技术企业、软件企业、文化企业及西部大开发等特定性质或区域性的税收优惠，符合《公开发行证券的公司信息披露解释性公告第1号——非经常性损益》规定的，可以计入经常性损益。

2. 中介机构应对照税收优惠的相关条件和履行程序的相关规定，对发行人税收优惠政策到期后是否能够继续享受优惠发表明确意见：（1）如果很可能获得相关税收优惠批复，按优惠税率预提缴经税务部门同意，可暂按优惠税率预提，并说明如果未来被追缴税款，是否有大股东承诺补偿；同时，发行人应在招股说明书中披露税收优惠不确定性风险。（2）如果获得相关税收优惠批复的可能性较小，需按照谨慎性原则按正常税率预提，未来根据实际的税收优惠批复情况相应调整。

3. 发行人补缴税款，符合会计差错更正要求的，可追溯调整至相应期间；缴纳罚款、滞纳金等，原则上应计入缴纳当期。

5-7 持续经营能力

发行人存在以下情形的，保荐机构及申报会计师应重点关注是否影响发行人持续经营能力：

一、发行人因宏观环境因素影响存在重大不利变化风险，如法律法规、汇率税收、国际贸易条件、不可抗力事件等。

二、发行人因行业因素影响存在重大不利变化风险，如：

1. 发行人所处行业被列为行业监管政策中的限制类、淘汰类范围，或行业监管政策发生重大变化，导致发行人不满足监管要求；

2. 发行人所处行业出现周期性衰退、产能过剩、市场容量骤减、增长停滞等情况；

3. 发行人所处行业准入门槛低、竞争激烈，导致市场占有率下滑；

4. 发行人所处行业上下游供求关系发生重大变化，导致原材料采购价格或产品售价出现重大不利变化。

三、发行人因自身因素影响存在重大不利变化风险，如：

1. 发行人重要客户或供应商发生重大不利变化，进而对发行人业务稳定性和持续性产生重大不利影响；

2. 发行人由于工艺过时、产品落后、技术更迭、研发失败等原因导致市场占有率持续下降，主要资产价值大幅下跌、主要业务大幅萎缩；

3. 发行人多项业务数据和财务指标呈现恶化趋势，由盈利转为重大亏损，且短期内没有好转迹象；

4. 发行人营运资金不能覆盖持续经营期间，或营运资金不能够满足日常经营、偿还借款等需要；

5. 对发行人业务经营或收入实现有重大影响的商标、专利、专有技术以及特许经营权等重要资产或技术存在重大纠纷或诉讼，已经或者将对发行人财务状况或经营成果产生重大不利影响。

四、其他明显影响发行人持续经营能力的情形。

保荐机构及申报会计师应详细分析和评估上述因素的具体情形、影响程度和预期结果，综合判断上述因素是否对发行人持续经营能力构成重大不利影响，审慎发表明确意见，并督促发行人充分披露可能影响持续经营的风险因素。

5-8 财务内控不规范情形

一、适用情形

发行人申请上市成为公众公司，需要建立、完善并严格实施相关财务内部控制制度，保护中小投资者合法权益，在财务内控方面存在不规范情形的，应通过中介机构上市辅导完成整改（如收回资金、结束不当行为等措施）和建立健全相关内控制度，从内控制度上禁止相关不规范情形的持续发生。

部分发行人在提交申报材料的审计截止日前存在财务内控不规范情形，如①无真实业务支持情况下，通过供应商等取得银行贷款或为客户提供银行贷款资金走账通道（简称"转贷"行为）；②向关联方或供应商开具无真实交易背景的商业票据，通过票据贴现获取银行融资；③与关联方或第三方直接进行资金拆借；④频繁通过关联方或第三方收付款项，金额较大且缺乏商业合理性；⑤利用个人账户对外收付款项；⑥出借公司账户为他人收付款项；⑦违反内部资金管理规定对外支付大额款项、大额现金收支、挪用资金；⑧被关联方以借款、代偿债务、代垫款项或者其他方式占用资金；⑨存在账外账；⑩在销售、采购、研发、存货管理等重要业务循环中存在内控重大缺陷。发行人存在上述情形的，中介机构应考虑是否影响财务内控健全有效。

发行人确有特殊客观原因，认为不属于财务内控不规范情形的，需提供充分合理性证据，如外销业务因外汇管制等原因确有必要通过关联方或第三方代收货款，且不存在审计范围受到限制的情形；连续12个月内银行贷款受托支付累计金额与相关采购或销售（同一交易对手或同一业务）累计金额基本一致或匹配等；与参股公司（非受实际控制人控制）的其他股东同比例提供资金。

首次申报审计截止日后，发行人原则上不能存在上述内控不规范和不能有效执行的情形。

二、核查要求

1. 中介机构应根据有关情形发生的原因及性质、时间及频率、金额及比例等因素，综合判断是否对内控制度有效性构成重大不利影响。

2. 中介机构应对发行人有关行为违反法律法规、规章制度情况进行认定，判断是否属于舞弊行为，是否构成重大违法违规，是否存在被处罚情形或风险，是否满足相关发行条件。

3. 中介机构应对发行人有关行为进行完整核查，验证相关资金来源或去向，充分关注相关会计核算是否真实、准确，与相关方资金往来的实际流向和使用情况，判断是否通过体外资金循环粉饰业绩或虚构业绩。

4. 中介机构应关注发行人是否已通过收回资金、纠正不当行为、改进制度、加强内控等方式积极整改，是否已针对性建立内控制度并有效执行，且未发生新的不合规行为；有关行为是否存在后续影响，是否存在重大风险隐患。发行人已完成整改的，中介机构应结合对此前不规范情形的轻重或影响程度的判断，全面核查、测试，说明测试样本量是否足够支撑其意见，并确认发行人整改后的内控制度是否已合理、正常运行并持续有效，不存在影响发行条件的情形。

5. 中介机构应关注发行人的财务内控是否持续符合规范要求，能够合理保证公司运行效率、合法合规和财务报告的可靠性，不影响发行条件及信息披露质量。

三、信息披露

发行人应根据重要性原则，充分披露报告期内的财务内控不规范行为，如相关交易形成原因、资金流向和用途、违反有关法律法规具体情况及后果、后续可能影响的承担机制，并结合财务内控重大缺陷的认定标准披露有关行为是否构成重大缺陷、整改措施、相关内控建立及运行情况等。

审计截止日为经审计的最近一期资产负债表日。

5-9 会计政策、会计估计变更和差错更正

一、申报前会计政策、会计估计变更和差错更正

发行人在申报前进行审计调整的，申报会计师应按要求对发行人编制的申报财务报表与原始财务报表的差异比较表出具鉴证报告并说明审计调整原因，保荐机构应核查审计调整的合理性与合规性。

报告期内发行人会计政策和会计估计应保持一致，不得随意变更，如变更应符合会计准则的规定，并履行必要的审批程序。保荐机构及申报会计师应关注发行人变更会计政策或会计估计是否有充分、合理的理由及依据。无充分、合理的证据证明会计政策或会计估计变更的合理性，或者未经批准擅自变更会计政策或会计估计的，或者连续、反复自行变更会计政策或会计估计的，视为滥用会计政策或会计估计。

二、申报后会计政策、会计估计变更

发行人申报后存在会计政策、会计估计变更事项的，相关变更事项应符合专业审慎原则，与同行业上市公司不存在重大差异，不存在影响发行人会计基础工作规范性及内控有效性情形。在此基础上，发行人应提交更新后的财务报告。保荐机构及申报会计师应重点核查以下方面并发表明确意见：

1. 变更事项的时间、内容和范围，对发行人的影响。

2. 变更事项的性质、内容、原因及依据，是否合规，是否符合审慎原则，变更后发行人会计政策、会计估计与同行业上市公司是否存在重大差异。

3. 发行人是否滥用会计政策或者会计估计。

4. 变更事项是否反映发行人会计基础工作薄弱或内控缺失。

5. 变更事项是否已准确、充分披露。

三、申报后差错更正

发行人申报后出现会计差错更正事项的，保荐机构及申报会计师应重点核查以下方面并发表明确意见：

1. 差错更正事项的时间、内容和范围，对发行人的影响。

2. 差错更正事项的性质、原因及依据，是否合规，是否符合审慎原则。

3. 差错更正事项是否因会计基础薄弱、内控重大缺陷、盈余操纵、未及时进行审计调整的重大会计核算疏漏、滥用会计政策或者会计估计以及恶意隐瞒或舞弊行为，是否反映发行人会计基础工作薄弱或内控缺失。

4. 差错更正事项是否已准确、充分披露。

5-10 现金交易核查

发行人报告期存在现金交易或以大额现金支付薪酬、报销费用、垫付各类款项的，保荐机构及申报会计师通常应关注并核查以下方面：

1. 现金交易或大额现金支付的必要性与合理性，是否符合发行人业务情况或行业惯例，现金交易比例及其变动情况是否处于合理范围。

2. 现金交易的客户或供应商情况，是否涉及发行人关联方。

3. 相关收入确认及成本核算的原则与依据，是否涉及体外循环或虚构业务。

4. 现金管理制度是否与业务模式、内部管理制度匹配，与现金交易、现金支付相关的内部控制制度是否完备、合理并执行有效。

5. 现金交易流水的发生与相关业务发生是否真实一致，是否存在异常分布。

6. 实际控制人及发行人董事、监事、高管等关联方以及大额现金支付对象是否与客户或供应商及其关联方存在资金往来。

7. 发行人为减少现金交易采取的改进措施及进展情况。

8. 现金交易占比达到重要性水平的，相关风险是否充分披露。

保荐机构及申报会计师应详细说明对发行人现金交易、大额现金支付的核查方法、过程与证据，对发行人报告期现金交易、大额现金支付的真实性、合理性和必要性及相关内控有效性发表明确意见。

5-11 第三方回款核查

一、适用范围

第三方回款通常指发行人销售回款的支付方（如银行汇款的汇款方、银行承兑汇票或商业承兑汇票的出票方或背书转让方）与签订经济合同的往来客户（或实际交易对手）不一致。

二、核查要求

发行人报告期存在第三方回款的，保荐机构及申报会计师通常应重点核查以下方面：

1. 第三方回款的真实性，是否虚构交易或调节账龄。中介机构需核查的内容包括但不限于：抽样选取不一致业务的明细样本和银行对账单回款记录，追查至相关业务合同、业务执行记录及资金流水凭证，获取相关客户代付款确认依据，以核实委托付款的真实性、代付金额的准确性及付款方和委托方之间的关系，说明合同签约方和付款方不一致的合理原因及第三方回款统计明细记录的完整性，并对第三方回款所对应营业收入的真实性发表明确意见。

2.第三方回款有关收入占营业收入的比例，相关金额及比例是否处于合理范围。

3.第三方回款的原因、必要性及商业合理性，是否与经营模式相关、符合行业经营特点，是否能够区分不同类别的第三方回款。与经营模式相关、符合行业经营特点的第三方回款情况包括但不限于：①客户为个体工商户或自然人，通过家庭约定由直系亲属代为支付货款；②客户为自然人控制的企业，该企业的法定代表人、实际控制人代为支付货款；③客户所属集团通过集团财务公司或指定相关公司代客户统一对外付款；④政府采购项目指定财政部门或专门部门统一付款；⑤通过应收账款保理、供应链物流等合规方式或渠道完成付款；⑥境外客户指定付款。

4.发行人及其实际控制人、董事、监事、高管或其他关联方与第三方回款的支付方是否存在关联关系或其他利益安排。

5.境外销售涉及境外第三方回款的，第三方代付的商业合理性或合规性。

6.是否因第三方回款导致货款归属纠纷。

7.合同明确约定第三方付款的，该交易安排是否合理。

8.资金流、实物流与合同约定及商业实质是否一致，第三方回款是否具有可验证性，是否影响销售循环内部控制有效性的认定。

5-12 经销模式

一、适用情形

中介机构应按风险导向和重要性原则，对于报告期任意一期经销收入或毛利占比超过30%的发行人，原则上应按照本规定做好相关工作并出具专项说明，未达到上述标准的，可参照执行。

二、核查内容

（一）关于经销商模式商业合理性

结合发行人行业特点、产品特性、发展历程、下游客户分布、同行业可比公司情况，分析发行人经销商模式的分类和定义，不同类别、不同层级经销商划分标准，以及采用经销商模式的必要性和商业合理性。

（二）关于经销商模式内控制度合理性及运行有效性

经销商模式内控制度包括但不限于：经销商选取标准和批准程序，对不同类别经销商、多层级经销商管理制度，终端销售管理、新增及退出管理方法，定价考核机制（包括营销、运输费用承担和补贴、折扣和返利等），退换货机制，物流管理模式（是否直接发货给终端客户），信用及收款管理，结算机制，库存管理机制，对账制度，信息管理系统设计与执行情况，说明相关内控制度设计的合理性及运行的有效性。

（三）关于经销收入确认、计量原则

经销收入确认、计量原则，对销售补贴或返利、费用承担、经销商保证金的会计处理，对附有退货条件、给予购销信用、前期铺货借货、经销商作为居间人参与销售等特别方式下经销收入确认、计量原则，是否符合《企业会计准则》规定，是否与同行业可比公司存在显著差异。

（四）关于经销商构成及稳定性

1.不同类别、不同层级经销商数量、销售收入及毛利占比变动原因及合理性。

2.新增、退出经销商数量，销售收入及毛利占比，新增、退出经销商销售收入及毛利占比合理性，新设即成为发行人主要经销商的原因及合理性。

3.主要经销商销售收入及毛利占比，变动原因及合理性，经销商向发行人采购规模是否与其自身业务规模不匹配。

4.经销商是否存在个人等非法人实体，该类经销商数量、销售收入及毛利占比，与同行业可比公司是否存在显著差异。

（五）关于经销商与发行人关联关系及其他业务合作

1.主要经销商基本情况，包括但不限于：注册资本、注册地址、成立时间、经营范围、股东、核心管理人员、员工人数、与发行人合作历史等。

2.发行人及其控股股东、实际控制人、董事、监事、高管、关键岗位人员及其他关联方与经销商、经销商的终端客户是否存在关联关系或其他利益安排，是否存在其他特殊关系或业务合作（如是否存在前员工、近亲属设立的经销商，是否存在经销商使用发行人名称或商标），是否存在非经营性资金往来，包括对经销商或客户提供的借款、担保等资金支持等。

3.经销商持股的原因，入股价格是否公允，资金来源，发行人及其关联方是否提供资助。

4.经销商是否专门销售发行人产品。

5.关联经销商销售收入、毛利及占比，销售价格和毛利率与非关联经销商是否存在显著差异。

（六）关于经销商模式经营情况分析

1.经销商模式销售收入及占比、毛利率，与同行业可比公司是否存在显著差异。

2.不同销售模式（直销、经销等）、不同区域（境内、境外等）和不同类别经销商销售的产品数量、销售价格、销售收入及占比、毛利及占比、毛利率情况；不同模式、不同区域、不同类别经销商销售价格、毛利率存在显著差异的原因及合理性。

3.经销商返利政策及其变化情况，返利占经销收入比例，返利计提是否充分，是否通过调整返利政策调节经营业绩。

4.经销商采购频率及单次采购量分布是否合理，与期后销售周期是否匹配。

5.经销商一般备货周期，经销商进销存、退换货情况，备货周期是否与经销商进销存情况匹配，是否存在经销商压货，退换货率是否合理。

6.经销商信用政策及变化，给予经销商的信用政策是否显著宽松于其他销售模式或对部分经销商信用政策显著宽松于其他经销商，是否通过放宽信用政策调节收入。

7.经销商回款方式、应收账款规模合理性，是否存在大量现金回款或第三方回款情况。

8.终端客户构成情况，各层级经销商定价政策，期末库存及期后销售情况，各层级经销商是否压货以及大额异常退换货，各层级经销商回款情况；直销客户与经销商终端客户重合的，同时对终端客户采用两种销售模式的原因及合理性。

三、核查要求

中介机构应实施充分适当的核查程序，获取经销商收入相关的可靠证据，以验证经销商收入的真实性。

（一）制定核查计划

中介机构应制定核查计划，详细记录核查计划制定的过程（过程如有调整，详细记录调整过程、原因及审批流程）。制定核查计划应考虑因素包括但不限：行业属性、行业特点，可比公司情况，发行人商业模式，经销商分层级管理方式，财务核算基础，信息管理系统，发行人产品结构、经销商结构、终端销售结构及其特点；样本选取标准、选取方法及选取过程，不同类别的核查数量、金额及占比等。

（二）选取核查样本

中介机构可参考《中国注册会计师审计准则第 1314 号——审计抽样和其他选取测试项目的方法》，采用统计抽样、非统计抽样等方法选取样本，详细记录样本选取标准和选取过程，严禁人为随意调整样本选取。样本选取应考虑因素包括但不限于：经销商类别、层级、数量、规模、区域分布、典型特征、异常变动（如新增或变化较大）等具体特点。核查的样本量应能为得出核查结论提供合理基础。

（三）实施有效核查

中介机构应按核查计划，综合采用多种核查方法，对选取样本实施有效核查，如实记录核查情况，形成工作底稿。具体核查方法包括但不限于：

1.内部控制测试：了解、测试并评价与经销商相关内控制度的合理性和执行有效性。

2.实地走访：实地走访所选取经销商及其终端客户，察看其主要经营场所，发行人产品在经营场所的库存状态，了解进销存情况。了解经销商实际控制人和关键经办人相关信息、向发行人采购的商业理由，了解经销商经营情况、财务核算基础、信息管理系统等。核查经销商财务报表了解经销商资金实力。

3.分析性复核：核查发行人、经销商相关合同、台账、销售发票、发货单、验收单/报关单/代销清单、回款记录等，核查发行人经销收入与经销商采购成本的匹配性，销货量与物流成本的匹配性，相互印证销售实现过程及结果真实性；核查发行人与经销商相关的信息管理系统可靠性，经销商信息管理系统进销存情况，与发行人其他业务管理系统、财务系统、资金流水等数据是否匹配。

4. 函证：函证发行人主要经销商，函证内容包括各期销售给经销商的产品数量、金额、期末库存和对应应收款等。

5. 抽查监盘：对经销商的期末库存进行抽查监盘，核实经销商期末库存真实性。

6. 资金流水核查：核查发行人及其控股股东、实际控制人、董事、监事、高管、关键岗位人员及其他关联方与经销商之间的资金往来。发现异常情况应扩大资金流水核查范围。

由于行业特征、经销商结构和数量等原因导致部分核查程序无法有效实施的，中介机构应充分说明原因，并使用恰当的替代程序，确保能合理地对经销商最终销售的真实性发表明确意见。

（四）发表核查意见

中介机构应按照以上要求进行逐一核查，说明核查程序、核查方法、核查比例、核查证据并得出核查结论，对经销商模式下收入真实性发表明确意见。

5-13 通过互联网开展业务相关信息系统核查

部分发行人，如电商、互联网信息服务、互联网营销企业等，其业务主要通过互联网开展。此类企业，报告期任意一期通过互联网取得的营业收入占比或毛利占比超过30%，原则上，保荐机构及申报会计师应对该类企业通过互联网开展业务的信息系统可靠性分别进行专项核查并发表明确核查意见。

发行人应向保荐机构及申报会计师完整提供报告期应用的信息系统情况，包括系统名称、开发人、基本架构、主要功能、应用方式、各层级数据浏览或修改权限等；应向保荐机构及申报会计师核查信息系统数据开放足够权限，为其核查信息系统提供充分条件。

1. 对于直接向用户收取费用的此类企业，如互联网线上销售、互联网信息服务、互联网游戏等，保荐机构及申报会计师的核查应包括但不限于以下方面：①经营数据的完整性和准确性，是否存在被篡改的风险，与财务数据是否一致；②用户真实性与变动合理性，包括新增用户的地域分布与数量、留存用户的数量、活跃用户数量、月活跃用户数量、单次访问时长与访问时间段等，系统数据与第三方统计平台数据是否一致；③用户行为核查，包括但不限于登录 IP 或 MAC 地址信息、充值与消费的情况、重点产品消费或销售情况、僵尸用户情况等，用户充值、消耗或消费的时间分布是否合理，重点用户充值或消费是否合理；④系统收款或交易金额与第三方支付渠道交易金额是否一致，是否存在自充值或刷单情况；⑤

平均用户收入、平均付费用户收入等数值的变动趋势是否合理；⑥业务系统记录与计算虚拟钱包（如有）的充值、消费数据是否准确；⑦互联网数据中心（IDC）或带宽费用的核查情况，与访问量是否匹配；⑧获客成本、获客渠道是否合理，变动是否存在异常。

2. 对用户消费占整体收入比较低，主要通过展示或用户点击转化收入的此类企业，如用户点击广告后向广告主或广告代理商收取费用的企业，保荐机构及申报会计师的核查应包括但不限于以下方面：①经营数据的完整性和准确性，是否存在被篡改的风险，与财务数据是否一致；②不同平台用户占比是否符合商业逻辑与产品定位；③推广投入效果情况，获客成本是否合理；④用户行为真实性核查，应用软件的下载或激活的用户数量、新增和活跃的用户是否真实，是否存在购买虚假用户流量或虚构流量情况；⑤广告投放的真实性，是否存在与广告商串通进行虚假交易；⑥用户的广告浏览行为是否存在明显异常。

如因核查范围受限、历史数据丢失、信息系统缺陷、涉及商业秘密等原因，导致无法获取全部或部分运营数据，无法进行充分核查的，保荐机构及申报会计师应考虑该等情况是否存在异常并就信息系统可靠性审慎发表核查意见，同时，对该等事项是否构成本次发行上市的实质性障碍发表核查意见。

此外，发行人主要经营活动并非直接通过互联网开展，但其客户主要通过互联网销售发行人产品或服务，如发行人该类业务营业收入占比或毛利占比超过30%，保荐机构及申报会计师应核查该类客户向发行人传输交易信息、相关数据的方式、内容，并以可靠方式从发行人获取该等数据，核查该等数据与发行人销售、物流等数据是否存在差异，互联网终端客户情况（如消费者数量、集中度、地域分布、消费频率、单次消费金额分布等）是否存在异常。对无法取得客户相关交易数据的，保荐机构及申报会计师应充分核查原因并谨慎评估该情况对发表核查意见的影响。

5-14 信息系统专项核查

一、适用情形

发行人日常经营活动高度依赖信息系统的，如业务运营、终端销售环节通过信息系统线上管理，相关业务运营数据由信息系统记录并存储，且发行人相关业务营业收入或成本占比、毛利占比或相关费用占期间费用的比例超过30%的，原则上，保荐机构及申报会计师应对开展相关业务的信息系统可靠性进行专项核查并发表明确核查意见。保荐机构及申报会计师应结合发行人的业务运营特点、信息系统支撑业务开展程度、用户数量及交易量级等进行判断。

如保荐机构及申报会计师结合对发行人业务运营、信息系统以及数据体量的了解，认为存在覆盖范围等方面局限的，应考虑引入信息系统专项核查工作。

二、核查总体要求

1. 总体原则。发行人应向中介机构完整提供报告期应用的信息系统情况，包括系统名称、开发人、基本架构、主要功能、应用方式、各层级数据浏览或修改权限等；应为中介机构核查信息系统开放足够权限，提供充分条件。

中介机构应对发行人存储于信息系统中的业务运营和财务数据的完整性、准确性、一致性、真实性和合理性等进行专项核查并发表明确意见。

2. 胜任能力。中介机构应选派或聘请具备相应专业能力的团队和机构执行信息系统核查工作。

3. 责任划分。聘请其他机构开展信息系统专项核查工作或参考其核查结论的，中介机构应考虑其他机构的独立性、可靠性及其核查工作的充分性，并就借助他人开展信息系统专项核查工作的必要性与有效性谨慎发表意见。

4. 核查方案。执行信息系统专项核查，核查团队应以风险防控为导向，结合发行人业务模式、盈利模式、系统架构、数据流转等情况，充分考虑舞弊行为出现的可能性，识别业务流程中可能存在的数据造假风险点，合理设计核查方案，运用大数据分析和内部控制测试等手段逐一排查风险点，全面验证发行人信息系统中业务和财务数据的完整性、准确性、一致性、真实性和合理性。

三、核查工作要求

1. IT 系统控制：包括但不限于系统开发、访问逻辑、权限管理、系统运维、数据安全、数据备份等流程控制情况；重点关注是否存在过度授权，是否存在录入信息系统应用层数据或篡改信息系统后台数据库等数据造假舞弊的风险，是否发生过导致数据异常的重大事件；结合发现的缺陷，判断是否对信息系统存储数据的真实性、准确性及完整性产生影响，是否存在补偿性控制，并明确其性质是否属于重大缺陷以及对内部控制有效性的影响程度。

2. 基础数据质量探查：包括但不限于基础运营数据及财务数据在系统中记录和保存的准确性、完整性；基础数据直接生成或加工生成的主要披露数据的真实性、准确性及完整性；重点关注是否存在数据缺失、指标口径错误导致披露数据失实等事项。

3. 业务财务数据一致性核查：包括但不限于经营数据与核算数据、资金流水等财务数据的一致性或匹配性，测试范围应覆盖整个核查期间；重点关注财务核算数据与经营数据不一致、资金流水与订单金额不匹配等事项。

4. 多指标分析性复核：深入分析关键业务指标和财务指标的变化趋势及匹配性，通过多指标分析性复核找出"异常"趋势和交易；分析贯穿整个业务链条的关键业务及财务指标数据趋势，指标数据应至少以"月"为时间维度进行统计和分析，对个别关键指标数据应按"天"分析；重点关注关键业务指标和财务指标的变化趋势及匹配性，排查是否存在背离发行人业务发展、行业惯例或违反商业逻辑的异常情形，相关核查包括但不限于用户变动合理性、用户行为分布合理性、获客渠道等。

5. 反舞弊场景分析：应针对行业情况设计舞弊场景进行验证测试；基于业务流程可能出现舞弊造假环节的场景进行验证测试，分析核查期间用户行为及订单表现，形成异常数据临界值，识别脱离临界值的异常用户或异常订单并进行深入排查，包括但不限于用户真实性、收入分布合理性、获客成本变动合理性等。

6. 疑似异常数据跟进：包括但不限于排查有聚集性表现的疑似异常数据，除业务逻辑相互印证外，还应执行明细数据分析或实质性走访验证；对确实无法合理解释的异常情况，应分析对收入真实性的影响并发表明确意见。

四、核查报告要求

1. 核查报告内容。信息系统专项核查报告应清晰描述核查工作的整个过程，准确描述和定义核查范围、比例，清晰描述发行人业务模式、经营活动，充分揭示所有风险点，准确叙述每一个风险点涉及的核查方法、核查经过、核查结果、异常情况和跟进测试情况。信息系统专项核查报告应做到内容详实、结论清晰、不留疑问。

2. 核查报告结论。中介机构应结合信息系统专项核查结果，分别就发行人的信息系统是否真实、准确、完整地记录发行人的经营活动，业务数据与财务数据是否一致发表明确意见。存在明显异常事项的，应明确披露该等事项及问题性质，并就该事项的实质性影响发表明确意见。因核查范围受限、历史数据丢失、信息系统缺陷、涉及商业秘密等原因，无法获取全部运营数据，无法进行充分核查的，中介机构应就信息系统可靠性审慎发表核查意见，并对该等事项是否构成本次发行上市的实质性障碍发表核查意见。

5-15 资金流水核查

一、适用情形

保荐机构及申报会计师应当充分评估发行人所处经营环境、行业类型、业务流程、规范运作水平、主要财务数据水平及变动趋势等因素，确定发行人相关资金流水核查的具体程序和异常标准，以合理保证发行人财务报表不存在重大错报风险。发行人及其控股股东、实际控制人、董事、监事、高管等相关人员应按照诚实信用原则，向中介机构提供完整的银行账户信息，配合中介机构核查资金流水。中介机构应勤勉尽责，采用可靠手段获取核查资料，在确定核查范围、实施核查程序方面保持应有的职业谨慎。在符合银行账户查询相关法律法规的前提下，资金流水核查范围除发行人银行账户资金流水以外，结合发行人实际情况，还可能包括控股股东、实际控制人、发行人主要关联方、董事、监事、高管、关键岗位人员等开立或控制的银行账户资金流水，以及与上述银行账户发生异常往来的发行人关联方及员工开立或控制的银行账户资金流水。

二、核查要求

保荐机构及申报会计师在资金流水核查中，应结合重要性原则和支持核查结论需要，重点核查报告期内发生的以下事项：（1）发行人资金管理相关内部控制制度是否存在较大缺陷；（2）是否存在银行账户不受发行人控制或未在发行人财务核算中全面反映的情况，是否存在发行人银行开户数量等与业务需要不符的情况；（3）发行人大额资金往来是否存在重大异常，是否与公司经营活动、资产购置、对外投资等不相匹配；（4）发行人与控股股东、实际控制人、董事、监事、高管、关键岗位人员等是否存在异常大额资金往来；（5）发行人是否存在大额或频繁取现的情形，是否无合理解释；发行人同一账户或不同账户之间，是否存在金额、日期相近的异常大额资金进出的情形，是否无合理解释；（6）发行人是否存在大额购买无实物形态资产或服务（如商标、专利技术、咨询服务等）的情形，如存在，相关交易的商业合理性是否存在疑问；（7）发行人实际控制人个人账户大额资金往来较多且无合理解释，或者频繁出现大额存现、取现情形；（8）控股股东、实际控制人、董事、监事、高管、关键岗位人员是否从发行人获得大额现金分红款、薪酬或资产转让款，转让发行人股权获得大额股权转让款，主要资金流向或用途存在重大异常；（9）控股股东、实际控制人、董事、监事、高管、关键岗位人员与发行人关联方、客户、供应商是否存在异常大额资金往来；（10）是否存在关联方代发行人收取客户款项或支付供应商款项的情形。

发行人在报告期内存在以下情形的，保荐机构及申报会计师应考虑是否需要扩大资金流水核查范围：（1）发行人备用金、对外付款等资金管理存在重大不规范情形；（2）发行人毛利率、期间费用率、销售净利率等指标各期存在较大异常变化，或者与同行业公司存在重大不一致；（3）发行人经销模式占比较高或大幅高于同行业公司，且经销毛利率存在较大异常；（4）发行人将部分生产环节委托其他方进行加工的，且委托加工费用大幅变动，或者单位成本、毛利率大幅异于同行业；（5）发行人采购总额中进口占比较高或者销售总额中出口占比较高，且对应的采购单价、销售单价、境外供应商或客户资质存在较大异常；（6）发行人重大购销交易、对外投资或大额收付款，在商业合理性方面存在疑问；（7）董事、监事、高管、关键岗位人员薪酬水平发生重大变化；（8）其他异常情况。

保荐机构及申报会计师应将上述资金流水的核查范围、资金流水核查重要性水平确定方法和依据、异常标准及确定依据、核查程序、核查证据编制形成工作底稿，在核查中受到的限制及所采取的替代措施应一并书面记录。保荐机构及申报会计师还应结合上述资金流水核查情况，就发行人内部控制是否健全有效、是否存在体外资金循环形成销售回款、承担成本费用的情形发表明确核查意见。

5-16 尚未盈利或最近一期存在累计未弥补亏损

一、核查要求

发行人尚未盈利或最近一期存在累计未弥补亏损的，中介机构应充分核查尚未盈利或最近一期存在累计未弥补亏的原因，并就其是否影响发行人持续经营能力发表意见。

二、信息披露

1. 原因分析

发行人应结合行业特点和公司情况，针对性量化分析披露尚未盈利或最近一期存在累计未弥补亏损的成因，是否符合投入产出规律，是否具有商业合理性，是否属于行业普遍现象。对行业共性因素，应结合所属行业情况、竞争状况、发展态势以及同行业可比公司经营情况等，具体分析披露行业因素对公司盈利的影响。对公司特有因素，应结合公司的投资、研发、生产、销售等情况，具体分析披露有关因素对公司盈利的影响，相关因素在报告期内的变化情况、发展趋势，相关因素与报告期内盈利变动的匹配关系。

2. 影响分析

发行人应充分披露尚未盈利或最近一期存在累计未弥补亏损对公司现金流、业务拓展、人才吸引、团队稳定、研发投入、战略投入、生产经营可持续性等方面的影响。尚未盈利的发行人应充分披露尚未盈利对公司经营的影响，是否对未来持续经营能力产生重大不利影响。

3. 趋势分析

尚未盈利的发行人应谨慎估计并客观披露与未来业绩相关的前瞻性信息，包括原因分析中有关因素的发展趋势、达到盈亏平衡状态主要经营要素需达到的水平、未来是否可实现盈利以及其他有利于投资者对公司盈利趋势形成合理预期的信息。披露前瞻性信息时，应披露预测相关假设基础，并声明假设的数据基础及相关预测具有重大不确定性，提醒投资者谨慎使用。

4. 风险因素

尚未盈利的发行人，应结合自身情况针对性地充分披露相关风险因素，如：未来一定期间无法盈利风险，收入无法按计划增长风险，研发失败风险，产品或服务无法得到客户认同风险，资金状况、业务拓展、人才引进、团队稳定、研发投入等方面受到限制或影响的风险等。预期未盈利状态仍将持续存在的，发行人还应结合《上市规则》的具体条款分析触发退市条件的可能性，并充分披露相关风险。

最近一期存在累计未弥补亏损的，发行人应披露累计未弥补亏损及其成因对公司未来盈利能力、分红政策影响等。

5.投资者保护措施及承诺

尚未盈利或最近一期存在累计未弥补亏损的发行人，应披露依法落实保护投资者合法权益规定的各项措施；应披露本次发行前累计未弥补亏损是否由新老股东共同承担以及已履行的决策程序。尚未盈利企业应披露其控股股东、实际控制人和董事、监事、高管、核心技术人员按照相关规定作出的关于减持股份的特殊安排或承诺。

5-17 客户集中

一、总体要求

发行人存在单一客户主营业务收入或毛利贡献占比较高情形的，保荐机构应重点关注该情形的合理性、客户稳定性和业务持续性，是否存在重大不确定性风险，进而影响发行人持续经营能力。

发行人来自单一客户主营业务收入或毛利贡献占比超过50%的，一般认为发行人对该客户存在重大依赖。

保荐机构应合理判断发行人是否符合发行条件，督促发行人做好信息披露和风险揭示。

二、核查要求

（一）客户集中情形核查要求

保荐机构通常应关注并核查以下方面：

1.发行人客户集中的原因及合理性。

2.发行人客户在行业中的地位、透明度与经营状况，是否存在重大不确定性风险。

3.发行人与客户合作的历史、业务稳定性及可持续性，相关交易的定价原则及公允性。

4.发行人与重大客户是否存在关联关系，发行人的业务获取方式是否影响独立性，发行人是否具备独立面向市场获取业务的能力。

对于因行业因素导致发行人客户集中度高的，保荐机构通常还应关注发行人客户集中与行业经营特点是否一致，是否存在下游行业较为分散而发行人自身客户较为集中的情形。对于非因行业因素导致发行人客户集中度偏高的，保荐机构通常还应关注该客户是否为异常新增客户，客户集中是否可能导致发行人未来持续经营能力存在重大不确定性。

（二）单一客户重大依赖情形核查要求

发行人对单一客户存在重大依赖的，保荐机构除应按照"（一）客户集中情形核查要求"进行核查外，通常还应关注并核查以下方面：

1.发行人主要产品或服务应用领域和下游需求情况，市场空间是否较大；发行人技术路线与行业技术迭代的匹配情况，是否具备开拓其他客户的技术能力以及市场拓展的进展情况，包括与客户的接触洽谈、产品试用与认证、订单情况等。

2. 发行人及其下游客户所在行业是否属于国家产业政策明确支持的领域，相关政策及其影响下的市场需求是否具有阶段性特征，产业政策变化是否会对发行人的客户稳定性、业务持续性产生重大不利影响。

3. 对于存在重大依赖的单一客户属于非终端客户的情况，应当穿透核查终端客户的有关情况、交易背景，分析说明相关交易是否具有合理性，交易模式是否符合行业惯例，销售是否真实。

如无法充分核查并说明发行人单一客户重大依赖的合理性、客户稳定性或业务持续性，保荐机构应就发行人是否具备持续经营能力审慎发表核查意见。

三、信息披露

发行人应在招股说明书中披露上述情况，充分揭示客户集中度较高可能带来的风险。

5-18 投资收益占比

一、总体要求

针对发行人来自合并报表范围以外的投资收益占当期合并净利润比例较高的情形，保荐机构及申报会计师应重点关注发行人来自合并财务报表范围以外的投资收益对盈利贡献程度，发行人纳入合并报表范围以内主体状况，发行人合并财务报表范围以外投资对象业务内容，以及招股说明书相关信息披露等情况。

二、核查要求

发行人来自合并报表范围以外的投资收益占当期合并净利润的比例较高，保荐机构及申报会计师通常应关注以下方面：

1. 发行人如减除合并财务报表范围以外的对外投资及投资收益，剩余业务是否具有持续经营能力。

2. 被投资企业主营业务与发行人主营业务是否具有高度相关性，如同一行业、类似技术产品、上下游关联产业等，是否存在大规模非主业投资情况。

3. 是否充分披露相关投资的基本情况及对发行人的影响。

三、信息披露

发行人应在招股说明书"风险因素"中充分披露相关风险特征，同时在管理层分析中披露以下内容：

1. 被投资企业的业务内容、经营状况，发行人与被投资企业所处行业的关系，发行人对被投资企业生产经营状况的可控性和判断力等相关信息。

2. 发行人对被投资企业的投资过程，与被投资企业控股股东合作历史、未来合作预期、合作模式是否符合行业惯例，被投资企业分红政策等。

3.被投资企业非经常性损益情况及对发行人投资收益构成的影响，该影响数是否已作为发行人的非经常性损益计算。

4.其他重要信息。

5-19 在审期间分红及转增股本

发行人在审期间现金分红、分派股票股利或资本公积转增股本的，应依据公司章程和相关监管要求，充分论证必要性和恰当性，并履行相应决策程序，相关分红方案应在发行上市前实施完毕。发行人应重点披露以下内容：

一、发行人大额分红的，应充分披露分红的必要性和恰当性，以及对财务状况和新老股东利益可能产生的影响。

二、发行人分派股票股利或资本公积转增股本的，应披露股本变化后最近一期经审计的财务报告。

5-20 其他说明

本指引自公布之日起施行。

《首发业务若干问题解答》等同步废止。

监管规则适用指引——发行类第 6 号

6-1 同业竞争

保荐机构及发行人律师应当核查发行人与控股股东、实际控制人及其控制的企业是否存在同业竞争，已存在的同业竞争是否构成重大不利影响，已存在的构成重大不利影响的同业竞争是否已制定解决方案并明确未来整合时间安排，已做出的关于避免或解决同业竞争承诺的履行情况及是否存在违反承诺的情形，是否损害上市公司利益，并发表核查意见。

保荐机构及发行人律师应当核查募投项目实施后是否新增同业竞争，新增同业竞争是否构成重大不利影响。如募投项目实施前已存在同业竞争，该同业竞争首发上市时已存在或为上市后基于特殊原因（如国有股权划转、资产重组、控制权变更、为把握商业机会由控股股东先行收购或培育后择机注入上市公司等）产生，上市公司及竞争方针对构成重大不利影响的同业竞争已制定明确可行的整合措施并公开承诺，募集资金继续投向上市公司原有业务的，可视为未新增同业竞争。前述控制权变更包括因本次发行导致的控制权变更情形。

同业竞争及是否构成重大不利影响的认定标准参照首发相关要求。

发行人应当在募集说明书中披露下列事项：（一）发行人是否存在与控股股东、实际控制人及其控制的企业从事相同、相似业务的情况。对存在相同、相似业务的，发行人应当对是否存在同业竞争做出合理解释。（二）对于已存在或可能存在的构成重大不影响的同业竞争，发行人应当披露解决同业竞争的具体措施。（三）发行人应当结合目前经营情况、未来发展战略等，充分披露未来对构成新增同业竞争的资产、业务的安排，以及避免出现重大不利影响同业竞争的措施。（四）发行人应当披露独立董事对发行人是否存在同业竞争和避免同业竞争措施的有效性所发表的意见。

6-2 关联交易

保荐机构及发行人律师应当对关联交易存在的必要性、合理性、决策程序的合法性、信息披露的规范性、关联交易价格的公允性、是否存在关联交易非关联化的情况，以及关联交易对发行人独立经营能力的影响等进行核查并发表意见。

对于募投项目新增关联交易的，保荐机构、发行人律师、会计师应当结合新增关联交易的性质、定价依据，总体关联交易对应的收入、成本费用或利润总额占发行人相应指标的比例等论证是否属于显失公平的关联交易，本次募投项目的实施是否严重影响上市公司生产经营的独立性。保荐机构和发行人律师应当详细说明其认定的主要事实和依据，并就是否违反发行人、控股股东和实际控制人已作出的关于规范和减少关联交易的承诺发表核查意见。

6-3 承诺事项

向不特定对象发行证券的，针对发行人及其控股股东或实际控制人作出的公开承诺（包括但不限于解决同业竞争、资产注入、股权激励、解决产权瑕疵、持股意向等各项承诺事项），发行人和中介机构在进行信息披露和核查时应当注意下列事项：（一）承诺事项是否符合《上市公司监管指引第 4 号—上市公司及其相关方承诺》（证监会公告〔2022〕16 号，以下简称《4 号指引》）的要求。（二）如果存在承诺事项不符合《4 号指引》的情形，承诺相关方应当进行规范，中介机构应当对规范后的承诺事项是否符合《4 号指引》的规定发表意见。（三）承诺相关方是否存在超期未履行承诺或违反承诺的情形。违反承诺是指未按承诺的履约事项、履约方式、履约时限、履约条件等履行承诺的行为。变更、豁免承诺的方案未经股东大会审议通过且承诺到期的，视同超期未履行承诺。

上市公司向不特定对象发行优先股的，适用本条核查及信息披露要求。

6-4 土地问题

一、募集资金用于收购资产的，发行人应当披露标的资产土地使用权的取得方式。如标的资产土地使用权为通过划拨方式取得，发行人应当披露使用划拨土地使用权是否符合《划拨用地目录》的有关规定，是否存在被要求办理出让手续并缴纳出让金的情形，是否可能损害发行人或投资者合法权益、是否有相关保障措施。保荐机构及发行人律师应当对上述事项及保障措施的有效性发表意见；如涉及划拨用地但是不符合《划拨用地目录》相关法规要求的，保荐机构及发行人律师应当审慎发表意见。

二、募投项目涉及租赁土地的情形。保荐机构及发行人律师应当核查出租方的土地使用权证和土地租赁合同，重点关注土地的用途、使用年限、租用年限、租金及到期后对土地的处置计划；重点关注出租方是否取得了合法的土地使用权证，向发行人出租土地是否存在违反法律、法规，或其已签署的协议或作出的承诺的情形，发行人租赁土地实际用途是否符合土地使用权证登记类型、规划用途，是否存在将通过划拨方式取得的土地租赁给发行人的情形。

三、募投项目涉及使用集体建设用地的情形。发行人应当披露使用集体建设用地是否符合地方人民政府关于集体建设用地流转地方性法规的规定，并有切实的措施保障募投项目实施不会受到影响。保荐机构及发行人律师应当对集体建设用地流转所履行的集体经济组织内部决策程序、流转所履行的土地主管部门批准程序、流转的集体建设用地是否取得土地使用权证、募投项目是否符合集体建设用地的用途等进行核查并发表意见。如存在募投项目用地不符合国家关于集体建设用地相关政策的情形的，保荐机构及发行人律师应当审慎发表意见。

四、如发行人募投项目用地存在占用基本农田、违规使用农地等其他不符合国家土地法律法规政策情形的，保荐机构及发行人律师应当审慎发表意见。

五、发行人募投项目用地尚未取得的，发行人应当披露募投项目用地的计划、取得土地的具体安排、进度，是否符合土地政策、城市规划，募投项目用地落实的风险；如无法取得募投项目用地拟采取的替代措施以及对募投项目实施的影响等。保荐机构及发行人律师应当进行核查并发表意见。如募投项目用地涉及不符合国家土地法律法规政策情形的，保荐机构及发行人律师应当审慎发表意见。

6-5 诉讼仲裁

向不特定对象发行证券的，保荐机构及发行人律师应当全面核查报告期内发生或虽在报告期外发生但是仍对发行人产生较大影响的诉讼或仲裁的有关情况，包括案件受理情况和基本案情，诉讼或仲裁请求，判决、裁决结果及执行情况，诉讼或仲裁事项对发行人的影响等。如诉讼或仲裁事项对发行人生产经营、财务状况、未来发展产生重大影响的，应当充分说明发行人涉及诉讼或仲裁的风险，并就是否构成对持续经营有重大不利影响的情形，是否构成本次再融资障碍明确发表意见。

保荐机构及发行人律师应当持续关注发行人涉及诉讼或仲裁的进展情况、发行人是否存在新发生诉讼或仲裁事项。如诉讼或仲裁有重大进展，发行人新发生对生产经营、财务状况、未来发展产生较大影响的诉讼或仲裁事项，发行人应当及时履行信息披露义务。

涉及核心专利、商标、技术、主要产品等方面的诉讼、仲裁事项，可能对发行人生产经营、财务状况、募投项目实施产生重大不利影响的，保荐机构及发行人律师应当充分论证是否构成再融资的障碍并审慎发表意见。

向不特定对象发行证券的，发行人应当披露对生产经营、财务状况、未来发展产生较大影响的诉讼或仲裁事项，包括案件受理情况和基本案情，诉讼或仲裁请求，判决、裁决结果及执行情况，诉讼或仲裁事项对发行人的影响，如发行人败诉或仲裁不利对发行人的影响等。

上市公司发行优先股的，适用本条核查及信息披露要求。

6-6 对外担保

向不特定对象发行证券的，上市公司为合并报表范围外的公司提供担保的，发行人应当按照相关法律法规的要求规范担保行为，履行必要的程序，及时履行信息披露义务，严格控制担保风险。对于前述担保事项对方未提供反担保的，发行人应当披露原因并向投资者揭示风险。

保荐机构及发行人律师应当核查发行人发生上述情形的原因，是否按照相关法律法规规定履行董事会或股东大会决策程序，董事会或股东大会审议时关联董事或股东是否按照相关法律规定回避表决，对外担保总额或单项担保的数额是否超过法律法规规章或者公司章程规定的限额，是否及时履行信息披露义务，独立董事是否按照规定在年度报告中对对外担保事项进行专项说明并发表独立意见等，构成重大担保的，应当核查对发行人财务状况、盈利能力及持续经营的影响，并就是否构成对持续经营有重大不利影响的情形，是否构成本次再融资障碍明确发表意见。

上市公司发行优先股的，适用本条核查及信息披露要求。

6-7 募集资金使用符合产业政策

一、募集资金使用是否符合国家产业政策的披露和核查要求

发行人应当在募集说明书中披露募投项目的审批、核准或备案情况。

保荐机构及发行人律师应当对募投项目是否符合国家产业政策进行核查并发表意见。如果募投项目不符合国家产业政策，保荐机构及发行人律师应当审慎发表意见。

二、原则上，募集资金投资后不得新增过剩产能或投资于限制类、淘汰类项目，具体把握原则如下：

发行人原则上不得使用募集资金投资于产能过剩行业（过剩行业的认定以国务院主管部门的规定为准）或投资于《产业结构调整指导目录》中规定的限制类、淘汰类行业。如涉及特殊政策允许投资上述行业的，应当提供有权机关的核准或备案文件，以及有权机关对相关项目是否符合特殊政策的说明。

另外，鉴于过剩产能相关文件精神为控制总量、淘汰落后产能、防止重复建设、推动结构调整，对偿还银行贷款或补充流动资金、境外实施、境内收购等不涉及新增境内过剩产能的项目，以及投资其他转型发展的项目，不受上述限制。

三、关于境外投资

2017 年 8 月，国家发展改革委、商务部、人民银行、外交部发布《关于进一步引导和规范境外投资方向的指导意见》（国办发〔2017〕74 号），明确房地产、酒店、影城、娱乐业、体育俱乐部等境外投资，在境外设立无具体实业项目的股权投资基金或投资平台，使用不符合投资目的国技术标准要求的落后生产设备开展境外投资，赌博业、色情业等境外投资等属于限制类或禁止类的对外投资。

募投项目涉及境外投资的，发行人应当根据《企业境外投资管理办法》等相关规定取得发改部门的核准或备案文件，完成商务部门核准或备案并取得其颁发

的企业境外投资证书。

保荐机构及发行人律师应当对境外投资的境内审批是否已全部取得，本次对外投资项目是否符合国家法律法规政策的规定进行核查并发表意见。如涉及特殊政策允许进行境外投资的，应当提供有权机关对项目是否符合特殊政策的说明，并充分披露风险。

6-8 募投项目实施方式

一、为了保证发行人能够对募投项目实施进行有效控制，原则上要求实施主体为母公司或其拥有控制权的子公司。但是，以下两种情形除外：（一）拟通过参股公司实施募投项目的，需同时满足下列要求：1.上市公司基于历史原因一直通过该参股公司开展主营业务；2.上市公司能够对募集资金进行有效监管；3.上市公司能够参与该参股公司的重大事项经营决策；4.该参股公司有切实可行的分红方案。（二）国家法律法规或政策另有规定的。

二、通过新设非全资控股子公司或参股公司实施募投项目的，保荐机构及发行人律师应当关注与其他股东合作原因、其他股东实力及商业合理性，并就其他股东是否属于关联方、双方出资比例、子公司法人治理结构、设立后发行人是否拥有控制权等进行核查并发表意见。

三、通过非全资控股子公司或参股公司实施募投项目的，应当说明中小股东或其他股东是否同比例增资或提供贷款，同时需明确增资价格和借款的主要条款（贷款利率）。保荐机构及发行人律师应当结合上述情况核查是否存在损害上市公司利益的情形并发表意见。

四、发行人通过与控股股东、实际控制人、董事、监事、高级管理人员及其亲属共同出资设立的公司实施募投项目的，发行人和中介机构应当披露或核查以下事项：（一）发行人应当披露该公司的基本情况，共同设立公司的原因、背景、必要性和合规性、相关利益冲突的防范措施；通过该公司实施募投项目的原因、必要性和合理性；（二）共同投资行为是否履行了关联交易的相关程序及其合法合规性；（三）保荐机构及发行人律师应当核查并对上述事项及公司是否符合《公司法》第一百四十八条的规定、相关防范措施的有效性发表意见。

6-9 向特定对象发行股票认购对象及其资金来源

一、向特定对象发行股票中董事会决议确定认购对象的，发行人和中介机构在进行信息披露和核查时应当注意下列事项：

发行人应当披露各认购对象的认购资金来源，是否为自有资金，是否存在对外募集、代持、结构化安排或者直接间接使用发行人及其关联方资金用于本次认购的情形，是否存在发行人及其控股股东或实际控制人、主要股东直接或通过其利益相关方向认购对象提供财务资助、补偿、承诺收益或其他协议安排的情形。

认购对象应当承诺不存在以下情形：（一）法律法规规定禁止持股；（二）本次发行的中介机构或其负责人、高级管理人员、经办人员等违规持股；（三）不当利益输送。

认购对象的股权架构为两层以上且为无实际经营业务的公司的，应当穿透核查至最终持有人，说明是否存在违规持股、不当利益输送等情形。

中介机构对认购对象进行核查时，应当关注是否涉及证监会系统离职人员入股的情况，是否存在离职人员不当入股的情形，并出具专项说明。

二、向特定对象发行股票以竞价方式确定认购对象的，发行人应当在发行情况报告书中披露是否存在发行人及其控股股东或实际控制人、主要股东直接或通过其利益相关方向认购对象提供财务资助、补偿、承诺收益或其他协议安排的情形。

三、保荐机构及发行人律师应当对上述事项进行核查，并就信息披露是否真实、准确、完整，是否能够有效维护公司及中小股东合法权益，是否符合中国证监会及证券交易所相关规定发表意见。

6-10 股东大会决议有效期

上市公司拟申请再融资的，需就再融资事项提交股东大会审议，股东大会决议需明确有效期，实践中除优先股分期发行外，一般为一年。审议再融资的股东大会决议有效期设置自动延期条款的，应当予以规范。原则上，股东大会决议到期之前应当召开董事会、股东大会进行延期。股东大会决议超过有效期未及时延期的，公司应当说明原因，并重新履行董事会、股东大会程序。保荐机构及发行人律师应当就董事会、股东大会决议时间，新的决议效力，公司有无发生重大变化，是否损害公众股东利益发表意见。

6-11 股份质押

上市公司发行证券的，保荐机构及发行人律师应当对控股股东或实际控制人所持发行人股份被质押的情况进行核查并发表意见，如存在大比例质押情形，应当结合质押的原因及合理性、质押资金具体用途、约定的质权实现情形、控股股东和实际控制人的财务状况和清偿能力、股价变动情况等，说明是否存在较大的平仓风险，是否可能导致控股股东、实际控制人发生变更，并说明控股股东、实际控制人维持控制权稳定性的相关措施。如控股股东、实际控制人确实难以维持控制权稳定性的，应当充分说明控制权可能发生变化（如债务清偿的到期日、债权人已经采取的法律行动等）的时限、可能的处置方案等，以及对发行人持续经营能力的影响。向不特定对象发行证券的，发行人还应当在募集说明书中披露以上事项。

6-12 募集资金拟投资于 PPP 项目

根据《关于开展政府和社会资本合作的指导意见》的有关规定，政府和社会资本合作模式（Public-Private Partnership，简称 PPP 模式）是指政府为增强公共产品和服务供给能力、提高供给效率，通过特许经营、购买服务、股权合作等方式，与社会资本建立的利益共享、风险分担及长期合作关系。发行人募集资金投入 PPP 项目的，需充分披露 PPP 项目是否履行了有权机关立项、环评、土地管理、安全、能源管理等方面的审批、备案程序，项目涉及用地是否合法合规。

如涉及政府出资或政府付费，需根据项目实施进度及时履行现阶段所需的政府审批程序（如财政部门关于物有所值评价报告和财政承受能力论证的审核意见、人民政府关于项目实施方案的批复意见、人大关于纳入财政预算的审议意见等），同时披露未来需履行哪些政府审批手续，是否存在法律障碍，并充分提示风险。

如不涉及政府出资或政府付费，发行人应当披露该项目作为 PPP 项目的原因、是否符合法律法规的规定、是否存在潜在风险。保荐机构及发行人律师应当对上述事项进行核查并发表意见。

6-13 其他说明

本指引自公布之日起实施。

《关于按要求报送非公开发行股票保荐书的函》《再融资业务若干问题解答》同步废止。

监管规则适用指引——发行类第 7 号

7-1 类金融业务监管要求

一、除人民银行、银保监会、证监会批准从事金融业务的持牌机构为金融机构外，其他从事金融活动的机构均为类金融机构。类金融业务包括但不限于：融资租赁、融资担保、商业保理、典当及小额贷款等业务。

二、发行人应披露募集资金未直接或变相用于类金融业务的情况。对于虽包括类金融业务，但类金融业务收入、利润占比均低于 30%，且符合下列条件后可推进审核工作：

（一）本次发行董事会决议日前六个月至本次发行前新投入和拟投入类金融业务的金额（包含增资、借款等各种形式的资金投入）应从本次募集资金总额中扣除。

（二）公司承诺在本次募集资金使用完毕前或募集资金到位 36 个月内，不再新增对类金融业务的资金投入（包含增资、借款等各种形式的资金投入）。

三、与公司主营业务发展密切相关，符合业态所需、行业发展惯例及产业政策的融资租赁、商业保理及供应链金融，暂不纳入类金融业务计算口径。发行人应结合融资租赁、商业保理以及供应链金融的具体经营内容、服务对象、盈利来源，以及上述业务与公司主营业务或主要产品之间的关系，论证说明该业务是否有利于服务实体经济，是否属于行业发展所需或符合行业惯例。

四、保荐机构应就发行人最近一年一期类金融业务的内容、模式、规模等基本情况及相关风险、债务偿付能力及经营合规性进行核查并发表明确意见，律师应就发行人最近一年一期类金融业务的经营合规性进行核查并发表明确意见。

7-2 按章程规定分红具体要求

一、对于未按公司章程规定进行现金分红的，发行人应说明原因以及是否存在补分或整改措施，保荐机构、会计师及律师应就分红的合规性审慎发表意见。

二、对于发行人母公司报表未分配利润为负、不具备现金分红能力，但合并报表未分配利润为大额正数的，发行人应说明公司及子公司章程中与分红相关的条款内容、子公司未向母公司分红的原因及合理性，以及子公司未来有无向母公司分红的具体计划。

三、发行人分红情况明显超过公司章程规定的比例，或报告期内高比例分红的同时又申请再融资补充资本支出缺口的，发行人需说明其高比例分红行为是否具有一贯性，是否符合公司章程规定的条件，决策程序是否合规，分红行为是否与公司的盈利水平、现金流状况及未来资本支出需求相匹配。

四、保荐机构、会计师和律师应结合公司的分红能力、章程条款、实际分红情况及未分红的原因，对上市公司现金分红的合规性、合理性发表意见。

7-3 重大资产重组后申报时点监管要求

实施重大资产重组后申请向不特定对象发行证券的公司，申报时其报告期法定报表须符合发行条件。

一、实施重大资产重组前，如果发行人符合向不特定对象发行证券条件且重组未导致公司实际控制人发生变化的，申请向不特定对象发行证券时不需要运行一个完整的会计年度。

二、重组时点，是指标的资产完成过户的时点，并不涉及新增股份登记及配套融资完成与否。

7-4 募集资金投向监管要求

一、上市公司募集资金应当专户存储，不得存放于集团财务公司。募集资金应服务于实体经济，符合国家产业政策，主要投向主营业务。对于科创板上市公司，应主要投向科技创新领域。

二、募集资金用于收购企业股权的，发行人应披露交易完成后取得标的企业的控制权的相关情况。募集资金用于跨境收购的，标的资产向母公司分红不应存在政策或外汇管理上的障碍。

三、发行人应当充分披露募集资金投资项目的准备和进展情况、实施募投项目的能力储备情况、预计实施时间、整体进度计划以及募投项目的实施障碍或风险等。原则上，募投项目实施不应存在重大不确定性。

四、发行人召开董事会审议再融资时，已投入的资金不得列入募集资金投资构成。

五、保荐机构应重点就募投项目实施的准备情况，是否存在重大不确定性或重大风险，发行人是否具备实施募投项目的能力进行详细核查并发表意见。保荐机构应督促发行人以平实、简练、可理解的语言对募投项目进行描述，不得通过夸大描述、讲故事、编概念等形式误导投资者。对于科创板上市公司，保荐机构应当就本次募集资金投向是否属于科技创新领域出具专项核查意见。

7-5 募投项目预计效益披露要求

一、对于披露预计效益的募投项目，上市公司应结合可研报告、内部决策文件或其他同类文件的内容，披露效益预测的假设条件、计算基础及计算过程。发行前可研报告超过一年的，上市公司应就预计效益的计算基础是否发生变化、变化的具体内容及对效益测算的影响进行补充说明。

二、发行人披露的效益指标为内部收益率或投资回收期的，应明确内部收益率或投资回收期的测算过程以及所使用的收益数据，并说明募投项目实施后对公司经营的预计影响。

三、上市公司应在预计效益测算的基础上，与现有业务的经营情况进行纵向对比，说明增长率、毛利率、预测净利率等收益指标的合理性，或与同行业可比公司的经营情况进行横向比较，说明增长率、毛利率等收益指标的合理性。

四、保荐机构应结合现有业务或同行业上市公司业务开展情况，对效益预测的计算方式、计算基础进行核查，并就效益预测的谨慎性、合理性发表意见。效益预测基础或经营环境发生变化的，保荐机构应督促公司在发行前更新披露本次募投项目的预计效益。

7-6 前次募集资金使用情况

一、前次募集资金使用情况报告对前次募集资金到账时间距今未满五个会计年度的历次募集资金实际使用情况进行说明，一般以年度末作为报告出具基准日，如截止最近一期末募集资金使用发生实质性变化，发行人也可提供截止最近一期末经鉴证的前募报告。

二、前次募集资金使用不包含发行公司债或优先股，但应披露发行股份购买资产的实际效益与预计效益的对比情况。

三、申请发行优先股的，不需要提供前次募集资金使用情况报告。

四、会计师应当以积极方式对前次募集资金使用情况报告是否已经按照相关规定编制，以及是否如实反映了上市公司前次募集资金使用情况发表鉴证意见。

五、前次募集资金使用情况报告应说明前次募集资金的数额、资金到账时间以及资金在专项账户的存放情况（至少应当包括初始存放金额、截止日余额）。

六、前次募集资金使用情况报告应通过与前次募集说明书等相关信息披露文件中关于募集资金运用的相关披露内容进行逐项对照，以对照表的方式对比说明前次募集资金实际使用情况，包括（但不限于）投资项目、项目中募集资金投资总额、截止日募集资金累计投资额、项目达到预定可使用状态日期或截止日项目完工程度。

前次募集资金实际投资项目发生变更的，应单独说明变更项目的名称、涉及金额及占前次募集资金总额的比例、变更原因、变更程序、批准机构及相关披露情况；前次募集资金项目的实际投资总额与承诺存在差异的，应说明差异内容和原因。

前次募集资金投资项目已对外转让或置换的（前次募集资金投资项目在上市公司实施重大资产重组中已全部对外转让或置换的除外），应单独说明在对外转让或置换前使用募集资金投资该项目的金额、投资项目完工程度和实现效益，转让或置换的定价依据及相关收益，转让价款收取和使用情况，置换进入资产的运行情况（至少应当包括资产权属变更情况、资产账面价值变化情况、生产经营情况和效益贡献情况）。

临时将闲置募集资金用于其他用途的，应单独说明使用闲置资金金额、用途、使用时间、批准机构、批准程序以及收回情况。前次募集资金未使用完毕的，应说明未使用金额及占前次募集资金总额的比例、未使用完毕的原因以及剩余资金的使用计划和安排。

七、前次募集资金使用情况报告应通过与前次募集说明书等相关信息披露文件中关于募集资金投资项目效益预测的相关披露内容进行逐项对照，以对照表的方式对比说明前次募集资金投资项目最近 3 年实现效益的情况，包括（但不限于）实际投资项目、截止日投资项目累计产能利用率、投资项目承诺效益、最近 3 年实际效益、截止日累计实现效益、是否达到预计效益。实现效益的计算口径、计算方法应与承诺效益的计算口径、计算方法一致，并在前次募集资金使用情况报告中明确说明。承诺业绩既包含公开披露的预计效益，也包含公开披露的内部收益率等项目评价指标或其他财务指标所依据的收益数据。

前次募集资金投资项目无法单独核算效益的，应说明原因，并就该投资项目对公司财务状况、经营业绩的影响作定性分析。

募集资金投资项目的累计实现的收益低于承诺的累计收益 20%（含 20%）以上的，应对差异原因进行详细说明。

八、前次发行涉及以资产认购股份的，前次募集资金使用情况报告应对该资产运行情况予以详细说明。该资产运行情况至少应当包括资产权属变更情况、资产账面价值变化情况、生产经营情况、效益贡献情况、是否达到盈利预测以及承诺事项的履行情况。

7-7 跨年审核和发行关注事项

对于有盈利要求的再融资品种预计当年无法完成发行的，在出具三季报后关注以下事项：

一、发行人根据三季报情况预计全年满足盈利相关发行条件不存在重大不确定性的，正常推进相关工作；年报出具前启动本次发行的，重点关注全年是否仍继续符合发行条件，发行人和中介机构需结合业绩预告或快报在会后事项中对跨年后是否仍满足发行条件进行说明；

二、重点关注业绩大幅下滑（指扣非前或扣非后合并口径归属于母公司的净利润同比下降超过 30%）、前三季度微利或亏损、净资产收益率符合发行条件存在重大不确定性等情形，发行人和中介机构需结合年报、快报、全年业绩预告进一步论证是否符合盈利相关发行条件。

7-8 收购资产信息披露要求

一、关于信息披露

（一）公司应全文披露本次募集资金拟收购资产的评估报告及评估说明书。资产出让方存在业绩承诺的，应同时披露承诺业绩的具体金额、期限、承诺金额的合理性，以及业绩补偿的具体方式及保障措施。

（二）募集资金用于重大资产购买的，可以提供拟购买资产截止本会计年度末的盈利预测数据。

二、关注要点

（一）法律关注要点

审核中重点关注收购资产权属是否清晰且不存在争议，是否存在抵押、质押、所有权保留、查封、扣押、冻结、监管等限制转让的情形；如果标的公司对外担保数额较大，发行人应当结合相关被担保人的偿债能力分析风险，并说明评估作价时是否考虑该担保因素；其他股东是否放弃优先受让权。

对于收购以下类型资产，关注：

①募集资金收购国有企业产权。发行人应当披露国有产权转让是否履行相关审批程序，是否获得国资主管部门的批准，是否履行了资产评估及相关的核准或备案程序，定价依据是否符合相关监管规定，是否应当通过产权交易场所公开进行，完成收购是否存在法律障碍，是否存在不能完成收购的风险。

②收购资产涉及矿业权。原则上上市公司不得使用募集资金收购探矿权。如收购采矿权，发行人应当披露采矿权转让是否符合《探矿权采矿权转让管理办法》规定的转让条件；是否已按照国家有关规定缴纳采矿权使用费、采矿权价款、矿产资源补偿费和资源税等；国有矿产企业在申请转让采矿权前，是否已征得地质矿产主管部门的同意，是否签订转让合同，转让合同是否经过地质矿产主管部门审批等。

保荐机构及发行人律师应当对上述事项核查并发表意见。

（二）财务关注要点

①关注是否构成重组上市。存在下列情形时，将重点关注是否属于类重组上市的情形：发行完成后公司实际控制人发生变更；标的资产的资产总额、净资产、收入超过最近一个会计年度上市公司相应指标的 100%，且标的资产的原股东通过本次发行持有上市公司股权；重组办法中规定的其他情形。原则上，上市公司不得通过再融资变相实现业务重组上市。

②关注收购资产整合。拟收购资产业务与公司现有业务差异较大的，审核中将关注本次收购的考虑，整合、控制、管理资产的能力，以及收购后资产的稳定运营情况等。

③关注收购资产定价。收购价格与标的资产盈利情况或账面净资产额存在较大差异的，审核中将关注本次收购的目的及溢价收购是否符合上市公司全体股东利益，同时关注评估方法、评估参数选取的合理性，以及历史转让或增资价格、与市场可比案例的对比情况。

④关注标的资产效益情况。标的资产最近一期实际效益与预计效益存在较大差异的，审核中将关注公司差异说明的合理性、评估或定价基础是否发生变化以及风险揭示的充分性。收购标的为股权的，审核中将关注标的企业情况，包括主要产品、经营模式、业绩稳定性、发展趋势、主要客户供应商，以及主要财务指标、经营成果等。

⑤关注标的资产最终权益享有人。中介机构应核查标的资产的出售方及出售方控股股东或实际控制人与发行人及大股东、实际控制人是否存在关联关系，是否存在通过本次收购变相输送利益的情形。

⑥关注收购大股东资产。资产出让方为控股股东、实际控制人或其控制的关联方，且本次收购以资产未来收益作为估值参考依据的，资产出让方应出具业绩承诺，并说明履约保障措施。保荐机构应核查业绩承诺方是否具备补偿业绩的履约能力，相关保障措施是否充分。

⑦关注本次交易新增大额商誉。重点关注评估方法、评估参数是否合理，是否符合《会计监管风险提示第 7 号—上市公司股权交易资产评估》的相关要求；商誉确认过程中是否充分辨认相应的可辨认无形资产；标的公司业绩不达标时收到来自交易对方的或有对价是否单独确认金融资产；将商誉分摊到相关资产组或资产组组合的方法是否合理。

7-9 资产评估监管要求

评估报告结果是资产交易定价的参考，交易双方也可以基于协商等方式确定交易价格。对于以评估报告作为交易价格依据的，本次评估应符合《会计监管风险提示第 7 号—上市公司股权交易资产评估》的有关要求。重点关注如下评估细节：

一、评估方法

评估方法是否适用于标的资产的基本情况；在可以采用两种或两种以上方法进行评估时，是否简单采用一种评估方法；是否已认真分析不同评估结果之间的差异；是否简单以评估结果的高低作为选择评估结果的依据，或选择评估结果的理由不充分。对于评估结果与资产盈利情况及净资产额存在重大差异的，发行人应结合可比公司估值或市场可比案例说明交易价格的合理性。

二、评估假设

评估过程及结果是否考虑了收购完成后的协同效应。采用的评估结论是否具有合理性，是否与标的资产的资产状况、所处的市场环境、经营前景相符。评估假设是否很有可能在未来发生。设定的免责条款是否合理。

三、评估参数

实践中的资产评估往往以收益法结果作为评估结果及交易作价依据，且收益法结果通常高于其他评估方法。对于以收益法结果作为交易作价依据的资产收购，审核中关注主要参数，包括增长期、增长率、产品价格及折现率等的选取是否合理审慎，是否与实际情况或未来发展趋势相符，同时上市公司是否就上述关键参数对评估结果的影响进行必要的敏感性分析。对于标的资产预测期收入增长情况（或盈利水平）显著高于标的资产历史期或同行业上市公司的，发行人应详细说明预测的基础及依据，相关增长（或盈利）情况是否与行业发展趋势、周期性波动影响、市场需求及企业销售情况相符。对于折现率明显偏低的，审核中关注评估基准日的利率水平、市场投资收益率、企业所在行业及企业自身的风险水平等，并以此判断折现率确定过程的合理性。对于标的资产与发行人及其关联方存在关联交易的，发行人应说明关联交易的成因、可持续性、稳定性及定价的公允性。发行人还应结合上述内容，说明关联交易情况对交易作价的直接影响，以及是否存在通过关联交易影响评估作价的情形。对于标的资产客户或供应商高度集中的，发行人应充分说明客户或供应商与本次交易双方是否存在关联关系，造成集中的原因及合理性、是否与行业现实及同行业可比上市公司情况相符、上述客户或供应商是否长期稳定，交易价格是否公允合理。审核中也会关注标的资产经营业绩的真实性，包括交易的真实性、应收账款规模的合理性及应收账款回款的具体情况等。

四、评估程序

关于评估程序，审核中关注是否履行了必要的调查分析程序，对重要资产是否履行了必要的现场调查，是否存在应关注而未关注的事项。评估机构引用外部报告的结论时，关注外部专业报告的出具主体是否具有相应的资质，本次评估机构是否进行了必要的专业判断并发表意见。

五、评估报告有效期

评估报告有效期为一年，本次发行前评估报告过期的，需要提供新一期的评估报告。经国资委等有权部门同意延长评估报告有效期的国有企业，以及标的资产在合法产权交易场所通过竞价方式已确定交易价格的或资产已经交割完毕的，可不重新出具评估报告。评估报告有效期计算起点为评估基准日。

六、对于重新出具评估报告的，发行人、保荐及评估机构应说明两次评估之间标的资产经营情况、评估参数、评估假设等的变化情况，并就评估结果之间的差异进行分析说明。对于同一资产分次收购的，发行人、保荐机构及评估机构，应对比说明历次评估之间有关评估方法、关键参数的差异及合理性，同时就评估结果的差异进行分析说明。

七、评估报告出具后，标的资产相关的内部和外部经营环境发生重大不利变化的，上市公司、保荐及评估机构也应及时披露上述变化对评估基础、资产经营及交易定价的影响情况。

八、收购资产不以评估报告结果作为定价依据的，应具体说明收购定价的过程与方法，董事会应分析说明定价方法与定价结果的合理性。收购价格与评估报告结果存在显著差异的，上市公司应就差异的原因进行分析，并就收购价格是否可能损害上市公司及其中小股东的利益进行说明。

7-10 商誉减值监管要求

上市公司应于每个会计年度末进行商誉减值测试，有关商誉减值测试的程序和要求，应符合《企业会计准则第 8 号—资产减值》以及《会计监管风险提示第 8 号—商誉减值》的要求。重点关注大额商誉减值计提的合规性，特别是商誉金额较大且存在减值迹象时，未计提或较少计提商誉减值，或最近一年集中大额计提减值。具体关注事项包括：

一、大额商誉形成的原因及初始计量的合规性。

二、公司报告期内各年度末进行商誉减值测试的基本情况，包括是否进行商誉减值测试，资产组认定的变动情况，对资产组或资产组组合是否存在特定减值迹象的判断情况。

三、公司有关商誉减值信息披露的充分性及真实性。发行人应详细披露相关资产组或资产组组合的可回收金额、确定过程及其账面价值（包括所分摊的商誉的账面价值）。

四、保荐机构及会计师应结合产生商誉对应的企业合并时被收购方的评估报告或估值报告，核对原评估报告或估值报告中使用的预测数据与实际数据的差异及其原因，综合判断是否存在减值迹象及其对商誉减值测试的影响。

五、对于存在大额商誉而未计提或较少计提减值，保荐机构及会计师应详细核查计提的情况是否与资产组的实际经营情况及经营环境相符，商誉减值测试的具体过程是否谨慎合理。

六、对于报告期内集中计提大额商誉减值的，保荐机构及会计师应重点分析计提当期与前期相比公司生产经营情况发生的重大变化，以及该变化对商誉减值的影响。若为行业性因素，应对比同行业分析其合理性，若为自身因素，应分析因素发生的时点、公司管理层知悉该变化的时间及证据。同时就相关变化对本次发行是否可能构成重大影响发表意见。

7-11 会后事项报送具体要求

向不特定对象发行证券在交易所上市委会议审议通过后至证券上市交易前、向特定对象发行证券在交易所发行上市审核机构审核通过（以下简称通过审核）后至证券上市交易前，上市公司发生重大事项的，上市公司及其保荐机构、证券服务机构应当按照要求及时向交易所履行会后事项程序。会后事项程序的履行，应注意以下事项：

一、年报或半年报公布后，上市公司及中介机构应及时报送会后事项文件。会后事项文件包括上市公司及各中介机构出具的会后重大事项说明或专项意见，以及更新后的募集说明书、发行保荐书、新公布的年报或半年报。如出现亏损或业绩大幅下滑（指扣非前或扣非后合并口径归属于母公司的净利润同比下降超过30%）等重大不利变化情形时，除前述会后事项文件外，上市公司还应在募集说明书中披露以下情况并补充会后事项文件：

一是亏损或业绩大幅下滑等重大不利变化在向不特定对象发行证券的上市委会议前或向特定对象发行证券通过审核前是否可以合理预计，上市委会议前或通过审核前是否已经充分提示风险。

二是亏损或业绩大幅下滑等重大不利变化，是否对公司当年及以后年度经营、本次募投项目、上市公司的持续经营能力产生重大不利影响。

中介机构应对上述情况是否影响发行上市条件及信息披露要求，是否构成本次发行的实质性障碍发表意见，并报送补充尽职调查报告。

二、季报公布后，原则上无需报送会后事项文件。但季报出现亏损或业绩大幅下滑等重大不利变化情形时，上市公司及中介机构应参照前述年报或半年报公布后的会后事项文件报送要求，及时报送会后事项文件。

三、发生控股股东所持上市公司股份被冻结、控制权变更或可能变更、重大诉讼、重大违法违规、募投项目出现重大不利变化、更换中介机构或签字人员等可能影响本次发行和投资者判断的其他重大事项时，上市公司及各中介机构也应报送会后事项文件进行说明。

7-12 其他说明

本指引自公布之日起实施。

《再融资业务若干问题解答》《关于前次募集资金使用情况报告的规定》（证监发行字〔2007〕500号）同步废止。

监管规则适用指引——发行类第 8 号：股票发行上市注册工作规程

第一章　总则

第一条　为规范股票发行上市注册工作，把好股票市场准入关口，提高上市公司质量，保护投资者合法权益和社会公众利益，根据《证券法》《首次公开发行股票注册管理办法》《上市公司证券发行注册管理办法》等规定，制定本规程。

第二条　注册工作坚持职责明确、协作高效、分级把关、集体决策、公开透明、有效制衡的原则。

第三条　上海、深圳证券交易所（以下简称交易所）受理公开发行股票申请，承担发行上市审核主体责任，全面审核判断企业是否符合发行条件、上市条件和信息披露要求。

审核工作主要通过提出问题、回答问题方式展开，督促发行人切实承担信息披露第一责任，压实中介机构责任，要求发行人及中介机构确保信息披露真实、准确、完整。涉及本规程第六条规定的，应当及时向中国证监会（以下简称证监会）或者其有关职能部门请示报告。

交易所审核通过后，将审核意见、相关审核资料和发行人注册申请文件报送证监会履行注册程序。

第四条　证监会在交易所受理项目后，开展注册准备工作。

证监会基于交易所的审核意见，依法履行注册程序，在规定时限内作出是否予以注册的决定。

第五条　证监会发行监管部（以下简称发行监管部）具体承担交易所股票发行上市的注册职责。

第六条　本规程所称"两符合"，是指申请股票发行上市的项目是否符合国家产业政策、是否符合拟上市板块定位；"四重大"是指项目是否涉及重大敏感事项、重大无先例情况、重大舆情、重大违法线索。

第七条　证监会依法对交易所审核工作开展监督。

第八条　交易所、发行监管部在审核注册工作过程中，发现项目涉及重大事项的，应当履行相关请示报告程序。

第九条　发行监管部按照规定与交易所、证监会各派出机构以及相关部门加强工作协同，发挥监管合力。

第二章 注册准备程序

第十条 对于交易所审核阶段的项目，发行监管部应当召开注册准备会进行研究。注册准备会主要讨论以下内容：

（一）项目的"两符合"情况；

（二）项目的"四重大"情况以及交易所在审核过程中的其他请示事项；

（三）其他需要注册准备会讨论的事项。

第十一条 首发项目首次问询回复后，以及再融资项目受理后，交易所应当及时对项目"两符合"情况形成明确意见。交易所认为项目满足"两符合"要求的，应当及时向发行监管部作专门报告。发行监管部收到报告后5个工作日内召开注册准备会进行研究。

交易所在本规程第十四条第一款作出的会议结论解决之后，召开审核中心审议会。

第十二条 交易所在审核过程中，发现项目涉及"四重大"事项或其他重要审核事项的，交易所审核中心应当及时向发行监管部进行请示。涉及重大事项的，适用本规程第八条。

发行监管部原则上应当在收到交易所请示后5个工作日之内，召开注册准备会研究明确意见。

第十三条 注册准备会参加人员包括发行监管部负责人、注册处室负责人、经办人员。

注册准备会由发行监管部负责人主持，会议依次由经办人员报告项目情况、注册处室负责人发表意见、部门负责人发言，就相关事项进行充分讨论，最后由主持人总结形成会议意见。

注册准备会可以视情况，要求交易所审核中心人员参会并说明情况。

第十四条 注册准备会可以作出以下结论：

（一）项目符合或者不符合国家产业政策、拟上市板块定位；

（二）同意或者不同意交易所请示意见；

（三）要求交易所进一步问询或补充材料；

（四）就相关事项征求其他相关单位部门意见；

（五）建议交易所进行现场督导、提请现场检查或专项核查；

（六）其他相关结论。

发行监管部应当在2个工作日内，将注册准备会会议结论书面通知交易所审核中心。

第十五条 注册准备会认为项目不满足"两符合"要求的，发行监管部应履行报批程序。

注册准备会认为相关事项需要征求其他单位部门意见的,原则上由发行监管部履行后续征求意见程序。

注册准备会作出本规程第十四条第一款第(三)(四)(五)(六)项结论的,相关事项落实后,发行监管部再次召开注册准备会。

第三章 注册程序

第十六条 对于交易所提请证监会注册的项目,发行监管部召开注册审议会,基于交易所审核意见,依法履行发行注册程序。根据项目情况,注册审议会可以作出建议予以注册、不予注册、要求交易所进一步落实、退回交易所补充审核等意见。

对于已作出注册决定的项目,根据相关法律规定,注册审议会可以作出建议撤销注册的意见。

第十七条 交易所提交注册申请后5个工作日内,发行监管部组织召开注册审议会。注册审议会程序参照本规程第十三条。

交易所向证监会报送的注册申请文件,应当包括交易所审核报告、发行人注册申请文件及相关审核资料。交易所审核报告应当有专门部分,对发行人"两符合""四重大"情况发表明确意见。

第十八条 发行申请项目提交注册后,交易所应当持续关注是否发生影响发行上市的新增事项。发现新增事项的,应当及时向发行监管部报告,并在进一步落实新增事项后,形成审核意见报送发行监管部。

在注册阶段证监会发现存在影响发行条件的新增事项的,可以要求交易所进一步落实并就新增事项形成审核意见。

第十九条 交易所认为新增事项不改变原审核意见的,发行监管部在交易所重新报送审核意见后,召开注册审议会进行讨论并形成结论。

会议认为交易所对新增事项的审核意见依据明显不充分的,可以退回交易所补充审核。交易所补充审核后,认为符合发行上市条件和信息披露要求,同时不存在"两符合""四重大"方面问题的,重新向证监会报送专门审核意见及相关资料。

交易所认为新增事项构成发行上市实质性障碍的,发行监管部在交易所重新报送审核意见后,退回交易所重新审核。

第二十条 交易所出具发行人符合发行条件、上市条件和信息披露要求的审核意见,未报告新增事项或者新增事项已落实,且证监会未发现新增事项或者新增事项已落实的,注册审议会可以建议予以注册。

第二十一条 注册审议会建议予以注册的,经办人员应当在当日发起注册许可签报流程。

第二十二条　注册审议会根据讨论情况，可以作出建议不予注册的结论。

注册审议会拟作出建议不予注册结论的，应当提请发行监管部对相关事项进一步集体研究决定，认为应当不予注册的，应履行报批程序。

第二十三条　对于证监会已经注册的项目，发现不符合法定条件或者法定程序，尚未发行证券或者已发行未上市的，发行监管部应重新召开注册审议会，依照《证券法》第二十四条作出建议撤销注册的意见，并履行报批程序。

第四章　同步监督程序

第二十四条　发行监管部在交易所审核的同时，对重点项目和随机抽取项目进行重点监督。

第二十五条　交易所应当于每两周的最后 1 个工作日，向发行监管部报送各板块新受理项目的名单。

发行监管部在收到名单后 1 个工作日内，以首发和再融资项目总和为基数，区分交易所，随机抽取确定同步监督项目名单。

已提交注册的上市公司向特定对象发行股票项目，以及已经过上市委审核的项目，不纳入抽取范围。

第二十六条　项目抽取通过计算机软件系统进行，每两周至少抽取 1 家，当期无新受理项目的除外。

第二十七条　同步监督项目名单确定后，发行监管部应当书面通知交易所。

第二十八条　对于同步监督项目，经办人员应当全程跟进交易所审核进程，通过主要关注以下内容，同步监督交易所审核要求落实情况、审核标准执行情况以及审核责任履行情况：

（一）交易所审核内容有无重大遗漏，审核程序是否符合规定；

（二）发行人在发行上市条件和信息披露要求的重大方面是否符合相关规定；

（三）是否存在"两符合""四重大"问题。

第二十九条　在交易所首轮审核问询回复后 5 个工作日内，发行监管部应当召开注册准备会，讨论同步监督关注事项。具体程序适用本规程第十三条。

交易所审核中心的审核报告形成当日，应当向发行监管部报送。发行监管部收到报告 5 个工作日内，再次召开注册准备会。

交易所在本规程第三十条第一款作出的会议结论解决之后，提请召开上市委会议。

对于适用同步监督程序的项目，交易所无需专门就"两符合"事项报送报告，审核过程中如发现需请示的事项，按照本规程第十二条的程序办理。

第三十条　注册准备会可以作出以下结论：

（一）对交易所审核工作无异议；

（二）同意或者不同意交易所请示意见；

（三）要求交易所进一步问询或补充材料；

（四）就相关事项征求其他相关单位部门意见；

（五）建议交易所进行现场督导、提请现场检查或专项核查；

（六）其他相关结论。

发行监管部应当在 2 个工作日内，将注册准备会会议结论书面通知交易所审核中心。

同步监督程序的注册准备会会议结论落实流程，适用本规程第十五条。

第三十一条　对于同步监督项目，交易所在审核过程中，召开过专题会、咨询过专家意见或者开展过现场督导的，发行监管部应对相关事项进行关注并在注册准备会上讨论。

第三十二条　发行申请提交注册后，适用同步监督程序项目的注册工作，依照普通项目的注册程序进行，具体要求同本规程第三章。

第五章　其他规定

第三十三条　注册准备会、注册审议会认为有必要的，可以提请发行监管部对相关事项进一步集体研究决定。

发行监管部注册处室负责注册准备会、注册审议会的组织工作，同时撰写会议纪要，记录参会人员、会议讨论问题、会议审议结果。注册准备会、注册审议会纪要由发行监管部主要负责人审定。

注册准备会、注册审议会全程录音录像。会议情况形成纪要存档备查。

第三十四条　发行监管部相关会议认为需要进行现场督导、现场检查、专项核查等的，依照有关规定进行。

第三十五条　证监会在 20 个工作日内对发行人的首发注册申请作出予以注册或者不予注册的决定。

发行人根据要求补充、修改注册申请文件，或者证监会要求交易所进一步问询，要求保荐人、证券服务机构等对有关事项进行核查，对发行人现场检查，并要求发行人补充、修改申请文件的时间不计入注册时限；退回交易所补充审核后，交易所再次报送的，注册期限重新计算。

第三十六条　参与注册工作的相关人员应当严格遵守国家保密规定和证监会保密纪律，不得泄露工作中接触的国家秘密、商业秘密以及相关工作秘密。

参与注册工作的相关人员应当严格遵守有关回避要求。需要回避的，应当在项目分配时提出，后续工作中发现需要回避的，应当及时提出。

第三十七条　对于适用简易程序的再融资项目，交易所应当要求保荐人在申报时就项目"两符合""四重大"事项出具明确核查意见。

对于适用简易程序的再融资项目，可以不召开注册准备会、注册审议会，不纳入同步监督项目抽取范围。

第三十八条 对于未适用同步监督程序的项目，发行监管部对交易所发行审核工作进行检查时，应当从该类项目中确定具体检查项目。检查过程中，关注交易所审核要求落实情况、审核标准执行情况以及审核责任履行情况，并对交易所审核工作进行评价。

第三十九条 注册过程应当全程电子化留痕，公开注册流程、注册结果，详细注明注册状态，接受社会监督。

第四十条 对证监会系统离职人员入股等项目的审核注册需进行复核的，由证监会有关部门根据相关规定办理。

第四十一条 发行存托凭证、上市公司发行可转换为股票的公司债券的，参照适用本规程。

北京证券交易所股票发行上市注册工作参照适用本规程。

第四十二条 本规程自发布之日起施行。

监管规则适用指引——非上市公众公司类第1号
（2023年2月修订）

1-1　行政许可申报材料公开的相关要求

为做好行政许可申报材料中公开转让说明书（定向转让说明书、定向发行说明书、重大资产重组报告书、定向发行优先股说明书等）申报稿和对反馈意见的回复的公开披露工作，申请人应当做好如下工作：

一、在提交行政许可申请材料和对反馈意见的回复时，申请人应当出具书面声明，同意披露公开转让说明书（定向转让说明书、定向发行说明书、重大资产重组报告书、定向发行优先股说明书等）申报稿和对反馈意见的回复。

二、申请人应当在公开转让说明书（定向转让说明书、定向发行说明书、重大资产重组报告书、定向发行优先股说明书等）申报稿的显要位置声明："本公司的挂牌公开转让（定向转让、定向发行、重大资产重组、定向发行优先股等）的申请尚未得到中国证监会注册。本公开转让说明书（定向转让说明书、定向发行说明书、重大资产重组报告书、定向发行优先股说明书等）申报稿不具有据以公开转让（定向转让、定向发行、资产重组、定向发行优先股等）的法律效力，投资者应当以正式公告的公开转让说明书（定向转让说明书、定向发行说明书、重大资产重组报告书、定向发行优先股说明书等）全文作为投资决策的依据。"

三、申请人及其全体董事、监事和高级管理人员应当保证公开转让说明书（定向转让说明书、定向发行说明书、重大资产重组报告书、定向发行优先股说明书等）申报稿和对反馈意见的回复的内容真实、准确、完整，并承担相应的法律责任。

1-2　定向发行申请材料中财务报告及其审计报告的具体要求

根据《非上市公众公司信息披露内容与格式准则第4号——定向发行申请文件》，申请定向发行行政许可需要提交公司最近两年及一期财务报告及其审计报告，其中年度财务报告经过符合《证券法》规定的会计师事务所审计。申请行政许可提交的财务报告应当是公开披露的定期报告。

为满足挂牌公司的融资需求，防止年度报告、半年度报告披露前因财务报告有效期问题影响融资安排，鼓励有持续融资安排的挂牌公司自愿披露季度报告。

1-3　向持股平台、员工持股计划定向发行股份的具体要求

根据《非上市公众公司监督管理办法》相关规定，为保障股权清晰、防范融资风险，单纯以认购股份为目的而设立的公司法人、合伙企业等持股平台，不具有实际经营业务的，不符合投资者适当性管理要求，不得参与非上市公众公司的股份发行。

全国中小企业股份转让系统挂牌公司设立员工持股计划参与定向发行的，应当符合中国证券监督管理委员会关于挂牌公司员工持股计划的相关监管要求。其中金融企业还应当符合《关于规范金融企业内部职工持股的通知》（财金〔2010〕97号）有关员工持股监管的规定。

1-4　非上市商业银行发行优先股的相关要求

不在全国股转系统挂牌且股东人数超过二百人的非上市商业银行申请发行优先股的，除遵守《优先股试点管理办法》《非上市公众公司监督管理办法》相关规定外，还应当符合以下要求：

一、首次申请发行优先股的，应当符合《非上市公众公司监管指引第4号——股东人数超过二百人的未上市股份有限公司申请行政许可有关问题的审核指引》审核标准的相关要求，且股份确权数量在百分之八十以上（含百分之八十），但无须提交该指引所列的申请文件。中介机构应对申请人是否满足审核标准进行核查并在优先股发行申请文件中发表明确意见。

二、按照《非上市公众公司信息披露内容与格式准则第7号——定向发行优先股说明书和发行情况报告书》《非上市公众公司信息披露内容与格式准则第8号——定向发行优先股申请文件》制作并提交申请文件。

三、优先股发行后，应在中国证券登记结算公司进行登记存管。

四、信息披露不适用全国股转系统关于优先股信息披露的特殊规定。

本指引自公布之日起施行。《非上市公众公司监管问答——申报材料公开的相关要求》《非上市公众公司监管问答——定向发行（一）》《非上市公众公司监管问答——定向发行（二）》《非上市公众公司监管问答——非上市商业银行发行优先股的相关要求》同步废止。

全面实行
股票发行注册制制度规则汇编

中

《全面实行股票发行注册制制度规则汇编》编写组◎编

新 华 出 版 社

图书在版编目（CIP）数据

全面实行股票发行注册制制度规则汇编. 中 / 《全面实行股票发行注册制制度规则汇编》编写组编. -- 北京：新华出版社, 2023.3

ISBN 978-7-5166-6769-9

Ⅰ. ①全… Ⅱ. ①全… Ⅲ. ①股票发行 – 金融监管 – 监管制度 – 汇编 – 中国 Ⅳ. ①F832.51

中国国家版本馆CIP数据核字（2023）第049007号

目 录
CONTENTS

上 册

第一部分 证监会规章、规范性文件、监管规则适用指引

规 章

规范性文件

监管规则适用指引

中　册

第二部分　上交所、深交所规则

上交所规则

深交所规则

下 册

第三部分 北交所、全国股转公司、
中国结算、中证金融、证券业协会规则

北交所规则

全国股转公司规则

中国结算规则

附　录

第二部分

上交所、深交所规则

上交所规则

关于发布《上海证券交易所股票发行上市审核规则》的通知

（上证发〔2023〕28号 2023年2月17日）

各市场参与人：

为了落实党中央、国务院关于全面实行股票发行注册制的决策部署，规范股票发行上市审核工作，保护投资者合法权益，根据《中华人民共和国证券法》《首次公开发行股票注册管理办法》等有关规定，上海证券交易所（以下简称本所）制定了《上海证券交易所股票发行上市审核规则》（详见附件），经中国证监会批准，现予以发布，并自发布之日起施行。本所于2020年12月4日发布的《关于发布〈上海证券交易所科创板股票发行上市审核规则（2020年修订）〉的通知》（上证发〔2020〕89号）、2019年3月3日发布的《关于发布〈上海证券交易所科创板股票发行上市审核问答〉的通知》（上证发〔2019〕29号）、2019年3月24日发布的《关于发布〈上海证券交易所科创板股票发行上市审核问答（二）〉的通知》（上证发〔2019〕36号）同时废止。

特此通知。

附件：上海证券交易所股票发行上市审核规则

附件

上海证券交易所股票发行上市审核规则

第一章 总则

第一条 为了规范上海证券交易所（以下简称本所）股票发行上市审核工作，保护投资者合法权益，根据《中华人民共和国证券法》《中华人民共和国公司法》《国务院办公厅关于贯彻实施修订后的证券法有关工作的通知》《关于在上海证券交易所设立科创板并试点注册制的实施意见》《首次公开发行股票注册管理办法》（以下简称《首发注册办法》）等相关法律、行政法规、部门规章和规范性文件，制定本规则。

第二条 发行人申请首次公开发行股票并在本所上市（以下简称股票首次发

行上市）的审核，适用本规则。

符合《国务院办公厅转发证监会关于开展创新企业境内发行股票或存托凭证试点若干意见的通知》（国办发〔2018〕21号）及中国证券监督管理委员会（以下简称中国证监会）和本所相关规定的红筹企业，申请发行股票或者存托凭证并在本所上市的审核，适用本规则。

第三条　发行人申请首次公开发行股票并上市，应当符合相关板块定位。

主板突出"大盘蓝筹"特色，重点支持业务模式成熟、经营业绩稳定、规模较大、具有行业代表性的优质企业。

科创板面向世界科技前沿、面向经济主战场、面向国家重大需求。优先支持符合国家战略，拥有关键核心技术，科技创新能力突出，主要依靠核心技术开展生产经营，具有稳定的商业模式，市场认可度高，社会形象良好，具有较强成长性的企业。

第四条　发行人申请股票首次发行上市，应当向本所提交发行上市申请文件。

本所对发行人的发行上市申请文件进行审核（以下简称发行上市审核），认为发行人符合发行条件、上市条件和信息披露要求的，将审核意见、发行上市申请文件及相关审核资料报送中国证监会履行注册程序；认为发行人不符合发行条件、上市条件或者信息披露要求的，作出终止发行上市审核的决定。

第五条　本所发行上市审核基于板块定位，重点关注并判断下列事项：

（一）发行人是否符合中国证监会规定的股票发行条件；

（二）发行人是否符合本所规定的股票上市条件；

（三）发行人的信息披露是否符合中国证监会和本所要求。

第六条　本所通过审核发行上市申请文件，督促发行人真实、准确、完整地披露信息，保荐人、证券服务机构切实履行信息披露的把关责任；督促发行人及其保荐人、证券服务机构提高信息披露质量，便于投资者在信息充分的情况下作出投资决策。

本所发行上市审核遵循依法合规、公开透明、便捷高效的原则，提高审核透明度，明确市场预期。

第七条　本所发行上市审核实行电子化审核，申请、受理、问询、回复等事项通过本所发行上市审核业务系统办理。

第八条　本所设立发行上市审核机构，对发行人的发行上市申请文件进行审核，出具审核报告。

本所设立上市审核委员会（以下简称上市委员会），对发行上市审核机构出具的审核报告和发行上市申请文件进行审议，提出审议意见。上市委员会的职责、人员组成、工作程序等事项，由本所另行规定。

本所结合上市委员会的审议意见，出具发行人符合发行条件、上市条件和信息披露要求的审核意见或者作出终止发行上市审核的决定。

第九条 发行人、保荐人和证券服务机构在项目申报前、首轮审核问询发出后及上市委员会审议后,可以就发行上市审核相关业务问题或者事项向本所发行上市审核机构进行咨询沟通。具体事宜由本所另行规定。

第十条 本所依据法律、行政法规、部门规章、规范性文件、本规则及本所其他相关规定,对下列机构和人员在股票发行上市中的相关活动进行自律监管:

(一)发行人及其董事、监事、高级管理人员;

(二)发行人的控股股东、实际控制人及其相关人员;

(三)保荐人、保荐代表人及保荐人其他相关人员;

(四)会计师事务所、律师事务所等证券服务机构及其相关人员;

(五)其他信息披露义务人。

前款规定的机构和人员应当积极配合本所发行上市审核工作,遵守廉洁从业有关规定,不得影响或干扰发行上市审核工作,接受本所自律监管并承担相应的法律责任。

第十一条 本所出具发行人符合发行条件、上市条件和信息披露要求的审核意见,不表明本所对发行上市申请文件及所披露信息的真实性、准确性、完整性作出保证,也不表明本所对该股票的投资价值或者投资者的收益作出实质性判断或者保证。

第二章 申请与受理

第十二条 发行人申请股票首次发行上市,应当按照规定聘请保荐人进行保荐,并委托保荐人通过本所发行上市审核业务系统报送下列发行上市申请文件:

(一)中国证监会规定的招股说明书、发行保荐书、审计报告、法律意见书、公司章程、股东大会决议等注册申请文件;

(二)上市保荐书;

(三)本所要求的其他文件。

发行上市申请文件的内容与格式应当符合中国证监会和本所的相关规定。

第十三条 本所收到发行上市申请文件后五个工作日内,对文件进行核对,作出是否受理的决定,告知发行人及其保荐人,并在本所网站公示。

发行上市申请文件与中国证监会及本所规定的文件目录不相符、文档名称与文档内容不相符、文档格式不符合中国证监会和本所要求、签章不完整或者不清晰、文档无法打开或者存在本所认定的其他不齐备情形的,发行人应当予以补正,补正时限最长不超过三十个工作日。发行人在三十个工作日内提交补正文件确有困难的,可以提交延期补正的书面申请,并说明理由;经本所认可的,可适当延期。

发行人补正发行上市申请文件的,本所收到发行上市申请文件的时间以发行人最终提交补正文件的时间为准。

本所按照收到发行人发行上市申请文件的先后顺序予以受理。

第十四条　存在下列情形之一的，本所不予受理发行人的发行上市申请文件：

（一）招股说明书、发行保荐书、上市保荐书等发行上市申请文件不齐备且未按要求补正。

（二）发行人及其控股股东、实际控制人、董事、监事、高级管理人员，保荐人、承销商、证券服务机构及其相关人员因证券违法违规被中国证监会采取认定为不适当人选、限制业务活动、证券市场禁入，被证券交易所、国务院批准的其他全国性证券交易场所采取一定期限内不接受其出具的相关文件、公开认定不适合担任发行人董事、监事、高级管理人员，或者被证券业协会采取认定不适合从事相关业务等相关措施，尚未解除。

（三）法律、行政法规及中国证监会规定的其他情形。

第十五条　发行上市申请文件的内容应当真实、准确、完整。自发行上市申请文件申报之日起，发行人及其控股股东、实际控制人、董事、监事和高级管理人员，以及与本次股票发行上市相关的保荐人、证券服务机构及其相关人员即须承担相应的法律责任。

未经本所同意，不得对发行上市申请文件进行更改。

第十六条　本所受理发行上市申请文件当日，发行人应当在本所网站预先披露招股说明书、发行保荐书、上市保荐书、审计报告和法律意见书等文件。

本所受理发行上市申请后至中国证监会作出注册决定前，发行人应当按照本规则的规定，对预先披露的招股说明书、发行保荐书、上市保荐书、审计报告和法律意见书等文件予以更新并披露。

依照前两款规定预先披露的招股说明书等文件不是发行人发行股票的正式文件，不能含有股票发行价格信息，发行人不得据此发行股票。

发行人应当在预先披露的招股说明书的显要位置声明："本公司的发行申请尚需经上海证券交易所和中国证监会履行相应程序。本招股说明书不具有据以发行股票的法律效力，仅供预先披露之用。投资者应当以正式公告的招股说明书作为投资决定的依据。"

第十七条　本所受理发行上市申请文件后十个工作日内，保荐人应当以电子文档形式报送保荐工作底稿和验证版招股说明书，供监管备查。

本规则所称验证版招股说明书，是指在招股说明书中标示出重要的披露内容对应保荐工作底稿依据的招股说明书版本。

第三章　发行条件、上市条件的审核

第十八条　发行人申请股票首次发行上市的，应当符合中国证监会《首发注册办法》规定的发行条件。

第十九条　发行人申请首次公开发行股票并在科创板上市的，应当根据中国证监会和本所相关规定，结合科创板定位，就是否符合科创属性要求等事项进行审慎评估，并提交符合科创板定位的专项说明；保荐人应当就发行人是否符合科创属性要求等事项进行专业判断，并出具发行人符合科创板定位的专项意见。

本所在发行上市审核中，将关注发行人的评估是否客观，保荐人的判断是否合理，可以根据需要就发行人科创属性相关事项向本所设立的科技创新咨询委员会咨询。

第二十条　本所对发行条件的审核，重点关注下列事项：

（一）发行人是否符合《首发注册办法》及中国证监会规定的发行条件；

（二）保荐人和律师事务所等证券服务机构出具的发行保荐书、法律意见书等文件中是否就发行人符合发行条件逐项发表明确意见，且具备充分的理由和依据。

本所对前款规定的事项存在疑问的，发行人应当按照本所要求作出解释说明，保荐人及证券服务机构应当进行核查，并相应修改发行上市申请文件。

第二十一条　本所在发行上市审核中，发现重大敏感事项、重大无先例情况、重大舆情、重大违法线索的，将及时向中国证监会请示报告。

第二十二条　发行人申请股票首次发行上市的，应当符合《上海证券交易所股票上市规则》《上海证券交易所科创板股票上市规则》等规定的上市条件和标准。

第二十三条　本所对上市条件的审核，重点关注下列事项：

（一）发行人是否符合本规则及本所相关规则规定的上市条件；

（二）保荐人和律师事务所等证券服务机构出具的上市保荐书、法律意见书等文件中是否就发行人选择的上市标准以及符合上市条件发表明确意见，且具备充分的理由和依据。

本所对前款规定的事项存在疑问的，发行人应当按照本所要求作出解释说明，保荐人及证券服务机构应当进行核查，并相应修改发行上市申请文件。

第四章　信息披露的要求与审核

第一节　信息披露的要求

第二十四条　申请股票首次发行上市的，发行人及其控股股东、实际控制人、董事、监事和高级管理人员应当依法履行信息披露义务，保荐人、证券服务机构应当依法对发行人的信息披露进行核查把关。

第二十五条　发行人应当诚实守信，依法充分披露投资者作出价值判断和投资决策所必需的信息，充分揭示当前及未来可预见对发行人构成重大不利影响的直接和间接风险，保证发行上市申请文件和信息披露的真实、准确、完整，简明清晰、通俗易懂，不得有虚假记载、误导性陈述或者重大遗漏。

发行人应当 按照保荐人、证券服务机构要求，依法向其提供真实、准确、完整的业务运营、财务会计及其他资料，配合相关机构开展尽职调查和其他相关工作。

第二十六条 发行人的控股股东、实际控制人、董事、监事、高级管理人员等相关主体应当诚实守信，保证发行上市申请文件和信息披露的真实、准确、完整，依法作出并履行相关承诺，不得损害投资者合法权益。

前款规定的相关主体、发行人的有关股东应当配合相关机构开展尽职调查和其他相关工作，不得要求或者协助发行人进行虚假记载、误导性陈述或者重大遗漏等违法违规行为。

第二十七条 保荐人应当诚实守信、勤勉尽责，保证招股说明书及其出具的发行保荐书、上市保荐书等文件的真实、准确、完整。

保荐人应当严格遵守依法制定的业务规则和行业自律规范的要求，充分了解发行人经营情况、风险和发展前景，以提高上市公司质量为导向，严格执行内部控制制度，对发行上市申请文件进行审慎核查，对发行人是否符合板块定位、发行条件、上市条件和信息披露要求作出专业判断，审慎作出推荐决定。

第二十八条 会计师事务所、律师事务所等证券服务机构应当诚实守信、勤勉尽责，保证所出具文件的真实性、准确性和完整性，招股说明书不因引用其所出具的专业意见而出现虚假记载、误导性陈述或者重大遗漏。

证券服务机构应当严格遵守法律法规、中国证监会依法制定的监管规则、业务规则、本行业公认的业务标准和道德规范、本所依法制定的业务规则及其他相关规定，建立并保持有效的质量控制体系和投资者保护机制，严格执行内部控制制度，对与其专业职责有关的业务事项进行核查验证，履行特别注意义务，对其他业务事项履行普通注意义务，审慎发表专业意见。

证券服务机构及其相关人员从事证券服务业务应当配合本所的自律管理，在规定的期限内提供、报送或披露相关资料、信息，并保证其提供、报送或披露的资料、信息真实、准确、完整，不得有虚假记载、误导性陈述或者重大遗漏。

证券服务机构应当妥善保存客户委托文件、核查和验证资料、工作底稿以及与质量控制、内部管理、业务经营有关的信息和资料。

第二节 信息披露的审核

第二十九条 本所对发行上市申请文件进行审核，通过提出问题、回答问题等多种方式，督促发行人及其保荐人、证券服务机构完善信息披露，真实、准确、完整地披露信息，提高信息披露的针对性、有效性和可读性，提升信息披露质量。

第三十条 本所在信息披露审核中，重点关注发行人的信息披露是否达到真实、准确、完整的要求，是否符合招股说明书内容与格式准则的要求。

第三十一条 本所在信息披露审核中，重点关注发行上市申请文件及信息披露内容是否包含对投资者作出投资决策有重大影响的信息，披露程度是否达到投资者作出投资决策所必需的水平。包括但不限于是否充分、全面披露发行人业务、技术、财务、公司治理、投资者保护等方面的信息以及本次发行的情况，是否充分揭示可能对发行人经营状况、财务状况产生重大不利影响的所有因素。

第三十二条 本所在信息披露审核中，重点关注发行上市申请文件及信息披露内容是否一致、合理和具有内在逻辑性，包括但不限于财务数据是否勾稽合理，是否符合发行人实际情况，非财务信息与财务信息是否相互印证，保荐人、证券服务机构核查依据是否充分，能否对财务数据的变动或者与同行业公司存在的差异作出合理解释。

第三十三条 本所在信息披露审核中，重点关注发行上市申请文件披露的内容是否简明易懂，是否便于一般投资者阅读和理解。包括但不限于是否使用浅白语言，是否简明扼要、重点突出、逻辑清晰，是否结合企业自身特点进行有针对性的信息披露。

第三十四条 本所对发行上市申请文件的信息披露进行审核时，可以视情况在审核问询中对发行人、保荐人及证券服务机构，提出下列要求：

（一）解释和说明相关问题及原因；

（二）补充核查相关事项并发表意见；

（三）补充提供新的证据或材料；

（四）修改或更新信息披露内容。

第五章 审核程序

第一节 审核机构审核

第三十五条 本所发行上市审核机构按照发行上市申请文件受理的先后顺序开始审核。

第三十六条 对股票首次发行上市申请，本所发行上市审核机构自受理之日起二十个工作日内，通过保荐人向发行人提出首轮审核问询。

在首轮审核问询发出前，发行人及其保荐人、证券服务机构及其相关人员不得与审核人员接触，不得以任何形式干扰审核工作。

第三十七条 首轮审核问询后，存在下列情形之一的，本所发行上市审核机构收到发行人回复后十个工作日内可以继续提出审核问询：

（一）首轮审核问询后，发现新的需要问询事项；

（二）发行人及其保荐人、证券服务机构的回复未能有针对性地回答本所发行上市审核机构提出的审核问询，或者本所就其回复需要继续审核问询；

（三）发行人的信息披露仍未满足中国证监会和本所规定的要求；

（四）本所认为需要继续审核问询的其他情形。

第三十八条　发行人及其保荐人、证券服务机构应当按照本所发行上市审核机构审核问询要求进行必要的补充调查和核查，及时、逐项回复本所发行上市审核机构提出的审核问询，相应补充或者修改发行上市申请文件，并于上市委员会审议会议结束后十个工作日内汇总补充报送与审核问询回复相关的保荐工作底稿和更新后的验证版招股说明书。

发行人及其保荐人、证券服务机构对本所发行上市审核机构审核问询的回复是发行上市申请文件的组成部分，发行人及其保荐人、证券服务机构应当保证回复的真实、准确、完整，简明清晰，通俗易懂，具有针对性、有效性和可读性。

发行人及其保荐人、证券服务机构回复后，应当及时在本所网站披露问询和回复的内容。回复不符合前款规定的，本所发行上市审核机构可以退回，前述主体应当按照本所要求进行修改后再予以披露。

第三十九条　本所发行上市审核机构可以根据需要，就申报科创板企业的发行上市申请文件中与发行人业务与技术相关的问题，向本所科技创新咨询委员会进行咨询；科技创新咨询委员会所提出的咨询意见，可以供本所审核问询参考。

第四十条　发行上市申请文件和对本所发行上市审核机构审核问询的回复中，拟披露的信息属于国家秘密、商业秘密，披露后可能导致其违反国家有关保密的法律法规或者严重损害公司利益的，可以豁免披露。发行人应当说明豁免披露的理由，本所认为豁免披露理由不成立的，发行人应当按照规定予以披露。

第四十一条　本所在发行上市审核中，可以根据需要，约见问询发行人的董事、监事、高级管理人员、控股股东、实际控制人以及保荐人、证券服务机构及其相关人员，调阅发行人、保荐人、证券服务机构与发行上市申请相关的资料。

第四十二条　本所依照相关规定，从发行上市申请已被本所受理的发行人中抽取一定比例，对其信息披露质量进行现场检查。

本所在发行上市审核中，发现发行上市申请文件存在重大疑问且发行人及其保荐人、证券服务机构回复中无法作出合理解释的，可以提请对发行人及其保荐人、证券服务机构进行现场检查或者对保荐人以及相关证券服务机构进行现场督导。

发行人、保荐人、证券服务机构及其相关人员应当积极配合现场检查及现场督导工作，并保证所提供文件资料及陈述内容的真实、准确、完整。

第四十三条　本所发行上市审核机构收到发行人及其保荐人、证券服务机构对本所审核问询的回复后，认为不需要进一步审核问询的，将出具审核报告并提交上市委员会审议。

第四十四条　申请股票首次发行上市的，本所在规定的时限内出具发行人符合发行条件、上市条件和信息披露要求的审核意见或者作出终止发行上市审核的决定，但发行人及其保荐人、证券服务机构回复本所审核问询的时间不计算在内。

发行人及其保荐人、证券服务机构回复本所审核问询的时间总计不超过三个月。

自受理发行上市申请文件之日起，本所审核和中国证监会注册的时间总计不超过三个月。

本规则规定的中止审核、向科技创新咨询委员会咨询、请示有权机关、实施现场检查或现场督导、落实上市委员会意见、暂缓审议、处理会后事项、进行专项核查，并要求发行人补充或修改申请文件等情形，不计算在前两款以及本规则第十三条、第三十六条、第三十七条、第三十八条、第四十八条、第五十九条规定的时限内。

第四十五条　发行上市审核中，发行人回复本所审核问询或者发生其他情形，需要更新预先披露文件的，应当修改相关信息披露文件，并在本所发出上市委员会会议通知前，将修改后的招股说明书、发行保荐书、上市保荐书、审计报告和法律意见书等文件预先披露。

第二节　上市委员会审议

第四十六条　上市委员会召开审议会议，对本所发行上市审核机构出具的审核报告及发行上市申请文件进行审议。

每次审议会议由五名委员参加，其中会计、法律专家至少各一名。

第四十七条　上市委员会进行审议时要求对发行人及其保荐人进行现场问询的，发行人代表及保荐代表人应当到会接受问询，回答委员提出的问题。

第四十八条　上市委员会审议时，参会委员就审核报告的内容和发行上市审核机构提出的初步审核意见发表意见，通过合议形成发行人是否符合发行条件、上市条件和信息披露要求的审议意见。

发行人存在发行条件、上市条件或者信息披露方面的重大事项有待进一步核实，无法形成审议意见的，经会议合议，上市委员会可以对该发行人的发行上市申请暂缓审议。暂缓审议时间不超过二个月。对发行人的同一发行上市申请，上市委员会只能暂缓审议一次。

第四十九条　本所结合上市委员会的审议意见，出具发行人符合发行条件、上市条件和信息披露要求的审核意见或者作出终止发行上市审核的决定。

上市委员会认为发行人符合发行条件、上市条件和信息披露要求，但要求发行人补充披露有关信息的，本所发行上市审核机构告知保荐人组织落实；发行上市审核机构对发行人及其保荐人、证券服务机构的落实情况予以核对，通报参会委员，无需再次提请上市委员会审议。发行人对相关事项补充披露后，本所出具发行人符合发行条件、上市条件和信息披露要求的审核意见。

第三节　向证监会报送审核意见

第五十条　本所审核通过的，向中国证监会报送发行人符合发行条件、上市条件和信息披露要求的审核意见、相关审核资料和发行人的发行上市申请文件。

中国证监会发现存在影响发行条件的新增事项并要求本所进一步问询的，本所向发行人及保荐人、证券服务机构提出反馈问题。本所结合反馈回复，就新增事项形成审核意见并报送中国证监会。

中国证监会认为本所对新增事项的审核意见依据明显不充分，退回本所补充审核的，本所对补充审核事项重新审核。本所审核通过的，重新向中国证监会报送审核意见及相关资料；审核不通过的，作出终止发行上市审核的决定。

本所根据前两款规定进一步问询或补充审核的时间，不计算在本规则第四十四条规定的时限内。

第五十一条　发行人应当根据本所审核意见或者其他需要更新预先披露文件的情形，修改相关信息披露文件；本所向中国证监会报送发行人符合发行条件、上市条件和信息披露要求的审核意见时，发行人应当将修改后的招股说明书、发行保荐书、上市保荐书、审计报告和法律意见书等文件在中国证监会网站和本所网站同步公开。

第五十二条　发行人在取得中国证监会予以注册决定后，启动股票公开发行前，应当在本所网站和符合中国证监会规定条件的网站披露招股意向书。

第五十三条　发行价格确定后五个工作日内，发行人应当在本所网站和符合中国证监会规定条件的报刊依法开办的网站全文刊登招股说明书，同时在符合中国证监会规定条件的报刊刊登提示性公告，告知投资者网上刊登的地址及获取文件的途径。

招股说明书的有效期为六个月，自公开发行前最后一次签署之日起计算。发行人应当使用有效期内的招股说明书完成本次发行。

招股说明书中引用的财务报表在其最近一期截止日后六个月内有效，特殊情况下可以适当延长，但至多不超过三个月。财务报表应当以年度末、半年度末或者季度末为截止日。

第四节　会后事项

第五十四条　本所受理发行上市申请后至股票上市交易前，发生重大事项的，发行人及其保荐人应当及时向本所报告，并按要求更新发行上市申请文件。发行人的保荐人、证券服务机构应当持续履行尽职调查职责，并向本所提交专项核查意见。

第五十五条　上市委员会审议会议后至股票上市交易前，发生重大事项，对发行人是否符合发行条件、上市条件或者信息披露要求产生重大影响的，发行上市审核机构经重新审核后决定是否重新提交上市委员会审议。

重新提交上市委员会审议的，应当向中国证监会报告，并按照本章的相关规定办理。

第五十六条　中国证监会作出注册决定后至股票上市交易前，发生重大事项，可能导致发行人不符合发行条件、上市条件或者信息披露要求的，发行人应当暂停发行；已经发行的，暂缓上市。本所发现发行人存在上述情形的，有权要求发行人暂缓上市。

发行人及其保荐人应当将上述情况及时报告本所并作出公告，说明重大事项相关情况及发行人将暂停发行、暂缓上市。

本所经审核认为相关重大事项导致发行人不符合发行条件、上市条件或者信息披露要求的，将出具明确意见并向中国证监会报告。

第五节　复审

第五十七条　本所对发行上市申请不予受理或者终止审核的，发行人可以在收到本所相关文件后五个工作日内，向本所申请复审。但因发行人撤回发行上市申请或者保荐人撤销保荐终止审核的，发行人不得申请复审。

第五十八条　发行人根据前条规定申请复审的，应当向本所提交下列申请文件：

（一）复审申请书；

（二）保荐人就复审事项出具的意见书；

（三）律师事务所就复审事项出具的法律意见书；

（四）本所规定的其他文件。

第五十九条　本所收到复审申请后二十个工作日内，召开上市委员会复审会议。上市委员会复审期间，原决定的效力不受影响。

上市委员会复审会议认为申请复审理由成立的，本所对发行上市申请予以受理或者重新审核，审核时限自受理之日或重新审核之日起算，本所对审核时限另有规定的除外；复审会议认为申请复审理由不成立的，本所维持原决定。

本所因发行人不符合发行条件、上市条件或者信息披露要求作出终止发行上市审核的决定后，发行人提出异议申请复审的，参加上市委员会原审议会议的委员，不得参加本次复审会议。

第六章　审核中止与终止

第六十条　出现下列情形之一的，发行人、保荐人和证券服务机构应当及时告知本所，本所将中止发行上市审核，通知发行人及其保荐人：

（一）发行人及其控股股东、实际控制人涉嫌贪污、贿赂、侵占财产、挪用财产或者破坏社会主义市场经济秩序的犯罪，或者涉嫌欺诈发行、重大信息披露违法或其他涉及国家安全、公共安全、生态安全、生产安全、公众健康安全等领域的重大违法行为，被立案调查或者被司法机关立案侦查，尚未结案；

（二）发行人的保荐人、证券服务机构被中国证监会依法采取限制业务活动、责令停业整顿、指定其他机构托管或者接管等监管措施，尚未解除；

（三）发行人的签字保荐代表人、证券服务机构相关签字人员被中国证监会依法采取认定为不适当人选等监管措施或者证券市场禁入的措施，被证券业协会采取认定不适合从事相关业务的纪律处分，尚未解除；

（四）保荐人或者签字保荐代表人、证券服务机构或者相关签字人员，被证券交易所、国务院批准的其他全国性证券交易场所实施一定期限内不接受其出具的相关文件的纪律处分，尚未解除；

（五）发行上市申请文件中记载的财务资料已过有效期，需要补充提交；

（六）发行人及保荐人主动要求中止审核，理由正当并经本所同意；

（七）中国证监会规定的其他情形。

出现前款第一项至第五项所列情形，发行人、保荐人和证券服务机构未及时告知本所，本所经核实符合中止审核情形的，将直接中止审核。

第六十一条　因前条第一款第二项至第四项中止审核，发行人根据规定需要更换保荐人或者证券服务机构的，更换后的保荐人或者证券服务机构应当自中止审核之日起三个月内完成尽职调查，重新出具相关文件，并对原保荐人或者证券服务机构出具的文件进行复核，出具复核意见，对差异情况作出说明。发行人根据规定无需更换保荐人或者证券服务机构的，保荐人或者证券服务机构应当及时向本所出具复核报告。

因前条第一款第二项至第四项中止审核，发行人更换签字保荐代表人或者证券服务机构相关签字人员的，更换后的保荐代表人或者证券服务机构相关人员应当自中止审核之日起一个月内，对原保荐代表人或者证券服务机构相关人员签字的文件进行复核，出具复核意见，对差异情况作出说明。

因前条第一款第五项、第六项中止审核的，发行人应当在中止审核后三个月内补充提交有效文件或者消除主动要求中止审核的相关情形。

第六十二条　本规则第六十条第一款所列中止审核的情形消除或者在本规则第六十一条规定的时限内完成相关事项后，发行人、保荐人和证券服务机构应当及时告知本所。本所经审核确认后，恢复对发行人的发行上市审核，并通知发行人及其保荐人。

依照前款规定恢复审核的，审核时限自恢复审核之日起继续计算。但发行人对其财务报告期进行调整达到一个或一个以上会计年度的，审核时限自恢复审核之日起重新起算。

第六十三条　出现下列情形之一的，本所将终止发行上市审核，通知发行人及其保荐人：

（一）发行上市申请文件内容存在重大缺陷，严重影响投资者理解和本所审核；

（二）发行人撤回发行上市申请或者保荐人撤销保荐；

（三）发行人未在规定时限内回复本所审核问询或者未对发行上市申请文件作出解释说明、补充修改；

（四）发行上市申请文件被认定存在虚假记载、误导性陈述或者重大遗漏；

（五）发行人、保荐人、证券服务机构阻碍或者拒绝依法实施的现场检查或现场督导；

（六）发行人及其关联方以不正当手段严重干扰发行上市审核工作；

（七）发行人的法人资格终止；

（八）本规则第六十条第一款规定的中止审核情形未能在三个月内消除，或者未能在本规则第六十一条规定的时限内完成相关事项；

（九）本所审核认为发行人不符合板块定位、发行条件、上市条件或者信息披露要求。

第六十四条　发行上市审核中，发行人更换保荐人的，除保荐人存在执业受限等非发行人原因的情形外，需重新履行申报及受理程序。

第七章　审核相关事项

第六十五条　本所受理发行上市申请后至股票上市交易前，发行人及其保荐人应当密切关注公共媒体关于发行人的重大报道、市场传闻。

相关报道、传闻与发行人信息披露存在重大差异，所涉事项可能对本次发行上市产生重大影响的，发行人及其保荐人应当向本所作出解释说明，并按规定履行信息披露义务；保荐人、证券服务机构应当进行必要的核查并将核查结果向本所报告。

第六十六条　本所受理发行上市申请后至股票上市交易前，本所收到与发行人本次发行上市相关的投诉举报的，可以就投诉举报涉及的具体事项向发行人及其保荐人、证券服务机构进行问询，要求发行人及其保荐人向本所作出解释说明，并按规定履行信息披露义务；要求保荐人、证券服务机构进行必要的核查并将核查结果向本所报告。

第六十七条　发行人应当将信息披露文件刊登在本所网站，并按照规定在符合中国证监会规定条件的网站刊登相关信息披露文件。发行人应当保证在符合中国证监会规定条件的网站与在本所网站披露的相应文件内容完全一致。

发行人可以将信息披露文件刊登于其他网站，但披露内容应当完全一致，且披露时间不得早于本所网站和符合中国证监会规定条件的网站的披露时间。

发行人不得以新闻发布或者答记者问等其他形式代替信息披露或者泄露未公开信息。

第六十八条　本所接受中国证监会对发行上市审核等相关工作进行检查。对于中国证监会选取或抽取的发行上市审核过程中的项目，本所配合提供相关审核工作文件，并接受中国证监会对本所审核理念、标准的执行情况的监督。

对于中国证监会在检查监督过程中发现的问题，本所按照要求予以整改。

第六十九条　本所接受中国证监会对发行上市审核工作和审核责任履行情况进行监督，对发行上市审核程序相关内控制度运行情况进行监督检查，对廉政纪律执行情况和相关人员的履职尽责情况进行监督监察。

本所建立定期报告制度和重大发行上市事项请示报告制度，及时总结发行上市审核的工作情况，并报告中国证监会。

第七十条　本所向市场公开发行上市审核工作的下列信息，接受社会监督：

（一）发行上市审核标准和审核程序等发行上市审核业务规则和相关业务细则；

（二）在审企业名单、企业基本信息及审核工作进度；

（三）本所审核问询和发行人及其保荐人、证券服务机构回复，但涉及国家秘密或者发行人商业秘密的除外；

（四）上市委员会会议的时间、参会委员名单、审议的发行人名单、审议结果及现场问询问题；

（五）本所对发行人及其控股股东、实际控制人、保荐人、证券服务机构及其相关人员采取的监管措施或者纪律处分；

（六）本所认为必要的其他信息。

第八章　自律管理

第七十一条　本所在发行上市审核中，可以根据本规则及本所相关规则单独或合并采取下列日常工作措施：

（一）要求对有关问题作出解释和说明；

（二）出具监管工作函；

（三）约见有关人员；

（四）要求提供相关备查文件或材料；

（五）向中国证监会报告有关情况；

（六）本所规定的其他日常工作措施。

第七十二条　本所在发行上市审核中，可以根据本规则及本所相关规则采取下列监管措施：

（一）口头警示；

（二）书面警示；

（三）监管谈话；

（四）要求限期改正；

（五）本所规定的其他监管措施。

第七十三条　本所在发行上市审核中，可以根据本规则及本所相关规则实施下列纪律处分：

（一）通报批评；

（二）公开谴责；

（三）六个月至五年内不接受发行人提交的发行上市申请文件；

（四）三个月至三年内不接受保荐人、证券服务机构提交的发行上市申请文件、信息披露文件；

（五）三个月至三年内不接受保荐代表人及保荐人其他相关人员、证券服务机构相关人员签字的发行上市申请文件、信息披露文件；

（六）公开认定发行人董事、监事、高级管理人员三年以上不适合担任发行人董事、监事、高级管理人员；

（七）本所规定的其他纪律处分。

第七十四条　本规则第十条规定的主体出现下列情形之一的，本所可以视情节轻重采取口头警示、书面警示、监管谈话、要求限期改正等监管措施，或者给予通报批评、公开谴责、三个月至一年内不接受保荐人、证券服务机构及相关人员提交或签字的发行上市申请文件及信息披露文件、六个月至一年内不接受发行人提交的发行上市申请文件等纪律处分：

（一）制作、出具的发行上市申请文件不符合要求，或者擅自改动招股说明书等发行上市申请文件；

（二）发行上市申请文件、信息披露文件内容存在重大缺陷，文件披露的内容表述不清，逻辑混乱，严重影响投资者理解和审核工作开展；

（三）发行上市申请文件、信息披露文件未做到真实、准确、完整，但未达到虚假记载、误导性陈述和重大遗漏的程度；

（四）发行上市申请文件存在相互矛盾或者同一事实表述不一致等实质性差异且无合理理由；

（五）未在规定时限内回复审核问询，且未说明理由；

（六）未及时报告相关重大事项或者未及时披露；

（七）本所认定的其他情形。

第七十五条　发行人被认定在发行上市申请文件、信息披露文件中隐瞒重要事实或者编造重大虚假内容的，本所对发行人给予五年内不接受发行人提交的证券发行上市申请文件纪律处分。对相关责任人员，视情节轻重，给予公开认定三年以上不适合担任发行人董事、监事、高级管理人员等纪律处分。

第七十六条　存在下列情形之一的，本所对发行人给予三年至五年内不接受其提交的发行上市申请文件的纪律处分：

（一）发行人报送的发行上市申请文件、信息披露文件被认定存在虚假记载、误导性陈述或者重大遗漏；

（二）发行人拒绝、阻碍、逃避检查，谎报、隐匿、销毁相关证据材料；

（三）发行人及其关联方以不正当手段严重干扰发行上市审核工作；

（四）重大事项未报告或者未披露；

（五）发行上市申请文件中发行人或者其董事、监事、高级管理人员、控股股东、实际控制人的签字、盖章系伪造、变造。

第七十七条 发行人的控股股东、实际控制人、董事、监事、高级管理人员、其他信息披露义务人存在下列情形之一的，本所视情节轻重对相关主体给予公开认定三年以上不适合担任发行人董事、监事、高级管理人员或者一年至五年内不接受控股股东、实际控制人及其控制的其他发行人提交的发行上市申请文件等纪律处分：

（一）违反本规则规定，致使发行人报送的发行上市申请文件、信息披露文件被认定存在虚假记载、误导性陈述或者重大遗漏的；

（二）组织、指使发行人进行财务造假、利润操纵或者在发行上市申请文件、信息披露文件中隐瞒重要事实或编造重大虚假内容的；

（三）组织、指使、直接从事第七十六条第二项至第五项规定的违规行为的。

第七十八条 发行人及其控股股东、实际控制人、董事、监事、高级管理人员未有效配合保荐人及其保荐代表人、证券服务机构及从业人员开展尽职调查和其他相关工作的，本所可以对相关责任主体采取口头警示、书面警示、监管谈话等监管措施。情节严重的，采取一年至五年内不接受相关责任主体及其控制的其他发行人提交的发行上市申请文件、公开认定三年以上不适合担任发行人董事、监事、高级管理人员等纪律处分。

第七十九条 保荐人未勤勉尽责，致使发行上市申请文件、信息披露文件被认定存在虚假记载、误导性陈述或者重大遗漏的，本所视情节轻重，自确认之日起，可以对保荐人、保荐代表人及相关责任人员给予一年至三年内不接受其提交或签字的发行上市申请文件、信息披露文件的纪律处分。

证券服务机构未勤勉尽责，致使发行上市申请文件、信息披露文件中与其职责有关的内容及其所出具的文件被认定存在虚假记载、误导性陈述或者重大遗漏的，本所视情节轻重，自确认之日起，可以对相关机构及其责任人员给予三个月至三年内不接受其提交或签字的发行上市申请文件、信息披露文件的纪律处分。

保荐人、证券服务机构及其相关人员存在下列情形之一的，本所视情节轻重，可以给予三个月至三年内不接受其提交或者签字的发行上市申请文件、信息披露文件的纪律处分：

（一）伪造、变造发行上市申请文件中的签字、盖章；

（二)拒绝、阻碍、逃避现场检查或现场督导,谎报、隐匿、销毁相关证据材料；

（三）重大事项未报告或者未披露；

（四）以不正当手段干扰发行上市审核工作；

（五）内部控制、尽职调查等制度存在缺陷或者未有效执行；

（六）通过相关业务谋取不正当利益；

（七）不履行其他法定职责。

第八十条 保荐人报送的发行上市申请在一年内累计两次被本所不予受理的，自第二次收到本所相关文件之日起三个月后，方可向本所报送新的发行上市申请。

本所审核认为发行人不符合发行条件、上市条件或者信息披露要求作出终止发行上市审核的决定或者中国证监会作出不予注册决定的，自决定作出之日起六个月后，发行人方可再次向本所提交发行上市申请。

第八十一条 发行人披露盈利预测的，利润实现数未达到盈利预测百分之八十的，除因不可抗力外，本所可以对发行人及其董事长、总经理、财务负责人给予通报批评、公开谴责或者一年内不接受发行人提交的发行上市申请文件的纪律处分；对签字保荐代表人给予通报批评、公开谴责或者三个月至一年内不接受其签字的发行上市申请文件、信息披露文件的纪律处分。

利润实现数未达到盈利预测百分之五十的，除因不可抗力外，本所可以对发行人及其董事长、总经理、财务负责人给予公开谴责或者三年内不接受发行人提交的发行上市申请文件的纪律处分；对签字保荐代表人给予公开谴责或者一年至二年内不接受其签字的发行上市申请文件、信息披露文件的纪律处分。

注册会计师在对前两款规定的盈利预测出具审核报告的过程中未勤勉尽责的，本所可以对签字注册会计师给予通报批评、公开谴责或者一年内不接受其签字的发行上市申请文件、信息披露文件的纪律处分。

第八十二条 监管对象不服本所给予第七十三条第二项至第六项的纪律处分决定的，可以按照《上海证券交易所复核实施办法》向本所提出复核申请。

第八十三条 本所建立发行人及其控股股东、实际控制人、董事、监事、高级管理人员、保荐人、证券服务机构及其相关人员、其他信息披露义务人等机构和个人的诚信公示制度，对外公开本所采取的监管措施和纪律处分，记入诚信档案，并向中国证监会报告。

前款规定的监管对象被其他证券交易所、国务院批准的其他全国性证券交易场所采取暂不接受文件、认定为不适当人选等自律监管措施和纪律处分的，本所按照业务规则，在相应期限内不接受其提交或者签字的相关文件，或者认为其不适合担任发行人董事、监事、高级管理人员，并对该监管对象提交或者签字且已受理的其他文件中止审核，或者要求相关证券发行人解聘相关人员等。

本所对保荐人、证券服务机构在本所主板及科创板从事股票发行上市相关业务的执业质量进行定期评价，评价结果供发行上市审核参考。

第八十四条 本所在发行上市审核中，发现发行人及其控股股东、实际控制人、董事、监事、高级管理人员、保荐人、证券服务机构及其相关人员、其他信息披露义务人涉嫌证券违法行为的，将依法报中国证监会查处。

第九章　附则

第八十五条　本规则经本所理事会审议通过并报中国证监会批准后生效，修改时亦同。

第八十六条　本规则由本所负责解释。

第八十七条　本规则自发布之日起施行。本所于 2020 年 12 月 4 日发布的《上海证券交易所科创板股票发行上市审核规则（2020 年修订）》（上证发〔2020〕89 号）、2019 年 3 月 3 日发布的《上海证券交易所科创板股票发行上市审核问答》（上证发〔2019〕29 号）、2019 年 3 月 24 日发布的《上海证券交易所科创板股票发行上市审核问答（二）》（上证发〔2019〕36 号）同时废止。

关于发布《上海证券交易所上市公司证券发行上市审核规则》的通知

（上证发〔2023〕29 号 2023 年 2 月 17 日）

各市场参与人：

为了落实党中央、国务院关于全面实行股票发行注册制的决策部署，进一步顺畅上市公司融资渠道，提高上市公司质量，根据《中华人民共和国证券法》《上市公司证券发行注册管理办法》《优先股试点管理办法》等有关规定，上海证券交易所（以下简称本所）制定了《上海证券交易所上市公司证券发行上市审核规则》（详见附件），经中国证监会批准，现予以发布，并自发布之日起施行。本所于 2020 年 7 月 3 日发布的《关于发布〈上海证券交易所科创板上市公司证券发行上市审核规则〉的通知》（上证发〔2020〕50 号）、《关于发布〈上海证券交易所科创板上市公司证券发行上市审核问答〉的通知》（上证发〔2020〕52 号）同时废止。

特此通知。

附件：上海证券交易所上市公司证券发行上市审核规则

附件

上海证券交易所上市公司证券发行上市审核规则

第一章 总则

第一条 为了规范上海证券交易所（以下简称本所）上市公司证券发行上市的审核工作，保护投资者合法权益，根据《中华人民共和国证券法》（以下简称《证券法》）、《国务院办公厅关于贯彻实施修订后的证券法有关工作的通知》《关于在上海证券交易所设立科创板并试点注册制的实施意见》《国务院办公厅转发证监会关于开展创新企业境内发行股票或者存托凭证试点若干意见的通知》《上市公司证券发行注册管理办法》（以下简称《注册办法》）、《优先股试点管理办法》等相关法律、行政法规、部门规章和规范性文件，制定本规则。

第二条 上市公司申请在境内发行股票、可转换公司债券、存托凭证、优先股或者国务院认定的其他证券并上市的审核，适用本规则。

第三条　上市公司申请证券发行上市的，应当向本所提交发行上市申请文件。

本所对上市公司的证券发行上市申请文件进行审核（以下简称发行上市审核），认为符合发行条件、上市条件和信息披露要求的，将审核意见、上市公司注册申请文件及相关审核资料报中国证券监督管理委员会（以下简称中国证监会）履行注册程序；认为不符合发行条件、上市条件或者信息披露要求的，作出终止发行上市审核的决定。

第四条　本所通过审核发行上市申请文件，督促上市公司真实、准确、完整地披露信息，保荐人、证券服务机构切实履行信息披露的把关责任；督促上市公司及其保荐人、证券服务机构提高信息披露质量，便于投资者在信息充分的情况下作出投资决策。

第五条　本所发行上市审核遵循依法合规、公开透明、便捷高效的原则，提高审核透明度，明确市场预期。

本所对上市公司证券发行上市实行电子化审核，通过本所发行上市审核业务系统办理。

第六条　本所依据法律、行政法规、部门规章、规范性文件、本规则及本所其他相关规定，对下列机构和人员在上市公司证券发行上市中的相关活动进行自律监管：

（一）上市公司及其董事、监事、高级管理人员；

（二）上市公司的控股股东、实际控制人及其相关人员；

（三）保荐人、保荐代表人及保荐人其他相关人员；

（四）会计师事务所、律师事务所等证券服务机构及其相关人员；

（五）其他信息披露义务人。

前款规定的机构和人员应当积极配合本所发行上市审核工作，遵守廉洁从业有关规定，不得影响或者干扰发行上市审核工作，接受本所自律监管并承担相应的法律责任。

第七条　本所出具符合发行条件、上市条件和信息披露要求的审核意见或者作出终止发行上市审核的决定，不表明本所对该证券的投资价值或者投资者的收益作出实质性判断或者保证，也不表明本所对发行上市申请文件及所披露信息的真实性、准确性、完整性作出保证。

第二章　审核内容与要求

第八条　本所发行上市审核重点关注并判断下列事项：

（一）是否符合中国证监会规定的发行条件；

（二）是否符合本所规定的上市条件；

（三）是否符合中国证监会和本所关于信息披露的要求。

第九条 本所对发行条件、上市条件的审核，将重点关注下列事项：

（一）上市公司是否符合《证券法》《注册办法》和《优先股试点管理办法》规定的发行条件；

（二）本次发行的证券是否符合本所相关规则规定的上市条件；

（三）保荐人、律师事务所等证券服务机构出具的发行保荐书、上市保荐书、法律意见书等文件中，就本次证券发行上市申请是否符合发行条件、上市条件逐项发表明确意见，且具备充分的理由和依据。

本所对本条规定的事项存在疑问的，上市公司应当按照本所要求作出解释说明，保荐人、证券服务机构应当进行核查，并相应修改发行上市申请文件。

第十条 本所在发行上市审核中，发现重大敏感事项、重大无先例情况、重大舆情、重大违法线索的，将及时向中国证监会请示报告。

第十一条 本所在信息披露审核中，重点关注募集说明书及其他信息披露文件是否达到真实、准确、完整的要求，是否符合中国证监会制定的内容与格式准则、编报规则和本所的信息披露要求。

本所在信息披露审核中，重点关注发行上市申请文件及信息披露是否达到下列要求：

（一）充分、全面披露对投资者作出投资决策有重大影响的信息，披露程度达到投资者作出投资决策所必需的水平；

（二）所披露的信息一致、合理且具有内在逻辑性；

（三）简明易懂，便于一般投资者阅读和理解。

第十二条 本所通过提出问题、回答问题等多种方式对发行上市申请文件进行审核，督促上市公司及其保荐人、证券服务机构完善信息披露，真实、准确、完整地披露信息，提高信息披露的针对性、有效性和可读性，提升信息披露质量。

第十三条 本所对发行上市申请文件进行审核时，可以视情况在审核问询中对上市公司及其保荐人、证券服务机构提出下列要求：

（一）说明或者披露相关问题及原因；

（二）补充核查相关事项并发表意见；

（三）补充提供新的证据或者材料；

（四）修改或者更新信息披露内容。

第十四条 上市公司申请证券发行上市的，应当按照中国证监会和本所的规定，编制募集说明书及其他信息披露文件，上市公司及其控股股东、实际控制人、董事、监事、高级管理人员和其他信息披露义务人应当依法履行信息披露义务。保荐人、证券服务机构应当依法对上市公司的信息披露进行核查把关。

第十五条 上市公司应当诚实守信，依法充分披露投资者作出价值判断和投资决策所必需的信息，充分揭示当前及未来可预见对上市公司构成重大不利影响的直接和间接风险。所披露信息必须真实、准确、完整，简明清晰、通俗易懂，不得有虚假记载、误导性陈述或者重大遗漏。

上市公司应当按照保荐人、证券服务机构要求，依法向其提供真实、准确、完整的财务会计资料和其他资料，配合相关机构开展尽职调查和其他相关工作。

第十六条　上市公司的控股股东、实际控制人、董事、监事、高级管理人员和其他信息披露义务人应当诚实守信，保证发行上市申请文件和信息披露的真实、准确、完整，依法审慎作出并履行相关承诺。

前款规定的相关主体应当配合相关机构开展尽职调查和其他相关工作，不得利用其控制地位或者影响能力要求或者协助上市公司进行虚假记载、误导性陈述或者重大遗漏等违法违规行为，不得损害上市公司和投资者合法权益。

第十七条　保荐人应当诚实守信、勤勉尽责，保证募集说明书、其他信息披露文件及其所出具的相关文件的真实、准确、完整。

保荐人应当严格遵守依法制定的业务规则和行业自律规范的要求，充分了解上市公司经营情况、风险和发展前景，以提高上市公司质量为导向，严格执行内部控制制度，对上市公司发行上市申请文件进行审慎核查，对上市公司是否符合发行条件、上市条件和信息披露要求作出专业判断，审慎作出推荐决定。

第十八条　会计师事务所、律师事务所、资产评估机构、资信评级机构等证券服务机构应当严格遵守法律法规、中国证监会制定的监管规则、本行业公认的业务标准和道德规范、本所制定的业务规则及其他相关规定，建立并保持有效的质量控制体系和投资者保护机制，审慎履行职责，作出专业判断与认定，并保证所出具文件的真实性、准确性和完整性，募集说明书或者其他信息披露文件不因引用其所出具的专业意见而出现虚假记载、误导性陈述或者重大遗漏。

证券服务机构及其相关人员应当诚实守信、勤勉尽责，严格执行内部控制制度，对与其专业职责有关的业务事项进行核查验证，履行特别注意义务，对其他业务事项履行普通注意义务，审慎发表专业意见，并承担相应法律责任。

证券服务机构及其相关人员从事证券服务业务应当配合本所的自律管理，在规定的期限内提供、报送或者披露相关资料、信息，并保证其提供、报送或者披露的资料、信息真实、准确、完整，不得有虚假记载、误导性陈述或者重大遗漏。

证券服务机构应当妥善保存客户委托文件、核查和验证资料、工作底稿以及与质量控制、内部管理、业务经营有关的信息和资料。

第三章　审核程序

第一节　一般规定

第十九条　上市公司证券发行上市的申请与受理、发行上市审核机构审核、上市审核委员会（以下简称上市委员会）会议、向中国证监会报送审核意见、会后事项、复审、审核中止与终止、审核相关事项等，本规则已作规定的，适用本规则；本规则未作规定的，参照适用《上海证券交易所股票发行上市审核规则》相关规定。

第二十条　上市公司申请证券发行上市的，应当按照规定聘请保荐人进行保荐，并委托保荐人通过本所发行上市审核业务系统报送下列证券发行上市申请文件：

（一）募集说明书、发行保荐书、审计报告、法律意见书、股东大会决议等注册申请文件；

（二）上市保荐书；

（三）中国证监会或者本所要求的其他文件。

第二十一条　发行上市申请文件的内容应当真实、准确、完整，简明清晰、通俗易懂。

自发行上市申请文件申报之日起，上市公司及其控股股东、实际控制人、董事、监事、高级管理人员和其他信息披露义务人，以及与本次证券发行上市相关的保荐人、证券服务机构及其相关人员即须承担相应的法律责任。

未经本所同意，不得对发行上市申请文件进行更改。

第二十二条　本所受理证券发行上市申请文件当日，上市公司应当以临时公告的形式披露募集说明书、发行保荐书、上市保荐书、审计报告、法律意见书，并在本所网站同步予以披露。

第二十三条　上市公司申请向特定对象发行证券，符合以下条件的，本所发行上市审核机构经履行审核程序，可以不进行审核问询，出具审核报告：

（一）本次募集资金使用符合国家产业政策；

（二）最近连续两个年度的信息披露评价结果为 A；

（三）不存在本规则第三十四条第二款情形。

保荐人应当就本次发行上市符合前款条件出具明确肯定的核查意见。

第二节　证券发行上市的审核程序

第二十四条　本所发行上市审核机构按照规定对发行上市申请文件进行审核，出具审核报告。

上市公司申请向不特定对象发行证券并上市的，发行上市审核机构经审核提出初步审核意见后，由本所上市委员会按照规定程序进行审议，提出审议意见。

第二十五条　本所发行上市审核机构按照发行上市申请文件受理的先后顺序开始审核。

第二十六条　本所发行上市审核机构自受理之日起十五个工作日内，提出首轮审核问询。

在首轮审核问询发出前，上市公司及其保荐人、证券服务机构及其相关人员不得与审核人员接触，不得以任何形式干扰审核工作。

第二十七条　在首轮审核问询发出后，上市公司、保荐人、证券服务机构可以就发行上市审核相关业务问题或者事项向本所发行上市审核机构进行咨询沟通。

本次发行上市申请符合本规则第二十三条规定或者《注册办法》第二十八条适用简易程序的，本所发行上市审核机构可以就审核相关事项与上市公司、保荐人以及证券服务机构进行沟通。

第二十八条　首轮审核问询回复后，存在下列情形之一的，本所发行上市审核机构可以继续提出审核问询：

（一）发现新的需要问询事项；

（二）上市公司及其保荐人、证券服务机构的回复未能有针对性地回答本所发行上市审核机构提出的审核问询，或者本所就其回复需要继续审核问询；

（三）上市公司的信息披露仍未满足中国证监会和本所规定的要求；

（四）本所认为需要继续审核问询的其他情形。

第二十九条　上市公司及其保荐人、证券服务机构应当按照本所发行上市审核机构审核问询要求进行必要的补充调查和核查，及时、逐项回复本所发行上市审核机构提出的审核问询，相应补充或者修改发行上市申请文件，并于交易所出具审核意见后十个工作日内汇总补充报送与审核问询回复相关的保荐工作底稿和更新后的验证版募集说明书。

上市公司及其保荐人、证券服务机构对本所发行上市审核机构审核问询的回复是发行上市申请文件的组成部分，上市公司及其保荐人、证券服务机构应当保证回复的真实、准确、完整，简明清晰、通俗易懂，具有针对性、有效性和可读性。

上市公司应当以临时公告的形式及时披露对本所审核问询的回复，并在披露后的两个工作日内委托保荐人通过本所发行上市审核业务系统报送相关文件。

第三十条　上市公司申请向不特定对象发行证券并上市的，本所发行上市审核机构收到上市公司及其保荐人、证券服务机构对本所审核问询的回复后，认为不需要进一步审核问询的，将出具审核报告并提交上市委员会。

上市委员会召开审议会议，对本所发行上市审核机构出具的审核报告及上市公司发行上市申请文件进行审议，通过合议形成符合或者不符合发行条件、上市条件和信息披露要求的审议意见。

上市公司存在发行条件、上市条件或者信息披露方面的重大事项有待进一步核实，无法形成审议意见的，经会议合议，上市委员会可以对该上市公司的发行上市申请暂缓审议。暂缓审议时间不超过两个月。对上市公司的同一发行上市申请，上市委员会只能暂缓审议一次。

第三十一条　上市公司申请向不特定对象发行证券并上市的，本所结合上市委员会的审议意见，出具符合发行条件、上市条件和信息披露要求的审核意见，或者作出终止发行上市审核的决定。

上市公司申请向特定对象发行证券并上市的，本所结合发行上市审核机构出具的审核报告，出具符合发行条件、上市条件和信息披露要求的审核意见，或者作出终止发行上市审核的决定。

上市公司收到本所具有明确审核意见的函件或者决定后，应当以临时公告的形式及时对外披露。

本所认为符合发行条件、上市条件和信息披露要求的，向中国证监会报送审核意见、相关审核资料和上市公司的证券发行上市申请文件。

第三十二条　上市公司应当根据本所审核问询、审核意见或者其他信息披露要求，修改相关信息披露文件并委托保荐人通过本所发行上市审核业务系统报送。

第三十三条　上市公司申请证券发行上市的，本所自受理之日起两个月内出具符合发行条件、上市条件和信息披露要求的审核意见或者作出终止发行上市审核的决定，但本规则另有规定的除外。上市公司及其保荐人、证券服务机构回复本所审核问询的时间不计算在上述时限内。

上市公司及其保荐人、证券服务机构回复本所审核问询的时间总计不超过两个月。

发行上市审核过程的中止审核、向科技创新咨询委员会咨询、请示有权机关、实施现场检查或者现场督导、落实上市委员会意见、暂缓审议、处理会后事项、进行专项核查，并要求上市公司补充、修改申请文件等情形，不计算在本条以及本规则第二十六条、第三十条、第三十六条第一款、第三十七条规定的时限内。

第三节　向特定对象发行股票的简易程序

第三十四条　上市公司申请向特定对象发行股票，符合《注册办法》第二十八条规定适用简易程序的，按照本节规定执行。

存在下列情形之一的，不得适用简易程序：

（一）上市公司股票被实施退市风险警示或者其他风险警示；

（二）上市公司及其控股股东、实际控制人、现任董事、监事、高级管理人员最近三年受到中国证监会行政处罚、最近一年受到中国证监会行政监管措施或者证券交易所纪律处分；

（三）本次发行上市申请的保荐人或者保荐代表人、证券服务机构或者相关签字人员最近一年因同类业务受到中国证监会行政处罚或者受到证券交易所纪律处分。在各类行政许可事项中提供服务的行为按照同类业务处理，在非行政许可事项中提供服务的行为，不视为同类业务。

简易程序规定的融资总额仅包括通过简易程序募集的资金金额，不通过简易程序募集的资金不纳入计算的范围。

第三十五条　上市公司及其保荐人应当在上市公司年度股东大会授权的董事会

通过本次发行上市事项后的二十个工作日内向本所提交下列发行上市申请文件：

（一）募集说明书、发行保荐书、审计报告、法律意见书、股东大会决议、经股东大会授权的董事会决议等注册申请文件；

（二）上市保荐书；

（三）与发行对象签订的附生效条件股份认购合同；

（四）中国证监会或者本所要求的其他文件。

上市公司及其保荐人未在前款规定的时限内提交发行上市申请文件的，不再适用简易程序。

上市公司及其控股股东、实际控制人、董事、监事、高级管理人员应当在向特定对象发行证券募集说明书中就本次发行上市符合发行条件、上市条件和信息披露要求以及适用简易程序要求作出承诺。

保荐人应当在发行保荐书、上市保荐书中，就本次发行上市符合发行条件、上市条件和信息披露要求以及适用简易程序要求发表明确核查意见。

第三十六条　本所在收到申请文件后两个工作日内，对申请文件进行核对，作出是否受理的决定。

申请文件不符合要求的，本所不予受理。

本所受理当日，上市公司应当以临时公告的形式披露募集说明书、发行保荐书、上市保荐书、审计报告、法律意见书，并在本所网站同步予以披露。保荐人应当在受理之日起三个工作日内通过发行上市审核系统提交工作底稿。

第三十七条　保荐人就本次发行上市发表明确肯定的核查意见的，本所自受理之日起三个工作日内，出具符合发行条件、上市条件和信息披露要求的审核意见，并向中国证监会报送相关审核意见和上市公司的证券发行上市申请文件。

如发行上市审核机构发现本次发行上市申请明显不符合简易程序适用条件的，本所作出终止发行上市审核的决定。

第四章　自律管理

第三十八条　本所在上市公司证券发行上市审核中，可以根据本规则及本所相关规则单独或者合并采取下列日常工作措施：

（一）要求对有关问题作出解释和说明；

（二）出具监管工作函；

（三）约见有关人员；

（四）要求提供相关备查文件或者材料；

（五）向中国证监会报告有关情况；

（六）本所规定的其他日常工作措施。

第三十九条　本所在上市公司证券发行上市审核中，可以根据本规则及本所相关规则采取下列监管措施：

（一）口头警示；

（二）书面警示；

（三）监管谈话；

（四）要求限期改正；

（五）本所规定的其他监管措施。

第四十条　本所在上市公司证券发行上市审核中，可以根据本规则及本所相关规则实施下列纪律处分：

（一）通报批评；

（二）公开谴责；

（三）六个月至五年内不接受上市公司提交的证券发行上市申请文件；

（四）三个月至三年内不接受保荐人、证券服务机构提交的发行上市申请文件、信息披露文件；

（五）三个月至三年内不接受保荐代表人及保荐人其他相关人员、证券服务机构相关人员签字的发行上市申请文件、信息披露文件；

（六）公开认定上市公司董事、监事、高级管理人员三年以上不适合担任上市公司董事、监事、高级管理人员；

（七）本所规定的其他纪律处分。

第四十一条　本规则第六条规定的主体出现下列情形之一的，本所视情节轻重采取口头警示、书面警示、监管谈话、要求限期改正等监管措施，或者给予通报批评、公开谴责、三个月至一年内不接受保荐人、证券服务机构及相关人员提交或者签字的发行上市申请文件及信息披露文件、六个月至一年内不接受上市公司提交的发行上市申请文件等纪律处分：

（一）制作、出具的发行上市申请文件不符合要求，或者擅自改动募集说明书等发行上市申请文件；

（二）发行上市申请文件、信息披露文件内容存在重大缺陷，文件披露的内容表述不清，逻辑混乱，严重影响投资者理解和审核工作开展；

（三）发行上市申请文件、信息披露文件未做到真实、准确、完整，但未达到虚假记载、误导性陈述和重大遗漏的程度；

（四）发行上市申请文件前后存在实质性差异且无合理理由；

（五）未在规定时限内回复本所审核问询，且未说明理由；

（六）未及时向本所报告相关重大事项或者未及时披露；

（七）本所认定的其他情形。

第四十二条　上市公司被认定在发行上市申请文件、信息披露文件中隐瞒重要事实或者编造重大虚假内容的，本所对上市公司给予五年内不接受上市公司提交的发行上市申请文件纪律处分。对相关责任人员，视情节轻重，给予公开认定三年以上不适合担任上市公司董事、监事、高级管理人员等纪律处分。

第四十三条　存在下列情形之一的，本所对上市公司给予三年至五年内不接受其提交的发行上市申请文件的纪律处分：

（一）上市公司报送的发行上市申请文件、信息披露文件被认定存在虚假记载、误导性陈述或者重大遗漏；

（二）上市公司拒绝、阻碍、逃避检查，谎报、隐匿、销毁相关证据材料；

（三）上市公司及其关联方以不正当手段严重干扰发行上市审核工作；

（四）重大事项未报告或者未披露；

（五）发行上市申请文件中上市公司或者其董事、监事、高级管理人员、控股股东、实际控制人的签字、盖章系伪造、变造。

第四十四条　上市公司的控股股东、实际控制人、董事、监事、高级管理人员、其他信息披露义务人存在下列情形之一的，本所视情节轻重对相关主体给予公开认定三年以上不适合担任上市公司董事、监事、高级管理人员或者一年至五年内不接受控股股东、实际控制人及其控制的其他企业提交的发行上市申请文件等纪律处分：

（一）违反本规则规定，致使上市公司报送的发行上市申请文件、信息披露文件被认定存在虚假记载、误导性陈述或者重大遗漏的；

（二）组织、指使上市公司进行财务造假、利润操纵或者在发行上市申请文件、信息披露文件中隐瞒重要事实或者编造重大虚假内容的；

（三）组织、指使、直接从事第四十三条第二项至第五项规定的违规行为的。

第四十五条　上市公司及其控股股东、实际控制人、董事、监事、高级管理人员未有效配合保荐人及其保荐代表人、证券服务机构及从业人员开展尽职调查和其他相关工作的，本所可以对相关责任主体采取口头警示、书面警示、监管谈话等监管措施。情节严重的，采取一年至五年内不接受相关责任主体及其控制的其他企业提交的发行上市申请文件、公开认定三年以上不适合担任上市公司董事、监事、高级管理人员等纪律处分。

第四十六条　保荐人未勤勉尽责，致使发行上市申请文件、信息披露文件被认定存在虚假记载、误导性陈述或者重大遗漏的，本所视情节轻重，对保荐人、保荐代表人及相关责任人员给予一年至三年内不接受其提交或者签字的发行上市申请文件、信息披露文件的纪律处分。

证券服务机构未勤勉尽责，致使发行上市申请文件、信息披露文件中与其职责有关的内容及其所出具的文件被认定存在虚假记载、误导性陈述或者重大遗漏的，本所视情节轻重，对相关机构及其责任人员给予三个月至三年内不接受其提交或者签字的发行上市申请文件、信息披露文件的纪律处分。

保荐人、证券服务机构及其相关人员存在下列情形之一的，本所视情节轻重，给予三个月至三年内不接受其提交或者签字的发行上市申请文件、信息披露文件的纪律处分：

（一）伪造、变造发行上市申请文件中的签字、盖章；

（二）拒绝、阻碍、逃避现场检查或者现场督导，谎报、隐匿、销毁相关证据材料；

（三）重大事项未报告或者未披露；

（四）以不正当手段干扰发行上市审核工作；

（五）内部控制、尽职调查等制度存在缺陷或者未有效执行；

（六）通过相关业务谋取不正当利益；

（七）不履行其他法定职责。

第四十七条 向特定对象发行证券，上市公司及其控股股东、实际控制人、主要股东不得向发行对象作出保底保收益或者变相保底保收益承诺，也不得直接或者通过利益相关方向发行对象提供财务资助或者其他补偿。

上市公司及其控股股东、实际控制人、主要股东违反前款规定，本所视情节轻重，采取口头警示、书面警示、监管谈话、要求限期改正、公开认定不适合担任上市公司董事、监事和高级管理人员、一年至三年内不接受上市公司提交的发行上市申请文件等监管措施或者纪律处分。

保荐人、保荐代表人、证券服务机构及相关责任人员未勤勉尽责的，本所还可以采取一年至三年内不接受提交或者签字的发行上市申请文件及信息披露文件等纪律处分。

第四十八条 除金融类企业外，上市公司违规将募集资金用于持有交易性金融资产、借予他人等财务性投资或者直接、间接投资于以买卖有价证券为主要业务的公司，或者向特定对象发行优先股，相关投资者为规定的合格投资者以外的投资者的，本所可以对其采取三年内不接受其证券发行上市申请文件的纪律处分。

第四十九条 上市公司向特定对象发行股票适用简易程序的，本所对相关发行上市加强事后监管。

本所在事后监管中发现本规则第六条规定的主体存在违反《注册办法》和本规则关于向特定对象发行股票适用简易程序有关规定的，按照本规则第四十一条至第四十八条的规定从重处理，并给予三年至五年内不接受相关上市公司和保荐人简易程序发行上市申请的纪律处分。

第五十条 保荐人报送的上市公司证券发行上市申请在一年内累计两次被本所不予受理的，自第二次收到本所相关文件之日起三个月后，方可向本所报送新的上市公司证券发行上市申请。

本所审核认为上市公司不符合发行条件、上市条件或者信息披露要求作出终止发行上市审核的决定或者中国证监会作出不予注册决定的，自决定作出之日起六个月后，上市公司方可再次向本所提交证券发行上市申请。

第五十一条　上市公司披露盈利预测，利润实现数未达到盈利预测百分之八十的，除因不可抗力外，本所可以对上市公司及其董事长、总经理、财务负责人给予通报批评、公开谴责或者一年内不接受上市公司提交的证券发行上市申请文件的纪律处分；对签字保荐代表人给予通报批评、公开谴责或者三个月至一年内不接受其签字的发行上市申请文件、信息披露文件的纪律处分。

利润实现数未达到盈利预测百分之五十的，除因不可抗力外，本所可以对上市公司及其董事长、总经理、财务负责人给予公开谴责或者三年内不接受上市公司提交的证券发行上市申请文件的纪律处分；对签字保荐代表人给予公开谴责或者一年至二年内不接受其签字的发行上市申请文件、信息披露文件的纪律处分。

注册会计师在对前两款规定的盈利预测出具审核报告的过程中未勤勉尽责的，本所可以对签字注册会计师给予通报批评、公开谴责或者一年内不接受其签字的发行上市申请文件、信息披露文件的纪律处分。

第五十二条　监管对象不服本所给予第四十条第二项至第六项的纪律处分决定的，可以按照《上海证券交易所复核实施办法》向本所提出复核申请。

第五十三条　本所在发行上市审核中，发现上市公司及其控股股东、实际控制人、董事、监事、高级管理人员、保荐人、证券服务机构及其相关人员和其他信息披露义务人涉嫌证券违法行为的，将依法报中国证监会查处。

第五十四条　本所建立上市公司及其控股股东、实际控制人、董事、监事、高级管理人员以及保荐人、证券服务机构及其相关人员等机构和个人的诚信公示制度，对外公开本所采取的自律监管措施和纪律处分，记入诚信档案，并向中国证监会报告。

前款规定的监管对象被其他证券交易所、国务院批准的其他全国性证券交易场所采取暂不接受文件、认定为不适当人选等自律监管措施和纪律处分的，本所按照业务规则，在相应期限内不接受其提交或者签字的相关文件，或者认为其不适合担任上市公司董事、监事、高级管理人员，并对该监管对象提交或者签字且已受理的其他文件中止审核，或者要求相关上市公司解聘相关人员等。

本所对保荐人、证券服务机构在本所从事上市公司证券发行上市相关业务的执业质量进行定期评价，评价结果供发行上市审核参考。

第五章　附则

第五十五条　依据《注册办法》及本规则通过向特定对象发行股票取得的上市公司股份，其减持不适用《上海证券交易所上市公司股东及董事、监事、高级管理人员减持股份实施细则》的有关规定，但第九条和第十条有关不得减持股份的规定除外。

第五十六条 红筹企业发行以新增证券为基础证券的存托凭证，适用本规则关于上市公司发行股票的规定。本规则没有规定的，适用本所关于存托凭证的有关规定。

第五十七条 本规则经本所理事会审议通过并报中国证监会批准后生效，修改时亦同。

第五十八条 本规则由本所负责解释。

第五十九条 本规则自发布之日起施行。本所于 2020 年 7 月 3 日发布的《上海证券交易所科创板上市公司证券发行上市审核规则》（上证发〔2020〕50 号）、《上海证券交易所科创板上市公司证券发行上市审核问答》（上证发〔2020〕52 号）同时废止。

关于发布《上海证券交易所上市公司重大资产重组审核规则》的通知

（上证发〔2023〕30 号　2023 年 2 月 17 日）

各市场参与人：

为了落实党中央、国务院关于全面实行股票发行注册制的决策部署，完善要素资源市场化配置体制机制，根据《中华人民共和国证券法》《上市公司重大资产重组管理办法》等有关规定，上海证券交易所（以下简称本所）制定了《上海证券交易所上市公司重大资产重组审核规则》（详见附件），经中国证监会批准，现予以发布，并自发布之日起施行。本所于 2021 年 6 月 22 日发布的《关于发布〈上海证券交易所科创板上市公司重大资产重组审核规则（2021 年修订）〉的通知》（上证发〔2021〕46 号）、《关于发布〈上海证券交易所科创板发行上市审核规则适用指引第 2 号——上市公司重大资产重组审核标准及相关事项〉的通知》（上证发〔2021〕48 号）同时废止。

特此通知。

附件：上海证券交易所上市公司重大资产重组审核规则

附件

上海证券交易所上市公司重大资产重组审核规则

第一章　总则

第一条　为了规范上海证券交易所（以下简称本所）上市公司重大资产重组行为，保护上市公司和投资者合法权益，提高上市公司质量，根据《中华人民共和国证券法》《中华人民共和国公司法》《上市公司重大资产重组管理办法》（以下简称《重组办法》）、《科创板上市公司持续监管办法（试行）》《科创板上市公司重大资产重组特别规定》等相关法律、行政法规、部门规章、规范性文件以及《上海证券交易所股票上市规则》《上海证券交易所科创板股票上市规则》（以下统称《上市规则》）及本所其他业务规则，制定本规则。

第二条　上市公司实施重大资产重组的，适用本规则；本规则未作规定的，适用本所其他相关业务规则。

上市公司实施不涉及股份发行的重大资产重组的，不适用本规则第四章至第六章的规定。

第三条 本所对上市公司发行股份购买资产涉及的证券发行申请（以下简称发行股份购买资产申请）进行审核。

本所审核认为本次交易符合重组条件和信息披露要求的，将审核意见、上市公司申请文件及相关审核资料报送中国证券监督管理委员会（以下简称中国证监会）履行注册程序；审核认为本次交易不符合重组条件或者信息披露要求的，作出终止审核的决定。

第四条 上市公司、交易对方及有关各方应当及时、公平地披露或者提供信息，保证所披露或者提供信息的真实、准确、完整，不得有虚假记载、误导性陈述或者重大遗漏。

独立财务顾问、证券服务机构及其相关人员，应当严格履行职责，对其所制作、出具文件的真实性、准确性和完整性承担相应法律责任。

第五条 本所依据法律、行政法规、部门规章、规范性文件、本规则及本所其他相关规定（以下简称相关法律法规），对上市公司及相关主体重大资产重组行为、独立财务顾问和证券服务机构及其人员履职行为等进行自律监管。

本规则第四条规定的主体应当积极配合本所重组审核工作，遵守廉洁从业有关规定，不得影响或者干扰审核工作，接受本所自律监管并承担相应的法律责任。

第六条 上市公司、独立财务顾问和证券服务机构在发行股份购买资产方案披露后至申报前，首轮审核问询发出后，可以就重组审核相关业务问题或者事项向本所重组审核机构进行咨询沟通。

业务咨询沟通的具体事项由本所另行规定。

第七条 本所出具本次交易符合重组条件和信息披露要求的审核意见，不表明对申请文件及所披露信息的真实性、准确性、完整性作出保证，也不表明本所对股票的投资价值、投资者的收益或者本次交易作出实质性判断或者保证。

第二章 重组标准与条件

第八条 科创板上市公司实施重大资产重组的，拟购买资产应当符合科创板定位，所属行业应当与科创板上市公司处于同行业或者上下游，且与科创板上市公司主营业务具有协同效应。

第九条 上市公司向特定对象发行可转换为股票的公司债券购买资产的，应当符合《重组办法》及中国证监会关于发行可转换为股票的公司债券购买资产的规定，并可以与特定对象约定转股期、利率及付息方式、赎回、回售、转股价格向下或者向上修正等条款，但转股期起始日距离本次发行结束之日不得少于六个月。

第十条　上市公司实施重组上市的，标的资产对应的经营实体应当是符合《首次公开发行股票注册管理办法》(以下简称《注册管理办法》)规定的相应发行条件、相关板块定位的股份有限公司或者有限责任公司。

主板上市公司实施重组上市的，标的资产应当符合以下条件：最近三年连续盈利，且最近三年净利润累计不低于1.5亿元，最近一年净利润不低于6000万元，最近三年经营活动产生的现金流量净额累计不低于1亿元或者营业收入累计不低于10亿元。

科创板上市公司实施重组上市的，标的资产应当符合下列条件之一：

（一）最近两年净利润均为正且累计不低于5000万元；

（二）最近一年营业收入不低于3亿元，且最近三年经营活动产生的现金流量净额累计不低于1亿元。

本规则所称净利润以扣除非经常性损益前后的孰低者为准，所称净利润、营业收入、经营活动产生的现金流量净额均指经审计的数值。

本规则所称重组上市，是指《重组办法》第十三条规定的重大资产重组行为。

第十一条　主板上市公司重组上市标的资产对应的经营实体存在表决权差异安排的，除符合《注册管理办法》规定的相应发行条件、相关板块定位外，其表决权安排等应当符合《上海证券交易所股票上市规则》等规则的规定，并符合以下条件：最近三年连续盈利，且最近三年净利润累计不低于1.5亿元，最近一年净利润不低于6000万元，最近一年营业收入不低于10亿元。

科创板上市公司重组上市标的资产对应的经营实体存在表决权差异安排的，除符合《注册管理办法》规定的相应发行条件、相关板块定位外，其表决权安排等应当符合《上海证券交易所科创板股票上市规则》等规则的规定，并符合下列条件之一：

（一）最近一年营业收入不低于5亿元，且最近两年净利润均为正且累计不低于5000万元；

（二）最近一年营业收入不低于5亿元，且最近三年经营活动产生的现金流量净额累计不低于1亿元。

第十二条　上市公司股东在公司实施发行股份购买资产中取得的股份，应当遵守《重组办法》关于股份限售期的有关规定；但控制关系清晰明确，易于判断，同一实际控制人控制之下不同主体之间转让上市公司股份的除外。

科创板上市公司实施发行股份购买资产构成重组上市，标的资产对应的经营实体尚未盈利的，在科创板上市公司重组上市后首次实现盈利前，控股股东、实际控制人自本次交易所取得的股份登记之日起三个完整会计年度内，不得减持该部分股份；自本次交易所取得的股份登记之日起第四个完整会计年度和第五个完整会计年度内，每年减持的该部分股份不得超过科创板上市公司股份总数的2%。

第十三条　上市公司实施重大资产重组，标的资产涉及红筹企业的，应当按照《公开发行证券的公司信息披露编报规则第 24 号——注册制下创新试点红筹企业财务报告信息特别规定》《上海证券交易所发行上市审核规则适用指引第 4 号——创新试点红筹企业财务报告信息披露》的规定，在重大资产重组报告书中披露标的资产的财务会计信息。

第三章　重组信息披露要求

第十四条　上市公司、交易对方及有关各方应当依法披露或者提供信息，独立财务顾问、证券服务机构应当依法对信息披露进行核查把关。

第十五条　上市公司应当诚实守信，依法披露投资者作出价值判断和投资决策所必需的信息，至少包括下列事项：

（一）交易方案的合规性、交易实施的必要性、交易安排的合理性、交易价格的公允性、业绩承诺和补偿的可实现性、本次交易是否有利于增强上市公司的持续经营能力和独立性；

（二）标的资产的经营模式、行业特征、财务状况、股权及资产权属的清晰性、经营的合规性、资产的完整性、业务的独立性；

（三）本次交易、标的资产的潜在风险。

上市公司、交易对方及有关各方应当为独立财务顾问、证券服务机构及时提供真实、准确、完整的业务运营、财务会计及其他资料，全面配合相关机构开展尽职调查和其他相关工作。

第十六条　科创板上市公司应当充分披露拟购买资产是否符合科创板定位、所属行业与科创板上市公司是否处于同行业或者上下游、与公司主营业务是否具有协同效应。

本规则所称协同效应，是指公司因本次交易而产生的超出单项资产收益的超额利益，包括下列一项或者多项情形：

（一）增加定价权；

（二）降低成本；

（三）获取主营业务所需的关键技术、研发人员；

（四）加速产品迭代；

（五）产品或者服务能够进入新的市场；

（六）获得税收优惠；

（七）其他有利于主营业务发展的积极影响。

独立财务顾问应当结合拟购买资产所属行业、所属行业与科创板上市公司是否处于同行业或者上下游、与上市公司主营业务的协同效应充分论证拟购买资产符合科创板定位。

第十七条　上市公司及交易对方的控股股东、实际控制人、董事、监事、高级管理人员应当诚实守信，保证申请文件和信息披露的真实、准确、完整，依法审慎作出并履行相关承诺，不得利用控制地位或者影响能力要求上市公司实施显失公允的重组交易，不得指使或者协助上市公司、交易对方进行虚假记载、误导性陈述或者重大遗漏等违法违规行为，不得损害上市公司和投资者合法权益。

第十八条　独立财务顾问应当诚实守信、勤勉尽责，保证重大资产重组预案、报告书及其出具的独立财务顾问报告等文件的真实、准确、完整，切实履行尽职调查、报告和披露以及持续督导等职责。

独立财务顾问应当严格遵守相关法律法规、行业自律规范的要求，严格执行内部控制制度，对申请文件进行审慎核查，对本次交易是否符合重组条件和信息披露要求作出专业判断，审慎出具相关文件。

第十九条　会计师事务所、律师事务所、资产评估机构等证券服务机构应当诚实守信、勤勉尽责，保证其出具文件的真实、准确、完整。

证券服务机构应当严格遵守相关法律法规、业务规则、行业自律规范，严格执行内部控制制度，对与其专业职责有关的业务事项进行核查验证，履行特别注意义务，审慎发表专业意见。

第二十条　上市公司的申请文件及信息披露内容应当真实、准确、完整，并符合下列要求：

（一）包含对投资者作出投资决策有重大影响的信息，披露程度达到投资者作出投资决策所必需的水平；

（二）所披露的信息一致、合理且具有内在逻辑性；

（三）简明易懂，便于一般投资者阅读和理解。

第二十一条　上市公司应当充分披露本次交易是否合法合规，至少包括下列事项：

（一）是否符合《重组办法》及中国证监会其他相关规定所规定的条件；

（二）是否符合本规则的规定及本所其他相关规则。

独立财务顾问、证券服务机构在出具的独立财务顾问报告、法律意见书等文件中，应当就本次交易是否合法合规逐项发表明确意见，且具备充分的理由和依据。

第二十二条　上市公司应当充分披露本次交易的必要性，至少包括下列事项：

（一）是否具有明确可行的发展战略；

（二）是否存在不当市值管理行为；

（三）上市公司的控股股东、实际控制人、董事、监事、高级管理人员在本次交易披露前后是否存在股份减持情形或者大比例减持计划；

（四）本次交易是否具有商业实质，是否存在利益输送的情形；

（五）是否违反国家相关产业政策。

第二十三条　上市公司应当充分披露本次交易资产定价的合理性，至少包括下列事项：

（一）资产定价过程是否经过充分的市场博弈，交易价格是否显失公允；

（二）所选取的评估或者估值方法与标的资产特征的匹配度，评估或者估值参数选取的合理性；

（三）标的资产交易作价与历史交易作价是否存在重大差异及存在重大差异的合理性；

（四）相同或者类似资产在可比交易中的估值水平；

（五）商誉确认是否符合企业会计准则的规定，是否足额确认可辨认无形资产。

第二十四条　上市公司应当充分披露本次交易中与业绩承诺相关的信息，至少包括下列事项：

（一）业绩承诺是否合理，是否存在异常增长，是否符合行业发展趋势和业务发展规律；

（二）交易对方是否按照规定与上市公司签订了明确可行的补偿协议；

（三）交易对方是否具备相应的履约能力，在承诺期内是否具有明确的履约保障措施。

第四章　重组审核内容与方式

第二十五条　本所重组审核遵循依法合规、公开透明、便捷高效的原则，提高审核透明度，明确市场预期。

本所重组审核实行电子化审核，申请、受理、问询、回复等事项通过本所并购重组审核业务系统办理。

第二十六条　本所重组审核机构按照规定对发行股份购买资产申请进行审核，出具审核报告，提出初步审核意见后，提交本所并购重组审核委员会（以下简称并购重组委员会）审议，提出审议意见。

本所结合并购重组委员会审议意见，出具本次交易符合重组条件和信息披露要求的审核意见，或者作出终止审核的决定。

第二十七条　本所对上市公司发行股份购买资产是否符合重组条件、是否符合中国证监会和本所信息披露要求进行审核，并重点关注重组交易是否必要、资产定价是否合理公允、业绩承诺是否切实可行、是否存在损害上市公司和股东合法权益的情形。

科创板上市公司发行股份购买资产的，本所还重点关注拟购买资产是否符合科创板定位、所属行业与科创板上市公司是否处于同行业或者上下游、与科创板上市公司主营业务是否具有协同效应。

第二十八条　本所通过提出问题、回答问题等多种方式，督促上市公司、交易对方、独立财务顾问、证券服务机构完善信息披露，真实、准确、完整地披露或者提供信息，提高信息披露的针对性、有效性和可读性，提升信息披露质量。

本所对发行股份购买资产申请进行审核时，可以视情况在审核问询中对上市公司、交易对方、独立财务顾问、证券服务机构提出下列要求：

（一）说明并披露相关问题及原因；

（二）补充核查相关事项并发表意见、披露核查过程、结果；

（三）补充提供信息披露的证明文件；

（四）修改或者更新信息披露内容。

第五章　重组审核程序

第一节　申请与受理

第二十九条　上市公司实施发行股份购买资产的，应当按照规定聘请独立财务顾问，并委托独立财务顾问在股东大会作出重大资产重组决议后三个工作日内，通过本所并购重组审核业务系统报送下列申请文件：

（一）重大资产重组报告书及相关文件；

（二）独立财务顾问报告及相关文件；

（三）法律意见书、审计报告及资产评估报告或者估值报告等证券服务机构出具的文件；

（四）中国证监会或者本所要求的其他文件。

申请文件的内容与格式应当符合中国证监会和本所的相关规定。

第三十条　本所收到申请文件后五个工作日内，对文件进行核对，作出是否受理的决定，告知上市公司及其独立财务顾问。

申请文件与中国证监会及本所规定的文件目录不相符、文档名称与文档内容不相符、文档格式不符合本所要求、签章不完整或者不清晰、文档无法打开或者存在本所认定的其他不齐备情形的，上市公司应当予以补正，补正时限最长不超过三十个工作日。上市公司在三十个工作日内提交补正申请文件确有困难的，可以提交延期补正的书面申请，并说明理由；经本所认可的，可适当延期。

上市公司补正申请文件的，本所收到申请文件的时间以上市公司最终提交补正文件的时间为准。

本所按照收到上市公司申请文件的先后顺序予以受理。

第三十一条　存在下列情形之一的，本所不予受理申请文件：

（一）重大资产重组报告书、独立财务顾问报告、法律意见书、财务报告、审计报告及资产评估报告或者估值报告等申请文件不齐备且未按要求补正；

（二）上市公司及其控股股东、实际控制人、董事、监事、高级管理人员，独立财务顾问、证券服务机构及其相关人员因证券违法违规被中国证监会采取认定为不适当人选、限制业务活动、证券市场禁入，被证券交易所、国务院批准的其他全国性证券交易场所采取一定期限内不接受其出具的相关文件、公开认定不适合担任上市公司董事、监事、高级管理人员，或者被证券业协会采取认定不适合从事相关业务等相关措施，尚未解除；

（三）本次交易涉嫌内幕交易被中国证监会立案调查或者被司法机关立案侦查，尚未结案，但中国证监会另有规定的除外；

（四）法律、行政法规及中国证监会规定的其他情形。

第三十二条　申请文件一经申报，上市公司、交易对方及有关各方，以及为本次交易提供服务的独立财务顾问、证券服务机构及其相关人员即须承担相应的法律责任。

本所受理申请文件后至中国证监会作出注册决定前，上市公司、独立财务顾问、证券服务机构应当按照本规则的规定，对披露的重大资产重组报告书、独立财务顾问报告、法律意见书、财务报告、审计报告、资产评估报告或者估值报告等文件予以修改、补充。

未经本所同意，申请文件不得更改。

第三十三条　本所受理申请文件后十个工作日内，独立财务顾问应当以电子文档形式报送工作底稿，供监管备查。

第二节　审核机构审核

第三十四条　本所重组审核机构按照申请文件受理的先后顺序开始审核。

第三十五条　上市公司申请发行股份购买资产不构成重组上市的，本所重组审核机构自受理申请文件之日起十个工作日内，向上市公司、交易对方、独立财务顾问、证券服务机构提出首轮审核问询。

上市公司申请发行股份购买资产构成重组上市的，本所重组审核机构自受理申请文件之日起二十个工作日内，提出首轮审核问询。

在首轮审核问询发出前，上市公司、交易对方及有关各方，独立财务顾问、证券服务机构及其相关人员不得就审核事项与审核人员接触，不得以任何形式干扰审核工作。

第三十六条　在首轮审核问询发出后，上市公司、交易对方、独立财务顾问、证券服务机构对本所审核问询存在疑问的，可以通过本所并购重组审核业务系统等方式进行沟通；确需当面沟通的，可以通过本所并购重组审核业务系统预约。

本所重组审核机构可以根据审核需要，就审核相关事项与上市公司、交易对方及有关各方、独立财务顾问、证券服务机构及其相关人员进行沟通。

第三十七条　本所重组审核机构收到上市公司对首轮审核问询的回复后，存在下列情形之一的，可以继续提出审核问询：

（一）首轮审核问询后，发现新的需要问询事项；

（二）上市公司、交易对方、独立财务顾问、证券服务机构的回复未能有针对性地回答本所重组审核机构提出的审核问询，或者本所就其回复需要继续审核问询；

（三）上市公司、交易对方、独立财务顾问、证券服务机构的信息披露仍未满足中国证监会和本所规定的要求；

（四）本所认为需要继续审核问询的其他情形。

第三十八条　上市公司、交易对方、独立财务顾问、证券服务机构应当按照本所重组审核机构审核问询要求进行必要的补充调查、核查，及时、逐项回复本所重组审核机构提出的审核问询，相应补充或者修改申请文件并披露。独立财务顾问应当于并购重组委员会审议结束后十个工作日内，汇总补充报送与审核问询回复相关的工作底稿。

上市公司、交易对方、独立财务顾问、证券服务机构对本所重组审核机构审核问询的回复是申请文件的组成部分，上市公司、交易对方、独立财务顾问、证券服务机构应当保证回复的真实、准确、完整。

第三十九条　本所重组审核机构可以根据需要，就科创板上市公司申请中拟购买资产是否符合科创板定位，与科创板上市公司主营业务是否具有协同效应等相关问题，向本所科技创新咨询委员会进行咨询；科技创新咨询委员会所提出的咨询意见，可以供本所审核问询参考。

第四十条　本所重组审核机构收到上市公司、交易对方、独立财务顾问、证券服务机构对本所审核问询的回复后，认为不需要进一步审核问询的，将出具审核报告，并提交并购重组委员会审议，同时通知上市公司及其独立财务顾问。

第四十一条　上市公司申请发行股份购买资产不构成重组上市的，本所自受理申请文件之日起两个月内出具本次交易符合重组条件和信息披露要求的审核意见，或者作出终止审核的决定，本所审核和中国证监会注册的时间总计不超过三个月；申请发行股份购买资产构成重组上市的，本所自受理申请文件之日起，在规定时间内出具本次交易符合重组条件和信息披露要求的审核意见，或者作出终止审核的决定，本所审核和中国证监会注册的时间总计不超过三个月。

上市公司申请发行股份购买资产不构成重组上市的，回复本所审核问询的时间总计不得超过一个月；申请发行股份购买资产构成重组上市的，回复本所审核问询的时间总计不得超过三个月。逾期未回复的，上市公司应当在到期日的次日，披露本次交易的进展情况及未能及时回复的具体原因等事项。上市公司难以在本款规定的时限内回复的，可以向本所申请延期一次，时间不得超过一个月。

第四十二条　本规则规定的中止审核、向科技创新咨询委员会咨询、就必要事项向相关主管部门征求意见、实施现场检查或者现场督导、落实并购重组委员会意见、暂缓审议、处理会后事项、要求进行专项核查，并要求上市公司补充或者修改申请文件等情形的时间，不计算在本规则第三十条、第三十五条、第四十一条以及第四十七条规定的时限内。

第四十三条　本所重组审核机构对符合下列条件的发行股份购买资产申请，可以减少问询轮次和问题数量，优化审核内容，提高审核效率：

（一）本所及上市公司所属证监局对上市公司信息披露和规范运作的评价以及中国证券业协会对独立财务顾问执业质量的评价结果均为 A 类；

（二）本次交易符合国家产业政策；

（三）交易类型属于同行业或者上下游并购，不构成重组上市。

适用前款规定的，上市公司应当按照本规则第二十九条规定提交申请文件，并提交独立财务顾问关于本次交易符合前款第（二）项、第（三）项规定的专项意见。

第四十四条　主板上市公司发行股份购买资产，符合下列情形之一的，申请文件受理后，本所重组审核机构经审核，不再进行审核问询，直接出具审核报告，并提交并购重组委员会审议：

（一）最近十二个月内累计交易金额不超过 5 亿元；

（二）最近十二个月内累计发行的股份不超过本次交易前上市公司股份总数的 5% 且最近十二个月内累计交易金额不超过 10 亿元。

科创板上市公司发行股份购买资产，符合前款规定情形之一，且不属于《重组办法》第十二条和第十三条规定的资产交易行为的，适用前款规定的审核程序。

适用前两款规定的，上市公司应当按照本规则第二十九条规定提交申请文件，并提交独立财务顾问关于本次发行股份购买资产符合前两款相应规定，且不存在本规则第四十五条规定情形的专项意见。

第一款所称"累计交易金额"，是指以发行股份方式购买资产的交易金额；"累计发行的股份"，是指用于购买资产而发行的股份。未适用第一款和第二款审核的发行股份购买资产行为，无需纳入累计计算的范围。

第四十五条　上市公司发行股份购买资产，存在下列情形之一的，不适用本规则第四十四条规定：

（一）上市公司或者其控股股东、实际控制人最近十二个月内受到中国证监会行政处罚或者证券交易所、国务院批准的其他全国性证券交易场所公开谴责，或者存在其他重大失信行为；

（二）独立财务顾问、证券服务机构或者其相关人员最近十二个月内受到中国证监会行政处罚或者证券交易所、国务院批准的其他全国性证券交易场所纪律处分。

科创板上市公司发行股份购买资产，同时募集配套资金用于支付本次交易现金对价，或者募集配套资金金额超过 5000 万元的，不适用本规则第四十四条规定。

第三节　并购重组委员会审议

第四十六条　并购重组委员会召开审议会议，对本所重组审核机构出具的审核报告及上市公司发行股份购买资产申请进行审议，形成本次交易是否符合重组条件和信息披露要求的审议意见。

第四十七条　并购重组委员会进行审议时，认为需要对上市公司、交易对方、独立财务顾问、证券服务机构等主体进行现场问询的，由本所重组审核机构通知相关主体。相关主体代表应当到会接受问询，回答并购重组委员会提出的问题。

审议会议过程中，发现上市公司存在重组条件或者信息披露方面的重大事项有待进一步核实，无法形成审议意见的，经会议合议，并购重组委员会可以对该公司的发行股份购买资产申请暂缓审议，暂缓审议时间不超过两个月。对上市公司的同一次申请，只能暂缓审议一次。

第四十八条　本所结合并购重组委员会审议意见，出具本次交易符合重组条件和信息披露要求的审核意见，或者作出终止审核的决定。

并购重组委员会审议意见认为本次交易符合重组条件和信息披露要求，但要求补充披露有关信息的，本所重组审核机构告知独立财务顾问组织落实；重组审核机构对上市公司及其独立财务顾问、证券服务机构的落实情况予以核对，向参会委员通报落实情况。上市公司对相关事项补充披露后，本所出具本次交易符合重组条件和信息披露要求的审核意见。

上市公司应当根据并购重组委员会审议意见，更新申请文件并披露。

第四节　向中国证监会报送审核意见

第四十九条　本所审核意见为本次交易符合重组条件和信息披露要求的，向中国证监会报送审核意见、相关审核资料及上市公司申请文件。

第五十条　中国证监会在注册程序中，发现存在影响重组条件的新增事项并要求本所进一步问询的，本所向上市公司、交易对方、独立财务顾问、证券服务机构提出问询问题。本所结合问询回复，就新增事项形成审核意见并报送中国证监会。

中国证监会认为本所对新增事项的审核意见依据明显不充分，退回本所补充审核的，本所对补充审核事项重新审核。本所审核意见为本次交易符合重组条件和信息披露要求的，重新向中国证监会报送审核意见及相关资料；本所审核意见为本次交易不符合重组条件或者信息披露要求的，作出终止审核的决定。

本所根据前两款规定进一步问询或补充审核的时间，不计算在本规则第四十一条规定的时限内。

上市公司应当及时披露相关问询问题以及注册结果，并根据需要更新申请文件并披露。

第五节　审核中止与终止

第五十一条　出现下列情形之一的，上市公司、交易对方、独立财务顾问、证券服务机构应当及时告知本所，本所将中止审核：

（一）本次交易涉嫌内幕交易被中国证监会立案调查或者被司法机关立案侦查，尚未结案；

（二）上市公司因涉嫌违法违规被行政机关调查，或者被司法机关侦查，尚未结案，对本次交易影响重大；

（三）独立财务顾问、证券服务机构被中国证监会依法采取限制业务活动、责令停业整顿、指定其他机构托管或者接管等监管措施，被证券交易所、国务院批准的其他全国性证券交易场所采取一定期限内不接受其出具的相关文件的纪律处分，尚未解除；

（四）独立财务顾问、证券服务机构的相关签字人员，被中国证监会依法采取不得从事证券业务或者证券服务业务的证券市场禁入、认定为不适当人选等措施，被证券交易所、国务院批准的其他全国性证券交易场所采取一定期限内不接受其出具的相关文件的纪律处分，或者被证券业协会采取认定不适合从事相关业务的纪律处分，尚未解除；

（五）申请文件中记载的财务资料已过有效期，需要补充提交；

（六）中国证监会根据《重组办法》等规定责令暂停重组活动，或者责令相关主体作出公开说明或者披露专业意见；

（七）上市公司、独立财务顾问主动要求中止审核，理由正当并经本所同意。

出现前款第一项至第六项所列情形，上市公司、交易对方、独立财务顾问、证券服务机构未及时告知本所，本所经核实符合中止审核情形的，将直接中止审核。

第一款所列情形消除后，上市公司、交易对方、独立财务顾问、证券服务机构应当及时告知本所。本所经审核确认后，恢复对发行股份购买资产申请的审核。审核时限自恢复审核之日起继续计算；但财务报告期调整达到一个或者一个以上会计年度的，审核时限自恢复审核之日起重新计算。存在第一款第一项规定的情形，但符合中国证监会有关规定的，视为相关情形已消除。

第五十二条　出现下列情形之一的，本所将终止审核：

（一）中国证监会根据《重组办法》等规定，责令上市公司终止重组活动；

（二）上市公司更换独立财务顾问、对交易方案进行重大调整或者上市公司、独立财务顾问撤回申请文件；

（三）上市公司未在规定时限内回复本所审核问询或者未对申请文件作出解释说明、补充修改；

（四）申请文件内容存在重大缺陷，严重影响本所正常审核，或者严重影响投资者作出价值判断或者投资决策；

（五）申请文件被认定存在虚假记载、误导性陈述或者重大遗漏；

（六）上市公司、交易对方及有关各方，独立财务顾问、证券服务机构及其相关人员等主体阻碍或者拒绝中国证监会或者本所依法实施的检查或者督导；

（七）上市公司、交易对方及有关各方，独立财务顾问、证券服务机构及其相关人员等主体以不正当手段严重干扰本所审核工作；

（八）本规则第五十一条第一款第三项至第七项规定的中止审核情形未能在两个月内消除；

（九）本所审核认为本次交易不符合重组条件或者信息披露要求。

第五十三条　本所对上市公司发行股份购买资产申请不予受理或者终止审核的，上市公司可以在收到本所相关文件后五个工作日内，向本所申请复审；但因本规则第五十二条第二项终止审核的，不得申请复审。复审的有关事项，适用《上海证券交易所股票发行上市审核规则》等关于复审的有关规定。

经复审，上市公司申请理由成立的，本所对发行股份购买资产申请重新审核，审核时限自重新审核之日起重新计算；申请理由不成立的，本所维持原决定。

第六节　会后事项

第五十四条　并购重组委员会形成审议意见后至中国证监会作出注册决定前，发生重大事项，对上市公司本次交易是否符合重组条件或者信息披露要求产生重大影响的，本所重组审核机构经审核决定是否重新提交并购重组委员会审议。

第五十五条　中国证监会作出注册决定后至本次交易实施完毕前，发生重大事项，可能导致上市公司本次交易不符合重组条件或者信息披露要求的，上市公司应当暂停本次交易。本所发现上市公司存在上述情形的，有权要求上市公司暂停本次交易。

上市公司、交易对方、独立财务顾问应当将上述情况及时报告本所并作出公告，说明重大事项相关情况及上市公司将暂停本次交易。

本所经审核认为相关重大事项导致上市公司本次交易不符合重组条件或者信息披露要求的，将出具明确意见并报告中国证监会。

第六章　审核相关事项

第五十六条　本所向市场公开重组审核的下列信息，接受社会监督：

（一）在审上市公司名单、基本信息及审核工作进度；

（二）本所审核问询，上市公司、交易对方、独立财务顾问、证券服务机构的回复，但涉及国家秘密或者商业秘密的除外；

（三）并购重组委员会的会议时间、审议的上市公司名单、参会委员名单、审议结果及现场问询问题；

（四）中国证监会的注册决定；

（五）本所对上市公司、交易对方及有关各方，独立财务顾问、证券服务机构及其相关人员采取的自律监管措施或者纪律处分；

（六）本所认为必要的其他信息。

第五十七条　本所受理申请文件后至本次交易实施完毕前，发生重大事项的，上市公司、交易对方、独立财务顾问应当及时向本所报告，按照要求履行信息披露义务、更新申请文件。上市公司的独立财务顾问、证券服务机构应当持续履行尽职调查职责，并向本所提交专项核查意见。

第五十八条　本所受理申请文件后至本次交易实施完毕前，上市公司及其独立财务顾问应当密切关注公共媒体关于本次交易的重大报道、市场传闻。

相关报道、传闻与上市公司信息披露存在重大差异，或者所涉事项可能对本次交易产生重大影响的，上市公司、交易对方、独立财务顾问、证券服务机构应当向本所作出解释说明，并按照规定履行信息披露义务。独立财务顾问、证券服务机构应当进行必要的核查并向本所报告核查结果。

第五十九条　本所受理申请文件后至本次交易实施完毕前，本所收到与本次交易相关的投诉举报的，可以就投诉举报的具体事项向上市公司、交易对方、独立财务顾问、证券服务机构进行问询，要求其向本所作出解释说明，并按照规定履行信息披露义务；要求独立财务顾问、证券服务机构进行必要的核查并向本所报告核查结果。

第六十条　本所在审核中，发现上市公司申请文件存在重大疑问且上市公司、交易对方、独立财务顾问、证券服务机构回复中无法作出合理解释，或者本次交易涉及重组上市的，本所可以提请对上市公司、交易对方、标的资产、独立财务顾问、证券服务机构进行现场检查，或者对独立财务顾问、证券服务机构进行现场督导。

第六十一条　本所在审核中，对重组条件具体审核标准等涉及中国证监会部门规章及规范性文件理解和适用的重大疑难问题、重大无先例情况以及其他需要中国证监会决定的事项，将及时请示中国证监会。

第六十二条　上市公司应当在并购重组委员会审议认为不符合重组条件或者信息披露要求、收到本所终止审核决定或者中国证监会不予注册的决定后次一交易日就该结果予以公告。

上市公司董事会应当根据股东大会的授权，在收到本所终止审核决定或者中国证监会不予注册的决定后十日内，就是否修改或者终止本次重组方案作出决议并予以公告。决定终止方案的，应当在以上董事会的公告中明确向投资者说明，并按照公司章程的规定提交股东大会审议，股东大会就重大资产重组事项作出决议时已具体授权董事会可以决议终止本次交易的除外；准备重新上报的，应当在以上董事会公告中明确说明重新上报的原因、计划等。

本所对发行股份购买资产申请不予受理、终止审核的，上市公司可以在相关情形消除或者相关问题解决后再行申报。

第七章　持续督导

第六十三条　为上市公司实施重大资产重组提供服务的独立财务顾问，应当按照中国证监会和本所的相关规定，履行持续督导职责。

独立财务顾问应当指定项目主办人负责持续督导工作，并在资产重组实施情况报告书中披露。前述项目主办人不能履职的，独立财务顾问应当另行指定履职能力相当的人员并披露。

上市公司、标的资产及其相关人员，应当积极配合独立财务顾问履行持续督导职责，及时提供必要的信息，保障履职所需的各项条件，协助披露持续督导意见。

第六十四条　上市公司实施重大资产重组的，持续督导期限为本次交易实施完毕当年剩余时间以及其后一个完整会计年度。

前款规定的期限届满后，存在尚未完结的督导事项的，独立财务顾问应当继续履行持续督导职责，并在各年度报告披露之日起十五日内就相关事项的进展情况出具核查意见。

第六十五条　独立财务顾问应当勤勉尽职，通过日常沟通、定期回访等方式，结合上市公司信息披露情况，履行下列持续督导职责：

（一）就督促上市公司按照相关规定实施重组方案，及时办理资产的交付或者过户手续等情况，履行相关信息披露义务；

（二）辅导和督促标的资产主要股东、主要管理人员以及核心技术人员知晓并遵守上市公司信息披露、规范运作要求；

（三）关注并督促上市公司有效控制、整合、运营标的资产；

（四）关注并督促上市公司披露对标的资产持续经营能力、核心竞争力有重大不利影响的风险或者负面事项；

（五）关注并督促相关方履行承诺；

（六）关注并督促上市公司按照企业会计准则的有关规定，对商誉进行确认和计量；

（七）《重组办法》《上市公司并购重组财务顾问业务管理办法》规定的其他持续督导职责。

前款各项所涉事项对上市公司或者标的资产产生重大影响，或者与重大资产重组报告书等文件披露或者预测情况存在重大差异的，独立财务顾问应当督促上市公司及时披露，并于公司披露公告时，就披露信息是否真实、准确、完整，是否存在其他未披露重大风险发表意见并披露。

第六十六条　存在下列情形之一的，独立财务顾问应当对上市公司或者标的资产进行现场核查，出具核查报告并披露：

（一）标的资产存在重大财务造假嫌疑；

（二）上市公司可能无法有效控制标的资产；

（三）标的资产可能存在未披露担保；

（四）标的资产可能存在非经营性资金占用；

（五）标的资产股权可能存在重大未披露质押。

独立财务顾问进行现场核查的，应当就核查情况、提请上市公司及投资者关注的问题、本次现场核查结论等事项出具现场核查报告，并在现场核查结束后五个工作日内披露。

第六十七条　上市公司实施重大资产重组，交易对方作出业绩承诺并与上市公司签订补偿协议的，独立财务顾问应当在业绩补偿期间内，持续关注业绩承诺方的资金、所持上市公司股份的质押等履约能力保障情况，督促其及时、足额履行业绩补偿承诺。

相关方丧失履行业绩补偿承诺能力或者履行业绩补偿承诺存在重大不确定性的，独立财务顾问应当督促上市公司及时披露风险情况，并就披露信息是否真实、准确、完整，是否存在其他未披露重大风险发表意见并披露。

相关方未履行业绩补偿承诺或者履行业绩补偿承诺数额不足的，独立财务顾问应当督促上市公司在前述事项发生的十个工作日内，制定并披露追偿计划，并就追偿计划的可行性以及后续履行情况发表意见并披露。

第六十八条　上市公司实施重组上市的，独立财务顾问自本次交易实施完毕之日起，应当遵守《上市规则》关于首次公开发行股票并上市持续督导的规定，以及《重组办法》《上市公司并购重组财务顾问业务管理办法》及本所相关规则规定的持续督导职责。

第八章　自律管理

第六十九条　本所在发行股份购买资产审核中，可以根据本规则及本所相关规则单独或者合并采取下列日常工作措施：

（一）要求对有关问题作出解释和说明；

（二）出具监管工作函；

（三）约见有关人员；

（四）要求提供相关备查文件或者材料；

（五）向中国证监会报告有关情况；

（六）本所规定的其他日常工作措施。

第七十条　上市公司、交易对方未按照相关法律法规实施重大资产重组，或者因定价显失公允、违反业绩承诺、不正当利益输送等问题损害上市公司、投资者合法权益的，本所可以要求限期改正，并可以采取《上市规则》等规则规定的自律监管措施或者纪律处分；情节严重的，可以要求终止本次交易，并可以采取《上市规则》等规则规定的纪律处分。

第七十一条　上市公司、交易对方及有关各方存在下列情形之一的，本所可以要求限期改正，并可以对其单独或者合并采取《上市规则》等规则规定的自律监管措施或者纪律处分：

（一）未按照相关法律法规报送申请文件、有关报告或者披露重大资产重组信息；

（二）申请文件、报送的报告或者披露的信息存在虚假记载、误导性陈述或者重大遗漏；

（三）拒绝、阻碍、逃避现场检查或者现场督导，谎报、隐匿、销毁相关证据材料；

（四）以不正当手段严重干扰本所审核工作；

（五）其他违反相关法律法规的行为。

第七十二条　上市公司董事、监事和高级管理人员未履行诚实守信、勤勉尽责义务，或者上市公司的控股股东、实际控制人及其有关负责人员未按照本规则的规定履行相关义务，导致重大资产重组损害上市公司利益的，或者组织、指使、直接从事第七十一条规定的违规行为的，本所可以视情节轻重对其单独或者合并采取《上市规则》等规则规定的自律监管措施或者纪律处分。

第七十三条　为重大资产重组提供服务的独立财务顾问、证券服务机构及其相关人员未履行诚实守信、勤勉尽责义务，违反行业规范、业务规则，或者未依法履行尽职调查、报告和披露以及持续督导职责的，本所可以视情节轻重对其单独或者合并采取下列自律监管措施或者纪律处分：

（一）口头警示；

（二）书面警示；

（三）监管谈话；

（四）通报批评；

（五）公开谴责；

（六）三个月至三年内不接受独立财务顾问、证券服务机构提交的申请文件或者信息披露文件；

（七）一年至三年内不接受独立财务顾问、证券服务机构相关人员签字的申请文件或者信息披露文件。

（八）其他自律监管措施或者纪律处分。

第七十四条　上市公司股东减持因发行股份购买资产取得的股份，违反本规则的，本所可以视情节轻重，按照《上市规则》等规则的规定，采取相应的自律监管措施或者纪律处分。

第七十五条　本所在审核中，发现上市公司、交易对方及有关各方，独立财务顾问、证券服务机构及其相关人员涉嫌证券违法的，将依法报告中国证监会。

前款规定的监管对象被其他证券交易所、国务院批准的其他全国性证券交易场所采取暂不接受文件、认定为不适当人选等自律监管措施和纪律处分的，本所按照业务规则，在相应期限内不接受其提交或签字的相关文件，或者认定其不适合担任上市公司董事、监事、高级管理人员，并对该监管对象提交或者签字且已受理的其他文件中止审核，或者要求上市公司解聘相关人员等。

第九章　附则

第七十六条　上市公司发行存托凭证、优先股、可转换为股票的公司债券、定向权证购买资产或者募集配套资金，或者实施涉及股份发行的合并、分立的，信息披露要求、审核程序等参照适用本规则。

科创板上市公司配套募集资金应当主要投向科技创新领域。

第七十七条　本规则所称有关各方，是指上市公司的控股股东、实际控制人、董事、监事、高级管理人员及其他相关方。

第七十八条　本规则经本所理事会审议通过并报中国证监会批准后生效，修改时亦同。

第七十九条　本规则由本所负责解释。

第八十条　本规则自发布之日起施行。本所于 2021 年 6 月 22 日发布的《上海证券交易所科创板上市公司重大资产重组审核规则（2021 年修订）》（上证发〔2021〕46 号）、《上海证券交易所科创板发行上市审核规则适用指引第 2 号——上市公司重大资产重组审核标准及相关事项》（上证发〔2021〕48 号）同时废止。

关于发布《上海证券交易所优先股试点业务实施细则》的通知

（上证发〔2023〕38号 2023年2月17日）

各市场参与人：

为了落实党中央、国务院关于全面实行股票发行注册制的决策部署，规范优先股的上市、交易、转让和信息披露等事项，根据《中华人民共和国证券法》《国务院关于开展优先股试点的指导意见》《优先股试点管理办法》等有关规定，上海证券交易所（以下简称本所）制定了适用于主板、科创板上市公司的《上海证券交易所优先股试点业务实施细则》（详见附件），经中国证监会批准，现予以发布，并自发布之日起施行。本所于2014年5月9日发布的《关于发布〈上海证券交易所优先股业务试点管理办法〉的通知》（上证发〔2014〕31号）同时废止。

特此通知。

附件：上海证券交易所优先股试点业务实施细则

附件

上海证券交易所优先股试点业务实施细则

第一章　总则

第一条　为了规范优先股试点，维护证券市场秩序，保护投资者合法权益，根据《中华人民共和国公司法》《中华人民共和国证券法》《国务院关于开展优先股试点的指导意见》《优先股试点管理办法》《上海证券交易所股票上市规则》和《上海证券交易所科创板股票上市规则》（以下统称《股票上市规则》）等相关法律、行政法规、部门规章以及上海证券交易所（以下简称本所）相关业务规则，制定本细则。

第二条　在本所交易或者转让的优先股，适用本细则。上市公司申请发行优先股的，其申请、审核、发行等事项，参照适用《证券发行与承销管理办法》《上海证券交易所上市公司证券发行上市审核规则》《上海证券交易所上市公司重大资产重组审核规则》《上海证券交易所上市审核委员会和并购重组审核委员会管理办法》《上海证券交易所上市公司证券发行与承销业务实施细则》等相关规则的规定。本细则未规定的，适用本所其他有关规定。

第三条　优先股的登记、存管和结算由中国证券登记结算有限责任公司（以下简称中国结算）按其业务规则办理。

第四条　本所会员应当向首次参与优先股交易或者转让的投资者全面介绍优先股的产品特征和相关制度规则，充分揭示投资风险，并要求其签署优先股投资风险揭示书。

第二章　上市

第五条　上市公司申请向不特定对象发行的优先股在本所上市的，应当符合下列条件：

（一）优先股经中国证监会注册并已向不特定对象发行，申请上市时仍符合法定的优先股发行条件；

（二）本次优先股发行后实际募集资金总额不少于人民币 2.5 亿元；

（三）本所要求的其他条件。

本所可以根据市场需要，对前款规定的上市条件进行调整。

第六条　上市公司向本所提出优先股上市申请，应当提交下列文件：

（一）上市申请书；

（二）中国证监会予以注册的决定；

（三）中国结算出具的优先股登记存管证明文件；

（四）按照有关规定编制的上市公告书；

（五）保荐协议和保荐人出具的上市保荐书；

（六）律师事务所出具的法律意见书；

（七）本所要求的其他文件。

发行人及其董事、监事、高级管理人员应当保证向本所提交的上市申请文件真实、准确、完整，不存在虚假记载、误导性陈述或者重大遗漏。

第七条　本所在收到发行人提交的上市申请文件后，作出是否同意上市的决定。出现特殊情况时，本所可以暂缓作出是否同意上市的决定。

第八条　发行人应当于其优先股上市前 5 个交易日披露下列文件，并备置于公司住所，供公众查阅：

（一）上市公告书；

（二）公司章程；

（三）本所要求的其他文件。

未经本所同意，发行人不得在上市申请期间擅自披露与优先股上市有关的信息。

第九条　上市优先股的风险警示事宜，参照《股票上市规则》的有关规定执行，但上市公司普通股股权分布不符合上市条件的风险警示情形，不适用于其优先股。

第十条　上市优先股的终止上市和重新上市事宜，参照《股票上市规则》的有关规定执行。

上市公司因普通股的累计股票成交量、每日股票收盘价、股本总额或者股权分布触及《股票上市规则》规定的标准，被本所作出终止上市或者重新上市决定的，不适用于其优先股。

同一优先股连续20个交易日收盘市值均低于人民币5000万元的，本所可以决定终止该优先股上市，并参照《股票上市规则》关于普通股因每日收盘价触及相关标准被终止上市的规定执行。

第三章　交易

第十一条　在本所上市优先股的交易参照适用《上海证券交易所交易规则》（以下简称《交易规则》）关于股票交易的相关规定，本细则另有规定的除外。

第十二条　本所对向不特定对象发行的优先股交易（含上市首日）实行价格涨跌幅限制。涨跌幅限制范围、计算公式适用《交易规则》关于股票交易的相关规定。

优先股上市首日涨跌幅价格的计算，以该优先股的发行价格为基准。

第十三条　优先股的除息处理独立于普通股进行，并单独公布相应的除息参考价格。

第十四条　优先股单笔买卖申报交易金额不低于人民币200万元的，可以采用大宗交易方式。

第十五条　优先股交易出现下列情形之一的，属于异常波动，本所分别公布该优先股交易异常波动期间累计买入、卖出金额最大5家会员营业部的名称及其买入、卖出金额：

（一）主板上市优先股连续3个交易日内收盘价格涨跌幅累计达到±20%的；

（二）主板上市优先股单一交易日换手率达到20%的；

（三）科创板上市优先股连续3个交易日内收盘价格涨跌幅累计达到±30%的；

（四）中国证监会或者本所认定属于异常波动的其他情形。

优先股异常波动指标自本所公布的次一交易日或复牌之日起重新计算。

优先股交易出现上述异常波动情形的，上市公司应当披露优先股交易异常波动公告。

优先股不适用《交易规则》关于股票交易严重异常波动情形的有关规定。

第十六条　优先股的交易信息独立于普通股以及风险警示普通股的交易信息，予以分别显示。会员应当对优先股的交易信息予以独立显示。

优先股的交易信息不纳入本所有关普通股指数计算。

第四章　转让

第十七条　上市公司向特定对象发行的优先股，以及非上市公众公司首次公开发行普通股同时向特定对象发行的优先股，可以申请在本所转让。

第十八条　发行人申请在本所转让优先股的，应当提交下列材料：

（一）转让服务申请书；

（二）中国证监会予以注册的决定；

（三）中国结算出具的优先股登记存管证明文件；

（四）保荐人出具的保荐文件或者独立财务顾问出具的专业意见（如适用）；

（五）律师事务所出具的法律意见书；

（六）本所要求的其他材料。

第十九条　转让申报的时间为每个交易日 9:15–9:25、9:30–11:30、13:00–15:00。

第二十条　转让优先股可以采取下列申报方式：

（一）意向申报。合格投资者在转让申报时间内，可以通过其委托的本所会员进行转让意向的发布和洽谈，转让意向申报应包括转让品种代码、证券账号、转让方向以及本所规定的其他内容。意向申报可以包括转让价格和数量。

（二）成交申报。转让双方就品种、价格和数量达成一致后，由其委托的本所会员分别进行转让（受让）申报，转让（受让）申报应包括转让品种代码、证券账号、转让价格、转让数量、转让方向以及本所规定的其他内容。转让（受让）申报中，转让品种代码、转让价格和转让数量必须一致。

第二十一条　优先股转让的成交申报、成交结果经本所确认后，不得撤销或变更，转让双方应当承认转让结果，并履行相关的清算交收义务。

第二十二条　会员应当保证参与优先股转让的投资者账户实际拥有与申报相对应的优先股或资金。

持有或者租用本所交易业务单元的机构参与优先股转让，应当通过持有或者租用的交易业务单元提出申报，并确保拥有与申报相对应的优先股或者资金。

第二十三条　优先股转让实行投资者适当性管理制度。符合《优先股试点管理办法》规定的合格投资者，可以参与优先股转让。

第二十四条　会员应当切实履行投资者适当性管理职责，通过现场问询、核对资料、签订确认书等方式，审查参与优先股转让的投资者是否为符合规定的合格投资者，并留存有关资料。

第二十五条　会员应当向其合格投资者提供本所优先股转让申报及成交信息。

第五章　信息披露

第二十六条　优先股发行人及相关信息披露义务人应当根据法律、行政法规、部门规章、本细则及本所其他业务规则的规定，及时、公平地披露信息，并保证所披露信息真实、准确、完整。

第二十七条 发行优先股的上市公司，其定期报告应当按照《优先股试点管理办法》和中国证监会规定的具体内容与格式披露优先股有关情况。

第二十八条 上市公司和相关信息披露义务人应当履行临时报告、公告义务，及时披露下列对上市公司优先股交易或转让价格可能产生较大影响的信息：

（一）优先股的发行、上市和转让情况；

（二）优先股的回购情况；

（三）优先股的转换情况；

（四）公司信用状况发生重大变化，可能影响其向优先股股东分配股息；

（五）优先股分配利润或剩余财产的情况；

（六）优先股股东的表决权恢复、行使及变动情况；

（七）优先股股东的分类表决情况；

（八）优先股募集资金的存放和使用情况；

（九）中国证监会和本所规定的其他信息。

第二十九条 上市公司普通股根据《股票上市规则》停牌或复牌的，其优先股相应停牌或暂停转让、复牌或恢复转让，但上市公司因普通股股权分布连续20个交易日不具备上市条件而停牌或复牌的除外。

为保证信息披露的及时与公平，本所可以根据实际情况、中国证监会的要求或者上市公司的申请，决定上市公司优先股在本所停牌或暂停转让、复牌或恢复转让。

第三十条 上市公司独立董事应当就上市公司本次发行优先股对公司各类股东权益的影响发表专项意见，并与公司有关发行优先股的董事会决议公告同时披露。

第三十一条 上市公司累计3个会计年度或连续2个会计年度未按约定支付优先股股息的，应当在公司股东大会批准当年利润分配方案次日发布提示性公告，公告应当载明优先股表决权恢复的原因和起始期限、每股优先股享有的表决权比例，以及优先股表决权恢复对公司的影响等内容。

对于股息可累积到下一会计年度的优先股，上市公司应当在其全额支付所欠股息次日，就优先股表决权恢复的终止日期以及表决权恢复终止对公司的影响等内容发布提示性公告。对于股息不可累积的优先股，上市公司应当在其全额支付当年股息次日，就优先股表决权恢复的终止日期以及表决权恢复终止对公司的影响等内容发布提示性公告。

上市公司出现公司章程规定的其他优先股表决权恢复情形的，应当参照前两款规定发布提示公告。

第三十二条 在构成上市公司关联人的相关情形中，计算持股数额时仅计算普通股和表决权恢复的优先股。

第三十三条 上市公司应当在满足优先股赎回条件的下一交易日发布公告，明确披露是否行使赎回权。决定行使赎回权的，上市公司还应当在赎回期结束前至少发布 3 次赎回提示性公告，载明赎回程序、赎回价格、付款方法、付款时间等内容。

赎回期结束后，上市公司应当公告赎回结果及其影响。

第三十四条 上市公司应当在满足优先股回售条件的下一交易日发布回售公告，并在回售期结束前至少发布 3 次回售提示性公告，公告应当载明回售程序、回售价格、付款方法、付款时间等内容。

回售期结束后，上市公司应当公告回售结果及其影响。

第三十五条 上市商业银行向特定对象发行的优先股在触发事件发生时强制转换为普通股的，应当遵守有关规定，并按照本所相关规定履行信息披露义务。

第三十六条 上市公司以减少注册资本为目的的回购普通股向不特定对象发行优先股的，以及以向特定对象发行优先股为支付手段向公司特定股东回购普通股的，上市公司应当按照《优先股试点管理办法》作出董事会和股东大会决议，并按规定及时披露。

第三十七条 上市公司按照《上市公司重大资产重组管理办法》规定的条件发行优先股购买资产的，应当按照《优先股试点管理办法》《股票上市规则》等规定履行相关报告、公告义务。

第六章 其他事项

第三十八条 优先股的证券简称应当标明为优先股，并使用专用代码段。

第三十九条 试点期间，优先股上市、交易、转让涉及的上市初费、年费、交易或转让经手费等费用，本所暂按普通股收费标准的 80% 收取，大宗交易经手费相对于优先股竞价交易费率下浮 30%，交易单元费按普通股标准收取。

第四十条 承销机构在承销向特定对象发行的优先股时，未按规定配售给符合《优先股试点管理办法》规定的合格投资者的，本所可以要求限期改正，给予 3 年内不接受其提交的证券承销业务相关文件的纪律处分。

第四十一条 优先股发行人及其控股股东、实际控制人、董事、监事、高级管理人员，中介机构及其责任人员、会员、投资者等相关主体违反本细则或者其所作出的承诺的，本所可以按照《股票上市规则》《交易规则》《上海证券交易所纪律处分和监管措施实施办法》等规定，对其采取口头警示、书面警示、要求限期改正、建议更换相关任职人员等监管措施或者对其实施通报批评、公开谴责、公开认定不适合担任上市公司董事、监事和高级管理人员、暂不接受发行人提交的发行上市申请文件、暂不接受中介机构或者其从业人员出具的相关业务文件等纪律处分，并按规定记入诚信档案。

第四十二条　本细则经本所理事会审议通过并报中国证监会批准后生效，修改时亦同。

第四十三条　本细则由本所负责解释。

第四十四条　本细则自发布之日起施行。

关于发布《上海证券交易所发行上市审核规则适用指引第 1 号——申请文件受理》的通知

（上证发〔2023〕44 号 2023 年 2 月 17 日）

各市场参与人：

为了规范证券发行上市受理工作，维护受理工作秩序，根据《上海证券交易所股票发行上市审核规则》《上海证券交易所上市公司证券发行上市审核规则》《上海证券交易所上市公司重大资产重组审核规则》《北京证券交易所上市公司向上海证券交易所科创板转板办法（试行）》等有关规定，上海证券交易所（以下简称本所）制定了《上海证券交易所发行上市审核规则适用指引第 1 号——申请文件受理》（详见附件），现予以发布，并自发布之日起施行。本所于 2019 年 3 月 1 日发布的《关于发布〈上海证券交易所科创板股票发行上市申请文件受理指引〉的通知》（上证发〔2019〕25 号）同时废止。

特此通知。

附件：上海证券交易所发行上市审核规则适用指引第 1 号——申请文件受理

附件

上海证券交易所发行上市审核规则适用指引第 1 号——申请文件受理

第一条 为了规范上海证券交易所（以下简称本所）证券发行上市受理工作，维护受理工作秩序，根据《首次公开发行股票注册管理办法》《上市公司证券发行注册管理办法》《上市公司重大资产重组管理办法》《中国证监会关于北京证券交易所上市公司转板的指导意见》《上海证券交易所股票发行上市审核规则》《上海证券交易所上市公司证券发行上市审核规则》《上海证券交易所上市公司重大资产重组审核规则》《北京证券交易所上市公司向上海证券交易所科创板转板办法（试行）》等规定，制定本指引。

第二条 发行人、本所上市公司（以下简称上市公司）、北京证券交易所上市公司（以下简称转板公司）、保荐人及独立财务顾问应当按照中国证券监督管理委员会（以下简称中国证监会）及本所相关规定报送发行上市申请文件、发行股份购买资产申请文件、向本所科创板转板（以下简称转板）申请文件（以下统称申请文件）。

第三条　发行人、上市公司、转板公司应当通过保荐人、独立财务顾问向本所发行上市审核业务系统提交电子版申请文件，申请文件应当与书面原件一致。相关申请文件应当由两名保荐代表人或者财务顾问主办人签字。

每名保荐代表人可以在沪深主板和科创板同时各负责两家在审企业，但存在下列情形之一的，仅可以在沪深主板和科创板各负责一家在审企业：

（一）最近三年内有过违规记录，包括被中国证监会采取过监管措施、受到过证券交易所公开谴责或者证券业协会自律处分；

（二）最近三年内未曾担任过已完成的首发、再融资、转板项目签字保荐代表人。

申报项目时，保荐人应当针对签字保荐代表人是否符合《证券发行上市保荐业务管理办法》第四条规定，以及其申报的在审企业家数及是否存在前款第一项、第二项规定的情形作出说明与承诺。

第四条　本所收到申请文件后，对申请文件进行核对，并在五个工作日内作出受理或者不予受理的决定。上市公司向特定对象发行证券适用简易程序的，本所在收到申请文件后两个工作日内作出是否受理的决定。

第五条　存在下列情形之一的，本所发出补正通知，一次性提出全部补正要求，发行人、上市公司、转板公司应当予以补正，补正时限最长不超过三十个工作日：

（一）申请文件与中国证监会及本所规定的文件目录不相符；

（二）申请文件目录中的文件名称与文件本身内容不相符；

（三）不适用申请文件目录情况的说明与提交的申请文件不一致；

（四）申请文件无法打开或者读取；

（五）文档字体排版等格式不符合中国证监会和本所的相关规定；

（六）申请文件签字处缺少本人亲笔签字，或者签字不清晰；

（七）申请文件盖章处未加盖公章，印章不清晰，或者公章上的名称与应盖章机构的名称不一致；

（八）会计师事务所、律师事务所未加盖总所公章；

（九）相关文件因无法提供原件而提供复印件的，未由律师提供鉴证意见；

（十）招股说明书、转板报告书中引用的财务报表、重大资产重组报告书引用本次交易涉及的相关资产的财务报表未在六个月有效期内；

（十一）本所认定应当补正的其他情形。

发行人、上市公司、转板公司在三十个工作日内提交补正文件确有困难的，可以提交延期补正的书面申请，并说明理由；经本所认可的，可适当延期。

第六条 发行人、上市公司、转板公司补正申请文件的，本所收到申请文件的时间以发行人、上市公司、转板公司完成全部补正要求的时间为准。

第七条 本所作出受理或者不予受理的决定前，发行人、上市公司、转板公司要求撤回申请的，应当提交撤回申请并说明撤回理由。

第八条 申请文件符合要求的，本所作出予以受理的决定，出具受理通知。

受理当日，发行人、上市公司或者转板公司应当根据发行上市类型，在本所网站预先披露下列文件：

（一）首次公开发行上市申请文件中的招股说明书、发行保荐书、上市保荐书、审计报告、法律意见书等文件；

（二）上市公司证券发行上市申请文件中的募集说明书、发行保荐书、上市保荐书、审计报告、法律意见书等文件；

（三）上市公司发行股份购买资产申请文件中的重大资产重组报告书、独立财务顾问报告、法律意见书、标的资产的财务报告和审计报告（如有）、标的资产的资产评估报告或者估值报告等文件；

（四）转板申请文件中的转板报告书、上市保荐书、审计报告、法律意见书等文件。

自申请文件申报之日起，发行人、上市公司、转板公司及其控股股东、实际控制人、董事、监事和高级管理人员，以及与本次发行上市、发行股份购买资产、转板相关的保荐人、独立财务顾问、证券服务机构及其相关人员等即须承担相应的法律责任。

未经本所同意，不得对申请文件进行更改。

第九条 保荐人、独立财务顾问应当于受理后十个工作日内，按照本所规定的途径以电子文档形式向本所报送工作底稿，保荐人还应当同时报送验证版招股说明书、募集说明书或者转板报告书，供监管备查。

上市公司向特定对象发行证券适用简易程序的，保荐人应当于受理后三个工作日内报送工作底稿和验证版募集说明书。

第十条 存在下列情形之一的，本所作出不予受理的决定，出具不予受理通知：

（一）申请文件不齐备且未按要求补正；

（二）发行人、上市公司、转板公司及其控股股东、实际控制人、董事、监事、高级管理人员，保荐人、独立财务顾问、承销商、证券服务机构及其相关人员因证券违法违规被中国证监会采取认定为不适当人选、限制业务活动、证券市场禁入，被证券交易所、国务院批准的其他全国性证券交易场所采取一定期限内不接受其出具的相关文件、公开认定不适合担任发行人、上市公司、转板公司董事、监事、高级管理人员，或者被证券业协会采取认定不适合从事相关业务等相关措施，尚未解除；

（三）对于上市公司发行股份购买资产的，本次交易涉嫌内幕交易被中国证监会立案调查或者被司法机关立案侦查，尚未结案，但中国证监会另有规定的除外；

（四）对于转板公司转板的，转板公司存在尚未实施完毕的股票发行、重大资产重组、股票回购等事项；

（五）法律、行政法规及中国证监会规定的其他情形。

第十一条　本所受理发行人、上市公司、转板公司的申请文件，并不表明申请文件符合法定要求，也不表明本所同意发行人、上市公司、转板公司的申请。

第十二条　本指引由本所负责解释。

第十三条　本指引自发布之日起施行。本所于 2019 年 3 月 1 日发布的《上海证券交易所科创板股票发行上市申请文件受理指引》（上证发〔2019〕25 号）同时废止。

关于发布《上海证券交易所发行上市审核规则适用指引第 2 号——上市保荐书内容与格式》的通知

（上证发〔2023〕45 号　2023 年 2 月 17 日）

各市场参与人：

为了规范上海证券交易所（以下简称本所）上市保荐书的编制和报送行为，加强证券发行上市、转板的信息披露，提高保荐人及其保荐代表人的执业水准，根据《上海证券交易所股票发行上市审核规则》《上海证券交易所上市公司证券发行上市审核规则》《北京证券交易所上市公司向上海证券交易所科创板转板办法（试行）》等规定，本所制定了《上海证券交易所发行上市审核规则适用指引第 2 号——上市保荐书内容与格式》（详见附件），现予以发布，并自发布之日起施行。本所于 2019 年 3 月 1 日发布的《关于发布〈上海证券交易所科创板上市保荐书内容与格式指引〉的通知》（上证发〔2019〕24 号）、2021 年 7 月 23 日发布的《关于发布〈上海证券交易所科创板发行上市审核规则适用指引第 5 号——转板上市保荐书〉的通知》（上证发〔2021〕59 号）同时废止。

特此通知。

附件：上海证券交易所发行上市审核规则适用指引第 2 号——上市保荐书内容与格式

附件

上海证券交易所发行上市审核规则适用指引第 2 号——上市保荐书内容与格式

第一条　为了规范上市保荐书的编制和报送行为，加强证券发行上市、转板的信息披露，提高保荐人及其保荐代表人的执业水准，根据《中华人民共和国证券法》（以下简称《证券法》）、《证券发行上市保荐业务管理办法》《首次公开发行股票注册管理办法》《上市公司证券发行注册管理办法》《优先股试点管理办法》《中国证监会关于北京证券交易所上市公司转板的指导意见》《上海证券交易所股票发行上市审核规则》《上海证券交易所上市公司证券发行上市审核规则》《北京证券交易所上市公司向上海证券交易所科创板转板办法（试行）》

（以下简称《转板办法》）、《上海证券交易所优先股试点业务实施细则》等规定，制定本指引。

第二条　发行人申请首次公开发行股票、存托凭证并在上海证券交易所（以下简称本所）上市、本所上市公司申请发行证券并上市、北京证券交易所上市公司（以下简称转板公司）申请向本所科创板转板的，所聘请的保荐人应当按照本指引的要求出具上市保荐书、转板保荐书（以下统称上市保荐书）。

第三条　上市保荐书开头部分应当载明，保荐人及其保荐代表人已根据《中华人民共和国公司法》（以下简称《公司法》）、《证券法》等法律法规和中国证券监督管理委员会（以下简称中国证监会）及本所的有关规定，诚实守信，勤勉尽责，严格按照依法制定的业务规则和行业自律规范出具上市保荐书，并保证所出具文件真实、准确、完整。

第四条　保荐人应当简述发行人、上市公司或转板公司的基本情况，包括名称、注册地及注册时间、联系方式、主营业务、主要经营和财务数据及指标、存在的主要风险等内容。

发行人申请首次公开发行股票、存托凭证并在科创板上市或转板公司申请向本所科创板转板的，保荐人还应当简述发行人或转板公司的核心技术、研发水平等内容。

第五条　保荐人应当简述发行人、上市公司本次发行情况，包括证券种类、发行数量、发行方式等内容。

保荐人应当简述转板公司本次转板情况，包括每股面值、总股本、限售股份、在科创板上市首日开盘参考价等内容。

第六条　保荐人应当简述本次证券发行上市或转板的保荐代表人、协办人及项目组其他成员情况，包括人员姓名、保荐业务执业情况、联系地址、电话和其他通讯方式等内容。

第七条　保荐人应当详细说明发行人、上市公司、转板公司与保荐人是否存在下列情形：

（一）保荐人或其控股股东、实际控制人、重要关联方持有或者通过参与本次发行战略配售持有发行人、上市公司、转板公司或其控股股东、实际控制人、重要关联方股份的情况；

（二）发行人、上市公司、转板公司或其控股股东、实际控制人、重要关联方持有保荐人或其控股股东、实际控制人、重要关联方股份的情况；

（三）保荐人的保荐代表人及其配偶，董事、监事、高级管理人员，持有发行人、上市公司、转板公司或其控股股东、实际控制人及重要关联方股份，以及在发行人、上市公司、转板公司或其控股股东、实际控制人及重要关联方任职的情况；

（四）保荐人的控股股东、实际控制人、重要关联方与发行人、上市公司或转板公司的控股股东、实际控制人、重要关联方相互提供担保或者融资等情况；

（五）保荐人与发行人、上市公司或转板公司之间的其他关联关系。

存在前款规定情形的，保荐人应当重点说明其对保荐人及其保荐代表人公正履行保荐职责可能产生的影响。

第八条　保荐人应当承诺已按照法律法规和中国证监会及本所的相关规定，对发行人、上市公司、转板公司及其控股股东、实际控制人进行了尽职调查、审慎核查，充分了解发行人、上市公司或转板公司经营状况及其面临的风险和问题，履行了相应的内部审核程序。

保荐人应当对本次证券发行上市或转板发表明确的推荐结论，并具备相应的保荐工作底稿支持。

第九条　保荐人应当在上市保荐书中承诺自愿接受本所的自律监管。

第十条　保荐人应当简要说明发行人、上市公司或转板公司是否已就本次证券发行上市或转板履行了《公司法》《证券法》和中国证监会及本所规定的决策程序。

第十一条　保荐人应当说明针对发行人或转板公司是否符合板块定位及国家产业政策所作出的专业判断以及相应理由和依据，并说明保荐人的核查内容和核查过程。

第十二条　发行人申请首次公开发行股票、存托凭证并在本所上市的，保荐人应当逐项说明发行人是否符合《上海证券交易所股票上市规则》《上海证券交易所科创板股票上市规则》规定的上市条件，并明确说明发行人所选择的具体上市标准，详细载明得出每项结论的查证过程及事实依据。对于市值指标，保荐人应当结合发行人报告期外部股权融资情况、可比公司在境内外市场的估值情况等进行说明。

发行人为红筹企业的，保荐人应当说明发行人的投资者权益保护水平、特别披露事项、重大交易决策程序等是否符合《上海证券交易所股票上市规则》《上海证券交易所科创板股票上市规则》的相关规定。

发行人、转板公司具有表决权差异安排的，保荐人应当说明发行人、转板公司有关表决权差异安排的主要内容、相关风险及对公司治理的影响，以及依法落实保护投资者合法权益的各项措施，相关安排是否符合《上海证券交易所股票上市规则》《上海证券交易所科创板股票上市规则》的相关规定。

上市公司申请发行证券并上市的，保荐人应当对上市公司本次证券上市是否符合上市条件发表意见。

转板公司申请向本所科创板转板的，保荐人应当逐项说明转板公司是否符合《转板办法》规定的转板条件，详细载明得出每项结论的查证过程及事实依据。

第十三条　保荐人应当说明对发行人证券上市或转板后持续督导工作的具体

安排，包括持续督导事项、持续督导期限、持续督导计划等内容。

第十四条　本指引的规定是对上市保荐书内容的最低要求。不论本指引是否有明确规定，凡对本次证券发行上市或转板有重大影响的事项，均应当说明。

第十五条　保荐人报送上市保荐书后，发行人、上市公司或转板公司情况发生重大变化并影响本次证券上市条件或转板条件的，保荐人应当及时对上市保荐书进行补充、更新。

发行人、上市公司发行完成后，保荐人应当结合发行情况更新上市保荐书，就发行人市值及财务指标等是否符合选定的上市标准、上市公司本次证券上市是否符合上市条件发表明确结论意见，并将更新后的上市保荐书提交本所。

第十六条　上市保荐书应当由保荐人法定代表人、保荐业务负责人、内核负责人、保荐代表人和项目协办人签字，加盖保荐人公章并注明签署日期。

第十七条　本指引由本所负责解释。

第十八条　本指引自发布之日起施行。本所于 2019 年 3 月 1 日发布的《上海证券交易所科创板上市保荐书内容与格式指引》（上证发〔2019〕24 号）及本所于 2021 年 7 月 23 日发布的《上海证券交易所科创板发行上市审核规则适用指引第 5 号——转板上市保荐书》（上证发〔2021〕59 号）同时废止。

关于发布《上海证券交易所发行上市审核规则适用指引第 3 号——现场督导》的通知

（上证发〔2023〕46 号 2023 年 2 月 17 日）

各市场参与人：

为了贯彻落实《关于注册制下督促证券公司从事投行业务归位尽责的指导意见》的监管要求，进一步规范发行上市及重大资产重组行为，督促保荐人、独立财务顾问、证券服务机构切实履行对申报项目的核查把关责任，根据《上海证券交易所股票发行上市审核规则》《上海证券交易所上市公司证券发行上市审核规则》《上海证券交易所上市公司重大资产重组审核规则》《北京证券交易所上市公司向上海证券交易所科创板转板办法（试行）》等有关规定，上海证券交易所（以下简称本所）制定了《上海证券交易所发行上市审核规则适用指引第 3 号——现场督导》（详见附件），现予以发布，并自发布之日起施行。本所于 2021 年 2 月 3 日发布的《关于发布〈上海证券交易所科创板发行上市审核规则适用指引第 1 号——保荐业务现场督导〉的通知》（上证发〔2021〕13 号）同时废止。

特此通知。

附件：上海证券交易所发行上市审核规则适用指引第 3 号——现场督导

附件

上海证券交易所发行上市审核规则适用指引第 3 号——现场督导

第一条 为了规范发行上市及重大资产重组行为，督促保荐人、独立财务顾问、证券服务机构（以下简称督导对象）切实履行对申报项目的核查把关责任，提高申请文件信息披露质量，根据《上海证券交易所股票发行上市审核规则》《上海证券交易所上市公司证券发行上市审核规则》《上海证券交易所上市公司重大资产重组审核规则》《北京证券交易所上市公司向上海证券交易所科创板转板办法（试行）》等规定，制定本指引。

第二条 本指引所称现场督导，是指针对发行上市和重大资产重组业务，由上海证券交易所（以下简称本所）根据需要对保荐人、独立财务顾问、证券服务机构执业质量进行现场监督和核查的行为。

第三条　保荐人、独立财务顾问应当诚实守信、勤勉尽责，充分了解发行人、上市公司、标的资产的业务模式、经营情况及其面临的风险和问题，对发行上市或者重大资产重组申请文件和信息披露资料进行审慎核查，保证发行上市或者重大资产重组申请文件真实、准确、完整。

保荐人、独立财务顾问应当制定并严格执行内部控制制度，充分发挥投资银行类业务三道内部控制防线的把关作用，切实提高相关申请文件和问询回复质量，并保证向本所报送的工作底稿真实、准确、完整。

第四条　证券服务机构应当诚实守信、勤勉尽责，保证所出具的文件，以及相关申请文件中与其专业职责有关的内容真实、准确、完整。

证券服务机构应当严格遵守依法制定的业务规则和行业自律规范，严格执行内部控制制度，对与其专业职责有关的事项进行核查验证。

第五条　申请文件一经申报，发行人、上市公司、重大资产重组交易对方及其控股股东、实际控制人、董事、监事和高级管理人员，以及与申请相关的保荐人、独立财务顾问、证券服务机构及其相关人员即须承担相应的法律责任。

第六条　本所根据发行上市、重大资产重组审核情况，坚持问题导向，在审核中发现存在下列情形之一的，将启动对保荐人、独立财务顾问、证券服务机构的现场督导：

（一）申请文件中有关发行条件、上市条件、重组条件，以及重要信息披露存在重大疑问且未能予以充分说明，影响审核判断的；

（二）对影响审核判断重要事项的核查程序不充分，核查结论存在明显疑问的；

（三）本所审核认为不符合发行条件、上市条件、重组条件，或者信息披露要求而作出终止审核决定之日起 12 个月内重新申报且相关问题仍然存在的；

（四）申报项目撤否率高且执业质量评价低的；

（五）本所认为需要实施现场督导的其他情形。

第七条　本所按照相关审核规则和本指引的规定组织实施现场督导，设立现场督导组具体开展现场督导工作。督导组成员人数不少于 2 人。

本所可以根据需要，聘请外部专业机构及其人员参与现场督导工作，并要求其签署纪律承诺书。

督导组成员应当遵守保密、廉政等纪律规定，确保现场督导独立、客观、公正，不得干预督导对象的正常经营活动，不得利用职务便利谋取不正当利益。

第八条　本所原则上在现场督导进场日 3 个工作日前，向督导对象发出现场督导通知书，告知现场督导的时间和事由，要求其准备有关文件和资料。督导组进场时，应当出示有效工作证件。

出现紧急情况或者有证据表明提前通知督导对象可能影响现场督导效果的，本所可以不提前通知，直接进场开展现场督导并出示现场督导通知书。

第九条　督导组成员与督导对象有利害关系的，应当主动申请回避。督导对象认为督导组成员与其存在利害关系的，可以申请相关人员回避。

第十条　本所实施现场督导，可以根据需要采取以下督导方式：

（一）现场询问；

（二）调阅、复制、记录、提取相关工作底稿；

（三）核对有关证据材料；

（四）访谈有关对象；

（五）要求督导对象补充核查；

（六）督导组认为必要的其他方式。

第十一条　本所结合审核中关注的问题，重点监督核查督导对象的核查方案是否合理、核查程序是否恰当、证据资料是否充分可靠、核查结论是否审慎客观等。必要时，督导组可以对督导对象的补充核查工作进行现场监督。

第十二条　督导组应当就现场督导中发现的主要问题及情况听取督导对象的解释说明，督导对象可以就相关问题提供书面说明材料及相关证据。

第十三条　现场督导原则上在进场后 2 周内完成现场工作。因督导对象未及时提供相关文件资料或者项目情况复杂等特殊情形，导致督导组难以在预计时间完成现场工作的，可以适当延长现场工作时间。

第十四条　督导对象及其相关人员收到现场督导通知书后，应当及时准备和提供有关文件和资料，保证所提供文件资料真实、准确、完整，并按要求到场接受询问，积极配合现场督导工作。

督导对象及其相关人员不得拒绝、阻碍本所进场实施现场督导，不得转移、隐匿或者毁损相关文件和资料。

第十五条　发行人、上市公司、重大资产重组交易对方及其相关人员应当为督导对象配合本所实施现场督导提供必要的协助。

第十六条　本所对现场督导中发现申请文件信息披露或者督导对象执业质量存在的问题，可以在审核中进一步问询，并要求发行人、上市公司、重大资产重组交易对方、督导对象进行补充说明、整改规范。

第十七条　现场督导未发现与发行条件、上市条件、重组条件和信息披露要求相关的重大疑问或者异常，且发行人、上市公司和督导对象作出合理解释或者说明、不影响审核判断的，本所继续推进审核程序。

第十八条　本所现场督导发现督导对象存在履职不到位、执业不规范等情形的，将采取出具监管工作函、谈话提醒等监管工作措施，要求其进行整改。

本所现场督导发现因督导对象未能勤勉尽责，导致信息披露资料不符合真实、准确、完整要求，或者存在其他违规行为的，视情节轻重，给予相应监管措施或者实施纪律处分。

督导对象在多个现场督导项目中均存在重大执业质量问题的，本所将按照相关规定从重处理。

第十九条　本所现场督导发现发行人、上市公司、重大资产重组交易对方、督导对象等涉嫌证券违法行为的，将依法报中国证券监督管理委员会（以下简称中国证监会）查处。

第二十条　本所对现场督导中发现的督导对象执业质量问题，将纳入执业质量评价。

申报项目因执业质量问题被本所采取监管措施或者纪律处分的督导对象，应当根据内部管理规定对相关责任人员进行内部问责，并及时将问责情况报告本所。

督导对象应当对本所现场督导发现的执业质量问题及时整改。本所在必要时可以对其整改情况及相关业务内部控制执行情况进行检查。

第二十一条　发行人、上市公司、保荐人、独立财务顾问在本所发出现场督导通知书后、实施现场督导前撤回申请的，本所后续将视情况实施现场督导。

督导组进场后，发行人、上市公司、保荐人、独立财务顾问撤回申请的，本所将继续完成现场督导。

第二十二条　本所发出现场督导通知书后、实施现场督导前，发行人、上市公司、保荐人、独立财务顾问撤回申请，该项目在撤回申请后12个月内重新申报的，本所将在受理后启动现场督导。

第二十三条　本所在审核中发现发行人、上市公司、标的资产存在与发行条件、上市条件、重组条件或者信息披露要求相关的重大疑问或者异常，且未能提供合理解释、影响审核判断的，将按照中国证监会有关规定提请实施现场检查。

第二十四条　本所对督导对象实施现场督导的结果，并不表明对其信息披露真实性、准确性、完整性作出保证，也不代表对发行人、上市公司投资价值的实质性判断。

第二十五条　本指引由本所负责解释。

第二十六条　本指引自发布之日起施行。本所于 2021 年 2 月 3 日发布的《上海证券交易所科创板发行上市审核规则适用指引第 1 号——保荐业务现场督导》（上证发〔2021〕13 号）同时废止。

关于发布《上海证券交易所发行上市审核规则适用指引第 4 号——创新试点红筹企业财务报告信息披露》的通知

（上证发〔2023〕47 号　2023 年 2 月 17 日）

各市场参与人：

为了规范在上海证券交易所（以下简称本所）公开发行证券并上市的创新试点红筹企业财务报告信息披露行为，根据《公开发行证券的公司信息披露编报规则第 24 号——注册制下创新试点红筹企业财务报告信息特别规定》等有关规定，本所制定了《上海证券交易所发行上市审核规则适用指引第 4 号——创新试点红筹企业财务报告信息披露》（详见附件），经中国证监会批准，现予以发布，并自发布之日起施行。本所于 2019 年 3 月 15 日发布的《关于发布〈科创板创新试点红筹企业财务报告信息披露指引〉的通知》（上证发〔2019〕32 号）同时废止。

特此通知。

附件：上海证券交易所发行上市审核规则适用指引第 4 号——创新试点红筹企业财务报告信息披露

附件

上海证券交易所发行上市审核规则适用指引第 4 号——创新试点红筹企业财务报告信息披露

第一条　为了规范在上海证券交易所（以下简称本所）公开发行证券并上市的创新试点红筹企业（以下简称红筹企业）的财务信息披露行为，保护红筹企业和投资者的合法权益，根据《公开发行证券的公司信息披露编报规则第 24 号——注册制下创新试点红筹企业财务报告信息特别规定》（以下简称《特别规定》）及相关法律法规，制定本指引。

第二条　在境内公开发行股票或存托凭证并上市的红筹企业，采用等效会计准则或境外会计准则编制首次发行股票或存托凭证的申报财务报告，披露年度财务报告及按照相关规定需要参照年度财务报告披露有关财务信息时，适用本指引。

本指引所称等效会计准则，是指经财政部认可与中国企业会计准则等效的会计准则。

本指引所称境外会计准则，是指国际财务报告准则或美国会计准则。

第三条 采用等效会计准则编制财务报告的红筹企业，应当根据《特别规定》的要求，披露按照中国企业会计准则调节的关键财务指标。

采用境外会计准则编制财务报告的红筹企业，应当根据《特别规定》的要求，披露按照中国企业会计准则调节的重述财务报表（合并资产负债表、合并利润表、合并现金流量表和合并所有者权益变动表）。

采用等效会计准则或者境外会计准则编制财务报告的红筹企业，应当以表格形式披露归属于母公司所有者权益和归属于母公司净利润按照中国企业会计准则调节的情况，包括：

（一）调节前金额、调节项目的性质及其金额；

（二）调节后中国企业会计准则下的相应金额；

（三）对主要调节项目的解释说明，包括红筹企业实际采用的原会计准则下的会计政策与中国企业会计准则的准则差异、影响金额等；

（四）本所或者会计师认为应当说明的其他事项。

第四条 红筹企业应当分类披露主要流动资产的期初、期末余额和资产减值准备于报告期内变动情况、计提减值准备的方法。

对于存货，应当披露主要的存货类别金额，如产成品、半成品、原材料等，并披露发出存货的计价方法。

对于与收入相关的应收款项，应当披露其账龄情况并汇总披露按欠款方归集的期末余额前 5 大应收款项情况。报告期末存在与收入无关的应收款项且金额较大的，应当说明形成的原因及对回收风险的判断情况。

第五条 红筹企业应当分类披露生产用长期资产成本、累计折旧、累计摊销和减值准备的期初、期末余额和报告期内变动情况，并披露计提资产减值准备的方法。

存在租入生产用长期资产的，应当披露租入资产的类别（按用途分类）及会计处理方法。

第六条 红筹企业应当披露生物资产的类别及分类标准，并分类披露生物资产的期初、期末余额。采用公允价值计量的，应当披露公允价值的确定方法。

第七条 红筹企业应当披露报告期内研发活动费用化与资本化情况。对于资本化的开发支出，应当披露资本化的起始时点、依据及截至报告期末的研发进度情况。

第八条 红筹企业应当按被投资单位披露对外权益投资（纳入合并范围的子公司和由金融工具准则规范的除外）的持股比例、会计核算方法、期初、期末余额和报告期内变动情况。对于重要的对外权益投资，应当披露被投资单位基本信息，包括企业名称、主要经营地及注册地、业务性质；还应当披露被投资单位的主要财务信息，包括净资产、净利润和营业收入等。

第九条　红筹企业应当披露所持各类金融资产的期初、期末余额。按公允价值计量的金融资产，应当披露其公允价值的确定方法；按摊余成本计量的金融资产和以公允价值计量且其变动计入其他综合收益的债务工具，应当披露减值准备的计提方法。

对发行的金融工具，如单项金额重大的，应当披露其基本条款特征，并披露作为金融负债和权益工具确认的依据以及所确认金融负债、权益工具的期初、期末余额。

第十条　红筹企业应当披露因抵押、质押或冻结等导致权利受到限制，以及存放在境外且资金汇回境内受限的资产情况，主要包括资产类别、金额及相关受限情况，并充分提示风险。

第十一条　红筹企业应当披露报告期内股份支付计划的基本情况、报告期内确认的股份支付费用金额及相关会计处理所涉及公允价值的确定方法。

第十二条　红筹企业应当分类列示预计负债期初、期末余额及形成原因，并披露资产负债表日存在的未确认预计负债的重大或有事项。

第十三条　红筹企业应当根据产生收入的具体业务类型分别披露相关收入确认的会计政策，披露各类业务在报告期内确认收入的金额。报告期内存在来源于关联方销售收入的，应当披露来源于关联方的销售收入金额及其占比。

第十四条　红筹企业应当分类披露经营活动、投资活动、筹资活动的现金流量情况。

第十五条　红筹企业应当披露重要子公司的基本信息，包括但不限于公司名称、主要经营地及注册地、业务性质、红筹企业的持股比例、取得方式；子公司的持股比例不同于表决权比例的，应当说明表决权比例及存在差异的原因；子公司的少数股东权益对红筹企业影响重大的，应当披露相关子公司的主要财务信息，包括净利润、净资产、资产总额和营业收入等。

第十六条　报告期内发生的重大企业合并交易，红筹企业应当披露其会计处理方法及对财务报表的影响。

红筹企业应当按被投资单位披露商誉的期初、期末余额和报告期内增减变动情况。商誉金额重大的，应当披露减值测试方法、所采用的重要假设、参数。如存在减值的，还应当披露减值准备的期初、期末余额和报告期内增减变动情况。

第十七条　红筹企业应当披露资产负债表日后发生的重大非调整事项，分析其对财务状况、经营成果的影响。

第十八条　本指引第四条至第十七条规定的相关信息，红筹企业若已在其按照等效会计准则或境外会计准则编制的财务报告附注中披露的，无需另行披露。

第十九条　红筹企业应当按照中国企业会计准则和中国证监会的有关规定界定关联方，披露关联方情况，并分类披露销售、采购、租赁等关联方交易情况以及报告期末存在的与关联方应收应付款项余额。

第二十条　红筹企业应当根据中国证监会的有关规定，识别非经常性损益项目并披露按中国企业会计准则调节的非经常性损益项目及金额。

第二十一条　红筹企业应当根据中国证监会的有关规定计算和披露按中国企业会计准则调节的净资产收益率和每股收益。

第二十二条　红筹企业按照本指引编制补充财务信息或差异调节信息，存在实际困难导致不切实可行的，可向本所申请调整适用，但应当说明原因和替代方案。本所认为不应当调整适用的，红筹企业应当执行本指引相关规定。

第二十三条　除本指引规定事项外，如存在其他对投资者决策有影响的重要事项的，红筹企业应当披露具体交易事项、判断依据及相关会计处理。

第二十四条　本指引由本所负责解释。

第二十五条　本指引自发布之日起施行。

附件：合并财务报表中归属于母公司所有者权益、归属于母公司净利润的差异调节信息

附件

合并财务报表中归属于母公司所有者权益、归属于母公司净利润的差异调节信息

	归属于母公司所有者权益		归属于母公司净利润	
	××年××月××日	××年××月××日	××年	××年
按等效会计准则或境外会计准则				
调增净资产/净利润的调节项目：				
1.				
2.				
…				

调减净资产／净利润的调 　节项目 　　1. 　　2. 　　…			
小计 少数股东权益／损益影响 额			
按中国企业会计准则			

调节项目的说明如下：

1.

2.

……

关于发布《上海证券交易所发行上市审核业务指南第 1 号——审核系统业务办理》的通知

（上证函〔2023〕375 号 2023 年 2 月 17 日）

各市场参与人：

为了方便并规范发行人及其保荐人办理发行上市申请业务，根据《上海证券交易所股票发行上市审核规则》《上海证券交易所上市公司证券发行上市审核规则》《上海证券交易所上市公司重大资产重组审核规则》《北京证券交易所上市公司向上海证券交易所科创板转板办法（试行）》《上海证券交易所上市审核委员会和并购重组审核委员会管理办法》等有关规定，上海证券交易所（以下简称本所）制定了《上海证券交易所发行上市审核业务指南第 1 号——审核系统业务办理》，现予以发布，并自发布之日起施行。本所于 2019 年 3 月 15 日发布的《关于发布〈保荐人通过上海证券交易所科创板股票发行上市审核系统办理业务指南〉的通知》（上证函〔2019〕436 号）同时废止。

上述指南全文可至本所官方网站（http://www.sse.com.cn）"规则"下的"本所业务指南与流程"栏目查询。

特此通知。

上海证券交易所发行上市审核业务指南第 1 号——审核系统业务办理

第一章　总则

第一条　为了方便并规范发行人及其保荐人办理发行上市申请业务，上海证券交易所（以下简称本所）根据《上海证券交易所股票发行上市审核规则》《上海证券交易所上市公司证券发行上市审核规则》《上海证券交易所上市公司重大资产重组审核规则》《北京证券交易所上市公司向上海证券交易所科创板转板办法（试行）》《上海证券交易所上市审核委员会和并购重组审核委员会管理办法》等有关规定（以下统称相关规则），制定本指南。

第二条　发行上市实行电子化审核。发行人及其保荐人、证券服务机构应当按照相关规则的要求准备发行上市申请文件（以下简称申请文件）、办理相关事项，并遵守本指南的规定，由保荐人通过发行上市审核系统（以下简称系统）进行相关发行上市申请业务操作。具体包括提交申请文件、收阅审核问询等函件、提交问询回复及补充或修改后的申请文件、申请信息披露豁免、预先披露申请文件、业务咨询沟通、申请中止或恢复审核、报送会后事项等。

通过系统办理再融资、重大资产重组、转板上市等业务，具体操作要求参照适用本指南，相关规则另有规定的除外。

第三条 对于保荐人通过系统提交的相关文件或信息，本所视为已经发行人授权同意且保荐人、相关证券服务机构已进行了核查验证。发行人及其控股股东、实际控制人、董事、监事和高级管理人员，以及保荐人、证券服务机构及其相关人员和其他信息披露义务人应当依法承担相应的法律责任。

第四条 保荐人应当安排专人对系统中在办业务进行跟踪，包括及时收阅系统信息及函件、查看项目进度和公告通知、提醒相关人员及时处理待办任务、遵守审核时限等事项，并及时协调发行人、相关证券服务机构配合做好相关发行上市审核工作。

第五条 保荐人应当通过系统右上角"帮助"栏目下载相关操作手册，认真阅读并熟练掌握系统的操作事项，对于操作不当等影响审核进程事项造成的后果自行承担责任。

因操作不当等对发行上市审核工作造成不良影响的，本所可以视情形对保荐人及其相关人员采取自律管理措施。

第六条 保荐人在通过系统办理业务时，如有操作问题需要咨询的，可通过系统右上角"帮助"中的联系方式向本所反映。

保荐人通过系统办理业务时，发现系统操作异常的，应当及时向本所报告。

第七条 发行人及其保荐人、证券服务机构应当遵守保密要求，未经本所许可，不得将通过系统收阅的信息泄露给任何与本次发行上市无关的第三方。

第二章 系统数字证书的申请与管理

第八条 保荐人应当提前向上证所信息网络有限公司申请相关数字证书（以下简称 EKey）。保荐人须使用 EKey 登录系统办理发行上市申请业务。Ekey 申请流程参见《上海证券交易所发行上市审核系统数字证书申请流程》（附件1）。

第九条 保荐人申请的 EKey 分下列三类权限：

（一）管理员权限，可对保荐人所有发行上市申请项目进行查询和管理，以及对其他 EKey 权限进行设置与管理。

（二）业务办理权限，可对一个或多个发行上市申请项目进行业务办理，以及查询本 EKey 办理项目的进展情况。

（三）查询权限，可查询保荐人所有发行上市申请项目的进展情况，但不能进行业务办理。

第十条　保荐人根据内部管理要求，建立健全的 EKey 使用制度，合理安排不同权限 EKey 的使用人员及使用方式。保荐人应当要求相关人员妥善保管 EKey，并监督其在使用 EKey 时尽职尽责。

第十一条　EKey 是保荐人通过系统办理发行上市申请业务的唯一身份证明，保荐人自行承担不当使用、丢失等造成的法律责任。

第三章　申请文件的提交

第十二条　在提交申请文件前，保荐人、证券服务机构及其相关人员应当进行自查，确保符合相关规则及《上海证券交易所发行上市审核规则适用指引第 1 号——申请文件受理》（以下简称《受理指引》）关于执业条件要求的有关规定。

保荐人、证券服务机构及其相关人员不符合执业条件要求的，本所将不予受理发行上市申请。

第十三条　在提交发行上市申请前，如有重大疑难、无先例事项或其他涉及本所业务规则理解与适用等问题，保荐人可以通过系统"申报前业务咨询"栏目提交业务咨询问题。

保荐人一般通过"书面沟通"栏目提交沟通申请。确需当面咨询的，保荐人可以通过"现场沟通"栏目提交沟通申请。

第十四条　保荐人通过系统进行项目申报时，首先选择申报业务类型，并按下列方式之一填写项目信息：

（一）直接在系统"项目信息"页面中填写相关信息。

（二）下载相关业务文件模板，在 Excel 中填写完成后导入系统。

保荐人在填写项目信息时，应当确保符合下列要求：

（一）填报信息日期与提交申报时间一致。

（二）项目信息填报应当准确完整，并与申请文件相关内容一致。

（三）保荐人名称、联系方式等信息与 EKey 账户信息一致。

（四）电话、邮箱等联系方式准确、有效，可随时查收系统发送的通知。

本条第二款第三、四项信息存在变动更新的，保荐人应当及时向本所审核机构报告，并提交信息更新申请。

第十五条　保荐人填写完毕项目信息后，应当按要求上传项目申请文件。发行人及其保荐人、证券服务机构在准备项目申请文件时，应当注意下列事项：

（一）依据《上海证券交易所发行上市审核业务指南第 2 号——发行上市申请文件》的规定对相关申请文件进行命名，并按文件类别和文件名称分别上传到指定条目内。确无相对应条目的，可上传至"其他申请文件"条目内。

（二）申请文件原则上要求为 DOC 格式；对于相关规则要求预先披露的文件，

应当同时上传 PDF 格式文件。

（三）对于没有 DOC 或 PDF 格式的电子文档，应当提供电子扫描文件。

第十六条 保荐人提交申请文件前，应当对项目信息和申请文件进行检查，确保符合相关规则的要求。

保荐人确认申请文件填报无误后，在系统页面点击完成，在项目申报页面点击"项目申报"，确认后点击提交即完成申请文件的申报流程。

第十七条 保荐人全天均可提交申请文件。如因系统运维升级等原因影响提交申请文件的，本所将在系统"公告周知"栏目发布通知。

保荐人应当及时登录系统查阅申请文件处理结果，并根据处理结果进行后续流程。

相关业务流程办理节点流转至保荐人时，本所将通过短信方式进行通知。保荐人及相关人员应当注意查收短信信息。

第十八条 本所审核机构收到申请文件后，对申请文件进行核对，并在 5 个工作日内通过系统发送受理或者不予受理的决定。

发行人补正申请文件的，本所审核机构收到申请文件的时间以发行人完成全部补正要求的时间为准。

第十九条 申请文件存在《受理指引》第五条规定情形的，本所审核机构将向保荐人发出补正通知。保荐人收到补正通知后，应当组织发行人、证券服务机构根据补正意见对相关申请文件进行补充完善，并及时通过系统提交补正后的相关文件。

补正时限一般不得超过 30 个工作日，在规定时限内补正确有困难的，可以向本所审核机构申请延期。多次补正的，补正时间累计计算。

第二十条 在本所审核机构作出受理或不予受理的决定前，发行人可通过保荐人在系统中提出发行上市申请的撤回申请，并说明撤回理由。

第二十一条 保荐人应当在申请文件受理后 10 个工作日内，通过证通云盘上传电子版保荐工作底稿及验证版招股说明书，供中国证券监督管理委员会（以下简称中国证监会）及本所监管备查。具体操作要求参见《上海证券交易所证通云盘操作指南》（附件 2）。

保荐人在准备工作底稿时，应当确保符合下列要求：

（一）保荐工作底稿按照中国证监会有关规定编制目录。

（二）非电子文件的工作底稿进行彩色扫描，并确保和原底稿一致。

保荐人未在证通云盘开通期限内完成上传的，应当提交补充上传申请，并说明理由。

第二十二条 保荐人在申请文件受理后，及时通过本所发行上市审核网站（http://listing.sse.com.cn，以下简称本所网站）查看并确认预先披露的申请文件。

第四章　审核问询与回复

第二十三条　自发行上市申请受理之日起至审核问询函发出前，本所审核机构不接受保荐人通过系统提交的相关具体在审项目的业务咨询和预约沟通申请。

第二十四条　本所审核机构通过系统向保荐人提出审核问询。保荐人应当及时通过系统查收本所出具的审核问询函。

收到审核问询函后，保荐人及时协调发行人、相关证券服务机构，按问询问题要求逐项予以回复。

第二十五条　保荐人在收到审核问询函后，对问询问题存在疑问的，可通过系统"项目沟通"栏目进行咨询沟通。业务咨询沟通应当符合《上海证券交易所发行上市审核业务指南第3号——业务咨询沟通》要求。

第二十六条　问询回复文件通过系统"项目申报文件"页面中的"问询回复"栏目提交；需要更新原申报文件的，在更新后上传至对应的文件条目内。

第二十七条　保荐人通过系统提交的问询回复文件，将通过本所网站进行披露。

保荐人回复问询问题时，认为拟披露的回复信息属于国家秘密、商业秘密，披露后可能导致其违反国家有关保密的法律法规或者严重损害公司利益的，可以通过系统提交拟披露的豁免版回复文件（PDF版），并对豁免披露情况进行说明。

本所审核机构认为豁免披露理由不成立的，保荐人应当补充提交相关内容并督促发行人予以披露。

第二十八条　保荐人提交首轮问询回复后，本所审核机构认为需要继续问询的，将在10个工作日内通过系统发送审核问询函。

保荐人再次提交问询回复文件的，参照本指南第二十四条至第二十七条规定进行，并提交修改更新的相关申请文件。

第二十九条　在发行上市审核期间，本所审核机构可以根据需要通过系统通知等方式要求发行人及其控股股东、实际控制人、董事、监事、高级管理人员，保荐人、证券服务机构及其相关人员和其他信息披露义务人至本所指定地点接受当面问询。接受问询的相关人员在约定时间准时到本所指定地点进行问询沟通。

本所审核机构要求调阅发行上市申请相关资料的，发行人及其保荐人、证券服务机构通过适当的方式及时提交，确保相关资料真实、准确、完整，不得随意修改或损毁。

第三十条　在审核过程中，发生重大事项，可能对发行人是否符合发行条件、上市条件或者信息披露要求产生重大影响的，或者需要对申请文件进行补充修改的，保荐人及时通过系统向本所审核机构报告。

发行人应当对相关事项可能对本次发行上市的具体影响作出解释说明，保荐人及相关证券服务机构应当出具专项核查意见，并由保荐人通过系统"其他补充更新"栏目完成提交。

第五章　上市审核委员会审议会议相关事项

第三十一条　审核问询结束后，本所审核机构将根据以下不同情形，通过系统向保荐人发送审核中心意见落实函：

（一）要求更新申请文件，并做好上市审核委员会（以下简称上市委）审议准备。

（二）要求进一步落实相关事项。

第三十二条　保荐人收到审核中心意见落实函后，及时通过系统提交更新后的申请文件（上会稿）。

如有相关事项需要落实的，保荐人及时协调发行人、相关证券服务机构，对相关问题进行逐项落实，并及时通过系统提交落实回复文件。落实过程中涉及其他申请文件修改的，保荐人通过系统一并提交更新后的申请文件。

第三十三条　保荐人落实完相关事项、提交申请文件（上会稿）并预先披露后，本所审核机构将通过本所网站发布上市委审议会议公告，并通过系统告知发行人及其保荐人。

在上市委审议会议公告发布当日，申请文件（上会稿）将在本所网站披露。

第三十四条　发行人、保荐人等认为参会委员存在利害关系，可能对发行上市审核结果造成影响的，可以在上市委审议会议召开 4 个工作日前，由保荐人通过系统"申请上市委委员回避"栏目提出就相关委员的回避申请并充分说明理由。

经核实申请理由成立的，相关委员应当回避，本所及时告知发行人、保荐人等相关申请人。

第三十五条　参会委员拟对审核项目进行现场问询的，上市委秘书处在审议会议召开 2 个工作日前，将拟问询问题发送给保荐人。保荐人应当及时收阅现场问询问题清单，组织发行人、证券服务机构做好相关准备工作。

第三十六条　上市委审议会议结束当日，保荐人应当注意查收短信信息，并及时登录本所网站查看上市委审议会议结果公告。

第三十七条　上市委审议后，如要求发行人及其保荐人、证券服务机构补充披露、核查相关事项的，或暂缓审议，要求发行人及其保荐人、证券服务机构进一步核实的，本所审核机构将通过系统向保荐人发送上市委会议意见落实函。发行人及其保荐人、证券服务机构对相关事项进行落实，并通过系统提交落实情况的回复文件及更新后的申请文件。

上市委会议落实回复文件将通过本所网站进行披露。

第三十八条 上市委审议会议结束后 10 个工作日内，保荐人通过证通云盘汇总补充报送与审核问询回复相关的保荐工作底稿和更新后的验证版招股说明书。

第六章 会后事项

第三十九条 上市委审议会议通过后至股票上市交易前，发生重大事项，可能对发行人是否符合发行条件、上市条件或者信息披露要求产生重大影响的，保荐人及时通过系统"会后事项报送"栏目向本所审核机构报告，并提交更新的申请文件。

本所审核机构在收到会后事项报告后，系统将暂停处理相关项目业务流程。若相关发行申请已提请中国证监会履行注册程序的，本所将及时向中国证监会报告。

第四十条 经本所讨论确认，重大事项不会对发行条件、上市条件及信息披露要求产生重大影响的，本所将通过系统通知保荐人，并恢复相关业务处理流程。

第四十一条 经本所讨论确认，重大事项对发行条件、上市条件及信息披露要求产生重大影响的，本所审核机构将提交上市委重新审议，并通过系统告知保荐人。

第七章 证监会注册

第四十二条 上市委审议意见为发行人符合发行条件、上市条件和信息披露要求，但要求发行人补充披露有关信息或者要求保荐人、证券服务机构补充核查的，本所审核机构通过系统通知保荐人。保荐人应当及时组织落实，修改、更新相关预先披露文件，并通过系统报送申请文件（注册稿）。在本所向中国证监会报送审核意见时，申请文件（注册稿）将在本所网站披露。

保荐人报送申请文件（注册稿）后，如因会后事项需要更新申请文件的，应当通过系统重新报送更新后的申请文件（注册稿）。

第四十三条 中国证监会在注册过程中，如要求本所进一步问询的，本所审核机构将通过系统向保荐人发送反馈问题。保荐人应当及时收阅，认真组织落实，并通过系统及时回复。

第四十四条 中国证监会作出注册决定后，本所将通过系统向保荐人转发中国证监会的注册决定文件。

第四十五条 发行人注册生效后，发行人及其保荐人及时与本所发行承销管理部门联系，做好发行承销的相关准备工作。

第八章 中止、终止和复审

第四十六条 在审核过程中，发行人及其保荐人、证券服务机构出现相关规则规定的中止情形的，由保荐人及时通过系统向本所提出中止审核申请。

发行人及其保荐人、证券服务机构未及时告知本所，经确认符合直接中止审核情形的，本所将直接中止审核，并通过系统告知保荐人。

第四十七条　中止审核的情形消除后，保荐人通过系统申请恢复审核。本所经审核确认后，恢复对发行人的发行上市审核流程，并通过系统通知保荐人。

保荐人应当严格遵守相关规则关于相应中止事项的时限要求。

第四十八条　在审核过程中，发行人撤回发行上市申请或者保荐人撤销保荐的，保荐人及时通过系统"撤回申请"栏目向本所审核机构提交相应申请文件。

第四十九条　在审核过程中，本所发现存在相关规则规定应当终止审核情形的，将作出终止审核决定，并通过系统发送给保荐人。

第五十条　本所对发行上市申请不予受理或终止审核的，保荐人可在收到相关决定后 5 个工作日内，通过系统提出复审申请，说明具体理由，并提交保荐人就复审事项出具的意见书、律师事务所出具的法律意见书。

因发行人撤回发行上市申请或保荐人撤销保荐终止审核的，不得申请复审。

第九章　回复时限计算

第五十一条　保荐人应当密切关注回复本所审核问询用时情况。

第五十二条　发行人及其保荐人、证券服务机构回复审核问询的时间应当符合相关规则要求。

回复时间从保荐人收到审核问询函的次日起开始计算，从保荐人提交相关回复之日的次日起暂停计算。

第五十三条　保荐人申请中止审核且本所同意的，中止期间自保荐人向本所审核机构提交齐备的中止审核申请之日起开始计算，到本所审核机构决定恢复审核之日结束计算。

本所审核机构直接中止审核的，中止期间自决定中止审核之日起开始计算，到本所审核机构决定恢复审核之日结束计算。

第五十四条　相关规则中的时限以月为单位的，1 个月按 30 个自然日计算；以年为单位的，1 年按 365 个自然日计算。

第十章　附　则

第五十五条　本指南由本所负责解释。

第五十六条　本指南自发布之日起施行。

附件：1.上海证券交易所发行上市审核系统数字证书申请流程

　　　2.上海证券交易所证通云盘操作指南

附件1

上海证券交易所发行上市审核系统数字证书申请流程

具备发行上市保荐资质的保荐人可向上证所信息网络有限公司（以下简称信息公司）申请发行上市审核系统数字证书（以下简称EKey）。

一、申请方式

1.EKey申请采用电子化方式，保荐人可以持本所有效EKey登录本所CA在线业务系统（https://cnsca.sse.com.cn/），证书类型选择"发行上市审核系统"，根据页面要求如实填写相关内容。没有本所有效EKey的保荐人，可以新注册用户登录CA在线业务系统。

2.按页面要求下载打印《CnSCA数字证书申请表》和《CnSCA数字证书申请责任书》，填写完成并加盖公章，将加盖公章的公司营业执照以及上述材料分别扫描，通过CA在线业务系统提交。

3.通过EKey登录CA在线业务系统提交申请的，不需寄送申请材料原件。新注册用户登录CA在线业务系统提交申请的，需将上述申请材料原件寄送至本所信息公司CA中心。

邮寄地址：上海市浦东南路528号南塔12楼

邮编：200120

收件人：上证所信息网络有限公司CA中心

二、数字证书类型

保荐人可以申请多个EKey，第1个EKey为管理员权限证书，其余为查询权限证书与业务办理权限证书。

三、证书发放

EKey制作周期一般为5个工作日，EKey制作完毕后，信息公司将按照保荐人申请EKey时选择的方式，快递送达或通知现场领取。

四、联系方式

EKey申请有关事项咨询电话：021-68814725。

附件2

上海证券交易所证通云盘操作指南

一、功能

证通云盘用于保荐人上传发行上市申请项目的保荐工作底稿和验证版招股说

明书。

二、系统要求

1. 电脑系统为 Windows7 及以上操作系统。

2. 推荐使用 Chrome 浏览器。

3. 建议网络上行带宽在 100Mb/s 以上。

三、使用说明

1. 下载证通云盘软件（证通云盘 ztDisk）并解压缩。

下载路径：

上海证券交易所官网 – 服务 – 交易技术支持专区 – 软件下载

下载地址：

http://www.sse.com.cn/services/tradingtech/download/

2. 插入发行上市审核系统数字证书（EKey），双击解压缩中的 start.bat 文件，启动证通云盘。

3. 打开 Chrome 浏览器输入：localhost:8080。

4. 找到对应的投件箱，开始上传保荐工作底稿和验证版招股说明书。

5. 证通云盘支持多任务共传、断点续传。

四、上传工作底稿要求

1. 单独文件或压缩包不得超过 40G。

2. 自本所作出受理决定日起，保荐人在 10 个工作日内通过"××公司项目首次申报"投件箱完成保荐工作底稿和验证版招股说明书上传。

3. 上市委审议会议结束后 10 个工作日内，保荐人通过"××公司项目补充申报"投件箱补充上传保荐工作底稿和更新后的验证版招股说明书。

五、联系方式

保荐人在证通云盘使用过程中，如存在技术相关问题导致工作底稿无法上传的，可以通过以下方式联系技术支持人员。

联系方式：技术服务热线 4009003600（8:00–21:00）

关于发布《上海证券交易所发行上市审核业务指南第 2 号——发行上市申请文件》的通知

（上证函〔2023〕376 号 2023 年 2 月 17 日）

各市场参与人：

为了规范证券发行上市受理工作，提升受理标准透明度，根据《首次公开发行股票注册管理办法》《上市公司证券发行注册管理办法》《上市公司重大资产重组管理办法》及相关格式准则、审核规则等规定，上海证券交易所（以下简称本所）制定了《上海证券交易所发行上市审核业务指南第 2 号——发行上市申请文件》，现予以发布，并自发布之日起施行。本所于 2020 年 9 月 16 日发布的《关于发布〈上海证券交易所科创板发行上市审核业务指南第 1 号——发行上市申请文件〉的通知》（上证函〔2020〕2034 号）同时废止。

上述指南全文可至本所官方网站（http://www.sse.com.cn）"规则"下的"本所业务指南与流程"栏目查询。

特此通知。

上海证券交易所发行上市审核业务指南第 2 号——发行上市申请文件

一、特别提示

本指南供发行人、上市公司、转板公司及其中介机构制作发行上市申请文件索引使用，并未涵盖相关规则关于齐备性要求的全部事项，对文件齐备性的判断应当以中国证监会和本所相关规定以及本所书面补正要求为准。

二、通用指南

1. 申请文件与中国证监会和上海证券交易所规定的及审核系统设置的文件目录相符。

2. 申请文件目录中的文件名称与文件本身内容相符，单一文件名称在 80 个字符以内。

3. 申请文件不存在无法打开或读取的情形，word 版文件内容可编辑。

4. 文档幅面大小、字体排版等格式符合格式准则要求。单个文件大小在 80M

以内，如单个文件过大可拆分为多个文件。如合同、协议等文件拆成多个文件上传，请在目录中标注各合同、协议所在子文件名。

5.申请文件中的签名盖章页、电子扫描文件采取彩色扫描方式，保证格式内容与原件一致，扫描清晰可读；如使用黑白扫描件或复印件，需由律师鉴证，加盖鉴证律师所在律所公章和骑缝章。

6.申请文件签名处为本人亲笔签名。如由他人代签，同时提交授权书，法人授权书加盖法人公章；签名处载有印刷体，签名应与印刷体一致（统一为中文或英文）。

7.申请文件盖章处加盖公章，印章清晰可读（部分境外公司如存在无公司印章的情况，请在相应文件提供说明）。

8.审核系统项目详情填写准确、完整，特别是涉及网站披露的信息：公司全称、公司简称、融资金额（亿元）、保荐人、保荐代表人、会计师事务所、签字会计师、律师事务所、签字律师、评估机构、签字评估师等。

9.如存在补正情形，在对应的系统栏目处提交相关补正文件，无需再次提交全套申报文件。

10.红筹企业申请首次公开发行股票或发行存托凭证并上市，应同时按照首次公开发行股票并上市和试点红筹企业公开发行存托凭证并上市等规定制作和报送申请文件。

三、申请文件制作指南

（一）首次公开发行股票并上市申请文件

申请文件目录	指南
1-1 招股说明书	1.招股说明书文件名包含发行人名称，并根据流程阶段标注"（申报稿）"、"（上会稿）"或"（注册稿）"。 2.发行人董监高声明应由董监高签名并加盖发行人公章；发行人控股股东和实际控制人声明应由相关人员签名、盖章。 3.保荐人（主承销商）声明应由保荐人法定代表人、保荐代表人、项目协办人签名，并加盖保荐人公章；保荐人董事长和总经理（或类似职责人员）声明需签名并加盖保荐人公章；联席主承销商（如有）加盖承销机构公章。 4.各中介机构的声明文件应由中介机构负责人和经办人签名，并加盖机构公章。中介机构签字人员离职未签字的，在招股说明书中出具离职说明，由法定代表人签名并加盖机构公章。 5.申报时招股说明书引用的财务报表应在6个月有效期内。 6.word版文件设置文档结构图，pdf版文件设置超链接的目录和书签。 7.如存在信息披露豁免，pdf版提交豁免版，word版提交完整版。

续表

申请文件目录	指南
2-1 关于本次公开发行股票并上市的申请报告	—
2-2 董事会有关本次发行并上市的决议	1. 未参会董事如授权其他董事表决，需出具授权委托书。 2. 决议由参会董事签名，加盖发行人或董事会公章。
2-3 股东大会有关本次发行并上市的决议	1. 决议由参与表决的相关主体签名并加盖公章。
2-4 关于符合板块定位要求的专项说明	1. 科创板申报企业格式体例符合《上海证券交易所科创板企业发行上市申报及推荐暂行规定》要求。
3-1-1 关于发行人符合板块定位要求的专项意见	1. 科创板申报企业格式体例符合《上海证券交易所科创板企业发行上市申报及推荐暂行规定》要求。
3-1-2 发行保荐书	1. pdf 版文件命名为"××证券关于××股份有限公司首次公开发行股票并在××板上市的／之发行保荐书"。 2. 文件由保荐人法定代表人、董事长、总经理（或类似职责人员）、保荐业务负责人、内核负责人、保荐业务部门负责人、保荐代表人、项目协办人签名，并加盖保荐人公章。
3-1-3 上市保荐书	1. pdf 版文件命名为"××证券关于××股份有限公司首次公开发行股票并在××板上市的／之上市保荐书"。 2. 文件由保荐人法定代表人、保荐业务负责人、内核负责人、保荐代表人和项目协办人签名，并加盖保荐人公章。
3-1-4 保荐工作报告	1. 文件由保荐人法定代表人、董事长、总经理（或类似职责人员）、保荐业务负责人、内核负责人、保荐业务部门负责人、保荐代表人、项目协办人签名，并加盖保荐人公章。 2. 正文后附尽职调查问核表及保荐代表人手写的承诺书。 3. 文件设置文档结构图。
3-1-5 签字保荐代表人在审企业家数说明	1. 按照《证券发行上市保荐业务管理办法》第四条和《上海证券交易所发行上市审核规则适用指引第1号——申请文件受理》第三条的规定进行说明与承诺。若保荐代表人最近三年存在已完成的首发、再融资、转板项目，文件中写明项目名称。
3-1-6 关于发行人预计市值的分析报告（如适用）	—
3-1-7 保荐机构相关子公司参与配售的相关文件（如有）	1. 科创板申报企业需提交保荐机构相关子公司参与战略配售的相关文件，并加盖公章。

续表

申请文件目录	指南
3-2-1 财务报告及审计报告	1. pdf 版文件命名为 "×× 会计师事务所关于 ×× 股份有限公司首次公开发行股票并在 ×× 板上市的财务报告及审计报告"。 2. 由总所出具，并由申报会计师签名盖章，加盖会计师事务所公章，申报会计师盖章应是标准私章。 3. 财务报告由单位负责人、主管会计工作负责人、会计机构负责人签名盖章并加盖公司公章。 4. 会计师事务所相关业务许可证书、申报会计师 CPA 证书、营业执照齐全。 5. 财务报告应包含三个完整会计年度。
3-2-2 发行人审计报告基准日至招股说明书签署日之间的相关财务报告及审阅报告（如有）	1. 由总所出具，并由申报会计师签名盖章，加盖会计师事务所公章，申报会计师盖章应是标准私章。 2. 财务报告、非经常性损益明细表由单位负责人、主管会计工作负责人、会计机构负责人签名盖章并加盖公司公章。
3-2-3 盈利预测报告及审核报告（如有）	
3-2-4 内部控制鉴证报告	
3-2-5 经注册会计师鉴证的非经常性损益明细表	
3-3-1 法律意见书	1. pdf 版文件命名为 "×× 律师事务所关于 ×× 股份有限公司首次公开发行股票并在 ×× 板上市的 / 之法律意见书"。 2. 由律师事务所负责人、发行人律师签名，并加盖律师事务所公章。
3-3-2 律师工作报告	1. 由律师事务所负责人、发行人律师签名，并加盖律师事务所公章。 2. 文件设置文档结构图。
3-3-3 关于发行人董事、监事、高级管理人员、控股股东和实际控制人在相关文件上签名盖章的真实性的鉴证意见	1. 全面核查验证所有涉及董事、监事、高级管理人员、控股股东、实际控制人签名盖章的相关申请文件，包括财务报告及审计报告、纳税申报表、原始财务报表等。 2. 由律师事务所负责人、发行人律师签名，并加盖律师事务所公章。
3-3-4 关于申请电子文件与预留原件一致的鉴证意见	1. 由律师事务所负责人、发行人律师签名，并加盖律师事务所公章。
4-1 发行人的企业法人营业执照	1. 需加盖发行人公章或律师事务所出具鉴证意见。
4-2 发行人公司章程（草案）	1. 章程标题处或落款处加盖发行人公章。
4-3 发行人关于公司设立以来股本演变情况的说明及其董事、监事、高级管理人员的确认意见	1. 由董事、监事、高级管理人员签名并加盖发行人公章。

续表

申请文件目录	指南
4-4 商务主管部门出具的外资确认文件（如有）	—
5-1-1 发行人最近三年及一期所得税纳税申报表	1. 发行人及其控股子公司纳税申报表涵盖报告期，申报表所属的年份要清晰可见。 2. 文件需设置目录。
5-1-2 有关发行人税收优惠、政府补助的证明文件	1. 文件需设置目录。
5-1-3 主要税种纳税情况的说明	—
5-1-4 注册会计师对主要税种纳税情况说明出具的意见	1. 由总所出具，并由申报会计师签名盖章，加盖会计师事务所公章，申报会计师盖章应是标准私章。
5-1-5 发行人及其重要子公司或主要经营机构最近三年及一期纳税情况的证明	1. 文件需设置目录。 2. 如确实无法提供由当地税务主管机构出具的纳税证明，也可提供最近三年及一期的其他纳税证明文件，如《涉税事项调查证明材料》、《涉税证明》、《税务违法记录证明》等。
5-2-1 最近三年及一期原始财务报表	1. 财务报表由单位负责人、主管会计工作负责人、会计机构负责人签名盖章并加盖公司公章。
5-2-2 原始财务报表与申报财务报表的差异比较表	1. 由单位负责人、主管会计工作负责人、会计机构负责人签名盖章并加盖公司公章。
5-2-3 注册会计师对差异情况出具的意见	1. 意见段正文后完整附上差异比较表和差异说明。
5-3 发行人设立时和最近三年及一期的资产评估报告（如有）	1. 由资产评估师签名，并加盖资产评估机构公章。
5-4 发行人的历次验资报告或出资证明	—
5-5 发行人大股东或控股股东最近一年的原始财务报表及审计报告（如有）	—
6-1 发行人关于募集资金运用方向的总体安排及其合理性、必要性的说明	—
6-2 募集资金投资项目的审批、核准或备案文件（如有）	1. 募投项目备案后附相应的环评备案文件（如涉及），如尚未取得，保荐人和发行人律师说明取得环评备案文件的预期时间。
6-3 发行人拟收购资产（或股权）的财务报表、资产评估报告及审计报告、盈利预测报告（如有）	—

续表

申请文件目录	指南
6-4 发行人拟收购资产（或股权）的合同或合同草案（如有）	—
7-1-1 发行人拥有或使用的对其生产经营有重大影响的商标、专利、计算机软件著作权等知识产权以及土地使用权、房屋所有权等产权证书清单	1. 需列明证书所有者或使用者名称、证书号码、权利期限、取得方式、是否及存在何种他项权利等内容。
7-1-2 发行人律师就 7-1-1 清单所列产权证书出具的鉴证意见	1. 附件清单与文件 7-1-1 清单内容完全一致。
7-1-3 特许经营权证书（如有）	—
7-2-1 对发行人有重大影响的商标、专利、专有技术等知识产权许可使用协议（如有）	1. 文件需设置目录。
7-2-2 重大关联交易协议（如有）	
7-2-3 重组协议（如有）	
7-2-4 特别表决权股份等差异化表决安排涉及的协议（如有）	
7-2-5 高级管理人员、员工配售协议（如有）	
7-2-6 重要采购合同	
7-2-7 重要销售合同	
7-2-8 其他对报告期经营活动、财务状况或未来发展等具有重要影响的已履行、正在履行和将要履行的合同（如有）	
7-3 特定行业（或企业）的管理部门出具的相关意见（如有）	—

续表

申请文件目录	指南
7-4-1 发行人及其实际控制人、控股股东、持股 5% 以上股东以及发行人董事、监事、高级管理人员等责任主体的重要承诺以及未履行承诺的约束措施	1. 承诺人为机构的需加盖机构公章，承诺人为自然人的需签名。
7-4-2 有关消除或避免相关同业竞争的协议以及发行人的控股股东和实际控制人出具的相关承诺	
7-4-3 发行人董事、监事、高级管理人员对证券发行文件的确认意见以及监事会的书面审核意见	
7-4-4 发行人控股股东、实际控制人对证券发行文件的确认意见	
7-4-5 发行人关于申请电子文件与预留原件一致的承诺函	
7-4-6 保荐人关于申请电子文件与预留原件一致的承诺函	
7-4-7 发行人、保荐人及相关主体保证不影响和干扰审核的承诺函	1. 承诺函模板参见审核系统"通用功能－模板下载"栏目"廉洁自律承诺函模板"。
7-5-1 发行人关于申请文件不适用情况的说明	1. 发行人不适用／新增的文件与提交审核系统的申请文件保持一致。
7-5-2 发行人关于招股说明书不适用情况的说明	—
7-5-3 信息披露豁免申请（如有）	1. 申请文件加盖发行人公章。 2. 中介机构出具的专项核查报告加盖保荐人、律师事务所、会计师事务所公章。
7-6 保荐协议和承销协议	1. 保荐人、发行人分别签名、盖章。
7-7-1 发行人关于股东信息披露的专项承诺	1. 格式体例符合《关于落实首发上市企业股东信息披露监管相关事项的通知》要求。
7-7-2 保荐人关于发行人股东信息披露的专项核查报告	
7-7-3 律师事务所关于发行人股东信息披露的专项核查报告	

续表

申请文件目录	指南
7-8 历次聘请保荐机构情况的说明	—
7-9 其他文件	1. 无法确定文件归属的请在"7-9 其他文件"栏目处提交。 2. 文件 7-9-1 为"保荐人对本次申请符合受理要求的说明"，内容为"发行人及其控股股东、实际控制人、董事、监事、高级管理人员、中介机构及其相关人员的证券违法违规情况，是否被中国证监会、证券交易场所、证券业协会等采取相关措施（如是，需写明具体情况），本次申请是否符合受理要求"。 3. 文件 7-9-2 为"保荐人关于发行人历史舆情的专项核查报告"。 4. 存在联合保荐的，请提交联合保荐的说明文件，说明法律依据、理由等。 5. 存在翻译文件的，请提供翻译机构的资质文件。 6. 报告期内境内二次申报 IPO 的，提交两次申报招股说明书的差异对照表及文字说明。

（二）上市公司发行证券申请文件

申请文件目录	指南
1-1 募集说明书	1. pdf 版文件命名为"×× 股份有限公司……募集说明书"，并根据流程阶段标注"（申报稿）"、"（上会稿）"或"（注册稿）"。 2. word 版文件需设置文档结构图，pdf 版文件需设置超链接的目录和书签。 3. 董监高声明应由董监高签名并加盖发行人公章；发行人控股股东、实际控制人声明应由相关人员签名、盖章。 4. 保荐人声明应由保荐人法定代表人、保荐代表人、项目协办人签名，并加盖保荐人公章；保荐人董事长和总经理（或类似职责人员）声明需保荐人董事长和总经理签名并加盖保荐人公章。 5. 各中介机构的声明文件应由各中介机构负责人和经办人签名并加盖中介机构公章中介机构签字人员离职未签名的，在募集说明书中出具离职说明，由法定代表人签名并加盖机构公章。 6. 募集说明书引用的财务报表应包含上市公司披露的最近一期财务数据。 7. 文件需包含发行人董事会声明。
2-1 发行人关于本次证券发行的申请报告	—
2-2 发行人关于本次发行方案的论证分析报告	1. 文件加盖公章。

续表

申请文件目录	指南
2-3 董事会关于本次发行的决议	1. 未参会董事如授权其他董事表决，需出具授权委托书。 2. 决议由参会董事签名，加盖发行人或董事会公章。
2-4 股东大会关于本次发行的决议	1. 决议由参与表决的相关主体签名并加盖公章。
2-5 发行人董事、监事、高级管理人员、控股股东、实际控制人对证券发行文件的确认意见以及监事会的书面审核意见	—
3-1 证券发行保荐书	1. pdf 版文件命名为"×× 证券关于 ×× 股份有限公司向特定对象发行……的 / 之发行保荐书"或"×× 证券关于 ×× 股份有限公司向不特定对象发行……的 / 之发行保荐书"。 2. 文件由保荐人法定代表人、董事长、总经理（或类似职责人员）、保荐业务负责人、内核负责人、保荐业务部门负责人、保荐代表人、项目协办人签名，并加盖保荐人公章。
3-2 上市保荐书	1. pdf 版文件命名为"×× 证券关于 ×× 股份有限公司向特定对象发行……的 / 之上市保荐书"或"×× 证券关于 ×× 股份有限公司向不特定对象发行……的 / 之上市保荐书"。 2. 文件由保荐人法定代表人、保荐业务负责人、内核负责人、保荐代表人、项目协办人签名，并加盖保荐人公章。
3-3 发行保荐工作报告	1. 文件由保荐人法定代表人、董事长、总经理（或类似职责人员）、保荐业务负责人、内核负责人、保荐业务部门负责人、保荐代表人、项目协办人签名，并加盖保荐人公章。 2. 文件需设置文档结构图。
3-4 尽职调查报告（最近三年及一期）	1. 保荐人法定代表人、董事长、总经理（或类似职责人员）、保荐代表人、项目协办人签名，并加盖保荐人公章。 2. 文件需设置文档结构图。
3-5 关于战略投资者适格性的专项意见及独立董事、监事会对是否保护上市公司和中小股东的合法权益的明确意见（向特定对象发行证券适用）	—
3-6 关于本次募集资金投向属于科技创新领域的专项意见（科创板适用）	1. 文件由保荐代表人签名，加盖保荐人公章。

续表

申请文件目录	指南
3-7 签字保荐代表人在审企业家数说明	1. 按照《证券发行上市保荐业务管理办法》第四条和《上海证券交易所发行上市审核规则适用指引第 1 号——申请文件受理》第三条的规定进行说明与承诺。若保荐代表人最近三年存在已完成的首发、再融资、转板项目，文件中写明项目名称。
4-1 法律意见书	1. pdf 版文件命名为"××律师事务所关于××股份有限公司向特定对象发行……的 / 之法律意见书"或"××律师事务所关于××股份有限公司向不特定对象发行……的 / 之法律意见书"。 2. 由律师事务所负责人、发行人律师签名，并加盖律师事务所公章。
4-2 律师工作报告	1. 由律师事务所负责人、发行人律师签名，并加盖律师事务所公章。 2. 文件设置文档结构图。
4-3 关于发行人董事、监事、高级管理人员、控股股东和实际控制人在相关文件上签名盖章的真实性的鉴证意见	1. 全面核查验证所有涉及董事、监事、高级管理人员、控股股东、实际控制人签名盖章的相关申请文件。 2. 由律师事务所负责人、发行人律师签名，并加盖律师事务所公章。
4-4 关于申请电子文件与预留原件一致的鉴证意见	1. 由律师事务所负责人、发行人律师签名，并加盖律师事务所公章。
5-1 关于本次募集资金使用的可行性报告	1. 文件加盖发行人或董事会公章。
5-2 有关部门对募集资金投资项目的审批、核准或备案文件（如有）	1. 募投项目备案后附相应的环评批复文件（如涉及），如尚未取得，发行人应提交专项说明，具体说明未能取得环评批复的原因、是否存在障碍问题、预计取得时间，并出具关于在问询回复时限内及时取得环评批复文件的承诺。保荐人应对上述内容进行核查并发表明确核查意见。
5-3 发行人关于本次募集资金投向属于科技创新领域的说明（科创板适用）	1. 文件加盖发行人或董事会公章。
5-4 本次募集资金收购资产的财务报告、审计报告及相关评估报告（如有）	1. 审计报告由申报会计师签名盖章，加盖会计师事务所公章；财务报告由单位负责人、主管会计工作负责人、会计机构负责人签名盖章并加盖公司公章。 2. 资产评估报告需由资产评估师签名，并加盖资产评估机构公章。
5-5 发行人拟收购资产的合同或其草案（如有）	—

续表

申请文件目录	指南
6-1 发行人最近三年的财务报告及其审计报告以及最近一期的财务报告（向不特定对象发行证券适用）/发行人最近一年的财务报告及其审计报告以及最近一期的财务报告（向特定对象发行证券适用）	1. pdf 版文件命名为"×× 会计师事务所关于 ×× 股份有限公司向特定对象发行……的财务报告及审计报告"或"×× 会计师事务所关于 ×× 股份有限公司向不特定对象发行……的财务报告及审计报告"。 2. 由总所出具，并由申报会计师签名盖章，加盖会计师事务所公章，申报会计师盖章应是标准私章。 3. 财务报告由单位负责人、主管会计工作负责人、会计机构负责人签名盖章并加盖公司公章。 4. 会计师事务所相关业务许可证书、申报会计师 CPA 证书、营业执照齐全。
6-2 最近三年一期合并口径和母公司口径的比较式财务报表	1. 合并口径和母公司口径财务报表均需提交。
6-3 盈利预测报告及其审核报告（如有）	—
6-4 会计师事务所关于发行人的内部控制鉴证报告/内部控制审计报告	1. 由总所出具，并由申报会计师签名盖章，加盖会计师事务所公章，申报会计师盖章应是标准私章。
6-5 董事会编制、股东大会批准的关于前次募集资金使用情况的报告以及会计师出具的鉴证报告	1. 由总所出具，并由申报会计师签名盖章，加盖会计师事务所公章，申报会计师盖章应是标准私章。 2. 加盖发行人或董事会公章。
6-6 发行人关于前次募集资金投向属于科技创新领域的说明（科创板适用）	—
6-7 保荐人关于前次募集资金投向属于科技创新领域的核查意见（科创板适用）	—
6-8 经注册会计师核验的发行人非经常性损益明细表	1. 鉴证意见页由总所出具，并由申报会计师签名盖章，加盖会计师事务所公章，申报会计师盖章应是标准私章。 2. 非经常性损益明细表由单位负责人、主管会计工作负责人、会计机构负责人签名盖章并加盖公司公章。
6-9 发行人董事会、会计师事务所及注册会计师关于最近一年保留意见审计报告的补充意见（向特定对象发行证券适用）	1. 由总所出具，并由申报会计师签名盖章，加盖会计师事务所公章，申报会计师盖章应是标准私章。 2. 加盖发行人或董事会公章。
6-10 特定行业或企业的主管部门出具的相关意见（如有）	—

续表

申请文件目录	指南
6-11 国务院主管部门关于引入境外战略投资者的有关文件（向特定对象发行证券适用）	-
6-12 附生效条件的认购合同（向特定对象发行证券适用）	-
6-13 本次发行可转换公司债券的资信评级报告	1. 加盖评级机构公章并由经办人员签名。
6-14 发行人营业执照及公司章程	1. 营业执照需加盖发行人公章或律师事务所出具鉴证意见。 2. 章程标题处或落款处加盖发行人公章。
6-15 发行人关于申请文件不适用情况的说明	1. 发行人不适用/新增的文件与提交审核系统的申请文件需保持一致。
6-16 发行人信息披露豁免申请（如有）	1. 申请文件加盖发行人公章。 2. 中介机构出具的专项核查报告加盖保荐人、律师事务所、会计师事务所公章。
6-17 发行人关于本次发行是否涉及重大资产重组的说明	-
6-18 发行人、保荐人及相关主体保证不影响和干扰审核及注册程序的承诺函	1. 承诺函模板参见审核系统"通用功能－模板下载"栏目"廉洁自律承诺函模板"。
6-19 发行人全体董事、监事、高级管理人员对发行申请文件真实性、准确性和完整性的承诺书	-
6-20 发行人关于申请电子文件与预留原件一致的承诺函	-
6-21 保荐人关于申请电子文件与预留原件一致的承诺函	-
6-22 其他相关文件	1. 无法确定文件归属的请在"6-22 其他相关文件"栏目处提交。 2. 文件 6-22-1 为"历次聘请保荐机构情况的说明"。 3. 文件 6-22-2 为"保荐人对本次申请符合受理要求的说明"，内容为"发行人及其控股股东、实际控制人、董事、监事、高级管理人员、中介机构及相关人员的证券违法违规情况，是否被中国证监会、证券交易所、证券业协会等采取相关措施（如是，需写明具体情况），本次申请是否符合受理要求"。

（三）上市公司发行优先股申请文件

申请文件目录	指南
1-1 募集说明书	1. pdf 版文件命名为"××股份有限公司向特定对象发行优先股募集说明书"或"××股份有限公司向不特定对象发行优先股募集说明书"，并根据流程阶段标注"（申报稿）"、"（上会稿）"或"（注册稿）"。 2. word 版文件需设置文档结构图，pdf 版文件需设置超链接的目录和书签。 3. 董监高声明应由董监高签名并加盖发行人公章；发行人控股股东、实际控制人声明应由相关人员签名、盖章。 4. 保荐人声明应由保荐人法定代表人、保荐代表人、项目协办人签名，并加盖保荐人公章；保荐人董事长和总经理（或类似职责人员）声明需保荐人董事长和总经理签名并加盖保荐人公章。 5. 各中介机构的声明文件应由各中介机构负责人和经办人签名并加盖中介机构公章。中介机构签字人员离职未签名的，在募集说明书中出具离职说明，由法定代表人签名并加盖机构公章。 6. 募集说明书引用的财务报表应包含上市公司披露的最近一期财务数据。 7. 文件需包含发行人董事会声明。
1-2 募集说明书概览	1. pdf 版文件命名为"××股份有限公司向特定对象发行优先股募集说明书概览"或"××股份有限公司向不特定对象发行优先股募集说明书概览"，并根据流程阶段标注"（申报稿）"、"（上会稿）"或"（注册稿）"。
2-1 发行人申请报告	—
2-2 发行人发行预案	—
2-3 发行人董事会决议	1. 未参会董事如授权其他董事表决，需出具授权委托书。 2. 决议由参会董事签名，加盖发行人或董事会公章。
2-4 发行人股东大会决议	1. 决议由参与表决的相关主体签名并加盖公章。
3-1 保荐机构出具的证券发行保荐书	1. pdf 版文件命名为"××证券关于××股份有限公司向特定对象发行优先股的／之发行保荐书"或"××证券关于××股份有限公司向不特定对象发行优先股的／之发行保荐书"。 2. 文件由保荐人法定代表人、董事长、总经理（或类似职责人员）、保荐业务负责人、内核负责人、保荐业务部门负责人、保荐代表人、项目协办人签名，并加盖保荐人公章。

续表

申请文件目录	指南
3-2 保荐机构出具的证券上市保荐书	1. pdf 版文件命名为"××证券关于××股份有限公司向特定对象发行优先股的／之上市保荐书"或"××证券关于××股份有限公司向不特定对象发行优先股的／之上市保荐书"。 2. 文件由保荐人法定代表人、保荐业务负责人、内核负责人、保荐代表人、项目协办人签名，并加盖保荐人公章。
3-3 保荐机构出具的保荐工作报告	1. 文件由保荐人法定代表人、董事长、总经理（或类似职责人员）、保荐业务负责人、内核负责人、保荐业务部门负责人、保荐代表人、项目协办人签名，并加盖保荐人公章。 2. 文件需设置文档结构图。
3-4 发行人律师出具的法律意见书	1. pdf 版文件命名为"××律师事务所关于××股份有限公司向特定对象发行优先股的／之法律意见书"或"××律师事务所关于××股份有限公司向不特定对象发行优先股的／之法律意见书"。 2. 由律师事务所负责人、发行人律师签名，并加盖律师事务所公章。
3-5 发行人律师出具的律师工作报告	1. 由律师事务所负责人、发行人律师签名，并加盖律师事务所公章。 2. 文件设置文档结构图。
3-6 关于发行人董事、监事、高级管理人员以及发行人控股股东和实际控制人在相关文件上签名盖章的真实性的鉴证意见	1. 全面核查验证所有涉及董事、监事、高级管理人员、控股股东、实际控制人签名盖章的相关申请文件。 2. 由律师事务所负责人、发行人律师签名，并加盖律师事务所公章。
3-7 关于申请电子文件与预留原件一致的鉴证意见	1. 由律师事务所负责人、发行人律师签名，并加盖律师事务所公章。
4-1 发行人拟收购资产（包括权益）最近一年的财务报告和审计报告及最近一期的财务报告、资产评估报告（如有）	—
4-2 发行人拟收购资产（包括权益）的合同或其草案（如有）	—

续表

申请文件目录	指南
5-1 发行人最近三年的财务报告和审计报告及最近一期的财务报告、最近三年及一期比较式财务报表	1. pdf 版文件命名为"×× 会计师事务所关于 ×× 股份有限公司向特定对象发行优先股的财务报告及审计报告"或"×× 会计师事务所关于 ×× 股份有限公司向不特定对象发行优先股的财务报告及审计报告"。 2. 由总所出具，并由申报会计师签名盖章，加盖会计师事务所公章，申报会计师盖章应是标准私章。 3. 财务报告由单位负责人、主管会计工作负责人、会计机构负责人签名盖章并加盖公司公章。 4. 会计师事务所相关业务许可证书、申报会计师 CPA 证书、营业执照齐全。 5. 如最近三年发生重大资产重组的，还应提供重组时编制的重组前模拟财务报告及审计报告。
5-2 发行人最近三年及一期非经常性损益明细表	1. 由单位负责人、主管会计工作负责人、会计机构负责人签名盖章并加盖公司公章。
5-3 审计机构关于发行人最近一年末内部控制的审计报告或鉴证报告	1. 由总所出具，并由申报会计师签名盖章，加盖会计师事务所公章，申报会计师盖章应是标准私章。
5-4 发行人董事会、审计机构关于报告期内非标准审计报告涉及事项对公司是否有重大不利影响或重大不利影响是否已经消除的说明（如有）	1. 由总所出具，并由申报会计师签名盖章，加盖会计师事务所公章，申报会计师盖章应是标准私章。 2. 加盖发行人或董事会公章。
5-5 盈利预测报告及盈利预测报告审核报告（如有）	1. 由总所出具，并由申报会计师签名盖章，加盖会计师事务所公章，申报会计师盖章应是标准私章。
5-6 资信评级机构为本次发行优先股出具的资信评级报告（如有）	1. 加盖评级机构公章并由经办人员签名。
5-7 本次发行优先股的担保合同、担保函、担保人就提供担保获得的授权文件（如有）	–
5-8 发行人对本次发行优先股作出的有关声明和承诺	–
5-9 审计机构关于本次发行优先股相关会计处理事项的专项意见	1. 由总所出具，并由申报会计师签名盖章，加盖会计师事务所公章，申报会计师盖章应是标准私章。
5-10 发行人公司章程	1. 章程标题处或落款处加盖发行人公章。

申请文件目录	指南
5-11 特定行业（或企业）主管部门出具的监管意见书	—
5-12 承销协议（发行前按证券交易所要求提供）	—
5-13 发行人全体董事、监事、高级管理人员对发行申请文件真实性、准确性和完整性的承诺书	—
5-14 发行人关于申请文件不适用情况的说明（如有）	1. 发行人不适用 / 新增的文件与提交审核系统的申请文件需保持一致。
5-15 发行人信息披露豁免申请（如有）	1. 申请文件加盖发行人公章。 2. 中介机构出具的专项核查报告加盖保荐人、律师事务所、会计师事务所公章。
5-16 发行人保证不影响和干扰审核及注册程序的承诺函	1. 承诺函模板参见审核系统"通用功能－模板下载"栏目"廉洁自律承诺函模板"。
5-17 发行人关于申请电子文件与预留原件一致的承诺函	—
5-18 保荐人关于申请电子文件与预留原件一致的承诺函	—
5-19 其他相关文件	1. 无法确定文件归属的请在"5-19 其他相关文件"栏目处提交。 2. 文件 5-19-1 为"历次聘请保荐机构情况的说明"。 3. 文件 5-19-2 为"保荐人对本次申请符合受理要求的说明"，内容为"发行人及其控股股东、实际控制人、董事、监事、高级管理人员、中介机构及其相关人员的证券违法违规情况，是否被中国证监会、证券交易场所、证券业协会等采取相关措施（如是，需写明具体情况），本次申请是否符合受理要求"。 4. 文件 5-19-3 为"签字保荐代表人在审企业家数说明"，需按照《证券发行上市保荐业务管理办法》第四条和《上海证券交易所发行上市审核规则适用指引第 1 号——申请文件受理》第三条的规定进行说明与承诺。若保荐代表人最近三年存在已完成的首发、再融资、转板项目，文件中写明项目名称。

（四）上市公司发行股份购买资产申请文件

申请文件目录	指南
0-0 重大资产重组申请文件目录及交易各方和中介机构联系表	1. 需包含上市公司及其控股股东、实际控制人、董事、监事和高级管理人员，构成收购人的交易对方，以及独立财务顾问、律师事务所、会计师事务所、资产评估机构、估值机构等证券服务机构及其签字人员的名单，包括名称／姓名、组织机构代码、统一社会信用代码／公民身份证号码或其他身份信息、联系方式。 2. 加盖上市公司公章。
0-1 并购重组方案概况表	
0-2 关于电子文件与原始纸质文件一致的承诺函及律师事务所鉴证意见	1. 加盖上市公司公章。
0-3 关于本次重大资产重组申请文件不适用内容的说明	
一、上市公司重大资产重组报告书及相关文件	
1-1 重大资产重组报告书	1. 重组报告书文件名应符合《公开发行证券的公司信息披露内容与格式准则第 26 号——上市公司重大资产重组》第八条相关要求，并根据流程阶段标注"（申报稿）"、"（上会稿）"或"（注册稿）"。 2. 董监高声明应由董监高签名，并加盖上市公司公章。 3. 独立财务顾问声明应由法定代表人、财务顾问主办人、财务顾问协办人（如有）签名并加盖机构公章。 4. 各中介机构的声明应由机构负责人和经办人签名，并加盖机构公章。中介机构签字人员离职未签名的，在重组报告书中出具离职说明，由法定代表人签名并加盖机构公章。 5. 重组报告书引用的财务报表应在 6 个月有效期内。 6. word 版文件设置文档结构图，pdf 版文件设置超链接的目录和书签。
1-2 重大资产重组的董事会决议和股东大会决议	1. 决议由参与表决的相关主体签名并加盖公章；如授权表决，需出具授权委托书。 2. 全部相关文件原则上应通过单个文档合并提交，并设置目录。
1-3 公告的其他相关信息披露文件	1. 全部相关文件原则上应通过单个文档合并提交，并设置目录。
二、独立财务顾问和律师事务所出具的文件	

续表

申请文件目录	指南
2-1 独立财务顾问报告	1. 文件由独立财务顾问法定代表人或者其授权代表人、部门负责人、内部核查机构负责人、财务顾问主办人和项目协办人（如有）签名，并加盖机构公章。 2. word 版文件设置文档结构图，pdf 版文件设置超链接的目录和书签。
2-2 法律意见书	1. 由律师事务所负责人、经办律师签名，并加盖律师事务所公章。
2-3 关于本次交易符合中国证监会关于重大资产重组对板块定位的要求的独立财务顾问核查意见（如适用）	1. 文件由独立财务顾问法定代表人或者其授权代表人、部门负责人、内部核查机构负责人、财务顾问主办人和项目协办人（如有）签名，并加盖机构公章。
2-4 关于本次交易适用快速审核通道的独立财务顾问核查意见（如适用）	—
2-5 关于本次交易符合"小额快速"审核机制的独立财务顾问核查意见（如适用）	—
三、本次重大资产重组涉及的财务信息相关文件	
3-1 本次重大资产重组涉及的拟购买资产最近两年及一期的财务报告和审计报告	1. 由总所出具，并由申报会计师签名盖章，加盖会计师事务所公章，申报会计师盖章应是标准私章。 2. 财务报告由单位负责人、主管会计工作负责人、会计机构负责人签名盖章并加盖公司公章。 3. 确实无法提供的，应当说明原因及相关资产的财务状况和经营成果。
3-2 本次重大资产重组涉及的拟购买资产的评估报告及评估说明，或者估值报告	1. 由资产评估师签名，并加盖资产评估机构公章。
3-3 本次重大资产重组涉及的拟出售资产最近两年及一期的财务报告和审计报告	1. 由总所出具，并由申报会计师签名盖章，加盖会计师事务所公章，申报会计师盖章应是标准私章。 2. 财务报告由单位负责人、主管会计工作负责人、会计机构负责人签名盖章并加盖公司公章。 3. 确实无法提供的，应当说明原因及相关资产的财务状况和经营成果。
3-4 本次重大资产重组涉及的拟出售资产的评估报告及评估说明，或者估值报告	1. 由资产评估师签名，并加盖资产评估机构公章。
3-5 根据本次重大资产重组完成后的架构编制的上市公司最近一年及一期的备考财务报告及其审阅报告	1. 由总所出具，并由申报会计师签名盖章，加盖会计师事务所公章，申报会计师盖章应是标准私章。 2. 备考财务报告由单位负责人、主管会计工作负责人、会计机构负责人签名盖章并加盖公司公章。

续表

申请文件目录	指南
3-6 盈利预测报告和审核报告（如有）	1. 由总所出具，并由申报会计师签名盖章，加盖会计师事务所公章，申报会计师盖章应是标准私章。 2. 盈利预测报告加盖上市公司公章。
3-7 上市公司董事会、会计师事务所关于上市公司最近一年及一期的非无保留意见审计报告的补充意见（如有）	1. 由总所出具，并由申报会计师签名盖章，加盖会计师事务所公章，申报会计师盖章应是标准私章。 2. 加盖上市公司或董事会公章。
3-8 交易对方最近一年的财务报告和审计报告（如有）	1. 如无审计报告，则应提供财务报告。 2. 财务报告由单位负责人、主管会计工作负责人、会计机构负责人签名盖章并加盖公司公章。 3. 全部相关文件原则上应通过单个文档合并提交，并设置目录。
3-9 独立财务顾问、会计师事务所对交易标的业绩真实性的专项核查意见	1. 独立财务顾问法定代表人或者其授权代表人、部门负责人、内部核查机构负责人、财务顾问主办人和项目协办人（如有）签名，并加盖机构公章。
四、关于重组上市的申请文件要求	
4-1 内部控制鉴证报告	
4-2 标的资产最近三年及一期的财务报告和审计报告	1. 由总所出具，并由申报会计师签名盖章，加盖会计师事务所公章，申报会计师盖章应是标准私章。 2. 财务报告、非经常性损益明细表由单位负责人、主管会计工作负责人、会计机构负责人签名盖章并加盖公司公章。
4-3 标的资产最近三年原始报表及其与申报财务报表的差异比较表及会计师事务所出具的意见	
4-4 标的资产最近三年及一期非经常性损益明细表及会计师事务所出具的专项说明	
4-5 标的资产最近三年及一期的纳税证明文件	1. 需包括标的资产及其重要子公司或主要经营机构（如有）的纳税证明文件，原则上应通过单个文档合并提交并设置目录。
4-6 根据本次重大资产重组完成后的架构编制的上市公司最近一年及一期的备考财务报告及其审计报告	1. 由总所出具，并由申报会计师签名盖章，加盖会计师事务所公章，申报会计师盖章应是标准私章。 2. 备考财务报告由单位负责人、主管会计工作负责人、会计机构负责人签名盖章并加盖公司公章。
五、本次重大资产重组涉及的有关协议、合同、决议及承诺函	

续表

申请文件目录	指南
5-1 重大资产重组的协议或合同	1. 全部相关文件原则上应通过单个文档合并提交，并设置目录。
5-2 涉及本次重大资产重组的其他重要协议或合同	
5-3 交易对方与上市公司就相关资产实际盈利数不足利润预测数的情况签订的补偿协议（如有）	
5-4 涉及本次重大资产重组的承诺函	1. 需包括"上市公司、独立财务顾问及相关主体保证不影响和干扰审核的承诺函"，其模板参见审核系统"通用功能－模板下载"栏目"廉洁自律承诺函模板"。
5-5 涉及本次重大资产重组的媒体说明会召开情况、对证券交易所问询函的回复等已披露信息	－
六、本次重大资产重组的其他文件	
6-1 有关部门对重大资产重组的审批、核准或备案文件	1. 全部相关文件原则上应通过单个文档合并提交，并设置目录。
6-2 债权人同意函（如有）	
6-3 拟购买资产的权属证书	
6-4 与拟购买资产生产经营有关的资质证书或批准文件	
6-5 内幕信息知情人名单，包括名称／姓名、职务、组织机构代码、统一社会信用代码／公民身份证号码或其他身份信息等	
6-6 上市公司及其董事、监事、高级管理人员，上市公司控股股东、实际控制人及其董事、监事、高级管理人员（或主要负责人），交易对方及其控股股东、实际控制人、董事、监事、高级管理人员（或主要负责人），相关证券服务机构和其他知悉本次重大资产重组内幕信息的单位和自然人以及上述相关人员的直系亲属在董事会就本次重组申请股票停牌前或首次作出决议前（孰早）六个月至重大资产重组报告书披露之前一日止，买卖该上市公司股票及其他相关证券情况的自查报告，并提供证券登记结算机构就前述单位及自然人二级市场交易情况出具的证明文件	
6-7 资产评估结果备案或核准文件（如有）	－

续表

申请文件目录	指南
6-8 中国证监会、证券交易所要求提供的其他文件	1. 无法确定文件归属的请在"6-8 其他文件"栏目处提交。 2. 文件 6-8-1 为"独立财务顾问对本次申请符合受理要求的说明"，内容为"上市公司及其控股股东、实际控制人、董事、监事、高级管理人员、中介机构及其相关人员的证券违法违规情况，是否被中国证监会、证券交易场所、证券业协会等采取相关措施，本次交易是否涉嫌内幕交易正在被立案调查、侦查（如是，需写明具体情况），本次申请是否符合受理要求"。

（五）试点红筹企业公开发行存托凭证并上市申请文件

申请文件目录	指南
1-1 招股说明书	1. 招股说明书文件名包含发行人名称，并根据流程阶段标注"（申报稿）"、"（上会稿）"或"（注册稿）"。 2. word 版文件需设置文档结构图，pdf 版文件需设置超链接的目录和书签。 3. 发行人董监高声明应由董监高签名并加盖发行人公章；发行人控股股东和实际控制人声明应由相关人员签名、盖章。 4. 保荐人（主承销商）声明应由保荐人法定代表人、保荐代表人、项目协办人签名，并加盖保荐人公章；保荐人董事长和总经理（或类似职责人员）声明需签名并加盖保荐人公章；联席主承销商（如有）需加盖承销机构公章。 5. 各中介机构的声明文件应由中介机构负责人和经办人签名，并加盖机构公章。中介机构签字人员离职未签名的，在招股说明书中出具离职说明，由法定代表人签名加盖机构公章。 6. 申报时招股说明书引用的财务报表应在 6 个月有效期内。 7. 如存在信息披露豁免，pdf 版提交豁免版，word 版提交完整版。
1-2 境外基础证券发行人董事、高级管理人员对招股说明书的确认意见	—
1-3 发行公告（发行前提供）	—
2-1 境外基础证券发行人关于纳入试点的申请报告	—
2-2 境外基础证券发行人关于本次发行的申请报告	—
2-3 境外基础证券发行人董事会有关本次发行的决议	1. 未参会董事如授权其他董事表决，需出具授权委托书。 2. 决议由参会董事签名，加盖发行人或董事会公章。

续表

申请文件目录	指南
2-4 境外基础证券发行人股东（大）会有关本次发行的决议（如有）	1. 决议由参与表决的相关主体签名并加盖公章。
2-5 关于符合板块定位要求的专项说明（如有）	1. 科创板申报企业格式体例符合《上海证券交易所科创板企业发行上市申报及推荐暂行规定》要求。
3-1 保荐人关于本次发行的文件	
3-1-1 关于境外基础证券发行人符合试点企业选取标准的核查报告	—
3-1-2 关于境外基础证券发行人符合板块定位要求的专项意见（如有）	1. 科创板申报企业格式体例符合《上海证券交易所科创板企业发行上市申报及推荐暂行规定》要求。
3-1-3 发行保荐书（附：关于对境内投资者权益的保护总体上不低于境内法律、行政法规以及中国证监会要求的结论性意见）	1. pdf 版文件命名为"××证券关于××公司公开发行存托凭证并在××板上市的/之发行保荐书"。 2. 文件由保荐人法定代表人、董事长、总经理（或类似职责人员）、保荐业务负责人、内核负责人、保荐业务部门负责人、保荐代表人、项目协办人签名，并加盖保荐人公章。
3-1-4 上市保荐书	1. pdf 版文件命名为"××证券关于××公司公开发行存托凭证并在××板上市的/之上市保荐书"。 2. 文件由保荐人法定代表人、保荐业务负责人、内核负责人、保荐代表人和项目协办人签名，并加盖保荐人公章。
3-1-5 保荐工作报告	1. 文件由保荐人法定代表人、董事长、总经理（或类似职责人员）、保荐业务负责人、内核负责人、保荐业务部门负责人、保荐代表人、项目协办人签名，并加盖保荐人公章。 2. 正文后附尽职调查问核表及保荐代表人手写的承诺书。 3. 文件设置文档结构图。
3-1-6 未在境外上市的基础证券发行人的估值报告	—
3-1-7 签字保荐代表人在审企业家数说明	1. 按照《证券发行上市保荐业务管理办法》第四条和《上海证券交易所发行上市审核规则适用指引第 1 号——申请文件受理》第三条进行说明与承诺。若保荐代表人最近三年存在已完成的首发、再融资、转板项目，文件中写明项目名称。
3-1-8 关于发行人预计市值的分析报告（如适用）	—
3-1-9 保荐机构相关子公司参与配售的相关文件（如有）	1. 科创板申报企业需提交保荐机构相关子公司参与战略配售的相关文件，并加盖公章。

续表

申请文件目录	指南
3-2 注册会计师关于本次发行的文件	
3-2-1 根据中国企业会计准则编制的财务报表及审计报告（如选用）	1. pdf 版文件命名为"××会计师事务所关于××公司公开发行存托凭证并在××板上市的财务报告及审计报告"。 2. 由总所出具，并由申报会计师签名盖章，加盖会计师事务所公章，申报会计师盖章应是标准私章。 3. 财务报告由单位负责人、主管会计工作负责人、会计机构负责人签名并加盖公司公章。 4. 会计师事务所相关业务许可证书、申报会计师 CPA 证书、营业执照齐全。 5. 财务报告应包含三个完整会计年度。
3-2-2 根据国际财务报告准则或美国会计准则编制的财务报表及审计报告并同时按照中国企业会计准则调整的差异调节信息及审计报告（如选用）	
3-2-3 境外基础证券发行人审计报告基准日至招股说明书签署日之间的相关财务报表及审阅报告（发行前提供）	1. 由总所出具，并由申报会计师签名盖章，加盖会计师事务所公章，申报会计师盖章应是标准私章。 2. 财务报告、非经常性损益明细表由单位负责人、主管会计工作负责人、会计机构负责人签名并加盖公司公章。
3-2-4 盈利预测报告及审核报告（如有）	
3-2-5 内部控制鉴证报告	
3-2-6 经注册会计师鉴证的非经常性损益明细表	
3-3 境外基础证券发行人律师关于本次发行的文件	
3-3-1 关于境外基础证券发行人符合试点企业选取标准的核查报告	—
3-3-2 法律意见书（附：关于对境内投资者权益的保护总体上不低于境内法律、行政法规以及中国证监会要求的结论性意见）	1. pdf 版文件命名为"××律师事务所关于××公司公开发行存托凭证并在××板上市的/之法律意见书"。 2. 由律师事务所负责人、发行人律师签名，并加盖律师事务所公章。
3-3-3 律师工作报告	1. 由律师事务所负责人、发行人律师签名，并加盖律师事务所公章。 2. 文件设置文档结构图。
3-3-4 关于申请电子文件与预留原件一致的鉴证	1. 由律师事务所负责人、发行人律师签名，并加盖律师事务所公章。

申请文件目录	指南
4-1 境外基础证券发行人的公司注册文件	—
4-2 境外基础证券发行人公司章程	—
5-1 境外基础证券发行人关于最近三年及一期的纳税情况的说明	—
5-1-1 境外基础证券发行人主要经营实体最近三年及一期所得税纳税申报表	1. 发行人及其控股子公司纳税申报表涵盖报告期，申报表所属的年份要清晰可见。 2. 文件需设置目录。
5-1-2 对境外基础证券发行人有重大影响的税收优惠、财政补贴证明文件（如有）	1. 文件需设置目录。
5-1-3 主要税种纳税情况的说明及注册会计师出具的意见	1. 由总所出具，并由申报会计师签名盖章，加盖会计师事务所公章，申报会计师盖章应是标准私章。
5-1-4 境内主要经营实体主管税收征管机构出具的最近三年及一期该经营实体纳税情况的证明	1. 文件需设置目录。
5-2 公司需报送的其他财务资料	
5-2-1 主要经营实体最近三年原始财务报表	1. 由单位负责人、主管会计工作负责人、会计机构负责人签名盖章并加盖公司公章。
5-2-2 主要经营实体原始财务报表与本次申报经审计的财务报表差异比较表	1. 由单位负责人、主管会计工作负责人、会计机构负责人签名盖章并加盖公司公章。
5-2-3 注册会计师对差异情况出具的意见	1. 意见段正文后完整附上差异比较表和差异说明。
5-3 境外基础证券发行人设立时和最近三年及一期的资产评估报告（含土地评估报告）（如有）	1. 由资产评估师签名，并加盖资产评估机构公章。
5-4 境外基础证券发行人的历次验资报告（如有）	—
5-5 境外基础证券发行人大股东或控股股东最近一年及一期的原始财务报表及审计报告（如有）	—
6-1 产权和特许经营权证书	

续表

申请文件目录	指南
6-1-1 境外基础证券发行人拥有或使用的对其生产经营有重大影响的商标、专利、计算机软件著作权等知识产权以及土地使用权、房屋所有权、采矿权等产权证书清单（需由境外基础证券发行人律师出具鉴证意见）	1. 需列明证书所有者或使用者名称、证书号码、权利期限、取得方式、是否及存在何种他项权利等内容。 2. 鉴证意见中清单内容应与境外基础证券发行人提供的清单内容完全一致。
6-1-2 特许经营权证书	—
6-2 重要合同	
6-2-1 协议控制架构等特殊安排涉及的协议	1. 文件需设置目录。
6-2-2 投票权差异、投票协议或类似特殊安排涉及的协议	
6-2-3 对境外基础证券发行人有重大影响的商标、专利、专有技术等知识产权许可使用协议	
6-2-4 重大关联交易协议	
6-2-5 重大资产购买或出售协议	
6-3 承诺和说明事项	
6-3-1 境外基础证券发行人关于确保存托凭证持有人实际享有与境外基础股票持有人相当权益的承诺	—
6-3-2 境外基础证券发行人关于确保存托凭证持有人在合法权益受到损害时能够获得与境外投资者相当赔偿的承诺	—
6-3-3 有关消除或避免同业竞争的协议以及境外基础证券发行人的控股股东和实际控制人出具的相关承诺	—
6-3-4 境外基础证券发行人全体董事对发行申请文件真实性、准确性、完整性、及时性的承诺书	—

续表

申请文件目录	指南
6-3-5 境外基础证券发行人关于对境内投资者权益的保护总体上不低于境内法律、行政法规以及中国证监会要求的说明	—
6-3-6 境外基础证券发行人相关股东关于股份锁定的承诺	—
6-4 特定行业（或企业）的管理部门出具的相关意见（如有）	—
6-5 存托协议	1. 发行人、存托人分别签名、盖章。
6-6 托管协议	1. 存托人、托管人分别签名、盖章。
6-7 保荐协议和承销协议	1. 保荐人、发行人分别签名、盖章。

（六）转板公司转板申请文件

申请文件目录	指南
1-1 转板报告书	1. 转板报告书文件名包含转板公司名称，并根据流程阶段标注"（申报稿）"或"（上会稿）"。 2. 转板公司董监高声明应由董监高签名并加盖转板公司公章；转板公司控股股东和实际控制人声明应由相关人员签名、盖章。 3. 保荐人声明应由保荐人法定代表人、保荐代表人、项目协办人签名，并加盖保荐人公章；保荐人董事长和总经理（或类似职责人员）声明需签名并加盖保荐人公章。 4. 各中介机构的声明文件应由中介机构负责人和经办人签名，并加盖机构公章。中介机构签字人员离职未签名的，在转板报告书中出具离职说明，由法定代表人签名并加盖机构公章。 5. 转板报告书引用的财务报表应在 6 个月有效期内。 6. word 版文件设置文档结构图，pdf 版文件设置超链接的目录和书签。
2-1 关于本次转板并在科创板上市的申请报告	—
2-2 董事会有关本次转板的决议	1. 未参会董事如授权其他董事表决，需出具授权委托书。 2. 决议由参会董事签名，加盖转板公司或董事会公章。
2-3 股东大会有关本次转板的决议	1. 决议由参与表决的相关主体签名并加盖公章。
2-4 关于符合科创板定位要求的专项说明	1. 格式体例参照《上海证券交易所科创企业发行上市申报及推荐暂行规定》要求。

续表

申请文件目录	指南
3-1-1 关于转板公司符合科创板定位要求的专项意见	1. 格式体例参照《上海证券交易所科创企业发行上市申报及推荐暂行规定》要求。
3-1-2 上市保荐书	1. pdf 版文件命名为"×× 证券关于 ×× 股份有限公司向上海证券交易所科创板转板的 / 之上市保荐书"。 2. 文件由保荐人法定代表人、保荐业务负责人、内核负责人、保荐代表人和项目协办人签名，并加盖保荐人公章。
3-1-3 保荐工作报告	1. 文件由保荐人法定代表人、董事长、总经理（或类似职责人员）、保荐业务负责人、内核负责人、保荐业务部门负责人、保荐代表人、项目协办人签名，并加盖保荐人公章。 2. 正文后附尽职调查问核表及保荐代表人手写的承诺书。 3. 文件设置文档结构图。
3-1-4 保荐人关于签字保荐代表人申报的在审企业家数等执业情况的说明与承诺	1. 按照《证券发行上市保荐业务管理办法》第四条和《上海证券交易所发行上市审核规则适用指引第 1 号——申请文件受理》第三条的规定进行说明与承诺。若保荐代表人最近三年存在已完成的首发、再融资、转板项目，文件中写明项目名称。
3-2-1 财务报告及审计报告	1. pdf 版文件命名为"×× 会计师事务所关于 ×× 股份有限公司向上海证券交易所科创板转板的财务报告及审计报告"。 2. 由总所出具，并由申报会计师签名盖章，加盖会计师事务所公章，申报会计师盖章应是标准私章。 3. 财务报告由单位负责人、主管会计工作负责人、会计机构负责人签名盖章并加盖公司公章。 4. 会计师事务所相关业务许可证书、申报会计师 CPA 证书、营业执照齐全。 5. 财务报表告应包含三个完整会计年度。
3-2-2 转板公司审计报告基准日至转板报告书签署日之间的相关财务报告及审阅报告（如有） 3-2-3 盈利预测报告及审核报告（如有） 3-2-4 内部控制鉴证报告 3-2-5 经注册会计师鉴证的非经常性损益明细表	1. 由总所出具，并由申报会计师签名盖章，加盖会计师事务所公章，申报会计师盖章应是标准私章。 2. 财务报告、非经常性损益明细表由单位负责人、主管会计工作负责人、会计机构负责人签名盖章并加盖公司公章。
3-3-1 法律意见书	1. pdf 版文件命名为"×× 律师事务所关于 ×× 股份有限公司向上海证券交易所科创板转板的 / 之法律意见书"。 2. 由律师事务所负责人、转板公司律师签名，并加盖律师事务所公章。

续表

申请文件目录	指南
3-3-2 律师工作报告	1. 由律师事务所负责人、转板公司律师签名，并加盖律师事务所公章。 2. 文件设置文档结构图。
3-3-3 关于转板公司董事、监事、高级管理人员、转板公司控股股东和实际控制人在相关文件上签名盖章的真实性的鉴证意见	1. 全面核查验证所有涉及董事、监事、高级管理人员、控股股东、实际控制人签名盖章的相关申请文件。 2. 由律师事务所负责人、转板公司律师签名，并加盖律师事务所公章。
3-3-4 关于申请电子文件与预留原件一致的鉴证意见	1. 由律师事务所负责人、转板公司律师签名，并加盖律师事务所公章。
4-1 转板公司章程	1. 章程标题处或落款处加盖转板公司公章。
5-1-1 转板公司最近 3 年及一期所得税纳税申报表	1. 转板公司及其控股子公司纳税申报表涵盖报告期，申报表所属的年份要清晰可见。 2. 文件需设置目录。
5-1-2 有关转板公司税收优惠、政府补助的证明文件	1. 文件需设置目录。
5-1-3 主要税种纳税情况的说明	—
5-1-4 注册会计师对主要税种纳税情况说明出具的意见	1. 由总所出具，并由申报会计师签名盖章，加盖会计师事务所公章，申报会计师盖章应是标准私章。
5-1-5 转板公司及其重要子公司或主要经营机构最近 3 年及一期转板公司纳税情况的证明	1. 文件需设置目录。 2. 如确实无法提供由当地税务主管机构出具的纳税证明，也可提供最近三年及一期的其他纳税证明文件，如《涉税事项调查证明材料》、《涉税证明》、《税务违法记录证明》等。
5-2-1 最近 3 年一期定期报告中的财务报表	1. 由单位负责人、主管会计工作负责人、会计机构负责人签名盖章并加盖公司公章。
5-2-2 最近 3 年一期定期报告中的财务报表与申报财务报表的差异比较表（如有）	1. 由单位负责人、主管会计工作负责人、会计机构负责人签名盖章并加盖公司公章。
5-2-3 注册会计师对差异情况出具的意见（如有）	1. 意见段正文后完整附上差异比较表和差异说明。
5-3 转板公司设立时和最近 3 年及一期的资产评估报告（如有）	1. 由资产评估师签名，并加盖资产评估机构公章。
5-4 转板公司大股东或控股股东最近一年及一期的原始财务报表及审计报告（如有）	—

续表

申请文件目录	指南
6-1-1 对转板公司有重大影响的商标、专利、专有技术等知识产权许可使用协议（如有）	1. 文件需设置目录。
6-1-2 重大关联交易协议（如有）	
6-1-3 重组协议（如有）	
6-1-4 特别表决权股份等差异化表决安排涉及的协议（如有）	
6-1-5 其他重要商务合同（如有）	
6-2 特定行业（或企业）的管理部门出具的相关意见（如有）	—
6-3-1 转板公司及其实际控制人、控股股东、持股 5% 以上股东以及转板公司董事、监事、高级管理人员等责任主体的重要承诺以及未履行承诺的约束措施	1. 承诺人为机构的需加盖机构公章，承诺人为自然人的需签名。
6-3-2 有关消除或避免同业竞争的协议以及转板公司的控股股东和实际控制人出具的相关承诺	
6-3-3 转板公司全体董事、监事、高级管理人员对转板申请文件真实性、准确性、完整性的承诺书	
6-3-4 转板公司控股股东、实际控制人对转板报告书的确认意见	
6-3-5 转板公司关于申请电子文件与预留原件一致的承诺函	
6-3-6 保荐人关于申请电子文件与预留原件一致的承诺函	
6-3-7 转板公司保证不影响和干扰审核的承诺函	1. 承诺函模板参见审核系统"通用功能－模板下载"栏目"廉洁自律承诺函模板"。
6-4-1 转板公司关于申请文件不适用情况的说明	1. 转板公司不适用／新增的文件与提交审核系统的申请文件保持一致。
6-4-2 转板公司关于转板报告书不适用情况的说明	—

申请文件目录	指南
6-4-3 信息披露豁免申请（如有）	1. 申请文件加盖转板公司公章。 2. 中介机构出具的专项核查报告加盖保荐人、律师事务所、会计师事务所公章。
6-5 保荐协议	1. 保荐人、转板公司分别签名、盖章。
6-6 其他文件	1. 无法确定文件归属的请在"6-6 其他文件"栏目处提交。 2. 文件 6-6-1 为"历次聘请保荐机构情况的说明"。 3. 文件 6-6-2 为"保荐人对本次申请符合受理要求的说明"，内容为"转板公司及其控股股东、实际控制人、董事、监事、高级管理人员、中介机构及其相关人员的证券违法违规情况，是否被中国证监会、证券交易场所、证券业协会等采取相关措施（如是，需写明具体情况），转板公司是否存在尚未实施完毕的股票发行、重大资产重组、股票回购等事项，本次申请是否符合受理要求"。 4. 文件 6-6-3 为"××公司关于股东信息披露的专项承诺"，6-6-4 为"××保荐人关于××公司股东信息披露的专项核查报告"，6-6-5 为"××律师事务所关于××公司股东信息披露的专项核查报告"，相关文件的格式体例符合《关于落实首发上市企业股东信息披露监管相关事项的通知》要求。 5. 存在翻译文件的，请提供翻译机构的资质文件。

关于发布《上海证券交易所发行上市审核业务指南第3号——业务咨询沟通》的通知

（上证函〔2023〕377号 2023年2月17日）

各市场参与人：

为了规范发行上市审核相关业务咨询沟通，及时解决重大疑难问题，提高申报和审核质量，根据《上海证券交易所股票发行上市审核规则》《上海证券交易所科创板企业发行上市申报及推荐暂行规定》《上海证券交易所上市公司证券发行上市审核规则》《上海证券交易所上市公司重大资产重组审核规则》《北京证券交易所上市公司向上海证券交易所科创板转板办法（试行）》等有关规定，上海证券交易所（以下简称本所）制定了《上海证券交易所发行上市审核业务指南第3号——业务咨询沟通》，现予以发布，并自发布之日起施行。本所于2021年7月16日发布的《关于发布〈上海证券交易所科创板发行上市审核业务指南第3号——业务咨询沟通〉的通知》（上证函〔2021〕1193号）同时废止。

上述指南全文可至本所官方网站（http://www.sse.com.cn）"规则"下的"本所业务指南与流程"栏目查询。

特此通知。

上海证券交易所发行上市审核业务指南第3号——业务咨询沟通

第一章　总则

第一条　为了规范上海证券交易所（以下简称本所）发行上市审核相关业务咨询沟通，及时解决重大疑难问题，提高申报和审核质量，根据《上海证券交易所股票发行上市审核规则》《上海证券交易所上市公司证券发行上市审核规则》《上海证券交易所上市公司重大资产重组审核规则》《北京证券交易所上市公司向上海证券交易所科创板转板办法（试行）》《上海证券交易所科创板企业发行上市申报及推荐暂行规定》等有关规定，制定本指南。

第二条　本指南适用于发行人、上市公司、转板公司（以下统称发行人）、保荐人、独立财务顾问和证券服务机构在项目申报前和审核过程中与本所上市审核中心（以下简称审核中心）进行的业务咨询沟通。

业务咨询沟通包括书面、电话、现场和视频等方式，本所对电话沟通全程录音，对现场沟通和视频沟通全程录音录像。

第三条 发行人、保荐人、独立财务顾问和证券服务机构在提交首次公开发行、再融资、发行股份购买资产或转板申请文件前，对于重大疑难、无先例事项等涉及本所规则理解和适用问题，可以向审核中心咨询沟通；在首轮审核问询发出后，对审核问询问题存在疑问的，可以与审核中心进行咨询沟通；在上市审核委员会（以下简称上市委）、并购重组审核委员会（以下简称重组委）审议会议后，可以与审核中心、上市委委员、重组委委员就审核中关注的相关问题和后续工作要求进行咨询沟通。

第四条 保荐人、独立财务顾问和证券服务机构应当按照本指南要求认真梳理所需咨询沟通问题，进行深入分析和审慎判断，履行内部相关程序，向审核中心提交咨询沟通材料。

有多个咨询沟通问题的，原则上应当一次性提出需要咨询沟通的全部问题。

第五条 审核中心对发行人、保荐人、独立财务顾问和证券服务机构提出的咨询沟通问题将及时进行分析研究，提出明确的意见和建议。

第六条 审核中心根据项目的具体情况，至少安排两人参加现场咨询和视频咨询。现场咨询应当在审核中心指定的会议室进行，现场咨询和视频咨询全程录音录像并存档。

第七条 参与业务咨询沟通的人员应当严格按照本指南开展工作，遵守廉政要求和工作纪律。

第二章 申报前的咨询沟通

第八条 保荐人、独立财务顾问和证券服务机构原则上在与发行人签订首次公开发行辅导、服务等协议并完成尽职调查后，或者发行人披露再融资公告、发行股份购买资产方案、转板公告后，可以就重大疑难、无先例事项等涉及本所业务规则理解与适用的问题，向审核中心进行申报前咨询沟通。

第九条 保荐人、独立财务顾问可以通过本所发行上市审核业务系统（以下简称审核系统）"申报前业务咨询"栏目提交咨询沟通材料。

保荐人、独立财务顾问和证券服务机构一般应当选择电话、书面咨询方式。问题复杂、确需当面沟通的，保荐人、独立财务顾问可以通过审核系统"申报前业务咨询"栏目提交咨询沟通材料，并预约现场或视频咨询。

第十条 发行人、保荐人、独立财务顾问和证券服务机构申报前咨询沟通的业务问题，主要包括：

（一）涉及发行条件、上市条件、板块定位和信息披露等要求，按照现有规则难以做出判断的重大问题；

（二）发行上市审核中尚未有案例支持的重大无先例事项；

（三）因产业政策调整涉及发行上市审核标准适用的相关问题；

（四）确需咨询沟通的其他问题。

第十一条　存在下列情形之一的，不属于申报前咨询沟通事项范围：

（一）无实质咨询沟通内容，属于礼节性拜访的；

（二）属于保荐人、独立财务顾问和证券服务机构应自行核查把关的问题；

（三）未按本指南要求提交咨询沟通材料的；

（四）不适合申报前咨询沟通的其他情形。

第十二条　保荐人、独立财务顾问和证券服务机构应当对咨询沟通问题进行深入核查、分析，做到事实清楚、逻辑清晰，并形成初步判断意见，按照要求提交咨询沟通材料（格式见附件）。

第十三条　保荐人、独立财务顾问应当履行内部质控程序，对咨询沟通适用范围、需解决的重大疑难问题、无先例事项及咨询沟通材料质量予以把关。咨询沟通材料应当由发行人、保荐人、独立财务顾问加盖公章。

第十四条　审核中心收到咨询沟通材料后，将及时组织专业人员认真分析研究，形成明确的回复意见。属于本指南第十一条规定情形的，予以退回。

第十五条　审核中心在收到咨询沟通材料后 10 个工作日内，可以根据咨询沟通问题的复杂、疑难程度，采取书面答复或者当面答复。

咨询问题事实清楚、答复意见清晰明确的，审核中心予以书面答复。咨询问题疑难复杂或者需要发行人、保荐人、独立财务顾问和证券服务机构采取相关解决措施，确需当面沟通的，审核中心与发行人、保荐人、独立财务顾问和证券服务机构商定现场或视频咨询沟通时间。

第十六条　参加现场和视频咨询的人员应当为发行人、保荐人、独立财务顾问和证券服务机构等熟悉项目情况、具有相关决策权限的人员，人数原则上不超过 8 人。

第十七条　审核中心将在现场和视频咨询完成后 2 个工作日内，填写电子版沟通记录，写明沟通事项、沟通情况以及沟通结果等内容，上传审核系统存档，并供后续审核参考。

第三章　首轮问询函发出后的咨询沟通

第十八条　发行人、保荐人、独立财务顾问和证券服务机构在首轮审核问询函发出后，对审核问询问题存在疑问的，可以通过本所审核系统或者审核人员的录音电话进行沟通。

第十九条　发行人、保荐人、独立财务顾问和证券服务机构通过录音电话沟通的，应当通过审核问询函中预留的审核人员联系方式进行沟通。

保荐人、独立财务顾问通过审核系统沟通的，在审核系统"项目沟通"栏目提交咨询沟通问题清单。

保荐人、独立财务顾问和证券服务机构一般应选择电话、书面咨询方式。问题复杂、确需当面沟通的，保荐人、独立财务顾问可以通过审核系统"项目沟通"栏目预约现场或视频咨询。

第二十条　发行人、保荐人、独立财务顾问和证券服务机构首轮问询函发出后沟通的业务问题，主要包括：

（一）对审核问询问题存在疑问，需要进一步明确的；

（二）在审期间发生新情况，可能影响发行条件、上市条件的；

（三）其他需要沟通的重大疑难事项。

第二十一条　存在下列情形之一的，不属于首轮问询函发出后的咨询沟通事项范围：

（一）无实质性沟通内容、属于礼节性拜访的；

（二）打听审核具体进度或安排、内部会议讨论内容以及能否通过等情况的；

（三）属于保荐人、独立财务顾问和证券服务机构应自行核查把关的问题；

（四）未按照本指南要求提供沟通问题清单的；

（五）不需要沟通的其他情形。

第二十二条　发行人、保荐人、独立财务顾问和证券服务机构应当准备咨询沟通问题清单。

通过审核系统提交的咨询沟通问题清单应当表述清晰，逻辑清楚，并加盖发行人、保荐人、独立财务顾问和证券服务机构公章。

第二十三条　审核人员进行电话沟通，问题清晰简单的，审核人员直接予以答复；问题重大复杂、不能直接答复的，审核人员按照相关程序提交审核中心研究讨论后予以答复。

第二十四条　通过审核系统预约的现场和视频咨询沟通，按照本指南第十四条至第十七条的规定进行沟通。审核中心在收到咨询沟通问题清单后 5 个工作日内通过审核系统予以答复或者确定现场和视频咨询时间；属于本指南第二十一条规定情形的，予以退回。

第二十五条　存在多轮审核问询的，发行人、保荐人、独立财务顾问和证券服务机构可以多次咨询沟通。

第四章　上市委、重组委审议会议后的咨询沟通

第二十六条　上市委、重组委审议会议结束后，发行人、保荐人、独立财务顾问和证券服务机构可以参照本指南第三章的有关规定，就审核中关注的重要问题、会后事项和后续工作要求与审核中心、上市委委员、重组委委员沟通，审核中心根据项目审核情况可以主动安排相关沟通。

第二十七条 对于符合发行条件、上市条件和信息披露要求的发行人，审核中心可以就审核中关注的重要问题、会后落实事项等进行沟通。

第二十八条 对于不符合发行条件、上市条件和信息披露要求的发行人，审核中心可以就不符合的情况、审核重点关注问题、持续改进相关建议等进行沟通。

第二十九条 参加上市委、重组委会后咨询沟通的人员应为发行人、保荐人、独立财务顾问和证券服务机构等项目相关人员，人数原则上不超过 8 人。

第五章 纪律和监督

第三十条 发行人、保荐人、独立财务顾问和证券服务机构等参加咨询沟通的人员不得向审核中心人员赠送或者承诺赠送任何礼品、礼金、消费卡和各种有价证券、支付凭证、商业预付卡、电子红包等。

审核中心参与咨询沟通的工作人员不得以任何形式接受前款规定的馈赠。

第三十一条 审核中心工作人员除按本指南要求进行沟通咨询外，不得与发行人、保荐人、独立财务顾问、证券服务机构和其他有关方相关人员就项目审核事项进行私下接触。

第三十二条 参与咨询沟通的发行人、保荐人、独立财务顾问和证券服务机构人员，审核中心工作人员应对咨询沟通中需要保密的事项严格做好保密工作。

第三十三条 本指南规定的咨询沟通接受纪检监督。

第六章 附则

第三十四条 本指南由本所负责解释。

第三十五条 本指南自发布之日起施行。本所于 2021 年 7 月 16 日发布的《上海证券交易所科创板发行上市审核业务指南第 3 号——业务咨询沟通》（上证函〔2021〕1193 号）同时废止。

附件：×××（保荐人/独立财务顾问）关于 ×××（发行人）申报前咨询沟通相关材料

附件

×××（保荐人/独立财务顾问）关于 ×××（发行人）申报前咨询沟通相关材料
（参考示范格式）

上市审核中心：

×××（保荐人/独立财务顾问）已与 ×××（发行人）签订首次公开发行辅

导协议、完成尽职调查、准备提交发行上市申请文件，或者 ×××（发行人）已披露 ×××（再融资公告 / 发行股份购买资产方案 / 转板公告），根据《上海证券交易所股票发行上市审核规则》《上海证券交易所上市公司证券发行上市审核规则》《上海证券交易所上市公司重大资产重组审核规则》《北京证券交易所上市公司向上海证券交易所科创板转板办法（试行）》《上海证券交易所科创板企业发行上市申报及推荐暂行规定》《上海证券交易所发行上市审核业务指南第 3 号——业务咨询沟通》等有关规定，现就 ××× 事项提请申报前的书面 / 现场 / 视频咨询沟通。本咨询沟通材料已经履行公司内部质量控制程序，并保证内容的真实、准确、完整。

一、发行人的基本情况

（包括但不限于发行人的股权结构、控股股东及实际控制人、主营业务、收入结构、主要客户和供应商、板块定位、财务状况、选择的具体上市标准、拟募资金额、预计市值等）

二、咨询沟通问题和初步判断意见

（一）……

（二）……

……

（保荐人 / 独立财务顾问提交的咨询问题应为重大疑难问题、无先例事项等涉及本所规则理解和适用问题，保荐人 / 独立财务顾问应对咨询问题进行深入核查、分析，做到事实清楚、逻辑清晰、依据充分、措施可行，并形成初步判断意见。如有多个咨询沟通问题，应当一次性提出需要咨询沟通的全部问题）

三、其他需要说明的事项

附件（相关材料，如有）

发行人（盖章）　　　　保荐人 / 独立财务顾问（盖章）

年　月　日　　　　　　年　月　日

关于发布《上海证券交易所首次公开发行证券发行与承销业务实施细则》的通知

（上证发〔2023〕33 号 2023 年 2 月 17 日）

各市场参与人：

为了落实党中央、国务院关于全面实行股票发行注册制的决策部署，规范首次公开发行证券发行与承销活动，根据《证券发行与承销管理办法》《首次公开发行股票注册管理办法》等有关规定，上海证券交易所（以下简称本所）制定了《上海证券交易所首次公开发行证券发行与承销业务实施细则》（详见附件），经中国证监会批准，现予以发布，并自发布之日起施行。本所于 2021 年 9 月 18 日发布的《关于发布〈上海证券交易所科创板股票发行与承销实施办法（2021 年修订）〉的通知》（上证发〔2021〕76 号）、《关于发布〈上海证券交易所科创板发行与承销规则适用指引第 1 号——首次公开发行股票（2021 年修订）〉的通知》（上证发〔2021〕77 号）同时废止。为了做好相关工作衔接，现就有关事项通知如下：

一、首次公开发行证券并在主板上市的企业，取得核准批文的，按照核准制下发行承销规定启动发行承销工作；取得注册批文的，适用本规则。

二、首次公开发行证券并在科创板上市的企业，已启动发行、尚未上市的，按照已披露的公告继续开展发行承销工作；尚未启动的，适用本规则。

特此通知。

附件：上海证券交易所首次公开发行证券发行与承销业务实施细则

附件

上海证券交易所首次公开发行证券发行与承销业务实施细则

第一章 总则

第一条 为了规范上海证券交易所（以下简称本所）首次公开发行证券发行与承销行为，维护市场秩序，保护投资者合法权益，根据《证券发行与承销管理办法》（以下简称《承销办法》）、《首次公开发行股票注册管理办法》等相关规定，制定本细则。

第二条　经中国证券监督管理委员会（以下简称中国证监会）注册后，在本所首次公开发行股票或存托凭证（以下统称证券）的发行承销业务，适用本细则。本细则未作规定的，适用本所《上海市场首次公开发行股票网上发行实施细则》《上海市场首次公开发行股票网下发行实施细则》（以下简称《网下发行实施细则》）等规则的规定。

第三条　证券公司承销首次公开发行证券，应当依据本细则以及中国证监会有关风险控制和内部控制等相关规定，制定严格的风险管理制度和内部控制制度，加强定价和配售过程管理，落实承销责任，防范利益冲突。

证券公司、投资者及其他相关主体应当诚实守信，严格遵守法律、行政法规、部门规章、规范性文件（以下统称法律法规）、本所业务规则和相关行业规范的规定，不得进行利益输送或者谋取不当利益。

第四条　发行人和主承销商应当按照规定编制并及时、公平披露发行承销信息披露文件，保证所披露信息的真实、准确、完整，不存在虚假记载、误导性陈述或者重大遗漏。

证券服务机构和人员应当按照本行业公认的业务标准和道德规范，严格履行法定职责，对其所出具文件的真实性、准确性和完整性承担责任。

第五条　主承销商应当配备足够的业务人员，制定详细的业务流程，按照本所业务规则、业务指南等及时完成业务操作，保证所提交的发行数据真实、准确、完整。

第六条　参与询价的机构投资者应当建立投资决策机制，完善相应内部控制制度和业务操作流程，加强报价工作管理。

第七条　参与询价的投资者应当遵循独立、客观、诚信的原则，在充分研读招股资料并严格履行定价决策程序的基础上理性报价，定价依据应当充分支持最终报价结果。

参与询价的投资者不得在发行价格确定前泄露报价信息或者获取其他投资者报价信息，不得协商报价或者故意压低、抬高价格，不得扰乱正常询价秩序。

发行人、承销商和参与询价的投资者，不得在询价活动中进行合谋报价、利益输送或者谋取其他不当利益。

第八条　本所根据相关法律法规、业务规则以及本细则的规定，对首次公开发行证券发行承销活动，发行人及其控股股东、实际控制人、董事、监事、高级管理人员，证券公司、证券服务机构、投资者等参与主体实施自律管理。

第二章　发行程序

第九条　取得中国证监会予以注册的决定后，发行人和主承销商应当及时向本所报备发行与承销方案。发行与承销方案应当包括发行方案、初步询价公告（如有）、投资价值研究报告（如有）、战略配售方案（如有）、超额配售选择权实施方案（如有）等内容。

第十条　本所在收到发行与承销方案后5个工作日内表示无异议的，发行人和主承销商可依法刊登招股意向书或招股说明书，启动发行工作。

发行人和主承销商报送的发行与承销方案不符合本细则规定，或者所披露事项不符合相关信息披露要求的，应当按照本所要求予以补正，补正时间不计入前款规定的5个工作日内。

第十一条　首次公开发行证券采用直接定价方式的，发行人和主承销商向本所报备的发行与承销方案应明确，发行价格对应的市盈率不得超过同行业上市公司二级市场平均市盈率；已经或者同时境外发行的，确定的发行价格不得超过发行人境外市场价格。如果发行人与主承销商拟定的发行价格高于上述任一值，或者发行人尚未盈利的，发行人和主承销商应当采用询价方式发行。

第十二条　首次公开发行证券采用询价方式的，应当向证券公司、基金管理公司、期货公司、信托公司、保险公司、财务公司、合格境外投资者和私募基金管理人等专业机构投资者询价。首次公开发行证券并在主板上市的，还应当向其他法人和组织、个人投资者询价。前述询价对象统称网下投资者。

网下投资者应当具备丰富的投资经验、良好的定价能力和风险承受能力，向中国证券业协会注册，接受中国证券业协会的自律管理，遵守中国证券业协会的自律规则。

第十三条　首次公开发行证券采用询价方式的，发行人和主承销商可以在符合中国证监会相关规定和本所、中国证券业协会相关自律规则前提下，协商设置参与询价的网下投资者具体条件，并在发行公告中预先披露。

发行人和主承销商应当充分重视公募基金、社保基金、养老金、年金基金、保险资金和合格境外投资者资金等配售对象的长期投资理念，合理设置其参与网下询价的具体条件，引导其按照科学、独立、客观、审慎的原则参与网下询价。

第十四条　网下机构投资者应当建立确保合规报价的内控制度，妥善留存参与报价的定价依据、定价决策过程、申报记录等文件和相关信息，保存期限不得少于20年。

第十五条　参与询价的网下投资者可以为其管理的不同配售对象账户分别填报一个报价，每个报价应当包含配售对象信息、每股价格和该价格对应的拟申购股数。同一网下投资者全部报价中的不同拟申购价格不超过3个，且最高价格与最低价格的差额不得超过最低价格的20%。

首次公开发行证券价格（或发行价格区间）确定后，提供有效报价的投资者方可参与申购。

前款所称有效报价，是指网下投资者申报的不低于主承销商和发行人确定的发行价格或发行价格区间下限，且未作为最高报价部分被剔除，同时符合主承销商和发行人事先确定且公告的其他条件的报价。

第十六条 首次公开发行证券采用询价方式的，初步询价结束后，发行人和主承销商应当剔除拟申购总量中报价最高的部分，剔除部分不超过所有网下投资者拟申购总量的3%；当拟剔除的最高申报价格部分中的最低价格与确定的发行价格（或者发行价格区间上限）相同时，对该价格的申报可不再剔除。剔除部分不得参与网下申购。

本所可以根据市场情况，调整前款规定的报价最高部分剔除比例。

第十七条 初步询价结束后，发行人和主承销商根据网下投资者报价等情况，审慎合理确定发行价格（或者发行价格区间上限）。

发行人和主承销商确定发行价格区间的，区间上限与下限的差额不得超过区间下限的20%。

本所可以根据市场情况，调整前款规定的报价区间差额比例。

第十八条 首次公开发行证券采用询价方式的，网上申购前，发行人和主承销商应当披露下列信息：

（一）同行业上市公司二级市场平均市盈率；

（二）已经或者同时境外发行证券的境外证券市场价格；

（三）剔除最高报价部分后所有网下投资者及各类网下投资者剩余报价的中位数和加权平均数；

（四）剔除最高报价部分后公募基金、社保基金、养老金、年金基金、保险资金和合格境外投资者资金剩余报价的中位数和加权平均数；

（五）网下投资者详细报价情况，具体包括投资者名称、配售对象信息、申购价格及对应的拟申购数量、发行价格或发行价格区间确定的主要依据，以及发行价格或发行价格区间上限所对应的网下投资者超额认购倍数。

第十九条 首次公开发行证券采用询价方式且存在下列情形之一的，发行人和主承销商应当在网上申购前发布投资风险特别公告，详细说明定价合理性，提示投资者注意投资风险：

（一）发行价格（或者发行价格区间上限）对应市盈率超过同行业上市公司二级市场平均市盈率；

（二）发行价格（或者发行价格区间上限）超过剔除最高报价部分后网下投资者剩余报价的中位数和加权平均数，以及公募基金、社保基金、养老金、年金基金、保险资金和合格境外投资者资金剩余报价中位数和加权平均数的孰低值；

（三）发行价格（或者发行价格区间上限）超过境外市场价格；

（四）发行人尚未盈利。

第二十条 除《承销办法》规定的中止发行情形外，发行人预计发行后总市值不满足其在招股说明书中明确选择的市值与财务指标上市标准的，应当中止发行。

前款所称预计发行后总市值是指初步询价结束后，按照确定的发行价格（或者发行价格区间下限）乘以发行后总股本（不含采用超额配售选择权发行的证券数量）计算的总市值。

中止发行后，在中国证监会予以注册决定的有效期内，且满足会后事项监管要求的前提下，经向本所备案，可重新启动发行。

第二十一条　证券发行价格或发行价格区间确定后，发行人和主承销商应当在规定时间内向本所提交发行公告或者中止发行公告，并在公告中说明发行人预计发行后总市值是否满足在招股说明书中明确选择的市值与财务指标上市标准。

第二十二条　网下投资者在初步询价时为其配售对象账户填报的拟申购价格属于有效报价的，网下投资者应当根据《网下发行实施细则》的规定按照发行价格申购，或者在发行价格区间内进行累计投标询价报价和申购。

第二十三条　发行人和主承销商通过累计投标询价确定发行价格的，应当根据网下投资者为其配售对象账户填写的申购价格和申购数量，审慎合理确定超额配售认购倍数及发行价格。网下投资者的申购报价和询价报价应当逻辑一致，不得存在高报不买等情形。

第二十四条　发行人和主承销商通过累计投标询价确定发行价格的，应当在申购日规定时间内向本所提交发行价格及网上中签率公告。未按规定提交的，应当中止发行。中止发行后，符合本细则第二十条第三款规定的，可重新启动发行。

第二十五条　首次公开发行证券采用询价方式在主板上市，公开发行后总股本在4亿股（份）以下的，网下初始发行比例不低于本次公开发行证券数量的60%；公开发行后总股本超过4亿股（份）的，网下初始发行比例不低于本次公开发行证券数量的70%。

首次公开发行证券采用询价方式在科创板上市，公开发行后总股本在4亿股（份）以下的，网下初始发行比例不低于本次公开发行证券数量的70%；公开发行后总股本超过4亿股（份）或者发行人尚未盈利的，网下初始发行比例不低于本次公开发行证券数量的80%。

安排战略配售的，应当扣除战略配售部分后确定网下网上发行比例。

第二十六条　首次公开发行证券采用询价方式的，发行人和主承销商应当安排不低于本次网下发行证券数量的70%优先向公募基金、社保基金、养老金、年金基金、保险资金和合格境外投资者资金配售。

公募基金、社保基金、养老金、年金基金、保险资金和合格境外投资者资金有效申购不足安排数量的，发行人和主承销商可以向其他符合条件的网下投资者配售剩余部分。

第二十七条　对网下投资者进行分类配售的，发行人和主承销商可以根据配售对象的机构类别、产品属性、承诺持有期限等合理设置具体类别，在发行公告中预先披露。同类投资者获得配售的比例应当相同。

公募基金、社保基金、养老金、年金基金、保险资金和合格境外投资者资金的配售比例应当不低于其他投资者。

第二十八条　首次公开发行证券安排网下限售的，发行人和主承销商可以采用摇号限售或比例限售方式，限售期不低于 6 个月。

采用摇号限售方式的，摇号抽取不低于 10% 的配售对象账户，网下投资者应当承诺中签账户获配证券限售；采用比例限售方式的，网下投资者应当承诺不低于 10% 的获配证券数量限售。首次公开发行证券规模在 100 亿元以上的，设置相应限售期的配售对象账户或获配证券数量的比例不低于 70%。

第二十九条　首次公开发行证券网下投资者申购数量低于网下初始发行量的，发行人和主承销商应当中止发行，不得将网下发行部分向网上回拨。网上投资者申购数量不足网上初始发行量的，可以回拨给网下投资者。

首次公开发行证券采用询价方式在主板上市，网上投资者有效申购倍数超过 50 倍且不超过 100 倍的，应当从网下向网上回拨，回拨比例为本次公开发行证券数量的 20%；网上投资者有效申购倍数超过 100 倍的，回拨比例为本次公开发行证券数量的 40%。

首次公开发行证券采用询价方式在科创板上市，网上投资者有效申购倍数超过 50 倍且不超过 100 倍的，应当从网下向网上回拨，回拨比例为本次公开发行证券数量的 5%；网上投资者有效申购倍数超过 100 倍的，回拨比例为本次公开发行证券数量的 10%。回拨后无限售期的网下发行数量原则上不超过本次公开发行证券数量的 80%。

本条所称公开发行证券数量应当扣除战略配售部分计算，主板发行规模在 100 亿元以上的还应当扣除网下限售部分。

第三十条　市场发生重大变化的，发行人和主承销商可以要求网下投资者缴纳不超过拟申购金额 20% 的保证金。

要求网下投资者缴纳保证金的，发行人和主承销商应当按照公正、透明的原则，在发行与承销方案中明确收取认购保证金及网下投资者弃购时保证金的处理方式等安排，并在发行公告中披露。

第三十一条　网下和网上投资者申购证券获得配售后，应当按时足额缴付认购资金。网下和网上投资者缴款认购的证券数量合计不足本次公开发行证券数量的 70% 时，可以中止发行。中止发行后，符合本细则第二十条第三款规定的，可重新启动发行。

首次公开发行证券申购冻结资金的利息应当按照有关规定及时划入证券投资

者保护基金。

第三十二条　网上投资者连续 12 个月内累计出现 3 次中签但未足额缴款的情形时，自结算参与人最近一次申报其放弃认购的次日起 6 个月（按 180 个自然日计算，含次日）内不得参与新股、存托凭证、可转换公司债券、可交换公司债券网上申购。

第三十三条　市场发生重大变化，投资者弃购数量占本次公开发行证券数量比例超过 10% 的，发行人和主承销商可以就投资者弃购部分向网下投资者进行二次配售。

安排二次配售的，发行人与主承销商应当在发行与承销方案中约定二次配售的程序、投资者条件和配售原则等。发行人和主承销商应当发布二次配售公告，披露网下投资者二次配售及缴款安排。

第三十四条　发行人上市前，发行人股东可以将用于存放首发前股票的证券账户指定交易至为发行人提供首次公开发行上市保荐服务的保荐人。

前款规定的保荐人应当按照本所业务规则的规定，对发行人股东减持首发前股份的交易委托进行监督管理。

第三十五条　证券发行完成后，发行人应当及时向本所报送证券上市申请文件，本所根据发行人申请和法律法规及本所业务规则的规定，作出是否同意上市的决定。证券未在本所同意上市决定中明确的时间上市的，发行人和主承销商应当公告说明理由及后续事宜。

第三十六条　证券上市之日起 10 个工作日内，主承销商应当将验资报告、专项法律意见书、承销总结报告等文件一并通过本所向中国证监会备案。

第三章　战略配售

第三十七条　首次公开发行证券可以实施战略配售。发行证券数量不足 1 亿股（份）的，参与战略配售的投资者数量应当不超过 10 名，战略配售证券数量占本次公开发行证券数量的比例应当不超过 20%。发行证券数量 1 亿股（份）以上的，参与战略配售的投资者数量应当不超过 35 名。其中，发行证券数量 1 亿股（份）以上、不足 4 亿股（份）的，战略配售证券数量占本次公开发行证券数量的比例应当不超过 30%；4 亿股（份）以上的，战略配售证券数量占本次公开发行证券数量的比例应当不超过 50%。

依法设立并符合特定投资目的的证券投资基金参与战略配售的，应当以基金管理人的名义作为 1 名投资者参与发行。同一基金管理人仅能以其管理的 1 只证券投资基金参与本次战略配售。

发行人和主承销商应当根据首次公开发行证券数量、证券限售安排以及实际需要，合理确定参与战略配售的投资者数量和配售比例，保障证券上市后必要的流动性。

第三十八条　发行人应当与参与战略配售的投资者事先签署配售协议。发行人和主承销商应当在发行公告中披露参与战略配售的投资者选择标准、战略配售证券总量、占本次发行证券的比例以及持有期限等。

第三十九条　参与发行人战略配售的投资者，应当具备良好的市场声誉和影响力，具有较强资金实力，认可发行人长期投资价值，并按照最终确定的发行价格认购其承诺认购数量的发行人证券。

保荐人相关子公司和发行人的高级管理人员、核心员工参与本次战略配售设立的专项资产管理计划，按照《承销办法》、本细则及本所其他有关规定参与发行人战略配售。

第四十条　参与发行人战略配售的投资者主要包括：

（一）与发行人经营业务具有战略合作关系或长期合作愿景的大型企业或其下属企业；

（二）具有长期投资意愿的大型保险公司或其下属企业、国家级大型投资基金或其下属企业；

（三）以公开募集方式设立，主要投资策略包括投资战略配售证券，且以封闭方式运作的证券投资基金；

（四）参与科创板跟投的保荐人相关子公司；

（五）发行人的高级管理人员与核心员工参与本次战略配售设立的专项资产管理计划；

（六）符合法律法规、业务规则规定的其他投资者。

第四十一条　发行人和主承销商实施战略配售的，不得存在下列情形：

（一）发行人和主承销商向参与战略配售的投资者承诺上市后股价将上涨，或者股价如未上涨将由发行人购回证券或者给予任何形式的经济补偿；

（二）主承销商以承诺对承销费用分成、介绍参与其他发行人战略配售等作为条件引入参与战略配售的投资者；

（三）发行人上市后认购参与战略配售的投资者管理的证券投资基金；

（四）发行人承诺在参与战略配售的投资者获配证券的限售期内，委任与该投资者存在关联关系的人员担任发行人的董事、监事及高级管理人员，但发行人的高级管理人员与核心员工设立专项资产管理计划参与战略配售的除外；

（五）除本细则第四十条第三项规定的情形外，参与战略配售的投资者使用非自有资金认购发行人证券，或者存在接受其他投资者委托或委托其他投资者参与本次战略配售的情形；

（六）其他直接或间接进行利益输送的行为。

第四十二条　主承销商应当对参与战略配售的投资者的选取标准、配售资格及是否存在本细则第四十一条规定的禁止性情形进行核查，要求发行人、参与战略配售的投资者就核查事项出具承诺函，并聘请律师事务所出具法律意见书。主承销商应当公开披露核查文件及法律意见书。

第四十三条　首次公开发行证券采用询价方式的，发行人和主承销商应当在招股意向书和初步询价公告中披露是否采用战略配售方式、战略配售证券数量上限、参与战略配售的投资者选取标准等，并向本所报备战略配售方案，包括参与战略配售的投资者名称、承诺认购金额或者证券数量以及限售期安排等情况。

发行人和主承销商应当在发行公告中披露参与战略配售的投资者名称、承诺认购的证券数量以及限售期安排等。

发行人和主承销商应当在网下发行初步配售结果及网上中签结果公告中披露战略配售最终获配的投资者名称、证券数量以及限售期安排等。

第四十四条　发行人的高级管理人员与核心员工设立专项资产管理计划参与本次发行战略配售的，应当在招股意向书和初步询价公告中披露专项资产管理计划的具体名称、设立时间、募集资金规模、管理人、实际支配主体以及参与人姓名、职务与比例等。

前款规定的专项资产管理计划的实际支配主体为发行人高级管理人员的，该专项资产管理计划所获配的股份不计入社会公众股东持有的股份。

第四十五条　参与战略配售的投资者不得参与本次公开发行证券网上发行与网下发行，但证券投资基金管理人管理的未参与战略配售的公募基金、社保基金、养老金、年金基金除外。

第四十六条　首次公开发行证券采用直接定价方式的，参与战略配售的投资者应当在发行人和主承销商启动发行工作前足额缴纳认购资金；采用询价方式的，参与战略配售的投资者应当在询价日前足额缴纳认购资金。

第四章　科创板保荐人相关子公司跟投

第四十七条　科创板试行保荐人相关子公司跟投制度。发行人的保荐人通过依法设立的另类投资子公司或者实际控制该保荐人的证券公司依法设立的另类投资子公司参与发行人首次公开发行战略配售，并对获配证券设定限售期。

保荐人通过中国证监会和本所认可的其他方式履行前款规定的，应当遵守本细则关于保荐人相关子公司跟投的规定和监管要求。

第四十八条　采用联合保荐方式的，参与联合保荐的保荐人应当按照本细则规定分别实施保荐人相关子公司跟投，并披露具体安排。

第四十九条　保荐人相关子公司跟投使用的资金应当为自有资金，中国证监会另有规定的除外。

第五十条　参与配售的保荐人相关子公司应当事先与发行人签署配售协议，

承诺按照证券发行价格认购发行人首次公开发行证券数量2%至5%的证券，具体比例根据发行人首次公开发行证券的规模分档确定：

（一）发行规模不足10亿元的，跟投比例为5%，但不超过人民币4000万元；

（二）发行规模10亿元以上、不足20亿元的，跟投比例为4%，但不超过人民币6000万元；

（三）发行规模20亿元以上、不足50亿元的，跟投比例为3%，但不超过人民币1亿元；

（四）发行规模50亿元以上的，跟投比例为2%，但不超过人民币10亿元。

第五十一条 参与配售的保荐人相关子公司应当承诺获得本次配售的证券持有期限为自发行人首次公开发行并上市之日起24个月。

限售期届满后，参与配售的保荐人相关子公司对获配证券的减持适用中国证监会和本所关于股份减持的有关规定。

第五十二条 保荐人相关子公司未按照本细则及其作出的承诺实施跟投的，发行人应当中止本次发行，并及时进行披露。中止发行后，符合本细则第二十条第三款规定的，可重新启动发行。

第五十三条 首次公开发行证券采用直接定价方式的，发行人和主承销商应当在招股说明书中披露向参与配售的保荐人相关子公司配售的证券总量、认购数量、占本次发行证券数量的比例以及持有期限等信息；采用询价方式的，发行人和主承销商应当在招股意向书和初步询价公告中披露前述信息。

第五十四条 参与配售的保荐人相关子公司应当开立专用证券账户存放获配证券，并与其自营、资管等其他业务的证券有效隔离、分别管理、分别记账，不得与其他业务进行混合操作。

前款规定的专用证券账户只能用于在限售期届满后卖出或者按照中国证监会及本所有关规定向证券金融公司借出和收回获配证券，不得买入股票或者其他证券。因上市公司实施配股、向原股东优先配售股票或可转换公司债券、转增股本的除外。

第五十五条 保荐人不得向发行人、发行人控股股东及其关联方收取除按照行业规范履行保荐承销职责相关费用以外的其他费用。

第五十六条 参与配售的保荐人相关子公司应当承诺，不得利用获配证券取得的股东地位影响发行人正常生产经营，不得在获配证券限售期内谋求发行人控制权。

第五章 超额配售选择权

第五十七条 发行人和主承销商可以在发行方案中采用超额配售选择权。采用超额配售选择权的，发行人应授予主承销商超额配售证券并使用超额配售证券募集的资金从二级市场竞价交易购买发行人证券的权利。通过联合主承销商发行证券的，发行人应授予其中 1 家主承销商前述权利。

主承销商与发行人签订的承销协议中，应当明确发行人对主承销商采用超额配售选择权的授权，以及获授权的主承销商的相应责任。

获授权的主承销商，应当勤勉尽责，建立独立的投资决策流程及相关防火墙制度，严格执行内部控制制度，有效防范利益输送和利益冲突。

第五十八条　获授权的主承销商应当向中国证券登记结算有限责任公司（以下简称中国结算）上海分公司申请开立使用超额配售证券募集的资金买入证券的专门账户（以下简称超额配售选择权专门账户），并向本所和中国结算上海分公司提交授权委托书及授权代表的有效签字样本。所涉及的开户、清算、交收等事项，应当按照本所和中国结算相关规则办理。

获授权的主承销商应当将超额配售证券募集的资金存入其在商业银行开设的独立账户。获授权的主承销商在发行人证券上市之日起 30 个自然日内，不得使用该账户资金外的其他资金或者通过他人账户交易发行人证券。

第五十九条　发行人和主承销商应当审慎评估采用超额配售选择权的可行性、预期目标等，并在预先披露的招股说明书中明确是否采用超额配售选择权以及采用超额配售选择权发行证券的数量上限。采用超额配售选择权发行证券数量不得超过首次公开发行证券数量的 15%。

第六十条　采用超额配售选择权的，应当在招股意向书和招股说明书中披露超额配售选择权实施方案，包括实施目标、操作策略、可能发生的情形以及预期达到的效果等；在发行公告中披露全额行使超额配售选择权拟发行证券的具体数量。

第六十一条　采用超额配售选择权的主承销商，可以在征集投资者认购意向时，与投资者达成预售拟行使超额配售选择权所对应证券的协议，明确投资者预先付款并同意向其延期交付证券。主承销商应当将延期交付证券的协议报本所和中国结算上海分公司备案。

第六十二条　发行人证券上市之日起 30 个自然日内，获授权的主承销商有权使用超额配售证券募集的资金，以《上海证券交易所交易规则》规定的竞价交易方式购买发行人证券，申报买入应符合下列规定：

（一）在开盘集合竞价阶段申报的，申报买入价格不得超过本次发行的发行价，且不得超过即时行情显示的前收盘价格；

（二）发行人证券的市场交易价格低于或者等于发行价格的，可以在连续竞价阶段申报，申报买入价格不得超过本次发行的发行价；

（三）在收盘集合竞价阶段申报的，申报买入价格不得超过本次发行的发行价，且不得超过最新成交价格。

主承销商使用超额配售证券募集的资金购买发行人证券，还应当遵守法律法规及本所业务规则关于交易行为的规定和监管要求。主承销商按照前款规定以竞价交易方式买入的证券不得卖出。

第六十三条　发行人证券上市之日起 30 个自然日内，获授权的主承销商未购买发行人证券或者购买发行人证券数量未达到全额行使超额配售选择权拟发行证券数量的，可以要求发行人按照发行价格增发证券。

主承销商按照本细则第六十二条的规定，以竞价交易方式购买的发行人证券与要求发行人增发的证券之和，不得超过发行公告中披露的全额行使超额配售选择权拟发行证券数量。

第六十四条　获授权的主承销商以竞价交易方式购买的发行人证券应当存入超额配售选择权专门账户。

在超额配售选择权行使期届满或者累计购回证券数量达到采用超额配售选择权发行证券数量限额的 5 个工作日内，获授权的主承销商应当根据前述情况，向本所和中国结算上海分公司提出申请并提供相应材料，并将超额配售选择权专门账户上的证券和要求发行人增发的证券向同意延期交付证券的投资者交付。

第六十五条　主承销商应当在超额配售选择权行使期届满或者累计购回证券数量达到采用超额配售选择权发行证券数量限额的 5 个工作日内，将应付给发行人的资金（如有）支付给发行人，应付资金按下列公式计算：

发行人因行使超额配售选择权的募集资金＝发行价 ×（超额配售选择权累计行使数量 – 主承销商从二级市场买入发行人证券的数量）—因行使超额配售选择权而发行证券的承销费用。

第六十六条　获授权的主承销商使用超额配售证券募集的资金从二级市场购入证券的，在超额配售选择权行使期届满或者累计购回证券数量达到采用超额配售选择权发行证券数量限额的 5 个工作日内，将除购回证券使用的资金及划转给发行人增发证券部分的资金（如有）外的剩余资金，向中国证券投资者保护基金有限责任公司交付，纳入证券投资者保护基金。

使用超额配售证券募集的资金从二级市场购买发行人证券所产生的费用由主承销商承担。

第六十七条　在超额配售选择权行使期届满或者累计购回证券数量达到采用超额配售选择权发行证券数量限额的 2 个工作日内，发行人与获授权的主承销商应当披露下列情况：

（一）超额配售选择权行使期届满或者累计购回证券数量达到采用超额配售选择权发行证券数量限额的日期；

（二）超额配售选择权实施情况是否合法、合规，是否符合所披露的有关超额配售选择权的实施方案要求，是否实现预期达到的效果；

（三）因行使超额配售选择权而发行的证券数量；如未行使或部分行使，应当说明买入发行人证券的数量及所支付的总金额、平均价格、最高与最低价格；

（四）发行人本次筹资总金额；

（五）本所要求披露的其他信息。

第六十八条　获授权的主承销商应当保留使用超额配售证券募集资金买入证券的完整记录，保存时间不得少于 10 年。所保存的记录应当及时更新下列使用超额配售证券募集资金的有关信息：

（一）每次申报买入证券的时间、价格与数量；

（二）每次申报买入证券的价格确定情况；

（三）买入证券的每笔成交信息，包括成交时间、成交价格、成交数量等。

第六十九条　在全部发行工作完成后 10 个工作日内，获授权的主承销商应当将超额配售选择权的实施情况以及使用超额配售证券募集资金买入证券的完整记录报本所备案。

第七十条　本所对获授权的主承销商使用超额配售证券募集的资金申报买入证券的过程进行监控，并对违反本所业务规则的证券交易、信息披露实施自律监管。

第六章　自律管理

第七十一条　本所对首次公开发行证券发行与承销的过程实施自律监管，对违反本细则的行为单独或者合并采取监管措施和纪律处分。

发行承销涉嫌违法违规或者存在异常情形的，本所可以要求发行人和承销商暂停或中止发行，对相关事项进行调查，并上报中国证监会查处。

第七十二条　本所对发行人及其控股股东和实际控制人、证券公司、证券服务机构、投资者及其直接负责的主管人员和其他直接责任人员等实施日常监管，可以采取下列措施：

（一）发出通知和函件；

（二）约见问询；

（三）调阅和检查工作底稿；

（四）要求对有关事项作出解释和说明；

（五）进行调查或者检查；

（六）向中国证监会报告异常情况；

（七）其他必要的工作措施。

发行人及其控股股东和实际控制人、证券公司、证券服务机构、投资者及其直接负责的主管人员和其他直接责任人员等在发行承销业务或者询价报价过程中涉嫌违法违规的，本所将相关线索上报中国证监会查处，涉嫌构成犯罪的，由司法机关依法追究刑事责任。

第七十三条　发行人及其控股股东和实际控制人、证券公司、证券服务机构、投资者及其直接负责的主管人员和其他直接责任人员等存在下列情形的，本所可以视情节轻重，对其单独或者合并采取监管措施和纪律处分：

（一）证券公司承销擅自公开发行或者变相公开发行的证券；

（二）在询价、配售活动中进行合谋报价、利益输送或者谋取其他不当利益；

（三）参与网下询价的投资者未按照定价决策程序确定报价、存档备查的定价依据无法支持报价结果，或者存在改价理由不充分、与其他投资者报价高度一致等异常情形干扰正常询价秩序；

（四）向不符合要求的主体进行询价、配售；

（五）未按规定提供投资价值研究报告或者发布投资风险特别公告；

（六）参与战略配售的投资者、保荐人相关子公司违反其作出的限售期、股份减持以及其他相关承诺；

（七）发行人的高级管理人员与核心员工设立专项资产管理计划参与战略配售，未按规定履行决策程序和信息披露义务；

（八）未及时向本所报备发行与承销方案，或者本所提出异议后仍然按原方案启动发行工作；

（九）根据《承销办法》和本细则等规定，应当中止发行而不中止发行；

（十）违反本细则关于采用超额配售选择权的规定，影响证券上市交易正常秩序；

（十一）未按规定编制信息披露文件，履行信息披露义务；

（十二）发行过程中的信息披露未达到真实、准确、完整、及时要求，存在虚假记载、误导性陈述或重大遗漏；

（十三）保荐人和主承销商违反规定向发行人、投资者不当收取费用；

（十四）违反本细则规定的其他情形。

第七十四条　发行人及其控股股东和实际控制人、证券公司、证券服务机构、投资者及其直接负责的主管人员和其他直接责任人员等违反本细则规定的，本所可以采取下列监管措施：

（一）口头警示；

（二）书面警示；

（三）监管谈话；

（四）要求限期改正；

（五）要求公开致歉；

（六）要求证券公司聘请第三方机构进行核查并发表意见；

（七）要求限期参加培训；

（八）本所规定的其他监管措施。

第七十五条　发行人及其控股股东和实际控制人、证券公司、证券服务机构、投资者及其直接负责的主管人员和其他直接责任人员等违反本细则规定，情节严重的，本所可以采取下列纪律处分：

（一）通报批评；

（二）公开谴责；

（三）公开认定发行人董事、监事、高级管理人员 3 年以上不适合担任证券发行人董事、监事、高级管理人员；

（四）3 个月至 3 年内不接受发行人提交的发行上市申请文件；

（五）3 个月至 3 年内不接受保荐人、承销商、证券服务机构提交的证券承销业务相关文件；

（六）3 个月至 3 年内不接受保荐代表人及保荐人其他相关人员、承销商相关人员、证券服务机构相关人员签字的证券承销业务相关文件；

（七）本所规定的其他纪律处分。

第七十六条　发行人及其控股股东和实际控制人、证券公司、证券服务机构、投资者及其直接负责的主管人员和其他直接责任人员等被其他证券交易所采取暂不接受文件、认定为不适当人选等自律监管措施和纪律处分的，本所按照业务规则，在相应期限内不接受其提交或者签字的相关文件，或者认为其不适合担任证券发行人董事、监事、高级管理人员。

第七十七条　本所发现承销商存在中国证券业协会发布的相关规则所述违规行为的，将公开通报情况，并建议中国证券业协会采取行业内告诫、公开谴责等自律措施。

本所发现网下投资者存在中国证券业协会发布的相关规则所述违规行为的，将公开通报情况，并建议中国证券业协会采取列入网下投资者或者配售对象限制名单等自律措施。

第七章　附则

第七十八条　股票公开发行自律委员会可以对本所证券发行和承销事宜提供咨询。

第七十九条　本细则经本所理事会审议通过并报中国证监会批准后生效，修改时亦同。

第八十条　本细则由本所负责解释。

第八十一条　本细则自发布之日起施行。本所于 2021 年 9 月 18 日发布的《上海证券交易所科创板股票发行与承销实施办法（2021 年修订）》（上证发〔2021〕76 号）、《上海证券交易所科创板发行与承销规则适用指引第 1 号——首次公开发行股票（2021 年修订）》（上证发〔2021〕77 号）同时废止。

关于发布《上海证券交易所上市公司证券发行与承销业务实施细则》的通知

(上证发〔2023〕34 号 2023 年 2 月 17 日)

各市场参与人:

　　为了落实党中央、国务院关于全面实行股票发行注册制的决策部署,规范上市公司证券发行与承销活动,根据《证券发行与承销管理办法》《上市公司证券发行注册管理办法》《优先股试点管理办法》等有关规定,上海证券交易所(以下简称本所)制定了《上海证券交易所上市公司证券发行与承销业务实施细则》(详见附件),经中国证监会批准,现予以发布,并自发布之日起施行。本所于 2020 年 7 月 3 日发布的《关于发布〈上海证券交易所科创板上市公司证券发行承销实施细则〉的通知》(上证发〔2020〕51 号)同时废止。为做好相关工作衔接,现就有关事项通知如下:主板、科创板上市公司发行证券,已启动发行、尚未上市的,按照已披露的公告继续开展发行承销工作;尚未启动的,适用本规则。

　　特此通知。

　　附件:上海证券交易所上市公司证券发行与承销业务实施细则

附件

上海证券交易所上市公司证券发行与承销业务实施细则

第一章 总则

　　第一条 为了规范上海证券交易所(以下简称本所)上市公司(以下简称上市公司)证券发行与承销行为,根据《证券发行与承销管理办法》(以下简称《承销办法》)、《上市公司证券发行注册管理办法》(以下简称《再融资办法》)、《优先股试点管理办法》等有关规定,制定本细则。

　　第二条 经中国证券监督管理委员会(以下简称中国证监会)注册后,上市公司股票、可转换公司债券(以下简称可转债)、存托凭证和中国证监会认可的其他品种(以下统称证券)在本所的发行承销业务,适用本细则。本细则未作规定的,适用本所其他有关规定。

第三条　上市公司董事、监事、高级管理人员、证券公司、证券服务机构及其相关执业人员，以及上市公司控股股东、实际控制人及其知情人员，应当遵守有关法律法规、规章、规范性文件及本所其他业务规则，勤勉尽责，不得利用上市公司发行证券谋取不正当利益，禁止泄露内幕信息和利用内幕信息进行证券交易或者操纵证券交易价格。

第四条　上市公司的控股股东、实际控制人和发行对象，应当按照有关规定及时向上市公司提供信息，配合上市公司真实、准确、完整地履行信息披露义务。

第五条　上市公司、承销商选择发行证券的发行对象和确定发行价格、利率，应当遵循公平、公正原则。

上市公司、承销商和发行对象，不得在证券发行过程中进行合谋报价、利益输送或者谋取其他不正当利益。

第六条　采用代销方式的，上市公司和主承销商应当事先约定发行失败的情形及安排。代销期届满，向投资者出售的股票数量未达到拟公开发行股票数量的70%，本次发行失败。

第二章　向不特定对象发行证券

第七条　上市公司向原股东配售股份（以下简称配股），应当向股权登记日登记在册的股东配售，且配售比例应当相同。

第八条　上市公司配股的，配股价格应当由上市公司和主承销商根据公司股票在二级市场的价格、市盈率及市净率、募集资金投资项目的资金需求量等因素协商确定，配股价格不得低于1元/股。

第九条　上市公司向不特定对象募集股份（以下简称增发）或向不特定对象发行可转债，向股权登记日登记在册的原股东优先配售的，优先配售比例应当在发行公告中披露。原股东参与优先配售后的剩余部分可全部用于网上发行，或用于网上和网下发行。

网上发行应当通过本所交易系统进行。上市公司和主承销商可以向机构投资者自行组织网下发行，机构投资者的具体条件、发行程序应当在发行公告中确定并披露。

第十条　上市公司增发的，发行价格可以由上市公司与主承销商协商确定，但应当不低于公告招股意向书前20个交易日或者前一个交易日公司股票均价。

上市公司向不特定对象发行可转债的，转股价格和利率由上市公司与主承销商协商确定，但转股价格应当不低于募集说明书公告日前20个交易日上市公司股票交易均价和前一个交易日均价，利率应当符合国家有关规定。

第十一条　上市公司原股东参与优先配售，通过网上方式进行，确有需要的，可以通过网下方式进行。

机构投资者可以同时通过网上、网下两种方式参与申购，其他投资者通过网上方式参与申购。

原股东除可参与优先配售外，也可参与优先配售后剩余部分的网上、网下发行。

第十二条 上市公司和主承销商应当在发行公告中明确发行承销方式，以及网上、网下有效申购不足部分、投资者申购后未足额缴付认购资金部分（以下简称弃购部分）的处理安排。弃购部分拟向网下机构投资者二次配售的，还应明确二次配售的投资者范围、配售原则、实施程序及二次配售后仍存在弃购部分的处理安排等。

第十三条 参与网上申购的投资者可以使用所持上海市场证券账户在 T 日（T 日为网上申购日，下同）申购上市公司的证券，申购时间为 T 日 9:30-11:30、13:00-15:00。

上市公司增发的，网下发行应当和网上发行同日进行。向不特定对象发行可转债的，网下申购日应不晚于 T 日。

第十四条 申购时间内，参与网上申购的投资者以发行价格填写申购委托单。一经申报，不得撤单。申购配号根据实际有效申购进行，每一有效申购单位配一个号，对所有有效申购单位按时间顺序连续配号。

第十五条 上市公司和主承销商应当合理确定并在发行公告中披露网上申购上限。

上市公司增发的，网上申购最小单位应当符合《上海市场首次公开发行股票网上发行实施细则（2023 年修订）》的规定。向不特定对象发行可转债的，网上申购最小单位为 1 手（1000 元），申购数量应当为 1 手或 1 手的整数倍。网上申购数量不得高于发行公告中确定的申购上限，如超过则该笔申购无效。

为保证申购的有序进行，本所可根据市场情况和技术系统承载能力对申购单位、最大申购数量、申购时间进行调整，并向市场公告。

第十六条 投资者参与网上申购只能使用一个证券账户。同一投资者使用多个证券账户参与同一只证券申购的，或者投资者使用同一证券账户多次参与同一只证券申购的，以该投资者的第一笔申购为有效申购，其余申购均为无效申购。

确认多个证券账户为同一投资者持有的原则为证券账户注册资料中的"账户持有人名称""有效身份证明文件号码"均相同。证券公司客户定向资产管理专用账户、企业年金账户以及职业年金账户，证券账户注册资料中"账户持有人名称"相同且"有效身份证明文件号码"相同的，按不同投资者进行统计。

不合格、休眠和注销的证券账户不得参与证券的申购。

第十七条 参与网上申购的投资者应自主表达申购意向，证券公司不得接受投资者的概括委托代其进行申购。

对于参与网上申购的投资者，证券公司在中签认购资金交收日前（含 T+3 日），不得为其申报撤销指定交易及注销相应证券账户。

第十八条　参与可转债网下申购的同一配售对象只能使用一个证券账户。同一网下机构投资者管理多个证券投资产品的，每个产品可视作一个配售对象；其他投资者，每个投资者视作一个配售对象。

第十九条　上市公司增发或向不特定对象发行可转债，主承销商对参与网下配售的机构投资者或其管理的配售对象进行分类的，应当在发行公告中充分说明分类配售的理由、必要性和分类标准，可以对不同类别网下机构投资者或配售对象设定不同的配售比例，但对同一类别网下机构投资者或配售对象应当按相同的比例配售。

第二十条　上市公司增发的，上市公司和主承销商可以在发行公告中明确，参与网上发行的投资者和参与优先配售的原股东在申购时全额缴纳申购资金，参与网下发行的机构投资者在申购时缴纳不超过拟申购金额20%的保证金，明确网下机构投资者在申购后未足额缴付资金时的保证金处理方式。主承销商对网下机构投资者分类配售的，可以根据投资者或其管理的配售对象类别设定不同的保证金比例。

第二十一条　上市公司向不特定对象发行可转债的，网上投资者在申购时无需缴付申购资金。上市公司和主承销商可以在发行公告中明确，参与优先配售的原股东在申购时全额缴纳申购资金，参与网下发行的单一申购账户在申购时缴纳不超过50万元的保证金，明确网下机构投资者在申购后未足额缴付资金时保证金的处理方式。主承销商对网下机构投资者分类配售的，可以根据投资者或其管理的配售对象类别设定不同的保证金金额。

第二十二条　上市公司和主承销商应当在网下配售和网上发行之间建立回拨机制，回拨后网上发行中签率和网下发行的最低获配比例趋于一致。

主承销商根据网上有效申购总量和回拨后的网上发行数量确定中签率，并根据总配号量和中签率组织摇号抽签，公布中签结果。

第二十三条　根据本细则和发行公告，网上投资者在申购时无需缴付申购资金的，应当在中签后根据中国证券登记结算有限责任公司（以下简称中国结算）上海分公司的规定，确保其资金账户在T+2日日终有足额认购资金。投资者认购资金不足的，不足部分视为放弃认购，由此产生的后果及相关法律责任，由投资者自行承担。

投资者放弃认购及中国结算上海分公司做无效认购处理的，按发行公告确定的方式处理。

第二十四条　上市公司增发或向不特定对象发行可转债，市场发生重大变化，投资者弃购数量占发行总数比例超过10%的，上市公司和主承销商可以将投资者弃购部分向网下机构投资者二次配售。

第二十五条　上市公司增发或向不特定对象发行可转债安排二次配售的，上市公司和主承销商应当将弃购部分按照发行公告预先确定的原则优先向初次配售全额缴款的网下机构投资者配售。上市公司和主承销商应当发布二次配售公告，披露网下机构投资者二次配售及缴款安排。二次缴款后仍存在弃购部分的，按照事先公告的方式处理。

第二十六条　网上投资者连续 12 个月内累计出现 3 次中签但未足额缴款的情形时，自结算参与人最近一次申报其放弃认购的次日起 6 个月（按 180 个自然日计算，含次日）内不得参与新股、可转债、可交换债和存托凭证的网上申购。

本所根据中国结算上海分公司提供的不得参与新股、可转债、可交换债和存托凭证申购的投资者名单，在申购后、配号前对相应申购做无效处理。

放弃认购情形以投资者为单位进行判断，即投资者持有多个证券账户的，其名下任何一个证券账户（含不合格、注销证券账户）发生放弃认购情形的，均纳入该投资者放弃认购次数。放弃认购的次数按照投资者实际放弃认购新股、可转债、可交换债和存托凭证的次数合并计算。

上市公司增发或向不特定对象发行可转债的，网下和网上投资者缴款认购的新股或可转债数量合计不足本次公开发行数量的 70% 时，可以中止发行。

第二十七条　中国证监会作出予以注册决定后，由上市公司和主承销商在注册决定的有效期内选择发行时间。在启动发行前，上市公司和主承销商应当及时向本所报备发行与承销方案。本所 3 个工作日内表示无异议的，上市公司和主承销商可以启动发行工作。

第二十八条　证券上市之日起 10 个工作日内，主承销商应当将验资报告、专项法律意见书、承销总结报告等文件一并通过本所向中国证监会备案。

第二十九条　上市公司增发采用超额配售选择权的，上市公司和主承销商应当审慎评估采用超额配售选择权的可行性、预期目标等，在首次预先披露的募集说明书中明确是否采用超额配售选择权，并在招股意向书中详细披露超额配售选择权实施方案，包括实施目标、操作策略、可能发生的情形以及预期达到的效果。

采用超额配售选择权的其他安排，参照适用《上海证券交易所首次公开发行证券发行与承销业务实施细则》等规则的规定。

第三章　向特定对象发行证券

第一节　一般规定

第三十条　向特定对象发行证券，上市公司和主承销商向投资者进行推介或者提供投资价值研究报告的（以下统称路演推介），不得采用任何公开方式，且不得早于上市公司董事会关于向特定对象发行证券的决议公告日，但本细则另有规定的除外。路演推介内容不得超出中国证监会和本所认可的公开信息披露范围，不得对股票二级市场交易价格作出预测。

第三十一条　《再融资办法》所称"发行对象不超过三十五名"，是指认购并获得本次向特定对象发行证券的法人、自然人或者其他合法投资组织不超过35名。

证券投资基金管理公司、证券公司、合格境外机构投资者、人民币合格境外机构投资者以其管理的2只以上产品认购的，视为一个发行对象。

信托公司作为发行对象，只能以自有资金认购。

第三十二条　向特定对象发行证券采用竞价方式的，上市公司和主承销商的控股股东、实际控制人、董事、监事、高级管理人员及其控制或者施加重大影响的关联方不得参与竞价。

第二节　适用一般程序的向特定对象发行股票

第三十三条　上市公司向特定对象发行股票，董事会决议确定全部发行对象的，董事会决议中应当同时确定具体发行对象及其认购数量或金额、认购价格或者定价原则，并经股东大会作出决议。

上市公司和主承销商在取得中国证监会的予以注册决定后，应当按照股东大会决议及认购合同的约定发行股票。

第三十四条　董事会决议确定部分发行对象的，上市公司和主承销商应当向符合条件的特定对象提供认购邀请书，并通过竞价方式确定发行价格和其他发行对象。股东大会应当就上述事项作出决议。

董事会决议确定的发行对象不得参与本次发行的竞价，且应当接受竞价结果。董事会决议应当明确在通过竞价方式未能产生发行价格的情况下，前述发行对象是否继续参与认购、价格确定原则及认购数量。

第三十五条　董事会决议确定具体发行对象的，上市公司应当在召开董事会的当日或者前一日与相应发行对象签订附生效条件的股份认购合同。

本条所述认购合同应当载明该发行对象拟认购股份的数量或数量区间或者金额或金额区间、认购价格或定价原则、限售期及违约情形处置安排，同时约定本次发行经上市公司董事会、股东大会批准并经中国证监会注册，该合同即应生效。

第三十六条　上市公司向特定对象发行股票，董事会决议未确定发行对象的，通过竞价方式确定发行价格和发行对象，董事会决议应当明确本次发行对象的范围、资格和依据，以及定价原则，并经股东大会作出决议。

第三十七条　上市公司向特定对象发行股票董事会决议公告后，符合条件的特定对象可以向上市公司和主承销商提交认购意向书。

第三十八条　中国证监会作出予以注册决定后，由上市公司和主承销商在注册决定的有效期内选择发行时间。

第三十九条　在启动发行前，上市公司和主承销商应当及时向本所报备发行与承销方案，本所3个工作日内表示无异议的，上市公司和主承销商可以启动发行工作。上市公司根据《再融资办法》的规定自行销售的，由上市公司向本所报备发行与承销方案。

向本所报备的发行与承销方案及认购邀请书，应当明确中止发行情形和相应处置安排，可以约定认购不足或者缴款不足时追加认购的操作程序、对象要求等。根据认购邀请书的约定启动追加认购的，应当在 10 个工作日内完成。

第四十条　上市公司和主承销商应当按照公正、透明的原则，在认购邀请书中事先约定选择发行对象、收取认购保证金及符合条件的特定对象违约时保证金的处理方式、确定认购价格、分配认购数量等事项的操作规则，主承销商向符合条件的特定对象收取的认购保证金不得超过拟认购金额的 20%。

第四十一条　在发行期首日前一工作日，上市公司和主承销商可以向符合条件的特定对象提供认购邀请书。

认购邀请书发送对象除应当包含董事会决议公告后已经提交认购意向书的投资者、公司前 20 名股东外，还应当包括下列投资者：

（一）不少于 20 家证券投资基金管理公司；

（二）不少于 10 家证券公司；

（三）不少于 5 家保险机构投资者。

上述发送认购邀请书的对象应当同时符合本所相关规定。

上市公司和主承销商应当根据本条规定及认购邀请书中事先约定的原则，协商确定发送认购邀请书的对象。

第四十二条　认购邀请书发出后，上市公司和主承销商应当在认购邀请书约定的时间内收集符合条件的特定对象签署的申购报价表。

在申购报价期间，上市公司和主承销商及相关人员应当确保不以任何方式泄露符合条件的特定对象申购报价情况，申购报价过程应当由发行人律师现场见证。

无有效报价时，上市公司和主承销商可以中止发行。

第四十三条　申购报价结束后，上市公司和主承销商应当对有效申购按照报价高低进行累计统计，按照价格优先及董事会决议确定的其他原则合理确定发行价格和发行对象。董事会决议确定的原则应当公平、公正，符合上市公司及其全体股东的利益。

第四十四条　发行结果确定后，上市公司应当与发行对象签订正式股份认购合同，发行对象应当按照合同约定缴款。

发行对象的认购资金应当先划入主承销商为本次发行专门开立的账户，验资完毕后，扣除相关费用再划入上市公司募集资金专项存储账户。

第四十五条　上市公司和主承销商应当在本次发行验资完成后的 3 个工作日内，将股份认购合同、发行情况报告书、发行过程和认购对象合规性审核报告、专项法律意见书和验资报告等文件通过本所向中国证监会备案。

发行情况报告书应当根据中国证监会关于信息披露内容与格式的相关规定编制。

上市公司应当及时办理股份登记，登记完成后，上市公司向本所申请办理股份上市事宜。

第四十六条　主承销商关于本次发行过程和认购对象合规性的报告应当详细披露本次发行的全部过程，列示符合条件的特定对象申购报价情况及其获得配售的情况，并对发行结果是否公平、公正，是否符合向特定对象发行股票的有关规定发表意见。

报价在发行价格之上的特定对象未获得配售或者被调减配售数量的，主承销商应当向该特定对象充分说明理由，并在报告书中说明情况。

第四十七条　发行人律师关于本次发行过程和认购对象合规性的专项法律意见书应当详细认证本次发行的全部过程，并对发行过程的合规性、发行结果是否公平、公正，是否符合向特定对象发行股票的有关规定发表明确意见。

发行人律师应当对认购邀请书、申购报价表、股份认购合同及其他有关法律文书进行见证，并在专项法律意见书中确认有关法律文书合法有效。

第四十八条　自行销售的，上市公司应当根据本细则第四十五条的规定在验资完成后办理股份登记等事宜。

第三节　适用简易程序的向特定对象发行股票

第四十九条　适用简易程序的，上市公司和主承销商可以在年度股东大会后，按照本细则第三十条的规定向符合条件的投资者进行路演推介。

第五十条　适用简易程序的，上市公司和主承销商应当以竞价方式确定发行价格和发行对象。

第五十一条　上市公司向特定对象发行股票年度股东大会决议公告后，符合条件的特定对象可以向上市公司和主承销商提交认购意向书。

第五十二条　在发行期首日前一工作日，上市公司和主承销商可以向符合条件的特定对象提供认购邀请书。认购邀请书发送对象包含已经提交认购意向书的投资者，以及符合本细则第四十一条规定的其他投资者。

上市公司和主承销商提供的认购邀请书应当符合本细则第三十九条第二款和第四十条的规定。

上市公司和主承销商应当根据本条规定及认购邀请书中事先约定的原则，协商确定发送认购邀请书的对象。

第五十三条　认购邀请书发出后，上市公司和主承销商应当根据本细则第四十二条和第四十三条的规定确定发行价格和发行对象。

上市公司与发行对象应当及时签订附生效条件的股份认购合同。认购合同应当约定，本次竞价结果等发行事项经年度股东大会授权的董事会批准并经中国证监会注册，该合同即应生效。认购合同签订后 3 个工作日内，经年度股东大会授权的董事会应当对竞价结果等发行事项作出决议。

第五十四条　适用简易程序的，上市公司和主承销商应当在取得中国证监会的予以注册决定后 2 个工作日内向本所提交发行与承销方案等文件，10 个工作日内完成发行缴款。

第五十五条　适用简易程序的，上市公司应当根据本细则第四十五条至第四十七条的规定在验资完成后办理股份登记等事宜。

第四节　向特定对象发行可转换公司债券

第五十六条　上市公司向特定对象发行可转债的，应当采用竞价方式确定利率和发行对象。董事会决议应当确定本次发行对象的范围、资格和依据，以及转股价格、利率确定原则，并经股东大会作出决议。

第五十七条　上市公司向特定对象发行可转债的，符合条件的特定对象可以根据本细则第三十七条的规定提交认购意向书。

中国证监会作出予以注册决定后，上市公司和主承销商根据本细则第三十八条和第三十九条的规定选择发行时间、向本所报备发行与承销方案及认购邀请书并启动发行工作。

第五十八条　向特定对象发行可转债的，上市公司和主承销商应当按照公正、透明的原则，在认购邀请书中事先约定选择发行对象、收取认购保证金及投资者违约时保证金的处理方式、转股价格、确定利率、分配认购数量等事项的操作规则，主承销商可以向符合条件的特定对象收取不超过拟申购金额 20% 的保证金。

上市公司和主承销商根据本细则第四十一条的规定向符合条件的特定对象提供认购邀请书。

第五十九条　上市公司向特定对象发行可转债的，认购邀请书发出后，申购报价应当符合本细则第四十二条的规定。

申购报价结束后，上市公司和主承销商应当对有效申购按照利率由低到高进行累计统计，按照利率优先及董事会决议确定的其他原则合理确定利率和发行对象。董事会决议确定的原则应当公平、公正，符合上市公司及其全体股东的利益。上市公司和主承销商可以根据本细则第三十九条第二款的规定事先约定追加认购安排。

发行结果确定后，上市公司应参照本细则第四十四条至第四十七条的规定验资并办理登记等事宜。

第四章　其他事项

第六十条　参与认购科创板上市公司发行证券的投资者，应当符合科创板股票投资者适当性管理要求。

第六十一条　上市公司发行前特定期间股票均价计算公式为：特定期间股票

交易均价＝特定期间内股票交易总额／特定期间内股票交易总量。

第六十二条　主承销商应当按有关规定及时划付申购资金冻结利息。

第六十三条　除《承销办法》和本细则规定的中止发行情形外，上市公司和主承销商可以在发行与承销方案中约定中止发行的其他具体情形。主承销商和发行人律师应当说明约定中止发行的理由、必要性，并对约定的中止发行情形是否合理、合规、公平、公正发表明确意见。

中止发行后，在注册有效期内符合《再融资办法》等规定的发行条件且未发生可能影响本次发行的重大事项的，经向本所备案可以重新启动发行。主承销商和发行人律师应当对中止发行是否符合约定、合理、合规、公平、公正发表明确意见。

第六十四条　中国证监会作出予以注册决定后，上市公司发生影响证券发行或投资者判断重大事项的，在满足会后事项监管要求的前提下，经向本所备案，方可启动发行。

第六十五条　上市公司及其控股股东和实际控制人、证券公司、证券服务机构、参与本次发行的投资者及相关人员等出现以下情形的，本所可以对其按照《上海证券交易所首次公开发行证券发行与承销业务实施细则》的规定实施日常监管、采取监管措施和纪律处分，并向中国证监会报告：

（一）证券公司承销擅自公开发行或者变相公开发行的证券；

（二）在证券发行过程中违反本细则规定，进行合谋报价、利益输送或者谋取不正当利益；

（三）违反《承销办法》《再融资办法》和本细则等规定，向不符合要求的投资者进行竞价、配售；

（四）上市公司、承销商、证券服务机构等未按规定及时编制、报备或披露证券发行承销相关文件，或者所报备、披露信息不真实、不准确、不完整，存在虚假记载、误导性陈述或者重大遗漏；

（五）未及时向本所报备发行与承销方案，或者本所提出异议后仍然按原方案启动发行工作；

（六）根据《承销办法》和本细则等规定，应当暂停或中止发行而不暂停或中止发行；

（七）参与证券发行的投资者违反其作出的限售期以及其他相关承诺；

（八）承销商违反规定向上市公司、投资者不当收取费用；

（九）上市公司、承销商、证券服务机构未按照本细则和向本所报备的发行与承销方案等文件开展业务，或者未按规定在业务系统及时、准确录入有关信息对证券发行造成不利影响的；

（十）违反本细则的其他情形。

发行承销涉嫌违法违规或存在异常情形的，本所可以要求上市公司和承销商暂停或中止发行，对相关事项进行查处，并向中国证监会报告。参与认购的投资者擅自转让限售期限未满的证券，情节严重的，十二个月内不得作为特定对象认购证券。

第六十六条　上市公司适用简易程序向特定对象发行股票的，本所发现上市公司及其控股股东和实际控制人、证券公司、证券服务机构、参与本次发行的投资者及相关人员等存在相关违法违规行为的，可以根据本细则第六十五条的规定从重处罚并向中国证监会报告。

第六十七条　上市公司及其控股股东和实际控制人、证券公司、证券服务机构、投资者及其直接负责的主管人员和其他直接责任人员被其他证券交易所采取暂不接受文件、认定为不适当人选等自律监管措施和纪律处分的，本所按照业务规则，在相应期限内不接受其提交或者签字的相关文件，或者认为其不适合担任证券发行人董事、监事、高级管理人员。

第六十八条　股票公开发行自律委员会可以对本所上市公司证券发行和承销事宜提供咨询意见。

第五章　附则

第六十九条　已在本所上市的红筹企业发行以新增证券为基础证券的存托凭证，适用本细则关于上市公司发行股票的规定。本细则未作规定的，适用本所关于存托凭证的有关规定。

第七十条　上市公司发行证券购买资产同时募集配套资金的，募集配套资金部分的证券发行与承销事宜参照本细则执行。

第七十一条　上市公司向不特定对象发行优先股的发行程序参照本细则关于上市公司增发的相关规定执行，向特定对象发行优先股的发行程序参照本细则关于上市公司向特定对象发行证券的相关规定执行。

上市公司向特定对象发行优先股的，认购邀请书的发送范围可以不适用本细则第四十一条的规定，但应涵盖一定的公募基金、社保基金、年金基金和保险资金等投资者以及已经提交认购意向书的投资者。

第七十二条　本细则对上市公司发行可转债未作规定的，适用本所关于可转债业务的其他相关规定。

第七十三条　本细则经本所理事会审议通过并报中国证监会批准后生效，修改时亦同。

第七十四条　本细则由本所负责解释。

第七十五条　本细则自发布之日起施行。本所于2020年7月3日发布的《上海证券交易所科创板上市公司证券发行承销实施细则》（上证发〔2020〕51号）同时废止。

关于发布《上海市场首次公开发行股票网上发行实施细则（2023年修订）》的通知

（上证发〔2023〕35号 2023年2月17日）

各市场参与人：

为了规范上海市场首次公开发行股票网上发行行为，根据《证券发行与承销管理办法》《上海证券交易所首次公开发行证券发行与承销业务实施细则》等有关规定，上海证券交易所、中国证券登记结算有限责任公司对《上海市场首次公开发行股票网上发行实施细则（2018年修订）》进行了修订，并形成《上海市场首次公开发行股票网上发行实施细则（2023年修订）》（详见附件），现予以发布，并自发布之日起施行。2018年6月15日发布的《关于发布〈上海市场首次公开发行股票网上发行实施细则（2018年修订）〉的通知》（上证发〔2018〕40号）同时废止。

特此通知。

附件：上海市场首次公开发行股票网上发行实施细则（2023年修订）

附件

上海市场首次公开发行股票网上发行实施细则（2023年修订）

第一章 总则

第一条 为了规范上海市场首次公开发行股票网上发行行为，根据《证券发行与承销管理办法》《首次公开发行股票注册管理办法》《上海证券交易所首次公开发行证券发行与承销业务实施细则》（以下简称《首发承销实施细则》）等相关规定，制定本细则。

第二条 通过上海证券交易所（以下简称上交所）交易系统并采用网上按市值申购和配售方式首次公开发行股票和存托凭证，适用本细则。

第二章 市值计算规则

第三条 持有上海市场非限售A股股份和非限售存托凭证总市值（以下简称

市值）10000 元以上（含 10000 元）的投资者方可参与网上发行。

第四条　投资者持有的市值以投资者为单位，按其 T-2 日（T 日为发行公告确定的网上申购日，下同）前 20 个交易日（含 T-2 日）的日均持有市值计算。

第五条　投资者持有多个证券账户的，多个证券账户的市值合并计算。

确认多个证券账户为同一投资者持有的原则为证券账户注册资料中的"账户持有人名称""有效身份证明文件号码"均相同。证券账户注册资料以 T-2 日日终为准。

融资融券客户信用证券账户的市值合并计算到该投资者持有的市值中，证券公司转融通担保证券明细账户的市值合并计算到该证券公司持有的市值中。

第六条　证券公司客户定向资产管理专用账户以及年金基金账户，证券账户注册资料中"账户持有人名称"相同且"有效身份证明文件号码"相同的，按证券账户单独计算市值并参与申购。

第七条　不合格、休眠、注销证券账户不计算市值。

投资者相关证券账户开户时间不足 20 个交易日的，按 20 个交易日计算日均持有市值。

第八条　非限售 A 股股份或非限售存托凭证份额发生司法冻结、质押，以及存在上市公司董事、监事、高级管理人员交易限制的，不影响证券账户内持有市值的计算。

第九条　投资者相关证券账户持有市值按其证券账户中纳入市值计算范围的股份数量和存托凭证份额数量与相应收盘价的乘积计算。

第三章　基本规则

第十条　根据投资者持有的市值确定其网上可申购额度，每 5000 元市值可申购一个申购单位，不足 5000 元的部分不计入申购额度。

每一个新股申购单位为 500 股，申购数量应当为 500 股或其整数倍，但最高不得超过当次网上初始发行股数的千分之一，且不得超过 9999.95 万股，如超过则该笔申购无效。

每一存托凭证申购单位由发行人和主承销商协商确定并预先披露。申购数量应当为一个申购单位或其整数倍，但最高不得超过当次网上初始发行存托凭证的千分之一，且不得超过 9999.95 万份。

为保证申购的有序进行，上交所可根据市场情况和技术系统承载能力对申购单位、最大申购数量进行调整，并向市场公告。

第十一条　投资者可以根据其持有市值对应的网上可申购额度，使用所持上海市场证券账户在 T 日申购在上交所发行的新股。申购时间为 T 日 9:30-11:30、13:00-15:00。

投资者申购数量超过其持有市值对应的网上可申购额度部分为无效申购。

投资者在进行申购时无需缴付申购资金。

第十二条 参与网上申购的投资者应当自主表达申购意向，证券公司不得接受投资者的概括委托代其进行新股申购。

对于参与新股申购的投资者，证券公司在新股中签认购资金交收日前（含T+3 日），不得为其申报撤销指定交易以及注销相应证券账户。

第十三条 投资者参与网上公开发行股票的申购，只能使用一个证券账户。同一投资者使用多个证券账户参与同一只新股申购的，以及投资者使用同一证券账户多次参与同一只新股申购的，以该投资者的第一笔申购为有效申购，其余申购均为无效申购。

第十四条 T 日有多只新股发行的，同一投资者参与当日每只新股网上申购的可申购额度均按其 T–2 日前 20 个交易日（含 T–2 日）的日均持有市值确定。

第十五条 参与科创板新股或存托凭证网上申购的投资者应当符合中国证监会及上交所有关投资者适当性管理的要求，对不符合要求但参与申购的，证券公司应当及时采取措施予以纠正。

第十六条 申购时间内，投资者按委托买入股票的方式，以发行价格填写委托单。一经申报，不得撤单。申购配号根据实际有效申购进行，每一有效申购单位配一个号，对所有有效申购单位按时间顺序连续配号。

第十七条 主承销商根据有效申购总量和回拨后的网上发行数量确定中签率，并根据总配号量和中签率组织摇号抽签，公布中签结果。

第十八条 投资者申购新股中签后，应当依据中签结果履行资金交收义务，确保其资金账户在 T+2 日日终有足额的新股认购资金。投资者认购资金不足的，不足部分视为放弃认购，由此产生的后果及相关法律责任，由投资者自行承担。

对于因投资者资金不足而全部或部分放弃认购的情况，结算参与人（包括证券公司及托管人等，下同）应当认真核验，并在 T+3 日 15:00 前如实向中国证券登记结算有限责任公司（以下简称中国结算）上海分公司申报，并由中国结算上海分公司提供给主承销商。放弃认购的股数以实际不足资金为准，最小单位为 1 股或 1 份，可以不为申购单位的整数倍。投资者放弃认购的股票由主承销商负责包销或根据发行人和主承销商事先确定并披露的其他方式处理。结算参与人对投资者放弃认购情况未认真核验而发生错报、漏报、申报不及时的，由此产生的后果及相关法律责任，由该结算参与人承担。

第十九条 结算参与人应在 T+3 日 16:00 按照新股中签结果和申报的放弃认购数据计算的实际应缴纳新股认购资金履行资金交收义务。因结算参与人资金不足而产生的后果及相关法律责任，由该结算参与人承担。

第二十条 中国结算上海分公司对新股认购实行非担保交收。

　　结算参与人应使用其在中国结算上海分公司开立的资金交收账户（即结算备付金账户）完成新股认购的资金交收，并应保证其资金交收账户在 T+3 日 16:00 有足额资金用于新股认购的资金交收。

　　如果结算参与人在 T+3 日 16:00 资金不足以完成新股认购的资金交收，则资金不足部分视为无效认购。中国结算上海分公司根据以下原则进行无效认购处理：同一日有多只新股进行认购的，对未到位资金按该结算参与人各只新股有效中签认购资金比例进行分配；同一只新股的认购，中国结算上海分公司按照投资者申购配号的时间顺序，从后往前进行无效处理。无效认购处理的股数以实际不足资金为准，最小单位为 1 股或 1 份，可以不为申购单位的整数倍。无效认购的股票将不登记至投资者证券账户，由主承销商负责包销或根据发行人和主承销商事先确定并披露的其他方式处理。

　　第二十一条　投资者连续 12 个月内累计出现 3 次中签但未足额缴款的情形时，自结算参与人最近一次申报其放弃认购的次日起 6 个月（按 180 个自然日计算，含次日）内不得参与新股、存托凭证、可转换公司债券、可交换公司债券网上申购。

　　中国结算上海分公司根据结算参与人申报的投资者放弃认购数据，形成不得参与新股、存托凭证、可转换公司债券、可交换公司债券网上申购的投资者名单。

　　上交所根据中国结算上海分公司提供的上述投资者名单，在申购后、配号前对相应申购做无效处理。

　　放弃认购情形以投资者为单位进行判断，即投资者持有多个证券账户的，其使用名下任何一个证券账户参与新股、存托凭证、可转换公司债券、可交换公司债券网上申购并发生放弃认购情形的，均纳入该投资者放弃认购次数，不合格、注销证券账户所发生过的放弃认购情形也纳入统计次数。

　　证券公司客户定向资产管理专用账户以及年金基金账户，证券账户注册资料中"账户持有人名称"相同且"有效身份证明文件号码"相同的，按不同投资者进行统计。

第四章　业务流程

　　第二十二条　T-1 日，中国结算上海分公司将纳入投资者市值计算的证券账户 T-2 日前 20 个交易日（含 T-2 日）的日均持有市值及 T-2 日账户组对应关系数据发给上交所，上交所将据此计算投资者可申购额度数据，并发送至证券公司。

　　第二十三条　T 日，投资者可以通过其指定交易的证券公司查询其持有市值或可申购额度，并根据其持有的市值数据，在申购时间内通过指定交易的证券公司进行申购委托。

　　第二十四条　T 日投资者有效申购数量经确认后，按照以下原则配售新股：

　　（一）当网上申购总量等于网上发行总量时，按投资者的实际申购量配售股票；

（二）当网上申购总量小于网上发行总量时，按投资者的实际申购量配售股票后，余额部分按照招股意向书和发行公告确定的方式处理；

（三）当网上申购总量大于网上发行总量时，上交所按照每 500 股配一个号的规则对有效申购进行统一连续配号。

上交所将于 T 日盘后向证券公司发送配号结果数据，各证券公司营业部应于 T+1 日向投资者发布配号结果。

第二十五条　T+1 日，主承销商公布中签率，并在有效申购总量大于网上发行总量时，在公证部门监督下根据总配号量和中签率组织摇号抽签，于 T+2 日公布中签结果。每一个中签号可认购 500 股新股。

上交所将于 T+1 日盘后向证券公司发送中签结果数据，各证券公司营业部应于 T+2 日向投资者发布中签结果。

第二十六条　T+1 日，中国结算上海分公司根据中签结果进行新股认购中签清算，并在日终向各参与申购的结算参与人发送中签清算结果。结算参与人应据此要求投资者准备认购资金。

第二十七条　T+2 日日终，中签的投资者应确保其资金账户有足额的新股认购资金，不足部分视为放弃认购。结算参与人应于 T + 3 日 15:00 前，将其放弃认购部分向中国结算上海分公司申报。

中国结算上海分公司于 T + 3 日 15:00–16:00，根据结算参与人申报的放弃认购数据，计算各结算参与人实际应缴纳的新股认购资金。

第二十八条　T+3 日 16:00，中国结算上海分公司从结算参与人的资金交收账户中扣收实际应缴纳的新股认购资金，并于当日划至主承销商的资金交收账户。

截至 T+3 日 16:00 结算参与人资金交收账户资金不足以完成新股认购资金交收的，中国结算上海分公司按第二十条进行无效认购处理，并将无效认购数据和结算参与人申报的放弃认购数据汇总结果提供给主承销商。

主承销商于 T+4 日向市场公告网上发行结果。

第二十九条　T+4 日 8:30 后，主承销商可依据承销协议将新股认购资金扣除承销费用后划转到发行人指定的银行账户。

第三十条　中国结算上海分公司根据新股认购资金交收结果完成网上发行股份登记。对于主承销商根据本细则第十八条、第二十条包销或按其他方式处理的新股，网上发行结束后，主承销商自行与发行人完成相关资金的划付，由发行人向中国结算上海分公司提交股份登记申请，中国结算上海分公司据此完成相应股份的登记。

第五章　网上发行与网下发行的衔接

第三十一条　首次公开发行股票采用直接定价方式的，拟公开发行的股票扣除科创板保荐人相关子公司跟投部分后，全部向网上投资者直接定价发行。

对于首次公开发行股票采用询价方式的，发行人和主承销商应在申购前披露网上、网下发行公告，按照既定比例安排网上网下发行。新股网上发行申购日与网下发行申购日为同一日。

第三十二条　对于通过网下初步询价方式确定发行价格的，投资者参与网下配售和网上发行均按照发行价格填写申购委托单。对于通过网下初步询价方式确定发行价格区间并通过网下累计投标询价确定股票发行价格的，参与网上发行的投资者按发行价格区间的上限填写申购委托单。

T+2 日，投资者根据最终确定的发行价格与获配数量缴款。

第三十三条　凡参与新股网下发行报价或申购的投资者，不得再参与该只新股的网上申购。

第三十四条　发行人和主承销商可以根据申购情况进行网上发行数量与网下发行数量的回拨，最终确定对网上投资者和对网下投资者的股票分配数量。

发行人和主承销商应在 T 日当日，将网上发行与网下发行之间的回拨数量通知上交所。发行人和主承销商未在规定时间内通知上交所的，发行人和主承销商应根据发行公告确定的网上、网下发行量进行股票配售。

第三十五条　股份登记完成后，中国结算上海分公司将新股《证券登记证明》交发行人。

第六章　附则

第三十六条　投资者应根据中国结算相关规定管理其证券账户。

因使用多个证券账户申购同一只新股、以同一证券账户多次申购同一只新股，以及因申购量超过可申购额度，导致部分申购无效的，由投资者自行承担相关责任。

第三十七条　对同一只新股发行，参与网下发行报价或申购的投资者再参与网上新股申购，导致其网上申购无效的，由投资者自行承担相关责任。

第三十八条　证券公司因违反第十二条规定接受投资者概括委托代其进行新股申购的，由证券公司承担相关责任。

第三十九条　因不可抗力、意外事件、技术故障、人为差错等原因，导致新股发行不能正常进行的，或者上交所决定临时停市的，可以暂停提供网上按市值申购和配售方式首次公开发行股票相关服务，或者推迟申购、上市日期。前述情形消除后，上交所可以决定恢复相关服务。

除上交所认定的特殊情况外，上交所暂停提供相关服务前交易系统已经接受的申报或者其他数据自动失效。上交所决定恢复新股发行的，重新确定网上申购日（T 日），投资者持有的市值应根据调整后的网上申购日（T 日）重新计算。

因异常情况及上交所和中国结算采取的相应措施造成的损失，上交所及中国结算不承担责任。

第四十条　新股暂停、暂缓、中止发行上市涉及退还投资者认购资金、注销认购股份的，上交所和中国结算根据相关规定、发行人和主承销商的委托协助办理相应业务。

第四十一条　结算参与人违反本细则的，中国结算可按照《中国证券登记结算有限责任公司自律管理实施细则》等规定，采取相应的自律管理措施。

第四十二条　证券公司违反本细则的，上交所可按照《上海证券交易所会员管理规则》等规定，采取相应的监管措施或纪律处分。

第四十三条　主承销商违反本细则的，上交所可按照《首发承销实施细则》等规定，采取日常监管工作措施、监管措施和纪律处分等自律管理措施。

第四十四条　本细则由上交所和中国结算负责解释。

第四十五条　本细则自发布之日起施行。原《上海市场首次公开发行股票网上发行实施细则（2018 年修订）》（上证发〔2018〕40 号）同时废止。由上交所、中国结算颁布的涉及首次公开发行股票的相关规定与本细则不一致的，以本细则为准。

关于发布《上海市场首次公开发行股票网下发行实施细则（2023 年修订）》的通知

（上证发〔2023〕36 号 2023 年 2 月 17 日）

各市场参与人：

为了规范上海市场首次公开发行股票网下发行行为，根据《证券发行与承销管理办法》《上海证券交易所首次公开发行证券发行与承销业务实施细则》等有关规定，上海证券交易所、中国证券登记结算有限责任公司对《上海市场首次公开发行股票网下发行实施细则（2018 年修订）》进行了修订，并形成《上海市场首次公开发行股票网下发行实施细则（2023 年修订）》（详见附件），现予以发布，并自发布之日起施行。2018 年 6 月 15 日发布的《关于发布〈上海市场首次公开发行股票网下发行实施细则（2018 年修订）〉的通知》（上证发〔2018〕41 号）同时废止。

特此通知。

附件：上海市场首次公开发行股票网下发行实施细则（2023 年修订）

附件

上海市场首次公开发行股票网下发行实施细则（2023 年修订）

第一章　总则

第一条　为了规范拟在上海证券交易所（以下简称上交所）上市的公司首次公开发行股票网下发行业务，提高首次公开发行股票网下申购及资金结算效率，根据《证券发行与承销管理办法》《首次公开发行股票注册管理办法》《上海证券交易所首次公开发行证券发行与承销业务实施细则》（以下简称《首发承销实施细则》）及相关规定，制定本细则。

第二条　通过上交所业务管理系统平台（发行承销业务）（以下简称业管平台）、互联网交易平台（IPO 网下询价申购）（以下简称申购平台）及中国证券登记结算有限责任公司（以下简称中国结算）上海分公司登记结算平台（以下简称登记结算平台）完成首次公开发行股票和存托凭证的询价、申购、资金代收付及证券初始登记，适用本细则。

第三条　参与首次公开发行股票网下发行业务的网下投资者及其管理的证券投资产品（以下简称配售对象），应当符合《证券发行与承销管理办法》等有关规定。

第四条　证券资金结算银行经向中国结算上海分公司书面申请并获准，可成为本细则所称网下发行结算银行（以下简称结算银行）。

第二章　基本规定

第五条　根据主承销商的书面委托，上交所向符合条件的网下投资者提供申购平台进行报价及申购。

第六条　根据主承销商的书面委托，中国结算上海分公司提供登记结算平台代理主承销商网下发行募集款的收取。

经发行人书面委托，中国结算上海分公司根据主承销商提供的网下配售结果数据办理股份初始登记。

第七条　网下投资者及配售对象的信息以中国证券业协会注册登记的数据为准。上交所从中国证券业协会获取网下投资者及配售对象相关信息。

主承销商应当根据事先公告的报价条件对网下投资者的资格进行审核，承担相关信息披露责任，并确认拟参与该次网下发行的网下投资者相关信息。

第八条　主承销商应当根据中国证券业协会的规定，要求参与该次网下发行业务的网下投资者及其管理的配售对象，以该次初步询价开始日前两个交易日为基准日，其在基准日前20个交易日（含基准日）所持有上海市场非限售A股股份和非限售存托凭证总市值的日均市值应为6000万元（含）以上。科创和创业等主题封闭运作基金与封闭运作战略配售基金，在该基准日前20个交易日（含基准日）所持有上海市场非限售A股股票和非限售存托凭证总市值的日均市值应为1000万元（含）以上。上述网下投资者及其管理的配售对象市值不低于发行人和主承销商事先确定并公告的市值要求。

参与网下申购业务的网下投资者及其管理的配售对象持有上海市场非限售A股股份和非限售存托凭证总市值计算，适用《上海市场首次公开发行股票网上发行实施细则（2023年修订）》规定的市值计算规则。

第九条　主承销商通过业管平台向登记结算平台提供配售对象名称、配售对象证券账户、银行收付款账户以及股票代码等相关信息。上述信息经登记结算平台向结算银行转发后，结算银行负责对配售对象资金收付款银行账户的合规性进行检查。

第十条　参与首次公开发行股票网下发行业务的主承销商，应当向上交所申请获得业管平台CA证书。网下投资者完成在中国证券业协会的注册登记工作后，应当由承销商代为办理申购平台CA证书。同时具有网下投资者和主承销商双重身份的机构应分别申请。CA 证书可在首次公开发行中多次使用。

网下投资者使用该 CA 证书方可登录申购平台参与报价及申购。主承销商使用该 CA 证书方可登录业管平台进行数据交换。

第十一条　主承销商及结算银行通过中国结算上海分公司参与人远程操作平台（以下简称 PROP），与登记结算平台完成相关数据交换。

第三章　询价与申购

第十二条　发行人和主承销商通过向网下投资者询价的方式确定股票发行价格的，既可以在初步询价确定发行价格区间后，通过累计投标询价确定发行价格并向参与累计投标询价的对象配售股票的方式进行，也可以通过初步询价确定发行价格并向参与申购的对象配售股票的方式进行。

首次公开发行股票采用直接定价方式的，拟公开发行的股票扣除科创板保荐人相关子公司跟投部分后，全部向网上投资者直接定价发行，不再安排网下发行。

第十三条　发行人和主承销商在确定股票代码后方可刊登招股意向书和发行公告。

第十四条　网下投资者参加初步询价，应当符合下列条件：

（一）在初步询价开始日前一交易日 12:00 前已完成在中国证券业协会注册；

（二）符合发行人及主承销商事先确定并公告的参与新股发行持有市值要求；

（三）已开通 CA 证书用户；

（四）发行人及主承销商规定的其他条件。

第十五条　主承销商应当在招股意向书刊登日 10:00 前，录入持有市值参数标准，提交并确认股票代码、发行人名称等初步询价相关参数，启动本次网下发行。

主承销商应于初步询价开始日前一交易日 21:00 前剔除不符合条件的网下投资者及其配售对象，并完成初步确认。业管平台将根据持有市值参数标准，自动核对经主承销商初步确认的网下投资者及其配售对象资格，不符合条件的将被剔除。

第十六条　初步询价期间，网下投资者及其管理的配售对象报价应当包含申购价格和该价格对应的拟申购股数，其中非个人投资者应当以机构为单位进行报价，每个配售对象填报的拟申购股数不得超过网下初始发行数量。

网下投资者可以为其管理的配售对象分别填报一个报价，同一网下投资者全部报价中的不同拟申购价格不超过 3 个。网下投资者为拟参与报价的全部配售对象录入报价记录后，应当一次性提交。提交报价记录后，原则上不得修改。确有必要修改的，应当在申购平台填写报价修改理由。

在初步询价截止后，主承销商可以获取初步询价报价情况。

第十七条　初步询价截止后，主承销商应当在符合网下发行参与条件的网下投资者及配售对象范围内，根据《证券发行与承销管理办法》等有关规定、发行人和主承销商事先确定并公告的有效报价条件，剔除不得参与累计投标询价或定价申购（以下统称申购）的初步询价报价及其对应的拟申购数量。

主承销商应当于 T−1 日（T 日为申购日）15:00 前，将剔除后的网下投资者所管理的配售对象信息按本细则第九条的规定发送登记结算平台，其中一个配售对象只能对应一个银行收付款账户。

登记结算平台核查配售对象证券账户的代码有效性，将核查结果反馈主承销商，然后将证券账户代码有效的配售对象信息提供结算银行。

第十八条　主承销商应于 T−1 日 15:30 前，录入并提交确定的股票发行价格区间（或发行价格）、网下发行股票数量等申购参数。网下发行股票数量由发行人和主承销商根据事先确定并公告的相关原则，对网下初始发行数量调整后确定。

T 日 9:30 前，业管平台自动剔除配售对象在初步询价阶段报价低于发行人和主承销商确定的发行价格或发行价格区间下限的初步询价报价及其对应的拟申购数量。

第十九条　新股网下发行申购日与网上申购日为同一日，网下发行申购时间为 T 日 9:30 至 15:00。在申购时间内，网下投资者可以为其管理的每一配售对象填报一个申购价格，该申购价格对应一个申购数量，或者按照发行价格填报一个申购数量。申购时，投资者无需缴付申购资金。

当配售对象初步询价中有效报价所对应的"拟申购数量"不超过网下发行股票数量时，其填报的申购数量不得低于"拟申购数量"，也不得高于主承销商确定的每个配售对象申购数量上限，且不得高于网下发行股票数量。当配售对象"拟申购数量"超过网下发行股票数量时，其填报的申购数量应为网下发行股票数量。

网下投资者为参与申购的全部配售对象录入申购记录后，应当一次性全部提交。网下申购期间，网下投资者可以多次提交申购记录，但以最后一次提交的全部申购记录为准。

第二十条　在 T 日 9:30 至 15:00 之间，主承销商可实时查询申报情况，并可于 T 日 15:00 后，查询并下载申购结果。

第二十一条　发行人与主承销商按照事先确定的配售原则进行网下配售。主承销商应于 T+1 日 15:00 前，上传配售对象网下获配应缴款情况，包括发行价格、获配股数、配售款、证券账户、配售对象证件代码等数据，业管平台 15:30 前发送至登记结算平台。各网下投资者可通过申购平台查询其管理的配售对象网下获配及应缴款情况。

主承销商应当于 T+2 日向市场公告网下获配及应缴款情况。

第二十二条　对于每一只股票发行，已参与网下发行的配售对象及其关联账户不得再通过网上申购新股。

配售对象关联账户是指与配售对象证券账户注册资料中的"账户持有人名称""有效身份证明文件号码"均相同的证券账户。

<h3 style="text-align:center">第四章　资金的收取与划付</h3>

第二十三条　中国结算上海分公司在结算银行开立网下发行专户用于网下认购资金的收付；在结算系统内开立网下认购资金核算总账户，为各配售对象设立认购资金核算明细账户，用于核算配售对象网下认购资金。

第二十四条　主承销商按本细则第九条及第十七条的要求向结算银行提供配售对象相关信息，作为结算银行审核配售对象银行收付款账户合规性的依据。

第二十五条　T+2 日 16:00 前，网下投资者应根据获配应缴款情况，为其获配的配售对象全额缴纳新股认购资金。

网下投资者在办理认购资金划入时，应当将获配股票对应的认购资金划入中国结算上海分公司在结算银行开立的网下发行专户，并在付款凭证备注栏中注明认购所对应的证券账户及股票代码，若没有注明或备注信息错误将导致划款失败。一个配售对象只能通过一家结算银行办理认购资金的划入，配售对象须通过注册的银行收付款账户办理认购资金的划出、划入。

发行人及主承销商在发行公告中应对上述认购资金划付要求予以明确。

第二十六条　结算银行根据主承销商提供的各配售对象银行收付款账户信息，对各配售对象收付款银行账户进行合规性检查。通过检查的，根据配售对象的划款指令将认购款计入中国结算上海分公司在结算银行开立的网下发行专户，并向中国结算上海分公司发送电子入账通知。该入账通知须明确中国结算上海分公司网下认购资金核算总账户、配售对象认购证券账户及认购证券股票代码，并留存相关划款凭证。未通过检查的，结算银行将该笔付款予以退回。

第二十七条　中国结算上海分公司根据结算银行电子入账通知，实时核算各配售对象认购款金额，主承销商可通过 PROP 综合业务终端实时查询各配售对象认购款到账情况；网下投资者可以通过申购平台实时查询其所管理的配售对象认购款到账情况。

第二十八条　主承销商于 T+2 日 17:30 后通过其 PROP 信箱获取各配售对象截至 T+2 日 16:00 的认购资金到账情况。

配售对象未在 T+2 日 16:00 前足额缴纳认购资金的，其未到位资金对应的获配股份由主承销商包销或者根据发行人和主承销商事先确定并披露的其他方式处理。

第二十九条　主承销商于 T+3 日 14:00 前上传最终确定的配售结果数据，包括发行价格、获配股数、配售款、证券账户、获配股份限售期限、配售对象证件代码等，并由业管平台转发至登记结算平台。

主承销商应当于网下发行完成后向市场公告网下配售结果。

第三十条 主承销商按照本细则第二十九条的规定提供配售结果数据后，登记结算平台将各配售对象的应退款金额，以及主承销商承销证券网下发行募集款总金额，于 T+4 日 10：00 前以各配售对象认购款缴款银行为单位，通过 PROP 提供给相关结算银行。

主承销商未在规定时间内提供配售结果数据，导致中国结算上海分公司的退款时间顺延的，由此给配售对象造成的损失由主承销商承担。

第三十一条 结算银行于 T+4 日根据主承销商通过登记结算平台提供的电子退款明细数据，按照原留存的配售对象汇款凭证，办理配售对象的退款；根据主承销商通过登记结算平台提供的主承销商网下发行募集款收款银行账户办理募集款的划付。

第三十二条 网下发行认购资金产生的利息收入由中国结算上海分公司按照相关规定划入证券投资者保护基金。

第五章 股份登记

第三十三条 主承销商应当按照本细则第二十九条规定发送网下配售结果数据，并保证发送的网下配售结果数据真实、准确、完整。登记结算平台根据上交所转发的上述网下配售结果数据办理网下发行股份初始登记。

由于主承销商发送的网下配售结果数据有误所致的一切法律责任，由该主承销商承担。

对于主承销商根据本细则第二十八条包销或按其他方式处理的股份，主承销商自行与发行人完成相关资金的划付后，由发行人向中国结算上海分公司提交股份登记申请，中国结算上海分公司据此完成相应股份的登记。

第六章 附则

第三十四条 因不可抗力、意外事件、技术故障、人为差错等原因，导致新股发行不能正常进行的，或者上交所决定临时停市的，可以暂停提供首次公开发行股票网下发行相关服务，或者推迟询价、申购、上市日期。前述情形消除后，上交所可以决定恢复相关服务。

除上交所认定的特殊情况外，上交所暂停提供相关服务前申购平台已经接受的申报或者其他数据自动失效。

仅网下询价、申购暂停服务且当日恢复服务的，投资者可在恢复服务后继续报价、申购，当日报价、申购有效。

因异常情况及上交所和中国结算采取的相应措施造成的损失，上交所及中国结算依法不承担责任。

第三十五条 新股暂停、暂缓、中止发行上市涉及退还投资者认购资金、注销认购股份的，上交所和中国结算根据相关规定、发行人和主承销商的委托协助办理相应业务。

第三十六条 发行人和主承销商对于网下发行工作安排有特别需求的，与上交所以及中国结算上海分公司及时沟通，并协商确定具体操作方式。

第三十七条 主承销商、网下投资者违反本细则的，上交所可按照《首发承销实施细则》等规定，采取日常监管工作措施、监管措施和纪律处分等自律管理措施。

第三十八条 本细则由上交所和中国结算负责解释。

第三十九条 本细则自发布之日起施行。原《上海市场首次公开发行股票网下发行实施细则（2018年修订）》（上证发〔2018〕41号）同时废止。由上交所、中国结算颁布的涉及首次公开发行股票申购的相关规定与本细则不一致的，以本细则为准。

关于发布《上海证券交易所证券发行与承销规则适用指引第1号——证券上市公告书内容与格式》的通知

（上证发〔2023〕48号 2023年2月17日）

各市场参与人：

为了落实党中央、国务院关于全面实行股票发行注册制的决策部署，规范首次公开发行股票或存托凭证的公司在上海证券交易所（以下简称本所）上市的信息披露行为，保护投资者合法权益，根据《上海证券交易所股票上市规则》《上海证券交易所科创板股票上市规则》等有关规定，本所制定了《上海证券交易所证券发行与承销规则适用指引第1号——证券上市公告书内容与格式》（详见附件），现予以发布，并自发布之日起施行。其中，根据证券品种分别制定了《上海证券交易所股票上市公告书内容与格式指引》和《上海证券交易所存托凭证上市公告书内容与格式指引》。本所于2013年12月27日发布的《关于发布〈股票上市公告书内容与格式指引（2013年修订）〉的通知》（上证发〔2013〕29号）、2018年6月15日发布的《上海证券交易所红筹公司存托凭证上市公告书内容与格式指引》（上证发〔2018〕43号）、2019年6月8日发布的《关于发布科创板证券上市公告书内容与格式指引的通知》（上证发〔2019〕65号）同时废止。

境内发行人及转板公司、红筹企业应当按照发行上市的证券品种，适用相应的上市公告书。为做好相关衔接安排，现就有关事项通知如下：

一、首次公开发行股票并在主板上市的企业，取得核准批文的，按照原有规则编制和披露上市公告书；取得注册批文的，适用本规则。

二、首次公开发行股票并在科创板上市的企业，已启动发行、尚未上市的，按照原有规则编制和披露上市公告书；尚未启动发行的，适用本规则。

特此通知。

附件：上海证券交易所证券发行与承销规则适用指引第1号——证券上市公告书内容与格式

附件

上海证券交易所证券发行与承销规则适用指引
第1号——证券上市公告书内容与格式

上海证券交易所股票上市公告书内容与格式指引

第一章 总则

第一条 为了规范首次公开发行股票公司在上海证券交易所（以下简称本所）上市、北京证券交易所（以下简称北交所）上市公司（以下简称转板公司）在本所科创板转板上市的信息披露行为，保护投资者合法权益，根据《中华人民共和国证券法》（以下简称《证券法》）、《上海证券交易所股票上市规则》《上海证券交易所科创板股票上市规则》（以下统称《上市规则》）、《北京证券交易所上市公司向上海证券交易所科创板转板办法（试行）》《上海证券交易所首次公开发行证券发行与承销业务实施细则》等有关规定，制定本指引。

第二条 在中华人民共和国境内首次公开发行股票并申请在本所上市的发行人及转板公司，应当按照本指引编制和披露上市公告书。

第三条 发行人、转板公司及其全体董事、监事、高级管理人员应当保证上市公告书所披露信息的真实、准确、完整，承诺不存在虚假记载、误导性陈述或者重大遗漏，并依法承担法律责任。

第四条 本指引的规定是对上市公告书信息披露的最低要求。除本指引规定事项外，凡在招股意向书披露日或者招股说明书披露日至上市公告书披露前，或者转板公司收到本所同意上市决定日至上市公告书披露前，所发生的对投资者作出投资决策有重大影响的信息，发行人、转板公司均应当披露。

本指引某些具体要求对发行人、转板公司确实不适用的，或者依照本指引披露可能导致其难以符合注册地有关规定、境外上市地规则要求的，发行人、转板公司可以根据实际情况，在不影响披露内容完整性的前提下作出适当修改，但应当在上市公告书中说明具体原因及修改情况。

第五条 发行人、转板公司同时有证券在境外交易所上市的，发行人、转板公司及其相关信息披露义务人应当保证境外证券交易所要求披露的信息，同时在本所网站和符合中国证监会规定条件的媒体按照本指引和本所其他相关规定的要求披露。

第六条 发行人、转板公司应当在其首次公开发行股票上市前，将上市公告书全文在本所网站和符合中国证监会规定条件的媒体披露，将上市公告书的提示性公告刊登在符合中国证监会规定条件的报刊上。

提示性公告应当披露下列内容："经上海证券交易所审核同意，本公司人民币普通股股票将于××××年××月××日在上海证券交易所主板／科创板上市，上市公告书全文和首次公开发行股票的招股说明书（转板报告书）全文披露于××网（www.xxxx.xxx），供投资者查阅。"

提示性公告还应当包括下列内容：

（一）股票简称；

（二）股票代码；

（三）首次公开发行后总股本／转板公司总股本；

（四）首次公开发行股票数量／转板公司流通股本数量；

（五）发行人、转板公司及其保荐人的联系地址及联系电话；

（六）本所要求的其他内容。

发行人、转板公司可以将上市公告书或者提示性公告刊载于其他报刊和网站，但其披露时间不得早于在本所网站和符合中国证监会规定条件的媒体的披露时间。

上市公告书披露前，任何当事人不得泄露有关信息，或者利用有关信息谋取利益。

第七条　上市公告书应使用事实描述性语言，保证其内容简明扼要、通俗易懂，不得有祝贺、宣传、广告、恭维、推荐、诋毁等性质的词句。上市公告书应当符合以下一般要求：

（一）封面应当标有"××××公司首次公开发行股票主板／科创板上市公告书""××××公司转板上市公告书"的字样，并载明发行人、转板公司、保荐人、主承销商的名称和住所、公告日期等，可载有发行人、转板公司的英文名称、徽章或者其他标记、图案等；

（二）引用的数据应当有充分、客观的依据，并注明资料来源；

（三）引用的数字应当采用阿拉伯数字，货币金额除特别说明外，指人民币金额，并以元、千元、万元或者亿元为单位；

（四）发行人、转板公司可以根据有关规定或者其他需求，编制上市公告书外文译本，但应当保证中、外文文本的一致性，并在外文文本上注明："本上市公告书分别以中、英（或者日、法等）文编制，在对中外文文本的理解上发生歧义时，以中文文本为准"。

在不影响信息披露的完整性和不致引起阅读不便的前提下，发行人、转板公司可以采用相互引证的方法，对各相关部分的内容进行适当的技术处理，避免不必要的重复，保持文字简洁。

第八条　红筹企业及其控股股东、实际控制人、董事、监事和高级管理人员等相关各方，按照中国证监会及本所有关规定在上市公告书中作出承诺、声明与提示的，在不改变实质内容的前提下，可以结合境外注册地法律、境外上市地的规则或者实践中普遍认可的标准，对相关承诺、声明与提示的表述作出适当调整。

第九条　发行人、转板公司上市公告书拟披露的信息符合本所《上市规则》规定的暂缓或者豁免披露情形的，可以按照本所相关规定暂缓或者豁免披露，但应当在上市公告书的相关章节说明未按本指引要求进行披露的原因。

第二章　上市公告书

第一节　重要声明与提示

第十条　发行人、转板公司的上市公告书显要位置应当载有如下重要声明与提示：

（一）"本公司及全体董事、监事、高级管理人员保证上市公告书所披露信息的真实、准确、完整，承诺上市公告书不存在虚假记载、误导性陈述或者重大遗漏，并依法承担法律责任"；

（二）"上海证券交易所、有关政府机关对本公司股票上市及有关事项的意见，均不表明对本公司的任何保证"；

（三）"本公司提醒广大投资者认真阅读刊载于××网站的本公司招股说明书（转板报告书）'风险因素'章节的内容，注意风险，审慎决策，理性投资"；

（四）"本公司提醒广大投资者注意，凡本上市公告书未涉及的有关内容，请投资者查阅本公司招股说明书（转板报告书）全文"。

第十一条　发行人、转板公司应当在上市公告书显要位置，就首次公开发行股票、转板公司流通股（以下合称新股）上市初期的投资风险作特别提示，提醒投资者充分了解交易风险、理性参与新股交易。风险提示应结合涨跌幅限制放宽、流通股数量较少、市盈率高于同行业平均水平（如适用）、股票上市首日即可作为融资融券标的等因素，有针对性地作出描述。

第十二条　发行人、转板公司上市时未盈利或者存在累计未弥补亏损的，发行人、转板公司应当在上市公告书显要位置就公司未来一定期间无法盈利或者无法进行利润分配等风险作特别提示。

第十三条　发行人、转板公司具有表决权差异、协议控制架构或者类似特殊安排的，应当披露相关情况，特别是风险事项和公司治理等信息，提醒投资者结合自身风险认知和承受能力，审慎判断是否参与交易。

第十四条　红筹企业股权结构、公司治理、运行规范等事项适用境外注册地公司法等法律法规的，应当说明其投资者权益保护水平是否在总体上不低于境内法律法规规定的要求，并由保荐人和律师事务所发表结论性意见。

红筹企业应当说明，投资者能否依据境内法律或者发行人注册地法律向发行人及相关主体提起民事诉讼程序，以及相关民事判决、裁定的可执行性；投资者在合法权益受到损害时，是否能够获得与境外投资者相当的赔偿，以及相应保障性措施。

第十五条　红筹企业应当充分披露与境外发行人相关的风险因素，包括但不限于下列内容：

（一）投资者持有的发行人依据境外注册地公司法律发行的股份在股东法律地位、享有权利、分红派息、行使表决权等方面存在较大差异及其可能引发的风险；

（二）发行人依据境外注册地公司法律发行股份，其股票持有人名册登记机构、持股信息变动记载方式、股份登记及托管要求、与境内市场股份登记及托管方式存在差异及其可能引发的风险；

（三）因发行人多地上市、证券交易规则差异、基础股票价格波动等，造成境内发行股票价格波动的风险；

（四）在境外增发证券可能导致投资者权益被摊薄的风险；

（五）已在境外上市的发行人，在持续信息披露监管方面与境内可能存在差异的风险；

（六）发行人公司章程的治理实践与境内上市公司遵循的公司治理规则的主要差异、影响及其可能引发的风险；

（七）境内外法律制度、监管环境差异可能引发的其他风险。

第十六条　发行人、转板公司及相关信息披露义务人因经营活动的实际情况、行业监管要求或者公司注册地有关规定，申请调整适用中国证监会、本所相关规定的，应当披露调整适用情况，由律师事务所发表意见并作重要提示。

第二节　股票上市情况

第十七条　发行人应当披露股票注册及上市审核情况，包括但不限于下列内容：

（一）编制上市公告书的法律依据；

（二）中国证监会予以注册的决定及其主要内容；

（三）本所同意股票上市的决定及其主要内容。

转板公司应当参照前款第（一）项、第（三）项的规定，披露股票上市审核情况。

第十八条　发行人应当披露股票上市的相关信息，包括但不限于下列内容：

（一）上市地点及上市板块；

（二）上市时间；

（三）股票简称；

（四）股票代码；

（五）本次公开发行后的总股本（采用超额配售选择权的，应当分别披露未行使超额配售选择权及全额行使超额配售选择权的发行后总股本）；

（六）本次公开发行的股票数量（采用超额配售选择权的，应当分别披露未行使超额配售选择权及全额行使超额配售选择权拟发行股票的具体数量）；

（七）本次上市的无流通限制及限售安排的股票数量；

（八）本次上市的有流通限制或者限售安排的股票数量；

（九）参与战略配售的投资者在本次公开发行中获得配售的股票数量；

（十）发行前股东所持股份的流通限制及期限；

（十一）发行前股东对所持股份自愿限售的承诺；

（十二）本次上市股份的其他限售安排；

（十三）股票登记机构；

（十四）上市保荐人。

第十九条　转板公司应当披露股票在科创板上市相关信息，包括但不限于下列内容：

（一）上市地点及上市板块；

（二）上市时间；

（三）股票简称；

（四）股票代码；

（五）每股面值；

（六）上市首日开盘参考价；

（七）标明计算基础和口径的市盈率（如适用）；

（八）所属行业最近一个月平均静态市盈率；

（九）同行业可比上市公司估值情况；

（十）每股收益（如有）；

（十一）每股净资产；

（十二）转板费用概算（包括保荐费、信息披露费、转板手续费等）；

（十三）标明计算基础和口径的市净率；

（十四）转板公司总股本；

（十五）本次上市的无流通限制及限售安排的股票数量；

（十六）本次上市的有流通限制或者限售安排的股票数量；

（十七）本次上市前股东所持股份的流通限制及期限；

（十八）本次上市前股东对所持股份自愿限售的承诺；

（十九）股票登记机构；

（二十）股东户数。

第二十条　发行人应当披露申请首次公开发行并上市时选择的具体上市标准，公开发行后达到所选定的上市标准及其说明。

转板公司应当披露申请转板时选择的具体上市标准，转板后达到所选定的上市标准及其说明。

第三节 公司及实际控制人、股东情况

第二十一条 发行人、转板公司应当披露其基本情况，包括中英文名称、本次发行前注册资本（转板公司总股本）、法定代表人、住所、经营范围、主营业务、所属行业、电话、传真、电子邮箱、董事会秘书（境内证券事务机构及其信息披露境内代表）等。

第二十二条 转板公司应当披露在全国中小企业股份转让系统（以下简称全国股转系统）挂牌期间、北交所上市期间的基本情况，主要包括挂牌日期、北交所上市日期、证券简称及代码、调入全国股转系统原精选层时间（如有）、报告期内发行融资情况、董事会审议通过转板相关事宜决议公告日前60个交易日（不包括股票停牌日）通过竞价交易方式实现的股票累计成交量、交易市值等。

第二十三条 发行人、转板公司应当披露控股股东、实际控制人的基本情况，以及本次上市前与控股股东、实际控制人的股权结构控制关系图。

第二十四条 发行人、转板公司应当披露其全体董事、监事、高级管理人员的姓名、任职起止日期、直接或者间接持有公司境内外股票和债券的数量及相关限售安排（具体格式见附件1）。

第二十五条 科创板发行人、转板公司应当披露核心技术人员的姓名、职务、直接或者间接持有发行人境内外股票的数量及相关限售安排。

第二十六条 发行人、转板公司在本次公开发行或者转板申报前已经制定或者实施股权激励计划的，应当明确披露分次授予权益的对象、数量、未行权数量、授予或者登记时间及相关行权、限售安排等内容。

第二十七条 发行人、转板公司在本次公开发行或者转板申请前实施员工持股计划的，应当披露员工持股计划的人员构成、限售安排等内容。

第二十八条 发行人应当以表格形式披露本次发行前后的股本结构变动情况（具体格式见附件2）。

发行人控股股东、持股5%以上的其他股东以及在首次公开发行股票时向投资者公开发售股份的股东持有的股份，应当分股东列明所持股份变动情况。

转板公司应当以表格形式披露本次在本所上市前的股东持股情况（具体格式见附件2）。

第二十九条 发行人、转板公司应当披露本次上市前的股东人数，持股数量前10名股东的名称、持股数量、持股比例及限售期限（具体格式见附件3）。

发行人、转板公司具有表决权差异安排的，应当披露本次上市前持有表决权数量前10名股东的名称或者姓名、持股数量、持有表决权数量及比例（具体格式见附件4）。

第三十条 发行人的高级管理人员与核心员工设立专项资产管理计划参与本次发行战略配售的，发行人应当披露前述专项资产管理计划获配的股票数量、占

首次公开发行股票数量的比例以及本次获得配售股票的持有期限。发行人应当披露专项资产管理计划管理人、实际支配主体、参与人姓名、职务及比例等事宜。

第三十一条 发行人、主承销商向其他参与战略配售的投资者配售股票的，应当披露有关投资者名称、获配股数及限售安排。

科创板发行人的保荐人相关子公司参与本次发行战略配售的，应当披露保荐人相关子公司名称、与保荐人的关系、获配股数、占首次公开发行股票数量的比例以及限售安排。

第四节 股票发行情况

第三十二条 发行人应当披露本次股票上市前首次公开发行股票的情况，包括但不限于下列内容：

（一）发行数量；

（二）发行价格；

（三）每股面值；

（四）标明计算基础和口径的市盈率（如适用）；

（五）标明计算基础和口径的市净率；

（六）发行方式；

（七）发行后每股收益（如有）；

（八）发行后每股净资产；

（九）募集资金总额及注册会计师对资金到位的验证情况；

（十）发行费用总额及明细构成（以表格形式披露）；

（十一）募集资金净额及发行前公司股东转让股份资金净额；

（十二）发行后股东户数。

本条所指的首次公开发行股票，既包括公开发行新股，也包括公司股东公开发售股份。

第三十三条 发行人和主承销商在发行方案中采用超额配售选择权的，应当披露其相关情况，包括全额行使超额配售选择权拟发行股票的具体数量及占首次公开发行股票数量的比例、实施期限、与参与本次配售的投资者达成的延期交付股份安排及具体实施方案等。

第五节 财务会计情况

第三十四条 在定期报告（包括年度报告、半年度报告和季度报告）披露期间披露上市公告书的发行人、转板公司，未在招股说明书或者转板报告书中披露当期报告的主要会计数据及财务指标的，可以在上市公告书中披露，或者在上市后按照中国证监会及本所的有关规定披露当期定期报告。

在非定期报告披露期间披露上市公告书的发行人、转板公司，未在招股说明书或者转板报告书中披露最近一期定期报告的主要会计数据及财务指标的，应当在上市公告书中披露，或者将当期定期报告与上市公告书一并披露。

发行人、转板公司在上市公告书披露前，已在境外市场披露当期定期报告或者当期定期报告的主要会计数据及财务指标，且未在招股说明书或者转板报告书中披露的，应当在上市公告书中披露，或者将当期定期报告与上市公告书一并披露。

转板公司在上市公告书披露前，已在北交所披露当期定期报告或者当期定期报告的主要会计数据及财务指标，且未在转板报告书中披露的，应当在上市公告书中披露，或者将当期定期报告与上市公告书一并披露。

发行人、转板公司上述定期报告、主要会计数据及财务指标编制采用的会计准则，应当符合中国证监会及本所的有关规定。

第三十五条　发行人、转板公司如预计年初至上市后的第一个报告期期末的累计净利润以及扣除非经常性损益后孰低的净利润可能较上年同期发生重大变动的，应分析并披露可能出现的情况及主要原因。

第三十六条　发行人、转板公司在上市公告书中披露当期定期报告的主要会计数据及财务指标的，应当以表格形式（具体格式见附件5）列明，并简要说明报告期的经营情况、财务状况及影响经营业绩的主要因素。对于变动幅度在30%以上的项目，应当说明变动的主要原因。

发行人、转板公司在上市公告书中披露定期报告的主要会计数据及财务指标的，应当在提交上市申请文件时提供经现任法定代表人、主管会计工作的负责人、总会计师（如有）、会计机构负责人（会计主管人员）签字并盖章的以下文件，并与上市公告书同时披露：

（一）报告期及上年度期末的比较式资产负债表；

（二）报告期与上年同期的比较式利润表；

（三）报告期的现金流量表。

第六节　其他重要事项

第三十七条　发行人在招股意向书或者招股说明书披露日至上市公告书披露前，或者转板公司收到本所同意上市决定日至上市公告书披露前，发生《证券法》《上市公司信息披露管理办法》等规定的重大事件，投资者尚未得知的，发行人、转板公司应当在上市公告书中披露事件的起因、目前的状态和可能产生的影响及法律后果。

招股意向书、转板报告书中披露的事项，在上市公告书披露前发生重大变化的，发行人应当在上市公告书中详细披露相关变化情况及其对公司的影响。

第七节　上市保荐人及其意见

第三十八条　发行人、转板公司应当披露保荐人对本次股票上市的推荐意见。

第三十九条　发行人、转板公司应当披露保荐人的有关情况，包括名称、法定代表人、住所、联系电话、传真、保荐代表人及联系人等。

第四十条　发行人、转板公司应当披露为其提供持续督导工作的保荐代表人的具体情况，包括姓名、职位及主要经历。

第八节　重要承诺事项

第四十一条　发行人、转板公司、主承销商、参与网下配售的投资者及相关利益方存在维护公司股票上市后价格稳定的协议或者约定的，应当在上市公告书中予以披露。

第四十二条　发行人、转板公司控股股东、持有发行人或者转板公司股份的董事和高级管理人员应当在上市公告书中公开承诺，遵守相关法律法规、中国证监会有关规定、《上市规则》及本所其他业务规则就股份的限售与减持作出的规定，并披露具体内容。

第四十三条　发行人、转板公司及其控股股东、董事及高级管理人员应当根据中国证监会有关规定及本所相关业务规则在上市公告书中披露稳定公司股价的措施和承诺。

第四十四条　发行人、转板公司及其控股股东、实际控制人应当在上市公告书中公开承诺，发行人、转板公司存在欺诈发行上市的，发行人、转板公司及其控股股东、实际控制人将按规定购回已上市的股份。

第四十五条　发行人、转板公司及其控股股东、实际控制人、董事、监事和高级管理人员以及保荐人、主承销商承诺因招股说明书或者转板报告书及其他信息披露资料有虚假记载、误导性陈述或者重大遗漏，致使投资者在证券发行和交易中遭受损失的，将依法赔偿投资者损失。

第四十六条　保荐人及证券服务机构承诺因其为发行人、转板公司本次公开发行或者转板过程中制作、出具的文件有虚假记载、误导性陈述或者重大遗漏，给投资者造成损失的，将依法赔偿投资者损失。

第四十七条　红筹企业及其控股股东、实际控制人、董事、监事、高级管理人员等信息披露义务人应当在上市公告书中公开承诺，因发行人在境内发行股票并在上海证券交易所上市发生的纠纷适用中国法律，并由中国境内有管辖权的人民法院管辖。

第四十八条　发行人、转板公司及其保荐人应当在上市公告书中公开承诺，除招股说明书、转板报告书等已披露的申请文件外，公司不存在其他影响发行上市和投资者判断的重大事项。

第四十九条　发行人、转板公司及其控股股东、实际控制人、董事、监事、高级管理人员等责任主体，就本指引规定的事项或其他事项作出公开承诺的，承诺内容应当具体、明确，并同时披露未能履行承诺时的约束措施，接受社会监督。

保荐人应当对公开承诺内容以及未能履行承诺时的约束措施的合法性、合理性、有效性等发表意见。发行人、转板公司律师应对上述承诺及约束措施的合法性发表意见。

第三章　附则

第五十条　本指引中红筹企业、董事、监事、高级管理人员、表决权差异安排、协议控制架构等用语适用《上市规则》等相关规定。

第五十一条　本指引由本所负责解释，并自发布之日起施行。

附件：1. 发行人 / 转板公司董事、监事、高级管理人员及其持有股票、债券情况

2. 发行人本次发行前后股本结构变动情况 / 转板公司股票上市情况

3. 本次上市前公司前 10 名股东持股情况

4. 本次上市前公司表决权数量前 10 名股东情况

5. 主要会计数据及财务指标

附件 1

发行人董事、监事、高级管理人员及其持有股票、债券情况

序号	姓名	职务	任职起止日期	直接持股数量（万股）	间接持股数量（万股）	合计持股数量（万股）	占发行前总股本持股比例（%）	持有债券情况	限售期限
1									
2									

注：间接持股请写明具体通过 ×× 公司持股 ×× 万股。

转板公司董事、监事、高级管理人员及其持有股票、债券情况

序号	姓名	职务	任职起止日期	直接持股数量（万股）	间接持股数量（万股）	合计持股数量（万股）	占本次上市前总股本持股比例（%）	持有债券情况	限售期限
1									
2									

注：间接持股请写明具体通过 ×× 公司持股 ×× 万股。

附件2

发行人本次发行前后股本结构变动情况

股东名称	本次发行前		本次发行后（未行使超额配售选择权）		本次发行后（全额行使超额配售选择权）		限售期限	备注
	数量（万股）	占比（%）	数量（万股）	占比（%）	数量（万股）	占比（%）		
一、限售流通股								
小计								
二、无限售流通股								
小计								
三、境外上市股份（如有）								
小计								
合计								

　　注1：发行人应当单独列示保荐人相关子公司，以及高级管理人员与核心员工设立的专项资产管理计划参与本次发行战略配售的情况。

　　注2：发行人如有表决权差异安排的，应当单独列示特别表决权股份相关情况。

　　注3：公司股东在首次公开发行股票时向投资者发售股份的，应当说明股东公开发售股份情况。

转板公司股票上市情况

股东名称	本次上市前		限售期限	备注
	持股数量（万股）	占比（%）		
一、限售流通股				
小计				
二、无限售流通股				

续表

小计				
三、境外上市股份（如有）				
小计				
合计				

注：转板公司如有表决权差异安排的，应当单独列示特别表决权股份相关情况。

附件 3

本次上市前公司前 10 名股东持股情况

序号	股东名称	持股数量	持股比例	限售期限
1				
2				
3				
4				
5				
6				
7				
8				
9				
10				
合计				

附件 4

本次上市前公司表决权数量前 10 名股东情况

序号	股东名称	持股数量		表决权数量	表决权比例
		普通股	特别表决权股份		
1					
2					
3					

续表

序号	股东名称	持股数量		表决权数量	表决权比例
		普通股	特别表决权股份		
4					
5					
6					
7					
8					
9					
10					
合计					

附件 5

主要会计数据及财务指标

项目	本报告期末	上年度期末	本报告期末比上年度期末增减（%）
流动资产（万元）			
流动负债（万元）			
总资产（万元）			
资产负债率（母公司）（%）			
资产负债率（合并报表）（%）			
归属于母公司股东的净资产（万元）			
归属于母公司股东的每股净资产（元／股）			
项目	本报告期	上年同期	本报告期比上年同期增减（%）
营业总收入（万元）			
营业利润（万元）			
利润总额（万元）			
归属于母公司股东的净利润（万元）			
归属于母公司股东的扣除非经常性损益后的净利润（万元）			
基本每股收益（元／股）			
扣除非经常性损益后的基本每股收益（元／股）			

续表

项目	本报告期末	上年度期末	本报告期末比上年度期末增减（%）
加权平均净资产收益率（%）			
扣除非经常性损益后的加权净资产收益率（%）			
经营活动产生的现金流量净额（万元）			
每股经营活动产生的现金流量净额（元）			

注：涉及百分比指标的，增减百分比为两期数的差值。

上海证券交易所存托凭证上市公告书内容与格式指引

第一章　总则

第一条　为了规范红筹企业（以下简称发行人）在境内首次公开发行存托凭证并在上海证券交易所（以下简称本所）上市的信息披露行为，保护投资者合法权益，根据《中华人民共和国证券法》（以下简称《证券法》）、《上海证券交易所股票上市规则》《上海证券交易所科创板股票上市规则》（以下统称《上市规则》）、《上海证券交易所首次公开发行证券发行与承销业务实施细则》等有关规定，制定本指引。

第二条　发行人在中华人民共和国境内首次公开发行存托凭证并申请在本所上市的，应当按照本指引编制和披露上市公告书。

第三条　发行人及其全体董事、监事和高级管理人员应当保证上市公告书所披露信息的真实、准确、完整，承诺不存在虚假记载、误导性陈述或者重大遗漏，并依法承担法律责任。

第四条　发行人同时有证券在境外交易所上市的，发行人及相关信息披露义务人应当保证境外证券交易所要求披露的信息，同时在本所网站和符合中国证监会规定条件的媒体按照本指引和本所其他相关规定的要求披露。

第五条　本指引的规定是对上市公告书信息披露的最低要求。除本指引规定事项外，凡在招股意向书或者招股说明书披露日至上市公告书披露前所发生的对投资者作出投资决策有重大影响的信息，发行人均应当披露。

本指引某些具体要求对发行人确实不适用的，或者依照本指引披露可能导致其难以符合注册地有关规定、境外上市地规则要求的，发行人可以根据实际情况，在不影响披露内容完整性的前提下作出适当修改，但应当在上市公告书中说明具体原因及修改情况。

第六条　发行人应当在其首次公开发行的存托凭证上市前，将上市公告书全文在本所网站和符合中国证监会规定条件的媒体披露，将上市公告书的提示性公告刊登在符合中国证监会规定条件的报刊上。

提示性公告应当披露下列内容："经上海证券交易所审核同意，本公司发行的人民币存托凭证将于××××年××月××日在上海证券交易所主板/科创板上市，上市公告书全文和首次公开发行存托凭证的招股说明书全文披露于××网站（www.xxxx.xxx），供投资者查阅。"

提示性公告还应当包括下列内容：

（一）存托凭证简称；

（二）存托凭证代码；

（三）存托凭证面值（如有）、存托凭证所对应的基础股票面值（如有）；

（四）本次上市的存托凭证与基础股票的转换比例，每份存托凭证所代表的基础股票的类别及数量；

（五）本次上市的存托凭证数量，所代表的基础股票数量及占总股本的比例（采用超额配售选择权的，应当分别披露未行使超额配售选择权以及全额行使超额配售选择权拟发行存托凭证的具体数量）；

（六）发行人和保荐人的联系地址及联系电话；

（七）本所要求的其他内容。

发行人可以将上市公告书或者提示性公告刊载于其他报刊和网站，但其披露时间不得早于在本所网站和符合中国证监会规定条件的媒体的披露时间。

上市公告书披露前，任何当事人不得泄露有关信息，或者利用有关信息谋取利益。

第七条　上市公告书应当使用事实描述性语言，保证其内容简明扼要、通俗易懂，不得有祝贺、广告、恭维、推荐、诋毁等性质的词句。上市公告书应当符合以下一般要求：

（一）封面应当标有"××××公司境内公开发行存托凭证主板上市公告书"、"××××公司境内公开发行存托凭证科创板上市公告书"的字样，并载明发行人、存托人、托管人、保荐人、主承销商的名称和住所、公告日期等，可载有发行人的英文名称、徽章或者其他标记、图案等；

（二）引用的数据应当有充分、客观的依据，并注明资料来源；

（三）引用的数字应当采用阿拉伯数字，货币金额除特别说明外，应当指人民币金额，并以元、千元、万元或者亿元为单位；

（四）发行人可以根据有关规定或者其他需求，编制上市公告书外文译本，但应当保证中、外文文本的一致性，并在外文文本上注明："本上市公告书分别以中、英（或者日、法等）文编制，在对中外文文本的理解上发生歧义时，以中文文本为准"。

在不影响信息披露的完整性和不致引起阅读不便的前提下，发行人可以采用相互引证的方法，对各相关部分的内容进行适当的技术处理，避免不必要的重复，保持文字简洁。

第八条　发行人及其控股股东、实际控制人、董事、监事和高级管理人员等相关各方，按照中国证监会及本所有关规定在上市公告书中作出承诺、声明与提示的，在不改变实质内容的前提下，可以结合境外注册地法律、境外上市地相关规则或者实践中普遍认可的标准，对相关承诺、声明与提示的表述作出适当调整。

第九条 发行人上市公告书拟披露的信息符合《上市规则》规定的暂缓或者豁免披露情形的，可以按照本所相关规定暂缓或者豁免披露，但应当在上市公告书的相关章节说明未按本指引要求进行披露的原因。

第二章　上市公告书

第一节　重要声明与提示

第十条　发行人的上市公告书显要位置应当载有如下重要声明与提示：

（一）"本公司及全体董事、监事和高级管理人员保证上市公告书所披露信息的真实、准确、完整，承诺上市公告书不存在虚假记载、误导性陈述或者重大遗漏，并依法承担法律责任"；

（二）"上海证券交易所、有关政府机关对本公司存托凭证上市及有关事项的意见，均不表明对本公司的任何保证"；

（三）"本存托凭证系由存托人签发、以本公司境外证券为基础在中国境内发行、代表境外基础证券权益的证券"；

（四）"存托凭证的发行、上市、交易和相关行为，适用《证券法》《关于开展创新企业境内发行股票或存托凭证试点的若干意见》《关于在上海证券交易所设立科创板并试点注册制的实施意见》《存托凭证发行与交易管理办法（试行）》和中国证监会的其他有关规定，以及上海证券交易所有关业务规则。本公司作为境外基础证券发行人参与存托凭证发行，依法履行《证券法》下发行人、上市公司的义务，接受中国证监会、上海证券交易所依照红筹企业监管相关规定对本公司进行的监管"；

（五）"存托人、托管人遵守中国证监会相关规定及上海证券交易所、证券登记结算机构有关业务规则，按照存托协议、托管协议的约定，签发存托凭证，忠实、勤勉履行各项职责和义务"；

（六）"本公司提醒广大投资者认真阅读刊载于××网站的本公司招股说明书'风险因素'章节的内容，注意风险，审慎决策，理性投资"；

（七）"本公司提醒广大投资者注意，凡本上市公告书未涉及的有关内容，请投资者查阅本公司招股说明书全文"。

第十一条　发行人应当在上市公告书显要位置，就首次公开发行存托凭证上市初期的投资风险作特别提示，提醒投资者充分了解风险、理性参与存托凭证交易。风险提示应当结合涨跌幅限制放宽、流通数量较少、市盈率高于同行业平均水平（如适用）等因素，有针对性地作出描述。

第十二条　发行人上市时未盈利或者存在累计未弥补亏损的，发行人应当在上市公告书显要位置就公司未来一定期间无法盈利或者无法进行利润分配等风险作特别提示。

第十三条　发行人具有表决权差异、协议控制架构或者类似特殊安排的，应当披露相关情况，特别是风险事项和公司治理等信息，提醒投资者结合自身风险认知和承受能力，审慎判断是否参与交易。

第十四条　发行人股权结构、公司治理、运行规范等事项适用境外注册地公司法等法律法规的，应当说明其投资者权益保护水平是否在总体上不低于境内法律法规规定的要求，并由保荐人和律师事务所发表结论性意见。

发行人应当说明，投资者能否依据境内法律或者发行人注册地法律向发行人及相关主体提起民事诉讼程序，以及相关民事判决、裁定的可执行性；投资者在合法权益受到损害时，是否能够获得与境外投资者相当的赔偿，以及相应保障性措施。

第十五条　发行人应当充分披露与存托凭证相关的风险因素，包括但不限于下列内容：

（一）投资者作为存托凭证持有人与基础股票股东在股东（持有人）法律地位、享有权利、分红派息、行使表决权等方面存在较大差异及其可能引发的风险；

（二）因发行人多地上市、证券交易规则差异、基础股票价格波动等，造成境内发行存托凭证价格波动的风险；

（三）在境外增发证券可能导致投资者权益被摊薄的风险；

（四）已在境外上市的发行人，在持续信息披露监管方面与境内可能存在差异的风险；

（五）发行人公司章程的治理实践与境内上市公司遵循的公司治理规则的主要差异、影响及其可能引发的风险；

（六）境内外法律制度、监管环境差异可能引发的其他风险。

第十六条　发行人及相关信息披露义务人因经营活动的实际情况、行业监管要求或者公司注册地有关规定，申请调整适用中国证监会、本所相关规定的，应当披露调整适用情况，由律师事务所发表意见并作重要提示。

第二节　存托凭证上市情况

第十七条　发行人应当披露存托凭证注册及上市审核情况，包括但不限于下列内容：

（一）编制上市公告书的法律依据；

（二）中国证监会予以注册的决定及其主要内容；

（三）本所同意存托凭证上市的决定及其主要内容。

第十八条　发行人应当披露存托凭证上市的相关信息，包括但不限于下列内容：

（一）上市地点及上市板块；

（二）上市时间；

（三）存托凭证简称；

（四）存托凭证代码；

（五）存托凭证面值（如有）、存托凭证所对应的基础股票面值（如有）；

（六）本次上市的存托凭证与基础股票的转换比例，每份存托凭证所代表的基础股票的类别及数量；

（七）本次上市的存托凭证数量，所代表的基础股票数量及占公司总股本的比例（采用超额配售选择权的，应当分别披露未行使超额配售选择权以及全额行使超额配售选择权拟发行存托凭证的具体数量）；

（八）本次上市的无流通限制及限售安排的存托凭证数量；

（九）本次上市的有流通限制或限售安排的存托凭证数量；

（十）参与战略配售的投资者在首次公开发行中获得配售的存托凭证数量；

（十一）境内存托凭证持有人对所持存托凭证自愿限售的承诺；

（十二）本次上市存托凭证的其他限售安排；

（十三）存托凭证与基础股票之间的转换安排及限制；

（十四）存托凭证登记机构；

（十五）上市保荐人。

第十九条　发行人应当披露申请首次公开发行并上市时选择的具体上市标准，公开发行后达到所选定的上市标准及其说明。

第三节　发行人及实际控制人、股东情况

第二十条　发行人应当披露其基本情况，包括中英文名称、注册资本、法定代表人、住所、经营范围、主营业务、所属行业、电话、传真、电子邮箱、董事会秘书（境内证券事务机构及其信息披露境内代表）等。

第二十一条　发行人应当披露控股股东、实际控制人的基本情况，以及本次发行后与控股股东、实际控制人的股权结构控制关系图。

发行人应当披露其全体董事、监事和高级管理人员的姓名、任职起止日期、直接或者间接持有发行人境内外股票、存托凭证和债券的数量及相关限售安排（具体格式见附件1），其中持有权益比例低于1%的董事、监事和高级管理人员的具体持有数量情况，可按照重要性原则汇总披露。

第二十二条　科创板发行人应当披露核心技术人员的姓名、职务、直接或者间接持有发行人境内外股票、存托凭证的数量及相关限售安排。

第二十三条　发行人在本次公开发行申报前已经制定或者实施股权激励计划的，应当明确披露分次授予权益的对象、数量、未行权数量、授予或者登记时间及相关行权、限售安排等内容。

第二十四条　发行人在本次公开发行申报前实施员工持股计划的，应当披露员工持股计划的人员构成、限售安排等内容。

第二十五条　发行人应当以表格形式披露本次存托凭证发行上市情况、本次发行前后股本结构变动情况（具体格式见附件2、附件3），逐项列明本次上市前的境内存托凭证持有人数，本次发行前后各证券品种的数量及占比等。

第二十六条　发行人应当披露本次上市前控股股东、持有5%以上权益的其他股东或者存托凭证持有人，以及持有境内存托凭证5%以上的持有人的名称、持有的证券品种及其持有数量、持有比例。

发行人应当披露本次上市前境内持有存托凭证数量前10名持有人的名称、持有数量、持有比例及限售期限（具体格式见附件4）。

发行人具有表决权差异安排的，还应当披露本次上市前各种类别股份的数量、比例，以及持有表决权数量、比例。

第二十七条　发行人的高级管理人员与核心员工设立专项资产管理计划参与本次发行战略配售的，发行人应当披露前述专项资产管理计划获配的存托凭证数量、占首次公开发行存托凭证数量的比例以及获得本次配售的存托凭证持有期限。发行人应当披露专项资产管理计划管理人、实际支配主体、参与人姓名、职务及比例等事宜。

第二十八条　发行人、主承销商向其他参与战略配售的投资者配售存托凭证的，应当披露有关投资者名称、获配数量及限售安排。

科创板发行人的保荐人相关子公司参与本次发行战略配售的，应当披露保荐人相关子公司名称、与保荐人的关系、获配数量、占首次公开发行存托凭证数量的比例以及限售安排。

第四节　存托凭证发行情况

第二十九条　发行人应当披露本次存托凭证公开发行的情况，包括但不限于下列内容：

（一）发行数量；

（二）发行价格；

（三）本次公开发行的存托凭证所代表的基础股份数量、类别及占公司总股本的比例；

（四）本次公开发行前后公司的总股本、境内外存托凭证数量；

（五）标明计算基础和口径的市盈率（如适用）；

（六）标明计算基础和口径的市净率；

（七）发行方式；

（八）发行后每份存托凭证对应的收益（如有）；

（九）发行后每份存托凭证对应的净资产；

（十）募集资金总额及注册会计师对资金到位的验证情况；

（十一）发行费用总额及明细构成（以表格形式披露）；

（十二）募集资金净额；

（十三）发行后存托凭证持有人户数。

第三十条 发行人应当披露存托人、托管人的基本情况，包括名称、住所及有关经办人员的姓名、联系方式等。

第三十一条 发行人和主承销商在发行方案中采用超额配售选择权的，应当披露其相关情况，包括全额行使超额配售选择权拟发行存托凭证的具体数量及占首次公开发行存托凭证数量的比例、实施期限、与参与本次配售的投资者达成的延期交付存托凭证安排及具体实施方案等。

第五节　财务会计情况

第三十二条 在定期报告（包括年度报告、半年度报告和季度报告）披露期间披露上市公告书的发行人，未在招股说明书中披露当期定期报告的主要会计数据及财务指标的，可以在上市公告书中披露，或者在上市后按照中国证监会及本所相关规定披露当期定期报告。

在非定期报告披露期间披露上市公告书的发行人，未在招股说明书中披露最近一期定期报告的主要会计数据及财务指标的，应当在上市公告书中披露，或者将当期定期报告与上市公告书一并披露。

发行人在上市公告书披露前，已在境外市场披露当期定期报告或者当期定期报告的主要会计数据及财务指标，且未在招股说明书中披露的，应当在上市公告书中披露，或者将当期定期报告与上市公告书一并披露。

发行人上述定期报告、主要会计数据及财务指标编制采用的会计准则，应当符合中国证监会及本所相关规定。

第三十三条 发行人如预计年初至上市后的第一个报告期期末的累计净利润以及扣除非经常性损益后孰低的净利润可能较上年同期发生重大变动的，应当分析并披露可能出现的情况及主要原因。

第三十四条 发行人在上市公告书中披露当期定期报告的主要会计数据及财务指标的，应当以表格形式（具体格式见附件5）列明，并简要说明报告期的经营情况、财务状况及影响经营业绩的主要因素。对于变动幅度在30%以上的项目，应当说明变动的主要原因。

发行人在上市公告书中披露定期报告的主要会计数据及财务指标的，应当在提交上市申请文件时提供经现任法定代表人、主管会计工作的负责人、总会计师（如有）、会计机构负责人（会计主管人员）签字并盖章的以下文件，并与上市公告书同时披露：

（一）报告期及上年度期末的比较式资产负债表；

（二）报告期与上年同期的比较式利润表；

（三）报告期的现金流量表。

第六节 其他重要事项

第三十五条 发行人在招股意向书或者招股说明书披露日至上市公告书披露前，发生《证券法》《上市公司信息披露管理办法》规定的重大事件，投资者尚未得知的，发行人应当在上市公告书中披露事件的起因、目前的状态和可能产生的影响及法律后果。

招股意向书、招股说明书中披露的事项，在上市公告书披露前发生重大变化的，发行人应当在上市公告书中详细披露相关变化情况及其对公司的影响。

第七节 上市保荐人及其意见

第三十六条 发行人应当披露保荐人对本次存托凭证上市的推荐意见。

第三十七条 发行人应当披露保荐人的基本信息，包括名称、法定代表人、住所、联系电话、传真、保荐代表人和联系人等。

第三十八条 发行人应当披露为其提供持续督导工作的保荐代表人的具体情况，包括姓名、职位及主要经历。

第八节 重要承诺事项

第三十九条 发行人、主承销商、参与存托凭证发行的投资者及相关利益方存在维护公司存托凭证上市后价格稳定的协议或者约定的，发行人应当在上市公告书中予以披露。

第四十条 发行人控股股东、持有发行人存托凭证的董事和高级管理人员应当在上市公告书中公开承诺，遵守相关法律法规、中国证监会有关规定、《上市规则》及本所其他业务规则就存托凭证的限售与减持作出的规定并披露具体内容。

第四十一条 发行人及其控股股东、董事、高级管理人员应当根据中国证监会有关规定及本所相关业务规则在上市公告书中披露稳定存托凭证价格的措施和承诺。

第四十二条 发行人及其控股股东、实际控制人等信息披露义务人应当在上市公告书中公开承诺，发行人存在欺诈发行的，发行人及其控股股东、实际控制人将按规定购回已上市的存托凭证。

第四十三条 发行人及全体董事、监事、高级管理人员、发行人的控股股东、实际控制人以及保荐人、主承销商等信息披露义务人承诺未按照规定披露信息，或者承诺因发行人招股说明书及其他信息披露资料有虚假记载、误导性陈述或者重大遗漏，致使投资者在证券发行和交易中遭受损失的，将依法赔偿投资者损失。

第四十四条 保荐人及证券服务机构承诺因其为发行人本次公开发行制作、出具的文件有虚假记载、误导性陈述或者重大遗漏，给投资者造成损失的，将依法赔偿投资者损失。

第四十五条 发行人及其控股股东、实际控制人、董事、监事、高级管理人员等信息披露义务人应当在上市公告书中公开承诺，因发行人在境内发行存托凭证并在本所上市发生的纠纷适用中国法律，并由中国境内有管辖权的人民法院管辖。

第四十六条　发行人应当在上市公告书中公开承诺，除招股说明书等已披露的申请文件外，公司不存在其他影响发行上市和投资者判断的重大事项。

第四十七条　发行人及其控股股东、实际控制人、董事、监事、高级管理人员等责任主体，就本指引规定的事项或者其他事项作出公开承诺的，承诺内容应当具体、明确，并同时披露未能履行承诺时的约束措施，接受社会监督。

保荐人应当对公开承诺内容以及未能履行承诺时的约束措施的合法性、合理性、有效性等发表意见。发行人律师应当对上述承诺及约束措施的合法性发表意见。

第三章　附则

第四十八条　本指引中红筹企业、董事、监事、高级管理人员、表决权差异安排、协议控制架构等用语适用《上市规则》等相关规定。

第四十九条　本指引由本所负责解释，并自发布之日起施行。

附件：1.公司董事、监事、高级管理人员及其持有股票、存托凭证和债券情况

2.本次存托凭证发行上市情况

3.本次发行前后公司股本结构变动情况

4.本次上市前公司前 10 名境内存托凭证持有人情况

5.主要会计数据及财务指标

附件 1

公司董事、监事、高级管理人员及其持有股票、债券情况

序号	姓名	职务	任职起止日期	直接持股数量（万股）	间接持股数量（万股）	合计持股数量（万股）	占发行前总股本比例（％）	持有债券情况	限售期限
1									
2									

注：间接持股请写明具体通过 ×× 公司持股 ×× 股。

公司董事、监事、高级管理人员及其持有存托凭证情况

序号	姓名	职务	任职起止日期	直接持有数量（万份）	间接持有数量（万份）	合计持有数量（万份）	对应的基础股票数量（万股）	占本次发行数量比例（％）	限售期限
1									
2									

注：间接持有请写明具体通过 ×× 公司持有存托凭证 ×× 份。

附件 2

本次存托凭证发行上市情况

一、本次境内存托凭证发行情况					
发行总量					
对应的基础股票数量					
上市前存托凭证持有人的人数					
持有人名称	持有数量	占本次发行数量比例（%）	对应的基础股票数量	可上市交易日期	备注
二、限售流通的境内存托凭证					
小计					
三、无限售流通的境内存托凭证					
小计					

注：发行人应当单独列示保荐人相关子公司，以及高级管理人员与核心员工设立的专项资产管理计划参与本次发行战略配售的情况。

附件 3

本次发行前后公司股本结构变动情况

证券品种	与基础股票转换比例	本次发行前对应的基础股票		本次发行后对应的基础股票（未行使超额配售选择权）		本次发行后对应的基础股票（全额行使超额配售选择权）	
		数量（万股）	占比（%）	数量（万股）	占比（%）	数量（万股）	占比（%）
1.境内存托凭证							
2.境外上市存托凭证或股票							
3.境外未上市基础股票	——						
合计							

续表

股份类别	本次发行前		本次发行后（未行使超额配售选择权）		本次发行后（全额行使超额配售选择权）	
	数量（万股）	占比（%）	数量（万股）	占比（%）	数量（万股）	占比（%）
1. 普通股						
2. 特别表决权股份（如有）						
3. 其他类别股份（如有）						
股份合计						

附件 4

本次上市前公司前 10 名境内存托凭证持有人情况

序号	持有人名称	持有境内存托凭证数量	对应的基础股票数量	持有境内存托凭证比例	限售期限
1					
2					
3					
4					
5					
6					
7					
8					
9					
10					
合计					

附件 5

主要会计数据及财务指标

项目	本报告期末	上年度期末	本报告期末比上年度期末增减（%）
流动资产（万元）			
流动负债（万元）			
总资产（万元）			

续表

项目	本报告期末	上年度期末	本报告期末比上年度期末增减（%）
资产负债率（母公司）（%）			
资产负债率（合并报表）（%）			
归属于母公司股东的净资产（万元）			
归属于母公司股东的每股净资产（元／股）			
归属于母公司股东的每份存托凭证对应净资产（元／份）			

项目	本报告期	上年同期	本报告期比上年同期增减（%）
营业总收入（万元）			
营业利润（万元）			
利润总额（万元）			
归属于母公司股东的净利润（万元）			
归属于母公司股东的扣除非经常性损益后的净利润（万元）			
基本每股收益（元／股）			
每份境内存托凭证收益（元／份）			
扣除非经常性损益后的基本每股收益（元／股）			
扣除非经常性损益后的每份境内存托凭证收益（元／份）			
加权平均净资产收益率（%）			
扣除非经常性损益后的加权净资产收益率（%）			
经营活动产生的现金流量净额（万元）			
每股经营活动产生的现金流量净额（元）			
每份存托凭证对应经营活动产生的现金流量净额（元）			

注：涉及百分比指标的，增减百分比为两期数的差值。

关于发布《上海证券交易所股票公开发行自律委员会工作规则》的通知

（上证发〔2023〕37 号　2023 年 2 月 17 日）

各市场参与人：

为了落实党中央、国务院关于全面实行股票发行注册制的决策部署，规范上海市场股票发行活动，引导市场形成良好稳定预期，科创板股票公开发行自律委员会更名设立为股票公开发行自律委员会。上海证券交易所（以下简称本所）制定了《上海证券交易所股票公开发行自律委员会工作规则》（详见附件），已经第一届股票公开发行自律委员会讨论和本所理事会审议通过，现予以发布，并自发布之日起施行。本所于 2019 年 4 月 4 日发布的《关于发布〈上海证券交易所科创板股票公开发行自律委员会工作规则〉的通知》（上证发〔2019〕41 号）同时废止。

特此通知。

附件：上海证券交易所股票公开发行自律委员会工作规则

附件

上海证券交易所股票公开发行自律委员会工作规则

第一条　为了规范上海市场股票发行活动，引导市场形成良好稳定预期，保障市场稳定健康发展，保护投资者合法权益，上海证券交易所（以下简称本所）根据《上海证券交易所首次公开发行证券发行与承销业务实施细则》等有关规定，制定本规则。

第二条　本所设立股票公开发行自律委员会（以下简称自律委员会），作为由股票发行一级市场主要参与主体组成的咨询和议事机构，负责就上海市场股票发行相关政策制定提供咨询意见、对股票发行和承销等事宜提出行业倡导建议。

第三条　自律委员会通过自律委员会工作会议的形式履行职责。工作会议以合议方式开展集体讨论，形成合议意见。

第四条　本所负责自律委员会事务的日常管理，为自律委员会及委员履行职责提供必要的条件和便利，对自律委员会的工作进行监督。

第五条 自律委员会委员共 31 至 35 名，由市场机构委员和本所委员组成。

市场机构委员由股票一级市场买卖双方机构组成。

本所可以根据市场情况适当调整自律委员会市场机构委员数量。

第六条 自律委员会市场机构委员由本所按照依法、公开、择优的原则聘任。

买方市场机构委员从股票市场投资规模居前的证券公司、基金管理公司、期货公司、信托公司、财务公司、保险公司、合格境外投资者和私募基金管理人等机构投资者中产生。

卖方市场机构委员从股票发行家数、募资金额与研究力量等方面居前的证券公司以及本所会员理事、会员监事中产生。

第七条 自律委员会委员每届任期 3 年，可以连任。委员任期届满但尚未改选的，委员及其代表应当依照本规则的规定继续履行职责。

第八条 自律委员会设主任委员一名，副主任委员若干名，由市场机构委员担任。

第九条 自律委员会市场机构委员指定的代表应当符合下列条件：

（一）坚持原则，公正廉洁，忠于职守，严格遵守法律、行政法规、部门规章和本所及相关自律组织的业务规则；

（二）熟悉或者长期从事股票一、二级市场业务；

（三）愿意且保证认真参与自律委员会工作；

（四）本所认为需要符合的其他条件。

市场机构委员指定的代表不符合履职要求的，应当按照本所要求及时更换委员代表。

本所委员代表由本所指定相关负责人担任。

第十条 自律委员会市场机构委员有下列情形之一的，本所可以终止其委员资格，并选聘新的市场机构委员：

（一）不再符合本规则规定的聘任条件；

（二）自行提出不再担任委员；

（三）不能正常履行委员职责，并对本所市场造成严重影响；

（四）指定的委员代表不符合规定，且拒不更换；

（五）委员有重大违法行为或者严重违反本所业务规则的行为；

（六）本所认为不适合继续担任委员的其他情形。

第十一条 自律委员会履行下列职责：

（一）对股票发行承销的相关政策和运行机制提供咨询意见；

（二）分析评估股票市场当前和今后一段时期的供需状况，根据评估情况，对有效保持市场供需平衡以及今后一段时期的股票发行工作提出意见和建议；

（三）以适当方式回应市场关于股票发行工作的意见和建议；

（四）本所业务规则规定或者本所提请办理的其他事项。

第十二条　自律委员会根据需要，可以召开工作会议，讨论职责范围内的相关事项。

第十三条　自律委员会委员及其指定的代表应当遵守下列规定：

（一）保证足够的时间和精力参与自律委员会工作，勤勉尽职；

（二）按时出席自律委员会会议，独立、客观、公正地发表意见；

（三）遵守自律委员会的会议决议与倡导建议；

（四）保守在参与自律委员会工作中获取的国家秘密、商业秘密和内幕信息，不向任何第三方泄露工作相关内容；

（五）不得利用自律委员会委员身份进行宣传；

（六）与自律委员会履行职责相关的其他规定。

第十四条　本所在发行承销业务管理部门设立自律委员会秘书处，负责处理下列具体事务：

（一）落实自律委员会委员遴选、聘任、解聘、换届等工作；

（二）组织自律委员会工作会议，安排会议场地及设施，通知参会人员，送达会议材料；

（三）维护会场秩序，记录会议讨论情况，发布会议公告；

（四）负责委员联络沟通、服务保障等日常工作；

（五）本所或者自律委员会要求办理的其他事项。

秘书处工作人员由本所指派人员担任。

第十五条　出席工作会议的委员应当不少于委员总数的三分之二，买方市场机构委员和卖方市场机构委员的参会人数应当均不少于参会总人数的三分之一。

委员指定的代表因故不能出席的，应当指定其受托代表出席、代为履行全部职责，并在出席会议前及时告知秘书处相关情况。

本所理事会可以根据需要指派人员列席自律委员会工作会议。

第十六条　自律委员会工作会议由自律委员会主任委员或其授权的副主任委员担任会议召集人，组织委员发表意见和讨论。

会议讨论结束后，会议召集人根据参会委员的意见及讨论情况进行总结，经合议形成会议决议。

参会委员对会议形成的会议决议持不同意见的，应提交书面资料至秘书处存档。

第十七条　自律委员会委员应当自觉遵守和执行自律委员会会议形成的会议决议。

本所可以根据需要，将自律委员会会议形成的会议决议以适当方式向行业公布，并对其执行情况予以监督。

第十八条　自律委员会委员及其指定的代表或受托代表应当妥善保管会议材

料，并对会议情况负有保密义务，不得以任何形式泄露自律委员会会议的会议材料、讨论内容、决议及其他有关信息。

第十九条　本规则经自律委员会讨论和本所理事会审议通过后生效，修改时亦同。

第二十条　本规则由本所负责解释。

第二十一条　本规则自发布之日起施行。本所于 2019 年 4 月 4 日发布的《上海证券交易所科创板股票公开发行自律委员会工作规则》（上证发〔2019〕41 号）同时废止。

关于发布《上海证券交易所股票上市规则（2023 年 2 月修订）》的通知

（上证发〔2023〕31 号　2023 年 2 月 17 日）

各市场参与人：

为了落实党中央、国务院关于全面实行股票发行注册制的决策部署，构建更有针对性、有效性和包容性的持续监管规则体系，为企业上市后的持续发展提供有力的制度规范保障，上海证券交易所（以下简称本所）对《上海证券交易所股票上市规则》进行了修订。新修订的《上海证券交易所股票上市规则（2023 年 2 月修订）》（详见附件）已经中国证监会批准，现予以发布，并自发布之日起施行。本所于 2022 年 1 月 7 日发布的《关于发布〈上海证券交易所股票上市规则（2022 年 1 月修订）〉的通知》（上证发〔2022〕1 号）同时废止。

为了落实《证券发行上市保荐业务管理办法》关于保荐机构持续督导的相关规定，做好规则衔接适用，就保荐机构规范开展持续督导作出如下安排：

一、保荐机构应当严格按照《证券发行上市保荐业务管理办法》《上海证券交易所股票上市规则（2023 年 2 月修订）》《上海证券交易所科创板股票上市规则（2020 年 12 月修订）》及本所其他业务规则关于持续督导期间、持续督导事项、信息披露、专项现场检查等事项的规定，履行持续督导职责。

二、科创板上市公司发行新股、可转换公司债券的，持续督导的期间为股票、可转换公司债券上市当年剩余时间及其后 2 个完整会计年度，与原有要求保持一致。

特此通知。

附件：上海证券交易所股票上市规则（2023 年 2 月修订）

附件

上海证券交易所股票上市规则

（1998 年 1 月实施　2000 年 5 月第一次修订　2001 年 6 月第二次修订　2002 年 2 月第三次修订　2004 年 12 月第四次修订　2006 年 5 月第五次修订　2008 年 9 月第六次修订　2012 年 7 月第七次修订　2013 年 12 月第八次修订　2014 年 10 月第九次

修订 2018 年 4 月第十次修订 2018 年 6 月第十一次修订 2018 年 11 月第十二次修订 2019 年 4 月第十三次修订 2020 年 12 月第十四次修订 2022 年 1 月第十五次修订 2023 年 2 月第十六次修订）

第一章 总 则

1.1 为了规范股票、存托凭证、可转换为股票的公司债券（以下简称可转换公司债券）及其他衍生品种（以下统称股票及其衍生品种）的上市行为，以及发行人、上市公司及其他信息披露义务人的信息披露行为，维护证券市场秩序，保护投资者的合法权益，推动提高上市公司质量，促进资本市场健康发展，根据《中华人民共和国公司法》（以下简称《公司法》）、《中华人民共和国证券法》（以下简称《证券法》）、《证券交易所管理办法》等相关法律、行政法规、部门规章、规范性文件（以下统称法律法规）以及《上海证券交易所章程》，制定本规则。

1.2 在上海证券交易所（以下简称本所）主板上市的股票及其衍生品种的上市、信息披露、停复牌、退市等事宜，适用本规则。本规则未作规定的，适用本所其他相关规定。

中国证券监督管理委员会（以下简称中国证监会）和本所对境内外证券交易所互联互通存托凭证在本所的上市、信息披露、停复牌、退市等事宜另有规定的，适用其规定。

1.3 发行人申请股票及其衍生品种在本所上市的，应当经本所审核并由中国证监会作出予以注册决定。发行人首次公开发行股票或者存托凭证在本所上市的，应当在上市前与本所签订上市协议，明确双方的权利、义务和其他事项。

1.4 发行人、上市公司及其董事、监事、高级管理人员、股东或者存托凭证持有人、实际控制人，收购人及其他权益变动主体，重大资产重组、再融资、重大交易、破产事项等有关各方，为前述主体提供服务的中介机构及其相关人员，以及法律法规规定的对上市、信息披露、停复牌、退市等事项承担相关义务的其他主体，应当遵守法律法规、本规则及本所其他规定。

1.5 本所根据法律法规、本所相关规定和上市协议、声明与承诺，对本规则第 1.4 条规定的主体进行自律监管。

第二章 信息披露的基本原则和一般规定

第一节 基本原则

2.1.1 上市公司及相关信息披露义务人应当按照法律法规、本规则以及本所其他规定，及时、公平地披露信息，并保证所披露的信息真实、准确、完整，简明清晰、通俗易懂，不得有虚假记载、误导性陈述或者重大遗漏。

本规则所称相关信息披露义务人，是指本规则第 1.4 条规定的除上市公司以外的承担信息披露义务的主体。

2.1.2 上市公司董事、监事和高级管理人员应当保证公司及时、公平地披露信息，以及信息披露内容的真实、准确、完整，不存在虚假记载、误导性陈述或者重大遗漏。

公司董事、监事和高级管理人员不能保证公司披露的信息内容真实、准确、完整或者对公司所披露的信息存在异议的，应当在公告中作出相应声明并说明理由，公司应当予以披露。

2.1.3 相关信息披露义务人应当按照有关规定履行信息披露义务，并积极配合上市公司做好信息披露工作，及时告知公司已发生或者拟发生的可能对公司股票及其衍生品种交易价格产生较大影响的事项（以下简称重大事项或者重大信息）。

相关信息披露义务人通过上市公司披露信息的，公司应当予以协助。

2.1.4 上市公司及相关信息披露义务人披露信息，应当以客观事实或者具有事实基础的判断和意见为依据，如实反映实际情况，不得有虚假记载。

2.1.5 上市公司及相关信息披露义务人披露信息，应当客观，使用明确、贴切的语言和文字，不得夸大其辞，不得有误导性陈述。

公司披露预测性信息及其他涉及公司未来经营和财务状况等信息，应当合理、谨慎、客观。

2.1.6 上市公司及相关信息披露义务人披露信息，应当内容完整，充分披露对公司股票及其衍生品种交易价格有较大影响的信息，揭示可能产生的重大风险，不得有选择地披露部分信息，不得有重大遗漏。

信息披露文件材料应当齐备，格式符合规定要求。

2.1.7 上市公司及相关信息披露义务人应当在本规则规定的期限内披露重大信息，不得有意选择披露时点。

2.1.8 上市公司及相关信息披露义务人应当同时向所有投资者公开披露重大信息，确保所有投资者可以平等地获取同一信息，不得提前向任何单位和个人泄露。

2.1.9 上市公司及相关信息披露义务人披露信息，应当使用事实描述性的语言，简洁明了、逻辑清晰、语言浅白、易于理解，不得含有宣传、广告、恭维、诋毁等性质的词句。

第二节　一般规定

2.2.1 上市公司及相关信息披露义务人应当按照法律法规及本所相关规定编制公告并披露，并按照规定提供相关材料供本所查验。公司及相关信息披露义务人不得以定期报告形式代替应当披露的临时报告。

前款所述公告和材料应当采用中文文本。同时采用外文文本的，信息披露义务人应当保证两种文本的内容一致。两种文本发生歧义时，以中文文本为准。

2.2.2 上市公司公告应当由董事会发布并加盖公司或者董事会公章，监事会决议公告可以加盖监事会公章，法律法规或者本所另有规定的除外。

2.2.3 上市公司及相关信息披露义务人的公告应当在本所网站和符合中国证监会规定条件的媒体（以下统称符合条件的媒体）披露。

公司及相关信息披露义务人应当保证披露的信息内容与向本所提交的公告材料内容一致。公司披露的公告内容与提供给本所的材料内容不一致的，应当立即向本所报告并及时更正。

2.2.4 上市公司及相关信息披露义务人应当在涉及的重大事项触及下列任一时点及时履行信息披露义务：

（一）董事会或者监事会作出决议；

（二）签署意向书或者协议（无论是否附加条件或期限）；

（三）公司（含任一董事、监事或者高级管理人员）知悉或者应当知悉该重大事项发生；

重大事项尚处于筹划阶段，但在前款规定的时点之前出现下列情形之一的，公司及相关信息披露义务人应当及时披露相关筹划情况和既有事实：

（一）该重大事项难以保密；

（二）该重大事项已经泄露或者出现市场传闻（以下简称传闻）；

（三）公司股票及其衍生品种的交易发生异常波动。

2.2.5 上市公司在规定时间无法按规定披露重大事项的详细情况的，可以先披露提示性公告说明该重大事项的基本情况，解释未能按要求披露的原因，并承诺在 2 个交易日内披露符合要求的公告。

2.2.6 上市公司及相关信息披露义务人筹划重大事项，持续时间较长的，应当按规定分阶段披露进展情况，及时提示相关风险，不得仅以相关事项结果尚不确定为由不予披露。

已披露的事项发生重大变化，可能对公司股票及其衍生品种交易价格产生较大影响的，公司及相关信息披露义务人应当及时披露进展公告。

2.2.7 上市公司及相关信息披露义务人拟披露的信息被依法认定为国家秘密，按照本规则披露或者履行相关义务可能导致其违反法律法规或者危害国家安全的，可以按照本所相关规定豁免披露。

上市公司及相关信息披露义务人拟披露的信息属于商业秘密、商业敏感信息，按照本规则披露或者履行相关义务可能引致不当竞争、损害公司及投资者利益或者误导投资者的，可以按照本所相关规定暂缓或者豁免披露该信息。

2.2.8 上市公司按照本规则第 2.2.7 条规定暂缓披露或豁免披露其信息的，应当符合以下条件：

（一）相关信息未泄露；

（二）有关内幕信息知情人已书面承诺保密；

（三）公司股票及其衍生品种交易未发生异常波动。

暂缓、豁免披露的原因已经消除的，公司应当及时披露相关信息，并说明未及时披露的原因、公司就暂缓或者豁免披露已履行的决策程序和已采取的保密措施等情况。

公司暂缓、豁免信息披露不符合本条第一款和本规则第 2.2.7 条要求的，公司应当及时履行信息披露及相关义务。

2.2.9 上市公司及相关信息披露义务人不得通过股东大会、投资者说明会、分析师会议、路演、接受投资者调研、接受媒体采访等形式，向任何单位和个人提供公司尚未披露的重大信息。

公司及相关信息披露义务人确有需要的，可以在非交易时段通过新闻发布会、媒体专访、公司网站、网络自媒体等方式对外发布重大信息，但应当于最近一个信息披露时段内披露相关公告。

2.2.10 上市公司控股子公司及控制的其他主体发生本规则规定的相关重大事项，视同上市公司发生的重大事项，适用本规则。

上市公司的参股公司发生本规则规定的相关重大事项，可能对公司股票及其衍生品种交易价格产生较大影响的，应当参照本规则相关规定，履行信息披露义务。

法律法规或者本所另有规定的，从其规定。

2.2.11 上市公司发生的或者与之有关的事项没有达到本规则规定的披露标准，或者本规则没有具体规定，但该事项对公司股票及其衍生品种交易价格可能产生较大影响的，公司应当参照本规则及时披露。

2.2.12 除依法应当披露的信息之外，上市公司及相关信息披露义务人可以自愿披露与投资者作出价值判断和投资决策有关的信息，但不得与依法披露的信息相冲突，不得误导投资者。

公司及相关信息披露义务人自愿披露的信息，应当真实、准确、完整，遵守公平原则，保持信息披露的持续性和一致性，不得进行选择性披露。

公司及相关信息披露义务人自愿披露信息的，应当审慎、客观，不得利用该等信息不当影响公司股票及其衍生品种交易价格、从事内幕交易、市场操纵或者其他违法违规行为。

第三节 信息披露管理制度

2.3.1 上市公司应当制定并严格执行信息披露事务管理制度，信息披露事务管理制度应当经公司董事会审议通过并披露。

2.3.2 上市公司应当配备信息披露所必需的通讯设备，建立与本所的有效沟通渠道，并保证对外咨询电话的畅通。

2.3.3 上市公司应当制定规范董事、监事和高级管理人员及其他相关主体对外发布信息的行为规范，明确发布程序、方式等事项。

公司控股股东、实际控制人应当比照前款要求，规范与上市公司有关的信息发布行为。

2.3.4 上市公司应当建立和执行内幕信息知情人登记管理制度，内幕信息知情人登记管理制度应当经公司董事会审议通过并披露。

公司及相关信息披露义务人和其他内幕信息知情人在信息披露前，应当将该信息的知情人控制在最小范围内。

内幕信息知情人在内幕信息依法披露前，不得公开或者泄露内幕信息、买卖或者建议他人买卖公司股票及其衍生品种。

2.3.5 上市公司及相关信息披露义务人应当关注关于本公司的媒体报道、传闻以及本公司股票及其衍生品种的交易情况，及时向有关方了解真实情况。

媒体报道、传闻可能对公司股票及其衍生品种的交易情况产生较大影响的，公司及相关信息披露义务人应当向相关方核实情况，及时披露公告予以澄清说明。

2.3.6 上市公司信息披露采用直通披露和非直通披露两种方式。

信息披露原则上采用直通披露方式，本所可以根据公司信息披露质量、规范运作情况等，调整直通披露公司范围。

直通披露的公告范围由本所确定，本所可以根据业务需要进行调整。

2.3.7 本所根据法律法规及本所相关规定，对上市公司及相关信息披露义务人披露的信息进行形式审查，对其内容的真实性不承担责任。

第三章　股票及其衍生品种的上市与变动管理

第一节　首次公开发行股票上市

3.1.1 境内发行人申请首次公开发行股票并在本所上市，应当符合下列条件：

（一）符合《证券法》、中国证监会规定的发行条件；

（二）发行后的股本总额不低于 5000 万元；

（三）公开发行的股份达到公司股份总数的 25% 以上；公司股本总额超过 4 亿元的，公开发行股份的比例为 10% 以上；

（四）市值及财务指标符合本规则规定的标准；

（五）本所要求的其他条件。

本所可以根据市场情况，经中国证监会批准，对上市条件和具体标准进行调整。

3.1.2 境内发行人申请在本所上市，市值及财务指标应当至少符合下列标准中的一项：

（一）最近 3 年净利润均为正，且最近 3 年净利润累计不低于 1.5 亿元，最近一年净利润不低于 6000 万元，最近 3 年经营活动产生的现金流量净额累计不低于 1 亿元或营业收入累计不低于 10 亿元；

（二）预计市值不低于 50 亿元，且最近一年净利润为正，最近一年营业收入不低于 6 亿元，最近 3 年经营活动产生的现金流量净额累计不低于 1.5 亿元；

（三）预计市值不低于 80 亿元，且最近一年净利润为正，最近一年营业收入不低于 8 亿元。

本节所称净利润以扣除非经常性损益前后的孰低者为准，净利润、营业收入、经营活动产生的现金流量净额均指经审计的数值。本节所称预计市值，是指股票公开发行后按照总股本乘以发行价格计算出来的发行人股票名义总价值。

3.1.3 符合《国务院办公厅转发证监会关于开展创新企业境内发行股票或存托凭证试点若干意见的通知》（国办发〔 2018 〕 21 号）等相关规定的红筹企业，可以申请发行股票或者存托凭证并在本所上市。

红筹企业申请首次公开发行股票或者存托凭证并在本所上市，应当符合下列条件：

（一）符合《证券法》、中国证监会规定的发行条件；

（二）发行股票的，发行后的股份总数不低于 5000 万股；发行存托凭证的，发行后的存托凭证总份数不低于 5000 万份；

（三）发行股票的，公开发行（含已公开发行）的股份达到公司股份总数的 25% 以上；公司股份总数超过 4 亿股的，公开发行（含已公开发行）股份的比例为 10% 以上。发行存托凭证的，公开发行（含已公开发行）的存托凭证对应基础股份达到公司股份总数的 25% 以上；发行后的存托凭证总份数超过 4 亿份的，公开发行（含已公开发行）的存托凭证对应基础股份的比例为 10% 以上；

（四）市值及财务指标符合本规则规定的标准；

（五）本所要求的其他条件。

本所可以根据市场情况，经中国证监会批准，对上市条件和具体标准进行调整。

3.1.4 已在境外上市的红筹企业，申请发行股票或者存托凭证并在本所上市的，应当至少符合下列标准中的一项：

（一）市值不低于 2000 亿元；

（二)市值 200 亿元以上，且拥有自主研发、国际领先技术，科技创新能力较强，在同行业竞争中处于相对优势地位。

3.1.5 未在境外上市的红筹企业，申请发行股票或者存托凭证并在本所上市的，应当至少符合下列标准中的一项：

（一）预计市值不低于 200 亿元，且最近一年营业收入不低于 30 亿元；

（二）营业收入快速增长，拥有自主研发、国际领先技术，在同行业竞争中处于相对优势地位，且预计市值不低于 100 亿元；

（三）营业收入快速增长，拥有自主研发、国际领先技术，在同行业竞争中处于相对优势地位，且预计市值不低于 50 亿元，最近一年营业收入不低于 5 亿元。

前款规定的营业收入快速增长，应当符合下列标准之一：

（一）最近一年营业收入不低于 5 亿元的，最近 3 年营业收入复合增长率 10% 以上；

（二）最近一年营业收入低于 5 亿元的，最近 3 年营业收入复合增长率 20% 以上；

（三）受行业周期性波动等因素影响，行业整体处于下行周期的，发行人最近 3 年营业收入复合增长率高于同行业可比公司同期平均增长水平。

处于研发阶段的红筹企业和对国家创新驱动发展战略有重要意义的红筹企业，不适用"营业收入快速增长"的上述要求。

3.1.6 发行人具有表决权差异安排的，市值及财务指标应当至少符合下列标准中的一项：

（一）预计市值不低于 200 亿元，且最近一年净利润为正；

（二）预计市值不低于 100 亿元，且最近一年净利润为正，最近一年营业收入不低于 10 亿元。

拥有特别表决权的股份（以下简称特别表决权股份）持有人资格、公司章程关于表决权差异安排的具体规定，应当符合本规则第四章第六节的规定。

3.1.7 发行人首次公开发行股票经中国证监会予以注册并完成股份公开发行后，向本所提出股票上市申请的，应当提交下列文件：

（一）上市申请书；

（二）中国证监会予以注册的决定；

（三）首次公开发行结束后发行人全部股票已经中国证券登记结算有限责任公司上海分公司（以下简称中国结算）登记的证明文件；

（四）首次公开发行结束后会计师事务所出具的验资报告；

（五）发行人、控股股东、实际控制人、董事、监事和高级管理人员等根据本所相关规定要求出具的证明、声明及承诺；

（六）首次公开发行后至上市前，按规定新增的财务资料和有关重大事项的说明（如适用）；

（七）本所要求的其他文件。

3.1.8 发行人及其董事、监事和高级管理人员应当保证向本所提交的上市申请文件真实、准确、完整，不存在虚假记载、误导性陈述或者重大遗漏。

3.1.9 发行人首次公开发行股票前已发行的股份，自发行人股票上市之日起 1 年内不得转让。

3.1.10 发行人向本所申请其首次公开发行股票上市时，其控股股东和实际控制人应当承诺：自发行人股票上市之日起 36 个月内，不转让或者委托他人管理其直接和间接持有的发行人首次公开发行股票前已发行的股份，也不由发行人回购该部分股份。发行人应当在上市公告书中披露上述承诺。

自发行人股票上市之日起 1 年后，出现下列情形之一的，经上述承诺主体申请并经本所同意，可以豁免遵守上述承诺：

（一）转让双方存在实际控制关系，或者均受同一实际控制人所控制，且受让方承诺继续遵守上述承诺；

（二）因上市公司陷入危机或者面临严重财务困难，受让人提出挽救公司的方案获得该公司股东大会审议通过和有关部门批准，且受让人承诺继续遵守上述承诺；

（三）本所认定的其他情形。

发行人没有或者难以认定控股股东、实际控制人的，按照相关规定承诺所持首次公开发行前股份自发行人股票上市之日起 36 个月内不得转让的股东，适用前款第（一）项规定。

3.1.11　本所在收到发行人提交的本规则第 3.1.7 条所列全部上市申请文件后 5 个交易日内，作出是否同意上市的决定。出现特殊情况时，本所可以暂缓作出决定。

3.1.12　首次公开发行的股票上市申请获得本所同意后，发行人应当于其股票上市前 5 个交易日内，在符合条件的媒体披露下列文件：

（一）上市公告书；

（二）公司章程；

（三）本所要求的其他文件。

上述文件应当置备于公司住所，供公众查阅。

发行人在提出上市申请期间，未经本所同意，不得擅自披露与上市有关的信息。

3.1.13　发行人应当在披露招股意向书或者招股说明书后，持续关注媒体报道、传闻，及时向有关方面了解真实情况。相关媒体报道、传闻可能对公司股票及其衍生品种交易价格或者投资决策产生较大影响的，应当在上市首日披露风险提示公告，对相关问题进行说明澄清并提示公司存在的主要风险。

第二节　上市公司股票及其衍生品种的发行与上市

3.2.1　上市公司向本所申请办理向不特定对象发行股票或者可转换公司债券等证券发行事宜时，应当提交下列文件：

（一）中国证监会予以注册的决定；

（二）发行的预计时间安排；

（三）发行具体实施方案和发行公告；

（四）招股说明书或者其他发行募集文件；

（五）本所要求的其他文件。

3.2.2　上市公司应当按照中国证监会有关规定，编制并及时披露涉及新股、可转换公司债券等证券发行的相关公告。

3.2.3　发行完成后，上市公司可以向本所申请所发行股票、可转换公司债券等证券上市。

3.2.4 上市公司股东认购公司发行的新股，应当遵守法律法规及本所相关规定中关于股份转让的限制性规定，在规定的期限内不得转让，但同一实际控制人控制的不同主体之间转让公司股份且受让方承继不得转让股份义务的除外。

股东认购公司发行的新股，就限制股份转让作出承诺的，在承诺的期限内不得转让，但依法依规履行承诺变更程序的除外。

3.2.5 上市公司申请新股、可转换公司债券在本所上市时，仍应当符合股票、可转换公司债券的相关发行条件。

3.2.6 上市公司向本所申请向不特定对象发行的股票上市，应当提交下列文件：

（一）上市申请书；

（二）按照有关规定编制的上市公告书；

（三）发行结束后经会计师事务所出具的验资报告；

（四）中国结算对新增股份已登记托管的书面确认文件；

（五）董事、监事和高级管理人员持股情况变动的报告；

（六）本所要求的其他文件。

3.2.7 上市公司向本所申请可转换公司债券上市，应当提交下列文件：

（一）上市申请书；

（二）按照有关规定编制的上市公告书；

（三）发行结束后经会计师事务所出具的验资报告；

（四）中国结算对新增可转换公司债券已登记托管的书面确认文件；

（五）受托管理协议；

（六）本所要求的其他文件。

3.2.8 上市公司应当在向不特定对象发行的股票或者可转换公司债券等证券上市至少 3 个交易日前，在符合条件的媒体披露下列文件和事项：

（一）上市公告书；

（二）本所要求的其他文件和事项。

第三节　股票及其衍生品种解除限售

3.3.1 投资者持有的下列有限售条件的股票及其衍生品种解除限售适用本节规定：

（一）首次公开发行前已经发行的股份；

（二）上市公司向特定对象发行的股票及其衍生品种；

（三）其他根据法律法规及本所相关规定存在限售条件的股票及其衍生品种。

3.3.2 投资者出售已解除限售的股票及其衍生品种应当严格遵守所作出的各项承诺，其出售股票及其衍生品种的行为不得影响所作承诺的继续履行。

3.3.3 上市公司及其投资者应当关注股票及其衍生品种的限售期限及相关承诺

截至申请解除限售前的履行情况。

保荐人及其保荐代表人、独立财务顾问及其主办人应当按照有关规定督导相关投资者严格履行其作出的各项承诺，规范股票及其衍生品种解除限售行为。

保荐人及其保荐代表人、独立财务顾问及其主办人应当对本次解除限售事项的合规性进行核查，并对本次解除限售数量、解除限售时间是否符合有关法律法规、本所相关规定和投资者承诺，相关信息披露是否真实、准确、完整发表结论性意见。

3.3.4 投资者申请限售股票及其衍生品种解除限售的，应当委托上市公司办理相关手续，并满足下列条件：

（一）限售期已满；

（二）解除限售不影响该投资者履行其作出的有关承诺；

（三）申请解除限售的投资者不存在对公司的资金占用，公司对该投资者不存在违规担保等损害公司利益的行为；

（四）不存在法律法规及本所相关规定中规定的限制转让情形。

3.3.5 上市公司应当在有关股票及其衍生品种解除限售的 3 个交易日前申请解除限售，并披露解除限售的公告。

公告内容包括但不限于限售股票及其衍生品种的流通时间、数量及占总股本的比例、有关投资者所作出的限售承诺及其履行情况、本次解除限售后公司的股本结构。

公司申请股权分置改革后股份解除限售的，参照上述规定执行，本所另有规定的从其规定。

3.3.6 本所对股票及其衍生品种的解除限售事宜另有规定的，从其规定。

第四节　股票及其衍生品种变动管理

3.4.1 上市公司投资者、董事、监事和高级管理人员等所持股票及其衍生品种的变动事宜，应当遵守法律法规、本所相关规定以及公司章程等规定。

投资者及董事、监事和高级管理人员等对持有比例、持有期限、变动方式、变动价格等作出承诺的，应当严格履行所作出的承诺。

3.4.2 在一个上市公司中拥有权益的股份达到该公司已发行的有表决权股份的 5% 以上，或者其后拥有权益的股份变动涉及《证券法》《上市公司收购管理办法》等规定的收购或者股份权益变动情形的，该股东、实际控制人及其他相关信息披露义务人应当按照《证券法》《上市公司收购管理办法》等规定通知上市公司，并履行公告义务。

前述投资者违反《证券法》第六十三条第一款、第二款的规定买入公司有表决权的股份的，在买入后的 36 个月内，对该超过规定比例部分的股份不得行使表决权。公司应当按照《证券法》的规定，不得将前述股份计入出席股东大会有表决权的股份总数。

公司应当配合投资者履行信息披露义务。公司股东、实际控制人及其他相关信息披露义务人未履行报告和公告义务的，公司董事会应当自知悉之日起作出报告和公告，并督促相关股东、实际控制人及其他相关信息披露义务人履行公告义务。

3.4.3 上市公司涉及被要约收购或者被公司董事、监事、高级管理人员、员工或者其所控制或者委托的法人、其他组织收购的，应当按照《证券法》《上市公司收购管理办法》等规定披露公告并履行相关义务。

3.4.4 持有上市公司 5% 以上股份的契约型基金、信托计划或者资产管理计划，应当在权益变动文件中披露支配股份表决权的主体，以及该主体与上市公司控股股东、实际控制人是否存在关联关系。

契约型基金、信托计划或者资产管理计划成为公司控股股东、第一大股东或者实际控制人的，除应当履行前款规定义务外，还应当在权益变动文件中穿透披露至最终投资者。

3.4.5 因上市公司股本变动，导致投资者在该公司中拥有权益的股份变动涉及《证券法》《上市公司收购管理办法》等规定的收购或者股份权益变动情形的，公司应当自完成股本变更登记之日起 2 个交易日内就因此导致的公司股东权益的股份变动情况作出公告。

3.4.6 上市公司股东、实际控制人及其他相关信息披露义务人未履行报告和公告义务，拒不履行相关配合义务，或者股东、实际控制人存在不得收购公司的情形的，公司董事会应当拒绝接受该股东、实际控制人或受其支配的股东向董事会提交的提案或者临时提案，并及时报告本所及有关监管部门。

3.4.7 上市公司董事、监事和高级管理人员所持本公司股份在下列情形下不得转让：

（一）本公司股票上市交易之日起 1 年内；

（二）离职后半年内；

（三）承诺一定期限内不转让并在该期限内的；

（四）法律法规、本所规定的其他情形。

公司董事、监事和高级管理人员应当在公司股票上市前、任命生效及新增持有公司股份时，按照本所的有关规定申报上述股份的信息。

3.4.8 上市公司董事、监事和高级管理人员所持本公司股份发生变动的，应当自该事实发生之日起 2 个交易日内，在本所网站上公开本次变动前持股数量、本次股份变动的日期、数量、价格、本次变动后的持股数量等。

3.4.9 投资者持有上市公司已发行的可转换公司债券达到发行总量的 20% 时，应当在事实发生之日起 2 个交易日内通知公司并予以公告。

投资者持有公司已发行的可转换公司债券达到发行总量的 20% 后，每增加或者减少 10% 时，应当按照前款规定履行报告和公告义务。

3.4.10 上市公司应当在可转换公司债券转换为股票的数额累计达到可转换公司债券开始转股前公司已发行股份总额的 10% 时及时披露公告。

公司应当在每一季度结束后及时披露因可转换公司债券转换为股份所引起的股份变动情况。

3.4.11 上市公司董事、监事、高级管理人员和持有公司 5% 以上股份的股东违反《证券法》相关规定，将其所持本公司股票或者其他具有股权性质的证券在买入后 6 个月内卖出，或者在卖出后 6 个月内又买入的，公司董事会应当收回其所得收益，并及时披露相关人员违规买卖的情况、收益的金额、公司采取的处理措施和公司收回收益的具体情况等。

前款所称董事、监事、高级管理人员和自然人股东持有的股票或者其他具有股权性质的证券，包括其配偶、父母、子女持有的及利用他人账户持有的股票或者其他具有股权性质的证券。

3.4.12 上市公司控股股东、持有公司 5% 以上股份的股东及其一致行动人、董事、监事和高级管理人员披露增持股份计划的，应当明确增持数量或者金额，如设置数量区间或者金额区间的，应当审慎合理确定上限和下限。

3.4.13 上市公司持有 5% 以上股份的股东及其一致行动人、实际控制人、董事、监事和高级管理人员，以及本所相关规定规范的其他持股主体，转让其持有的本公司股份的，应当遵守法律法规、本所相关规定关于持有期限、转让时间、转让价格、转让数量、转让方式、信息披露等规定。

3.4.14 发行人的高级管理人员参与设立的专项资产管理计划，通过集中竞价、大宗交易方式减持参与战略配售获配股份的，应当参照本所关于上市公司股东减持首次公开发行前股份的规定履行相应信息披露义务。

3.4.15 上市公司控股子公司不得取得该上市公司发行的股份。确因特殊原因持有股份的，应当在 1 年内消除该情形。前述情形消除前，相关子公司不得行使所持股份对应的表决权。

第四章　公司治理

第一节　一般规定

4.1.1 上市公司应当建立健全有效的治理结构，形成科学有效的职责分工和制衡机制，强化内部和外部监督制衡，保证内部控制制度的完整性、合理性及有效性。

公司应当确保股东大会、董事会、监事会等机构合法运作和科学决策，明确股东、董事、监事和高级管理人员的权利和义务，保障股东充分行使其合法权利，尊重利益相关者的基本权益，保证公司经营管理合法合规、资金资产安全、信息披露真实、准确、完整，切实防范财务造假、资金占用、违规担保等违法违规行为，维护公司及股东的合法权益。

4.1.2 上市公司董事会、监事会和其他内部机构应当独立运作，独立行使决策权、经营管理权，不得与控股股东、实际控制人及其关联人存在机构混同等影响公司独立经营的情形，保证人员、资产、财务分开，保证机构、业务独立。

4.1.3 上市公司与董事、监事、高级管理人员、控股股东、实际控制人及其他关联人发生资金往来、担保等，应当遵守法律法规、本所相关规定和公司章程，不得损害公司利益。

因关联人占用或者转移公司资金、资产或者其他资源而给公司造成损失或者可能造成损失的，董事会应当及时采取诉讼、财产保全等措施避免或者减少损失，并追究有关人员的责任。

关联人强令、指使或者要求公司违规提供资金或者担保的，公司及其董事、监事和高级管理人员应当拒绝，不得协助、配合、默许。

4.1.4 上市公司应当积极践行可持续发展理念，主动承担社会责任，维护社会公共利益，重视生态环境保护。

公司应当按规定编制和披露社会责任报告等非财务报告。出现违背社会责任等重大事项时，公司应当充分评估潜在影响并及时披露，说明原因和解决方案。

4.1.5 上市公司应当重视和加强投资者关系管理工作，为投资者关系管理工作设置必要的信息交流渠道，建立与投资者之间良好的沟通机制和平台，增进投资者对公司的了解。

公司投资者关系管理工作应当遵循公开、公平、公正原则，真实、准确、完整地介绍和反映公司的实际状况。公司应当避免在投资者关系活动中出现发布或者泄露未公开重大信息、过度宣传误导投资者决策、对公司股票及其衍生品种价格作出预期或者承诺等违反信息披露规则或者涉嫌操纵股票及其衍生品种价格的行为。

公司董事会应当负责制定投资者关系管理工作制度，并指定董事会秘书负责投资者关系管理工作。监事会应当对投资者关系管理工作制度实施情况进行监督。

4.1.6 因上市公司欺诈发行、虚假陈述等信息披露违法违规行为导致证券群体纠纷的，公司应当积极通过证券纠纷多元化解机制等方式及时化解纠纷，降低投资者维权成本。

第二节　股东大会、董事会和监事会

4.2.1 上市公司股东大会的召集、召开、表决等应当遵守法律法规、本所相关规定及公司章程，应当平等对待全体股东，不得以利益输送、利益交换等方式影响股东的表决，操纵表决结果，损害其他股东的合法权益。

4.2.2 股东自行召集股东大会的，应当在发出股东大会通知前书面通知上市公

司董事会并将有关文件报送本所。对于股东依法自行召集的股东大会，公司董事会和董事会秘书应当予以配合，提供必要的支持，并及时履行信息披露义务。

在股东大会决议披露前，召集股东持股比例不得低于公司总股本的 10%。召集股东应当在不晚于发出股东大会通知时披露公告，并承诺在提议召开股东大会之日至股东大会召开日期间，其持股比例不低于公司总股本的 10%。

4.2.3 召集人应当按照法律法规规定的股东大会通知期限，以公告方式向股东发出股东大会通知。

股东大会通知中应当列明会议召开的时间、地点、方式以及会议召集人和股权登记日等事项，并充分、完整地披露所有提案的具体内容。股东大会的提案内容应当符合法律法规、本所相关规定和公司章程，属于股东大会职权范围，并有明确议题和具体决议事项。

召集人应当在召开股东大会 5 日前披露有助于股东对拟讨论的事项作出合理决策所必需的资料。需对股东大会会议资料进行补充的，召集人应当在股东大会召开日前予以披露。

4.2.4 上市公司股东大会应当设置会场，以现场会议与网络投票相结合的方式召开。现场会议时间、地点的选择应当便于股东参加。发出股东大会通知后，无正当理由，股东大会现场会议召开地点不得变更。确需变更的，召集人应当在现场会议召开日前至少 2 个交易日公告并说明原因。

公司应当提供网络投票方式为股东参加股东大会提供便利。股东通过上述方式参加股东大会的，视为出席。

4.2.5 上市公司董事会、独立董事、持有 1% 以上有表决权股份的股东或者依照法律法规设立的投资者保护机构公开请求股东委托其代为行使提案权、表决权等的，征集人应当依法依规披露征集公告和相关征集文件，公司应当予以配合。征集人不得以有偿或者变相有偿方式公开征集股东权利。

4.2.6 发出股东大会通知后，无正当理由，股东大会不得延期或者取消，股东大会通知中列明的提案不得取消。一旦出现股东大会延期或者取消、提案取消的情形，召集人应当在原定会议召开日前至少 2 个交易日发布公告，说明延期或者取消的具体原因。延期召开股东大会的，还应当披露延期后的召开日期。

4.2.7 股东依法依规提出临时提案的，召集人应当在规定时间内发出股东大会补充通知，披露提出临时提案的股东姓名或者名称、持股比例和新增提案的内容。

4.2.8 召集人应当在股东大会结束后的规定时间内披露股东大会决议公告。股东大会决议公告应当包括会议召开的时间、地点、方式、召集人、出席会议的股东（代理人）人数、所持（代理）股份及占上市公司有表决权股份总数的比例、每项提案的表决方式、每项提案的表决结果、法律意见书的结论性意见等。

股东大会审议影响中小投资者利益的重大事项时，应当对除上市公司董事、监事和高级管理人员以及单独或者合计持有公司 5% 以上股份的股东以外的其他股东的表决单独计票并披露。

律师应当勤勉尽责，对股东大会的召集、召开、表决等事项是否符合法律法规发表意见。法律意见书应当与股东大会决议公告同时披露，内容应当包括对会议的召集、召开程序、出席会议人员的资格、召集人资格、表决程序（股东回避等情况）以及表决结果等事项是否合法、有效出具的意见。

本所要求提供股东大会会议记录的，召集人应当按本所要求提供。

4.2.9 上市公司及其股东、董事、监事和高级管理人员等在股东大会上不得透露、泄露未公开重大信息。

4.2.10 上市公司董事会应当按照法律法规、本所相关规定和公司章程履行职责。董事会的人数及人员构成应当符合法律法规、本所相关规定和公司章程，董事会成员应当具备履行职责所必需的知识、技能和素质，具备良好的职业道德。

4.2.11 上市公司应当按照法律法规、本所相关规定和公司章程召集、召开董事会。董事会决议应当经与会董事签字确认。本所要求提供董事会会议记录的，公司应当按本所要求提供。

公司按本所相关规定应当披露董事会决议的，公告内容应当包括会议通知发出的时间和方式、会议召开的时间、地点和方式、委托他人出席和缺席的董事人数和姓名、缺席的理由和受托董事姓名、每项议案的表决结果以及有关董事反对或者弃权的理由等内容。

董事会决议涉及须经股东大会审议的事项，或者法律法规、本规则所述重大事项，公司应当分别披露董事会决议公告和相关重大事项公告。重大事项应当按照中国证监会有关规定或者本所制定的公告格式进行公告。

4.2.12 上市公司应当在董事会下设立审计委员会，内部审计部门对审计委员会负责，向审计委员会报告工作。公司可以设立战略、提名、薪酬与考核等专门委员会，按照公司章程和董事会授权履行职责。

专门委员会成员全部由董事组成，其中审计委员会、提名委员会、薪酬与考核委员会中独立董事应当占多数并担任召集人，审计委员会的召集人应当为会计专业人士，法律法规另有规定的除外。

4.2.13 上市公司监事会应当严格按照法律法规、本所相关规定和公司章程，切实履行监督职责。监事会的人员和结构应当确保能够独立有效地履行职责。监事应当具有相应的专业知识或者工作经验，具备相应的履职能力和良好的职业道德。公司董事、高级管理人员不得兼任监事。

4.2.14 上市公司应当按照法律法规、本所相关规定和公司章程召集、召开监事会，并及时披露监事会决议。监事会决议应当经与会监事签字确认。本所要求提供监事会会议记录的，公司应当按本所要求提供。

监事会决议公告应当包括会议通知发出的时间和方式、会议召开的时间、地点和方式、委托他人出席和缺席的监事情况、每项议案的表决结果以及有关监事反对或者弃权的理由、审议事项的具体内容和会议形成的决议等。

4.2.15 上市公司股东大会、董事会或者监事会不能正常召开或者决议效力存在争议的，应当及时披露相关事项、争议各方的主张、公司现状等有助于投资者了解公司实际情况的信息，以及律师出具的专项法律意见书。

出现前款规定情形的，公司董事会应当维护公司正常生产经营秩序，保护公司及全体股东利益，公平对待所有股东。

第三节　董事、监事和高级管理人员

4.3.1 上市公司董事、监事和高级管理人员应当遵守并保证公司遵守法律法规、本所相关规定和公司章程，忠实、勤勉履职，严格履行其作出的各项声明和承诺，切实履行报告和信息披露义务，维护上市公司和全体股东利益，并积极配合本所的日常监管。

4.3.2 董事每届任期不得超过 3 年，任期届满可连选连任。董事由股东大会选举产生的，股东大会可以在董事任期届满前解除其职务。

4.3.3 候选人存在下列情形之一的，不得被提名担任上市公司董事、监事和高级管理人员：

（一）《公司法》规定不得担任董事、监事和高级管理人员的情形；

（二）被中国证监会采取不得担任上市公司董事、监事和高级管理人员的证券市场禁入措施，期限尚未届满；

（三）被证券交易所公开认定为不适合担任上市公司董事、监事和高级管理人员，期限尚未届满；

（四）法律法规、本所规定的其他情形。

上述期间以公司董事会、股东大会等有权机构审议董事、监事和高级管理人员候选人聘任议案的日期为截止日。

董事、监事和高级管理人员在任职期间出现第一款第（一）项、第（二）项情形或者独立董事出现不符合独立性条件情形的，相关董事、监事和高级管理人员应当立即停止履职并由公司按相应规定解除其职务。

董事、监事和高级管理人员在任职期间出现第一款第（三）项、第（四）项情形的，公司应当在该事实发生之日起 1 个月内解除其职务，本所另有规定的除外。

相关董事、监事应被解除职务但仍未解除，参加董事会、监事会会议并投票的，其投票无效。

4.3.4 上市公司的董事、监事和高级管理人员在公司股票首次公开发行并上市前，新任董事、监事和高级管理人员在获得任命后 1 个月内，应当按照本所相关规定签署《董事（监事、高级管理人员）声明及承诺书》，并报送本所和公司董

事会。声明与承诺事项发生重大变化的（持有本公司的股票情况除外），董事、监事和高级管理人员应当在 5 个交易日内更新并报送本所和公司董事会。

董事、监事和高级管理人员应当保证声明事项的真实、准确、完整，不存在虚假记载、误导性陈述或者重大遗漏。上述人员签署《董事（监事、高级管理人员）声明及承诺书》时，应当由律师见证。

董事会秘书应当督促董事、监事和高级管理人员及时签署《董事（监事、高级管理人员）声明及承诺书》，并按本所规定的途径和方式提交。

4.3.5 上市公司董事应当积极作为，对公司负有忠实义务和勤勉义务。

公司董事应当履行以下忠实义务和勤勉义务：

（一）公平对待所有股东；

（二）保护公司资产的安全、完整，不得利用职务之便为公司实际控制人、股东、员工、本人或者其他第三方的利益而损害公司利益；

（三）未经股东大会同意，不得为本人及其关系密切的家庭成员谋取属于公司的商业机会，不得自营、委托他人经营公司同类业务；

（四）保守商业秘密，不得泄露公司尚未披露的重大信息，不得利用内幕信息获取不当利益，离职后应当履行与公司约定的竞业禁止义务；

（五）保证有足够的时间和精力参与公司事务，原则上应当亲自出席董事会，因故不能亲自出席董事会的，应当审慎地选择受托人，授权事项和决策意向应当具体明确，不得全权委托；

（六）审慎判断公司董事会审议事项可能产生的风险和收益，对所议事项表达明确意见；在公司董事会投反对票或者弃权票的，应当明确披露投票意向的原因、依据、改进建议或者措施；

（七）认真阅读公司的各项经营、财务报告和媒体报道，及时了解并持续关注公司业务经营管理状况和公司已发生或者可能发生的重大事项及其影响，及时向董事会报告公司经营活动中存在的问题，不得以不直接从事经营管理或者不知悉、不熟悉为由推卸责任；

（八）关注公司是否存在被关联人或者潜在关联人占用资金等侵占公司利益的问题，如发现异常情况，及时向董事会报告并采取相应措施；

（九）认真阅读公司财务会计报告，关注财务会计报告是否存在重大编制错误或者遗漏，主要会计数据和财务指标是否发生大幅波动及波动原因的解释是否合理；对财务会计报告有疑问的，应当主动调查或者要求董事会补充提供所需的资料或者信息；

（十）积极推动公司规范运行，督促公司依法依规履行信息披露义务，及时纠正和报告公司的违规行为，支持公司履行社会责任；

（十一）法律法规、本所相关规定和公司章程规定的其他忠实义务和勤勉义务。

公司监事和高级管理人员应当参照前款规定履行职责。

4.3.6 上市公司董事、监事和高级管理人员应当关注公司控股股东及其一致行动人质押股份情况，按规定审慎核查、评估公司控股股东及其一致行动人的高比例质押行为可能对公司控制权和生产经营稳定性、股权结构、公司治理、业绩补偿义务履行等产生的影响。

4.3.7 上市公司在披露召开关于选举独立董事的股东大会通知时，应当将所有独立董事候选人的有关材料（包括但不限于提名人声明、候选人声明、独立董事履历表）报送本所。

公司董事会对独立董事候选人的有关情况有异议的，应当同时报送董事会的书面意见。

在召开股东大会选举独立董事时，公司董事会应当对独立董事候选人是否被本所提出异议的情况进行说明。对于本所提出异议的独立董事候选人，公司不得将其提交股东大会表决。

4.3.8 上市公司独立董事应当独立、公正地履行职责，充分了解公司经营运作情况，督促公司、公司董事会规范运作，维护公司利益及中小股东合法权益。独立董事应当重点关注公司的关联交易、对外担保、募集资金使用、社会公众股股东保护、重大资产重组、重大投融资活动、董事和高级管理人员的薪酬、利润分配和信息披露等事项。

独立董事可以提议召开董事会、向董事会提议召开股东大会，或者聘请会计师事务所等中介机构对相关事项进行审计、核查或者发表意见。

4.3.9 上市公司监事应当对公司董事、高级管理人员遵守法律法规、本所相关规定和公司章程以及执行公司职务、股东大会决议等行为进行监督。董事、高级管理人员应当如实向监事提供有关情况和资料，不得妨碍监事行使职权。

监事在履行监督职责过程中，对违反前款相关规定或者决议的董事、高级管理人员，可以提出罢免建议。

监事发现公司董事、高级管理人员违反本条第一款相关规定或者决议，或者存在其他损害公司利益行为的，已经或者可能给公司造成重大损失的，应当及时向董事会、监事会报告，要求相关方予以纠正，并向本所报告。

4.3.10 上市公司董事、监事和高级管理人员辞职应当提交书面辞职报告。除下列情形外，董事或者监事的辞职自辞职报告送达董事会或者监事会时生效：

（一）董事、监事辞职导致董事会、监事会成员低于法定最低人数；

（二）职工代表监事辞职导致职工代表监事人数少于监事会成员的三分之一；

（三）独立董事辞职导致独立董事人数少于董事会成员的三分之一或者独立董事中没有会计专业人士。

出现前款情形的，辞职报告应当在下任董事或者监事填补因其辞职产生的空缺后方能生效。在辞职报告生效前，拟辞职董事或者监事仍应当按照法律法规、本所相关规定和公司章程继续履行职责，但存在本规则第4.3.3条规定情形的除外。

第四节　董事会秘书

4.4.1 上市公司应当设立董事会秘书，作为公司与本所之间的指定联络人。

公司应当设立由董事会秘书负责管理的信息披露事务部门。

4.4.2 董事会秘书对上市公司和董事会负责，履行如下职责：

（一）负责公司信息披露事务，协调公司信息披露工作，组织制定公司信息披露事务管理制度，督促公司及相关信息披露义务人遵守信息披露相关规定；

（二）负责投资者关系管理，协调公司与证券监管机构、投资者及实际控制人、中介机构、媒体等之间的信息沟通；

（三）筹备组织董事会会议和股东大会会议，参加股东大会会议、董事会会议、监事会会议及高级管理人员相关会议，负责董事会会议记录工作并签字；

（四）负责公司信息披露的保密工作，在未公开重大信息泄露时，立即向本所报告并披露；

（五）关注媒体报道并主动求证真实情况，督促公司等相关主体及时回复本所问询；

（六）组织公司董事、监事和高级管理人员就相关法律法规、本所相关规定进行培训，协助前述人员了解各自在信息披露中的职责；

（七）督促董事、监事和高级管理人员遵守法律法规、本所相关规定和公司章程，切实履行其所作出的承诺；在知悉公司、董事、监事和高级管理人员作出或者可能作出违反有关规定的决议时，应当予以提醒并立即如实向本所报告；

（八）负责公司股票及其衍生品种变动管理事务；

（九）法律法规和本所要求履行的其他职责。

4.4.3 上市公司应当为董事会秘书履行职责提供便利条件，董事、监事、财务负责人及其他高级管理人员和相关工作人员应当支持、配合董事会秘书的工作。

董事会秘书为履行职责，有权了解公司的财务和经营情况，参加涉及信息披露的有关会议，查阅相关文件，并要求公司有关部门和人员及时提供相关资料和信息。

董事会秘书在履行职责的过程中受到不当妨碍或者严重阻挠时，可以直接向本所报告。

4.4.4 上市公司董事会秘书应当具备履行职责所必需的财务、管理、法律等专业知识，具有良好的职业道德和个人品质。具有下列情形之一的人士不得担任董事会秘书：

（一）本规则第4.3.3条规定的不得担任上市公司董事、监事或者高级管理人员的情形；

（二）最近 3 年受到过中国证监会的行政处罚；

（三）最近 3 年受到过证券交易所公开谴责或者 3 次以上通报批评；

（四）本公司现任监事；

（五）本所认定不适合担任董事会秘书的其他情形。

4.4.5 上市公司应当在首次公开发行的股票上市后 3 个月内或者原任董事会秘书离职后 3 个月内聘任董事会秘书。

4.4.6 上市公司董事会秘书空缺期间，董事会应当及时指定一名董事或者高级管理人员代行董事会秘书的职责并向本所报告，同时尽快确定董事会秘书的人选。公司指定代行董事会秘书职责的人员之前，由公司董事长代行董事会秘书职责。

公司董事会秘书空缺时间超过 3 个月的，董事长应当代行董事会秘书职责，并在 6 个月内完成董事会秘书的聘任工作。

4.4.7 上市公司应当聘任证券事务代表协助董事会秘书履行职责。在董事会秘书不能履行职责时，证券事务代表应当代为履行职责。在此期间，并不当然免除董事会秘书对公司信息披露等事务所负有的责任。

证券事务代表的任职条件参照本规则第 4.4.4 条执行。

4.4.8 上市公司聘任董事会秘书、证券事务代表后，应当及时公告并向本所提交下列资料：

（一）董事会推荐书，包括董事会秘书、证券事务代表符合本规则规定的任职条件的说明、现任职务、工作表现、个人品德等内容；

（二）董事会秘书、证券事务代表个人简历和学历证明复印件；

（三）董事会秘书、证券事务代表聘任书或者相关董事会决议；

（四）董事会秘书、证券事务代表的通讯方式，包括办公电话、移动电话、传真、通信地址及专用电子邮箱地址等。

上述有关通讯方式的资料发生变更时，公司应当及时向本所提交变更后的资料。

4.4.9 上市公司解聘董事会秘书应当有充分的理由，不得无故将其解聘。

董事会秘书被解聘或者辞职时，公司应当及时向本所报告，说明原因并公告。

董事会秘书可以就被公司不当解聘或者与辞职有关的情况，向本所提交个人陈述报告。

4.4.10 董事会秘书具有下列情形之一的，上市公司应当自相关事实发生之日起 1 个月内将其解聘：

（一）出现本规则第 4.4.4 条规定的任何一种情形；

（二）连续 3 个月以上不能履行职责；

（三）在履行职责时出现重大错误或者疏漏，给公司、投资者造成重大损失；

（四）违反法律法规、本所相关规定和公司章程等，给公司、投资者造成重大损失。

4.4.11 上市公司应当指派董事会秘书和代行董事会秘书职责的人员、证券事务代表负责与本所联系，以上市公司名义办理信息披露、股票及其衍生品种变动管理等事务。

第五节　控股股东和实际控制人

4.5.1 上市公司控股股东、实际控制人应当诚实守信，依法依规行使股东权利、履行股东义务，严格履行承诺，维护公司和全体股东的共同利益。

控股股东、实际控制人应当维护公司独立性，不得利用对公司的控制地位谋取非法利益、占用公司资金和其他资源。

公司控股股东、实际控制人不得妨碍公司或者相关信息披露义务人披露信息，不得组织、指使公司或者相关信息披露义务人从事信息披露违法行为。

4.5.2 上市公司控股股东、实际控制人应当履行下列职责：

（一）遵守并促使公司遵守法律法规、本所相关规定和公司章程，接受本所监管；

（二）依法行使股东权利，不滥用控制权损害公司或者其他股东的合法权益；

（三）严格履行所作出的公开声明和各项承诺，不擅自变更或者解除；

（四）严格按照有关规定履行信息披露义务；

（五）不得以任何方式违法违规占用公司资金；

（六）不得强令、指使或者要求上市公司及相关人员违法违规提供担保；

（七）不得利用公司未公开重大信息谋取利益，不得以任何方式泄露与公司有关的未公开重大信息，不得从事内幕交易、短线交易、操纵市场等违法违规行为；

（八）不得通过非公允的关联交易、利润分配、资产重组、对外投资等任何方式损害公司和其他股东的合法权益；

（九）保证公司资产完整、人员独立、财务独立、机构独立和业务独立，不得以任何方式影响公司的独立性；

（十）本所认为应当履行的其他职责。

控股股东、实际控制人应当明确承诺，如存在控股股东、实际控制人及其关联人占用公司资金、要求公司违法违规提供担保的，在占用资金全部归还、违规担保全部解除前不转让所持有、控制的公司股份，但转让所持有、控制的公司股份所得资金用以清偿占用资金、解除违规担保的除外。

4.5.3 上市公司控股股东、实际控制人应当履行信息披露义务，并保证披露信息的真实、准确、完整、及时、公平，不得有虚假记载、误导性陈述或者重大遗漏。控股股东、实际控制人收到公司问询的，应当及时了解情况并回复，保证回复内容真实、准确和完整。

控股股东、实际控制人出现下列情形之一的，应当及时告知上市公司，并配合公司履行信息披露义务：

（一）持有股份或者控制公司的情况发生较大变化，公司的实际控制人及其控制的其他企业从事与公司相同或者相似业务的情况发生较大变化；

（二）法院裁决禁止转让其所持股份，所持公司 5% 以上股份被质押、冻结、司法标记、司法拍卖、托管、设定信托或者被依法限制表决权等，或者出现被强制过户风险；

（三）拟对公司进行重大资产重组、债务重组或者业务重组；

（四）因经营状况恶化进入破产或者解散程序；

（五）出现与控股股东、实际控制人有关的传闻，对公司股票及其衍生品种交易价格可能产生较大影响；

（六）受到刑事处罚，涉嫌违法违规被中国证监会立案调查或者受到中国证监会行政处罚，或者受到其他有权机关重大行政处罚；

（七）涉嫌严重违纪违法或者职务犯罪被纪检监察机关采取留置措施且影响其履行职责；

（八）涉嫌犯罪被采取强制措施；

（九）其他可能对公司股票及其衍生品种交易价格产生较大影响的情形。

前款规定的事项出现重大进展或者变化的，控股股东、实际控制人应当将其知悉的有关情况书面告知公司，并配合公司履行信息披露义务。

4.5.4 上市公司控股股东、实际控制人应当结合自身履约能力和资信情况，充分评估股票质押可能存在的风险，审慎开展股票质押特别是限售股票质押、高比例质押业务，维护公司控制权稳定。

4.5.5 上市公司控股股东、实际控制人应当依法依规行使股东权利、履行股东义务，不得隐瞒其控股股东、实际控制人身份，规避相关义务和责任。

通过签署一致行动协议控制公司的，应当在协议中明确相关控制安排及解除机制。

公司应当根据股东持股比例、董事会成员构成及其推荐和提名主体、过往决策实际情况、股东之间的一致行动协议或者约定、表决权安排等情况，客观、审慎、真实地认定公司控制权的归属，无正当、合理理由不得认定为无控股股东、无实际控制人。

4.5.6 上市公司无控股股东、实际控制人的，公司第一大股东及其最终控制人应当比照控股股东、实际控制人，遵守本节的规定。

第六节 表决权差异安排

4.6.1 上市公司具有表决权差异安排的，应当充分、详细披露相关情况特别是风险、公司治理等信息，以及依法落实保护投资者合法权益规定的各项措施。

4.6.2 发行人首次公开发行并上市前设置表决权差异安排的，应当经出席股东大会的股东所持三分之二以上的表决权通过。

发行人在首次公开发行并上市前不具有表决权差异安排的，不得在首次公开发行并上市后以任何方式设置此类安排。

4.6.3 持有特别表决权股份的股东应当为对上市公司发展或者业务增长等作出重大贡献，并且在公司上市前及上市后持续担任公司董事的人员或者该等人员实际控制的持股主体。

持有特别表决权股份的股东在上市公司中拥有权益的股份合计应当达到公司全部已发行有表决权股份的 10% 以上。

4.6.4 上市公司章程应当规定每份特别表决权股份的表决权数量。

每份特别表决权股份的表决权数量应当相同，且不得超过每份普通股份的表决权数量的 10 倍。

4.6.5 除公司章程规定的表决权差异外，普通股份与特别表决权股份具有的其他股东权利应当完全相同。

4.6.6 上市公司股票在本所上市后，除同比例配股、转增股本、分配股票股利情形外，不得在境内外发行特别表决权股份，不得提高特别表决权比例。

上市公司因股份回购等原因，可能导致特别表决权比例提高的，应当同时采取将相应数量特别表决权股份转换为普通股份等措施，保证特别表决权比例不高于原有水平。

本规则所称特别表决权比例，是指全部特别表决权股份的表决权数量占上市公司全部已发行股份表决权数量的比例。

4.6.7 上市公司应当保证普通表决权比例不低于 10%；单独或者合计持有公司 10% 以上已发行有表决权股份的股东有权提议召开临时股东大会；单独或者合计持有公司 3% 以上已发行有表决权股份的股东有权提出股东大会议案。

本规则所称普通表决权比例，是指全部普通股份的表决权数量占上市公司全部已发行股份表决权数量的比例。

4.6.8 特别表决权股份不得在二级市场进行交易，但可以按照本所有关规定进行转让。

4.6.9 出现下列情形之一的，特别表决权股份应当按照 1 ∶ 1 的比例转换为普通股份：

（一）持有特别表决权股份的股东不再符合本规则第 4.6.3 条规定的资格和最低持股要求，或者丧失相应履职能力、离任、死亡；

（二）实际持有特别表决权股份的股东失去对相关持股主体的实际控制；

（三）持有特别表决权股份的股东向他人转让所持有的特别表决权股份，或者将特别表决权股份的表决权委托他人行使；

（四）公司的控制权发生变更。

发生前款第（四）项情形的，上市公司已发行的全部特别表决权股份均应当转换为普通股份。

发生本条第一款情形的，特别表决权股份自相关情形发生时即转换为普通股份，相关股东应当立即通知上市公司，公司应当及时披露具体情形、发生时间、转换为普通股份的特别表决权股份数量、剩余特别表决权股份数量等情况。

4.6.10 上市公司股东对下列事项行使表决权时，每一特别表决权股份享有的表决权数量应当与每一普通股份的表决权数量相同：

（一）修改公司章程；

（二）改变特别表决权股份享有的表决权数量；

（三）聘请或者解聘独立董事；

（四）聘请或者解聘监事；

（五）聘请或者解聘为上市公司定期报告出具审计意见的会计师事务所；

（六）公司合并、分立、解散或者变更公司形式。

公司章程应当规定，股东大会应当对前款第（一）项、第（二）项、第（六）项事项作出决议，并经出席会议的股东所持表决权的三分之二以上通过。但根据第 4.6.6 条、第 4.6.9 条的规定，将相应数量特别表决权股份转换为普通股份的除外。

4.6.11 上市公司应当在股东大会通知中列明持有特别表决权股份的股东、所持特别表决权股份数量及对应的表决权数量、股东大会议案是否涉及第 4.6.10 条规定事项等情况。

4.6.12 上市公司表决权差异安排出现重大变化或者调整的，公司和相关信息披露义务人应当及时予以披露，包括但不限于股东所持有的特别表决权股份被质押、冻结、司法标记、司法拍卖、托管、设定信托或者被依法限制表决权等，或者出现被强制过户风险。

公司具有表决权差异安排的，应当在定期报告中披露该等安排在报告期内的实施和变化情况，以及该等安排下保护投资者合法权益有关措施的实施情况。

4.6.13 上市公司具有表决权差异安排的，监事会应当在年度报告中，就下列事项出具专项意见：

（一）持有特别表决权股份的股东是否持续符合本规则第 4.6.3 条的要求；

（二）特别表决权股份是否出现本规则第 4.6.9 条规定的情形并及时转换为普通股份；

（三）特别表决权比例是否持续符合本规则的规定；

（四）持有特别表决权股份的股东是否存在滥用特别表决权或者其他损害投资者合法权益的情形；

（五）公司及持有特别表决权股份的股东遵守本节其他规定的情况。

持续督导期内，保荐人应当对上市公司特别表决权事项履行持续督导义务，在年度保荐工作报告中对前款规定的事项发表意见，发现股东存在滥用特别表决权或者其他损害投资者合法权益情形时，应当及时督促相关股东改正，并向本所报告。

4.6.14 持有特别表决权股份的股东应当按照所适用的法律法规以及公司章程行使权利，不得滥用特别表决权，不得利用特别表决权损害投资者的合法权益。

出现前款情形，损害投资者合法权益的，本所可以要求公司或者持有特别表决权股份的股东予以改正。

4.6.15 上市公司或者持有特别表决权股份的股东应当按照本所及中国结算的有关规定，办理特别表决权股份登记和转换成普通股份登记事宜。

4.6.16 已在境外上市的红筹企业的表决权差异安排与本节规定存在差异的，可以按照公司注册地公司法等法律法规、境外上市地相关规则和公司章程的规定执行。公司应当详细说明差异情况和原因，以及依法落实保护投资者合法权益要求的对应措施。

第五章　定期报告

第一节　业绩预告和业绩快报

5.1.1 上市公司预计年度经营业绩和财务状况将出现下列情形之一的，应当在会计年度结束后 1 个月内进行预告：

（一）净利润为负值；

（二）净利润实现扭亏为盈；

（三）实现盈利，且净利润与上年同期相比上升或者下降 50% 以上；

（四）扣除非经常性损益前后的净利润孰低者为负值，且扣除与主营业务无关的业务收入和不具备商业实质的收入后的营业收入低于 1 亿元；

（五）期末净资产为负值；

（六）本所认定的其他情形。

公司预计半年度经营业绩将出现前款第（一）项至第（三）项情形之一的，应当在半年度结束后 15 日内进行预告。

5.1.2 上市公司预计报告期实现盈利且净利润与上年同期相比上升或者下降 50% 以上，但存在下列情形之一的，可以免于按照本规则第 5.1.1 条第一款第（三）项的规定披露相应业绩预告：

（一）上一年年度每股收益绝对值低于或者等于 0.05 元；

（二）上一年半年度每股收益绝对值低于或者等于 0.03 元。

5.1.3 上市公司因本规则第 9.3.2 条规定的情形，其股票已被实施退市风险警示的，应当于会计年度结束后 1 个月内预告全年营业收入、扣除与主营业务无关的业务收入和不具备商业实质的收入后的营业收入、净利润、扣除非经常性损益后的净利润和期末净资产。

5.1.4 上市公司应当合理、谨慎、客观、准确地披露业绩预告，公告内容应当包括盈亏金额或者区间、业绩变动范围、经营业绩或者财务状况发生重大变动的主要原因等。

如存在不确定因素可能影响业绩预告准确性的，公司应当在业绩预告中披露不确定因素的具体情况及其影响程度。

5.1.5 上市公司披露业绩预告后，如预计本期经营业绩或者财务状况与已披露的业绩预告存在下列重大差异情形之一的，应当及时披露业绩预告更正公告，说明具体差异及造成差异的原因：

（一）因本规则第 5.1.1 条第一款第（一）项至第（三）项情形披露业绩预告的，最新预计的净利润与已披露的业绩预告发生方向性变化的，或者较原预计金额或者范围差异较大；

（二）因本规则第 5.1.1 条第一款第（四）项、第（五）项情形披露业绩预告的，最新预计不触及第 5.1.1 条第一款第（四）项、第（五）项的情形；

（三）因本规则第 5.1.3 条情形披露业绩预告的，最新预计的相关财务指标与已披露的业绩预告发生方向性变化的，或者较原预计金额或者范围差异较大；

（四）本所规定的其他情形。

5.1.6 上市公司可以在定期报告公告前披露业绩快报。出现下列情形之一的，公司应当及时披露业绩快报：

（一）在定期报告披露前向有关机关报送未公开的定期财务数据，预计无法保密的；

（二）在定期报告披露前出现业绩泄露，或者因业绩传闻导致公司股票及其衍生品种交易异常波动的；

（三）拟披露第一季度业绩，但上年度年度报告尚未披露。

出现前款第（三）项情形的，公司应当在不晚于第一季度业绩相关公告发布时披露上一年度的业绩快报。

5.1.7 上市公司披露业绩快报的，业绩快报应当包括公司本期及上年同期营业收入、营业利润、利润总额、净利润、扣除非经常性损益后的净利润、总资产、净资产、每股收益、每股净资产和净资产收益率等数据和指标。

5.1.8 上市公司披露业绩快报后，如预计本期业绩或者财务状况与已披露的业绩快报数据和指标差异幅度达到 20% 以上，或者最新预计的报告期净利润、扣除非经常性损益后的净利润或者期末净资产与已披露的业绩快报发生方向性变化的，应当及时披露业绩快报更正公告，说明具体差异及造成差异的原因。

5.1.9 上市公司预计本期业绩与已披露的盈利预测有重大差异的，董事会应当在盈利预测更正公告中说明更正盈利预测的依据及过程是否适当和审慎，以及会计师事务所关于实际情况与盈利预测存在差异的专项说明。

5.1.10 上市公司董事、监事和高级管理人员应当及时、全面了解和关注公司经营情况和财务信息，并和会计师事务所进行必要的沟通，审慎判断是否应当披露业绩预告。

公司及其董事、监事和高级管理人员应当对业绩预告及更正公告、业绩快报及更正公告、盈利预测及更正公告披露的准确性负责，确保披露情况与公司实际情况不存在重大差异。

第二节　年度报告、半年度报告和季度报告

5.2.1 上市公司定期报告包括年度报告、半年度报告和季度报告。

公司应当在法律法规以及本所规定的期限内，按照中国证监会及本所的有关规定编制并披露定期报告。

5.2.2 上市公司应当在每个会计年度结束后 4 个月内披露年度报告，应当在每个会计年度的上半年结束后 2 个月内披露半年度报告，应当在每个会计年度前 3 个月、前 9 个月结束后 1 个月内披露季度报告。

公司第一季度季度报告的披露时间不得早于上一年度的年度报告披露时间。

公司预计不能在规定期限内披露定期报告的，应当及时公告不能按期披露的原因、解决方案及延期披露的最后期限。

5.2.3 上市公司应当向本所预约定期报告的披露时间，本所根据均衡披露原则统筹安排。

公司应当按照预约时间办理定期报告披露事宜。因故需要变更披露时间的，应当至少提前 5 个交易日向本所提出申请，说明变更的理由和变更后的披露时间，本所视情形决定是否予以调整。本所原则上只接受一次变更申请。

公司未在前述规定期限内提出定期报告披露预约时间变更申请的，应当及时公告定期报告披露时间变更，说明变更理由，并明确变更后的披露时间。

5.2.4 上市公司董事会应当确保公司按时披露定期报告。

公司不得披露未经董事会审议通过的定期报告。半数以上的董事无法保证定期报告内容的真实性、准确性、完整性的，视为未审议通过。

定期报告未经董事会审议、审议未通过或者因故无法形成有关董事会决议的，公司应当披露相关情况，说明无法形成董事会决议的原因和存在的风险、董事会的专项说明以及独立董事意见。

5.2.5 上市公司董事会应当按照中国证监会和本所关于定期报告的相关规定，组织有关人员安排落实定期报告的编制和披露工作。

公司总经理、财务负责人、董事会秘书等高级管理人员应当及时编制定期报告草案并提交董事会审议。

5.2.6 上市公司董事、高级管理人员应当对定期报告签署书面确认意见，说明董事会的编制和审议程序是否符合法律法规、本所相关规定的要求，定期报告的内容是否能够真实、准确、完整地反映上市公司的实际情况。

公司监事会应当对董事会编制的定期报告进行审核并提出书面审核意见。监事应当签署书面确认意见。监事会对定期报告出具的书面审核意见，应当说明董事会的编制和审议程序是否符合法律法规、本所相关规定的要求，定期报告的内容是否能够真实、准确、完整地反映公司的实际情况。

公司董事、监事无法保证定期报告内容的真实性、准确性、完整性或者有异议的，应当在董事会或者监事会审议、审核定期报告时投反对票或者弃权票。

公司董事、监事和高级管理人员无法保证定期报告内容的真实性、准确性、完整性或者有异议的，应当在书面确认意见中发表意见并陈述理由，公司应当披露。公司不予披露的，董事、监事和高级管理人员可以直接申请披露。

公司董事、监事和高级管理人员发表的异议理由应当明确、具体，与定期报告披露内容具有相关性。公司董事、监事和高级管理人员按照前款规定发表意见，应当遵循审慎原则，其保证定期报告内容的真实性、准确性、完整性的责任不仅因发表意见而当然免除。

董事、监事和高级管理人员不得以任何理由拒绝对定期报告签署书面意见。

5.2.7 上市公司年度报告中的财务会计报告应当经会计师事务所审计。

公司半年度报告中的财务会计报告可以不经审计，但有下列情形之一的，应当经过审计：

（一）拟依据半年度财务数据派发股票股利、进行公积金转增股本或者弥补亏损；

（二）中国证监会或者本所认为应当进行审计的其他情形。

公司季度报告中的财务资料无需审计，但中国证监会或者本所另有规定的除外。

5.2.8 上市公司应当在董事会审议通过定期报告后，及时向本所报送并提交下列文件：

（一）年度报告全文及其摘要、半年度报告全文及其摘要或者季度报告；

（二）审计报告（如适用）；

（三）董事会和监事会决议；

（四）董事、监事和高级管理人员书面确认意见；

（五）按照本所要求制作的载有定期报告和财务数据的电子文件；

（六）本所要求的其他文件。

5.2.9 上市公司财务会计报告被出具非标准审计意见的，应当按照中国证监会《公开发行证券的公司信息披露编报规则第 14 号——非标准审计意见及其涉及事项的处理》（以下简称第 14 号编报规则）的规定，在报送定期报告的同时，向本所提交下列文件并披露：

（一）董事会针对该审计意见涉及事项所做的符合第 14 号编报规则要求的专项说明，审议此专项说明的董事会决议和决议所依据的材料；

（二）独立董事对审计意见涉及事项所发表的意见；

（三）监事会对董事会专项说明的意见和相关决议；

（四）负责审计的会计师事务所和注册会计师出具的符合第 14 号编报规则要求的专项说明；

（五）中国证监会和本所要求的其他文件。

5.2.10 上市公司出现本规则第 5.2.9 条所述非标准审计意见涉及事项如属于明显违反会计准则及相关信息披露规范规定的，应当对有关事项进行纠正，并及时披露经纠正的财务会计资料和会计师事务所出具的审计报告或者专项鉴证报告等有关材料。

公司未及时披露、采取措施消除相关事项及其影响的，本所将对其采取监管措施或者予以纪律处分，或者报中国证监会调查处理。

5.2.11 上市公司应当认真对待本所对其定期报告的事后审查意见，按期回复本所的问询，并按要求对定期报告有关内容作出解释和说明。如需披露更正或者补充公告并修改定期报告的，公司应当在履行相应程序后及时公告。

5.2.12 上市公司因已披露的定期报告存在差错或者虚假记载被责令改正，或者董事会决定进行更正的，应当在被责令改正或者董事会作出相应决定后及时披露，涉及财务信息的按照中国证监会《公开发行证券的公司信息披露编报规则第 19 号——财务信息的更正及相关披露》等有关规定的要求更正及披露。

5.2.13 发行可转换公司债券的上市公司，其年度报告和半年度报告还应当包括以下内容：

（一）转股价格历次调整、修正的情况，经调整、修正后的最新转股价格；

（二）可转换公司债券发行后累计转股的情况；

（三）前 10 名可转换公司债券持有人的名单和持有量；

（四）担保人盈利能力、资产状况和信用状况发生重大变化的情况；（如适用）

（五）公司的负债情况、资信变化情况以及在未来年度偿债的现金安排；

（六）中国证监会和本所规定的其他内容。

5.2.14 上市公司未在规定期限内披露定期报告，或者因财务会计报告存在重大会计差错或者虚假记载被中国证监会责令改正但未在规定期限内改正的，公司股票及其衍生品种按照本规则第八章的有关规定进行停牌与复牌。

第三节　利润分配和资本公积金转增股本

5.3.1 上市公司应当积极回报股东，综合考虑所处行业特点、发展阶段、自身经营模式、盈利水平以及是否有重大资金支出安排等因素，科学、审慎决策，合理确定利润分配政策。

公司应当按照《公司法》和公司章程的规定弥补亏损（如有），提取法定公积金、任意公积金，确定股本基数、分配比例、分配总额及资金来源。

公司派发股票股利、资本公积转增股本的，应当遵守法律法规、《企业会计准则》、本所相关规定及公司章程等，其股份送转比例应当与业绩增长相匹配。

公司派发现金红利同时派发股票股利的，应当结合公司发展阶段、成长性、每股净资产的摊薄和重大资金支出安排等因素，说明派发现金红利在本次利润分配中所占比例及其合理性。

5.3.2 上市公司制定利润分配方案时，应当以母公司报表中可供分配利润为依据。

5.3.3 上市公司在报告期结束后，至利润分配、资本公积金转增股本方案公布前股本总额发生变动的，应当以最新股本总额作为分配或者转增的股本基数。

公司董事会在审议利润分配、资本公积金转增股本方案时，应当明确在股本总额发生变动时的方案调整原则。

5.3.4 拟发行证券的公司存在利润分配、资本公积金转增股本方案尚未提交股东大会表决或者虽经股东大会表决通过但未实施的，应当在方案实施后发行。相关方案实施前，主承销商不得承销公司发行的证券。

5.3.5 上市公司应当在董事会审议通过利润分配或者资本公积金转增股本方案后，及时披露方案的具体内容，并说明该等方案是否符合公司章程规定的利润分配政策和公司已披露的股东回报规划等。

5.3.6 上市公司应当于实施方案的股权登记日前 3 至 5 个交易日内披露方案实施公告。

5.3.7 方案实施公告应当包括以下内容：

（一）通过方案的股东大会届次和日期；

（二）派发现金股利、股票股利、资本公积金转增股本的比例（以每 10 股表述）、股本基数（按实施前实际股本计算）以及是否含税和扣税情况等；

（三）股权登记日、除权（息）日、新增股份上市日；

（四）方案实施办法；

（五）股本变动结构表（按变动前总股本、本次派发股票股利数、本次转增股本数、变动后总股本、占总股本比例等项目列示）；

（六）派发股票股利、资本公积金转增股本后，需要调整的衍生品种行权（转股）价、行权（转股）比例、承诺的最低减持价情况等（如适用）；

（七）派发股票股利、资本公积金转增股本后，按新股本摊薄计算的上年度每股收益或者本年半年度每股收益；

（八）中国证监会和本所要求的其他内容。

5.3.8 上市公司应当在股东大会审议通过方案后 2 个月内，完成利润分配及公积金转增股本事宜。

第六章　应当披露的交易

第一节　重大交易

6.1.1 本节所称重大交易，包括除上市公司日常经营活动之外发生的下列类型的事项：

（一）购买或者出售资产；

（二）对外投资（含委托理财、对子公司投资等）；

（三）提供财务资助（含有息或者无息借款、委托贷款等）；

（四）提供担保（含对控股子公司担保等）；

（五）租入或者租出资产；

（六）委托或者受托管理资产和业务；

（七）赠与或者受赠资产；

（八）债权、债务重组；

（九）签订许可使用协议；

（十）转让或者受让研发项目；

（十一）放弃权利（含放弃优先购买权、优先认缴出资权等）；

（十二）本所认定的其他交易。

6.1.2 除本规则第 6.1.9 条、第 6.1.10 条规定以外，上市公司发生的交易达到下列标准之一的，应当及时披露：

（一）交易涉及的资产总额（同时存在账面值和评估值的，以高者为准）占上市公司最近一期经审计总资产的 10% 以上；

（二）交易标的（如股权）涉及的资产净额（同时存在账面值和评估值的，以高者为准）占上市公司最近一期经审计净资产的 10% 以上，且绝对金额超过 1000 万元；

（三）交易的成交金额（包括承担的债务和费用）占上市公司最近一期经审计净资产的 10% 以上，且绝对金额超过 1000 万元；

（四）交易产生的利润占上市公司最近一个会计年度经审计净利润的 10% 以上，且绝对金额超过 100 万元；

（五）交易标的（如股权）在最近一个会计年度相关的营业收入占上市公司最近一个会计年度经审计营业收入的 10% 以上，且绝对金额超过 1000 万元；

（六）交易标的（如股权）在最近一个会计年度相关的净利润占上市公司最近一个会计年度经审计净利润的 10% 以上，且绝对金额超过 100 万元。

上述指标涉及的数据如为负值，取其绝对值计算。

6.1.3 除本规则第 6.1.9 条、第 6.1.10 条规定以外，上市公司发生的交易达到下列标准之一的，上市公司除应当及时披露外，还应当提交股东大会审议：

（一）交易涉及的资产总额（同时存在账面值和评估值的，以高者为准）占上市公司最近一期经审计总资产的 50% 以上；

（二）交易标的（如股权）涉及的资产净额（同时存在账面值和评估值的，以高者为准）占上市公司最近一期经审计净资产的 50% 以上，且绝对金额超过5000 万元；

（三）交易的成交金额（包括承担的债务和费用）占上市公司最近一期经审计净资产的 50% 以上，且绝对金额超过 5000 万元；

（四）交易产生的利润占上市公司最近一个会计年度经审计净利润的 50% 以上，且绝对金额超过 500 万元；

（五）交易标的（如股权）在最近一个会计年度相关的营业收入占上市公司最近一个会计年度经审计营业收入的 50% 以上，且绝对金额超过 5000 万元；

（六）交易标的（如股权）在最近一个会计年度相关的净利润占上市公司最近一个会计年度经审计净利润的 50% 以上，且绝对金额超过 500 万元。

上述指标涉及的数据如为负值，取绝对值计算。

6.1.4 上市公司发生下列情形之一交易的，可以免于按照本规则第 6.1.3 条的规定提交股东大会审议，但仍应当按照规定履行信息披露义务：

（一）公司发生受赠现金资产、获得债务减免等不涉及对价支付、不附有任何义务的交易；

（二）公司发生的交易仅达到本规则第 6.1.3 条第一款第（四）项或者第（六）项标准，且公司最近一个会计年度每股收益的绝对值低于 0.05 元的。

6.1.5 上市公司购买或者出售股权的，应当按照上市公司所持标的公司股权变动比例计算相关财务指标适用本规则第 6.1.2 条、第 6.1.3 条的规定。

交易将导致上市公司合并报表范围发生变更的，应当将该股权所对应的标的公司的相关财务指标作为计算基础，适用本规则第 6.1.2 条、第 6.1.3 条的规定。

因租入或者租出资产、委托或者受托管理资产和业务等，导致上市公司合并报表范围发生变更的，参照适用前款规定。

6.1.6 上市公司发生交易达到本规则第 6.1.3 条规定标准，交易标的为公司股权的，应当披露标的资产经会计师事务所审计的最近一年又一期财务会计报告。会计师事务所发表的审计意见应当为标准无保留意见，审计截止日距审议相关交易事项的股东大会召开日不得超过 6 个月。

公司发生交易达到本规则第 6.1.3 条规定标准，交易标的为公司股权以外的其他资产的，应当披露标的资产由资产评估机构出具的评估报告。评估基准日距审议相关交易事项的股东大会召开日不得超过一年。

中国证监会、本所根据审慎原则要求，公司依据其章程或者其他法律法规等规定，以及公司自愿提交股东大会审议的交易事项，应当适用前两款规定。

6.1.7 上市公司发生交易达到本规则第 6.1.2 条规定的标准，交易对方以非现金资产作为交易对价或者抵偿上市公司债务的，上市公司应当参照本规则第 6.1.6 条的规定披露涉及资产的审计报告或者评估报告。

6.1.8 上市公司购买或出售交易标的少数股权，因上市公司在交易前后均无法对交易标的形成控制、共同控制或重大影响等客观原因，导致确实无法对交易标的最近一年又一期财务会计报告进行审计的，可以在披露相关情况后免于按照本规则第 6.1.6 条的规定披露审计报告，中国证监会或本所另有规定的除外。

6.1.9 上市公司发生"财务资助"交易事项，除应当经全体董事的过半数审议通过外，还应当经出席董事会会议的三分之二以上董事审议通过，并及时披露。

财务资助事项属于下列情形之一的，还应当在董事会审议通过后提交股东大会审议：

（一）单笔财务资助金额超过上市公司最近一期经审计净资产的 10%；

（二）被资助对象最近一期财务报表数据显示资产负债率超过 70%；

（三）最近 12 个月内财务资助金额累计计算超过公司最近一期经审计净资产的 10%；

（四）本所或者公司章程规定的其他情形。

资助对象为公司合并报表范围内的控股子公司，且该控股子公司其他股东中不包含上市公司的控股股东、实际控制人及其关联人的，可以免于适用前两款规定。

6.1.10 上市公司发生"提供担保"交易事项，除应当经全体董事的过半数审议通过外，还应当经出席董事会会议的三分之二以上董事审议通过，并及时披露。

担保事项属于下列情形之一的，还应当在董事会审议通过后提交股东大会审议：

（一）单笔担保额超过上市公司最近一期经审计净资产 10% 的担保；

（二）上市公司及其控股子公司对外提供的担保总额，超过上市公司最近一期经审计净资产 50% 以后提供的任何担保；

（三）上市公司及其控股子公司对外提供的担保总额，超过上市公司最近一期经审计总资产 30% 以后提供的任何担保；

（四）按照担保金额连续 12 个月内累计计算原则，超过上市公司最近一期经审计总资产 30% 的担保；

（五）为资产负债率超过 70% 的担保对象提供的担保；

（六）对股东、实际控制人及其关联人提供的担保；

（七）本所或者公司章程规定的其他担保。

上市公司股东大会审议前款第（四）项担保时，应当经出席会议的股东所持表决权的三分之二以上通过。

6.1.11 对于达到披露标准的担保，如果被担保人于债务到期后 15 个交易日内未履行还款义务，或者被担保人出现破产、清算或者其他严重影响其还款能力的情形，上市公司应当及时披露。

6.1.12 上市公司进行委托理财，因交易频次和时效要求等原因难以对每次投资交易履行审议程序和披露义务的，可以对投资范围、额度及期限等进行合理预计，以额度计算占净资产的比例，适用本规则第 6.1.2 条、第 6.1.3 条的规定。

相关额度的使用期限不应超过 12 个月，期限内任一时点的交易金额（含前述投资的收益进行再投资的相关金额）不应超过投资额度。

6.1.13 上市公司租入或租出资产的，应当以约定的全部租赁费用或者租赁收入适用本规则第 6.1.2 条、第 6.1.3 条的规定。

6.1.14 上市公司直接或者间接放弃对控股子公司或者控制的其他主体的优先购买或者认缴出资等权利，导致合并报表范围发生变更的，应当以放弃金额与该主体的相关财务指标，适用本规则第 6.1.2 条、第 6.1.3 条的规定。

上市公司放弃权利未导致上市公司合并报表范围发生变更，但相比于未放弃权利，所拥有该主体权益的比例下降的，应当以放弃金额与按权益变动比例计算的相关财务指标，适用本规则第 6.1.2 条、第 6.1.3 条的规定。

上市公司部分放弃权利的，还应当以前两款规定的金额和指标与实际受让或者出资金额，适用本规则第 6.1.2 条、第 6.1.3 条的规定。

6.1.15 上市公司进行"提供担保"、"提供财务资助"、"委托理财"等之外的其他交易时，应当对相同交易类别下标的相关的各项交易，按照连续 12 个月内累计计算的原则，分别适用第 6.1.2 条、第 6.1.3 条的规定。已经按照第 6.1.2 条、6.1.3 条履行相关义务的，不再纳入相关的累计计算范围。

除前款规定外，公司发生"购买或者出售资产"交易，不论交易标的是否相关，若所涉及的资产总额或者成交金额在连续 12 个月内经累计计算超过公司最近一期经审计总资产 30% 的，除应当披露并参照第 6.1.6 条进行审计或者评估外，还应当提交股东大会审议，并经出席会议的股东所持表决权的三分之二以上通过。

6.1.16 上市公司发生的交易按照本节的规定适用连续 12 个月累计计算原则时，达到本节规定的披露标准的，可以仅将本次交易事项按照本所相关要求披露，并在公告中说明前期累计未达到披露标准的交易事项；达到本节规定的应当提交股东大会审议标准的，可以仅将本次交易事项提交股东大会审议，并在公告中说明前期未履行股东大会审议程序的交易事项。

公司已按照本规则第 6.1.2 条、第 6.1.3 条规定履行相关义务的，不再纳入对应的累计计算范围。公司已披露但未履行股东大会审议程序的交易事项，仍应当纳入相应累计计算范围以确定应当履行的审议程序。

6.1.17 上市公司发生交易，相关安排涉及未来可能支付或者收取对价等有条件确定金额的，应当以可能支付或收取的最高金额作为成交金额，适用本规则第 6.1.2 条、第 6.1.3 条的规定。

6.1.18 上市公司分期实施本规则第 6.1.1 条规定的交易的，应当以协议约定的全部金额为标准适用本规则第 6.1.2 条、第 6.1.3 条的规定。

6.1.19 上市公司与同一交易方同时发生本规则第 6.1.1 条第（二）项至第（四）项以外各项中方向相反的两个相关交易时，应当按照其中单个方向的交易涉及指标中较高者适用本规则第 6.1.2 条、第 6.1.3 条的规定。

6.1.20 上市公司发生交易，在期限届满后与原交易对方续签合约、进行展期的，应当按照本节的规定重新履行审议程序和披露义务。

6.1.21 上市公司应当根据交易类型，按照本所相关规定披露交易的相关信息，包括交易对方、交易标的、交易协议的主要内容、交易定价及依据、有关部门审批文件（如有）、中介机构意见（如适用）等。

6.1.22 上市公司与其合并报表范围内的控股子公司、控制的其他主体发生的或者上述控股子公司、控制的其他主体之间发生的交易，可以免于按照本章规定披露和履行相应程序，中国证监会或者本所另有规定的除外。

第二节 日常交易

6.2.1 本节所称"日常交易"，是指上市公司发生与日常经营相关的以下类型的交易：

（一）购买原材料、燃料和动力；

（二）接受劳务；

（三）出售产品、商品；

（四）提供劳务；

（五）工程承包；

（六）与日常经营相关的其他交易。

资产置换中涉及前款交易的，适用本章第一节的规定。

6.2.2 上市公司签署日常交易相关合同，达到下列标准之一的，应当及时披露：

（一）涉及本规则第 6.2.1 条第一款第（一）项、第（二）项事项的，合同金额占上市公司最近一期经审计总资产 50% 以上，且绝对金额超过 5 亿元；

（二）涉及本规则第 6.2.1 条第一款第（三）项至（五）项事项的，合同金额占上市公司最近一个会计年度经审计主营业务收入 50% 以上，且绝对金额超过 5 亿元；

（三）公司或者本所认为可能对上市公司财务状况、经营成果产生重大影响的其他合同。

6.2.3 上市公司与他人共同承接建设工程项目，公司作为总承包人的，应当以承接项目的全部合同金额适用本规则第 6.2.2 条的规定；作为非总承包人的，应当以公司实际承担的合同金额适用本规则第 6.2.2 条的规定。

6.2.4 上市公司参加工程承包、商品采购等项目的投标，合同金额达到本规则第 6.2.2 条规定标准的，在已进入公示期但尚未取得中标通知书或者相关证明文件时，应当及时发布提示性公告，并按照本所相关规定披露中标公示的主要内容。

公示期结束后取得中标通知书的，公司应当及时按照本所相关规定披露项目中标有关情况。预计无法取得中标通知书的，公司应当及时披露进展情况并充分提示风险。

6.2.5 上市公司应当按照本所相关规定披露日常交易的相关信息，包括交易各方、合同主要内容、合同履行对公司的影响、合同的审议程序、有关部门审批文件（如有）、风险提示等。

第三节　关联交易

6.3.1 上市公司应当保证关联交易的合法性、必要性、合理性和公允性，保持公司的独立性，不得利用关联交易调节财务指标，损害公司利益。交易各方不得隐瞒关联关系或者采取其他手段，规避公司的关联交易审议程序和信息披露义务。

6.3.2 上市公司的关联交易，是指上市公司、控股子公司及控制的其他主体与上市公司关联人之间发生的转移资源或者义务的事项，包括：

（一）本规则第 6.1.1 条规定的交易事项；

（二）购买原材料、燃料、动力；

（三）销售产品、商品；

（四）提供或者接受劳务；

（五）委托或者受托销售；

（六）存贷款业务；

（七）与关联人共同投资；

（八）其他通过约定可能引致资源或者义务转移的事项。

6.3.3 上市公司的关联人包括关联法人（或者其他组织）和关联自然人。

具有以下情形之一的法人（或者其他组织），为上市公司的关联法人（或者其他组织）：

（一）直接或者间接控制上市公司的法人（或者其他组织）；

（二）由前项所述法人（或者其他组织）直接或者间接控制的除上市公司、控股子公司及控制的其他主体以外的法人（或者其他组织）；

（三）关联自然人直接或者间接控制的、或者担任董事（不含同为双方的独立董事）、高级管理人员的，除上市公司、控股子公司及控制的其他主体以外的法人（或者其他组织）；

（四）持有上市公司 5% 以上股份的法人（或者其他组织）及其一致行动人；

具有以下情形之一的自然人，为上市公司的关联自然人：

（一）直接或者间接持有上市公司 5% 以上股份的自然人；

（二）上市公司董事、监事和高级管理人员；

（三）直接或者间接地控制上市公司的法人（或者其他组织）的董事、监事和高级管理人员；

（四）本款第（一）项、第（二）项所述人士的关系密切的家庭成员。

在过去 12 个月内或者相关协议或者安排生效后的 12 个月内，存在本条第二款、第三款所述情形之一的法人（或者其他组织）、自然人，为上市公司的关联人。

中国证监会、本所或者上市公司可以根据实质重于形式的原则，认定其他与上市公司有特殊关系，可能或者已经造成上市公司对其利益倾斜的法人（或者其他组织）或者自然人为上市公司的关联人。

6.3.4 上市公司与本规则第 6.3.3 条第二款第（二）项所列法人（或者其他组织）受同一国有资产管理机构控制而形成该项所述情形的，不因此构成关联关系，但其法定代表人、董事长、总经理或者半数以上的董事兼任上市公司董事、监事或者高级管理人员的除外。

6.3.5 上市公司董事、监事、高级管理人员、持有公司 5% 以上股份的股东及其一致行动人、实际控制人应当及时向上市公司董事会报送上市公司关联人名单及关联关系的说明，由公司做好登记管理工作。

6.3.6 除本规则第 6.3.11 条的规定外，上市公司与关联人发生的交易达到下列标准之一的，应当及时披露：

（一）与关联自然人发生的交易金额（包括承担的债务和费用）在 30 万元以上的交易；

（二）与关联法人（或者其他组织）发生的交易金额（包括承担的债务和费用）在 300 万元以上，且占上市公司最近一期经审计净资产绝对值 0.5% 以上的交易。

6.3.7 除本规则第 6.3.11 条的规定外，上市公司与关联人发生的交易金额（包括承担的债务和费用）在 3000 万元以上，且占上市公司最近一期经审计净资产绝对值 5% 以上的，应当按照本规则第 6.1.6 条的规定披露审计报告或者评估报告，并将该交易提交股东大会审议。

本规则第 6.3.17 条规定的日常关联交易可以不进行审计或者评估。

上市公司与关联人共同出资设立公司，上市公司出资额达到本条第一款规定的标准，如果所有出资方均全部以现金出资，且按照出资额比例确定各方在所设立公司的股权比例的，可以豁免适用提交股东大会审议的规定。

公司关联交易事项未达到本条第一款规定的标准，但中国证监会、本所根据审慎原则要求，或者公司按照其章程或者其他规定，以及自愿提交股东大会审议的，应当按照第一款规定履行审议程序和披露义务，并适用有关审计或者评估的要求。

6.3.8 上市公司董事会审议关联交易事项时，关联董事应当回避表决，也不得代理其他董事行使表决权。该董事会会议由过半数的非关联董事出席即可举行，董事会会议所作决议须经非关联董事过半数通过。出席董事会会议的非关联董事人数不足 3 人的，公司应当将交易提交股东大会审议。

前款所称关联董事包括下列董事或者具有下列情形之一的董事：

（一）为交易对方；

（二）拥有交易对方直接或者间接控制权的；

（三）在交易对方任职，或者在能直接或间接控制该交易对方的法人或其他组织、该交易对方直接或者间接控制的法人或其他组织任职；

（四）为交易对方或者其直接或者间接控制人的关系密切的家庭成员；

（五）为交易对方或者其直接或者间接控制人的董事、监事或高级管理人员的关系密切的家庭成员；

（六）中国证监会、本所或者上市公司基于实质重于形式原则认定的其独立商业判断可能受到影响的董事。

6.3.9 上市公司股东大会审议关联交易事项时，关联股东应当回避表决，也不得代理其他股东行使表决权。

前款所称关联股东包括下列股东或者具有下列情形之一的股东：

（一）为交易对方；

（二）拥有交易对方直接或者间接控制权的；

（三）被交易对方直接或者间接控制；

（四）与交易对方受同一法人或者其他组织或者自然人直接或者间接控制；

（五）在交易对方任职，或者在能直接或间接控制该交易对方的法人或其他组织、该交易对方直接或者间接控制的法人或其他组织任职；

（六）为交易对方或者其直接或者间接控制人的关系密切的家庭成员；

（七）因与交易对方或者其关联人存在尚未履行完毕的股权转让协议或者其他协议而使其表决权受到限制和影响的股东；

（八）中国证监会或者本所认定的可能造成上市公司利益对其倾斜的股东。

6.3.10 上市公司不得为本规则第 6.3.3 条规定的关联人提供财务资助，但向非由上市公司控股股东、实际控制人控制的关联参股公司提供财务资助，且该参股公司的其他股东按出资比例提供同等条件财务资助的情形除外。

公司向前款规定的关联参股公司提供财务资助的，除应当经全体非关联董事的过半数审议通过外，还应当经出席董事会会议的非关联董事的三分之二以上董事审议通过，并提交股东大会审议。

6.3.11 上市公司为关联人提供担保的，除应当经全体非关联董事的过半数审议通过外，还应当经出席董事会会议的非关联董事的三分之二以上董事审议同意并作出决议，并提交股东大会审议。公司为控股股东、实际控制人及其关联人提供担保的，控股股东、实际控制人及其关联人应当提供反担保。

公司因交易或者关联交易导致被担保方成为公司的关联人，在实施该交易或者关联交易的同时，应当就存续的关联担保履行相应审议程序和信息披露义务。

董事会或者股东大会未审议通过前款规定的关联担保事项的，交易各方应当采取提前终止担保等有效措施。

6.3.12 上市公司与关联人共同出资设立公司，应当以上市公司的出资额作为交易金额，适用本规则第 6.3.6 条、第 6.3.7 条的规定。

6.3.13 上市公司因放弃权利导致与其关联人发生关联交易的，应当按照本规则第 6.1.14 条的标准，适用本规则第 6.3.6 条、第 6.3.7 条的规定。

6.3.14 上市公司与关联人发生交易的相关安排涉及未来可能支付或者收取对价等有条件确定金额的，以预计的最高金额为成交金额，适用本规则第 6.3.6 条、第 6.3.7 条的规定。

6.3.15 上市公司在连续 12 个月内发生的以下关联交易，应当按照累计计算的原则，分别适用本规则第 6.3.6 条、第 6.3.7 条的规定：

（一）与同一关联人进行的交易；

（二）与不同关联人进行的相同交易类别下标的相关的交易。

上述同一关联人，包括与该关联人受同一主体控制，或者相互存在股权控制关系的其他关联人。

根据本条规定连续 12 个月累计计算达到本节规定的披露标准或者股东大会审议标准的，参照适用本规则第 6.1.16 条的规定。

6.3.16 上市公司与关联人之间进行委托理财的，如因交易频次和时效要求等原因难以对每次投资交易履行审议程序和披露义务的，可以对投资范围、投资额度及期限等进行合理预计，以额度作为计算标准，适用本规则第 6.3.6 条、第 6.3.7 条的规定。

相关额度的使用期限不应超过 12 个月，期限内任一时点的交易金额（含前述投资的收益进行再投资的相关金额）不应超过投资额度。

6.3.17 上市公司与关联人发生本规则第 6.3.2 条第（二）项至第（六）项所列日常关联交易时，按照下述规定履行审议程序并披露：

（一）已经股东大会或者董事会审议通过且正在执行的日常关联交易协议，如果执行过程中主要条款未发生重大变化的，公司应当在年度报告和半年度报告中按要求披露各协议的实际履行情况，并说明是否符合协议的规定；如果协议在执行过程中主要条款发生重大变化或者协议期满需要续签的，公司应当将新修订或者续签的日常关联交易协议，根据协议涉及的总交易金额提交董事会或者股东大会审议，协议没有具体总交易金额的，应当提交股东大会审议；

（二）首次发生的日常关联交易，公司应当根据协议涉及的总交易金额，履行审议程序并及时披露；协议没有具体总交易金额的，应当提交股东大会审议；

如果协议在履行过程中主要条款发生重大变化或者协议期满需要续签的，按照本款前述规定处理；

（三）公司可以按类别合理预计当年度日常关联交易金额，履行审议程序并披露；实际执行超出预计金额的，应当按照超出金额重新履行审议程序并披露；

（四）公司年度报告和半年度报告应当分类汇总披露日常关联交易的实际履行情况；

（五）公司与关联人签订的日常关联交易协议期限超过 3 年的，应当每 3 年根据本章的规定重新履行相关审议程序和披露义务。

6.3.18 上市公司与关联人发生的下列交易，可以免于按照关联交易的方式审议和披露：

（一）上市公司单方面获得利益且不支付对价、不附任何义务的交易，包括受赠现金资产、获得债务减免、无偿接受担保和财务资助等；

（二）关联人向上市公司提供资金，利率水平不高于贷款市场报价利率，且上市公司无需提供担保；

（三）一方以现金方式认购另一方公开发行的股票、公司债券或企业债券、可转换公司债券或者其他衍生品种；

（四）一方作为承销团成员承销另一方公开发行的股票、公司债券或企业债券、可转换公司债券或者其他衍生品种；

（五）一方依据另一方股东大会决议领取股息、红利或者报酬；

（六）一方参与另一方公开招标、拍卖等，但是招标、拍卖等难以形成公允价格的除外；

（七）上市公司按与非关联人同等交易条件，向本规则第6.3.3条第三款第（二）项至第（四）项规定的关联自然人提供产品和服务；

（八）关联交易定价为国家规定；

（九）本所认定的其他交易。

6.3.19 上市公司应当根据关联交易事项的类型，按照本所相关规定披露关联交易的有关内容，包括交易对方、交易标的、交易各方的关联关系说明和关联人基本情况、交易协议的主要内容、交易定价及依据、有关部门审批文件（如有）、中介机构意见（如适用）。

6.3.20 上市公司与关联人进行交易时涉及的相关义务、披露和审议标准，本节没有规定的，适用本章第一节的规定。

第七章 应当披露的其他重大事项

第一节 股票交易异常波动和传闻澄清

7.1.1 上市公司股票交易出现本所业务规则规定或者本所认定的异常波动的，

本所可以根据异常波动程度和监管需要，采取下列措施：

（一）要求上市公司披露股票交易异常波动公告；

（二）要求上市公司停牌核查并披露核查公告；

（三）向市场提示异常波动股票投资风险；

（四）本所认为必要的其他措施。

7.1.2 上市公司股票交易根据相关规定被认定为异常波动的，公司应当于次一交易日披露股票交易异常波动公告。

7.1.3 上市公司披露的股票交易异常波动公告应当包括以下内容：

（一）股票交易异常波动情况的说明；

（二）董事会对重要问题的关注、核实情况说明；

（三）向控股股东、实际控制人等的函询情况；

（四）是否存在应当披露而未披露信息的声明；

（五）本所要求的其他内容。

7.1.4 上市公司股票交易出现本所业务规则规定的严重异常波动的，应当于次一交易日披露核查公告；无法披露的，应当申请其股票及其衍生品种自次一交易日起停牌核查。公司股票及其衍生品种应当自披露核查公告之日起复牌。

7.1.5 上市公司出现股票交易严重异常波动，公司或者相关信息披露义务人应当核查下列事项：

（一）是否存在导致股价严重异常波动的未披露事项；

（二）股价是否严重偏离同行业上市公司合理估值；

（三）是否存在重大风险事项；

（四）其他可能导致股价严重异常波动的事项。

公司应当在核查公告中充分提示公司股价严重异常波动的交易风险。

保荐人及其保荐代表人应当督促公司按照本节规定及时进行核查，履行相应信息披露义务。

7.1.6 上市公司股票交易出现严重异常波动，经公司核查后无应披露而未披露的重大事项，也无法对异常波动原因作出合理解释的，本所可以向市场公告，提示股票交易风险，并视情况实施停牌。

7.1.7 传闻可能或者已经对上市公司股票及其衍生品种交易价格产生较大影响的，公司应当及时核实相关情况，并按照法律法规、本所相关规定披露情况说明公告或者澄清公告。

7.1.8 上市公司披露的澄清公告应当包括以下内容：

（一）传闻内容及其来源；

（二）传闻所涉及事项的真实情况；

（三）相关风险提示（如适用）；

（四）本所要求的其他内容。

第二节 可转换公司债券涉及的重大事项

7.2.1 发生以下可能对可转换公司债券交易或者转让价格产生较大影响的重大事项之一时，上市公司应当及时披露：

（一）《证券法》第八十条第二款、第八十一条第二款规定的重大事项；

（二）因配股、增发、送股、派息、分立、减资及其他原因引起发行人股份变动，需要调整转股价格，或者依据募集说明书或者重组报告书约定的转股价格修正条款修正转股价格；

（三）向不特定对象发行的可转换公司债券未转换的面值总额少于3000万元；

（四）公司信用状况发生重大变化，可能影响如期偿还债券本息；

（五）可转换公司债券担保人发生重大资产变动、重大诉讼，或者涉及合并、分立等情况；

（六）资信评级机构对可转换公司债券的信用或者公司的信用进行评级并已出具信用评级结果；

（七）中国证监会和本所规定的其他情形。

7.2.2 上市公司应当在可转换公司债券约定的付息日前3至5个交易日内披露付息公告；在可转换公司债券期满前3至5个交易日内披露本息兑付公告。

7.2.3 上市公司应当在可转换公司债券开始转股前3个交易日披露实施转股的公告。

7.2.4 上市公司应当持续关注可转换公司债券约定的赎回条件是否满足，预计可能满足赎回条件的，应当在预计赎回条件满足的5个交易日前披露提示性公告，向市场充分提示风险。

公司应当在满足可转换公司债券赎回条件的当日决定是否赎回并于次一交易日披露。如决定行使赎回权的，公司应当在满足赎回条件后每5个交易日至少披露1次赎回提示性公告，并在赎回期结束后公告赎回结果及其影响；如决定不行使赎回权的，公司应当充分说明不赎回的具体原因。

7.2.5 上市公司应当在满足可转换公司债券回售条件的次一交易日披露回售公告，并在满足回售条件后每5个交易日至少披露1次回售提示性公告。回售期结束后，公司应当公告回售结果及其影响。

变更可转换公司债券募集资金用途的，公司应当在股东大会通过决议后20个交易日内赋予可转换公司债券持有人1次回售的权利，有关回售提示性公告至少发布3次。其中，在回售实施前、股东大会决议公告后5个交易日内至少发布1次，在回售实施期间至少发布1次，余下1次回售提示性公告的发布时间视需要而定。

7.2.6 上市公司在可转换公司债券转换期结束的20个交易日前，应当至少发布3次提示性公告，提醒投资者有关在可转换公司债券转换期结束前的3个交易日停止交易或者转让的事项。

公司出现可转换公司债券按规定须停止交易或者转让的其他情形时，应当在获悉有关情形后及时披露其可转换公司债券将停止交易或者转让的公告。

7.2.7 发行可转换公司债券的上市公司涉及下列事项时，应当向本所申请暂停可转换公司债券的转股：

（一）修正或者调整转股价格；

（二）实施利润分配或者资本公积金转增股本方案；

（三）中国证监会和本所规定应当暂停转股的其他事项。

7.2.8 可转换公司债券出现下列情形之一的，应当停止交易或者转让：

（一）向不特定对象发行的可转换公司债券流通面值总额少于 3000 万元，且上市公司发布相关公告 3 个交易日后。公司行使赎回权期间发生前述情形的，可转换公司债券不停止交易；

（二）转换期结束之前的第 3 个交易日起；

（三）中国证监会和本所规定的其他情况。

第三节　合并、分立、分拆

7.3.1 上市公司实施合并、分立、分拆上市的，应当遵守法律法规、本所相关规定，履行相应的审议程序和信息披露义务。

公司按照前款规定召开股东大会审议相关议案的，应当经出席股东大会的股东所持表决权的三分之二以上通过。分拆上市的，还应当经出席会议的除公司董事、监事和高级管理人员以及单独或者合计持有公司 5% 以上股份的股东以外的其他股东所持表决权的三分之二以上通过。

7.3.2 合并完成后，公司应当办理股份变更登记，按照本规则第三章规定向本所申请合并后的公司股票及其衍生品种上市。被合并上市公司按照本规则第九章规定终止其股票及其衍生品种的上市。

7.3.3 上市公司所属子公司拟首次公开发行股票并上市的，上市公司董事会应当就所属子公司本次股票发行的具体方案作出决议，并提请股东大会审议。

所属子公司拟重组上市的，上市公司董事会应当就本次重组上市的具体方案作出决议，并提请股东大会审议。

7.3.4 上市公司分拆所属子公司上市的，应当在首次披露分拆相关公告后，及时公告本次分拆上市进展情况。

第四节　重大诉讼和仲裁

7.4.1 上市公司发生的下列诉讼、仲裁事项应当及时披露：

（一）涉案金额超过 1000 万元，并且占公司最近一期经审计净资产绝对值 10% 以上；

（二）涉及公司股东大会、董事会决议被申请撤销或者宣告无效的诉讼；

（三）证券纠纷代表人诉讼。

未达到前款标准或者没有具体涉案金额的诉讼、仲裁事项，可能对公司股票及其衍生品种交易价格产生较大影响的，公司也应当及时披露。

7.4.2 上市公司连续 12 个月内发生的诉讼和仲裁事项涉案金额累计达到第 7.4.1 条第一款（一）项所述标准的，适用该条规定。

已经按照第 7.4.1 条规定履行披露义务的，不再纳入累计计算范围。

7.4.3 上市公司关于重大诉讼、仲裁事项的公告应当包括以下内容：

（一）案件受理情况和基本案情；

（二）案件对公司本期利润或者期后利润的影响；

（三）公司是否还存在尚未披露的其他诉讼、仲裁事项；

（四）本所要求的其他内容。

7.4.4 上市公司应当及时披露重大诉讼、仲裁事项的重大进展情况及其对公司的影响，包括但不限于诉讼案件的一审和二审裁判结果、仲裁案件的裁决结果以及裁判、裁决执行情况、对公司的影响等。

第五节　破产事项

7.5.1 上市公司发生重整、和解、清算等破产事项（以下统称破产事项）的，应当按照法律法规、本所相关规定履行相应审议程序和信息披露义务。

公司实施预重整等事项的，参照本节规定履行信息披露义务。

7.5.2 上市公司控股股东、第一大股东、对上市公司经营具有重要影响的子公司或者参股公司发生破产事项，可能对上市公司股票及其衍生品种交易价格产生较大影响的，应当参照本节规定及时履行信息披露义务。

7.5.3 上市公司出现本规则第九章规定的退市风险警示或者终止上市情形的，应当按照本所相关规定履行信息披露和申请停复牌等义务。

7.5.4 上市公司应当在董事会作出向法院申请重整、和解或者破产清算的决定时，或者知悉债权人向法院申请公司重整或者破产清算时，及时披露申请情况以及对公司的影响，并充分提示风险。

在法院裁定是否受理破产事项之前，公司应当每月披露进展情况。

7.5.5 法院受理重整、和解或者破产清算申请的，上市公司应当及时披露法院裁定的主要内容、指定管理人的基本情况，并明确公司进入破产程序后信息披露事务的责任人情况。

7.5.6 重整计划涉及引入重整投资人的，上市公司应当及时披露重整投资人的产生机制、基本情况以及投资协议的主要内容等事项。

重整投资人拟取得上市公司股份的，还应当充分披露取得股份的对价、定价依据及其公允性、股份锁定安排等相关事项。

7.5.7 上市公司或者管理人应当及时披露债权人会议通知、会议议案的主要内容。在债权人会议审议通过重整计划或者和解协议后，及时披露重整计划、和解协议的全文。

重整计划涉及财产变价方案及经营方案，达到本规则规定披露标准的，公司或者管理人应当就相关方案单独履行信息披露义务，详细说明方案的具体情况。

7.5.8 重整计划草案涉及出资人权益调整等与股东权利密切相关的重大事项时，应当设出资人组对相关事项进行表决。

出资人组对出资人权益调整相关事项作出决议，必须经出席会议的出资人所持表决权三分之二以上通过。

出资人组会议的召开程序应当参照适用中国证监会及本所关于召开股东大会的相关规定，上市公司或者管理人应当提供网络投票方式，为出资人行使表决权提供便利，但法院另有要求的除外。

7.5.9 上市公司或者管理人应当在发出出资人组会议通知时单独披露出资人权益调整方案并充分说明出资人权益调整的必要性、范围、内容、除权(息)处理原则、是否有利于保护上市公司及中小投资者权益等事项。

出资人组会议召开后，公司应当及时披露表决结果和律师事务所出具的法律意见书。

7.5.10 法院裁定批准重整计划、和解协议的，上市公司或者管理人应当及时公告裁定内容，并披露重整计划、和解协议全文。如重整计划、和解协议与前次披露内容存在差异，应当说明差异内容及原因。

重整计划或者和解协议未获批准的，公司或者管理人应当及时公告裁定内容及未获批准的原因，并充分提示因被法院宣告破产公司股票及其衍生品种可能被终止上市的风险。

7.5.11 上市公司在重整计划、和解协议执行期间应当及时披露进展情况。重整计划、和解协议执行完毕后，公司应当及时披露相关情况及对公司的主要影响、管理人监督报告和法院裁定内容。

公司不能执行或者不执行重整计划、和解协议的，应当及时披露具体原因、责任归属、后续安排等相关情况，并充分提示因被法院宣告破产公司股票及其衍生品种可能被终止上市的风险。

7.5.12 上市公司采取管理人管理运作模式的，管理人及其成员应当按照《证券法》以及最高人民法院、中国证监会和本所的相关规定，真实、准确、完整、及时地履行信息披露义务，并确保对公司所有债权人和股东公平地披露信息。

公司披露的定期报告应当由管理人的成员签署书面确认意见，公司披露的临时报告应当由管理人发布并加盖管理人公章。

7.5.13 上市公司采取管理人监督运作模式的，公司及其董事、监事和高级管理人员应当继续按照本所相关规定履行信息披露义务。

管理人应当及时将涉及信息披露的所有事项告知公司董事会，并督促公司董事、监事和高级管理人员勤勉尽责履行相关义务。

7.5.14 在破产事项中，股东、债权人、重整投资人等持有上市公司股份权益发生变动的，应当按照法律法规和本所相关规定履行信息披露义务。

第六节 会计政策、会计估计变更及资产减值

7.6.1 上市公司不得利用会计政策变更和会计估计变更操纵营业收入、净利润、净资产等财务指标。

7.6.2 上市公司按照法律法规或者国家统一的会计制度的要求变更会计政策的，会计政策变更公告日期最迟不得晚于会计政策变更生效当期的定期报告披露日期。

7.6.3 上市公司会计政策变更公告应当包含本次会计政策变更情况概述、会计政策变更对公司的影响、因会计政策变更对公司最近2年已披露的年度财务报告进行追溯调整导致已披露的报告年度出现盈亏性质改变的说明（如有）等。

公司自主变更会计政策的，除应当在董事会审议通过后及时按照前款规定披露外，还应当披露董事会、独立董事和监事会对会计政策变更是否符合相关规定的意见。需股东大会审议的，还应当披露会计师事务所出具的专项意见。

7.6.4 上市公司变更重要会计估计的，应当在变更生效当期的定期报告披露前将变更事项提交董事会审议，并在董事会审议通过后比照自主变更会计政策履行披露义务。

7.6.5 上市公司计提资产减值准备或者核销资产，对公司当期损益的影响占公司最近一个会计年度经审计净利润绝对值的比例在10%以上且绝对金额超过100万元的，应当及时披露。

第七节 其他

7.7.1 上市公司因减少注册资本、实施股权激励或者员工持股计划、将股份用于转换上市公司发行的可转换公司债券以及为维护公司价值及股东权益所必需等而进行的回购，应当遵守中国证监会和本所相关规定。

7.7.2 上市公司实施股权激励、员工持股计划的，应当按照相关法律法规及本所相关规定，履行相应的审议程序和信息披露义务。

7.7.3 上市公司应当建立完善的募集资金管理制度，按照法律法规、本所相关规定以及招股说明书、其他募集发行文件等所列用途使用募集资金，并履行相应的审议程序和信息披露义务。

7.7.4 上市公司和第三方办理现金选择权业务的，应当遵守法律法规和本所、中国结算的相关规定和公司章程的规定，确保相关股东顺利行使现金选择权。

第三方办理现金选择权业务的，应当授权公司代为向本所申请。

7.7.5 上市公司及相关信息披露义务人应当严格遵守承诺事项，按照中国证监会和本所相关规定履行承诺义务。

公司应当将公司及相关信息披露义务人承诺事项从相关信息披露文件中单独摘出，逐项在本所网站上予以公开。承诺事项发生变化的，公司应当在本所网站及时予以更新。

公司未履行承诺的，应当及时披露未履行承诺的原因以及相关人员可能承担的法律责任；相关信息披露义务人未履行承诺的，公司应当主动询问相关信息披露义务人，并及时披露未履行承诺的原因，以及董事会拟采取的措施。

公司应当在定期报告中披露承诺事项的履行进展。

7.7.6 上市公司出现下列重大风险情形之一的，应当及时披露相关情况及对公司的影响：

（一）发生重大亏损或者遭受重大损失；

（二）发生重大债务和未能清偿到期重大债务的违约情况；

（三）可能依法承担重大违约责任或者大额赔偿责任；

（四）公司决定解散或者被有权机关依法责令关闭；

（五）重大债权到期未获清偿，或者主要债务人出现资不抵债或者进入破产程序；

（六）公司营业用主要资产被查封、扣押、冻结、抵押、质押或者报废超过总资产的 30%；

（七）公司主要银行账户被冻结；

（八）主要或者全部业务陷入停顿；

（九）公司涉嫌犯罪被依法立案调查，公司的控股股东、实际控制人、董事、监事和高级管理人员涉嫌犯罪被依法采取强制措施；

（十）公司或者其控股股东、实际控制人、董事、监事和高级管理人员受到刑事处罚，涉嫌违法违规被中国证监会立案调查或者受到中国证监会行政处罚，或者受到其他有权机关重大行政处罚；

（十一）公司的控股股东、实际控制人、董事、监事和高级管理人员涉嫌严重违纪违法或者职务犯罪被纪检监察机关采取留置措施且影响其履行职责；

（十二）公司董事长或者总经理无法履行职责。除董事长、总经理外的其他董事、监事和高级管理人员因身体、工作安排等原因无法正常履行职责达到或者预计达到 3 个月以上，或者因涉嫌违法违规被有权机关采取强制措施且影响其履行职责；

（十三）本所或者公司认定的其他重大风险情况。

7.7.7 上市公司出现本规则第 7.7.6 条第（九）项、第（十）项情形且可能触及重大违法强制退市情形的，公司应当在知悉被相关行政机关立案调查或者被人民检察院提起公诉时及时对外披露，并在其后的每月披露 1 次风险提示公告，说明相关情况进展，并就其股票可能被实施重大违法强制退市进行风险提示。本所或者公司董事会认为有必要的，可以增加风险提示公告的披露次数，并视情况对公司股票及其衍生品种的停牌与复牌作出相应安排。

7.7.8 上市公司出现下列情形之一的，应当及时披露：

（一）变更公司名称、股票简称、公司章程、注册资本、注册地址、主要办公地址和联系电话等。公司章程发生变更的，还应当将经股东大会审议通过的公司章程在本所网站上披露；

（二）经营方针和经营范围发生重大变化；

（三）依据中国证监会关于行业分类的相关规定，上市公司行业分类发生变更；

（四）董事会就公司发行新股、可转换公司债券、优先股、公司债券等境内外融资方案形成相关决议；

（五）公司发行新股或者其他境内外发行融资申请、重大资产重组事项等收到相应的审核意见；

（六）生产经营情况、外部条件或者生产环境发生重大变化（包括行业政策、产品价格、原材料采购、销售方式等发生重大变化）；

（七）订立重要合同，可能对公司的资产、负债、权益和经营成果产生重大影响；

（八）公司的董事、三分之一以上监事、总经理或者财务负责人发生变动；

（九）法院裁定禁止公司控股股东转让其所持本公司股份；

（十）任一股东所持公司 5% 以上的股份被质押、冻结、司法标记、司法拍卖、托管、设定信托或者限制表决权等，或者出现被强制过户风险；

（十一）持有公司 5% 以上股份的股东或者实际控制人持股情况或者控制公司的情况发生较大变化；公司的实际控制人及其控制的其他企业从事与公司相同或者相似业务的情况发生较大变化；

（十二）获得对当期损益产生重大影响的额外收益，可能对公司的资产、负债、权益或者经营成果产生重要影响；

（十三）本所或者公司认定的其他情形。

7.7.9 上市公司根据经营及业务发展需要自主变更公司全称或者证券简称的，应当根据实际经营业务情况审慎对待，不得随意变更。

公司变更后的公司名称应当与公司主营业务相匹配，不得利用变更名称影响公司股票及其衍生品种价格、误导投资者，不得违反有关法律法规和本所相关规定。

公司的证券简称应当来源于公司全称，拟变更的证券简称不得与已有的证券简称相同或过度相似，不得使用与公司实际情况不符的区域性、行业性通用名词。

公司应当在披露董事会审议变更证券简称的公告时，向本所提出变更证券简称书面申请。本所在 5 个交易日内未提出异议的，公司可以办理实施证券简称变更。

公司办理实施证券简称变更的，应在变更日前 3 个交易日发布相应的变更实施公告。

7.7.10 上市公司应当按规定披露履行社会责任的情况。公司出现下列情形之一的，应当披露事件概况、发生原因、影响、应对措施或者解决方案：

（一）发生重大环境、生产及产品安全事故；

（二）收到相关部门整改重大违规行为、停产、搬迁、关闭的决定或通知；

（三）不当使用科学技术或者违反科学伦理；

（四）其他不当履行社会责任的重大事故或者负面影响事项。

7.7.11 本节事项涉及具体金额的，应当参照适用本规则第 6.1.2 条、第 6.1.3 条的规定和本所其他规定。

持有上市公司 5% 以上股份的股东对本节事项的发生、进展产生较大影响的，应当及时将其知悉的有关情况书面告知公司，并配合公司履行信息披露义务。

第八章　停牌与复牌

8.1 上市公司发生本章规定的停牌、复牌事项，应当向本所申请对其股票及其衍生品种停牌与复牌。

本章未有明确规定的，公司可以以本所认为合理的理由，向本所申请对其股票及其衍生品种停牌与复牌，本所视情况决定公司股票及其衍生品种的停牌与复牌事宜。

8.2 上市公司股票被本所实行风险警示，或者出现终止上市情形的，公司股票及其衍生品种应当按照本规则第九章的有关规定停牌与复牌。

8.3 上市公司未在法定期限内披露年度报告或者半年度报告的，或者公司半数以上董事无法保证年度报告或者半年度报告真实、准确、完整且在法定期限届满前仍有半数以上董事无法保证的，股票及其衍生品种应当自相关定期报告披露期限届满后次一交易日起停牌，停牌期限不超过 2 个月。在此期间内依规改正的，公司股票及其衍生品种复牌。未在 2 个月内依规改正的，按照本规则第九章相关规定执行。

8.4 上市公司财务会计报告因存在重大会计差错或者虚假记载，被中国证监会责令改正但未在规定期限内改正的，公司股票及其衍生品种应当自期限届满后次一交易日起停牌，停牌期限不超过 2 个月。在此期间内依规改正的，公司股票及其衍生品种复牌。未在 2 个月内依规改正的，按照本规则第九章相关规定执行。

8.5 上市公司信息披露或者规范运作等方面存在重大缺陷，被本所要求改正但未在要求期限内改正的，公司股票及其衍生品种应当停牌，停牌期限不超过 2 个月。在此期间内依规改正的，公司股票及其衍生品种复牌。未在 2 个月内依规改正的，按照本规则第九章相关规定执行。

公司在规范运作和信息披露方面涉嫌违反法律法规及本所相关规定，情节严重而被有关部门调查的，本所在调查期间视情况决定公司股票及其衍生品种的停牌与复牌。

8.6 上市公司因股本总额、股权分布发生变化导致连续 20 个交易日不具备上市条件的，本所将于前述交易日届满的次一交易日起对公司股票及其衍生品种实施停牌，停牌期限不超过 1 个月。在此期间内公司披露股本总额、股权分布重新符合上市条件公告的，公司股票及其衍生品种复牌。未在 1 个月内披露的，按照本规则第九章相关规定执行。

8.7 上市公司因收购人履行要约收购义务，或者收购人以终止上市公司上市地位为目的而发出全面要约的，要约收购期满至要约收购结果公告前，公司股票及其衍生品种应当停牌。

根据收购结果，被收购上市公司股本总额、股权分布具备上市条件的，公司股票及其衍生品种应当于要约结果公告后复牌。股本总额、股权分布不具备上市条件，且收购人以终止上市公司上市地位为目的的，公司股票及其衍生品种应当于要约结果公告日继续停牌，直至本所终止其上市。股本总额、股权分布不具备上市条件，但收购人不以终止上市公司上市地位为目的的，公司股票及其衍生品种应当于要约结果公告日继续停牌，公司披露股本总额、股权分布重新符合上市条件公告后复牌。停牌 1 个月后股本总额、股权分布仍不具备上市条件的，参照第九章第四节有关股本总额、股权分布不具备上市条件的规定执行。

8.8 媒体报道或者传闻中出现上市公司尚未披露的信息，可能或者已经对公司股票及其衍生品种交易价格产生较大影响的，本所可以在交易时间对公司股票及其衍生品种实施停牌，公司披露相关公告后复牌。

8.9 上市公司出现股票交易重大异常情形，本所可以对公司股票及其衍生品种实施停牌，并要求公司进行核查，公司披露相关公告后复牌。

公司出现股票衍生品种交易重大异常情形，本所可以对该衍生品种实施停牌，并要求公司进行核查，公司披露相关公告后复牌。

8.10 上市公司实施现金选择权业务的，应当向本所申请其股票及其衍生品种停牌。

8.11 上市公司筹划重大事项确有必要申请停牌的，应当按照中国证监会及本所相关规定，向本所申请停牌。

公司应当审慎申请停牌，明确停牌事由，合理确定停牌时间，尽可能缩短停牌时长，并及时申请复牌。

8.12 上市公司在其股票及其衍生品种被实施停牌期间，应当每 5 个交易日披露一次未能复牌的原因和相关事项进展情况，本所另有规定的除外。

8.13 除上述规定外，本所可以按照中国证监会的要求或者基于保护投资者合法权益、维护市场秩序的需要，作出上市公司股票及其衍生品种停牌与复牌的决定。

第九章　退市与风险警示

第一节　一般规定

9.1.1 上市公司触及本规则规定的退市情形，导致其股票存在被终止上市风险的，本所对该公司股票启动退市程序。

本规则所称的退市包括强制终止上市（以下简称强制退市）和主动终止上市（以下简称主动退市）。强制退市分为交易类强制退市、财务类强制退市、规范类强制退市和重大违法类强制退市等四类情形。

9.1.2 上市公司出现财务状况异常情况或者其他异常情况，导致其股票存在被强制终止上市的风险，或者投资者难以判断公司前景，投资者权益可能受到损害，存在其他重大风险的，本所对该公司股票实施风险警示。

9.1.3 风险警示分为警示存在强制终止上市风险的风险警示（以下简称退市风险警示）和警示存在其他重大风险的其他风险警示。

9.1.4 上市公司股票被实施退市风险警示的，在公司股票简称前冠以"*ST"字样；上市公司股票被实施其他风险警示的，在公司股票简称前冠以"ST"字样。

公司股票同时被实施退市风险警示和其他风险警示的，在公司股票简称前冠以"*ST"字样。

9.1.5 本所设立风险警示板，上市公司股票被实施风险警示或者处于退市整理期的，进入该板进行交易。

风险警示板的具体事项，由本所另行规定。

9.1.6 上市公司应当按照本章规定和要求履行信息披露和办理停复牌等义务。公司未按照本章规定履行信息披露义务的，本所知悉有关情况后可以对其股票及其衍生品种实施停复牌、风险警示或终止上市等，并向市场公告。

9.1.7 上市公司存在股票被实施风险警示或者股票终止上市风险的，应当按照本章相关规定披露风险提示公告。

本所可以视情况要求公司增加风险提示公告的披露次数。

9.1.8 上市公司出现股票被实施风险警示情形的，应当按照本章要求披露公司股票被实施风险警示的公告，公告应当包括实施风险警示的起始日、触及情形、实施风险警示的主要原因、董事会关于争取撤销风险警示的意见及具体措施、股票可能被终止上市的风险提示（如适用）、实施风险警示期间公司接受投资者咨询的主要方式以及本所要求的其他内容。

9.1.9 上市公司申请撤销风险警示的，应当向本所提交申请书、董事会决议、符合撤销风险警示条件的说明及相应证明材料等文件。

9.1.10 本所上市审核委员会（以下简称上市委员会）对上市公司股票终止上市事宜进行审议，作出独立的专业判断并形成审议意见。本所根据上市委员会的意见，作出是否终止股票上市的决定。

9.1.11 本所在作出是否撤销风险警示、终止股票上市决定、撤销对公司股票终止上市的决定前，可以要求上市公司提供补充材料，公司应当在本所要求期限内提供补充材料，补充材料期间不计入本所作出相关决定的期限。

公司未在本所要求期限内提交补充材料的，本所继续对相关事项进行审核，并按照本规则作出相关决定。

本所在作出是否撤销风险警示、终止股票上市决定、撤销对公司股票终止上市的决定前，可以自行或委托相关机构就公司有关情况进行调查核实，调查核实期间不计入本所作出相关决定的期限。

9.1.12 本所决定不对上市公司股票实施终止上市的，公司应当在收到本所相关决定后及时公告。

9.1.13 本所作出上市公司股票终止上市决定的，在2个交易日内通知公司并发布相关公告，同时报中国证监会备案。

本所决定对公司股票实施终止上市的，公司应当在收到本所相关决定后，及时披露股票终止上市公告，公告应当包括终止上市的日期、终止上市决定的主要内容、终止上市后股票转让安排、公司联系方式等内容。

9.1.14 上市公司股票被本所强制终止上市后，进入退市整理期，因触及交易类退市情形终止上市的除外。

9.1.15 上市公司股票被强制终止上市后，应当聘请具有主办券商业务资格的证券公司，在本所作出终止其股票上市决定后立即安排股票转入全国中小企业股份转让系统等证券交易场所进行股份转让相关事宜，保证公司股票在摘牌之日起45个交易日内可以转让。公司未聘请证券公司或者无证券公司接受其聘请的，本所可以为其临时指定。

主动终止上市公司可以选择在证券交易场所交易或转让其股票，或者依法作出其他安排。

9.1.16 上市公司出现两项以上风险警示、终止上市情形的，本所按照先触及先适用的原则对其股票实施风险警示、终止上市。

公司同时存在两项以上退市风险警示情形的，已满足其中一项退市风险警示撤销条件的，公司应当在规定期限内申请撤销相关情形对应的退市风险警示，经本所审核同意的，不再适用该情形对应的终止上市程序。

公司同时存在两项以上风险警示情形的，须满足全部风险警示情形的撤销条件，方可撤销风险警示。

公司虽满足撤销退市风险警示条件，但还存在其他风险警示情形的，本所对公司股票实施其他风险警示。

9.1.17 上市公司股票被终止上市的，其发行的可转换公司债券及其他衍生品种应当终止上市。

可转换公司债券及其他衍生品种终止上市事宜，参照股票终止上市的有关规定执行。

本所对可转换公司债券及其他衍生品种的终止上市事宜另有规定的，从其规定。

9.1.18 本所作出强制终止上市决定前，上市公司可以向本所申请听证。

第二节　交易类强制退市

9.2.1 上市公司出现下列情形之一的，本所决定终止其股票上市：

（一）在本所仅发行 A 股股票的上市公司，连续 120 个交易日通过本所交易系统实现的累计股票成交量低于 500 万股，或者连续 20 个交易日的每日股票收盘价均低于 1 元；

（二）在本所仅发行 B 股股票的上市公司，连续 120 个交易日通过本所交易系统实现的累计股票成交量低于 100 万股，或者连续 20 个交易日的每日股票收盘价均低于 1 元；

（三）在本所既发行 A 股股票又发行 B 股股票的上市公司，其 A、B 股股票的成交量或者收盘价同时触及第（一）项和第（二）项规定的标准；

（四）上市公司股东数量连续 20 个交易日（不含公司首次公开发行股票上市之日起 20 个交易日）每日均低于 2000 人；

（五）上市公司连续 20 个交易日在本所的每日股票收盘总市值均低于 3 亿元；

（六）本所认定的其他情形。

在本所发行存托凭证的红筹企业出现下列情形之一的，本所决定终止其存托凭证上市：

（一）连续 120 个交易日通过本所交易系统实现的累计存托凭证成交量低于 500 万份；

（二）连续 20 个交易日每日存托凭证收盘价乘以存托凭证与基础股票转换比例后的数值（以下简称基础股票数值）均低于 1 元；

（三）连续 20 个交易日在本所的每日存托凭证收盘市值均低于 3 亿元；

（四）本所认定的其他情形。

前两款规定的交易日，不包含公司股票或者存托凭证的全天停牌日。

9.2.2 在本所仅发行 A 股股票的上市公司，出现连续 90 个交易日（不包含公司股票停牌日）通过本所交易系统实现的累计股票成交量低于 375 万股的，应当在次一交易日发布公司股票可能被终止上市的风险提示公告，其后每个交易日披露 1 次，直至自上述起算时点起连续 120 个交易日（不包含公司股票停牌日）内通过本所交易系统实现的累计成交量达到 500 万股以上或者本所作出公司股票终止上市的决定之日止（以先达到的日期为准）。

在本所仅发行 B 股股票的上市公司，出现连续 90 个交易日（不包含公司股票停牌日）通过本所交易系统实现的累计股票成交量低于 75 万股的，应当在次一交易日发布公司股票可能被终止上市的风险提示公告，其后每个交易日披露 1 次，直至自上述起算时点起连续 120 个交易日（不包含公司股票停牌日）内通过本所交易系统实现的累计成交量达到 100 万股以上或者本所作出公司股票终止上市的决定之日止（以先达到的日期为准）。

在本所既发行 A 股股票又发行 B 股股票的上市公司，其 A、B 股股票的成交量同时触及前两款规定的标准的，应当在次一交易日发布公司股票可能被终止上市的风险提示公告，其后每个交易日披露 1 次，直至自上述起算时点起连续 120 个交易日（不包含公司股票停牌日）内 A 股股票通过本所交易系统实现的累计成交量达到 500 万股以上或者 B 股股票通过本所交易系统实现的累计成交量达到 100 万股以上，或者本所作出公司股票终止上市的决定之日止（以先达到的日期为准）。

在本所发行存托凭证的红筹企业出现连续 90 个交易日（不包含公司存托凭证停牌日）通过本所交易系统实现的累计存托凭证成交量低于 375 万份的，应当在次一交易日发布公司存托凭证可能被终止上市的风险提示公告，其后每个交易日披露 1 次，直至自上述起算时点起连续 120 个交易日（不包含公司存托凭证停牌日）内通过本所交易系统实现的累计成交量达到 500 万份以上或者本所作出公司存托凭证终止上市的决定之日止（以先达到的日期为准）。

本所可以根据实际情况，对上述风险提示标准进行调整。

9.2.3 在本所仅发行 A 股股票或者 B 股股票的上市公司，首次出现股票收盘价低于 1 元的，应当在次一交易日发布公司股票可能被终止上市的风险提示公告；出现连续 10 个交易日（不包含公司股票停牌日）每日股票收盘价均低于 1 元的，应当在次一交易日发布公司股票可能被终止上市的风险提示公告，其后每个交易日披露 1 次，直至公司股票收盘价低于 1 元的情形消除或者本所作出公司股票终止上市的决定之日止（以先达到的日期为准）。

在本所既发行 A 股股票又发行 B 股股票的上市公司，其 A、B 股股票首次同时出现股票收盘价均低于 1 元的，应当在次一交易日发布公司股票可能被终止上市的风险提示公告；A、B 股股票同时出现连续 10 个交易日（不包含公司股票停牌日）每日股票收盘价均低于 1 元的，应当在次一交易日发布公司股票可能被终止上市的风险提示公告，其后每个交易日披露 1 次，直至公司 A、B 股股票收盘价均低于 1 元的情形消除或者本所作出公司股票终止上市的决定之日止（以先达到的日期为准）。

在本所发行存托凭证的红筹企业首次出现基础股票数值低于 1 元的，应当在次一交易日发布公司股票可能被终止上市的风险提示公告；出现连续 10 个交易日（不包含公司存托凭证停牌日）每日基础股票数值均低于 1 元的，应当在次一交易日发布公司存托凭证可能被终止上市的风险提示公告，其后每个交易日披露

1 次，直至红筹企业基础股票数值低于 1 元的情形消除或者本所作出红筹企业存托凭证终止上市的决定之日止（以先达到的日期为准）。

本所可以根据实际情况，对上述风险提示标准进行调整。

9.2.4 上市公司股东数量连续 10 个交易日（不含公司首次公开发行股票上市之日起 20 个交易日和公司股票停牌日）每日均低于 2000 人的，应当在次一交易日发布公司股票可能被终止上市的风险提示公告，其后每个交易日披露 1 次，直至公司股东数量低于 2000 人的情形消除或者本所作出公司股票终止上市的决定之日止（以先达到的日期为准）。

本所可以根据实际情况，对上述风险提示标准进行调整。

9.2.5 上市公司连续 10 个交易日（不含公司股票停牌日）在本所的每日股票收盘总市值均低于 3 亿元，或者发行存托凭证的红筹企业连续 10 个交易日（不含存托凭证停牌日）在本所的每日存托凭证收盘市值均低于 3 亿元的，应当在次一交易日发布公司股票或者存托凭证可能被终止上市的风险提示公告，其后每个交易日披露 1 次，直至公司股票收盘总市值或者存托凭证收盘市值低于 3 亿元的情形消除或者本所作出公司股票或者存托凭证终止上市的决定之日止（以先达到的日期为准）。

本所可以根据实际情况，对上述风险提示标准进行调整。

9.2.6 上市公司出现第 9.2.1 条第一款规定情形之一的，其股票及其衍生品种自该情形出现的次一交易日起开始停牌。红筹企业出现第 9.2.1 条第二款规定情形之一的，其存托凭证自该情形出现的次一交易日起开始停牌。

本所自公司触及该情形之后 5 个交易日内，向公司发出拟终止其股票或者存托凭证上市的事先告知书。公司应当在收到本所事先告知书后及时披露。

9.2.7 本所自上市公司触及第 9.2.1 条第一款或者第二款规定情形之日后 15 个交易日内，根据上市委员会的审议意见，作出是否终止公司股票或者存托凭证上市的决定。

公司向本所申请听证的，自本所收到公司听证申请至听证程序结束期间不计入前述期限。

9.2.8 本所决定不对上市公司股票实施终止上市的，公司应当在收到本所相关决定后，及时披露并申请股票及其衍生品种复牌。

9.2.9 本所在公告上市公司股票终止上市决定之日后 5 个交易日内对其予以摘牌，公司股票终止上市。

第三节　财务类强制退市

9.3.1 上市公司最近一个会计年度经审计的财务会计报告相关财务指标触及本节规定的财务类强制退市情形的，本所对其股票实施退市风险警示。上市公司最近连续两个会计年度经审计的财务会计报告相关财务指标触及本节规定的财务类强制退市情形的，本所决定终止其股票上市。

9.3.2 上市公司出现下列情形之一的，本所对其股票实施退市风险警示：

（一）最近一个会计年度经审计的净利润为负值且营业收入低于1亿元，或追溯重述后最近一个会计年度净利润为负值且营业收入低于1亿元；

（二）最近一个会计年度经审计的期末净资产为负值，或追溯重述后最近一个会计年度期末净资产为负值；

（三）最近一个会计年度的财务会计报告被出具无法表示意见或否定意见的审计报告；

（四）中国证监会行政处罚决定书表明公司已披露的最近一个会计年度经审计的年度报告存在虚假记载、误导性陈述或者重大遗漏，导致该年度相关财务指标实际已触及第（一）项、第（二）项情形的；

（五）本所认定的其他情形。

本节所述"净利润"以扣除非经常性损益前后孰低为准，所述"营业收入"应当扣除与主营业务无关的业务收入和不具备商业实质的收入。

公司最近一个会计年度经审计的扣除非经常性损益前后的净利润孰低者为负值的，公司应当在年度报告或者更正公告中披露营业收入扣除情况及扣除后的营业收入金额；负责审计的会计师事务所应当就公司营业收入扣除事项是否符合前述规定及扣除后的营业收入金额出具专项核查意见。

公司未按本条第二款规定扣除相关收入的，本所可以要求公司扣除，并按照扣除后营业收入金额决定是否对公司股票实施退市风险警示。

公司因追溯重述或者本条第一款第（四）项规定情形导致相关财务指标触及本条第一款第（一）项、第（二）项规定情形的，最近一个会计年度指最近一个已经披露经审计财务会计报告的年度。

9.3.3 上市公司预计将出现第9.3.2条第一款规定情形之一的，应当在相应的会计年度结束后1个月内，发布股票可能被实施退市风险警示的风险提示公告，并在披露年度报告前至少再发布2次风险提示公告。

公司预计因追溯重述导致可能出现第9.3.2条第一款第（一）项、第（二）项规定情形的，或者可能出现第9.3.2条第一款第（四）项规定情形的，应当在知悉相关风险情况时，及时发布股票可能被实施退市风险警示的风险提示公告。

9.3.4 上市公司出现第9.3.2条第一款第（一）项至第（三）项规定情形的，应当在董事会审议通过年度报告或者财务会计报告更正事项后及时向本所报告，提交董事会的书面意见。公司股票及其衍生品种于年度报告或者财务会计报告更正公告披露日起开始停牌。披露日为非交易日的，于次一交易日起开始停牌。

上市公司出现第9.3.2条第一款第（四）项规定情形的，应当在收到行政处罚决定书后及时向本所报告，提交董事会的书面意见。公司股票及其衍生品种于行政处罚决定书披露日起开始停牌。披露日为非交易日的，于次一交易日起开始停牌。

公司根据第 9.3.2 条规定纠正前期营业收入扣除事项或本所根据第 9.3.2 条规定要求公司扣除相关营业收入，且扣除后公司触及第 9.3.2 条规定退市风险警示情形的，公司应当立即披露纠正情况或在收到本所通知的次一交易日披露有关内容，公司股票于公告披露日起停牌。披露日为非交易日的，于次一交易日起停牌。

本所在公司股票及其衍生品种停牌之日后 5 个交易日内，根据实际情况，对公司股票实施退市风险警示。公司应当按照本所要求在其股票被实施退市风险警示之前一个交易日作出公告。公司股票及其衍生品种自公告披露日后的次一交易日起复牌。自复牌之日起，本所对公司股票实施退市风险警示。

9.3.5 上市公司股票因第 9.3.2 条第一款第（一）项至第（三）项规定情形被实施退市风险警示的，公司应当在其股票被实施退市风险警示当年的会计年度结束后 1 个月内，发布股票可能被终止上市的风险提示公告，并在披露该年年度报告前至少再发布 2 次风险提示公告。

公司因追溯重述导致触及第 9.3.2 条第一款第（一）项、第（二）项规定情形，或者因第 9.3.2 条第（四）项规定情形，股票被实施退市风险警示的，应当在披露年度报告前至少发布 2 次股票可能被终止上市的风险提示公告。

9.3.6 上市公司股票因第 9.3.2 条规定情形被实施退市风险警示后，公司同时满足下列条件的，可以在年度报告披露后 5 个交易日内，向本所申请撤销对其股票实施的退市风险警示：

（一）最近一个会计年度经审计的财务会计报告不存在本规则第 9.3.2 条第一款第（一）项至第（三）项规定的任一情形；

（二）最近一个会计年度经审计的财务会计报告未被出具保留意见审计报告；

（三）已在法定期限内披露最近一年年度报告；

（四）超过半数董事保证公司所披露年度报告的真实性、准确性和完整性。

公司因追溯重述或者本规则第 9.3.2 条第一款第（四）项规定情形导致相关财务指标触及本规则第 9.3.2 条第一款第（一）项、第（二）项规定情形，股票被实施退市风险警示的，最近一个会计年度指前述财务指标所属会计年度的下一个会计年度。

9.3.7 上市公司股票因本规则第 9.3.2 条规定情形被实施退市风险警示的，在退市风险警示期间，公司根据中国证监会相关规定进行重大资产重组且同时满足以下条件的，可以向本所申请撤销对其股票实施的退市风险警示：

（一）根据中国证监会有关上市公司重大资产重组规定，出售全部经营性资产和负债，同时购买其他资产且已实施完毕；

（二）通过购买进入公司的资产是一个完整经营主体，该经营主体在进入公司前已在同一管理层之下持续经营 3 年以上；

（三）会计师事务所出具专项说明显示，预计公司完成重大资产重组当年的年度财务会计报告符合第 9.3.6 条第一款规定的撤销退市风险警示条件；

（四）已披露完成重大资产重组后的最近一期定期报告；

（五）本所规定的其他条件。

9.3.8 上市公司向本所申请撤销对其股票实施的退市风险警示时，应当同时作出公告。

公司因第 9.3.2 条规定情形被实施退市风险警示，按照第 9.3.6 条第一款规定向本所申请撤销退市风险警示，如其扣除非经常性损益前后的净利润孰低者为负值的，应当同时披露负责审计的会计师事务所出具的对营业收入扣除事项是否符合规定的专项核查意见，就公司是否存在应当扣除的营业收入及扣除后的营业收入金额进行说明。本所自收到公司申请之日后 10 个交易日内，根据实际情况，决定是否撤销对其股票实施的退市风险警示。

9.3.9 本所决定撤销退市风险警示的，上市公司应当按照本所要求在撤销退市风险警示之前 1 个交易日作出公告。公司股票及其衍生品种于公告日停牌 1 天。自复牌之日起，本所撤销对公司股票实施的退市风险警示。

9.3.10 本所决定不予撤销退市风险警示的，上市公司应当在收到本所有关书面通知后的次一交易日发布公司股票可能被终止上市的风险提示公告。公司未按规定公告的，本所可以向市场公告。

9.3.11 上市公司股票因第 9.3.2 条规定情形被实施退市风险警示后，公司出现下列情形之一的，本所决定终止其股票上市：

（一）公司披露的最近一个会计年度经审计的财务会计报告存在第 9.3.2 条第一款第（一）项至第（三）项规定的任一情形或财务会计报告被出具保留意见审计报告；

（二）公司未在法定期限内披露最近一年年度报告；

（三）公司未在第 9.3.6 条第一款规定的期限内向本所申请撤销退市风险警示；

（四）半数以上董事无法保证公司所披露最近一年年度报告的真实性、准确性和完整性，且未在法定期限内改正；

（五）公司撤销退市风险警示申请未被本所同意。

公司因追溯重述或者第 9.3.2 条第一款第（四）项规定情形导致相关财务指标触及第 9.3.2 条第一款第（一）项、第（二）项规定情形，股票被实施退市风险警示的，最近一个会计年度指前述财务指标所属会计年度的下一个会计年度。

公司未按第 9.3.2 条第二款规定在营业收入中扣除与主营业务无关的业务收入和不具备商业实质的收入的，本所可以要求公司扣除，并按照扣除后营业收入金额决定是否对公司股票实施终止上市。

9.3.12 上市公司出现第 9.3.11 条第一款第（一）项规定情形的，应当在董事会审议通过年度报告后及时向本所报告并披露年度报告，同时发布公司股票可能被终止上市的风险提示公告。本所自年度报告披露之日起，对公司股票及其衍生品种实施停牌。披露日为非交易日的，自披露后的第一个交易日起停牌。

公司出现第 9.3.11 条第一款第（二）项规定情形的，公司应当及时发布公司股票可能被终止上市的风险提示公告。本所自法定期限届满的次一交易日起，对公司股票及其衍生品种实施停牌。

公司出现第 9.3.11 条第一款第（三）项规定情形的，公司应当在规定的撤销退市风险警示申请期限届满后，及时发布公司股票可能被终止上市的风险提示公告。本所自规定的撤销退市风险警示申请期限届满的次一交易日起，对公司股票及其衍生品种实施停牌。

公司股票因第 9.3.2 条规定情形被实施退市风险警示后，披露的年度报告出现半数以上董事无法保证公司所披露年度报告的真实性、准确性和完整性情形，导致公司可能出现第 9.3.11 条第一款第（四）项规定情形的，公司应当在披露年度报告的同时披露公司股票可能被终止上市的风险提示公告。年度报告法定披露期限届满仍未改正的，公司应当在法定期限届满后，及时发布公司股票可能被终止上市的风险提示公告。本所自法定期限届满的次一交易日起，对公司股票及其衍生品种实施停牌。

公司出现第 9.3.11 条第一款第（五）项规定情形的，公司应当在收到本所通知后的次一交易日发布公司股票可能被终止上市的风险提示公告，本所自公告披露之日起，对公司股票及其衍生品种实施停牌。

9.3.13 本所自上市公司触及第 9.3.11 条第一款第（一）项至第（四）项规定情形之日后 5 个交易日内，向公司发出拟终止其股票上市的事先告知书。公司应当在收到本所事先告知书后及时披露。

本所决定不予撤销退市风险警示的，同时向公司发出拟终止其股票上市的事先告知书，公司应当及时披露。

9.3.14 本所自上市公司触及第 9.3.11 条第一款规定情形之日后 15 个交易日内，根据上市委员会的审议意见，作出是否终止公司股票上市的决定。

公司向本所申请听证的，自本所收到公司听证申请至听证程序结束期间不计入前述期限。

9.3.15 本所决定不对上市公司股票实施终止上市的，公司应当在收到本所相关决定后，及时披露并申请股票及其衍生品种复牌。公司股票不存在其他的退市风险警示情形的，自复牌之日起，本所撤销对公司股票实施的退市风险警示。

第四节　规范类强制退市

9.4.1 上市公司出现下列情形之一的，本所对其股票实施退市风险警示：

（一）因财务会计报告存在重大会计差错或者虚假记载，被中国证监会责令改正但公司未在规定期限内改正，公司股票及其衍生品种自前述期限届满的次一交易日起停牌，此后公司在股票及其衍生品种停牌 2 个月内仍未改正；

（二）未在法定期限内披露半年度报告或者经审计的年度报告，公司股票及其衍生品种自前述期限届满的次一交易日起停牌，此后公司在股票及其衍生品种停牌 2 个月内仍未披露；

（三）因半数以上董事无法保证公司所披露半年度报告或年度报告的真实性、准确性和完整性，且未在法定期限内改正，公司股票及其衍生品种自前述期限届满的次一交易日起停牌，此后公司在股票及其衍生品种停牌 2 个月内仍未改正；

（四）因信息披露或者规范运作等方面存在重大缺陷，被本所要求限期改正但公司未在规定期限内改正，公司股票及其衍生品种自前述期限届满的次一交易日起停牌，此后公司在股票及其衍生品种停牌 2 个月内仍未改正；

（五）因公司股本总额、股权分布发生变化，导致连续 20 个交易日不再具备上市条件，公司股票及其衍生品种自前述期限届满的次一交易日起停牌，此后公司在股票及其衍生品种停牌 1 个月内仍未解决；

（六）公司可能被依法强制解散；

（七）法院依法受理公司重整、和解和破产清算申请；

（八）本所认定的其他情形。

9.4.2 本规则第 9.4.1 条第（四）项规定的信息披露或者规范运作等方面存在重大缺陷，具体包括以下情形：

（一）本所失去公司有效信息来源；

（二）公司拒不披露应当披露的重大信息；

（三）公司严重扰乱信息披露秩序，并造成恶劣影响；

（四）本所认为公司存在信息披露或者规范运作重大缺陷的其他情形。

对于公司是否触及前述情形，本所可以提请上市委员会审议，并根据上市委员会的审议意见作出认定。

9.4.3 上市公司出现第 9.4.1 条第（一）项至第（四）项规定情形之一的，公司应在股票及其衍生品种停牌 2 个月届满的次一交易日披露股票被实施退市风险警示的公告。公司股票及其衍生品种自公告披露日后的次一交易日起复牌。自复牌之日起，本所对公司股票实施退市风险警示。

停牌期间，公司应当至少发布 3 次风险提示公告。停牌期间前述情形消除的，公司应当及时披露并申请股票及其衍生品种复牌。

9.4.4 上市公司出现第 9.4.1 条第（五）项规定情形的，公司应在股票及其衍生品种自停牌 1 个月届满的次一交易日披露股票被实施退市风险警示的公告。公司股票及其衍生品种自公告披露日后的次一交易日起复牌。自复牌之日起，本所对公司股票实施退市风险警示。

停牌期间，公司应当至少发布 3 次风险提示公告。停牌期间股本总额、股权分布重新具备上市条件的，公司应当及时披露并申请股票及其衍生品种复牌。

9.4.5 上市公司出现第 9.4.1 条第（六）项至第（八）项规定情形之一的，应当及时披露相关情况，公司股票及其衍生品种自该情形出现的次一交易日起停牌。本所在停牌之日后 5 个交易日内，根据实际情况，对公司股票实施退市风险警示。

公司应当按照本所要求在其股票被实施退市风险警示之前一个交易日作出公告。公司股票及其衍生品种自公告披露日后的次一交易日起复牌。自复牌之日起，本所对公司股票实施退市风险警示。

9.4.6 上市公司股票因第 9.4.1 条第（一）项至第（六）项规定情形之一被实施退市风险警示的，在股票被实施退市风险警示期间，公司应当每 5 个交易日披露 1 次风险提示公告，提示公司股票可能终止上市的风险。

9.4.7 上市公司股票因第 9.4.1 条第（七）项规定情形被实施退市风险警示的，公司应当分阶段及时披露法院裁定批准公司重整计划、和解协议或者终止重整、和解程序等重整事项的进展，并充分提示相关风险。

上市公司破产重整的停牌与复牌应当遵守本所相关规定。

9.4.8 上市公司股票因第 9.4.1 条第（一）项至第（六）项规定情形之一被实施退市风险警示后，符合下列对应条件的，可以向本所申请撤销对其股票实施的退市风险警示：

（一）因第 9.4.1 条第（一）项规定情形被实施退市风险警示之日后 2 个月内，披露经改正的财务会计报告；

（二）因第 9.4.1 条第（二）项规定情形被实施退市风险警示之日后 2 个月内，披露相关半年度报告或者经审计的年度报告，且不存在半数以上董事无法保证真实性、准确性和完整性的情形；

（三）因第 9.4.1 条第（三）项规定情形被实施退市风险警示之日后 2 个月内，超过半数董事保证公司所披露半年度报告或年度报告的真实性、准确性和完整性；

（四）因第 9.4.1 条第（四）项规定情形被实施退市风险警示之日后 2 个月内，公司已按要求完成整改，具备健全的治理结构，运作规范，信息披露和内控制度无重大缺陷；

（五）因第 9.4.1 条第（五）项规定情形被实施退市风险警示之日后 6 个月内，解决股本总额、股权分布问题，股本总额、股权分布重新具备上市条件；

（六）因第 9.4.1 条第（六）项规定情形被实施退市风险警示后，公司可能被依法强制解散的情形已消除。

公司出现前款第（四）项规定情形的，本所可以提请上市委员会审议，并根据上市委员会的审议意见作出认定。

上市委员会审议期间不计入本所作出相应决定的期限。

9.4.9 上市公司股票因第 9.4.1 条第（七）项规定情形被实施退市风险警示后，

符合下列条件之一的，公司可以向本所申请撤销对其股票实施的退市风险警示：

（一）重整计划执行完毕；

（二）和解协议执行完毕；

（三）法院受理破产申请后至破产宣告前，依据《中华人民共和国企业破产法》（以下简称《企业破产法》）作出驳回破产申请的裁定，且申请人在法定期限内未提起上诉；

（四）因公司已清偿全部到期债务、第三人为公司提供足额担保或者清偿全部到期债务，法院受理破产申请后至破产宣告前，依据《企业破产法》作出终结破产程序的裁定。

公司因前款第（一）项和第（二）项规定情形向本所申请撤销对其股票实施的退市风险警示，应当提交法院指定管理人出具的监督报告、律师事务所出具的对公司重整计划或和解协议执行情况的法律意见书，以及本所要求的其他说明文件。

9.4.10 上市公司符合第 9.4.8 条、第 9.4.9 条规定条件的，应当于相关情形出现后及时披露。公司可以在披露之日后的 5 个交易日内，向本所申请撤销对其股票实施的退市风险警示。

公司按照第 9.4.8 条第一款第（一）项、第（三）项至第（五）项规定向本所申请撤销退市风险警示的，本所可以要求公司同时提交中介机构出具的专项核查意见。

公司向本所申请撤销对其股票实施的退市风险警示，应当同时作出公告。

本所自收到公司申请之日后 10 个交易日内，根据实际情况，决定是否撤销对其股票实施的退市风险警示。

9.4.11 本所决定撤销退市风险警示的，上市公司应当按本所要求在撤销退市风险警示之前 1 个交易日作出公告。公司股票及其衍生品种于公告披露日停牌 1 天。自复牌之日起，本所撤销对公司股票实施的退市风险警示。

9.4.12 本所决定不予撤销退市风险警示的，上市公司应当在收到本所有关书面通知后的次一交易日发布公司股票可能被终止上市的风险提示公告。公司未按规定公告的，本所可以向市场公告。

9.4.13 上市公司出现下列情形之一的，本所决定终止其股票上市：

（一）公司股票因第 9.4.1 条第（一）项规定情形被实施退市风险警示之日后 2 个月内，仍未披露经改正的财务会计报告；

（二）公司股票因第 9.4.1 条第（二）项规定情形被实施退市风险警示之日后 2 个月内，仍未披露符合要求的年度报告或者半年度报告；

（三）公司股票因第 9.4.1 条第（三）项规定情形被实施退市风险警示之日后 2 个月内，半数以上董事仍然无法保证公司所披露半年度报告或年度报告的真实性、准确性和完整性；

（四）公司股票因第 9.4.1 条第（四）项规定情形被实施退市风险警示之日后 2 个月内，仍未按要求完成整改；

（五）公司股票因第 9.4.1 条第（五）项规定情形被实施退市风险警示之日后 6 个月内，仍未解决股本总额、股权分布问题；

（六）公司股票因第 9.4.1 条第（六）项、第（七）项规定情形被实施退市风险警示后，公司依法被吊销营业执照、被责令关闭或者被撤销等强制解散条件成就，或者法院裁定公司破产；

（七）公司未在规定期限内向本所申请撤销退市风险警示；

（八）公司撤销退市风险警示申请未被本所同意。

9.4.14 上市公司出现第 9.4.13 条第（一）项至第（五）项规定情形的，公司应当及时发布公司股票可能被终止上市的风险提示公告。本所自相应期限届满的次一交易日起，对公司股票及其衍生品种实施停牌。

上市公司出现第 9.4.13 条第（六）项规定情形的，公司应当最迟于知悉公司依法被吊销营业执照、被责令关闭或者被撤销等强制解散条件成就，或者收到法院宣告公司破产的裁定书的次一交易日披露有关情况，同时发布公司股票可能被终止上市的风险提示公告。公司股票及其衍生品种自披露之日起停牌。

上市公司出现第 9.4.13 条第（七）项规定情形的，公司应当在规定的撤销退市风险警示申请期限届满后，及时发布公司股票可能被终止上市的风险提示公告。本所自规定的撤销退市风险警示申请期限届满的次一交易日起，对公司股票及其衍生品种实施停牌。

上市公司出现第 9.4.13 条第（八）项规定情形的，公司应当在收到本所通知后的次一交易日发布公司股票可能被终止上市的风险提示公告。本所自公告披露之日起，对公司股票及其衍生品种实施停牌。

9.4.15 本所自上市公司触及第 9.4.13 条第（一）项至第（七）项规定情形之日后 5 个交易日内，向公司发出拟终止其股票上市的事先告知书，公司应当在收到本所事先告知书后及时披露。

本所决定不予撤销退市风险警示的，同时向公司发出拟终止其股票上市的事先告知书，公司应当及时披露。

9.4.16 本所自上市公司触及第 9.4.13 条规定情形之日后 15 个交易日内，根据上市委员会的审议意见，作出是否终止公司股票上市的决定。

公司向本所申请听证的，自本所收到公司听证申请至听证程序结束期间不计入前述期限。

9.4.17 本所决定不对上市公司股票实施终止上市的，公司应当在收到本所相关决定后，及时披露并申请股票及其衍生品种复牌。公司股票不存在其他的退市风险警示情形的，自复牌之日起，本所撤销对公司股票实施的退市风险警示。

第五节　重大违法类强制退市

9.5.1 本规则所称重大违法类强制退市，包括下列情形：

（一）上市公司存在欺诈发行、重大信息披露违法或者其他严重损害证券市场秩序的重大违法行为，且严重影响上市地位，其股票应当被终止上市的情形；

（二）上市公司存在涉及国家安全、公共安全、生态安全、生产安全和公众健康安全等领域的违法行为，情节恶劣，严重损害国家利益、社会公共利益，或者严重影响上市地位，其股票应当被终止上市的情形。

9.5.2 上市公司涉及第 9.5.1 条第（一）项规定的重大违法行为，存在下列情形之一的，由本所决定终止其股票上市：

（一）公司首次公开发行股票申请或者披露文件存在虚假记载、误导性陈述或者重大遗漏，被中国证监会依据《证券法》第一百八十一条作出行政处罚决定，或者被人民法院依据《刑法》第一百六十条作出有罪生效判决；

（二）公司发行股份购买资产并构成重组上市，申请或者披露文件存在虚假记载、误导性陈述或者重大遗漏，被中国证监会依据《证券法》第一百八十一条作出行政处罚决定，或者被人民法院依据《刑法》第一百六十条作出有罪生效判决；

（三）公司披露的年度报告存在虚假记载、误导性陈述或者重大遗漏，根据中国证监会行政处罚决定认定的事实，导致 2015 年度至 2020 年度内的任意连续会计年度财务类指标已实际触及相应年度的终止上市情形，或者导致 2020 年度及以后年度的任意连续会计年度财务类指标已实际触及本章第三节规定的终止上市情形；

（四）根据中国证监会行政处罚决定认定的事实，公司披露的营业收入连续 2 年均存在虚假记载，虚假记载的营业收入金额合计达到 5 亿元以上，且超过该 2 年披露的年度营业收入合计金额的 50%；或者公司披露的净利润连续 2 年均存在虚假记载，虚假记载的净利润金额合计达到 5 亿元以上，且超过该 2 年披露的年度净利润合计金额的 50%；或者公司披露的利润总额连续 2 年均存在虚假记载，虚假记载的利润总额金额合计达到 5 亿元以上，且超过该 2 年披露的年度利润总额合计金额的 50%；或者公司披露的资产负债表连续 2 年均存在虚假记载，资产负债表虚假记载金额合计达到 5 亿元以上，且超过该 2 年披露的年度期末净资产合计金额的 50%（计算前述合计数时，相关财务数据为负值的，则先取其绝对值再合计计算；本项情形以 2020 年度作为首个起算年度）；

（五）本所根据上市公司违法行为的事实、性质、情节及社会影响等因素认定的其他严重损害证券市场秩序的情形。

前款第（一）项、第（二）项统称欺诈发行强制退市情形，前款第（三）项至第（五）项统称重大信息披露违法强制退市情形。

9.5.3 本节第 9.5.2 条第一款第（三）项所称 2015 年度至 2020 年度内的任意连

续会计年度财务类指标已实际触及相应年度的终止上市情形，是指以下情形之一：

（一）连续 3 个会计年度经审计的净利润为负值，第 4 个会计年度存在扣除非经常性损益前后的净利润孰低者为负值、期末净资产为负值、营业收入低于 1000 万元或者被会计师事务所出具保留意见、无法表示意见、否定意见的审计报告等四种情形之一；

（二）连续 2 个会计年度经审计的期末净资产为负值，第 3 个会计年度存在扣除非经常性损益前后的净利润孰低者为负值、期末净资产为负值、营业收入低于 1000 万元或者被会计师事务所出具保留意见、无法表示意见、否定意见的审计报告等四种情形之一；

（三）连续 2 个会计年度经审计的营业收入低于 1000 万元，第 3 个会计年度存在扣除非经常性损益前后的净利润孰低者为负值、期末净资产为负值、营业收入低于 1000 万元或者被会计师事务所出具保留意见、无法表示意见、否定意见的审计报告等四种情形之一；

（四）连续 2 个会计年度的财务会计报告被会计师事务所出具无法表示意见或否定意见的审计报告，第 3 个会计年度存在扣除非经常性损益前后的净利润孰低者为负值、期末净资产为负值、营业收入低于 1000 万元或者被会计师事务所出具保留意见、无法表示意见、否定意见的审计报告等四种情形之一；

（五）相应年度的《上海证券交易所股票上市规则》规定的其他与财务类指标相关的终止上市情形。

9.5.4 上市公司涉及第 9.5.1 条第（二）项规定的重大违法行为，存在下列情形之一的，由本所决定终止其股票上市：

（一）上市公司或其主要子公司被依法吊销营业执照、责令关闭或者被撤销；

（二）上市公司或其主要子公司被依法吊销主营业务生产经营许可证，或者存在丧失继续生产经营法律资格的其他情形；

（三）本所根据上市公司重大违法行为损害国家利益、社会公共利益的严重程度，结合公司承担法律责任类型、对公司生产经营和上市地位的影响程度等情形，认为公司股票应当终止上市的。

9.5.5 上市公司可能触及重大违法类强制退市情形的，应当于知悉相关行政机关行政处罚事先告知书或者人民法院作出司法裁判当日，及时披露有关内容，并就其股票可能被实施重大违法类强制退市进行特别风险提示。公司股票及其衍生品种于公告披露日停牌 1 天，公告披露日为非交易日的，自披露日后的第一个交易日停牌 1 天。自复牌之日起，本所对公司股票实施退市风险警示。

公司股票因前款情形被实施退市风险警示期间，公司应当每 5 个交易日披露 1 次相关事项进展情况，并就公司股票可能被实施重大违法类强制退市进行特别风险提示。

9.5.6 上市公司在股票被实施退市风险警示期间，收到相关行政机关相应行政处罚决定或者人民法院生效司法裁判，未触及本节规定的重大违法类强制退市情形，且不存在其他的退市风险警示情形的，应当及时披露有关内容，公司股票及其衍生品种于公告披露日停牌 1 天，公告披露日为非交易日的，于披露日后的次一交易日停牌 1 天。自复牌之日起，本所撤销对公司股票实施的退市风险警示。

9.5.7 上市公司在股票被实施退市风险警示期间，收到相关行政机关相应行政处罚决定或者人民法院生效司法裁判，可能触及本节规定的重大违法类强制退市情形的，应当向本所申请股票及其衍生品种停牌，并及时披露有关内容，就其股票可能被实施重大违法类强制退市进行特别风险提示。公司股票及其衍生品种自公告披露日起停牌；公告披露日为非交易日的，自披露日后的次一交易日起停牌。

本所在公司披露或者本所向市场公告相关行政机关行政处罚决定或者人民法院生效司法裁判后 5 个交易日内，向公司发出拟终止其股票上市的事先告知书，公司应当在收到本所事先告知书后及时披露。

9.5.8 上市公司可能触及本节规定的重大违法类强制退市情形的，本所在公司披露或者本所向市场公告相关行政机关行政处罚决定或者人民法院生效司法裁判后 15 个交易日内，作出是否终止公司股票上市的决定。

公司向本所申请听证的，自本所收到公司听证申请至听证程序结束期间不计入前述期限。

9.5.9 本所上市委员会对上市公司是否触及重大违法类强制退市情形并终止上市进行审议，作出独立的专业判断并形成审议意见。

本所根据上市委员会的审议意见，作出公司股票是否终止上市的决定。

9.5.10 本所决定不对上市公司股票实施重大违法类强制退市的，公司应当在收到本所相关决定后，及时披露并申请股票及其衍生品种复牌。公司股票不存在其他的退市风险警示情形的，自复牌之日起，本所撤销对公司股票实施的退市风险警示。

9.5.11 上市公司可能触及本节规定的重大违法类强制退市情形的，自相关行政处罚事先告知书或者司法裁判作出之日起，至下列任一情形发生前，其控股股东、实际控制人、董事、监事和高级管理人员，以及上述主体的一致行动人不得减持公司股份：

（一）公司股票终止上市并摘牌；

（二）公司收到相关行政机关相应行政处罚决定或者人民法院生效司法裁判，显示公司未触及重大违法类强制退市情形。

公司披露无控股股东、实际控制人的，其第一大股东及第一大股东的实际控制人应当遵守前款规定。

第六节　退市整理期

9.6.1 上市公司股票被本所作出强制终止上市决定后，自本所公告终止上市决定之日后 5 个交易日届满的次一交易日复牌，进入退市整理期交易，并在股票简称前冠以"退市"标识。

交易类强制退市公司股票和主动退市公司股票不进入退市整理期交易。

9.6.2 退市整理期的交易期限为 15 个交易日。上市公司股票及其衍生品种在退市整理期内全天停牌的，停牌期间不计入退市整理期，但停牌天数累计不得超过 5 个交易日。

累计停牌达到 5 个交易日后，本所不再接受公司的停牌申请；公司未在累计停牌期满前申请复牌的，本所于累计停牌期满后的次一交易日恢复公司股票交易。

9.6.3 上市公司有限售条件股份的限售期限在退市整理期间连续计算。限售期限未届满的，相关股份在退市整理期内不得流通。

9.6.4 上市公司股票进入退市整理期的，公司及相关信息披露义务人仍应当遵守法律、行政法规、部门规章、其他规范性文件、本规则及本所其他规定，并履行相关义务。

9.6.5 上市公司应当在收到本所关于终止其股票上市的决定后及时披露股票终止上市公告，并同时披露其股票进入退市整理期交易相关情况。相关公告应至少包括如下内容：

（一）终止上市的股票种类、证券简称、证券代码；

（二）终止上市决定的主要内容；

（三）终止上市后公司股票登记、转让和管理事宜；

（四）终止上市后公司的联系人、联系地址、电话和其他通讯方式；

（五）公司股票在退市整理期间的证券代码、证券简称及涨跌幅限制；

（六）公司股票退市整理期交易期限及预计最后交易日期；

（七）公司股票在退市整理期交易期间公司将不筹划或者实施重大资产重组事项的说明；

（八）本所要求披露的其他内容。

9.6.6 上市公司应当于退市整理期交易首日，发布公司股票已被本所作出终止上市决定的风险提示公告，说明公司股票在退市整理期交易的起始日和终止日等事项。

公司应当在退市整理期前 10 个交易日内，每 5 个交易日发布 1 次股票将被终止上市的风险提示公告，在最后 5 个交易日内每日发布 1 次股票将被终止上市的风险提示公告。

9.6.7 退市整理股票在一段时期内偏离同期可比指数涨跌幅较大，且期间上市公司未有重大事项公告的，本所可以要求上市公司进行停牌核查。上市公司应当对公司信息披露情况和相关媒体报道、传闻等进行核查，并及时予以公告。

9.6.8 上市公司应当在其股票的退市整理期届满当日再次发布终止上市公告，

对公司股票进入全国中小企业股份转让系统等证券交易场所的具体事宜，包括拟进入的市场名称、进入日期、股份重新确认、登记、托管等股票终止上市后续安排作出说明。

9.6.9 上市公司在退市整理期间对外发布公告时，应当在公告的"重要提示"中特别说明："本公司股票将在退市整理期交易 15 个交易日，截至本公告日已交易 XX 个交易日，剩余 YY 个交易日，交易期满将被终止上市，敬请投资者审慎投资、注意风险"。

9.6.10 退市整理期届满后 5 个交易日内，本所对上市公司股票予以摘牌，公司股票终止上市。

9.6.11 上市公司股票进入退市整理期的，公司在退市整理期间不得筹划或者实施重大资产重组事项。

9.6.12 上市公司股票存在可能被强制退市情形，且董事会已审议通过并公告筹划重大资产重组事项的，公司董事会应及时召开股东大会，决定公司股票在终止上市后是否进入退市整理期交易。

9.6.13 上市公司董事会根据第 9.6.12 条规定召开股东大会的，应当选择下述议案之一提交股东大会审议：

（一）公司股票被作出终止上市决定后进入退市整理期并终止重大资产重组事项；

（二）公司股票被作出终止上市决定后不进入退市整理期并继续推进重大资产重组事项。

前述议案应当经出席会议股东所持表决权的三分之二以上通过。对于单独或者合计持有上市公司 5% 以下股份的股东表决情况，应当进行单独计票并披露。

上市公司应当在股东大会召开通知中充分披露前述议案通过或者不通过的后果、相关风险及后续安排。

选择本条第一款第（一）项议案的，上市公司董事会应当在股东大会通知中明确：如经股东大会审议通过该议案的，公司股票将在被作出终止上市决定后 5 个交易日届满的次一交易日进入退市整理期交易；如审议未通过的，公司股票将在被作出终止上市决定后 5 个交易日届满的次一交易日起，直接终止上市，不再进入退市整理期交易。

选择本条第一款第（二）项议案的，上市公司董事会应当在股东大会通知中明确：如经股东大会审议通过该议案的，公司股票将在被作出终止上市决定后 5 个交易日届满的次一交易日起，直接终止上市，不再进入退市整理期交易；如审议未通过的，公司股票将在被作出终止上市决定后 5 个交易日届满的次一交易日起，进入退市整理期交易。

9.6.14 上市公司处于破产重整期间，且经法院或者破产管理人认定，公司股票进入退市整理期交易将与破产程序或者法院批准的公司重整计划的执行存在冲突的，公司股票可以不进入退市整理期交易。

第七节　主动退市

9.7.1 上市公司出现下列情形之一的，可以向本所申请主动终止上市：

（一）公司股东大会决议主动撤回其股票在本所的交易，并决定不再在本所交易；

（二）公司股东大会决议主动撤回其股票在本所的交易，并转而申请在其他交易场所交易或转让；

（三）公司向所有股东发出回购全部股份或部分股份的要约，导致公司股本总额、股权分布等发生变化不再具备上市条件；

（四）公司股东向所有其他股东发出收购全部股份或部分股份的要约，导致公司股本总额、股权分布等发生变化不再具备上市条件；

（五）除公司股东外的其他收购人向所有股东发出收购全部股份或部分股份的要约，导致公司股本总额、股权分布等发生变化不再具备上市条件；

（六）公司因新设合并或者吸收合并，不再具有独立主体资格并被注销；

（七）公司股东大会决议公司解散；

（八）中国证监会和本所认可的其他主动终止上市情形。

已在本所发行 A 股和 B 股股票的上市公司，根据前款规定申请主动终止上市的，应当申请其 A、B 股股票同时终止上市，但存在特殊情况的除外。

9.7.2 本规则第 9.7.1 条第一款第（一）项、第（二）项规定的股东大会决议事项，除须经出席会议的全体股东所持有效表决权的三分之二以上通过外，还须经出席会议的除下列股东以外的其他股东所持有效表决权的三分之二以上通过：

（一）上市公司的董事、监事和高级管理人员；

（二）单独或者合计持有上市公司 5% 以上股份的股东。

9.7.3 上市公司应当在第 9.7.1 条第一款第（一）项、第（二）项规定的股东大会召开通知发布之前，充分披露主动终止上市方案、退市原因及退市后的发展战略，包括并购重组安排、经营发展计划、重新上市安排、异议股东保护的专项说明等。

独立董事应当就上述事项是否有利于公司长远发展和全体股东利益充分征询中小股东意见，在此基础上发表独立意见，独立董事意见应当与股东大会召开通知一并公告。

公司应当聘请财务顾问和律师为主动终止上市提供专业服务，发表专业意见并与股东大会召开通知一并公告。

股东大会对主动终止上市事项进行审议后，公司应当及时披露股东大会决议公告，说明议案的审议及通过情况。

9.7.4 上市公司因第 9.7.1 条第一款第（三）项至第（七）项规定的回购、收购、公司合并以及自愿解散等情形引发主动终止上市的，应当遵守《公司法》《证券法》《上市公司收购管理办法》《上市公司重大资产重组管理办法》等有关规定及本所业务规则，严格履行决策、实施程序和信息披露义务，并及时向本所申请公司股票及其衍生品种停牌或复牌。

公司以自愿解散形式申请主动终止上市的，除遵守法律法规等有关规定外，还应遵守第 9.7.2 条和第 9.7.3 条的规定。

9.7.5 上市公司根据第 9.7.1 条第一款第（一）项、第（二）项规定情形申请主动终止上市的，应当向本所申请其股票及其衍生品种自股东大会股权登记日的次一交易日起停牌，并于股东大会作出终止上市决议后 15 个交易日内，向本所提交主动终止上市申请。

公司因第 9.7.1 条第一款第（三）项至第（七）项规定情形引发主动终止上市的，公司应当按照相关规定，及时向本所提交主动终止上市申请。

公司应当在提出申请后，及时发布相关公告。

9.7.6 上市公司向本所提出主动终止上市申请的，至少应当提交以下文件：

（一）主动终止上市申请书；

（二）董事会决议及独立董事意见（如适用）；

（三）股东大会决议（如适用）；

（四）主动终止上市的方案；

（五）主动终止上市后去向安排的说明；

（六）异议股东保护的专项说明；

（七）财务顾问出具的关于公司主动终止上市的专项意见；

（八）律师出具的关于公司主动终止上市的专项法律意见；

（九）本所要求的其他材料。

9.7.7 上市公司主动终止上市事项未获股东大会审议通过的，公司应当及时向本所申请其股票及其衍生品种自股东大会决议公告之日起复牌。

9.7.8 本所在收到上市公司提交的主动终止上市申请文件之日后 5 个交易日内，作出是否受理的决定并通知公司。公司应当在收到决定后及时披露决定的有关内容，并发布其股票是否可能终止上市的风险提示公告。

9.7.9 本所在受理上市公司主动终止上市申请之日后 15 个交易日内，作出是否同意其股票终止上市的决定。在此期间，本所要求公司提供补充材料的，公司提供补充材料期间不计入上述作出有关决定的期限，但累计不得超过 30 个交易日。

9.7.10 本所上市委员会对上市公司股票主动终止上市事宜进行审议，重点从保护投资者特别是中小投资者合法权益的角度，在审查上市公司决策程序合规性的基础上，作出独立的专业判断并形成审议意见。

本所根据上市委员会的审议意见，作出是否终止股票上市的决定。

9.7.11 主动终止上市公司股票不进入退市整理期交易，本所在公告公司股票终止上市决定之日后 5 个交易日内对其予以摘牌，公司股票终止上市。

9.7.12 上市公司因出现第 9.7.1 条第一款规定情形，本所对其股票终止上市的，公司及相关各方应当对公司股票退市后的转让或者交易、异议股东保护措施等作出妥善安排，保护投资者特别是中小投资者的合法权益。

第八节 其他风险警示

9.8.1 上市公司出现以下情形之一的，本所对其股票实施其他风险警示：

（一）公司被控股股东（无控股股东的，则为第一大股东）及其关联人非经营性占用资金，余额达到最近一期经审计净资产绝对值 5% 以上，或者金额超过 1000 万元，未能在 1 个月内完成清偿或整改；或者公司违反规定决策程序对外提供担保（担保对象为上市公司合并报表范围内子公司的除外），余额达到最近一期经审计净资产绝对值 5% 以上，或者金额超过 1000 万元，未能在 1 个月内完成清偿或整改；

（二）董事会、股东大会无法正常召开会议并形成有效决议；

（三）最近一个会计年度内部控制被出具无法表示意见或否定意见审计报告，或未按照规定披露内部控制审计报告；

（四）公司生产经营活动受到严重影响且预计在 3 个月内不能恢复正常；

（五）主要银行账户被冻结；

（六）最近连续 3 个会计年度扣除非经常性损益前后净利润孰低者均为负值，且最近一个会计年度财务会计报告的审计报告显示公司持续经营能力存在不确定性；

（七）公司存在严重失信，或持续经营能力明显存在重大不确定性等投资者难以判断公司前景，导致投资者权益可能受到损害的其他情形。

9.8.2 上市公司出现第 9.8.1 条第（一）项至第（六）项规定情形之一的，应当在事实发生之日及时向本所报告，提交董事会的书面意见，同时进行公告并申请其股票及其衍生品种于事实发生次一交易日起开始停牌。本所在收到公司报告之日后 5 个交易日内，根据实际情况，对公司股票实施其他风险警示。

9.8.3 上市公司股票因第 9.8.1 条第（一）项规定情形被实施其他风险警示的，在被实施其他风险警示期间，公司应当至少每月发布 1 次提示性公告，披露资金占用或违规担保的解决进展情况。

9.8.4 上市公司股票因第 9.8.1 条第（二）项至第（五）项规定情形被实施其他风险警示的，在被实施其他风险警示期间，公司应当至少每月发布 1 次提示性公告，分阶段披露涉及事项的解决进展情况。

9.8.5 上市公司股票因第 9.8.1 条第（一）项规定情形被实施其他风险警示后，

相关情形已完全消除的，公司应当及时公告，并可以向本所申请撤销对其股票实施的其他风险警示。

公司关联人资金占用情形已完全消除，向本所申请撤销对其股票实施的其他风险警示的，应当提交会计师事务所出具的专项审核报告、独立董事出具的专项意见等文件。

公司违规担保情形已完全消除，向本所申请撤销对其股票实施的其他风险警示的，应当提交律师事务所出具的法律意见书、独立董事出具的专项意见等文件。

9.8.6 上市公司股票因第 9.8.1 条第（二）项至第（七）项规定情形被实施其他风险警示后，相关情形已完全消除的，公司应当及时公告，并可以向本所申请撤销对其股票实施的其他风险警示。

公司股票因第 9.8.1 条第（三）项规定情形被实施其他风险警示后，公司内部控制缺陷整改完成，内控有效运行，向本所申请撤销对其股票实施的其他风险警示的，应当提交会计师事务所对其最近一年内部控制出具的标准无保留意见的审计报告、独立董事出具的专项意见等文件。

公司股票因第 9.8.1 条第（六）项规定情形被实施其他风险警示后，公司最近一年经审计的财务报告显示，其扣除非经常性损益前后的净利润孰低者为正值或者持续经营能力不确定性已消除，向本所申请撤销对其股票实施的其他风险警示的，应当提交会计师事务所出具的最近一年审计报告和独立董事出具的专项意见等文件。

9.8.7 上市公司股票因第 9.8.1 条规定情形被实施其他风险警示的，在其他风险警示期间，公司按照中国证监会相关规定进行重大资产重组且同时满足以下条件的，可以向本所申请撤销对其股票实施的其他风险警示：

（一）根据中国证监会有关上市公司重大资产重组规定，出售全部经营性资产和负债，同时购买其他资产且已实施完毕；

（二）通过购买进入公司的资产是一个完整经营主体，该经营主体在进入公司前已在同一管理层之下持续经营 3 年以上；

（三）会计师事务所出具专项说明显示，预计公司完成重大资产重组当年的年度财务会计报告符合本节规定的撤销其他风险警示条件；

（四）已披露完成重大资产重组后的最近一期定期报告；

（五）本所规定的其他条件。

9.8.8 上市公司向本所申请撤销对其股票实施的其他风险警示，应当同时作出公告。

本所于收到公司申请后 10 个交易日内，根据实际情况，决定是否撤销对其股票实施的其他风险警示。

9.8.9 本所决定撤销其他风险警示的，上市公司应当按照本所要求在撤销其他风险警示的前一个交易日作出公告。

公司股票及其衍生品种在公告披露日停牌 1 天。自复牌之日起，本所撤销对公司股票实施的其他风险警示。

9.8.10 本所决定不予撤销其他风险警示的，上市公司应当在收到本所有关书面通知后的次一交易日作出公告。公司未按规定公告的，本所可以向市场公告。

第十章 重新上市

第一节 一般规定

10.1.1 上市公司在其股票终止上市后，申请其股票重新上市的，应当符合本章规定的重新上市条件，本所依据本章规定的程序审议和决定其股票重新上市事宜。

10.1.2 公司申请重新上市，应当及时、公平地披露或者申报信息，并保证所披露或者申报信息的真实、准确、完整，不得有虚假记载、误导性陈述或者重大遗漏。

公司董事、监事和高级管理人员应当勤勉尽责，保证公司所披露或者申报信息的及时、公平、真实、准确、完整，并声明承担相应的法律责任。

10.1.3 保荐人及其保荐代表人应当勤勉尽责、诚实守信，认真履行审慎核查和辅导义务，并声明对其所出具文件的真实性、准确性、完整性承担相应的法律责任。

为公司重新上市提供有关文件或者服务的其他中介机构和人员，应当严格履行职责，并声明对所出具文件的真实性、准确性和完整性承担责任。

10.1.4 本所同意公司股票重新上市的决定，不表明对该股票的投资价值或者投资者的收益作出实质性判断或者保证。投资者应自行承担投资风险。

第二节 重新上市申请

10.2.1 本所上市公司的股票被终止上市后，其终止上市情形（不包括交易类终止上市情形）已消除，且同时符合下列条件的，可以向本所申请重新上市：

（一）符合《证券法》、中国证监会规定的发行条件；

（二）公司股本总额不低于 5000 万元；

（三）社会公众股东持有的股份占公司股份总数的比例达到 25% 以上；公司股本总额超过 4 亿元的，社会公众股东持有的股份的比例为 10% 以上；

（四）市值及财务指标符合本规则第三章第一节规定的相应标准；

（五）公司董事、监事和高级管理人员具备法律法规、本所相关规定及公司章程规定的任职资格，且不存在影响其任职的情形；

（六）本所要求的其他条件。

前款第（五）项所称"影响其任职的情形"，包括：

（一）被中国证监会采取证券市场禁入措施，期限尚未届满；

（二）最近 36 个月内受到中国证监会行政处罚，或者最近 12 个月内受到证券交易场所公开谴责；

（三）因涉嫌犯罪被司法机关立案侦查或者涉嫌违法违规被中国证监会立案调查，尚未有明确结论意见；

（四）本所规定的其他情形。

10.2.2 主动退市公司可以随时向本所提出重新上市申请。

强制退市公司向本所申请重新上市的，其申请时间应当符合下列规定：

（一）因市场交易类指标强制退市的公司，自其股票进入全国中小企业股份转让系统等证券交易场所转让之日起满 3 个月；

（二）因欺诈发行被实施重大违法类强制退市的公司，其股票被终止上市后，不得向本所申请重新上市；

（三）因欺诈发行之外的其他违法行为被实施重大违法类强制退市的公司，除第 10.3.8 条规定的情形外，自其股票进入全国中小企业股份转让系统等证券交易场所转让之日起满 5 个完整会计年度；

（四）除上述第（一）项、第（二）项、第（三）项强制退市公司之外的其他强制退市公司，自其股票进入全国中小企业股份转让系统等证券交易场所转让之日起满 12 个月。

10.2.3 强制退市公司出现下列情形的，自其股票进入全国中小企业股份转让系统等证券交易场所转让之日起 36 个月内，本所不受理其股票重新上市的申请：

（一）上市公司股票可能被强制退市但其董事会已审议通过并公告筹划重大资产重组事项的，公司董事会未按规定及时召开股东大会，决定公司股票在终止上市后是否进入退市整理期交易；

（二）在退市整理期间未按本所规定履行信息披露及其他相关义务；

（三）未按本所规定安排股份转入全国中小企业股份转让系统等证券交易场所进行转让；

（四）其他拒不履行本所规定的义务、不配合退市相关工作的情形。

10.2.4 因欺诈发行之外的其他违法行为被实施重大违法类强制退市的公司，未同时符合下列条件的，本所不受理其重新上市申请：

（一）已全面纠正重大违法行为并符合下列要求：

1. 公司已就重大信息披露违法行为所涉事项披露补充或更正公告；

2. 对重大违法行为的责任追究已处理完毕；

3. 公司已就重大违法行为所涉事项补充履行相关决策程序；

4. 公司控股股东、实际控制人等相关责任主体对公司因重大违法行为发生的损失已作出补偿；

5. 重大违法行为可能引发的与公司相关的风险因素已消除。

（二）已撤换下列与重大违法行为有关的责任人员：

1. 被人民法院判决有罪的有关人员；

2. 被相关行政机关行政处罚的有关人员；

3. 被相关行政机关依法移送公安机关立案调查的有关人员；

4. 中国证监会、本所认定的与重大违法行为有关的其他责任人员。

（三）已对相关民事赔偿承担做出妥善安排并符合下列要求：

1. 相关赔偿事项已由人民法院作出判决的，该判决已执行完毕；

2. 相关赔偿事项未由人民法院作出判决，但已达成和解的，该和解协议已执行完毕；

3. 相关赔偿事项未由人民法院作出判决，且也未达成和解的，公司及相关责任主体已按预计最高索赔金额计提赔偿基金，并将足额资金划入专项账户，且公司的控股股东和实际控制人已承诺：若赔偿基金不足赔付，其将予以补足。

（四）不存在本规则规定的终止上市情形。

（五）公司聘请的重新上市保荐人、律师已对前述 4 项条件所述情况进行核查验证，并出具专项核查意见，明确认定公司已完全符合前述 4 项条件。

10.2.5 退市公司拟申请重新上市的，应当召开董事会和股东大会，就申请重新上市事宜作出决议。股东大会决议须经出席会议的股东所持表决权的三分之二以上通过。

10.2.6 公司应当提供按照企业会计准则编制并经会计师事务所审计的最近 3 年财务会计报告。

前述财务会计报告的审计报告自最近一期审计截止日后 6 个月内有效。超过 6 个月的，公司应当补充提供最近一期经审计的财务会计报告。

10.2.7 退市公司申请重新上市，应当由保荐人保荐，并向本所申报重新上市申请文件及重新上市申请书。重新上市申请文件及重新上市申请书的格式与内容由本所另行规定。

本所可以根据审核情况，要求公司在规定的期限内补充提供有关材料。

10.2.8 保荐人应当对退市公司申请重新上市情况进行尽职调查，并制作尽职调查工作底稿。尽职调查工作底稿的格式与内容由本所另行规定。

保荐人应当在尽职调查基础上出具重新上市保荐书和保荐工作报告。重新上市保荐书和保荐工作报告的格式与内容由本所另行规定。

10.2.9 申请重新上市的退市公司应当聘请律师对其重新上市申请的合法性、合规性及相关申请文件的真实性、准确性、完整性进行尽职调查。

律师应当在尽职调查基础上出具法律意见书和律师工作报告。法律意见书和律师工作报告的格式与内容由本所另行规定。

10.2.10 本所收到重新上市申请文件后，在 5 个交易日内作出是否受理其申请的决定。

公司按照本所要求提供补充材料期间不计入上述期限，但补充材料的期限累计不得超过 15 个交易日。

10.2.11 存在下列情形之一的，本所不予受理公司的重新上市申请：

（一）重新上市报告书、重新上市保荐书、法律意见书等重新上市申请文件不齐备且未按要求补正；

（二）公司及其控股股东、实际控制人、董事、监事、高级管理人员，保荐人、中介机构及其主办人员因证券违法违规被中国证监会采取认定为不适当人选、限制业务活动、证券市场禁入，被证券交易所、国务院批准的其他全国性证券交易场所采取一定期限内不接受其出具的相关文件、公开认定不适合担任公司董事、监事、高级管理人员，或者被证券业协会采取认定不适合从事相关业务等相关措施，尚未解除；

（三）法律、行政法规及中国证监会规定的其他情形。

10.2.12 退市公司的重新上市申请未获得本所同意的，可于本所作出相应决定之日起 6 个月后再次提出重新上市申请。

第三节　重新上市审核

10.3.1 主动退市公司申请重新上市的，本所自受理申请之日起 30 个交易日内，作出是否同意其股票重新上市的决定。

强制退市公司申请重新上市的，本所自受理申请之日起 60 个交易日内，作出是否同意其股票重新上市的决定。

公司按照本所要求提供补充材料的期间和落实上市委员会意见的期间不计入上述期限，但补充材料的期限和落实上市委员会意见的期限分别累计不得超过 30 个交易日。

公司未按本所要求在前述期限内提交补充材料的，本所在该期限届满后继续对其重新上市申请进行审核，并根据本规则作出是否同意其股票重新上市的决定。

本所在作出是否同意公司股票重新上市决定前，可以自行或委托相关机构就公司申请重新上市有关情况进行调查核实，并将核查结果提交上市委员会审议。调查核实期间不计入本条规定的本所作出有关决定的期限内。

重新上市审核过程中，出现中止审核、暂缓审议、处理会后事项等情形的，相关期间不计入本条规定的本所作出有关决定的期限内。

10.3.2 重新上市审核过程中出现下列情形之一的，公司、保荐人等中介机构应当及时告知本所，本所将中止重新上市审核，通知公司及其保荐人：

（一）公司及其控股股东、实际控制人涉嫌贪污、贿赂、侵占财产、挪用财产或者破坏社会主义市场经济秩序的犯罪，或者涉嫌欺诈发行、重大信息披露违法或其他涉及国家安全、公共安全、生态安全、生产安全、公众健康安全等领域的重大违法行为，正在被立案调查，或者正在被司法机关立案侦查，尚未结案；

（二）公司的保荐人等中介机构被中国证监会依法采取限制业务活动、责令停业整顿、指定其他机构托管或者接管等措施，尚未解除；

（三）保荐代表人、其他中介机构主办人员被中国证监会依法采取认定为不适当人选、证券市场禁入等措施，被中国证券业协会采取认定不适合从事相关业务的纪律处分，尚未解除；

（四）保荐人及其保荐代表人、其他中介机构及其主办人员，被证券交易所、国务院批准的其他全国性证券交易场所实施一定期限内不接受其出具的相关文件的纪律处分，尚未解除；

（五）公司重新上市申请文件中记载的财务资料已过有效期，需要补充提交；

（六）公司及保荐人主动要求中止重新上市审核，理由正当且经本所同意；

（七）本所认为应当中止审核的其他情形。

出现本条第一款第（一）项至第（五）项所列情形，公司、保荐人等中介机构未及时告知本所，本所经核实符合中止审核情形的，将直接中止审核。

因本条第一款第（二）项至第（四）项中止审核，公司按照规定需要更换保荐人等中介机构的，更换后的保荐人等中介机构应当自中止审核之日起3个月内完成尽职调查，重新出具相关文件，并对原保荐人等中介机构出具的文件进行复核，出具复核意见，对差异情况作出说明。公司按照规定无需更换保荐人等机构的，保荐人等中介机构应当及时向本所出具复核报告。

因本条第一款第（二）项至第（四）项中止审核，公司更换保荐代表人或者其他中介机构主办人员的，更换后的保荐代表人或者其他中介机构主办人员应当自中止审核之日起1个月内，对原保荐代表人或者其他中介机构主办人员签字的文件进行复核，出具复核意见，对差异情况作出说明。

因本条第一款第（五）项、第（六）项中止审核的，公司应当在中止审核后3个月内补充提交有效文件或者消除主动要求中止审核的相关情形。

本条第一款所列中止审核的情形消除或者在本条第三款至第五款规定的时限内完成相关事项的，本所经审核确认后，恢复对公司的重新上市审核，并通知公司及其保荐人。

10.3.3 重新上市审核过程中出现下列情形之一的，本所将终止重新上市审核，通知公司及其保荐人：

（一）重新上市申请文件内容存在重大缺陷，严重影响投资者理解和本所审核；

（二）公司撤回重新上市申请或者保荐人撤销保荐；

（三）重新上市申请文件被认定存在虚假记载、误导性陈述或者重大遗漏；

（四）公司阻碍或者拒绝中国证监会、本所依法对公司实施的检查；

（五）公司及其关联人以不正当手段严重干扰重新上市审核工作；

（六）公司法人资格终止；

（七）第 10.3.2 条第一款规定的中止审核情形未能在 3 个月内消除，或者未能在第 10.3.2 条第三款至第五款规定的时限内完成相关事项；

（八）其他本所认为应当终止审核的情形。

10.3.4 本所上市委员会对退市公司的重新上市申请进行审议，作出独立的专业判断并形成审议意见。

10.3.5 本所根据上市委员会的审议意见，作出是否同意公司股票重新上市的决定。

10.3.6 本所作出同意或者不同意公司重新上市决定后的，在 2 个交易日内通知公司，并报中国证监会备案。

10.3.7 本所作出正式决定后至公司股票重新上市前，发生不符合公司股票重新上市条件、触及中止审核或终止审核情形、或者其他可能对投资价值及投资决策判断构成重大影响的事项的，公司及其保荐人应当及时向本所报告，并按要求更新重新上市申请文件。公司的保荐人等中介机构应当持续履行尽职调查职责，并向本所提交专项核查意见。

因前款所述事项可能导致公司不具备重新上市条件的，本所可以将公司的重新上市申请重新提交上市委员会审议，并根据上市委员会的意见作出是否维持同意其股票重新上市的决定。

10.3.8 上市公司因重大违法类强制退市，其股票被终止上市后，作为上市公司重大违法类强制退市认定依据的行政处罚决定、司法裁判被依法撤销、确认无效或被依法变更的，公司可以在知悉相关行政机关相应决定或者人民法院生效司法裁判后 10 个交易日内，向本所申请撤销对公司股票作出的终止上市决定。本所于收到公司申请后 15 个交易日内，根据相关行政机关相应决定或者人民法院生效司法裁判，作出是否撤销对公司股票作出的终止上市决定。公司可以在本所决定撤销对公司作出的终止上市决定之日起 20 个交易日内向本所申请其股票重新上市。

前述公司同时触及重大违法类强制退市情形之外的风险警示、终止上市情形的，本所对其股票相应予以实施风险警示或者终止上市。

10.3.9 符合第 10.3.8 条规定的公司可以不适用第 10.2.1 条规定的条件，向本所申请重新上市，恢复其上市地位。

公司根据前款规定申请重新上市的，应按照第 10.2.5 条的规定履行相关决策程序。

10.3.10 重大违法类退市公司按照第 10.3.9 条规定申请重新上市的，可以向本所申请免于适用第 10.2.6 条关于财务报表审计、第 10.2.7 条中关于保荐的规定，但应提供相关申请文件。

10.3.11 重大违法类退市公司按照第 10.3.9 条规定申请重新上市的，本所收到重新上市申请文件后，在 5 个交易日内作出是否受理其申请的决定，并于受理后 15 个交易日内作出是否同意其股票重新上市的决定。

10.3.12 重大违法类退市公司按照第 10.3.9 条规定申请重新上市并获得本所同意后，公司可以申请免于适用本章关于股份限售、持续督导的规定。

10.3.13 重大违法类退市公司按照第 10.3.9 条规定申请重新上市的，本节未作规定的事项，适用本章其他规定。

10.3.14 公司因相关行政处罚决定认定的事实，触及财务类强制退市情形其股票被终止上市的，相关行政处罚决定被依法撤销或确认无效，或者因对违法行为性质、违法事实等的认定发生重大变化被依法变更，公司申请撤销本所对其股票实施的财务类强制退市决定，以及申请重新上市，参照第 10.3.8 条和第 10.3.9 条规定的程序办理。

第四节　重新上市安排

10.4.1 退市公司的重新上市申请获得本所同意后，应当在 3 个月内办理完毕公司股份的重新确认、登记、托管等相关手续。本所在公司办理完成相关手续后安排其股票上市交易。

公司未在上述期间内办理完毕重新上市相关手续的，应当向本所提交申请延期重新上市的说明并公告，本所可以根据具体情况决定是否同意延期。

公司未在上述期间内办理完毕重新上市相关手续，也未获得本所同意延期的，本所关于同意公司股票重新上市的决定自期限届满之日起失效，公司可于该决定失效之日起 6 个月后再次提出重新上市申请。

10.4.2 退市公司重新上市申请获得本所同意后，应当在其股票重新上市前与本所签订重新上市协议，明确双方的权利、义务及其他有关事项，并按照本所规定于股票重新上市前缴纳相关费用。

10.4.3 公司应当在其股票重新上市前向本所提交以下文件：

（一）公司董事、监事和高级管理人员签署的《董事（监事、高级管理人员）声明及承诺书》；

（二）公司全部股份已经中国结算托管的证明文件；

（三）公司行业分类的情况说明；

（四）本所要求的其他文件。

10.4.4 上市公司股票重新上市首日的开盘参考价原则上应为其在全国中小企业股份转让系统等证券交易场所最后一个转让日或者交易日的收盘价。

公司认为需要调整上述开盘参考价的，需由重新上市保荐人出具专项核查意见，充分说明理由并对外披露。

主动退市公司退市后其股票未转入全国中小企业股份转让系统等证券交易场所交易或转让的，重新上市保荐人应就开盘参考价的确定方法及其依据出具核查意见并对外披露。

10.4.5 公司控股股东和实际控制人应当承诺：自公司股票重新上市之日起 36 个月内，不转让或者委托他人管理其直接和间接持有的公司股份，也不由公司回购该部分股份。

公司无控股股东或者实际控制人的，其第一大股东及其最终控制人比照执行前款规定。

公司董事、监事及高级管理人员应当承诺：自公司股票重新上市之日起 12 个月内，不转让其直接和间接持有的公司股份，也不由公司回购该部分股份。

10.4.6 除第 10.4.5 条规定的情形外，公司退市期间发行的新增股份，除已通过证券竞价交易等方式公开转让的股份之外，自重新上市之日起 12 个月内不得转让。

10.4.7 退市公司重新上市后，其终止上市前的有限售条件流通股，在退市期间未以证券竞价交易等方式公开转让的，其限售期限自重新上市之日起连续计算。

10.4.8 公司在退市期间因配股、资本公积金转增股本或者送股而相应增加的股份，其限售期与原对应的股份相同。

10.4.9 终止上市前未进行股权分置改革的公司，其非流通股份须待相关股东通过股东会议等形式就其上市交易事项作出相关安排后，方可流通。

10.4.10 公司应当在股票重新上市前 5 个交易日内披露重新上市公告、重新上市报告书（重新上市报告书的格式与内容由本所另行规定）、修订后的重新上市保荐书和法律意见书。

重新上市公告应当包括以下内容：

（一）重新上市日期；

（二）重新上市股票的种类、证券简称、证券代码和涨跌幅限制；

（三）本所关于股票重新上市的决定；

（四）股本结构及重新上市后可交易股份数量，以及本次不能上市交易股票的限售情况（若有）；

（五）本所要求的其他内容。

10.4.11 退市公司重新上市后，其保荐人应当在公司重新上市后当年及其后的 2 个完整会计年度内履行持续督导职责，并于每一年度报告披露后 10 个交易日内向本所提交持续督导总结报告并公告。

第十一章　红筹企业和境内外事项的协调

第一节　红筹企业特别规定

11.1.1 红筹企业申请发行股票或者存托凭证并在本所上市的，适用中国证监会、本所关于发行上市审核注册程序的规定。

11.1.2 红筹企业申请其在境内首次公开发行的股票或者存托凭证上市的，应当根据《上海证券交易所股票发行上市审核规则》的规定，取得本所出具的同意发行上市审核意见并由中国证监会作出予以注册决定。

11.1.3 红筹企业申请其在境内首次公开发行的股票上市的，应当按照本所相关规定提交上市申请文件，以及本次境内发行股票已经中国结算存管的证明文件、公司在境内设立的证券事务机构及聘任的信息披露境内代表等有关资料。

红筹企业在境内发行存托凭证并上市的，还应当提交本次发行的存托凭证已经中国结算存管的证明文件、经签署的存托协议、托管协议文本以及托管人出具的存托凭证所对应基础证券的托管凭证等文件。

根据公司注册地公司法等法律法规和公司章程或者章程性文件规定，红筹企业无需就本次境内发行上市事宜提交股东大会审议的，其申请上市时可以不提交股东大会决议，但应当提交相关董事会决议。

11.1.4 红筹企业在境内发行股票或者存托凭证并在本所上市，股权结构、公司治理、运行规范等事项适用境外注册地公司法等法律法规的，其投资者权益保护水平，包括资产收益、参与重大决策、剩余财产分配等权益，总体上应不低于境内法律法规规定的要求，并保障境内存托凭证持有人实际享有的权益与境外基础证券持有人的权益相当。

11.1.5 红筹企业提交的上市申请文件和持续信息披露文件，应当使用中文。

红筹企业及相关信息披露义务人应当按照中国证监会和本所规定，在符合规定条件的媒体披露上市和持续信息披露文件。

11.1.6 红筹企业具有协议控制架构或者类似特殊安排的，应当充分、详细披露相关情况，特别是风险、公司治理等信息，以及依法落实保护投资者合法权益规定的各项措施。

红筹企业应当在年度报告中披露协议控制架构或者类似特殊安排在报告期内的实施和变化情况，以及该等安排下保护境内投资者合法权益有关措施的实施情况。

前款规定事项出现重大变化或者调整，可能对公司股票、存托凭证交易价格产生较大影响的，公司及相关信息披露义务人应当及时予以披露。

11.1.7 红筹企业应当在境内设立证券事务机构，并聘任信息披露境内代表，负责办理公司股票或者存托凭证上市期间的信息披露和监管联络事宜。信息披露境内代表应当具备境内上市公司董事会秘书的相应任职能力，熟悉境内信息披露规定和要求，并能够熟练使用中文。

红筹企业应当建立与境内投资者、监管机构及本所的有效沟通渠道，按照规定保障境内投资者的合法权益，保持与境内监管机构及本所的畅通联系。

11.1.8 红筹企业进行本规则规定需提交股东大会审议的重大交易、关联交易等事项，可以按照其已披露的境外注册地公司法等法律法规和公司章程或者章程性文件规定的权限和程序执行，法律法规另有规定的除外。

红筹企业按照前款规定将相关事项提交股东大会审议的，应当及时予以披露。

11.1.9 红筹企业注册地公司法等法律法规或者实践中普遍认同的标准对公司董事会、独立董事职责有不同规定或者安排，导致董事会、独立董事无法按照本所规定履行职责或者发表意见的，红筹企业应当详细说明情况和原因，并聘请律师事务所就上述事项出具法律意见。

11.1.10 红筹企业在本所上市存托凭证的，应当在年度报告和半年度报告中披露存托、托管相关安排在报告期内的实施和变化情况以及报告期末前 10 名境内存托凭证持有人的名单和持有量。发生下列情形之一的，公司应当及时披露：

（一）存托人、托管人发生变化；

（二）存托的基础财产发生被质押、挪用、司法冻结或者其他权属变化；

（三）对存托协议、托管协议作出重大修改；

（四）存托凭证与基础证券的转换比例发生变动；

（五）中国证监会和本所要求披露的其他情形。

红筹企业变更存托凭证与基础证券的转换比例的，应当经本所同意。

发生本条第一款第（一）项、第（二）项规定的情形，或者托管协议发生重大修改的，存托人应当及时告知红筹企业，公司应当及时进行披露。

11.1.11 红筹企业、存托人应当合理安排存托凭证持有人权利行使的时间和方式，保障其有足够时间和便利条件行使相应权利，并根据存托协议的约定及时披露存托凭证持有人权利行使的时间、方式、具体要求和权利行使结果。

红筹企业、存托人通过本所或者本所子公司提供的网络系统征集存托凭证持有人投票意愿的，具体业务流程按照本所相关规定或者业务协议的约定办理，并由公司、存托人按照存托协议的约定向市场公告。

11.1.12 红筹企业及相关信息披露义务人适用本规则相关信息披露要求和持续监管规定，可能导致其难以符合公司注册地、境外上市地有关规定及市场实践中普遍认同的标准的，可以向本所申请调整适用，但应当说明原因和替代方案，并聘请律师事务所出具法律意见。本所认为依法不应调整适用的，红筹企业及相关信息披露义务人应当执行本规则相关规定。

11.1.13 已在境外上市的红筹企业的持续信息披露事宜，参照适用《上海证券交易所试点创新企业股票或者存托凭证上市交易实施办法》等相关规则的规定。

第二节 境内外事务协调

11.2.1 在本所上市的公司同时有股票及其衍生品种在境外证券交易所上市的，公司及相关信息披露义务人应当保证境外证券交易所要求其披露的信息，同时在符合条件的媒体按照本所相关规定披露。

公司及相关信息披露义务人在境外市场进行信息披露时，不在本所规定的信息披露时段内的，应当在本所最近一个信息披露时段内披露。

11.2.2 上市公司及相关信息披露义务人就同一事项向境外证券交易所提供的报告和公告应当与向本所提供的内容一致。出现重大差异时，上市公司及相关信息披露义务人应当向本所作出专项说明，并披露更正或者补充公告。

11.2.3 上市公司的股票及其衍生品种在境外证券交易所被要求停牌或者拟申请停牌的，应当及时向本所报告停牌的事项和原因，并提交是否需要向本所申请停牌的书面说明，并予以披露。

11.2.4 本章未尽事宜，适用法律法规、本所相关规定以及本所与其他证券交易所签署的监管合作备忘录的规定。

第十二章 中介机构

第一节 一般规定

12.1.1 上市公司及相关信息披露义务人聘请的为其提供证券服务的保荐人、会计师事务所、律师事务所、资产评估机构、财务顾问和资信评级机构等中介机构，应当符合《证券法》的规定。

中介机构应当承办与自身规模、执业能力、风险承担能力匹配的业务。

12.1.2 中介机构及其相关人员应当勤勉尽责、诚实守信、恪尽职守，按照相关业务规则、行业执业规范和职业道德准则为上市公司及相关信息披露义务人提供证券服务。

12.1.3 中介机构应当建立并保持有效的质量控制体系、独立性管理和投资者保护机制，严格执行内部控制制度，对相关业务事项进行核查验证，审慎发表专业意见。

12.1.4 中介机构为上市公司及相关信息披露义务人的证券业务活动制作和出具上市保荐书、持续督导跟踪报告、审计报告、鉴证报告、资产评估报告、估值报告、法律意见书、财务顾问报告、资信评级报告等文件，应当对所依据文件资料内容的真实性、准确性、完整性进行核查和验证，获取充分、适当的证据，制作、出具的文件不得有虚假记载、误导性陈述或者重大遗漏，结论意见应当合理、明确。

12.1.5 上市公司及相关信息披露义务人应当配合中介机构及其相关人员的工作，向其聘用的中介机构及其相关人员提供与执业相关的所有资料，并确保资料的真实、准确、完整，不得拒绝提供、隐匿或者谎报。

中介机构在为上市公司及相关信息披露义务人出具专项文件时，发现其提供的材料有虚假记载、误导性陈述、重大遗漏或者其他重大违法行为的，应当要求其补充、纠正。上市公司及相关信息披露义务人不予补充、纠正的，中介机构应当及时向本所报告。

12.1.6 中介机构应当建立健全工作底稿制度，为每一项目建立独立的工作底稿并妥善保存。工作底稿应当内容完整、记录清晰、结论明确，真实、准确、完整地反映证券服务的全过程和所有重要事项。

本所可以根据监管需要调阅、检查工作底稿、证券业务活动记录及相关资料。

12.1.7 中介机构应当配合本所的信息披露要求，按本所要求在规定期限内提供、报送相关资料和信息，如实回复本所就相关事项提出的问询，不得以有关事项存在不确定性等为由拒不回复。中介机构应当保证其提供、报送或者回复的资料、信息真实、准确、完整，不存在虚假记载、误导性陈述或者重大遗漏，结论意见应当合理、明确。

12.1.8 中介机构及其相关人员不得利用因职务便利获得的上市公司尚未披露的信息进行内幕交易，为自己或者他人谋取利益。

第二节　保荐人

12.2.1 本所实行股票及其衍生品种上市保荐制度。发行人、上市公司向本所申请股票及其衍生品种在本所上市，以及股票被终止上市后公司申请其股票重新上市的，应当由保荐人保荐。中国证监会和本所另有规定的除外。

保荐人应当为同时具有保荐业务资格和本所会员资格的证券公司。

12.2.2 保荐人应当与发行人、上市公司签订保荐协议，明确双方在公司申请上市期间、申请重新上市期间和持续督导期间的权利和义务。

首次公开发行股票的，持续督导期间为股票上市当年剩余时间及其后2个完整会计年度；上市后发行新股、可转换公司债券的，持续督导期间为股票、可转换公司债券上市当年剩余时间及其后1个完整会计年度；申请重新上市的，持续督导期间为股票重新上市当年剩余时间及其后2个完整会计年度。持续督导期间自股票、可转换公司债券上市之日起计算。中国证监会和本所对其他衍生品种持续督导另有规定的，从其规定。

持续督导期届满，上市公司及相关信息披露义务人存在尚未完结的督导事项的，保荐人应当就相关事项继续履行督导义务，直至相关事项全部完成。

12.2.3 保荐人应当在签订保荐协议时指定2名保荐代表人具体负责保荐工作，作为保荐人与本所之间的指定联络人。

12.2.4 保荐人保荐股票及其衍生品种上市时，应当向本所提交上市保荐书、保荐协议、保荐人和保荐代表人相关证明文件、保荐代表人专项授权书，以及与上市保荐工作有关的其他文件。

保荐人保荐股票重新上市时应当提交的文件及其内容，按照本所关于重新上市的有关规定执行。

12.2.5 保荐人应当督促发行人、上市公司建立健全并有效执行公司治理、内部控制和信息披露等制度，督促发行人、上市公司规范运作。

12.2.6 保荐人应当督导上市公司及相关信息披露义务人按照本规则的规定履

行信息披露及其他相关义务，并履行其作出的承诺。

12.2.7 保荐人应当对上市公司募集资金使用情况、限售股票及其衍生品种解除限售进行核查并发表专项意见。

持续督导期间，保荐人应当按照本所相关规定对发行人、上市公司的相关披露事项进行核查并发表专项意见。

12.2.8 控股股东、实际控制人及其一致行动人出现下列情形的，保荐人及其保荐代表人应当就相关事项对上市公司控制权稳定和日常经营的影响、是否存在侵害上市公司利益的情形以及其他未披露重大风险发表意见并披露：

（一）所持上市公司股份被司法冻结；

（二）质押上市公司股份比例超过所持股份 80% 或者被强制平仓的；

（三）本所或者保荐人认为应当发表意见的其他情形。

12.2.9 持续督导期间，保荐人应当按照本所相关规定对上市公司的相关事项进行定期现场检查。

上市公司应当按照下列要求，积极配合保荐人履行持续督导职责：

（一）根据保荐人和保荐代表人的要求，及时提供履行持续督导职责必需的相关信息；

（二）发生应当披露的重大事项或者出现重大风险的，及时告知保荐人和保荐代表人；

（三）根据保荐人和保荐代表人的督导意见，及时履行信息披露义务或者采取相应整改措施；

（四）协助保荐人和保荐代表人披露持续督导意见；

（五）为保荐人和保荐代表人履行持续督导职责提供其他必要的条件和便利。

上市公司不配合保荐机构、保荐代表人持续督导工作的，保荐机构、保荐代表人应当督促公司改正，并及时报告本所。

12.2.10 持续督导期内，保荐人及其保荐代表人应当重点关注上市公司是否存在如下事项：

（一）存在重大财务造假嫌疑；

（二）控股股东、实际控制人及其关联人涉嫌资金占用；

（三）可能存在重大违规担保；

（四）控股股东、实际控制人及其关联人、董事、监事和高级管理人员涉嫌侵占公司利益；

（五）资金往来或者现金流存在重大异常；

（六）本所或者保荐人认为应当进行现场核查的其他事项。

出现上述情形的，保荐人及其保荐代表人应当督促公司核实并披露，同时应当自知道或者应当知道之日起 15 日内按规定进行专项现场核查。公司未及时披露的，保荐人应当及时向本所报告。

12.2.11 保荐人应当在发行人、上市公司向本所报送信息披露文件及其他文件之前，或者履行信息披露义务后 5 个交易日内，完成对有关文件的审阅工作，对存在问题的信息披露文件应当及时督促发行人更正或者补充，并向本所报告。

保荐人履行保荐职责发表的意见应当及时告知发行人、上市公司，同时在保荐工作底稿中保存。

12.2.12 保荐人在履行保荐职责期间有充分理由确信发行人、上市公司可能存在违反本所相关规定的，应当督促发行人、上市公司作出说明并限期纠正；情节严重的，应当向本所报告。

保荐人按照有关规定对发行人、上市公司违法违规事项公开发表声明的，应当于披露前向本所报告。

12.2.13 保荐人有充分理由确信其他中介机构及其签名人员按规定出具的专业意见可能存在虚假记载、误导性陈述或者重大遗漏等违法违规情形或者其他不当情形的，应当及时发表意见；情节严重的，应当向本所报告。

12.2.14 保荐人被撤销保荐资格的，发行人、上市公司应当在 1 个月内另行聘请保荐人，履行剩余期限的持续督导职责。

发行人、上市公司和保荐人终止保荐协议或者另行聘请保荐人的，应当及时公告。新聘请的保荐人应当及时向本所提交本规则第 12.2.4 条规定的有关文件。

保荐人更换保荐代表人的，应当通知发行人、上市公司及时披露保荐代表人变更事宜。

12.2.15 持续督导工作结束后，保荐人应当在上市公司公告年度报告之日起的 10 个交易日内出具保荐总结报告书，并通知上市公司及时披露。

第三节　会计师事务所

12.3.1 上市公司聘请或者解聘会计师事务所必须由股东大会决定，董事会不得在股东大会决定前委托会计师事务所开展工作。

公司解聘或者不再续聘会计师事务所时，应当在董事会决议后及时通知会计师事务所。公司股东大会就解聘会计师事务所进行表决时或者会计师事务所提出辞聘的，会计师事务所可以陈述意见。

12.3.2 上市公司应当合理安排新聘或者续聘会计师事务所的时间，不得因未能及时聘请会计师事务所影响定期报告的按期披露。

公司董事、监事和高级管理人员以及控股股东、实际控制人等应当向会计师提供必要的工作条件，包括允许会计师接触与编制财务报表相关的所有信息，向会计师提供审计所需的其他信息，允许会计师在获取审计证据时不受限制地接触其认为必要的内部人员和其他相关人员，保证定期报告的按期披露。

会计师事务所及其相关人员，应当严格按照注册会计师执业准则和相关规定，发表恰当的审计意见，不得无故拖延审计工作，影响上市公司定期报告按期披露。

12.3.3 会计师事务所及其相关人员应当秉承风险导向审计理念，严格执行注册会计师执业准则、职业道德守则及相关规定，保持职业怀疑态度，完善鉴证程序，科学选用鉴证方法和技术，充分了解被鉴证单位及其环境，审慎关注重大错报风险，获取充分、适当的证据，合理发表鉴证结论。

12.3.4 上市公司在聘请会计师事务所进行年度审计的同时，应当要求会计师事务所对财务报告内部控制的有效性进行审计并出具审计报告，法律法规另有规定的除外。

第四节　其他中介机构

12.4.1 上市公司应当聘请独立财务顾问就重大资产重组、发行股份购买资产（以下统称重大资产重组）出具意见。

独立财务顾问为公司提供服务时，应当关注重组事项的交易必要性、定价合理性、相关承诺和业绩补偿（如有）的合规性、合理性和可实现性，以及标的资产的协同性和公司控制、整合标的资产的能力，出具明确、恰当的意见。

12.4.2 上市公司和独立财务顾问应当根据重大资产重组业绩承诺的期限、所涉及股份的锁定期限、配套募集资金使用计划等合理确定持续督导期限。持续督导期届满，上市公司及相关信息披露义务人存在尚未完结的督导事项的，独立财务顾问应当依法依规继续履行督导义务，直至相关事项全部完成。

持续督导期内，独立财务顾问应当督促公司有效控制并整合标的资产，督促重大资产重组有关各方切实履行相关承诺和保障措施。发现交易标的财务会计报告存在虚假记载、重大风险等事项，可能损害公司利益情况的，独立财务顾问应当督促有关各方提供解决方案；情节严重的，应当及时向本所报告。

12.4.3 独立财务顾问应当对重大资产重组涉及的募集资金使用情况、限售股票及其衍生品种解除限售进行核查并发表专项意见。

独立财务顾问应当督促和检查重大资产重组相关各方落实重大资产重组方案后续计划，切实履行其作出的承诺。

重大资产重组持续督导期间，独立财务顾问应当按照本所相关规定对上市公司发生的相关事项进行核查并发表专项意见。

12.4.4 重大资产重组持续督导期间，独立财务顾问应当按照本所相关规定对上市公司进行现场检查。

12.4.5 上市公司在重大资产重组及持续督导期内变更独立财务顾问的，应当及时披露，并说明原因以及对交易的影响。

12.4.6 收购人聘请的财务顾问认为收购人利用上市公司的收购损害被收购公司及其股东合法权益的，应当拒绝为收购人提供财务顾问服务。

公司聘请的独立财务顾问应当对收购人的主体资格、资信情况及收购意图进行调查，对要约条件进行分析，对股东是否接受要约提出建议，并对本次收购的公正性和合法性发表专业意见。

公司和财务顾问应当根据收购人股份限售的期限等合理确定持续督导期限。在公司收购过程中和持续督导期间，独立财务顾问和财务顾问应当关注被收购公司是否存在为收购人及其关联人提供担保或者借款等损害公司利益的情形，发现有违法或者不当行为的，应当及时督促其纠正，并向本所报告。

持续督导期届满，公司及相关信息披露义务人存在尚未完结的督导事项的，财务顾问应当依法依规继续履行督导义务，直至相关事项全部完成。

12.4.7 资产评估机构及其相关人员应当严格执行评估准则或者其他评估规范，恰当选择评估方法，评估中提出的假设条件应当符合实际情况，对评估对象所涉及交易、收入、支出、投资等业务的合法性、未来预测的可靠性取得充分证据，充分考虑未来各种可能性发生的概率及其影响，形成合理的评估结论。

评估过程中，资产评估机构及其相关人员应当审慎关注所依赖资料的真实性和权威性，合理确定评估参数，不得以预先设定的价值作为评估结论，不得配合委托方人为虚增或者压低评估值。

12.4.8 律师事务所及其指派的律师，应当合理运用查验方式，充分了解委托方的经营情况、面临的风险和问题，对委托方的相关事项进行查验，在确保获得充分、有效证据并对证据进行综合分析的基础上，作出独立判断，出具明确的法律意见。

律师在出具法律意见时，对于查验事项受到客观条件的限制，无法取得直接证据，且无其他有效替代查验方法的，应当在法律意见书中予以说明，并充分揭示其对相关事项的影响程度及风险。

12.4.9 资信评级机构开展评级业务时，应当正确收集和使用评级信息，甄别基础资料来源的合法性和合规性，根据评级对象外部经营环境、内部运营及财务状况等情况，以及前次评级报告提及的风险因素（如有）进行分析，并密切关注与评级对象相关的信息，在出具的评级报告中充分提示风险。

发生影响前次评级报告结论的重大事项的，资信评级机构应当按照执业要求及时进行不定期跟踪评级。

第十三章　日常监管和违规处理

第一节　日常监管

13.1.1 本所可以对本规则第 1.4 条规定的监管对象，单独或者合并采取下列日常监管工作措施：

（一）要求对有关问题作出解释和说明；

（二）要求提供相关文件或者材料；

（三）要求相关中介机构进行核查并发表意见；

（四）发出各种通知和函件等；

（五）约见有关人员；

（六）调阅、查看工作底稿、证券业务活动记录及相关资料；

（七）要求公开更正、澄清或者说明；

（八）要求限期召开投资者说明会；

（九）要求上市公司董事会追偿损失；

（十）向中国证监会报告有关情况；

（十一）向有关单位通报相关情况；

（十二）向市场说明有关情况；

（十三）其他措施。

13.1.2 本所根据中国证监会及本所相关规定和监管需要，可以对上市公司及相关主体进行现场检查，公司及相关主体应当积极配合。

前款所述现场检查，是指本所在上市公司及相关主体的生产、经营、管理场所以及其他相关场所，采取查阅、复制文件和资料、查看实物、谈话及询问等方式，对公司及相关主体的信息披露、公司治理等情况进行监督检查的行为。

13.1.3 本所认为必要的，可以公开对监管对象采取的日常监管工作措施，上市公司应当按照本所要求及时披露有关事项。

13.1.4 本规则第 1.4 条规定的监管对象应当积极配合本所日常监管，在规定期限内按要求提交回复、说明及其他相关文件，或者按规定披露相关公告等，不得以有关事项存在不确定性为由不履行报告、公告和回复本所问询的义务。

第二节 违规处理

13.2.1 本规则第 1.4 条规定的监管对象违反本所相关规定或者其所作出的承诺的，本所可以视情节轻重，对其单独或者合并采取监管措施或者实施纪律处分。

13.2.2 本所可以根据本规则及本所其他规定采取下列监管措施：

（一）口头警示；

（二）书面警示；

（三）监管谈话；

（四）要求限期改正；

（五）要求公开致歉；

（六）要求聘请中介机构进行核查并发表意见；

（七）建议更换相关任职人员；

（八）暂停投资者账户交易；

（九）向相关主管部门出具监管建议函；

（十）其他监管措施。

13.2.3 本所可以根据本规则及本所其他规定实施下列纪律处分：

（一）通报批评；

（二）公开谴责；

（三）公开认定一定期限内不适合担任上市公司董事、监事和高级管理人员或者境外发行人信息披露境内代表；

（四）建议法院更换上市公司破产管理人或者管理人成员；

（五）暂不接受发行上市申请文件；

（六）暂不接受中介机构或者其从业人员出具的相关业务文件；

（七）限制投资者账户交易；

（八）收取惩罚性违约金；

（九）其他纪律处分。

本所实施前款第（六）项纪律处分的，同时将该决定通知监管对象所在单位（如适用）及聘请其执业的本所上市公司或者其他监管对象。在暂不接受文件期间，本所可以决定是否对该监管对象出具且已接受的其他文件中止审查。

13.2.4 本所设立纪律处分委员会对违反本规则的纪律处分事项进行审核，作出独立的专业判断并形成审核意见。

本所根据纪律处分委员会的审核意见，作出是否给予纪律处分的决定。

13.2.5 相关纪律处分决定作出前，当事人可以按照本所有关业务规则规定的受理范围和程序申请听证。

13.2.6 监管对象被本所采取监管措施或者实施纪律处分，应当予以积极配合，及时落实完成。本所要求其自查整改的，监管对象应当及时报送并按要求披露相关自查整改报告。

第十四章　申请复核

14.1 发行人、上市公司、申请股票重新上市的公司或者其他监管对象（以下统称申请人）对本所作出的决定不服，相关决定事项属于本所有关业务规则规定的复核受理范围的，可以在收到本所有关决定或者本所公告有关决定之日（以在先者为准）后，在相关规则规定的期间内，以书面形式向本所申请复核。

14.2 申请人申请复核，应当有明确的复核请求、事实依据和异议理由。

申请人及相关机构和人员，应当保证所提交的复核申请材料及相关材料不存在虚假记载、误导性陈述或者隐瞒重要事实。

14.3 复核期间，本所决定不停止执行，但本所另有规定或者本所认为需要停止执行的除外。

14.4 本所在收到申请人提交的复核申请文件之日后的 5 个交易日内，作出是否受理的决定并通知申请人。

不符合本章和本所其他规定，或者未按规定提交复核申请文件的，本所不受理其复核申请。

14.5 本所设立复核委员会，对申请人的复核申请进行审议，作出独立的专业判断并形成审核意见。

14.6 本所在受理复核申请之日后的 30 个交易日内，依据复核委员会的审核意见作出复核决定。存在特殊情形的，经复核委员会同意可延长复核决定期限，延长期限不超过 30 个交易日。该决定为终局决定。

在此期间，本所要求申请人提供补充材料的，申请人应当按要求予以提供。申请人提供补充材料期间不计入本所作出有关决定的期限。

申请人提供补充材料的期限累计不得超过 30 个交易日。申请人未按本所要求在前述期限内提交补充材料的，本所在该期限届满后可以继续对其所提申请进行审核，并根据本规则对其作出复核决定。

本所可以自行或者委托相关机构就公司有关情况进行调查核实，并将核查结果提交复核委员会审议，调查核实期间不计入本所作出有关决定的期限。

14.7 申请人对本所作出的不予上市、终止上市、不同意主动终止上市决定申请复核的，应当在向本所提出复核申请之日后的次一交易日披露有关内容。

前述当事人在收到本所是否受理其复核申请的决定后，以及收到本所作出的复核决定后，应当及时披露决定的有关内容，并提示相关风险。

14.8 本所对申请复核的相关事宜另有规定的，从其规定。

第十五章　释义

15.1 本规则下列用语具有如下含义：

（一）披露或者公告：指上市公司或者相关信息披露义务人按照法律、行政法规、部门规章、规范性文件、本规则及本所其他规定在本所网站和符合中国证监会规定条件的媒体发布信息。

（二）及时披露：指自起算日起或者触及本规则披露时点的 2 个交易日内披露。

（三）重大事项：指对上市公司股票及其衍生品种交易价格可能产生较大影响的事项。

（四）高级管理人员：指公司总经理、副总经理、董事会秘书、财务负责人及公司章程规定的其他人员。

（五）控股股东：指其持有的股份占公司股本总额 50% 以上的股东；或者持有股份的比例虽然不足 50%，但依其持有的股份所享有的表决权已足以对股东大会的决议产生重大影响的股东。

（六）实际控制人：指通过投资关系、协议或者其他安排，能够实际支配公司行为的自然人、法人或者其他组织。

（七）上市公司控股子公司：指上市公司持有其 50% 以上的股份，或者能够决定其董事会半数以上成员的当选，或者通过协议或其他安排能够实际控制的公司。

（八）关系密切的家庭成员：包括配偶、父母、年满 18 周岁的子女及其配偶、兄弟姐妹及其配偶，配偶的父母、兄弟姐妹，子女配偶的父母。

（九）股权分布不具备上市条件：指社会公众股东持有的股份低于公司总股本的 25%，公司股本总额超过 4 亿元的，低于公司总股本的 10%。

上述社会公众股东是指除下列股东以外的上市公司其他股东：

1. 持有上市公司 10% 以上股份的股东及其一致行动人；

2. 上市公司的董事、监事和高级管理人员及其关联人。

（十）营业收入：指上市公司利润表列报的营业收入；上市公司编制合并财务报表的，为合并利润表列报的营业总收入。本规则第九章对营业收入另有规定的，从其规定。

（十一）利润总额：指上市公司利润表列报的利润总额；上市公司编制合并财务报表的，为合并利润表列报的利润总额。

（十二）净利润：指上市公司利润表列报的净利润；上市公司编制合并财务报表的，为合并利润表列报的归属于母公司所有者的净利润，不包括少数股东损益。

（十三）净资产：指上市公司资产负债表列报的所有者权益；上市公司编制合并财务报表的，为合并资产负债表列报的归属于母公司所有者权益，不包括少数股东权益。

（十四）每股收益：指根据中国证监会有关规定计算的基本每股收益。

（十五）净资产收益率：指根据中国证监会有关规定计算的净资产收益率。

（十六）破产程序：指《企业破产法》所规范的重整、和解或者破产清算程序。

（十七）管理人管理运作模式：指经法院裁定由管理人负责管理上市公司财产和营业事务的运作模式。

（十八）管理人监督运作模式：指经法院裁定由公司在管理人的监督下自行管理财产和营业事务的运作模式。

（十九）中介机构：指为上市公司及相关信息披露义务人出具上市保荐书、持续督导报告、审计报告、鉴证报告、资产评估报告、资信评级报告、法律意见书、财务顾问报告等文件的保荐人、会计师事务所、律师事务所、资产评估机构、财务顾问和资信评级机构等。

（二十）追溯重述：指因财务会计报告存在重大会计差错或者虚假记载，上市公司主动改正或者被中国证监会责令改正后，对此前披露的年度财务会计报告进行的差错更正。

（二十一）公司股票停牌日：指本所对上市公司股票全天予以停牌的交易日。

（二十二）B 股股票每日股票收盘价均低于 1 元：指 B 股股票的每日收盘价换算成人民币计价后的收盘价低于 1 元（按本所编制上证综指采用的美元对人民

币汇率中间价换算）。计算结果按照四舍五入原则取至价格最小变动单位。

（二十三）在本所的每日股票收盘总市值：指根据上市公司在本所上市股票的每日收盘价格与其各自对应的股本计算的股票价值合计，股票数量包括流通股股份数和非流通股股份数，含已回购未注销的股份。

（二十四）无保留意见：指当注册会计师认为财务报表在所有重大方面按照适用的财务报告编制基础的规定编制并实现公允反映时发表的审计意见。

（二十五）非标准审计意见：指注册会计师对财务报表发表的非无保留意见或带有解释性说明的无保留意见。前述非无保留意见，是指注册会计师对财务报表发表的保留意见、否定意见或无法表示意见。前述带有解释性说明的无保留意见，是指对财务报表发表的带有强调事项段、持续经营重大不确定性段落的无保留意见或者其他信息段落中包含其他信息未更正重大错报说明的无保留意见。

（二十六）现金选择权：指当上市公司拟实施合并、分立、收购、主动退市等重大事项时，该上市公司的股东按事先约定的价格在规定期限内将其所持有的上市公司股份出售给提供现金选择权的相关当事人（或其指定的第三方）的权利。

（二十七）表决权差异安排：指发行人根据《公司法》的相关规定，在一般规定的普通股份之外，发行特别表决权股份。每一特别表决权股份拥有的表决权数量大于每一普通股份拥有的表决权数量，其他股东权利与普通股份相同。

（二十八）协议控制架构：指红筹企业通过协议方式实际控制境内实体运营企业的一种投资结构。

15.2 本规则未定义的用语的含义，按照有关法律、行政法规、部门规章、规范性文件和本所相关规定确定。

15.3 本规则所称以上含本数，超过、少于、低于、以下不含本数。

15.4 本规则所称"元"，如无特指，均指人民币元。

第十六章　附则

16.1 本规则经本所理事会会议审议通过并报中国证监会批准后生效，修改时亦同。

16.2 本规则由本所负责解释。

16.3 本规则自发布之日起施行。

关于发布《上海证券交易所上市公司自律监管指引第 6 号——重大资产重组（2023 年修订）》的通知

（上证发〔2023〕49 号 2023 年 2 月 17 日）

各市场参与人：

为了落实党中央、国务院关于全面实行股票发行注册制的决策部署，规范上市公司各类重组活动，根据《中华人民共和国证券法》《上市公司重大资产重组管理办法》《上海证券交易所股票上市规则》《上海证券交易所科创板股票上市规则》等有关规定，上海证券交易所（以下简称本所）对《上海证券交易所上市公司自律监管指引第 6 号——重大资产重组》进行了修订。新修订的《上海证券交易所上市公司自律监管指引第 6 号——重大资产重组（2023 年修订）》（详见附件），现予以发布，并自发布之日起施行。本所于 2022 年 1 月 7 日发布的《关于发布〈上海证券交易所上市公司自律监管指引第 6 号——重大资产重组〉的通知》（上证发〔2022〕7 号）同时废止。

特此通知。

附件：上海证券交易所上市公司自律监管指引第 6 号——重大资产重组（2023 年修订）

附件

上海证券交易所上市公司自律监管指引第 6 号——重大资产重组（2023 年修订）

第一章 总则

第一条 为规范上市公司重大资产重组信息披露及相关行为，维护证券市场秩序，保护投资者合法权益，根据中国证监会《上市公司重大资产重组管理办法》（以下简称《重组办法》）、《科创板上市公司持续监管办法（试行）》《科创板上市公司重大资产重组特别规定》《公开发行证券的公司信息披露内容与格式准则第 26 号——上市公司重大资产重组》（以下简称《内容与格式准则第 26 号》）、《上海证券交易所股票上市规则》和《上海证券交易所科创板股票上市规则》（以下统称《股票上市规则》）、《上海证券交易所上市公司重大资产重组审核规则》（以下简称《重组审核规则》）等规定，制定本指引。

第二条　上海证券交易所（以下简称本所）上市公司及有关各方筹划、实施《重组办法》规定的资产交易行为（以下简称重大资产重组或重组），其信息披露及其他相关行为，应当遵守《重组办法》《内容与格式准则第26号》《股票上市规则》《重组审核规则》和本指引等相关规定。

前款所称有关各方，主要包括上市公司股东、实际控制人、董事、监事、高级管理人员和其他交易各方，以及为重大资产重组提供服务的证券服务机构和人员等相关方。

上市公司发行存托凭证、优先股、可转换为股票的公司债券（以下简称可转换公司债券）、定向权证购买资产或者募集配套资金，或者实施涉及股份发行的合并、分立的，参照适用本指引规定。

第三条　上市公司应当及时、公平地披露重组相关信息，并保证所披露信息的真实、准确、完整。有关各方应当主动配合上市公司做好信息披露工作，及时、主动地向上市公司提供涉及重大资产重组的相关信息，并保证所提供信息的真实、准确、完整。

第四条　上市公司及有关各方应当审慎筹划涉及上市公司的重大资产重组事项，保证重大资产重组事项的真实性和可行性，有利于提高上市公司质量。

第五条　上市公司及有关各方应当按照中国证监会及本所相关规定登记、报送内幕信息知情人档案，并编制交易进程备忘录。

上市公司及有关各方须制定切实可行的保密措施，严格履行保密义务。

第六条　上市公司应当审慎申请对上市公司股票及其衍生品种停牌，严格控制停牌时间，避免滥用停牌或者无故拖延复牌时间，避免以申请停牌代替上市公司及有关各方的信息保密义务。

涉及停复牌业务的，上市公司应当按照《上海证券交易所上市公司自律监管指引第4号——停复牌》相关规定办理（公告格式详见附件1）。

第七条　独立财务顾问应当遵守法律、行政法规和中国证监会的有关规定，以及本所的相关规则，诚实守信、勤勉尽责，审慎接受业务委托，切实履行尽职调查义务，认真核查披露和申请文件，独立出具专业意见，并督促、协助上市公司及有关各方及时履行信息披露义务。

其他提供服务的证券服务机构也应当按照相关规定履行职责。

第八条　上市公司在筹划、实施重大资产重组事项过程中，应当及时、公平地向所有投资者披露相关信息，回应市场或媒体重大质疑，并按照本指引等相关规定召开投资者说明会或媒体说明会。

媒体说明会及投资者说明会应当使用事实描述性的语言，确保真实准确、简明清晰、通俗易懂，不得有虚假记载、误导性陈述或者重大遗漏，不得利用说明会进行广告性、夸大性等不实宣传。

第九条　上市公司应当在非交易时间向本所提交重大资产重组相关信息披露文件。本所对上市公司重大资产重组相关信息披露进行监管，根据相关规定及监管需要对重组方案实施问询，上市公司及有关各方应当及时披露本所问询函及回复，并披露修订后的信息披露文件。

第十条　上市公司应当关注社交媒体或市场出现的关于本公司重大资产重组的媒体报道、市场传闻（以下简称传闻）。如传闻可能或者已经对公司股票及其衍生品种交易情况产生较大影响的，上市公司及有关各方应当按照《股票上市规则》等规定，及时予以核实并披露澄清公告。

第二章　重组方案

第一节　重组方案披露

第十一条　上市公司首次披露重组方案，可以披露重组预案，也可以直接披露重组报告书。重组预案、重组报告书应符合《内容与格式准则第 26 号》《重组审核规则》以及本指引的要求（重组预案格式详见附件 2）。有关各方应当积极推进重组事项，及时披露重组方案。

上市公司筹划不需要中国证监会注册的重大资产重组，可以按照分阶段披露原则，在披露重组方案前披露筹划重大资产重组提示性公告（以下简称重组提示性公告）。重组提示性公告应当明确披露重组方案的预计时间、重组标的名称或标的范围、主要交易对方、交易方式等。预计时间届满前，上市公司应当披露重组方案。公司未在预定时间内披露重组方案的，应当及时披露原因、风险及是否存在重大障碍。

第十二条　上市公司首次披露重组方案至发出审议本次重组方案的股东大会通知前，应当与交易各方保持沟通联系，并至少每 30 日披露一次进展公告，说明本次重组事项的具体进展情况。若本次重组发生重大进展或重大变化，上市公司应当及时披露。确实已不具备实施条件的，上市公司应当尽快终止。

上市公司披露重组提示性公告的，应当参照上述内容，及时履行信息披露义务。

第十三条　本指引第十二条所称重大进展包括但不限于以下内容：

（一）与独立财务顾问等证券服务机构签订重组服务协议等书面文件；

（二）与交易对方签订重组相关协议，或者对已签订的重组框架或意向协议作出重大修订或变更；

（三）取得有权部门关于重组事项的审批意见等；

（四）尽职调查、审计、评估等工作取得阶段性进展；

（五）筹划事项出现终止风险，如交易双方对价格产生严重分歧、市场出现大幅波动、税收政策及交易标的行业政策发生重大变化，可能导致交易失败。

本指引第十二条所称重大变化包括但不限于以下内容：

（一）更换、增加、减少交易标的；

（二）更换独立财务顾问等证券服务机构；

（三）配套融资方案、交易作价出现重大调整；

（四）重组交易标的所在产业、行业及市场环境等发生重大变化；

（五）重组交易标的的经营及财务状况发生重大变化；

（六）交易对方、重组交易标的的涉及重大诉讼或仲裁；

（七）交易各方无法在预定时间内获得有关部门审批、达到重组先决条件或完成重组方案中做出的相关承诺；

（八）本次重大资产重组相关主体被中国证监会立案调查或者被司法机关立案侦查；

（九）上市公司无法与交易对方取得联系并及时获取重组进展情况；

（十）其他可能影响本次重组顺利推进的重大事项。

第十四条　上市公司披露重组报告书的，独立财务顾问应当按照《重组办法》《内容与格式准则第 26 号》《上市公司并购重组财务顾问业务管理办法》《重组审核规则》等规定，出具独立财务顾问报告和相关核查意见。

上市公司和有关各方存在不规范行为的，独立财务顾问应当督促其整改，并将整改情况在相关核查意见中予以说明。因上市公司或重组交易对方不配合，使尽职调查范围受限制，导致独立财务顾问无法做出判断的，独立财务顾问不得为上市公司出具独立财务顾问报告和相关核查意见。

第十五条　上市公司与有关各方签订业绩承诺等补偿协议的，上市公司披露的补偿协议应当包含以下内容：业绩承诺方、补偿方式、计算方法、补偿的数量和金额、触发补偿的条件、补偿的执行程序、补偿的时间期限、补偿的保障措施、争议解决方式等。上市公司应当说明补偿协议条款是否清晰明确、切实可行，并审慎论证履约风险。

上市公司董事会和独立财务顾问应当基于现有条件客观论证分析业绩承诺的可实现性，包括补偿时间安排、股份解除限售安排、股份质押安排、补偿股份的表决权和股利分配权安排等，说明业绩补偿协议是否明确可行，以及保证上市公司能够获得切实可行的业绩补偿的相关措施，并充分提示是否存在补偿不足、补偿不及时的风险等。

第十六条　上市公司披露重组方案后，市场出现重大质疑的，公司应当及时披露公告予以澄清，并说明本次方案是否存在实质性障碍、是否拟继续推进。公司聘请的独立财务顾问应当出具专项意见。

第二节　重组方案审议程序

第十七条　上市公司筹划重大资产重组的，应当按规定编制重组预案或重组报告书，经董事会审议通过后予以披露。

上市公司披露重组预案的，应当在董事会审议通过后的次一交易日披露重组预案摘要及全文、董事会决议公告、独立董事意见、独立财务顾问核查意见（如适用）、其他证券服务机构出具的文件或意见（如适用），并根据披露内容提交下列备查文件：

（一）上市公司与交易对方签订的附生效条件的交易合同或协议；

（二）交易对方按照中国证监会《上市公司监管指引第 9 号——上市公司筹划和实施重大资产重组的监管要求》第一条的要求出具的承诺；

（三）国家相关有权主管部门出具的原则性批复（如适用）；

（四）上市公司拟购买资产的，在本次交易的首次董事会决议公告前，交易对方原则上应当提供已经合法拥有交易标的完整权利的证明文件，及不存在限制或者禁止转让情形的说明材料；

（五）上市公司拟采用发行股份购买资产，且最近一年及一期财务会计报告被会计师事务所出具保留意见、否定意见或者无法表示意见的，会计师事务所就相关非标准审计意见涉及事项的重大影响是否已经消除或者将通过本次交易予以消除出具的专项核查意见；

（六）被立案调查上市公司符合发行股份购买资产条件的说明（如适用）；

（七）交易进程备忘录；

（八）本所要求的其他文件。

第十八条　上市公司披露重组报告书的，经董事会审议通过后，应当及时披露董事会决议公告、股东大会召开通知（如适用）、权益变动报告书或者收购报告书摘要（如适用）、重大资产重组报告书（草案）摘要及全文、独立财务顾问报告、独立核查意见和其他证券服务机构出具的报告和意见，并提交下列备查文件：

（一）第十七条第二款要求提交的备查文件；

（二）重组方案调整说明，包括：与预案相比，交易对方、重组方式、交易标的范围及估值、发行股份价格是否发生变化（如适用）；

（三）业绩补偿具体协议（如适用）；

（四）有关部门对重大资产重组的审批、核准或备案文件（如适用）；

（五）上市公司与交易对方签订的附生效条件的交易合同或协议；

（六）本所要求的其他文件。

第十九条　发行股份购买资产的首次董事会决议公告后，董事会在 6 个月内未发布召开股东大会通知的，上市公司应当披露关于 6 个月内未发布召开股东大会通知的专项说明。专项说明应当解释原因，并明确是否继续推进或终止。继续推进的，应当重新召开董事会审议发行股份购买资产事项，并以该次董事会决议公告日作为发行股份的定价基准日。

发行股份购买资产事项提交股东大会审议未获批准的，上市公司董事会如再次作出发行股份购买资产的决议，应当以该次董事会决议公告日作为发行股份的定价基准日。

第二十条　上市公司股东大会审议重大资产重组事项的，应当针对《重组办法》所列事项逐项表决。

上市公司发行股份购买资产同时募集配套资金的，如购买资产不以配套融资为前提，购买资产与配套融资的交易方案可以分拆为两项议案、分别表决；如购买资产与配套融资互为前提，购买资产与配套融资议案均获审议通过后，交易方案方可继续推进。

第二十一条　上市公司披露重组方案后，拟对交易对方、交易标的、交易价格等作出变更，构成对原交易方案重大调整的，应当重新履行相关决策程序并公告。

第二十二条　上市公司筹划重大资产重组出现如下情形的，本次重组方案应当提供现金选择权或者其他合法形式的异议股东保护措施：

（一）上市公司被其他公司通过换股方式吸收合并的；

（二）上市公司吸收合并其他公司，上市公司给予其股东现金收购请求权的；

（三）上市公司分立成两个或两个以上独立法人，上市公司给予其股东现金收购请求权的。

第三章　重组终止

第二十三条　上市公司披露重组提示性公告、重组预案或者重组报告书后终止重大资产重组，或者因重大资产重组停牌后终止重大资产重组的，应当披露终止重大资产重组公告（格式详见附件3），公告应当包括重组框架介绍（如适用）、终止重组原因说明、终止本次重组事项的具体过程、履行的相关审议程序等，同时承诺自公告之日起至少1个月内不再筹划重大资产重组事项。

第二十四条　上市公司披露重组预案或重组报告书后、股东大会召开前，上市公司或交易对方拟终止重大资产重组的，上市公司应当及时召开董事会审议终止重大资产重组事项，披露董事会决议内容、独立董事意见及独立财务顾问核查意见（如适用），并提交以下备查文件：

（一）终止本次重大资产重组的协议；

（二）交易对方对终止本次重大资产重组事项的说明（如适用）；

（三）终止本次重大资产重组事项的交易进程备忘录。

交易对方可以通过上市公司同时披露其关于终止重大资产重组事项的说明，上市公司应当配合交易对方进行信息披露。

第二十五条　上市公司股东大会审议通过重组方案后，在股东大会决议有效期内董事会决议终止本次重大资产重组的，上市公司除适用本指引第二十三条、第二十四条履行决策程序和信息披露义务外，还应当根据股东大会的授权情况，决定是否召开股东大会审议终止重组事项。

第二十六条　上市公司因违反《重组办法》《重组审核规则》及本规则等相关规定，被中国证监会责令暂停重组活动或被本所中止交易的，公司应当暂缓召开股东大会或实施重组方案，并及时披露；被中国证监会责令终止重组事项或被本所终止交易的，公司应当终止本次重组，并及时披露。

第二十七条　上市公司首次披露重组事项至召开相关股东大会前，如该重组事项涉嫌内幕交易被中国证监会立案调查或者被司法机关立案侦查的，上市公司应当暂停本次重组进程，不得将重组事项提交股东大会进行审议，并及时披露相关信息，就本次重组可能被终止等情况进行风险提示。

上市公司召开相关股东大会后至向本所报送发行股份购买资产申请文件前，如该重大资产重组事项涉嫌内幕交易被中国证监会立案调查或者被司法机关立案侦查的，上市公司应当暂停本次重组进程，及时披露相关信息并就本次重组可能被终止等情况进行风险提示。

在暂停期间，上市公司可以自主决定是否终止本次重组。

第二十八条　上市公司按照本指引第二十七条的规定暂停重组进程的，在满足下列条件后，可以恢复本次重组进程：

（一）中国证监会或者司法机关经调查核实未发现上市公司、占本次重组总交易金额比例在百分之二十以上的交易对方（如涉及多个交易对方违规的，交易金额合并计算），及上述主体的控股股东、实际控制人及其控制的机构存在内幕交易的；

（二）中国证监会或者司法机关经调查核实未发现上市公司董事、监事、高级管理人员，上市公司控股股东、实际控制人的董事、监事、高级管理人员，交易对方的董事、监事、高级管理人员，占本次重组总交易金额比例在百分之二十以下的交易对方及其控股股东、实际控制人及上述主体控制的机构，为本次重大资产重组提供服务的证券公司、证券服务机构及其经办人员，参与本次重大资产重组的其他主体等存在内幕交易的；或者上述主体虽涉嫌内幕交易，但已被撤换或者退出本次重大资产重组交易的；

（三）被立案调查或者立案侦查的事项未涉及本款第（一）项、第（二）项所列主体的。

依据前款第（二）项规定撤换独立财务顾问的，上市公司应当重新聘请独立财务顾问出具独立财务顾问报告，本所可就独立财务顾问的聘任及专业意见发表情况通过问询、现场督导等方式进行监管。

上市公司对交易对象、交易标的等作出变更导致重大资产重组方案重大调整的，还应当重新履行相应的决策程序。

上市公司有证据证明其重大资产重组符合恢复进程条件的，经聘请的独立财务顾问及律师事务所对本次重大资产重组有关主体进行尽职调查，并出具确认意见，可以恢复进程。

第二十九条　上市公司按照本指引第二十七条的规定暂停重组进程后，本指引第二十八条第一款第（一）项所列主体因本次重大资产重组相关的内幕交易被中国证监会行政处罚或者被司法机关依法追究刑事责任的，上市公司应当终止本次重大资产重组。

第三十条　上市公司筹划、实施重大资产重组期间，其控股股东或者实际控制人因本次重组事项相关的内幕交易行为被中国证监会行政处罚或者被司法机关依法追究刑事责任的，上市公司应当及时终止本次重组进程，并披露终止重大资产重组公告，同时承诺自公告之日起至少 12 个月内不再筹划重大资产重组。

本指引第二十八条所列主体因涉嫌本次重大资产重组相关的内幕交易被立案调查或者立案侦查的，自立案之日起至责任认定前不得参与任何上市公司的重大资产重组。中国证监会作出行政处罚或者司法机关依法追究刑事责任的，上述主体自中国证监会作出行政处罚决定或者司法机关作出相关裁判生效之日起至少 36 个月内不得参与任何上市公司的重大资产重组。

第四章　重组相关说明会

第一节　媒体说明会

第三十一条　上市公司重大资产重组构成重组上市的，应当召开媒体说明会。对于不属于以上情形的重大资产重组，中国证监会或本所可以根据需要，要求公司召开媒体说明会（会议流程要求详见附件 4）。

上市公司应当聘请律师见证媒体说明会召开过程，并披露律师对媒体说明会的通知、召开程序、参会人员及信息披露等是否符合本指引的专项意见。

第三十二条　上市公司拟召开媒体说明会的，应当在首次披露重组方案后的非交易时间召开。

第三十三条　上市公司拟召开媒体说明会的，应当在披露重组预案或报告书的同时，或收到召开媒体说明会要求的 2 个交易日内，公告召开媒体说明会的具体安排。

上市公司原则上应当在上述公告披露之日起 5 个交易日内召开媒体说明会。

第三十四条　上市公司召开媒体说明会后，出现如下情形的，本所可要求上市公司再次召开媒体说明会：

（一）媒体说明会存在重大质疑或投诉举报的；

（二）重组方案发生重大调整的；

（三）终止重组的；

（四）本所认为必要的其他情形。

第三十五条 上市公司应当在不晚于媒体说明会召开后次一交易日，披露媒体说明会的召开情况，包括媒体在会上提出的问题、公司现场答复情况及未答复理由（如有）、公司会后补充说明内容。

第三十六条 上市公司在媒体说明会上发布的信息未在重组方案中披露的，应当相应修改重组方案并及时披露。

独立财务顾问、会计师事务所、律师事务所及评估机构等证券服务机构应当对重组方案补充披露的内容与媒体说明会发布的信息是否一致发表意见，并予以披露。

第二节 投资者说明会

第三十七条 上市公司披露重组预案或重组报告书后终止重组的，应当在董事会审议通过终止重大资产重组决议后，及时召开投资者说明会。

上市公司披露重组提示性公告后终止筹划重组的，本所鼓励上市公司召开投资者说明会，并可以视情况要求上市公司召开投资者说明会。

上市公司根据前两款规定召开投资者说明会的，应当就终止重组事项的具体原因、决策过程及其影响等内容作出说明，并及时披露投资者说明会的相关情况。参加投资者说明会的人员至少需包括上市公司董事长或总经理、董事会秘书、交易对方或其代表、重组标的主要董事和高级管理人员、独立财务顾问主办人。

第三十八条 上市公司应当在非交易时间召开投资者说明会，并履行通知和相应的信息披露义务。

第五章 重组审核与注册

第三十九条 上市公司重大资产重组事项需由本所审核、中国证监会注册的，在向本所提交重组相关申请文件后，重组申请被本所作出受理、不予受理、中止审核、恢复审核或者终止审核决定的，或者被本所出具审核问询等函件的，以及其他部门在行政审批程序中作出相关决定的，上市公司应当及时披露有关情况，并作出风险提示。

上市公司应当在本次重组方案中就重组可能无法获得批准的风险作出特别提示。

第四十条 本所对重组方案审核期间，上市公司拟申请中止审核、恢复审核的，应当及时召开董事会审议并披露。

第四十一条 上市公司收到本所出具的审核问询等函件的，应当及时提供书面回复意见并予以披露，相关证券服务机构应按照要求出具专业意见。涉及需履行决策程序的，应当及时履行决策程序。

第四十二条　上市公司重大资产重组需提交本所并购重组委员会（以下简称并购重组委）审议的，应当在收到拟召开并购重组委工作会议的通知时，披露并购重组委审议提示性公告。上市公司应当密切关注本所网站公告，在并购重组委工作会议召开日期明确后，及时披露并购重组委工作会议安排公告。上市公司在本所并购重组委工作会议召开当日原则上无需申请停牌。

上市公司收到并购重组委审议结果后，应于次一交易日公告相关情况。公告应当说明，上市公司在收到本所作出的认为本次交易符合重组条件和信息披露要求的审核意见或终止审核的决定、中国证监会作出的予以注册或不予注册的决定后将再行公告。

第四十三条　上市公司收到本所作出的认为本次交易符合重组条件和信息披露要求的审核意见或终止审核的决定、中国证监会作出的予以注册或不予注册决定后，应当在次一交易日予以公告。

第四十四条　本所出具认为本次交易符合重组条件和信息披露要求的审核意见、中国证监会予以注册的，上市公司应当在公告相关决定的同时，披露重组报告书修订说明公告，及修订后的重组报告书全文和相关证券服务机构意见，同时披露尚需取得有关部门批准的情况。

第四十五条　本所终止审核、中国证监会不予注册的，上市公司董事会应当在收到前述决定后 10 日内，根据股东大会的授权，就是否修改或者终止本次重组方案作出决议并予以公告。

上市公司董事会根据股东大会的授权决定终止重组的，应当在董事会公告中予以明确披露；上市公司董事会根据股东大会的授权拟重新申报的，应当在董事会公告中充分披露重新申报的原因、后续安排等情况。

第六章　重组实施及持续监管

第一节　重组实施

第四十六条　上市公司重大资产重组事项完成必要的批准程序或者取得全部相关部门审批后，应当及时公告并尽快安排实施。

第四十七条　重组实施完毕的，上市公司应当在 3 个交易日内披露重组实施情况报告书，并披露独立财务顾问和律师事务所意见。

重组方案在完成相关审批、注册程序之日起 60 日内未实施完毕的，上市公司应当于期满后次一交易日披露重组实施情况公告，并在实施完毕前每 30 日披露一次进展情况。

第四十八条　置入和置出资产（含负债）全部过户完毕后，上市公司应当在资产过户完成后的 3 个交易日内，公告相关情况并提供独立财务顾问核查意见和律师事务所法律意见。

重组涉及发行股份购买资产的，上市公司向中国证券登记结算有限责任公司上海分公司（以下简称中国结算）办理新增股份登记手续并取得其出具的新增股份托管证明后，应当及时披露发行结果暨股份变动公告。

重组涉及向特定对象发行可转换公司债券的，上市公司向中国结算申请办理新增可转换公司债券登记手续并取得相关证明后，应当及时披露相关公告。

第四十九条　上市公司重大资产重组方案涉及配套融资的，应当在注册文件规定时间内实施完毕并履行相应的信息披露义务。

第五十条　上市公司未能在股东大会决议有效期内实施重大资产重组，拟继续推进本次重组的，应当在决议有效期结束前召开股东大会审议延长决议有效期。

第二节　持续监管

第五十一条　上市公司重组产生商誉的，上市公司应当按照《企业会计准则》和《会计监管风险提示第 8 号——商誉减值》等规定，每年进行减值测试，并在年度报告中披露资产组认定、选取的关键参数和假设等与商誉减值相关的重要信息。

第五十二条　上市公司向控股股东、实际控制人或者其控制的关联人购买资产，或者向除前述主体之外的特定对象购买资产导致控制权发生变更，且采取收益现值法、假设开发法等基于未来收益预期的估值方法对购买资产进行评估或者估值并作为定价参考依据的，上市公司应当在重大资产重组实施完毕后业绩承诺期内的年度报告中单独披露相关资产的实际盈利数与利润预测数的差异情况，并由符合《证券法》规定的会计师事务所对此出具专项审核意见。上市公司在重组交易中自愿披露盈利预测报告或者交易对方自愿作出业绩承诺的，应当参照前述要求执行。

第五十三条　重大资产重组实施完毕后、承诺事项未完全履行完毕前，上市公司应当在年度报告中披露承诺期内有关各方重大资产重组承诺的履行情况。在承诺事项履行完毕时，上市公司应当及时披露承诺事项完成情况公告。

第五十四条　上市公司与交易对方签订业绩补偿协议，且相关资产的实际盈利数低于利润预测数的，公司董事会应当在审议年度报告的同时，对实际盈利数与利润预测数的差异情况进行单独审议，详细说明差异情况及上市公司已采取或者拟采取的措施，并督促交易对方履行承诺。

交易对方应当及时、足额履行业绩补偿承诺，不得逃废、变更补偿义务。交易对方超期未履行或者违反业绩补偿协议、承诺的，上市公司应当及时披露，并说明相应解决措施。

上市公司与交易对方存在每股收益填补措施安排的，应披露相关填补安排的具体履行情况。

第五十五条　上市公司向控股股东、实际控制人或者其控制的关联人发行股份购买资产，或者发行股份购买资产将导致上市公司实际控制权发生变更的，公司董事会及独立财务顾问应当充分关注本次交易完成后 6 个月内上市公司股票是否存在连续 20 个交易日的收盘价低于发行价，或者交易完成后 6 个月期末收盘价低于发行价的情况。如出现上述情况，上市公司应及时提请认购股份的特定对象公告其持有公司股票的锁定期自动延长至少 6 个月（如适用）。

第五十六条　上市公司应当在年度报告管理层讨论与分析中披露重组整合管控的具体进展情况，包括但不限于上市公司在报告期内对交易标的进行整合管控的具体措施、是否与前期计划相符、面临的整合风险与阶段性效果评估等内容，独立董事应当对此发表意见。

整合管控效果的披露期限自本次重组交易实施完毕之日起，不少于 3 个会计年度。如重组交易存在业绩承诺的，直至相关业绩承诺事项全部完成。

独立财务顾问应当在持续督导期间督促上市公司有效控制并整合标的资产，并就公司控制标的资产的能力、整合计划及实施效果发表明确意见。

第五十七条　独立财务顾问应当根据相关规定，勤勉尽责，出具持续督导意见，切实履行持续督导义务。

持续督导期内，独立财务顾问应当督促交易对方切实履行相关业绩补偿承诺和保障措施。

第五十八条　独立财务顾问应当通过日常沟通、定期回访等方式，结合上市公司定期报告的披露，做好持续督导工作，如发现交易标的存在重大财务造假嫌疑、重大风险事项，可能损害上市公司利益的，应当及时向本所报告，并督促上市公司及有关各方提供解决措施。

第七章　附则

第五十九条　上市公司及有关各方违反本指引规定的，本所可以采取现场检查等措施，并将视情况对上市公司及相关当事人采取自律监管措施或者予以纪律处分。

为上市公司重大资产重组事项提供服务的证券服务机构和人员在上市公司重组过程中未能勤勉尽责，出具意见不审慎的，本所视情况采取自律监管措施或者予以纪律处分。

本所发现上市公司及有关各方在重组过程中涉嫌违反法律、行政法规及中国证监会有关规定的，将提请中国证监会及其派出机构核查。

第六十条　本指引由本所负责解释。

第六十一条　本指引自发布之日起施行。

附件1

上市公司筹划重大资产重组停牌公告

适用范围：

上市公司进入重大资产重组停牌程序，其信息披露事项适用本公告格式。

证券代码：　　　　证券简称：　　　　公告编号：

××××公司重大资产重组停牌公告

> 本公司董事会及全体董事保证本公告内容不存在任何虚假记载、误导性陈述或者重大遗漏，并对其内容的真实性、准确性和完整性承担相应的法律责任。
>
> 如有董事对临时公告内容的真实性、准确性和完整性无法保证或存在异议的，公司应当在公告中作特别提示。

一、停牌事由和工作安排

二、本次重组的基本情况

（一）交易标的基本情况

交易标的名称，符合《上海证券交易所上市公司自律监管指引第4号——停复牌》暂缓披露情形的除外。

（二）交易对方的基本情况

交易对方的名称，符合《上海证券交易所上市公司自律监管指引第4号——停复牌》暂缓披露情形的除外。

（三）交易方式

交易方式指发行股份、可转换公司债券购买资产或其他重组方式。

三、本次重组的意向性文件

意向性文件的签署时间、主要内容，及签署正式重组文件的有关安排计划。

四、风险提示

××××公司董事会

××××年××月××日

●备查文件

（一）经董事长签字并加盖公司公章的停牌申请

（二）有关资产重组的相关意向性协议文件或证明文件

（三）交易对方关于不存在《上市公司监管指引第7号——上市公司重大资产重组相关股票异常交易监管》第十二条或者本指引第三十条情形的说明文件

（四）本所要求的其他文件

上市公司重大资产重组停牌申请表

一、公司证券简称及证券代码

二、停牌时间安排

三、本次重大资产重组方式（可多选）

（一）现金购买；

（二）出售资产；

（三）发行股份购买资产；

（四）发行可转换公司债券购买资产；

（五）资产置换；

（六）吸收合并；

（七）其他交易行为。

四、交易标的名称

五、交易对方名称和与上市公司的关系

六、本次重大资产重组是否构成重组上市

（一）是；

（二）否。

七、上市公司及其现任董事、高级管理人员是否存在因涉嫌犯罪正被司法机关立案侦查或涉嫌违法违规正被中国证监会立案调查的情形。

八、独立财务顾问名称、联系人、联系方式（如适用）。

董事长签字

××××公司（盖章）

××××年××月××日

附件2

上市公司重大资产重组预案格式

第一节　总则

一、上市公司进行重大资产重组的，在首次召开董事会前，相关资产尚未完成审计、估值或评估，应当在首次董事会决议公告的同时按照本指引披露重大资产重组预案（以下简称重组预案）。

二、本指引是对上市公司重组预案信息披露的最低要求。不论本指引是否有明确规定，凡对上市公司股票及其衍生品交易价格可能产生较大影响或对投资者做出投资决策有重大影响的信息，均应披露。

本指引某些具体要求对本次重组预案确实不适用的，上市公司可根据实际情况，在不影响披露内容完整性的前提下予以适当调整，但应当在信息披露时作出说明。

本所可以根据监管实际需要，要求上市公司补充披露其他有关信息。

三、上市公司应当在证券交易所网站披露重组预案全文。

第二节　封面、目录、释义

四、上市公司应当在重组预案文本封面列明重组预案的标题。重组预案标题应当明确具体交易形式，包括但不限于：××公司重大资产购买预案、××公司重大资产出售预案、××公司重大资产置换预案、××公司发行股份购买资产预案、××公司吸收合并××公司预案。资产重组采取其他交易形式的，应当在标题中予以明确。

资产重组采取两种以上交易形式组合的，应当在标题中列明，如"××公司重大资产置换及发行股份购买资产预案"；发行股份购买资产同时募集配套资金的，应当在标题中标明"并募集配套资金"，如"××公司发行股份购买资产并募集配套资金预案"；资产重组构成关联交易的，还应当在标题中标明"暨关联交易"的字样，如"××公司重大资产购买暨关联交易预案"。

封面应当载明上市公司名称、股票代码、股票简称、主要交易对方的名称或姓名、重组预案签署日期、独立财务顾问名称。

五、重组预案的目录应当标明各章、节的标题及相应的页码，内容编排应当符合通行的中文惯例。

六、上市公司应当在重组预案中对可能造成投资者理解障碍及有特定含义的术语作出释义，释义应当在目录次页排印。

第三节　交易各方声明

七、上市公司应当在重组预案中载明："本公司及全体董事、监事、高级管理人员保证本预案内容的真实、准确、完整，对预案的虚假记载、误导性陈述或者重大遗漏负相应的法律责任"。

上市公司董事会应当声明："本预案所述事项并不代表中国证监会、上海证券交易所对该证券的投资价值或者投资者收益作出实质判断或者保证，也不表明中国证监会和证券交易所对重组预案的真实性、准确性、完整性作出保证。本预案所述本次重大资产重组相关事项的生效和完成尚待取得上海证券交易所的审核、中国证监会的注册（如适用）"。

八、交易对方应当声明："本次重大资产重组的交易对方×××已出具承诺函，将及时向上市公司提供本次重组相关信息，并保证所提供的信息真实、准确、完整，如因提供的信息存在虚假记载、误导性陈述或者重大遗漏，给上市公司或者投资者造成损失的，将依法承担相应的法律责任"。

九、相关证券服务机构及人员应当声明（如适用）："本次重大资产重组的证券服务机构×××及人员×××保证披露文件的真实、准确、完整，如本次重组申请文件存在虚假记载、误导性陈述或重大遗漏，且该证券服务机构未能勤勉尽责的，将承担相应的法律责任"。

十、上市公司控股股东、实际控制人、董事、监事、高级管理人员及交易对方应当声明：如本次交易所披露或提供的信息涉嫌虚假记载、误导性陈述或者重大遗漏，被司法机关立案侦查或者被中国证监会立案调查的，在形成调查结论以前，不转让在该上市公司拥有权益的股份，并于收到立案稽查通知的2个交易日内将暂停转让的书面申请和股票账户提交上市公司董事会，由董事会代其向证券交易所和证券登记结算机构申请锁定；未在2个交易日内提交锁定申请的，授权董事会核实后直接向证券交易所和证券登记结算机构报送本人或本单位的身份信息和账户信息并申请锁定；董事会未向证券交易所和证券登记结算机构报送本人或本单位的身份信息和账户信息的，授权证券交易所和证券登记结算机构直接锁定相关股份。如调查结论发现存在违法违规情节，本人或本单位承诺锁定股份自愿用于相关投资者赔偿安排。

第四节　重大事项提示

十一、上市公司应当在重大事项提示部分，就与本次重组有关的重大事项进行提示，包括但不限于以下内容：

（一）本次重组方案的简要介绍，其中应说明本次重组是否构成关联交易、重大资产重组、重组上市；本次购买资产的交易标的是否符合板块定位（如适用）、是否属于上市公司的同行业或上下游、是否与上市公司主营业务具有协同效应。

（二）本次交易标的评估/估值及作价情况，或预估作价情况的简要介绍（如适用）。

（三）本次重组支付方式的简要介绍。

（四）本次重组募集配套资金情况的简要介绍（如适用）。

第五节　重大风险提示

十二、上市公司应当针对本次重组的实际情况，遵循重要性和相关性原则，在第十一节"风险因素"基础上，选择若干可能直接或间接对本次重组及重组后上市公司生产经营状况、财务状况和持续经营能力等产生严重不利影响的风险因素，进行"重大风险提示"。不得简单重复第十一节"风险因素"的相关内容。

第六节　本次交易概况

十三、本次交易的背景及目的概况。

十四、本次交易的方案概况，方案介绍中应当披露本次交易是否构成《上市公司重大资产重组管理办法》（以下简称《重组办法》）第十二条规定的重大资产重组，以及按《重组办法》规定计算的相关指标；本次交易是否构成关联交易，如构成关联交易，应披露构成关联交易的原因、涉及董事和股东的回避表决安排；本次交易是否构成重组上市及判断依据。

第七节　上市公司基本情况

十五、上市公司最近36个月的控制权变动情况，最近3年的主营业务发展情况，以及因本次交易导致的股权控制结构的预计变化情况。

第八节　主要交易对方

十六、主要交易对方基本情况。

主要交易对方为法人的，应当披露其名称、注册地、法定代表人，与其控股股东、实际控制人之间的产权及控制关系结构图；

主要交易对方为自然人的，应当披露其姓名（包括曾用名）、性别、国籍、是否取得其他国家或者地区的居留权等；

主要交易对方为其他主体的，应当披露其名称、性质，如为合伙企业，还应披露合伙企业相关的产权及控制关系、主要合伙人等情况。

上市公司以公开招标、公开拍卖等方式购买或出售资产的，如确实无法在重组预案中披露交易对方基本情况，应说明无法披露的原因及影响。

上市公司以公开招标、公开拍卖等方式购买或出售资产的，可以在履行相关授权程序（如涉及）后先行披露重组预案，也可以由上市公司及有关各方充分履行保密义务，在明确交易对方、交易价格等要素后直接披露重组报告书，并履行董事会、股东大会审议程序。

第九节　交易标的

十七、交易标的基本情况，包括：

（一）交易标的名称、企业性质、注册地、主要办公地点、法定代表人、注册资本、成立日期；

（二）交易标的产权及控制关系；

（三）交易标的报告期（本指引所述报告期指最近2年及一期，如初步估算属于重组上市的情形，报告期指最近3年及一期）主营业务，包括主要产品或服务、盈利模式、核心竞争力等概要情况等；

（四）交易标的报告期主要财务指标（包括总资产、净资产、营业收入、净利润、经营活动产生的现金流量净额等），并说明是否为经审计数；

交易标的属于境外资产或者通过公开招标、公开拍卖等方式购买的，如确实无法披露财务数据，应说明无法披露的原因和影响，并提出解决方案；

（五）交易标的预估值及拟定价等（如适用）。上市公司应当披露交易标的价值预估的基本情况，包括所采用的估值方法、增减值幅度等，简要分析预估合理性（如适用）。如无法披露预估值及拟定价的，应当说明无法披露的原因及影响；

相关证券服务机构未完成审计、评估或估值、盈利预测审核的（如涉及），上市公司应当作出"相关资产经审计的财务数据、评估或估值结果以及经审核的盈利预测数据（如涉及）将在重大资产重组报告书中予以披露"的特别提示以及"相关资产经审计的财务数据、评估或估值最终结果可能与预案披露情况存在较大差异"的风险揭示。

第十节　交易方式

十八、重组支付方式情况。上市公司支付现金购买资产的，应当披露资金来源。上市公司发行股份购买资产的，应当披露发行股份的定价及依据、本次发行股份购买资产的董事会决议明确的发行价格调整方案等相关信息。

上市公司通过发行优先股、向特定对象发行可转换公司债券、定向权证、存托凭证等购买资产的，应当比照前述发行股份的要求披露相关信息。

十九、交易方案涉及吸收合并的，应当披露换股价格及确定方法、本次吸收合并的董事会决议明确的换股价格调整方案、异议股东权利保护安排、债权人权利保护安排等相关信息。

二十、交易方案涉及募集配套资金的，应当简要披露募集配套资金的预计金额及相当于发行证券购买资产交易价格的比例、证券发行情况、用途等相关信息。

第十一节　风险因素

二十一、上市公司应当就本次交易对重组后上市公司经营和财务产生严重不利影响的重大风险因素，及本次交易行为存在的重大不确定性风险等予以充分披露。上市公司应披露的风险包括但不限于以下内容：

（一）本次重组审批风险。本次交易行为涉及有关报批事项的，应当详细说明已向有关主管部门报批的进展情况和尚需呈报批准的程序，以及可能无法获得批准的风险（如适用）；

（二）交易标的权属风险。如抵押、质押等权利限制，诉讼、仲裁或司法强制执行等重大争议或者妨碍权属转移的其他情形可能导致交易标的存在潜在不利影响和风险等（如适用）；

（三）交易标的的评估或估值风险。本次评估或估值存在报告期变动频繁且对评估或估值影响较大的指标，该指标的预测对本次评估或估值的影响，进而对交易价格公允性的影响等（如适用）；

（四）交易标的对上市公司持续经营影响的风险。由于政策、市场、技术、汇率等因素引致的风险（如适用）；

（五）公司治理与整合风险。上市公司管理水平不能适应重组后上市公司规模扩张或业务变化的风险、交易标的与上市公司原有业务、资产、财务、人员、机构等方面的整合风险。如本次拟购买的主要交易标的不属于同行业或紧密相关的上下游行业的，应充分披露本次交易的必要性以及后续整合存在的不确定性及风险（如适用）；

（六）财务风险。本次重组导致上市公司财务结构发生重大变化的风险（如适用）；

（七）内幕交易风险。剔除大盘因素和同行业板块因素影响，公司股价在重组停牌前或者重组方案首次披露前 20 个交易日内累计涨跌幅超过 20% 的相关情况及由此产生的风险（如适用）；

（八）其他与本次重组相关的风险（如适用）。

第十二节 其他重要事项

二十二、上市公司的控股股东及其一致行动人对本次重组的原则性意见，以及上市公司控股股东及其一致行动人、董事、监事、高级管理人员自本次重组预案披露之日起至实施完毕期间的股份减持计划。

上市公司披露为无控股股东的，应当比照前述要求，披露第一大股东及持股5%以上股东的意见及减持计划。

二十三、本次重组相关主体是否存在依据《上市公司监管指引第 7 号——上市公司重大资产重组相关股票异常交易监管》第十二条或者本指引第三十条不得参与任何上市公司重大资产重组情形的说明。

二十四、相关证券服务机构对重组预案已披露内容发表的核查意见（如适用）。

附件3

上市公司终止重大资产重组公告

适用范围：

上市公司终止重大资产重组，其信息披露事项适用本公告格式。

证券代码： 证券简称： 公告编号：

××××公司终止重大资产重组公告

> 本公司董事会及全体董事保证本公告内容不存在任何虚假记载、误导性陈述或者重大遗漏，并对其内容的真实性、准确性和完整性承担相应的法律责任。
>
> 如有董事对临时公告的内容的真实性、准确性和完整性无法保证或存在异议的，公司应当在公告中作特别提示。

一、本次筹划重大资产重组的基本情况

（一）筹划重大资产重组背景、原因；

（二）披露重组框架，重组框架至少包括主要交易对方、交易方式、交易标的。

二、公司在推进重大资产重组期间所做的主要工作

（一）推进重大资产重组所做的工作；

（二）终止重组的相关审议程序；

（三）已履行的信息披露义务；

（四）已取得的核准同意函（如适用）；

（五）已签订的协议书等（如适用）。

三、终止筹划本次重大资产重组的原因，以及从交易一方提出终止重大资产重组动议到董事会审议终止本次重组事项的具体过程。

四、上市公司控股股东、交易对方及其他内幕信息知情人自重组方案首次披露至终止重大资产重组期间买卖上市公司股票及其（或）衍生品种的情况。

五、交易对方关于本次重组终止的说明（如适用）。

六、本次终止重大资产重组对上市公司影响的分析、相关违约责任及已采取或拟采取的措施（如适用）。

七、承诺

公司应承诺在披露本公告之日起至少 1 个月（或 12 个月）内，不再筹划重大资产重组事项。公司应说明召开投资者说明会的相关安排。

八、股票及其衍生品种复牌安排（如适用）

根据有关规定，公司股票及其衍生品种将于××××年××月××日开始复牌。

特此公告。

××××公司董事会

××××年××月××日

附件 4

上市公司重组上市媒体说明会流程

一、上市公司应当在媒体说明会前，通过"上证 e 互动"网络平台访谈栏目等渠道进行问题收集，及时整理汇总媒体和投资者关注的问题，并在媒体说明会时予以统一答复。

二、下列人员应当出席媒体说明会，并全程参加：

（一）上市公司相关人员，包括实际控制人、上市公司主要董事、独立董事、监事、总经理、董事会秘书及财务负责人等；

（二）标的资产相关人员，包括实际控制人、主要董事、总经理及财务负责人等；

（三）证券服务机构相关人员，包括独立财务顾问、会计师事务所、律师事务所和评估机构等的主办人员和签字人员等；

（四）停牌前 6 个月及停牌期间取得标的资产股权的个人或机构负责人（如适用）。

公司或标的资产相关方认为有必要的，可以邀请相关行业专家、证券分析师等参会。

三、上市公司应当邀请符合中国证监会规定条件的媒体出席会议，并确保邀请出席会议的媒体不少于 3 家。

中证中小投资者服务中心有限责任公司代表、依法持有国家新闻出版署核发新闻记者证的新闻记者、证券分析师可以出席会议。

四、上市公司可以在本所交易大厅或本所认可的其他地点召开媒体说明会，或者采用网络远程的方式召开，但本所要求需在线下召开的除外。

上市公司、重组上市交易对方、证券服务机构等相关方及人员应当在媒体说明会上全面、充分地回应市场关注和提出的问题。

五、媒体说明会应当包括重组上市交易各方陈述、媒体现场提问及现场答复问题等环节。

六、上市公司重组上市交易的相关人员应当在媒体说明会上简明扼要地说明有关事项，包括：

（一）上市公司实际控制人应当说明本次重组上市交易的必要性、交易定价原则、标的资产的估值合理性（如有）；

（二）上市公司独立董事应当对评估机构或者估值机构的独立性、评估或者估值假设前提的合理性和交易定价的公允性发表明确意见（如有）；

（三）标的资产实际控制人应当说明标的资产的行业状况、生产经营情况、未来发展规划、业绩承诺（如有）、业绩补偿承诺的可行性及保障措施等（如有）；

（四）证券服务机构相关人员应当对其职责范围内的尽职调查、审计、评估等工作发表明确意见。

上市公司或重组标的最近 5 年内因违法违规受到中国证监会行政处罚或交易所自律监管措施的，相关人员应当说明整改情况及对本次交易的影响。

七、媒体说明会应当为媒体留出充足的提问时间，充分回应市场关注和质疑的问题。

八、参会人员应当在现场答复媒体提问和会前整理汇总的问题。上市公司现场不能答复的，应当说明不能答复的原因。

现场未能答复的，上市公司应当在媒体说明会召开情况公告中予以答复。

关于发布《上海证券交易所交易规则（2023 年修订）》的通知

（上证发〔2023〕32 号 2023 年 2 月 17 日）

各市场参与人：

为了落实党中央、国务院关于全面实行股票发行注册制的决策部署，规范上海证券交易所（以下简称本所）主板和科创板交易活动，根据《中华人民共和国证券法》《证券交易所管理办法》等有关规定，本所对《上海证券交易所交易规则》进行了修订。新修订的《上海证券交易所交易规则（2023 年修订）》（以下简称《交易规则》）已经中国证监会批准，现予以发布，并就有关事项通知如下：

一、《交易规则》（详见附件 1）自按照《首次公开发行股票注册管理办法》发行的首只主板股票上市首日起施行，废止清单中列明的业务规则（详见附件 2）同时废止。

二、考虑到市场及会员业务技术准备情况，《交易规则》中此前暂未实施的部分内容继续暂缓实施（详见附件 3），具体实施时间由本所另行通知。

特此通知。

附件：1. 上海证券交易所交易规则（2023 年修订）

2. 同步废止的业务规则清单

3.《上海证券交易所交易规则（2023 年修订）》暂缓实施条文

附件 1

上海证券交易所交易规则（2023 年修订）

（2006 年 7 月 1 日实施，2007 年 4 月 24 日根据《关于调整无价格涨跌幅限制股票申报价格范围的通知》第一次修订，2012 年 12 月 14 日根据《关于修订〈上海证券交易所交易规则〉若干条款的通知》第二次修订，2013 年 10 月 18 日根据《关于修订〈上海证券交易所交易规则〉及相关事项的通知》第三次修订，2014 年 9 月 26 日根据《关于修改〈上海证券交易所交易规则〉及〈上海证券交易所参与者交易业务单元实施细则〉涉及交易参与人若干条款的通知》第四次修订，2015 年 1 月 9 日根据《关于修改〈上海证券交易所交易规则〉第 3.1.5 条的通知》第五次修订，2015 年 12 月 4 日根据《关于〈上海证券交易所交易规则〉增加第四章第五节"指数熔断"的通知》第六次修订，2017 年 4 月 14 日根据《关于修改〈上海证券交易所交易规则〉及〈上海证券交易所债券交易实施细则〉涉及债券交易若干条款的通知》第七次修订，2018 年 8 月 6 日根据《关于修订〈上海证券交易所交易规则〉的通知》第八次修订，2020 年 1 月 7 日根据《关于修改〈上海证券交易所交易规则〉第 3.1.5 条的通知》第九次修订，2020 年 3 月 13 日根据《关于修订〈上海证券交易所交易规则〉的通知》第十次修订，2023 年 2 月 17 日根据《关于发布〈上海证券交易所交易规则（2023 年修订）〉的通知》第十一次修订）

第一章　总则

1.1　为规范证券市场交易行为，维护证券市场秩序，保护投资者合法权益，根据《中华人民共和国证券法》《证券交易所管理办法》等法律、行政法规、部门规章、规范性文件（以下统称法律法规）及《上海证券交易所章程》，制定本规则。

1.2　在上海证券交易所（以下简称本所）上市的股票、基金、权证、存托凭证及中国证券监督管理委员会（以下简称证监会）批准的其他交易品种（以下统称证券）的交易，适用本规则。本规则未作规定的，适用本所其他有关规定。

存托凭证交易适用 A 股交易的相关规定。本所对存托凭证、优先股、公开募集基础设施证券投资基金等交易另有规定的，从其规定。

1.3　证券交易遵循公开、公平、公正的原则。

1.4　证券交易应当遵守法律、行政法规和部门规章及本所相关业务规则，遵循自愿、有偿、诚实信用原则。

1.5　证券交易采用无纸化的集中交易或经证监会批准的其他方式。

第二章　交易市场

第一节　交易场所

2.1.1　本所为证券交易提供交易场所及设施。交易场所及设施由交易主机、交易大厅、参与者交易业务单元、报盘系统及相关的通信系统等组成。

2.1.2　本所设置交易大厅。本所会员（以下简称会员）可以通过其派驻交易大厅的交易员进行申报。

除经本所特许外，仅限下列人员进入交易大厅：

（一）登记在册交易员；

（二）场内监管人员。

第二节　交易参与人与交易权

2.2.1　会员及本所认可的机构进入本所市场进行证券交易的，须向本所申请取得交易权，成为本所交易参与人。

交易参与人应当通过在本所开设的参与者交易业务单元进行证券交易，并遵守本规则以及本所其他业务规则关于证券交易业务的相关规定。

2.2.2 参与者交易业务单元，是指交易参与人据此可以参与本所证券交易，享有及行使相关交易权利，并接受本所相关交易业务管理的基本单位。

2.2.3 参与者交易业务单元和交易权限等管理细则由本所另行规定。

第三节　交易品种

2.3 下列证券可以在本所市场挂牌交易：

（一）股票；

（二）基金；

（三）权证；

（四）存托凭证；

（五）经证监会批准的其他交易品种。

第四节　交易时间

2.4.1 本所交易日为每周一至周五。

国家法定假日和本所公告的休市日，本所市场休市。

2.4.2 采用竞价交易方式的，除本规则另有规定外，每个交易日的 9:15 至 9:25 为开盘集合竞价时间，9:30 至 11:30、13:00 至 14:57 为连续竞价时间，14:57 至 15:00 为收盘集合竞价时间。

基金交易，每个交易日的 9:15 至 9:25 为开盘集合竞价时间，9:30 至 11:30、13:00 至 15:00 为连续竞价时间。

开市期间停牌并复牌的证券除外。

根据市场发展需要，经证监会批准，本所可以调整交易时间。

2.4.3 交易时间内因故停市，交易时间不作顺延。

第三章　证券买卖

第一节　一般规定

3.1.1 会员接受投资者的买卖委托后，应当按照委托的内容向本所申报，并承担相应的交易、交收责任。

会员接受投资者买卖委托达成交易的，投资者应当向会员交付其委托会员卖出的证券或其委托会员买入证券的款项，会员应当向投资者交付卖出证券所得款项或买入的证券。

3.1.2 交易参与人通过其相关的报盘系统、参与者交易业务单元和报送渠道向本所交易主机发送买卖申报指令，并按本规则达成交易，交易结果及其他交易记录由本所发送至交易参与人。

3.1.3 交易参与人应当按照有关规定妥善保管委托和申报记录。

3.1.4 投资者买入的证券，在交收前不得卖出，但实行回转交易的除外。

证券的回转交易是指投资者买入的证券，经确认成交后，在交收前全部或部分卖出。

3.1.5 下列品种实行当日回转交易：

（一）债券交易型开放式指数基金；

（二）交易型货币市场基金；

（三）黄金交易型开放式证券投资基金；

（四）商品期货交易型开放式指数基金；

（五）跨境交易型开放式指数基金；

（六）跨境上市开放式基金；

（七）权证；

（八）经证监会同意的其他品种。

前款所述的跨境交易型开放式指数基金和跨境上市开放式基金仅限于所跟踪指数成份证券或投资标的实施当日回转交易的开放式基金。

B 股实行次交易日起回转交易。

3.1.6 根据市场需要，本所可以实行一级交易商制度，具体办法由本所另行规定，报证监会批准后生效。

3.1.7 投资者参与本所市场证券交易或者相关业务的，应当充分知悉和了解相关风险事项、法律法规和本所业务规则，遵守投资者适当性管理相关要求，结合自身风险认知和承受能力，审慎判断是否参与证券交易或者相关业务。

会员应当切实履行投资者适当性管理义务，充分揭示投资风险，引导客户理性投资。

3.1.8 通过计算机程序自动生成或者下达交易指令进行程序化交易的，应当符合证监会的规定，并向本所报告，不得影响本所系统安全或者正常交易秩序。

第二节 委托

3.2.1 本所市场证券交易实行指定交易或者本所规定的其他委托交易制度。境外投资者从事 B 股交易不适用指定交易相关规定。

指定交易是指参与本所市场证券买卖的投资者必须事先指定一家会员作为其买卖证券的受托人，通过该会员参与本所市场证券买卖。

3.2.2 采用指定交易制度的，投资者应当与指定交易的会员签订指定交易协议，明确双方的权利、义务和责任。指定交易协议一经签订，会员即可根据投资者的申请向本所交易主机申报办理指定交易手续。

投资者变更指定交易的，应当向已指定的会员提出撤销的意思表示，由该会员申报撤销指令。对于符合撤销指定条件的，会员不得限制、阻挠或拖延其办理撤销指定手续。

本所在开市期间接受指定交易申报指令。

3.2.3 指定交易的其他事项按照本所的有关规定执行。

3.2.4 投资者买卖证券，应当开立证券账户和资金账户，并与会员签订证券交易委托代理协议。协议生效后，投资者即成为该会员经纪业务的客户（以下简称客户）。

投资者开立证券账户，按照证券登记结算机构的规定办理。

3.2.5 客户可以通过书面或电话、自助终端、互联网等自助委托方式委托会员买卖证券。电话、自助终端、互联网等自助委托应当按相关规定操作。

3.2.6 客户通过自助委托方式参与证券买卖的，会员应当与其签订自助委托协议。

3.2.7 除本所另有规定外，客户的委托指令应当包括下列内容：

（一）证券账户号码；

（二）证券代码；

（三）买卖方向；

（四）委托数量；

（五）委托价格；

（六）委托类型；

（七）本所及会员要求的其他内容。

3.2.8 客户可以采用限价委托或市价委托的方式委托会员买卖证券。

限价委托是指客户委托会员按其限定的价格买卖证券，会员必须按限定的价格或低于限定的价格申报买入证券；按限定的价格或高于限定的价格申报卖出证券。

市价委托是指客户委托会员按市场价格买卖证券。

3.2.9 客户可以撤销委托的未成交部分。

3.2.10 被撤销和失效的委托，会员应当在确认后及时向客户返还相应的资金或证券。

3.2.11 会员向客户买卖证券提供融资融券服务的，应当按照有关规定办理。

第三节　申报

3.3.1 本所接受交易参与人竞价交易申报的时间为每个交易日 9:15 至 9:25、9:30 至 11:30 、13:00 至 15:00。

每个交易日 9:20 至 9:25 的开盘集合竞价阶段、14:57 至 15:00 的收盘集合竞价阶段，本所交易主机不接受撤单申报；其他接受交易申报的时间内，未成交申报可以撤销。撤销指令经本所交易主机确认方为有效。

本所认为必要时，可以调整接受申报时间。

3.3.2 会员应当按照客户委托的时间先后顺序及时向本所申报。

3.3.3 本所接受交易参与人的限价申报和市价申报。

3.3.4 根据市场需要，本所可以接受下列方式的市价申报：

（一）最优 5 档即时成交剩余撤销申报，即该申报在对手方实时最优 5 个价位内以对手方价格为成交价逐次成交，剩余未成交部分自动撤销；

（二）最优 5 档即时成交剩余转限价申报，即该申报在对手方实时 5 个最优价位内以对手方价格为成交价逐次成交，剩余未成交部分按本方申报最新成交价转为限价申报；如该申报无成交的，按本方最优报价转为限价申报；如无本方申报的，该申报撤销；

（三）本方最优价格申报，即该申报以其进入交易主机时，集中申报簿中本方最优报价为其申报价格。本方最优价格申报进入交易主机时，集中申报簿中本方无申报的，申报自动撤销；

（四）对手方最优价格申报，即该申报以其进入交易主机时，集中申报簿中对手方最优报价为其申报价格。对手方最优价格申报进入交易主机时，集中申报簿中对手方无申报的，申报自动撤销；

（五）本所规定的其他方式。

3.3.5 市价申报内容应当包含投资者能够接受的最高买价（以下简称买入保护限价）或者最低卖价（以下简称卖出保护限价）。

本所交易系统处理前款规定的市价申报时，买入申报的成交价格和转为限价申报的申报价格不高于买入保护限价，卖出申报的成交价格和转为限价申报的申报价格不低于卖出保护限价。

3.3.6 市价申报只适用于连续竞价期间的交易，本所另有规定的除外。

3.3.7 限价申报指令应当包括证券账号、营业部代码、证券代码、买卖方向、数量、价格等内容。

市价申报指令应当包括申报类型、证券账号、营业部代码、证券代码、买卖方向、数量等内容。

申报指令按本所规定的格式传送。本所认为必要时，可以调整申报的内容及方式。

3.3.8 通过竞价交易买入证券的，申报数量应当为 100 股（份）或其整数倍。

卖出证券时，余额不足 100 股（份）的部分，应当一次性申报卖出。

3.3.9 证券交易单笔申报最大数量应当不超过 100 万股（份）。

根据市场需要，本所可以调整证券的单笔申报最大数量。

3.3.10 不同证券的交易采用不同的计价单位。股票为"每股价格"，基金为"每份基金价格"，权证为"每份权证价格"，存托凭证为"每份存托凭证价格"。

3.3.11 A 股的申报价格最小变动单位为 0.01 元人民币，基金、权证交易为 0.001

元人民币，B 股交易为 0.001 美元。

本所可以依据股价高低，实施不同的申报价格最小变动单位。

3.3.12 根据市场需要，本所可以调整各类证券单笔买卖申报数量和申报价格的最小变动单位。

3.3.13 本所对股票、基金交易实行价格涨跌幅限制，涨跌幅限制比例为 10%。

股票、基金涨跌幅限制价格的计算公式为：涨跌幅限制价格 = 前收盘价 ×（1 ± 涨跌幅限制比例）。

属于下列情形之一的股票，不实行价格涨跌幅限制：

（一）首次公开发行上市的股票上市后的前 5 个交易日；

（二）进入退市整理期交易的退市整理股票首个交易日；

（三）退市后重新上市的股票首个交易日；

（四）本所认定的其他情形。

经证监会批准，本所可以调整证券的涨跌幅限制比例。

3.3.14 买卖股票的，在连续竞价阶段的限价申报，应当符合下列有效申报价格范围的要求：

（一）买入申报价格不得高于买入基准价格的 102% 和买入基准价格以上十个申报价格最小变动单位的孰高值；

（二）卖出申报价格不得低于卖出基准价格的 98% 和卖出基准价格以下十个申报价格最小变动单位的孰低值。

前款所称买入（卖出）基准价格，为即时揭示的最低卖出（最高买入）申报价格；无即时揭示的最低卖出（最高买入）申报价格的，为即时揭示的最高买入（最低卖出）申报价格；无即时揭示的最高买入（最低卖出）申报价格的，为最新成交价；当日无成交的，为前收盘价。

开市期间临时停牌阶段的限价申报，不适用本条前两款规定。

根据市场情况，本所可以调整股票有效申报价格范围。

3.3.15 除本所另有规定外，买卖无价格涨跌幅限制的股票，在集合竞价阶段和开市期间停牌阶段的限价申报，应当符合下列有效申报价格范围的要求：

（一）开盘集合竞价阶段的交易申报价格不高于前收盘价格的 900%，并且不低于前收盘价格的 50%；

（二）收盘集合竞价阶段、开市期间停牌阶段的交易申报价格不高于最新成交价格的 110% 且不低于最新成交价格的 90%。

当日无交易的，前收盘价格视为最新成交价格。

根据市场情况，本所可以调整股票有效申报价格范围。

3.3.16 买卖本所证券，申报价格应当符合价格涨跌幅限制相关规定及本规则相关要求，否则为无效申报。

3.3.17　涨跌幅限制价格、有效申报价格范围的计算结果按照四舍五入原则取至申报价格最小变动单位。

涨跌幅限制价格与前收盘价之差、有效申报价格范围上限或下限与基准价格之差的绝对值低于申报价格最小变动单位的，以前收盘价、基准价格增减一个申报价格最小变动单位计算相应价格。

涨跌幅限制价格、有效申报价格范围上限或下限低于申报价格最小变动单位的，以申报价格最小变动单位作为相应价格。

3.3.18　申报当日有效。每笔参与竞价交易的申报不能一次全部成交时，未成交的部分继续参加当日竞价，本规则另有规定的除外。

第四节　竞价

3.4.1　证券竞价交易采用集合竞价和连续竞价两种方式。

集合竞价是指在规定时间内接受的买卖申报一次性集中撮合的竞价方式。

连续竞价是指对买卖申报逐笔连续撮合的竞价方式。

3.4.2　当前竞价交易阶段未成交的买卖申报，自动进入当日后续竞价交易阶段。

第五节　成交

3.5.1　证券竞价交易按价格优先、时间优先的原则撮合成交。

成交时价格优先的原则为：较高价格买入申报优先于较低价格买入申报，较低价格卖出申报优先于较高价格卖出申报。

成交时时间优先的原则为：买卖方向、价格相同的，先申报者优先于后申报者。先后顺序按交易主机接受申报的时间确定。

3.5.2　集合竞价时，成交价格的确定原则为：

（一）可实现最大成交量的价格；

（二）高于该价格的买入申报与低于该价格的卖出申报全部成交的价格；

（三）与该价格相同的买方或卖方至少有一方全部成交的价格。

两个以上申报价格符合上述条件的，使未成交量最小的申报价格为成交价格；仍有两个以上使未成交量最小的申报价格符合上述条件的，其中间价为成交价格。

集合竞价的所有交易以同一价格成交。

3.5.3　连续竞价时，成交价格的确定原则为：

（一）最高买入申报价格与最低卖出申报价格相同，以该价格为成交价格；

（二）买入申报价格高于即时揭示的最低卖出申报价格的，以即时揭示的最低卖出申报价格为成交价格；

（三）卖出申报价格低于即时揭示的最高买入申报价格的，以即时揭示的最高买入申报价格为成交价格。

3.5.4　按成交原则达成的价格不在申报价格最小变动单位范围内的，按照四舍五入原则取至相应的申报价格最小变动单位。

3.5.5 买卖申报经交易主机撮合成交后，交易即告成立。符合本规则各项规定达成的交易于成立时生效，买卖双方必须承认交易结果，履行清算交收义务。

因不可抗力、意外事件、交易系统被非法侵入等原因造成严重后果的交易，本所可以采取适当措施或认定无效。

对显失公平的交易，经本所认定，可以采取适当措施。

违反本规则，严重破坏证券市场正常运行的交易，本所有权宣布取消，由此造成的损失由违规交易者承担。

3.5.6 依照本规则达成的交易，其成交结果以本所交易主机记录的成交数据为准。

3.5.7 证券交易的清算交收业务，应当按照证券登记结算机构的规定办理。

第六节 大宗交易

3.6.1 在本所进行的证券买卖符合以下条件的，可以采用大宗交易方式：

（一）A股单笔买卖申报数量应当不低于30万股，或者交易金额不低于200万元人民币；

（二）B股单笔买卖申报数量应当不低于30万股，或者交易金额不低于20万元（美元）；

（三）基金单笔买卖申报数量应当不低于200万份，或者交易金额不低于200万元；

本所可以根据市场情况调整大宗交易的最低限额。

3.6.2 本所接受下列大宗交易申报：

（一）意向申报；

（二）成交申报；

（三）固定价格申报；

（四）本所认可的其他大宗交易申报。

3.6.3 本所每个交易日接受大宗交易申报的时间分别为：

（一）9:30至11:30、13:00至15:30接受意向申报；

（二）9:30至11:30、13:00至15:30、16:00至17:00接受成交申报；

（三）15:00至15:30接受固定价格申报。

交易日的15:00仍处于停牌状态的证券，本所当日不再接受其大宗交易的申报。

大宗交易的成交申报确认时间为每个交易日15:00至15:30。

3.6.4 每个交易日9:30至15:30时段确认的成交，于当日进行清算交收。

每个交易日16:00至17:00时段确认的成交，于次一交易日进行清算交收。

3.6.5 意向申报指令应当包括证券账号、证券代码、买卖方向等。

意向申报应当真实有效。申报方价格不明确的，视为至少愿以规定的最低价格买入或最高价格卖出；数量不明确的，视为至少愿以大宗交易单笔买卖最低申报数量成交。

3.6.6 当意向申报被会员接受（包括其他会员报出比意向申报更优的价格）时，申报方应当至少与一个接受意向申报的会员进行成交申报。

3.6.7 买卖双方就大宗交易达成一致后，应当委托会员通过交易业务单元向本所交易系统提出成交申报，申报指令应当包括以下内容：

（一）证券代码；

（二）证券账号；

（三）买卖方向；

（四）成交价格；

（五）成交数量；

（六）本所规定的其他内容。

成交申报的证券代码、成交价格和成交数量必须一致。

3.6.8 买卖双方达成协议后，向本所交易系统提出成交申报，申报的交易价格和数量必须一致。

除本所另有规定外，大宗交易的成交申报、成交结果一经本所确认，不得撤销或变更。买卖双方必须承认交易结果、履行清算交收义务。

3.6.9 提出固定价格申报的，买卖双方可按当日竞价交易市场收盘价格或者当日全天成交量加权平均价格进行申报。

固定价格申报指令应当包括证券账号、证券代码、买卖方向、交易类型、交易数量等。

在接受固定价格申报期间内，固定价格申报可以撤销；申报时间结束后，本所根据时间优先的原则对固定价格申报进行匹配成交。未成交部分自动撤销。

3.6.10 有价格涨跌幅限制证券的成交申报价格，由买方和卖方在当日价格涨跌幅限制范围内确定。

无价格涨跌幅限制证券的成交申报价格，不得高于该证券当日竞价交易实时成交均价的 120% 和已成交最高价的孰低值，且不得低于该证券当日竞价交易实时成交均价的 80% 和已成交最低价的孰高值。

均价的计算公式为：均价 = 已成交金额 / 已成交股数。

计算结果按照四舍五入的原则取至申报价格最小变动单位。

每个交易日 16:00 至 17:00 接受的申报，适用于当日其他交易时段接受的涨跌幅限制价格。

3.6.11 会员应当保证大宗交易参与者实际拥有与其申报相对应的证券或者资金。

持有或者租用本所交易业务单元的机构参与大宗交易，应当通过持有或者租用的交易业务单元提出申报，并确保拥有与申报相对应的证券或者资金。

3.6.12　大宗交易不纳入本所即时行情和指数的计算，成交量在大宗交易结束后计入该证券成交总量。

3.6.13　本所在每个交易日结束后通过本交易所网站公布以下交易信息：

（一）证券的成交申报大宗交易，内容包括：证券代码、证券简称、成交量、成交价格以及买卖双方所在会员证券营业部的名称；

（二）单只证券的固定价格申报的成交量、成交金额，及该证券当日买入、卖出金额最大五家会员证券营业部的名称和各自的买入、卖出金额。

3.6.14　大宗交易涉及法定信息披露要求的，买卖双方应依照有关法律法规履行信息披露义务。

第四章　其他交易事项

第一节　开盘价与收盘价

4.1.1　证券的开盘价为当日该证券的第一笔成交价格。

4.1.2　证券的开盘价通过集合竞价方式产生，不能产生开盘价的，以连续竞价方式产生。

4.1.3　除本规则另有规定外，证券的收盘价通过集合竞价的方式产生。收盘集合竞价不能产生收盘价或未进行收盘集合竞价的，以当日该证券最后一笔交易前一分钟所有交易的成交量加权平均价（含最后一笔交易）为收盘价。

基金的收盘价为当日该证券最后一笔交易前一分钟所有交易的成交量加权平均价（含最后一笔交易）。

当日无成交的，以前收盘价为当日收盘价。

第二节　挂牌、摘牌、停牌与复牌

4.2.1　本所对上市证券实行挂牌交易。

4.2.2　证券上市期届满或依法不再具备上市条件的，本所终止其上市交易，并予以摘牌。

4.2.3　本所可以对涉嫌违法违规交易的证券实施特别停牌并予以公告，相关当事人应按照本所的要求提交书面报告。

特别停牌及复牌的时间和方式由本所决定。

4.2.4　本所股票竞价交易出现下列情形之一的，本所实施盘中临时停牌，单次盘中临时停牌时间为 10 分钟：

（一）无价格涨跌幅限制的股票盘中交易价格较当日开盘价格首次上涨或下跌达到或超过 30% 的；

（二）无价格涨跌幅限制的股票盘中交易价格较当日开盘价格首次上涨或下跌达到或超过 60% 的；

（三）证监会或者本所认定的其他情形。

4.2.5　证券开市期间停牌的，停牌前未成交的申报参加当日该证券复牌后的交易；停牌期间，可以继续申报，也可以撤销申报；复牌时对已接受的申报实行集合竞价，停牌及集合竞价期间不揭示集合竞价虚拟参考价格、虚拟匹配量、虚拟未匹配量。

证券停复牌时间以本所公告为准。证券停牌时间跨越 14:57 且须于当日复牌的，于 14:57 复牌，并对已接受的申报进行复牌集合竞价，再进行收盘集合竞价。

4.2.6　证券挂牌、摘牌、停牌与复牌的，本所予以公告。

4.2.7　证券停牌时，本所发布的行情中包括该证券的信息；证券摘牌后，行情中无该证券的信息。

4.2.8　证券挂牌、摘牌、停牌与复牌的其他规定，按照本所上市规则或其他有关规定执行。

第三节　除权与除息

4.3.1　上市证券发生权益分派、公积金转增股本、配股等情况，本所在权益登记日（B 股为最后交易日）次一交易日对该证券作除权除息处理，本所另有规定的除外。

4.3.2　除权（息）参考价格的计算公式为：

除权（息）参考价格 =［（前收盘价格 – 现金红利）+ 配股价格 × 流通股份变动比例］/（1+ 流通股份变动比例）。

证券发行人认为有必要调整上述计算公式的，可向本所提出调整申请并说明理由。本所可以根据申请决定调整除权（息）参考价格计算公式，并予以公布。

除权（息）日即时行情中显示的该证券的前收盘价为除权（息）参考价。

4.3.3　除权（息）日证券买卖，按除权（息）参考价格作为计算涨跌幅度的基准，本所另有规定的除外。

第四节　风险警示板交易事项

4.4.1　本所设立上市公司股票风险警示板（以下简称风险警示板）。按照《上海证券交易所股票上市规则》被实施风险警示的主板股票（以下简称风险警示股票）、被本所作出终止上市决定但处于退市整理期尚未摘牌的主板股票（以下简称退市整理股票），在风险警示板进行交易，适用本节规定。本节未作规定的，适用本规则及其他有关规定。

4.4.2　上市公司股票被实施退市风险警示和其他风险警示的，自被实施风险警示措施之日起，至该措施被撤销之日的前一交易日止，在风险警示板进行交易。

4.4.3　退市整理股票自退市整理期开始之日起，在风险警示板交易 15 个交易日，本所于该期限届满后 5 个交易日内对其予以摘牌，公司股票终止上市。

退市整理股票在风险警示板交易期间全天停牌的，停牌期间不计入前款规定的 15 个退市整理交易日。全天停牌的天数累计不得超过 5 个交易日。

4.4.4 风险警示股票和退市整理股票的交易信息独立于其他股票的交易信息，予以分别揭示。会员应当对两类股票的交易信息予以相应独立显示。

4.4.5 个人投资者买入退市整理股票的，应当具备 24 个月以上的股票交易经历，且以本人名义开立的证券账户和资金账户内资产在申请权限开通前 20 个交易日日均（不含通过融资融券交易融入的证券和资金）在人民币 50 万元以上。

不符合以上规定的个人投资者，仅可卖出已持有的退市整理股票。

4.4.6 会员应当根据本办法要求对个人投资者参与退市整理股票交易的适当性进行审慎评估，不得接受不符合适当性条件的投资者买入退市整理股票的委托。

投资者应当根据本办法规定的适当性要求和自身风险承受能力，审慎决定是否参与退市整理股票交易，不得以不符合适当性条件为由拒绝承担退市整理股票交易及交收责任。

4.4.7 会员应当要求首次委托买入风险警示股票或者退市整理股票的普通投资者，以纸面或电子形式分别签署风险警示股票风险揭示书和退市整理股票风险揭示书。客户未签署风险揭示书的，会员不得接受其买入委托。

4.4.8 会员应当通过其营业场所、公司网站、交易系统等多种渠道，重点揭示风险警示股票、退市整理股票的交易风险；对于退市整理股票，还应当在每个交易日的开市前向客户提示相关股票的剩余交易日等信息。

4.4.9 投资者买卖风险警示股票和退市整理股票，应当采用限价委托方式。

4.4.10 风险警示股票价格的涨跌幅限制为 5%，退市整理股票价格的涨跌幅限制为 10%。

4.4.11 风险警示股票连续 3 个交易日内日收盘价格涨跌幅偏离值累计达到 ±12% 的，属于异常波动。本所分别公布该股票交易异常波动期间累计买入、卖出金额最大的 5 家会员营业部的名称及其买入、卖出金额。

4.4.12 投资者当日通过竞价交易和大宗交易累计买入的单只风险警示股票，数量不得超过 50 万股。

投资者当日累计买入风险警示股票数量，按照该投资者以本人名义开立的证券账户与融资融券信用证券账户的买入量合并计算；投资者委托买入数量与当日已买入数量及已申报买入但尚未成交、也未撤销的数量之和，不得超过 50 万股。上市公司回购股份、5% 以上股东根据已披露的增持计划增持股份可不受前述 50 万股买入限制。

会员应当采取有效措施，对投资者当日累计买入单只风险警示股票的数量进行监控；发现客户违反前两款规定的，应当予以警示和制止，并及时向本所报告。

4.4.13 股票退市整理期间，本所公布其当日买入、卖出金额最大的 5 家会员证券营业部的名称及其各自的买入、卖出金额。

4.4.14 股票退市整理期间交易不纳入本所指数的计算，成交量计入当日市场成交总量。

第五章　交易信息

第一节　一般规定

5.1.1 本所每个交易日实时发布证券交易即时行情、证券指数，并发布证券交易公开信息等交易信息。

5.1.2 本所及时编制反映市场成交情况的各类日报表、周报表、月报表和年报表，并予以发布。

5.1.3 本所市场产生的交易信息归本所所有。未经本所许可，任何机构和个人不得使用和传播。

经本所许可使用交易信息的机构和个人，未经本所同意，不得将本所交易信息提供给其他机构和个人使用或予以传播。

5.1.4 证券交易信息的管理办法由本所另行规定。

第二节　即时行情

5.2.1 每个交易日 9:15 至 9:25 开盘集合竞价期间、14:57 至 15:00 收盘集合竞价期间，即时行情内容包括：证券代码、证券简称、前收盘价格、集合竞价虚拟参考价格、虚拟匹配量和虚拟未匹配量。

5.2.2 连续竞价期间，即时行情内容包括：证券代码、证券简称、前收盘价格、最新成交价格、当日最高成交价格、当日最低成交价格、当日累计成交数量、当日累计成交金额、实时最高 5 个买入申报价格和数量、实时最低 5 个卖出申报价格和数量。

5.2.3 首次上市证券上市首日，其即时行情显示的前收盘价格为其发行价，本所另有规定的除外。

5.2.4 即时行情通过通信系统传输至各交易参与人，交易参与人应在本所许可的范围内使用。

5.2.5 根据市场发展需要，本所可以调整即时行情发布的方式和内容。

第三节　证券指数

5.3.1 本所编制综合指数、成份指数、分类指数等证券指数，以反映证券交易总体价格或某类证券价格的变动和走势，随即时行情发布。

5.3.2 证券指数的编制遵循公开透明的原则。

5.3.3 证券指数设置和编制的具体方法由本所另行规定。

第四节　证券交易公开信息

5.4.1 有价格涨跌幅限制的股票、封闭式基金竞价交易出现下列情形之一的，本所公布当日买入、卖出金额最大的 5 家会员营业部的名称及其买入、卖出金额：

（一）日收盘价格涨跌幅偏离值达到 ±7% 的各前 5 只股票（基金），收盘价格涨跌幅偏离值的计算公式为：收盘价格涨跌幅偏离值 = 单只股票（基金）涨跌幅 – 对应分类指数涨跌幅；

（二）日价格振幅达到 15% 的前 5 只股票（基金），价格振幅的计算公式为：价格振幅 =（当日最高价格 – 当日最低价格）/ 当日最低价格 ×100%；

（三）日换手率达到 20% 的前 5 只股票（基金），换手率的计算公式为：换手率 = 成交股数（份额）/ 无限售流通股数（份额）×100%。

收盘价格涨跌幅偏离值、价格振幅或换手率相同的，依次按成交金额和成交量选取。

对应分类指数包括本所编制的上证 A 股指数、上证 B 股指数和上证基金指数等。

对第 3.3.13 条规定的无价格涨跌幅限制的股票，本所公布其首个交易日买入、卖出金额最大的 5 家会员营业部的名称及其买入、卖出金额。

5.4.2 股票、封闭式基金竞价交易出现下列情形之一的，属于异常波动，本所分别公布该股票、封闭式基金交易异常波动期间累计买入、卖出金额最大 5 家会员营业部的名称及其买入、卖出金额：

（一）连续 3 个交易日内日收盘价格涨跌幅偏离值累计达到 ±20% 的，收盘价格涨跌幅偏离值累计值的计算公式为：收盘价格涨跌幅偏离值累计值 =（单只证券期末收盘价 / 期初前收盘价 –1）×100%–（对应指数期末收盘点数 / 期初前收盘点数 –1）×100%。如期间内证券发生过除权除息，则对收盘价格做相应调整；

（二）连续 3 个交易日内日均换手率与前 5 个交易日的日均换手率的比值达到 30 倍，并且该股票、封闭式基金连续 3 个交易日内的累计换手率达到 20% 的；

（三）证监会或本所认定属于异常波动的其他情形。

异常波动指标自本所公布的次一交易日或复牌之日起重新计算。

5.4.3 股票竞价交易出现下列情形之一的，属于严重异常波动，本所公布严重异常波动期间的投资者分类交易统计等信息：

（一）连续 10 个交易日内 4 次出现第 4.4.11 条或第 5.4.2 条第一项规定的同向异常波动情形；

（二）连续 10 个交易日内日收盘价格涨跌幅偏离值累计达到 +100%（–50%）；

（三）连续 30 个交易日内日收盘价格涨跌幅偏离值累计达到 +200%（–70%）；

（四）证监会或者本所认定属于严重异常波动的其他情形。

股票交易出现严重异常波动的多种情形的，本所一并予以公布。

严重异常波动指标自本所公布的次一交易日或复牌之日起重新计算。

5.4.4 股票交易出现严重异常波动情形的，上市公司应当按照上市规则规定及时予以核查并采取相应措施。

经上市公司核查后无应披露未披露重大事项，也无法对异常波动原因作出合理解释的，除按照上市规则规定处理外，本所可根据市场情况，加强异常交易监控，并要求会员采取有效措施向客户提示风险。

5.4.5　无价格涨跌幅限制的股票不纳入异常波动及严重异常波动指标的计算。

5.4.6　本所可以根据市场情况，调整异常波动和严重异常波动的认定标准。

5.4.7　本所根据第4.2.3条对证券实施特别停牌的，根据需要可以公布以下信息：

（一）成交金额最大的5家会员营业部的名称及其买入、卖出数量和买入、卖出金额；

（二）股份统计信息；

（三）本所认为应披露的其他信息。

5.4.8　证券交易公开信息涉及机构的，公布名称为"机构专用"。

5.4.9　根据市场发展需要，本所可以调整证券交易公开信息的内容。

第六章　科创板交易特别规定

第一节　一般规定

6.1.1　在本所科创板上市的股票、存托凭证的交易，适用本章规定。本章未作规定的，适用本规则及其他有关规定。

6.1.2　个人投资者参与科创板股票交易，应当符合下列条件：

（一）申请权限开通前20个交易日证券账户及资金账户内的资产日均不低于人民币50万元（不包括该投资者通过融资融券融入的资金和证券）；

（二）参与证券交易24个月以上；

（三）本所规定的其他条件。

机构投资者参与科创板股票交易，应当符合法律法规及本所业务规则的规定。

本所可根据市场情况对上述条件作出调整。

6.1.3　会员应当要求首次委托买入科创板股票的普通投资者，以纸面或电子形式签署科创板股票交易风险揭示书，风险揭示书应当充分揭示科创板的主要风险特征。客户未签署风险揭示书的，会员不得接受其申购或者买入委托。

6.1.4　科创板股票交易可以实行做市商机制，做市商可以为科创板股票提供双边报价服务。

做市商应当遵守法律法规和本所相关业务规则，并依照做市协议的约定承担为科创板股票提供双边持续报价、双边回应报价等义务。

科创板股票做市商的条件、权利、义务以及监督管理等事宜，由本所另行规定，并经证监会批准后生效。

6.1.5　证券公司可以按规定借入科创板股票，具体事宜另行规定。

6.1.6　本所对科创板股票交易实行价格涨跌幅限制，涨跌幅限制比例为20%。

属于下列情形之一的科创板股票，不实行价格涨跌幅限制：

（一）首次公开发行上市的股票上市后的前 5 个交易日；

（二）进入退市整理期交易的退市整理股票首个交易日；

（三）本所认定的其他情形。

本所上市交易的以下基金，涨跌幅限制比例为 20%：

（一）跟踪指数成份股仅为科创板股票或其他涨跌幅限制比例为 20% 的股票的交易型开放式指数基金和指数型上市开放式基金；

（二）根据基金合同约定，投资于科创板股票或其他涨跌幅限制比例为 20% 的股票的基金资产占非现金基金资产比例不低于 80% 的上市开放式基金。

6.1.7　通过限价申报买卖科创板股票的，单笔申报数量应当不小于 200 股，且不超过 10 万股；通过市价申报买卖的，单笔申报数量应当不小于 200 股，且不超过 5 万股。卖出时，余额不足 200 股的部分，应当一次性申报卖出。

6.1.8　买卖科创板股票的，在连续竞价阶段的限价申报，应当符合下列有效申报价格范围的要求：

（一）买入申报价格不得高于买入基准价格的 102%；

（二）卖出申报价格不得低于卖出基准价格的 98%。

前款所称买入（卖出）基准价格，为即时揭示的最低卖出（最高买入）申报价格；无即时揭示的最低卖出（最高买入）申报价格的，为即时揭示的最高买入（最低卖出）申报价格；无即时揭示的最高买入（最低卖出）申报价格的，为最新成交价；当日无成交的，为前收盘价。

集合竞价阶段及开市期间停牌阶段的限价申报，无有效申报价格范围的要求。

6.1.9　有价格涨跌幅限制的科创板股票竞价交易出现下列情形之一的，本所公布当日买入、卖出金额最大的 5 家会员营业部的名称及其买入、卖出金额：

（一）日收盘价格涨跌幅达到 ±15% 的各前 5 只股票；

（二）日价格振幅达到 30% 的前 5 只股票；

（三）日换手率达到 30% 的前 5 只股票。

收盘价格涨跌幅、价格振幅或换手率相同的，依次按成交金额和成交量选取。

无价格涨跌幅限制的科创板股票不适用 5.4.1 第四款的规定。

6.1.10　科创板股票竞价交易出现下列情形之一的，属于异常波动，本所公布该股票交易异常波动期间累计买入、卖出金额最大 5 家会员营业部的名称及其买入、卖出金额：

（一）连续 3 个交易日内日收盘价格涨跌幅偏离值累计达到 ±30%；

（二）证监会或者本所认定属于异常波动的其他情形。

异常波动指标自本所公布的次一交易日或复牌之日起重新计算。

6.1.11　科创板股票竞价交易出现下列情形之一的，属于严重异常波动，本所公布严重异常波动期间的投资者分类交易统计等信息：

（一）连续 10 个交易日内 3 次出现第 6.1.10 条第一项规定的同向异常波动情形；

（二）连续 10 个交易日内日收盘价格涨跌幅偏离值累计达到＋100%（–50%）；

（三）连续 30 个交易日内日收盘价格涨跌幅偏离值累计达到＋200%（–70%）；

（四）证监会或者本所认定属于严重异常波动的其他情形。

科创板股票交易出现严重异常波动的多种情形的，本所一并予以公布。

严重异常波动指标自本所公布的次一交易日或复牌之日起重新计算。

6.1.12 收盘价格涨跌幅偏离值为单只科创板股票涨跌幅与对应基准指数涨跌幅之差。

对应基准指数指本所编制的上证科创板 50 成份指数。

本所将根据科创板市场发展情况，适时评估和调整上述基准指数，并向市场公告。

无价格涨跌幅限制的科创板股票不纳入异常波动及严重异常波动指标的计算。

6.1.13 本所每个交易日接受科创板股票大宗交易成交申报和成交申报确认时间为 9:30 至 11:30、13:00 至 15:30。

科创板股票大宗交易不适用固定价格申报的相关规定。

6.1.14 按照《上海证券交易所科创板股票上市规则》被实施退市风险警示的科创板股票、被本所作出终止上市决定但处于退市整理期尚未摘牌的科创板股票，不进入风险警示板交易。

科创板股票退市整理期间，本所公布其当日买入、卖出金额最大的 5 家会员证券营业部的名称及其各自的买入、卖出金额。

第二节 盘后固定价格交易

6.2.1 投资者可以通过盘后固定价格交易方式买卖科创板股票。

6.2.2 盘后固定价格交易，指在收盘集合竞价结束后，本所交易系统按照时间优先顺序对收盘定价申报进行撮合，并以当日收盘价成交的交易方式。

每个交易日的 15:05 至 15:30 为盘后固定价格交易时间，当日 15:00 仍处于停牌状态的股票不进行盘后固定价格交易。

6.2.3 本所接受交易参与人收盘定价申报的时间为每个交易日 9:30 至 11:30、13:00 至 15:30。

开市期间停牌的，停牌期间可以继续申报。停牌当日复牌的，已接受的申报参加当日该股票复牌后的盘后固定价格交易。当日 15:00 仍处于停牌状态的，本所交易主机后续不再接受收盘定价申报，当日已接受的收盘定价申报无效。

接受申报的时间内，未成交的申报可以撤销。撤销指令经本所交易主机确认方为有效。

6.2.4 客户通过盘后固定价格交易买卖科创板股票的，应当向会员提交收盘定价委托指令。

收盘定价委托指令应当包括：证券账户号码、证券代码、买卖方向、限价、委托数量等内容。

6.2.5 本所盘后固定价格交易接受交易参与人的收盘定价申报。

收盘定价申报指令应当包括证券账号、证券代码、营业部代码、买卖方向、限价、数量等内容。

若收盘价高于收盘定价买入申报指令的限价，则该笔买入申报无效；若收盘价低于收盘定价卖出申报指令的限价，则该笔卖出申报无效。

6.2.6 通过收盘定价申报买卖科创板股票的，单笔申报数量应当不小于200股（份），且不超过100万股（份）。

卖出时，余额不足200股（份）的部分，应当一次性申报卖出。

6.2.7 收盘定价申报当日有效。

6.2.8 盘后固定价格交易阶段，本所以收盘价为成交价、按照时间优先原则对收盘定价申报进行逐笔连续撮合。

6.2.9 每个交易日9:30至15:05，收盘定价申报不纳入即时行情；15:05至15:30，盘后固定价格交易阶段的申报及成交纳入即时行情。

即时行情内容包括：证券代码、证券简称、收盘价、盘后固定价格交易当日累计成交数量、盘后固定价格交易当日累计成交金额以及买入或卖出的实时申报数量。

6.2.10 盘后固定价格交易量、成交金额在盘后固定价格交易结束后计入该股票当日总成交量、总成交金额。

6.2.11 通过盘后固定价格交易减持股份的，视同竞价交易执行股份减持的相关规定。

第七章 证券交易监督

7.1 本所对证券交易中的下列事项，予以重点监控：

（一）涉嫌内幕交易、操纵市场、利用未公开信息交易等违法违规行为；

（二）证券买卖的时间、数量、方式等受到法律法规及本所业务规则等相关规定限制的行为；

（三）可能影响证券交易价格或者证券交易量的异常交易行为；

（四）交易价格或者交易量明显异常的证券；

（五）证监会或者本所认为需要重点监控的其他事项。

7.2 可能影响证券交易价格或者证券交易量的异常交易行为包括：

（一）虚假申报，即不以成交为目的，通过大量申报并撤销等行为，以引诱、误导或者影响其他投资者正常交易决策；

（二）拉抬打压，即大笔申报、连续申报、密集申报或者以明显偏离证券最新成交价的价格申报成交，期间证券交易价格明显上涨或者下跌；

（三）维持证券交易价格或者证券交易量，即大笔申报、连续申报、密集申报，以维持证券交易价格或者证券交易量处于特定状态；

（四）单个账户、自己实际控制的账户之间或者涉嫌关联账户之间大量或者频繁进行自买自卖、互为对手方的交易或者反向交易；

（五）通过大笔申报、连续申报、密集申报或者以明显偏离合理价值的价格申报，意图加剧证券价格异常波动或者影响本所正常交易秩序；

（六）通过计算机程序自动生成或者下达交易指令进行程序化交易，影响本所系统安全或者正常交易秩序；

（七）交易价格明显偏离合理价值，涉嫌通过证券交易进行利益输送；

（八）一段时期内进行大量且连续的交易；

（九）利用相关证券或衍生品的交易影响证券价格，或者利用证券交易影响相关证券或衍生品的价格；

（十）证监会或者本所认为需要重点监控的其他异常交易行为。

本所对投资者以本人名义开立或者由同一投资者实际控制的单个或者多个普通证券账户、信用证券账户以及其他涉嫌关联的证券账户（组）进行合并监控。

7.3　交易价格或者交易量明显异常的证券包括：

（一）交易价格连续大幅上涨、下跌或者维持在特定状态，且明显偏离同期相关指数涨幅或跌幅的证券；

（二）同一证券营业部、同一地区的证券营业部或者涉嫌关联的账户集中大量买入或卖出的证券；

（三）证监会或者本所认为需要重点监控的其他证券。

7.4　本所根据市场需要，可以联合其他证券、期货交易所等机构，对出现第7.2条第九项等情形进行调查。

7.5　会员应当切实履行客户交易行为管理职责，对客户的证券交易行为进行监控。发现客户交易行为存在异常的，应当及时告知、提醒、警示客户。对可能严重影响证券交易秩序的异常交易行为或者涉嫌违法违规的交易行为，应当根据与客户之间的证券交易委托代理协议拒绝接受其委托，并及时向本所报告。

7.6　本所可以针对证券交易中的重点监控事项进行现场或非现场调查，要求相关会员及其营业部、其他交易参与人或者投资者提供投资者开户资料、授权委托书、资金存取凭证、资金账户情况、相关交易情况等资料。

7.7　会员及其营业部、其他交易参与人以及投资者应当配合本所进行相关调查，及时、真实、准确、完整地提供有关文件和资料。

7.8　对第7.1条所列重点监控事项中的行为，本所可以视情况采取下列措施：

（一）口头警示；

（二）书面警示；

（三）监管谈话；

（四）将账户列为重点监控账户；

（五）要求投资者提交合规交易承诺书；

（六）暂停投资者账户交易；

（七）暂停联交所证券交易服务公司交易；

（八）限制投资者账户交易；

（九）本所规定的其他自律管理措施。

如对前款第八项措施有异议的，可以向本所提出复核申请。复核期间不停止相关措施的执行。

本所对在交易监控中发现的涉嫌内幕交易、操纵市场、利用未公开信息交易等违法违规行为，及时上报证监会查处。

第八章　交易异常情况处理

8.1 因下列突发性事件，导致部分或全部证券交易不能正常进行的，为维护证券交易正常秩序和市场公平，本所可以决定采取技术性停牌、临时停市等处置措施：

（一）不可抗力；

（二）意外事件；

（三）重大技术故障；

（四）重大人为差错；

（五）本所认定的其他异常情况。

因前款规定的突发性事件导致证券交易结果出现重大异常，按交易结果进行交收将对证券交易正常秩序和市场公平造成重大影响的，本所可以采取取消交易、通知证券登记结算机构暂缓交收等措施。

8.2 出现行情传输中断或无法申报的会员营业部数量超过营业部总数 10% 以上的交易异常情况，本所可以实行临时停市。

8.3 本所认为可能发生第 8.1 条、第 8.2 条规定的交易异常情况，并会严重影响交易正常进行的，可以决定技术性停牌或临时停市。

8.4 本所对技术性停牌、临时停市、取消交易、通知证券登记结算机构暂缓交收的决定予以公告，并及时向证监会报告。

8.5 技术性停牌或临时停市原因消除后，本所可以决定恢复交易，并予以公告。

8.6 本所对证券交易进行风险监测。出现重大异常波动的，本所可以采取限制交易、强制停牌等处置措施，并向证监会报告；严重影响证券市场稳定的，本所可以采取临时停市等处置措施并公告。具体办法由本所另行规定。

8.7 除本所认定的特殊情况外，技术性停牌或临时停市后当日恢复交易的，技术性停牌或临时停市前交易主机已经接受的申报有效。交易主机在技术性停牌或临时停市期间继续接受申报，在恢复交易时对已接受的申报实行集合竞价交易。

8.8 交易异常情况、重大异常波动及本所采取的相应措施造成的损失，本所不承担民事赔偿责任，但存在重大过错的除外。

第九章　交易纠纷

9.1 会员之间、会员与客户之间发生交易纠纷，相关会员应当记录有关情况，以备本所查阅。交易纠纷影响正常交易的，会员应当及时向本所报告。

9.2 交易参与人之间、会员与客户之间发生交易纠纷，本所可以按有关规定提供必要的交易数据。

9.3 客户对交易有疑义的，会员应当协调处理。

第十章　交易费用

10.1 投资者买卖证券成交的，应当按规定向代其进行证券买卖的会员交纳佣金。

10.2 交易参与人应当按规定向本所交纳交易经手费及其他费用；会员还应当按规定向本所交纳会员费。

10.3 证券交易的收费项目、收费标准和管理办法按照有关规定执行。

第十一章　纪律处分

11.1 会员、其他交易参与人违反本规则的，本所责令其改正，并视情节轻重单处或并处：

（一）通报批评；

（二）公开谴责；

（三）暂停或者限制交易权限；

（四）取消交易参与人资格；

（五）取消会员资格。

11.2 会员、其他交易参与人对前条第二、三、四、五项处分有异议的，可以自接到处分通知之日起 15 日内向本所理事会申请复核。复核期间不停止相关处分的执行。

第十二章　附则

12.1 交易型开放式指数基金、权证等品种的其他交易事项，由本所另行规定。

12.2 本规则中所述时间，以本所交易主机的时间为准。

12.3 本所有关股票、基金交易异常波动的规定与本规则不一致的，按本规则执行。

12.4 本规则下列用语含义：

（一）市场：指本所设立的证券交易市场；

（二）上市交易：指证券在本所挂牌交易；

（三）委托：指投资者向会员进行具体授权买卖证券的行为；

（四）申报：指会员向本所交易主机发送证券买卖指令的行为；

（五）最优价：指集中申报簿中买方的最高价或卖方的最低价。集中申报簿指交易主机中某一时点按买卖方向以及价格优先、时间优先顺序排列的所有未成交申报队列；

（六）集合竞价虚拟参考价格：指截至揭示时所有有效申报按照集合竞价规则虚拟成交并予以即时揭示的价格；

（七）虚拟匹配量：指截至揭示时按照集合竞价虚拟参考价格虚拟成交并予以即时揭示的申报数量；

（八）虚拟未匹配量：指截至揭示时不能按照集合竞价虚拟参考价格虚拟成交并予以即时揭示的买方或卖方剩余申报数量。

12.5 本规则所称"超过"、"低于"、"不足"不含本数，"达到"、"以上"、"以下"包含本数。

12.6 本规则经本所理事会通过，报证监会批准后生效，修改时亦同。

12.7 本规则由本所负责解释。

12.8 本规则自按照《首次公开发行股票注册管理办法》发行的首只主板股票上市首日起施行。《上海证券交易所交易规则（2020年第二次修订）》（上证发〔2020〕17号）、《上海证券交易所科创板股票交易特别规定》（上证发〔2019〕23号）、《上海证券交易所风险警示板股票交易管理办法（2020年12月修订）》（上证发〔2020〕103号）、《上海证券交易所科创板股票盘后固定价格交易指引》（上证发〔2019〕26号）等规则同时废止。

附件2

同步废止的业务规则清单

编号	发文文号	规则标题	发布日期
1	上证交字〔2001〕5号	关于增发股份上市首日行情显示和价格限制的通知	2001/3/28
2	上证发〔2015〕102号	关于进一步明确指数熔断期间证券复牌有关事项的通知	2015/12/31

续表

编号	发文文号	规则标题	发布日期
3	上证发〔2016〕4号	关于暂停实施指数熔断机制的通知	2016/1/7
4	上证发〔2018〕63号	关于新股上市初期交易监管有关事项的通知	2018/8/6
5	上证发〔2019〕23号	关于发布《上海证券交易所科创板股票交易特别规定》的通知	2019/3/1
6	上证发〔2019〕26号	关于发布《上海证券交易所科创板股票盘后固定价格交易指引》的通知	2019/3/1
7	上证发〔2020〕17号	关于修订《上海证券交易所交易规则》的通知	2020/3/13
8	上证发〔2020〕47号	关于明确科创板股票异常波动认定所涉基准指数有关事项的通知	2020/6/19
9	上证发〔2020〕61号	关于科创板相关基金等涨跌幅比例的通知	2020/8/21
10	上证发〔2020〕103号	关于发布《上海证券交易所风险警示板股票交易管理办法（2020年12月修订）》的通知	2020/12/31
11	上证函〔2021〕1596号	关于优化证券交易公开信息的通知	2021/9/17
12	上证发〔2022〕129号	关于调整《上海证券交易所交易规则》涉及大宗交易相关规定的通知	2022/8/19

附件3

上海证券交易所交易规则（2023年修订）暂缓实施条文

序号	条款内容	暂缓实施内容
1	3.6.2 本所接受下列大宗交易申报： （一）意向申报； （二）成交申报； （三）固定价格申报； （四）本所认可的其他大宗交易申报。	第（三）项中"以当日全天成交量加权平均价格进行申报"的实施时间另行通知。
2	3.6.3 本所每个交易日接受大宗交易申报的时间分别为： （一）9:30至11:30、13:00至15:30接受意向申报； （二）9:30至11:30、13:00至15:30、16:00至17:00接受成交申报； （三）15:00至15:30接受固定价格申报。 交易日的15:00仍处于停牌状态的证券，本所当日不再接受其大宗交易的申报。 大宗交易的成交申报确认时间为每个交易日15:00至15:30。	第（二）项中"16:00至17:00接受成交申报"的实施时间另行通知。 第（三）项中"以当日全天成交量加权平均价格进行申报"的实施时间另行通知。

续表

序号	条款内容	暂缓实施内容
3	3.6.4 每个交易日 9:30 至 15:30 时段确认的成交，于当日进行清算交收。 每个交易日 16:00 至 17:00 时段确认的成交，于次一交易日进行清算交收。	第二款的实施时间另行通知。
4	3.6.9 提出固定价格申报的，买卖双方可按当日竞价交易市场收盘价格或者当日全天成交量加权平均价格进行申报。 固定价格申报指令应当包括证券账号、证券代码、买卖方向、交易类型、交易数量等。 在接受固定价格申报期间内，固定价格申报可以撤销；申报时间结束后，本所根据时间优先的原则对固定价格申报进行匹配成交。未成交部分自动撤销。	第一款中"以当日全天成交量加权平均价格进行申报"的实施时间另行通知。
5	3.6.10 有价格涨跌幅限制证券的成交申报价格，由买方和卖方在当日价格涨跌幅限制范围内确定。 无价格涨跌幅限制证券的成交申报价格，不得高于该证券当日竞价交易实时成交均价的 120% 和已成交最高价的孰低值，且不得低于该证券当日竞价交易实时成交均价的 80% 和已成交最低价的孰高值。 均价的计算公式为：均价＝已成交金额／已成交股数。 计算结果按照四舍五入的原则取至申报价格最小变动单位。 每个交易日 16:00 至 17:00 接受的申报，适用于当日其他交易时段接受的涨跌幅限制价格。	第五款的实施时间另行通知。
6	4.2.5 证券开市期间停牌的，停牌前未成交的申报参加当日该证券复牌后的交易；停牌期间，可以继续申报，也可以撤销申报；复牌时对已接受的申报实行集合竞价，停牌及集合竞价期间不揭示集合竞价虚拟参考价格、虚拟匹配量、虚拟未匹配量。 证券停复牌时间以本所公告为准。证券停牌时间跨越 14:57 且须于当日复牌的，于 14:57 复牌，并对已接受的申报进行复牌集合竞价，再进行收盘集合竞价。	第一款中，除股票外的其他证券品种在"开市期间的停牌时段接受申报并于复牌时进行集合竞价"的实施时间另行通知。

关于发布《上海证券交易所融资融券交易实施细则（2023 年修订）》的通知

（上证发〔2023〕41 号　2023 年 2 月 17 日）

各市场参与人：

为了落实党中央、国务院关于全面实行股票发行注册制的决策部署，促进融资融券业务长期平稳发展，上海证券交易所（以下简称本所）对《上海证券交易所融资融券交易实施细则》进行了修订。新修订的《上海证券交易所融资融券交易实施细则（2023 年修订）》（以下简称《细则》，详见附件）已经中国证监会批准，现予以发布，并将相关事项通知如下：

一、新修订的《细则》自按照《首次公开发行股票注册管理办法》发行的首只主板股票上市首日起施行。本所于 2019 年 8 月 9 日发布的《关于修改〈上海证券交易所融资融券交易实施细则〉涉及维持担保比例若干条款的通知》（上证发〔2019〕84 号）、2015 年 7 月 1 日发布的《关于发布〈上海证券交易所融资融券交易实施细则（2015 年修订）〉的通知》（上证发〔2015〕64 号）同时废止。

二、《细则》第十二条第三款继续暂不实施，具体实施时间由本所另行通知。

三、请各会员单位做好业务和技术准备。

特此通知。

附件：上海证券交易所融资融券交易实施细则（2023 年修订）

附件

上海证券交易所融资融券交易实施细则（2023 年修订）

第一章　总则

第一条　为了规范融资融券交易行为，维护证券市场秩序，保护投资者合法权益，根据《证券公司融资融券业务管理办法》、《上海证券交易所交易规则》和本所相关业务规则，制定本细则。

第二条　本细则所称融资融券交易，是指投资者向具有上海证券交易所（以下简称本所）会员资格的证券公司（以下简称会员）提供担保物，借入资金买入证券或借入证券并卖出的行为。

第三条　在本所进行融资融券交易，适用本细则。本细则未作规定的，适用《上海证券交易所交易规则》和本所其他相关规定。

第二章　业务流程

第四条　本所对融资融券交易实行交易权限管理。会员申请本所融资融券交易权限的，需向本所提交书面申请报告及以下材料：

（一）中国证券监督管理委员会（以下简称中国证监会）颁发的批准从事融资融券业务的《经营证券业务许可证》及其他有关批准文件；

（二）融资融券业务实施方案、内部管理制度的相关文件；

（三）负责融资融券业务的高级管理人员与业务人员名单及其联系方式；

（四）本所要求提交的其他材料。

第五条　会员在本所从事融资融券交易，应按照有关规定开立融券专用证券账户、客户信用交易担保证券账户、融资专用资金账户及客户信用交易担保资金账户，并在开户后3个交易日内报本所备案。

第六条　会员应当加强客户适当性管理，明确客户参与融资融券交易应具备的资产、交易经验等条件，引导客户在充分了解融资融券业务特点的基础上合法合规参与交易。

对从事证券交易时间不足半年、缺乏风险承担能力、最近20个交易日日均证券类资产低于50万或者有重大违约记录的客户、以及本公司股东、关联人，会员不得为其开立信用账户。

专业机构投资者参与融资、融券，可不受前款从事证券交易时间及证券类资产条件限制。

本条第二款所称股东，不包括仅持有上市会员5%以下上市流通股份的股东。

第七条　会员在向客户融资、融券前，应当按照有关规定与客户签订融资融券合同及融资融券交易风险揭示书，并为其开立信用证券账户和信用资金账户。

第八条　投资者通过会员在本所进行融资融券交易，应当按照有关规定选择会员为其开立信用证券账户。

信用证券账户的开立和注销，根据会员和证券登记结算机构的有关规定办理。

会员为客户开立信用证券账户时，应当申报拟指定交易的交易单元号。信用证券账户的指定交易申请由证券登记结算机构受理。

第九条　会员被取消融资融券交易权限的，应当根据约定与其客户了结有关融资融券合约，并不得发生新的融资融券交易。

第十条　融资融券交易采用竞价交易方式。

会员接受客户融资融券交易委托，应当按照本所规定的格式申报，申报指令应包括客户的信用证券账户号码、交易单元代码、证券代码、买卖方向、价格、数量、融资融券标识等内容。

第十一条　融资买入、融券卖出股票或基金的，申报数量应当为 100 股（份）或其整数倍。

融资买入、融券卖出科创板股票、债券的，申报数量按照《上海证券交易所交易规则》《上海证券交易所债券交易规则》相关规定执行。

第十二条　融券卖出的申报价格不得低于该证券的最新成交价；当天没有产生成交的，申报价格不得低于其前收盘价。低于上述价格的申报为无效申报。

融券期间，投资者通过其所有或控制的证券账户持有与融券卖出标的相同证券的，卖出该证券的价格应遵守前款规定，但超出融券数量的部分除外。

交易型开放式指数基金或经本所认可的其他证券，其融券卖出不受本条前两款规定的限制。

第十三条　本所不接受融券卖出的市价申报。

第十四条　客户融资买入证券后，可通过卖券还款或直接还款的方式向会员偿还融入资金。

卖券还款是指客户通过其信用证券账户申报卖券，结算时卖出证券所得资金直接划转至会员融资专用资金账户的一种还款方式。

以直接还款方式偿还融入资金的，具体操作按照会员与客户之间的约定办理。

第十五条　客户融券卖出后，自次一交易日起可通过买券还券或直接还券的方式向会员偿还融入证券。

买券还券是指客户通过其信用证券账户申报买券，结算时买入证券直接划转至会员融券专用证券账户的一种还券方式。

以直接还券方式偿还融入证券的，按照会员与客户之间约定以及证券登记结算机构的有关规定办理。

客户融券卖出的证券暂停交易的，可以按照约定以现金等方式偿还向会员融入的证券。

第十六条　投资者卖出信用证券账户内融资买入尚未了结合约的证券所得价款，须先偿还该投资者的融资欠款。

第十七条　未了结相关融券交易前，投资者融券卖出所得价款除以下用途外，不得另作他用：

（一）买券还券。

（二）偿还融资融券相关利息、费用和融券交易相关权益现金补偿。

（三）买入或申购证券公司现金管理产品、货币市场基金，以及买入在本所上市的债券交易型开放式指数基金（跟踪指数成分债券含可转换公司债券的除外）、本所认可的其他高流动性证券。会员可以根据市场情况调整投资者可买入或申购前述资产的名单。

（四）中国证监会及本所规定的其他用途。

第十八条　会员与客户约定的融资、融券期限自客户实际使用资金或使用证券之日起计算，融资、融券期限最长不得超过 6 个月。

合约到期前，会员可以根据客户的申请为其办理展期，每次展期的期限不得超过 6 个月。

会员在为客户办理合约展期前，应当对客户的信用状况、负债情况、维持担保比例水平等进行评估。

第十九条　会员融券专用证券账户不得用于证券买卖。

第二十条　投资者信用证券账户不得买入或转入除可充抵保证金证券范围以外的证券，也不得用于参与定向增发、股票交易型开放式指数基金和债券交易型开放式指数基金的申购及赎回、债券回购交易等。

第二十一条　客户未能按期交足担保物或者到期未偿还融资融券债务的，会员可以根据与客户的约定处分其担保物，不足部分可以向客户追索。

第二十二条　会员根据与客户的约定采取强制平仓措施的，应按照本所规定的格式申报强制平仓指令，申报指令应包括客户的信用证券账户号码、交易单元代码、证券代码、买卖方向、价格、数量、平仓标识等内容。

第三章　标的证券

第二十三条　在本所上市交易的下列证券，经本所认可，可作为融资买入或融券卖出的标的证券（以下简称标的证券）：

（一）股票；

（二）证券投资基金；

（三）债券；

（四）其他证券。

本所选取和确定标的证券，不表明本所对标的证券的投资价值或者投资者的收益作出实质性判断或者保证。

第二十四条　注册制下首次公开发行的股票自上市首日起可作为标的证券。

第二十五条　标的证券为本细则第二十四条以外的股票的，应当符合下列条件：

（一）在本所上市交易超过 3 个月；

（二）融资买入标的股票的流通股本不少于 1 亿股或流通市值不低于 5 亿元，融券卖出标的股票的流通股本不少于 2 亿股或流通市值不低于 8 亿元；

（三）股东人数不少于 4000 人；

（四）在最近 3 个月内没有出现下列情形之一：

1. 日均换手率低于基准指数日均换手率的 15%，且日均成交金额小于 5000

万元；

2. 日均涨跌幅平均值与基准指数涨跌幅平均值的偏离值超过 4%；

3. 波动幅度达到基准指数波动幅度的 5 倍以上。

（五）股票发行公司已完成股权分置改革；

（六）股票交易未被本所实施风险警示；

（七）本所规定的其他条件。

第二十六条　标的证券为交易型开放式指数基金的，应当符合下列条件：

（一）上市交易超过 5 个交易日；

（二）最近 5 个交易日内的日平均资产规模不低于 5 亿元；

（三）基金持有户数不少于 2000 户；

（四）本所规定的其他条件。

第二十七条　标的证券为上市开放式基金的，应当符合下列条件：

（一）上市交易超过 5 个交易日；

（二）最近 5 个交易日内的日平均资产规模不低于 5 亿元；

（三）基金持有户数不少于 2000 户；

（四）基金份额不存在分拆、合并等分级转换情形；

（五）本所规定的其他条件。

第二十八条　标的证券为债券的，应当符合下列条件：

（一）债券托管面值在 1 亿元以上；

（二）债券剩余期限在一年以上；

（三）债券信用评级达到 AA 级（含）以上；

（四）本所规定的其他条件。

第二十九条　本所按照从严到宽、从少到多、逐步扩大的原则，从满足本细则规定的证券范围内选取和确定标的证券的名单，并向市场公布。

本所可根据市场情况调整标的证券的选择标准和名单。

第三十条　会员向其客户公布的标的证券名单，不得超出本所公布的标的证券范围。

第三十一条　标的证券暂停交易的，会员与其客户可以根据双方约定了结相关融资融券合约。

标的证券暂停交易，且恢复交易日在融资融券债务到期日之后的，融资融券的期限可以顺延，顺延的具体期限由会员与其客户自行约定。

第三十二条　标的股票交易被实施风险警示的，本所自该股票被实施风险警示当日起将其调整出标的证券范围。

注册制下首次公开发行上市的股票，被撤销风险警示的，本所自该股票被撤销风险警示当日起将其调入标的证券范围。

第三十三条　标的证券进入终止上市程序的，本所自发行人作出相关公告当日起将其调整出标的证券范围。

第三十四条　证券被调整出标的证券范围的，在调整实施前未了结的融资融券合同仍然有效。会员与其客户可以根据双方约定提前了结相关融资融券合约。

第四章　保证金和担保物

第三十五条　会员向客户融资、融券，应当向客户收取一定比例的保证金。保证金可以本所上市交易的股票、证券投资基金、债券，货币市场基金、证券公司现金管理产品及本所认可的其他证券充抵。

第三十六条　可充抵保证金的证券，在计算保证金金额时应当以证券市值或净值按下列折算率进行折算：

（一）上证 180 指数成份股股票的折算率最高不超过 70%，其他 A 股股票折算率最高不超过 65%；

（二）交易型开放式指数基金折算率最高不超过 90%；

（三）证券公司现金管理产品、货币市场基金、国债折算率最高不超过 95%；

（四）被实施风险警示、进入退市整理期的证券，静态市盈率在 300 倍以上或者为负数的 A 股股票，以及权证的折算率为 0%；

（五）其他上市证券投资基金和债券折算率最高不超过 80%。

第三十七条　本所遵循审慎原则，审核、选取并确定可充抵保证金证券的名单，并向市场公布。

本所可以根据市场情况调整可充抵保证金证券的名单和折算率。

第三十八条　会员公布的可充抵保证金证券的名单，不得超出本所公布的可充抵保证金证券范围。

会员应当根据流动性、波动性等指标对可充抵保证金证券的折算率实行动态化管理与差异化控制。

会员公布的可充抵保证金证券的折算率，不得高于本所规定的标准。

第三十九条　投资者融资买入证券时，融资保证金比例不得低于 100%。

融资保证金比例是指投资者融资买入时交付的保证金与融资交易金额的比例，计算公式为：融资保证金比例＝保证金 /（融资买入证券数量 × 买入价格）× 100%。

第四十条　投资者融券卖出时，融券保证金比例不得低于 50%。

融券保证金比例是指投资者融券卖出时交付的保证金与融券交易金额的比例，计算公式为：融券保证金比例＝保证金 /（融券卖出证券数量 × 卖出价格）× 100%。

第四十一条　投资者融资买入或融券卖出时所使用的保证金不得超过其保证

金可用余额。

保证金可用余额是指投资者用于充抵保证金的现金、证券市值及融资融券交易产生的浮盈经折算后形成的保证金总额，减去投资者未了结融资融券交易已占用保证金和相关利息、费用的余额。其计算公式为：保证金可用余额＝现金＋∑（可充抵保证金的证券市值 × 折算率）＋∑［（融资买入证券市值－融资买入金额）× 折算率］＋∑［（融券卖出金额－融券卖出证券市值）× 折算率］－∑融券卖出金额－∑融资买入证券金额 × 融资保证金比例－∑融券卖出证券市值 × 融券保证金比例－利息及费用。

公式中，融券卖出金额＝融券卖出证券的数量 × 卖出价格，融券卖出证券市值＝融券卖出证券数量 × 市价，融券卖出证券数量指融券卖出后尚未偿还的证券数量；∑［（融资买入证券市值－融资买入金额）× 折算率］、∑［（融券卖出金额－融券卖出证券市值）× 折算率］中的折算率是指融资买入、融券卖出证券对应的折算率，当融资买入证券市值低于融资买入金额或融券卖出证券市值高于融券卖出金额时，折算率按 100% 计算。

第四十二条 会员向客户收取的保证金以及客户融资买入的全部证券和融券卖出所得全部资金，整体作为客户对会员融资融券所生债务的担保物。

第四十三条 会员应当对客户提交的担保物进行整体监控，并计算其维持担保比例。维持担保比例是指客户担保物价值与其融资融券债务之间的比例，计算公式为：

维持担保比例=(现金＋信用证券账户内证券市值总和＋其他担保物价值)/(融资买入金额＋融券卖出证券数量 × 当前市价＋利息及费用总和)。

公式中，其他担保物是指客户维持担保比例低于最低维持担保比例时，客户经会员认可后提交的除现金及信用证券账户内证券以外的其他担保物，其价值根据会员与客户约定的估值方式计算或双方认可的估值结果确定。

客户信用证券账户内的证券，出现被调出可充抵保证金证券范围、被暂停交易、被实施风险警示等特殊情形或者因权益处理等产生尚未到账的在途证券，会员在计算客户维持担保比例时，可以根据与客户的约定按照公允价格或其他定价方式计算其市值。

第四十四条 会员应当根据市场情况、客户资信和公司风险管理能力等因素，审慎评估并与客户约定最低维持担保比例要求。

当客户维持担保比例低于最低维持担保比例时，会员应当通知客户在约定的期限内追加担保物，客户经会员认可后，可以提交除可充抵保证金证券外的其他证券、不动产、股权等依法可以担保的财产或财产权利作为其他担保物。

会员可以与客户自行约定追加担保物后的维持担保比例要求。

第四十五条 仅计算现金及信用证券账户内证券市值总和的维持担保比

例超过300%时，客户可以提取保证金可用余额中的现金、充抵保证金的证券，但提取后仅计算现金及信用证券账户内证券市值总和的维持担保比例不得低于300%。

维持担保比例超过会员与客户约定的数值时，客户可以解除其他担保物的担保，但解除担保后的维持担保比例不得低于会员与客户约定的数值。

本所对提取现金、充抵保证金的证券，或解除其他担保物的担保另有规定的除外。

第四十六条　本所认为必要时，可以调整融资、融券保证金比例及维持担保比例的标准，并向市场公布。

第四十七条　会员公布的融资保证金比例、融券保证金比例及维持担保比例，不得低于本所规定的标准。

第四十八条　投资者不得将已设定担保或其他第三方权利及被采取查封、冻结等司法强制措施的证券提交为担保物，会员不得向客户借出此类证券。

第四十九条　会员应当加强对客户担保物的监控与管理，对客户提交的担保物中单一证券市值占其担保物市值比例进行监控。

客户担保物中单一证券市值占比达到一定比例时，会员应当按照与客户的约定，暂停接受其融资买入该证券的委托或采取其他风险控制措施。

第五章　信息披露和报告

第五十条　会员应当按照本所要求向本所报送当日各标的证券融资买入额、融资还款额、融资余额以及融券卖出量、融券偿还量和融券余量等数据。

会员应当保证所报送数据的真实、准确、完整。

第五十一条　本所在每个交易日开市前，根据会员报送数据，向市场公布以下信息：

（一）前一交易日单只标的证券融资融券交易信息，包括融资买入额、融资余额、融券卖出量、融券余量等信息；

（二）前一交易日市场融资融券交易总量信息。

第六章　风险控制

第五十二条　单只股票的融资监控指标达到25%时，本所可以在次一交易日暂停其融资买入，并向市场公布。该股票的融资监控指标降低至20%以下时，本所可以在次一交易日恢复其融资买入，并向市场公布。

单只交易型开放式指数基金的融资监控指标达到75%时，本所可以在次一交易日暂停其融资买入，并向市场公布。该交易型开放式指数基金的融资监控指标降低至70%以下时，本所可以在次一交易日恢复其融资买入，并向市场公布。

　　上述融资监控指标为"会员上报的标的证券融资余额"和"信用账户持有的标的证券市值"取较小者与标的证券流通市值的比值。

　　第五十三条　单只股票的融券余量达到该股票上市可流通量的 25% 时，本所可以在次一交易日暂停其融券卖出，并向市场公布。该股票的融券余量降低至 20% 以下时，本所可以在次一交易日恢复其融券卖出，并向市场公布。

　　单只交易型开放式指数基金的融券余量达到其上市可流通量的 75% 时，本所可在次一交易日暂停其融券卖出，并向市场公布。该交易型开放式指数基金的融券余量降至 70% 以下时，本所可以在次一交易日恢复其融券卖出，并向市场公布。

　　第五十四条　本所对市场融资融券交易进行监控。融资融券交易出现异常或市场持续大幅波动时，本所可视情况采取以下措施并向市场公布：

　　（一）调整标的证券标准或范围；

　　（二）调整可充抵保证金证券的折算率；

　　（三）调整融资、融券保证金比例；

　　（四）调整维持担保比例；

　　（五）暂停特定标的证券的融资买入或融券卖出交易；

　　（六）暂停整个市场的融资买入或融券卖出交易；

　　（七）本所认为必要的其他措施。

　　第五十五条　标的证券发生重大风险情形的，本所可以视情况将其调出标的证券范围，并向市场公布；重大风险情形消除的，本所可以视情况将其调入标的证券范围，并向市场公布。

　　第五十六条　融资融券交易存在异常交易行为的，本所可以视情况采取限制相关证券账户交易等措施。

　　第五十七条　会员应当按照本所的要求，对客户的融资融券交易进行监控，并主动、及时地向本所报告其客户的异常融资融券交易行为。

　　第五十八条　本所可根据需要，对会员与融资融券业务相关的内部控制制度、业务操作规范、风险管理措施、交易技术系统的安全运行状况及对本所相关业务规则的执行情况等进行检查。

　　第五十九条　会员违反本细则的，本所可依据有关规定采取相关监管措施及给予处分，并可视情况暂停或取消其在本所进行融资或融券交易的权限。

第七章　其他事项

　　第六十条　会员在向投资者提供融资融券服务时，应当要求投资者向会员申报其持有限售股份、解除限售存量股份情况，以及是否为上市公司董事、监事、高级管理人员和持有上市公司股份 5% 以上的股东等相关信息。会员应当对投资者的申报情况进行核实，并进行相应的前端控制。

第六十一条　投资者持有上市公司限售股份的，不得融券卖出该上市公司股票，且不得将其普通证券账户持有的上市公司限售股份提交为担保物。

会员不得以其普通证券账户持有的限售股份提交作为融券券源。

第六十二条　个人投资者持有上市公司解除限售存量股份的，不得将其持有的该上市公司股份提交为担保物。

第六十三条　上市公司董事、监事、高级管理人员、持有上市公司股份 5%以上的股东，不得开展以该上市公司股票为标的证券的融资融券交易。

参与注册制下首次公开发行股票战略配售的投资者及其关联方，在参与战略配售的投资者承诺持有期限内，不得融券卖出该上市公司股票，本所另有规定的除外。

第六十四条　会员通过客户信用交易担保证券账户持有的股票不计入其自有股票，会员无需因该账户内股票数量的变动而履行相应的信息报告、披露或者要约收购义务。

投资者及其一致行动人通过普通证券账户和信用证券账户合计持有一家上市公司股票及其权益的数量或者其增减变动达到规定的比例时，应当依法履行相应的信息报告、披露或者要约收购义务。

第六十五条　客户信用交易担保证券账户记录的证券，由会员以自己的名义，为客户的利益，行使对发行人的权利。会员行使对发行人的权利，应当事先征求客户的意见，提醒客户遵守关联事项回避等相关投票规定，并按照其意见办理。客户未表示意见的，会员不得主动行使对发行人的权利。

前款所称对发行人的权利，是指请求召开证券持有人会议、参加证券持有人会议、提案、表决、配售股份的认购、请求分配投资收益等因持有证券而产生的权利。

第六十六条　会员客户信用交易担保证券账户内证券的分红、派息、配股等权益处理，按照《证券公司融资融券业务管理办法》和证券登记结算机构有关规定办理。

第六十七条　存托凭证融资融券交易相关事宜，参照本细则有关股票的规定执行，本所另有规定的除外。

第八章　附则

第六十八条　本细则下列用语具有以下含义：

（一）证券类资产，是指投资者持有的客户交易结算资金、股票、债券、基金、证券公司资产管理计划等资产。

（二）现金管理产品，是指证券公司或其资产管理子公司为经纪业务客户设立并管理的，客户可用资金当日可申购、赎回资金当日可用于证券交易，主要投资于货币市场工具，由中国证券登记结算公司托管的资产管理计划或其他形式的产品。

（三）日均换手率，指最近 3 个月内标的证券或基准指数每日换手率的平均值。

（四）日均涨跌幅，指最近 3 个月内标的证券或基准指数每日涨跌幅绝对值的平均值。

（五）波动幅度，指最近 3 个月内标的证券或基准指数最高价与最低价之差对最高价和最低价的平均值之比。

（六）基准指数，指上证综合指数。

（七）静态市盈率，是指股票收盘价与相应上市公司最近一个会计年度经审计的基本每股收益的比值。

（八）异常交易行为，指《上海证券交易所交易规则》以及本所其他业务规则规定的异常交易行为。

（九）证券投资基金上市可流通市值，是指其当日收盘价与当日清算后的份额的乘积，基金发生权益分派、份额拆分合并等情况的，其上市可流通市值为其除权（息）参考价与当日清算后的份额的乘积。

（十）存量股份，是指已完成股权分置改革、在本所上市的公司有限售期规定的股份，或新老划断后在本所上市的公司于首次公开发行前已发行的股份。

（十一）上市公司董事、监事、高级管理人员，是指根据法律法规、部门规章以及其他规范性文件的规定，对所持本公司股份的转让行为存在限制性要求的在任或离任的董事、监事、高级管理人员。

（十二）专业机构投资者，是指经国家金融监管部门批准设立的金融机构，包括商业银行、证券公司、基金管理公司、期货公司、信托公司和保险公司等；上述金融机构管理的金融产品；经中国证监会或者其授权机构登记备案的私募基金管理机构及其管理的私募基金产品；中国证监会认可的其他投资者。

第六十九条　投资者通过上海普通证券账户持有的深圳市场发行上海市场配售股份划转到深圳普通证券账户后，方可提交作为融资融券交易的担保物。

投资者通过深圳普通证券账户持有的上海市场发行深圳市场配售股份划转到上海普通证券账户后，方可提交作为融资融券交易的担保物。

第七十条　依照本细则达成的融资融券交易，其清算交收的具体规则，依照证券登记结算机构的规定执行。

第七十一条　本细则所称"超过""低于""少于"不含本数，"以上""以下""达到"含本数。

第七十二条　本细则由本所负责解释。

关于发布《上海证券交易所转融通证券出借交易实施办法（试行）（2023年修订）》的通知

（上证发〔2023〕42号 2023年2月17日）

各市场参与人：

为了落实党中央、国务院关于全面实行股票发行注册制的决策部署，进一步完善市场多空平衡机制，促进转融通证券出借和转融券业务发展，上海证券交易所（以下简称本所）对《上海证券交易所转融通证券出借交易实施办法（试行）》进行了修订。新修订的《上海证券交易所转融通证券出借交易实施办法（试行）（2023年修订）》（以下简称《证券出借办法》，详见附件）已经中国证监会批准，现予以发布，并将有关事项通知如下：

一、证券出借人仍仅限于机构投资者，证券出借暂不实施竞价交易。本所仍暂不对证券出借交易收取费用。

二、新修订的《证券出借办法》自按照《首次公开发行股票注册管理办法》发行的首只主板股票上市首日起施行。本所于2020年4月17日发布的《关于转融通证券出借涉及证券持有期计算有关事项的通知》（上证发〔2020〕29号）、2019年4月30日发布的《关于发布〈上海证券交易所 中国证券金融股份有限公司 中国证券登记结算有限责任公司科创板转融通证券出借和转融券业务实施细则〉的通知》（上证发〔2019〕54号）、2012年8月27日发布的《关于发布实施〈上海证券交易所转融通证券出借交易实施办法（试行）〉的通知》（上证交字〔2012〕129号）同时废止。

特此通知。

附件：上海证券交易所转融通证券出借交易实施办法（试行）（2023年修订）

附件

上海证券交易所转融通证券出借交易实施办法（试行）（2023年修订）

第一章　总则

第一条　为了促进转融通业务的顺利开展，保障证券出借人与证券借入人通过上海证券交易所（以下简称本所）的转融通证券出借交易及相关业务有序进行，防范业务风险，根据《转融通业务监督管理试行办法》等部门规章，以及《上海证券交易所交易规则》（以下简称《交易规则》）、《上海证券交易所会员管理规则》（以下简称《会员管理规则》）和本所相关业务规则，制定本办法。

第二条　本办法所称转融通证券出借交易（以下简称证券出借），是指证券出借人（以下简称出借人）以一定的费率通过本所综合业务平台向证券借入人（以下简称借入人）出借本所上市证券，借入人到期归还所借证券及其相应权益补偿并支付费用的业务。

第三条　本所通过综合业务平台接受转融通证券出借的约定申报和非约定申报，并且按本办法的相关规定进行成交确认。经本所确认后，出借人与借入人的证券出借生效。

第四条　在本所进行的证券出借，适用本办法。本办法未作规定的，适用本所《交易规则》《会员管理规则》和本所其他有关规定。

第五条　证券出借清算、交收、权益补偿、归还等业务，由证券登记结算机构根据有关规定办理。

第二章　出借人和借入人

第六条　符合下列条件的证券持有者，可以成为证券出借的出借人：

（一）熟悉证券出借相关规则，了解证券出借风险特性，具备相应风险承受能力；

（二）不存在被法律、行政法规、部门规章或本所业务规则禁止或者限制参与证券出借的情形；

（三）最近三年内没有与证券交易相关的重大违法违规记录；

（四）本所规定的其他条件。

出借人应当在出借证券之前充分评估各种风险，并自行承担证券及其相应权益补偿不能归还和借券费用不能支付等不利后果。

第七条　证券金融公司是证券出借的借入人。

第八条　借入人根据本办法的规定在本所借入证券的，应当按照有关规定开立转融通专用证券账户、转融通担保证券账户、转融通专用资金账户、转融通担保资金账户等相关账户，并在开展转融通业务前报本所备案。

第九条　借入人应当向本所申请开立转融通专用交易单元、转融通保证金专用交易单元等交易单元，用于证券出借，并将转融通专用证券账户、转融通担保证券账户等相关证券账户分别指定于相应的交易单元。

第三章　交易权限管理

第十条　会员为其客户提供证券出借代理服务的，应当向本所申请交易权限。

第十一条　会员向本所申请交易权限的，应当提交以下材料：

（一）书面申请报告；

（二）证券出借代理的内部管理制度；

（三）负责证券出借代理业务的高级管理人员与业务人员名单及其联系方式；

（四）本所规定的其他材料。

会员向本所申请交易权限前，应按照借入人要求完成有关准备工作。

第十二条　会员为客户提供证券出借代理服务，应当履行下列职责：

（一）审慎评估客户对证券出借的认知水平和风险承受能力，并进行风险教育；

（二）根据本办法的要求，审核客户参与证券出借的资质；

（三）根据客户委托代为申报证券出借指令，并在申报前进行相关的前端检查和控制；

（四）对客户已申报出借的证券，在其撤销申报指令前限制其卖出或者另作他用；

（五）协助客户和借入人办理归还、展期、通知、查询等相关事宜；

（六）为客户提供相应的清算、交收、核对等服务；

（七）本所要求履行的其他职责。

第十三条　会员应当与参与证券出借的客户签订委托代理协议，明确双方的权利、义务。

会员与客户签订委托代理协议前，应当向客户充分揭示证券出借风险，并与客户签署风险揭示书。会员应当将与其签订委托代理协议的客户证券账户报本所备案。

会员不得为不符合条件的客户提供证券出借代理服务。

第十四条　客户签订委托代理协议前，应当如实向会员提供所需信息。客户不提供或提供虚假信息的，会员应当拒绝与其签订委托代理协议。

第十五条　持有、租用本所交易单元的其他交易参与人如要参与证券出借应当向本所申请可以进行证券出借的交易权限。

第十六条　持有、租用本所交易单元的其他交易参与人参与证券出借，应当建立相应的内部控制制度、业务操作规范和风险控制措施，并建立与证券出借相配套的技术系统。

第十七条　持有、租用本所交易单元的其他交易参与人，向本所申请交易权限前，应按照借入人要求完成有关准备工作。向本所申请交易权限的，除第十一条规定的材料外，还应当提交已知晓并理解相关证券出借风险的承诺函。

第四章　标的证券与期限

第十八条　证券出借标的证券（以下简称标的证券）的范围与本所公布的融券卖出标的证券范围一致。

第十九条　证券被调整出标的证券范围的，在调整前未了结的证券出借合约仍然有效。

第二十条　可参与证券出借的证券类型包括：

（一）无限售流通股；

（二）参与注册制下首次公开发行股票战略配售的投资者（以下简称战略投资者）配售获得的在承诺的持有期限内的股票；

（三）符合规定的其他证券。

战略投资者在承诺的持有期限内，不得通过与转融券借入人、与其他主体合谋等方式，锁定配售股票收益、实施利益输送或者谋取其他不当利益。

第二十一条　战略投资者在承诺的持有期限内，可以按本办法规定向借入人出借获配股票，该部分股票出借后，按照无限售流通股管理。借出期限届满后，借入人应当将借入的股票返还给战略投资者。该部分股票归还后，如仍在承诺的持有期限内的，继续按战略投资者配售获得的在承诺的持有期限内的股票管理。

第二十二条　通过约定申报方式参与证券出借的，证券出借期限可在 1 天至 182 天的区间内协商确定。

通过非约定申报方式参与证券出借的，实行固定期限，分为 3 天、7 天、14 天、28 天和 182 天共 5 个档次。

本所可以根据市场情况，调整证券出借的期限。

第二十三条　证券出借期限自成交之日起按自然日计算，归还日为到期日的下一日。归还日为非交易日的，顺延至下一个交易日。归还日标的证券全天停牌或停牌至收市的，顺延至该证券的复牌日。

第五章　费率

第二十四条　证券出借可以实行定价交易、议价交易和竞价交易。

第二十五条　通过约定申报方式参与证券出借的，可以协商确定出借费率。证券出借合约展期或提前了结的，可以协商调整出借费率。

第二十六条　通过非约定申报方式参与证券出借的，借入人应当于每一交易日开市前，向市场公布其当日有借入意向的标的证券对应的各期限的证券借入费率。当日公布的费率当日不得变更。

借入人可以通过本所行情系统和网站向市场公布费率。

第二十七条　借入人支付的借券费用自证券出借成交之日起计算，归还日支付，归还日不计费用。

第二十八条　证券出借期限顺延 30 个自然日以下的，借入人按原费率和顺延自然日天数向出借人支付借券费用；顺延超过 30 个自然日的，借入人自第 31 个自然日起不再向出借人支付借券费用。

第二十九条　借券费用的计算公式为：

借券费用＝出借日证券收盘价 × 出借数量 × 费率 × 实际出借天数 /360

第六章　申报

第三十条　本所接受出借人出借申报的时间为每个交易日 9:15 至 11:30、13:00 至 15:00。

出借申报当日有效。未成交的申报，15:00 前可以撤销。

第三十一条　本所接受借入人借入申报的时间为每个交易日 9:15 至 11:30、13:00 至 15:10。

申报当日有效，15:10 前可以撤销。

第三十二条　标的证券停牌的，停牌期间本所不接受出借或借入申报，已申报但未成交的可以撤销。停牌后当日复牌的，本所恢复接受申报。

第三十三条　本所接受下列类型的申报：

（一）约定申报；

（二）非约定申报。

第三十四条　出借人应当委托其账户指定交易且为其提供证券出借代理服务的会员进行证券出借申报。

持有、租用本所交易单元的其他交易参与人，取得本所证券出借交易权限后，可以直接通过其交易单元进行证券出借申报，并应当进行前端检查和控制。

第三十五条　出借人通过在证券登记结算机构开立的普通证券账户，向借入人出借证券。

第三十六条　出借人在撤销申报指令前，不得对已申报出借的证券再申报卖出或者另作他用。

因出借人证券账户中证券不足导致已成交的证券出借合约交收违约的，出借人应按照已成交的证券出借合约金额的 0.05% 向借入人一次性支付违约金。

证券出借合约金额的计算公式为：证券出借合约金额＝已成交出借证券数量 × 出借日证券收盘价

第三十七条　出借人向借入人出借的证券不得存在任何权利瑕疵，被质押或被有权机关冻结的证券不得用于出借。

出借人违反前款规定导致借入人权益受到损害的，借入人有权依法要求出借人赔偿。

第三十八条　出借人与转融券借入人就出借证券数量、期限和费率等达成一致后，提交的约定申报指令，应当包括证券账号、证券代码、期限、出借或借入、费率、证券数量、本方交易单元代码、对手方交易单元代码、约定号等内容。约定号由借入人统一分发。

第三十九条 出借人和借入人提交的非约定申报指令，应当包括证券账号、证券代码、期限、出借或借入、费率、证券数量、交易单元代码等内容。

第四十条 证券出借实行定价交易的，申报指令中的费率应当与借入人当日向市场公布的费率一致。

第四十一条 出借人在提交申报指令前，应当确认其证券账户真实、有效，且实际拥有与申报数量相对应的证券。

第四十二条 通过约定申报方式参与证券出借的，申报数量应当符合以下规定：

（一）单笔申报数量应当为 100 股（份）的整数倍；

（二）出借人最低单笔申报数量不得低于 1000 股（份），最大单笔申报数量不得超过 1000 万股（份）；

（三）借入人最低单笔申报数量不得低于 1000 股（份），最大单笔申报数量不得超过 1 亿股（份）。

本所可以根据市场情况，对上述申报数量进行调整。

第四十三条 通过非约定申报方式参与证券出借的，申报数量应当符合以下规定：

（一）单笔申报数量应当为 100 股（份）的整数倍；

（二）出借人最低单笔申报数量不得低于 1000 股（份），最大单笔申报数量不得超过 1000 万股（份）；

（三）借入人最低单笔申报数量不得低于 1000 股（份），最大单笔申报数量不得超过 1 亿股（份）。

本所可以根据市场情况，对上述申报数量进行调整。

第七章 成交

第四十四条 通过约定申报的证券出借按约定的对手方撮合成交。通过非约定申报的证券出借采用集中撮合的成交方式撮合成交。

本所综合业务平台对接受的证券出借申报及证券借入申报按照约定申报和非约定申报分别进行撮合，生成成交数据。

第四十五条 本所对约定申报，按照一一对应原则进行实时撮合成交，生成成交数据，并对借入人和出借人的账户可交易余额进行实时调整。

双方的约定号、出借期限、证券代码、证券数量、费率等各项要素均相符时则成交，任意一项不匹配则不成交。

第四十六条 本所接受借入人实时生成并发送的转融券约定申报成交数据后，对借入人和转融券借入人的账户可交易余额进行实时调整确认，并向借入人发送调整结果。

本所对借入人和转融券借入人的账户可交易余额完成调整的，当日交易结束后本所将转融券约定申报成交数据发送证券登记结算机构。

第四十七条　本所接受转融券约定申报成交数据的时间为每个交易日 9:15 至 11:30、13:00 至 15:10。转融券约定申报成交数据当日有效。

标的证券停牌的，停牌期间本所不接受转融券约定申报成交数据。停牌后当日复牌的，本所恢复接受转融券约定申报成交数据。

第四十八条　本所对非约定申报，按照以下原则撮合成交：

（一）每一期限档次下每只证券所有出借人出借申报总数量不超过借入人借入申报数量的，按照出借人出借申报指令的时间先后顺序依次与借入人匹配成交。

（二）每一期限档次下每只证券所有出借人出借申报总数量大于借入人借入申报数量的，对所有出借人按照比例确定成交数量，分别与借入人匹配成交。按照比例成交后借入人的申报数量仍有未成交部分的，则按照出借人出借申报数量从大到小的次序，申报出借数量相同的按申报时间的先后顺序，依次与借入人匹配成交，直至借入人的申报全部成交。

按照比例确定成交数量时，最小成交单位为 100 股（份）。

第四十九条　证券出借合约展期或提前了结的，经协商一致后，由借入人将出借人认可的合约展期或者提前了结业务数据发送至本所。

第八章　归还

第五十条　出借人向借入人出借证券，享有到期收回出借证券、收取借券费用及收取相应权益补偿的权利，其持有证券的持有期计算不因出借而受影响。

借入人应当按期归还借入证券、支付借券费用及支付相应权益补偿。借入人未能按期归还和支付或者未能足额归还和支付相应证券、资金的，应当向出借人按日支付所欠债务金额 0.05% 的违约金。

前款规定的债务金额计算公式为：债务金额 = 尚未归还的出借证券数量 × 出借日证券收盘价 + 尚未支付的借券费用

第五十一条　借入人无法归还借入证券、未支付借券费用或者未支付权益补偿的，应当与出借人协商债务清偿方式。经协商达成一致的，借入人应当将清偿方案报送本所。经协商不能达成一致的或者借入人未按清偿方案清偿的，出借人有权依法向借入人追偿。

第五十二条　证券出借期限顺延超过 30 个自然日的，借入人与出借人可以协商采取现金方式清偿。

借入人与出借人采取现金方式清偿的，应当根据本所或本所认可的指数编制机构编制发布的股票行业指数计算该证券的公允价值。

前款规定的公允价值计算公式为：公允价值 = 证券停牌前一交易日收盘价 ×（现金了结日前一交易日该证券对应的股票行业指数 / 停牌前一交易日该证券对

应的股票行业指数）× 出借证券数量。

第五十三条 标的证券对应的上市公司因可能出现交易类强制退市情形而首次发布风险提示公告，且归还日在风险提示公告之日起 3 个交易日之后的，归还日提前至公告之日起的第 3 个交易日。

第五十四条 标的证券对应的上市公司被以终止上市为目的进行收购，且归还日在收购公告之日起 3 个交易日之后的，归还日提前至收购公告之日起的第 3 个交易日。

第五十五条 标的证券终止上市，且归还日在终止上市公告之日起 3 个交易日后的，归还日提前至终止上市公告之日起的第 3 个交易日。

第五十六条 标的证券涉及终止上市的，借入人与出借人可以协商提前了结、以现金或其他等价物方式了结出借交易。

第五十七条 本所可以根据市场情况和风险管理需要，对本章规定的处理时间、计算公式和特殊情形处理方式进行调整。

第五十八条 每个交易日，借入人应当将当日证券归还和权益补偿的明细数据发送本所。

第九章 权益补偿

第五十九条 借入人借入证券后、归还证券前，出现下列情形之一的，借入人应当向出借人提供权益补偿：

（一）证券发行人分配投资收益；

（二）证券发行人向证券持有人配售或者无偿派发证券；

（三）证券发行人发行证券持有人有优先认购权的证券。

第六十条 权益补偿日按以下原则确定：

（一）权益类型为现金红利或者利息的，权益补偿日为归还日；

（二）权益类型为送股、转增股份的，权益补偿日以权益证券上市日和归还日两者较晚日期为准；

（三）权益类型为增发新股、发行可转换债券、派发权证的，权益补偿日以权益证券上市日的下一交易日与归还日两者较晚日期为准；

（四）权益类型为配股权的，权益补偿日以除权日的下一交易日与归还日两者较晚日期为准。

证券出借合约提前了结的，相关权益补偿一并提前了结，确定权益补偿日时，需将归还日调整为提前了结日后重新计算。

第六十一条 权益类型为现金红利或者利息的，借入人应当根据出借人出借证券应得的资金，在权益补偿日归还出借人。

第六十二条 权益类型为送股或者转增股份的，借入人应当根据出借人出借证券应得的股份数量，在权益补偿日归还出借人。

第六十三条　权益类型为发行人无偿派发权证的，借入人应当于权益补偿日补偿出借人。

前款规定的补偿金额计算公式为：补偿金额 = 权证上市首日成交均价 × 派发权证数量

第六十四条　权益类型为配股权的，借入人补偿金额大于零时，应当于权益补偿日补偿出借人。补偿金额小于或者等于零时，不予补偿。

前款规定的补偿金额计算公式为：补偿金额 =(权益登记日收盘价 − 除权参考价) × 出借证券数量

第六十五条　权益类型为原股东有优先认购权的增发新股、发行可转换债券等权益的，借入人补偿金额大于零时，应当于权益补偿日补偿出借人。补偿金额小于或者等于零时，不予补偿。

前款规定的补偿金额计算公式为：补偿金额 =（ 优先认购证券上市首日成交均价 − 发行认购价格 ） × 可优先认购证券数量

第六十六条　本所可以根据市场情况，对权益补偿的类型和补偿金额计算公式进行调整。

第十章　信息披露和报告

第六十七条　每个交易日证券出借期间，本所发布出借人非约定申报的即时行情。

第六十八条　每个交易日开市前，本所通过网站发布前一交易日成交的证券出借的期限、费率、申报类型、成交数量信息。

第六十九条　对于向战略投资者配售的，本所于每个交易日公布该股票限售流通股数量和无限售流通股数量，以及限售流通股可出借和限售流通股已出借且尚未归还的股票数量。

第七十条　借入人应当于每个月份结束后 7 个交易日内，向本所报告当月证券出借提前了结、展期、协商了结以及违约等情况。

第七十一条　出借人、借入人持有一家上市公司股票及其权益的数量或者其增减变动达到法定的比例时，应当依法履行相应的信息报告和披露义务。

借入人通过转融通担保证券账户持有的证券不计入其自有证券，无需因该账户内证券数量的变动而履行信息报告、披露或者要约收购义务。

出借人仅因收回出借股票使其持股比例超过 30% 的，无需履行要约收购义务。

第十一章　监督管理

第七十二条　本所对证券出借进行监督，对虚假申报或者其他扰乱市场秩序的异常交易行为予以重点监控，并视情况采取监管措施或纪律处分。

第七十三条　本所可以根据需要，对会员和持有、租用本所交易单元的出借人与证券出借相关的内部控制制度、业务操作规范、风险管理措施、交易技术系统安全运行状况、本所相关规则的执行等情况进行监督检查。

第七十四条　证券出借出现异常时，本所可以视情况，暂停单只或所有标的证券的出借，以及本所认为需要采取的其他措施。

第七十五条　出借人存在重大异常交易行为、发生重大风险事件的，本所可以视情况对其证券账户参与证券出借采取限制等措施。

第七十六条　会员应当按照本所的要求，对其客户的证券出借行为进行监控。会员发现客户存在异常交易行为的，应当告知、提醒客户，并及时向本所报告。

会员违反本办法的，本所可视情况对其采取相应监管措施或纪律处分。

第七十七条　出借人违反本办法的，本所可视情况对其采取相应监管措施和纪律处分。

战略投资者违反本办法的，本所可以视情节轻重，对其采取相应监管措施或纪律处分，并通报中国证券业协会。

第七十八条　借入人违反本办法的，本所可视情况对其采取相应监管措施或纪律处分。

第十二章　附则

第七十九条　本所对证券出借收取费用，相关收费标准由本所另行通知。

第八十条　存托凭证出借相关事宜，参照本办法中股票相关规定执行。

第八十一条　证券出借成交的，为出借人提供证券出借代理服务的会员可以向出借人收取费用。

第八十二条　因不可抗力、意外事件、系统故障等交易异常情况及本所采取的相应措施造成的损失，本所不承担责任。

第八十三条　本办法所称转融券，是指借入人将自有或者融入的证券出借给转融券借入人，供其办理相关业务的经营活动。

本办法所称转融券借入人，是指符合相关条件通过转融券向借入人借入证券的证券公司。

第八十四条　本办法所称"超过"、"低于"不含本数，"以下"含本数。

第八十五条　本办法经报中国证券监督管理委员会批准后生效。

第八十六条　本办法由本所负责解释。

关于发布《上海证券交易所主板股票异常交易实时监控细则》的通知

(上证发〔2023〕39 号 2023 年 2 月 17 日)

各市场参与人：

为了落实党中央、国务院关于全面实行股票发行注册制的决策部署，维护主板股票交易秩序，保护投资者合法权益，防范交易风险，根据《上海证券交易所交易规则》等业务规则，上海证券交易所（以下简称本所）制定了《上海证券交易所主板股票异常交易实时监控细则》（详见附件），经中国证监会批准，现予以发布，并自按照《首次公开发行股票注册管理办法》发行的首只主板股票上市首日起施行。本所于 2018 年 8 月 6 日发布的《关于修改〈上海证券交易所证券异常交易实时监控细则〉第四条、第八条的通知》（上证发〔2018〕62 号）同时废止。

特此通知。

附件：上海证券交易所主板股票异常交易实时监控细则

附件

上海证券交易所主板股票异常交易实时监控细则

第一章 总则

第一条 为了维护上海证券交易所（以下简称本所）主板上市的股票和存托凭证（以下统称主板股票）交易秩序，保护投资者合法权益，防范交易风险，根据《上海证券交易所交易规则》（以下简称《交易规则》）等规定，制定本细则。

第二条 本所主板股票异常交易行为监控及监督管理等事宜，适用本细则。

本细则未作规定的，适用《交易规则》及其他有关规定。

第三条 投资者参与本所主板股票交易，应当遵守法律、行政法规、部门规章、规范性文件、本所业务规则的规定和证券交易委托代理协议的约定，不得实施异常交易行为，影响股票交易正常秩序。

第四条 会员应当加强对客户主板股票交易行为的管理，按照本所会员客户交易行为管理相关规定，及时识别、管理和报告客户异常交易行为，积极配合、协同本所异常交易行为监管工作，共同维护主板股票交易秩序。

第五条 本所对主板股票交易实行实时监控和自律管理，对违反本细则的投资者、会员采取相应监管措施或者纪律处分，对涉嫌内幕交易、操纵市场、利用未公开信息交易等违法违规行为，依法上报中国证监会查处。

第二章 投资者异常交易行为

第一节 一般规定

第六条 本细则所称异常交易行为，包括下列类型：

（一）虚假申报；

（二）拉抬打压股价；

（三）维持涨（跌）幅限制价格；

（四）自买自卖或者互为对手方交易；

（五）严重异常波动股票申报速率异常；

（六）违反法律、行政法规、部门规章、规范性文件或者本所业务规则的其他异常交易行为。

第七条 本所根据本细则规定的异常交易行为类型，结合申报数量和频率、股票交易规模、市场占比、价格波动情况、股票基本面、上市公司重大信息和市场整体走势等因素进行定性与定量分析，对投资者异常交易行为进行认定。

投资者的主板股票交易行为虽未达到相关监控指标，但接近指标且多次实施同类型异常交易行为的，本所可将其认定为相应类型的异常交易行为。

本所可以根据市场情况，调整主板股票异常交易行为监控标准。

第八条 投资者以本人名义开立或者由同一投资者实际控制的单个或者多个普通证券账户、信用证券账户以及其他涉嫌关联的证券账户（组）的申报数量、申报金额、成交数量、成交金额及占比等合并计算。

第九条 投资者同时存在买、卖两个方向的申报或者成交时，按照单个方向分别计算相关申报数量、申报金额、成交数量、成交金额、全市场申报总量等指标。

第二节 虚假申报

第十条 虚假申报，是指不以成交为目的，通过大量申报并撤销等行为，引诱、误导或者影响其他投资者正常交易决策的异常交易行为。

第十一条 开盘集合竞价阶段同时存在下列情形的，本所对有关交易行为予以重点监控：

（一）主板风险警示股票以偏离前收盘价3%以上的价格，或者其他股票以偏离前收盘价5%以上的价格申报买入或者卖出；

（二）累计申报数量或者金额较大；

（三）累计申报数量占市场同方向申报总量的比例较高；

（四）累计撤销申报数量占累计申报数量的 50% 以上；

（五）以低于申报买入价格反向申报卖出或者以高于申报卖出价格反向申报买入；

（六）主板风险警示股票开盘集合竞价虚拟参考价涨（跌）幅 3% 以上，或者其他股票开盘集合竞价虚拟参考价涨（跌）幅 5% 以上。

第十二条　连续竞价阶段同时存在下列情形的，本所对有关交易行为予以重点监控：

（一）最优 5 档内申报买入或者卖出；

（二）单笔申报后，在实时最优 5 档内累计剩余有效申报数量或者金额巨大，且占市场同方向最优 5 档剩余有效申报总量的比例较高；

（三）满足上述情形的申报发生多次；

（四）累计撤销申报数量占累计申报数量的 50% 以上；

（五）存在反向卖出（买入）成交。

第十三条　连续竞价阶段 2 次以上同时存在下列情形的，本所对有关交易行为予以重点监控：

（一）股票交易价格处于涨（跌）幅限制状态；

（二）单笔以涨（跌）幅限制价格申报后，在该价格剩余有效申报数量或者金额巨大，且占市场该价格剩余有效申报总量的比例较高；

（三）单笔撤销以涨（跌）幅限制价格的申报后，在涨（跌）幅限制价格的累计撤销申报数量占以该价格累计申报数量的 50% 以上。

第三节　拉抬打压股价

第十四条　拉抬打压股价，是指大笔申报、连续申报、密集申报或者明显偏离股票最新成交价的价格申报成交，期间股票交易价格明显上涨（下跌）的异常交易行为。

第十五条　在有价格涨跌幅限制股票的开盘集合竞价阶段，同时存在下列情形的，本所对有关交易行为予以重点监控：

（一）成交数量或者金额较大；

（二）成交数量占期间市场成交总量的比例较高；

（三）主板风险警示股票开盘价涨（跌）幅 3% 以上，或者其他股票开盘价涨（跌）幅 5% 以上；

（四）股票开盘价达到涨（跌）幅限制价格的，在涨（跌）幅限制价格有效申报数量占期间市场该价格有效申报总量的 10% 以上。

第十六条　连续竞价阶段任意 3 分钟内同时存在下列情形的，本所对有关交易行为予以重点监控：

（一）买入成交价呈上升趋势或者卖出成交价呈下降趋势；

（二）成交数量或者金额较大；

（三）成交数量占成交期间市场成交总量的比例较高；

（四）上证 50 指数的成份股涨（跌）幅 2% 以上，或者其他股票涨（跌）幅 4% 以上。

第十七条　收盘集合竞价阶段同时存在下列情形的，本所对有关交易行为予以重点监控：

（一）成交数量或者金额较大；

（二）成交数量占期间市场成交总量的比例较高；

（三）上证 50 指数的成份股涨（跌）幅 2% 以上，或者其他股票涨（跌）幅 3% 以上。

第十八条　在有价格涨跌幅限制的股票交易中，同时存在下列情形的，本所对有关交易行为予以重点监控：

（一）开盘集合竞价阶段成交数量或者金额较大；

（二）开盘集合竞价阶段成交数量占期间市场成交总量的比例较高；

（三）股票开盘价涨（跌）幅 2% 以上；

（四）当日 10 时以前反向卖出（买入）成交数量在 10 万股以上或者金额在 100 万元以上。

第十九条　股票交易中同时存在下列情形的，本所对有关交易行为予以重点监控：

（一）连续竞价阶段任意 3 分钟内买入成交价呈上升趋势或者卖出成交价呈下降趋势；

（二）期间成交数量或者金额较大；

（三）期间成交数量占市场成交总量的比例较高；

（四）期间股票涨（跌）幅 2% 以上；

（五）期间及其后 30 分钟内累计反向卖出（买入）成交数量在 10 万股以上或者金额在 100 万元以上。

第二十条　股票交易中同时存在下列情形的，本所对有关交易行为予以重点监控：

（一）收盘集合竞价阶段成交数量或者金额较大；

（二）收盘集合竞价阶段成交数量占期间市场成交总量的比例较高；

（三）收盘集合竞价阶段股票涨（跌）幅 2% 以上；

（四）当日收盘集合竞价阶段及次一交易日 10 时以前累计反向卖出（买入）成交数量在 10 万股以上或者金额在 100 万元以上。

<h3 style="text-align:center">第四节　维持涨（跌）幅限制价格</h3>

第二十一条　维持涨（跌）幅限制价格，是指通过大笔申报、连续申报、密

集申报，维持股票交易价格处于涨（跌）幅限制状态的异常交易行为。

第二十二条 连续竞价阶段同时存在下列情形的，本所对有关交易行为予以重点监控：

（一）股票交易价格处于涨（跌）幅限制状态；

（二）单笔以涨（跌）幅限制价格申报后，在该价格剩余有效申报数量或者金额巨大，且占市场该价格剩余有效申报总量的比例较高；

（三）满足情形（二）的状态持续时间10分钟以上，或者持续至连续竞价结束；

（四）情形（二）的剩余有效申报及其后在该价格的新增申报中，当日累计成交数量比例低于70%。

第二十三条 收盘集合竞价阶段同时存在下列情形的，本所对有关交易行为予以重点监控：

（一）连续竞价结束时股票交易价格处于涨（跌）幅限制状态；

（二）连续竞价结束时和收盘集合竞价结束时，市场涨（跌）幅限制价格剩余有效申报数量或者金额巨大；

（三）收盘集合竞价结束时，收盘集合竞价阶段新增涨（跌）幅限制价格申报的剩余有效申报数量或者金额较大；

（四）收盘集合竞价结束时，涨（跌）幅限制价格剩余有效申报数量占市场该价格剩余有效申报总量的比例较高。

第五节 自买自卖和互为对手方交易

第二十四条 自买自卖和互为对手方交易，是指在单个账户、自己实际控制的账户之间或者涉嫌关联账户之间大量进行股票交易，影响股票交易价格或者交易量的异常交易行为。

第二十五条 竞价交易阶段同时存在下列情形的，本所对有关交易行为予以重点监控：

（一）在单个账户或者自己实际控制的账户之间交易；

（二）成交数量占股票全天累计成交总量的10%以上或者收盘集合竞价阶段成交数量占期间市场成交总量的30%以上。

第二十六条 竞价交易阶段同时存在下列情形的，本所对有关交易行为予以重点监控：

（一）两个或者两个以上涉嫌关联的账户之间互为对手方交易；

（二）成交数量占股票全天累计成交总量的10%以上或者收盘集合竞价阶段成交数量占期间市场成交总量的30%以上。

第六节 严重异常波动股票申报速率异常

第二十七条 严重异常波动，是指主板股票竞价交易出现《交易规则》第5.4.3条规定的严重异常波动情形。

第二十八条 严重异常波动股票申报速率异常，是指违背审慎交易原则，在股票交易出现严重异常波动情形后的 10 个交易日内，利用资金优势、持股优势，在短时间内集中申报加剧股价异常波动的异常交易行为。

第二十九条 股票交易出现严重异常波动情形后 10 个交易日内，连续竞价阶段 1 分钟内单向申报买入（卖出）单只严重异常波动股票金额巨大的，本所对有关交易行为予以重点监控。

第三章 投资者异常交易行为监管

第三十条 投资者在股票交易中实施异常交易行为的，本所可对其实施以下监管措施或者纪律处分：

（一）口头警示；

（二）书面警示；

（三）监管谈话；

（四）将账户列为重点监控账户；

（五）要求投资者提交合规交易承诺书；

（六）暂停投资者账户交易；

（七）限制投资者账户交易；

（八）本所规定的其他监管措施或者纪律处分。

本所对投资者采取监管措施或者给予纪律处分的，按照《交易规则》《上海证券交易所纪律处分和监管措施实施办法》等规定执行。

第三十一条 投资者实施异常交易行为具有下列情形之一的，本所可以将本细则规定的监控指标下调从严认定异常交易行为、从重实施监管措施或者纪律处分：

（一）在一定时间内反复、连续实施异常交易行为；

（二）对严重异常波动股票、风险警示股票、退市整理股票或者存在退市风险的股票实施异常交易行为；

（三）对本所交易监管中向市场公开的重点监控股票实施异常交易行为；

（四）涉嫌操纵市场；

（五）因异常交易行为受到过本所纪律处分，或者因内幕交易、操纵市场、利用未公开信息交易等证券违法行为受到过行政处罚或者刑事制裁；

（六）本所认定的其他情形。

从严认定异常交易行为，监控指标下调幅度不超过 50%，情节特别严重的除外。

第三十二条 会员未按本细则及本所其他相关规定履行客户交易行为管理职责的，本所可以按照《上海证券交易所会员管理规则》《上海证券交易所纪律处分和监管措施实施办法》等规定，对会员及其负有责任的相关人员实施监管措施或者纪律处分。

第四章 附则

第三十三条 本细则下列用语具有如下含义：

（一）数量或者金额较大，是指风险警示股票数量在 30 万股以上或者金额在 100 万元以上，其他股票数量在 30 万股以上或者金额在 300 万元以上；

（二）数量或者金额巨大，是指风险警示股票数量在 50 万股以上或者金额在 200 万元以上，其他股票数量在 100 万股以上或者金额在 1000 万元以上；

（三）比例或者占比较高，是指比例或者占比 30% 以上；

（四）多次，是指 3 次以上；

（五）实际控制，是指通过股权、协议、委托或者其他方式，直接或者间接拥有对某个账户的交易活动作出决策或者导致形成决策的权利；

（六）涉嫌关联，是指两个或者两个以上账户在开户信息、交易终端信息、交易行为趋同性或者交易资金来源等方面存在或者可能存在关联。

本细则所称"以上""以前""内"含本数，"高于""低于"不含本数。

第三十四条 本细则由本所负责解释。

第三十五条 本细则自按照《首次公开发行股票注册管理办法》发行的首只主板股票上市首日起施行。

关于发布《上海证券交易所科创板股票异常交易实时监控细则》的通知

（上证发〔2023〕40 号　2023 年 2 月 17 日）

各市场参与人：

为了落实党中央、国务院关于全面实行股票发行注册制的决策部署，维护科创板股票交易秩序，保护投资者合法权益，防范交易风险，根据《上海证券交易所交易规则》等业务规则，上海证券交易所（以下简称本所）对《上海证券交易所科创板股票异常交易实时监控细则（试行）》进行了修订，形成了《上海证券交易所科创板股票异常交易实时监控细则》（详见附件），经中国证监会批准，现予以发布，并自按照《首次公开发行股票注册管理办法》发行的首只主板股票上市首日起施行。本所于 2019 年 6 月 14 日发布的《关于发布〈上海证券交易所科创板股票异常交易实时监控细则（试行）〉的通知》（上证发〔2019〕68 号）同时废止。

特此通知。

附件：上海证券交易所科创板股票异常交易实时监控细则

附件

上海证券交易所科创板股票异常交易实时监控细则

第一章　总则

第一条　为了维护上海证券交易所（以下简称本所）科创板股票和存托凭证（以下统称科创板股票）交易秩序，保护投资者合法权益，防范交易风险，根据《上海证券交易所交易规则》（以下简称《交易规则》）等规定，制定本细则。

第二条　科创板股票异常交易行为监控及监督管理等事宜，适用本细则。

本细则未作规定的，适用《交易规则》及其他有关规定。

第三条　投资者参与科创板股票交易，应当遵守法律、行政法规、部门规章、规范性文件、本所业务规则的规定和证券交易委托代理协议的约定，不得实施异常交易行为，影响股票交易正常秩序。

第四条　会员应当加强对客户科创板股票交易行为的管理，按照本所会员客户交易行为管理相关规定，及时识别、管理和报告客户异常交易行为，积极配合、协同本所异常交易行为监管工作，共同维护科创板股票交易秩序。

第五条　本所对科创板股票交易实行实时监控和自律管理，对违反本细则的投资者、会员采取相应监管措施或者纪律处分，对涉嫌内幕交易、操纵市场、利用未公开信息交易等违法违规行为，依法上报中国证监会查处。

第二章　投资者异常交易行为

第一节　一般规定

第六条　本细则所称异常交易行为，包括下列类型：

（一）虚假申报；

（二）拉抬打压股价；

（三）维持涨（跌）幅限制价格；

（四）自买自卖或者互为对手方交易；

（五）严重异常波动股票申报速率异常；

（六）违反法律、行政法规、部门规章、规范性文件或者本所业务规则的其他异常交易行为。

第七条　本所根据本细则规定的异常交易行为类型，结合申报数量和频率、股票交易规模、市场占比、价格波动情况、股票基本面、上市公司重大信息和市场整体走势等因素进行定性与定量分析，对投资者异常交易行为进行认定。

投资者的科创板股票交易行为虽未达到相关监控指标，但接近指标且多次实施同类型异常交易行为的，本所可将其认定为相应类型的异常交易行为。

本所可以根据市场情况，调整科创板股票异常交易行为监控标准。

第八条　投资者以本人名义开立或者由同一投资者实际控制的单个或者多个普通证券账户、信用证券账户以及其他涉嫌关联的证券账户（组）的申报数量、申报金额、成交数量、成交金额及占比等合并计算。

第九条　投资者同时存在买、卖两个方向的申报或者成交时，按照单个方向分别计算相关申报数量、申报金额、成交数量、成交金额、全市场申报总量等指标。

第二节　虚假申报

第十条　虚假申报，是指不以成交为目的，通过大量申报并撤销等行为，引诱、误导或者影响其他投资者正常交易决策的异常交易行为。

第十一条　开盘集合竞价阶段同时存在下列情形的，本所对有关交易行为予以重点监控：

（一）以偏离前收盘价 5% 以上的价格申报买入或者卖出；

（二）累计申报数量或者金额较大；

（三）累计申报数量占市场同方向申报总量的比例较高；

（四）累计撤销申报数量占累计申报数量的 50% 以上；

（五）以低于申报买入价格反向申报卖出或者以高于申报卖出价格反向申报买入；

（六）股票开盘集合竞价虚拟参考价涨（跌）幅 5% 以上。

第十二条　连续竞价阶段同时存在下列情形的，本所对有关交易行为予以重点监控：

（一）最优 5 档内申报买入或者卖出；

（二）单笔申报后，在实时最优 5 档内累计剩余有效申报数量或者金额巨大，且占市场同方向最优 5 档剩余有效申报总量的比例较高；

（三）满足上述情形的申报发生多次；

（四）累计撤销申报数量占累计申报数量的 50% 以上；

（五）存在反向卖出（买入）成交。

第十三条　连续竞价阶段 2 次以上同时存在下列情形的，本所对有关交易行为予以重点监控：

（一）股票交易价格处于涨（跌）幅限制状态；

（二）单笔以涨（跌）幅限制价格申报后，在该价格剩余有效申报数量或者金额巨大，且占市场该价格剩余有效申报总量的比例较高；

（三）单笔撤销以涨（跌）幅限制价格的申报后，在涨（跌）幅限制价格的累计撤销申报数量占以该价格累计申报数量的 50% 以上。

第三节　拉抬打压股价

第十四条　拉抬打压股价，是指大笔申报、连续申报、密集申报或者明显偏离股票最新成交价的价格申报成交，期间股票交易价格明显上涨（下跌）的异常交易行为。

第十五条　在有价格涨跌幅限制股票的开盘集合竞价阶段，同时存在下列情形的，本所对有关交易行为予以重点监控：

（一）成交数量或者金额较大；

（二）成交数量占期间市场成交总量的比例较高；

（三）股票开盘价涨（跌）幅 5% 以上；

（四）股票开盘价达到涨（跌）幅限制价格的，在涨（跌）幅限制价格有效申报数量占期间市场该价格有效申报总量的 10% 以上。

第十六条　连续竞价阶段任意 3 分钟内同时存在下列情形的，本所对有关交易行为予以重点监控：

（一）买入成交价呈上升趋势或者卖出成交价呈下降趋势；

（二）成交数量或者金额较大；

（三）成交数量占成交期间市场成交总量的比例较高；

（四）上证 50 指数的成份股涨（跌）幅 2% 以上，或者其他股票涨（跌）幅 4% 以上。

第十七条　收盘集合竞价阶段同时存在下列情形的，本所对有关交易行为予以重点监控：

（一）成交数量或者金额较大；

（二）成交数量占期间市场成交总量的比例较高；

（三）上证 50 指数的成份股涨（跌）幅 2% 以上，或者其他股票涨（跌）幅 3% 以上。

第十八条　在有价格涨跌幅限制的股票交易中，同时存在下列情形的，本所对有关交易行为予以重点监控：

（一）开盘集合竞价阶段成交数量或者金额较大；

（二）开盘集合竞价阶段成交数量占期间市场成交总量的比例较高；

（三）股票开盘价涨（跌）幅 2% 以上；

（四）当日 10 时以前反向卖出（买入）成交数量在 10 万股以上或者金额在 100 万元以上。

第十九条　股票交易中同时存在下列情形的，本所对有关交易行为予以重点监控：

（一）连续竞价阶段任意 3 分钟内买入成交价呈上升趋势或者卖出成交价呈下降趋势；

（二）期间成交数量或者金额较大；

（三）期间成交数量占市场成交总量的比例较高；

（四）期间股票涨（跌）幅 2% 以上；

（五）期间及其后 30 分钟内累计反向卖出（买入）成交数量在 10 万股以上或者金额在 100 万元以上；

（六）情形（一）至情形（四）发生在 14 时 30 分以后的，期间及其后至盘后固定价格交易阶段结束时累计反向卖出（买入）成交数量在 10 万股以上或者金额在 100 万元以上。

第二十条　股票交易中同时存在下列情形的，本所对有关交易行为予以重点监控：

（一）收盘集合竞价阶段成交数量或者金额较大；

（二）收盘集合竞价阶段成交数量占期间市场成交总量的比例较高；

（三）收盘集合竞价阶段股票涨（跌）幅 2% 以上；

（四）当日收盘集合竞价阶段、盘后固定价格交易阶段及次一交易日 10 时以前累计反向卖出（买入）成交数量在 10 万股以上或者金额在 100 万元以上。

第四节　维持涨（跌）幅限制价格

第二十一条　维持涨（跌）幅限制价格，是指通过大笔申报、连续申报、密集申报，维持股票交易价格处于涨（跌）幅限制状态的异常交易行为。

第二十二条　连续竞价阶段同时存在下列情形的，本所对有关交易行为予以重点监控：

（一）股票交易价格处于涨（跌）幅限制状态；

（二）单笔以涨（跌）幅限制价格申报后，在该价格剩余有效申报数量或者金额巨大，且占市场该价格剩余有效申报总量的比例较高；

（三）满足情形（二）的状态持续时间 10 分钟以上，或者持续至连续竞价结束；

（四）情形（二）的剩余有效申报及其后在该价格的新增申报中，当日累计成交数量比例低于 70%。

第二十三条　收盘集合竞价阶段同时存在下列情形的，本所对有关交易行为予以重点监控：

（一）连续竞价结束时股票交易价格处于涨（跌）幅限制状态；

（二）连续竞价结束时和收盘集合竞价结束时，市场涨（跌）幅限制价格剩余有效申报数量或者金额巨大；

（三）收盘集合竞价结束时，收盘集合竞价阶段新增涨（跌）幅限制价格申报的剩余有效申报数量或者金额较大；

（四）收盘集合竞价结束时，涨（跌）幅限制价格剩余有效申报数量占市场该价格剩余有效申报总量的比例较高。

第五节　自买自卖和互为对手方交易

第二十四条　自买自卖和互为对手方交易，是指在单个账户、自己实际控制的账户之间或者涉嫌关联账户之间大量进行股票交易，影响股票交易价格或者交易量的异常交易行为。

第二十五条　竞价交易阶段同时存在下列情形的，本所对有关交易行为予以重点监控：

（一）在单个账户或者自己实际控制的账户之间交易；

（二）成交数量占股票全天累计成交总量的 10% 以上或者收盘集合竞价阶段成交数量占期间市场成交总量的 30% 以上。

第二十六条　竞价交易阶段同时存在下列情形的，本所对有关交易行为予以重点监控：

（一）两个或者两个以上涉嫌关联的账户之间互为对手方交易；

（二）成交数量占股票全天累计成交总量的 10% 以上或者收盘集合竞价阶段成交数量占期间市场成交总量的 30% 以上。

第六节　严重异常波动股票申报速率异常

第二十七条　严重异常波动，是指科创板股票竞价交易出现《交易规则》第6.1.11条规定的严重异常波动情形。

第二十八条　严重异常波动股票申报速率异常，是指违背审慎交易原则，在股票交易出现严重异常波动情形后的10个交易日内，利用资金优势、持股优势，在短时间内集中申报加剧股价异常波动的异常交易行为。

第二十九条　股票交易出现严重异常波动情形后10个交易日内，连续竞价阶段1分钟内单向申报买入（卖出）单只严重异常波动股票金额巨大的，本所对有关交易行为予以重点监控。

第三章　投资者异常交易行为监管

第三十条　投资者在科创板股票交易中实施异常交易行为的，本所可对其实施以下监管措施或者纪律处分：

（一）口头警示；

（二）书面警示；

（三）监管谈话；

（四）将账户列为重点监控账户；

（五）要求投资者提交合规交易承诺书；

（六）暂停投资者账户交易；

（七）限制投资者账户交易；

（八）本所规定的其他监管措施或者纪律处分。

本所对投资者采取监管措施或者给予纪律处分的，按照《交易规则》《上海证券交易所纪律处分和监管措施实施办法》等规定执行。

第三十一条　投资者实施异常交易行为具有下列情形之一的，本所可以将本细则规定的监控指标下调从严认定异常交易行为、从重实施监管措施或者纪律处分：

（一）在一定时间内反复、连续实施异常交易行为；

（二）对严重异常波动股票、风险警示股票、退市整理股票或者存在退市风险的股票实施异常交易行为；

（三）对本所交易监管中向市场公开的重点监控股票实施异常交易行为；

（四）涉嫌操纵市场；

（五）因异常交易行为受到过本所纪律处分，或者因内幕交易、操纵市场、利用未公开信息交易等证券违法行为受到过行政处罚或者刑事制裁；

（六）本所认定的其他情形。

从严认定异常交易行为，监控指标下调幅度不超过50%，情节特别严重的除外。

第三十二条　会员未按本细则及本所其他相关规定履行客户交易行为管理职

责的，本所可以按照《上海证券交易所会员管理规则》《上海证券交易所纪律处分和监管措施实施办法》等规定，对会员及其负有责任的相关人员实施监管措施或者纪律处分。

第四章 附则

第三十三条 本细则下列用语具有如下含义：

（一）数量或者金额较大，是指风险警示股票数量在 30 万股以上或者金额在 100 万元以上，其他股票数量在 30 万股以上或者金额在 300 万元以上；

（二）数量或者金额巨大，是指风险警示股票数量在 50 万股以上或者金额在 200 万元以上，其他股票数量在 100 万股以上或者金额在 1000 万元以上；

（三）比例或者占比较高，是指比例或者占比 30% 以上；

（四）多次，是指 3 次以上；

（五）实际控制，是指通过股权、协议、委托或者其他方式，直接或者间接拥有对某个账户的交易活动作出决策或者导致形成决策的权利；

（六）涉嫌关联，是指两个或者两个以上账户在开户信息、交易终端信息、交易行为趋同性或者交易资金来源等方面存在或者可能存在关联。

本细则所称"以上""以前""以后""内"含本数，"高于""低于"不含本数。

第三十四条 本细则由本所负责解释。

关于注册制下股票和存托凭证暂不作为股票质押回购及约定购回交易标的证券的通知

（上证发〔2023〕43 号 2023 年 2 月 17 日）

各会员单位：

为了落实全面实行股票发行注册制相关要求，防范股票质押式回购交易（以下简称股票质押回购）、约定购回式证券交易（以下简称约定购回交易）业务风险，保障市场稳健运行，上海证券交易所（以下简称本所）现就沪市股票和存托凭证参与股票质押回购、约定购回交易相关事项通知如下：

一、在注册制下首次公开发行股票或者存托凭证并上市的公司，其股票或者存托凭证暂不作为股票质押回购、约定购回交易标的证券。

二、会员应做好股票质押回购、约定购回交易前端的检查控制。如因不当操作导致相关交易完成的，会员应及时要求融入方提前购回。

三、对违反本通知要求的会员，本所可根据《上海证券交易所会员管理规则》及相关业务规则，采取相应的监管措施或纪律处分。

四、本通知自发布之日起施行。本所于 2019 年 7 月 5 日发布的《关于科创板股票暂不作为股票质押回购及约定购回交易标的证券的通知》（上证发〔2019〕77 号）、2020 年 8 月 7 日发布的《关于科创板存托凭证暂不作为股票质押回购和约定购回交易标的证券的通知》（上证函〔2020〕1683 号）同时废止。

特此通知。

关于发布《上海证券交易所会员管理业务指南第 2 号——风险揭示书必备条款（2023 年 2 月修订）》的通知

（上证函〔2023〕378 号　2023 年 2 月 17 日）

各市场参与人：

为了做好全面实行股票发行注册制相关工作，强化会员投资者适当性管理职责，保护投资者合法权益，上海证券交易所（以下简称本所）制定了《上海证券交易所主板投资风险揭示书必备条款》（以下简称《主板必备条款》），修订了《上海证券交易所风险警示股票投资者风险揭示书必备条款》（以下简称新版《风险警示股票必备条款》）、《上海证券交易所退市整理股票投资者风险揭示书必备条款》（以下简称新版《退市整理股票必备条款》）、《上海证券交易所科创板股票投资者风险揭示书必备条款》（以下简称新版《科创板必备条款》）、《上海证券交易所优先股投资者风险揭示书必备条款》（以下简称新版《优先股必备条款》）和《上海证券交易所转融通证券出借投资者风险揭示书必备条款》（以下简称新版《转融通必备条款》）的部分条款。上述必备条款汇编至《上海证券交易所会员管理业务指南第 2 号——风险揭示书必备条款（2023 年修订）》（以下简称《指南》）。现将《指南》予以发布，并自发布之日起施行。为了做好相关工作衔接，现将有关事项通知如下：

一、请各证券公司对照《主板必备条款》，制定《主板投资风险揭示书》。自按照《首次公开发行股票注册管理办法》发行的首只主板股票、存托凭证（以下统称主板股票）发行首日起，新增普通投资者（新开通沪市 A 股证券账户的普通投资者）首次参与主板股票的申购、交易（以下统称交易）前，证券公司应当充分告知相关风险，并要求其以纸面或电子形式签署《主板投资风险揭示书》。投资者未签署的，证券公司不得接受其相关委托。

证券公司应当多渠道、全方位做好风险提示与投资者教育工作，通过短信、电话或交易软件登录弹窗等适当方式向主板股票存量投资者（已开通沪市 A 股证券账户且未销户的投资者）及时、充分告知全面实行注册制后主板相关制度变化及风险特征，并留存记录。

二、请各证券公司对照新版《科创板必备条款》制定该业务的新版风险揭示书。自本通知发布后适用《上海证券交易所首次公开发行证券发行与承销业务实施细则》的首只科创板股票、存托凭证发行首日起，对首次申请开通相关交易权限的普通投资者，证券公司应当要求其以纸面或电子形式签署新版风险揭示书。对已签署旧版风险揭示书的投资者，证券公司应当通过适当方式向投资者充分告知全面实行注册制后科创板相关制度变化及风险特征，并留存记录。

三、请各证券公司对照新版《风险警示股票必备条款》制定该业务的新版风险揭示书。自按照《首次公开发行股票注册管理办法》发行的首只主板股票上市首日起，对首次申请开通相关交易权限的普通投资者，证券公司应当要求其以纸面或电子形式签署新版风险揭示书。对已签署旧版风险揭示书的投资者，证券公司应当通过适当方式向投资者充分告知新版风险揭示书的相关变化，并留存记录。

四、请各证券公司对照新版《退市整理股票必备条款》制定该业务的新版风险揭示书。自本通知发布的次一交易日起，对首次申请开通相关交易权限的普通投资者，证券公司应当要求其以纸面或电子形式签署新版风险揭示书。对已签署旧版风险揭示书的投资者，证券公司应当通过适当方式向投资者充分告知新版风险揭示书的相关变化，并留存记录。

五、请各证券公司对照新版《优先股必备条款》及新版《转融通必备条款》，根据相关业务实施安排制定新版风险揭示书，并做好风险揭示书签署工作。

六、《指南》全文可至本所官方网站（http://www.sse.com.cn）"规则"下的"本所业务指南与流程"栏目查询。

特此通知。

上海证券交易所会员管理业务指南
第 2 号——风险揭示书必备条款（2023 年 2 月修订）

第一条　为了便利市场主体知悉和查询上海证券交易所（以下简称本所）相关业务的风险揭示书必备条款，明确风险揭示书制作和签署要求，保护投资者合法权益，根据《证券法》《证券期货投资者适当性管理办法》和《上海证券交易所投资者适当性管理办法》等法律法规、规章及本所业务规则规定，制定本指南。

第二条　本指南旨在对本所相关业务规则中规定的风险揭示书必备条款进行集中汇编，并按照相关交易品种进行分类列示和连续编号，以便于市场主体知悉和查询本所业务涉及的风险揭示书必备条款。

第三条　本所相关业务规则规定投资者参与相关交易之前需签署风险揭示书的，证券公司、期货公司、基金管理公司以及其他经营机构（以下统称经营机构）应当制定相应的风险揭示书，充分揭示相关业务的风险。

第四条　经营机构制定的风险揭示书应当至少包括本指南列示的相应业务风险揭示书必备条款，并可根据具体情况对该业务存在的风险做进一步列举。

第五条 风险揭示书中应当以醒目的文字载明以下内容：

本风险揭示书的揭示事项仅为列举事项，未能详尽载明该项业务的所有风险。投资者在参与该项业务前，应当认真阅读信息披露公告、业务协议、产品说明书等法律文件，熟悉该项业务相关法律法规、交易所相关业务规则等，对其他可能存在的风险因素也应当有所了解和掌握，并确信自己已经做好足够的风险控制和财务安排，避免因参与该项业务遭受难以承受的风险。

第六条 本所相关业务规则规定投资者参与相关交易之前需签署风险揭示书的，经营机构应当要求参与此项业务的普通投资者签署风险揭示书。

符合《证券期货投资者适当性管理办法》规定条件的专业投资者，经营机构可以在充分提示业务风险的基础上，根据细化分类和管理情况决定是否要求其签署风险揭示书。

经营机构可以通过在线签署等电子化方式，为投资者签署风险揭示书提供必要的便利。

第七条 投资者应当充分理解参与相关业务应当具备的经济能力、专业知识和投资经验，全面评估自身的经济承受能力、投资经历、产品认知能力、风险控制能力、身体及心理承受能力等，审慎决定是否参与相关业务。

投资者在风险揭示书上签字，或者专业投资者经充分告知风险后仍决定参与相关业务的，即表明其已经理解并愿意自行承担参与该项业务的风险和损失。

第八条 本指南就本所市场涉及的风险揭示书必备条款按照所属品种类别编制索引，并标注各项风险揭示书必备条款发布或修订日期。本指南发布之后新增的风险揭示书必备条款将纳入相应品种索引并进行连续编号。

第九条 本所如对相关业务风险揭示书必备条款进行修订，将在原索引编号下使用修订版本替换历史版本，并标注修订日期和修订内容，供经营机构和投资者知悉修改情况。

第十条 本所对风险揭示书必备条款进行修订的，经营机构应当根据修订后的风险揭示书必备条款及时更新相应风险揭示书版本。

经营机构应当通过短信、电话或交易系统提示等适当方式，向存量投资者充分告知新版风险揭示书修订事项，并留存告知记录。

已签署旧版风险揭示书的投资者，经充分告知后可不再重新签署新版风险揭示书。投资者对新版风险揭示书修订事项无法理解或无法自行承担相应风险和损失的，应当及时告知经营机构，不再参与相关业务。

第十一条 本指南由本所负责解释。

第十二条 本指南自发布之日起施行。

附件：投资者风险揭示书必备条款文本（与全面实行注册制无关内容从略）

附件

I. 股票及存托凭证

1.1 上海证券交易所主板投资风险揭示书必备条款

（2023 年 2 月 17 日发布）

为了使投资者充分了解上海证券交易所（以下简称上交所）主板的相关风险，开展经纪业务的证券公司应当制定《主板投资风险揭示书》（以下简称《风险揭示书》），向参与主板股票、存托凭证（以下统称股票）申购、交易的投资者充分揭示风险。《风险揭示书》应当至少包括下列内容：

一、全面实行股票发行注册制后，主板股票发行、上市、交易、持续监管等相关制度安排发生一定变化，投资者应当充分知悉并关注相关规则。

二、主板上市公司可能存在有累计未弥补亏损、最近 3 个会计年度未能连续盈利等情形；已在境外上市的红筹企业、未在境外上市的红筹企业、存在表决权差异安排的企业具有差异化上市标准，投资者应当关注。

三、首次公开发行主板股票可能采用直接定价或者询价定价方式。采用询价定价方式的，询价对象除了证券公司等八类专业机构投资者外，还包括符合一定条件的其他法人和组织、个人投资者。

四、首次公开发行主板股票采用询价方式的，初步询价结束后，发行人预计发行后总市值不满足其在招股说明书中明确选择的市值与财务指标上市标准的，将按规定中止发行。

五、首次公开发行主板股票采用询价方式的，可能存在发行价格超过剔除最高报价部分后全部网下投资者剩余报价的中位数和加权平均数，以及公募基金等六类产品剩余报价的中位数和加权平均数的孰低值的情况；可能存在发行价格超过境外市场价格或者其对应市盈率超过同行业上市公司二级市场平均市盈率等情形，投资者参与申购前应关注投资风险特别公告等与定价合理性相关的信息，注意投资风险。

六、根据首次公开发行主板股票发行后总股本差异等情形，网上初始发行比例可能有所差别；根据网上投资者有效申购倍数差异，可能存在不同的网下向网上回拨比例，投资者应当关注。

七、首次公开发行主板股票时，发行人和主承销商可以采用超额配售选择权，即存在发行人增发主板股票的可能性。投资者应关注发行公告中披露全额行使超额配售选择权拟发行证券的具体数量。

八、主板股票可能主动终止上市，也可能因触及强制退市情形被终止上市。

主动退市或因触及交易类强制退市情形被终止上市的主板股票，不进入退市整理期，直接予以摘牌；因触及重大违法类、财务类或者规范类强制退市情形被终止上市的主板股票，进入退市整理期交易 15 个交易日后予以摘牌。投资者应当及时了解相关信息和规定，密切关注退市风险。

九、主板上市公司可能设置表决权差异安排。上市公司可能根据此项安排，存在控制权相对集中，以及因每一特别表决权股份拥有的表决权数量大于每一普通股份拥有的表决权数量等情形，而使普通投资者的表决权利及对公司日常经营等事务的影响力受到限制。

十、出现《上海证券交易所股票上市规则》以及上市公司章程规定的情形时，特别表决权股份将按 1：1 的比例转换为普通股份。股份转换自相关情形发生时即生效，可能与相关股份转换登记时点存在差异。投资者需及时关注上市公司相关公告，以了解特别表决权股份变动事宜。

十一、主板普通股票及退市整理股票价格涨跌幅限制为 10%，风险警示股票为 5%，但主板股票在首次公开发行上市后的前 5 个交易日、进入退市整理期的首日、退市后重新上市首日以及上交所认定的其他情形下不实行价格涨跌幅限制，投资者应当关注可能发生的股价波动风险。

十二、投资者应当关注主板无价格涨跌幅限制股票竞价交易实施盘中临时停牌机制。盘中交易价格较当日开盘价格首次上涨或下跌达到或超过 30%、60%，以及出现证监会或者上交所认定的其他情形的，单次临时停牌时间为 10 分钟，停牌时间跨越 14:57 且须于当日复牌的，于当日 14:57 复牌并对已接受的申报进行复牌集合竞价，再进行收盘集合竞价。

十三、投资者应当关注股票集合竞价和连续竞价阶段有效申报价格范围的相关要求，避免影响申报。申报时超过涨跌幅限制价格或者有效申报价格范围的申报为无效申报。

十四、按照《首次公开发行股票注册管理办法》发行的主板股票，上市首日即可作为融资融券标的，投资者应注意相关风险。

十五、投资者应当关注主板股票交易可能触发的异常波动和严重异常波动情形，知悉严重异常波动情形可能导致停牌核查，审慎参与相关股票交易。

十六、符合相关规定的红筹企业可以在主板上市。红筹企业在境外注册，可能采用协议控制架构，在上市标准、信息披露、分红派息、退市标准等方面可能与境内上市公司存在差异。红筹企业的股权结构、公司治理、运行规范等事项适用境外注册地公司法等法律法规的，其投资者权益保护水平总体上应不低于境内法律法规等要求，但可能与境内法律法规等要求为境内投资者权益提供的保护存在差异。

十七、红筹企业可以发行股票或存托凭证并在主板上市。存托凭证由存托人签发、以境外证券为基础在中国境内发行，代表境外基础证券权益。红筹企业存托凭证持有人实际享有的权益与境外基础证券持有人的权益虽然基本相当，但并不能等同于直接持有境外基础证券。投资者应当充分知悉存托协议和相关规则的具体内容，关注交易和持有过程中可能存在的风险。

十八、主板相关法律、行政法规、部门规章、规范性文件（以下简称法律法规）和交易所业务规则，可能根据市场情况进行修改，或者制定新的法律法规和业务规则，投资者应当及时予以关注和了解。

1.2 上海证券交易所风险警示股票投资者风险揭示书必备条款

（2023 年 2 月 17 日修订）

为使投资者充分了解被本所实施风险警示的股票（以下简称"风险警示股票"）的交易风险，证券公司应当制定《风险警示股票交易风险揭示书》（以下简称"《风险揭示书》"），向投资者充分揭示参与风险警示股票交易面临的风险。《风险揭示书》至少应包括下列必备条款：

一、投资者在参与风险警示股票交易前，应充分了解风险警示股票交易规定和相关上市公司的基本面情况，并根据自身财务状况、实际需求及风险承受能力等，审慎考虑是否买入风险警示股票。

二、投资者在参与风险警示股票交易前，应充分了解投资者买卖风险警示股票应当采用限价委托的方式。

三、投资者在参与风险警示股票交易前，应充分了解风险警示股票价格的涨跌幅限制与其他股票的涨跌幅限制不同。

四、投资者当日通过竞价交易和大宗交易累计买入的单只风险警示股票，数量不得超过 50 万股。投资者当日累计买入风险警示股票数量，按照该投资者以本人名义开立的证券账户与融资融券信用证券账户的买入量合并计算；投资者委托买入数量与当日已买入数量及已申报买入但尚未成交、也未撤销的数量之和，不得超过 50 万股。上市公司回购股份、5% 以上股东根据已披露的增持计划增持股份可不受前述 50 万股买入限制。

五、投资者应当特别关注上市公司发布的风险提示性公告，及时从符合中国证监会规定条件的媒体等渠道获取相关信息。

六、风险警示股票相关法律、行政法规、部门规章、规范性文件（以下简称法律法规）、证券交易所和登记结算机构业务规则可能根据市场情况进行制定、废止和修改，投资者应当及时予以关注和了解。

附录

《上海证券交易所风险警示股票投资者风险揭示书必备条款》
历次修订

1. 2023 年 2 月 17 日

1.1 **删除**原第四条，其后条款依次顺延：

四、风险警示股票盘中换手率达到或超过一定比例的，属于异常波动，交易所可以根据市场需要，对其实施盘中临时停牌。

1.2 **修改**现第四条（原第五条）：

四、投资者当日通过竞价交易和大宗交易累计买入的单只风险警示股票，数量不得超过 50 万股。投资者当日累计买入风险警示股票数量，按照该投资者以本人名义开立的证券账户与融资融券信用证券账户的买入量合并计算；投资者委托买入数量与当日已买入数量及已申报买入但尚未成交、也未撤销的数量之和，不得超过 50 万股。**上市公司回购股份、5% 以上股东根据已披露的增持计划增持股份可不受前述 50 万股买入限制。**

1.3 上海证券交易所退市整理股票投资者风险揭示书必备条款

（2023 年 2 月 17 日修订）

为使投资者充分了解被本所作出终止上市决定但处于退市整理期尚未摘牌的股票（以下简称"退市整理股票"）的交易风险，证券公司应当制定《退市整理股票交易风险揭示书》（以下简称"《风险揭示书》"），向投资者充分揭示参与拟终止上市公司股票退市整理期交易面临的风险。《风险揭示书》至少应包括下列必备条款：

一、投资者在参与退市整理股票交易前，应当充分了解退市制度、退市整理股票交易规定和进入退市整理期上市公司的基本面情况，并根据自身财务状况、实际需求及风险承受能力等，审慎考虑是否买入退市整理股票。退市整理股票已被证券交易所作出终止上市决定，在一定期限届满后将被摘牌，风险相对较大。

二、进入退市整理期的股票，在风险警示板的交易期限为 15 个交易日，退市整理期交易首日无价格涨跌幅限制。

三、证券交易所于退市整理交易期限届满后 5 个交易日内对退市整理股票予以摘牌，公司股票终止上市。投资者应当密切关注退市整理股票的剩余交易日和最后交易日，否则有可能错失卖出机会，造成不必要的损失。退市整理股票在风险警示板交易期间全天停牌的，停牌期间不计入上述交易期限内。全天停牌的天数累计不超过 5 个交易日。

四、投资者在参与退市整理股票交易前，应充分了解投资者买卖退市整理股票应当采用限价委托的方式，退市整理期交易首日连续竞价阶段的限价申报应当符合相关要求。

五、退市整理股票的交易可能存在流动性风险，投资者买入后可能因无法在股票摘牌前及时卖出所持股票而导致损失。

六、退市整理股票交易实行投资者适当性管理制度。个人投资者买入退市整理股票的，应当具备 2 年以上的股票交易经历，且以本人名义开立的证券账户和资金账户内的资产（不含通过融资融券交易融入的证券和资金）在人民币 50 万元以上。不符合以上规定的个人投资者，仅可卖出已持有的退市整理股票。

七、按照现行有关规定，虽然上市公司股票被终止上市后可以向证券交易所申请重新上市，但须达到交易所规定的重新上市条件，能否重新上市存在较大的不确定性。

八、投资者应当特别关注公司在退市整理期期间发布的风险提示性公告，及时从符合中国证监会规定条件的媒体等渠道获取相关信息。

九、退市整理股票相关法律、行政法规、部门规章、规范性文件（以下简称法律法规）、证券交易所和登记结算机构业务规则可能根据市场情况进行制定、废止和修改，投资者应当及时予以关注和了解。

附录

《上海证券交易所退市整理股票投资者风险揭示书必备条款》历次修订

1.2023 年 2 月 17 日

1.1 **修改**第一条：

一、投资者在参与退市整理股票交易前，应当充分了解退市制度、退市整理股票交易规定和进入退市整理期上市公司的基本面情况，并根据自身财务状况、实际需求及风险承受能力等，审慎考虑是否买入退市整理股票。退市整理股票已被证券交易所作出终止上市决定，在一定期限届满后将被终止上市**摘牌**，风险相对较大。

1.2 **修改**第二条：

二、2020 年 12 月发布的退市新规设置子过渡期。按照原退市规则进入退市整理期的股票，交易机制和相关安排仍适用原退市规则的规定，与退市新规中退市整理股票的交易机制及相关安排存在较大差异。

按照退市新规进入退市整理期的股票，在风险警示板的交易期限为 15 个交易日，退市整理期交易首日无价格涨跌幅限制。请投资者务必注意区分交易的退市整理股票所适用的不同退市规则。

1.3 **修改**第五条：

五、退市整理股票的交易可能存在流动性风险，投资者买入后可能因无法在股票终止上市**摘牌**前及时卖出所持股票而导致损失。

1.4 **修改**第七条：

七、按照现行有关规定，虽然上市公司股票被终止上市后可以向证券交易所申请重新上市，但须达到交易所**规定的**重新上市条件，能否重新上市存在较大的不确定性。

1.5 **修改**第八条：

八、投资者应当特别关注拟终止上市公司**在**退市整理期期间发布的风险提示性公告，及时从符合中国证监会规定条件的媒体等渠道获取相关信息。

1.4 上海证券交易所科创板股票投资者风险揭示书必备条款

（2023 年 2 月 17 日修订）

为了使投资者充分了解上海证券交易所（以下简称上交所）全面实行股票发行注册制后科创板股票或存托凭证（以下统称科创板股票）交易（含发行申购）的相关风险，开展科创板股票经纪业务的证券公司应当制定《科创板股票投资者风险揭示书》（以下简称《风险揭示书》），向参与科创板股票交易的投资者充分揭示风险。《风险揭示书》应当至少包括下列内容：

一、科创板企业所处行业和业务往往具有研发投入规模大、盈利周期长、技术迭代快、风险高以及严重依赖核心项目、核心技术人员、少数供应商等特点，企业上市后的持续创新能力、主营业务发展的可持续性、公司收入及盈利水平等仍具有较大不确定性。

二、科创板企业可能存在首次公开发行前最近 3 个会计年度未能连续盈利、公开发行并上市时尚未盈利、有累计未弥补亏损等情形，可能存在上市后仍无法盈利、持续亏损、无法进行利润分配等情形。

三、科创板新股发行价格、规模、节奏等坚持市场化导向，可能采用直接定价或者询价定价方式发行。采用询价定价方式的，询价对象限定在证券公司等八类专业机构投资者，而个人投资者无法直接参与发行定价。同时，因科创板企业普遍具有技术新、前景不确定、业绩波动大、风险高等特征，市场可比公司较少，传统估值方法可能不适用，发行定价难度较大，科创板股票上市后可能存在股价波动的风险。

四、科创板新股发行采用询价方式的，初步询价结束后，科创板发行人预计发行后总市值不满足其在招股说明书中明确选择的市值与财务指标上市标准的，将按规定中止发行。

五、根据首次公开发行科创板股票发行后总股本差异、是否为未盈利企业，网上初始发行比例可能有所差别；根据网上投资者有效申购倍数差异，可能存在不同的网下向网上回拨比例。科创板股票网上发行比例、网下向网上回拨比例与上交所主板股票发行规则存在差异，投资者应当关注。

六、首次公开发行股票时，发行人和主承销商可以采用超额配售选择权，即存在发行人增发股票的可能性。

七、科创板股票可能主动终止上市，也可能因触及退市情形被终止上市。被实施退市风险警示的科创板股票，存在投资者当日通过竞价交易、大宗交易和盘后固定价格交易累计买入的单只股票数量不超过 50 万股的限制。主动终止上市或因触及交易类情形被终止上市的，不进入退市整理期，直接予以摘牌；因触及重大违法类、财务类或者规范类情形被终止上市的，进入退市整理期交易 15 个交易日后予以摘牌。投资者应当充分了解相关规定，密切关注退市风险。

八、科创板制度允许上市公司设置表决权差异安排。上市公司可能根据此项安排，存在控制权相对集中，以及因每一特别表决权股份拥有的表决权数量大于每一普通股份拥有的表决权数量等情形，而使普通投资者的表决权利及对公司日常经营等事务的影响力受到限制。

九、出现《上海证券交易所科创板股票上市规则》以及上市公司章程规定的情形时，特别表决权股份将按 1∶1 的比例转换为普通股份。股份转换自相关情形发生时即生效，并可能与相关股份转换登记时点存在差异。投资者需及时关注上市公司相关公告，以了解特别表决权股份变动事宜。

十、相对于主板上市公司，科创板上市公司的股权激励制度更为灵活，包括股权激励计划所涉及的股票比例上限和对象有所扩大、价格条款更为灵活、实施方式更为便利。实施该等股权激励制度安排可能导致公司实际上市交易的股票数量超过首次公开发行时的数量。

十一、科创板股票竞价交易的价格涨跌幅限制比例为 20%，但在首次公开发行上市后的前 5 个交易日、进入退市整理期的首日以及上交所认定的其他情形下不实行涨跌幅限制，投资者应当关注可能产生的股价波动的风险。

十二、科创板无价格涨跌幅限制股票竞价交易盘中交易价格较当日开盘价格首次上涨或下跌达到或超过 30%、60%，以及出现证监会或者上交所认定的其他情形的，实施盘中临时停牌机制，单次临时停牌时间为 10 分钟，停牌时间跨越 14:57 的，于当日 14:57 复牌，并对已接受的申报进行复牌集合竞价，再进行收盘集合竞价。

十三、科创板股票交易可以实行做市商机制，做市商可以为科创板股票提供双边报价服务，请投资者及时关注相关事项。

十四、投资者需关注科创板股票交易的单笔申报数量、有效申报价格范围等与上交所主板市场股票交易存在差异，避免产生无效申报。

十五、投资者需关注科创板股票交易方式包括竞价交易、盘后固定价格交易及大宗交易，不同交易方式的交易时间、申报要求、成交原则等存在差异。科创板股票大宗交易，不适用上交所主板市场股票大宗交易中固定价格申报的相关规定。

十六、科创板股票上市首日即可作为融资融券标的，投资者应注意相关风险。

十七、科创板股票的交易公开信息披露指标及异常波动情形、严重异常波动情形披露指标与上交所主板市场规定不同，投资者应当关注与此相关的风险。

十八、符合相关规定的红筹企业可以在科创板上市。红筹企业在境外注册，可能采用协议控制架构，在上市标准、信息披露、分红派息、退市标准等方面可能与境内上市公司存在差异。红筹企业注册地、境外上市地等地法律法规对当地投资者提供的保护，可能与境内法律为境内投资者提供的保护存在差异。

十九、红筹企业可以发行股票或存托凭证在科创板上市。存托凭证由存托人签发、以境外证券为基础在中国境内发行，代表境外基础证券权益。红筹企业存托凭证持有人实际享有的权益与境外基础证券持有人的权益虽然基本相当，但并不能等同于直接持有境外基础证券。投资者应当充分知悉存托协议和相关规则的具体内容，关注交易和持有红筹企业股票或存托凭证过程中可能存在的风险。

二十、科创板股票相关法律、行政法规、部门规章、规范性文件（以下简称法律法规）和交易所业务规则，可能根据市场情况进行修改，或者制定新的法律法规和业务规则，投资者应当及时予以关注和了解。

附录

《上海证券交易所科创板股票投资者风险揭示书必备条款》历次修订

1.2023 年 2 月 17 日

1.1 **修改**第三条：

三、科创板新股发行价格、规模、节奏等坚持市场化导向，~~询价、定价、配售等环节由机构投资者主导。~~ 科创板新股发行全部**可能**采用**直接定价或者**询价定价方式**发行。采用询价定价方式的**，询价对象限定在证券公司等七八类专业机构投资者，而个人投资者无法直接参与发行定价。同时，因科创板企业普遍具有技术新、前景不确定、业绩波动大、风险高等特征，市场可比公司较少，传统估值方法可能不适用，发行定价难度较大，科创板股票上市后可能存在股价波动的风险。

1.2 **修改**第四条：

四、**科创板新股发行采用询价方式的**，初步询价结束后，科创板发行人预计发行后总市值不满足其在招股说明书中明确选择的市值与财务指标上市标准的，将按规定中止发行。

1.3 **修改**第五条：

五、**根据首次公开发行科创板股票发行后总股本差异、是否为未盈利企业**，网上初始发行比例可能有所差别；根据网上投资者有效申购倍数差异，可能存在不同的网下向网上回拨比例。科创板股票网上发行比例、网下向网上回拨比例、申购单位、投资风险特别公告发布等与目前上交所主板股票发行规则存在差异，投资者应当在申购环节充分知悉并关注相关规则。

1.4 **修改**第六条：

六、首次公开发行股票时，发行人和主承销商可以采用超额配售选择权，不受首次公开发行股票数量条件的限制，即存在超额配售选择权实施结束后，发行人增发股票的可能性。

1.5 **修改**第七条：

七、科创板股票**可能主动终止上市，也**可能因触及退市情形被终止上市。被实施退市风险警示的科创板股票，存在投资者当日通过竞价交易、大宗交易和盘后固定价格交易累计买入的单只股票数量不超过 50 万股的限制。**主动终止上市或**因触及交易类情形被终止上市的科创板股票，不进入退市整理期，上交所自上市公司公告股票终止上市决定之日起 5 个交易日内对其**直接**予以摘牌；科创板股票因触及重大违法类、财务类或者规范类情形被终止上市的，进入退市整理期交易 15 个交易日且首个交易日不设价格涨跌幅限制，上交所于该期限届满后 5 个交易日内对其**后**予以摘牌。投资者应当充分了解科创板退市制度及相关规定，密切关注科创板股票退市相关风险，及时从符合中国证监会规定条件的媒体等渠道获取相关信息。

1.6 **修改**第十一条：

十一、科创板股票竞价交易设置较宽的**价格**涨跌幅限制**比例为 20%，但在**首次公开发行上市的股票，上市后的前 5 个交易日不设涨跌幅限制，其后涨跌幅限制**为 20%，、进入退市整理期的首日以及上交所认定的其他情形下不实行涨跌幅限制，**投资者应当关注可能产生的股价波动的风险。

1.7 **新增**第十二条，其后条款相应顺延：

十二、科创板无价格涨跌幅限制股票竞价交易盘中交易价格较当日开盘价格首次上涨或下跌达到或超过 30%、60%，以及出现证监会或者上交所认定的其他情形的，实施盘中临时停牌机制，单次临时停牌时间为 10 分钟，停牌时间跨越 14:57 的，于当日 14:57 复牌，并对已接受的申报进行复牌集合竞价，再进行收盘集合竞价。

1.8 **修改**现第十三条（原第十二条）：

十三、科创板**股票交易**可以实行在条件成熟时将引入做市商机制，**做市商可以为科创板股票提供双边报价服务，**请投资者及时关注相关事项。

1.9 **修改**现第十四条（原第十三条）：

十四、投资者需关注科创板股票交易的单笔申报数量、最小价格变动单位、有效申报价格范围等与上交所主板市场股票交易存在差异，避免产生无效申报。

1.10 **修改**现第十六条（原第十五条）：

十六、科创板股票上市首日即可作为融资融券标的，与上交所主板市场存在差异，投资者应注意相关风险。

1.11 **修改**现第十七条（原第十六条）：

十七、科创板股票交易盘中临时停牌情形和严重异常波动股票核查制度**的交易公开信息披露指标及异常波动情形、严重异常波动情形披露指标**与上交所主板市场规定不同，投资者应当关注与此相关的风险。

1.12 **修改**现第十八条（原第十七条）：

十八、符合相关规定的红筹企业可以在科创板上市。红筹企业在境外注册，可能采用协议控制架构，在**上市标准**、信息披露、分红派息、**退市标准**等方面可能与境内上市公司存在差异。红筹公司**企业**注册地、境外上市地等地法律法规对当地投资者提供的保护，可能与境内法律为境内投资者提供的保护存在差异。

1.13 **修改**现第十九条（原第十八条）：

十九、红筹企业可以发行股票或存托凭证在科创板上市。存托凭证由存托人签发、以境外证券为基础在中国境内发行，代表境外基础证券权益。红筹公司**企业**存托凭证持有人实际享有的权益与境外基础证券持有人的权益虽然基本相当，但并不能等同于直接持有境外基础证券。投资者应当充分知悉存托协议和相关规则的具体内容，子解并接受在**关注**交易和持有红筹公司**企业**股票或存托凭证过程中可能存在的风险。

1.5 上海证券交易所试点创新企业股票或存托凭证投资者风险揭示书必备条款

（2018 年 6 月 15 日发布）

为了使投资者充分了解试点创新企业（以下简称创新企业）股票或存托凭证（以下统称创新企业证券）交易（含发行申购）的相关风险，开展创新企业证券经纪业务的证券公司应当制定《试点创新企业股票或存托凭证交易风险揭示书》（以下简称《风险揭示书》），向参与创新企业证券交易的投资者全面介绍其中所涉及的相关制度规则、业务流程和风险事项，充分揭示风险。投资者应当根据自身财务状况、实际需求、风险识别和承受能力等因素，审慎决定是否参与创新企业证券交易。投资者决定参与创新企业证券交易的，应当仔细阅读《风险揭示书》并签字确认。《风险揭示书》应当至少包括下列内容：

一、与创新企业发行相关的风险

（一）创新企业可能存在首次公开发行前最近 3 个会计年度未能连续盈利、公开发行并上市时尚未盈利、有累计未弥补亏损等情形，可能存在上市后仍无法盈利、持续亏损、无法进行利润分配、退市的情形。

（二）创新企业证券首次公开发行的价格可能高于公司每股净资产账面值，或者高于公司在境外其他市场公开发行的股票或者存托凭证的发行价格或者二级市场交易价格。

（三）创新企业发行上市时可能具有尚未实施完毕的股权激励项目，可能导致企业实际上市交易的证券数量超过首次公开发行时的数量。

（四）红筹公司可能因不符合境内关于上市公司配股的相关规定无法向境内投资者实施配股，投资者的权益可能受到影响。

二、与公司业务相关的风险

（五）创新企业所处行业往往具有投入大、迭代快、风险高、易被颠覆等特点，可能因重大技术、产品、经营模式、相关政策变化而出现经营风险。

（六）创新企业可能尚处于初步发展阶段，具有研发投入规模大、盈利周期较长等特点，企业持续创新能力、主营业务发展可持续性、公司收入及盈利水平等具有较大不确定性。

（七）创新企业业务持续能力和盈利能力可能高度依赖一项或者多项重大创新项目、核心研发人员、客户群体、市场环境等内外部因素。企业在项目研发结果、研发成果商业化前景、核心研发人员稳定性、所处市场竞争环境、客户群体变化等方面，均可能面临重大不确定性，并对公司盈利能力产生重大影响。

三、与境外发行人相关的风险

（八）红筹公司在境外注册设立，其股权结构、公司治理、运行规范等事项适用境外注册地公司法等法律法规的规定；已经在境外上市的，还需要遵守境外上市地相关规则。投资者权利及其行使可能与境内市场存在一定差异。此外，境内股东和境内存托凭证持有人享有的权益还可能受境外法律变化影响。

（九）红筹公司股票类别、股东权利、股东大会、董事会、董事及高级管理人员的设置及权限、股东大会或者董事会的决议程序、公司利润分配政策、反收购措施安排等事项，可能与境内上市公司治理结构存在较大差异，投资者权利及其行使可能受到不同程度的限制。

（十）红筹公司注册地法律法规、境外上市地相关规则对当地股东和投资者提供的保护，可能与境内法律为境内投资者提供的保护存在差异，且境内投资者可能需要承担跨境行使权利或者维护权利的成本和负担。

（十一）红筹公司如果设置投票权差异安排，每份特殊投票权股份享有的投票权是每份普通投票权股份的数倍，红筹公司普通投资者的投票权利与境内上市公司股东权利存在较大差异。

（十二）红筹公司如果采用协议控制架构，可能由于法律、政策变化带来合规、经营等风险，可能面临对境内实体运营企业重大依赖、协议控制架构下相关主体违约等风险。

（十三）红筹公司境内披露的财务报告信息，可能采用经中国财政部认可的与中国会计准则等效的会计准则，可能与中国企业会计准则存在较大差异，投资者需要仔细阅读公司披露的差异调节信息。此外，红筹公司所适用的会计年度期间可能不是境内投资者所熟悉的每年1月1日至12月31日。例如，会计年度期间是每年4月1日至次年的3月31日，公司披露定期报告的时点也与境内上市公司有所差异。

（十四）已在境外上市的红筹公司，其定期报告可能按照境外上市地要求的格式编制，季度报告的披露时间也与境内上市公司存在差异。公司临时公告披露的事项类别、内容、频率和披露时点可能与境内上市公司信息披露存在差异。同时，由于境内外市场可能存在时差，红筹公司在境内外市场进行同步披露时，具体披露时间仍可能存在一定差异。

（十五）红筹公司在境内市场发布的信息披露文件须使用中文，但公司注册文件、其他法律文件可能使用其他语言，投资者可能面临阅读和理解困难。

（十六）红筹公司可能仅在境内市场发行并上市较小规模的股票或者存托凭证，公司大部分或者绝大部分的表决权由境外股东等持有，境内投资者可能无法实际参与公司重大事务的决策。

（十七）红筹公司决定分红后，将有换汇、清算等程序，可能导致境内投资者取得分红派息时间较境外有所延迟。同时，延迟期间的汇率波动，也可能导致境内投资者实际取得分红派息与境外投资者存在一定差异。此外，分红派息还可能因外汇管制、注册地政策等发生延迟。

（十八）红筹公司分红派息等可能因注册地法律制度和相关政策，被征收相关税费，使投资回报受到一定影响。投资者需要仔细阅读公司披露的文件，了解税费事项及征收途径。

（十九）红筹公司存托凭证的境内投资者可以依据境内《证券法》提起证券诉讼，但境内投资者无法直接作为红筹公司境外注册地或者境外上市地的投资者，依据当地法律制度提起证券诉讼。

（二十）投资者是否可以根据境内法律在境内法院获得以红筹公司为被告的诉讼裁决执行，取决于我国与红筹公司注册地国家或者地区的司法协助安排、红筹公司与境内实体运营企业之间关系安排等。此外，由于红筹公司通常为离岸特殊目的公司，相关诉讼裁决可能无法得到有效执行。

四、与存托凭证相关的风险

（二十一）存托凭证是我国资本市场的一个全新证券品种，由存托人签发、以境外证券为基础在中国境内发行，代表境外基础证券权益。存托凭证持有人实际享有的权益与境外基础证券持有人的权益虽然基本相当，但并不能等同于直接持有境外基础证券。在参与红筹公司存托凭证交易之前，投资者应当充分关注存托协议的具体内容，充分知悉存托凭证与基础证券所代表的权利在范围和行使方式等方面的差异，知悉在交易和持有存托凭证过程中需要承担的义务及可能受到的限制，并应当关注证券交易普遍具有的宏观经济风险、政策风险、市场风险、不可抗力风险等。

（二十二）投资者买入或者持有红筹公司境内发行的存托凭证，即被视为自动加入存托协议，成为存托协议的当事人，应当按照存托协议约定的方式行使权利，并履行相应义务。存托协议可能通过红筹公司和存托人商议等方式进行修改，投资者无法单独要求红筹公司或者存托人对存托协议作出额外修改。

（二十三）持有红筹公司存托凭证的投资者，不是红筹公司登记在册的股东，不能以股东身份直接行使股东权利；投资者仅能根据存托协议的约定，通过存托人享有并行使分红、投票等权利。

（二十四）存托凭证存续期间，存托凭证项目内容可能发生重大、实质变化，包括但不限于存托凭证与基础证券转换比例发生调整、红筹公司和存托人可能对存托协议作出修改，更换存托人、更换托管人、存托凭证主动退市等。部分变化可能仅以事先通知的方式，即对投资者生效。投资者可能无法对此行使表决权。

（二十五）存托凭证存续期间，对应的基础证券等财产可能出现被质押、挪用、司法冻结、强制执行等情形，投资者可能存在失去应有权利的风险。

（二十六）存托人可能向存托凭证持有人收取存托凭证相关费用，投资者应当充分了解存托凭证的相关收费项目和标准。

（二十七）存托凭证退市的，投资者可能面临存托人无法根据存托协议的约定卖出基础证券，投资者持有的存托凭证无法转到境内其他市场进行公开交易或者转让，存托人无法继续按照存托协议的约定为投资者提供相应服务等风险。

五、与创新企业证券交易机制相关的风险

（二十八）创新企业证券同时或者先后在境内外上市的，由于时差和交易制度的差异，境内外市场的交易时间可能无法保持一致。境内证券的交易价格可能受到境外市场开盘价或者收盘价的影响，从而出现大幅波动。

（二十九）境内外市场证券停复牌制度存在差异，红筹公司境内外上市的股票或者存托凭证可能出现在一个市场正常交易而在另一个市场实施停牌等现象。

（三十）红筹公司在境外上市证券的价格可能与境内上市证券价格存在差异，并且由于境内外市场股权登记日、除权除息日的不同，可能也会造成境内外证券在除权除息日出现较大价格差异。

（三十一）红筹公司在境外上市股票或存托凭证的价格可能因基本面变化、第三方研究报告观点、境内外交易机制差异、异常交易情形、做空机制等出现较大波动，可能对境内证券价格产生影响。

（三十二）在境内法律及监管政策允许的情况下，红筹公司现在及将来境外发行的股票可能转移至境内市场上市交易，或者公司实施配股、非公开发行、回购等行为，从而增加或者减少境内市场的股票或者存托凭证流通数量，可能引起交易价格波动。

（三十三）投资者持有的红筹公司境内发行的证券，暂不允许转换为公司在境外发行的相同类别的股票或者存托凭证；投资者持有境内发行的存托凭证，暂不允许转换为境外基础证券。

（三十四）创新企业证券可能适用差异化的暂停上市、终止上市指标以及退市后相关安排，如相关会计年度从上市后首个完整会计年度起算等。

（三十五）因不可抗力、交易或登记结算系统技术故障、人为差错等原因，导致创新企业证券交易或登记结算不能正常进行、交易或登记结算数据发生错误等情形的，交易所和登记结算机构可以根据规则采取相关处置措施。交易所和登记结算机构对于因上述异常情况及其处置措施造成的损失不承担责任。

（三十六）除常规风险提示，《风险揭示书》还应当以醒目的文字载明：

创新企业证券在发行、上市、交易、信息披露等方面所适用的法律规则与普通公司 A 股存在一定差别。投资者在参与创新企业证券交易前，应当认真阅读《关于开展创新企业境内发行股票或存托凭证试点的若干意见》《存托凭证发行与交易管理办法（试行）》《上海证券交易所试点创新企业股票或存托凭证上市交易实施办法》等有关法律、行政法规、部门规章、规范性文件和交易所业务规则。

1.6 上海证券交易所优先股投资者风险揭示书必备条款

（2023 年 2 月 17 日修订）

优先股是我国资本市场一个全新的证券品种。为使投资者充分了解优先股投资风险，证券公司应制订《优先股投资风险揭示书》（以下简称《风险揭示书》），向参与优先股交易或者转让的投资者全面介绍优先股的产品特征和相关制度规则，充分揭示投资风险，并要求其签署优先股投资风险揭示书。《风险揭示书》至少应包括下列内容：

一、重要提示

（一）优先股上市、交易、转让、信息披露等业务规则与普通股的相关业务规则存在差别，在参与优先股投资之前，投资者应认真阅读《国务院关于开展优先股试点的指导意见》、《优先股试点管理办法》、《上海证券交易所优先股试点业务实施细则》等有关规范性文件、规章和业务规则。

（二）优先股的条款比较复杂，不同的条款决定了不同的优先股类别，在参与优先股投资之前，投资者应充分关注优先股的具体条款内容，仔细研读相关公司的定期报告、临时报告、募集说明书、上市公告书等，做到理性投资，切忌盲目跟风。

（三）本风险揭示书无法详尽列示优先股的全部投资风险。投资者在参与此项业务前，请务必对此有清醒认识。

二、优先股投资风险揭示

（一）股东权利的特殊性可能带来的风险

优先股是独立于普通股的类别股份，优先股股东权利具有特殊性，如认知不到位，可能给投资者造成投资风险。包括但不限于：

1.投资者应充分关注优先股与普通股的差异。优先股股份持有人优先于普通股股东分配公司利润和剩余财产，但参与公司决策管理等权利受到限制。根据发行文件约定，商业银行向特定对象发行的优先股在触发事件发生时可能被强制转换为普通股。

2.投资者应充分关注优先股与债券的差异。优先股具有固定收益证券的特征，但并不代表债权债务关系。一般而言，发行人无到期归还本金的义务，可分配税后利润不足以足额支付股息的并不构成违约。

3.投资者应充分关注优先股的具体条款内容，主要包括优先股股息率是采用固定股息率还是浮动股息率、在有可分配税后利润的情况下是否必须分配利润、股息是否可以累积到下一会计年度、优先股股东是否可以参与剩余利润分配、优先股是否可以转换成普通股、发行人或优先股股东是否可以行使回购选择权等。

（二）规则差异可能带来的风险

优先股在上市、交易、转让、信息披露等方面与普通股的业务规则存在较大的差异。如认知不到位，可能给投资者造成投资风险。包括但不限于：

1. 上市优先股和普通股都存在被实施退市风险警示、终止上市等退市风险，但相关业务规则存在差异。如同一优先股连续 20 个交易日收盘市值均低于人民币 5000 万元，该优先股存在被上海证券交易所终止上市的风险，而普通股不存在相关规定。

2. 上市优先股交易机制特殊性可能产生的风险。优先股每股票面金额为 100 元；优先股上市首日和日常交易设置价格涨跌幅限制，主板涨跌幅比例为 10%，科创板涨跌幅比例为 20%；优先股交易信息单独显示，不纳入上交所有关普通股的指数计算；优先股异常波动情形采用特殊的认定标准。

3. 向特定对象发行的优先股转让无法成交的风险。向特定对象发行的优先股在交易所市场的转让只能在不超过 200 名合格投资者之间进行。当转让导致优先股投资者超过 200 人时，优先股转让将出现无法成交。

附录

《上海证券交易所优先股投资者风险揭示书必备条款》历次修订

1. 2023 年 2 月 17 日

1.1 修改"一、重要提示"部分内容

（一）优先股上市、交易、转让、信息披露等业务规则与普通股的相关业务规则存在差别，在参与优先股投资之前，投资者应认真阅读《国务院关于开展优先股试点的指导意见》《优先股试点管理办法》《上海证券交易所优先股业务试点管理办法试点业务实施细则》等有关规范性文件、规章和业务规则。

（二）优先股的条款比较复杂，不同的条款决定了不同的优先股类别。在参与优先股投资之前，投资者应充分关注优先股的具体条款内容，仔细研读相关公司的《招股说明书》、《上市公告书》、定期报告及其他各种公告定期报告、临时报告、募集说明书、上市公告书等，做到理性投资，切忌盲目跟风。

1.2 修改"二、优先股投资风险揭示"部分内容：

（一）股东权利的特殊性可能带来的风险

优先股是独立于普通股的类别股份，优先股股东权利具有特殊性，如认知不到位，可能给投资者造成投资风险。包括但不限于：

1. 投资者应充分关注优先股与普通股的差异。优先股股份持有人优先于普通股股东分配公司利润和剩余财产，但参与公司决策管理等权利受到限制。根据发行文件约定，商业银行非公开**向特定对象**发行的优先股在触发事件发生时可能被强制转换为普通股。

3. 投资者应充分关注优先股的具体条款内容，主要包括优先股股息率是采用固定股息率还是浮动股息率、**在有可分配税后利润的情况下是否必须分配利润**、股息是否可以累积到下一会计年度、优先股股东是否可以参与剩余利润分配、优先股是否可以转换成普通股、发行人或优先股股东是否可以行使回购选择权等。

（二）规则差异可能带来的风险

优先股在发行、上市、交易、转让、信息披露等方面与普通股的业务规则存在较大的差异。如认知不到位，可能给投资者造成投资风险。包括但不限于：

1. 上市优先股和普通股都存在被实施退市风险警示、暂停上市、终止上市等退市风险，但相关业务规则存在差异。如同一优先股连续 20 个交易日收盘市值均低于人民币 5000 万元，该优先股存在被上海证券交易所终止上市的风险，而普通股不存在相关规定。

2. 上市优先股交易机制特殊性可能产生的风险。优先股每股票面金额为 100 元；优先股上市首日和日常交易设置 ~~10% 的~~ 价格涨跌幅限制，**主板涨跌幅比例为 10%，科创板涨跌幅比例为 20%**；优先股交易信息单独显示，不纳入上交所有关普通股的指数计算；优先股异常波动情形采用特殊的认定标准。

3. 非公开**向特定对象**发行的优先股转让无法成交的风险。非公开**向特定对象**发行的优先股在交易所市场的转让只能在不超过 200 名合格投资者之间进行。当转让导致优先股投资者超过 200 人时，优先股转让将出现无法成交。

1.9 上海证券交易所融资融券投资者风险揭示书必备条款

（中国证券业协会 2011 年 11 月 25 日发布）

各证券公司：

为了使投资者充分了解融资融券交易风险，开展融资融券业务的证券公司应制订《融资融券交易风险揭示书》，向投资者充分揭示融资融券交易存在的风险，以及因不能及时补交担保物而被强制平仓带来的损失。《融资融券交易风险揭示书》至少应包括下列内容：

一、提示投资者注意融资融券交易具有普通证券交易所具有的政策风险、市场风险、违约风险、系统风险等各种风险、以及其特有的投资风险放大等风险。

二、提示投资者在开户从事融资融券交易前，必须了解所在的证券公司是否具有开展融资融券业务的资格。

三、提示投资者在从事融资融券交易期间，如果不能按照约定的期限清偿债务，或上市证券价格波动导致担保物价值与其融资融券债务之间的比例低于维持担保比例，且不能按照约定的时间、数量追加担保物时，将面临担保物被证券公司强制平仓的风险。

四、提示投资者在从事融资融券交易期间，如果其信用资质状况降低，证券公司会相应降低对其的授信额度，或者证券公司提高相关警戒指标、平仓指标所产生的风险，可能会给投资者造成经济损失。

五、提示投资者在从事融资融券交易期间，如果中国人民银行规定的同期金融机构贷款基准利率调高，证券公司将相应调高融资利率或融券费率，投资者将面临融资融券成本增加的风险。

六、提示投资者在从事融资融券交易期间，如果因自身原因导致其资产被司法机关采取财产保全或强制执行措施，或者出现丧失民事行为能力、破产、解散等情况时，投资者将面临被证券公司提前了结融资融券交易的风险，可能会给投资者造成经济损失。

七、提示投资者在从事融资融券交易期间，如果发生融资融券标的证券范围调整、标的证券暂停交易或终止上市等情况，投资者将可能面临被证券公司提前了结融资融券交易的风险，可能会给投资者造成经济损失。

八、提示投资者在从事融资融券交易期间，证券公司将以《融资融券合同》约定的通知与送达方式及通讯地址，向投资者发送通知。通知发出并经过约定的时间后，将视作证券公司已经履行对投资者的通知义务。投资者无论因何种原因没有及时收到有关通知，都会面临担保物被证券公司强制平仓的风险，可能会给投资者造成经济损失。

九、提示投资者应妥善保管信用账户卡、身份证件和交易密码等资料，如投资者将信用账户、身份证件、交易密码等出借给他人使用，由此造成的后果由投资者承担。

十、除上述九项风险提示外，各证券公司还可以根据具体情况在本公司制订的《融资融券交易风险揭示书》中对融资融券交易存在的风险做进一步列举。

风险揭示书应以醒目的文字载明：

本风险揭示书的揭示事项仅为列举性质，未能详尽列明融资融券交易的所有风险和可能影响上市证券价格的所有因素。投资者在参与融资融券交易前，应认真阅读相关业务规则及《融资融券合同》条款，并对融资融券交易所特有的规则必须有所了解和掌握，并确信自己已做好足够的风险评估与财务安排，避免因参与融资融券交易而遭受难以承受的损失。

各证券公司还应要求每个投资者在《融资融券交易风险揭示书》上签字，确认已知晓并理解《融资融券交易风险揭示书》的全部内容，愿意承担融资融券交易的风险和损失。

1.10 上海证券交易所转融通证券出借投资者风险揭示书必备条款

（2023 年 2 月 17 日修订）

为了使出借人充分了解转融通证券出借交易（以下简称证券出借）风险，提供证券出借代理服务的会员应当制订《转融通证券出借交易风险揭示书》（以下简称《风险揭示书》），向出借人充分揭示参与证券出借可能带来的风险和损失，要求出借人认真阅读并签署。《风险揭示书》应当包括但不限于下列内容：

与普通的证券交易相比，证券出借有其特有的风险，为了使您更好地了解相关风险，本公司特向您进行如下风险揭示，请认真阅读并签署。

一、证券出借可能存在的信用风险、市场风险、流动性风险、权益补偿风险、操作风险、政策风险、技术风险等各类风险，出借人应根据自身的财务状况、实际需求、风险承受能力以及内部制度等，谨慎参与。

二、通过非约定申报方式参与证券出借的，证券金融公司每一交易日开市前通过交易所公布的费率，是证券金融公司对其当日有借入意向的标的证券向市场发出的报价，出借人申报证券出借即视为同意并接受证券金融公司的报价。

三、通过约定申报方式参与证券出借的，证券交易所对申报进行实时撮合成交，已成交的申报无法撤销。

四、除与证券金融公司协商一致提前了结外，出借人无法在合约到期前提前收回出借证券，从而可能影响其使用。

五、证券出借期间，如果发生标的证券暂停交易或者终止上市等情况，出借人可能面临合约提前了结或者延迟了结等风险。

六、证券出借期间，证券金融公司将不对出借人提供投票权的补偿。

七、证券出借期限因归还日为非交易日、标的证券全天停牌或停牌至收市而顺延超过 30 个自然日的，证券金融公司自第 31 个自然日起将不再对出借人支付借券费用。

八、涉及展期的各项事宜，由出借人与证券金融公司自行协商处理，出借人应当注意展期可能带来的风险。

九、出借人出借的证券，可能存在到期不能归还、相应权益补偿和借券费用不能支付等风险。当证券金融公司发生前述违约情形时，出借人需自行与证券金融公司协商处理，协商不成的，出借人可自行通过诉讼、仲裁等法律途径解决。

出借人参与证券出借并不意味其委托券商、证券交易所、证券登记结算机构等单位追偿，出借人也无权直接向券商、证券交易所、证券登记结算机构等单位主张归还证券、支付相应权益补偿或借券费用。

十、出借人在参与证券出借之前，应该详细了解证券金融公司的经营状况及可能产生的业务风险，证券金融公司是以自身信用向出借人借入证券，并不向其提供任何抵押品。

十一、出借人应当妥善保管账户卡、身份证件和交易密码等资料，如其将账户、身份证件、交易密码等遗失或者给他人使用的，应当承担由此带来的风险。

十二、国家法律、法规、政策、交易所规则的变化、修改等，可能会对出借人已达成的交易产生不利影响，甚至造成经济损失。

会员还应当要求《风险揭示书》应由出借人本人签署，当出借人为机构时，应由法定代表人或者其授权代表签署并加盖公章或者合同专用章，确认已知晓并理解《风险揭示书》的全部内容，愿意承担转融通证券出借交易的风险和损失。

附录

《上海证券交易所转融通证券出借投资者风险揭示书必备条款》历次修订

1.2023 年 2 月 17 日

1.1 修改第一条：

为了使出借人充分了解转融通证券出借交易（以下简称"证券出借交易"）风险，为投资者提供证券出借交易代理服务的会员应当制订《转融通证券出借交易风险揭示书》（以下简称"《风险揭示书》"），向出借人充分揭示参与证券出借交易可能带来的风险和损失，**要求出借人认真阅读并签署。**《风险揭示书》应当包括但不限于下列内容：

与普通的证券交易相比，证券出借交易有其特有的风险，为了使您更好地了解相关风险，本公司特向您进行如下风险揭示，请认真阅读并签署。

一、证券出借交易可能存在的信用风险、市场风险、流动性风险、权益补偿风险、操作风险、政策风险、技术风险等各类风险，出借人应根据自身的财务状况、实际需求、风险承受能力以及内部制度等，谨慎参与。

1.2 修改第二条：

二、通过非约定申报方式参与证券出借的，证券金融公司每一交易日开市前通过交易所公布的费率，是证券金融公司对其当日有借入意向的标的证券向市场发出的报价，出借人申报证券出借交易即视为同意并接受证券金融公司的报价。

1.3 **新增**第三条，其后条款相应顺延：

三、通过约定申报方式参与证券出借的，证券交易所对申报进行实时撮合成交，已成交的申报无法撤销。

1.4 **修改**现第四条（原第三条）：

四、出借人**除与证券金融公司协商一致提前了结外，出借人**无法在合约到期前提前收回出借证券，**从而**可能影响其使用。

1.5 **新增**第七条，其后条款相应顺延：

七、证券出借期限因归还日为非交易日、标的证券全天停牌或停牌至收市而顺延超过 30 个自然日的，证券金融公司自第 31 个自然日起将不再对出借人支付借券费用。

1.6 **修改**现第九条（原第七条）：

九、出借人出借的证券，可能存在到期不能归还、相应权益补偿和借券费用不能支付等风险。当证券金融公司发生前述违约情形时，出借人需自行与证券金融公司协商处理，协商不成的，出借人可自行通过诉讼、仲裁等法律途径解决。出借人参与证券出借交易并不意味其委托券商、证券交易所、**证券**登记结算机构等单位追偿，出借人也无权直接向券商、证券交易所、**证券**登记结算机构等单位主张归还证券、支付相应权益补偿或借券费用。

1.7 **修改**现第十条（原第八条）：

十、出借人在参与证券出借交易之前，应该详细了解证券金融公司的经营状况及可能产生的业务风险，证券金融公司是以自身信用向出借人借入证券，并不向其提供任何抵押品。

深交所规则

关于发布《深圳证券交易所股票发行上市审核规则》的通知

（深证上〔2023〕94 号　2023 年 2 月 17 日）

各市场参与人：

为了规范注册制股票发行上市审核工作，保护投资者合法权益，本所制定了《深圳证券交易所股票发行上市审核规则》，经中国证监会批准，现予以发布，并自发布之日起施行。

本所于 2020 年 6 月 12 日发布的《深圳证券交易所创业板股票发行上市审核规则》（深证上〔2020〕501 号）和《深圳证券交易所创业板股票首次公开发行上市审核问答》（深证上〔2020〕510 号）同时废止。

附件：深圳证券交易所股票发行上市审核规则

附件

深圳证券交易所股票发行上市审核规则

第一章　总则

第一条　为了规范深圳证券交易所（以下简称本所）股票发行上市审核工作，保护投资者合法权益，根据《中华人民共和国证券法》《中华人民共和国公司法》《国务院办公厅关于贯彻实施修订后的证券法有关工作的通知》《国务院办公厅转发证监会关于开展创新企业境内发行股票或存托凭证试点若干意见的通知》（以下简称《若干意见》）、《首次公开发行股票注册管理办法》（以下简称《注册办法》）等相关法律、行政法规、部门规章和规范性文件（以下统称法律法规），制定本规则。

第二条　发行人申请首次公开发行股票并在本所上市（以下简称股票首次发行上市）的审核，适用本规则。符合《若干意见》及中国证券监督管理委员会（以下简称中国证监会）和本所相关规定的红筹企业，申请发行股票或者存托凭证并在本所上市的审核，适用本规则。

第三条　发行人申请首次公开发行股票并上市，应当符合相关板块定位。

主板突出"大盘蓝筹"特色,重点支持业务模式成熟、经营业绩稳定、规模较大、具有行业代表性的优质企业。

创业板深入贯彻创新驱动发展战略,适应发展更多依靠创新、创造、创意的大趋势,主要服务成长型创新创业企业,支持传统产业与新技术、新产业、新业态、新模式深度融合。

第四条 发行人申请股票首次发行上市,应当向本所提交发行上市申请文件。

本所对发行人的发行上市申请文件进行审核(以下简称发行上市审核),认为发行人符合发行条件、上市条件和信息披露要求的,将审核意见、发行上市申请文件及相关审核资料报中国证监会注册;认为发行人不符合发行条件、上市条件或者信息披露要求的,作出终止发行上市审核的决定。

第五条 本所发行上市审核基于板块定位,重点关注并判断下列事项:

(一)发行人是否符合中国证监会规定的股票发行条件;

(二)发行人是否符合本所规定的股票上市条件;

(三)发行人的信息披露是否符合中国证监会和本所要求。

第六条 本所通过审核发行上市申请文件,督促发行人真实、准确、完整地披露信息,保荐人、证券服务机构切实履行信息披露的把关责任;督促发行人及其保荐人、证券服务机构提高信息披露质量,便于投资者在信息充分的情况下作出投资决策。

本所发行上市审核遵循依法合规、公开透明、便捷高效的原则,提高审核透明度,明确市场预期。

第七条 本所发行上市审核实行电子化审核,申请、受理、问询、回复等事项通过本所发行上市审核业务系统办理。

第八条 本所设立发行上市审核机构,对发行人的发行上市申请文件进行审核,出具审核报告。

本所设立上市审核委员会(以下简称上市委员会),对发行上市审核机构出具的审核报告和发行上市申请文件进行审议,提出审议意见。上市委员会的职责、人员组成、工作程序等事项,由本所另行规定。

本所结合上市委员会的审议意见,出具发行人符合发行条件、上市条件和信息披露要求的审核意见或者作出终止发行上市审核的决定。

第九条 发行人、保荐人和证券服务机构在项目申报前、首轮审核问询发出后及上市委员会审议后,可以就发行上市审核相关业务问题或者事项向本所发行上市审核机构进行咨询沟通。具体事项由本所另行规定。

第十条 本所依据法律法规、本规则及本所其他相关规定,对下列机构和人员在股票发行上市中的相关活动进行自律监管:

(一)发行人及其董事、监事、高级管理人员;

（二）发行人的控股股东、实际控制人及其相关人员；

（三）保荐人、保荐代表人及保荐人其他相关人员；

（四）会计师事务所、律师事务所等证券服务机构及其相关人员；

（五）其他信息披露义务人。

前款规定的机构和人员应当积极配合本所发行上市审核工作，遵守廉洁从业有关规定，不得影响或者干扰发行上市审核工作，接受本所自律监管并承担相应的法律责任。

第十一条　本所出具发行人符合发行条件、上市条件和信息披露要求的审核意见，不表明本所对发行上市申请文件及所披露信息的真实性、准确性、完整性作出保证，也不表明本所对该股票的投资价值或者投资者的收益作出实质性判断或者保证。

第二章　申请与受理

第十二条　发行人申请股票首次发行上市，应当按照规定聘请保荐人进行保荐，并委托保荐人通过本所发行上市审核业务系统报送下列发行上市申请文件：

（一）中国证监会规定的招股说明书、发行保荐书、审计报告、法律意见书、公司章程、股东大会决议等注册申请文件；

（二）上市保荐书；

（三）本所要求的其他文件。

发行上市申请文件的内容与格式应当符合中国证监会和本所的相关规定。

第十三条　本所收到发行上市申请文件后五个工作日内，对文件进行核对，作出是否受理的决定，告知发行人及其保荐人，并在本所网站公示。

发行上市申请文件与中国证监会和本所规定的文件目录不相符、文档名称与文档内容不相符、文档格式不符合中国证监会和本所要求、签章不完整或者不清晰、文档无法打开或者存在本所认定的其他不齐备情形的，发行人应当予以补正，补正时限最长不超过三十个工作日。发行人在三十个工作日内提交补正文件确有困难的，可以提交延期补正文件的书面申请，并说明理由；经本所认可的，可适当延期。

发行人补正发行上市申请文件的，本所收到发行上市申请文件的时间以发行人最终提交补正文件的时间为准。

本所按照收到发行人发行上市申请文件的先后顺序予以受理。

第十四条　存在下列情形之一的，本所不予受理发行人的发行上市申请文件：

（一）招股说明书、发行保荐书、上市保荐书等发行上市申请文件不齐备且未按要求补正；

（二）发行人及其控股股东、实际控制人、董事、监事、高级管理人员，保荐人、承销商、证券服务机构及其相关人员因证券违法违规被中国证监会采取认定为不适当人选、限制业务活动、证券市场禁入，被证券交易所、国务院批准的其他全国性证券交易场所采取一定期限内不接受其出具的相关文件、公开认定不适合担任发行人董事、监事、高级管理人员，或者被证券业协会采取认定不适合从事相关业务等相关措施，尚未解除；

（三）法律、行政法规及中国证监会规定的其他情形。

第十五条　发行上市申请文件的内容应当真实、准确、完整，简明清晰、通俗易懂。

自发行上市申请文件申报之日起，发行人及其控股股东、实际控制人、董事、监事和高级管理人员以及与本次股票发行上市相关的保荐人、证券服务机构及其相关人员即须承担相应的法律责任。

未经本所同意，不得对发行上市申请文件进行更改。

第十六条　本所受理发行上市申请文件当日，发行人应当在本所网站预先披露招股说明书、发行保荐书、上市保荐书、审计报告和法律意见书等文件。

本所受理发行上市申请后至中国证监会作出注册决定前，发行人应当按照本规则的规定，对预先披露的招股说明书、发行保荐书、上市保荐书、审计报告和法律意见书等文件予以更新并披露。

依照前两款规定预先披露的招股说明书等文件不是发行人发行股票的正式文件，不能含有股票发行价格信息，发行人不得据此发行股票。

发行人应当在预先披露的招股说明书的显要位置声明："本公司的发行申请尚需经深圳证券交易所和中国证监会履行相应程序。本招股说明书不具有据以发行股票的法律效力，仅供预先披露之用。投资者应当以正式公告的招股说明书作为投资决定的依据。"

第十七条　本所受理发行上市申请文件后十个工作日内，保荐人应当以电子文档形式报送保荐工作底稿和验证版招股说明书，供监管备查。

第三章　发行条件、上市条件的审核

第十八条　发行人申请股票首次发行上市的，应当符合中国证监会《注册办法》规定的发行条件。

第十九条　发行人申请首次公开发行股票并在创业板上市的，应当结合创业板定位，就是否符合相关行业范围，依靠创新、创造、创意开展生产经营，具有成长性等事项，进行审慎评估；保荐人应当就发行人是否符合创业板定位进行专业判断，并出具专项说明。

本所在发行上市审核中，将关注发行人的评估是否客观，保荐人的判断是否合理，并可以根据需要就发行人是否符合创业板定位，向本所设立的行业咨询专

家库专家提出咨询。

第二十条　本所对发行条件的审核，重点关注下列事项：

（一）发行人是否符合《注册办法》及中国证监会规定的发行条件；

（二）保荐人和律师事务所等证券服务机构出具的发行保荐书、法律意见书等文件中是否就发行人符合发行条件逐项发表明确意见，且具备充分的理由和依据。

本所对前款规定的事项存在疑问的，发行人应当按照本所要求作出解释说明，保荐人及证券服务机构应当进行核查，并相应修改发行上市申请文件。

第二十一条　本所在发行上市审核中，发现重大敏感事项、重大无先例情况、重大舆情、重大违法线索的，将及时向中国证监会请示报告。

第二十二条　发行人申请股票首次发行上市的，应当符合《深圳证券交易所股票上市规则》《深圳证券交易所创业板股票上市规则》等规定的上市条件和标准。

第二十三条　本所对上市条件的审核，重点关注下列事项：

（一）发行人是否符合本规则及本所相关规则规定的上市条件；

（二）保荐人和律师事务所等证券服务机构出具的上市保荐书、法律意见书等文件中是否就发行人选择的上市标准以及符合上市条件发表明确意见，且具备充分的理由和依据。

本所对前款规定的事项存在疑问的，发行人应当按照本所要求作出解释说明，保荐人及证券服务机构应当进行核查，并相应修改发行上市申请文件。

第四章　信息披露的要求与审核

第一节　信息披露的要求

第二十四条　申请股票首次发行上市的，发行人及其控股股东、实际控制人、董事、监事和高级管理人员应当依法履行信息披露义务，保荐人、证券服务机构应当依法对发行人的信息披露进行核查把关。

第二十五条　发行人应当诚实守信，依法充分披露投资者作出价值判断和投资决策所必需的信息，充分揭示当前及未来可预见对发行人构成重大不利影响的直接和间接风险，保证发行上市申请文件和信息披露的真实、准确、完整，简明清晰、通俗易懂，不得有虚假记载、误导性陈述或者重大遗漏。

发行人应当综合考虑执业能力、诚信记录、市场形象等情况，审慎选择保荐人和证券服务机构。

发行人应当按保荐人、证券服务机构要求，依法向其提供真实、准确、完整的财务会计资料和其他资料，配合相关机构开展尽职调查和其他相关工作。

第二十六条　发行人的控股股东、实际控制人、董事、监事、高级管理人员等相关主体应当诚实守信，保证发行上市申请文件和信息披露的真实、准确、完整，依法作出并履行相关承诺，不得损害投资者合法权益。

前款规定的相关主体、发行人的有关股东应当配合相关机构开展尽职调查和其他相关工作，不得要求或者协助发行人进行虚假记载、误导性陈述或者重大遗漏等违法违规行为。

第二十七条　保荐人及其保荐代表人应当诚实守信、勤勉尽责，保证招股说明书及其出具发行保荐书、上市保荐书等文件的真实、准确、完整。

保荐人应当严格遵守依法制定的业务规则和行业自律规范的要求，充分了解发行人经营情况、风险和发展前景，以提高上市公司质量为导向，严格执行内部控制制度，对发行上市申请文件进行审慎核查，对发行人是否符合板块定位、发行条件、上市条件和信息披露要求作出专业判断，审慎作出推荐决定。

第二十八条　会计师事务所、律师事务所等证券服务机构及相关人员应当诚实守信、勤勉尽责，保证所出具文件的真实性、准确性和完整性，招股说明书不因引用其所出具的专业意见而出现虚假记载、误导性陈述或者重大遗漏。

证券服务机构应当严格遵守法律法规、中国证监会依法制定的监管规则、业务规则、本行业公认的业务标准和道德规范、本所依法制定的业务规则及其他相关规定，建立并保持有效的质量控制体系和投资者保护机制，严格执行内部控制制度，对与其专业职责有关的业务事项进行核查验证，履行特别注意义务，对其他业务事项履行普通注意义务，审慎发表专业意见。

证券服务机构及其相关人员从事证券服务业务应当配合本所的自律管理，在规定的期限内提供、报送或者披露相关资料、信息，并保证其提供、报送或者披露的资料、信息真实、准确、完整，不得有虚假记载、误导性陈述或者重大遗漏。

证券服务机构应当妥善保存客户委托文件、核查和验证资料、工作底稿以及与质量控制、内部管理、业务经营有关的信息和资料。

第二节　信息披露的审核

第二十九条　本所对发行上市申请文件进行审核，通过提出问题、回答问题等多种方式，督促发行人及其保荐人、证券服务机构完善信息披露，真实、准确、完整地披露信息，提高信息披露的针对性、有效性和可读性，提升信息披露质量。

第三十条　本所在信息披露审核中，重点关注发行人的信息披露是否达到真实、准确、完整的要求，是否符合招股说明书内容与格式准则的要求。

第三十一条　本所在信息披露审核中，重点关注发行上市申请文件及信息披露内容是否包含对投资者作出投资决策有重大影响的信息，披露程度是否达到投资者作出投资决策所必需的水平。包括但不限于是否充分、全面披露发行人业务、技术、财务、公司治理、投资者保护等方面的信息以及本次发行的情况，是否充分揭示可能对发行人经营状况、财务状况产生重大不利影响的所有因素。

第三十二条　本所在信息披露审核中，重点关注发行上市申请文件及信息披露内容是否一致、合理和具有内在逻辑性，包括但不限于财务数据是否勾稽合理，是否符合发行人实际情况，非财务信息与财务信息是否相互印证，保荐人、证券服务机构核查依据是否充分，能否对财务数据的变动或者与同行业公司存在的差异作出合理解释。

第三十三条　本所在信息披露审核中，重点关注发行上市申请文件披露的内容是否简明易懂，是否便于一般投资者阅读和理解。包括但不限于是否使用浅白语言，是否简明扼要、重点突出、逻辑清晰，是否结合企业自身特点进行有针对性的信息披露。

第三十四条　本所对发行上市申请文件的信息披露进行审核时，可以视情况在审核问询中对发行人、保荐人及证券服务机构，提出下列要求：

（一）解释和说明相关问题及原因；

（二）补充核查相关事项并发表意见；

（三）补充提供新的证据或者材料；

（四）修改或者更新信息披露内容。

第五章　审核程序

第一节　审核机构审核

第三十五条　本所发行上市审核机构按照发行上市申请文件受理的先后顺序开始审核。

第三十六条　对股票首次发行上市申请，本所发行上市审核机构自受理之日起二十个工作日内，通过保荐人向发行人提出首轮审核问询。

在首轮审核问询发出前，发行人及其保荐人、证券服务机构及其相关人员不得与审核人员接触，不得以任何形式干扰审核工作。

第三十七条　首轮审核问询后，存在下列情形之一的，本所发行上市审核机构收到发行人回复后十个工作日内可以继续提出审核问询：

（一）首轮审核问询后，发现新的需要问询事项；

（二）发行人及其保荐人、证券服务机构的回复未能有针对性地回答本所发行上市审核机构提出的审核问询，或者本所就其回复需要继续审核问询；

（三）发行人的信息披露仍未满足中国证监会和本所规定的要求；

（四）本所认为需要继续审核问询的其他情形。

第三十八条　发行人及其保荐人、证券服务机构应当按照本所发行上市审核机构审核问询要求进行必要的补充调查和核查，及时、逐项回复本所发行上市审核机构提出的审核问询，相应补充或者修改发行上市申请文件，并于上市委员会审议会议结束后十个工作日内汇总补充报送与审核问询回复相关的保荐工作底稿和更新后的验证版招股说明书。

发行人及其保荐人、证券服务机构对本所发行上市审核机构审核问询的回复是发行上市申请文件的组成部分，发行人及其保荐人、证券服务机构应当保证回复的真实、准确、完整。

发行人及其保荐人、证券服务机构回复后，应当及时在本所网站披露问询和回复的内容。回复不符合信息披露要求的，本所发行上市审核机构可以退回，前述主体应当按照本所要求进行修改后再予以披露。

第三十九条　本所发行上市审核机构可以根据需要，就发行上市申请文件中与发行人业务与技术相关的信息披露问题，向本所行业咨询专家库中的相关专家进行咨询；相关专家所提出的咨询意见，可以供本所审核问询参考。

第四十条　发行上市申请文件和对本所发行上市审核机构审核问询的回复中，拟披露的信息属于国家秘密、商业秘密，披露后可能导致其违反国家有关保密的法律法规或者严重损害公司利益的，可以豁免披露。发行人应当说明豁免披露的理由，本所认为豁免披露理由不成立的，发行人应当按照规定予以披露。

第四十一条　本所在发行上市审核中，可以根据需要，约见问询发行人的董事、监事、高级管理人员、控股股东、实际控制人以及保荐人、证券服务机构及其相关人员，调阅发行人、保荐人、证券服务机构与发行上市申请相关的资料。

第四十二条　本所依照相关规定，从发行上市申请文件已被本所受理的发行人中抽取一定比例，对其信息披露质量进行现场检查。

本所在发行上市审核中，发现发行上市申请文件存在重大疑问且发行人及其保荐人、证券服务机构回复中无法作出合理解释的，可以提请对发行人及其保荐人、证券服务机构进行现场检查或者对保荐人及相关证券服务机构进行现场督导。

发行人、保荐人、证券服务机构及其相关人员应当积极配合现场检查及现场督导工作，并保证所提供文件资料及陈述内容的真实、准确、完整。

第四十三条　本所发行上市审核机构收到发行人及其保荐人、证券服务机构对本所审核问询的回复后，认为不需要进一步审核问询的，将出具审核报告并提交上市委员会审议。

第四十四条　申请股票首次发行上市的，本所在规定的时限内出具发行人符合发行条件、上市条件和信息披露要求的审核意见或者作出终止发行上市审核的决定，但发行人及其保荐人、证券服务机构回复本所审核问询的时间不计算在内。发行人及其保荐人、证券服务机构回复本所审核问询的时间总计不超过三个月。

自受理发行上市申请文件之日起，本所审核和中国证监会注册的时间总计不超过三个月。

本规则规定的中止审核、请示有权机关、咨询行业专家、落实上市委员会意见、暂缓审议、处理会后事项、实施现场检查或者现场督导、进行专项核查，并要求发行人补充、修改申请文件等情形，不计算在前两款以及本规则第十三条、

第三十六条、第三十七条、第三十八条、第四十八条、第五十八条规定的时限内。

第四十五条　发行上市审核中，发行人回复本所审核问询或者发生其他情形，需要更新预先披露文件的，应当修改相关信息披露文件，并在本所发出上市委员会会议通知前，将修改后的招股说明书、发行保荐书、上市保荐书、审计报告和法律意见书等文件预先披露。

第二节　上市委员会审议

第四十六条　上市委员会召开审议会议，对本所发行上市审核机构出具的审核报告及发行上市申请文件进行审议。

每次审议会议由五名委员参加，其中会计、法律专家至少各一名。

第四十七条　上市委员会进行审议时要求对发行人及其保荐人进行现场问询的，发行人代表及保荐代表人应当到会接受问询，回答委员提出的问题。

第四十八条　上市委员会审议时，参会委员就审核报告的内容和发行上市审核机构提出的初步审核意见发表意见，通过合议形成发行人是否符合发行条件、上市条件和信息披露要求的审议意见。

发行人存在发行条件、上市条件或者信息披露方面的重大事项有待进一步核实，无法形成审议意见的，经会议合议，上市委员会可以对该发行人的发行上市申请暂缓审议，暂缓审议时间不超过两个月。对发行人的同一发行上市申请，上市委员会只能暂缓审议一次。

第四十九条　本所结合上市委员会的审议意见，出具发行人符合发行条件、上市条件和信息披露要求的审核意见或者作出终止发行上市审核的决定。

上市委员会认为发行人符合发行条件、上市条件和信息披露要求，但要求发行人补充披露有关信息的，本所发行上市审核机构告知保荐人组织落实；发行上市审核机构对发行人及其保荐人、证券服务机构的落实情况予以核对，通报参会委员，无需再次提请上市委员会审议。发行人对相关事项补充披露后，本所出具发行人符合发行条件、上市条件和信息披露要求的审核意见。

第三节　向证监会报送审核意见

第五十条　本所审核通过的，向中国证监会报送发行人符合发行条件、上市条件和信息披露要求的审核意见、相关审核资料和发行人的发行上市申请文件。

中国证监会发现存在影响发行条件的新增事项并要求本所进一步问询的，本所向发行人及保荐人、证券服务机构提出反馈问题。本所结合反馈回复，就新增事项形成审核意见并报送中国证监会。

中国证监会认为本所对新增事项的审核意见依据明显不充分，退回本所补充审核的，本所对补充审核事项重新审核。本所审核通过的，重新向中国证监会报送审核意见及相关资料；审核不通过的，作出终止发行上市审核的决定。

本所根据前两款规定进一步问询或者补充审核的时间，不计算在本规则第四十四条第一款、第二款规定的审核时限内。

第五十一条 发行人应当根据本所审核意见或者其他需要更新预先披露文件的情形，修改相关信息披露文件；本所向中国证监会报送发行人符合发行条件、上市条件和信息披露要求的审核意见时，发行人应当将修改后的招股说明书、发行保荐书、上市保荐书、审计报告和法律意见书等文件在中国证监会网站和本所网站同步公开。

第五十二条 发行人在取得中国证监会予以注册决定后，启动股票公开发行前，应当在本所网站和符合中国证监会规定条件的网站披露招股意向书。

第五十三条 发行价格确定后五个工作日内，发行人应当在本所网站和符合中国证监会规定条件的报刊依法开办的网站全文刊登招股说明书，同时在符合中国证监会规定条件的报刊刊登提示性公告，告知投资者网上刊登的地址及获取文件的途径。

招股说明书的有效期为六个月，自公开发行前最后一次签署之日起算。发行人应当使用有效期内的招股说明书完成本次发行。

招股说明书中引用的财务报表在其最近一期截止日后六个月内有效，特殊情况下可以适当延长，但至多不超过三个月。财务报表应当以年度末、半年度末或者季度末为截止日。

第四节 会后事项

第五十四条 上市委员会审议会议后至股票上市交易前，发生重大事项，对发行人是否符合发行条件、上市条件或者信息披露要求产生重大影响的，发行上市审核机构经重新审核后决定是否重新提交上市委员会审议。

重新提交上市委员会审议的，应当向中国证监会报告，并按照本章的相关规定办理。

第五十五条 中国证监会作出注册决定后至股票上市交易前，发生重大事项，可能导致发行人不符合发行条件、上市条件或者信息披露要求的，发行人应当暂停发行；已经发行的，暂缓上市。本所发现发行人存在上述情形的，有权要求发行人暂缓上市。

发行人及其保荐人应当将上述情况及时报告本所并作出公告，说明重大事项相关情况及发行人将暂停发行、暂缓上市。

本所经审核认为相关重大事项导致发行人不符合发行条件、上市条件或者信息披露要求的，将出具明确意见并向中国证监会报告。

第五节 复审

第五十六条 本所对发行上市申请不予受理或者终止审核的，发行人可以在收到本所相关文件后五个工作日内，向本所申请复审。但因发行人撤回发行上市申请或者保荐人撤回保荐终止审核的，发行人不得申请复审。

第五十七条　发行人根据前条规定申请复审的，应当向本所提交下列申请文件：

（一）复审申请书；

（二）保荐人就复审事项出具的意见书；

（三）律师事务所就复审事项出具的法律意见书；

（四）本所规定的其他文件。

第五十八条　本所收到复审申请后二十个工作日内，召开上市委员会复审会议。上市委员会复审期间，原决定的效力不受影响。

上市委员会复审会议认为申请复审理由成立的，本所对发行上市申请予以受理或者重新审核，审核时限自受理之日或者重新审核之日起算，本所对审核时限另有规定的除外；复审会议认为申请复审理由不成立的，本所维持原决定。

本所因发行人不符合发行条件、上市条件或者信息披露要求作出终止发行上市审核的决定后，发行人提出异议申请复审的，参加上市委员会原审议会议的委员，不得参加本次复审会议。

第六章　审核中止与终止

第五十九条　出现下列情形之一的，发行人、保荐人和证券服务机构应当及时告知本所，本所将中止发行上市审核，通知发行人及其保荐人：

（一）发行人及其控股股东、实际控制人涉嫌贪污、贿赂、侵占财产、挪用财产或者破坏社会主义市场经济秩序的犯罪，或者涉嫌欺诈发行、重大信息披露违法或者其他涉及国家安全、公共安全、生态安全、生产安全、公众健康安全等领域的重大违法行为，被立案调查或者被司法机关立案侦查，尚未结案；

（二）发行人的保荐人、证券服务机构被中国证监会依法采取限制业务活动、责令停业整顿、指定其他机构托管或者接管等措施，尚未解除；

（三）发行人的签字保荐代表人、证券服务机构相关签字人员被中国证监会依法采取认定为不适当人选等监管措施或者证券市场禁入的措施，被证券业协会采取认定不适合从事相关业务的纪律处分，尚未解除；

（四）发行人的保荐人或者签字保荐代表人、证券服务机构或者相关签字人员，被证券交易所、国务院批准的其他全国性证券交易场所实施一定期限内不接受其出具的相关文件的纪律处分，尚未解除；

（五）发行上市申请文件中记载的财务资料已过有效期，需要补充提交；

（六）发行人及保荐人主动要求中止审核，理由正当并经本所同意；

（七）中国证监会规定的其他情形。

出现前款第一项至五项所列情形，发行人、保荐人和证券服务机构未及时告知本所，本所经核实符合中止审核情形的，将直接中止审核。

第六十条 因前条第一款第二项至四项中止审核，发行人根据规定需要更换保荐人或者证券服务机构的，更换后的保荐人或者证券服务机构应当自中止审核之日起三个月内完成尽职调查，重新出具相关文件，并对原保荐人或者证券服务机构出具的文件进行复核，出具复核意见，对差异情况作出说明。发行人根据规定无需更换保荐人或者证券服务机构的，保荐人或者证券服务机构应当及时向本所出具复核报告。

因前条第一款第二项至四项中止审核，发行人更换签字保荐代表人或者证券服务机构相关签字人员的，更换后的保荐代表人或者证券服务机构相关人员应当自中止审核之日起一个月内，对原保荐代表人或者证券服务机构相关人员签字的文件进行复核，出具复核意见，对差异情况作出说明。

因前条第一款第五项、第六项中止审核的，发行人应当在中止审核后三个月内补充提交有效文件或者消除主动要求中止审核的相关情形。

第六十一条 本规则第五十九条第一款所列中止审核的情形消除或者在本规则第六十条规定的时限内完成相关事项后，发行人、保荐人和证券服务机构应当及时告知本所。本所经审核确认后，恢复对发行人的发行上市审核，并通知发行人及其保荐人。

依照前款规定恢复审核的，审核时限自恢复审核之日起继续计算。但发行人对其财务报告期进行调整达到一个或者一个以上会计年度的，审核时限自恢复审核之日起重新计算。

第六十二条 出现下列情形之一的，本所将终止发行上市审核，通知发行人及其保荐人：

（一）发行上市申请文件内容存在重大缺陷，严重影响投资者理解和本所审核；

（二）发行人撤回发行上市申请或者保荐人撤销保荐；

（三）发行人未在规定时限内回复本所审核问询或者未对发行上市申请文件作出解释说明、补充修改；

（四）发行上市申请文件被认定存在虚假记载、误导性陈述或者重大遗漏；

（五）发行人或者保荐人、证券服务机构阻碍或者拒绝依法实施的现场检查或者现场督导；

（六）发行人及其关联方以不正当手段严重干扰本所发行上市审核工作；

（七）发行人的法人资格终止；

（八）本规则第五十九条第一款规定的中止审核情形未能在三个月内消除，或者未能在本规则第六十条规定的时限内完成相关事项；

（九）本所审核认为发行人不符合板块定位、发行条件、上市条件或者信息披露要求。

第六十三条　发行上市审核中，发行人更换保荐人的，除保荐人存在执业受限等非发行人原因的情形外，需重新履行申报及受理程序。

第七章　审核相关事项

第六十四条　本所受理发行上市申请后至股票上市交易前，发生重大事项的，发行人及其保荐人应当及时向本所报告，并按要求更新发行上市申请文件。发行人的保荐人、证券服务机构应当持续履行尽职调查职责，并向本所提交专项核查意见。

第六十五条　本所受理发行上市申请后至股票上市交易前，发行人及其保荐人应当密切关注公共媒体关于发行人的重大报道、市场传闻。

相关报道、传闻与发行人信息披露存在重大差异，所涉事项可能对本次发行上市产生重大影响的，发行人及其保荐人应当向本所作出解释说明，并按规定履行信息披露义务；保荐人、证券服务机构应当进行必要的核查并将核查结果向本所报告。

第六十六条　本所受理发行上市申请后至股票上市交易前，本所收到与发行人本次发行上市相关的投诉举报的，可以就投诉举报涉及的事项向发行人及其保荐人、证券服务机构进行问询，要求发行人及其保荐人向本所作出解释说明，并按规定履行信息披露义务；要求保荐人、证券服务机构进行必要的核查并将核查结果向本所报告。

第六十七条　发行人应当将信息披露文件刊登在本所网站，并按照规定在符合中国证监会规定条件的网站刊登相关信息披露文件。发行人应当保证在符合中国证监会规定条件的网站与在本所网站披露的相应文件内容完全一致。

发行人可以将信息披露文件刊登于其他网站，但披露内容应当完全一致，且披露时间不得早于本所网站和符合中国证监会规定条件网站的披露时间。

发行人不得以新闻发布或者答记者问等其他形式代替信息披露或者泄露未公开信息。

第六十八条　本所接受中国证监会对发行上市审核等相关工作进行检查。对于中国证监会选取或者抽取的发行上市审核过程中的项目，本所配合提供相关审核工作文件，并接受中国证监会对本所审核理念、标准的执行情况的监督。

对于中国证监会在检查监督过程中发现的问题，本所按要求予以整改。

第六十九条　本所接受中国证监会对发行上市审核工作和审核责任履行情况进行监督，对发行上市审核程序相关内控制度运行情况进行监督检查，对廉政纪律执行情况和相关人员的履职尽责情况进行监督监察。

本所建立定期报告制度和重大发行上市事项请示报告制度，及时总结发行上市审核的工作情况，并报告中国证监会。

第七十条　本所向市场公开发行上市审核工作的下列信息，接受社会监督：

（一）发行上市审核标准和审核程序等发行上市审核业务规则和相关业务细则；

（二）在审企业名单、企业基本信息及审核工作进度；

（三）本所审核问询和发行人及其保荐人、证券服务机构回复，但涉及国家秘密或者发行人商业秘密的除外；

（四）上市委员会会议的时间、参会委员名单、审议的发行人名单、审议结果及现场问询问题；

（五）本所对发行人及其控股股东、实际控制人、保荐人、证券服务机构及其相关人员采取的自律监管措施或者纪律处分；

（六）本所认为必要的其他信息。

第八章　自律管理

第七十一条　本所在发行上市审核中，可以根据本规则及本所相关规则单独或者合并采取下列日常工作措施：

（一）要求对有关问题作出解释和说明；

（二）出具监管工作函；

（三）约见有关人员；

（四）要求提供相关备查文件或者材料；

（五）向中国证监会报告有关情况；

（六）本所规定的其他日常工作措施。

第七十二条　本所在发行上市审核中，可以根据本规则及本所相关规则采取下列自律监管措施：

（一）口头警示；

（二）书面警示；

（三）约见谈话；

（四）要求限期改正；

（五）本所规定的其他自律监管措施。

第七十三条　本所在发行上市审核中，可以根据本规则及本所相关规则实施下列纪律处分：

（一）通报批评；

（二）公开谴责；

（三）六个月至五年内不接受发行人提交的发行上市申请文件；

（四）三个月至三年内不接受保荐人、证券服务机构提交的发行上市申请文件、信息披露文件；

（五）三个月至三年内不接受保荐代表人及保荐人其他相关责任人员、证券服务机构相关责任人员签字的发行上市申请文件、信息披露文件；

（六）公开认定发行人董事、监事、高级管理人员三年以上不适合担任发行人董事、监事、高级管理人员；

（七）本所规定的其他纪律处分。

第七十四条　本规则第十条规定的主体出现下列情形之一的，本所视情节轻重采取口头警示、书面警示、约见谈话、要求限期改正等自律监管措施，或者给予通报批评、公开谴责、三个月至一年内不接受保荐人、证券服务机构及相关责任人员提交或者签字的发行上市申请文件及信息披露文件、六个月至一年内不接受发行人提交的发行上市申请文件等纪律处分：

（一）制作、出具的发行上市申请文件不符合要求，或者擅自改动招股说明书等发行上市申请文件；

（二）发行上市申请文件、信息披露文件内容存在重大缺陷，文件披露的内容表述不清，逻辑混乱，严重影响投资者理解和审核工作开展；

（三）发行上市申请文件、信息披露文件未做到真实、准确、完整，但未达到虚假记载、误导性陈述和重大遗漏的程度；

（四）发行上市申请文件前后存在相互矛盾或者同一事实表述不一致等实质性差异且无合理理由；

（五）未在规定时限内回复审核问询，且未说明理由；

（六）未及时报告相关重大事项或者未及时披露；

（七）本所认定的其他情形。

第七十五条　发行人被认定在证券发行文件、信息披露文件中隐瞒重要事实或者编造重大虚假内容的，本所对发行人给予五年内不接受发行人提交的证券发行上市申请文件纪律处分。对相关责任人员，视情节轻重，给予公开认定三年以上不适合担任发行人董事、监事、高级管理人员等纪律处分。

第七十六条　存在下列情形之一的，本所对发行人给予三年至五年内不接受其提交的发行上市申请文件的纪律处分：

（一）发行人报送的发行上市申请文件、信息披露文件被认定存在虚假记载、误导性陈述或者重大遗漏；

（二）发行人拒绝、阻碍、逃避检查，谎报、隐匿、销毁相关证据材料；

（三）发行人及其关联方以不正当手段严重干扰发行上市审核工作；

（四）重大事项未报告或者未披露；

（五）发行上市申请文件中发行人或者其董事、监事、高级管理人员、控股股东、实际控制人的签字、盖章系伪造、变造。

第七十七条　发行人的控股股东、实际控制人、董事、监事、高级管理人员、其他信息披露义务人存在下列情形之一的，本所视情节轻重对相关主体给予公开认定三年以上不适合担任发行人董事、监事、高级管理人员或者一年至五年内不接受控股股东、实际控制人及其控制的其他发行人提交的发行上市申请文件等纪律处分：

（一）违反本规则规定，致使发行人报送的发行上市申请文件、信息披露文件被认定存在虚假记载、误导性陈述或者重大遗漏的；

（二）组织、指使发行人进行财务造假、利润操纵或者在发行上市申请文件、信息披露文件中隐瞒重要事实或者编造重大虚假内容的；

（三）组织、指使、直接从事第七十六条第二项至五项规定的违规行为的。

第七十八条　保荐人未勤勉尽责，致使发行上市申请文件、信息披露文件被认定存在虚假记载、误导性陈述或者重大遗漏的，本所视情节轻重，对保荐人、保荐代表人及相关责任人员给予一年至三年内不接受其提交或者签字的发行上市申请文件、信息披露文件的纪律处分。

证券服务机构未勤勉尽责，致使发行上市申请文件、信息披露文件中与其职责有关的内容及其所出具的文件被认定存在虚假记载、误导性陈述或者重大遗漏的，本所视情节轻重，对相关机构及其责任人员给予三个月至三年内不接受其提交或者签字的发行上市申请文件、信息披露文件的纪律处分。

保荐人、证券服务机构及其相关责任人员存在下列情形之一的，本所视情节轻重，给予三个月至三年内不接受其提交或者签字的发行上市申请文件、信息披露文件的纪律处分：

（一）伪造、变造发行上市申请文件中的签字、盖章；

（二）拒绝、阻碍、逃避现场检查或者现场督导，谎报、隐匿、销毁相关证据材料；

（三）重大事项未报告或者未披露；

（四）以不正当手段干扰发行上市审核工作；

（五）内部控制、尽职调查等制度存在缺陷或者未有效执行；

（六）通过相关业务谋取不正当利益；

（七）不履行其他法定职责。

第七十九条　保荐人报送的发行上市申请在一年内累计两次被本所不予受理的，自第二次收到本所相关文件之日起三个月后，方可向本所报送新的发行上市申请。

本所审核认为发行人不符合发行条件、上市条件或者信息披露要求作出终止发行上市审核的决定或者中国证监会作出不予注册决定的，自决定作出之日起六个月后，发行人方可再次向本所提交发行上市申请。

第八十条　发行人披露盈利预测的，利润实现数未达到盈利预测百分之八十的，除因不可抗力外，本所对发行人及其董事长、总经理、财务负责人给予通报批评、公开谴责或者一年内不接受发行人提交的发行上市申请文件的纪律处分；对签字保荐代表人给予通报批评、公开谴责或者三个月至一年内不接受其签字的发行上市申请文件、信息披露文件的纪律处分。

利润实现数未达到盈利预测百分之五十的，除因不可抗力外，本所对发行人及其董事长、总经理、财务负责人给予公开谴责或者三年内不接受发行人提交的发行上市申请文件的纪律处分；对签字保荐代表人给予公开谴责或者一年至二年内不接受其签字的发行上市申请文件、信息披露文件的纪律处分。

注册会计师在对前两款规定的盈利预测出具审核报告的过程中未勤勉尽责的，本所对签字注册会计师给予通报批评、公开谴责或者一年内不接受其签字的发行上市申请文件、信息披露文件的纪律处分。

第八十一条　发行人及其控股股东、实际控制人、董事、监事、高级管理人员未有效配合保荐人及其保荐代表人、证券服务机构及其从业人员开展尽职调查和其他相关工作的，本所可以对相关责任主体采取口头警示、书面警示、约见谈话等监管措施。情节严重的，采取一年至五年内不接受相关责任主体及其控制的其他发行人提交的发行上市申请文件、公开认定三年以上不适合担任发行人董事、监事、高级管理人员等纪律处分。

第八十二条　监管对象不服本所给予本规则第七十三条第二项至六项的纪律处分决定的，可以按照《深圳证券交易所上诉复核委员会工作细则》向本所提出复核申请。

第八十三条　本所建立发行人及其控股股东、实际控制人、董事、监事、高级管理人员以及保荐人、证券服务机构及其相关人员等机构和个人的诚信公示制度，对外公开本所采取的自律监管措施和纪律处分，记入诚信档案，并向中国证监会报告。

前款规定的监管对象被其他证券交易所、国务院批准的其他全国性证券交易场所采取暂不接受文件、认定为不适当人选等自律监管措施和纪律处分的，本所按照业务规则，在相应期限内不接受其提交或者签字的相关文件，或者认为其不适合担任发行人董事、监事、高级管理人员，并对该监管对象提交或者签字且已受理的其他文件中止审核，或者要求相关证券发行人解聘相关人员等。

本所对保荐人、证券服务机构从事股票发行上市相关业务的执业质量进行定期评价，评价结果供发行上市审核参考。

第八十四条　本所在发行上市审核中，发现发行人及其控股股东、实际控制人、董事、监事、高级管理人员、保荐人、证券服务机构及其相关人员、其他信息披露义务人涉嫌证券违法行为的，将依法报中国证监会查处。

第九章　附　则

第八十五条　本规则下列用语具有如下含义：

（一）红筹企业：指注册地在境外、主要经营活动在境内的企业。

（二）验证版招股说明书：指在招股说明书中标示出重要的披露内容对应保荐工作底稿依据的招股说明书版本。

第八十六条　本规则的制定和修改须经本所理事会审议通过，报中国证监会批准。

第八十七条　本规则由本所负责解释。

第八十八条　本规则自发布之日起施行。本所于 2020 年 6 月 12 日发布的《深圳证券交易所创业板股票发行上市审核规则》（深证上〔2020〕501 号）和《深圳证券交易所创业板股票首次公开发行上市审核问答》（深证上〔2020〕510 号）同时废止。

关于发布《深圳证券交易所上市公司证券发行上市审核规则》的通知

（深证上〔2023〕95 号 2023 年 2 月 17 日）

各市场参与人：

为了规范深圳证券交易所上市公司证券发行上市的审核工作，保护投资者合法权益，本所制定了《深圳证券交易所上市公司证券发行上市审核规则》，经中国证监会批准，现予以发布，并自发布之日起施行。

本所于 2020 年 6 月 12 日发布的《深圳证券交易所创业板上市公司证券发行上市审核规则》（深证上〔2020〕502 号）、《深圳证券交易所创业板上市公司证券发行上市审核问答》（深证上〔2020〕511 号）同时废止。

附件：深圳证券交易所上市公司证券发行上市审核规则

附件

深圳证券交易所上市公司证券发行上市审核规则

第一章 总 则

第一条 为了规范深圳证券交易所（以下简称本所）上市公司证券发行上市的审核工作，保护投资者合法权益，根据《中华人民共和国证券法》（以下简称《证券法》）、《国务院办公厅关于贯彻实施修订后的证券法有关工作的通知》《国务院办公厅转发证监会关于开展创新企业境内发行股票或存托凭证试点若干意见的通知》《上市公司证券发行注册管理办法》（以下简称《注册办法》）、《优先股试点管理办法》等相关法律、行政法规、部门规章和规范性文件，制定本规则。

第二条 上市公司申请在境内发行股票、可转换公司债券、存托凭证、优先股或者国务院认定的其他证券并上市的审核，适用本规则。

第三条 上市公司申请证券发行上市的，应当向本所提交发行上市申请文件。

本所对上市公司的证券发行上市申请文件进行审核（以下简称发行上市审核），认为符合发行条件、上市条件和信息披露要求的，将审核意见、上市公司注册申请文件及相关审核资料报中国证券监督管理委员会（以下简称中国证监会）

注册；认为不符合发行条件、上市条件或者信息披露要求的，作出终止发行上市审核的决定。

第四条 本所通过审核发行上市申请文件，督促上市公司真实、准确、完整地披露信息，保荐人、证券服务机构切实履行信息披露的把关责任；督促上市公司及其保荐人、证券服务机构提高信息披露质量，便于投资者在信息充分的情况下作出投资决策。

第五条 本所发行上市审核遵循依法合规、公开透明、便捷高效的原则，提高审核透明度，明确市场预期。

本所对上市公司证券发行上市实行电子化审核，通过本所发行上市审核业务系统办理。

第六条 本所依据法律、行政法规、部门规章、规范性文件、本规则及本所其他相关规定，对下列机构和人员在上市公司证券发行上市中的相关活动进行自律监管：

（一）上市公司及其董事、监事、高级管理人员；

（二）上市公司的控股股东、实际控制人及其相关人员；

（三）保荐人、保荐代表人及保荐人其他相关人员；

（四）会计师事务所、律师事务所等证券服务机构及其相关人员；

（五）其他信息披露义务人。

前款规定的机构和人员应当积极配合本所发行上市审核工作，遵守廉洁从业有关规定，不得影响或者干扰发行上市审核工作，接受本所自律监管并承担相应的法律责任。

第七条 本所出具符合发行条件、上市条件和信息披露要求的审核意见或者作出终止发行上市审核的决定，不表明本所对该证券的投资价值或者投资者的收益作出实质性判断或者保证，也不表明本所对发行上市申请文件及所披露信息的真实性、准确性、完整性作出保证。

第二章 审核内容与要求

第八条 本所发行上市审核重点关注并判断下列事项：

（一）是否符合中国证监会规定的发行条件；

（二）是否符合本所规定的上市条件；

（三）是否符合中国证监会和本所关于信息披露的要求。

第九条 本所对发行条件、上市条件的审核，将重点关注下列事项：

（一）上市公司是否符合《证券法》《注册办法》和《优先股试点管理办法》规定的发行条件；

（二）本次发行的证券是否符合本所相关规则规定的上市条件；

（三）保荐人、律师事务所等证券服务机构出具的发行保荐书、上市保荐书、法律意见书等文件中，就本次证券发行上市申请是否符合发行条件、上市条件逐项发表明确意见，且具备充分的理由和依据。

本所对本条规定的事项存在疑问的，上市公司应当按照本所要求作出解释说明，保荐人、证券服务机构应当进行核查，并相应修改发行上市申请文件。

第十条 本所在发行上市审核中，发现重大敏感事项、重大无先例情况、重大舆情、重大违法线索的，将及时向中国证监会请示报告。

第十一条 本所在信息披露审核中，重点关注募集说明书及其他信息披露文件是否达到真实、准确、完整的要求，是否符合中国证监会制定的内容与格式准则、编报规则和本所的信息披露要求。

本所在信息披露审核中，重点关注发行上市申请文件及信息披露是否达到下列要求：

（一）充分、全面披露对投资者作出投资决策有重大影响的信息，披露程度达到投资者作出投资决策所必需的水平；

（二）所披露的信息一致、合理且具有内在逻辑性；

（三）简明易懂，便于一般投资者阅读和理解。

第十二条 本所通过提出问题、回答问题等多种方式对发行上市申请文件进行审核，督促上市公司及其保荐人、证券服务机构完善信息披露，真实、准确、完整地披露信息，提高信息披露质量。

第十三条 本所对发行上市申请文件进行审核时，可以视情况在审核问询中对上市公司及其保荐人、证券服务机构提出下列要求：

（一）说明或者披露相关问题及原因；

（二）补充核查相关事项并发表意见；

（三）补充提供新的证据或者材料；

（四）修改或者更新信息披露内容。

第十四条 上市公司申请证券发行上市的，应当按照中国证监会和本所的规定，编制募集说明书及其他信息披露文件，上市公司及其控股股东、实际控制人、董事、监事、高级管理人员和其他信息披露义务人应当依法履行信息披露义务。保荐人、证券服务机构应当依法对上市公司的信息披露进行核查把关。

第十五条 上市公司应当诚实守信，依法充分披露投资者作出价值判断和投资决策所必需的信息，充分揭示当前及未来可预见对上市公司构成重大不利影响的直接和间接风险，所披露信息必需真实、准确、完整，简明清晰、通俗易懂，不得有虚假记载、误导性陈述或者重大遗漏。

上市公司应当综合考虑执业能力、诚信记录、市场形象等情况，审慎选择保荐人和证券服务机构。

上市公司应当按照保荐人、证券服务机构要求，依法向其提供真实、准确、完整的财务会计资料和其他资料，配合相关机构开展尽职调查和其他相关工作。

第十六条　上市公司的控股股东、实际控制人、董事、监事、高级管理人员和其他信息披露义务人应当诚实守信，保证发行上市申请文件和信息披露的真实、准确、完整，依法审慎作出并履行相关承诺。

前款规定的相关主体应当配合相关机构开展尽职调查和其他相关工作，不得利用其控制地位或者影响能力要求或者协助上市公司进行虚假记载、误导性陈述或者重大遗漏等违法违规行为，不得损害上市公司和投资者合法权益。

第十七条　向特定对象发行证券，上市公司及其控股股东、实际控制人、主要股东不得向发行对象作出保底保收益或者变相保底保收益承诺，也不得直接或者通过利益相关方向发行对象提供财务资助或者其他补偿。

第十八条　保荐人及其保荐代表人应当诚实守信、勤勉尽责，保证募集说明书、其他信息披露文件及其所出具的相关文件的真实、准确、完整。

保荐人应当严格遵守依法制定的业务规则和行业自律规范的要求，充分了解上市公司经营情况、风险和发展前景，以提高上市公司质量为导向，严格执行内部控制制度，对上市公司发行上市申请文件进行审慎核查，对上市公司是否符合发行条件、上市条件和信息披露要求作出专业判断，审慎作出推荐决定。

第十九条　会计师事务所、律师事务所、资产评估机构、资信评级机构等证券服务机构应当严格遵守法律法规、中国证监会制定的监管规则、本行业公认的业务标准和道德规范、本所制定的业务规则及其他相关规定，建立并保持有效的质量控制体系和投资者保护机制，审慎履行职责，作出专业判断与认定，并保证所出具文件的真实性、准确性和完整性，募集说明书或者其他信息披露文件不因引用其所出具的专业意见而出现虚假记载、误导性陈述或者重大遗漏。

证券服务机构及其相关人员应当诚实守信、勤勉尽责，严格执行内部控制制度，对与其专业职责有关的业务事项进行核查验证，履行特别注意义务，对其他业务事项履行普通注意义务，审慎发表专业意见，并承担相应法律责任。

证券服务机构及其相关人员从事证券服务业务应当配合本所的自律管理，在规定的期限内提供、报送或者披露相关资料、信息，并保证其提供、报送或者披露的资料、信息真实、准确、完整，不得有虚假记载、误导性陈述或者重大遗漏。

证券服务机构应当妥善保存客户委托文件、核查和验证资料、工作底稿以及与质量控制、内部管理、业务经营有关的信息和资料。

第三章　审核程序

第一节　一般规定

第二十条　上市公司证券发行上市的申请与受理、发行上市审核机构审核、上市审核委员会（以下简称上市委员会）会议、向中国证监会报送审核意见、会后事项、复审、审核中止与终止、审核相关事项等，本规则已作规定的，适用本规则；本规则未作规定的，参照适用《深圳证券交易所股票发行上市审核规则》的相关规定。

第二十一条　上市公司申请证券发行上市的，应当按照规定聘请保荐人进行保荐，并委托保荐人通过本所发行上市审核业务系统报送下列证券发行上市申请文件：

（一）募集说明书、发行保荐书、审计报告、法律意见书、股东大会决议等注册申请文件；

（二）上市保荐书；

（三）中国证监会或者本所要求的其他文件。

第二十二条　发行上市申请文件的内容应当真实、准确、完整，简明清晰、通俗易懂。

自发行上市申请文件申报之日起，上市公司及其控股股东、实际控制人、董事、监事、高级管理人员和其他信息披露义务人，以及与本次证券发行上市相关的保荐人、证券服务机构及其相关人员即须承担相应的法律责任。

未经本所同意，不得对发行上市申请文件进行更改。

第二十三条　本所受理证券发行上市申请文件当日，上市公司应当以临时公告的形式披露募集说明书、发行保荐书、上市保荐书、审计报告、法律意见书，并在本所网站同步予以披露。

第二十四条　上市公司申请向特定对象发行证券，对于符合下列条件的，本所发行上市审核机构经审核，可以不进行审核问询，出具审核报告：

（一）本次募集资金使用符合国家产业政策；

（二）最近连续两个年度的信息披露评价结果为 A；

（三）不存在本规则第三十五条第二款情形。

保荐人应当就本次发行上市符合前款条件出具明确肯定的核查意见。

第二节　证券发行上市的审核程序

第二十五条　本所发行上市审核机构按照规定对发行上市申请文件进行审核，出具审核报告。

上市公司申请向不特定对象发行证券并上市的，发行上市审核机构经审核提出初步审核意见后，由本所上市委员会按照规定程序进行审议，提出审议意见。

第二十六条　本所发行上市审核机构按照发行上市申请文件受理的先后顺序开始审核。

第二十七条　本所发行上市审核机构自受理之日起十五个工作日内，提出首轮审核问询。

在首轮审核问询发出前，上市公司及其保荐人、证券服务机构及其相关人员不得与审核人员接触。

第二十八条 在首轮审核问询发出后，上市公司、保荐人、证券服务机构可以就发行上市审核相关业务问题或者事项向本所发行上市审核机构进行咨询沟通。

本次发行上市申请符合本规则第二十四条规定或者《注册办法》第二十八条适用简易程序的，本所发行上市审核机构可以就审核相关事项与上市公司、保荐人以及证券服务机构进行沟通。

第二十九条 首轮审核问询回复后，存在下列情形之一的，本所发行上市审核机构可以继续提出审核问询：

（一）发现新的需要问询事项；

（二）上市公司及其保荐人、证券服务机构的回复未能有针对性地回答本所发行上市审核机构提出的审核问询，或者本所就其回复需要继续审核问询；

（三）上市公司的信息披露仍未满足中国证监会和本所规定的要求；

（四）本所认为需要继续审核问询的其他情形。

第三十条 上市公司及其保荐人、证券服务机构应当按照本所发行上市审核机构审核问询要求进行必要的补充调查和核查，及时、逐项回复本所发行上市审核机构提出的审核问询，相应补充或者修改发行上市申请文件，并于交易所出具审核意见后十个工作日内汇总补充报送与审核问询回复相关的保荐工作底稿和更新后的验证版募集说明书。

上市公司及其保荐人、证券服务机构对本所发行上市审核机构审核问询的回复是发行上市申请文件的组成部分，上市公司及其保荐人、证券服务机构应当保证回复的真实、准确、完整。

上市公司应当以临时公告的形式及时披露对本所审核问询的回复，并在披露后委托保荐人通过本所发行上市审核业务系统报送相关文件。

第三十一条 上市公司申请向不特定对象发行证券并上市的，本所发行上市审核机构收到上市公司及其保荐人、证券服务机构对本所审核问询的回复后，认为不需要进一步审核问询的，将出具审核报告并提交上市委员会。

上市委员会召开审议会议，对本所发行上市审核机构出具的审核报告及上市公司发行上市申请文件进行审议，通过合议形成符合或者不符合发行条件、上市条件和信息披露要求的审议意见。

上市公司存在发行条件、上市条件或者信息披露方面的重大事项有待进一步核实，无法形成审议意见的，经会议合议，上市委员会可以对该上市公司的发行上市申请暂缓审议，暂缓审议时间不超过两个月。对上市公司的同一发行上市申请，上市委员会只能暂缓审议一次。

第三十二条 上市公司申请向不特定对象发行证券并上市的，本所结合上市委员会的审议意见，出具符合发行条件、上市条件和信息披露要求的审核意见，或者作出终止发行上市审核的决定。

上市公司申请向特定对象发行证券并上市的，本所结合发行上市审核机构出具的审核报告，出具符合发行条件、上市条件和信息披露要求的审核意见，或者作出终止发行上市审核的决定。

上市公司收到本所具有明确审核意见的函件或者决定后，应当以临时公告的形式及时对外披露。

本所认为符合发行条件、上市条件和信息披露要求的，向中国证监会报送审核意见、相关审核资料和上市公司的证券发行上市申请文件。

第三十三条　上市公司应当根据本所审核问询、审核意见或者其他信息披露要求，修改相关信息披露文件并委托保荐人通过本所发行上市审核业务系统报送。

第三十四条　上市公司申请证券发行上市的，本所自受理之日起两个月内出具符合发行条件、上市条件和信息披露要求的审核意见或者作出终止发行上市审核的决定，但本规则另有规定的除外。上市公司及其保荐人、证券服务机构回复本所审核问询的时间不计算在上述时限内。

上市公司及其保荐人、证券服务机构回复本所审核问询的时间总计不超过两个月。

发行上市审核过程的中止审核、请示有权机关、咨询行业专家、落实上市委员会意见、暂缓审议、处理会后事项、实施现场检查或者现场督导、进行专项核查，并要求上市公司补充、修改申请文件等情形，不计算在前两款规定以及本规则第二十七条、第三十一条、第三十七条第一款和第三十八条规定的时限内。

第三节　向特定对象发行股票的简易程序

第三十五条　上市公司申请向特定对象发行股票，符合《注册办法》第二十八条规定适用简易程序的，按照本节规定执行。

存在下列情形之一的，不得适用简易程序：

（一）上市公司股票被实施退市风险警示或者其他风险警示；

（二）上市公司及其控股股东、实际控制人、现任董事、监事、高级管理人员最近三年受到中国证监会行政处罚、最近一年受到中国证监会行政监管措施或者证券交易所纪律处分；

（三）本次发行上市申请的保荐人或者保荐代表人、证券服务机构或者相关签字人员最近一年因同类业务受到中国证监会行政处罚或者受到证券交易所纪律处分。在各类行政许可事项中提供服务的行为按照同类业务处理，在非行政许可事项中提供服务的行为不视为同类业务。

第三十六条　上市公司及其保荐人应当在上市公司年度股东大会授权的董事会通过本次发行上市事项后的二十个工作日内向本所提交下列申请文件：

（一）募集说明书、发行保荐书、审计报告、法律意见书、股东大会决议、经股东大会授权的董事会决议等注册申请文件；

（二）上市保荐书；

（三）与发行对象签订的附生效条件股份认购合同；

（四）中国证监会或者本所要求的其他文件。

上市公司及其保荐人未在前款规定的时限内提交发行上市申请文件的，不再适用简易程序。

上市公司及其控股股东、实际控制人、董事、监事、高级管理人员应当在向特定对象发行证券募集说明书中就本次发行上市符合发行条件、上市条件和信息披露要求以及适用简易程序要求作出承诺。

保荐人应当在发行保荐书、上市保荐书中，就本次发行上市符合发行条件、上市条件和信息披露要求以及适用简易程序要求发表明确肯定的核查意见。

第三十七条　本所在收到申请文件后两个工作日内，对申请文件进行核对，作出是否受理的决定。

申请文件不符合要求的，本所不予受理。

本所受理当日，上市公司应当以临时公告的形式披露募集说明书、发行保荐书、上市保荐书、审计报告、法律意见书，并在本所网站同步予以披露。保荐人应当在受理之日起三个工作日内通过发行上市审核系统提交工作底稿。

第三十八条　保荐人就本次发行上市发表明确肯定的核查意见的，本所自受理之日起三个工作日内，出具符合发行条件、上市条件和信息披露要求的审核意见，并向中国证监会报送相关审核意见和上市公司的证券发行上市申请文件。

如发行上市审核机构发现本次发行上市申请明显不符合简易程序适用条件的，本所作出终止发行上市审核的决定。

第四章　自律管理

第三十九条　本所在上市公司证券发行上市审核中，可以根据本规则及本所相关规则单独或者合并采取下列日常工作措施：

（一）要求对有关问题作出解释和说明；

（二）出具监管工作函；

（三）约见有关人员；

（四）要求提供相关备查文件或者材料；

（五）向中国证监会报告有关情况；

（六）本所规定的其他日常工作措施。

第四十条　本所在上市公司证券发行上市审核中，可以根据本规则及本所相关规则采取下列自律监管措施：

（一）口头警示；

（二）书面警示；

（三）约见谈话；

（四）要求限期改正；

（五）本所规定的其他自律监管措施。

第四十一条　本所在上市公司证券发行上市审核中，可以根据本规则及本所相关规则实施下列纪律处分：

（一）通报批评；

（二）公开谴责；

（三）六个月至五年内不接受上市公司提交的证券发行上市申请文件；

（四）三个月至三年内不接受保荐人、证券服务机构提交的发行上市申请文件、信息披露文件；

（五）三个月至三年内不接受保荐代表人及保荐人其他相关责任人员、证券服务机构相关责任人员签字的发行上市申请文件、信息披露文件；

（六）公开认定上市公司董事、监事、高级管理人员三年以上不适合担任上市公司董事、监事、高级管理人员；

（七）本所规定的其他纪律处分。

第四十二条　本规则第六条规定的主体出现下列情形之一的，本所视情节轻重采取口头警示、书面警示、约见谈话、要求限期改正等自律监管措施，或者给予通报批评、公开谴责、三个月至一年内不接受保荐人、证券服务机构及相关责任人员提交或者签字的发行上市申请文件及信息披露文件、六个月至一年内不接受上市公司提交的发行上市申请文件等纪律处分：

（一）制作、出具的发行上市申请文件不符合要求，或者擅自改动募集说明书等发行上市申请文件；

（二）发行上市申请文件、信息披露文件内容存在重大缺陷，文件披露的内容表述不清，逻辑混乱，严重影响投资者理解和审核工作开展；

（三）发行上市申请文件、信息披露文件未做到真实、准确、完整，但未达到虚假记载、误导性陈述和重大遗漏的程度；

（四）发行上市申请文件前后存在实质性差异且无合理理由；

（五）未在规定时限内回复本所审核问询，且未说明理由；

（六）未及时报告相关重大事项或者未及时披露；

（七）本所认定的其他情形。

第四十三条　上市公司被认定在发行上市申请文件、信息披露文件中隐瞒重要事实或者编造重大虚假内容的，本所对上市公司给予五年内不接受上市公司提交的发行上市申请文件纪律处分，对相关责任人员，视情节轻重，给予公开认定三年以上不适合担任上市公司董事、监事、高级管理人员等纪律处分。

第四十四条　存在下列情形之一的，本所对上市公司给予三年至五年内不接受其提交的发行上市申请文件的纪律处分：

（一）上市公司报送的发行上市申请文件、信息披露文件被认定存在虚假记载、误导性陈述或者重大遗漏；

（二）上市公司拒绝、阻碍、逃避检查，谎报、隐匿、销毁相关证据材料；

（三）上市公司及其关联方以不正当手段严重干扰发行上市审核工作；

（四）重大事项未报告或者未披露；

（五）发行上市申请文件中上市公司或者其董事、监事、高级管理人员、控股股东、实际控制人的签字、盖章系伪造、变造。

第四十五条　除金融类企业外，上市公司违规将募集资金用于持有交易性金融资产、借予他人等财务性投资或者直接、间接投资于以买卖有价证券为主要业务的公司，或者向特定对象发行优先股，相关投资者为规定的合格投资者以外的投资者的，本所可以对其采取三年内不接受其证券发行上市申请文件的纪律处分。

第四十六条　上市公司的控股股东、实际控制人、董事、监事、高级管理人员、其他信息披露义务人存在以下情形之一的，本所视情节轻重对相关主体给予公开认定三年以上不适合担任上市公司董事、监事、高级管理人员或者一年至五年内不接受控股股东、实际控制人及其控制的其他企业提交的发行上市申请文件等纪律处分：

（一）违反本规则规定，致使上市公司报送的发行上市申请文件、信息披露文件被认定存在虚假记载、误导性陈述或者重大遗漏的；

（二）组织、指使上市公司进行财务造假、利润操纵或者在发行上市申请文件、信息披露文件中隐瞒重要事实或编造重大虚假内容的；

（三）组织、指使、直接从事本规则第四十四条第二项至五项规定的违规行为的。

第四十七条　上市公司及其控股股东、实际控制人、董事、监事、高级管理人员未有效配合保荐人及其保荐代表人、证券服务机构及其从业人员开展尽职调查和其他相关工作的，本所可以对相关责任主体采取口头警示、书面警示、监管谈话等监管措施。情节严重的，采取一年至五年内不接受相关责任主体及其控制的其他企业提交的发行上市申请文件、公开认定三年以上不适合担任上市公司董事、监事、高级管理人员等纪律处分。

第四十八条　保荐人未勤勉尽责，致使发行上市申请文件、信息披露文件被认定存在虚假记载、误导性陈述或者重大遗漏的，本所视情节轻重，对保荐人、保荐代表人及相关责任人员给予一年至三年内不接受其提交或者签字的发行上市申请文件、信息披露文件的纪律处分。

证券服务机构未勤勉尽责，致使发行上市申请文件、信息披露文件中与其职责有关的内容及其所出具的文件被认定存在虚假记载、误导性陈述或者重大遗漏的，本所视情节轻重，对相关机构及其责任人员给予三个月至三年内不接受其提交或者签字的发行上市申请文件、信息披露文件的纪律处分。

保荐人、证券服务机构及其相关责任人员存在下列情形之一的，本所视情节轻重，给予三个月至三年内不接受其提交或者签字的发行上市申请文件、信息披露文件的纪律处分：

（一）伪造、变造发行上市申请文件中的签字、盖章；

（二）拒绝、阻碍、逃避现场检查或者现场督导，谎报、隐匿、销毁相关证据材料；

（三）重大事项未报告或者未披露；

（四）以不正当手段干扰发行上市审核工作；

（五）内部控制、尽职调查等制度存在缺陷或者未有效执行；

（六）通过相关业务谋取不正当利益；

（七）不履行其他法定职责。

第四十九条　上市公司及其控股股东、实际控制人、主要股东违反本规则第十七条规定，作出保底保收益承诺、提供财务资助或者其他补偿的，本所视情节轻重，采取口头警示、书面警示、监管谈话、要求限期改正、公开认定不适合担任上市公司董事、监事和高级管理人员、一年至三年内不接受上市公司提交的发行上市申请文件等自律监管措施或者纪律处分。

保荐人、保荐代表人、证券服务机构及相关责任人员未勤勉尽责的，本所还可以采取一年至三年内不接受提交或者签字的发行上市申请文件及信息披露文件等纪律处分。

第五十条　上市公司向特定对象发行股票适用简易程序的，本所对相关发行上市加强事后监管。

本所在事后监管中发现本规则第六条规定的主体存在违反《注册办法》和本规则关于向特定对象发行股票适用简易程序有关规定的，按照本规则第四十二条至第四十九条的规定从重处理，并给予三年至五年内不接受相关上市公司和保荐人简易程序发行上市申请的纪律处分。

第五十一条　保荐人报送的上市公司证券发行上市申请在一年内累计两次被本所不予受理的，自第二次收到本所相关文件之日起三个月后，方可向本所报送新的上市公司证券发行上市申请。

本所审核认为上市公司不符合发行条件、上市条件或者信息披露要求作出终止发行上市审核的决定或者中国证监会作出不予注册决定的，自决定作出之日起六个月后，上市公司方可再次向本所提交证券发行上市申请。

第五十二条 上市公司披露盈利预测的，利润实现数未达到盈利预测百分之八十的，除因不可抗力外，本所可以对上市公司及其董事长、总经理、财务负责人给予通报批评、公开谴责或者一年内不接受上市公司提交的证券发行上市申请文件的纪律处分；对签字保荐代表人给予通报批评、公开谴责或者三个月至一年内不接受其签字的发行上市申请文件、信息披露文件的纪律处分。

利润实现数未达到盈利预测百分之五十的，除因不可抗力外，本所可以对上市公司及其董事长、总经理、财务负责人给予公开谴责或者三年内不接受上市公司提交的证券发行上市申请文件的纪律处分；对签字保荐代表人给予公开谴责或者一年至二年内不接受其签字的发行上市申请文件、信息披露文件的纪律处分。

注册会计师在对前两款规定的盈利预测出具审核报告的过程中未勤勉尽责的，本所可以对签字注册会计师给予通报批评、公开谴责或者一年内不接受其签字的发行上市申请文件、信息披露文件的纪律处分。

第五十三条 监管对象不服本所给予本规则第四十一条第二项至六项的纪律处分决定的，可以按照《深圳证券交易所上诉复核委员会工作细则》向本所提出复核申请。

第五十四条 本所建立上市公司及其控股股东、实际控制人、董事、监事、高级管理人员以及保荐人、证券服务机构及其相关人员等机构和个人的诚信公示制度，对外公开本所采取的自律监管措施和纪律处分，记入诚信档案，并向中国证监会报告。

前款规定的监管对象被其他证券交易所、国务院批准的其他全国性证券交易场所采取暂不接受文件、认定为不适当人选等自律监管措施和纪律处分的，本所按照业务规则，在相应期限内不接受其提交或者签字的相关文件，或者认为其不适合担任上市公司董事、监事、高级管理人员，并对该监管对象提交或者签字且已受理的其他文件中止审核，或者要求相关上市公司解聘相关人员等。

本所对保荐人、证券服务机构在本所从事证券发行上市相关业务的执业质量进行定期评价，评价结果供发行上市审核参考。

第五十五条 本所在发行上市审核中，发现上市公司及其控股股东、实际控制人和其他信息披露义务人、保荐人、证券服务机构及其相关人员涉嫌证券违法行为的，将依法报中国证监会查处。

第五章 附 则

第五十六条 依据《注册办法》及本规则通过向特定对象发行股票取得的上市公司股份，其减持不适用《深圳证券交易所上市公司股东及董事、监事、高级管理人员减持股份实施细则》的有关规定，但第九条和第十一条有关不得减持股份的规定除外。

第五十七条　已在本所上市的红筹企业发行以新增证券为基础证券的存托凭证，适用本规则关于上市公司发行股票的规定。本规则没有规定的，适用本所关于存托凭证的有关规定。

第五十八条　本规则的制定和修改须经本所理事会审议通过，报中国证监会批准。

第五十九条　本规则由本所负责解释。

第六十条　本规则自发布之日起施行。本所于 2020 年 6 月 12 日发布的《深圳证券交易所创业板上市公司证券发行上市审核规则》（深证上〔2020〕502 号）、《深圳证券交易所创业板上市公司证券发行上市审核问答》（深证上〔2020〕511 号）同时废止。

关于发布《深圳证券交易所上市公司重大资产重组审核规则》的通知

（深证上〔2023〕96号　2023年2月17日）

各市场参与人：

为了落实全面实行股票发行注册制相关要求，规范深圳证券交易所上市公司重大资产重组行为，本所制定了《深圳证券交易所上市公司重大资产重组审核规则》。经中国证监会批准，现予以发布，并自发布之日起施行。

未盈利企业在创业板重组上市的，所属行业应当符合本所《关于未盈利企业在创业板上市相关事宜的通知》的相关规定。

本所于2021年6月22日发布的《深圳证券交易所创业板上市公司重大资产重组审核规则（2021年修订）》（深证上〔2021〕540号）、《深圳证券交易所创业板发行上市审核业务指引第2号——上市公司重大资产重组审核标准》（深证上〔2021〕542号）同时废止。

附件：深圳证券交易所上市公司重大资产重组审核规则

附件

深圳证券交易所上市公司重大资产重组审核规则

第一章　总则

第一条　为了规范深圳证券交易所（以下简称本所）上市公司重大资产重组行为，保护上市公司和投资者合法权益，提高上市公司质量，根据《中华人民共和国证券法》《中华人民共和国公司法》《上市公司重大资产重组管理办法》（以下简称《重组办法》）、《创业板上市公司持续监管办法（试行）》等相关法律、行政法规、部门规章、规范性文件以及《深圳证券交易所股票上市规则》《深圳证券交易所创业板股票上市规则》（以下统称《上市规则》）及本所其他业务规则，制定本规则。

第二条　上市公司实施重大资产重组的，适用本规则；本规则未作规定的，适用本所其他相关业务规则。

上市公司实施不涉及股份发行的重大资产重组的，不适用本规则第四章至第六章的规定。

第三条　本所对上市公司发行股份购买资产涉及的证券发行申请（以下简称发行股份购买资产申请）进行审核。

经审核，本所认为本次交易符合重组条件和信息披露要求的，将审核意见、上市公司申请文件及相关审核资料报中国证券监督管理委员会（以下简称中国证监会）注册；认为本次交易不符合重组条件或者信息披露要求的，作出终止审核的决定。

第四条　上市公司、交易对方及有关各方应当及时、公平地披露或者提供信息，保证所披露或者提供信息的真实、准确、完整，简明清晰、通俗易懂，不得有虚假记载、误导性陈述或者重大遗漏。

独立财务顾问、证券服务机构及其相关人员，应当严格履行职责，对其所制作、出具文件的真实性、准确性和完整性承担相应法律责任。

第五条　本所依据法律、行政法规、部门规章、规范性文件、本规则及本所其他相关规定（以下简称相关法律法规），对上市公司及相关主体重大资产重组行为、独立财务顾问和证券服务机构及其人员履职行为等进行自律监管。

本规则第四条规定的主体应当积极配合本所重组审核工作，遵守廉洁从业有关规定，不得直接或者间接以不正当手段干扰审核工作，接受本所自律监管并承担相应的法律责任。

第六条　上市公司、独立财务顾问和证券服务机构在发行股份购买资产方案披露后至申报前，首轮审核问询发出后可以就重组审核业务问题或者事项向本所重组审核机构进行咨询沟通。

业务咨询沟通的具体事项由本所另行规定。

第七条　本所出具本次交易符合重组条件和信息披露要求的审核意见，不表明本所对申请文件及所披露信息的真实性、准确性、完整性作出保证，也不表明本所对股票的投资价值、投资者的收益或者本次交易作出实质性判断或者保证。

第二章　重组标准与条件

第八条　创业板上市公司实施重大资产重组的，拟购买资产所属行业应当符合创业板定位，或者与上市公司处于同行业或者上下游。

第九条　上市公司向特定对象发行可转换为股票的公司债券购买资产的，应当符合《重组办法》及中国证监会关于发行可转换为股票的公司债券购买资产的规定，并可以与特定对象约定转股期、利率及付息方式、赎回、回售、转股价格向下或者向上修正等条款，但转股期起始日距离本次发行结束之日不得少于六个月。

第十条　上市公司实施重组上市的，标的资产对应的经营实体应当是符合《首次公开发行股票注册管理办法》（以下简称《首发注册管理办法》）规定的相应发行条件、相关板块定位的股份有限公司或者有限责任公司。

主板上市公司实施重组上市的，标的资产应当符合下列条件：最近三年净利润均为正，且最近三年净利润累计不低于人民币 1.5 亿元，最近一年净利润不低于人民币 6000 万元，最近三年经营活动产生的现金流量净额累计不低于人民币 1 亿元或者营业收入累计不低于人民币 10 亿元。

创业板上市公司实施重组上市的，标的资产应当符合下列条件之一：

（一）最近两年净利润均为正，且累计净利润不低于人民币 5000 万元；

（二）最近一年净利润为正且营业收入不低于人民币 1 亿元；

（三）最近一年营业收入不低于人民币 3 亿元，且最近三年经营活动产生的现金流量净额累计不低于人民币 1 亿元。

本章所称净利润以扣除非经常性损益前后的孰低者为准，所称净利润、营业收入、经营活动产生的现金流量净额均指经审计的数值；如标的资产涉及编制合并财务报表的，净利润为合并利润表列报的归属于母公司所有者的净利润，不包括少数股东损益。

本规则所称重组上市，是指《重组办法》第十三条规定的重大资产重组行为。

第十一条　上市公司重组上市标的资产对应的经营实体存在表决权差异安排的，除符合《首发注册管理办法》规定的相应发行条件、相关板块定位外，其表决权安排等应当符合《上市规则》等规则的规定。

主板上市公司重组上市标的资产对应的经营实体存在表决权差异安排的，应当符合下列条件：最近一年营业收入不低于人民币 10 亿元，最近三年净利润均为正且累计不低于人民币 1.5 亿元，最近一年净利润不低于人民币 6000 万元。

创业板上市公司重组上市标的资产对应的经营实体存在表决权差异安排的，应当符合下列条件之一：

（一）最近一年营业收入不低于人民币 5 亿元，且最近两年净利润均为正且累计不低于人民币 5000 万元；

（二）最近一年营业收入不低于人民币 5 亿元，且最近三年经营活动产生的现金流量净额累计不低于人民币 1 亿元。

第十二条　上市公司股东在公司实施发行股份购买资产中取得的股份，应当遵守《重组办法》关于股份限售期的有关规定；但控制关系清晰明确，易于判断，同一实际控制人控制之下不同主体之间转让上市公司股份的除外。

创业板上市公司实施发行股份购买资产构成重组上市，标的资产对应的经营实体尚未盈利的，在上市公司重组上市后首次实现盈利前，控股股东、实际控制人自本次交易所取得的股份登记之日起三个完整会计年度内，不得减持该部分股份；自本次交易所取得的股份登记之日起第四个完整会计年度和第五个完整会计年度内，每年减持的该部分股份不得超过上市公司股份总数的2%。

第十三条 上市公司实施重大资产重组，标的资产涉及红筹企业的，应当按照《公开发行证券的公司信息披露编报规则第24号——注册制下创新试点红筹企业财务报告信息特别规定》《深圳证券交易所股票发行上市审核业务指引第3号——创新试点红筹企业财务报告信息披露》的规定，在重大资产重组报告书中披露标的资产的财务会计信息。

第三章 重组信息披露要求

第十四条 上市公司、交易对方及有关各方应当依法披露或者提供信息，独立财务顾问、证券服务机构应当依法对信息披露进行核查把关。

第十五条 上市公司应当诚实守信，依法披露投资者作出价值判断和投资决策所必需的信息，至少包括下列事项：

（一）交易方案的合规性、交易实施的必要性、交易安排的合理性、交易价格的公允性、业绩承诺和补偿的可实现性、本次交易是否有利于增强上市公司的持续经营能力和独立性；

（二）标的资产的经营模式、行业特征、财务状况，股权及资产权属的清晰性、经营的合规性、资产的完整性、业务的独立性；

（三）本次交易、标的资产的潜在风险。

上市公司应当综合考虑执业能力、诚信记录、市场形象等情况，审慎选择独立财务顾问和证券服务机构。

上市公司、交易对方及有关各方应当为独立财务顾问、证券服务机构及时提供真实、准确、完整的业务运营、财务会计及其他资料，全面配合相关机构开展尽职调查和其他相关工作。

第十六条 上市公司及交易对方的控股股东、实际控制人、董事、监事、高级管理人员应当诚实守信，保证申请文件和信息披露的真实、准确、完整，依法审慎作出并履行相关承诺，不得损害上市公司和投资者合法权益。

上市公司及交易对方的控股股东、实际控制人不得利用控制地位或者影响能力要求上市公司实施显失公允的重组交易，不得指使或者协助上市公司、交易对方进行虚假记载、误导性陈述或者重大遗漏等违法违规行为。

第十七条 独立财务顾问应当诚实守信、勤勉尽责，保证重大资产重组预案、报告书及其出具的独立财务顾问报告等文件的真实、准确、完整，切实履行尽职调查、报告和披露以及持续督导等职责。

独立财务顾问应当严格遵守相关法律法规、行业自律规范的要求，严格执行内部控制制度，对申请文件进行审慎核查，对本次交易是否符合重组条件和信息披露要求作出专业判断，审慎出具相关文件。

第十八条　会计师事务所、律师事务所、资产评估机构等证券服务机构应当诚实守信、勤勉尽责，保证其出具文件的真实、准确、完整。

证券服务机构应当严格遵守法律法规、中国证监会监管规则、执业准则、职业道德守则、本所业务规则及其他相关规定，建立并保持有效的质量控制体系、独立性管理和投资者保护机制，严格执行内部控制制度，对与其专业职责有关的业务事项进行核查验证，履行特别注意义务，审慎发表专业意见。

第十九条　上市公司的申请文件及信息披露内容应当真实、准确、完整，并符合下列要求：

（一）包含对投资者作出投资决策有重大影响的信息，披露程度达到投资者作出投资决策所必需的水平；

（二）所披露的信息一致、合理且具有内在逻辑性；

（三）简明易懂，便于一般投资者阅读和理解。

第二十条　上市公司应当充分披露本次交易是否合法合规，至少包括下列事项：

（一）是否符合《重组办法》及中国证监会其他相关规定所规定的条件；

（二）是否符合本规则及本所其他相关规则的规定。

独立财务顾问、证券服务机构在出具的独立财务顾问报告、法律意见书等文件中，应当就本次交易是否合法合规逐项发表明确意见，且具备充分的理由和依据。

第二十一条　创业板上市公司应当充分披露拟购买资产所属行业是否符合创业板定位，或者与上市公司处于同行业或者上下游。

本次交易拟购买资产所属行业如与上市公司处于同行业或者上下游的，上市公司应当披露拟购买资产与上市公司主营业务是否具有协同效应。如具有协同效应的，应当充分说明并披露对未来上市公司业绩的影响，交易定价中是否考虑了上述协同效应；如不具有显著协同效应的，应当充分说明并披露本次交易后的经营发展战略和业务管理模式，以及业务转型升级可能面临的风险和应对措施。

前款所称协同效应，是指上市公司因本次交易而产生的超出单项资产收益的超额利益，包括下列一项或者多项情形：

（一）增加定价权；

（二）降低成本；

（三）获取主营业务所需的关键技术、研发人员；

（四）加速产品迭代；

（五）产品或者服务能够进入新的市场；

（六）获得税收优惠；

（七）其他有利于主营业务发展的积极影响。

独立财务顾问应当对创业板上市公司拟购买资产所属行业是否符合创业板定

位，是否与上市公司处于同行业或者上下游进行核查把关，并出具专项核查意见。

第二十二条　上市公司应当充分披露本次交易的必要性，至少包括下列事项：

（一）是否具有明确可行的发展战略；

（二）是否存在不当市值管理行为；

（三）上市公司的控股股东、实际控制人、董事、监事、高级管理人员在本次交易披露前后是否存在股份减持情形或者大比例减持计划；

（四）本次交易是否具有商业实质，是否存在利益输送的情形；

（五）是否违反国家相关产业政策。

第二十三条　上市公司应当充分披露本次交易资产定价的合理性，至少包括下列事项：

（一）资产定价过程是否经过充分的市场博弈，交易价格是否显失公允；

（二）所选取的评估或者估值方法与标的资产特征的匹配度，评估或者估值参数选取的合理性；

（三）标的资产交易作价与历史交易作价是否存在重大差异及存在重大差异的合理性；

（四）相同或者类似资产在可比交易中的估值水平；

（五）商誉确认是否符合企业会计准则的规定，是否足额确认可辨认无形资产。

第二十四条　上市公司应当充分披露本次交易中与业绩承诺相关的信息，至少包括下列事项：

（一）业绩承诺是否合理，是否存在异常增长，是否符合行业发展趋势和业务发展规律；

（二）交易对方是否按照规定与上市公司签订了明确可行的补偿协议；

（三）交易对方是否具备相应的履约能力，在承诺期内是否具有明确的履约保障措施。

第四章　重组审核内容与方式

第二十五条　本所重组审核遵循依法合规、公开透明、便捷高效的原则，提高审核透明度，明确市场预期。

本所重组审核实行电子化审核，申请、受理、问询、回复等事项通过本所并购重组审核业务系统办理。

第二十六条　本所重组审核机构按照规定对发行股份购买资产申请进行审核，出具审核报告，提出初步审核意见后，提交本所并购重组审核委员会（以下简称重组委）审议，形成审议意见。

本所结合重组委审议意见，出具本次交易符合重组条件和信息披露要求的审核意见，或者作出终止审核的决定。

第二十七条　本所对上市公司发行股份购买资产是否符合重组条件、是否符合中国证监会和本所信息披露要求进行审核，并重点关注重组交易是否合规必要、资产定价是否合理公允、业绩承诺是否切实可行、是否存在损害上市公司和股东合法权益的情形。

创业板上市公司申请发行股份购买资产的，本所还重点关注标的资产所属行业是否符合创业板定位，或者是否与上市公司处于同行业或者上下游、与上市公司主营业务是否具有协同效应。

第二十八条　本所通过提出问题、回答问题等多种方式，督促上市公司、交易对方、独立财务顾问、证券服务机构完善信息披露，真实、准确、完整地披露或者提供信息，提高信息披露质量。

本所对发行股份购买资产申请进行审核时，可以视情况在审核问询中对上市公司、交易对方、独立财务顾问、证券服务机构提出下列要求：

（一）说明并披露相关问题及原因；

（二）补充核查相关事项并发表明确意见、披露核查过程、结果；

（三）补充提供信息披露的证明文件；

（四）修改或者更新信息披露内容。

第五章　重组审核程序

第一节　申请与受理

第二十九条　上市公司实施发行股份购买资产的，应当按照规定聘请独立财务顾问，并委托独立财务顾问在股东大会作出重大资产重组决议后三个工作日内，通过本所并购重组审核业务系统报送下列申请文件：

（一）重大资产重组报告书及相关文件；

（二）独立财务顾问报告及相关文件；

（三）法律意见书、审计报告及资产评估报告或者估值报告等证券服务机构出具的文件；

（四）中国证监会或者本所要求的其他文件。

申请文件的内容与格式应当符合中国证监会和本所的相关规定。

第三十条　本所收到申请文件后五个工作日内，对文件进行核对，作出是否受理的决定，告知上市公司及其独立财务顾问。

申请文件与中国证监会及本所规定的文件目录不相符、文档名称与文档内容不相符、文档格式不符合本所要求、签章不完整或者不清晰、文档无法打开或者存在本所认定的其他不齐备情形的，上市公司应当予以补正，补正时限最长不超过三十个工作日。上市公司在三十个工作日内提交补正申请文件确有困难的，可以提交延期补正的书面申请，并说明理由；经本所认可的，可适当延期。

上市公司补正申请文件的，本所收到申请文件的时间以上市公司最终提交补正文件的时间为准。

本所按照收到上市公司申请文件的先后顺序予以受理。

第三十一条　存在下列情形之一的，本所不予受理申请文件：

（一）重大资产重组报告书、独立财务顾问报告、法律意见书、财务报告、审计报告及资产评估报告或者估值报告等申请文件不齐备且未按要求补正；

（二）上市公司及其控股股东、实际控制人、董事、监事、高级管理人员，独立财务顾问、证券服务机构及其相关人员因证券违法违规被中国证监会采取认定为不适当人选、限制业务活动、证券市场禁入，被证券交易所、国务院批准的其他全国性证券交易场所采取一定期限内不接受其出具的相关文件、公开认定不适合担任上市公司董事、监事、高级管理人员，或者被证券业协会采取认定不适合从事相关业务等相关措施，尚未解除；

（三）本次交易涉嫌内幕交易被中国证监会立案调查或者被司法机关立案侦查，尚未结案，但中国证监会另有规定的除外；

（四）法律、行政法规及中国证监会规定的其他情形。

第三十二条　自申请文件申报之日起，上市公司、交易对方及有关各方，以及为本次交易提供服务的独立财务顾问、证券服务机构及其相关人员即须承担相应的法律责任。

本所受理申请文件后至中国证监会作出注册决定前，上市公司、独立财务顾问、证券服务机构应当按照本规则的规定，对披露的重大资产重组报告书、独立财务顾问报告、法律意见书、财务报告、审计报告、资产评估报告或者估值报告等文件予以修改、补充。

未经本所同意，申请文件不得更改。

第三十三条　本所受理申请文件后十个工作日内，独立财务顾问应当以电子文档形式报送工作底稿，供监管备查。

第二节　审核机构审核

第三十四条　本所重组审核机构按照申请文件受理的先后顺序开始审核。

第三十五条　上市公司申请发行股份购买资产不构成重组上市的，本所重组审核机构自受理申请文件之日起十个工作日内，向上市公司、交易对方、独立财务顾问、证券服务机构提出首轮审核问询。

上市公司申请发行股份购买资产构成重组上市的，本所重组审核机构自受理申请文件之日起二十个工作日内，提出首轮审核问询。

在首轮审核问询发出前，上市公司、交易对方及有关各方，独立财务顾问、证券服务机构及其相关人员不得就审核事项与审核人员接触。

第三十六条　在首轮审核问询发出后，上市公司、交易对方、独立财务顾问、证券服务机构对本所审核问询存在疑问的，可以通过本所并购重组审核业务系统等方式进行沟通；确需当面沟通的，可以通过本所并购重组审核业务系统预约。

本所重组审核机构可以根据审核需要，就审核相关事项与上市公司、交易对方及有关各方、独立财务顾问、证券服务机构及其相关人员进行沟通。

第三十七条 本所重组审核机构收到上市公司对首轮审核问询的回复后，存在下列情形之一的，可以继续提出审核问询：

（一）首轮审核问询后，发现新的需要问询事项；

（二）上市公司、交易对方、独立财务顾问、证券服务机构的回复未能有针对性地回答本所重组审核机构提出的审核问询，或者本所就其回复需要继续审核问询；

（三）上市公司、交易对方、独立财务顾问、证券服务机构的信息披露仍未满足中国证监会和本所规定的要求；

（四）本所认为需要继续审核问询的其他情形。

第三十八条 上市公司、交易对方、独立财务顾问、证券服务机构应当按照本所重组审核机构审核问询要求进行必要的补充调查、核查，及时、逐项回复本所重组审核机构提出的审核问询，相应补充或者修改申请文件并披露。独立财务顾问应当于重组委审议结束后十个工作日内，汇总补充报送与审核问询回复相关的工作底稿。

上市公司、交易对方、独立财务顾问、证券服务机构对本所重组审核机构审核问询的回复是申请文件的组成部分，上市公司、交易对方、独立财务顾问、证券服务机构应当保证回复的真实、准确、完整。

第三十九条 本所重组审核机构可以根据需要，就创业板上市公司申请文件中拟购买资产所属行业是否符合创业板定位等事项向本所行业咨询专家库相关专家进行咨询；专家所提出的咨询意见，可以供本所审核问询参考。

第四十条 本所重组审核机构收到上市公司、交易对方、独立财务顾问、证券服务机构对本所审核问询的回复后，认为不需要进一步审核问询的，将出具审核报告，提出初步审核意见，提交重组委审议，并通知上市公司及其独立财务顾问。

第四十一条 上市公司申请发行股份购买资产不构成重组上市的，本所自受理申请文件之日起两个月内出具本次交易符合重组条件和信息披露要求的审核意见，或者作出终止审核的决定，本所审核和中国证监会注册的时间总计不超过三个月；申请发行股份购买资产构成重组上市的，本所自受理申请文件之日起在规定的时限内出具本次交易符合重组条件和信息披露要求的审核意见，或者作出终止审核的决定，本所审核和中国证监会注册的时间总计不超过三个月。

上市公司申请发行股份购买资产不构成重组上市的，回复本所审核问询的时间总计不得超过一个月；申请发行股份购买资产构成重组上市的，回复本所审核问询的时间总计不得超过三个月。逾期未回复的，上市公司应当在到期日的次日，披露本次交易的进展情况及未能及时回复的具体原因等事项。

上市公司难以在前款规定的时限内回复的，可以在期限届满前向本所申请延期一次，时间不得超过一个月。

第四十二条　本规则规定的中止审核、咨询行业专家、就必要事项向相关主管部门征求意见、实施现场检查或者现场督导、落实重组委意见、暂缓审议、处理会后事项、进行专项核查，并要求上市公司补充或者修改申请文件等情形的时间，不计算本规则第三十条、第三十五条、第四十一条、第四十六条规定的时限内。

第四十三条　本所重组审核机构对符合下列条件的发行股份购买资产申请，可以减少问询轮次和问题数量，优化审核内容，提高审核效率：

（一）本所及上市公司所属证监局对上市公司信息披露和规范运作的评价以及中国证券业协会对独立财务顾问执业质量的评价结果均为 A 类；

（二）本次交易符合国家产业政策；

（三）交易类型属于同行业或者上下游并购，不构成重组上市。

适用前款规定的，上市公司应当按照本规则第二十九条规定提交申请文件，并提交独立财务顾问关于本次交易符合前款第二项、第三项规定的专项意见。

第四十四条　主板上市公司发行股份购买资产，满足下列情形之一的，申请文件受理后，本所重组审核机构经审核，不再进行审核问询，直接出具审核报告，提交重组委审议：

（一）最近十二个月内累计交易金额不超过人民币 5 亿元；

（二）最近十二个月内累计发行的股份不超过本次交易前上市公司股份总数的 5% 且最近十二个月内累计交易金额不超过人民币 10 亿元。

创业板上市公司发行股份购买资产，不属于《重组办法》第十二条和第十三条规定的资产交易行为，且符合前款规定情形之一的，适用前款规定的审核程序。

适用前两款规定的，上市公司应当按照本规则第二十九条规定提交申请文件，并提交独立财务顾问关于本次发行股份购买资产符合前两款相应规定，且不存在本规则第四十五条规定情形的专项意见。

第一款所称"累计交易金额"是指以发行股份方式购买资产的交易金额；"累计发行的股份"是指用于购买资产而发行的股份。未适用第一款和第二款审核的发行股份购买资产行为，无需纳入累计计算的范围。

第四十五条　上市公司发行股份购买资产，存在下列情形之一的，不得适用本规则第四十四条规定：

（一）上市公司或者其控股股东、实际控制人最近十二个月内受到中国证监会行政处罚或者证券交易所、国务院批准的其他全国性证券交易场所公开谴责，或者存在其他重大失信行为；

（二）独立财务顾问、证券服务机构或者其相关人员最近十二个月内受到中国证监会行政处罚或者证券交易所、国务院批准的其他全国性证券交易场所纪律处分。

创业板上市公司发行股份购买资产，同时募集配套资金用于支付本次交易现金对价，或者募集配套资金金额超过人民币 5000 万元的，不得适用本规则第四十四条规定。

第三节　重组委审议

第四十六条　上市公司申请发行股份购买资产的，本所重组审核机构经审核出具审核报告，提出初步审核意见后，提交重组委审议。

重组委经审议后，形成本次交易是否符合重组条件和信息披露要求的审议意见。申请文件存在影响重组条件或者信息披露方面的重大事项有待进一步核实，无法形成审议意见的，经会议合议，重组委可以对上市公司的发行股份购买资产申请暂缓审议，暂缓审议时间不超过两个月。对上市公司的同一发行股份购买资产申请，重组委只能暂缓审议一次。

第四十七条　重组委认为需要对上市公司、交易对方、独立财务顾问、证券服务机构等主体进行现场问询的，由本所重组审核机构通知相关主体。相关主体代表应当到会接受问询，回答重组委提出的问题。

第四十八条　本所结合重组委的审议意见，出具本次交易符合重组条件和信息披露要求的审核意见，或者作出终止审核的决定。

重组委审议意见认为本次交易符合重组条件和信息披露要求，但要求上市公司补充披露有关信息的，本所重组审核机构告知独立财务顾问组织落实；重组审核机构对上市公司及其独立财务顾问、证券服务机构的落实情况予以核对，并向参会委员通报落实情况。上市公司对相关事项补充披露后，本所出具本次交易符合重组条件和信息披露要求的审核意见。

上市公司应当根据重组委的审议意见，更新申请文件并披露。

第四节　向证监会报送审核意见

第四十九条　本所审核意见为本次交易符合重组条件和信息披露要求的，向中国证监会报送审核意见、相关审核资料及上市公司申请文件。

第五十条　中国证监会在注册程序中，发现存在影响重组条件的新增事项并要求本所进一步问询的，本所向上市公司、交易对方、独立财务顾问、证券服务机构提出问询问题，并结合问询回复，就新增事项形成审核意见并报送中国证监会。

中国证监会在注册程序中，认为本所对新增事项的审核意见依据明显不充分，退回本所补充审核的，本所对补充审核事项重新审核。本所认为本次交易符合重组条件和信息披露要求的，重新向中国证监会报送审核意见、相关审核资料及上市公司申请文件；认为本次交易不符合重组条件或者信息披露要求的，作出终止审核的决定。

本所根据前两款规定进一步问询或者补充审核的时间不计入本规则第四十一条规定的审核时限内。

上市公司应当及时披露相关问询问题以及注册结果，并根据需要更新申请文件并披露。

第五节　审核中止与终止

第五十一条　出现下列情形之一的，上市公司、交易对方、独立财务顾问、证券服务机构应当及时告知本所，本所将中止审核：

（一）本次交易涉嫌内幕交易被中国证监会立案调查或者被司法机关立案侦查，尚未结案；

（二）上市公司因涉嫌违法违规被行政机关调查，或者被司法机关侦查，尚未结案，对本次交易影响重大；

（三）独立财务顾问、证券服务机构被中国证监会依法采取限制业务活动、责令停业整顿、指定其他机构托管或者接管等措施，被证券交易所、国务院批准的其他全国性证券交易场所采取一定期限内不接受其出具的相关文件的纪律处分，尚未解除；

（四）独立财务顾问、证券服务机构的相关签字人员被中国证监会依法采取不得从事证券业务或者证券服务业务的证券市场禁入、认定为不适当人选等措施，被证券交易所、国务院批准的其他全国性证券交易场所采取一定期限内不接受其出具的相关文件的纪律处分，或者被证券业协会采取认定不适合从事相关业务的纪律处分，尚未解除；

（五）申请文件中记载的财务资料已过有效期，需要补充提交；

（六）中国证监会根据《重组办法》等规定责令暂停重组活动，或者责令相关主体作出公开说明或者披露专业意见；

（七）上市公司、独立财务顾问主动要求中止审核，理由正当并经本所同意。

出现前款第一项至第六项所列情形，上市公司、交易对方、独立财务顾问、证券服务机构未及时告知本所，本所经核实符合中止审核情形的，将直接中止审核。

第一款所列情形消除后，上市公司、交易对方、独立财务顾问、证券服务机构应当及时告知本所。本所经审核确认后，恢复对发行股份购买资产申请的审核。审核时限自恢复审核之日起继续计算；但财务报告期调整达到一个或者一个以上会计年度的，审核时限自恢复审核之日起重新计算。存在第一款第一项规定的情形，但符合中国证监会有关规定的，视为相关情形已消除。

第五十二条　出现下列情形之一的，本所将终止审核：

（一）中国证监会根据《重组办法》等规定，责令上市公司终止重组活动；

（二）上市公司更换独立财务顾问、对交易方案进行重大调整，或者上市公司、独立财务顾问主动撤回申请文件；

（三）上市公司未在规定时限内回复本所审核问询或者未对申请文件作出解释说明、补充修改；

（四）申请文件内容存在重大缺陷，严重影响投资者理解和本所审核；

（五）申请文件被认定存在虚假记载、误导性陈述或者重大遗漏；

（六）上市公司、交易对方及有关各方，独立财务顾问、证券服务机构及其相关人员等主体阻碍或者拒绝中国证监会或者本所依法实施的检查或者督导；

（七）上市公司、交易对方及有关各方，独立财务顾问、证券服务机构及其相关人员等主体以不正当手段严重干扰本所审核工作；

（八）本规则第五十一条第一款第三项至第七项规定的中止审核情形未能在两个月内消除；

（九）本所审核认为本次交易不符合重组条件或者信息披露要求。

第五十三条 本所对上市公司发行股份购买资产申请不予受理或者终止审核的，上市公司可以在收到本所相关文件后五个工作日内，向本所申请复审；但因本规则第五十二条第二项终止审核的，不得申请复审。复审的有关事项，适用《深圳证券交易所股票发行上市审核规则》等关于复审的有关规定。

经复审，上市公司申请理由成立的，本所对发行股份购买资产申请重新审核，审核时限自重新审核之日起重新计算；申请理由不成立的，本所维持原决定。

第六节 会后事项

第五十四条 重组委形成审议意见后至中国证监会作出注册决定前，发生重大事项，对上市公司本次交易是否符合重组条件或者信息披露要求产生重大影响的，本所重组审核机构经重新审核后决定是否重新提交重组委审议。

第五十五条 中国证监会作出注册决定后至本次交易实施完毕前，发生重大事项，可能导致上市公司本次交易不符合重组条件或者信息披露要求的，上市公司应当暂停本次交易。本所发现上市公司存在上述情形的，有权要求上市公司暂停本次交易。

上市公司、交易对方、独立财务顾问应当将上述情况及时报告本所并作出公告，说明重大事项相关情况及上市公司将暂停本次交易。

本所经审核认为相关重大事项导致上市公司本次交易不符合重组条件或者信息披露要求的，将出具明确意见并报告中国证监会。

第六章 审核相关事项

第五十六条 本所向市场公开重组审核的下列信息，接受社会监督：

（一）在审上市公司名单、基本信息及审核工作进度；

（二）本所审核问询，上市公司、交易对方、独立财务顾问、证券服务机构的回复，但涉及国家秘密或者商业秘密的除外；

（三）重组委的会议时间、审议的上市公司名单、参会委员名单、审议结果及现场问询问题；

（四）中国证监会的注册决定；

（五）本所对上市公司、交易对方及有关各方，独立财务顾问、证券服务机构及其相关人员采取的自律监管措施或者纪律处分；

（六）本所认为必要的其他信息。

第五十七条 本所受理申请文件后至本次交易实施完毕前，发生重大事项的，上市公司、交易对方、独立财务顾问应当及时向本所报告，按照要求履行信息披露义务、更新申请文件。上市公司的独立财务顾问、证券服务机构应当持续履行尽职调查职责，并向本所提交专项核查意见。

第五十八条 本所受理申请文件后至本次交易实施完毕前，上市公司及其独立财务顾问应当密切关注媒体关于本次交易的重大报道、市场传闻。

相关报道、传闻与上市公司信息披露存在重大差异，或者所涉事项可能对本次交易产生重大影响的，上市公司、交易对方、独立财务顾问、证券服务机构应当向本所作出解释说明，并按照规定履行信息披露义务。独立财务顾问、证券服务机构应当进行必要的核查并向本所报告核查结果。

第五十九条 本所受理申请文件后至本次交易实施完毕前，本所收到与本次交易相关的投诉举报的，可以就投诉举报涉及的事项向上市公司、交易对方、独立财务顾问、证券服务机构进行问询，要求其向本所作出解释说明，并按照规定履行信息披露义务；要求独立财务顾问、证券服务机构进行必要的核查并向本所报告核查结果。

第六十条 本所在审核中，发现上市公司申请文件存在重大疑问且上市公司、交易对方、独立财务顾问、证券服务机构回复中无法作出合理解释，或者本次交易涉及重组上市的，本所可以对独立财务顾问、证券服务机构进行现场督导，或者提请对上市公司、交易对方、标的资产、独立财务顾问、证券服务机构进行现场检查。

第六十一条 本所在审核中，对重组条件具体审核标准等涉及中国证监会部门规章及规范性文件理解和适用的重大疑难问题、重大无先例情况以及其他需要中国证监会决定的事项，将及时请示中国证监会。

第六十二条 本所对发行股份购买资产申请不予受理、终止审核的，上市公司可以在相关情形消除或者相关问题解决后再行申报。

上市公司发行股份购买资产申请被本所重组委审议认为不符合重组条件或者信息披露要求、收到本所终止审核决定，或者被中国证监会作出不予注册决定后，应当采取下列处理措施：

（一）上市公司发行股份购买资产申请被本所重组委审议认为不符合重组条件或者信息披露要求、收到本所终止审核决定，或者被中国证监会作出不予注册决定后次一交易日就该结果予以公告；

（二）上市公司董事会应当根据股东大会的授权，在收到本所终止审核决定或者中国证监会不予注册的决定后十日内，就是否修改或者终止本次重组方案作出决议并予以公告。上市公司董事会决议终止本次交易的，应当在以上董事会的公告中明确向投资者说明，并按照公司章程的规定提交股东大会审议，股东大会就重大资产重组事项作出决议时已就董事会决议终止本次交易作出具体授权的除外；准备重新上报的，应当在以上董事会公告中明确说明重新上报的原因、计划等。

第七章 持续督导

第六十三条 为上市公司实施重大资产重组提供服务的独立财务顾问，应当按照中国证监会和本所的相关规定，履行持续督导职责。

独立财务顾问应当指定项目主办人负责持续督导工作，并在资产重组实施情况报告书中披露。前述项目主办人不能履职的，独立财务顾问应当另行指定履职能力相当的人员并披露。

上市公司、标的资产及其相关人员，应当积极配合独立财务顾问履行持续督导职责，及时提供必要的信息，保障履职所需的各项条件，协助披露持续督导意见。

第六十四条 上市公司实施重大资产重组的，持续督导期限为本次交易实施完毕当年剩余时间以及其后一个完整会计年度。

前款规定的期限届满后，存在尚未完结的督导事项的，独立财务顾问应当继续履行持续督导职责，并在各年度报告披露之日起十五日内就相关事项的进展情况出具核查意见。

第六十五条 独立财务顾问应当勤勉尽职，通过日常沟通、定期回访等方式，结合上市公司信息披露情况，履行下列持续督导职责：

（一）就督促上市公司按照相关规定实施重组方案，及时办理资产的交付或者过户手续等情况，履行相关信息披露义务；

（二）辅导和督促标的资产主要股东、主要管理人员知晓并遵守上市公司信息披露、规范运作要求；

（三）关注并督促上市公司有效控制、整合、运营标的资产；

（四）关注并督促上市公司披露对标的资产持续经营能力、核心竞争力有重大不利影响的风险或者负面事项；

（五）关注并督促相关方履行承诺；

（六）关注并督促上市公司按照企业会计准则的有关规定，对商誉进行确认和计量；

（七）《重组办法》《上市公司并购重组财务顾问业务管理办法》等规定的其他持续督导职责。

前款各项所涉事项对上市公司或者标的资产产生重大影响，或者与重大资产重组报告书等文件披露或者预测情况存在重大差异的，独立财务顾问应当督促上市公司及时披露，并于公司披露公告时，就披露信息是否真实、准确、完整，是否存在其他未披露重大风险发表意见并披露。

第六十六条　存在下列情形之一的，独立财务顾问应当对上市公司或者标的资产进行现场核查，出具核查报告并披露：

（一）标的资产存在重大财务造假嫌疑；

（二）上市公司可能无法有效控制标的资产；

（三）标的资产可能存在未披露担保；

（四）标的资产可能存在非经营性资金占用；

（五）标的资产股权可能存在重大未披露质押。

独立财务顾问进行现场核查的，应当就核查情况、提请上市公司及投资者关注的问题、本次现场核查结论等事项出具现场核查报告，并在现场核查结束后五个工作日内披露。

第六十七条　上市公司实施重大资产重组，交易对方作出业绩承诺并与上市公司签订补偿协议的，独立财务顾问应当在业绩补偿期间内，持续关注业绩承诺方的资金、所持上市公司股份的质押等履约能力保障情况，督促其及时、足额履行业绩补偿承诺。

相关方丧失履行业绩补偿承诺能力或者履行业绩补偿承诺存在重大不确定性的，独立财务顾问应当督促上市公司及时披露风险情况，并就披露信息是否真实、准确、完整，是否存在其他未披露重大风险发表意见并披露。

相关方未履行业绩补偿承诺或者履行业绩补偿承诺数额不足的，独立财务顾问应当督促上市公司在前述事项发生的十个工作日内，制定并披露追偿计划，并就追偿计划的可行性以及后续履行情况发表意见并披露。

第六十八条　上市公司实施重组上市的，独立财务顾问自本次交易实施完毕之日起，应当遵守《上市规则》关于首次公开发行股票并在本所上市持续督导的规定，以及《重组办法》《上市公司并购重组财务顾问业务管理办法》及本所相关规则规定的持续督导职责。

第八章　自律管理

第六十九条　本所在发行股份购买资产审核中，可以根据本规则及本所相关规则单独或者合并采取下列日常工作措施：

（一）要求对有关问题作出解释和说明；

（二）出具监管工作函；

（三）约见有关人员；

（四）要求提供相关备查文件或者材料；

（五）向中国证监会报告有关情况；

（六）本所规定的其他日常工作措施。

第七十条 上市公司、交易对方未按照相关法律法规实施重大资产重组，或者因定价显失公允、违反业绩承诺、不正当利益输送等问题损害上市公司、投资者合法权益的，本所可以要求限期改正，并可以采取《上市规则》等规则规定的自律监管措施或者纪律处分；情节严重的，可以要求终止本次交易，并可以采取《上市规则》等规则规定的纪律处分。

第七十一条 上市公司、交易对方及有关各方存在下列情形之一的，本所可以要求限期改正，并可以对其单独或者合并采取《上市规则》等规则规定的自律监管措施或者纪律处分：

（一）未按照相关法律法规报送申请文件、有关报告或者披露重大资产重组信息；

（二）申请文件、报送的报告或者披露的信息存在虚假记载、误导性陈述或者重大遗漏；

（三）拒绝、阻碍、逃避现场检查或者现场督导，谎报、隐匿、销毁相关证据材料；

（四）以不正当手段严重干扰本所审核工作；

（五）其他违反相关法律法规的行为。

第七十二条 上市公司董事、监事和高级管理人员未履行诚实守信、勤勉尽责义务，或者上市公司的控股股东、实际控制人及其有关负责人员未按照本规则的规定履行相关义务，导致重大资产重组损害上市公司利益，或者组织、指使、直接从事第七十一条规定的违规行为的，本所视情节轻重对其单独或者合并采取《上市规则》等规则规定的自律监管措施或者纪律处分。

第七十三条 为重大资产重组提供服务的独立财务顾问、证券服务机构及其相关人员未履行诚实守信、勤勉尽责义务，违反行业规范、业务规则，或者未依法履行尽职调查、报告和披露以及持续督导职责的，本所视情节轻重对其单独或者合并采取下列自律监管措施或者纪律处分：

（一）口头警示；

（二）书面警示；

（三）约见谈话；

（四）通报批评；

（五）公开谴责；

（六）三个月至三年内不接受独立财务顾问、证券服务机构提交的申请文件或者信息披露文件；

（七）一年至三年内不接受独立财务顾问、证券服务机构相关人员签字的申请文件或者信息披露文件；

（八）其他自律监管措施或者纪律处分。

第七十四条　上市公司股东减持因发行股份购买资产取得的股份，违反本规则的，本所视情节轻重，按照《上市规则》等规则的规定，采取相应的自律监管措施或者纪律处分。

第七十五条　本所在审核中，发现上市公司、交易对方及有关各方，独立财务顾问、证券服务机构及其相关人员涉嫌证券违法的，将依法报告中国证监会。

前款规定的监管对象被其他证券交易所、国务院批准的其他全国性证券交易场所采取暂不接受文件、认定为不适当人选等自律监管措施和纪律处分的，本所按照业务规则，在相应期限内不接受其提交或者签字的相关文件，或者认为其不适合担任上市公司董事、监事、高级管理人员，并对该监管对象提交或者签字且已受理的其他文件中止审核，或者要求上市公司解聘相关人员等。

第九章　附则

第七十六条　上市公司发行存托凭证、优先股、可转换为股票的公司债券、定向权证购买资产或者募集配套资金，或者实施涉及股份发行的合并、分立的，信息披露要求、审核程序等参照适用本规则。

第七十七条　本规则所称有关各方，是指上市公司的控股股东、实际控制人、董事、监事、高级管理人员及其他相关方。

第七十八条　本规则的制定和修改须经本所理事会审议通过，报中国证监会批准。

第七十九条　本规则由本所负责解释。

第八十条　本规则自发布之日起施行。本所于 2021 年 6 月 22 日发布的《深圳证券交易所创业板上市公司重大资产重组审核规则（2021 年修订）》（深证上〔2021〕540 号）、《深圳证券交易所创业板发行上市审核业务指引第 2 号——上市公司重大资产重组审核标准》（深证上〔2021〕542 号）同时废止。

关于发布《深圳证券交易所优先股试点业务实施细则（2023 年修订）》的通知

（深证上〔2023〕99 号 2023 年 2 月 17 日）

各市场参与人：

为了落实全面实行股票发行注册制相关要求，进一步规范上市公司优先股发行、上市、交易、转让和信息披露等行为，推动提高上市公司质量，本所对《深圳证券交易所优先股试点业务实施细则》进行了修订，经中国证监会批准，现予以发布。

本细则自发布之日起施行。在按照《首次公开发行股票注册管理办法》发行的首只主板股票上市首日前，优先股涨跌幅限制、异常波动标准等交易机制或者转让机制仍按照本所于 2014 年 6 月 12 日发布的《深圳证券交易所优先股试点业务实施细则》（深证上〔2014〕204 号）的有关规定执行。

本所于 2014 年 11 月 6 日发布的《优先股投资风险揭示书必备条款》（深证会〔2014〕125 号）同时废止。

附件：深圳证券交易所优先股试点业务实施细则（2023 年修订）

附件

深圳证券交易所优先股试点业务实施细则（2023 年修订）

第一章 总则

第一条 为了规范优先股的发行、上市、交易、转让、信息披露等行为，保护投资者合法权益，根据《中华人民共和国公司法》（以下简称《公司法》）、《中华人民共和国证券法》（以下简称《证券法》）、《国务院关于开展优先股试点的指导意见》（以下简称《指导意见》）、《优先股试点管理办法》（以下简称《管理办法》）、《深圳证券交易所股票上市规则》《深圳证券交易所创业板股票上市规则》（以下统称《股票上市规则》）、《深圳证券交易所交易规则》（以下简称《交易规则》）等有关规定，制定本细则。

第二条 本细则所称优先股，是指依照《公司法》，在一般规定的普通种类股份之外，另行规定的其他种类股份，其股份持有人优先于普通股股东分配公司利润和剩余财产，但参与公司决策管理等权利受到限制。

第三条　优先股在深圳证券交易所（以下简称本所）的发行、上市、交易、转让和信息披露等事宜，适用本细则。本细则未规定的，适用本所其他有关规定。

第四条　优先股的登记、存管和结算事宜，按照中国证券登记结算公司（以下简称中国结算）相关业务规则办理。

第五条　本所会员应当向首次参与优先股交易或者转让的投资者全面介绍优先股的产品特征和运行规则，充分揭示投资风险，并要求其以书面或者电子方式签署优先股投资风险揭示书。

第二章　发行与上市

第六条　上市公司申请发行优先股的，相关发行审核、承销等事宜，本细则未作规定的，适用《深圳证券交易所上市公司证券发行上市审核规则》《深圳证券交易所上市公司证券发行与承销业务实施细则》等有关规则的规定。

上市公司通过本所交易系统采用资金申购方式上网向不特定对象发行优先股的，参照《资金申购上网公开发行股票实施办法》执行。

第七条　上市公司向特定对象发行优先股的，其发行对象及人数应当符合《管理办法》第三十四条的规定。

第八条　在本所发行的优先股每股票面金额为 100 元人民币。

优先股的发行价格不得低于优先股票面金额。

第九条　上市公司申请向不特定对象发行的优先股在本所上市的，应当符合下列条件：

（一）优先股经中国证监会注册并已向不特定对象发行；

（二）本次优先股发行后实际募集资金总额不少于人民币五千万元；

（三）申请优先股上市时仍符合法定的优先股发行条件；

（四）本所要求的其他条件。

第十条　发行人向本所申请优先股上市或者办理转让服务的，应当提交下列文件：

（一）上市或者转让申请书；

（二）上市或者转让公告书；

（三）中国证监会予以注册的决定；

（四）根据《指导意见》和《管理办法》，明确规定优先股相关事项的公司章程；

（五）保荐机构出具的《承销保荐协议》《上市保荐书》或者《转让保荐书》，保荐代表人分别签署的《保荐代表人声明和承诺书》（如适用）；

（六）财务顾问出具的《财务顾问报告》（如适用）；

（七）会计师事务所出具的《验资报告》；

（八）资产、负债转移手续完成情况及其证明文件（如适用）；

（九）律师事务所出具的《法律意见书》；

（十）中国结算出具的优先股登记证明文件；

（十一）董事、监事和高级管理人员持股情况变动的报告；

（十二）发行对象、上市公司等在本次优先股发行中所有承诺及其履行情况的《承诺公告》；

（十三）本所要求的其他文件。

第三章　交易与转让

第一节　一般规定

第十一条　向不特定对象发行的优先股上市交易可以采用竞价交易和大宗交易方式。

本所为向特定对象发行的优先股提供转让服务。

第十二条　优先股交易、转让计价单位为"每股价格"。

第十三条　优先股交易、转让申报价格最小变动单位为0.01元人民币。

第十四条　本所对向不特定对象发行的优先股交易（含上市首日）实行价格涨跌幅限制。涨跌幅限制范围、计算公式适用《交易规则》关于股票交易的规定。

优先股上市首日涨跌幅价格的计算，以该优先股的发行价格为基准。

第十五条　同一发行人发行的普通股停复牌的，优先股同步停牌或者暂停转让、复牌或者恢复转让，本所另有规定的除外。

第二节　交易

第十六条　通过竞价交易买入优先股的，申报数量应为100股或者其整数倍。卖出优先股时，余额不足100股的部分，应当一次性申报卖出。

第十七条　优先股竞价交易单笔申报最大数量不得超过100万股。

第十八条　优先股竞价交易出现下列情形之一的，属于异常波动，本所分别公布其在交易异常波动期间累计买入、卖出金额最大五家会员证券营业部或者交易单元的名称及其各自累计买入、卖出金额：

（一）主板上市优先股连续三个交易日内收盘价格涨跌幅累计达到±20%的;

（二）主板上市优先股单一交易日换手率达到20%的;

（三）创业板上市优先股连续三个交易日内收盘价格涨跌幅累计达到±30%的;

（四）中国证监会或者本所认为属于异常波动的其他情形。

异常波动指标自上市公司发布异常波动公告或者复牌之日起重新计算。

优先股不适用《交易规则》关于股票交易严重异常波动情形的规定。

第十九条　优先股竞价交易纳入本所即时行情，但不纳入指数计算。

第二十条　优先股进行大宗交易的，单笔申报数量不低于 5000 股，或者交易金额不低于 50 万元人民币。

第二十一条　优先股大宗交易采用协议大宗交易方式。

第二十二条　优先股协议大宗交易的成交确认时间为每个交易日的 9:15 至 11:30、13:00 至 15:30。

第二十三条　本所在交易时间内通过本所网站即时公布优先股协议大宗交易的报价信息和成交信息。其中报价信息内容包括：证券代码、证券简称、申报类型、买卖方向、数量、价格等；成交信息内容包括：证券代码、证券简称、当日最新价、当日最高价、当日最低价、总成交数量、总成交金额、总成交笔数等。

第二十四条　本所在每日交易结束后通过本所网站公布优先股协议大宗交易信息，内容包括：证券代码、证券简称、成交量、成交价格以及买卖双方所在会员证券营业部或者交易单元名称。

第二十五条　在本所上市优先股的交易事宜，本细则未作规定的，适用《交易规则》关于股票交易的规定。

第三节　转让

第二十六条　优先股进行转让的，单笔申报数量（金额）、申报时间、申报类型、成交确认时间参照优先股协议大宗交易有关规定执行。

第二十七条　优先股转让环节的投资者适当性标准应当与发行环节保持一致；向特定对象发行的相同条款优先股经转让后，投资者不得超过二百人。

本所按照申报时间先后顺序对优先股转让进行确认，对导致优先股持有账户数超过 200 户的转让不予确认。

第二十八条　本所会员应当履行投资者适当性管理职责，通过现场问询、核对资料、签订确认书等方式审查参与优先股转让的投资者是否为符合规定的合格投资者，并保存相关资料。

第四章　信息披露

第二十九条　上市公司召开董事会审议发行优先股相关事项的，应当及时刊登董事会决议公告，并按照中国证监会有关规定及时披露本次优先股发行预案。

上市公司独立董事应当就本次发行优先股对公司各类股东权益的影响发表专项意见，并与董事会决议一同披露。

第三十条　上市公司召开股东大会审议发行优先股相关事项的，应当提供网络投票，并在股东大会通知中逐项列出下列需要进行表决的事项：

（一）本次发行优先股的种类和数量；

（二）发行方式、发行对象及向原股东配售的安排；

（三）票面金额、发行价格或者定价区间及其确定原则；

（四）优先股股东参与分配利润的方式，包括：票面股息率及其确定原则、股息发放的条件、股息支付方式、股息是否累积、是否可以参与剩余利润分配等，涉及财务数据或者财务指标的，应当注明相关报表口径；

（五）回购条款，包括回购的条件、期间、价格及其确定原则、回购选择权的行使主体等（如有）；

（六）募集资金用途；

（七）公司与发行对象签订的附条件生效的优先股认购合同（如有）；

（八）决议的有效期；

（九）公司章程关于优先股股东和普通股股东利润分配、剩余财产分配、优先股表决权恢复等相关政策条款的修订方案；

（十）对董事会办理本次发行具体事宜的授权；

（十一）中国证监会和本所规定的其他事项。

上述事项须经出席会议的普通股股东（含表决权恢复的优先股股东）所持表决权的三分之二以上通过。已发行优先股的，还须经出席会议的优先股股东（不含表决权恢复的优先股股东）所持表决权的三分之二以上通过。上市公司向公司特定股东及其关联人发行优先股的，股东大会就发行方案进行表决时，关联股东应当回避。

第三十一条　上市公司应当在股东大会决议公告中披露普通股股东和优先股股东分别对本细则第三十条第一款规定的每一事项同意、反对和弃权的股份数及其所占比例。

第三十二条　上市公司向不特定对象发行优先股的，应当在优先股发行日前五个交易日内，披露发行公告和募集说明书全文。

第三十三条　上市公司应当在其优先股上市（转让）日前五个交易日内，披露上市（转让）公告书全文。

上市（转让）公告书应当包括下列内容：

（一）发行人基本情况；

（二）本次优先股发行情况；

（三）本次优先股上市（转让）情况；

（四）本次股份变动情况及其影响；

（五）本次发行上市（转让）相关服务机构的基本情况；

（六）保荐机构（财务顾问）的上市（转让）推荐意见；

（七）自募集说明书刊登日至上市（转让）公告书刊登前发生可能对公司有较大影响的其他重要事项（如有）；

（八）本所要求的其他内容。

第三十四条　发行优先股的上市公司披露定期报告时，应当在定期报告中以专门章节的形式，披露下列与优先股有关的情况：

（一）历次发行优先股情况；

（二）优先股股本总额；

（三）前十名优先股股东名单和持有数额；

（四）优先股股东的利润分配情况；

（五）优先股的回购或者转换情况（如有）；

（六）优先股股东表决权恢复及行使情况（如有）；

（七）优先股会计处理情况；

（八）中国证监会和本所规定的其他情况。

第三十五条　发行优先股的上市公司，发生下列可能对其普通股或者优先股交易或者转让价格产生较大影响情况的，应当及时履行披露义务：

（一）优先股的发行、上市和转让情况；

（二）优先股的回购情况；

（三）优先股的转换情况；

（四）公司信用状况发生重大变化，可能影响其向优先股股东分配股息的；

（五）优先股股东表决权恢复、行使及其变动情况；

（六）优先股股东的分类表决情况；

（七）向优先股股东分配利润或者剩余财产的；

（八）优先股的收盘市值低于五千万元的；

（九）优先股募集资金的存放和使用情况；

（十）中国证监会和本所规定的其他情况。

第三十六条　发行优先股的上市公司累计三个会计年度或者连续两个会计年度未按约定支付优先股股息的，应当在公司股东大会批准当年利润分配方案的次日发布表决权恢复提示性公告，公告应当载明优先股表决权恢复的原因和起始期限、每股优先股享有的表决权比例以及表决权恢复对公司的影响等内容。

对于股息可累积到下一会计年度的优先股，公司应当在其全额支付所欠股息的次日发布表决权终止提示性公告；对于股息不可累积的优先股，公司应当在其全额支付当年股息的次日发布表决权终止提示性公告；公告应当载明优先股表决权终止的原因、日期及其对公司的影响等内容。

上市公司出现公司章程规定的其他优先股表决权恢复、终止情形的，应当参照前两款规定发布提示性公告。

第三十七条　投资者持有上市公司已发行的优先股达到该公司优先股股本总额的 20% 时，应当在该事实发生之日起两个交易日内向本所报告，并通知上市公司予以公告。

持有上市公司已发行的优先股占该公司优先股股本总额 20% 以上的，其所持上市公司已发行的优先股比例每增加或者减少 10% 时，应当在该事实发生之日起两个交易日内依照前款规定履行报告和公告义务。

第三十八条　下列事项计算持股比例或者数额时，仅计算普通股和表决权恢复的优先股：

（一）根据《公司法》第一百条，请求召开临时股东大会；

（二）根据《公司法》第一百零一条，召集和主持股东大会；

（三）根据《公司法》第一百零二条，提交股东大会临时提案；

（四）根据《公司法》第二百一十六条，认定控股股东；

（五）根据《证券法》第四十四条、第五十一条和第八十条，认定持有公司百分之五以上股份的股东；

（六）根据《股票上市规则》有关规定，认定持有公司百分之五以上股份的关联人；

（七）中国证监会和本所规定的其他事项。

第三十九条　上市公司以减少注册资本为目的回购普通股向不特定对象发行优先股的，或者以向特定对象发行优先股为支付手段向公司特定股东回购普通股的，除应当符合优先股发行条件和程序，还应当在董事会审议通过回购股份相关事项后，及时披露董事会决议和回购股份预案。

回购股份预案应当至少包括下列内容：

（一）回购股份的目的；

（二）回购股份的方式；

（三）回购股份的价格或者价格区间、定价原则；

（四）拟回购股份的种类、数量以及占总股本的比例；

（五）以发行优先股作为支付手段的，应当包括拟用于支付的优先股总金额以及支付比例；回购方案实施完毕之日起一年内向不特定对象发行优先股的，应当包括回购的资金总额以及资金来源；

（六）回购股份的期限；

（七）决议的有效期；

（八）对董事会办理本次回购股份事宜的具体授权；

（九）中国证监会和本所规定的其他内容。

第四十条　上市公司按照《上市公司重大资产重组管理办法》规定的条件发行优先股购买资产的，应当按照《管理办法》第五十七条、《股票上市规则》等规定履行报告、公告义务。

第四十一条　上市公司应当在优先股派息前五个交易日内披露付息公告。付息公告应当载明付息方案、付息登记日与除息日、付息对象、付息方法等。

第四十二条　发行人决定行使赎回权的，应当在赎回日前至少发布三次赎回提示性公告。

第四十三条　发行人应当在募集说明书约定的回售条件满足日前至少发布三次回售提示性公告。

第五章　转换与回购

第四十四条　上市公司不得发行可以转换为普通股的优先股。但商业银行可以根据商业银行资本监管规定，向特定对象发行触发事件发生时强制转换为普通股的优先股，并遵守《中国银保监会 中国证监会关于商业银行发行优先股补充一级资本的指导意见（修订）》等有关规定。

第四十五条　发行人回购优先股，包括发行人要求赎回优先股和投资者要求回售优先股，优先股回购后相应减记发行在外的优先股股份总数。

第四十六条　优先股存续期内，募集说明书约定的赎回条件满足且所欠股息已支付时，发行人可以行使赎回权，按约定的价格赎回全部或者部分优先股。

第四十七条　在优先股存续期内，募集说明书约定的回售条件满足时，优先股股东可以回售部分或者全部优先股。

第六章　附则

第四十八条　优先股的风险警示、终止上市、重新上市以及退市整理期等相关事项，参照《股票上市规则》有关规定执行，但涉及股权分布、股票累计成交量、每日股票收盘价的规定，不适用于优先股。

第四十九条　优先股的发行人及其控股股东、实际控制人、董事、监事、高级管理人员或者其他直接责任人员，中介机构及其责任人员，以及优先股试点的其他市场参与者，违反本细则规定或者其作出的承诺的，本所可以按照《股票上市规则》《交易规则》等规定，对其采取口头警示、书面警示、要求限期改正、建议更换相关任职人员等自律监管措施，或者给予通报批评、公开谴责、公开认定不适合担任上市公司董事、监事和高级管理人员、暂不接受发行人提交的发行上市申请文件、暂不受理中介机构或者其从业人员出具的相关业务文件等纪律处分，并按规定记入诚信档案。

第五十条　承销机构在承销向特定对象发行的优先股时，未按规定配售给符合《管理办法》规定的合格投资者的，本所可以要求限期改正，给予三年内不接受其提交的证券承销业务相关文件的纪律处分。

第五十一条　根据本细则第三十八条规定计算持股比例的，其计算公式为：
持股比例＝股东持有的（普通股股数＋恢复表决权的优先股换算为普通股的股数）/上市公司（普通股总数＋恢复表决权的优先股换算为普通股的总数）。

第五十二条　优先股上市、交易、转让的各项费用，暂按普通股收费标准的

80% 收取。

第五十三条　本细则所称"内""以上"含本数，"低于""少于""超过"不含本数。

第五十四条　本细则的制定和修改须报中国证监会批准。

第五十五条　本细则由本所负责解释。

第五十六条　本细则自发布之日起施行。本所于 2014 年 11 月 6 日发布的《优先股投资风险揭示书必备条款》（深证会〔2014〕125 号）同时废止。

附件：优先股投资风险揭示书必备条款

附件

优先股投资风险揭示书必备条款

优先股是介于股票和债券之间的一种股债混合投融资工具，在产品设计上既有股性也有债性特点，在境内资本市场还是一个新的证券品种。为此，《深圳证券交易所优先股试点业务实施细则》第五条规定，本所会员应当向首次参与优先股交易或者转让的投资者全面介绍优先股的产品特征和运行规则，充分揭示投资风险，并要求其以书面或者电子方式签署优先股投资风险揭示书（以下简称《风险揭示书》）。

上述《风险揭示书》应当包括以下内容：

一、重要提示

（一）优先股发行、上市、交易、转让、信息披露、转换等业务规则与普通股、债券等产品存在差别，投资者参与优先股投资之前，应当了解和熟悉《国务院关于开展优先股试点的指导意见》《优先股试点管理办法》《深圳证券交易所优先股试点业务实施细则》等法规、规章和业务规则。

（二）优先股的条款比较复杂，向特定对象发行的优先股条款约定自由度更高，不同的条款决定了不同的权利义务，投资者参与优先股投资之前，应当充分关注优先股的具体条款，仔细研读相关公司的发行预案、发行公告、转让公告书以及其他相关公告，做到理性投资，切忌盲目跟风。

（三）本风险揭示书无法详尽列示优先股的全部投资风险，投资者在参与此项业务前，务必对此要有清醒认识。

二、风险揭示

（一）权利义务差异可能带来的风险

优先股是一个全新的证券品种，其权利义务与普通股、债券等产品存在差别。如认知不到位，可能给投资者造成投资风险。包括但不限于：

1. 投资者应当充分关注优先股与普通股的差异。优先股股份持有人优先于普通股股东分配公司利润和剩余财产，但参与公司决策管理等权利受到限制。除与优先股股东利益相关的若干事项外，如修改公司章程中与优先股相关的内容、发行优先股、减少注册资本超过百分之十、公司合并、分立、解散或者变更公司形式等，优先股股东一般无权出席股东大会决议并行使表决权。

2. 投资者应当充分关注优先股表决权恢复及终止情形。公司累计 3 个会计年度或者连续 2 个会计年度未按约定支付优先股股息的，优先股股东有权出席股东大会并行使表决权。对于股息可累积到下一会计年度的优先股，表决权恢复直至公司全额支付所欠股息；对于股息不可累积的优先股，表决权恢复直至公司全额恢复当年所欠股息。公司章程可规定优先股表决权恢复的其他情形。

3. 投资者应当充分关注优先股与债券的差异。优先股具有固定收益证券的特征，但与债券不同，优先股股东与公司不属于一般意义上的债权债务关系。一般而言，公司无到期归还本金的义务，可分配税后利润不足以足额支付股息的并不构成违约。

4. 投资者应当充分关注优先股的具体条款内容：（1）优先股股息率是采用固定股息率还是浮动股息率，并相应明确固定股息率水平或者浮动股息率计算方法；（2）公司在有可分配税后利润的情况下是否必须分配利润；（3）如果公司因本会计年度可分配利润不足而未向优先股股东足额派发股息，差额部分是否累积到下一会计年度；（4）优先股股东按照约定的股息率分配股息后，是否有权同普通股股东一起参加剩余利润分配；（5）优先股是否可以转换成普通股，或者在何种情形下可以转换为普通股；（6）发行人是否可以行使赎回权，优先股股东是否可以行使回售权，等等。

（二）规则制度差异可能带来的风险

优先股在发行、上市、交易、转让、信息披露等方面与普通股的业务规则存在较大的差异。如认知不到位，可能给投资者造成投资风险。包括但不限于：

1. 投资者应当充分关注向特定对象发行优先股的特殊性。向特定对象发行优先股的票面股息率不得高于公司最近两个会计年度的年均加权平均净资产收益率，且只能向规定的合格投资者发行，每次发行对象不得超过二百人，且相同条款优先股的发行对象累计不得超过二百人。向特定对象发行优先股转让环节的投资者适当性标准与发行环节保持一致，向特定对象发行相同条款优先股经转让后不得超过二百人，交易所按照申报时间先后顺序进行确认，对导致优先股持有账户数超过二百户的转让不予确认。

2. 投资者应当充分关注优先股交易平台和门槛的特殊性。向不特定对象发行的优先股可以采用竞价交易和大宗交易方式，向特定对象发行的优先股仅采用转让方式。优先股每股票面金额为 100 元，竞价交易门槛为单笔买入申报数量为

100 股或其整数倍，大宗交易和转让单笔交易数量不低于 5000 股，或者交易金额不低于 50 万元人民币。

3. 投资者应当充分关注优先股的涨跌幅、停复牌和异常波动标准。向不特定对象发行上市的优先股交易（含上市首日）实行价格涨跌幅限制。涨跌幅限制范围、计算公式参照适用《交易规则》对发行人普通股股票交易的有关规定。优先股的停复牌与普通股联动操作，交易信息单独显示，不纳入深交所有关普通股的指数计算。主板上市优先股的异常波动标准为连续三个交易日内收盘价格涨跌幅累计达到 ±20% 或者单一交易日换手率达到 20% 等，创业板上市优先股的异常波动标准为连续三个交易日内收盘价格涨跌幅累计达到 ±30% 的。在按照《首次公开发行股票注册管理办法》发行的首只主板股票上市首日前，优先股涨跌幅限制、异常波动标准等交易机制或者转让机制仍按照深圳证券交易所于 2014 年 6 月 12 日发布的《深圳证券交易所优先股试点业务实施细则》（深证上〔2014〕204 号）的有关规定执行。

4. 投资者应当充分关注优先股信息披露的特殊情形。优先股表决权恢复及其终止时，投资者应当充分关注相关提示性公告。投资者持有优先股达到优先股股本总额 20% 时应当及时披露，以后每增加或者减少 10% 时披露，涉及股份回购、重大资产重组的，还需按照股份回购、重大资产重组程序和要求履行审议程序和披露义务。

5. 投资者应当充分关注需要合并计算恢复表决权的优先股与普通股的特殊情形：（1）根据《公司法》第一百条，请求召开临时股东大会；（2）根据《公司法》第一百零一条，召集和主持股东大会；（3）根据《公司法》第一百零二条，提交股东大会临时提案；（4）根据《公司法》第二百一十六条，认定控股股东；（5）根据《证券法》第四十四条、第五十一条和第八十条，认定持有公司百分之五以上股份的股东；（6）根据《股票上市规则》的有关规定，认定持有公司百分之五以上股份的关联人。

6. 投资者应当充分关注优先股的退市相关事项。优先股的风险警示、终止上市、重新上市以及退市整理期等相关事项，参照深交所《股票上市规则》有关规定执行，但上述相关事项中涉及股权分布、股票累计成交量、每日股票收盘价的规定，不适用于优先股。

风险揭示书应以醒目的文字载明：

上述风险揭示事项仅为列举性质，未能详尽列明投资优先股的所有风险因素，您在参与优先股投资前，还应认真阅读相关公司的发行预案、招股说明书和上市公告书等，对其他可能存在的风险因素也应有所了解和掌握，并确信自己已做好足够的风险评估与财务安排，避免因参与优先股投资而遭受难以承受的损失。

投资者在本风险揭示书上签字，即表明投资者已经理解并愿意自行承担参与优先股投资的风险和损失。

投资者签署栏：

本人（投资者）对上述《优先股投资风险揭示书》的内容已经充分理解，承诺本人愿意参与优先股的投资，并愿意承担优先股的投资风险。

特此声明。

股东代码

签名

日期

说明：

1. 本风险揭示书内容的字号应当不小于小三号。

2. 本风险揭示书列示的条款为必备条款，各证券公司会员在其制定的《优先股投资风险揭示书》标准文本中必须包括本风险揭示书列示的条款，证券公司会员可以根据实际需要在公司制定的风险揭示书中增加有关内容。

3. 各证券公司会员应与投资者以书面或者电子形式签署《优先股投资风险揭示书》。

关于发布《深圳证券交易所股票发行上市审核业务指引第 1 号——申请文件受理》的通知

（深证上〔2023〕106 号　2023 年 2 月 17 日）

各市场参与人：

为了规范本所证券发行上市受理工作，维护受理工作秩序，本所制定了《深圳证券交易所股票发行上市审核业务指引第 1 号——申请文件受理》，现予以发布，并自发布之日起施行。

本所于 2021 年 7 月 23 日发布的《深圳证券交易所创业板发行上市申请文件受理指引（2021 年修订）》（深证上〔2021〕729 号）同时废止。

附件：深圳证券交易所股票发行上市审核业务指引第 1 号——申请文件受理

附件

深圳证券交易所股票发行上市审核业务指引第 1 号——申请文件受理

第一条　为了规范深圳证券交易所（以下简称本所）证券发行上市受理工作，维护受理工作秩序，根据《首次公开发行股票注册管理办法》《上市公司证券发行注册管理办法》《上市公司重大资产重组管理办法》《中国证监会关于北京证券交易所上市公司转板的指导意见》《深圳证券交易所股票发行上市审核规则》《深圳证券交易所上市公司证券发行上市审核规则》《深圳证券交易所上市公司重大资产重组审核规则》《深圳证券交易所关于北京证券交易所上市公司向创业板转板办法（试行）》等规定，制定本指引。

第二条　发行人、本所上市公司（以下简称上市公司）、北京证券交易所上市公司（以下简称转板公司）、保荐人及独立财务顾问应当按照中国证监会及本所相关规定报送发行上市申请文件、发行股份购买资产申请文件、向本所创业板转板（以下简称转板）申请文件（以下统称申请文件）。

第三条　发行人、上市公司、转板公司应当通过保荐人、独立财务顾问向本所发行上市审核业务系统提交电子版申请文件，申请文件应当与书面原件一致。相关申请文件应当由两名保荐代表人或者财务顾问主办人签字。

每名保荐代表人可以在深沪主板和创业板同时各负责两家在审企业，但存在下列情形之一的，仅可以在深沪主板和创业板各负责一家在审企业：

（一）最近三年内有过违规记录，包括被中国证监会采取过监管措施、受到过证券交易所公开谴责或者证券业协会自律处分；

（二）最近三年内未曾担任过已完成的首发、再融资、转板项目签字保荐代表人。

申报项目时，保荐人应当针对签字保荐代表人是否符合《证券发行上市保荐业务管理办法》第四条规定，以及其申报的在审企业家数及是否存在前款第一项、第二项规定的情形作出说明与承诺。

第四条　本所收到申请文件后，对申请文件进行核对，并在五个工作日内作出受理或者不予受理的决定。上市公司向特定对象发行证券适用简易程序的，本所在收到申请文件后两个工作日内作出是否受理的决定。

第五条　存在下列情形之一的，本所发出补正通知，一次性提出全部补正要求，发行人、上市公司、转板公司应当予以补正，补正时限最长不超过三十个工作日：

（一）申请文件与中国证监会及本所规定的文件目录不相符；

（二）申请文件目录中的文件名称与文件本身内容不相符；

（三）不适用申请文件目录情况的说明与提交的申请文件不一致；

（四）申请文件无法打开或者读取；

（五）文档字体排版等格式不符合中国证监会和本所的相关规定；

（六）申请文件签字处缺少本人亲笔签字，或者签字不清晰；

（七）申请文件盖章处未加盖公章，印章不清晰，或者公章上的名称与应盖章机构的名称不一致；

（八）会计师事务所、律师事务所未加盖总所公章；

（九）相关文件因无法提供原件而提供复印件的，未由律师提供鉴证意见；

（十）招股说明书、转板报告书中引用的财务报表，重大资产重组报告书引用本次交易涉及的相关资产的财务报表未在六个月有效期内；

（十一）本所认定应当补正的其他情形。

发行人、上市公司、转板公司在三十个工作日内提交补正文件确有困难的，可以提交延期补正的书面申请，并说明理由；经本所认可的，可适当延期。

第六条　发行人、上市公司、转板公司补正申请文件的，本所收到申请文件的时间以发行人、上市公司、转板公司完成全部补正要求的时间为准。

第七条　本所作出受理或者不予受理的决定前，发行人、上市公司、转板公司要求撤回申请的，应当提交撤回申请并说明撤回理由。

第八条　申请文件符合要求的，本所作出予以受理的决定，出具受理通知。

受理当日，发行人、上市公司或者转板公司应当根据发行上市类型，在本所网站预先披露下列文件：

（一）首次公开发行上市申请文件中的招股说明书、发行保荐书、上市保荐书、审计报告、法律意见书等文件；

（二）上市公司证券发行上市申请文件中的募集说明书、发行保荐书、上市保荐书、审计报告、法律意见书等文件；

（三）上市公司发行股份购买资产申请文件中的重大资产重组报告书、独立财务顾问报告、法律意见书、标的资产的财务报告和审计报告（如有）、标的资产的资产评估报告或者估值报告等文件；

（四）转板申请文件中的转板报告书、上市保荐书、审计报告、法律意见书等文件。

自申请文件申报之日起，发行人、上市公司、转板公司及其控股股东、实际控制人、董事、监事和高级管理人员，以及与本次发行上市、发行股份购买资产、转板相关的保荐人、独立财务顾问、证券服务机构及其相关人员等即须承担相应的法律责任。

未经本所同意，不得对申请文件进行更改。

第九条　保荐人、独立财务顾问应当于受理后十个工作日内，按照本所规定的途径以电子文档形式向本所报送工作底稿，保荐人还应当同时报送验证版招股说明书、募集说明书或者转板报告书，供监管备查。

上市公司向特定对象发行证券适用简易程序的，保荐人应当于受理后三个工作日内报送工作底稿和验证版募集说明书。

第十条　存在下列情形之一的，本所作出不予受理的决定，出具不予受理通知：

（一）申请文件不齐备且未按要求补正；

（二）发行人、上市公司、转板公司及其控股股东、实际控制人、董事、监事、高级管理人员，保荐人、独立财务顾问、承销商、证券服务机构及其相关人员因证券违法违规被中国证监会采取认定为不适当人选、限制业务活动、证券市场禁入，被证券交易所、国务院批准的其他全国性证券交易场所采取一定期限内不接受其出具的相关文件、公开认定不适合担任发行人、上市公司、转板公司董事、监事、高级管理人员，或者被证券业协会采取认定不适合从事相关业务等相关措施，尚未解除；

（三）对于上市公司发行股份购买资产的，本次交易涉嫌内幕交易被中国证监会立案调查或者被司法机关立案侦查，尚未结案，但中国证监会另有规定的除外；

（四）对于转板公司转板的，转板公司存在尚未实施完毕的股票发行、重大资产重组、股票回购等事项；

（五）法律、行政法规及中国证监会规定的其他情形。

第十一条　本所受理发行人、上市公司、转板公司的申请文件，并不表明申请文件符合法定要求，也不表明本所同意发行人、上市公司、转板公司的申请。

第十二条　本指引由本所负责解释。

第十三条　本指引自发布之日起施行。本所于 2021 年 7 月 23 日发布的《深圳证券交易所创业板发行上市申请文件受理指引（2021 年修订）》（深证上〔2021〕729 号）同时废止。

关于发布《深圳证券交易所股票发行上市审核业务指引第 2 号——上市保荐书内容与格式》的通知

（深证上〔2023〕107 号　2023 年 2 月 17 日）

各市场参与人：

为了落实全面实行股票发行注册制工作部署，规范本所上市保荐书编制和报送行为，加强发行上市、转板的信息披露，本所制定了《深圳证券交易所股票发行上市审核业务指引第 2 号——上市保荐书内容与格式》，现予以发布，自发布之日起施行。

本所于 2021 年 7 月 23 日发布的《深圳证券交易所创业板上市保荐书内容与格式指引（2021 年修订）》（深证上〔2021〕728 号）同时废止。

附件：深圳证券交易所股票发行上市审核业务指引第 2 号——上市保荐书内容与格式

附件

深圳证券交易所股票发行上市审核业务指引第 2 号——上市保荐书内容与格式

第一条　为了规范上市保荐书的编制和报送行为，加强证券发行上市、转板的信息披露，提高保荐人及其保荐代表人的执业水准，根据《中华人民共和国证券法》（以下简称《证券法》）、《证券发行上市保荐业务管理办法》《首次公开发行股票注册管理办法》《上市公司证券发行注册管理办法》《优先股试点管理办法》《中国证监会关于北京证券交易所上市公司转板的指导意见》《深圳证券交易所股票发行上市审核规则》《深圳证券交易所上市公司证券发行上市审核规则》《深圳证券交易所关于北京证券交易所上市公司向创业板转板办法（试行）》（以下简称《转板办法》）、《深圳证券交易所优先股试点业务实施细则》等规定，制定本指引。

第二条　发行人申请首次公开发行股票、存托凭证并在深圳证券交易所（以下简称本所）上市、本所上市公司申请发行证券并上市、北京证券交易所上市公司（以下简称转板公司）申请向本所创业板转板的，所聘请的保荐人应当按照本指引的要求出具上市保荐书、转板保荐书（以下统称上市保荐书）。

第三条　上市保荐书开头部分应当载明，保荐人及其保荐代表人已根据《中华人民共和国公司法》（以下简称《公司法》）、《证券法》等法律法规和中国证监会及本所的有关规定，诚实守信，勤勉尽责，严格按照依法制定的业务规则和行业自律规范出具上市保荐书，并保证所出具文件真实、准确、完整。

第四条　保荐人应当简述发行人、上市公司或者转板公司的基本情况，包括名称、注册地及注册时间、联系方式、主营业务、主要经营和财务数据及指标、存在的主要风险等内容。

发行人申请首次公开发行股票、存托凭证并在本所创业板上市或者转板公司申请向本所创业板转板的，保荐人还应当简述发行人或者转板公司的核心技术、研发水平等内容。

第五条　保荐人应当简述发行人、上市公司本次发行情况，包括证券种类、发行数量、发行方式等内容。

保荐人应当简述转板公司本次转板情况，包括每股面值、总股本、限售股份、在创业板上市首日开盘参考价等内容。

第六条　保荐人应当简述本次证券发行上市或者转板的保荐代表人、协办人及项目组其他成员情况，包括人员姓名、保荐业务执业情况、联系地址、电话和其他通讯方式等内容。

第七条　保荐人应当详细说明发行人、上市公司或者转板公司与保荐人是否存在下列情形：

（一）保荐人或者其控股股东、实际控制人、重要关联方持有或者通过参与本次发行战略配售持有发行人、上市公司、转板公司或者其控股股东、实际控制人、重要关联方股份的情况；

（二）发行人、上市公司、转板公司或者其控股股东、实际控制人、重要关联方持有保荐人或者其控股股东、实际控制人、重要关联方股份的情况；

（三）保荐人的保荐代表人及其配偶，董事、监事、高级管理人员，持有发行人、上市公司、转板公司或者其控股股东、实际控制人及重要关联方股份，以及在发行人、上市公司、转板公司或者其控股股东、实际控制人及重要关联方任职的情况；

（四）保荐人的控股股东、实际控制人、重要关联方与发行人、上市公司或者转板公司的控股股东、实际控制人、重要关联方相互提供担保或者融资等情况；

（五）保荐人与发行人、上市公司或者转板公司之间的其他关联关系。

存在上述情形的，应当重点说明其对保荐人及其保荐代表人公正履行保荐职责可能产生的影响。

第八条　保荐人应当承诺已按照法律法规和中国证监会及本所的相关规定，对发行人、上市公司、转板公司及其控股股东、实际控制人进行了尽职调查、审慎核查，充分了解发行人、上市公司或者转板公司经营状况及其面临的风险和问题，履行了相应的内部审核程序。

保荐人应当对本次证券发行上市或者转板发表明确的推荐结论，并具备相应的保荐工作底稿支持。

第九条　保荐人应当在上市保荐书中承诺自愿接受本所的自律监管。

第十条　保荐人应当简要说明发行人、上市公司或者转板公司是否已就本次证券发行上市或者转板履行了《公司法》《证券法》和中国证监会及本所规定的决策程序。

第十一条　保荐人应当说明针对发行人或者转板公司是否符合板块定位及国家产业政策所作出的专业判断以及相应理由和依据，并说明保荐人的核查内容和核查过程。

第十二条　发行人申请首次公开发行股票、存托凭证并在本所上市的，保荐人应当逐项说明发行人是否符合《深圳证券交易所股票上市规则》《深圳证券交易所创业板股票上市规则》规定的上市条件，并明确说明发行人所选择的具体上市标准，详细载明得出每项结论的查证过程及事实依据。对于市值指标，保荐人应当结合发行人报告期外部股权融资情况、可比公司在境内外市场的估值情况等进行说明。

发行人为红筹企业的，保荐人应当说明发行人的投资者权益保护水平、特别披露事项、重大交易决策程序等是否符合《深圳证券交易所股票上市规则》《深圳证券交易所创业板股票上市规则》的相关规定。

发行人、转板公司具有表决权差异安排的，保荐人应当说明发行人、转板公司有关表决权差异安排的主要内容、相关风险及对公司治理的影响，以及依法落实保护投资者合法权益的各项措施，相关安排是否符合《深圳证券交易所股票上市规则》《深圳证券交易所创业板股票上市规则》的相关规定。

上市公司申请发行证券并上市的，保荐人应当对上市公司本次证券上市是否符合上市条件发表意见。

转板公司申请向本所创业板转板的，保荐人应当逐项说明转板公司是否符合《转板办法》规定的转板条件，详细载明得出每项结论的查证过程及事实依据。

第十三条　保荐人应当说明对发行人证券上市或者转板后持续督导工作的具体安排，包括持续督导事项、持续督导期限、持续督导计划等内容。

第十四条　本指引的规定是对上市保荐书内容的最低要求。不论本指引是否有明确规定，凡对本次证券发行上市或者转板有重大影响的事项，均应当说明。

第十五条　保荐人报送上市保荐书后，发行人、上市公司或者转板公司情况发生重大变化并影响本次证券上市条件或者转板条件的，保荐人应当及时对上市保荐书进行补充、更新。

发行人、上市公司发行完成后，保荐人应当结合发行情况更新上市保荐书，就发行人市值及财务指标等是否符合选定的上市标准、上市公司本次证券上市是否符合上市条件发表明确结论意见，并将更新后的上市保荐书提交本所。

第十六条　上市保荐书应当由保荐人法定代表人、保荐业务负责人、内核负责人、保荐代表人和项目协办人签字，加盖保荐人公章并注明签署日期。

第十七条　本指引由本所负责解释。

第十八条　本指引自发布之日起施行。本所于 2021 年 7 月 23 日发布的《深圳证券交易所创业板上市保荐书内容与格式指引（2021 年修订）》（深证上〔2021〕728 号）同时废止。

关于发布《深圳证券交易所股票发行上市审核业务指引第3号——创新试点红筹企业财务报告信息披露》的通知

（深证上〔2023〕108号 2023年2月17日）

各市场参与人：

为了规范公开发行证券并在本所上市的创新试点红筹企业的财务报告信息披露行为，保护红筹企业和投资者的合法权益，本所制定了《深圳证券交易所股票发行上市审核业务指引第3号——创新试点红筹企业财务报告信息披露》，经中国证监会批准，现予以发布，并自发布之日起施行。

本所于2020年6月12日发布的《深圳证券交易所创业板创新试点红筹企业财务报告信息披露指引》（深证上〔2020〕507号）同时废止。

附件：深圳证券交易所股票发行上市审核业务指引第3号——创新试点红筹企业财务报告信息披露

附件

深圳证券交易所股票发行上市审核业务指引第3号——创新试点红筹企业财务报告信息披露

第一条　为了规范公开发行证券并在深圳证券交易所（以下简称本所）上市的创新试点红筹企业（以下简称红筹企业）的财务报告信息披露行为，保护红筹企业和投资者的合法权益，根据《公开发行证券的公司信息披露编报规则第24号——注册制下创新试点红筹企业财务报告信息特别规定》（以下简称《特别规定》）等有关规定，制定本指引。

第二条　在境内公开发行股票或者存托凭证并上市的红筹企业，采用等效会计准则或者境外会计准则编制首次发行股票或者存托凭证的申报财务报告，披露年度财务报告及按照相关规定需要参照年度财务报告披露有关财务信息时，适用本指引。

本指引所称等效会计准则，是指经财政部认可与中国企业会计准则等效的会计准则。

本指引所称境外会计准则，是指国际财务报告准则或者美国会计准则。

第三条　采用等效会计准则编制财务报告的红筹企业，应当根据《特别规定》的要求，披露按照中国企业会计准则调节的关键财务指标。

采用境外会计准则编制财务报告的红筹企业，应当根据《特别规定》的要求，披露按照中国企业会计准则调节的重述财务报表（合并资产负债表、合并利润表、合并现金流量表和合并所有者权益变动表）。

采用等效会计准则或者境外会计准则编制财务报告的红筹企业，应当以表格形式披露归属于母公司所有者权益和归属于母公司净利润按照中国企业会计准则调节的情况，包括：

（一）调节前金额、调节项目的性质及其金额；

（二）调节后中国企业会计准则下的相应金额；

（三）对主要调节项目的解释说明，包括红筹企业实际采用的原会计准则下的会计政策与中国企业会计准则的准则差异、影响金额等；

（四）本所或者会计师认为应当说明的其他事项。

第四条　红筹企业应当分类披露主要流动资产的期初、期末余额和资产减值准备于报告期内变动情况、计提减值准备的方法。

对于存货，应当披露主要的存货类别金额，如产成品、半成品、原材料等，并披露发出存货的计价方法。

对于与收入相关的应收款项，应当披露其账龄情况并汇总披露按欠款方归集的期末余额前 5 大应收款项情况。报告期末存在与收入无关的应收款项且金额较大的，应当说明形成的原因及对回收风险的判断情况。

第五条　红筹企业应当分类披露生产用长期资产成本、累计折旧、累计摊销和减值准备的期初、期末余额和报告期内变动情况，并披露计提资产减值准备的方法。

存在租入生产用长期资产的，应当披露租入资产的类别（按用途分类）及会计处理方法。

第六条　红筹企业应当披露生物资产的类别及分类标准，并分类披露生物资产的期初、期末余额。采用公允价值计量的，应当披露公允价值的确定方法。

第七条　红筹企业应当披露报告期内研发活动费用化与资本化情况。对于资本化的开发支出，应当披露资本化的起始时点、依据及截至报告期末的研发进度情况。

第八条　红筹企业应当按被投资单位披露对外权益投资（纳入合并范围的子公司和由金融工具准则规范的除外）的持股比例、会计核算方法、期初、期末余额和报告期内变动情况。对于重要的对外权益投资，应当披露被投资单位基本信息，包括企业名称、主要经营地及注册地、业务性质；还应当披露被投资单位的主要财务信息，包括净资产、净利润和营业收入等。

第九条　红筹企业应当披露所持各类金融资产的期初、期末余额。按公允价值计量的金融资产，应当披露其公允价值的确定方法；按摊余成本计量的金融资产和以公允价值计量且其变动计入其他综合收益的债务工具，应当披露减值准备的计提方法。

对发行的金融工具，如单项金额重大的，应当披露其基本条款特征，并披露作为金融负债和权益工具确认的依据以及所确认金融负债、权益工具的期初、期末余额。

第十条　红筹企业应当披露因抵押、质押或者冻结等导致权利受到限制，以及存放在境外且资金汇回境内受限的资产情况，主要包括资产类别、金额及相关受限情况，并充分提示风险。

第十一条　红筹企业应当披露报告期内股份支付计划的基本情况、报告期内确认的股份支付费用金额及相关会计处理所涉及公允价值的确定方法。

第十二条　红筹企业应当分类列示预计负债期初、期末余额及形成原因，并披露资产负债表日存在的未确认预计负债的重大或有事项。

第十三条　红筹企业应当根据产生收入的具体业务类型分别披露相关收入确认的会计政策，披露各类业务在报告期内确认收入的金额。报告期内存在来源于关联方销售收入的，应当披露来源于关联方的销售收入金额及其占比。

第十四条　红筹企业应当分类披露经营活动、投资活动、筹资活动的现金流量情况。

第十五条　红筹企业应当披露重要子公司的基本信息，包括但不限于公司名称、主要经营地及注册地、业务性质、红筹企业的持股比例、取得方式；子公司的持股比例不同于表决权比例的，应当说明表决权比例及存在差异的原因；子公司的少数股东权益对红筹企业影响重大的，应当披露相关子公司的主要财务信息，包括净利润、净资产、资产总额和营业收入等。

第十六条　报告期内发生的重大企业合并交易，红筹企业应当披露其会计处理方法及对财务报表的影响。

红筹企业应当按被投资单位披露商誉的期初、期末余额和报告期内增减变动情况。商誉金额重大的，应当披露减值测试方法、所采用的重要假设、参数。存在减值的，还应当披露减值准备的期初、期末余额和报告期内增减变动情况。

第十七条　红筹企业应当披露资产负债表日后发生的重大非调整事项，分析其对财务状况、经营成果的影响。

第十八条　前述第四条至第十七条规定的相关信息，红筹企业若已在其按照等效会计准则或者境外会计准则编制的财务报告附注中披露的，无需另行披露。

第十九条　红筹企业应当按照中国企业会计准则和中国证监会的有关规定界

定关联方，披露关联方情况，并分类披露销售、采购、租赁等关联方交易情况以及报告期末存在的与关联方应收应付款项余额。

第二十条　红筹企业应当根据中国证监会的有关规定，识别非经常性损益项目并披露按中国企业会计准则调节的非经常性损益项目及金额。

第二十一条　红筹企业应当根据中国证监会的有关规定计算和披露按中国企业会计准则调节的净资产收益率和每股收益。

第二十二条　红筹企业按照本指引编制补充财务信息或者差异调节信息，存在实际困难导致不切实可行的，可以向本所申请调整适用，但应当说明原因和替代方案。本所认为不应当调整适用的，红筹企业应当执行本指引相关规定。

第二十三条　除本指引规定事项外，存在其他对投资者决策有影响的重要事项的，红筹企业应当披露具体交易事项、判断依据及相关会计处理。

第二十四条　本指引由本所负责解释。

第二十五条　本指引自发布之日起施行。本所于 2020 年 6 月 12 日发布的《深圳证券交易所创业板创新试点红筹企业财务报告信息披露指引》（深证上〔2020〕507 号）同时废止。

附件：合并财务报表中归属于母公司所有者权益、归属于母公司净利润的差异调节信息

附件

合并财务报表中归属于母公司所有者权益、归属于母公司净利润的差异调节信息

	归属于母公司所有者权益		归属于母公司净利润	
	××年××月××日	××年××月××日	××年	××年
按等效会计准则或者境外会计准则				
调增净资产／净利润的调节项目：				
1.				
2.				
……				

调减净资产／净利润的 调节项目 　　1. 　　2. 　　…			
小计 少数股东权益／损益影 响额			
按中国企业会计准则			

调节项目的说明如下：

1.

2.

……

关于发布《深圳证券交易所股票发行上市审核业务指引第4号——保荐业务现场督导》的通知

（深证上〔2023〕109号 2023年2月17日）

各市场参与人：

为了稳步推进全面实行股票发行注册制，督促保荐人、证券服务机构切实履行核查把关责任，本所制定了《深圳证券交易所股票发行上市审核业务指引第4号——保荐业务现场督导》，现予以发布，并自发布之日起施行。

本所于2021年4月29日发布的《深圳证券交易所创业板发行上市审核业务指引第1号——保荐业务现场督导》（深证上〔2021〕454号）同时废止。

附件：深圳证券交易所股票发行上市审核业务指引第4号——保荐业务现场督导

附件

深圳证券交易所股票发行上市审核业务指引
第4号——保荐业务现场督导

第一条 为了规范深圳证券交易所（以下简称本所）发行上市保荐业务现场督导行为，督促保荐人、证券服务机构切实履行对申报项目的核查把关责任，提高发行上市文件信息披露质量，根据《深圳证券交易所股票发行上市审核规则》（以下简称《审核规则》）等规定，制定本指引。

第二条 本指引所称现场督导，是指针对申请首次公开发行股票或者存托凭证并在本所上市的企业，由本所根据需要对该企业的保荐人以及相关证券服务机构执业质量进行现场监督、核查和指导的行为。

现场督导主要针对保荐人实施。本所在审核中发现的相关问题涉及为本次发行上市提供服务的会计师事务所等证券服务机构执业质量的，可以对相关证券服务机构单独或者一并实施现场督导。相关证券服务机构应当参照本指引的规定接受本所现场督导。

第三条 本所实施现场督导，以问题和风险为导向，体现重要性、精准性和专业性，确保现场督导客观、公正、独立、高效。

第四条　保荐人应当诚实守信、勤勉尽责，充分了解发行人的业务模式、经营情况及其面临的风险和问题，对发行上市申请文件和信息披露资料进行审慎核查，保证招股说明书及其出具的发行保荐书、上市保荐书等文件的真实、准确、完整。

保荐人应当制定并严格执行内部控制制度，切实发挥质量控制、内核等机制对保荐项目尽职调查和发行上市申请文件制作的把关作用，切实提高招股说明书和问询回复质量，并保证向本所报送的保荐工作底稿真实、准确、完整。

第五条　会计师事务所、律师事务所等证券服务机构应当诚实守信、勤勉尽责，保证招股说明书中与其专业职责有关的内容及其出具的审计报告、法律意见书等文件真实、准确、完整。

证券服务机构应当严格遵守依法制定的业务规则和行业自律规范，严格执行内部控制制度，对与其专业职责有关的业务事项进行核查验证。

第六条　本所根据发行上市审核情况，在审核问询中发现保荐人保荐的项目存在下列情形之一的，将启动对保荐人的现场督导：

（一）发行上市申请文件中有关会计基础工作规范、内控制度健全有效、业务完整、生产经营合法合规、与上市条件相关的财务数据等信息披露内容，存在重大疑问且保荐人未能予以充分说明，影响审核判断的；

（二）保荐人对影响审核判断重要事项的核查程序不充分，核查结论存在明显疑问的；

（三）本所审核认为发行人不符合发行条件、上市条件或者信息披露要求而作出终止审核决定之日起12个月内，发行人重新申报且相关问题仍然存在的；

（四）本所认为需要实施现场督导的其他情形。

第七条　保荐人最近12个月内存在下列情形之一的，本所可以按照一定比例抽取其保荐的项目，启动现场督导：

（一）被中国证监会终止注册、不予注册或者被本所终止审核的保荐项目较多；

（二）因保荐业务违法违规被中国证监会实施行政处罚或者重大行政监管措施，或者被本所实施纪律处分；

（三）因保荐业务执业质量存在问题被本所多次实施书面自律监管措施；

（四）保荐业务执业质量评价较低或者保荐业务内部控制存在重大缺陷；

（五）保荐人及其工作人员从事保荐业务时出现廉洁从业违法违规问题；

（六）本所规定的其他情形。

依据前款抽取的项目范围由该保荐人保荐的所有未经本所上市审核委员会会议审议且未参与过抽取的首发项目构成。

第八条　本所按照《审核规则》和本指引的规定组织实施现场督导，设立现场督导组开展现场督导工作。督导组成员人数不少于2人。

本所可以根据需要，聘请外部专业机构及其人员参与现场督导工作。

督导组成员在开展现场督导时，应当严格遵守中国证监会和本所有关廉洁、保密等方面的规定，不得妨碍保荐人和相关证券服务机构的正常生产经营活动，不得泄露监管工作中知悉的未公开信息。

第九条　本所原则上在现场督导进场日 3 个工作日前，向保荐人发出现场督导通知书，告知现场督导的时间和事由，要求其准备有关文件和资料。督导组成员进场时，应当出示合法证件。

在出现紧急情况或者有证据表明提前通知保荐人可能影响现场督导效果的情况下，本所可以不提前通知，直接进场开展现场督导并出具现场督导通知书。

第十条　督导组成员与督导对象有利害关系的，应当主动申请回避。督导对象认为督导组成员与其存在利害关系的，有权申请相关人员回避。

第十一条　本所实施现场督导，可以根据需要采取下列督导方式：

（一）现场询问；

（二）调阅、复制、记录、提取保荐工作底稿、证券服务机构相关工作底稿；

（三）核对有关证据材料；

（四）访谈有关对象；

（五）要求保荐人、证券服务机构补充核查；

（六）督导组认为必要的其他方式。

第十二条　现场督导中，本所结合发行上市审核中发现的问题，重点对保荐人、证券服务机构尽职调查方案是否合理、尽职调查程序执行是否恰当、证据资料是否充分可靠、尽职调查结论是否审慎客观等情况进行监督、核查与指导。

发行人重要交易、事项或者资产等存在明显异常，督导组要求保荐人、证券服务机构进行补充核查时，可以对相关补充核查工作进行现场监督。

第十三条　督导组应当就现场督导中发现的主要问题及情况听取保荐人、证券服务机构的解释说明，保荐人、证券服务机构可以就相关问题提供书面说明材料及相关证据。

第十四条　本所实施现场督导时，原则上应当在进场后的 2 周内完成现场工作。现场督导项目存在保荐人无法及时提供相关文件资料或者相关项目的情况复杂等情形，导致无法在预计时间完成现场工作的，可以适当延长现场工作时间。

第十五条　保荐人及其相关人员应当积极配合现场督导工作，在收到现场督导书面通知后，及时准备和提供有关文件和资料，并保证所提供文件资料的真实、准确、完整。

督导期间，保荐人的保荐业务负责人、内核负责人，保荐业务部门和质控部门负责人，项目保荐代表人等相关人员应当按要求到场接受询问，并保证陈述内容的真实、准确、完整。

　　保荐人及其相关人员不得拒绝、阻碍本所进场实施现场督导，不得转移、隐匿或者毁损相关文件和资料。

　　第十六条　发行人及其就本次发行上市聘请的证券服务机构应当为保荐人配合本所实施现场督导提供必要的协助。

　　第十七条　本所对现场督导中发现发行上市申请文件信息披露或者保荐人、证券服务机构执业质量存在的问题，可以在发行上市审核中进一步问询，并要求保荐人、证券服务机构、发行人进行补充说明、整改规范。

　　第十八条　本所对现场督导中发现和核实的问题，结合审核问询情况进行分类处理：

　　（一）经过现场督导，发行人及保荐人、证券服务机构对相关问题做出合理解释或者说明，且未发现异常情况的，在发行人和保荐人、证券服务机构对发行上市申请文件进行补充、修改后，本所继续推进审核程序；

　　（二）现场督导发现保荐人、证券服务机构存在履职不到位、执业不规范等情形的，本所将采取监管工作函、谈话提醒等工作措施，要求其进行整改；

　　（三）现场督导发现因保荐人、证券服务机构未能勤勉尽责，导致发行人信息披露资料不符合真实、准确、完整要求，或者存在其他违规行为的，本所视情节轻重，采取相应自律监管措施或者实施纪律处分；

　　（四）现场督导发现发行人、保荐人、证券服务机构等涉嫌证券违法行为的，本所将依法报中国证监会查处。

　　第十九条　本所对现场督导中发现的保荐人执业质量问题，将纳入保荐人执业质量评价。

　　保荐人拒不配合现场督导或者在多个现场督导项目中均存在执业质量问题的，本所将按照相关规定从重处理。

　　保荐人保荐的项目因执业质量问题被本所采取工作措施、自律监管措施或者纪律处分的，保荐人应当根据内部管理规定对项目保荐代表人等责任人员进行内部问责，并将问责情况报告本所。

　　保荐人应当对本所现场督导发现的执业质量问题及时进行整改。本所在必要时可以对其整改情况及投行业务内部控制执行情况进行检查。

　　第二十条　本所发出现场督导书面通知后、督导组进场前，发行人撤回发行上市申请或者保荐人撤销对现场督导项目保荐的，本所终止现场督导。但存在下列情形之一的，本所继续实施现场督导：

　　（一）属于本指引第六条规定的现场督导，且保荐人执业质量存在明显问题的；

　　（二）属于本指引第七条规定的现场督导。

　　本所督导组进场后，发行人撤回发行上市申请或者保荐人撤销对现场督导项目保荐的，本所将继续完成现场督导。

第二十一条　依据本指引第二十条规定，本所决定终止现场督导，该项目在撤回发行上市申请后 12 个月内又重新申报的，本所在受理后将启动现场督导。

第二十二条　本所在发行上市审核中，发现发行人存在与发行条件、上市条件、信息披露要求相关的重大疑问或者异常，且未能提供合理解释、影响审核判断的，将按照中国证监会《首发企业现场检查规定》等有关规定提请实施现场检查。

第二十三条　本所对保荐人、证券服务机构实施现场督导的结果，并不表明对其信息披露真实性、准确性、完整性作出保证，也不代表对发行人投资价值的实质性判断。

第二十四条　本所在上市公司证券发行上市或者重大资产重组、转板公司转板等的审核中对保荐人、独立财务顾问等的现场督导，参照本指引执行。

第二十五条　本指引由本所负责解释。

第二十六条　本指引自发布之日起施行。本所于 2021 年 4 月 29 日发布的《深圳证券交易所创业板发行上市审核业务指引第 1 号——保荐业务现场督导》（深证上〔2021〕454 号）同时废止。

关于发布《深圳证券交易所股票发行上市审核业务指南第1号——业务咨询沟通》的通知

（深证上〔2023〕117号　2023年2月17日）

各市场参与人：

为了规范本所发行上市审核相关业务咨询沟通，及时解决重大疑难问题，提高申报和审核质量，本所制定了《深圳证券交易所股票发行上市审核业务指南第1号——业务咨询沟通》，现予以发布，自发布之日起施行。

本所于2021年9月16日发布的《深圳证券交易所创业板发行上市审核业务指南第7号——业务咨询沟通》（深证上〔2021〕917号）同时废止。

附件：深圳证券交易所股票发行上市审核业务指南第1号——业务咨询沟通

附件

深圳证券交易所股票发行上市审核业务指南第1号——业务咨询沟通

第一章　总则

第一条　为了规范深圳证券交易所（以下简称本所）发行上市审核相关业务咨询沟通，及时解决重大疑难问题，提高申报和审核质量，根据《深圳证券交易所股票发行上市审核规则》《深圳证券交易所上市公司证券发行上市审核规则》《深圳证券交易所上市公司重大资产重组审核规则》《深圳证券交易所关于北京证券交易所上市公司向创业板转板办法（试行）》《深圳证券交易所创业板企业发行上市申报及推荐暂行规定》等规定，制定本指南。

第二条　本指南适用于发行人、上市公司、转板公司（以下统称发行人），以及保荐人、独立财务顾问、证券服务机构在项目申报前及审核过程中与本所上市审核中心（以下简称审核中心）进行的咨询沟通。

咨询沟通包括书面沟通、电话沟通、视频沟通和现场沟通等方式，本所对电话沟通全程录音，对视频沟通和现场沟通全程录音录像。

发行人、保荐人、独立财务顾问和证券服务机构一般应当选择书面沟通、电话沟通方式。问题复杂、确需当面沟通的，发行人、保荐人、独立财务顾问和证券服务机构可以通过本所发行上市审核业务系统（以下简称审核系统）预约视频沟通或者现场沟通。

第三条　发行人、保荐人、独立财务顾问和证券服务机构在提交首次公开发行申请文件前，或者在发行人披露再融资预案、发行股份购买资产方案、转板公告后至提交申请文件前，对于重大疑难、无先例事项等涉及本所规则理解和适用问题，可以向审核中心咨询沟通。

自申请文件受理之日起至首轮审核问询发出前，为审核静默期。在审核静默期内，审核中心不接受该发行人及其保荐人、独立财务顾问、证券服务机构的咨询沟通。

发行人、保荐人、独立财务顾问和证券服务机构在首轮审核问询发出后，对审核问询问题存在疑问的，可以与审核中心进行业务咨询和项目沟通。

第四条　存在下列情形之一的，不属于咨询沟通事项范围，本所对咨询沟通申请予以退回：

（一）无实质咨询沟通内容，属于礼节性拜访的；

（二）打听审核具体进度或者安排、内部会议讨论内容以及能否通过等情况的；

（三）属于保荐人、独立财务顾问和证券服务机构应当自行核查把关的问题；

（四）未按要求提交咨询沟通材料的；

（五）不适合咨询沟通的其他情形。

第五条　发行人、保荐人、独立财务顾问和证券服务机构应当按照本指南要求认真梳理所需咨询沟通问题，进行深入分析和审慎判断，履行内部相关程序，向审核中心提交咨询沟通申请。

需要咨询沟通多个问题的，原则上应当一次性提出。

第六条　现场沟通应当在本所指定的区域进行。审核中心至少安排两人参加视频沟通、现场沟通。

第七条　在咨询沟通过程中，发行人、保荐人、独立财务顾问和证券服务机构不得提供或者泄露任何涉密、内幕信息。任何机构和个人泄露上市公司涉密、内幕信息，或者利用涉密、内幕信息买卖股票及其他证券品种，本所将按照有关规定进行处理。

第二章　申报前的预沟通

第八条　发行人、保荐人、独立财务顾问和证券服务机构可以通过本所审核系统"咨询与沟通－预沟通"栏目提交预沟通申请。

第九条　发行人、保荐人、独立财务顾问和证券服务机构申报前预沟通的业务问题，主要包括：

（一）涉及发行条件、上市条件、板块定位和信息披露等要求，按照现有规则难以做出判断的重大疑难问题；

（二）发行上市审核中尚未有案例支持的无先例事项；

（三）因国家产业政策调整涉及发行上市审核标准适用的相关问题；

（四）确需咨询沟通的其他问题。

第十条　保荐人、独立财务顾问和证券服务机构应当对预沟通问题进行深入核查、分析，做到事实清楚、逻辑清晰，并形成初步判断意见。

第十一条　保荐人、独立财务顾问应当履行内部质量控制程序，对预沟通适用范围、需解决的重大疑难问题、无先例事项及咨询沟通内容、材料质量予以把关。咨询沟通内容、材料应当由保荐人、独立财务顾问加盖公章。

第十二条　对于书面沟通的情形，审核中心原则上应当在收到申请后十个工作日内答复。对于咨询问题事实清楚、答复意见清晰明确的，予以书面答复。

咨询问题疑难复杂或者需要发行人、保荐人、独立财务顾问、证券服务机构采取相关解决措施，确需视频沟通或者现场沟通的，审核中心可以与其商定进行视频沟通或者现场沟通。

第十三条　参加视频沟通或者现场预沟通的人员应当为发行人、保荐人、独立财务顾问和证券服务机构熟悉项目情况、具有相关决策权限的人员，总人数不得超过八人。

第十四条　预沟通回复不表明本所对发行人相关事项作出实质性判断或者保证，发行人、保荐人、独立财务顾问和证券服务机构不得将预沟通回复作为判断能否通过审核的依据。

第三章　在审项目的业务咨询和项目沟通

第十五条　发行人、保荐人、独立财务顾问和证券服务机构在首轮审核问询函发出后，对审核问询问题存在疑问的，可以通过审核问询函中预留的审核人员的录音电话直接进行沟通或者通过审核系统"咨询与沟通－业务咨询和项目沟通"栏目申请书面沟通、视频沟通或者现场沟通。

第十六条　发行人、保荐人、独立财务顾问和证券服务机构在首轮问询函发出后沟通的业务问题，主要包括：

（一）对审核问询问题存在疑问，需要进一步明确的；

（二）在审期间发生新情况，可能影响发行条件、上市条件的；

（三）其他需要沟通的重大疑难事项。

第十七条　审核中心收到书面沟通申请的，原则上应当在五个工作日内通过审核系统对咨询问题进行解答。对于重大疑难、无先例事项，可以适当延长处理时限并及时通过审核系统通知发行人、保荐人、独立财务顾问或者证券服务机构。

审核中心收到视频沟通或者现场沟通申请的，原则上应当在两个工作日内确定沟通时间。

第十八条　上市委、重组委审议会议结束后，发行人、保荐人、独立财务顾问和证券服务机构可以参照本章有关规定，就审核中关注的重要问题、会后事项和后续工作要求等与审核中心、上市委委员、重组委委员沟通，审核中心根据项目审核情况可以主动安排相关沟通。

第四章　纪律和监督

第十九条　参加咨询沟通的人员不得向审核中心工作人员赠送或者承诺赠送任何礼品、礼金、消费卡和各种有价证券、支付凭证、商业预付卡、电子红包等。

审核中心参与咨询沟通的工作人员不得以任何形式接受上述馈赠。

第二十条　审核中心工作人员除按本指南要求进行沟通咨询外，不得与发行人、保荐人、独立财务顾问、证券服务机构及其他有关各方相关人员就项目审核事项进行私下接触。

第二十一条　参与咨询沟通的人员及审核中心工作人员应当对咨询沟通中需要保密的事项严格做好保密工作。

第二十二条　本指南规定的咨询沟通接受纪检监督。

第五章　附则

第二十三条　本指南由本所负责解释。

第二十四条　本指南自发布之日起施行。本所于 2021 年 9 月 16 日发布的《深圳证券交易所创业板发行上市审核业务指南第 7 号——业务咨询沟通》（深证上〔2021〕917 号）同时废止。

关于发布《深圳证券交易所股票发行上市审核业务指南第2号——发行上市申请文件受理关注要点》的通知

（深证上〔2023〕118号　2023年2月17日）

各市场参与人：

为了规范本所证券发行上市申请文件制作，提高申报和审核质量，提升受理工作效率，本所制定了《深圳证券交易所股票发行上市审核业务指南第2号——发行上市申请文件受理关注要点》，现予以发布，并自发布之日起施行。

本所于2021年7月23日发布的《深圳证券交易所创业板发行上市审核业务指南第1号——创业板发行上市申请文件受理关注要点》（深证上〔2021〕724号）同时废止。

附件：深圳证券交易所股票发行上市审核业务指南第2号——发行上市申请文件受理关注要点

附件

深圳证券交易所股票发行上市审核业务指南第2号——发行上市申请文件受理关注要点

填报要求：

一、发行人、上市公司、转板公司、保荐人、独立财务顾问应当根据中国证监会和本所发布的相关规则要求，认真制作发行上市申请文件，切实提高申请文件质量。

二、保荐人、独立财务顾问通过深交所发行上市审核业务系统提交申请文件前，应当认真填报受理关注要点，确认申报项目申请符合合规性要求，逐一核对申请文件符合完备性关注要点要求，并确认申请文件符合格式、签章等通用关注要点要求。如存在不适用情形，应当在申请文件不适用情况的说明中进行说明。

三、保荐人、独立财务顾问应当高度重视申请文件受理关注要点填报工作。受理关注要点的填报质量将作为中介机构执业质量评价的参考依据。

一、特别提示

受理关注要点仅供发行人、上市公司、转板公司、保荐人、独立财务顾问制作申请文件核对使用，并未涵盖相关规则关于申请文件内容与格式的全部要求。

发行人、上市公司、转板公司、保荐人、独立财务顾问应当根据中国证监会和本所发布的相关规则要求，认真制作发行上市申请文件。

二、通用关注要点

1. 审核系统项目详情应当填写准确、完整，特别是涉及需在本所网站披露的信息。

2. 在出具相关声明时，中介机构存在签字人员因离职未签名的，应当提交相关说明，并由机构负责人签名，加盖机构公章。

3. 部分境外公司如存在无公司印章的情况，应当在相应文件提供说明。

4. 单个文件中存在多个子文件内容的，应当制作文件目录。

5. 申请文件不存在无法打开或读取的情形，word 版文件（除签名盖章页外）可编辑。

6. 申请文件的原始纸质文件所有需要签名处，应当载明签名字样的印刷体，并由签名人亲笔签名，不得以名章、签名章等代替。

7. 申请文件应当采用标准".doc""".docx"或".pdf"格式文件，按幅面为 209 毫米 × 295 毫米规格的纸张（标准 A4 纸张规格）进行排版，并应当采用合适的字体、字号、行距，易于投资者阅读。

8. 申请文件的正文文字应当为宋体小四号，1.5 倍行距。一级标题应当为黑体三号，二级标题应当为黑体四号，三级标题应当为黑体小四号，且各级标题应当分别采用一致的段落间距。

9. 申请文件章与章之间、节与节之间应当有明显的分隔标识。文档应当根据各级标题建立文档结构图以便于阅读。

10. 申请文件中的页码应当与目录中标识的页码相符。例如，第四部分 4-1 的页码标注为 4-1-1，4-1-2，4-1-3，……4-1-n。

三、申请文件受理关注要点

（一）首次公开发行股票并上市申请文件

一、申报项目合规性检查		
	是否不存在以下情形	保荐人检查结果
	1. 因本所审核认为发行人不符合发行条件、上市条件或信息披露要求作出终止发行上市审核的决定或中国证监会作出不予注册决定的，自决定作出之日起不足六个月，发行人提交的发行上市申请	□是 □否 □不适用
	2. 保荐人报送的发行上市申请在一年内累计两次被本所不予受理的，自第二次收到本所相关文件之日起三个月内，报送的新的发行上市申请	□是 □否 □不适用

续表

	3. 发行人及其控股股东、实际控制人、董事、监事、高级管理人员，保荐人、承销商、证券服务机构及其相关人员因证券违法违规被中国证监会采取认定为不适当人选、限制业务活动、证券市场禁入，尚未解除	□是 □否 □不适用
	4. 发行人及其控股股东、实际控制人、董事、监事、高级管理人员，保荐人、承销商、证券服务机构及其相关人员被证券交易所、国务院批准的其他全国性证券交易场所采取一定期限内不接受其出具的相关文件、公开认定为不适合担任发行人董事、监事、高级管理人员，尚未解除	□是 □否 □不适用
	5. 发行人及其控股股东、实际控制人、董事、监事、高级管理人员，保荐人、承销商、证券服务机构及其相关人员被证券业协会采取认定不适合从事相关业务等相关措施，尚未解除	□是 □否 □不适用
二、申请文件完备性检查		
申请文件	关注要点	保荐人检查结果
1-1 招股说明书	1. 招股说明书引用的财务报表应在 6 个月有效期内 2. 发行人董监高声明应由董监高签名并加盖发行人公章；发行人控股股东和实际控制人声明应由相关人员签名、盖章 3. 保荐人（主承销商）声明应由保荐人法定代表人、保荐代表人、项目协办人签名，并加盖保荐人公章；保荐人董事长和总经理（或类似职责人员）声明需签名并加盖保荐人公章；联席主承销商（如有）加盖承销机构公章 4. 各中介机构的声明文件应由中介机构负责人和经办人签名，并加盖机构公章	□是 □否 □不适用
2-1 关于本次公开发行股票并上市的申请报告	发行人公章	□是 □否 □不适用
2-2 董事会有关本次发行并上市的决议	1. 参会董事签名，并加盖发行人或董事会公章 2. 如非董事本人参会的，需出具董事本人的授权委托书	□是 □否 □不适用
2-3 股东大会有关本次发行并上市的决议	决议由参与表决的相关主体签名并加盖公章	□是 □否 □不适用
2-4 关于符合板块定位要求的专项说明	发行人公章	□是 □否 □不适用
3-1-1 关于发行人符合板块定位要求的专项意见	保荐人公章	□是 □否 □不适用

续表

3-1-2 发行保荐书	1. 保荐人法定代表人、董事长、总经理（或类似职责人员）、保荐业务负责人、内核负责人、保荐业务部门负责人、保荐代表人、项目协办人签名，并加盖保荐人公章 2. 附专项授权书，由保荐人法定代表人签名，并加盖保荐人公章	□是 □否 □不适用
3-1-3 上市保荐书	保荐人法定代表人、保荐业务负责人、内核负责人、保荐代表人和项目协办人签名，并加盖保荐人公章	□是 □否 □不适用
3-1-4 保荐工作报告	1. 保荐人法定代表人、董事长、总经理（或类似职责人员）、保荐业务负责人、内核负责人、保荐业务部门负责人、保荐代表人、项目协办人签名，并加盖保荐人公章 2. 附尽职调查问核表，保荐代表人誊抄承诺书并签名，保荐业务（部门）负责人签名，并加盖保荐人公章	□是 □否 □不适用
3-1-5 签字保荐代表人在审企业家数说明	1. 按照《证券发行上市保荐业务管理办法》第四条和《深圳证券交易所股票发行上市审核业务指引第1号——申请文件受理》第三条的规定进行说明与承诺 2. 保荐人公章	□是 □否 □不适用
3-1-6 关于发行人预计市值的分析报告（如适用）	保荐人公章	□是 □否 □不适用
3-1-7 保荐机构相关子公司参与配售的相关文件（如有）	保荐人公章	□是 □否 □不适用
3-2-1 财务报告及审计报告	1. 财务报告由单位负责人、主管会计工作负责人、会计机构负责人签名盖章，并加盖发行人公章 2. 审计报告加盖会计师事务所公章、注册会计师签名盖章	□是 □否 □不适用
3-2-2 发行人审计报告基准日至招股说明书签署日之间的相关财务报告及审阅报告（如有）	1. 财务报告由单位负责人、主管会计工作负责人、会计机构负责人签名盖章，并加盖发行人公章 2. 审阅报告加盖会计师事务所公章、注册会计师签名盖章	□是 □否 □不适用
3-2-3 盈利预测报告及审核报告（如有）	1. 盈利预测报告加盖发行人公章 2. 审核报告加盖会计师事务所公章、注册会计师签名盖章	□是 □否 □不适用
3-2-4 内部控制鉴证报告	1. 内部控制鉴证报告加盖会计师事务所公章、注册会计师签名盖章 2. 发行人出具的内部控制自我评价报告加盖发行人或董事会公章	□是 □否 □不适用
3-2-5 经注册会计师鉴证的非经常性损益明细表	1. 鉴证意见页加盖会计师事务所公章、注册会计师签名盖章 2. 非经常性损益明细表由单位负责人、主管会计工作负责人、会计机构负责人签名盖章，并加盖发行人公章	□是 □否 □不适用

3-3-1 法律意见书	经办律师和律所负责人签名并加盖律师事务所公章	□是 □否 □不适用
3-3-2 律师工作报告	经办律师和律所负责人签名并加盖律师事务所公章	□是 □否 □不适用
3-3-3 关于发行人董事、监事、高级管理人员、控股股东和实际控制人在相关文件上签名盖章的真实性的鉴证意见	经办律师和律所负责人签名并加盖律师事务所公章	□是 □否 □不适用
3-3-4 关于申请电子文件与预留原件一致的鉴证意见	经办律师和律所负责人签名并加盖律师事务所公章	□是 □否 □不适用
4-1 发行人的企业法人营业执照	发行人公章或律师事务所出具鉴证意见	□是 □否 □不适用
4-2 发行人公司章程（草案）	章程首页或尾页加盖发行人公章	□是 □否 □不适用
4-3 发行人关于公司设立以来股本演变情况的说明及其董事、监事、高级管理人员的确认意见	董监高签名并加盖发行人公章	□是 □否 □不适用
4-4 商务主管部门出具的外资确认文件（如有）	商务主管部门公章或相关证明文件	□是 □否 □不适用
5-1-1 发行人最近三年及一期所得税纳税申报表	税纳申报表涵盖最近三年一期，加盖主管税务机关公章	□是 □否 □不适用
5-1-2 有关发行人税收优惠、政府补助的证明文件		□是 □否 □不适用
5-1-3 主要税种纳税情况的说明	发行人公章	□是 □否 □不适用
5-1-4 注册会计师对主要税种纳税情况说明出具的意见	会计师事务所公章、注册会计师签名盖章	□是 □否 □不适用
5-1-5 发行人及其重要子公司或主要经营机构最近三年及一期纳税情况的证明	1.需提供母公司和重要子公司最近三年及一期纳税情况证明，并加盖主管税务机关公章 2.如确实无法提供当地税务主管机构出具的纳税证明，也可提供最近三年及一期的其他纳税证明文件，如《涉税事项调查证明材料》《涉税证明》《税务违法记录证明》等	□是 □否 □不适用

续表

5-2-1 最近三年及一期原始财务报表	财务报表由单位负责人、主管会计工作负责人、会计机构负责人签名盖章，并加盖发行人公章	□是 □否 □不适用
5-2-2 原始财务报表与申报财务报表的差异比较表	财务报表由单位负责人、主管会计工作负责人、会计机构负责人签名盖章，并加盖发行人公章	□是 □否 □不适用
5-2-3 注册会计师对差异情况出具的意见	1. 会计师事务所公章、注册会计师签名盖章 2. 财务报表由单位负责人、主管会计工作负责人、会计机构负责人签名盖章，并加盖发行人公章	□是 □否 □不适用
5-3 发行人设立时和最近三年及一期的资产评估报告（如有）	资产评估师签名并加盖评估机构公章	□是 □否 □不适用
5-4 发行人的历次验资报告或出资证明	1. 验资报告加盖会计师事务所公章、注册会计师签名盖章；出证证明加盖发行人公章 2. 如验资报告为会计师事务所分所出具的需加盖总所公章，或提供分所可以承担验资业务并经总所相关复核程序或授权程序的证明文件	□是 □否 □不适用
5-5 发行人大股东或控股股东最近一年的原始财务报表及审计报告（如有）	1. 财务报表由单位负责人、主管会计工作负责人、会计机构负责人签名盖章，并加盖发行人大股东或控股股东公章。如大股东或控股股东为境外机构，财务报表没有主管会计工作负责人、会计机构负责人等相关人员签名的，发行人需出具说明，并加盖发行人公章 2. 审计报告（如有）加盖会计师事务所公章、注册会计师签名盖章	□是 □否 □不适用
6-1 发行人关于募集资金运用方向的总体安排及其合理性、必要性的说明	发行人公章	□是 □否 □不适用
6-2 募集资金投资项目的审批、核准或备案文件（如有）		□是 □否 □不适用
6-3 发行人拟收购资产（或股权）的财务报表、资产评估报告及审计报告、盈利预测报告（如有）	1. 财务报表由单位负责人、主管会计工作负责人、会计机构负责人签名盖章，并加盖公司公章 2. 审计报告加盖会计师事务所公章，注册会计师签名盖章 3. 资产评估报告由资产评估师签名并加盖评估机构公章 4. 盈利预测报告加盖公司公章	□是 □否 □不适用
6-4 发行人拟收购资产（或股权）的合同或合同草案（如有）		□是 □否 □不适用

7-1-1 发行人拥有或使用的对其生产经营有重大影响的商标、专利、计算机软件著作权等知识产权以及土地使用权、房屋所有权等产权证书清单（需列明证书所有者或使用者名称、证书号码、权利期限、取得方式、是否及存在何种他项权利等内容）	发行人公章	□是 □否 □不适用
7-1-2 发行人律师就 7-1-1 清单所列产权证书出具的鉴证意见	经办律师和律所负责人签名并加盖律师事务所公章	□是 □否 □不适用
7-1-3 特许经营权证书（如有）		□是 □否 □不适用
7-2-1 对发行人有重大影响的商标、专利、专有技术等知识产权许可使用协议（如有）		□是 □否 □不适用
7-2-2 重大关联交易协议（如有）		□是 □否 □不适用
7-2-3 重组协议（如有）		□是 □否 □不适用
7-2-4 特别表决权股份等差异化表决安排涉及的协议（如有）		□是 □否 □不适用
7-2-5 高级管理人员、员工配售协议（如有）		□是 □否 □不适用
7-2-6 重要采购合同	文件需设置目录	□是 □否 □不适用
7-2-7 重要销售合同	文件需设置目录	□是 □否 □不适用
7-2-8 其他对报告期经营活动、财务状况或未来发展等具有重要影响的已履行、正在履行和将要履行的合同（如有）	文件需设置目录	□是 □否 □不适用

续表

7-3 特定行业（或企业）的管理部门出具的相关意见（如有）		□是 □否 □不适用
7-4-1 发行人及其实际控制人、控股股东、持股5%以上股东以及发行人董事、监事、高级管理人员等责任主体的重要承诺以及未履行承诺的约束措施	承诺人为机构的需加盖机构公章，承诺人为自然人的需签名	□是 □否 □不适用
7-4-2 有关消除或避免同业竞争的协议以及发行人的控股股东和实际控制人出具的相关承诺	承诺人为机构的需加盖机构公章，承诺人为自然人的需签名	□是 □否 □不适用
7-4-3 发行人董事、监事、高级管理人员对证券发行文件的确认意见以及监事会的书面审核意见	1. 全体董监高签名 2. 书面审核意见加盖监事会公章或监事签名	□是 □否 □不适用
7-4-4 发行人控股股东、实际控制人对证券发行文件的确认意见	控股股东、实际控制人签名、盖章	□是 □否 □不适用
7-4-5 发行人关于申请电子文件与预留原件一致的承诺函	发行人公章	□是 □否 □不适用
7-4-6 保荐人关于申请电子文件与预留原件一致的承诺函	保荐人公章	□是 □否 □不适用
7-4-7 发行人、保荐人及相关主体保证不影响和干扰审核的承诺函	1. 承诺函模板参见审核系统"其他业务－模板下载"栏目 2. 承诺人为机构的需加盖机构公章，承诺人为自然人的需自然人签名	□是 □否 □不适用
7-5-1 发行人关于申请文件不适用情况的说明	1. 不适用申请文件目录情况的说明需与提交的申请文件情况保持一致 2. 发行人公章	□是 □否 □不适用
7-5-2 发行人关于招股说明书不适用情况的说明	发行人公章	□是 □否 □不适用

7-5-3 信息披露豁免申请（如有）	1. 申请文件加盖发行人公章，如涉及商业秘密的，需发行人董事长签名 2. 中介机构出具的专项核查报告加盖保荐人、律师事务所、会计师事务所公章	□是 □否 □不适用
7-6 保荐协议和承销协议	协议双方法定代表人或授权代表签名，并加盖双方机构公章	□是 □否 □不适用
7-7-1 发行人关于股东信息披露的专项承诺	发行人法定代表人签名并加盖发行人公章	□是 □否 □不适用
7-7-2 保荐人关于发行人股东信息披露的专项核查报告	保荐人法定代表人、保荐代表人签名并加盖公章	□是 □否 □不适用
7-7-3 律师事务所关于发行人股东信息披露的专项核查报告	律师事务所负责人、经办律师签名，并加盖公章	□是 □否 □不适用
7-8 历次聘请保荐机构情况的说明	发行人、保荐人公章	□是 □否 □不适用
7-9-1 保荐人关于××公司首次公开发行审核关注要点落实情况表及行业等相关事项核对表	1. 文件模板参见审核系统"其他业务－模板下载"栏目，"审核关注要点落实情况表"和"行业等相关事项核对表"汇总到同一个文件上传 2. 保荐业务负责人、内核负责人、投行质控负责人和保荐代表人签名并加盖保荐人公章	□是 □否 □不适用
7-9-2 会计师事务所关于××公司首次公开发行审核关注要点落实情况表	注册会计师签名并加盖会计师事务所公章	□是 □否 □不适用
7-9-3 律师事务所关于××公司首次公开发行审核关注要点落实情况表	经办律师签名并加盖律师事务所公章	□是 □否 □不适用

续表

7-10 其他文件	1. 无法确定文件归属的请在"其他文件"栏目处提交 2. 7-10-1 为"保荐人对本次申请符合受理要求的说明"，内容为"发行人及其控股股东、实际控制人、董事、监事、高级管理人员，保荐人、承销商、证券服务机构及其相关人员违法违规情况，逐项说明是否被中国证监会、证券交易所、证券业协会等采取相关措施，尚未解除（如是，须列明具体情况），本次申请是否符合受理要求"，并加盖保荐人公章 3. 7-10-2 为《关于财务报表有效期延长的申请》，内容为"在本次发行上市审核期间，如本公司招股说明书六个月有效期届满，根据《首次公开发行股票注册管理办法》相关规定，本公司申请将招股说明书引用的经审计的财务报表有效期延长三个月，本公司不再另行报送延期申请并承诺承担相应法律责任"，并加盖发行人公章 4. 存在联合保荐的，请提交联合保荐的说明文件，说明法律依据、理由等 5. 存在翻译文件的，请提供翻译机构的资质文件 6. 报告期内境内二次申报 IPO 的，请提交两次申报招股说明书的差异对照表及文字说明	□是 □否 □不适用

（二）上市公司向特定对象发行证券申请文件

一、申报项目合规性检查		
	是否不存在以下情形	保荐人检查结果
	1. 因本所审核认为上市公司不符合发行条件、上市条件或信息披露要求作出终止发行上市审核的决定或中国证监会作出不予注册决定的，自决定作出之日起不足六个月，上市公司提交的发行上市申请	□是 □否 □不适用
	2. 保荐人报送的上市公司证券发行上市申请在一年内累计两次被本所不予受理的，自第二次收到本所相关文件之日起三个月内，报送的新的上市公司证券发行上市申请	□是 □否 □不适用
	3. 上市公司及其控股股东、实际控制人、董事、监事、高级管理人员，保荐人、承销商、证券服务机构及其相关人员因证券违法违规被中国证监会采取认定为不适当人选、限制业务活动、证券市场禁入，尚未解除	□是 □否 □不适用

	4.上市公司及其控股股东、实际控制人、董事、监事、高级管理人员，保荐人、承销商、证券服务机构及其相关人员被证券交易所、国务院批准的其他全国性证券交易场所采取一定期限内不接受其出具的相关文件、公开认定为不适合担任上市公司董事、监事、高级管理人员，尚未解除	□是 □否 □不适用
	5.上市公司及其控股股东、实际控制人、董事、监事、高级管理人员，保荐人、承销商、证券服务机构及其相关人员被证券业协会采取认定不适合从事相关业务等相关措施，尚未解除	□是 □否 □不适用
二、申请文件完备性检查		
申请文件	关注要点	保荐人检查结果
1-1 募集说明书	1.募集说明书引用的财务报表应包含上市公司披露的最近一期财务数据 2.董监高声明应由董监高签名并加盖发行人公章；发行人控股股东、实际控制人声明应由相关人员签名、盖章 3.保荐人声明应由保荐人法定代表人、保荐代表人、项目协办人签名，并加盖保荐人公章；保荐人董事长和总经理（或类似职责人员）声明需保荐人董事长和总经理签名并加盖保荐人公章 4.各中介机构的声明文件应由各中介机构负责人和经办人签名并加盖中介机构公章 5.需附发行人董事会声明 6.简易程序需提供发行人及其控股股东、实际控制人、董监高就本次发行上市符合发行条件、上市条件和信息披露要求以及适用简易程序要求的承诺，并由相关人员签名、盖章	□是 □否 □不适用
2-1 发行人关于本次证券发行的申请报告	发行人公章	□是 □否 □不适用
2-2 发行人关于本次发行方案的论证分析报告	发行人或董事会公章	□是 □否 □不适用
2-3 董事会关于本次发行的决议	1.参会董事签名，并加盖发行人或董事会公章 2.如非董事本人参会的，需出具董事本人的授权委托书	□是 □否 □不适用
2-4 股东大会关于本次发行的决议	参会董事签名，并加盖发行人公章	□是 □否 □不适用

续表

2-5 发行人董事、监事、高级管理人员、控股股东、实际控制人对证券发行文件的确认意见以及监事会的书面审核意见	1.全体董监高、控股股东、实际控制人签名；控股股东、实际控制人为机构的，加盖机构公章 2.书面审核意见加盖监事会公章或监事签名	□是 □否 □不适用
3-1 证券发行保荐书	1.保荐人法定代表人、董事长、总经理（或类似职责人员）、保荐业务负责人、内核负责人、保荐业务部门负责人、保荐代表人、项目协办人签名，并加盖保荐人公章 2.附专项授权书，由保荐人法定代表人签名，并加盖保荐人公章 3.保荐人应当就本次发行上市符合发行条件、上市条件和信息披露要求以及适用简易程序要求发表明确肯定的核查意见（简易程序适用）	□是 □否 □不适用
3-2 发行保荐工作报告	保荐人法定代表人、董事长、总经理（或类似职责人员）、保荐业务负责人、内核负责人、保荐业务部门负责人、保荐代表人、项目协办人签名，并加盖保荐人公章	□是 □否 □不适用
3-3 上市保荐书	1.保荐人法定代表人、保荐业务负责人、内核负责人、保荐代表人、项目协办人签名，并加盖保荐人公章 2.保荐人应当就本次发行上市符合发行条件、上市条件和信息披露要求以及适用简易程序要求发表明确肯定的核查意见（简易程序适用）	□是 □否 □不适用
3-4 尽职调查报告（最近三年及一期）	保荐人法定代表人、董事长、总经理（或类似职责人员）、保荐代表人、项目协办人签名，并加盖保荐人公章	□是 □否 □不适用
3-5 关于战略投资者适格性的专项意见及独立董事、监事会对是否保护上市公司和中小股东的合法权益的明确意见	1.保荐人公章 2.独立董事签名，全体监事签名或监事会公章	□是 □否 □不适用
3-6 签字保荐代表人在审企业家数说明	1.按照《证券发行上市保荐业务管理办法》第四条和《深圳证券交易所股票发行上市审核业务指引第1号——申请文件受理》第三条的规定进行说明与承诺 2.保荐人公章	□是 □否 □不适用
4-1 法律意见书	经办律师和律所负责人签名并加盖律师事务所公章	□是 □否 □不适用
4-2 律师工作报告	经办律师和律所负责人签名并加盖律师事务所公章	□是 □否 □不适用

4-3 关于发行人董事、监事、高级管理人员、控股股东和实际控制人在相关文件上签名盖章的真实性的鉴证意见	经办律师和律所负责人签名并加盖律师事务所公章	□是 □否 □不适用
4-4 关于申请电子文件与预留原件一致的鉴证意见	经办律师和律所负责人签名并加盖律师事务所公章	□是 □否 □不适用
5-1 关于本次募集资金使用的可行性报告	发行人或董事会公章	□是 □否 □不适用
5-2 有关部门对募集资金投资项目的审批、核准或备案文件（如有）		□是 □否 □不适用
5-3 本次募集资金收购资产的财务报告、审计报告及相关评估报告（如有）	1. 财务报告由单位负责人、主管会计工作负责人、会计机构负责人签名盖章，并加盖公司公章 2. 审计报告加盖会计师事务所公章、注册会计师签名盖章 3. 资产评估报告由评估师签名并加盖评估机构公章	□是 □否 □不适用
5-4 发行人拟收购资产的合同或其草案（如有）		□是 □否 □不适用
6-1 发行人最近一年的财务报告及其审计报告以及最近一期的财务报告	1. 最近一期的财务报告需报送最近公告的财务报告；财务报告由单位负责人、主管会计工作负责人、会计机构负责人签名盖章，并加盖发行人公章 2. 审计报告加盖会计师事务所公章、注册会计师签名盖章	□是 □否 □不适用
6-2 最近三年一期合并口径和母公司口径的比较式财务报表	财务报表由单位负责人、主管会计工作负责人、会计机构负责人签名盖章，并加盖发行人公章	□是 □否 □不适用
6-3 盈利预测报告及其审核报告（如有）	1. 盈利预测报告加盖发行人公章 2. 审核报告加盖会计师事务所公章、注册会计师签名盖章	□是 □否 □不适用
6-4 会计师事务所关于发行人的内部控制鉴证报告 / 内部控制审计报告	1. 内部控制鉴证报告 / 审计报告加盖会计师事务所公章、注册会计师签名盖章 2. 发行人出具的内部控制自我评价报告加盖发行人或董事会公章	□是 □否 □不适用
6-5 董事会编制、股东大会批准的关于前次募集资金使用情况的报告以及会计师出具的鉴证报告	1. 报告加盖发行人或董事会公章 2. 鉴证报告意见页加盖会计师事务所公章、注册会计师签名盖章	□是 □否 □不适用

续表

6-6 经注册会计师核验的发行人非经常性损益明细表	1. 鉴证意见页加盖会计师事务所公章、注册会计师签名盖章 2. 非经常性损益明细表由单位负责人、主管会计工作负责人、会计机构负责人签名盖章，并加盖发行人公章	□是 □否 □不适用
6-7 发行人董事会、会计师事务所及注册会计师关于最近一年保留意见审计报告的补充意见	1. 发行人或董事会公章 2. 会计师事务所公章、注册会计师签名盖章	□是 □否 □不适用
6-8 特定行业或企业的主管部门出具的相关意见（如有）		□是 □否 □不适用
6-9 国务院主管部门关于引入境外战略投资者的有关文件		□是 □否 □不适用
6-10 附生效条件的认购合同	协议双方为机构的，需双方加盖机构公章，如协议一方或多方为自然人的，需自然人签名	□是 □否 □不适用
6-11 本次发行可转换公司债券的资信评级报告	评级机构公章及经办人员签名	□是 □否 □不适用
6-12 发行人营业执照及公司章程	1. 营业执照加盖发行人公章或律师事务所出具鉴证意见 2. 章程首页或尾页加盖发行人公章	□是 □否 □不适用
6-13 发行人关于申请文件不适用情况的说明	1. 不适用申请文件目录情况的说明需与提交的申请文件情况保持一致 2. 发行人公章	□是 □否 □不适用
6-14 发行人信息披露豁免申请（如有）	发行人公章	□是 □否 □不适用
6-15 发行人关于本次发行是否涉及重大资产重组的说明	发行人公章	□是 □否 □不适用
6-16 发行人、保荐人及相关主体保证不影响和干扰审核及注册程序的承诺函	1. 承诺函模板参见审核系统"其他业务－模板下载"栏目 2. 承诺人为机构的需加盖机构公章，承诺人为自然人的需自然人签名	□是 □否 □不适用
6-17 发行人全体董事、监事、高级管理人员对发行申请文件真实性、准确性和完整性的承诺书	全体董监高签名并加盖发行人公章	□是 □否 □不适用
6-18 发行人关于申请电子文件与预留原件一致的承诺函	发行人公章	□是 □否 □不适用

6-19 保荐人关于申请电子文件与预留原件一致的承诺函	保荐人公章	□是 □否 □不适用
6-20 申请人基础资料	文件模板参见审核系统"其他业务－模板下载"栏目	□是 □否 □不适用
6-21 关于上市公司涉及相关行业申报再融资简易程序的核查报告(简易程序适用)	1.再融资简易程序无论是否涉及核查报告模板中所列的相关行业或事项,均应提供该文件(文件模板参见审核系统"其他业务－模板下载"栏目) 2.保荐人出具的专项核查报告应当由保荐代表人签名并加盖保荐人公章;发行人律师出具的专项核查报告应当由经办律师及律所负责人签名并加盖律师事务所公章;会计师出具的专项说明应由注册会计师签名并加盖会计师事务所公章 3.请将保荐人、发行人律师及会计师出具的专项核查报告汇总至同一个文件上传	□是 □否 □不适用
6-22-1 保荐人关于××公司向特定对象发行证券审核关注要点落实情况表及行业等相关事项核对表	1.文件模板参见审核系统"其他业务－模板下载"栏目,"审核关注要点落实情况表"和"行业等相关事项核对表"汇总到同一个文件上传 2.保荐业务负责人、内核负责人、投行质控负责人和保荐代表人签名并加盖保荐人公章	□是 □否 □不适用
6-22-2 会计师事务所关于××公司向特定对象发行证券审核关注要点落实情况表	注册会计师签名并加盖会计师事务所公章	□是 □否 □不适用
6-22-3 律师事务所关于××公司向特定对象发行证券审核关注要点落实情况表	经办律师签名并加盖律师事务所公章	□是 □否 □不适用
6-23 其他相关文件	6-23-1 为"保荐人对本次申请符合受理要求的说明",内容为"发行人及其控股股东、实际控制人、董事、监事、高级管理人员,保荐人、承销商、证券服务机构及其相关人员违法违规情况,逐项说明是否被中国证监会、证券交易所、证券业协会等采取相关措施,尚未解除(如是,须列明具体情况),本次申请是否符合受理要求",并加盖保荐人公章	□是 □否 □不适用

（三）上市公司向不特定对象发行证券申请文件

一、申报项目合规性检查		
是否不存在以下情形		保荐人检查结果
	1. 因本所审核认为上市公司不符合发行条件、上市条件或信息披露要求作出终止发行上市审核的决定或中国证监会作出不予注册决定的，自决定作出之日起不足六个月，上市公司提交的发行上市申请	□是 □否 □不适用
	2. 保荐人报送的上市公司证券发行上市申请在一年内累计两次被本所不予受理的，自第二次收到本所相关文件之日起三个月内，报送的新的上市公司证券发行上市申请	□是 □否 □不适用
	3. 上市公司及其控股股东、实际控制人、董事、监事、高级管理人员，保荐人、承销商、证券服务机构及其相关人员因证券违法违规被中国证监会采取认定为不适当人选、限制业务活动、证券市场禁入，尚未解除	□是 □否 □不适用
	4. 上市公司及其控股股东、实际控制人、董事、监事、高级管理人员，保荐人、承销商、证券服务机构及其相关人员被证券交易所、国务院批准的其他全国性证券交易场所采取一定期限内不接受其出具的相关文件、公开认定为不适合担任上市公司董事、监事、高级管理人员，尚未解除	□是 □否 □不适用
	5. 上市公司及其控股股东、实际控制人、董事、监事、高级管理人员，保荐人、承销商、证券服务机构及其相关人员被证券业协会采取认定不适合从事相关业务等相关措施，尚未解除	□是 □否 □不适用
二、申请文件完备性检查		
申请文件	关注要点	保荐人检查结果
1-1 募集说明书	1. 募集说明书引用的财务报表应包含上市公司披露的最近一期财务数据 2. 董监高声明应由董监高签名并加盖发行人公章；发行人控股股东、实际控制人声明应由相关人员签名、盖章 3. 保荐人声明应由保荐人法定代表人、保荐代表人、项目协办人签名，并加盖保荐人公章；保荐人董事长和总经理（或类似职责人员）声明需保荐人董事长和总经理签名并加盖保荐人公章 4. 各中介机构的声明文件应由各中介机构负责人和经办人签名并加盖中介机构公章 5. 需附发行人董事会声明	□是 □否 □不适用

2-1 发行人关于本次证券发行的申请报告	发行人公章	□是 □否 □不适用
2-2 发行人关于本次发行方案的论证分析报告	发行人或董事会公章	□是 □否 □不适用
2-3 董事会关于本次发行的决议	1. 参会董事签名，并加盖发行人或董事会公章 2. 如非董事本人参会的，需出具董事本人的授权委托书	□是 □否 □不适用
2-4 股东大会关于本次发行的决议	参会董事签名，并加盖发行人公章	□是 □否 □不适用
2-5 发行人董事、监事、高级管理人员、控股股东、实际控制人对证券发行文件的确认意见以及监事会的书面审核意见	1. 全体董监高、控股股东、实际控制人签名；控股股东、实际控制人为机构的，加盖机构公章 2. 书面审核意见加盖监事会公章或监事签名	□是 □否 □不适用
3-1 证券发行保荐书	1. 保荐人法定代表人、董事长、总经理（或类似职责人员）、保荐业务负责人、内核负责人、保荐业务部门负责人、保荐代表人、项目协办人签名，并加盖保荐人公章 2. 附专项授权书，由保荐人法定代表人签名，并加盖保荐人公章	□是 □否 □不适用
3-2 发行保荐工作报告	保荐人法定代表人、董事长、总经理（或类似职责人员）、保荐业务负责人、内核负责人、保荐业务部门负责人、保荐代表人、项目协办人签名，并加盖保荐人公章	□是 □否 □不适用
3-3 上市保荐书	保荐人法定代表人、保荐业务负责人、内核负责人、保荐代表人、项目协办人签名，并加盖保荐人公章	□是 □否 □不适用
3-4 尽职调查报告（最近三年及一期）	保荐人法定代表人、董事长、总经理（或类似职责人员）、保荐代表人、项目协办人签名，并加盖保荐人公章	□是 □否 □不适用
3-5 签字保荐代表人在审企业家数说明	1. 按照《证券发行上市保荐业务管理办法》第四条和《深圳证券交易所股票发行上市审核业务指引第1号——申请文件受理》第三条的规定进行说明与承诺 2. 保荐人公章	□是 □否 □不适用
4-1 法律意见书	经办律师和律所负责人签名并加盖律师事务所公章	□是 □否 □不适用
4-2 律师工作报告	经办律师和律所负责人签名并加盖律师事务所公章	□是 □否 □不适用

续表

4-3 关于发行人董事、监事、高级管理人员、控股股东和实际控制人在相关文件上签名盖章的真实性的鉴证意见	经办律师和律所负责人签名并加盖律师事务所公章	□是 □否 □不适用
4-4 关于申请电子文件与预留原件一致的鉴证意见	经办律师和律所负责人签名并加盖律师事务所公章	□是 □否 □不适用
5-1 关于本次募集资金使用的可行性报告	发行人或董事会公章	□是 □否 □不适用
5-2 有关部门对募集资金投资项目的审批、核准或备案文件（如有）		□是 □否 □不适用
5-3 本次募集资金收购资产的财务报告、审计报告及相关评估报告（如有）	1. 财务报告由单位负责人、主管会计工作负责人、会计机构负责人签名盖章，并加盖公司公章 2. 审计报告加盖会计师事务所公章、注册会计师签名盖章 3. 资产评估报告由评估师签名并加盖评估机构公章	□是 □否 □不适用
5-4 发行人拟收购资产的合同或其草案（如有）		□是 □否 □不适用
6-1 发行人最近三年的财务报告及其审计报告以及最近一期的财务报告	1. 最近一期的财务报告需报送最近公告的财务报告；财务报告由单位负责人、主管会计工作负责人、会计机构负责人签名盖章，并加盖发行人公章 2. 审计报告加盖会计师事务所公章、注册会计师签名盖章	□是 □否 □不适用
6-2 最近三年一期合并口径和母公司口径的比较式财务报表	财务报表由单位负责人、主管会计工作负责人、会计机构负责人签名盖章，并加盖发行人公章	□是 □否 □不适用
6-3 盈利预测报告及其审核报告（如有）	1. 盈利预测报告加盖发行人公章 2. 审核报告加盖会计师事务所公章、注册会计师签名盖章	□是 □否 □不适用
6-4 会计师事务所关于发行人的内部控制鉴证报告/内部控制审计报告	1. 内部控制鉴证报告/审计报告加盖会计师事务所公章、注册会计师签名盖章 2. 发行人出具的内部控制自我评价报告加盖发行人或董事会公章	□是 □否 □不适用

续表

6-5 董事会编制、股东大会批准的关于前次募集资金使用情况的报告以及会计师出具的鉴证报告	1. 报告加盖发行人或董事会公章 2. 鉴证报告意见页加盖会计师事务所公章、注册会计师签名盖章	□是 □否 □不适用
6-6 经注册会计师核验的发行人非经常性损益明细表	1. 鉴证意见页加盖会计师事务所公章、注册会计师签名盖章 2. 非经常性损益明细表由单位负责人、主管会计工作负责人、会计机构负责人签名盖章，并加盖发行人公章	□是 □否 □不适用
6-7 特定行业或企业的主管部门出具的相关意见（如有）		□是 □否 □不适用
6-8 本次发行可转换公司债券的资信评级报告	评级机构公章及经办人员签名	□是 □否 □不适用
6-9 发行人营业执照及公司章程	1. 营业执照加盖发行人公章或律师事务所出具鉴证意见 2. 章程首页或尾页加盖发行人公章	□是 □否 □不适用
6-10 发行人关于申请文件不适用情况的说明	1. 不适用申请文件目录情况的说明需与提交的申请文件情况保持一致 2. 发行人公章	□是 □否 □不适用
6-11 发行人信息披露豁免申请（如有）	发行人公章	□是 □否 □不适用
6-12 发行人关于本次发行是否涉及重大资产重组的说明	发行人公章	□是 □否 □不适用
6-13 发行人、保荐人及相关主体保证不影响和干扰审核及注册程序的承诺函	1. 承诺函模板参见审核系统"其他业务－模板下载"栏目 2. 承诺人为机构的需加盖机构公章，承诺人为自然人的需自然人签名	□是 □否 □不适用
6-14 发行人全体董事、监事、高级管理人员对发行申请文件真实性、准确性和完整性的承诺书	全体董监高签名并加盖发行人公章	□是 □否 □不适用
6-15 发行人关于申请电子文件与预留原件一致的承诺函	发行人公章	□是 □否 □不适用

续表

6-16 保荐人关于申请电子文件与预留原件一致的承诺函	保荐人公章	□是 □否 □不适用
6-17 申请人基础资料	文件模板参见审核系统"其他业务－模板下载"栏目	□是 □否 □不适用
6-18-1 保荐人关于××公司向不特定对象发行证券审核关注要点落实情况表及行业等相关事项核对表	1. 文件模板参见审核系统"其他业务－模板下载"栏目，"审核关注要点落实情况表"和"行业等相关事项核对表"汇总到同一个文件上传 2. 保荐业务负责人、内核负责人、投行质控负责人和保荐代表人签名并加盖保荐人公章	□是 □否 □不适用
6-18-2 会计师事务所关于××公司向不特定对象发行证券审核关注要点落实情况表	注册会计师签名并加盖会计师事务所公章	□是 □否 □不适用
6-18-3 律师事务所关于××公司向不特定对象发行证券审核关注要点落实情况表	经办律师签名并加盖律师事务所公章	□是 □否 □不适用
6-19 其他相关文件	6-19-1 为"保荐人对本次申请符合受理要求的说明"，内容为"发行人及其控股股东、实际控制人、董事、监事、高级管理人员，保荐人、承销商、证券服务机构及其相关人员违法违规情况，逐项说明是否被中国证监会、证券交易所、证券业协会等采取相关措施，尚未解除（如是，须列明具体情况），本次申请是否符合受理要求"，并加盖保荐人公章	□是 □否 □不适用

（四）上市公司发行优先股申请文件

一、申报项目合规性检查		
	是否不存在以下情形	保荐人检查结果
	1. 因本所审核认为上市公司不符合发行条件、上市条件或信息披露要求作出终止发行上市审核的决定或中国证监会作出不予注册决定的，自决定作出之日起不足六个月，上市公司提交的发行上市申请	□是 □否 □不适用

	2. 保荐人报送的上市公司证券发行上市申请在一年内累计两次被本所不予受理的，自第二次收到本所相关文件之日起三个月内，报送的新的上市公司证券发行上市申请	□是 □否 □不适用
	3. 上市公司及其控股股东、实际控制人、董事、监事、高级管理人员，保荐人、承销商、证券服务机构及其相关人员因证券违法违规被中国证监会采取认定为不适当人选、限制业务活动、证券市场禁入，尚未解除	□是 □否 □不适用
	4. 上市公司及其控股股东、实际控制人、董事、监事、高级管理人员，保荐人、承销商、证券服务机构及其相关人员被证券交易所、国务院批准的其他全国性证券交易场所采取一定期限内不接受其出具的相关文件、公开认定为不适合担任上市公司董事、监事、高级管理人员，尚未解除	□是 □否 □不适用
	5. 上市公司及其控股股东、实际控制人、董事、监事、高级管理人员，保荐人、承销商、证券服务机构及其相关人员被证券业协会采取认定不适合从事相关业务等相关措施，尚未解除	□是 □否 □不适用
二、申请文件完备性检查		
申请文件	关注要点	保荐人检查结果
1-1 募集说明书	1. 募集说明书引用的财务报表应包含上市公司披露的最近一期财务数据 2. 董监高声明应由董监高签名并加盖发行人公章；发行人控股股东、实际控制人声明应由相关人员签名、盖章 3. 保荐人声明应由保荐人法定代表人、保荐代表人、项目协办人签名，并加盖保荐人公章；保荐人董事长和总经理（或类似职责人员）声明需保荐人董事长和总经理签名并加盖保荐人公章 4. 各中介机构的声明文件应由各中介机构负责人和经办人签名并加盖中介机构公章 5. 需附发行人董事会声明	□是 □否 □不适用
1-2 募集说明书概览	发行人公章	□是 □否 □不适用
2-1 发行人申请报告	发行人公章	□是 □否 □不适用
2-2 发行人发行预案	发行人公章	□是 □否 □不适用
2-3 发行人董事会决议	1. 参会董事签名，并加盖发行人或董事会公章 2. 如非董事本人参会的，需出具董事本人的授权委托书	□是 □否 □不适用

续表

2-4 发行人股东大会决议	参会董事签名，并加盖发行人公章	□是 □否 □不适用
3-1 保荐机构出具的证券发行保荐书	1.保荐人法定代表人、董事长、总经理（或类似职责人员）、保荐业务负责人、内核负责人、保荐业务部门负责人、保荐代表人、项目协办人签名，并加盖保荐人公章 2.附专项授权书，由保荐人法定代表人签名，并加盖保荐人公章	□是 □否 □不适用
3-2 保荐机构出具的证券上市保荐书	保荐人法定代表人、保荐业务负责人、内核负责人、保荐代表人、项目协办人签名，并加盖保荐人公章	□是 □否 □不适用
3-3 保荐机构出具的保荐工作报告	保荐人法定代表人、董事长、总经理（或类似职责人员）、保荐业务负责人、内核负责人、保荐业务部门负责人、保荐代表人、项目协办人签名，并加盖保荐人公章	□是 □否 □不适用
3-4 发行人律师出具的法律意见书	经办律师和律所负责人签名并加盖律师事务所公章	□是 □否 □不适用
3-5 发行人律师出具的律师工作报告	经办律师和律所负责人签名并加盖律师事务所公章	□是 □否 □不适用
3-6 关于发行人董事、监事、高级管理人员以及发行人控股股东和实际控制人在相关文件上签名盖章的真实性的鉴证意见	经办律师和律所负责人签名并加盖律师事务所公章	□是 □否 □不适用
3-7 关于申请电子文件与预留原件一致的鉴证意见	经办律师和律所负责人签名并加盖律师事务所公章	□是 □否 □不适用
4-1 发行人拟收购资产（包括权益）最近一年的财务报告和审计报告及最近一期的财务报告、资产评估报告（如有）	1.财务报告由单位负责人、主管会计工作负责人、会计机构负责人签名盖章，并加盖发行人公章 2.审计报告加盖会计师事务所公章、注册会计师签名盖章 3.资产评估报告由评估师签名并加盖评估机构公章	□是 □否 □不适用
4-2 发行人拟收购资产（包括权益）的合同或其草案（如有）		□是 □否 □不适用
5-1 发行人最近三年的财务报告和审计报告及最近一期的财务报告、最近三年及一期比较式财务报表，如最近三年发生重大资产重组的，还应提供重组时编制的重组前模拟财务报告及审计报告	1.财务报告由单位负责人、主管会计工作负责人、会计机构负责人签名盖章，并加盖发行人公章 2.审计报告加盖会计师事务所公章、注册会计师签名盖章	□是 □否 □不适用

5-2 发行人最近三年及一期非经常性损益明细表	非经常性损益明细表由单位负责人、主管会计工作负责人、会计机构负责人签名盖章，并加盖发行人公章	□是 □否 □不适用
5-3 审计机构关于发行人最近一年末内部控制的审计报告或鉴证报告	1.内部控制审计报告或鉴证报告加盖会计师事务所公章、注册会计师签名盖章 2.发行人出具的内部控制自我评价报告加盖发行人或董事会公章	□是 □否 □不适用
5-4 发行人董事会、审计机构关于报告期内非标准审计报告涉及事项对公司是否有重大不利影响或重大不利影响是否已经消除的说明（如有）	1.董事会公章 2.会计师事务所公章、注册会计师签名盖章	□是 □否 □不适用
5-5 盈利预测报告及盈利预测报告审核报告（如有）	1.盈利预测报告加盖发行人公章 2.审核报告加盖会计师事务所公章、注册会计师签名盖章	□是 □否 □不适用
5-6 资信评级机构为本次发行优先股出具的资信评级报告（如有）	评级机构公章及经办人员签名	□是 □否 □不适用
5-7 本次发行优先股的担保合同、担保函、担保人就提供担保获得的授权文件（如有）		□是 □否 □不适用
5-8 发行人对本次发行优先股作出的有关声明和承诺	发行人公章	□是 □否 □不适用
5-9 审计机构关于本次发行优先股相关会计处理事项的专项意见	会计师事务所公章、注册会计师签名盖章	□是 □否 □不适用
5-10 发行人公司章程	章程首页或尾页加盖发行人公章	□是 □否 □不适用
5-11 特定行业（或企业）主管部门出具的监管意见书		□是 □否 □不适用
5-12 承销协议（发行前按证券交易所要求提供）		□是 □否 □不适用
5-13 发行人全体董事、监事、高级管理人员对发行申请文件真实性、准确性和完整性的承诺书	全体董监高签名并加盖发行人公章	□是 □否 □不适用

续表

5-14 发行人关于申请文件不适用情况的说明（如有）	1. 不适用申请文件目录情况的说明需与提交的申请文件情况保持一致 2. 发行人公章	□是 □否 □不适用
5-15 发行人信息披露豁免申请（如有）	发行人公章	□是 □否 □不适用
5-16 发行人保证不影响和干扰审核及注册程序的承诺函	1. 承诺函模板参见审核系统"其他业务－模板下载"栏目 2. 承诺人为机构的需加盖机构公章，承诺人为自然人的需自然人签名	□是 □否 □不适用
5-17 发行人关于申请电子文件与预留原件一致的承诺函	发行人公章	□是 □否 □不适用
5-18 保荐人关于申请电子文件与预留原件一致的承诺函	保荐人公章	□是 □否 □不适用
5-19 其他相关文件	5-19-1 为"保荐人对本次申请符合受理要求的说明"，内容为"发行人及其控股股东、实际控制人、董事、监事、高级管理人员，保荐人、承销商、证券服务机构及其相关人员违法违规情况，逐项说明是否被中国证监会、证券交易所、证券业协会等采取相关措施，尚未解除（如是，须列明具体情况），本次申请是否符合受理要求"，并加盖保荐人公章 5-19-2 为"签字保荐代表人在审企业家数说明"，需按照《证券发行上市保荐业务管理办法》第四条和《深圳证券交易所股票发行上市审核业务指引第 1 号——申请文件受理》第三条的规定进行说明与承诺，并加盖保荐人公章	□是 □否 □不适用

（五）上市公司重大资产重组（发行股份购买资产）申请文件

一、申报项目合规性检查		
	是否不存在以下情形	独立财务顾问检查结果
	1. 上市公司及其控股股东、实际控制人、董事、监事、高级管理人员，独立财务顾问、证券服务机构及其相关人员因证券违法违规被中国证监会采取认定为不适当人选、限制业务活动、证券市场禁入，尚未解除	□是 □否 □不适用

续表

	2.上市公司及其控股股东、实际控制人、董事、监事、高级管理人员，独立财务顾问、证券服务机构及其相关人员因证券违法违规被证券交易所、国务院批准的其他全国性证券交易场所采取一定期限内不接受其出具的相关文件、公开认定不适合担任上市公司董事、监事、高级管理人员，尚未解除	□是 □否 □不适用
	3.上市公司及其控股股东、实际控制人、董事、监事、高级管理人员，独立财务顾问、证券服务机构及其相关人员因证券违法违规被证券业协会采取认定不适合从事相关业务等相关措施，尚未解除	□是 □否 □不适用
	4.本次交易涉嫌内幕交易正在被中国证监会立案调查或者被司法机关立案侦查，尚未结案，但中国证监会另有规定的除外	□是 □否 □不适用
二、申请文件完备性检查		
申请文件	关注要点	独立财务顾问检查结果
1-1 重大资产重组申请文件目录及交易各方和中介机构联系表（包含上市公司及其控股股东、实际控制人、董事、监事和高级管理人员，构成收购人的交易对方，以及独立财务顾问、律师事务所、会计师事务所、资产评估机构、估值机构等证券服务机构及其签字人员的名单，包括名称/姓名、组织机构代码、统一社会信用代码/公民身份证号码或其他身份信息、联系方式）	上市公司公章	□是 □否 □不适用
1-2 并购重组方案概况表	上市公司公章	□是 □否 □不适用
1-3 关于电子文件与原始纸质文件一致的承诺函及律师事务所鉴证意见	1.上市公司公章 2.经办律师和律所负责人签名并加盖律师事务所公章	□是 □否 □不适用
1-4 关于本次重大资产重组申请文件不适用内容的说明	上市公司公章	□是 □否 □不适用

续表

2-1 重大资产重组报告书	1. 重组报告书引用的财务报表应在 6 个月有效期内 2. 加盖上市公司公章 3. 董监高声明应由董监高签名，并加盖上市公司公章 4. 独立财务顾问声明应由法定代表人、财务顾问主办人、财务顾问协办人（如有）签名，并加盖机构公章 5. 各中介机构的声明应由机构负责人和经办人签名，并加盖机构公章	□是 □否 □不适用
2-2 重大资产重组的董事会决议和股东大会决议	1. 董事会决议由参会董事签名，并加盖上市公司或者董事会公章；如非董事本人参会的，需董事本人的授权委托书 2. 股东大会决议由参会董事签名，并加盖上市公司公章	□是 □否 □不适用
2-3 公告的其他相关信息披露文件	独立财务顾问的法定代表人或者其授权代表人、部门负责人、内部核查机构负责人、独立财务顾问主办人和项目协办人（如有）应当在独立财务顾问专业意见（如有）上签名，并加盖机构公章	□是 □否 □不适用
3-1 独立财务顾问报告	独立财务顾问法定代表人或者其授权代表人、部门负责人、内部核查机构负责人、财务顾问主办人和项目协办人（如有）签名，并加盖机构公章	□是 □否 □不适用
3-2 法律意见书	经办律师和律所负责人签名并加盖律师事务所公章	□是 □否 □不适用
3-3 关于本次交易符合中国证监会关于重大资产重组对板块定位的要求的独立财务顾问核查意见（如适用）	独立财务顾问法定代表人或者其授权代表人、部门负责人、内部核查机构负责人、财务顾问主办人和项目协办人（如有）签名，并加盖机构公章	□是 □否 □不适用
3-4 关于本次交易适用快速审核通道的独立财务顾问核查意见（如适用）	独立财务顾问法定代表人或者其授权代表人、部门负责人、内部核查机构负责人、财务顾问主办人和项目协办人（如有）签名，并加盖机构公章	□是 □否 □不适用
3-5 关于本次交易符合"小额快速"审核机制的独立财务顾问核查意见（如适用）	独立财务顾问法定代表人或者其授权代表人、部门负责人、内部核查机构负责人、财务顾问主办人和项目协办人（如有）签名，并加盖机构公章	□是 □否 □不适用

4-1 本次重大资产重组涉及的拟购买资产最近两年及一期的财务报告和审计报告（确实无法提供的，应当说明原因及相关资产的财务状况和经营成果）	1. 财务报告由单位负责人、主管会计工作负责人、会计机构负责人签名盖章，并加盖公司公章 2. 审计报告加盖会计师事务所公章、注册会计师签名盖章 3. 如确实无法提供拟购买资产最近两年及一期的财务报告，申请人说明原因后，应提供拟购买资产最近两年及一期以假设数据为依据的财务报告及审计报告（包括但不限于模拟报表、备考审计报告）	□是 □否 □不适用
4-2 本次重大资产重组涉及的拟购买资产的评估报告及评估说明，或者估值报告	资产评估师签名并加盖评估机构公章	□是 □否 □不适用
4-3 本次重大资产重组涉及的拟出售资产最近两年及一期的财务报告和审计报告（确实无法提供的，应当说明原因及相关资产的财务状况和经营成果）	1. 财务报告由单位负责人、主管会计工作负责人、会计机构负责人签名盖章，并加盖公司公章 2. 审计报告加盖会计师事务所公章、注册会计师签名盖章	□是 □否 □不适用
4-4 本次重大资产重组涉及的拟出售资产的评估报告及评估说明，或者估值报告	资产评估师签名并加盖评估机构公章	□是 □否 □不适用
4-5 根据本次重大资产重组完成后的架构编制的上市公司最近一年及一期的备考财务报告及其审阅报告	1. 财务报告由单位负责人、主管会计工作负责人、会计机构负责人签名盖章，并加盖公司公章 2. 审阅报告加盖会计师事务所公章、注册会计师签名盖章	□是 □否 □不适用
4-6 盈利预测报告和审核报告（如有）	1. 盈利预测报告加盖上市公司公章 2. 审核报告加盖会计师事务所公章、注册会计师签名盖章	□是 □否 □不适用
4-7 上市公司董事会、会计师事务所关于上市公司最近一年及一期的非无保留意见审计报告的补充意见（如有）	1. 董事会公章 2. 会计师事务所公章、注册会计师签名盖章	□是 □否 □不适用
4-8 交易对方最近一年的财务报告和审计报告（如有）	1. 交易对方为法人或其他主体的，应提供最近一年财务报告，如有审计报告，可提供审计报告 2. 财务报告由单位负责人、主管会计工作负责人、会计机构负责人签名盖章，并加盖公司公章；审计报告加盖会计师事务所公章、注册会计师签名盖章	□是 □否 □不适用

续表

4-9 独立财务顾问、会计师事务所对交易标的业绩真实性的专项核查意见	1. 独立财务顾问法定代表人或者其授权代表人、部门负责人、内部核查机构负责人、财务顾问主办人和项目协办人（如有）签名，并加盖机构公章 2. 会计师事务所公章、注册会计师签名盖章	□是 □否 □不适用
5-1 重大资产重组的协议或合同	协议双方法定代表人或授权代表签名，并加盖双方机构公章	□是 □否 □不适用
5-2 涉及本次重大资产重组的其他重要协议或合同	协议双方为机构的，需双方加盖机构公章，如协议一方或多方为自然人的，需自然人签名	□是 □否 □不适用
5-3 交易对方与上市公司就相关资产实际盈利数不足利润预测数的情况签订的补偿协议（如有）	协议双方为机构的，需双方加盖机构公章，如协议一方或多方为自然人的，需自然人签名	□是 □否 □不适用
5-4 涉及本次重大资产重组的承诺函	1. 需提交中国证监会及本所规定的涉及本次重大资产重组的承诺函 2. 承诺函需包括《上市公司、独立财务顾问及相关主体保证不影响和干扰审核的承诺函》，文件模板参见审核系统"其他业务－模板下载"栏目 3. 承诺人为机构的需加盖机构公章，承诺人为自然人的需签名	□是 □否 □不适用
5-5 涉及本次重大资产重组的媒体说明会召开情况、对证券交易所问询函的回复等已披露信息	1. 上市公司公章 2. 独立财务顾问的法定代表人或者其授权代表人、部门负责人、内部核查机构负责人、财务顾问主办人和项目协办人（如有）应当在财务顾问专业意见（如有）上签名，并加盖机构公章 3. 中介机构（如有）公章	□是 □否 □不适用
6-1 有关部门对重大资产重组的审批、核准或备案文件		□是 □否 □不适用
6-2 债权人同意函（如有）		□是 □否 □不适用
6-3 拟购买资产的权属证书		□是 □否 □不适用
6-4 与拟购买资产生产经营有关的资质证书或批准文件		□是 □否 □不适用
6-5 内幕信息知情人名单，包括名称/姓名、职务、组织机构代码、统一社会信用代码/公民身份证号码等或其他身份信息等	上市公司公章	□是 □否 □不适用

6-6 上市公司及其董事、监事、高级管理人员，上市公司控股股东、实际控制人及其董事、监事、高级管理人员（或主要负责人），交易对方及其控股股东、实际控制人、董事、监事、高级管理人员（或主要负责人），相关证券服务机构和其他知悉本次重大资产重组内幕信息的单位和自然人以及上述相关人员的直系亲属在董事会就本次重组申请股票停牌前或首次作出决议前（孰早）六个月至重大资产重组报告书披露之前一日止，买卖该上市公司股票及其他相关证券情况的自查报告，并提供证券登记结算机构就前述单位及自然人二级市场交易情况出具的证明文件	1.自查报告需相关主体签名或盖章 2.证明文件加盖证券登记结算机构公章	□是 □否 □不适用
6-7 资产评估结果备案或核准文件（如有）		□是 □否 □不适用
6-8-1 独立财务顾问关于××公司重大资产重组审核关注要点落实情况表及行业等相关事项核对表	1.文件模板参见审核系统"其他业务－模板下载"栏目，"审核关注要点落实情况表"和"行业等相关事项核对表"汇总到同一个文件上传 2.独立财务顾问部门负责人、内部核查机构负责人、投行质控负责人、财务顾问主办人、财务顾问协办人（如有）签名，并加盖独立财务顾问公章	□是 □否 □不适用
6-8-2 会计师事务所关于××公司重大资产重组审核关注要点落实情况表	注册会计师签名并加盖会计师事务所公章	□是 □否 □不适用
6-8-3 律师事务所关于××公司重大资产重组审核关注要点落实情况表	经办律师签名并加盖律师事务所公章	□是 □否 □不适用

续表

| 6-9 中国证监会、证券交易所要求提供的其他文件 | 6-9-1 为"独立财务顾问对本次申请符合受理要求的说明"，内容为"上市公司及其控股股东、实际控制人、董事、监事、高级管理人员，独立财务顾问、证券服务机构及其相关人员违法违规情况，逐项说明是否被中国证监会、证券交易所、证券业协会等采取相关措施，尚未解除(如是，须列明具体情况)，本次交易是否涉嫌内幕交易正在被中国证监会立案调查或者被司法机关立案侦查，尚未结案，本次申请是否符合受理要求"，并加盖独立财务顾问公章 | □是 □否 □不适用 |

（六）上市公司重大资产重组（重组上市）申请文件

一、申报项目合规性检查		
	是否不存在以下情形	独立财务顾问检查结果
	1.上市公司及其控股股东、实际控制人、董事、监事、高级管理人员，独立财务顾问、证券服务机构及其相关人员因证券违法违规被中国证监会采取认定为不适当人选、限制业务活动、证券市场禁入，尚未解除	□是 □否 □不适用
	2.上市公司及其控股股东、实际控制人、董事、监事、高级管理人员，独立财务顾问、证券服务机构及其相关人员因证券违法违规被证券交易所、国务院批准的其他全国性证券交易场所采取一定期限内不接受其出具的相关文件、公开认定不适合担任上市公司董事、监事、高级管理人员，尚未解除	□是 □否 □不适用
	3.上市公司及其控股股东、实际控制人、董事、监事、高级管理人员，独立财务顾问、证券服务机构及其相关人员因证券违法违规被证券业协会采取认定不适合从事相关业务等相关措施，尚未解除	□是 □否 □不适用
	4.本次交易涉嫌内幕交易被中国证监会立案调查或者被司法机关立案侦查，尚未结案，但中国证监会另有规定的除外	□是 □否 □不适用

	5.企业申报 IPO 被中国证监会作出不予核准或注册决定后或被本所审核认为发行人不符合发行条件、上市条件或信息披露要求作出终止发行上市审核的决定后，拟作为标的资产参与上市公司重组交易，构成重组上市的，自决定作出之日起不足六个月，提交的重组上市申请	□是 □否 □不适用
二、申请文件完备性检查		
申请文件	关注要点	独立财务顾问检查结果
1-1 重大资产重组申请文件目录及交易各方和中介机构联系表（包含上市公司及其控股股东、实际控制人、董事、监事和高级管理人员，构成收购人的交易对方，以及独立财务顾问、律师事务所、会计师事务所、资产评估机构、估值机构等证券服务机构及其签字人员的名单，包括名称／姓名、组织机构代码、统一社会信用代码／公民身份证号码或其他身份信息、联系方式）	上市公司公章	□是 □否 □不适用
1-2 并购重组方案概况表	上市公司公章	□是 □否 □不适用
1-3 关于电子文件与原始纸质文件一致的承诺函及律师事务所鉴证意见	1.上市公司公章 2.经办律师和律所负责人签名并加盖律师事务所公章	□是 □否 □不适用
1-4 关于本次重大资产重组申请文件不适用内容的说明	上市公司公章	□是 □否 □不适用
2-1 重大资产重组报告书	1.重组报告书引用的财务报表应在 6 个月有效期内 2.加盖上市公司公章 3.董监高声明应由董监高签名，并加盖上市公司公章 4.独立财务顾问声明应由法定代表人、财务顾问主办人、财务顾问协办人（如有）签名，并加盖机构公章 5.各中介机构的声明应由机构负责人和经办人签名，并加盖机构公章	□是 □否 □不适用

续表

2-2 重大资产重组的董事会决议和股东大会决议	1.董事会决议由参会董事签名，并加盖上市公司或者董事会公章；如非董事本人参会的，需董事本人的授权委托书 2.股东大会决议由参会董事签名，并加盖上市公司公章	□是 □否 □不适用
2-3 公告的其他相关信息披露文件	独立财务顾问的法定代表人或者其授权代表人、部门负责人、内部核查机构负责人、独立财务顾问主办人和项目协办人（如有）应当在独立财务顾问专业意见（如有）上签名，并加盖机构公章	□是 □否 □不适用
3-1 独立财务顾问报告	独立财务顾问法定代表人或者其授权代表人、部门负责人、内部核查机构负责人、财务顾问主办人和项目协办人（如有）签名，并加盖机构公章	□是 □否 □不适用
3-2 法律意见书	经办律师和律所负责人签名并加盖律师事务所公章	□是 □否 □不适用
3-3 关于本次交易符合中国证监会关于重大资产重组对板块定位的要求的独立财务顾问核查意见（如适用）	独立财务顾问法定代表人或者其授权代表人、部门负责人、内部核查机构负责人、财务顾问主办人和项目协办人（如有）签名，并加盖机构公章	□是 □否 □不适用
3-4 关于本次交易适用快速审核通道的独立财务顾问核查意见（如适用）	独立财务顾问法定代表人或者其授权代表人、部门负责人、内部核查机构负责人、财务顾问主办人和项目协办人（如有）签名，并加盖机构公章	□是 □否 □不适用
3-5 关于本次交易符合"小额快速"审核机制的独立财务顾问核查意见（如适用）	独立财务顾问法定代表人或者其授权代表人、部门负责人、内部核查机构负责人、财务顾问主办人和项目协办人（如有）签名，并加盖机构公章	□是 □否 □不适用
4-1 标的资产最近三年及一期的财务报告和审计报告	1.财务报告由单位负责人、主管会计工作负责人、会计机构负责人签名盖章，并加盖公司公章 2.审计报告加盖会计师事务所公章、注册会计师签名盖章	□是 □否 □不适用
4-2 标的资产最近三年原始报表及其与申报财务报表的差异比较表及会计师事务所出具的意见	1.财务报表由单位负责人、主管会计工作负责人、会计机构负责人签名盖章，并加盖公司公章 2.会计师事务所公章、注册会计师签名盖章	□是 □否 □不适用
4-3 标的资产最近三年及一期非经常性损益明细表及会计师事务所出具的专项说明	1.非经常性损益明细表由单位负责人、主管会计工作负责人、会计机构负责人签名盖章，并加盖公司公章 2.专项说明加盖会计师事务所公章、注册会计师签名盖章	□是 □否 □不适用

续表

4-4 标的资产最近三年及一期的纳税证明文件	1.需提供标的资产最近三年及一期的纳税证明，并加盖主管税务机关公章 2.如确实无法提供由当地税务主管机构出具的纳税证明，也可提供最近三年及一期的其他纳税证明文件，如《涉税事项调查证明材料》《涉税证明》《税务违法记录证明》等。如拟购买资产注销部分资产，无法提供相关纳税申报表，应由独立财务顾问提供说明文件，同时提供清税证明	□是 □否 □不适用
4-5 根据本次重大资产重组完成后的架构编制的上市公司最近一年及一期的备考财务报告及其审计报告	1.财务报告由单位负责人、主管会计工作负责人、会计机构负责人签名盖章，并加盖公司公章 2.审计报告加盖会计师事务所公章、注册会计师签名盖章	□是 □否 □不适用
4-6 内部控制鉴证报告	1.内部控制鉴证报告加盖会计师事务所公章、注册会计师签名盖章 2.上市公司出具的内部控制自我评价报告加盖上市公司或董事会公章	□是 □否 □不适用
4-7 本次重大资产重组涉及的拟购买资产的评估报告及评估说明，或者估值报告	资产评估师签名并加盖评估机构公章	□是 □否 □不适用
4-8 本次重大资产重组涉及的拟出售资产最近两年及一期的财务报告和审计报告（确实无法提供的，应当说明原因及相关资产的财务状况和经营成果）	1.财务报告由单位负责人、主管会计工作负责人、会计机构负责人签名盖章，并加盖公司公章 2.审计报告加盖会计师事务所公章、注册会计师签名盖章	□是 □否 □不适用
4-9 本次重大资产重组涉及的拟出售资产的评估报告及评估说明，或者估值报告	资产评估师签名并加盖评估机构公章	□是 □否 □不适用
4-10 盈利预测报告和审核报告（如有）	1.盈利预测报告加盖上市公司公章 2.审核报告加盖会计师事务所公章、注册会计师签名盖章	□是 □否 □不适用
4-11 上市公司董事会、会计师事务所关于上市公司最近一年及一期的非无保留意见审计报告的补充意见（如有）	1.董事会公章 2.会计师事务所公章、注册会计师签名盖章	□是 □否 □不适用

续表

4-12 交易对方最近一年的财务报告和审计报告（如有）	1. 交易对方为法人或其他主体的，应提供最近一年财务报告，如有审计报告，可提供审计报告 2. 财务报告由单位负责人、主管会计工作负责人、会计机构负责人签名盖章，并加盖公司公章；审计报告加盖会计师事务所公章、注册会计师签名盖章	□是 □否 □不适用
4-13 独立财务顾问、会计师事务所对交易标的业绩真实性的专项核查意见	1. 独立财务顾问法定代表人或者其授权代表人、部门负责人、内部核查机构负责人、财务顾问主办人和项目协办人（如有）签名，并加盖机构公章 2. 会计师事务所公章、注册会计师签名盖章	□是 □否 □不适用
5-1 重大资产重组的协议或合同	协议双方法定代表人或授权代表签名，并加盖双方机构公章	□是 □否 □不适用
5-2 涉及本次重大资产重组的其他重要协议或合同	协议双方为机构的，需双方加盖机构公章，如协议一方或多方为自然人的，需自然人签名	□是 □否 □不适用
5-3 交易对方与上市公司就相关资产实际盈利数不足利润预测数的情况签订的补偿协议（如有）	协议双方为机构的，需双方加盖机构公章，如协议一方或多方为自然人的，需自然人签名	□是 □否 □不适用
5-4 涉及本次重大资产重组的承诺函	1. 需提交中国证监会及本所规定的涉及本次重大资产重组的承诺函 2. 承诺函需包括《上市公司、独立财务顾问及相关主体保证不影响和干扰审核的承诺函》，文件模板参见审核系统"其他业务－模板下载"栏目 3. 承诺人为机构的需加盖机构公章，承诺人为自然人的需签名	□是 □否 □不适用
5-5 涉及本次重大资产重组的媒体说明会召开情况、对证券交易所问询函的回复等已披露信息	1. 上市公司公章 2. 独立财务顾问的法定代表人或者其授权代表人、部门负责人、内部核查机构负责人、财务顾问主办人和项目协办人（如有）应当在财务顾问专业意见（如有）上签名，并加盖机构公章 3. 中介机构（如有）公章	□是 □否 □不适用
6-1 有关部门对重大资产重组的审批、核准或备案文件		□是 □否 □不适用
6-2 债权人同意函（如有）		□是 □否 □不适用
6-3 拟购买资产的权属证书		□是 □否 □不适用
6-4 与拟购买资产生产经营有关的资质证书或批准文件		□是 □否 □不适用

6-5 内幕信息知情人名单，包括名称／姓名、职务、组织机构代码、统一社会信用代码／公民身份证号码或其他身份信息等	上市公司公章	□是 □否 □不适用
6-6 上市公司及其董事、监事、高级管理人员，上市公司控股股东、实际控制人及其董事、监事、高级管理人员（或主要负责人），交易对方及其控股股东、实际控制人、董事、监事、高级管理人员（或主要负责人），相关证券服务机构和其他知悉本次重大资产重组内幕信息的单位和自然人以及上述相关人员的直系亲属在董事会就本次重组申请股票停牌前或首次作出决议前（孰早）六个月至重大资产重组报告书披露之前一日止，买卖该上市公司股票及其他相关证券情况的自查报告，并提供证券登记结算机构就前述单位及自然人二级市场交易情况出具的证明文件	1. 自查报告需相关主体签名或盖章 2. 证明文件加盖证券登记结算机构公章	□是 □否 □不适用
6-7 资产评估结果备案或核准文件（如有）		□是 □否 □不适用
6-8-1 独立财务顾问关于××公司重大资产重组审核关注要点落实情况表及行业等相关事项核对表	1. 文件模板参见审核系统"其他业务－模板下载"栏目，"审核关注要点落实情况表"和"行业等相关事项核对表"汇总到同一个文件上传 2. 独立财务顾问部门负责人、内部核查机构负责人、投行质控负责人、财务顾问主办人、财务顾问协办人（如有）签名，并加盖独立财务顾问公章	□是 □否 □不适用
6-8-2 会计师事务所关于××公司重大资产重组审核关注要点落实情况表	注册会计师签名并加盖会计师事务所公章	□是 □否 □不适用
6-8-3 律师事务所关于××公司重大资产重组审核关注要点落实情况表	经办律师签名并加盖律师事务所公章	□是 □否 □不适用

续表

6-9 中国证监会、证券交易所要求提供的其他文件	6-9-1 为"独立财务顾问对本次申请符合受理要求的说明"，内容为"上市公司及其控股股东、实际控制人、董事、监事、高级管理人员，独立财务顾问、证券服务机构及其相关人员违法违规情况，逐项说明是否被中国证监会、证券交易所、证券业协会等采取相关措施，尚未解决（如是，须列明具体情况），本次交易是否涉嫌内幕交易正在被中国证监会立案调查或者被司法机关立案侦查，尚未结案，本次申请是否符合受理要求"，并加盖独立财务顾问公章	□是 □否 □不适用

（七）试点红筹企业公开发行存托凭证并上市申请文件

一、申报项目合规性检查		
	是否不存在以下情形	保荐人检查结果
	1. 因本所审核认为发行人不符合发行条件、上市条件或信息披露要求作出终止发行上市审核的决定或中国证监会作出不予注册决定的，自决定作出之日起不足六个月，发行人提交的发行上市申请	□是 □否 □不适用
	2. 保荐人报送的发行上市申请在一年内累计两次被本所不予受理的，自第二次收到本所相关文件之日起三个月内，报送的新的发行上市申请	□是 □否 □不适用
	3. 发行人及其控股股东、实际控制人、董事、监事、高级管理人员，保荐人、承销商、证券服务机构及其相关人员因证券违法违规被中国证监会采取认定为不适当人选、限制业务活动、证券市场禁入，尚未解除	□是 □否 □不适用
	4. 发行人及其控股股东、实际控制人、董事、监事、高级管理人员，保荐人、承销商、证券服务机构及其相关人员被证券交易所、国务院批准的其他全国性证券交易场所采取一定期限内不接受其出具的相关文件、公开认定为不适合担任发行人董事、监事、高级管理人员，尚未解除	□是 □否 □不适用
	5. 发行人及其控股股东、实际控制人、董事、监事、高级管理人员，保荐人、承销商、证券服务机构及其相关人员被证券业协会采取认定不适合从事相关业务等相关措施，尚未解除	□是 □否 □不适用
二、申请文件完备性检查		

申请文件	关注要点	保荐人检查结果
1-1 招股说明书	1. 招股说明书引用的财务报表应在 6 个月有效期内 2. 发行人董监高声明应由董监高签名并加盖发行人公章；发行人控股股东和实际控制人声明应由相关人员签名、盖章 3. 保荐人（主承销商）声明应由保荐人法定代表人、保荐代表人、项目协办人签名，并加盖保荐人公章；保荐人董事长和总经理（或类似职责人员）声明需签名并加盖保荐人公章；联席主承销商（如有）需加盖承销机构公章 4. 各中介机构的声明文件应由中介机构负责人和经办人签名，并加盖机构公章	☐是 ☐否 ☐不适用
1-2 境外基础证券发行人董事、高级管理人员对招股说明书的确认意见	董事、高级管理人员签名	☐是 ☐否 ☐不适用
1-3 发行公告（发行前提供）		☐是 ☐否 ☐不适用
2-1 境外基础证券发行人关于纳入试点的申请报告	发行人公章	☐是 ☐否 ☐不适用
2-2 境外基础证券发行人关于本次发行的申请报告	发行人公章	☐是 ☐否 ☐不适用
2-3 境外基础证券发行人董事会有关本次发行的决议	1. 参会董事签名，并加盖发行人或董事会公章 2. 如非董事本人参会的，需出具董事本人的授权委托书	☐是 ☐否 ☐不适用
2-4 境外基础证券发行人股东（大）会有关本次发行的决议（如有）	决议由参与表决的相关主体签名并加盖公章	☐是 ☐否 ☐不适用
2-5 关于符合板块定位要求的专项说明（如有）	发行人公章	☐是 ☐否 ☐不适用
3-1-1 关于境外基础证券发行人符合试点企业选取标准的核查报告	保荐人公章	☐是 ☐否 ☐不适用
3-1-2 关于境外基础证券发行人符合板块定位要求的专项意见（如有）	保荐人公章	☐是 ☐否 ☐不适用

续表

3-1-3 发行保荐书（附：关于对境内投资者权益的保护总体上不低于境内法律、行政法规以及中国证监会要求的结论性意见）	1.保荐人法定代表人、董事长、总经理（或类似职责人员）、保荐业务负责人、内核负责人、保荐业务部门负责人、保荐代表人、项目协办人签名，并加盖保荐人公章 2.附专项授权书，由保荐人法定代表人签名，并加盖保荐人公章	□是 □否 □不适用
3-1-4 上市保荐书	保荐人法定代表人、保荐业务负责人、内核负责人、保荐代表人和项目协办人签名，并加盖保荐人公章	□是 □否 □不适用
3-1-5 保荐工作报告	1.保荐人法定代表人、董事长、总经理（或类似职责人员）、保荐业务负责人、内核负责人、保荐业务部门负责人、保荐代表人、项目协办人签名，并加盖保荐人公章 2.附尽职调查问核表，保荐代表人誊抄承诺书并签名，保荐业务（部门）负责人签名，并加盖保荐人公章	□是 □否 □不适用
3-1-6 未在境外上市的基础证券发行人的估值报告	保荐人公章	□是 □否 □不适用
3-1-7 签字保荐人在审企业家数说明	1.按照《证券发行上市保荐业务管理办法》第四条和《深圳证券交易所股票发行上市审核业务指引第1号——申请文件受理》第三条的规定进行说明与承诺 2.保荐人公章	□是 □否 □不适用
3-1-8 关于发行人预计市值的分析报告（如适用）	保荐人公章	□是 □否 □不适用
3-1-9 保荐机构相关子公司参与配售的相关文件（如有）	保荐人公章	□是 □否 □不适用
3-2-1 根据中国企业会计准则编制的财务报表及审计报告(如选用)	1.财务报表由单位负责人、主管会计工作负责人、会计机构负责人签名盖章，并加盖发行人公章 2.审计报告加盖会计师事务所公章、注册会计师签名盖章	□是 □否 □不适用
3-2-2 根据国际财务报告准则或美国会计准则编制的财务报表及审计报告并同时按照中国企业会计准则调整的差异调节信息及审计报告(如选用)	1.财务报表由单位负责人、主管会计工作负责人、会计机构负责人签名盖章，并加盖发行人公章 2.审计报告加盖会计师事务所公章、注册会计师签名盖章	□是 □否 □不适用

3-2-3 境外基础证券发行人审计报告基准日至招股说明书签署日之间的相关财务报表及审阅报告（发行前提供）		□是 □否 □不适用
3-2-4 盈利预测报告及审核报告（如有）	1. 盈利预测报告加盖发行人公章 2. 审核报告加盖会计事务所公章、注册会计师签名盖章	□是 □否 □不适用
3-2-5 内部控制鉴证报告	1. 内部控制鉴证报告加盖会计事务所公章、注册会计师签名盖章 2. 发行人出具的内部控制自我评价报告加盖发行人或董事会公章	□是 □否 □不适用
3-2-6 经注册会计师鉴证的非经常性损益明细表	1. 鉴证意见页加盖会计事务所公章、注册会计师签名盖章 2. 非经常性损益明细表由单位负责人、主管会计工作负责人、会计机构负责人签名盖章，并加盖发行人公章	□是 □否 □不适用
3-3-1 关于境外基础证券发行人符合试点企业选取标准的核查报告	经办律师和律所负责人签名并加盖律师事务所公章	□是 □否 □不适用
3-3-2 法律意见书（附：关于对境内投资者权益的保护总体上不低于境内法律、行政法规以及中国证监会要求的结论性意见）	经办律师和律所负责人签名并加盖律师事务所公章	□是 □否 □不适用
3-3-3 律师工作报告	经办律师和律所负责人签名并加盖律师事务所公章	□是 □否 □不适用
3-3-4 关于申请电子文件与预留原件一致的鉴证	经办律师和律所负责人签名并加盖律师事务所公章	□是 □否 □不适用
4-1 境外基础证券发行人的公司注册文件	发行人公章	□是 □否 □不适用
4-2 境外基础证券发行人公司章程	发行人公章	□是 □否 □不适用
5-1-1 境外基础证券发行人主要经营实体最近三年及一期所得税纳税申报表		□是 □否 □不适用
5-1-2 对境外基础证券发行人有重大影响的税收优惠、财政补贴证明文件（如有）		□是 □否 □不适用

续表

5-1-3 主要税种纳税情况的说明及注册会计师出具的意见	1. 说明加盖发行人公章 2. 意见加盖会计师事务所公章、注册会计师签名盖章	□是 □否 □不适用
5-1-4 境内主要经营实体主管税收征管机构出具的最近三年及一期该经营实体纳税情况的证明		□是 □否 □不适用
5-2-1 主要经营实体最近三年原始财务报表	财务报表由单位负责人、主管会计工作负责人、会计机构负责人签名盖章，并加盖公司公章	□是 □否 □不适用
5-2-2 主要经营实体原始财务报表与本次申报经审计的财务报表差异比较表	财务报表由单位负责人、主管会计工作负责人、会计机构负责人签名盖章，并加盖公司公章	□是 □否 □不适用
5-2-3 注册会计师对差异情况出具的意见	会计师事务所公章、注册会计师签名盖章	□是 □否 □不适用
5-3 境外基础证券发行人设立时和最近三年及一期的资产评估报告（含土地评估报告）(如有)	资产评估师签名并加盖评估机构公章	□是 □否 □不适用
5-4 境外基础证券发行人的历次验资报告（如有）		□是 □否 □不适用
5-5 境外基础证券发行人大股东或控股股东最近一年及一期的原始财务报表及审计报告（如有）	1. 财务报表由单位负责人、主管会计工作负责人、会计机构负责人签名盖章，并加盖公司公章 2. 审计报告（如有）加盖会计师事务所公章、注册会计师签名盖章	□是 □否 □不适用
6-1-1 境外基础证券发行人拥有或使用的对其生产经营有重大影响的商标、专利、计算机软件著作权等知识产权以及土地使用权、房屋所有权、采矿权等产权证书清单(需由境外基础证券发行人律师出具鉴证意见)	1. 发行人公章 2. 经办律师和律所负责人签名并加盖律师事务所公章	□是 □否 □不适用
6-1-2 特许经营权证书		□是 □否 □不适用
6-2-1 协议控制架构等特殊安排涉及的协议		□是 □否 □不适用
6-2-2 投票权差异、投票协议或类似特殊安排涉及的协议		□是 □否 □不适用

续表

6-2-3 对境外基础证券发行人有重大影响的商标、专利、专有技术等知识产权许可使用协议		□是 □否 □不适用
6-2-4 重大关联交易协议		□是 □否 □不适用
6-2-5 重大资产购买或出售协议		□是 □否 □不适用
6-3-1 境外基础证券发行人关于确保存托凭证持有人实际享有与境外基础股票持有人相当权益的承诺	发行人公章	□是 □否 □不适用
6-3-2 境外基础证券发行人关于确保存托凭证持有人在合法权益受到损害时能够获得与境外投资者相当赔偿的承诺	发行人公章	□是 □否 □不适用
6-3-3 有关消除或避免同业竞争的协议以及境外基础证券发行人的控股股东和实际控制人出具的相关承诺	承诺人为机构的需加盖机构公章，承诺人为自然人的需签名	□是 □否 □不适用
6-3-4 境外基础证券发行人全体董事对发行申请文件真实性、准确性、完整性、及时性的承诺书	全体董事签名并加盖发行人公章	□是 □否 □不适用
6-3-5 境外基础证券发行人关于对境内投资者权益的保护总体上不低于境内法律、行政法规以及中国证监会要求的说明	发行人公章	□是 □否 □不适用
6-3-6 境外基础证券发行人相关股东关于股份锁定的承诺	承诺人为机构的需加盖机构公章，承诺人为自然人的需签名	□是 □否 □不适用
6-4 特定行业（或企业）的管理部门出具的相关意见（如有）		□是 □否 □不适用
6-5 存托协议	协议双方法定代表人或授权代表签名，并加盖双方机构公章	□是 □否 □不适用
6-6 托管协议	协议双方法定代表人或授权代表签名，并加盖双方机构公章	□是 □否 □不适用
6-7 保荐协议和承销协议	协议双方法定代表人或授权代表签名，加盖双方机构公章	□是 □否 □不适用

（八）北京证券交易所上市公司向创业板转板申请文件

一、申报项目合规性检查			
	是否不存在以下情形		保荐人检查结果
	1. 本所作出不同意转板决定的，自决定作出之日起不足六个月，转板公司提交的转板申请		□是 □否 □不适用
	2. 保荐人报送的转板申请在一年内累计两次被本所不予受理的，自第二次收到本所相关文件之日起三个月内，报送的新的转板申请		□是 □否 □不适用
	3. 转板公司存在尚未实施完毕的股票发行、重大资产重组、股票回购等事项		□是 □否 □不适用
	4. 转板公司及其控股股东、实际控制人、董事、监事、高级管理人员，保荐人、承销商、证券服务机构及其相关人员因证券违法违规被中国证监会采取认定为不适当人选、限制业务活动、证券市场禁入，尚未解除		□是 □否 □不适用
	5. 转板公司及其控股股东、实际控制人、董事、监事、高级管理人员，保荐人、承销商、证券服务机构及其相关人员被证券交易所、国务院批准的其他全国性证券交易场所采取一定期限内不接受其出具的相关文件、公开认定为不适合担任转板公司董事、监事、高级管理人员，尚未解除		□是 □否 □不适用
	6. 转板公司及其控股股东、实际控制人、董事、监事、高级管理人员，保荐人、承销商、证券服务机构及其相关人员被证券业协会采取认定不适合从事相关业务等相关措施，尚未解除		□是 □否 □不适用

二、申请文件完备性检查		
申请文件	关注要点	保荐人检查结果
1-1 转板报告书	1. 转板报告书引用的财务报表应在 6 个月有效期内 2. 转板公司董监高声明应由董监高签名并加盖转板公司公章；转板公司控股股东和实际控制人声明应由相关人员签名、盖章 3. 保荐人声明应由保荐人法定代表人、保荐代表人、项目协办人签名，并加盖保荐人公章；保荐人董事长和总经理（或类似职责人员）声明需签名并加盖保荐人公章 4. 各中介机构的声明文件应由中介机构负责人和经办人签名，并加盖机构公章	□是 □否 □不适用

2-1 关于本次向创业板转板的申请报告	转板公司公章	□是 □否 □不适用
2-2 董事会有关本次转板的决议	1.参会董事签名，并加盖转板公司公章或董事会公章 2.如非董事本人参会的，需出具董事本人的授权委托书	□是 □否 □不适用
2-3 股东大会有关本次转板的决议	参会董事签名，并加盖转板公司公章	□是 □否 □不适用
2-4 关于符合创业板定位要求的专项说明	转板公司公章	□是 □否 □不适用
3-1-1 关于转板公司符合创业板定位要求的专项意见	保荐人公章	□是 □否 □不适用
3-1-2 上市保荐书	保荐人法定代表人、保荐业务负责人、内核负责人、保荐代表人和项目协办人签名，并加盖保荐人公章	□是 □否 □不适用
3-1-3 保荐工作报告	1.保荐人法定代表人、董事长、总经理（或类似职责人员）、保荐业务负责人、内核负责人、保荐业务部门负责人、保荐代表人、项目协办人签名，并加盖保荐人公章 2.附尽职调查问核表，保荐代表人誊抄承诺书并签名，保荐业务（部门）负责人签名，并加盖保荐人公章	□是 □否 □不适用
3-1-4 签字保荐代表人在审企业家数说明	1.按照《证券发行上市保荐业务管理办法》第四条和《深圳证券交易所股票发行上市审核业务指引第1号——申请文件受理》第三条的规定进行说明与承诺 2.保荐人公章	□是 □否 □不适用
3-2-1 财务报告及审计报告	1.财务报告由单位负责人、主管会计工作负责人、会计机构负责人签名盖章，并加盖转板公司公章 2.审计报告加盖会计师事务所公章、注册会计师签名盖章	□是 □否 □不适用
3-2-2 转板公司审计报告基准日至转板报告书签署日之间的相关财务报告及审阅报告（如有）	1.财务报告由单位负责人、主管会计工作负责人、会计机构负责人签名盖章，并加盖转板公司公章 2.审阅报告加盖会计师事务所公章、注册会计师签名盖章	□是 □否 □不适用
3-2-3 盈利预测报告及审核报告（如有）	1.盈利预测报告加盖转板公司公章 2.审核报告加盖会计师事务所公章、注册会计师签名盖章	□是 □否 □不适用
3-2-4 内部控制鉴证报告	1.内部控制鉴证报告加盖会计师事务所公章、注册会计师签名盖章 2.转板公司出具的内部控制自我评价报告加盖转板公司或董事会公章	□是 □否 □不适用

续表

3-2-5 经注册会计师鉴证的非经常性损益明细表	1. 鉴证意见页加盖会计师事务所公章、注册会计师签名盖章 2. 非经常性损益明细表由单位负责人、主管会计工作负责人、会计机构负责人签名盖章，并加盖转板公司公章	□是 □否 □不适用
3-3-1 法律意见书	经办律师和律所负责人签名并加盖律师事务所公章	□是 □否 □不适用
3-3-2 律师工作报告	经办律师和律所负责人签名并加盖律师事务所公章	□是 □否 □不适用
3-3-3 关于转板公司董事、监事、高级管理人员、转板公司控股股东和实际控制人在相关文件上签名盖章的真实性的鉴证意见	经办律师和律所负责人签名并加盖律师事务所公章	□是 □否 □不适用
3-3-4 关于申请电子文件与预留原件一致的鉴证意见	经办律师和律所负责人签名并加盖律师事务所公章	□是 □否 □不适用
4-1 转板公司章程	章程首页或尾页加盖转板公司公章	□是 □否 □不适用
5-1-1 转板公司最近三年及一期所得税纳税申报表	税纳申报表需涵盖最近三年一期，并加盖主管税务机关公章	□是 □否 □不适用
5-1-2 有关转板公司税收优惠、政府补助的证明文件		□是 □否 □不适用
5-1-3 主要税种纳税情况的说明	转板公司公章	□是 □否 □不适用
5-1-4 注册会计师对主要税种纳税情况说明出具的意见	会计师事务所公章、注册会计师签名盖章	□是 □否 □不适用
5-1-5 转板公司及其重要子公司或主要经营机构最近三年及一期纳税情况的证明	1. 需提供母公司和重要子公司最近三年及一期纳税情况证明，并加盖主管税务机关公章 2. 如确实无法提供当地税务主管机构出具的纳税证明，也可提供最近三年及一期的其他纳税证明文件，如《涉税事项调查证明材料》《涉税证明》《税务违法记录证明》等	□是 □否 □不适用
5-2-1 最近三年及一期定期报告中的财务报表	财务报表由单位负责人、主管会计工作负责人、会计机构负责人签名盖章，并加盖转板公司公章	□是 □否 □不适用

5-2-2 最近三年及一期定期报告中财务报表与申报财务报表的差异比较表（如有）	财务报表由单位负责人、主管会计工作负责人、会计机构负责人签名盖章，并加盖转板公司公章	□是 □否 □不适用
5-2-3 注册会计师对差异情况出具的意见（如有）	会计师事务所公章、注册会计师签名盖章	□是 □否 □不适用
5-3 转板公司设立时和最近三年及一期的资产评估报告（如有）	资产评估师签名并加盖评估机构公章	□是 □否 □不适用
5-4 转板公司大股东或控股股东最近一年的原始财务报表及审计报告（如有）	1.财务报表由单位负责人、主管会计工作负责人、会计机构负责人签名盖章，并加盖转板公司大股东或控股股东公章。如大股东或控股股东为境外机构，财务报表没有主管会计工作负责人、会计机构负责人等相关人员签名的，转板公司需出具说明，并加盖转板公司公章 2.审计报告（如有）需加盖会计师事务所公章、注册会计师签名盖章	□是 □否 □不适用
6-1-1 对转板公司有重大影响的商标、专利、专有技术等知识产权许可使用协议（如有）		□是 □否 □不适用
6-1-2 重大关联交易协议（如有）		□是 □否 □不适用
6-1-3 重组协议（如有）		□是 □否 □不适用
6-1-4 特别表决权股份等差异化表决安排涉及的协议（如有）		□是 □否 □不适用
6-1-5 重要采购合同	文件需设置目录	□是 □否 □不适用
6-1-6 重要销售合同	文件需设置目录	□是 □否 □不适用
6-1-7 其他对报告期经营活动、财务状况或未来发展等具有重要影响的已履行、正在履行和将要履行的合同（如有）	文件需设置目录	□是 □否 □不适用

续表

6-2 特定行业（或企业）的管理部门出具的相关意见（如有）		☐是 ☐否 ☐不适用
6-3-1 转板公司及其实际控制人、控股股东、持股5%以上股东以及转板公司董事、监事、高级管理人员等责任主体的重要承诺以及未履行承诺的约束措施	承诺人为机构的需加盖机构公章，承诺人为自然人的需签名	☐是 ☐否 ☐不适用
6-3-2 有关消除或避免同业竞争的协议以及转板公司的控股股东和实际控制人出具的相关承诺	承诺人为机构的需加盖机构公章，承诺人为自然人的需签名	☐是 ☐否 ☐不适用
6-3-3 转板公司全体董事、监事、高级管理人员对转板申请确认意见以及监事会的书面审核意见	1. 全体董监高签名 2. 书面审核意见加盖监事会公章或监事签名	☐是 ☐否 ☐不适用
6-3-4 转板公司控股股东、实际控制人对转板报告书的确认意见	控股股东、实际控制人签名；如为机构的，加盖机构公章	☐是 ☐否 ☐不适用
6-3-5 转板公司关于申请电子文件与预留原件一致的承诺函	转板公司公章	☐是 ☐否 ☐不适用
6-3-6 保荐人关于申请电子文件与预留原件一致的承诺函	保荐人公章	☐是 ☐否 ☐不适用
6-3-7 转板公司、保荐人及相关主体保证不影响和干扰审核的承诺函	1. 承诺函模板参见审核系统"其他业务－模板下载"栏目 2. 承诺人为机构的需加盖机构公章，承诺人为自然人的需自然人签名	☐是 ☐否 ☐不适用
6-4-1 转板公司关于申请文件不适用情况的说明	1. 不适用申请文件目录情况的说明需与提交的申请文件情况保持一致 2. 转板公司公章	☐是 ☐否 ☐不适用
6-4-2 转板公司关于转板报告书不适用情况的说明	转板公司公章	☐是 ☐否 ☐不适用

6-4-3 信息披露豁免申请（如有）	1. 申请文件等加盖转板公司公章，如涉及商业秘密的，需转板公司董事长签名 2. 中介机构出具的专项核查报告加盖保荐人、律师事务所、会计师事务所公章	□是 □否 □不适用
6-5 保荐协议	协议双方法定代表人或授权代表签名，并加盖双方机构公章	□是 □否 □不适用
6-6-1 关于××公司股东信息披露专项承诺	转板公司法定代表人签名并加盖转板公司公章	□是 □否 □不适用
6-6-2 保荐人关于××公司股东信息披露专项核查报告	保荐人法定代表人、保荐代表人签名并加盖公章	□是 □否 □不适用
6-6-3 律师事务所关于××公司股东信息披露专项核查报告	律师事务所负责人、经办律师签名，并加盖公章	□是 □否 □不适用
6-7 其他文件	6-7-1 为"保荐人对本次申请符合受理要求的说明"，内容为"转板公司及其控股股东、实际控制人、董事、监事、高级管理人员，保荐人、证券服务机构及其相关人员违法违规情况，逐项说明是否被中国证监会、证券交易所、证券业协会等采取相关措施，尚未解除（如是，须列明具体情况），本次申请是否符合受理要求"，并加盖保荐人公章	□是 □否 □不适用

关于发布《深圳证券交易所首次公开发行证券发行与承销业务实施细则》的通知

（深证上〔2023〕100 号 2023 年 2 月 17 日）

各市场参与人：

为了落实全面实行股票发行注册制相关要求，进一步规范首次公开发行证券发行与承销业务，本所制定了《深圳证券交易所首次公开发行证券发行与承销业务实施细则》。经中国证监会批准，现予发布，自发布之日起施行。

本细则发布后，首次公开发行证券并在主板上市，适用《关于全面实行股票发行注册制前后相关行政许可事项过渡期安排的通知》；首次公开发行证券并在创业板上市，刊登招股意向书或者招股说明书、启动发行工作的，适用本细则相关规定。

本所于 2021 年 9 月 18 日发布的《深圳证券交易所创业板首次公开发行证券发行与承销业务实施细则（2021 年修订）》（深证上〔2021〕919 号）同时废止。

附件：深圳证券交易所首次公开发行证券发行与承销业务实施细则

附件

深圳证券交易所首次公开发行证券发行与承销业务实施细则

第一章 总则

第一条 为了规范深圳证券交易所（以下简称本所）首次公开发行证券发行与承销行为，维护市场秩序，保护投资者合法权益，根据《证券发行与承销管理办法》（以下简称《承销办法》）、《首次公开发行股票注册管理办法》等有关规定，制定本细则。

第二条 经中国证券监督管理委员会（以下简称中国证监会）注册后，首次公开发行股票或者存托凭证（以下统称证券）在本所的发行承销业务，适用本细则；本细则未作规定的，适用《深圳市场首次公开发行股票网上发行实施细则》《深圳市场首次公开发行股票网下发行实施细则》（以下简称《网下发行实施细则》）等有关规定。

第三条 证券公司承销首次公开发行证券，应当按照本细则以及中国证监会有关风险控制和内部控制等规定，制定严格的风险管理制度和内部控制制度，加强定价和配售过程管理，落实承销责任，防范利益冲突。证券公司应当制定详细的业务流程，按照本所业务规则、业务指南等规定及时完成业务操作，保证所提交的发行数据真实、准确、完整。

保荐人、承销商、投资者及其他相关主体应当诚实守信，严格遵守法律、行政法规、部门规章、规范性文件（以下统称法律法规）、本所业务规则和相关行业规范的规定，不得进行利益输送或者谋取不正当利益。

第四条 发行人和主承销商应当按照规定编制并及时、公平披露发行承销信息披露文件，保证所披露信息的真实、准确、完整，不存在虚假记载、误导性陈述或者重大遗漏。

证券服务机构和人员应当严格遵守法律法规和本所业务规则，遵循本行业公认的业务标准和道德规范，严格履行法定职责，对其所出具文件的真实性、准确性和完整性承担责任。

第五条 本所根据相关法律法规、业务规则以及本细则的规定，对首次公开发行证券发行承销活动，发行人及其控股股东和实际控制人、董事、监事、高级管理人员，证券公司、证券服务机构、投资者等参与主体实施自律管理。

第二章 发行程序

第六条 取得中国证监会予以注册的决定后，发行人和主承销商应当及时向本所报备发行与承销方案。发行与承销方案应当包括发行方案、初步询价公告（如有）、投资价值研究报告（如有）、战略配售方案（如有）、超额配售选择权实施方案（如有）等内容。

第七条 本所在收到发行与承销方案后五个工作日内无异议的，发行人和主承销商可以依法刊登招股意向书或者招股说明书，启动发行工作。

发行人和主承销商报送的发行与承销方案不符合本细则规定，或者所披露事项不符合相关信息披露要求的，应当按照本所要求予以补正，补正时间不计入前款规定的五个工作日内。

第八条 首次公开发行证券采用直接定价方式的，发行人和主承销商向本所报备的发行与承销方案应当明确，发行价格对应的市盈率不得超过同行业上市公司二级市场平均市盈率；已经或者同时境外发行的，直接定价确定的发行价格不得超过发行人境外市场价格。如果发行人和主承销商拟定的发行价格高于上述任一值，或者发行人尚未盈利的，发行人和主承销商应当采用询价方式发行。

第九条 首次公开发行证券采用询价方式的，应当向证券公司、基金管理公司、期货公司、信托公司、保险公司、财务公司、合格境外投资者和私募基金管理人等专业机构投资者询价。首次公开发行证券并在主板上市的，还应当向其他法人和组织、个人投资者询价。前述询价对象统称网下投资者。

网下投资者应当具备丰富的投资经验、良好的定价能力和风险承受能力，向中国证券业协会注册，接受中国证券业协会的自律管理，遵守中国证券业协会的自律规则。

第十条　首次公开发行证券采用询价方式的，发行人和主承销商可以在符合中国证监会相关规定和本所、中国证券业协会自律规则前提下，协商设置参与询价的网下投资者具体条件，并在发行公告中预先披露。

发行人和主承销商应当充分重视公募基金、社保基金、养老金、年金基金、保险资金和合格境外投资者资金等配售对象的长期投资理念，合理设置其参与网下询价的具体条件，引导其按照科学、独立、客观、审慎的原则参与网下询价。

第十一条　参与询价的网下投资者应当遵循独立、客观、诚信的原则，在充分研读招股资料并严格履行定价决策程序的基础上理性报价。定价依据应当充分支持最终报价结果。

网下投资者不得在发行价格确定前泄露报价信息或者获取其他网下投资者报价信息，不得协商报价或者故意压低、抬高价格，不得扰乱正常询价秩序。

发行人、承销商和参与询价的网下投资者，不得在询价活动中进行合谋报价、利益输送或者谋取其他不正当利益。

第十二条　网下机构投资者应当建立并严格执行合规报价内控制度，妥善留存参与报价的定价依据、定价决策过程、申报记录等文件和相关信息，保存期限不得少于二十年。

第十三条　参与询价的网下投资者可以为其管理的不同配售对象分别填报一个价格，每个报价应当包含配售对象信息、每股价格和该价格对应的拟申购股数。同一网下投资者的不同报价不得超过三个，且最高报价不得高于最低报价的120%。

首次公开发行证券价格（或者发行价格区间）确定后，提供有效报价的投资者方可参与申购。

前款所称有效报价，是指网下投资者申报的不低于主承销商和发行人确定的发行价格或者发行价格区间下限，且未作为最高报价部分被剔除，同时符合主承销商和发行人事先确定且公告的其他条件的报价。

第十四条　首次公开发行证券采用询价方式的，网下投资者报价后，发行人和主承销商应当剔除拟申购总量中报价最高的部分，剔除比例不超过所有网下投资者拟申购总量的3%。拟剔除的最高申报价格部分中的最低价格，与确定的发行价格（或者发行价格区间上限）相同时，对该价格的申报可以不剔除。剔除部分的配售对象不得参与网下申购。

本所可以根据市场情况，调整前款规定的最高报价剔除的比例。

第十五条 首次公开发行证券采用询价方式的，网上申购前，发行人和主承销商应当披露下列信息：

（一）同行业上市公司二级市场平均市盈率；

（二）已经或者同时境外发行证券的境外证券市场价格；

（三）剔除最高报价部分后所有网下投资者及各类网下投资者剩余报价的中位数和加权平均数；

（四）剔除最高报价部分后公募基金、社保基金、养老金、年金基金、保险资金和合格境外投资者资金剩余报价的中位数和加权平均数；

（五）网下投资者详细报价情况，具体包括投资者名称、配售对象信息、申购价格及对应的拟申购数量、发行价格或者发行价格区间确定的主要依据，以及发行价格或者发行价格区间上限所对应的网下投资者超额认购倍数。

第十六条 首次公开发行证券采用询价方式且存在下列情形之一的，发行人和主承销商应当在网上申购前发布投资风险特别公告，详细说明定价合理性，提示投资者注意投资风险：

（一）发行价格（或者发行价格区间上限）对应市盈率超过同行业上市公司二级市场平均市盈率的；

（二）发行价格（或者发行价格区间上限）超过剔除最高报价后网下投资者报价的中位数和加权平均数，剔除最高报价后公募基金、社保基金、养老金、年金基金、保险资金和合格境外投资者资金报价中位数和加权平均数（以下简称"四个值"）孰低值的；

（三）发行价格（或者发行价格区间上限）超过境外市场价格的；

（四）发行人尚未盈利的。

第十七条 初步询价结束后，发行人和主承销商应当根据本细则第十六条的规定，审慎确定发行价格（或者发行价格区间上限）。

发行人和主承销商确定发行价格区间的，区间上限与下限的差额不得超过区间下限的20%。

本所可以根据市场情况，调整前款规定的报价区间上限与下限差额的比例要求。

第十八条 除《承销办法》规定的中止发行情形外，发行人预计发行后总市值不满足其在招股说明书中明确选择的市值与财务指标上市标准的，应当中止发行。

前款所称预计发行后总市值，是指初步询价结束后，按照确定的发行价格（或者发行价格区间下限）乘以发行后总股本（不含采用超额配售选择权发行的证券数量）计算的总市值。

按照《承销办法》、本细则等规定中止发行的，在中国证监会予以注册决定的有效期内，且满足会后事项监管要求的前提下，经向本所报备，可以重新启动发行。

第十九条　证券发行价格或者发行价格区间确定后，发行人和主承销商应当在规定时间内向本所提交发行公告或者中止发行公告，并在公告中说明发行人预计发行后总市值是否满足在招股说明书中明确选择的市值与财务指标上市标准。

第二十条　网下投资者在初步询价时为其配售对象账户填报的拟申购价格属于有效报价的，网下投资者应当根据《网下发行实施细则》的规定按照发行价格申购，或者在发行价格区间内进行累计投标询价报价和申购。

第二十一条　发行人和主承销商通过累计投标询价确定发行价格的，应当根据网下投资者为其配售对象账户填写的申购价格和申购数量，审慎合理确定超额配售认购倍数及发行价格。网下投资者的申购报价和询价报价应当逻辑一致，不得存在高报不买等情形。

第二十二条　发行人和主承销商通过累计投标询价确定发行价格的，应当在申购日规定时间内向本所提交发行价格及网上中签率公告。未按规定提交的，应当中止发行。中止发行后，符合本细则第十八条第三款规定的，可以重新启动发行。

第二十三条　首次公开发行证券并在主板上市，采用询价方式的，公开发行后总股本不超过四亿股（份）的，网下初始发行比例不低于本次公开发行证券数量的60%；公开发行后总股本超过四亿股（份）的，网下初始发行比例不低于本次公开发行证券数量的70%。

首次公开发行证券并在创业板上市，采用询价方式的，公开发行后总股本不超过四亿股（份）的，网下初始发行比例不低于本次公开发行证券数量的70%；公开发行后总股本超过四亿股（份）或者发行人尚未盈利的，网下初始发行比例不低于本次公开发行证券数量的80%。

安排战略配售的，应当扣除战略配售部分后确定网下网上发行比例。

第二十四条　对网下投资者分类配售的，发行人和主承销商可以根据配售对象的机构类别、产品属性、承诺持有期限等合理设置具体类别，在发行公告中预先披露；同类投资者获得配售的比例应当相同。

公募基金、社保基金、养老金、年金基金、保险资金和合格境外投资者资金的配售比例不得低于其他投资者。

第二十五条　发行人和主承销商应当安排不低于本次网下发行证券数量的70%优先向公募基金、社保基金、养老金、年金基金、保险资金和合格境外投资者资金配售。公募基金、社保基金、养老金、年金基金、保险资金和合格境外投资者资金有效申购不足安排数量的，发行人和主承销商可以向其他符合条件的网下投资者配售剩余部分。

第二十六条　首次公开发行证券安排网下限售的，发行人和主承销商可以采用摇号限售或者比例限售方式，限售期不低于六个月。采用摇号限售方式的，摇号抽取不低于10%的配售对象账户，网下投资者应当承诺中签账户获配证券限售；采用比例限售方式的，网下投资者应当承诺不低于10%的获配证券数量限售。

首次公开发行证券发行规模在100亿元以上的，设置相应限售期的配售对象账户或者获配证券数量的比例不低于70%。

第二十七条 首次公开发行证券并在主板上市，采用询价方式的，网上投资者有效申购倍数超过五十倍且不超过一百倍的，应当从网下向网上回拨，回拨比例为本次公开发行证券数量的20%；网上投资者有效申购倍数超过一百倍的，回拨比例为本次公开发行证券数量的40%。

首次公开发行证券并在创业板上市，采用询价方式的，网上投资者有效申购倍数超过五十倍且不超过一百倍的，应当从网下向网上回拨，回拨比例为本次公开发行证券数量的10%；网上投资者有效申购倍数超过一百倍的，回拨比例为本次公开发行证券数量的20%。回拨后无限售期的网下发行数量原则上不超过本次公开发行证券数量的70%。

前两款所称公开发行证券数量应当按照扣除战略配售数量计算；首次公开发行证券并在主板上市，发行规模在100亿元以上的，还需扣除本细则第二十六条规定的限售证券部分计算。

第二十八条 市场发生重大变化的，发行人和主承销商可以要求网下投资者缴纳不超过拟申购金额20%的保证金。

要求网下投资者缴纳保证金的，发行人和主承销商应当按照公正、透明的原则，在发行与承销方案中明确收取认购保证金及网下投资者弃购时保证金的处理方式等安排，并在发行公告中披露。

第二十九条 网下和网上投资者申购证券获得配售后，应当按时足额缴付认购资金。网下和网上投资者缴款认购的证券数量合计不足本次公开发行证券数量的70%时，发行人和主承销商可以中止发行。中止发行后，符合本细则第十八条第三款规定的，可以重新启动发行。

首次公开发行证券申购冻结资金的利息，应当按照有关规定及时划入证券投资者保护基金。

第三十条 网上投资者连续十二个月内累计出现三次中签但未足额缴款的情形时，自结算参与人最近一次申报其放弃认购的次日起六个月（按一百八十个自然日计算，含次日）内不得参与新股、存托凭证、可转换公司债券、可交换公司债券网上申购。

第三十一条 市场发生重大变化，投资者弃购数量占本次公开发行证券数量比例超过10%的，发行人和主承销商可以就投资者弃购部分向网下投资者进行二次配售。

安排二次配售的，发行人和主承销商应当在发行与承销方案中约定二次配售的程序、投资者条件和配售原则等。发行人和主承销商应当发布二次配售公告，披露网下投资者二次配售及缴款安排。

第三十二条　发行人上市前，发行人股东可以将首发前股票托管在为发行人提供首次公开发行上市保荐服务的保荐人。

前款规定的保荐人应当按照本所业务规则的规定，对发行人股东减持首发前股份的交易委托进行监督管理。

第三十三条　证券发行完成后，发行人应当及时向本所提交证券上市申请文件，本所根据发行人申请和法律法规、业务规则规定作出是否同意上市的决定。证券未在本所同意上市决定中明确的时间内上市的，发行人及主承销商应当公告说明理由以及后续事宜。

第三十四条　证券上市之日起十个工作日内，主承销商应当将验资报告、专项法律意见书、承销总结报告等文件一并通过本所向中国证监会备案。

第三章　战略配售

第三十五条　首次公开发行证券可以实施战略配售。发行证券数量不足一亿股（份）的，参与战略配售的投资者数量应当不超过十名，战略配售证券数量占本次公开发行证券数量的比例应当不超过20%。发行证券数量一亿股（份）以上的，参与战略配售的投资者数量应当不超过三十五名，其中发行证券数量一亿股（份）以上，不足四亿股（份）的，战略配售证券数量占本次公开发行证券数量的比例应当不超过30%；四亿股（份）以上的，战略配售证券数量占本次公开发行证券数量的比例应当不超过50%。

依法设立并符合特定投资目的的证券投资基金参与战略配售的，应当以基金管理人的名义作为一名投资者参与发行。同一基金管理人仅能以其管理的一只证券投资基金参与本次战略配售。

发行人和主承销商应当根据首次公开发行证券数量、证券限售安排以及实际需要，合理确定参与战略配售的投资者数量和配售比例，保障证券上市后必要的流动性。

第三十六条　发行人应当与参与战略配售的投资者事先签署配售协议。发行人和主承销商应当在发行公告中披露参与战略配售的投资者选择标准、向参与战略配售的投资者配售的证券数量、占本次发行证券的比例以及持有期限等。

第三十七条　参与战略配售的投资者应当具有较强资金实力，认可发行人长期投资价值，并按照最终确定的发行价格认购其承诺认购数量的发行人证券，并实际持有本次配售证券。

保荐人依法设立的另类投资子公司或者实际控制该保荐人的证券公司依法设

立的另类投资子公司（以下简称保荐人相关子公司）和发行人的高级管理人员、核心员工参与本次战略配售设立的专项资产管理计划，按照《承销办法》、本细则及本所其他有关规定参与发行人战略配售。

第三十八条 参与发行人战略配售的投资者主要包括：

（一）与发行人经营业务具有战略合作关系或者长期合作愿景的大型企业或者其下属企业；

（二）具有长期投资意愿的大型保险公司或者其下属企业、国家级大型投资基金或者其下属企业；

（三）以公开募集方式设立，主要投资策略包括投资战略配售证券，且以封闭方式运作的证券投资基金；

（四）按照本细则规定实施跟投的保荐人相关子公司；

（五）发行人的高级管理人员与核心员工参与本次战略配售设立的专项资产管理计划；

（六）符合法律法规、业务规则规定的其他投资者。

第三十九条 发行人和主承销商实施战略配售的，不得存在下列情形：

（一）发行人和主承销商向参与战略配售的投资者承诺上市后股价将上涨，或者股价如果未上涨将由发行人购回证券或者给予任何形式的经济补偿；

（二）主承销商以承诺对承销费用分成、介绍参与其他发行人战略配售等作为条件引入参与战略配售的投资者；

（三）发行人上市后认购参与其战略配售的投资者管理的证券投资基金；

（四）发行人承诺在参与其战略配售的投资者获配证券的限售期内，委任与该投资者存在关联关系的人员担任发行人的董事、监事及高级管理人员，但发行人的高级管理人员与核心员工设立专项资产管理计划参与战略配售的除外；

（五）除本细则第三十八条第三项规定的情形外，参与战略配售的投资者使用非自有资金认购发行人证券，或者存在接受其他投资者委托或者委托其他投资者参与本次战略配售的情形；

（六）其他直接或者间接进行利益输送的行为。

第四十条 主承销商应当对参与战略配售的投资者选取标准、配售资格及是否存在本细则第三十九条规定的禁止性情形进行核查，要求发行人、参与战略配售的投资者就核查事项出具承诺函，并聘请律师事务所出具法律意见书。主承销商应当公开披露核查文件及法律意见书。

第四十一条 发行人和主承销商应当在招股意向书和初步询价公告中披露是否采用战略配售方式、战略配售证券数量上限、参与战略配售的投资者选取标准等，并向本所报备战略配售方案，包括参与战略配售的投资者名称、承诺认购金额或者证券数量以及限售期安排等情况。

发行人和主承销商应当在发行公告中披露参与战略配售的投资者名称、承诺认购的证券数量以及限售期安排等。

发行人和主承销商应当在网下发行初步配售结果公告中披露最终获得战略配售的投资者名称、证券数量以及限售期安排等。

第四十二条　发行人的高级管理人员与核心员工设立专项资产管理计划参与本次发行战略配售的，应当在招股意向书和初步询价公告中披露专项资产管理计划的具体名称、设立时间、募集资金规模、管理人、实际支配主体以及参与人姓名、担任职务与参与比例等事项。

前款规定的专项资产管理计划的实际支配主体为发行人高级管理人员的，该专项资产管理计划所获配的股份不计入社会公众股东持有的股份。

第四十三条　参与战略配售的投资者不得参与本次公开发行证券网上发行与网下发行，但证券投资基金管理人管理的未参与战略配售的公募基金、社保基金、养老金、年金基金除外。

第四十四条　询价日前，参与战略配售的投资者应当足额缴纳认购资金。

第四章　保荐人相关子公司跟投

第四十五条　发行人首次公开发行证券并在创业板上市，存在下列情形之一的，保荐人相关子公司应当跟投，并对获配证券设定限售期：

（一）发行人为未盈利企业；

（二）发行人为存在表决权差异安排企业；

（三）发行人为红筹企业；

（四）发行价格（或者发行价格区间上限）超过"四个值"孰低值。

保荐人通过中国证监会和本所认可的其他方式履行前款规定的，应当遵守本细则关于保荐人相关子公司跟投的规定和监管要求。

发行人为本条第一款规定外的其他企业，或者首次公开发行证券并在主板上市的，其保荐人相关子公司不得参与本次发行战略配售。

第四十六条　发行人首次公开发行证券并在创业板上市，且为未盈利企业、存在表决权差异安排企业或者红筹企业的，其和主承销商应当在招股意向书和初步询价公告中披露向参与配售的保荐人相关子公司配售的证券总量、认购数量、占本次发行证券数量的比例以及持有期限等信息。

第四十七条　发行人首次公开发行证券并在创业板上市，发行价格（或者发行价格区间上限）超过"四个值"孰低值的，发行人和主承销商应当在发行公告中披露向参与配售的保荐人相关子公司配售的股票总量、认购数量、占本次发行股票数量的比例以及持有期限等信息。

第四十八条　采用联合保荐方式的，参与联合保荐的保荐人应当按照本细则规定分别实施保荐人相关子公司跟投，并披露具体安排。

第四十九条　保荐人相关子公司跟投使用的资金应当为自有资金，中国证监会另有规定的除外。

第五十条　实施跟投的保荐人相关子公司应当事先与发行人签署配售协议，承诺按照证券发行价格认购发行人首次公开发行证券数量2%至5%的证券，具体比例根据发行人首次公开发行证券的规模分档确定：

（一）发行规模不足10亿元的，跟投比例为5%，但不超过人民币4000万元；

（二）发行规模10亿元以上、不足20亿元的，跟投比例为4%，但不超过人民币6000万元；

（三）发行规模20亿元以上、不足50亿元的，跟投比例为3%，但不超过人民币1亿元；

（四）发行规模50亿元以上的，跟投比例为2%，但不超过人民币10亿元。

第五十一条　参与配售的保荐人相关子公司应当承诺获得本次配售的股票持有期限为自发行人首次公开发行并上市之日起二十四个月。

第五十二条　保荐人相关子公司未按照本细则及其作出的承诺实施跟投的，发行人应当中止本次发行，并及时进行披露。中止发行后，符合本细则第十八条第三款规定的，可重新启动发行。

第五十三条　参与配售的保荐人相关子公司应当开立专用证券账户存放获配证券，并与其自营、资产管理等其他业务的证券有效隔离、分别管理、分别记账，不得与其他业务进行混合操作。

前款规定的专用证券账户只能用于在限售期届满后卖出或者按照中国证监会及本所有关规定向证券金融公司借出和收回获配证券，不得买入股票或者其他证券。因上市公司实施配股、向原股东优先配售股票或者可转换公司债券、转增股本的除外。

第五十四条　保荐人不得向发行人、发行人控股股东及其关联方收取除按照行业规范履行保荐承销职责相关费用以外的其他费用。

第五十五条　参与配售的保荐人相关子公司应当承诺，不利用获配证券取得的股东地位影响发行人正常生产经营，不在获配证券限售期内谋求发行人控制权。

第五章　超额配售选择权

第五十六条　发行人和主承销商可以在发行方案中采用超额配售选择权。采用超额配售选择权的，发行人应当授予主承销商超额配售证券并使用超额配售证券募集的资金从二级市场竞价交易购买发行人证券的权利。通过联合主承销商发行证券的，发行人应当授予其中一家主承销商前述权利。

主承销商与发行人签订的承销协议中，应当明确发行人对主承销商采用超额配售选择权的授权，以及获授权的主承销商的相应责任。

获授权的主承销商，应当勤勉尽责，建立独立的投资决策流程及相关防火墙制度，严格执行内部控制制度，有效防范利益输送和利益冲突。

第五十七条　获授权的主承销商应当向中国证券登记结算有限责任公司（以下简称中国结算）深圳分公司申请开立使用超额配售证券募集的资金买入证券的专门账户（以下简称超额配售选择权专门账户），并向本所和中国结算深圳分公司提交授权委托书及授权代表的有效签字样本。所涉及的开户、清算、交收等事项，应当按照本所和中国结算相关规则办理。

获授权的主承销商应当将超额配售证券募集的资金存入其在商业银行开设的独立账户。获授权的主承销商在发行人证券上市之日起三十个自然日内，不得使用该账户资金外的其他资金或者通过他人账户交易发行人证券。

第五十八条　发行人和主承销商应当审慎评估采用超额配售选择权的可行性、预期目标等，并在预先披露的招股说明书中明确是否采用超额配售选择权以及采用超额配售选择权发行证券的数量上限。采用超额配售选择权发行证券数量不得超过首次公开发行证券数量的15%。

第五十九条　采用超额配售选择权的，应当在招股意向书和招股说明书中披露超额配售选择权实施方案，包括实施目标、操作策略、可能发生的情形以及预期达到的效果等；在发行公告中披露全额行使超额配售选择权拟发行证券的具体数量。

第六十条　采用超额配售选择权的主承销商，可以在征集投资者认购意向时，与投资者达成预售拟行使超额配售选择权所对应证券的协议，明确投资者预先付款并同意向其延期交付证券。主承销商应当将延期交付证券的协议报本所和中国结算深圳分公司备案。

第六十一条　发行人证券上市之日起三十个自然日内，获授权的主承销商有权使用超额配售证券募集的资金，以《深圳证券交易所交易规则》规定的竞价交易方式购买发行人证券，申报买入应当符合下列规定：

（一）在开盘集合竞价阶段申报的，申报买入价格不得超过本次发行的发行价，且不得超过即时行情显示的前收盘价；

（二）发行人证券的市场交易价格低于或者等于发行价格的，可以在连续竞价阶段申报，申报买入价格不得超过本次发行的发行价；

（三）在收盘集合竞价阶段申报的，申报买入价格不得超过本次发行的发行价，且不得超过最近成交价。

主承销商使用超额配售证券募集的资金购买发行人证券，还应当遵守法律法规及本所业务规则关于交易行为的规定和监管要求。主承销商按照前款规定以竞价交易方式买入的证券不得卖出。

第六十二条 发行人证券上市之日起三十个自然日内，获授权的主承销商未购买发行人证券或者购买发行人证券数量未达到全额行使超额配售选择权拟发行证券数量的，可以要求发行人按照发行价格增发证券。

主承销商按照本细则第六十一条规定，以竞价交易方式购买的发行人证券与要求发行人增发的证券之和，不得超过发行公告中披露的全额行使超额配售选择权拟发行证券数量。

第六十三条 获授权的主承销商以竞价交易方式购买的发行人证券应当存入超额配售选择权专门账户。

在超额配售选择权行使期届满或者累计购回证券数量达到采用超额配售选择权发行证券数量限额的五个工作日内，获授权的主承销商应当根据前述情况，向本所和中国结算深圳分公司提出申请并提供相应材料，并将超额配售选择权专门账户上的证券和要求发行人增发的证券向同意延期交付证券的投资者交付。

第六十四条 使用超额配售证券募集的资金从二级市场购买发行人证券所产生的费用，由主承销商承担。

第六十五条 主承销商应当在超额配售选择权行使期届满或者累计购回证券数量达到采用超额配售选择权发行证券数量限额的五个工作日内，将应付给发行人的资金（如有）支付给发行人，应付资金按下列公式计算：

发行人因行使超额配售选择权的募集资金 = 发行价 ×（超额配售选择权累计行使数量 – 主承销商从二级市场买入发行人证券的数量）– 因行使超额配售选择权而发行证券的承销费用。

第六十六条 获授权的主承销商使用超额配售证券募集的资金从二级市场购入证券的，在超额配售选择权行使期届满或者累计购回证券数量达到采用超额配售选择权发行证券数量限额的五个工作日内，将除购回证券使用的资金及划转给发行人增发证券部分的资金（如有）外的剩余资金，向中国证券投资者保护基金有限责任公司交付，纳入证券投资者保护基金。

第六十七条 在超额配售选择权行使期届满或者累计购回证券数量达到采用超额配售选择权发行证券数量限额的两个工作日内，发行人和获授权的主承销商应当披露下列情况：

（一）超额配售选择权行使期届满或者累计购回证券数量达到采用超额配售选择权发行证券数量限额的日期；

（二）超额配售选择权实施情况是否合法、合规，是否符合所披露的有关超额配售选择权的实施方案要求，是否实现预期达到的效果；

（三）因行使超额配售选择权而发行的证券数量；如未行使或者部分行使，应当说明买入发行人证券的数量及所支付的总金额、平均价格、最高与最低价格；

（四）发行人本次筹资总金额；

（五）本所要求披露的其他信息。

第六十八条　获授权的主承销商应当保留使用超额配售证券募集资金买入证券的完整记录，保存时间不得少于十年。所保存的记录应当及时更新下列使用超额配售证券募集资金的有关信息：

（一）每次申报买入证券的时间、价格与数量；

（二）每次申报买入证券的价格确定情况；

（三）买入证券的每笔成交信息，包括成交时间、成交价格、成交数量等。

第六十九条　在全部发行工作完成后十个工作日内，获授权的主承销商应当将超额配售选择权的实施情况以及使用超额配售证券募集资金买入证券的完整记录报本所备案。本所对获授权的主承销商使用超额配售证券募集的资金申报买入证券的过程进行监控。

第六章　自律管理

第七十条　本所对发行人及其控股股东和实际控制人、证券公司、证券服务机构、投资者及其直接负责的主管人员和其他直接责任人员等实施日常监管，可以采取下列措施：

（一）发出通知和函件；

（二）约见问询有关人员；

（三）调阅和检查工作底稿；

（四）要求对有关问题作出解释和说明；

（五）进行调查或者检查；

（六）向中国证监会报告有关情况；

（七）其他措施。

第七十一条　发行人及其控股股东和实际控制人、证券公司、证券服务机构、投资者及其直接负责的主管人员和其他直接责任人员存在下列情形之一的，本所视情节轻重，对其单独或者合并采取自律监管措施和纪律处分：

（一）证券公司承销擅自公开发行或者变相公开发行的证券；

（二）在询价、配售活动中进行合谋报价、利益输送或者谋取其他不正当利益；

（三）参与网下询价的投资者未按照定价决策程序确定报价或者定价依据无法充分支持最终报价结果的；

（四）参与网下询价的投资者存在改价理由不充分、与其他投资者报价持续高度一致等异常情形，干扰正常询价秩序的；

（五）向不符合规定要求的主体进行询价、配售；

（六）未按规定提供投资价值研究报告或者发布投资风险特别公告；

（七）参与战略配售的投资者、保荐人相关子公司违反其作出的限售期、股份减持以及其他相关承诺；

（八）发行人的高级管理人员与核心员工设立专项资产管理计划参与战略配售，未按规定履行决策程序和信息披露义务；

（九）未及时向本所报备发行与承销方案，或者本所提出异议后仍然按原方案启动发行工作；

（十）根据《承销办法》和本细则等规定，应当中止发行而不中止发行；

（十一）违反本细则关于采用超额配售选择权的规定，影响证券上市交易正常秩序；

（十二）未按规定编制信息披露文件，履行信息披露义务；

（十三）发行过程中的信息披露未达到真实、准确、完整、及时要求，存在虚假记载、误导性陈述或者重大遗漏；

（十四）保荐人和主承销商违反规定向发行人、投资者不当收取费用；

（十五）违反本细则规定的其他情形。

发行承销涉嫌违法违规或者存在异常情形的，本所可以要求发行人和承销商暂停或者中止发行，对相关事项进行调查，并上报中国证监会。

第七十二条　发行人及其控股股东和实际控制人、证券公司、证券服务机构、投资者及其直接负责的主管人员和其他直接责任人员等违反本细则规定的，本所可以采取下列自律监管措施：

（一）口头警示；

（二）书面警示；

（三）约见谈话；

（四）要求限期改正；

（五）要求公开致歉；

（六）要求聘请第三方机构进行核查并发表意见；

（七）本所规定的其他自律监管措施。

第七十三条　发行人及其控股股东和实际控制人、证券公司、证券服务机构、投资者及其直接负责的主管人员和其他直接责任人员等违反本细则规定，情节严重的，本所可以采取下列纪律处分：

（一）通报批评；

（二）公开谴责；

（三）三个月至三年内不接受发行人提交的发行上市申请文件；

（四）三个月至三年内不接受保荐人、承销商、证券服务机构提交的证券承销业务相关文件；

（五）三个月至三年内不接受保荐代表人及保荐人其他相关责任人员、承销商相关责任人员、证券服务机构相关责任人员签字的证券承销业务相关文件；

（六）公开认定发行人董事、监事、高级管理人员三年以上不适合担任相关职务；

（七）本所规定的其他纪律处分。

第七十四条　发行人及其控股股东和实际控制人、证券公司、证券服务机构、投资者及其直接负责的主管人员和其他直接责任人员被其他证券交易所采取暂不接受文件、认定为不适当人选等自律监管措施和纪律处分的，本所按照业务规则，在相应期限内不接受其提交或者签字的相关文件，或者认为其不适合担任发行人董事、监事、高级管理人员。

第七十五条　本所发现承销商存在中国证券业协会发布的相关规则所述违规行为的，将公开通报情况，并建议中国证券业协会采取行业内告诫、公开谴责等自律措施。

本所发现网下投资者存在中国证券业协会发布的相关规则所述违规行为的，将公开通报情况，并建议中国证券业协会采取列入网下投资者或者配售对象限制名单等自律措施。

发行人及其控股股东和实际控制人、证券公司、证券服务机构、投资者及其直接负责的主管人员和其他直接责任人员在发行承销业务或者询价报价过程中涉嫌违法违规的，本所将相关线索上报中国证监会查处；涉嫌构成犯罪的，由司法机关依法追究刑事责任。

第七章　附则

第七十六条　本所股票发行规范委员会可以对股票发行和承销事宜提供咨询。

第七十七条　本细则的制定和修改须经本所理事会审议通过，并报中国证监会批准。

第七十八条　本细则由本所负责解释。

第七十九条　本细则自发布之日起施行。本所于2021年9月18日发布的《深圳证券交易所创业板首次公开发行证券发行与承销业务实施细则（2021年修订）》（深证上〔2021〕919号）同时废止。

关于发布《深圳证券交易所上市公司证券发行与承销业务实施细则》的通知

（深证上〔2023〕101 号　2023 年 2 月 17 日）

各市场参与人：

为了落实全面实行股票发行注册制相关要求，规范上市公司证券发行承销活动，促进各参与主体归位尽责，本所制定了《深圳证券交易所上市公司证券发行与承销业务实施细则》。经中国证监会批准，现予发布，自发布之日起施行。

本细则发布后，深市主板和创业板上市公司发行证券，已启动发行、尚未上市的，按照原有制度安排继续开展发行承销工作；尚未启动发行的，适用本细则的相关规定。

本所于 2020 年 6 月 12 日发布的《深圳证券交易所创业板上市公司证券发行与承销业务实施细则》（深证上〔2020〕485 号）同时废止。

附件：深圳证券交易所上市公司证券发行与承销业务实施细则

附件

深圳证券交易所上市公司证券发行与承销业务实施细则

第一章　总则

第一条　为了规范深圳证券交易所（以下简称本所）上市公司证券发行与承销行为，根据《证券发行与承销管理办法》（以下简称《承销办法》）、《上市公司证券发行注册管理办法》（以下简称《再融资办法》）、《优先股试点管理办法》等有关规定，制定本细则。

第二条　经中国证券监督管理委员会（以下简称中国证监会）注册后，上市公司股票、可转换公司债券（以下简称可转债）、存托凭证和国务院认定的其他品种（以下统称证券）在本所的发行承销业务，适用本细则。本细则未作规定的，适用本所其他有关规定。

第三条　上市公司董事、监事、高级管理人员，证券公司、证券服务机构及其相关执业人员，以及上市公司控股股东、实际控制人及其知情人员，应当严格遵守有关法律、行政法规、部门规章、规范性文件（以下统称法律法规）和本所业务规则，勤勉尽责，不得利用上市公司发行证券谋取不正当利益，禁止泄露内幕信息和利用内幕信息进行证券交易或者操纵证券交易价格。

第四条　上市公司的控股股东、实际控制人和发行对象，应当按照有关规定及时向上市公司提供信息，配合上市公司真实、准确、完整地履行信息披露义务。

第五条　上市公司、承销商选择发行证券的发行对象和确定发行价格、票面利率，应当遵循公平、公正原则。

上市公司、承销商和发行对象不得在证券发行过程中进行合谋报价、利益输送或者谋取其他不正当利益。

第六条　中国证监会作出予以注册决定后，由上市公司和主承销商在注册决定的有效期内选择发行时间。

第七条　中国证监会作出予以注册决定后，在启动发行前，上市公司和主承销商应当及时向本所报备发行与承销方案，本所在三个工作日内无异议的，上市公司和主承销商可以启动发行工作。

上市公司和主承销商报送的发行与承销方案不符合本细则规定，或者所披露事项不符合相关信息披露要求的，应当按照本所要求予以补正，补正时间不计入前款规定的三个工作日内。

第八条　证券上市之日起十个工作日内，主承销商应当将验资报告、专项法律意见书、承销总结报告等文件一并通过本所向中国证监会备案。本细则另有规定的除外。

第九条　采用代销方式的，上市公司和主承销商应当事先约定发行失败的情形及安排。代销期届满，向投资者出售的股票数量未达到拟公开发行股票数量的70%，本次发行失败。

第二章　向不特定对象发行证券

第一节　向原股东配售股份

第十条　上市公司向原股东配售股份（以下简称配股），应当向股权登记日登记在册的原股东配售，且配售比例应当相同。

第十一条　上市公司配股的，配股价格应当由上市公司和主承销商根据公司股票在二级市场的价格、市盈率及市净率、募集资金投资项目的资金需求量等因素协商确定。配股价格不得低于1元/股。

第二节　向不特定对象募集股份

第十二条　上市公司向不特定对象募集股份（以下简称增发），向股权登记日登记在册的原股东优先配售的，应当在发行公告中披露配售比例。

网下机构投资者、参与优先配售的原股东以及其他投资者，可以参与优先配售后的余额申购。

第十三条　增发的发行价格可以由上市公司与主承销商协商确定。发行价格应当不低于公告招股意向书前二十个交易日或者前一个交易日公司股票均价。

第十四条　原股东参与优先配售的申购通过网上或者网下的方式进行。机构投资者可以同时选择网上、网下两种方式参与申购，其他投资者通过网上方式参与申购。

网上发行应当通过本所交易系统进行。上市公司和主承销商自行组织网下发行的，应当在发行与承销方案中确定网下机构投资者条件，并在发行公告中披露。

第十五条　参与网上申购的投资者可以使用所持深圳市场证券账户在 T 日（T 日为网上申购日，下同）申购上市公司的增发股份，申购时间为 T 日 9:15–11:30、13:00–15:00。

第十六条　申购时间内，参与网上申购的投资者以发行价格填写申购委托单。申购一经本所交易系统确认，不得撤销。申购配号根据实际有效申购进行，每一有效申购单位配一个号，对所有有效申购单位按时间顺序连续配号。

第十七条　网下发行应当和网上发行同日进行，上市公司和主承销商可以在发行公告中明确，参与网上发行的投资者和参与优先配售的原股东在申购时全额缴纳申购资金，参与网下发行的机构投资者在申购时缴纳不超过拟申购金额 20% 的保证金，明确网下机构投资者在申购后未足额缴付资金时的保证金处理方式。主承销商对网下机构投资者分类配售的，可以根据投资者或者其管理的配售对象类别设定不同的保证金比例。

第十八条　市场发生重大变化，投资者弃购数量超过本次增发股份数量 10% 的，上市公司和主承销商可以将投资者弃购部分向网下投资者进行二次配售。

安排二次配售的，上市公司和主承销商应当在发行与承销方案中约定二次配售的程序、投资者条件和配售原则等。上市公司和主承销商应当发布二次配售公告，披露网下机构投资者二次配售及缴款安排。

第十九条　主承销商可以对参与网下配售的机构投资者或者其管理的配售对象进行分类，对不同类别的机构投资者或者其管理的配售对象设定不同的配售比例，对同一类别的机构投资者或者其管理的配售对象应当按相同的比例配售。主承销商应当在发行公告中明确分类配售的原因、必要性和分类标准。

主承销商应当在网下配售和网上发行之间建立回拨机制，回拨后网上发行中签率和网下发行的最低获配比例趋于一致。

第二十条　主承销商根据网上有效申购总量和回拨后的网上发行数量确定中签率，并根据总配号量和中签率组织摇号抽签，公布中签结果。

第二十一条 网下和网上投资者缴款认购的新股数量合计不足本次公开发行数量的 70% 时，可以中止发行。

第二十二条 上市公司和主承销商在增发发行与承销方案中采用超额配售选择权的，参照适用《深圳证券交易所首次公开发行证券发行与承销业务实施细则》（以下简称《首发承销细则》）等规则的规定。

第三节 向不特定对象发行可转债

第二十三条 向不特定对象发行可转债的，债券每张面值 100 元。

第二十四条 上市公司向不特定对象发行可转债，向股权登记日登记在册的原股东优先配售的，应当在发行公告中披露配售比例、转股价格和票面利率。

网下机构投资者、参与优先配售的原股东以及其他投资者，可以参与优先配售后的余额申购。

第二十五条 向不特定对象发行可转债的转股价格和票面利率由上市公司与主承销商协商确定，但票面利率应当符合国家有关规定。

第二十六条 网上申购最小单位为一手（1000 元），申购数量应当为一手或者一手的整数倍。

第二十七条 网下申购日应不晚于 T 日。上市公司和主承销商可以在发行公告中明确，参与优先配售的原股东在申购时全额缴纳申购资金，参与网下发行的单一申购账户在申购时缴纳不超过人民币 50 万元的保证金，明确网下机构投资者在申购后未足额缴付资金时保证金的处理方式。参与网上申购的投资者无需预先缴付申购资金。

同一网下投资者的每个配售对象参与可转债网下申购只能使用一个证券账户。投资者管理多个证券投资产品的，每个产品可视作一个配售对象。其他投资者，每个投资者视作一个配售对象。

第二十八条 向不特定对象发行可转债的申购方式、申购时间、网下分类配售、网上网下回拨机制、申购配号、中签结果和中止情形参照适用本细则关于增发的相关规定。

网上投资者连续十二个月内累计出现三次中签但未足额缴款的情形时，自结算参与人最近一次申报其放弃认购的次日起六个月（按一百八十个自然日计算，含次日）内不得参与新股、可转债、可交换公司债券和存托凭证的网上申购。

第二十九条 市场发生重大变化，投资者弃购数量超过本次发行可转债数量10% 的，上市公司和主承销商可以将投资者弃购部分向网下投资者进行二次配售。

安排二次配售的，上市公司和主承销商应当在发行与承销方案中约定二次配售的程序、投资者条件和配售原则等。上市公司和主承销商应当发布二次配售公告，披露网下机构投资者二次配售及缴款安排。

第三章　向特定对象发行证券

第一节　一般规定

第三十条　《再融资办法》所称"发行对象不超过三十五名"，是指认购并获得本次向特定对象发行证券的法人、自然人或者其他合法投资组织不超过三十五名。

证券投资基金管理公司、证券公司、合格境外机构投资者、人民币合格境外机构投资者以其管理的二只以上产品认购的，视为一个发行对象。

信托公司作为发行对象，只能以自有资金认购。

第三十一条　上市公司和主承销商向投资者进行推介或者提供投资价值研究报告的（以下统称路演推介），不得采用任何公开方式，且不得早于上市公司董事会关于向特定对象发行证券的决议公告日。

适用简易程序向特定对象发行股票的，上市公司和主承销商可以在上市公司董事会关于向特定对象发行股票的决议公告日前进行路演推介。路演推介不得采用任何公开方式，参加路演推介的投资者、上市公司和主承销商等机构及其人员应当纳入上市公司内幕信息知情人进行登记和管理。

第三十二条　上市公司和主承销商向本所报备的发行与承销方案及认购邀请书，应当明确中止发行情形和相应处置安排。主承销商、发行人律师应当就约定的中止发行情形是否符合法律法规，是否符合公平、公正原则及其合理性、必要性发表明确意见。

上市公司和主承销商可以在发行与承销方案及认购邀请书中约定认购不足或者缴款不足时追加认购的操作程序、对象要求等事项。追加认购的实施期限累计不得超过十个工作日。

第三十三条　在发行期首日前一工作日，上市公司和主承销商可以向符合条件的特定对象提供认购邀请书。

认购邀请书发送对象除应当包含董事会决议公告后已经提交认购意向书的投资者、公司前二十名股东外，还应当包括下列网下机构投资者：

（一）不少于二十家证券投资基金管理公司；

（二）不少于十家证券公司；

（三）不少于五家保险机构投资者。

上市公司和主承销商应当根据本条规定及认购邀请书中事先约定的原则，协商确定发送认购邀请书的对象。

第二节　向特定对象发行股票

第三十四条　董事会决议确定全部发行对象的，董事会决议中应当同时确定具体发行对象及其认购价格或者定价原则，并经股东大会作出决议。

上市公司和主承销商在取得中国证监会的予以注册决定后，应当按照股东大会决议及认购合同的约定发行股票。

第三十五条　发行对象属于《再融资办法》第五十七条第二款规定以外情形的，上市公司和主承销商应当向符合条件的特定对象提供认购邀请书，且应当通过竞价方式确定发行价格、发行对象。

董事会决议确定的发行对象不得参与本次发行的竞价，且应当承诺根据其他发行对象的竞价结果，以相同价格认购其在股份认购合同中约定认购的股份数量或者金额。董事会决议应当明确通过竞价无法确定发行价格时，前述发行对象是否继续参与认购、认购股份数量及认购价格的确定原则，并经股东大会作出决议。

第三十六条　董事会决议确定具体发行对象的，上市公司应当在召开董事会的当日或者前一日与相应发行对象签订附生效条件的股份认购合同。

本条所述认购合同应当载明该发行对象拟认购股份的数量或数量区间或者金额或金额区间、认购价格或定价原则、限售期及违约情形处置安排。董事会决议确定具体发行对象的向特定对象发行股票的认购合同应当同时约定，本次发行一经上市公司董事会、股东大会或经股东大会授权的董事会批准并经中国证监会注册，该合同即应生效。

第三十七条　董事会决议未确定全部发行对象的，应当由董事会确定本次发行对象的范围、资格和依据，以及定价原则，并经股东大会作出决议。

第三十八条　上市公司向特定对象发行股票董事会决议公告后，符合条件的特定对象可以向上市公司和主承销商提交认购意向书。

第三十九条　适用简易程序的，不得由董事会决议确定具体发行对象。上市公司和主承销商应当在召开董事会前向符合条件的特定对象提供认购邀请书，以竞价方式确定发行价格和发行对象。

上市公司应当与确定的发行对象签订附生效条件的股份认购合同。认购合同应当约定，本次发行一经股东大会授权的董事会批准并经中国证监会注册，该合同即应生效。

第四十条　适用简易程序的，上市公司与发行对象签订股份认购合同后三个工作日内，经上市公司年度股东大会授权的董事会应当对本次竞价结果等发行上市事项作出决议。

第四十一条　适用简易程序的，上市公司和主承销商应当在取得中国证监会予以注册决定后两个工作日内向本所提交发行相关文件，十个工作日内完成发行缴款。

第四十二条　上市公司和主承销商应当按照公正、透明的原则，在认购邀请书中事先约定选择发行对象、收取认购保证金及符合条件的特定对象违约时保证金的处理方式、确定认购价格、分配认购数量等事项的操作规则，主承销商向符合条件的特定对象收取的认购保证金不得超过拟认购金额的 20%。

第四十三条 认购邀请书发出后，上市公司和主承销商应当在认购邀请书约定的时间内收集符合条件的特定对象签署的申购报价表。

在申购报价期间，上市公司和主承销商应当确保不以任何方式泄露符合条件的特定对象的申购报价情况，申购报价过程应当由发行人律师现场见证。

无有效报价时，上市公司和主承销商可以中止发行。

第四十四条 上市公司和主承销商的控股股东、实际控制人、董事、监事、高级管理人员及其控制或者施加重大影响的关联方不得参与竞价。

第四十五条 申购报价结束后，上市公司和主承销商应当对有效申购按照报价高低进行累计统计，按照价格优先等董事会决议确定的原则合理确定发行对象、发行价格和发行数量。董事会决议确定的原则应当公平、公正，符合上市公司及其全体股东的利益。

第四十六条 发行结果确定后，上市公司应当与发行对象签订正式认购合同，发行对象应当按照合同约定缴款。

发行对象的认购资金应当先划入主承销商为本次发行专门开立的账户，验资完毕后，扣除相关费用再划入上市公司募集资金专项存储账户。

第四十七条 上市公司和主承销商应当在本次发行验资完成后的三个工作日内，将股份认购合同、发行情况报告书、发行过程和认购对象合规性审核报告、专项法律意见书和验资报告等文件一并通过本所向中国证监会备案。上市公司应当及时办理股份登记，登记完成后，上市公司向本所申请办理股份上市事宜。

第四十八条 发行情况报告书应当根据中国证监会关于信息披露内容与格式的相关规定编制。

第四十九条 主承销商关于本次发行过程和认购对象合规性的报告应当详细披露本次发行的全部过程，列示发行对象的申购报价情况及其获得配售的情况，并对发行结果是否公平、公正，是否符合向特定对象发行股票的有关规定发表意见。

报价在发行价格之上的特定对象未获得配售或者被调减配售数量的，主承销商应当向该特定对象充分说明理由，并在报告书中说明情况。

第五十条 发行人律师关于本次发行过程和认购对象合规性的专项法律意见书应当详细认证本次发行的全部过程，并对发行过程的合规性，发行结果是否公平、公正，是否符合向特定对象发行股票的有关规定发表明确意见。

发行人律师应当对认购邀请书、申购报价表、正式签署的股份认购合同及其他有关法律文书进行见证，并在专项法律意见书中确认有关法律文书合法有效。

第五十一条 上市公司根据《再融资办法》第六十五条的规定自行销售的，由上市公司向本所报备发行与承销方案，并在验资完成后的三个工作日内将股份认购合同、发行情况报告书、专项法律意见书和验资报告等文件一并通过本所向中国证监会备案。

第三节　向特定对象发行可转债

第五十二条　上市公司向特定对象发行可转债的，债券每张面值100元。

第五十三条　上市公司向特定对象发行可转债的，应当由董事会确定本次发行对象的范围、资格和依据，以及转股价格、票面利率确定原则，并经股东大会作出决议。

第五十四条　上市公司和主承销商应当按照公正、透明的原则，在认购邀请书中事先约定选择发行对象、收取认购保证金及符合条件的特定对象违约时保证金的处理方式、确定转股价格、确定票面利率、分配认购数量等事项的操作规则，主承销商向符合条件的特定对象收取的认购保证金不得超过拟认购金额的20%。

第五十五条　认购邀请书发出后，上市公司和主承销商应当在认购邀请书约定的时间内收集符合条件的特定对象签署的利率申报表。

在利率申报期间，上市公司和主承销商应当确保不以任何方式泄露符合条件的特定对象的申报情况，申报过程应当由发行人律师现场见证。

第五十六条　本细则第四十四条规定的对象不得参与向特定对象发行可转债的利率申报。

第五十七条　利率申报结束后，上市公司和主承销商应当对有效申购按照申报的利率由低到高进行累计统计，按照利率优先等董事会决议确定的原则合理确定发行对象、票面利率和发行数量。董事会决议确定的原则应当公平、公正，符合上市公司及其全体股东的利益。

第五十八条　发行结果确定后，上市公司向特定对象发行可转债的认购缴款及验资完成后文件报送等事宜，参照适用本细则关于向特定对象发行股票的相关规定。

第四章　其他事项

第五十九条　参与认购上市公司发行证券的投资者，应当符合本所有关投资者适当性管理的要求。

第六十条　上市公司发行前特定期间股票均价计算公式为：特定期间股票交易均价＝特定期间内股票交易总额/特定期间内股票交易总量。

第六十一条　主承销商应当按照有关规定及时划付申购资金冻结利息。

第六十二条　上市公司根据《承销办法》和本细则等规定的情形中止发行的，在注册有效期内符合《再融资办法》等规定的发行条件且未发生可能影响本次发行的重大事项的，经向本所备案，可以重新启动发行。

第六十三条　中国证监会作出予以注册决定后，上市公司发生可能影响证券发行或者投资者判断重大事项的，在满足会后事项监管要求的前提下，方可启动发行。

第六十四条 本所对上市公司及其控股股东和实际控制人、证券公司、证券服务机构、投资者及相关人员等实施日常监管，并可以采取《首发承销细则》规定的工作措施。

前款规定的监管对象出现下列情形之一的，本所视情节轻重对其采取《首发承销细则》规定的自律监管措施和纪律处分：

（一）证券公司承销擅自公开发行或者变相公开发行的证券；

（二）在证券发行过程中违反本细则规定，进行合谋报价、利益输送或者谋取其他不正当利益；

（三）违反《承销办法》《再融资办法》和本细则等规定，允许不符合要求的投资者参与竞价、配售；

（四）上市公司、主承销商、证券服务机构等未按规定及时编制、报备或披露证券发行承销相关文件，或者所报备、披露信息不真实、不准确、不完整，存在虚假记载、误导性陈述或者重大遗漏；

（五）未及时向本所报备发行与承销方案，或者本所提出异议后仍然按原方案启动发行工作；

（六）根据《承销办法》和本细则等规定，应当暂停或中止发行而不暂停或中止发行；

（七）参与证券发行的投资者违反其作出的限售期以及其他相关承诺；

（八）承销商违反规定向上市公司、投资者不当收取费用；

（九）上市公司、承销商、证券服务机构未按照本细则和向本所报备的发行与承销方案等文件开展业务，或者未按规定在业务系统及时、准确录入有关信息对证券发行造成不利影响；

（十）违反本细则的其他情形。

发行承销涉嫌违法违规或者存在异常情形的，本所可以要求上市公司和承销商暂停或者中止发行，对相关事项进行查处，并上报中国证监会。

参与认购的投资者擅自转让限售期限未满的证券，情节严重的，十二个月内不得作为特定对象认购证券。

适用简易程序向特定对象发行股票的，上市公司及其控股股东和实际控制人、证券公司、证券服务机构、参与本次发行的投资者及相关人员出现应予采取自律监管措施和纪律处分情形的，本所根据相关规定从重处理并上报中国证监会。

第六十五条 上市公司及其控股股东和实际控制人、证券公司、证券服务机构、投资者及相关人员被其他证券交易所采取暂不接受文件、认定为不适当人选等自律监管措施和纪律处分的，本所按照业务规则，在相应期限内不接受其提交或者签字的相关文件，或者认为其不适合担任上市公司董事、监事、高级管理人员。

第六十六条　本所股票发行规范委员会可以对上市公司股票发行和承销事宜提供咨询意见。

第五章　附则

第六十七条　上市公司存托凭证在境内的发行和承销事宜，参照适用本细则关于上市公司股票发行与承销的规定。

上市公司发行证券购买资产同时募集配套资金的，募集配套资金部分的证券发行与承销参照适用本细则。

第六十八条　本细则对上市公司发行可转债未作规定的，适用本所关于可转债的其他规定。

第六十九条　上市公司向不特定对象发行优先股的发行程序参照适用本细则关于上市公司增发的相关规定，向特定对象发行优先股的发行程序参照适用本细则关于上市公司向特定对象发行证券的相关规定。

向特定对象发行优先股的，认购邀请书的发送范围可以不适用本细则第三十三条规定，但应当涵盖一定的公募基金、社保基金、年金基金和保险资金等机构以及所有已表达认购意向的投资者。

第七十条　本细则的制定和修改须经本所理事会审议通过并报中国证监会批准。

第七十一条　本细则由本所负责解释。

第七十二条　本细则自发布之日起施行。本所于 2020 年 6 月 12 日发布的《深圳证券交易所创业板上市公司证券发行与承销业务实施细则》（深证上〔2020〕485 号）同时废止。

关于发布《深圳市场首次公开发行股票网下发行实施细则（2023 年修订）》的通知

（深证上〔2023〕110 号　2023 年 2 月 17 日）

各市场参与人：

为了落实全面实行股票发行注册制相关要求，进一步规范深圳市场首次公开发行股票网下发行行为，深圳证券交易所和中国证券登记结算有限责任公司对《深圳市场首次公开发行股票网下发行实施细则》进行了修订，现予以发布，自发布之日起施行。

本细则发布后，首次公开发行证券并在主板上市，适用《关于全面实行股票发行注册制前后相关行政许可事项过渡期安排的通知》；首次公开发行证券并在创业板上市，刊登招股意向书或者招股说明书、启动发行工作的，适用本细则相关规定。

2020 年 6 月 12 日发布的《深圳市场首次公开发行股票网下发行实施细则（2020 年修订）》（深证上〔2020〕483 号）同时废止。

附件：深圳市场首次公开发行股票网下发行实施细则（2023 年修订）

附件

深圳市场首次公开发行股票网下发行实施细则（2023 年修订）

第一章　总则

第一条　为了规范深圳市场首次公开发行股票（以下简称新股）的网下发行行为，根据《证券发行与承销管理办法》《首次公开发行股票注册管理办法》《深圳证券交易所首次公开发行证券发行与承销业务实施细则》等相关规定，制定本细则。

第二条　深圳市场新股的网下发行，适用本细则。

深圳市场首次公开发行存托凭证的网下发行，参照适用本细则。

本细则所称网下发行，是指通过深圳证券交易所（以下简称深交所）网下发行电子平台及中国证券登记结算有限责任公司（以下简称中国结算）深圳分公司登记结算系统进行的发行配售。

第三条　参与深圳市场网下发行业务的配售对象，持有的深圳市场非限售A股股份和非限售存托凭证总市值应当在6000万元（含）以上。科创和创业等主题封闭运作基金与封闭运作战略配售基金持有的深圳市场非限售A股股份和非限售存托凭证总市值应当在1000万元（含）以上。

配售对象是指参与网下发行的投资者或者其管理的证券投资产品。

第二章　市值计算规则

第四条　配售对象持有的市值，按照X-2日（X日为初步询价开始日，下同）前20个交易日（含X-2日）的日均持有市值计算。配售对象证券账户开户时间不足20个交易日的，按20个交易日计算日均持有市值。

第五条　配售对象的同一证券账户多处托管的，其市值合并计算。配售对象持有多个证券账户的，多个证券账户市值合并计算。

确认多个证券账户为同一配售对象持有的原则为证券账户注册资料中的"账户持有人名称""有效身份证明文件号码"均相同。证券账户注册资料以X-2日日终为准。

融资融券客户信用证券账户的市值合并计算到该配售对象持有的市值中，证券公司转融通担保证券明细账户的市值合并计算到该证券公司自营账户市值中。

第六条　证券公司客户定向资产管理专用账户以及企业年金账户，证券账户注册资料中"账户持有人名称"相同且"有效身份证明文件号码"相同的，按证券账户单独计算市值并参与申购。

第七条　不合格、休眠、注销证券账户不计算市值。

第八条　非限售A股股份或者非限售存托凭证发生司法冻结、质押，以及存在上市公司董事、监事、高级管理人员持股限制的，不影响证券账户内持有市值的计算。

第九条　配售对象持有的市值按照其证券账户纳入市值计算范围的A股股份和存托凭证数量与相应收盘价的乘积计算。

第三章　基本规定

第十条　根据主承销商的申请，深交所提供网下发行电子平台进行初步询价、网下申购及网下配售工作。

第十一条　根据主承销商的书面委托，中国结算深圳分公司提供登记结算系统，代理主承销商认购资金的收付、网下发行募集款的收付以及注册登记银行账户的审核。

经发行人书面委托，中国结算深圳分公司根据主承销商提供的网下配售结果数据办理股份初始登记。

第十二条　主承销商使用网下发行电子平台发行新股，应当办理网下发行电子平台数字证书，与深交所签订使用协议，申请成为主承销商用户。主承销商应当使用数字证书在网下发行电子平台进行操作，并对其所有操作负责。

第十三条　网下投资者通过中国证券业协会（以下简称协会）注册登记后，应当办理网下发行电子平台数字证书，与深交所签订使用协议，申请成为投资者用户。网下投资者应当使用数字证书在网下发行电子平台进行操作，并对其所有操作负责。

第十四条　网下投资者及配售对象的信息以在协会注册登记的数据为准。

网下投资者在协会完成配售对象信息注册登记工作后，中国结算深圳分公司将对配售对象的证券账户、银行账户进行审核及配号。网下投资者应当于 X–1 日 12:00 前完成配售对象的注册登记及配号工作。

第十五条　具有主承销商和网下投资者双重身份的机构，应当分别办理网下发行电子平台数字证书，分别申请成为主承销商用户和网下投资者用户。

第十六条　网下发行电子平台和登记结算系统将保留新股网下发行电子化的有关数据，保留期限六个月，自网下申购之日起算。

第十七条　初步询价截止前，主承销商应当在网下发行电子平台选择符合主承销商初步询价公告规定的报价条件的网下投资者及配售对象，并剔除不满足发行人和主承销商事先确定的市值要求的配售对象，完成网下询价投资者的确定。

第十八条　网下发行初步询价期间，网下投资者在网下发行电子平台为其所管理的配售对象填报价格及相应的拟申购数量等信息。每个配售对象填报的拟申购数量不得超过网下初始发行数量。

网下投资者可以为其管理的多个配售对象分别填报一个报价，每个网下投资者最多填报三个报价，且最高报价不得高于最低报价的120%。

相关申报一经提交，不得全部撤销。因特殊原因需要调整报价的，应当在网下发行电子平台填写具体原因。

第十九条　网下投资者应当根据获配应缴款情况，为获配的配售对象足额缴纳认购资金。

第二十条　结算银行应当根据中国结算深圳分公司提供的资料，及时、准确地维护配售对象注册登记的银行账号等信息，否则造成的损失由结算银行承担。

第四章　发行流程

第二十一条　招股意向书刊登日，主承销商应当向深交所提出使用网下发行电子平台的申请，并向中国结算深圳分公司提出使用登记结算系统的委托申请。

第二十二条　初步询价应当在交易日进行，网下投资者在发行人初步询价公告规定的时间内通过网下发行电子平台，为其管理的配售对象填报价格及相应的拟申购数量等信息。

第二十三条　初步询价应当在 T-2 日（T 日为网下申购日，下同）15:00 前完成。初步询价截止后，主承销商应当根据《证券发行与承销管理办法》《深圳证券交易所首次公开发行证券发行与承销业务实施细则》的有关规定、发行人和主承销商事先确定并公告的有效报价条件等，剔除不得参与累计投标询价或者定价申购的初步询价报价及其对应的拟申购数量。

第二十四条　T-1 日 15:00 前，主承销商应当在网下发行电子平台录入发行价格等相关信息，网下发行电子平台将自动剔除在初步询价阶段报价低于发行人和主承销商确定的发行价格或者发行价格区间下限的初步询价报价及其对应的拟申购数量。

发行参数确定后，主承销商应当在 T-1 日 15:00 前在网下发行电子平台完成有效报价投资者确定，并启动申购。网下投资者可以通过网下发行电子平台查询其管理的配售对象的有效报价入围数量。

第二十五条　T 日 9:30-15:00，参与网下发行的有效报价投资者应当通过网下发行电子平台为其管理的配售对象录入申购单信息，包括申购价格、申购数量及主承销商在发行公告中规定的其他信息。申购时，无需缴付申购资金。

第二十六条　T+1 日 15:00 前，主承销商通过网下发行电子平台下载网下申购结果，应当按照规定的格式制作网下初步配售结果文件，并将结果文件通过网下发行电子平台传送至中国结算深圳分公司。网下投资者可以通过网下发行电子平台查询其管理的配售对象的网下获配股份数量及应缴款情况。

T+2 日，主承销商应当在深交所网站和符合中国证监会规定条件的媒体上刊登网下初步配售结果公告。

第二十七条　T+2 日 8:30-16:00，网下投资者应当根据发行价格和其管理的配售对象获配股份数量，从配售对象在协会注册登记的银行账户向中国结算深圳分公司网下发行专户足额划付认购资金，认购资金应当于 T+2 日 16:00 前到账。

第二十八条　网下投资者应当依据下列要求进行资金划付，不满足相关要求则其管理的配售对象获配股份无效：

（一）网下投资者划出认购资金的银行账户应当与配售对象在协会注册登记的银行账户一致。

（二）认购资金应当在规定时间内足额到账，未在规定时间内或者未按要求足额缴纳认购资金的，该配售对象获配股份全部无效。多只新股同日发行时出现前述情形的，该配售对象全部获配股份无效。

（三）网下投资者在办理认购资金划付时，应当在付款凭证备注栏注明认购所对应的新股代码，备注格式为："B001999906WXFX 六位新股代码"（如新股代码为 000001，则备注为"B001999906WXFX000001"），未注明或者备注信息错误将导致划付失败。

（四）中国结算深圳分公司在取得中国结算结算银行资格的各家银行开立了网下发行专户，配售对象注册登记银行账户属结算银行账户的，认购资金应当于同一银行系统内划付，不得跨行划付；配售对象注册登记银行账户不属结算银行账户的，认购资金统一划付至工商银行网下发行专户。

发行人与主承销商应当在发行公告中对上述资金划付要求予以明确。

中国结算深圳分公司将认购资金到账情况实时传送至网下发行电子平台，主承销商可以通过网下发行电子平台查询各配售对象的到账情况；网下投资者可以通过网下发行电子平台查询其管理的配售对象的认购资金到账情况。

第二十九条 不同配售对象共用银行账户的，若认购资金不足，共用银行账户的配售对象的获配股份全部无效。

第三十条 T+2 日，中国结算深圳分公司根据配售对象新股认购资金的到账情况以及主承销商提交的网下初步配售结果，按照本细则第二十八条和第二十九条的规定进行处理，形成新股网下认购结果后于 T+2 日 17:30 前通过网下发行电子平台交主承销商确认。

第三十一条 中国结算深圳分公司对未在规定时间内或者未按要求足额缴纳认购资金的配售对象的全部获配新股作无效处理，相应的无效认购股份由主承销商包销或者根据发行人和主承销商事先确定并披露的其他方式处理。

第三十二条 T+3 日 15:00 前，主承销商通过网下发行电子平台下载制作新股配售结果所需的文件，按照规定的格式制作网下最终配售结果文件，并将结果文件通过网下发行电子平台传送至中国结算深圳分公司。

主承销商应当于网下发行完成后在深交所网站和符合中国证监会规定条件的媒体上公布网下配售结果。

第三十三条 T+4 日 9:00 前，中国结算深圳分公司将网下发行新股认购款项划转主承销商的资金交收账户。

中国结算深圳分公司按照相关规定将网下发行认购资金产生的利息收入划转至证券投资者保护基金。

第三十四条 主承销商收到中国结算深圳分公司划转的新股认购款项后，应当及时依据承销协议将有关款项划转到发行人指定的银行账户。

第三十五条 网下发行结束后，中国结算深圳分公司根据主承销商通过网下发行电子平台提供的网下配售结果数据办理股份初始登记。

由于主承销商报送的网下配售结果数据有误，导致网下配售股份初始登记不实的，相关法律责任由主承销商承担，中国结算深圳分公司不承担责任。

对于主承销商根据本细则第三十一条规定包销或者按照其他方式处理的股

份，主承销商自行与发行人完成相关资金的划付后，由发行人向中国结算深圳分公司提交股份登记申请，中国结算深圳分公司据此完成相应股份的登记。

第五章　附则

第三十六条　配售对象已参与某只新股网下报价、申购、配售的，不得参与该只新股网上申购。中国结算深圳分公司对上述配售对象参与网上申购的行为进行监控。

第三十七条　主承销商应当针对初步询价、网下申购和网下配售过程中可能出现的突发事件制定相应的应急措施，并予以公告。

第三十八条　因不可抗力、意外事件、技术故障等情况导致或者可能导致新股发行全部或者部分不能正常进行的，深交所视情况调整新股发行安排，中国结算相应调整清算交收安排。因上述情况及深交所和中国结算采取相应措施造成损失的，深交所和中国结算不承担责任。

第三十九条　深交所决定暂停新股发行的，暂停接受新股发行申购申报。除深交所认定的特殊情况外，已接受的申购申报作废。深交所决定恢复新股发行的，重新确定 T 日。

第四十条　新股暂停、暂缓、中止发行上市涉及退还投资者认购资金、注销认购股份的，深交所和中国结算根据相关规定、发行人和主承销商的委托协助办理相应业务。

第四十一条　本细则由深交所和中国结算负责解释。

第四十二条　本细则自发布之日起施行。2020 年 6 月 12 日发布的《深圳市场首次公开发行股票网下发行实施细则（2020 年修订）》（深证上〔2020〕483 号）同时废止。

关于发布《深圳证券交易所发行与承销业务指引第1号——股票上市公告书内容与格式》的通知

（深证上〔2023〕112号 2023年2月17日）

各市场参与人：

为了落实全面实行股票发行注册制相关要求，进一步规范首次公开发行股票公司在本所上市以及北京证券交易所上市公司在创业板上市的信息披露行为，保护投资者合法权益，本所制定了《深圳证券交易所发行与承销业务指引第1号——股票上市公告书内容与格式》，现予发布，自发布之日起施行。为做好工作衔接，现就有关事项通知如下：

一、首次公开发行股票并在主板上市的公司，取得核准批文的，按照原有制度编制和披露上市公告书；取得注册批复的，适用本指引的相关规定。

二、首次公开发行股票并在创业板上市的公司，已启动发行但尚未上市的，按照原有制度编制和披露上市公告书；尚未启动发行的，适用本指引的相关规定。

本所于2020年6月12日发布的《深圳证券交易所创业板股票上市公告书内容与格式指引》（深证上〔2020〕486号）、2021年9月30日发布的《深圳证券交易所股票发行与承销业务指引第1号——主板上市公告书内容与格式》（深证上〔2021〕978号）同时废止。

附件：深圳证券交易所发行与承销业务指引第1号——股票上市公告书内容与格式

附件

深圳证券交易所发行与承销业务指引第1号——股票上市公告书内容与格式

第一章 总则

第一条 为了规范首次公开发行股票公司（以下简称发行人）在深圳证券交易所（以下简称本所）上市以及北京证券交易所（以下简称北所）上市公司（以下简称转板公司）在创业板上市的信息披露行为，保护投资者合法权益，根据《中华人民共和国证券法》（以下简称《证券法》）、《深圳证券交易所股票上市规则》《深圳证券交易所创业板股票上市规则》（以下统称《上市规则》）、《深圳证券交易所关于北京证券交易所上市公司向创业板转板办法（试行）》《深圳证券交易所首次公开发行证券发行与承销业务实施细则》等有关规定，制定本指引。

第二条　在中华人民共和国境内首次公开发行股票并申请在本所上市的发行人及转板公司，应当按照本指引编制和披露上市公告书。

第三条　本指引的规定是对上市公告书信息披露的最低要求。无论本指引是否有明确规定，凡在招股意向书或者招股说明书披露日至上市公告书刊登前，或者转板公司收到本所同意上市决定日至上市公告书刊登前，所发生的对投资者作出价值判断和投资决策有重大影响的信息，发行人、转板公司均应当披露。

本指引某些具体要求对发行人、转板公司确实不适用的，或者依照本指引披露可能导致其难以符合注册地有关规定、境外上市地规则要求的，发行人、转板公司可以根据实际情况，在不影响披露内容完整性的前提下作适当修改，但应当在上市公告书中说明具体原因及修改情况。

第四条　发行人、转板公司同时有证券在境外交易所上市的，发行人、转板公司及其相关信息披露义务人应当保证境外证券交易所要求披露的信息，同时在本所网站和符合中国证监会规定条件的媒体按照本指引和本所其他相关规定的要求披露。

第五条　发行人、转板公司上市公告书拟披露的信息符合《上市规则》规定的暂缓或者免于披露情形的，可以按照本所相关规定暂缓或者免于披露，但应当在上市公告书的相关章节说明未按本指引要求进行披露的原因。

第六条　在不影响信息披露的完整性和不致引起阅读不便的前提下，发行人、转板公司可以采用相互引证的方法，对相关部分的内容进行适当的技术处理，以避免不必要的重复，保持文字简洁。

第七条　发行人、转板公司在编制上市公告书时应当遵循下列一般要求：

（一）引用的数据应当有充分、客观的依据，并注明资料来源；

（二）引用的数字应当采用阿拉伯数字，货币金额除特别说明外，指人民币金额，并以元、千元、万元或者亿元为单位；

（三）发行人、转板公司可以根据有关规定或者其他需求，编制上市公告书外文译本，但应当保证中、外文文本的一致性，并在外文文本上注明，"本上市公告书分别以中、英（或者日、法等）文编制，在对中外文本的理解上发生歧义时，以中文文本为准"；

（四）上市公告书封面应当载明发行人、转板公司的名称和住所、"上市公告书"的字样、保荐人及主承销商的名称和住所、公告日期等，可以载有发行人、转板公司的英文名称、徽章或者其他标记、图案等；

（五）上市公告书应当使用事实描述性语言，保证其内容简明扼要、通俗易懂，不得有祝贺性、广告性、恭维性、推荐性或者诋毁性的词句。

第八条　发行人、转板公司应当在股票上市前，将上市公告书全文披露于本所网站和符合中国证监会规定条件的媒体，将上市公告书的提示性公告刊登在符合中国证监会规定条件的报刊上。提示性公告应当披露下列内容："经深圳证券交易所审核同意，本公司人民币普通股股票将于××××年××月××日在深圳证券交易所主板/创业板上市，上市公告书全文和首次公开发行股票的招股说明书（转板报告书）全文披露于××网（www.xxxx.xxx），供投资者查阅。"

提示性公告还应当包括下列内容：

（一）股票简称；

（二）股票代码；

（三）首次公开发行后总股本/转板公司总股本；

（四）首次公开发行股票数量/转板公司流通股本数量；

（五）发行人、转板公司及其保荐人的联系地址及联系电话；

（六）本所要求的其他内容。

第九条　发行人、转板公司可以将上市公告书或者提示性公告刊载于其他报刊和网站，但其披露时间不得早于在本所网站和符合中国证监会规定条件的媒体的披露时间。

第十条　在上市公告书披露前，任何当事人不得泄露有关信息，或者利用相关信息谋取不正当利益。

第十一条　发行人、转板公司及其全体董事、监事、高级管理人员应当保证上市公告书内容的真实性、准确性、完整性，承诺其中不存在虚假记载、误导性陈述或者重大遗漏，并就其保证依法承担法律责任。

第十二条　红筹企业及其控股股东、实际控制人、董事、监事、高级管理人员等相关各方，按照中国证监会及本所有关规定在上市公告书中作出承诺、声明与提示的，在不改变实质内容的前提下，可以结合境外注册地法律、境外上市地的规则或者实践中普遍认可的标准，对相关承诺、声明与提示的表述作出适当调整。

第二章　上市公告书

第一节　重要声明与提示

第十三条　发行人、转板公司应当在上市公告书显要位置作下列重要声明与提示：

（一）"本公司及全体董事、监事、高级管理人员保证上市公告书的真实性、准确性、完整性，承诺上市公告书不存在虚假记载、误导性陈述或者重大遗漏，并依法承担法律责任。"

（二）"深圳证券交易所、有关政府机关对本公司股票上市及有关事项的意见，均不表明对本公司的任何保证。"

（三）"本公司提醒广大投资者认真阅读刊载于××网站的本公司招股说明书（转板报告书）'风险因素'章节的内容，注意风险，审慎决策，理性投资。"

（四）"本公司提醒广大投资者注意，凡本上市公告书未涉及的有关内容，请投资者查阅本公司招股说明书（转板报告书）全文。"

第十四条　发行人、转板公司应当在上市公告书显要位置，就首次公开发行股票、转板公司流通股上市初期的投资风险作特别提示，提醒投资者充分了解风险、理性参与新股（转板公司流通股）交易。风险提示应当结合涨跌幅限制放宽、流通股数量较少、市盈率高于同行业平均水平（如适用）、股票上市首日即可作为融资融券标的等因素，有针对性地作出描述。

第十五条　发行人、转板公司上市时未盈利或者存在累计未弥补亏损的，发行人、转板公司应当在上市公告书显要位置就公司未来一定期间无法盈利或者无法进行利润分配等风险作特别提示。

第十六条　发行人、转板公司具有表决权差异、协议控制架构或者类似特殊安排的，应当披露相关情况，特别是风险事项和公司治理等信息，提醒投资者结合自身风险认知和承受能力，审慎判断是否参与交易。

第十七条　红筹企业股权结构、公司治理、运行规范等事项适用境外注册地公司法等法律法规的，应当说明其投资者权益保护水平是否在总体上不低于境内法律法规规定的要求，并由保荐人和律师事务所发表结论性意见。

红筹企业应当说明，投资者能否依据境内法律或者发行人注册地法律向发行人及相关主体提起民事诉讼程序，以及相关民事判决、裁定的可执行性；投资者在合法权益受到损害时，是否能够获得与境外投资者相当的赔偿，以及相应保障性措施。

第十八条　红筹企业应当充分披露与境外发行人相关的风险因素，包括但不限于下列内容：

（一）投资者持有的发行人依据境外注册地公司法律发行的股份在股东法律地位、享有权利、分红派息、行使表决权等方面存在较大差异及其可能引发的风险；

（二）发行人依据境外注册地公司法律发行股份，其股票持有人名册登记机构、持股信息变动记载方式、股份登记及托管要求、与境内市场股份登记及托管方式存在差异及其可能引发的风险；

（三）因发行人多地上市、证券交易规则差异、基础股票价格波动等，造成境内发行股票价格波动的风险；

（四）在境外增发证券可能导致投资者权益被摊薄的风险；

（五）发行人公司章程的治理实践与境内上市公司遵循的公司治理规则的主要差异、影响及其可能引发的风险；

（六）已在境外上市的发行人，在持续信息披露监管方面与境内可能存在差异的风险；

（七）境内外法律制度、监管环境差异可能引发的其他风险。

第十九条　发行人、转板公司及相关信息披露义务人因经营活动的实际情况、行业监管要求或者公司注册地有关规定，申请调整适用中国证监会、本所相关规定的，应当披露调整适用情况，由律师事务所发表意见并作重要提示。

第二节　发行人股票上市情况

第二十条　发行人应当披露股票注册及上市审核情况，包括但不限于下列内容：

（一）编制上市公告书的法律依据；

（二）中国证监会予以注册的决定及其主要内容；

（三）本所同意股票上市的决定及其主要内容。

第二十一条　发行人应当披露股票上市的相关信息，包括但不限于下列内容：

（一）上市地点及上市板块；

（二）上市时间；

（三）股票简称；

（四）股票代码；

（五）本次公开发行后的总股本（采用超额配售选择权的，应当分别披露未行使超额配售选择权及全额行使超额配售选择权的发行后总股本）；

（六）本次公开发行的股票数量（采用超额配售选择权的，应当分别披露未行使超额配售选择权及全额行使超额配售选择权拟发行股票的具体数量）；

（七）本次上市的无流通限制及限售安排的股票数量；

（八）本次上市的有流通限制或者限售安排的股票数量；

（九）参与战略配售的投资者在本次公开发行中获得配售的股票数量和限售安排；

（十）发行前股东所持股份的流通限制及期限；

（十一）发行前股东对所持股份自愿限售的承诺；

（十二）本次上市股份的其他限售安排；

（十三）公司股份可上市交易日期，以表格形式（具体格式见附件1）逐项列明本次公开发行前已发行的股份、本次公开发行股份数量、占本次公开发行股票后总股本比例，以及可上市交易日期，其中首次公开发行股票前已发行的股份应当分股东列明所持股份数量、占首次公开发行股票后总股本比例，以及可上市交易日期；

（十四）股票登记机构；

（十五）上市保荐人。

第二十二条　发行人应当披露申请首次公开发行并上市时选择的具体上市标准，公开发行后达到所选定的上市标准及其说明。

第三节　转板公司股票在创业板上市情况

第二十三条　转板公司应当披露股票上市审核情况，包括但不限于下列内容：

（一）编制上市公告书的法律依据；

（二）本所同意股票上市的决定及其主要内容。

第二十四条　转板公司应当披露股票在创业板上市的相关信息，包括但不限于下列内容：

（一）上市地点及上市板块；

（二）上市时间；

（三）股票简称；

（四）股票代码；

（五）每股面值；

（六）上市首日开盘参考价；

（七）标明计算基础和口径的市盈率（如适用）；

（八）同行业最近一个月平均静态市盈率；

（九）同行业可比上市公司估值情况；

（十）每股净资产（以最近一期经审计的归属于转板公司股东的净资产和转板公司总股本计算）；

（十一）每股收益（如有，以最近一个会计年度经审计的归属于转板公司股东的净利润和转板公司总股本计算）；

（十二）转板费用概算（包括保荐费、信息披露费、转板手续费等）；

（十三）标明计算基础和口径的市净率；

（十四）转板公司总股本；

（十五）本次上市的无流通限制及限售安排的股票数量；

（十六）本次上市的有流通限制或者限售安排的股票数量；

（十七）本次上市前股东所持股份的流通限制及期限；

（十八）本次上市前股东对所持股份自愿限售的承诺；

（十九）本次上市股份的其他限售安排；

（二十）公司股份可上市交易日期，以表格形式（具体格式见附件1）逐项列明本次在创业板上市的无限售流通股份数量、本次在创业板上市的有限售流通股份数量、占转板公司总股本比例，以及可上市交易日期和限售期限；

（二十一）股票登记机构；

（二十二）上市保荐人。

第二十五条　转板公司应当披露申请转板时选择的具体上市标准及其说明。

第四节　发行人、转板公司及其股东和实际控制人情况

第二十六条　发行人、转板公司应当披露公司基本情况，包括中英文名称、

本次发行前注册资本（转板公司总股本）、法定代表人、住所、经营范围、主营业务、所属行业、电话、传真、电子邮箱、董事会秘书（境内证券事务机构及其信息披露境内代表）等。

第二十七条　转板公司应当披露在全国中小企业股份转让系统（以下简称全国股转系统）挂牌期间、北交所上市期间的基本情况，主要包括挂牌日期、北交所上市日期、证券简称及代码、调入全国股转系统原精选层时间（如有）、报告期内发行融资情况、董事会审议通过转板相关事宜决议公告日前六十个交易日（不包括股票停牌日）通过竞价交易方式实现的股票累计成交量、交易市值等。

第二十八条　发行人、转板公司应当披露全体董事、监事、高级管理人员的姓名、任职起止日期、直接或者间接持有公司境内外股票和债券情况等（具体格式见附件2）。

第二十九条　发行人、转板公司应当披露控股股东及实际控制人情况，以及本次在本所上市前与控股股东、实际控制人的股权结构控制关系图。

第三十条　发行人、转板公司在本次公开发行或者转板申请前已经制定或者实施股权激励计划的，应当明确披露分次授予权益的对象、数量、未行权数量、授予或者登记时间及相关行权、限售安排等内容。

第三十一条　发行人、转板公司在本次公开发行或者转板申请前实施员工持股计划的，应当披露员工持股计划的人员构成、限售安排等内容。

第三十二条　发行人应当以表格形式披露本次发行前后的股本结构变动情况（具体格式见附件3）。

发行人控股股东、持股5%以上的其他股东以及在首次公开发行股票时向投资者公开发售股份的股东持有的股份，应当分股东列明所持股份变动情况。

第三十三条　发行人、转板公司应当披露本次在本所上市前的股东人数，持股数量前十名股东的名称或者姓名、持股数量、持股比例及限售期限（具体格式见附件4）。

发行人、转板公司具有表决权差异安排的，应当披露本次在本所上市前持有表决权数量前十名股东的名称或者姓名、持股数量、持有表决权数量及比例（具体格式见附件5）。

第三十四条　发行人的高级管理人员与核心员工设立专项资产管理计划参与本次发行战略配售的，发行人应当披露前述专项资产管理计划获配的股票数量、占首次公开发行股票数量的比例以及本次获配股票的持有期限。发行人应当披露专项资产管理计划管理人、实际支配主体、参与人姓名、职务及比例等事宜。

第三十五条　发行人、主承销商向其他参与战略配售的投资者配售股票的，应当披露有关参与战略配售的投资者名称、获配股数及限售安排。

创业板发行人的保荐人相关子公司参与本次发行战略配售的，应当披露保荐人相关子公司名称、与保荐人的关系、获配股数、占首次公开发行股票数量的比例以及限售安排。

第五节　发行人股票发行情况

第三十六条　发行人应当披露本次股票上市前首次公开发行股票的情况，包括但不限于下列内容：

（一）首次公开发行股票数量；

（二）发行价格；

（三）每股面值；

（四）标明计算基础和口径的市盈率（如适用）；

（五）标明计算基础和口径的市净率；

（六）发行方式及认购情况；

（七）募集资金总额及注册会计师对资金到位的验证情况；

（八）发行费用总额及明细构成（以表格形式披露）、每股发行费用；

（九）发行人募集资金净额及发行前公司股东转让股份资金净额；

（十）发行后每股净资产（以最近一期经审计的归属于发行人股东的净资产与本次发行募集资金净额的合计数和本次发行后总股本计算）；

（十一）发行后每股收益（以最近一个会计年度经审计的归属于发行人股东的净利润和本次发行后总股本计算）。

本条所指的首次公开发行股票，既包括公开发行新股，也包括发行人股东公开发售股份。

第三十七条　发行人和主承销商在发行方案中采用超额配售选择权的，应当披露其相关情况，包括全额行使超额配售选择权拟发行股票的具体数量及占首次公开发行股票数量的比例、实施期限、与参与本次配售的投资者达成的延期交付股份安排及具体实施方案等。

第六节　财务会计资料

第三十八条　在定期报告（包括年度报告、半年度报告和季度报告）披露期间刊登上市公告书的发行人、转板公司，可以在上市公告书中披露当期的主要会计数据、财务指标以及下一报告期的业绩预计，或者在上市后按照中国证监会及本所的有关规定披露当期定期报告；如招股说明书或者转板报告书已进行相应披露，则可以免于披露。

在非定期报告披露期间刊登上市公告书的发行人、转板公司，应当披露上一报告期的主要会计数据、财务指标以及当期的业绩预计；如招股说明书或者转板报告书已进行相应披露，则可以免于披露。

发行人、转板公司在上市公告书刊登前，已在境外市场或者北交所披露当期定期报告或者当期定期报告的主要会计数据及财务指标的，应当在上市公告书中披露，或者将当期定期报告与上市公告书一并披露。如招股说明书或者转板报告书已进行相应披露，则可以免于披露。

发行人、转板公司上述定期报告、主要会计数据及财务指标编制采用的会计准则，应当符合中国证监会及本所的有关规定。

第三十九条　发行人、转板公司在上市公告书中披露主要会计数据及财务指标的，应当在提交上市申请文件时提供以下文件并与上市公告书同时披露：经现任法定代表人、主管会计工作的负责人、总会计师（如有）、会计机构负责人（会计主管人员）签字并盖章的报告期与上年度期末的比较式资产负债表、报告期与上年同期的比较式利润表、报告期的现金流量表。

第四十条　发行人、转板公司应当以表格形式披露定期报告的主要会计数据及财务指标（具体格式见附件6），并简要说明报告期的经营情况、财务状况及影响经营业绩的主要因素。对于变动幅度在30%以上的项目，应当说明变动的主要原因。

第七节　其他重要事项

第四十一条　发行人在招股意向书或者招股说明书披露日至上市公告书刊登前，或者转板公司收到本所同意上市决定日至上市公告书刊登前，发生《证券法》《上市公司信息披露管理办法》规定的重大事件，投资者尚未得知的，发行人、转板公司应当在上市公告书中披露事件的起因、目前的状态和可能产生的影响及法律后果。

招股意向书、招股说明书、转板报告书中披露的事项，在上市公告书刊登前发生重大变化的，发行人、转板公司应当在上市公告书中详细披露相关变化情况及其对公司的影响。

第八节　上市保荐人及其意见

第四十二条　发行人、转板公司应当披露保荐人对本次股票上市的推荐意见。

第四十三条　发行人、转板公司应当披露保荐人的有关情况，包括名称、法定代表人、住所、联系电话、传真、保荐代表人和联系人等。

第四十四条　发行人、转板公司应当披露为其提供持续督导工作的保荐代表人的具体情况，包括姓名、职位及主要经历。

第九节　重要承诺事项

第四十五条　发行人、转板公司、主承销商、参与网下配售的投资者及相关利益方存在维护公司股票上市后价格稳定的协议或者约定的，应当在上市公告书中予以披露。

第四十六条　发行人、转板公司控股股东及持有发行人或者转板公司股份的董事和高级管理人员应当在上市公告书中公开承诺，遵守相关法律法规、中国证监会有关规定、《上市规则》及本所其他业务规则就股份的限售与减持作出的规定，并披露具体内容。

第四十七条　发行人、转板公司及其控股股东、公司董事及高级管理人员应当根据中国证监会有关规定及本所相关业务规则在上市公告书中披露稳定公司股价的措施和承诺。

第四十八条　发行人、转板公司及其控股股东、实际控制人应当在上市公告书中公开承诺，发行人、转板公司存在欺诈发行上市的，发行人、转板公司及其控股股东、实际控制人将按规定购回已上市的股份。

第四十九条　发行人、转板公司及其控股股东、实际控制人、董事、监事、高级管理人员以及保荐人、主承销商承诺因招股说明书或者转板报告书及其他信息披露资料有虚假记载、误导性陈述或者重大遗漏，致使投资者在证券发行和交易中遭受损失的，将依法赔偿投资者损失。

第五十条　保荐人及证券服务机构承诺因其为发行人、转板公司本次公开发行或者转板过程中制作、出具的文件有虚假记载、误导性陈述或者重大遗漏，给投资者造成损失的，将依法赔偿投资者损失。

第五十一条　红筹企业及其控股股东、实际控制人、董事、监事、高级管理人员等信息披露义务人应当在上市公告书中公开承诺，因发行人在境内发行股票并在本所上市发生的纠纷适用中国法律，并由中国境内有管辖权的人民法院管辖。

第五十二条　发行人、转板公司及其保荐人应当在上市公告书中公开承诺，除招股说明书或者转板报告书等已披露的申请文件外，公司不存在其他影响发行上市和投资者判断的重大事项。

第五十三条　发行人、转板公司及其控股股东、实际控制人、董事、监事、高级管理人员等责任主体，就本指引规定的事项或者其他事项作出公开承诺的，承诺内容应当具体、明确，并同时披露未能履行承诺时的约束措施，接受社会监督。

保荐人应当对公开承诺内容以及未能履行承诺时的约束措施的合法性、合理性、有效性等发表意见。发行人、转板公司律师事务所应当对上述承诺及约束措施的合法性发表意见。

第三章　附则

第五十四条　本指引中红筹企业、董事、监事、高级管理人员、表决权差异安排、协议控制架构等用语适用《上市规则》等相关规定。

第五十五条　本指引由本所负责解释。

第五十六条　本指引自发布之日起施行。本所于 2020 年 6 月 12 日发布的《深圳证券交易所创业板股票上市公告书内容与格式指引》（深证上〔2020〕486 号）、2021 年 9 月 30 日发布的《深圳证券交易所股票发行与承销业务指引第 1 号——主板上市公告书内容与格式》（深证上〔2021〕978 号）同时废止。

附件：1. 发行人 / 转板公司股票发行 / 上市情况表

2. 发行人 / 转板公司董事、监事、高级管理人员及其持有股票、债券情况

3. 发行人本次发行前后公司股本结构变动情况

4. 发行人 / 转板公司本次在本所上市前公司前十名股东持股情况

5. 发行人 / 转板公司本次在本所上市前公司表决权数量前十名股东情况

6. 主要会计数据及财务指标

附件 1

发行人股票发行情况表

	股东名称	本次发行后（未行使超额配售选择权）		本次发行后（全额行使超额配售选择权）		可上市交易日期
		持股数量	占比	持股数量	占比	
首次公开发行前已发行股份						
	小计					
首次公开发行战略配售股份						
	小计					
首次公开发行网上网下发行股份	网下发行股份					
	网上发行股份					
	小计					
合计						

注：发行人股东在首次公开发行股票时向投资者发售股份的，应当备注说明公开发售股份情况。

转板公司股票上市情况表

	股东名称	本次在创业板上市前		可上市交易日期	限售期限	备注
		持股数量	占比			
一、限售流通股						

续表

小计							
二、无限售流通股							
小计							
三、境外上市股份（如有）							
小计							
合计							

注：转板公司如有表决权差异安排的，应当单独列示特别表决权股份相关情况。

附件2

发行人董事、监事、高级管理人员及其持有股票、债券情况

序号	姓名	职务	任职起止日期	直接持股数量（万股）	间接持股数量（万股）	合计持股数量（万股）	占发行前总股本持股比例（%）	持有债券情况
1								
2								

注：间接持股请写明具体通过××公司持股××万股。

转板公司董事、监事、高级管理人员及其持有股票、债券情况

序号	姓名	职务	任职起止日期	直接持股数量（万股）	间接持股数量（万股）	合计持股数量（万股）	占本次在创业板上市前总股本持股比例（%）	持有债券情况
1								
2								

注：间接持股请写明具体通过××公司持股××万股。

附件 3

发行人本次发行前后公司股本结构变动情况

股东名称	本次发行前		本次发行后（未行使超额配售选择权）		本次发行后（全额行使超额配售选择权）		限售期限	备注
	数量（股）	占比（%）	数量（股）	占比（%）	数量（股）	占比（%）		
一、限售流通股								
小计								
二、无限售流通股								
小计								
三、境外上市股份（如有）								
小计								
合计								

注 1：发行人应当单独列示本次发行战略配售的情况。

注 2：发行人如有表决权差异安排的，应当单独列示特别表决权股份相关情况。

注 3：发行人股东在首次公开发行股票时向投资者发售股份的，应当说明股东公开发售股份情况。

附件 4

发行人 / 转板公司本次在本所上市前公司前十名股东持股情况

序号	股东名称	持股数量	持股比例	限售期限
1				
2				
3				
4				
5				
6				

续表

序号	股东名称	持股数量	持股比例	限售期限
7				
8				
9				
10				
合计				

附件 5

发行人／转板公司本次在本所上市前公司表决权数量前十名股东情况

序号	股东名称	持股数量		表决权数量	表决权比例
		普通股	特别表决权股份		
1					
2					
3					
4					
5					
6					
7					
8					
9					
10					
合计					

附件 6

主要会计数据及财务指标

项目	本报告期末	上年度期末	本报告期末比上年度期末增减（％）
流动资产（万元）			
流动负债（万元）			
总资产（万元）			
资产负债率（母公司）（％）			

项目	本报告期末	上年度期末	本报告期末比上年度期末增减（％）
资产负债率（合并报表）（％）			
归属于发行人／转板公司股东的所有者权益（万元）			
归属于母公司股东的每股净资产（元／股）			
项目	本报告期	上年同期	本报告期比上年同期增减（％）
营业总收入（万元）			
营业利润（万元）			
利润总额（万元）			
归属于发行人／转板公司股东的净利润（万元）			
归属于发行人／转板公司股东的扣除非经常性损益后的净利润（万元）			
基本每股收益（元／股）			
扣除非经常性损益后的基本每股收益（元／股）			
加权平均净资产收益率（％）			
扣除非经常性损益后的加权净资产收益率（％）			
经营活动产生的现金流量净额（万元）			
每股经营活动产生的现金流量净额（元）			

注：净资产收益率和扣除非经常性损益后的净资产收益率两个指标的本报告期比上年同期增减为两期数的差值。

关于发布《深圳证券交易所发行与承销业务指引第2号——存托凭证上市公告书内容与格式》的通知

（深证上〔2023〕113号 2023年2月17日）

各市场参与人：

为了落实全面实行股票发行注册制相关要求，进一步规范红筹企业在境内首次公开发行存托凭证并在本所上市的信息披露行为，保护投资者合法权益，本所制定了《深圳证券交易所发行与承销业务指引第2号——存托凭证上市公告书内容与格式》，现予发布，自发布之日起施行。

本所于2018年6月15日发布的《深圳证券交易所红筹公司存托凭证上市公告书内容与格式指引》（深证上〔2018〕282号）、2020年6月12日发布的《深圳证券交易所创业板存托凭证上市公告书内容与格式指引》（深证上〔2020〕486号）同时废止。

附件：深圳证券交易所发行与承销业务指引第2号——存托凭证上市公告书内容与格式

附件

深圳证券交易所发行与承销业务指引第2号——存托凭证上市公告书内容与格式

第一章 总则

第一条 为了规范红筹企业（以下简称发行人）在境内首次公开发行存托凭证并在深圳证券交易所（以下简称本所）上市的信息披露行为，保护投资者合法权益，根据《中华人民共和国证券法》（以下简称《证券法》）、《深圳证券交易所股票上市规则》《深圳证券交易所创业板股票上市规则》（以下统称《上市规则》）、《深圳证券交易所首次公开发行证券发行与承销业务实施细则》等有关规定，制定本指引。

第二条 发行人在中华人民共和国境内首次公开发行存托凭证并申请在本所上市的，应当按照本指引编制和披露上市公告书。

第三条　发行人及其全体董事、监事、高级管理人员应当保证上市公告书所披露信息的真实、准确、完整，承诺不存在虚假记载、误导性陈述或者重大遗漏，并依法承担法律责任。

第四条　发行人同时有证券在境外交易所上市的，发行人及相关信息披露义务人应当保证境外证券交易所要求披露的信息，同时在本所网站和符合中国证监会规定条件的媒体按照本指引和本所其他相关规定的要求披露。

第五条　本指引的规定是对上市公告书信息披露的最低要求。除本指引指定事项外，凡在招股意向书或者招股说明书披露日至上市公告书刊登前，所发生的对投资者作出价值判断和投资决策有重大影响的信息，发行人均应当披露。

本指引某些具体要求对发行人确实不适用的，或者依照本指引披露可能导致其难以符合注册地有关规定、境外上市地规则要求的，发行人可以根据实际情况，在不影响披露内容完整性的前提下作出适当修改，但应当在上市公告书中说明具体原因及修改情况。

第六条　发行人上市公告书拟披露的信息符合《上市规则》规定的暂缓或者免于披露情形的，可以按照本所相关规定暂缓或者免于披露，但应当在上市公告书的相关章节说明未按本指引要求进行披露的原因。

第七条　在不影响信息披露的完整性和不致引起阅读不便的前提下，发行人可以采用相互引证的方法，对相关部分的内容进行适当的技术处理，以避免不必要的重复，保持文字简洁。

第八条　发行人在编制上市公告书时应当遵循下列一般要求：

（一）引用的数据应当有充分、客观的依据，并注明资料来源；

（二）引用的数字应当采用阿拉伯数字，货币金额除特别说明外，指人民币金额，并以元、千元、万元或者亿元为单位；

（三）发行人可以根据有关规定或者其他需求，编制上市公告书外文译本，但应当保证中、外文文本的一致性，并在外文文本上注明："本上市公告书分别以中、英（或者日、法等）文编制，在对中外文本的理解上发生歧义时，以中文文本为准"；

（四）上市公告书封面应当载明"××××公司境内公开发行存托凭证上市公告书"、"××××公司境内公开发行存托凭证创业板上市公告书"的字样，并载明发行人、存托人、托管人、保荐人、主承销商的名称和住所、公告日期等，可以载有发行人的英文名称、徽章或者其他标记、图案等；

（五）上市公告书应当使用事实描述性语言，保证其内容简明扼要、通俗易懂，不得有祝贺性、广告性、恭维性、推荐性或者诋毁性的词句。

第九条　发行人应当在其境内首次公开发行的存托凭证上市前，将上市公告书全文刊登在本所网站和符合中国证监会规定条件的网站上，将上市公告书的提示性公告刊登在符合中国证监会规定条件的报刊上。提示性公告应当披露下列内容："经深圳证券交易所审核同意，本公司发行的人民币存托凭证将于××××年××月××日在深圳证券交易所主板／创业板上市，上市公告书全文和首次公开发行存托凭证的招股说明书全文披露于网站（www.xxxx.xxx），供投资者查阅。"

提示性公告还应当包括下列内容：

（一）存托凭证简称；

（二）存托凭证代码；

（三）存托凭证面值（如有）、存托凭证所代表的基础股票面值（如有）；

（四）本次上市存托凭证与基础股票的转换比例，每份存托凭证所代表的基础股票的类别及数量；

（五）本次上市的存托凭证数量，所代表的基础股票数量及占总股本的比例（采用超额配售选择权的，应当分别披露未行使超额配售选择权及全额行使超额配售选择权拟发行存托凭证的具体数量）；

（六）发行人和保荐人的联系地址及联系电话；

（七）本所要求的其他内容。

发行人可以将上市公告书或者提示性公告刊载于其他报刊和网站，但其披露时间不得早于在本所网站和符合中国证监会规定条件的媒体的披露时间。

在上市公告书披露前，任何当事人不得泄露有关信息，或者利用相关信息谋取利益。

第十条　发行人及其控股股东、实际控制人、董事、监事、高级管理人员等相关各方，按照中国证监会及本所有关规定在上市公告书中作出承诺、声明与提示的，在不改变实质内容的前提下，可以结合境外注册地法律、境外上市地有关规则或者实践中普遍认可的标准，对相关承诺、声明与提示的表述作出适当调整。

第二章　上市公告书

第一节　重要声明与提示

第十一条　发行人应当在上市公告书显要位置作下列重要声明与提示：

（一）"本公司及全体董事、监事、高级管理人员保证上市公告书所披露信息的真实、准确、完整，承诺上市公告书不存在虚假记载、误导性陈述或者重大遗漏，并依法承担法律责任。"

（二）"深圳证券交易所、有关政府机关对本公司存托凭证上市及有关事项的意见，均不表明对本公司的任何保证。"

（三）"本存托凭证系由存托人签发、以本公司境外证券为基础在中国境内发行、代表境外基础证券权益的证券。"

（四）"存托凭证的发行、上市、交易和相关行为，适用《证券法》《关于开展创新企业境内发行股票或存托凭证的若干意见》《存托凭证发行与交易管理办法（试行）》和中国证监会的其他相关规定，以及深圳证券交易所有关业务规则。本公司作为境外基础证券发行人参与存托凭证发行，依法履行《证券法》下发行人、上市公司的义务，接受中国证监会、深圳证券交易所依照红筹企业监管相关规定，对本公司进行的监管。"

（五）"存托人、托管人遵守中国证监会相关规定及深圳证券交易所、证券登记结算机构有关业务规则，按照存托协议、托管协议的约定，签发存托凭证，忠实、勤勉履行各项职责和义务。"

（六）"本公司提醒广大投资者认真阅读刊载于××网站的本公司招股说明书'风险因素'章节的内容，注意风险，审慎决策，理性投资。"

（七）"本公司提醒广大投资者注意，凡本上市公告书未涉及的有关内容，请投资者查阅本公司招股说明书全文。"

第十二条　发行人应当在上市公告书显要位置，就首次公开发行存托凭证上市初期的投资风险作特别提示，提醒投资者充分了解风险、理性参与存托凭证交易。风险提示应结合涨跌幅限制放宽、流通数量较少、市盈率高于同行业平均水平（如适用）等因素，有针对性地作出描述。

第十三条　发行人上市时未盈利或者存在累计未弥补亏损的，发行人应当在上市公告书显要位置就公司未来一定期间无法盈利或者无法进行利润分配等风险作特别提示。

第十四条　发行人具有表决权差异、协议控制架构或者类似特殊安排的，应当披露相关情况，特别是风险事项和公司治理等信息，提醒投资者结合自身风险认知和承受能力，审慎判断是否参与交易。

第十五条　发行人股权结构、公司治理、运行规范等事项适用境外注册地公司法等法律法规的，应当说明其投资者权益保护水平是否在总体上不低于境内法律法规规定的要求，并由保荐人和律师事务所发表结论性意见。

发行人应当说明，投资者能否依据境内法律或者发行人注册地法律向发行人及相关主体提起民事诉讼程序，以及相关民事判决、裁定的可执行性；投资者在合法权益受到损害时，是否能够获得与境外投资者相当的赔偿，以及相应保障性措施。

第十六条　发行人应当充分披露与存托凭证相关的风险因素，包括但不限于下列内容：

（一）投资者作为存托凭证持有人与基础股票股东在股东（持有人）法律地位、享有权利、分红派息、行使表决权等方面存在较大差异及其可能引发的风险；

（二）因发行人多地上市、证券交易规则差异、基础股票价格波动等，造成境内发行存托凭证价格波动的风险；

（三）在境外增发证券可能导致投资者权益被摊薄的风险；

（四）发行人公司章程的治理实践与境内上市公司遵循的公司治理规则的主要差异、影响及其可能引发的风险；

（五）已在境外上市的发行人，在持续信息披露监管方面与境内可能存在差异的风险；

（六）境内外法律制度、监管环境差异可能引发的其他风险。

第十七条　发行人及相关信息披露义务人因经营活动的实际情况、行业监管要求或者公司注册地有关规定，申请调整适用中国证监会、本所相关规定的，应当披露调整适用情况，由律师事务所发表意见并作重要提示。

第十八条　发行人、主承销商、参与存托凭证发行的投资者及相关利益方存在维护发行人存托凭证上市后价格稳定的协议或者约定的，发行人应当在上市公告书中予以披露。

第二节　存托凭证上市情况

第十九条　发行人应当披露存托凭证注册及上市审核情况，包括但不限于下列内容：

（一）编制上市公告书的法律依据；

（二）中国证监会予以注册的决定及其主要内容；

（三）本所同意存托凭证上市的决定及其主要内容。

第二十条　发行人应当披露存托凭证上市的相关信息，包括但不限于下列内容：

（一）上市地点及上市板块；

（二）上市时间；

（三）存托凭证简称；

（四）存托凭证代码；

（五）存托凭证面值（如有）、存托凭证所代表的基础股票面值（如有）；

（六）本次上市存托凭证与基础股票的转换比例，每份存托凭证所代表的基础股票的类别及数量；

（七）本次上市的存托凭证数量，所代表的基础股票数量及占公司总股本的比例（采用超额配售选择权的，应当分别披露未行使超额配售选择权及全额行使超额配售选择权拟发行存托凭证的具体数量）；

（八）本次上市的无流通限制及限售安排的存托凭证数量；

（九）本次上市的有流通限制及限售安排的存托凭证数量；

（十）参与战略配售的投资者在首次公开发行中获得配售的存托凭证数量；

（十一）境内存托凭证持有人对所存托凭证自愿限售的承诺；

（十二）本次上市存托凭证的其他限售安排；

（十三）存托凭证与基础股票之间的转换安排及限制；

（十四）上市保荐人；

（十五）存托凭证登记机构。

第二十一条　发行人应当披露申请首次公开发行并上市时选择的具体上市标准，公开发行后达到所选定的上市标准及其说明。

第三节　发行人、实际控制人及股东情况

第二十二条　发行人应当披露其基本情况，包括中英文名称、注册资本、法定代表人、住所、经营范围、主营业务、所属行业、电话、传真、电子邮箱、董事会秘书（境内证券事务机构及其信息披露境内代表）。

第二十三条　发行人应当披露控股股东及实际控制人的基本情况，以及本次发行后与控股股东、实际控制人的股权结构控制关系图。

第二十四条　发行人应当披露全体董事、监事、高级管理人员的姓名、任职起止日期以及直接或者间接持有发行人境内外股票、存托凭证和债券的数量及相关限售安排（具体格式见附件1），其中持有权益比例低于1%的董事、监事和高级管理人员的具体持有数量情况，可以按照重要性原则汇总披露。

第二十五条　发行人在本次公开发行申报前已经制定或者实施股权激励计划的，应当明确披露分次授予权益的对象、数量、未行权数量、授予或者登记时间及相关行权、限售安排等内容。

第二十六条　发行人在本次公开发行申报前实施员工持股计划的，应当披露员工持股计划的人员构成、限售安排等内容。

第二十七条　发行人应当以表格形式披露本次存托凭证发行上市情况及本次发行前后股本结构变动情况（具体格式见附件2、附件3），逐项列明本次上市前的境内存托凭证持有人数，本次发行前后各证券品种的数量及占比等。

第二十八条　发行人应当披露本次上市前发行人控股股东、持有5%以上权益的其他股东或者存托凭证持有人，以及持有境内存托凭证5%以上的持有人的名称、持有的证券品种及其持有数量、持有比例。

发行人应当披露本次上市前持有境内存托凭证持有人数，持有境内存托凭证数量前十名的持有人名称或者姓名、持有数量、持有比例及限售期限（具体格式见附件4）。

发行人具有表决权差异安排的，应当披露本次上市前各种类别股份的数量、比例，以及持有表决权数量、比例。

第二十九条　发行人的高级管理人员与核心员工设立专项资产管理计划参与本次发行战略配售的，发行人应当披露前述专项资产管理计划获配的存托凭证数量、占首次公开发行存托凭证数量的比例以及获得本次配售的存托凭证持有期限。发行人应当披露专项资产管理计划管理人、实际支配主体、参与人姓名、职务及

比例等事宜。

第三十条 发行人、主承销商向其他参与战略配售的投资者配售存托凭证的，应当披露有关参与战略配售的投资者名称、获配数量及限售安排。

创业板发行人的保荐人相关子公司参与本次发行战略配售的，应当披露保荐人相关子公司名称、与保荐人的关系、获配数量、占首次公开发行存托凭证数量的比例以及限售安排。

第四节 存托凭证发行情况

第三十一条 发行人应当披露本次存托凭证公开发行情况，包括但不限于下列内容：

（一）发行数量；

（二）发行价格；

（三）本次公开发行的存托凭证所代表的基础股份数量、类别及占公司总股本的比例；

（四）本次公开发行前后公司的总股本、境内外存托凭证数量；

（五）标明计算基础和口径的市盈率（如适用）；

（六）标明计算基础和口径的市净率；

（七）发行方式及认购情况；

（八）募集资金总额及注册会计师对资金到位的验证情况；

（九）发行费用总额及明细构成（以表格形式披露）、每份存托凭证发行费用；

（十）募集资金净额；

（十一）发行后每份存托凭证对应的净资产（以最近一期经审计的归属于发行人股东的净资产与本次发行募集资金净额的合计数、本次发行后总股本、存托凭证与基础股票转换比例计算）；

（十二）发行后每份存托凭证对应的收益（如有，以最近一个会计年度经审计的归属于发行人股东的净利润、本次发行后总股本、存托凭证与基础股票转换比例计算）；

（十三）发行后存托凭证持有人户数。

第三十二条 发行人应当披露存托人、托管人的基本情况，包括名称、住所及有关经办人员的姓名、联系方式等。

第三十三条 发行人和主承销商在发行方案中采用超额配售选择权的，应当披露其相关情况，包括全额行使超额配售选择权拟发行存托凭证的具体数量及占首次公开发行存托凭证数量的比例、实施期限、与参与本次配售的投资者达成的延期交付存托凭证安排及具体实施方案等。

第五节 财务会计资料

第三十四条 在定期报告（包括年度报告、半年度报告和季度报告）披露期间刊登上市公告书的发行人，可以在上市公告书中披露当期的主要会计数据、财务指标以及下一报告期的业绩预计；如招股说明书已进行相应披露，则可以免于披露。未在招股说明书中披露的，可以在上市公告书中披露，或者上市后按照中国证监会及本所相关规定披露当期定期报告。

在非定期报告披露期间刊登上市公告书的发行人，应当披露上一报告期的主要会计数据、财务指标以及当期的业绩预计；如招股说明书已进行相应披露，则可以免于披露。未在招股说明书中披露的，应当在上市公告书中披露，或者将当期定期报告与上市公告书一并披露。

发行人在上市公告书刊登前，已在境外市场披露了当期定期报告或者当期定期报告的主要会计数据及财务指标的，应当在上市公告书中披露。如招股说明书已进行相应披露，则可以免于披露。未在招股说明书披露的，应当在上市公告书中披露，或者将当期定期报告与上市公告书一并披露。

第三十五条　发行人如预计年初至上市后的第一个报告期期末的累计净利润以及扣除非经常性损益后孰低的净利润可能较上年同期发生重大变动的，应当分析并披露可能出现的情况及主要原因。

第三十六条　发行人在上市公告书中披露主要会计数据及财务指标的，应当在提交上市申请文件时提供以下文件并与上市公告书同时披露：经现任法定代表人、主管会计工作的负责人、总会计师（如有）、会计机构负责人（会计主管人员）签字并盖章的报告期与上年度期末的比较式资产负债表、报告期与上年同期的比较式利润表、报告期的现金流量表。

第三十七条　发行人应当以表格形式披露当期定期报告的主要会计数据及财务指标（具体格式见附件5），并简要说明报告期的经营情况、财务状况及影响经营业绩的主要因素。对于变动幅度在30%以上的项目，应当说明变动的主要原因。

发行人上述定期报告、主要会计数据及财务指标编制采用的会计准则，应当符合中国证监会及本所的有关规定。

第六节　其他重要事项

第三十八条　发行人在招股意向书或者招股说明书披露日至上市公告书刊登前，发生《证券法》《上市公司信息披露管理办法》规定的重大事件，投资者尚未得知的，发行人应当在上市公告书中披露事件的起因、目前的状态和可能产生的影响及法律后果。

招股意向书、招股说明书中披露的事项，在上市公告书刊登前发生重大变化的，发行人应当在上市公告书中详细披露相关变化情况及其对公司的影响。

第七节　上市保荐人及其意见

第三十九条　发行人应当披露保荐人对本次存托凭证上市的推荐意见。

第四十条　发行人应当披露保荐人的有关情况，包括名称、法定代表人、住所、联系电话、传真、保荐代表人和联系人等。

第四十一条　发行人应当披露为其提供持续督导工作的保荐代表人的具体情况，包括姓名、职位及主要经历。

第八节　重要承诺事项

第四十二条　发行人控股股东、持有发行人股份的董事和高级管理人员应当在上市公告书中公开承诺，遵守相关法律法规、中国证监会有关规定、《上市规则》及本所其他业务规则就股份的限售与减持作出的规定，并披露具体内容。

第四十三条　发行人及其控股股东、董事、高级管理人员应当根据中国证监会有关规定及本所相关业务规则在上市公告书中披露稳定存托凭证价格的措施和承诺。

第四十四条　发行人及其控股股东、实际控制人应当在上市公告书中公开承诺，发行人存在欺诈发行的，发行人及其控股股东、实际控制人将按规定购回已上市的存托凭证。

第四十五条　发行人及全体董事、监事、高级管理人员、发行人的控股股东、实际控制人以及保荐人、主承销商等信息披露义务人承诺未按照规定披露信息，或者因发行人招股说明书及其他信息披露资料有虚假记载、误导性陈述或者重大遗漏，致使投资者在证券发行和交易中遭受损失的，将依法赔偿投资者损失。

第四十六条　保荐人及证券服务机构承诺因其为发行人本次公开发行制作、出具的文件有虚假记载、误导性陈述或者重大遗漏，给投资者造成损失的，将依法赔偿投资者损失。

第四十七条　发行人及其控股股东、实际控制人、董事、监事、高级管理人员等信息披露义务人应当在上市公告书中公开承诺，因发行人在境内发行存托凭证并在本所上市发生的纠纷适用中国法律，并由中国境内有管辖权的人民法院管辖。

第四十八条　发行人应当在上市公告书中公开承诺，除招股说明书等已披露的申请文件外，公司不存在其他影响发行上市和投资者判断的重大事项。

第四十九条　发行人及其控股股东、实际控制人、董事、监事、高级管理人员等责任主体，就本指引规定的事项或者其他事项作出公开承诺的，承诺内容应当具体、明确，并同时披露未能履行承诺时的约束措施，接受社会监督。

保荐人应当对公开承诺内容以及未能履行承诺时的约束措施的合法性、合理性、有效性等发表意见。发行人律师事务所应当对上述承诺及约束措施的合法性发表意见。

第三章　附　则

第五十条　本指引中红筹企业、董事、监事、高级管理人员、表决权差异安排、协议控制架构等用语适用《上市规则》等相关规定。

第五十一条　本指引由本所负责解释。

第五十二条　本指引自发布之日起施行。本所于 2018 年 6 月 15 日发布的《深圳证券交易所红筹公司存托凭证上市公告书内容与格式指引》（深证上〔2018〕282 号）、2020 年 6 月 12 日发布的《深圳证券交易所创业板存托凭证上市公告书内容与格式指引》（深证上〔2020〕486 号）同时废止。

附件：1. 公司董事、监事、高级管理人员及其持有股票、债券和存托凭证情况

　　　2. 本次存托凭证发行上市情况

　　　3. 本次发行前后公司股本结构变动情况

　　　4. 本次上市前公司前十名境内存托凭证持有人情况

　　　5. 主要会计数据及财务指标

附件 1

公司董事、监事、高级管理人员及其持有股票、债券情况

序号	姓名	职务	任职起止日期	直接持股数量	间接持股数量	合计持股数量	占发行前总股本比例（%）	持有债券情况	限售期限
1									
2									

注：间接持股请写明具体通过 ×× 公司持股 ×× 股

公司董事、监事、高级管理人员及其持有存托凭证情况

序号	姓名	职务	任职起止日期	直接持有数量	间接持有数量	合计持有数量	对应的基础股票数量	占本次发行数量比例（%）	限售期限
1									
2									

注：间接持有请写明具体通过 ×× 公司持有存托凭证 ×× 份

附件 2

本次存托凭证发行上市情况

一、本次境内存托凭证发行情况	
发行总量	

续表

对应的基础股票数量					
上市前存托凭证持有人的人数					
持有人名称	持有数量	占本次发行数量比例（％）	对应的基础股票数量	可上市交易日期	备注
二、限售流通的境内存托凭证					
小计					
三、无限售流通的境内存托凭证					
小计					

注：发行人应单独列示保荐人相关子公司，以及高级管理人员与核心员工设立的专项资产管理计划参与本次发行战略配售的情况。

附件 3

本次发行前后公司股本结构变动情况

证券品种	与基础股票转换比例	发行前所代表的基础股票		发行后所代表的基础股票（未行使超额配售选择权）		发行后所代表的基础股票（全额行使超额配售选择权）	
		数量（股）	占比（％）	数量（股）	占比（％）	数量（股）	占比（％）
1.境内存托凭证							
2.境外上市存托凭证或股票							
3.境外未上市基础股票							
合计							

股份类别	发行前		发行后（未行使超额配售选择权）		本次发行后（全额行使超额配售选择权）	
	数量（股）	占比（％）	数量（股）	占比（％）	数量（股）	占比（％）
1.普通股						
2.特别表决权股份（如有）						

3. 其他类别股份（如有）					
股份合计					

附件 4

本次上市前公司前十名境内存托凭证持有人情况

序号	持有人名称	持有境内 存托凭证数量	对应的基础 股票数量	持有境内 存托凭证比例	限售期限
1					
2					
3					
4					
5					
6					
7					
8					
9					
10					
合计					

附件 5

主要会计数据及财务指标

项目	本报告 期末	上年度 期末	本报告期末比上年 度期末增减（%）
流动资产（万元）			
流动负债（万元）			
总资产（万元）			
资产负债率（母公司）（%）			
资产负债率（合并报表）（%）			
归属于发行人股东的所有者权益（万元）			
每份存托凭证对应净资产（元／股）			

续表

项目	本报告期	上年同期	本报告期比上年同期增减（%）
营业总收入（万元）			
营业利润（万元）			
利润总额（万元）			
归属于发行人股东的净利润（万元）			
归属于发行人股东的扣除非经常性损益后的净利润（万元）			
基本每份存托凭证收益（元／股）			
扣除非经常性损益后的基本每份存托凭证收益（元／股）			
加权平均净资产收益率（%）			
扣除非经常性损益后的加权净资产收益率（%）			
经营活动产生的现金流量净额（万元）			
每份存托凭证经营活动产生的现金流量净额（元）			

注：净资产收益率和扣除非经常性损益后的净资产收益率两个指标的本报告期比上年同期增减为两期数的差值。

关于发布《深圳证券交易所股票上市规则（2023 年修订）》的通知

（深证上〔2023〕92 号　2023 年 2 月 17 日）

各市场参与人：

为了落实全面实行股票发行注册制相关要求，进一步规范上市公司股票上市、信息披露等行为，推动提高上市公司质量，保护投资者的合法权益，促进资本市场健康发展，本所对《深圳证券交易所股票上市规则》进行了修订。经中国证监会批准，现予以发布，自发布之日起施行。

附件：深圳证券交易所股票上市规则（2023 年修订）

附件

深圳证券交易所股票上市规则（2023 年修订）

（1998 年 1 月实施　2000 年 5 月第一次修订　2001 年 6 月第二次修订　2002 年 2 月第三次修订　2004 年 12 月第四次修订　2006 年 5 月第五次修订　2008 年 9 月第六次修订　2012 年 7 月第七次修订　2014 年 10 月第八次修订　2018 年 4 月第九次修订　2018 年 11 月第十次修订　2020 年 12 月第十一次修订　2022 年 1 月第十二次修订　2023 年 2 月第十三次修订）

第一章　总　则

1.1 为了规范股票、存托凭证、可转换为股票的公司债券（以下简称可转换公司债券）及其他衍生品种（以下统称股票及其衍生品种）上市行为，以及发行人、上市公司及其他信息披露义务人的信息披露行为，维护证券市场秩序，保护投资者的合法权益，推动提高上市公司质量，促进资本市场健康发展，根据《中华人民共和国公司法》（以下简称《公司法》）、《中华人民共和国证券法》（以下简称《证券法》）、《证券交易所管理办法》等法律、行政法规、部门规章、规范性文件（以下统称法律法规）及《深圳证券交易所章程》，制定本规则。

1.2 在深圳证券交易所（以下简称本所）主板上市的股票及其衍生品种的上市、信息披露、停牌、复牌、退市等事宜，适用本规则。本规则未作规定的，适用本所其他有关规定。

中国证券监督管理委员会（以下简称中国证监会）和本所对境内外证券交易所互联互通存托凭证在本所的上市、信息披露、停牌、复牌、退市等事宜另有规定的，适用其规定。

1.3 发行人申请股票及其衍生品种在本所上市的，应当经本所审核同意。发行人首次公开发行股票或者存托凭证在本所上市的，应当在上市前与本所签订上市协议，明确双方的权利、义务和其他事项。

1.4 发行人、上市公司及其董事、监事、高级管理人员、股东或者存托凭证持有人、实际控制人，收购人及其他权益变动主体，重大资产重组、再融资、重大交易、破产事项等有关各方，为前述主体提供服务的中介机构及其相关人员，以及法律法规规定的对上市、信息披露、停牌、复牌、退市等事项承担相关义务的其他主体，应当遵守法律法规、本规则及本所其他规定。

1.5 本所依据法律法规、本规则、本所其他规定和上市协议、声明与承诺，对本规则第 1.4 条规定的主体进行自律监管。

第二章　信息披露的基本原则及一般规定

第一节　基本原则

2.1.1 上市公司及相关信息披露义务人应当根据法律法规、本规则及本所其他规定，及时、公平地披露信息，并保证所披露的信息真实、准确、完整，简明清晰、通俗易懂，不得有虚假记载、误导性陈述或者重大遗漏。

本规则所称相关信息披露义务人，是指本规则第 1.4 条规定的除上市公司外的承担信息披露义务的主体。

2.1.2 上市公司董事、监事、高级管理人员应当保证公司及时、公平地披露信息，以及信息披露内容的真实、准确、完整，不存在虚假记载、误导性陈述或者重大遗漏。

公司董事、监事、高级管理人员不能保证公司所披露的信息真实、准确、完整或者对公司所披露的信息存在异议的，应当在公告中作出声明并说明理由，公司应当予以披露。

2.1.3 相关信息披露义务人应当按照有关规定履行信息披露义务，并积极配合上市公司做好信息披露工作，及时告知公司已发生或者拟发生的可能对公司股票及其衍生品种交易价格产生较大影响的事项（以下简称重大事项或者重大信息）。

公司应当协助相关信息披露义务人履行信息披露义务。

2.1.4 上市公司及相关信息披露义务人披露信息，应当以客观事实或者具有事实基础的判断和意见为依据，如实反映客观情况，不得有虚假记载。

2.1.5 上市公司及相关信息披露义务人披露信息，应当客观，使用明确、贴切的语言和文字，不得有误导性陈述。

公司披露预测性信息及其他涉及公司未来经营和财务状况等信息，应当合理、谨慎、客观。

2.1.6 上市公司及相关信息披露义务人披露信息，应当内容完整，充分披露可能对上市公司股票及其衍生品种交易价格有较大影响的信息，揭示可能产生的重大风险，不得选择性披露部分信息，不得有重大遗漏。

信息披露文件材料应当齐备，格式符合规定要求。

2.1.7 上市公司及相关信息披露义务人应当在本规则规定的期限内披露重大信息，不得有意选择披露时点。

2.1.8 上市公司及相关信息披露义务人应当同时向所有投资者公开披露重大信息，确保所有投资者可以平等地获取同一信息，不得提前向任何单位和个人泄露。

2.1.9 上市公司及相关信息披露义务人披露信息，应当使用事实描述性的语言，简洁明了、逻辑清晰、语言浅白、易于理解。

第二节 一般规定

2.2.1 上市公司及相关信息披露义务人应当披露的信息包括定期报告、临时报告等。公司及相关信息披露义务人应当按照法律法规、本规则及本所其他规定编制公告并披露，并按规定报送相关备查文件。公司及相关信息披露义务人不得以定期报告形式代替应当履行的临时公告义务。

前款所述公告和材料应当采用中文文本。同时采用外文文本的，公司及相关信息披露义务人应当保证两种文本的内容一致。两种文本发生歧义时，以中文文本为准。

公司及相关信息披露义务人应当保证所披露的信息与提交的公告内容一致。公司披露的公告内容与提供给本所的材料内容不一致的，应当立即向本所报告并及时更正。

2.2.2 上市公司公告应当由董事会发布并加盖公司或者董事会公章，监事会决议公告可以加盖监事会公章，法律法规或者本所另有规定的除外。

2.2.3 上市公司及相关信息披露义务人的公告应当在本所网站和符合中国证监会规定条件的媒体（以下统称符合条件媒体）上披露。

公司及相关信息披露义务人不得以公告的形式滥用符合条件媒体披露含有宣传、广告、诋毁、恭维等性质的内容。

2.2.4 上市公司及相关信息披露义务人应当在涉及的重大事项触及下列任一时点及时履行信息披露义务：

（一）董事会或者监事会作出决议时；

（二）签署意向书或者协议（无论是否附加条件或者期限）时；

（三）公司（含任一董事、监事或者高级管理人员）知悉重大事项发生时；

（四）发生重大事项的其他情形。

在前款规定的时点之前出现下列情形之一的，公司应当及时披露相关事项的现状、可能影响事件进展的风险因素：

（一）该重大事项难以保密；

（二）该重大事项已经泄露或者出现媒体报道、市场传闻（以下统称传闻）；

（三）公司股票及其衍生品种交易异常波动。

2.2.5 上市公司及相关信息披露义务人筹划重大事项，持续时间较长的，可以按规定分阶段披露进展情况，提示相关风险。

已披露的事项发生变化，可能对公司股票及其衍生品种交易价格产生较大影响的，公司及相关信息披露义务人应当及时披露进展公告。

2.2.6 上市公司及相关信息披露义务人拟披露的信息被依法认定为国家秘密等，及时披露或者履行相关义务可能危害国家安全、损害公司利益或者导致违反法律法规的，可以免于按照本所有关规定披露或者履行相关义务。

公司及相关信息披露义务人拟披露的信息属于商业秘密等，及时披露或者履行相关义务可能引致不正当竞争、损害公司利益或者导致违反法律法规的，可以暂缓或者免于按照本所有关规定披露或者履行相关义务。

公司及相关信息披露义务人暂缓披露临时性商业秘密的期限原则上不超过两个月。

2.2.7 上市公司及相关信息披露义务人依据本规则第 2.2.6 条规定暂缓披露、免于披露其信息的，应当符合下列条件：

（一）相关信息未泄露；

（二）有关内幕信息知情人已书面承诺保密；

（三）公司股票及其衍生品种交易未发生异常波动。

不符合本规则第 2.2.6 条和前款要求，或者暂缓披露的期限届满的，公司及相关信息披露义务人应当及时履行信息披露及相关义务。

暂缓、免于披露的原因已经消除的，公司及相关信息披露义务人应当及时披露，并说明已履行的审议程序、已采取的保密措施等情况。

2.2.8 上市公司及相关信息披露义务人通过股东大会、业绩说明会、分析师会议、路演、接受投资者调研等形式，与任何单位和个人进行沟通时，不得透露、泄露尚未披露的重大信息。

公司及相关信息披露义务人确有需要的，可以在非交易时段通过新闻发布会、媒体专访、公司网站、网络自媒体等方式对外发布重大信息，但公司应当于下一交易时段开始前披露相关公告。

公司及相关信息披露义务人向公司股东、实际控制人或者其他第三方报送文件或者传递信息涉及未公开重大信息的，应当及时履行信息披露义务。

2.2.9 上市公司控股子公司发生本规则第六章、第七章规定的重大事项，视同上市公司发生的重大事项，适用本规则前述各章的规定。

上市公司参股公司发生本规则第六章、第七章规定的重大事项，可能对公司股票及其衍生品种交易价格产生较大影响的，应当参照本规则前述各章的规定履行信息披露义务。

法律法规或者本所另有规定的，适用其规定。

2.2.10 上市公司发生的或者与之有关的事项没有达到本规则规定的披露标准，或者本规则没有具体规定，但该事项对公司股票及其衍生品种交易价格可能产生较大影响的，公司应当参照本规则及时披露。

2.2.11 除依规需要披露的信息之外，上市公司及相关信息披露义务人可以自愿披露与投资者作出价值判断和投资决策有关的信息，但不得与依规披露的信息相冲突，不得误导投资者。

公司及相关信息披露义务人自愿披露信息，应当真实、准确、完整，遵守公平原则，保持信息披露的持续性和一致性，不得进行选择性披露。

公司及相关信息披露义务人自愿披露信息，应当审慎、客观，不得利用该等信息不当影响公司股票及其衍生品种交易价格、从事内幕交易或者其他违法违规行为。

第三节　信息披露管理制度

2.3.1 上市公司应当制定并严格执行信息披露事务管理制度。信息披露事务管理制度应当经公司董事会审议通过并披露。

2.3.2 上市公司应当配备信息披露所必需的通讯设备，建立与本所的有效沟通渠道，并保证对外咨询电话的畅通。

2.3.3 上市公司应当制定董事、监事、高级管理人员及其他相关主体对外发布信息的行为规范，明确发布程序、方式和未经公司董事会许可不得对外发布的情形等事项。

公司控股股东、实际控制人应当比照前款要求，规范与上市公司有关的信息发布行为。

2.3.4 上市公司应当建立和执行内幕信息知情人登记管理制度。内幕信息知情人登记管理制度应当经公司董事会审议通过并披露。

公司及相关信息披露义务人和其他知情人在信息披露前，应当将该信息的知情者控制在最小范围内。

内幕信息知情人在内幕信息依法披露前，不得公开或者泄露内幕信息、买卖或者建议他人买卖公司股票及其衍生品种。

2.3.5 上市公司及相关信息披露义务人应当关注关于本公司的传闻以及本公司股票及其衍生品种的交易情况，及时向相关方了解真实情况。

传闻可能对公司股票及其衍生品种的交易情况产生较大影响的，公司及相关信息披露义务人应当向相关方核实情况，及时披露公告予以澄清说明。

2.3.6 上市公司信息披露采用直通披露和非直通披露两种方式。

信息披露原则上采用直通披露方式，本所可以根据公司信息披露质量、规范运作情况等，调整直通披露公司范围。

直通披露的公告范围由本所确定，本所可以根据业务需要进行调整。

2.3.7 本所根据法律法规、本规则及本所其他规定，对上市公司及相关信息披露义务人披露的信息进行形式审查，对其实质内容不承担责任。

第三章　股票及其衍生品种的上市与变动管理

第一节　首次公开发行股票上市

3.1.1 境内企业申请首次公开发行股票并在本所上市，应当符合下列条件：

（一）符合《证券法》、中国证监会规定的发行条件。

（二）发行后股本总额不低于 5000 万元。

（三）公开发行的股份达到公司股份总数的 25% 以上；公司股本总额超过 4 亿元的，公开发行股份的比例为 10% 以上。

（四）市值及财务指标符合本规则规定的标准。

（五）本所要求的其他条件。

本所可以根据市场情况，经中国证监会批准，对上市条件和具体标准进行调整。

3.1.2 境内企业申请在本所上市，市值及财务指标应当至少符合下列标准中的一项：

（一）最近三年净利润均为正，且最近三年净利润累计不低于 1.5 亿元，最近一年净利润不低于 6000 万元，最近三年经营活动产生的现金流量净额累计不低于 1 亿元或者营业收入累计不低于 10 亿元；

（二）预计市值不低于 50 亿元，且最近一年净利润为正，最近一年营业收入不低于 6 亿元，最近三年经营活动产生的现金流量净额累计不低于 1.5 亿元；

（三）预计市值不低于 80 亿元，且最近一年净利润为正，最近一年营业收入不低于 8 亿元。

本节所称净利润以扣除非经常性损益前后的孰低者为准，净利润、营业收入、经营活动产生的现金流量净额均指经审计的数值。本节所称预计市值，是指股票公开发行后按照总股本乘以发行价格计算出来的发行人股票名义总价值。

3.1.3 符合《国务院办公厅转发证监会关于开展创新企业境内发行股票或存托凭证试点若干意见的通知》（国办发〔2018〕21 号）等有关规定的红筹企业，可以申请发行股票或者存托凭证并在本所上市。

红筹企业申请首次公开发行股票或者存托凭证并在本所上市，应当符合下列条件：

（一）符合《证券法》、中国证监会规定的发行条件。

（二）发行股票的，发行后股份总数不低于 5000 万股；发行存托凭证的，发行后存托凭证总份数不低于 5000 万份。

（三）发行股票的，公开发行（含已公开发行）的股份达到公司股份总数的 25% 以上；公司股份总数超过 4 亿股的，公开发行（含已公开发行）股份的比例为 10% 以上。发行存托凭证的，公开发行（含已公开发行）的存托凭证对应基础股份达到公司股份总数的 25% 以上；发行后存托凭证总份数超过 4 亿份的，公开发行（含已公开发行）的存托凭证对应基础股份达到公司股份总数的 10% 以上。

（四）市值及财务指标符合本规则规定的标准。

（五）本所要求的其他条件。

本所可以根据市场情况，经中国证监会批准，对上市条件和具体标准进行调整。

3.1.4 已在境外上市的红筹企业，申请发行股票或者存托凭证并在本所上市的，应当至少符合下列标准中的一项：

（一）市值不低于 2000 亿元；

（二）市值 200 亿元以上，且拥有自主研发、国际领先技术，科技创新能力较强，在同行业竞争中处于相对优势地位。

3.1.5 未在境外上市的红筹企业，申请发行股票或者存托凭证并在本所上市的，应当至少符合下列标准中的一项：

（一）预计市值不低于 200 亿元，且最近一年营业收入不低于 30 亿元；

（二）营业收入快速增长，拥有自主研发、国际领先技术，在同行业竞争中处于相对优势地位，且预计市值不低于 100 亿元；

（三）营业收入快速增长，拥有自主研发、国际领先技术，在同行业竞争中处于相对优势地位，且预计市值不低于 50 亿元，最近一年营业收入不低于 5 亿元。

前款规定的营业收入快速增长，应当符合下列标准之一：

（一）最近一年营业收入不低于 5 亿元的，最近三年营业收入复合增长率 10% 以上；

（二）最近一年营业收入低于 5 亿元的，最近三年营业收入复合增长率 20% 以上；

（三）受行业周期性波动等因素影响，行业整体处于下行周期的，发行人最近三年营业收入复合增长率高于同行业可比公司同期平均增长水平。

处于研发阶段的红筹企业和对国家创新驱动发展战略有重要意义的红筹企业，不适用"营业收入快速增长"的上述要求。

3.1.6 发行人具有表决权差异安排的，市值及财务指标应当至少符合下列标准中的一项：

（一）预计市值不低于 200 亿元，且最近一年净利润为正；

（二）预计市值不低于 100 亿元，且最近一年净利润为正，最近一年营业收入不低于 10 亿元。

拥有特别表决权的股份（以下简称特别表决权股份）的持有人资格、公司章程关于表决权差异安排的具体规定，应当符合本规则第四章第六节的规定。

3.1.7 发行人首次公开发行股票经中国证监会予以注册并完成公开发行后，向本所提出上市申请的，应当提交下列文件：

（一）上市申请书；

（二）中国证监会予以注册的决定；

（三）首次公开发行结束后，发行人全部股票已经中国证券登记结算有限责任公司深圳分公司（以下简称结算公司）登记的证明文件；

（四）首次公开发行结束后，会计师事务所出具的验资报告；

（五）发行人、控股股东、实际控制人、董事、监事和高级管理人员等根据本规则及本所其他有关规定要求出具的证明、声明及承诺；

（六）首次公开发行后至上市前，按规定新增的财务资料和有关重大事项的说明文件（如适用）；

（七）本所要求的其他文件。

3.1.8 发行人及其董事、监事、高级管理人员应当保证向本所提交的上市申请文件内容真实、准确、完整，不存在虚假记载、误导性陈述或者重大遗漏。

3.1.9 发行人首次公开发行股票前已发行的股份（以下简称首发前股份），自发行人股票上市之日起一年内不得转让。

3.1.10 发行人向本所申请其首次公开发行的股票上市时，其控股股东和实际控制人应当承诺：自发行人股票上市之日起三十六个月内，不转让或者委托他人管理其直接或者间接持有的发行人首发前股份，也不由发行人回购其直接或者间接持有的发行人首发前股份。发行人应当在上市公告书中公告上述承诺。

自发行人股票上市之日起一年后，出现下列情形之一的，经上述承诺主体申请并经本所同意，可以豁免遵守上述承诺：

（一）转让双方存在实际控制关系，或者均受同一控制人所控制，且受让人承诺继续遵守上述承诺；

（二）因上市公司陷入危机或者面临严重财务困难，受让人提出的挽救公司的方案获得该公司股东大会审议通过和有关部门批准，且受让人承诺继续遵守上述承诺；

（三）本所认定的其他情形。

发行人没有或者难以认定控股股东、实际控制人的，按照有关规定承诺所持首发前股份自发行人股票上市之日起三十六个月内不得转让的股东，适用前款第（一）项规定。

3.1.11 本所在收到发行人提交的本规则第 3.1.7 条所列全部上市申请文件后五

个交易日内，作出是否同意其股票上市的决定。出现特殊情况时，本所可以暂缓作出决定。

3.1.12 首次公开发行的股票上市申请获得本所同意后，发行人应当于其股票上市前五个交易日内，在符合条件媒体披露下列文件：

（一）上市公告书；

（二）公司章程；

（三）本所要求的其他文件。

上述文件应当置备于公司住所，供公众查阅。

发行人在提出上市申请期间，未经本所同意，不得擅自披露与上市有关的信息。

3.1.13 发行人应当在披露招股意向书或者招股说明书后，持续关注有关公司的传闻，及时向有关方面了解真实情况。传闻可能对公司股票及其衍生品种交易价格或者投资决策产生较大影响的，应当在上市首日披露风险提示公告，对相关问题进行说明澄清并提示公司存在的主要风险。

第二节 上市公司股票及其衍生品种的发行与上市

3.2.1 上市公司向本所申请办理向不特定对象发行股票、可转换公司债券等证券发行事宜时，应当提交下列文件：

（一）中国证监会予以注册的决定；

（二）发行的预计时间安排；

（三）发行具体实施方案和发行公告；

（四）招股说明书或者其他发行募集文件；

（五）本所要求的其他文件。

3.2.2 上市公司应当按照中国证监会有关规定，编制并及时披露涉及新股、可转换公司债券等证券发行的相关公告。

3.2.3 发行完成后，上市公司可以向本所申请所发行股票、可转换公司债券等证券上市。

3.2.4 上市公司股东认购公司发行的新股，应当遵守法律法规、本规则及本所其他规定中关于股份转让的限制性规定，在规定的期限内不得转让，但同一实际控制人控制的不同主体之间转让公司股份并承继不得转让限制的除外。

股东认购公司发行的新股，就限制股份转让作出承诺的，在承诺的期限内不得转让，但依法依规履行承诺变更程序的除外。

3.2.5 上市公司申请新股、可转换公司债券在本所上市时，仍应当符合股票、可转换公司债券的相关发行条件。

3.2.6 上市公司向本所申请新股上市，应当提交下列文件：

（一）上市申请书；

（二）按照有关规定编制的上市公告书；

（三）发行结束后，会计师事务所出具的验资报告；

（四）结算公司对新增股份已登记托管的书面确认文件；

（五）董事、监事和高级管理人员持股情况变动的报告（如适用）；

（六）本所要求的其他文件。

3.2.7 上市公司向本所申请可转换公司债券上市，应当提交下列文件：

（一）上市申请书；

（二）按照有关规定编制的上市公告书；

（三）发行结束后，会计师事务所出具的验资报告；

（四）结算公司对可转换公司债券已登记托管的书面确认文件；

（五）受托管理协议；

（六）本所要求的其他文件。

3.2.8 上市公司在本所同意其新股、可转换公司债券等证券上市的申请后，应当于其证券上市前五个交易日内，在符合条件媒体披露下列文件：

（一）上市公告书；

（二）股份变动报告书（适用于新股上市）；

（三）本所要求的其他文件和事项。

第三节　股票及其衍生品种解除限售

3.3.1 投资者持有的下列有限售条件的股票及其衍生品种解除限售，适用本节规定：

（一）首发前股份；

（二）上市公司向特定对象发行的股票及其衍生品种；

（三）其他根据法律法规、本规则及本所其他规定存在限售条件的股票及其衍生品种。

3.3.2 投资者出售已解除限售的股票及其衍生品种应当严格遵守所作出的各项承诺，其股份出售不得影响未履行完毕承诺的继续履行。

3.3.3 上市公司及其投资者应当关注限售股票及其衍生品种的限售期限及相关承诺截至申请解除限售前的履行情况。

保荐人或者独立财务顾问应当对本次解除限售事项的合规性进行核查，并对本次解除限售数量、解除限售时间是否符合有关法律法规、本所有关规定和有关承诺，相关信息披露是否真实、准确、完整发表结论性意见。

3.3.4 投资者申请限售股票及其衍生品种解除限售的，应当委托上市公司办理相关手续，并满足下列条件：

（一）限售期已满；

（二）解除限售不影响该投资者履行作出的有关承诺；

（三）申请解除限售的投资者不存在对公司资金占用，公司对该主体不存在违规担保等损害公司利益的行为；

（四）不存在法律法规、本规则及本所其他规定中规定的限制转让情形。

3.3.5 上市公司应当在本所受理股票及其衍生品种解除限售申请后，及时办理完毕有关登记手续，并在限售股票及其衍生品种解除限售前三个交易日内披露提示性公告。公告内容包括解除限售时间、解除限售数量及占总股本的比例、有关投资者所作出的限售承诺及其履行情况、本次解除限售后公司的股本结构等。

3.3.6 本所对股票及其衍生品种的解除限售事宜另有规定的，适用其规定。

第四节　股票及其衍生品种变动管理

3.4.1 上市公司投资者、董事、监事、高级管理人员等所持股票及其衍生品种变动事宜，应当遵守法律法规、本规则、本所其他规定、公司章程等规定。

投资者及董事、监事、高级管理人员等对持有比例、持有期限、变动方式、变动价格等作出承诺的，应当严格履行所作出的承诺。

3.4.2 在一个上市公司中拥有权益的股份达到该公司已发行的有表决权股份的5%以上，或者其后拥有权益的股份变动涉及《证券法》《上市公司收购管理办法》规定的收购或者股份权益变动情形的，该股东、实际控制人及其他信息披露义务人应当按照《证券法》《上市公司收购管理办法》等规定通知上市公司，并履行公告义务。

前述投资者违反《证券法》第六十三条第一款、第二款的规定买入上市公司有表决权的股份的，在买入后的三十六个月内，该超过规定比例部分的股份不得行使表决权，且不得计入出席上市公司股东大会有表决权的股份总数。

公司应当配合投资者履行信息披露义务。公司股东、实际控制人及其他信息披露义务人未履行报告和公告义务的，公司董事会应当自知悉之日起及时报告和公告，并督促相关股东、实际控制人及其他信息披露义务人履行公告义务。

3.4.3 因上市公司股本变动，导致投资者在该上市公司中拥有权益的股份变动涉及《证券法》《上市公司收购管理办法》规定的收购或者股份权益变动情形的，公司应当自完成股本变动的变更登记之日起两个交易日内就因此导致的投资者的权益变动情况作出公告。

3.4.4 持有上市公司 5%以上股份的契约型基金、信托计划或者资产管理计划，应当在权益变动文件中披露支配股份表决权的主体，以及该主体与上市公司控股股东、实际控制人、董事、监事、高级管理人员是否存在关联关系。

契约型基金、信托计划或者资产管理计划成为上市公司控股股东、第一大股东或者实际控制人的，除应当履行前款规定义务外，还应当在权益变动文件中穿透披露至最终投资者。

3.4.5 投资者持有一个上市公司已发行的可转换公司债券达到发行总量的20%时，应当在事实发生之日起两个交易日内通知该上市公司并予以公告。

持有上市公司已发行的可转换公司债券 20% 以上的投资者，其所持上市公司已发行的可转换公司债券比例每增加或者减少 10% 时，应当在事实发生之日起两个交易日内通知该上市公司并予以公告。

3.4.6 上市公司应当在可转换公司债券转换为股票的数额累计达到可转换公司债券开始转股前公司已发行股份总额的 10% 时及时披露。

公司应当在每一季度结束后及时披露因可转换公司债券转换为股份所引起的股份变动情况。

3.4.7 上市公司涉及被要约收购，或者被公司董事、监事、高级管理人员、员工或者其所控制或者委托的法人、其他组织收购的，应当按照《证券法》《上市公司收购管理办法》等规定披露公告并履行相关义务。

3.4.8 上市公司股东、实际控制人及其他信息披露义务人未履行收购、权益变动相关的报告和公告义务，拒不履行相关配合义务，或者存在不得收购上市公司的情形的，公司董事会应当拒绝接受该股东、实际控制人或受其支配的股东向董事会提交的提案或者临时议案，并及时报告本所。

3.4.9 上市公司董事、监事和高级管理人员所持本公司股份为下列情形之一的，不得转让：

（一）本公司股票上市交易之日起一年内；

（二）离职后半年内；

（三）承诺一定期限内不转让并在该期限内；

（四）法律法规、本所规定的其他情形。

公司董事、监事和高级管理人员应当在公司股票上市前、任命生效时及新增持有公司股份时，按照本所的有关规定申报并申请锁定其所持的本公司股份。

3.4.10 上市公司董事、监事和高级管理人员在买卖本公司股票的两个交易日内，本所在网站上公开本次变动前持股数量，本次股份变动的日期、数量、价格，以及本次变动后的持股数量等。

3.4.11 上市公司董事、监事、高级管理人员和持有公司 5% 以上股份的股东违反《证券法》有关规定，将其所持本公司股票或者其他具有股权性质的证券在买入后六个月内卖出，或者在卖出后六个月内又买入的，公司董事会应当收回其所得收益，并及时披露相关人员前述买卖的情况、收益的金额、公司采取的处理措施和公司收回收益的具体情况等。

前款所称董事、监事、高级管理人员和自然人股东持有的股票或者其他具有股权性质的证券，包括其配偶、父母、子女持有的及利用他人账户持有的股票或者其他具有股权性质的证券。

3.4.12 上市公司控股股东、持有 5% 以上股份的股东及其一致行动人、董事、监事、高级管理人员披露增持股份计划的，应当明确披露增持数量或者金额，设置数量区间或者金额区间的，应当审慎合理确定上限和下限。

3.4.13 上市公司持有 5% 以上股份的股东及其一致行动人、实际控制人、董事、监事、高级管理人员，以及本所有关规定规范的其他持股主体，转让其持有的本公司股份的，应当遵守法律法规、本规则及本所其他规定关于持有期限、转让时间、转让数量、转让方式、信息披露、转让限制等规定。

公司存在本规则第九章规定的重大违法强制退市情形的，其控股股东、实际控制人、董事、监事、高级管理人员，以及上述主体的一致行动人，应当遵守本规则第 9.5.14 条关于不得减持公司股份的规定。

3.4.14 发行人的高级管理人员设立的专项资产管理计划，通过集中竞价方式减持参与战略配售获配股份的，应当参照《深圳证券交易所上市公司股东及董事、监事、高级管理人员减持股份实施细则》关于高级管理人员减持股份的规定履行信息披露义务。

3.4.15 上市公司控股子公司不得取得该上市公司发行的股份。确因特殊原因持有股份的，应当在一年内消除该情形，在消除前，上市公司控股子公司不得对其持有的股份行使表决权。

第四章　公司治理

第一节　一般规定

4.1.1 上市公司应当健全治理机制、建立有效的治理结构，形成科学有效的职责分工和制衡机制，强化内部和外部监督，保证内部控制制度的完整性、合理性及有效性。

公司应当确保股东大会、董事会、监事会等机构合法运作和科学决策，明确股东、董事、监事和高级管理人员的权利和义务，保障股东充分行使其合法权利，尊重利益相关者的基本权益，保证公司经营管理合法合规、资金资产安全、信息披露真实、准确、完整，切实防范财务造假、资金占用、违规担保等违法违规行为，维护公司及股东的合法权益。

4.1.2 上市公司董事会、监事会和其他内部机构应当独立运作，独立行使决策权、经营管理权，不得与控股股东、实际控制人及其关联人存在机构混同等影响公司独立经营的情形，保证人员、资产、财务分开，保证机构、业务独立。

4.1.3 上市公司与董事、监事、高级管理人员、控股股东、实际控制人及其他关联人发生资金往来、担保等事项应当遵守法律法规、本规则、本所其他规定和公司章程的规定，不得损害上市公司利益。

因上市公司关联人占用或者转移公司资金、资产或者其他资源而给公司造成损失或者可能造成损失的，公司董事会应当及时采取诉讼、财产保全等措施避免或者减少损失，并追究有关人员的责任。

关联人强令、指使或者要求公司违规提供资金或者担保的，公司及其董事、监事、高级管理人员应当拒绝，不得协助、配合或者默许。

4.1.4 上市公司应当积极践行可持续发展理念，主动承担社会责任，维护社会公共利益，重视环境保护。

公司应当按规定编制和披露社会责任报告等文件。出现违背社会责任等重大事项时，公司应当充分评估潜在影响并及时披露，说明原因和解决方案。

4.1.5 上市公司应当重视和加强投资者关系管理工作，为投资者关系管理工作设置必要的信息交流渠道，建立与投资者之间良好的沟通机制和平台，增进投资者对公司的了解。

公司投资者关系管理工作应当遵循公开、公平、公正原则，真实、准确、完整地介绍和反映公司的实际状况，避免在投资者关系活动中出现透露、泄露未公开重大信息、过度宣传误导投资者决策、对公司股票及其衍生品种价格公开作出预期或者承诺等违反信息披露规则或者涉嫌操纵股票及其衍生品种价格的行为。

公司董事会应当负责制定投资者关系管理工作制度，并指定董事会秘书负责组织和协调投资者关系管理工作。监事会应当对投资者关系管理工作制度实施情况进行监督。

第二节　股东大会、董事会和监事会

4.2.1 上市公司股东大会的召集、召开、表决等应当符合法律法规、本所有关规定和公司章程的要求，应当平等对待全体股东，不得以利益输送、利益交换等方式影响股东的表决，操纵表决结果，损害其他股东的合法权益。

4.2.2 股东自行召集股东大会的，应当在发出股东大会通知前书面通知上市公司董事会并将有关文件报送本所。对于股东依法自行召集的股东大会，公司及其董事会秘书应当予以配合，提供必要的支持，并及时履行信息披露义务。

在股东大会决议公告前，召集股东持股比例不得低于公司总股本的10%。召集股东应当在不晚于发出股东大会通知时，承诺自提议召开股东大会之日至股东大会召开日期间不减持其所持该上市公司股份并披露。

4.2.3 上市公司召开股东大会，应当按照法律法规规定的股东大会通知期限，以公告方式向股东发出股东大会通知。

股东大会通知中应当列明会议召开的时间、地点、方式以及会议召集人和股权登记日等事项，并充分、完整地披露所有提案的具体内容。股东大会的提案内容应当符合法律法规、本规则、本所其他规定和公司章程，属于股东大会职权范围，并有明确议题和具体决议事项。

有助于股东对拟讨论的事项作出合理决策所需的资料，应当在不晚于发出股东大会通知时披露。

4.2.4 上市公司股东大会应当设置会场，以现场会议与网络投票相结合的方式

召开。现场会议时间、地点的选择应当便于股东参加。股东大会通知发出后，无正当理由，股东大会现场会议召开地点不得变更。确需变更的，召集人应当于现场会议召开日两个交易日前发布通知并说明具体原因。

4.2.5 上市公司董事会、独立董事、持有 1% 以上有表决权股份的股东或者依照法律法规设立的投资者保护机构公开请求股东委托其代为行使提案权、表决权等的，征集人应当依规披露征集公告和相关征集文件，不得以有偿或者变相有偿方式公开征集股东权利，上市公司应当予以配合。

4.2.6 发出股东大会通知后，无正当理由，上市公司股东大会不得延期或者取消，股东大会通知中列明的提案不得取消。一旦出现股东大会延期或者取消、提案取消的情形，召集人应当在原定会议召开日两个交易日前发布公告，说明延期或者取消的具体原因；延期召开股东大会的，还应当披露延期后的召开日期。

4.2.7 股东大会召开前股东依法依规提出临时提案的，召集人应当在规定时间内发出股东大会补充通知，披露提出临时提案的股东姓名或者名称、持股比例和新增提案的内容。

4.2.8 召集人应当在股东大会结束当日，披露股东大会决议公告。股东大会决议公告应当包括会议召开的时间、地点、方式，召集人、出席会议的股东（代理人）人数、所持（代理）股份及占上市公司有表决权股份总数的比例、每项提案的表决方式、每项提案的表决结果、法律意见书的结论性意见等。

股东大会审议影响中小投资者利益的重大事项时，应当对除上市公司董事、监事、高级管理人员以及单独或者合计持有上市公司 5% 以上股份的股东以外的其他股东的表决单独计票并披露。

上市公司股东大会应当由律师对会议的召集、召开、出席会议人员的资格、召集人资格、表决程序（股东回避等情况）以及表决结果等事项是否合法、有效发表意见。法律意见书应当与股东大会决议公告同时披露。

本所要求提供股东大会会议记录的，召集人应当按本所要求提供。

4.2.9 上市公司及其股东、董事、监事、高级管理人员等在股东大会上不得透露、泄露未公开重大信息。

4.2.10 上市公司董事会应当按照法律法规、本所有关规定和公司章程履行职责，公平对待所有股东，并维护其他利益相关者的合法权益。

董事会的人数和人员构成应当符合法律法规、本规则、本所其他规定、公司章程等的要求，董事会成员应当具备履行职责所必需的知识、技能和素质，具备良好的职业道德。

4.2.11 上市公司应当依据法律法规、本所有关规定和公司章程召集、召开董事会，并在会议结束后及时将董事会决议报送本所。董事会决议应当经与会董事签字确认。本所要求提供董事会会议记录的，公司应当按本所要求提供。

公司董事会决议涉及须经股东大会审议的事项或者法律法规、本规则所述重大事项的，公司应当披露董事会决议和相关重大事项公告，本所另有规定的除外。

董事会决议公告应当包括会议通知发出的时间和方式、会议召开的时间、地点和方式、委托他人出席和缺席的董事人数和姓名、缺席的理由和受托董事姓名、每项议案的表决结果以及有关董事反对或者弃权的理由等。重大事项公告应当按照中国证监会有关规定、本所有关规定及本所制定的公告格式予以披露。

4.2.12 上市公司应当在董事会下设立审计委员会，内部审计部门对审计委员会负责，向审计委员会报告工作。公司可以设立战略、提名、薪酬与考核等专门委员会，按照公司章程和董事会授权履行职责。

专门委员会成员全部由董事组成，其中审计委员会、提名委员会、薪酬与考核委员会中独立董事应当占多数并担任召集人，审计委员会的召集人应当为会计专业人士。

4.2.13 上市公司监事会应当按照有关法律法规、本所有关规定和公司章程履行监督职责，维护公司及股东合法权益。

监事会的人员和结构应当确保能够独立有效地履行职责。监事应当具有相应的专业知识或者工作经验，具备有效履职能力和良好的职业道德。公司董事、高级管理人员不得兼任监事。

4.2.14 上市公司应当依据法律法规、本所有关规定和公司章程召集、召开监事会，并在会议结束后及时将监事会决议报送本所。监事会决议应当经与会监事签字确认。本所要求提供监事会会议记录的，公司应当按本所要求提供。

公司依据本所有关规定披露监事会决议的，监事会决议公告应当包括会议通知发出的时间和方式、会议召开的时间、地点和方式、委托他人出席和缺席的监事情况、每项议案的表决结果以及有关监事反对或者弃权的理由、审议事项的具体内容和会议形成的决议等。

4.2.15 上市公司股东大会、董事会、监事会不能正常召开、在召开期间出现异常情况或者决议效力存在争议的，应当立即向本所报告、说明原因并披露相关事项、争议各方的主张、公司现状等有助于投资者了解公司实际情况的信息，以及律师出具的专项法律意见书。

出现前款规定情形的，公司董事会应当维护公司正常生产经营秩序，保护公司及全体股东利益，公平对待所有股东。

第三节　董事、监事和高级管理人员

4.3.1 上市公司董事、监事和高级管理人员应当遵守并保证公司遵守法律法规、本所有关规定和公司章程，忠实、勤勉履职，严格履行其作出的各项声明和承诺，切实履行报告和信息披露义务，维护上市公司和全体股东利益，并积极配合本所的日常监管。

4.3.2 上市公司董事由股东大会选举和更换，并可以在任期届满前由股东大会解除其职务。

董事每届任期不得超过三年，任期届满可以连选连任。

4.3.3 候选人存在下列情形之一的，不得被提名担任上市公司董事、监事和高级管理人员：

（一）《公司法》规定不得担任董事、监事、高级管理人员的情形；

（二）被中国证监会采取不得担任上市公司董事、监事、高级管理人员的证券市场禁入措施，期限尚未届满；

（三）被证券交易所公开认定为不适合担任上市公司董事、监事、高级管理人员，期限尚未届满；

（四）法律法规、本所规定的其他情形。

上述期限计算至公司董事会审议高级管理人员候选人聘任议案的日期，以及股东大会或者职工代表大会审议董事、监事候选人聘任议案的日期。

公司董事、监事和高级管理人员在任职期间出现第一款第（一）项、第（二）项情形或者独立董事出现不符合独立性条件情形的，相关董事、监事和高级管理人员应当立即停止履职并由公司按相应规定解除其职务。公司董事、监事和高级管理人员在任职期间出现第一款第（三）项、第（四）项情形的，公司应当在该事实发生之日起一个月内解除其职务。本所另有规定的除外。

相关董事、监事应被解除职务但仍未解除，参加董事会、监事会会议并投票的，其投票无效。

4.3.4 上市公司的董事、监事和高级管理人员在公司股票首次公开发行并上市前，新任董事、监事和高级管理人员在获得任命后一个月内，应当按照本所有关规定签署《董事（监事、高级管理人员）声明及承诺书》，并报送本所和公司董事会。声明与承诺事项发生重大变化（持有本公司的股票情况除外）的，董事、监事和高级管理人员应当在五个交易日内更新并报送本所和公司董事会。

上述人员签署《董事（监事、高级管理人员）声明及承诺书》时，应当由律师见证。董事、监事和高级管理人员应当保证声明事项的真实、准确、完整，不存在虚假记载、误导性陈述或者重大遗漏。

董事会秘书应当督促董事、监事和高级管理人员及时签署《董事（监事、高级管理人员）声明及承诺书》，并按本所规定的途径和方式提交。

4.3.5 上市公司董事应当积极作为，对公司负有忠实义务和勤勉义务。

上市公司董事应当履行下列忠实义务和勤勉义务：

（一）公平对待所有股东。

（二）保护公司资产的安全、完整，不得利用职务之便为公司实际控制人、股东、员工、本人或者其他第三方的利益而损害公司利益。

（三）未经股东大会同意，不得为本人及其关系密切的家庭成员谋取属于上市公司的商业机会，不得自营、委托他人经营上市公司同类业务。

（四）保守商业秘密，不得泄露公司尚未披露的重大信息，不得利用内幕信息获取不当利益，离职后应当履行与公司约定的竞业禁止义务。

（五）保证有足够的时间和精力参与上市公司事务，原则上应当亲自出席董事会，因故不能亲自出席董事会的，应当审慎地选择受托人，授权事项和决策意向应当具体明确，不得全权委托。

（六）审慎判断公司董事会审议事项可能产生的风险和收益，对所议事项表达明确意见；在公司董事会投反对票或者弃权票的，应当明确披露投票意向的原因、依据、改进建议或者措施。

（七）认真阅读上市公司的各项经营、财务报告和有关公司的传闻，及时了解并持续关注公司业务经营管理状况和公司已发生或者可能发生的重大事项及其影响，及时向董事会报告公司经营活动中存在的问题，不得以不直接从事经营管理或者不知悉、不熟悉为由推卸责任。

（八）关注公司是否存在被关联人或者潜在关联人占用资金等公司利益被侵占问题，如发现异常情况，及时向董事会报告并采取相应措施。

（九）认真阅读公司财务会计报告，关注财务会计报告是否存在重大编制错误或者遗漏，主要会计数据和财务指标是否发生大幅波动及波动原因的解释是否合理；对财务会计报告有疑问的，应当主动调查或者要求董事会补充提供所需的资料或者信息。

（十）积极推动公司规范运行，督促公司依法依规履行信息披露义务，及时纠正和报告公司的违规行为，支持公司履行社会责任。

（十一）法律法规、本规则及本所其他规定、公司章程要求的其他忠实义务和勤勉义务。

上市公司监事和高级管理人员应当参照前款规定履行职责。

4.3.6 上市公司董事、监事和高级管理人员应当关注公司控股股东及其一致行动人质押股份情况，按规定审慎核查、评估公司控股股东及其一致行动人的高比例质押行为可能对公司控制权和生产经营稳定性、股权结构、公司治理、业绩补偿义务履行等产生的影响。

4.3.7 上市公司在披露召开关于选举独立董事的股东大会通知时，应当将所有独立董事候选人的有关材料（包括提名人声明、候选人声明、独立董事履历表等）报送本所。

公司董事会对独立董事候选人的有关情况有异议的，应当同时报送董事会的书面意见。

在召开股东大会选举独立董事时，公司董事会应当对独立董事候选人是否被本所提出异议的情况进行说明。对于本所提出异议的独立董事候选人，公司股东大会不得将其选举为独立董事。

4.3.8 上市公司独立董事应当独立、公正地履行职责，充分了解公司经营运作情况，督促公司、公司董事会规范运作，维护公司利益及中小股东合法权益。独立董事应当重点关注公司的关联交易、对外担保、募集资金使用、社会公众股股东保护、重大投融资活动、董事和高级管理人员的薪酬、利润分配等事项。

独立董事可以提议召开董事会、股东大会，或者聘请会计师事务所、律师事务所等中介机构对相关事项进行审计、核查或者发表意见。

4.3.9 上市公司监事应当对公司董事、高级管理人员遵守有关法律法规、本规则、本所其他规定和公司章程以及执行公司职务、股东大会决议等行为进行监督。董事、高级管理人员应当如实向监事提供有关情况和资料，不得妨碍监事行使职权。

监事在履行监督职责过程中，对违反前款有关规定或者决议的董事、高级管理人员，可以提出罢免建议。

监事发现公司董事、高级管理人员违反第一款有关规定或者决议，或者存在其他损害公司利益行为的，已经或者可能给公司造成重大损失的，应当及时向董事会、监事会报告，要求相关方予以纠正，并向本所报告。

4.3.10 上市公司董事、监事和高级管理人员辞职应当提交书面辞职报告。

除下列情形外，董事和监事的辞职自辞职报告送达董事会或者监事会时生效：

（一）董事、监事辞职导致董事会、监事会成员低于法定最低人数；

（二）职工代表监事辞职导致职工代表监事人数少于监事会成员的三分之一；

（三）独立董事辞职导致独立董事人数少于董事会成员的三分之一或者独立董事中没有会计专业人士。

出现前款情形的，辞职报告应当在下任董事或者监事填补因其辞职产生的空缺后方能生效；在辞职报告生效前，拟辞职董事或者监事仍应当按照有关法律法规、本规则、本所其他规定和公司章程的规定继续履行职责，但存在本规则第4.3.3条规定情形的除外。

第四节 董事会秘书

4.4.1 上市公司应当设立董事会秘书，作为公司与本所之间的指定联络人。

公司应当设立由董事会秘书负责管理的信息披露事务部门。

4.4.2 董事会秘书对上市公司和董事会负责，履行如下职责：

（一）负责公司信息披露事务，协调公司信息披露工作，组织制定公司信息披露事务管理制度，督促上市公司及相关信息披露义务人遵守信息披露有关规定。

（二）负责组织和协调公司投资者关系管理工作，协调公司与证券监管机构、股东及实际控制人、中介机构、媒体等之间的信息沟通。

（三）组织筹备董事会会议和股东大会会议，参加股东大会、董事会、监事会及高级管理人员相关会议，负责董事会会议记录工作并签字。

（四）负责公司信息披露的保密工作，在未公开重大信息泄露时，及时向本所报告并公告。

（五）关注有关公司的传闻并主动求证真实情况，督促董事会等有关主体及时回复本所问询。

（六）组织董事、监事和高级管理人员进行相关法律法规、本规则及本所其他规定要求的培训，协助前述人员了解各自在信息披露中的职责。

（七）督促董事、监事和高级管理人员遵守法律法规、本规则、本所其他规定和公司章程，切实履行其所作出的承诺；在知悉公司、董事、监事和高级管理人员作出或者可能作出违反有关规定的决议时，应当予以提醒并立即如实向本所报告。

（八）负责公司股票及其衍生品种变动的管理事务等。

（九）法律法规、本所要求履行的其他职责。

4.4.3 上市公司应当为董事会秘书履行职责提供便利条件，董事、监事、财务负责人及其他高级管理人员和公司相关人员应当支持、配合董事会秘书工作。

董事会秘书为履行职责，有权了解公司的财务和经营情况，参加涉及信息披露的有关会议，查阅相关文件，并要求公司有关部门和人员及时提供相关资料和信息。

董事会秘书在履行职责过程中受到不当妨碍和严重阻挠时，可以直接向本所报告。

4.4.4 上市公司董事会秘书应当具备履行职责所必需的财务、管理、法律专业知识，具有良好的职业道德和个人品德。有下列情形之一的人士不得担任公司董事会秘书：

（一）最近三十六个月受到中国证监会行政处罚；

（二）最近三十六个月受到证券交易所公开谴责或者三次以上通报批评；

（三）本公司现任监事；

（四）本所认定不适合担任董事会秘书的其他情形。

4.4.5 上市公司应当在首次公开发行股票并上市后三个月内或者原任董事会秘书离职后三个月内聘任董事会秘书。

4.4.6 上市公司董事会秘书空缺期间，董事会应当指定一名董事或者高级管理人员代行董事会秘书的职责并报本所，同时尽快确定董事会秘书人选。公司指定代行董事会秘书职责的人员之前，由董事长代行董事会秘书职责。

公司董事会秘书空缺期间超过三个月的，董事长应当代行董事会秘书职责，并在六个月内完成董事会秘书的聘任工作。

4.4.7 上市公司在聘任董事会秘书的同时，还应当聘任证券事务代表，协助董事会秘书履行职责。在董事会秘书不能履行职责时，由证券事务代表行使其权利并履行其职责，在此期间，并不当然免除董事会秘书对公司信息披露事务所负有的责任。

证券事务代表的任职条件参照本规则第 4.4.4 条执行。

4.4.8 上市公司聘任董事会秘书、证券事务代表后应当及时公告，并向本所提交下列资料：

（一）董事会秘书、证券事务代表聘任书或者相关董事会决议、聘任说明文件，包括符合本规则任职条件、职务、工作表现及个人品德等；

（二）董事会秘书、证券事务代表个人简历、学历证明（复印件）；

（三）董事会秘书、证券事务代表的通讯方式，包括办公电话、移动电话、传真、通信地址及专用电子邮件信箱地址等。

上述有关通讯方式的资料发生变更时，公司应当及时向本所提交变更后的资料。

4.4.9 上市公司解聘董事会秘书应当具有充分理由，不得无故解聘。

董事会秘书被解聘或者辞职时，公司应当及时向本所报告，说明原因并公告。

董事会秘书可以就被公司不当解聘或者与辞职有关的情况，向本所提交个人陈述报告。

4.4.10 董事会秘书有下列情形之一的，上市公司应当自事实发生之日起一个月内解聘董事会秘书：

（一）出现本规则第 4.4.4 条所规定情形之一；

（二）连续三个月以上不能履行职责；

（三）在履行职责时出现重大错误或者疏漏，给投资者造成重大损失；

（四）违反法律法规、本规则、本所其他规定或者公司章程，给公司、投资者造成重大损失。

4.4.11 上市公司应当指派董事会秘书、证券事务代表或者本规则规定代行董事会秘书职责的人员负责与本所联系，办理信息披露与股票及其衍生品变动管理事务。

第五节　控股股东和实际控制人

4.5.1 上市公司控股股东、实际控制人应当诚实守信，依法依规行使股东权利、履行股东义务，严格履行承诺，维护上市公司和全体股东的共同利益。

控股股东、实际控制人应当维护上市公司独立性，不得利用对上市公司的控制地位谋取非法利益、占用上市公司资金和其他资源。

4.5.2 上市公司控股股东、实际控制人在公司股票首次公开发行并上市前或者控制权变更完成后一个月内，应当按照本所有关规定签署《控股股东、实际控制人声明及承诺书》，并报送本所和公司董事会。声明与承诺事项发生重大变化的，控股股东、实际控制人应当在五个交易日内更新并报送本所和公司董事会。

控股股东、实际控制人签署《控股股东、实际控制人声明及承诺书》时，应当由律师见证。控股股东、实际控制人应当保证声明事项的真实、准确、完整，不存在虚假记载、误导性陈述或者重大遗漏。

董事会秘书应当督促控股股东、实际控制人及时签署《控股股东、实际控制人声明及承诺书》，并按本所规定的途径和方式提交。

4.5.3 上市公司控股股东、实际控制人应当遵守下列要求：

（一）遵守并促使上市公司遵守法律法规、本规则、本所其他规定和公司章程，接受本所监管；

（二）依法行使股东权利，不滥用控制权损害公司或者其他股东的合法权益；

（三）严格履行所作出的公开声明和各项承诺，不擅自变更或者解除；

（四）严格按照有关规定履行信息披露义务，积极主动配合公司做好信息披露工作，及时告知公司已发生或者拟发生的重大事项；

（五）不得以任何方式占用公司资金；

（六）不得强令、指使或者要求公司及相关人员违法违规提供担保；

（七）不得利用公司未公开重大信息谋取利益，不得以任何方式泄露公司的未公开重大信息，不得从事内幕交易、操纵市场等违法违规行为；

（八）不得通过非公允的关联交易、利润分配、资产重组、对外投资等任何方式损害公司和其他股东的合法权益；

（九）保证公司资产完整、人员独立、财务独立、机构独立和业务独立，不得以任何方式影响公司的独立性；

（十）本所认为应当履行的其他职责。

控股股东、实际控制人应当明确承诺，存在控股股东或者控股股东关联人占用公司资金、要求公司违法违规提供担保的，在占用资金全部归还、违规担保全部解除前不转让所持有、控制的公司股份，但转让所持有、控制的公司股份所得资金用以清偿占用资金、解除违规担保的除外。

4.5.4 上市公司控股股东、实际控制人应当履行信息披露义务，并保证所披露信息的真实、准确、完整、及时、公平，不得有虚假记载、误导性陈述或者重大遗漏。

公司控股股东、实际控制人出现下列情形之一的，应当及时告知公司，并配合公司履行信息披露义务：

（一）所持公司股份涉及本规则第 7.7.9 条所列的事项；

（二）公司的实际控制人及其控制的其他主体从事与公司相同或者相似业务的情况发生较大变化；

（三）拟对上市公司进行重大资产重组、债务重组或者业务重组；

（四）因经营状况恶化进入破产或者解散程序；

（五）出现与控股股东、实际控制人有关传闻，对上市公司股票及其衍生品

种交易价格可能产生较大影响;

（六）其他可能对上市公司股票及其衍生品种交易价格产生较大影响的情形。

前款规定的事项出现重大进展或者变化的，控股股东、实际控制人应当将其知悉的有关情况书面告知公司，并配合公司履行信息披露义务。

控股股东、实际控制人收到公司问询的，应当及时了解情况并回复，保证回复内容真实、准确和完整。

4.5.5 上市公司控股股东、实际控制人应当结合自身履约能力和资信情况，充分评估股票质押可能存在的风险，审慎开展股票质押特别是限售股份质押、高比例质押业务，维护公司控制权稳定。

4.5.6 上市公司控股股东、实际控制人应当依法依规行使股东权利、履行股东义务，不得隐瞒其控股股东、实际控制人身份，规避相关义务和责任。

通过签署一致行动协议控制公司的，应当在协议中明确相关控制安排及解除机制。

公司应当根据股权结构、股东持股比例、董事会成员构成及董事的提名任免、过往决策实际情况、股东之间的一致行动协议或者约定等情况，真实、客观、审慎地认定公司控制权归属，无正当、合理理由不得认定为无控股股东、实际控制人。

4.5.7 上市公司披露无控股股东、实际控制人的，公司第一大股东及其最终控制人应当比照控股股东、实际控制人，遵守本节规定。

第六节　表决权差异安排

4.6.1 发行人首次公开发行上市前设置表决权差异安排的，应当经出席股东大会的股东所持表决权的三分之二以上通过。

发行人在首次公开发行上市前不具有表决权差异安排的，不得在首次公开发行上市后以任何方式设置此类安排。

4.6.2 除公司章程规定的表决权差异外，普通股份与特别表决权股份具有的其他股东权利应当完全相同。

4.6.3 持有特别表决权股份的股东应当为对上市公司发展作出重大贡献，并且在公司上市前及上市后持续担任公司董事的人员或者该等人员实际控制的持股主体。

持有特别表决权股份的股东在上市公司中拥有权益的股份合计应当达到公司全部已发行有表决权股份的 10% 以上。

4.6.4 上市公司章程应当规定每份特别表决权股份的表决权数量。

每份特别表决权股份的表决权数量应当相同，且不得超过每份普通股份的表决权数量的 10 倍。

4.6.5 上市公司股票在本所上市后，除同比例配股、转增股本、分配股票股利情形外，不得在境内外发行特别表决权股份，不得提高特别表决权比例。

上市公司因股份回购等原因，可能导致特别表决权比例提高的，应当同时采取将相应数量特别表决权股份转换为普通股份等措施，保证特别表决权比例不高于原有水平。

本规则所称特别表决权比例，是指全部特别表决权股份的表决权数量占上市公司全部已发行股份表决权数量的比例。

4.6.6 上市公司应当保证普通表决权比例不低于10%；单独或者合计持有公司10%以上已发行有表决权股份的股东有权提议召开临时股东大会；单独或者合计持有公司3%以上已发行有表决权股份的股东有权提出股东大会议案。

本规则所称普通表决权比例，是指全部普通股份的表决权数量占上市公司全部已发行股份表决权数量的比例。

4.6.7 特别表决权股份不得在二级市场进行交易，但可以按照本所有关规定进行转让。

4.6.8 出现下列情形之一的，特别表决权股份应当按照1∶1的比例转换为普通股份：

（一）持有特别表决权股份的股东不再符合本规则第4.6.3条规定的资格和最低持股要求，或者丧失相应履职能力、离任、死亡；

（二）实际持有特别表决权股份的股东失去对相关持股主体的实际控制；

（三）持有特别表决权股份的股东向他人转让所持有的特别表决权股份，或者将特别表决权股份的表决权委托他人行使，但转让或者委托给受该特别表决权股东实际控制的主体除外；

（四）公司的控制权发生变更。

发生前款第（四）项情形的，上市公司已发行的全部特别表决权股份应当转换为普通股份。

4.6.9 上市公司股东对下列事项行使表决权时，每一特别表决权股份享有的表决权数量应当与每一普通股份的表决权数量相同：

（一）修改公司章程；

（二）改变特别表决权股份享有的表决权数量；

（三）聘请或者解聘独立董事；

（四）聘请或者解聘监事；

（五）聘请或者解聘为上市公司定期报告出具审计意见的会计师事务所；

（六）公司合并、分立、解散或者变更公司形式。

上市公司章程应当规定，股东大会应当对前款第（一）项、第（二）项、第（六）项事项作出决议，并经出席会议的股东所持表决权的三分之二以上通过。但根据第4.6.5条、第4.6.8条的规定，将相应数量特别表决权股份转换为普通股份的除外。

4.6.10 上市公司应当在股东大会通知中列明持有特别表决权股份的股东、所持特别表决权股份数量及对应的表决权数量、股东大会议案是否涉及第4.6.9条规定事项等情况。

4.6.11 上市公司具有表决权差异安排的，应当在定期报告中披露该等安排在报告期内的实施、股份变动、表决权恢复及行使情况等，特别是风险、公司治理等信息，以及该等安排下保护投资者合法权益有关措施的实施情况。

4.6.12 出现下列情形之一的，相关股东应当立即通知上市公司，公司应当及时披露：

（一）特别表决权股份转换成普通股份；

（二）股东所持有的特别表决权股份被质押、冻结、司法标记、司法拍卖、托管、设定信托或者被依法限制表决权等，或者出现被强制过户的风险；

（三）其他重大变化或者调整。

相关公告应当包含具体情形、发生时间、转换为普通股份的特别表决权股份数量（如适用）、剩余特别表决权股份数量（如适用）等内容。

4.6.13 上市公司具有表决权差异安排的，监事会应当在年度报告中，就下列事项出具专项意见：

（一）持有特别表决权股份的股东是否持续符合本规则第 4.6.3 条的要求；

（二）特别表决权股份是否出现本规则第 4.6.8 条规定的情形并及时转换为普通股份；

（三）特别表决权比例是否持续符合本规则的规定；

（四）持有特别表决权股份的股东是否存在滥用特别表决权或者其他损害投资者合法权益的情形；

（五）上市公司及持有特别表决权股份的股东遵守本节其他规定的情况。

持续督导期内，保荐人应当对上市公司特别表决权事项履行持续督导义务，在年度保荐工作报告中对前款规定的事项发表意见，发现股东存在滥用特别表决权或者其他损害投资者合法权益情形时，应当及时督促相关股东改正，并向本所报告。

4.6.14 持有特别表决权股份的股东应当按照所适用的法律法规以及公司章程行使权利，不得滥用特别表决权，不得利用特别表决权损害投资者的合法权益。

出现前款情形，损害投资者合法权益的，本所可以要求公司或者持有特别表决权股份的股东予以改正。

4.6.15 上市公司或者持有特别表决权股份的股东应当按照本所及结算公司的有关规定，办理特别表决权股份登记和转换成普通股份登记事宜。

4.6.16 已在境外上市的红筹企业的表决权差异安排与本节规定存在差异的，可以按照公司注册地公司法等法律法规、境外上市地相关规则和公司章程的规定执行。公司应当详细说明差异情况和原因，以及依法落实保护投资者合法权益要求的对应措施。

第五章　定期报告

第一节　业绩预告和业绩快报

5.1.1 上市公司预计年度经营业绩和财务状况出现下列情形之一的，应当在会计年度结束之日起一个月内进行预告：

（一）净利润为负值；

（二）净利润实现扭亏为盈；

（三）实现盈利，且净利润与上年同期相比上升或者下降 50% 以上；

（四）扣除非经常性损益前后的净利润孰低者为负值，且扣除与主营业务无关的业务收入和不具备商业实质的收入后的营业收入低于 1 亿元；

（五）期末净资产为负值；

（六）公司股票交易因触及本规则第 9.3.1 条第一款规定的情形被实施退市风险警示后的首个会计年度；

（七）本所认定的其他情形。

公司预计半年度经营业绩将出现前款第（一）项至第（三）项情形之一的，应当在半年度结束之日起十五日内进行预告。

公司因第一款第（六）项情形进行年度业绩预告的，应当预告全年营业收入、扣除与主营业务无关的业务收入和不具备商业实质的收入后的营业收入、净利润、扣除非经常性损益后的净利润和期末净资产。

5.1.2 上市公司预计报告期实现盈利且净利润与上年同期相比上升或者下降 50% 以上，但存在下列情形之一的，可以免于披露相应业绩预告：

（一）上一年年度每股收益绝对值低于或者等于 0.05 元，可免于披露年度业绩预告；

（二）上一年半年度每股收益绝对值低于或者等于 0.03 元，可免于披露半年度业绩预告。

5.1.3 上市公司应当合理、谨慎、客观、准确地披露业绩预告，公告内容应当包括盈亏金额区间、业绩变动范围、经营业绩或者财务状况发生重大变动的主要原因等。

存在不确定因素可能影响业绩预告准确性的，公司应当在业绩预告公告中披露不确定因素的具体情况及其影响程度。

5.1.4 上市公司披露业绩预告后，最新预计经营业绩或者财务状况与已披露的业绩预告相比存在下列情形之一的，应当按照本所有关规定及时披露业绩预告修正公告，说明具体差异及造成差异的原因：

（一）因本规则第 5.1.1 条第一款第（一）项至第（三）项披露业绩预告的，最新预计的净利润方向与已披露的业绩预告不一致，或者较原预计金额或区间范围差异幅度较大；

（二）因本规则第 5.1.1 条第一款第（四）项、第（五）项披露业绩预告的，最新预计不触及第 5.1.1 条第一款第（四）项、第（五）项的情形；

（三）因本规则第 5.1.1 条第一款第（六）项披露业绩预告的，最新预计第 5.1.1 条第三款所列指标与原预计方向不一致，或者较原预计金额或区间范围差异幅度较大；

（四）本所规定的其他情形。

5.1.5 上市公司出现下列情形之一的，应当及时披露业绩快报：

（一）在定期报告披露前向有关机关报送未公开的定期财务数据，预计无法保密；

（二）在定期报告披露前出现业绩泄露，或者因业绩传闻导致公司股票及其衍生品种交易异常波动；

（三）拟披露第一季度业绩但上年度年度报告尚未披露。

出现前款第（三）项情形的，公司应当在不晚于第一季度业绩相关公告发布时披露上一年度的业绩快报。

除出现第一款情形外，公司可以在定期报告披露前发布业绩快报。

5.1.6 上市公司披露业绩快报的，业绩快报应当包括公司本期及上年同期营业收入、营业利润、利润总额、净利润、扣除非经常性损益后的净利润、总资产、净资产、每股收益、每股净资产和净资产收益率等数据和指标。

5.1.7 上市公司披露业绩快报后，预计本期业绩或者财务状况与已披露的业绩快报的数据和指标差异幅度达到 20% 以上，或者最新预计的报告期净利润、扣除非经常性损益后的净利润或者期末净资产方向与已披露的业绩快报不一致的，应当及时披露业绩快报修正公告，说明具体差异及造成差异的原因。

5.1.8 上市公司预计本期业绩与已披露的盈利预测数据有重大差异的，应当及时披露盈利预测修正公告，并披露会计师事务所关于实际情况与盈利预测存在差异的专项说明。

5.1.9 上市公司董事、监事、高级管理人员应当及时、全面了解和关注公司经营情况和财务信息，并和会计师事务所进行必要的沟通，审慎判断是否应当披露业绩预告。

公司及其董事、监事、高级管理人员应当对业绩预告及修正公告、业绩快报及修正公告、盈利预测及修正公告披露的准确性负责，确保披露情况与公司实际情况不存在重大差异。

第二节　年度报告、半年度报告和季度报告

5.2.1 上市公司应当披露的定期报告包括年度报告、半年度报告和季度报告。

公司应当在法律法规、本规则规定的期限内，按照中国证监会及本所有关规

定编制并披露定期报告。

5.2.2 上市公司应当在每个会计年度结束之日起四个月内披露年度报告，应当在每个会计年度的上半年结束之日起两个月内披露半年度报告，应当在每个会计年度的前三个月、前九个月结束之日起一个月内披露季度报告。

公司第一季度季度报告的披露时间不得早于上一年度的年度报告披露时间。

公司预计不能在第一款规定的期限内披露定期报告的，应当及时公告不能按期披露的原因、解决方案及延期披露的最后期限。

5.2.3 上市公司应当向本所预约定期报告的披露时间，本所根据均衡披露原则统筹安排。

公司应当按照预约时间办理定期报告披露事宜。因故需变更披露时间的，应当较原预约日期至少提前五个交易日向本所提出申请，说明变更理由，并明确变更后的披露时间，本所视情况决定是否予以调整。本所原则上只接受一次变更申请。

公司未在前款规定的期限内提出定期报告披露预约时间变更申请的，还应当及时公告定期报告披露时间变更，说明变更理由，并明确变更后的披露时间。

5.2.4 上市公司董事会应当确保公司定期报告的按时披露。

公司定期报告内容应当经董事会审议通过，未经董事会审议通过的定期报告不得披露。

定期报告未经董事会审议、董事会审议未通过或者因故无法形成有关董事会决议的，公司应当披露具体原因和存在的风险、董事会的专项说明以及独立董事意见。

5.2.5 上市公司董事会应当按照中国证监会和本所有关规定，组织有关人员安排落实定期报告的编制和披露工作。

公司高级管理人员应当及时编制定期报告草案并提交董事会审议。

5.2.6 上市公司董事、高级管理人员应当对定期报告签署书面确认意见，说明董事会的编制和审议程序是否符合法律法规、本所有关规定的要求，定期报告的内容是否能够真实、准确、完整地反映上市公司的实际情况。

公司监事会应当对董事会编制的定期报告进行审核并提出书面审核意见。监事应当签署书面确认意见。监事会对定期报告出具的书面审核意见，应当说明董事会的编制和审议程序是否符合法律法规、本所有关规定的要求，定期报告的内容是否能够真实、准确、完整地反映上市公司的实际情况。

公司董事、监事无法保证定期报告内容的真实性、准确性、完整性或者有异议的，应当在董事会或者监事会审议、审核定期报告时投反对票或者弃权票。

公司董事、监事和高级管理人员无法保证定期报告内容的真实性、准确性、完整性或者有异议的，应当在书面确认意见中发表意见并陈述理由，公司应当披露。公司不予披露的，董事、监事和高级管理人员可以直接申请披露。

董事、监事和高级管理人员按照前款规定发表意见，应当遵循审慎原则，其保证定期报告内容的真实性、准确性、完整性的责任不仅因发表意见而当然免除。

董事、监事、高级管理人员不得以任何理由拒绝对定期报告签署书面意见。

5.2.7 上市公司年度报告中的财务会计报告应当经会计师事务所审计。

公司半年度报告中的财务会计报告可以不经审计，但有下列情形之一的，公司应当审计：

（一）拟依据半年度财务数据派发股票股利、进行公积金转增股本或者弥补亏损；

（二）中国证监会或者本所认为应当进行审计的其他情形。

公司季度报告中的财务资料无需审计，但中国证监会或者本所另有规定的除外。

5.2.8 上市公司应当在定期报告经董事会审议通过后及时向本所提交下列文件：

（一）年度报告全文及其摘要、半年度报告全文及其摘要或者季度报告；

（二）审计报告（如适用）；

（三）董事会和监事会决议；

（四）董事、监事、高级管理人员书面确认意见；

（五）按要求制作的载有定期报告和财务数据的电子文件；

（六）本所要求的其他文件。

5.2.9 上市公司财务会计报告被出具非标准审计意见的，应当按照中国证监会《公开发行证券的公司信息披露编报规则第 14 号—非标准审计意见及其涉及事项的处理》（以下简称第 14 号编报规则）的规定，在报送定期报告的同时，向本所提交下列文件并披露：

（一）董事会针对该审计意见涉及事项所做的符合第 14 号编报规则要求的专项说明，审议此专项说明的董事会决议以及决议所依据的材料；

（二）独立董事对审计意见涉及事项的意见；

（三）监事会对董事会有关说明的意见和相关决议；

（四）负责审计的会计师事务所及注册会计师出具的符合第 14 号编报规则要求的专项说明；

（五）中国证监会和本所要求的其他文件。

5.2.10 上市公司出现本规则第 5.2.9 条所述非标准审计意见涉及事项属于明显违反会计准则及相关信息披露规范性规定的，公司应当对有关事项进行纠正，并及时披露纠正后的财务会计资料和会计师事务所出具的审计报告或者专项鉴证报告等有关文件。

公司未及时披露、采取措施消除相关事项及其影响的，本所可以对其采取监管措施或者纪律处分，或者报中国证监会调查处理。

5.2.11 上市公司应当认真对待本所对其定期报告的事后审查意见，按期回复本所的问询，并按要求对定期报告有关内容作出解释和说明。需披露更正或者补充公告并修改定期报告的，公司应当在履行相应程序后及时公告。

5.2.12 上市公司因已披露的定期报告存在差错或者虚假记载被责令改正，或者董事会决定进行更正的，应当在被责令改正或者董事会作出相应决定后及时披露，涉及财务信息的，应当按照中国证监会《公开发行证券的公司信息披露编报规则第 19 号——财务信息的更正及相关披露》等有关规定的要求更正及披露。

5.2.13 发行可转换公司债券的上市公司，还应当在年度报告和半年度报告中披露下列内容：

（一）转股价格历次调整、修正的情况，经调整、修正后的最新转股价格；

（二）可转换公司债券发行后累计转股的情况；

（三）前十名可转换公司债券持有人的名单和持有量；

（四）担保人盈利能力、资产状况和信用状况发生重大变化的情况（如适用）；

（五）公司的负债情况、资信变化情况以及在未来年度偿债的现金安排；

（六）中国证监会和本所规定的其他内容。

5.2.14 上市公司未在规定期限内披露定期报告，或者因财务会计报告存在重大会计差错或者虚假记载被中国证监会责令改正但未在规定期限内改正的，公司股票及其衍生品种应当按照本规则第八章的有关规定进行停牌与复牌。

第三节　利润分配和资本公积金转增股本

5.3.1 上市公司应当积极回报股东，综合考虑所处行业特点、发展阶段、自身经营模式、盈利水平以及资金支出安排等，科学、审慎决策，合理确定利润分配政策。

公司应当按照《公司法》和公司章程的规定弥补亏损（如有），提取法定公积金、任意公积金，确定股本基数、分配比例、分配总额及其来源。

公司进行股票股利分配、资本公积金转增股本的，应当符合法律法规、《企业会计准则》、本规则、本所其他规定、公司章程等有关规定，其股份送转比例应当与业绩增长相匹配。

公司现金分红同时分配股票股利的，应当结合公司发展阶段、成长性、每股净资产的摊薄和重大资金支出安排等因素，说明现金分红在本次利润分配中所占比例及其合理性。

5.3.2 上市公司利润分配应当以母公司报表中可供分配利润为依据。同时，为避免出现超分配的情况，公司应当以合并报表、母公司报表中可供分配利润孰低的原则来确定具体的利润分配比例。

5.3.3 上市公司在报告期结束后，至利润分配、资本公积金转增股本方案公告前股本总额发生变动的，应当以最新股本总额作为分配或者转增的股本基数。

公司董事会在审议利润分配、资本公积金转增股本方案时，应当明确在利润分配、资本公积金转增股本方案公告后至实施前,出现股权激励行权、可转债转股、股份回购等股本总额发生变动情形时的方案调整原则。

5.3.4 上市公司存在利润分配、资本公积金转增股本方案尚未提交股东大会审议或者虽经股东大会审议通过但未实施,拟发行证券的,应当在方案实施后发行。

5.3.5 上市公司应当在董事会审议通过利润分配或者资本公积金转增股本方案后,及时披露方案的具体内容,并说明该等方案是否符合公司章程规定的利润分配政策和公司已披露的股东回报规划等。

5.3.6 上市公司应当于实施方案的股权登记日前三至五个交易日内披露方案实施公告。

5.3.7 方案实施公告应当包括下列内容:

(一)通过方案的股东大会届次和日期;

(二)派发现金股利、股票股利、资本公积金转增股本的比例(以每10股表述)、股本基数(按实施前实际股本计算)以及是否含税和扣税情况等;

(三)股权登记日、除权(息)日、新增股份上市日;

(四)方案实施办法;

(五)股本变动结构表(按变动前总股本、本次派发股票股利数、本次转增股本数、变动后总股本、占总股本比例等项目列示);

(六)派发股票股利、资本公积金转增股本后,需要调整的衍生品种行权(转股)价、行权(转股)比例、承诺的最低减持价情况等(如适用);

(七)派发股票股利、资本公积金转增股本后,按新股本摊薄计算的上年度每股收益或者本年半年度每股收益;

(八)中国证监会和本所要求的其他内容。

5.3.8 上市公司应当在股东大会审议通过方案后两个月内,完成利润分配及资本公积金转增股本事宜。

第六章　应当披露的交易

第一节　重大交易

6.1.1 本节所称重大交易,包括除上市公司日常经营活动之外发生的下列类型的事项:

(一)购买资产;

(二)出售资产;

(三)对外投资(含委托理财、对子公司投资等);

(四)提供财务资助(含委托贷款等);

(五)提供担保(含对控股子公司担保等);

(六)租入或者租出资产;

（七）委托或者受托管理资产和业务；

（八）赠与或者受赠资产；

（九）债权或者债务重组；

（十）转让或者受让研发项目；

（十一）签订许可协议；

（十二）放弃权利（含放弃优先购买权、优先认缴出资权利等）；

（十三）本所认定的其他交易。

6.1.2 除本规则第 6.1.9 条、第 6.1.10 条的规定外，上市公司发生的交易达到下列标准之一的，应当及时披露：

（一）交易涉及的资产总额占上市公司最近一期经审计总资产的 10% 以上，该交易涉及的资产总额同时存在账面值和评估值的，以较高者为准；

（二）交易标的（如股权）涉及的资产净额占上市公司最近一期经审计净资产的 10% 以上，且绝对金额超过 1000 万元，该交易涉及的资产净额同时存在账面值和评估值的，以较高者为准；

（三）交易标的（如股权）在最近一个会计年度相关的营业收入占上市公司最近一个会计年度经审计营业收入的 10% 以上，且绝对金额超过 1000 万元；

（四）交易标的（如股权）在最近一个会计年度相关的净利润占上市公司最近一个会计年度经审计净利润的 10% 以上，且绝对金额超过 100 万元；

（五）交易的成交金额（含承担债务和费用）占上市公司最近一期经审计净资产的 10% 以上，且绝对金额超过 1000 万元；

（六）交易产生的利润占上市公司最近一个会计年度经审计净利润的 10% 以上，且绝对金额超过 100 万元。

上述指标计算中涉及数据为负值的，取其绝对值计算。

6.1.3 除本规则第 6.1.9 条、第 6.1.10 条的规定外，上市公司发生的交易达到下列标准之一的，应当及时披露并提交股东大会审议：

（一）交易涉及的资产总额占上市公司最近一期经审计总资产的 50% 以上，该交易涉及的资产总额同时存在账面值和评估值的，以较高者为准；

（二）交易标的（如股权）涉及的资产净额占上市公司最近一期经审计净资产的 50% 以上，且绝对金额超过 5000 万元，该交易涉及的资产净额同时存在账面值和评估值的，以较高者为准；

（三）交易标的（如股权）在最近一个会计年度相关的营业收入占上市公司最近一个会计年度经审计营业收入的 50% 以上，且绝对金额超过 5000 万元；

（四）交易标的（如股权）在最近一个会计年度相关的净利润占上市公司最近一个会计年度经审计净利润的 50% 以上，且绝对金额超过 500 万元；

（五）交易的成交金额（含承担债务和费用）占上市公司最近一期经审计净

资产的 50% 以上，且绝对金额超过 5000 万元；

（六）交易产生的利润占上市公司最近一个会计年度经审计净利润的 50% 以上，且绝对金额超过 500 万元。

上述指标计算涉及的数据为负值的，取其绝对值计算。

6.1.4 上市公司发生的交易属于下列情形之一的，可以免于按照本规则第 6.1.3 条的规定提交股东大会审议，但仍应当按照有关规定履行信息披露义务：

（一）公司发生受赠现金资产、获得债务减免等不涉及对价支付、不附有任何义务的交易；

（二）公司发生的交易仅达到本规则第 6.1.3 条第一款第（四）项或者第（六）项标准，且上市公司最近一个会计年度每股收益的绝对值低于 0.05 元。

6.1.5 上市公司购买或者出售股权的，应当按照公司所持权益变动比例计算相关财务指标适用本规则第 6.1.2 条和第 6.1.3 条的规定。

交易导致上市公司合并报表范围发生变更的，应当以该股权对应标的公司的相关财务指标适用本规则第 6.1.2 条和第 6.1.3 条的规定。

因委托或者受托管理资产和业务等，导致上市公司合并报表范围发生变更的，参照适用前款规定。

6.1.6 上市公司发生交易达到本规则第 6.1.3 条规定标准，交易标的为公司股权的，应当披露标的资产经审计的最近一年又一期财务会计报告。会计师事务所发表的审计意见应当为无保留意见，审计基准日距审议相关交易事项的股东大会召开日不得超过六个月。

公司发生交易达到本规则第 6.1.3 条规定标准，交易标的为公司股权以外的其他资产的，应当披露标的资产由资产评估机构出具的评估报告。评估基准日距审议相关交易事项的股东大会召开日不得超过一年。

公司依据其他法律法规或其公司章程提交股东大会审议，或者自愿提交股东大会审议的，应当适用前两款规定，本所另有规定的除外。

公司发生交易达到本规则第 6.1.2 条、第 6.1.3 条规定的标准，交易对方以非现金资产作为交易对价或者抵偿上市公司债务的，应当披露所涉及资产的符合第一款、第二款要求的审计报告或者评估报告。相关交易无需提交股东大会审议的，审计基准日或者评估基准日距审议相关事项的董事会召开日或者相关事项的公告日不得超过第一款、第二款要求的时限。

公司发生交易虽未达到本规则第 6.1.3 条规定的标准，中国证监会、本所根据审慎原则可以要求公司披露所涉及资产的符合第一款、第二款要求的审计报告或者评估报告。

6.1.7 上市公司购买或者出售交易标的少数股权，因在交易前后均无法对交易标的形成控制、共同控制或者重大影响等客观原因，导致确实无法对交易标的最近一年又一期财务会计报告进行审计的，可以披露相关情况并免于按照本规则第6.1.6条的规定披露审计报告，中国证监会或者本所另有规定的除外。

6.1.8 上市公司发生本规则第6.1.1条规定的购买资产或者出售资产时，应当以资产总额和成交金额中的较高者为准，按交易事项的类型在连续十二个月内累计计算。经累计计算金额超过上市公司最近一期经审计总资产30%的，公司应当及时披露相关交易事项以及符合本规则第6.1.6条要求的该交易标的审计报告或者评估报告，提交股东大会审议并经由出席会议的股东所持表决权的三分之二以上通过。

已按照前款规定履行相关义务的，不再纳入相关的累计计算范围。

6.1.9 上市公司提供财务资助，除应当经全体董事的过半数审议通过外，还应当经出席董事会会议的三分之二以上董事审议同意并作出决议，并及时对外披露。

财务资助事项属于下列情形之一的，应当在董事会审议通过后提交股东大会审议，本所另有规定的除外：

（一）单笔财务资助金额超过上市公司最近一期经审计净资产的10%；

（二）被资助对象最近一期财务报表数据显示资产负债率超过70%；

（三）最近十二个月内财务资助金额累计计算超过上市公司最近一期经审计净资产的10%；

（四）本所或者公司章程规定的其他情形。

公司提供资助对象为公司合并报表范围内且持股比例超过50%的控股子公司，且该控股子公司其他股东中不包含上市公司的控股股东、实际控制人及其关联人的，可以免于适用前两款规定。

6.1.10 上市公司提供担保，除应当经全体董事的过半数审议通过外，还应当经出席董事会会议的三分之二以上董事审议同意并作出决议，并及时对外披露。

上市公司提供担保属于下列情形之一的，还应当在董事会审议通过后提交股东大会审议：

（一）单笔担保额超过上市公司最近一期经审计净资产10%；

（二）上市公司及其控股子公司对外提供的担保总额，超过上市公司最近一期经审计净资产50%以后提供的任何担保；

（三）上市公司及其控股子公司对外提供的担保总额，超过上市公司最近一期经审计总资产30%以后提供的任何担保；

（四）被担保对象最近一期财务报表数据显示资产负债率超过70%；

（五）最近十二个月内担保金额累计计算超过公司最近一期经审计总资产的30%；

（六）对股东、实际控制人及其关联人提供的担保；

（七）本所或者公司章程规定的其他情形。

上市公司股东大会审议前款第（五）项担保事项时，应当经出席会议的股东所持表决权的三分之二以上通过。

6.1.11 上市公司的对外担保事项出现下列情形之一时，应当及时披露：

（一）被担保人于债务到期后十五个交易日内未履行还款义务的；

（二）被担保人出现破产、清算及其他严重影响还款能力情形的。

6.1.12 上市公司进行委托理财，因交易频次和时效要求等原因难以对每次投资交易履行审议程序和披露义务的，可以对投资范围、额度及期限等进行合理预计，以额度计算占净资产的比例，适用本规则第 6.1.2 条和第 6.1.3 条的规定。

相关额度的使用期限不应超过十二个月，期限内任一时点的交易金额（含前述投资的收益进行再投资的相关金额）不应超过投资额度。

6.1.13 上市公司租入或者租出资产的，应当以约定的全部租赁费用或者租赁收入适用本规则第 6.1.2 条和第 6.1.3 条的规定。

6.1.14 上市公司直接或者间接放弃对控股子公司的优先购买或者认缴出资等权利，导致合并报表范围发生变更的，应当以放弃金额与该主体的相关财务指标，适用本规则第 6.1.2 条和第 6.1.3 条的规定。

公司放弃权利未导致上市公司合并报表范围发生变更，但相比于未放弃权利，所拥有该主体权益的比例下降的，应当以放弃金额与按权益变动比例计算的相关财务指标，适用本规则第 6.1.2 条和第 6.1.3 条的规定。

公司部分放弃权利的，还应当以放弃金额、该主体的相关财务指标或者按权益变动比例计算的相关财务指标，以及实际受让或者出资金额，适用本规则第 6.1.2 条和第 6.1.3 条的规定。

6.1.15 上市公司发生除委托理财等本所对累计原则另有规定的事项外的其他交易时，应当对交易标的相关的同一类别交易，按照连续十二个月累计计算的原则，适用本规则第 6.1.2 条和第 6.1.3 条的规定。

公司发生的交易按照本节的规定适用连续十二个月累计计算原则时，达到本节规定的披露标准的，可以仅将本次交易事项按照本所有关规定披露，并在公告中说明前期累计未达到披露标准的交易事项。

公司发生的交易按照本节的规定适用连续十二个月累计计算原则时，达到本节规定的应当提交股东大会审议标准的，可以仅将本次交易事项提交股东大会审议，并在公告中说明前期未履行股东大会审议程序的交易事项。公司披露的前述本次交易事项的公告，应当包括符合本规则第 6.1.6 条要求的审计报告或者评估报告。

公司已按照本规则第 6.1.2 条或者第 6.1.3 条规定履行相关义务的，不再纳入累计计算范围。公司已披露但未履行股东大会审议程序的交易事项，仍应当纳入累计计算范围以确定应当履行的审议程序。

6.1.16 上市公司发生交易，相关安排涉及未来支付或者收取或有对价的，应当以预计的最高金额作为成交金额，适用本规则第6.1.2条和第6.1.3条的规定。

6.1.17 上市公司分期实施本规则第6.1.1条规定的各项交易的，应当以协议约定的全部金额为准，适用本规则第6.1.2条和第6.1.3条的规定。

6.1.18 上市公司与同一交易对方同时发生第6.1.1条第一款第（三）项至第（五）项以外方向相反的交易时，应当以其中单个方向的交易涉及的财务指标中较高者为准，适用本规则第6.1.2条和第6.1.3条的规定。

6.1.19 上市公司发生交易，在期限届满后与原交易对方续签协议、展期交易的，应当按照本节的规定再次履行审议程序和信息披露义务。

6.1.20 上市公司应当根据交易类型，按照本所有关规定披露交易的相关信息，包括交易对方、交易标的、交易协议的主要内容、交易定价及依据、有关部门审批文件（如有）、中介机构意见（如适用）等。

6.1.21 上市公司与其合并报表范围内的控股子公司发生的或者上述控股子公司之间发生的交易，可以免于按照本节规定披露和履行相应程序，中国证监会或者本所另有规定的除外。

第二节 日常交易

6.2.1 本节所称日常交易，是指上市公司发生与日常经营相关的下列类型的事项：

（一）购买原材料、燃料和动力；

（二）接受劳务；

（三）出售产品、商品；

（四）提供劳务；

（五）工程承包；

（六）与公司日常经营相关的其他交易。

资产置换中涉及前款规定交易的，适用本章第一节的规定。

6.2.2 上市公司签署日常交易相关合同，达到下列标准之一的，应当及时披露：

（一）涉及本规则第6.2.1条第一款第（一）项、第（二）项事项的，合同金额占上市公司最近一期经审计总资产50%以上，且绝对金额超过5亿元；

（二）涉及本规则第6.2.1条第一款第（三）项至第（五）项事项的，合同金额占上市公司最近一个会计年度经审计主营业务收入50%以上，且绝对金额超过5亿元；

（三）公司或者本所认为可能对上市公司财务状况、经营成果产生重大影响的其他合同。

6.2.3 上市公司与他人共同承接建设工程项目，公司作为总承包人的，应当以项目的全部投资金额适用本规则第6.2.2条的规定；作为非总承包人的，应当以公司实际承担的投资金额适用本规则第6.2.2条的规定。

6.2.4 上市公司参加工程承包、商品采购等项目的投标，合同金额或者合同履行预计产生的收入达到本规则第 6.2.2 条规定标准的，在获悉已被确定为中标单位并已进入公示期、但尚未取得中标通知书或者相关证明文件时，应当及时发布提示性公告，并按照本所有关规定披露中标公示的主要内容。

公示期结束后取得中标通知书的，公司应当及时按照本所有关规定披露项目中标相关情况。预计无法取得中标通知书的，公司应当及时披露进展情况并提示风险。

6.2.5 上市公司应当按照本所有关规定披露日常交易的相关信息，包括交易各方、合同主要内容、合同履行对公司的影响、合同的审议程序、有关部门审批文件（如有）、风险提示等。

6.2.6 已按照本规则第 6.2.2 条披露日常交易相关合同的，上市公司应当关注合同履行进展，与合同约定出现重大差异且影响合同金额 30% 以上的，应当及时披露并说明原因。

第三节 关联交易

6.3.1 上市公司进行关联交易，应当保证关联交易的合法合规性、必要性和公允性，保持公司的独立性，不得利用关联交易调节财务指标，损害公司利益。交易各方不得隐瞒关联关系或者采取其他手段，规避公司的关联交易审议程序和信息披露义务。

6.3.2 上市公司的关联交易，是指上市公司或者其控股子公司与上市公司关联人之间发生的转移资源或者义务的事项，包括：

（一）本规则第 6.1.1 条规定的交易事项；

（二）购买原材料、燃料、动力；

（三）销售产品、商品；

（四）提供或者接受劳务；

（五）委托或者受托销售；

（六）存贷款业务；

（七）与关联人共同投资；

（八）其他通过约定可能造成资源或者义务转移的事项。

6.3.3 上市公司的关联人包括关联法人（或者其他组织）和关联自然人。

具有下列情形之一的法人（或者其他组织），为上市公司的关联法人（或者其他组织）：

（一）直接或者间接地控制上市公司的法人（或者其他组织）；

（二）由前项所述法人（或者其他组织）直接或者间接控制的除上市公司及其控股子公司以外的法人（或者其他组织）；

（三）持有上市公司 5% 以上股份的法人（或者其他组织）及其一致行动人；

（四）由上市公司关联自然人直接或者间接控制的，或者担任董事（不含同为双方的独立董事）、高级管理人员的，除上市公司及其控股子公司以外的法人（或其他组织）。

具有下列情形之一的自然人，为上市公司的关联自然人：

（一）直接或者间接持有上市公司5%以上股份的自然人；

（二）上市公司董事、监事及高级管理人员；

（三）直接或者间接地控制上市公司的法人（或者其他组织）的董事、监事及高级管理人员；

（四）本款第（一）项、第（二）项所述人士的关系密切的家庭成员。

在过去十二个月内或者根据相关协议安排在未来十二个月内，存在第二款、第三款所述情形之一的法人（或者其他组织）、自然人，为上市公司的关联人。

中国证监会、本所或者上市公司根据实质重于形式的原则，认定其他与上市公司有特殊关系、可能或者已经造成上市公司对其利益倾斜的自然人、法人（或者其他组织），为上市公司的关联人。

6.3.4 上市公司与本规则第6.3.3条第二款第（二）项所列法人（或者其他组织）受同一国有资产管理机构控制而形成该项所述情形的，不因此构成关联关系，但其法定代表人、董事长、总经理或者半数以上的董事兼任上市公司董事、监事或者高级管理人员的除外。

6.3.5 上市公司董事、监事、高级管理人员、持股5%以上的股东及其一致行动人、实际控制人应当及时向公司董事会报送公司关联人名单及关联关系的说明，由公司做好登记管理工作。

6.3.6 除本规则第6.3.13条的规定外，上市公司与关联人发生的交易达到下列标准之一的，应当及时披露：

（一）与关联自然人发生的成交金额超过30万元的交易；

（二）与关联法人（或者其他组织）发生的成交金额超过300万元，且占上市公司最近一期经审计净资产绝对值超过0.5%的交易。

6.3.7 除本规则第6.3.13条的规定外，上市公司与关联人发生的成交金额超过3000万元，且占上市公司最近一期经审计净资产绝对值超过5%的，应当及时披露并提交股东大会审议，还应当披露符合本规则第6.1.6条要求的审计报告或者评估报告。

公司关联交易事项虽未达到前款规定的标准，中国证监会、本所根据审慎原则可以要求公司提交股东大会审议，并按照前款规定适用有关审计或者评估的要求。

公司依据其他法律法规或其公司章程提交股东大会审议，或者自愿提交股东大会审议的，应当披露符合本规则第6.1.6条要求的审计报告或者评估报告，本所另有规定的除外。

公司与关联人发生下列情形之一的交易时，可以免于审计或者评估：

（一）本规则第 6.3.19 条规定的日常关联交易；

（二）与关联人等各方均以现金出资，且按照出资比例确定各方在所投资主体的权益比例；

（三）本所规定的其他情形。

6.3.8 上市公司董事会审议关联交易事项时，关联董事应当回避表决，也不得代理其他董事行使表决权。该董事会会议由过半数的非关联董事出席即可举行，董事会会议所作决议须经非关联董事过半数通过。出席董事会会议的非关联董事人数不足三人的，公司应当将该交易提交股东大会审议。

前款所称关联董事包括具有下列情形之一的董事：

（一）交易对方；

（二）在交易对方任职，或者在能直接或者间接控制该交易对方的法人（或者其他组织）、该交易对方直接或者间接控制的法人（或者其他组织）任职；

（三）拥有交易对方的直接或者间接控制权；

（四）交易对方或者其直接、间接控制人的关系密切的家庭成员；

（五）交易对方或者其直接、间接控制人的董事、监事和高级管理人员的关系密切的家庭成员；

（六）中国证监会、本所或者上市公司认定的因其他原因使其独立的商业判断可能受到影响的董事。

6.3.9 上市公司股东大会审议关联交易事项时，关联股东应当回避表决，并且不得代理其他股东行使表决权。

前款所称关联股东包括具有下列情形之一的股东：

（一）交易对方；

（二）拥有交易对方直接或者间接控制权；

（三）被交易对方直接或者间接控制；

（四）与交易对方受同一法人（或者其他组织）或者自然人直接或者间接控制；

（五）在交易对方任职，或者在能直接或者间接控制该交易对方的法人（或者其他组织）、该交易对方直接或者间接控制的法人（或者其他组织）任职；

（六）交易对方及其直接、间接控制人的关系密切的家庭成员；

（七）因与交易对方或者其关联人存在尚未履行完毕的股权转让协议或者其他协议而使其表决权受到限制或者影响；

（八）中国证监会或者本所认定的可能造成上市公司对其利益倾斜的股东。

6.3.10 上市公司与关联人发生的下列交易，应当按照本节规定履行关联交易信息披露义务以及本章第一节的规定履行审议程序，并可以向本所申请豁免按照本规则第 6.3.7 条的规定提交股东大会审议：

（一）面向不特定对象的公开招标、公开拍卖或者挂牌的（不含邀标等受限方式），但招标、拍卖等难以形成公允价格的除外；

（二）上市公司单方面获得利益且不支付对价、不附任何义务的交易，包括受赠现金资产、获得债务减免等；

（三）关联交易定价由国家规定；

（四）关联人向上市公司提供资金，利率不高于贷款市场报价利率，且上市公司无相应担保。

6.3.11 上市公司与关联人发生的下列交易，可以免于按照本节规定履行相关义务，但属于本章第一节规定的应当履行披露义务和审议程序情形的仍应履行相关义务：

（一）一方以现金方式认购另一方公开发行的股票及其衍生品种、公司债券或者企业债券，但提前确定的发行对象包含关联人的除外；

（二）一方作为承销团成员承销另一方公开发行的股票及其衍生品种、公司债券或者企业债券；

（三）一方依据另一方股东大会决议领取股息、红利或者报酬；

（四）上市公司按与非关联人同等交易条件，向本规则第 6.3.3 条第三款第（二）项至第（四）项规定的关联自然人提供产品和服务；

（五）本所认定的其他情形。

6.3.12 上市公司不得为本规则第 6.3.3 条规定的关联人提供财务资助，但向关联参股公司（不包括由上市公司控股股东、实际控制人控制的主体）提供财务资助，且该参股公司的其他股东按出资比例提供同等条件财务资助的情形除外。

公司向前款规定的关联参股公司提供财务资助的，除应当经全体非关联董事的过半数审议通过外，还应当经出席董事会会议的非关联董事的三分之二以上董事审议通过，并提交股东大会审议。

本条所称关联参股公司，是指由上市公司参股且属于本规则第 6.3.3 条规定的上市公司的关联法人（或者其他组织）。

6.3.13 上市公司为关联人提供担保的，除应当经全体非关联董事的过半数审议通过外，还应当经出席董事会会议的非关联董事的三分之二以上董事审议同意并作出决议，并提交股东大会审议。公司为控股股东、实际控制人及其关联人提供担保的，控股股东、实际控制人及其关联人应当提供反担保。

公司因交易导致被担保方成为公司的关联人的，在实施该交易或者关联交易的同时，应当就存续的关联担保履行相应审议程序和信息披露义务。

董事会或者股东大会未审议通过前款规定的关联担保事项的，交易各方应当采取提前终止担保等有效措施。

6.3.14 上市公司与关联人之间进行委托理财等，如因交易频次和时效要求等原因难以对每次投资交易履行审议程序和披露义务的，可以对投资范围、投资额度及期限等进行合理预计，以额度作为计算标准，适用本规则第 6.3.6 条和第 6.3.7 条的规定。

相关额度的使用期限不应超过十二个月，期限内任一时点的交易金额（含前述投资的收益进行再投资的相关金额）不应超过投资额度。

6.3.15 上市公司与关联人发生涉及金融机构的存款、贷款等业务，应当以存款或者贷款的利息为准，适用第 6.3.6 条和第 6.3.7 条的规定。对于上市公司与财务公司发生的关联存款、贷款等业务，由本所另行规定。

6.3.16 上市公司因放弃权利导致与其关联人发生关联交易的，应当按照本规则第 6.1.14 条的标准，适用本规则第 6.3.6 条和第 6.3.7 条的规定。

6.3.17 上市公司与关联人共同投资，应当以上市公司的投资额作为交易金额，适用本规则第 6.3.6 条和第 6.3.7 条的规定。

6.3.18 上市公司关联人单方面受让上市公司拥有权益主体的其他股东的股权或者投资份额等，涉及有关放弃权利情形的，应当按照本规则第 6.1.14 条的标准，适用本规则第 6.3.6 条和第 6.3.7 条的规定；不涉及放弃权利情形，但可能对上市公司的财务状况、经营成果构成重大影响或者导致上市公司与该主体的关联关系发生变化的，上市公司应当及时披露。

6.3.19 上市公司与关联人发生本规则第 6.3.2 条第（二）项至第（六）项所列的与日常经营相关的关联交易事项，应当按照下列标准适用本规则第 6.3.6 条和第 6.3.7 条的规定及时披露和履行审议程序：

（一）首次发生的日常关联交易，公司应当根据协议涉及的交易金额，履行审议程序并及时披露；协议没有具体交易金额的，应当提交股东大会审议。

（二）实际执行时协议主要条款发生重大变化或者协议期满需要续签的，应当根据新修订或者续签协议涉及交易金额为准，履行审议程序并及时披露。

（三）对于每年发生的数量众多的日常关联交易，因需要经常订立新的日常关联交易协议而难以按照本款第（一）项规定将每份协议提交董事会或者股东大会审议的，公司可以按类别合理预计日常关联交易年度金额，履行审议程序并及时披露；实际执行超出预计金额的，应当以超出金额为准及时履行审议程序并披露。

（四）公司与关联人签订的日常关联交易协议期限超过三年的，应当每三年重新履行相关审议程序并披露。

公司应当在年度报告和半年度报告中分类汇总披露日常关联交易的实际履行情况。

6.3.20 上市公司在连续十二个月内发生的下列关联交易，应当按照累计计算的原则分别适用本规则第 6.3.6 条和第 6.3.7 条的规定：

（一）与同一关联人进行的交易；

（二）与不同关联人进行的与同一交易标的的交易。

上述同一关联人包括与该关联人受同一主体控制或者相互存在股权控制关系的其他关联人。

6.3.21 上市公司与关联人发生交易或者相关安排涉及未来可能支付或者收取或有对价的，以预计的最高金额为成交金额，适用本规则第 6.3.6 条和第 6.3.7 条的规定。

6.3.22 上市公司应当根据关联交易事项的类型披露关联交易的有关内容，包括交易对方、交易标的、交易各方的关联关系说明和关联人基本情况、交易协议的主要内容、交易定价及依据、有关部门审批文件（如有）、中介机构意见（如适用）等。

6.3.23 上市公司与关联人进行交易时涉及相关义务、相关指标计算标准等，本节未规定的，适用本章第一节的规定。

第七章　应当披露的其他重大事项

第一节　股票交易异常波动和传闻澄清

7.1.1 上市公司股票交易根据有关规定被认定为异常波动的，公司应当于次一交易日开市前披露股票交易异常波动公告。

7.1.2 上市公司披露的股票交易异常波动公告应当包括下列内容：

（一）股票交易异常波动情况的说明；

（二）董事会对重要问题的关注、核实情况说明；

（三）向控股股东、实际控制人等的函询情况；

（四）是否存在应披露而未披露信息的声明；

（五）本所要求的其他内容。

7.1.3 上市公司股票交易出现本所业务规则规定的严重异常波动的，应当于次一交易日披露核查公告；无法披露的，应当申请其股票自次一交易日起停牌核查。公司股票应当自披露核查公告之日起复牌。披露日为非交易日的，自次一交易日起复牌。

公司股票交易出现严重异常波动，经公司核查后无应披露而未披露的重大事项，也无法对异常波动原因作出合理解释的，本所可以向市场公告，提示股票交易风险，并视情况实施停牌。

7.1.4 上市公司股票交易出现严重异常波动情形的，公司或者相关信息披露义务人应当核查下列事项：

（一）是否存在导致股票交易严重异常波动的未披露事项；

（二）股价是否严重偏离同行业上市公司合理估值；

（三）是否存在重大风险事项；

（四）其他可能导致股票交易严重异常波动的事项。

公司应当在核查公告中充分提示公司股价严重异常波动的交易风险。

持续督导期内，保荐人及其保荐代表人应当督促上市公司按照本节规定及时进行核查，履行相应信息披露义务。

7.1.5 上市公司股票交易出现本所业务规则规定或者本所认定的异常波动的，本所可以根据异常波动程度和监管需要，采取下列措施：

（一）要求上市公司披露股票交易异常波动公告；

（二）要求上市公司停牌核查并披露核查公告；

（三）向市场提示异常波动股票投资风险；

（四）本所认为必要的其他措施。

7.1.6 传闻可能或者已经对上市公司股票及其衍生品种交易价格产生较大影响的，公司应当及时核实相关情况，并依规披露情况说明公告或者澄清公告。

7.1.7 上市公司披露的澄清公告应当包括下列内容：

（一）传闻内容及其来源；

（二）传闻所涉及事项的真实情况；

（三）相关风险提示（如适用）；

（四）本所要求的其他内容。

第二节 可转换公司债券涉及的重大事项

7.2.1 发生下列可能对可转换公司债券交易或者转让价格产生较大影响的重大事项之一时，上市公司应当及时披露：

（一）《证券法》第八十条第二款、第八十一条第二款规定的重大事项；

（二）因配股、增发、送股、派息、分立、减资及其他原因引起发行人股份变动，需要调整转股价格，或者依据募集说明书或者重组报告书约定的转股价格修正条款修正转股价格；

（三）向不特定对象发行的可转换公司债券未转换的面值总额少于3000万元；

（四）公司信用状况发生重大变化，可能影响如期偿还债券本息；

（五）可转换公司债券担保人发生重大资产变动、重大诉讼、合并、分立等情况；

（六）资信评级机构对可转换公司债券的信用或者公司的信用进行评级并已出具信用评级结果；

（七）本所或者公司认定的其他情形。

7.2.2 上市公司应当在可转换公司债券约定的付息日前三至五个交易日内披露付息公告，在可转换公司债券期满前三至五个交易日内披露本息兑付公告。

7.2.3 上市公司应当在可转换公司债券开始转股前三个交易日内披露实施转股

的公告。

7.2.4 上市公司应当持续关注可转换公司债券约定的赎回条件是否满足，预计可能触发赎回条件的，应当在预计赎回条件触发日的五个交易日前至少发布一次风险提示公告。

公司应当在满足可转换公司债券赎回条件的当日决定是否赎回并于次一交易日开市前披露。公司决定行使赎回权的，还应当在满足赎回条件后每五个交易日至少发布一次赎回提示性公告，并在赎回期结束后公告赎回结果及其影响；决定不行使赎回权的，公司应当公告不赎回的具体原因。

7.2.5 上市公司应当在满足可转换公司债券回售条件的次一交易日开市前披露回售公告，此后每五个交易日至少发布一次回售提示性公告，并在回售期结束后公告回售结果及其影响。

经股东大会批准变更募集资金投资项目的，公司应当在股东大会通过后二十个交易日内赋予可转换公司债券持有人一次回售的权利，有关回售公告至少发布三次。其中，在回售实施前、股东大会决议公告后五个交易日内至少发布一次，在回售实施期间至少发布一次，余下一次回售公告的发布时间视需要而定。

7.2.6 发行可转换公司债券的上市公司涉及本所规定应当停止交易或者转让、暂停转股的情形的，应当及时向本所申请并公告。

第三节　合并、分立和分拆

7.3.1 上市公司实施合并、分立、分拆上市的，应当遵守法律法规、本所有关规定，履行相应审议程序和信息披露义务。

公司依据前款规定召开股东大会审议相关议案的，应当经出席股东大会的股东所持表决权的三分之二以上通过。分拆上市的，还应当经出席会议的除上市公司董事、监事、高级管理人员以及单独或者合计持有上市公司 5% 以上股份的股东以外的其他股东所持表决权的三分之二以上通过。

7.3.2 合并完成后，公司应当办理股份变更登记，按照本规则第三章的规定向本所申请合并后公司的股票及其衍生品种上市。被合并上市公司应当按照本规则第九章的规定终止其股票及其衍生品种的上市。

7.3.3 上市公司拟分拆所属子公司在境内或境外市场上市的，在上市公司首次披露分拆相关公告后，应当及时公告本次分拆上市进展情况。

7.3.4 上市公司所属子公司拟首次公开发行股票并上市的，上市公司董事会应当就所属子公司本次股票发行的具体方案作出决议并提请股东大会审议。

所属子公司拟重组上市的，上市公司董事会应当就本次重组上市的具体方案作出决议并提请股东大会审议。

第四节　重大诉讼和仲裁

7.4.1 上市公司发生的下列诉讼、仲裁事项应当及时披露：

（一）涉案金额超过 1000 万元，且占上市公司最近一期经审计净资产绝对值 10% 以上；

（二）涉及上市公司股东大会、董事会决议被申请撤销或者宣告无效的诉讼；

（三）证券纠纷代表人诉讼。

未达到前款标准或者没有具体涉案金额的诉讼、仲裁事项，可能对上市公司股票及其衍生品种交易价格产生较大影响的，公司也应当及时披露。

7.4.2 上市公司连续十二个月内发生的诉讼、仲裁事项，涉案金额累计达到本规则第 7.4.1 条第一款第（一）项所述标准的，适用本规则第 7.4.1 条的规定。

已经按照本规则第 7.4.1 条规定履行披露义务的，不再纳入累计计算范围。

7.4.3 上市公司关于重大诉讼、仲裁事项的公告应当包括下列内容：

（一）案件受理情况和基本案情；

（二）案件对公司本期利润或者期后利润的影响，预计负债计提情况；

（三）公司是否还存在尚未披露的其他诉讼、仲裁事项；

（四）本所要求的其他内容。

7.4.4 上市公司应当及时披露诉讼、仲裁事项的重大进展情况，包括诉讼案件的一审和二审裁判结果、仲裁裁决结果以及裁判、裁决执行情况、对公司的影响等。

第五节 破产事项

7.5.1 上市公司发生重整、和解、清算等破产事项（以下统称破产事项）的，应当按照法律法规、本所有关规定履行相应审议程序和信息披露义务。

上市公司实施预重整等事项的，参照本节规定履行信息披露义务。

7.5.2 上市公司的控股股东、第一大股东、对上市公司经营具有重要影响的子公司或者参股公司发生破产事项，可能对上市公司股票及其衍生品种交易价格产生较大影响的，应当参照本节规定履行信息披露义务。

7.5.3 上市公司出现本规则第九章规定的退市风险警示或者终止上市情形的，应当依据本所有关规定和要求提供相关材料，履行信息披露和申请停牌、复牌等义务。

7.5.4 上市公司应当在董事会作出向法院申请重整、和解或者破产清算的决定时，或者知悉债权人向法院申请公司重整或者破产清算时，及时披露申请情况以及对公司的影响，并作风险提示。

在法院裁定是否受理破产事项前，公司应当每月披露相关进展情况。

7.5.5 法院受理重整、和解或者破产清算申请的，上市公司应当及时披露法院作出裁定的主要内容、指定管理人的基本情况，并明确公司进入破产程序后信息披露事务的责任人。

7.5.6 重整计划涉及引入重整投资人的，上市公司应当及时披露重整投资人的产生机制、基本情况以及投资协议的主要内容等事项。

重整投资人拟取得上市公司股份的，还应当充分披露取得股份的对价、定价依据及公允性、股份锁定安排等相关事项。

7.5.7 上市公司或者管理人应当及时披露债权人会议通知、会议议案的主要内容。在债权人会议审议通过重整计划或者和解协议后，及时披露重整计划、和解协议全文。

重整计划涉及财产变价方案及经营方案，达到本规则规定披露标准的，公司或者管理人应当就相关方案单独履行信息披露义务，并说明方案的具体情况。

7.5.8 重整计划草案涉及出资人权益调整等与股东权利密切相关的重大事项时，应当设出资人组对相关事项进行表决。

出资人组对出资人权益调整相关事项作出决议，必须经出席会议的出资人所持表决权三分之二以上通过。

出资人组会议的召开程序应当参照中国证监会及本所关于召开股东大会的有关规定，公司或者管理人应当提供网络投票方式，为出资人行使表决权提供便利，但法院另有要求的除外。

7.5.9 上市公司或者管理人应当在发出出资人组会议通知时单独披露出资人权益调整方案并说明出资人权益调整的必要性、范围、内容、除权（息）处理原则、是否有利于保护上市公司及中小投资者权益等。

出资人组会议召开后，公司应当及时披露表决结果和律师事务所出具的法律意见书。

7.5.10 法院裁定批准重整计划、和解协议的，上市公司或者管理人应当及时公告裁定内容，并披露重整计划、和解协议全文。重整计划、和解协议与前次披露内容存在差异的，应当说明差异内容及原因。

重整计划或者和解协议未获批准的，公司或者管理人应当及时公告裁定内容及未获批准的原因，并提示公司因被法院宣告破产而股票及其衍生品种可能被终止上市的风险。

7.5.11 在重整计划、和解协议执行期间，上市公司应当及时披露进展情况。重整计划、和解协议执行完毕后，公司应当及时披露相关情况，说明破产事项对公司的影响，并及时披露管理人监督报告和法院裁定内容。

公司不能执行或者不执行重整计划、和解协议的，应当及时披露，说明具体原因、相关责任归属、后续安排等，并提示公司因被法院宣告破产而股票及其衍生品种可能被终止上市的风险。

7.5.12 上市公司采取管理人管理运作模式的，管理人及其成员应当按照《证券法》以及最高人民法院、中国证监会和本所有关规定，真实、准确、完整、及时地履行信息披露义务，并确保对公司所有债权人和股东公平地披露信息。

公司披露的定期报告应当由管理人的成员签署书面确认意见，公司披露的临时报告应当由管理人发布并加盖管理人公章。

7.5.13 上市公司采取管理人监督运作模式的，公司应当继续按照本规则及本所其他规定履行信息披露义务。

管理人应当及时将涉及信息披露的所有事项告知公司董事会，并督促公司董事、监事和高级管理人员勤勉尽责地履行相关义务。

7.5.14 在破产事项中，股东、债权人、重整投资人等持有上市公司股份权益发生变动的，应当按照法律法规和本所有关规定履行信息披露义务。

第六节　会计政策、会计估计变更和资产减值

7.6.1 上市公司不得利用会计政策变更和会计估计变更操纵营业收入、净利润、净资产等财务指标。

7.6.2 上市公司根据法律、行政法规或者国家统一的会计制度的要求变更会计政策的，会计政策变更公告日期不得晚于会计政策变更生效当期的定期报告披露日期。

7.6.3 上市公司自主变更会计政策应当经董事会审议通过，会计政策变更的影响金额达到下列标准之一的，还应当在定期报告披露前提交股东大会审议：

（一）对上市公司最近一个会计年度经审计净利润的影响比例超过 50%；

（二）对上市公司最近一期经审计净资产的影响比例超过 50%。

本节所述会计政策变更对最近一个会计年度经审计净利润、最近一期经审计净资产的影响比例，是指公司因变更会计政策对最近一个会计年度、最近一期经审计的财务报告进行追溯调整后的公司净利润、净资产与原披露数据的差额除以原披露数据，净资产、净利润为负数的取其绝对值。

7.6.4 上市公司会计政策变更公告应当包括本次会计政策变更情况概述、本次会计政策变更对公司的影响、因会计政策变更对公司最近两年已披露的年度财务报告进行追溯调整导致已披露的报告年度出现盈亏性质改变的说明（如有）等。

公司自主变更会计政策的，除应当在董事会审议通过后及时按照前款规定披露外，还应当公告董事会、独立董事和监事会对会计政策变更是否符合有关规定的意见；需股东大会审议的，还应当披露会计师事务所出具的专项意见。

7.6.5 上市公司变更重要会计估计的，应当在变更生效当期的定期报告披露前将变更事项提交董事会审议，并在董事会审议通过后比照自主变更会计政策履行披露义务。

会计估计变更的影响金额达到下列标准之一的，公司应当在变更生效当期的定期报告披露前将会计估计变更事项提交股东大会审议，并在不晚于发出股东大会通知时披露会计师的专项意见：

（一）对上市公司最近一个会计年度经审计净利润的影响比例超过 50%；

（二）对上市公司最近一期经审计的净资产的影响比例超过 50%。

本节所述会计估计变更对最近一个会计年度经审计净利润、最近一期经审计的净资产的影响比例，是指假定公司变更后的会计估计已在最近一个会计年度、最近一期经审计财务报告中适用，据此计算的公司净利润、净资产与原披露数据的差额除以原披露数据，净资产、净利润为负数的取其绝对值。

7.6.6 上市公司计提资产减值准备或者核销资产，对公司当期损益的影响占上市公司最近一个会计年度经审计净利润绝对值的比例达到 10% 以上且绝对金额超过 100 万元的，应当及时披露。

第七节　其他

7.7.1 上市公司及有关各方应当依照《上市公司重大资产重组管理办法》及中国证监会其他有关规定、本规则及本所其他有关规定，实施重大资产重组。

7.7.2 上市公司因减少注册资本、实施股权激励或者员工持股计划、将股份用于转换上市公司发行的可转换公司债券以及为维护公司价值及股东权益所必需等而进行的回购，应当依据中国证监会和本所有关规定执行。

7.7.3 上市公司实施股权激励、员工持股计划的，应当符合有关法律法规及本所有关规定，履行相应审议程序和信息披露义务。

7.7.4 上市公司应当建立完善募集资金管理相关制度，按照有关法律法规、本所有关规定以及招股说明书或者其他募集发行文件等所列用途规范使用募集资金，并履行相应审议程序和信息披露义务。

7.7.5 上市公司办理现金选择权业务的，应当遵守法律法规和本所、结算公司的有关规定和公司章程的规定，确保相关股东可以顺利行使现金选择权。

第三方办理现金选择权业务的，应当授权公司代为向本所申请。

7.7.6 上市公司及相关信息披露义务人应当严格遵守承诺事项，按照中国证监会和本所有关规定履行承诺义务。

公司应当将公司和相关信息披露义务人承诺事项从相关信息披露文件中单独摘出，及时逐项在本所网站上予以公开。承诺事项发生变化的，公司应当在本所网站及时更新。

公司未履行承诺的，应当及时披露未履行承诺的原因以及相关人员可能承担的法律责任；相关信息披露义务人未履行承诺的，公司应当主动询问相关信息披露义务人，并及时披露未履行承诺的原因以及董事会拟采取的措施。

公司应当在定期报告中披露承诺事项的履行进展。

7.7.7 上市公司出现下列使公司面临重大风险情形之一的，应当及时披露相关情况及对公司的影响：

（一）发生重大亏损或者遭受重大损失；

（二）发生重大债务和未能清偿到期重大债务的违约情况；

（三）可能依法承担的重大违约责任或者大额赔偿责任；

（四）公司决定解散或者被有权机关依法责令关闭；

（五）重大债权到期未获清偿，或者主要债务人出现资不抵债或者进入破产程序；

（六）公司营业用主要资产被查封、扣押、冻结、抵押、质押或者报废超过总资产的 30%；

（七）主要或者全部业务陷入停顿；

（八）公司涉嫌犯罪被依法立案调查，公司的控股股东、实际控制人、董事、监事、高级管理人员涉嫌犯罪被依法采取强制措施；

（九）公司或者其控股股东、实际控制人、董事、监事、高级管理人员受到刑事处罚，涉嫌违法违规被中国证监会立案调查或者受到中国证监会行政处罚，或者受到其他有权机关重大行政处罚；

（十）公司的控股股东、实际控制人、董事、监事、高级管理人员涉嫌严重违纪违法或者职务犯罪被纪检监察机关采取留置措施且影响其履行职责；

（十一）公司董事长或者总经理无法履行职责，除董事长、总经理外的其他公司董事、监事、高级管理人员因身体、工作安排等原因无法正常履行职责达到或者预计达到三个月以上，或者因涉嫌违法违规被有权机关采取强制措施且影响其履行职责；

（十二）本所或者公司认定的其他重大风险情况。

7.7.8 上市公司出现本规则第 7.7.7 条第（八）项、第（九）项情形且可能触及重大违法强制退市情形的，应当在知悉被相关行政机关立案调查或者被人民检察院提起公诉时及时披露，在其后每月披露一次风险提示公告，说明相关情况进展，并就其股票可能被实施重大违法强制退市进行风险提示。本所或者公司董事会认为有必要的，可以增加风险提示公告的披露次数，并视情况对公司股票及其衍生品种的停牌与复牌作出相应安排。

7.7.9 上市公司出现下列情形之一的，应当及时披露：

（一）变更公司章程、公司名称、股票简称、注册资本、注册地址、办公地址和联系电话等。公司章程发生变更的，还应当将新的公司章程在符合条件媒体披露；

（二）经营方针和经营范围发生重大变化；

（三）依据中国证监会关于行业分类的有关规定，上市公司行业分类发生变更；

（四）董事会审议通过发行新股、可转换公司债券、优先股、公司债券等境内外融资方案；

（五）公司发行新股或者其他境内外发行融资申请、重大资产重组事项收到相应的审核意见；

（六）生产经营情况、外部条件或者生产环境发生重大变化（包括行业政策、产品价格、原材料采购、销售方式等发生重大变化）；

（七）订立重要合同，可能对公司的资产、负债、权益和经营成果产生重大影响；

（八）公司实际控制人或者持有公司5%以上股份的股东持股情况或者控制公司的情况发生或者拟发生较大变化；

（九）法院裁决禁止公司控股股东转让其所持公司股份；

（十）公司的董事、三分之一以上监事、总经理或者财务负责人发生变动；

（十一）任一股东所持公司5%以上股份被质押、冻结、司法标记、司法拍卖、托管、设定信托或者限制表决权等，或者出现被强制过户风险；

（十二）获得额外收益，可能对公司的资产、负债、权益或者经营成果产生重大影响；

（十三）本所或者公司认定的其他情形。

7.7.10 上市公司根据经营及业务发展需要自主变更公司全称或者证券简称的，应当根据实际经营业务情况审慎对待，不得随意变更。

公司变更后的公司名称应当与公司主营业务相匹配，不得利用变更名称影响公司股票及其衍生品种交易价格、误导投资者，不得违反有关法律法规、本规则及本所其他规定。

公司的证券简称应当来源于公司全称，拟变更的证券简称不得与其他上市公司的证券简称相同或者相似，不得出现仅以行业通用名称作为证券简称等情形。

拟变更的证券简称不符合前述规定的，本所可以要求公司纠正，在公司未按要求纠正前，本所不予办理公司证券简称变更事宜。

7.7.11 上市公司应当按规定披露履行社会责任的情况。

公司出现下列情形之一的，应当披露事项概况、发生原因、影响、应对措施或者解决方案：

（一）发生重大环境、生产及产品安全事故；

（二）收到相关部门整改重大违规行为、停产、搬迁、关闭的决定或者通知；

（三）不当使用科学技术或者违反科学伦理；

（四）其他不当履行社会责任的重大事故或者具有负面影响的事项。

7.7.12 本节规定的事项涉及具体金额的，应当参照适用本规则第6.1.2条的规定。

持有上市公司5%以上股份的股东对本节规定事项的发生、进展产生较大影响的，应当及时将其知悉的有关情况书面告知公司，并配合公司履行信息披露义务。

第八章　停牌与复牌

8.1 上市公司发生本规则规定的停牌、复牌事项，应当向本所申请对其股票及其衍生品种停牌与复牌。

本章未有明确规定的，公司可以以本所认为合理的理由，向本所申请对其股票及其衍生品种停牌与复牌，本所视情况决定公司股票及其衍生品种的停牌与复牌事宜。

8.2 上市公司股票被本所实行风险警示或者出现终止上市情形的，公司股票应当按照本规则第九章的有关规定停牌与复牌。

公司股票按本规则第九章规定停牌、复牌的，其衍生品种的停牌、复牌应当与公司股票保持一致。

8.3 上市公司未在法定期限内披露年度报告、半年度报告的，本所于相关定期报告披露期限届满后次一交易日，对该公司股票及其衍生品种实施停牌，后续事宜按照本规则第九章有关规定执行。

公司半数以上董事无法保证年度报告或者半年度报告真实、准确、完整且在相关定期报告披露的法定期限届满前仍有半数以上董事无法保证的，本所于相关定期报告披露期限届满后次一交易日，对该公司股票及其衍生品种实施停牌，后续事宜按照本规则第九章有关规定执行。

8.4 上市公司因财务会计报告存在重大会计差错或者虚假记载，被中国证监会责令改正但未在要求期限内改正的，本所自要求期限届满后次一个交易日起对公司股票及其衍生品种实施停牌，后续事宜按照本规则第九章有关规定执行。

8.5 上市公司信息披露或者规范运作等方面存在重大缺陷，被本所要求改正但未在要求期限内改正的，本所自要求期限届满后次一个交易日起对公司股票及其衍生品种实施停牌，后续事宜按照本规则第九章有关规定执行。

8.6 上市公司出现股本总额发生变化或者因要约收购以外的其他原因导致连续二十个交易日股本总额、股权分布不再具备上市条件的，本所在二十个交易日届满后次一交易日起，对该公司股票及其衍生品种实施停牌，后续事宜按照本规则第九章有关规定执行。

8.7 上市公司因收购人履行要约收购义务，或者收购人以终止上市公司上市地位为目的而发出全面要约的，要约收购期限届满至要约收购结果公告前，公司股票及其衍生品种应当停牌。

根据收购结果，被收购上市公司股本总额、股权分布具备上市条件的，公司股票及其衍生品种于要约收购结果公告后复牌。

根据收购结果，被收购上市公司股本总额、股权分布不再具备上市条件且收购人以终止公司上市地位为收购目的的，公司股票及其衍生品种于要约收购结果公告后继续停牌，并按照本规则第九章有关规定执行。

根据收购结果，被收购上市公司股本总额、股权分布不再具备上市条件但收购人不以终止公司上市地位为收购目的的，公司股票及其衍生品种于要约收购结果公告后继续停牌，并参照本规则第 9.4.8 条及后续程序执行。

8.8 上市公司股东大会无法正常召开会议并形成决议，且未披露相关情况的，本所于股东大会原定召开日的次一交易日，对该公司股票及其衍生品种实施停牌，公司披露相关信息后复牌。

8.9 传闻出现上市公司尚未披露的信息，可能或者已经对公司股票及其衍生品种交易价格产生较大影响的，本所可以在交易时间对公司股票及其衍生品种实施停牌，公司披露相关公告后复牌。

8.10 上市公司出现股票交易重大异常情形，本所可以对公司股票及其衍生品种实施停牌，并要求公司进行核查，公司披露相关公告后复牌。

公司出现股票衍生品种交易重大异常情形，本所可以对该衍生品种实施停牌，并要求公司进行核查，公司披露相关公告后复牌。

8.11 上市公司实施现金选择权的，可以向本所申请其股票及其衍生品种停牌，并在披露相关公告后复牌。

8.12 上市公司筹划重大事项确有必要申请停牌的，应当根据中国证监会及本所有关规定，向本所申请停牌。

公司应当审慎申请停牌，明确停牌事由，合理确定停牌时间，尽可能缩短停牌时长，并及时申请复牌。

8.13 上市公司在其股票及其衍生品种被实施停牌期间，应当至少每五个交易日披露一次未能复牌的原因和相关事项进展情况，本所另有规定的除外。

8.14 除上述规定外，本所可以依据中国证监会的要求或者基于保护投资者合法权益、维护市场秩序的需要，作出上市公司股票及其衍生品种停牌与复牌的决定。

第九章 退市与风险警示

第一节 一般规定

9.1.1 上市公司触及本章规定终止上市情形的，本所依据本章规定的程序审议和决定其股票终止上市事宜。

本规则所称的退市包括强制终止上市（以下简称强制退市）和主动终止上市。强制退市分为交易类强制退市、财务类强制退市、规范类强制退市和重大违法类强制退市四类情形。

9.1.2 上市公司出现财务状况或者其他状况异常，导致其股票存在终止上市风险，或者投资者难以判断公司前景，其投资权益可能受到损害，存在其他重大风险的，本所依据本章规定程序审议和决定其股票风险警示事宜。

本规则所称的风险警示包括提示存在强制退市风险的风险警示（以下简称退市风险警示）和提示存在其他重大风险的其他风险警示（以下简称其他风险警示）。

公司股票交易被实施退市风险警示的，在股票简称前冠以 *ST 字样；被实施其他风险警示的，在股票简称前冠以 ST 字样，以区别于其他股票。公司同时存在退市风险警示和其他风险警示情形的，在股票简称前冠以 *ST 字样。

退市风险警示股票和其他风险警示股票进入风险警示板交易。

9.1.3 上市公司应当依据本所有关规定和要求提供材料，履行信息披露、停复牌申请等义务。公司未按照有关规定提交公告及相关文件的，本所可以向市场公告，并按照规定对其股票实施停牌、复牌、风险警示或者终止上市等。

9.1.4 上市公司存在股票交易被实施风险警示或者终止上市风险的，应当按照本章有关规定披露风险提示公告。

本所可以视情况要求公司增加风险提示公告的披露次数。

9.1.5 上市公司出现股票交易被实施风险警示情形的，应当披露公司股票交易被实施风险警示公告，公司股票于公告后停牌一个交易日，自复牌之日起，本所对其股票交易实施风险警示。

公司股票交易被实施风险警示公告应当包括股票的种类、简称、证券代码以及实施风险警示的起始日、触及情形；实施风险警示的主要原因；董事会关于争取撤销风险警示的意见及具体措施；股票可能被终止上市的风险提示（如适用）；实施风险警示期间公司接受投资者咨询的主要方式等。

9.1.6 上市公司出现两项以上退市风险警示、终止上市情形的，本所按照先触及先适用的原则对其股票交易实施退市风险警示、终止其股票上市交易。

公司同时存在两项以上退市风险警示情形，其中一项退市风险警示情形已符合撤销条件的，公司应当在规定期限内申请撤销相关退市风险警示情形，经本所审核同意的，不再适用该情形对应的终止上市程序。

公司须符合全部退市风险警示情形的撤销条件，且不存在新增退市风险警示情形的，方可撤销退市风险警示。

公司股票撤销退市风险警示，但还存在应实施其他风险警示情形的，本所根据本章第八节的规定对其股票交易实施其他风险警示。

9.1.7 上市公司认为其出现的其他风险警示情形已消除的，应当及时公告，并可以向本所申请撤销相关其他风险警示情形。

公司全部其他风险警示情形均符合撤销条件，且不存在新增其他风险警示情形的，方可撤销其他风险警示。

公司股票撤销其他风险警示，但还存在应实施退市风险警示情形的，本所根据本章有关规定对其股票交易实施退市风险警示。

9.1.8 上市公司申请撤销风险警示的，应当向本所提交下列文件：

（一）公司关于撤销对其股票交易实施风险警示的申请书；

（二）公司董事会关于申请撤销对公司股票交易实施风险警示的决议；

（三）公司就其符合撤销风险警示条件的说明及有关证明材料；

（四）本所要求的其他有关材料。

9.1.9 上市公司出现本所规定的强制退市情形之一的，本所在规定期限内向公司发出拟终止其股票上市的事先告知书。公司应当在收到本所终止上市事先告知书后及时披露。

9.1.10 上市公司可以在收到或者本所公告送达终止上市事先告知书之日（以在先者为准，下同）起五个交易日内，以书面形式向本所提出听证要求，并载明具体事项及理由。有关听证程序和相关事宜，适用本所有关规定。

公司对终止上市有异议的，可以在收到或者本所公告终止上市事先告知书之日起十个交易日内，向本所提交相关书面陈述和申辩，并提供相关文件。

公司未在本条规定期限内提出听证要求、书面陈述和申辩的，视为放弃相应权利。

9.1.11 本所上市审核委员会（以下简称上市委员会）对上市公司股票终止上市事宜进行审议，作出独立的专业判断并形成审议意见。

上市公司在本规则第9.1.10条规定期限内提出听证要求的，由本所上市委员会按照有关规定组织召开听证会，并在听证程序结束后十五个交易日内就是否终止公司股票上市事宜形成审议意见。

公司未在规定期限内提出听证申请的，本所上市委员会在陈述和申辩提交期限届满后十五个交易日内，就是否终止公司股票上市事宜形成审议意见。

本所根据上市委员会的意见，作出是否终止股票上市的决定。

9.1.12 本所在作出是否撤销风险警示、终止股票上市决定、撤销对公司股票终止上市的决定前，可以要求上市公司提供补充材料，公司应当在本所要求期限内提供有关材料，补充材料期间不计入本所作出有关决定的期限。

公司未在本所要求期限内提交补充材料的，本所继续对相关事项进行审核，并根据本规则作出相关决定。

本所在作出是否撤销风险警示、终止股票上市决定、撤销对公司股票终止上市的决定前，可以自行或者委托相关单位就公司有关情况进行调查核实，调查核实期间不计入本所作出有关决定的期限。

9.1.13 本所在作出终止上市公司股票上市决定之日起两个交易日内，通知上市公司并以交易所公告形式发布相关决定，同时报中国证监会备案。

公司应当在收到本所关于终止其股票上市的决定后，及时披露股票终止上市公告。股票终止上市公告应当包括终止上市股票的种类、简称、证券代码以及终止上市的日期；终止上市决定的主要内容；终止上市后其股票登记、转让、管理事宜；终止上市后公司的联系人、联系地址、电话和其他通讯方式等。

本所决定不对公司股票实施终止上市的，公司应当在收到本所相关决定后，及时披露并申请股票复牌。公司股票不存在其他退市风险警示情形的，自复牌之日起，本所撤销对公司股票实施的退市风险警示。

9.1.14 上市公司股票被终止上市的，其发行的可转换公司债券及其他衍生品种应当终止上市，相关终止上市事宜参照股票终止上市有关规定办理。

本所对可转换公司债券及其他衍生品种的终止上市事宜另有规定的，适用其规定。

9.1.15 上市公司股票被本所强制退市后，进入退市整理期，因触及交易类强制退市情形而终止上市的除外。

9.1.16 强制退市公司应当在本所作出终止其股票上市决定后立即安排股票转入全国中小企业股份转让系统等证券交易场所转让的相关事宜，保证公司股票在摘牌之日起四十五个交易日内可以转让。

强制退市公司在股票被摘牌前，应当与符合规定条件的证券公司（以下简称主办券商）签订协议，聘请该机构在公司股票被终止上市后为公司提供股份转让服务，并授权其办理证券交易所市场登记结算系统的股份退出登记、股份重新确认及登记结算等事宜。

强制退市公司未聘请主办券商的，本所可以为其指定主办券商，并通知公司和该机构。公司应当在两个交易日内就上述事项披露相关公告（公司不再具备法人资格的情形除外）。

主动终止上市公司可以选择在全国中小企业股份转让系统等证券交易场所交易或转让其股票，或者依法作出其他安排。

第二节 交易类强制退市

9.2.1 上市公司出现下列情形之一的，本所终止其股票上市交易：

（一）在本所仅发行 A 股股票的公司，通过本所交易系统连续一百二十个交易日股票累计成交量低于 500 万股；

（二）在本所仅发行 B 股股票的公司，通过本所交易系统连续一百二十个交易日股票累计成交量低于 100 万股；

（三）在本所既发行 A 股股票又发行 B 股股票的公司，通过本所交易系统连续一百二十个交易日其 A 股股票累计成交量低于 500 万股且其 B 股股票累计成交量低于 100 万股；

（四）在本所仅发行 A 股股票或者仅发行 B 股股票的公司，通过本所交易系统连续二十个交易日的每日股票收盘价均低于 1 元；

（五）在本所既发行 A 股股票又发行 B 股股票的公司，通过本所交易系统连续二十个交易日的 A 股和 B 股每日股票收盘价同时均低于 1 元；

（六）公司连续二十个交易日在本所的股票收盘市值均低于 3 亿元；

（七）公司连续二十个交易日股东人数均少于 2000 人；

（八）本所认定的其他情形。

在本所发行存托凭证的红筹企业出现下列情形之一的，本所决定终止其存托凭证上市交易：

（一）通过本所交易系统连续一百二十个交易日存托凭证累计成交量低于500万份；

（二）通过本所交易系统连续二十个交易日每日存托凭证收盘价乘以存托凭证与基础股票转换比例后的数值均低于1元；

（三）连续二十个交易日在本所的每日存托凭证收盘市值均低于3亿元；

（四）本所认定的其他情形。

本节规定的连续交易日，不包含公司股票或者存托凭证全天停牌日和公司首次公开发行股票或者存托凭证上市之日起的二十个交易日。

证券市场出现重大异常波动等情形的，本所可以根据实际情况调整本条规定的指标。

9.2.2 在本所仅发行A股股票的上市公司，出现连续九十个交易日通过本所交易系统实现的累计股票成交量低于500万股的，应当在次一交易日开市前披露公司股票可能被终止上市的风险提示公告，其后每个交易日披露一次，直至自上述九十个交易日的起算时点起连续一百二十个交易日内通过本所交易系统实现的累计成交量达到500万股以上或者本所作出公司股票终止上市的决定之日止（以在先者为准）。

在本所仅发行B股股票的公司，出现连续九十个交易日通过本所交易系统实现的累计股票成交量低于100万股的，应当在次一交易日开市前披露公司股票可能被终止上市的风险提示公告，其后每个交易日披露一次，直至自上述九十个交易日的起算时点起连续一百二十个交易日内通过本所交易系统实现的累计成交量达到100万股以上或者本所作出公司股票终止上市的决定之日止（以在先者为准）。

在本所既发行A股股票又发行B股股票的公司，出现连续九十个交易日通过本所交易系统实现的A股股票累计成交量低于500万股且B股股票累计成交量低于100万股的，应当在次一交易日开市前披露公司股票可能被终止上市的风险提示公告，其后每个交易日披露一次，直至自上述九十个交易日的起算时点起连续一百二十个交易日内A股股票通过本所交易系统实现的累计成交量达到500万股以上或者B股股票通过本所交易系统实现的累计成交量达到100万股以上，或者本所作出公司股票终止上市的决定之日止（以在先者为准）。

在本所发行存托凭证的红筹企业，出现连续九十个交易日通过本所交易系统实现的存托凭证累计成交量低于500万份的，应当在次一交易日开市前披露公司存托凭证可能被终止上市的风险提示公告，其后每个交易日披露一次，直至自上述九十个交易日的起算时点起连续一百二十个交易日内通过本所交易系统实现的累计成交量达到500万份以上或者本所作出公司存托凭证终止上市的决定之日止（以在先者为准）。

本所可以根据实际情况，对上述风险提示标准进行调整。

9.2.3 上市公司连续十个交易日出现下列情形之一的，应当在次一交易日开市前披露公司股票可能被终止上市的风险提示公告，其后每个交易日披露一次，直至相应的情形消除或者本所作出公司股票终止上市的决定之日止（以在先者为准）：

（一）每日股票收盘价均低于 1 元；

（二）每日在本所的股票收盘市值均低于 3 亿元；

（三）每日公司股东人数均低于 2000 人。

在本所发行存托凭证的红筹企业连续十个交易日出现下列情形之一的，应当在次一交易日开市前披露公司存托凭证可能被终止上市的风险提示公告，其后每个交易日披露一次，直至相应的情形消除或者本所作出公司存托凭证终止上市的决定之日止（以在先者为准）：

（一）每日存托凭证收盘价乘以存托凭证与基础股票转换比例后的数值均低于 1 元；

（二）每日在本所的存托凭证收盘市值均低于 3 亿元。

本所可以根据实际情况，对上述风险提示标准进行调整。

9.2.4 上市公司出现本规则第 9.2.1 条第一款或者在本所发行存托凭证的红筹企业出现本规则第 9.2.1 条第二款规定情形之一的，应当在事实发生的次一交易日开市前披露，公司股票或者存托凭证于公告后停牌。

本所自公司股票或者存托凭证停牌之日起五个交易日内，向公司发出拟终止其股票或者存托凭证上市的事先告知书。

9.2.5 上市公司收到终止上市事先告知书后，可以根据本章第一节的规定申请听证，提出陈述和申辩。

本所上市委员会就是否终止公司股票或者存托凭证上市事宜进行审议。本所根据上市委员会的审议意见作出是否终止公司股票或者存托凭证上市的决定。

第三节　财务类强制退市

9.3.1 上市公司出现下列情形之一的，本所对其股票交易实施退市风险警示：

（一）最近一个会计年度经审计的净利润为负值且营业收入低于 1 亿元，或者追溯重述后最近一个会计年度净利润为负值且营业收入低于 1 亿元；

（二）最近一个会计年度经审计的期末净资产为负值，或者追溯重述后最近一个会计年度期末净资产为负值；

（三）最近一个会计年度的财务会计报告被出具无法表示意见或者否定意见的审计报告；

（四）中国证监会行政处罚决定书表明公司已披露的最近一个会计年度财务报告存在虚假记载、误导性陈述或者重大遗漏，导致该年度相关财务指标实际已触及本款第（一）项、第（二）项情形；

（五）本所认定的其他情形。

本节所述净利润以扣除非经常性损益前后孰低者为准。本节所述营业收入应当扣除与主营业务无关的业务收入和不具备商业实质的收入。本节所述最近一个会计年度是指最近一个已经披露经审计财务会计报告的年度。

公司最近一个会计年度经审计净利润为负值的，公司应当在年度报告中披露营业收入扣除情况及扣除后的营业收入金额；负责审计的会计师事务所应当就公司营业收入扣除事项是否符合前述规定及扣除后的营业收入金额出具专项核查意见。

公司未按本条第二款规定扣除相关收入的，本所可以要求公司扣除，并按照扣除后营业收入决定是否对公司股票实施退市风险警示、终止上市。

9.3.2 上市公司预计将出现本规则第 9.3.1 条第一款第（一）项至第（三）项情形的，应当在相应的会计年度结束后一个月内，披露公司股票交易可能被实施退市风险警示的风险提示公告，并在披露年度报告前至少再披露两次风险提示公告。

公司因追溯重述导致可能出现本规则第 9.3.1 条第一款第（一）项、第（二）项情形，或者相关行政处罚事先告知书表明公司可能出现本规则第 9.3.1 条第一款第（四）项情形的，应当在知悉相关风险情况时立即披露公司股票交易可能被实施退市风险警示的风险提示公告。

9.3.3 上市公司出现本规则第 9.3.1 条第一款第（一）项至第（三）项情形的，应当在披露年度报告或者追溯重述的财务数据的同时，披露公司股票交易被实施退市风险警示公告。公司股票于公告后停牌一个交易日，自复牌之日起，本所对公司股票交易实施退市风险警示。

9.3.4 上市公司出现本规则第 9.3.1 条第一款第（四）项情形的，应当在收到行政处罚决定书后，立即披露相关情况及公司股票交易被实施退市风险警示公告。公司股票于公告后停牌一个交易日，自复牌之日起，本所对公司股票交易实施退市风险警示。

9.3.5 上市公司因出现本规则第 9.3.1 条第一款第（一）项至第（三）项情形，其股票交易被实施退市风险警示的，应当在其股票交易被实施退市风险警示当年会计年度结束后一个月内，披露股票可能被终止上市的风险提示公告，并在披露该年年度报告前至少再披露两次风险提示公告。

公司因追溯重述导致出现本规则第 9.3.1 条第一款第（一）项、第（二）项情形，或者出现本规则第 9.3.1 条第一款第（四）项情形，其股票交易被实施退市风险警示的，应当在披露实际触及退市风险警示指标相应年度次一年度的年度报告前至少披露两次风险提示公告。

9.3.6 上市公司股票交易因本规则第 9.3.1 条规定情形被本所实施退市风险警示的，在退市风险警示期间，公司进行重大资产重组且符合下列全部条件的，可以向本所申请对其股票交易撤销退市风险警示：

（一）根据中国证监会有关重大资产重组规定出售全部经营性资产和负债、购买其他资产且已实施完毕；

（二）通过购买进入公司的资产是一个完整经营主体，该经营主体在进入公司前已在同一管理层之下持续经营三年以上；

（三）公司模拟财务报表（经会计师事务所出具专项说明）的财务数据不存在本规则第 9.3.1 条第一款规定的情形；

（四）本所要求的其他条件。

9.3.7 上市公司因触及本规则第 9.3.1 条第一款第（一）项至第（三）项情形，其股票交易被实施退市风险警示后，首个会计年度的年度报告表明公司符合不存在本规则第 9.3.11 条第一款第（一）项至第（四）项任一情形的条件的，公司可以向本所申请对其股票交易撤销退市风险警示。

公司追溯重述导致出现本规则第 9.3.1 条第一款第（一）项、第（二）项情形，或者因触及本规则 9.3.1 条第一款第（四）项情形，其股票交易被实施退市风险警示后，实际触及退市风险警示指标相应年度次一年度的年度报告表明公司符合不存在本规则第 9.3.11 条第一款第（一）项至第（四）项任一情形的条件的，公司可以向本所申请对其股票交易撤销退市风险警示。

9.3.8 上市公司符合本规则第 9.3.7 条规定条件的，应当于年度报告披露的同时说明是否将向本所申请撤销退市风险警示。公司拟申请撤销退市风险警示的，应当在披露之日起五个交易日内向本所提交申请。

公司向本所申请对其股票交易撤销退市风险警示的，应当于提交申请的次一交易日开市前披露相关公告。

公司提交完备的撤销退市风险警示申请材料的，本所在十五个交易日内决定是否撤销退市风险警示。

9.3.9 本所决定撤销退市风险警示的，上市公司应当及时披露公司股票撤销退市风险警示公告，公司股票于公告后停牌一个交易日，自复牌之日起，本所撤销对公司股票交易的退市风险警示。

9.3.10 本所决定不予撤销退市风险警示的，上市公司应当在收到本所有关书面通知的次一交易日开市前披露公告。

9.3.11 上市公司因触及本规则第 9.3.1 条第一款第（一）项至第（三）项情形其股票交易被实施退市风险警示后，首个会计年度出现下列情形之一的，本所决定终止其股票上市交易：

（一）经审计的净利润为负值且营业收入低于 1 亿元，或者追溯重述后最近一个会计年度净利润为负值且营业收入低于 1 亿元；

（二）经审计的期末净资产为负值，或者追溯重述后最近一个会计年度期末净资产为负值；

（三）财务会计报告被出具保留意见、无法表示意见或者否定意见的审计报告；

（四）未在法定期限内披露过半数董事保证真实、准确、完整的年度报告；

（五）虽符合第9.3.7条的规定，但未在规定期限内向本所申请撤销退市风险警示；

（六）因不符合第9.3.7条的规定，其撤销退市风险警示申请未被本所审核同意。

公司追溯重述导致出现本规则第9.3.1条第一款第（一）项、第（二）项情形，或者因触及第9.3.1条第一款第（四）项情形其股票交易被实施退市风险警示后，出现前款第（四）项至第（六）项情形或者实际触及退市风险警示指标相应年度的次一年度出现前款第（一）项至第（三）项情形的，本所决定终止其股票上市交易。

9.3.12 上市公司出现本规则第9.3.11条第一款第（一）项至第（三）项情形的，应当在年度报告披露的同时披露公司股票可能被终止上市的风险提示公告。公司股票于公告后停牌。

公司出现本规则第9.3.11条第一款第（四）项至第（六）项情形的，应当在发生上述情形次一交易日开市前披露公司股票可能被终止上市的风险提示公告。公司股票于公告后停牌。

公司出现本规则第9.3.11条第二款情形的，按照本条前两款执行。

9.3.13 本所根据本规则第9.3.12条对公司股票实施停牌的，自停牌之日起五个交易日内，向公司发出拟终止其股票上市的事先告知书。

9.3.14 上市公司收到终止上市事先告知书后，可以根据本章第一节的规定申请听证，提出陈述和申辩。

本所上市委员会就是否终止公司股票上市事宜进行审议。本所根据上市委员会的审议意见作出是否终止公司股票上市的决定。

9.3.15 上市公司因触及本规则第9.3.11条第二款有关情形其股票被终止上市，相关行政处罚决定被依法撤销或者确认无效，或者因对违法行为性质、违法事实等的认定发生重大变化被依法变更的，参照本规则第9.5.9条至第9.5.13条规定的程序办理。

第四节 规范类强制退市

9.4.1 上市公司出现下列情形之一的，本所对其股票交易实施退市风险警示：

（一）未在法定期限内披露年度报告或者半年度报告，且在公司股票停牌两个月内仍未披露；

（二）半数以上董事无法保证年度报告或者半年度报告真实、准确、完整，且在公司股票停牌两个月内仍有半数以上董事无法保证；

（三）因财务会计报告存在重大会计差错或者虚假记载，被中国证监会责令改正但未在要求期限内改正，且在公司股票停牌两个月内仍未改正；

（四）因信息披露或者规范运作等方面存在重大缺陷，被本所要求改正但未在要求期限内改正，且在公司股票停牌两个月内仍未改正；

（五）因公司股本总额或者股权分布发生变化，导致连续二十个交易日股本总额、股权分布不再具备上市条件，在规定期限内仍未解决；

（六）公司可能被依法强制解散；

（七）法院依法受理公司重整、和解或者破产清算申请；

（八）本所认定的其他情形。

9.4.2 本规则第 9.4.1 条第（四）项所述信息披露或者规范运作等方面存在重大缺陷，为下列情形之一：

（一）公司已经失去信息披露联系渠道；

（二）公司拒不披露应当披露的重大信息；

（三）公司严重扰乱信息披露秩序，并造成恶劣影响；

（四）本所认为公司存在信息披露或者规范运作重大缺陷的其他情形。

9.4.3 上市公司是否存在信息披露或者规范运作重大缺陷，及前述重大缺陷是否改正，由本所上市委员会予以认定。上市委员会认定期间不计入公司改正期限。

9.4.4 上市公司出现下列情形之一的，应当立即披露股票交易可能被实施退市风险警示的风险提示公告：

（一）未在法定期限内披露年度报告或者半年度报告；

（二）半数以上董事无法保证年度报告或者半年度报告真实、准确、完整；

（三）因财务会计报告存在重大会计差错或者虚假记载，被中国证监会责令改正；

（四）因信息披露或者规范运作等方面存在重大缺陷，被本所要求改正；

（五）连续十个交易日股本总额或者股权分布不再具备上市条件；

（六）连续二十个交易日股本总额或者股权分布不再具备上市条件。

公司按照前款第（一）项至第（四）项、第（六）项规定披露风险提示公告后，应当至少每十个交易日披露一次相关进展情况和风险提示公告，直至相应情形消除或者公司股票交易被本所实施退市风险警示。

9.4.5 上市公司出现本规则第 9.4.1 条第（一）项情形的，公司应当在其股票停牌两个月届满的次一交易日开市前披露公司股票交易被实施退市风险警示公告。公司股票于公告后继续停牌一个交易日，自复牌之日起，本所对公司股票交易实施退市风险警示。

公司在股票停牌后两个月内披露过半数董事保证真实、准确、完整的年度报告、半年度报告的，公司股票于公告后复牌。

9.4.6 上市公司出现本规则第 9.4.1 条第（二）项情形的，公司应当在其股票停牌两个月届满的次一交易日开市前披露公司股票交易被实施退市风险警示公告。公司股票于公告后继续停牌一个交易日，自复牌之日起，本所对公司股票交易实施退市风险警示。

公司在股票停牌后两个月内过半数董事保证年度报告、半年度报告真实、准确、完整的，应当及时公告，公司股票于公告后复牌。

9.4.7 上市公司出现本规则第 9.4.1 条第（三）项、第（四）项情形的，公司应当在其股票停牌两个月届满的次一交易日开市前披露公司股票交易被实施退市风险警示公告。公司股票于公告后继续停牌一个交易日，自复牌之日起，本所对公司股票交易实施退市风险警示。

公司在股票停牌后两个月内按照有关规定和要求改正的，应当及时公告，公司股票于公告后复牌。

9.4.8 上市公司连续二十个交易日股本总额、股权分布不再具备上市条件的，应当于停牌之日起一个月内披露股本总额、股权分布问题的解决方案。

公司在股票停牌后一个月内披露解决方案的，应当同时披露公司股票交易被实施退市风险警示公告；未在股票停牌后一个月内披露解决方案的，应当在一个月期限届满的次一交易日开市前披露公司股票交易被实施退市风险警示公告。公司股票于公告后继续停牌一个交易日，自复牌之日起，本所对公司股票交易实施退市风险警示。

股票停牌期间，公司股本总额、股权分布重新具备上市条件的，应当及时公告，公司股票于公告后复牌。

9.4.9 上市公司出现本规则第 9.4.1 条第（六）项至第（八）项情形之一的，应当立即披露相关情况及公司股票交易被实施退市风险警示公告。公司股票于公告后停牌一个交易日，自复牌之日起，本所对公司股票交易实施退市风险警示。

9.4.10 上市公司股票交易因本节规定被实施退市风险警示期间，应当至少每五个交易日披露一次公司股票可能被终止上市的风险提示公告，直至相应情形消除或者本所终止其股票上市。

9.4.11 上市公司因本规则第 9.4.1 条第（七）项情形其股票交易被实施退市风险警示的，应当分阶段及时披露法院裁定批准公司重整计划、和解协议或者终止重整、和解程序等重整事项的进展，并提示相关风险。

9.4.12 上市公司因本规则第 9.4.1 条第（一）项至第（六）项情形其股票交易被实施退市风险警示后，符合下列对应条件的，可以向本所申请对其股票交易撤销退市风险警示：

（一）因第 9.4.1 条第（一）项情形被实施退市风险警示之日起的两个月内，披露相关年度报告、半年度报告，且不存在半数以上董事无法保证真实、准确、完整情形；

（二）因第 9.4.1 条第（二）项情形被实施退市风险警示之日起的两个月内，过半数董事保证相关年度报告、半年度报告真实、准确、完整；

（三）因第 9.4.1 条第（三）项情形被实施退市风险警示之日起的两个月内，按有关规定和要求披露经改正的财务会计报告；

（四）因第 9.4.1 条第（四）项情形被实施退市风险警示之日起的两个月内，公司已改正，公司信息披露和规范运作无重大缺陷；

（五）因第 9.4.1 条第（五）项情形被实施退市风险警示之日起的六个月内，公司股本总额、股权分布重新具备上市条件；

（六）因第 9.4.1 条第（六）项情形被实施退市风险警示后，公司可能被依法强制解散的情形已消除。

公司因符合前款第（四）项情形向本所申请对其股票交易撤销退市风险警示的，应当按照本所要求同时披露中介机构专项核查意见，说明公司信息披露、规范运作无重大缺陷，本所提请上市委员会审议，并根据上市委员会的审议意见作出是否撤销退市风险警示的决定。

上市委员会审议期间不计入本所作出相应决定的期限。

9.4.13 上市公司因第 9.4.1 条第（七）项情形其股票交易被实施退市风险警示后，符合下列条件之一的，可以向本所申请对其股票交易撤销退市风险警示：

（一）重整计划执行完毕；

（二）和解协议执行完毕；

（三）法院受理破产申请后至破产宣告前，依据《企业破产法》作出驳回破产申请的裁定且裁定已生效；

（四）因公司已清偿全部到期债务、第三人为公司提供足额担保或者清偿全部到期债务，法院受理破产申请后至破产宣告前，依据《企业破产法》作出终结破产程序的裁定。

公司因前款第（一）项、第（二）项情形向本所申请撤销对其股票交易实施的退市风险警示的，应当提交法院指定管理人出具的监督报告、律师事务所出具的对公司重整计划或者和解协议执行情况的法律意见书，以及本所要求的其他说明文件。

9.4.14 上市公司符合本规则第 9.4.12 条、第 9.4.13 条规定条件的，应当于相关情形出现后及时披露，并说明是否向本所申请撤销退市风险警示。公司拟申请撤销退市风险警示的，应当在披露之日起五个交易日内向本所提交申请。

公司向本所申请对其股票交易撤销退市风险警示的，应当于提交申请的次一交易日开市前披露相关公告。

公司提交完备的撤销退市风险警示申请材料的，本所在十五个交易日内作出是否同意其股票交易撤销退市风险警示的决定。

9.4.15 本所决定撤销退市风险警示的，公司应当及时披露撤销退市风险警示公告。公司股票于公告后停牌一个交易日，自复牌之日起，本所撤销对公司股票交易的退市风险警示。

9.4.16 本所决定不予撤销退市风险警示的，上市公司应当在收到本所有关书面通知的次一交易日开市前披露公告。

9.4.17 上市公司出现下列情形之一的，本所决定终止其股票上市交易：

（一）因第9.4.1条第（一）项情形其股票交易被实施退市风险警示之日起的两个月内仍未披露过半数董事保证真实、准确、完整的相关年度报告或者半年度报告；

（二）因第9.4.1条第（二）项情形其股票交易被实施退市风险警示之日起的两个月内仍有半数以上董事无法保证年度报告或者半年度报告的真实、准确、完整；

（三）因第9.4.1条第（三）项情形其股票交易被实施退市风险警示之日起的两个月内仍未披露经改正的财务会计报告；

（四）因第9.4.1条第（四）项情形其股票交易被实施退市风险警示之日起的两个月内仍未改正的；

（五）因第9.4.1条第（五）项情形其股票交易被实施退市风险警示之日起的六个月内股本总额或者股权分布仍不具备上市条件的；

（六）因第9.4.1条第（六）项、第（七）项情形其股票交易被实施退市风险警示，公司依法被吊销营业执照、被责令关闭或者被撤销等强制解散条件成就，或者法院裁定公司破产的；

（七）虽符合第9.4.12条和第9.4.13条规定的条件，但未在规定期限内向本所申请撤销退市风险警示；

（八）因不符合第9.4.12条和第9.4.13条规定的条件，其撤销退市风险警示申请未被本所审核同意。

9.4.18 上市公司出现本规则第9.4.17条情形的，应当在次一交易日开市前披露公司股票可能被终止上市的风险提示公告，公司股票于公告后停牌。

9.4.19 本所根据本规则第9.4.18条对公司股票实施停牌的，自停牌之日起五个交易日内，向公司发出拟终止其股票上市的事先告知书。

9.4.20 上市公司收到终止上市事先告知书后，可以根据本章第一节的规定申请听证，提出陈述和申辩。

本所上市委员会就是否终止公司股票上市事宜进行审议。本所根据上市委员会的审议意见作出是否终止公司股票上市的决定。

第五节　重大违法强制退市

9.5.1 本规则所称重大违法强制退市，包括下列情形：

（一）上市公司存在欺诈发行、重大信息披露违法或者其他严重损害证券市场秩序的重大违法行为，其股票应当被终止上市的情形；

（二）公司存在涉及国家安全、公共安全、生态安全、生产安全和公众健康安全等领域的违法行为，情节恶劣，严重损害国家利益、社会公共利益，或者严重影响上市地位，其股票应当被终止上市的情形。

9.5.2 上市公司涉及本规则第 9.5.1 条第（一）项规定的重大违法行为，存在下列情形之一的，本所决定终止其股票上市交易。

（一）公司首次公开发行股票申请或者披露文件存在虚假记载、误导性陈述或者重大遗漏，被中国证监会依据《证券法》第一百八十一条作出行政处罚决定，或者被人民法院依据《刑法》第一百六十条作出有罪裁判且生效。

（二）公司发行股份购买资产并构成重组上市，申请或者披露文件存在虚假记载、误导性陈述或者重大遗漏，被中国证监会依据《证券法》第一百八十一条作出行政处罚决定，或者被人民法院依据《刑法》第一百六十条作出有罪裁判且生效。

（三）根据中国证监会行政处罚决定认定的事实，公司披露的年度报告存在虚假记载、误导性陈述或者重大遗漏，导致公司 2015 年度至 2020 年度内的任意连续会计年度财务类指标已实际触及相应年度的终止上市情形，或者导致公司 2020 年度及以后年度的任意连续会计年度财务类指标已实际触及本章第三节规定的终止上市情形。

（四）根据中国证监会行政处罚决定认定的事实，公司披露的 2020 年度及以后年度营业收入连续两年均存在虚假记载，虚假记载的营业收入金额合计达到 5 亿元以上，且超过该两年披露的年度营业收入合计金额的 50%；或者公司披露的 2020 年度及以后年度净利润连续两年均存在虚假记载，虚假记载的净利润金额合计达到 5 亿元以上，且超过该两年披露的年度净利润合计金额的 50%；或者公司披露的 2020 年度及以后年度利润总额连续两年均存在虚假记载，虚假记载的利润总额金额合计达到 5 亿元以上，且超过该两年披露的年度利润总额合计金额的 50%；或者公司披露的 2020 年度及以后年度资产负债表连续两年均存在虚假记载，资产负债表虚假记载金额合计达到 5 亿元以上，且超过该两年披露的年度期末净资产合计金额的 50%。计算前述合计数时，相关财务数据为负值的，先取其绝对值后再合计计算。

（五）本所根据公司违法行为的事实、性质、情节及社会影响等因素认定的其他严重损害证券市场秩序的情形。

前款第（一）项、第（二）项统称欺诈发行强制退市情形，第（三）项至第（五）项统称重大信息披露违法强制退市情形。

9.5.3 本节第 9.5.2 条第一款第（三）项所称 2015 年度至 2020 年度内的任意连续会计年度财务类指标已实际触及相应年度的终止上市情形，是指下列情形之一：

（一）连续三个会计年度经审计的净利润为负值，第四个会计年度存在扣除非经常性损益前后的净利润孰低者为负值、期末净资产为负值、营业收入低于1000万元或者被会计师事务所出具保留意见、无法表示意见、否定意见的审计报告等四种情形之一；

（二）连续两个会计年度经审计的期末净资产为负值，第三个会计年度存在扣除非经常性损益前后的净利润孰低者为负值、期末净资产为负值、营业收入低于1000万元或者被会计师事务所出具保留意见、无法表示意见、否定意见的审计报告等四种情形之一；

（三）连续两个会计年度经审计的营业收入低于1000万元，第三个会计年度存在扣除非经常性损益前后的净利润孰低者为负值、期末净资产为负值、营业收入低于1000万元或者被会计师事务所出具保留意见、无法表示意见、否定意见的审计报告等四种情形之一；

（四）连续两个会计年度的财务会计报告被会计师事务所出具无法表示意见或者否定意见的审计报告，第三个会计年度存在扣除非经常性损益前后的净利润孰低者为负值、期末净资产为负值、营业收入低于1000万元或者被会计师事务所出具保留意见、无法表示意见、否定意见的审计报告等四种情形之一；

（五）相应年度的《深圳证券交易所股票上市规则》规定的其他与财务类指标相关的终止上市情形。

9.5.4 上市公司涉及本规则第9.5.1条第（二）项规定的重大违法行为，存在下列情形之一的，本所决定终止其股票上市交易：

（一）公司或者其主要子公司被依法吊销营业执照、责令关闭或者被撤销；

（二）公司或者其主要子公司被依法吊销主营业务生产经营许可证，或者存在丧失继续生产经营法律资格的其他情形；

（三）本所根据公司重大违法行为损害国家利益、社会公共利益的严重程度，结合公司承担法律责任类型、对公司生产经营和上市地位的影响程度等情形，认为公司股票应当终止上市的。

9.5.5 依据相关行政处罚事先告知书、人民法院裁判认定的事实，上市公司可能触及本规则第9.5.2条或者第9.5.4条规定情形的，公司应当在知悉相关行政机关向其送达行政处罚事先告知书或者知悉人民法院作出有罪裁判后立即披露相关情况及公司股票交易被实施退市风险警示公告。公司股票于公告后停牌一个交易日，自复牌之日起，本所对公司股票交易实施退市风险警示。

公司因前款情形其股票交易被实施退市风险警示期间，应当每五个交易日披露一次相关事项进展情况并就公司股票可能被实施重大违法强制退市进行风险提示。

9.5.6 依据相关行政机关行政处罚决定、人民法院生效裁判认定的事实，上市公司可能触及本规则第 9.5.2 条或者第 9.5.4 条规定情形的，公司应当在收到相关行政机关行政处罚决定书，或者人民法院裁判生效后立即披露相关情况及公司股票可能被终止上市的风险提示公告，公司股票于公告后停牌。

公司未触及本规则第 9.5.2 条、第 9.5.4 条规定情形的，应当及时披露相关情况。公司股票于公告披露后停牌一个交易日，自复牌之日起，本所撤销对公司股票交易的退市风险警示。

9.5.7 上市公司触及本节规定的重大违法强制退市情形的，本所在公司披露或者本所向市场公告相关行政机关行政处罚决定书或者人民法院生效裁判后的十五个交易日内，向公司发出终止上市事先告知书。

本所在发出终止上市事先告知书前可以要求公司补充材料，公司应当在本所要求期限内提供有关材料，补充材料期间不计入前款所述十五个交易日。未在要求期限内补充材料的，本所将在要求期限届满后按照前款规定发出终止上市事先告知书。本所可以自行或者委托相关单位就公司相关情况进行调查核实，调查核实期间不计入前款所述十五个交易日。

9.5.8 上市公司收到终止上市事先告知书后，可以根据本章第一节的规定申请听证，提出陈述和申辩。

本所上市委员会就是否终止公司股票上市事宜进行审议。本所根据上市委员会的审议意见作出是否终止公司股票上市的决定。

9.5.9 上市公司因触及重大违法强制退市情形，其股票被终止上市后，出现下列情形之一的，可以向本所申请撤销对其股票终止上市的决定：

（一）相关行政处罚决定被依法撤销或者确认无效，或者因对违法行为性质、违法事实等的认定发生重大变化，被依法变更；

（二）人民法院有罪裁判被依法撤销，且未作出新的有罪裁判。

公司向本所申请撤销对其股票终止上市的，应当在收到相关文件或者法律文书后的三十个交易日内向本所提交下列文件：

（一）公司关于撤销对其股票终止上市的申请书；

（二）公司董事会关于申请撤销对公司股票终止上市的决议；

（三）相关行政处罚决定书被依法撤销、确认无效或者变更的证明文件，或者人民法院的相关裁判文书；

（四）法律意见书；

（五）本所要求的其他有关材料。

9.5.10 本所自收到上市公司按照本规则第 9.5.9 条规定提出的撤销申请之日起的十五个交易日内，召开上市委员会会议，审议是否撤销对公司股票作出的终止上市决定，并形成审议意见。

本所根据上市委员会的审议意见，作出是否撤销对公司股票终止上市的决定。

9.5.11 本所同意撤销对公司股票终止上市决定的，在作出撤销决定之日起两个交易日内通知公司，同时报中国证监会备案。

9.5.12 在收到本所撤销决定后的二十个交易日内，公司可以向本所提出恢复其股票正常交易的书面申请，并向本所提交下列申请文件：

（一）公司关于恢复其股票正常交易的申请书；

（二）公司董事会关于申请恢复其股票正常交易的决议；

（三）公司股东大会关于申请恢复其股票正常交易的决议；

（四）保荐人出具的保荐意见；

（五）法律意见书；

（六）公司最近一年又一期经审计财务报告；

（七）公司前十大股东名册和公司持股5%以上股东的营业执照或者有关身份证明文件；

（八）公司全部股份在结算公司托管的证明文件；

（九）公司董事、监事及高级管理人员持有本公司股份情况说明；

（十）本所要求的其他材料。

公司股份已经转入全国中小企业股份转让系统等证券交易场所转让或者存在其他合理情况的，经本所同意，可以在本所要求的期限内办理完毕其股份的重新确认、登记、托管等相关手续或者有关事项后，补充提交相应申请文件。

本所自收到公司完备申请材料后的五个交易日内，作出是否受理的决定并通知公司。

公司股票同时存在其他终止上市情形的，本所对其实施终止上市。

9.5.13 本所自作出恢复公司股票正常交易的决定后两个交易日内通知公司，同时报中国证监会备案。

公司应当在收到上述决定后及时公告，并按本所要求办理恢复股票正常交易的相关手续。

公司应当在其股票恢复正常交易前与本所重新签订上市协议，明确双方的权利、义务及其他有关事项。

公司控股股东、实际控制人、董事、监事和高级管理人员等应当签署并提交相应声明及承诺书，其所持股份在公司股票恢复正常交易时的流通或者限售安排，应当按照法律法规及本所有关规定执行。

公司股票恢复公司股票正常交易的同时存在风险警示情形的，本所对其实施相应的风险警示。

9.5.14 上市公司可能触及本节规定的重大违法强制退市情形的，自相关行政处罚事先告知书或者司法裁判作出之日起，至下列任一情形发生前，其控股股东、实际控制人、董事、监事、高级管理人员，以及上述主体的一致行动人，不得减持公司股份：

（一）公司股票终止上市并摘牌；

（二）公司收到相关行政机关相应行政处罚决定或者人民法院生效司法裁判，显示公司未触及重大违法强制退市情形。

公司披露无控股股东、实际控制人的，其第一大股东及第一大股东的实际控制人应当遵守前款规定。

第六节　退市整理期

9.6.1 上市公司股票被本所根据本章第三节至第五节的规定作出终止上市决定的，自本所公告终止上市决定之日起五个交易日后的次一交易日复牌并进入退市整理期交易。退市整理期间，公司的证券代码不变，股票简称后冠以退标识，退市整理股票进入风险警示板交易。

9.6.2 退市整理期的交易期限为十五个交易日。退市整理期间，上市公司股票原则上不停牌。公司因特殊原因向本所申请其股票全天停牌的，停牌期间不计入退市整理期，且停牌天数累计不得超过五个交易日。

公司未在累计停牌期满前申请复牌的，本所于停牌期满后的次一交易日对公司股票复牌。

9.6.3 退市整理期间，上市公司股东所持有限售条件股份的限售期限连续计算，限售期限届满前相关股份不能流通。

9.6.4 上市公司股票进入退市整理期的，公司及相关信息披露义务人仍应当遵守法律法规、本规则及本所其他规定，履行信息披露及相关义务。

9.6.5 上市公司股票进入退市整理期的，公司应当在披露股票终止上市公告的同时披露股票进入退市整理期交易的公告，包括下列内容：

（一）公司股票在退市整理期间的证券简称、证券代码及涨跌幅限制；

（二）公司股票在退市整理期间的起始日、交易期限及预计最后交易日期；

（三）退市整理期公司不筹划、不进行重大资产重组等重大事项的声明；

（四）本所要求披露的其他内容。

9.6.6 上市公司按照本规则第 9.6.5 条规定披露公告时应当向本所提交下列材料：

（一）公司董事会关于变更证券简称的申请；

（二）公司董事会关于退市整理期间不筹划重大资产重组等事项的承诺函；

（三）本所要求的其他材料。

9.6.7 上市公司应当于退市整理期首日开市前，披露公司股票已被本所作出终止上市决定的风险提示公告，说明公司股票进入退市整理期的起始日和终止日等事项。

退市整理期间，公司应当每五个交易日披露一次股票将被摘牌的风险提示公告，在最后的五个交易日内应当每日披露一次股票将被摘牌的风险提示公告。

9.6.8 上市公司在退市整理期间披露公告时，应当在公告中说明公司股票摘牌时间，并特别提示终止上市风险。

9.6.9 退市整理期间，上市公司董事会应当关注其股票交易、传闻，必要时应当及时作出澄清或者说明。

9.6.10 上市公司股票于退市整理期届满的次一交易日摘牌，公司股票终止上市。

公司股票被本所根据本章第二节的规定作出终止上市决定后，公司股票于十五个交易日内摘牌，公司股票终止上市。

公司应当于股票摘牌当日开市前披露摘牌公告，对公司股票摘牌后进入全国中小企业股份转让系统等证券交易场所转让的具体事宜作出说明，包括进入日期、股份重新确认、登记托管、交易制度等情况。

9.6.11 退市整理期间，上市公司不得筹划或者实施重大资产重组等重大事项。

9.6.12 上市公司股票存在可能被强制退市情形，且公司已公告筹划重大资产重组事项的，公司董事会应当审慎评估并决定如被本所作出终止上市决定后是否进入整理期交易、是否继续推进该重大资产重组事项。不进入退市整理期继续推进重大资产重组的，应当及时召开股东大会，审议继续推进重大资产重组等重大事项且股票不进入退市整理期交易的议案；进入退市整理期不继续推进重大资产重组的，应当及时履行审议程序和披露义务。

公司董事会决定继续推进重大资产重组的，应当在相应股东大会通知中明确：公司如被本所作出终止上市决定，股东大会审议通过该议案的，将不再安排退市整理期交易，公司股票自本所公告终止上市决定之日起五个交易日内予以摘牌，公司股票终止上市；该议案未审议通过的，公司股票将自本所公告终止上市决定之日起五个交易日后的次一交易日复牌并进入退市整理期交易。

公司依据前款规定召开股东大会审议相关议案的，应当经出席会议的股东所持表决权的三分之二以上通过。公司应当对除单独或者合计持有上市公司 5% 以上股份的股东和上市公司董事、监事、高级管理人员以外的其他股东的投票情况单独统计并披露。

9.6.13 进入破产重整程序或者已经完成破产重整的公司触及强制退市情形的，经人民法院或者其他有权方认定，如公司股票进入退市整理期交易，将导致与破产重整程序或者经人民法院批准的公司重整计划的执行存在冲突等后果的，公司股票可以不进入退市整理期交易。

9.6.14 不进入退市整理期交易的公司应当承诺公司股票如被终止上市，将进入全国中小企业股份转让系统等证券交易场所转让股份。

第七节　主动终止上市

9.7.1 上市公司出现下列情形之一的，可以向本所申请主动终止其股票上市交易：

（一）公司股东大会决议主动撤回其股票在本所上市交易，并决定不再在交易所交易；

（二）公司股东大会决议主动撤回其股票在本所上市交易，并转而申请在其他交易场所交易或者转让；

（三）公司股东大会决议解散；

（四）公司因新设合并或者吸收合并，不再具有独立主体资格并被注销；

（五）公司以终止公司股票上市为目的，向公司所有股东发出回购全部股份或者部分股份的要约，导致公司股本总额、股权分布等发生变化不再具备上市条件；

（六）公司股东以终止公司股票上市为目的，向公司所有其他股东发出收购全部股份或者部分股份的要约，导致公司股本总额、股权分布等发生变化不再具备上市条件；

（七）公司股东以外的其他收购人以终止公司股票上市为目的，向公司所有股东发出收购全部股份或者部分股份的要约，导致公司股本总额、股权分布等发生变化不再具备上市条件；

（八）中国证监会或者本所认可的其他主动终止上市情形。

A 股股票和 B 股股票同时在本所上市交易的公司，依照前款规定申请主动终止上市的，原则上其 A 股股票和 B 股股票应当同时终止上市。

9.7.2 本规则第 9.7.1 条第一款第（一）项、第（二）项规定的股东大会决议事项，应当经出席会议的全体股东所持有效表决权的三分之二以上通过，且经出席会议的除单独或者合计持有上市公司 5% 以上股份的股东和上市公司董事、监事、高级管理人员以外的其他股东所持表决权的三分之二以上通过。

9.7.3 上市公司因本规则第 9.7.1 条第一款第（一）项至第（五）项情形召开股东大会的，应当及时向本所提交下列文件并公告：

（一）董事会关于申请主动终止上市的决议；

（二）召开股东大会通知；

（三）主动终止上市预案；

（四）独立董事意见；

（五）财务顾问报告（如适用）；

（六）法律意见书（如适用）；

（七）法律法规、本规则及公司章程要求的其他文件。

前款第（三）项所称主动终止上市预案，应当包括公司终止上市原因、终止上市方式、终止上市后经营发展计划、并购重组安排、重新上市安排、代办股份转让安排、异议股东保护措施，以及公司董事会关于主动终止上市对公司长远发展和全体股东利益的影响分析等相关内容。

第一款第（四）项所称独立董事意见，指独立董事应当就主动终止上市事项是否有利于公司长远发展和全体股东利益充分征询中小股东意见，并在此基础上发表意见。

第一款第（五）项、第（六）项所称财务顾问报告和法律意见书，指财务顾问和律师事务所为主动终止上市提供专业服务，并发表专业意见。其中，第9.7.1条第一款第（一）项、第（二）项、第（五）项情形不适用法律意见书，第（三）项情形不适用财务顾问报告和法律意见书。股东大会对主动终止上市事项进行审议后，上市公司应当及时披露股东大会决议公告，说明议案的审议及通过情况。

9.7.4 上市公司根据本规则第9.7.1条第一款第（一）项、第（二）项情形，申请主动终止上市的，公司应当向本所申请其股票自股东大会股权登记日的次一交易日起停牌，并在股东大会审议通过主动终止上市决议后及时披露决议情况。公司可以在股东大会决议后的十五个交易日内向本所提交主动终止上市的书面申请。

公司根据本规则第9.7.1条第一款第（三）项至第（七）项情形，申请主动终止上市的，应当遵守《公司法》《证券法》《上市公司收购管理办法》《上市公司重大资产重组管理办法》等有关规定及本所有关规定，严格履行决策、实施程序和信息披露义务，并及时向本所申请公司股票停牌和复牌。同时，按照有关规定，及时向本所提交主动终止上市申请。

公司应当在提交申请后，及时披露相关公告。

9.7.5 上市公司主动终止上市事项未获股东大会审议通过的，公司应当及时向本所申请其股票自公司股东大会决议公告后复牌。

9.7.6 上市公司出现本规则第9.7.1条第一款第（六）项、第（七）项情形的，其股票自公司披露收购结果公告或者其他相关权益变动公告后继续停牌，直至本所终止其股票上市。

9.7.7 上市公司依据本规则第9.7.1条的规定向本所申请其股票终止上市的，应当向本所提交下列文件：

（一）终止上市申请书；

（二）股东大会决议（如适用）；

（三）相关终止上市方案；

（四）财务顾问报告；

（五）法律意见书；

（六）本所要求的其他文件。

9.7.8 本所在收到上市公司提交的终止上市申请文件后五个交易日内作出是否受理的决定并通知公司。

公司未能按本节的要求提供申请文件的，本所不受理其股票终止上市申请。

公司应当在收到本所关于是否受理其终止上市申请的决定后，及时披露决定的有关情况并提示其股票可能终止上市的风险。

9.7.9 本所上市委员会对公司股票终止上市的申请进行审议，重点从保护投资者特别是中小投资者权益的角度，在审查上市公司决策程序合规性的基础上，作出独立的专业判断并形成审议意见。

公司依据本规则第9.7.1条的规定申请其股票终止上市的，本所在受理公司申请后的十五个交易日内，本所上市委员会形成审议意见。

本所根据上市委员会的审议意见作出是否终止公司股票终止上市的决定。

9.7.10 因本规则第9.7.1条规定情形其股票被终止上市、且法人主体资格将存续的公司，应当对公司股票终止上市后转让或者交易、异议股东保护措施作出具体安排，保护中小投资者的合法权益。

9.7.11 上市公司主动终止上市的，不设退市整理期，公司股票自本所公告终止上市决定之日起五个交易日内予以摘牌，公司股票终止上市。

第八节　其他风险警示

9.8.1 上市公司出现下列情形之一的，本所对其股票交易实施其他风险警示：

（一）公司存在资金占用且情形严重；

（二）公司违反规定程序对外提供担保且情形严重；

（三）公司董事会、股东大会无法正常召开会议并形成决议；

（四）公司最近一年被出具无法表示意见或者否定意见的内部控制审计报告或者鉴证报告；

（五）公司生产经营活动受到严重影响且预计在三个月内不能恢复正常；

（六）公司主要银行账号被冻结；

（七）公司最近三个会计年度扣除非经常性损益前后净利润孰低者均为负值，且最近一年审计报告显示公司持续经营能力存在不确定性；

（八）本所认定的其他情形。

9.8.2 本规则第9.8.1条第（一）项所述存在资金占用且情形严重，是指上市公司被控股股东或者控股股东关联人占用资金的余额在1000万元以上，或者占公司最近一期经审计净资产的5%以上，且无可行的解决方案或者虽提出解决方案但预计无法在一个月内解决。

本规则第9.8.1条第（二）项所述违反规定程序对外提供担保且情形严重，是指上市公司违反规定程序对外提供担保的余额（担保对象为上市公司合并报表范围内子公司的除外）在1000万元以上，或者占上市公司最近一期经审计净资产的5%以上，且无可行的解决方案或者虽提出解决方案但预计无法在一个月内解决。

公司无控股股东、实际控制人的，被第一大股东或者第一大股东关联人占用资金的，按照本节规定执行。

9.8.3 上市公司生产经营活动受到严重影响，或者出现本规则第9.8.2条情形的，应当及时披露，说明公司是否能在相应期限内解决，同时披露公司股票交易可能被实施其他风险警示的提示性公告。

公司应当至少每月披露一次相关进展情况和风险提示公告，直至相应情形消除或者公司股票交易被本所实施其他风险警示。

9.8.4 上市公司因触及本规则第 9.8.1 条第（一）项、第（二）项情形其股票交易被实施其他风险警示的，在风险警示期间，应当至少每月披露一次进展公告，披露资金占用或者违反规定程序对外担保的解决进展情况，直至相应情形消除。公司没有采取措施或者相关工作没有进展的，也应当披露并说明具体原因。

公司因触及本规则第 9.8.1 条第（一）项、第（二）项以外的情形其股票交易被实施其他风险警示的，应当在相关事项取得重大进展或者发生重大变化时及时披露。

9.8.5 上市公司资金占用情形已消除，向本所申请对其股票交易撤销其他风险警示的，应当提交会计师事务所出具的专项审核报告、独立董事出具的专项意见等文件。

公司违反规定程序对外担保情形已消除，向本所申请对其股票交易撤销其他风险警示的，应当提交律师事务所出具的法律意见书、独立董事出具的专项意见等文件。

公司内部控制缺陷整改完成，内部控制能有效运行，向本所申请对其股票交易撤销其他风险警示的，应当提交会计师事务所对其最近一年内部控制出具的标准无保留意见的审计报告或者鉴证报告、独立董事出具的专项意见等文件。

公司最近一年经审计的财务报告显示，其扣除非经常性损益前后的净利润孰低者为正值或者持续经营能力不确定性已消除，向本所申请对其股票交易撤销其他风险警示的，应当提交会计师事务所出具的最近一年审计报告、独立董事出具的专项意见等文件。

9.8.6 上市公司股票交易因触及本规则第 9.8.1 条第（四）项、第（七）项情形被本所实施其他风险警示的，在风险警示期间，公司进行重大资产重组且符合下列全部条件的，可以向本所申请对其股票交易撤销其他风险警示：

（一）根据中国证监会有关重大资产重组规定出售全部经营性资产和负债、购买其他资产且已实施完毕；

（二）通过购买进入公司的资产是一个完整经营主体，该经营主体在进入公司前已在同一管理层之下持续经营三年以上；

（三）模拟财务报表（经会计师出具专项说明）的主体不存在本规则第 9.8.1 条规定的情形；

（四）本所要求的其他条件。

9.8.7 上市公司向本所申请对其股票交易撤销其他风险警示的，应当于提交申请的次一交易日开市前披露相关公告。

公司提交完备的撤销其他风险警示申请材料的，本所在十五个交易日内决定是否撤销其他风险警示。

9.8.8 本所决定撤销其他风险警示的，上市公司应当及时披露股票交易撤销其他风险警示公告，公司股票于公告后停牌一个交易日，自复牌之日起，本所对公司股票交易撤销其他风险警示。

9.8.9 本所决定不予撤销其他风险警示的，上市公司应当于收到本所书面通知的次一交易日开市前披露相关公告。

第十章　重新上市

第一节　一般规定

10.1.1 上市公司在其股票终止上市后，申请其股票重新上市的，应当符合本章规定的重新上市条件，本所依据本章规定的程序审议和决定其股票重新上市事宜。

10.1.2 申请重新上市的公司应当根据本章有关规定申报材料和披露信息。公司及其董事、监事和高级管理人员应当保证所申报材料和披露的信息真实、准确、完整，不存在虚假记载、误导性陈述或者重大遗漏。

10.1.3 公司申请重新上市，应当由保荐人保荐，并向本所提交按本所有关规定编制的重新上市申请及相关申请文件。

保荐人及其保荐代表人应当认真履行审慎核查和辅导义务，对公司申请重新上市情况进行尽职调查，按照本所要求编制尽职调查工作报告，并出具重新上市保荐书。

10.1.4 公司申请重新上市，应当聘请律师事务所对其重新上市申请的合法性、合规性以及相关申请文件的真实性、有效性进行尽职调查，出具法律意见书和律师工作报告。

10.1.5 为公司重新上市出具有关文件的中介机构和人员应当勤勉尽责、诚实守信，严格履行职责，并对其所出具文件的真实性、准确性、完整性负责。

10.1.6 本所作出同意公司股票重新上市的决定，不表明对该公司股票的投资价值或者投资者的投资收益作出实质性判断或者保证。

第二节　重新上市申请

10.2.1 上市公司在其股票终止上市后，其终止上市情形（交易类强制退市情形除外）已消除，且同时符合下列条件的，可以向本所申请重新上市：

（一）符合《证券法》、中国证监会规定的发行条件。

（二）公司股本总额不低于 5000 万元。

（三）社会公众持有的股份占公司股份总数的比例为 25% 以上；公司股本总额超过 4 亿元的，社会公众持有的股份占公司股份总数的比例为 10% 以上。

（四）市值及财务指标符合本规则第三章第一节规定的相应标准。

（五）公司董事、监事、高级管理人员具备法律法规、本所有关规定及公司章程规定的任职条件，且不存在影响其任职的情形。

（六）本所要求的其他条件。

前款第（五）项所称影响其任职的情形，包括：

（一）被中国证监会采取不得担任上市公司董事、监事、高级管理人员的证券市场禁入措施，期限尚未届满；

（二）最近三十六个月内受到中国证监会行政处罚，或者最近十二个月内受到证券交易所公开谴责；

（三）因涉嫌犯罪被司法机关立案侦查或者涉嫌违法违规被中国证监会立案调查，尚未有明确结论意见；

（四）本所规定的其他情形。

公司在终止上市前未完成股权分置改革的，应当按照股权分置改革有关规定的要求就非流通股可以上市交易作出安排。

10.2.2 上市公司因触及重大违法强制退市情形，其股票被本所终止上市后，符合本规则第 10.2.1 条规定的重新上市条件拟向本所申请其股票重新上市的，还应当符合下列条件：

（一）已全面纠正违法行为并符合下列要求：

1. 公司就重大违法行为所涉事项已进行补充披露或者更正公告；

2. 对重大违法行为的责任追究已处理完毕；

3. 公司就重大违法行为所涉事项已补充履行相关决策程序；

4. 公司因重大违法行为发生的损失已获得相关责任主体弥补；

5. 重大违法行为可能引发的与公司相关的风险因素已消除。

（二）已及时撤换下列有关责任人员：

1. 被人民法院判决有罪的有关人员；

2. 被相关行政机关行政处罚的有关人员；

3. 被相关行政机关依法移送公安机关立案调查的有关人员；

4. 中国证监会、本所认定的对重大违法行为负有重要责任的其他人员。

（三）已对民事赔偿责任作出妥善安排并符合下列要求：

1. 相关赔偿事项已由人民法院作出判决的，该判决已执行完毕；

2. 相关赔偿事项未由人民法院作出判决，但已达成和解的，该和解协议已执行完毕；

3. 相关赔偿事项未由人民法院作出判决，且未达成和解的，已按预计最高索赔金额计提赔偿基金，并将足额资金划入基金专户存储；公司的控股股东及其实际控制人或者第三方已承诺：将对赔偿基金不足或者未予赔偿的部分代为赔付等。

（四）不存在本所规定的终止上市情形。

公司应当聘请律师事务所对前款所述事项进行逐项核查，就公司是否具备申请重新上市的主体资格、是否符合重新上市的条件出具专门意见。

重新上市保荐人应当在重新上市保荐书中对第一款所述事项逐项说明，并就公司重大违法行为影响已基本消除、风险已得到控制，公司符合申请重新上市的条件明确发表意见。

10.2.3 上市公司因触及欺诈发行强制退市情形，其股票被本所终止上市的，不得在本所重新上市。

10.2.4 主动终止上市公司符合本章规定的重新上市条件的，可以随时向本所提出重新上市的申请。

强制退市公司（欺诈发行强制退市情形除外）依据本规则第 10.2.1 条的规定向本所申请其股票重新上市的，其申请时间应当符合下列规定：

（一）公司因重大违法类强制退市情形（欺诈发行强制退市情形除外）其股票被终止上市的，首次提出重新上市申请与其股票终止上市后进入全国中小企业股份转让系统等证券交易场所的时间间隔应当不少于五个完整的会计年度；

（二）公司因交易类强制退市情形其股票被终止上市的，首次提出重新上市申请与其股票终止上市后进入全国中小企业股份转让系统等证券交易场所的时间间隔应当不少于三个月；

（三）公司因前述两项情形之外的其他强制退市情形其股票被终止上市的，首次提出重新上市申请与其股票终止上市后进入全国中小企业股份转让系统等证券交易场所的时间间隔应当不少于十二个月。

10.2.5 上市公司在其股票终止上市过程中存在下列情形之一的，本所自公司股票终止上市后三十六个月内不受理其重新上市的申请：

（一）上市公司股票可能被强制退市但其董事会已审议通过并公告筹划重大资产重组事项的，公司董事会未按规定及时召开股东大会，决定公司股票在终止上市后是否进入退市整理期交易；

（二）在退市整理期间未按本所有关规定履行信息披露及其他相关义务；

（三）未按本所有关规定安排股份转入全国中小企业股份转让系统等证券交易场所进行转让；

（四）其他拒不履行本所规定的义务、不配合退市相关工作的情形。

10.2.6 公司申请其股票重新上市的，应当经公司董事会同意后提交股东大会审议。股东大会就该事项作出决议应当经出席会议的股东所持表决权三分之二以上通过。

10.2.7 本所在收到公司重新上市申请文件后的五个交易日内作出是否受理的决定。

公司按照本所要求提供补充材料的时间不计入上述期限内，但补充材料的期限累计不得超过十五个交易日。

10.2.8 公司应当提供按照企业会计准则编制并经会计师事务所审计的最近三个会计年度财务会计报告。

前述财务会计报告的截止日距公司重新上市的申请日间隔应当不超过六个月，超过六个月的，公司应当补充提供最近一期经审计的财务会计报告。

10.2.9 存在下列情形之一的，本所不予受理公司的重新上市申请文件：

（一）重新上市报告书、重新上市保荐书、法律意见书等重新上市申请文件不齐备且未按要求补正；

（二）公司及其控股股东、实际控制人、董事、监事、高级管理人员，中介机构及其主办人员因证券违法违规被中国证监会采取认定为不适当人选、限制业务活动、证券市场禁入，被证券交易所、国务院批准的其他全国性证券交易场所采取一定期限内不接受其出具的相关文件、公开认定不适合担任公司董事、监事、高级管理人员，或者被中国证券业协会采取认定不适合从事相关业务等相关措施，尚未解除；

（三）法律、行政法规及中国证监会规定的其他情形。

第三节　重新上市审核

10.3.1 本所上市委员会对公司股票重新上市的申请进行审议，作出独立的专业判断并形成审议意见。本所根据上市委员会的审议意见，作出是否同意公司股票重新上市的决定。

10.3.2 主动终止上市公司申请其股票重新上市的，本所将在受理公司股票重新上市申请后的三十个交易日内，作出是否同意其股票重新上市申请的决定。

强制退市公司申请其股票重新上市的，本所将在受理公司股票重新上市申请后的六十个交易日内，作出是否同意其股票重新上市申请的决定。

在此期间，本所要求提供补充材料的，公司应当按照本所要求提供。公司补充材料的时间不计入上述期限内，但累计不得超过三十个交易日。本所可以自行或委托相关单位就公司相关情况进行调查核实，调查核实期间不计入本所作出是否同意其股票重新上市申请的期限内。

本章规定的中止审核、暂缓审议、处理会后事项等情形，并要求公司及中介机构补充、修订更新申请文件的，不计入本所作出是否同意其股票重新上市申请的期限内。

公司未按本所要求在前述期限内提交补充材料的，本所在该期限届满后继续对其重新上市申请进行审核，并根据本规则作出是否同意其股票重新上市的决定。

10.3.3 重新上市审核过程中出现下列情形之一的，公司、中介机构应当及时告知本所，本所将中止重新上市审核，通知公司及其保荐人：

（一）公司及其控股股东、实际控制人涉嫌贪污、贿赂、侵占财产、挪用财产或者破坏社会主义市场经济秩序的犯罪，或者涉嫌欺诈发行、重大信息披露违法或者其他涉及国家安全、公共安全、生态安全、生产安全、公众健康安全等领域的重大违法行为，正在被立案调查，或者正在被司法机关立案侦查，尚未结案；

（二）公司的中介机构被中国证监会依法采取限制业务活动、责令停业整顿、指定其他机构托管或者接管等措施，尚未解除；

（三）中介机构主办人员被中国证监会依法采取认定为不适当人选等监管措施或者证券市场禁入的措施，被中国证券业协会采取认定不适合从事相关业务的纪律处分，尚未解除；

（四）中介机构及其主办人员，被证券交易所、国务院批准的其他全国性证券交易场所实施一定期限内不接受其出具的相关文件的纪律处分，尚未解除；

（五）本所审核过程中，公司出现明显不符合本规则第 10.2.1 条规定的重新上市条件的情形；

（六）公司重新上市申请文件中记载的财务资料已过有效期，需要补充提交；

（七）公司及保荐人主动要求中止重新上市审核，理由正当且经本所同意；

（八）其他本所认为应当中止审核的情形。

出现前款第（一）项至第（六）项所列情形，公司、中介机构未及时告知本所，本所经核实符合中止审核情形的，将直接中止审核。

因第一款第（二）项至第（四）项中止审核，公司根据规定需要更换中介机构的，更换后的中介机构应当自中止审核之日起三个月内完成尽职调查，重新出具相关文件，并对原中介机构出具的文件进行复核，出具复核意见，对差异情况作出说明。公司根据规定无需更换中介机构的，中介机构应当及时向本所出具复核报告。

因第一款第（二）项至第（四）项中止审核，公司更换中介机构主办人员的，更换后的中介机构主办人员应当自中止审核之日起一个月内，对原中介机构主办人员签字的文件进行复核，出具复核意见，对差异情况作出说明。

因第一款第（五）项至第（八）项中止审核的，公司应当在中止审核后三个月内补充提交有效文件或者消除主动要求中止审核的相关情形。

第一款所列中止审核的情形消除或者在第三款至第五款规定的时限内完成相关事项的，本所经审核确认后，恢复对公司的重新上市审核，并通知公司及其保荐人。

10.3.4 重新上市审核过程中出现下列情形之一的，本所将终止重新上市审核，通知公司及其保荐人：

（一）重新上市申请文件内容存在重大缺陷，严重影响投资者理解和本所审核；

（二）公司撤回重新上市申请或者保荐人撤销保荐；

（三）公司未在规定时限内回复本所审核问询或者未对重新上市申请文件作

出解释说明、补充修改；

（四）重新上市申请文件存在虚假记载、误导性陈述或者重大遗漏；

（五）公司阻碍或者拒绝中国证监会、本所依法对公司实施的检查；

（六）公司及其关联人以不正当手段严重干扰重新上市审核工作；

（七）公司法人资格终止；

（八）本规则第 10.3.3 条第一款规定的中止审核情形未能在三个月内消除，或者中介机构及其主办人员未能在规定的时限内完成复核事项；

（九）同一次重新上市审核过程中，公司中止审核总时长超过六个月；

（十）其他本所认为应当终止审核的情形。

10.3.5 本所在作出是否同意公司重新上市决定后的两个交易日内通知公司，并报中国证监会备案。

10.3.6 公司重新上市申请未获本所同意的，自本所作出决定之日起六个月内公司不得再次向本所提出重新上市的申请。

10.3.7 本所作出同意公司股票重新上市申请决定后至公司股票重新上市前，发生不符合公司股票重新上市条件、触及中止审核或者终止审核情形、或者其他可能对投资价值及投资决策判断构成重大影响的事项的，公司及其保荐人应当及时向本所报告，并按要求更新发行上市申请文件。公司的中介机构应当持续履行尽职调查职责，并向本所提交专项核查意见。

前款规定的期后事项材料显示，相关事项可能影响公司重新上市条件的，本所可以视情况决定重新提交上市委员会审议，并根据上市委员会的意见作出是否同意其股票重新上市的决定。

第四节　重新上市安排

10.4.1 公司重新上市申请获得本所同意的，应当自本所作出同意其股票重新上市决定之日起三个月内办理完毕公司股份的重新确认、登记、托管等相关手续。本所在公司办理完成相关手续后安排其股票上市交易。公司遇特殊情形需延长办理期限的，应当向本所申请并获本所同意。

公司股票未在上述规定期限内上市交易的，本所关于同意其股票重新上市的文件失效，公司可以于该决定失效之日起的六个月后再次提出重新上市申请。

10.4.2 公司重新上市申请获得本所同意后，应当在其股票重新上市前与本所签订上市协议，并缴纳相关费用。

10.4.3 公司应当在其股票重新上市前向本所提交下列文件：

（一）公司董事、监事和高级管理人员签署的《董事（监事和高级管理人员）声明及承诺书》；

（二）公司控股股东、实际控制人签署的《控股股东、实际控制人声明及承诺书》；

（三）公司全部股份已经结算公司托管的证明文件；

（四）公司行业分类的情况说明；

（五）本所要求的其他文件。

10.4.4 公司股票重新上市首日的开盘参考价原则上为公司股票在全国中小企业股份转让系统等证券交易场所的最后一个交易日的收盘价，重新上市首日不实行股票价格涨跌幅限制。公司股票重新上市首日交易相关事宜应当遵守本所《交易规则》等有关规定。

公司认为有必要调整上述开盘参考定价的，可以向本所提出申请并说明理由，重新上市保荐人应当对此发表专门意见。经本所同意的，公司应当对外披露具体情况。

主动终止上市公司其股票未进入全国中小企业股份转让系统等证券交易场所挂牌转让的，公司应当就其股票开盘参考价的确定方法及其依据等情况进行公告，重新上市保荐人对此发表专门意见。

10.4.5 公司控股股东和实际控制人应当承诺：自公司股票重新上市之日起三十六个月内，不转让或者委托他人管理其直接或者间接持有的公司股份，也不由公司回购其直接或者间接持有的公司股份。

公司无控股股东或者实际控制人的，其第一大股东及其最终控制人比照执行前款规定。

公司董事、监事及高级管理人员应当承诺：自公司股票重新上市之日起十二个月内，不转让或者委托他人管理其直接或者间接持有的公司股份，也不由公司回购其直接或者间接持有的公司股份。

10.4.6 公司股东所持股份在公司申请其股票重新上市时属于下列情形之一的，将分别按照下列规定限售：

（一）股东所持股份为终止上市前的有限售条件且重新上市时限售期尚未届满的，除已通过证券竞价交易等方式公开转让的股份之外，其限售期自公司股票重新上市之日起连续计算直至限售期届满；

（二）股东所持股份为退市期间发行的股份，除已通过证券竞价交易等方式公开转让的股份之外，自公司股票重新上市之日起至少限售十二个月。

10.4.7 公司在退市期间因配股、资本公积金转增股本或者送股而相应增加的股份，其限售期与原对应的股份相同。

10.4.8 经本所审核同意其股票重新上市的，公司应当及时在符合条件媒体公告相关情况，并在其股票重新上市前五个交易日内，在符合条件媒体披露下列文件：

（一）重新上市报告书；

（二）重新上市提示性公告；

（三）重新上市保荐书和法律意见书；

（四）本所要求的其他文件。

第十一章　红筹企业和境内外上市事务

第一节　红筹企业特别规定

11.1.1 红筹企业申请发行股票或者存托凭证并在本所上市的，适用中国证监会、本所关于发行上市审核注册程序的规定。

11.1.2 红筹企业申请其在境内首次公开发行的股票或者存托凭证上市的，应当根据《深圳证券交易所股票发行上市审核规则》的规定，取得本所出具的发行人符合发行条件、上市条件和信息披露要求的审核意见并由中国证监会作出予以注册决定。

11.1.3 红筹企业申请其在境内首次公开发行的股票上市的，应当按照本所有关规定提交上市申请文件，以及本次境内发行股票已经结算公司存管的证明文件、公司在境内设立的证券事务机构及聘任的信息披露境内代表等有关资料。

红筹企业在境内发行存托凭证并上市的，还应当提交本次发行的存托凭证已经结算公司存管的证明文件、经签署的存托协议、托管协议文本以及托管人出具的存托凭证所对应基础证券的托管凭证等文件。

根据公司注册地公司法等法律法规和公司章程或者章程性文件的规定，红筹企业无需就本次境内发行上市事宜提交股东大会审议的，其申请上市时可以不提交股东大会决议，但应当提交相关董事会决议。

11.1.4 红筹企业的股权结构、公司治理、运行规范等事项适用境外注册地公司法等法律法规的，其投资者权益保护水平，包括资产收益、参与重大决策、剩余财产分配等权益，总体上应当不低于境内法律法规规定的要求，并保障境内存托凭证持有人实际享有的权益与境外基础证券持有人的权益相当。

11.1.5 红筹企业提交的上市申请文件和持续信息披露文件，应当使用中文。

红筹企业和相关信息披露义务人应当按照中国证监会和本所规定，在符合条件媒体披露上市和持续信息披露文件。

11.1.6 红筹企业应当在境内设立证券事务机构，并聘任信息披露境内代表，负责办理公司股票或者存托凭证上市期间的信息披露和监管联络事宜。信息披露境内代表应当具备境内上市公司董事会秘书的相应任职能力，熟悉境内信息披露规定和要求，并能够熟练使用中文。

红筹企业应当建立与境内投资者、监管机构及本所的有效沟通渠道，按照规定保障境内投资者的合法权益，保持与境内监管机构及本所的畅通联系。

11.1.7 红筹企业具有协议控制架构或者类似特殊安排的，应当充分、详细披露相关情况，特别是风险和公司治理等信息，以及依法落实保护投资者合法权益规定的各项措施。

红筹企业应当在年度报告中披露协议控制架构或者类似特殊安排在报告期内的实施和变化情况，以及该等安排下保护境内投资者合法权益有关措施的实施情况。

前款规定事项出现重大变化或者调整，可能对公司股票、存托凭证交易价格产生较大影响的，公司和相关信息披露义务人应当及时披露。

11.1.8 红筹企业进行本规则规定需提交股东大会审议的重大交易、关联交易等事项，可以按照其已披露的境外注册地公司法等法律法规和公司章程或者章程性文件规定的权限和程序执行，法律法规另有规定的除外。

红筹企业按照前款规定将相关事项提交股东大会审议的，应当及时披露。

11.1.9 红筹企业注册地公司法等法律法规或者实践中普遍认同的标准对公司董事会、独立董事职责有不同规定或者安排，导致董事会、独立董事无法按照本所规定履行职责或者发表意见的，红筹企业应当详细说明情况和原因，并聘请律师事务所就上述事项出具法律意见。

11.1.10 红筹企业存托凭证在本所上市的，应当在年度报告及半年度报告中披露存托、托管相关安排在报告期内的实施和变化情况以及报告期末前十名境内存托凭证持有人的名单和持有量。发生下列情形之一的，应当及时履行信息披露义务：

（一）存托人、托管人发生变化；

（二）存托的基础财产发生被质押、挪用、司法冻结或者其他权属变化；

（三）对存托协议、托管协议作出重大修改；

（四）存托凭证与基础证券的转换比例发生变动；

（五）中国证监会和本所认为需要披露的其他情形。

存托凭证上市后，未经本所同意，红筹企业不得改变存托凭证与基础证券之间的转换比例。

发生本条第一款第（一）项、第（二）项规定的情形，或者托管协议发生重大修改的，存托人应当及时告知红筹企业，公司应当及时进行披露。

11.1.11 红筹企业、存托人应当合理安排存托凭证持有人权利行使的时间和方式，保障其有足够时间和便利条件行使相应权利，并根据存托协议的约定及时披露存托凭证持有人权利行使的时间、方式、具体要求和权利行使结果。

红筹企业、存托人通过本所股东大会网络投票系统征集存托凭证持有人投票意愿的，具体业务流程参照《深圳证券交易所上市公司股东大会网络投票实施细则》办理，并由公司、存托人按照存托协议的约定向市场公告。

11.1.12 红筹企业和相关信息披露义务人适用本规则相关信息披露要求和持续监管规定，可能导致其难以符合公司注册地、境外上市地有关规定及市场实践中普遍认同的标准的，可以向本所申请调整适用，但应当说明原因和替代方案，并聘请律师事务所出具法律意见。本所认为依法不应调整适用的，红筹企业和相关信息披露义务人应当执行本规则有关规定。

11.1.13 已在境外上市的红筹企业的持续信息披露事宜，参照适用《深圳证券交易所试点创新企业股票或存托凭证上市交易实施办法》等相关规则的规定。

第二节 境内外上市事务

11.2.1 在本所上市的公司同时有股票及其衍生品种在境外证券交易所上市的，公司及相关信息披露义务人应当保证境外证券交易所要求其披露的信息，同时在符合条件媒体上按照本规则及本所其他规定的要求对外披露。

公司及相关信息披露义务人在境外市场进行信息披露时，不属于本所市场信息披露时段的，应当在本所市场最近一个信息披露时段内予以披露。

11.2.2 上市公司及相关信息披露义务人就同一事项履行报告和公告义务时，应当保证同时向本所和境外证券交易所报告，公告内容应当一致。出现重大差异时，公司及相关信息披露义务人应当向本所说明，并披露更正或者补充公告。

11.2.3 上市公司的股票及其衍生品种在境外上市地涉及停牌或者终止上市事项的，应当及时向本所报告相关事项和原因，并提交是否需要向本所申请其股票及其衍生品种停牌、终止上市的书面说明，并予以披露。

11.2.4 本章未尽事宜，适用法律法规、本所有关规定以及本所与其他证券交易所签署的监管合作备忘录的规定。

第十二章 中介机构

第一节 一般规定

12.1.1 上市公司及相关信息披露义务人聘请的为其提供证券服务的保荐人、会计师事务所、律师事务所、资产评估机构、财务顾问和资信评级机构等中介机构，应当符合《证券法》的规定。

中介机构应当承办与自身规模、执业能力、风险承担能力匹配的业务，不得超出胜任能力执业。

12.1.2 中介机构及其相关人员应当勤勉尽责、诚实守信、恪尽职守，按照相关业务规则、行业执业规范和职业道德准则为上市公司及相关信息披露义务人提供证券服务。

12.1.3 中介机构应当建立并保持有效的质量控制体系、独立性管理和投资者保护机制，严格执行内部控制制度，对相关业务事项进行核查验证，审慎发表专业意见。

12.1.4 中介机构为上市公司及相关信息披露义务人的证券业务活动制作和出具上市保荐书、持续督导跟踪报告、审计报告、鉴证报告、资产评估报告、估值报告、法律意见书、财务顾问报告、资信评级报告等文件，应当对所依据文件资料内容的真实性、准确性、完整性进行核查和验证，获取充分、适当的证据，制作、出具的文件不得有虚假记载、误导性陈述或者重大遗漏，结论意见应当合理、明确。

12.1.5 上市公司及相关信息披露义务人应当配合中介机构及其相关人员的工作，向其聘用的中介机构及其相关人员提供与执业相关的所有资料，并确保资料的真实、准确、完整，不得拒绝、隐匿或者谎报。

中介机构在为上市公司及相关信息披露义务人出具专项文件时，发现其提供的材料有虚假记载、误导性陈述、重大遗漏或者其他重大违法行为的，应当要求其补充、纠正。上市公司及相关信息披露义务人不予补充、纠正的，中介机构应当及时向本所报告。

12.1.6 中介机构应当建立健全工作底稿制度，为每一项目建立独立的工作底稿并妥善保存。工作底稿应当内容完整、记录清晰、结论明确，真实、准确、完整地反映证券服务的全过程和所有重要事项。

本所可以根据监管需要调阅、检查工作底稿、证券业务活动记录及相关资料。

12.1.7 中介机构应当在规定期限内如实回复本所就相关事项提出的问询，不得以有关事项存在不确定性等为由不回复本所问询。中介机构回复问询的文件应当符合本所要求，不存在虚假记载、误导性陈述或者重大遗漏，结论意见应当合理、明确。

12.1.8 中介机构及其相关人员不得利用因职务便利获得的上市公司尚未披露的信息进行内幕交易，为自己或者他人谋取利益。

第二节　保荐人

12.2.1 本所实行股票及其衍生品种上市保荐制度。发行人、上市公司向本所申请股票及其衍生品种在本所上市，以及股票被终止上市后公司申请其股票重新上市的，应当由保荐人保荐。中国证监会和本所另有规定的除外。

保荐人应当为同时具有保荐业务资格和本所会员资格的证券公司。

12.2.2 保荐人应当与发行人、上市公司签订保荐协议，明确双方在公司申请上市期间、申请重新上市期间和持续督导期间的权利和义务。

首次公开发行股票的，持续督导期间为股票上市当年剩余时间及其后两个完整会计年度；上市后发行新股、可转换公司债券的，持续督导期间为股票、可转换公司债券上市当年剩余时间及其后一个完整会计年度；重新上市的，持续督导期间为股票重新上市当年剩余时间及其后两个完整会计年度。持续督导期间自股票、可转换公司债券上市之日起计算。中国证监会和本所对其他衍生品种持续督导另有规定的，适用其规定。

持续督导期届满，上市公司及相关信息披露义务人存在尚未完结的督导事项的，保荐人应当就相关事项继续履行督导义务，直至相关事项全部完成。

12.2.3 保荐人应当在签订保荐协议时指定两名保荐代表人具体负责保荐工作，作为保荐人与本所之间的指定联络人。

12.2.4 保荐人保荐股票及其衍生品种上市时，应当向本所提交上市保荐书、保荐协议、保荐人和保荐代表人的相关证明文件、保荐代表人专项授权书，以及与上市保荐工作有关的其他文件。

保荐人保荐股票重新上市时应当提交的文件及其内容，按照本所关于重新上市的有关规定执行。

12.2.5 保荐人应当督促发行人、上市公司建立健全并有效执行公司治理、内部控制和信息披露等制度，督促发行人、上市公司规范运作。

12.2.6 保荐人应当督导发行人、上市公司及其董事、监事、高级管理人员、控股股东和实际控制人，以及其他信息披露义务人按照本规则的规定履行信息披露等义务，并履行其作出的承诺。

12.2.7 保荐人应当对发行人、上市公司募集资金使用情况、限售股票及其衍生品种解除限售进行核查并发表专项意见。

持续督导期间，保荐人应当按照本所有关规定的要求对上市公司及相关信息披露义务人的相关披露事项进行核查并发表专项意见。

12.2.8 持续督导期间，保荐人应当按照本所有关规定的要求对发行人、上市公司的相关事项进行定期现场检查。

12.2.9 持续督导期间，保荐人应当重点关注上市公司是否存在控股股东、实际控制人及其关联人资金占用、违规担保，以及资金往来、现金流重大异常等情况。发现异常情况的，应当督促公司核实并披露，同时按规定及时进行专项现场核查。公司未及时披露的，保荐人应当及时向本所报告。

12.2.10 保荐人应当在上市公司及相关信息披露义务人向本所报送信息披露文件及其他文件之前，或者履行信息披露义务后五个交易日内，完成对有关文件的审阅工作，对存在问题的信息披露文件应当及时督促发行人更正或者补充，并向本所报告。

保荐人履行保荐职责发表的意见应当及时告知发行人、上市公司，同时在保荐工作底稿中保存。

上市公司应当按照中国证监会及本所有关规定，积极配合保荐人、保荐代表人履行持续督导职责。上市公司不配合保荐人、保荐代表人持续督导工作的，保荐人、保荐代表人应当督促改正，并及时向本所报告。

12.2.11 保荐人在履行保荐职责期间有充分理由确信发行人、上市公司可能存在违反本所有关规定的，应当督促发行人、上市公司作出说明并限期纠正；情节严重的，应当向本所报告。

保荐人按照有关规定对发行人、上市公司违法违规事项公开发表声明的，应当于披露前向本所报告。

12.2.12 保荐人有充分理由确信其他中介机构及其签名人员按规定出具的专业意见可能存在虚假记载、误导性陈述或者重大遗漏等违法违规情形或者其他不当情形的，应当及时发表意见；情节严重的，应当向本所报告。

12.2.13 保荐人被撤销保荐资格的，发行人、上市公司应当另行聘请保荐人。

发行人、上市公司和保荐人终止保荐协议或者另行聘请保荐人的，应当及时公告。新聘请的保荐人应当及时向本所提交本规则第 12.2.4 条规定的有关文件。

保荐人更换保荐代表人的，应当通知发行人、上市公司及时披露保荐代表人变更事宜。

12.2.14 持续督导工作结束后，保荐人应当在发行人、上市公司年度报告披露后的十个交易日内出具保荐总结报告书，并通知发行人、上市公司及时披露。

第三节 会计师事务所

12.3.1 上市公司聘请或者解聘会计师事务所必须由股东大会决定，董事会不得在股东大会决定前委任会计师事务所开展工作。

公司解聘或者不再续聘会计师事务所时，应当在董事会决议后及时通知会计师事务所。公司股东大会就解聘会计师事务所进行表决时，或者会计师事务所提出辞聘的，会计师事务所可以陈述意见。

12.3.2 上市公司应当合理安排新聘或者续聘会计师事务所的时间，不得因未能及时聘请会计师事务所影响定期报告的按期披露。

公司董事、监事、高级管理人员以及控股股东、实际控制人应当向会计师提供必要的工作条件，包括允许会计师接触与编制财务报表相关的所有信息，向会计师提供审计所需的其他信息，允许会计师在获取审计证据时不受限制地接触其认为必要的内部人员和其他相关人员，保证定期报告的按期披露。

会计师事务所及其主办人员，应当严格按照注册会计师执业准则和有关规定，发表恰当的审计意见，不得无故拖延审计工作影响上市公司定期报告的按期披露。

12.3.3 会计师事务所及其主办人员应当秉承风险导向审计理念，严格执行注册会计师执业准则、职业道德守则及有关规定，保持职业怀疑态度，完善鉴证程序，科学选用鉴证方法和技术，充分了解被鉴证单位及其环境，审慎关注重大错报风险，获取充分、适当的证据，合理发表鉴证结论。

12.3.4 上市公司在聘请会计师事务所进行年度审计的同时，应当要求会计师事务所对财务报告内部控制的有效性进行审计并出具审计报告，法律法规另有规定的除外。

第四节 其他中介机构

12.4.1 上市公司应当聘请独立财务顾问就重大资产重组、发行股份购买资产（以下统称重大资产重组）出具意见。

独立财务顾问为公司提供服务时，应当关注重组事项的交易必要性、定价合理性、相关承诺和业绩补偿（如有）的合规性、合理性和可实现性，以及标的资产的协同性和公司控制、整合标的资产的能力，出具明确、恰当的意见。

12.4.2 上市公司和独立财务顾问应当根据重大资产重组业绩承诺的期限、所涉及股份的锁定期限、配套募集资金使用计划等合理确定持续督导期限。持续督导期届满，上市公司及相关信息披露义务人存在尚未完结的督导事项的，独立财务顾问应当依规继续履行督导义务，直至相关事项全部完成。

持续督导期间，独立财务顾问应当督促公司有效控制并整合标的资产，督促重大资产重组有关各方切实履行相关承诺和保障措施。发现交易标的财务会计报告存在虚假记载、重大风险等事项，可能损害公司利益情况的，独立财务顾问应当督促有关各方提供解决方案；情节严重的，应当及时向本所报告。

12.4.3 独立财务顾问应当对重大资产重组涉及的募集资金使用情况、股票及其衍生品种解除限售进行核查并发表专项意见。

独立财务顾问应当督促和检查重大资产重组相关各方落实重大资产重组方案后续计划，切实履行其作出的承诺。

重大资产重组持续督导期间，独立财务顾问应当按照本所有关规定对上市公司发生的相关事项进行核查并发表专项意见。

12.4.4 重大资产重组持续督导期间，独立财务顾问应当按照本所有关规定对上市公司进行现场检查，并出具现场检查报告。

12.4.5 上市公司在重大资产重组及持续督导期内变更独立财务顾问的，应当及时披露，并说明原因以及对交易的影响。

12.4.6 收购人聘请的财务顾问认为收购人利用上市公司的收购损害被收购公司及其股东合法权益的，应当拒绝为收购人提供财务顾问服务。

上市公司聘请的独立财务顾问应当对收购人的主体资格、资信情况、收购意图等进行调查，对要约条件进行分析，对股东是否接受要约提出建议，并对本次收购的公正性和合法性发表专业意见。

收购人和财务顾问应当根据收购人股份限售的期限等合理确定持续督导期限。在上市公司收购过程中和持续督导期间，财务顾问应当关注被收购公司是否存在为收购人及其关联人违规提供担保或者借款等损害上市公司利益的情形，发现有违法或者不当行为的，应当及时督促其纠正，并向本所报告。

持续督导期届满，收购人存在尚未完结的督导事项的，财务顾问应当依规继续履行督导义务，直至相关事项全部完成。

12.4.7 资产评估机构及其主办人员应当严格执行评估准则或者其他评估规范，恰当选择评估方法，评估中提出的假设条件应当符合实际情况，对评估对象所涉及交易、收入、支出、投资等业务的合法性、未来预测的可靠性取得充分证据，充分考虑未来各种可能性发生的概率及其影响，形成合理的评估结论。

评估过程中，资产评估机构及其主办人员应当审慎关注所依赖资料的真实性和权威性，合理确定评估参数，不得以预先设定的价值作为评估结论，不得配合委托方人为虚增或者压低评估值。

12.4.8 律师事务所及其主办人员，应当合理运用查验方式，充分了解委托方的经营情况、面临的风险和问题，对委托方的相关事项进行查验，在确保获得充分、有效证据并对证据进行综合分析的基础上，作出独立判断，出具明确的法律意见。

律师在出具法律意见时，查验事项受到客观条件的限制，无法取得直接证据，且无其他有效替代查验方法的，应当在法律意见书中予以说明，并充分揭示其对相关事项的影响程度及风险。

12.4.9 资信评级机构开展评级业务时，应当正确收集和使用评级信息，甄别基础资料来源的合法性和合规性，根据评级对象外部经营环境、内部运营及财务状况等情况，以及前次评级报告提及的风险因素（如有）进行分析，并密切关注与评级对象相关的信息，在出具的评级报告中进行风险提示。

发生影响前次评级报告结论的重大事项的，资信评级机构应当按照执业要求及时进行不定期跟踪评级。

第十三章　日常监管和违规处理

第一节　日常监管

13.1.1 本所可以对本规则第 1.4 条规定的监管对象，单独或者合并采取下列日常工作措施：

（一）要求对有关问题作出解释和说明；

（二）要求提供相关文件或者材料；

（三）要求中介机构进行核查并发表意见；

（四）发出各种通知和函件等；

（五）约见有关人员；

（六）要求公开更正、澄清或者说明；

（七）要求限期召开投资者说明会；

（八）要求上市公司董事会追偿损失；

（九）调阅、查看工作底稿、证券业务活动记录及相关资料；

（十）向中国证监会报告有关情况；

（十一）向有关单位通报相关情况；

（十二）向市场说明有关情况；

（十三）其他措施。

13.1.2 本所根据中国证监会及本所有关规定和监管需要，可以对上市公司及相关主体进行现场检查。

13.1.3 本所认为必要的，可以公开对监管对象所采取的日常工作措施，上市公司应当按照本所要求及时披露有关事项。

13.1.4 本规则第 1.4 条规定的监管对象应当积极配合本所日常监管，在规定期限内按要求提交回复、说明及其他相关文件，或者按规定披露相关公告等，不得以有关事项存在不确定性等为由不履行报告、公告和回复本所问询的义务。

第二节　违规处理

13.2.1 本规则第 1.4 条规定的监管对象违反本规则、本所其他规定的，本所可以视情节轻重，对其单独或者合并采取自律监管措施或者实施纪律处分。

13.2.2 本所可以根据本规则及本所其他规定采取下列自律监管措施：

（一）口头警示；

（二）书面警示；

（三）约见谈话；

（四）要求限期改正；

（五）要求公开致歉；

（六）要求聘请中介机构对存在的问题进行核查并发表意见；

（七）建议更换相关任职人员；

（八）限制交易；

（九）向相关主管部门出具监管建议函；

（十）其他自律监管措施。

13.2.3 本所可以根据本规则及本所其他规定实施下列纪律处分：

（一）通报批评；

（二）公开谴责；

（三）公开认定一定期限内不适合担任上市公司董事、监事、高级管理人员或者境外发行人信息披露境内代表；

（四）建议法院更换上市公司破产管理人或者管理人成员；

（五）暂不接受发行上市申请文件；

（六）暂不受理中介机构或者其从业人员出具的相关业务文件；

（七）收取惩罚性违约金；

（八）其他纪律处分。

13.2.4 本所设立纪律处分委员会对纪律处分事项进行审议，作出独立的专业判断并形成审议意见，由本所作出是否给予纪律处分的决定。

13.2.5 相关纪律处分决定作出前，当事人可以按照本所有关业务规则规定的受理范围和程序申请听证。

13.2.6 监管对象被本所实施自律监管措施或者纪律处分，应当予以积极配合，及时落实完成。本所要求其自查整改的，监管对象应当及时报送并按要求披露相关自查整改报告。

第十四章　申请复核

14.1 发行人、上市公司、申请股票重新上市的公司或者其他监管对象（以下统称申请人）对本所作出决定不服，相关决定事项属于本所有关规则规定的复核受理范围的，可以在收到本所有关决定或者本所公告有关决定之日（以在先者为准）起十五个交易日内，以书面形式向本所申请复核。

14.2 申请人申请复核，应当有明确的复核请求、事实依据和异议理由。

申请人及相关机构和人员，应当保证所提交的复核申请材料及相关材料不存在虚假记载、误导性陈述或者隐瞒重要事实。

14.3 复核期间，本所决定不停止执行，但本所另有规定或者本所认为需要停止执行的除外。

14.4 申请人对本所作出的不予上市、终止上市、不予重新上市、不同意主动终止上市决定申请复核的，本所自收到申请人提交的复核申请后五个交易日内作出是否受理的决定并通知申请人。

不符合本章和本所其他规定，或者未按规定提交复核申请材料的，本所不受理其复核申请。

14.5 本所设立上诉复核委员会，对申请人的复核申请进行审议，作出独立的专业判断并形成审议意见。

14.6 本所在受理复核申请后三十个交易日内，依据上诉复核委员会的审议意见作出复核决定。该决定为终局决定。

在此期间，本所可以要求申请人提供补充材料，申请人应当在本所要求期限内提供有关材料，补充材料期间不计入本所作出有关决定的期限。

本所可以自行或者委托相关单位就公司有关情况进行调查核实，并将核查结果提交上诉复核委员会审议，调查核实期间不计入本所作出有关决定的期限。

14.7 申请人对本所作出的不予上市、终止上市、不同意主动终止上市决定申请复核的，应当在向本所提出复核申请的次一交易日开市前披露有关内容。

前述当事人在收到本所是否受理其复核申请的决定后，以及收到本所作出的复核决定后，应当及时披露决定的有关内容，并提示相关风险。

14.8 本所依据上诉复核委员会的审议意见作出撤销终止上市决定的，参照本规则第 9.5.12 条、第 9.5.13 条规定的程序办理。

14.9 复核程序和其他相关事宜，适用本所有关规定。

第十五章　释　义

15.1 本规则下列用语具有如下含义：

（一）披露或者公告：指上市公司或者相关信息披露义务人按法律、行政法规、部门规章、规范性文件、本规则及本所其他规定在本所网站和符合中国证监会规定条件的媒体上发布信息。

（二）高级管理人员：指公司总经理、副总经理、董事会秘书、财务负责人及公司章程规定的其他人员。

（三）控股股东：指拥有上市公司控制权的股东。

（四）实际控制人：指通过投资关系、协议或者其他安排，能够实际支配公司行为的自然人、法人或者其他组织。

（五）中介机构：指为上市公司及相关信息披露义务人出具上市保荐书、持续督导报告、审计报告、鉴证报告、资产评估报告、资信评级报告、法律意见书、财务顾问报告等文件的保荐人、会计师事务所、律师事务所、资产评估机构、财务顾问和资信评级机构等。

（六）重大事项：指对上市公司股票及其衍生品种交易价格可能产生较大影响的事项。

（七）及时披露：指自起算日起或者触及本规则披露时点的两个交易日内披露。

（八）上市公司控股子公司：指上市公司能够控制或者实际控制的公司或者其他主体。此处控制，是指投资方拥有对被投资方的权力，通过参与被投资方的相关活动而享有可变回报，并且有能力运用对被投资方的权力影响其回报金额。

（九）营业收入：指上市公司利润表列报的营业收入；上市公司编制合并财务报表的，为合并利润表列报的营业总收入。本规则第九章对营业收入另有规定的，适用其规定。

（十）利润总额：指上市公司利润表列报的利润总额；上市公司编制合并财务报表的，为合并利润表列报的利润总额。

（十一）净利润：指上市公司利润表列报的净利润；上市公司编制合并财务报表的，为合并利润表列报的归属于母公司所有者的净利润，不包括少数股东损益。

（十二）净资产：指上市公司资产负债表列报的所有者权益；上市公司编制合并财务报表的，为合并资产负债表列报的归属于母公司所有者权益，不包括少数股东权益。

（十三）每股收益：指根据中国证监会有关规定计算的基本每股收益。

（十四）净资产收益率：指根据中国证监会有关规定计算的净资产收益率。

（十五）无保留意见：指当注册会计师认为财务报表在所有重大方面按照适用的财务报告编制基础的规定编制并实现公允反映时发表的审计意见。

（十六）非标准审计意见：指注册会计师对财务报表发表的非无保留意见或带有解释性说明的无保留意见。前述非无保留意见，是指注册会计师对财务报表发表的保留意见、否定意见或无法表示意见。前述带有解释性说明的无保留意见，是指对财务报表发表的带有强调事项段、持续经营重大不确定性段落的无保留意见或者其他信息段落中包含其他信息未更正重大错报说明的无保留意见。

（十七）追溯重述：指公司因财务会计报告存在重大会计差错或者虚假记载，主动或者被中国证监会责令对此前披露的财务会计报告进行的差错更正。

（十八）破产程序：指《企业破产法》所规范的重整、和解或者破产清算程序。

（十九）管理人管理运作模式：指经法院裁定由管理人负责管理上市公司财产和营业事务的运作模式。

（二十）管理人监督运作模式：指经法院裁定由公司在管理人的监督下自行管理财产和营业事务的运作模式。

（二十一）现金选择权：指当上市公司实施合并、分立等重大事项或者被收购时，相关股东按照事先约定的价格在规定期限内将其所持有的上市公司股份出售给第三方或者上市公司，以获得现金的权利。

（二十二）被控股股东或者控股股东关联人占用资金：指上市公司为前述主体垫支工资、福利、保险、广告等费用、承担成本和其他支出，代其偿还债务，有偿或者无偿地拆借公司的资金（含委托贷款）给其使用，委托其进行投资活动，为其开具没有真实交易背景的商业承兑汇票，在没有商品和劳务对价情况下或者明显有悖商业逻辑情况下以采购款、资产转让款、预付款等方式向其提供资金，或者证券监管机构认定的其他非经营性占用行为。

控股股东关联人是指上市公司实际控制人，以及上市公司控股股东、实际控制人控制的主体。

（二十三）违反规定程序对外提供担保：指上市公司违反本规则规定的审议程序要求而进行的对外担保行为。

（二十四）股权分布不再具备上市条件：指社会公众持有的股份低于公司股份总数的 25%；公司股本总额超过 4 亿元的，社会公众持有的股份低于公司股份总数的 10%。

上述社会公众是指除了下列股东之外的上市公司其他股东：

1. 持有上市公司 10% 以上股份的股东及其一致行动人；

2. 上市公司的董事、监事、高级管理人员及其关系密切的家庭成员，上市公司董事、监事、高级管理人员直接或者间接控制的法人或者其他组织。

（二十五）关系密切的家庭成员：包括配偶、父母、年满十八周岁的子女及其配偶、兄弟姐妹及其配偶、配偶的父母、配偶的兄弟姐妹和子女配偶的父母。

（二十六）B 股每日股票收盘价：指 B 股股票每日港币计价的收盘价按本所收市行情报表中发布的汇率（即本所计算深证综指所使用的港币与人民币兑换汇率）换算成人民币计价后的收盘价，计算结果按照四舍五入原则取至价格最小变动单位。

（二十七）在本所的股票收盘市值：指公司在本所上市的各类型股票按其股

份数量与对应的每日收盘价格计算的股票价值总额。股份数量包括流通股股份数和非流通股股份数，含已回购未注销的股份。

（二十八）表决权差异安排：指发行人依照《公司法》的有关规定，在一般规定的普通股份之外，发行特别表决权股份。每一特别表决权股份拥有的表决权数量大于每一普通股份拥有的表决权数量，其他股东权利与普通股份相同。

（二十九）协议控制架构：指红筹企业通过协议方式实际控制境内实体运营企业的一种投资结构。

15.2 本规则未定义的用语的含义，依照国家有关法律、行政法规、部门规章、规范性文件及本所有关规定确定。

15.3 本规则所称"以上"含本数，"超过""少于""低于"不含本数。

15.4 本规则所称"元"，如无特指，均指人民币元。

第十六章　附　则

16.1 本规则的制定或者修订经本所理事会会议审议通过并报中国证监会批准。

16.2 本规则由本所负责解释。

16.3 本规则自发布之日起施行。

关于发布《深圳证券交易所创业板股票上市规则（2023 年修订）》的通知

（深证上〔2023〕93 号 2023 年 2 月 17 日）

各市场参与人：

为了深入推进股票发行注册制改革，巩固深化创业板注册制改革成果，以及根据《健全上市公司退市机制实施方案》相关要求，维护正常市场秩序，保护投资者合法权益，按照中国证监会统一部署，本所对《深圳证券交易所创业板股票上市规则》进行了修订。经中国证监会批准，现予以发布，自发布之日起施行。

本所于 2020 年 6 月 12 日发布的《关于发布〈深圳证券交易所创业板股票上市规则（2020 年修订）〉的通知》（深证上〔2020〕500 号）同时废止。

附件：深圳证券交易所创业板股票上市规则（2023 年修订）

附件

深圳证券交易所创业板股票上市规则（2023 年修订）

（2009 年 7 月实施 2012 年 4 月第一次修订；2014 年 10 月第二次修订；2018 年 4 月第三次修订；2018 年 11 月第四次修订；2020 年 6 月第五次修订；2020 年 12 月第六次修订；2023 年 2 月第七次修订）

第一章 总则

1.1 为规范公司股票、存托凭证、可转换为股票的公司债券（以下简称可转换公司债券）及其他衍生品种（以下统称股票及其衍生品种）的上市行为，以及发行人、上市公司及相关信息披露义务人的信息披露行为，维护证券市场秩序，保护投资者的合法权益，本所根据《中华人民共和国公司法》（以下简称《公司法》）、《中华人民共和国证券法》（以下简称《证券法》）、《创业板上市公司持续监管办法（试行）》等法律、行政法规、部门规章、规范性文件及《深圳证券交易所章程》，制定本规则。

1.2 股票及其衍生品种在本所创业板的上市和持续监管事宜，适用本规则；本规则未作规定的，适用本所其他相关规定。

1.3 发行人申请股票及其衍生品种在本所创业板上市，应当经本所审核同意，并在上市前与本所签订上市协议，明确双方的权利、义务和有关事项。

1.4 发行人、上市公司及其董事、监事、高级管理人员、股东或存托凭证持有人、实际控制人、收购人、重大资产重组有关各方等自然人、机构及其相关人员，破产管理人及其成员，以及保荐机构及其保荐代表人、证券服务机构及其相关人员应当遵守法律、行政法规、部门规章、规范性文件、本规则和本所发布的细则、指引、通知、办法、指南等相关规定（以下简称本所其他相关规定），诚实守信，勤勉尽责。

1.5 本所依据法律、行政法规、部门规章、规范性文件、本规则、本所其他相关规定和上市协议、相关主体的声明与承诺，对第1.4条规定的主体进行自律监管。

第二章　股票及其衍生品种上市和交易

第一节　首次公开发行的股票上市

2.1.1 发行人申请在本所创业板上市，应当符合下列条件：

（一）符合中国证券监督管理委员会（以下简称中国证监会）规定的创业板发行条件；

（二）发行后股本总额不低于3000万元；

（三）公开发行的股份达到公司股份总数的25%以上；公司股本总额超过4亿元的，公开发行股份的比例为10%以上；

（四）市值及财务指标符合本规则规定的标准；

（五）本所要求的其他上市条件。

红筹企业发行股票的，前款第二项调整为发行后的股份总数不低于3000万股，前款第三项调整为公开发行的股份达到公司股份总数的25%以上；公司股份总数超过4亿股的，公开发行股份的比例为10%以上。红筹企业发行存托凭证的，前款第二项调整为发行后的存托凭证总份数不低于3000万份，前款第三项调整为公开发行的存托凭证对应基础股份达到公司股份总数的25%以上；发行后的存托凭证总份数超过4亿份的，公开发行存托凭证对应基础股份达到公司股份总数的10%以上。

本所可以根据市场情况，经中国证监会批准，对上市条件和具体标准进行调整。

2.1.2 发行人为境内企业且不存在表决权差异安排的，市值及财务指标应当至少符合下列标准中的一项：

（一）最近两年净利润均为正，且累计净利润不低于5000万元；

（二）预计市值不低于10亿元，最近一年净利润为正且营业收入不低于1亿元；

（三）预计市值不低于50亿元，且最近一年营业收入不低于3亿元。

2.1.3 符合《国务院办公厅转发证监会关于开展创新企业境内发行股票或存托

凭证试点若干意见的通知》（国办发〔 2018 〕 21 号）等相关规定的红筹企业，可以申请其股票或存托凭证在创业板上市。

营业收入快速增长，拥有自主研发、国际领先技术，同行业竞争中处于相对优势地位的尚未在境外上市红筹企业，申请在创业板上市的，市值及财务指标应当至少符合下列标准中的一项：

（一）预计市值不低于 100 亿元；

（二）预计市值不低于 50 亿元，且最近一年营业收入不低于 5 亿元。

前款所称营业收入快速增长，指符合下列标准之一：

（一）最近一年营业收入不低于 5 亿元的，最近三年营业收入复合增长率10% 以上；

（二）最近一年营业收入低于 5 亿元的，最近三年营业收入复合增长率 20%以上；

（三）受行业周期性波动等因素影响，行业整体处于下行周期的，发行人最近三年营业收入复合增长率高于同行业可比公司同期平均增长水平。

处于研发阶段的红筹企业和对国家创新驱动发展战略有重要意义的红筹企业，不适用"营业收入快速增长"的规定。

2.1.4 发行人具有表决权差异安排的，市值及财务指标应当至少符合下列标准中的一项：

（一）预计市值不低于 100 亿元；

（二）预计市值不低于 50 亿元，且最近一年营业收入不低于 5 亿元。

发行人特别表决权股份的持有人资格、公司章程关于表决权差异安排的具体要求，应当符合本规则第四章第四节的规定。

2.1.5 本节所称净利润以扣除非经常性损益前后的孰低者为准，所称净利润、营业收入均指经审计的数值。本节所称预计市值，是指股票公开发行后按照总股本乘以发行价格计算出来的发行人股票名义总价值。

2.1.6 发行人在境内首次公开发行股票经中国证监会予以注册并完成公开发行后，向本所提出上市申请的，应当提交下列文件：

（一）上市申请书；

（二）中国证监会予以注册的决定；

（三）首次公开发行股票结束后发行人全部股票已经中国证券登记结算有限责任公司深圳分公司（以下简称结算公司）登记的证明文件；

（四）首次公开发行结束后，符合《证券法》规定的会计师事务所出具的验资报告；

（五）发行人、控股股东、实际控制人、董事、监事和高级管理人员根据本规则及本所其他相关规定要求出具的证明、声明及承诺；

（六）首次公开发行后至上市前，按规定新增的财务资料和有关重大事项的说明（如适用）；

（七）本所要求的其他文件。

2.1.7 发行人及其董事、监事和高级管理人员应当保证上市申请文件真实、准确、完整，不存在虚假记载、误导性陈述或者重大遗漏。

2.1.8 本所收到发行人完备的上市申请文件后五个交易日内，作出是否同意上市的决定。

发行人发生重大事项，对是否符合上市条件和信息披露要求产生重大影响的，本所可提请上市审核委员会（以下简称上市委员会）进行审议，审议时间不计入前款规定期限。

2.1.9 发行人应当于股票上市前五个交易日内，在本所网站和符合中国证监会规定条件的媒体（以下统称符合条件媒体）披露下列文件：

（一）上市公告书；

（二）公司章程；

（三）本所要求的其他文件。

2.1.10 刊登招股意向书或者招股说明书后，发行人应当持续关注媒体（包括报纸、网站、股票论坛、自媒体等）对公司的相关报道或者传闻，及时向有关方面了解真实情况，相关报道或者传闻可能对公司股票及其衍生品种交易价格或者投资决策产生较大影响的，应当在上市首日刊登风险提示公告，对相关问题进行说明澄清并提示公司存在的主要风险。

第二节　上市公司股票及其衍生品种的发行与上市

2.2.1 上市公司依法向不特定对象发行股票或者可转换公司债券的，应当按照中国证监会及本所有关规定及时披露涉及新股或者可转换公司债券发行的相关公告，并向本所申请办理发行事宜。

2.2.2 上市公司股票或者可转换公司债券发行结束完成登记后，应当按照本所有关规定披露上市公告等相关文件，并向本所申请办理上市事宜。

2.2.3 上市公司申请股票、可转换公司债券在本所上市时仍应当符合相应的发行条件。

2.2.4 上市公司在本所同意其新股或者可转换公司债券的上市申请后，应当在新股或者可转换公司债券上市前五个交易日内，在符合条件媒体披露下列文件：

（一）上市公告书；

（二）股份变动报告书（适用于新股上市）；

（三）本所要求的其他文件。

第三节　股份变动管理

2.3.1 上市公司股东以及董事、监事和高级管理人员所持股份的限售、减持及其他股份变动事宜，应当遵守《公司法》《证券法》、中国证监会相关规定、本所《上市公司股东及董事、监事、高级管理人员减持股份实施细则》（以下简称《减持细则》）、《上市公司创业投资基金股东减持股份实施细则》等相关规定及公司章程。

上市公司股东可以通过向特定机构投资者询价转让、配售方式转让首次公开发行前已发行的股份（以下简称首发前股份），转让的方式、程序、价格、比例以及后续转让等事项，由本所另行规定，报中国证监会批准后实施。

2.3.2 上市公司股东持有的首发前股份，可以在公司上市前托管在为公司提供首次公开发行上市保荐服务的保荐机构，并由保荐机构按照本所业务规则的规定，对股东减持首发前股份的交易委托进行监督管理。

2.3.3 公司股东持有的首发前股份，自发行人股票上市之日起十二个月内不得转让。

2.3.4 上市公司控股股东、实际控制人及其一致行动人减持本公司首发前股份的，应当遵守下列规定：

（一）自公司股票上市之日起三十六个月内，不得转让或者委托他人管理其直接和间接持有的首发前股份，也不得提议由上市公司回购该部分股份；

（二）法律法规、中国证监会规定、本规则以及本所业务规则对控股股东、实际控制人股份转让的其他规定。

发行人向本所申请其股票首次公开发行并上市时，控股股东、实际控制人及其一致行动人应当承诺遵守前款规定。

转让双方存在控制关系或者受同一实际控制人控制的，自发行人股票上市之日起十二个月后，可豁免遵守本条第一款规定。

2.3.5 公司上市时未盈利的，在实现盈利前，控股股东、实际控制人及其一致行动人自公司股票上市之日起三个完整会计年度内，不得减持首发前股份；自公司股票上市之日起第四个和第五个完整会计年度内，每年减持的首发前股份不得超过公司股份总数的2%，并应当符合《减持细则》关于减持股份的相关规定。

公司上市时未盈利的，在实现盈利前，董事、监事、高级管理人员自公司股票上市之日起三个完整会计年度内，不得减持首发前股份；在前述期间内离职的，应当继续遵守本款规定。

公司实现盈利后，前两款规定的股东可以自当年年度报告披露后次日起减持首发前股份，但应当遵守本节其他规定。

2.3.6 上市公司申请有限售条件的股份上市流通，应当按照本所相关规定办理，并在股份上市流通前三个交易日内披露提示性公告。

2.3.7 上市公司控股股东、实际控制人在限售期满后减持首发前股份的，应当明确并披露未来十二个月的控制权安排，保证公司持续稳定经营。

2.3.8 上市公司董事、监事和高级管理人员应当按照本所有关规定申报并申请锁定其所持的本公司股份。

公司董事、监事、高级管理人员所持本公司股份发生变动的（因公司派发股票股利和资本公积转增股本导致的变动除外），应当及时向公司报告并由公司在本所网站公告。

2.3.9 上市公司可能触及本规则第十章规定的重大违法强制退市情形的，自相关行政处罚事先告知书或者司法裁判作出之日起至下列任一情形发生前，公司控股股东及其一致行动人、实际控制人以及董事、监事、高级管理人员不得减持公司股份：

（一）公司股票终止上市并摘牌；

（二）公司收到相关行政处罚决定或者人民法院司法裁判生效，显示公司未触及重大违法强制退市情形。

公司披露无控股股东、实际控制人的，其第一大股东及第一大股东的实际控制人应当遵守前款规定。

2.3.10 投资者及其一致行动人在上市公司拥有权益的股份变动涉及《证券法》《上市公司收购管理办法》等规定的收购或者股份权益变动情形的，应当按照规定履行报告和公告义务，并及时通知公司发布提示性公告。

公司应当在知悉上述收购或者股份权益变动时，及时对外发布公告。

2.3.11 因上市公司减少股本，导致投资者及其一致行动人拥有权益的公司股份达到《证券法》《上市公司收购管理办法》等规定的股份权益变动情形的，公司应当自完成减少股本的变更登记之日起两个交易日内对外发布公告。

2.3.12 上市公司控股子公司不得取得该上市公司发行的股份。确因特殊原因持有股份的，应当在一年内消除该情形，在消除前，上市公司控股子公司不得对其持有的股份行使表决权。

2.3.13 持有上市公司5%以上股份的契约型基金、信托计划或者资产管理计划，应当在权益变动文件中披露支配股份表决权的主体，以及该主体与上市公司控股股东、实际控制人、董事、监事、高级管理人员是否存在关联关系。

契约型基金、信托计划或者资产管理计划成为上市公司控股股东、第一大股东或者实际控制人的，除应当履行前款规定义务外，还应当在权益变动文件中穿透披露至最终投资者。

2.3.14 上市公司无控股股东、实际控制人的，上市公司第一大股东及其最终控制人应当参照适用本节关于控股股东、实际控制人的规定。

发行人的高级管理人员设立的专项资产管理计划，通过集中竞价方式减持参与战略配售获配股份的，应当参照《减持细则》关于高级管理人员减持股份的规定履行信息披露义务。

第三章 上市保荐和持续督导

第一节 一般规定

3.1.1 发行人向本所申请其首次公开发行的股票、存托凭证和上市后发行的新股、存托凭证、可转换公司债券在本所上市，应当由保荐机构保荐，根据相关规定无需保荐的除外。

保荐机构应当为同时具有保荐业务资格和本所会员资格的证券公司。

3.1.2 保荐机构应当与发行人签订保荐协议，明确双方在公司发行的股票、存托凭证、可转换公司债券申请上市期间和持续督导期间的权利和义务。

首次公开发行股票的，持续督导期间为股票上市当年剩余时间及其后三个完整会计年度；上市后发行新股、可转换公司债券的，持续督导期间为股票、可转换公司债券上市当年剩余时间及其后两个完整会计年度。持续督导期间自股票、可转换公司债券上市之日起计算。

对于在信息披露、规范运作、公司治理、内部控制等方面存在重大缺陷或者违规行为，或者实际控制人、董事会、管理层发生重大变化等风险较大的公司，保荐机构应当督促公司解决相关问题或者消除相关风险。持续督导期届满但相关问题尚未解决或者相关风险尚未消除的，本所可以要求保荐机构继续履行持续督导职责。

3.1.3 保荐机构应当在签订保荐协议时指定两名保荐代表人具体负责保荐工作，作为保荐机构与本所之间的指定联络人。

3.1.4 保荐机构保荐股票、存托凭证、可转换公司债券上市时，应当向本所提交上市保荐书、保荐机构经中国证监会核准经营证券承销与保荐业务的证明文件，以及与上市保荐工作有关的其他文件。

3.1.5 保荐机构应当建立健全并有效执行持续督导业务管理制度。保荐机构和保荐代表人在持续督导期间应当针对上市公司的具体情况，制定履行各项持续督导职责的实施方案，履行持续督导职责。

3.1.6 刊登证券发行募集文件以后直至持续督导工作结束，保荐机构和发行人不得终止保荐协议，但存在合理理由的情形除外。发行人因再次申请发行证券另行聘请保荐机构的，应当终止保荐协议。保荐机构被中国证监会撤销保荐业务资格的，发行人应当终止保荐协议并另行聘请保荐机构。

保荐机构和发行人终止保荐协议的，发行人应当自终止之日起五个交易日内披露，说明原因。

发行人另行聘请保荐机构的，应当及时公告。新聘请的保荐机构应当及时向本所提交本规则第 3.1.4 条规定的有关文件。

3.1.7 保荐机构更换保荐代表人的，应当及时通知上市公司。上市公司应当在收到通知后及时披露保荐代表人变更事宜。

第二节　持续督导职责的履行

3.2.1 保荐机构应当督导上市公司建立健全并有效执行公司治理制度、财务内控制度和信息披露制度，以及督导上市公司按照本规则的规定履行信息披露及其他相关义务，审阅信息披露文件及其他相关文件，并保证制作、出具的文件真实、准确、完整，没有虚假记载、误导性陈述或者重大遗漏。

保荐机构和保荐代表人应当督导上市公司的控股股东、实际控制人、董事、监事和高级管理人员遵守本规则及本所其他相关规定，并履行其所作出的承诺。

3.2.2 保荐机构应当在上市公司向本所报送信息披露文件及其他文件，或者履行信息披露义务后，完成对有关文件的审阅工作。发现信息披露文件存在问题的，应当及时督促公司更正或者补充。

3.2.3 上市公司股票交易出现本所业务规则规定的严重异常波动情形的，保荐机构、保荐代表人应当督促上市公司及时按照本规则履行信息披露义务。

3.2.4 上市公司临时报告披露的信息涉及募集资金、关联交易、委托理财、提供担保、对外提供财务资助等重大事项的，保荐机构应当按照中国证监会和本所相关规定发表意见。

3.2.5 上市公司日常经营出现以下情形的，保荐机构应当就相关事项对公司日常经营的影响以及是否存在其他未披露重大风险发表意见并披露：

（一）主要业务停滞或者出现可能导致主要业务停滞的重大风险事件；

（二）主要资产被查封、扣押或冻结；

（三）未清偿到期重大债务；

（四）控股股东、实际控制人、董事、监事或者高级管理人员涉嫌犯罪被司法机关采取强制措施；

（五）本所或者保荐机构认为应当发表意见的其他情形。

3.2.6 上市公司出现下列使公司的核心竞争力面临重大风险情形的，保荐机构应当就相关事项对公司核心竞争力和日常经营的影响以及是否存在其他未披露重大风险发表意见并披露：

（一）公司核心技术团队或者关键技术人员等对公司核心竞争力有重大影响的人员辞职或者发生较大变动；

（二）公司在用的核心商标、专利、专有技术、特许经营权等重要资产或者核心技术许可到期、出现重大纠纷、被限制使用或者发生其他重大不利变化；

（三）主要产品、核心技术、关键设备、经营模式等面临被替代或者被淘汰的风险；

（四）重要研发项目研发失败、终止、未获有关部门批准，或者公司放弃对重要核心技术项目的继续投资或者控制权；

（五）本所或者保荐机构认为应当发表意见的其他情形。

3.2.7 上市公司出现下列情形之一的，保荐机构和保荐代表人应当在知悉或者理应知悉之日起十五日内进行专项现场核查：

（一）存在重大财务造假嫌疑；

（二）控股股东、实际控制人、董事、监事或者高级管理人员涉嫌侵占上市公司利益；

（三）可能存在重大违规担保；

（四）资金往来或者现金流存在重大异常；

（五）本所或者保荐机构认为应当进行现场核查的其他事项。

保荐机构进行现场核查的，应当告知上市公司现场核查结果及提请公司注意的事项，并在现场核查结束后十个交易日内披露现场核查报告。

3.2.8 持续督导期内，保荐机构应当自上市公司披露年度报告、半年度报告后十五个交易日内按照中国证监会和本所相关规定在符合条件媒体披露跟踪报告。

保荐机构应当对上市公司进行必要的现场检查，以保证所发表的意见不存在虚假记载、误导性陈述或者重大遗漏。

3.2.9 保荐机构履行保荐职责发表的意见应当及时告知上市公司，并记录于保荐工作档案。

上市公司应当按照中国证监会及本所相关规定，积极配合保荐机构、保荐代表人履行持续督导职责。上市公司不配合保荐机构、保荐代表人持续督导工作的，保荐机构、保荐代表人应当督促改正，并及时向本所报告。

3.2.10 保荐机构在履行保荐职责期间有充分理由确信上市公司可能存在违反本规则规定的行为的，应当督促上市公司作出说明和限期纠正，并向本所报告。

保荐机构按照有关规定对上市公司违法违规事项公开发表声明的，应当于披露前向本所书面报告，经本所审查后在符合条件媒体公告。本所对上述公告进行形式审查，对其内容的真实性不承担责任。

3.2.11 保荐机构有充分理由确信相关证券服务机构及其签字人员出具的专业意见可能存在虚假记载、误导性陈述或者重大遗漏等违法违规情形或者其他不当情形的，应当及时发表意见并向本所报告。

3.2.12 持续督导工作结束后，保荐机构应当在上市公司年度报告披露之日起的十个交易日内披露保荐总结报告书。

3.2.13 持续督导期届满，上市公司募集资金尚未使用完毕的，保荐机构应继续履行募集资金相关的持续督导职责，如有其他尚未完结的保荐工作，保荐机构应当继续完成。

第四章　公司治理

第一节　股东大会、董事会和监事会

4.1.1 上市公司应当建立健全并实施有效的内部控制制度，形成科学有效的职责分工和制衡机制，确保股东大会、董事会、监事会等机构合法运作和科学决策，保证公司经营管理合法合规、资金资产安全、信息披露真实、准确、完整。

4.1.2 上市公司应当依据法律法规和公司章程召开股东大会。对于股东提议要求召开股东大会的书面提案，公司董事会应当在规定期限内提出是否同意召开股东大会的书面反馈意见，不得无故拖延。

股东自行召集股东大会的，应当在发出股东大会通知前书面通知上市公司董事会并将有关文件报送本所备案。在发出股东大会通知至股东大会结束当日期间，召集股东的持股比例不得低于 10%。

对于股东依法自行召集的股东大会，公司董事会和董事会秘书应当予以配合，提供必要的支持，并及时履行信息披露义务。

4.1.3 上市公司召开股东大会应当平等对待全体股东，不得以利益输送、利益交换等方式影响股东的表决，操纵表决结果，损害其他股东的合法权益。股东大会审议影响中小投资者利益的重大事项时，应当对中小投资者的表决单独计票并披露。

4.1.4 上市公司年度股东大会应当于召开二十日前，临时股东大会应当于召开十五日前，以公告方式向股东发出股东大会通知。股东大会通知中应当列明会议召开的时间、地点、方式，以及会议召集人和股权登记日等事项，充分、完整地披露所有提案的具体内容，同时在符合条件媒体披露有助于股东对拟讨论的事项作出合理判断所必需的其他资料。

上市公司股东大会应当设置会场，以现场会议形式召开。现场会议时间、地点的选择应当便于股东参加。股东大会通知发出后，无正当理由的，股东大会现场会议召开地点不得变更。确需变更的，召集人应当于现场会议召开日两个交易日前发布通知并说明具体原因。

上市公司应当以网络投票的方式为股东参加股东大会提供便利。股东通过上述方式参加股东大会的，视为出席。

4.1.5 股东大会通知发出后，无正当理由的，不得延期或者取消，股东大会通知中列明的提案不得取消。一旦出现延期或者取消的情形，应当于原定召开日两个交易日前发布通知，说明延期或者取消的具体原因。延期召开股东大会的，应当在通知中公布延期后的召开日期。

4.1.6 股东大会应当聘请律师事务所对会议的召集、召开程序、出席会议人员及召集人的资格、会议的表决程序及结果等事项是否合法有效出具法律意见书。

股东大会决议及法律意见书应当在股东大会结束当日在符合条件媒体披露。

4.1.7 上市公司应当依据法律法规和公司章程召开董事会，董事会决议涉及须经股东大会审议的事项，或者本规则所述重大事项，上市公司应当分别披露董事会决议公告和相关重大事项公告。

4.1.8 上市公司应当依据法律法规和公司章程召开监事会，会议结束后及时披露监事会决议公告。

4.1.9 上市公司应当在董事会下设立审计委员会，内部审计部门对审计委员会负责，向审计委员会报告工作。审计委员会中独立董事应当占多数，召集人应当由独立董事担任且为会计专业人士。

4.1.10 股东大会、董事会或者监事会不能正常召开，或者决议效力存在争议的，上市公司应当及时披露相关事项、争议各方的主张、公司现状等有助于投资者了解公司实际情况的信息，以及律师出具的专项法律意见书。

出现前款规定情形的，上市公司董事会应当维护公司正常生产经营秩序，保护公司及全体股东利益，公平对待所有股东。

第二节　董事、监事和高级管理人员

4.2.1 上市公司的董事、监事和高级管理人员应当在公司首次公开发行股票上市前，新任董事、监事和高级管理人员应当在其任命后一个月内，签署《董事（监事、高级管理人员）声明及承诺书》，并向本所和公司董事会报备。

上述人员在签署《董事（监事、高级管理人员）声明及承诺书》时，应当由律师见证，由律师解释该文件的内容，在充分理解后签字盖章，并保证《董事（监事、高级管理人员）声明及承诺书》中声明事项的真实、准确、完整，不存在虚假记载、误导性陈述或者重大遗漏。

声明事项发生重大变化（持股情况除外）的，上述人员应当在五个交易日内更新，并向本所和公司董事会报备。

4.2.2 上市公司董事应当遵守法律法规和公司章程有关规定，履行以下忠实、勤勉义务，维护上市公司利益：

（一）保护公司资产的安全、完整，不得挪用公司资金和侵占公司财产，不得利用职务之便为公司实际控制人、股东、员工、本人或者其他第三方的利益损害公司利益；

（二）未经股东大会同意，不得为本人及其关系密切的家庭成员（具体范围参见本规则第 7.2.5 条第四项的规定）谋取属于公司的商业机会，不得自营、委托他人经营公司同类业务；

（三）保证有足够的时间和精力参与公司事务，持续关注对公司生产经营可能造成重大影响的事件，及时向董事会报告公司经营活动中存在的问题，不得以不直接从事经营管理或者不知悉为由推卸责任；

（四）原则上应当亲自出席董事会，审慎判断审议事项可能产生的风险和收益；因故不能亲自出席董事会的，应当审慎选择受托人；

（五）积极推动公司规范运行，督促公司真实、准确、完整、公平、及时履行信息披露义务，及时纠正和报告公司违法违规行为；

（六）获悉公司股东、实际控制人及其关联人侵占公司资产、滥用控制权等损害公司或者其他股东利益的情形时，及时向董事会报告并督促公司履行信息披露义务；

（七）严格履行作出的各项承诺；

（八）法律法规、中国证监会规定、本规则及本所其他规定、公司章程规定的其他忠实和勤勉义务。

上市公司监事和高级管理人员应当参照上述要求履行职责。

4.2.3 上市公司董事由股东大会选举或更换，并可在任期届满前由股东大会解除其职务。董事每届任期不得超过三年，任期届满可连选连任。

4.2.4 上市公司应当设立董事会秘书，作为公司与本所之间的指定联络人。

公司应当设立信息披露事务部门，由董事会秘书负责管理。

4.2.5 上市公司应当在首次公开发行股票上市后三个月内或者原任董事会秘书离职后三个月内聘任董事会秘书。董事会秘书空缺期间，董事会应当指定一名董事或者高级管理人员代行董事会秘书的职责，空缺超过三个月的，董事长应当代行董事会秘书职责。

4.2.6 上市公司应当聘任证券事务代表，协助董事会秘书履行职责。在董事会秘书不能履行职责时，由证券事务代表行使其权利并履行其职责，在此期间，并不当然免除董事会秘书对公司信息披露事务负有的责任。

第三节 控股股东和实际控制人

4.3.1 上市公司的控股股东、实际控制人应当在公司首次公开发行股票上市前，或者控制权变更完成后一个月内，签署《控股股东、实际控制人声明及承诺书》，并向本所和公司董事会报备。

控股股东、实际控制人在签署《控股股东、实际控制人声明及承诺书》时，应当由律师见证，由律师解释该文件的内容，在充分理解后签字盖章，并保证《控股股东、实际控制人声明及承诺书》中声明事项的真实、准确、完整，不存在虚假记载、误导性陈述或者重大遗漏。

声明事项发生重大变化（持股情况除外）的，控股股东、实际控制人应当在五个交易日内更新，并向本所和公司董事会报备。

4.3.2 上市公司控股股东、实际控制人应当诚实守信，依法行使股东权利，不滥用控制权损害公司或者其他股东的利益，履行以下义务：

（一）遵守并促使公司遵守国家法律、行政法规、部门规章、规范性文件、本规则和本所其他相关规定、公司章程，接受本所监管；

（二）不以任何方式违法违规占用公司资金或者要求公司违法违规提供担保；

（三）不通过非公允的关联交易、利润分配、资产重组、对外投资等任何方式损害公司和其他股东的合法权益；

（四）不利用公司未公开重大信息谋取利益，不以任何方式泄露有关公司的未公开重大信息，不从事内幕交易、短线交易、操纵市场等违法违规行为；

（五）保证公司资产完整、人员独立、财务独立、机构独立和业务独立，不以任何方式影响公司的独立性；

（六）严格履行作出的公开声明和各项承诺，不擅自变更或者解除；

（七）严格按照有关规定履行信息披露义务，并保证披露的信息真实、准确、完整，不存在虚假记载、误导性陈述或者重大遗漏；积极主动配合公司做好信息披露工作，及时告知公司已发生或者拟发生的重大事项，并如实回答本所的相关问询；

（八）本所认为应当履行的其他义务。

4.3.3 上市公司控股股东应当审慎质押所持公司股份，合理使用融入资金，维持公司控制权和生产经营稳定。

4.3.4 上市公司应当根据股权结构、董事的提名任免以及其他内部治理情况，客观、审慎地认定控制权归属。

签署一致行动协议共同控制公司的，应当在协议中明确共同控制安排及解除机制。

第四节　表决权差异安排

4.4.1 发行人首次公开发行上市前设置表决权差异安排的，应当经出席股东大会的股东所持表决权的三分之二以上通过。

发行人在首次公开发行上市前不具有表决权差异安排的，不得在首次公开发行上市后以任何方式设置此类安排。

4.4.2 除公司章程规定的表决权差异外，普通股份与特别表决权股份具有的其他股东权利应当完全相同。

4.4.3 持有特别表决权股份的股东应当为对上市公司发展作出重大贡献，并且在公司上市前及上市后持续担任公司董事的人员或者该等人员实际控制的持股主体。

持有特别表决权股份的股东在上市公司中拥有权益的股份合计应当达到公司全部已发行有表决权股份的 10% 以上。

4.4.4 上市公司章程应当规定每份特别表决权股份的表决权数量。每份特别表决权股份的表决权数量应当相同，且不得超过每份普通股份的表决权数量的 10 倍。

4.4.5 上市公司股票在本所上市后，除同比例配股、转增股本、分配股票股利情形外，不得在境内外发行特别表决权股份，不得提高特别表决权比例。

上市公司因股份回购等原因，可能导致特别表决权比例提高的，应当同时采取将相应数量特别表决权股份转换为普通股份等措施，保证特别表决权比例不高于原有水平。

本规则所称特别表决权比例，是指全部特别表决权股份的表决权数量占上市公司全部已发行股份表决权数量的比例。

4.4.6 上市公司应当保证普通表决权比例不低于10%；单独或者合计持有公司10%以上已发行有表决权股份的股东有权提议召开临时股东大会；单独或者合计持有公司3%以上已发行有表决权股份的股东有权提出股东大会议案。

本规则所称普通表决权比例，是指全部普通股份的表决权数量占上市公司全部已发行股份表决权数量的比例。

4.4.7 特别表决权股份不得在二级市场进行交易，但可以按照本所有关规定进行转让。

4.4.8 出现下列情形之一的，特别表决权股份应当按照1：1的比例转换为普通股份：

（一）持有特别表决权股份的股东不再符合本规则第4.4.3条规定的资格和最低持股要求，或者丧失相应履职能力、离任、死亡；

（二）实际持有特别表决权股份的股东失去对相关持股主体的实际控制；

（三）持有特别表决权股份的股东向他人转让所持有的特别表决权股份，或者将特别表决权股份的表决权委托他人行使，但转让或者委托给受该特别表决权股东实际控制的主体除外；

（四）公司的控制权发生变更。

发生前款第四项情形的，上市公司已发行的全部特别表决权股份应当转换为普通股份。

4.4.9 上市公司股东对下列事项行使表决权时，每一特别表决权股份享有的表决权数量应当与每一普通股份的表决权数量相同：

（一）修改公司章程；

（二）改变特别表决权股份享有的表决权数量；

（三）聘请或者解聘独立董事；

（四）聘请或者解聘监事；

（五）聘请或者解聘为上市公司定期报告出具审计意见的会计师事务所；

（六）公司合并、分立、解散或者变更公司形式。

上市公司章程应当规定，股东大会对前款第一项、第二项、第六项事项作出决议，应当经出席会议的股东所持表决权的三分之二以上通过。

4.4.10 上市公司具有表决权差异安排的，应当在定期报告中披露该等安排在报告期内的实施、股份变动、表决权恢复及行使情况等，特别是风险、公司治理等信息，以及该等安排下保护投资者合法权益有关措施的实施情况。

4.4.11 出现下列情形之一的，相关股东应当立即通知上市公司，公司应当及时披露：

（一）特别表决权股份转换成普通股份；

（二）股东所持有的特别表决权股份被质押、冻结、司法拍卖、托管、设定信托或者被依法限制表决权；

（三）其他重大变化或者调整。

相关公告应当包含具体情形、发生时间、转换为普通股份的特别表决权股份数量、剩余特别表决权股份数量等内容。

4.4.12 上市公司具有表决权差异安排的，监事会应当在年度报告中，就下列事项出具专项意见：

（一）持有特别表决权股份的股东是否持续符合本规则第 4.4.3 条的要求；

（二）特别表决权股份是否出现本规则第 4.4.8 条规定的情形并及时转换为普通股份；

（三）特别表决权比例是否持续符合本规则的规定；

（四）持有特别表决权股份的股东是否存在滥用特别表决权或者其他损害投资者合法权益的情形；

（五）上市公司及持有特别表决权股份的股东遵守本节其他规定的情况。

4.4.13 持续督导期内，保荐机构应当在年度跟踪报告中对第 4.4.12 条规定的事项发表意见。

保荐机构在持续督导期间应当对上市公司特别表决权事项履行持续督导义务，发现股东存在滥用特别表决权或者其他损害投资者合法权益情形时，应当及时督促相关股东改正，并向本所报告。

4.4.14 上市公司应当在股东大会通知中列明持有特别表决权股份的股东、所持特别表决权股份数量及对应的表决权数量、股东大会议案是否涉及第 4.4.9 条规定事项等情况。

4.4.15 持有特别表决权股份的股东应当按照所适用的法律法规以及公司章程行使权利，不得滥用特别表决权，不得利用特别表决权损害投资者的合法权益。

出现前款情形，损害投资者合法权益的，本所可以要求公司或者持有特别表决权股份的股东予以改正。

4.4.16 上市公司或者持有特别表决权股份的股东应当按照本所及结算公司的有关规定，办理特别表决权股份登记和转换成普通股份登记事宜。

第五章　信息披露一般规定

第一节　信息披露基本原则

5.1.1 上市公司及相关信息披露义务人应当根据法律、行政法规、部门规章、规范性文件、本规则及本所其他相关规定，及时、公平地披露所有可能对公司股票及其衍生品种交易价格或者投资决策产生较大影响的信息或事项（以下简称重大信息、重大事件或者重大事项），并保证所披露的信息真实、准确、完整，简明清晰，通俗易懂，不得有虚假记载、误导性陈述或者重大遗漏。

5.1.2 上市公司董事、监事和高级管理人员应当保证公司所披露的信息真实、准确、完整、及时、公平，不能保证披露的信息内容真实、准确、完整的，应当在公告中作出相应声明并说明理由。

5.1.3 本规则所称真实，是指上市公司及相关信息披露义务人披露的信息应当以客观事实或者具有事实基础的判断和意见为依据，如实反映客观情况，不得有虚假记载和不实陈述。

5.1.4 本规则所称准确，是指上市公司及相关信息披露义务人披露的信息应当使用明确、贴切的语言和简明扼要、通俗易懂的文字，内容应易于理解，不得含有任何宣传、广告、恭维或者夸大等性质的词句，不得有误导性陈述。

公司披露预测性信息及其他涉及公司未来经营和财务状况等信息时，应当合理、谨慎、客观，并充分披露相关信息所涉的风险因素，以明确的警示性文字提示投资者可能出现的风险和不确定性。

5.1.5 本规则所称完整，是指上市公司及相关信息披露义务人披露的信息应当内容完整、文件齐备，格式符合规定要求，不得有重大遗漏。

5.1.6 本规则所称及时，是指上市公司及相关信息披露义务人应当在本规则规定的期限内披露重大信息。

5.1.7 本规则所称公平，是指上市公司及相关信息披露义务人应当同时向所有投资者公开披露重大信息，确保所有投资者可以平等地获取同一信息，不得实行差别对待政策，不得提前向特定对象单独披露、透露或者泄露未公开重大信息。

第二节　信息披露一般要求

5.2.1 上市公司披露的信息包括定期报告和临时报告。

公司及相关信息披露义务人应当通过本所上市公司网上业务专区和本所认可的其他方式，将公告文稿和相关备查文件及时报送本所，报送文件应当符合本所要求。

公司及相关信息披露义务人报送的公告文稿和相关备查文件应当采用中文文本，同时采用外文文本的，信息披露义务人应当保证两种文本的内容一致。两种文本发生歧义时，以中文文本为准。

5.2.2 上市公司公告文件应当通过符合条件媒体对外披露。上市公司公告（监事会公告除外）应当加盖董事会公章并向本所报备。

公司未能按照既定时间披露，或者在符合条件媒体披露的文件内容与报送本所登记的文件内容不一致的，应当立即向本所报告并披露。

5.2.3 上市公司信息披露采用直通披露（事后审查）和非直通披露（事前审查）两种方式。

信息披露原则上采用直通披露方式，本所可以根据公司信息披露质量、规范运作情况等，调整直通披露公司范围。

直通披露的公告范围由本所确定，本所可以根据业务需要进行调整。

5.2.4 上市公司披露的信息应当前后一致，财务信息应当具有合理的勾稽关系，非财务信息应当能相互印证，不存在矛盾。如披露的信息与已披露的信息存在重大差异的，应当充分披露原因并作出合理解释。

5.2.5 上市公司的公告文稿应当重点突出、逻辑清晰，避免使用大量专业术语、过于晦涩的表达方式和外文及其缩写，避免模糊、空洞、模板化和冗余重复的信息。

5.2.6 除依法需要披露的信息之外，上市公司及相关信息披露义务人可以自愿披露与投资者作出价值判断和投资决策有关的信息。

公司及相关信息披露义务人进行自愿性信息披露的，应当遵守公平信息披露原则，保持信息披露的完整性、持续性和一致性，避免选择性信息披露，不得与依法披露的信息相冲突，不得误导投资者。已披露的信息发生重大变化，有可能影响投资决策的，应当及时披露进展公告，直至该事项完全结束。

公司及相关信息披露义务人按照前款规定披露信息的，在发生类似事件时，应当按照同一标准予以披露。

5.2.7 上市公司应当在涉及的重大事项最先触及下列任一时点后及时履行披露义务：

（一）董事会、监事会作出决议时；

（二）签署意向书或者协议（无论是否附加条件或者期限）时；

（三）公司（含任一董事、监事或者高级管理人员）知悉或者理应知悉重大事项发生时；

（四）筹划阶段事项难以保密、发生泄露、引起公司股票及其衍生品种交易异常波动时。

5.2.8 上市公司筹划重大事项，持续时间较长的，应当分阶段披露进展情况，及时提示相关风险，不得仅以相关事项结果不确定为由不予披露。

已披露的事项发生重大变化，可能对公司股票及其衍生品种交易价格或者投资决策产生较大影响的，公司应当及时披露进展公告。

5.2.9 上市公司及相关信息披露义务人拟披露的信息属于国家秘密、商业秘密等情形，按照本规则披露或者履行相关义务可能导致其违反境内外法律法规、引致不当竞争、损害公司及投资者利益或者误导投资者的，可以按照本所相关规定豁免披露。

上市公司拟披露的信息存在不确定性、属于临时性商业秘密等情形，及时披露可能会损害公司利益或者误导投资者，且有关内幕信息知情人已书面承诺保密的，公司可以按照本所相关规定暂缓披露。

上市公司及相关信息披露义务人应当审慎确定信息披露暂缓、豁免事项，不得随意扩大暂缓、豁免事项的范围。

暂缓披露的信息确实难以保密、已经泄露或者出现市场传闻，导致公司股票及其衍生品种交易价格发生大幅波动的，公司应当立即披露相关事项筹划和进展情况。

5.2.10 上市公司及相关信息披露义务人不得以新闻发布或者答记者问等其他形式代替信息披露或者泄露未公开重大信息。

上市公司及相关信息披露义务人确有需要的，可以在非交易时段通过新闻发布会、媒体专访、公司网站、网络自媒体等方式对外发布应披露的信息，但公司应当于下一交易时段开始前披露相关公告。

5.2.11 上市公司及相关信息披露义务人通过业绩说明会、分析师会议、路演、接受投资者调研等形式，与特定对象沟通时，不得提供公司未公开重大信息。

上市公司向股东、实际控制人及其他第三方报送文件，涉及未公开重大信息的，应当依照本规则披露。

5.2.12 上市公司及相关信息披露义务人适用本所相关信息披露要求，可能导致其难以反映经营活动的实际情况、难以符合行业监管要求或者公司注册地有关规定的，可以向本所申请调整适用，但应当说明原因和替代方案。

本所认为不应当调整适用的，上市公司及相关信息披露义务人应当执行本所相关规定。

5.2.13 上市公司控股子公司发生本规则规定的重大事项，视同上市公司发生的重大事项，适用本规则的规定。

上市公司参股公司发生本规则规定的重大事项，原则上按照上市公司在该参股公司的持股比例计算相关数据适用本规则的规定；上市公司参股公司发生的重大事项虽未达到本规则规定的标准但可能对上市公司股票及其衍生品种交易价格或者投资决策产生重大影响的，应当参照本规则的规定履行信息披露义务。

5.2.14 上市公司可以根据本规则及本所其他相关规定向本所申请其股票及其衍生品种停牌和复牌。

本所可以根据本规则及本所其他相关规定决定对公司股票及其衍生品种实施

停牌或者复牌。

公司应当维护证券交易的连续性，谨慎申请停牌，不得以停牌代替公司及有关各方在筹划重大事项过程中的信息保密义务，不得滥用停牌或者复牌损害投资者的合法权益。

证券市场交易出现极端异常情况的，本所可以根据中国证监会的决定或者市场实际情况，暂停办理上市公司停牌申请，维护市场交易的连续性和流动性，维护投资者正当的交易权利。

5.2.15 上市公司出现下列情形的，本所可以视情况决定公司股票及其衍生品种的停牌和复牌：

（一）严重违反法律法规、本规则及本所其他相关规定，且在规定期限内拒不按要求改正；

（二）信息披露存在重大遗漏或者误导性陈述，且拒不按照要求就有关内容进行更正、解释或者补充；

（三）公司运作和信息披露方面涉嫌违反法律法规、本规则或者本所其他相关规定，情节严重而被有关部门调查；

（四）无法保证与本所的有效联系，或者拒不履行信息披露义务；

（五）其他本所认为应当停牌或者复牌的情形。

5.2.16 上市公司收购人履行要约收购义务，要约收购期限届满至要约收购结果公告前，公司股票及其衍生品种应当停牌。

根据收购结果，被收购上市公司股权分布仍符合上市条件的，公司股票及其衍生品种应当于要约收购结果公告日复牌。公告日为非交易日的，自次一交易日起复牌。

根据收购结果，被收购上市公司股权分布不再符合上市条件，且收购人以终止公司上市地位为收购目的的，公司股票及其衍生品种应当于要约收购结果公告日继续停牌，并依照本规则第十章第八节有关规定执行；收购人不以终止公司上市地位为收购目的的，公司股票及其衍生品种应当于要约收购结果公告日继续停牌，并参照本规则第 10.4.1 条第五项情形相应的程序执行。

第三节 信息披露管理制度及监管

5.3.1 上市公司应当制定并严格执行信息披露事务管理制度。信息披露事务管理制度应当经董事会审议并披露。

5.3.2 上市公司应当制定董事、监事、高级管理人员以及其他相关人员对外发布信息的内部规范制度，明确发布程序、方式和未经董事会许可不得对外发布的情形等事项。

5.3.3 上市公司应当建立健全内幕信息知情人登记管理制度，加强未公开重大信息内部流转过程中的保密工作，尽量缩小知情人员范围，防止泄露未公开重大信息。

内幕信息知情人在重大信息公开前，不得买卖公司股票、泄露内幕信息或者建议他人买卖公司股票。

5.3.4 上市公司股东、实际控制人、收购人等相关信息披露义务人，应当按照有关规定履行信息披露义务，及时告知公司已发生或者拟发生的重大事项，主动配合公司做好信息披露工作。

5.3.5 上市公司及相关信息披露义务人应当密切关注媒体关于公司的报道，以及公司股票及其衍生品种的交易情况，及时向有关方面了解真实情况。

5.3.6 本所根据有关法律、行政法规、部门规章、规范性文件、本规则以及本所其他相关规定，对上市公司及相关信息披露义务人披露的信息进行形式审查，对其内容的真实性不承担责任。

本所经审查认为信息披露文件存在问题的，可以提出问询。公司及相关信息披露义务人应当在规定期限内如实回复本所问询，并按照本规则的规定和本所要求及时、真实、准确、完整地就相关情况作出公告，不得以有关事项存在不确定性或者需要保密等为由不履行报告、公告和回复本所问询的义务；未在规定期限内回复或披露有关公告的，或者本所认为必要的，本所可以采取交易所公告等形式向市场说明有关情况。

5.3.7 保荐机构及其保荐代表人、证券服务机构及其相关人员应当及时制作工作底稿，完整保存发行人、上市公司及相关信息披露义务人的证券业务活动记录及相关资料。

5.3.8 本所可以根据监管需要调阅、检查工作底稿、证券业务活动记录及相关资料，相关主体应当积极配合。

第六章　定期报告

第一节　一般规定

6.1.1 上市公司应当披露的定期报告包括年度报告、半年度报告和季度报告。

公司应当按照中国证监会及本所有关规定编制并披露定期报告。

6.1.2 上市公司应当在每个会计年度结束之日起四个月内披露年度报告，在每个会计年度的上半年结束之日起两个月内披露半年度报告，在每个会计年度的前三个月、前九个月结束后的一个月内披露季度报告。

公司第一季度报告的披露时间不得早于上一年度的年度报告披露时间。

公司预计不能在规定期限内披露定期报告的，应当及时向本所报告，并公告不能按期披露的原因、解决方案及延期披露的最后期限。

6.1.3 上市公司应当与本所约定定期报告的披露时间，本所根据均衡披露原则统筹安排各公司定期报告披露顺序。

公司应当按照本所安排的时间办理定期报告披露事宜。因故需变更披露时间的，应当提前五个交易日向本所提出书面申请，陈述变更理由，并明确变更后的披露时间，本所视情形决定是否予以调整。本所原则上只接受一次变更申请。

6.1.4 上市公司董事会应当确保公司定期报告按时披露，因故无法形成有关定期报告的董事会决议的，应当以董事会公告的方式对外披露相关事项，说明无法形成董事会决议的具体原因和存在的风险，并披露独立董事意见。

公司不得披露未经董事会审议通过的定期报告。

6.1.5 上市公司董事、监事、高级管理人员应当依法对公司定期报告签署书面确认意见；公司监事会应当依法对董事会编制的公司定期报告进行审核并提出书面审核意见，说明董事会对定期报告的编制和审核程序是否符合法律法规、中国证监会和本所的规定，报告的内容是否真实、准确、完整地反映公司的实际情况。

董事、监事、高级管理人员无法保证定期报告内容的真实性、准确性、完整性或者有异议的，应当在书面意见中发表意见并陈述理由，上市公司应当披露。上市公司不予披露的，董事、监事、高级管理人员可以直接申请披露。

6.1.6 上市公司的董事、监事和高级管理人员，不得以任何理由拒绝对公司定期报告签署书面意见，影响定期报告的按时披露。

6.1.7 上市公司聘请的为其提供财务会计报告审计、净资产验证及其他相关服务的会计师事务所应当符合《证券法》的规定。

公司聘请或者解聘会计师事务所必须由股东大会决定，董事会不得在股东大会决定前委任会计师事务所。

公司解聘或者不再续聘会计师事务所时，应当事先通知会计师事务所。公司股东大会就解聘会计师事务所进行表决时，会计师事务所可以陈述意见。会计师事务所提出辞聘的，应当向股东大会说明公司有无不当情形。

6.1.8 上市公司年度报告中的财务会计报告必须经审计。

公司半年度报告中的财务会计报告可以不经审计，但有下列情形之一的，公司应当聘请会计师事务所进行审计：

（一）拟依据半年度报告进行利润分配（仅进行现金分红的除外）、公积金转增股本或者弥补亏损的；

（二）中国证监会或者本所认为应当进行审计的其他情形。

公司季度报告中的财务资料无需审计，但中国证监会或者本所另有规定的除外。

6.1.9 上市公司的财务会计报告被注册会计师出具非标准审计意见的，公司应当按照中国证监会《公开发行证券的公司信息披露编报规则第 14 号——非标准审计意见及其涉及事项的处理》（以下简称第 14 号编报规则）的规定，在报送定期报告的同时向本所提交下列文件：

（一）董事会针对该审计意见涉及事项所出具的符合第 14 号编报规则要求的

专项说明，审议此专项说明的董事会决议以及决议所依据的材料；

（二）独立董事对审计意见涉及事项的意见；

（三）监事会对董事会有关说明的意见和相关的决议；

（四）负责审计的会计师事务所及注册会计师出具的符合第 14 号编报规则要求的专项说明；

（五）中国证监会和本所要求的其他文件。

6.1.10 上市公司出现本规则第 6.1.9 条所述非标准审计意见涉及事项如属于明显违反企业会计准则及相关信息披露规定的，公司应当对有关事项进行纠正，并及时披露纠正后的财务会计资料和会计师出具的审计报告或专项鉴证报告等有关资料。

公司未及时披露、采取措施消除相关事项及其影响的，本所可以对其采取监管措施或纪律处分，或者报中国证监会调查处理。

6.1.11 上市公司最近一个会计年度的财务会计报告被注册会计师出具否定或者无法表示意见的审计报告，应当于其后披露的首个半年度报告和三季度报告中说明导致否定或者无法表示意见的情形是否已经消除。

6.1.12 上市公司因前期已公开披露的财务会计报告存在差错或者虚假记载被责令改正，或者经董事会决定改正的，应当在被责令改正或者董事会作出相应决定时，及时予以披露，并按照中国证监会《公开发行证券的公司信息披露编报规则第 19 号——财务信息的更正及相关披露》等有关规定的要求更正及披露。

6.1.13 上市公司未在规定期限内披露季度报告的，公司股票及其衍生品种应当于规定期限届满的次一交易日停牌一天。

公司未披露季度报告的同时存在未披露年度报告或者半年度报告情形的，公司股票及其衍生品种应当按照本规则第十章有关规定停牌与复牌。

第二节　业绩预告和业绩快报

6.2.1 上市公司应当严格按照本所相关业务规则合理、谨慎、客观、准确地披露业绩预告、业绩快报及修正公告，不得使用夸大、模糊或者误导性陈述，不得利用该等信息不当影响公司股票及其衍生品种的交易价格。

6.2.2 上市公司预计年度经营业绩或者财务状况将出现下列情形之一的，应当在会计年度结束之日起一个月内进行预告（以下简称业绩预告）：

（一）净利润为负；

（二）净利润与上年同期相比上升或者下降 50% 以上；

（三）实现扭亏为盈；

（四）期末净资产为负。

6.2.3 上市公司因本规则第 10.3.1 条第一款规定的情形，其股票被实施退市风险警示的，应当于会计年度结束之日起一个月内预告全年营业收入、净利润、扣除非经常性损益后的净利润和净资产。

6.2.4 本所鼓励上市公司在定期报告公告前披露业绩快报。

上市公司在定期报告披露前向国家有关机关报送未公开的定期财务数据，预计无法保密的，应当及时披露业绩快报。

上市公司在定期报告披露前出现业绩泄露，或者因业绩传闻导致公司股票及其衍生品种交易异常波动的，应当及时披露业绩快报。

6.2.5 上市公司董事会预计实际业绩或者财务状况与已披露的业绩预告或业绩快报差异较大的，应当及时披露修正公告。

第七章　应披露的交易与关联交易

第一节　重大交易

7.1.1 本章所称"交易"，包括下列类型的事项：

（一）购买或者出售资产；

（二）对外投资（含委托理财、对子公司投资等，设立或者增资全资子公司除外）；

（三）提供财务资助（含委托贷款）；

（四）提供担保（指上市公司为他人提供的担保，含对控股子公司的担保）；

（五）租入或者租出资产；

（六）签订管理方面的合同（含委托经营、受托经营等）；

（七）赠与或者受赠资产；

（八）债权或者债务重组；

（九）研究与开发项目的转移；

（十）签订许可协议；

（十一）放弃权利（含放弃优先购买权、优先认缴出资权利等）；

（十二）本所认定的其他交易。

上市公司下列活动不属于前款规定的事项：

（一）购买与日常经营相关的原材料、燃料和动力（不含资产置换中涉及购买、出售此类资产）；

（二）出售产品、商品等与日常经营相关的资产（不含资产置换中涉及购买、出售此类资产）；

（三）虽进行前款规定的交易事项但属于公司的主营业务活动。

7.1.2 上市公司发生的交易（提供担保、提供财务资助除外）达到下列标准之一的，应当及时披露：

（一）交易涉及的资产总额占上市公司最近一期经审计总资产的 10% 以上，该交易涉及的资产总额同时存在账面值和评估值的，以较高者作为计算依据；

（二）交易标的（如股权）在最近一个会计年度相关的营业收入占上市公司最近一个会计年度经审计营业收入的 10% 以上，且绝对金额超过 1000 万元；

（三）交易标的（如股权）在最近一个会计年度相关的净利润占上市公司最近一个会计年度经审计净利润的 10% 以上，且绝对金额超过 100 万元；

（四）交易的成交金额（含承担债务和费用）占上市公司最近一期经审计净资产的 10% 以上，且绝对金额超过 1000 万元；

（五）交易产生的利润占上市公司最近一个会计年度经审计净利润的 10% 以上，且绝对金额超过 100 万元。

上述指标计算中涉及的数据如为负值，取其绝对值计算。

7.1.3 上市公司发生的交易（提供担保、提供财务资助除外）达到下列标准之一的，应当提交股东大会审议：

（一）交易涉及的资产总额占上市公司最近一期经审计总资产的 50% 以上，该交易涉及的资产总额同时存在账面值和评估值的，以较高者作为计算依据；

（二）交易标的（如股权）在最近一个会计年度相关的营业收入占上市公司最近一个会计年度经审计营业收入的 50% 以上，且绝对金额超过 5000 万元；

（三）交易标的（如股权）在最近一个会计年度相关的净利润占上市公司最近一个会计年度经审计净利润的 50% 以上，且绝对金额超过 500 万元；

（四）交易的成交金额（含承担债务和费用）占上市公司最近一期经审计净资产的 50% 以上，且绝对金额超过 5000 万元；

（五）交易产生的利润占上市公司最近一个会计年度经审计净利润的 50% 以上，且绝对金额超过 500 万元。

上述指标计算中涉及的数据如为负值，取其绝对值计算。

7.1.4 除提供担保、委托理财等本规则及本所其他业务规则另有规定事项外，上市公司进行第 7.1.1 条规定的同一类别且标的相关的交易时，应当按照连续十二个月累计计算的原则，适用第 7.1.2 条和第 7.1.3 条的规定。

已按照第 7.1.2 条或者第 7.1.3 条履行义务的，不再纳入相关的累计计算范围。

7.1.5 上市公司与同一交易方同时发生本规则第 7.1.1 条第一款第二项至第四项以外各项中方向相反的两个交易时，应当按照其中单个方向的交易涉及指标中较高者作为计算标准，适用第 7.1.2 条和第 7.1.3 条的规定。

7.1.6 上市公司连续十二个月滚动发生委托理财的，以该期间最高余额为交易金额，适用第 7.1.2 条和第 7.1.3 条的规定。

7.1.7 上市公司对外投资设立有限责任公司、股份有限公司或者其他组织，应当以协议约定的全部出资额为标准，适用第 7.1.2 条和第 7.1.3 条的规定。

7.1.8 交易标的为股权，且购买或者出售该股权将导致上市公司合并报表范围发生变更的，应当以该股权对应公司的全部资产和营业收入作为计算标准，适用第 7.1.2 条和第 7.1.3 条的规定。

前述股权交易未导致合并报表范围发生变更的，应当按照公司所持权益变动比例计算相关财务指标，适用第 7.1.2 条和第 7.1.3 条的规定。

7.1.9 上市公司直接或者间接放弃控股子公司股权的优先购买或认缴出资等权利，导致合并报表范围发生变更的，应当以该控股子公司的相关财务指标作为计算标准，适用第 7.1.2 条和第 7.1.3 条的规定。

上市公司放弃或部分放弃控股子公司或者参股公司股权的优先购买或认缴出资等权利，未导致合并报表范围发生变更，但持有该公司股权比例下降的，应当以所持权益变动比例计算的相关财务指标与实际受让或出资金额的较高者作为计算标准，适用第 7.1.2 条和第 7.1.3 条的规定。

上市公司对其下属非公司制主体、合作项目等放弃或部分放弃优先购买或认缴出资等权利的，参照适用前两款规定。

7.1.10 交易标的为公司股权且达到本规则第 7.1.3 条规定标准的，上市公司应当披露交易标的最近一年又一期的审计报告，审计截止日距审议该交易事项的股东大会召开日不得超过六个月；交易标的为股权以外的非现金资产的，应当提供评估报告，评估基准日距审议该交易事项的股东大会召开日不得超过一年。

前款规定的审计报告和评估报告应当由符合《证券法》规定的证券服务机构出具。

交易虽未达到第 7.1.3 条规定的标准，但本所认为有必要的，公司应当按照前款规定，披露审计或者评估报告。

7.1.11 上市公司购买、出售资产交易，应当以资产总额和成交金额中的较高者作为计算标准，按交易类型连续十二个月内累计金额达到最近一期经审计总资产 30% 的，除应当披露并参照第 7.1.10 条进行审计或者评估外，还应当提交股东大会审议，经出席会议的股东所持表决权的三分之二以上通过。

已按照前款规定履行相关义务的，不再纳入相关的累计计算范围。

7.1.12 上市公司单方面获得利益的交易，包括受赠现金资产、获得债务减免等，可免于按照第 7.1.3 条的规定履行股东大会审议程序。

上市公司发生的交易仅达到第 7.1.3 条第三项或者第五项标准，且公司最近一个会计年度每股收益的绝对值低于 0.05 元的，可免于按照第 7.1.3 条的规定履行股东大会审议程序。

7.1.13 上市公司提供财务资助，应当经出席董事会会议的三分之二以上董事同意并作出决议，及时履行信息披露义务。

财务资助事项属于下列情形之一的，应当在董事会审议通过后提交股东大会审议：

（一）被资助对象最近一期经审计的资产负债率超过 70%；

（二）单次财务资助金额或者连续十二个月内提供财务资助累计发生金额超过公司最近一期经审计净资产的 10%；

（三）本所或者公司章程规定的其他情形。

上市公司以对外提供借款、贷款等融资业务为其主营业务，或者资助对象为公司合并报表范围内且持股比例超过 50% 的控股子公司，免于适用前两款规定。

7.1.14 上市公司提供担保的，应当经董事会审议后及时对外披露。

担保事项属于下列情形之一的，应当在董事会审议通过后提交股东大会审议：

（一）单笔担保额超过公司最近一期经审计净资产 10% 的担保；

（二）公司及其控股子公司的提供担保总额，超过公司最近一期经审计净资产 50% 以后提供的任何担保；

（三）为资产负债率超过 70% 的担保对象提供的担保；

（四）连续十二个月内担保金额超过公司最近一期经审计净资产的 50% 且绝对金额超过 5000 万元；

（五）连续十二个月内担保金额超过公司最近一期经审计总资产的 30%；

（六）对股东、实际控制人及其关联人提供的担保；

（七）本所或者公司章程规定的其他担保情形。

董事会审议担保事项时，必须经出席董事会会议的三分之二以上董事审议同意。股东大会审议前款第五项担保事项时，必须经出席会议的股东所持表决权的三分之二以上通过。

股东大会在审议为股东、实际控制人及其关联人提供的担保议案时，该股东或者受该实际控制人支配的股东，不得参与该项表决，该项表决由出席股东大会的其他股东所持表决权的半数以上通过。

7.1.15 上市公司为全资子公司提供担保，或者为控股子公司提供担保且控股子公司其他股东按所享有的权益提供同等比例担保，属于第 7.1.14 条第二款第一项至第四项情形的，可以豁免提交股东大会审议，但是公司章程另有规定除外。

7.1.16 对于已披露的担保事项，上市公司应当在出现下列情形之一时及时披露：

（一）被担保人于债务到期后十五个交易日内未履行还款义务；

（二）被担保人出现破产、清算或者其他严重影响还款能力情形。

7.1.17 上市公司与其合并范围内的控股子公司发生的或者上述控股子公司之间发生的交易，除中国证监会或者本章另有规定外，可以豁免按照本节规定披露和履行相应程序。

第二节 关联交易

7.2.1 上市公司的关联交易，是指上市公司或者其控股子公司与上市公司关联人之间发生的转移资源或者义务的事项，包括：

（一）本规则第 7.1.1 条第一款规定的交易事项；

（二）购买原材料、燃料、动力；

（三）销售产品、商品；

（四）提供或者接受劳务；

（五）委托或者受托销售；

（六）关联双方共同投资；

（七）其他通过约定可能造成资源或者义务转移的事项。

7.2.2 上市公司的关联人包括关联法人和关联自然人。

7.2.3 具有下列情形之一的法人或者其他组织，为上市公司的关联法人：

（一）直接或者间接控制上市公司的法人或者其他组织；

（二）由前项所述法人直接或者间接控制的除上市公司及其控股子公司以外的法人或者其他组织；

（三）由本规则第 7.2.5 条所列上市公司的关联自然人直接或者间接控制的，或者担任董事（独立董事除外）、高级管理人员的，除上市公司及其控股子公司以外的法人或者其他组织；

（四）持有上市公司 5% 以上股份的法人或者一致行动人；

（五）中国证监会、本所或者上市公司根据实质重于形式的原则认定的其他与上市公司有特殊关系，可能造成上市公司对其利益倾斜的法人或者其他组织。

7.2.4 上市公司与本规则第 7.2.3 条第二项所列法人受同一国有资产管理机构控制而形成第 7.2.3 条第二项所述情形的，不因此构成关联关系，但该法人的董事长、经理或者半数以上的董事属于本规则第 7.2.5 条第二项所列情形者除外。

7.2.5 具有下列情形之一的自然人，为上市公司的关联自然人：

（一）直接或者间接持有上市公司 5% 以上股份的自然人；

（二）上市公司董事、监事及高级管理人员；

（三）直接或者间接控制上市公司的法人或者其他组织的董事、监事及高级管理人员；

（四）本条第一项至第三项所述人士的关系密切的家庭成员，包括配偶、父母、配偶的父母、兄弟姐妹及其配偶、年满十八周岁的子女及其配偶、配偶的兄弟姐妹和子女配偶的父母；

（五）中国证监会、本所或者上市公司根据实质重于形式的原则认定的其他与上市公司有特殊关系，可能造成上市公司对其利益倾斜的自然人。

7.2.6 具有下列情形之一的法人或者自然人，视同为上市公司的关联人：

（一）因与上市公司或者其关联人签署协议或者作出安排，在协议或者安排生效后，或者在未来十二个月内，具有本规则第 7.2.3 条或者第 7.2.5 条规定情形之一的；

（二）过去十二个月内，曾经具有第 7.2.3 条或者第 7.2.5 条规定情形之一的。

7.2.7 上市公司与关联人发生的交易（提供担保、提供财务资助除外）达到下列标准之一的，应当及时披露：

（一）与关联自然人发生的成交金额超过 30 万元的交易；

（二）与关联法人发生的成交金额超过 300 万元，且占公司最近一期经审计净资产绝对值 0.5% 以上的交易。

7.2.8 上市公司与关联人发生的交易（提供担保除外）金额超过 3000 万元，且占公司最近一期经审计净资产绝对值 5% 以上的，应当提交股东大会审议，并参照本规则第 7.1.10 条的规定披露评估或者审计报告。

与日常经营相关的关联交易可免于审计或者评估。

关联交易虽未达到本条第一款规定的标准，但本所认为有必要的，公司应当按照第一款规定，披露审计或者评估报告。

7.2.9 上市公司董事会审议关联交易事项时，关联董事应当回避表决，也不得代理其他董事行使表决权。该董事会会议由过半数的非关联董事出席即可举行，董事会会议所做决议须经非关联董事过半数通过。出席董事会的非关联董事人数不足三人的，公司应当将该交易提交股东大会审议。

前款所称关联董事包括下列董事或者具有下列情形之一的董事：

（一）交易对方；

（二）在交易对方任职，或者在能直接或者间接控制该交易对方的法人或者其他组织、该交易对方直接或者间接控制的法人或者其他组织任职；

（三）拥有交易对方的直接或者间接控制权的；

（四）交易对方或者其直接或者间接控制人的关系密切的家庭成员（具体范围参见本规则第 7.2.5 条第四项的规定）；

（五）交易对方或者其直接或者间接控制人的董事、监事和高级管理人员的关系密切的家庭成员（具体范围参见本规则第 7.2.5 条第四项的规定）；

（六）中国证监会、本所或者上市公司认定的因其他原因使其独立的商业判断可能受到影响的人士。

7.2.10 上市公司股东大会审议关联交易事项时，关联股东应当回避表决，并且不得代理其他股东行使表决权。

前款所称关联股东包括下列股东或者具有下列情形之一的股东：

（一）交易对方；

（二）拥有交易对方直接或者间接控制权的；

（三）被交易对方直接或者间接控制的；

（四）与交易对方受同一法人或者自然人直接或者间接控制的；

（五）交易对方或者其直接或者间接控制人的关系密切的家庭成员（具体范围参见本规则第 7.2.5 条第四项的规定）；

（六）在交易对方任职，或者在能直接或者间接控制该交易对方的法人单位或者该交易对方直接或者间接控制的法人单位任职的（适用于股东为自然人的情形）；

（七）因与交易对方或者其关联人存在尚未履行完毕的股权转让协议或者其他协议而使其表决权受到限制或者影响的；

（八）中国证监会或者本所认定的可能造成上市公司对其利益倾斜的法人或者自然人。

7.2.11　上市公司在连续十二个月内发生的以下关联交易，应当按照累计计算原则适用第 7.2.7 条和第 7.2.8 条的规定：

（一）与同一关联人进行的交易；

（二）与不同关联人进行的与同一交易标的相关的交易。

上述同一关联人包括与该关联人受同一主体控制或者相互存在股权控制关系的其他关联人。

已按照第 7.2.7 条或者第 7.2.8 条的规定履行相关义务的，不再纳入相关的累计计算范围。

7.2.12　上市公司不得为董事、监事、高级管理人员、控股股东、实际控制人及其控股子公司等关联人提供资金等财务资助。上市公司应当审慎向关联方提供财务资助或者委托理财。

上市公司向关联方委托理财的，应当以发生额作为披露的计算标准，按交易类型连续十二个月内累计计算，适用第 7.2.7 条和第 7.2.8 条的规定。

已按照第 7.2.7 条或者第 7.2.8 条的规定履行相关义务的，不再纳入相关的累计计算范围。

7.2.13　上市公司为关联人提供担保的，应当在董事会审议通过后及时披露，并提交股东大会审议。

上市公司为控股股东、实际控制人及其关联方提供担保的，控股股东、实际控制人及其关联方应当提供反担保。

7.2.14　上市公司拟进行须提交股东大会审议的关联交易，应当在提交董事会审议前，取得独立董事事前认可意见。

独立董事事前认可意见应当取得全体独立董事半数以上同意，并在关联交易公告中披露。

7.2.15　上市公司与关联人进行日常关联交易时，按照下列规定披露和履行审议程序：

（一）上市公司可以按类别合理预计日常关联交易年度金额，履行审议程序并披露；实际执行超出预计金额，应当根据超出金额重新履行相关审议程序和披露义务；

（二）上市公司年度报告和半年度报告应当分类汇总披露日常关联交易；

（三）上市公司与关联人签订的日常关联交易协议期限超过三年的，应当每三年重新履行相关审议程序和披露义务。

7.2.16 日常关联交易协议至少应当包括交易价格、定价原则和依据、交易总量或者其确定方法、付款方式等主要条款。

7.2.17 上市公司与关联人发生的下列交易，可以豁免按照第 7.2.8 条的规定提交股东大会审议：

（一）上市公司参与面向不特定对象的公开招标、公开拍卖的（不含邀标等受限方式）；

（二）上市公司单方面获得利益的交易，包括受赠现金资产、获得债务减免、接受担保和资助等；

（三）关联交易定价为国家规定的；

（四）关联人向上市公司提供资金，利率不高于中国人民银行规定的同期贷款利率标准；

（五）上市公司按与非关联人同等交易条件，向董事、监事、高级管理人员提供产品和服务的。

7.2.18 上市公司与关联人发生的下列交易，可以免予按照关联交易的方式履行相关义务：

（一）一方以现金方式认购另一方公开发行的股票、公司债券或者企业债券、可转换公司债券或者其他衍生品种；

（二）一方作为承销团成员承销另一方公开发行的股票、公司债券或者企业债券、可转换公司债券或者其他衍生品种；

（三）一方依据另一方股东大会决议领取股息、红利或者薪酬；

（四）本所认定的其他交易。

7.2.19 上市公司董事、监事、高级管理人员、持股 5% 以上的股东及其一致行动人、实际控制人，应当将与其存在关联关系的关联人情况及时告知上市公司。

7.2.20 上市公司计算披露或者审议关联交易的相关金额，本节没有规定的，适用本章第一节的规定。

第八章　其他重大事项

第一节　股票交易异常波动和澄清

8.1.1 股票交易被中国证监会或者本所根据有关规定、业务规则认定为异常波动的，上市公司应当于次一交易日披露股票交易异常波动公告。

股票交易异常波动的计算从公告之日起重新起算。

8.1.2 上市公司股票交易出现本所业务规则规定的严重异常波动的，应当于次一交易日披露核查公告；无法披露的，应当申请其股票自次一交易日起停牌核查。

核查发现存在未披露重大事项的，公司应当召开投资者说明会。公司股票应当自披露核查结果公告、投资者说明会公告（如有）之日起复牌。披露日为非交易日的，自次一交易日起复牌。

上市公司股票交易出现严重异常波动，经公司核查后无应披露未披露重大事项，也无法对异常波动原因作出合理解释的，本所可以向市场公告，提示股票交易风险，并视情况实施特别停牌。

8.1.3 上市公司股票出现严重异常波动情形的，公司或相关信息披露义务人应当核查下列事项：

（一）是否存在导致股票交易严重异常波动的未披露事项；

（二）股价是否严重偏离同行业上市公司合理估值；

（三）是否存在重大风险事项；

（四）其他可能导致股票交易严重异常波动的事项。

上市公司应当在核查公告中充分提示公司股价严重异常波动的交易风险。

保荐机构和保荐代表人应当督促上市公司按照本节规定及时进行核查，履行相应信息披露义务。

8.1.4 本所可以根据异常波动程度和监管需要，采取下列措施：

（一）要求上市公司披露股票交易异常波动公告；

（二）要求上市公司停牌核查并披露核查公告；

（三）向市场提示异常波动股票投资风险；

（四）本所认为必要的其他措施。

8.1.5 媒体传闻可能或者已经对上市公司股票及其衍生品种交易价格或者投资决策产生较大影响的，公司应当及时核实，并披露或者澄清。

本所认为相关传闻可能对公司股票及其衍生品种交易价格或者投资决策产生较大影响的，可以要求公司予以核实、澄清。公司应当在本所要求的期限内核实，并及时披露或者澄清。

第二节　行业信息及风险事项

8.2.1 上市公司应当在年度报告、半年度报告中披露对公司股票及其衍生品种交易价格或者投资决策有重大影响的行业信息，包括但不限于：

（一）报告期内公司所属行业的基本特点、发展状况、技术趋势以及公司所处的行业地位等；

（二）行业主管部门在报告期内发布的重要政策及对公司的影响；

（三）结合主要业务的行业关键指标、市场变化情况、市场份额变化情况等因素，分析公司的主要行业优势和劣势，并说明相关变化对公司未来经营业绩和盈利能力的影响。

8.2.2 上市公司年度净利润或营业收入与上年同期相比下降 50% 以上，或者净利润为负值的，应当在年度报告中披露下列信息，并说明公司改善盈利能力的各项措施：

（一）业绩大幅下滑或者亏损的具体原因；

（二）主营业务、核心竞争力、主要财务指标是否发生重大不利变化，是否与行业趋势一致；

（三）所处行业景气情况，是否存在产能过剩、持续衰退或者技术替代等情形；

（四）持续经营能力是否存在重大风险；

（五）对公司具有重大影响的其他信息。

8.2.3 上市公司应当在年度报告中，遵循关联性和重要性原则，披露下列可能对公司产生重大不利影响的风险因素：

（一）核心竞争力风险，包括技术更迭、产品更新换代或竞争加剧导致市场占有率和用户规模下降，研发投入超出预期或进程未达预期，核心技术、关键设备、经营模式等可能被替代或者被淘汰，核心技术人员发生较大变动等；

（二）经营风险，包括单一客户依赖、原材料价格上涨、产品或服务价格下降等；

（三）债务及流动性风险，包括资产负债率上升、流动比率下降、财务费用增加、债务违约、债权人提前收回借款或提高借款条件等；

（四）行业风险，包括行业出现周期性衰退、产能过剩、市场容量下滑或者增长停滞、行业上下游供求关系发生重大不利变化等；

（五）宏观环境风险，包括相关法律、税收、外汇、贸易等政策发生重大不利变化；

（六）本所或者公司认定的其他重大风险。

8.2.4 上市时未盈利的公司，在实现盈利前应当在年度报告显著位置提示尚未盈利风险，披露公司核心竞争力和经营活动面临的重大风险。

上市公司应当结合行业特点，充分披露尚未盈利的原因，以及对公司现金流、业务拓展、人才吸引、团队稳定性、研发投入、战略性投入、生产经营可持续性等方面的影响。

8.2.5 上市公司出现下列风险事项，应当立即披露相关情况及对公司的影响：

（一）发生重大亏损或者遭受重大损失；

（二）发生重大债务、未清偿到期重大债务或者重大债权到期未获清偿；

（三）可能依法承担重大违约责任或者大额赔偿责任；

（四）计提大额资产减值准备；

（五）公司决定解散或者被有权机关依法吊销营业执照、责令关闭或者强制解散；

（六）预计出现净资产为负值；

（七）主要债务人出现资不抵债或者进入破产程序，上市公司对相应债权未计提足额坏账准备；

（八）营业用主要资产被查封、扣押、冻结，被抵押、质押或者报废超过该资产的30%；

（九）公司因涉嫌违法违规被有权机关调查或者受到重大行政处罚、刑事处罚，控股股东、实际控制人涉嫌违法违规被有权机关调查、采取强制措施或者受到重大行政处罚、刑事处罚；

（十）公司董事、监事和高级管理人员无法正常履行职责，或者因涉嫌违法违规被有权机关调查、采取强制措施，或者受到重大行政处罚、刑事处罚；

（十一）公司核心技术团队或者关键技术人员等对公司核心竞争力有重大影响的人员辞职或者发生较大变动；

（十二）公司在用的核心商标、专利、专有技术、特许经营权等重要资产或者核心技术许可到期、出现重大纠纷、被限制使用或者发生其他重大不利变化；

（十三）主要产品、核心技术、关键设备、经营模式等面临被替代或者被淘汰的风险；

（十四）重要研发项目研发失败、终止、未获有关部门批准，或者公司放弃对重要核心技术项目的继续投资或者控制权；

（十五）发生重大环境、生产及产品安全事故；

（十六）收到政府部门限期治理、停产、搬迁、关闭的决定通知；

（十七）不当使用科学技术、违反科学伦理；

（十八）本所或者公司认定的其他重大风险情况、重大事故或者负面事件。

上述事项涉及具体金额的，应当比照适用本规则第7.1.2条的规定。

8.2.6 上市公司因涉嫌违法违规被有权行政机关立案调查或者被人民检察院提起公诉，且可能触及本规则第10.5.1条规定的重大违法强制退市情形的，公司应当在知悉被立案调查或者被提起公诉时及时对外披露，其后每月披露一次相关情况进展，并就其股票可能被实施重大违法强制退市进行风险提示。

第三节　可转换公司债券涉及的重大事项

8.3.1 发行可转换公司债券的上市公司出现下列情形之一的，应当及时披露：

（一）因发行新股、送股、分立或者其他原因引起股份变动，需要调整转股价格，或者依据募集说明书约定的转股价格向下修正条款修正转股价格的；

（二）可转换公司债券转换为股票的数额累计达到可转换公司债券开始转股前公司已发行股份总额的10%的；

（三）公司信用状况发生重大变化，可能影响按期偿还债券本息的；

（四）可转换公司债券担保人发生重大资产变动、重大诉讼、合并、分立等情况的；

（五）未转换的可转换公司债券总额少于 3000 万元的；

（六）符合《证券法》规定的信用评级机构对可转换公司债券的信用或者公司的信用进行评级，并已出具信用评级结果的；

（七）公司重大资产抵押、质押、出售、转让、报废；

（八）公司发生未能清偿到期债务的情况；

（九）公司新增借款或者对外提供担保超过上年末净资产的 20%；

（十）公司放弃债权或者财产超过上年末净资产的 10%；

（十一）公司发生超过上年末净资产 10% 的重大损失；

（十二）可能对可转换公司债券交易价格产生较大影响的其他重大事件；

（十三）中国证监会和本所规定的其他情形。

8.3.2 投资者持有上市公司已发行的可转换公司债券达到发行总量的 20% 时，应当在事实发生之日起两个交易日内通知公司予以公告。

持有上市公司已发行的可转换公司债券 20% 及以上的投资者，其所持公司已发行的可转换公司债券比例每增加或者减少 10% 时，应当依照前款规定履行通知公告义务。

8.3.3 上市公司应当在可转换公司债券约定的付息日前三至五个交易日内披露付息公告，在可转换公司债券期满前三至五个交易日内披露本息兑付公告。

8.3.4 上市公司应当在可转换公司债券开始转股前三个交易日内披露实施转股的公告。

8.3.5 上市公司应当在满足赎回条件的次一交易日发布公告，明确披露是否行使赎回权。如决定行使赎回权的，公司应当在满足赎回条件后的五个交易日内至少发布三次赎回公告。赎回期结束，公司应当公告赎回结果及影响。

8.3.6 上市公司应当在满足回售条件的次一交易日发布回售公告，并在满足回售条件后的五个交易日内至少发布三次回售公告。回售期结束，公司应当公告回售结果及其影响。

8.3.7 经股东大会批准变更募集资金投资项目的，上市公司应当在股东大会通过后二十个交易日内赋予可转换公司债券持有人一次回售的权利。有关回售公告至少发布三次，其中，在回售实施前、股东大会决议公告后五个交易日内至少发布一次，在回售实施期间至少发布一次，余下一次回售公告发布的时间视需要而定。

8.3.8 上市公司应当在每一季度结束后及时披露因可转换公司债券转换为股份所引起的股份变动情况。

8.3.9 上市公司出现可转换公司债券按规定须停止交易的情形时，应当在获悉有关情形后及时披露其可转换公司债券将停止交易的公告。

第四节　股权激励

8.4.1 上市公司以本公司股票为标的，采用限制性股票、股票期权或者本所认可的其他方式，对董事、高级管理人员及其他员工进行长期性激励的，应当遵守本节规定，按照相关规定履行相应审议程序和信息披露义务。

8.4.2 激励对象可以包括上市公司的董事、高级管理人员、核心技术人员或者核心业务人员，以及公司认为应当激励的对公司经营业绩和未来发展有直接影响的其他员工，独立董事和监事除外。

单独或合计持有上市公司 5% 以上股份的股东或实际控制人及其配偶、父母、子女以及上市公司外籍员工，在上市公司担任董事、高级管理人员、核心技术人员或者核心业务人员的，可以成为激励对象。上市公司应当充分说明前述人员成为激励对象的必要性、合理性。

下列人员不得成为激励对象：

（一）最近十二个月内被证券交易所认定为不适当人选；

（二）最近十二个月内被中国证监会及其派出机构认定为不适当人选；

（三）最近十二个月内因重大违法违规行为被中国证监会及其派出机构行政处罚或者采取市场禁入措施；

（四）具有《公司法》规定的不得担任公司董事、高级管理人员情形的；

（五）法律法规规定不得参与上市公司股权激励的；

（六）中国证监会认定的其他情形。

8.4.3 上市公司授予激励对象限制性股票，包括下列类型：

（一）激励对象按照股权激励计划规定的条件，获得的转让等部分权利受到限制的本公司股票；

（二）符合股权激励计划授予条件的激励对象，在满足相应获益条件后分次获得并登记的本公司股票。

8.4.4 上市公司授予激励对象限制性股票的授予价格，低于股权激励计划草案公布前一个交易日、二十个交易日、六十个交易日或者一百二十个交易日公司股票交易均价的 50% 的，应当说明定价依据及定价方式。

出现前款规定情形的，公司应当聘请独立财务顾问，对股权激励计划的可行性、相关定价依据和定价方法的合理性、是否有利于公司持续发展、是否损害股东利益等发表意见。

8.4.5 上市公司可以同时实施多项股权激励计划。上市公司全部在有效期内的股权激励计划所涉及的标的股票总数，累计不得超过公司股本总额的 20%。

8.4.6 上市公司授予激励对象第 8.4.3 条第二项所述限制性股票，应当就激励对象分次获益设立条件，并在满足各次获益条件时分批进行股份登记。当次获益条件不满足的，不得进行股份登记。

公司应当在股权激励计划中明确披露分次授予权益的数量、获益条件、股份授予或者登记时间及相关限售安排。

获益条件包含十二个月以上的任职期限的，实际授予的权益进行登记后，可不再设置限售期。

第五节　重大资产重组

8.5.1 上市公司及有关各方应当依照《上市公司重大资产重组管理办法》及中国证监会其他相关规定、本规则及本所其他相关规定，实施重大资产重组。

8.5.2 上市公司实施发行股份购买资产、合并、分立等涉及发行股票的并购重组，由本所审核，并经中国证监会注册后实施。

8.5.3 上市公司实施重大资产重组、发行股份购买资产（以下统称重大资产重组），应当符合国家产业政策和相关法律法规，有利于提高上市公司持续经营能力，不得存在损害上市公司和投资者合法权益的情形。

8.5.4 上市公司应当确保能够对购买的标的资产实施有效控制，保证标的资产合规运行，督促重大资产重组有关各方履行承诺。

8.5.5 上市公司应当聘请证券服务机构就重大资产重组出具意见。

独立财务顾问应当就上市公司控制标的资产的能力发表明确意见，并在持续督导期间督促公司有效控制并整合标的资产。

第六节　其他

8.6.1 上市公司及相关信息披露义务人应当严格遵守承诺事项。公司应当及时将公司和相关信息披露义务人的承诺事项单独公告。

公司应当在定期报告中专项披露上述承诺事项的履行情况。如出现公司或者相关信息披露义务人不能履行承诺的情形，公司应当及时披露具体原因和董事会拟采取的措施。

8.6.2 上市公司应当积极回报股东，根据自身条件和发展阶段，制定并执行现金分红、股份回购等股东回报政策。

公司应当在董事会审议通过利润分配或者资本公积金转增股本方案后，及时披露方案的具体内容。

公司实施利润分配或者资本公积金转增股本方案的，应当在实施方案的股权登记日前三至五个交易日内披露方案实施公告。

公司应当在股东大会审议通过方案后两个月内，完成利润分配或者资本公积金转增股本事宜。

8.6.3 上市公司发生的重大诉讼、仲裁事项属于下列情形之一的，应当及时披露相关情况：

（一）涉案金额占公司最近一期经审计净资产绝对值 10% 以上，且绝对金额超过 1000 万元的；

（二）涉及公司股东大会、董事会决议被申请撤销或者宣告无效的；

（三）可能对公司生产经营、控制权稳定、公司股票及其衍生品种交易价格或者投资决策产生较大影响的；

（四）本所认为有必要的其他情形。

上市公司发生的重大诉讼、仲裁事项应当采取连续十二个月累计计算的原则，经累计计算达到前款标准的，适用前款规定。已经按照上述规定履行披露义务的，不再纳入累计计算范围。

上市公司应当及时披露重大诉讼、仲裁事项的重大进展情况及其对公司的影响，包括但不限于诉讼案件的一审和二审判决结果、仲裁裁决结果以及判决、裁决执行情况等。

8.6.4 上市公司出现下列情形之一的，应当及时披露：

（一）变更公司名称、证券简称、公司章程、注册资本、注册地址、办公地址和联系电话等，其中公司章程发生变更的，还应当将新的公司章程在符合条件媒体披露；

（二）经营方针、经营范围或者公司主营业务发生重大变化；

（三）变更会计政策、会计估计；

（四）董事会通过发行新股或者其他境内外发行融资方案；

（五）公司发行新股或者其他境内外发行融资申请、重大资产重组事项收到相应的审核意见；

（六）持有公司 5% 以上股份的股东或者实际控制人持股情况或者控制公司的情况发生或者拟发生较大变化；

（七）公司的实际控制人及其控制的其他企业从事与公司相同或者相似业务的情况发生较大变化；

（八）公司董事长、经理、董事（含独立董事）或者三分之一以上监事提出辞职或者发生变动；

（九）生产经营情况、外部条件或者生产环境发生重大变化（包括主要产品价格或市场容量、原材料采购、销售方式、重要供应商或者客户发生重大变化等）；

（十）订立重要合同，可能对公司的资产、负债、权益或者经营成果产生重大影响；

（十一）法律、行政法规、部门规章、规范性文件、政策、市场环境、贸易条件等外部宏观环境发生变化，可能对公司经营产生重大影响；

（十二）聘任、解聘为公司提供审计服务的会计师事务所；

（十三）法院裁定禁止控股股东转让其所持股份；

（十四）任一股东所持公司 5% 以上股份被质押、冻结、司法拍卖、托管、设定信托或者被依法限制表决权；

（十五）获得大额政府补贴等额外收益；

（十六）发生可能对公司的资产、负债、权益或者经营成果产生重大影响的其他事项；

（十七）中国证监会和本所认定的其他情形。

8.6.5 上市公司一次性签署与日常生产经营相关的采购、销售、工程承包或者提供劳务等合同的金额占公司最近一个会计年度经审计主营业务收入或者总资产50%以上，且绝对金额超过1亿元的，应当及时披露。

公司应当及时披露重大合同的进展情况，包括但不限于合同生效、合同履行发生重大变化或者出现重大不确定性、合同提前解除、合同终止等。

8.6.6 上市公司独立或者与第三方合作研究、开发新技术、新产品、新业务、新服务或者对现有技术进行改造，相关事项对公司盈利或者未来发展有重要影响的，公司应当及时披露。

8.6.7 上市公司申请或者被债权人申请破产重整、和解或破产清算的，应当及时披露下列进展事项：

（一）法院裁定受理重整、和解或破产清算申请；

（二）重整、和解或破产清算程序的重大进展或法院审理裁定；

（三）法院裁定批准公司破产重整计划、和解协议或清算；

（四）破产重整计划、和解协议的执行情况。

进入破产程序的上市公司，除应当及时披露上述信息外，还应当及时披露定期报告和临时报告。

8.6.8 进入破产程序的上市公司采取管理人管理运作模式的，管理人及其成员应当按照《证券法》以及最高人民法院、中国证监会和本所的相关规定，真实、准确、完整、及时地履行信息披露义务，并确保对公司所有债权人和股东公平地披露信息。

公司披露的定期报告应当由管理人的成员签署书面确认意见，公司披露的临时报告应当由管理人发布并加盖管理人公章。

8.6.9 进入破产程序的上市公司采取管理人监督运作模式的，公司董事会、监事会和高级管理人员应当继续按照本规则和本所有关规定履行信息披露义务。

管理人应当及时将涉及信息披露的所有事项告知公司董事会，并督促公司董事、监事和高级管理人员勤勉尽责地履行信息披露义务。

第九章　风险警示

9.1 上市公司出现财务状况或者其他状况异常，导致其股票存在终止上市风险，或者投资者难以判断公司前景，其投资权益可能受到损害的，本所对该公司股票交易实施风险警示。

9.2 本规则所称风险警示分为提示存在终止上市风险的风险警示（以下简称退

市风险警示）和其他风险警示。

上市公司股票交易被实施退市风险警示的，在股票简称前冠以"*ST"字样，被实施其他风险警示的，在股票简称前冠以"ST"字样，以区别于其他股票。公司同时存在退市风险警示和其他风险警示情形的，在公司股票简称前冠以"*ST"字样。

退市风险警示股票和其他风险警示股票进入风险警示板交易。

退市风险警示有关具体事项，按照本规则第十章规定执行。

9.3 上市公司同时存在两项以上其他风险警示情形的，须满足全部其他风险警示情形的撤销条件，方可撤销其他风险警示。

9.4 上市公司出现下列情形之一的，本所对其股票交易实施其他风险警示：

（一）公司生产经营活动受到严重影响且预计在三个月以内不能恢复正常；

（二）公司主要银行账号被冻结；

（三）公司董事会、股东大会无法正常召开会议并形成决议；

（四）公司最近一年被出具无法表示意见或否定意见的内部控制审计报告或鉴证报告；

（五）公司向控股股东或者其关联人提供资金或者违反规定程序对外提供担保且情形严重的；

（六）公司最近三个会计年度扣除非经常性损益前后净利润孰低者均为负值，且最近一年审计报告显示公司持续经营能力存在不确定性；

（七）本所认定的其他情形。

9.5 本规则第 9.4 条第五项所述"向控股股东或者其关联人提供资金或者违反规定程序对外提供担保且情形严重"，是指上市公司存在下列情形之一且无可行的解决方案或者虽提出解决方案但预计无法在一个月内解决的：

（一）上市公司向控股股东或者其关联人提供资金的余额在 1000 万元以上，或者占上市公司最近一期经审计净资产的 5% 以上；

（二）上市公司违反规定程序对外提供担保的余额（担保对象为上市公司合并报表范围内子公司的除外）在 1000 万元以上，或者占上市公司最近一期经审计净资产的 5% 以上。

公司无控股股东、实际控制人的，其向第一大股东或者其关联人提供资金，按照本章规定执行。

9.6 上市公司生产经营活动受到严重影响，或者出现本规则第 9.5 条所述情形的，应当及时对外披露，说明公司是否能在相应期限内解决，同时披露公司股票交易可能被实施其他风险警示的风险提示公告，并至少每月披露一次相关进展情况和风险提示公告，直至相应情形消除或公司股票交易被本所实施其他风险警示。

9.7 上市公司出现本规则第 9.4 条规定情形的，应当及时对外披露，同时按照本所的要求披露股票交易将被实施其他风险警示的公告，说明被实施其他风险警示的起始日期、主要原因并提示相关风险。公司股票及其衍生品种于公告披露后停牌一天，自复牌之日起，本所对公司股票交易实施其他风险警示。

公司触及第 9.4 条情形但未按前款规定公告的，本所可以对公司股票交易实施其他风险警示，并向市场公告。

9.8 上市公司因本规则第 9.4 条第一项至第五项情形被实施其他风险警示的，应当至少每月披露一次进展公告，说明相关情形对公司的影响、公司为消除相关情形已经和将要采取的措施及有关工作进展情况，直至相应情形消除，公司没有采取措施或者相关工作没有进展的，也应当披露并说明具体原因。

9.9 上市公司认为其出现的本规则第 9.4 条规定的相应情形已消除的，应当及时公告，同时说明是否将向本所申请撤销其他风险警示。公司拟申请撤销其他风险警示的，应当在披露之日起五个交易日内向本所提交申请。

公司向控股股东或者其关联人提供资金的情形已消除，向本所申请撤销其他风险警示的，应当提交会计师事务所出具的专项审核报告、独立董事出具的专项意见等文件。

公司违规对外担保事项已消除，向本所申请撤销其他风险警示的，应当提交律师事务所出具的法律意见书、独立董事出具的专项意见等文件。

公司内部控制缺陷整改完成，内部控制能有效运行，向本所申请撤销其他风险警示的，应当提交会计师事务所对其最近一年内部控制出具的标准无保留意见的审计报告或鉴证报告和独立董事出具的专项意见等文件。

公司最近一年经审计的财务报告显示，其扣除非经常性损益前后的净利润孰低者为正值或者持续经营能力不确定性已消除，向本所申请撤销其他风险警示的，应当提交会计师事务所出具的最近一年审计报告和独立董事出具的专项意见等文件。

9.10 上市公司因出现第 9.4 条第四项、第六项情形，其股票交易被本所实施其他风险警示的，在风险警示期间，公司进行重大资产重组且满足以下全部条件的，可以向本所申请撤销其他风险警示：

（一）根据中国证监会有关重大资产重组规定出售全部经营性资产和负债、购买其他资产且已实施完毕；

（二）通过购买进入公司的资产是一个完整经营主体，该经营主体在进入公司前已在同一管理层之下持续经营两年以上；

（三）模拟财务报表的主体不存在第 9.4 条规定的情形；

（四）本所要求的其他条件。

9.11 上市公司向本所申请撤销其他风险警示的，应当于次一交易日披露相关公告。

公司提交完备的申请材料的，本所在十五个交易日内决定是否撤销其他风险警示。在此期间,本所要求公司提供补充材料的,公司应当在本所规定期限内提供。公司补充材料期间不计入本所作出有关决定的期限。

本所可以自行或委托相关机构就公司相关情况进行调查核实,调查核实期间不计入本所作出有关决定的期限内。

9.12 本所决定撤销其他风险警示的,上市公司应当于次一交易日披露撤销其他风险警示的公告,公司股票及其衍生品种于公告后停牌一天,自复牌之日起,本所撤销对公司股票交易的其他风险警示。

9.13 本所决定不予撤销其他风险警示的,上市公司应当于收到本所书面通知的次一交易日披露相关公告。

第十章　退市

第一节　一般规定

10.1.1 上市公司触及本章规定的退市风险警示、终止上市情形的,本所依程序审议和决定其股票退市风险警示、终止上市事宜。

10.1.2 上市公司出现本章规定的退市风险警示或终止上市情形的,应当依据本所有关规定和要求提供相关材料,履行信息披露和申请停复牌等义务。公司未按照相关规定报告或提交公告及相关文件的,本所可以向市场公告,并按照规定对其股票实施停复牌、退市风险警示或终止上市等。

10.1.3 上市公司股票存在被实施退市风险警示或者终止上市风险的,应当按照本章有关规定披露相关风险提示公告。本所可以视情况要求公司调整风险提示公告的披露时点和次数。

10.1.4 上市公司股票交易将被实施退市风险警示的,应当披露公司股票交易将被实施退市风险警示的公告,说明被实施退市风险警示的起始日期、主要原因并提示相关风险。公司股票于公告后停牌一天,自复牌之日起,本所对其股票交易实施退市风险警示。

10.1.5 上市公司出现两项以上退市风险警示、终止上市情形的,其股票按照先触及先适用的原则实施退市风险警示、终止上市。

公司同时存在两项以上退市风险警示情形,其中一项退市风险警示情形已满足撤销条件的,公司应当在规定期限内申请撤销相关退市风险警示情形,经本所审核同意的,不再适用对应情形的终止上市程序。

公司同时存在两项以上退市风险警示情形的,须满足全部退市风险警示情形的撤销条件,方可撤销退市风险警示。

公司股票交易撤销退市风险警示,但还存在其他的风险警示情形的,本所对公司股票交易实施相应的风险警示。

10.1.6 上市公司申请撤销退市风险警示的,应当向本所提交下列文件:

（一）公司关于撤销对其股票交易实施退市风险警示的申请书；

（二）公司董事会关于申请撤销对公司股票交易实施退市风险警示的决议；

（三）公司就其符合撤销退市风险警示条件的说明及有关证明材料；

（四）本所要求的其他有关材料。

10.1.7 上市公司向本所申请撤销退市风险警示，本所要求公司提供补充材料的，公司应当在本所要求期限内提供有关材料。公司补充材料期间不计入本所作出有关决定的期限内。

本所可以自行或委托相关机构就公司相关情况进行调查核实。调查核实期间不计入本所作出有关决定的期限内。

10.1.8 本所在作出上市公司股票终止上市决定之日起两个交易日内，通知公司并发布相关公告，同时报中国证监会备案。

公司应当在收到本所关于终止其股票上市决定后，及时披露股票终止上市公告。

10.1.9 上市公司股票被终止上市的，其发行的可转换公司债券及其他衍生品种应当终止上市，相关终止上市事宜参照股票终止上市有关规定办理。

第二节　交易类强制退市

10.2.1 上市公司出现下列情形之一的，本所决定终止其股票上市交易：

（一）连续一百二十个交易日通过本所交易系统实现的股票累计成交量低于 200 万股；

（二）连续二十个交易日每日股票收盘价均低于 1 元；

（三）连续二十个交易日每日股票收盘市值均低于 3 亿元；

（四）连续二十个交易日每日公司股东人数均少于 400 人；

（五）本所认定的其他情形。

前款规定的交易日，不包含公司股票全天停牌日和公司首次公开发行股票上市之日起的二十个交易日。

红筹企业发行存托凭证的，第一款第一项调整为连续一百二十个交易日通过本所交易系统实现的存托凭证累计成交量低于 200 万份；第一款第二项调整为连续二十个交易日每日存托凭证收盘价乘以存托凭证与基础股票转换比例后的数值均低于 1 元；第一款第三项调整为连续二十个交易日每日存托凭证市值均低于 3 亿元；不适用第一款第四项的规定。

证券市场出现重大异常波动等情形的，本所可以根据实际情况调整本条规定的指标。

10.2.2 上市公司连续九十个交易日通过本所交易系统实现的股票累计成交量低于 150 万股的，应当在次一交易日披露公司股票可能被终止上市的风险提示公告，其后每个交易日披露一次，直至自上述起算时点起连续一百二十个交易日内通过本所交易系统实现的股票累计成交量达到 200 万股以上或者本所作出公司股票终止上市的决定（以在先者为准）。

10.2.3 上市公司连续十个交易日出现下列情形之一的，应当在次一交易日披露公司股票可能被终止上市的风险提示公告，其后每个交易日披露一次，直至相应的情形消除或者本所作出公司股票终止上市的决定（以在先者为准）：

（一）每日股票收盘价均低于 1 元；

（二）每日股票收盘市值均低于 3 亿元；

（三）每日股东人数均少于 400 人。

10.2.4 上市公司出现第 10.2.1 条规定情形之一的，应当在相应情形出现的次一交易日披露，公司股票及其衍生品种自公告之日起停牌。

本所自公司股票停牌之日起五个交易日内，向公司发出拟终止其股票上市的事先告知书。公司应当在收到本所终止上市事先告知书后及时披露。

10.2.5 上市公司收到终止上市事先告知书后，可以根据本章第六节的规定申请听证，提出陈述和申辩。

公司未在规定期限内提出听证申请的，本所上市委员会在陈述和申辩提交期限届满后十五个交易日内，就是否终止公司股票上市事宜进行审议，作出独立的专业判断并形成审核意见；公司在规定期限内提出听证申请的，本所上市委员会在听证程序结束后十五个交易日内形成审核意见。

本所根据上市委员会的审核意见，作出是否终止公司股票上市的决定。

第三节　财务类强制退市

10.3.1 上市公司出现下列情形之一的，本所对其股票交易实施退市风险警示：

（一）最近一个会计年度经审计的净利润为负值且营业收入低于 1 亿元，或追溯重述后最近一个会计年度净利润为负值且营业收入低于 1 亿元；

（二）最近一个会计年度经审计的期末净资产为负值，或追溯重述后最近一个会计年度期末净资产为负值；

（三）最近一个会计年度的财务会计报告被出具无法表示意见或者否定意见的审计报告；

（四）中国证监会行政处罚决定表明公司已披露的最近一个会计年度财务报告存在虚假记载、误导性陈述或者重大遗漏，导致该年度相关财务指标实际已触及本款第一项、第二项情形；

（五）本所认定的其他情形。

本节所述净利润以扣除非经常性损益前后孰低者为准。本节所述营业收入应当扣除与主营业务无关的业务收入和不具备商业实质的收入。本节所述最近一个会计年度是指最近一个已经披露经审计财务会计报告的年度。

公司最近一个会计年度经审计净利润为负值的，应当在年度报告中披露营业收入扣除情况及扣除后的营业收入金额；负责审计的会计师事务所应当就公司营业收入扣除事项是否符合前述规定及扣除后的营业收入金额出具专项核查意见。

公司未按本条第二款规定扣除相关收入的，本所可以要求公司扣除，并按照扣除后营业收入决定是否对公司股票实施退市风险警示、终止上市。

本所可以根据实际情况调整本条第一款第一项、第二项规定的指标。

10.3.2 上市公司预计将出现第 10.3.1 条第一款第一项至第三项情形的，应当在相应的会计年度结束后一个月内，披露公司股票交易可能被实施退市风险警示的风险提示公告，并在披露年度报告前至少再发布两次风险提示公告。

公司可能因追溯重述导致出现第 10.3.1 条第一款第一项、第二项情形，或者相关行政处罚事先告知书表明公司可能出现第 10.3.1 条第一款第四项情形的，应当在知悉相关风险情况时立即披露公司股票交易可能被实施退市风险警示的风险提示公告。

10.3.3 上市公司出现第 10.3.1 条第一款第一项至第三项情形的，应当在披露年度报告或者财务会计报告更正公告的同时，披露公司股票交易将被实施退市风险警示的公告。公司股票及其衍生品种于公告后停牌一天。自复牌之日起，本所对公司股票交易实施退市风险警示。

上市公司出现第 10.3.1 条第一款第四项情形的，应当在收到相关行政处罚决定书后，立即披露相关情况和公司股票交易将被实施退市风险警示的公告。公司股票及其衍生品种于公告披露后停牌一天。自复牌之日起，本所对公司股票交易实施退市风险警示。

10.3.4 上市公司因出现第 10.3.1 条第一款第一项至第三项情形，其股票交易被实施退市风险警示的，应当在其股票被实施退市风险警示当年的会计年度结束后一个月内，发布股票可能被终止上市的风险提示公告，并在披露该年年度报告前至少再发布两次风险提示公告。

公司追溯重述导致出现第 10.3.1 条第一款第一项、第二项情形，或者因出现第 10.3.1 条第一款第四项情形，其股票交易被实施退市风险警示的，应当在披露实际触及退市风险警示指标相应年度次一年度的年度报告前至少发布两次风险提示公告。

10.3.5 上市公司股票因出现第 10.3.1 条情形，其股票交易被本所实施退市风险警示的，在退市风险警示期间，公司进行重大资产重组且满足以下全部条件的，可以向本所申请撤销退市风险警示：

（一）根据中国证监会有关重大资产重组规定出售全部经营性资产和负债、购买其他资产且已实施完毕；

（二）通过购买进入公司的资产是一个完整经营主体，该经营主体在进入公司前已在同一管理层之下持续经营两年以上；

（三）公司模拟财务报表的财务数据不存在第 10.3.1 条第一款规定的情形；

（四）本所要求的其他条件。

10.3.6 上市公司因出现第 10.3.1 条第一款第一项至第三项情形，其股票交易被实施退市风险警示后，首个会计年度审计结果表明公司未出现第 10.3.10 条第一款第一项至第四项规定的任一情形的，公司可以向本所申请撤销退市风险警示。公司应当在披露年度报告同时说明是否将向本所申请撤销退市风险警示。公司拟申请撤销退市风险警示的，应当在披露之日起五个交易日内，向本所提交申请。

公司追溯重述导致出现第 10.3.1 条第一款第一项、第二项情形，或者因出现第 10.3.1 条第一款第四项情形，其股票交易被实施退市风险警示后，实际触及退市风险警示指标相应年度次一年度的年度报告表明公司未出现第 10.3.10 条第一款第一项至第四项规定的任一情形的，公司可以向本所申请撤销退市风险警示。公司应当在披露年度报告同时说明是否将向本所申请撤销退市风险警示。公司拟申请撤销退市风险警示的，应当在披露之日起五个交易日内，向本所申请撤销退市风险警示。

10.3.7 上市公司向本所提交撤销退市风险警示的申请后，应当在次一交易日作出公告。

公司提交完备的申请材料的，本所在十五个交易日内决定是否撤销退市风险警示。

10.3.8 本所决定撤销退市风险警示的，公司应当披露公司股票撤销退市风险警示公告，公司股票及其衍生品种在公告后停牌一天。自复牌之日起，本所撤销对公司股票交易的退市风险警示。

10.3.9 本所决定不予撤销退市风险警示的，上市公司应当在收到本所有关书面通知次一交易日披露公告。

10.3.10 上市公司因第 10.3.1 条第一款第一项至第三项情形其股票交易被实施退市风险警示后，首个会计年度出现以下情形之一的，本所决定终止其股票上市交易：

（一）经审计的净利润为负值且营业收入低于 1 亿元，或者追溯重述后最近一个会计年度净利润为负值且营业收入低于 1 亿元；

（二）经审计的期末净资产为负值，或者追溯重述后最近一个会计年度期末净资产为负值；

（三）财务会计报告被出具保留意见、无法表示意见或者否定意见的审计报告；

（四）未在法定期限内披露过半数董事保证真实、准确、完整的年度报告；

（五）虽满足第 10.3.6 条规定的条件，但未在规定期限内向本所申请撤销退市风险警示；

（六）因不满足第 10.3.6 条规定的条件，其撤销退市风险警示申请未被审核同意。

公司追溯重述导致出现第 10.3.1 条第一款第一项、第二项情形，或者因第 10.3.1 条第一款第四项情形其股票交易被实施退市风险警示后，出现前款第四项至第六项情形或者实际触及退市风险警示指标相应年度的次一年度出现前款第一项至第三项情形的，本所决定终止其股票上市交易。

10.3.11 上市公司出现第 10.3.10 条第一款第一项至第三项情形的，应当在披露年度报告的同时披露公司股票可能被终止上市的风险提示公告。公司股票及其衍生品种于公告后停牌。

公司出现第 10.3.10 条第一款第四项至第六项情形的，应当在相应情形发生的次一交易日披露公司股票可能被终止上市的风险提示公告。公司股票及其衍生品种于公告后停牌。

公司出现第 10.3.10 条第二款情形的，按照本条前两款执行。

10.3.12 本所根据第 10.3.11 条对上市公司股票及其衍生品种实施停牌的，自停牌之日起五个交易日内，向公司发出拟终止其股票上市的事先告知书。公司应当在收到本所终止上市事先告知书后及时披露。

10.3.13 上市公司收到终止上市事先告知书后，可以根据本章第六节的规定申请听证，提出陈述和申辩。

上市公司未在规定期限内提出听证申请的，本所上市委员会在陈述和申辩提交期限届满后十五个交易日内，就是否终止公司股票上市事宜进行审议，作出独立的专业判断并形成审核意见；公司在规定期限内提出听证申请的，本所上市委员会在听证程序结束后十五个交易日内形成上述审核意见。

本所根据上市委员会的审核意见，作出是否终止股票上市的决定。

10.3.14 上市公司因触及第 10.3.10 条第二款有关情形其股票被终止上市，相关行政处罚决定被依法撤销或确认无效，或者因对违法行为性质、违法事实等的认定发生重大变化被依法变更的，参照第 10.5.8 条至第 10.5.12 条规定的程序办理。

第四节　规范类强制退市

10.4.1 上市公司出现下列情形之一的，本所对其股票交易实施退市风险警示：

（一）未在法定期限内披露年度报告或者半年度报告，且在公司股票停牌两个月内仍未披露；

（二）半数以上董事无法保证年度报告或者半年度报告真实、准确、完整，且在公司股票停牌两个月内仍有半数以上董事无法保证的；

（三）因财务会计报告存在重大会计差错或者虚假记载，被中国证监会责令改正但公司未在要求期限内改正，且在公司股票停牌两个月内仍未改正；

（四）因信息披露或者规范运作等方面存在重大缺陷，被本所要求改正但未在要求期限内改正，且在公司股票停牌两个月内仍未改正；

（五）因公司股本总额或者股权分布发生变化，导致连续二十个交易日不再符合上市条件，在规定期限内仍未解决；

（六）公司可能被依法强制解散；

（七）法院依法受理公司重整、和解和破产清算申请；

（八）本所认定的其他情形。

10.4.2 本规则第 10.4.1 条第四项情形，具体包括以下情形：

（一）公司已经失去信息披露联系渠道；

（二）公司拒不披露应当披露的重大信息；

（三）公司严重扰乱信息披露秩序，并造成恶劣影响；

（四）本所认为公司信息披露或者规范运作存在重大缺陷的其他情形。

10.4.3 上市公司信息披露或规范运作是否存在重大缺陷及重大缺陷是否改正，由本所上市委员会认定。上市委员会认定期间不计入公司改正的期限。

10.4.4　上市公司出现下列情形之一的，应当立即披露股票交易可能被实施退市风险警示的风险提示公告：

（一）未在法定期限内披露年度报告或者半年度报告；

（二）半数以上董事无法保证年度报告或者半年度报告真实、准确、完整；

（三）因财务会计报告存在重大会计差错或者虚假记载，被中国证监会责令改正；

（四）因信息披露或者规范运作等方面存在重大缺陷，被本所要求改正；

（五）股本总额或者股权分布连续十个交易日不符合上市条件。

公司按照前款规定披露风险提示公告后，应当至少每十个交易日披露一次相关进展情况和风险提示公告，直至相应情形消除或公司股票交易被本所实施退市风险警示。

10.4.5 上市公司出现第 10.4.1 条第一项规定的未在法定期限内披露相关年度报告或者半年度报告情形的，公司股票及其衍生品种在相应期限届满的次一交易日起停牌。

公司在股票停牌后两个月内披露过半数董事保证真实、准确、完整的相应定期报告的，公司股票及其衍生品种于公告披露后复牌。

公司在股票停牌后两个月内仍未披露过半数董事保证真实、准确、完整的定期报告的，应当在其股票停牌两个月届满的次一交易日披露股票交易将被实施退市风险警示的公告，公司股票及其衍生品种于公告后继续停牌一天，自复牌之日起，本所对公司股票交易实施退市风险警示。

10.4.6 上市公司出现第 10.4.1 条第二项规定的半数以上董事无法保证年度报告或者半年度报告真实、准确、完整情形的，公司股票及其衍生品种在相应定期报告法定披露期限届满的次一交易日起停牌。

在股票停牌后两个月内，公司过半数董事保证相关定期报告真实、准确、完整的，公司应当及时公告，公司股票及其衍生品种于公告披露后复牌。

在股票停牌后两个月内，公司半数以上董事仍无法保证相关定期报告真实、准确、完整的，公司应当在其股票停牌两个月届满的次一交易日披露股票交易将被实施退市风险警示的公告，公司股票及其衍生品种于公告后继续停牌一天，自复牌之日起，本所对公司股票交易实施退市风险警示。

10.4.7 上市公司出现第 10.4.1 条第三项、第四项规定的未在规定期限改正情形的，公司股票及其衍生品种在相应改正期限届满的次一交易日起停牌。

公司在股票停牌后两个月内按照相关规定和要求完成改正的，应当及时公告，公司股票及其衍生品种于公告披露后复牌。

公司在股票停牌后两个月内仍未按照相关规定和要求完成改正的，公司应当在其股票停牌两个月届满的次一交易日披露股票交易将被实施退市风险警示的公告，公司股票及其衍生品种于公告后继续停牌一天，自复牌之日起，本所对公司股票交易实施退市风险警示。

10.4.8 上市公司出现第 10.4.1 条第五项规定的股本总额或者股权分布连续二十个交易日不符合上市条件的，公司股票及其衍生品种自前述情形出现的次一交易日起停牌并披露公司股票交易可能被实施退市风险警示的风险提示公告。公司应当于停牌之日起一个月内披露股本总额或者股权分布问题的解决方案并提示相关风险。

公司在股票停牌后一个月内披露解决方案的，应当同时披露股票交易将被实施退市风险警示的公告，公司股票及其衍生品种于公告后继续停牌一天；公司未在股票停牌后一个月内披露解决方案的，自一个月期限届满的次一交易日披露股票交易将被实施退市风险警示的公告，公司股票及其衍生品种自公告后继续停牌一天。自复牌之日起，本所对公司股票交易实施退市风险警示。

停牌期间股本总额或者股权分布重新符合上市条件的，公司应当及时披露，公司股票及其衍生品种于公告披露后复牌。

10.4.9 上市公司出现第 10.4.1 条第六项至第八项规定情形之一的，公司应当在该情形出现的次一交易日披露，公司股票及其衍生品种于公告后继续停牌一天。自复牌之日起，本所对公司股票交易实施退市风险警示。

10.4.10 上市公司股票交易被实施退市风险警示期间，应当每五个交易日披露一次风险提示公告，提示其股票可能被终止上市的风险，直至相应情形消除或本所终止其股票上市。

10.4.11 上市公司因第 10.4.1 条第七项情形其股票交易被实施退市风险警示的，公司应当分阶段及时披露法院裁定批准公司重整计划、和解协议或者终止重整、和解程序等重整事项的进展，并充分提示相关风险。

上市公司破产重整的停复牌应当遵守本所相关规定。

10.4.12 上市公司因第 10.4.1 条第一项至第六项情形其股票交易被实施退市风险警示后，符合下列对应条件的，可以向本所申请撤销退市风险警示：

（一）因第 10.4.1 条第一项情形被实施退市风险警示之日起的两个月内，披露过半数董事保证真实、准确、完整的相关年度报告或者半年度报告；

（二）因第 10.4.1 条第二项情形被实施退市风险警示之日起的两个月内，过半数董事保证相关定期报告真实、准确、完整的；

（三）因第 10.4.1 条第三项情形被实施退市风险警示之日起的两个月内，按相关规定和要求披露经改正的财务会计报告；

（四）因第 10.4.1 条第四项情形被实施退市风险警示之日起两个月内，公司已按要求完成改正，信息披露和规范运作无重大缺陷；

（五）因第 10.4.1 条第五项情形被实施退市风险警示之日起的六个月内，解决股本总额或股权分布问题，且其股本总额或股权分布重新符合上市条件；

（六）因第 10.4.1 条第六项情形被实施退市风险警示后，公司可能被依法强制解散的情形已消除。

公司满足前款第四项情形向本所申请对其股票交易撤销退市风险警示的，应当按照本所要求同时披露中介机构专项核查意见，说明公司已按要求完成改正，信息披露、规范运作无重大缺陷。本所提请上市委员会审议，并根据上市委员会的审核意见作出是否撤销退市风险警示的决定。

10.4.13 上市公司因第 10.4.1 条第七项情形其股票交易被实施退市风险警示后，符合下列条件之一的，公司可以向本所申请撤销退市风险警示：

（一）重整计划执行完毕；

（二）和解协议执行完毕；

（三）法院受理破产申请后至破产宣告前，依据《中华人民共和国企业破产法》（以下简称《企业破产法》）作出驳回破产申请的裁定，且申请人在法定期限内未提起上诉；

（四）因公司已清偿全部到期债务、第三人为公司提供足额担保或者清偿全部到期债务，法院受理破产申请后至破产宣告前，依据《企业破产法》作出终结破产程序的裁定。

公司因前款第一项、第二项情形向本所申请撤销对其股票实施的退市风险警示，应当提交法院指定管理人出具的监督报告、律师事务所出具的对公司重整计划或者和解协议执行情况的法律意见书，以及本所要求的其他说明文件。

10.4.14 上市公司符合第 10.4.12 条、第 10.4.13 条规定条件的，应当于相关情形出现后及时披露，并说明是否将向本所申请撤销退市风险警示。公司拟申请撤销退市风险警示的，应当在披露之日起五个交易日内向本所提交申请。

公司向本所申请对其股票交易撤销退市风险警示后，应当于次一交易日披露相关公告。

公司提交完备的撤销退市风险警示申请材料的，本所在十五个交易日内决定是否撤销退市风险警示。

10.4.15 本所决定撤销退市风险警示的，公司应当披露撤销退市风险警示的公告。公司股票及其衍生品种在公告后停牌一天。自复牌之日起，本所撤销对公司股票交易的退市风险警示。

10.4.16 本所决定不予撤销退市风险警示的，上市公司应当在收到本所有关书面通知之日作出公告。

10.4.17 上市公司出现下列情形之一的，本所决定终止其股票上市交易：

（一）因第 10.4.1 条第一项情形被实施退市风险警示之日起的两个月内仍未披露过半数董事保证真实、准确、完整的相关年度报告或者半年度报告；

（二）因第 10.4.1 条第二项情形其股票交易被实施退市风险警示之日起的两个月内仍有半数以上董事无法保证年度报告或者半年度报告真实、准确、完整；

（三）因第 10.4.1 条第三项情形被实施退市风险警示之日起的两个月内仍未披露经改正的财务会计报告；

（四）因第 10.4.1 条第四项情形被实施退市风险警示之日起的两个月内仍未按要求完成改正；

（五）因第 10.4.1 条第五项情形被实施退市风险警示之日起的六个月内仍未解决股本总额或股权分布问题；

（六）因第 10.4.1 条第六项、第七项情形其股票被实施退市风险警示的，公司依法被吊销营业执照、被责令关闭或者被撤销等强制解散条件成就，或者法院裁定公司破产；

（七）虽满足第 10.4.12 条、第 10.4.13 条规定的条件，但未在规定期限内向本所申请撤销退市风险警示；

（八）因不满足第 10.4.12 条、第 10.4.13 条规定的条件，其撤销退市风险警示申请未被审核同意。

10.4.18 上市公司出现第 10.4.17 条情形的，应当在次一交易日披露公司股票可能被终止上市的风险提示公告，本所自公告披露之日起，对公司股票及其衍生品种实施停牌。

10.4.19 本所根据第 10.4.18 条对上市公司股票及其衍生品种实施停牌的，自停牌之日起五个交易日内，向公司发出拟终止其股票上市的事先告知书。公司应当在收到本所终止上市事先告知书后及时披露。

10.4.20 上市公司收到终止上市事先告知书后，可以根据本章第六节的规定申请听证、提出陈述和申辩。

公司未在规定期限内提出听证申请的，本所上市委员会在陈述和申辩提交期限届满后十五个交易日内，就是否终止公司股票上市事宜进行审议，作出独立的专业判断并形成审核意见；公司在规定期限内提出听证申请的，本所上市委员会在听证程序结束后十五个交易日内形成上述审核意见。

本所根据上市委员会的审核意见，作出是否终止公司股票上市的决定。

第五节　重大违法强制退市

10.5.1 本规则所称重大违法强制退市，包括下列情形：

（一）上市公司存在欺诈发行、重大信息披露违法或者其他严重损害证券市场秩序的重大违法行为，其股票应当被终止上市的情形；

（二）上市公司存在涉及国家安全、公共安全、生态安全、生产安全和公众健康安全等领域的违法行为，情节恶劣，严重损害国家利益、社会公共利益，或者严重影响上市地位，其股票应当被终止上市的情形。

10.5.2 上市公司涉及第 10.5.1 条第一项规定的重大违法行为，存在下列情形之一的，本所决定终止其股票上市交易：

（一）公司首次公开发行股票申请或者披露文件存在虚假记载、误导性陈述或者重大遗漏，被中国证监会依据《证券法》第一百八十一条作出行政处罚决定，或者被人民法院依据《刑法》第一百六十条作出有罪裁判且生效。

（二）公司发行股份购买资产并构成重组上市，申请或者披露文件存在虚假记载、误导性陈述或者重大遗漏，被中国证监会依据《证券法》第一百八十一条作出行政处罚决定，或者被人民法院依据《刑法》第一百六十条作出有罪裁判且生效。

（三）根据中国证监会行政处罚决定认定的事实，公司披露的年度报告存在虚假记载、误导性陈述或者重大遗漏，导致公司连续会计年度财务指标已实际触及本章第三节规定的终止上市标准。

（四）根据中国证监会行政处罚决定认定的事实，公司披露的营业收入连续两年均存在虚假记载，虚假记载的营业收入金额合计达到 5 亿元以上，且超过该两年披露的年度营业收入合计金额的 50%；或者公司披露的净利润连续两年均存在虚假记载，虚假记载的净利润金额合计达到 5 亿元以上，且超过该两年披露的年度净利润合计金额的 50%；或者公司披露的利润总额连续两年均存在虚假记载，虚假记载的利润总额金额合计达到 5 亿元以上，且超过该两年披露的年度利润总额合计金额的 50%；或者公司披露的资产负债表连续两年均存在虚假记载，资产负债表虚假记载金额合计达到 5 亿元以上，且超过该两年披露的年度期末净资产合计金额的 50%。（计算前述合计数时，相关财务数据为负值的，先取其绝对值后再合计计算。）

（五）本所根据公司违法行为的事实、性质、情节及社会影响等因素认定的其他严重损害证券市场秩序的情形。

前款第一项、第二项统称欺诈发行强制退市情形，第三项至第五项统称重大信息披露违法强制退市情形。

10.5.3 上市公司涉及第10.5.1条第二项规定的重大违法行为，存在下列情形之一的，本所决定终止其股票上市交易：

（一）上市公司或其主要子公司被依法吊销营业执照、责令关闭或者被撤销；

（二）上市公司或其主要子公司被依法吊销主营业务生产经营许可证，或者存在丧失继续生产经营法律资格的其他情形；

（三）本所根据上市公司重大违法行为损害国家利益、社会公共利益的严重程度，结合公司承担法律责任类型、对公司生产经营和上市地位的影响程度等情形，认为公司股票应当终止上市的。

10.5.4 依据相关行政机关行政处罚决定、人民法院生效裁判认定的事实，上市公司可能触及本规则第10.5.2条、第10.5.3条规定情形的，应当在知悉相关行政机关向其送达行政处罚事先告知书或者知悉人民法院作出有罪裁判后立即披露相关情况及公司股票交易将被实施退市风险警示的公告。公司股票及其衍生品种于公告后停牌一天。自复牌之日起，本所对公司股票交易实施退市风险警示。

公司因前款情形其股票交易被实施退市风险警示期间，应当每五个交易日披露一次相关事项进展并就公司股票可能被实施重大违法强制退市进行特别风险提示。

10.5.5 依据相关行政机关行政处罚决定、人民法院生效裁判认定的事实，上市公司可能触及本规则第10.5.2条、第10.5.3条规定情形的，应当在收到相关行政机关行政处罚决定书，或者人民法院裁判生效后立即披露相关情况及公司股票可能被终止上市的风险提示公告。公司股票及其衍生品种于公告披露后停牌。

公司未触及本规则第10.5.2条、第10.5.3条规定情形，且不存在其他的退市风险警示情形的，公司股票及其衍生品种于前述公告披露后停牌一天。自复牌之日起，本所撤销对公司股票交易的退市风险警示。

10.5.6 上市公司触及本节规定的重大违法强制退市情形的，本所将在公司披露或者本所向市场公告相关行政机关行政处罚决定书或者人民法院生效裁判后的十五个交易日内，向公司发出拟终止其股票上市的事先告知书。公司应当在收到本所终止上市事先告知书后及时披露。

本所在发出终止上市事先告知书前可以要求公司补充材料，公司应当在本所要求期限内提供有关材料，补充材料期间不计入前款所述十五个交易日。公司未在要求的期限内补充材料的，本所将在期限届满后按照前款规定发出终止上市事先告知书。

本所可以自行或委托相关机构就公司相关情况进行调查核实，调查核实期间不计入前款所述十五个交易日。

10.5.7 上市公司收到终止上市事先告知书后，可以根据本章第六节的规定申请听证、提出陈述和申辩。

公司未在规定期限内提出听证申请的，本所上市委员会在陈述和申辩提交期限届满后十五个交易日内，就是否终止公司股票上市事宜进行审议，作出独立的专业判断并形成审核意见；上市公司在规定期限内提出听证申请的，本所上市委员会在听证程序结束后十五个交易日内形成审核意见。

本所根据上市委员会的审核意见，在五个交易日内作出是否终止公司股票上市的决定。

10.5.8 上市公司因重大违法强制退市情形，其股票被终止上市后，出现下列情形之一的，可以向本所申请撤销对其股票终止上市的决定：

（一）相关行政处罚决定被依法撤销或确认无效，或者因对违法行为性质、违法事实等的认定发生重大变化，被依法变更；

（二）人民法院有罪裁判被依法撤销，且未作出新的有罪裁判。

公司向本所申请撤销对其股票终止上市的，应当在收到相关文件或法律文书后的三十个交易日内向本所提交下列文件：

（一）公司关于撤销对其股票终止上市的申请书；

（二）公司董事会关于申请撤销对公司股票终止上市的决议；

（三）相关行政处罚决定书被依法撤销、确认无效或变更的证明文件，或者人民法院的相关裁判文书；

（四）法律意见书；

（五）本所要求的其他有关材料。

10.5.9 本所自收到上市公司按照第 10.5.8 条规定提出的撤销申请之日起的十五个交易日内，召开上市委员会会议，审议是否撤销对公司股票作出的终止上市决定，并形成审核意见。在此期间，本所要求公司提供补充材料的，公司应当按要求提供有关材料，公司补充材料期间不计入前述期限。本所可以自行或委托相关机构就公司相关情况进行调查核实，调查核实期间不计入审议期限。

本所根据上市委员会的审核意见，作出是否撤销对公司股票终止上市的决定。

公司股票同时存在其他的风险警示或终止上市情形的，本所对其实施相应的风险警示或终止上市。

10.5.10 本所同意撤销对公司股票终止上市的，在作出撤销决定之日起两个交易日内通知公司并发布相关公告，同时报中国证监会备案。

10.5.11 在收到本所撤销决定后的二十个交易日内，公司可以向本所提出恢复其股票正常交易的书面申请，并向本所提交下列申请文件：

（一）公司关于恢复其股票正常交易的申请书；

（二）公司董事会关于申请恢复其股票正常交易的决议；

（三）公司股东大会关于申请恢复其股票正常交易的决议；

（四）保荐机构出具的保荐意见；

（五）法律意见书；

（六）公司最近一年又一期经审计财务报告；

（七）公司前十大股东名册和公司持股 5% 以上股东的营业执照或有关身份证明文件；

（八）公司全部股份在结算公司托管的证明文件；

（九）公司董事、监事及高级管理人员持有本公司股份情况说明；

（十）本所要求的其他材料。

公司股份已经转入全国中小企业股份转让系统等证券交易场所转让或存在其他合理情况的，经本所同意，可以在本所要求的期限内办理完毕其股份的重新确认、登记、托管等相关手续或有关事项后，补充提交相应申请文件。

本所在收到公司完备申请材料后的五个交易日内，作出是否受理的决定并通知公司。公司应当及时对外发布相关公告。

10.5.12 本所在作出恢复公司股票正常交易的决定后两个交易日内通知公司，并报告中国证监会。

公司应当在收到上述决定后及时公告，并按本所要求办理恢复股票正常交易的相关手续。

公司应当在其股票恢复正常交易前与本所重新签订上市协议，明确双方的权利、义务及其他有关事项。

公司控股股东、实际控制人、董事、监事和高级管理人员等应当签署并提交相应声明与承诺，其所持股份在公司股票恢复正常交易时的流通或限售安排，应当按照法律、行政法规、部门规章、规范性文件及本所有关规定执行。

第六节　听证与复核

10.6.1 上市公司可以在收到或者本所公告送达终止上市事先告知书之日（以在先者为准，下同）起五个交易日内，以书面形式向本所提出听证要求，并载明具体事项及理由。有关听证程序和相关事宜，适用本所有关规定。

公司对终止上市有异议的，可以在收到或者本所公告终止上市事先告知书之日起十个交易日内，向本所提交相关书面陈述和申辩，并提供相关文件。

公司未在本条规定期限内提出听证要求、书面陈述或者申辩的，视为放弃相应权利。

公司在本条规定期限内提出听证要求的，由本所上市委员会按照有关规定组织召开听证会。

10.6.2 上市委员会组织召开听证和审议期间，可以要求上市公司和相关中介机构提供补充材料，补充材料期间不计入听证及审议期限，公司和相关中介机构未在本所要求期限内提交补充材料的，本所上市委员会继续进行听证或者审议。

本所可以自行或者委托相关机构就公司有关情况进行调查核实，并将核查结果提交上市委员会审议。调查核实期间不计入审议期限。

10.6.3 上市公司可以在收到或者本所公告送达终止上市决定之日（以在先者为准）起十五个交易日内，以书面形式向本所申请复核。有关复核程序和相关事宜，适用本所有关规定。

公司应当在向本所提出复核申请之日的次一交易日披露有关内容。

10.6.4 本所在收到申请人提交的复核申请文件之日后的五个交易日内，作出是否受理的决定并通知申请人。

申请人应当在收到本所是否受理其复核申请的决定后，及时披露决定的有关内容并提示相关风险。

10.6.5 本所设立上诉复核委员会，对申请人的复核申请进行审议，作出独立的专业判断并形成审核意见。

10.6.6 本所在受理复核申请后三十个交易日内，依据上诉复核委员会的审核意见作出维持或者撤销终止上市的决定。

在此期间，本所要求申请人提供补充材料的，申请人应当在本所规定期限内提供有关材料。申请人提供补充材料期间不计入本所作出有关决定的期限。

本所可以自行或者委托相关机构就公司有关情况进行调查核实，并将核查结果提交复核委员会审议，调查核实期间不计入审议期限。

申请人应当在收到本所的复核决定后，及时披露决定的有关内容。

10.6.7 本所依据上诉复核委员会的审核意见作出撤销终止上市决定的，参照本规则第 10.5.11 条至 10.5.12 条规定的程序办理。

第七节　退市整理期

10.7.1 上市公司股票被本所根据本章第三节至第五节的规定作出终止上市决定后，自公告终止上市决定之日起五个交易日后的次一交易日起复牌并进入退市整理期交易。退市整理期间，上市公司的证券代码不变，股票简称应当变更为"××退"。

退市整理股票进入风险警示板交易。

上市公司股票被本所根据本章第二节规定作出终止上市决定的，不进入退市整理期。

10.7.2 退市整理期的交易期限为十五个交易日。公司股票在退市整理期内原则上不停牌，因特殊原因申请全天停牌的，停牌期间不计入退市整理期，但停牌天数累计不得超过五个交易日。

公司未在累计停牌期满前申请复牌的，本所于停牌期满后的次一交易日对公司股票复牌。

10.7.3 上市公司股票进入退市整理期的，公司及相关信息披露义务人仍应当遵守法律法规、本规则及本所有关规定，履行信息披露及相关义务。

10.7.4 退市整理期间，上市公司股东所持有限售条件股份的限售期限连续计算，限售期限届满前相关股份不能流通。

10.7.5 上市公司应当在收到本所终止其股票上市决定后及时披露股票终止上市公告，并同时披露其股票进入退市整理期交易相关情况，相关公告应当包括以下内容：

（一）终止上市股票的种类、证券简称、证券代码以及终止上市决定的主要内容；

（二）公司股票在退市整理期间的证券代码、证券简称及涨跌幅限制；

（三）公司股票在退市整理期间的起始日、交易期限及预计最后交易日期；

（四）退市整理期公司不筹划、不进行重大资产重组等重大事项的声明；

（五）终止上市后公司股票登记、转让、管理等事宜；

（六）终止上市后公司的联系人、联系地址、电话和其他通讯方式；

（七）本所要求披露的其他内容。

10.7.6 上市公司应当于退市整理期的第一天，发布公司股票已被本所作出终止上市决定的风险提示公告，说明公司股票进入退市整理期的起始日和终止日等事项。

退市整理期间，公司应当每五个交易日发布一次股票将被摘牌的风险提示公告，在最后五个交易日内每日发布一次股票将被摘牌的风险提示公告。

10.7.7 上市公司在退市整理期间发布公告时，应当在公告中说明公司股票摘牌时间，并特别提示终止上市风险。

10.7.8 退市整理期间，上市公司董事会应当关注其股票交易、媒体报道和市场传闻，必要时应当及时作出澄清说明。

10.7.9 上市公司股票于退市整理期届满的次一交易日摘牌，公司股票终止上市。

公司股票被本所根据本章第二节的规定作出终止上市决定后，公司股票在十五个交易日内摘牌，公司股票终止上市。

公司应当于股票摘牌当日披露摘牌公告，对公司股票摘牌后进入全国中小企业股份转让系统等证券交易场所转让的具体事宜作出说明，包括进入日期、股份重新确认、登记托管、交易制度等情况。

10.7.10 上市公司应当在本所作出终止其股票上市决定后，立即安排股票转入全国中小企业股份转让系统等证券交易场所转让的相关事宜，保证公司股票在摘牌之日起四十五个交易日内可以转让。

10.7.11 上市公司在股票被摘牌前，应当与符合《证券法》规定的证券公司（以下简称主办券商）签订协议，聘请该机构在公司股票被终止上市后为公司提供股份转让服务，并授权其办理证券交易所市场登记结算系统的股份退出登记、股份重新确认及登记结算等事宜。

公司未聘请主办券商的，本所可以为其指定主办券商，并通知公司和该机构。

公司应当在两个交易日内就上述事项发布相关公告（公司不再具备法人资格的情形除外）。

10.7.12 退市整理期间，上市公司不得筹划或者实施重大资产重组等重大事项。

10.7.13 上市公司股票存在可能被强制退市情形，且公司已公告筹划重大资产重组事项的，公司董事会应当审慎评估并决定是否继续推进该重大资产重组事项。不进入退市整理期继续推进重大资产重组的，应当及时召开股东大会，审议继续推进重大资产重组等重大事项且股票不进入退市整理期交易的议案；进入退市整理期不继续推进重大资产重组的，应当及时履行审议程序和披露义务。

公司董事会决定继续推进重大资产重组的，应当在相应股东大会通知中明确：股东大会审议通过该议案的，不再安排退市整理期交易，公司股票自本所公告终止上市决定之日起十五个交易日内予以摘牌，公司股票终止上市；该议案未审议通过的，公司股票自公告终止上市决定之日起五个交易日后的次一交易日复牌并进入退市整理期交易。

公司依据前款规定召开股东大会审议相关议案的，应当经出席会议的股东所持表决权的三分之二以上通过。公司应当对除单独或者合计持有上市公司 5% 以上股份的股东和上市公司董事、监事、高级管理人员以外的其他股东的投票情况单独统计并披露。

10.7.14 进入破产重整程序或者已经完成破产重整的公司触及强制退市情形的，经人民法院或者其他有权方认定，如公司股票进入退市整理期交易，将导致与破产重整程序或者经人民法院批准的公司重整计划的执行存在冲突等后果的，公司股票可以不进入退市整理期交易。

10.7.15 不进入退市整理期交易的公司应当承诺公司股票如被终止上市，将进入全国中小企业股份转让系统等证券交易场所转让股份。

10.7.16 上市公司股票进入退市整理期交易的，应当在收到本所关于终止其股票上市决定后的两个交易日内，向本所提交以下材料：

（一）公司董事会关于变更证券简称的申请；

（二）公司董事会关于退市整理期间不筹划重大资产重组等事项的承诺函；

（三）退市整理期股票交易的风险提示公告；

（四）本所要求的其他材料。

第八节 主动终止上市

10.8.1 上市公司出现下列情形之一的，可以向本所申请主动终止其股票上市交易：

（一）上市公司股东大会决议主动撤回其股票在本所上市交易，并决定不再在证券交易所交易；

（二）上市公司股东大会决议主动撤回其股票在本所上市交易，并转而申请在其他交易场所交易或转让；

（三）上市公司股东大会决议解散；

（四）上市公司因新设合并或者吸收合并，不再具有独立主体资格并被注销；

（五）上市公司以终止公司股票上市为目的，向公司所有股东发出回购全部股份或者部分股份的要约，导致公司股本总额、股权分布等发生变化不再符合上市条件；

（六）上市公司股东以终止公司股票上市为目的，向公司所有其他股东发出收购全部股份或者部分股份的要约，导致公司股本总额、股权分布等发生变化不再符合上市条件；

（七）上市公司股东以外的其他收购人以终止公司股票上市为目的，向公司所有股东发出收购全部股份或者部分股份的要约，导致公司股本总额、股权分布等发生变化不再符合上市条件；

（八）中国证监会或本所认可的其他主动终止上市情形。

10.8.2 本规则第 10.8.1 条第一项、第二项规定的股东大会决议事项，除须经出席会议的全体股东所持有效表决权的三分之二以上通过外，还须经出席会议的除下列股东以外的其他股东所持有效表决权的三分之二以上通过：

（一）上市公司的董事、监事、高级管理人员；

（二）单独或者合计持有上市公司 5% 以上股份的股东。

10.8.3 上市公司因本规则第 10.8.1 条第一项至第五项规定情形召开股东大会的，应当及时向本所提交下列文件并公告：

（一）董事会关于申请主动终止上市的决议；

（二）召开股东大会通知；

（三）主动终止上市预案；

（四）独立董事意见；

（五）财务顾问报告（如适用）；

（六）法律意见书（如适用）；

（七）法律、行政法规、部门规章、规范性文件、本所及公司章程要求的其他文件。

前款第三项所称"主动终止上市预案"，应当包括但不限于：公司终止上市原因、终止上市方式、终止上市后经营发展计划、并购重组安排、股份转让安排、异议股东保护措施，以及公司董事会关于主动终止上市对公司长远发展和全体股东利益的影响分析等相关内容。

前款第四项所称"独立董事意见"，指独立董事应当就主动终止上市事项是否有利于公司长远发展和全体股东利益充分征询中小股东意见，并在此基础上发表意见。

前款第五项、第六项所称"财务顾问报告"和"法律意见书"，指财务顾问和律师事务所为主动终止上市提供专业服务，并发表专业意见。上市公司出现第10.8.1条除第三项以外情形的，应当提交财务顾问报告，出现第10.8.1条第四项、第六项至第八项情形的，还应当提交法律意见书。

股东大会对主动终止上市事项进行审议后，上市公司应当及时披露股东大会决议公告，说明议案的审议及通过情况。

10.8.4 上市公司根据第10.8.1第一项、第二项规定的情形，申请主动终止上市的，公司应当向本所申请其股票及其衍生品种自股东大会股权登记日的次一交易日起停牌，并在股东大会审议通过主动终止上市决议后及时披露决议情况。公司可以在股东大会决议后的十五个交易日内向本所提交主动终止上市的书面申请。

上市公司因自愿解散、公司合并、回购股份及要约收购等情形根据本规则第10.8.1条第三项至第七项的规定申请其股票终止上市的，应当同时遵守《公司法》《证券法》、中国证监会、本所及公司章程关于上市公司解散、重组、回购、收购等相关规定的要求，履行相应审议程序和披露义务，安排公司股票及其衍生品种的停复牌，及时向本所提交主动终止上市的书面申请。

公司应当在提交申请后，及时披露相关公告。

10.8.5 公司主动终止上市决议未获股东大会审议通过的，应当及时向本所申请其股票及其衍生品种自公司股东大会决议公告当日起复牌。

10.8.6 上市公司出现本规则第10.8.1条第六项、第七项规定情形的，其股票及其衍生品种自公司披露收购结果公告或者其他相关股权变动公告后继续停牌。

10.8.7 上市公司依据本规则第10.8.1条的规定向本所申请其股票终止上市的，应当向本所提交下列文件：

（一）终止上市申请书；

（二）股东大会决议（如适用）；

（三）相关终止上市方案；

（四）财务顾问报告；

（五）法律意见书；

（六）本所要求的其他文件。

10.8.8 本所将在收到上市公司提交的终止上市申请文件后五个交易日内作出是否受理的决定并通知公司。

公司应当在收到本所关于是否受理其终止上市申请的决定后，及时披露决定的有关情况并提示其股票可能终止上市的风险。

10.8.9 本所上市委员会对公司股票终止上市的申请进行审议，重点从保护投资者特别是中小投资者权益的角度，在审查上市公司决策程序合规性的基础上，作出独立的专业判断并形成审核意见。

上市公司依据本规则第 10.8.1 条第一项、第二项的规定申请其股票终止上市的，本所将在受理公司申请后的十五个交易日内，依据上市委员会意见作出是否同意公司股票终止上市申请的决定。

上市公司因自愿解散、公司合并、回购股份、要约收购等情形依据本规则第 10.8.1 条第三项至第七项的规定申请其股票终止上市的，除另有规定外，本所将在上市公司披露解散决议公告、合并交易完成公告、回购或者收购结果公告后的十五个交易日内，依据上市委员会意见作出是否同意公司股票终止上市申请的决定。

10.8.10 在本所受理公司申请至作出决定期间，本所要求公司提供补充材料的，公司应当在本所规定期限内提供有关材料。公司提供补充材料的期限累计不得超过三十个交易日。公司补充材料期间不计入本所作出有关决定的期限。

公司未能在本所规定的期限内提供补充材料的，本所将在规定的期限届满后作出是否同意公司股票终止上市申请的决定。

10.8.11 本所在作出同意公司股票终止上市决定后两个交易日内通知公司并发布相关公告，并报中国证监会备案。

10.8.12 因本规则第 10.8.1 条规定情形其股票被终止上市、且法人主体资格将存续的公司，应当对公司股票终止上市后转让或交易、异议股东保护措施作出具体安排，保护中小投资者的合法权益。

10.8.13 上市公司应当在收到本所关于终止其股票上市决定后及时披露股票终止上市公告。公司股票不进入退市整理期交易。

股票终止上市公告应当包括以下内容：

（一）终止上市股票的种类、简称、证券代码以及终止上市的日期；

（二）终止上市决定的主要内容；

（三）公司股票终止上市后相关安排、异议股东保护措施落实情况等；

（四）终止上市后其股票登记、转让、管理事宜（如适用）；

（五）终止上市后公司的联系人、联系地址、电话和其他通讯方式；

（六）中国证监会和本所要求的其他内容。

10.8.14 上市公司主动终止上市的，本所在公司公告股票终止上市决定之日起五个交易日内对其予以摘牌，公司股票终止上市。

第九节　重新上市

10.9.1 上市公司在其股票终止上市后，符合本所规定条件的，可以向本所申请重新上市。

10.9.2 上市公司因触及本规则第 10.5.2 条第一款第一项、第二项规定的欺诈发行情形，其股票被终止上市的，本所不受理其重新上市申请。

上市公司因触及本规则第 10.5.2 条第一款第三项至第五项和第 10.5.3 条规定的重大违法情形，其股票被终止上市的，自其股票进入全国中小企业股份转让系统等证券交易场所转让之日起的五个完整会计年度内，本所不受理其重新上市申请。公司提交重新上市申请的，应当同时符合下列条件：

（一）已全面纠正重大违法行为并符合下列要求：

1. 公司已就重大信息披露违法行为所涉事项披露补充或者更正公告；

2. 对重大违法行为的责任追究已处理完毕；

3. 公司已就重大违法行为所涉事项补充履行相关决策程序；

4. 公司控股股东、实际控制人等相关责任主体对公司因重大违法行为发生的损失已作出补偿；

5. 重大违法行为可能引发的与公司相关的风险因素已消除。

（二）已撤换下列与重大违法行为有关的责任人员：

1. 被人民法院判决有罪的有关人员；

2. 被相关行政机关行政处罚的有关人员；

3. 被相关行政机关依法移送公安机关立案调查的有关人员；

4. 中国证监会、本所认定的与重大违法行为有关的其他责任人员。

（三）已对相关民事赔偿承担做出妥善安排并符合下列要求：

1. 相关赔偿事项已由人民法院作出判决的，该判决已执行完毕；

2. 相关赔偿事项未由人民法院作出判决，但已达成和解的，该和解协议已执行完毕；

3. 相关赔偿事项未由人民法院作出判决，且也未达成和解的，公司及相关责任主体已按预计最高索赔金额计提赔偿基金，并将足额资金划入专项账户，且公司的控股股东和实际控制人已承诺：若赔偿基金不足赔付，其将予以补足。

（四）不存在本规则规定的终止上市情形。

（五）公司聘请的重新上市保荐机构、律师事务所已对前述四项条件所述情况进行核查验证，并出具专项核查意见，明确认定公司已完全符合前述四项条件。

10.9.3 上市公司股票被强制退市后，公司不配合退市相关工作，或者未按本规则的规定履行相关义务的，本所自其股票进入全国中小企业股份转让系统等证券交易场所转让之日起三十六个月内不受理其重新上市申请。

10.9.4 上市公司主动退市的，可以随时向本所提出重新上市申请。

10.9.5 退市公司申请重新上市，应当按照中国证监会、本所有关规定制作申请文件，依法由保荐机构保荐并向本所申报。

10.9.6 重新上市的具体条件和其他事宜，由本所另行规定。

第十一章　红筹企业和境内外事项的协调

第一节　红筹企业特别规定

11.1.1 红筹企业申请发行股票或者存托凭证并在创业板上市的，适用中国证监会、本所关于发行上市审核注册程序的规定。

11.1.2 红筹企业申请其在境内首次公开发行的股票或者存托凭证上市的，应当根据本所《股票发行上市审核规则》的规定，取得本所出具的同意发行上市审核意见并由中国证监会作出予以注册决定。

红筹企业在境内发行存托凭证并上市的，还应当提交本次发行的存托凭证已经结算公司存管的证明文件、经签署的存托协议、托管协议文本以及托管人出具的存托凭证所对应基础证券的托管凭证等文件。

根据公司注册地公司法等法律法规和公司章程或者章程性文件（以下简称公司章程）的规定，红筹企业无需就本次境内发行上市事宜提交股东大会审议的，其申请上市时可以不提交股东大会决议，但应当提交相关董事会决议。

11.1.3 红筹企业的股权结构、公司治理、运行规范等事项适用境外注册地公司法等法律法规的，其投资者权益保护水平，包括资产收益、参与重大决策、剩余财产分配等权益，总体上应不低于境内法律法规规定的要求，并保障境内存托凭证持有人实际享有的权益与境外基础证券持有人的权益相当。

11.1.4 红筹企业提交的上市申请文件和持续信息披露文件，应当使用中文。

红筹企业和相关信息披露义务人应当按照中国证监会和本所规定，在符合条件媒体披露上市和持续信息披露文件。

11.1.5 红筹企业应当在境内设立证券事务机构，并聘任信息披露境内代表，负责办理公司股票或者存托凭证上市期间的信息披露和监管联络事宜。信息披露境内代表应当具备境内上市公司董事会秘书的相应任职能力，熟悉境内信息披露规定和要求，并能够熟练使用中文。

红筹企业应当建立与境内投资者、监管机构及本所的有效沟通渠道，按照规定保障境内投资者的合法权益，保持与境内监管机构及本所的畅通联系。

11.1.6 红筹企业具有协议控制架构或者类似特殊安排的，应当充分、详细披露相关情况，特别是风险和公司治理等信息，以及依法落实保护投资者合法权益规定的各项措施。

红筹企业应当在年度报告中披露协议控制架构或者类似特殊安排在报告期内的实施和变化情况，以及该等安排下保护境内投资者合法权益有关措施的实施情况。

前款规定事项出现重大变化或者调整，可能对公司股票、存托凭证交易价格产生较大影响的，公司和相关信息披露义务人应当及时披露。

11.1.7 红筹企业进行本规则规定需提交股东大会审议的重大交易、关联交易等事项，可以按照其已披露的境外注册地公司法等法律法规和公司章程规定的权限和程序执行，法律法规另有规定的除外。

公司按照前款规定将相关事项提交股东大会审议的，应当及时披露。

11.1.8 红筹企业注册地公司法等法律法规或者实践中普遍认同的标准对公司

董事会、独立董事职责有不同规定或者安排，导致董事会、独立董事无法按照本所规定履行职责或者发表意见的，红筹企业应当详细说明情况和原因，并聘请律师事务所就上述事项出具法律意见。

11.1.9 红筹企业存托凭证在本所上市的，应当在年度报告及半年度报告中披露存托、托管相关安排在报告期内的实施和变化情况以及报告期末前十名境内存托凭证持有人的名单和持有量。发生以下情形之一的，应当及时履行信息披露义务：

（一）存托人、托管人发生变化；

（二）存托的基础财产发生被质押、挪用、司法冻结或者其他权属变化；

（三）对存托协议、托管协议作出重大修改；

（四）存托凭证与基础证券的转换比例发生变动；

（五）中国证监会和本所认为需要披露的其他情形。

存托凭证上市后，未经本所同意，红筹企业不得改变存托凭证与基础证券之间的转换比例。

发生本条第一款第一项、第二项规定的情形，或者托管协议发生重大修订的，存托人应当及时告知红筹企业，公司应当及时进行披露。

11.1.10 红筹企业、存托人应当合理安排存托凭证持有人权利行使的时间和方式，保障其有足够时间和便利条件行使相应权利，并根据存托协议的约定及时披露存托凭证持有人权利行使的时间、方式、具体要求和权利行使结果。

红筹企业、存托人通过本所股东大会网络投票系统征集存托凭证持有人投票意愿的，具体业务流程参照本所《上市公司股东大会网络投票实施细则》办理，并由公司、存托人按照存托协议的约定向市场公告。

11.1.11 红筹企业和相关信息披露义务人适用本规则相关信息披露要求和持续监管规定，可能导致其难以符合公司注册地、境外上市地有关规定及市场实践中普遍认同的标准的，可以向本所申请调整适用，但应当说明原因和替代方案，并聘请律师事务所出具法律意见。本所认为依法不应调整适用的，红筹企业和相关信息披露义务人应当执行本规则相关规定。

第二节　境内外事项的协调

11.2.1 上市公司及相关信息披露义务人应当保证境外证券交易所要求其披露的信息，同时在符合条件媒体按照本规则和本所其他相关规定的要求披露。

公司及相关信息披露义务人在境外市场进行信息披露时，不属于本所市场信息披露时段的，应当在本所市场最近一个信息披露时段内予以披露。

11.2.2 上市公司就同一事件向境外证券交易所提供的报告和公告，应当与向本所提供的内容一致。出现重大差异时，公司应当向本所说明，并按照本所要求披露更正或者补充公告。

11.2.3 上市公司股票及其衍生品种在境外上市地被要求停牌或者被暂停上市、

终止上市的，应当及时通知本所并进行披露，本所视情况予以处理。

为保证信息披露的及时、公平，本所可以根据公司申请或者实际情况，决定公司境内股票或者存托凭证的停牌与复牌事宜。

11.2.4 本节未尽事宜，适用法律、行政法规、部门规章、规范性文件、本所其他相关规定以及本所与其他证券交易所签署的监管合作备忘录的规定。

第十二章　日常监管和违规处理

12.1 本所对本规则第 1.4 条规定的监管对象实施日常监管，具体措施包括：

（一）要求作出解释和说明；

（二）要求提供相关备查文件或者材料；

（三）要求聘请保荐机构、相关证券服务机构进行核查并发表意见；

（四）约见有关人员；

（五）调阅、查看工作底稿、证券业务活动记录及相关资料；

（六）发出规范运作建议书；

（七）向中国证监会报告有关情况；

（八）向有关单位通报相关情况；

（九）其他措施。

12.2 本所根据本规则及本所其他相关规定和监管需要，可对上市公司及相关主体进行现场检查，相关主体应当积极配合。

前款所述现场检查，指本所在上市公司及相关主体的生产、经营、管理场所以及其他相关场所，采取查阅、复制文件和资料、查看实物、谈话及询问等方式，对上市公司及相关主体的信息披露、公司治理等规范运作情况进行监督检查的行为。

12.3 本规则第 1.4 条规定的监管对象违反本规则、本所其他相关规定或者其所作出的承诺的，本所可对其实施以下自律监管措施：

（一）口头警示；

（二）书面警示；

（三）约见谈话；

（四）要求限期改正；

（五）要求公开更正、澄清或说明；

（六）要求公开致歉；

（七）要求限期召开投资者说明会；

（八）要求上市公司董事会追偿损失；

（九）对未按要求改正的上市公司股票及其衍生品种实施停牌；

（十）建议更换相关任职人员；

（十一）暂停适用信息披露直通车业务；

（十二）限制交易；

（十三）向相关主管部门出具监管建议函；

（十四）其他自律监管措施。

12.4 发行人、上市公司、相关信息披露义务人及其相关人员违反本规则、本所其他相关规定或者其所作出的承诺的，本所视情节轻重给予以下处分：

（一）通报批评；

（二）公开谴责。

12.5 上市公司控股股东、实际控制人违反本规则、本所其他相关规定或者其所作出的承诺的，本所视情节轻重给予以下处分：

（一）通报批评；

（二）公开谴责；

（三）公开认定其不适合担任上市公司董事、监事、高级管理人员。

以上第二项、第三项处分可以并处。

12.6 上市公司董事、监事、高级管理人员违反本规则、本所其他相关规定或者其所作出的承诺的，本所视情节轻重给予以下处分：

（一）通报批评；

（二）公开谴责；

（三）公开认定其不适合担任上市公司董事、监事、高级管理人员、董事会秘书。

以上第二项、第三项处分可以并处。

12.7 保荐机构及其保荐代表人、证券服务机构及其相关人员出具的相关文件存在虚假记载、误导性陈述或者重大遗漏，或者存在违反本规则、本所其他相关规定或者其所作出的承诺的其他情形的，本所视情节轻重给予以下处分：

（一）通报批评；

（二）公开谴责；

（三）暂不受理其出具的相关文件。

以上第一项、第二项可以与第三项并处。

12.8 破产管理人或者管理人成员违反本规则或者本所其他相关规定的，本所视情节轻重给予以下处分：

（一）通报批评；

（二）公开谴责；

（三）建议法院更换管理人或者管理人成员。

以上第二项、第三项处分可以并处。

12.9 发行人、上市公司、相关信息披露义务人和其他责任人违反本规则、与本所签订的协议或者向本所作出的承诺的，本所可以视情节轻重采取向其收取惩罚性违约金的纪律处分。

收取惩罚性违约金的具体事宜，由本所另行规定。

12.10 本所设立纪律处分委员会对涉及本规则第 1.4 条规定的监管对象的纪律处分事项进行审核，作出独立的专业判断并形成审核意见。

本所根据纪律处分委员会的审核意见，作出是否给予纪律处分的决定。

12.11 相关纪律处分决定作出前，当事人可以按照本所有关业务规则规定的受理范围和程序申请听证。

当事人对本所作出的相关纪律处分决定不服的，可以按照本所有关业务规则规定的受理范围和程序申请复核。

12.12 监管对象被本所实施自律监管措施或者纪律处分，本所要求其自查整改的，监管对象应当及时报送并按要求披露相关自查整改报告。

第十三章　释义

13.1 本规则下列用语具有以下含义：

（一）披露：指上市公司或者相关信息披露义务人按法律、行政法规、部门规章、规范性文件、本规则和本所其他相关规定在符合条件媒体上公告信息。

（二）及时：指自起算日起或者触及本规则披露时点的两个交易日内。

（三）相关信息披露义务人：包括发行人、上市公司及其董事、监事、高级管理人员、股东或存托凭证持有人、实际控制人、收购人、重大资产重组有关各方等自然人、机构及其相关人员，破产管理人及其成员等。

（四）高级管理人员：指公司经理、副经理、董事会秘书、财务负责人及公司章程规定的其他人员。

（五）控股股东：指其持有的股份占公司股本总额 50% 以上的股东；或者持有股份的比例虽然不足 50%，但依其持有的股份所享有的表决权已足以对股东大会的决议产生重大影响的股东。

（六）实际控制人：指通过投资关系、协议或者其他安排，能够实际支配公司行为的人。

（七）控制：指有权决定一个企业的财务和经营政策，并能据以从该企业的经营活动中获取利益。有下列情形之一的，为拥有上市公司控制权：

1. 为上市公司持股 50% 以上的控股股东；

2. 可以实际支配上市公司股份表决权超过 30%；

3. 通过实际支配上市公司股份表决权能够决定公司董事会半数以上成员选任；

4. 依其可实际支配的上市公司股份表决权足以对公司股东大会的决议产生重大影响；

5. 中国证监会或者本所认定的其他情形。

（八）上市公司控股子公司：指上市公司持有其50%以上股份，或者能够决定其董事会半数以上成员组成，或者通过协议或者其他安排能够实际控制的公司。

（九）承诺：指上市公司及相关信息披露义务人在招股说明书、配股说明书、募集说明书、定期报告、临时报告、整改报告或者承诺函等文件中就重要事项所作出的保证和提出的相关解决措施。

（十）净资产：指归属于公司普通股股东的期末净资产，不包括少数股东权益金额。

（十一）净利润：指归属于公司普通股股东的净利润，不包括少数股东损益金额。

（十二）利润总额：指上市公司利润表列报的利润总额；上市公司编制合并财务报表的为合并利润表列报的利润总额。

（十三）营业收入：指上市公司利润表列报的营业收入；上市公司编制合并财务报表的为合并利润表列报的营业总收入。

（十四）每股收益：指根据中国证监会有关规定计算的基本每股收益。

（十五）净资产收益率：指根据中国证监会有关规定计算的净资产收益率。

（十六）证券服务机构：指为证券发行、上市、交易等证券业务活动制作、出具审计报告、资产评估报告、法律意见书、财务顾问报告、资信评级报告等文件的会计师事务所、资产评估机构、律师事务所、财务顾问机构、资信评级机构、投资咨询机构。

（十七）上市时未盈利：指公司上市前一个会计年度经审计扣除非经常性损益前后净利润孰低者为负。

（十八）实现盈利：指上市时未盈利的企业上市后首次在一个完整会计年度实现盈利。

（十九）红筹企业：指注册地在境外，主要经营活动在境内的企业。

（二十）协议控制架构：指红筹企业通过协议方式实际控制境内实体运营企业的一种投资结构。

（二十一）表决权差异安排：是指发行人依照《公司法》第一百三十一条的规定，在一般规定的普通股份之外，发行拥有特别表决权的股份。每一特别表决权股份拥有的表决权数量大于每一普通股份拥有的表决权数量，其他股东权利与普通股份相同。

（二十二）破产程序：指《企业破产法》所规范的重整、和解或者破产清算程序。

（二十三）管理人管理运作模式：指经法院裁定由管理人负责管理上市公司财产和营业事务的运作模式。

（二十四）管理人监督运作模式：指经法院裁定由公司在管理人的监督下自行管理财产和营业事务的运作模式。

（二十五）股权分布不符合上市条件：指社会公众持有的公司股份连续二十个交易日低于公司股份总数的25%；公司股本总额超过4亿元的，社会公众持股的比例连续二十个交易日低于公司股份总数的10%。

上述社会公众是指除了以下股东之外的上市公司其他股东：

1. 持有上市公司10%以上股份的股东及其一致行动人；

2. 上市公司的董事、监事、高级管理人员及其关系密切的家庭成员（具体范围参见本规则第7.2.5条第四项的规定），上市公司董事、监事、高级管理人员直接或者间接控制的法人或者其他组织。

（二十六）追溯重述：指因财务会计报告存在重大会计差错或者虚假记载，公司主动改正或者被中国证监会责令改正后，对此前披露的年度财务会计报告进行的调整。

（二十七）非标准审计意见：指注册会计师对财务报表发表的非无保留意见或带有解释性说明的无保留意见。前述非无保留意见，是指注册会计师对财务报表发表的保留意见、否定意见或无法表示意见。前述带有解释性说明的无保留意见，是指对财务报表发表的带有强调事项段、持续经营重大不确定性段落的无保留意见或者其他信息段落中包含其他信息未更正重大错报说明的无保留意见。

（二十八）一致行动人：指《上市公司收购管理办法》规定的一致行动人。

13.2 本规则未定义的用语的含义，依照国家有关法律、行政法规、部门规章、规范性文件及本所有关业务规则、细则、指引和通知确定。

13.3 本规则所称"以上""以内""以下"都含本数，"超过""少于""低于"不含本数。

13.4 本规则所称"元"，如无特指，均指人民币元。

第十四章　附则

14.1 本规则的制定和修改须经本所理事会会议审议通过，并报中国证监会批准。

14.2 本规则由本所负责解释，上市公司及相关信息披露义务人对本规则的具体规定有疑问的，应当向本所咨询。

14.3 红筹企业存托凭证的上市、交易等各项费用，参照本所创业板A股相关标准收取。

14.4 本规则自发布之日起施行。本所于2020年6月12日发布的《关于发布＜深圳证券交易所创业板股票上市规则（2020年修订）＞的通知》（深证上〔2020〕500号）同时废止。

关于发布《深圳证券交易所上市公司自律监管指引第 8 号——重大资产重组（2023 年修订）》的通知

（深证上〔2023〕114 号　2023 年 2 月 17 日）

各市场参与人：

为了落实全面实行股票发行注册制相关要求，进一步规范上市公司重大资产重组信息披露行为，本所对《深圳证券交易所上市公司自律监管指引第 8 号——重大资产重组》进行了修订，现予以发布，自发布之日起施行。

本所于 2022 年 1 月 7 日发布的《深圳证券交易所上市公司自律监管指引第 8 号——重大资产重组》（深证上〔2022〕20 号）同时废止。

附件：深圳证券交易所上市公司自律监管指引第 8 号——重大资产重组（2023 年修订）

附件

深圳证券交易所上市公司自律监管指引第 8 号——重大资产重组（2023 年修订）

第一章　总则

第一条　为了规范深圳证券交易所（以下简称本所）上市公司重大资产重组信息披露相关行为，根据《中华人民共和国证券法》（以下简称《证券法》）、《上市公司重大资产重组管理办法》（以下简称《重组办法》）、《创业板上市公司持续监管办法（试行）》《公开发行证券的公司信息披露内容与格式准则第26 号——上市公司重大资产重组》（以下简称《26 号准则》），以及《深圳证券交易所股票上市规则》《深圳证券交易所创业板股票上市规则》（以下统称《股票上市规则》）、《深圳证券交易所上市公司重大资产重组审核规则》（以下简称《重组审核规则》）等规定，制定本指引。

第二条　上市公司及其股东、实际控制人、董事、监事、高级管理人员和其他交易各方，以及提供服务的证券服务机构和人员等相关方（以下统称上市公司及有关各方）依照《重组办法》筹划、实施重大资产重组的信息披露及相关事宜，应当遵守《重组办法》《26 号准则》《股票上市规则》《重组审核规则》和本指引等规定。

上市公司及有关各方筹划、实施发行股份、优先股、定向可转债、定向权证、存托凭证购买资产、吸收合并等其他资产交易行为的信息披露及相关事宜，适用本指引规定。

第三条　上市公司及有关各方应当审慎研究、筹划决策涉及上市公司的重大资产重组事项，保证筹划中的重大资产重组事项的真实性、可行性和可操作性，有利于提高上市公司质量。

第四条　上市公司及有关各方应当及时、公平地披露或者提供信息，保证所披露或者提供信息的真实、准确、完整，不得有虚假记载、误导性陈述或者重大遗漏。

第五条　提供服务的证券服务机构和人员应当遵守法律、行政法规和中国证监会的相关规定，以及本所的相关规则，遵循本行业公认的业务标准和道德规范，诚实守信，勤勉尽责，严格履行职责，对其所制作、出具文件的真实性、准确性和完整性承担责任。

第六条　上市公司应当维护证券交易连续性，审慎向本所申请对公司股票及其衍生品种停牌，切实保护投资者的交易权和知情权，不得随意以存在重大资产重组事项为由向本所申请停牌或者故意虚构重大资产重组信息损害投资者合法权益，严格控制停牌时间，避免滥用停牌或者无故拖延复牌时间，不得以申请停牌代替上市公司及有关各方的信息保密义务。

涉及停复牌业务的，上市公司应当按照《深圳证券交易所上市公司自律监管指引第6号——停复牌》相关规定办理（停牌申请表、公告格式见附件1、附件2）。

第七条　上市公司应当在非交易时间向本所提交重大资产重组相关的信息披露文件。本所对重大资产重组信息披露文件进行审查，并可以根据监管需要要求上市公司及有关各方作出解释说明、补充披露或者提供其他相关文件。

第八条　上市公司及有关各方应当采取必要且充分的保密措施，制定严格有效的保密制度，限定相关敏感信息的知悉范围，按照中国证监会及本所相关规定登记、报送内幕信息知情人档案，并编制交易进程备忘录。

重大资产重组有关各方对所知悉的重大资产重组事项在依法依规披露前负有保密义务。

第九条　上市公司应当关注公共媒体或者市场出现的关于公司重大资产重组的相关报道。如相关报道可能或者已经对公司股票及其衍生品种交易价格产生较大影响，上市公司及有关各方应当按照《股票上市规则》等规定，及时予以核实并发布澄清公告。

第二章　重组方案

第一节　重组方案披露

第十条　上市公司首次披露重组方案，可以披露重组预案，也可以直接披露重组报告书。上市公司披露重大资产重组方案，应当按照《26 号准则》和本指引相关规定的内容和格式要求编制重组信息披露文件。

上市公司筹划不涉及发行股份的重大资产重组，可以按照分阶段披露原则，在披露重组方案前披露筹划重大资产重组提示性公告。提示性公告应当至少包括本次重组交易方式、交易标的所属行业、是否已签署交易意向性文件、必要的风险揭示等信息。

第十一条　上市公司披露重组预案的，应当按照本指引附件 3 规定的重组预案报送材料要求向本所报送相关文件；披露重组报告书的，应当按照《26 号准则》《重组审核规则》有关规定进行信息披露并向本所报送相关文件。

第十二条　上市公司应当在首次披露重组方案的同时披露风险提示公告，就本次重组进程可能被暂停或者可能被终止作出风险提示。

第十三条　重组预案和重组报告书应当披露本次重组相关主体是否存在依据《上市公司监管指引第 7 号——上市公司重大资产重组相关股票异常交易监管》第十二条或者本指引第三十条不得参与任何上市公司重大资产重组情形的说明。

第十四条　上市公司与有关各方签订业绩补偿协议的，补偿协议应当包含下列内容：业绩承诺方、补偿方式、补偿的数量和金额、触发补偿的条件、补偿的执行程序、补偿的时间期限、补偿的保障措施、争议解决方式等。补偿协议条款应当清晰明确、切实可行，不存在争议。

上市公司董事会和独立财务顾问应当基于现有条件客观论证分析业绩承诺的可实现性，包括补偿时间安排、股份解限安排、股份质押安排、补偿股份的表决权和股利分配权安排等，并说明业绩补偿协议是否明确可行，以及保证上市公司能够获得足额业绩补偿的相关措施，并充分提示是否存在补偿不足、补偿不及时的风险等。

第十五条　上市公司披露重组报告书的，独立财务顾问应当按照《重组办法》《26 号准则》《上市公司并购重组财务顾问业务管理办法》《重组审核规则》等规定，出具独立财务顾问报告和相关核查意见。

上市公司及有关各方存在不规范行为的，独立财务顾问应当督促其整改，并将整改情况在相关核查意见中予以说明。因上市公司或者重组交易对方不配合，使尽职调查范围受限，导致独立财务顾问无法做出判断的，独立财务顾问不得为上市公司出具独立财务顾问报告和相关核查意见。

第十六条　上市公司重大资产重组出现下列情形的，本次重组方案应当提供现金选择权或者其他合法形式的异议股东权利保护措施：

（一）上市公司被其他公司通过换股方式吸收合并的；

（二）上市公司吸收合并其他公司，并给予其股东现金收购请求权的；

（三）上市公司分立成两个或者两个以上独立法人，并给予其股东现金收购请求权的。

第十七条　重大资产重组报告书、独立财务顾问报告、法律意见书以及重组涉及的审计报告、资产评估报告或者估值报告至迟应当与召开股东大会的通知同时公告。

第十八条　上市公司在召开股东大会审议重组方案之前，应当披露内幕信息知情人股票交易自查报告。股票交易自查期间为首次披露重组事项或者就本次重组申请股票停牌（孰早）前六个月至披露重组报告书。

上市公司披露重组报告书后重组方案重大调整、终止重组的，应当补充披露股票交易自查报告。股票交易自查期间为披露重组报告书至披露重组方案重大调整或者终止重组。

上市公司披露股票交易自查报告时，独立财务顾问和律师应当核查并发表明确意见。

上市公司披露股票交易自查报告，暂时无法及时提供证券登记结算机构就相关单位及自然人二级市场交易情况出具的文件的，可以在后续取得相关文件时补充提交。

第十九条　上市公司发行股份购买资产导致特定对象持有或者控制的股份达到法定比例的，应当按照《上市公司收购管理办法》的规定履行相关义务。

交易对方免于发出要约的，应当按照《上市公司收购管理办法》的规定编制相关文件，并在规定期限内履行信息披露义务。

第二十条　上市公司应当根据本所出具的审核问询等函件及时对重组方案等信息披露文件进行补充完善，并在规定的时限内披露本所审核问询等函件的完整内容及对重组方案补充完善的具体情况。

第二十一条　上市公司首次披露重组方案后，应当每三十日公告一次筹划、尽职调查、审计、评估、取得有权部门事前审批意见等工作进展情况，直至发出召开股东大会通知。

前款规定的进展公告应当以特别提示的方式，充分披露本次重组事项尚存在的重大不确定风险，说明是否存在可能导致中止、取消本次重组方案或者对本次重组方案产生实质性变更的相关事项。

上市公司披露重组提示性公告的，应当参照前两款规定，及时履行进展情况的信息披露义务。首次披露重组提示性公告后六个月届满时，上市公司未能披露重组预案的，应当详细披露筹划本次重组事项的具体工作、主要进展，以及未能披露重组预案的原因，并充分论证筹划本次重组事项的必要性和可行性；十二个月届满时，仍未披露重组预案的，还应当说明预计披露重组方案的时间安排，确实无法继续推进重组的，应当终止筹划本次重组。

第二十二条　上市公司披露重组方案后，出现下列情形之一的，应当及时披露并提示相关风险，确实已不具备实施条件的，应当尽快终止本次重组：

（一）交易对方、重组标的资产范围出现重大变化或者调整；

（二）与交易对方就已签订的重组框架或者意向协议作出重大修订或者变更；

（三）重组标的资产涉及重大诉讼或者仲裁；

（四）重组标的资产因产业、行业及市场因素导致其估值可能出现重大变化；

（五）上市公司及有关各方无法在预定时间内完成重组方案中作出的相关承诺；

（六）本次重组方案无法在规定时间内取得有关部门的批准；

（七）变更证券服务机构；

（八）知悉本次重大资产重组相关方被中国证监会立案调查或者被司法机关立案侦查；

（九）其他可能对本次重组产生较大影响的情形。

上市公司披露重组提示性公告的，应当参照前款规定，及时履行信息披露义务。

第二节　重组方案审议

第二十三条　上市公司董事会审议重大资产重组方案的，应当对下列议案作出决议：

（一）《关于上市公司进行重大资产重组的议案》，至少应当包括：重大资产重组的方式、交易标的和交易对方，交易价格或者价格区间（如有），定价方式或者定价依据，相关资产自定价基准日至交割日期间损益的归属，相关资产办理权属转移的合同义务和违约责任，决议的有效期，对董事会办理重大资产重组事宜的具体授权，以及其他需要明确的事项（需逐项表决）；

（二）《关于本次重组符合〈上市公司监管指引第9号——上市公司筹划和实施重大资产重组的监管要求〉第四条规定的议案》；

（三）《关于评估机构或者估值机构的独立性、评估（估值）假设前提的合理性、评估（估值）方法与评估（估值）目的的相关性以及评估（估值）定价的公允性的议案》（如有）；

（四）《关于本次重组是否构成关联交易的议案》；

（五）《关于本次重组符合〈重组审核规则〉第十条或者第十一条规定的议案》（如适用）；

（六）《关于签订重组相关协议的议案》；

（七）《关于批准本次重组有关审计、评估和盈利预测报告的议案》（如有）；

（八）《重大资产重组预案》或者《重大资产重组报告书及其摘要》；

（九）《关于提请股东大会审议同意相关方免于按照有关规定向全体股东发出（全面）要约的议案》（如适用）；

（十）《关于本次重组符合〈重组办法〉第十三条规定的议案》（适用于构

成重组上市的情形）；

（十一）《关于召开上市公司股东大会的议案》（如有）。

第二十四条　上市公司股东大会审议重大资产重组方案的，应当对本指引第二十三条第一项所列事项进行逐项表决。

上市公司发行股份购买资产同时募集配套资金的，如购买资产不以募集配套资金为前提，购买资产与募集配套资金的交易方案可以分拆为两项议案、分别表决；如购买资产与募集配套资金互为前提，购买资产与募集配套资金的议案均获审议通过后，交易方案方可继续推进。

第二十五条　上市公司在发行股份购买资产的首次董事会决议公告后，六个月内未发出召开股东大会通知的，应当在六个月期限届满时，及时披露关于未发出召开股东大会通知的专项说明。专项说明应当披露相关原因，并明确是否继续推进或者终止本次重组事项。继续推进的，上市公司应当重新召开董事会审议发行股份购买资产事项，并以该次董事会决议公告日作为发行股份的定价基准日。

发行股份购买资产事项提交股东大会审议未获批准的，上市公司董事会如再次作出发行股份购买资产的决议，应当以该次董事会决议公告日作为发行股份的定价基准日。

第二十六条　上市公司披露重组方案后，拟对交易对方、交易标的、交易价格等作出变更，构成对原交易方案重大调整的，应当重新履行相关决策程序并作出公告。

第三章　重组终止

第二十七条　上市公司首次披露重组事项至召开相关股东大会前，如该重组事项涉嫌内幕交易被中国证监会立案调查或者被司法机关立案侦查的，公司应当暂停本次重组进程，不得将重组事项提交股东大会进行审议，并及时披露相关信息，以及就本次重组可能被终止等情况进行风险提示。

上市公司召开相关股东大会后至向本所报送发行股份购买资产申请文件前，如该重组事项涉嫌内幕交易被中国证监会立案调查或者被司法机关立案侦查的，公司应当暂停本次重组进程，及时公告相关信息并就本次重组可能被终止等情况进行风险提示。

第二十八条　上市公司按照本指引第二十七条的规定暂停重组进程的，在满足下列条件后，可以恢复本次重组进程：

（一）中国证监会或者司法机关经调查核实未发现上市公司、占本次重组总交易金额比例在百分之二十以上的交易对方（如涉及多个交易对方违规的，交易金额合并计算），及上述主体的控股股东、实际控制人及其控制的机构存在内幕交易的；

（二）中国证监会或者司法机关经调查核实未发现上市公司董事、监事、高级管理人员，上市公司控股股东、实际控制人的董事、监事、高级管理人员，交易对方的董事、监事、高级管理人员，占本次重组总交易金额比例在百分之二十以下的交易对方及其控股股东、实际控制人及上述主体控制的机构，为本次重大资产重组提供服务的证券公司、证券服务机构及其经办人员，参与本次重大资产重组的其他主体等存在内幕交易的；或者上述主体虽涉嫌内幕交易，但已被撤换或者退出本次重大资产重组交易的；

（三）被立案调查或者立案侦查的事项未涉及本款第一项、第二项所列主体的。

依据前款第二项规定撤换独立财务顾问的，上市公司应当重新聘请独立财务顾问出具独立财务顾问报告，本所可就独立财务顾问的聘任及专业意见发表情况通过问询、现场督导等方式进行监管。

上市公司对交易对象、交易标的等作出变更导致重大资产重组方案重大调整的，还应当重新履行相应的决策程序。

上市公司有证据证明其重大资产重组符合恢复进程条件的，经聘请的独立财务顾问及律师事务所对本次重大资产重组有关主体进行尽职调查，并出具确认意见，可以恢复进程。

第二十九条 上市公司按照本指引第二十七条的规定暂停重组进程后，本指引第二十八条第一款第一项所列主体因本次重大资产重组相关的内幕交易被中国证监会行政处罚或者被司法机关依法追究刑事责任的，上市公司应当终止本次重大资产重组。

第三十条 上市公司筹划重组停牌后又终止重组的，或者披露重组提示性公告、重组预案或者重组报告书后又终止重组的，应当披露终止重大资产重组公告（见附件4），说明终止本次重大资产重组的原因、具体过程、履行的相关审议程序等，同时承诺自公告之日起至少一个月内不再筹划重大资产重组。

上市公司筹划、实施重大资产重组期间，其控股股东或者实际控制人因本次重组事项相关的内幕交易行为被中国证监会行政处罚或者被司法机关依法追究刑事责任的，公司应当及时终止本次重组进程，并发布终止重大资产重组公告，同时承诺自公告之日起至少十二个月内不再筹划重大资产重组。

本指引第二十八条所列主体因涉嫌本次重大资产重组相关的内幕交易被立案调查或者立案侦查的，自立案之日起至责任认定前不得参与任何上市公司的重大资产重组。中国证监会作出行政处罚或者司法机关依法追究刑事责任的，上述主体自中国证监会作出行政处罚决定或者司法机关作出相关裁判生效之日起至少三十六个月内不得参与任何上市公司的重大资产重组。

第三十一条 上市公司筹划、实施重大资产重组期间，因出现违反《重组办法》《重组审核规则》及本指引等相关规定被中国证监会责令暂停重组活动或者被本所要求暂停本次交易的，应当暂缓召开股东大会或者实施重组方案，并及时履行信息披露义务；被中国证监会责令终止重组活动或者被本所要求终止本次交易的，公司应当终止本次重组进程，并及时发布终止重大资产重组公告。

第三十二条　上市公司首次披露重组方案后、股东大会审议前，公司或者交易对方拟终止本次重大资产重组的，应当及时召开董事会审议终止重大资产重组事项，并披露董事会决议公告、终止重大资产重组公告、独立董事意见和独立财务顾问核查意见（如适用）。

交易对方提出终止本次重大资产重组的，应当同时通过上市公司披露其关于终止重大资产重组事项的说明，上市公司应当配合交易对方进行信息披露。

第三十三条　重大资产重组方案经上市公司股东大会审议通过，且尚在股东大会决议有效期内，公司或者交易对方拟终止本次重大资产重组的，上市公司除应当按照本指引第三十条、第三十二条履行董事会审议程序和信息披露义务外，还应当召开股东大会审议终止重组事项。

除另有规定外，上市公司股东大会此前已经授权董事会在必要情况下办理终止重组事项相关事宜的，在授权有效期内，上市公司原则上可以不再召开股东大会。

第四章　重组相关说明会

第一节　媒体说明会

第三十四条　上市公司重大资产重组事项涉及下列情形之一的，应当按照本指引第三十五条的规定召开媒体说明会：

（一）属于《重组办法》第十三条规定的交易情形的；

（二）涉嫌规避重组上市监管要求的；

（三）受到重大媒体质疑或者投诉举报的；

（四）中国证监会及其派出机构和本所认为必要的其他情形。

上市公司发现前款第三项情形的，应当主动、及时向本所报告。

第三十五条　上市公司应当在召开媒体说明会前发出召开通知，公告媒体说明会召开时间、地点、参与方式、网络直播地址、参与人员以及议程等事项。

出现本指引第三十四条第一款第一项情形的，上市公司应当在披露关于对本所重组问询函的回复公告时发出召开通知，并在发出通知后的两个交易日内召开媒体说明会。

出现本指引第三十四条第一款第二项至第四项情形的，上市公司应当在发现相关情形或者有权部门提出要求后及时发出召开通知，并在发出通知后的两个交易日内召开媒体说明会。

第三十六条　上市公司股票及其衍生品种处于交易状态的，媒体说明会应当在非交易时间召开。

第三十七条　上市公司召开媒体说明会应当有不少于三家符合中国证监会规定条件的媒体参加。

第三十八条　媒体说明会的参会人员应当包括上市公司的现任控股股东、实际控制人或其授权代表，上市公司主要董事、监事及高级管理人员，拟新进入的控股股东、实际控制人（如有）或者其授权代表和其他主要交易对方代表，重组标的主要董事和高级管理人员以及中介机构代表。

参会人员应当认真答复媒体的问询，全面回应市场关注和质疑，保证发言的真实、准确、完整，不得含有宣传、广告、恭维或者夸大等性质的词句，不得有误导性陈述，不得透露、泄露未公开重大信息。

媒体说明会应当为媒体留出充足的提问时间，充分回应市场关注和质疑的问题。

第三十九条　媒体说明会应当详细介绍重大资产重组方案情况，并至少包括下列内容：

（一）上市公司现任控股股东、实际控制人应当充分说明本次交易的必要性、交易作价的合理性、承诺履行和规范运作等情况；

（二）上市公司董事、监事及高级管理人员应当充分说明其对交易标的及其行业的了解情况、重大媒体质疑和投诉举报的主要内容及说明（如有），以及董事、监事及高级管理人员在本次重大资产重组项目的推进和筹划中是否切实履行忠实、勤勉义务等；

（三）拟新进入的控股股东、实际控制人应当详细说明交易作价的合理性、业绩承诺的合规性和合理性（如有）；

（四）交易对方和重组标的董事及高级管理人员应当充分说明重组标的报告期生产经营情况和未来发展规划，以及对相关的重大媒体质疑和投诉举报的说明（如有）；

（五）中介机构应当充分说明核查过程和核查结果，评估机构应当说明重组标的的估值假设、估值方法、估值过程的合规性和估值结果的合理性，披露重组预案但未披露交易标的预估值及拟定价的，应当说明原因及影响（如适用）；

（六）参会人员认为应当说明的其他问题；

（七）中国证监会及其派出机构和本所要求说明的其他问题。

因涉嫌规避重组上市监管要求召开媒体说明会的，上市公司现任控股股东、实际控制人以及独立财务顾问应当明确说明本次重大资产重组是否构成重组上市。

第四十条　上市公司应当做好媒体说明会的会议记录。上市公司应当将参会媒体的身份证明、会议记录、现场录音（如有）、演示文稿（如有）、向参会媒体提供的文档（如有）等资料存档并妥善保管。

第四十一条　上市公司应当在媒体说明会召开后次一交易日披露媒体说明会的召开情况，主要包括：

（一）时间、地点、参会人员及媒体；

（二）涉及重大资产重组的主要问题及答复情况；

（三）上市公司认为应当说明的其他事项。

上市公司应当在媒体说明会召开后的两个交易日内，在互动易刊载媒体说明会文字记录。

第二节　投资者说明会

第四十二条　上市公司披露重组事项后出现重大市场质疑的，可以在披露澄清公告的同时主动召开投资者说明会。本所可以视情况要求上市公司及有关各方召开投资者说明会。

第四十三条　上市公司披露重组预案或者重组报告书后终止重组的，应当在董事会审议通过终止重大资产重组决议后，及时召开投资者说明会。

上市公司披露重组提示性公告后，终止筹划重组的，本所鼓励上市公司召开投资者说明会，并可以视情况要求上市公司召开投资者说明会。

上市公司根据前两款规定召开投资者说明会的，应当就终止重组事项的具体原因、决策过程及其影响等内容作出说明，并及时披露投资者说明会的相关情况。

第四十四条　上市公司应当在非交易时间召开投资者说明会，并履行通知和相应的信息披露义务。

第四十五条　投资者说明会的参会人员至少应当包括上市公司董事长或者总经理、董事会秘书、交易对方或者其代表、重组标的主要董事和高级管理人员、独立财务顾问主办人。

第五章　重组审核与注册

第四十六条　上市公司重大资产重组事项需由本所审核、中国证监会注册的，在向本所提交重组相关申请文件后，重组申请被本所作出受理、不予受理、中止审核、恢复审核或者终止审核决定的，或者被本所出具审核问询等函件的，以及其他部门在行政审批程序中作出相关决定的，上市公司应当及时披露有关情况，并作出风险提示（见附件5）。

上市公司应当在本次重组方案中就重组可能无法获得批准的风险做出特别提示。

第四十七条　本所对重组方案审核期间，上市公司拟申请中止审核、恢复审核的，应当及时召开董事会审议并披露。

第四十八条　上市公司收到本所出具的审核问询等函件的，应当及时提供书面回复意见并予以披露，相关证券服务机构应当按照要求出具专业意见。涉及需履行决策程序的，应当及时履行决策程序。

第四十九条　上市公司重大资产重组需提交本所并购重组审核委员会（以下

简称并购重组委）审议的，应当在收到拟召开并购重组委工作会议的通知时，披露并购重组委审议提示性公告。上市公司应当密切关注本所网站公告，在并购重组委工作会议召开日期明确后，及时披露并购重组委工作会议安排公告。上市公司在本所并购重组委工作会议召开日原则上无需申请停牌。

上市公司收到并购重组委审议结果后，应当在次一交易日公告相关情况。公告应当说明，上市公司在收到本所作出的认为符合重组条件和信息披露要求的审核意见或者终止审核的决定、中国证监会作出的予以注册或者不予注册的决定后将再行公告。

第五十条　上市公司收到本所作出的认为符合重组条件和信息披露要求的审核意见或者终止审核的决定、中国证监会作出的予以注册或者不予注册决定后，应当在次一交易日公告决定相关情况。

第五十一条　本所出具认为本次交易符合重组条件和信息披露要求的审核意见、中国证监会予以注册的，上市公司应当在公告相关决定的同时，披露重组报告书修订说明公告，及修订后的重组报告书全文和相关证券服务机构专项意见，同时披露尚需取得有关部门批准的情况。

第五十二条　本所终止审核、中国证监会不予注册的，上市公司董事会应当在收到前述决定后十日内，根据股东大会的授权，就是否修改或者终止本次重组方案作出决议并予以公告。

上市公司董事会根据股东大会的授权决定终止重组的，应当在董事会公告中予以明确披露；上市公司董事会根据股东大会的授权拟重新申报的，应当在董事会公告中充分披露重新申报的原因、后续安排等情况。

第六章　重组实施及持续监管

第一节　重组实施

第五十三条　上市公司重大资产重组事项完成必要的批准程序或者取得全部相关部门审批后，应当及时公告并尽快安排实施。

重组方案自完成相关批准、注册程序之日起六十日内未实施完毕的，上市公司应当于期满后次一交易日披露重组实施进展情况公告，并在此后每三十日披露一次进展公告，直至实施完毕。中国证监会予以注册的重组交易，自收到注册文件之日起未在注册文件规定时间内实施完毕的，注册文件失效。

第五十四条　置入和置出资产（含负债）全部过户完毕后，上市公司应当在三个交易日内提交并披露过户结果公告，同时提交资产（含负债）转移手续完成的相关证明文件。独立财务顾问和律师事务所应当对重组标的资产（含负债）过户事宜的合规性及风险进行核查，发表明确的结论性意见并披露。

第五十五条　上市公司重大资产重组如涉及新增股份上市，需在披露重组标的资产（含负债）过户结果公告及相关中介机构核查意见后向证券登记结算机构申请办理新增股份登记工作，并在证券登记结算机构出具《股份登记申请受理确认书》后的次一交易日到本所办理股份上市手续。

如涉及定向可转债发行的，上市公司应当在发行结束后及时向本所申请定向可转债代码，向证券登记结算机构申请办理新增定向可转债登记手续并及时披露相关公告。

第五十六条　上市公司重大资产重组申请取得中国证监会注册文件后，若因实施利润分配或者资本公积转增股本方案需要调整股份发行价格及发行数量的，公司应当在办理新增股份登记托管及上市手续前，根据重组方案规定的调整办法对发行价格及发行数量进行调整，并对外披露调整公告，同时聘请律师出具专项法律意见书。

第五十七条　上市公司重大资产重组实施完成后，应当在三个交易日内按照《26 号准则》第六章和本指引附件 6 的要求编制重大资产重组实施情况报告书并予以公告，并披露独立财务顾问、律师事务所出具的意见和重大资产重组相关承诺事项。

第五十八条　上市公司未能在股东大会决议有效期内实施重大资产重组，拟继续推进本次重组的，应当在决议有效期结束前召开股东大会审议延长决议有效期事项。

第二节　持续监管

第五十九条　上市公司重组交易产生商誉的，公司应当按照《企业会计准则》和《会计监管风险提示第 8 号——商誉减值》的规定，每年进行减值测试，并在定期报告中披露资产组认定、选取的关键参数和假设等与商誉减值相关的重要信息。

第六十条　上市公司应当在年度报告管理层讨论与分析中披露重组整合管控的具体进展情况，包括但不限于上市公司在报告期内对交易标的进行整合管控的具体措施、是否与前期计划相符、面临的整合风险与阶段性效果评估等内容，独立董事应当对此发表意见。

整合管控效果的披露期限自本次重组交易实施完毕之日起，不少于三个会计年度。如重组交易存在业绩承诺的，直至相关业绩承诺事项全部完成。

独立财务顾问应当在持续督导期间督促上市公司有效控制并整合标的资产，并就公司控制标的资产的能力、整合计划及实施效果发表明确意见。

第六十一条　重大资产重组实施完毕后、承诺事项未完全履行完毕前，上市公司应当在披露年度报告的同时，就有关各方重大资产重组承诺事项的履行情况予以单独披露；在承诺事项履行完毕时，公司应当及时披露承诺事项完成情况公告。

第六十二条　上市公司向控股股东、实际控制人或者其控制的关联人购买资产，或者向除前述主体之外的特定对象购买资产导致控制权发生变更，且采取收益现值法、假设开发法等基于未来收益预期的估值方法对购买资产进行评估或者估值并作为定价参考依据的，上市公司应当在重大资产重组实施完毕后业绩承诺期内的年度报告中单独披露相关资产的实际盈利数与利润预测数的差异情况，并由符合《证券法》规定的会计师事务所对此出具专项审核意见，与公司年度报告同时披露。

上市公司在重组交易中自愿披露盈利预测报告或者交易对方自愿作出业绩承诺的，应当参照前款要求执行。

第六十三条　上市公司与交易对方签订业绩补偿协议，且相关资产的实际盈利数低于利润预测数的，公司董事会应当在审议年度报告的同时，对实际盈利数与利润预测数的差异情况进行单独审议，详细说明差异情况及上市公司已采取或者拟采取的措施，并督促交易对方履行承诺。

交易对方应当及时、足额履行业绩补偿承诺，不得逃废、变更补偿义务。交易对方超期未履行或者违反业绩补偿协议、承诺的，上市公司应当及时披露，并说明相应解决措施。

上市公司与交易对方存在每股收益填补措施安排的，应披露相关填补安排的具体履行情况。

第六十四条　上市公司向控股股东、实际控制人或者其控制的关联人发行股份购买资产，或者发行股份购买资产将导致上市公司实际控制权发生变更的，公司董事会及独立财务顾问应当充分关注本次交易完成后六个月内上市公司股票是否存在连续二十个交易日的收盘价低于发行价，或者交易完成后六个月期末收盘价低于发行价的情况。如出现上述情况，上市公司应当及时提请认购股份的特定对象公告其持有公司股票的锁定期自动延长至少六个月（如适用）。

第六十五条　独立财务顾问应当通过日常沟通、定期回访等方式，结合上市公司定期报告的披露，做好持续督导工作，切实履行持续督导义务。持续督导期内，交易对方对上市公司存在业绩补偿承诺的，独立财务顾问应当督促交易对方切实履行相关业绩补偿承诺和保障措施，如发现交易标的存在重大财务造假嫌疑、重大风险事项，可能损害上市公司利益情况的，应当及时向本所报告，并督促上市公司及有关各方提供解决措施。

第七章　附则

第六十六条　上市公司及有关各方违反本指引规定，本所可以采取现场检查等措施，并视情况对公司及相关当事人采取自律监管措施或者予以纪律处分。

为上市公司重大资产重组事项提供服务的证券服务机构和人员在公司重组过程中未能勤勉尽责，出具意见不审慎的，本所视情况采取自律监管措施或者予以纪律处分。

本所发现上市公司及有关各方在重组过程中涉嫌违反法律、行政法规及中国证监会相关规定的，本所将及时提请中国证监会及其派出机构核查。

第六十七条 本指引由本所负责解释。

第六十八条 本指引自发布之日起施行。本所于 2022 年 1 月 7 日发布的《深圳证券交易所上市公司自律监管指引第 8 号——重大资产重组》（深证上〔2022〕20 号）同时废止。

附件：1. 上市公司重大资产重组停牌申请表

2. ×× 公司关于筹划发行股份购买资产 / 发行定向可转债购买资产事项的停牌公告

3. 重组预案报送材料

4. ×× 公司关于终止筹划重大资产重组公告

5. ×× 公司董事会关于重大资产重组申请不予受理（暂停审核、暂停注册或者终止审核、终止注册）的风险提示公告

6. ×× 公司董事会关于重大资产重组实施情况报告书

附件 1

上市公司重大资产重组停牌申请表

重要提示：

1. 上市公司及有关各方承诺不进行重大资产重组的期限未届满的，本所不受理重组停牌申请；

2. 除"其他"栏目和注明适用栏可以视实际情况选择填写外，其余栏目均为必填项目。

公司简称		证券代码		
重组涉及金额（万元）（如适用）		是否构成《上市公司重大资产重组管理办法》第十二条规定的重大资产重组		
是否发行股份购买资产或者发行定向可转债购买资产		是否构成《上市公司重大资产重组管理办法》第十三条规定的重组上市		
是否涉及配套融资		是否需由中国证监会予以注册		
上市公司及其现任董事、高级管理人员是否存在因涉嫌犯罪正被司法机关立案侦查或者涉嫌违法违规正被中国证监会立案调查的情形		上市公司最近一年及一期财务会计报告是否被注册会计师出具无保留意见的审计报告		

公司简称		证券代码	
上市公司及有关各方是否存在公开承诺不进行重大资产重组且承诺期限未届满的情形		上市公司本次向特定对象发行股份或可转债是否未违反《上市公司证券发行注册管理办法》第十一条、第十三条和第十四条的规定	
创业板上市公司标的资产所属行业是否符合创业板定位，或者与公司处于同行业或者上下游		创业板上市公司本次交易构成重组上市的，是否符合《上市公司重大资产重组管理办法》第十三条、《深圳证券交易所上市公司重大资产重组审核规则》第十条、第十一条的规定	
本次交易是否符合行业准入相关规定		重组事项是否需要向相关部门咨询论证	
本次交易是否已经完成前置审批程序或者前置审批不存在实质性障碍		独立财务顾问名称（如适用）	
独立财务顾问联系人（如适用）		独立财务顾问联系电话（如适用）	
上市公司经办人		上市公司经办人联系电话	
停牌申请提交时间	年 月 日		
预计最晚复牌时间	年 月 日		
申请内容			
申请事项	本公司申请对下列证券自下一交易日至 年 月 日停牌： 证券 1 简称： ，证券 1 代码： ； 证券 2 简称： ，证券 2 代码： ； 证券 3 简称： ，证券 3 代码： 。		
重组方案简介			
承诺	1.本公司保证申请停牌的重组事项是真实的，且具备可行性和可操作性，无重大法律政策障碍。本公司经慎重决定，申请公司证券停牌。本公司不存在故意虚构重组信息及其他损害投资者权益的情形。 2.深交所在下列情形下可以对本公司股票强制复牌：（1）本公司证券停牌后，深交所发现本公司的停牌事由不成立，或者其停牌申请不符合或者不再符合相关规定的条件和要求，深交所要求本公司立即申请复牌但本公司未按要求申请的；（2）本公司违反有关规定滥用停牌或者不履行相应决策程序和信息披露义务，损害投资者合法权益的，深交所可以交易所公告等形式，向市场说明有关情况，并对本公司股票及其衍生品种实施强制复牌处理。 3.本公司承诺预计于 年 月 日前披露符合《公开发行证券的公司信息披露内容与格式准则第 26 号——上市公司重大资产重组》要求的重组预案或者重组报告书。		

续表

公司简称		证券代码	
其他			
上市公司 董事长签字		上市公司 董事会签章	

附件 2

×× 公司关于筹划发行股份购买资产 / 发行定向可转债
购买资产事项的停牌公告

本公司及董事会全体成员（或者除董事 ×××、××× 外的董事会全体成员）保证信息披露的内容真实、准确、完整，没有虚假记载、误导性陈述或者重大遗漏。

董事 ××× 因（具体和明确的理由）不能保证公告内容真实、准确、完整。

一、停牌事由和工作安排

本公司正在筹划发行股份购买资产 / 发行定向可转债购买资产事项，因有关事项尚存不确定性，为了维护投资者利益，避免对公司证券交易造成重大影响，根据深圳证券交易所的相关规定，经公司申请，公司证券（品种、简称、代码）自 ×××× 年 ×× 月 ×× 日 × 时 × 分起（或者开市时起）开始停牌。

公司预计在不超过 10 个交易日的时间内披露本次交易方案，即在 ×××× 年 ×× 月 ×× 日前按照《公开发行证券的公司信息披露内容与格式准则第 26 号——上市公司重大资产重组》的要求披露相关信息。

若公司未能在上述期限内召开董事会审议并披露交易方案，公司证券最晚将于 ×××× 年 ×× 月 ×× 日开市起复牌并终止筹划相关事项，同时披露停牌期间筹划事项的主要工作、事项进展、对公司的影响以及后续安排等事项，充分提示相关事项的风险和不确定性，并承诺自披露相关公告之日起至少 1 个月内不再筹划重大资产重组事项。

二、本次筹划事项的基本情况

（一）标的资产的名称；

（二）主要交易对方的名称；

（三）交易方式；

（四）本次重组的意向性文件或者框架协议的主要内容，包括但不限于交易基本方案、交易定价依据、是否有业绩补偿安排、股份锁定安排、违约条款等；

（五）本次重组涉及的中介机构名称，包括独立财务顾问、律师事务所、审计机构、评估机构等（如适用）。

三、停牌期间安排

公司自停牌之日起将按照相关规定，积极开展各项工作，履行必要的报批和审议程序，督促公司聘请的独立财务顾问、审计、评估等中介机构加快工作，按照承诺的期限向交易所提交并披露符合相关规定要求的文件。

四、必要风险提示

本公司筹划发行股份购买资产 / 发行定向可转债购买资产事项，尚存较大不确定性，敬请广大投资者注意投资风险。

五、备查文件

（一）经董事长签字、董事会盖章的《上市公司重大资产重组停牌申请表》；

（二）经本次重组的交易对方或者其主管部门盖章确认的关于本次重组的意向性文件或者框架协议；

（三）交易对方关于不存在《上市公司监管指引第 7 号——上市公司重大资产重组相关股票异常交易监管》第十二条或者本指引第三十条情形的说明文件；

（四）本所要求的其他文件。

特此公告

×× 公司董事会

年　月　日

附件 3

重组预案报送材料

1. 按照《公开发行证券的公司信息披露内容与格式准则第 26 号——上市公司重大资产重组》第二章规定编制的重组预案。

2. 上市公司与交易对方签订的附生效条件的交易合同或者协议。

3. 相关董事会决议。

4. 关于重组预案的独立董事意见。

5. 董事会关于重组履行法定程序的完备性、合规性及提交的法律文件的有效性的说明。

6. 上市公司拟购买资产的，在本次交易的首次董事会决议公告前，资产出售方原则上应当提供已经合法拥有标的资产的完整权利的证明文件，及不存在限制或者禁止转让的情形的说明材料。

7. 重大资产重组事项交易进程备忘录。

8. 独立财务顾问、律师出具的核查意见（如有）。

9. 上市公司拟采用发行股份购买资产，且最近一年及一期财务会计报告被会计师事务所出具保留意见、否定意见或者无法表示意见的审计报告的，应当根据《上市公司重大资产重组管理办法》第四十三条提交会计师事务所专项核查意见。专项核查意见应当明确说明相关非标准审计意见涉及事项的重大影响是否已经消除或者将通过本次交易予以消除（如有）。

10. 本所要求的其他材料。

附件 4

×× 公司关于终止筹划重大资产重组公告

　　本公司及董事会全体成员（或者除董事 ×××、××× 外的董事会全体成员）保证信息披露的内容真实、准确、完整，没有虚假记载、误导性陈述或者重大遗漏。

　　董事 ××× 因（具体和明确的理由）不能保证公告内容真实、准确、完整。

　　本公司曾于 ×××× 年 ×× 月 ×× 日与交易对方筹划重大资产重组事项。公司证券已于 ×××× 年 ×× 月 ×× 日开始停牌（如有）。

　　一、本次筹划的重大资产重组基本情况

　　（一）交易对方

　　（二）筹划的重大资产重组基本内容

　　二、公司筹划重组期间的相关工作

　　三、终止筹划的原因

　　四、终止筹划的决策程序

　　五、内幕信息知情人买卖上市公司股票及其衍生品种的自查情况（如适用）

　　六、终止筹划重组对上市公司的影响分析，相关违约责任及已采取或者拟采取的措施（如适用）

　　七、承诺：本公司自公告之日起至少 1 个月内（或者至少 12 个月内）不再筹划重大资产重组事项（如适用）。

　　八、证券复牌安排：公司证券将于 ×××× 年 ×× 月 ×× 日开市起复牌（如有）。

　　九、备查文件

（一）终止本次重大资产重组的协议；

（二）交易对方对终止本次重大资产重组事项的说明（如适用）；

（三）终止本次重大资产重组事项的交易进程备忘录。

特此公告

×× 公司董事会

年 月 日

附件5

×× 公司董事会关于重大资产重组申请
不予受理（暂停审核、暂停注册或者终止审核、终止注册）
的风险提示公告

　　本公司及董事会全体成员（或者除董事×××、×××外的董事会全体成员）保证信息披露的内容真实、准确、完整，没有虚假记载、误导性陈述或者重大遗漏。

　　董事×××因（具体和明确的理由）不能保证公告内容真实、准确、完整。

上市公司简述重大资产重组相关情况。

立案调查情形：根据《上市公司监管指引第7号——上市公司重大资产重组相关股票异常交易监管》，本公司重大资产重组相关方因涉嫌内幕交易被中国证监会立案调查（或者被司法机关立案侦查），导致本次重大资产重组申请被作出不予受理（暂停审核、暂停注册）决定。

行政处罚情形：根据《上市公司监管指引第7号——上市公司重大资产重组相关股票异常交易监管》，本公司重大资产重组相关方因内幕交易被中国证监会行政处罚（或者被司法机关追究刑事责任），本次重大资产重组申请被作出终止审核、终止注册决定。

本公司郑重提示投资者注意投资风险。

×× 公司董事会

年 月 日

附件6

×× 公司董事会关于重大资产重组实施情况报告书

本公司及董事会全体成员（或者除董事×××、×××外的董事会全体成员）保证信息披露的内容真实、准确、完整，没有虚假记载、误导性陈述或者重大遗漏。

董事×××因（具体和明确的理由）不能保证公告内容真实、准确、完整。

一、说明本次重组的实施过程，相关资产过户或者交付、相关债权债务处理以及证券发行登记等事宜的办理状况

（一）本次重大资产重组方案简介

（二）说明本次重大资产重组的实施过程

（三）说明本次重大资产重组实施结果

1. 说明相关资产过户或者交付情况和相关后续安排。如果有相关资产过户或者交付的手续未办理完毕，说明该等安排是否存在实质性法律障碍。

2. 说明相关债权债务处理情况。分类别说明相关债权、有息债务、担保等或有债务、生产经营性债务等的处理情况。

3. 说明证券发行登记等事宜的办理状况（如适用）。说明公司完成增发股份、定向可转债的登记情况，包括增发股数，增发前后公司总股本等，并提示投资者关注公司发布的证券发行暨上市公告。

4. 说明关于期间损益的认定及其实施结果。

二、说明相关实际情况与此前披露的信息是否存在差异

（一）说明相关资产的权属情况及历史财务数据是否如实披露。

（二）说明相关盈利预测、利润预测或者管理层预计达到的目标是否实现。

（三）说明控股股东及其一致行动人、董事、监事、高级管理人员等特定主体自本次重组预案或重组报告书披露之日起至实施完毕期间的股份减持情况是否与计划一致。

（四）说明其他情况与此前披露的信息是否存在差异。

三、说明人员更换或者调整情况

（一）说明上市公司在重组期间董事、监事、高级管理人员的更换情况及其他相关人员的调整情况。

（二）主要标的资产是公司股权的，说明在重组期间，该公司董事、监事、高级管理人员的更换情况及其他相关人员的调整情况（如适用）。

四、说明是否存在资金占用和违规担保情形

（一）说明重组实施过程中以及实施后，是否发生上市公司资金、资产被实际控制人或者其他关联人占用的情形。

（二）说明重组实施过程中以及实施后，上市公司为实际控制人或者其他关联人提供担保的情形。

五、说明相关协议的履行情况

六、说明相关承诺及其履行情况

说明与该次重大资产重组相关的承诺及其履行情况，包括关于利润预测的承诺（如适用）、关于规范和减少关联交易的承诺、关于维护上市公司独立性的承诺、关于锁定期的承诺（如适用）、关于资产注入的承诺（如适用）、其他承诺等。

七、说明相关后续事项的合规性及风险

八、摘录独立财务顾问对资产重组实施情况的结论性意见

九、摘录律师事务所对本次资产重组实施情况的结论性意见

十、备查文件

（一）经加盖董事会印章的重大资产重组实施情况报告书；

（二）资产重组相关资产过户或者交付证明、相关债权债务处理证明以及证券发行登记证明（涉及新增股份上市的）；

（三）新增股份上市的书面申请（涉及新增股份上市的）；

（四）独立财务顾问核查意见；

（五）法律意见书；

（六）独立财务顾问协议及保荐协议（如有）；

（七）发行完成后经符合《证券法》规定的会计师事务所出具的验资报告（涉及新增股份上市的）；

（八）证券登记结算机构对新增股份、可转债登记托管情况的书面证明（涉及新增股份、可转债上市的）；

（九）控股股东、实际控制人、其他重组方和上市公司在重大资产重组中作出的承诺（上市公司及有关各方签字盖章）；

（十）本所要求的其他文件。

×× 公司董事会

年　月　日

关于发布《深圳证券交易所交易规则（2023 年修订）》的通知

（深证上〔2023〕98 号 2023 年 2 月 17 日）

各市场参与人：

为了落实全面实行股票发行注册制相关要求，规范深圳证券交易所（以下简称本所）主板和创业板交易活动，本所对《深圳证券交易所交易规则》进行了修订，经中国证监会批准，现予以发布。

本规则自按照《首次公开发行股票注册管理办法》发行的首只主板股票上市首日起施行。

附件：深圳证券交易所交易规则（2023 年修订）

附件

深圳证券交易所交易规则（2023 年修订）

（2001 年 11 月 30 日实施；2006 年 5 月 15 日第一次修订；2011 年 1 月 17 日第二次修订；2012 年 11 月 30 日第三次修订；2013 年 7 月 29 日第四次修订；根据 2013 年 11 月 30 日《关于修改〈深圳证券交易所交易规则（2013 年修订）〉第 3.1.4 条的决定》修订；根据 2015 年 1 月 9 日《关于修改〈深圳证券交易所交易规则〉第 3.1.4 条的通知》修订；根据 2015 年 12 月 4 日《关于修订〈深圳证券交易所交易规则〉新增第四章第六节的通知》修订；根据 2016 年 4 月 28 日《关于修改〈深圳证券交易所交易规则〉的通知》修订；根据 2016 年 9 月 30 日《关于修改〈深圳证券交易所交易规则〉涉及交易参与人若干条款的通知》修订；根据 2019 年 1 月 11 日《关于修订〈深圳证券交易所交易规则〉第 3.1.4 条的通知》修订；根据 2020 年 3 月 13 日《关于发布〈深圳证券交易所交易规则（2020 年修订）〉的通知》修订；根据 2020 年 12 月 31 日《关于发布〈深圳证券交易所交易规则（2020 年 12 月修订）〉的通知》修订；根据 2021 年 3 月 31 日《关于修改〈深圳证券交易所交易规则〉的通知》修订；根据 2023 年 2 月 17 日《关于发布〈深圳证券交易所交易规则（2023 年修订）〉的通知》修订）

第一章 总则

1.1 为规范证券市场交易行为，维护证券市场秩序，保护投资者合法权益，根据《中华人民共和国证券法》《证券交易所管理办法》等法律、行政法规、部门规章、规范性文件（以下统称法律法规）以及《深圳证券交易所章程》，制定本规则。

1.2 深圳证券交易所（以下简称本所）上市股票、存托凭证、基金、权证及中国证券监督管理委员会（以下简称证监会）批准的其他交易品种（以下统称证券）的交易，适用本规则。

主板存托凭证交易按照主板 A 股交易相关规定执行，创业板存托凭证交易按照创业板 A 股交易相关规定执行。本所对存托凭证、优先股、公开募集基础设施证券投资基金等交易另有规定的，从其规定。

1.3 证券交易遵循公开、公平、公正的原则。

1.4 证券交易应当遵守法律法规、本规则及本所其他相关规定，遵循自愿、有偿、诚实信用原则。

1.5 证券交易采用无纸化的集中交易或经证监会批准的其他方式。

第二章 交易市场

第一节 交易场所及品种

2.1.1 本所为证券交易提供交易场所及设施。交易场所及设施由交易主机、交易单元、报盘系统及相关的通信系统等组成。

2.1.2 下列证券可以在本所市场上市交易：

（一）股票；

（二）存托凭证；

（三）基金；

（四）权证；

（五）经证监会批准的其他交易品种。

第二节 交易参与人

2.2.1 会员及本所认可的机构进入本所市场进行证券交易，应当向本所申请取得交易权限，成为本所交易参与人。

交易参与人应当通过在本所申请开设的交易单元进行证券交易，并遵守本规则以及本所其他业务规则关于证券交易业务的相关规定。

2.2.2 交易单元，是指交易参与人向本所申请设立的、参与本所证券交易与接受本所监管及服务的基本业务单位。

2.2.3 交易单元和交易权限的具体规定，由本所另行制定。

第三节　交易时间

2.3.1　本所交易日为每周一至周五。

国家法定假日和本所公告的休市日，本所市场休市。

2.3.2　证券采用竞价交易方式的，每个交易日的 9:15 至 9:25 为开盘集合竞价时间，9:30 至 11:30、13:00 至 14:57 为连续竞价时间，14:57 至 15:00 为收盘集合竞价时间。

经证监会批准，本所可以调整交易时间。

2.3.3　交易时间内因故停市，交易时间不作顺延。

第三章　证券买卖

第一节　一般规定

3.1.1　会员接受投资者的买卖委托后，应当确认投资者具备相应证券或资金，并按照委托的内容向本所申报，承担相应的交易、交收责任。

会员接受投资者买卖委托达成交易的，投资者应当向会员交付其委托会员卖出的证券或其委托会员买入证券的款项，会员应当向投资者交付卖出证券所得款项或买入的证券。

3.1.2　交易参与人通过报盘系统向本所交易主机发送买卖申报指令，并按本规则达成交易，交易记录由本所发送至交易参与人。

3.1.3　交易参与人应当按有关规定妥善保管委托和申报记录。

3.1.4　投资者买入的证券，在交收前不得卖出，但实行回转交易的除外。

证券的回转交易，是指投资者买入的证券，经确认成交后，在交收完成前全部或部分卖出。

3.1.5　下列证券品种实行当日回转交易：

（一）债券交易型开放式基金；

（二）上市交易的货币市场基金；

（三）黄金交易型开放式基金；

（四）跨境交易型开放式基金和跨境上市开放式基金；

（五）商品期货交易型开放式基金。

前款所述的跨境交易型开放式基金和跨境上市开放式基金仅限于所跟踪指数成份证券或投资标的的实施当日回转交易的开放式基金。

B 股实行次交易日起回转交易。

经证监会批准，本所可以调整实行回转交易的证券品种和回转方式。

3.1.6　本所可以根据市场需要，实行主交易商制度，具体规定由本所另行制定，报证监会批准后生效。

3.1.7　投资者参与本所市场证券交易或者相关业务的，应当充分知悉和了解相关风险事项、法律法规和本所业务规则，遵守投资者适当性管理相关要求，结合自身风险认知和承受能力，审慎判断是否参与证券交易或者相关业务。

会员应当切实履行投资者适当性管理义务，充分揭示投资风险，引导客户理性投资。

3.1.8　通过计算机程序自动生成或者下达交易指令进行程序化交易的，应当符合证监会的规定，并向本所报告，不得影响本所系统安全或者正常交易秩序。

第二节　委托

3.2.1　投资者买卖证券，应当以实名方式开立证券账户和资金账户，并与会员签订证券交易委托代理协议。协议生效后，投资者为该会员经纪业务的客户。

投资者开立证券账户，按证券登记结算机构的规定办理。

3.2.2　投资者可以通过书面或电话、自助终端、互联网等自助委托方式委托会员买卖证券。

投资者通过自助委托方式参与证券买卖的，会员应当与其签订自助委托协议。

3.2.3　投资者通过电话、自助终端、互联网等方式进行自助委托的，应当按相关规定操作。

会员应当记录投资者委托的电话号码、网卡地址、IP 地址等信息。

3.2.4　除本所另有规定外，投资者的委托指令应当包括：

（一）证券账户号码；

（二）证券代码；

（三）买卖方向；

（四）委托数量；

（五）委托价格；

（六）委托类型；

（七）本所及会员要求的其他内容。

3.2.5　投资者可以采用限价委托或市价委托的方式委托会员买卖证券。

限价委托，是指投资者委托会员按其限定的价格买卖证券，会员必须按限定的价格或低于限定的价格申报买入证券；按限定的价格或高于限定的价格申报卖出证券。

市价委托，是指投资者委托会员按市场价格买卖证券。

3.2.6　投资者可以撤销委托的未成交部分。

3.2.7　被撤销或失效的委托，会员应当在确认后及时向投资者返还相应的资金或证券。

第三节　申报

3.3.1　本所接受交易参与人竞价交易申报的时间为每个交易日 9:15 至 9:25、9:30 至 11:30、13:00 至 15:00。

每个交易日 9:20 至 9:25、14:57 至 15:00，本所交易主机不接受参与竞价交易的撤销申报；在其他接受申报的时间内，未成交申报可以撤销。

本所可以调整接受申报的时间。

3.3.2 会员应当按照接受投资者委托的时间先后顺序及时向本所申报。

买卖申报和撤销申报经本所交易主机确认后方为有效。

3.3.3 通过竞价交易买卖证券的，本所接受交易参与人的限价申报和市价申报。

3.3.4 本所可以接受下列类型的市价申报：

（一）对手方最优价格申报；

（二）本方最优价格申报；

（三）最优五档即时成交剩余撤销申报；

（四）即时成交剩余撤销申报；

（五）全额成交或撤销申报；

（六）本所规定的其他类型。

对手方最优价格申报，以申报进入交易主机时集中申报簿中对手方队列的最优价格为其申报价格。

本方最优价格申报，以申报进入交易主机时集中申报簿中本方队列的最优价格为其申报价格。

最优五档即时成交剩余撤销申报，以对手方价格为成交价，与申报进入交易主机时集中申报簿中对手方最优五个价位的申报队列依次成交，未成交部分自动撤销。

即时成交剩余撤销申报，以对手方价格为成交价，与申报进入交易主机时集中申报簿中对手方所有申报队列依次成交，未成交部分自动撤销。

全额成交或撤销申报，以对手方价格为成交价，如与申报进入交易主机时集中申报簿中对手方所有申报队列依次成交能够使其完全成交的，则依次成交，否则申报全部自动撤销。

3.3.5 市价申报只适用于有价格涨跌幅限制证券连续竞价期间的交易。其他交易时间，交易主机不接受市价申报。

3.3.6 本方最优价格申报进入交易主机时，集中申报簿中本方无申报的，申报自动撤销。

其他市价申报类型进入交易主机时，集中申报簿中对手方无申报的，申报自动撤销。

3.3.7 限价申报指令应当包括证券账户号码、证券代码、交易单元代码、证券营业部识别码、买卖方向、数量、价格等内容。

市价申报指令应当包括申报类型、证券账户号码、证券代码、交易单元代码、证券营业部识别码、买卖方向、数量等内容。

申报指令应当按本所规定的格式传送。

本所可以根据市场需要，调整申报的内容。

3.3.8　通过竞价交易买入证券的，申报数量应当为 100 股（份）或其整数倍。

卖出证券时，余额不足 100 股（份）部分，应当一次性申报卖出。

3.3.9　证券竞价交易单笔申报数量不得超过 100 万股（份）。

创业板股票限价申报的单笔申报数量不得超过 30 万股，市价申报的单笔申报数量不得超过 15 万股。

3.3.10　股票交易的计价单位为"每股价格"，存托凭证的计价单位为"每份存托凭证价格"，基金交易的计价单位为"每份基金价格"。

3.3.11　A 股交易的申报价格最小变动单位为 0.01 元人民币；基金的申报价格最小变动单位为 0.001 元人民币；B 股的申报价格最小变动单位为 0.01 港元。

本所可以依据股价高低，实施不同的申报价格最小变动单位。

3.3.12　本所可以根据市场需要，调整证券单笔买卖申报数量和申报价格的最小变动单位。

3.3.13　本所对证券交易实行价格涨跌幅限制。

主板股票的价格涨跌幅限制比例为 10%，创业板股票的价格涨跌幅限制比例为 20%。

基金的价格涨跌幅限制比例为 10%。跟踪指数成份股仅为创业板股票或其他实行 20% 涨跌幅限制股票的指数型 ETF 和 LOF，以及基金合同约定投资于创业板股票或其他实行 20% 涨跌幅限制股票的资产占非现金基金资产比例不低于 80% 的 LOF，价格涨跌幅限制比例为 20%。本所另有规定的除外。

本所向市场公布涨跌幅限制比例为 20% 的基金名单。

3.3.14　涨跌幅限制价格的计算公式为：涨跌幅限制价格 = 前收盘价 ×（1 ± 涨跌幅限制比例）。

3.3.15　属于下列情形之一的，股票不实行价格涨跌幅限制：

（一）首次公开发行上市后的前五个交易日；

（二）重新上市首日；

（三）进入退市整理期的首日；

（四）本所认定的其他情形。

3.3.16　股票连续竞价阶段限价申报的有效申报价格，应当符合下列规定：

（一）买入申报价格不得高于买入基准价格的 102% 和买入基准价格以上十个申报价格最小变动单位的孰高值；

（二）卖出申报价格不得低于卖出基准价格的 98% 和卖出基准价格以下十个申报价格最小变动单位的孰低值。

买入（卖出）基准价格，为即时揭示的最低卖出（最高买入）申报价格；无即时揭示的最低卖出（最高买入）申报价格的，为即时揭示的最高买入（最低卖出）申报价格；无即时揭示的最高买入（最低卖出）申报价格的，为最近成交价；当日无成交的，为前收盘价。

开市期间临时停牌阶段的限价申报，不适用前两款规定。

3.3.17 买卖无价格涨跌幅限制的股票，开盘集合竞价期间的有效申报价格范围为即时行情显示的前收盘价的 900% 以内，盘中临时停牌期间、收盘集合竞价期间的有效申报价格范围为最近成交价的上下 10%，收盘集合竞价在有效申报价格范围内进行撮合。

3.3.18 申报时超过涨跌幅限制价格或有效申报价格范围的申报为无效申报。

3.3.19 涨跌幅限制价格、有效申报价格范围的计算结果按照四舍五入原则取至申报价格最小变动单位。

涨跌幅限制价格与前收盘价之差、有效申报价格范围上限或下限与基准价格之差的绝对值低于申报价格最小变动单位的，以前收盘价、基准价格增减一个申报价格最小变动单位计算相应价格。

涨跌幅限制价格、有效申报价格范围上限或下限低于申报价格最小变动单位的，以申报价格最小变动单位作为相应价格。

3.3.20 经证监会批准，本所可以调整证券的涨跌幅限制比例和有效申报价格范围。

3.3.21 申报当日有效。每笔竞价交易的申报不能一次全部成交时，未成交部分继续参加当日竞价，但第 3.3.4 条第三项至第五项市价申报类型除外。

第四节　竞价与成交

3.4.1 证券竞价交易采用集合竞价和连续竞价两种方式。

集合竞价，是指对一段时间内接受的买卖申报一次性集中撮合的竞价方式。

连续竞价，是指对买卖申报逐笔连续撮合的竞价方式。

3.4.2 证券竞价交易按价格优先、时间优先的原则撮合成交。

价格优先的原则为：较高价格买入申报优先于较低价格买入申报，较低价格卖出申报优先于较高价格卖出申报。

时间优先的原则为：买卖方向、价格相同的，先申报者优先于后申报者。先后顺序按交易主机接受申报的时间确定。

3.4.3 集合竞价时，成交价的确定原则为：

（一）可实现最大成交量；

（二）高于该价格的买入申报与低于该价格的卖出申报全部成交；

（三）与该价格相同的买方或卖方至少有一方全部成交。

两个以上价格符合上述条件的，取在该价格以上的买入申报累计数量与在该价格以下的卖出申报累计数量之差最小的价格为成交价；买卖申报累计数量之差仍存在相等情况的，开盘集合竞价时取最接近即时行情显示的前收盘价的价格为成交价，盘中、收盘集合竞价时取最接近最近成交价的价格为成交价。

集合竞价的所有交易以同一价格成交。

3.4.4 连续竞价时，成交价的确定原则为：

（一）最高买入申报与最低卖出申报价格相同，以该价格为成交价；

（二）买入申报价格高于集中申报簿当时最低卖出申报价格时，以集中申报簿当时的最低卖出申报价格为成交价；

（三）卖出申报价格低于集中申报簿当时最高买入申报价格时，以集中申报簿当时的最高买入申报价格为成交价。

3.4.5 买卖申报经交易主机撮合成交后，交易即告成立。符合本规则各项规定达成的交易于成立时生效，买卖双方必须承认交易结果，履行清算交收义务。

因不可抗力、意外事件、交易系统被非法侵入等原因造成严重后果的交易，本所可以采取适当措施或认定无效。

对显失公平的交易，经本所认定，可以采取适当措施。

违反本规则，严重破坏证券市场正常运行的交易，本所有权宣布取消交易。由此造成的损失由违规交易者承担。

3.4.6 依照本规则达成的交易，其成交结果以交易主机记录的成交数据为准。

3.4.7 证券交易的清算交收业务，应当按照证券登记结算机构的规定办理。

第五节 大宗交易

3.5.1 在本所进行的证券交易符合以下条件的，可以采用大宗交易方式：

（一）A 股单笔交易数量不低于 30 万股，或者交易金额不低于 200 万元人民币；

（二）B 股单笔交易数量不低于 3 万股，或者交易金额不低于 20 万元港币；

（三）基金单笔交易数量不低于 200 万份，或者交易金额不低于 200 万元人民币。

本所可以根据市场需要，调整大宗交易的最低限额。

3.5.2 本所大宗交易采用协议大宗交易和盘后定价大宗交易方式。

协议大宗交易，是指大宗交易双方互为指定交易对手方，协商确定交易价格及数量的交易方式。

盘后定价大宗交易，是指证券交易收盘后按照时间优先的原则，以证券当日收盘价或证券当日成交量加权平均价格对大宗交易买卖申报逐笔连续撮合的交易方式。

3.5.3 采用协议大宗交易方式的，本所接受申报的时间为每个交易日 9:15 至 11:30、13:00 至 15:30。

采用盘后定价大宗交易方式的，本所接受申报的时间为每个交易日 15:05 至

15:30。

当天全天停牌、处于临时停牌期间或停牌至收市的证券，本所不接受其协议大宗交易申报。

当天全天停牌或停牌至收市的证券，本所不接受其盘后定价大宗交易申报。

3.5.4 有价格涨跌幅限制证券的协议大宗交易的申报价格在该证券当日涨跌幅限制价格范围内确定。

无价格涨跌幅限制证券协议大宗交易的申报价格，不得高于该证券当日竞价交易实时成交均价的 120% 和已成交最高价的孰低值，且不得低于该证券当日竞价交易实时成交均价的 80% 和已成交最低价的孰高值。

均价的计算公式为：均价 = 已成交金额 / 已成交股数。

计算结果按照四舍五入的原则取至申报价格最小变动单位。

3.5.5 本所接受下列类型的协议大宗交易申报：

（一）意向申报；

（二）成交申报；

（三）定价申报；

（四）其他申报。

3.5.6 协议大宗交易意向申报指令应当包括证券账户号码、证券代码、买卖方向和本方交易单元代码等内容。意向申报不承担成交义务，意向申报指令可以撤销。

协议大宗交易成交申报指令应当包括证券账户号码、证券代码、买卖方向、价格、数量、本方及对手方交易单元代码、约定号等内容。成交申报要求明确指定价格和数量。本所对约定号、证券代码、买卖方向、价格、数量等各项要素均匹配的成交申报进行成交确认，成交确认前申报可以撤销。

协议大宗交易定价申报指令应当包括证券账户号码、证券代码、买卖方向、价格、数量和本方交易单元代码等内容。市场所有参与者可以提交成交申报，按指定的价格与定价申报全部或部分成交，本所按时间优先顺序进行成交确认。定价申报的未成交部分可以撤销。定价申报每笔成交的数量或交易金额，应当满足协议大宗交易最低限额的要求。

3.5.7 证券协议大宗交易的成交确认时间为每个交易日 15:00 至 15:30。

3.5.8 盘后定价大宗交易的申报指令应当包括证券账户号码、证券代码、交易单元代码、证券营业部识别码、买卖方向、数量、价格类型等内容。

盘后定价大宗交易的价格类型包括：

（一）证券当日收盘价；

（二）证券当日成交量加权平均价格。

在接受申报的时间内，未成交申报可以撤销。

3.5.9　本所在交易时间内通过交易系统即时公布盘后定价大宗交易的交易信息，内容包括：证券代码、证券简称、价格、当日累计成交数量、当日累计成交金额以及实时买入或卖出的申报数量等。

3.5.10　本所在每日交易结束后通过交易所网站公布以下交易信息：

（一）协议大宗交易的每笔成交信息，内容包括：证券代码、证券简称、成交量、成交价格以及买卖双方所在会员证券营业部或交易单元的名称；

（二）单只证券盘后定价大宗交易的累计成交量、累计成交金额，及该证券当日买入、卖出金额最大五家会员证券营业部或交易单元的名称和各自的买入、卖出金额；

（三）单只证券大宗交易的累计成交量、累计成交金额，及该证券当日买入、卖出金额最大五家会员证券营业部或交易单元的名称和各自的买入、卖出金额。

3.5.11　大宗交易不纳入本所即时行情和指数的计算，成交量在大宗交易结束后计入当日该证券成交总量。

3.5.12　会员应当保证大宗交易参与者实际拥有与交易申报相对应的证券或资金。

第六节　创业板盘后固定价格交易

3.6.1　创业板盘后固定价格交易，是指在创业板股票交易收盘后按照时间优先的原则，以当日收盘价对盘后固定价格买卖申报逐笔连续撮合的交易方式。

3.6.2　每个交易日的 15:05 至 15:30 为盘后固定价格交易时间。盘后固定价格交易申报的时间为每个交易日 9:15 至 11:30、13:00 至 15:30。

开市期间停牌的，停牌期间可以继续申报。当日 15:00 仍处于停牌状态的，不进行盘后固定价格交易。

接受申报的时间内，未成交的申报可以撤销。撤销指令经本所交易主机确认方为有效。

盘后固定价格申报当日有效。

3.6.3　投资者通过盘后固定价格交易买卖创业板股票的，应当向会员提交盘后固定价格委托指令。盘后固定价格委托指令应当包括证券账户号码、证券代码、买卖方向、限价、委托数量等内容。

3.6.4　会员等交易参与人的盘后固定价格申报指令应当包括证券账户号码、证券代码、交易单元代码、证券营业部识别码、买卖方向、限价、数量等内容。

深股通盘后固定价格申报指令应当包括券商客户编码、证券代码、经纪商代码、买卖方向、限价、数量等内容。

3.6.5　买入限价低于收盘价或卖出限价高于收盘价的盘后固定价格申报无效。

3.6.6　通过盘后固定价格交易买入创业板股票的，申报数量应当为 100 股或其整数倍。卖出股票时，余额不足 100 股部分，应当一次性申报卖出。

盘后固定价格申报的单笔申报数量不得超过 100 万股。

3.6.7 盘后固定价格交易期间，本所以收盘价为成交价，按照时间优先原则对盘后固定价格申报进行逐笔连续撮合。

3.6.8 每个交易日 9:15 至 15:05，盘后固定价格申报不纳入即时行情；15:05 至 15:30，盘后固定价格申报及成交纳入即时行情。

即时行情内容包括：证券代码、收盘价、盘后固定价格交易当日累计成交数量、盘后固定价格交易当日累计成交金额以及买入或卖出的实时未成交申报数量。

3.6.9 盘后固定价格交易成交量、成交金额在盘后固定价格交易结束后计入该股票当日总成交量、总成交金额。

3.6.10 通过盘后固定价格交易减持股份的，视同通过竞价交易减持股份。

3.6.11 盘后固定价格交易纳入深股通额度控制，当日额度在本所盘后固定价格交易阶段使用完毕的，联交所证券交易服务公司停止接受当日后续的买入申报，但仍接受卖出申报。停止接受买入申报的，当日不再恢复，本所另有规定的除外。

第七节 融资融券交易

3.7.1 融资融券交易，是指投资者向会员提供担保物，借入资金买入证券或借入证券并卖出的行为。

3.7.2 会员参与本所融资融券交易，应当向本所申请融资融券交易权限，并通过融资融券专用交易单元进行。

3.7.3 投资者进行融资融券交易，应当按照规定开立信用证券账户。信用证券账户的开立和注销，根据会员和证券登记结算机构的有关规定办理。

3.7.4 本所对融资融券交易的下列事项作出规定：

（一）交易业务流程；

（二）可用于融资买入和融券卖出的证券；

（三）可充抵保证金证券的种类和最高折算率；

（四）融资融券的最长期限；

（五）初始保证金比例及最低维持担保比例；

（六）信息披露与报告制度；

（七）市场风险控制措施；

（八）其他事项。

3.7.5 会员向投资者融资、融券前，应当与其签订融资融券合同，向其讲解融资融券业务规则和合同内容，并要求其签署风险揭示书。

3.7.6 融资融券交易活动出现异常，已经或者可能危及市场稳定的，本所认为必要时，可以暂停全部或部分证券的融资融券交易，并予以公告。

3.7.7 融资融券交易的具体规定，由本所另行制定，报证监会批准后生效。

第四章　其他交易事项

第一节　转托管

4.1.1　投资者可以以同一证券账户在单个或多个会员的不同证券营业部买入证券。

4.1.2　投资者买入的证券可以通过原买入证券的交易单元委托卖出，也可以向原买入证券的交易单元发出转托管指令，转托管完成后，在转入的交易单元委托卖出。

转托管的具体规定，由证券登记结算机构制定。

第二节　开盘价与收盘价

4.2.1　证券的开盘价为当日该证券的第一笔成交价。

4.2.2　证券的开盘价通过集合竞价方式产生，不能通过集合竞价产生的，以连续竞价方式产生。

4.2.3　除本规则另有规定外，证券的收盘价通过集合竞价的方式产生。收盘集合竞价不能产生收盘价或未进行收盘集合竞价的，以当日该证券最后一笔交易前一分钟所有交易的成交量加权平均价（含最后一笔交易）为收盘价。

当日无成交的，以前收盘价为当日收盘价。

第三节　挂牌、摘牌、停牌与复牌

4.3.1　本所对上市证券实施挂牌交易。

4.3.2　证券上市期届满或依法不再具备上市条件的，本所终止其上市交易，予以摘牌。

4.3.3　证券交易出现第 6.1 条规定的异常交易行为或情形的，本所可以视情况对相关证券实施停牌，发布公告，并根据需要公布相关交易、股份和基金份额统计信息。有披露义务的当事人应当按照本所的要求及时公告。

具体停牌及复牌的时间，以相关公告为准。

4.3.4　无价格涨跌幅限制股票竞价交易出现下列情形之一的，本所实施盘中临时停牌，单次盘中临时停牌时间为 10 分钟：

（一）盘中交易价格较当日开盘价格首次上涨或下跌达到或超过 30% 的；

（二）盘中交易价格较当日开盘价格首次上涨或下跌达到或超过 60% 的；

（三）证监会或者本所认定的其他情形。

盘中临时停牌具体时间以本所公告为准，临时停牌时间跨越 14:57 的，于 14:57 复牌并对已接受的申报进行复牌集合竞价，再进行收盘集合竞价。

本所可以视盘中交易情况调整相关指标阈值，或采取进一步的盘中风险控制措施。

4.3.5　证券停牌时，本所发布的行情中包括该证券的信息；证券摘牌后，行情信息中无该证券的信息。

4.3.6 证券在 9:25 前停牌的，当日复牌时对已接受的申报实行开盘集合竞价，复牌后继续当日交易。

证券在 9:30 及其后临时停牌的，当日复牌时对已接受的申报实行盘中集合竞价，复牌后继续当日交易。

停牌期间，可以申报，也可以撤销申报。

停牌期间不揭示集合竞价参考价、匹配量和未匹配量。

4.3.7 证券的挂牌、摘牌、停牌与复牌，由本所或证券发行人予以公告。

4.3.8 证券挂牌、摘牌、停牌与复牌的其他规定，按照本所上市规则及其他有关规定执行。

第四节　除权与除息

4.4.1 上市证券发生权益分派、公积金转增股本、配股等情况，本所在权益登记日（B 股为最后交易日）次一交易日对该证券作除权除息处理，本所另有规定的除外。

4.4.2 除权（息）参考价计算公式为：

除权（息）参考价＝〔（前收盘价－现金红利）＋配股价格 × 股份变动比例〕÷（1+ 股份变动比例）

证券发行人认为有必要调整上述计算公式时，可以向本所提出调整申请并说明理由。经本所同意的，证券发行人应当向市场公布该次除权（息）适用的除权（息）参考价计算公式。

4.4.3 除权（息）日证券买卖，按除权（息）参考价作为计算涨跌幅度的基准，本所另有规定的除外。

第五节　风险警示板交易事项

4.5.1 按照本所上市规则被实施风险警示的股票（以下简称风险警示股票）、被本所作出终止上市决定但处于退市整理期尚未摘牌的股票（以下简称退市整理股票），在风险警示板交易，其交易信息独立于其他股票的交易信息，予以分别揭示。

4.5.2 普通投资者首次买入风险警示股票或退市整理股票，应当以纸面或电子方式分别签署风险警示股票风险揭示书或退市整理股票风险揭示书。普通投资者未签署风险揭示书的，会员不得接受其买入委托。

4.5.3 参与退市整理股票买入交易的个人投资者，必须具备两年以上股票交易经验，申请权限开通前 20 个交易日证券账户及资金账户内的资产日均不低于人民币 50 万元，其中不包括该投资者通过融资融券融入的证券和资金。

4.5.4 投资者当日通过竞价交易、大宗交易和盘后固定价格交易累计买入的单只风险警示股票，数量不得超过 50 万股，本所另有规定的除外。

会员应当采取有效措施，对投资者在该会员当日累计买入单只风险警示股票的数量进行监控；发现违反前款规定的，应当予以警示和制止，并及时向本所报告。

4.5.5 本所对风险警示股票、退市整理股票交易实行价格涨跌幅限制。主板风险警示股票价格涨跌幅限制比例为 5%，退市整理股票价格涨跌幅限制比例为 10%。创业板风险警示股票、退市整理股票价格涨跌幅限制比例为 20%。进入退市整理期的首日不实行价格涨跌幅限制。

经证监会批准，本所可以调整风险警示股票、退市整理股票的涨跌幅限制比例。

4.5.6 股票退市整理期间，本所公布其当日买入、卖出金额最大的五家会员证券营业部或交易单元的名称及其各自的买入、卖出金额。

4.5.7 股票退市整理期间交易不纳入证券公开信息披露、异常波动指标和严重异常波动指标的计算。

4.5.8 股票退市整理期间交易不纳入本所指数的计算，成交量计入当日市场成交总量。

第五章 交易信息

第一节 一般规定

5.1.1 本所每个交易日实时发布证券交易即时行情、证券指数，并发布证券交易公开信息等交易信息。

5.1.2 本所及时编制反映市场成交情况的各类日报表、周报表、月报表和年报表，并通过本所网站或其他媒体予以公布。

5.1.3 本所交易信息归本所所有。未经许可，任何机构和个人不得使用和传播。

经本所许可使用交易信息的机构和个人，未经同意，不得将交易信息提供给其他机构和个人使用或予以传播。

证券交易信息的管理办法，由本所另行制定。

第二节 即时行情

5.2.1 开盘、收盘集合竞价期间，即时行情内容包括：证券代码、证券简称、集合竞价参考价、匹配量和未匹配量等。

5.2.2 连续竞价期间，即时行情内容包括：证券代码、证券简称、前收盘价、最近成交价、当日最高价、当日最低价、当日累计成交数量、当日累计成交金额、实时最高五个价位买入申报价和数量、实时最低五个价位卖出申报价和数量等。

5.2.3 即时行情显示的前收盘价为该证券上一交易日的收盘价，但下列情形的除外：

（一）首次公开发行股票上市首日，其即时行情显示的前收盘价为其发行价；

（二）重新上市首日，其即时行情显示的前收盘价为公司股票在全国中小企业股份转让系统等证券交易场所的最后一个交易日的收盘价，本所另有规定的除外；

（三）基金份额上市首日，其即时行情显示的前收盘价为基金管理人最近公布的基金份额净值，本所另有规定的除外；

（四）证券除权（息）日，其即时行情显示的前收盘价为该证券除权（息）参考价；

（五）本所规定的其他情形。

5.2.4 即时行情通过本所许可的通信系统传输，交易参与人应在本所许可的范围内使用。

5.2.5 本所可以根据市场需要，调整即时行情发布的方式和内容。

第三节　证券指数

5.3.1 本所编制综合指数、成份指数、分类指数等证券指数，以反映证券交易总体价格或某类证券价格的变动和走势，随即时行情发布。

5.3.2 证券指数的设置和编制方法，由本所另行制定。

第四节　证券竞价交易公开信息

5.4.1 有价格涨跌幅限制的股票、封闭式基金竞价交易出现下列情形之一的，本所分别公布相关证券当日买入、卖出金额最大五家会员证券营业部或交易单元的名称及其各自的买入、卖出金额：

（一）当日收盘价涨跌幅偏离值达到 ±7% 的各前五只主板股票和封闭式基金，当日收盘价涨跌幅达到 ±15% 的前五只创业板股票。

收盘价涨跌幅偏离值的计算公式为：

收盘价涨跌幅偏离值 = 单只证券涨跌幅 − 对应分类指数涨跌幅

证券价格达到涨跌幅限制的，取对应的涨跌幅限制比例进行计算。

（二）当日价格振幅达到 15% 的各前五只主板股票和封闭式基金，当日价格振幅达到 30% 的前五只创业板股票。

价格振幅的计算公式为：

价格振幅 =（当日最高价 − 当日最低价）/ 当日最低价 × 100%

（三）当日换手率达到 20% 的各前五只主板股票和封闭式基金，当日换手率达到 30% 的前五只创业板股票。

换手率的计算公式为：

换手率 = 成交股数（份额）/ 无限售流通股数（份额）× 100%

收盘价涨跌幅偏离值、收盘价涨跌幅、价格振幅或换手率相同的，依次按成交金额和成交量选取。

主板 A 股股票、创业板股票、B 股股票、封闭式基金的对应分类指数分别是本所编制的深证 A 股指数、创业板综合指数、深证 B 股指数和深证乐富基金指数。

5.4.2 第 3.3.15 条规定的无价格涨跌幅限制股票，本所公布其当日买入、卖出金额最大的五家会员证券营业部或交易单元的名称及其各自的买入、卖出金额。

股票首次公开发行上市的，仅在上市首日公布上述信息。

5.4.3 股票、封闭式基金竞价交易出现下列情形之一的，属于异常波动，本所分别公布其在交易异常波动期间累计买入、卖出金额最大五家会员证券营业部或交易单元的名称及其各自累计买入、卖出金额：

（一）主板股票和封闭式基金连续三个交易日内日收盘价涨跌幅偏离值累计达到 ±20% 的，创业板股票连续三个交易日内日收盘价涨跌幅偏离值累计达到 ±30% 的。

收盘价涨跌幅偏离值累计值的计算公式为：

收盘价涨跌幅偏离值累计值 =（单只证券期末收盘价 / 期初前

收盘价 –1）× 100%–（对应指数期末收盘点数 / 期初前收盘点数 –1）× 100%

如期间内证券发生过除权除息，则对收盘价做相应调整。

（二）ST 和 *ST 主板股票连续三个交易日内日收盘价涨跌幅偏离值累计达到 ±12% 的。

（三）主板股票和封闭式基金连续三个交易日内日均换手率与前五个交易日的日均换手率的比值达到 30 倍，且该证券连续三个交易日内的累计换手率达到 20% 的。

（四）证监会或本所认为属于异常波动的其他情形。

5.4.4 股票竞价交易出现下列情形之一的，属于严重异常波动，本所公布严重异常波动期间的投资者分类交易统计等信息：

（一）主板股票连续十个交易日内四次出现第 5.4.3 条第一、第二项规定的同向异常波动情形，创业板股票连续十个交易日内三次出现第 5.4.3 条规定的同向异常波动情形；

（二）连续十个交易日内日收盘价涨跌幅偏离值累计达到 +100%（–50%）；

（三）连续三十个交易日内日收盘价涨跌幅偏离值累计达到 +200%（–70%）；

（四）证监会或者本所认定属于严重异常波动的其他情形。

股票交易出现严重异常波动的多种情形的，本所一并予以公布。

5.4.5 本所可以根据市场情况，调整异常波动和严重异常波动的认定标准。

异常波动指标和严重异常波动指标自本所公布的次一交易日或复牌之日起重新计算。

第 3.3.15 条规定的无价格涨跌幅限制股票不纳入异常波动指标和严重异常波动指标的计算。

5.4.6 股票交易出现严重异常波动情形的，上市公司应当按照上市规则规定及时予以核查并采取相应措施。

经上市公司核查后无应披露未披露重大事项，也无法对异常波动原因作出合理解释的，除按照上市规则规定处理外，本所可根据市场情况，加强异常交易监控，并要求会员采取有效措施向客户提示风险。

5.4.7 证券交易公开信息涉及机构专用交易单元的，公布名称为"机构专用"。

第六章 证券交易监督

6.1 本所对证券交易中的下列事项，予以重点监控：

（一）涉嫌内幕交易、利用未公开信息交易、操纵市场等违法违规行为；

（二）证券买卖的时间、数量、方式等受到法律法规及本所业务规则等相关规定限制的行为；

（三）可能影响证券交易价格或者证券交易量的异常交易行为；

（四）证券交易价格或者证券交易量明显异常的情形；

（五）证监会或者本所认为需要重点监控的其他事项。

6.2 可能影响证券交易价格或者证券交易量的异常交易行为包括：

（一）虚假申报，即不以成交为目的，通过大量申报并撤销等行为，以引诱、误导或者影响其他投资者正常交易决策；

（二）拉抬打压，即大笔申报、连续申报、密集申报或者以明显偏离证券最新成交价的价格申报成交，期间证券交易价格明显上涨或者下跌；

（三）维持涨（跌）幅限制价格，即通过大笔申报、连续申报、密集申报，维持证券交易价格处于涨（跌）幅限制状态；

（四）单个账户、自己实际控制的账户之间或者涉嫌关联账户之间大量或者频繁进行自买自卖、互为对手方的交易或者反向交易；

（五）通过大笔申报、连续申报、密集申报或者以明显偏离合理价值的价格申报，意图加剧证券价格异常波动或者影响本所正常交易秩序；

（六）通过计算机程序自动生成或者下达交易指令进行程序化交易，影响本所系统安全或者正常交易秩序；

（七）交易价格明显偏离合理价值，涉嫌通过证券交易进行利益输送；

（八）在证券价格敏感期内，通过异常申报，影响相关证券或者其衍生品的交易价格、结算价格或者参考价值；

（九）对单一证券在一段时期内进行大量且连续的交易；

（十）利用其他相关市场的交易影响证券交易，或者利用证券市场交易影响其他相关市场交易；

（十一）证监会或者本所认为需要重点监控的其他异常交易行为。

本所对投资者以本人名义开立或者由同一投资者实际控制的单个或者多个普通证券账户、信用证券账户以及其他涉嫌关联的证券账户（组）进行合并监控。

6.3 证券交易价格或证券交易量明显异常的情形包括：

（一）同一证券营业部或同一地区的证券营业部集中买入或卖出同一证券且数量较大；

（二）证券交易价格连续大幅上涨或下跌，明显偏离同期相关指数的涨幅或跌幅，且上市公司无重大事项公告；

（三）证监会或者本所认为需要重点监控的其他异常交易情形。

6.4 本所根据市场需要，可以联合其他证券、期货交易所等机构，对出现第6.2条第八项、第十项等情形进行调查。

6.5 会员应当对其客户的证券交易行为进行实时监控。发现客户交易行为存在异常的，应当及时告知、提醒、警示客户。对可能严重影响证券交易秩序的异常交易行为或者涉嫌违法违规的交易行为，应当根据与客户之间的证券交易委托代理协议拒绝接受其委托，并及时向本所报告。

6.6 本所可以针对证券交易中重点监控事项进行现场或非现场调查，会员及其证券营业部、其他交易参与人以及投资者应当予以配合。

6.7 本所在现场或非现场调查中，可以根据需要要求相关会员及其证券营业部、其他交易参与人以及投资者及时、准确、完整地提供下列文件和资料：

（一）投资者的开户资料、授权委托书、资金账户情况和相关证券账户的交易情况等；

（二）相关证券账户或资金账户的实际控制人和操作人情况、资金来源以及相关账户间是否存在关联的说明等；

（三）对证券交易中重点监控事项的解释；

（四）其他与本所重点监控事项有关的资料。

6.8 对第6.1条所列重点监控事项中情节严重的行为，本所可以视情况采取下列自律监管措施：

（一）口头警示；

（二）书面警示；

（三）约见谈话；

（四）要求提交书面承诺；

（五）将证券账户列入重点监控账户；

（六）盘中暂停当日交易；

（七）盘后限制交易；

（八）本所规定的其他自律监管措施。

对前款第七项措施有异议的，可以自收到本所有关决定或者本所公告送达有关决定之日（以在先者为准）起15个交易日内，向本所申请复核。复核期间相关措施不停止执行。

本所对在交易监控中发现的涉嫌内幕交易、操纵市场、利用未公开信息交易等违法违规行为，及时上报证监会查处。

6.9 本所对证券交易进行风险监测。出现重大异常波动的，本所可以采取限制交易、强制停牌等处置措施，并向证监会报告；严重影响证券市场稳定的，本所可以采取临时停市等处置措施并公告。具体办法由本所另行规定。

第七章　交易异常情况处理

7.1 因下列突发性事件，导致部分或全部交易不能正常进行的，为维护证券交易正常秩序和市场公平，本所可以决定采取技术性停牌、临时停市等措施：

（一）不可抗力；

（二）意外事件；

（三）重大技术故障；

（四）重大人为差错；

（五）本所认定的其他异常情况。

因前款规定的突发性事件导致证券交易结果出现重大异常，按交易结果进行交收将对证券交易正常秩序和市场公平造成重大影响的，本所可以采取取消交易、通知证券登记结算机构暂缓交收等措施。

7.2 出现无法申报或行情传输中断情况的，会员应及时向本所报告。无法申报或行情传输中断的证券营业部数量超过本所全部会员证券营业部总数 10% 以上的，属于交易异常情况，本所可以实行临时停市。

7.3 本所认为可能发生第 7.1 条、第 7.2 条规定的交易异常情况，并严重影响交易正常进行的，可以决定技术性停牌或临时停市。

经证监会要求，本所实行临时停市。

7.4 本所对技术性停牌、临时停市、取消交易、通知证券登记结算机构暂缓交收的决定予以公告，并及时向证监会报告。

技术性停牌或临时停市原因消除后，本所可以决定恢复交易，并予以公告。

7.5 因交易异常情况、重大异常波动及本所采取的相应措施造成损失的，本所不承担民事赔偿责任，但存在重大过错的除外。

7.6 交易异常情况处理的具体规定，由本所另行制定。

第八章　交易纠纷

8.1 交易参与人之间、会员与客户之间发生交易纠纷，相关会员及其他交易参与人应当记录有关情况，以备本所查阅。交易纠纷影响正常交易的，会员及其他交易参与人应当及时向本所报告。

8.2 交易参与人之间、会员与客户之间发生交易纠纷，本所可以按有关规定，提供必要的交易数据。

8.3　客户对交易有疑义的，会员有义务协调处理。

第九章　交易费用

9.1　投资者买卖证券成交的，应当按规定向会员交纳佣金。

9.2　交易参与人应当按规定向本所交纳交易经手费及其他费用；会员还应当按规定向本所交纳会员管理费用。

9.3　证券交易的收费项目、收费标准和管理办法按照有关规定执行。

第十章　附则

10.1　交易参与人违反本规则的，本所根据《深圳证券交易所会员管理规则》等相关规定采取自律监管措施或纪律处分。

10.2　通过本所交易系统进行证券发行、认购、申购、赎回、行权等业务的，参照本规则的相关规定执行；证监会及本所另有规定的，从其规定。

10.3　本规则中所述时间，以本所交易主机的时间为准。

10.4　本规则下列用语具有如下含义：

（一）市场：指本所设立的证券交易市场。

（二）委托：指投资者向会员进行具体授权买卖证券的行为。

（三）申报：指交易参与人向本所交易主机发送证券买卖指令的行为。

（四）集中申报簿：指交易主机某一时点按买卖方向以及价格优先、时间优先顺序排列的所有未成交申报队列。

（五）对手方（本方）队列最优价格：指集中申报簿中买方的最高价或卖方的最低价。

（六）集合竞价参考价：指截至揭示时集中申报簿中所有申报按照集合竞价规则形成的虚拟集合竞价成交价。

（七）匹配量：指截至揭示时集中申报簿中所有申报按照集合竞价规则形成的虚拟成交数量。

（八）未匹配量：指截至揭示时集中申报簿中在集合竞价参考价位上的不能按照集合竞价参考价虚拟成交的买方或卖方申报剩余量。

（九）证券价格敏感期：指计算相关证券及其衍生品的交易价格、结算价格、参考价值的特定期间，包括计算修正可转换债券转股价的特定时间，计算证券增发价的特定时间，计算证券单位净值的特定时间，计算衍生品结算价格的特定时间等。

10.5　本规则未定义的用语的含义，依照法律、行政法规、部门规章、规范性文件及本所有关业务规则确定。

10.6　本规则所称"超过""低于""不足"不含本数，"达到""以上""以下"含本数。

10.7 本规则经本所理事会通过，报证监会批准后生效。修改时亦同。

10.8 本规则由本所负责解释。

10.9 本规则自按照《首次公开发行股票注册管理办法》发行的首只主板股票上市首日起施行。本所 2020 年 6 月 12 日发布的《深圳证券交易所创业板交易特别规定》（深证上〔2020〕515 号）、2014 年 6 月 13 日发布的《关于完善首次公开发行股票上市首日交易机制有关事项的通知》（深证会〔2014〕54 号）、2016 年 1 月 7 日发布的《关于暂停实施指数熔断机制的通知》（深证会〔2016〕8 号）、2020 年 7 月 10 日发布的《关于创业板风险警示股票和退市整理期股票交易制度安排的通知》（深证上〔2020〕620 号）、2022 年 8 月 19 日发布的《关于调整无价格涨跌幅限制股票及存托凭证协议大宗交易价格范围的通知》（深证会〔2022〕298 号）同时废止。

关于发布《深圳证券交易所融资融券交易实施细则（2023 年修订）》的通知

（深证上〔2023〕102 号　2023 年 2 月 17 日）

各市场参与人：

为了落实全面实行股票发行注册制相关要求，促进融资融券业务平稳发展，本所对《深圳证券交易所融资融券交易实施细则》（以下简称《融资融券细则》）进行了修订。经中国证监会批准，现予以发布，并将有关事项通知如下：

一、《融资融券细则》自按照《首次公开发行股票注册管理办法》发行的首只主板股票上市首日起施行。本所 2021 年 3 月 31 日发布的《深圳证券交易所融资融券交易实施细则（2021 年修订）》（深证会〔2021〕263 号）、2015 年 7 月 1 日发布的《关于发布〈深圳证券交易所融资融券交易实施细则（2015 年修订）〉的通知》（深证会〔2015〕191 号）同时废止。

二、《融资融券细则》第 2.10 条第三款继续暂不实施，具体实施时间由本所另行通知。

三、请各会员单位做好相关业务和技术准备。

附件：深圳证券交易所融资融券交易实施细则（2023 年修订）

附件

深圳证券交易所融资融券交易实施细则（2023 年修订）

第一章　总则

1.1 为了规范融资融券交易行为，维护证券市场秩序，保护投资者的合法权益，根据《证券公司融资融券业务管理办法》《深圳证券交易所交易规则》及其他有关规定，制定本细则。

1.2 本细则所称融资融券交易，是指投资者向具有深圳证券交易所（以下简称本所）会员资格的证券公司（以下简称会员）提供担保物，借入资金买入证券或者借入证券并卖出的行为。

1.3 在本所进行的融资融券交易，适用本细则。本细则未作规定的，适用《深圳证券交易所交易规则》和本所其他有关规定。

第二章　业务流程

2.1 会员申请本所融资融券交易权限的，应当向本所提交下列书面文件：

（一）中国证券监督管理委员会（以下简称证监会）颁发的获准开展融资融券业务的《经营证券业务许可证》及其他有关批准文件；

（二）融资融券业务实施方案、内部管理制度的相关文件；

（三）负责融资融券业务的高级管理人员与业务人员名单及其联络方式；

（四）本所要求提交的其他文件。

2.2 会员在本所从事融资融券业务，应当通过融资融券专用交易单元进行。

2.3 会员按照有关规定开立融券专用证券账户、客户信用交易担保证券账户、融资专用资金账户及客户信用交易担保资金账户后，应当在三个交易日内向本所报告。

2.4 会员应当加强客户适当性管理，明确客户参与融资融券交易应具备的资产、交易经验等条件，引导客户在充分了解融资融券业务特点的基础上合法合规参与交易。

对未按照要求提供有关情况、从事证券交易时间不足半年、缺乏风险承担能力、最近二十个交易日日均证券类资产低于 50 万元或者有重大违约记录的客户，以及本会员股东、关联人，会员不得为其开立信用账户。

专业机构投资者参与融资、融券，可以不受前款从事证券交易时间、证券类资产条件限制。

本条第二款所称股东，不包括仅持有上市会员 5% 以下上市流通股份的股东。

2.5 会员在向客户融资、融券前，应当按照有关规定与客户签订融资融券合同及融资融券交易风险揭示书，并为其开立信用证券账户和信用资金账户。

2.6 投资者应当按照有关规定，通过会员为其开立的信用证券账户，在本所进行融资融券交易。

信用证券账户的开立和注销，根据会员和证券登记结算机构有关规定办理。

2.7 融资融券交易采用竞价交易方式。

2.8 会员接受客户的融资融券交易委托后，应当按照本所规定的格式申报，申报指令应包括客户的信用证券账户号码、融资融券专用交易单元代码、证券代码、买卖方向、价格、数量、融资融券相关标识等内容。

2.9 融资买入、融券卖出股票或者基金的，申报数量应当为 100 股（份）或者其整数倍。

融资买入、融券卖出债券的，申报数量应当为 10 万元面额或者其整数倍。

2.10 融券卖出的申报价格不得低于该证券的最近成交价；当天还没有产生成交的，其申报价格不得低于前收盘价。低于上述价格的申报为无效申报。

投资者在融券期间卖出通过其所有或者控制的证券账户所持有与其融入证券相同证券的，其申报卖出该证券的价格应当满足前款要求，但超出融券数量的部分除外。

交易型开放式基金或者经本所认可的其他证券，其融券卖出不受本条前两款规定的限制。

2.11 本所不接受融券卖出的市价申报。

2.12 投资者融资买入证券后，可以通过直接还款或者卖券还款的方式向会员偿还融入资金。

以直接还款方式偿还融入资金的，按照会员与客户之间的约定办理。

2.13 投资者融券卖出后，自次一交易日起可以通过直接还券或者买券还券的方式向会员偿还融入证券。

以直接还券方式偿还融入证券的，按照会员与客户之间约定，以及证券登记结算机构的有关规定办理。

投资者融券卖出的证券暂停交易的，可以按照约定以现金等方式向会员偿还融入证券。

2.14 投资者卖出信用证券账户内融资买入尚未了结合约的证券所得价款，应当先偿还该投资者的融资欠款。

2.15 未了结相关融券交易前，投资者融券卖出所得价款除下列用途外，不得另作他用：

（一）买券还券。

（二）偿还融资融券交易相关利息、费用或者融券交易相关权益现金补偿。

（三）买入或者申购证券公司现金管理产品、货币市场基金，以及买入在本所上市的债券交易型开放式基金（跟踪指数成份证券含可转换公司债券的除外）、本所认可的其他高流动性证券。会员可以根据市场情况调整投资者可以买入或者申购的前述资产名单。

（四）证监会及本所规定的其他用途。

2.16 会员与客户约定的融资、融券合约期限自客户实际使用资金或者证券之日起开始计算，最长不超过六个月。合约到期前，会员可以根据客户的申请为客户办理展期，每次展期的期限最长不得超过六个月。

会员在为客户办理合约展期前，应当对客户的信用状况、负债情况、维持担保比例水平等进行评估。

2.17 会员融券专用证券账户不得用于证券买卖。

2.18 投资者信用证券账户不得用于买入或者转入除可充抵保证金证券范围以外的证券，也不得用于参与定向增发、股票交易型开放式基金和债券交易型开放式基金申购及赎回、债券回购等。

2.19 客户未能按期交足担保物或者到期未偿还融资融券债务的，会员可以根据与客户的约定处分其担保物，不足部分可以向客户追索。

2.20 会员根据与客户的约定采取强制平仓措施的，应当按照本所规定的格式申报强制平仓指令，申报指令应当包括客户的信用证券账户号码、融资融券专用交易单元代码、证券代码、买卖方向、价格、数量、融资强制平仓或者融券强制平仓标识等内容。

第三章　标的证券

3.1 在本所上市交易的下列证券，经本所认可，可以作为融资买入标的证券或者融券卖出标的证券（以下简称标的证券）：

（一）股票；

（二）证券投资基金；

（三）债券；

（四）其他证券。

本所选取和确定标的证券，不表明本所对标的证券的投资价值或者投资者的收益作出实质性判断或者保证。

3.2 注册制下首次公开发行的股票自上市首日起可以作为标的证券。

3.3 标的证券为本细则第 3.2 条以外的股票的，应当符合下列条件：

（一）在本所上市交易超过三个月；

（二）融资买入标的股票的流通股本不少于 1 亿股或者流通市值不低于 5 亿元，融券卖出标的股票的流通股本不少于 2 亿股或者流通市值不低于 8 亿元；

（三）股东人数不少于 4000 人；

（四）在最近三个月内没有出现下列情形之一：

1. 日均换手率低于基准指数日均换手率的 15%，且日均成交金额低于 5000 万元；

2. 日均涨跌幅平均值与基准指数涨跌幅平均值的偏离值超过 4%；

3. 波动幅度达到基准指数波动幅度的 5 倍以上。

（五）股票交易未被本所实行风险警示；

（六）本所规定的其他条件。

3.4 标的证券为交易型开放式基金的，应当符合下列条件：

（一）上市交易超过五个交易日；

（二）最近五个交易日内的日平均资产规模不低于 5 亿元；

（三）基金持有户数不少于 2000 户；

（四）本所规定的其他条件。

3.5 标的证券为上市开放式基金的，应当符合下列条件：

（一）上市交易超过五个交易日；

（二）最近五个交易日内的日平均资产规模不低于 5 亿元；

（三）基金持有户数不少于 2000 户；

（四）基金份额不存在分拆、合并等分级转换情形；

（五）本所规定的其他条件。

3.6 标的证券为债券的，应当符合下列条件：

（一）债券托管面值在 1 亿元以上；

（二）债券剩余期限在一年以上；

（三）债券信用评级达到 AA 级（含）以上；

（四）本所规定的其他条件。

3.7 本所按照从严到宽、从少到多、逐步扩大的原则，从满足本细则规定的证券范围内，审核、选取并确定可以作为标的证券的名单，并向市场公布。

本所可以根据市场情况调整标的证券的选择标准和名单。

3.8 会员向其客户公布的标的证券名单，不得超出本所公布的标的证券范围。

3.9 标的证券暂停交易的，会员与其客户可以根据双方约定了结相关融资融券合约。

标的证券暂停交易，且恢复交易日在融资融券债务到期日之后的，融资融券的期限可以顺延，顺延的具体期限由会员与其客户自行约定。

3.10 标的股票交易被实行风险警示的，本所自该股票被实行风险警示当日起将其调整出标的证券范围。

注册制下首次公开发行的股票被撤销风险警示的，本所自该股票被撤销风险警示当日起将其调入标的证券范围。

3.11 标的证券进入终止上市程序的，本所自发行人作出相关公告当日起将其调整出标的证券范围。

3.12 证券被调整出标的证券范围的，在调整前未了结的融资融券合约仍然有效。会员与其客户可以根据双方约定提前了结相关融资融券合约。

第四章　保证金和担保物

4.1 会员向客户融资、融券，应当向客户收取一定比例的保证金。保证金可以本所上市交易的股票、证券投资基金、债券，货币市场基金、证券公司现金管理产品及本所认可的其他证券充抵。

4.2 可充抵保证金的证券，在计算保证金金额时应当以证券市值或者净值按下列折算率进行折算：

（一）深证 100 指数成份股股票的折算率最高不超过 70%，非深证 100 指数成份股股票的折算率最高不超过 65%；

（二）交易型开放式基金折算率最高不超过 90%；

（三）证券公司现金管理产品、货币市场基金、国债的折算率最高不超过 95%；

（四）被实行风险警示或者进入退市整理期的证券，静态市盈率在 300 倍以上或者为负数的 A 股股票，以及权证的折算率为 0%；

（五）其他上市证券投资基金和债券折算率最高不超过 80%。

4.3 本所遵循审慎原则，审核、选取并确定可充抵保证金证券的名单，并向市场公布。

本所可以根据市场情况调整可充抵保证金证券的名单和折算率。

4.4 会员公布的可充抵保证金证券的名单，不得超出本所公布的可充抵保证金证券范围。

会员应当根据流动性、波动性等指标对可充抵保证金证券的折算率实行动态管理与差异化控制，但会员公布的折算率不得高于本所规定的标准。

4.5 投资者融资买入证券时，融资保证金比例不得低于 100%。

融资保证金比例是指投资者融资买入证券时交付的保证金与融资交易金额的比例。其计算公式为：

融资保证金比例＝保证金 /（融资买入证券数量 × 买入价格）×100%

4.6 投资者融券卖出时，融券保证金比例不得低于 50%。

融券保证金比例是指投资者融券卖出时交付的保证金与融券交易金额的比例。其计算公式为：

融券保证金比例＝保证金 /（融券卖出证券数量 × 卖出价格）×100%

4.7 投资者融资买入或者融券卖出时所使用的保证金不得超过其保证金可用余额。

保证金可用余额是指投资者用于充抵保证金的现金、证券市值及融资融券交易产生的浮盈经折算后形成的保证金总额，减去投资者未了结融资融券交易已用保证金及相关利息、费用的余额。其计算公式为：

保证金可用余额＝现金＋∑（可充抵保证金的证券市值 × 折算率）＋∑〔（融资买入证券市值－融资买入金额）× 折算率〕＋∑〔（融券卖出金额－融券卖出证券市值）× 折算率〕－∑融券卖出金额－∑融资买入证券金额 × 融资保证金比例－∑融券卖出证券市值 × 融券保证金比例－利息及费用

公式中，融券卖出金额＝融券卖出证券的数量 × 卖出价格，融券卖出证券市值＝融券卖出证券数量 × 市价，融券卖出证券数量指融券卖出后尚未偿还的证券数量；∑〔（融资买入证券市值－融资买入金额）× 折算率〕、∑〔（融券卖出金额－融券卖出证券市值）× 折算率〕中的折算率是指融资买入、融券卖出证券对应的折算率，当融资买入证券市值低于融资买入金额或者融券卖出证券市值高于融券卖出金额时，折算率按 100% 计算。

4.8 会员向客户收取的保证金、客户融资买入的全部证券和融券卖出所得的全部价款，整体作为客户对会员融资融券所生债务的担保物。

4.9 会员应当对客户提交的担保物进行整体监控，并计算其维持担保比例。

维持担保比例是指客户担保物价值与其融资融券债务之间的比例。其计算公式为：

维持担保比例 =（ 现金 + 信用证券账户内证券市值总和 + 其他担保物价值)/(融资买入金额 + 融券卖出证券数量 × 当前市价 + 利息及费用总和)

公式中，其他担保物是指客户维持担保比例低于最低维持担保比例时，客户经会员认可后提交的除现金及信用证券账户内证券以外的其他担保物，其价值根据会员与客户约定的估值方式计算或者双方认可的估值结果确定。

客户信用证券账户内的证券，出现被调出可充抵保证金证券范围、被暂停交易、被实行风险警示等特殊情形或者因权益处理等产生尚未到账的在途证券，会员在计算客户维持担保比例时，可以根据与客户的约定按照公允价格或者其他定价方式计算其市值。

4.10 会员应当加强对客户担保物的管理，对客户提交的担保物中单一证券市值占其担保物市值的比例进行监控。

对于担保物中单一证券市值占比达到一定比例的客户，会员应当按照与客户的约定，暂停接受其融资买入该证券的委托或者采取其他风险控制措施。

4.11 会员应当根据市场情况、客户资信和公司风险管理能力等因素，审慎评估并与客户约定最低维持担保比例要求。

当客户维持担保比例低于最低维持担保比例时，会员应当通知客户在约定的期限内追加担保物，客户经会员认可后，可以提交除可充抵保证金证券外的其他证券、不动产、股权等依法可以担保的财产或者财产权利作为其他担保物。

会员可以与其客户自行约定追加担保物后的维持担保比例要求。

4.12 仅计算现金及信用证券账户内证券市值总和的维持担保比例超过 300% 时，客户可以提取保证金可用余额中的现金或者充抵保证金的证券，但提取后仅计算现金及信用证券账户内证券市值总和的维持担保比例不得低于 300%。

维持担保比例超过会员与客户约定的数值时，客户可以解除其他担保物的担保，但解除担保后的维持担保比例不得低于会员与客户约定的数值。

本所对提取现金、充抵保证金的证券，或者解除其他担保物的担保另有规定的除外。

4.13 本所认为必要时，可以调整融资、融券保证金比例及维持担保比例的标准，并向市场公布。

4.14 会员公布的融资、融券保证金比例及维持担保比例，不得低于本所规定的标准。

4.15 投资者不得将已设定担保或者其他第三方权利及被采取查封、冻结等司法强制措施的证券提交为担保物，会员不得向客户借出此类证券。

第五章　信息披露和报告

5.1 本所在每个交易日开市前，根据会员报送数据，向市场公布下列信息：

（一）前一交易日单只标的证券融资融券交易信息，包括融资买入额、融资余额、融券卖出量、融券余量等信息；

（二）前一交易日市场融资融券交易总量信息。

5.2 会员应当按照本所要求每个交易日向本所报送当日各标的证券融资买入额、融资还款额、融资余额、融券卖出量、融券偿还量以及融券余量等数据。

会员应当保证所报送数据的真实、准确、完整。

第六章　风险控制

6.1 单只标的股票的融资余额、信用账户担保物市值占其上市可流通市值的比例均达到 25% 时，本所可以在次一交易日暂停其融资买入，并向市场公布。该标的股票的融资余额或者信用账户担保物市值占其上市可流通市值的比例降低至 20% 以下时，本所可以在次一交易日恢复其融资买入，并向市场公布。

单只标的交易型开放式基金的融资余额、信用账户担保物市值占其上市可流通市值的比例均达到 75% 时，本所可以在次一交易日暂停其融资买入，并向市场公布。该标的交易型开放式基金的融资余额或者信用账户担保物市值占其上市可流通市值的比例降低至 70% 以下时，本所可以在次一交易日恢复其融资买入，并向市场公布。

6.2 单只标的股票的融券余量达到其上市可流通量的 25% 时，本所可以在次一交易日暂停其融券卖出，并向市场公布。该标的股票的融券余量降低至 20% 以下时，本所可以在次一交易日恢复其融券卖出，并向市场公布。

单只标的交易型开放式基金的融券余量达到其上市可流通量的 75% 时，本所可以在次一交易日暂停其融券卖出，并向市场公布。该标的交易型开放式基金的融券余量降低至 70% 以下时，本所可以在次一交易日恢复其融券卖出，并向市场公布。

6.3 本所对市场融资融券交易进行监控。融资融券交易出现异常或者市场持续大幅波动时，本所可以视情况采取下列措施并向市场公布：

（一）调整标的证券标准或者范围；

（二）调整可充抵保证金证券的折算率；

（三）调整融资、融券保证金比例；

（四）调整维持担保比例；

（五）暂停特定标的证券的融资买入或者融券卖出交易；

（六）暂停整个市场的融资买入或者融券卖出交易；

（七）本所认为必要的其他措施。

6.4 标的证券发生重大风险情形的，本所可以视情况将其调出标的证券范围，并向市场公布；重大风险情形消除的，本所可以视情况将其调入标的证券范围，并向市场公布。

6.5 融资融券交易存在异常交易行为的，本所可以视情形采取限制相关证券账户交易等措施。

6.6 会员应当按照本所的要求，对客户的融资融券交易进行监控，并主动、及时地向本所报告其客户的异常融资融券交易行为。

6.7 本所可以根据需要，对会员与融资融券业务相关的内部控制制度、业务操作规范、风险管理措施、交易技术系统的安全运行状况及对本所相关业务规则的执行情况等进行检查。

6.8 会员违反本细则的，本所可以依据《深圳证券交易所会员管理规则》的相关规定采取自律监管措施或者给予纪律处分，并可以视情形暂停或者取消其在本所的融资或者融券交易权限。

第七章　其他事项

7.1 会员在向客户提供融资融券交易服务时，应当要求客户申报其持有限售股份、解除限售存量股份情况，以及是否为上市公司董事、监事、高级管理人员或者持股 5% 以上股东等相关信息。会员应当对客户的申报情况进行核实，并进行相应的前端控制。

7.2 个人或者机构客户持有上市公司限售股份的，会员不得接受其融券卖出该上市公司股份，也不得接受其以普通证券账户持有的限售股份充抵保证金。

参与注册制下首次公开发行股票战略配售的投资者及其关联方，在参与战略配售的投资者承诺持有期限内，不得融券卖出该上市公司股票，本所另有规定的除外。

会员不得以其普通证券账户持有的限售股份提交作为融券券源。

7.3 个人客户持有上市公司解除限售存量股份的，会员不得接受其以普通证券账户持有的该上市公司股份充抵保证金。

7.4 会员不得接受上市公司的董事、监事、高级管理人员、持股 5% 以上的股东开展以该上市公司股票为标的证券的融资融券交易。

7.5 会员通过客户信用交易担保证券账户持有的股票不计入其自有股票，会员无需因该账户内股票数量的变动而履行相应的信息报告、披露或者要约收购义务。

投资者及其一致行动人通过普通证券账户和信用证券账户合计持有一家上市公司股票及其权益的数量或者其增减变动达到规定的比例时，应当依法履行相应的信息报告、披露或者要约收购义务。

7.6 对客户信用交易担保证券账户记录的证券，由会员以自己的名义，为客户的利益，行使对发行人的权利。会员行使对发行人的权利，应当事先征求客户的意见，提醒客户遵守关联关系事项回避表决的规定，并按照其意见办理。客户未表示意见的，会员不得行使对发行人的权利。

本条所称对发行人的权利，是指请求召开证券持有人会议、参加证券持有人会议、提案、表决、配售股份的认购、请求分配投资收益等因持有证券而产生的权利。

7.7 会员客户信用交易担保证券账户内证券的分红、派息、配股等权益处理，按照《证券公司融资融券业务管理办法》和证券登记结算机构有关规定办理。

第八章　附则

8.1 本细则中下列用语的含义：

（一）证券类资产，是指投资者持有的客户交易结算资金、股票、债券、基金、证券公司资产管理计划等资产。

（二）买券还券，是指客户通过其信用证券账户委托会员买券，在结算时由证券登记结算机构直接将买入的证券划转至会员融券专用证券账户内的一种还券方式。

（三）卖券还款，是指客户通过其信用证券账户委托会员卖券，在结算时卖出证券所得资金直接划转至会员融资专用资金账户内的一种还款方式。

（四）现金管理产品，是指适用《现金管理产品运作管理指引》进行运作的货币型集合资产管理计划或者货币市场基金。

（五）日均换手率，是指最近三个月内标的证券或者基准指数每日换手率的平均值。

（六）日均涨跌幅，是指最近三个月内标的证券或者基准指数每日涨跌幅绝对值的平均值。

（七）波动幅度，是指最近三个月内标的证券或者基准指数最高价与最低价之差对最高价和最低价的平均值之比。

（八）基准指数，是指深证A股指数、创业板综合指数。

（九）静态市盈率，是指股票收盘价与相应上市公司最近一个会计年度经审计的基本每股收益的比值。

（十）证券投资基金上市可流通市值，是指其当日收盘价与当日清算后的场内份额的乘积，基金发生权益分派、份额拆分合并等情况的，其上市可流通市值为其除权（息）参考价与当日清算后的场内份额的乘积。

（十一）异常交易行为，是指《深圳证券交易所交易规则》证券交易监督相关条款规定的行为。

（十二）存量股份，是指已完成股权分置改革、在本所上市的公司有限售期规定的股份，以及新老划断后在本所上市的公司于首次公开发行前已发行的股份。

（十三）专业机构投资者，是指经国家金融监管部门批准设立的金融机构，包括商业银行、证券公司、基金管理公司、期货公司、信托公司和保险公司等；上述金融机构管理的金融产品；经证监会或者其授权机构登记备案的私募基金管理机构及其管理的私募基金产品；证监会认可的其他投资者。

8.2 存托凭证融资融券交易相关事宜，按照本细则有关股票的规定执行，本所另有规定的除外。

8.3 投资者通过上海普通证券账户持有的深圳市场发行上海市场配售股份划转到深圳普通证券账户后，方可提交作为融资融券交易的担保物。

投资者通过深圳普通证券账户持有的上海市场发行深圳市场配售股份划转到上海普通证券账户后，方可提交作为融资融券交易的担保物。

8.4 依照本细则达成的融资融券交易，其清算交收的具体规则，依照证券登记结算机构的规定执行。

8.5 本细则所称"超过""低于""少于"不含本数，"以上""以下""达到"含本数。

8.6 本细则由本所负责解释。

8.7 本细则自按照《首次公开发行股票注册管理办法》发行的首只主板股票上市首日起施行。本所 2021 年 3 月 31 日发布的《深圳证券交易所融资融券交易实施细则（2021 年修订）》（深证会〔2021〕263 号）、2015 年 7 月 1 日发布的《关于发布〈深圳证券交易所融资融券交易实施细则（2015 年修订）〉的通知》（深证会〔2015〕191 号）同时废止。

关于发布《深圳证券交易所转融通证券出借交易实施办法（试行）（2023 年修订）》的通知

（深证上〔2023〕103 号 2023 年 2 月 17 日）

各市场参与人：

为了落实全面实行股票发行注册制相关要求，优化转融通机制，本所对《深圳证券交易所转融通证券出借交易实施办法（试行）》（以下简称《证券出借办法》）进行了修订。经中国证监会批准，现予以发布，并将有关事项通知如下：

一、证券出借人仍限于机构投资者，证券出借暂不实施竞价交易，本所继续暂免对证券出借收取费用。

二、《证券出借办法》自按照《首次公开发行股票注册管理办法》发行的首只主板股票上市首日起施行。本所 2016 年 4 月 28 日发布的《深圳证券交易所转融通证券出借交易实施办法（试行）（2016 年修订）》（深证会〔2016〕141 号）、2020 年 4 月 17 日发布的《关于转融通证券出借涉及证券持有期计算有关事项的通知》（深证上〔2020〕156 号）、2020 年 6 月 12 日发布的《深圳证券交易所中国证券金融股份有限公司 中国证券登记结算有限责任公司创业板转融通证券出借和转融券业务特别规定》（深证上〔2020〕514 号）同时废止。

三、请各市场参与人做好相关业务和技术准备工作。

附件：深圳证券交易所转融通证券出借交易实施办法（试行）（2023 年修订）

附件

深圳证券交易所转融通证券出借交易实施办法（试行）（2023 年修订）

第一章 总则

第一条 为了促进转融通业务的顺利开展，保障证券出借人与证券借入人通过深圳证券交易所（以下简称本所）的转融通证券出借交易有序进行，防范业务风险，根据《转融通业务监督管理试行办法》《深圳证券交易所交易规则》（以下简称《交易规则》)、《深圳证券交易所会员管理规则》（以下简称《会员规则》）等有关规定，制定本办法。

第二条　本办法所称转融通证券出借交易（以下简称证券出借），是指证券出借人（以下简称出借人）以一定的费率通过本所交易系统向证券借入人（以下简称借入人）出借本所上市证券，借入人按期归还所借证券、支付借券费用及相应权益补偿的业务。

第三条　本所交易系统接受证券出借的约定申报和非约定申报，并且按本办法的相关规定进行成交确认。经本所确认后，出借人与借入人的证券出借生效。

第四条　在本所进行的证券出借，适用本办法。本办法未做规定的，适用本所《交易规则》《会员规则》和其他相关规定。

第二章　交易参与主体

第五条　证券出借参与主体包括出借人、借入人和为客户提供证券出借代理服务的会员（以下简称会员）。

第六条　符合下列条件的投资者，可以成为证券出借的出借人：

（一）熟悉证券出借相关规则，了解证券出借风险特性，具备相应风险承受能力；

（二）不存在被法律、行政法规、部门规章或者本所业务规则禁止或者限制参与证券出借的情形；

（三）最近三年内没有与证券交易相关的重大违法违规记录；

（四）本所规定的其他条件。

第七条　持有、租用本所交易单元的出借人，可以在取得本所证券出借交易权限后，通过其交易单元参与证券出借；其他出借人应当通过会员参与证券出借。

第八条　会员和持有、租用本所交易单元的出借人参与证券出借的，应当建立相应的内部管理制度及配套的技术系统，按照借入人要求完成有关准备工作，并向本所申请交易权限。

会员和持有、租用本所交易单元的出借人向本所申请交易权限应当提交下列文件：

（一）申请书；

（二）负责证券出借代理业务或者证券出借业务的高级管理人员与业务人员名单及其联系方式；

（三）持有、租用本所交易单元的出借人应提交已知晓和理解《转融通证券出借交易风险揭示书》提示的证券出借可能带来的风险和损失的承诺函，并报备用于证券出借的账户；

（四）本所要求提交的其他文件。

第九条　会员为客户提供证券出借代理服务，应当履行下列职责：

（一）审慎评估客户对证券出借的认知水平和风险承受能力，并充分揭示可能发生的风险；

（二）根据本办法的要求，审核客户参与证券出借的资质，与符合条件的客户签订委托代理协议和风险揭示书，并向本所报备其用于证券出借的账户；

（三）根据客户委托代为申报证券出借指令，并在申报前进行相关的前端检查和控制；

（四）对客户已申报出借的证券，在客户撤销出借申报指令前限制卖出或者另作他用；

（五）协助客户和借入人办理归还、展期、提前了结、通知、查询等相关事宜；

（六）为客户提供相应的清算、交收、核对等服务；

（七）本所要求履行的其他职责。

第十条　会员不得为不符合条件的客户提供证券出借代理服务。

第十一条　客户签订委托代理协议前，应当如实向会员提供所需相关信息。客户不提供或者提供虚假信息的，会员应当拒绝与其签订委托代理协议。

第十二条　证券金融公司是证券出借的借入人。

第十三条　借入人根据本办法的规定在本所借入证券的，应当向本所申请开立转融通专用交易单元、转融通保证金专用交易单元等交易单元。

第十四条　借入人应当按照有关规定开立转融通专用证券账户、转融通担保证券账户、转融通专用资金账户、转融通担保资金账户等相关账户，并在开展转融通业务前报本所备案。借入人应当将转融通专用证券账户、转融通担保证券账户等证券账户托管在相应的交易单元。

第三章　标的证券与期限

第十五条　证券出借的标的证券（以下简称标的证券）范围，与本所公布的融券卖出标的证券范围一致。

第十六条　证券被调整出标的证券范围的，在调整前未了结的证券出借合约仍然有效。

第十七条　可以参与证券出借的证券类型包括：

（一）无限售流通股；

（二）参与注册制下首次公开发行股票战略配售的投资者（以下简称战略投资者）配售获得的在承诺持有期限内的股票；

（三）符合规定的其他证券。

第十八条　战略投资者在承诺持有期限内，可以按本办法规定向借入人出借获配股票，该部分股票出借后，按照无限售流通股管理。借出期限届满后，借入人应当将借入的股票返还给战略投资者。该部分股票归还后，继续按战略投资者配售获得的在承诺持有期限内的股票管理。

第十九条　战略投资者出借获配股票的，不得与转融券借入人或者其他主体合谋，锁定配售股票收益、实施利益输送或者谋取其他不当利益。

第二十条　通过约定申报参与证券出借的，证券出借期限可以在 1 天至 182 天内协商确定。

通过非约定申报参与证券出借的，实行固定出借期限，分为 3 天、7 天、14 天、28 天和 182 天共五个档次。

本所可以根据市场情况，调整证券出借的期限。

第二十一条　证券出借期限自成交之日起按自然日计算，归还日为到期日的下一日。归还日为非交易日的，顺延至下一个交易日。归还日标的证券全天停牌或者停牌至收市的，顺延至该证券的复牌日。

第四章　费率

第二十二条　证券出借可以实行定价交易、议价交易和竞价交易。

第二十三条　通过约定申报参与证券出借的，可以协商确定费率。证券出借合约展期或者提前了结的，可以协商调整费率。

第二十四条　通过非约定申报参与证券出借的，借入人应当于每一交易日开市前，向市场公布其当日有借入意向的标的证券对应各档次固定期限的费率。当日公布的费率当日不得变更。

借入人可以通过本所交易系统和网站向市场公布费率。

第二十五条　借入人支付的借券费用自证券出借成交之日起计算，归还日支付，归还日不计费用。

第二十六条　证券出借期限顺延 30 个自然日以下的，借入人按原费率和顺延自然日天数向出借人支付借券费用。顺延超过 30 个自然日的，借入人自第 31 个自然日起不再向出借人支付借券费用。

第二十七条　借券费用的计算公式为：

借券费用 = 出借日证券收盘价 × 出借数量 × 费率 × 实际出借天数 /360

第五章　申报

第二十八条　本所接受下列类型的证券出借申报：

（一）约定申报；

（二）非约定申报。

第二十九条　对于出借证券数量、期限和费率等协商一致的，可以提交约定申报指令。

出借人和借入人提交的约定申报指令，应当包括证券账号、证券代码、期限、出借或者借入、费率、证券数量、本方交易单元代码、对手方交易单元代码、约定号等内容。

第三十条　出借人和借入人提交的非约定申报指令应当包括证券账号、证券代码、期限、出借或者借入、费率、证券数量、本方交易单元代码等内容。

非约定申报指令中的费率应当与借入人当日向市场公布的费率一致。

第三十一条　本所交易系统即时发布出借人非约定申报中的出借信息，包括证券代码、证券名称、期限、出借数量、费率、申报时间等内容。

第三十二条　本所接受出借人出借申报的时间为每个交易日 9:15 至 11:30、13:00 至 15:00。

出借申报当日有效。未成交的申报，在出借申报时间内可以撤销。

第三十三条　本所接受借入人借入申报的时间为每个交易日 9:15 至 11:30、13:00 至 15:30。

借入人应当于每个交易日 15:00 至 15:30 向本所发送借入结束标志。本所逾期未接收到借入结束标志的，由本所交易系统自动生成。

借入申报当日有效。未成交的申报，在本所交易系统接收到或者自动生成借入结束标志前可以撤销。

第三十四条　标的证券全天停牌的，本所不接受其出借或者借入申报。

标的证券在当日开市后停牌的，停牌期间本所不接受其出借或者借入申报，已提交但未成交的申报可以撤销。停牌后当日复牌的，本所恢复接受其出借或者借入申报。

第三十五条　出借人应当通过在证券登记结算机构开立的普通证券账户进行出借申报。

第三十六条　出借人在提交出借申报指令前，应当确认其证券账户真实、有效，且实际拥有与出借申报数量相对应的证券。

出借人出借的证券不得存在任何权利瑕疵，被质押或者被有权机关冻结的证券不得用于出借，否则出借人应对借入人的损失予以赔偿，会员和持有、租用本所交易单元的出借人应当进行前端检查和控制。

第三十七条　出借人在撤销出借申报指令前，应当确保不对已申报出借的证券进行申报卖出或者另作他用。因出借人证券账户中证券不足导致已成交的证券出借合约交收违约的，出借人应按照已成交的证券出借合约金额的 0.05% 向借入人一次性支付违约金。

证券出借合约金额的计算公式为：

证券出借合约金额 = 已成交出借证券数量 × 出借日证券收盘价

第三十八条　申报数量应当符合下列规定：

（一）单笔申报数量应当为 100 股（份）的整数倍；

（二）出借人最低单笔申报数量不得低于 1000 股（份），最大单笔申报数量不得超过 1000 万股（份）；

（三）借入人最低单笔申报数量不得低于 1000 股（份），以非约定方式申报的最大单笔数量不得超过 1 亿股（份），以约定方式申报的最大单笔数量不得超过 1000 万股（份）。

本所可以根据市场情况，对上述申报数量进行调整。

第六章　成交

第三十九条　通过约定申报参与证券出借的，本所交易系统对约定号、期限、证券代码、证券数量、费率等各项要素均匹配的约定申报进行实时撮合成交，生成成交数据发送借入人，并对出借人和借入人的账户可交易余额进行实时调整。

第四十条　本所接受借入人实时生成并发送的转融券约定申报成交数据后，对借入人和转融券借入人的账户可交易余额进行实时调整确认，并向借入人发送调整结果。

本所根据前款规定完成可交易余额实时调整的，将该部分转融券约定申报成交数据发送证券登记结算机构。

第四十一条　本所接受转融券约定申报成交数据的时间为每个交易日 9:15 至 11:30、13:00 至 15:30。转融券约定申报成交数据当日有效。

标的证券全天停牌的，本所不接受有关的转融券约定申报成交数据。标的证券在当日开市后停牌的，停牌期间本所正常接受转融券约定申报成交数据。

第四十二条　通过非约定申报参与证券出借的，本所交易系统于每个交易日 15:00 至 15:30 期间接收到或者自动生成借入结束标志后，对当日非约定申报进行成交确认。

标的证券在当日开市后停牌至 15:00 的，本所交易系统对该证券当日非约定申报不进行成交确认。

第四十三条　本所交易系统对非约定申报按照下列配对原则进行成交确认：

（一）每一期限档次下每只标的证券所有出借人出借申报数量不超过借入人借入申报数量的，按照出借人出借申报指令的时间先后顺序依次与借入人进行成交确认；

（二）每一期限档次下每只标的证券所有出借人出借申报数量超过借入人借入申报数量的，对所有出借人按照比例确定成交数量，分别与借入人进行成交确认。按照比例成交后借入人的借入申报数量仍有未成交部分的，则按照出借申报数量从大到小的顺序，出借申报数量相同的按照时间先后顺序，依次与借入人进行成交确认，直至借入人的借入申报全部成交。

按照比例确定成交数量时，最小成交单位为 100 股（份）。

第四十四条　依照本办法达成的证券出借，其成交结果以本所交易系统记录的成交数据为准。

第七章　归还

第四十五条　出借人向借入人出借证券，享有按期收回出借证券、收取借券费用及相应权益补偿的权利，其持有证券的持有期计算不因出借而受影响。

第四十六条　借入人应当按期归还借入证券、支付借券费用及相应权益补偿。借入人未能按期归还和支付或者未能足额归还和支付相应证券、资金的，应当向出借人按日支付所欠债务金额 0.05% 的违约金。

债务金额的计算公式为：

债务金额 = 尚未归还的出借证券数量 × 出借日证券收盘价 + 尚未支付的借券费用

第四十七条　借入人无法归还借入证券、支付借券费用或者相应权益补偿的，应当及时向本所报告，并与出借人协商债务的了结方式。协商一致的，借入人应当将债务了结方案报本所。协商不一致或者借入人未按债务了结方案了结的，出借人有权依法向借入人追偿。

第四十八条　证券出借期限顺延超过 30 个自然日的，借入人与出借人可以协商采取现金方式了结。

借入人与出借人采取现金方式了结的，应当根据本所或者本所认可的指数编制机构编制发布的股票行业指数计算该证券的公允价值。

公允价值的计算公式为：公允价值 = 证券停牌前一交易日收盘价 × （现金了结日前一交易日该证券对应的股票行业指数 / 停牌前一交易日该证券对应的股票行业指数）× 出借证券数量

第四十九条　标的证券对应的上市公司因可能出现本所上市规则规定的交易类强制退市情形而首次发布标的证券可能被终止上市的风险提示公告，且归还日在风险提示公告之日起 3 个交易日之后的，归还日提前至公告之日起的第 3 个交易日。借入人应当于归还日后 2 个交易日内向本所报告合约了结情况。

第五十条　标的证券对应的上市公司被以终止上市为目的进行收购，且归还日在收购报告书公告之日起 3 个交易日之后的，归还日提前至收购报告书公告之日起的第 3 个交易日。借入人应当于归还日后 2 个交易日内向本所报告合约了结情况。

第五十一条　标的证券终止上市，且归还日在终止上市公告之日起 3 个交易日后的，归还日提前至终止上市公告之日起的第 3 个交易日。借入人应当于归还日后 2 个交易日内向本所报告合约了结情况。

第五十二条　标的证券涉及终止上市的，借入人与出借人可以协商提前了结、以现金或者其他等价物方式了结出借交易。

第五十三条　本所可以根据市场情况和风险管理需要，对本章规定的处理时间、计算公式和特殊情形处理方式进行调整。

第五十四条　每个交易日，借入人应当将当日证券归还和权益补偿的明细数据发送本所。

证券出借合约展期或者提前了结的，经协商一致后，由借入人将出借人认可的合约展期或者提前了结业务数据发送至本所。

第八章　权益补偿

第五十五条　借入人借入证券后、归还证券前，证券发行人分配投资收益、向证券持有人配售或者无偿派发证券、发行证券持有人有优先认购权的证券的，借入人应当向出借人提供权益补偿。

第五十六条　权益补偿日按下列原则确定：

（一）权益类型为现金红利或者利息的，权益补偿日为归还日；

（二）权益类型为送股、转增股份的，权益补偿日为权益证券上市日和归还日两者较晚日期；

（三）权益类型为增发新股、发行可转换债券、派发权证的，权益补偿日为权益证券上市日的次一交易日与归还日两者较晚日期；

（四）权益类型为配股权的，权益补偿日为除权日的次一交易日与归还日两者较晚日期。

证券出借合约提前了结的，相关权益补偿一并提前了结。确定权益补偿日时，需将归还日调整为提前了结日后重新计算。

第五十七条　权益类型为现金红利或者利息的，借入人应当根据出借人出借证券应得的资金，在权益补偿日归还出借人。

第五十八条　权益类型为送股或者转增股份的，借入人应当根据出借人出借证券应得的股份数量，在权益补偿日归还出借人。

第五十九条　权益类型为发行人无偿派发权证的，借入人应当于权益补偿日补偿出借人。

补偿金额的计算公式为：补偿金额＝权证上市首日成交均价 × 派发权证数量

第六十条　权益类型为配股权的，借入人应当于权益补偿日补偿出借人。补偿金额小于或者等于零时，不予补偿。

补偿金额的计算公式为：补偿金额＝（权益登记日收盘价－除权参考价）×出借证券数量

第六十一条　权益类型为原股东有优先认购权的增发新股、发行可转换债券等权益的，借入人应当于权益补偿日补偿出借人。补偿金额小于或者等于零时，不予补偿。

补偿金额的计算公式为：补偿金额 =（优先认购证券上市首日成交均价 – 发行认购价格）× 可优先认购证券数量

第六十二条 本所可以根据市场情况，对权益补偿的类型和补偿金额计算公式进行调整。

第九章 信息披露和报告

第六十三条 本所每个交易日开市前，通过本所网站发布前一交易日每只标的证券在各期限、费率、申报类型下的成交数量信息。

第六十四条 对于向战略投资者配售的，本所于每个交易日公布该股票的限售流通股和无限售流通股数量，以及该股票限售流通股可以出借和已出借尚未归还的数量。

第六十五条 借入人应当于每一月份结束后 7 个交易日内，向本所报告当月证券出借提前了结、展期、协商了结以及违约等情况。

第六十六条 借入人、出借人持有一家上市公司股票的数量或者其增减变动达到法定比例时，应当依法履行相应的信息报告和披露义务。

借入人通过转融通担保证券账户持有的股票不计入其自有股票，借入人无需因该账户内股票数量的变动而履行信息报告、披露或者要约收购义务。

出借人仅因收回出借股票使其持股比例超过30%的，无需履行要约收购义务。

第十章 监督管理

第六十七条 本所对证券出借进行监督，对虚假申报或者进行其他扰乱市场秩序的异常交易行为予以重点监控，并视情况采取监管措施。

第六十八条 本所可以根据需要，对会员和持有、租用本所交易单元的出借人与证券出借相关的内部控制制度、业务操作规范、风险管理措施、交易技术系统安全运行状况、本所相关规则的执行情况等进行监督检查。

第六十九条 证券出借出现异常时，本所可以视情况，暂停单只或者所有标的证券的出借，以及采取本所认为需要采取的其他措施。

第七十条 出借人存在重大异常交易行为的，本所可以视情况对其证券账户参与证券出借采取限制等措施。

会员应当按照本所的要求，对其客户的证券出借行为进行监控。会员发现客户存在异常交易行为的，应当告知、提醒客户，并及时向本所报告。

第七十一条 出借人、借入人和会员违反本办法的，本所可以对其采取相关自律监管措施和纪律处分。

战略投资者违反本办法第十九条规定的，本所可以对其单独或者合并采取相关自律监管措施和纪律处分，并通报中国证券业协会。

第十一章　附则

第七十二条　本所对证券出借收取费用，相关收费标准由本所另行通知。

第七十三条　证券出借成交的，会员可以向出借人收取费用。

第七十四条　因不可抗力、意外事件、重大技术故障、重大人为差错等交易异常情况及本所采取的相应措施造成的损失，本所不承担责任，但存在重大过错的除外。

第七十五条　证券出借清算、交收、权益补偿、归还等业务，由证券登记结算机构根据有关规定办理。

第七十六条　本办法所称转融券，是指借入人依据《转融通业务监督管理试行办法》将自有或者融入的证券出借给转融券借入人的经营活动。

本办法所称转融券借入人，是指通过转融券向借入人借入证券的证券公司。

第七十七条　存托凭证出借相关事宜，按照本办法有关股票的规定执行。

第七十八条　本办法所称"超过""低于"不含本数，"以下""内"含本数。

第七十九条　本办法的制定和修改，报中国证监会批准。

第八十条　本办法由本所负责解释。

第八十一条　本办法自按照《首次公开发行股票注册管理办法》发行的首只主板股票上市首日起施行。本所 2016 年 4 月 28 日发布的《深圳证券交易所转融通证券出借交易实施办法（试行）（2016 年修订）》（深证会〔2016〕141 号）、2020 年 4 月 17 日发布的《关于转融通证券出借涉及证券持有期计算有关事项的通知》（深证上〔2020〕156 号）、2020 年 6 月 12 日发布的《深圳证券交易所中国证券金融股份有限公司 中国证券登记结算有限责任公司创业板转融通证券出借和转融券业务特别规定》（深证上〔2020〕514 号）同时废止。

附件

转融通证券出借交易风险揭示书必备条款

为了使出借人充分了解转融通证券出借交易（以下简称证券出借）风险，提供证券出借代理服务的会员应当制订《转融通证券出借交易风险揭示书》（以下简称《风险揭示书》），向客户充分揭示参与证券出借可能带来的风险和损失，要求客户认真阅读并签署。《风险揭示书》应当包括但不限于下列内容：

一、提示客户注意，证券出借可能存在的信用风险、市场风险、流动性风险、权益补偿风险、操作风险、政策风险、技术风险等各类风险，客户应根据自身的财务状况、实际需求、风险承受能力以及内部制度等，谨慎参与。

二、通过非约定申报方式参与证券出借的，证券金融公司每一交易日开市前通过交易所公布的费率，是证券金融公司对当日有借入意向的标的证券向市场发出的报价，客户申报证券出借即视为同意并接受证券金融公司的报价。

三、通过约定申报方式参与证券出借的，证券交易所对申报进行实时撮合成交，已成交的申报无法撤销。

四、除与证券金融公司协商一致提前了结外，客户无法在合约到期前提前收回出借证券，从而可能影响其使用。

五、证券出借期间，如果发生标的证券暂停交易或者终止上市等情况，客户可能面临合约提前了结或者延迟了结等风险。

六、证券出借期间，证券金融公司将不对客户提供投票权的补偿。

七、证券出借期限因归还日为非交易日、标的证券全天停牌或者停牌至收市而顺延超过30个自然日的，证券金融公司自第31个自然日起将不再对客户支付借券费用。

八、涉及展期的各项事宜，由客户与证券金融公司自行协商处理，客户应当注意展期可能带来的风险。

九、客户出借的证券，可能存在到期不能归还、相应权益补偿和借券费用不能支付等风险。当证券金融公司发生前述违约情形时，客户需自行与证券金融公司协商处理，协商不成的，客户可自行通过诉讼、仲裁等法律途径解决。

十、客户在参与证券出借之前，应该详细了解证券金融公司的经营状况及可能产生的业务风险，证券金融公司是以自身信用向出借人借入证券，并不向其提供任何抵押品。

十一、客户应当妥善保管账户卡、身份证件和交易密码等资料，如其将账户、身份证件、交易密码等遗失或者给他人使用的，应当承担由此带来的风险。

十二、由于国家法律、法规、政策、交易所规则的变化、修改等原因，可能会对客户已达成的交易产生不利影响，甚至造成经济损失。

除上述各项风险提示外，会员还可以根据具体情况在其制订的《风险揭示书》中对风险做进一步列举和说明。

《风险揭示书》应当以醒目的文字载明：

本风险揭示书的揭示事项仅为列举性质，未能详尽列明证券出借的所有风险。客户在参与交易前，应当认真阅读、掌握证券出借的业务规则，并做好风险评估与财务安排，确定自身有足够的风险承受能力，避免因参与证券出借而遭受难以承受的损失。

会员还应当要求《风险揭示书》应由客户本人签署，当客户为机构时，应由法定代表人或者其授权代表签署并加盖公章或者合同专用章，确认已知晓并理解《风险揭示书》的全部内容，愿意承担转融通证券出借交易的风险和损失。

关于发布《深圳证券交易所主板股票异常交易实时监控细则》的通知

（深证上〔2023〕104号　2023年2月17日）

各市场参与人：

为了落实全面实行股票发行注册制相关要求，加强主板股票异常交易行为监管，维护股票交易秩序，保护投资者合法权益，本所制定了《深圳证券交易所主板股票异常交易实时监控细则》，经中国证监会批准，现予以发布，自按照《首次公开发行股票注册管理办法》发行的首只主板股票上市首日起施行。

附件：深圳证券交易所主板股票异常交易实时监控细则

附件

深圳证券交易所主板股票异常交易实时监控细则

第一章　总则

第一条　为了维护深圳证券交易所（以下简称本所）主板上市的股票和存托凭证（以下统称主板股票）交易秩序，保护投资者合法权益，防范交易风险，根据《深圳证券交易所交易规则》（以下简称《交易规则》）、《深圳证券交易所会员管理规则》（以下简称《会员管理规则》）等规定，制定本细则。

第二条　主板股票异常交易行为监控及监督管理等事宜，适用本细则。本细则未作规定的，适用《交易规则》及其他有关规定。

第三条　投资者参与主板股票交易，应当遵守法律、行政法规、部门规章、规范性文件、本所业务规则的规定及证券交易委托代理协议的约定，不得实施异常交易行为，影响股票交易正常秩序。

第四条　会员应当加强对客户主板股票交易行为的管理，按照本所会员客户交易行为管理相关规定，及时识别、管理和报告客户异常交易行为，积极配合、协同本所异常交易行为监管工作，共同维护主板股票交易秩序。

第五条　本所对主板股票交易实行实时监控和自律管理，对违反本细则的投资者、会员采取相应自律监管措施或者纪律处分，对涉嫌内幕交易、操纵市场、利用未公开信息交易等违法违规行为，依法上报中国证监会查处。

第二章　投资者异常交易行为

第一节　一般规定

第六条　本细则所称异常交易行为，包括下列类型：

（一）虚假申报；

（二）拉抬打压股价；

（三）维持涨（跌）幅限制价格；

（四）自买自卖或者互为对手方交易；

（五）严重异常波动股票申报速率异常；

（六）违反法律、行政法规、部门规章、规范性文件或者本所业务规则的其他异常交易行为。

第七条　本所根据本细则规定的异常交易行为类型，结合申报数量和频率、股票交易规模、市场占比、价格波动情况、股票基本面、上市公司重大信息和市场整体走势等因素进行定性与定量分析，对投资者异常交易行为进行认定。

投资者的主板股票交易行为虽未达到相关监控指标，但接近指标且多次实施同类型交易行为的，本所可以将其认定为相应类型的异常交易行为。

本所可以根据市场情况，调整主板股票异常交易行为监控标准。

第八条　投资者以本人名义开立或者由同一投资者实际控制的单个或者多个普通证券账户、信用证券账户以及其他涉嫌关联的证券账户（组）的申报数量、申报金额、成交数量、成交金额及占比等合并计算。

第九条　投资者的申报和成交同时存在买、卖两个方向时，按照单个方向分别计算相关申报数量、申报金额、成交数量、成交金额、全市场申报总量等指标。

第二节　虚假申报

第十条　虚假申报，是指不以成交为目的，通过大量申报并撤销等行为，引诱、误导或者影响其他投资者正常交易决策的异常交易行为。

第十一条　开盘集合竞价阶段同时存在下列情形的，本所对有关交易行为予以重点监控：

（一）主板风险警示股票以偏离前收盘价 3% 以上的价格，或者其他股票以偏离前收盘价 5% 以上的价格申报买入或者卖出；

（二）累计申报数量或者金额较大；

（三）累计申报数量占市场同方向申报总量的比例较高；

（四）累计撤销申报数量占累计申报数量的 50% 以上；

（五）以低于申报买入价格反向申报卖出或者以高于申报卖出价格反向申报买入；

（六）主板风险警示股票开盘集合竞价虚拟参考价涨（跌）幅 3% 以上，或者其他股票开盘集合竞价虚拟参考价涨（跌）幅 5% 以上。

第十二条　连续竞价阶段同时存在下列情形的，本所对有关交易行为予以重点监控：

（一）最优 5 档内申报买入或者卖出；

（二）单笔申报后，在实时最优 5 档内累计剩余有效申报数量或者金额巨大，且占市场同方向最优 5 档剩余有效申报总量的比例较高；

（三）满足本条第一项、第二项规定情形的申报发生多次；

（四）申报后撤销申报，且累计撤销申报数量占同方向累计申报数量的 50% 以上；

（五）存在反向卖出（买入）成交。

第十三条　连续竞价阶段 2 次以上同时存在下列情形的，本所对有关交易行为予以重点监控：

（一）股票交易价格处于涨（跌）幅限制状态；

（二）单笔以涨（跌）幅限制价格申报后，在该价格剩余有效申报数量或者金额巨大，且占市场该价格剩余有效申报总量的比例较高；

（三）单笔撤销以涨（跌）幅限制价格的申报后，在涨（跌）幅限制价格的累计撤销申报数量占以该价格累计申报数量的 50% 以上。

第三节　拉抬打压股价

第十四条　拉抬打压股价，是指大笔申报、连续申报、密集申报或者以明显偏离股票最新成交价的价格申报成交，期间股票交易价格明显上涨（下跌）的异常交易行为。

第十五条　在有价格涨跌幅限制股票的开盘集合竞价阶段，同时存在下列情形的，本所对有关交易行为予以重点监控：

（一）成交数量或者金额较大；

（二）成交数量占期间市场成交总量的比例较高；

（三）主板风险警示股票开盘价涨（跌）幅 3% 以上，或者其他股票开盘价涨（跌）幅 5% 以上；

（四）股票开盘价达到涨（跌）幅限制价格的，在涨（跌）幅限制价格有效申报数量占期间市场该价格有效申报总量的 10% 以上。

第十六条　连续竞价阶段任意 3 分钟内同时存在下列情形的，本所对有关交易行为予以重点监控：

（一）买入成交价呈上升趋势或者卖出成交价呈下降趋势；

（二）成交数量或者金额较大；

（三）成交数量占成交期间市场成交总量的比例较高；

（四）股票涨（跌）幅 4% 以上。

第十七条　收盘集合竞价阶段同时存在下列情形的，本所对有关交易行为予以重点监控：

（一）成交数量或者金额较大；

（二）成交数量占期间市场成交总量的比例较高；

（三）股票涨（跌）幅3%以上。

第十八条　在有价格涨跌幅限制的股票交易中，同时存在下列情形的，本所对有关交易行为予以重点监控：

（一）开盘集合竞价阶段成交数量或者金额较大；

（二）开盘集合竞价阶段成交数量占期间市场成交总量的比例较高；

（三）股票开盘价涨（跌）幅2%以上；

（四）当日10时以前反向卖出（买入）成交数量在10万股以上或者金额在100万元以上。

第十九条　股票交易中同时存在下列情形的，本所对有关交易行为予以重点监控：

（一）连续竞价阶段任意3分钟内买入成交价呈上升趋势或者卖出成交价呈下降趋势；

（二）期间成交数量或者金额较大；

（三）期间成交数量占市场成交总量的比例较高；

（四）期间股票涨（跌）幅2%以上；

（五）期间及其后30分钟内累计反向卖出（买入）成交数量在10万股以上或者金额在100万元以上。

第二十条　股票交易中同时存在下列情形的，本所对有关交易行为予以重点监控：

（一）收盘集合竞价阶段成交数量或者金额较大；

（二）收盘集合竞价阶段成交数量占期间市场成交总量的比例较高；

（三）收盘集合竞价阶段股票涨（跌）幅2%以上；

（四）当日收盘集合竞价阶段及次一交易日10时以前累计反向卖出（买入）成交数量在10万股以上或者金额在100万元以上。

第四节　维持涨（跌）幅限制价格

第二十一条　维持涨（跌）幅限制价格，是指通过大笔申报、连续申报、密集申报，维持股票交易价格处于涨（跌）幅限制状态的异常交易行为。

第二十二条　连续竞价阶段同时存在下列情形的，本所对有关交易行为予以重点监控：

（一）股票交易价格处于涨（跌）幅限制状态；

（二）单笔以涨（跌）幅限制价格申报后，在该价格剩余有效申报数量或者金额巨大，且占市场该价格剩余有效申报总量的比例较高；

（三）本条第二项情形的状态持续时间 10 分钟以上，或者持续至连续竞价结束；

（四）本条第二项情形的剩余有效申报及其后在该价格的新增申报中，当日累计成交数量比例低于 70%。

第二十三条　收盘集合竞价阶段同时存在下列情形的，本所对有关交易行为予以重点监控：

（一）连续竞价结束时股票交易价格处于涨（跌）幅限制状态；

（二）连续竞价结束时和收盘集合竞价结束时，市场涨（跌）幅限制价格剩余有效申报数量或者金额巨大；

（三）收盘集合竞价结束时，收盘集合竞价阶段新增涨（跌）幅限制价格申报的剩余有效申报数量或者金额较大；

（四）收盘集合竞价结束时，涨（跌）幅限制价格剩余有效申报数量占市场该价格剩余有效申报总量的比例较高。

第五节　自买自卖和互为对手方交易

第二十四条　自买自卖和互为对手方交易，是指单个账户、自己实际控制的账户之间或者涉嫌关联账户之间大量进行股票交易，影响股票交易价格或者交易量的异常交易行为。

第二十五条　竞价交易阶段同时存在下列情形的，本所对有关交易行为予以重点监控：

（一）在单个账户或者自己实际控制的账户之间进行交易；

（二）成交数量占股票全天累计成交总量的 10% 以上或者收盘集合竞价阶段成交数量占期间市场成交总量的 30% 以上。

第二十六条　竞价交易阶段同时存在下列情形的，本所对有关交易行为予以重点监控：

（一）涉嫌关联的账户之间互为对手方进行交易；

（二）成交数量占股票全天累计成交总量的 10% 以上或者收盘集合竞价阶段成交数量占期间市场成交总量的 30% 以上。

第六节　严重异常波动股票申报速率异常

第二十七条　严重异常波动，是指主板股票竞价交易出现《交易规则》规定的严重异常波动情形。

第二十八条　严重异常波动股票申报速率异常，是指违背审慎交易原则，在股票交易出现严重异常波动情形后的 10 个交易日内，利用资金优势、持股优势，在短时间内集中申报加剧股价异常波动的异常交易行为。

第二十九条　股票交易出现严重异常波动情形后 10 个交易日内，连续竞价阶段 1 分钟内单向申报买入（卖出）单只严重异常波动股票金额巨大的，本所对有关交易行为予以重点监控。

第三章　投资者异常交易行为监管

第三十条　投资者在主板股票交易中实施异常交易行为的，本所可以对其采取下列自律监管措施：

（一）口头警示；

（二）书面警示；

（三）约见谈话；

（四）将证券账户列入重点监控账户；

（五）要求投资者提交合规交易承诺书；

（六）盘中暂停当日交易；

（七）盘后限制交易；

（八）本所规定的其他自律监管措施。

本所对投资者采取自律监管措施的，按照《交易规则》《深圳证券交易所自律监管措施和纪律处分实施办法》等规定执行。

第三十一条　投资者实施异常交易行为具有下列情形之一的，本所可以下调本细则规定的监控指标从严认定异常交易行为，从重采取自律监管措施：

（一）在一定时间内反复、连续实施异常交易行为；

（二）对严重异常波动股票、风险警示股票、退市整理股票、存在退市风险的股票实施异常交易行为；

（三）对本所交易监管中向市场公开的重点监控股票实施异常交易行为；

（四）异常交易行为涉嫌操纵市场；

（五）因异常交易行为受到过本所盘后限制交易，或者因内幕交易、操纵市场、利用未公开信息交易等证券违法行为受到过行政处罚或者刑事制裁；

（六）本所认定的其他情形。

从严认定异常交易行为的，监控指标下调幅度不超过 50%，情节特别严重的除外。

第三十二条　会员未按本细则及本所其他相关规定履行客户交易行为管理职责的，本所可以按照《会员管理规则》等规定，对会员及其负有责任的相关人员采取自律监管措施或者纪律处分。

第四章　附则

第三十三条　本细则下列用语的含义：

（一）数量或者金额较大，是指风险警示股票数量在 30 万股以上或者金额在

100 万元以上，其他股票数量在 30 万股以上或者金额在 300 万元以上；

（二）数量或者金额巨大，是指风险警示股票数量在 50 万股以上或者金额在 200 万元以上，其他股票数量在 100 万股以上或者金额在 1000 万元以上；

（三）比例或者占比较高，是指比例或者占比 30% 以上；

（四）多次，是指实施 3 次以上；

（五）实际控制，是指通过股权、协议、委托或者其他方式，直接或者间接拥有对某个账户的交易活动作出决策或者导致形成决策的权利；

（六）涉嫌关联，是指两个以上证券账户在开户信息、交易终端信息、交易行为趋同性或者交易资金来源等方面存在或者可能存在关联。

本细则所称"以上""以前""内"含本数，"高于""低于"不含本数。

第三十四条　本细则由本所负责解释。

第三十五条　本细则自按照《首次公开发行股票注册管理办法》发行上市的首只主板股票上市首日起施行。

关于注册制下股票和存托凭证暂不作为股票质押回购及约定购回交易标的证券的通知

（深证会〔2023〕50 号 2023 年 2 月 17 日）

各会员单位：

为了落实全面实行股票发行注册制相关要求，防范股票质押式回购交易（以下简称股票质押回购）、约定购回式证券交易（以下简称约定购回交易）业务风险，保障市场稳健运行，现就深市股票和存托凭证涉及股票质押回购及约定购回交易相关事项通知如下：

一、在注册制下首次公开发行股票或者存托凭证并上市的公司，其股票或者存托凭证暂不作为股票质押回购及约定购回交易标的证券。其他股票可以继续作为股票质押回购及约定购回交易标的证券。

二、会员应当做好股票质押回购、约定购回交易的前端检查控制。如因不当操作导致相关交易完成的，会员应当及时要求融入方提前购回。

三、对违反本通知要求的会员，本所将根据《深圳证券交易所会员管理规则》及相关业务规则，采取相应的自律监管措施或者纪律处分。

四、本通知自发布之日起施行。本所 2020 年 6 月 12 日发布的《关于创业板股票涉及股票质押回购及约定购回交易有关事项的通知》（深证会〔2020〕306 号）同时废止。

深圳证券交易所

2023 年 2 月 17 日

关于发布《深圳证券交易所主板投资风险揭示书必备条款》及相关事项的通知

（深证上〔2023〕116 号　2023 年 2 月 17 日）

各市场参与人：

为了做好全面实行股票发行注册制相关工作，强化会员投资者适当性管理职责，保护投资者合法权益，本所制定了《深圳证券交易所主板投资风险揭示书必备条款》（以下简称《必备条款》），现予发布，并就相关事项通知如下：

一、自按照《首次公开发行股票注册管理办法》发行的首只主板股票、存托凭证（以下统称股票）发行首日起，新增普通投资者（新开通深市 A 股证券账户的普通投资者）首次参与主板股票的申购、交易前，应当以纸面或者电子方式签署《主板投资风险揭示书》（以下简称《风险揭示书》）。投资者未签署《风险揭示书》的，会员不得接受相关委托。

二、会员应当切实履行投资者适当性管理义务，根据《必备条款》制定《风险揭示书》，完善相应管理制度及流程，并做好组织《风险揭示书》签署、技术改造等相关工作。

三、会员应当多渠道、全方位做好风险提示与投资者教育工作，通过短信、电话或者交易软件登录弹窗等适当方式，向存量投资者（已开通深市 A 股证券账户且未销户的投资者）及时、充分告知注册制后主板相关制度变化及风险特征，并做好留痕。会员应当通过公司官方网站、投教基地网站、营业部专栏等渠道切实做好投资者教育。

四、本通知未作规定的，适用本所其他相关规定。

附件：深圳证券交易所主板投资风险揭示书必备条款

附件

深圳证券交易所主板投资风险揭示书必备条款

为了使投资者充分了解深圳证券交易所（以下简称深交所）主板的相关风险，开展经纪业务的会员应当制定《主板投资风险揭示书》（以下简称《风险揭示书》），向参与主板股票、存托凭证（以下统称股票）申购、交易的投资者充分揭示风险。

《风险揭示书》应当至少包括下列内容：

一、全面实行股票发行注册制后，主板股票发行、上市、交易、持续监管等相关制度安排发生一定变化，投资者应当充分知悉并关注相关规则。

二、主板上市公司可能存在有累计未弥补亏损、最近3个会计年度未能连续盈利等情形；已在境外上市的红筹企业、未在境外上市的红筹企业、存在表决权差异安排的企业具有差异化上市标准，投资者应当关注。

三、首次公开发行主板股票可能采用直接定价或者询价定价方式。采用询价定价方式的，询价对象除证券公司等八类专业机构投资者外，还包括符合一定条件的其他法人和组织、个人投资者。

四、首次公开发行主板股票采用询价方式的，初步询价结束后，发行人预计发行后总市值不满足其在招股说明书中明确选择的市值与财务指标上市标准的，将按规定中止发行。

五、首次公开发行主板股票采用询价方式的，可能存在发行价格超过剔除最高报价部分后所有网下投资者剩余报价的中位数和加权平均数，以及公募基金等六类产品剩余报价的中位数和加权平均数的孰低值的情况；可能存在发行价格超过境外市场价格或者发行价格对应市盈率超过同行业上市公司二级市场平均市盈率等情形，投资者参与申购前应当关注投资风险特别公告等与定价合理性相关的信息，注意投资风险。

六、根据首次公开发行主板股票发行后总股本差异等情形，网上初始发行比例可能有所差别；根据网上投资者有效申购倍数差异，可能存在不同的网下向网上回拨比例，投资者应当关注。

七、首次公开发行主板股票时，发行人和主承销商可以采用超额配售选择权，即存在发行人增发主板股票的可能性。投资者应当关注发行公告中披露全额行使超额配售选择权拟发行证券的具体数量。

八、主板股票可能主动终止上市，也可能因触及退市情形被强制终止上市。主动终止上市以及因触及交易类强制退市情形被终止上市的，不进入退市整理期，直接予以摘牌；因触及财务类、规范类或者重大违法类强制退市情形被终止上市的，进入退市整理期交易15个交易日后予以摘牌。投资者应当及时了解相关信息和规定，密切关注退市风险。

九、主板上市公司可能设置表决权差异安排。上市公司可能根据此项安排，存在控制权相对集中，以及因每一特别表决权股份拥有的表决权数量大于每一普通股份拥有的表决权数量等情形，而使普通投资者的表决权权利及对公司日常经营等事务的影响力受到限制。

十、出现《深圳证券交易所股票上市规则》以及上市公司章程规定的情形时，特别表决权股份将按1：1的比例转换为普通股份。股份转换自相关情形发生时即生效，可能与相关股份转换登记时点存在差异。投资者应当及时关注上市公司相关公告，以了解特别表决权股份变动事宜。

十一、主板普通股票及退市整理股票价格涨跌幅限制比例为10%，风险警示股票为5%，但主板股票在首次公开发行上市后的前五个交易日、重新上市首日、进入退市整理期的首日以及深交所认定的其他情形下不实行价格涨跌幅限制，投资者应当关注可能发生的股价波动风险。

十二、主板无价格涨跌幅限制股票竞价交易盘中交易价格较当日开盘价格首次上涨或者下跌达到或者超过30%、60%，以及出现证监会或者深交所认定的其他情形的，实施盘中临时停牌，单次临时停牌时间为10分钟，停牌时间跨越14:57的，于当日14:57复牌并对已接受的申报进行复牌集合竞价，再进行收盘集合竞价。

十三、投资者应当关注股票集合竞价阶段及连续竞价阶段有效申报价格范围的相关要求，以免影响申报。申报时超过涨跌幅限制价格或者有效申报价格范围的申报为无效申报。

十四、按照《首次公开发行股票注册管理办法》发行的主板股票，上市首日即可作为融资融券标的，投资者应当注意相关风险。

十五、投资者应当关注主板股票交易可能触发的异常波动和严重异常波动情形，知悉严重异常波动情形可能导致停牌核查，审慎参与相关股票交易。

十六、符合相关规定的红筹企业可以在主板上市。红筹企业在境外注册，可能采用协议控制架构，在上市标准、信息披露、分红派息、退市标准等方面可能与境内上市公司存在差异。红筹企业的股权结构、公司治理、运行规范等事项适用境外注册地公司法等法律法规的，其投资者权益保护水平总体上应不低于境内法律法规等要求，但可能与境内法律法规等要求为境内投资者权益提供的保护存在差异。

十七、红筹企业可以发行股票或者存托凭证并在主板上市。存托凭证由存托人签发、以境外证券为基础在中国境内发行，代表境外基础证券权益。红筹企业存托凭证持有人实际享有的权益与境外基础证券持有人的权益虽然基本相当，但并不能等同于直接持有境外基础证券。投资者应当充分知悉存托协议和相关规则内容，关注交易和持有过程中可能存在的风险。

十八、主板相关法律、行政法规、部门规章、规范性文件（以下统称法律法规）和交易所业务规则，可能根据市场情况进行修改，或者制定新的法律法规和业务规则，投资者应当及时予以关注和了解。

除上述风险提示外，各会员还可以根据具体情况在本公司制定的《风险揭示书》中对主板股票交易存在的风险作进一步列举。

《风险揭示书》应当以醒目的文字载明：

本《风险揭示书》的揭示事项仅为列举性质，未能详尽列明主板股票交易的所有风险，且未来有关法律法规和业务规则修订时可能不会要求投资者重新签署《风险揭示书》，投资者在参与交易前，应当认真阅读有关法律法规和交易所业务规则等相关规定，对其他可能存在的风险因素也应当有所了解和掌握，并确信自己已做好足够的风险评估与财务安排，避免因参与主板股票交易遭受难以承受的损失。

投资者在本《风险揭示书》上签字，即表明投资者已经理解并愿意自行承担参与主板股票交易的风险和损失。

关于发布《深圳证券交易所创业板投资风险揭示书必备条款（2023 年修订）》的通知

（深证会〔2023〕52 号　2023 年 2 月 17 日）

各会员单位：

为了做好全面实行股票发行注册制相关工作，保护投资者合法权益，本所根据有关规则修订情况，对《深圳证券交易所创业板投资风险揭示书必备条款》进行了修订，现予发布，并就相关事项通知如下：

一、请各会员单位及时更新《创业板投资风险揭示书》，自适用《深圳证券交易所首次公开发行证券发行与承销业务实施细则》的首只创业板股票、存托凭证发行首日起，对首次申请开通创业板交易权限的普通投资者，各会员单位应当要求其以纸面或者电子方式签署新版风险揭示书。

二、对已签署旧版风险揭示书的投资者，各会员单位应当通过适当方式向投资者充分告知全面实行注册制前后创业板相关制度变化及风险特征，并做好留痕。

三、本所于 2020 年 4 月 27 日发布的《深圳证券交易所创业板投资者适当性管理实施办法（2020 年修订）》（深证上〔2020〕343 号）的附件《深圳证券交易所创业板投资风险揭示书必备条款》同时废止。

附件：深圳证券交易所创业板投资风险揭示书必备条款（2023 年修订）

附件

深圳证券交易所创业板投资风险揭示书必备条款（2023 年修订）

为了使投资者充分了解深圳证券交易所（以下简称深交所）创业板的相关风险，开展经纪业务的会员应当制定《创业板投资风险揭示书》（以下简称《风险揭示书》），向参与创业板股票、存托凭证（以下统称创业板股票）申购、交易的投资者充分揭示风险。《风险揭示书》应当至少包括下列内容：

一、创业板上市公司往往高度依赖新技术、新模式、新业态，且多为轻资产结构，具有技术迭代快、产业升级快、模式易复制、业绩波动大等特点，公司上市后的持续创新能力、盈利能力和抗风险能力具有较大的不确定性。

二、创业板上市公司可能存在首次公开发行前最近 3 个会计年度未能连续盈利、公开发行并上市时尚未盈利、有累计未弥补亏损，以及在上市后仍无法盈利、持续亏损、无法进行利润分配等情形。

三、创业板新股发行价格、规模、节奏等坚持市场化导向，可能采用直接定价和询价定价方式发行。采用询价定价方式的，询价对象限定在证券公司等八类专业机构投资者，而个人投资者无法直接参与发行定价。

四、初步询价结束后，创业板发行人预计发行后总市值不满足其在招股说明书中明确选择的市值与财务指标上市标准的，将按规定中止发行。

五、根据首次公开发行创业板股票发行后总股本差异、是否为未盈利企业，网上初始发行比例可能有所差别；根据网上投资者有效申购倍数差异，可能存在不同的网下向网上回拨比例，投资者应当关注。

六、首次公开发行股票时，发行人和主承销商可以采用超额配售选择权，即存在发行人增发股票的可能性。

七、创业板股票可能主动终止上市，也可能因触及退市情形被强制终止上市。主动终止上市以及因触及交易类强制退市情形被终止上市的，不进入退市整理期，直接予以摘牌；因触及财务类、规范类或者重大违法类强制退市情形被终止上市的，进入退市整理期交易15个交易日后予以摘牌。投资者应当及时了解相关信息和规定，密切关注退市风险。

八、创业板允许上市公司设置表决权差异安排。上市公司可能根据此项安排，存在控制权相对集中，以及因每一特别表决权股份拥有的表决权数量大于每一普通股份拥有的表决权数量等情形，而使普通投资者的表决权利及对公司日常经营等事务的影响力受到限制。

九、出现《深圳证券交易所创业板股票上市规则》以及上市公司章程规定的情形时，特别表决权股份将按1：1的比例转换为普通股份。股份转换自相关情形发生时即生效，并可能与相关股份转换登记时点存在差异。投资者需及时关注上市公司相关公告，以了解特别表决权股份变动事宜。

十、创业板上市公司的股权激励制度更为灵活，包括股权激励计划所涉及的股票比例上限和对象有所扩大、价格条款更为灵活、实施方式更为便利。实施该等股权激励制度安排可能导致公司实际上市交易的股票数量超过首次公开发行时的数量。

十一、创业板股票的价格涨跌幅限制比例为20%，但在首次公开发行上市后的前五个交易日、重新上市首日、进入退市整理期的首日以及深交所认定的其他情形下不实行涨跌幅限制，投资者应当关注可能发生的股价波动风险。

十二、创业板无价格涨跌幅限制股票竞价交易盘中交易价格较当日开盘价格首次上涨或者下跌达到或者超过30%、60%，以及出现证监会或者深交所认定的其他情形的，实施盘中临时停牌机制，单次临时停牌时间为10分钟，停牌时间跨越 14:57 的，于当日 14:57 复牌并对已接受的申报进行复牌集合竞价，再进行收盘集合竞价。

十三、投资者应当关注不同板块单笔申报数量上限差异，同时应当关注股票集合竞价阶段及连续竞价阶段有效申报价格范围的相关要求，以免影响申报。《深圳证券交易所交易规则（2023 年修订）》施行后，"存单机制"将调整为"拒单机制"，申报时超过涨跌幅限制价格或者有效申报价格范围的申报为无效申报。

十四、投资者需关注创业板交易方式包括竞价交易、盘后固定价格交易及大宗交易，不同交易方式的交易时间、申报要求、成交原则等存在差异。

十五、注册制下首次公开发行的股票，上市首日即可作为融资融券标的，投资者应当注意相关风险。

十六、创业板股票的交易公开信息披露指标及异常波动情形、严重异常波动情形披露指标与深交所主板规定不同，投资者应当关注与此相关的风险。

十七、符合相关规定的红筹企业可以在创业板上市。红筹企业在境外注册，可能采用协议控制架构，在上市标准、信息披露、分红派息、退市标准等方面可能与境内注册的上市公司存在差异。红筹企业注册地、境外上市地等地法律法规对当地投资者提供的保护，可能与境内法律为境内投资者提供的保护存在差异。

十八、红筹企业可以发行股票或者存托凭证并在创业板上市。存托凭证由存托人签发、以境外证券为基础在中国境内发行，代表境外基础证券权益。红筹企业存托凭证持有人实际享有的权益与境外基础证券持有人的权益虽然基本相当，但并不能等同于直接持有境外基础证券。投资者应当充分知悉存托协议和相关规则的具体内容，了解并接受在交易和持有红筹企业股票或者存托凭证过程中可能存在的风险。

十九、创业板相关法律、行政法规、部门规章、规范性文件（以下统称法律法规）和交易所业务规则，可能根据市场情况进行修改，或者制定新的法律法规和业务规则，投资者应当及时予以关注和了解。

除上述风险提示外，各会员还可以根据具体情况在本公司制定的《风险揭示书》中对创业板股票交易存在的风险作进一步列举。

《风险揭示书》应当以醒目的文字载明：

本《风险揭示书》的揭示事项仅为列举性质，未能详尽列明创业板交易的所有风险，且未来有关法律法规和业务规则修订时可能不会要求投资者重新签署《风险揭示书》，投资者在参与交易前，应当认真阅读有关法律法规和交易所业务规则等相关规定，对其他可能存在的风险因素也应当有所了解和掌握，并确信自己已做好足够的风险评估与财务安排，避免因参与创业板交易遭受难以承受的损失。

投资者在本《风险揭示书》上签字，即表明投资者已经理解并愿意自行承担参与创业板交易的风险和损失。

关于未盈利企业在创业板上市相关事宜的通知

（深证上〔2023〕105 号 2023 年 2 月 17 日）

各市场参与人：

为了更好服务创新驱动发展战略，经中国证监会批准，《深圳证券交易所创业板股票上市规则》第 2.1.2 条中"预计市值不低于 50 亿元，且最近一年营业收入不低于 3 亿元"上市标准正式实施，属于先进制造、互联网、大数据、云计算、人工智能、生物医药等高新技术产业和战略性新兴产业的创新创业企业可适用该规定。本所可以根据市场情况，经中国证监会批准，对上述行业范围进行调整。

本通知自发布之日起施行。

深圳证券交易所

2023 年 2 月 17 日

关于发布《深圳证券交易所股票发行规范委员会工作细则》的通知

（深证上〔2023〕111 号 2023 年 2 月 17 日）

各市场参与人：

为了配合全面实行股票发行注册制相关工作，以市场化手段优化完善发行承销运行机制，引导市场形成良好稳定预期，保障深市市场平稳健康发展，保护投资者合法权益，本所在创业板股票发行规范委员会的基础上，设立深圳证券交易所股票发行规范委员会，并制定了《深圳证券交易所股票发行规范委员会工作细则》，现予以发布，自发布之日起施行。

附件：深圳证券交易所股票发行规范委员会工作细则

附件

深圳证券交易所股票发行规范委员会工作细则

第一章 总则

第一条 为了规范深圳市场股票发行与承销行为，发挥行业自律作用，引导市场形成稳定预期，保障市场稳定健康发展，保护投资者合法权益，深圳证券交易所（以下简称本所）设立股票发行规范委员会（以下简称规范委员会）。

第二条 规范委员会由股票市场机构、投资者保护机构组成，为本所管理和规范股票发行及承销行为提供咨询建议。

第二章 委员会组成

第三条 本所按照依法、公开、择优的原则选聘规范委员会成员。

规范委员会成员数量不超过三十五家。

第四条 市场机构成员由股票发行一级市场买方机构和卖方机构组成。

买方机构成员从股票市场投资规模靠前的公募基金、社保基金、养老金、年金基金和保险资金等投资机构中产生。

卖方机构成员从股票发行家数、募资金额与研究力量等方面靠前的证券公司中产生。

第五条　投资者保护机构成员由依照法律、行政法规或者中国证券监督管理委员会（以下简称中国证监会）的规定设立的投资者保护机构担任。

第六条　规范委员会成员委派一名专业人员作为代表参与规范委员会工作。

第七条　市场机构成员代表应当符合下列条件：

（一）坚持原则，公正廉洁，忠于职守，严格遵守法律、行政法规、部门规章、规范性文件和本所以及相关自律组织的业务规则；

（二）熟悉或者长期从事股票一级、二级市场业务；

（三）愿意且能够认真参与规范委员会工作；

（四）本所认为需要符合的其他条件。

市场机构成员代表不符合前款要求的，应当主动或者按照本所要求及时更换代表。

第八条　投资者保护机构委派相关负责人担任代表。

第九条　规范委员会设一家主任成员，数家副主任成员。主任和副主任成员由本所从市场机构成员中提名，规范委员会工作会议审议通过。

第十条　规范委员会成员每届任期三年，可以连任。成员任期届满但尚未改选的，成员及其代表应当按照本细则的规定继续履行职责。

第十一条　市场机构成员及其代表有下列情形之一的，本所可以终止其资格，并按程序予以更换：

（一）不再符合本细则规定的选聘条件；

（二）主动提出不再担任成员或者成员代表；

（三）不能正常履行职责，并对市场造成不良影响；

（四）成员代表不符合条件，且拒不更换；

（五）存在重大违法行为或者严重违反本所业务规则的行为；

（六）任期内因从事股票发行承销业务受到中国证监会或其派出机构行政处罚；

（七）本所认为不适合继续担任成员或者成员代表的其他情形。

第三章　工作职责与机制

第十二条　规范委员会履行下列职责：

（一）分析和评估股票市场当前和今后一段时期的供需状况，并根据评估情况，对如何有效保持市场供需平衡以及今后一段时期的股票发行工作发表意见，提出行业倡导建议；

（二）对股票发行与承销的相关政策和运行机制提供咨询意见；

（三）以适当方式回应市场关于股票发行工作的问题和建议；

（四）本所规定或者提请由规范委员会办理的其他事项。

第十三条　规范委员会成员及其代表应当遵守下列规定：

（一）保证足够的时间和精力参与规范委员会工作，勤勉尽职；

（二）按时出席规范委员会工作会议，独立、客观、公正地发表意见；

（三）保守在参与规范委员会工作中获取的国家秘密、商业秘密和内幕信息，不向任何第三方泄露工作相关内容；

（四）遵守规范委员会的会议决议与倡导建议；

（五）不得利用规范委员会成员或者成员代表身份进行宣传；

（六）与履行职责相关的其他规定。

第十四条　本所发行承销业务管理部门为规范委员会对口办事部门，负责办理下列事务：

（一）落实规范委员会成员遴选、聘任、解聘、换届等工作；

（二）组织规范委员会工作会议，安排会议场地以及设施，通知参会人员，送达会议材料；

（三）维护会场秩序，记录会议讨论情况，发布会议公告；

（四）负责成员联络沟通、服务保障等日常工作；

（五）本所或者规范委员会要求办理的其他事项。

第十五条　规范委员会通过工作会议等形式履行职责。

规范委员会每年召开一次年度工作会议。主任成员、半数以上成员或者本所有权提议召开临时工作会议。

第十六条　出席工作会议的成员代表应当不少于成员代表总人数的三分之二，买方机构成员代表和卖方机构成员代表的参会人数应当均不少于参会总人数的三分之一。

成员代表因故不能出席的，应当由成员指定符合本细则第七条规定的其他人员作为受托代表出席，代为履行全部职责，并在出席工作会议前及时告知对口办事部门。

第十七条　工作会议由主任成员的代表或者其指定的副主任成员的代表担任会议召集人。本所委派相关负责人参加会议。

会议由会议召集人或者本所相关负责人主持。会议结束后，会议召集人根据会议讨论情况进行总结，形成会议纪要。

第十八条　规范委员会可以通过合议形式形成规范委员会工作会议决议（以下简称会议决议）。

成员应当自觉遵守和执行会议决议。成员对会议决议持不同意见的，应当向对口办事部门提交书面材料。

第十九条　根据需要，本所可以将会议决议以适当方式向行业公布，并监督执行情况。

第二十条　规范委员会成员及其代表或者受托代表应当妥善保管会议材料，

并对会议情况负有保密义务，不得以任何形式泄露工作会议的会议材料、讨论内容、会议决议以及其他有关信息。

第四章　附则

第二十一条　本细则由本所负责解释。

第二十二条　本细则自发布之日起施行。

关于发布《深圳证券交易所行业咨询专家库工作规则（2023 年修订）》的通知

（深证上〔2023〕97 号　2023 年 2 月 17 日）

各市场参与人：

为了落实全面实行股票发行注册制工作部署，进一步规范行业咨询专家库运作，本所对《深圳证券交易所行业咨询专家库工作规则》进行了修订。经中国证监会批准，现予以发布，自发布之日起施行。

本所于 2020 年 6 月 12 日发布的《深圳证券交易所行业咨询专家库工作规则》（深证上〔2020〕505 号）同时废止。

附件：深圳证券交易所行业咨询专家库工作规则（2023 年修订）

附件

深圳证券交易所行业咨询专家库工作规则（2023 年修订）

第一章　总则

第一条　为了做好深圳证券交易所（以下简称本所）证券发行上市工作，进一步提高发行人信息披露质量，根据《首次公开发行股票注册管理办法》《上市公司证券发行注册管理办法》《上市公司重大资产重组管理办法》等有关规定，本所设立行业咨询专家库（以下简称专家库），制定本规则。

第二条　专家库是本所专家咨询机构，负责向本所提供专业咨询、人员培训和政策建议。

第三条　本所负责专家库的日常事务和具体运作，为专家履行职责提供必要的条件和便利，加强专家履职情况管理，及时做好专家库专家的调整工作。

第二章　专家构成与选聘

第四条　专家库由从事与新技术、新产业、新业态、新模式紧密相关行业的权威专家、知名企业家、资深投资专家组成，并可根据行业设立不同咨询组别。所有专家均为兼职。

本所可以根据需要对专家库人数和人员构成进行调整，并在本所网站公开。

第五条　本所按照依法、公开、择优的原则，履行下列程序聘任专家库专家：

（一）本所商请有关部委、科研院校、行业协会、上市公司、市场机构等单位推荐专家人选；

（二）本所将专家人选名单在本所网站公示，公示期不少于五个工作日；

（三）公示期满后，本所根据专家选任条件进行遴选，拟定拟聘任专家名单；

（四）本所履行决策程序后作出聘任决定。

第六条　专家库专家应当符合下列条件：

（一）严格遵守国家法律法规，坚持原则，公正廉洁，恪守职业道德和诚信准则，没有严重不良诚信记录；

（二）从事与新技术、新产业、新业态、新模式紧密相关行业的科学研究、企业经营、投资管理、政策制定等相关工作，熟悉相关方面的产业政策、前沿技术、发展前景、竞争态势等，在所在领域取得突出成就，享有较高社会声望；

（三）愿意且保证认真参与咨询工作；

（四）本所认为需要符合的其他条件。

第七条　专家库专家有下列情形之一的，本所予以解聘：

（一）违反法律、行政法规、中国证券监督管理委员会（以下简称中国证监会）和本所相关规定；

（二）未按照本所相关规定勤勉履职；

（三）本人提出辞职申请；

（四）推荐其担任专家的单位提请解聘，经本所研究认为不适合担任专家的；

（五）本所认为不适合继续担任专家的其他情形。

专家被解聘后，本所可以根据工作需要选聘新的专家库专家。

第三章　工作职责与机制

第八条　专家库专家就本所提请咨询的下列事项提供意见：

（一）发行上市申请文件中与发行人业务和技术相关的信息披露问题；

（二）板块定位；

（三）国内外科技创新及产业化应用的发展动态；

（四）本所相关行业信息披露规则的制定；

（五）本所根据工作需要提请咨询的其他事项。

第九条　专家库专家应当遵守下列规定：

（一）保证足够的时间和精力参与咨询工作，勤勉尽责、诚实守信；

（二）保守在参与咨询工作中获取的国家秘密、商业秘密和内幕信息，不得向任何第三方泄露工作相关内容；

（三）提供咨询意见的事项与自身利益相关或者可能存在利益冲突的，应当及时提出回避；

（四）不得利用专家库专家身份谋取不正当利益或者进行业务宣传，不得接受咨询事项所涉企业的馈赠或者存在有损公正履职的其他行为；

（五）与专家履行职责相关的其他规定。

第十条 本所根据工作需要向专家库专家进行咨询的，应当提出具体咨询事项，并通过召开会议、书面函件等方式，向咨询事项涉及的相关行业专家进行咨询。

专家库专家应当结合自身专长和所从事工作，认真阅研本所提出的咨询事项以及相关材料，以个人身份独立、客观、公正地提供咨询意见。

第十一条 专家库专家提供咨询意见，有下列情形之一的，应当回避：

（一）专家或者其亲属近两年内担任发行人或者其控股股东、实际控制人或者保荐人、独立财务顾问的董事、监事、高级管理人员；

（二）专家或者其亲属、专家所在工作单位与发行人或者保荐人、独立财务顾问存在股权关系，可能影响其公正履行职责；

（三）专家或者其亲属、专家所在工作单位近两年内与发行人存在业务往来，可能影响其公正履行职责；

（四）专家或者其亲属担任董事、监事、高级管理人员的公司与发行人存在行业竞争关系，或者与发行人或者保荐人、独立财务顾问有利害关系，经认定可能影响其公正履行职责；

（五）专家提供咨询意见前，与发行人、保荐人或者独立财务顾问及其他相关单位或者个人进行过接触，可能影响其公正履行职责；

（六）本所认定的可能产生利害冲突或者专家认为可能影响其公正履行职责的其他情形。

前款所称亲属，包括专家的配偶、父母、子女、兄弟姐妹、配偶的父母、子女的配偶、兄弟姐妹的配偶。

第十二条 发行人、保荐人或者独立财务顾问及其他相关单位和个人认为专家库专家存在前条规定回避情形的，应当及时向本所提出要求有关专家回避的书面申请，并说明理由。

专家库专家收到本所具体咨询事项后，发现存在前条规定回避情形的，应当及时告知本所，并及时提交书面回避申请。

第十三条 收到发行人、保荐人或者独立财务顾问、其他相关单位和个人要求有关专家回避的书面申请后，本所将进行核实；经核实理由成立的，本所不向有关专家进行咨询。

专家、发行人、保荐人或者独立财务顾问及其他相关单位和个人未向本所提出回避申请，但专家存在回避情形的，本所可以决定有关专家回避。

专家存在回避情形但未回避的，本所将根据本规则第七条规定解聘有关专家。专家由相关单位推荐的，本所将解聘情况通报其推荐单位。

第十四条　本所负责处理专家库下列事务：

（一）落实专家库专家遴选、聘任、解聘等工作；

（二）处理向专家库专家进行咨询的相关工作，及时收集专家咨询意见；

（三）组织召开专家库相关会议，记录会议讨论情况；

（四）负责专家的联络沟通、服务保障、管理监督等日常工作；

（五）本所或者专家库要求办理的其他事项。

第十五条　本所对专家库专家的履职情况进行监督，可以对违反本规则的行为进行调查，并根据调查结果采取谈话提醒、批评教育或者予以解聘等措施。

第四章　附则

第十六条　本规则的制定和修改须经本所理事会审议通过，报中国证监会批准。

第十七条　本规则由本所负责解释。

第十八条　本规则自发布之日起施行。本所于 2020 年 6 月 12 日发布的《深圳证券交易所行业咨询专家库工作规则》（深证上〔2020〕505 号）同时废止。

关于进一步督促会员提升保荐业务执业质量的通知

（深证会〔2023〕51 号 2023 年 2 月 17 日）

各会员单位：

为了进一步督促会员在本所股票或者存托凭证首次公开发行上市（以下简称 IPO）保荐业务中履职尽责，切实提升执业质量，把好市场"入口关"，保障全面实行股票发行注册制改革顺利实施，根据《深圳证券交易所股票发行上市审核规则》《深圳证券交易所会员管理规则》和《深圳证券交易所股票发行上市审核业务指引第 4 号——保荐业务现场督导》等有关规定，本所对注册制下 IPO 保荐业务执业质量较低、内控风险较大的会员（以下简称保荐人），实施现场督导、专项自查的差异化监管安排，引导行业牢固树立质量优先的发展理念。现将相关事项通知如下：

一、执业质量较低、内控风险较大的认定情形

（一）项目撤否率较高

保荐人最近十二个月内保荐代表人人均保荐的 IPO 项目数量（以下简称人均保荐项目数）较多，且在本所保荐的 IPO 项目被中国证监会终止注册或者不予注册、被本所终止审核（以下统称撤否）的项目数量合计占其最近十二个月内在本所保荐的 IPO 项目总数的比例（以下简称项目撤否率）较高。

（二）受到违规处理较多

因在本所保荐、承销的 IPO 项目违法违规，最近十二个月内保荐人或者其从业人员被中国证监会实施行政处罚或者重大行政监管措施，或者被本所实施纪律处分、书面警示次数较多，或者被本所实施的其他措施数量占其在本所保荐的 IPO 在审项目数量的比例（以下简称其他措施占比）较高。

（三）廉洁从业风险较高

保荐人或者其从业人员违反廉洁从业要求，在从事保荐业务过程中，以不正当方式教唆、指使、协助他人干预影响本所审核，通过利益输送、行贿等方式"围猎"本所监管审核人员，利用本所在职人员或者离职人员及其近亲属等关系或者身份谋取不正当利益，或者存在不当入股等情形。

（四）其他被本所认定为执业质量较低、内控风险较大的情形

二、现场督导

（一）督导情形

1. 保荐人人均保荐项目数居前二十，且项目撤否率达到下列比例的，本所对其保荐的 IPO 项目抽取实施现场督导：

（1）项目撤否率超过百分之六十的，本所对其保荐的IPO项目按百分之五十以上的比例抽取实施现场督导；

（2）项目撤否率超过百分之四十且在百分之六十以下的，本所对其保荐的IPO项目按百分之三十以上的比例抽取实施现场督导；

（3）项目撤否率在百分之三十以上且在百分之四十以下的，本所抽取一定数量的保荐人，对其保荐的IPO项目按百分之五以上的比例抽取实施现场督导。

2. 保荐人在本所IPO保荐、承销业务中，因违反廉洁从业规定或者发生其他违法违规事项受到违规处理，存在下列情形的，本所对其保荐的IPO项目抽取实施现场督导：

（1）被中国证监会实施两次行政处罚的，本所对其保荐的IPO项目按百分之五十以上的比例抽取实施现场督导。

（2）被中国证监会实施一次行政处罚，或者一次重大行政监管措施；或者被本所实施一次纪律处分，或者两次书面警示，或者一次书面警示且其他措施占比在百分之八十以上，或者其他措施占比超过百分之百的，本所抽取一定数量的保荐人，对其保荐的IPO项目按百分之五以上的比例抽取实施现场督导。

3. 对于存在前述第1目第（3）点或者第2目第（2）点情形的保荐人，本所合并抽取1家实施现场督导。

（二）督导范围和指标计算

1. 督导范围。督导抽取的项目由该保荐人保荐的所有未经本所上市审核委员会（以下简称上市委）会议审议且未参与过抽取的IPO项目构成。计算结果向下取整数，每家保荐人最少抽取一个项目。当期没有项目的，告知延后实施。保荐人被撤销保荐业务资格的，不再实施现场督导。

2. 保荐项目。保荐项目包含计算期内的在审项目、审结项目。在审项目为截至期末进行中的、取得中国证监会予以注册决定前的项目。审结项目包含中国证监会予以注册的项目、撤否项目。

3. 人均保荐项目数。保荐代表人的数量以计算时中国证券业协会公示的结果为准，项目范围为深沪主板、创业板、科创板的保荐项目。

4. 人员折算。一名保荐人从业人员因IPO项目违规被处理的，或者多名保荐人从业人员因同一IPO项目违规被处理的，或者多名保荐人从业人员因多个IPO项目违规被一并处理的，按孰重原则确定违规处理措施类型，折算为该保荐人受到0.5次违规处理。

5. 受到违规处理的计算和认定。同一IPO项目中保荐人及其从业人员同时受到违规处理的，按照违规处理措施类型分别计算，不重复处理。保荐人截至期末受到的违规处理措施数量触及本通知第二条第一项"督导情形"第2目第（1）点或者第（2）点规定情形的，本所按对应情形认定；计算结果同时触及前述情形的，本所按照第（1）点认定。

6. 本所实施的其他措施。包括约见谈话、口头警示以及工作措施等。

7. 计算频率。指标自本通知施行之日起算，每六个月计算一次。

8. 不重复计算。被现场督导的保荐人，其已被计算过的项目撤否、受到违规处理等记录清零。未被现场督导的保荐人，项目撤否、受到违规处理等记录继续计算。保荐人因本通知被实施的监管安排而产生的项目撤否、受到违规处理等记录，不纳入计算。

9. 本通知所称"超过"不含本数，"以上""以下"含本数。

三、专项自查

（一）自查整改

1. 基本要求。存在本通知第二条第一项"督导情形"第 1 目第（3）点或者第 2 目第（2）点规定情形，且未被抽中现场督导的保荐人，应当结合其最近十二个月内保荐的 IPO 项目问题，就投行业务内控制度完整性、"三道防线"和公司治理有效性等体制机制问题，开展内部专项自查。针对自查发现的问题，保荐人应当进行整改，并对相关责任人员进行问责。

2. 自查期限。保荐人应当在一个月内完成自查并提交自查报告。

3. 自查报告。包括但不限于自查组织及实施过程、发现的问题和原因、内部问责情况、整改措施、计划安排以及监督保障等。

（二）效果评估

1. 基本要求。自查完成六个月后，保荐人应当结合在本所保荐的 IPO 项目质量情况，对投行业务内控机制整改效果进行评估，形成评估报告。

2. 评估报告。包括但不限于整改进展情况、近六个月项目被违规处理或者被撤否情况及原因、涉及的体制机制问题、前期自查未发现的原因，以及后续整改安排、内部问责情况等。

（三）其他

1. 报告路径。自查报告、评估报告应当经投行业务、质控、内核负责人和公司董事长或者总经理签字同意后，通过本所"会员业务专区－公文及报表上传"栏目向本所报送，并同步抄报辖区证监局。

2. 不重复自查。保荐人在效果评估期间不重复开展专项自查。

3. 监督问责。对于自查整改和效果评估不认真、不到位，致使问题反复出现，或者隐瞒问题、虚假报告的，本所可以延长评估时间，并可以根据有关业务规则从重实施自律监管措施或者纪律处分。

本通知自发布之日起施行。

深圳证券交易所

2023 年 2 月 17 日

关于股票及存托凭证证券简称和标识的通知

（深证上〔2023〕115 号 2023 年 2 月 17 日）

各市场参与人：

为了提示在深圳证券交易所（以下简称本所）上市股票及存托凭证交易风险，保护投资者合法权益，根据《深圳证券交易所交易规则》等业务规则，本所现就股票及存托凭证证券简称和标识有关事项通知如下：

一、首次公开发行股票或者存托凭证上市首日证券简称首位字母为"N"，上市后第二至第五个交易日证券简称首位字母为"C"；以非新增股票为基础证券上市中国存托凭证的除外。

二、上市交易存托凭证的特别标识为"D"。

三、上市时尚未盈利、具有表决权差异安排及具有协议控制架构或者类似特殊安排的发行人，其股票或者存托凭证相应标识如下：

（一）发行人尚未盈利的，其股票或者存托凭证的特别标识为"U"；发行人首次实现盈利的，该特别标识取消。

（二）发行人具有表决权差异安排的，其股票或者存托凭证的特别标识为"W"；上市后不再具有表决权差异安排的，该特别标识取消。

（三）发行人具有协议控制架构或者类似特殊安排的，其股票或者存托凭证的特别标识为"V"；上市后不再具有相关安排的，该特别标识取消。

四、本通知所列证券简称或者特别标识通过本所行情信息的产品信息文件发布，供行情软件显示，并在本所网站"市场数据－产品目录－股票－股票列表"栏目展示。

五、本通知自按照《首次公开发行股票注册管理办法》发行的首只主板股票上市首日起施行。本所于 2020 年 6 月 12 日发布的《关于创业板股票及存托凭证证券简称及标识的通知》（深证上〔2020〕516 号）同时废止。

深圳证券交易所

2023 年 2 月 17 日

全面实行

股票发行注册制
制度规则汇编

下

《全面实行股票发行注册制制度规则汇编》编写组◎编

新华出版社

图书在版编目（CIP）数据

全面实行股票发行注册制度规则汇编. 下 / 《全面实行股票发行注册制度规则
汇编》编写组编. -- 北京：新华出版社, 2023.3
ISBN 978-7-5166-6769-9

Ⅰ.①全…　Ⅱ.①全…　Ⅲ.①股票发行－金融监管－监管制度－汇编－中国
Ⅳ.①F832.51

中国国家版本馆CIP数据核字（2023）第049010号

目 录

CONTENTS

上 册

第一部分 证监会规章、规范性文件、监管规则适用指引

规 章

1

规范性文件

监管规则适用指引

中　册

第二部分　上交所、深交所规则

上交所规则

深交所规则

下 册

第三部分 北交所、全国股转公司、中国结算、中证金融、证券业协会规则

北交所规则

全国股转公司规则

中国结算规则

附　录

第三部分

北交所、全国股转公司、中国结算、中证金融、证券业协会规则

北交所规则

关于发布《北京证券交易所向不特定合格投资者公开发行股票并上市审核规则》的公告

（北证公告〔2023〕10 号　2023 年 2 月 17 日）

为落实全面实行股票发行注册制的有关要求，规范北京证券交易所（以下简称本所）向不特定合格投资者公开发行股票并上市的审核工作，本所修订了《北京证券交易所向不特定合格投资者公开发行股票并上市审核规则（试行）》，并更名为《北京证券交易所向不特定合格投资者公开发行股票并上市审核规则》。本规则已经中国证监会批准，现予以发布，自发布之日起施行。

特此公告。

附件：北京证券交易所向不特定合格投资者公开发行股票并上市审核规则

附件

北京证券交易所向不特定合格投资者公开发行股票并上市审核规则

第一章　总　则

第一条　为了规范北京证券交易所（以下简称本所）向不特定合格投资者公开发行股票并上市的审核工作，保护投资者合法权益，根据《中华人民共和国证券法》《中华人民共和国公司法》《国务院办公厅关于贯彻实施修订后的证券法有关工作的通知》《北京证券交易所向不特定合格投资者公开发行股票注册管理办法》（以下简称《发行注册办法》）等法律法规、部门规章和规范性文件，制定本规则。

第二条　发行人申请向不特定合格投资者公开发行股票并在北京证券交易所上市（以下简称公开发行股票并上市）的审核，适用本规则。

第三条　本所充分发挥对全国中小企业股份转让系统的示范引领作用，深入贯彻创新驱动发展战略，聚焦实体经济，主要服务创新型中小企业，重点支持先进制造业和现代服务业等领域的企业，推动传统产业转型升级，培育经济发展新动能，促进经济高质量发展。

第四条　发行人申请公开发行股票并上市,应当向本所提交发行上市申请文件。

本所对发行上市申请文件进行审核，认为发行人符合发行条件、上市条件和信息披露要求的，将审核意见、发行上市申请文件及相关审核资料报中国证券监督管理委员会（以下简称中国证监会）注册；认为发行人不符合发行条件、上市条件或信息披露要求的，作出终止发行上市审核的决定。

第五条　本所设立专门的发行上市审核机构（以下简称审核机构），对发行人的发行上市申请文件进行审核，出具审核报告；设立上市委员会，对审核机构出具的审核报告和发行上市申请文件进行审议，形成审议意见。本所可以设立行业咨询委员会，为发行上市审核提供专业咨询和政策建议。

本所结合上市委员会的审议意见，出具发行人符合发行条件、上市条件和信息披露要求的审核意见或者作出终止发行上市审核的决定。

上市委员会、行业咨询委员会的职责、人员组成、工作程序等事项，由本所另行规定。

第六条　本所通过审核发行上市申请文件，督促发行人真实、准确、完整地披露信息，保荐机构、证券服务机构切实履行信息披露的把关责任；督促发行人及其保荐机构、证券服务机构提高信息披露质量，便于投资者在信息充分的情况下作出投资决策。

本所审核工作遵循依法合规、公开透明、便捷高效的原则。

第七条　本所实行电子化审核，申请、受理、问询、回复等事项通过本所发行上市审核业务系统（以下简称审核系统）办理。

第八条　本所建立公开透明的审核机制，向市场公开发行上市审核业务规则和相关业务细则、在审企业名单与基本情况、审核工作进度、审核问询及回复情况、上市委员会召开与审议情况、自律监管措施和纪律处分等信息，接受社会公众监督。

第九条　本所出具发行人符合发行条件、上市条件和信息披露要求的审核意见，不表明本所对该股票的投资价值或者投资者的收益作出实质性判断或者保证，也不表明本所对发行上市申请文件及所披露信息的真实性、准确性、完整性作出保证。

第二章　申请与受理

第十条　发行人申请公开发行股票并上市的，应当按照规定聘请保荐机构进行保荐，并委托保荐机构通过审核系统报送下列文件：

（一）中国证监会规定的招股说明书、发行保荐书、审计报告、法律意见书、公司章程、股东大会决议等注册申请文件；

（二）上市保荐书；

（三）本所要求的其他文件。

发行上市申请文件的内容与格式应当符合中国证监会和本所的相关规定。

第十一条　在提交发行上市申请文件前，发行人及其保荐机构、证券服务机构可以就重大疑难、重大无先例事项等发行审核相关业务问题或事项，与本所进行沟通咨询；确需当面沟通咨询的，应当预约。

第十二条　本所收到发行上市申请文件后，对申请文件的齐备性进行核对，并在五个工作日内作出是否受理的决定。

发行上市申请文件齐备的，出具受理通知；发行上市申请文件不齐备的，一次性告知需要补正的事项。补正时限最长不得超过三十个工作日。多次补正的，补正时间累计计算。

发行人补正发行上市申请文件的，本所收到发行上市申请文件的时间以发行人最终提交补正文件的时间为准。

本所按照收到发行人发行上市申请文件的先后顺序予以受理。

第十三条　存在下列情形之一的，本所不予受理：

（一）发行上市申请文件不齐备且未按要求补正；

（二）保荐机构、证券服务机构及其相关人员不具备相关资质；

（三）发行人及其控股股东、实际控制人、董事、监事、高级管理人员，保荐机构、承销商、证券服务机构及相关人员因证券违法违规被中国证监会采取认定为不适当人选、限制业务活动、证券市场禁入，被证券交易所、国务院批准的其他全国性证券交易场所采取一定期限内不接受其出具的相关文件、公开认定不适合担任发行人董事、监事、高级管理人员，或者被证券业协会采取认定不适合从事相关业务等相关措施，尚未解除；

（四）存在尚未实施完毕的股票发行、重大资产重组、可转换为股票的公司债券发行、收购、股票回购等情形；

（五）法律、行政法规及中国证监会、本所规定的其他情形。

保荐机构报送的发行上市申请文件在十二个月内累计两次被不予受理的，自第二次收到本所不予受理通知之日起三个月后，方可报送新的发行上市申请文件。

第十四条　发行人提交的发行上市申请文件的内容应当真实、准确、完整。

自发行上市申请文件申报之日起，发行人及其控股股东、实际控制人、董事、监事和高级管理人员，以及保荐机构、证券服务机构及其相关人员即须承担相应的法律责任。

未经本所同意，不得对已受理的发行上市申请文件进行更改。

第十五条　本所受理发行上市申请文件当日，发行人应当在本所网站预先披露招股说明书、发行保荐书、上市保荐书、审计报告和法律意见书等文件。

本所受理发行上市申请后至中国证监会作出注册决定前，发行人应当按照本规则的规定，对预先披露的招股说明书、发行保荐书、上市保荐书、审计报告和法律意见书等文件予以更新并披露。

依照前两款规定预先披露的招股说明书等文件不是发行人发行股票的正式文件，不能含有股票发行价格信息，发行人不得据此发行股票。

发行人应当在预先披露的招股说明书的显要位置声明："本公司的发行申请尚需经北京证券交易所和中国证监会履行相应程序。本招股说明书不具有据以发行股票的法律效力，仅供预先披露之用。投资者应当以正式公告的招股说明书作为投资决定的依据。"

第三章　审核内容与方式

第十六条　本所在发行条件、上市条件的审核中重点关注下列事项：

（一）发行人是否符合《发行注册办法》及中国证监会规定的发行条件；

（二）发行人是否符合《北京证券交易所股票上市规则（试行）》及本所规定的上市条件；

（三）保荐机构、证券服务机构出具的文件是否就发行人符合发行条件、上市条件逐项发表明确意见，且具备充分的理由和依据。

本所对前款规定的事项存在疑问的，发行人应当按照本所要求作出解释说明，保荐机构及证券服务机构应当进行核查，并相应修改发行上市申请文件。

第十七条　本所在公开发行股票并上市的信息披露审核中重点关注以下事项：

（一）发行上市申请文件及信息披露内容是否达到真实、准确、完整的要求，是否符合中国证监会和本所有关要求；

（二）发行上市申请文件及信息披露内容是否包含对投资者作出投资决策有重大影响的信息，披露程度是否达到投资者作出投资决策所必需的水平，包括但不限于是否充分、全面披露相关规则要求的内容，是否充分揭示可能对发行人经营状况、财务状况产生重大不利影响的所有因素；

（三）发行上市申请文件及信息披露内容是否一致、合理和具有内在逻辑性，包括但不限于财务数据是否勾稽合理，是否符合发行人实际情况，财务信息与非财务信息是否相互印证，保荐机构、证券服务机构核查依据是否充分，能否对财务数据的变动或者与同行业公司存在的差异作出合理解释；

（四）发行上市申请文件披露的内容是否简明易懂，是否便于投资者阅读和理解，包括但不限于是否使用事实描述性语言，是否言简意赅、通俗易懂、逻辑清晰，是否结合发行人自身特点进行有针对性的信息披露。

第十八条　本所在发行上市审核中，对发行条件具体审核标准等涉及中国证监会部门规章及规范性文件理解和适用的重大疑难问题、重大无先例情况以及其他需要中国证监会决定的事项，将及时请示中国证监会。

第十九条　本所主要通过提出问题、回答问题等多种方式，督促发行人及其保荐机构、证券服务机构真实、准确、完整地披露信息。

本所可以视情况在审核问询中对发行人、保荐机构及证券服务机构，提出下列要求：

（一）解释和说明相关问题及原因；

（二）补充核查相关事项；

（三）补充提供新的证据或材料；

（四）修改或更新信息披露内容。

第二十条 发行人应当诚实守信，依法充分披露投资者作出价值判断和投资决策所必需的信息，充分揭示当前及未来可预见对发行人构成重大不利影响的直接和间接风险，保证发行上市申请文件和信息披露的真实、准确、完整，简明清晰、通俗易懂，不得有虚假记载、误导性陈述或者重大遗漏。

发行人应当按保荐机构、证券服务机构要求，依法向其提供真实、准确、完整的财务会计资料和其他资料，配合相关机构开展尽职调查和其他相关工作。

第二十一条 发行人的控股股东、实际控制人、董事、监事、高级管理人员等相关主体应当诚实守信，保证发行上市申请文件和信息披露的真实、准确、完整，依法作出并履行相关承诺，不得损害投资者合法权益。

前款规定的相关主体、发行人的有关股东应当配合相关机构开展尽职调查和其他相关工作。发行人的控股股东、实际控制人不得要求或者协助发行人进行虚假记载、误导性陈述或者重大遗漏等违法违规行为。

第二十二条 保荐机构应当诚实守信、勤勉尽责，按照依法制定的业务规则和行业自律规范的要求，充分了解发行人经营情况、风险和发展前景，以提高上市公司质量为导向保荐项目，对发行上市申请文件和信息披露资料进行审慎核查，对发行人是否符合发行条件、上市条件独立作出专业判断，审慎作出保荐决定，并对招股说明书及其所出具的相关文件的真实性、准确性、完整性负责。

第二十三条 证券服务机构应当严格遵守法律法规、中国证监会制定的监管规则、业务规则和本行业公认的业务标准、道德规范，建立并保持有效的质量控制体系，保护投资者合法权益，审慎履行职责，作出专业判断与认定，保证所出具的文件的真实性、准确性、完整性。

证券服务机构及其相关人员应当对与本专业相关的业务事项履行特别注意义务，对其他业务事项履行普通注意义务，并承担相应法律责任。

证券服务机构及其相关人员从事证券服务应当配合本所的自律管理，在规定的期限内提供、报送或披露相关资料、信息，并保证其提供、报送或披露的资料、信息真实、准确、完整，不得有虚假记载、误导性陈述或者重大遗漏。

证券服务机构应当妥善保存客户委托文件、核查和验证资料、工作底稿以及与质量控制、内部管理、业务经营有关的信息和资料。

第四章 审核程序

第一节 审核机构审核

第二十四条 本所审核机构按照发行上市申请文件受理顺序开始审核，自受理之日起二十个工作日内，通过审核系统发出首轮审核问询。

第二十五条 在首轮审核问询发出前，发行人、保荐机构、证券服务机构及其相关人员不得与审核人员接触，不得以任何形式干扰审核工作。

第二十六条 在首轮审核问询发出后，发行人及其保荐机构、证券服务机构对本所审核问询存在疑问的，可与本所审核机构进行沟通；确需当面沟通的，应当预约。

第二十七条 发行人及其保荐机构、证券服务机构应当按照审核问询要求进行必要的补充调查和核查，及时、逐项回复审核问询事项，补充或者修改相应发行上市申请文件，在收到审核问询之日起二十个工作日内通过审核系统提交回复文件。预计难以在规定的时间内回复的，保荐机构应当及时提交延期回复申请，说明延期理由及具体回复时限，延期一般不超过二十个工作日。

发行人及其保荐机构、证券服务机构对本所审核问询的回复是发行上市申请文件的组成部分，发行人及其保荐机构、证券服务机构应当保证回复的真实、准确、完整。

第二十八条 首轮审核问询后，存在下列情形之一的，本所审核机构收到发行人回复后十个工作日内可以继续提出审核问询：

（一）首轮审核问询后，发现新的需要问询事项；

（二）发行人及其保荐机构、证券服务机构的回复未能有针对性地回答本所审核机构提出的审核问询，或者本所就其回复需要继续审核问询；

（三）发行人的信息披露仍未满足中国证监会和本所规定的要求；

（四）本所认为需要继续审核问询的其他情形。

第二十九条 发行上市申请文件和对本所审核机构审核问询的回复中，拟披露的信息属于国家秘密、商业秘密，披露后可能导致其违反国家有关保密的法律法规或者严重损害公司利益的，可以豁免披露。发行人应当说明豁免披露的理由，本所认为豁免披露理由不成立的，发行人应当按照规定予以披露。

第三十条 本所在审核过程中，可以根据需要，约见问询发行人的控股股东、实际控制人、董事、监事、高级管理人员以及保荐机构、证券服务机构及其相关人员，调阅发行人、保荐机构、证券服务机构与本次发行上市申请相关的资料。

第三十一条 本所在审核过程中，发现发行上市申请文件存在重大疑问且发行人及其保荐机构、证券服务机构回复中无法作出合理解释的，可以对发行人及其保荐机构、证券服务机构进行现场检查。

第三十二条　发行人回复本所审核问询或者发生其他情形时，需更新发行上市申请文件的，应当进行修改、更新。在本所发出上市委员会审议会议通知时，更新后的招股说明书、发行保荐书、上市保荐书、审计报告和法律意见书等文件在本所网站披露。

第三十三条　本所审核机构收到问询回复后，认为不需要进一步问询的，出具审核报告并提请上市委员会审议。

第二节　上市委员会审议

第三十四条　上市委员会召开审议会议，对发行上市申请文件和审核机构的审核报告进行审议。

第三十五条　上市委员会进行审议时要求对发行人及其保荐机构进行现场问询的，发行人代表及保荐代表人应当到会接受问询，回答参会委员提出的问题。

第三十六条　上市委员会审议时，参会委员就审核报告的内容和审核机构提出的初步审核意见发表意见，通过合议形成发行人是否符合发行条件、上市条件和信息披露要求的审议意见。

发行人存在发行条件、上市条件或者信息披露方面的重大事项有待进一步核实，无法形成审议意见的，经会议合议，上市委员会可以对该发行人的发行上市申请暂缓审议，暂缓审议时间不超过两个月。对发行人的同一发行上市申请，上市委员会只能暂缓审议一次。

第三十七条　本所结合上市委员会审议意见，出具发行人符合发行条件、上市条件和信息披露要求的审核意见或作出终止发行上市审核的决定。

上市委员会认为发行人符合发行条件、上市条件和信息披露要求，但要求发行人补充披露有关信息的，本所审核机构通知保荐机构组织落实，并对落实情况进行核对，通报参会委员。发行人补充披露相关事项后，本所出具发行人符合发行条件、上市条件和信息披露要求的审核意见。

第三十八条　本所自受理发行上市申请文件之日起两个月内形成审核意见，但发行人及其保荐机构、证券服务机构回复本所审核问询的时间不计算在内。发行人及其保荐机构、证券服务机构回复本所审核问询的时间总计不超过三个月。

本规则规定的中止审核、请示有权机关、落实上市委员会意见、暂缓审议、处理会后事项、实施现场检查、实施现场督导、要求进行专项核查，并要求发行人补充、修改申请文件等情形，不计算在前款规定的时限内。

第三节　向中国证监会报送审核意见

第三十九条　本所审核通过的，向中国证监会报送发行人符合发行条件、上市条件和信息披露要求的审核意见、相关审核资料和发行人的发行上市申请文件。

中国证监会要求本所进一步问询的，本所向发行人及其保荐机构、证券服务机构提出反馈问题。

中国证监会在注册程序中，决定退回本所补充审核的，本所审核机构对要求补充审核的事项重新审核，并提交上市委员会审议。本所审核通过的，重新向中国证监会报送审核意见及相关资料；审核不通过的，作出终止发行上市审核的决定。

第四十条 发行人应当根据本所审核意见或者其他需要更新预先披露文件的情形，修改相关信息披露文件；本所向中国证监会报送发行人符合发行条件、上市条件和信息披露要求的审核意见时，发行人应当将修改后的招股说明书、发行保荐书、上市保荐书、审计报告和法律意见书等文件在本所网站公开。

第四十一条 发行人在取得中国证监会予以注册决定后，启动股票公开发行前，应当在本所网站披露招股意向书或招股说明书。

第四十二条 发行人采取询价或竞价方式发行的，发行价格确定后五个工作日内，发行人应当在本所网站刊登招股说明书。

第四十三条 招股说明书的有效期为六个月，自公开发行前最后一次签署之日起算。发行人应当使用有效期内的招股说明书完成本次发行。

招股说明书中引用的财务报表在其最近一期截止日后六个月内有效。特别情况下发行人可以申请适当延长，延长至多不超过三个月。财务报表应当以年度末、半年度末或者季度末为截止日。

第五章　特殊情形处理

第一节　重大事项报告与处理

第四十四条 本节所称重大事项，是指可能对发行人符合发行条件、上市条件或者信息披露要求产生重大影响的事项。

第四十五条 本所受理发行上市申请后至股票上市交易前，发生重大事项的，发行人及其保荐机构应当及时向本所报告，并按要求更新发行上市申请文件。发行人的保荐机构、证券服务机构应当持续履行尽职调查职责，并向本所提交专项核查意见。

第四十六条 上市委员会审议会议后至股票上市交易前，发生重大事项，对发行人是否符合发行条件、上市条件或者信息披露要求产生重大影响的，审核机构经重新审核后决定是否重新提交上市委员会审议。

重新提交上市委员会审议的，应当向中国证监会报告，并按照本规则第四章的相关规定办理。

第四十七条 中国证监会作出注册决定后至股票上市交易前，发生重大事项，可能导致发行人不符合发行条件、上市条件或者信息披露要求的，发行人应当暂停发行；已经发行的，暂缓上市。本所发现发行人存在上述情形的，有权要求发行人暂缓上市。

发行人及其保荐机构应当将上述情况及时报告本所并作出公告，说明重大事项相关情况及发行人将暂停发行、暂缓上市。

本所经审核认为相关重大事项导致发行人不符合发行条件、上市条件或者信息披露要求的，将出具明确意见并向中国证监会报告。

第四十八条　本所受理发行上市申请文件后至发行人股票上市交易前，发行人及其保荐机构应当密切关注公共媒体关于发行人的重大报道、市场传闻。

相关报道、传闻与发行人信息披露存在重大差异，所涉事项可能对发行人股票上市产生重大影响，发行人及其保荐机构应当向本所作出解释说明，并按规定履行信息披露义务；保荐机构、证券服务机构应当进行必要的核查并将核查结果向本所报告。

第四十九条　本所受理发行上市申请文件后至发行人股票上市交易前，本所收到与发行人发行上市相关投诉举报的，可以就投诉举报涉及的事项向发行人及其保荐机构、证券服务机构进行问询，要求发行人及其保荐机构作出解释说明，并按规定履行信息披露义务；要求保荐机构、证券服务机构进行必要核查并将核查结果向本所报告。

第二节　中止、终止审核

第五十条　出现下列情形之一的，发行人、保荐机构和证券服务机构应当及时报告本所，本所中止发行上市审核：

（一）发行人及其控股股东、实际控制人涉嫌贪污、贿赂、侵占财产、挪用财产或者破坏社会主义市场经济秩序的犯罪，或者涉嫌欺诈发行、重大信息披露违法或其他涉及国家安全、公共安全、生态安全、生产安全、公众健康安全等领域的重大违法行为，被立案调查或者被司法机关立案侦查，尚未结案；

（二）发行人的保荐机构以及律师事务所、会计师事务所等证券服务机构被中国证监会依法采取限制业务活动、责令停业整顿、指定其他机构托管、接管等措施，或者被证券交易所、国务院批准的其他全国性证券交易场所采取一定期限内不接受其出具的相关文件的纪律处分，尚未解除；

（三）发行人的签字保荐代表人、签字律师、签字会计师等中介机构签字人员被中国证监会依法采取认定为不适当人选等监管措施或者证券市场禁入的措施，被证券交易所、国务院批准的其他全国性证券交易场所采取一定期限内不接受其出具的相关文件的纪律处分，或者被证券业协会采取认定不适合从事相关业务的纪律处分，尚未解除；

（四）发行上市申请文件中记载的财务资料已过有效期，需要补充提交；

（五）发行人及保荐机构主动要求中止审核，理由正当并经本所同意；

（六）本所规定的其他情形。

出现前款第一项至第四项所列情形，发行人、保荐机构和证券服务机构未及时告知本所，本所经核实符合中止审核情形的，将直接中止审核。

第五十一条　因本规则第五十条第一款第二项、第三项中止审核后，发行人根据规定需要更换保荐机构或者证券服务机构的，更换后的保荐机构或者证券服务机构应当自中止审核之日起三个月内完成尽职调查，重新出具相关文件，并对原保荐机构或者证券服务机构出具的文件进行复核，出具复核意见，对差异情况作出说明。发行人根据规定无需更换保荐机构或者证券服务机构的，保荐机构或者证券服务机构应当及时向本所出具复核报告。

因本规则第五十条第一款第二项、第三项中止审核后，发行人更换签字保荐代表人或相关签字人员，或者证券服务机构相关签字人员的，更换后的保荐代表人或者相关签字人员应当自中止审核之日起一个月内，对原保荐代表人或者相关人员签字的文件进行复核，出具复核意见，对差异情况作出说明。

因本规则第五十条第一款第四项、第五项中止审核的，发行人应当在中止审核后三个月内补充提交有效文件或者消除主动要求中止审核的相关情形。

第五十二条　本规则第五十条第一款所列中止审核的情形消除后或者在本规则第五十一条规定的时限内完成相关事项后，发行人、保荐机构应当及时告知本所。本所经审核确认后，恢复审核，并通知发行人及其保荐机构。

依照前款规定恢复审核的，审核时限自恢复审核之日起继续计算。但发行人对其财务报告期进行调整达到一个或一个以上会计年度的，审核时限自恢复审核之日起重新起算。

第五十三条　出现下列情形之一的，本所将终止审核，通知发行人及其保荐机构：

（一）发行人撤回申请或者保荐机构撤销保荐；

（二）发行人的法人资格终止；

（三）发行上市申请文件被认定存在虚假记载、误导性陈述或者重大遗漏；

（四）发行上市申请文件内容存在重大缺陷，严重影响投资者理解和本所审核；

（五）发行人未在规定时限内回复本所审核问询或者未对发行上市申请文件作出解释说明、补充修改；

（六）本规则第五十条第一款规定的中止审核情形未能在三个月内消除，或者未能在本规则第五十一条规定的时限内完成相关事项；

（七）发行人拒绝、阻碍或逃避本所依法实施的检查、核查；

（八）发行人及其关联方以不正当手段严重干扰本所审核工作；

（九）本所审核认为发行人不符合发行条件、上市条件或信息披露要求。

第三节　复审与复核

第五十四条　发行人对本所作出的终止发行上市审核的决定有异议的，可以在收到终止审核决定后五个工作日内，向本所申请复审。但因发行人撤回发行上市申请或者保荐机构撤销保荐而终止审核的，发行人不得申请复审。

发行人申请复审的，应当提交下列申请文件：

（一）复审申请书；

（二）保荐机构就复审事项出具的意见书；

（三）律师事务所就复审事项出具的法律意见书；

（四）本所规定的其他文件。

第五十五条　本所收到复审申请后二十个工作日内，召开上市委员会复审会议，审议复审申请。复审期间，原决定效力不受影响。

上市委员会复审会议认为申请复审理由成立的，本所对发行人的发行上市申请重新审核，审核时限自重新审核之日起算，本所另有规定的除外；复审会议认为申请复审理由不成立的，本所维持原决定。

对本所作出的终止发行上市审核的决定，发行人只能提出一次复审申请。复审决议作出后，发行人不得再次申请复审。

第五十六条　发行人对本所作出的不予受理决定或按照本规则第五十五条规定作出的复审决定存在异议的，可以按照本所相关规定申请复核。

第六章　自律管理

第五十七条　违反本规则的，本所可以视情节轻重采取下列自律监管措施：

（一）口头警示；

（二）约见谈话；

（三）要求提交书面承诺；

（四）出具警示函；

（五）限期改正；

（六）要求公开更正、澄清或说明；

（七）要求公开致歉；

（八）本所规定的其他自律监管措施。

第五十八条　本所在发行上市审核中，可以根据本规则及本所相关规则实施下列纪律处分：

（一）通报批评；

（二）公开谴责；

（三）六个月至五年内不接受发行人提交的发行上市申请文件；

（四）三个月至三年内不接受保荐机构、证券服务机构提交的发行上市申请文件、信息披露文件；

（五）三个月至三年内不接受保荐代表人及保荐机构其他相关责任人员、证券服务机构相关责任人员签字的发行上市申请文件、信息披露文件；

（六）公开认定发行人董事、监事、高级管理人员三年以上不适合担任上市公司董事、监事、高级管理人员；

（七）本所规定的其他纪律处分。

第五十九条　发行人或者其董事、监事、高级管理人员，发行人的控股股东、实际控制人、保荐机构、证券服务机构及其相关人员，出现下列情形之一的，本所可以视情节轻重采取口头警示、约见谈话、出具警示函、要求限期改正等自律监管措施，或者给予通报批评、公开谴责、三个月至一年内不接受保荐机构、证券服务机构及相关责任人员提交或签字的发行上市申请文件及信息披露文件、六个月至一年内不接受发行人提交的发行上市申请文件等纪律处分：

（一）制作、出具的发行上市申请文件不符合要求，或者擅自改动招股说明书等发行上市申请文件；

（二）发行上市申请文件、信息披露文件内容存在重大缺陷，严重影响投资者理解和审核工作开展；

（三）发行上市申请文件、信息披露文件未做到真实、准确、完整，但未达到虚假记载、误导性陈述和重大遗漏的程度；

（四）发行上市申请文件前后存在实质性差异且无合理理由；

（五）未在规定时限内回复审核问询，且未说明理由；

（六）未及时报告相关重大事项或者未及时披露；

（七）本所认定的其他情形。

第六十条　存在下列情形之一的，本所对发行人给予三年至五年内不接受其提交的发行上市申请文件的纪律处分：

（一）发行人报送的发行上市申请文件、信息披露文件被认定存在虚假记载、误导性陈述或者重大遗漏；

（二）发行人拒绝、阻碍、逃避检查，谎报、隐匿、销毁相关证据材料；

（三）发行人及其关联方以不正当手段严重干扰发行上市审核工作；

（四）重大事项未报告或者未披露；

（五）发行上市申请文件中发行人或者其控股股东、实际控制人、董事、监事、高级管理人员的签字、盖章系伪造、变造。

发行人在发行上市申请文件、信息披露文件中隐瞒重要事实或者编造重大虚假内容的，本所对发行人给予五年内不接受其提交的发行上市申请文件的纪律处分；对相关责任人员，可以视情节轻重，采取公开认定三年以上不适合担任上市公司董事、监事、高级管理人员的纪律处分。

第六十一条　发行人的控股股东、实际控制人、董事、监事、高级管理人员、其他信息披露义务人存在下列情形之一的，本所可以视情节轻重，对相关主体给予一年至五年内不接受控股股东、实际控制人及其控制的其他发行人提交的发行上市申请文件等纪律处分，对相关责任人员给予公开认定三年以上不适合担任上市公司董事、监事、高级管理人员的纪律处分：

（一）违反本规则规定，致使发行人报送的发行上市申请文件、信息披露文件被认定存在虚假记载、误导性陈述或者重大遗漏的；

（二）组织、指使发行人进行财务造假、利润操纵或者在发行上市申请文件、信息披露文件中隐瞒重要事实或编造重大虚假内容的；

（三）组织、指使、直接从事第六十条第二至第五项规定的违规行为的。

第六十二条　保荐机构未勤勉尽责，致使发行上市申请文件、信息披露文件被认定存在虚假记载、误导性陈述或者重大遗漏的，本所可以视情节轻重，对保荐机构、保荐代表人及相关责任人员给予一年至三年内不接受其提交或签字的发行上市申请文件、信息披露文件的纪律处分。

证券服务机构未勤勉尽责，致使发行上市申请文件、信息披露文件中与其职责有关的内容及其所出具的文件被认定存在虚假记载、误导性陈述或者重大遗漏的，本所可以视情节轻重，对相关机构及其责任人员给予三个月至三年内不接受其提交或签字的发行上市申请文件、信息披露文件的纪律处分。

保荐机构、证券服务机构及其相关责任人员存在下列情形之一的，本所可以视情节轻重，给予三个月至三年内不接受其提交或者签字的发行上市申请文件、信息披露文件的纪律处分：

（一）伪造、变造发行上市申请文件中的签字、盖章；

（二）拒绝、阻碍、逃避现场检查或现场督导，谎报、隐匿、销毁相关证据材料；

（三）重大事项未报告或者未披露；

（四）以不正当手段干扰发行上市审核工作；

（五）内部控制、尽职调查等制度存在缺陷或者未有效执行；

（六）通过相关业务谋取不正当利益；

（七）不履行其他法定职责。

第六十三条　发行人及其控股股东、实际控制人、董事、监事、高级管理人员未有效配合保荐机构及其保荐代表人、证券服务机构及从业人员开展尽职调查和其他相关工作的，本所可以对相关责任主体采取口头警示、约见谈话、出具警示函等监管措施。情节严重的，采取一年至五年内不接受相关责任主体及其控制的其他发行人提交的发行上市申请文件、公开认定三年以上不适合担任上市公司董事、监事、高级管理人员等纪律处分。

第六十四条　本所审核认为发行人不符合发行条件、上市条件或信息披露要求，作出终止发行上市审核的决定或者中国证监会作出不予注册决定的，自决定作出之日起六个月后，发行人方可再次向本所提交发行上市申请。

第六十五条　发行人披露盈利预测的，利润实现数未达到盈利预测百分之八十的，除因不可抗力外，本所可以对发行人及其董事长、总经理、财务负责人给予通报批评、公开谴责或者一年内不接受发行人提交的发行上市申请文件的纪律处分；对签字保荐代表人给予通报批评、公开谴责或者三个月至一年内不接受其签字的发行上市申请文件、信息披露文件的纪律处分。

利润实现数未达到盈利预测百分之五十的，除因不可抗力外，本所可以对发行人及其董事长、总经理、财务负责人给予公开谴责或者三年内不接受发行人提交的发行上市申请文件的纪律处分；对签字保荐代表人给予公开谴责或者一年至二年内不接受其签字的发行上市申请文件、信息披露文件的纪律处分。

注册会计师在对前两款规定的盈利预测出具审核报告的过程中未勤勉尽责的，本所可以对签字注册会计师给予通报批评、公开谴责或者一年内不接受其签字的发行上市申请文件、信息披露文件的纪律处分。

第六十六条　发行人及其控股股东、实际控制人、董事、监事、高级管理人员，保荐机构、承销商、证券服务机构及其相关人员等被其他证券交易所、国务院批准的其他全国性证券交易场所采取暂不接受文件、认定为不适当人选等自律监管措施和纪律处分的，本所按照业务规则，在相应期限内不接受其提交或者签字的相关文件，或者认为其不适合担任上市公司董事、监事、高级管理人员，并对该监管对象提交或者签字且已受理的其他文件中止审核，或者要求相关证券发行人解聘相关人员等。

第六十七条　本所在发行上市审核中，发现发行人及其控股股东、实际控制人、保荐机构、证券服务机构及其相关人员涉嫌违反法律法规和中国证监会相关规定的，应当向中国证监会报告。

第七章　附　则

第六十八条　本规则须经中国证监会批准后生效，修改时亦同。

第六十九条　本规则自发布之日起施行。

关于发布《北京证券交易所上市公司证券发行上市审核规则》的公告

（北证公告〔2023〕11 号　2023 年 2 月 17 日）

为落实全面实行股票发行注册制的有关要求，规范北京证券交易所（以下简称本所）上市公司证券发行上市的审核工作，本所修订了《北京证券交易所上市公司证券发行上市审核规则（试行）》，并更名为《北京证券交易所上市公司证券发行上市审核规则》。本规则已经中国证监会批准，现予以发布，自发布之日起施行。

特此公告。

附件：北京证券交易所上市公司证券发行上市审核规则

附件

北京证券交易所上市公司证券发行上市审核规则

第一章　总　则

第一条　为了规范北京证券交易所（以下简称本所）上市公司证券发行上市的审核工作，保护投资者合法权益，根据《中华人民共和国证券法》《中华人民共和国公司法》《国务院办公厅关于贯彻实施修订后的证券法有关工作的通知》《北京证券交易所上市公司证券发行注册管理办法》（以下简称《再融资办法》）等法律法规、部门规章和规范性文件，制定本规则。

第二条　上市公司申请在境内发行股票、可转换为股票的公司债券及国务院认定的其他证券并上市的审核，适用本规则。

第三条　上市公司申请证券发行上市的，应当向本所提交相关申请文件。

本所对上市公司提交的申请文件进行审核，认为符合发行条件、上市条件和信息披露要求的，将审核意见、上市公司的发行上市申请文件及相关审核资料报中国证券监督管理委员会（以下简称中国证监会）注册；认为不符合发行条件、上市条件或信息披露要求的，作出终止发行上市审核的决定。

第四条　本所通过审核发行上市申请文件，督促上市公司真实、准确、完整地披露信息，保荐机构、证券服务机构切实履行信息披露的把关责任；督促上市公司及其保荐机构、证券服务机构提高信息披露质量，便于投资者在信息充分的情况下作出投资决策。

第五条　本所发行上市审核遵循依法合规、公开透明、便捷高效的原则，提高审核透明度，明确市场预期。

本所对上市公司证券发行上市实行电子化审核，通过本所发行上市审核业务系统（以下简称审核系统）办理。

第六条　本所依据法律、行政法规、部门规章、规范性文件、本规则及本所其他相关规定，对下列机构和人员在上市公司证券发行上市中的相关活动进行自律监管：

（一）上市公司及其董事、监事、高级管理人员；

（二）上市公司的控股股东、实际控制人及其相关人员；

（三）保荐机构、保荐代表人及保荐机构其他相关人员；

（四）会计师事务所、律师事务所等证券服务机构及其相关人员；

（五）其他信息披露义务人。

前款规定的机构和人员应当积极配合本所发行上市审核工作，接受本所自律监管并承担相应的法律责任。

第七条　本所出具符合发行条件、上市条件和信息披露要求的审核意见或者作出终止发行上市审核的决定，不表明本所对该证券的投资价值或者投资者的收益作出实质性判断或者保证，也不表明本所对发行上市申请文件及所披露信息的真实性、准确性、完整性作出保证。

第二章　审核内容与要求

第八条　本所发行上市审核重点关注下列事项：

（一）是否符合中国证监会规定的发行条件；

（二）是否符合本所规定的上市条件；

（三）是否符合中国证监会和本所关于信息披露的要求。

第九条　本所对发行条件、上市条件的审核，将重点关注以下事项：

（一）上市公司是否符合《再融资办法》及中国证监会规定的发行条件；

（二）本次发行的证券是否符合本所相关规则规定的上市条件；

（三）保荐机构、证券服务机构出具的文件是否就本次证券发行上市申请符合发行条件、上市条件逐项发表明确意见，且具备充分的理由和依据。

本所对本条规定的事项存在疑问的，上市公司应当按照本所要求作出解释说明，保荐机构、证券服务机构应当进行核查，并相应修改发行上市申请文件。

第十条　向特定对象发行证券，上市公司及其控股股东、实际控制人、主要股东不得向发行对象作出保底保收益或者变相保底保收益承诺，也不得直接或者通过利益相关方向发行对象提供财务资助或者其他补偿。

第十一条　本所在发行上市审核中，对发行条件具体审核标准等涉及中国证监会部门规章及规范性文件理解和适用的重大疑难问题、重大无先例情况及其他需要中国证监会决定的事项，及时请示中国证监会。

第十二条　本所在信息披露审核中，重点关注上市公司的募集说明书及其他信息披露文件是否达到真实、准确、完整的要求，是否符合中国证监会制定的内容与格式准则和本所的信息披露要求。

本所在信息披露审核中，重点关注发行上市申请文件及信息披露是否达到下列要求：

（一）充分、全面披露对投资者作出投资决策有重大影响的信息，披露程度达到投资者作出投资决策所必需的水平；

（二）所披露的信息一致、合理且具有内在逻辑性；

（三）简明易懂，便于一般投资者阅读和理解。

第十三条　本所通过提出问题、回答问题等多种方式对发行上市申请文件进行审核，督促上市公司及其保荐机构、证券服务机构完善信息披露，真实、准确、完整地披露信息，提高信息披露质量。

第十四条　本所对发行上市申请文件进行审核时，可以视情况在审核问询中对上市公司及其保荐机构、证券服务机构提出下列要求：

（一）说明或披露相关问题及原因；

（二）补充核查相关事项；

（三）补充提供新的证据或材料；

（四）修改或者更新信息披露内容。

第十五条　上市公司申请证券发行上市的，应当按照中国证监会和本所的规定，编制募集说明书及其他信息披露文件，上市公司及其控股股东、实际控制人、董事、监事、高级管理人员和其他信息披露义务人应当依法履行信息披露义务。保荐机构、证券服务机构应当依法对上市公司的信息披露进行核查把关。

第十六条　上市公司应当诚实守信，依法充分披露投资者作出价值判断和投资决策所必需的信息，充分揭示当前及未来可预见对发行人构成重大不利影响的直接和间接风险，所披露信息必须真实、准确、完整，简明清晰、通俗易懂，不得有虚假记载、误导性陈述或者重大遗漏。

上市公司应当按照保荐机构、证券服务机构要求，依法向其提供真实、准确、完整的财务会计资料和其他资料，配合相关机构开展尽职调查和其他相关工作。

上市公司的控股股东、实际控制人、董事、监事、高级管理人员和其他信息披露义务人应当诚实守信，保证发行上市申请文件和信息披露的真实、准确、完整，依法作出并履行相关承诺。

前款规定的相关主体及发行人有关股东应当配合相关机构开展尽职调查和其他相关工作，不得要求或者协助上市公司隐瞒应当提供的资料或者应当披露的信息。

第十七条　保荐机构应当诚实守信、勤勉尽责，按照依法制定的业务规则和行业自律规范的要求，充分了解上市公司经营情况、风险和发展前景，以提高上市公司质量为导向保荐项目，对发行上市申请文件和信息披露资料进行审慎核查，对上市公司是否符合发行条件独立作出专业判断，审慎作出保荐决定，并对募集说明书、发行情况报告书或者其他信息披露文件及其所出具的相关文件的真实性、准确性、完整性负责。

第十八条　会计师事务所、律师事务所、资产评估机构、资信评级机构等证券服务机构应当严格遵守法律法规、中国证监会制定的监管规则、业务规则和本行业公认的业务标准和道德规范，建立并保持有效的质量控制体系，保护投资者合法权益，审慎履行职责，作出专业判断与认定，保证所出具文件的真实性、准确性、完整性。

证券服务机构及其相关执业人员应当对与本专业相关的业务事项履行特别注意义务，对其他业务事项履行普通注意义务，并承担相应法律责任。

证券服务机构及其执业人员从事证券服务应当配合本所的自律管理，在规定的期限内提供、报送或披露相关资料、信息，并保证其提供、报送或披露的资料、信息真实、准确、完整，不得有虚假记载、误导性陈述或者重大遗漏。

证券服务机构应当妥善保存客户委托文件、核查和验证资料、工作底稿以及与质量控制、内部管理、业务经营有关的信息和资料。

第三章　审核程序

第一节　一般规定

第十九条　除本所另有规定外，上市公司申请发行股票，应当按照规定聘请保荐机构进行保荐，并委托保荐机构通过本所审核系统报送下列股票发行上市申请文件：

（一）募集说明书；

（二）发行保荐书及相关文件；

（三）上市保荐书；

（四）法律意见书、审计报告等证券服务机构出具的文件；

（五）中国证监会或者本所要求的其他文件。

在本所上市六个月后，上市公司董事会可以依照《再融资办法》的规定对股票发行上市申请作出决议，本次发行涉及发行股份购买资产的除外。董事会作出决议后，应当及时披露募集说明书草案等文件。

第二十条　发行上市申请文件的内容应当真实、准确、完整，简明清晰、通俗易懂。

自发行上市申请文件申报之日起，上市公司及其控股股东、实际控制人、董事、监事、高级管理人员和其他信息披露义务人，以及与本次股票发行上市相关的保荐机构、证券服务机构及其相关人员即须承担相应的法律责任。

未经本所同意，不得对已受理的申请文件进行更改。

第二十一条 本所收到发行上市申请文件后，对申请文件的齐备性进行核对，并在五个工作日内作出是否受理的决定，本规则另有规定的除外。

申请文件齐备的，出具受理通知。申请文件不齐备的，一次性告知需要补正的事项。补正时限最长不得超过三十个工作日。多次补正的，补正时间累计计算。

上市公司补正申请文件的，本所收到申请文件的时间以上市公司最终提交补正文件的时间为准。

第二十二条 存在下列情形之一的，本所不予受理：

（一）申请文件不齐备且未按要求补正；

（二）保荐机构、证券服务机构及其相关人员不具备相关资质；

（三）上市公司及其控股股东、实际控制人、董事、监事、高级管理人员，保荐机构、承销商、证券服务机构及相关人员因证券违法违规被中国证监会采取认定为不适当人选、限制业务活动、证券市场禁入，被证券交易所、国务院批准的其他全国性证券交易场所采取一定期限内不接受其出具的相关文件、公开认定不适合担任上市公司董事、监事、高级管理人员，或者被证券业协会采取认定不适合从事相关业务等相关措施，尚未解除；

（四）上市公司存在尚未实施完毕的股票发行、可转换为股票的公司债券发行、收购、股票回购等情形；

（五）法律、行政法规及中国证监会、本所规定的其他情形。

第二十三条 本所受理发行上市申请文件当日，上市公司应当通过本所网站披露募集说明书等申请文件。

由于国家秘密、商业秘密等特殊原因导致申请文件中相关信息确实不便披露的，上市公司可以豁免披露，但应当在申请文件中说明未按照规定进行披露的原因。本所认为需要披露的，上市公司应当披露。

第二十四条 本所按照收到发行上市申请文件的先后顺序予以受理。

本所发行上市审核机构按照发行上市申请文件受理的先后顺序开始审核。

第二十五条 本所发行上市审核机构自受理之日起十五个工作日内，通过审核系统发出首轮审核问询。

在首轮审核问询发出前，上市公司、保荐机构、证券服务机构及其相关人员不得与审核人员接触，不得以任何形式干扰审核工作。在首轮审核问询发出后，上市公司及其保荐机构、证券服务机构对本所审核问询存在疑问的，可与本所发行上市审核机构进行沟通；确需当面沟通的，应当预约。

第二十六条 首轮审核问询回复后，存在下列情形之一的，本所发行上市审核机构可以继续提出审核问询：

（一）发现新的需要问询事项；

（二）上市公司及其保荐机构、证券服务机构的回复未能有针对性地回答本所发行上市审核机构提出的审核问询，或者本所就其回复需要继续审核问询；

（三）上市公司的信息披露仍未满足中国证监会和本所规定的要求；

（四）本所认为需要继续审核问询的其他情形。

第二十七条 上市公司及其保荐机构、证券服务机构应当按照审核问询要求进行必要的补充调查和核查，及时、逐项回复审核问询事项，补充或者修改相应申请文件，在收到审核问询之日起二十个工作日内通过审核系统提交回复文件。预计难以在规定的时间内回复的，保荐机构应当及时提交延期回复申请，说明延期理由及具体回复时限，延期一般不超过二十个工作日。上市公司及其保荐机构、证券服务机构回复本所审核问询的时间总计不超过两个月。

落实上市委员会意见、本所中止审核、请示有权机关、实施现场检查、实施现场督导、要求进行核查等情形，不计算在前款所规定的时限内。

上市公司及其保荐机构、证券服务机构对本所审核问询的回复是发行上市申请文件的组成部分，上市公司及其保荐机构、证券服务机构应当保证回复的真实、准确、完整。

上市公司应当及时披露对本所的审核问询回复，并在披露后委托保荐机构通过本所审核系统报送相关文件。

第二十八条 本所在审核过程中，可以根据需要，约见问询上市公司的控股股东、实际控制人、董事、监事、高级管理人员以及保荐机构、证券服务机构及其相关人员，调阅上市公司、保荐机构、证券服务机构与本次申请相关的资料。

第二十九条 本所在审核过程中，发现上市公司申请文件存在重大疑问且上市公司及其保荐机构、证券服务机构回复中无法作出合理解释的，可以对上市公司、保荐机构等主体进行现场检查。

第三十条 上市公司回复本所审核问询或者发生其他情形时，需更新申请文件的，应当进行修改、更新。

第三十一条 上市公司发行股票的，本所自受理之日起两个月内出具符合发行条件、上市条件和信息披露要求的审核意见或者作出终止发行上市审核的决定。

上市公司及其保荐机构、证券服务机构回复本所审核问询的时间不计算在本条规定的时限内。

发行上市审核过程的中止审核、请示有权机关、落实上市委员会意见、暂缓审议、处理会后事项、实施现场检查、实施现场督导、要求进行专项核查，并要求上市公司补充、修改申请文件等情形，不计算在本条规定的时限内。

第三十二条　本所审核完成，认为符合发行条件、上市条件和信息披露要求的，向中国证监会报送审核意见、相关审核资料和上市公司的股票发行上市申请文件。

中国证监会要求本所进一步问询的，本所向发行人及其保荐机构、证券服务机构提出反馈问题。

中国证监会在注册程序中，决定退回本所补充审核的，本所发行上市审核机构对要求补充审核的事项重新审核。本所审核通过的，重新向中国证监会报送审核意见及相关资料；审核不通过的，作出终止发行上市审核的决定。

第二节　上市公司向不特定合格投资者公开发行股票的审核

第三十三条　上市公司向不特定合格投资者公开发行股票的申请与受理、审核机构审核、上市委员会会议、向中国证监会报送审核意见、特殊情形处理，本规则已作规定的，适用本规则；本规则未作规定的，参照适用《北京证券交易所向不特定合格投资者公开发行股票并上市审核规则》（以下简称《公开发行并上市审核规则》）的相关规定。

第三十四条　本所发行上市审核机构按照规定对上市公司向不特定合格投资者公开发行股票的申请文件进行审核，出具审核报告。发行上市审核机构经审核提出初步审核意见后，由本所上市委员会按照规定程序进行审议，提出审议意见。

第三十五条　上市公司向不特定合格投资者公开发行股票的，本所发行上市审核机构收到问询回复后，认为不需要进一步问询的，提请上市委员会审议。

在本所发出上市委员会审议会议通知时，上市公司应当披露更新后的募集说明书等申请文件。

第三十六条　上市委员会召开审议会议，对本所发行上市审核机构出具的审核报告及上市公司发行上市申请文件进行审议，通过合议形成是否符合发行条件、上市条件和信息披露要求的审议意见。

上市委员会要求对上市公司及其保荐机构进行现场问询的，上市公司代表及保荐代表人应当到会接受问询，回答参会委员提出的问题。

上市公司存在尚待核实的重大问题，无法形成审议意见的，经会议合议，可以对该上市公司的发行上市申请暂缓审议，暂缓审议时间不超过两个月。待相关事项核查完毕后，本所发行上市审核机构再次提请上市委员会审议。对上市公司同一发行上市申请，上市委员会只能暂缓审议一次。

第三十七条　上市公司申请向不特定合格投资者公开发行股票的，本所结合上市委员会的审议意见，出具符合发行条件、上市条件和信息披露要求的审核意见，或者作出终止发行上市审核的决定。

上市委员会审议通过但要求上市公司补充披露有关信息的，本所发行上市审核机构通知保荐机构组织落实，并对落实情况进行核对，通报参会委员。上市公司补充披露相关事项后，本所出具审核意见。

第三节　上市公司向特定对象发行股票的审核

第三十八条　本所发行上市审核机构按照规定对上市公司向特定对象发行股票的申请文件进行审核，出具审核报告。

本所结合发行上市审核机构出具的审核报告，出具符合发行条件、上市条件和信息披露要求的审核意见，或者作出终止发行上市审核的决定。

第三十九条　上市公司按照《再融资办法》第二十八条的规定无需提供证券公司出具的保荐文件以及律师事务所出具的法律意见书的，应当向本所提交募集说明书等股票发行上市申请文件。

本所发行上市审核机构提出审核问询的，上市公司应当按照本所审核问询要求进行必要的补充调查和核查，及时、逐项回复审核问询事项，补充或者修改相应申请文件。

第四十条　上市公司适用《再融资办法》第三十二条第二款规定的审核程序（以下简称简易程序）发行股票的，应当在经年度股东大会授权的董事会审议本次向特定对象发行股票有关事项前，以竞价方式确定发行价格和发行对象，并与发行对象签订认购合同，经年度股东大会授权的董事会应当对竞价结果等发行事项作出决议。

上市公司及其控股股东、实际控制人、董事、监事、高级管理人员应当在募集说明书中就本次发行上市符合发行条件、上市条件、信息披露要求及适用简易程序要求作出承诺。保荐机构应当在发行保荐书、上市保荐书中，就本次发行上市符合发行条件、上市条件和信息披露要求及适用简易程序要求发表明确核查意见。

第四十一条　存在下列情形之一的，不得适用简易程序：

（一）上市公司股票被实施退市风险警示或其他风险警示；

（二）上市公司及其控股股东、实际控制人、现任董事、监事、高级管理人员最近三年受到中国证监会行政处罚，最近一年受到中国证监会行政监管措施或证券交易所、全国中小企业股份转让系统有限责任公司（以下简称全国股转公司）纪律处分；

（三）本次发行上市的保荐机构或保荐代表人、证券服务机构或相关签字人员最近一年因同类业务受到中国证监会行政处罚或者受到证券交易所、全国股转公司纪律处分；

（四）本所规定的其他情形。

简易程序规定的融资总额仅包括通过简易程序募集的资金金额，不通过简易程序募集的资金不纳入计算的范围。

第四十二条　适用简易程序的，上市公司及其保荐机构应当在年度股东大会授权的董事会通过本次发行事项后的二十个工作日内向本所提交下列申请文件：

（一）募集说明书、发行保荐书、审计报告、法律意见书、股东大会决议、经股东大会授权的董事会决议等发行上市申请文件；

（二）上市保荐书；

（三）与发行对象签订的附生效条件股份认购合同；

（四）中国证监会或者本所要求的其他文件。

上市公司及其保荐机构未在前款规定的时限内提交发行上市申请文件的，不再适用简易程序。

第四十三条　采用简易程序发行股票的，本所在收到申请文件后两个工作日内，对申请文件进行齐备性核对，作出是否受理的决定。申请文件不符合齐备性要求的，本所不予受理。

保荐机构就本次发行上市发表明确肯定的核查意见的，本所自受理之日起三个工作日内，出具符合发行条件、上市条件和信息披露要求的审核意见，并向中国证监会报送相关审核意见和上市公司的证券发行上市申请文件。

前款期限不包含上市公司及其保荐机构、律师事务所、会计师事务所及其他证券服务机构回复本所审核问询的时间。

本所发行上市审核机构发现本次发行上市申请明显不符合简易程序适用条件的，本所作出终止发行上市审核的决定。

第四章　特殊情形处理

第四十四条　本章所称重大事项，是指可能对上市公司符合发行条件、上市条件或者信息披露要求产生重大影响的事项。

第四十五条　本所受理上市公司的发行上市申请文件后至新增股票上市交易前，发生重大事项的，上市公司及其保荐机构、证券服务机构应当及时向本所报告，并按要求更新发行上市申请文件和信息披露资料。

第四十六条　重大事项报告与处理的具体要求参照适用《公开发行并上市审核规则》的相关规定。

第四十七条　上市公司证券发行上市审核程序的中止、终止等情形参照适用《公开发行并上市审核规则》的相关规定。

上市公司证券发行上市审核或注册程序过程中，存在重大资产重组、实际控制人变更等事项，应当及时申请中止相应发行上市审核程序或者发行注册程序，相应股份登记或资产权属登记后，发行人可以提交恢复申请，因本次发行导致实际控制人变更的情形除外。

第四十八条　上市公司向不特定合格投资者公开发行股票的，可以参照《公开发行并上市审核规则》的规定向本所申请复审。

第四十九条　上市公司对本所作出的不予受理决定、向不特定合格投资者公开发行股票的复审决定或向特定对象发行股票的终止审核决定存在异议的，可以按照本所相关规定申请复核。

第五章　自律管理

第五十条　违反本规则，本所可以视情节轻重采取以下自律监管措施：

（一）口头警示；

（二）约见谈话；

（三）要求提交书面承诺；

（四）出具警示函；

（五）限期改正；

（六）要求公开更正、澄清或说明；

（七）要求公开致歉；

（八）本所规定的其他自律监管措施。

第五十一条　违反本规则，本所可以视情节轻重采取以下纪律处分：

（一）通报批评；

（二）公开谴责；

（三）六个月至五年内不接受上市公司提交的发行上市申请文件；

（四）三个月至三年内不接受保荐机构、证券服务机构提交的发行上市申请文件、信息披露文件；

（五）三个月至三年内不接受保荐代表人及保荐机构其他相关责任人员、证券服务机构相关责任人员签字的发行上市申请文件、信息披露文件；

（六）公开认定上市公司董事、监事、高级管理人员三年以上不适合担任上市公司董事、监事、高级管理人员；

（七）本所规定的其他纪律处分。

第五十二条　本规则第六条规定的主体出现下列情形之一的，本所可以视情节轻重采取口头警示、约见谈话、出具警示函、要求限期改正等自律监管措施，或者给予通报批评、公开谴责、三个月至一年内不接受保荐机构、证券服务机构及相关责任人员提交或签字的发行上市申请文件及信息披露文件、六个月至一年内不接受上市公司提交的发行上市申请文件等纪律处分：

（一）制作、出具的发行上市申请文件不符合要求，或者擅自改动募集说明书等发行上市申请文件；

（二）发行上市申请文件、信息披露文件内容存在重大缺陷，严重影响投资者理解和审核工作开展；

（三）发行上市申请文件、信息披露文件未做到真实、准确、完整，但未达到虚假记载、误导性陈述和重大遗漏的程度；

（四）发行上市申请文件前后存在实质性差异且无合理理由；

（五）未在规定时限内回复审核问询，且未说明理由；

（六）未及时报告相关重大事项或者未及时披露；

（七）本所认定的其他情形。

第五十三条　存在下列情形之一的，本所可以对上市公司给予三年至五年内不接受其提交的发行上市申请文件的纪律处分：

（一）上市公司报送的发行上市申请文件、信息披露文件被认定存在虚假记载、误导性陈述或者重大遗漏；

（二）上市公司拒绝、阻碍、逃避检查，谎报、隐匿、销毁相关证据材料；

（三）上市公司及其关联方以不正当手段严重干扰发行上市审核工作；

（四）重大事项未报告或者未披露；

（五）发行上市申请文件中上市公司或者其控股股东、实际控制人、董事、监事、高级管理人员的签字、盖章系伪造、变造。

上市公司在发行上市申请文件、信息披露文件中隐瞒重要事实或者编造重大虚假内容的，本所对上市公司给予五年内不接受其提交的发行上市申请文件的纪律处分；对相关责任人员，可以视情节轻重，采取公开认定三年以上不适合担任上市公司董事、监事、高级管理人员的纪律处分。

第五十四条　上市公司的控股股东、实际控制人、董事、监事、高级管理人员、其他信息披露义务人存在下列情形之一的，本所可以视情节轻重，对相关主体给予一年至五年内不接受控股股东、实际控制人及其控制的其他发行人提交的发行上市申请文件等纪律处分，对相关责任人员给予公开认定三年以上不适合担任上市公司董事、监事、高级管理人员的纪律处分：

（一）违反本规则规定，致使上市公司报送的发行上市申请文件、信息披露文件被认定存在虚假记载、误导性陈述或者重大遗漏的；

（二）组织、指使上市公司进行财务造假、利润操纵或者在发行上市申请文件中隐瞒重要事实或编造重大虚假内容的；

（三）组织、指使、直接从事第五十三条第二至第五项规定的违规行为的。

第五十五条　保荐机构未勤勉尽责，致使发行上市申请文件、信息披露文件被认定存在虚假记载、误导性陈述或者重大遗漏的，本所可以视情节轻重，对保荐机构、保荐代表人及相关责任人员给予一年至三年内不接受其提交或签字的发行上市申请文件、信息披露文件的纪律处分。

证券服务机构未勤勉尽责，致使发行上市申请文件、信息披露文件中与其职责有关的内容及其所出具的文件被认定存在虚假记载、误导性陈述或者重大遗漏的，本所可以视情节轻重，对相关机构及其责任人员给予三个月至三年内不接受其提交或签字的发行上市申请文件、信息披露文件的纪律处分。

保荐机构、证券服务机构及其相关责任人员存在下列情形之一的，本所可以视情节轻重，给予三个月至三年内不接受其提交或者签字的发行上市申请文件、信息披露文件的纪律处分：

（一）伪造、变造发行上市申请文件中的签字、盖章；

（二）拒绝、阻碍、逃避现场检查或现场督导，谎报、隐匿、销毁相关证据材料；

（三）重大事项未报告或者未披露；

（四）以不正当手段干扰发行上市审核工作；

（五）内部控制、尽职调查等制度存在缺陷或者未有效执行；

（六）通过相关业务谋取不正当利益；

（七）不履行其他法定职责。

第五十六条　上市公司及其控股股东、实际控制人、主要股东违反本规则第十条的规定，作出保底保收益承诺、提供财务资助或者其他补偿的，本所视情节轻重，采取口头警示、约见谈话、出具警示函、要求限期改正、公开认定不适合担任上市公司董事、监事和高级管理人员、一年至三年内不接受上市公司提交的发行上市申请文件等纪律处分。

保荐机构、保荐代表人、证券服务机构及相关责任人员未勤勉尽责的，本所还可以采取一年至三年内不接受提交或者签字的发行上市申请文件及信息披露文件等纪律处分。

第五十七条　除金融类企业外，上市公司违规将募集资金用于持有交易性金融资产、借予他人等财务性投资或者直接、间接投资于以买卖有价证券为主营业务的公司，或者向特定对象发行优先股，相关投资者为规定的合格投资者以外的投资者的，本所可以对其采取三年内不接受其证券发行上市申请文件的纪律处分。

第五十八条　上市公司按照《再融资办法》第二十八条的规定无需提供证券公司出具的保荐文件以及律师事务所出具的法律意见书的，本所对相关发行上市加强监管。

本所在监管中发现相关主体违反相关规则的，按照本规则从重处理。

第五十九条　上市公司适用简易程序发行股票的，本所对相关发行上市加强事后监管。

本所在监管中发现相关主体违反相关规则的，按照本规则从重处理，并给予三年至五年内不接受相关上市公司和保荐机构简易程序发行上市申请的纪律处分。

第六十条　发行人及其控股股东、实际控制人、董事、监事、高级管理人员未有效配合保荐机构及其保荐代表人、证券服务机构及从业人员开展尽职调查和其他相关工作的，本所可以对相关责任主体采取口头警示、约见谈话、出具警示函等监管措施。情节严重的，采取一年至五年内不接受相关责任主体及其控制的其他发行人提交的发行上市申请文件、公开认定三年以上不适合担任上市公司董事、监事、高级管理人员等纪律处分。

第六十一条　保荐机构报送的发行上市申请文件在十二个月内累计两次被不予受理的，自第二次收到本所不予受理通知之日起三个月后，方可报送新的申请文件。

本所认为上市公司不符合发行条件、上市条件或信息披露要求，作出终止发行上市审核决定，或者中国证监会作出不予注册决定的，自决定作出之日起六个月后，上市公司方可再次提出发行上市申请。

第六十二条　上市公司及其控股股东、实际控制人、董事、监事、高级管理人员，保荐机构、承销商、证券服务机构及其相关人员等被其他证券交易所、国务院批准的其他全国性证券交易场所采取暂不接受文件、认定为不适当人选等自律监管措施和纪律处分的，本所按照业务规则，在相应期限内不接受其提交或者签字的相关文件，或者认为其不适合担任上市公司董事、监事、高级管理人员，并对该监管对象提交或者签字且已受理的其他文件中止审核，或者要求相关证券发行人解聘相关人员等。

第六十三条　本所发现相关主体涉嫌违反法律法规和中国证监会相关规定的，应当向中国证监会报告。

第六章　附　则

第六十四条　上市公司发行可转换为股票的公司债券、优先股等国务院认定的其他证券的审核程序，适用本规则关于发行股票的相关审核程序，本所另有规定的除外。

第六十五条　本规则须经中国证监会批准后生效，修改时亦同。

第六十六条　本规则自发布之日起施行。

关于发布《北京证券交易所上市公司重大资产重组审核规则》的公告

（北证公告〔2023〕12 号　2023 年 2 月 17 日）

为落实全面实行股票发行注册制的有关要求，规范北京证券交易所（以下简称本所）上市公司重大资产重组行为，本所修订了《北京证券交易所上市公司重大资产重组审核规则（试行）》，并更名为《北京证券交易所上市公司重大资产重组审核规则》。本规则已经中国证监会批准，现予以发布，自发布之日起施行。

特此公告。

附件：北京证券交易所上市公司重大资产重组审核规则

附件

北京证券交易所上市公司重大资产重组审核规则

第一章　总　则

第一条　为了规范北京证券交易所（以下简称本所）上市公司重大资产重组行为，保护上市公司和投资者合法权益，提高上市公司质量，根据《中华人民共和国证券法》《上市公司重大资产重组管理办法》（以下简称《重组办法》）、《北京证券交易所上市公司持续监管办法（试行）》（以下简称《持续监管办法》）等法律法规、部门规章、规范性文件以及《北京证券交易所股票上市规则（试行）》（以下简称《上市规则》）及本所其他业务规则，制定本规则。

第二条　上市公司实施重大资产重组、发行股份购买资产的，适用本规则；本规则未作规定的，适用本所其他相关业务规则。

上市公司实施不涉及股份发行的重大资产重组的，不适用本规则第四章至第五章的规定。

本规则所称重组上市，是指《重组办法》第十三条规定的重大资产重组行为。

第三条　本所对上市公司发行股份购买资产的申请文件（以下统称申请文件）进行审核。

本所认为本次交易符合重组条件和信息披露要求的，将审核意见、申请文件及相关审核资料报送中国证券监督管理委员会（以下简称中国证监会）履行注册程序；认为本次交易不符合重组条件或信息披露要求的，作出终止审核的决定。

第四条　本所建立公开透明的重组审核机制，向市场公开在审企业名单及审核进度、审核问询与回复文件、并购重组委员会（以下简称并购重组委）审议会议通知与审议会议结果、注册结果、自律监管措施和纪律处分等信息，接受社会公众监督。

第五条　上市公司、交易对方及有关各方应当及时、公平地披露或者提供信息，保证所披露或者提供信息的真实、准确、完整，不得有虚假记载、误导性陈述或者重大遗漏。

独立财务顾问、证券服务机构及其相关人员，应当严格履行职责，对其所制作、出具文件的真实性、准确性和完整性承担相应法律责任。

第六条　本所依据法律、行政法规、部门规章、规范性文件、本规则及本所其他相关规定（以下简称相关法律法规），对前条规定的主体在上市公司重大资产重组、发行股份购买资产中的相关活动进行自律监管。

前条规定的主体应当积极配合本所重组审核工作，接受本所自律监管并承担相应的法律责任。

第七条　本所出具本次交易符合重组条件和信息披露要求的审核意见，不表明本所对申请文件及所披露信息的真实性、准确性、完整性作出保证，也不表明本所对股票的投资价值、投资者的收益或者本次交易作出实质性判断或者保证。

第二章　重组标准与条件

第八条　上市公司实施重大资产重组的，按照《持续监管办法》关于重大资产重组的标准予以认定。

上市公司使用现金购买与主营业务和生产经营相关的土地、厂房、机械设备等，充分说明合理性和必要性的，可以视为日常经营行为，不纳入重大资产重组管理。

第九条　上市公司实施发行股份购买资产的，应当符合《重组办法》关于发行股份购买资产的规定，股份发行价格应当符合《持续监管办法》的相关规定。

上市公司向特定对象发行可转换为股票的公司债券购买资产的，应当符合《重组办法》《持续监管办法》及中国证监会和本所关于发行可转换为股票的公司债券购买资产的规定。

第十条　上市公司实施重组上市的，标的资产对应的经营实体应当是符合《北京证券交易所向不特定合格投资者公开发行股票注册管理办法》（以下简称《注册管理办法》）规定的发行条件的股份有限公司或者有限责任公司，不存在《上市规则》规定的不得申请公开发行并上市的情形，并符合下列条件之一：

（一）最近两年净利润均不低于1500万元且加权平均净资产收益率平均不低

于8%，或者最近一年净利润不低于2500万元且加权平均净资产收益率不低于8%；

（二）最近两年营业收入平均不低于1亿元，且最近一年营业收入增长率不低于30%，最近一年经营活动产生的现金流量净额为正。

前款所称净利润以扣除非经常性损益前后的孰低者为准，所称净利润、营业收入、经营活动产生的现金流量净额均指经审计的数值。

第十一条　上市公司重组标的资产对应的经营实体存在表决权差异安排的，除符合《注册管理办法》规定的发行条件外，其表决权安排等应当符合《上市规则》的规定。

第十二条　上市公司股东在公司实施发行股份购买资产或者重组上市中取得的股份，应当遵守《重组办法》关于股份限售期的有关规定；但控制关系清晰明确，易于判断，同一实际控制人控制之下不同主体之间转让上市公司股份的除外。

上市公司实施重组上市，标的资产对应的经营实体尚未盈利的，控股股东、实际控制人的股份减持应当符合《上市规则》关于公司上市时未盈利的减持相关规定。

第三章　重组信息披露要求

第十三条　上市公司、交易对方及有关各方应当依法披露信息，并为独立财务顾问、证券服务机构及时提供真实、准确、完整的业务运营、财务会计及其他资料，全面配合相关机构开展尽职调查和其他相关工作。独立财务顾问、证券服务机构应当依法对信息披露进行核查把关。

第十四条　上市公司及交易对方的控股股东、实际控制人、董事、监事、高级管理人员应当诚实守信，保证申请文件和信息披露的真实、准确、完整，依法审慎作出并履行相关承诺，不得利用控制地位或者影响能力要求上市公司实施显失公允的重组交易，不得指使或者协助上市公司、交易对方进行虚假记载、误导性陈述或者重大遗漏等违法违规行为，不得损害上市公司和投资者合法权益。

第十五条　独立财务顾问应当诚实守信、勤勉尽责，保证重大资产重组报告书及其出具的独立财务顾问报告等文件的真实、准确、完整，切实履行尽职调查、报告和披露以及持续督导等职责。

独立财务顾问应当严格遵守相关法律法规、行业自律规范的要求，严格执行内部控制制度，对申请文件进行全面核查验证，对本次交易是否符合重组条件和信息披露要求作出专业判断，审慎出具相关文件。

第十六条　会计师事务所、律师事务所、资产评估机构等证券服务机构应当诚实守信、勤勉尽责，保证其出具文件的真实、准确、完整。

证券服务机构应当严格遵守相关法律法规、业务规则、行业自律规范，严格执行内部控制制度，对与其专业职责有关的业务事项进行核查验证，履行特别注意义务，审慎发表专业意见。

第十七条　上市公司的申请文件及信息披露内容应当真实、准确、完整，并符合下列要求：

（一）包含对投资者作出投资决策有重大影响的信息，披露程度达到投资者作出投资决策所必需的水平；

（二）所披露的信息一致、合理且具有内在逻辑性；

（三）简明易懂，便于一般投资者阅读和理解。

第十八条　上市公司应当充分披露本次交易是否合法合规，至少包括下列事项：

（一）是否符合《重组办法》《持续监管办法》及中国证监会其他相关规定所规定的条件；

（二）是否符合本规则的规定及本所其他相关规则。

独立财务顾问、证券服务机构在出具的独立财务顾问报告、法律意见书等文件中，应当就本次交易是否合法合规逐项发表明确意见，且具备充分的理由和依据。

第十九条　上市公司应当结合本次交易是否与公司主营业务具有协同效应、交易后经营发展战略和业务管理模式，以及业务转型升级可能面临的风险等因素，说明本次交易是否有利于增强公司持续经营能力。

第二十条　上市公司应当充分披露本次交易的必要性，至少包括下列事项：

（一）是否具有明确可行的发展战略；

（二）是否存在不当市值管理行为；

（三）公司控股股东、实际控制人、董事、监事、高级管理人员在本次交易披露前后是否存在股份减持情形或者大比例减持计划；

（四）本次交易是否具有商业实质，是否存在利益输送的情形；

（五）是否违反国家相关产业政策。

第二十一条　上市公司应当充分披露本次交易资产定价的合理性，至少包括下列事项：

（一）资产定价过程是否经过充分的市场博弈，交易价格是否显失公允；

（二）所选取的评估或者估值方法与标的资产特征的匹配度，评估或者估值参数选取的合理性；

（三）标的资产交易作价与历史交易作价是否存在重大差异及存在重大差异的合理性；

（四）相同或者类似资产在可比交易中的估值水平；

（五）商誉确认是否符合会计准则的规定，是否足额确认可辨认无形资产。

第二十二条　上市公司应当充分披露本次交易中与业绩承诺相关的信息，至少包括下列事项：

（一）业绩承诺是否合理，是否存在异常增长，是否符合行业发展趋势和业务发展规律；

（二）交易对方是否按照规定与上市公司签订了明确可行的补偿协议；

（三）交易对方是否具备相应的履约能力，在承诺期内是否具有明确的履约保障措施。

第四章　重组审核内容与方式

第二十三条　本所重组审核遵循依法合规、公开透明、便捷高效的原则，提高审核透明度，明确市场预期。

本所实行电子化审核，申请、受理、问询、回复等事项通过本所并购重组审核业务系统（以下简称审核系统）办理。

第二十四条　本所重大资产重组审核机构（以下简称重组审核机构）按照规定对申请文件进行审核，出具审核报告，提出初步审核意见后，提交并购重组委审议，提出审议意见。

本所结合并购重组委审议意见，出具本次交易符合重组条件和信息披露要求的审核意见，或者作出终止审核的决定。

第二十五条　本所对上市公司发行股份购买资产是否符合重组条件、是否符合中国证监会和本所信息披露要求进行审核。

第二十六条　本所通过提出问题、回答问题等多种方式，督促上市公司、交易对方、独立财务顾问、证券服务机构完善信息披露，真实、准确、完整地披露或者提供信息，提高信息披露质量。

本所对申请文件进行审核时，可以视情况在审核问询中对上市公司、交易对方、独立财务顾问、证券服务机构，提出下列要求：

（一）说明并披露相关问题及原因；

（二）补充核查相关事项并披露核查过程、结果；

（三）补充提供信息披露的证明文件；

（四）修改或者更新信息披露内容。

第五章　重组审核程序

第一节　申请与受理

第二十七条　上市公司实施发行股份购买资产，应当按照规定聘请独立财务顾问，并委托独立财务顾问在股东大会作出重大资产重组决议后三个工作日内，通过本所审核系统报送下列申请文件：

（一）重大资产重组报告书及相关文件；

（二）独立财务顾问报告及相关文件；

（三）法律意见书、审计报告及资产评估报告或者估值报告等证券服务机构出具的文件；

（四）中国证监会或者本所要求的其他文件。

申请文件的内容与格式应当符合中国证监会和本所的相关规定。

第二十八条 本所收到申请文件后，对申请文件的齐备性进行核对，并在五个工作日内作出是否受理的决定，告知上市公司及其独立财务顾问。

申请文件齐备的，出具受理通知；申请文件不齐备的，一次性告知需要补正的事项。补正时限最长不得超过三十个工作日。多次补正的，补正时间累计计算。

上市公司补正申请文件的，本所收到申请文件的时间以上市公司最终提交补正文件的时间为准。本所按照收到上市公司申请文件的先后顺序予以受理。

第二十九条 存在下列情形之一的，本所不予受理申请文件：

（一）申请文件不齐备且未按要求补正；

（二）独立财务顾问、证券服务机构及其相关人员不具备相关资质；

（三）上市公司及其控股股东、实际控制人、董事、监事、高级管理人员，独立财务顾问、证券服务机构及相关人员因证券违法违规被中国证监会采取认定为不适当人选、限制业务活动、证券市场禁入，被证券交易所、国务院批准的其他全国性证券交易场所采取一定期限内不接受其出具的相关文件、公开认定不适合担任上市公司董事、监事、高级管理人员，或者被证券业协会采取认定不适合从事相关业务等相关措施，尚未解除；

（四）上市公司存在尚未实施完毕的证券发行、重大资产重组、收购、股票回购等情形；

（五）本次交易涉嫌内幕交易被中国证监会立案调查或者被司法机关立案侦查，尚未结案，但中国证监会另有规定的除外；

（六）中国证监会及本所规定的其他情形。

第三十条 自申请文件申报之日起，上市公司、交易对方及有关各方，以及为本次交易提供服务的独立财务顾问、证券服务机构及其相关人员即须承担相应的法律责任。

本所受理申请文件后至中国证监会作出注册决定前，上市公司、独立财务顾问、证券服务机构应当按照本规则的规定，对披露的重大资产重组报告书、独立财务顾问报告、法律意见书、财务报告、审计报告、资产评估报告或者估值报告等文件予以修改、补充。

未经本所同意，申请文件不得更改。

第二节 审核机构审核

第三十一条 本所重组审核机构按照申请文件受理的先后顺序开始审核。

上市公司申请发行股份购买资产不构成重组上市的，本所重组审核机构自受理申请文件之日起十个工作日内，发出首轮审核问询；上市公司申请发行股份购买资产构成重组上市的，本所重组审核机构自受理申请文件之日起二十个工作日内，发出首轮审核问询。

第三十二条　在首轮审核问询发出前，上市公司、交易对方及有关各方，独立财务顾问、证券服务机构及其相关人员不得就审核事项与审核人员接触，不得以任何形式干扰审核工作。

第三十三条　在首轮审核问询发出后，上市公司、交易对方、独立财务顾问、证券服务机构对本所审核问询存在疑问的，可与本所重组审核机构进行沟通；确需当面沟通的，应当预约。

第三十四条　上市公司、交易对方、独立财务顾问、证券服务机构应当按照审核问询要求进行必要的补充调查和核查，及时、逐项回复本所重组审核机构提出的审核问询，相应补充或者修改申请文件并披露。

上市公司、交易对方、独立财务顾问、证券服务机构对本所重组审核机构审核问询的回复是申请文件的组成部分，上市公司、交易对方、独立财务顾问、证券服务机构应当保证回复的真实、准确、完整。

第三十五条　本所重组审核机构收到上市公司对首轮审核问询的回复后，存在下列情形之一的，可以继续提出审核问询：

（一）首轮审核问询后，发现新的需要问询事项；

（二）上市公司、交易对方、独立财务顾问、证券服务机构的回复未能有针对性地回答本所重组审核机构提出的审核问询，或者本所就其回复需要继续审核问询；

（三）上市公司、交易对方、独立财务顾问、证券服务机构的信息披露仍未满足中国证监会和本所规定的要求；

（四）本所认为需要继续审核问询的其他情形。

第三十六条　本所重组审核机构收到上市公司、交易对方、独立财务顾问、证券服务机构对本所审核问询的回复后，认为不需要进一步审核问询的，将出具审核报告，并提交并购重组委审议，同时通知上市公司及其独立财务顾问。

第三十七条　本所在审核中，发现上市公司申请文件存在重大疑问且上市公司、交易对方、独立财务顾问、证券服务机构回复中无法作出合理解释，或者本次交易涉及重组上市的，本所可以对上市公司、交易对方、标的资产、独立财务顾问、证券服务机构进行现场检查或者核查。

第三十八条　上市公司申请发行股份购买资产的，本所自受理申请文件之日起两个月内出具本次交易符合重组条件和信息披露要求的审核意见或者作出终止审核的决定。

上市公司、交易对方、独立财务顾问、证券服务机构回复本所审核问询的时间，以及本规则规定的中止审核、请示有权机关、实施现场检查、落实并购重组委意见、暂缓审议、处理会后事项、要求进行专项核查，并要求上市公司补充、修改申请文件等情形，不计算在前款规定的时限内。

第三十九条　上市公司申请发行股份购买资产不构成重组上市的，回复审核问询的时间总计不得超过一个月；申请发行股份购买资产构成重组上市的，回复审核问询的时间总计不得超过三个月。逾期未回复的，上市公司应当在到期日的次日，披露本次交易的进展情况及未能及时回复的具体原因等事项。

上市公司难以在前款规定的时限内回复的，可以在期限届满前向本所申请延期一次，时间不得超过一个月。

本规则规定的中止审核、请示有权机关、实施现场检查、落实并购重组委意见、暂缓审议、处理会后事项、要求进行专项核查等情形的时间，不计算在前两款规定的时限内。

第三节　并购重组委员会审议

第四十条　并购重组委召开审议会议，对本所重组审核机构出具的审核报告及上市公司申请文件进行审议。并购重组委的审议程序等事项适用《北京证券交易所上市委员会和并购重组委员会管理细则》的相关规定。

第四十一条　并购重组委进行审议时，认为需要对上市公司、交易对方、独立财务顾问、证券服务机构等主体进行现场问询的，相关主体代表应当到会接受问询，回答并购重组委提出的问题。

第四十二条　并购重组委审议会议通过合议形成审议意见。

审议会议过程中，发现上市公司存在重组条件或者信息披露方面的重大事项有待进一步核实，无法形成审议意见的，经会议合议，并购重组委可以对该公司的发行股份购买资产申请暂缓审议，暂缓审议时间不超过两个月。对上市公司的同一次申请，只能暂缓审议一次。

第四十三条　本所结合并购重组委审议意见，出具本次交易符合重组条件和信息披露要求的审核意见，或者作出终止审核的决定。

并购重组委审议意见认为本次交易符合重组条件和信息披露要求，但要求补充披露有关信息的，本所重组审核机构告知独立财务顾问组织落实，并对落实情况进行核对，通报参会委员。上市公司补充披露相关事项后，本所出具本次交易符合重组条件和信息披露要求的审核意见。

第四十四条　上市公司应当根据并购重组委审议意见，更新申请文件并披露。

第四节　向中国证监会报送审核意见

第四十五条　本所审核意见为本次交易符合重组条件和信息披露要求的，向中国证监会报送审核意见、相关审核资料及上市公司申请文件。

第四十六条　中国证监会在注册程序中，要求本所进一步问询的，由本所提出反馈问题。

中国证监会在注册程序中，决定退回本所补充审核的，本所重组审核机构对要求补充审核的事项重新审核，并提交并购重组委审议。本所认为本次交易符合重组条件和信息披露要求的，重新向中国证监会报送审核意见、相关审核资料及上市公司申请文件；认为本次交易不符合重组条件或信息披露要求的，作出终止审核的决定。

第四十七条　上市公司应当及时披露中国证监会反馈问题以及注册结果，并根据需要更新申请文件并披露。

第五节　审核中止与终止

第四十八条　出现下列情形之一的，上市公司、交易对方、独立财务顾问、证券服务机构应当及时告知本所，本所将中止审核：

（一）本次交易涉嫌内幕交易被中国证监会立案调查或者被司法机关立案侦查，尚未结案；

（二）上市公司因涉嫌违法违规被行政机关调查，或者被司法机关侦查，尚未结案，对本次交易影响重大；

（三）独立财务顾问、证券服务机构被中国证监会依法采取限制业务活动、责令停业整顿、指定其他机构托管或者接管等监管措施，被证券交易所、国务院批准的其他全国性证券交易场所采取一定期限内不接受其出具的相关文件的纪律处分，尚未解除；

（四）独立财务顾问、证券服务机构的相关签字人员，被中国证监会依法采取市场禁入、认定为不适当人选等监管措施，被证券交易所、国务院批准的其他全国性证券交易场所采取一定期限内不接受其出具的相关文件的纪律处分，或者被证券业协会采取认定不适合从事相关业务的纪律处分，尚未解除；

（五）申请文件中记载的财务资料已过有效期，需要补充提交；

（六）中国证监会根据《重组办法》等规定责令暂停重组活动，或者责令相关主体作出公开说明或者披露专业意见；

（七）上市公司、独立财务顾问主动要求中止审核，理由正当并经本所同意；

（八）本所规定的其他情形。

出现前款第一项至第六项所列情形，上市公司、交易对方、独立财务顾问、证券服务机构未及时告知本所，本所经核实符合中止审核情形的，将直接中止审核。

第一款所列情形消除后，上市公司、交易对方、独立财务顾问、证券服务机构应当及时告知本所。本所经审核确认后，恢复对申请文件的审核。审核时限自恢复审核之日起继续计算；但财务报告期调整达到一个或者一个以上会计年度的，审核时限自恢复审核之日重新起算。存在第一款第一项规定的情形，但符合中国证监会和本所有关规定的，视为相关情形已消除。

第四十九条　出现下列情形之一的，本所将终止审核：

（一）中国证监会根据《重组办法》等规定，责令上市公司终止重组活动；

（二）上市公司更换独立财务顾问、对交易方案进行重大调整，或者上市公司、独立财务顾问主动撤回申请文件；

（三）上市公司未在规定时限内回复本所审核问询或者未对申请文件作出解释说明、补充修改；

（四）申请文件内容存在重大缺陷，严重影响本所正常审核，或者严重影响投资者作出价值判断或者投资决策；

（五）申请文件被认定存在虚假记载、误导性陈述或者重大遗漏；

（六）上市公司、交易对方、独立财务顾问、证券服务机构等主体阻碍或者拒绝中国证监会或者本所依法实施的检查或者核查；

（七）上市公司、交易对方及有关各方、独立财务顾问、证券服务机构等主体以不正当手段严重干扰本所审核工作；

（八）前条第一款第三项至第七项规定的中止审核情形未能在两个月内消除；

（九）本所审核认为本次交易不符合重组条件或者信息披露要求。

第六节 复审与复核

第五十条 本所对上市公司发行股份购买资产申请终止审核的，上市公司可以在收到本所相关文件后五个工作日内，向本所申请复审；但因本规则第四十九条第二项终止审核的，不得申请复审。复审的有关事项，适用《北京证券交易所向不特定合格投资者公开发行股票并上市审核规则》关于复审的有关规定。

经复审，上市公司申请理由成立的，本所对申请文件重新审核，审核时限自重新审核之日重新起算；申请理由不成立的，本所维持原决定。

第五十一条 本所对上市公司发行股份购买资产申请作出不予受理决定或按照本规则第五十条的规定作出复审决定的，上市公司可以按照本所相关规定申请复核。

第七节 重大事项报告与处理

第五十二条 本所受理申请文件后至本次交易实施完毕前，发生重大事项的，上市公司、交易对方、独立财务顾问应当及时向本所报告，按照要求履行信息披露义务、更新申请文件。上市公司的独立财务顾问、证券服务机构应当持续履行尽职调查职责，并向本所提交专项核查意见。

第五十三条 并购重组委形成审议意见后至中国证监会作出注册决定前，发生重大事项，对上市公司本次交易是否符合重组条件或者信息披露要求产生重大影响的，本所重组审核机构经审核决定是否重新提交并购重组委审议。重新提交并购重组委审议的，应当报告中国证监会，并按照本章相关规定办理。

第五十四条 中国证监会作出注册决定后至本次交易实施完毕前，发生重大事项，可能导致上市公司本次交易不符合重组条件或者信息披露要求的，上市公司应当暂停本次交易。本所发现上市公司存在上述情形的，有权要求上市公司暂停本次交易。

上市公司、交易对方、独立财务顾问应当将上述情况及时报告本所并作出公告，说明重大事项相关情况及上市公司将暂停本次交易。

本所经审核认为相关重大事项导致上市公司本次交易不符合重组条件或者信息披露要求的，将出具明确意见并报告中国证监会。

第五十五条　本所受理申请文件后至本次交易实施完毕前，上市公司及其独立财务顾问应当密切关注公共媒体关于本次交易的重大报道、市场传闻。

相关报道、传闻与上市公司信息披露存在重大差异，或者所涉事项可能对本次交易产生重大影响的，上市公司、交易对方、独立财务顾问、证券服务机构应当向本所作出解释说明，并按照规定履行信息披露义务。独立财务顾问、证券服务机构应当进行必要的核查并向本所报告核查结果。

第五十六条　本所受理申请文件后至本次交易实施完毕前，本所收到与本次交易相关的投诉举报的，可以就投诉举报涉及的事项向上市公司、交易对方、独立财务顾问、证券服务机构进行问询，要求其向本所作出解释说明，并按照规定履行信息披露义务；要求独立财务顾问、证券服务机构进行必要的核查并向本所报告核查结果。

第六章　持续督导

第五十七条　为上市公司提供服务的独立财务顾问，应当按照中国证监会和本所的相关规定，履行持续督导职责。

独立财务顾问应当指定项目主办人负责持续督导工作，并在资产重组实施情况报告书中披露。前述项目主办人不能履职的，独立财务顾问应当另行指定履职能力相当的人员并披露。

上市公司、标的资产及其相关人员，应当积极配合独立财务顾问履行持续督导职责，及时提供必要的信息，保障履职所需的各项条件，协助披露持续督导意见。

第五十八条　上市公司实施除重组上市外的其他重大资产重组的，持续督导期限为本次交易实施完毕当年剩余时间以及其后一个完整会计年度。

前款规定的期限届满后，存在尚未完结事项的，独立财务顾问应当继续履行持续督导职责，并在各年度报告披露之日起十五日内就相关事项的进展情况出具核查意见。

第五十九条　独立财务顾问应当在各年度报告披露之日起十五日内，对重大资产重组实施的下列事项出具持续督导意见，报送本所并披露：

（一）交易资产的交付或者过户情况；

（二）交易各方当事人承诺的履行情况及未能履行承诺时相关约束措施的执

行情况；

（三）公司治理结构与运行情况；

（四）本次重大资产重组对公司运营、经营业绩影响的状况；

（五）盈利预测的实现情况（如有）；

（六）与已公布的重组方案存在差异的其他事项。

第六十条 存在下列情形之一的，独立财务顾问应当对上市公司或者标的资产进行现场核查，出具核查报告并披露：

（一）标的资产存在重大财务造假嫌疑；

（二）上市公司可能无法有效控制标的资产；

（三）标的资产可能存在未披露担保；

（四）标的资产可能存在非经营性资金占用；

（五）标的资产股权可能存在重大未披露质押。

独立财务顾问进行现场核查的，应当就核查情况、提请上市公司及投资者关注的问题、本次现场核查结论等事项出具现场核查报告，并在现场核查结束后五个工作日内披露。

第六十一条 上市公司实施重大资产重组、发行股份购买资产或者重组上市，交易对方作出业绩承诺并与上市公司签订补偿协议的，独立财务顾问应当在业绩补偿期间内，持续关注业绩承诺方的资金、所持上市公司股份的质押等履约能力保障情况，督促其及时、足额履行业绩补偿承诺。

相关方丧失履行业绩补偿承诺的能力或者履行业绩补偿承诺存在重大不确定性的，独立财务顾问应当督促上市公司及时披露风险情况，并就披露信息是否真实、准确、完整，是否存在其他未披露重大风险发表意见并披露。

相关方未履行业绩补偿承诺或者履行业绩补偿承诺数额不足的，独立财务顾问应当督促上市公司在前述事项发生的十个工作日内，制定并披露追偿计划，并就追偿计划的可行性以及后续履行情况发表意见并披露。

第六十二条 上市公司实施重组上市的，独立财务顾问自本次交易实施完毕之日起，应当遵守《上市规则》关于股票公开发行并在本所上市持续督导的规定，以及《重组办法》《上市公司并购重组财务顾问业务管理办法》规定的持续督导职责。

第七章 自律管理

第六十三条 上市公司、交易对方未按照相关法律法规实施重大资产重组、发行股份购买资产，或者因定价显失公允、违反业绩承诺、不正当利益输送等问题损害上市公司、投资者合法权益的，本所可以要求限期改正，并可以采取《上市规则》规定的自律监管措施或者纪律处分；情节严重的，可以要求终止本次交易，并可以采取《上市规则》规定的纪律处分。

第六十四条　上市公司、交易对方及有关各方存在下列情形之一的，本所可以要求限期改正，并可以对其单独或者合并采取《上市规则》规定的自律监管措施或者纪律处分：

（一）未按照相关法律法规报送重大资产重组申请文件、有关报告或者披露重大资产重组信息；

（二）申请文件、报送的报告或者披露的信息存在虚假记载、误导性陈述或者重大遗漏；

（三）拒绝、阻碍、逃避本所检查，谎报、隐匿、销毁相关证据材料；

（四）以不正当手段严重干扰本所审核工作；

（五）其他违反相关法律法规的行为。

第六十五条　上市公司董事、监事和高级管理人员未履行诚实守信、勤勉尽责义务，或者上市公司的控股股东、实际控制人及其有关负责人员未按照本规则的规定履行相关义务，导致重大资产重组、发行股份购买资产损害上市公司利益的，本所可以视情节轻重对其单独或者合并采取《上市规则》规定的自律监管措施或者纪律处分。

第六十六条　为重大资产重组、发行股份购买资产提供服务的独立财务顾问、证券服务机构及其相关人员未履行诚实守信、勤勉尽责义务，违反行业规范、业务规则，或者未依法履行尽职调查、报告和披露以及持续督导职责的，本所可以视情节轻重对其单独或者合并采取下列自律监管措施或者纪律处分：

（一）口头警示；

（二）约见谈话；

（三）要求提交书面承诺；

（四）出具警示函；

（五）限期改正；

（六）通报批评；

（七）公开谴责；

（八）三个月至三年内不接受独立财务顾问、证券服务机构提交的申请文件或者信息披露文件；

（九）一年至三年内不接受独立财务顾问、证券服务机构相关人员签字的申请文件或者信息披露文件。

第六十七条　上市公司股东减持因发行股份购买资产或者重组上市取得的股份，违反本规则的，本所可以视情节轻重，按照《上市规则》的规定，采取相应的自律监管措施或者纪律处分。

第六十八条　上市公司及其控股股东、实际控制人、董事、监事、高级管理人员，独立财务顾问、证券服务机构及其相关人员等被其他证券交易所、国务院批准的其他全国性证券交易场所采取暂不接受文件、认定为不适当人选等自律监管措施和纪律处分的，本所按照业务规则，在相应期限内不接受其提交或者签字的相关文件，或者认为其不适合担任上市公司董事、监事、高级管理人员，并对该监管对象提交或者签字且已受理的其他文件中止审核，或者要求相关证券发行人解聘相关人员等。

第六十九条　本所在审核中，发现上市公司、交易对方及有关各方，独立财务顾问、证券服务机构及其相关人员涉嫌证券违法的，将依法报告中国证监会。

第八章　附　则

第七十条　上市公司发行优先股、可转换为股票的公司债券购买资产或者募集配套资金，或者实施涉及股份发行的合并、分立的，其信息披露要求、审核程序等参照适用本规则。

第七十一条　本规则所称有关各方，是指上市公司的控股股东、实际控制人、董事、监事、高级管理人员及其他相关方。

第七十二条　本规则须经中国证监会批准后生效，修改时亦同。

第七十三条　本规则自发布之日起施行。

关于发布《北京证券交易所行业咨询委员会管理细则》的公告

（北证公告〔2023〕13号　2023年2月17日）

为落实全面实行股票发行注册制的有关要求，规范北京证券交易所（以下简称本所）行业咨询委员会工作，本所修订了《北京证券交易所行业咨询委员会管理细则》，现予以发布，自发布之日起施行。

特此公告。

附件：北京证券交易所行业咨询委员会管理细则

附件

北京证券交易所行业咨询委员会管理细则

第一条　为了完善北京证券交易所（以下简称本所）股票发行上市工作，根据《北京证券交易所向不特定合格投资者公开发行股票并上市审核规则》，本所设立行业咨询委员会（以下简称咨询委），制定本细则。

第二条　咨询委是本所专家咨询机构，负责为发行上市审核提供专业咨询和政策建议。

第三条　本所负责咨询委的日常事务和具体运作，为咨询委及委员履行职责提供必要的条件和便利，并对委员的工作进行考核和监督。

第四条　咨询委委员由相关行业的权威专家、资深投资专家、知名企业家组成。所有委员均为兼职。

本所可以根据需要对咨询委委员人数和人员构成进行调整。

第五条　本所按照依法、公开、择优的原则选聘咨询委委员。

第六条　咨询委委员应当符合下列条件：

（一）严格遵守国家法律法规，坚持原则，公正廉洁，恪守职业道德和诚信准则，无严重不良诚信记录；

（二）从事相关行业的政策制定、科学研究、投资管理、企业经营等相关工作，熟悉相关方面的产业政策、前沿技术、发展前景、竞争态势等，在所在领域取得突出成就，享有较高社会声望；

（三）愿意且保证认真参与咨询委工作；

（四）本所认为需要符合的其他条件。

第七条　咨询委委员每届任期两年，可以连任。

第八条　咨询委委员有下列情形之一的，本所可以解聘：

（一）违反法律、行政法规、中国证监会和本所相关规定；

（二）未按照本所的相关规定勤勉履职；

（三）本人提出辞职申请；

（四）本所认为不适合继续担任委员的其他情形。

咨询委委员被解聘后，本所可以根据工作需要选聘新的咨询委委员，任期为本届咨询委委员剩余任期。

第九条　本所设立咨询委秘书处，负责咨询委的下列日常事务工作：

（一）咨询委委员选聘、解聘、换届等工作；

（二）处理向咨询委委员进行咨询的相关工作，及时收集委员的咨询意见；

（三）组织召开咨询委相关会议，记录会议讨论情况；

（四）负责咨询委委员的联络沟通、服务保障、考核等日常工作；

（五）本所或者咨询委要求办理的其他事项。

第十条　咨询委就下列事项提供咨询意见：

（一）发行上市申请文件中与发行人业务、技术相关的信息披露问题；

（二）国内外科技创新及产业化应用的发展动态；

（三）本所相关行业信息披露规则的制定；

（四）本所根据工作需要提请咨询的其他事项。

第十一条　咨询委委员应当遵守下列规定：

（一）保证足够的时间和精力参与咨询委工作，勤勉尽责、诚实守信；

（二）保守在参与咨询委工作中获取的国家秘密、商业秘密和内幕信息，不得向任何第三方泄露工作相关内容；

（三）提供咨询意见的事项与自身利益相关或者可能存在利益冲突的，应当及时提出回避；

（四）不得利用咨询委委员身份谋取不正当利益或者进行业务宣传，不得接受咨询事项所涉企业的馈赠或者存在有损公正履职的其他行为；

（五）与委员履行职责相关的其他规定。

第十二条　本所根据工作需要向咨询委委员进行咨询的，应当提出具体咨询事项，并通过书面函件的方式，向咨询事项涉及的相关行业委员进行咨询。咨询委委员可以通过书面函件和召开咨询会议的方式履行职责，提供咨询意见。

咨询委委员应当结合自身专长和所从事工作，认真阅研本所提出的咨询事项以及相关材料，以个人身份独立、客观、公正地提供咨询意见。

委员收到咨询函件后，应当在 5 个工作日内出具咨询意见，咨询意见应当以书面函件形式回复本所。

咨询委委员认为有必要时，可以提请相关行业委员召开会议讨论有关咨询事项，提请召开会议的委员作为发起人委员主持会议，形成会议纪要。

本所有需求时，可以组织召开咨询委会议。

第十三条　咨询委委员提供咨询意见，有下列情形之一的，应当回避：

（一）咨询委委员或者其亲属近两年内担任被咨询发行人或其控股股东、实际控制人或者保荐机构、独立财务顾问的董事、监事、高级管理人员；

（二）咨询委委员或者其亲属、咨询委委员所在工作单位与被咨询发行人或者其保荐机构、独立财务顾问存在股权关系，可能影响其公正履行职责；

（三）咨询委委员或者其亲属、咨询委委员所在工作单位近两年内与被咨询发行人存在业务往来，可能影响其公正履行职责；

（四）咨询委委员或者其亲属担任董事、监事、高级管理人员的公司与被咨询发行人存在行业竞争关系，或者与被咨询发行人或其保荐机构、独立财务顾问有利害关系，经认定可能影响其公正履行职责；

（五）咨询委委员提供咨询意见前，与被咨询发行人或其保荐机构、独立财务顾问及其他相关单位或者个人进行过接触，可能影响其公正履行职责；

（六）本所认定的可能产生利害冲突或者咨询委委员认为可能影响其公正履行职责的其他情形。

前款所称亲属，包括咨询委委员的配偶、父母、子女、兄弟姐妹、配偶的父母、子女的配偶、兄弟姐妹的配偶。

第十四条　咨询委委员收到具体咨询事项后，发现存在前条规定的回避情形的，应当及时告知本所，并提交书面回避申请。

发行人、保荐机构及其他相关单位和个人认为咨询委员会委员存在本细则第十三条规定的回避情形的，应当及时向本所提出要求有关委员回避的书面申请，并说明理由。

咨询委委员未提出回避申请，但咨询委委员存在回避情形的，本所可以决定有关委员回避。

第十五条　收到咨询委员会委员回避申请或者发行人、保荐机构、其他相关单位和个人要求有关委员回避的书面申请后，本所将进行核实；经核实理由成立的，本所不向有关委员进行咨询。

发行人、保荐机构及其他相关单位和个人未向本所提出回避申请，但咨询委员会委员存在回避情形的，本所可以决定有关委员回避。

咨询委员会委员存在回避情形但未回避的，本所将根据本细则第八条的规定解聘有关委员，并将解聘情况通报其推荐单位。

第十六条　咨询委每年可以召开一次全体会议，提出工作计划和意见建议。

第十七条　咨询委委员存在违反本细则规定行为的，本所根据情节轻重采取谈话提醒、批评、解聘等处理措施。

第十八条　本细则所称"发行人"包含申请向不特定合格投资者公开发行股票并在本所上市的公司、本所上市公司。

第十九条　本细则由本所负责解释。

第二十条　本细则自发布之日起施行。

关于发布《北京证券交易所证券发行上市保荐业务管理细则》的公告

（北证公告〔2023〕14号　2023年2月17日）

为落实全面实行股票发行注册制的有关要求，规范保荐机构在北京证券交易所（以下简称本所）证券发行上市保荐业务的开展，本所修订了《北京证券交易所证券发行上市保荐业务管理细则》。本细则已经中国证监会批准，现予以发布，自发布之日起施行。

特此公告。

附件：北京证券交易所证券发行上市保荐业务管理细则

附件

北京证券交易所证券发行上市保荐业务管理细则

第一章　总　则

第一条　为了规范保荐机构在北京证券交易所（以下简称本所）开展的证券发行上市保荐业务，提高上市公司质量和保荐机构执业水平，保护投资者合法权益，促进市场健康发展，根据《中华人民共和国证券法》（以下简称《证券法》）、《证券发行上市保荐业务管理办法》（以下简称《保荐办法》）、《北京证券交易所向不特定合格投资者公开发行股票注册管理办法》《北京证券交易所上市公司证券发行注册管理办法》以及《北京证券交易所股票上市规则（试行）》等法律法规、部门规章及本所业务规则，制定本细则。

第二条　保荐机构、保荐代表人在本所开展证券发行上市保荐业务，适用本细则。

第三条　保荐机构应当为具有保荐业务资格，且取得本所会员资格的证券公司。

第四条　保荐机构及其保荐代表人应当遵守法律法规、部门规章、规范性文件及本所业务规则，诚实守信、勤勉尽责、廉洁从业，尽职开展保荐业务。

保荐机构、保荐代表人和保荐工作其他参与人员不得通过从事保荐业务谋取任何不正当利益。

第五条　保荐机构及其保荐代表人开展保荐业务，应当切实履行尽职调查、辅导、内部核查、制作和报送文件、信息披露、持续督导等各项职责，配合中国证券监督管理委员会（以下简称中国证监会）和本所的审核注册及日常监管工作。

第六条 保荐机构应当承诺已按照法律法规和中国证监会及本所的相关规定，对发行人及其控股股东、实际控制人进行了尽职调查、审慎核查，充分了解发行人经营状况及其面临的风险和问题，履行了相应的内部核查程序。

保荐机构应当对本次证券发行上市发表明确的推荐结论，并具备相应的保荐工作底稿支持。

第七条 发行人及其控股股东、实际控制人、董事、监事、高级管理人员，为发行人证券发行制作、出具有关文件的律师事务所、会计师事务所等证券服务机构及其签字人员，应当根据法律法规、中国证监会和本所有关规定，配合保荐机构及其保荐代表人履行保荐职责，并承担相应责任。

保荐机构及其保荐代表人履行保荐职责，不能减轻或免除发行人及其控股股东、实际控制人、董事、监事、高级管理人员、证券服务机构及其签字人员的责任。

第二章 发行上市保荐工作

第八条 保荐机构推荐发行人证券发行上市前，应当与发行人签订保荐协议，明确双方在保荐和持续督导期间的权利和义务，合理确定保荐费用的金额和支付时间。

保荐协议签订后，保荐机构应当在5个工作日内向承担辅导验收职责的中国证监会派出机构报告。

第九条 保荐机构和发行人应当在保荐协议中约定，保荐机构及其保荐代表人具有下列权利：

（一）要求发行人按照中国证监会、本所有关规定和保荐协议约定的方式，及时通报信息；

（二）定期或不定期对发行人进行回访，查阅发行人募集资金专项账户资料，以及其他保荐工作需要的发行人材料；

（三）列席发行人的股东大会、董事会和监事会；

（四）对发行人的信息披露文件及向中国证监会和本所提交的其他文件进行事前审阅；

（五）对发行人存在的可能严重影响公司或者投资者合法权益的事项，以及中国证监会和本所等有关部门关注事项进行核查，必要时可聘请相关证券服务机构予以配合；

（六）按照中国证监会和本所有关规定，披露专项现场核查报告、发表意见、发布风险揭示公告；

（七）中国证监会和本所规定的其他权利。

第十条　保荐机构与发行人应当在保荐协议中约定，发行人应当按照下列要求，积极配合保荐机构及其保荐代表人履行职责：

（一）根据保荐协议、保荐机构和保荐代表人的要求，及时提供履行保荐职责必需的信息；

（二）发生应当披露的重大事项或者出现重大风险的，及时告知保荐机构和保荐代表人；

（三）根据保荐机构和保荐代表人的意见，及时履行信息披露义务或者采取相应整改措施；

（四）为保荐机构和保荐代表人履行保荐职责提供其他必要的条件和便利。

发行人不配合保荐工作的，保荐机构及其保荐代表人应当督促其改正；情节严重的，及时报告本所。

第十一条　保荐机构应当指定2名保荐代表人具体负责1家发行人的保荐工作，出具由法定代表人签字的专项授权书，并确保保荐机构有关部门和人员有效分工协作。保荐机构可以指定1名项目协办人。

第十二条　保荐机构推荐发行人证券发行上市的，应当按照中国证监会和本所有关规定，对发行人进行全面调查，充分了解发行人的经营情况及其面临的风险和问题。

第十三条　保荐机构在推荐发行人向不特定合格投资者公开发行股票并在本所上市前，应当按照中国证监会有关规定，对发行人进行辅导，上市公司发行证券的除外。

保荐机构辅导工作完成后，应由发行人所在地的中国证监会派出机构进行辅导验收。

第十四条　保荐机构应当确信发行人符合法律法规以及中国证监会和本所有关规定，方可推荐其证券发行上市。

保荐机构决定推荐发行人证券发行上市的，可以根据发行人的委托，组织编制申请文件，并应当按照中国证监会和本所有关规定，履行内部核查程序，出具推荐文件。

第十五条　保荐机构推荐发行人发行证券，应当向本所提交发行保荐书、保荐代表人专项授权书以及中国证监会和本所要求的其他与保荐业务有关的文件。发行保荐书应当包括下列内容：

（一）逐项说明本次发行是否符合《中华人民共和国公司法》《证券法》规定的发行条件和程序；

（二）逐项说明本次发行是否符合中国证监会和本所有关规定，并载明得出每项结论的查证过程及事实依据；

（三）发行人存在的主要风险；

（四）对发行人发展前景的评价；

（五）保荐机构内部审核程序简介及内核意见；

（六）保荐机构及其关联方与发行人及其关联方之间的利害关系及主要业务往来情况；

（七）保荐机构按照《保荐办法》及中国证监会和本所有关规定应当承诺的事项；

（八）中国证监会和本所要求的其他事项。

第十六条　保荐机构推荐发行人证券上市，应当向本所提交上市保荐书以及本所要求的其他文件。上市保荐书应当包括下列内容：

（一）发行人概况及本次证券发行情况；

（二）逐项说明本次证券上市是否符合本所规定的上市条件；

（三）保荐机构是否存在可能影响公正履行保荐职责的情况；

（四）保荐机构按照中国证监会和本所有关规定应当承诺的事项；

（五）持续督导期间的工作安排；

（六）保荐机构和相关保荐代表人的联系地址、电话和其他通讯方式；

（七）保荐机构认为应当说明的其他事项；

（八）中国证监会和本所要求的其他内容。

上市保荐书应当由保荐机构的法定代表人（或者授权代表）、保荐业务负责人、内核负责人、保荐代表人和项目协办人签字，注明签署日期并加盖保荐机构公章。

第十七条　在上市保荐书中，保荐机构应当就下列事项作出承诺：

（一）有充分理由确信发行人符合法律法规及中国证监会和本所有关证券上市的相关规定；

（二）有充分理由确信发行人申请文件和信息披露资料不存在虚假记载、误导性陈述或者重大遗漏；

（三）有充分理由确信发行人及其董事在申请文件和信息披露资料中表达意见的依据充分合理；

（四）有充分理由确信申请文件和信息披露资料与证券服务机构发表的意见不存在实质性差异；

（五）保证所指定的保荐代表人及本保荐机构的相关人员已勤勉尽责，对发行人申请文件和信息披露资料进行了尽职调查、审慎核查；

（六）保证保荐书、与履行保荐职责有关的其他文件不存在虚假记载、误导性陈述或者重大遗漏；

（七）保证对发行人提供的专业服务和出具的专业意见符合法律、行政法规、中国证监会的规定和行业规范；

（八）自愿接受本所的自律管理；

（九）本所规定的其他事项。

第十八条　未经中国证监会或本所同意，保荐机构、保荐代表人不得擅自改动申请文件、信息披露资料和其他已提交文件。

发生重大事项的，保荐机构、保荐代表人应当及时向中国证监会和本所报告，并按要求补充、更新申请文件和信息披露资料等。

第十九条　保荐机构提交发行保荐书、上市保荐书后，应当配合审核注册工作，履行下列职责：

（一）组织发行人、证券服务机构对中国证监会和本所的意见进行答复；

（二）指定保荐代表人与中国证监会和本所进行沟通，并接受本所上市委员会问询；

（三）按照中国证监会和本所的要求对涉及证券发行上市的特定事项进行尽职调查或者核查；

（四）中国证监会和本所规定的其他职责。

第三章　持续督导工作

第二十条　保荐机构、保荐代表人应当按照中国证监会和本所的规定，针对上市公司的具体情况，制定持续督导工作计划和实施方案，就持续督导工作的主要内容、重点、实施方式、步骤等做出完整、有效的安排。

第二十一条　保荐机构在持续督导期间，应当履行下列职责：

（一）审阅上市公司信息披露文件及向中国证监会和本所提交的其他文件；

（二）督促上市公司建立健全并有效执行信息披露制度，发布风险揭示公告；

（三）督促上市公司建立健全并有效执行公司治理、内部控制等各项制度：

1. 对上市公司发生的关联交易、对外担保、变更募集资金用途，以及其他可能影响持续经营能力、控制权稳定的风险事项发表意见；

2. 对上市公司发生的资金占用、关联交易显失公允、违规对外担保、违规使用募集资金及其他可能严重影响公司和投资者合法权益的事项开展专项现场核查；

3. 就上市公司存在的重大违法违规行为和其他重大事项及时向本所报告；

（四）督促上市公司或其控股股东、实际控制人信守承诺，持续关注上市公司募集资金的专户存储、投资项目的实施等承诺事项；

（五）中国证监会和本所规定的或者保荐协议约定的其他职责。

第二十二条　保荐机构和保荐代表人应当督导上市公司建立健全并有效执行信息披露制度，及时审阅信息披露文件及其他相关文件，并有充分理由确信上市公司向本所提交的文件不存在虚假记载、误导性陈述或者重大遗漏。

保荐机构和保荐代表人可以对上市公司的信息披露文件事前审阅。未进行事前审阅的，应当在上市公司履行信息披露义务后及时完成对有关文件的审阅工作，发现问题的应当及时督促上市公司更正或者补充。上市公司拒不配合的，应当及时向本所报告，并发布风险揭示公告。

保荐机构和保荐代表人应当对上市公司向中国证监会、本所提交的其他文件进行事前审阅，发现问题的及时督促上市公司更正或者补充。

第二十三条　保荐机构及其保荐代表人应当持续关注上市公司运作情况，充分了解公司及其业务，通过日常沟通、定期或不定期回访、查阅资料、列席股东大会、董事会、监事会等方式，关注公司日常经营、证券交易和媒体报道等情况，督促公司履行相应信息披露义务。

第二十四条　上市公司或其控股股东、实际控制人对募集资金使用、投资项目的实施等作出承诺的，保荐机构和保荐代表人应当督促其对承诺事项的具体内容、履约方式及时间、履约能力分析、履约风险及对策、不能履约时的救济措施等进行充分信息披露。

保荐机构及其保荐代表人应当针对前款规定的承诺披露事项，持续跟进相关主体履行承诺的进展情况，督促相关主体及时、充分履行承诺。

上市公司或其控股股东、实际控制人披露、履行或者变更承诺事项，不符合中国证监会和本所有关规定的，保荐机构及其保荐代表人应当及时提出督导意见，并督促相关主体进行补正。

第二十五条　保荐机构及其保荐代表人应当按照中国证监会和本所有关规定做好募集资金使用的督导、核查工作，每年就上市公司募集资金存放和使用情况至少进行一次现场核查，出具核查报告，并在上市公司披露年度报告时一并披露。

第二十六条　保荐机构及其保荐代表人应当协助和督促上市公司建立健全并有效执行内部控制制度，包括财务管理制度、会计核算制度，以及募集资金使用、关联交易、对外担保等重大经营决策的程序和要求等。

第二十七条　上市公司出现下列情形之一的，保荐机构及其保荐代表人应当督促上市公司按规定履行信息披露义务，就信息披露是否真实、准确、完整，对公司经营的影响，以及是否存在其他未披露重大风险等内容发表意见，并于上市公司披露公告时在符合《证券法》规定的信息披露平台予以披露：

（一）关联交易；

（二）对外担保；

（三）变更募集资金用途；

（四）主要业务停滞或出现可能导致主要业务停滞的重大风险事件；

（五）公司经营业绩异常波动；

（六）控股股东、实际控制人及其一致行动人所持股份被司法冻结且可能导致控制权发生变动；

（七）控股股东、实际控制人及其一致行动人质押公司股份比例超过所持股份的 80% 或者被强制处置；

（八）本所或者保荐机构认为需要发表意见的其他事项。

保荐机构及其保荐代表人无法履行前款所述职责的，应当在符合《证券法》规定的信息披露平台披露尚待核实的事项及预计发表意见的时间，并充分提示风险。

第二十八条 上市公司出现下列情形之一的，保荐机构及其保荐代表人应自知道或应当知道之日起 15 个工作日内进行专项现场核查：

（一）未在规定期限内披露年度报告或中期报告；

（二）控股股东、实际控制人或其他关联方涉嫌违规占用或转移上市公司的资金、资产及其他资源；

（三）关联交易显失公允或未履行审议程序和信息披露义务；

（四）违规使用募集资金；

（五）违规为他人提供担保或借款；

（六）上市公司及其董事、监事、高级管理人员、控股股东、实际控制人涉嫌重大违法违规；

（七）存在重大财务造假嫌疑；

（八）本所或保荐机构认为应当进行核查的其他情形。

第二十九条 专项现场核查至少应有 1 名保荐代表人参加，保荐机构及其保荐代表人在实施现场核查前应当制定工作计划，工作计划至少应包括核查内容、工作进度、人员安排和具体事项的核查方案。

第三十条 保荐机构和保荐代表人可以采取下列核查手段，以获取充分和恰当的资料和证据：

（一）对上市公司董事、监事、高级管理人员及有关人员进行访谈；

（二）察看上市公司的主要生产、经营、管理场所；

（三）对有关文件、原始凭证及其他资料或者客观状况进行查阅、复制、记录、录音、录像、照相；

（四）核查或者走访对上市公司损益影响重大的控股或参股公司；

（五）走访或者函证上市公司的控股股东、实际控制人及其关联方；

（六）走访或者函证上市公司重要的供应商或者客户；

（七）聘请会计师事务所、律师事务所、资产评估机构以及其他证券服务机构提供专业意见；

（八）保荐机构、保荐代表人认为必要的其他手段。

第三十一条 保荐机构应当就本次现场核查情况、核查结论等事项出具专项现场核查报告，并在现场核查结束后 15 个工作日内在符合《证券法》规定的信息披露平台披露。核查报告至少应当包括核查时间、地点、人员、涉及的事项、方法、获取的资料和证据、结论及整改建议（如有）等内容。

保荐机构、保荐代表人应当同时将核查结果、整改建议（如有）以书面方式告知上市公司，并督促上市公司就整改情况向本所报告。

第三十二条 保荐机构及其保荐代表人在持续督导过程中发现下列情形之一的，应当采取必要措施；情节严重的，及时向本所报告，报告内容包括有关事项的具体情况、保荐机构采取的督导措施等：

（一）上市公司及其控股股东、实际控制人、董事、监事、高级管理人员等可能存在违法违规以及其他严重不当行为；

（二）证券服务机构及其签字人员出具的专业意见可能存在虚假记载、误导性陈述或重大遗漏等违法违规或其他严重不当行为；

（三）本所或保荐机构认为需要报告的其他情形。

第三十三条 向不特定合格投资者公开发行股票并在本所上市的，保荐机构持续督导期间为向不特定合格投资者公开发行股票上市当年剩余时间及其后 3 个完整会计年度；本所上市公司发行新股、可转换公司债券的，持续督导的期间为证券上市当年剩余时间及其后 2 个完整会计年度。

第三十四条 保荐持续督导期届满，上市公司募集资金尚未使用完毕的，保荐机构应继续履行募集资金相关的持续督导职责，如有其他尚未完结的保荐工作，保荐机构应当继续完成。

第三十五条 保荐机构持续督导期间，上市公司出现下列情形之一的，本所可以视情况要求保荐机构延长持续督导时间：

（一）上市公司在规范运作、公司治理、内部控制等方面存在重大缺陷或者重大风险；

（二）上市公司受到中国证监会行政处罚或者本所公开谴责；

（三）本所认定的其他情形。

保荐机构的持续督导时间应当延长至上述情形发生当年剩余时间及其后一个完整的会计年度，且相关违规行为已经得到纠正、重大风险已经消除。

第四章 工作规程

第三十六条 保荐机构应当完善保荐业务内部控制机制，规范尽职调查、辅导、内部核查、持续督导、制作工作底稿等工作标准及业务流程，严格控制风险，提高保荐业务质量。

第三十七条 保荐机构应当指定 1 名保荐业务负责人，负责与本所的日常联络，及保荐业务的组织协调；同时指定 1-2 名保荐业务联络人，协助业务负责人履行相应职责。

第三十八条 披露证券发行募集文件至持续督导工作结束期间，除确有正当理由外，保荐机构和发行人不得终止保荐协议。

发行人因再次申请证券发行另行聘请保荐机构，或者保荐机构被中国证监会撤销保荐业务资格的，应当终止保荐协议。

保荐机构和发行人终止保荐协议的，应当自终止之日起 5 个工作日内向中国证监会和本所报告，说明原因并由发行人按照规定履行信息披露义务。

第三十九条　发行人另行聘请保荐机构的，应当及时向本所报告并在符合《证券法》规定的信息披露平台予以公告。

新聘请的保荐机构应当及时向本所提交保荐协议、保荐代表人专项授权书，以及本所要求的其他文件。

第四十条　持续督导期间，保荐机构被撤销保荐业务资格的，发行人应当在 1 个月内另行聘请保荐机构，未在规定期限内另行聘请的，中国证监会可以为其指定保荐机构。

第四十一条　发行人另行聘请的保荐机构应当完成原保荐机构未完成的持续督导工作。

因原保荐机构被中国证监会撤销保荐业务资格而另行聘请保荐机构的，另行聘请的保荐机构持续督导时间不得少于一个完整的会计年度。

第四十二条　保荐机构发生变更的，原保荐机构应当配合做好交接工作，并在发生变更的 5 个工作日内向新保荐机构提交下列文件，但已公开披露的文件除外：

（一）关于发行人或相关当事人存在的问题、风险以及需重点关注事项的书面说明；

（二）向中国证监会和本所报送的与发行人相关的其他报告；

（三）其他需要移交的文件。

新保荐机构应当自保荐协议签订之日起开展保荐工作并承担相应的责任。

原保荐机构在履行保荐职责期间未勤勉尽责的，其责任不因保荐机构的更换而免除或者终止。

第四十三条　证券发行后，保荐机构不得更换保荐代表人，但因保荐代表人离职或者不符合保荐代表人要求的，应当更换保荐代表人。

保荐机构更换保荐代表人的，应当通知发行人，并在 5 个工作日内向中国证监会和本所报告，说明原因并提供更换后保荐代表人的相关资料。原保荐代表人在具体负责保荐工作期间未勤勉尽责的，其责任不因保荐代表人的更换而免除或者终止。

发行人应当在收到通知后及时在符合《证券法》规定的信息披露平台披露保荐代表人变更事宜。

第四十四条　持续督导工作结束后，保荐机构应当在发行人年度报告披露之日起 10 个工作日内，向发行人所在地的中国证监会派出机构、本所报送保荐工作总结。保荐工作总结应当包括下列内容：

（一）发行人基本情况；

（二）保荐工作概述；

（三）履行保荐职责期间发生的重大事项及处理情况；

（四）对发行人配合保荐工作情况的说明及评价；

（五）对证券服务机构相关工作情况的说明及评价；

（六）中国证监会和本所要求的其他事项。

第五章　监管措施和违规处分

第四十五条　本所可以对保荐机构及其保荐代表人从事本所保荐业务的情况进行检查，保荐机构及其保荐代表人应当积极配合检查，如实提供有关资料，不得拒绝、阻挠、逃避检查，不得谎报、隐匿、销毁相关证据材料。

第四十六条　保荐机构存在下列情形之一的，本所可以视情节轻重采取自律监管措施或纪律处分：

（一）未按规定向本所提交文件；

（二）未及时报告或履行信息披露义务；

（三）向本所出具的与保荐工作相关的文件或信息披露文件存在虚假记载、误导性陈述或者重大遗漏；

（四）发行保荐书、上市保荐书等申请文件与信息披露资料存在矛盾，或者就同一事实表述不一致且存在实质差异；

（五）未有效执行内部控制、尽职调查、辅导、内部核查、持续督导和工作底稿管理等制度；

（六）保荐工作底稿存在虚假记载、误导性陈述或者重大遗漏；

（七）唆使、协助或者参与发行人、证券服务机构提供存在虚假记载、误导性陈述或者重大遗漏的文件；

（八）唆使、协助或者参与发行人干扰审核工作；

（九）通过从事保荐业务谋取不正当利益；

（十）其他严重违反诚实守信、勤勉尽责、廉洁从业义务的情形。

第四十七条　保荐代表人存在下列情形之一的，本所可以视情节轻重采取自律监管措施或纪律处分：

（一）尽职调查工作日志、持续督导工作底稿缺失或者遗漏、隐瞒重要问题；

（二）未完成或者未参加辅导工作；

（三）未参加持续督导工作，或者持续督导工作未勤勉尽责；

（四）其具体负责保荐工作的发行人在保荐期间被中国证监会采取行政处罚、监管措施或被本所采取纪律处分；

（五）唆使、协助或者参与发行人干扰审核工作；

（六）通过从事保荐业务谋取不正当利益；

（七）不配合本所自律管理工作，或存在其他严重违反诚实守信、勤勉尽责、廉洁从业义务的情形。

第四十八条　发行人出现下列情形之一的，本所可以视情节轻重，对保荐机构、保荐代表人采取自律监管措施或纪律处分：

（一）证券发行募集文件等申请文件存在虚假记载、误导性陈述或者重大遗漏；

（二）保荐机构持续督导期间信息披露文件存在虚假记载、误导性陈述或者重大遗漏；

（三）本所规定的其他情形。

第四十九条　发行人在持续督导期间存在下列情形之一，本所可以视情节轻重，对保荐机构及其相关责任人员采取自律监管措施或纪律处分：

（一）向不特定合格投资者公开发行股票并在本所上市之日起 12 个月内，控股股东或者实际控制人发生变更，上市公司发行新股上市除外；

（二）向不特定合格投资者公开发行股票并在本所上市、上市公司向不特定合格投资者公开发行证券并上市当年即亏损且选取的上市标准含净利润标准；

（三）证券上市当年累计 50% 以上募集资金的用途与承诺不符；

（四）向不特定合格投资者公开发行股票并在本所上市之日起 12 个月内，累计 50% 以上资产或者主营业务发生重组；

（五）上市公司向不特定合格投资者公开发行证券并上市之日起 12 个月内，累计 50% 以上资产或者主营业务发生重组，且未在证券发行募集文件中披露；

（六）实际盈利低于盈利预测达 20% 以上；

（七）关联交易显失公允或者程序违规，涉及金额较大；

（八）控股股东、实际控制人或其他关联方违规占用或转移发行人的资金、资产及其他资源，涉及金额较大；

（九）违规为他人提供担保，涉及金额较大；

（十）违规购买或出售资产、借款、委托资产管理等，涉及金额较大；

（十一）董事、监事、高级管理人员侵占发行人资金、资产及其他资源，受到行政处罚或者被追究刑事责任；

（十二）违反上市公司规范运作和信息披露等有关规定，情节较为严重的；

（十三）本所规定的其他情形。

本条涉及的净利润以扣除非经常性损益前后孰低者为计算依据。

第五十条　发行人及其控股股东、实际控制人、董事、监事和高级管理人员存在下列情形之一的，本所可以视情节轻重采取自律监管措施或纪律处分：

（一）终止保荐协议后未另行聘请保荐机构；

（二）持续督导期间违法违规且拒不纠正；

（三）发生重大事项未及时通知保荐机构；

（四）发生其他严重不配合保荐工作情形。

第五十一条　证券服务机构及其签字人员存在下列情形之一的，本所可以视情节轻重采取自律监管措施或纪律处分：

（一）出具的专业意见存在虚假记载、误导性陈述或重大遗漏；

（二）因不配合保荐工作而导致严重后果；

（三）本所规定的其他情形。

第五十二条　本所发现相关主体涉嫌违反法律法规和中国证监会相关规定的，应当向中国证监会报告。

第六章　附　则

第五十三条　本细则由本所负责解释。

第五十四条　本细则自发布之日起施行。

关于发布《北京证券交易所证券发行与承销管理细则》的公告

（北证公告〔2023〕15号 2023年2月17日）

为落实全面实行股票发行注册制的有关要求，规范北京证券交易所（以下简称本所）证券发行承销活动，本所修订了《北京证券交易所证券发行与承销管理细则》。本细则已经中国证监会批准，现予以发布，自发布之日起施行。

特此公告。

附件：北京证券交易所证券发行与承销管理细则

附件

北京证券交易所证券发行与承销管理细则

第一章 总 则

第一条 为了规范北京证券交易所（以下简称本所）证券发行及承销行为，保护投资者合法权益，维护市场秩序，根据《中华人民共和国证券法》（以下简称《证券法》）、《北京证券交易所向不特定合格投资者公开发行股票注册管理办法》《北京证券交易所上市公司证券发行注册管理办法》等相关规定，制定本细则。

第二条 以下证券发行及承销行为适用本细则的规定，本细则未作规定的，适用本所其他有关规定：

（一）向不特定合格投资者公开发行股票并在本所上市（以下简称公开发行并上市）；

（二）上市公司向不特定合格投资者公开发行股票（以下简称上市公司公开发行）；

（三）上市公司向特定对象发行股票（以下简称上市公司定向发行）；

（四）上市公司发行可转换为股票的公司债券；

（五）本所认定的其他情形。

第三条 本所根据相关法律法规、部门规章、本所业务规则及本细则的规定，对证券发行与承销活动及发行人、证券公司、证券服务机构、投资者等参与主体实施自律管理。

第四条　证券公司开展承销业务，应当依据中国证监会、中国证券业协会和本所的相关规定，制定并严格执行完善的风险管理制度和内部控制制度，加强定价和配售过程管理，落实承销责任，防范利益冲突，防控发行风险。

第五条　证券服务机构和人员应当按照本行业公认的业务标准和执业规范，严格履行法定职责，对其所出具文件的真实性、准确性和完整性承担责任。

第二章　定价与配售

第一节　一般规定

第六条　公开发行并上市、上市公司公开发行（以下统称股票公开发行）可以通过发行人和主承销商自主协商直接定价、合格投资者网上竞价或网下询价等方式确定发行价格。发行人和主承销商应当在发行方案中说明本次发行采用的定价方式，并在招股文件和发行公告中披露。

本细则所称招股文件，是指股票公开发行申请经中国证监会注册后，发行人公告的招股说明书、招股意向书、募集说明书。

第七条　公开发行并上市采用询价方式的，承销商应当向网下投资者提供投资价值研究报告；采用竞价方式的，承销商应当提供投资价值研究报告并公开披露。投资价值研究报告应当符合中国证券业协会的相关规定。

投资价值研究报告应当说明估值区间与历史交易价格和历史发行价格的偏离情况及原因。

本细则所称历史交易价格，是指本次申请公开发行前六个月内最近 20 个有成交的交易日的平均收盘价；历史发行价格，是指本次申请公开发行前一年内在全国中小企业股份转让系统历次股票发行的价格。

第八条　公开发行并上市采用直接定价或询价方式，发行人和主承销商确定的发行价格存在下列情形之一的，应当在申购前发布投资风险特别公告：

（一）超过历史交易价格或历史发行价格 1 倍；

（二）超过网下投资者有效报价剔除最高报价部分后的中位数或加权平均数。

第九条　公开发行并上市采用直接定价或竞价方式的，全部向网上投资者发行，不进行网下询价和配售。

第十条　投资者应当按照发行人和主承销商的要求在申购时全额缴付申购资金、缴付申购保证金或以其他方式参与申购。冻结资金产生的利息由中国证券登记结算有限责任公司北京分公司按照相关规定划入证券投资者保护基金。

第十一条　网上投资者有效申购总量大于网上发行数量时，根据网上发行数量和有效申购总量的比例计算各投资者获得配售股票的数量。其中不足 100 股的部分，汇总后按申购数量优先、数量相同的时间优先原则向每个投资者依次配售100 股，直至无剩余股票。

第十二条　上市公司公开发行的，可以向原股东优先配售，优先配售比例应当在发行公告中披露。

第十三条　上市公司发行股票的，拟发行数量不得超过本次发行前股本总额的30%，本次发行涉及上市公司收购、发行股份购买资产或发行人向原股东配售股份的除外。

第十四条　上市公司向原股东配售股份的，拟配售股份数量不得超过本次配售前股本总额的50%。

第二节　询价发行

第十五条　股票公开发行采用询价方式的，应当通过初步询价确定发行价格。

第十六条　在中国证券业协会注册、符合中国证券业协会规定条件并已开通本所交易权限的网下投资者可以参与询价。

参与询价的网下投资者须具备丰富的投资经验和良好的定价能力，应当接受中国证券业协会的自律管理，遵守中国证券业协会的自律规则。

第十七条　发行人和主承销商可以自主协商设置网下投资者的具体条件，并预先披露。主承销商应当对网下投资者是否符合预先披露的条件进行核查，对不符合条件的投资者，应当拒绝或剔除其报价。

第十八条　网下投资者可以自主决定是否报价，主承销商无正当理由不得拒绝。网下投资者应当遵循独立、客观、诚信的原则报价，不得协商报价或者故意压低、抬高价格。

参与询价的网下投资者应当以其管理的配售对象为单位进行报价，报价应当包括每股价格和对应的拟申购股数，每个配售对象只能申报一个报价，同一网下投资者全部报价中的不同拟申购价格不得超过三个。

第十九条　发行人和主承销商应当剔除拟申购总量中报价最高的部分，并根据剩余报价及拟申购数量协商确定发行价格。剔除部分不超过所有网下投资者拟申购总量的3%；当拟剔除的最高申报价格部分中的最低价格与确定的发行价格相同时，对该价格的申报可不再剔除。因剔除导致拟申购总量不足的，相应部分可不剔除。

本所可根据市场情况，调整前述报价最高部分剔除比例。

第二十条　股票发行价格确定后，提供有效报价的网下投资者方可参与申购，网下投资者应当以配售对象为单位进行申购。

前款所称有效报价，是指网下投资者申报的不低于发行人和主承销商确定的发行价格，且未作为最高报价部分被剔除，同时符合发行人和主承销商事先确定并公告的其他条件的报价。

第二十一条　发行人和主承销商可以自主协商确定有效报价条件、配售原则和配售方式，并按照事先确定的配售原则在有效申购的网下投资者中确定配售对象。

第二十二条 公开发行并上市的，网下初始发行比例应当不低于60%且不高于80%。有战略投资者配售股票安排的，应当扣除向战略投资者配售部分后确定网上网下发行比例。

第二十三条 公开发行并上市对网下投资者进行分类配售的，同类投资者获得配售的比例应当相同。公募基金、社保基金、养老金、年金基金、保险资金和合格境外投资者资金的配售比例应当不低于其他投资者。

第二十四条 网下投资者可与发行人和主承销商自主约定网下配售股票的持有期限并公开披露。

第二十五条 公开发行并上市的，网下配售时，发行人和主承销商不得向下列投资者配售股票：

（一）发行人及其股东、实际控制人、董事、监事、高级管理人员和其他员工；发行人及其股东、实际控制人、董事、监事、高级管理人员能够直接或间接实施控制、共同控制或施加重大影响的公司，以及该公司控股股东、控股子公司和控股股东控制的其他子公司；

（二）主承销商及其持股比例5%以上的股东，主承销商的董事、监事、高级管理人员和其他员工；主承销商及其持股比例5%以上的股东、董事、监事、高级管理人员能够直接或间接实施控制、共同控制或施加重大影响的公司，以及该公司控股股东、控股子公司和控股股东控制的其他子公司；

（三）承销商及其控股股东、董事、监事、高级管理人员和其他员工；

（四）本条第（一）、（二）、（三）项所述主体的关系密切的家庭成员，包括配偶、子女及其配偶、父母及配偶的父母、兄弟姐妹及其配偶、配偶的兄弟姐妹、子女配偶的父母；

（五）过去6个月内与主承销商存在保荐、承销业务关系的公司及其持股5%以上的股东、实际控制人、董事、监事、高级管理人员，或已与主承销商签署保荐、承销业务合同或达成相关意向的公司及其持股5%以上的股东、实际控制人、董事、监事、高级管理人员；

（六）其他参与配售可能导致不当行为或不正当利益的自然人、法人和组织。

本条第（二）、（三）项规定的禁止对象所管理的公募基金、社保基金、养老金、年金基金不受前款规定的限制，但是应符合中国证监会和国务院其他主管部门的有关规定。

第二十六条 公开发行并上市的，网下投资者有效申购数量低于网下初始发行量的，发行人和主承销商不得将网下发行部分向网上回拨，应当中止发行。网上投资者有效申购数量不足网上初始发行量的，不足部分可以向网下投资者回拨。

网上投资者有效申购倍数超过15倍，不超过50倍的，应当从网下向网上回拨，回拨比例为本次公开发行数量的5%；网上投资者有效申购倍数超过50倍的，回拨比例为本次公开发行数量的 10%。

有战略投资者配售股票安排的，本条所称公开发行数量应扣除战略配售数量计算。

第二十七条　网下发行与网上发行应同时进行。公开发行并上市的，投资者应当选择参与网下或网上发行，不得同时参与。

第三节　竞价发行

第二十八条　股票公开发行采用竞价方式的，除本细则第二十五条规定的投资者外，均可参与申购。

每个投资者只能申报一次。申购信息应当包括每股价格和对应的拟申购股数。

发行人和主承销商可以设置最低申购价格并在发行公告中予以披露，投资者申报的每股价格不得低于最低申购价格。

第二十九条　发行人和主承销商应当在发行公告中披露价格确定机制。

投资者有效申购总量小于或等于网上发行数量且已设置最低申购价格的，发行价格为最低申购价格；未设置最低申购价格的，发行价格为投资者的最低报价。

投资者有效申购总量大于网上发行数量的，发行人和主承销商可以选择下列方式之一确定发行价格：

（一）剔除最高报价部分后，将投资者申购报单按照价格从高到低排序计算累计申购数量，当累计申购数量达到网上发行数量或其一定倍数时，对应的最低申购价格为发行价格。

剔除部分不得低于拟申购总量的 5%，因剔除导致拟申购总量不足的，相应部分可不剔除。拟申购总量超过网上发行数量 15 倍的，剔除部分不得低于拟申购总量的 10%。

报价大于或等于发行价格且未被剔除的投资者为有效报价投资者。

（二）按照事先确定并公告的方法（加权平均价格或算数平均价格）计算申购报单的基准价格，以 0.01 元为一个价格变动单位向基准价格上下扩大价格区间，直至累计申购数量达到网上发行股票数量或其一定倍数，较低的临界价格为发行价格。

报价在上下两个临界价格以内（含临界价格）的投资者为有效报价投资者。

发行人和主承销商可以在竞价申购结束后根据申购情况协商确定剔除比例和累计申购倍数。

第三十条　投资者有效申购总量小于或等于网上发行数量的，向投资者按有效申购数量配售股票。投资者有效申购总量大于网上发行数量的，向有效报价投资者按比例配售股票。

第四节　直接定价发行

第三十一条　股票公开发行采用直接定价方式的，发行人与主承销商应当结合发行人所属行业、市场情况、同行业公司估值水平等因素审慎确定发行价格，并在招股文件和发行公告中披露。

第五节 战略配售

第三十二条 公开发行并上市的，可以向战略投资者配售股票，战略投资者不得超过 10 名。公开发行股票数量在 5000 万股以上的，战略投资者获得配售的股票总量原则上不得超过本次公开发行股票数量的 30%，超过的应当在发行方案中充分说明理由。公开发行股票数量不足 5000 万股的，战略投资者获得配售的股票总量不得超过本次公开发行股票数量的 20%。

第三十三条 参与战略配售的投资者，应当具备良好的市场声誉和影响力，具有较强资金实力，认可发行人长期投资价值，并按照最终确定的发行价格认购其承诺认购的发行人股票。

第三十四条 发行人应当与战略投资者事先签署配售协议。发行人与主承销商应向本所报备战略配售方案，包括战略投资者名称、承诺认购金额或者股票数量、持有期限等情况。

战略投资者参与股票配售，应当使用自有资金，不得接受他人委托或者委托他人参与，但以公开方式募集设立、主要投资策略包括投资战略配售股票且以封闭方式运作的证券投资基金等主体除外。

战略投资者本次获得配售的股票持有期限应当不少于 6 个月，持有期自本次发行的股票在本所上市之日起计算。

第三十五条 经发行人董事会审议通过，发行人高级管理人员与核心员工可以通过专项资产管理计划、员工持股计划等参与战略配售，获配的股票数量不得超过本次公开发行股票数量的 10%，且股票持有期限不得少于 12 个月。

前款规定的专项资产管理计划、员工持股计划的实际支配主体为发行人高级管理人员的，该专项资产管理计划、员工持股计划获配的股份不计入社会公众股东持有的股份。

第三十六条 参与本次战略配售的投资者不得参与网上发行与网下发行，但证券投资基金管理人管理的未参与战略配售的公募基金、社保基金、养老金、年金基金等除外。

第三十七条 发行人和主承销商向战略投资者配售股票的，不得存在以下情形：

（一）发行人和主承销商向战略投资者承诺股票在本所上市后股价将上涨，或者股价如未上涨将由发行人购回股票或者给予任何形式的经济补偿；

（二）主承销商以承诺对承销费用分成、介绍参与其他发行人战略配售等作为条件引入战略投资者；

（三）股票在本所上市后发行人认购发行人战略投资者及其控股子公司管理的证券投资基金；

（四）发行人承诺在战略投资者获配股份的限售期内，任命与该战略投资者存在关联关系的人员担任发行人的董事、监事及高级管理人员，但发行人高级管理人员与核心员工设立专项资产管理计划、员工持股计划等参与战略配售的除外；

（五）除本细则第三十四条第二款规定主体外，战略投资者使用非自有资金认购发行人股票，或者存在接受其他投资者委托或委托其他投资者参与本次战略配售的情形；

（六）其他直接或间接进行利益输送的行为。

第三十八条　主承销商应当对战略投资者的选择标准、配售资格及是否存在本细则规定的禁止性情形进行核查、出具专项核查文件并公开披露，要求发行人、参与战略配售的投资者就核查事项出具承诺函。

第三十九条　发行人和主承销商应当在招股文件和发行公告中披露是否采用战略配售方式、战略投资者的选择标准、战略配售股票总量上限、战略投资者名称、承诺认购金额或者股票数量、占本次发行股票数量的比例以及限售期安排等。

在发行结果公告中披露最终获配的战略投资者名称、股票数量以及限售期安排等。

发行人高级管理人员与核心员工通过专项资产管理计划、员工持股计划等参与本次发行战略配售的，应当在招股文件和发行公告中披露专项资产管理计划、员工持股计划的具体名称、设立时间、募集资金规模、管理人、实际支配主体以及参与人姓名、职务与持有份额等。

第六节　超额配售选择权

第四十条　股票公开发行的，发行人和主承销商可以采用超额配售选择权。采用超额配售选择权发行股票数量不得超过本次公开发行股票数量的15%。

第四十一条　采用超额配售选择权的，发行人应当授予主承销商超额配售股票并使用超额配售股票募集的资金从二级市场竞价交易购买发行人股票的权利。通过联合主承销商发行股票的，发行人应当授予其中1家主承销商前述权利。

主承销商与发行人签订的承销协议中，应当明确发行人对主承销商采用超额配售选择权的授权，以及获授权的主承销商的相应责任。

获授权的主承销商，应当勤勉尽责，建立独立的投资决策流程及防火墙制度，严格执行内部控制制度，有效防范利益输送和利益冲突。

第四十二条　采用超额配售选择权的主承销商，可以在征集投资者认购意向时，与投资者达成预售拟行使超额配售选择权所对应股份的协议，明确投资者同意预先付款并向其延期交付股票。主承销商应当将延期交付股票的协议报本所和中国证券登记结算有限责任公司北京分公司备案。

第四十三条　发行人股票在本所上市之日起30日内，获授权的主承销商有权使用超额配售股票募集的资金，以竞价交易方式从二级市场购买发行人股票，申报买入价格不得高于本次发行的发行价格，获授权的主承销商未购买发行人股票或者购买发行人股票数量未达到全额行使超额配售选择权拟发行股票数量的，可以要求发行人按照超额配售选择权方案以发行价格增发相应数量股票。

主承销商按照前款规定，以竞价交易方式购买的发行人股票与要求发行人增发的股票之和，不得超过发行公告中披露的全额行使超额配售选择权拟发行股票数量。

主承销商按照第一款规定买入的股票不得卖出。

第四十四条　采用超额配售选择权的，获授权的主承销商使用超额配售募集的资金从二级市场购入股票，应当在超额配售选择权行使期届满或者累计购回股票数量达到采用超额配售选择权发行股票数量限额的 5 个交易日内，向发行人支付超额配售股票募集的资金，向同意延期交付股票的投资者交付股票。除购回股票使用的资金及划转给发行人增发股票的资金外的剩余资金，纳入证券投资者保护基金。

第四十五条　获授权的主承销商应当保存使用超额配售股票募集资金买入股票的完整记录，保存时间不得少于 10 年，记录应当包括以下信息：

（一）每次申报买入股票的时间、价格与数量；

（二）每次申报买入股票的价格确定情况；

（三）买入股票的每笔成交信息，包括成交时间、成交价格、成交数量等。

第四十六条　超额配售选择权行使期届满或者累计购回数量达到采用超额配售选择权发行股票数量限额的 10 个交易日内，获授权的主承销商应当将超额配售选择权的实施情况和使用超额配售股票募集资金买入股票的完整记录报本所备案。

第四十七条　发行人和主承销商应当于提交发行申请时，在招股说明书或募集说明书中明确是否采用超额配售选择权以及采用超额配售选择权发行股票的数量上限。

发行人和主承销商应当在发行方案中明确并在招股文件中披露超额配售选择权实施方案，包括实施目标、操作策略、可能发生的情形以及预期达到的效果等；在发行公告中披露全额行使超额配售选择权拟发行股票的具体数量。

在超额配售选择权行使期届满或者累计购回股票数量达到采用超额配售选择权发行股票数量限额的 2 个交易日内，发行人与获授权的主承销商应当披露以下情况：

（一）超额配售选择权行使期届满或者累计购回股票数量达到采用超额配售选择权发行股票数量限额的日期；

（二）超额配售选择权实施情况是否合法、合规，是否符合所披露的有关超额配售选择权的实施方案要求，是否实现预期达到的效果；

（三）因行使超额配售选择权而发行的新股数量；如未行使或部分行使，应当说明买入发行人股票的数量及所支付的总金额、平均价格、最高与最低价格；

（四）发行人本次筹资总金额；

（五）本所要求披露的其他信息。

第三章　证券承销

第四十八条　主承销商可以由发行人保荐机构担任，也可以由发行人保荐机构与其他具有保荐业务资格的证券公司共同担任。

第四十九条　发行人和主承销商应当签订承销协议，在承销协议中界定双方的权利义务关系，约定明确的承销基数。采用包销方式的，应当明确包销责任；采用代销方式的，应当约定发行失败后的处理措施。

上市公司定向发行，应当采用代销方式，但上市公司董事会提前确定全部发行对象的除外。

股票公开发行依据法律、行政法规的规定应当由承销团承销的，组成承销团的承销商应当签订承销团协议，由主承销商负责组织承销工作。股票公开发行由两家以上证券公司联合主承销的，所有担任主承销商的证券公司应当共同承担主承销责任，履行相关义务。

承销团成员应当按照承销团协议和承销协议的约定进行承销活动，不得进行虚假承销。

第五十条　获中国证监会同意注册后，发行人与主承销商应当及时向本所报送发行与承销方案。

第五十一条　上市公司定向发行的，发行人及承销商应当按照公正、透明的原则，在认购邀请书中事先约定选择发行对象、收取认购保证金及投资者违约时保证金的处理方式、确定认购价格、分配认购数量等事项的操作规则。

第五十二条　上市公司发行证券，存在利润分配方案、公积金转增股本方案尚未提交股东大会表决或经股东大会表决通过尚未实施的，应当在方案实施后发行。相关方案实施前，主承销商不得承销上市公司发行的证券。

第五十三条　发行人和主承销商应当事先约定中止发行和发行失败的情形及安排，并在发行公告中予以披露。

采用代销方式的，代销期届满，向投资者出售的股票数量未达到拟公开发行股票数量的70%，本次发行失败。

第五十四条　公开发行并上市的，发行承销过程中出现以下情形之一的，发行人和主承销商应当中止发行：

（一）采用询价方式的，有效报价的网下投资者数量不足10家或网下投资者有效申购数量低于网下初始发行量；

（二）预计发行后无法满足其在招股文件中选择的股票在本所上市标准；

（三）发行价格未在股东大会确定的发行价格区间内或低于股东大会确定的发行底价；

（四）发行人和主承销商事先约定并披露的其他情形；

（五）本所认定的其他情形。

中止发行后，发行人和主承销商在发行注册文件有效期内，报经本所备案，可重新启动发行。

第五十五条　股票中止发行或发行失败涉及投资者资金缴付的，主承销商应当协助发行人将投资者的申购资金加算银行同期存款利息返还投资者。

第五十六条　发行完成后，发行人应当聘请符合《证券法》规定的会计师事务所对募集资金进行验证，出具验资报告并报送本所备案。

发行人和主承销商还应当聘请律师事务所对网下发行过程、配售行为、参与定价与配售的投资者资质条件及其与发行人和承销商的关联关系、资金划拨等事项进行见证，并出具专项法律意见书。

本次发行的证券上市之日起 10 日内，主承销商应当将专项法律意见书、承销总结报告等文件报送本所备案。

第四章　信息披露

第五十七条　发行人和主承销商在股票发行过程中，应当按照中国证监会和本所的规定编制信息披露文件，履行信息披露义务。发行人和承销商在发行过程中披露信息，应当真实、准确、完整，不得有虚假记载、误导性陈述或者重大遗漏。

第五十八条　发行过程中，发行人和主承销商公告的信息应当在符合《证券法》规定的信息披露平台披露。通过其他途径披露信息的，披露内容应当完全一致，且不得早于在上述信息披露平台的披露时间。

第五十九条　股票公开发行招股文件披露后，发行人和承销商可以向网下投资者进行推介和询价，并通过互联网等方式向投资者进行推介。发行人和承销商向网下投资者推介和询价应当符合中国证券业协会的相关规定。

发行人和承销商推介时向投资者提供的发行人信息的内容应当一致。

第六十条　发行人和承销商在推介过程中不得夸大宣传，或以虚假广告等不正当手段诱导、误导投资者，不得披露发行人公开信息以外的其他信息。

第六十一条　承销商应当保留推介、定价、配售等承销过程中的相关资料至少三年并存档备查，包括推介宣传材料、路演现场录音等，如实、全面反映定价和配售过程。

第六十二条　发行人披露的招股意向书除不含发行价格、筹资金额以外，其内容与格式应当与招股说明书一致，并与招股说明书具有同等法律效力。

第六十三条　采用询价方式的，发行人与主承销商应当在询价公告中披露本次发行的定价方式、定价程序、网下投资者条件、股票配售原则及配售方式、有效报价的确定方式、中止发行安排、发行时间安排和路演推介相关安排等信息。

第六十四条　申购前，发行人与主承销商应当在发行公告中披露发行定价方式、发行股票数量、定价程序、申购缴款要求、股票配售原则及配售方式、中止发行安排、发行时间安排、余股包销安排等信息。

采用直接定价或询价方式的，还应当披露发行价格及其确定依据、对应的市盈率，公开发行并上市的还应披露发行价格与历史交易价格和历史发行价格的偏离情况及原因。

采用询价方式的，还应当披露网下投资者的详细报价情况，包括参与报价的网下投资者名称、申报的每股价格和对应的拟申购股数，剔除最高报价情况，剔除最高报价部分后网下投资者有效报价的中位数和加权平均数，网下和网上发行股票数量，回拨机制等。

第六十五条　申购前，发行人与主承销商应当披露投资风险特别公告，提示可能存在发行价格过高给投资者带来损失的风险，提醒投资者关注。公告内容应包括：

（一）公开发行并上市的，发行价格存在本细则第八条所列情形的，应披露原因及合理性，并提请投资者关注上述情况；

（二）提请投资者关注投资风险，审慎研判发行定价的合理性，理性作出投资决策；

（三）本所认为应当公告的其他内容。

第六十六条　股票公开发行采用竞价方式的，发行价格确定后，发行人和主承销商应当披露竞价结果，包括网上发行股票数量、申购数量、确定发行价格的机制、累计认购倍数、最高报价剔除数量、定价过程和发行价格等信息。

第六十七条　发行完成后，发行人与主承销商应披露发行结果公告，内容应包括：

（一）网上网下投资者申购数量和获配数量；

（二）获配网下投资者名称及其申购数量和获配数量明细；

（三）自主配售的结果是否符合事先公布的配售原则；

（四）投资者提供有效报价但未参与申购、实际申购数量少于询价时拟申购数量和由于申购资金不足导致申购无效的情况；

（五）主承销商的包销情况；

（六）保荐费用、承销费用、其他中介费用等发行费用信息；

（七）本所认为应当说明的其他情况。

第五章　监管措施和违规处分

第六十八条　发行承销涉嫌违法违规或存在异常情形的，本所可以要求发行人和承销商暂停、暂缓或中止发行，并对相关事项进行调查处理。

第六十九条　网上投资者因申购资金不足导致申购无效的，六个月内不得参与本所市场股票公开发行网上申购。

第七十条　发行人、证券公司、证券服务机构、投资者及其直接负责的主管人员和其他直接责任人员等违反本细则规定的，本所可以采取下列自律监管措施：

（一）口头警示；

（二）约见谈话；

（三）要求提交书面承诺；

（四）限期改正；

（五）要求公开更正、澄清或说明；

（六）要求公开致歉；

（七）要求限期参加培训或考试；

（八）本所规定的其他自律监管措施。

第七十一条　发行人、证券公司、证券服务机构、投资者及其直接负责的主管人员和其他直接责任人员等违反本细则规定，情节严重的，本所可以采取下列纪律处分：

（一）通报批评；

（二）公开谴责；

（三）公开认定发行人董事、监事、高级管理人员3年以上不适合担任发行人董事、监事、高级管理人员；

（四）3个月至3年内不接受发行人提交的发行上市申请文件；

（五）3个月至3年内不接受保荐机构、承销商、证券服务机构提交的证券承销业务相关文件；

（六）3个月至3年内不接受保荐代表人及保荐机构其他相关人员、承销商相关人员、证券服务机构相关人员签字的证券承销业务相关文件；

（七）本所规定的其他纪律处分。

第七十二条　发行人、证券公司、证券服务机构、投资者及其直接负责的主管人员和其他直接责任人员等存在下列情形的，本所可以视情节轻重对其采取自律监管措施或纪律处分：

（一）未按照事先披露的原则和方式配售股票，或其他未按照披露文件实施的行为；

（二）未按照本细则的规定提供投资价值研究报告或者发布投资风险特别公告；

（三）发行人高级管理人员与核心员工通过专项资产管理计划、员工持股计划等参与战略配售，未按规定履行决策程序或信息披露义务；

（四）未按规定编制信息披露文件、履行信息披露义务，或信息披露不真实、不准确、不完整，存在虚假记载、误导性陈述或重大遗漏；

（五）未按照相关规定保留推介、定价、配售等承销过程相关资料；

（六）发行过程中应当中止发行而未中止发行；

（七）发行人和主承销商向战略投资者配售股票的，存在本细则第三十七条规定的禁止性行为；

（八）参与发行的投资者违反其作出的限售期等承诺；

（九）向投资者提供除发行人公开信息以外的其他信息；

（十）无定价依据、未在充分研究的基础上理性报价，没有严格履行报价评估和决策程序审慎报价，定价依据无法支持报价结果或故意压低、抬高价格；

（十一）未及时向本所报备发行与承销方案，或者本所提出异议后仍然按原方案启动发行工作；

（十二）违反本细则关于采用超额配售选择权的规定，影响证券上市交易正常秩序；

（十三）保荐机构和主承销商违反规定向发行人、投资者不当收取费用；

（十四）本所认定的其他情形。

第七十三条　发行人、证券公司、证券服务机构、投资者及其直接负责的主管人员和其他直接责任人员等存在下列情形的，本所可以对其采取纪律处分：

（一）证券公司承销擅自公开发行或者变相公开发行的证券；

（二）夸大宣传，或者以虚假广告等不正当手段诱导、误导投资者；

（三）以不正当竞争手段招揽承销业务；

（四）泄露询价、定价信息；

（五）以任何方式操纵发行定价、劝诱投资者抬高报价或干扰投资者正常报价和申购；

（六）以提供透支、回扣或本所认定的其他不正当手段诱使他人申购股票；

（七）以代持、信托持股等方式谋取不正当利益或向其他相关利益主体输送利益；

（八）发行人和承销商及相关人员直接或通过其利益相关方向参与认购的投资者提供财务资助或者补偿；

（九）发行人和承销商及相关人员以自有资金或者变相通过自有资金参与网下配售和竞价配售；

（十）在询价、配售活动中进行合谋报价、利益输送或者谋取其他不当利益；

（十一）向不符合要求或禁止配售的投资者配售股票；

（十二）本所认定的其他情形。

第七十四条　发行人、证券公司、证券服务机构、投资者及其直接负责的主管人员和其他直接责任人员等被其他证券交易所采取暂不接受文件、认定为不适当人选等自律监管措施和纪律处分的，本所按照业务规则，在相应期限内不接受其提交或者签字的相关文件，或者认为其不适合担任发行人董事、监事、高级管理人员。

第七十五条　本所发现承销商或网下投资者存在中国证券业协会发布的相关规则所述违规行为的，及时将有关情况通报中国证券业协会。

第七十六条　本所发现发行承销过程中相关主体涉嫌违反法律法规和中国证监会相关规定的，及时向中国证监会报告。

第六章　附　则

第七十七条　本细则由本所负责解释。

第七十八条　本细则自发布之日起施行。

关于发布《北京证券交易所股票向不特定合格投资者公开发行与承销业务实施细则》的公告

（北证公告〔2023〕16号　2023年2月17日）

为落实全面实行股票发行注册制的有关要求，规范发行人向不特定合格投资者公开发行股票并在北京证券交易所（以下简称北交所）上市的行为，北交所和中国证券登记结算有限责任公司共同修订了《北京证券交易所股票向不特定合格投资者公开发行与承销业务实施细则》，现予以发布，自发布之日起施行。

特此公告。

附件：北京证券交易所股票向不特定合格投资者公开发行与承销业务实施细则

附件

北京证券交易所股票向不特定合格投资者公开发行与承销业务实施细则

第一章　总　则

第一条　为规范发行人向不特定合格投资者公开发行股票并在北京证券交易所上市（以下简称公开发行并上市）的行为，提高发行定价、申购、资金结算及股份登记效率，根据《北京证券交易所向不特定合格投资者公开发行股票注册管理办法》《北京证券交易所证券发行与承销管理细则》等相关规定，制定本细则。

第二条　发行人股票通过北京证券交易所（以下简称北交所）业务支持平台（以下称BPM系统）、交易系统和中国证券登记结算有限责任公司（以下简称中国结算）北京分公司登记结算系统公开发行并上市，适用本细则。

第二章　一般规定

第三条　股票公开发行前，发行人和主承销商应当向北交所提交通过交易系统进行股票公开发行询价、申购的书面申请。

第四条　采用询价方式的，参与询价的网下投资者信息以中国证券业协会注册的数据为准。网下投资者应当于x-1日（x日为询价初始日，下同）12:00前在中国证券业协会完成注册，并开通北交所交易权限。

第五条 投资者参与报价即视为授权北交所向本次公开发行股票的主承销商提供其报价信息及必要的身份信息。主承销商应当根据法律法规和自律规则的规定合理使用上述信息。

第六条 投资者应委托证券公司通过北交所交易系统参与询价、申购。

第七条 投资者参与询价、申购时，每一个申购单位为100股，申购数量应当为100股或其整数倍，且不得超过9999.99万股，如超过则该笔申报无效。

为保证询价、申购的有序进行，北交所可根据市场情况和技术系统承载能力对申购单位、最大申购数量进行调整，并向市场公告。

第八条 网下投资者应当以其管理的配售对象为单位参与询价。询价时，每个配售对象应使用一个证券账户申报一次。同一配售对象对同一只股票使用多个证券账户申报，或者使用同一证券账户申报多次的，以最后一笔申报为准。

证券账户注册资料中的"账户持有人名称""有效身份证明文件号码"均相同的，确认证券账户为同一配售对象持有，证券公司定向资产管理专用证券账户和企业年金计划证券账户除外。证券账户注册资料以×–1日日终为准。

第九条 询价期间，网下投资者管理的配售对象填报的拟申购股数不得超过网下初始发行量，如超过则该笔申报无效。

同一网下投资者全部报价中的不同拟申购价格不得超过三个，最高价格与最低价格的差额不得超过最低价格的20%。不符合上述规定的，按照价格优先原则保留有效价格，其他价格对应的报价无效。

第十条 投资者参与申购，应使用一个证券账户申购一次。同一投资者对同一只股票使用多个证券账户申购，或者使用同一证券账户申购多次的，以第一笔申购为准。证券账户注册资料以T–1日（T日为申购日，下同）日终为准。

网下投资者参与申购，使用的证券账户应与询价时使用的证券账户相同。证券账户不同的，则申购无效。

第十一条 采用询价方式的，提供有效报价的配售对象应当参与申购，其申购股数不得低于询价时填报的拟申购股数，且不得超过网下发行数量，否则该笔申购无效。

网上投资者进行申购时，申购股数不得超过网上初始发行量的5%，如超过则该笔申购无效。

第十二条 对于同一只股票发行，已参与网下发行的配售对象及其关联账户，不得再参与网上申购。

配售对象关联账户认定标准参照本细则第八条的规定。

第十三条 投资者应自主表达股票公开发行报价、申购意向，证券公司不得接受投资者的全权委托代其进行报价、申购。

第十四条 投资者通过交易系统参与询价、申购的时间为询价日、申购日的

9:15 至 11:30，13:00 至 15:00。

第十五条　投资者在申购前，应将申购资金足额存入其在证券公司开立的资金账户，证券公司应确保其有足额的申购资金。投资者申购申报经北交所交易主机确认后生效，一经确认不得撤销。

第十六条　中国结算北京分公司对股票公开发行申购实行非担保交收。

结算参与人应使用其在中国结算北京分公司的资金交收账户（即结算备付金账户）完成股票公开发行申购的资金交收，并确保其资金交收账户在规定的时点有足额资金。

第十七条　采用超额配售选择权的，获授权的主承销商应当开立专用账户（以下称超额配售选择权专用账户），通过该账户使用超额配售股票募集的资金买入该只股票，不得通过该账户买卖其他证券。获授权的主承销商应当将超额配售股票募集的资金存入其在商业银行开设的独立账户。获授权的主承销商自发行人股票在北交所上市之日起 30 个自然日内，不得使用该账户资金外的其他资金或者通过他人账户交易发行人股票。

第三章　定价与申购流程

第一节　询价发行

第十八条　x–2 日或之前，主承销商应通过 BPM 系统上传询价公告等文件，并填写询价信息。

第十九条　初步询价应当在交易日进行，询价期间，投资者通过证券公司进行询价委托。初步询价不得超过 3 日，询价应当在 T–3 日 15:00 前完成。

第二十条　询价结束后，主承销商通过 BPM 系统查看询价结果，根据与发行人事先确定并公告的有效报价条件等，剔除不符合条件的报价，根据剩余的报价确定发行价格。

第二十一条　T–2 日，主承销商通过 BPM 系统上传发行公告等文件，并填写申购信息。

第二十二条　T 日，投资者在申购时间内，按照发行价格，通过证券公司进行申购委托。T 日日终，主承销商应通过 BPM 系统查看申购结果。

第二十三条　主承销商应根据事先确定并公告的配售原则、配售方式对网下投资者进行配售，并于 T+2 日通过 BPM 系统上传网下配售结果，北交所于收到当日将上述结果发送至中国结算北京分公司。

第二节　竞价发行

第二十四条　T–3 日或之前，主承销商应通过 BPM 系统上传竞价发行公告等文件，并填写申购信息。

第二十五条　T 日，投资者在申购时间内，通过证券公司进行申购委托。

T 日日终，主承销商应通过 BPM 系统查看申购结果。

第二十六条　主承销商应根据有效申购结果按照事先公告的发行价格确定机制确定发行价格，并于 T+2 日通过 BPM 系统上传竞价结果公告。

主承销商需剔除申购总量中报价最高部分的，应按照价格从高到低的顺序进行，同一价格的，按照申报顺序由后向前剔除。

第二十七条　主承销商应于 T+2 日通过 BPM 系统查看配售结果。

第三节　直接定价发行

第二十八条　T–3 日或之前，主承销商应通过 BPM 系统上传发行公告等文件，并填写申购信息。

第二十九条　T 日，投资者在申购时间内，按照发行价格，通过证券公司进行申购委托。T 日日终，主承销商通过 BPM 系统查看申购结果。

第三十条　主承销商应于 T+2 日通过 BPM 系统查看配售结果。

第四章　资金交收与股份登记

第三十一条　T 日日终，中国结算北京分公司按照北交所发送的申购数据进行日终清算，并将清算数据发送结算参与人。结算参与人根据清算数据冻结投资者的申购资金。

第三十二条　T+1 日日终，中国结算北京分公司组织结算参与人完成股票申购资金交收，并将交收结果发送北交所和结算参与人。

第三十三条　在规定的资金交收时点，如结算参与人资金不足以完成股票申购的资金交收，则不足部分确认为无效申购。

结算参与人应在 T+1 日 15:30 前如实向中国结算北京分公司申报投资者无效申购信息。无效申购信息中的资金总额应与该结算参与人资金缺口相一致，无效申购信息中的股数按实际不足的资金除以申购价格计算，最小单位为 1 股，不足 1 股的按 1 股计算。T+1 日日终，北交所根据中国结算北京分公司发送的无效申购信息对投资者的申购进行无效处理。

如结算参与人漏报或未及时申报无效申购信息，北交所根据以下原则处理：同一日申购多只股票的，对资金不足总额按该结算参与人各只股票申购资金比例进行分配；同一只股票的申购，北交所按照投资者申购的时间顺序，由后向前进行无效处理。无效处理股数的计算方式与前款一致。

因漏报、错报或未及时申报无效申购信息而产生的后果及相关法律责任，由结算参与人承担。

第三十四条　T+2 日日终，中国结算北京分公司根据北交所发送的配售结果数据扣除配售部分对应认购资金，将剩余资金予以解冻，并将相关清算交收数据发送结算参与人。

T+1 日至 T+3 日的前一自然日，申购资金由中国结算北京分公司予以冻结，冻结资金产生的利息由中国结算北京分公司划入证券投资者保护基金。

发行失败或中止发行涉及投资者缴付资金的，主承销商应当协助发行人将申购资金加算银行同期存款利息返还投资者。

证券公司应于 T+3 日向投资者推送配售结果。

第三十五条 中国结算北京分公司根据主承销商申请，将认购资金划转至主承销商的资金交收账户。

主承销商收到中国结算北京分公司划入的认购资金后，应依据承销协议将股票认购资金扣除承销费用后划转至发行人指定的银行账户。

第三十六条 发行人应向中国结算北京分公司提交股份登记申请，中国结算北京分公司根据发行人申请和北交所发送的配售结果完成股份登记。

采用包销方式的，包销部分由主承销商自行与发行人完成相关资金的划付，并由发行人向中国结算北京分公司提交股份登记申请，中国结算北京分公司据此完成相应股份的登记。采用代销方式的，未认购的部分不进行股份登记。

由于主承销商报送的网下配售结果数据有误，或发行人报送的股份登记数据有误，导致投资者股份登记不实的，相关后果和法律责任由主承销商和发行人承担。

第三十七条 战略投资者应当于 T-3 日前缴纳认购资金。

第三十八条 采用超额配售选择权的，在超额配售选择权行使期届满或者累计购回股票数量达到采用超额配售选择权发行股票数量限额的 5 日内，获授权的主承销商应当根据超额配售选择权行使情况，将应付发行人的资金（如有）支付给发行人，将除购回股票使用的资金及划转给发行人增发股票的资金以外的剩余资金，划入证券投资者保护基金。

发行人和主承销商应当向中国结算北京分公司提出申请，将超额配售选择权专用账户上所有股票（如有）及增发的股票（如有）交付给同意延期交付股票的投资者。

第五章 法律责任与监管

第三十九条 投资者应根据相关法律法规、部门规章及中国结算相关规定使用其证券账户。

投资者参与询价或申购，因使用多个证券账户申报同一只股票、以同一证券账户多次申报同一只股票，以及因申报量超过可申报额度，导致申报无效的，由投资者自行承担相关后果。

第四十条 证券公司违反本细则接受投资者全权委托代其进行报价或申购的，由证券公司承担相关责任。

第四十一条 参与登记结算业务的发行人、投资者、结算参与人等主体违反本细则的，中国结算视情节轻重可采取相应的自律管理措施，并按照相关规定记入诚信档案。

第四十二条　网上投资者因申购资金不足导致申购无效的，自结算参与人最近一次申报其无效申购信息的次日起六个月（按 180 个自然日计算，含次日）内，不得使用其名下任何一个证券账户参与股票公开发行网上申购。确认证券账户为同一投资者持有的原则适用本细则第八条的规定。

北交所根据结算参与人申报的投资者无效申购信息，形成不得参与股票公开发行网上申购的投资者名单，在符合《证券法》规定的信息披露平台公告。

第四十三条　证券公司违反本细则的，北交所视情节轻重对其采取自律监管措施或纪律处分。

第六章　附　则

第四十四条　北交所决定临时停市的，可以暂停提供股票公开发行相关服务，或者推迟询价或申购日期。

除北交所认定的特殊情况外，北交所暂停提供相关服务前交易系统已经接受的申报或者其他数据自动失效。北交所决定恢复股票公开发行的，重新确定 × 日或 T 日。

因不可抗力、意外事件、技术故障等情况导致或者可能导致股票发行全部或者部分不能正常进行的，北交所可以视情况调整股票发行安排，中国结算相应调整清算交收安排。因上述情况及北交所和中国结算采取相应措施造成损失的，北交所和中国结算不承担责任。

第四十五条　股票暂停、暂缓、中止发行上市或发行失败涉及退还投资者申购资金、注销认购股份的，北交所和中国结算根据相关规定、发行人和主承销商的委托协助办理相应业务。

第四十六条　除另有说明外，本细则所称"日"是指北交所交易日。

第四十七条　本细则由北交所和中国结算负责解释。

第四十八条　本细则自发布之日起施行。

关于发布《北京证券交易所上市公司向特定对象发行优先股业务细则》的公告

（北证公告〔2023〕17号 2023年2月17日）

为落实全面实行股票发行注册制的有关要求，规范北京证券交易所（以下简称本所）上市公司向特定对象发行优先股业务，本所修订了《北京证券交易所上市公司向特定对象发行优先股业务细则》，现予以发布，自发布之日起施行。

特此公告。

附件：北京证券交易所上市公司向特定对象发行优先股业务细则

附件

北京证券交易所上市公司向特定对象发行优先股业务细则

第一章 总 则

第一条 为规范北京证券交易所（以下简称本所）上市公司向特定对象发行优先股业务，保护投资者合法权益，根据《国务院关于开展优先股试点的指导意见》（以下简称《指导意见》）、《优先股试点管理办法》（以下简称《试点办法》）、《北京证券交易所上市公司证券发行注册管理办法》（以下简称《再融资办法》）、《北京证券交易所股票上市规则（试行）》（以下简称《上市规则》）、《北京证券交易所上市公司证券发行上市审核规则》（以下简称《再融资审核规则》）等相关规定，制定本细则。

第二条 本细则规定的优先股，是指依照《公司法》，在一般规定的普通种类股份之外，另行规定的其他种类股份，其股份持有人优先于普通股股东分配公司利润和剩余财产，但参与公司决策管理等权利受到限制。

第三条 本所上市公司向特定对象发行优先股及优先股的挂牌、转让、持续信息披露等业务，适用本细则的规定；本细则未作规定的，参照适用中国证监会及本所关于普通股的有关规定。

第四条 优先股的登记、存管和结算等业务，按中国证券登记结算有限责任公司的相关规定办理。

第五条 上市公司及其董事、监事、高级管理人员、股东、实际控制人及其他相关信息披露义务人，应当遵守法律、行政法规、部门规章、规范性文件（以下统称法律法规）及本所业务规则，履行信息披露义务，保证向本所提交和披露的文件真实、准确、完整，不存在虚假记载、误导性陈述或重大遗漏。

为上市公司及相关信息披露义务人提供服务的保荐机构及其保荐代表人、承销商、证券服务机构及其相关人员，应当遵守法律法规、本所业务规则和行业自律规范，诚实守信、勤勉尽责，对其出具文件的真实性、准确性和完整性负责。

上市公司的控股股东、实际控制人、董事、监事、高级管理人员以及证券公司、证券服务机构及其相关人员，不得利用优先股发行谋取不正当利益，不得泄露内幕信息和利用内幕信息进行优先股转让或者操纵优先股转让价格。

第二章　发行与挂牌

第六条　上市公司申请向特定对象发行优先股，应当符合《试点办法》规定的条件。

第七条　上市公司申请向特定对象发行优先股，应当聘请具有证券承销和保荐业务资格的证券公司承销与保荐。上市公司董事会提前确定全部发行对象的，无需由证券公司承销。

第八条　上市公司应当按照《试点办法》第三十五条至第三十八条的规定召开董事会、股东大会，履行表决权回避制度，对向特定对象发行优先股的相关事项作出决议。上市公司应当对出席会议的中小股东表决情况单独计票并予以披露。

独立董事应当就上市公司本次优先股发行对公司各类股东权益的影响发表专项意见，并与董事会决议一同披露。

第九条　上市公司应当按照《指导意见》《试点办法》的规定，修改公司章程，明确优先股股东参与利润和剩余财产分配、优先股股东的表决权限制与恢复、优先股的回购等事项，上市公司董事会应当就修改公司章程和发行优先股一并作出决议，并提交股东大会审议。

第十条　上市公司应当在董事会作出决议后 2 个交易日内，披露董事会决议等相关公告，同时披露向特定对象发行优先股募集说明书草案；在股东大会作出决议后 2 个交易日内，披露股东大会决议等相关公告。

第十一条　监事会应当对董事会编制的优先股募集说明书等文件进行审核并提出书面审核意见。

第十二条　上市公司董事会审议向特定对象发行优先股有关事项时，应当不存在尚未完成的股票发行、可转换公司债券发行、收购、股份回购等事宜。

第十三条　上市公司向特定对象发行优先股，应当符合《试点办法》关于合格投资者范围及数量的要求。

发行对象为境外战略投资者的，还应当符合国务院相关部门的规定。

第十四条　董事会决议未确定全部发行对象的，上市公司应当以竞价方式确定发行对象和票面股息率。

上市公司竞价确定发行对象和票面股息率的具体流程及相关要求，参照适用中国证监会及本所关于向特定对象发行普通股的有关规定。

第十五条　优先股的计价单位为"每股价格"，每股票面金额为100元人民币。

优先股发行价格和票面股息率应当公允、合理，不得损害股东或其他利益相关方的合法利益，发行价格不得低于优先股票面金额。

向特定对象发行优先股的票面股息率不得高于最近2个会计年度的年均加权平均净资产收益率。

第十六条　发行对象可以用现金或非现金资产认购优先股。发行对象以非现金资产认购优先股的，应当按照《试点办法》以及中国证监会、本所关于发行股份购买资产的相关规定，履行相应程序并进行信息披露。

第十七条　上市公司向特定对象发行优先股的申请与受理、审核、注册等相关程序，适用《再融资办法》《再融资审核规则》的有关规定。

第十八条　上市公司向特定对象发行优先股，可以申请一次注册，分次发行，不同次发行的优先股除票面股息率条款外，其他条款应当相同。自中国证监会同意注册之日起，公司应当在6个月内实施首次发行，剩余数量应当在24个月内发行完毕。首次发行数量应当不少于总发行数量的50%，剩余各次发行的数量由公司自行确定，每次发行完毕后5个工作日内报本所备案。

第十九条　上市公司应当在验资完成后，向本所申请办理优先股挂牌手续。

第三章　转　让

第二十条　优先股申报价格最小变动单位为0.01元人民币。买卖优先股的申报数量应当为1000股或其整数倍；卖出优先股时，余额不足1000股部分，应当一次性申报卖出。

第二十一条　本所接受优先股转让申报的时间为每个交易日的9:15至11:30，13:00至15:00。

第二十二条　在本所转让的优先股可以采取以下委托方式：

（一）定价委托，是指投资者委托本所会员按其指定的价格买卖不超过其指定数量股票的指令。定价委托应当包括：证券账户号码、证券代码、买卖方向、委托数量、委托价格等内容。

（二）成交确认委托，是指投资者买卖双方达成成交协议，或投资者拟与定价委托成交，委托本所会员以指定价格和数量与指定对手方确认成交的指令。成交确认委托应当包括：证券账户号码、证券代码、买卖方向、委托数量、委托价格、成交约定号等内容；拟与对手方通过互报成交确认委托方式成交的，还应当注明对手方交易单元代码和对手方证券账户号码。

第二十三条　在本所转让的优先股可以采取以下申报方式：

（一）定价申报应当包括：证券账户号码、证券代码、交易单元代码、证券营业部识别码、买卖方向、申报数量、申报价格等内容。

（二）成交确认申报应当包括：证券账户号码、证券代码、交易单元代码、证券营业部识别码、买卖方向、申报数量、申报价格、成交约定号等内容；若投资者成交确认委托中包括对手方交易单元代码和对手方证券账户号码，其对应成交确认申报指令也应当包括相关内容。

第二十四条　本所收到拟与定价申报成交的成交确认申报后，如系统中无对应的定价申报，该成交确认申报以撤单处理。

第二十五条　每个交易日的 9:30 至 11:30、13:00 至 15:00 为本所优先股转让的成交确认时间。

第二十六条　本所按照申报时间先后顺序，将成交确认申报和与该成交确认申报证券代码、申报价格相同，买卖方向相反及成交约定号一致的定价申报进行确认成交。

成交确认申报与定价申报可以部分成交。

成交确认申报数量小于定价申报的，以成交确认申报的数量为成交数量。定价申报未成交部分当日继续有效。

成交确认申报数量大于定价申报的，以定价申报的数量为成交数量。成交确认申报未成交部分以撤单处理。

第二十七条　本所对证券代码、申报价格和申报数量相同，买卖方向相反，指定对手方交易单元、证券账户号码相符及成交约定号一致的成交确认申报进行确认成交。

第二十八条　投资者买入的优先股，在交收前不得卖出。

第二十九条　优先股的除息处理独立于普通股进行，并单独公布相应的除息参考价格。

第三十条　优先股转让环节的投资者适当性标准应当与发行环节保持一致。相同条款的优先股经转让后，投资者不得超过 200 人。

根据本细则所述成交原则，本所按照申报时间先后顺序对转让申报进行确认成交，对导致投资者超过 200 人的转让不予确认。

第三十一条　本所会员应当切实履行投资者适当性管理职责，通过现场问询、核对资料、签订确认书等方式，审查参与优先股转让的投资者是否为符合规定的合格投资者，并留存有关资料。

本所会员应当向首次参与优先股转让的投资者全面介绍优先股的产品特征和相关制度规则，充分揭示投资风险，并要求其签署优先股投资风险揭示书。

第三十二条　开盘价，为当日该优先股的第一笔成交价。

第三十三条　收盘价，为当日该优先股所有转让的成交量加权平均价；当日无成交的，以前收盘价为当日收盘价。优先股挂牌首日，以发行价为前收盘价。

第三十四条　本所会员应保证参与优先股转让的投资者账户具备与申报相对应的优先股或资金。

持有或者租用本所交易单元的机构参与优先股转让，应当通过持有或者租用的交易单元申报，并确保具备与申报相对应的优先股或资金。

第三十五条　本所向会员实时发送申报及成交信息，会员应当向其符合投资者适当性要求的投资者即时提供该信息。

第三十六条　本所每个交易日收市后公布当日每笔成交信息，内容包括证券代码、证券简称、成交价格、成交数量、买卖双方会员证券营业部或交易单元的名称等。

优先股转让公开信息涉及机构专用交易单元的，公布名称为"机构专用"。

第三十七条　本所会员应对优先股的转让信息予以独立显示。

第三十八条　优先股的转让限制、解除转让限制事宜，应当符合《试点办法》第十四条的规定，参照适用《上市规则》关于普通股股份变动的相关流程要求办理。

第三十九条　优先股的暂停、恢复转让事宜，按照《上市规则》关于普通股停牌、复牌的有关规定执行。

上市公司的普通股停牌、复牌的，其优先股应当同时暂停、恢复转让。

第四十条　出现下列情形之一的，本所将终止为上市公司优先股提供转让，并予以终止挂牌：

（一）上市公司的普通股终止上市；

（二）优先股全部赎回或者回售；

（三）中国证监会或者本所认为应当终止提供转让的其他情形。

第四章　信息披露

第四十一条　发行优先股的上市公司披露定期报告时，应当按照《试点办法》的规定，披露优先股的有关情况。

第四十二条　上市公司应当按照本所信息披露相关规则，及时披露对优先股转让价格产生较大影响的信息，包括但不限于优先股挂牌、付息、调息、赎回、回售，优先股股东表决权的恢复、行使、变动，优先股股东分类表决，优先股募集资金的存放、使用，分配利润或剩余财产等。

上市公司按照本所信息披露相关规则，对重大事件发布临时公告时，如该重大事件对优先股价格或优先股股东权益可能产生较大影响的，应当在临时公告中予以专门说明。

第四十三条　上市公司应当于优先股付息日的 2 个交易日前，披露优先股付息公告。完成股息支付后的 2 个交易日内，上市公司应当披露优先股股东的利润分配情况。

第四十四条　上市公司应当在满足优先股赎回条件或回售条件的 2 个交易日内，披露赎回或回售的提示性公告。赎回提示性公告中应当明确披露是否行使赎回权。上市公司还应当在赎回期或回售期结束前至少发布三次赎回提示性公告（如决定行使赎回权）或回售提示性公告。公告中应当载明赎回或回售的程序、价格、付款方法、付款时间等。

上市公司普通股终止上市的，满足回售条件日为审议相关事项股东大会决议公告日；满足其他约定回售条件的，满足回售条件日为触发回售条款的最后 1 个交易日。

优先股赎回或回售实施完成后，上市公司应当披露优先股赎回或回售结果公告。

第四十五条　按照法律法规和公司章程的规定，优先股股东对股东大会审议的特定事项享有表决权的，上市公司应当在召开股东大会的通知中予以提示。

第四十六条　上市公司累计 3 个会计年度或连续 2 个会计年度未按约定支付优先股股息的，应当在披露批准当年利润分配方案的股东大会决议同时，披露优先股表决权恢复的提示性公告。公告应当载明优先股表决权恢复的起始期限、每股优先股享有的表决权比例等内容。

对于股息可累积到下一会计年度的优先股，上市公司应当在其全额支付所欠股息后的 2 个交易日内，披露终止表决权恢复的提示性公告。对于股息不可累积的优先股，上市公司应当在其全额支付当年股息后的 2 个交易日内，披露终止表决权恢复的提示性公告。

上市公司出现公司章程规定的其他优先股表决权恢复情形的，应当参照前两款规定发布提示性公告。

第四十七条　根据本所《上市规则》等相关规定计算股东持股数额时，仅计算普通股和表决权恢复的优先股。

第四十八条　投资者持有上市公司已发行的优先股达到该公司优先股股本总额的 20% 时，应当在该事实发生之日起 2 个交易日内向本所报告，并予以公告。

持有上市公司已发行的优先股占该公司优先股股本总额 20% 以上的投资者，其所持上市公司已发行的优先股比例每增加或者减少 10% 时，应当在该事实发生之日起 2 个交易日内依照前款规定履行报告和公告义务。

第四十九条　优先股的风险警示事宜，按照《上市规则》关于普通股风险警示的规定执行，并予以公告。

上市公司的普通股被实施风险警示的，其优先股应当同时被实施风险警示。

第五章　自律管理

第五十条　上市公司及其董事、监事、高级管理人员、股东、实际控制人及其他相关信息披露义务人，证券公司、证券服务机构及其相关人员，以及投资者等市场主体，违反本细则相关规定的，本所可以依据《北京证券交易所自律监管措施和纪律处分实施细则》等有关规定，对其采取口头警示、出具警示函、限期改正、建议更换相关任职人员等自律监管措施，或者对其实施通报批评、公开谴责、认定不适合担任相关职务、暂不接受证券发行人提交的发行上市申请文件、暂不受理机构或者其从业人员出具的相关业务文件等纪律处分。

第五十一条　承销机构在承销向特定对象发行的优先股时，未按规定配售给符合《试点办法》规定的合格投资者的，本所可以要求限期改正，给予 3 年内不接受其提交的证券承销业务相关文件的纪律处分。

第六章　附　则

第五十二条　本细则由本所解释。

第五十三条　本细则自发布之日起施行。

关于发布《北京证券交易所上市公司向特定对象发行可转换公司债券业务细则》的公告

（北证公告〔2023〕18号　2023年2月17日）

为落实全面实行股票发行注册制的有关要求，规范北京证券交易所（以下简称本所）上市公司向特定对象发行可转换公司债券业务，本所修订了《北京证券交易所上市公司向特定对象发行可转换公司债券业务细则》，现予以发布，自发布之日起施行。

特此公告。

附件：北京证券交易所上市公司向特定对象发行可转换公司债券业务细则

附件

北京证券交易所上市公司向特定对象发行可转换公司债券业务细则

第一章　总　则

第一条　为规范北京证券交易所（以下简称本所）上市公司向特定对象发行可转换公司债券（以下简称向特定对象发行可转债）业务，保护投资者合法权益，根据《公司债券发行与交易管理办法》《可转换公司债券管理办法》（以下简称《可转债管理办法》）、《北京证券交易所上市公司证券发行注册管理办法》（以下简称《再融资办法》）、《北京证券交易所股票上市规则（试行）》（以下简称《上市规则》）、《北京证券交易所上市公司证券发行上市审核规则》（以下简称《再融资审核规则》）等相关规定，制定本细则。

第二条　本细则规定的可转换公司债券（以下简称可转债），是指发行人依法发行、在一定期间内依据约定的条件可以转换成股票的公司债券。

第三条　本所上市公司向特定对象发行可转债及可转债的挂牌、转让、转股、赎回、回售、付息及本息兑付等业务，适用本细则。

第四条　可转债的登记、存管和结算等业务，按中国证券登记结算有限责任公司（以下简称中国结算）的相关规定办理。

第五条　上市公司及其董事、监事、高级管理人员、股东、实际控制人及其

1433

他相关信息披露义务人，应当遵守法律、行政法规、部门规章、规范性文件（以下统称法律法规）及本所业务规则，履行信息披露义务，保证向本所提交和披露的文件真实、准确、完整，不存在虚假记载、误导性陈述或重大遗漏。

为上市公司以及相关信息披露义务人提供服务的保荐机构及其保荐代表人、承销商、证券服务机构及其相关人员，应当遵守法律法规、本所业务规则和行业自律规范，诚实守信、勤勉尽责，对其出具文件的真实性、准确性、完整性负责。

上市公司的控股股东、实际控制人、董事、监事、高级管理人员以及证券公司、证券服务机构及其相关人员，不得利用可转债发行谋取不正当利益，不得泄露内幕信息和利用内幕信息进行可转债转让或者操纵可转债转让价格。

第二章　发行与挂牌

第六条　上市公司申请向特定对象发行可转债，应当聘请具有证券承销和保荐业务资格的证券公司承销与保荐。

第七条　可转债应当具有期限、面值、利率、债券持有人权利、转股价格及调整原则、赎回及回售、转股价格修正等要素。

第八条　向特定对象发行可转债应当采用竞价方式确定利率和发行对象，发行可转债购买资产的除外。

第九条　在发行期首日前一工作日，上市公司和承销商可以向符合条件的特定对象提供认购邀请书，认购邀请书发送对象至少应当包括：

（一）已经提交认购意向书的投资者；

（二）上市公司前二十名股东；

（三）合计不少于十家证券投资基金管理公司、证券公司或保险机构。

上市公司和承销商的控股股东、实际控制人、董事、监事、高级管理人员及其控制或者施加重大影响的关联方不得参与竞价。

第十条　认购邀请书发送后，上市公司及承销商应当在认购邀请书约定的时间内收集特定投资者签署的申购报价表。在申购报价期间，上市公司及承销商应当确保任何工作人员不泄露发行对象的申购报价情况。

申购报价结束后，上市公司及承销商应当对有效申购按照利率由低到高进行累计统计，按照利率优先及董事会确定的原则合理确定发行利率和发行对象。

第十一条　向特定对象发行可转债的转股价格应当不低于认购邀请书发出前二十个交易日上市公司股票交易均价和前一个交易日的均价，且不得向下修正，发行可转债购买资产的除外。

第十二条　上市公司应当制定可转债持有人会议规则，并与向特定对象发行可转债募集说明书（以下简称可转债募集说明书）同时披露。

可转债持有人会议规则应当公平、合理。可转债持有人会议规则应当明确可转债持有人通过可转债持有人会议行使权利的范围，可转债持有人会议的召集、通知、决策机制和其他重要事项。

债券持有人会议按照本细则的规定及会议规则的程序要求所形成的决议对全体债券持有人有约束力。

第十三条　上市公司应当在可转债募集说明书中约定受托管理事项。

上市公司聘请受托管理人的，受托管理人应当按照《公司债券发行与交易管理办法》的规定以及可转债受托管理协议的约定履行受托管理职责。

第十四条　上市公司董事会审议向特定对象发行可转债有关事项时，应当不存在尚未完成的股票发行、可转债发行、收购、股份回购事宜。

第十五条　上市公司董事会应当就本次向特定对象发行可转债的具体方案作出决议，并提请股东大会批准。股东大会决议必须经出席会议的股东所持表决权的 2/3 以上通过。上市公司应当对出席会议的中小股东表决情况单独计票并予以披露。上市公司应当提供网络投票的方式，还可以通过其他方式为股东参加股东大会提供便利。

上市公司监事会应当对董事会编制的向特定对象发行可转债发行文件进行审核并提出书面审核意见，独立董事应当就可转债发行事项的必要性、合理性、可行性、公平性发表专项意见。

上市公司股东大会就可转债发行作出的决议，至少应当包括下列事项：

（一）本次发行证券的种类和数量（数量上限）；

（二）发行方式、发行对象或范围、现有股东的优先认购安排（如有）；

（三）定价方式或者价格区间；

（四）债券利率；

（五）债券期限；

（六）赎回条款；

（七）回售条款；

（八）还本付息的期限和方式；

（九）转股期；

（十）转股价格的确定和修正；

（十一）限售情况；

（十二）募集资金用途；

（十三）对董事会办理本次可转债发行具体事宜的授权；

（十四）决议的有效期；

（十五）其他必须明确的事项。

第十六条　上市公司向特定对象发行可转债的申请与受理、审核、注册等相关程序，适用《再融资办法》《再融资审核规则》的有关规定。

第十七条　上市公司可转债的发行与挂牌，本节未作规定的，参照本所对股票的有关规定办理。

第三章　转　让

第十八条　投资者参与可转债转让应当符合本所关于股票投资者适当性要求。

第十九条　可转债以 100 元面值为 1 张，申报价格最小变动单位为 0.001 元。

第二十条　可转债的转让申报数量应为 10 张或其整数倍，且单笔转让数量不低于 1000 张或者转让金额不低于 10 万元。卖出时余额不足 1000 张且转让金额低于 10 万元的，应当一次性申报卖出。

第二十一条　可转债采用全价转让方式并实行当日回转。

第二十二条　投资者可以采用定价委托、成交确认委托方式委托本所会员买卖可转债。

定价委托是指投资者委托本所会员按其指定的价格买卖不超过其指定数量可转债的指令。定价委托指令应当包括：证券账户号码、证券代码、买卖方向、委托数量、委托价格等内容。

成交确认委托是指投资者买卖双方达成成交协议，或投资者拟与定价委托成交，委托本所会员按其指定的价格和数量与指定对手方确认成交的指令。成交确认委托指令应当包括：证券账户号码、证券代码、买卖方向、委托数量、委托价格、成交约定号等内容；拟与对手方通过互报成交确认委托方式成交的，还应注明对手方交易单元代码和对手方证券账户号码。

第二十三条　投资者可以撤销未匹配成交的委托。

第二十四条　本所接受会员可转债转让申报的时间为每个交易日的 9:30 至 11:30，13:00 至 15:00，转让申报当日有效。

第二十五条　本所会员应按照接受投资者委托的时间先后顺序及时向本所申报，并按有关规定妥善保管委托和申报记录。

第二十六条　本所接受会员的定价申报和成交确认申报。

定价申报应当包括：证券账户号码、证券代码、交易单元代码、证券营业部识别码、买卖方向、申报数量、申报价格等内容。

成交确认申报应当包括：证券账户号码、证券代码、交易单元代码、证券营业部识别码、买卖方向、申报数量、申报价格、成交约定号等内容；若投资者成交确认委托指令中包括对手方交易单元代码和对手方证券账户号码，其对应成交确认申报指令也应包括相关内容。

第二十七条　本所收到拟与定价申报成交的成交确认申报后，如交易系统中无对应的定价申报，该成交确认申报以撤单处理。

第二十八条　每个交易日的 9:30 至 11:30、13:00 至 15:00 为可转债转让的成交确认时间。

第二十九条　本所按照申报时间先后顺序，将成交确认申报和与该成交确认申报证券代码、申报价格相同，买卖方向相反及成交约定号一致的定价申报进行确认成交。

成交确认申报与定价申报可以部分成交。

成交确认申报数量小于定价申报的，以成交确认申报的数量为成交数量。定价申报未成交部分当日继续有效。

成交确认申报数量大于定价申报的，以定价申报的数量为成交数量。成交确认申报未成交部分以撤单处理。

第三十条　本所对证券代码、申报价格和申报数量相同，买卖方向相反，指定对手方交易单元、证券账户号码相符及成交约定号一致的成交确认申报进行确认成交。

第三十一条　本所会员应保证参与可转债转让的投资者账户具备与申报相对应的可转债或资金。

持有或者租用本所交易单元的机构参与可转债转让，应当通过持有或者租用的交易单元申报，并确保具备与申报相对应的可转债或资金。

被撤销或失效的委托，本所会员应当在确认后及时向投资者返还相应的资金或可转债。

第三十二条　按照本细则达成的转让，买卖双方必须承认转让结果，履行清算交收义务。

第三十三条　收盘价为当日该可转债所有转让的成交量加权平均价；当日无成交的，以前收盘价为当日收盘价。可转债挂牌首日，以发行价为前收盘价。

第三十四条　可转债发生付息时，本所在债权登记日的次一交易日对该可转债进行除息处理。除息参考价计算公式为：除息参考价 ＝ 前收盘价 － 应付利息。

可转债的除息处理独立于普通股进行，并单独公布相应的除息参考价。

第三十五条　上市公司的普通股停牌、复牌的，其可转债应当同时暂停、恢复转让，但因特殊原因可转债需单独暂停、恢复转让的除外。

第三十六条　可转债出现以下情形之一的，本所暂停可转债的转让：

（一）转股期结束前 10 个交易日；

（二）赎回期间；

（三）中国证监会和本所认为必须暂停转让的其他情况。

可转债暂停转让期间，转股、赎回、回售、付息、到期兑付等事项仍按照约定的时间及方式进行。

第三十七条　本所向会员实时发送申报及成交信息，会员应当向其符合投资者适当性要求的投资者即时提供该信息。

第三十八条 每个交易日结束后，本所公布当日每笔转让成交信息，内容包括证券代码、证券简称、成交价格、成交数量、买卖双方证券公司证券营业部或者交易单元的名称等。

转让公开信息涉及机构专用交易单元的，公布名称为"机构专用"。

第三十九条 可转债出现下列情形之一的，本所将终止为其提供转让服务，并予以终止挂牌：

（一）可转债标的股票终止上市；

（二）可转债到期全部兑付；

（三）存续期内可转债全部赎回；

（四）存续期内可转债全部回售；

（五）存续期内可转债全部转股；

（六）中国证监会或者本所认为应当终止提供转让服务的其他情形。

出现前款第（一）项情形的，上市公司应当在标的股票终止上市前给予债券持有人回售的选择权。

第四十条 本所可以根据市场发展情况，对可转债转让安排进行调整。

第四章　转股、赎回与回售

第一节　转股

第四十一条 向特定对象发行可转债转股的，所转股票自可转债发行结束之日起 18 个月内不得转让。

第四十二条 上市公司转股来源包括增发股份和回购股份。上市公司拟新增使用回购股份作为转股来源的，应当提交股东大会审议。

第四十三条 上市公司同时采用增发股份与回购股份作为转股来源的，按照以下原则转股：

（一）投资者使用无限售可转债转股的，优先使用回购股份作为转股来源，回购股份不足时使用增发股份作为转股来源；

（二）投资者使用限售可转债转股的，仅使用增发股份作为转股来源，转股所得股份的限售期限与可转债的剩余限售期限一致。

第四十四条 可转债募集说明书应当约定转股价格调整的原则及方式。发行可转债后，因配股、增发、送股、派息、分立、减资及其他原因引起上市公司股份变动的，应当同时调整转股价格。

第四十五条 自发行结束之日起 6 个月后，在符合约定条件时，债券持有人方可通过报盘方式申请转换为公司股票。

第四十六条 上市公司应当按照约定向可转债持有人换发股票，可转债持有人对转换股票或者不转换股票有选择权。

第四十七条　可转债进入转股期后，投资者可将当日买入的可转债申报转股，也可于当日转让时间内撤销转股申请。当日申报转股的，所转股票自转股登记完成后的次一交易日起转让。

第四十八条　转股的最小单位为 1 股。债券持有人申请转股后，所剩债券余额不足转换 1 股的部分，上市公司应当在该种情况发生后 5 个交易日内，以现金兑付该部分的票面金额。

第四十九条　债券持有人申请转股的可转债数额大于其实际拥有的可转债数额的，按其实际可用的数额进行转股，申请剩余部分予以取消。

第五十条　上市公司应当在可转债开始转股前三个交易日内披露实施转股的公告。公告内容应当包括可转债的基本情况、转股的起止时间、转股的程序、转股价格的历次调整和修正情况等。

第五十一条　可转债转换为股票的数额累计达到可转债开始转股前公司股本总额的 10% 时，上市公司应当及时披露股份变动公告，公告内容至少应包括可转债的基本情况、转股的起止时间、已转股数量及占比等。

第五十二条　上市公司涉及下列事项时，应当向本所申请暂停可转债的转股：

（一）进入转股期，可转债转股价格需要调整的；

（二）满足赎回条件且公司董事会决议部分或全部赎回可转债的；

（三）中国证监会和本所认为应当暂停转股的其他事项。

第五十三条　上市公司在转股期结束的 20 个交易日前应当至少发布 3 次提示性公告，提醒投资者有关在可转债转股期结束前 10 个交易日暂停转让的事项。

第五十四条　可转债持有人及其一致行动人因行使转股权触发权益变动或收购披露标准的，应按照《上市公司收购管理办法》等相关规定履行相应义务。

第二节　赎回

第五十五条　可转债募集说明书可以约定赎回条款。在赎回条件满足时，上市公司可以按照约定的条件和价格行使赎回权，也可以不行使赎回权。行使赎回权的，可以赎回全部或部分未转股的可转债。

在可转债存续期内，上市公司应当持续关注赎回条件是否满足，预计可能满足赎回条件的，应当在赎回条件满足的 5 个交易日前及时披露，向市场充分提示风险。

第五十六条　上市公司拟行使赎回权时，应当将行使赎回权事项提交董事会审议并予以公告，但公司章程或者可转债募集说明书另有约定除外。上市公司决定行使赎回权的，应当在满足赎回条件后的 5 个交易日内至少发布 3 次赎回公告。赎回公告应当载明赎回的条件、程序、价格、数量、付款方法、起止时间等内容。

上市公司决定不行使赎回权的，自董事会决议公告披露之日起 6 个月内不得再次行使赎回权。上市公司决定行使或者不行使赎回权的，还应当充分披露其实际控制人、控股股东、持股5%以上的股东、董事、监事、高级管理人员在赎回条件满足前的6个月内转让该可转债的情况，上述主体应当予以配合。

第五十七条　上市公司行使赎回权的，应当向本所申请赎回期间暂停该可转债的转让和转股。

第五十八条　上市公司根据暂停转让后登记在册的可转债数量，于赎回日结束后的6个交易日内通过中国结算进行赎回资金的划付。

第五十九条　自赎回期结束后的7个交易日内，上市公司披露赎回结果公告。赎回结果公告应当包括赎回价格、赎回数量、赎回的可转债金额以及赎回对公司财务状况、经营成果以及现金流量的影响。

上市公司全部赎回的，还应当披露可转债的终止挂牌公告。公告应当包括可转债基本情况、赎回情况、终止挂牌的起始时间等。上市公司按一定比例赎回的，未赎回的可转债，在赎回业务完成后恢复转让和转股。

第三节　回售

第六十条　可转债募集说明书可以约定回售条款。回售条件满足时，债券持有人可以按照约定的条件和价格行使回售权，也可以不行使回售权。行使回售权的，可以回售全部或部分未转股的可转债。

上市公司改变公告的募集资金用途或者股票终止上市的，应当在股东大会审议通过相关决议后20个交易日内，赋予债券持有人1次回售的权利。

第六十一条　向特定对象发行可转债回售公告至少发布3次。在满足回售条件后5个交易日内至少发布1次，在回售实施期间至少发布1次，余下1次回售公告的发布时间视需要而定。

第六十二条　在可转债的回售期内，债券持有人进行回售申报，回售申报当日可以撤单。在回售期结束后的6个交易日内，上市公司通过中国结算进行回售资金的划付。

第六十三条　自回售期结束后的7个交易日内，上市公司披露回售结果公告。回售结果公告应当包括回售价格、回售数量、回售的可转债金额以及回售对公司财务状况、经营成果及现金流量的影响。

债券持有人全部回售的，上市公司还应当披露可转债的终止挂牌公告。公告应当包括可转债基本情况、回售情况、终止挂牌的起始时间等。

第六十四条　如在同一交易日内分别收到可转债持有人的转让、转托管、转股、回售等两项或者以上报盘申请的，按以下顺序处理申请：转让、回售、转股、转托管。

第五章　付息及本息兑付

第六十五条　上市公司应当在约定的付息日完成付息，并在可转债期满后 5 个交易日内偿付尚未转股的可转债余额本息。

上市公司应当通过中国结算进行付息和本息兑付，并按本所和中国结算的相关规定办理。

第六十六条　上市公司应当在可转债付息日前，根据本所和中国结算的相关规定披露付息公告。付息公告应当载明付息方案、付息债权登记日与除息日、付息对象、付息方法等。

第六十七条　上市公司应当在可转债期满前，根据本所和中国结算的相关规定披露本息兑付公告。本息兑付公告应当载明本息兑付方案、兑付债权登记日、兑付对象、兑付方法等。

第六章　持续信息披露

第六十八条　上市公司披露定期报告时，应当披露可转债的有关情况，具体包括以下内容：

（一）前 10 名可转债持有人的名单和持有量；

（二）转股价格历次调整的情况，经调整后的最新转股价格；

（三）可转债发行后累计转股的情况；

（四）赎回和回售情况（如有）；

（五）可转债募集说明书其他约定条款的履行情况（如有）；

（六）募集资金存放、使用情况；

（七）上市公司因可转债转换为股份所引起的股份变动情况；

（八）本所规定的其他事项。

第六十九条　上市公司董事会应当每半年度对偿债能力情况进行审议，出具偿债能力分析报告，并在披露年度报告和中期报告时一并披露。保荐机构应当每年对偿债能力情况发表意见，并在上市公司披露年度报告时一并披露。

第七十条　上市公司在可转债存续期内发生《可转债管理办法》《上市规则》规定的可能对可转债交易转让价格产生较大影响的重要事项的，应当及时履行信息披露义务。

第七十一条　投资者持有上市公司已发行的可转债达到发行总量的 20% 时，应当在事实发生之日起两个交易日内通知公司予以公告。持有上市公司已发行的可转债 20% 及以上的投资者，其所持公司已发行的可转债比例每增加或减少 10% 时，应当按照前款规定履行通知公告义务。

第七十二条　上市公司股票被实施风险警示的，可转债应当同时被实施风险警示。

第七章　监管措施与违规处分

第七十三条　上市公司及其董事、监事、高级管理人员、股东、实际控制人及其他相关信息披露义务人，证券公司、证券服务机构及其相关人员，以及投资者等市场主体，违反本细则相关规定的，本所可以依据《北京证券交易所自律监管措施和纪律处分实施细则》等有关规定采取自律监管措施或纪律处分。

第八章　附　　则

第七十四条　本细则由本所负责解释。

第七十五条　本细则自发布之日起施行。

关于发布《北京证券交易所向不特定合格投资者公开发行股票并上市业务规则适用指引第 1 号》的公告

（北证公告〔2023〕19 号　2023 年 2 月 17 日）

为落实全面实行股票发行注册制的有关要求，提高北京证券交易所（以下简称本所）发行上市审核透明度，本所修订了《北京证券交易所向不特定合格投资者公开发行股票并上市业务规则适用指引第 1 号》，现予以发布，自发布之日起施行。

特此公告。

附件：北京证券交易所向不特定合格投资者公开发行股票并上市业务规则适用指引第 1 号

附件

北京证券交易所向不特定合格投资者公开发行股票并上市业务规则适用指引第 1 号

1—1　上市标准的选择与变更

《北京证券交易所股票上市规则（试行）》（以下简称《上市规则》）以市值为中心，结合净利润、净资产收益率、营业收入及增长率、研发投入和经营活动产生的现金流量净额等财务指标，设置了四套上市标准。

一、发行人应当选择一项具体上市标准

发行人申请向不特定合格投资者公开发行股票并在北京证券交易所（以下简称本所）上市的，应当在相关申请文件中明确说明所选择的一项具体的上市标准，即《上市规则》2.1.3 规定的四套标准之一。发行人应当结合自身财务状况、公司治理特点、发展阶段以及上市后的持续监管要求等，审慎选择上市标准。

保荐机构应当为发行人选择适当的上市标准提供专业指导，审慎推荐，并在上市保荐书中就发行人选择的上市标准逐项说明适用理由，并就发行人是否符合上市条件发表明确意见。

二、发行人申请变更上市标准的处理

本所上市委员会召开审议会议前，发行人因更新财务报告等情形导致不再符合申报时选定的上市标准，需要变更为其他标准的，应当及时向本所提出变更申请、说明原因并更新相关文件；不再符合任何一套上市标准的，可以撤回发行上市申请。

保荐机构应当核查发行人变更上市标准的理由是否充分，就发行人新选择的上市标准逐项说明适用理由，并就发行人是否符合上市条件重新发表明确意见。

1-2 上市标准的理解与适用

发行人选择适用《上市规则》第2.1.3条规定的第一套标准上市的，保荐机构应重点关注：发行人最近一年的净利润对关联方或者有重大不确定性的客户是否存在重大依赖，最近一年的净利润是否主要来自合并报表范围以外的投资收益，最近一年的净利润对税收优惠、政府补助等非经常性损益是否存在较大依赖，净利润等经营业绩指标大幅下滑是否对发行人经营业绩构成重大不利影响等。

发行人选择适用《上市规则》第2.1.3条规定的第一、二、三套标准上市的，保荐机构均应重点关注：发行人最近一年的营业收入对关联方或者有重大不确定性的客户是否存在重大依赖，营业收入大幅下滑是否对发行人经营业绩构成重大不利影响。

发行人选择适用《上市规则》第2.1.3条规定的第三套标准上市的，其最近一年营业收入应主要源于前期研发成果产业化。

发行人选择适用《上市规则》第2.1.3条规定的第四套标准上市的，其主营业务应属于新一代信息技术、高端装备、生物医药等国家重点鼓励发展的战略性新兴产业。保荐机构应重点关注：发行人创新能力是否突出、是否具备明显的技术优势、是否已取得阶段性研发或经营成果。

发行人若尚未盈利或最近一期存在累计未弥补亏损的情形，保荐机构应重点关注：发行人是否按照《公开发行证券的公司信息披露内容与格式准则第46号——北京证券交易所公司招股说明书》（以下简称招股说明书准则）要求，在招股说明书"风险因素"和"其他重要事项"章节充分披露相关信息；发行人尚未盈利或最近一期存在累计未弥补亏损是偶发性因素还是经常性因素导致；发行人产品、服务或者业务的发展趋势、研发阶段以及达到盈亏平衡状态时主要经营要素需要达到的水平；发行人尚未盈利或最近一期存在累计未弥补亏损是否影响发行人持续经营能力；未盈利状态持续存在或累计未弥补亏损继续扩大是否会触发退市情形。

发行人应当在招股说明书中分析并披露对其经营业绩产生重大不利影响的所有因素，充分揭示相关风险。保荐机构应结合上述关注事项和发行人相关信息披露情况，就发行人是否符合发行条件和上市条件发表明确意见。

1-3 市值指标

《上市规则》第2.1.3条规定的四套上市标准均以市值为中心，针对申请文件涉及的预计市值、发行承销过程中涉及的预计发行后市值，应注意以下事项：

保荐机构应当对发行人的市值进行预先评估，并在《关于发行人预计市值的分析报告》中充分说明发行人市值评估的依据、方法、结果以及是否满足所选择上市标准中市值指标的结论性意见等。保荐机构应当根据发行人特点、市场数据的可获得性及评估方法的可靠性等，谨慎、合理地选用评估方法，结合发行人报告期股票交易价格、定向发行价格以及同行业可比公众公司在境内外市场的估值情况等进行综合判断。

发行价格确定后，对于预计发行后总市值与申报时市值评估结果存在重大差异的，保荐机构应当向本所说明相关差异情况。发行人预计发行后总市值不满足上市标准的，应当根据《北京证券交易所证券发行与承销管理细则》的相关规定中止发行。

1-4 研发投入指标

一、研发投入认定

研发投入为企业研究开发活动形成的总支出。研发投入通常包括研发人员工资费用、直接投入费用、折旧费用与长期待摊费用、设计费用、装备调试费、无形资产摊销费用、委托外部研究开发费用、其他费用等。

本期研发投入为本期费用化的研发费用与本期资本化的开发支出之和。

二、研发相关内控要求

发行人应制定并严格执行研发相关内控制度，明确研发支出的开支范围、标准、审批程序以及研发支出资本化的起始时点、依据、内部控制流程。同时，应按照研发项目设立台账归集核算研发支出。发行人应审慎制定研发支出资本化的标准，并在报告期内保持一致。

三、中介机构核查要求

（一）保荐机构及申报会计师应对报告期内发行人的研发投入归集是否准确、相关数据来源及计算是否合规、相关信息披露是否符合招股说明书准则要求进行核查，并发表核查意见。

（二）保荐机构及申报会计师应对发行人研发相关内控制度是否健全且被有效执行进行核查，就发行人以下事项作出说明，并发表核查意见：1.是否建立研发项目的跟踪管理系统，有效监控、记录各研发项目的进展情况，并合理评估技术上的可行性；2.是否建立与研发项目相对应的人财物管理机制；3.是否已明确研发支出开支范围和标准，并得到有效执行；4.报告期内是否严格按照研发开支用途、性质据实列支研发支出，是否存在将与研发无关的费用在研发支出中核算的情形；5.是否建立研发支出审批程序。

（三）对于合作研究项目，保荐机构及申报会计师还应核查项目的基本情况并发表核查意见，基本情况包括项目合作背景、合作方基本情况、相关资质、合作内容、合作时间、主要权利义务、知识产权的归属、收入成本费用的分摊情况、合作方是否为关联方；若存在关联方关系，需要进一步核查合作项目的合理性、必要性、交易价格的公允性。

1-5 经营稳定性

《上市规则》第2.1.4条第（六）项规定了发行人不得存在对经营稳定性具有重大不利影响的情形。发行人应当保持主营业务、控制权、管理团队的稳定，最近24个月内主营业务未发生重大变化；最近12个月内曾实施重大资产重组的，在重组实施前发行人应当符合《上市规则》第2.1.3条规定的四套标准之一（市值除外）；最近24个月内实际控制人未发生变更；最近24个月内董事、高级管理人员未发生重大不利变化。

保荐机构对发行人的董事、高级管理人员是否发生重大不利变化的认定，应当本着实质重于形式的原则，综合两方面因素分析：一是最近24个月内变动人数及比例，在计算人数比例时，以上述人员合计总数作为基数；二是上述人员离职或无法正常参与发行人的生产经营是否对发行人生产经营产生重大不利影响。变动后新增的上述人员来自原股东委派或发行人内部培养产生的，原则上不构成重大不利变化；发行人管理层因退休、调任、亲属间继承等原因发生岗位变化的，原则上不构成重大不利变化，但发行人应当披露相关人员变动对公司生产经营的影响。如果最近24个月内发行人上述人员变动人数比例较大或上述人员中的核心人员发生变化，进而对发行人的生产经营产生重大不利影响的，应视为发生重大不利变化。

实际控制人为单名自然人或有亲属关系多名自然人，实际控制人去世导致股权变动，股份受让人为继承人的，通常不视为公司控制权发生变更。其他多名自然人为实际控制人，实际控制人之一去世的，保荐机构及发行人律师应结合股权结构、去世自然人在股东大会或董事会决策中的作用、对发行人持续经营的影响等因素综合判断。

1-6 直接面向市场独立持续经营的能力

《上市规则》第2.1.4条第（六）项规定了发行人不得存在对直接面向市场独立持续经营的能力有重大不利影响的情形。

一、关于"直接面向市场独立持续经营的能力"，发行人应满足下列要求：

（一）发行人业务、资产、人员、财务、机构独立，与控股股东、实际控制人及其控制的其他企业间不存在对发行人构成重大不利影响的同业竞争，不存在严重影响发行人独立性或者显失公平的关联交易。

（二）发行人或其控股股东、实际控制人、对发行人主营业务收入或净利润占比超过 10% 的重要子公司在申报受理后至上市前不存在被列入失信被执行人名单且尚未消除的情形。

（三）不存在其他对发行人持续经营能力构成重大不利影响的情形。

二、发行人存在以下情形的，保荐机构及申报会计师应重点关注是否影响发行人持续经营能力，具体包括：

（一）发行人所处行业受国家政策限制或国际贸易条件影响存在重大不利变化风险；

（二）发行人所处行业出现周期性衰退、产能过剩、市场容量骤减、增长停滞等情况；

（三）发行人所处行业准入门槛低、竞争激烈，相比竞争者发行人在技术、资金、规模效应等方面不具有明显优势；

（四）发行人所处行业上下游供求关系发生重大变化，导致原材料采购价格或产品售价出现重大不利变化；

（五）发行人因业务转型的负面影响导致营业收入、毛利率、成本费用及盈利水平出现重大不利变化，且最近一期经营业绩尚未出现明显好转趋势；

（六）发行人重要客户本身发生重大不利变化，进而对发行人业务的稳定性和持续性产生重大不利影响；

（七）发行人由于工艺过时、产品落后、技术更迭、研发失败等原因导致市场占有率持续下降、重要资产或主要生产线出现重大减值风险、主要业务停滞或萎缩；

（八）发行人多项业务数据和财务指标呈现恶化趋势，短期内没有好转迹象；

（九）对发行人业务经营或收入实现有重大影响的商标、专利、专有技术以及特许经营权等重要资产或技术存在重大纠纷或诉讼，已经或者未来将对发行人财务状况或经营成果产生重大影响；

（十）其他明显影响或丧失持续经营能力的情形。

保荐机构及申报会计师应详细分析和评估上述情形的具体表现、影响程度和预期结果，综合判断是否对发行人持续经营能力构成重大不利影响，审慎发表明确核查意见，并督促发行人充分披露可能存在的持续经营风险。

1-7　重大违法行为

《上市规则》第 2.1.4 条第（一）项规定了发行人及其控股股东、实际控制人最近三年内不得存在重大违法行为。

最近 36 个月内，发行人及其控股股东、实际控制人在国家安全、公共安全、生态安全、生产安全、公众健康安全等领域，存在以下违法行为之一的，原则上视为重大违法行为：被处以罚款等处罚且情节严重；导致严重环境污染、重大人员伤亡、社会影响恶劣等。

有以下情形之一且保荐机构及发行人律师出具明确核查结论的，可以不认定为重大违法：违法行为显著轻微、罚款数额较小；相关规定或处罚决定未认定该行为属于情节严重；有权机关证明该行为不属于重大违法。但违法行为导致严重环境污染、重大人员伤亡、社会影响恶劣等并被处以罚款等处罚的，不适用上述情形。

1-8 业务、资产和股份权属

关于发行人的业务、资产和股份权属等事项，保荐机构、发行人律师及申报会计师应重点关注发行人报告期内的业务变化、主要股东所持股份变化以及主要资产和核心技术的权属情况，核查发行人是否符合以下要求并发表明确意见：

（一）发行人的主营业务、主要产品或服务、用途及其商业模式明确、具体，发行人经营一种或多种业务的，每种业务应具有相应的关键资源要素，该要素组成应具有投入、处理和产出能力，能够与合同、收入或成本费用等相匹配。

（二）对发行人主要业务有重大影响的土地使用权、房屋所有权、生产设备、专利、商标和著作权等不存在对发行人持续经营能力构成重大不利影响的权属纠纷。

（三）发行人控股股东和受控股股东、实际控制人支配的股东所持有的发行人股份不存在重大权属纠纷。

1-9 行业相关要求

发行人应当结合行业特点、经营特点、产品用途、业务模式、市场竞争力、技术创新或模式创新、研发投入与科技成果转化等情况，在招股说明书中充分披露发行人自身的创新特征。保荐机构应当对发行人的创新发展能力进行充分核查，在发行保荐书中说明核查过程、依据和结论意见。

发行人属于金融业、房地产业企业的，不支持其申报在本所发行上市。

发行人生产经营应当符合国家产业政策。发行人不得属于产能过剩行业（产能过剩行业的认定以国务院主管部门的规定为准）、《产业结构调整指导目录》中规定的淘汰类行业，以及从事学前教育、学科类培训等业务的企业。

1-10 财务信息披露质量

发行人申请文件中提交的财务报告应当已在法定期限内披露，且符合企业会计准则和相关信息披露规则的规定，在所有重大方面公允地反映了发行人的财务状况、经营成果和现金流量，由注册会计师出具无保留意见的审计报告。保荐机构及申报会计师应当严格按照执业准则勤勉尽责，审慎作出专业判断与认定，并对招股说明书的真实性、准确性和完整性承担连带责任。

报告期内发行人会计政策和会计估计应保持一致性，不得随意变更，若有变更应符合企业会计准则的规定。变更时，保荐机构及申报会计师应关注是否有充分、合理的证据表明变更的合理性，并说明变更会计政策或会计估计后，能够提供更可靠、更相关的会计信息的理由；对会计政策、会计估计的变更，应履行必要的审批程序，并依据《企业会计准则第 28 号——会计政策、会计估计变更和差错更正》的规定披露相关信息。相关变更事项应符合专业审慎原则，与同行业公众公司不存在重大差异，不存在对发行人会计基础工作规范及内控有效性产生重大影响的情形。保荐机构及申报会计师应当充分说明专业判断的依据，对相关调整变更事项的合规性发表明确意见。如无充分、合理的证据表明会计政策或会计估计变更的合理性，或者未经批准擅自变更会计政策或会计估计的，视为滥用会计政策或会计估计。

报告期内发行人如出现会计差错更正事项，保荐机构及申报会计师应重点核查以下方面并发表明确意见：会计差错更正的时间和范围，是否反映发行人存在故意遗漏或虚构交易、事项或者其他重要信息，滥用会计政策或者会计估计，操纵、伪造或篡改编制财务报表所依据的会计记录等情形；差错更正对发行人的影响程度，是否符合《企业会计准则第 28 号——会计政策、会计估计变更和差错更正》的规定。发行人是否存在会计基础工作薄弱和内控缺失，是否按照《公开发行证券的公司信息披露编报规则第 19 号——财务信息的更正及相关披露》及相关日常监管要求进行了信息披露。

申报前后，发行人因会计基础薄弱、内控不完善、未及时进行审计调整的重大会计核算疏漏、滥用会计政策或者会计估计以及恶意隐瞒或舞弊行为，导致重大会计差错更正的，将依据相关制度采取自律监管措施或纪律处分，进行严肃处理；涉及财务会计文件虚假记载的，将依法移送中国证监会查处。

1-11　招股说明书财务报告审计截止日后的信息披露

发行人提交的招股说明书应当充分披露财务报告审计截止日后的财务信息及主要经营状况，保荐机构应关注发行人在财务报告审计截止日后经营状况是否发生重大变化，并督促发行人做好信息披露工作。

一、申请文件信息披露要求

（一）发行人财务报告审计截止日至招股说明书签署日之间超过 1 个月的，应在招股说明书"重大事项提示"中披露审计截止日后的主要经营状况。相关情况披露的截止时点应尽可能接近招股说明书签署日。如果发行人生产经营的内外部环境发生或将要发生重大变化，应就该情况及其可能对发行人经营状况和未来经营业绩产生的不利影响进行充分分析并就相关风险作重大事项提示。

（二）发行人财务报告审计截止日至招股说明书签署日之间超过 4 个月的，应补充提供经会计师事务所审阅的期间 1 个季度的财务报表，超过 7 个月的，应补充提供经会计师事务所审阅的期间 2 个季度的财务报表。发行人提供季度经审阅的财务报表的，应在招股说明书管理层分析中以列表方式披露该季度末和上年末、该季度和上年度同期及年初至该季度末和上年同期的主要财务信息，包括但不限于：总资产、所有者权益、营业收入、营业利润、利润总额、净利润、归属于母公司股东的净利润、扣除非经常性损益后归属于母公司股东的净利润、经营活动产生的现金流量净额等，并披露纳入非经常性损益的主要项目和金额。若该期的主要会计报表项目与财务报告审计截止日或上年同期相比发生较大变化，应披露变化情况、变化原因以及由此可能产生的影响，并在"重大事项提示"中披露相关风险。发行人应在招股说明书"重大事项提示"中提醒投资者，发行人已披露财务报告审计截止日后经会计师事务所审阅的主要财务信息（如有）及经营状况。

（三）发行人应在招股说明书"重大事项提示"中补充披露下一报告期业绩预告信息，主要包括年初至下一报告期末营业收入、扣除非经常性损益前后净利润的预计情况、同比变化趋势及原因等；较上年同期可能发生重大变化的，应分析披露其性质、程度及对持续经营的影响。若审计截止日后发行人经营状况发生较大不利变化，或经营业绩呈下降趋势，应在招股说明书"风险因素"章节及"重大事项提示"中披露相关风险。

（四）前述经会计师事务所审阅的季度财务报表应当在申报、回复问询等提交申请文件或发行阶段更新招股说明书时提供，提供时需一并完成相关信息披露文件的更新。

二、发行人及中介机构相关监管要求

（一）发行人及其董事、监事、高级管理人员需出具专项声明，保证审计截止日后的财务报告不存在虚假记载、误导性陈述或者重大遗漏，并对其内容的真实性、准确性及完整性承担连带责任。发行人单位负责人、主管会计工作负责人及会计机构负责人（会计主管人员）应出具专项声明，保证该等财务报告的真实、准确、完整。会计师事务所就该等财务报表出具审阅意见的，应当切实履行审阅责任，保持应有的职业谨慎。

（二）前述经审阅财务报表与对应经审计财务报表存在重大差异的，保荐机构及申报会计师应在 15 个工作日内向中国证监会、本所报告，说明差异原因、性质及影响程度。发行人按规定因终止审核等事项拟申请复牌或者因公开发行股票完毕拟上市的，如前述经审阅财务报表尚未完成审计，保荐机构及申报会计师应当结合当前审计程序执行情况，就经审阅财务报表与将完成的对应经审计财务报表（如有）的差异情况进行核查并出具专项说明，在申请复牌或上市时提交公司监管部门并同步报送上市审核机构；如存在较大差异，发行人应依规及时披露修正公告，并在修正公告中向投资者致歉、说明差异原因。

（三）保荐机构应督促发行人切实做好审计截止日后主要财务信息及经营状况信息披露，核查发行人生产经营的内外部环境是否发生或将要发生重大变化，包括但不限于：产业政策重大调整，进出口业务受到重大限制，税收政策出现重大变化，行业周期性变化，业务模式及竞争趋势发生重大变化，主要原材料的采购规模及采购价格或主要产品的生产、销售规模及销售价格出现大幅变化，新增对未来经营可能产生较大影响的诉讼或仲裁事项，主要客户或供应商出现重大变化，重大合同条款或实际执行情况发生重大变化，重大安全事故，以及其他可能影响投资者判断的重大事项等。保荐机构应当在发行保荐书中说明相关结论，并在发行保荐工作报告中详细说明核查的过程、了解并收集到的相关情况、得出结论的依据，并在此基础上就发行人审计截止日后经营状况是否出现重大不利变化出具核查意见。

三、与挂牌公司定期报告和临时报告信息披露的衔接

（一）发行人提供经审阅的季度财务报表前，应先按照挂牌公司信息披露相关监管规定，通过临时公告或在法定期限内披露的定期报告披露经审阅的季度财务报表。

发行人拟提供经审阅的第一季度财务报表的，其公告披露时间不得早于上一年的年度报告的披露时间；发行人拟提供经审阅的第二季度财务报表的，其公告披露时间不得早于对应的半年度报告的披露时间。

（二）发行人在财务报告审计截止日至发行启动前披露年度报告的，招股说明书引用的财务报表应当包括该定期报告对应年度经审计的财务报表。发行人应及时更新招股说明书对应期间的财务信息及经营状况，依规做好信息披露和风险揭示。

1–12　同业竞争

发行人与控股股东、实际控制人及其控制的其他企业间如存在同业竞争情形，认定同业竞争是否对发行人构成重大不利影响时，保荐机构及发行人律师应结合竞争方与发行人的经营地域、产品或服务的定位，同业竞争是否会导致发行人与竞争方之间的非公平竞争、是否会导致发行人与竞争方之间存在利益输送、是否会导致发行人与竞争方之间相互或者单方让渡商业机会情形，对未来发展的潜在影响等方面，核查并出具明确意见。

发行人应在招股说明书中，披露保荐机构及发行人律师针对同业竞争是否对发行人构成重大不利影响的核查意见和认定依据。

1-13 关联交易

发行人应严格按照《企业会计准则第 36 号——关联方披露》《上市规则》以及相关业务规则中的有关规定，完整、准确地披露关联方关系及其交易。发行人的控股股东、实际控制人应协助发行人完整、准确地披露关联方关系及其交易。发行人与控股股东、实际控制人及其关联方之间的关联交易应根据业务模式控制在合理范围。

保荐机构、申报会计师及发行人律师应重点关注：关联方的财务状况和经营情况；发行人报告期内关联方注销及非关联化的情况，非关联化后发行人与上述原关联方的后续交易情况；关联交易产生的收入、利润总额合理性，关联交易是否影响发行人的经营独立性、是否构成对控股股东或实际控制人的依赖，是否存在通过关联交易调节发行人收入利润或成本费用、对发行人利益输送的情形；发行人披露的未来减少关联交易的具体措施是否切实可行。

保荐机构、申报会计师及发行人律师在核查发行人与其客户、供应商之间是否存在关联方关系时，不应仅限于查阅书面资料，应采取实地走访，核对工商、税务、银行等部门提供的资料，甄别客户和供应商的实际控制人及关键经办人员与发行人是否存在关联方关系。

保荐机构、申报会计师及发行人律师应对发行人的关联方认定，关联交易信息披露的完整性，关联交易的必要性、合理性和公允性，关联交易是否影响发行人的独立性、是否可能对发行人产生重大不利影响，以及是否已履行关联交易决策程序等进行充分核查并发表意见。

1-14 客户集中度较高

发行人存在客户集中度较高情形的，保荐机构应重点关注该情形的合理性、客户的稳定性和业务的持续性，督促发行人做好信息披露和风险揭示。

对于非因行业特殊性、行业普遍性导致客户集中度偏高的，保荐机构在执业过程中，应充分考虑相关大客户是否为关联方或者存在重大不确定性客户；该集中是否可能导致发行人未来持续经营能力存在重大不确定性。

对于发行人由于下游客户的行业分布集中而导致的客户集中具备合理性的特殊行业（如电力、电网、电信、石油、银行、军工等行业），发行人应与同行业可比公众公司进行比较，充分说明客户集中是否符合行业特性，发行人与客户的合作关系是否具有一定的历史基础，是否有充分的证据表明发行人采用公开、公平的手段或方式独立获取业务，相关的业务是否具有稳定性以及可持续性，并予以充分的信息披露。

针对因上述特殊行业分布或行业产业链关系导致发行人客户集中情况，保荐机构应当综合分析考量以下因素的影响：一是发行人客户集中的原因，与行业经营特点是否一致，是否存在下游行业较为分散而发行人自身客户较为集中的情况及其合理性。二是发行人客户在其行业中的地位、透明度与经营状况，是否存在重大不确定性风险。三是发行人与客户合作的历史、业务稳定性及可持续性，相关交易的定价原则及公允性。四是发行人与重大客户是否存在关联关系，发行人的业务获取方式是否影响独立性，发行人是否具备独立面向市场获取业务的能力。

保荐机构如发表意见认为发行人客户集中不对持续经营能力构成重大不利影响的，应当提供充分的依据说明上述客户本身不存在重大不确定性，发行人已与其建立长期稳定的合作关系，客户集中具有行业普遍性，发行人在客户稳定性与业务持续性方面没有重大风险。发行人应在招股说明书中披露上述情况，充分揭示客户集中度较高可能带来的风险。

1–15　经营业绩大幅下滑

发行人在报告期内出现营业收入、净利润等经营业绩指标大幅下滑情形的，保荐机构及申报会计师应当从以下方面充分核查经营业绩下滑的程度、性质、持续时间等：1. 经营能力或经营环境是否发生变化，如发生变化应关注具体原因，变化的时间节点、趋势方向及具体影响程度；2. 发行人正在采取或拟采取的改善措施及预计效果，结合前瞻性信息或经审核的盈利预测（如有）情况，判断经营业绩下滑趋势是否已扭转，是否仍存在对经营业绩产生重大不利影响的事项；3. 发行人所处行业是否具备强周期特征、是否存在严重产能过剩、是否呈现整体持续衰退，发行人收入、利润变动情况与同行业可比公众公司情况是否基本一致；4. 因不可抗力或偶发性特殊业务事项导致经营业绩下滑的，相关事项对经营业绩的不利影响是否已完全消化或基本消除。

发行人最近一年（期）经营业绩指标较上一年（期）下滑幅度超过50%，如无充分相反证据或其他特殊原因，一般应认定对发行人持续经营能力构成重大不利影响。

保荐机构及申报会计师应结合上述情况，就经营业绩下滑是否对发行人持续经营能力构成重大不利影响发表明确意见。

1–16　承诺事项

发行人及其控股股东或实际控制人曾出具公开承诺的，应当诚实守信，最近12个月内不得存在违反公开承诺的情形。

针对发行人及其控股股东或实际控制人作出的尚未履行完毕和新增的公开承诺，发行人和中介机构在进行信息披露和核查时应当重点关注下列事项：

（一）承诺事项内容应当具体、明确、无歧义、具有可操作性，符合法律法规和业务规则的相关要求。承诺无法履行或者无法按期履行的，发行人应及时履行变更程序并作重大事项提示。

（二）承诺事项不符合《上市规则》相关规定的，承诺相关方应当进行规范，中介机构应当对规范后的承诺事项是否符合《上市规则》的规定发表意见。

1-17 政府补助

发行人应结合政府补助的具体来源、获取条件、形式、金额、时间及持续情况、分类、政府补助与公司日常活动的相关性等，在招股说明书中披露报告期各期取得政府补助资金的具体情况和使用情况、计入经常性损益与非经常性损益的政府补助金额，以及政府补助相关收益的列报情况是否符合《公开发行证券的公司信息披露解释性公告第1号——非经常性损益》的规定；结合报告期各期计入损益的政府补助金额占同期净利润的比例说明对政府补助的依赖情况，报告期内经营业绩对政府补助存在较大依赖的，应当进行重大事项提示，并分析披露对发行人经营业绩和持续经营能力的影响。

保荐机构及申报会计师应对发行人上述事项进行核查，就发行人是否已在招股说明书中充分披露上述情况及风险，报告期内经营业绩是否对政府补助存在较大依赖发表明确意见。

1-18 税收优惠

对于税收优惠，发行人应遵循如下原则进行处理：1. 如果很可能获得相关税收优惠批复，按优惠税率预提预缴经税务部门同意，可暂按优惠税率预提并做风险提示，并说明如果未来被追缴税款的处理安排；同时，发行人应在招股说明书中披露税收优惠不确定性风险。2. 如果获得相关税收优惠批复的可能性较小，需按照谨慎性原则按正常税率预提，未来根据实际的税收优惠批复情况进行相应调整。3. 发行人依法取得的税收优惠，在《公开发行证券的公司信息披露解释性公告第1号——非经常性损益》规定项目之外的，可以计入经常性损益。

保荐机构、发行人律师及申报会计师应对照税收优惠的相关条件和履行程序的相关规定，对发行人税收优惠相关事项的处理及披露是否合规，发行人对税收优惠是否存在较大依赖，税收优惠政策到期后是否能够继续享受优惠进行专业判断并发表明确意见。

1-19 现金交易

发行人存在销售或采购环节现金交易金额较大或占比较高情形的，应在招股说明书中披露以下信息：1. 现金交易的必要性与合理性，是否与发行人业务情况或行业惯例相符，现金交易比例及其变动情况与同行业可比公众公司是否存在重大差异，现金使用是否依法合规；2. 现金交易的客户或供应商的基本情况，是否为自然人或发行人的关联方，现金交易对象含自然人的，还应披露向自然人客户（或供应商）销售（或采购）的金额及占比；3. 现金交易相关收入确认及成本核算的原则与依据，是否存在体外循环或虚构业务情形；4. 现金交易是否具有可验证性，与现金交易相关的内部控制制度的完备性、合理性与执行有效性；5. 现金交易流水的发生与相关业务发生是否真实一致，是否存在异常分布；6. 实际控制人及发行人董事、监事、高级管理人员等关联方是否与相关客户或供应商存在资金往来；7. 发行人为减少现金交易所采取的改进措施及进展情况。

保荐机构及申报会计师应对发行人上述事项进行核查，说明对发行人现金交易可验证性及相关内控有效性的核查方法、过程与证据，以及发行人是否已在招股说明书中充分披露上述情况及风险，并对发行人报告期现金交易的真实性、合理性和必要性发表明确意见。

1-20　境外销售

发行人报告期存在来自境外的销售收入的，保荐机构、发行人律师及申报会计师应重点关注下列事项：1. 境外销售业务的开展情况，包括但不限于主要进口国和地区情况，主要客户情况、与发行人是否签订框架协议及相关协议的主要条款内容，境外销售模式、订单获取方式、定价原则、信用政策等；2. 发行人在销售所涉国家和地区是否依法取得从事相关业务所必须的法律法规规定的资质、许可，报告期内是否存在被境外销售所涉及国家和地区处罚或者立案调查的情形；3. 相关业务模式下的结算方式、跨境资金流动情况、结换汇情况，是否符合国家外汇及税务等相关法律法规的规定；4. 报告期境外销售收入与海关报关数据是否存在较大差异及差异原因是否真实合理；5. 出口退税等税收优惠的具体情况；6. 进口国和地区的有关进口政策、汇率变动等贸易环境对发行人持续经营能力的影响；7. 主要境外客户与发行人及其关联方是否存在关联方关系及资金往来。

境外销售业务对发行人报告期经营业绩影响较大的，保荐机构、发行人律师及申报会计师应结合上述事项全面核查发行人的境外销售业务，说明采取的核查程序及方法。保荐机构及发行人律师应就境外销售业务的合规经营情况发表明确意见；保荐机构及申报会计师应就境外销售收入的真实性、准确性、完整性，收入确认是否符合企业会计准则规定，境外销售业务发展趋势是否对发行人持续经营能力构成重大不利影响等发表明确意见。

发行人应在招股说明书中对境外销售业务可能存在的风险进行充分披露。

1-21 第三方回款

第三方回款通常是指发行人收到的销售回款的支付方（如银行汇款的汇款方、银行承兑汇票或商业承兑汇票的出票方或背书转让方）与签订经济合同的往来客户（或实际交易对手）不一致的情况。

企业在正常经营活动中存在的第三方回款，通常情况下应考虑是否符合以下条件：1.与自身经营模式相关，符合行业经营特点，具有必要性和合理性，例如：（1）客户为个体工商户或自然人，其通过家庭约定由直系亲属代为支付货款，经中介机构核查无异常的；（2）客户为自然人控制的企业，该企业的法定代表人、实际控制人代为支付货款，经中介机构核查无异常的；（3）客户所属集团通过集团财务公司或指定相关公司代客户统一对外付款，经中介机构核查无异常的；（4）政府采购项目指定财政部门或专门部门统一付款，经中介机构核查无异常的；（5）通过应收账款保理、供应链物流等合规方式或渠道完成付款，经中介机构核查无异常的；（6）境外客户指定付款，经中介机构核查无异常的；2.第三方回款的付款方不是发行人的关联方；3.第三方回款与相关销售收入勾稽一致，具有可验证性，不影响销售循环内部控制有效性的认定，申报会计师已对第三方回款及销售确认相关内部控制有效性发表明确核查意见；4.能够合理区分不同类别的第三方回款，相关金额及比例处于合理可控范围。

如发行人报告期存在第三方回款，保荐机构及申报会计师通常应重点核查以下方面：1.第三方回款的真实性，是否存在虚构交易或调节账龄情形；2.第三方回款形成收入占营业收入的比例；3.第三方回款的原因、必要性及商业合理性；4.发行人及其实际控制人、董事、监事、高级管理人员或其他关联方与第三方回款的支付方是否存在关联关系或其他利益安排；5.境外销售涉及境外第三方的，其代付行为的商业合理性或合法合规性；6.报告期内是否存在因第三方回款导致的货款归属纠纷；7.如签订合同同时已明确约定由其他第三方代购买方付款，该交易安排是否具有合理原因；8.资金流、实物流与合同约定及商业实质是否一致。

同时，保荐机构及申报会计师还应详细说明对实际付款人和合同签订方不一致情形的核查情况，包括但不限于：抽样选取不一致业务的明细样本和银行对账单回款记录，追查至相关业务合同、业务执行记录及资金流水凭证，获取相关客户代付款确认依据，以核实和确认委托付款的真实性、代付金额的准确性及付款方和委托方之间的关系，说明合同签约方和付款方存在不一致情形的合理原因及第三方回款统计明细记录的完整性，并对第三方回款所对应营业收入的真实性发表明确意见。保荐机构应当督促发行人在招股说明书中充分披露第三方回款相关情况。

1-22　转　贷

"转贷"行为通常是指发行人为满足贷款银行受托支付要求，在无真实业务支持情况下，通过供应商等取得银行贷款或为客户提供银行贷款资金走账通道。首次申报审计截止日后，发行人原则上不能再出现"转贷"情形。中介机构应关注发行人连续 12 个月内银行贷款受托支付累计金额与相关采购或销售（同一交易对手或同一业务）累计金额是否基本一致或匹配，是否属于"转贷"行为。

如发行人存在"转贷"行为，保荐机构、发行人律师及申报会计师应重点关注下列事项：

（一）关注"转贷"行为的合法合规性，由中介机构对公司前述行为违反法律法规（如《贷款通则》等）的事实情况进行说明认定，是否存在被处罚情形或风险，是否构成重大违法违规，是否满足相关发行上市条件的要求。

（二）发行人对前述行为的财务核算是否真实、准确，与相关方资金往来的实际流向和使用情况，是否通过体外资金循环粉饰业绩。

（三）发行人是否已通过收回资金、完善制度、加强内控等方式积极整改，是否已建立针对性的内控制度并有效执行，且申报后未发生新的不合规资金往来等行为。

（四）相关行为不存在后续影响，已排除或不存在重大风险隐患。

（五）发行人前述行为信息披露充分性，如相关交易形成原因、资金流向和使用用途、利息、违反有关法律法规具体情况及后果、后续潜在影响的承担机制、整改措施、相关内控建立及运行情况等。

1-23　特殊经营模式

发行人业务涉及委托加工、线上销售、经销商模式、加盟模式等特殊经营模式的，具体核查要求包括但不限于：

一、委托加工

委托加工一般是指由委托方提供原材料和主要材料，受托方按照委托方的要求制造货物并收取加工费和代垫部分辅助材料加工的业务。当发行人与同一主体既有采购又有销售业务时，应结合业务合同的属性类别及主要条款、原材料的保管和灭失及价格波动等风险承担、最终产品的完整销售定价权、最终产品对应账款的信用风险承担、对原材料加工的复杂程度等方面判断业务作为独立购销业务，还是作为委托加工或受托加工处理。

如为委托加工，保荐机构及申报会计师应核查以下事项并发表明确意见：委托加工的主要合同条款、具体内容及必要性、交易价格是否公允，会计处理是否合规，是否存在受托方代垫成本费用的情形；受托加工方的基本情况、与发行人的合作历史以及是否与发行人及其关联方存在关联关系；发行人委托加工产品质量控制的具体措施以及公司与受托加工方关于产品质量责任分摊的具体安排；结合委托加工产品的产量占比量化分析报告期内委托加工价格变动情况以及对发行人经营情况的影响。

二、线上销售

保荐机构及申报会计师应结合客户名称、送货地址、购买数量、消费次数、消费金额及付款等实际情况，以及其他数据、指标、证明资料等，对线上销售收入确认是否符合企业会计准则规定、是否存在通过刷单虚增收入的情形以及收入的真实性等进行核查，说明采取的核查方法、程序以及核查结果或结论，并就报告期发行人线上销售收入的真实性、准确性、完整性发表明确意见。

三、经销商模式

保荐机构及申报会计师应对经销业务进行充分核查，并对经销商模式下收入的真实性发表明确意见。主要核查事项包括但不限于：

（一）采取经销商模式的必要性及经销商具体业务模式，经销商的主体资格及资信能力；

（二）发行人报告期内经销商模式下的收入确认原则、费用承担原则及给经销商的补贴或返利情况，经销商模式下收入确认是否符合企业会计准则的规定；

（三）发行人经销商销售模式、占比等情况与同行业可比公众公司是否存在显著差异及原因；

（四）经销商管理相关内控是否健全并有效执行；

（五）经销商是否与发行人存在关联关系；

（六）对经销商的信用政策是否合理；

（七）结合经销商模式检查经销商与发行人的交易记录及银行流水记录；

（八）经销商的存货进销存情况、退换货情况及主要客户情况，经销商所购产品是否实现终端客户销售。

四、加盟模式

保荐机构及申报会计师应结合加盟协议关键条款、行业惯例、加盟商的经营情况、终端客户销售、退换货情况等，核查加盟相关业务收入确认政策是否符合企业会计准则规定。发行人频繁发生加盟商开业或退出的，保荐机构及申报会计师应核查发行人加盟相关收入确认政策是否谨慎、对部分不稳定加盟商的收入确认是否恰当，并结合与相关加盟商的具体合作情况说明发行人会计处理是否符合企业会计准则规定。保荐机构及发行人律师应核查发行人加盟协议的主要内容、加盟业务经营过程，并对其合法合规性发表明确意见。

五、涉农企业

发行人为涉农企业的，中介机构应重点关注以下事项：

（一）经营业务整体合理性。主要包括：1.资源禀赋的真实性与产能的合理性，单位产量等数据与所在区域经验数据的差异及合理性；2.实际产出与人工成本、原材料等成本费用的匹配性；成活率、生长周期、投入产出比、疫病防治支出占比等生产经营指标在报告期内是否存在重大变动、与同行业可比公众公司是否存在重大差异及其合理性；3.经营模式与同行业可比公众公司是否存在差异及其合理性；4.非财务信息与财务信息是否能够相互印证。

（二）经营风险是否充分披露。主要包括：1.经营业绩变化是否具有合理性，与同行业可比公众公司是否存在重大差异，经营业绩波动风险是否充分披露；2.经营业绩是否发生重大不利变化，是否影响持续经营能力；3.财政补贴、税收优惠等政府补助对经营业绩的影响，未来是否具有可持续性；4.经营信息披露是否符合公司实际情况，通过客观数据呈现公司情况，注重实物描述与金额披露并重。

（三）非法人客户或供应商的真实性。主要包括：1.发行人与非法人客户或供应商交易的必要性与合理性，是否符合发行人业务情况或行业惯例，交易比例及其变动情况是否处于合理范围；2.发行人与非法人客户或供应商交易的内部控制管理制度是否健全有效，关键环节形成的支持性证据是否充分、客观、可验证；3.主要非法人客户或供应商的身份是否真实，是否属于关联方。

（四）货币资金相关内部控制的有效性。主要包括：1.现金交易、第三方回款等核查是否符合规定，是否已履行必要的资金流水核查程序，相关内部控制管理制度是否健全有效；2.是否存在应签订合同但未签订合同、无发票或不合规开具发票进行交易的行为，是否存在个人银行卡收付款及相关资金去向是否合理。上述交易行为是否影响公司财务核算真实性、准确性、完整性，发行人针对上述交易行为采取的规范措施及有效性。

（五）存货和生物资产等的真实性、准确性。主要包括：1.存货和生物资产真实性核查是否充分，发行人的盘点制度、盘点计划是否合理，中介机构监盘是否充分；2.存货、生物资产等期末账面价值会计核算是否准确，尤其折旧方法是否谨慎、资产减值准备计提是否充分；3.生物资产的分类和会计核算是否符合规定；4.存货和生物资产的权属是否清晰。

1-24 与上市公司监管规定的衔接

一、关于发行人上市前公司治理方面的衔接准备情况，保荐机构及发行人律师应重点核查发行人是否符合以下要求并发表明确意见：

（一）发行人申报时提交的公司章程（草案）内容应当符合《上市规则》等相关规定，对利润分配、投资者关系管理、独立董事、累积投票等内容在公司章程（草案）中予以明确或者单独制定规则。

（二）发行人申报时的董事（独立董事除外）、监事、高级管理人员（包括董事会秘书和财务负责人）应当符合《上市规则》等规则规定的任职要求，并符合本所上市公司董事兼任高级管理人员的人数比例、董事或高级管理人员的亲属不得担任监事的相关要求。

（三）在上市委员会审议之前，发行人独立董事的设置应当符合本所上市公司独立董事的相关规定。

二、发行人申报时存在全国中小企业股份转让系统（以下简称全国股转系统）挂牌期间发行的可转换公司债券（以下简称可转债）的，保荐机构及发行人律师应重点核查发行人是否符合以下要求并发表明确意见：

（一）发行人应当在董事会、股东大会审议通过公开发行股票并上市议案时，同步审议通过已发行可转债在本所挂牌转让的议案。

（二）发行人应当按照全国股转系统可转债暂停与恢复转股的相关规定，在申报当日办理完成暂停转股事宜并披露可转债暂停转股的公告，在收到终止审核决定书或者股票上市后及时办理恢复转股事宜。

（三）发行人应当在招股说明书中充分披露以下事项：报告期初至申报前可转债的发行、转股、赎回与回售等情况，历次可转债转股价格调整情况；在申报前调整转股价格、限售安排等可转债基本条款的，相应决策程序的合规性，是否存在损害可转债持有人利益的情形；转股价格的公允性；上市后可转债的转股、赎回、回售及价格修正等条款的执行对发行人控制权稳定性、财务状况等可能存在的不利影响。

三、发行人申报时存在全国股转系统挂牌期间发行的优先股的，保荐机构及发行人律师应重点核查发行人是否符合以下要求并发表明确意见：

（一）发行人应当在董事会、股东大会审议通过公开发行股票并上市议案时，同步审议通过已发行优先股在本所挂牌转让的议案。

（二）发行人应当在招股说明书中充分披露以下事项：报告期初至申报前优先股的发行、付息与调息、赎回与回售等情况，优先股股东表决权的恢复、行使、变动及优先股股东分类表决情况等，前述事项对发行人控制权稳定性、财务状况可能存在的不利影响。

四、发行人申报时存在全国股转系统挂牌期间依法实行的期权激励计划的，保荐机构及发行人律师应重点核查发行人是否符合以下要求并发表明确意见：

（一）发行人应当在招股说明书中充分披露以下事项：期权激励计划的基本内容、制定计划履行的决策程序、目前的执行情况；期权行权价格的确定原则，与最近一年经审计的净资产或评估值的差异与原因；期权激励计划对公司经营状况、财务状况、控制权变化等方面的影响；涉及股份支付费用的会计处理等。

（二）在审期间，发行人不应新增期权激励计划，相关激励对象原则上不得行权。

1-25　上市公司直接或间接控制

发行人为上市公司直接或间接控制的公司的，应当独立于上市公司并在信息披露方面与上市公司一致、同步。中介机构应当重点核查下列事项并发表明确意见：

（一）发行人是否存在上市公司为发行人承担成本费用、利益输送或其他利益安排等情形，对上市公司是否存在重大依赖，是否具有直接面向市场独立持续经营的能力；

（二）发行人信息披露与上市公司是否一致、同步；

（三）发行人及上市公司关于发行人本次申请向不特定合格投资者公开发行股票并上市的决策程序、审批程序与信息披露等是否符合中国证监会、证券交易所的相关规定，是否符合境外监管的相关规定（上市公司在境外上市的），如果存在信息披露、决策程序等方面的瑕疵，是否存在影响本次发行的争议、潜在纠纷或其他法律风险。

1-26　共同投资

发行人如存在与其控股股东、实际控制人、董事、监事、高级管理人员及其亲属直接或者间接共同设立公司情形，发行人及中介机构应主要披露及核查以下事项：

（一）发行人应当披露相关公司的基本情况，包括但不限于公司名称、成立时间、注册资本、住所、经营范围、股权结构、最近一年及一期主要财务数据及简要历史沿革。

中介机构应当核查发行人与上述主体共同设立公司的背景、原因和必要性，说明发行人出资是否合法合规、出资价格是否公允。

（二）如发行人与共同设立的公司存在业务或资金往来的，还应当披露相关交易的交易内容、交易金额、交易背景以及相关交易与发行人主营业务之间的关系。中介机构应当核查相关交易的真实性、合法性、必要性、合理性及公允性，是否存在损害发行人利益的行为。

（三）如公司共同投资方为董事、高级管理人员及其近亲属，中介机构应核查说明公司是否符合《公司法》第148条规定，即董事、高级管理人员未经股东会或者股东大会同意，不得利用职务便利为自己或者他人谋取属于公司的商业机会，自营或者为他人经营与所任职公司同类的业务。

1-27 重大事项报告

发行人及中介机构应当按照本所发行上市审核相关规定，对下列重大事项进行报告、核查并发表明确意见：

（一）发行人及其实际控制人、控股股东等发生重大媒体质疑、涉及重大违法行为的突发事件或被列入失信被执行人名单；

（二）发生涉及公司主要资产、核心技术等诉讼仲裁，或者公司主要资产被查封、扣押等；

（三）发行人控股股东和受控股股东、实际控制人支配的股东所持发行人股份被质押、冻结、拍卖、托管、设定信托或者被依法限制表决权，或发生其他可能导致控制权变更的权属纠纷；

（四）发行人发生重大资产置换、债务重组等公司架构变化的情形；

（五）发生影响公司经营的法律、政策、市场等方面的重大变化；

（六）发生违规对外担保、资金占用或其他权益被控股股东、实际控制人严重损害的情形，或者损害投资者合法权益和社会公共利益的其他情形；

（七）披露审计报告、重大事项临时公告或者调整盈利预测；

（八）发生可能导致中止或终止审核的情形；

（九）存在其他可能影响发行人符合发行条件、上市条件和相应信息披露要求，或者影响投资者判断的重大事项。

1-28 权益分派

一、申报前提出权益分派方案

发行人申报前就已提出了现金分红、分派股票股利或资本公积转增股本方案的，应充分披露相关方案的执行是否对发行人符合发行条件和上市条件造成影响，相关方案应在中国证监会同意注册前执行完毕；保荐机构应对前述事项的披露情况和相关方案执行完毕后发行人是否符合发行条件和上市条件发表明确意见。

二、审核期间新增现金分红方案

发行人在申报受理后至上市前原则上不应提出分派股票股利或资本公积转增股本的方案。

发行人在审期间提出现金分红方案的，保荐机构和发行人应按重大事项报告要求及时进行报告，并遵循如下原则进行处理：

（一）发行人如拟现金分红的，应依据公司章程和相关监管要求，充分论证现金分红的必要性和恰当性，以最近一期经审计的财务数据为基础，测算和确定与发行人财务状况相匹配的现金分红方案，并履行相关决策程序。如存在大额分红并可能对财务状况和新老股东利益产生重大影响的，发行人应谨慎决策。

（二）发行人的现金分红方案应在中国证监会同意注册前执行完毕。

（三）已通过上市委员会审议的企业，在上市前原则上不应提出新的现金分红方案。

保荐机构应对发行人在审核期间进行现金分红的必要性、合理性、合规性进行专项核查，就实施现金分红对发行人财务状况、生产运营的影响，相关方案执行完毕后发行人是否符合发行条件和上市条件发表明确意见。

1-29 第三方数据

第三方数据主要指涉及发行人及其交易对手之外的第三方相关交易信息，例如发行人的交易对手与其客户或供应商之间的交易单价及数量、可比公司或可比业务财务数据等。考虑到第三方数据一般较难获取并具有一定隐私性，发行人及中介机构在公开披露的文件中引用的第三方数据可以限于公开信息，并注明资料来源，一般不要求披露未公开的第三方数据。

中介机构应当核查第三方数据来源的真实性及权威性、引用数据的必要性及完整性、与其他披露信息是否存在不一致，说明第三方数据是否已公开、是否专门为本次发行准备以及发行人是否为此支付费用或提供帮助，确保直接或间接引用的第三方数据有充分、客观、独立的依据。

1-30 国家秘密、商业秘密

发行人有充分依据证明拟披露的某些信息涉及国家秘密、商业秘密的，发行人及其保荐机构、证券服务机构应当在提交发行上市申请文件或问询回复时，一并提交关于信息披露豁免的申请文件（以下简称豁免申请）。

一、豁免申请的内容

发行人应在豁免申请中逐项说明需要豁免披露的信息，认定国家秘密或商业秘密的依据和理由，并说明相关信息披露文件是否符合招股说明书准则及相关规定要求，豁免披露后的信息是否对投资者决策判断构成重大障碍。

二、涉及国家秘密的要求

发行人从事军工等涉及国家秘密业务的，应当符合以下要求：

（一）按规定提供国家主管部门关于发行人申请豁免披露的信息为涉密信息的认定文件；

（二）提供发行人全体董事、监事、高级管理人员出具的关于公开发行股票并上市的申请文件不存在泄密事项且能够持续履行保密义务的声明；

（三）提供发行人控股股东、实际控制人对其已履行和能够持续履行相关保密义务出具的承诺文件；

（四）在豁免申请中说明相关信息披露文件是否符合《军工企业对外融资特殊财务信息披露管理暂行办法》及有关保密规定；

（五）说明内部保密制度的制定和执行情况，是否符合《保密法》等法律法规的规定，是否存在因违反保密规定受到处罚的情形；

（六）说明中介机构是否符合《军工涉密业务咨询服务安全保密监督管理办法》及其他相关规定对中介机构军工涉密业务咨询服务的安全保密要求；

（七）对审核中提出的信息豁免披露或调整意见，发行人应相应回复、补充相关文件的内容，有实质性增减的，应当说明调整后的内容是否符合相关规定、是否存在泄密风险。

三、涉及商业秘密的要求

发行人因涉及商业秘密提交豁免申请的，应当符合以下要求：

（一）发行人应当建立相应的内部管理制度，并明确相关内部审核程序，审慎认定豁免披露事项；

（二）发行人的董事长应当在豁免申请中签字确认；

（三）豁免披露的信息应当尚未泄漏。

四、中介机构核查要求

保荐机构及发行人律师应当对发行人信息豁免披露符合相关规定、不影响投资者决策判断、不存在泄密风险出具专项核查报告。申报会计师应当对发行人审计范围是否受到限制、审计证据的充分性、豁免披露相关信息是否影响投资者决策判断出具核查报告。

关于发布《北京证券交易所向不特定合格投资者公开发行股票并上市业务办理指南第1号——申报与审核》的公告

（北证公告〔2023〕22号　　2023年2月17日）

为落实全面实行股票发行注册制的有关要求，规范北京证券交易所（以下简称本所）向不特定合格投资者公开发行股票并上市的申报与审核阶段业务办理流程，本所修订了《北京证券交易所向不特定合格投资者公开发行股票并上市业务办理指南第1号——申报与审核》，现予以发布，自发布之日起施行。

特此公告。

附件：北京证券交易所向不特定合格投资者公开发行股票并上市业务办理指南第1号——申报与审核

附件

北京证券交易所向不特定合格投资者公开发行股票并上市业务办理指南第1号——申报与审核

第一章　一般要求

第一条　为了规范北京证券交易所（以下简称本所）向不特定合格投资者公开发行股票并上市（以下简称公开发行股票并上市）申报与审核阶段的业务办理，根据《北京证券交易所股票上市规则（试行）》（以下简称《上市规则》）、《北京证券交易所向不特定合格投资者公开发行股票并上市审核规则》（以下简称《公开发行并上市审核规则》）等有关规定，制定本指南。

第二条　发行人及其保荐机构办理公开发行股票并上市申报与审核阶段相关事项，包括申报前准备、提交及预先披露申请文件、查收审核问询函、提交问询回复及更新申请文件、咨询与沟通、申请中止与终止审核、重大事项报告等事项，适用本指南。

第三条　本所实行电子化审核。发行人及其保荐机构、证券服务机构应当按照公开发行股票并上市相关规则准备申请文件、办理相关事项，并遵守本指南的规定，由保荐机构通过本所发行上市审核系统（以下简称审核系统）进行相关业务操作。

第四条　保荐机构应当安排专人跟踪审核系统中在办项目，确保及时收阅审核系统信息及函件、查看项目进度、提醒相关人员及时处理待办任务、遵守审核时限、提醒及时归档等，并协调发行人、证券服务机构配合开展相关工作。

第五条　发行人应当按照全国中小企业股份转让系统有限责任公司（以下简称全国股转公司）的相关规定，办理公开发行股票并上市申报与审核阶段的停复牌事项。

第二章　申报前准备

第六条　发行人董事会应当依法就公开发行股票并上市的具体方案、募集资金使用的可行性及其他必须明确的事项作出决议，并提请股东大会批准。

发行人应当按照挂牌公司相关监管规定，于董事会审议后两个交易日内，披露董事会决议、股东大会通知、关于董事会审议通过或审议未通过公开发行股票并上市事项的临时公告等。

发行人监事会应当对董事会编制的公开发行股票并上市的具体方案进行审核并提出书面审核意见。

第七条　发行人筹划公开发行股票并上市事项的，应当按照挂牌公司相关监管规定做好内幕信息知情人登记管理工作。

第八条　发行人应当在审议通过公开发行股票并上市具体方案的董事会决议披露之日起十个交易日内，通过内幕信息知情人报备系统或本所规定的其他方式，提交下列内幕信息知情人报备文件（附件1）：

（一）内幕信息知情人登记表；

（二）相关人员买卖发行人股票的自查报告，自查期间为首次披露本次公开发行股票并上市事项的前六个月至董事会决议披露之日；

（三）进程备忘录；

（四）发行人全体董事对内幕信息知情人报备文件真实性、准确性和完整性的承诺书；

（五）本所要求的其他文件。

第九条　本所对自查期间发行人股票交易情况进行核查，发现明显异常的，可以要求发行人提交股票交易情况说明。

发行人决定继续推进本次公开发行股票并上市事项的，应当采取措施消除相关事项对发行人的影响；无法完全消除的，应当在申报前，就股票交易存在明显异常，可能导致本次公开发行股票并上市被中止或者终止的情况披露特别风险提示公告。发行人的主办券商、律师应当对公司股票交易情况是否涉嫌内幕交易、是否会影响本次公开发行并上市发表明确意见。

发行人自主决定终止本次公开发行股票并上市事项的，应当按照挂牌公司相关监管规定履行决策程序和信息披露义务。

第十条　发行人控股股东、实际控制人、董事、监事、高级管理人员应当严格遵守法律法规、挂牌公司治理监管规则等关于敏感期交易的规定，在规定的期限内不得买卖公司股票。

第十一条　发行人股东大会就公开发行股票并上市事宜作出决议，至少应当包括下列事项：

（一）本次公开发行股票的种类和数量；

（二）发行对象的范围；

（三）定价方式、发行价格（区间）或发行底价；

（四）募集资金用途；

（五）决议的有效期；

（六）对董事会办理本次发行具体事宜的授权；

（七）发行前滚存利润的分配方案；

（八）其他必须明确的事项。

股东大会就本次公开发行股票并上市事宜作出决议，必须经出席股东大会的股东所持表决权的三分之二以上通过。发行人应当对出席会议的持股比例在 5%以下的中小股东表决情况单独计票并予以披露。

前款所称持股比例在 5% 以下的中小股东，不包括发行人董事、监事、高级管理人员及其关联方，也不包括单独或者合计持有发行人 5% 以上股份的股东的关联方。

发行人就本次公开发行股票并上市事宜召开股东大会，应当通过网络投票等方式为股东参加股东大会提供便利。

第十二条　发行人应当按照挂牌公司相关监管规定，于股东大会审议后两个交易日内，披露股东大会决议等临时公告。股东大会通知公告中应当载明该次股东大会决议将作为公开发行股票并上市的申请文件。

发行人后续决定终止本次公开发行股票并上市事项的，应当再次召开董事会、股东大会审议终止公开发行股票并上市事宜，并及时发布终止公告披露终止原因。发行人应当通过网络投票等方式为股东参加股东大会提供便利。

第十三条　本指南第十一条规定的股东大会股权登记日的在册股东属于《上市规则》2.4.2 和 2.4.3 规定的限售主体的，应当按照挂牌公司股票限售及解除限售业务办理的相关规定，自股权登记日次日起两个交易日内，通过发行人披露自愿限售公告，承诺自股权登记日次日起至完成股票发行并上市之日不减持发行人股票，并于公告披露当日向全国股转公司申请办理股票限售。公开发行股票并上市事项终止的，相关股东可以申请解除前述自愿限售。

第十四条　在提交申请文件前，对于重大疑难、重大无先例事项等发行审核相关业务问题或事项，发行人及其保荐机构、证券服务机构可以通过本所线上沟通系统提交咨询沟通申请（加盖保荐机构公章），提供相关问题或事项的材料。确需当面咨询的，通过线上沟通系统预约。本所对预约进行确认后，相关人员应当按照约定进行沟通。

参与咨询沟通的人员应对咨询沟通中需要保密的事项严格做好保密工作。

第三章　申　报

第十五条　保荐机构通过审核系统"发行上市项目管理－项目报送"模块提交发行上市申请文件（附件2），并填写项目信息。

保荐机构提交申请文件前，应对项目信息和项目申请文件进行核查，确保符合公开发行股票并上市相关规则以及本指南《公开发行股票并上市申请文件受理检查要点》（以下简称《受理检查要点》，附件3）的要求。

第十六条　本所收到申请文件后五个工作日内，通过审核系统发送受理或不予受理的通知。

第十七条　申请文件不符合《受理检查要点》要求的，本所一次性告知需补正事项，保荐机构可以在审核系统"发行上市项目管理－项目办理"模块查询。发行人补正申请文件的，本所收到申请文件的时间以发行人最终提交补正文件的时间为准。

保荐机构应组织发行人、证券服务机构根据补正意见对相关申请文件进行补充完善，并及时通过审核系统提交补正后文件。补正时限最长不得超过三十个工作日。多次补正的，补正时间累计计算。

第十八条　本所作出受理或不予受理的决定前，发行人要求撤回申请的，应当提交撤回申请并说明撤回理由。

发行人应当按照挂牌公司相关监管规定及时披露相关决议公告、撤回申请文件的公告等临时公告。

第十九条　本所受理后，招股说明书、发行保荐书、上市保荐书、法律意见书、财务报告及审计报告等文件（以下合称招股说明书等披露文件）将在本所网站披露。

第二十条　本所受理申请文件之日起十个工作日内，保荐机构应当通过审核系统"发行上市项目管理－验证版招股说明书"模块报送验证版招股说明书。

第四章　审核程序

第一节　问询与回复

第二十一条　自受理之日起二十个工作日内，本所审核机构通过审核系统发出首轮审核问询，保荐机构可以在审核系统"发行上市项目管理－项目办理"模块查询，审核问询在本所网站同步披露。

第二十二条 收到首轮审核问询函后，发行人及保荐机构对审核问询等审核相关问题或事项存在疑问的，可以通过电话、书面或视频、现场等形式进行咨询沟通。拟电话沟通的，通过本所录音电话进行；拟书面沟通的，通过线上沟通系统提交咨询沟通问题等相关材料；拟当面沟通的，通过线上沟通系统提交预约申请（加盖保荐机构公章）并提供相关沟通材料。本所对预约进行确认后，发行人及其保荐机构、证券服务机构相关人员应当按照约定进行沟通。

第二十三条 保荐机构应当组织发行人、证券服务机构等对审核问询事项进行核查、落实，并自收到审核问询之日起二十个工作日内，通过审核系统"发行上市项目管理－项目办理"模块提交回复文件，涉及更新申请文件的，应上传至对应的文件条目内。

回复文件命名要求包含回复人简称、发行人证券简称、轮次，例如"××（发行人证券简称）及××证券关于第一轮问询的回复"、"××会所关于××（发行人证券简称）第一轮问询的回复"、"××律所关于××（发行人证券简称）的补充法律意见书（一）"。

问询回复涉及对申请文件进行更新修改的，应当在问询回复中专门说明，并在申请文件中使用楷体加粗方式对修改的内容予以凸显标注。

发行人、保荐机构及相关证券服务机构的问询回复将在本所网站披露。

第二十四条 预计难以在规定时间内回复的，保荐机构应当在回复截止日前通过审核系统"发行上市项目管理－项目办理－延期回复"模块提交延期回复申请（加盖发行人或保荐机构公章），说明延期理由及预计回复日期，延期一般不超过二十个工作日。

第二十五条 发行人或保荐机构认为拟披露的回复信息属于国家秘密、商业秘密，披露后可能导致其违反国家有关保密的法律法规或者严重损害公司利益的，须提交脱密处理后的问询回复，并将信息披露豁免的申请文件上传至对应的文件条目内。本所经审核认为豁免理由不成立的，发行人应当按照规定予以披露。

第二十六条 首轮审核问询后，存在下列情形之一的，本所审核机构收到回复后十个工作日内可以继续提出审核问询：

（一）首轮审核问询后，发现新的需要问询事项；

（二）发行人及其保荐机构、证券服务机构的回复未能有针对性地回答本所审核机构提出的审核问询，或者本所就其回复需要继续审核问询；

（三）发行人的信息披露仍未满足中国证监会和本所规定的要求；

（四）本所认为需要继续审核问询的其他情形。

第二十七条 本所根据审核需要，要求发行人的控股股东、实际控制人、董事、监事、高级管理人员，保荐机构、证券服务机构及其相关人员当面问询的，相关人员应当在约定时间和地点接受问询。

第二十八条 本所根据审核需要，要求调阅相关资料的，发行人及其保荐机构、证券服务机构应当按照要求及时提交，确保相关资料真实、准确、完整，不得随意修改或损毁。

第二节 上市委员会审议

第二十九条 审核问询结束后，本所网站将公告上市委员会审议会议通知，同时披露招股说明书等披露文件。

第三十条 发行人或保荐机构认为参会委员存在利害关系，可能对审议结果造成影响的，应当在会议召开四个工作日前，通过审核系统"发行上市项目管理－特殊事项报送"模块提出相关委员的回避申请并充分说明理由（加盖发行人或保荐机构公章）。经本所核实申请理由成立的，相关委员应当回避，本所公告上市委员会审议会议变更的通知。

第三十一条 保荐机构应当最晚于上市委员会审议会议召开前两个工作日，通过审核系统"发行上市项目管理－项目查看"模块查询现场问询问题清单，收到问题清单的，应当按照要求安排上会人员，并做好上会准备。

第三十二条 保荐机构可以在审核系统"发行上市项目管理－项目查看"模块查询审议会议结果，会议结果公告在本所网站同步披露。

第三十三条 上市委员会审议会议结束后十个工作日内，保荐机构应当通过审核系统"发行上市项目管理－验证版招股说明书"模块报送更新后的验证版招股说明书。

第三十四条 本所结合上市委员会的审议意见，出具发行人符合发行条件、上市条件和信息披露要求的审核意见或者作出终止发行上市审核的决定。保荐机构可以在审核系统"发行上市项目管理－项目查看"模块查询。

上市委员会认为发行人符合发行条件、上市条件和信息披露要求，但要求发行人补充披露有关信息的，本所向保荐机构发送关于落实上市委员会审议意见的函，保荐机构在审核系统"发行上市项目管理－项目办理"模块查询。

保荐机构组织发行人、证券服务机构对相关事项进行落实后，通过审核系统提交回复文件，并更新相应申请文件。回复文件命名参照本指南第二十三条要求，例如"××（发行人证券简称）及××证券关于上市委会议落实意见函的回复"、"××会所关于××（发行人证券简称）上市委会议落实意见函的回复"、"××律所关于××（发行人证券简称）的补充法律意见书（×）"。回复文件将在本所网站披露。

第三节 证监会注册

第三十五条 本所审核通过的，向中国证监会报送发行人符合发行条件、上市条件和信息披露要求的审核意见、发行人注册申请文件及相关审核资料。

本所向中国证监会报送审核意见时，招股说明书等披露文件在本所网站披露。

第三十六条　中国证监会在注册过程中，如要求本所进一步问询的，本所将通过审核系统发出问询。保荐机构可以在审核系统"发行上市项目管理－项目办理"模块查询。

第三十七条　保荐机构应当组织发行人、证券服务机构等对反馈问题进行核查、落实，并在反馈意见要求的期限内，通过审核系统"发行上市项目管理－项目办理"模块提交回复文件，涉及更新申请文件的，应上传至对应的文件条目内。

发行人、保荐机构及相关证券服务机构的回复文件、更新后的招股说明书等披露文件将在本所网站披露。

第三十八条　中国证监会作出注册决定后，本所将通过审核系统向保荐机构转发中国证监会的注册决定文件。保荐机构可以通过审核系统"发行上市项目管理－项目查看"模块下载注册决定文件。

第五章　特殊情形处理

第一节　重大事项报告

第三十九条　受理申请文件后至上市委员会审议前，发生《公开发行并上市审核规则》第四十四条规定的重大事项的（以下简称重大事项），保荐机构应当及时通过审核系统"发行上市项目管理－特殊事项报送"向本所报告，提交发行人就相关事项的情况说明。

重大事项报告发生在审核问询阶段的，本所可以视情况对相关事项进行问询；重大事项报告发生在问询回复阶段的，发行人应当在问询回复文件中就相关事项进行补充披露，充分说明相关事项具体内容及其影响等。保荐机构、相关证券服务机构应当进行相应核查，并在回复文件中发表明确意见。

第四十条　上市委员会审议会议通过后至股票上市交易前，发生重大事项，可能对发行人是否符合发行条件、上市条件或者信息披露要求产生重大影响的，保荐机构应及时通过审核系统"发行上市项目管理－特殊事项报送"向本所报告，提交发行人就相关事项的情况说明，以及保荐机构及相关证券服务机构出具的专项核查意见，并提交更新的申请文件。

经本所审核确认，重大事项不会对发行条件、上市条件及信息披露要求产生重大影响的，本所继续办理相关业务并通知其保荐机构；经本所审核确认，重大事项对发行条件、上市条件或信息披露要求产生重大影响的，将提交上市委员会重新审议，并向中国证监会报告。保荐机构可在审核系统"发行上市项目管理－项目查看"模块查询项目进度。

第四十一条　中国证监会作出注册决定后至股票上市交易前，发生重大事项，可能导致发行人不符合发行条件、上市条件或者信息披露要求的，发行人应当暂停发行；已经发行的，暂缓上市。本所发现发行人存在上述情形的，有权要求发行人暂缓上市。

发行人及其保荐机构应当将上述情况及时报告本所并作出公告，说明重大事项相关情况及发行人将暂停发行、暂缓上市。

本所经审核认为相关重大事项导致发行人不符合发行条件、上市条件或者信息披露要求的，将出具明确意见并向中国证监会报告。

第二节　中止、终止审核

第四十二条　发生《公开发行并上市审核规则》第五十条规定的中止审核情形的，保荐机构应当及时通过审核系统"发行上市项目管理–特殊事项报送"模块向本所提出中止审核申请（加盖发行人或保荐机构公章）。

发行人及其保荐机构、证券服务机构未及时告知本所，经确认符合中止审核情形的，本所将直接中止审核。

第四十三条　中止审核的情形消除后，保荐机构应当通过审核系统"发行上市项目管理–特殊事项报送"模块提交恢复审核申请（加盖发行人或保荐机构公章）及中止审核情形已消除的证明文件。本所确认后，恢复审核。

第四十四条　发行人撤回申请或者保荐机构撤销保荐的，保荐机构应当及时通过审核系统"发行上市项目管理–终止审核"模块向本所提出撤回的申请。

本所在作出终止审核决定后，通过审核系统向保荐机构发送终止审核的决定书，决定书在本所网站同步披露。保荐机构可以通过审核系统"发行上市项目管理–项目查看"模块查询。

发行人应当按挂牌公司相关监管规定及时披露相关决议公告、拟撤回申请文件的公告、收到终止审核决定的公告等临时公告。

第三节　复审及复核

第四十五条　发行人对本所作出的终止发行上市审核的决定有异议的，可以在收到终止审核决定之日起五个工作日内，由保荐机构通过审核系统向上市委员会秘书处报送下列复审申请文件：

（一）复审申请书及相应证据材料，复审申请书应当说明提请复审的事实、理由和要求；

（二）保荐机构就复审事项出具的意见书；

（三）律师事务所就复审事项出具的法律意见书；

（四）本所规定的其他文件。

上市委员会秘书处收到复审材料后，对复审申请文件的齐备性进行核对，在五个工作日内告知需要补正的事项。保荐机构应当在收到补正要求之日起五个工作日内，按照要求提交更新后的复审申请材料。

复审会议结果在本所网站披露。复审会议认为申请理由成立的，本所重新启动审核程序。

第四十六条　发行人对本所作出的不予受理决定或者复审决定存在异议的，可以在收到决定之日起五个工作日内，按照复核相关规定，向本所复核委员会秘书处提交下列复核申请文件：

（一）复核申请书及相应证据材料，复核申请书应当说明提请复核的事实、理由和要求；

（二）发行人有效身份证明材料及联系方式；

（三）复核事项有关决定书；

（四）证明复核申请时间在复核期间内的证明材料；

（五）保荐机构就申请复核事项出具的意见书；

（六）律师事务所就申请复核事项出具的法律意见书；

（七）本所规定的其他文件。

经复核，本所撤销不予受理决定或者终止审核决定的，重新启动受理或者审核程序。

第六章　附　则

第四十七条　本指南由本所负责解释。

第四十八条　本指南自发布之日起施行。

附件：1. 内幕信息知情人报备文件及要求

　　　2. 公开发行股票并上市申请文件目录

　　　3. 公开发行股票并上市申请文件受理检查要点

附件 1：

内幕信息知情人报备文件及要求

序号	文件名称	内容要求
1	内幕信息知情人登记表	内幕信息知情人范围，根据《证券法》第五十一条的有关规定确定，包括但不限于： （1）发行人及其董事、监事、高级管理人员； （2）持有发行人5%以上股份的股东和发行人的实际控制人，以及其董事、监事、高级管理人员（如有）； （3）发行人控股或者实际控制的公司及其董事、监事、高级管理人员； （4）由于所任公司职务或者因与公司业务往来可以获取本次公开发行股票并上市有关内幕信息的人员； （5）为本次公开发行股票并上市提供服务以及参与该事项的咨询、筹划、论证、审批等各环节的相关单位和人员；

续表

序号	文件名称	内容要求
1	内幕信息知情人登记表	（6）前述自然人的直系亲属（配偶、父母、子女）； 发行人的所有董事、监事、高级管理人员及其直系亲属，无论是否知情，均属于内幕信息知情人报备范围； （7）可以获取内幕信息的其他人员。 登记表加盖公司公章或公司董事会公章，并写明填报日期。
2	自查报告	自然人自查报告：应列明自然人的姓名、职务、身份证号码、股票账户、有无买卖股票行为，并经本人签字确认； 机构的自查报告：应列明机构的名称、统一社会信用代码、股票账户、有无买卖股票行为并加盖公章确认。
3	股票交易情况说明（如有）	相关人员存在买卖公司股票行为的，当事人应当书面说明其买卖股票行为是否利用了相关内幕信息；发行人应当书面说明与买卖股票人员相关事项的动议时间，买卖股票人员是否参与决策，买卖行为与该事项是否存在关联关系以及是否签订了保密协议书等。
4	承诺书	发行人全体董事对内幕信息知情人报备文件真实性、准确性和完整性的承诺书，由全体董事签字并加盖公司公章。
5	进程备忘录	包括但不限于筹划决策过程中各个关键时点的时间、参与筹划决策人员名单、筹划决策方式等。涉及的相关人员均应在备忘录上签名确认。
6	报备文件电子件与预留原件一致的鉴证意见	律师应当对报送的电子文件与原件的一致性出具鉴证意见，并签名和签署鉴证日期，律师事务所应当在鉴证意见首页加盖律师事务所公章，并在侧面加盖骑缝章。 发行人应提交与预留原件一致的电子文件（WORD、EXCEL、PDF等文件格式）。 报备文件中应当注明发行人、主办券商联系人姓名、电话、联系邮箱等信息；报备文件所需签名处，均应为签名人亲笔签名，不得以名章、签名章等代替。

内幕信息知情人登记表

公司简称：　　　　　　证券代码：

内幕信息事项：

序号	姓名或名称	证件类型	证件号码	证券账户	联系方式	所在单位/部门	职务/岗位	与发行人关系	知悉内幕信息时间	知悉内幕信息方式	内幕信息内容	内幕信息所处阶段	登记时间	登记人

续表

序号	姓名或名称	证件类型	证件号码	证券账户	联系方式	所在单位/部门	职务/岗位	与发行人关系	知悉内幕信息时间	知悉内幕信息方式	内幕信息内容	内幕信息所处阶段	登记时间	登记人

（加盖公章或董事会章）

填报日期：

注：1.本表所列项目为必备项目，发行人可根据自身内幕信息管理的需要增加内容。

　　2.内幕信息事项应当采取一事一记的方式，即每份内幕信息知情人登记表仅涉及一个内幕信息事项，不同内幕信息事项涉及的知情人档案应当分别记录。

　　3.填报获取内幕信息的方式，包括但不限于会谈、电话、传真、书面报告、电子邮件等。

　　4.填报各内幕信息知情人员所获知的内幕信息的内容，可根据需要添加附页进行详细说明。

　　5.填报内幕信息所处阶段，包括商议筹划，论证咨询，合同订立，公司内部的报告、传递、编制、决议等。

　　6.如为发行人登记，填写发行人登记人姓名；如为发行人汇总，保留所汇总表格中原登记人姓名。

进程备忘录

公司简称：　　　　　　　　　　　　　　　　　　　　证券代码：

所涉事项简述：

关键时点	时间	地点	参与筹划决策人员	筹划决策方式	商议和决议内容	签名

注：1、本表所列项目为必备项目，发行人可根据自身内幕信息管理的需要增加内容。

2、进程备忘录涉及的相关人员应当在备忘录上签名确认。

法定代表人签名：

公司公章或董事会章：

附件 2：

公开发行股票并上市申请文件目录

一、发行文件

1-1 招股说明书（申报稿）

二、发行人关于本次发行上市的申请与授权文件

2-1 发行人关于本次公开发行股票并在北交所上市的申请报告

2-2 发行人董事会有关本次公开发行并在北交所上市的决议

2-3 发行人股东大会有关本次公开发行并在北交所上市的决议

2-4 发行人监事会对招股说明书真实性、准确性、完整性的书面审核意见

三、保荐机构关于本次发行上市的文件

3-1 发行保荐书

3-2 上市保荐书

3-3 保荐工作报告

3-4 关于发行人预计市值的分析报告（如适用）

四、会计师关于本次发行上市的文件

4-1 最近三年及一期的财务报告和审计报告

4-1-1 财务报告和审计报告（第一年）

4-1-2 财务报告和审计报告（第二年）

4-1-3 财务报告和审计报告（第三年）

4-1-4 财务报告和审计报告（最近一期，如有）

4-2 盈利预测报告及审核报告（如有）

4-3 内部控制鉴证报告

4-4 经注册会计师鉴证的非经常性损益明细表

4-5 会计师事务所关于发行人前次募集资金使用情况的报告（如有）

4-6 发行人审计报告基准日至招股说明书签署日之间的相关财务报表及审阅报告（如有）

五、律师关于本次发行上市的文件

5-1 法律意见书

5-2 律师工作报告

5-3 发行人律师关于发行人董事、监事、高级管理人员、发行人控股股东和实际控制人在相关文件上签名盖章的真实性的鉴证意见

5-4 关于申请电子文件与预留原件一致的鉴证意见

六、关于本次发行募集资金运用的文件

6-1 募集资金投资项目的审批、核准或备案文件（如有）

6-2 发行人拟收购资产（包括权益）的有关财务报告、审计报告、资产评估报告（如有）

6-3 发行人拟收购资产（包括权益）的合同或其草案（如有）

七、其他文件

7-1 发行人营业执照及公司章程（草案）

7-1-1 发行人公司章程（草案）

7-2 发行人控股股东、实际控制人最近一年及一期的财务报告及审计报告（如有）

7-3 承诺事项

7-3-1 发行人及其控股股东、实际控制人、持股5%以上股东以及发行人董事、监事、高级管理人员等责任主体的重要承诺以及未履行承诺的约束措施

7-3-2 发行人及其控股股东、实际控制人、全体董事、监事、高级管理人员、保荐机构（主承销商）、律师事务所、会计师事务所及其他证券服务机构对发行申请文件真实性、准确性、完整性的承诺书以及前述主体及保荐机构、证券服务机构的相关责任人员关于不得影响或干扰发行上市审核注册工作的承诺书

7-3-3 发行人、保荐机构关于申请电子文件与预留原件一致的承诺函

7-4 信息披露豁免申请及保荐机构核查意见（如有）

7-5 特定行业（或企业）管理部门出具的相关意见（如有）

7-6 保荐协议

7-7 发行人、保荐机构关于本次申报符合受理要求的说明

7-8 辅导验收证明文件

7-9 其他文件

7-9-1 中介机构关于证监会系统离职人员入股情况的专项说明

7-9-2 发行人与保荐机构关于符合国家产业政策和北交所定位的专项说明

7-9-3 公开发行诚信档案查询名单

7-9-4 其他需提供的文件

发行人、保荐机构关于本次申报符合受理要求的说明

北京证券交易所：

经过发行人自查，保荐机构审慎核查，发行人及保荐机构承诺，本次申报符合中国证监会、贵所有关公开发行股票并上市的相关规则要求，符合以下要求：

（一）申请文件齐备。

（二）发行人不存在尚未实施完毕的股票发行、重大资产重组、可转换为股票的公司债券发行、收购、股票回购等情形。

（三）保荐机构、证券服务机构及其相关人员具备相关资质。

（四）发行人及其控股股东、实际控制人、董事、监事、高级管理人员，保荐机构、承销商、证券服务机构及相关人员不存在以下情形：因证券违法违规被中国证监会采取认定为不适当人选、限制业务活动、证券市场禁入，被证券交易所、国务院批准的其他全国性证券交易场所采取一定期限内不接受其出具的相关文件、公开认定不适合担任发行人董事、监事、高级管理人员，或者被证券业协会采取认定不适合从事相关业务等相关措施，尚未解除。

（五）签字保荐代表人符合《证券发行上市保荐业务管理办法》第四条规定，且所签字保荐北交所公开发行项目数量符合相关监管要求，即每名保荐代表人在北交所同时负责的在审企业未超过 2 家；存在以下情形的，在北交所同时负责的在审企业未超过 1 家：最近三年内有过违规记录（包括被中国证监会采取过监管措施、受到过证券交易所公开谴责或中国证券业协会自律处分），或者最近三年内未曾担任过已完成的公开发行、再融资项目签字保荐代表人。

（六）已经完成内幕信息知情人报备，已经在中国结算办理完成自愿限售登记。

（七）不存在其他不符合受理要求的情形。

××股份有限公司（加盖公章）×年×月×日

××保荐机构（加盖公章）×年×月×日

附件3：

公开发行股票并上市申请文件受理检查要点

申请文件目录	检查要点
文件形式要求	1. 申请文件与中国证监会、本所规定及审核系统设置的文件目录相符；文档名称与文件内容相符。 2. 申请文件不存在无法打开或读取的情形，word 版本文件应可编辑。 3. 文档字体排版等格式应符合中国证监会和本所要求。 4. 本检查要点要求提交的所有文件均应为原件，申请文件中的签字盖章页、电子扫描文件采取彩色扫描方式，保证格式内容与原件一致，扫描清晰可读。如使用黑白扫描件或复印件，应由律师鉴证或者由出文单位盖章，以保证与原件一致。律师鉴证应加盖鉴证律师所在律所公章和骑缝章；如鉴证律师与申报律师不一致，需同时附律师事务所及经办律师相关资质文件。如原出文单位不再存续，由承继其职权的单位或作出撤销决定的单位出文证明文件的真实性。 5. 本检查要点要求申请文件签字处，均应为本人亲笔签字。如由其他人代签，应同时提交授权书；法人授权书应加盖法人公章；有关人员的签名下方应以印刷体形式注明其姓名。 6. 申请文件盖章处加盖公章，印章清晰可读（部分境外公司如存在无公司印章的情况，请在相应文件提供说明）。
1-1 招股说明书	1. 材料正文后依次附以下签字盖章页： （1）发行人全体董事、监事、高级管理人员声明："本公司全体董事、监事、高级管理人员承诺本招股说明书不存在虚假记载、误导性陈述或重大遗漏，并对其真实性、准确性、完整性承担相应的法律责任。"上述人员分类分别签名后加盖发行人公章。 （2）发行人控股股东、实际控制人声明："本公司或本人承诺本招股说明书不存在虚假记载、误导性陈述或重大遗漏，并对其真实性、准确性、完整性承担相应的法律责任。" 上述人员签名后加盖发行人公章，如控股股东和实际控制人为机构的，需该机构法定代表人或主要负责人签名并加盖机构公章。 （2）保荐机构（主承销商）声明："本公司已对招股说明书进行了核查，确认不存在虚假记载、误导性陈述或重大遗漏，并对其真实性、准确性、完整性承担相应的法律责任。" 由保荐机构法定代表人、保荐代表人、项目协办人签名，并由保荐机构（主承销商）加盖公章。由保荐机构授权代表签字的需补充保荐机构出具的授权书，且加盖公章；联席主承销商（如有）需法定代表人签名，并加盖该承销机构公章。 保荐机构董事长、总经理（或类似职责人员）声明："本人已认真阅读××公司招股说明书的全部内容，确认招股说明书不存在虚假记载、误导性陈述或者重大遗漏，并对招股说明书真实性、准确性、完整性承担相应法律责任。"由保荐机构董事长、总经理（或类似职责人员）签名，并由保荐机构加盖公章。

续表

申请文件目录	检查要点
1-1 招股说明书	（3）律师事务所声明："本所及经办律师已阅读招股说明书，确认招股说明书与本所出具的法律意见书和律师工作报告无矛盾之处。本所及经办律师对发行人在招股说明书中引用的法律意见书和律师工作报告的内容无异议，确认招股说明书不致因上述内容而出现虚假记载、误导性陈述或重大遗漏，并对其真实性、准确性、完整性承担相应的法律责任。"由经办律师及所在律师事务所负责人签名，并由律师事务所加盖公章。 （4）承担审计业务的会计师事务所声明："本所及签字注册会计师已阅读招股说明书，确认招股说明书与本所出具的审计报告、盈利预测审核报告（如有）、内部控制鉴证报告、发行人前次募集资金使用情况的报告（如有）及经本所鉴证的非经常性损益明细表等无矛盾之处。本所及签字注册会计师对发行人在招股说明书中引用的审计报告、盈利预测审核报告（如有）、内部控制鉴证报告、发行人前次募集资金使用情况的报告（如有）及经本所鉴证的非经常性损益明细表内容无异议，确认招股说明书不致因上述内容而出现虚假记载、误导性陈述或重大遗漏，并对其真实性、准确性、完整性承担相应的法律责任。"由签字注册会计师及所在会计师事务所负责人签名，并由会计师事务所加盖公章。 （5）承担评估业务的资产评估机构声明："本机构及签字注册资产评估师已阅读招股说明书，确认招股说明书与本机构出具的资产评估报告无矛盾之处。本机构及签字注册资产评估师对发行人在招股说明书中引用的资产评估报告的内容无异议，确认招股说明书不致因上述内容而出现虚假记载、误导性陈述或重大遗漏，并对其真实性、准确性、完整性承担相应的法律责任。"由签字注册资产评估师及所在资产评估机构负责人签名，并由资产评估机构加盖公章。 2. 招股说明书引用的财务报表应在六个月有效期内。
2-1 发行人关于本次公开发行股票并在北交所上市的申请报告	1. 申请抬头是"中国证券监督管理委员会及北京证券交易所"，文件应有发行人发文文号； 2. 落款处由法定代表人签字并加盖发行人公章。
2-2 发行人董事会有关本次公开发行并在北交所上市的决议	1. 决议中有与"公开发行股票并上市"相关的议题； 2. 决议正文后，由参会董事签字，加盖发行人公章或董事会公章；如非董事本人参会的，需董事本人的授权委托书。
2-3 发行人股东大会有关本次公开发行并在北交所上市的决议	1. 决议中有与"公开发行股票并上市"相关的议题； 2. 决议正文后，由参会董事签字，并加盖发行人公章；如非董事本人参会的，需董事本人的授权委托书。
2-4 发行人监事会对招股说明书真实性、准确性、完整性的书面审核意见	由全体监事签字，加盖发行人公章或监事会公章。

续表

申请文件目录	检查要点
3-1 发行保荐书	应由保荐机构法定代表人、董事长、总经理（或类似职责人员）、保荐业务负责人、内核负责人、保荐业务部门负责人、保荐代表人和项目协办人签字，并加盖公章。
3-2 上市保荐书	应由保荐机构法定代表人、保荐业务负责人、内核负责人、保荐代表人和项目协办人签字，加盖公章。
3-3 保荐工作报告	应由保荐机构法定代表人、董事长、总经理（或类似职责人员）、保荐业务负责人、内核负责人、保荐业务部门负责人、保荐代表人和项目协办人签字，并加盖公章。
3-4 关于发行人预计市值的分析报告（如适用）	加盖保荐机构公章。
4-1 最近三年及一期的财务报告和审计报告 4-1-1 财务报告和审计报告（第一年） 4-1-2 财务报告和审计报告（第二年） 4-1-3 财务报告和审计报告（第三年） 4-1-4 财务报告和审计报告（最近一期，如有）	1.保荐机构通过审核系统上传前述文件时，4-1为4-1-1、4-1-2、4-1-3、4-1-4的汇总文件（PDF和WORD格式）；报告期内如存在会计差错更正事项的，上传审计报告和财务报告时，应当将更正前的审计报告和财务报告与会计差错更正专项鉴证报告汇总拼接为一个文件上传； 2.最近一期的财务报告为在法定披露期限内披露的定期报告且经审计，还需列报上年度可比期间的财务数据； 3.会计师事务所出具的审计报告，必须由总所出具，报告正文结尾应当由两名经办会计师签名盖章，并加盖会计师事务所公章，注册会计师盖章应当是标准私章； 4.财务报表应有发行人单位负责人、主管会计工作负责人、会计机构负责人的签字并加盖发行人公章。
4-2 盈利预测报告及审核报告（如有）	1.盈利预测报告需加盖发行人公章； 2.审核报告必须由总所出具，报告正文结尾应当由两名经办会计师签名盖章，并加盖会计师事务所公章，注册会计师盖章应当是标准私章。
4-3 内部控制鉴证报告	1.内部控制鉴证报告必须由总所出具，报告正文结尾应当由两名经办会计师签名盖章，并加盖会计师事务所公章，注册会计师盖章应当是标准私章；2.发行人董事会内部控制的自我评价报告应在落款处加盖公章。
4-4 经注册会计师鉴证的非经常性损益明细表	1.非经常性损益明细表必须由总所出具，报告正文结尾应当由两名经办会计师签名盖章，并加盖会计师事务所公章，注册会计师盖章应当是标准私章；2.非经常性损益明细表应有发行人单位负责人、主管会计工作负责人、会计机构负责人的签字并加盖发行人公章。
4-5 会计师事务所关于发行人前次募集资金使用情况的报告（如有）	募集资金使用情况的报告必须由总所出具，报告正文结尾应当加盖会计师事务所公章。

续表

申请文件目录	检查要点
4-6 发行人审计报告基准日至招股说明书签署日之间的相关财务报表及审阅报告（如有）	1.财务报告审计截止日至招股说明书签署日之间超过4个月的，应当提供经会计师事务所审阅的期间1个季度的财务报表；提供前述经审阅的季度财务报表前，应通过临时公告或在法定期限内披露的定期报告披露经审阅的季度财务报表； 2.审阅报告必须由总所出具，报告正文结尾应当加盖审计机构公章、注册会计师签名盖章；并将发行人及其董事、监事、高级管理人员和发行人单位负责人、主管会计工作负责人及会计机构负责人出具的专项声明，汇总拼接为一个文件上传； 3.财务报表应有发行人单位负责人、主管会计工作负责人、会计机构负责人的签字并加盖发行人公章。
5-1 法律意见书	1.法律意见书由总所或分所出具均可； 2.法律意见书正文结尾应当由律师事务所负责人、两名经办律师签名，并加盖律师事务所公章。
5-2 律师工作报告	1.律师工作报告由总所或分所出具的均可； 2.律师工作报告正文结尾应当由律师事务所负责人、两名经办律师签名，并加盖律师事务所公章。
5-3 发行人律师关于发行人董事、监事、高级管理人员、发行人控股股东和实际控制人在相关文件上签名盖章的真实性的鉴证意见	律师事务所出具的"鉴证意见"，总所或分所出具的均可。
5-4 关于申请电子文件与预留原件一致的鉴证意见	
6-1 募集资金投资项目的审批、核准或备案文件（如有）	审批、核准或备案文件应为彩色扫描件，如扫描的审批、核准或备案文件为复印件，应当由发行人加盖公章或律师鉴证，确保复印件与原件内容一致。
6-2 发行人拟收购资产（包括权益）的有关财务报告、审计报告、资产评估报告（如有）	1.会计师事务所出具的审计报告，参照4-1审计报告的相关检查要点； 2.财务报表应加盖标的公司公章并由相关责任人签字并盖章； 3.资产评估机构出具的资产评估报告，报告正文结尾应当由两名经办资产评估师签名并盖章，并加盖资产评估机构公章，资产评估师的盖章应当是标准私章。
6-3 发行人拟收购资产（包括权益）的合同或其草案（如有）	合同或其草案应为彩色扫描件，如扫描合同或其草案为复印件，应当由发行人加盖公章或律师鉴证，确保复印件与原件内容一致。

续表

申请文件目录	检查要点
7-1 发行人营业执照及公司章程（草案）	1. 营业执照应为彩色扫描件，如为复印件，应当由发行人加盖公章或律师鉴证，确保复印件与原件内容一致。 2. 发行人公开发行后拟使用的公司章程，发行人应在章程标题处或落款处加盖公章。
7-1-1 发行人公司章程（草案）	
7-2 发行人控股股东、实际控制人最近一年及一期的财务报告及审计报告（如有）	1. 会计师事务所出具的审计报告，参照 4-1 审计报告的相关检查要点；2. 财务报表应有发行人控股股东、实际控制人的单位负责人、主管会计工作负责人、会计机构负责人的签字并加盖发行人控股股东、实际控制人公章。
7-3 承诺事项 7-3-1 发行人及其控股股东、实际控制人、持股 5% 以上股东以及发行人董事、监事、高级管理人员等责任主体的重要承诺以及未履行承诺的约束措施 7-3-2 发行人及其控股股东、实际控制人、全体董事、监事、高级管理人员、保荐机构（主承销商）、律师事务所、会计师事务所及其他证券服务机构对发行申请文件真实性、准确性、完整性的承诺书以及前述主体及保荐机构、证券服务机构的相关责任人员关于不得影响或干扰发行上市审核注册工作的承诺书 7-3-3 发行人、保荐机构关于申请电子文件与预留原件一致的承诺函	1. 全体董事、监事、高级管理人员声明分类签名后加盖发行人公章；2. 董监高签字人员应与招股说明书签字人员情况一致；3. 保荐机构（主承销商）、律师事务所、会计师事务所及其他证券服务机构出具的承诺书，应当加盖各自公章；4. 发行人、保荐机构承诺函应加盖各自公章。

续表

申请文件目录	检查要点
7-4 信息披露豁免申请及保荐机构核查意见（如有）	1. 按照《北京证券交易所向不特定合格投资者公开发行股票并上市业务规则适用指引第 1 号》相关规定完整提交认定文件、声明文件和申请文件。如相关认定文件等本身涉密的，以保荐机构出具核查意见等替代。请将发行人豁免信息披露的申请、保荐机构核查专项说明和会计师事务所及律师事务所核查意见（如有）拼接为一个文件上传； 2. 申请文件加盖发行人公章； 3. 核查意见加盖保荐机构公章、律师事务所、会计师事务所公章。
7-5 特定行业（或企业）管理部门出具的相关意见（如有）	相关意见应为彩色扫描件，如为复印件，应当由发行人加盖公章或律师鉴证，确保复印件与原件内容一致。
7-6 保荐协议	保荐协议应为彩色扫描件，如保荐协议为复印件，应当由发行人加盖公章或律师鉴证，确保复印件与原件内容一致。
7-7 发行人、保荐机构关于本次申报符合受理要求的说明	应使用模板，加盖发行人、保荐机构公章。
7-8 辅导验收证明文件	辅导验收证明文件应为彩色扫描件，如辅导验收证明文件为复印件，应当由发行人加盖公章或律师鉴证，确保复印件与原件内容一致。
7-9 其他文件 7-9-1 中介机构关于证监会系统离职人员入股情况的专项说明	保荐机构专项说明应由保荐机构法定代表人、保荐代表人签名并加盖保荐机构公章；律师事务所专项说明应由律师事务所负责人、项目签字律师签名并加盖律师事务所公章。请将两个专项说明汇总拼接为一个文件上传。
7-9-2 发行人与保荐机构关于符合国家产业政策和北交所定位的专项说明	发行人专项说明应加盖发行人公章；保荐机构专项意见应当加盖保荐机构公章。
7-9-3 诚信档案查询名单	pdf 版本请加盖发行人公章，word 版本请确认可编辑。
7-9-4 其他需提供的文件	1. 无法确定文件归属的请在"7-9-4 其他需提供的文件"栏目处提交； 2. 存在联合保荐的，请提交联合保荐的说明文件，说明法律依据、理由等； 3. 存在翻译文件的，请提供翻译机构的资质文件。

关于发布《北京证券交易所上市公司证券发行与承销业务指引》的公告

（北证公告〔2023〕20 号　2023 年 2 月 17 日）

为落实全面实行股票发行注册制的有关要求，规范北京证券交易所（以下简称本所）上市公司证券发行与承销行为，本所修订了《北京证券交易所上市公司证券发行与承销业务指引》，现予以发布，自发布之日起施行。

特此公告。

附件：北京证券交易所上市公司证券发行与承销业务指引

附件

北京证券交易所上市公司证券发行与承销业务指引

第一章　总　则

第一条　为规范北京证券交易所（以下简称本所）上市公司证券发行行为，保护投资者合法权益，根据《北京证券交易所上市公司证券发行注册管理办法》（以下简称《再融资办法》）、《北京证券交易所股票上市规则（试行）》《北京证券交易所证券发行与承销管理细则》（以下简称《发行承销管理细则》）等规定，制定本指引。

第二条　上市公司向不特定合格投资者公开发行股票，向特定对象发行股票、可转换为股票的公司债券（以下简称可转换公司债券）或本所认定的其他情形的有关发行承销事宜适用本指引。本指引未作规定的，适用本所其他相关规定。

第三条　上市公司的控股股东、实际控制人、董事、监事、高级管理人员以及证券公司、证券服务机构及其相关人员，不得利用证券发行谋取不正当利益，禁止泄露内幕信息和利用内幕信息进行证券交易或者操纵交易价格。

上市公司发行证券的，应当遵循本所有关内幕信息知情人登记管理制度。

第四条　上市公司应当按照《北京证券交易所股票上市规则（试行）》规定建立募集资金存储、使用、监管和责任追究的内部制度，明确募集资金使用的分级审批权限、决策程序、风险防控措施和信息披露要求。

第二章　上市公司向不特定合格投资者公开发行

第五条　上市公司向不特定合格投资者公开发行股票的，发行承销实施安排适用本指引；本指引未作规定的，参照适用《北京证券交易所股票向不特定合格投资者公开发行与承销业务实施细则》（以下简称《发行承销实施细则》）的相关规定。

第六条　上市公司和主承销商应当在取得中国证监会注册文件后，及时向本所提交发行与承销方案。

第七条　上市公司向不特定合格投资者公开发行股票的，发行价格可以由发行人与主承销商协商确定，但是应当不低于公告招股意向书前二十个交易日或者前一个交易日公司股票均价。

第八条　上市公司向不特定合格投资者公开发行股票可以通过网上方式或网上、网下两种方式进行。网上发行应当通过本所交易系统进行，网下发行可以由发行人和主承销商自行组织。

参与网下发行的投资者的具体条件、发行程序应当在发行公告中确定并披露。符合前述条件的投资者可以同时通过网上、网下两种方式参与申购。其他合格投资者通过网上方式参与申购。

第九条　向股权登记日登记在册的原股东优先配售的，优先配售比例应当在发行公告中披露。

原股东参与优先配售应当通过网上方式进行，无法通过网上方式参与的，可以通过网下方式进行。

原股东除可参与优先配售外，也可参与优先配售后剩余部分的网上、网下发行。

第十条　发行人和主承销商应当在发行公告中明确，参与网上发行的投资者、参与优先配售的原股东在申购时全额缴纳申购资金。

网下发行由发行人和主承销商自行组织的，主承销商可以向参与网下发行的投资者收取不超过拟申购金额20%的保证金，主承销商对投资者分类配售的，可以根据投资者类别设定不同的保证金比例。

第十一条　发行人和主承销商应当合理确定并在发行公告中披露网上申购上限。投资者申购数量不得高于发行公告中确定的申购上限，如超过则该笔申购无效。

第十二条　网上投资者有效申购总量大于网上发行数量时，发行人和主承销商应当按照比例配售原则或者本所规定的其他配售原则向网上投资者配售股票。

第十三条　主承销商对参与网下发行的投资者进行分类的，应当在发行公告中充分说明分类配售的理由、必要性和分类标准，可以对不同类别的投资者设定不同的配售比例，但对同一类别的投资者应当按照相同比例配售。

第十四条　发行人和主承销商应当在网下配售和网上发行之间建立回拨机制，回拨后网上发行获配率和网下发行的最低获配比例趋于一致。

主承销商应当根据网上有效申购总量和回拨后的网上发行数量确定配售比例并公布配售结果。

第十五条　市场发生重大变化，投资者弃购数量超过本次发行股票数量10%的，发行人和主承销商可以将投资者弃购部分向参与网下发行的投资者进行二次配售。

安排二次配售的，发行人与主承销商应当在发行与承销方案中约定二次配售的程序、投资者条件和配售原则等。

启动二次配售时，发行人和主承销商应当披露二次配售公告，披露参与二次配售股份的数量、投资者范围、配售原则、实施程序、获配投资者的缴款安排及二次配售后剩余股份的安排。

二次配售完成后，应当披露网上、网下以及原股东优先配售的最终发行认购结果。

第十六条　上市公司公开发行采用超额配售选择权的，参照适用《发行承销管理细则》和《发行承销实施细则》等规则的相关规定。

第三章　上市公司向特定对象发行

第一节　一般规定

第十七条　董事、股东参与认购或者与发行对象存在关联关系的，应当在董事会、股东大会审议发行方案时回避表决，上市公司向原股东配售股份的除外。

第十八条　上市公司和主承销商向投资者进行推介路演不得早于董事会决议公告日，且不得采取任何公开方式。

适用《再融资办法》第三十二条第二款规定的审核程序（以下简称简易程序）向特定对象发行的，上市公司和主承销商可以在年度股东大会后，按照前款规定向符合条件的投资者进行推介。参加推介路演的投资者、上市公司和主承销商等机构及其人员应当纳入上市公司内幕信息知情人范围进行登记和管理。

第二节　向特定对象发行股票

第十九条　上市公司董事会决议确定全部发行对象的，应当同时确定发行对象的认购数量或金额、认购价格或定价原则，并提交股东大会审议。

上市公司和主承销商在取得中国证监会的予以注册决定后，应当按照股东大会决议及认购合同的约定发行股票。

第二十条　上市公司董事会决议未确定全部发行对象的，上市公司和主承销商应当向符合条件的特定对象提供认购邀请书，且应当通过竞价方式确定发行价格和其他发行对象。董事会决议确定的发行对象不得参与本次发行的竞价，且应当接受竞价结果。

上市公司董事会应当对本次发行的定价原则以及发行对象的范围、资格、确定依据进行决议。董事会决议还应当明确通过竞价方式无法确定发行价格时，已确定的发行对象是否继续参与认购、认购股份数量及认购价格的确定原则。股东大会应当对前述事项进行审议。

第二十一条　上市公司向特定对象发行股票的，发行价格应当不低于定价基准日前二十个交易日公司股票均价的 80%。

第二十二条　董事会决议确定发行对象的，上市公司应当在召开董事会的当日或者前一日与具体发行对象签订附生效条件的认购合同。

前款所述认购合同应当载明该发行对象拟认购股份的数量或数量区间或者金额或金额区间、认购价格或定价原则、限售期及违约情形处置安排，同时约定本次发行一经上市公司董事会、股东大会或经年度股东大会授权的董事会批准并经中国证监会注册，该合同即应生效。

第二十三条　适用简易程序的，上市公司和主承销商应当在召开年度股东大会授权的董事会前向发行对象提供认购邀请书，以竞价方式确定发行价格和发行对象，由上市公司董事会对本次竞价结果等发行上市事项进行审议。

认购合同应当约定，本次发行一经年度股东大会授权的董事会批准并经中国证监会注册，该合同即应生效。

第二十四条　上市公司向特定对象发行股票董事会决议公告后，符合条件的特定对象可以向上市公司和主承销商提交认购意向书。

适用简易程序的，上市公司向特定对象发行股票年度股东大会决议公告后，符合条件的特定对象可以向上市公司和主承销商提交认购意向书。

第二十五条　上市公司和主承销商应当在取得中国证监会注册文件后，及时向本所提交发行与承销方案。本所 2 个交易日内未提出异议的，上市公司和主承销商可以启动发行工作。

适用简易程序的，上市公司及主承销商应当在中国证监会作出予以注册决定后 2 个交易日内向本所提交发行相关文件。

第二十六条　上市公司和主承销商应当在发行与承销方案及认购邀请书中明确中止发行和发行失败的情形及安排，约定认购不足或者缴款不足时追加认购的操作程序、对象要求等。追加认购的实施期限累计不得超过 10 个工作日。

主承销商、律师应当就约定的中止发行情形是否符合法律法规，是否符合公平、公正原则及其合理性、必要性发表明确意见。

第二十七条　上市公司及主承销商应当按照公正、透明的原则，在认购邀请书中事先约定选择发行对象、收取认购保证金及投资者违约时保证金的处理方式、确定认购价格、分配认购数量等事项的操作规则。主承销商向发行对象收取的认购保证金不得超过拟认购金额的 20%。

上市公司和主承销商应当根据《再融资办法》及认购邀请书中事先约定的原则发送认购邀请书。

第二十八条　认购邀请书发出后，上市公司和主承销商应当在认购邀请书约定的时间内收集投资者签署的申购报价表。

在申购报价期间，上市公司和承销商应当确保任何工作人员不泄露发行对象的申购报价情况，申购报价过程应当由律师现场见证。

第二十九条　上市公司和承销商的控股股东、实际控制人、董事、监事、高级管理人员及其控制或施加重大影响的关联方不得参与竞价。

第三十条　申购报价结束后，上市公司及主承销商应当对有效申购按照报价高低进行累计统计，按照价格优先等董事会决议确定的原则合理确定发行对象、发行价格和发行数量。

第三十一条　主承销商出具的专项核查意见应当详细披露本次发行的全部过程，列示发行对象的申购报价情况及其获得配售的情况，并对发行结果是否公平、公正，是否符合向特定对象发行股票的有关规定发表明确意见。

上市公司律师的专项法律意见书应当详细披露本次发行的全部过程，并对发行过程的合规性、发行结果是否公平、公正，是否符合向特定对象发行股票的有关规定发表明确意见。上市公司律师应当对认购邀请书、申购报价表、认购合同及其他有关法律文书进行见证，并在专项法律意见书中确认有关法律文书合法有效。

第三十二条　发行结果确定后，上市公司应当与发行对象签订正式认购合同，发行对象应当按照合同约定缴款。

发行对象认购资金应当先划入主承销商为本次发行专门开立的账户，验资完毕后，扣除相关费用再划入上市公司募集资金专项存储账户。

第三十三条　上市公司和主承销商应当在本次发行验资完成后的 2 个交易日内报送发行情况报告书、发行过程和认购对象合规性报告、专项法律意见书等。

第三十四条　适用《再融资办法》第三十七条规定分期发行的，每期发行应当向本所报送发行与承销方案，每期发行后 5 个工作日内将发行情况向本所报备。

第三十五条　适用《再融资办法》规定未聘用证券公司承销的，上市公司向本所报备发行与承销方案，并在验资完成后办理股份登记等事宜。

第三节　向特定对象发行可转换公司债券

第三十六条　上市公司向特定对象发行可转换公司债券的，应当由董事会确定本次发行对象的范围、资格和确定依据，以及票面利率确定原则，并提交股东大会审议。

第三十七条　上市公司和主承销商应当按照公正、透明的原则，在认购邀请书中事先约定选择发行对象、收取认购保证金及投资者违约时保证金的处理方式、确定转股价格、确定票面利率、分配认购数量等事项的操作规则，主承销商向发行对象收取的认购保证金不得超过拟认购金额的 20%。

第三十八条　认购邀请书发出后，上市公司和主承销商应当在认购邀请书约定的时间内收集投资者签署的利率申报表。

在利率申报期间，上市公司和承销商应当确保不以任何方式泄露发行对象的申报情况，申报过程应当由律师现场见证。

第三十九条　利率申报结束后，上市公司和主承销商应当对有效申购按照申报的利率由低到高进行累计统计，按照利率优先等董事会决议确定的原则合理确定发行对象、票面利率和发行数量。董事会决议确定的原则应当公平、公正，符合上市公司及其全体股东的利益。

第四十条　上市公司向特定对象发行可转换公司债券的，发行与承销方案报送、认购合同签订、认购缴款及验资完成后文件报送等程序，参照本指引关于向特定对象发行股票的相关规定执行。

第四节　向原股东配售股份

第四十一条　上市公司向原股东配售股份（以下简称配股）的，配股价格应当由上市公司和主承销商根据公司股票在二级市场的价格、市盈率及市净率、募集资金投资项目的资金需求量等因素协商确定，配股价格不得低于 1 元 / 股。

第四十二条　上市公司配股的，应当在发行与承销方案中明确发行失败后的退款及补偿安排、纠纷解决机制等，并按照本所相关规定披露发行阶段公告，办理股份登记等事宜。

第四章　其他事项

第四十三条　发行对象承诺对其认购股票进行限售的，应当按照其承诺办理自愿限售，并予以披露。

第四十四条　上市公司中止发行后，在中国证监会注册文件有效期内，符合《再融资办法》的发行条件，且未发生可能影响本次发行的重大事项的，发行人和主承销商报经本所备案可以重新启动发行。

第四十五条　取得中国证监会注册文件后，上市公司发生影响证券发行或投资者判断重大事项的，在处理完成相关事项且符合要求的前提下，方可启动发行。

第四十六条　上市公司及相关主体违反本指引及相关规定的，本所可以采取自律监管措施或纪律处分。

第五章　附　则

第四十七条　上市公司发行前特定期间股票交易均价＝特定期间内交易总额／股票交易总量，不包含大宗交易。特定期间指本指引第七条和第二十一条规定的均价期间。

第四十八条　上市公司发行证券购买资产同时募集配套资金的，募集配套资金部分的证券发行与承销参照适用本指引。

第四十九条　上市公司向特定对象发行优先股的，发行与承销参照适用本指引。

第五十条　本指引由本所负责解释。

第五十一条　本指引自发布之日起施行。

关于发布《北京证券交易所上市公司证券发行业务办理指南第 2 号——向特定对象发行股票》的公告

（北证公告〔2023〕23 号　2023 年 2 月 17 日）

为落实全面实行股票发行注册制的有关要求，规范北京证券交易所（以下简称本所）上市公司向特定对象发行股票的信息披露和相关业务办理流程，本所修订了《北京证券交易所上市公司证券发行业务办理指南第 2 号——向特定对象发行股票》，现予以发布，自发布之日起施行。

特此公告。

附件：北京证券交易所上市公司证券发行业务办理指南第 2 号——向特定对象发行股票

附件

北京证券交易所上市公司证券发行业务办理指南第 2 号——向特定对象发行股票

为规范北京证券交易所（以下简称本所）上市公司向特定对象发行股票的信息披露和相关业务办理流程，根据《北京证券交易所上市公司证券发行上市审核规则》（以下简称《再融资审核规则》）、《北京证券交易所上市公司证券发行与承销业务指引》等有关规定，制定本业务指南。

1. 基本要求

1.1 上市公司应当通过本所发行上市审核业务系统（以下简称审核系统）办理向特定对象发行股票业务。保荐机构应当在审核系统中报送向特定对象发行股票申报与审核相关文件，并在次日 9:00 前在审核系统中完成公告关联等业务操作。

1.2 本所实行电子化审核，申请、受理、问询或反馈、回复等事项通过审核系统办理。

2. 申报前准备

2.1 上市公司应当在董事会审议通过向特定对象发行股票有关事项后 2 个交易

日内披露董事会决议及向特定对象发行股票募集说明书草案等相关公告。

2.2 上市公司应当在股东大会审议通过向特定对象发行股票有关事项后 2 个交易日内披露股东大会决议等相关公告。

2.3 上市公司筹划向特定对象发行股票的，应当按照中国证监会及本所规定，做好内幕信息知情人登记管理工作。

2.4 上市公司应当在审议通过股票发行具体方案的董事会决议披露之日起 10 个交易日内，通过内幕信息知情人报备系统或本所规定的其他方式，向本所提交下列内幕信息知情人报备文件（附件 1）：

（1）内幕信息知情人登记表；

（2）相关人员买卖上市公司股票的自查报告。自查期间为首次披露股票发行事项的前 6 个月至董事会决议披露之日；

（3）进程备忘录；

（4）上市公司全体董事对内幕信息知情人报备文件真实性、准确性和完整性的承诺书；

（5）本所要求的其他文件。

通过认购新增股份，拟成为上市公司第一大股东、实际控制人，或者应当披露收购报告书、要约收购报告书的，上市公司应当做好各方内幕信息知情人报备文件的汇总，并统一向本所报备。

2.5 本所对自查期间上市公司股票交易情况进行核查，发现明显异常的，可以要求上市公司提交股票交易情况说明。

上市公司决定继续推进本次发行事项的，应当采取措施消除相关事项对上市公司的影响；无法完全消除的，应当在申报前，就股票交易存在明显异常，可能导致本次发行被中止或者终止的情况披露特别风险提示公告。上市公司的保荐机构、律师应当对公司股票交易情况是否涉嫌内幕交易、是否会影响本次发行发表明确意见。

上市公司自主决定终止本次发行事项的，应当再次召开董事会、股东大会审议终止股票发行事项，并及时发布终止公告披露终止原因。

3. 审核注册

3.1 上市公司应当委托保荐机构，通过审核系统提交向特定对象发行股票申请文件（附件 2、3），并填写项目信息。

保荐机构提交申请文件前，应当对项目信息和项目申请文件进行核查，确保符合本所受理要求（附件 4）。

3.2 本所收到申请文件后 5 个工作日内，通过审核系统发送受理或不予受理的通知。保荐机构可以在审核系统查询。

申请文件不符合受理要求的，本所一次性告知需补正事项，保荐机构可以在审核系统查询。上市公司补正申请文件的，本所收到申请文件的时间以上市公司最终提交补正文件的时间为准。

保荐机构应当组织上市公司、证券服务机构根据补正意见对相关申请文件进行补充完善，并及时通过审核系统提交补正后文件。补正时限最长不得超过30个工作日。多次补正的，补正时间累计计算。

3.3 适用简易程序的，本所收到申请文件后2个工作日内，通过审核系统发送受理或不予受理的通知。

3.4 上市公司应当在取得本所受理通知书当日披露关于收到本所受理通知书的公告，同时披露募集说明书、发行保荐书、上市保荐书、审计报告、法律意见书。

3.5 出现下列情形之一的，上市公司应当在2个交易日内披露相关公告：

（1）收到本所不予受理决定；

（2）收到本所中止或者终止发行上市审核决定；

（3）收到中国证监会中止或者终止发行注册决定；

（4）收到中国证监会同意注册或者不予注册决定；

（5）上市公司撤回证券发行申请。

3.6 自受理之日起15个工作日内，本所审核机构通过审核系统发出首轮审核问询，保荐机构可以在审核系统查询，审核问询在本所网站同步披露。

3.7 保荐机构应当组织上市公司、证券服务机构等对审核问询事项进行核查、落实，并自收到审核问询之日起20个工作日内，通过审核系统提交回复文件，涉及更新申请文件的，应当上传至对应的文件条目内。

回复文件命名要求包含回复人简称、上市公司证券简称、轮次，例如"××（上市公司证券简称）及××证券关于第一轮问询的回复"、"××会所关于××（上市公司证券简称）第一轮问询的回复"、"××律所关于××（上市公司证券简称）的补充法律意见书（一）"。

问询回复涉及对申请文件进行更新修改的，应当在问询回复中专门说明，并在申请文件中使用楷体加粗方式对修改的内容予以凸显标注。

3.8 预计难以在规定时间内回复的，保荐机构应当在回复截止日前通过审核系统提交延期回复申请（加盖上市公司或保荐机构公章），说明延期理由及预计回复日期，延期一般不超过20个工作日。

3.9 上市公司或保荐机构认为拟披露的回复信息属于国家秘密、商业秘密，披露后可能导致其违反国家有关保密的法律法规或者严重损害公司利益的，须提交脱密处理后的问询回复，并将信息披露豁免的说明文件上传至对应的文件条目内。本所经审核认为豁免理由不成立的，上市公司应当按照规定予以披露。

3.10 首轮审核问询后，存在《再融资审核规则》规定情形的，本所继续提出审核问询，保荐机构可以在审核系统查询，审核问询在本所网站同步披露。

3.11 中国证监会认为存在需要进一步说明或者落实事项的，本所进一步问询，保荐机构可以在审核系统查询，审核问询在本所网站同步披露。

3.12 本所根据审核需要，需对上市公司的控股股东、实际控制人、董事、监事、高级管理人员，保荐机构、证券服务机构及其相关人员约见问询的，相关人员应当在约定时间和地点接受问询。

3.13 本所要求调阅相关资料的，上市公司及其保荐机构、证券服务机构应当按照要求及时提交，确保相关资料真实、准确、完整，不得随意修改或损毁。

3.14 上市公司披露收到中国证监会同意注册决定的公告时，应当说明取得注册批文的日期、注册发行的股份数量，并公告本次发行的保荐机构，公开上市公司和保荐机构指定办理本次发行的负责人及其有效联系方式。

3.15 上市公司应当在收到中国证监会同意注册决定后的 2 个交易日内，披露经中国证监会同意注册的募集说明书等相关文件。

4. 组织发行

4.1 上市公司应当在注册批文的有效期内，按照《北京证券交易所上市公司证券发行与承销业务指引》等有关规定组织发行。

4.2 上市公司应当在认购缴款结束后 10 个交易日内，与保荐机构、存放募集资金的商业银行签订募集资金专户三方监管协议（附件 5），聘请符合《证券法》规定的会计师事务所验资。

5. 股份登记及上市

5.1 上市公司应当在本次发行验资完成后的 2 个交易日内，通过审核系统向本所报送以下文件：

（1）发行情况报告书（披露）；

（2）保荐机构关于本次发行过程和认购对象合规性的报告（披露）；

（3）律师关于本次发行过程和认购对象合规性的报告（披露）；

（4）符合《证券法》规定的会计师事务所出具的验资报告；

（5）向特定对象发行股票新增股票上市申请书；

（6）上市保荐书；

（7）募集资金专户三方监管协议（附件 5）；

（8）股份登记明细表（附件 6）；

（9）限售申请材料（附件 7）；

（10）重大事项确认函（附件 8）；

（11）本所要求的其他文件。

5.2 本所核实无误后，将股份登记相关信息推送中国证券登记结算有限责任公司（以下简称中国结算）北京分公司，并通知上市公司和保荐机构办理股份登记手续。

5.3 本所向上市公司送达办理股份登记手续通知后，保荐机构应当协助上市公司按照中国结算北京分公司相关规定办理新增股份登记，与中国结算北京分公司协商确定新增股票上市并公开交易日期，并按照相关要求披露新增股票上市并公开交易的公告、上市保荐书等文件。

5.4 特定对象拟认购本次发行股票，属于《上市公司收购管理办法》所规范的收购及股份权益变动的，应当按照《上市公司收购管理办法》及相关法律法规、规范性文件要求履行程序，在董事会作出申请股票发行的决议后 3 个交易日内披露简式权益变动报告书或详式权益变动报告书，收购报告书或要约收购报告书等文件。董事会未确定发行对象的，应当在发行情况报告书公告之日起 3 个交易日内披露上述权益变动公告。

6. 中止、终止审核及终止发行

6.1 发生《北京证券交易所上市公司证券发行注册管理办法》（以下简称《再融资办法》）、《再融资审核规则》规定的中止审核情形的，保荐机构应当及时通过审核系统向本所提出中止审核申请（加盖上市公司或保荐机构公章）。

上市公司及其保荐机构、证券服务机构未及时告知本所，经确认符合中止审核情形的，本所将直接中止审核。

6.2 中止审核的情形消除后，保荐机构应当通过审核系统提交恢复审核申请（加盖上市公司或保荐机构公章）及中止审核情形已消除的证明文件。本所确认后，恢复审核。

6.3 上市公司或保荐机构申请终止审核的，保荐机构应当及时通过审核系统向本所提交终止审核的相关申请文件。

本所在作出终止审核决定后，通过审核系统向保荐机构发送终止审核的决定书，决定书在本所网站同步披露。

6.4 中国证监会作出同意注册决定至上市公司完成新增股份登记前，出现《再融资办法》规定的终止发行情形的，上市公司、保荐机构应当及时向本所报告，上市公司应当终止向特定对象发行股票，并在 2 个交易日内披露终止发行相关公告，以及保荐机构对上市公司终止发行相关内部审议程序及信息披露义务履行情况、退款安排等事项的专项核查意见。

6.5 上市公司在中国证监会注册批文有效期截止日前未完成缴款验资的，本次股票发行自动终止。上市公司应当及时披露向特定对象发行股票终止公告。

7. 特殊程序

7.1 自办发行

7.1.1 上市公司按照《再融资办法》第二十八条的规定自办发行的，无需提供保荐机构、律师出具的相关文件，可以委托履行持续督导责任的保荐机构代为提交或接收发行申请文件（附件2、3）、审核问询及问询回复、本所及中国证监会作出的相关决定、新增股份登记与上市文件等。

7.1.2 上市公司应当向本所提交关于上市公司及其控股股东、实际控制人、控股子公司以及本次发行对象是否属于失信被执行人的核查证明文件及相关承诺，认购合同文件（扫描版）。

7.1.3 上市公司应当为本次发行专门开立募集资金专项存储账户，并与商业银行、履行持续督导责任的保荐机构（如有）签订募集资金专户三方监管协议。

7.2 授权发行

7.2.1 上市公司按照《再融资办法》第二十三条的规定授权发行的，应当在披露年度股东大会通知的同时披露授权发行相关公告。

7.2.2 上市公司向特定对象发行股票募集说明书除包括《公开发行证券的公司信息披露内容与格式准则第49号——北京证券交易所上市公司向特定对象发行股票募集说明书和发行情况报告书》规定的内容外，还应当包括年度股东大会对董事会授权的基本情况。

7.2.3 发行保荐书、法律意见书除包括《公开发行证券的公司信息披露内容与格式准则第49号——北京证券交易所上市公司向特定对象发行股票募集说明书和发行情况报告书》规定的内容外，还应当包括保荐机构、律师对上市公司年度股东大会授权发行内容及程序等是否合法合规发表的明确意见。

7.3 向原股东配售股份

上市公司向原股东配售股份的业务办理流程，由本所另行规定。

附件：1. 内幕信息知情人报备文件及要求

2. 向特定对象发行股票申请文件目录

3. 向特定对象发行股票申请报告

4. 向特定对象发行股票申请文件受理检查要点表

5. 募集资金专户三方监管协议

6. 上市公司本次向特定对象发行股份登记明细表

7. 限售申请材料

8. 向特定对象发行股票重大事项确认函

9. 向特定对象发行股票发行上市参考流程

附件 1：

内幕信息知情人报备文件及要求

序号	文件名称	内容要求
1	内幕信息知情人登记表	内幕信息知情人范围，根据《证券法》第五十一条的有关规定确定，包括但不限于： （1）上市公司及其董事、监事、高级管理人员； （2）持有上市公司 5% 以上股份的股东和上市公司的实际控制人，以及其董事、监事、高级管理人员（如有）； （3）上市公司控股或者实际控制的公司及其董事、监事、高级管理人员； （4）由于所任公司职务或者因与公司业务往来可以获取本次股票发行有关内幕信息的人员； （5）为本次股票发行提供服务以及参与该事项的咨询、筹划、论证、审批等各环节的相关单位和人员； （6）收购人及其控股股东、实际控制人、董事、监事、高级管理人员（如有）； （7）前述自然人的直系亲属（配偶、父母、子女）； 上市公司的所有董事、监事、高级管理人员及其直系亲属，无论是否知情，均属于内幕信息知情人报备范围； （8）可以获取内幕信息的其他人员。 登记表加盖公司公章或公司董事会公章，并写明填报日期。
2	自查报告	自然人自查报告：应当列明自然人的姓名、职务、身份证号码、股票账户、有无买卖股票行为，并经本人签字确认； 机构的自查报告：应当列明机构的名称、统一社会信用代码、股票账户、有无买卖股票行为并加盖公章确认。
3	股票交易情况说明（如有）	相关人员存在买卖公司股票行为的，当事人应当书面说明其买卖股票行为是否利用了相关内幕信息；上市公司应当书面说明与买卖股票人员相关事项的动议时间，买卖股票人员是否参与决策，买卖行为与该事项是否存在关联关系以及是否签订了保密协议书等。
4	承诺书	上市公司全体董事对内幕信息知情人报备文件真实性、准确性和完整性的承诺书，由全体董事签字并加盖公司公章。
5	进程备忘录	包括但不限于筹划决策过程中各个关键时点的时间、参与筹划决策人员名单、筹划决策方式等。涉及的相关人员均应当在备忘录上签名确认。
6	报备文件电子件与预留原件一致的鉴证意见	律师应当对报送的电子文件与原件的一致性出具鉴证意见，并签名和签署鉴证日期，律师事务所应当在鉴证意见首页加盖律师事务所公章，并加盖骑缝章。上市公司应当提交与预留原件一致的电子文件（WORD、EXCEL、PDF 等文件格式）。 报备文件中应当注明上市公司、保荐机构联系人姓名、电话、联系邮箱等信息；报备文件所需签名处，均应当为签名人亲笔签名，不得以名章、签名章等代替。

内幕信息知情人登记表

公司简称： 证券代码：

内幕信息事项：

序号	姓名或名称	证件类型	证件号码	证券账户	联系方式	所在单位/部门	职务/岗位	与发行人关系	知悉内幕信息时间	知悉内幕信息方式	内幕信息内容	内幕信息所处阶段	登记时间	登记人

（加盖公章或董事会章）

填报日期：

注：1.本表所列项目为必备项目，发行人可根据自身内幕信息管理的需要增加内容。

2.内幕信息事项应当采取一事一记的方式，即每份内幕信息知情人登记表仅涉及一个内幕信息事项，不同内幕信息事项涉及的知情人档案应当分别记录。

3.填报获取内幕信息的方式，包括但不限于会谈、电话、传真、书面报告、电子邮件等。

4.填报各内幕信息知情人员所获知的内幕信息的内容，可根据需要添加附页进行详细说明。

5.填报内幕信息所处阶段，包括商议策划，论证咨询，合同订立，公司内部的报告、传递、编制、决议等。

6.如为发行人登记，填写发行人登记人姓名；如为发行人汇总，保留所汇总表格中原登记人姓名。

进程备忘录

公司简称： 证券代码：

所涉事项简述：

关键时点	时间	地点	参与筹划决策人员	筹划决策方式	商议和决议内容	签名

注：1.本表所列项目为必备项目，发行人可根据自身内幕信息管理的需要增加内容。

2.进程备忘录涉及的相关人员应当在备忘录上签名确认。

法定代表人签名：

公司公章或董事会章：

附件 2：

向特定对象发行股票申请文件目录

2-1 上市公司向特定对象发行股票申请文件目录

一、发行文件

1-1 上市公司向特定对象发行股票募集说明书（披露）

二、上市公司关于本次发行的申请与授权文件

2-1 上市公司关于本次向特定对象发行股票的申请报告

2-2 上市公司董事会有关本次向特定对象发行股票的决议

2-3 上市公司股东大会有关本次向特定对象发行股票的决议

2-4 上市公司监事会对募集说明书真实性、准确性、完整性的审核意见

三、保荐机构关于本次发行的文件

3-1 发行保荐书（披露）

3-2 发行保荐工作报告

3-3 关于战略投资者适格性的专项意见（如有）

3-4 上市保荐书（披露）

四、会计师关于本次发行的文件

4-1 最近 2 年的财务报告和审计报告及最近 1 期（如有）的财务报告（披露）

4-2 盈利预测报告及其审核报告（如有）

4-3 会计师事务所关于上市公司的内部控制鉴证报告

4-4 经注册会计师核验的上市公司非经常性损益明细表

4-5 上市公司董事会、会计师事务所及注册会计师关于最近一年保留意见审计报告的补充意见（如有）

五、律师关于本次发行的文件

5-1 法律意见书（披露）

5-2 律师工作报告

5-3 关于上市公司董事、监事、高级管理人员以及上市公司控股股东、实际控制人在相关文件上签名盖章的真实性的鉴证意见

5-4 关于申请电子文件与预留文件一致的鉴证意见

六、关于本次发行募集资金运用的文件

6-1 有关部门对募集资金投资项目的审批、核准或备案文件（如有）

6-2 本次向特定对象发行收购资产相关的最近 1 年及 1 期（如有）的财务报

告及其审计报告、资产评估报告（如有）（披露）

6-3 上市公司拟收购资产或股权的合同或其草案（如有）

6-4 资产权属证明文件（如有）

6-5 资产生产经营所需行业资质的资质证明或批准文件（如有）

七、其他文件

7-1 国务院主管部门关于引入境外战略投资者的有关文件（如有）

7-2 上市公司信息披露豁免说明

7-3 上市公司关于本次发行是否涉及重大资产重组的说明

7-4 上市公司全体董事、监事、高级管理人员对发行申请文件真实性、准确性和完整性的承诺书以及前述主体、上市公司和控股股东、实际控制人及与本次发行相关的保荐人、证券服务机构及相关责任人员关于不得影响或干扰发行上市审核注册工作的承诺书

7-5 上市公司、保荐人关于申请电子文件与预留原件一致的承诺函

7-6 签字注册会计师、律师或者资产评估师的执业证书复印件及其所在机构的执业证书复印件

7-7 上市公司及中介机构联系方式

7-8 其他相关文件

2-2 上市公司向特定对象发行股票申请文件目录
（自办发行适用）

一、发行文件

1-1 上市公司向特定对象发行股票募集说明书（披露）

二、上市公司关于本次发行的申请与授权文件

2-1 上市公司关于本次向特定对象发行股票的申请报告

2-2 上市公司董事会有关本次向特定对象发行股票的决议

2-3 上市公司股东大会有关本次向特定对象发行股票的决议

2-4 上市公司监事会对募集说明书真实性、准确性、完整性的审核意见

三、会计师关于本次发行的文件

3-1 最近 2 年的财务报告和审计报告及最近 1 期（如有）的财务报告（披露）

3-2 盈利预测报告及其审核报告（如有）

3-3 会计师事务所关于上市公司的内部控制鉴证报告

3-4 经注册会计师核验的上市公司非经常性损益明细表

3-5 上市公司董事会、会计师事务所及注册会计师关于最近一年保留意见审计报告的补充意见（如有）

四、关于本次发行募集资金运用的文件

4-1 有关部门对募集资金投资项目的审批、核准或备案文件（如有）

4-2 本次向特定对象发行收购资产相关的最近 1 年及 1 期（如有）的财务报告及其审计报告、资产评估报告（如有）（披露）

4-3 上市公司拟收购资产或股权的合同或其草案（如有）

4-4 资产权属证明文件（如有）

4-5 资产生产经营所需行业资质的资质证明或批准文件（如有）

五、其他文件

5-1 国务院主管部门关于引入境外战略投资者的有关文件（如有）

5-2 上市公司信息披露豁免说明

5-3 上市公司关于本次发行是否涉及重大资产重组的说明

5-4 上市公司全体董事、监事、高级管理人员对发行申请文件真实性、准确性和完整性的承诺书以及前述主体、上市公司和控股股东、实际控制人关于不得影响或干扰发行上市审核注册工作的承诺书

5-5 上市公司关于申请电子文件与预留原件一致的承诺函

5-6 签字注册会计师或者资产评估师的执业证书复印件及其所在机构的执业证书复印件

5-7 上市公司及中介机构联系方式

5-8 本次发行认购合同

5-9 上市公司关于失信被执行人等事项核查过程的证明文件及相关承诺

5-10 其他相关文件

附件 3：

向特定对象发行股票申请报告

3-1 上市公司向特定对象发行股票申请报告

××××股份（有限）公司向特定对象发行股票申请报告

中国证券监督管理委员会及北京证券交易所：

××××股份（有限）公司经××××证券股份有限（或有限责任）公司保荐，于××××年××月××日在北京证券交易所上市，证券简称：××××，证券代码：××××。

××××于××××年××月××日召开董事会，审议通过了拟向特定对象发行

股票的决议。××××年××月××日公司召开股东大会，经出席会议的有表决权股东所持表决权 2/3 以上通过，决议批准本次向特定对象发行股票。本次向特定对象发行股票总计不超过 ×××× 万股。

现特就本次向特定对象发行股票事项提出申请。

（以下无正文）

×××× 股份（有限）公司（加盖公章）

年　月　日（提交日期）

3-2 上市公司向特定对象发行股票申请报告

（授权发行适用）

×××× 股份（有限）公司向特定对象发行股票申请报告

中国证券监督管理委员会及北京证券交易所：

×××× 股份（有限）公司经 ×××× 证券股份有限（或有限责任）公司保荐，于 ××××年××月××日在北京证券交易所上市，证券简称：××××，证券代码：××××。

×××× 于 ××××年××月××日召开年度股东大会，审议通过了授权董事会于本年度内向特定对象发行股票等相关决议。×××× 于 ××××年××月××日召开董事会，审议通过了拟向特定对象发行股票的决议。本次向特定对象发行股票总计不超过 ×××× 万股。

现特就本次向特定对象发行股票事项提出申请。

（以下无正文）

×××× 股份（有限）公司（加盖公章）

年　月　日（提交日期）

附件 4:

向特定对象发行股票申请文件受理检查要点表

4-1 一般定向发行受理检查要点

申请文件目录	检查要点
文件形式要求	1. 申请文件与中国证监会和北京证券交易所规定及审核系统设置的文件目录相符。申请文件名称与文件内容相符。 2. 申请文件不存在无法打开或读取的情形，word 版本文件应可编辑。 3. 文档字体排版等格式应符合中国证监会和本所要求。 4. 本检查要点要求提交的所有文件均应为原件，申请文件中的签字盖章页、电子扫描文件采取彩色扫描方式，保证格式内容与原件一致，扫描清晰可读。如使用黑白扫描件或复印件，应由律师鉴证或者由出文单位盖章，以保证与原件一致。律师鉴证应加盖鉴证律师所在律所公章和骑缝章；如鉴证律师与申报律师不一致，需同时附律师事务所及经办律师相关资质文件。如原出文单位不再存续，由承继其职权的单位或作出撤销决定的单位出文证明文件的真实性。 5. 申请文件签字处均应为本人亲笔签字。如由其他人代签，应同时提交授权书；法人授权书应加盖法人公章；有关人员的签名下方应以印刷体形式注明其姓名。 6. 申请文件盖章处加盖公章，印章清晰可读（部分境外公司如存在无公司印章的情况，请在相应文件中提供说明）。 7. 审核系统中的项目基本信息填写准确、完整，特别是涉及网站披露的信息：代码、简称、公司全称、保荐机构、保荐代表人、会计师事务所、签字会计师、律师事务所、签字律师等。 8. 申请文件一经受理，未经中国证监会及本所同意，不得增加、撤回或更换。如存在补正情形，在对应的系统栏目处提交相关补正文件，无需再次提交全套申请文件。
1-1 上市公司向特定对象发行股票募集说明书	1. 募集说明书引用的财务报表应在 6 个月有效期内。 2. 上市公司全体董事、监事、高级管理人员声明及公司控股股东、实际控制人声明应由相应人员分类分别签名后加盖上市公司公章，如控股股东和实际控制人为机构的，需该机构法定代表人或主要负责人签名并加盖机构公章； 3. 保荐机构声明应由法定代表人、保荐代表人、项目协办人签名，并由保荐机构加盖公章；保荐机构董事长、总经理（或类似职责人员）声明应由保荐机构董事长、总经理（或类似职责人员）签名，并由保荐机构加盖公章。 4. 律师事务所、会计师事务所、评估机构（如有）等其他证券服务机构声明应由经办人员及所在机构负责人签名，并由机构加盖公章。

续表

申请文件目录	检查要点
2-1 上市公司关于本次向特定对象发行股票的申请报告	1. 申请抬头是"中国证券监督管理委员会及北京证券交易所"； 2. 文件应有上市公司发文文号； 3. 落款处由法定代表人签字并加盖上市公司公章。
2-2 上市公司董事会有关本次向特定对象发行股票的决议	1. 决议正文后，应当由参会董事签字，并加盖上市公司公章； 2. 未参会董事如授权其他董事表决，需出具授权委托书。
2-3 上市公司股东大会有关本次向特定对象发行股票的决议	决议正文后，由参会董事签字，并加盖上市公司公章；如非董事本人参会的，需董事本人的授权委托书。
2-4 上市公司监事会对募集说明书真实性、准确性、完整性的审核意见	由全体监事签字，加盖上市公司公章或监事会公章。
3-1 发行保荐书	应由保荐机构法定代表人、董事长、总经理（或类似职责人员）、保荐业务负责人、内核负责人、保荐业务部门负责人、保荐代表人和项目协办人签字，并加盖公章。
3-2 发行保荐工作报告	应由保荐机构法定代表人、董事长、总经理（或类似职责人员）、保荐业务负责人、内核负责人、保荐业务部门负责人、保荐代表人和项目协办人签字，并加盖公章。
3-3 关于战略投资者适格性的专项意见（如有）	应由保荐机构法定代表人签字，加盖公章。
3-4 上市保荐书	应由保荐机构法定代表人、保荐业务负责人、内核负责人、保荐代表人和项目协办人签字，加盖公章。
4-1 最近2年的财务报告和审计报告及最近1期（如有）的财务报告	1. 审计报告应当由会计师事务所总所出具，报告正文后，应当由两名经办注册会计师签名盖章，并加盖会计师事务所公章，注册会计师盖章应当是标准私章； 2. 财务报表应有上市公司单位负责人、主管会计工作负责人、会计机构负责人的签字并加盖上市公司公章。
4-2 盈利预测报告及其审核报告（如有）	1. 会计师事务所出具的盈利预测报告及审核报告，必须由总所出具。报告正文结尾应当加盖会计师事务所公章； 2. 盈利预测表应有公司公章以及相关责任人的签字并盖章。

续表

申请文件目录	检查要点
4-3 会计师事务所关于上市公司的内部控制鉴证报告	1. 会计师事务所出具的内部控制鉴证报告，必须由总所出具。报告正文结尾应当由两名经办会计师签名盖章，并加盖会计师事务所公章，注册会计师盖章应当是标准私章； 2. 上市公司董事会内部控制的自我评价报告应在落款处加盖公章。
4-4 经注册会计师核验的上市公司非经常性损益明细表	1. 非经常性损益明细表必须由总所出具，报告正文结尾应当由两名经办会计师签名盖章，并加盖会计师事务所公章，注册会计师盖章应当是标准私章； 2. 非经常性损益明细表应有上市公司单位负责人、主管会计工作负责人、会计机构负责人的签字并加盖上市公司公章。
4-5 上市公司董事会、会计师事务所及注册会计师关于最近一年保留意见审计报告的补充意见（如有）	1. 审计报告需加盖审计机构公章、注册会计师签名盖章； 2. 财务报表需上市公司单位负责人、主管会计工作负责人、会计机构负责人签名并加盖上市公司公章； 3. 上市公司或董事会公章。
5-1 法律意见书	法律意见书正文后，应当由律师事务所负责人、两名经办律师签名，并加盖律师事务所公章。
5-2 律师工作报告	律师工作报告正文结尾应当由律师事务所负责人、两名经办律师签名，并加盖律师事务所公章。
5-3 关于上市公司董事、监事、高级管理人员以及上市公司控股股东、实际控制人在相关文件上签名盖章的真实性的鉴证意见	由律师事务所负责人、两名经办律师签名，并加盖律师事务所公章。
5-4 关于申请电子文件与预留文件一致的鉴证意见	
6-1 有关部门对募集资金投资项目的审批、核准或备案文件（如有）	审批、核准或备案文件应为彩色扫描件，如扫描的审批、核准或备案文件为复印件，应当由上市公司加盖公章或律师鉴证，确保复印件与原件内容一致。

续表

申请文件目录	检查要点
6-2 本次向特定对象发行收购资产相关的最近1年及1期（如有）的财务报告及其审计报告、资产评估报告（如有）	1. 审计报告应当由会计师事务所总所出具，报告正文后，由两名经办注册会计师签名盖章，并加盖会计师事务所公章，注册会计师盖章应当是标准私章； 2. 财务报表应有上市公司公章以及单位负责人、主管会计工作负责人、会计机构负责人的签字并盖章； 3. 评估报告应当由资产评估机构出具，报告正文后，由资产评估机构负责人、两名经办资产评估师签名盖章，并加盖资产评估机构公章，资产评估师的盖章应当是标准私章。
6-3 上市公司拟收购资产或股权的合同或其草案（如有）	合同或其草案应为彩色扫描件，如扫描合同或其草案为复印件，应当由上市公司加盖公章或律师鉴证，确保复印件与原件内容一致。
6-4 资产权属证明文件（如有）	/
6-5 资产生产经营所需行业资质的资质证明或批准文件（如有）	/
6-6 公告的收购相关文件（如有）	1. 收购报告书正文后应当由： （1）收购人签字盖章； （2）财务顾问（如有）法定代表人或授权代表人、主办人签字，并由财务顾问加盖公章； （3）收购人聘请的律师签字、并由律师事务所加盖公章。 2. 财务顾问意见（如有）应当由财务顾问法定代表人或授权代表人、主办人签字，并由财务顾问加盖公章。 3. 收购人出具的法律意见书应当由收购人聘请的律师签字，并由律师事务所加盖公章； 4. 其他收购相关文件（如有）。
7-1 国务院主管部门关于引入境外战略投资者的有关文件（如有）	相关机构的签章。
7-2 上市公司信息披露豁免说明	上市公司在落款处加盖公章。
7-3 上市公司关于本次发行是否涉及重大资产重组的说明	1. 上市公司在落款处加盖公章； 2. 保荐机构应加盖公章。

续表

申请文件目录	检查要点
7-4 上市公司全体董事、监事、高级管理人员对发行申请文件真实性、准确性和完整性的承诺书以及前述主体、上市公司和控股股东、实际控制人及与本次发行相关的保荐人、证券服务机构及相关责任人员关于不得影响或干扰发行上市审核注册工作的承诺书	1. 由上市公司及其控股股东、实际控制人、全体董事、监事、高级管理人员签字，并加盖上市公司公章。 2. 董监高签字人员应与募集说明书签字人员情况一致； 3. 保荐机构、律师事务所、会计师事务所及其他证券服务机构出具的承诺书，应当加盖各自公章； 4. 前述主体及保荐机构、证券服务机构的相关责任人员承诺书应各自签字或加盖公章。
7-5 上市公司、保荐人关于申请电子文件与预留原件一致的承诺函	1. 上市公司在落款处加盖公章； 2. 保荐机构应加盖公章。
7-6 签字注册会计师、律师或者资产评估师的执业证书复印件及其所在机构的执业证书复印件	1.律师应当提供律师资格证或律师执业证，并加盖律师事务所公章；2.律师事务所应当提供律师事务所从业资格证书，并加盖律师事务所公章；3. 会计师应当提供注册会计师证书，并加盖会计师事务所公章；4. 会计师事务所应当提供会计师事务所从业资格证书，并加盖会计师事务所公章；5. 资产评估师应当提供资产评估师职业资格证书，并加盖资产评估机构公章；6. 资产评估机构应当提供资产评估机构从业资格证书，并加盖资产评估机构公章。
7-7 上市公司及中介机构联系方式	应至少包括上市公司董事长、总经理、董事会秘书、财务负责人，以及中介机构项目负责人及项目组成员的电话和邮箱。
7-8 其他相关文件	7-8-1 上市公司与保荐机构关于本次发行符合国家产业政策和北交所定位的专项说明：上市公司专项说明应加盖上市公司公章；保荐机构专项意见应当加盖保荐机构公章。 7-8-2 诚信档案查询名单：pdf 版本请加盖上市公司公章，word 版本请确认可编辑。 7-8-3 其他需提供的文件：无法确定文件归属的请在"7-8-3 其他需提供的文件"栏目处提交；存在联合保荐的，请提交联合保荐的说明文件，说明法律依据、理由等；存在翻译文件的，请提供翻译机构的资质文件。

注：上市公司向原股东配售股份、向特定对象发行可转换为股票的公司债券或优先股等国务院认定的其他证券的受理检查，参照《4-1 一般定向发行受理检查要点》执行。

4-2 自办发行受理检查要点

申请文件目录	检查要点
文件形式要求	1. 申请文件与中国证监会和北京证券交易所规定及审核系统设置的文件目录相符。申请文件名称与文件内容相符。 2. 申请文件不存在无法打开或读取的情形，word 版本文件应可编辑。 3. 文档字体排版等格式应符合中国证监会和本所要求。 4. 本检查要点要求提交的所有文件均应为原件，申请文件中的签字盖章页、电子扫描文件采取彩色扫描方式，保证格式内容与原件一致，扫描清晰可读。如使用黑白扫描件或复印件，应由律师鉴证或者由出文单位盖章，以保证与原件一致。律师鉴证应加盖鉴证律师所在律所公章和骑缝章；如鉴证律师与申报律师不一致，需同时附律师事务所及经办律师相关资质文件。如原出文单位不再存续，由承继其职权的单位或作出撤销决定的单位出文证明文件的真实性。 5. 申请文件签字处均应为本人亲笔签字。如由其他人代签，应同时提交授权书；法人授权书应加盖法人公章；有关人员的签名下方应以印刷体形式注明其姓名。
文件形式要求	6. 申请文件盖章处加盖公章，印章清晰可读（部分境外公司如存在无公司印章的情况，请在相应文件中提供说明）。 7. 审核系统中的项目基本信息填写准确、完整，特别是涉及网站披露的信息：代码、简称、公司全称、保荐机构、保荐代表人、会计师事务所、签字会计师、律师事务所、签字律师等。 8. 申请文件一经受理，未经中国证监会及本所同意，不得增加、撤回或更换。如存在补正情形，在对应的系统栏目处提交相关补正文件，无需再次提交全套申请文件。
1-1 上市公司向特定对象发行股票募集说明	1. 募集说明书引用的财务报表应在 6 个月有效期内。 2. 上市公司全体董事、监事、高级管理人员声明及公司控股股东、实际控制人声明应由相应人员分类分别签名后加盖上市公司公章，如控股股东和实际控制人为机构的，需该机构法定代表人或主要负责人签名并加盖机构公章； 3. 证券服务机构声明应由经办人员及所在机构负责人签名，并由机构加盖公章。
2-1 上市公司关于本次向特定对象发行股票的申请报告	1. 申请抬头是"中国证券监督管理委员会及北京证券交易所"；2. 文件应有上市公司发文文号；3. 落款处由法定代表人签字并加盖上市公司公章。
2-2 上市公司董事会有关本次向特定对象发行股票的决议	1. 决议正文后，应当由参会董事签字，并加盖上市公司公章；2. 未参会董事如授权其他董事表决，需出具授权委托书。

续表

申请文件目录	检查要点
2-3 上市公司股东大会有关本次向特定对象发行股票的决议	决议正文后，由参会董事签字，并加盖上市公司公章；如非董事本人参会的，需董事本人的授权委托书。
2-4 上市公司监事会对募集说明书真实性、准确性、完整性的审核意见	由全体监事签字，加盖上市公司公章或监事会公章。
3-1 最近 2 年的财务报告和审计报告及最近 1 期（如有）的财务报告	1. 审计报告应当由会计师事务所总所出具，报告正文后，应当由两名经办注册会计师签名盖章，并加盖会计师事务所公章，注册会计师盖章应当是标准私章；2. 财务报表应有上市公司公章以及单位负责人、主管会计工作负责人、会计机构负责人的签字并盖章。
3-2 盈利预测报告及其审核报告（如有）	1. 会计师事务所出具的盈利预测报告及审核报告，必须由总所出具。报告正文结尾应当加盖会计师事务所公章；2. 盈利预测表应有公司公章以及单位负责人、主管会计工作负责人、会计机构负责人的签字并盖章。
3-3 会计师事务所关于上市公司的内部控制鉴证报告	1. 会计师事务所出具的内部控制鉴证报告，必须由总所出具。报告正文结尾应当由两名经办会计师签名盖章，并加盖会计师事务所公章，注册会计师盖章应当是标准私章；2. 上市公司董事会内部控制的自我评价报告应在落款处加盖公章。
3-4 经注册会计师核验的上市公司非经常性损益明细表	1. 会计师事务所出具的非经常性损益明细表，必须由总所出具。报告正文结尾应当由两名经办会计师签名盖章，并加盖会计师事务所公章，注册会计师盖章应当是标准私章；2. 非经常性损益明细表应有公司公章以及单位负责人、主管会计工作负责人、会计机构负责人的签字。
3-5 上市公司董事会、会计师事务所及注册会计师关于最近一年保留意见审计报告的补充意见（如有）	1. 应当由参会董事签字，并加盖上市公司公章；2. 应当由两名经办注册会计师签名盖章，并加盖会计师事务所公章，注册会计师盖章应当是标准私章。
4-1 有关部门对募集资金投资项目的审批、核准或备案文件（如有）	审批、核准或备案文件应为彩色扫描件，如扫描的审批、核准或备案文件为复印件，应当由上市公司加盖公章或律师鉴证，确保复印件与原件内容一致。
4-2 本次向特定对象发行收购资产相关的最近 1 年及 1 期（如有）的财务报告及其审计报告、资产评估报告（如有）	1. 审计报告应当由会计师事务所总所出具，报告正文后，由两名经办注册会计师签名盖章，并加盖会计师事务所公章，注册会计师盖章应当是标准私章；2. 财务报表应有标的公司公章以及单位负责人、主管会计工作负责人、会计机构负责人的签字；3. 评估报告应当由资产评估机构出具，报告正文后，由资产评估机构负责人、两名经办资产评估师签名盖章，并加盖资产评估机构公章，资产评估师的盖章应当是标准私章。

续表

申请文件目录	检查要点
4-3 上市公司拟收购资产或股权的合同或其草案（如有）	合同或其草案应为彩色扫描件，如扫描合同或其草案为复印件，应当由上市公司加盖公章或律师鉴证，确保复印件与原件内容一致。
4-4 资产权属证明文件（如有）	/
4-5 资产生产经营所需行业资质的资质证明或批准文件（如有）	/
5-1 国务院主管部门关于引入境外战略投资者的有关文件（如有）	相关机构的签章。
5-2 上市公司信息披露豁免说明	上市公司在落款处加盖公章。
5-3 上市公司关于本次发行是否涉及重大资产重组的说明	上市公司在落款处加盖公章。
5-4 上市公司全体董事、监事、高级管理人员对发行申请文件真实性、准确性和完整性的承诺书以及前述主体、上市公司和控股股东、实际控制人关于不得影响或干扰发行上市审核注册工作的承诺书	由上市公司及其控股股东、实际控制人、全体董事、监事、高级管理人员签字，并加盖上市公司公章。
5-5 上市公司关于申请电子文件与预留原件一致的承诺函	上市公司在落款处加盖公章。
5-6 签字注册会计师或者资产评估师的执业证书复印件及其所在机构的执业证书复印件	1. 会计师应当提供注册会计师证书，并加盖会计师事务所公章；2. 会计师事务所应当提供会计师事务所从业资格证书，并加盖会计师事务所公章；3. 资产评估师应当提供资产评估师职业资格证书，并加盖资产评估机构公章；4. 资产评估机构应当提供资产评估机构从业资格证书，并加盖资产评估机构公章。
5-7 上市公司及中介机构联系方式	应至少包括上市公司董事长、总经理、董事会秘书、财务负责人，以及中介机构项目负责人及项目组成员的电话和邮箱。

续表

申请文件目录	检查要点
5-8 本次发行认购合同	应当提供已签署的认购合同。
5-9 上市公司关于失信被执行人等事项核查过程的证明文件及相关承诺	1. 上市公司应当提交上市公司及其控股股东、实际控制人、控股子公司是否属于失信联合惩戒对象的核查证明文件，提交关于发行对象是否为失信联合惩戒对象的核查证明文件，并加盖上市公司公章；2. 证明文件的形式包括但不限于网络查询截图等。
5-10 其他文件	5-10-1 上市公司关于本次发行符合国家产业政策和北交所定位的专项说明：专项说明应加盖上市公司公章。 5-10-2 诚信档案查询名单：pdf 版本请加盖上市公司公章，word 版本请确认可编辑。 5-10-3 其他需提供的文件：无法确定文件归属的请在"5-10-3 其他需提供的文件"栏目处提交；存在翻译文件的，请提供翻译机构的资质文件。

附件 5：

募集资金专户三方监管协议

甲方：_____ 公司（以下简称"甲方"）

乙方：_____ 银行 _____ 分行 ___ 支行（以下简称"乙方"）

丙方：_____（保荐机构）（以下简称"丙方"）

注释：协议甲方是实施募集资金投资项目的法人主体，如果募集资金投资项目由上市公司直接实施，则上市公司为协议甲方，如果由子公司或者上市公司控制的其他企业实施，则上市公司、子公司或者上市公司控制的其他企业为协议共同甲方。

本协议以北京证券交易所上市公司向特定对象发行股票相关业务规则中相关条款为依据制定。

为规范甲方募集资金管理，保护投资者合法权益，根据有关法律法规及北京证券交易所上市公司向特定对象发行股票相关业务规则的规定，甲、乙、丙三方经协商，达成如下协议：

一、甲方已在乙方开设募集资金专项账户（以下简称"专户"），账号为_____，专户金额为_____。该专户仅用于甲方_____（募集资金用途），不得用作其他用途。

二、甲乙双方应当共同遵守《中华人民共和国票据法》《支付结算办法》《人民币银行结算账户管理办法》等法律、行政法规、部门规章。

三、丙方应当依据有关规定指定保荐机构负责人或者其他工作人员对甲方募集资金使用情况进行监督。丙方应当依据北京证券交易所上市公司向特定对象发行股票相关业务规则要求履行持续督导职责，并有权采取现场核查、书面问询等方式行使其监督权。甲方和乙方应当配合丙方的核查与查询。丙方对甲方现场核查时应当同时检查募集资金专户存储情况。

四、甲方授权丙方指定的保荐机构负责人 _____、_____ 可以随时到乙方查询、复印甲方专户的资料；乙方应当及时、准确、完整地向其提供所需的有关专户的资料。

保荐机构负责人向乙方查询甲方专户有关情况时应当出具本人的合法身份证明；丙方指定的其他工作人员向乙方查询甲方专户有关情况时应当出具本人的合法身份证明和单位介绍信。

五、乙方按月（每月 __ 日之前）向甲方出具对账单，并抄送丙方。

乙方应当保证对账单内容真实、准确、完整。

六、甲方一次或者十二个月以内累计从专户中支取的金额超过 ____ 万元或募集资金净额的 ____%（具体金额由甲方与丙方协商确定）的，乙方应当及时以传真方式通知丙方，同时提供专户的支出清单。

七、丙方有权根据有关规定更换指定的保荐机构负责人。丙方更换保荐机构负责人的，应当将相关证明文件书面通知乙方，同时按本协议第十一条的要求向甲方、乙方书面通知更换后的保荐机构负责人联系方式。更换保荐机构负责人不影响本协议的效力。

八、乙方连续三次未及时向丙方出具对账单或者向丙方通知专户大额支取情况，以及存在未配合丙方调查专户情形的，丙方有权提示甲方及时更换专户，甲方有权单方面终止本协议并注销募集资金专户。

九、本协议自甲、乙、丙三方法定代表人或其授权代表签署并加盖各自单位公章之日起生效，至专户资金全部支出完毕后失效。

十、本协议一式 ____ 份，甲、乙、丙三方各持一份，向北京证券交易所报备一份，其余留甲方备用。

十一、联系方式：

1. _____ 公司（甲方）

地址：_____

邮编：_____

传真：_____

联系人：_____

电话：_____

手机：_____

Email：_____

2. _____银行_____分行（乙方）

地址：_____

邮编：_____

传真：_____

联系人：_____

电话：_____

手机：_____

Email：_____

3. _____（保荐机构）（丙方）

地址：_____

邮编：_____

保荐机构负责人 A：_____

电话：_____

手机：_____

Email：_____

传真：_____

保荐机构负责人 B：_____

电话：_____

手机：_____

Email：_____

传真：_____

协议签署：

甲方：_____股份（有限）公司（盖章）

法定代表人或授权代表：_____

20__ 年 __ 月 __ 日

乙方：____ 银行 ____ 分行 _____ 支行（盖章）

法定代表人或授权代表：_____

20__ 年 __ 月 __ 日

丙方：_____证券股份有限（或有限责任）公司（盖章）

法定代表人或授权代表：_____

20__ 年 __ 月 __ 日

附件6：

上市公司本次向特定对象发行股份登记明细表

公司全称：××××股份（有限）公司（盖章）　　　　　　　　　　证券简称：
××××　证券代码：××××
保荐机构：××证券　　　　　　　　　　　　　　　　　　　　　　单位：股

序号	股东姓名或名称	是否为董事、监事、高级管理人员	身份证号或统一社会信用代码	投资者类型（北交所投资者/受限投资者）	是否为做市股份	本次向特定对象发行股票新增股票数量（股）	本次限售股票数量（股）	不予限售的股票数量（股）
1								
2								
合计								

附件7：

限售申请材料

7-1 ××××股份（有限）公司及相关股东关于提请协助办理限售股份登记的申请书

北京证券交易所：

　　××××股份（有限）公司（公司简称：××××；证券代码：××××）×× 等 ×× 名股东自愿锁定其持有 ××××股份（有限）公司的股票（具体锁定股票数量和锁定时间详见附表），经与 ××××股份（有限）公司协商一致，现向北京证券交易所申请协助办理限售股份登记，以便于在中国证券登记结算有限责任公司办理上述限售股份登记手续。

　　　　　　　　　　　　　　申请人：××××股份（有限）公司（加盖公章）
　　　　　　　　　　　　　　股东 ××（自然人签字、法人及其他经济组织盖章）
　　　　　　　　　　　　　　　　年　月　日（提交日期）

附表

上市公司股东所持股票限售明细表（*.×ls 格式）

公司全称：××××股份（有限）公司　证券简称：××××　证券代码：××××　单位：股

序号	股东名称	任职	是否为控股股东、实际控制人	身份证号或统一社会信用代码	本次向特定对象发行股票新增的股票数量	本次向特定对象发行股票新增的无限售股票数量	本次申请限售登记股票数量			自愿限售股票时间
							法定限售数量	自愿限售数量*	限售数量合计*	
1										
2										
合计										

保荐机构（加盖公章）

××××年××月××日

7-2××证券关于××××股份（有限）公司限售股票申请限售登记的审查意见

北京证券交易所：

　　经核查，××××股份（有限）公司（公司简称：××××；证券代码：××××）××、××等××名股东与××××股份（有限）公司协商一致，承诺自愿锁定其持有××××股份（有限）公司的股票，××××股份（有限）公司于××××年××月××日向北京证券交易所提交的《××××股份（有限）公司及相关股东关于提请协助办理限售股份登记的申请书》真实、准确、完整，××、××等××名股东在《××××股份（有限）公司及相关股东关于提请协助办理限售股份登记的申请书》上的签字或盖章为其本人自愿、真实签署。

项目负责人（签名）

××证券（加盖公章）

年　月　日（提交日期）

附件 8:

向特定对象发行股票重大事项确认函

8-1 向特定对象发行股票重大事项确认函

由我司保荐的 _____ 公司向特定对象发行股票申请已经中国证监会注册，取得了注册批复，且该公司已按规定完成了向特定对象发行股票，现申请新增股份登记。

截至该确认函提交之日，我司确认：

1. 该公司及发行对象符合《公司法》《北京证券交易所上市公司证券发行注册管理办法》《北京证券交易所上市公司证券发行上市审核规则》《北京证券交易所上市公司证券发行与承销业务指引》等法律法规、部门规章和业务规则关于向特定对象发行股票的相关规定。

2. 该公司不存在《北京证券交易所上市公司证券发行注册管理办法》《北京证券交易所上市公司证券发行上市审核规则》规定的终止审核情形以及其他影响本次发行的重大事项。

3. 该公司不存在严重损害投资者合法权益和社会公共利益的其他情形。

项目负责人（签名）

×× 证券（加盖公章）

年　月　日（提交日期）

8-2 向特定对象发行股票重大事项确认函
（自办发行适用）

本公司向特定对象发行股票申请已经中国证监会注册，取得了向特定对象发行股票注册批复，且本公司已按规定完成了向特定对象发行股票，现申请新增股份登记。

截至该确认函提交之日，本公司确认：

1. 本公司及发行对象符合《公司法》《北京证券交易所上市公司证券发行注册管理办法》《北京证券交易所上市公司证券发行上市审核规则》《北京证券交易所上市公司证券发行与承销业务指引》等法律法规、部门规章和业务规则关于向特定对象发行股票的相关规定。

2. 本公司不存在《北京证券交易所上市公司证券发行注册管理办法》《北京证券交易所上市公司证券发行上市审核规则》规定的终止审核情形以及其他影响

本次发行的重大事项。

3.本公司不存在严重损害投资者合法权益和社会公共利益的其他情形。

法定代表人（签名）

××××股份（有限）公司（加盖公章）

年　月　日（提交日期）

附件9：

向特定对象发行股票发行上市参考流程

序号	阶段	时间	具体工作内容
1	取得注册批文	收到注册批文后的2个交易日内	披露经证监会同意注册的募集说明书等相关文件
2	股票发行	向本所提交发行与承销方案	本所2个交易日内无异议的，上市公司和主承销商可以启动发行工作。适用简易程序的，上市公司及主承销商应当在中国证监会作出予以注册决定后2个交易日内向本所提交发行相关文件。
		认购缴款结束后10个交易日内	上市公司与保荐机构、存放募集资金的商业银行签订募集资金专户三方监管协议，聘请符合《证券法》规定的会计师事务所验资。
3	股份登记及上市	本次发行验资完成后的2个交易日内	向本所提交以下文件： （1）发行情况报告书（披露）； （2）保荐机构关于本次发行过程和认购对象合规性的报告（披露）； （3）律师关于本次发行过程和认购对象合规性的报告（披露）； （4）符合《证券法》规定的会计师事务所出具的验资报告； （5）向特定对象发行股票新增股票上市申请书； （6）上市保荐书； （7）募集资金专户三方监管协议（附件5）； （8）股份登记明细表（附件6）； （9）限售申请材料（附件7）； （10）重大事项确认函（附件8）； （11）本所要求的其他文件。

续表

序号	阶段	时间	具体工作内容
3	股份登记及上市	本所核实无误	本所将股份登记相关信息推送中国结算北京分公司，通知上市公司和保荐机构办理股份登记手续。 保荐机构协助上市公司与中国结算北京分公司协商确定新增股票上市并公开交易日期。
		L-4日	上市公司披露以下文件： （1）上市公告； （2）上市保荐书。
		L日	上市日。

关于发布《北京证券交易所上市公司证券发行业务办理指南第 3 号——向原股东配售股份》的公告

（北证公告〔2023〕24 号　2023 年 2 月 17 日）

为落实全面实行股票发行注册制的有关要求，规范北京证券交易所（以下简称本所）上市公司向原股东配售股份的信息披露和相关业务办理流程，本所修订了《北京证券交易所上市公司证券发行业务办理指南第 3 号——向原股东配售股份》，现予以发布，自发布之日起施行。

特此公告。

附件：北京证券交易所上市公司证券发行业务办理指南第 3 号——向原股东配售股份

附件

北京证券交易所上市公司证券发行业务办理指南第 3 号——向原股东配售股份

为规范北京证券交易所（以下简称本所）上市公司向原股东配售股份的信息披露和相关业务办理流程，根据《北京证券交易所上市公司证券发行上市审核规则》（以下简称《再融资审核规则》）《北京证券交易所上市公司证券发行与承销业务指引》等有关规定，制定本业务指南。

1. 基本规定

1.1 上市公司应当通过本所业务支持平台（以下称 BPM 系统）和交易系统办理向原股东配售股份（以下称配股）业务。保荐机构应当在 BPM 系统中报送配股的申报与审核相关文件，并在次日 9:00 前在 BPM 系统中完成公告关联等业务操作。

1.2 本所实行电子化审核，申请、受理、问询或反馈、回复等事项通过 BPM 系统办理。

1.3 上市公司配股代码为"869***"，由本所按提交发行与承销方案顺序依次分配；配股简称为"** 配"，其中"**"取自股票简称。上市公司应当在发行公告中正确披露配股所采用的代码及对应简称。

1.4 拟参与配售的股东原则上均应当通过本所交易系统进行网上认购，并通过结算参与人（证券公司、托管银行等）向中国证券登记结算有限责任公司北京分公司（以下简称中国结算北京分公司）缴款。中国结算北京分公司按规定将认购资金划至主承销商。

1.5 上市公司在披露配股发行公告至股权登记日期间，原则上应当避免可参与配售股数发生变化。可参与配售股数是指股权登记日收市后，中国结算北京分公司登记结算系统中的上市公司股本数量，其中，回购专户中的股份不享有配股权利。

1.6 如配股发行成功，按实际配股认购比例除权。

1.7 上市公司在配股结束后，应当按照法律法规、部门规章、规范性文件和本所有关规定办理股份限售。

1.8 确定本次配售对象的股权登记日为 R 日，新增股份上市日为 L 日。

2. 申报前准备

2.1 上市公司应当在董事会审议配股等事项后 2 个交易日内披露董事会决议及向特定对象发行股票募集说明书草案等相关公告。

2.2 上市公司应当在股东大会审议通过配股有关事项后 2 个交易日内披露股东大会决议等相关公告。

2.3 上市公司筹划向原股东配售股份的，应当做好内幕信息知情人登记管理工作。

2.4 上市公司应当在审议通过配股具体方案的董事会决议披露之日起 10 个交易日内，通过内幕信息知情人报备系统或本所规定的其他方式，向本所提交下列内幕信息知情人报备文件（附件 1）：

（1）内幕信息知情人登记表；

（2）相关人员买卖上市公司股票的自查报告，自查期间为首次披露股票发行事项的前 6 个月至董事会决议披露之日；

（3）进程备忘录；

（4）上市公司全体董事对内幕信息知情人报备文件真实性、准确性和完整性的承诺书；

（5）本所要求的其他文件。

2.5 本所对自查期间上市公司股票交易情况进行核查，发现明显异常的，可以要求上市公司提交股票交易情况说明。

上市公司决定继续推进本次发行事项的，应当采取措施消除相关事项对上市公司的影响；无法完全消除的，应当在申报前，就股票交易存在明显异常，可能导致本次发行被中止或者终止的情况披露特别风险提示公告。上市公司的保荐机构、律师应当对公司股票交易情况是否涉嫌内幕交易、是否会影响本次发行发表明确意见。

上市公司自主决定终止本次发行事项的，应当再次召开董事会、股东大会审议终止股票发行事项，并及时发布终止公告披露终止原因。

3. 审核与注册

3.1 上市公司应当委托保荐机构，通过 BPM 系统提交申请文件（附件 2、3），并填写项目信息。

保荐机构提交申请文件前，应当对项目信息和项目申请文件进行核查，确保符合本所相关受理要求（参照《北京证券交易所上市公司证券发行业务办理指南第 2 号——向特定对象发行股票》附件 4）。

3.2 本所收到申请文件后 5 个工作日内，通过 BPM 系统发送受理或不予受理的通知。保荐机构可以在 BPM 系统查询。

3.3 申请文件不符合受理要求的，本所一次性告知需补正事项，保荐机构可以在 BPM 系统查询。上市公司补正申请文件的，本所收到申请文件的时间以上市公司最终提交补正文件的时间为准。

保荐机构应当组织上市公司、证券服务机构根据补正意见对相关申请文件进行补充完善，并及时通过 BPM 系统提交补正后文件。补正时限最长不得超过 30 个工作日。多次补正的，补正时间累计计算。

3.4 上市公司应当在取得本所受理通知书当日披露关于收到本所受理通知书的公告，同时披露募集说明书、发行保荐书、上市保荐书、审计报告、法律意见书。

3.5 出现下列情形之一的，上市公司应当在 2 个交易日内披露相关公告：

（1）收到本所不予受理决定；

（2）收到本所中止或者终止发行上市审核决定；

（3）收到中国证监会中止或者终止发行注册决定；

（4）收到中国证监会同意注册或者不予注册决定；

（5）上市公司撤回证券发行申请。

3.6 自受理之日起 15 个工作日内，本所通过 BPM 系统发出首轮审核问询，保荐机构可以在 BPM 系统查询，审核问询在本所网站同步披露。

3.7 保荐机构应当组织上市公司、证券服务机构等对审核问询事项进行核查、落实，并自收到审核问询之日起 20 个工作日内，通过 BPM 系统提交回复文件，涉及更新申请文件的，应当上传至对应的文件条目内。

回复文件命名要求包含回复人简称、上市公司证券简称、轮次，例如"××（上市公司证券简称）及 ×× 证券关于第一轮问询的回复"、"×× 会所关于 ××（上市公司证券简称）第一轮问询的回复"、"×× 律所关于 ××（上市公司证券简称）的补充法律意见书（一）"。

问询回复涉及对申请文件进行更新修改的，应当在问询回复中专门说明，并在申请文件中使用楷体加粗方式对修改的内容予以凸显标注。

3.8 预计难以在规定时间内回复的，保荐机构应当在回复截止日前通过 BPM 系统提交延期回复申请（加盖上市公司或保荐机构公章），说明延期理由及预计回复日期，延期一般不超过 20 个工作日。

3.9 上市公司或保荐机构认为拟披露的回复信息属于国家秘密、商业秘密，披露后可能导致其违反国家有关保密的法律法规或者严重损害公司利益的，须提交脱密处理后的问询回复，并将信息披露豁免的说明文件上传至对应的文件条目内。本所经审核认为豁免理由不成立的，上市公司应当按照规定予以披露。

3.10 首轮审核问询后，存在《再融资审核规则》规定情形的，本所继续提出审核问询，保荐机构可以在 BPM 系统查询，审核问询在本所网站同步披露。

3.11 中国证监会认为存在需要进一步说明或者落实事项的，本所进一步问询，保荐机构可以在 BPM 系统查询，审核问询在本所网站同步披露。

3.12 本所根据审核需要，需对上市公司的控股股东、实际控制人、董事、监事、高级管理人员，保荐机构、证券服务机构及其相关人员约见问询的，相关人员应当在约定时间和地点接受问询。

3.13 本所要求调阅相关资料的，上市公司及其保荐机构、证券服务机构应当按照要求及时提交，确保相关资料真实、准确、完整，不得随意修改或损毁。

3.14 上市公司披露收到中国证监会同意注册决定的公告时，应当说明取得注册批文的日期、注册发行的股份数量，并公告本次发行的保荐机构，公开上市公司和保荐机构指定办理本次发行的负责人及其有效联系方式。

3.15 上市公司应当在收到中国证监会同意注册决定后的 2 个交易日内，披露经中国证监会同意注册的募集说明书等相关文件。

4. 发行前准备

4.1 提交发行方案

4.1.1 上市公司向原股东配售股份经中国证监会注册后，主承销商应当通过 BPM 系统提交发行与承销方案（附件4）、关于通过本所交易系统向原股东配售股份的申请（附件5）等相关文件。本所2个交易日内对发行方案无异议的（当日 10:00 后提交的，提交日不纳入计算），主承销商可以在 BPM 系统查看配股代码和配股简称，并启动发行。

4.1.2 上市公司和主承销商应当在发行与承销方案中明确可配售股份数量、发行方式、发行时间安排等信息，并按照发行与承销方案中列明的发行时间安排推进发行工作。

4.1.3 中国证监会同意注册后、发行前，如因公司送股、可转债转股及其他原因引起公司股份变动，发行数量做出相应调整的，需在发行与承销方案中说明原因和调整结果。

4.2 与中国结算北京分公司联系办理发行前的相关手续

上市公司与主承销商应当提前与中国结算北京分公司相关部门联系，沟通配股发行的相关工作。

5. 发行期间工作

5.1 R-3 日：披露《发行公告》及《募集说明书》

5.1.1 主承销商应当于 R-3 日 10:00 前，通过 BPM 系统上传以下文件，并且在系统中填写"配股关键要素信息表"。

（1）募集说明书（披露）；

（2）发行公告（披露）；

（3）不存在未实施的权益分派方案的说明。

5.1.2《发行公告》至少应当包括募集说明书及发行公告的披露日、确定本次配售对象的股权登记日、配股认购期、可参与配售股数、配股价格、配售比例、配股代码及配股简称、发行方式、控股股东承诺认购数量、发行失败的退款处理等信息。

5.2 披露《配股提示性公告》

5.2.1 主承销商应当于 R 日通过 BPM 系统上传并披露《配股首次提示性公告》，并且当日办理停牌手续，通过本所系统提交停牌申请，申请上市公司股票及其衍生品种在 R+1 日至 R+6 日期间停牌。

5.2.2 上市公司应当在缴款截止日前，就配股事项至少再披露两次提示性公告。

5.3 R+1 日到 R+5 日：认购缴款

5.3.1 交易日 9:15 至 11:30、13:00 至 15:00，R 日登记在册拟参与配售的股东通过交易系统认购获配股份并缴纳认购款。

5.3.2 配股缴款时，如投资者在多个证券营业部开户并持有该上市公司股票的，应当到各个相应的证券营业部进行配股认购。

5.3.3 投资者在认购缴款时可以多次申报，但总申报数量不得超过投资者的可获配数量，申报当日可以撤单。

5.3.4 R+5 日 18:00 后，主承销商可通过 BPM 系统查看配股是否成功。控股股东不履行认配股份的承诺，或者约定期限届满，原股东认购股票的数量未达到拟配售数量 70% 的，本次配股失败。

5.4 R+6 日：披露《配股结果公告》

5.4.1 R+6 日 10:00 前，主承销商通过 BPM 系统提交《配股结果公告》。如配股成功，上市公司和主承销商在 BPM 系统提交除权业务申请；如配股失败，需提交"配股失败业务申请表"，以及主承销商、律师事务所关于本次发行失败的专项意见。

《配股结果公告》至少包括认购股数及比例、认购金额、配售股份是否成功等信息。

无论配股是否成功，上市公司和主承销商应于当日办理复牌手续，通过本所系统提交复牌申请，申请于次一交易日（R+7）公司股票及其衍生品种复牌。

5.5 R+7 日：复牌及认购资金划转

5.5.1 配股发行结束，上市公司股票及其衍生品种于 R+7 日复牌。R+7 日为除权基准日，即复牌当日股票价格进行除权，除权当日股票交易不放开涨跌幅；如配股发行失败，股票不除权。

5.5.2 中国结算北京分公司将网上认购资金划转至主承销商的自营结算备付金账户。

主承销商收到中国结算北京分公司划转的认购资金后，将认购资金款项由其自营结算备付金账户提取至其银行账户，并按约定划至上市公司指定的银行账户。

5.5.3 上市公司聘请符合《证券法》规定的会计师事务所完成验资。

5.5.4 上市公司应当与主承销商、存放募集资金的商业银行签订募集资金专户三方监管协议。

6. 新增股份登记及上市

6.1 L-4 日及之前：申请上市

6.1.1 上市公司及主承销商向中国结算北京分公司办理登记托管手续。

6.1.2 上市公司获取中国结算北京分公司出具的信息披露通知之后 2 个交易日内，通过业务系统提交以下申请文件：

（1）发行情况报告书（披露）；

（2）配股获配股份上市提示性公告（披露）；

（3）上市保荐书（披露）；

（4）符合《证券法》规定的会计师事务所出具的验资报告；

（5）重大事项确认函（附件 8）；

（6）公司仍符合发行条件的说明，说明截至上市申请日，公司仍符合配股发行条件；

（7）募集资金专户三方监管协议；

（8）关于发布新股上市提示性公告的通知；

（9）上市申请书。

6.1.3 特定对象拟认购本次发行股票，属于《上市公司收购管理办法》所规范的收购及股份权益变动的，应当按《上市公司收购管理办法》及相关法律法规、规范性文件要求履行权益变动的审议、审批及披露程序，应当在披露配股结果之日起 3 个交易日内披露上述权益变动公告。

6.2 L 日：新增股份上市

6.2.1 中国结算北京分公司向上市公司出具登记证明材料。

6.2.2 上市公司新增股份在本所上市交易。

7. 中止、终止审核与终止发行

上市公司出现《北京证券交易所上市公司证券发行注册管理办法》（以下简称《再融资办法》）、《再融资审核规则》规定的中止、终止审核情形，以及《再融资办法》规定的终止发行情形的，参照《北京证券交易所上市公司证券发行业务办理指南第 2 号——向特定对象发行股票》办理。

附件 1：

内幕信息知情人报备文件及要求

序号	文件名称	内容要求
1	内幕信息知情人登记表	内幕信息知情人范围，根据《证券法》第五十一条的有关规定确定，包括但不限于： （1）上市公司及其董事、监事、高级管理人员； （2）持有上市公司 5% 以上股份的股东和上市公司的实际控制人，以及其董事、监事、高级管理人员（如有）； （3）上市公司控股或者实际控制的公司及其董事、监事、高级管理人员； （4）由于所任公司职务或者因与公司业务往来可以获取本次股票发行有关内幕信息的人员； （5）为本次股票发行提供服务以及参与该事项的咨询、筹划、论证、审批等各环节的相关单位和人员； （6）前述自然人的直系亲属（配偶、父母、子女）； 上市公司的所有董事、监事、高级管理人员及其直系亲属，无论是否知情，均属于内幕信息知情人报备范围； （7）可以获取内幕信息的其他人员。 登记表加盖公司公章或公司董事会公章，并写明填报日期。
2	自查报告	自然人自查报告：应当列明自然人的姓名、职务、身份证号码、股票账户、有无买卖股票行为，并经本人签字确认； 机构的自查报告：应当列明机构的名称、统一社会信用代码、股票账户、有无买卖股票行为并加盖公章确认。
3	股票交易情况说明（如有）	相关人员存在买卖公司股票行为的，当事人应当书面说明其买卖股票行为是否利用了相关内幕信息；上市公司应当书面说明与买卖股票人员相关事项的动议时间，买卖股票人员是否参与决策，买卖行为与该事项是否存在关联关系以及是否签订了保密协议书等。

续表

序号	文件名称	内容要求
4	承诺书	上市公司全体董事对内幕信息知情人报备文件真实性、准确性和完整性的承诺书，由全体董事签字并加盖公司公章。
5	进程备忘录	包括但不限于筹划决策过程中各个关键时点的时间、参与筹划决策人员名单、筹划决策方式等。涉及的相关人员均应当在备忘录上签名确认。
6	报备文件电子件与预留原件一致的鉴证意见	律师应当对报送的电子文件与原件的一致性出具鉴证意见，并签名和签署鉴证日期，律师事务所应当在鉴证意见首页加盖律师事务所公章，并加盖骑缝章。 上市公司应当提交与预留原件一致的电子文件（WORD、EXCEL、PDF等文件格式）。 报备文件中应当注明上市公司、保荐机构联系人姓名、电话、联系邮箱等信息；报备文件所需签名处，均应当为签名人亲笔签名，不得以名章、签名章等代替。

内幕信息知情人登记表

公司简称：　　　　　证券代码：

内幕信息事项：

序号	姓名或名称	证件类型	证件号码	证券账户	联系方式	所在单位/部门	职务/岗位	与发行人关系	知悉内幕信息时间	知悉内幕信息方式	内幕信息内容	内幕信息所处阶段	登记时间	登记人

（加盖公章或董事会章）

填报日期：

注：1.本表所列项目为必备项目，发行人可根据自身内幕信息管理的需要增加内容。

2.内幕信息事项应当采取一事一记的方式，即每份内幕信息知情人登记表仅涉及一个内幕信息事项，不同内幕信息事项涉及的知情人档案应当分别记录。

3.填报获取内幕信息的方式，包括但不限于会谈、电话、传真、书面报告、电子邮件等。

4.填报各内幕信息知情人员所获知的内幕信息的内容，可根据需要添加附页进行详细说明。

5.填报内幕信息所处阶段，包括商议筹划，论证咨询，合同订立，公司内部的报告、传递、编制、决议等。

6.如为发行人登记，填写发行人登记人姓名；如为发行人汇总，保留所汇总表格中原登记人姓名。

进程备忘录

公司简称：   证券代码：

所涉事项简述：

关键时点	时间	地点	参与筹划决策人员	筹划决策方式	商议和决议内容	签名

注：1.本表所列项目为必备项目，发行人可根据自身内幕信息管理的需要增加内容。

2.进程备忘录涉及的相关人员应当在备忘录上签名确认。

法定代表人签名：

公司公章或董事会章：

附件2：

申请文件目录

（向原股东配售股份适用）

一、发行文件

1-1 上市公司向特定对象发行股票募集说明书（披露）

二、上市公司关于本次发行的申请与授权文件

2-1 上市公司关于本次配股的申请报告

2-2 上市公司董事会有关本次配股的决议

2-3 上市公司股东大会有关本次配股的决议

2-4 上市公司监事会对募集说明书真实性、准确性、完整性的审核意见

三、保荐机构关于本次发行的文件

3-1 发行保荐书（披露）

3-2 发行保荐工作报告

3-3 关于战略投资者适格性的专项意见（如有）

3-4 上市保荐书（披露）

四、会计师关于本次发行的文件

4-1 最近2年的财务报告和审计报告及最近1期（如有）的财务报告（披露）

4-2 盈利预测报告及其审核报告（如有）

4-3 会计师事务所关于上市公司的内部控制鉴证报告

4-4 经注册会计师核验的上市公司非经常性损益明细表

4-5 上市公司董事会、会计师事务所及注册会计师关于最近一年保留意见审计报告的补充意见（如有）

五、律师关于本次发行的文件

5-1 法律意见书（披露）

5-2 律师工作报告

5-3 关于上市公司董事、监事、高级管理人员以及上市公司控股股东、实际控制人在相关文件上签名盖章的真实性的鉴证意见

5-4 关于申请电子文件与预留文件一致的鉴证意见

六、关于本次发行募集资金运用的文件

6-1 有关部门对募集资金投资项目的审批、核准或备案文件（如有）

6-2 本次向特定对象发行收购资产相关的最近 1 年及 1 期（如有）的财务报告及其审计报告、资产评估报告（如有）（披露）

6-3 上市公司拟收购资产或股权的合同或其草案（如有）

6-4 资产权属证明文件（如有）

6-5 资产生产经营所需行业资质的资质证明或批准文件（如有）

七、其他文件

7-1 国务院主管部门关于引入境外战略投资者的有关文件（如有）

7-2 上市公司信息披露豁免说明

7-3 上市公司关于本次发行是否涉及重大资产重组的说明

7-4 上市公司全体董事、监事、高级管理人员对发行申请文件真实性、准确性和完整性的承诺书以及前述主体、上市公司和控股股东、实际控制人及与本次发行相关的保荐人、证券服务机构及相关责任人员关于不得影响或干扰发行上市审核注册工作的承诺书

7-5 上市公司、保荐人关于申请电子文件与预留原件一致的承诺函

7-6 签字注册会计师、律师或者资产评估师的执业证书复印件及其所在机构的执业证书复印件

7-7 上市公司及中介机构联系方式

7-8 其他相关文件

附件3：

向原股东配售股份的申请报告

××××股份（有限）公司向原股东配售股份的申请报告

中国证券监督管理委员会及北京证券交易所：

××××股份（有限）公司经××××证券股份有限（或有限责任）公司保荐，于××××年××月××日在北京证券交易所上市，证券简称：××××，证券代码：××××。

××××于××××年××月××日召开董事会，审议通过了向原股东配售股份的决议。××××年××月××日公司召开股东大会，经出席会议的有表决权股东所持表决权2/3以上通过，决议批准本次向原股东配售股份。本次向原股东配售股份总计不超过××××万股。

现特就本次向原股东配售股份事项提出申请。

（以下无正文）

××××公司（加盖公章）

年月日（提交日期）

附件4：

发行与承销方案要点

一、上市公司的基本情况

包括主营业务、公司控股股东、实际控制人基本情况、公司主要财务指标简表、募集资金主要用途等。

二、本次发行的基本情况

包括配售股份数量、发行方式、配售比例、配股价格、预计募集资金总额、发行阶段的时间安排、发行失败后的退款及补偿安排、纠纷解决机制、股份登记托管及上市安排等信息。

三、发行相关准备工作及风险应对

包括发行相关的主要准备工作、本次发行可能存在的风险及应对措施等。

四、上市公司及主承销商联系方式

五、其他需要说明的事项

附件5:

关于通过北交所上市公司交易系统向原股东
配售股份的申请

北京证券交易所:

　　××××股份有限公司(以下简称"××××")向原股东配售××万股普通股股票的申请已获中国证监会××号文同意注册。为了确保本次配股发行工作顺利进行,主承销商和上市公司特此申请于×年×月×日披露募集说明书,并于×年×月×日至×年×月×日通过北京证券交易所的交易系统上网发行本次"××××"股票。

　　在本次"××××"股票上网发行过程中,主承销商和上市公司承诺将按照北京证券交易所发布的相关规则、业务指引、指南,根据公开、公平、公正原则有序组织本次上网发行工作。

　　主承销商交易单元:

　　主承销商自营证券账户:

　　特此申请。

上市公司:××××公司(加盖公章)

主承销商:××××公司(加盖公章)

年　月　日

附件6:

发行并上市参考流程

(R为股权登记日,L为获配股份上市日)

序号	阶段	时间	具体工作内容
1	发行安排	证监会注册后	提交发行与承销方案,北交所2个交易日内无异议的,可以启动发行。
2	披露《募集说明书》及《发行公告》	R-3日	通过业务系统报送以下电子材料: (1)《募集说明书》(披露) (2)《发行公告》(披露) (3)不存在未实施的权益分派方案的说明

续表

序号	阶段	时间	具体工作内容
3	披露《配股首次提示性公告》	R 日	通过业务系统提交并披露《配股首次提示性公告》，通过业务系统提交停牌申请，办理停牌手续，申请于次一交易日起停牌，停牌期为 R+1 日至 R+6 日。
4	认购缴款期	R+1 日至 R+5 日（停牌）	认购缴款期内应当至少再披露两次《配股提示性公告》 R+5 日 18:00 后，主承销商可通过业务系统查看配股是否成功。
5	披露《配股结果公告》	R+6 日（停牌）	10:00 前，通过业务系统上传《配股结果公告》；如配股成功，当日在业务系统提交除权业务申请；无论配股是否成功，当日办理复牌手续，在业务系统提交复牌申请，申请于次一交易日（R+7）公司股票及衍生品种复牌。 除权参考价格的计算公式： 除权参考价格 =（前收盘价格 + 配股价格 × 股份变动比例）/（1+ 股份变动比例）
6	复牌	R+7 日（复牌）	如配股成功，股票将除权
7	配股上市操作	L-4 日及之前	上市公司及主承销商向中国结算北京分公司办理登记托管手续
		L-4 日及之前	通过业务系统上传下列文件： （1）发行情况报告书（披露） （2）配股获配股份上市提示性公告（披露） （3）上市保荐书（披露） （4）符合《证券法》规定的会计师事务所出具的验资报告 （5）重大事项确认函 （6）公司仍符合发行条件的说明，说明截至上市申请日，公司仍符合配股发行条件 （7）募集资金专户三方监管协议 （8）关于发布新股上市提示性公告的通知 （9）上市申请书
		L 日	新增股份上市交易

附件 7：

配股信息披露文件命名规范

编号	发行阶段	文件名 / 正文标题名
1	募集说明书	××××公司（全称）募集说明书（向原股东配售股份）
2	发行公告	××××公司（全称）配股发行公告
3	配股提示性公告	××××公司（全称）配股提示性公告
4	配股结果公告	××××公司（全称）配股结果公告
5	上市提示性公告	××××公司（全称）配股获配股份上市提示性公告
6		××××公司（全称）发行情况报告书（向原股东配售股份）

附件8：

××××年××月××日向原股东配售股份重大事项确认函

由我司保荐的_____公司配股业务申请已经中国证监会注册，取得了注册文件，且该公司已按规定完成了向原股东配售股份，现申请新增股份上市。截至该确认函提交之日，我司确认：

1. 该公司及发行对象符合《公司法》《北京证券交易所上市公司证券发行注册管理办法》《北京证券交易所上市公司证券发行上市审核规则》《北京证券交易所上市公司证券发行与承销业务指引》等法律法规、部门规章和业务规则关于向特定对象发行股票的相关规定。

2. 该公司不存在《北京证券交易所上市公司证券发行注册管理办法》《北京证券交易所上市公司证券发行上市审核规则》规定的终止审核情形以及其他影响本次发行的重大事项。

3. 该公司不存在严重损害投资者合法权益和社会公共利益的其他情形。

项目负责人（签名）　　××××证券公司（加盖公章）

关于发布《北京证券交易所上市公司向特定对象发行优先股业务办理指南第1号——发行与挂牌》的公告

（北证公告〔2023〕25号 2023年2月17日）

为落实全面实行股票发行注册制的有关要求，规范北京证券交易所（以下简称本所）上市公司向特定对象发行优先股的发行与挂牌业务办理流程，本所制定了《北京证券交易所上市公司向特定对象发行优先股业务办理指南第1号——发行与挂牌》，现予以发布，自发布之日起施行。

特此公告。

附件：北京证券交易所上市公司向特定对象发行优先股业务办理指南第1号——发行与挂牌

附件

北京证券交易所上市公司向特定对象发行优先股业务办理指南第1号——发行与挂牌

为了规范北京证券交易所（以下简称本所）上市公司向特定对象发行优先股及优先股的挂牌业务办理流程，根据《北京证券交易所上市公司证券发行上市审核规则》（以下简称《再融资审核规则》）、《北京证券交易所上市公司向特定对象发行优先股业务细则》（以下简称《业务细则》）等规则，制定本指南。

1. 申报前准备

1.1 上市公司应当在董事会审议通过向特定对象发行优先股有关事项后2个交易日内披露董事会决议及向特定对象发行优先股募集说明书草案等相关公告。募集说明书草案的内容应包括表决权恢复条款、本次发行的优先股股份恢复表决权的计算方式以及恢复条款的解除条件。

1.2 董事会决议时发行对象确定的，董事会应当就上市公司与相应发行对象签订附条件生效的优先股认购合同作出决议，并提请股东大会批准。认购合同应当载明发行对象拟认购优先股的数量、认购价格或定价原则、票面股息率或其确定原则，以及其他必要条款。认购合同应当约定发行对象不得以竞价方式参与认购，且本次发行一经上市公司董事会、股东大会批准并经中国证券监督管理委员会（以下简称中国证监会）注册，该合同即应生效。

董事会决议时发行对象未确定的，决议应当包括发行对象的范围和资格、定价原则、发行数量或数量区间。

上市公司与发行对象签订的优先股认购合同应当载明风险揭示条款（附件9），向投资者充分揭示优先股投资风险。

1.3 上市公司监事会应当对董事会编制的募集说明书等文件进行审核并提出书面审核意见。上市公司独立董事应当就上市公司本次优先股发行对公司各类股东权益的影响发表专项意见，并与董事会决议公告一同披露。

1.4 上市公司应当在股东大会审议通过向特定对象发行优先股有关事项后2个交易日内披露股东大会决议等相关公告。

1.5 上市公司股东大会就向特定对象发行优先股事项作出决议，除须经出席会议的普通股股东（含表决权恢复的优先股股东）所持表决权的三分之二以上通过之外，还须经出席会议的优先股股东（不含表决权恢复的优先股股东）所持表决权的三分之二以上通过。上市公司应当对出席会议的单独或合计持股比例在百分之五以下的中小股东表决情况实施单独计票并披露，并通过网络投票等方式为股东参加股东大会提供便利。

前款所称中小股东，是指除上市公司董事、监事、高级管理人员及其关联方，以及单独或者合计持有公司百分之五以上股份的股东及其关联方以外的其他股东。

1.6 上市公司应当参照中国证监会及本所关于向特定对象发行普通股的有关规定，做好内幕信息知情人登记与报备工作。

2. 审核注册

2.1 上市公司应当按照本指南规定，向本所报送向特定对象发行优先股申请文件（附件1、附件2）。申请挂牌转让保荐书的内容参照上市保荐相关要求执行。

保荐机构提交申请文件前，应当对项目信息和项目申请文件进行核查，确保符合本所相关受理要求（参照《北京证券交易所上市公司证券发行业务办理指南第2号——向特定对象发行股票》附件4）。

2.2 本所收到申请文件后，对申请文件的齐备性进行核对，并在5个工作日内出具受理或不予受理的通知。

申请文件不符合受理要求的，本所一次性告知需补正事项。上市公司补正申请文件的，本所收到申请文件的时间以上市公司最终提交补正文件的时间为准。补正时限最长不得超过30个工作日。多次补正的，补正时间累计计算。

2.3 上市公司应当在取得本所受理通知书当日披露关于收到本所受理通知书的公告，同时披露募集说明书、发行保荐书、申请挂牌转让保荐书、审计报告、法律意见书。

2.4 出现下列情形之一的，上市公司应当在 2 个交易日内披露相关公告：

（1）收到本所不予受理通知；

（2）收到本所中止或者终止发行挂牌审核决定；

（3）收到中国证监会中止或者终止发行注册决定；

（4）收到中国证监会同意注册或者不予注册决定；

（5）上市公司撤回证券发行申请。

2.5 自受理之日起 15 个工作日内，本所审核机构发出首轮审核问询，审核问询在本所网站同步披露。

2.6 上市公司、保荐机构及证券服务机构等对审核问询事项进行落实、核查，并自收到审核问询之日起 20 个工作日内提交回复文件。

回复文件命名要求包含回复人简称、上市公司证券简称、轮次，例如"××（上市公司证券简称）及 ×× 证券关于第一轮问询的回复"、"×× 会计师事务所关于 ××（上市公司证券简称）第一轮问询的回复"、"×× 律师事务所关于 ××（上市公司证券简称）的补充法律意见书（一）"。

问询回复涉及对申请文件进行更新修改的，应当在问询回复中专门说明，并在申请文件中使用楷体加粗方式对修改的内容予以凸显标注。

2.7 预计难以在规定时间内回复的，上市公司或保荐机构应当在回复截止日前提交延期回复申请（加盖上市公司或保荐机构公章），说明延期理由及预计回复日期，延期一般不超过 20 个工作日。

2.8 上市公司或保荐机构认为拟披露的回复信息属于国家秘密、商业秘密，披露后可能导致其违反国家有关保密的法律法规或者严重损害公司利益的，需提交脱密处理后的问询回复，并将信息披露豁免的说明文件一并提交。本所经审核认为豁免理由不成立的，上市公司应当按照规定予以披露。

2.9 首轮审核问询后，存在《再融资审核规则》规定情形的，本所继续提出审核问询，审核问询在本所网站同步披露。

2.10 中国证监会认为存在需要进一步说明或者落实事项的，本所进一步问询，审核问询在本所网站同步披露。

2.11 上市公司应当以临时公告的形式及时披露对本所审核问询的回复。

2.12 本所根据审核需要，需对上市公司的控股股东、实际控制人、董事、监事、高级管理人员，保荐机构、证券服务机构及其相关人员约见问询的，相关人员应当在约定时间和地点接受问询。

2.13 本所要求调阅相关资料的，上市公司及其保荐机构、证券服务机构应当按照要求及时提交，确保相关资料真实、准确、完整，不得随意修改或损毁。

2.14 上市公司披露收到中国证监会同意注册决定的公告时，应当说明取得注册批文的日期、注册发行的优先股股份数量，并公告本次发行的保荐机构，公开上市公司和保荐机构指定办理本次发行的负责人及其有效联系方式。

2.15 上市公司应当在收到中国证监会同意注册决定后的 2 个交易日内，披露经中国证监会同意注册的募集说明书等相关文件。

3. 组织发行

3.1 上市公司应当在注册批文的有效期内，按照《北京证券交易所上市公司证券发行与承销业务指引》等有关规定组织发行。

3.2 上市公司应当在认购缴款结束后 10 个交易日内，与保荐机构、存放募集资金的商业银行签订募集资金专户三方监管协议（附件 3），聘请符合《证券法》规定的会计师事务所验资。

4. 优先股登记及挂牌转让

4.1 上市公司应当在本次发行验资完成后的 2 个交易日内向本所报送以下文件：

（1）优先股发行情况报告书（披露）；

（2）保荐机构关于本次发行过程和认购对象合规性的报告（披露）；

（3）律师事务所关于本次发行过程和认购对象合规性的报告（披露）；

（4）符合《证券法》规定的会计师事务所出具的验资报告；

（5）向特定对象发行优先股挂牌转让申请书；

（6）向特定对象发行优先股申请挂牌转让保荐书；

（7）募集资金专户三方监管协议（附件 3）；

（8）优先股登记明细表（附件 4）；

（9）限售申请材料（附件 5）；

（10）重大事项确认函（附件 6）；

（11）本所要求的其他文件。

本所对前述文件审核后出具优先股登记函，送达上市公司并送交中国证券登记结算有限责任公司北京分公司（以下简称中国结算北京分公司）和保荐机构。

4.2 上市公司应当在提交优先股登记及挂牌转让申请时，向本所申请本次发行优先股的证券代码和证券简称（附件 7）。

4.3 上市公司优先股证券代码首两位代码为 82。

上市公司优先股证券简称首四位字符原则上从公司名称中选取，后三位字符为"优 1"。若该发行人再次发行优先股，首四位字符编制规则不变，后三位字符根据发行次数依次为"优 2"、"优 3"等。

4.4 上市公司在领取优先股登记函之前，应当按规定缴纳费用。上市公司在领取优先股登记函时，一并领取本次发行优先股的证券代码和证券简称。

4.5 上市公司应当及时向中国结算北京分公司申请办理新增优先股登记，具体流程按照中国结算北京分公司相关规定办理。

4.6 上市公司在取得中国结算北京分公司出具的优先股登记证明文件后，办理优先股挂牌手续，提交《优先股挂牌转让申请表》（附件8），确定优先股挂牌转让日期。上市公司应当在优先股挂牌转让前4个交易日，披露优先股挂牌转让公告，挂牌转让公告应当明确本次优先股的挂牌转让日，并更新披露向特定对象发行优先股申请挂牌转让保荐书。

4.7 本所会员应当向首次参与优先股转让的投资者全面介绍优先股的产品特征和相关制度规则，充分揭示投资风险，并按照风险揭示条款（附件9）的相关内容，要求投资者签署《风险揭示书》。

5. 中止、终止审核及终止发行

5.1 发生《再融资审核规则》规定的中止审核情形的，本所将中止审核，并通知上市公司和保荐机构。

上市公司或保荐机构申请中止审核的，应当及时向本所提出中止审核申请（加盖上市公司或保荐机构公章）。

5.2 中止审核的情形消除后，上市公司或保荐机构应当提交恢复审核申请（加盖上市公司或保荐机构公章）及中止审核情形已消除的证明文件。本所确认后，恢复审核。

5.3 发生《再融资审核规则》规定的终止审核情形的，本所将终止审核，并通知上市公司和保荐机构。

上市公司或保荐机构申请终止审核的，应当及时向本所提交终止审核的相关申请文件。

本所在作出终止审核决定后，向上市公司或保荐机构发送终止审核的决定书，决定书在本所网站同步披露。

5.4 中国证监会作出同意注册决定至上市公司完成新增优先股登记前，出现《北京证券交易所上市公司证券发行注册管理办法》规定的终止发行情形的，上市公司、保荐机构应当及时向本所报告，上市公司应当终止向特定对象发行优先股，并在2个交易日内披露终止发行相关公告，以及保荐机构对上市公司终止发行相关内部审议程序及信息披露义务履行情况、退款安排等事项的专项核查意见。

5.5 上市公司在中国证监会注册批文有效期截止日前未完成缴款验资的，本次优先股发行自动终止。上市公司应当在2个交易日内披露终止发行相关公告，以及保荐机构对上市公司本次未能完成发行相关内部审议程序及信息披露义务履行情况、退款安排等事项的专项核查意见。

6. 附 则

6.1 向特定对象发行优先股的其他事宜，本指南未作规定的，参照向特定对象发行普通股的有关规定办理。

6.2 保荐机构在优先股向特定对象发行与挂牌环节的相关要求，参照适用《证券发行上市保荐业务管理办法》《北京证券交易所证券发行上市保荐业务管理细则》等规定。

6.3 本指南由本所负责解释，自发布之日起施行。

附件：1. 向特定对象发行优先股申请文件目录

    2. 向特定对象发行优先股申请报告

    3. 募集资金专户三方监管协议

    4. 向特定对象发行优先股登记明细表

    5. 限售申请材料

    6. 向特定对象发行优先股重大事项确认函

    7. 优先股证券简称及证券代码申请书

    8. 向特定对象发行优先股挂牌转让申请表

    9. 优先股投资风险揭示必备条款

    10. 向特定对象发行优先股发行挂牌参考流程

附件1：

向特定对象发行优先股申请文件目录

一、发行文件

1-1 上市公司向特定对象发行优先股募集说明书（披露）

二、上市公司关于本次发行优先股的申请与授权文件

2-1 上市公司关于本次向特定对象发行优先股的申请报告

2-2 上市公司董事会有关本次向特定对象发行优先股的决议

2-3 上市公司股东大会有关本次向特定对象发行优先股的决议

2-4 上市公司监事会对募集说明书真实性、准确性、完整性的审核意见

三、保荐人关于本次发行的文件

3-1 发行保荐书（披露）

3-2 发行保荐工作报告

3-3 申请挂牌转让保荐书（披露）

四、证券服务机构关于本次发行的文件

4–1 上市公司最近 2 年的财务报告及其审计报告及最近 1 期（如有）的财务报告（披露）

4–2 法律意见书（披露）

4–3 律师工作报告

4–4 会计师事务所关于上市公司最近一年末内部控制的审计报告或鉴证报告

4–5 上市公司董事会、会计师事务所关于报告期内非标准审计报告涉及事项对公司是否有重大不利影响或重大不利影响是否已经消除的说明（如有）

4–6 本次向特定对象发行优先股收购资产相关的最近 1 年及 1 期（如有）的财务报告及其审计报告、资产评估报告或资产估值报告（如有）（披露）

4–7 资信评级机构为本次向特定对象发行优先股出具的资信评级报告（如有）（披露）

4–8 本次向特定对象发行优先股的担保合同、担保函、担保人就提供担保获得的授权文件（如有）

附件 2：

向特定对象发行优先股申请报告

××××股份（有限）公司向特定对象发行优先股申请报告

中国证券监督管理委员会及北京证券交易所：

××××股份（有限）公司经××××证券股份有限（或有限责任）公司保荐，于××××年××月××日在北京证券交易所上市，证券简称：××××，证券代码：××××。

××××于××××年××月××日召开董事会，审议通过了拟进行向特定对象发行优先股的决议。××××年××月××日公司召开股东大会，经出席会议的有表决权股东所持表决权三分之二以上通过，经出席会议的优先股股东所持表决权三分之二以上通过，决议批准本次向特定对象发行优先股事项。

本次向特定对象发行优先股募集资金总额不超过××××万。

现特就本次向特定对象发行优先股事项提出申请。

（以下无正文）

××××股份（有限）公司（加盖公章）

年　月　日（提交日期）

附件 3：

募集资金专户三方监管协议

甲方：＿＿＿＿＿＿＿＿＿＿公司（以下简称"甲方"）

乙方：＿＿＿银行＿＿＿分行＿＿支行（以下简称"乙方"）

丙方：＿＿＿＿＿＿＿＿＿（保荐机构）（以下简称"丙方"）

注释：协议甲方是实施募集资金投资项目的法人主体，如果募集资金投资项目由上市公司直接实施，则上市公司为协议甲方，如果由子公司或者上市公司控制的其他企业实施，则上市公司、子公司或者上市公司控制的其他企业为协议共同甲方。

本协议以北京证券交易所优先股发行相关业务规则中相关条款为依据制定。

为规范甲方募集资金管理，保护投资者合法权益，根据有关法律法规及北京证券交易所优先股发行相关业务规则的规定，甲、乙、丙三方经协商，达成如下协议：

一、甲方已在乙方开设募集资金专项账户（以下简称"专户"），账号为＿＿＿＿＿＿＿＿＿＿，专户金额为＿＿＿＿＿＿。该专户仅用于甲方＿＿＿＿＿＿＿＿＿（募集资金用途），不得用作其他用途。

二、甲乙双方应当共同遵守《中华人民共和国票据法》《支付结算办法》《人民币银行结算账户管理办法》等法律、行政法规、部门规章。

三、丙方应当依据有关规定指定保荐机构负责人或者其他工作人员对甲方募集资金使用情况进行监督。丙方应当依据北京证券交易所优先股发行相关业务规则要求履行持续督导职责，并有权采取现场核查、书面问询等方式行使其监督权。甲方和乙方应当配合丙方的核查与查询。丙方对甲方现场核查时应当同时检查募集资金专户存储情况。

四、甲方授权丙方指定的保荐机构负责人＿＿＿＿、＿＿＿＿可以随时到乙方查询、复印甲方专户的资料；乙方应当及时、准确、完整地向其提供所需的有关专户的资料。

保荐机构负责人向乙方查询甲方专户有关情况时应当出具本人的合法身份证明；丙方指定的其他工作人员向乙方查询甲方专户有关情况时应当出具本人的合法身份证明和单位介绍信。

五、乙方按月（每月＿日之前）向甲方出具对账单，并抄送丙方。

乙方应保证对账单内容真实、准确、完整。

六、甲方一次或者十二个月以内累计从专户中支取的金额超过＿＿＿万元或募

1541

集资金净额的 _____%（具体金额由甲方与丙方协商确定）的，乙方应当及时以传真方式通知丙方，同时提供专户的支出清单。

七、丙方有权根据有关规定更换指定的保荐机构负责人。丙方更换保荐机构负责人的，应将相关证明文件书面通知乙方，同时按本协议第十一条的要求向甲方、乙方书面通知更换后的保荐机构负责人联系方式。更换保荐机构负责人不影响本协议的效力。

八、乙方连续三次未及时向丙方出具对账单或者向丙方通知专户大额支取情况，以及存在未配合丙方调查专户情形的，丙方有权提示甲方及时更换专户，甲方有权单方面终止本协议并注销募集资金专户。

九、本协议自甲、乙、丙三方法定代表人或其授权代表签署并加盖各自单位公章之日起生效，至专户资金全部支出完毕后失效。

十、本协议一式 _____ 份，甲、乙、丙三方各持一份，向北京证券交易所报备一份，其余留甲方备用。

十一、联系方式：

1. _____ 公司（甲方）

地址：_____

邮编：_____

传真：_____

联系人：_____

电话：_____

手机：_____

Email：_____

2. _____ 银行 _____ 分行（乙方）

地址：_____

邮编：_____

传真：_____

联系人：_____

电话：_____

手机：_____

Email：_____

3. _____（保荐机构）（丙方）

地址：_____

邮编：_____

保荐机构负责人 A：_____

电话：_____

手机：_____

Email：_____

传真：_____

保荐机构负责人 B：_____

电话：_____

手机：_____

Email：_____

传真：_____

协议签署：

甲方：_____ 股份（有限）公司（盖章）

法定代表人或授权代表：_____

20__ 年 __ 月 __ 日

乙方：____ 银行 ____ 分行 _____ 支行（盖章）

法定代表人或授权代表：_____

20__ 年 __ 月 __ 日

丙方：_____ 证券股份有限（或有限责任）公司（盖章）

法定代表人或授权代表：_____

20__ 年 __ 月 __ 日

附件 4：

向特定对象发行优先股登记明细表

公司全称：×× 股份（有限）公司（盖章）　优先股证券简称：　　　优先股证券代码：

保荐机构：×× 证券

单位：股

序号	优先股股东姓名或名称	身份证号或统一社会信用代码	本次发行优先股认购数量	本次限售优先股数量	不予限售的优先股数量
1					
2					
3					
合计					

附件5：

限售申请材料

5-1×××× 股份（有限）公司及相关股东关于提请协助办理限售优先股登记的申请书

北京证券交易所：

　　××××股份（有限）公司（公司简称：××××；证券代码：××××）×× 等 ×× 名优先股股东自愿锁定其持有××××股份（有限）公司的优先股（具体锁定优先股数量详见附表），经与××××股份（有限）公司协商一致，现向北京证券交易所申请协助办理限售优先股登记，以便于在中国证券登记结算有限责任公司办理上述限售优先股登记手续。

申请人：××××股份（有限）公司（加盖公章）

股东××（自然人签字、法人及其他经济组织盖章）

年　月　日（提交日期）

附表：

上市公司股东所持优先股限售明细表

公司全称：××××股份（有限）公司　　优先股证券简称：　　优先股证券代码：　　单位：股

保荐机构：　　（加盖公章）

序号	优先股股东姓名或名称	身份证号或统一社会信用代码	本次发行优先股认购数量	本次限售优先股数量	不予限售的优先股数量
1					
2					
3					
合计					

××××年××月××日

5-2　××证券关于××××股份（有限）公司限售优先股申请限售登记的审查意见

北京证券交易所：

经核查，××××股份（有限）公司（公司简称：××××；证券代码：××××）××、××等××名优先股股东与××××股份（有限）公司协商一致，承诺自愿锁定其持有××××股××××股份（有限）公司的优先股，××××股份（有限）公司于××××年××月××日向北京证券交易所提交的《××××股份（有限）公司及相关股东关于提请协助办理限售优先股登记的申请书》真实、准确、完整，××、××等××名股东在《××××股份（有限）公司及相关股东关于提请协助办理限售优先股登记的申请书》上的签字或盖章为其本人自愿、真实签署。

项目负责人（签名）

××证券（加盖公章）

年　月　日（提交日期）

附件6：

向特定对象发行优先股重大事项确认函

由本所推荐的 _____ 公司向特定对象发行优先股申请已经中国证监会注册，取得了向特定对象发行优先股注册批复，且该公司已按规定完成了向特定对象发行优先股，现申请新增优先股登记。

截至该确认函提交之日，本所确认：

1. 该公司符合《公司法》《优先股试点管理办法》《北京证券交易所上市公司证券发行注册管理办法》《北京证券交易所上市公司证券发行上市审核规则》《北京证券交易所上市公司向特定对象发行优先股业务细则》等法律法规、部门规章和业务规则关于向特定对象发行优先股的相关规定。

2. 该公司不存在中国证监会及北京证券交易所规定的终止审核情形以及其他影响本次发行的重大事项。

3. 该公司不存在严重损害投资者合法权益和社会公共利益的其他情形。

项目负责人（签名）

××证券（加盖公章）

年　月　日（提交日期）

附件 7：

优先股证券简称及证券代码申请书

_____ 股份有限公司优先股证券简称及证券代码申请书

北京证券交易所：

　　我公司优先股拟在北京证券交易所挂牌。特向北京证券交易所申请优先股证券简称及证券代码。优先股证券简称拟定为 _____。

　　请予核定。

　　申请公司经办人签名：

　　联系电话：

　　传真：

××××股份（有限）公司（加盖公章）

年　　月　　日（提交日期）

附件 8：

向特定对象发行优先股挂牌转让申请表

项　目	内容	备注
一、发行基本信息		
上市公司名称		
普通股证券简称及代码		
发行前的优先股股数		
本次新增优先股股数		
优先股证券简称及代码		
发行价格、票面股息率		
募集资金总额		
起息日		
付息日		
存续期限		
是否申请限售		
本次发行优先股的会计处理方式		
募集资金用途		

项　目	内容	备注
二、中介机构信息		
保荐机构		
会计师事务所		
律师事务所		
资产评估机构（如有）		
×××股份（有限）公司全体董事承诺： "以上内容不存在虚假记载、误导性陈述或重大遗漏，且电子文件内容、格式与纸质材料一致。××××股份（有限）公司全体董事对其真实性、准确性、完整性、一致性承担个别和连带的法律责任。 董事×××、×××因…(具体和明确的理由)不能保证××材料真实、准确、完整。" （全体董事签字处） ×××股份（有限）公司（签章处） 20××年×月×日（提交日期）		

附件9：

优先股投资风险揭示必备条款

上市公司与发行对象签订的优先股认购合同应当明确载明风险揭示条款，上市公司、保荐机构应当向优先股投资者充分揭示风险，风险揭示条款至少应当包括以下内容：

一、重要提示

（一）优先股发行、挂牌、转让、信息披露等业务规则与普通股的相关业务规则存在差别，在参与优先股投资之前，投资者应认真阅读《国务院关于开展优先股试点的指导意见》《优先股试点管理办法》《公开发行证券的公司信息披露内容与格式准则第51号——北京证券交易所上市公司向特定对象发行优先股募集说明书和发行情况报告书》《北京证券交易所上市公司向特定对象发行优先股业务细则》等有关规章、规范性文件和业务规则。

（二）优先股的条款比较复杂，不同的条款决定了不同的优先股类别，在参与优先股投资之前，投资者应充分关注优先股的具体条款内容，仔细研读相关公司的《上市公司向特定对象发行优先股募集说明书》、《优先股挂牌转让公告》、定期报告及其他各种公告，做到理性投资，切忌盲目跟风。

（三）本风险揭示书无法详尽列示优先股的全部投资风险。投资者在参与此项业务前，请务必对此有清醒认识。

二、优先股投资风险揭示

（一）股东权利的特殊性可能带来的风险

优先股是独立于普通股的类别股份，优先股股东权利具有特殊性，如认知不到位，可能给投资者造成投资风险。包括但不限于：

1. 投资者应当充分关注优先股与普通股的差异。优先股股份持有人优先于普通股股东分配公司利润和剩余财产，但参与公司决策管理等权利受到限制。

2. 投资者应当充分关注优先股表决权恢复及终止情形。公司累计 3 个会计年度或者连续 2 个会计年度未按约定支付优先股股息的，优先股股东有权出席股东大会并行使表决权。对于股息可累积到下一会计年度的优先股，表决权恢复直至公司全额支付所欠股息；对于股息不可累积的优先股，表决权恢复直至公司全额支付当年所欠股息。公司章程可规定优先股表决权恢复的其他情形。

3. 投资者应当充分关注优先股与债券的差异。优先股具有固定收益证券的特征，但并不代表债权债务关系。一般而言，发行人无到期归还本金的义务，可分配税后利润不足以足额支付股息的并不构成违约。

4. 投资者应充分关注优先股的具体条款内容，主要包括优先股股息率是采用固定股息率还是浮动股息率、股息是否可以累积到下一会计年度、优先股股东是否可以参与剩余利润分配、上市公司或优先股股东是否可以行使赎回或回售选择权等。

（二）规则差异可能带来的风险

优先股在发行、挂牌、转让、信息披露等方面与普通股的业务规则存在较大的差异。如认知不到位，可能给投资者造成投资风险。包括但不限于：

1. 优先股转让无法成交的风险。相同条款的优先股在交易所市场的转让只能在不超过 200 名合格投资者之间进行。当转让导致相同条款的优先股投资者超过 200 人时，优先股转让将出现无法成交的情形。

2. 优先股交易机制特殊性可能产生的风险。向特定对象发行优先股在北交所采用协议转让方式进行交易，该交易机制与普通股存在差异。

3. 优先股被实施风险警示或终止挂牌的风险。上市公司的普通股停牌、复牌或被实施风险警示的，其优先股应当同时暂停、恢复转让或被实施风险警示。上市公司的普通股终止上市，或优先股全部赎回或回售时，交易所终止为上市公司优先股提供转让，并予以终止挂牌。

风险揭示书应以醒目的文字载明：

上述风险揭示事项仅为列举性质，未能详尽列明投资优先股的所有风险因素，您在参与优先股投资前，还应认真阅读相关公司的募集说明书和挂牌转让公告等，对其他可能存在的风险因素也应有所了解和掌握，并确信自己已做好足够的风险评估与财务安排，避免因参与优先股投资而遭受难以承受的损失。

投资者在本风险揭示书上签字，即表明投资者已经理解并愿意自行承担参与优先股投资的风险和损失。

附件 10：

向特定对象发行优先股发行挂牌参考流程

序号	阶段	时间	具体工作内容
1	取得注册批文	收到注册批文后的2个交易日内	披露经中国证监会同意注册的募集说明书等相关文件。
2	优先股发行	向本所提交发行与承销方案	本所2个交易日内无异议的，上市公司和主承销商可以启动发行工作。
		认购缴款结束后10个交易日内	上市公司与保荐机构、存放募集资金的商业银行签订募集资金专户三方监管协议，聘请符合《证券法》规定的会计师事务所验资。
3	优先股登记及挂牌	本次发行验资完成后的2个交易日内	向本所提交以下文件： （1）优先股发行情况报告书（披露）； （2）保荐机构关于本次发行过程和认购对象合规性的报告（披露）； （3）律师事务所关于本次发行过程和认购对象合规性的报告（披露）； （4）符合《证券法》规定的会计师事务所出具的验资报告； （5）向特定对象发行优先股挂牌转让申请书； （6）向特定对象发行优先股申请挂牌转让保荐书； （7）募集资金专户三方监管协议（附件3）； （8）优先股登记明细表（附件4）； （9）限售申请材料（附件5）； （10）重大事项确认函（附件6）； （11）本所要求的其他文件。 上市公司应当同时向本所申请本次发行优先股的证券代码和证券简称。
		本所出具优先股登记函	本所出具优先股登记函，送达上市公司并送交中国结算北京分公司和保荐机构。 上市公司在领取优先股登记函之前，应当按规定缴纳费用。上市公司在领取优先股登记函时，一并领取本次发行优先股的证券代码和证券简称。 上市公司应当及时向中国结算北京分公司申请办理新增优先股登记，具体流程参照中国结算北京分公司相关规定办理。

续表

序号	阶段	时间	具体工作内容
3	优先股登记及挂牌	上市公司取得中国结算北京分公司出具的优先股登记证明文件后	向本所办理优先股挂牌手续，提交《向特定对象发行优先股挂牌转让申请表》（附件8），确定优先股挂牌转让日期。
		L-4日	上市公司披露以下文件： （1）优先股挂牌转让公告； （2）向特定对象发行优先股申请挂牌转让保荐书。
		L日	挂牌日。

关于发布《北京证券交易所上市公司向特定对象发行优先股业务办理指南第 2 号——存续期业务办理》的公告

（北证公告〔2023〕26 号 2023 年 2 月 17 日）

为落实全面实行股票发行注册制的有关要求，规范北京证券交易所（以下简称本所）上市公司向特定对象发行优先股的存续期业务办理流程，本所制定了《北京证券交易所上市公司向特定对象发行优先股业务办理指南第 2 号——存续期业务办理》，现予以发布，自发布之日起施行。

特此公告。

附件：北京证券交易所上市公司向特定对象发行优先股业务办理指南第 2 号——存续期业务办理

附件

北京证券交易所上市公司向特定对象发行优先股业务办理指南第 2 号——存续期业务办理

为了规范北京证券交易所（以下简称本所）上市公司向特定对象发行优先股存续期的赎回、回售、付息等业务办理流程，根据《北京证券交易所上市公司向特定对象发行优先股业务细则》等业务规则，制定本指南。

1. 赎 回

1.1 上市公司应当在满足优先股赎回条件的当日或次一交易日召开董事会审议赎回事项，在 2 个交易日内披露董事会决议公告，并同时披露赎回提示性公告。赎回提示性公告中应当明确说明上市公司是否行使赎回权；拟行使赎回权的，公告中还应载明赎回的程序、价格、付款方法、付款时间等。

1.2 上市公司股东大会授权董事会办理赎回事项的，公司无需召开股东大会审议相关事项；未授权的，上市公司还应当召开股东大会审议赎回事项，并在审议后的 2 个交易日内披露股东大会决议公告。

1.3 上市公司董事会或股东大会决定行使赎回权的，上市公司应当于 T-10 日前（T日为赎回款项发放日），向本所提交《关于××公司赎回并注销优先股的申请》（附件1），申请中应当载明本次优先股的注册、发行及挂牌情况，赎回条款的设置，本次赎回的决策程序和信息披露情况，每股赎回价格及计算过程，进度安排，优先股费用缴纳情况，优先股是否存在质押或司法冻结等情形。

1.4 本所向上市公司出具《关于同意××公司赎回并注销优先股的函》并抄送中国证券登记结算有限责任公司北京分公司（以下简称中国结算北京分公司），上市公司应当在T-5日前按照中国结算北京分公司的相关规定申请办理注销手续。

1.5 上市公司应于T-2日12:00前将赎回优先股所需全部资金划入中国结算北京分公司指定的账户。上市公司未能在规定时间内足额划入相关款项的，应当及时向本所和中国结算北京分公司报告，并披露取消或延迟赎回业务的公告，公告中应当载明取消或延迟的原因及后续安排。

1.6 上市公司还应当在赎回期结束前至少发布三次赎回提示性公告。上市公司应当根据赎回期限合理安排提示性公告的披露时点，并于T-2日前披露最后一次赎回提示性公告。

1.7 上市公司普通股终止上市，或本次发行优先股已全部赎回或回售的，本所对上市公司优先股予以终止挂牌。上市公司应当于T-1日前披露优先股终止挂牌的提示性公告。

1.8 T日，中国结算北京分公司出具优先股赎回结果证明。上市公司应当在T+2日内披露赎回结果公告，公告中应当载明优先股赎回的办理情况；优先股终止挂牌的，上市公司还应当在赎回结果公告中披露终止挂牌情况。

2. 回　售

2.1 上市公司应当在满足优先股回售条件的2个交易日内披露回售提示性公告。优先股回售的提示性公告中应当载明回售的程序、价格、付款方法、付款时间等。其中，优先股股东可申报回售的期限应当不少于5日。

2.2 上市公司应当根据优先股股东申报结果，于T-10日前（T日为回售款项发放日），向本所提交《关于××公司回售并注销优先股的申请》（附件2），申请应当载明本次优先股的注册、发行及挂牌情况，回售条款的设置，本次回售的信息披露情况，每股回售价格及计算过程，进度安排，优先股费用缴纳情况，优先股是否存在质押或司法冻结等情形。

2.3 本所向上市公司出具《关于同意××公司回售并注销优先股的函》并抄送中国结算北京分公司，上市公司应当在T-5日前按照中国结算北京分公司的相关规定申请办理注销手续。

2.4 上市公司应于T-2日12:00前将回售优先股所需全部资金划入中国结算北京分公司指定的账户。上市公司未能在规定时间内足额划入相关款项的，应当及时向本所和中国结算北京分公司报告，并披露取消或延迟回售业务的公告，公告中应当载明取消或延迟的原因及后续安排。

2.5 上市公司应当在回售期结束前至少发布三次优先股回售的提示性公告。上市公司应当根据回售期限合理安排提示性公告的披露时点，并于 T-2 日前披露最后一次回售提示性公告。

2.6 上市公司普通股终止上市，或本次发行优先股已全部赎回或回售的，本所对上市公司优先股予以终止挂牌。上市公司应当于 T-1 日前披露优先股终止挂牌的提示性公告。

2.7 T 日，中国结算北京分公司出具优先股回售结果证明。上市公司应当在 T+2 日内披露回售结果公告，公告中应当载明优先股回售的办理情况；优先股终止挂牌的，上市公司还应当在回售结果公告中披露终止挂牌情况。

3. 付息及股息率调整

3.1 上市公司应于优先股付息日的 2 个交易日前，向本所提交《付息业务申请表》（附件 3），并披露《优先股付息公告》。《优先股付息公告》应当至少包括付息方案、付息日与除息日、付息对象、付息方法等。

3.2 付息日，上市公司自派付息，本所完成除息。付息日后的 2 个交易日内，上市公司应当披露优先股股东的利润分配情况。上市公司不能如期足额派息，将调整原确定的付息日的，应当及时向本所报告并披露延期付息的公告。

3.3 上市公司按照本所相关要求实施普通股权益分派的，应当在权益分派方案中披露优先股股东股息支付安排。上市公司披露权益分派实施公告前，应已完全支付约定的优先股股息，并应在权益分派实施公告中披露股息支付情况。

3.4 上市公司向特定对象发行优先股约定为浮动股息率的，应当在优先股满足股息率调整条件后次一交易日披露关于优先股股息率调整的公告，公告应当载明调整股息率的依据、原股息率、新的本年度股息率及起息日等；未及时披露的，上市公司应当在发现后及时向本所报告，并补充披露。

4. 其他事项

4.1 上市公司普通股停牌、复牌或者被实施风险警示的，本所对其优先股同步实施暂停、恢复转让或实施风险警示，上市公司无需另行申请优先股暂停或恢复转让，因特殊原因优先股需单独暂停、恢复转让的除外。上市公司应当在停复牌公告或者被实施风险警示公告中说明优先股同步暂停、恢复转让或被实施风险警示的情况。

4.2 优先股有限售安排的，相关股东可在满足解除限售相关条件时，及时向本所申请办理解限售业务，办理流程和信息披露参照上市公司普通股解限售的相关规定执行。

4.3 如因履行业绩补偿义务等导致优先股需要注销的，应按照约定及时办理注销，办理流程和信息披露参照上市公司股份定向回购注销的相关规定执行。

4.4 上市公司累计 3 个会计年度或连续 2 个会计年度未按约定支付优先股股息的，上市公司应当在披露批准当年利润分配方案的股东大会决议的同时，披露优先股表决权恢复的提示性公告，公告中应当载明优先股表决权恢复的原因、表决权恢复的起始期限、每股优先股享有的表决权比例等内容。其中，每股优先股股份享有的表决权按照公司章程规定执行。上市公司出现公司章程规定的其他优先股表决权恢复情形的，应当及时披露前述优先股表决权恢复的提示性公告。

在优先股表决权恢复期间，上市公司应当在股东大会召开通知的公告中，披露每股优先股享有的普通股表决权数量；在股东大会决议的公告中，披露出席会议的恢复表决权的优先股股东人数、所持优先股数量和对应表决权数量。

4.5 对于股息可累积到下一会计年度的优先股，上市公司应当在其全额支付所欠股息后的 2 个交易日内，披露终止表决权恢复的提示性公告。对于股息不可累积的优先股，上市公司应当在其全额支付当年股息后的 2 个交易日内，披露终止表决权恢复的提示性公告。

4.6 上市公司申请办理优先股赎回或回售的，应当与优先股股东做好沟通，自上市公司提交申请后至实施完毕期间，原则上应保持优先股股东结构不变。

4.7 除本指南规定情形外，上市公司出现其他可能影响正常赎回、回售、付息等业务办理情形的，应当及时向本所报告并披露。

5. 附 则

5.1 本指南所称"日"，均为交易日。

5.2 本指南由本所负责解释，自发布之日起施行。

附件：1. 关于 ×× 公司赎回并注销优先股的申请

2. 关于 ×× 公司回售并注销优先股的申请

3. 付息业务申请表

4. 上市公司优先股赎回业务参考流程

5. 上市公司优先股回售业务参考流程

6. 上市公司优先股付息业务参考流程

附件 1：

关于 ×× 公司赎回并注销优先股的申请

北京证券交易所：

  ××××股份（有限）公司（公司简称：××××；证券代码：××××）于×年×月×日在北京证券交易所发行优先股（优先股简称：××××；优先股代码：××××）×××股。现申请办理优先股的赎回注销，具体安排如下：

  一、本次优先股的注册、发行及挂牌情况

公司应简要说明本次优先股的注册、发行及挂牌情况。

  二、赎回条款的设置

根据优先股募集说明书、认购合同等文件说明赎回条款的具体要求。

  三、本次赎回的决策程序和信息披露情况

  按照优先股募集说明书中关于赎回条款的约定，说明公司本次赎回优先股的决策程序和已履行的信息披露情况。

  四、每股赎回价格

公司应结合赎回条款的安排说明每股优先股赎回价格和计算过程。

  五、本次赎回的进度安排及信息披露情况

公司应说明本次优先股赎回的进度安排，包括赎回提示性公告的披露安排。

  六、本次赎回优先股相关费用缴纳情况

  七、本次赎回优先股是否存在质押或司法冻结等情形

若存在，请具体说明。

（ ）公司董事

（年 / 月 / 日）

附表

优先股赎回并注销登记申请表

公司全称			
优先股简称		优先股代码	
每股赎回价格（含息、元 / 股）【最多保留 6 位小数】（含税）			
个人投资者、证券投资基金			
机构投资者			
每股赎回价格（含息、元 / 股）【最多保留 6 位小数】（税后）			

续表

QFII	
赎回款发放日	
本次注销优先股比例（%）【应为整数】【占存续优先股比例】	××%

注：优先股赎回存在全部赎回和部分赎回，其中，部分赎回是指上市公司赎回优先股股东特定比例的优先股（优先股股东为一名的情形）或向全体优先股股东进行等比例的赎回（优先股股东为两名及以上的情形），按比例计算注销股份数量出现小数位时，全部舍位。

附件2：

关于××公司回售并注销优先股的申请

北京证券交易所：

　　××××股份（有限）公司（公司简称：××××；证券代码：××××）于×年×月×日在北京证券交易所发行优先股（优先股简称：××××；优先股代码：××××）×××股。现申请办理优先股的回售注销，具体安排如下：

　　一、本次优先股的注册、发行及挂牌情况

　　公司应简要说明本次优先股的注册、发行及挂牌情况。

　　二、回售条款的设置

　　根据优先股募集说明书、认购合同等文件说明回售条款的具体要求。

　　三、本次回售的信息披露情况

　　说明本次回售已履行的信息披露情况。

　　四、每股回售价格

　　公司应结合回售条款的安排说明每股优先股回售价格和计算过程。

　　五、本次回售的进度安排及信息披露情况

　　公司应说明本次优先股回售的进度安排，包括回售提示性公告的披露安排。

　　六、本次回售优先股相关费用缴纳情况

　　七、本次回售优先股是否存在质押或司法冻结等情形

　　若存在，请具体说明。

（　）公司董事会

（年/月/日）

附表

本次优先股回售并注销登记明细表

序号	优先股股东姓名或名称	身份证或证件号码	注销前存续优先股数量（股）	本次注销优先股数量（股）	回售价格（含息、元/股）【最多保留6位小数】	股份性质
1						
合计						

附件 3：

付息业务申请表

公司全称			
证券简称		证券代码	
优先股简称 优先股代码			
付息日			
除息日			
股息率			
每股兑息金额（含税）			
个人投资者、证券投资基金			
机构投资者			
每股兑息金额（税后）			
QFII			
申请人：××××股份有限公司（加盖公章） 联系电话： 年　　月　　日			

附件 4：

上市公司优先股赎回业务参考流程

（T 日：赎回款项发放日）

阶 段	日 期	主要工作
（一）上市公司内部决议阶段	触发赎回条件的当日或次一交易日	董事会审议是否赎回
	董事会决议后 2 个交易日内	披露董事会决议公告和《优先股赎回提示性公告》
	股东大会决议后 2 个交易日内	披露股东大会决议公告
（二）赎回实施阶段	T−10 日前	提交赎回并注销优先股的申请
	T−5 日前	上市公司根据中国结算北京分公司的相关规定申请办理注销手续
	T−2 日 12:00 前	上市公司将赎回优先股所需全部资金划入中国结算北京分公司指定的账户
	T−2 日前	披露三次《优先股赎回提示性公告》
	T−1 日前	披露优先股终止挂牌的提示性公告（如有）
	T 日	中国结算北京分公司出具优先股赎回结果证明
	T+2 日内	披露赎回结果公告；优先股终止挂牌的，上市公司还应当在回售结果公告中披露终止挂牌情况

附件 5：

上市公司优先股回售业务参考流程

（T 日：回售款项发放日）

阶 段	日 期	主要工作
（一）准备阶段	满足回售条件的 2 个交易日内	披露《优先股回售提示性公告》

续表

阶　段	日　期	主要工作
（二）回售实施阶段	T-10 日前	提交回售并注销优先股的申请
	T-5 日前	上市公司根据中国结算北京分公司的相关规定申请办理注销手续
	T-2 日 12:00 前	上市公司将回售优先股所需全部资金划入中国结算北京分公司指定的账户
	T-2 日前	披露三次《优先股回售提示性公告》
	T-1 日前	披露优先股终止挂牌的提示性公告（如有）
	T 日	中国结算北京分公司出具优先股回售结果证明
	T+2 日内	披露回售结果公告；优先股终止挂牌的，上市公司还应当在回售结果公告中披露终止挂牌情况

附件6：

上市公司优先股付息业务参考流程

阶　段	时间	工作内容
提交付息业务申请	付息日的 2 个交易日前	向本所提交《付息业务申请表》，披露《优先股付息公告》
付息及除息	付息日	上市公司自派付息，本所完成除息
披露利润分配情况	付息日后的 2 个交易日内	披露优先股股东的利润分配情况

关于发布《北京证券交易所上市公司向特定对象发行可转换公司债券业务办理指南第1号——发行与挂牌》的公告

（北证公告〔2023〕27号　2023年2月17日）

为落实全面实行股票发行注册制的有关要求，规范北京证券交易所（以下简称本所）上市公司向特定对象发行可转换公司债券的发行与挂牌业务办理流程，本所修订了《北京证券交易所上市公司向特定对象发行可转换公司债券业务办理指南第1号——发行与挂牌》，现予以发布，自发布之日起施行。

特此公告。

附件：北京证券交易所上市公司向特定对象发行可转换公司债券业务办理指南第1号——发行与挂牌

附件

北京证券交易所上市公司向特定对象发行可转换公司债券业务办理指南第1号——发行与挂牌

为了规范北京证券交易所（以下简称本所）上市公司（以下简称上市公司）向特定对象发行可转换公司债券（以下简称向特定对象发行可转债或定向可转债）的发行、挂牌业务办理流程，根据《北京证券交易所上市公司证券发行上市审核规则》（以下简称《再融资审核规则》）、《北京证券交易所上市公司向特定对象发行可转换公司债券业务细则》（以下简称《可转债细则》）、《北京证券交易所上市公司证券发行与承销业务指引》（以下简称《证券发行与承销业务指引》）等规则，制定本指南。

1. 申报前准备

1.1 基本要求

上市公司应当通过本所可转债审核业务系统（以下称审核系统）办理向特定对象发行可转债业务。

1.2 董事会审议环节

1.2.1 上市公司应当召开董事会，对向特定对象发行可转债有关事项作出决议并在 2 个交易日内披露董事会决议及向特定对象发行可转债募集说明书草案等相关公告。

1.2.2 上市公司应当于股东大会召开 15 日前披露审议向特定对象发行可转债相关事项的股东大会通知公告，股东大会召开当日不计算在内。

1.2.3 董事会决议时发行对象确定的，应当在认购合同中约定，本合同在本次可转债发行经上市公司董事会、股东大会批准并履行相关审批程序后生效。

上市公司与发行对象签订的可转债认购合同应当载明发行对象拟认购可转债的数量或数量区间、票面金额、票面利率或其确定原则、转股价格及其调整的原则及方式、可转债还本付息期限和方式、保护债券持有人权利的具体安排、债券持有人会议的程序和决议生效条件、赎回条款、回售条款、发行终止后的退款及补偿安排、纠纷解决机制，以及其他必要条款。

上市公司与发行对象签订的可转债认购合同应当载明风险揭示条款（附件9），向投资者充分揭示可转债投资风险。

1.2.4 上市公司监事会应当对董事会编制的向特定对象发行可转债文件进行审核并提出书面审核意见。上市公司独立董事应当就可转债发行事项的必要性、合理性、可行性、公平性发表专项意见。

1.3 股东大会审议环节

1.3.1 上市公司应当按照《可转债细则》等相关规定，在股东大会审议通过可转债发行有关事项后 2 个交易日内披露股东大会决议等公告。

1.3.2 上市公司股东大会就向特定对象发行可转债事项作出决议，应当对出席会议的单独或合计持有未达到5%股份的中小股东表决情况实施单独计票并披露，并通过网络投票等方式为股东参加股东大会提供便利。

前款所称单独或合计持有未达到 5% 股份的中小股东，不包括上市公司董事、监事、高级管理人员及其关联方，也不包括单独或合计持有 5% 以上股份的股东的关联方。

1.4 内幕信息知情人登记

上市公司向特定对象发行可转债的，应当按照中国证监会、本所关于向特定对象发行股票的有关规定，做好内幕信息知情人登记工作。

2.　审核注册

2.1 提交发行申请文件

2.1.1 上市公司应当按照本指南的规定报送可转债发行申请文件（附件1、附件2）。保荐机构提交申请文件前，应当对项目信息和项目申请文件进行核查，确保符合本所相关受理要求（参照《北京证券交易所上市公司证券发行业务办理指南第 2 号——向特定对象发行股票》附件 4）。

2.1.2 本所收到申请文件后，对申请文件的齐备性进行核对，并于 5 个工作日内作出受理或者不予受理的决定。申请文件齐备的，出具受理通知；申请文件不齐备的，本所一次性告知需补正事项，保荐机构可以在审核系统查询。上市公司补正申请文件的，本所收到申请文件的时间以上市公司最终提交补正文件的时间为准。

保荐机构应当组织上市公司、证券服务机构根据补正意见对相关申请文件进行补充完善，并及时通过审核系统提交补正后的文件。补正时限最长不得超过 30 个工作日。多次补正的，补正时间累计计算。

2.1.3 上市公司应当在取得受理通知书后当日披露关于收到本所向特定对象发行可转债受理通知书的公告，同时披露募集说明书、发行保荐书、申请挂牌转让保荐书、审计报告、法律意见书。

出现下列情形之一的，上市公司应当在 2 个交易日内披露相关公告：

（1）收到本所不予受理决定；

（2）收到本所中止或者终止发行上市审核决定；

（3）收到中国证监会中止或者终止发行注册决定；

（4）收到中国证监会予以注册或者不予注册决定；

（5）上市公司撤回证券发行申请。

2.2 发行申请文件审核

2.2.1 本所对可转债发行申请文件进行审核，通过审核系统向上市公司及中介机构发出问询。

上市公司应当以临时公告的形式及时披露对本所审核问询的回复。

2.2.2 上市公司及其保荐机构、证券服务机构原则上应当在 20 个工作日内按照问询意见要求进行必要的补充核查，及时、逐项回复问询意见，补充或者修改申请文件。

回复文件命名要求包含回复人简称、上市公司证券简称、轮次，例如"××（上市公司证券简称）及 ×× 证券关于第一轮问询的回复"、"×× 会所关于 ××（上市公司证券简称）第一轮问询的回复"、"×× 律所关于 ××（上市公司证券简称）的补充法律意见书（一）"。

问询回复涉及对申请文件进行更新、修改的，应当在问询回复中专门说明，并在申请文件中使用楷体加粗方式对修改的内容予以凸显标注。

2.2.3 预计难以在规定时间内回复的，保荐机构应当在回复截止日前通过审核系统提交延期回复申请（加盖上市公司或保荐机构公章），说明延期理由及预计回复日期，延期一般不超过 20 个工作日。

2.2.4 上市公司或保荐机构认为拟披露的回复信息属于国家秘密、商业秘密，披露后可能导致其违反国家有关保密的法律法规或者严重损害公司利益的，须提交脱密处理后的问询回复，并将信息披露豁免的说明文件上传至对应的文件条目内。本所经审核认为豁免理由不成立的，上市公司应当按照规定予以披露。

2.2.5 首轮审核问询后，本所可以继续提出审核问询，保荐机构可以在审核系统查询。

2.2.6 本所根据审核需要，需对上市公司的控股股东、实际控制人、董事、监事、高级管理人员，保荐机构、证券服务机构及其相关人员约见问询的，相关人员应当在约定时间和地点接受问询。

2.2.7 本所要求调阅相关资料的，上市公司及其保荐机构、证券服务机构应当按照要求及时提交，确保相关资料真实、准确、完整，不得随意修改或损毁。

2.3 提交中国证监会注册

2.3.1 中国证监会在注册过程中，如要求本所进一步问询的，本所将通过审核系统发出问询。

2.3.2 上市公司应当在中国证监会作出注册决定后，及时更新披露修改后的募集说明书、发行保荐书、法律意见书等文件。

2.3.3 上市公司披露收到中国证监会予以注册决定的公告时，应当说明取得注册批文的日期、注册发行的债券数量等，并公告本次发行的保荐机构，公开上市公司和保荐机构指定办理本次发行的负责人及其有效联系方式。

3. 组织发行

3.1 定价、认购与缴款

上市公司应当在注册批文的有效期内，按照《证券发行与承销业务指引》等有关规定组织发行。

3.2 签订募集资金专户三方监管协议与验资

3.2.1 上市公司应当在认购结束后，与保荐机构、存放募集资金的商业银行签订募集资金专户三方监管协议（附件4）。

3.2.2 上市公司应当在认购结束后10个工作日内，聘请符合《证券法》规定的会计师事务所对募集资金到位情况进行验资。

4. 可转债登记及挂牌转让

4.1 上市公司应当在本次发行验资完成后的2个交易日内，通过审核系统向本所报送以下文件：

（1）可转债发行情况报告书（披露）；

（2）保荐机构关于本次发行过程和认购对象合规性的报告（披露）；

（3）律师关于本次发行过程和认购对象合规性的报告（披露）；

（4）符合《证券法》规定的会计师事务所出具的验资报告；

（5）向特定对象发行可转债挂牌转让申请书；

（6）向特定对象发行可转债申请挂牌转让保荐书；

（7）可转债证券简称及证券代码申请书（附件3）；

（8）可转债登记明细表（附件5）；

（9）募集资金专户三方监管协议；

（10）自愿限售申请材料（附件6）；

（11）重大事项确认函（附件7）；

（12）资产转移手续完成的证明文件（购买资产时适用）；

（13）本所要求的其他文件。

可转债证券代码和证券简称应当符合本所的有关规定，证券代码为"810×××"，证券简称为"××定转"，其中"××"取自上市公司股票简称。

4.2 上市公司在领取可转债登记函之前，应当按规定缴纳挂牌费用（如需）。上市公司在领取可转债登记函的同时，应当一并领取本次发行可转债的证券代码和证券简称。

4.3 可转债发行结束并确定可转债代码和简称后，保荐机构应当协助上市公司及时向中国结算北京分公司申请办理新增可转债登记，具体流程按照中国结算北京分公司相关规定执行。

4.4 上市公司在取得中国结算北京分公司出具的可转债登记证明文件后，办理可转债挂牌手续，提交《可转债挂牌转让申请表》（附件8），并确定可转债挂牌转让日期。上市公司在可转债挂牌转让前，应当披露可转债挂牌转让公告。挂牌转让公告应当明确本次可转债的挂牌转让日等事项。

4.5 本所会员应当向首次参与定向可转债转让的投资者全面介绍定向可转债的产品特征和相关制度规则，充分揭示投资风险，并按照风险揭示条款（附件9）的相关内容，要求投资者签署《风险揭示书》。

5. 中止、终止审核及终止发行

5.1 中止审核

5.1.1 上市公司发生《北京证券交易所上市公司证券发行注册管理办法》（以下简称《再融资办法》）、《再融资审核规则》规定的中止审核情形的，保荐机构应当及时向本所报告并提交中止审核申请（加盖上市公司或保荐机构公章）。

上市公司及其保荐机构、证券服务机构未及时告知本所，经确认符合中止审核情形的，本所将直接中止审核。

5.1.2 中止审核情形消除后，保荐机构应当及时向本所报告并提交恢复审核申请（加盖上市公司或保荐机构公章）及中止审核情形已消除的证明文件。本所确认后，恢复审核。

依照前款规定恢复审核的，审核时限自恢复审核之日起继续计算。

5.2 终止审核

5.2.1 本所受理上市公司申请至中国证监会予以注册前，上市公司出现《再融资办法》《再融资审核规则》规定的终止审核情形的，本所将终止审核，并通知上市公司、保荐机构。

5.2.2 上市公司或保荐机构申请终止审核的，本所核实申请文件齐备后，向上市公司出具受理通知书。保荐机构应当及时通过审核系统向本所提交终止审核的相关申请。

5.2.3 上市公司应当在取得终止向特定对象发行可转债审核决定后 2 个交易日内披露向特定对象发行可转债终止公告。

5.3 终止发行

5.3.1 中国证监会作出注册决定后至上市公司完成新增可转债登记前，上市公司出现《再融资办法》规定的终止发行情形的，上市公司、保荐机构应当及时向本所报告，上市公司应当终止向特定对象发行可转债，并在 2 个交易日内披露终止发行相关公告，及保荐机构对上市公司终止发行相关内部审议程序及信息披露义务履行情况、退款安排等事项的专项核查意见。

5.3.2 上市公司在中国证监会注册决定有效期截止日前未完成缴款验资的，本次可转债发行自动终止。上市公司应当及时披露向特定对象发行可转债终止公告。

6. 附　则

6.1 向特定对象发行可转债的其他事宜，本指南未做规定的，参照向特定对象发行股票的有关规定办理。

6.2 本指南由本所负责解释，自发布之日起施行。

附件：1. 向特定对象发行可转债申请文件目录

2. 向特定对象发行可转债申请报告

3. 可转债证券简称及证券代码申请书

4. 募集资金专户三方监管协议

5. 向特定对象发行可转债登记明细表

6. 自愿限售申请材料

7. 向特定对象发行可转债重大事项确认函

8. 向特定对象发行可转债挂牌转让申请表

9. 可转债投资风险揭示必备条款

附件1：

向特定对象发行可转债申请文件目录

一、发行文件

1-1 上市公司向特定对象发行可转换公司债券募集说明书

二、上市公司关于向特定对象发行可转换公司债券的申请与授权文件

2-1 上市公司关于本次向特定对象发行可转换公司债券的申请报告

2-2 上市公司董事会有关本次向特定对象发行可转换公司债券的决议

2-3 上市公司股东大会有关本次向特定对象发行可转换公司债券的决议

2-4 上市公司监事会对向特定对象发行可转换公司债券募集说明书真实性、准确性、完整性的审核意见

三、保荐人关于本次发行的文件

3-1 发行保荐书

3-2 发行保荐工作报告

3-3 向特定对象发行可转债申请挂牌转让保荐书

四、会计师关于本次发行的文件

4-1 最近2年的财务报告和审计报告及最近1期（如有）的财务报告

4-2 盈利预测报告及其审核报告（如有）

4-3 会计师事务所关于上市公司的内部控制鉴证报告

4-4 经注册会计师核验的上市公司非经常性损益明细表

4-5 上市公司董事会、会计师事务所及注册会计师关于最近一年保留意见审计报告的补充意见（如有）

五、律师关于本次发行的文件

5-1 法律意见书

5-2 律师工作报告

5-3 关于上市公司董事、监事、高级管理人员以及上市公司控股股东、实际控制人在相关文件上签名盖章的真实性的鉴证意见

5-4 关于申请电子文件与预留文件一致的鉴证意见

六、关于本次发行募集资金运用的文件

6-1 有关部门对募集资金投资项目的审批、核准或备案文件（如有）

6-2 本次拟收购资产相关的最近1年及1期（如有）的财务报告及其审计报告、资产评估报告（如有）

6-3 上市公司拟收购资产或股权的合同或其草案（如有）

七、其他文件

7-1 本次向特定对象发行可转换公司债券的资信评级报告（如有）

7-2 本次向特定对象发行可转换公司债券的担保合同、担保函、担保人就提供担保获得的授权文件（如有）

7-3 上市公司信息披露豁免说明

7-4 上市公司全体董事、监事、高级管理人员对发行申请文件真实性、准确性和完整性的承诺书以及前述主体、上市公司和控股股东、实际控制人及与本次发行相关的保荐人、证券服务机构及相关责任人员关于不得影响或干扰发行上市审核注册工作的承诺书

7-5 上市公司、保荐人关于申请电子文件与预留原件一致的承诺函

7-6 国资、外资等相关主管部门的审批、注册或备案文件（如有）

7-7 签字注册会计师、律师或者资产评估师的执业证书复印件及其所在机构的执业证书复印件

7-8 上市公司及中介机构联系方式

7-9 要求报送的其他文件

附件2：

向特定对象发行可转债申请报告

××××股份（有限）公司向特定对象发行可转债申请报告

中国证券监督管理委员会及北京证券交易所：

××××股份（有限）公司经××××证券股份有限（或有限责任）公司保荐，于××××年××月××日在北京证券交易所上市，证券简称：××××，证券代码：××××。

××××于××××年××月××日召开董事会，审议通过了拟进行向特定对象发行可转债的决议。××××年××月××日公司召开股东大会，经出席会议的有表决权股东所持表决权2/3以上通过，决议批准本次向特定对象发行可转债事项。

本次向特定对象发行可转债总计不超过××××万张，募集资金总额不超过××××万元。

现特就本次向特定对象发行可转债事项提出申请。

（以下无正文）

××××股份（有限）公司（加盖公章）

年　月　日

附件3：

可转债证券简称及证券代码申请书

_____ 股份有限公司可转债证券简称及证券代码申请书

北京证券交易所：

我公司定向可转债拟在北京证券交易所挂牌。特向贵所申请可转债证券简称及证券代码。可转债证券简称拟定为 _____，可转债扩位证券简称拟定为 _____。

请予核定。

申请公司经办人签名：

联系电话：

传真：

_____ 股份有限公司

（公章）

年　　月　　日

附件4：

募集资金专户三方监管协议

甲方：_____ 公司（以下简称"甲方"）

乙方：_____ 银行 _____ 分行 ___ 支行（以下简称"乙方"）

丙方：_____ （保荐机构）（以下简称"丙方"）

注释：协议甲方是实施募集资金投资项目的法人主体，如果募集资金投资项目由发行人直接实施，则发行人为协议甲方，如果由子公司或者发行人控制的其他企业实施，则发行人、子公司或者发行人控制的其他企业为协议共同甲方。

本协议以北京证券交易所可转债发行相关业务规则中相关条款为依据制定。

为规范甲方募集资金管理，保护投资者合法权益，根据有关法律法规及北京证券交易所可转债发行相关业务规则的规定，甲、乙、丙三方经协商，达成如下协议：

一、甲方已在乙方开设募集资金专项账户（以下简称"专户"），账号为 _____，专户金额为 _____。该专户仅用于甲方 _____（募集资金用途），不得用作其他用途。

二、甲乙双方应当共同遵守《中华人民共和国票据法》、《支付结算办法》、《人民币银行结算账户管理办法》等法律、行政法规、部门规章。

三、丙方应当依据有关规定指定保荐机构负责人或者其他工作人员对甲方募集资金使用情况进行监督。丙方应当依据北京证券交易所可转债发行相关业务规则要求履行持续督导职责，并有权采取现场核查、书面问询等方式行使其监督权。甲方和乙方应当配合丙方的核查与查询。丙方对甲方现场核查时应当同时检查募集资金专户存储情况。

四、甲方授权丙方指定的保荐机构负责人 _____、_____ 可以随时到乙方查询、复印甲方专户的资料；乙方应当及时、准确、完整地向其提供所需的有关专户的资料。

保荐机构负责人向乙方查询甲方专户有关情况时应当出具本人的合法身份证明；丙方指定的其他工作人员向乙方查询甲方专户有关情况时应当出具本人的合法身份证明和单位介绍信。

五、乙方按月（每月 __ 日之前）向甲方出具对账单，并抄送丙方。

乙方应保证对账单内容真实、准确、完整。

六、甲方一次或者十二个月以内累计从专户中支取的金额超过 ____ 万元或募集资金净额的 ____%（具体金额由甲方与丙方协商确定）的，乙方应当及时以传真方式通知丙方，同时提供专户的支出清单。

七、丙方有权根据有关规定更换指定的保荐机构负责人。丙方更换保荐机构负责人的，应将相关证明文件书面通知乙方，同时按本协议第十一条的要求向甲方、乙方书面通知更换后的保荐机构负责人联系方式。更换保荐机构负责人不影响本协议的效力。

八、乙方连续三次未及时向丙方出具对账单或者向丙方通知专户大额支取情况，以及存在未配合丙方调查专户情形的，丙方有权提示甲方及时更换专户，甲方有权单方面终止本协议并注销募集资金专户。

九、本协议自甲、乙、丙三方法定代表人或其授权代表签署并加盖各自单位公章之日起生效，至专户资金全部支出完毕后失效。

十、本协议一式 ____ 份，甲、乙、丙三方各持一份，向北京证券交易所报备一份，其余留甲方备用。

十一、联系方式：

1. _____ 公司（甲方）

地址：_____

邮编：_____

传真：_____

联系人：_____

电话：_____

手机：_____

Email：_____

2. _____银行_____分行（乙方）

地址：_____

邮编：_____

传真：_____

联系人：_____

电话：_____

手机：_____

Email：_____

3. _____（保荐机构）（丙方）

地址：_____

邮编：_____

保荐机构负责人 A：_____

电话：_____

手机：_____

Email：_____

传真：_____

保荐机构负责人 B：_____

电话：_____

手机：_____

Email：_____

传真：_____

协议签署：

甲方：_____股份（有限）公司（盖章）

法定代表人或授权代表：_____

20__ 年 __ 月 __ 日

乙方：____ 银行 ____ 分行 _____ 支行（盖章）

法定代表人或授权代表：_____

20__ 年 __ 月 ___ 日

丙方：_____证券股份有限（或有限责任）公司（盖章）

法定代表人或授权代表：_____

20__ 年 ___ 月 __ 日

附件 5：

<h2 style="text-align:center">向特定对象发行可转债登记明细表</h2>

公司全称：×× 股份（有限）公司（盖章）　可转债证券简称：　可转债证券代码：

保荐机构：×× 证券　　　单位：张

序号	可转债持有人姓名或名称	身份证号或统一社会信用代码	本次发行可转债认购数量	本次限售可转债数量	不予限售的可转债数量
1					
2					
3					
合计					

附件 6：

<h1 style="text-align:center">自愿限售申请材料</h1>

6-1×××× 股份（有限）公司及相关股东关于提请协助办理限售可转债登记的申请书

北京证券交易所：

　　×××× 股份（有限）公司（公司简称：××××；证券代码：××××）×× 等 ×× 名可转债持有人自愿锁定其持有 ×××× 股份（有限）公司的可转债（具体锁定可转债数量和锁定时间详见附表），经与 ×××× 股份（有限）公司协商一致，现向贵所申请协助办理限售可转债登记，以便于在中国证券登记结算有限责任公司办理上述限售可转债登记手续。

申请人：×××× 股份（有限）公司（加盖公章）

股东 ××（自然人签字、法人及其他经济组织盖章）

年　月　日

附表：

可转债持有人所持可转债限售明细表

公司全称：××××股份（有限）公司　　可转债证券简称：　可转债证券代码：　　单位：张

保荐机构（加盖公章）

序号	可转债持有人姓名或名称	身份证号或统一社会信用代码	本次发行可转债认购数量	本次限售可转债数量	不予限售的可转债数量
1					
2					
3					
合计					

××××年××月××日

6-2　××证券关于××××股份（有限）公司自愿限售可转债申请限售登记的审查意见

北京证券交易所：

　　经核查，××××股份（有限）公司（公司简称：××××；证券代码：××××）××、××等××名可转债持有人与××××股份（有限）公司协商一致，承诺自愿锁定其持有××××张股份（有限）公司的可转债，××××股份（有限）公司于××××年××月××日向贵所提交的《××××股份（有限）公司及相关股东关于提请协助办理限售可转债登记的申请书》真实、准确、完整，××、××等××名股东在《××××股份（有限）公司及相关股东关于提请协助办理限售可转债登记的申请书》上的签字或盖章为其本人自愿、真实签署。

项目负责人（签名）

××证券（加盖公章）

年　月　日（提交日期）

附件 7：

向特定对象发行可转债重大事项确认函

由我司保荐的 _____ 公司向特定对象发行可转债申请已经中国证监会注册，取得了向特定对象发行可转债注册批复，且该公司已按规定完成了向特定对象发行可转债，现申请新增可转债登记。

截至该确认函提交之日，我司确认：

1. 该公司符合《公司法》《可转换公司债券管理办法》《北京证券交易所上市公司证券发行注册管理办法》《北京证券交易所上市公司向特定对象发行可转换公司债券业务细则》等法律法规、部门规章和业务规则关于向特定对象发行可转债的相关规定。

2. 该公司不存在北京证券交易所规定的终止审核情形以及其他影响本次发行的重大事项。

3. 该公司不存在严重损害投资者合法权益和社会公共利益的其他情形。

项目负责人（签名）

×× 证券（加盖公章）

年 月 日（提交日期）

附件 8：

向特定对象发行可转债挂牌转让申请表

项目	内容	备注
一、发行基本信息		
发行人名称		
发行前的未转股可转债张数		
本次新增可转债张数		
发行价格、票面利率		
初始转股价格		
募集资金总额		
本次发行可转债的会计处理方式		
募集资金用途		
二、中介机构信息		
保荐机构		

续表

项目	内容	备注
会计师事务所		
律师事务所		
资产评估机构（如有）		
×××股份（有限）公司全体董事承诺： "以上所有材料及后续申请材料均不存在虚假记载、误导性陈述或重大遗漏，且电子文件内容、格式与纸质材料一致。×××股份（有限）公司全体董事对其真实性、准确性、完整性、一致性承担相应的法律责任。"（全体董事签字处） ×××股份（有限）公司（签章处） 20××年×月×日		

附件9：

可转债投资风险揭示必备条款

上市公司与发行对象签订的可转债认购合同应当明确载明风险揭示条款，上市公司、保荐机构应当向可转债投资者充分揭示风险，风险揭示条款至少应当包括以下内容：

一、【条款复杂多样】定向可转债条款复杂多样，不同定向可转债之间条款存在较大差别，且不排除后续存在条款变更或实施的相关风险。投资者需要认真阅读定向可转债的重组报告书或者募集说明书，了解具体条款。

二、【价格波动的风险】定向可转债价格受上市公司股票价格、转股价格、赎回及回售条款、市场利率、票面利率、市场预期、交易机制等多重因素影响，可能出现价格大幅波动、与投资价值相背离，甚至价格低于面值的情况。

三、【赎回的风险】当定向可转债满足重组报告书或者募集说明书约定的赎回条件时，上市公司可以行使赎回权，按约定的价格赎回定向可转债。定向可转债赎回价格可能与市场价格差异较大，投资者需关注重组报告书或者募集说明书中约定的赎回条款及赎回有关风险。

四、【强制转股的风险】部分上市公司重组报告书或者募集说明书约定了强制转股条款，当上市公司股价持续高于转股价格某一幅度，上市公司有权将满足解锁条件的定向可转债按照当时有效的转股价格强制转化为上市公司普通股股票，投资者需关注重组报告书或者募集说明书中约定的强制转股条款有关风险。

五、【错过回售期的风险】当定向可转债满足重组报告书或者募集说明书约定的回售条件时，投资者可在回售期内回售部分或者全部未转股的已解除限售的定向可转债。投资者应当关注定向可转债的回售期限，以免错过回售期。

六、【本息兑付风险】上市公司按约定向到期未转股的定向可转债投资者还本付息，或者承兑投资者的回售要求，公司经营情况、财务状况可能影响上市公司兑付本息、承兑回售的能力，定向可转债可能发生不能偿还本金、利息等情形，导致重大投资损失。

七、【转股期限风险】定向可转债不能在存续期内随时申请转股，进入转股期后，投资者方可通过转股申报将定向可转债申请转换为上市公司股票。转股期由发行人根据定向可转债的存续期限、发行人的财务状况等确定。投资者需关注转股价格、转股期限等有关安排。

八、【摊薄回报的风险】如转股期间较短时间内发生大规模转股，可能导致上市公司当期每股收益和净资产收益率被摊薄。如发生转股价格向下修正，可能导致上市公司股本摊薄程度扩大。

九、【转股价格调整的风险】定向可转债的转股价格在定向可转债存续期内可能发生调整。因配股、增发、送股、派息、分立、合并及其他原因引起上市公司股份变动的，上市公司将同时调整转股价格。投资者需关注重组报告书或者募集说明书中约定的转股价格调整原则及方式。

十、【转股价格向下修正未实施及修正幅度不确定的风险】当股票价格在一定期间持续低于转股价格某一幅度，可能触发转股价格向下修正条款。但定向可转债存续期内转股价格是否向下修正及转股价格向下修正幅度存在不确定性。投资者需关注重组报告书或者募集说明书中约定的转股价格向下修正条款及相关公告。

十一、【公司股价低于转股价格的风险】如上市公司股价持续低于转股价格，且未及时进行转股价格向下修正，或者向下修正后，上市公司股价仍低于转股价格的，可能导致定向可转债转股后获得的股票价值低于用于转股的定向可转债的本息和，投资者利益可能受到不利影响。

十二、【转股价格向上修正的风险】部分上市公司重组报告书或者募集说明书约定了转股价格向上修正条款，当股票价格在一定期间持续高于转股价格某一幅度，可能触发转股价格向上修正条款。转股价格可能在触发条款后的约定生效日上调，若后续股票价格下跌不再满足转股价格向上修正条件时，转股价格可能在约定生效日恢复原转股价格。投资者需关注重组报告书或者募集说明书中约定的转股价格向上修正条款的具体内容、上市公司股价变动情况和相关公告。

十三、【转股申报方式】定向可转债转股申报的要素应当包含转股价格，申报的转股价格应当与上市公司公开披露的转股价格一致，否则转股申报无效，投资者申报转股前应当查看上市公司公告确认当日的有效转股价格。

十四、【利率风险】因定向可转债附有转股权利，定向可转债的利率可能低于评级及期限相同的一般公司债券利率。

十五、【未提供担保的风险】根据相关法律、行政法规、部门规章、规范性文件（以下合称法律法规），部分发行定向可转债的上市公司可能不提供担保，可能因未设定担保增加兑付风险。

十六、【信用评级风险】定向可转债可能不进行信用评级和跟踪评级，也可能因上市公司经营管理或者财务状况等因素导致信用评级出现下调，继而影响定向可转债的市场价格。投资者需关注定向可转债的评级情况。

十七、【投资者适当性要求】投资者参与定向可转债转让应当符合股票投资者适当性管理的相关规定。

十八、【及时关注相关公告】投资者应当特别关注上市公司发布的定向可转债相关公告，及时从北京证券交易所网站、上市公司网站或者其他符合中国证监会规定条件的信息披露媒体、证券公司网站等渠道获取相关信息。

十九、【及时关注相关法律法规的更新】定向可转债相关法律法规、北交所和登记结算机构业务规则，可能根据市场情况进行制定、修改和废止，投资者应当及时予以关注和了解。

二十、【不可抗力风险】在定向可转债的存续期间，如果出现火灾、地震、瘟疫、社会动乱等不能预见、避免或者克服的不可抗力情形，可能会给投资者造成经济损失。

二十一、【技术、操作风险】在定向可转债的存续期间，可能因为证券公司、交易所或者登记结算机构等的系统故障或者差错而影响定向可转债转让、转股、回售、赎回等业务的正常进行或者使投资者利益受到影响。

由于投资者或者证券公司未按规定进行各项申报、申报要素填报错误、证券公司或者结算代理人未履行职责等原因，可能导致操作失败的风险。

参与可转债转让的投资者，应当按照上述必备条款内容，签署《风险揭示书》。

上述各项条款仅为风险揭示的必备条款，揭示事项仅为列举性质，未能详尽列明定向可转债业务的所有风险，投资者在参与定向可转债业务前，应当认真阅读有关法律法规和北交所、登记结算机构业务规则等相关规定和《风险揭示书》的全部内容，对定向可转债所特有的规则必须了解和掌握，自愿遵守，对其他可能存在的风险因素也应当有所了解和掌握，并确信自己已做好足够的风险评估与财务安排，避免因参与定向可转债交易遭受难以承受的损失。

各证券公司还可以根据具体情况对定向可转债业务存在的风险做进一步列举。应当要求定向可转债投资者签署认购合同或签署《风险揭示书》时，确认已知晓并理解风险揭示的全部内容，愿意承担参与定向可转债业务的风险和损失。

关于发布《北京证券交易所上市公司重大资产重组业务指引》的公告

（北证公告〔2023〕21号 2023年2月17日）

为落实全面实行股票发行注册制的有关要求，规范北京证券交易所（以下简称本所）上市公司重大资产重组信息披露及相关行为，本所修订了《北京证券交易所上市公司重大资产重组业务指引》，现予以发布，自发布之日起施行。

特此公告。

附件：北京证券交易所上市公司重大资产重组业务指引

附件

北京证券交易所上市公司重大资产重组业务指引

第一章 总 则

第一条 为了规范北京证券交易所（以下简称本所或北交所）上市公司重大资产重组信息披露及相关行为，维护证券市场秩序，保护投资者合法权益，根据中国证监会《上市公司重大资产重组管理办法》（以下简称《重组办法》）、《北京证券交易所上市公司持续监管办法（试行）》（以下简称《持续监管办法》）、《公开发行证券的公司信息披露内容与格式准则第56号——北京证券交易所上市公司重大资产重组》（以下简称《内容与格式准则第56号》）、《北京证券交易所股票上市规则（试行）》（以下简称《上市规则》）、《北京证券交易所上市公司重大资产重组审核规则》（以下简称《重组审核规则》）等规定，制定本指引。

第二条 北交所上市公司及有关各方筹划、实施《重组办法》规定的资产交易行为（以下简称重大资产重组或重组），其信息披露及其他相关行为，应当遵守《重组办法》《持续监管办法》《内容与格式准则第56号》《上市规则》《重组审核规则》和本指引等规定。

前款所称有关各方，主要包括上市公司股东、实际控制人、董事、监事、高级管理人员和其他交易各方，以及为重大资产重组提供服务的证券服务机构和人员等相关方。

第三条　上市公司及有关各方应当及时、公平地披露或者提供信息，保证所披露或者提供信息的真实、准确、完整，不得有虚假记载、误导性陈述或者重大遗漏。

提供服务的证券服务机构和人员应当遵守法律法规及其他有关规定，遵循本行业公认的业务标准和道德规范，严格履行职责，对其所制作、出具文件的真实性、准确性和完整性承担责任。

第四条　上市公司及有关各方应当审慎筹划涉及上市公司的重大资产重组事项，保证筹划中的重大资产重组事项的真实性、可行性及可操作性，有利于提高上市公司质量。

第五条　上市公司应当维护证券交易连续性，上市公司应当审慎申请对上市公司股票及其衍生品种停牌，严格控制停牌时间，不得随意以存在重大资产重组事项为由向本所申请停牌或故意虚构重大资产重组信息损害投资者合法权益，不得滥用停牌或者无故拖延复牌时间，不得以申请停牌代替上市公司及有关各方的信息保密义务。

第六条　独立财务顾问应当按照《上市公司并购重组财务顾问业务管理办法》（以下简称《财务顾问管理办法》）关于诚实守信、勤勉尽责及独立性的相关要求，审慎接受业务委托，切实履行尽职调查义务，认真核查申报文件，独立出具专业意见，并督促、协助上市公司及有关各方及时履行信息披露义务。

其他提供服务的证券服务机构也应当按照相关规定履行职责。

第七条　本所对上市公司重大资产重组信息披露及其他申请文件进行审查，通过提出问题、回答问题等多种方式督促上市公司完善重组方案的信息披露，或要求上市公司解释说明、补充披露或提供其他有关文件；上市公司应当及时披露本所问询函回复，并披露修订后的信息披露文件。

第八条　上市公司在筹划、实施重大资产重组事项过程中，应当及时、公平地向所有投资者披露相关信息，回应市场或媒体重大质疑，并按照本指引等相关规定召开媒体说明会或投资者说明会。

媒体说明会及投资者说明会应当使用事实描述性的语言，确保真实准确、简明扼要、通俗易懂，不得有虚假记载、误导性陈述或者重大遗漏，不得利用说明会进行广告性、夸大性等不实宣传。

第九条　上市公司应当关注公共媒体或市场出现的关于本公司重大资产重组的相关报道和传闻。如相关报道或传闻可能或者已经对该公司股票及其衍生品种交易价格产生较大影响的，上市公司及有关各方应当按照《上市规则》等规定，及时予以核实并发布澄清公告。

第十条　上市公司及相关主体违反本指引及相关规定的，本所可以采取自律监管措施或纪律处分。

第二章　内幕交易防控

第十一条　上市公司及有关各方筹划重大资产重组，应当采取必要且充分的保密措施，制定严格有效的保密制度，限定相关敏感信息的知悉范围，并按照中国证监会及本所相关规定登记、报送内幕信息知情人档案，并编制交易进程备忘录（附件1），做好内幕信息保密工作。

重大资产重组有关各方对所知悉的重大资产重组事项在依法依规披露前负有保密义务。

第十二条　上市公司应当在首次披露重组事项时填报内幕信息知情人名单，并通过内幕信息知情人报备系统或本所规定的其他方式提交相关内幕信息知情人登记表（附件1）。前述首次披露重组事项是指首次披露筹划重组、披露重组预案或披露重组报告书孰早时点。

上市公司首次披露重组事项至披露重组报告书期间重组方案重大调整、终止重组的，或者首次披露重组事项未披露标的资产主要财务指标、预估值、拟定价等重要要素的，应当于披露重组方案重大变化或披露重要要素时补充提交内幕信息知情人名单。

上市公司首次披露重组事项后股票交易异常波动的，本所可以视情况要求上市公司更新或补充提交内幕信息知情人名单。

第十三条　上市公司筹划重大资产重组事项，应当编制重大资产重组交易进程备忘录。上市公司应当督促备忘录涉及的相关人员在备忘录上签名确认，并与内幕信息知情人名单一同报送本所。

第十四条　上市公司应当在披露重组报告书时披露内幕信息知情人股票交易自查报告。股票交易自查期间为首次披露重组事项或就本次重组申请股票停牌（孰早）前6个月至披露重组报告书。

上市公司披露重组报告书后重组方案重大调整、终止重组的，应当补充披露股票交易自查报告。股票交易自查期间为披露重组报告书至披露重组方案重大调整或终止重组。

上市公司披露股票交易自查报告时，独立财务顾问和律师应当核查并发表明确意见。

第三章　筹划重大资产重组停复牌

第十五条　上市公司因筹划发行股份购买资产申请停牌的，停牌时间不超过10个交易日。公司应当在停牌期限届满前披露经董事会审议通过的重组预案或者报告书，并申请复牌；未能按期披露重组预案或者报告书的，应当终止筹划本次重组并申请复牌。

上市公司可以在披露重组预案或者报告书后，以对相关方案作出重大调整为由申请停牌，停牌时间不超过5个交易日。公司应当及时披露重大调整的具体情况、当前进展、后续安排以及尚需履行的程序等事项，并申请复牌。

上市公司不停牌筹划重大资产重组的，应当做好信息保密工作，在按规定披露重组预案或者报告书等文件前，不得披露所筹划重组的相关信息。相关信息泄露的，公司应当及时申请停牌。

第十六条　上市公司因筹划发行股份购买资产停牌的，应当披露交易标的名称、主要交易对方、交易方式、本次重组的意向性文件或框架协议、本次重组涉及的证券服务机构名称（如有）等基本信息。

相关交易涉及通过竞拍等方式进行，在停牌公告中披露交易标的名称等可能不利于公司获取交易标的的，公司可以暂缓披露。财务顾问（如有）应当就此发表核查意见并对外披露。暂缓披露的原因已消除的，公司应当及时披露交易标的名称等信息及本次交易的进展情况。

交易标的涉及境外上市公司，在停牌公告中披露交易标的名称可能影响交易标的在境外市场交易的，公司可以暂缓披露交易标的及交易对方名称，但需在停牌公告中披露交易标的行业类型。财务顾问（如有）应当就此发表核查意见并对外披露。公司应当与境外上市公司同步披露交易标的及交易对方。

第十七条　上市公司应当在复牌前披露截至停牌前一交易日的公司前10大股东的名称、前10大无限售条件流通股股东的名称、持股数量和所持股份类别、股东总人数。

第十八条　上市公司披露重组预案或者报告书后，本所按规定进行信息披露问询以及上市公司回复本所问询函期间，公司股票及衍生品种原则上不停牌。

第十九条　上市公司筹划重组期间更换财务顾问等证券服务机构的，不得以此为由申请停牌或者延期复牌，并应当及时披露有关事项，充分提示风险。

第二十条　上市公司筹划发行股份购买资产停牌期间，公司或其现任董事、高级管理人员因涉嫌违法违规被司法机关立案侦查或者被中国证监会立案调查的，公司应当核实并披露该事项对公司本次重组或发行的影响，不能继续推进的，应当及时申请复牌。

第四章　重组方案

第一节　重组方案披露

第二十一条　上市公司首次披露重组方案，可以披露重组预案，也可以直接披露重组报告书。重组预案或重组报告书均应符合《内容与格式准则第56号》以及本指引的要求（附件2）。上市公司发行股份购买资产的，应当在董事会首次决议后公告的预案或报告书中披露确定的发行对象。

有关各方应当积极推进重组事项，及时披露重组方案。上市公司筹划不需要中国证监会注册的重大资产重组，可以按照分阶段披露原则，在披露重组方案前披露筹划重大资产重组提示性公告（以下简称重组提示性公告）。重组提示性公告应当明确披露重组方案的预计时间、重组标的名称或标的范围、主要交易对方、交易方式等。上市公司应当在预计披露重组方案的时间过半后及时披露重组方案披露的进展公告，在预计时间届满前披露重组方案。公司未在预计时间内披露重组方案的，应当及时披露原因、风险及是否存在重大障碍。

第二十二条　重大资产重组报告书、独立财务顾问报告、法律意见书以及重组涉及的审计报告、资产评估报告或者估值报告至迟应当与召开股东大会的通知同时公告。

第二十三条　上市公司应当在重大资产重组预案中就本次重组存在的重大不确定性因素，可能对重组后上市公司的生产经营状况、财务状况和持续经营能力产生不利影响的有关风险因素以及其他需要提醒投资者重点关注的事项，进行"重大事项提示"或"重大风险提示"，包括但不限于以下内容：

（一）本次交易的主要方案；

（二）本次交易与近期历次增减资及股权转让价格差异较大的原因及合理性（如适用）；

（三）拟注入资产评估增值较大的风险（如适用）；

（四）与拟注入资产经营相关的风险，以及尚需取得相关业务资质的风险（如适用）；

（五）业绩承诺与补偿安排，以及业绩补偿无法实现的风险（如适用）；

（六）审批风险，包括本次重组尚未履行的决策程序及报批程序未能获得批准的风险；

（七）剔除大盘因素和同行业板块因素影响，上市公司股价在重组停牌前或重组方案首次披露前二十个交易日内累计涨跌幅超过30%的相关情况及由此产生的风险（如适用）；

（八）本次拟购买资产的股东及其关联人、资产所有人及其关联人存在对拟购买资产非经营性资金占用的风险及解决措施，以及本次交易完成后，上市公司存在资金、资产被实际控制人及其关联人、重组交易对方及其关联人或其他关联人占用的风险及解决措施（如适用）；

（九）本次交易完成后，上市公司存在为实际控制人及其关联人、重组交易对方及其关联人提供担保情形的风险（如适用）；

（十）本次交易完成后对标的公司的整合计划、整合风险以及解决措施；

（十一）采用发行股份购买资产方式且上市公司最近一年及一期财务会计报

告被会计师事务所出具非标准审计意见的，尚未经会计师事务所专项核查确认非标准审计意见所涉及事项的重大影响已经消除或者将通过本次交易予以消除的风险（如适用）；

（十二）上市公司被中国证监会或其派出机构立案调查尚未结案的风险（如适用）；

（十三）上市公司股票终止上市的风险（如适用）；

（十四）上市公司控股股东所持限售股份即将解除限售并减持的风险，以及控股股东、实际控制人的减持计划（如适用）；

（十五）对标的公司剩余股权的安排或者计划（如适用）；

（十六）其他与本次重组相关的风险。

重大资产重组预案、重组报告书中应当披露本次重组是否存在本指引第四十八条第（一）项、第（二）项所列主体参与上市公司重大资产重组的情形。

第二十四条　上市公司首次披露重组方案至发出审议本次重组方案的股东大会通知前，上市公司应当与交易各方保持沟通联系，并至少每 30 日发布一次进展公告，说明本次重组事项的具体进展情况。

重大资产重组进展公告内容至少应当包括：相关审计、评估或估值的具体进展和预计完成时间，有关协议或者决议的签署、推进情况，有关申报审批事项的进展以及获得反馈的情况等。同时，公告应当以特别提示的方式，充分披露本次重组事项尚存在的重大不确定风险，明确说明是否存在可能导致上市公司或者交易对方撤销、中止本次重组方案或者对本次重组方案作出重大调整的相关事项。

第二十五条　若本次重组发生重大进展或重大变化，上市公司应当立即披露。确实已不具备实施条件的，上市公司应当尽快终止。

本条所称重大进展包括但不限于以下内容：

（一）与独立财务顾问等证券服务机构签订重组服务协议等书面文件；

（二）与交易对方签订重组相关协议，或者对已签订的重组框架或意向协议作出重大修订或变更；

（三）取得有权部门关于重组事项的审批意见等；

（四）尽职调查、审计、评估等工作取得阶段性进展；

（五）筹划事项出现终止风险，如交易双方对价格产生严重分歧、市场出现大幅波动、税收政策及交易标的行业政策发生重大变化，可能导致交易失败。

本条所称重大变化包括但不限于以下内容：

（一）更换、增加、减少交易标的；

（二）更换独立财务顾问等证券服务机构；

（三）交易对方、配套融资方案、交易作价出现重大调整；

（四）重组交易标的所在产业、行业及市场环境等发生重大变化；

（五）重组交易标的经营及财务状况发生重大变化；

（六）重组标的资产经审计的财务数据与已经披露的财务数据出现重大差异；

（七）交易对方、重组交易标的涉及重大诉讼或仲裁；

（八）交易各方无法在预定时间内获得有关部门审批、达到重组先决条件或完成重组方案中做出的相关承诺；

（九）经核查发现公司股票交易存在明显异常；

（十）本次重大资产重组相关主体被中国证监会立案调查或者被司法机关立案侦查；

（十一）上市公司无法与交易对方取得联系并及时获取重组进展情况；

（十二）其他可能影响本次重组顺利推进的重大事项。

第二十六条　上市公司披露重组报告书的，独立财务顾问应当按照《重组办法》《内容与格式准则第 56 号》《财务顾问管理办法》的规定，出具独立财务顾问报告。

上市公司和有关各方存在不规范行为的，独立财务顾问应当督促其整改，并将整改情况在相关核查意见中予以说明。因上市公司或重组交易对方不配合，使尽职调查范围受限制，导致独立财务顾问无法做出判断的，独立财务顾问不得为上市公司出具独立财务顾问报告和相关核查意见。

第二十七条　上市公司与有关各方签订业绩承诺等补偿协议的，上市公司披露的补偿协议应当包含以下内容：业绩承诺方、补偿方式、计算方法、补偿的数量和金额、触发补偿的条件、补偿的执行程序、补偿的时间期限、补偿的保障措施、争议解决方式等。补偿协议条款应当清晰明确、切实可行，不存在争议。

上市公司董事会和独立财务顾问应当基于现有条件客观论证分析业绩承诺的可实现性，及业绩补偿机制的合规性、可操作性，包括补偿时间安排、股份解限安排、股份质押安排、补偿股份的表决权和股利分配权安排等，并说明业绩补偿协议是否合法合规、是否明确可行，业绩补偿保障措施是否完备，充分提示是否存在补偿不足、补偿不及时的风险等。

第二节　重组方案审议程序

第二十八条　上市公司董事会审议重大资产重组事项，应至少对下列议案作出决议：

（一）《关于公司进行重大资产重组的议案》，至少应当包括：本次重大资产重组的方式、交易标的和交易对方，交易价格或者价格区间（如有），定价方式或者定价依据，相关资产自定价基准日至交割日期间损益的归属，相关资产办理权属转移的合同义务和违约责任，决议的有效期，对董事会办理本次重大资产重组事宜的具体授权，以及其他需要明确的事项（需逐项表决）；

（二）《关于评估机构或估值机构的独立性、评估（估值）假设前提的合理性、评估（估值）方法与评估（估值）目的的相关性以及评估（估值）定价的公允性的议案》（如有）；

（三）《关于本次重组是否构成关联交易的议案》；

（四）《关于签订重组相关协议的议案》（如有）；

（五）《关于批准本次重组有关审计、评估和盈利预测报告的议案》（如有）；

（六）《重大资产重组预案》或《重大资产重组报告书及其摘要》；

（七）《关于提请股东大会审议同意相关方免于按照有关规定向全体股东发出（全面）要约的议案》（如适用）；

（八）《关于本次重组符合〈重组办法〉第十三条及〈持续监管办法〉规定的议案》（适用于构成重组上市的情形）；

（九）《关于召开上市公司股东大会相关安排的议案》。

第二十九条　上市公司拟实施重大资产重组的，董事会应当就本次交易是否符合下列规定作出审慎判断，并记载于董事会决议记录中：

（一）交易标的资产涉及立项、环保、行业准入、用地、规划、建设施工等有关报批事项的，应当在重大资产重组预案和报告书中披露是否已取得相应的许可证书或有关主管部门的批复文件；本次交易行为涉及有关报批事项的，应当在重大资产重组预案和报告书中详细披露已向有关主管部门报批的进展情况和尚需呈报批准的程序。重大资产重组预案和报告书中应当对报批事项可能无法获得批准的风险作出特别提示。

（二）上市公司拟购买资产的，在本次交易的首次董事会决议公告前，资产出售方必须已经合法拥有标的资产的完整权利，不存在限制或者禁止转让的情形。

上市公司拟购买的资产为企业股权的，该企业应当不存在出资不实或者影响其合法存续的情况；上市公司在交易完成后成为持股型公司的，作为主要标的的资产的企业股权应当为控股权。

上市公司拟购买的资产为土地使用权、矿业权等资源类权利的，应当已取得相应的权属证书，并具备相应的开发或者开采条件。

（三）上市公司购买资产应当有利于提高上市公司资产的完整性（包括取得生产经营所需要的商标权、专利权、非专利技术、采矿权、特许经营权等无形资产），有利于上市公司在人员、采购、生产、销售、知识产权等方面保持独立。

（四）本次交易应当有利于上市公司改善财务状况、增强持续经营能力，有利于上市公司突出主业、增强抗风险能力，有利于上市公司增强独立性、减少关联交易、避免同业竞争。

第三十条　上市公司筹划重大资产重组应当按规定编制重组预案或重组报告书，经董事会审议通过后予以披露。

上市公司披露重组预案的，应当在董事会审议通过后的当日披露重组预案摘要及全文、董事会决议公告、独立董事意见、独立财务顾问核查意见（如适用）、其他证券服务机构出具的文件或意见（如适用），并根据披露内容提交下列备查文件：

（一）上市公司与交易对方签订的附生效条件的交易合同或协议；

（二）交易对方保证其所提供信息的真实性、准确性和完整性，保证不存在虚假记载、误导性陈述或者重大遗漏，并声明承担法律责任的相关承诺；

（三）国家相关有权主管部门出具的原则性批复（如适用）；

（四）上市公司拟购买资产的，在本次交易的首次董事会决议公告前，交易对方原则上应当提供已经合法拥有交易标的完整权利的证明文件，及不存在限制或者禁止转让情形的说明材料；

（五）上市公司拟采用发行股份购买资产方式，且最近一年及一期财务会计报告被会计师事务所出具保留意见、否定意见或者无法表示意见的审计报告的，会计师事务所就相关非标审计意见涉及事项的重大影响是否已经消除或者将通过本次交易予以消除出具的专项核查意见；

（六）被立案调查上市公司符合发行股份购买资产条件的说明（如适用）；

（七）交易进程备忘录；

（八）本所要求的其他文件。

第三十一条　上市公司披露重组报告书的，经董事会审议通过后，应当及时披露董事会决议公告、股东大会召开通知（如适用）、权益变动报告书或者收购报告书摘要（如适用）、重大资产重组报告书（草案）摘要及全文、独立财务顾问报告、独立核查意见和其他证券服务机构出具的报告和意见，并提交下列备查文件：

（一）第三十条第二款要求提交的备查文件；

（二）重组方案调整说明，包括：与预案相比，交易对方、重组方式、交易标的范围及估值、发行股份价格是否发生变化；

（三）盈利补偿具体协议（如适用）；

（四）有关部门对重大资产重组的审批、核准或备案文件（如适用）；

（五）上市公司与交易对方签订的附生效条件的交易合同或协议；

（六）本所要求的其他文件。

第三十二条　发行股份购买资产的首次董事会决议公告后，董事会在6个月内未发布召开股东大会通知的，上市公司应当披露关于6个月内未发布召开股东大会通知的专项说明。专项说明应当解释原因，并明确是否继续推进或终止。继续推进的，应当重新召开董事会审议发行股份购买资产事项，并以该次董事会决议公告日作为发行股份的定价基准日。

第三十三条　上市公司股东大会审议重大资产重组事项的，应当针对《重组办法》所列事项逐项表决。

上市公司发行股份购买资产同时募集配套资金的，如购买资产不以配套融资为前提，购买资产与配套融资的交易方案可以分拆为两项议案、分别表决；如购买资产与配套融资互为前提，购买资产与配套融资议案均获审议通过后，交易方案方可继续推进。

发行股份购买资产事项提交股东大会审议未获批准的，上市公司董事会如再次作出发行股份购买资产决议，应当以该次董事会决议公告日作为发行股份的定价基准日。

第三十四条　上市公司披露重组方案后，拟对交易对方、交易标的、交易价格等作出变更，构成对原交易方案重大调整的，应当在董事会审议通过后重新履行决策程序，并及时公告相关文件。

本指引所称重大调整应当符合以下要求：

（一）拟对交易对象进行变更的，原则上视为构成对重组方案重大调整，但是有以下两种情况的，可以视为不构成对重组方案重大调整：

1. 拟减少交易对象的，如交易各方同意将该交易对象及其持有的标的资产份额剔除出重组方案，且剔除相关标的资产后按照下述有关交易标的变更的规定不构成对重组方案重大调整的；

2. 拟调整交易对象所持标的资产份额的，如交易各方同意交易对象之间转让标的资产份额，且转让份额不超过交易作价20%的。

（二）拟对标的资产进行变更的，原则上视为构成对重组方案重大调整，但是同时满足以下条件的，可以视为不构成对重组方案重大调整。

1. 拟增加或减少的交易标的的交易作价、资产总额、资产净额及营业收入占原标的资产相应指标总量的比例均不超过20%；

2. 变更标的资产对交易标的的生产经营不构成实质性影响，包括不影响标的资产及业务完整性等。

（三）新增或调增配套募集资金，应当视为构成对重组方案重大调整。调减或取消配套募集资金不构成重组方案的重大调整。

第五章　重组相关说明会

第一节　媒体说明会

第三十五条　上市公司重大资产重组构成重组上市的，应当召开媒体说明会（附件3）。对于未构成重组上市的重大资产重组，中国证监会及派出机构或本所可以根据需要，要求公司召开媒体说明会。

第三十六条　上市公司召开媒体说明会后，出现如下情形的，本所可要求上市公司再次召开媒体说明会：

（一）对媒体说明会存在重大质疑或投诉举报的；

（二）重组方案发生重大调整的；

（三）终止重组的；

（四）中国证监会和本所认为必要的其他情形。

第三十七条　上市公司拟召开媒体说明会的，应当在披露重组问询回复公告时发出召开通知；上市公司按照中国证监会或本所要求召开媒体说明会的，应当在收到相关要求后2个交易日内发出召开通知。

媒体说明会召开通知应当包括说明会召开时间、地点、参与方式、网络直播地址、参与人员以及议程等事项。

媒体说明会应当在发出通知后2个交易日内召开。上市公司股票处于交易状态的，应当在非交易时间召开。

第三十八条　上市公司应当在不晚于媒体说明会召开后次一交易日，披露媒体说明会的召开情况，主要包括：

（一）时间、地点、参会人员及媒体；

（二）涉及重大资产重组的主要问题及答复情况；

（三）上市公司认为应说明的其他事项。

第三十九条　上市公司在媒体说明会上发布的信息未在重组方案中披露的，应当相应修改重组方案并及时披露。

独立财务顾问、会计师事务所、律师事务所及评估机构等证券服务机构应当对重组方案补充披露的内容与媒体说明会发布的信息是否一致发表意见，并予以披露。

第二节　投资者说明会

第四十条　上市公司披露重组事项后出现重大市场质疑的，上市公司在披露澄清公告的同时可以主动召开投资者说明会，本所可以视情况要求公司召开投资者说明会。

上市公司披露重组预案或重组报告书后终止重组的，在董事会审议通过终止重大资产重组决议后，应当及时召开投资者说明会。上市公司应当就终止重组事项的具体原因、决策过程以及对公司的影响等内容作出说明，并披露投资者说明会的相关情况。

第四十一条　上市公司应当在非交易时间召开投资者说明会，并履行通知和相应的信息披露义务。

参加投资者说明会的人员至少需包括上市公司董事长或总经理、董事会秘书、交易对方或其代表、重组标的主要董事和高级管理人员、独立财务顾问主办人。

第六章　重组暂停进程及终止

第四十二条　上市公司披露重组提示性公告后终止重大资产重组的，应当披露终止重大资产重组公告，公告应当包括重组框架介绍（如适用）、终止重组原因的说明等；上市公司披露重组预案或者重组报告书后终止重大资产重组，或者重大资产重组停牌后终止重大资产重组的，还应当在终止重大资产重组的公告中承诺自公告之日起至少1个月内不再筹划重大资产重组事项。

终止重组原因的说明应当至少包括以下内容：

（一）终止本次重大资产重组的原因；

（二）从交易一方提出终止重大资产重组动议到董事会审议终止本次重组事项的具体过程；

（三）本次终止事项是否充分履行相关审议程序；

（四）上市公司控股股东、交易对方及其他内幕信息知情人自重组方案首次披露至终止重大资产重组期间买卖上市公司股票及（或）其衍生品种的情况；

（五）本次重大资产重组终止事项是否构成交易一方或多方违约、违约责任及已采取或拟采取的措施（如适用）；

（六）本次重大资产重组终止对上市公司的影响分析。

第四十三条　上市公司披露重组预案或重组报告书后、股东大会召开前，上市公司或交易对方拟终止重大资产重组的，上市公司还应当及时召开董事会审议终止重大资产重组事项，披露董事会决议公告、独立董事意见及独立财务顾问核查意见（如适用），并提交以下备查文件：

（一）终止本次重大资产重组的协议；

（二）交易对方对终止本次重大资产重组事项的说明（如适用）；

（三）终止本次重大资产重组事项的交易进程备忘录。

交易对方可以通过上市公司同时披露其关于终止重大资产重组事项的说明，上市公司应当配合交易对方进行信息披露。

第四十四条　上市公司股东大会审议通过重组方案后，在股东大会决议有效期内董事会决议终止本次重大资产重组的，上市公司除适用本指引的规定履行决策程序和信息披露义务外，还应当根据股东大会的授权情况，决定是否召开股东大会审议终止重组事项。

第四十五条　上市公司因违反《重组办法》相关规定，被中国证监会责令暂停重组活动或被本所中止交易的，上市公司应当暂缓召开股东大会或实施重组方案，并及时披露；被中国证监会责令终止重组事项或被本所终止交易的，上市公司应当终止本次重组，并及时披露。

第四十六条　上市公司首次披露重组事项后，本所将启动二级市场股票交易核查程序，并在后续各阶段对二级市场股票交易情况进行持续监管。本所核查结果显示上市公司股票交易存在明显异常且告知上市公司核查结论的，上市公司可以自主决定是否终止本次重组进程。上市公司决定继续推进本次重组进程的，应当在首次披露重组方案的同时，就股票交易存在明显异常，可能导致本次重组进程被暂停或者被终止的情况披露特别风险提示公告。

第四十七条　上市公司首次披露重组方案后，如该重组事项涉嫌内幕交易被中国证监会立案调查或者被司法机关立案侦查的，上市公司应当暂停本次重组进程，尚未提交股东大会审议的，不得将重组事项提交股东大会进行审议。上市公司应当及时披露相关信息，并就本次重组可能被终止等情况进行风险提示。

在暂停期间，上市公司可以自主决定是否终止本次重组，决定终止的应当及时发布终止重大资产重组公告，并承诺自公告之日起至少 1 个月内不再筹划重大资产重组。

第四十八条　上市公司按照本指引第四十七条的规定暂停重组进程的，在满足下列条件后，可以恢复本次重组进程：

（一）中国证监会或者司法机关经调查核实未发现上市公司、占本次重组总交易金额的比例在 20% 以上的交易对方（如涉及多个交易对方违规的，交易金额应当合并计算），及上述主体的控股股东、实际控制人及其控制的机构存在内幕交易行为的。

（二）中国证监会或者司法机关经调查核实未发现上市公司董事、监事、高级管理人员，上市公司控股股东、实际控制人的董事、监事、高级管理人员，交易对方的董事、监事、高级管理人员，占本次重组总交易金额的比例在 20% 以下的交易对方及其控股股东、实际控制人及其控制的机构，为本次重大资产重组提供服务的证券公司、证券服务机构及其经办人员，参与本次重大资产重组的其他主体存在内幕交易行为的；或者上述主体虽涉嫌内幕交易，但已被撤换或者退出本次重大资产重组交易的。

（三）被立案调查或者立案侦查的事项未涉及前述第（一）项、第（二）项所列主体的。

上市公司有证据证明其重大资产重组符合恢复重组进程条件的，经聘请的独立财务顾问及律师事务所对本次重大资产重组有关的主体进行尽职调查，并出具确认意见，可以向本所提出拟恢复重组进程的报告。经中国证监会确认后，上市公司恢复重组进程。上市公司应当及时披露重组进程恢复情况，并同时披露独立财务顾问及律师事务所出具的确认意见。

第四十九条　上市公司筹划、实施重大资产重组期间，其控股股东或者实际控制人因本次重组事项相关的内幕交易被中国证监会行政处罚或者被司法机关依法追究刑事责任的，上市公司应当终止本次重组，并及时披露，同时承诺自公告之日起至少 12 个月内不再筹划重大资产重组。

第七章　重组注册及实施

第五十条　对于不需要中国证监会注册的重大资产重组，上市公司应当在股东大会审议通过重组方案并完成必要的批准程序后，尽快实施重组方案。

重组实施完毕的，上市公司应当在 3 个交易日内披露重组实施情况报告书，并披露独立财务顾问和律师事务所出具的意见。

重组方案在股东大会决议公告披露之日起 60 日内未实施完毕的，上市公司应当于期满后次一交易日披露重组实施情况公告，并在实施完毕前每 30 日披露一次进展公告。

第五十一条　对于实施前需经中国证监会注册以及其他部门批准的重大资产重组，在上市公司取得同意注册以及完成批准前，不得实施。

上市公司应当在本次重组方案中就重组可能无法获得批准的风险作出特别提示，明确未取得相关部门批准前，不能实施本次重大资产重组。

本所对上市公司发行股份购买资产申请作出受理、不予受理、中止审核、恢复审核或者终止审核决定，或者其他部门在批准程序中做出相关决定的，上市公司应当及时披露有关情况，并进行风险提示。

第五十二条　本所对上市公司发行股份购买资产申请审核期间，上市公司拟申请中止审核、恢复审核的，应当在董事会审议通过并在公告披露后，向本所提出申请。

第五十三条　上市公司应当在不晚于收到并购重组委审议会议通知的次一交易日，披露并购重组委审议提示性公告。

上市公司应当在不晚于收到并购重组委审议结果的次一交易日披露审议结果公告，公告中应当明确在收到中国证监会作出的予以注册或者不予注册的决定后将再行公告。

第五十四条　中国证监会对上市公司发行股份购买资产申请作出予以注册或不予注册的决定的，上市公司应当及时披露收到中国证监会予以注册或不予注册文件的公告。

第五十五条　中国证监会对上市公司发行股份购买资产申请予以注册的，上市公司应当披露重组报告书修订说明公告（如适用），并披露修订后的重组报告书全文和相关证券服务机构意见，同时披露尚需取得有关部门核准的情况。独立财务顾问和律师事务所应当对此出具专业意见。

第五十六条　中国证监会对上市公司发行股份购买资产申请不予注册的或本所认为不符合重组条件或信息披露要求的，上市公司董事会应当根据股东大会的授权，在收到中国证监会不予注册或本所终止审核的决定后 10 日内，就是否修改或终止本次重组方案做出决议并予以公告；如上市公司董事会根据股东大会的授权决定终止重组方案，应当在董事会公告中向投资者明确说明；如上市公司董事会根据股东大会的授权准备重新上报的，应当在董事会公告中明确说明重新上报的原因、计划等。

第五十七条 上市公司重大资产重组事项取得全部相关部门批准后，应当公告并尽快安排实施。

重组涉及发行股份购买资产的，上市公司应当在资产过户完成后的 3 个交易日内，公告相关情况，并及时向本所报送以下股份登记申请文件：

（一）重大资产重组实施情况报告书；

（二）独立财务顾问核查意见；

（三）法律意见书；

（四）股份登记申请表；

（五）申请出具股份登记函的报告；

（六）发行完成后经符合《证券法》规定的会计师事务所出具的验资报告；

（七）标的资产权属完成转移的证明文件；

（八）控股股东、实际控制人、其他重组方和上市公司在重大资产重组中作出的承诺（上市公司及有关各方签字盖章）。

上市公司在中国证券登记结算有限责任公司北京分公司办理新增股份登记手续并取得其出具的相关文件后，应当及时披露发行结果暨股份变动公告。

重组实施完毕后，上市公司应当及时披露重大资产重组实施情况报告书、独立财务顾问和律师事务所出具的意见。

第五十八条 上市公司重大资产重组方案涉及配套融资的，应当在注册文件规定时间内实施完毕并履行相应的信息披露义务。

第五十九条 上市公司未能在股东大会决议有效期内实施重大资产重组，拟继续推进本次重组的，应当在决议有效期结束前召开股东大会审议延长决议有效期。

第八章 重组实施后的持续信息披露

第六十条 上市公司向控股股东、实际控制人或者其控制的关联人购买资产，或者向除前述主体之外的特定对象购买资产导致控制权发生变更的，且采取收益现值法、假设开发法等基于未来收益预期的估值方法对购买资产进行评估或者估值并作为定价参考依据的，上市公司应当在重大资产重组实施完毕后业绩承诺期内的年度报告中单独披露相关资产的实际盈利数与利润预测数的差异情况，并由会计师事务所对此出具专项审核意见。上市公司在重组交易中自愿披露盈利预测报告或者交易对方自愿作出业绩承诺的，应当参照前述要求执行。

上市公司重组产生商誉的，上市公司应当按照《企业会计准则》等规定，每年年末进行减值测试，并在年度报告中披露资产组认定、选取的关键参数和假设等与商誉减值相关的重要信息。

第六十一条　上市公司与交易对方签订盈利补偿协议，且上市公司及相关资产的实际盈利数低于利润预测数的，上市公司董事会应当在审议年度报告的同时，对实际盈利数与利润预测数的差异情况进行单独审议，详细说明差异情况及上市公司已经或拟采取的措施，并督促交易对方履行承诺。

上市公司与交易对方存在每股收益填补措施安排的，应披露相关填补安排的具体履行情况。

第六十二条　上市公司应当在年度报告中披露承诺期内有关各方重大资产重组承诺的履行情况。在承诺事项履行完毕时，上市公司应当及时披露承诺事项完成情况公告。

重大资产重组承诺涉及业绩补偿的，交易对方应当及时、足额补偿，不得逃废、变更补偿义务。交易对方超期未履行或者违反业绩补偿协议、承诺的，上市公司应当及时披露，并说明相应解决措施。

第六十三条　上市公司应当在年度报告管理层讨论与分析中披露重组整合的具体进展情况，包括但不限于上市公司在报告期内对交易标的进行整合的具体措施、是否与前期计划相符、面临的整合风险与阶段性效果评估等内容，独立董事应当对此发表意见。

整合效果的披露期限自本次重组交易实施完毕之日起，不少于3个会计年度；如重组交易存在业绩承诺的，直至相关业绩承诺事项全部完成。

第六十四条　独立财务顾问应当根据《重组办法》《财务顾问管理办法》《重组审核规则》等相关要求，勤勉尽责，出具持续督导意见，切实履行持续督导义务。

持续督导期内，独立财务顾问应当督促交易对方切实履行相关业绩补偿承诺和保障措施。独立财务顾问应当对公司的整合计划及实施效果发表意见。

独立财务顾问应当通过日常沟通、定期回访等方式，结合上市公司定期报告的披露，做好持续督导工作，如发现交易标的存在重大财务造假嫌疑、重大风险事项，可能损害上市公司利益情况的，应当及时向本所报告，并督促上市公司及有关各方提供解决措施。

第九章　附　则

第六十五条　上市公司发行可转债购买资产参照适用本指引关于发行股份购买资产的相关规定。

第六十六条　本指引由本所负责解释。

第六十七条　本指引自发布之日起施行。

附件：1.内幕信息知情人报备文件及要求

　　　　2.上市公司重大资产重组预案格式

　　　　3.上市公司重组上市媒体说明会流程

附件1：

内幕信息知情人报备文件及要求

序号	文件名称	内容要求
1	内幕信息知情人登记表	内幕信息知情人范围，根据《证券法》《重组办法》的有关规定确定，包括但不限于： （1）上市公司及其董事、监事、高级管理人员； （2）持有上市公司5%以上股份的股东和上市公司的实际控制人，以及其董事、监事、高级管理人员； （3）上市公司控股或者实际控制的公司及其董事、监事、高级管理人员； （4）重大资产重组的交易对方及其关联方，交易对方及其关联方的董事、监事、高级管理人员或者主要负责人； （5）交易各方聘请的证券服务机构及其从业人员； （6）参与重大资产重组筹划、论证、决策、审批等环节的相关机构和人员； （7）因直系亲属关系（配偶、父母、子女）、提供服务和业务往来等知悉或者可能知悉股价敏感信息的其他相关机构和人员。 登记表加盖公司公章或公司董事会公章，并写明填报日期。
2	承诺书	上市公司全体董事对内幕信息知情人报备文件真实性、准确性和完整性的承诺书，由全体董事签字并加盖公司公章。
3	交易进程备忘录	包括但不限于筹划决策过程中各个关键时点的时间、参与筹划决策人员名单、筹划决策方式等。涉及的相关人员均应在备忘录上签名确认。
4	报备文件电子件与预留原件一致的鉴证意见	律师应当对报送的电子文件与原件的一致性出具鉴证意见，并签名和签署鉴证日期，律师事务所应当在鉴证意见首页加盖律师事务所公章，并加盖骑缝章。 上市公司应提交与预留原件一致的电子文件（WORD、EXCEL、PDF等文件格式）。 报备文件中应当注明上市公司、券商联系人姓名、电话、联系邮箱等信息；报备文件所需签名处，均应为签名人亲笔签名，不得以名章、签名章等代替。

内幕信息知情人登记表

公司简称：   证券代码：

内幕信息事项：

序号	姓名或名称	证件类型	证件号码	证券账户	联系方式	所在单位/部门	职务/岗位	与上市公司关系	知悉内幕信息时间	知悉内幕信息方式	内幕信息内容	内幕信息所处阶段	登记时间	登记人

（加盖公章或董事会章）

填报日期：

注：

1. 本表所列项目为必备项目，上市公司可根据自身内幕信息管理的需要增加内容。

2. 内幕信息事项应当采取一事一记的方式，即每份内幕信息知情人登记表仅涉及一个内幕信息事项，不同内幕信息事项涉及的知情人档案应当分别记录。

3. 填报获取内幕信息的方式，包括但不限于会谈、电话、传真、书面报告、电子邮件等。

4. 填报各内幕信息知情人员所获知的内幕信息的内容，可根据需要添加附页进行详细说明。

5. 填报内幕信息所处阶段，包括商议筹划，论证咨询，合同订立，公司内部的报告、传递、编制、决议等。

6. 如为上市公司登记，填写上市公司登记人姓名；如为上市公司汇总，保留所汇总表格中原登记人姓名。

7. 应当分为以下部分填列：（一）上市公司及其董事、监事、高级管理人员，以及前述自然人的直系亲属；（二）持有上市公司5%以上股份的股东和上市公司的实际控制人，以及其董事、监事、高级管理人员，以及前述自然人的直系亲属；（三）上市公司控股或者实际控制的公司及其董事、监事、高级管理人员，以及前述自然人的直系亲属；（四）重大资产重组的交易对方及其关联方、交易对方及其关联方的董事、监事、高级管理人员或者主要负责人，以及前述自然人的直系亲属；（五）交易各方聘请的证券服务机构及其从业人员，以及前述自然人的直系亲属；（六）参与重大资产重组筹划、论证、决策、审批等环节的相关机构和人员，以及前述自然人的直系亲属；（七）其他知悉本次重大资产重组内幕信息的法人和自然人，以及前述自然人的直系亲属。

交易进程备忘录

上市公司简称：　　　　　　　　　　　　证券代码：

所涉重大事项简述：

关键时点	时间	地点	参与筹划决策人员	筹划决策方式	商议和决议内容	签名

注：1. 本表所列项目为必备项目，上市公司可根据自身内幕信息管理的需要增加内容。

　　2. 交易进程备忘录涉及的相关人员应当在备忘录上签名确认。

法定代表人签名：

上市公司公章或董事会章：

附件2：

上市公司重大资产重组预案格式

第一节　总　则

一、上市公司进行重大资产重组的，在首次召开董事会前，相关资产尚未完成审计、估值或评估，应当在首次董事会决议公告的同时按照本指引披露重大资产重组预案（以下简称重组预案）。

二、不论本指引是否有明确规定，凡对上市公司股票及其衍生品交易价格可能产生较大影响或对投资者做出投资决策有重大影响的信息，均应披露。

以下格式内容某些具体要求对本次重大资产重组预案确实不适用的，上市公司可根据实际情况，在不影响披露内容完整性的前提下予以适当调整，但应当在信息披露时作出说明。

本所可以根据监管实际需要，要求上市公司补充披露其他有关信息。

三、上市公司应当在本所网站披露重组预案全文。

第二节　封面、目录、释义

四、上市公司应当在重组预案文本封面列明重组预案的标题。重组预案标题应当明确具体交易形式，包括但不限于：××公司重大资产购买预案、××公司重大资产出售预案、××公司重大资产置换预案、××公司发行股份购买资产预案、

××公司吸收合并××公司预案。资产重组采取其他交易形式的，应当在标题中予以明确。

资产重组采取两种以上交易形式组合的，应当在标题中列明，如"××公司重大资产置换及发行股份购买资产预案"；发行股份购买资产同时募集配套资金的，应当在标题中标明"并募集配套资金"，如"××公司发行股份购买资产并募集配套资金预案"；资产重组构成关联交易的，还应当在标题中标明"暨关联交易"的字样，如"××公司重大资产购买暨关联交易预案"。

封面应当载明上市公司名称、股票代码、股票简称、主要交易对方的名称或姓名、重组预案披露日期、独立财务顾问名称。

五、重组预案的目录应当标明各章、节的标题及相应的页码，内容编排应当符合通行的中文惯例。

六、上市公司应当在重组预案中对可能造成投资者理解障碍及有特定含义的术语作出释义，释义应当在目录次页排印。

第三节　交易各方声明

七、上市公司应当在重组预案中载明："本公司及全体董事、监事、高级管理人员保证本预案内容的真实、准确、完整，对预案的虚假记载、误导性陈述或者重大遗漏负相应的法律责任"。

上市公司董事会应当声明："本预案所述事项并不代表中国证监会、北京证券交易所对于本次重大资产重组相关事项的实质性判断、确认或批准。本预案所述本次重大资产重组相关事项的生效和完成尚待取得中国证监会的注册（如适用）"。

八、交易对方应当声明："本次重大资产重组的交易对方××已出具承诺函，将及时向上市公司提供本次重组相关信息，并保证所提供的信息真实、准确、完整，如因提供的信息存在虚假记载、误导性陈述或者重大遗漏，给上市公司或者投资者造成损失的，将依法承担相应的法律责任"。

九、相关证券服务机构及人员应当声明（如适用）："本次重大资产重组的证券服务机构××及人员××保证披露文件的真实、准确、完整，如本次重组申请文件存在虚假记载、误导性陈述或重大遗漏，且该证券服务机构未能勤勉尽责的，将承担相应的法律责任"。

第四节　重大事项提示

十、上市公司应当在重大事项提示部分，就与本次重组有关的重大事项进行提示，包括但不限于以下内容：

（一）本次重组方案简要介绍；

（二）按《重组办法》规定计算的相关指标、本次重组是否构成关联交易（如构成关联交易，应披露构成关联交易的原因，涉及董事和股东的回避表决安排）、是否构成《重组办法》第十三条规定的交易情形（以下简称重组上市）及判断依据；

（三）本次重组支付方式、募集配套资金安排简要介绍（如适用）；

（四）交易标的预估作价情况简要介绍（如适用）。

第五节　重大风险提示

十一、就本次交易对重组后上市公司经营和财务产生严重不利影响的重大风险因素，及本次交易行为存在的重大不确定性风险等，进行"重大风险提示"，包括但不限于以下内容：

（一）本次重组审批风险。本次交易行为涉及有关报批事项的，应当详细说明已向有关主管部门报批的进展情况和尚需呈报批准的程序，以及可能无法获得批准的风险（如适用）；

（二）交易标的的权属风险。如抵押、质押等权利限制，诉讼、仲裁或司法强制执行等重大争议或者妨碍权属转移的其他情形可能导致交易标的的存在潜在不利影响和风险等（如适用）；

（三）交易标的的评估或估值风险。本次评估或估值存在报告期变动频繁且对评估或估值影响较大的指标，该指标的预测对本次评估或估值的影响，进而对交易价格公允性的影响等（如适用）；

（四）交易标的的对上市公司持续经营影响的风险。由于政策、市场、技术、汇率等因素引致的风险（如适用）；

（五）公司治理与整合风险：上市公司管理水平不能适应重组后上市公司规模扩张或业务变化的风险、交易标的的与上市公司原有业务、资产、财务、人员、机构等方面的整合风险。如本次拟购买的主要交易标的的不属于同行业或紧密相关的上下游行业的，应充分披露本次交易的必要性以及后续整合存在的不确定性及风险（如适用）；

（六）财务风险：本次重组导致上市公司财务结构发生重大变化的风险（如适用）；

（七）其他与本次重组相关的风险（如适用）。

第六节　本次交易概况

十二、本次交易的背景及目的概况。

十三、本次交易的方案概况，方案介绍中应当披露本次交易是否构成《重组办法》第十三条规定的交易情形及其判断依据。

第七节　上市公司基本情况

十四、上市公司最近 36 个月的控制权变动情况，最近 3 年的主营业务发展情况，以及因本次交易导致的股权控制结构的预计变化情况。

第八节　主要交易对方

十五、主要交易对方基本情况。

主要交易对方为法人的，应当披露其名称、注册地、法定代表人，与其控股股东、实际控制人之间的产权控制关系结构图；

主要交易对方为自然人的，应当披露其姓名（包括曾用名）、性别、国籍、是否取得其他国家或者地区的居留权等；

主要交易对方为其他主体的，应当披露其名称、性质，如为合伙企业，还应披露合伙企业及其相关的产权及控制关系、主要合伙人等情况。

上市公司以公开招标、公开拍卖等方式购买或出售资产的，如确实无法在重组预案中披露交易对方基本情况，应说明无法披露的原因及影响。

上市公司以公开招标、公开拍卖等方式购买或出售资产的，可以在履行相关授权程序（如涉及）后先行披露重组预案，也可以由上市公司及有关各方充分履行保密义务，在明确交易对方、交易价格等要素后直接披露重组报告书，并履行董事会、股东大会审议程序。

第九节 交易标的

十六、交易标的基本情况，包括：

（一）交易标的名称、企业性质、注册地、主要办公地点、法定代表人、注册资本、成立日期；

（二）交易标的产权或控制关系；

（三）交易标的报告期（指最近 2 年及一期，如初步估算属于重组上市的情形，报告期指最近 3 年及一期，下同）主营业务，包括主要产品或服务、盈利模式、核心竞争力等概要情况等；

（四）交易标的报告期主要财务指标（包括总资产、净资产、营业收入、净利润、经营活动产生的现金流量净额等），并说明是否为经审计数；

交易标的属于境外资产或者通过公开招标、公开拍卖等方式购买的，如确实无法披露财务数据，应说明无法披露的原因和影响，并提出解决方案；

（五）交易标的预估值及拟定价等（如适用）。上市公司应当披露交易标的价值预估的基本情况，包括所采用的估值方法、增减值幅度等，简要分析预估合理性（如适用）。如无法披露预估值及拟定价的，应当说明无法披露的原因及影响；

相关证券服务机构未完成审计、评估或估值、盈利预测审核的（如涉及），上市公司应当作出"相关资产经审计的财务数据、评估或估值结果、以及经审核的盈利预测数据（如涉及）将在重大资产重组报告书中予以披露"的特别提示以及"相关资产经审计的财务数据、评估或估值最终结果可能与预案披露情况存在较大差异"的风险揭示。

第十节 交易方式

十七、支付方式情况。上市公司发行股份购买资产的，应当披露发行股份的定价及依据、本次发行股份购买资产的董事会决议明确的发行价格调整方案等相关信息。

上市公司通过发行优先股、向特定对象发行可转换为股票的公司债券等非现金支付方式购买资产的，应当比照前述要求披露相关信息。

上市公司支付现金购买资产的，应当披露资金来源。

十八、交易方案涉及吸收合并的，应当披露换股价格及确定方法、本次吸收合并的董事会决议明确的换股价格调整方案、异议股东权利保护安排、债权人权利保护安排等相关信息。

十九、交易方案涉及募集配套资金的，应当简要披露募集配套资金的预计金额及占发行证券购买资产交易价格的比例、证券发行情况、用途等相关信息。

第十一节　风险因素

二十、本次交易存在其他重大不确定性因素，包括尚需取得有关主管部门的报批等情况的，应当对相关风险作出充分说明和特别提示。

第十二节　其他重要事项

二十一、上市公司的控股股东及其一致行动人对本次重组的原则性意见，及控股股东及其一致行动人、董事、监事、高级管理人员自本次重组预案披露之日起至实施完毕期间的股份减持计划。

上市公司披露为无控股股东的，应当比照前述要求，披露第一大股东及持股5%以上股东的意见及减持计划。

二十二、本次重组是否存在本指引第四十八条第（一）项、第（二）项所列主体参与上市公司重大资产重组的情形。

二十三、相关证券服务机构对重组预案已披露内容发表的核查意见（如适用）。

附件3:

上市公司重组上市媒体说明会流程

一、上市公司应当在媒体说明会前，通过本所认可的渠道进行问题收集，及时整理汇总媒体和投资者关注的问题，并在媒体说明会上予以统一答复。

二、下列人员应当出席媒体说明会，并全程参加：

（一）上市公司相关人员，包括实际控制人、上市公司主要董事、独立董事、监事、总经理、董事会秘书及财务负责人等；

（二）标的资产相关人员，包括实际控制人、主要董事、总经理及财务负责人等；

（三）证券服务机构相关人员，包括独立财务顾问、会计师事务所、律师事务所和评估机构等的主办人员和签字人员等；

（四）停牌前 6 个月及停牌期间取得标的资产股权的个人或机构负责人。

公司或标的资产相关方认为有必要的，可以邀请相关行业专家、证券分析师等参会。

三、上市公司应当邀请至少三家符合中国证监会规定条件的媒体出席会议。

中证中小投资者服务中心有限责任公司代表、依法持有国家新闻出版广电总局核发新闻记者证的新闻记者、证券分析师可以出席会议。

四、上市公司可以通过本所认可的方式召开媒体说明会。上市公司、重组上市交易对方、证券服务机构等相关方及人员应当在媒体说明会上全面、充分地回应市场关注和提出的问题。

五、媒体说明会应当包括重组上市交易各方陈述、媒体现场提问及现场答复问题等环节。

六、上市公司重组上市交易的相关人员应当在媒体说明会上简明扼要地说明有关事项，包括：

（一）上市公司现控股股东、实际控制人应充分说明本次交易的必要性、交易作价的合理性、承诺履行和上市公司规范运作等情况；

（二）上市公司董事、监事及高级管理人员应充分说明其对交易标的及其行业的了解情况、重大媒体质疑和投诉举报的主要内容及说明（如有），以及董事、监事及高级管理人员在本次重大资产重组项目的推进和筹划中是否切实履行了忠实、勤勉义务等；

（三）拟新进入的控股股东、实际控制人应详细说明交易作价的合理性、业绩承诺的合规性和合理性（如有）；

（四）交易对方和重组标的董事及高级管理人员应充分说明重组标的报告期生产经营情况和未来发展规划，以及对相关的重大媒体质疑和投诉举报的说明（如有）；

（五）中介机构应充分说明核查过程和核查结果，评估机构应说明重组标的的估值假设、估值方法、估值过程的合规性和估值结果的合理性，披露重组预案但未披露交易标的的预估值及拟定价的，应当说明原因及影响（如适用）；

（六）参会人员认为应说明的其他问题；

（七）中国证监会及其派出机构和本所要求说明的其他问题。

七、媒体说明会应当为媒体留出充足的提问时间，充分回应市场关注和质疑的问题。

八、参会人员应当在现场答复媒体提问和会前整理汇总的问题。上市公司现场不能答复的，应当说明不能答复的原因。

现场未能答复的，上市公司应当在媒体说明会召开情况公告中予以答复。

全国股转公司规则

关于发布《全国中小企业股份转让系统股票挂牌规则》的公告

（股转公告〔2023〕34号 2023年2月17日）

为落实全面实行股票发行注册制的有关要求，规范公司股票公开转让并在全国中小企业股份转让系统挂牌相关事项，全国中小企业股份转让系统有限责任公司制定了《全国中小企业股份转让系统股票挂牌规则》。本规则已经中国证监会批准，现予以发布，自发布之日起施行。

特此公告。

附件：全国中小企业股份转让系统股票挂牌规则

附件

全国中小企业股份转让系统股票挂牌规则

第一章 总 则

第一条 为规范公司股票公开转让并在全国中小企业股份转让系统（以下简称全国股转系统）挂牌相关事项，维护证券市场秩序，保护投资者合法权益，根据《证券法》《公司法》《非上市公众公司监督管理办法》等法律法规、部门规章和规范性文件，制定本规则。

第二条 公司股票公开转让并在全国股转系统挂牌涉及的申请、审核、信息披露等事项，适用本规则。

第三条 全国股转系统深入贯彻创新驱动发展战略，聚焦服务实体经济，主要服务创新型、创业型、成长型中小企业，支持中小企业高质量发展。

第四条 申请股票公开转让并在全国股转系统挂牌的公司（以下简称申请挂牌公司）按照中国证券监督管理委员会（以下简称中国证监会）、全国股转系统相关规定，可以在股票挂牌的同时发行股票、可转换公司债券等证券品种。

申请挂牌公司可以按照全国股转系统各市场层级进入条件、自身实际情况与需求，选择挂牌时进入的市场层级，并同时符合本规则规定的挂牌条件和全国中小企业股份转让系统有限责任公司（以下简称全国股转公司）规定的进层条件。

第五条　申请挂牌公司应当向全国股转公司提交股票公开转让并挂牌申请文件。

全国股转公司对申请文件进行审核，认为申请挂牌公司符合公开转让条件、挂牌条件以及信息披露要求的，出具同意公开转让并挂牌的审核意见，并将审核意见、注册申请文件及相关审核资料报中国证监会注册；认为申请挂牌公司不符合公开转让条件、挂牌条件或信息披露要求的，作出终止审核决定。

股东人数未超过 200 人的公司申请股票公开转让并挂牌，中国证监会豁免注册，由全国股转公司作出同意公开转让并挂牌的审核决定或终止审核决定。

第六条　申请挂牌公司应当诚实守信，依法依规充分披露投资者作出价值判断和投资决策所必需的信息，充分揭示对其发展构成重大不利影响的风险，所披露信息应当真实、准确、完整，不得有虚假记载、误导性陈述或重大遗漏。

第七条　为申请挂牌公司提供推荐服务的主办券商及其相关人员应当诚实守信、勤勉尽责，按照法律法规、业务规则和行业规范履行职责，并对公开转让说明书及其所出具相关文件的真实性、准确性、完整性负责。

为申请挂牌公司制作、出具专业意见的会计师事务所、律师事务所等证券服务机构及其相关人员应当审慎履行职责，并对所出具文件的真实性、准确性、完整性负责。

第八条　全国股转公司根据相关法律法规、部门规章、本规则及其他相关规定对申请挂牌公司及其股东、实际控制人、董事、监事和高级管理人员，主办券商、证券服务机构及其相关人员等实施自律管理。

第九条　全国股转公司出具同意公开转让并挂牌的审核意见或审核决定，不表明全国股转公司对申请挂牌公司证券投资价值或投资者收益作出实质性判断或保证，也不表明全国股转公司对申请挂牌公司申请文件及所披露信息的真实性、准确性、完整性作出保证。

第二章　挂牌条件

第一节　主体资格

第十条　申请挂牌公司应当是依法设立且合法存续的股份有限公司，股本总额不低于 500 万元（人民币，下同），并同时符合下列条件：

（一）股权明晰，股票发行和转让行为合法合规；

（二）公司治理健全，合法规范经营；

（三）业务明确，具有持续经营能力；

（四）主办券商推荐并持续督导；

（五）全国股转公司要求的其他条件。

第十一条　申请挂牌公司应当持续经营不少于两个完整的会计年度，本规则另有规定的除外。

有限责任公司按原账面净资产值折股整体变更为股份有限公司的，持续经营时间可以从有限责任公司成立之日起计算。

第十二条　申请挂牌公司注册资本已足额缴纳，股东的出资资产、出资方式、出资程序等符合相关法律法规的规定，股东不存在依法不得投资公司的情形。

申请挂牌公司股权权属明晰，控股股东、实际控制人持有或控制的股份不存在可能导致控制权变更的重大权属纠纷。

第十三条　申请挂牌公司及其重要控股子公司的股票发行和转让行为应当合法合规，履行了必要的内部决议、外部审批程序，不存在擅自公开或变相公开发行证券且仍未依法规范或还原的情形。

第十四条　申请挂牌公司应当依据法律法规、中国证监会及全国股转系统相关规定制定完善公司章程和股东大会、董事会、监事会议事规则，建立健全公司治理组织机构，并有效运作。

申请挂牌公司应当明确公司与股东等主体之间的纠纷解决机制，建立投资者关系管理、关联交易管理等制度，切实保障投资者和公司的合法权益。

申请挂牌公司董事、监事、高级管理人员应当具备法律法规、部门规章或规范性文件、全国股转系统业务规则和公司章程等规定的任职资格。

第十五条　设有表决权差异安排的公司申请股票公开转让并挂牌的，应当符合全国股转系统关于表决权差异安排设置条件、设置程序、投资者保护、规范运行等方面规定，并已履行完设置程序。

第十六条　申请挂牌公司应当依法依规开展生产经营活动，具备开展业务所必需的资质、许可或特许经营权等。申请挂牌公司及相关主体不存在以下情形：

（一）最近 24 个月以内，申请挂牌公司或其控股股东、实际控制人、重要控股子公司因贪污、贿赂、侵占财产、挪用财产或者破坏社会主义市场经济秩序行为被司法机关作出有罪判决，或刑事处罚未执行完毕；

（二）最近 24 个月以内，申请挂牌公司或其控股股东、实际控制人、重要控股子公司存在欺诈发行、重大信息披露违法或者其他涉及国家安全、公共安全、生态安全、生产安全、公众健康安全等领域的重大违法行为；

（三）最近 12 个月以内，申请挂牌公司或其控股股东、实际控制人、重要控股子公司、董事、监事、高级管理人员被中国证监会及其派出机构采取行政处罚；

（四）申请挂牌公司或其控股股东、实际控制人、重要控股子公司、董事、监事、高级管理人员因涉嫌犯罪正被司法机关立案侦查或涉嫌违法违规正被中国证监会及其派出机构立案调查，尚未有明确结论意见；

（五）申请挂牌公司或其控股股东、实际控制人、重要控股子公司、董事、监事、高级管理人员被列为失信联合惩戒对象且尚未消除；

（六）申请挂牌公司董事、监事、高级管理人员被中国证监会及其派出机构采取证券市场禁入措施，或被全国股转公司认定其不适合担任公司董事、监事、高级管理人员，且市场禁入措施或不适格情形尚未消除；

（七）中国证监会和全国股转公司规定的其他情形。

第十七条　申请挂牌公司应当设立独立的财务机构，能够独立开展会计核算、作出财务决策。申请挂牌公司会计基础工作规范，财务报表的编制和披露应当符合企业会计准则及相关信息披露规则的规定，在所有重大方面公允地反映公司财务状况、经营成果和现金流量，并由符合《证券法》规定的会计师事务所出具无保留意见的审计报告。申请挂牌公司提交的财务报表截止日不得早于股份有限公司成立日。

申请挂牌公司内部控制制度健全且得到有效执行，能够合理保证公司运行效率、合法合规和财务报表的可靠性。

第二节　业务与经营

第十八条　申请挂牌公司应当业务明确，可以经营一种或多种业务，拥有与各业务相匹配的关键资源要素，具有直接面向市场独立持续经营的能力。

第十九条　申请挂牌公司业务、资产、人员、财务、机构应当完整、独立，与其控股股东、实际控制人及其控制的其他企业分开。

申请挂牌公司进行的关联交易应当依据法律法规、公司章程、关联交易管理制度等规定履行审议程序，确保相关交易公平、公允。

申请挂牌公司不得存在资金、资产或其他资源被其控股股东、实际控制人及其控制的企业占用的情形，并应当采取有效措施防范占用情形的发生。

第二十条　申请挂牌公司主要业务属于人工智能、数字经济、互联网应用、医疗健康、新材料、高端装备制造、节能环保、现代服务业等新经济领域以及基础零部件、基础元器件、基础软件、基础工艺等产业基础领域，且符合国家战略，拥有关键核心技术，主要依靠核心技术开展生产经营，具有明确可行的经营规划的，持续经营时间可以少于两个完整会计年度但不少于一个完整会计年度，并符合下列条件之一：

（一）最近一年研发投入不低于1000万元，且最近12个月或挂牌同时定向发行获得专业机构投资者股权投资金额不低于2000万元；

（二）挂牌时即采取做市交易方式，挂牌同时向不少于4家做市商在内的对象定向发行股票，按挂牌同时定向发行价格计算的市值不低于1亿元。

第二十一条　除本规则第二十条规定的公司外，其他申请挂牌公司最近一期末每股净资产应当不低于1元/股，并满足下列条件之一：

（一）最近两年净利润均为正且累计不低于800万元，或者最近一年净利润不低于600万元；

（二）最近两年营业收入平均不低于 3000 万元且最近一年营业收入增长率不低于 20%，或者最近两年营业收入平均不低于 5000 万元且经营活动现金流量净额均为正；

（三）最近一年营业收入不低于 3000 万元，且最近两年累计研发投入占最近两年累计营业收入比例不低于 5%；

（四）最近两年研发投入累计不低于 1000 万元，且最近 24 个月或挂牌同时定向发行获得专业机构投资者股权投资金额不低于 2000 万元；

（五）挂牌时即采取做市交易方式，挂牌同时向不少于 4 家做市商在内的对象定向发行股票，按挂牌同时定向发行价格计算的市值不低于 1 亿元。

第二十二条　公司所属行业或所从事业务存在以下情形之一的，不得申请其股票公开转让并挂牌：

（一）主要业务或产能被国家或地方发布的产业政策明确禁止或淘汰的；

（二）属于法规政策明确禁止进入资本市场融资的行业、业务的；

（三）不符合全国股转系统市场定位及中国证监会、全国股转公司规定的其他情形。

第三章　申请、受理与审核

第一节　申请与受理

第二十三条　申请挂牌公司董事会应当依法就股票公开转让并挂牌的具体方案作出决议，并提交股东大会批准。

申请挂牌公司监事会应当对董事会编制的公开转让说明书等申请文件进行审核并提出书面审核意见，监事应当签署书面确认意见。

申请挂牌公司股东大会应当就股票公开转让并挂牌作出决议，并至少包括下列事项，且须经出席会议的股东所持表决权的 2/3 以上通过：

（一）申请股票公开转让并挂牌及有关安排；

（二）股票挂牌后的交易方式；

（三）股票挂牌的市场层级；

（四）授权董事会办理股票公开转让并挂牌具体事宜；

（五）决议的有效期；

（六）挂牌前滚存利润的分配方案；

（七）其他必须明确的事项。

第二十四条　申请挂牌公司、主办券商、证券服务机构应当按照中国证监会及全国股转系统相关规定制作、提交股票公开转让并挂牌申请文件。

自申请文件提交之日起，申请挂牌公司及其控股股东、实际控制人、董事、监事、高级管理人员，以及主办券商、证券服务机构及相关人员即承担相应法律责任。未经全国股转公司同意，申请文件受理后不得更改。

第二十五条　全国股转公司收到申请文件后，对申请文件的齐备性进行核对，并在 5 个交易日以内作出受理或不予受理的决定。

申请文件齐备的，全国股转公司作出受理决定。申请文件存在与中国证监会及全国股转公司规定的文件目录不相符、文档名称与文档内容不相符、签章不完整等形式不齐备情形的，全国股转公司一次性告知需要补正的事项。补正时限最长不得超过 30 个交易日；多次补正的，补正时间累计计算。

第二十六条　存在下列情形之一的，全国股转公司不予受理：

（一）申请文件不齐备且未在规定期限内按要求补正的；

（二）主办券商、证券服务机构或其相关人员不具备相关资质的；

（三）申请挂牌公司及其控股股东、实际控制人、董事、监事、高级管理人员，主办券商、证券服务机构或其相关人员被中国证监会采取认定为不适当人选、限制从事相关业务、证券市场禁入，被证券交易所、全国股转公司采取一定期限内不受理其出具的文件、公开认定不适合担任公司董事、监事、高级管理人员，或者被证券业协会采取认定不适合从事相关业务等相关措施，尚未解除的；

（四）中国证监会、全国股转公司规定的其他情形。

第二节　审核内容、方式、程序

第二十七条　全国股转公司设立专门的审核机构，对申请挂牌公司的股票公开转让并挂牌申请文件进行审核。

全国股转公司设立挂牌委员会，挂牌委员会的职责、人员组成、工作程序等事项，由全国股转公司另行规定。

第二十八条　全国股转公司对公开转让条件、挂牌条件的审核，重点关注下列事项：

（一）申请挂牌公司是否符合中国证监会规定的公开转让条件及全国股转公司规定的挂牌条件；

（二）主办券商、证券服务机构是否就申请挂牌公司符合公开转让条件、挂牌条件逐项发表明确意见，且具备充分的理由和依据。

第二十九条　全国股转公司通过对申请文件的审核，督促申请挂牌公司真实、准确、完整地披露信息，主办券商、证券服务机构切实履行信息披露把关责任；督促申请挂牌公司及其主办券商、证券服务机构提高信息披露质量，便于投资者在信息充分的情况下作出投资决策。

全国股转公司在信息披露审核中重点关注以下事项：

（一）申请文件及信息披露内容是否达到真实、准确、完整的要求，是否符合中国证监会、全国股转系统有关要求；

（二）申请文件及信息披露内容是否包含对投资者作出投资决策有重大影响

的信息，披露程度是否达到投资者作出投资决策所必需的水平，包括但不限于是否充分、全面披露相关规则要求的内容，是否充分揭示可能对申请挂牌公司经营状况、财务状况产生重大不利影响的所有因素；

（三）申请文件及信息披露内容是否一致、合理和具有内在逻辑性，包括但不限于财务数据是否勾稽合理，是否符合申请挂牌公司实际情况，财务信息与非财务信息是否相互印证，主办券商、证券服务机构核查依据是否充分，能否对财务数据的变动或者与同行业公司存在的差异作出合理解释；

（四）信息披露内容是否简明易懂，是否便于投资者阅读和理解，包括但不限于是否使用事实描述性语言，是否言简意赅、通俗易懂、逻辑清晰，是否结合申请挂牌公司自身特点进行有针对性的信息披露。

第三十条　全国股转公司主要通过查阅申请文件、提出问题等方式进行审核。全国股转公司经审核认为申请文件存在以下情形之一的，可以向申请挂牌公司、主办券商及证券服务机构提出审核问询：

（一）需解释和说明相关问题及原因；

（二）需补充核查相关事项；

（三）需补充提供新的证据或材料；

（四）需更新或更正信息披露内容。

全国股转公司提出审核问询的，申请挂牌公司及其主办券商、证券服务机构应当按照全国股转公司的审核问询进行必要的补充披露、补充说明或补充调查、核查，及时、逐项回复审核问询事项，并更新相应申请文件。

申请挂牌公司及其主办券商、证券服务机构对全国股转公司审核问询的回复是股票公开转让并挂牌申请文件的组成部分，应当保证回复的真实、准确、完整。

第三十一条　在首轮审核问询发出前，申请挂牌公司、主办券商、证券服务机构及其相关人员不得与全国股转公司审核人员接触，不得以任何形式干扰审核工作。

在首轮审核问询发出后，申请挂牌公司、主办券商、证券服务机构对审核问询存在疑问的，可与全国股转公司进行沟通；确需当面沟通的，应当预约。

第三十二条　全国股转公司收到申请挂牌公司及其主办券商、证券服务机构问询回复后，经审核存在以下情形之一的，可以继续提出审核问询：

（一）发现新的需要问询事项；

（二）回复内容未能有针对性地回答全国股转公司提出的审核问询，或者全国股转公司就回复内容需要继续审核问询；

（三）信息披露仍未满足中国证监会或全国股转公司规定的要求；

（四）全国股转公司认为需要继续审核问询的其他情形。

第三十三条　全国股转公司经审核认为申请挂牌公司符合公开转让条件、挂牌条件、信息披露要求，不需要进一步提出审核问询的，出具同意公开转让并挂牌的审核意见或审核决定。全国股转公司经审核认为申请挂牌公司不符合公开转让条件、挂牌条件或信息披露要求的，作出终止审核决定。

依据全国股转系统规定，需要提交挂牌委员会审议的，挂牌委员会召开会议进行审议。全国股转公司结合挂牌委员会审议意见，作出审核意见或审核决定。

第三十四条　全国股转公司在审核过程中，可以根据需要，约见问询申请挂牌公司及其控股股东、实际控制人、董事、监事、高级管理人员，以及主办券商、证券服务机构及其相关人员，调阅申请挂牌公司、主办券商、证券服务机构与本次股票公开转让并挂牌申请相关的资料。

全国股转公司在审核过程中，发现申请文件存在重大疑问且主办券商无法在回复中作出合理解释的，可以对主办券商实施现场检查。

第三十五条　全国股转公司在审核过程中，发现申请挂牌公司涉嫌违反国家产业政策或不符合全国股转系统定位，或涉及重大敏感事项、重大无先例情况、重大舆情、重大违法线索的，应当及时请示报告中国证监会，并按中国证监会意见处理。

第三十六条　全国股转公司自受理申请文件之日起2个月以内出具审核意见或作出审核决定。

申请挂牌公司及其主办券商、证券服务机构回复问询或更新申请文件的时间，以及本规则规定的中止审核、请示有关机关、实施检查、专项核查的时间不计算在前款规定的时限内。

第三十七条　股票公开转让并挂牌依法应报经中国证监会注册的，全国股转公司出具同意公开转让并挂牌审核意见后，将审核意见、注册申请文件及相关审核资料报送中国证监会。

中国证监会要求全国股转公司进一步问询的，全国股转公司向申请挂牌公司及其主办券商、证券服务机构提出反馈问题。

中国证监会在注册程序中，决定退回全国股转公司补充审核的，全国股转公司依据本规则规定的程序对要求补充审核的事项重新审核。全国股转公司审核通过的，重新向中国证监会报送审核意见及相关资料；审核不通过的，作出终止审核决定。

第三十八条　全国股转公司作出同意公开转让并挂牌的审核决定或中国证监会作出同意注册决定后，申请挂牌公司应当与全国股转公司签订挂牌协议，并按规定办理股票登记及挂牌手续。

第三节　特殊情形处理

第三十九条　申请文件受理后至股票挂牌前，申请挂牌公司出现可能对其是否符合公开转让条件、挂牌条件、信息披露要求产生重大影响的事项的，申请挂牌公司、主办券商、证券服务机构应当及时向全国股转公司报告，并按要求更新申请文件或披露文件、发布临时公告。申请挂牌公司的主办券商、证券服务机构应当持续履行尽职调查职责，全国股转公司可以要求主办券商、证券服务机构出具专项核查意见。

全国股转公司作出同意公开转让并挂牌审核决定或中国证监会作出同意注册决定后至股票挂牌前，申请挂牌公司发生重大事项，可能导致其不符合公开转让并挂牌相关要求的，应当暂停股票挂牌手续。全国股转公司经审核认为相关重大事项导致申请挂牌公司不符合公开转让条件、挂牌条件或信息披露要求的，将出具明确意见并终止其挂牌手续。

第四十条　出现下列情形之一的，申请挂牌公司、主办券商和证券服务机构应当及时报告全国股转公司，全国股转公司中止公开转让并挂牌审核：

（一）申请挂牌公司及其控股股东、实际控制人涉嫌贪污、贿赂、侵占财产、挪用财产或者破坏社会主义市场经济秩序的犯罪，或者涉嫌欺诈发行、重大信息披露违法或其他涉及国家安全、公共安全、生态安全、生产安全、公众健康安全等领域的重大违法行为，被立案调查或者被司法机关立案侦查；

（二）主办券商、证券服务机构被中国证监会依法采取限制业务活动、责令停业整顿、指定其他机构托管、接管等措施，或者被证券交易所、全国股转公司采取暂不受理其出具的相关业务文件的纪律处分，尚未解除；

（三）主办券商、证券服务机构相关签字人员被中国证监会依法采取认定为不适当人选等监管措施或者证券市场禁入的措施，或者被证券交易所、全国股转公司采取暂不受理其出具的相关业务文件的纪律处分，被证券业协会采取认定不适合从事相关业务的纪律处分，尚未解除；

（四）申请文件中记载的财务资料已过有效期，需要补充提交；

（五）申请挂牌公司、主办券商主动要求中止审核，理由正当并经全国股转公司同意；

（六）全国股转公司规定的其他情形。

出现前款第一项至第四项所列情形，申请挂牌公司、主办券商和证券服务机构未及时告知全国股转公司，全国股转公司经核实符合中止审核情形的，将直接中止审核。

第四十一条　因本规则第四十条第一款第二项、第三项中止审核后，申请挂牌公司需要更换主办券商或者证券服务机构的，更换后的主办券商或者证券服务机构应当自中止审核之日起6个月以内完成尽职调查，重新出具相关文件，并对原主办券商或者证券服务机构出具的文件进行复核，出具复核意见，对差异情况作出说明。申请挂牌公司根据规定无需更换主办券商或者证券服务机构的，主办券商或者证券服务机构应当及时出具复核报告。

因本规则第四十条第一款第二项、第三项中止审核后，申请挂牌公司更换主办券商、证券服务机构相关签字人员的，更换后的签字人员应当自中止审核之日起 1 个月以内，对原签字人员签署的文件进行复核，出具复核意见，对差异情况作出说明。

因本规则第四十条第一款第四项、第五项中止审核的，申请挂牌公司应当在中止审核后 6 个月以内补充提交有效文件或者消除主动要求中止审核的相关情形。

第四十二条　本规则第四十条第一款所列中止审核的情形消除后或者在第四十一条规定的时限内完成相关事项后，申请挂牌公司、主办券商应当及时告知全国股转公司。全国股转公司经审核确认后，恢复审核，并通知申请挂牌公司及其主办券商。

依照前款规定恢复审核的，审核时限自恢复审核之日起继续计算。但申请挂牌公司对其财务报表进行调整达到一个以上会计年度的，审核时限自恢复审核之日起重新起算。

第四十三条　出现下列情形之一的，全国股转公司将终止审核，并通知申请挂牌公司及其主办券商：

（一）申请挂牌公司撤回申请或者主办券商撤销推荐；

（二）申请挂牌公司的法人资格终止；

（三）申请文件被认定存在虚假记载、误导性陈述或重大遗漏；

（四）申请文件内容存在重大缺陷，严重影响投资者理解和全国股转公司审核；

（五）申请挂牌公司未在规定时限内回复全国股转公司审核问询，或者未在规定时限内对申请文件作出解释说明、更新，且未提交延期申请；

（六）本规则规定的中止审核情形未能在 6 个月以内消除，或者未能在本规则第四十一条规定的时限内完成相关事项；

（七）申请挂牌公司拒绝、阻碍或逃避全国股转公司依法实施的核查、检查；

（八）申请挂牌公司及其关联方以不正当手段严重干扰全国股转公司审核工作；

（九）全国股转公司经审核认为申请挂牌公司不符合公开转让条件、挂牌条件或信息披露要求。

申请挂牌公司因不符合公开转让条件或挂牌条件，被全国股转公司作出终止审核决定或者被中国证监会作出不予注册决定的，自决定作出之日起 6 个月以内，全国股转公司不受理其提交的股票公开转让并挂牌申请文件。

第四十四条　申请挂牌公司对全国股转公司作出的不予受理决定或终止审核决定有异议的，自收到相关决定之日起 5 个交易日以内，可以按照相关规定向全国股转公司申请复核。

第四十五条　申请文件受理后至股票挂牌前，发生以下事项的，全国股转公司可以就相关事项提出审核问询，要求申请挂牌公司及其主办券商、证券服务机构解释说明、补充核查：

（一）公共媒体关于申请挂牌公司的新闻报道与公司信息披露存在差异，所涉事项可能对公司股票公开转让并挂牌产生重大影响；

（二）全国股转公司收到与申请挂牌公司股票公开转让并挂牌事项相关的投诉举报。

第四章　信息披露

第四十六条　申请挂牌公司应当以投资者需求为导向，结合自身情况及所属行业特点、发展趋势，按照中国证监会、全国股转公司要求编制公开转让说明书等文件，充分披露以下信息：

（一）挂牌后拟进入的市场层级、挂牌同时发行证券情况（如有）、拟采用的交易方式、选用的挂牌条件指标等；

（二）基本情况、股权结构、公司治理、主要产品或服务、业务模式、经营情况、市场竞争、所属细分行业发展情况、重要会计政策、财务状况等；

（三）能够对公司业绩、创新能力、核心竞争力、业务稳定性、经营持续性等产生重大影响的资源要素和各种风险因素。

中国证监会、全国股转公司制定的信息披露规则是信息披露的最低要求。不论前述规则是否有明确规定，凡是对投资者作出价值判断和投资决策有重大影响的信息，申请挂牌公司均应当予以披露。

申请挂牌公司公开转让说明书所引用的财务报表在其最近一期截止日后6个月以内有效，特殊情况下申请挂牌公司可以申请适当延长，但最多不超过3个月。

第四十七条　申请挂牌公司控股股东、实际控制人、董事、监事、高级管理人员等应当诚实守信，及时向申请挂牌公司提供相关信息，保证申请挂牌公司申请文件和信息披露的真实、准确、完整，并对公开转让说明书签署书面确认意见。

第四十八条　申请文件受理后，申请挂牌公司公开转让说明书、推荐报告、审计报告、法律意见书等文件应当在符合《证券法》规定的信息披露平台预先披露。

第四十九条　全国股转公司审核、中国证监会注册期间，申请挂牌公司应当根据全国股转系统或中国证监会的要求对信息披露文件予以更新。

第五十条　全国股转公司作出同意公开转让并挂牌的审核决定或中国证监会作出同意注册决定后，申请挂牌公司应当在符合《证券法》规定的信息披露平台披露经审核的公开转让说明书、推荐报告、审计报告、法律意见书、公司章程等文件。

第五十一条　申请挂牌公司披露经审核的公开转让说明书等文件后，应当按照拟进入的市场层级及全国股转系统关于挂牌公司的信息披露要求，及时披露临时报告。

申请挂牌公司披露经审核的公开转让说明书等文件后，发现信息披露内容存在遗漏、错误等情形的，应当及时向全国股转公司报告，并对披露文件进行更正。

全国股转公司根据更正事项对申请挂牌公司公开转让并挂牌事项产生的影响，依据本规则规定作出处理。

第五十二条 申请挂牌公司及其控股股东、实际控制人、董事、监事、高级管理人员等主体，在申请挂牌过程中就特定事项作出的公开承诺应当具体、明确、无歧义、具有可操作性及明确的履行时限，符合相关法律法规、部门规章、规范性文件和业务规则等要求，并在符合《证券法》规定的信息披露平台予以披露。

第五十三条 由于涉及国家秘密、商业秘密等原因，导致申请文件、问询回复文件中披露相关信息可能违反国家有关保密的法律法规或者严重损害公司利益的，申请挂牌公司可以豁免披露，但应当说明豁免披露的依据和理由。全国股转公司认为豁免披露理由不成立的，申请挂牌公司应当按规定披露相关信息。

第五章 推荐挂牌

第五十四条 申请挂牌公司应当与符合全国股转系统规定的主办券商签订推荐挂牌并持续督导协议，明确约定双方在推荐挂牌和持续督导期间的权利和义务、相关费用的支付以及协议的变更或解除等事项。

申请挂牌公司提交申请文件前，主办券商应当通过辅导、培训等方式，协助申请挂牌公司完善公司治理机制和内部控制制度，并有充分依据认定申请挂牌公司具备规范运作的基础和能力，申请挂牌公司控股股东、实际控制人、董事、监事、高级管理人员等掌握证券监管有关法律法规和规则、知悉信息披露和履行承诺方面责任和义务、具备依法履职能力。

第五十五条 主办券商、证券服务机构应当按照中国证监会和全国股转系统的规定制作、报送、披露推荐文件、专业文件、回复意见及其他相关文件。

第五十六条 主办券商应当遵守法律法规、中国证监会及全国股转系统相关规定、行业自律规范等要求，严格执行内部控制制度，充分了解申请挂牌公司的经营情况和风险，对申请挂牌公司申请文件和信息披露资料进行审慎核查，对申请挂牌公司是否符合公开转让条件、挂牌条件和信息披露要求作出专业判断，审慎作出推荐决定。

主办券商决定推荐申请挂牌公司股票公开转让并挂牌的，可以根据申请挂牌公司委托，组织编制股票公开转让并挂牌申请文件并出具推荐意见，组织协调证券服务机构及其相关人员开展相关工作。证券服务机构及其相关人员应当依法依规配合主办券商履行推荐职责，并承担相应的责任。

第五十七条 证券服务机构应当遵守法律法规、中国证监会及全国股转系统相关规定以及本行业公认的业务标准和道德规范等，建立并保持有效的质量控制体系，开展调查活动，作出专业判断与认定。证券服务机构及其相关人员应当对与本专业相关的业务事项履行特别注意义务，对其他业务事项履行普通注意义务，并承担相应法律责任。

申请挂牌公司的公开转让说明书等信息披露文件和申请文件引用证券服务机构专业意见的，出具意见的证券服务机构应当承担法律责任。

第五十八条　申请挂牌公司信息披露文件和申请文件中由证券服务机构出具专业意见的内容，主办券商在保持职业怀疑、履行审慎核查、进行必要调查和复核基础上，可以合理信赖相关意见。申请挂牌公司信息披露文件和申请文件中无证券服务机构专业意见支持的内容，主办券商应当充分进行尽职调查、独立作出职业判断，并对相关内容承担责任。

证券服务机构对于主办券商或者其他证券服务机构的基础工作或者专业意见，在保持职业怀疑、履行审慎核查、进行必要调查和复核基础上，可以合理信赖相关工作或意见。

证券服务机构出具专业意见所依据的调查措施、事实依据不够充分，或相关意见存在重大异常、前后重大矛盾，或与主办券商获得的信息存在重大差异的，主办券商应当对相关内容进行调查、复核；无法排除合理怀疑的，应当拒绝信赖相关意见。主办券商应当复核但未复核，或复核工作未全面到位的，应当承担责任。

第五十九条　主办券商应当根据股票公开转让并挂牌推荐业务特点依法依规建立内部管理制度和业务操作流程，建立健全风险管理制度和合规管理制度，保障推荐业务依法合规进行，防范和控制业务风险，保证执业质量。

主办券商应当在其出具的推荐文件中，说明内部管理制度的执行情况。

第六十条　主办券商应当针对每家申请挂牌公司设立项目组，履行尽职调查、制作推荐文件、建立工作底稿等职责。项目组成员的组成和资格应当符合全国股转系统的规定。

第六十一条　申请挂牌公司应当按照主办券商、证券服务机构的要求，依法依规向其提供真实、准确、完整的财务会计资料和其他资料，配合相关机构开展尽职调查和其他相关工作，不得要求主办券商、证券服务机构出具与客观事实不符的文件或妨碍其工作。

申请挂牌公司控股股东、实际控制人、董事、监事、高级管理人员、有关股东应当配合主办券商、证券服务机构开展尽职调查和其他相关工作，确保提供的资料或者信息真实、准确、完整，不得要求或协助申请挂牌公司提供虚假信息、隐瞒应当提供的资料或应当披露的信息。

第六章　自律管理

第六十二条　违反本规则的，全国股转公司可以视情节轻重采取以下自律监管措施：

（一）口头警示；

（二）监管关注；

（三）约见谈话；

（四）要求提交书面承诺；

（五）出具警示函；

（六）限期改正；

（七）要求公开更正、澄清或说明；

（八）要求公开致歉；

（九）要求限期参加培训或考试；

（十）要求限期召开投资者说明会；

（十一）暂停解除挂牌公司控股股东、实际控制人的股票限售；

（十二）建议挂牌公司更换相关任职人员；

（十三）向有关主管部门出具监管建议函；

（十四）全国股转公司规定的其他自律监管措施。

违规行为情节轻微、未造成不良影响的，全国股转公司可以通过监管工作提示、记录执业质量负面行为等方式对相关主体进行提醒教育。

第六十三条　违反本规则的，全国股转公司可以视情节轻重采取以下纪律处分：

（一）通报批评；

（二）公开谴责；

（三）认定其不适合担任公司董事、监事、高级管理人员；

（四）暂不受理申请挂牌公司提交的申请文件；

（五）暂不受理机构或者其从业人员出具的相关业务文件；

（六）全国股转公司规定的其他纪律处分。

第六十四条　存在下列情形之一的，全国股转公司可以视情节轻重对相关主体采取自律监管措施：

（一）申请挂牌公司及相关主体未按中国证监会及全国股转公司要求编制或披露相关文件，或擅自更改申请文件；

（二）申请挂牌公司及相关主体编制的申请文件、信息披露文件未做到真实、准确、完整，但尚未达到虚假记载、误导性陈述或重大遗漏的程度；

（三）主办券商未能勤勉尽责，致使申请文件、信息披露文件及其出具的相关文件未做到真实、准确、完整，但尚未达到虚假记载、误导性陈述或重大遗漏的程度；

（四）证券服务机构未能勤勉尽责，致使出具的专业文件未做到真实、准确、完整，但尚未达到虚假记载、误导性陈述或重大遗漏的程度；

（五）未及时向全国股转公司报告重大事项或者未及时披露；

（六）以不正当手段干扰全国股转公司审核工作；

（七）申请挂牌公司等相关主体无合理理由不提供相关信息，或不配合主办券商、证券服务机构开展尽职调查等相关工作；

（八）全国股转公司认定的其他情形。

第六十五条　存在下列情形之一的，全国股转公司可以视情节轻重对相关主体采取纪律处分：

（一）申请挂牌公司申请文件、信息披露文件被认定存在虚假记载、误导性陈述或重大遗漏；

（二）主办券商未能勤勉尽责，致使申请文件、信息披露文件及其出具的相关文件被认定存在虚假记载、误导性陈述或重大遗漏；

（三）证券服务机构未能勤勉尽责，致使出具的专业文件被认定存在虚假记载、误导性陈述或重大遗漏；

（四）相关主体存在本规则第六十四条规定的违规情形，且违规情节严重；

（五）主办券商等中介机构在履行职责过程中与申请挂牌公司及相关主体串通舞弊；

（六）伪造、变造申请文件中的签字、盖章；

（七）全国股转公司认定的其他情形。

第六十六条　申请挂牌公司及其控股股东、实际控制人、董事、监事、高级管理人员，主办券商、证券服务机构及其相关人员等被证券交易所、全国股转公司采取暂不接受文件、认定为不适当人选等自律监管措施和纪律处分的，全国股转公司按照业务规则，在相应期限内不接受其提交或签字的相关文件，或者认为其不适合担任公司董事、监事、高级管理人员，并对该监管对象提交或者签字且已受理的其他文件中止审核，或者要求相关申请挂牌公司解聘相关人员等。

第六十七条　全国股转公司发现相关主体涉嫌违反法律法规或中国证监会相关规定，情节严重的，向中国证监会报告。

第七章　附　则

第六十八条　申请挂牌公司及其控股股东、实际控制人等应当按照下列安排向全国股转公司申请限售，并在公开转让说明书中披露：申请挂牌公司控股股东及实际控制人在挂牌前直接或间接持有的股票分三批解除限售，每批解除限售的数量均为其挂牌前所持股票的三分之一，解除限售的时间分别为挂牌之日、挂牌期满一年和两年。

挂牌前 12 个月以内申请挂牌公司控股股东及实际控制人直接或间接持有的股票进行过转让的，该股票的限售安排按照前款规定执行，主办券商为开展做市业务取得的做市初始库存股票除外。因司法裁决、继承等原因导致有限售期的股票持有人发生变更的，后续持有人应继续执行股票限售安排。

第六十九条　相关公司股票终止在全国股转系统挂牌后，符合相关要求的，可以依照本规则重新申请股票公开转让并挂牌。

第七十条　本规则下列用语具有如下含义：

（一）本规则所称"以内"、"以上"、"不低于"、"不少于"、"不超过"均含本数；

（二）本规则所称"净利润"是指归属于申请挂牌公司股东的净利润，不包括少数股东损益，并以扣除非经常性损益前后孰低者为计算依据；

（三）本规则所称"净资产"是指归属于申请挂牌公司股东的净资产，不包括少数股东权益；

（四）本规则所称"重要控股子公司"是指纳入申请挂牌公司合并报表范围内，且最近一个会计年度营业收入或净利润占合并财务报表10%以上的各级子公司；

（五）本规则所称"专业机构投资者"包括符合《证券期货投资者适当性管理办法》第八条第一款第一项、第二项规定的可以从事股权投资的专业投资者，以及政府出资设立的投资基金及其运营管理机构；

（六）申请股票公开转让并挂牌同时定向发行股票、可转换公司债券等证券品种的公司"股东人数"，是指定向发行后的证券持有人数。

第七十一条　本规则由全国股转公司负责解释。

第七十二条　本规则自发布之日起施行。

关于发布《全国中小企业股份转让系统股票定向发行规则》的公告

（股转公告〔2023〕40号　2023年2月17日）

为落实全面实行股票发行注册制的有关要求，进一步规范挂牌公司、申请挂牌公司股票定向发行行为，全国中小企业股份转让系统有限责任公司修订了《全国中小企业股份转让系统股票定向发行规则》。本规则已经中国证监会批准，现予以发布，自发布之日起施行。

特此公告。

附件：全国中小企业股份转让系统股票定向发行规则

附件

全国中小企业股份转让系统股票定向发行规则

第一章　总　则

第一条　为了规范全国中小企业股份转让系统（以下简称全国股转系统）挂牌公司和申请挂牌公司（以下合称发行人）的股票定向发行行为，保护投资者合法权益，根据《公司法》《非上市公众公司监督管理办法》（以下简称《公众公司办法》）、《全国中小企业股份转让系统有限责任公司管理暂行办法》等法律法规、部门规章，制定本规则。

第二条　本规则规定的股票定向发行，是指发行人向符合《公众公司办法》规定的特定对象发行股票的行为。

发行过程中，发行人可以向特定对象推介股票。

第三条　发行人定向发行后股东累计超过200人的，应当依法经全国中小企业股份转让系统有限责任公司（以下简称全国股转公司）审核通过后，报中国证券监督管理委员会（以下简称中国证监会）注册。

发行人定向发行后股东累计不超过200人的，由全国股转公司自律管理。

第四条　发行人定向发行所披露的信息应当真实、准确、完整，不得有虚假记载、误导性陈述或者重大遗漏。发行人的董事、监事、高级管理人员应当忠实、勤勉地履行职责，保证发行人及时、公平地披露信息，所披露的信息真实、准确、完整。

发行人及其控股股东、实际控制人、董事、监事、高级管理人员应当向主办券商、律师事务所、会计师事务所及其他证券服务机构及时提供真实、准确、完整的资料，全面配合相关机构开展尽职调查和其他相关工作。

发行人的控股股东、实际控制人、董事、监事、高级管理人员、发行对象及其他信息披露义务人，应当按照相关规定及时向发行人提供真实、准确、完整的信息，全面配合发行人履行信息披露义务，不得要求或者协助发行人隐瞒应当披露的信息。

第五条 主办券商应当对发行人的信息披露文件和申请文件进行全面核查，独立作出专业判断，并对定向发行说明书及其所出具文件的真实性、准确性、完整性负责。

律师事务所、会计师事务所及其他证券服务机构应当审慎履行职责，作出专业判断，并对定向发行说明书中与其专业职责有关的内容及其所出具文件的真实性、准确性、完整性负责。

第六条 发行人的控股股东、实际控制人、董事、监事、高级管理人员，主办券商、律师事务所、会计师事务所、其他证券服务机构及其相关人员，应当遵守有关法律法规、部门规章、规范性文件和全国股转系统业务规则，勤勉尽责，不得利用定向发行谋取不正当利益，禁止泄露内幕信息、利用内幕信息进行股票交易或者操纵股票交易价格。

第七条 全国股转公司对发行人信息披露文件及其他申请文件进行审核，通过问询等方式要求发行人及相关主体对有关事项进行解释、说明或者补充披露。

第八条 全国股转公司对定向发行事项出具的审核意见或终止发行审核的决定不表明对申请文件及信息披露内容的真实性、准确性、完整性作出保证，也不表明对发行人股票投资价值或者投资者收益作出实质性判断或保证。

第二章 一般规定

第一节 发行的基本要求

第九条 发行人定向发行应当符合《公众公司办法》关于合法规范经营、公司治理、信息披露、发行对象等方面的规定。

发行人存在违规对外担保、资金占用或者其他权益被控股股东、实际控制人严重损害情形的，应当在相关情形已经解除或者消除影响后进行定向发行。

第十条 发行人、主办券商选择发行对象、确定发行价格或者发行价格区间，应当遵循公平、公正原则，维护发行人及其股东的合法权益。

第十一条 发行对象可以用现金或者非现金资产认购定向发行的股票。

以非现金资产认购的，非现金资产应当权属清晰、定价公允，且本次交易应当有利于提升发行人资产质量和持续经营能力。

第十二条　发行人应当按照《公众公司办法》的规定，在股东大会决议中明确现有股东优先认购安排。

第十三条　发行对象承诺对其认购股票进行限售的，应当按照其承诺办理自愿限售，并予以披露。

第十四条　发行人董事会审议定向发行有关事项时，应当不存在尚未完成的股票发行、可转换公司债券发行和股份回购事宜。

第十五条　发行人按照《公众公司办法》第四十八条规定发行股票的，应当严格按照中国证监会和全国股转系统的相关规定，履行内部决议程序和信息披露义务，无需提供主办券商出具的推荐文件以及律师事务所出具的法律意见书。

发行人对定向发行文件内容的真实性、准确性、完整性负责，发行人的持续督导券商负责协助披露发行相关公告，并对募集资金存管与使用的规范性履行持续督导职责。

第十六条　全国股转公司受理发行人申请文件至新增股票挂牌交易前，出现不符合本规则第九条规定或者其他影响本次发行的重大事项时，发行人及主办券商应当及时向全国股转公司报告；主办券商及证券服务机构应当持续履行尽职调查职责，提交书面核查意见。

第十七条　发行人在定向发行前存在表决权差异安排的，应当在定向发行说明书等文件中充分披露并特别提示表决权差异安排的具体设置和运行情况。

第十八条　由于国家秘密、商业秘密等特殊原因导致定向发行相关信息确实不便披露的，发行人可以不予披露，但应当在发行相关公告中说明未按照规定进行披露的原因。中国证监会、全国股转公司认为需要披露的，发行人应当披露。

第二节　募集资金管理

第十九条　发行人应当建立募集资金存储、使用、监管和责任追究的内部控制制度，明确募集资金使用的分级审批权限、决策程序、风险防控措施及信息披露要求。

第二十条　发行人募集资金应当存放于募集资金专项账户，该账户不得存放非募集资金或用作其他用途。

第二十一条　发行人募集资金应当用于主营业务及相关业务领域，暂时闲置的募集资金可以投资于安全性高、流动性好、可以保障投资本金安全的理财产品。除金融类企业外，募集资金不得用于持有交易性金融资产、其他权益工具投资、其他债权投资或借予他人、委托理财等财务性投资，不得直接或间接投资于以买卖有价证券为主营业务的公司，不得用于股票及其他衍生品种、可转换公司债券等的交易，不得通过质押、委托贷款或其他方式变相改变募集资金用途。

第二十二条　发行人在验资完成且签订募集资金专户三方监管协议后可以使用募集资金；存在下列情形之一的，在新增股票完成登记前不得使用募集资金：

（一）发行人未在规定期限或者预计不能在规定期限内披露最近一期定期报告；

（二）最近十二个月内，发行人或其控股股东、实际控制人被中国证监会采取行政监管措施、行政处罚，被全国股转公司采取书面形式自律监管措施、纪律处分，被中国证监会立案调查，或者因违法行为被司法机关立案侦查等；

（三）全国股转公司认定的其他情形。

第二十三条　发行人应当按照定向发行说明书中披露的资金用途使用募集资金；变更资金用途的，应当经发行人董事会、股东大会审议通过，并及时披露募集资金用途变更公告。

第二十四条　发行人以自筹资金预先投入定向发行说明书披露的募集资金用途的，可以在募集资金能够使用后，以募集资金置换自筹资金。置换事项应当经发行人董事会审议通过，主办券商应当就发行人前期资金投入的具体情况或安排进行核查并出具专项意见。发行人应当及时披露募集资金置换公告及主办券商专项意见。

第二十五条　发行人董事会应当每半年度对募集资金使用情况进行专项核查，出具核查报告，并在披露年度报告和中期报告时一并披露。主办券商应当每年对募集资金存放和使用情况至少进行一次现场核查，出具核查报告，并在发行人披露年度报告时一并披露。

第三章　挂牌公司定向发行

第一节　发行后股东累计不超过 200 人的发行

第二十六条　发行人董事会应当就定向发行有关事项作出决议，并及时披露董事会决议公告和董事会批准的定向发行说明书。

董事会作出定向发行决议应当符合下列规定：

（一）发行对象确定的，董事会决议应当明确具体发行对象（是否为关联方）及其认购价格、认购数量或数量上限、现有股东优先认购安排等事项；

（二）发行对象未确定的，董事会决议应当明确发行对象的范围、发行价格或发行价格区间、发行对象及发行价格确定办法、发行数量上限和现有股东优先认购安排等事项；

（三）发行对象以非现金资产认购发行股票的，董事会决议应当明确交易对手（是否为关联方）、标的资产、作价原则及审计、评估等事项；

（四）董事会应当说明本次定向发行募集资金的用途，并对报告期内募集资金的使用情况进行说明。

第二十七条　发行人应当与发行对象签订股票认购合同。认购合同应当载明该发行对象拟认购股票的数量或数量区间、认购价格、限售期、发行终止后的退款及补偿安排、纠纷解决机制、风险揭示条款等。

董事会决议时发行对象确定的，应当在认购合同中约定，本合同在本次定向发行经发行人董事会、股东大会批准并履行相关审批程序后生效。

第二十八条　发行对象以非现金资产认购定向发行股票的，资产涉及的审计报告或评估报告最晚应当于股东大会通知公告时一并披露。

第二十九条　发行人监事会应当对董事会编制的发行文件进行审核并提出书面审核意见。监事应当签署书面确认意见。

第三十条　发行人股东大会就定向发行事项作出决议，应当经出席会议的有表决权股东所持表决权的三分之二以上审议通过。股东大会审议通过后，发行人应当及时披露股东大会决议公告。

股东大会决议应当明确授权董事会办理定向发行有关事项的有效期。有效期最长不超过十二个月，期满后发行人决定继续发行股票的，应当重新提请股东大会审议。

第三十一条　发行人董事会决议时发行对象确定的，董事、股东参与认购或者与发行对象存在关联关系的，发行人董事会、股东大会就定向发行事项表决时，关联董事或者关联股东应当回避。

发行人董事会决议时发行对象未确定的，最终认购对象为发行人的控股股东、实际控制人、董事、持有发行人股票比例在 5% 以上的股东或者与前述主体存在关联关系的，且董事会、股东大会审议时相关董事、股东未回避表决的，发行人应当按照回避表决要求重新召开董事会或股东大会进行审议。

发行人股东大会审议定向发行有关事项时，出席股东大会的全体股东均拟参与认购或者与拟发行对象均存在关联关系的，可以不再执行表决权回避制度。

第三十二条　发行人股东大会审议通过定向发行相关事项后，董事会决议作出重大调整的，发行人应当重新召开股东大会并按照本规则第三十条、第三十一条的规定进行审议。

第三十三条　发行人年度股东大会可以根据公司章程的规定，授权董事会在规定的融资总额范围内定向发行股票，该项授权有效期不得超过发行人下一年度股东大会召开日（以下简称授权发行）。

发行人年度股东大会应当就下列事项作出决议，作为董事会行使授权的前提条件：

（一）发行股票的种类和数量（数量上限）；

（二）发行对象或范围、现有股东优先认购安排；

（三）定价方式或发行价格（区间）；

（四）募集资金用途；

（五）授权有效期；

（六）对董事会办理发行具体事宜的授权；

（七）发行前滚存利润的分配方案；

（八）其他必须明确的事项。

发行人应当在披露年度股东大会通知的同时披露授权发行相关公告。

第三十四条　主办券商和律师事务所应当在发行人股东大会审议通过定向发行事项后，按照相关规定出具书面意见，发行人及时予以披露。

第三十五条　发行人应当在披露主办券商和律师事务所出具的书面意见后，按照相关规定通过全国股转公司审核系统报送股票定向发行申请文件。

第三十六条　全国股转公司收到定向发行申请文件后，对齐备性进行核对并在两个交易日内作出是否受理的决定。

申请文件齐备的，全国股转公司出具受理通知；申请文件不齐备的，一次性告知需要补正的事项。

发行人补正申请文件的，全国股转公司收到申请文件的时间以发行人最终提交补正文件的时间为准。

第三十七条　存在以下情形的，全国股转公司不予受理：

（一）申请文件不齐备且未按要求补正；

（二）发行人及其控股股东、实际控制人、董事、监事、高级管理人员，主办券商、证券服务机构及其相关人员因证券违法违规被中国证监会采取认定为不适当人选、限制业务活动、证券市场禁入，被证券交易所、全国股转公司采取一定期限内不接受其出具的相关文件、公开认定不适合担任发行人董事、监事、高级管理人员，或者被证券业协会采取认定不适合从事相关业务等相关措施，尚未解除；

（三）全国股转公司规定的其他情形。

第三十八条　文件受理后，全国股转公司按规定的程序对申请文件是否符合信息披露要求进行审核。审核后认为需要问询的，在受理之日起七个交易日内，通过审核系统发出审核问询。

第三十九条　全国股转公司在信息披露审核中，重点关注定向发行说明书及其他信息披露文件是否符合中国证监会制定的内容与格式准则和全国股转系统的信息披露要求，是否充分、全面披露对投资者作出投资决策有重大影响的信息，是否前后一致、合理且具有内在逻辑性，是否便于一般投资者阅读和理解。

第四十条　首轮审核问询回复后，如全国股转公司发现新的需要问询的事项、问询回复未能有针对性地回答审核问询，或者需就问询回复进一步问询的，全国股转公司可以继续审核问询。

第四十一条　发行人及主办券商、证券服务机构应当按照审核问询要求进行必要的补充调查和核查，及时、逐项回复审核问询事项，补充或者修改相应申请文件，在收到审核问询之日起十个交易日内通过审核系统提交回复文件。预计难以在规定的时间内回复的，应当及时提交延期回复申请。发行人及主办券商、证券服务机构对全国股转公司审核问询的回复是定向发行申请文件的组成部分，发行人及主办券商、证券服务机构应当保证回复的真实、准确、完整。

第四十二条　全国股转公司在审核过程中，发现定向发行申请文件存在重大疑问且发行人及主办券商、证券服务机构回复中无法作出合理解释的，可以约见发行人、主办券商进行沟通，或对发行人、主办券商等主体进行检查。

全国股转公司发现本次发行涉嫌违反国家产业政策或全国股转系统定位的，或者发现重大敏感事项、重大无先例情况、重大舆情、重大违法线索的，应当及时向中国证监会请示报告，并根据中国证监会的意见进行处理。

第四十三条　全国股转公司在受理之日起二十个交易日内，出具同意定向发行的函，或者作出终止审核的决定。

发行人及主办券商、证券服务机构回复全国股转公司审核问询的时间，不计算在本条规定的时限内。

定向发行审核过程的中止审核、请示有权机关、实施现场检查、要求进行专项核查，并要求发行人补充、修改申请文件等情形，不计算在本条规定的时限内。

第四十四条　发行人董事会决议时发行对象确定的，发行人应当在取得全国股转公司出具的同意定向发行的函后，披露认购公告，并依据认购公告安排发行对象缴款。

第四十五条　发行人董事会决议时发行对象未确定的，发行人可以在取得全国股转公司出具的同意定向发行的函后确定具体发行对象，发行对象确定后，主办券商和律师事务所应当对发行对象、认购合同等法律文件的合法合规性出具专项核查意见。发行人应当将更新后的定向发行说明书和中介机构专项核查意见一并披露，全国股转公司在五个交易日内未提出异议的，发行人披露认购公告，并依据认购公告安排发行对象缴款。

符合条件的发行人可以在全国股转公司出具同意定向发行的函后分期发行，每期发行价格应当相同。自全国股转公司出具同意定向发行的函之日起，发行人应当在三个月内首期发行，剩余数量应当在十二个月内发行完毕。超过同意定向发行的函限定的有效期未发行的，须重新经全国股转公司出具同意定向发行的函后方可发行。首期发行数量应当不少于总发行数量的50%，剩余各期发行的数量由发行人自行确定，每期发行后五个交易日内将发行情况报送全国股转公司备案。

第四十六条　认购结束后，发行人应当及时披露认购结果公告。

第四十七条　发行人应当在认购结束后十个交易日内聘请符合《证券法》规定的会计师事务所进行验资，并与主办券商、存放募集资金的商业银行签订募集资金专户三方监管协议。发行人应当按照相关规定办理新增股票挂牌手续，并披露发行情况报告书等文件。

第四十八条　对于董事会决议时已确定发行对象，且发行人及其主办券商在董事会审议通过本次发行事项后的二十个交易日内向全国股转公司提交发行申请文件的授权发行，以及符合规定的其他定向发行，全国股转公司可以适用简易程序，自受理之日起三个交易日内，出具同意定向发行的函，或者作出终止审核的决定。简易程序审核时限的计算参照第四十三条的规定。

发行人及其控股股东、实际控制人、董事、监事、高级管理人员应当在定向发行说明书中就本次发行符合信息披露要求及适用简易程序要求作出承诺。主办券商应当就本次发行符合信息披露要求及适用简易程序要求发表意见。

第四十九条　存在以下情形之一的，不得适用简易程序：

（一）授权发行的董事会审议股票定向发行说明书时，发行对象包括发行人控股股东、实际控制人、董事或前述主体关联方的；

（二）发行对象以非现金资产认购的；

（三）发行股票导致发行人控制权发生变动的；

（四）本次发行中存在特殊投资条款安排的；

（五）发行人或其控股股东、实际控制人最近十二个月内被中国证监会给予行政处罚或采取行政监管措施，或被全国股转公司采取纪律处分的；

（六）发行人或其控股股东、实际控制人因涉嫌犯罪正被司法机关立案侦查或者涉嫌违法违规被中国证监会立案调查，尚无明确结论的；

（七）全国股转公司认定的其他情形。

第二节　发行后股东累计超过 200 人的发行

第五十条　发行人应当参照本章第一节的相关规定召开董事会、股东大会就定向发行有关事项作出决议，聘请主办券商、律师事务所分别对本次定向发行的合法合规性出具书面意见，在中介机构书面意见披露后，按照相关规定向全国股转公司报送定向发行申请文件。

第五十一条　全国股转公司对申请文件进行审核，在二十个交易日内出具审核意见，或者作出终止审核的决定。适用简易程序的，自受理之日起三个交易日内出具审核意见或作出终止审核的决定。

第五十二条　全国股转公司审核通过后，向中国证监会报送审核意见、发行人注册申请文件及相关审核资料。

中国证监会要求全国股转公司进一步问询的，全国股转公司向发行人及其主办券商、证券服务机构提出反馈问题。

中国证监会在注册程序中，决定退回全国股转公司补充审核的，全国股转公司对要求补充审核的事项重新审核。审核通过的，重新向中国证监会报送审核意见和相关材料；审核不通过的，作出终止审核决定。

第五十三条　发行人董事会决议时发行对象确定的，发行人应当在中国证监会作出同意注册的决定后，参照本章第一节的相关规定安排缴款认购。

发行人董事会决议时发行对象未确定的，发行人可以在中国证监会作出同意注册的决定后确定具体发行对象。发行对象确定后，发行人、主办券商和律师事务所应当参照本章第一节的相关规定，履行相应程序。

第四章　申请挂牌公司定向发行

第五十四条　发行人在申请其股票挂牌的同时，可以申请定向发行股票。发行人取得全国股转公司作出同意其股票挂牌及发行的决定后，履行缴款验资程序，并将本次发行前后的股票一并登记、挂牌。

第五十五条　发行人申请挂牌同时定向发行，应当符合全国股转系统股票挂牌条件和本规则第九条规定，且不得导致发行人控制权变动。

发行对象应当以现金认购申请挂牌公司定向发行的股票。

第五十六条　发行人应当在申请挂牌前完成定向发行事项的董事会、股东大会审议程序，发行人监事会应当对董事会编制的发行文件进行审核并提出书面审核意见，监事应当签署书面确认意见。发行人应当将挂牌同时定向发行的申请文件在符合《证券法》规定的信息披露平台披露。

第五十七条　发行人申请挂牌同时定向发行，应当披露无法挂牌对本次定向发行的影响及后续安排。

第五十八条　股票定向发行后股东累计不超过 200 人，全国股转公司出具同意挂牌及发行的函，发行人应当按照本规则第四十四条至第四十六条的规定履行相应程序。

股票定向发行后股东累计超过 200 人，全国股转公司审核同意的，全国股转公司将审核意见、发行人注册申请文件及相关审核资料报送中国证监会注册。中国证监会作出同意注册的决定后，发行人按照本规则第四十四条至第四十六条的规定履行相应程序。

第五十九条　发行人申请挂牌同时定向发行的，发行人控股股东、实际控制人及其控制的其他主体在本次发行中认购的股票应当参照执行全国股转系统对于控股股东、实际控制人挂牌前持有股票限售的规定。

第六十条　发行人申请挂牌同时定向发行的，不得在股票挂牌前使用募集资金。

第六十一条　发行人申请挂牌同时定向发行并进入创新层的，发行对象应当为《公众公司办法》第四十三条第二款第一项、第二项的投资者以及符合基础层投资者适当性管理规定的投资者。

发行人按照前款规定完成发行后不符合创新层进入条件的，应当按照认购合同的约定终止发行或作出其他安排。

第六十二条 中国证监会或全国股转公司就发行人定向发行事项作出不予注册或终止审核决定，但申请挂牌公司符合挂牌条件的，其股票可以在全国股转系统挂牌。

第六十三条 发行人申请挂牌同时定向发行的审核程序适用股票挂牌审核的相关规定。

发行人申请挂牌同时定向发行，本章未作规定的，适用本规则除第十五条、第二十二条、第三十三条之外的其他规定。

第五章 中止审核与终止审核

第六十四条 全国股转公司对发行人的定向发行申请文件和信息披露文件进行审核，出现下列情形之一的，发行人、主办券商及证券服务机构应当及时告知全国股转公司，全国股转公司将中止审核，通知发行人及其主办券商：

（一）发行人及其控股股东、实际控制人涉嫌贪污、贿赂、侵占财产、挪用财产或者破坏社会主义市场经济秩序的犯罪，或者涉嫌欺诈发行、重大信息披露违法或其他涉及国家安全、公共安全、生态安全、生产安全、公众健康安全等领域的重大违法行为，正在被立案调查，或者正在被司法机关立案侦查，尚未结案；

（二）发行人的主办券商、证券服务机构被中国证监会依法采取限制业务活动、责令停业整顿、指定其他机构托管、接管等措施，或者被证券交易所、全国股转公司采取一定期限内不接受其出具的相关文件的纪律处分，尚未解除；

（三）发行人的主办券商、证券服务机构相关签字人员被中国证监会依法采取认定为不适当人选等监管措施或者证券市场禁入的措施，被证券交易所、全国股转公司采取一定期限内不接受其出具的相关文件的纪律处分，或者被证券业协会采取认定不适合从事相关业务的纪律处分，尚未解除；

（四）申请文件中记载的财务资料已过有效期，需要补充提交；

（五）发行人主动要求中止审核，理由正当并经全国股转公司同意；

（六）全国股转公司认定的其他情形。

出现前款第一项至第四项所列情形，发行人、主办券商及证券服务机构未及时告知全国股转公司，全国股转公司经核实符合中止审核情形的，可直接中止审核。

第六十五条 因本规则第六十四条第一款第二项、第三项中止审核后，发行人根据规定更换主办券商或者证券服务机构的，更换后的机构应当自中止审核之日起三个月内完成尽职调查，重新出具相关文件，并对原机构出具的文件进行复核，出具复核意见，对差异情况作出说明。发行人根据规定无需更换主办券商或者证券服务机构的，主办券商或者证券服务机构应当及时向全国股转公司出具复核报告。

因本规则第六十四条第一款第二项、第三项中止审核后，发行人更换主办券商或者证券服务机构相关签字人员的，更换后的签字人员应当自中止审核之日起一个月内，对原签字人员的文件进行复核，出具复核意见，对差异情况作出说明。

因本规则第六十四条第一款第四项、第五项中止审核的，发行人应当在中止审核后三个月内补充提交有效文件或者消除主动要求中止审核的相关情形。

第六十六条　本规则第六十四条第一款所列中止审核的情形消除后，发行人、主办券商可以向全国股转公司申请恢复审核。

第六十七条　出现下列情形之一的，全国股转公司将终止审核，通知发行人及其主办券商：

（一）发行人不符合本规则第九条规定的；

（二）发行人主动撤回定向发行申请或主办券商主动撤销推荐的；

（三）发行人因发生解散、清算或宣告破产等事项依法终止的；

（四）发行申请文件被认定存在虚假记载、误导性陈述或者重大遗漏；

（五）本规则第六十四条第一款规定的中止审核情形未能在三个月内消除，或者未能在本规则第六十五条规定的时限内完成相关事项；

（六）发行人未在规定期限内披露最近一期定期报告；

（七）发行人拒绝、阻碍或逃避全国股转公司依法实施的检查；

（八）发行人及其关联方以不正当手段严重干扰全国股转公司审核工作；

（九）以非现金资产认购定向发行股票的，非现金资产不符合相关要求；

（十）发行人申请挂牌同时定向发行，不符合挂牌条件的；

（十一）全国股转公司认定的其他情形。

第六十八条　发行人对全国股转公司作出的终止审核决定存在异议的，可以在收到相关决定之日起的五个交易日内，按照相关规定申请复核。

第六章　监管措施与违规处分

第六十九条　违反本规则，全国股转公司可以视情节轻重采取以下自律监管措施：

（一）口头警示；

（二）监管关注；

（三）约见谈话；

（四）要求提交书面承诺；

（五）出具警示函；

（六）限期改正；

（七）要求公开更正、澄清或说明；

（八）要求公开致歉；

（九）要求限期参加培训或考试；

（十）要求限期召开投资者说明会；

（十一）暂停解除发行人控股股东、实际控制人的股票限售；

（十二）建议发行人更换相关任职人员；

（十三）向有关主管部门出具监管建议函；

（十四）全国股转公司规定的其他自律监管措施。

第七十条 违反本规则，全国股转公司可以视情节轻重采取以下纪律处分：

（一）通报批评；

（二）公开谴责；

（三）认定其不适合担任公司董事、监事、高级管理人员；

（四）暂不接受发行人提交的发行申请文件；

（五）暂不接受机构或者其从业人员出具的相关业务文件；

（六）全国股转公司规定的其他纪律处分。

第七十一条 存在下列情形之一的，全国股转公司可以视情节轻重采取自律监管措施或纪律处分：

（一）编制或披露的发行申请文件不符合要求，或者擅自改动定向发行说明书等文件；

（二）发行申请文件、信息披露文件存在重大缺陷，严重影响投资者理解和全国股转公司审核；

（三）发行申请文件、信息披露文件未做到真实、准确、完整，但未达到虚假记载、误导性陈述和重大遗漏的程度；

（四）发行人未按照相关规定履行发行程序或未及时履行信息披露义务；

（五）发行申请文件前后存在实质性差异且无合理理由；

（六）募集资金存管与使用不符合要求；

（七）未及时向全国股转公司报告重大事项或者未及时披露；

（八）未在规定期限内回复全国股转公司审核问询，且未说明理由；

（九）以不正当手段干扰全国股转公司审核工作；

（十）发行人等相关主体无合理理由拒不配合主办券商及证券服务机构相关工作；

（十一）全国股转公司认定的其他情形。

第七十二条 存在下列情形之一的，全国股转公司可以视情节轻重采取纪律处分：

（一）发行申请文件、信息披露文件被认定存在虚假记载、误导性陈述或者重大遗漏；

（二）未经全国股转公司审核或未经中国证监会注册，擅自发行股票；

（三）伪造、变造发行申请文件中的签字、盖章；

（四）发行人按照本规则第十五条定向发行，发行人或相关主体出具的承诺或相关证明文件存在虚假记载、误导性陈述或者重大遗漏；

（五）全国股转公司认定的其他情形。

第七十三条　发行人及其控股股东、实际控制人、董事、监事、高级管理人员，主办券商、证券服务机构及其相关人员等被证券交易所、全国股转公司采取暂不接受文件、认定为不适当人选等自律监管措施和纪律处分的，全国股转公司按照业务规则，在相应期限内不接受其提交或者签字的相关文件，或者认为其不适合担任发行人的董事、监事、高级管理人员，并对该监管对象提交或者签字且已受理的其他文件中止审核，或者要求发行人解聘相关人员等。

第七十四条　发行人采用简易程序发行股票的，全国股转公司加强事后监管，发现相关主体违反相关规则的，按照本规则从重处理。

第七十五条　全国股转公司发现相关主体涉嫌违反法律法规和中国证监会相关规定的，应当向中国证监会报告。

第七章　附则

第七十六条　发行人发行优先股、可转换公司债券的，应当按照中国证监会和全国股转系统的相关规定办理。

第七十七条　发行股票导致发行人控制权发生变动或者相关股东权益变动的，应同时符合《非上市公众公司收购管理办法》的相关规定。

第七十八条　发行股票购买资产构成重大资产重组的，应当按照《非上市公众公司重大资产重组管理办法》和全国股转系统的相关规定办理。

第七十九条　本规则下列用语具有如下含义：

（一）及时，指自起算日起或者触及本规则规定的披露时点的两个交易日内，另有规定的除外。

（二）本规则中"以上"均含本数，"超过"不含本数。

第八十条　本规则由全国股转公司负责解释。

第八十一条　本规则自发布之日起施行。

关于发布《全国中小企业股份转让系统挂牌委员会管理细则》的公告

（股转公告〔2023〕35 号 2023 年 2 月 17 日）

为落实全面实行股票发行注册制的有关要求，规范全国中小企业股份转让系统挂牌委员会工作，全国中小企业股份转让系统有限责任公司修订了《全国中小企业股份转让系统挂牌委员会管理细则》，现予以发布，自发布之日起施行。

特此公告。

附件：全国中小企业股份转让系统挂牌委员会管理细则

附件

全国中小企业股份转让系统挂牌委员会管理细则

第一章 总 则

第一条 为了规范全国中小企业股份转让系统（以下简称全国股转系统）挂牌委员会工作，提高审议工作的质量、效率和透明度，根据《全国中小企业股份转让系统分层管理办法》的有关规定，制定本细则。

第二条 全国中小企业股份转让系统有限责任公司（以下简称全国股转公司）设立全国股转系统挂牌委员会（以下简称挂牌委）。挂牌委的组成、职责与工作程序等，适用本细则。

第三条 挂牌委通过召开会议的方式履行职责，依照法律法规、部门规章和全国股转系统业务规则开展审议工作，通过集体讨论，形成合议意见。

第四条 挂牌委应当依法合规、独立公正、勤勉尽责地开展工作。

第五条 全国股转公司负责挂牌委日常工作的管理，为挂牌委及委员履职提供必要的条件和便利，对挂牌委及委员的工作进行考核和监督。

第二章 挂牌委的组成

第六条 挂牌委委员主要由全国股转公司的专业人员组成，由全国股转公司聘任。全国股转公司可以根据实际情况聘请全国股转公司以外的专业人士。

挂牌委由不超过二十五名委员组成。全国股转公司可以根据需要对挂牌委委员人数和构成等进行调整。

第七条　挂牌委委员应当符合下列条件：

（一）具有较高的政治思想素质、理论水平和道德修养；

（二）坚持原则，公正廉洁，忠于职守，诚实守信，严格遵守法律法规、部门规章和相关组织的自律规则，没有违法、违规记录以及严重不良诚信记录；

（三）熟悉证券相关法律法规、部门规章和全国股转系统业务规则，精通所从事行业的专业知识，具备良好的个人声誉；

（四）全国股转公司要求的其他条件。

第八条　全国股转公司负责挂牌委委员的选聘工作，按照以下程序选聘挂牌委委员：

（一）全国股转公司推荐或提请相关单位推荐挂牌委委员人选；

（二）全国股转公司将委员候选人名单在全国股转公司网站公示，公示期不少于5个交易日；

（三）公示期满后，全国股转公司根据委员选任条件进行遴选，拟订拟聘任委员名单后履行全国股转公司决策程序；

（四）全国股转公司作出聘任决定，接受聘任的委员按照全国股转系统规定签署履职相关承诺。

第九条　挂牌委委员每届任期2年，可以连任，连续任期一般不超过2届。挂牌委委员任期届满的，由全国股转公司予以续聘或者更换。

全国股转公司根据需要，经履行相关程序，可以调整委员每届任期年限和连续任职期限。

第十条　挂牌委委员存在下列情形之一的，全国股转公司予以解聘：

（一）不符合本细则第七条规定的条件；

（二）违反回避制度、利用委员身份开展商业活动等；

（三）两次及以上无故不出席挂牌委会议；

（四）因工作变动或者健康等原因不宜继续担任委员；

（五）本人提出辞职申请，或者推荐单位提出解聘要求，经全国股转公司同意；

（六）全国股转公司认为不适合担任挂牌委委员的其他情形。

挂牌委委员的解聘不受任期是否届满的限制。委员被解聘后，全国股转公司可以选聘增补委员，增补委员任期为被解聘委员的剩余任期。

全国股转公司以外的挂牌委委员因违法违规被解聘的，取消其所在单位2年内再次推荐挂牌委委员的资格。

第十一条　全国股转公司设立挂牌委秘书处，负责挂牌委的日常事务工作。

第三章　挂牌委职责与权利

第十二条　挂牌委对下列事项进行审议：

（一）申请挂牌公司股票在创新层挂牌；

（二）基础层挂牌公司进入创新层，存在异议申请的；

（三）创新层挂牌公司调整至基础层的；

（四）挂牌公司股票被强制终止挂牌，因未在法定期限内披露年度报告或中期报告的除外；

（五）全国股转公司规定的其他事项。

第十三条　挂牌委履行下列职责：

（一）对本细则第十二条所列事项进行审议，提出审议意见；

（二）对相关职能部门提交的咨询事项进行讨论，提出咨询意见；

（三）对挂牌委年度工作进行讨论、研究；

（四）全国股转公司规定的其他职责。

第十四条　挂牌委履行职责时，享有下列权利：

（一）要求全国股转公司相关职能部门提供履行职责所需的文件并到会接受问询；

（二）不受任何单位或者个人的影响，独立形成审议意见。

第十五条　挂牌委委员应当保证足够的时间和精力参与挂牌委工作，履行下列职责：

（一）对相关职能部门提交审议的文件进行审议；

（二）以个人身份按时出席挂牌委会议、独立发表意见，对会议纪要等文件签字确认；

（三）及时向全国股转公司报告影响或可能影响其公正履职的有关事项；

（四）全国股转公司要求履行的其他职责。

第十六条　挂牌委委员在履行职责时，享有下列权利：

（一）挂牌委会议召开前，获取审议事项相关文件；

（二）通过全国股转公司相关职能部门调阅履行职责所必需的文件。

第十七条　挂牌委委员履行职责时，有下列情形之一的，应当回避：

（一）委员或者其亲属近两年内担任所审议的申请挂牌公司、挂牌公司或其控股股东、实际控制人或者其主办券商的董事、监事、高级管理人员；

（二）委员或者其亲属、委员所在工作单位与所审议的申请挂牌公司、挂牌公司或其控股股东、实际控制人或者其主办券商存在股权关系，可能影响其公正履行职责；

（三）委员或者其亲属、委员所在工作单位近两年内为所审议的申请挂牌公司、挂牌公司提供推荐、持续督导、审计、评估、法律、咨询等服务，可能影响其公正履行职责；

（四）委员或者其亲属担任董事、监事、高级管理人员的公司与所审议的申请挂牌公司、挂牌公司存在行业竞争关系，或者与所审议的公司或其主办券商有利害关系，经认定可能影响其公正履行职责；

（五）挂牌委会议召开前，与所审议的申请挂牌公司、挂牌公司、主办券商及其他相关单位或者个人进行过接触，可能影响其公正履行职责；

（六）全国股转公司认定的可能产生利害冲突或者挂牌委委员认为可能影响其公正履行职责的其他情形。

前款所称亲属，包括挂牌委委员的配偶、父母、子女、兄弟姐妹、配偶的父母、子女的配偶、兄弟姐妹的配偶。

第十八条　秘书处负责办理下列具体事务：

（一）选定挂牌委会议参会委员，安排会议的召开时间和场地设施，通知委员并送达会议文件；

（二）维护会场秩序，负责会议录音录像，起草会议纪要等会议文件；

（三）挂牌委委员选聘日常事务；

（四）挂牌委委员的联络沟通、服务保障、考核监督等日常工作；

（五）归档并保管挂牌委资料；

（六）挂牌委要求办理的其他事项。

第四章　挂牌委工作程序

第一节　审议会议一般规定

第十九条　挂牌委召开审议会议对本细则第十二条规定的事项进行审议，每次会议由 5 名委员参加。审议会议可以采取现场会议、视频会议等形式。审议会议应当全程录音录像。

第二十条　挂牌委设会议召集人，负责召集和主持审议会议、组织委员讨论和提出问询问题、总结委员意见并形成审议意见等。

第二十一条　秘书处应当按照全国股转系统关于档案管理的规定，对会议档案进行立卷、归档和移交。未经规定程序，不得调阅会议档案。

第二节　审议会议程序

第二十二条　参会委员可以全部由来自全国股转公司的委员组成。

第二十三条　会议召开前，秘书处根据委员的工作安排、回避范围等确定参会委员。秘书处在收到相关职能部门提交的审议文件后安排审议会议，并于会议召开 3 个交易日前向参会委员发送会议通知、拟审议的申请挂牌公司或挂牌公司名单及审议相关文件。

第二十四条　委员应当于会议召开 2 个交易日前向秘书处回复是否参会。委员确认参会后，不得无故不出席会议，确因特殊事由无法按时参会的，应当向秘书处提交申请，秘书处应当及时更换委员，无法更换的，另行安排会议。

第二十五条　委员存在应当回避的情形或因其他特殊事由不能参加会议的，应当于审议会议召开 2 个交易日前提出回避或缺席申请。秘书处收到委员回避或缺席申请的，应当及时更换委员。

第二十六条　发生不可抗力、意外事件或其他特殊情形导致审议会议无法按照原定安排召开的，秘书处可以取消或另行安排会议。

发现申请挂牌公司、挂牌公司存在尚待调查核实的重大事项，秘书处可以取消该公司的审议会议。

第二十七条　参会委员应当审阅相关文件，填写工作底稿并提出依据充分、观点明确的审议意见。参会委员应当根据工作底稿进行审议，并于会议结束时将签字确认的工作底稿提交至秘书处。

第二十八条　现场会议原则上按照以下程序进行：

（一）出席会议的委员到达后，召集人宣布会议开始并主持会议；

（二）相关职能部门向委员说明申请挂牌公司、挂牌公司的有关情况，并接受委员问询；

（三）委员进行充分讨论并逐一发表意见；

（四）召集人根据参会委员的意见及讨论情况进行总结，经合议，按委员一致或多数意见形成审议意见；

（五）委员对会议纪要签字确认。

第二十九条　审议意见分为通过和不通过。全国股转公司结合挂牌委审议意见作出决定。审议意见为通过但存在待完善事项的，待相关事项完善并通报委员后，全国股转公司作出相关决定。审议意见为不通过的，待相关事项规范后，相关职能部门可以再次提交挂牌委审议。

第三十条　审议会议后，申请挂牌公司挂牌前、挂牌公司终止挂牌前或层级调整实施完毕前发生重大事项，相关职能部门提交挂牌委再次审议的，挂牌委应再次召开审议会议，原则上由原参会委员参加。

第三节　其他会议

第三十一条　挂牌委可以根据需要，不定期召开专项会议，对相关职能部门提交咨询或挂牌委审议中遇到的重大、疑难、无先例事项等进行研究讨论。

第三十二条　挂牌委可以根据需要，召开年度工作会议，研讨重大政策问题，总结挂牌委本年度工作并提出改进意见。年度工作会议原则上由全体委员参加。

第五章　挂牌委工作纪律与监督管理

第三十三条　挂牌委委员应当遵守下列规定：

（一）按时出席挂牌委会议，不得委托他人代为出席，遵守会议纪律；会议期间不得无故离开会场，不得携带手机及其他通讯工具进入会场；

（二）保守国家秘密、申请挂牌公司或挂牌公司的商业秘密；

（三）妥善保管会议材料，不得泄露挂牌委会议讨论内容、提问与合议情况以及其他有关情况；

（四）独立、客观、公正地发表意见，不得串通发表意见；

（五）不得利用挂牌委委员身份或者在履行职责中所获得的非公开信息，为本人或者他人直接或者间接谋取利益；不得直接或间接接受申请挂牌公司、挂牌公司及相关单位或个人提供的资金、物品等馈赠和其他利益；不得私下与申请挂牌公司、挂牌公司及相关单位或个人进行接触；

（六）未经授权或许可，不得以挂牌委委员名义对外公开发表言论及从事与挂牌委有关的工作；

（七）委员受聘时应当向全国股转公司报告本人及其配偶、父母、子女及其配偶持有的挂牌公司及上市公司股票情况，并在受聘期间持续报告；受聘期间上述主体不得买入挂牌公司及上市公司股票，不得持有所审议公司的股票；卖出其持有的挂牌公司及上市公司股票应当在转让后2个交易日内向全国股转公司备案；

（八）全国股转系统的其他有关规定。

第三十四条　申请挂牌公司、挂牌公司、主办券商及其他单位和个人，不得直接或者间接以不正当手段影响挂牌委委员的专业判断，或者以其他方式干扰挂牌委委员审议。

主办券商有义务督促申请挂牌公司、挂牌公司遵守全国股转系统有关规定，唆使、协助或者参与干扰挂牌委工作的，全国股转公司可以按照相关规定进行处理。

第三十五条　全国股转公司可以对挂牌委委员履职情况进行考核，并将考核结果作为再次聘任的重要依据。

第三十六条　全国股转公司建立监督检查工作机制，调查处理涉及挂牌委委员的举报事项、违规线索，并对挂牌委工作进行检查。

第三十七条　挂牌委委员存在违反本细则规定行为的，全国股转公司根据情节轻重采取谈话提醒、批评、解聘等处理措施，并将相关事项通报委员所在单位。情节严重的，向中国证监会报告。

全国股转公司可以公开挂牌委委员被采取的批评或解聘的处理措施。

第六章　附则

第三十八条　本细则由全国股转公司负责解释。

第三十九条　本细则自发布之日起施行。

关于发布《全国中小企业股份转让系统可转换公司债券定向发行与转让业务细则》的公告

（股转公告〔2023〕41 号　2023 年 2 月 17 日）

为落实全面实行股票发行注册制的有关要求，进一步规范挂牌公司、申请挂牌公司可转换公司债券定向发行与转让行为，全国中小企业股份转让系统有限责任公司修订了《全国中小企业股份转让系统可转换公司债券定向发行与转让业务细则》，现予以发布，自发布之日起施行。

特此公告。

附件：全国中小企业股份转让系统可转换公司债券定向发行与转让业务细则

附件

全国中小企业股份转让系统可转换公司债券定向发行与转让业务细则

第一章　总　则

第一条　为了规范全国中小企业股份转让系统（以下简称全国股转系统）挂牌公司、申请挂牌公司（以下合称发行人）向特定对象发行可转换公司债券（以下简称定向发行可转债）业务，保护发行人和投资者合法权益，根据《可转换公司债券管理办法》《非上市公众公司监督管理办法》（以下简称《公众公司办法》）、《全国中小企业股份转让系统股票定向发行规则》（以下简称《定向发行规则》）等相关规定，制定本细则。

第二条　本细则规定的可转换公司债券（以下简称可转债），是指发行人依法发行、在一定期间内依据约定的条件可以转换成股票的公司债券。

第三条　可转债定向发行、挂牌、转让、转股、回售、赎回、付息及本息兑付等业务适用本细则。

第四条　可转债的登记、存管和结算等业务，按中国证券登记结算有限责任公司（以下简称中国结算）的相关规定办理。

第五条　发行人定向发行可转债后证券持有人累计超过 200 人的，应当依法经全国中小企业股份转让系统有限责任公司（以下简称全国股转公司）审核通过后，报中国证券监督管理委员会（以下简称中国证监会）注册。

发行人定向发行可转债后证券持有人累计不超过 200 人的，由全国股转公司自律管理。

本条所称证券持有人是指定向发行可转债说明书中确定或预计的新增可转债持有人人数（或人数上限）与本次发行前普通股、优先股以及可转债持有人之和。

第六条 发行人及其董事、监事、高级管理人员、股东、实际控制人及其他相关信息披露义务人、主办券商、会计师事务所、律师事务所及其他证券服务机构及其相关人员，应当遵守有关法律法规、部门规章、规范性文件、业务规则和行业自律规范，诚实守信、勤勉尽责，对其出具文件的真实性、完整性负责。

发行人的控股股东、实际控制人、董事、监事、高级管理人员以及主办券商、证券服务机构及其相关人员，不得利用可转债发行谋取不正当利益，不得泄露内幕信息和利用内幕信息进行可转债转让或者操纵可转债转让价格。

第二章 发行与挂牌

第一节 挂牌公司定向发行可转债

第七条 发行人定向发行可转债应当按照中国证监会对挂牌公司股票定向发行的有关规定办理。

第八条 可转债应当具有期限、面值、利率、赎回与回售、转股价格及调整原则、转股价格修正、债券持有人权利等要素。

第九条 转股价格应不低于有效市场参考价。有效市场参考价的确定应当遵循公平、公正原则，维护发行人、股东及债券持有人的合法权益。

第十条 发行人应当制定可转债持有人会议规则，并与定向发行可转债说明书同时披露。

可转债持有人会议规则应当公平、合理。可转债持有人会议规则应当明确可转债持有人通过可转债持有人会议行使权利的范围，可转债持有人会议的召集、通知、决策机制和其他重要事项。

债券持有人会议按照本细则的规定及会议规则的程序要求所形成的决议对全体债券持有人有约束力。

第十一条 发行人应当在定向发行可转债说明书中约定受托管理事项。受托管理人应当按照《公司债券发行与交易管理办法》的规定以及可转债受托管理协议的约定履行受托管理职责。

第十二条 发行对象可以用现金或非现金资产认购发行的可转债。

以非现金资产认购的，非现金资产应当权属清晰、定价公允，且本次交易应当有利于提升发行人资产质量和持续经营能力。

第十三条 发行人董事会审议定向发行可转债有关事项时，应当不存在尚未完成的股票发行、可转债发行和股份回购事宜。

第十四条　发行人的董事会应当就本次定向发行可转债的具体方案作出决议，并提请股东大会批准。股东大会决议必须经出席会议的股东所持表决权的2/3以上通过。

发行人监事会应当对董事会编制的可转债定向发行文件进行审核并提出书面审核意见，监事应当签署书面确认意见。

股东大会就可转债发行作出的决议，至少应当包括下列事项：

（一）本次发行证券的种类和数量（数量上限）；

（二）发行方式、发行对象或范围、现有股东优先认购安排；

（三）定价方式、发行价格或者区间、定价原则；

（四）票面利率或其确定方式；

（五）可转债期限；

（六）赎回条款；

（七）回售条款；

（八）还本付息的期限和方式；

（九）转股期；

（十）转股价格或其确定方式、调整原则及方式；

（十一）募集资金用途；

（十二）对董事会办理本次可转债发行具体事宜的授权；

（十三）其他必须明确的事项。

第十五条　主办券商和律师事务所应当在发行人股东大会审议通过可转债发行事项后15个交易日内，按照相关规定出具书面意见，发行人及时予以披露。

第十六条　全国股转公司对申请文件进行审核，并在20个交易日内出具审核意见或同意定向发行的函，或者作出终止审核的决定。

第十七条　可转债在全国股转系统进行转让的，发行人应当在其可转债挂牌前，与全国股转公司签署转让服务协议，明确双方的权利、义务和有关事项。

第十八条　挂牌公司可转债的定向发行与挂牌，本节未作规定的，参照《定向发行规则》除第三十三条、第四十五条第二款、第四十八条和第四十九条之外的有关规定办理。

第二节　申请挂牌公司定向发行可转债

第十九条　发行人申请股票在全国股转系统挂牌期间，可以申请定向发行可转债。发行人取得全国股转公司作出同意其股票挂牌及可转债发行的决定后，履行缴款验资程序，并将本次发行前的股票与可转债一并登记、挂牌。

第二十条　发行对象应当以现金认购申请挂牌公司定向发行的可转债。

第二十一条　发行人应当在全国股转公司就其申请股票挂牌事项出具审核意

见或同意挂牌及发行的函前完成可转债定向发行事项的董事会、股东大会审议程序，发行人监事会应当对董事会编制的可转债定向发行文件进行审核并提出书面审核意见，监事应当签署书面确认意见。

主办券商和律师事务所应当在发行人股东大会审议通过可转债发行事项后，按照相关规定出具书面意见。

发行人应当在全国股转公司就其申请股票挂牌事项出具审核意见或同意挂牌及发行的函前提交发行可转债申请文件，并在符合《证券法》规定的信息披露平台披露。

第二十二条　发行人申请挂牌期间定向发行可转债的，应当披露无法挂牌对本次定向发行可转债的影响及后续安排。

第二十三条　发行人申请股票挂牌期间定向发行可转债的，不得在股票及可转债挂牌前使用募集资金。

第二十四条　中国证监会或全国股转公司就发行人定向发行可转债事项作出不予注册或终止审核的决定，但申请挂牌公司符合挂牌条件的，其股票可以在全国股转系统挂牌。

第二十五条　申请挂牌公司定向发行可转债审核程序适用股票挂牌审核的相关规定。

申请挂牌公司定向发行可转债，本节未作规定的，参照本章第一节和《定向发行规则》的有关规定办理。

第三章　转让

第二十六条　投资者符合《全国中小企业股份转让系统投资者适当性管理办法》关于股票投资者适当性要求的，可以参与可转债转让。

第二十七条　可转债以100元面值为1张，申报价格最小变动单位为0.001元。

第二十八条　可转债的转让申报数量应为10张或其整数倍，且单笔转让数量不低于1000张或者转让金额不低于10万元。卖出时余额不足1000张且转让金额低于10万元的，应当一次性申报卖出。

第二十九条　可转债采用全价转让方式并实行当日回转。

第三十条　投资者可以采用定价委托、成交确认委托方式委托主办券商买卖可转债。

定价委托是指投资者委托主办券商按其指定的价格买卖不超过其指定数量可转债的指令。定价委托指令应当包括：证券账户号码、证券代码、买卖方向、委托数量、委托价格等内容。

成交确认委托是指投资者买卖双方达成成交协议，或投资者拟与定价委托成交，委托主办券商按其指定的价格和数量与指定对手方确认成交的指令。成交确认委托指令应当包括：证券账户号码、证券代码、买卖方向、委托数量、委托价格、成交约定号等内容；拟与对手方通过互报成交确认委托方式成交的，还应注明对手方交易单元代码和对手方证券账户号码。

第三十一条　投资者可以撤销未匹配成交的委托。

第三十二条　全国股转系统接受主办券商可转债转让申报的时间为每个交易日的 9:30 至 11:30、13:00 至 15:00，转让申报当日有效。

第三十三条　主办券商应按照接受投资者委托的时间先后顺序及时向全国股转系统申报，并按有关规定妥善保管委托和申报记录。

第三十四条　全国股转系统接受主办券商的定价申报和成交确认申报。

定价申报应当包括：证券账户号码、证券代码、交易单元代码、证券营业部识别码、买卖方向、申报数量、申报价格等内容。

成交确认申报应当包括：证券账户号码、证券代码、交易单元代码、证券营业部识别码、买卖方向、申报数量、申报价格、成交约定号等内容；若投资者成交确认委托指令中包括对手方交易单元代码和对手方证券账户号码，其对应成交确认申报指令也应包括相关内容。

第三十五条　全国股转系统收到拟与定价申报成交的成交确认申报后，如交易系统中无对应的定价申报，该成交确认申报以撤单处理。

第三十六条　每个交易日的 9:30 至 11:30、13:00 至 15:00 为可转债转让的成交确认时间。

第三十七条　全国股转系统按照申报时间先后顺序，将成交确认申报和与该成交确认申报证券代码、申报价格相同，买卖方向相反及成交约定号一致的定价申报进行确认成交。

成交确认申报与定价申报可以部分成交。

成交确认申报数量小于定价申报的，以成交确认申报的数量为成交数量。定价申报未成交部分当日继续有效。

成交确认申报数量大于定价申报的，以定价申报的数量为成交数量。成交确认申报未成交部分以撤单处理。

第三十八条　全国股转系统对证券代码、申报价格和申报数量相同，买卖方向相反，指定对手方交易单元、证券账户号码相符及成交约定号一致的成交确认申报进行确认成交。

第三十九条　主办券商应保证参与可转债转让的投资者账户具备与申报相对应的可转债或资金。

持有或者租用全国股转系统交易单元的机构参与可转债转让，应当通过持有或者租用的交易单元申报，并确保具备与申报相对应的可转债或资金。

被撤销或失效的委托，主办券商应当在确认后及时向投资者返还相应的资金或可转债。

第四十条　按照本细则达成的转让，买卖双方必须承认转让结果，履行清算交收义务。

第四十一条　收盘价为当日该可转债所有转让的成交量加权平均价；当日无成交的，以前收盘价为当日收盘价。可转债挂牌首日，以发行价为前收盘价。

第四十二条　可转债发生付息时，全国股转系统在债权登记日的次一交易日对该可转债进行除息处理。除息参考价计算公式为：除息参考价＝前收盘价－应付利息。

可转债的除息处理独立于普通股进行，并单独公布相应的除息参考价。

第四十三条　挂牌公司的普通股停牌、复牌的，其可转债应当同时暂停、恢复转让，但因特殊原因可转债需单独暂停、恢复转让的除外。

第四十四条　可转债出现以下情形之一的，全国股转公司暂停可转债的转让：

（一）转股期结束前 10 个交易日；

（二）赎回期间；

（三）中国证监会和全国股转公司认为必须暂停转让的其他情况。

暂停转让期间，转股、赎回、回售、付息、到期兑付等事项仍按照约定的时间及方式进行。

第四十五条　全国股转系统向主办券商实时发送申报及成交信息，主办券商应当向其符合投资者适当性要求的投资者即时提供该信息。

第四十六条　每个交易日结束后，全国股转公司公布当日每笔转让成交信息，内容包括证券代码、证券简称、成交价格、成交数量、买卖双方主办券商证券营业部或者交易单元的名称等。

转让公开信息涉及机构专用交易单元的，公布名称为"机构专用"。

第四十七条　可转债出现下列情形之一的，全国股转公司将终止为其提供转让，并予以终止挂牌：

（一）可转债标的股票终止挂牌；

（二）可转债到期全部兑付；

（三）存续期内可转债全部赎回；

（四）存续期内可转债全部回售；

（五）存续期内可转债全部转股；

（六）中国证监会或者全国股转公司认为应当终止提供转让的其他情形。

其中第（一）种情形的，应当在标的股票终止挂牌前给予债券持有人回售的选择权。

第四十八条　全国股转公司可以根据市场发展情况，对可转债转让安排进行调整。

第四章　转股、赎回与回售

第一节　转股

第四十九条　定向发行可转债说明书应当约定转股价格调整的原则及方式。发行可转债后，因送股、派息、分立及其他原因引起发行人股份变动的，应当同时调整转股价格。

第五十条　定向发行可转债说明书可以约定转股价格修正条款。约定转股价格向下修正的，应当同时约定：转股价格向下修正方案应当提交股东大会审议，且经出席会议的股东所持表决权的 2/3 以上通过。股东持有公司可转债的，应当回避表决。

第五十一条　拟进行转股价格向下修正的发行人，应当将转股价格向下修正议案提交董事会、股东大会审议。股东大会审议通过后，发行人应当及时披露转股价格修正公告，公告内容包括修正前的转股价格、修正后的转股价格、修正转股价格履行的审议程序、转股价格修正的起始时间等。主办券商应当就转股价格向下修正程序是否合法合规发表意见，并与股东大会决议公告同时披露。

第五十二条　自发行结束之日起 6 个月后，在符合约定条件时，债券持有人方可通过报盘方式申请将可转债转换为公司股票。

第五十三条　发行人应当按照约定向可转债持有人换发股票，可转债持有人对转换股票或者不转换股票有选择权。

第五十四条　投资者可将当日买入的可转债申报转股，也可于当日转让时间内撤销转股申请。当日申报转股的，所转股票自转股登记完成后的次一交易日起转让。

第五十五条　转股的最小单位为 1 股。债券持有人申请转股后，所剩债券余额不足转换 1 股的部分，发行人应当在该种情况发生后 5 个交易日内，以现金兑付该部分的票面金额。

第五十六条　债券持有人申请转股的可转债数额大于其实际拥有的可转债数额的，按其实际可用的数额进行转股，申请剩余部分予以取消。

第五十七条　发行人应当在可转债开始转股前 3 个交易日内披露实施转股的公告。公告内容应当包括可转债的基本情况、转股的起止时间、转股的程序、转股价格的历次调整和修正情况等。

第五十八条　可转债转换为股票的数额累计达到可转债开始转股前公司股本总额的 10% 时，发行人应当及时披露股份变动公告，公告内容至少应包括可转债的基本情况、转股的起止时间、已转股数量及占比等。

第五十九条　发行人涉及下列事项时，应当向全国股转公司申请暂停可转债的转股：

（一）进入转股期，可转债转股价格需要调整的；

（二）满足赎回条件且公司董事会决议部分或全部赎回可转债的；

（三）中国证监会和全国股转公司认为应当暂停转股的其他事项。

第六十条　发行人在转股期结束的20个交易日前应当至少发布3次提示公告，提醒投资者有关在可转债转股期结束前10个交易日暂停转让的事项。

第六十一条　可转债持有人因行使转股权导致其所持股份占挂牌公司总股本的5%或达到5%的整数倍时，应当按《全国中小企业股份转让系统挂牌公司信息披露规则》第五十二条的规定及时告知公司，并配合公司履行信息披露义务。挂牌公司应当及时披露股东持股情况变动公告。

可转债持有人因行使转股权触发权益变动或收购披露标准的，应按照《非上市公众公司收购管理办法》等相关规定履行相应义务。

第二节　赎回

第六十二条　定向发行可转债说明书可以约定赎回条款。在赎回条件满足时，发行人可以按照约定的条件和价格行使赎回权，也可以不行使赎回权。行使赎回权的，可以赎回全部或部分未转股的可转债。

在可转债存续期内，发行人应当持续关注赎回条件是否满足，预计可能满足赎回条件的，应当在赎回条件满足的5个交易日前及时披露，向市场充分提示风险。

第六十三条　发行人拟行使赎回权时，应当将行使赎回权事项提交董事会审议并予以公告，但公司章程或者定向发行可转债说明书另有约定除外。发行人决定行使赎回权的，应当在满足赎回条件后的5个交易日内至少发布3次赎回公告。赎回公告应当载明赎回的条件、程序、价格、数量、付款方法、起止时间等内容。

发行人决定不行使赎回权的，自董事会决议公告披露之日起6个月内不得再次行使赎回权。发行人决定行使或者不行使赎回权的，还应当披露其实际控制人、控股股东、持股5%以上的股东、董事、监事、高级管理人员在赎回条件满足前的6个月内转让该可转债的情况，上述主体应当予以配合。

第六十四条　发行人行使赎回权的，应当向全国股转公司申请赎回期间暂停该可转债的转让和转股。

第六十五条　发行人根据暂停转让后登记在册的可转债数量，于赎回日结束后的6个交易日内通过中国结算进行赎回资金的划付。

第六十六条　自赎回日结束后的7个交易日内，发行人披露赎回结果公告。赎回结果公告应当包括赎回价格、赎回数量、赎回的可转债金额以及赎回对公司财务状况、经营成果以及现金流量的影响。

发行人全部赎回的，还应当披露可转债的终止挂牌公告。公告应当包括可转债基本情况、赎回情况、终止挂牌的起始时间等。发行人按一定比例赎回的，未赎回的可转债，在赎回业务完成后恢复转让和转股。

第三节 回售

第六十七条 定向发行可转债说明书可以约定回售条款。回售条件满足时，债券持有人可以按照约定的条件和价格行使回售权，也可以不行使回售权。行使回售权的，可以回售全部或部分未转股的可转债。

发行人改变公告的募集资金用途或者股票终止挂牌的，应当在股东大会审议通过相关决议后 20 个交易日内，赋予债券持有人 1 次回售的权利。

第六十八条 定向发行可转债回售公告至少发布 3 次。在满足回售条件后 5 个交易日内至少发布 1 次，在回售实施期间至少发布 1 次，余下 1 次回售公告的发布时间视需要而定。

第六十九条 在可转债的回售期内，债券持有人进行回售申报，回售申报当日可以撤单。在回售期结束后的 6 个交易日内，发行人通过中国结算进行回售资金的划付。

第七十条 自回售期结束后的 7 个交易日内，发行人披露回售结果公告。回售结果公告应当包括回售价格、回售数量、回售的可转债金额以及回售对公司财务状况、经营成果及现金流量的影响。

债券持有人全部回售的，发行人还应当披露可转债的终止挂牌公告。公告应当包括可转债基本情况、回售情况、终止挂牌的起始时间等。

第七十一条 如在同一交易日内分别收到可转债持有人的转让、转托管、转股、回售等两项或者以上报盘申请的，按以下顺序处理申请：转让、回售、转股、转托管。

第五章 付息及本息兑付

第七十二条 发行人应当在约定的付息日完成付息，并在可转债期满后 5 个交易日内偿付尚未转股的可转债余额本息。

发行人应当通过中国结算进行付息和本息兑付，并按全国股转系统和中国结算的相关规定办理。

第七十三条 发行人应当在可转债付息日前，根据全国股转系统和中国结算的相关规定披露付息公告。付息公告应当载明付息方案、付息债权登记日与除息日、付息对象、付息方法等。

第七十四条 发行人应当在可转债期满前，根据全国股转系统和中国结算的相关规定披露本息兑付公告。本息兑付公告应当载明本息兑付方案、兑付债权登记日、兑付对象、兑付方法等。

第六章　持续信息披露

第七十五条　发行人披露定期报告时，应当披露可转债的有关情况，具体包括以下内容：

（一）前 10 名可转债持有人的名单和持有量；

（二）转股价格历次调整的情况，经调整后的最新转股价格；

（三）可转债发行后累计转股的情况；

（四）赎回和回售情况（如有）；

（五）定向发行可转债说明书其他约定条款的履行情况（如有）；

（六）募集资金存放、使用情况；

（七）挂牌公司因可转债转换为股票所引起的股份变动情况；

（八）全国股转公司规定的其他事项。

第七十六条　发行人董事会应当每半年度对偿债能力情况进行审议，出具偿债能力分析报告，并在披露年度报告和中期报告时一了并披露。主办券商应当每年对偿债能力情况发表意见，并在发行人披露年度报告时一并披露。

第七十七条　发行人在可转债存续期内发生下列重要事项的，应当及时披露：

（一）发行人经营方针、经营范围或生产经营外部条件等发生重大变化；

（二）发行人主要资产被查封、扣押、冻结；

（三）发行人发生未能清偿到期债券的违约情况；

（四）发行人发生大额负债、新增大额借款或者提供大额对外担保；

（五）发行人涉及重大诉讼、仲裁事项或者受到重大行政处罚；

（六）可转债转换为股票的数额累计达到可转债开始转股前公司已发行股份总额的 10%；

（七）公司债券信用评级（如有）发生变化；

（八）未转换的可转债总额少于 3000 万元；

（九）可转债担保人（如有）发生重大资产变动、重大诉讼、合并、分立等情况；

（十）其他对投资者作出投资决策有重大影响的事项。

第七十八条　投资者持有挂牌公司已发行的可转债达到发行总量的 20% 时，应当在事实发生之日起 2 个交易日内通知公司予以公告。持有挂牌公司已发行的可转债 20% 及以上的投资者，其所持公司已发行的可转债比例每增加或减少 10% 时，应当按照前款规定履行通知公告义务。

第七十九条　发行人的股票被实施风险警示的，可转债应当同时实施风险警示。

第七章 监管措施与违规处分

第八十条 发行人及其董事、监事、高级管理人员、股东、实际控制人及其他相关信息披露义务人，主办券商、会计师事务所、律师事务所及其他证券服务机构，以及投资者等市场主体，违反本细则及有关规定的，全国股转公司可以视情节轻重采取自律监管措施或纪律处分。

第八章 附则

第八十一条 可转债挂牌初费及年费暂免收取；转让经手费在股票转让经手费的标准上减半收取。

第八十二条 本细则由全国股转公司负责解释。

第八十三条 本细则自发布之日起施行。

关于发布《全国中小企业股份转让系统优先股业务细则》的公告

（股转公告〔2023〕42 号　2023 年 2 月 17 日）

为落实全面实行股票发行注册制的有关要求，进一步规范优先股定向发行、挂牌和转让行为，全国中小企业股份转让系统有限责任公司修订了《全国中小企业股份转让系统优先股业务细则（试行）》，并更名为《全国中小企业股份转让系统优先股业务细则》，现予以发布，自发布之日起施行。

特此公告。

附件：全国中小企业股份转让系统优先股业务细则

附件

全国中小企业股份转让系统优先股业务细则

第一章　总　则

第一条　为了规范全国中小企业股份转让系统（以下简称全国股转系统）的优先股试点工作，保护投资者合法权益，根据《国务院关于开展优先股试点的指导意见》（以下简称《指导意见》）、《优先股试点管理办法》（以下简称《试点办法》）、《非上市公众公司监督管理办法》（以下简称《公众公司办法》）等有关规定，以及《全国中小企业股份转让系统股票定向发行规则》（以下简称《定向发行规则》）等业务规则，制定本细则。

第二条　发行人向符合《试点办法》规定的合格投资者发行优先股并在全国股转系统进行转让的，适用本细则的规定。

前款所称的发行人包括：

（一）普通股在全国股转系统挂牌的公司（以下简称挂牌公司）、申请其普通股在全国股转系统挂牌的公司（以下简称申请挂牌公司）；

（二）股票未公开转让的非上市公众公司；

（三）注册在境内的境外上市公司。

第三条　发行人应当遵守《指导意见》《试点办法》等关于非上市公众公司

优先股发行、转让和信息披露的相关规定。

第四条　挂牌公司或申请挂牌公司定向发行优先股后证券持有人累计超过200人的，应当依法经全国中小企业股份转让系统有限责任公司（以下简称全国股转公司）审核通过后，报中国证券监督管理委员会（以下简称中国证监会）注册。

挂牌公司或申请挂牌公司定向发行优先股后证券持有人累计不超过200人的，由全国股转公司自律管理。

股票未公开转让的非上市公众公司、注册在境内的境外上市公司，其优先股拟在全国股转系统进行转让的，应当在中国证监会注册并完成发行后，向全国股转公司办理优先股挂牌手续。

本条所称证券持有人是指定向发行优先股说明书中确定或预计的新增优先股股东人数（或人数上限）与本次发行前普通股、优先股股东以及可转换公司债券持有人之和。

第五条　优先股在全国股转系统进行转让的，发行人应当在其优先股挂牌前，与全国股转公司签署优先股转让服务协议，明确双方的权利、义务和有关事项。

第六条　优先股的登记、存管和结算等业务，按中国证券登记结算有限责任公司（以下简称中国结算）的相关业务规则办理。

第二章　发行

第七条　发行人应当符合《试点办法》第四十一条、第四十二条的规定。

第八条　发行人存在下列情形之一的，不得发行优先股：

（一）本次发行申请文件有虚假记载、误导性陈述或重大遗漏；

（二）最近12个月内受到过中国证监会的行政处罚；

（三）因涉嫌犯罪正被司法机关立案侦查或涉嫌违法违规正被中国证监会立案调查；

（四）发行人的权益被控股股东或实际控制人严重损害且尚未消除；

（五）发行人及其附属公司违规对外提供担保且尚未解除；

（六）存在可能严重影响公司持续经营的担保、诉讼、仲裁、市场重大质疑或其他重大事项；

（七）其董事和高级管理人员不符合法律、行政法规和规章规定的任职资格；

（八）严重损害投资者合法权益和社会公共利益的其他情形。

第九条　发行人应当向符合《试点办法》第六十六条规定的合格投资者发行优先股。每次发行对象不得超过200人，且持有相同条款优先股的发行对象累计不得超过200人。

第十条　发行对象可以用现金或非现金资产认购发行的优先股。发行对象以非现金资产认购优先股的，应当按照《定向发行规则》等相关规定，履行相应的程序和信息披露义务。

第十一条　发行人的董事会、股东大会就优先股发行作出决议，应当符合《试点办法》第四十四条、第四十五条的规定。

发行人监事会应当对董事会编制的优先股定向发行文件进行审核并提出书面审核意见，监事应当签署书面确认意见。

第十二条　发行人须修改公司章程，以明确优先股股东参与利润和剩余财产分配、优先股股东的表决权限制与恢复等事项，发行人董事会应就修改公司章程和发行优先股一并作出决议，并提交股东大会审议。

第十三条　挂牌公司或申请挂牌公司定向发行优先股的申请、审核、注册（如有）、发行等程序按照《定向发行规则》除第三十三条、第四十五条第二款、第四十八条和第四十九条之外的有关规定办理。

第十四条　股票未公开转让的非上市公众公司、注册在境内的境外上市公司，其优先股在全国股转系统进行转让的，应当在验资完成后的 10 个交易日内，向全国股转公司办理优先股挂牌手续。

第三章　转让服务

第十五条　优先股的计价单位为"每股价格"，每股票面金额为 100 元人民币，申报价格最小变动单位为 0.01 元人民币。买卖优先股的申报数量应当为 1000 股或其整数倍；卖出优先股时，余额不足 1000 股部分，应当一次性申报卖出。

第十六条　全国股转系统接受优先股转让申报的时间为每个交易日的 9:15 至 11:30、13:00 至 15:00。

第十七条　在全国股转系统转让的优先股可以采取以下申报方式：

（一）定价申报。投资者可以委托主办券商按其指定的价格买卖不超过其指定数量优先股，定价申报应包括证券账户号码、证券代码、交易单元代码、证券营业部识别码、买卖方向、申报数量、申报价格等内容。

（二）成交确认申报。转让双方就品种、价格、数量达成成交协议，或投资者拟与定价申报成交，可以委托主办券商以指定价格和数量与指定对手方确认成交，成交确认申报应包括：证券账户号码、证券代码、交易单元代码、证券营业部识别码、买卖方向、申报数量、申报价格、成交约定号等内容；转让双方达成成交协议、均拟委托主办券商通过成交确认申报成交的，还应注明对手方交易单元代码和对手方证券账户号码。

第十八条　全国股转系统收到拟与定价申报成交的成交确认申报后，如系统中无对应的定价申报，该成交确认申报以撤单处理。

第十九条　每个交易日的 9:30 至 11:30、13:00 至 15:00 为优先股转让的成交确认时间。

第二十条　全国股转系统按照申报时间先后顺序，将成交确认申报和与该成交确认申报证券代码、申报价格相同，买卖方向相反及成交约定号一致的定价申报进行确认成交。

成交确认申报与定价申报可以部分成交。

成交确认申报数量小于定价申报的，以成交确认申报的数量为成交数量。定价申报未成交部分当日继续有效。

成交确认申报数量大于定价申报的，以定价申报的数量为成交数量。成交确认申报未成交部分以撤单处理。

第二十一条　全国股转系统对证券代码、申报价格和申报数量相同，买卖方向相反，指定对手方交易单元、证券账户号码相符及成交约定号一致的成交确认申报进行确认成交。

第二十二条　投资者买入的优先股，在交收前不得卖出。

第二十三条　优先股的除息处理独立于普通股进行，并单独公布相应的除息参考价格。

第二十四条　优先股转让环节的投资者适当性标准应当与发行环节保持一致。相同条款的优先股经转让后，投资者不得超过200人。

根据本细则所述成交原则，全国股转系统按照申报时间先后顺序对转让申报进行确认成交，对导致投资者超过200人的转让不予确认。

第二十五条　主办券商应当切实履行投资者适当性管理职责，通过现场问询、核对资料、签订确认书等方式，审查参与优先股转让的投资者是否为符合规定的合格投资者，并留存有关资料。

主办券商应当向首次参与优先股转让的投资者全面介绍优先股的产品特征和相关制度规则，充分揭示投资风险，并要求其签署优先股投资风险揭示书。

第二十六条　开盘价，为当日该优先股的第一笔成交价。

第二十七条　收盘价，为当日该优先股所有转让的成交量加权平均价；当日无成交的，以前收盘价为当日收盘价。优先股挂牌首日，以发行价为前收盘价。

第二十八条　主办券商应保证参与优先股转让的投资者账户具备与申报相对应的优先股或资金。

持有或者租用全国股转系统交易单元的机构参与优先股转让，应当通过持有或者租用的交易单元申报，并确保具备与申报相对应的优先股或资金。

第二十九条　全国股转系统向主办券商实时发送申报及成交信息，主办券商应当向其符合投资者适当性要求的投资者即时提供该信息。

第三十条　全国股转公司每个交易日收市后公布当日每笔成交信息，内容包括证券代码、证券简称、成交价格、成交数量、买卖双方主办券商证券营业部或交易单元的名称等。

优先股转让公开信息涉及机构专用交易单元的，公布名称为"机构专用"。

第三十一条　主办券商应对优先股的转让信息予以独立显示。

第三十二条　优先股的暂停、恢复转让事宜，按照全国股转系统关于普通股停复牌的有关规定执行。

挂牌公司的普通股停复牌的，其优先股应当同时暂停、恢复转让。

第三十三条　优先股的终止、重新挂牌事宜，按照全国股转系统关于普通股终止、重新挂牌的有关规定执行。

挂牌公司的普通股终止挂牌的，其优先股应当同时终止挂牌。

第四章　信息披露

第一节　发行披露

第三十四条　发行人应当分别在董事会和股东大会通过优先股发行决议之日起2个交易日内披露董事会、股东大会决议公告。发行人在披露董事会决议公告的同时，应当披露董事会批准的定向发行优先股说明书。

第三十五条　发行人的董事会决议公告，应当按照《试点办法》第四十四条的规定包含下列事项及其表决结果：

（一）本次发行优先股的方案，包括发行数量、优先股股东参与分配利润的方式、赎回或回售条款（如有）等；

（二）董事会决议确定具体发行对象的，应当确定具体的发行对象名称及其认购价格或定价原则、认购数量或数量区间等；董事会决议未确定具体发行对象的，董事会决议应当明确发行对象的范围和资格、定价原则等；

（三）本次发行优先股对公司各类股东权益的影响；

（四）发行目的与募集资金用途；

（五）公司章程的修订方案；

（六）其他事项。

第三十六条　主办券商和律师事务所应当在发行人股东大会审议通过优先股发行事项后，按照相关规定出具书面意见，发行人及时予以披露，符合《公众公司办法》规定无需提供主办券商和律师事务所出具的书面意见的除外。

第三十七条　发行人应当在缴款期前披露优先股认购公告，明确缴款安排。本次发行安排现有优先股股东优先认购的，应明确优先认购安排。

第三十八条　发行人在优先股挂牌转让前，应当披露优先股转让公告、发行情况报告书。

第三十九条　发行人应当按照中国证监会《非上市公众公司信息披露内容与格式准则第7号——定向发行优先股说明书和发行情况报告书》的规定，编制并披露定向发行优先股说明书和发行情况报告书。

股票未公开转让的非上市公众公司、注册在境内的境外上市公司，应遵守中国证监会对其信息披露的相关规定，并参照适用本细则的规定。

第二节　持续信息披露

第四十条　发行人披露定期报告时，应当按照《试点办法》及中国证监会、全国股转系统关于定期报告披露的有关规定，披露优先股的有关情况。

第四十一条　发行人应当按照挂牌公司信息披露的相关业务规则，及时披露对优先股转让价格产生较大影响的信息，包括但不限于优先股挂牌、付息、调息、赎回、回售，优先股股东表决权的恢复、行使、变动，优先股股东分类表决，优先股募集资金的存放、使用，分配利润或剩余财产，以及转换为普通股等。

挂牌公司按照全国股转系统信息披露的相关业务规则，对重大事件发布临时公告时，如该重大事件对优先股价格或优先股股东权益可能产生较大影响的，应当在临时公告中予以专门说明。

第四十二条　优先股付息日前的2个交易日内，发行人应当披露优先股付息公告。完成股息支付后的2个交易日内，发行人应当披露优先股股东的利润分配情况。

第四十三条　发行人应当在满足优先股赎回条件或回售条件的2个交易日内，披露赎回或回售的提示性公告。赎回提示性公告中应当明确披露是否行使赎回权。发行人还应当在赎回期或回售期结束前至少发布3次赎回提示性公告（如决定行使赎回权）或回售提示性公告。公告中应当载明赎回或回售的程序、价格、付款方法、付款时间等。

优先股赎回或回售实施完成后，发行人应当披露优先股赎回或回售结果公告。

第四十四条　优先股股东按照法律法规和公司章程的规定，对股东大会审议的特定事项享有表决权的，发行人应当在召开股东大会的通知中，予以提示。

第四十五条　发行人累计3个会计年度或连续2个会计年度未按约定支付优先股股息的，应当在披露批准当年利润分配方案的股东大会决议同时，披露优先股表决权恢复的提示性公告。公告应当载明优先股表决权恢复的起始期限、每股优先股享有的表决权比例等内容。

对于股息可累积到下一会计年度的优先股，发行人应当在其全额支付所欠股息后的2个交易日内，披露表决权恢复终止的提示性公告。对于股息不可累积的优先股，发行人应当在其全额支付当年股息后的2个交易日内，披露表决权恢复终止的提示性公告。

发行人出现公司章程规定的其他优先股表决权恢复情形的，应当参照前两款规定发布提示公告。

第四十六条　商业银行发行触发条件发生时强制可转换为普通股的优先股，应当在触发条件发生后的2个交易日内，披露优先股转换为普通股的提示性公告。

转换完成后，应当披露股权结构的变动情况。

第四十七条　投资者通过转让或其他方式取得可转换优先股达到该优先股发行总量的 20% 后，应在该事实发生之日起 2 个交易日内予以公告，同时报告全国股转公司并通知发行人；自该事实发生之日起至披露后 2 个交易日内，不得再行买卖该发行人的优先股和普通股。

投资者持有的可转换优先股达到该优先股发行总量的 20% 后，其持有的优先股占该优先股发行总量的比例每增加或减少 10%，应当依照前述规定进行报告和公告；自该事实发生之日起至披露后 2 个交易日内，不得再行买卖该发行人的优先股和普通股。

第四十八条　优先股的风险警示事宜，按照全国股转系统关于普通股风险警示的规定执行，并予以公告。

发行人的普通股被实施风险警示的，其优先股应当同时实施风险警示。

第五章　监管措施和违规处分

第四十九条　发行人及其董事、监事、高级管理人员、股东、实际控制人及其他相关信息披露义务人，主办券商、会计师事务所、律师事务所及其他证券服务机构，以及投资者等市场主体违反本细则及有关规定的，全国股转公司可以视情节轻重采取相应自律监管措施或纪律处分。

第六章　附　则

第五十条　优先股的转让限制与解除转让限制应当符合《试点办法》第十四条的规定，具体程序按照挂牌公司普通股限售与解除限售的相关规定办理。

第五十一条　发行人在全国股转系统发行优先股涉及重大资产重组的，按照中国证监会和全国股转系统的相关规定办理。

第五十二条　发行优先股并在全国股转系统进行转让的，应缴纳优先股挂牌初费、优先股挂牌年费和优先股转让经手费。

发行人应按照每次发行的优先股股本缴纳优先股挂牌初费。

发行人应按照上一年度年末的优先股股本缴纳挂牌年费。挂牌当年的挂牌年费，按照该次发行的优先股股本和实际挂牌月份（自挂牌日的次月起计算）予以折算，与挂牌初费一并缴纳。

投资者应按优先股转让成交金额缴纳优先股转让经手费。

试点期间，优先股挂牌初费、优先股挂牌年费和优先股转让经手费的收费标准按照全国股转系统普通股相应收费标准收取。

第五十三条　本细则由全国股转公司负责解释。

第五十四条　本细则自发布之日起施行。

关于发布《全国中小企业股份转让系统非上市公众公司重大资产重组业务细则》的公告

（股转公告〔2023〕43 号　2023 年 2 月 17 日）

为落实全面实行股票发行注册制的有关要求，进一步规范全国中小企业股份转让系统非上市公众公司重大资产重组行为，全国中小企业股份转让系统有限责任公司修订了《全国中小企业股份转让系统非上市公众公司重大资产重组业务细则》，现予以发布，自发布之日起施行。

特此公告。

附件：全国中小企业股份转让系统非上市公众公司重大资产重组业务细则

附件

全国中小企业股份转让系统非上市公众公司重大资产重组业务细则

第一章　总　则

第一条　为规范股票在全国中小企业股份转让系统（以下简称全国股转系统）公开交易的公众公司（以下简称公司）重大资产重组的信息披露和相关业务办理流程，根据《非上市公众公司监督管理办法》《非上市公众公司重大资产重组管理办法》（以下简称《重组办法》）等部门规章以及《全国中小企业股份转让系统业务规则（试行）》等相关业务规则，制定本细则。

第二条　本细则所称重大资产重组，是指公司及其控股或者控制的企业在日常经营活动之外购买、出售资产或者通过其他方式进行资产交易，导致公司业务、资产发生重大变化的资产交易行为。公司重大资产重组的判断标准，适用《重组办法》的有关规定。

第三条　公司进行重大资产重组，应当符合《重组办法》中关于重组的各项要求。

公司必须保证重大资产重组事项（以下简称重组事项）的真实性并及时进行信息披露，不得虚构重组事项向全国中小企业股份转让系统有限责任公司（以下简称全国股转公司）申请股票停牌或发布信息，不得损害投资者权益。

第四条　公司应当聘请为其提供督导服务的主办券商为独立财务顾问，但存在影响独立性、财务顾问业务资格受到限制等不宜担任独立财务顾问情形的除外。

为公司提供持续督导的主办券商未担任公司独立财务顾问的，应当按照全国股转系统相关规定履行持续督导义务。

第五条　全国股转公司对公司重大资产重组信息披露文件的完备性进行审查。其中涉及发行股份购买资产的，全国股转公司对公司提交的申请文件进行审核。

全国股转公司通过提出问题、回答问题等多种方式，督促公司、交易对方、独立财务顾问、证券服务机构等完善信息披露，真实、准确、完整地披露或者提供信息，提高信息披露质量。

第六条　同意公司实施重组事项，不表明全国股转公司对重组信息披露文件和申请文件的真实性、准确性、完整性作出保证，也不表明对公司股票的投资价值、投资者的收益或者本次交易作出实质性判断或保证。

第二章　停牌与内幕信息知情人报备

第七条　公司与交易对方筹划重组事项时，应当做好保密工作和内幕信息知情人登记工作，密切关注媒体传闻、公司股票及其他证券品种的交易价格变动情况，并结合重组事项进展，及时申请公司股票停牌并报送材料。

在公司股票停牌前，全国股转公司不接受任何与该公司重组事项相关的业务咨询，也不接收任何与重大资产重组相关的材料。

第八条　公司出现下列情形之一时，应当立即向全国股转公司申请股票停牌：

（一）交易各方初步达成实质性意向；

（二）虽未达成实质意向，但在相关董事会决议公告前，相关信息已在媒体上传播或者预计该信息难以保密或者公司证券交易价格出现异常波动；

（三）本次重组需要向有关部门进行政策咨询、方案论证。

除公司申请股票停牌的情形外，全国股转公司有权在必要情况下对公司股票主动实施停牌。

第九条　公司重大资产重组相关的停复牌事项，应当按照《全国中小企业股份转让系统挂牌公司股票停复牌业务实施细则》《全国中小企业股份转让系统挂牌公司股票停复牌业务指南》的要求办理。

第十条　公司必须在确认其股票已停牌后方能与全国股转公司工作人员就重大资产重组相关事项进行沟通。

第十一条　公司因重组事项申请停牌，首次停牌时间不得超过1个月。

公司重组事项因涉及有权部门事前审批、重大无先例或全国股转公司认定的其他情形，导致无法在停牌期限届满前披露重组预案或重组报告书的，经公司董事会审议通过后可以申请延期复牌，但自首次停牌之日起，累计停牌时间不得超过 2 个月。期满后仍未能披露重组预案或重组报告书的，公司应当终止筹划重组事项，并申请复牌。

除前款规定情形外，公司因筹划重大资产重组股票停牌的，不得申请延期复牌。公司无法在停牌期限届满前披露重组预案或重组报告书的，应当终止筹划本次重组并申请股票复牌。

因涉及国家重大战略项目、国家军工秘密等事项对停牌时间另有要求，或两网及退市公司在破产重整中嵌套实施重大资产重组的，停牌时间不受本条限制。

第十二条　公司因重大资产重组股票停牌后，应当每 5 个交易日披露一次重组进展公告。重组事项出现重要进展的，应当在重组进展公告中予以披露。

前款所称重要进展，包括但不限于以下情形：

（一）各方就交易方案进行磋商的相关情况；

（二）公司与交易对方签订重组框架或意向协议，对已签订的重组框架或意向协议作出重大修订或变更；

（三）公司取得有权部门关于重组事项的事前审批意见；

（四）公司与聘请的中介机构签订重组服务协议；

（五）尽职调查、审计、评估等工作取得阶段性进展；

（六）更换独立财务顾问、审计机构、评估机构等中介机构；

（七）已披露重组标的的公司，更换、增加、减少重组标的，公司应当披露拟变更标的的具体情况、变更的原因；

（八）因交易双方价格分歧、公司证券价格波动、税收政策、标的资产行业政策发生重大变化等原因，导致重组事项出现终止风险的，公司应当及时提示相关风险并披露后续进展；

（九）其他重大进展。

第十三条　公司进入重大资产重组程序前因筹划具有重大不确定性的重大事项等原因已经申请股票停牌或更换重组标的的，已停牌时间应一并计入重大资产重组停牌累计时长。

除重组事项依法须经有关部门前置审批或涉及重大无先例事项的情形外，停牌期满后仍无法披露重组预案或重组报告书的，公司应当终止本次重大资产重组，披露终止重组的公告，并在公告中承诺终止重组后 1 个月内不再筹划重大资产重组事项。终止重组相关公告披露后，公司应当向全国股转公司申请股票于次 2 个交易日复牌。

公司应当申请股票复牌但拒不提出申请的，全国股转公司有权对公司股票实施强制复牌。

第十四条　除公司股票自挂牌以来未进行过交易的情形外，公司应当在股票停牌之日起 10 个交易日内，按照《全国中小企业股份转让系统重大资产重组业务指南第 1 号——非上市公众公司重大资产重组内幕信息知情人报备指南》的要求，向全国股转公司提交完整的内幕信息知情人名单、相关人员买卖公司证券的自查报告、公司重大资产重组交易进程备忘录及公司全体董事对内幕信息知情人报备文件真实性、准确性和完整性的承诺书。

公司预计股票停牌日距离重大资产重组首次董事会召开不足 10 个交易日的，应当在申请停牌的同时提交上述材料。

公司股票自挂牌以来未进行过交易的，公司应当在股票停牌之日起 10 个交易日内，提交关于公司股票交易情况的书面说明。

第十五条　全国股转公司在收到内幕信息知情人名单及自查报告后，将对内幕信息知情人在停牌日前 6 个月的公司证券交易情况进行核查。

发现异常交易情况，全国股转公司有权要求公司、独立财务顾问及其他相关主体对交易情况做出进一步核查；涉嫌利用公司重大资产重组信息从事内幕交易、操纵证券市场等违法违规活动的，全国股转公司有权采取自律监管措施或纪律处分，并向中国证监会报告。

第三章　信息披露与审查

第十六条　公司应当在重组事项首次董事会召开后 2 个交易日内，按照《重组办法》及相关规范性文件的要求制作并披露相关信息披露文件。前述信息披露完成后，公司应当向全国股转公司申请于披露后的次 2 个交易日复牌。

两网及退市公司在破产重整中嵌套实施重大资产重组的，前款所述信息披露完成后，公司原则上应当在继续停牌 10 个交易日后向全国股转公司申请股票复牌，并在复牌公告中对重组事项尚未经过股东大会审议通过、存在不确定风险进行充分揭示。公司重组事项在审议程序、信息披露等方面存在违法违规或存在其他重大风险的，全国股转公司有权要求公司股票持续停牌，不受 10 个交易日的期限限制。

公司应当申请股票复牌但拒不提出申请的，全国股转公司有权对公司股票实施强制复牌。

第十七条　全国股转公司在公司信息披露后的 10 个交易日内对信息披露文件的完备性进行审查。发现信息披露文件存在完备性问题的，全国股转公司有权要求公司对存在问题的信息披露文件内容进行解释、说明和更正。

对于重组预案需更正的情形，公司应当在完成重组预案更正并披露后，再召开董事会审议并披露重组报告书等文件。

第十八条　公司应当在披露重大资产重组报告书等文件的同时，一并披露关于召开股东大会的相关安排。公司在相关安排中确定股东大会召开日期的，董事会决议披露日与股东大会召开日的时间间隔除符合法律法规、中国证监会及全国股转系统的相关规定外，还应当不少于 10 个交易日。

公司重大资产重组报告书等信息披露文件经全国股转公司审查需要解释、说明和更正的，应当在收到反馈问题清单后披露暂缓召开股东大会的公告。完成信息披露文件更正并经全国股转公司审查完毕后，公司应当披露更正后的相关文件，并重新披露股东大会通知。

第十九条　因公司拟对交易对象、交易标的、交易价格等重组方案主要内容作出变更，构成原重组方案重大调整的，应当在董事会审议通过后重新提交股东大会审议，并重新履行申请停牌、内幕信息知情人报备、信息披露及申请复牌等程序。支付手段发生变更的，应当视为重组方案的重大调整。

公司在重组报告书中对重组预案内容进行更改的，适用前款规定。

第二十条　公司披露重大资产重组预案或重大资产重组报告书后，因自愿选择终止重组、独立财务顾问或律师对异常交易无法发表意见或认为存在内幕交易且不符合恢复重大资产重组进程要求等原因终止本次重大资产重组的，应当经董事会或股东大会审议通过，并及时披露关于终止重大资产重组的临时公告，并同时在公告中承诺自公告之日起至少 1 个月内不再筹划重大资产重组。

中国证监会依据《重组办法》第三十二条的规定，要求公司终止重大资产重组进程的，公司应当及时披露关于重大资产重组终止的临时公告，并同时在公告中承诺自公告之日起至少 12 个月内不再筹划重大资产重组。

第四章　发行股份购买资产

第一节　申请与受理

第二十一条　公司应在股东大会决议后 10 个交易日内，委托独立财务顾问通过重组业务系统向全国股转公司报送申请文件。

第二十二条　全国股转公司收到申请文件后，对申请文件的齐备性进行核对，并在 2 个交易日内作出是否受理的决定。

申请文件齐备的，全国股转公司出具受理通知。申请文件不齐备的，原则上一次性告知公司需要补正的事项。公司补正申请文件的，全国股转公司收到申请文件的时间以公司最终提交补正文件的时间为准。

申请文件一经受理，未经全国股转公司同意不得更改。

第二十三条　存在下列情形之一的，全国股转公司不予受理：

（一）申请文件不齐备且未按要求补正；

（二）公司及其控股股东、实际控制人、董事、监事、高级管理人员，独立财务顾问、证券服务机构及其相关人员因证券违法违规被中国证监会采取认定为不适当人选、限制业务活动、证券市场禁入，被证券交易所、全国股转公司采取一定期限内不接受其出具的相关文件、公开认定不适合担任公司董事、监事、高级管理人员，或者被证券业协会采取认定不适合从事相关业务等相关措施，尚未解除；

（三）公司存在尚未实施完毕的证券发行、重大资产重组、收购、股票回购等情形；

（四）本次交易涉嫌内幕交易被中国证监会立案调查或者被司法机关立案侦查，尚未结案，但中国证监会另有规定的除外；

（五）中国证监会及全国股转系统规定的其他情形。

第二节　审核程序

第二十四条　全国股转公司按照申请文件受理的先后顺序开始审核。

申请文件经全国股转公司审核需要问询的，全国股转公司自受理之日起 10 个交易日内，通过重组业务系统提出审核问询。

第二十五条　公司、交易对方、独立财务顾问、证券服务机构应当按照审核问询要求进行必要的补充调查、核查，及时、逐项回复审核问询，补充或者修改申请文件，在收到审核问询之日起 10 个交易日内通过重组业务系统提交回复文件。公司预计难以在规定时间内回复的，应当及时提交延期回复申请，说明延期理由及具体回复时限。

公司、交易对方、独立财务顾问、证券服务机构对全国股转公司审核问询的回复是申请文件的组成部分，公司、交易对方、独立财务顾问、证券服务机构应当保证回复的真实、准确、完整。

第二十六条　存在下列情形之一的，全国股转公司可以在收到审核问询回复之日起 10 个交易日内，继续提出审核问询：

（一）审核问询后，发现新的需要问询事项；

（二）公司、交易对方、独立财务顾问、证券服务机构的回复未能有针对性地回答审核问询，或者全国股转公司就其回复需要继续审核问询；

（三）公司、交易对方、独立财务顾问、证券服务机构的信息披露仍未满足中国证监会和全国股转系统规定的要求；

（四）全国股转公司认为需要继续审核问询的其他情形。

第二十七条　全国股转公司在审核中，发现公司申请文件存在重大疑问且公司、交易对方、独立财务顾问、证券服务机构回复中无法作出合理解释的，全国股转公司可以对公司、交易对方、标的资产、独立财务顾问、证券服务机构进行检查。

第二十八条　全国股转公司自受理申请文件之日起 20 个交易日内出具发行股份购买资产的审核意见、同意发行股份购买资产的函或作出终止审核的决定。

公司、交易对方、独立财务顾问、证券服务机构回复审核问询的时间，以及本细则规定的中止审核、请示有权机关、实施检查、要求进行专项核查等情形的时间，不计算在前款规定的时限内。

第三节　向中国证监会报送审核意见

第二十九条　发行后股东人数超过 200 人的，全国股转公司审核通过后，向中国证监会报送发行股份购买资产的审核意见、相关审核资料及公司申请文件。

第三十条　中国证监会在注册程序中，要求全国股转公司进一步问询的，由全国股转公司提出反馈问题。

中国证监会在注册程序中，决定退回全国股转公司补充审核的，全国股转公司对要求补充审核的事项重新审核。全国股转公司审核通过的，重新向中国证监会报送审核意见、相关审核资料及公司申请文件；审核不通过的，作出终止审核的决定。

第四节　审核中止与终止

第三十一条　出现下列情形之一的，公司、交易对方、独立财务顾问、证券服务机构应当及时告知全国股转公司，全国股转公司将中止审核：

（一）本次交易涉嫌内幕交易被中国证监会立案调查或者被司法机关立案侦查，尚未结案；

（二）公司因涉嫌违法违规被行政机关调查，或者被司法机关侦查，尚未结案，对本次交易影响重大；

（三）独立财务顾问、证券服务机构被中国证监会依法采取限制业务活动、责令停业整顿、指定其他机构托管或者接管等措施，或者被证券交易所、全国股转公司采取一定期限内不接受其出具的相关文件的纪律处分，尚未解除；

（四）独立财务顾问、证券服务机构的相关签字人员，被中国证监会依法采取认定为不适当人选等监管措施或者证券市场禁入的措施，被证券交易所、全国股转公司采取一定期限内不接受其出具的相关文件的纪律处分，或者被证券业协会采取认定不适合从事相关业务的纪律处分，尚未解除；

（五）申请文件中记载的标的资产财务资料已过有效期，需要补充提交；

（六）中国证监会根据《重组办法》等规定责令暂停重组活动，或者责令相关主体作出公开说明或者披露专业意见；

（七）公司、独立财务顾问主动要求中止审核，理由正当并经全国股转公司同意；

（八）全国股转公司认定的其他情形。

出现前款所列第一项至第六项情形，公司、交易对方、独立财务顾问、证券服务机构未及时告知全国股转公司，全国股转公司经核实符合中止审核情形的，将直接中止审核。

第一款所列中止审核情形消除后，公司、交易对方、独立财务顾问、证券服务机构应当及时告知全国股转公司。全国股转公司经核实确认后，恢复对申请文件的审核。审核时限自恢复审核之日起继续计算；但财务报告期调整达到一个或者一个以上会计年度的，审核时限自恢复审核之日重新起算。存在第一款第一项规定的情形，但符合中国证监会和全国股转系统有关规定的，视为相关情形已消除。

第三十二条　出现下列情形之一的，全国股转公司将终止审核：

（一）中国证监会根据《重组办法》等规定，责令公司终止重组活动；

（二）公司更换独立财务顾问、对交易方案进行重大调整，或者公司、独立财务顾问主动撤回申请文件；

（三）申请文件内容存在重大缺陷，严重影响全国股转公司正常审核，或者严重影响投资者作出价值判断或者投资决策；

（四）申请文件被认定存在虚假记载、误导性陈述或者重大遗漏；

（五）公司、交易对方、独立财务顾问、证券服务机构等主体阻碍或者拒绝中国证监会或者全国股转公司依法实施的检查；

（六）公司、交易对方及有关各方、独立财务顾问、证券服务机构等主体以不正当手段严重干扰全国股转公司审核工作；

（七）本细则第三十一条第一款第三项至七项规定的中止审核情形未能在 3 个月内消除；

（八）全国股转公司审核不通过；

（九）全国股转公司认定的其他情形。

第五节　重大事项报告与处理

第三十三条　全国股转公司受理申请文件后至本次交易实施完毕前，发生重大事项的，公司、交易对方、独立财务顾问应当及时向全国股转公司报告，按照要求履行信息披露义务、更新申请文件。公司的独立财务顾问、证券服务机构应当持续履行尽职调查职责，并向全国股转公司提交专项核查意见。

全国股转公司在审核中，发现涉嫌违反国家产业政策或全国股转系统定位的，或者发现重大敏感事项、重大无先例情况、重大舆情、重大违法线索的，应当及时向中国证监会报告，并根据中国证监会的意见进行处理。

第三十四条　中国证监会作出同意注册的决定或全国股转公司出具同意发行股份购买资产的函后至本次交易实施完毕前，发生重大事项，可能导致公司本次交易不符合法定实施要求或者信息披露要求的，公司应当暂停本次交易。全国股转公司发现公司存在上述情形的，可以要求公司暂停本次交易。

公司、交易对方、独立财务顾问应当将上述情况及时报告全国股转公司并作出公告，说明重大事项相关情况及公司将暂停本次交易。

全国股转公司经审核认为相关重大事项导致公司本次交易不符合法定实施要求或者信息披露要求的，将出具明确意见并报告中国证监会。

第六节　募集配套资金

第三十五条　公司发行股份购买资产的，可以同时募集配套资金。募集配套资金部分与购买资产部分发行的股份可以分别定价，视为两次发行，但应当逐一表决、分别审议。

第三十六条　募集配套资金行为应当符合公司股票定向发行的监管要求，且所配套资金比例不超过拟购买资产交易价格的 100%。

所募资金可以用于支付本次重组交易中的现金对价，支付本次重组交易税费、人员安置费用等并购整合费用，投入标的资产在建项目建设，也可以用于补充公司和标的资产流动资金、偿还债务等合理用途，并适用公司股票定向发行募集资金的相关管理规定。

第三十七条　公司募集配套资金的发行对象应符合中国证监会及全国股转系统关于股票定向发行投资者适当性的规定。

第七节　其他规定

第三十八条　公司应当在全国股转公司出具受理通知书后 2 个交易日内披露取得受理通知书的公告。

公司应当在全国股转公司出具同意发行股份购买资产的函或作出中止审核决定、终止审核决定以及中国证监会作出同意注册、不予注册决定后 2 个交易日内披露相关公告。

公司取得全国股转公司出具同意发行股份购买资产的函或收到中国证监会同意注册的决定后，应当根据审核、注册情况更新披露申请文件。

第三十九条　公司发行股份购买资产的发行对象应符合中国证监会及全国股转系统关于投资者适当性的相关规定。

第四十条　公司发行股份同时使用现金等其他支付手段混合购买资产构成重组的，按照发行股份购买资产构成重组的规定办理。

第四十一条　公司使用优先股、债券等其他支付手段购买资产构成重组的，按照发行股份购买资产构成重组的规定办理，并遵守中国证监会及全国股转系统的其他相关规定。

第四十二条　公司取得全国股转公司出具同意发行股份购买资产的函或收到中国证监会作出同意注册的决定后，应当及时实施重组，在验资完成后 20 个交易日内，按照相关规定向全国股转公司报送股票登记申请文件。

第五章　退市公司补充规定

第四十三条　退市公司进行重大资产重组的，应当遵守《重组办法》及本细则的有关规定，并执行《重组办法》关于退市公司重大资产重组的特别规定。

第四十四条　退市公司在披露重大资产重组报告书时应当同时发布特别提示，对本次重大资产重组是否符合《重组办法》的要求以及公司在信息披露、公司治理方面的规范性进行说明。

第六章　自律管理和违规处分

第四十五条　公司及其董事、监事、高级管理人员和其他相关信息披露义务人，为重大资产重组出具财务顾问报告、审计报告、法律意见书、资产评估报告（或资产估值报告）及其他专业文件的证券服务机构及其从业人员存在下列行为的，全国股转公司有权依据《全国中小企业股份转让系统业务规则（试行）》等有关规定向中国证监会报告，并对相关责任主体采取自律监管措施或纪律处分：

（一）挂牌公司购买、出售或以其他方式进行资产交易构成重大资产重组，未按规定及时申请股票停牌；

（二）挂牌公司购买、出售或以其他方式进行资产交易构成重大资产重组，未按照重大资产重组标准履行审议和信息披露程序，仅按普通购买、出售资产事项予以审议和披露；

（三）挂牌公司重大资产重组事项未经信息披露或未规范履行内部审议程序即实施完毕；

（四）相关主体提交的申请文件、信息披露文件在真实性、准确性、完整性、及时性等方面存在瑕疵；

（五）相关主体未能勤勉尽责，出具的专项意见或报告在真实性、准确性、完整性等方面存在瑕疵；

（六）违反《重组办法》、本细则及相关规定的其他行为。

公司重大资产重组信息披露及相关程序违反法律、行政法规、中国证监会规定及全国股转系统相关业务规则且情形严重的，全国股转公司可以要求公司暂停重大资产重组。

第四十六条　公司及其控股股东、实际控制人、董事、监事、高级管理人员，独立财务顾问、证券服务机构及其相关人员等被证券交易所、全国股转公司采取暂不接受文件、认定为不适当人选等自律监管措施和纪律处分的，全国股转公司按照业务规则，在相应期限内不接受其提交或者签字的相关文件，或者认为其不适合担任公司的董事、监事、高级管理人员，并对该监管对象提交或者签字且已受理的其他文件中止审核，或者要求公司解聘相关人员等。

第四十七条　全国股转公司在重组信息披露文件审查和申请文件审核中，发现公司、交易对方及有关各方，独立财务顾问、证券服务机构及其相关人员涉嫌证券违法的，将依法报告中国证监会。

前款规定的有关各方，指公司的控股股东、实际控制人、董事、监事、高级管理人员及其他相关方。

第七章　附则

第四十八条　本细则由全国股转公司负责解释。

第四十九条　本细则自发布之日起施行。

关于发布《全国中小企业股份转让系统挂牌公司股票终止挂牌实施细则》的公告

（股转公告〔2023〕53 号 2023 年 2 月 17 日）

为落实全面实行股票发行注册制的有关要求，全国中小企业股份转让系统有限责任公司修订了《全国中小企业股份转让系统挂牌公司股票终止挂牌实施细则》，现予以发布，自发布之日起施行。

特此公告。

附件：全国中小企业股份转让系统挂牌公司股票终止挂牌实施细则

附件

全国中小企业股份转让系统挂牌公司股票终止挂牌实施细则

第一章 总 则

第一条 为了明确挂牌公司股票终止挂牌的情形和程序，建立常态化、市场化的退出机制，保护投资者合法权益，根据《证券法》《非上市公众公司监督管理办法》（以下简称《公众公司办法》）《关于完善全国中小企业股份转让系统终止挂牌制度的指导意见》等有关规定，制定本细则。

第二条 挂牌公司主动向全国中小企业股份转让系统有限责任公司（以下简称全国股转公司）申请终止股票挂牌，或者挂牌公司触发规定的终止挂牌情形，全国股转公司强制终止其股票挂牌的，适用本细则。

强制终止股票挂牌事项按规定应当由全国股转公司挂牌委员会审议的，全国股转公司结合挂牌委员会的审议意见，作出决定。

第三条 挂牌公司及其董事、监事、高级管理人员、股东、实际控制人、主办券商、证券服务机构及其人员，在终止挂牌过程中应当遵守有关法律法规、部门规章、规范性文件及全国中小企业股份转让系统（以下简称全国股转系统）业务规则，勤勉尽责，不得泄露相关内幕信息、从事内幕交易和操纵股票交易价格，不得滥用权利，损害挂牌公司和投资者合法权益。

第四条 在终止挂牌过程中，挂牌公司及其他信息披露义务人应当按照法律、行政法规和中国证监会、全国股转公司的规定披露定期报告和临时报告，所披露的信息应当真实、准确、完整，简明清晰，通俗易懂，不得有虚假记载、误导性陈述或者重大遗漏。

第五条　挂牌公司应当充分保护投资者合法权益，保障其知情权、参与权、质询权和表决权，及时征询投资者意见，并对终止挂牌过程中的投资者保护措施作出妥善安排。

第六条　主办券商应当督促挂牌公司严格遵守终止挂牌相关规定，勤勉尽责进行核查，审慎发表专项意见，协助挂牌公司对投资者保护作出妥善安排。挂牌公司未能按本细则规定履行信息披露义务的，主办券商应及时披露相关风险提示公告。

第二章　主动终止挂牌

第七条　挂牌公司股东大会审议通过的，可以向全国股转公司申请终止其股票挂牌。

挂牌公司出现下列情形之一的，应当向全国股转公司申请终止其股票挂牌：

（一）挂牌公司股东大会决议解散公司；

（二）挂牌公司因新设合并或者吸收合并，将不再具有独立主体资格并被注销；

（三）全国股转公司认定的其他申请终止挂牌的情形。

第八条　挂牌公司向全国股转公司申请终止股票挂牌，应当同时符合下列条件：

（一）终止挂牌决策程序、信息披露和股票停复牌安排符合本细则等相关规定；

（二）挂牌公司已在法定期限内披露最近一期年度报告或中期报告，或未在法定期限内披露最近一期年度报告或中期报告，但已在期满后两个月内补充披露；

（三）挂牌公司应制定合理的异议股东保护措施，通过提供现金选择权等方式对股东权益保护作出安排，已获同意到境内证券交易所上市的除外；

（四）主办券商对终止挂牌事项出具持续督导专项意见；

（五）全国股转公司要求的其他条件。

第九条　挂牌公司向全国股转公司申请终止挂牌，应召开董事会、股东大会审议终止挂牌相关事项，股东大会须经出席会议的股东所持表决权的三分之二以上通过。终止挂牌议案应当明确拟终止挂牌的具体原因、终止挂牌后的发展战略、异议股东保护措施、股票停复牌安排等。

挂牌公司股东大会就本细则第七条第二款第一项、第二项规定情形作出决议时，应同时就终止挂牌事项作出相关安排。

第十条　挂牌公司应当分别在董事会和股东大会对终止挂牌事项作出决议之日起两个交易日内披露董事会和股东大会决议公告，并在披露董事会决议公告的同时披露关于拟终止挂牌的临时公告。股东大会通过后，挂牌公司应当及时披露主动终止挂牌实施进展情况。

全国股转公司对前述公告进行审查，可以要求挂牌公司进行更正或补充披露。

第十一条　审议终止挂牌事项的董事会决议公告前，公司股票因《全国中小企业股份转让系统挂牌公司股票停复牌业务实施细则》等规定的重大事项或因重大资产重组处于停牌状态的，挂牌公司应当按规定披露或终止筹划相关事项，申请其股票于董事会决议公告之日起两个交易日内复牌。

挂牌公司应当申请其股票自审议终止挂牌事项的股东大会股权登记日的次一交易日起停牌，且董事会决议公告日至股东大会股权登记日期间，复牌时间不得少于五个交易日。

终止挂牌决议未获股东大会审议通过的，挂牌公司应当申请其股票自披露股东大会决议公告之日起两个交易日内复牌。

第十二条　挂牌公司应当在终止挂牌事项获得股东大会决议通过后的一个月内向全国股转公司提交下列文件：

（一）终止挂牌的书面申请；

（二）董事会决议；

（三）股东大会决议；

（四）全国股转公司要求的其他文件。

第十三条　挂牌公司依据本细则第七条向全国股转公司申请终止其股票挂牌的，主办券商应当同时向全国股转公司提交持续督导专项意见。

主办券商持续督导专项意见应当包括主动终止挂牌是否符合本细则相关规定，公司申请挂牌以来是否存在涉嫌违反证券法律法规行为，相关义务方与异议股东签署协议或异议股东接受现金选择权的情况等内容。

第十四条　全国股转公司对申请材料进行确认，并于受理之日起十五个交易日内作出是否同意股票终止挂牌的决定。全国股转公司作出决定前，挂牌公司申请撤回终止挂牌的，应当召开董事会、股东大会审议撤回终止挂牌相关事项，股东大会须经出席会议的股东所持表决权的三分之二以上通过。

全国股转公司要求挂牌公司、主办券商和证券服务机构更正、补充相关材料，或中国证监会及其派出机构、全国股转公司对相关主体涉嫌违规行为进行调查处理的，不计入作出决定的期限。

第十五条　全国股转公司同意股票终止挂牌的，出具同意终止挂牌函，发布相关公告并通报公司注册地中国证监会派出机构。

挂牌公司应当最晚于终止挂牌日前一交易日披露股票终止挂牌公告，公告应当包括以下内容：

（一）股票终止挂牌日期；

（二）终止挂牌决定的主要内容；

（三）异议股东保护措施落实情况；

（四）终止挂牌后保障股东依法查阅公司财务会计报告等知情权的具体安排；

（五）终止挂牌后股票登记、转让、管理事宜；

（六）公司终止挂牌后的联系人、联系方式；

（七）全国股转公司要求的其他内容。

全国股转公司不同意终止挂牌申请的，挂牌公司应当在收到全国股转公司不同意函当日披露相应公告，并申请其股票在两个交易日内复牌。

第十六条　挂牌公司到北京证券交易所（以下简称北交所）上市的，免于适用本章第七条至第十五条的规定，其股票于北交所上市当日即在全国股转系统终止挂牌。挂牌公司应当在北交所披露上市公告书的同时，在全国股转系统披露终止挂牌公告。

第三章　强制终止挂牌

第十七条　挂牌公司出现下列情形之一的，全国股转公司终止其股票挂牌：

（一）未在法定期限内披露年度报告或中期报告，或者披露的年度报告或中期报告未经挂牌公司董事会审议通过，或者半数以上董事无法完全保证公司所披露年度报告或中期报告的真实性、准确性和完整性，或者年度报告中的财务报告未经符合《证券法》规定的会计师事务所审计，且前述情形自法定期限届满之日起两个月内仍未披露或改正；

（二）最近两个会计年度的财务报告均被注册会计师出具否定意见或者无法表示意见的审计报告；

（三）最近三个会计年度经审计的期末净资产均为负值；

（四）涉及国家安全、公共安全、生态安全、生产安全和公众健康安全等领域的重大违法行为被追究法律责任，导致挂牌公司或其主要子公司依法被吊销营业执照、责令关闭或者被撤销，依法被吊销主营业务生产经营许可证，或存在丧失继续生产经营法律资格的其他情形；

（五）存在欺诈发行、信息披露违法、擅自公开或变相公开发行证券等行为，挂牌公司或相关责任人员被人民法院依据《刑法》第一百六十条、第一百六十一条或第一百七十九条作出有罪生效判决；

（六）因在公告的股票挂牌公开转让、证券发行文件中隐瞒重要事实或者编造重大虚假内容，受到中国证监会及其派出机构行政处罚；

（七）不符合挂牌条件，骗取全国股转公司同意挂牌函并受到公开谴责；

（八）除上述第六项、第七项规定的情形外，最近二十四个月内因不同事项受到中国证监会及其派出机构行政处罚或全国股转公司公开谴责的次数累计达到三次；

（九）存在会计准则规定的影响其持续经营能力的事项，被主办券商出具不具有持续经营能力的专项意见，且三个月后主办券商经核查出具专项意见，认为该情形仍未消除；

（十）不能依法召开股东大会、股东大会无法形成有效决议，或者挂牌公司已经失去信息披露联系渠道、拒不披露应当披露的重大信息或严重扰乱信息披露秩序等，被主办券商出具公司治理机制不健全或者信息披露存在重大缺陷的专项意见，且六个月后主办券商经核查出具专项意见，认为该情形仍未消除；

（十一）与主办券商解除持续督导协议，且未能在三个月内与其他主办券商签署持续督导协议的；

（十二）被依法强制解散；

（十三）被法院宣告破产；

（十四）全国股转公司认定的其他情形。

本条第一款第三项所述"净资产"，是指挂牌公司资产负债表列报的所有者权益；挂牌公司编制合并财务报表的为合并资产负债表列报的归属于母公司所有者权益，不包括少数股东权益。

挂牌公司因触及本条第一款第十一项规定情形被强制终止挂牌的，其最近一任主办券商应当按照本细则规定履行主办券商职责。

第十八条　挂牌公司应当在以下时点首次披露公司股票可能被终止挂牌的风险提示公告，之后每十个交易日披露一次，直至相关情形消除或全国股转公司作出股票终止挂牌的决定：

（一）挂牌公司未在法定期限内披露年度报告或中期报告，或者出现第十七条第一款第一项其他情形未改正的，在法定期限届满的次一交易日；

（二）挂牌公司年度报告中的财务报告被注册会计师出具否定意见或无法表示意见的审计报告的，在次一会计年度结束后的首个交易日；

（三）挂牌公司连续两个会计年度经审计的期末净资产均为负值的，在第三个会计年度结束后的首个交易日；

（四）挂牌公司因涉及国家安全、公共安全、生态安全、生产安全和公众健康安全等领域的重大违法行为被立案侦查或调查的，在披露立案侦查或调查公告的当日；

（五）挂牌公司或相关责任人员因涉嫌欺诈发行、信息披露违法、擅自公开或变相公开发行证券被立案侦查的，在披露立案侦查公告的当日；

（六）挂牌公司因在其公告的股票挂牌公开转让、证券发行文件中隐瞒重要事实或者编造重大虚假内容受到中国证监会及其派出机构行政处罚的，在收到行政处罚事先告知书的当日；

（七）挂牌公司因骗取同意挂牌函受到全国股转公司公开谴责的，在收到纪律处分事先告知书的当日；

（八）挂牌公司最近二十四个月内因不同事项受到中国证监会及其派出机构

行政处罚或全国股转公司公开谴责的次数累计达到三次的，在收到第三次行政处罚或纪律处分事先告知书的当日；

（九）挂牌公司被其主办券商出具不具有持续经营能力专项意见的，在主办券商首次披露专项意见的当日；

（十）挂牌公司被其主办券商出具公司治理机制不健全或者信息披露存在重大缺陷专项意见的，在主办券商首次披露专项意见的当日；

（十一）挂牌公司与主办券商解除持续督导协议且未能与其他主办券商签署持续督导协议的，在解除持续督导协议的当日；

（十二）挂牌公司知悉发生或可能发生被依法吊销营业执照、被责令关闭、被撤销或者被人民法院裁判解散的当日；

（十三）挂牌公司收到法院受理重整、和解或者破产清算申请的裁定文件的当日；

（十四）全国股转公司规定的其他时点。

在首次披露风险提示公告后，相关事项发生重要进展或重大变化的，挂牌公司应当及时披露，不得以披露频次未低于本细则规定为由怠于履行信息披露义务。

第十九条　公司股票可能被终止挂牌的风险提示公告应当包括以下内容：

（一）公司股票可能被终止挂牌的原因；

（二）可能被终止挂牌的时间、影响因素等；

（三）挂牌公司为消除终止挂牌风险已采取和拟采取的措施；

（四）挂牌公司和主办券商接受投资者咨询的联系人和联系方式；

（五）全国股转公司要求的其他内容。

第二十条　挂牌公司出现或可能出现下列情形的，挂牌公司及其主办券商应立即向全国股转公司报告，公司股票在以下时点停牌：

（一）本细则第十七条第一款第一项情形，在法定期限届满后次一交易日；

（二）本细则第十七条第一款第二项情形，在披露第二年年度报告的次一交易日；

（三）本细则第十七条第一款第三项情形，在披露第三年年度报告的次一交易日；

（四）本细则第十七条第一款第四项至第七项情形，在收到法院判决、行政处罚决定或纪律处分决定的次一交易日；

（五）本细则第十七条第一款第八项情形，在收到第三次中国证监会及其派出机构行政处罚决定或全国股转公司纪律处分决定的次一交易日；

（六）本细则第十七条第一款第九项、第十项情形，在主办券商披露第二次专项意见的次一交易日；

（七）本细则第十七条第一款第十一项情形，在解除持续督导协议的次一交易日；

（八）本细则第十七条第一款第十二项情形，在公司被依法吊销营业执照、被责令关闭、被撤销或者被人民法院裁判解散的次一交易日；

（九）本细则第十七条第一款第十三项情形，在收到法院受理重整、和解或者破产清算申请的裁定文件的次一交易日；

（十）全国股转公司规定的其他时点。

挂牌公司出现前款第一项情形的，全国股转公司按照前款规定对其股票实施停牌；出现或可能出现前款其他情形的，挂牌公司应当在当日立即向全国股转公司申请股票停牌。挂牌公司未及时申请停牌的，全国股转公司可以在获悉相关情况后对其股票实施停牌。

第二十一条 挂牌公司出现本细则第十七条第一款规定情形的，主办券商应在五个交易日内对公司是否存在涉嫌违反证券法律法规行为、股东权益保护等事项进行核查，并向全国股转公司和公司注册地中国证监会派出机构报送核查意见。

第二十二条 挂牌公司出现本细则第十七条第一款规定情形的，全国股转公司在二十个交易日内，作出是否终止其股票挂牌的决定。全国股转公司作出终止挂牌决定的，出具终止挂牌决定，发布相关公告并通报公司注册地中国证监会派出机构。

全国股转公司要求挂牌公司、主办券商和证券服务机构对有关事项进行解释说明，或中国证监会及其派出机构、全国股转公司对相关主体涉嫌违法违规行为进行调查处理的，不计入作出决定的期限。

第二十三条 挂牌公司应当在收到终止挂牌决定后的次一交易日内披露相应公告，公告应当包括以下内容：

（一）终止挂牌决定的主要内容；

（二）公司股票停复牌安排和终止挂牌日期；

（三）终止挂牌后保障股东依法查阅公司财务会计报告等知情权的具体安排、股东权益保护相关安排；

（四）终止挂牌后其股票登记、转让、管理事宜；

（五）挂牌公司和主办券商的联系人、联系方式；

（六）全国股转公司要求的其他内容。

第二十四条 挂牌公司被全国股转公司作出强制终止挂牌决定的，可以根据《全国中小企业股份转让系统复核实施细则》相关规定申请复核。

挂牌公司提出复核申请的，应在当日披露关于已提出复核申请的公告，并在收到全国股转公司复核决定当日披露公告，说明复核决定的主要内容以及公司股票停复牌的具体安排。

挂牌公司未提出复核申请的，应当在复核期限届满当日，披露关于未提出复核申请的提示性公告。

第二十五条　全国股转公司作出终止挂牌决定后，挂牌公司未提出复核申请的，公司股票自申请复核期限届满后的第六个交易日起复牌，并于第十六个交易日终止挂牌；挂牌公司提出复核申请，全国股转公司作出维持终止挂牌决定的，公司股票自作出维持终止挂牌决定后的第六个交易日起复牌，并于第十六个交易日终止挂牌。

挂牌公司处于破产重整期间，且经法院或者破产管理人认定，公司股票恢复交易将与破产程序或法院批准的公司重整计划的执行存在冲突，或者存在全国股转公司认定的其他合理情形的，公司股票可以不恢复交易。

股票恢复交易期间，挂牌公司应当于每个交易日开盘前披露一次股票将被终止挂牌的风险提示公告。

第二十六条　股票恢复交易期间，全国股转公司对其进行特殊标识。原竞价股票交易方式不变，原做市股票交易方式变更为其所属市场层级的竞价交易方式。

第二十七条　挂牌公司提出复核申请，全国股转公司作出撤销终止挂牌决定的，公司股票自作出撤销终止挂牌决定的次两个交易日起复牌。

公司因触及本细则第十七条第一款第四项至第八项规定情形被强制终止挂牌后，有罪生效判决、行政处罚决定或纪律处分决定被依法撤销，且公司未触发其他强制终止挂牌情形的，经公司申请，全国股转公司可以作出撤销原终止股票挂牌的决定。

第四章　投资者保护

第二十八条　挂牌公司应当在公司章程中设置关于终止挂牌中投资者保护的专门条款，对主动终止挂牌和强制终止挂牌情形下的股东权益保护作出明确安排。

主办券商应督促挂牌公司在终止挂牌过程中制定合理的投资者保护措施，通过提供现金选择权等方式对股东权益保护作出安排。

第二十九条　挂牌公司或者挂牌公司的控股股东、实际控制人可以通过设立专门基金等方式对投资者损失进行补偿。

第三十条　因挂牌公司股票终止挂牌导致纠纷的，纠纷各方应按照公司章程的规定，通过协商、调解、仲裁或诉讼等方式解决。

第三十一条　挂牌公司召开股东大会审议终止挂牌事项，可以通过提供网络投票等方式，为股东参与审议、表决提供便利。

股东人数超过200人的挂牌公司股东大会审议终止挂牌事项时，应当提供网络投票方式，对中小股东的表决情况应当单独计票并披露。

第五章　终止挂牌后的相关安排

第三十二条　公司终止挂牌后，应当采取有效措施切实保障公司股东合法权利。

全国股转公司设立专区，为股东人数超过 200 人的终止挂牌公司（以下简称 200 人终止挂牌公司）提供股份转让和信息披露服务。

股东人数未超过 200 人的终止挂牌公司，可在注册地区域性股权市场进行股份登记托管，符合区域性股权市场挂牌条件的可以在当地挂牌，或者依法作出其他安排。

第三十三条 全国股转公司为 200 人终止挂牌公司配置有别于其挂牌期间的代码和简称。

200 人终止挂牌公司代码首三位为 405-409，简称首两位字符为 "DC"，其他字符原则上从公司名称中选取。

第三十四条 投资者参与 200 人终止挂牌公司股票发行和转让应当符合全国股转系统基础层的投资者适当性要求。

第三十五条 全国股转公司为 200 人终止挂牌公司股票提供协议转让服务，在每日收市后公布股票成交结果。

投资者买入后卖出或者卖出后买入同一股票的时间间隔不得少于 5 个交易日。

200 人终止挂牌公司股票转让经手费的收费标准按照两网及退市公司（A 股）相应标准收取。

第三十六条 200 人终止挂牌公司应当聘请证券公司代为办理在专区中的信息披露及相关业务。200 人终止挂牌公司无法自行聘请代为办理信息披露及相关业务的证券公司的，原则上由其终止挂牌前的最近一任主办券商代为办理。

代为办理信息披露及相关业务的证券公司应当按照《公众公司办法》相关规定向中国证监会和全国股转公司报告 200 人终止挂牌公司的重大事项，核查或协助核查指定事项。

第三十七条 200 人终止挂牌公司应当按照《公众公司办法》相关规定披露年度报告、中期报告和临时报告。公司在其他渠道披露信息的时间不得早于在专区的披露时间。

第三十八条 200 人终止挂牌公司的董事、监事、高级管理人员应当按照《公众公司办法》等有关规定，忠实、勤勉地履行职责，保证公司披露信息的真实、准确、完整。

第三十九条 200 人终止挂牌公司在专区转让期间，出现下列情形之一的，全国股转公司不再为其提供股份转让和信息披露服务：

（一）通过股票转让等方式导致股东人数不超过 200 人的；

（二）公司被宣告破产、解散、吊销或者注销的；

（三）全国股转公司认定的其他情形。

退出专区后，公司应当按照中国证券登记结算有限责任公司有关规定及时办理股份退出登记等手续。

第四十条　主动终止挂牌公司可以申请重新挂牌。

公司因触及本细则第十七条第一款第五项、第六项或第七项规定情形被强制终止挂牌的，不得申请重新挂牌。

公司因触及前款规定以外的情形被强制终止挂牌的，自其股票终止挂牌之日起满三个完整会计年度后，可以申请重新挂牌。

第四十一条　申请重新挂牌的公司应符合全国股转公司规定的挂牌条件。因触及本细则第十七条第一款第四项、第八项被强制终止挂牌的，还须符合下列条件：

（一）公司已撤换对相关违法违规行为负有重要责任的人员，包括但不限于：被人民法院判决有罪的有关人员，被中国证监会及其派出机构行政处罚的有关人员，被全国股转公司实施纪律处分的有关人员等；

（二）相关违法违规行为可能引发的与公司相关的风险因素已消除；

（三）主办券商和律师事务所应当就公司申请重新挂牌是否符合规定进行核查并发表明确意见。

第六章　监管措施与违规处分

第四十二条　挂牌公司及其董事、监事、高级管理人员、股东、实际控制人及其他信息披露义务人，主办券商、证券服务机构，违反本细则及有关规定的，全国股转公司可以采取相应的自律监管措施和纪律处分。

第四十三条　挂牌公司或其控股股东、实际控制人，董事、监事和高级管理人员存在涉嫌信息披露违规、公司治理违规、交易违规等行为的，全国股转公司对违规行为进行处理后，作出终止挂牌决定。

第四十四条　主办券商、证券服务机构在挂牌公司股票挂牌期间存在未勤勉尽责情形的，责任不因挂牌公司股票终止挂牌而免除，全国股转公司依法对其进行查处。

第四十五条　全国股转公司发现相关主体涉嫌违反法律法规和中国证监会相关规定的，向中国证监会报告。

第七章　附则

第四十六条　本细则由全国股转公司负责解释。

第四十七条　本细则自发布之日起施行。

关于发布《全国中小企业股份转让系统挂牌公司股票停复牌业务实施细则》的公告

（股转公告〔2023〕54 号　2023 年 2 月 17 日）

为落实全面实行股票发行注册制的有关要求，全国中小企业股份转让系统有限责任公司修订了《全国中小企业股份转让系统挂牌公司股票停复牌业务实施细则》，现予以发布，自发布之日起施行。

特此公告。

附件：全国中小企业股份转让系统挂牌公司股票停复牌业务实施细则

附件

全国中小企业股份转让系统挂牌公司股票停复牌业务实施细则

第一章　总　则

第一条　为了进一步加强挂牌公司股票停复牌业务办理的规范性，维护市场秩序，充分保护投资者知情权和交易权，根据《全国中小企业股份转让系统有限责任公司管理暂行办法》等有关规定，制定本细则。

第二条　挂牌公司普通股股票的停复牌业务及有关信息披露行为，适用本细则。

中国证监会及全国中小企业股份转让系统有限责任公司（以下简称全国股转公司）对停复牌业务另有规定的，依照其规定。

第三条　挂牌公司应当审慎判断股票停牌的必要性，不得随意申请停牌或拖延申请复牌，切实维护投资者交易权。

第四条　挂牌公司筹划重大事项，应当及时履行审议程序，分阶段披露重大事项的具体进展。相关信息已及时、公平披露，有关风险和不确定性已充分揭示的，挂牌公司不得以事项结果存在不确定性为由申请停牌。

第五条　挂牌公司股票停牌后，应当及时披露停牌事项及进展情况。筹划事项结果尚不确定，但基本情况、存在的不确定性、风险因素及其对公司的影响等已充分披露的，挂牌公司应当及时向全国股转公司申请股票复牌。

第六条　挂牌公司及其股东、实际控制人，董事、监事、高级管理人员和其他交易各方，主办券商及其他证券服务机构等相关主体及其工作人员，在筹划、实施可能对公司股票交易价格产生较大影响的重大事项过程中，应当切实履行保密义务，根据有关规定做好信息管理和内幕信息知情人登记工作，不得泄露挂牌公司未披露的重大信息，不得利用该信息牟取不正当利益。

挂牌公司不得以申请停牌代替相关各方的保密义务。

第七条　挂牌公司控股股东、实际控制人，董事、监事、高级管理人员应当勤勉尽责，按照审慎停牌原则妥善安排股票停复牌事宜，积极推进相关事项，严格履行信息披露义务，压缩股票停牌时间。

第八条　主办券商应当督导挂牌公司按照本细则要求规范办理停复牌业务、履行信息披露义务，对挂牌公司停复牌、信息披露等文件进行事前审查。挂牌公司拒不配合进行事前审查或者履行信息披露义务的，主办券商应当及时披露相关风险揭示公告。

第九条　全国股转公司根据本细则及其他相关规定办理挂牌公司停复牌业务。挂牌公司的停复牌申请不符合规定的，全国股转公司可以不予办理。

全国股转公司可以根据中国证监会的要求、市场情况或者挂牌公司股票的交易情况，要求挂牌公司申请停复牌。挂牌公司未按要求申请停复牌或触发规定情形的，全国股转公司可以对挂牌公司股票实施强制停复牌，并要求挂牌公司披露相关情况，做出解释说明。

第二章　股票停牌

第一节　主动申请停牌

第十条　挂牌公司存在持续经营能力重大不确定性、出现重大风险事件，或者筹划控制权变动、要约收购等事项（以下简称重大事项），原则上应当分阶段披露重大事项的具体进展信息。确需停牌的，可以申请股票停牌，停牌时长不得超过 10 个交易日。

第十一条　挂牌公司在筹划重大资产重组过程中，交易各方初步达成实质性意向或者虽未达成实质意向，但在相关董事会决议公告前，相关信息已在媒体上传播或者预计该信息难以保密或者公司证券交易价格出现异常波动，以及本次重组需要向有关部门进行政策咨询、方案论证的（以下简称重大资产重组），应当立即向全国股转公司申请股票停牌，停牌时长不得超过 1 个月。

第十二条　挂牌公司向境内证券交易所申请公开发行股票并上市，应当申请股票于向交易所提交申报材料的次一交易日停牌。

第十三条　挂牌公司发生中国证监会或全国股转公司规定的其他停牌事项（以下简称其他事项），应当按照其规定办理股票停牌。

第十四条　挂牌公司根据本细则及其他有关规定申请股票停牌的，应当提交停牌申请，经全国股转公司同意后，于停牌生效前披露股票停牌公告。公告内容应当包括具体事项、停牌期限和预计复牌日期等具体信息。

挂牌公司股票因重大事项、重大资产重组停牌的，应当每5个交易日披露一次停牌进展公告，相关事项取得重要进展或发生重大变化的，应当及时披露，不得以披露频次未低于相关规定为由怠于履行信息披露义务；因其他情形停牌的，应当在相关事项取得重要进展或者发生重大变化时披露停牌进展公告。公告内容应当详细披露停牌事项的进度、后续安排等具体进展情况，避免笼统、概括式的信息披露。

第二节　强制停牌

第十五条　挂牌公司出现未在规定期限内披露年度报告或者中期报告等规定情形，以及其他可能严重影响市场秩序、损害投资者合法权益的情形，全国股转公司可以对挂牌公司股票实施停牌。

第十六条　挂牌公司应当申请股票停牌，但无法提出申请或拒不申请股票停牌的，主办券商应当及时向全国股转公司报告并提出处理建议，处理建议至少包括公司股票是否应当停牌、停牌原因及规则依据等内容。全国股转公司可以结合主办券商处理建议对挂牌公司股票实施停牌。

第十七条　挂牌公司股票被全国股转公司实施停牌，应当在股票停牌生效前披露被实施停牌的公告。公告内容应当包括被实施停牌的事由、后续安排等相关情况，并做出相应的解释说明。

停牌期间，挂牌公司应当在相关事项取得重要进展或者发生重大变化时披露停牌进展公告。公告内容应当详细披露停牌事项的进度、后续安排等具体进展情况。

第三章　股票延期复牌及停牌事项变更

第十八条　挂牌公司股票因重大事项停牌后，应积极推进相关事项，并及时履行信息披露义务。确有必要的，挂牌公司可以申请延期复牌，自首次停牌之日起累计停牌时长不得超过20个交易日。

第十九条　挂牌公司股票因重大资产重组事项停牌后，应当在停牌期限届满前披露重组预案或重组报告书。确实无法在停牌期限届满前披露重组预案或重组报告书的，经挂牌公司董事会审议通过后可以申请延期复牌，自首次停牌之日起累计停牌时长不得超过2个月。涉及国家重大战略项目、国家军工秘密等事项，对停牌时长另有要求的，从其要求。

第二十条　挂牌公司根据本细则及其他有关规定申请股票延期复牌的，应当提交延期复牌申请，经全国股转公司同意后，应当在延期复牌生效前披露延期复牌公告。公告内容应当包括延期复牌原因、预计复牌时间等具体信息。

第二十一条　挂牌公司根据本细则及其他有关规定申请股票停牌事项变更

的，应当提交停牌事项变更申请，经全国股转公司同意后，应当在停牌事项变更生效前披露停牌事项变更公告。停牌事项变更公告应当包括变更后停牌事项、变更前停牌事项进展情况等具体信息。

挂牌公司停牌事项变更后，股票停牌安排应当符合变更后停牌事项的相关规定，自首次停牌之日起累计计算的停牌时长不得超过变更后停牌事项的规定停牌时长。

第四章　股票复牌

第二十二条　挂牌公司重大事项停牌情形已消除、停牌情形未消除但已按规定充分披露或者停牌期限届满的，应当申请股票于上述事实发生后的次两个交易日复牌。

第二十三条　挂牌公司披露经董事会审议通过的重组预案或重组报告书，或者披露终止筹划重组事项后，应当申请股票于披露后的次两个交易日复牌。

第二十四条　挂牌公司因第十二条规定事项停牌的，应当在收到中国证监会不予注册决定，或境内证券交易所不予受理决定、终止上市审核决定、不同意上市决定等文书后，申请股票于收到上述文件的次两个交易日复牌。挂牌公司在境内证券交易所作出受理或不予受理的决定前撤回申请的，应当申请股票于撤回的次两个交易日复牌。

在收到中国证监会注册文件后，挂牌公司发生终止发行或者注册文件到期等情形的，应当申请股票于披露终止发行公告或者注册文件到期后的次两个交易日复牌。

第二十五条　挂牌公司其他事项停牌情形消除后，应当申请股票于停牌事项消除后的次两个交易日复牌。

第二十六条　挂牌公司根据本细则及其他有关规定申请股票复牌的，应当提交复牌申请，经全国股转公司同意后，在复牌生效前披露复牌公告。公告内容应当包括停牌事项最新进展、停牌期间的主要工作、对公司的影响以及后续安排等具体信息。

第二十七条　挂牌公司应当申请股票复牌，但无法提出申请或拒不申请股票复牌的，主办券商应当及时向全国股转公司报告并提出处理建议，处理建议至少包括公司股票是否应当复牌、复牌规则依据等内容。全国股转公司可以结合主办券商处理建议对挂牌公司股票实施复牌。

挂牌公司股票被全国股转公司实施复牌，应当在股票复牌生效前披露被实施复牌的公告。公告内容应当包括停牌事项最新进展、停牌期间的主要工作、对公司的影响以及后续安排等具体信息。

第五章 监管措施与违规处分

第二十八条 挂牌公司存在以下行为的，全国股转公司可以按照有关规定，对挂牌公司及其他相关责任主体采取自律监管措施或者纪律处分：

（一）申请办理股票停复牌业务前，未按照本细则及公司章程的规定履行相应程序的；

（二）挂牌公司应当申请股票停牌或复牌，经全国股转公司或主办券商提醒仍拒不申请的；

（三）股票停复牌相关业务未按照本细则规定履行信息披露义务的；

（四）相关业务申请文件、信息披露文件存在虚假记载、误导性陈述或者重大遗漏的；

（五）其他严重影响投资者合法权益和市场秩序的行为。

第二十九条 主办券商存在以下行为的，全国股转公司可以按照有关规定，对主办券商及相关责任主体采取自律监管措施或者纪律处分：

（一）未按相关规定协助挂牌公司及时报送申请文件的；

（二）未对报送文件进行事前审查或事前审查存在重大疏漏的；

（三）未按规定履行风险揭示义务的；

（四）其他严重影响投资者合法权益和市场秩序的行为。

第三十条 挂牌公司及其股东、实际控制人，董事、监事、高级管理人员和其他交易各方，主办券商及其他证券服务机构等相关主体及其工作人员违反保密义务，泄露挂牌公司未披露的重大信息，或利用该信息牟取不正当利益的，全国股转公司有权采取自律监管措施或者纪律处分，并向中国证监会报告。

第六章 附则

第三十一条 在全国中小企业股份转让系统挂牌交易的优先股等其他证券品种的停复牌事宜，应遵守全国股转公司的相关规定。

第三十二条 在香港联合交易所（以下简称联交所）发行股票并上市的挂牌公司，股票在联交所停牌、复牌的，应当及时向全国股转公司报告，并在全国股转公司指定网站披露其股票在联交所停复牌的具体信息。相关事项同时涉及全国股转公司规定的应停牌或应复牌情形的，挂牌公司还应当同步向全国股转公司申请股票停牌、复牌。

挂牌公司在其他境外证券交易所发行股票并上市的，停复牌业务及相关信息披露事宜参照前款规定办理。

第三十三条 本细则由全国股转公司负责解释。

第三十四条 本细则自发布之日起施行。

关于发布《全国中小企业股份转让系统股票挂牌审核业务规则适用指引第 1 号》的公告

（股转公告〔2023〕36 号　2023 年 2 月 17 日）

为落实全面实行股票发行注册制的有关要求，明确挂牌审核相关规则具体适用标准，全国中小企业股份转让系统有限责任公司修订了《全国中小企业股份转让系统股票挂牌审查业务规则适用指引第 1 号》，并更名为《全国中小企业股份转让系统股票挂牌审核业务规则适用指引第 1 号》，现予以发布，自发布之日起施行。2020 年 2 月 28 日发布的《全国中小企业股份转让系统股票挂牌条件适用基本标准指引》同时废止。

特此公告。

附件：全国中小企业股份转让系统股票挂牌审核业务规则适用指引第 1 号

附件

全国中小企业股份转让系统股票挂牌审核业务规则适用指引第 1 号

1-1 挂牌（进层）标准的选择与变更

《全国中小企业股份转让系统股票挂牌规则》（以下简称《挂牌规则》）结合净利润、营业收入及增长率、研发投入和研发强度等财务指标，以及获取专业机构投资者投资、做市等资本认可度指标，设置了多套挂牌标准。《全国中小企业股份转让系统分层管理办法》（以下简称《分层办法》）结合净利润、营业收入及复合增长率、研发投入等财务指标，以及获取融资金额、做市等资本认可度指标，设置了四套挂牌同时进入创新层进层标准。

一、申请挂牌公司应当选择一项具体挂牌（进层）标准

申请挂牌公司拟进入基础层的，应当在相关申请文件中明确说明所选择的一项具体的挂牌标准，即《挂牌规则》第二十条规定的挂牌标准或第二十一条规定的五项挂牌标准之一。申请挂牌公司拟进入创新层的，除应当按照前述要求说明选择的挂牌标准外，还应当在相关申请文件中说明所选择的一项具体的创新层进层标准，即《分层办法》第十一条规定的四项标准之一。

主办券商应当为申请挂牌公司选择适当的挂牌层级以及挂牌（进层）标准提供专业指导，在主办券商推荐文件中就公司选择的挂牌（进层）标准逐项说明适用理由，并就公司是否符合挂牌条件、创新层进层条件发表明确意见。

二、申请挂牌公司变更挂牌（进层）标准的处理

全国股转公司出具审核决定或审核意见前，申请挂牌公司因更新财务报告等情形导致不再符合申报时选定的挂牌（进层）标准，需要变更为其他标准的，应当及时向全国股转公司提出变更申请、说明原因并更新相关文件。不再符合任何一项创新层进层标准，但符合挂牌标准之一的，可以申请进入基础层；不再符合任何一项挂牌标准的，应当撤回挂牌申请。

主办券商应当关注申请挂牌公司变更挂牌（进层）标准的理由是否充分，就公司新选择的挂牌（进层）标准逐项说明适用理由，并就公司是否符合挂牌条件、创新层进层条件重新发表明确意见。

1-2 挂牌标准的理解与适用

一、适用净利润及营业收入指标关注点

申请挂牌公司选择适用净利润指标挂牌或挂牌同时进入创新层的，主办券商应重点关注：公司最近一年的净利润对关联方或者有重大不确定性的客户是否存在重大依赖，最近一年的净利润是否主要来自合并报表范围以外的投资收益，最近一年的净利润是否主要来自与公司主营业务无关的贸易收入，最近一年的净利润对税收优惠、政府补助等非经常性损益是否存在较大依赖，净利润等经营业绩指标大幅下滑是否对公司经营业绩构成重大不利影响等。

申请挂牌公司选择适用营业收入指标挂牌或挂牌同时进入创新层的，主办券商应重点关注：公司最近一年的营业收入对关联方或者有重大不确定性的客户是否存在重大依赖，最近一年的营业收入是否主要来自与公司主营业务无关的贸易收入，营业收入大幅下滑是否对公司经营业绩构成重大不利影响。

公司应当在公开转让说明书中分析并披露对其经营业绩产生重大不利影响的所有因素，充分揭示相关风险。主办券商应结合上述关注事项和公司相关信息披露情况，就公司是否符合挂牌（进层）条件发表明确意见。

二、研发投入指标关注点

申请挂牌公司选择适用研发投入指标挂牌或挂牌同时进入创新层的，主办券商及申报会计师应重点关注公司研发相关内控制度是否健全且被有效执行，包括：（一）是否建立研发项目的跟踪管理系统，有效监控、记录各研发项目的进展情况，并合理评估技术上的可行性；（二）是否建立与研发项目相对应的人财物管理机制；（三）是否已明确研发支出开支范围和标准，并得到有效执行；（四）报告期内是否严格按照研发开支用途、性质据实列支研发支出，是否存在将与研发无关的费用在研发支出中核算的情形；（五）是否建立研发支出审批程序。

三、专业机构投资者的适用

《挂牌规则》第二十条及第二十一条中规定的"专业机构投资者"包括符合《证券期货投资者适当性管理办法》第八条第一款第一项、第二项规定的可以从事股权投资的专业投资者（包括但不限于经金融监管部门批准设立或行业协会登记备案的证券公司子公司、基金管理公司子公司、私募管理人、信托公司等机构，及其依法发行的资管产品、理财产品、私募基金、信托产品等各类产品），以及政府出资设立的投资基金及其运营管理机构。

申请挂牌公司获得专业机构投资者股权投资是指双方签署股权投资协议且相关投资资金注入公司，专业机构投资者通过挂牌同时定向发行投资公司的除外。申请挂牌公司选择挂牌同时获得专业机构投资者股权投资相关标准或选择挂牌时即做市交易标准的，应当在办理股票初始登记前披露主办券商关于公司发行后是否符合相关标准的专项意见。

主办券商应当结合设立批准、批复、备案文件以及业务范围等重点关注专业机构投资者是否适格、是否依法履行出资程序。

四、"四基"领域的适用

《挂牌规则》第二十条规定的基础零部件、基础元器件、基础软件、基础工艺等产业基础领域是指《工业"四基"发展目录》中规定的相关产品或技术。

1-3 行业相关要求

申请挂牌公司所属行业或所从事业务不得存在以下情形：

（一）申请挂牌公司从事学前教育、学科类培训等业务，或属于国务院主管部门认定的产能过剩行业、《产业结构调整指导目录》中规定的淘汰类行业；

（二）除中国人民银行、中国银保监会、中国证监会批准设立并监管的金融机构外，申请挂牌公司主要从事其他金融或投资业务，或申请挂牌公司持有主要从事上述业务企业的股权比例 20% 以上（含 20%）或为其第一大股东；

（三）不符合全国股转系统市场定位及中国证监会、全国股转公司规定的其他情形。

1-4 重大违法行为认定

最近 24 个月内，申请挂牌公司或其控股股东、实际控制人、重要控股子公司在国家安全、公共安全、生态安全、生产安全、公众健康安全等领域存在违法行为，且达到以下情形之一的，原则上视为重大违法行为：被处以罚款等处罚且情节严重；导致严重环境污染、重大人员伤亡、社会影响恶劣等。

最近 24 个月重大违法行为的起算时点，从刑罚执行完毕或行政处罚执行完毕之日起计算。

有以下情形之一且主办券商、律师出具明确核查结论的，可以不认定为重大违法：违法行为显著轻微、罚款数额较小；相关规定或处罚决定未认定该行为属于情节严重；有权机关证明该行为不属于重大违法。但违法行为导致严重环境污染、重大人员伤亡、社会影响恶劣等并被处以罚款等处罚的，不适用上述情形。

1-5 股权形成及变动相关事项

一、国有股权形成与变动

申请挂牌公司涉及国有控股或国有参股情形的，应严格按照国有资产管理法律法规的规定，提供相应的国有资产监督管理机构或国务院、地方政府授权的其他部门、机构关于国有股权设置的批复文件。因客观原因确实无法提供批复文件的，在保证国有资产不流失的前提下，申请挂牌公司可按以下方式解决：以国有产权登记表（证）替代国有资产监督管理机构的国有股权设置批复文件；股东中含有政府出资设立的投资基金的，可以基金的有效投资决策文件替代国资监管机构或财政部门的国有股权设置批复文件；国有股权由国资监管机构以外的机构监管的公司以及国有资产授权经营单位的子公司，可提供相关监管机构或国有资产授权经营单位出具的批复文件或经其盖章的产权登记表（证）替代国资监管机构的国有股权设置批复文件；股东中存在为其提供做市服务的国有做市商的，暂不要求提供该类股东的国有股权设置批复文件。

主办券商及律师应当关注国有资产出资是否遵守有关国有资产评估的规定、相关文件作为国资批复替代文件的有效性、出具相关文件的机构是否具有相应管理权限，以及国有股权变动是否依法履行评估程序、是否依法通过产权市场公开进行、是否办理国有产权登记、是否存在国有资产流失。

二、出资资产、出资程序等存在瑕疵

历史上股东出资资产、出资程序等存在瑕疵的，申请挂牌公司应当充分披露出资瑕疵事项及采取的补救措施。主办券商及律师应当关注出资瑕疵事项的影响，公司及相关股东是否因出资瑕疵受到行政处罚，是否属于重大违法违规，是否存在纠纷，补救措施的合法性、有效性以及公司股权归属的清晰性、资本充足性。

三、国有企业、集体企业改制

历史上由国有企业、集体企业改制而来或曾挂靠集体组织经营的，申请挂牌公司应当披露改制过程、依据的法律法规、有权机关的审批情况、职工安置及资产处置情况等。主办券商及律师应当结合当时有效的法律法规等，关注相关改制行为是否符合法律法规规定、是否经有权机关批准、是否存在国有资产或集体资产流失的情况、职工安置是否存在纠纷、股权权属是否清晰等。

改制过程中法律依据不明确、程序存在瑕疵或与有关法律法规存在冲突的，

申请挂牌公司原则上应当披露有权机关关于改制程序的合法性、是否造成国有资产或集体资产流失的意见。

四、股东信息披露与核查

申请挂牌公司应当真实、准确、完整地披露股东信息，历史沿革中存在股权代持情形的，应当在申报前解除还原，并在相关申报文件中披露代持的形成、演变、解除过程。主办券商及律师应当关注代持关系是否全部解除，是否存在纠纷或潜在纠纷，相关人员是否涉及规避持股限制等法律法规规定的情形。

申请挂牌公司股东入股交易价格明显异常的，主办券商及律师应当关注前述股东或其最终持有人是否与公司、中介机构及相关人员存在关联关系，前述股东的入股背景、入股价格依据，前述入股行为是否存在股权代持、不当利益输送事项。

五、曾在区域性股权市场挂牌事项

申请挂牌公司曾在区域性股权市场及其他交易场所进行融资及股权转让的，主办券商及律师应当关注相关融资及股权转让行为是否涉及公开发行、变相公开发行、集中交易等违反《国务院关于清理整顿各类交易场所切实防范金融风险的决定》《国务院办公厅关于清理整顿各类交易场所的实施意见》等规定的情形。

1-6 实际控制人

一、实际控制人认定的一般要求

申请挂牌公司实际控制人的认定应当以实事求是为原则，尊重公司的实际情况，以公司自身认定为主，并由公司股东确认。公司应当披露实际控制人的认定情况、认定理由、最近两年内变动情况（如有）及对公司持续经营的影响。实际控制人应当披露至最终的国有控股主体、集体组织、自然人等。主办券商及律师应当结合公司章程、协议或其他安排以及公司股东大会（股东出席会议情况、表决过程、审议结果、董事提名和任命等）、董事会（重大决策的提议和表决过程等）、监事会及公司经营管理的实际运作情况对公司实际控制人的认定发表明确意见。

申请挂牌公司股权较为分散但存在单一股东控制比例达到 30% 情形的，若无相反证据，原则上应当将该股东认定为控股股东或实际控制人。公司认定存在实际控制人，但其他股东持股比例较高且与实际控制人持股比例接近的，主办券商及律师应当进一步分析说明公司是否存在通过实际控制人认定规避挂牌条件相关要求的情形。

二、共同实际控制人认定

申请挂牌公司股东之间存在法定或约定形成的一致行动关系并不必然导致多人共同拥有公司控制权的情况。公司认定多人共同拥有公司控制权的，应当充分说明所依据的事实和证据。共同控制权一般通过公司章程、协议或者其他安排予以明确，有关章程、协议及其他安排必须合法有效、权利义务清晰、责任明确。

申请挂牌公司股东之间存在法定或约定的一致行动关系的，应当予以披露。共同控制人签署一致行动协议的，公司应当披露一致行动的实施方式、发生意见分歧时的解决机制、协议期限等。通过一致行动协议主张共同控制，无合理理由的（如第一大股东为纯财务投资人），一般不能排除第一大股东为共同控制人；公司未将一致行动协议全体签署人认定为共同实际控制人的，主办券商及律师应当说明是否存在通过实际控制人认定规避挂牌条件相关要求的情形。实际控制人的配偶和直系亲属，如其持有公司股份达到 5% 以上或者虽未达到 5% 但是担任公司董事、高级管理人员并在公司经营决策中发挥重要作用，主办券商及律师应当说明上述主体是否为共同实际控制人。

三、无实际控制人核查

申请挂牌公司无实际控制人的，主办券商及律师应当对以下事项进行核查并发表明确意见：

（一）认定公司无实际控制人的依据及合理性、真实性；

（二）无实际控制人对公司治理和内部控制的有效性、公司经营发展的稳定性的影响。

若申请挂牌公司第一大股东持股接近 30%，其他股东比例不高且较为分散，公司认定无实际控制人的，主办券商及律师应当进一步说明公司是否存在通过实际控制人认定规避挂牌条件相关要求的情形。

1–7 公司股份被质押、被冻结

一、股份被质押、被冻结事项的披露

申请挂牌公司应当披露控股股东、实际控制人、前十名股东及持有 5% 以上股份股东所持股份被质押、被冻结的具体情况，包括股份被质押或被冻结的原因，涉及的股份数量及占公司总股本的比例，质押或冻结的起止期限，质权人、司法冻结申请人或其他利益相关方的名称，约定的质权实现情形，涉及债务的清偿安排或司法裁决执行情况，对公司股权稳定性、股权清晰性及经营管理可能产生的影响等。

申请挂牌公司控股股东、实际控制人持有或控制的股份被质押、被冻结的，公司应当提示相关风险。

二、股份被质押、被冻结事项的核查

主办券商及律师应当结合相关债务人以及被质押或被冻结股份持有人的财务状况和清偿能力，核查相关股份是否存在被行权或强制处分的可能性，公司控制权是否存在重大不确定性，股权归属是否明晰，是否影响相关主体在公司的任职或履职，是否对公司经营管理产生重大不利影响，并发表明确意见。

1-8 对赌等特殊投资条款

一、对赌等特殊投资条款的规范性要求

投资方在投资申请挂牌公司时约定的对赌等特殊投资条款存在以下情形的，公司应当清理：

（一）公司为特殊投资条款的义务或责任承担主体；

（二）限制公司未来股票发行融资的价格或发行对象；

（三）强制要求公司进行权益分派，或者不能进行权益分派；

（四）公司未来再融资时，如果新投资方与公司约定了优于本次投资的特殊投资条款，则相关条款自动适用于本次投资方；

（五）相关投资方有权不经公司内部决策程序直接向公司派驻董事，或者派驻的董事对公司经营决策享有一票否决权；

（六）不符合相关法律法规规定的优先清算权、查阅权、知情权等条款；

（七）触发条件与公司市值挂钩；

（八）其他严重影响公司持续经营能力、损害公司及其他股东合法权益、违反公司章程及全国股转系统关于公司治理相关规定的情形。

二、对赌等特殊投资条款的披露

对于尚未履行完毕的对赌等特殊投资条款，申请挂牌公司应当在公开转让说明书中充分披露特殊投资条款的具体内容、内部审议程序、相关条款的修改情况（如有）、对公司控制权及其他方面可能产生的影响，并作重大事项提示。

三、对赌等特殊投资条款的核查

对于尚未履行完毕的对赌等特殊投资条款，主办券商及律师应当对特殊投资条款的合法有效性、是否存在应当予以清理的情形、是否已履行公司内部审议程序、相关义务主体的履约能力、挂牌后的可执行性，对公司控制权稳定性、相关义务主体任职资格以及其他公司治理、经营事项产生的影响进行核查并发表明确意见。

对于报告期内已履行完毕或终止的对赌等特殊投资条款，主办券商及律师应当对特殊投资条款的履行或解除情况、履行或解除过程中是否存在纠纷、是否存在损害公司及其他股东利益的情形、是否对公司经营产生不利影响等事项进行核查并发表明确意见。

1-9 重大诉讼或仲裁

一、重大诉讼或仲裁的披露

申请挂牌公司报告期内及期后涉及未决或未执行完毕重大诉讼或仲裁事项的，应当披露案件审理进度和基本案情，诉讼或仲裁请求，涉案金额，判决、裁决结果及执行情况，可能承担的责任或损失，诉讼或仲裁事项对公司经营、股权结构、财务状况、未来发展等可能产生的影响及公司采取的应对措施等。

申请挂牌公司涉及多次诉讼或仲裁事项的，应当按照上述要求以列表方式予以披露，并汇总披露累计涉案金额、执行结果；诉讼或仲裁事项可能对申请挂牌公司产生重大影响的，应当提示相关风险。

二、重大诉讼或仲裁的认定标准

申请挂牌公司涉及的诉讼或仲裁事项符合以下情形之一的，应当视为重大诉讼或仲裁事项：

（一）单次或多次诉讼、仲裁涉及金额累计达到 200 万元以上或达到公司最近一期末经审计净资产 10% 以上；

（二）涉及主要产品以及核心商标、专利、技术、土地、房产、设备、资质等关键资源要素的诉讼或仲裁；

（三）股东大会、董事会决议被申请撤销或者宣告无效的诉讼或仲裁；

（四）可能导致公司实际控制人变更的诉讼或仲裁；

（五）其他可能导致公司不符合挂牌条件的诉讼或仲裁。

三、重大诉讼或仲裁的核查

主办券商、申报会计师及律师应当核查相关诉讼或仲裁事项的具体情况，并分析评估公司可能承担的责任或损失、对公司经营的具体影响、公司内控或合规管理是否健全、是否构成挂牌障碍以及公司应对措施的有效性。

1-10 公司治理

一、公司章程

申请挂牌公司应当结合其拟进入的市场层级，确保其申报时提交的公司章程及作为章程附件的股东大会议事规则、董事会议事规则、监事会议事规则符合《非上市公众公司监管指引第 3 号——章程必备条款》《全国中小企业股份转让系统挂牌公司治理规则》关于基础层、创新层挂牌公司的要求。董事会设立审计、战略、提名、薪酬与考核等相关专门委员会的，专门委员会的组成、职责等应当在公司章程中规定，并在公开转让说明书中披露。

二、董事、监事、高级管理人员

申请挂牌公司申报时的董事、监事、高级管理人员（包括董事会秘书和财务负责人）应当符合《全国中小企业股份转让系统挂牌公司治理规则》、公司章程规定的任职要求，并符合公司董事、高级管理人员的配偶和直系亲属不得担任监事的要求。

申请挂牌公司应当在挂牌时向全国股转公司报备董事、监事和高级管理人员的任职、职业经历和持有公司股票的情况，并确保报备信息与披露信息保持一致。

三、公开承诺

申请挂牌公司及其控股股东、实际控制人等有关主体在公司申报挂牌时做出的公开承诺应当符合全国股转系统关于挂牌公司公开承诺的相关规定。

1-11 同业竞争

一、同业竞争的认定

申请挂牌公司控股股东、实际控制人及其控制的其他企业从事与公司主营业务相同或相似业务的，公司、主办券商及律师不能简单以产品销售地域不同、产品的档次不同等认定不构成同业竞争。公司、主办券商及律师应当结合相关企业历史沿革、资产、人员、主营业务（包括但不限于产品服务的具体特点、技术、商标商号、客户、供应商等）等方面与公司的关系，业务是否有替代性、竞争性，是否有利益冲突、是否在同一市场范围内销售等，论证是否对公司构成竞争。

二、同业竞争的核查

申请挂牌公司控股股东、实际控制人及其控制的其他企业与公司存在同业竞争的，主办券商及律师应当结合竞争方与公司的经营地域、产品或服务的定位，竞争方同类收入或毛利占公司该类业务收入或毛利的比例，同业竞争是否会导致公司与竞争方之间存在非公平竞争、利益输送、商业机会让渡情形等方面，核查该同业竞争是否对公司生产经营构成重大不利影响并发表明确意见。

三、避免同业竞争的措施安排

申请挂牌公司控股股东、实际控制人及其控制的其他企业与公司存在同业竞争的，公司应当披露已采取或拟采取的避免同业竞争的相关措施、相关措施的实施时间安排、是否存在客观障碍、是否需要取得主管部门的批准等，并披露为防范利益输送、利益冲突、影响公司独立性或其他损害公司利益情形所采取的风险防控措施，以及相关主体做出的未来避免新增同业竞争的公开承诺。主办券商及律师应当对相关措施的履行情况、可执行性、实施时间安排的合理可行性以及影响有效执行的风险因素等进行核查。

1-12 环境保护

申请挂牌公司或其重要控股子公司所属行业为重污染行业的，根据相关规定应办理建设项目环评批复、环保验收、排污许可以及配置污染处理设施的，应在申报前办理完毕；不属于重污染行业的，但根据相关规定必须办理排污许可或登记、配置污染处理设施的，应在申报前办理完毕。

主办券商及律师应当关注申请挂牌公司所处行业是否属于重污染行业，是否被环保监管部门列入重点排污单位名录，公司已建和在建项目的环境影响评价及验收，公司环保设施是否正常有效运转，公司环保措施的建立和运行情况；污染物类型及治理情况，排污许可办理情况，公司污染物排放是否符合相关标准及总量控制要求；出现的环境污染事件或因环保受到的行政处罚是否构成重大违法违规、是否整改完毕，公司环保涉及的重大负面舆情等。申请挂牌公司属于重污染行业的，还应关注污染物排放量及排污费缴纳情况；涉及危险废弃物的，还应关注危险废弃物处置措施。

1-13 客户集中度较高

一、客户集中度较高事项的披露

申请挂牌公司存在客户集中度较高情形的，如向单一大客户销售收入或毛利占比达到50%以上的（存在受同一实际控制人控制的客户时，公司应当合并计算），公司应当与同行业可比公众公司进行比较，披露客户集中度较高是否符合行业特性、公司与客户的历史合作情况、公司获取订单方式、相关业务的稳定性及可持续性，并充分揭示客户集中度较高可能带来的风险。

二、客户集中度较高事项的核查

针对申请挂牌公司客户集中度较高的情况，主办券商应当核查以下方面：

（一）公司客户集中度较高的原因，与行业经营特点是否一致，是否存在下游行业较为分散而公司客户较为集中的情况；

（二）公司客户在行业中的地位、透明度与经营状况，是否存在重大不确定性风险；

（三）公司与客户合作的历史、业务稳定性及可持续性，相关交易的定价原则及公允性；

（四）公司与重大客户是否存在关联方关系，公司的业务获取方式是否影响独立性，公司是否具备独立面向市场获取业务的能力。

1-14 个人账户收付款

一、个人账户收付款事项的规范

申请挂牌公司存在利用个人账户（含个人银行账户及微信、支付宝等第三方支付工具个人账户）收取客户款项或支付供应商款项情形的，应当在报告期内清理规范，包括收回资金、结束不当行为等；个人账户原则上应当在报告期内销户；报告期后不再发生个人账户代收代付结算行为。公司应当严格按照《企业内部控制应用指引》等要求健全完善内部控制制度。

二、个人账户收付款事项的披露

申请挂牌公司报告期内存在利用个人账户收付款的，公司应当结合业务特点披露通过个人账户收付款的原因及必要性，报告期各期个人账户的数量、个人账户收付款的金额及占比、时间及频率、相关内控制度、规范个人账户使用的具体措施及执行情况。

三、个人账户收付款事项的核查

申请挂牌公司报告期内存在利用个人账户收付款的，主办券商及申报会计师应当核查以下事项：

（一）公司利用个人账户收付款及其整改情况相关信息披露的充分性及完整性；

（二）个人账户银行流水是否与业务相关、是否与个人资金混淆、是否存在通过个人账户挪用公司资金或虚增销售及采购的情形、是否存在利用个人账户隐瞒收入或偷逃税款等情形；

（三）报告期内个人账户规范情况、期后是否新发生不规范行为、是否存在其他应当规范的个人账户、整改后的内控制度是否合理并有效运行；

（四）报告期内公司与个人账户收付款相关的收入或采购的真实性、准确性、完整性。

主办券商及律师应当核查申请挂牌公司利用个人账户收付款是否被处罚或存在被处罚的风险、是否构成重大违法违规，并发表明确意见。

1-15 持续经营能力

申请挂牌公司存在以下情形的，主办券商及申报会计师应重点关注其对公司持续经营能力的影响：

（一）所处行业受国家政策限制或国际贸易条件影响存在重大不利变化风险；

（二）所处行业出现周期性衰退、市场容量骤减等情况；

（三）所处行业上下游供求关系发生重大变化，导致原材料采购价格或产品售价出现重大不利变化；

（四）因业务转型的负面影响导致营业收入、毛利率、成本费用及盈利水平出现重大不利变化；

（五）重要客户本身发生重大不利变化，进而对公司业务的稳定性和持续性产生重大不利影响；

（六）由于工艺过时、产品落后、技术更迭、研发失败等原因导致市场占有率持续下降、重要资产或主要生产线出现重大减值风险、主要业务停滞或萎缩；

（七）对公司业务经营或收入实现有重大影响的商标、专利、专有技术以及特许经营权等重要资产或技术存在重大纠纷或诉讼，已经或者未来将对公司财务状况或经营成果产生重大影响；

（八）其他明显影响或丧失持续经营能力的情形。

申请挂牌公司存在上述情形的，主办券商及申报会计师应详细分析和评估上述情形的具体表现、影响程度和预期结果，综合判断是否对公司持续经营能力构成重大不利影响，并督促公司充分披露可能存在的持续经营风险。

1-16 委托加工

一、委托加工事项的认定

委托加工一般是指由委托方提供原材料和主要材料，受托方按照委托方的要求制造货物并收取加工费和代垫部分辅助材料加工的业务。当申请挂牌公司与同一主体针对同一项业务既有采购又有销售时，通常应当按照实质重于形式原则，以控制权转移认定确定其是否为购销业务，结合业务合同的属性类别及主要条款、原材料的保管和灭失及价格波动等风险承担、最终产品的完整销售定价权、最终产品销售对应账款的信用风险承担、对原材料加工的复杂程度、加工物料在功能形态方面是否有变化等方面，判断业务应当作为独立购销业务，还是作为委托加工或受托加工处理。

二、委托加工事项的披露与核查

申请挂牌公司将部分生产经营环节委托给其他企业开展的，应当披露以下事项：

（一）委托业务在公司业务流程中所处环节和所占地位、是否属于公司关键业务环节、公司的质量管控措施、相关合同中关于权利义务的约定及实际履行情况、公司针对该业务的会计处理；

（二）报告期内受托企业的数量、名称、选择标准、相关资质、公司与其合作的稳定性，受托企业是否专门或主要为公司提供服务，公司对受托企业是否存在依赖；

（三）受托企业与公司及其实际控制人、股东、董事、监事、高级管理人员的关联方关系情况；

（四）委托业务的成本及其占同类业务成本的比重，委托业务的定价机制，是否存在受托企业为公司分摊成本、承担费用的情形。

主办券商及申报会计师应当重点关注委托加工的必要性、定价公允性、会计处理准确性、申请挂牌公司对受托加工方是否存在依赖等。

1-17 经销商模式

一、经销商模式的披露

申请挂牌公司采取经销商模式的，应当披露以下事项：

（一）报告期各期经销实现的销售收入金额及占比情况，该模式下的毛利率与其他模式下毛利率的比较分析；

（二）采取经销商模式的必要性，经销商销售模式、占比等情况与同行业可比公众公司是否存在显著差异及原因；

（三）公司与经销商的合作模式（是否为买断式、经销商是否仅销售公司产品）、定价机制（包括营销、运输费用承担，补贴或返利等）、收入确认原则、交易结算方式、物流（是否直接发货给终端客户）、信用政策、相关退换货政策等；

（四）报告期内经销商家数及增减变动情况、地域分布情况、主要经销商名称、公司各期对其销售内容及金额、是否与公司存在实质和潜在关联方关系；

（五）经销商的管理制度，包括但不限于选取标准、日常管理与维护、是否具有统一的进销存信息系统等。

二、经销商模式的核查

主办券商及申报会计师应当合理利用电话访谈、合同调查、实地走访、发询证函、检查与公司的交易记录及银行流水记录、检查经销商存货进销存情况、经销商退换货情况、同行业比较等多种核查方法综合判断，并重点核查以下方面：

（一）经销商模式下收入确认原则是否符合《企业会计准则》的规定，销售产品是否实现终端客户销售，经销商回款是否存在大量现金和第三方回款；

（二）主要经销商的主体资格及资信能力，与公司是否存在实质和潜在关联方关系，对经销商的信用政策是否合理，对经销商是否存在依赖等；经销商是否存在大量个人等非法人实体；经销商为公司员工或前员工的，重点关注是否具有商业合理性；报告期内经销商是否存在较多新增与退出情况；

（三）公司对经销商的内控制度是否健全并有效执行。

1-18 境外销售

一、境外销售事项的披露

申请挂牌公司报告期存在来自境外的销售收入的，应当披露以下事项，并充分揭示可能存在的风险：

（一）境外销售业务的开展情况，包括但不限于主要进口国和地区情况、主要客户情况、与公司是否签订框架协议及相关协议的主要条款内容、境外销售模式、订单获取方式、定价原则、结算方式、信用政策、境外销售毛利率与内销毛利率的差异、汇率波动对公司业绩的影响等；

（二）出口退税等税收优惠的具体情况，进口国和地区的进口、外汇等政策变化以及国际经贸关系对公司持续经营能力的影响；

（三）主要境外客户与公司及其关联方是否存在关联方关系及资金往来。

二、境外销售事项的核查

主办券商及律师应当重点关注境外销售业务的合规经营情况，包括公司在销售所涉国家和地区是否依法取得从事相关业务所必需的资质、许可，报告期内是否存在被相关国家和地区处罚或者立案调查的情形；相关业务模式下的结算方式、跨境资金流动、结换汇等是否符合国家外汇及税务等法律法规的规定。

主办券商及申报会计师应当重点关注境外销售收入的真实性、准确性、完整性，收入确认是否符合《企业会计准则》规定；报告期内境外销售收入与海关报关数据是否存在较大差异，与出口退税、运费及保险费是否匹配，出现差异的原因及真实合理性；境外销售业务发展趋势是否对公司持续经营能力构成重大不利影响。

1-19 研发投入

一、研发投入的认定与组成

研发投入为企业研究开发活动形成的总支出。研发投入通常包括研发人员工资费用、直接投入费用、折旧费用与长期待摊费用、设计费用、装备调试费、自行研发的无形资产摊销费用、委托外部研究开发费用、其他费用等。

本期研发投入为本期费用化的研发费用与本期资本化的开发支出之和。

二、研发投入事项的披露

申请挂牌公司报告期内存在研发投入的，应当披露研发投入金额、明细构成，相关研发项目名称及进展；研究阶段与开发阶段划分的界限点、标准、依据，开发支出结转为无形资产的具体时点和依据。

申请挂牌公司报告期内存在研发支出资本化的，应当披露与资本化相关研发项目的成果、完成时间（或预计完成时间）、经济利益产生方式（或预计产生方式）、当期和累计资本化金额、主要支出构成；与研发支出资本化相关的无形资产的预计使用寿命、摊销方法、减值等情况以及开发支出的减值情况；结合研发项目推进和研究成果运用时可能发生的内外部不利变化、与研发支出资本化相关的无形资产规模等因素，说明相关无形资产的减值风险及其对公司未来业绩可能产生的不利影响。

申请挂牌公司报告期内存在合作研发的，应当披露项目合作背景、合作方基本情况、相关资质、合作内容、合作时间、主要权利义务、知识产权的归属、收入成本费用的分摊情况、合作方是否为关联方等，以及合作研发对核心技术的贡献、是否对合作研发存在依赖等。

三、研发投入事项的核查

主办券商及申报会计师应当核查申请挂牌公司的研发投入归集是否准确、相关数据来源及计算是否合规、与公司的技术创新及产品储备是否匹配，并从技术上的可行性，预期产生经济利益的方式，技术、财务资源和其他资源的支持等方面核查研发支出资本化以及结转无形资产的依据是否充分，是否符合《企业会计准则》规定，并对公司研发相关内控制度是否健全且被有效执行进行核查。

1-20 关联交易

一、关联方认定依据

申请挂牌公司应当严格按照《公司法》、《企业会计准则》及相关解释、《非上市公众公司信息披露管理办法》和全国股转系统业务规则的有关规定，完整、准确地披露关联方关系及关联交易。

二、关联方及关联交易的披露

申请挂牌公司控股股东、实际控制人、董事、监事、高级管理人员等应当协助公司完整、准确地披露关联方关系及关联交易。

申请挂牌公司应当结合交易的决策程序、内容、目的等要素，披露公司关联交易的必要性、未来是否持续、定价政策及公允性、减少和规范关联交易的具体措施以及关联交易对公司业务完整性及持续经营能力的具体影响。

三、关联方及关联交易的核查

针对申请挂牌公司关联方及关联交易事项，主办券商、申报会计师及律师应当重点关注以下事项：

（一）关联方及关联交易信息披露的完整性，关联交易相关制度的建立健全及执行情况；

（二）报告期内关联方注销及转让的情况，转让后公司与上述原关联方的后续交易情况，是否存在关联方非关联化的情形；

（三）关联交易产生的收入、利润总额合理性，关联交易是否影响公司的业务独立性，是否构成对控股股东或实际控制人的依赖；

（四）结合可比市场公允价格、第三方交易价格、关联方与其他交易方的价格等，或对比关联交易毛利率与第三方之间毛利率的差异等情况，核查关联交易定价是否公允、是否存在对公司或关联方的利益输送；

（五）关联交易是否可能对公司持续经营能力产生重大不利影响，公司未来减少和规范关联交易的具体措施是否切实可行。

1-21 财务报告审计截止日后的信息披露

一、申请文件的信息披露要求

（一）财务报告审计截止日后，申请挂牌公司生产经营的内外部环境发生重大变化的，应就该情况及其可能对公司经营状况和未来经营业绩产生的不利影响进行分析披露并就相关风险作重大事项提示。

（二）申请挂牌公司财务报告审计截止日至公开转让说明书签署日超过 7 个月的，应在公开转让说明书中补充披露期后 6 个月的主要经营情况及重要财务信息，包括但不限于订单获取情况、主要原材料（或服务）的采购规模、主要产品（或服务）的销售规模、关联交易情况、重要研发项目进展、重要资产及董监高变动情况、对外担保、债权融资及对外投资情况，以及营业收入、净利润、研发投入、所有者权益、经营活动现金流量净额、纳入非经常性损益的主要项目和金额等。前述财务数据未经会计师事务所审计或审阅的，申请挂牌公司应当明确说明。

申请挂牌公司在前述期间的相关财务信息与财务报告审计截止日或上年同期相比发生较大变化的，应披露变化情况、变化原因以及由此可能产生的影响，并就相关风险作重大事项提示。

（三）申请挂牌公司按照前述规定补充披露期后主要经营情况及重要财务信息的，应当在回复问询阶段更新公开转让说明书时披露或提供。

二、申请挂牌公司及中介机构相关监管要求

（一）申请挂牌公司按照前述规定补充披露期后主要经营情况及重要财务信息的，公司及其董事、监事、高级管理人员需出具专项声明，保证所披露的期后事项不存在虚假记载、误导性陈述或者重大遗漏，并对其真实性、准确性及完整性承担责任；公司主管会计工作负责人及会计机构负责人（会计主管人员）需出具专项声明，保证期后财务信息的真实、准确、完整。会计师事务所出具审阅意见的，应当切实履行审阅责任，保持应有的职业谨慎。

（二）申请挂牌公司按照前述规定补充披露的期后财务信息、补充提供的经审阅财务报表与对应经审计财务报表存在重大差异的，申请挂牌公司应在 15 个交易日内向全国股转公司报告，说明差异原因、性质及影响程度，并以临时公告方式披露差异情况或对公开转让说明书等信息披露文件进行更正。

（三）主办券商应督促申请挂牌公司切实做好审计截止日后主要经营情况及重要财务信息的披露，关注公司生产经营的内外部环境是否发生重大变化，包括但不限于：产业政策或税收政策重大调整，进出口业务受到重大限制，业务模式发生重大变化，主要原材料的采购规模及采购价格或主要产品的生产、销售规模及销售价格出现大幅变化，新增重大诉讼或仲裁事项，主要客户或供应商出现重大变化，重大合同条款或实际执行情况发生重大变化，重大安全事故，以及其他可能影响投资者判断的重大事项等。

主办券商应当在推荐报告中说明前述事项的核查结论，就公司审计截止日后经营状况是否出现重大不利变化、公司是否符合挂牌条件发表明确意见。

1-22 不予披露相关信息

一、不予披露信息说明文件的内容

申请挂牌公司有充分依据证明应当披露的某些信息属于国家秘密或商业秘密，披露可能导致违反国家有关保密的法律法规或者严重损害公司利益的，可以不予披露，但应当在申报或回复问询时提交"不予披露相关信息的原因说明或其他文件"（以下简称"不予披露信息说明文件"）。

申请挂牌公司应当在不予披露信息说明文件中逐项说明相关信息涉及国家秘密或商业秘密的依据和理由，并说明信息披露文件是否符合国家有关保密法律法规规定以及《非上市公众公司信息披露内容与格式准则第 1 号——公开转让说明书》等相关规定的要求，未披露相关信息是否对投资者决策判断构成重大障碍。

二、不予披露相关信息事项的核查

主办券商及律师应当对申请挂牌公司不予披露相关信息是否符合相关规定、是否影响投资者决策判断，当前披露的信息是否存在泄密风险，以及中介机构提供涉密业务咨询服务是否符合相应的监督管理要求等出具专项核查报告。申请挂牌公司以商业秘密为由不予披露相关信息的，主办券商及律师应当对商业秘密认定依据的充分性、认定的合理性审慎发表意见。

申报会计师应当对申请挂牌公司审计范围是否受到限制、审计证据的充分性、未披露相关信息是否影响投资者决策判断出具核查报告。

关于发布《全国中小企业股份转让系统主办券商推荐挂牌业务指引》的公告

（股转公告〔2023〕37 号　2023 年 2 月 17 日）

为落实全面实行股票发行注册制的有关要求，规范主办券商推荐挂牌业务，全国中小企业股份转让系统有限责任公司修订了《全国中小企业股份转让系统主办券商挂牌推荐业务指引》，并更名为《全国中小企业股份转让系统主办券商推荐挂牌业务指引》，现予以发布，自发布之日起施行。

特此公告。

附件：全国中小企业股份转让系统主办券商推荐挂牌业务指引

附件

全国中小企业股份转让系统主办券商推荐挂牌业务指引

第一章　总　则

第一条　为规范主办券商推荐挂牌业务，明确主办券商职责，根据《全国中小企业股份转让系统股票挂牌规则》（以下简称《挂牌规则》），制定本指引。

本指引所称推荐挂牌业务，是指主办券商推荐股份有限公司股票进入全国中小企业股份转让系统（以下简称全国股转系统）挂牌业务。

第二条　主办券商从事推荐挂牌业务，主办券商内部控制应当符合《证券公司投资银行类业务内部控制指引》的规定。

主办券商应与申请股票公开转让并在全国股转系统挂牌的公司（以下简称申请挂牌公司）签订推荐挂牌并持续督导协议，应对申请挂牌公司进行立项、尽职调查、质量控制、内核。同意推荐的，主办券商向全国中小企业股份转让系统有限责任公司（以下简称全国股转公司）提交推荐报告及其他有关文件（以下简称推荐文件）。

第三条　全国股转公司对主办券商推荐挂牌业务进行自律管理，审核推荐文件，履行审核程序。

第四条　主办券商及其相关人员应勤勉尽责、诚实守信地开展推荐挂牌业务，履行保密义务，不得利用在推荐挂牌业务中获取的尚未公开信息谋取不正当利益。

第二章　机构与人员

第五条　主办券商应针对每家申请挂牌公司设立项目组，负责尽职调查，起草尽职调查报告，制作推荐文件，建立工作底稿等。

第六条　项目组应由主办券商内部人员组成，不得少于两名，其成员须通过证券行业一般业务水平评价测试，具备从事推荐挂牌业务所需的专业知识与履职能力，且具有财务专业背景（取得注册会计师资格证书或通过保荐代表人专业能力水平评价测试）和法律专业背景（取得法律职业资格证书或通过保荐代表人专业能力水平评价测试）的成员至少各一名。

第七条　主办券商应在项目组中指定一名负责人，对项目负全面责任，项目组负责人应具备下列条件之一：

（一）参与两个以上推荐挂牌项目，且负责财务会计事项、法律事项或相关行业事项的尽职调查工作；

（二）在承销与保荐项目中担任过保荐代表人或项目协办人。

第八条　存在以下情形之一的人员，不得成为项目组成员：

（一）最近三十六个月内受到中国证监会行政处罚的或最近十二个月内受到中国证监会的重大监管措施、证券行业自律组织重大纪律处分的；

（二）被中国证监会采取认定为不适当人选或者证券市场禁入的措施，或被证券行业自律组织采取暂不受理其出具的相关业务文件或认定不适合从事相关业务的纪律处分，尚未解除；

（三）被列入失信被执行人名单；

（四）本人及其配偶直接或间接持有申请挂牌公司股份；

（五）在申请挂牌公司或其控股股东、实际控制人处任职；

（六）未按要求参加全国股转公司组织的业务培训；

（七）全国股转公司认定的其他情形。

第九条　主办券商应将内核制度、内核委员名单及简历在全国股转公司指定信息披露平台上披露。内核制度或内核委员发生变动的，主办券商应及时报全国股转公司备案，并在五个工作日内更新披露。

第三章　尽职调查

第十条　项目组进行尽职调查前，主办券商应与申请挂牌公司签署保密协议。

第十一条　项目组应遵循勤勉尽责、诚实守信的原则，通过实地考察、查阅、访谈等方法，对申请挂牌公司进行尽职调查，以有充分理由确信申请挂牌公司符合公开转让条件、挂牌条件以及在挂牌申请文件中披露的信息真实、准确、完整。

第十二条　项目组尽职调查应以形成有助于投资者做出投资决策的信息披露文件为目的，调查范围至少应包括公开转让说明书和推荐报告中所涉及的事项。

第十三条　项目组应指定项目组成员对申请挂牌公司的财务会计事项、法律事项、相关行业事项进行尽职调查，并承担相应责任。

第十四条　项目组的尽职调查可以在注册会计师、律师等外部专业人士意见的基础上进行。

项目组应判断专业人士发表意见所基于的工作是否充分，对专业人士意见有疑义或认为专业人士发表的意见所基于的工作不够充分的，项目组应进行独立调查。

第十五条　对推荐文件、挂牌申请文件中无证券服务机构及其签字人员专业意见支持的内容，项目组应当获得充分的尽职调查证据，在对各种证据进行综合分析的基础上对申请挂牌公司提供的资料和披露的内容进行独立判断，并有充分理由确信所作的判断与挂牌申请文件、推荐文件的内容不存在实质性差异。

第十六条　项目组完成尽职调查工作后，应出具尽职调查报告，各成员应在尽职调查报告上签名，承诺已参加尽职调查工作并对其负责。

第四章　内　核

第十七条　主办券商内核会议应对下述事项进行审议并发表审核意见：

（一）项目组是否已按照尽职调查工作的要求对申请挂牌公司进行了尽职调查；

（二）申请挂牌公司拟披露的信息是否符合中国证监会、全国股转系统有关信息披露的规定；

（三）申请挂牌公司是否符合公开转让条件、挂牌条件；

（四）是否同意推荐申请挂牌公司股票挂牌。

发现审议项目存在问题和风险的，应提出书面反馈意见。

第十八条　内核委员存在以下情形之一的，不得参与该项目内核：

（一）担任项目组成员；

（二）本人及其配偶直接或间接持有申请挂牌公司股份；

（三）在申请挂牌公司或其控股股东、实际控制人处任职；

（四）其他可能影响公正履行职责的情形。

第十九条　参加内核会议的内核委员应独立、客观、公正地对推荐文件和挂牌申请文件进行审核，制作审核工作底稿并签名。

审核工作底稿应包括审核工作的起止日期、发现的问题、建议补充调查核实的事项以及对推荐挂牌的意见等内容。

第二十条　主办券商应对内核会议过程形成记录，在内核会议表决的基础上形成内核决议。内核决议应包括以下内容：内核会议召开时间、地点、方式、出席会议的内核委员名单、表决情况。参会内核委员应在内核决议和会议记录上签名。

第五章　推荐挂牌流程

第二十一条　主办券商及其控股股东、实际控制人、重要关联方持有申请挂牌公司股份的，或者申请挂牌公司持有、控制主办券商股份的，主办券商在推荐申请挂牌公司挂牌时，应当进行利益冲突审查，出具合规意见，并按规定充分披露。

第二十二条　主办券商应对申请挂牌公司进行风险评估，审慎推荐公司股票挂牌。

主办券商在提交挂牌申请文件前，应当对申请挂牌公司的控股股东、实际控制人、董事、监事和高级管理人员等主体进行培训，使其了解相关法律法规、规则、协议所规定的权利和义务，督促其知悉负有的信息披露、公司治理和承诺履行等方面的责任，协助其完善公司治理机制和内部控制制度。

第二十三条　主办券商提交的推荐报告应包括下列内容：

（一）主办券商与申请挂牌公司之间的关联关系；

（二）主办券商尽职调查情况；

（三）主办券商立项、质量控制、内核等内部审核程序和相关意见；

（四）逐项说明申请挂牌公司是否符合中国证监会、全国股转公司规定的公开转让条件、挂牌条件和信息披露相关要求；

（五）申请挂牌公司的主要问题和风险；

（六）主办券商对申请挂牌公司的培训情况；

（七）申请挂牌同时进入创新层的，说明是否符合全国股转公司规定的创新层进层条件（如有）；

（八）聘请第三方合规性情况（如有）；

（九）结论形成的查证过程和事实依据；

（十）全国股转公司要求的其他内容。

第二十四条　主办券商可以根据申请挂牌公司的委托，组织编制挂牌申请文件，并协调证券服务机构及其签字人员参与该公司股票推荐挂牌的相关工作。

第二十五条　主办券商向全国股转公司报送推荐文件后，应当配合全国股转公司的审核，并承担下列工作：

（一）组织申请挂牌公司及证券服务机构对全国股转公司的意见进行答复；

（二）按照全国股转公司的要求对涉及本次挂牌的特定事项进行尽职调查或核查；

（三）指定项目组成员与全国股转公司进行专业沟通；

（四）全国股转公司规定的其他工作。

第二十六条　申请挂牌公司审核期间因《挂牌规则》第四十条第一款第二项、第三项原因被中止审核的，可以更换主办券商，并由更换后的主办券商依照本指引和《挂牌规则》的规定履行立项、尽职调查、质量控制、内核等程序后重新出具相关文件，并对原主办券商出具的文件进行复核，出具复核意见，对差异情况作出说明。申请挂牌公司根据规定无需更换主办券商的，主办券商应当及时出具复核报告。

第六章　附　则

第二十七条　本指引由全国股转公司负责解释。

第二十八条　本指引自发布之日起施行。

关于发布《全国中小企业股份转让系统股票公开转让并挂牌业务指南第 1 号——申报与审核》的公告

（股转公告〔2023〕38 号　2023 年 2 月 17 日）

为落实全面实行股票发行注册制的有关要求，明确股票挂牌业务申报与审核阶段全流程的操作性要求，全国中小企业股份转让系统有限责任公司制定了《全国中小企业股份转让系统股票公开转让并挂牌业务指南第 1 号——申报与审核》，现予以发布，自发布之日起施行。2020 年 1 月 3 日发布的《全国中小企业股份转让系统股票挂牌审查工作指引》同时废止。

特此公告。

附件：全国中小企业股份转让系统股票公开转让并挂牌业务指南第 1 号——申报与审核

附件

全国中小企业股份转让系统股票公开转让并挂牌业务指南第 1 号——申报与审核

第一章　总　则

第一条　为了规范全国中小企业股份转让系统有限责任公司（以下简称全国股转公司）股票挂牌（含同时定向发行）相关事项，根据《全国中小企业股份转让系统股票挂牌规则》（以下简称《股票挂牌规则》）、《全国中小企业股份转让系统股票定向发行规则》（以下简称《定向发行规则》）、《全国中小企业股份转让系统分层管理办法》（以下简称《分层管理办法》）等有关规定，制定本指南。

第二条　申请股票公开转让并挂牌的公司（以下简称申请人）及其主办券商申报与审核阶段相关事项，包括申报前准备、提交申请文件、预先披露申请文件、查收问询与问询回复、更新申请文件、咨询与沟通、中止与终止审核、重大事项报告等，适用本指南。

申请公开转让并挂牌同时定向发行优先股、可转换公司债券等证券品种的，申报、审核程序参照本指南相关规定执行。

第三条　全国股转公司实行电子化审核，主办券商应当通过全国股转系统公开转让并挂牌审核系统（以下简称审核系统）进行相关操作。

主办券商应当安排专人跟踪审核系统中在办项目，确保及时查收审核系统信息及函件、查看项目进度、提醒相关人员及时处理相关任务、遵守审核时限、提醒及时归档等，并协调申请人、证券服务机构配合开展相关工作。

第四条　全国股转公司审核机构（以下简称审核机构）对申请人公开转让并挂牌申请文件（以下简称申请文件）进行审核、问询等，出具审核报告。

全国中小企业股份转让系统（以下简称全国股转系统）挂牌委员会依据审议事项范围，对申请文件和审核机构出具的审核报告等进行审议，形成审议意见。

第五条　全国股转公司遵循依法合规、公开透明、专业高效、严控风险、集体决策的原则开展审核工作。

第二章　申请与受理

第六条　申请人应当就公开转让并挂牌事项按照《股票挂牌规则》《定向发行规则》的规定履行董事会、监事会及股东大会审议程序。

依据相关法律法规、业务规则规定需要回避的，申请人董事会、股东大会应当按照规定履行回避表决程序。

第七条　提交申请文件前，对于重大疑难、重大无先例事项等挂牌审核相关业务问题或事项，申请人及其主办券商、证券服务机构可以将咨询问题清单发送至咨询邮箱（gpshzx@neeq.com.cn）。拟当面咨询的，应当通过前述咨询邮箱进行预约，预约申请（加盖申请人或主办券商公章）应当明确拟咨询的具体事项。

第八条　申请人及其主办券商、证券服务机构应当根据《非上市公众公司信息披露内容与格式准则第 1 号——公开转让说明书》《非上市公众公司信息披露内容与格式准则第 2 号——公开转让股票申请文件》《非上市公众公司信息披露内容与格式准则第 3 号——定向发行说明书和发行情况报告书》《非上市公众公司信息披露内容与格式准则第 4 号——定向发行申请文件》和本指南等相关规定制作申请文件（附件 1）。主办券商应当按照申请人委托通过审核系统报送申请文件，并填报项目信息。

第九条　主办券商提交申请文件前，应当对申请文件和审核系统填报的信息进行核查，确保申请文件符合股票公开转让并挂牌相关规则及本指南《公开转让并挂牌申请文件受理检查要点》（以下简称《受理检查要点》，附件 2）的要求、所引用的财务报表在最近一期截止日后 6 个月的有效期内、填报项目信息与申请文件相关内容一致，主办券商、证券服务机构及其相关人员具备相应资质且不存在从业受限情形。

第十条　全国股转公司收到申请文件后，按照《受理检查要点》等对申请文件的齐备性进行核对，在 5 个交易日内通过审核系统发送受理或不予受理的通知。

第十一条　申请文件不符合《受理检查要点》要求或存在其他形式不齐备情形的，全国股转公司一次性告知需补正事项。

主办券商应当及时组织申请人、证券服务机构根据补正意见对相关申请文件进行补充完善，并在规定时限内通过审核系统提交补正后文件。补正时限最长不得超过 30 个交易日，多次补正的，补正时间累积计算。

申请人补正申请文件的，全国股转公司收到申请文件的时间以补正文件最终提交的时间为准。

第十二条　全国股转公司作出受理或不予受理的决定前，申请人可以在审核系统中撤回申请文件，并告知全国股转公司。

第十三条　申请文件正式受理后，申请人的公开转让说明书（申报稿）、审计报告、法律意见书、主办券商推荐报告、定向发行说明书（如有）、申请人股本演变情况说明等文件将在全国股转系统网站披露。

第三章　普通审核程序

第十四条　审核机构依据股票公开转让并挂牌相关规则对申请文件进行审核，并在自受理之日起 10 个交易日内通过审核系统发出首轮审核问询；无需发出审核问询的，审核机构召开会议对申请人申请事项进行审议。

审核机构依据国家相关政策或中国证券监督管理委员会（以下简称中国证监会）相关规定，可以对相关申请人申请文件优先审核。

第十五条　收到审核问询后，申请人及其主办券商对审核问询事项存在疑问的，可以通过电话、电子邮件或当面沟通等方式与审核人员进行沟通咨询。确需当面沟通的，应当将预约申请及拟咨询问题清单（加盖申请人或主办券商公章）发送至咨询邮箱（gpshzx@neeq.com.cn）进行预约。

申请人及其主办券商咨询沟通问题应当明确具体，不得就审核问询以外事项、项目审核程序与进度、审核机构内部会议讨论情况等进行咨询。

第十六条　申请人及其主办券商、证券服务机构应当在收到首轮审核问询后 20 个交易日内逐项回复审核问询事项，并通过审核系统提交回复文件；涉及更新申请文件的，应将更新后的申请文件上传至对应的文件条目内。

问询回复涉及对申请文件进行更新修改的，应当在问询回复中予以说明，并在相应申请文件中使用楷体加粗方式对修改内容予以标注。

第十七条　申请人及其主办券商、证券服务机构提交书面回复文件后，审核机构应当在收到问询回复之日起 10 个交易日内召开会议讨论申请人申请事项。

第十八条　审核机构认为存在《股票挂牌规则》规定的需继续问询情形的，应当继续发出审核问询。

申请人及其主办券商、证券服务机构应当在收到第二轮及以上审核问询后 10 个交易日内提交回复文件、更新申请文件。

第十九条　预计难以在规定期限内回复的，申请人或主办券商应当在回复截止日前提交延期申请，说明延期原因并明确回复时间，延长期限原则上不超过 15 个交易日。

第二十条　审核机构根据审核需要，要求申请人的控股股东、实际控制人、董事、监事、高级管理人员，主办券商、证券服务机构及其相关人员当面问询的，相关人员应当在约定时间和地点接受问询；要求调阅相关资料的，申请人及其主办券商、证券服务机构应当按照要求及时提交，并确保相关资料真实、准确、完整，不得随意修改或损毁。

第二十一条　审核问询结束后，申请人申请事项无需经挂牌委员会审议的，审核机构履行内部程序；申请人申请事项需经挂牌委员会审议的，审核机构应将申请文件、审核报告提交挂牌委员会审议，挂牌委员会应当按照《全国中小企业股份转让系统挂牌委员会管理细则》要求进行审议并形成审议意见，审核机构结合审议意见履行内部程序。

申请人股东人数不超过 200 人的，全国股转公司作出同意或终止公开转让并挂牌的审核决定；申请人股东人数超过 200 人的，全国股转公司出具同意公开转让并挂牌审核意见或作出终止审核决定。

第二十二条　挂牌委员会认为申请人需补充披露有关信息的，审核机构通知申请人及其主办券商、证券服务机构予以落实。

申请人及其主办券商、证券服务机构对相关事项进行落实后，通过审核系统提交回复文件，并更新相应申请文件。

第二十三条　申请人股东人数超过 200 人的，全国股转公司出具同意公开转让并挂牌的审核意见后，将审核意见、注册申请文件及相关审核资料报中国证监会注册。

第二十四条　中国证监会注册过程中，要求全国股转公司进一步问询的，全国股转公司根据中国证监会意见向申请人及其主办券商、证券服务机构提出反馈问题。申请人及其主办券商、证券服务机构等应当对反馈问题逐项予以落实，并在反馈意见要求的期限内，通过审核系统提交回复文件；涉及更新申请文件的，应上传至对应的文件条目内。

中国证监会注册过程中，决定退回全国股转公司补充审核的，全国股转公司对要求补充审核的事项重新审核，审核通过的，重新向中国证监会报送审核意见、注册申请文件及相关审核资料；审核不通过的，作出终止审核决定。

第二十五条　中国证监会作出注册决定后，全国股转公司将通过审核系统向申请人转发中国证监会的注册决定文件。

中国证监会作出同意注册决定的，全国股转公司作出同意挂牌的审核决定。

第二十六条　申请人取得全国股转公司同意公开转让并挂牌、同意公开转让及定向发行并挂牌、同意挂牌的审核决定（以下合称同意的审核决定）后，主办券商应当及时协助申请人完成项目归档，并在财务报表有效期（含延长期限）内于全国股转系统网站进行首次信息披露。

申请人挂牌同时定向发行股票的，应当在取得全国股转公司同意的审核决定后，按照《定向发行规则》等规定安排认购、缴款、验资等事项。

第二十七条　申请人应当按照相关规定，根据股本情况编制和提交股票初始登记申请表，完成股票登记及公开转让并挂牌手续。申请人挂牌同时定向发行股票的，应当按照本次发行前和本次发行的股份情况编制股票初始登记申请表，并完成相关手续。

申请人挂牌同时定向发行股票的，应当在提交股票初始登记申请表的同时提交验资报告、募集资金专户三方监管协议、自愿限售申请（如有）、定向发行重大事项确认函等文件，通过审核系统上传并披露发行情况报告书、主办券商关于公司是否符合创新层条件的专项意见（如有）。

申请人挂牌同时进入创新层的，应当在主办券商出具公司是否符合创新层条件的专项意见之前，按照《分层管理办法》的规定，通过审核系统披露股东大会制度、董事会制度、监事会制度、对外投资管理制度、对外担保管理制度、关联交易管理制度、投资者关系管理制度、利润分配管理制度和承诺管理制度等制度。

第二十八条　申请人取得全国股转公司同意的审核决定后，应当及时与全国股转公司签订挂牌协议，并在全国股转公司作出同意的审核决定后 12 个月内完成股票挂牌。

第四章　特殊事项处理

第二十九条　自申请文件受理至股票挂牌前，发生《股票挂牌规则》规定的重大事项的，申请人及其主办券商、证券服务机构应当及时向全国股转公司报告，并按要求更新申请文件或披露文件、发布临时公告。申请人的主办券商、证券服务机构应当持续履行尽职调查职责，全国股转公司可以要求主办券商、证券服务机构出具专项核查意见。

重大事项报告发生在审核问询阶段的，审核机构可以视情况对相关事项进行问询；重大事项报告发生在问询回复阶段的，申请人应当在问询回复文件中就相关事项进行补充披露，充分说明相关事项具体内容及其影响等。主办券商、证券服务机构应当进行核查，并在回复文件中发表明确意见。

申请人申请事项需经挂牌委员会审议的，重大事项报告发生在挂牌委员会审议通过后至股票挂牌前，申请人应当向审核机构提交相关事项情况说明以及主办券商、证券服务机构的专项核查意见。经审核机构确认，重大事项对申请人符合公开转让条件、挂牌条件或信息披露要求产生重大影响的，将提交挂牌委员会重新审议；申请人申请事项已提交中国证监会履行注册程序的，全国股转公司应当及时向中国证监会报告。

重大事项报告发生在全国股转公司作出同意的审核决定或中国证监会作出同意注册的决定后至股票挂牌前，且相关事项可能导致其不符合公开转让并挂牌相关要求的，申请人及其主办券商应当暂停办理股票挂牌手续，将上述情况及时报告全国股转公司并发布临时公告，说明重大事项相关情况；全国股转公司发现申请人存在上述情形的，可以通过审核系统暂停申请人股票挂牌手续。全国股转公司经审核认为相关事项未导致申请人不符合公开转让条件、挂牌条件、信息披露要求的，在申请人依规披露相关信息后，恢复其股票挂牌手续办理；全国股转公司经审核认为相关事项导致申请人不符合公开转让条件、挂牌条件、信息披露要求的，将出具明确意见，并视情况向中国证监会报告后，终止其股票挂牌手续办理。

第三十条　自申请文件受理至股票挂牌前，全国股转公司收到与申请人公开转让并挂牌、股票定向发行相关的投诉举报、重大报道、市场传闻的，按照重大事项报告处理程序，可以要求申请人及其主办券商、证券服务机构就涉及的事项进行解释说明、补充核查，并根据申请人所处审核阶段、相关事项的影响等，采取相应措施。

第三十一条　自申请文件受理至全国股转公司作出审核决定或审核意见期间，出现《股票挂牌规则》《定向发行规则》等规定的中止审核情形的，申请人及其主办券商、证券服务机构应当及时向全国股转公司报告。申请人或主办券商应当按照《股票挂牌规则》提交加盖公章的中止审核申请，全国股转公司自确认之日起 5 个交易日内通过审核系统履行中止审核程序。

申请人及其主办券商、证券服务机构未及时向全国股转公司报告，经全国股转公司核实确认申请人及其主办券商、证券服务机构存在中止审核情形的，自确认之日起 5 个交易日内通过审核系统履行中止审核程序。

第三十二条　中止审核情形消除或在《股票挂牌规则》《定向发行规则》等规定的时限内完成复核等相关事项后，申请人及其主办券商、证券服务机构应当及时向全国股转公司报告。申请人或主办券商应当提交加盖公章的恢复审核申请，全国股转公司自确认之日起 5 个交易日内通过审核系统履行恢复审核程序，并通知申请人及其主办券商。

第三十三条　自申请文件受理至全国股转公司作出审核决定或审核意见期间，出现《股票挂牌规则》《定向发行规则》等规定的终止审核情形的，全国股转公司自确认之日起 5 个交易日内通过审核系统履行终止审核程序。全国股转公司在作出终止审核决定后，通过审核系统向主办券商发送终止审核的决定书。

申请人撤回申请或主办券商撤销推荐的，主办券商应当及时通过审核系统提交申请。

第三十四条　申请人出现定向发行股票终止审核情形，不影响对其公开转让并挂牌申请事项的审核。

申请人出现前款情形的，应当根据《定向发行规则》等规定处理终止发行相关事宜，并按照全国股转公司的审核结果办理挂牌手续。

第三十五条　自申请文件受理至全国股转公司作出审核决定或审核意见期间，申请人更换主办券商、证券服务机构及其签字人员的，按照下列规定处理：

（一）申请人更换主办券商、证券服务机构的，应当履行内部审议程序并及时向全国股转公司报告；更换后的主办券商、证券服务机构应当在6个月内完成尽职调查并重新出具推荐报告等文件，并对原主办券商、证券服务机构出具的文件进行复核，出具复核意见，对差异情况作出说明。更换手续完成前，原主办券商、证券服务机构继续承担相应职责与法律责任。

（二）申请人更换主办券商、证券服务机构签字人员的，更换后的签字人员应当在1个月内对原签字人员签署的文件进行复核，出具复核意见，对差异情况作出说明。更换手续完成前，原签字人员继续承担相应职责与法律责任。

第五章　附　则

第三十六条　本指南由全国股转公司负责解释。

第三十七条　本指南自发布之日起施行。

附件：1. 公开转让并挂牌申请文件目录
　　　2. 公开转让并挂牌申请文件受理检查要点

附件1：

公开转让并挂牌申请文件目录

第一章　公开转让说明书及授权文件

1-1 公开转让说明书（申报稿）

1-2 申请人关于公开转让并挂牌（及定向发行）的申请报告

1-3 申请人董事会有关公开转让并挂牌（及定向发行）的决议

1-4 申请人股东大会有关公开转让并挂牌（及定向发行）的决议

1-5 申请人监事会对公开转让说明书（及定向发行说明书）真实性、准确性、

完整性的书面审核意见

第二章　主办券商相关文件

2-1 主办券商关于股票公开转让并挂牌（及定向发行）的推荐报告

2-2 主办券商与申请人签订的推荐挂牌并持续督导协议

2-3 尽职调查报告

2-4 尽职调查工作文件

2-4-1 尽职调查工作底稿目录、相关工作记录和经归纳整理后的尽职调查工作表

2-4-2 历次验资报告或出资证明

2-4-3 对持续经营有重大影响的业务合同

2-5 内核意见

2-5-1 内核机构成员审核工作底稿

2-5-2 内核会议记录

2-5-3 对内核会议反馈意见的回复

2-5-4 内核机构对内核会议落实情况的补充审核意见

2-6 主办券商关于本次申报中介机构及其签字人员符合执业条件要求的说明及相关证明文件

2-7 主办券商关于股票公开转让并挂牌申请文件受理、审核关注要点落实情况表

第三章　证券服务机构相关文件

3-1 财务报表及审计报告

3-2 申请人原始财务报表与申报财务报表的差异比较表及注册会计师对差异情况出具的意见（如有）

3-3 申请人律师关于公开转让并挂牌（及定向发行）的法律意见书

3-4 申请人设立时和报告期的资产评估报告（如有）

第四章　其他相关文件

4-1 申请人设立文件

4-1-1 企业法人营业执照

4-1-2 公司章程（草案）

4-1-3 申请人设立以来股本演变情况及董事、监事、高级管理人员确认意见

4-1-4 国有资产管理部门出具的国有股权设置批复文件及商务主管部门出具的外资股确认文件（如有）

4-2 证券简称及证券代码申请书

4-3 特定行业（或企业）管理部门出具的相关意见（如有）

4-4 定向发行说明书（如适用）

4-5 承诺事项

4-5-1 申请人及其控股股东、实际控制人、董事、监事、高级管理人员等责任主体的重要承诺及未履行承诺的约束措施

4-5-2 申请人及其控股股东、实际控制人、董事、监事、高级管理人员、主办券商、律师事务所、会计师事务所及其他证券服务机构对申请文件真实性、准确性和完整性的承诺书

4-5-3 申请人、主办券商关于电子文件与预留原件一致的声明，以及律师关于电子文件与预留原件一致的鉴证意见

4-6 公开转让并挂牌诚信档案查询名单

4-7 信息披露豁免申请及中介机构核查意见（如有）

4-8 前次申报有关情况及重大差异的说明（如有）

4-9 其他文件

附件 2：

公开转让并挂牌申请文件受理检查要点

一、申报项目重要事项检查		
	是否存在以下情形	主办券商检查结果
	申请人是否涉嫌违反国家产业政策或不符合全国股转系统定位的情形	□是□否□不适用
	申请人是否涉及重大敏感事项、重大无先例情况、重大舆情、重大违法线索的情形	□是□否□不适用
	申请人及其控股股东、实际控制人、董事、监事、高级管理人员，主办券商、证券服务机构或其相关人员是否存在被中国证监会采取认定为不适当人选、限制从事相关业务、证券市场禁入，被证券交易所、全国股转公司采取一定期限内不受理其出具的文件、公开认定不适合担任董事、监事、高级管理人员，或者被证券业协会采取认定不适合从事相关业务等相关措施，尚未解除的情形	□是□否□不适用

续表

二、申请文件完备性检查		
文件形式要求	1.申请文件与中国证监会及全国股转公司规定的文件目录相符；2.文档名称与文件内容相符；3.申请文件不存在无法打开或读取的情形，Word版本文件可编辑；4.文字字体排版等格式符合中国证监会和全国股转公司要求；5.检查要点要求提交的文件如使用黑白扫描件或复印件的，已由律师鉴证或加盖公司公章。由律师鉴证的，已加盖鉴证律师所在律所公章；如鉴证律师与申报律师不一致，需同时附律师事务所及经办律师相关资质文件；6.检查要点要求签字处，均应为本人亲笔签字。如由其他人代签，已同时提交授权书；法人授权书已加盖法人公章。	□是□否□不适用
申请材料目录	检查要点	主办券商检查结果
1-1 公开转让说明书（申报稿）	1.材料正文后声明部分签字盖章是否符合以下要求：（1）申请人控股股东、实际控制人、全体董事、监事、高级管理人员签名，并加盖申请人公章；如控股股东、实际控制人为机构的，由该机构法定代表人或主要负责人签名并加盖公章；（2）主办券商法定代表人、项目负责人、项目小组成员签字，主办券商加盖公章；（3）律师事务所、会计师事务所、资产评估事务所（如有）分别由经办人员及所在机构负责人签名，加盖机构公章；2.如资产评估机构不出具相关声明或公司设立时、最近两年及一期未进行资产评估，由申请人及主办券商出具说明材料，说明资产评估机构不出具相关声明的具体原因，保证相关材料真实、准确、完整，并加盖申请人及主办券商公章。	□是□否□不适用
1-2 申请人关于公开转让并挂牌（及定向发行）的申请报告	1.标题应当注明"公开转让并挂牌及定向发行(如有)申请"字样；2.文件抬头是"全国中小企业股份转让系统有限责任公司"，如使用简称，应当确保准确；3.文件有申请人发文文号；4.申请人是否在申请落款处加盖公章。	□是□否□不适用

续表

申请材料目录	检查要点	主办券商检查结果
1-3 申请人董事会有关公开转让并挂牌（及定向发行）的决议	1. 标题应当注明"董事会决议"字样；2. 决议正文后，是否由参会董事签字，并由申请人加盖公章或董事会专用章；3. 如果申请人在创立大会上对"公开转让并挂牌及定向发行（如有）"的事项作过审议，可不提供董事会决议，只提交该股东大会决议即可。	□是□否□不适用
1-4 申请人股东大会有关公开转让并挂牌（及定向发行）的决议	1. 标题应当注明"股东大会决议"字样；2. 决议正文后，是否由参与表决的股东签字（非自然人股东应加盖公章）；3. 申请人加盖公章。	□是□否□不适用
1-5 申请人监事会对公开转让说明书（及定向发行说明书）真实性、准确性、完整性的书面审核意见	1. 标题应当注明"监事会决议"或"专项意见"等字样；2. 决议正文后，是否由参与表决的监事签字，并由申请人加盖公章或监事会专用章。	□是□否□不适用
2-1 主办券商关于申请人股票公开转让并挂牌（及定向发行）的推荐报告	1. 标题注明为"推荐报告"字样；2. 主办券商是否在落款处加盖公章。	□是□否□不适用
2-2 主办券商与申请人签订的推荐挂牌并持续督导协议	1. 主办券商和申请人作为合同双方签署《推荐挂牌并持续督导协议》，双方法定代表人或授权代表是否签字，加盖公章。	□是□否□不适用
2-3 尽职调查报告	1. 首页法律事项调查人员、财务会计事项调查人员、项目小组负责人等出具声明的签字部分，每个身份的人员应当只有1人签字；2. 尾页落款处项目小组成员应当签字，主办券商加盖公章，并注明报告日期。	□是□否□不适用
2-4 尽职调查工作文件		
2-4-1 尽职调查工作底稿目录、相关工作记录和经归纳整理后的尽职调查工作表	1. 工作底稿目录应当与相关工作记录内容匹配；2. 是否包含工作记录和尽职调查工作表相关内容；3. 主办券商是否加盖公章。	□是□否□不适用
2-4-2 历次验资报告或出资证明	1. 从公司设立（有限公司整体变更改制为股份公司的，从有限公司设立起算）起产生的经会计师事务所审计的验资报告及出资证明；没有验资报告的，应当提供资金往来的财务凭证（复印件）；2. 验资报告应由2名注册会计师签名盖章，并由所在会计师事务所加盖公章；3. 如申请人提供的验资报告、出资证明是复印件，应由申请人加盖公章或律师鉴证，确保复印件与原件内容一致。	□是□否□不适用

申请材料目录	检查要点	主办券商检查结果
2-4-3 对持续经营有重大影响的业务合同	1.如所上传的合同为复印件，应由申请人加盖公章或律师鉴证，确保复印件与原件内容一致。	□是□否□不适用
2-5 内核意见		
2-5-1 内核机构成员审核工作底稿	1.内核工作人员在相应工作底稿上签字。	□是□否□不适用
2-5-2 内核会议记录	1.应由参会人员签字。	□是□否□不适用
2-5-3 对内核会议反馈意见的回复	1.项目负责人、项目小组成员是否签字。	□是□否□不适用
2-5-4 内核机构对内核会议落实情况的补充审核意见	1.主办券商设内核机构的，内核机构负责人是否签字；未设内核机构的，内核负责人是否签字。	□是□否□不适用
2-6 主办券商关于本次申报中介机构及其签字人员符合执业条件要求的说明及相关证明文件	1.主办券商项目小组成员任职资格说明文件是否包括：证券从业资格证书（复印件或网页截图）、保荐代表人专业能力水平评价测试通过证书（复印件）或注册会计师证书（复印件）、法律职业资格证书（复印件），并由主办券商盖章或律师鉴证，确保复印件与原件内容一致；2.律师应当提供律师资格证或律师执业证（复印件），并加盖律师事务所公章且说明用途；3.会计师应当提供注册会计师证书（复印件），并加盖会计师事务所公章且说明用途；4.律师事务所应当提供从事相关业务的资格证明或备案文件（复印件或网页截图），并加盖公章且说明用途；5.会计师事务所应当提供从事相关业务的资格证明或备案文件（复印件或网页截图），并加盖公章且说明用途。	□是□否□不适用
2-7 主办券商关于股票公开转让并挂牌申请文件受理、审核关注要点落实情况表	1.申请文件受理关注要点落实情况表应当由主办券商加盖公章。2.申请文件审核关注要点落实情况应当由主办券商内核（机构）负责人、质控负责人和项目负责人签字并加盖主办券商公章；律师事务所、会计师事务所经办律师、申报会计师签字并加盖各自公章，并由主办券商一并提交。	□是□否□不适用

续表

申请材料目录	检查要点	主办券商检查结果
3-1 财务报表及审计报告	1. 会计师事务所出具的审计报告，应当由总所出具。报告正文结尾是否由两名经办会计师签名盖章，并加盖会计师事务所公章，注册会计师盖章应当是标准私章； 2. 财务报表应当有公司公章以及相关责任人的签字并盖章； 3. 申请人持续经营时间少于两个完整会计年度但不少于一个完整会计年度的，提交一年及一期的财务报表及审计报告。申请人持续经营时间两个会计年度以上的，提交两年及一期的财务报表及审计报告。	□是□否□不适用
3-2 申请人原始财务报表与申报财务报表的差异比较表及注册会计师对差异情况出具的意见（如有）	1. 申请人出具的差异比较表应由申请人加盖公章。2. 会计师事务所出具的意见应由两名经办会计师签名盖章，并加盖会计师事务所公章，注册会计师盖章应当是标准私章。	□是□否□不适用
3-3 申请人律师关于公开转让并挂牌（及定向发行）的法律意见书	1. 律师事务所出具的"法律意见书"，总所或分所出具的均可；2. 法律意见书正文结尾应当由律师事务所负责人、两名经办律师签名盖章，并加盖律师事务所公章。	□是□否□不适用
3-4 申请人设立时和报告期的资产评估报告（如有）	申报文件提交资产评估报告的，按以下要求检查：1. 资产评估事务所出具的资产评估报告；2. 报告正文结尾应当由资产评估事务所负责人、两名经办资产评估师签名盖章，并加盖资产评估事务所公章。	□是□否□不适用
4-1 申请人设立文件		
4-1-1 企业法人营业执照	1. 申请人企业法人营业执照正本或副本（复印件）；2. 申请人是否加盖公章或律师鉴证，确认复印件与原件内容一致。	□是□否□不适用
4-1-2 公司章程（草案）	1. 申请人挂牌后拟使用的公司章程； 2. 申请人是否在章程标题处或落款处加盖公章。	□是□否□不适用
4-1-3 申请人设立以来股本演变情况及董事监事高级管理人员确认意见	1. 董事、监事及高级管理人员应当在文件末尾发表对本文件内容的明确确认意见，并亲笔签名，申请人加盖公章。	□是□否□不适用
4-1-4 国有资产管理部门出具的国有股权设置批复文件及商务主管部门出具的外资股确认文件（如有）	1. 相关文件复印件上应由申请人加盖公章或由律师鉴证，确保复印件与原件内容一致。	□是□否□不适用

续表

申请材料目录	检查要点	主办券商检查结果
4-2 证券简称及证券代码申请书	1. 明确证券简称申请诉求；2. 经办人签字，申请人是否加盖公章。	□是□否□不适用
4-3 特定行业（或企业）管理部门出具的相关意见（如有）	1. 相关文件复印件上应由申请人加盖公章或由律师鉴证，确保复印件与原件内容一致。	□是□否□不适用
4-4 定向发行说明书（如适用）	1. 材料正文后声明部分签字盖章要求如下：（1）申请人控股股东、实际控制人、全体董事、监事、高级管理人员的签名，并加盖申请人公章；如控股股东、实际控制人为机构的，应由该机构法定代表人或主要负责人签名并加盖公章。（2）主办券商法定代表人、项目负责人签字，主办券商加盖公章；（3）律师事务所、会计师事务所分别由经办人员及所在机构负责人签名，加盖机构公章；	□是□否□不适用
4-5 承诺事项		
4-5-1 申请人及其控股股东、实际控制人、董事、监事、高级管理人员等责任主体的重要声明及未履行承诺的约束措施	1. 申请人及其他相关主体做出的承诺应当满足《全国中小企业股份转让系统挂牌公司治理规则》关于承诺事项管理的相关要求；2. 由各承诺主体各自签名（自然人主体）或加盖各自公章（机构主体）；全体董事、监事、高级管理人员出具的承诺，应分类签名后加盖申请人公章。	□是□否□不适用
4-5-2 申请人及其控股股东、实际控制人、董事、监事、高级管理人员、主办券商、律师事务所、会计师事务所及其他证券服务机构对申请文件真实性、准确性和完整性的承诺书	1. 申请人出具的承诺书，应当由相关主体签字并加盖申请人公章；2. 主办券商、律师事务所、会计师事务所及其他证券服务机构出具的承诺书，应当加盖各自公章；3. 申请人、主办券商等出具的承诺书，如果有抬头，应当至少包括"全国中小企业股份转让系统有限责任公司"或"全国股转公司"。	□是□否□不适用
4-5-3 申请人、主办券商关于电子文件与预留原件一致的承诺，以及律师关于电子文件与预留原件一致的鉴证意见	1. 申请人、主办券商分别出具一致性的承诺，且加盖公章，如果有抬头，应当至少包括"全国中小企业股份转让系统有限责任公司"或"全国股转公司"；2. 律师事务所出具的"鉴证意见"，总所或分所出具的均可，应由经办人签字，并加盖律师事务所公章。	□是□否□不适用

续表

申请材料目录	检查要点	主办券商检查结果
4-6 公开转让并挂牌诚信档案查询名单	1.控股股东（自然人主体）、实际控制人（自然人主体）、董事、监事、高级管理人员信息应至少包括人员姓名、任职情况、持股数量、持股比例、身份证号码信息五项内容；2.申请人、控股股东（机构主体）、实际控制人（机构主体）、控股子公司应至少包括主体名称、统一社会信用代码两项内容；3.需要上传 PDF 版本及可编辑的 Word 版本。	□是□否□不适用
4-7 信息披露豁免申请及中介机构核查意见（如有）	1.豁免申请是否加盖申请人公章，核查意见是否分别加盖主办券商、律师事务所、会计师事务所公章；2.豁免申请、中介机构核查意见应当合并在一个文件里上传。	□是□否□不适用
4-8 前次申报有关情况及重大差异的说明（如有）	1.应明确申请人为终止挂牌后再次申报挂牌；2.如前次申报未取得同意挂牌（及定向发行）函的，应明确：（1）前次申报被出具《不予受理通知书》的，应当说明导致不予受理的事项是否消除，并将《不予受理通知书》复印件作为附件合并在本文件上传；（2）前次申报被出具《终止审查通知书》的，是否载明"不符合挂牌条件"、"六个月内不得重新提交挂牌申请材料"；载明前述情形的，本次申报应自《终止审查通知书》出具日起超过六个月，其他情况无时间间隔要求，并将《终止审查通知书》复印件作为附件合并在本文件上传；（3）申请人和主办券商是否在落款处加盖各自公章。	□是□否□不适用
4-9 其他文件		

关于发布《全国中小企业股份转让系统股票公开转让并挂牌业务指南第 2 号——挂牌手续办理》的公告

（股转公告〔2023〕39 号　2023 年 2 月 17 日）

为落实全面实行股票发行注册制的有关要求，规范申请股票挂牌、申请股票挂牌同时定向发行股票的公司及其主办券商在全国中小企业股份转让系统办理股票挂牌业务，全国中小企业股份转让系统有限责任公司修订了《全国中小企业股份转让系统股票挂牌业务操作指南》，并更名为《全国中小企业股份转让系统股票公开转让并挂牌业务指南第 2 号——挂牌手续办理》，现予以发布，自发布之日起施行。

特此公告。

附件：全国中小企业股份转让系统股票公开转让并挂牌业务指南第 2 号——挂牌手续办理

附件

全国中小企业股份转让系统股票公开转让并挂牌业务指南第 2 号——挂牌手续办理

为了规范申请股票挂牌、申请股票挂牌同时定向发行股票的公司（以下简称申请人）及其主办券商在全国中小企业股份转让系统（以下简称全国股转系统）办理股票挂牌业务，根据《全国中小企业股份转让系统股票挂牌规则》《全国中小企业股份转让系统股票定向发行规则》《北京证券交易所 全国中小企业股份转让系统证券代码、证券简称编制指引》等有关规定，制定本指南。

1. 股票挂牌手续办理流程

1.1 股东开户

主办券商应当协助申请人在向全国中小企业股份转让系统有限责任公司（以下简称全国股转公司）报送挂牌及发行（如有）申请文件前，完成现有股东证券账户的开立工作。如股东属于境外机构或个人、境内个人独资企业等特殊情形的，应当根据中国证券登记结算有限责任公司的有关规定办理。

1.2 申请证券简称和证券代码

申请人在向全国股转公司报送挂牌及发行（如有）申请文件时，应当一并提交《证券简称及证券代码申请书》（附件1），并由主办券商协助申请人将拟定的证券简称填报在全国股转系统业务支持平台（以下简称 BPM 系统）申请人基本情况中。证券简称原则上应当从公司名称中选取不超过八个字符（单字节字符），且应避免与挂牌公司和上市公司重复。

1.3 中国结算在线业务平台注册

申请人在收到全国股转公司出具的申请材料受理通知书后，主办券商应当协助申请人按照中国证券登记结算有限责任公司北京分公司（以下简称中国结算北京分公司）关于证券登记相关要求，通过中国结算北京分公司在线业务平台办理注册，取得中国结算北京分公司发放的 USB-KEY，用于办理股份登记等相关业务。

1.4 取得同意函、证券简称及证券代码

申请人取得同意挂牌的函或同意挂牌及发行的函（以下统称同意函）后，主办券商应当协助申请人在 BPM 系统"挂牌审核管理"模块中的"待确认归档"任务栏找到已经获得同意的项目，完成项目归档后，在"挂牌项目"栏目中查询并下载同意函。

主办券商在完成项目归档并取得同意函后，应当协助申请人在 BPM 系统"代码选号管理"模块中的"代码选号列表"确定证券代码。证券代码管理按照《全国中小企业股份转让系统股票代码管理指南》相关要求执行。证券代码确定后，BPM 系统将对申请人申请的证券简称进行自动校验。完成前述事项后，申请人可以在 BPM 系统"股票初始登记管理"模块中的"待提交初始登记申请列表"任务栏取得证券简称和证券代码。

申请人应当在取得同意函12个月以内完成股票定向发行（如有）及股票挂牌程序。

1.5 办理挂牌前首次信息披露

1.5.1 披露时间

在取得同意函、证券简称及证券代码后，主办券商应当及时协助申请人在财务报表有效期内的交易日 20:00 前通过 BPM 系统完成首次信息披露。

1.5.2 披露文件

（1）公开转让说明书；

（2）财务报表及审计报告；

（3）法律意见书；

（4）补充法律意见书（如有）；

（5）公司章程；

（6）主办券商推荐报告；

（7）定向发行说明书（如有）；

（8）申请人设立以来股本演变情况及董事监事高级管理人员确认意见；

（9）全国股转公司同意挂牌的函或全国股转公司同意挂牌及发行的函；

（10）中国证监会注册文件（如有）；

（11）其他公告文件（如有）。

1.5.3 具体操作

在确认申请文件已归档的前提下，主办券商应当协助申请人在 BPM 系统"挂牌前信息披露"模块中的"待首次信息披露"任务栏，找到待披露的项目，打开并点击"处理"进入传送公告页面。

在传送公告页面，BPM 系统将自动抓取披露文件"（1）-（8）"列示的归档稿文件，主办券商应当协助申请人上传同意函等其他披露文件；确认无误后，选择披露日期，点击"报告报送"，披露文件将于选定的交易日 15:30 后在 www.neeq.com.cn 或 www.neeq.cc 上进行披露。

1.6 定向发行认购程序（如有）

申请挂牌同时定向发行的，在取得同意函并完成首次信息披露后，主办券商应当协助申请人按照《全国中小企业股份转让系统股票定向发行业务指南》等规则的要求完成认购与缴款、签订募集资金专户三方监管协议与验资等发行程序。

1.7 申请股票初始登记

1.7.1 完成首次信息披露及定向发行认购程序（如有）后，申请人应当及时向全国股转公司提交挂牌协议。

1.7.2 主办券商应当协助申请人根据《公司法》《证券法》《全国中小企业股份转让系统股票挂牌规则》《全国中小企业股份转让系统股票定向发行规则》等法律法规、业务规则的规定及自愿限售情况准确计算挂牌当日可进入全国股转系统交易的股票数量，并在 BPM 系统填报申请人股票拟进入的市场层级。

1.7.3 主办券商应当协助申请人在 BPM 系统"股票初始登记管理"模块中的"待提交初始登记申请列表"上传股票初始登记申请表，该表格为办理股票初始登记的依据，应当与申请人首次信息披露和定向发行后披露信息（如有）保持一致。股票初始登记申请表信息填报有误被驳回的，主办券商应当协助申请人修改后重新上传。

1.7.4 申请挂牌同时定向发行的，应当在股票初始登记申请表中根据定向发行前后股票情况分别填报。主办券商在协助申请人上传初始登记申请表的同时，应当按照《全国中小企业股份转让系统股票定向发行业务指南》等业务规则的要求，上传下列附件：验资报告、募集资金专户三方监管协议、自愿限售申请材料（如有）、定向发行重大事项确认函等文件。

1.8 披露发行情况报告书、进入创新层意见（如有）

申请挂牌同时定向发行的，主办券商在协助申请人上传股票初始登记申请表的同时，应当按照《全国中小企业股份转让系统股票定向发行业务指南》等业务规则的要求，上传并披露发行情况报告书、主办券商关于申请人是否符合创新层条件的专项意见（如有），上述文件经全国股转公司确认后披露。

1.9 完成缴费

1.9.1 缴费时限

全国股转公司对申请人提交的股票初始登记申请表及相关附件予以确认后，按照初始登记的股份情况为申请人生成缴费通知单。在缴费通知单生成后，主办券商应当及时协助申请人完成缴费。实行暂免征收挂牌费用的申请人按照相关政策执行。

1.9.2 具体操作

主办券商应当协助申请人在 BPM 系统"挂牌缴费管理"模块中的"待缴费"任务栏找到已经获得同意函的项目，首先确认纳税人识别号、银行账号等涉税信息，然后点击"缴费编号"确认缴费信息。完成缴费是办理股票挂牌手续的前提，如未完成缴费，在办理挂牌手续环节 BPM 系统提示"挂牌项目未完成缴费，请完成缴费后重新提交"。

全国股转公司收到挂牌费用后为申请人开具发票并转交其主办券商，主办券商应当及时将发票转交申请人。

1.10 办理股票初始登记

1.10.1 全国股转公司将申请人的同意函和股票初始登记等数据通过 BPM 系统传送至中国结算北京分公司在线业务平台。

1.10.2 申请人在取得同意函、证券简称和证券代码，并完成定向发行认购程序（如有）及发行情况报告书等文件的披露（如有）后，应当及时向中国结算北京分公司申请办理股票初始登记，取得电子版的《股份登记确认书》等证明文件。中国结算北京分公司通过其在线业务平台将股票初始登记等数据回传至全国股转系统 BPM 系统。

1.11 办理股票挂牌

申请人在中国结算北京分公司在线业务平台取得《股份登记确认书》等证明文件后，主办券商应当协助申请人及时办理股票挂牌手续。

全国股转公司收到申请人提交的挂牌协议后，主办券商可以通过 BPM 系统查询到相关信息。主办券商在每个交易日 11:00 前，可以通过 BPM 系统"股票初始登记管理"模块中的"待提交公开转让列表"任务栏提交《公开转让记录表》及《股票挂牌重大事项确认函》（附件 2）等材料。信息填报有误被驳回的，申请人需修改后重新上传。

主办券商应当根据《股票挂牌重大事项确认函》中列示的内容，对申请人做首次信息披露后至股票挂牌前的全面核查。

全国股转公司对《公开转让记录表》及《股票挂牌重大事项确认函》等材料确认后，主办券商可以在 BPM 系统查询到股票挂牌日期（T 日），挂牌日期为全国股转公司确认股票挂牌信息当日算起的第 3 个交易日，主办券商应当协助申请人准备办理挂牌前第二次信息披露。

1.12 挂牌前第二次信息披露

1.12.1 披露时间

挂牌日的前一个交易日（T-1 日）

1.12.2 披露文件

（1）关于股票挂牌的提示性公告（附件 3）；

（2）关于完成工商变更登记手续的公告（如有）（附件 4）；

（3）其他公告文件（如有）。

主办券商应当协助申请人在 BPM 系统"挂牌前信息披露"模块中的"待二次信息披露"任务栏，找到待披露的项目，在 T-1 日 15:00 前上传披露文件，15:30 后相关文件将在 www.neeq.com.cn 或 www.neeq.cc 上进行披露。

2. 挂牌前信息披露公告的更正、新增、补发、撤销

2.1 更正公告适用于对挂牌前已披露文件的更正。

主办券商应当协助申请人在 BPM 系统"挂牌前信息披露"模块下的"已披露公告"栏目找到需要更正的公告，点击"申请更正"按钮，上传申请人出具的更正公告、更正后的信息披露文件、主办券商出具的情况说明（如涉及法律意见书更正的，由律师事务所出具说明；涉及审计报告及财务报表更正的，由会计师事务所出具说明），更正公告及情况说明应写明更正原因，列示更正前、更正后的内容，更正内容以楷体加粗显示。

2.2 新增临时公告适用于同意函出具日至股票挂牌日期间，依据《全国中小企业股份转让系统挂牌公司信息披露规则》的规定，需要对申请人重大事件进行披露的公告。

主办券商应当协助申请人在 BPM 系统"挂牌前信息披露"模块下的"挂牌前临时公告"栏目中"新增公告"端口，提交申请人的临时公告。

2.3 补发公告适用于对挂牌前首次信息披露和挂牌前第二次信息披露的漏披文件的补充披露，BPM 系统自动在公告名称后增加"补发"字样。

主办券商应当协助申请人在 BPM 系统"挂牌前信息披露"模块下的"挂牌前临时公告"栏目中"补发公告"端口，提交申请人的补发公告及主办券商的情况说明。

2.4 撤销公告适用于对挂牌前已披露公告的撤销，撤销的原公告名称后由

BPM 系统自动增加"（已取消）"字样。

主办券商应当协助申请人在 BPM 系统"挂牌前信息披露"模块下的"公告撤销"栏目找到需要撤销的公告，点击"申请撤销"按钮，写明撤销原因，上传主办券商的情况说明。

以上四种公告及相关申请文件均需加盖出具方公章或相应印章，经全国股转公司确认后，相关公告文件于交易日的 15:30 后在 www.neeq.com.cn 或 www.neeq.cc 上进行披露或撤销。

2.5 挂牌公司挂牌前信息披露文件的更正。自申请人股票挂牌日起，挂牌公司对挂牌前信息披露文件的更正应当按照持续信息披露业务的要求完成，并及时告知全国股转公司。

3. 其他事项

3.1 暂停挂牌手续

3.1.1 暂停挂牌手续的适用情形

申请人取得同意函后，在办理挂牌手续期间发生以下情形的，应做暂停挂牌手续处理。

（1）存在申请人控股股东或实际控制人失联等可能影响公司挂牌的情形；

（2）存在影响申请人股票挂牌的信访举报；

（3）存在其他应报告而未报告涉及股票挂牌条件的事项。

3.1.2 暂停挂牌手续的流程

暂停挂牌手续流程包含以下两种情形：

（1）申请人或主办券商申请暂停挂牌手续。存在暂停挂牌手续适用情形时，主办券商应当立即向全国股转公司报告并协助申请人通过 BPM 系统提交加盖公章的暂停挂牌手续的申请，申请中应写明申请暂停的原因、该事件对申请人产生的影响、预计消除的时间等信息。全国股转公司根据其申请履行暂停挂牌手续的程序。

如需要暂停的项目已经完成挂牌手续处于即将挂牌状态的，应当立即启动紧急暂停挂牌手续的程序，主办券商应当第一时间与全国股转公司取得联系，由全国股转公司启动暂停挂牌手续的程序，主办券商应当协助申请人在次日向全国股转公司补充提交盖章版暂停申请文件，履行暂停挂牌手续的程序。

（2）全国股转公司发起暂停挂牌手续。全国股转公司发现申请人存在暂停挂牌手续适用情形或发生其他影响股票挂牌的事项时，将通过 BPM 系统发起暂停挂牌手续的程序，并及时通知主办券商。

3.1.3 恢复挂牌手续

申请人暂停挂牌手续的事项消除后，主办券商应当协助申请人申请恢复挂牌手续，或由全国股转公司发起恢复挂牌手续：

（1）申请人或主办券商申请恢复挂牌手续。经申请人或主办券商申请暂停的项目，暂停事项已经消除的，主办券商应当协助申请人通过 BPM 系统提交加盖公章的恢复挂牌手续的申请，申请文件应当写明暂停挂牌手续事项消除的具体情况、对公司股票挂牌的影响，全国股转公司根据其申请履行恢复挂牌手续流程。

（2）全国股转公司发起恢复挂牌手续。经全国股转公司发起暂停的项目，暂停事项已经消除的，由全国股转公司通过 BPM 系统履行恢复挂牌手续程序，并通知主办券商。

已恢复挂牌手续的项目按照本指南规定的业务流程继续完成后续挂牌程序。

如暂停挂牌手续事项属实，公司不符合挂牌条件的，或申请人撤回申请材料的，申请人和主办券商应当按照"3.2 终止挂牌手续"的规定办理。

3.2 终止挂牌手续

在取得同意函但尚未完成股票挂牌的情况下，申请人可以申请终止挂牌手续；出现不符合挂牌条件或取得同意函 12 个月以内未完成股票挂牌等情形时，全国股转公司可以发起终止挂牌手续的程序。

申请人申请终止挂牌手续的，主办券商应当协助申请人在 BPM 系统"挂牌审核管理"模块中"挂牌项目"栏目找到需要终止挂牌手续的项目，点击"终止申请"并上传加盖公章的申请文件，申请中应当写明申请终止的原因、履行的审议程序、公司股东是否对终止挂牌手续存在纠纷等事项。经全国股转公司确认通过后，主办券商在"挂牌审核管理"模块"终止审核"栏目中获取作废同意函的通知。

申请人终止办理挂牌手续的，若已在中国结算北京分公司完成股票初始登记，主办券商应当协助申请人向中国结算北京分公司申请办理股份退出登记。

4. 附　则

挂牌同时定向发行可转债等其他证券品种的，参照本指南有关规定办理。

附件：1. 证券简称及证券代码申请书
　　　2. 股票挂牌重大事项确认函
　　　3. 关于股票挂牌的提示性公告
　　　4. 关于完成工商变更登记手续的公告

附件 1:

证券简称及证券代码申请书

_____ 股份有限公司股票证券简称及证券代码申请书

全国中小企业股份转让系统有限责任公司:

我公司股票拟在全国中小企业股份转让系统挂牌公开转让。

特向贵公司申请证券简称及证券代码,挂牌公开转让的证券简称拟定为

_____。

请予核定。

申请公司经办人签名:

联系电话:

传真:

_____ 股份有限公司

（公章）

年　月　日

说明: 证券简称原则上应当从公司名称中选取不超过八个字符（单字节字符）,且应避免与挂牌公司和上市公司重复。

附件 2:

股票挂牌重大事项确认函

由我司推荐的 _____ 公司股票挂牌申请已经全国股转公司审核同意,取得了同意函,且该公司已按规定完成了挂牌前首次信息披露和股票初始登记工作,现申请股票挂牌。

截至该确认函提交之日,我司确认:

1.该公司符合《全国中小企业股份转让系统股票挂牌规则》等规定的股票挂牌条件;

2.该公司不存在实际控制人或控股股东失联等情形;

3. 该公司未在区域性股权市场及其他交易市场具有股权转让或交易功能的板块挂牌；

4. 该公司不存在信访举报事项，或信访举报事项已处理完毕并不影响公司挂牌；

5. 该公司不存在其他应报告而未报告的涉及挂牌条件的事项。

综上，我司现确认该公司满足办理挂牌手续的条件。

项目负责人签名

主办券商公章

年　　月　　日（提交日期）

附件 3：

_____ 股份有限公司关于股票挂牌的提示性公告

本公司股票挂牌公开转让申请已经全国股转公司审核同意。本公司股票将于____年____月____日起在全国股转系统挂牌公开转让。

证券简称：_____，证券代码：_____。

交易方式：_____。（如为做市交易，应披露做市商信息）

做市商 1：_____（全称），推荐本公司股票挂牌的主办券商／推荐本公司股票挂牌的主办券商____证券公司的母（子）公司。

做市商 2：_____（全称）。

所属层级：_____。

（如申请挂牌同时定向发行的，应披露发行相关信息）本公司挂牌同时发行股票总数为____股，其中限售条件____股，无限售条件____股。无限售条件股份将于___年____月___日在全国股转系统挂牌公开转让。本公司挂牌同时发行可转债总数为___张，其中限售条件____张，无限售条件____张。无限售条件可转债将于___年____月___日在全国股转系统挂牌公开转让。

公开转让说明书已于____年____月___日、发行情况报告书已于年___月___日在 www.neeq.com.cn 或 www.neeq.cc 上进行披露，供投资者查阅。

股份有限公司

（公章）

年　月　日

附件 4：

_____ 股份有限公司 关于完成工商变更登记手续的公告

根据_____股份有限公司（以下简称"公司"）_____年第____次临时股东大会 / 股东大会决议，公司成功发行____万股，募集资金____万元。

____年____月____日，公司办理完成工商变更登记手续，并取得了变更后的营业执照。

此次变更后，公司注册资本增至人民币____万元。

特此公告。

股份有限公司

（公章）

年　月　日

关于发布《全国中小企业股份转让系统股票定向发行业务规则适用指引第 1 号》的公告

（股转公告〔2023〕44 号　2023 年 2 月 17 日）

为落实全面实行股票发行注册制的有关要求，进一步规范挂牌公司、申请挂牌公司股票定向发行行为，全国中小企业股份转让系统有限责任公司修订了《全国中小企业股份转让系统股票定向发行业务规则适用指引第 1 号》，现予以发布，自发布之日起施行。

特此公告。

附件：全国中小企业股份转让系统股票定向发行业务规则适用指引第 1 号

附件

全国中小企业股份转让系统股票定向发行业务规则适用指引第 1 号

为了规范全国中小企业股份转让系统挂牌公司和申请挂牌公司（以下合称发行人）股票定向发行行为，保护投资者合法权益，根据《非上市公众公司监督管理办法》（以下简称《公众公司办法》）、《全国中小企业股份转让系统股票定向发行规则》（以下简称《定向发行规则》）等规定，制定本适用指引。

1. 定向发行相关标准及要求

1.1 定向发行 200 人计算标准

《定向发行规则》规定的"发行人定向发行后股东累计不超过 200 人"是指股票定向发行说明书中确定或预计的新增股东人数（或新增股东人数上限）与本次发行前现有股东（包括在中国证券登记结算有限责任公司登记的普通股、优先股以及可转换公司债券持有人）之和不超过 200 人。

现有股东是指审议本次股票定向发行的股东大会通知公告中规定的股权登记日的在册股东。发行人按照《定向发行规则》第三十三条授权定向发行股票的，现有股东是指审议本次股票定向发行的董事会召开日的在册股东。

1.2 定向发行事项重大调整认定标准

《定向发行规则》规定的对定向发行事项作出重大调整，是指发行对象或对象范围、发行价格或价格区间、认购方式、发行股票总数或股票总数上限、单个发行对象认购数量或数量上限、现有股东优先认购办法的调整、变更募集资金用途以及其他对本次发行造成重大影响的调整。

1.3 非现金资产审计、评估报告有效期

定向发行涉及非现金资产认购的，非现金资产的审计报告在审计截止日后 6 个月内有效，特殊情况下，可以申请延长至多不超过 3 个月；非现金资产的评估报告在评估基准日后 1 年内有效。

1.4 连续发行认定标准

发行人董事会审议定向发行有关事项时，应当不存在尚未完成的普通股、优先股或可转换公司债券发行，不存在尚未完成的重大资产重组和股份回购事宜，不违反《非上市公众公司收购管理办法》关于协议收购过渡期的相关规定。

前款规定的普通股发行尚未完成是指尚未披露新增股票挂牌交易公告；优先股发行尚未完成是指尚未披露优先股挂牌转让公告；可转换公司债券发行尚未完成是指尚未披露可转换公司债券挂牌转让公告；重大资产重组实施完毕的标准按照《全国中小企业股份转让系统并购重组业务规则适用指引第 1 号——重大资产重组》第 6 条规定执行；股份回购事宜尚未完成是指发行人回购股份用于注销的，尚未按照中国证券登记结算有限责任公司有关要求完成股份注销手续，发行人回购股份用于员工持股计划、股权激励等情形的，尚未按照全国中小企业股份转让系统有限责任公司（以下简称全国股转公司）有关规定披露回购结果公告。

1.5 认购合同生效条件

董事会决议时发行对象确定的，应当在认购合同中约定，本合同在本次定向发行经发行人董事会、股东大会批准并履行相关审批程序后生效。

前款规定的履行相关审批程序，是指取得全国股转公司同意定向发行的函／同意挂牌及发行的函，或取得中国证监会关于本次股票定向发行的注册决定。

1.6 回复文件要求

发行人及其主办券商、律师事务所、会计师事务所及其他证券服务机构对全国股转公司审核问询的回复是申请文件的组成部分，发行人及其主办券商、律师事务所、会计师事务所及其他证券服务机构应当保证回复的真实、准确、完整。

2. 无需提供中介机构专项意见的定向发行

2.1 连续 12 个月发行股份及融资总额计算标准

发行人根据《公众公司办法》第四十八条规定发行股票的（以下简称自办发行），董事会召开前 12 个月内完成的自办发行的股份数与本次发行股份数之和应不超过本次发行董事会召开当日普通股总股本的 10%，且 12 个月内自办发行的融资总额与本次发行融资总额之和不超过 2000 万元。

2.2 持续督导券商职责

发行人的持续督导券商在协助披露发行相关公告过程中，应当对发行文件齐备性履行持续督导职责。

3. 授权定向发行

3.1 授权定向发行的规范性要求

发行人年度股东大会可以依据公司章程规定，授权董事会在募集资金总额不超过一定范围内发行股票，该项授权在下一年度股东大会召开日失效，不受《定向发行规则》关于股东大会授权董事会办理股票发行有关事项有效期规定的约束。基础层公司授权董事会募集资金总额不得超过 2000 万元，创新层公司授权董事会募集资金总额不得超过 5000 万元。

3.2 年度股东大会决议事项

发行人年度股东大会应当就下列事项作出决议，作为董事会行使授权的前提条件：

（1）发行股票数量上限；

（2）发行对象、发行对象范围或发行对象确定方法；

（3）现有股东优先认购安排；

（4）发行价格、发行价格区间或发行价格确定办法；

（5）募集资金总额上限；

（6）募集资金用途；

（7）对董事会办理发行事宜的具体授权；

（8）其他需要明确的事项。

发行人应当在披露年度股东大会通知的同时披露授权发行相关公告。

3.3 中介机构意见

主办券商定向发行推荐工作报告和法律意见书除包括《非上市公众公司信息披露内容与格式准则第 3 号——定向发行说明书和发行情况报告书》（以下简称《内容与格式准则第 3 号》）规定的内容外，还应当对发行人年度股东大会授权发行内容及程序等是否合法合规发表明确意见。

4. 特殊投资条款

4.1 特殊投资条款的规范性要求

发行对象参与发行人股票定向发行时约定的特殊投资条款，不得存在以下情形：

（1）发行人作为特殊投资条款的义务承担主体或签署方，但在发行对象以非现金资产认购等情形中，发行人享有权益的除外；

（2）限制发行人未来股票发行融资的价格或发行对象；

（3）强制要求发行人进行权益分派，或者不能进行权益分派；

（4）发行人未来再融资时，如果新投资方与发行人约定了优于本次发行的条款，则相关条款自动适用于本次发行的发行对象；

（5）发行对象有权不经发行人内部决策程序直接向发行人派驻董事，或者派驻的董事对发行人经营决策享有一票否决权；

（6）不符合法律法规关于剩余财产分配、查阅、知情等相关权利的规定；

（7）触发条件与发行人市值挂钩；

（8）中国证监会或全国股转公司认定的其他情形。

4.2 特殊投资条款的审议程序

特殊投资条款作为定向发行说明书的重要组成部分，应当经发行人董事会、股东大会审议通过。

董事会、股东大会审议通过后，发行对象新增特殊投资条款或者对审议通过的特殊投资条款作出实质修改的，发行人应当对定向发行说明书进行修订，并重新履行董事会、股东大会审议程序。

4.3 特殊投资条款的披露

发行人应当按照《内容与格式准则第 3 号》的要求，在定向发行说明书及发行情况报告书中完整披露特殊投资条款的具体内容。

4.4 中介机构意见

主办券商与律师事务所应当在主办券商定向发行推荐工作报告和法律意见书中，对以下事项发表明确意见：

（1）特殊投资条款是否为协议各方真实的意思表示，是否合法有效；

（2）特殊投资条款是否存在本适用指引规定的不得存在的情形；

（3）发行人是否已在定向发行说明书中完整披露特殊投资条款的具体内容；

（4）特殊投资条款是否已经发行人董事会、股东大会审议通过；

（5）主办券商和律师事务所认为需要说明的其他问题；

（6）全国股转公司要求的其他事项。

4.5 新增或变更特殊投资条款

在以下时点之后，除非发生不可抗力事件等特殊情形，原则上不得变更或新增特殊投资条款：

（1）发行人提交发行申请文件时发行对象确定的，取得全国股转公司同意定向发行的函 / 同意挂牌及发行的函，或取得中国证监会关于本次股票定向发行的注册决定；

（2）发行人提交发行申请文件时发行对象不确定的，更新披露的确定对象定向发行说明书等相关文件经全国股转公司审查完毕。

5. 具有金融属性的挂牌公司定向发行要求

除中国人民银行、中国银保监会、中国证监会批准设立并监管的金融机构外，小额贷款公司、融资租赁公司、商业保理公司、典当公司等其他具有金融属性的企业以及私募基金管理机构，在相关监管政策明确前，应当暂停股票定向发行业务。

非其他具有金融属性的挂牌公司定向发行股票的，发行对象不得以所持有的其他具有金融属性的企业相关资产进行认购；募集资金不得用于参股或控股其他具有金融属性的企业；如果其股东或子公司为其他具有金融属性的企业，应当承诺不以拆借等任何形式将募集资金提供给该其他具有金融属性的企业使用。非其他具有金融属性的挂牌公司可以以募集资金之外的自有资金购买或者投资其他具有金融属性的企业相关资产，但在购买标的或者投资对象中的持股比例不得超过20%，且不得成为投资对象的第一大股东。

关于发布《全国中小企业股份转让系统股票定向发行业务指南》的公告

（股转公告〔2023〕49号　2023年2月17日）

为落实全面实行股票发行注册制的有关要求，进一步规范挂牌公司、申请挂牌公司股票定向发行行为，全国中小企业股份转让系统有限责任公司修订了《全国中小企业股份转让系统股票定向发行业务指南》，现予以发布，自发布之日起施行。

特此公告。

附件：全国中小企业股份转让系统股票定向发行业务指南

附件

全国中小企业股份转让系统股票定向发行业务指南

为了规范全国中小企业股份转让系统（以下简称全国股转系统）挂牌公司和申请挂牌公司（以下合称发行人）股票定向发行工作流程，根据《全国中小企业股份转让系统股票定向发行规则》（以下简称《定向发行规则》）、《全国中小企业股份转让系统股票定向发行业务规则适用指引第1号》等有关规定，制定本指南。

1. 适用范围

发行人根据《定向发行规则》等有关规则，实施以下股票发行行为，适用本指南的规定：

（1）向特定对象发行股票后股东累计不超过200人；

（2）向特定对象发行股票后股东累计超过200人。

2. 业务办理要求

2.1 业务办理

挂牌公司定向发行业务应当通过业务支持平台统一门户定向发行系统办理。主办券商应当通过前述定向发行系统披露相关公告，或在信息披露系统披露相关文件的次日9:00前，在定向发行系统中完成公告关联等业务操作。

申请挂牌公司定向发行业务应当通过公开转让并挂牌审核系统（与定向发行

系统合称审核系统）办理。

2.2 审核与回复

全国中小企业股份转让系统有限责任公司（以下简称全国股转公司）实行电子化审核，申请、受理、问询、回复等事项通过审核系统办理。

2.3 业务咨询

在挂牌公司提交申请文件前，对于重大疑难、重大无先例事项等发行审核相关业务问题或事项，挂牌公司及其主办券商、证券服务机构可以将咨询问题清单发送至咨询邮箱（faxing@neeq.com.cn）。拟当面咨询的，应当通过前述咨询邮箱进行预约，预约申请（加盖申请人或主办券商公章）应当明确拟咨询的具体事项。

在申请挂牌公司提交申请文件前，对于重大疑难、重大无先例事项等发行审核相关业务问题或事项，申请挂牌公司及其主办券商、证券服务机构可以将咨询问题清单发送至咨询邮箱（gpshzx@neeq.com.cn）。拟当面咨询的，应当通过前述咨询邮箱进行预约，预约申请（加盖申请人或主办券商公章）应当明确拟咨询的具体事项。

3. 发行后股东累计不超过 200 人定向发行业务流程

3.1 董事会审议环节

3.1.1 发行人应当召开董事会对定向发行有关事项作出决议，并履行回避表决程序。

发行人董事会决议时发行对象确定的，应当在董事会召开前与发行对象签订股票认购合同。

发行人董事会不得以临时提案的方式将股票定向发行有关事项提交股东大会审议。

3.1.2 挂牌公司应当在董事会审议股票定向发行等事项后的 2 个交易日内披露董事会决议及定向发行说明书等相关公告。

3.1.3 发行人监事会应当对董事会编制的股票定向发行文件进行审核并提出书面审核意见，监事应当签署书面确认意见。

3.2 股东大会审议环节

3.2.1 挂牌公司应当于股东大会召开 15 日前披露审议股票定向发行有关事项的股东大会通知公告，股东大会召开当日不计算在内。

发行对象以非现金资产认购的，挂牌公司应当最晚与股东大会通知公告一并披露标的资产涉及的审计报告或评估报告。

3.2.2 发行人应当召开股东大会对定向发行有关事项作出决议，并履行回避表决程序。

3.2.3 挂牌公司应当在股东大会审议通过股票定向发行有关事项后 2 个交易日

内，披露股东大会决议等相关公告。

3.3 中介机构出具专项意见

主办券商、律师事务所原则上应当在挂牌公司股东大会审议通过定向发行有关事项后 15 个交易日内，分别出具主办券商定向发行推荐工作报告和法律意见书。有特殊情况的，主办券商、律师事务所可以通过审核系统申请延期出具专项意见。

3.4 提交发行申请文件

3.4.1 挂牌公司应当在中介机构出具专项意见后予以披露，并委托主办券商向全国股转公司提交定向发行申请文件（附件 1–1、附件 2–1）。

3.4.2 全国股转公司在收到挂牌公司申请文件后 2 个交易日内作出受理或者不予受理的决定。

申请文件齐备的，出具受理通知书；申请文件不齐备的，告知发行人需要补正的事项。申请文件一经受理，未经全国股转公司同意，发行人不得增加、撤回或变更。

3.4.3 挂牌公司应当在取得受理通知书后 2 个交易日内披露关于收到全国股转公司股票定向发行受理通知书的公告。

3.5 发行申请文件审核

3.5.1 全国股转公司对发行申请文件进行审核，需要问询的，通过审核系统向发行人及中介机构发出审核问询。

挂牌公司及其主办券商、证券服务机构应当按照规定回复审核问询事项。原则上应当在 10 个交易日内按照审核问询要求进行必要的补充调查和核查，及时、逐项回复审核问询事项，补充或者修改相应申请文件。预计难以在规定时间内回复的，挂牌公司等相关主体应当通过审核系统申请延期回复。

3.5.2 全国股转公司审核通过的，向挂牌公司出具同意定向发行的函。同意定向发行的函的有效期为 12 个月。挂牌公司应当在 2 个交易日内披露相关公告。

经全国股转公司审核，挂牌公司及其主办券商、证券服务机构修改申请文件的，挂牌公司还应当同步更新披露修改后的定向发行说明书、主办券商定向发行推荐工作报告、法律意见书等文件。

3.5.3 挂牌公司取得同意定向发行的函后，在 12 个月内完成缴款验资。

3.5.4 全国股转公司审核后作出中止审核或终止审核决定的，挂牌公司应当在 2 个交易日内披露相关公告。

3.6 认购与缴款

3.6.1 董事会决议时发行对象确定的，全国股转公司出具同意定向发行的函后，挂牌公司应当于缴款起始日前披露定向发行认购公告。

发行对象依据认购公告安排，在缴款期内向缴款账户缴款认购。如需延长缴款期的，挂牌公司最迟应当于原缴款截止日披露延期认购公告。

挂牌公司最迟应当于缴款期限届满后 2 个交易日内披露认购结果公告。

3.6.2 董事会决议时发行对象未确定的，全国股转公司出具同意定向发行的函后，挂牌公司应当在确定发行对象后更新定向发行说明书，主办券商和律师事务所应当对发行对象、认购合同等法律文件的合法合规性发表专项核查意见。

涉及特殊投资条款安排的，挂牌公司应当召开董事会、股东大会对更新后的定向发行说明书进行审议。

挂牌公司应当将更新后的定向发行说明书和中介机构专项核查意见一并披露。

挂牌公司在 5 个交易日内未收到全国股转公司审核问询的，可以按照本指南第 3.6.1 条的规定安排认购事宜。

挂牌公司在 5 个交易日内收到审核问询的，挂牌公司及其主办券商、律师事务所原则上应当在 10 个交易日内逐项回复审核问询事项，补充或者修改相关文件。挂牌公司在回复审核问询后 3 个交易日内未再次收到审核问询的，应当根据审核问询情况更新信息披露文件，并可以按照本指南第 3.6.1 条的规定安排认购事宜。

3.7 签订募集资金专户三方监管协议与验资

3.7.1 发行人应当在认购结束后，与主办券商、存放募集资金的商业银行签订募集资金专户三方监管协议（附件 3）。

3.7.2 发行人应当在认购结束后 10 个交易日内，聘请符合《证券法》规定的会计师事务所完成验资。

3.7.3 挂牌公司在验资完成且签订募集资金专户三方监管协议后，符合《定向发行规则》第二十二条规定的，可以使用募集资金。

3.8 办理股票登记手续并披露相关公告

3.8.1 挂牌公司应当在验资完成且签订募集资金专户三方监管协议后 10 个交易日内，通过审核系统上传股票登记明细表（附件 4-1）、验资报告、募集资金专户三方监管协议（附件 3）、发行情况报告书、自愿限售申请材料（如有）（附件 5）以及重大事项确认函（附件 6-1）等文件。

全国股转公司核实无误后，将股票登记相关信息送达中国证券登记结算有限责任公司（以下简称中国结算）北京分公司。

3.8.2 主办券商应当协助挂牌公司按照中国结算北京分公司相关规定办理新增股票登记，与中国结算北京分公司协商确定新增股票挂牌并公开交易日期（T 日），并最晚于 T-3 日披露新增股票挂牌并公开交易的公告、发行情况报告书和权益变动报告书（如有）。

4. 发行后股东累计超过 200 人的定向发行业务流程

4.1 申报前准备

发行人对股票定向发行有关事项履行内部审议程序、中介机构出具专项意见及其相关的信息披露要求，适用本指南第 3.1 条至第 3.3 条的相关规定。

4.2 审核与注册

4.2.1 挂牌公司披露中介机构专项意见后，应当委托主办券商向全国股转公司提交定向发行申请文件（附件 1-1、附件 2-1），全国股转公司进行审核，具体业务流程适用本指南第 3.4 条、第 3.5.1 条的相关规定。

4.2.2 全国股转公司审核通过后，向中国证监会报送审核意见、相关审核资料和定向发行申请文件。

4.2.3 中国证监会要求全国股转公司进一步问询的，全国股转公司向挂牌公司及其主办券商、证券服务机构提出反馈问题。相关主体应当按照规定逐项回复。

4.2.4 经中国证监会注册，挂牌公司及其主办券商、律师事务所、会计师事务所及其他证券服务机构修改申请文件的，挂牌公司应当在中国证监会作出同意注册的决定后，及时更新披露修改后的定向发行说明书、主办券商定向发行推荐工作报告、法律意见书等文件。

4.2.5 中国证监会在注册程序中，决定退回全国股转公司补充审核的，全国股转公司对要求补充审核的事项重新审核。审核通过的，重新向中国证监会报送审核意见和相关材料；审核不通过的，作出终止审核决定。

4.2.6 在全国股转公司作出中止审核、恢复审核、终止审核决定以及中国证监会作出中止注册、恢复注册、终止注册、同意注册或不予注册的决定后，挂牌公司应当在 2 个交易日内披露相关公告，申请挂牌公司上述相关信息经全国股转公司确认后予以披露。

4.3 认购与缴款等程序

中国证监会作出同意注册的决定后，发行人应当按照本指南第 3.6 条至第 3.8 条的规定安排认购缴款、签订募集资金专户三方监管协议、验资、办理股票登记手续。

5. 申请挂牌公司定向发行业务流程

5.1 内部审议环节

申请挂牌公司应当参照本指南第 3.1 条、第 3.2 条的规定在提交申请文件前履行董事会、监事会、股东大会审议或审核程序。

5.2 中介机构出具专项意见

主办券商、律师事务所应当在申请挂牌公司股东大会审议通过定向发行有关事项后，针对本次发行事项发表专项意见，相关专项意见应当分别纳入主办券商关于公开转让并挂牌的推荐报告和律师事务所关于公开转让并挂牌的法律意见书。

5.3 提交发行申请文件

5.3.1 申请挂牌公司应当委托主办券商在向全国股转公司提交公开转让并挂牌

申请文件时一并提交发行申请文件（附件1-3、附件2-3）。

5.3.2 申请挂牌公司应当在公开转让说明书中对发行事项进行专章披露，主要包括定向发行的审议程序、发行对象、发行价格、发行数量、募集资金金额及用途等内容的简要介绍。

发行申请文件中由律师事务所出具的《关于申请电子文件与预留原件一致的鉴证意见》应当与公开转让并挂牌申请文件中的申请挂牌公司及其主办券商《关于电子文件与预留原件一致的声明》合并提交。

5.3.3 全国股转公司收到申请文件后，对申请文件的齐备性进行核对，并于5个交易日内作出受理或者不予受理的决定。申请文件受理后，申请挂牌公司相关申请文件应当在全国股转公司网站予以预先披露，未经全国股转公司同意，不得增加、撤回或变更。

5.4 发行申请文件审核

5.4.1 全国股转公司按照本指南第3.5.1条的规定对申请挂牌公司的申请文件进行审核。

5.4.2 申请挂牌公司、主办券商和律师事务所、会计师事务所等证券服务机构原则上应当在20个交易日内按照审核问询要求进行必要的补充核查，及时、逐项回复审核问询事项，补充或者修改相关文件。因特殊情况无法按期回复的，申请挂牌公司或主办券商应当在回复截止日前通过审核系统申请延期回复。

5.4.3 经全国股转公司审核问询，申请挂牌公司、主办券商和证券服务机构修改定向发行说明书、主办券商推荐报告、法律意见书等申请文件的，应当将修改后的申请文件上传至审核系统对应的文件条目内。申请挂牌公司应当在取得全国股转公司同意挂牌及发行的函或同意挂牌的函（以下统称同意函）后，及时披露修改后的申请文件。

5.5 审核决定或审核意见与注册程序的衔接

5.5.1 申请挂牌公司董事会决议时发行对象未确定，（1）定向发行股票后股东累计不超过200人的，申请挂牌公司在取得全国股转公司同意函后应当及时确定具体发行对象；（2）定向发行股票后股东累计超过200人的，申请挂牌公司在取得中国证监会作出同意注册的决定文件后应当及时确定具体发行对象。

确定具体发行对象过程中涉及特殊投资条款安排的，申请挂牌公司应当召开董事会、股东大会对更新后的定向发行说明书等申请文件进行审议。

5.5.2 经全国股转公司审核，申请挂牌公司符合股票挂牌相关规定及《定向发行规则》要求的，根据定向发行后股东累计是否超过200人区分处理：

5.5.2.1 定向发行股票后股东累计不超过200人的，全国股转公司出具同意函。董事会决议时发行对象确定的，申请挂牌公司取得同意函后即可安排认购与缴款事项。董事会决议时发行对象未确定的，申请挂牌公司取得同意函并确定发行对象后，应当更新定向发行说明书，主办券商和律师事务所应当对发行对象、认购合同等法律文件的合法合规性分别出具专项核查意见；更新后的定向发行说明书以及主办券商的补充核查意见、律师事务所的补充法律意见书应当一并提交至审核系统对应的文件条目内，经全国股转公司确认后由申请挂牌公司披露。

5.5.2.2 定向发行股票后股东累计超过 200 人的，全国股转公司出具同意挂牌及发行的审核意见后，将审核意见、注册申请文件及相关审核资料报送中国证监会注册。中国证监会作出同意注册决定后，全国股转公司出具同意函。

中国证监会在注册过程中要求全国股转公司进一步问询的，全国股转公司向申请挂牌公司、主办券商和证券服务机构提出反馈问题，相关主体应当按时逐项回复。中国证监会决定退回全国股转公司补充审核的，全国股转公司审核机构对要求补充审核的事项重新审核，审核通过的，重新向中国证监会报送审核意见、注册申请文件及相关审核资料；审核不通过的，作出终止审核的决定。

董事会决议时发行对象确定的，申请挂牌公司取得中国证监会同意注册决定及全国股转公司同意函后即可安排认购与缴款事项。董事会决议时发行对象未确定的，申请挂牌公司取得中国证监会同意注册决定及全国股转公司同意函并确定发行对象后，应当更新定向发行说明书，主办券商和律师事务所应当对发行对象、认购合同等法律文件的合法合规性分别出具专项核查意见；更新后的定向发行说明书以及主办券商的补充核查意见、律师事务所的补充法律意见书应当一并提交至审核系统对应的文件条目内，经全国股转公司确认后由申请挂牌公司披露。

5.5.3 经全国股转公司审核，申请挂牌公司不符合发行相关要求的，全国股转公司对其定向发行作出终止审核决定；如果申请挂牌公司仍符合股票挂牌相关规定，其股票可以在全国股转系统挂牌。

5.6 认购与缴款

申请挂牌公司取得全国股转公司同意函，且确定具体发行对象后，应当按照以下要求安排发行对象认购缴款：

5.6.1 申请挂牌公司最迟应当在缴款起始日前 1 个交易日通过审核系统提交定向发行认购公告，经全国股转公司确认后披露。认购公告中应当包括股东大会股权登记日、现有股东优先认购安排、发行对象名称、认购数量、认购价格、认购方式、缴款账户、缴款时间等内容。

5.6.2 发行对象应当依据认购公告安排，在缴款期内向缴款账户缴款认购。如需延长缴款期的，申请挂牌公司最迟应当于原缴款截止日披露延期认购公告。延期认购公告最迟应当于原缴款期限届满前 1 个交易日通过审核系统提交，经全国股转公司确认后披露。

5.6.3 申请挂牌公司最迟应当在缴款期限届满后 2 个交易日内通过审核系统提交认购结果公告，经全国股转公司确认后披露。认购结果公告中应当包括最终认购对象名称、认购数量、认购价格、认购金额、募集资金总额等内容。

5.7 签订募集资金专户三方监管协议与验资

申请挂牌公司应当按照本指南第 3.7.1 条、第 3.7.2 条的要求签订募集资金专户三方监管协议与验资。

5.8 提交股票初始登记申请表

申请挂牌公司应当在验资完成且签订募集资金专户三方监管协议后 10 个交易日内，通过审核系统分别上传按照本次发行前和本次发行的股份情况编制的股票初始登记申请表（附件 4-2），以及验资报告、募集资金专户三方监管协议、自愿限售申请材料（如有）（附件 5）、定向发行重大事项确认函（附件 6-3）等文件。

5.9 披露发行情况报告书

申请挂牌公司在提交股票初始登记申请表的同时，应当通过审核系统上传发行情况报告书、主办券商关于发行人是否符合创新层条件的专项意见（如有），经全国股转公司确认后披露。

5.10 办理股份登记和股票挂牌

5.10.1 全国股转公司对申请挂牌公司提交的股票初始登记申请表及相关附件予以确认后，按照发行后的股份情况生成缴费通知单；并将股票初始登记相关信息送达中国结算北京分公司，通知申请挂牌公司和主办券商办理股票登记手续。

5.10.2 主办券商应当协助申请挂牌公司及时缴费，并按照全国股转系统股票挂牌业务的相关要求办理挂牌前信息披露、股票初始登记（定向发行前后股票一并办理）和股票挂牌，确定挂牌交易日期，并在挂牌交易日的前一交易日披露股票挂牌的提示性公告等文件。

5.11 募集资金的使用

申请挂牌公司在完成股票挂牌后，可以按照《定向发行规则》的规定使用募集资金。

5.12 挂牌同时定向发行并进入创新层的特别要求

申请挂牌同时定向发行并进入创新层的公司发行后不符合创新层进入条件的，可以与发行对象在认购合同中约定按照以下措施之一处理本次发行：

5.12.1 继续本次发行。本次发行完成后，申请挂牌公司股票进入全国股转系统基础层挂牌交易；对于不同意股票进入基础层挂牌交易的发行对象，申请挂牌公司应当向其返还认购款并履行认购合同约定的其他补偿义务。

5.12.2 终止本次发行。申请挂牌公司应当向全体发行对象返还认购款并履行认购合同约定的其他补偿义务，申请挂牌公司股票进入全国股转系统基础层挂牌交易。

5.12.3 申请挂牌公司撤回股票挂牌的申请。

6. 特殊程序

6.1 自办发行

6.1.1 挂牌公司最迟应当在股东大会审议通过定向发行说明书等相关议案后 10 个交易日内，委托其持续督导券商向全国股转公司提交发行申请文件（附件 1-2、附件 2-1），无需提供主办券商推荐工作报告和法律意见书。

6.1.2 挂牌公司应当向全国股转公司提交关于发行人及其控股股东、实际控制人、控股子公司、发行对象是否属于失信联合惩戒对象的核查证明文件（证明形式包括但不限于网络查询截图等）及认购合同文件（扫描版）。

6.1.3 全国股转公司对发行申请文件进行审核，需要问询的，通过审核系统向挂牌公司发出审核问询。

挂牌公司原则上应当在 10 个交易日内及时、逐项回复审核问询，补充或者修改申请文件。预计难以在规定时间内回复的，可以通过审核系统申请延期回复。

6.1.4 挂牌公司提交发行申请文件及其后续发行业务流程，适用本指南第 3 条、第 4 条的相关规定。

6.2 授权发行

6.2.1 挂牌公司年度股东大会应当对授权董事会定向发行等相关事项进行审议。

6.2.2 挂牌公司董事会应当根据年度股东大会授权，对本次股票定向发行等有关事项进行审议。

挂牌公司应当在董事会审议本次股票定向发行有关事项后 2 个交易日内披露董事会决议和定向发行说明书等相关公告。

6.2.3 主办券商、律师事务所原则上应当在挂牌公司董事会审议通过定向发行有关事项后 15 个交易日内，出具主办券商定向发行推荐工作报告和法律意见书，挂牌公司应当及时披露。

6.2.4 挂牌公司提交发行申请文件及其后续发行业务流程，适用本指南第 3 条、第 4 条的相关规定。

6.3 分期发行

6.3.1 挂牌公司应当在确定每期发行对象后，编制分期发行说明书，明确发行对象及认购资金来源、发行价格和定价方式、本期股票发行数量、尚未发行股票数量、认购合同摘要、是否符合关于分期发行的要求等。

主办券商和律师事务所应当对本期发行对象、资金来源、认购合同等法律文件的合法合规性，是否符合《定向发行规则》关于分期发行的规定，是否存在重大调整事项等出具专项核查意见。

挂牌公司应当将分期发行说明书和中介机构专项核查意见一并披露。

6.3.2 挂牌公司应当在取得全国股转公司出具同意定向发行的函后 3 个月内，

完成首期发行的缴款验资，并在 12 个月内完成剩余数量股票的发行缴款验资。

挂牌公司应当在每期发行缴款验资后 5 个交易日内通过审核系统向全国股转公司提交股份登记材料，股份登记材料包括验资报告、募集资金专户三方监管协议（附件 3）、股票登记明细表（附件 4-1）、自愿限售申请材料（如有）（附件 5）以及重大事项确认函（附件 6-1）等文件。

挂牌公司无需披露本期发行的情况报告书，应当在最后一期发行缴款验资后，将本次发行情况报告书与最后一期发行新增股票挂牌并公开交易的公告一并披露。

6.3.3 挂牌公司提交发行申请文件及其他发行业务流程，适用本指南第 3 条的相关规定。

6.4 简易程序

挂牌公司定向发行股票适用简易程序的，全国股转公司自受理发行申请文件之日起 3 个交易日内，出具同意定向发行的函或审核意见。其他发行业务流程适用本指南第 3 条、第 4 条的相关规定。

7. 中止审核、终止审核与审核通过／注册生效后终止发行

7.1 中止审核

7.1.1 挂牌公司发生中止审核情形的，主办券商（自办发行除外）及挂牌公司应当及时向全国股转公司报告并提交书面说明。

全国股转公司中止审核后，在审核系统中将审核状态调整为中止。

7.1.2 中止审核情形消除后，主办券商（自办发行除外）、挂牌公司应当及时向全国股转公司报告并提交书面说明。全国股转公司确认后恢复审核，通知挂牌公司及主办券商。

依照前款规定恢复审核的，审核时限自恢复审核之日起继续计算。

7.1.3 申请挂牌公司中止审核程序适用股票挂牌审核的相关规定。全国股转公司中止审核后，在审核系统中将审核状态调整为中止。

7.2 终止审核

全国股转公司受理申请文件后至出具同意定向发行或同意挂牌及发行的审核意见前，发行人出现定向发行终止审核情形的，全国股转公司将终止审核定向发行申请。申请挂牌公司终止审核程序适用股票挂牌审核的相关规定。其中，发行人主动申请终止股票定向发行的，应当按照以下要求办理：

7.2.1 发行人应当召开董事会，审议终止股票定向发行相关议案，挂牌公司应当在审议通过后 2 个交易日内披露相关公告。

7.2.2 除自办发行外，主办券商应当对发行人是否已履行终止股票定向发行程序及信息披露义务出具核查意见（附件 7-2）。

7.2.3 发行人应当在董事会审议通过终止发行事项后 10 个交易日内，向全国

股转公司提交终止股票定向发行申请文件（附件 7-1）及终止股票定向发行的董事会决议。

7.2.4 全国股转公司核实申请文件齐备后，向挂牌公司出具受理通知书。

全国股转公司审核通过后，出具终止审核决定，送达发行人和主办券商。

7.2.5 挂牌公司应当在取得终止审核决定后 2 个交易日内披露相关公告。

7.3 审核通过 / 注册生效后终止发行

7.3.1 全国股转公司出具同意定向发行的函或中国证监会作出同意注册的决定后至新增股票登记手续完成前，挂牌公司出现《定向发行规则》第六十七条第一、三、六项规定情形的，主办券商（自办发行除外）及挂牌公司应当及时向全国股转公司报告，终止股票定向发行，并及时披露终止发行相关公告。

申请挂牌同时定向发行的，在全国股转公司出具同意函或中国证监会同意注册决定后至股票登记手续完成前，申请挂牌公司出现《定向发行规则》第六十七条第一、三、十项规定情形的，终止股票定向发行，并及时披露终止发行相关信息。

7.3.2 全国股转公司出具同意定向发行的函、同意函或中国证监会作出同意注册的决定后至新增股票登记手续完成前，发行人主动终止股票定向发行的，应当按照以下要求办理：

7.3.2.1 发行人应当召开董事会审议通过终止股票定向发行相关议案，挂牌公司在审议通过后 2 个交易日内披露相关公告。

7.3.2.2 除自办发行外，主办券商应当对发行人是否已履行终止股票定向发行程序及信息披露义务出具核查意见，发行人应当及时予以披露。

7.3.3 挂牌公司在全国股转公司出具的同意定向发行的函或中国证监会同意注册的决定有效期截止日前未完成缴款验资的，本次股票发行自动终止。挂牌公司应当及时披露股票定向发行终止公告。

申请挂牌公司在全国股转公司出具的同意挂牌及发行的函或中国证监会同意注册决定有效期截止日前未完成股票挂牌的，本次股票发行自动终止。申请挂牌公司应当按照认购合同关于退款及补偿安排、纠纷解决机制等约定履行相关义务。

附件：1. 股票定向发行申请文件目录

2. 股票定向发行申请报告

3. 募集资金专户三方监管协议

4. 定向发行股票登记明细表

5. 自愿限售申请材料

6. 股票定向发行重大事项确认函

7. 终止股票定向发行申请文件

8. 股票定向发行业务流程图

附件 1：

股票定向发行申请文件目录

1-1 挂牌公司股票定向发行申请文件目录
（普通程序定向发行、授权发行适用）

第一部分 要求披露的文件

1. 定向发行说明书

2. 发行人关于定向发行的董事会决议

3. 发行人关于定向发行的（年度）股东大会决议

4. 发行人监事会的审核意见

5. 主办券商定向发行推荐工作报告

6. 法律意见书

7. 本次定向发行收购资产相关的最近 1 年及 1 期（如有）的财务报告及其审计报告、资产评估报告（如有）

8. 收购类文件（如有）

9. 要求披露的其他文件

第二部分 不要求披露的文件

1. 发行人关于定向发行的申请报告

2. 全体董事对股票定向发行申请文件真实性、准确性和完整性的承诺书

3. 签字注册会计师、律师或者资产评估师的执业证书复印件及其所在机构的执业证书复印件

4. 资产权属证明文件（如有）

5. 资产生产经营所需行业资质的资质证明或批准文件（如有）

6. 国资、外资等相关主管部门的审批、核准或备案文件（如有）

7. 发行人最近 2 年的财务报告和审计报告及最近 1 期（如有）的财务报告

8. 关于申请电子文件与预留文件一致的鉴证意见

9. 主办券商关于定向发行申请文件受理检查要点的落实情况表

10. 挂牌公司及中介机构联系方式

11. 要求报送的其他文件

1-2 挂牌公司股票定向发行申请文件目录

（自办发行适用）

第一部分　要求披露的文件

1. 定向发行说明书

2. 发行人关于定向发行的董事会决议

3. 发行人关于定向发行的股东大会决议

4. 发行人监事会的审核意见

5. 资产相关的最近 1 年及 1 期（如有）的财务报告及其审计报告、资产评估报告（如有）（募集资金用于购买资产情形适用）

6. 要求披露的其他文件

第二部分　不要求披露的文件

1. 发行人关于定向发行的申请报告

2. 本次发行认购合同

3. 全体董事对股票定向发行申请文件真实性、准确性和完整性的承诺书

4. 签字注册会计师或者资产评估师的执业证书复印件及其所在机构的执业证书复印件（如有）

5. 资产权属证明文件（如有）

6. 资产生产经营所需行业资质的资质证明或批准文件（如有）（募集资金用于购买资产情形适用）

7. 国资、外资等相关主管部门的审批、核准或备案文件（如有）

8. 发行人最近 2 年的财务报告和审计报告及最近 1 期（如有）的财务报告

9. 发行人关于失信联合惩戒对象等事项核查过程的证明文件

10. 发行人关于定向发行申请文件受理检查要点的落实情况表

11. 挂牌公司及中介机构联系方式

12. 要求报送的其他文件

1-3 申请挂牌公司股票定向发行申请文件目录

第一部分　要求披露的文件

1. 定向发行说明书

2. 主办券商推荐报告

3. 法律意见书

第二部分　不要求披露的文件

1. 关于股票在全国中小企业股份转让系统挂牌及定向发行的申请报告

2. 董事会决议、股东大会决议、监事会审核意见

3. 公司全体董事对发行申请文件真实性、准确性和完整性的承诺书

4. 关于申请电子文件与预留文件一致的鉴证意见

5. 要求报送的其他文件

附件 2:

股票定向发行申请报告

2-1 挂牌公司股票定向发行申请报告
（普通程序定向发行、自办发行适用）

×××× 股份（有限）公司股票定向发行申请报告

全国中小企业股份转让系统有限责任公司:

×××× 股份（有限）公司经 ×××× 证券股份有限（或有限责任）公司推荐，于 ×××× 年 ×× 月 ×× 日在全国中小企业股份转让系统挂牌，证券简称: ××××，证券代码: ××××。

×××× 于 ×××× 年 ×× 月 ×× 日召开董事会，审议通过了拟进行股票定向发行的决议。×××× 年 ×× 月 ×× 日公司召开股东大会，经出席会议的有表决权股东所持表决权 2/3 以上通过，决议批准本次定向发行。

（情形一，发行后股东累计不超过 200 人的发行适用）截至本次定向发行股权登记日 ×××× 年 ×× 月 ×× 日，我司共有 × 名普通股股东、× 名优先股股东及 × 名可转债持有人。本次定向发行完成后，证券持有人人数合计 × 人 / 预计 × 人。因本次定向发行完成后，证券持有人累计不超过 200 人，依据《非上市公众公司监督管理办法》的规定，豁免向中国证监会申请注册。

本次股票定向发行总计不超过 ×××× 万股。

现特就本次股票定向发行事项提出申请。

（情形二，发行后股东累计超过 200 人的发行适用）截至本次定向发行股权登记日 ×××× 年 ×× 月 ×× 日，我司共有 × 名普通股股东、× 名优先股股东及 × 名可转债持有人。本次定向发行完成后，证券持有人人数合计 × 人 / 预计 × 人。因本次定向发行完成后，证券持有人累计超过 200 人，依据《非上市公众公司监督管理办法》的规定，须向中国证监会申请注册。

本次股票定向发行总计不超过 ×××× 万股。

现特就本次股票定向发行事项提出申请。

（以下无正文）

×××× 股份（有限）公司（加盖公章）

年　月　日

2-2 挂牌公司股票定向发行申请报告
（授权发行适用）

×××× 股份（有限）公司股票定向发行申请报告

全国中小企业股份转让系统有限责任公司：

×××× 股份（有限）公司经 ×××× 证券股份有限（或有限责任）公司推荐，于 ×××× 年 ×× 月 ×× 日在全国中小企业股份转让系统挂牌，证券简称：××××，证券代码：××××。

×××× 于 ×××× 年 ×× 月 ×× 日召开年度股东大会，审议通过了授权董事会于本年度内定向发行股票等相关决议。×××× 于 ×××× 年 ×× 月 ×× 日召开董事会，审议通过了进行股票定向发行的决议。

（情形一，发行后股东累计不超过 200 人的发行适用）截至审议本次定向发行的董事会召开日 ×××× 年 ×× 月 ×× 日，我司共有 × 名普通股股东、× 名优先股股东及 × 名可转债持有人。本次定向发行完成后，证券持有人人数合计 × 人 / 预计 × 人。因本次定向发行完成后，证券持有人累计不超过 200 人，依据《非上市公众公司监督管理办法》的规定，豁免向中国证监会申请注册。本次股票定向发行总计不超过 ×××× 万股。

现特就本次股票定向发行事项提出申请。

（情形二，发行后股东累计超过 200 人的发行适用）截止审议本次定向发行的董事会召开日 ×××× 年 ×× 月 ×× 日，我司共有 × 名普通股股东、× 名优先股股东及 × 名可转债持有人。本次定向发行完成后，证券持有人人数合计 × 人 / 预计 × 人。因本次定向发行完成后，证券持有人累计超过 200 人，依据《非上市公众公司监督管理办法》的规定，须向中国证监会申请注册。本次股票定向发行总计不超过 ×××× 万股。

现特就本次股票定向发行事项提出申请。

（以下无正文）

×××× 股份（有限）公司（加盖公章）

年　月　日

2-3 关于股票在全国中小企业股份转让系统挂牌及定向发行的申请报告

×××× 股份（有限）公司关于股票在全国中小企业股份

转让系统挂牌及定向发行的申请报告

×× 字〔20××〕第 ×× 号　　　　　签发人：×××

全国中小企业股份转让系统有限责任公司：

×× 股份（有限）公司（以下简称公司、本公司）经公司董事会和股东大会审议通过，拟向贵公司申请股票挂牌，并在挂牌同时定向发行股票，现将有关事项报告如下：

一、公司简介

二、股权结构及主要股东情况

三、主要业务、主要产品（服务）

四、最近两年及一期财务简表

五、本次发行事项

公司于 ×××× 年 ×× 月 ×× 日召开董事会，审议通过了拟进行股票定向发行的决议和本次股票定向发行说明书。×××× 年 ×× 月 ×× 日公司召开股东大会，经出席会议的有表决权股东所持表决权 2/3 以上通过，决议批准本次定向发行。

1. 发行对象：本次发行对象合计 × 人／预计 × 人。发行对象包括公司现有股东 × 人，其中董事、监事、高级管理人员、核心员工 × 人，符合投资者适当性管理规定的其他自然人投资者 × 人，法人及其他经济组织投资者 × 人；新增股东 × 人，其中董事、监事、高级管理人员、核心员工 × 人，符合投资者适当性管理规定的其他自然人投资者 × 人，法人及其他经济组织投资者 × 人。

2. 发行前股东人数、发行后股东人数：

3. 发行股份数量或数量上限：

4. 发行价格或价格区间：

5. 预计募集资金金额：

6. 募集资金用途：

公司依法设立且存续满两年；业务明确，具有持续经营能力；公司治理机制健全，合法规范经营；股权明晰，股票发行和转让行为合法合规。×× 证券公司（以下简称"×× 证券"）已与公司签署《推荐挂牌并持续督导协议书》，×× 证券同意推荐公司股票挂牌并愿意为公司提供持续督导服务。

公司及公司董事、监事、高级管理人员理解并同意遵守贵公司发布的规则、细则、指引、指南等规定。

（情形一，发行后股东累计不超过 200 人的发行适用）本次定向发行完成后，股东人数合计×人/预计×人。因本次定向发行完成后，股东累计不超过200人，依据《非上市公众公司监督管理办法》的规定，豁免向中国证监会申请注册。现特就股票挂牌及本次股票定向发行事项向贵公司申请出具同意函。

（情形二，发行后股东累计超过200人的发行适用）本次定向发行完成后，股东人数合计×人/预计×人。因本次定向发行完成后，股东累计超过200人，依据《非上市公众公司监督管理办法》的规定，须向中国证监会申请注册。现特就股票挂牌公开转让及本次股票定向发行事项向贵公司提出申请。

特此申请，请予同意。

（以下无正文）

××××股份（有限）公司（加盖公章）

年　月　日

附件3：

募集资金专户三方监管协议

甲方：_____公司（以下简称"甲方"）

乙方：_____银行_____分行___支行（以下简称"乙方"）

丙方：_____（主办券商）（以下简称"丙方"）

注释：协议甲方是实施募集资金投资项目的法人主体，如果募集资金投资项目由挂牌公司直接实施，则挂牌公司为协议甲方，如果由子公司或者挂牌公司控制的其他企业实施，则挂牌公司、子公司或者挂牌公司控制的其他企业为协议共同甲方。

本协议以全国中小企业股份转让系统股票定向发行相关业务规则中相关条款为依据制定。

为规范甲方募集资金管理，保护投资者合法权益，根据有关法律法规及全国中小企业股份转让系统股票定向发行相关业务规则的规定，甲、乙、丙三方经协商，达成如下协议：

一、甲方已在乙方开设募集资金专项账户（以下简称"专户"），账号为_____，专户金额为_____。该专户仅用于甲方_____（募集资金用途），不得用作其他用途。

二、甲乙双方应当共同遵守《中华人民共和国票据法》《支付结算办法》《人民币银行结算账户管理办法》等法律、行政法规、部门规章。

三、丙方应当依据有关规定指定主办券商负责人或者其他工作人员对甲方募集资金使用情况进行监督。丙方应当依据全国中小企业股份转让系统股票定向发行相关业务规则要求履行持续督导职责，并有权采取现场核查、书面问询等方式行使其监督权。甲方和乙方应当配合丙方的核查与查询。丙方对甲方现场核查时应当同时检查募集资金专户存储情况。

四、甲方授权丙方指定的主办券商负责人 _____、_____ 可以随时到乙方查询、复印甲方专户的资料；乙方应当及时、准确、完整地向其提供所需的有关专户的资料。

主办券商负责人向乙方查询甲方专户有关情况时应当出具本人的合法身份证明；丙方指定的其他工作人员向乙方查询甲方专户有关情况时应当出具本人的合法身份证明和单位介绍信。

五、乙方按月（每月 __ 日之前）向甲方出具对账单，并抄送丙方。

乙方应保证对账单内容真实、准确、完整。

六、甲方一次或者十二个月以内累计从专户中支取的金额超过 _____ 万元或募集资金净额的 _____%（具体金额由甲方与丙方协商确定）的，乙方应当及时以传真方式通知丙方，同时提供专户的支出清单。

七、丙方有权根据有关规定更换指定的主办券商负责人。丙方更换主办券商负责人的，应将相关证明文件书面通知乙方，同时按本协议第十一条的要求向甲方、乙方书面通知更换后的主办券商负责人联系方式。更换主办券商负责人不影响本协议的效力。

八、乙方连续三次未及时向丙方出具对账单或者向丙方通知专户大额支取情况，以及存在未配合丙方调查专户情形的，丙方有权提示甲方及时更换专户，甲方有权单方面终止本协议并注销募集资金专户。

九、本协议自甲、乙、丙三方法定代表人或其授权代表签署并加盖各自单位公章之日起生效，至专户资金全部支出完毕后失效。

十、本协议一式 _____ 份，甲、乙、丙三方各持一份，向全国股转系统报备一份，其余留甲方备用。

十一、联系方式：

　　1. _____ 公司（甲方）

　　地址：_____

　　邮编：_____

　　传真：_____

　　联系人：_____

　　电话：_____

　　手机：_____

Email：_____

2. _____银行_____分行（乙方）

地址：_____

邮编：_____

传真：_____

联系人：_____

电话：_____

手机：_____

Email：_____

3. _____（主办券商）（丙方）

地址：_____

邮编：_____

主办券商负责人 A：_____

电话：_____

手机：_____

Email：_____

传真：_____

主办券商负责人 B：_____

电话：_____

手机：_____

Email：_____

传真：_____

协议签署：

甲方：_____股份（有限）公司（盖章）

法定代表人或授权代表：_____

20__年__月__日

乙方：____银行____分行_____支行（盖章）

法定代表人或授权代表：_____

20__年__月__日

丙方：_____证券股份有限（或有限责任）公司（盖章）

法定代表人或授权代表：_____

20__年__月__日

附件4：

定向发行股票登记明细表

4-1 挂牌公司本次定向发行股票登记明细表

公司全称：××××股份（有限）公司（盖章）　证券简称：××××　证券代码：××××　主办券商：××证券

序号	股东姓名或名称	是否为董事、监事、高级管理人员	身份证号或统一社会信用代码	投资者类型（基础层投资者／创新层投资者／受限投资者）	是否为做市股份	本次定向发行新增股票数量（股）	本次限售股票数量（股）	不予限售的股票数量（股）
1								
2								
合计								

4-2 申请挂牌公司股票初始登记申请表

公司全称：××××股份（有限）公司（盖章）　证券简称：××××　证券代码：××××

本次发行前股份情况

序号	股东名称	是否为董事、监事、高级管理人员	是否为控股股东、实际控制人、一致行动人	身份证号或注册号	是否为做市商	做市股份数量（股）	挂牌前12个月内受让自控股股东、实际控制人的股份数量（股）*	因司法裁决、继承等原因而获得有限售条件股票的数量（股）*	质押股份数量（股）*	司法冻结股份数量（股）*	截至本次定向发行前持股数量（股）	不予限售的股份数量（股）	限售股份数量（股）	特别表决权股份数量（股）*	每份特别表决权股份对应表决权数量（票）*
1															
合计															

本次发行股份情况

序号	股东名称	是否为董事、监事、高级管理人员	是否为控股股东、实际控制人、一致行动人	身份证号或注册号	是否为做市商	做市股份数量（股）	本次定向发行新增股份数量（股）	投资者类型（基础层投资者／创新层投资者／受限投资者）	不予限售的股份数量（股）	限售股份数量（股）
1										
合计										

（备注：拟采取做市交易方式的股票，做市商取得的做市库存股票应登记在做市专用证券账户。）

附件 5：

自愿限售申请材料

5-1 ×××× 股份（有限）公司及相关股东关于提请协助办理限售股票登记的申请书

全国中小企业股份转让系统有限责任公司：

　　×××× 股份（有限）公司（公司简称：××××；证券代码：××××）×× 等 ×× 名股东自愿锁定其持有 ×××× 股份（有限）公司的股票（具体锁定股票数量和锁定时间详见附表），经与 ×××× 股份（有限）公司协商一致，现向全国中小企业股份转让系统有限责任公司申请协助办理限售股票登记，以便于在中国证券登记结算有限责任公司办理上述限售股票登记手续。

　　　　　　　　　　　申请人：×××× 股份（有限）公司（加盖公章）

　　　　　　　　　　　股东 ××（自然人签字、法人及其他经济组织盖章）

　　　　　　　　　　　　　　　　　　　年　月　日

5-2 ×× 证券公司关于 ×××× 股份（有限）公司自愿限售股票申请限售登记的审查意见

全国中小企业股份转让系统有限责任公司：

　　经核查，×××× 股份（有限）公司（公司简称：××××；证券代码：××××）××、×× 等 ×× 名股东与 ×××× 股份（有限）公司协商一致，承诺自愿锁定其持有××××股份（有限）公司的股票，××××股份（有限）公司于××××年××月××日向贵司提交的《××××股份（有限）公司及相关股东关于提请协助办理限售股票登记的申请书》真实、准确、完整，××、××等××名股东在《××××股份（有限）公司及相关股东关于提请协助办理限售股票登记的申请书》上的签字或盖章为其本人自愿、真实签署。

项目负责人（签名）

××证券（加盖公章）

年　月　日（提交日期）

附表

发行人股东所持股票限售明细表（*.xls 格式）

公司全称：××××股份（有限）公司　　证券简称：××××　　证券代码：××××

序号	股东名称	任职	是否为控股股东、实际控制人	身份证号或统一社会信用代码	本次股票定向发行新增的股票数量（股）	本次定向发行新增的无限售股票数量（股）	本次申请限售登记股票数量（股）			自愿限售股票时间
							法定限售数量	自愿限售数量*	限售数量合计*	
1										
2										
合计										

主办券商　加盖公章

××××年××月××日

附件6：

股票定向发行重大事项确认函

6-1 股票定向发行重大事项确认函
（普通程序定向发行、授权发行适用）

由我司推荐的 ＿＿＿＿ 公司股票定向发行申请已经全国中小企业股份转让系统有限责任公司审核通过/中国证监会注册，取得了股票定向发行同意定向发行的函/同意注册的决定，且该公司已按规定完成了股票定向发行，现申请新增股票登记。

截至该确认函提交之日，我司确认：

1. 该公司及发行对象符合《公司法》《非上市公众公司监督管理办法》《全国中小企业股份转让系统股票定向发行规则》等法律法规、部门规章和业务规则关于股票定向发行的相关规定。

2. （情形一）该公司不存在《全国中小企业股份转让系统股票定向发行规则》规定的在完成新增股票登记前不得使用募集资金的情形。

（情形二）根据《全国中小企业股份转让系统股票定向发行规则》有关规定，该公司存在×××等不得在完成新增股票登记前使用募集资金的情形，并承诺在完成新增股票登记前不使用募集资金。经我司核查，发行人不存在提前使用募集资金的情形。

3. 该公司不存在《全国中小企业股份转让系统股票定向发行规则》规定的终止审核情形以及其他影响本次发行的重大事项。

4. 该公司本次发行不存在涉嫌违反国家产业政策或全国股转系统定位的情形，不存在重大敏感事项、重大无先例情况、重大舆情、重大违法线索。

5. 该公司不存在严重损害投资者合法权益和社会公共利益的其他情形。

项目负责人（签名）

×× 证券（加盖公章）

年　月　日（提交日期）

6-2 股票定向发行重大事项确认函
（自办发行适用）

　　本公司股票定向发行申请已经全国中小企业股份转让系统有限责任公司审核通过／中国证监会注册，取得了股票定向发行同意定向发行的函／同意注册的决定，且本公司已按规定完成了股票定向发行，现申请新增股票登记。

　　截至该确认函提交之日，我司确认：

　　1. 本公司及发行对象符合《公司法》《非上市公众公司监督管理办法》《全国中小企业股份转让系统股票定向发行规则》等法律法规、部门规章和业务规则关于股票定向发行的相关规定。

　　2.（情形一）本公司不存在《全国中小企业股份转让系统股票定向发行规则》规定的在完成新增股票登记前不得使用募集资金的情形。

　　（情形二）根据《全国中小企业股份转让系统股票定向发行规则》有关规定，本公司存在×××等不得在完成新增股票登记前使用募集资金的情形，并承诺在完成新增股票登记前不使用募集资金。

　　3. 本公司不存在《全国中小企业股份转让系统股票定向发行规则》规定的终止审核情形以及其他影响本次发行的重大事项。

　　4. 本公司本次发行不存在涉嫌违反国家产业政策或全国股转系统定位的情形，不存在重大敏感事项、重大无先例情况、重大舆情、重大违法线索。

　　5. 本公司不存在严重损害投资者合法权益和社会公共利益的其他情形。

　　　　　　　　　　　　　　　　　　法定代表人（签名）

　　　　　　　　　　　　　　××××股份（有限）公司（加盖公章）

　　　　　　　　　　　　　　　　年　月　日（提交日期）

6-3 股票定向发行重大事项确认函
（挂牌同时定向发行适用）

　　由我司推荐的 _____ 公司股票定向发行申请已经全国中小企业股份转让系统有限责任公司同意／中国证监会注册，取得了股票定向发行同意函／注册文件，且该公司已按规定完成了股票定向发行，现申请股票登记。

　　截至该确认函提交之日，我司确认：

　　1. 该公司及发行对象符合《公司法》《非上市公众公司监督管理办法》《全

国中小企业股份转让系统股票定向发行规则》等法律法规、部门规章和业务规则关于股票定向发行的相关规定。

2. 该公司不存在完成挂牌前提前使用募集资金的情形，并承诺在完成挂牌前不使用募集资金。

3. 该公司不存在《全国中小企业股份转让系统股票定向发行规则》规定的终止审核情形以及其他影响本次发行的重大事项。

4. 该公司本次发行不存在涉嫌违反国家产业政策或全国股转系统定位的情形，不存在重大敏感事项、重大无先例情况、重大舆情、重大违法线索。

5. 该公司不存在严重损害投资者合法权益和社会公共利益的其他情形。

项目负责人（签名）

×× 证券（加盖公章）

年　月　日

附件 7：

终止股票定向发行申请文件

7-1 ××××股份（有限）公司关于终止股票定向发行的申请

全国中小企业股份转让系统有限责任公司：

××××股份（有限）公司（公司简称：××××；证券代码：××××）已按照《全国中小企业股份转让系统股票定向发行规则》的规定，履行了内部审议程序，并于××××年××月××日向全国中小企业股份转让系统有限责任公司提交了《××××股份（有限）公司股票定向发行申请报告》/《××××股份（有限）公司关于股票在全国中小企业股份转让系统挂牌及定向发行的申请报告》及相关文件。

现因×××（请详细说明终止原因），本公司决定终止本次股票定向发行，并于××××年××月××日根据股东大会授权召开董事会，审议通过了终止本次股票定向发行的议案，上述董事会决议和终止股票定向发行的公告已及时披露。

法定代表人（签名）

××××股份（有限）公司（加盖公章）

年　月　日

7-2 ×× 证券公司关于 ×××× 股份（有限）公司终止股票定向发行的核查意见

全国中小企业股份转让系统有限责任公司：

经核查，×××× 股份（有限）公司（公司简称：××××；证券代码：×××× ）已按照《全国中小企业股份转让系统股票定向发行规则》的规定，履行了内部审议程序，并于 ×××× 年 ×× 月 ×× 日向全国中小企业股份转让系统有限责任公司提交了《×××× 股份（有限）公司股票定向发行申请报告》/《×××× 股份（有限）公司关于股票在全国中小企业股份转让系统挂牌及定向发行的申请报告》及相关文件。

现因 ×××（请详细说明终止原因），×××× 公司决定终止本次股票定向发行，并于 ×××× 年 ×× 月 ×× 日根据股东大会授权召开董事会，审议通过终止本次股票定向发行的议案。

经核查，×××× 公司终止股票定向发行程序合法合规，并已及时履行了信息披露义务。《×××× 股份（有限）公司关于终止股票定向发行的申请》及相关文件真实、准确、完整。

项目负责人（签名）

×× 证券（加盖公章）

年　　月　　日

附件8：

股票定向发行业务流程图

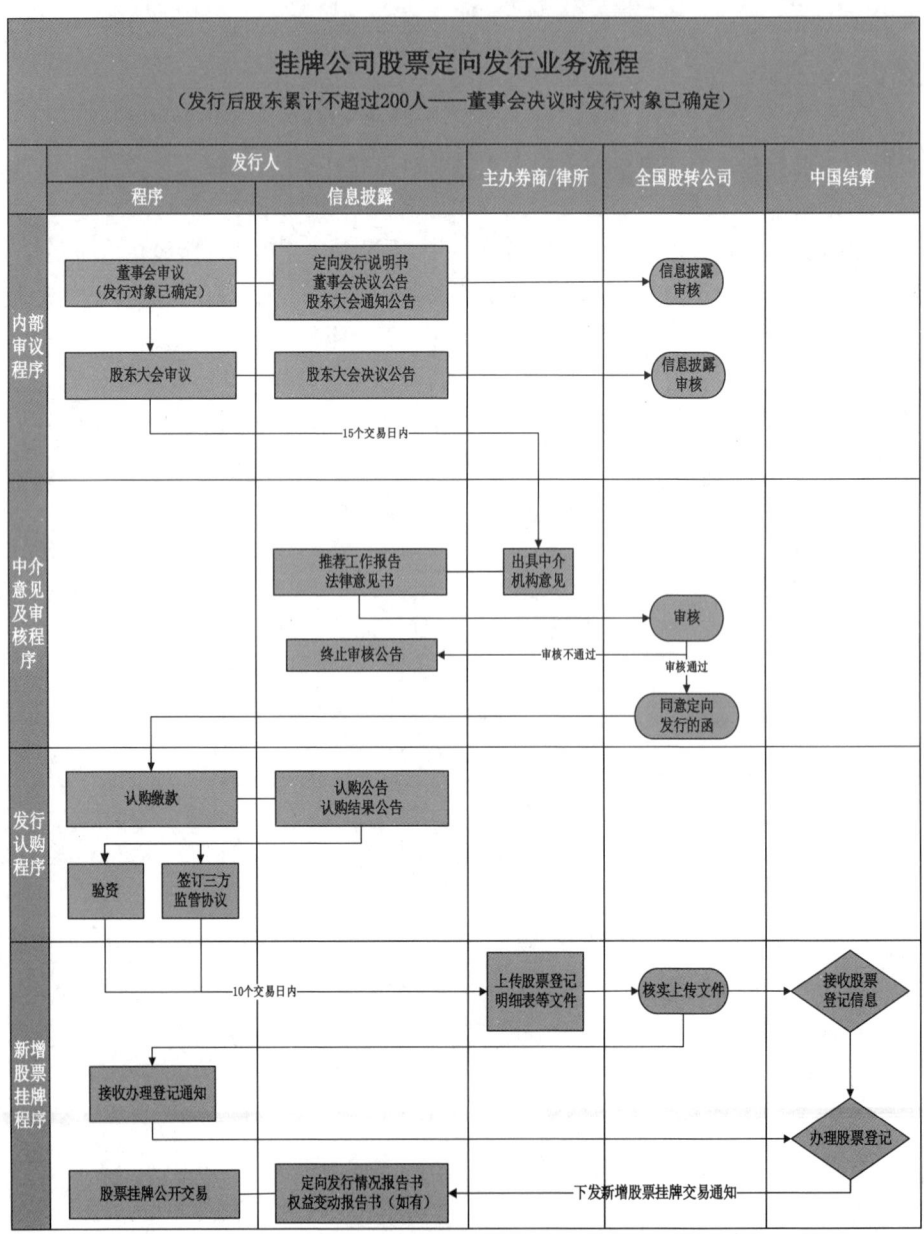

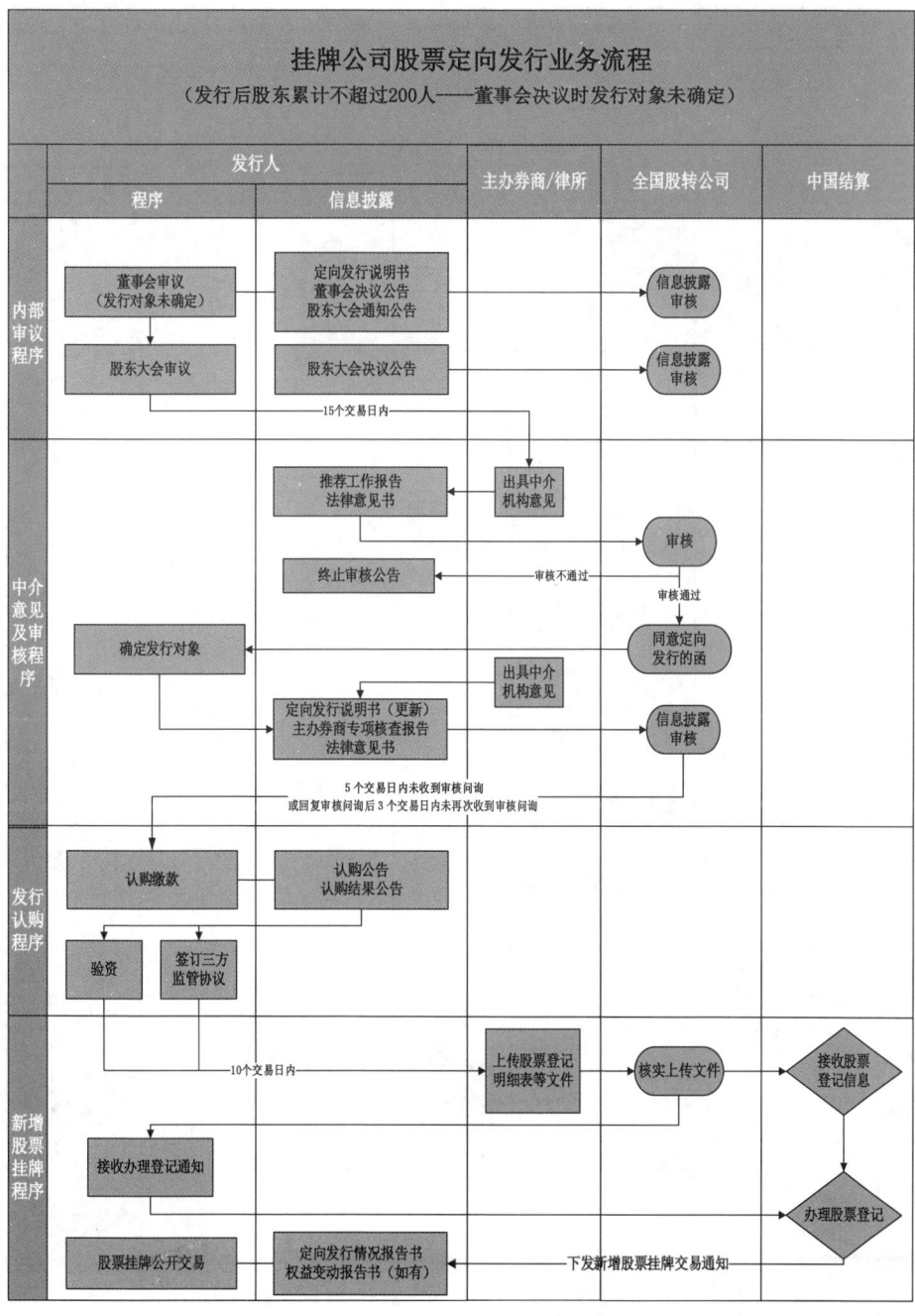

挂牌公司股票定向发行业务流程
（发行后股东累计不超过200人——董事会决议时发行对象未确定）

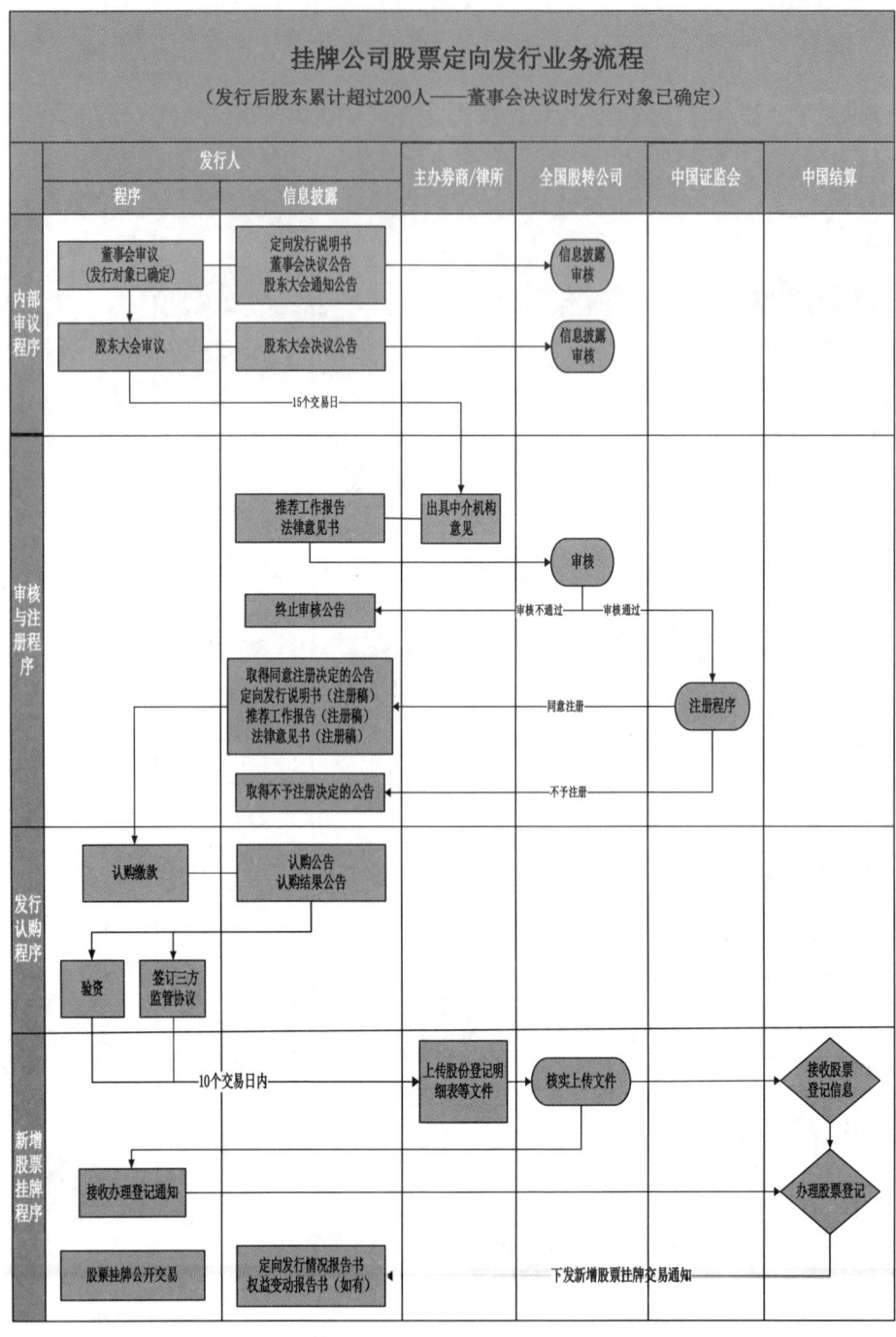

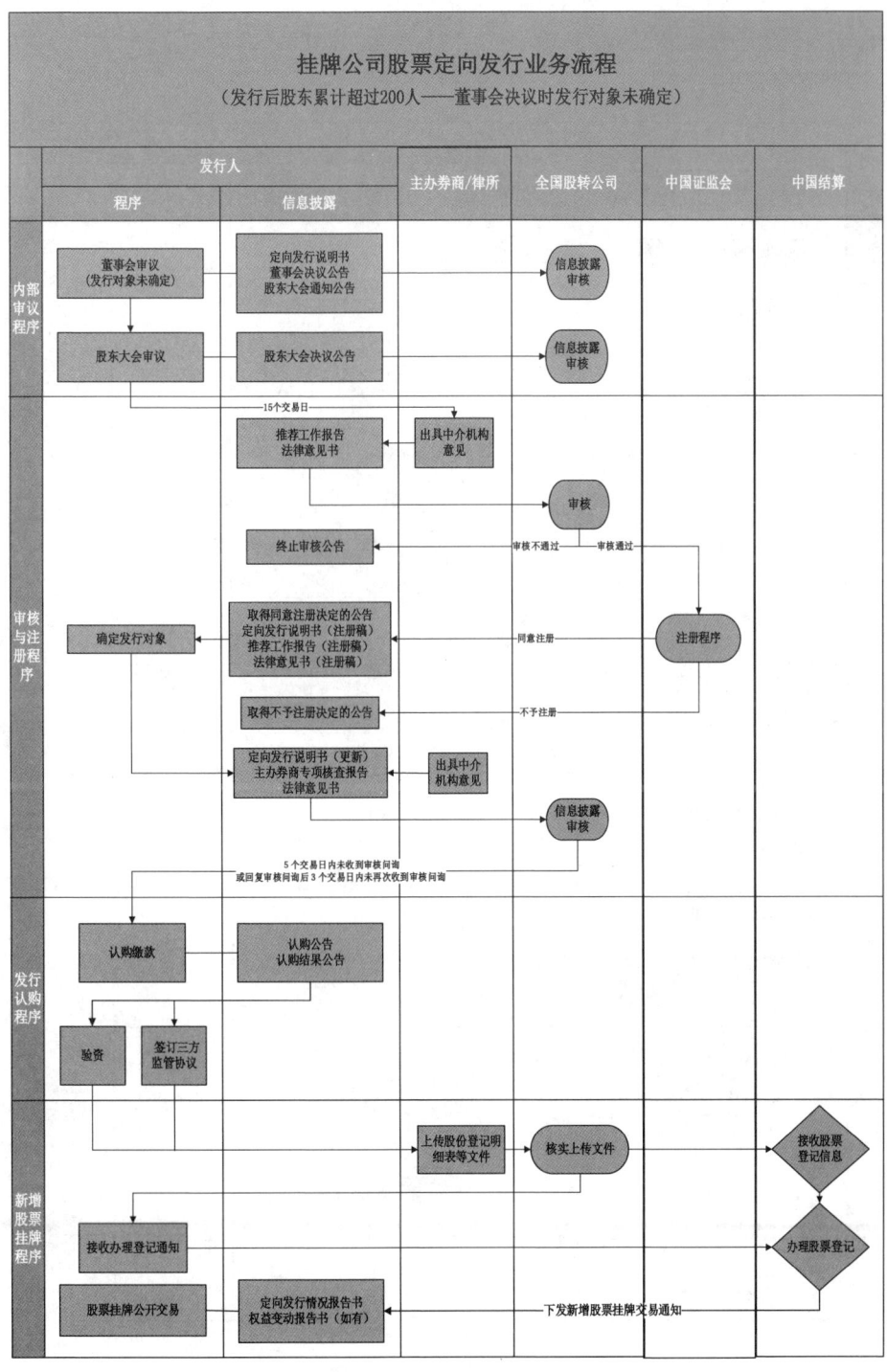

挂牌公司股票定向发行业务流程
（发行后股东累计超过200人——董事会决议时发行对象未确定）

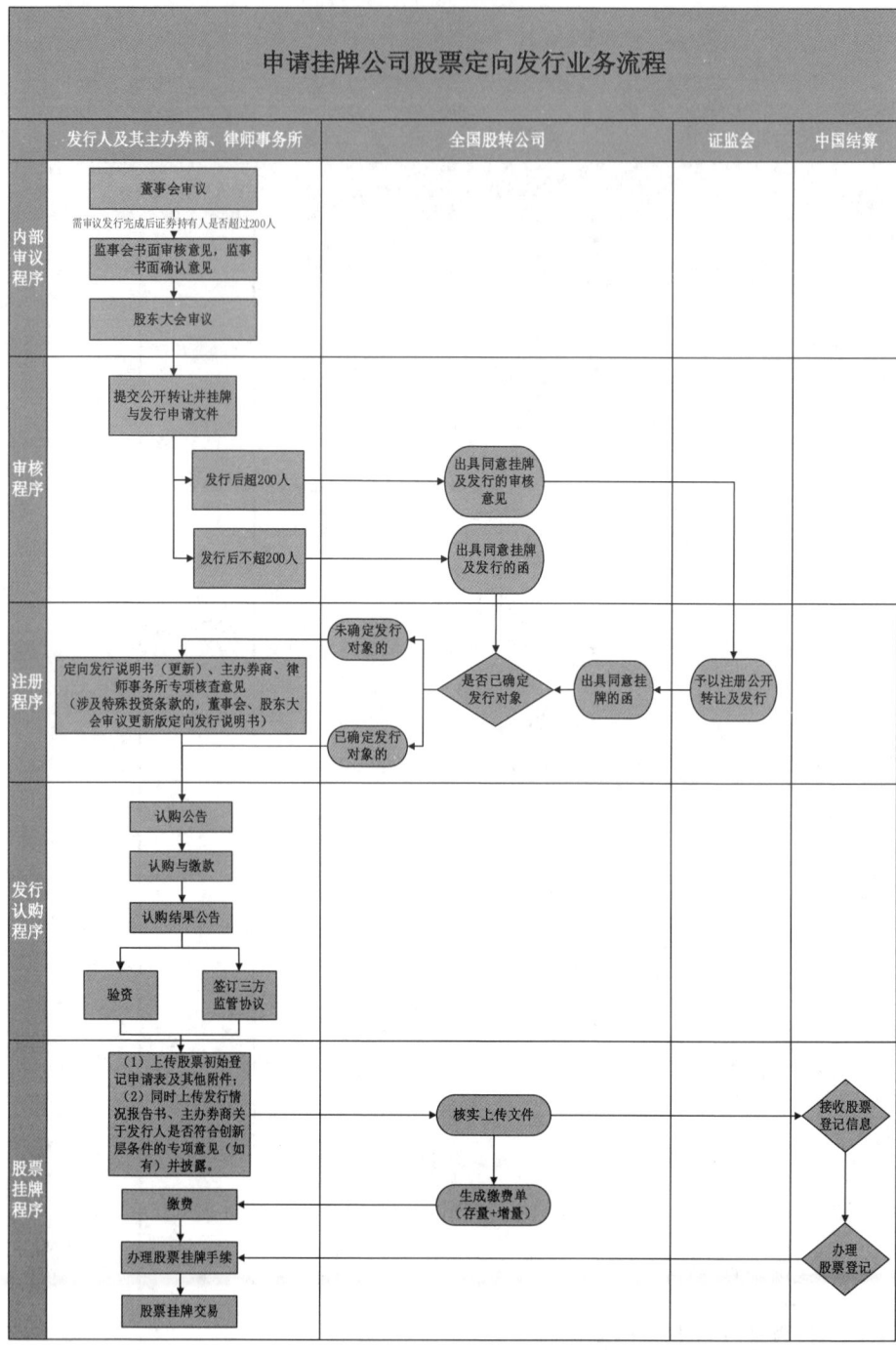

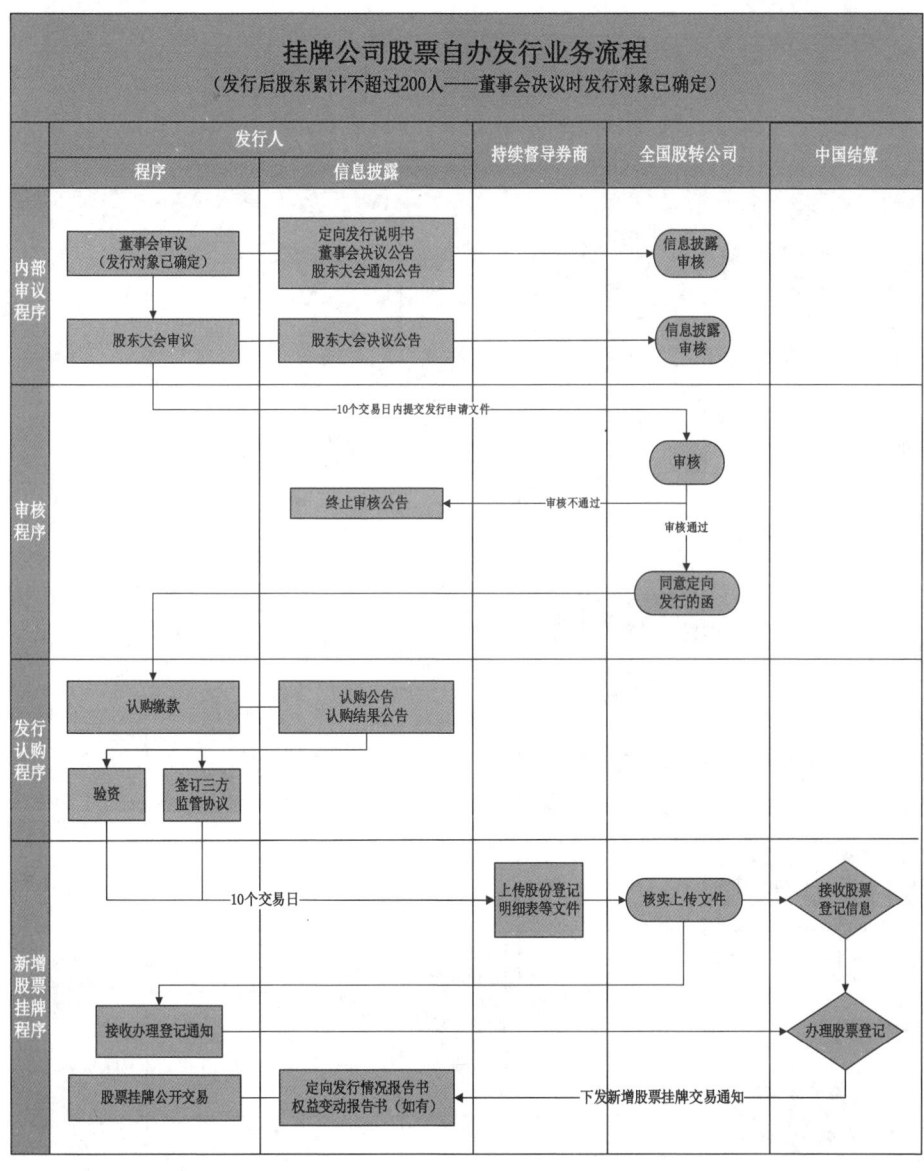

挂牌公司股票自办发行业务流程
（发行后股东累计不超过200人——董事会决议时发行对象已确定）

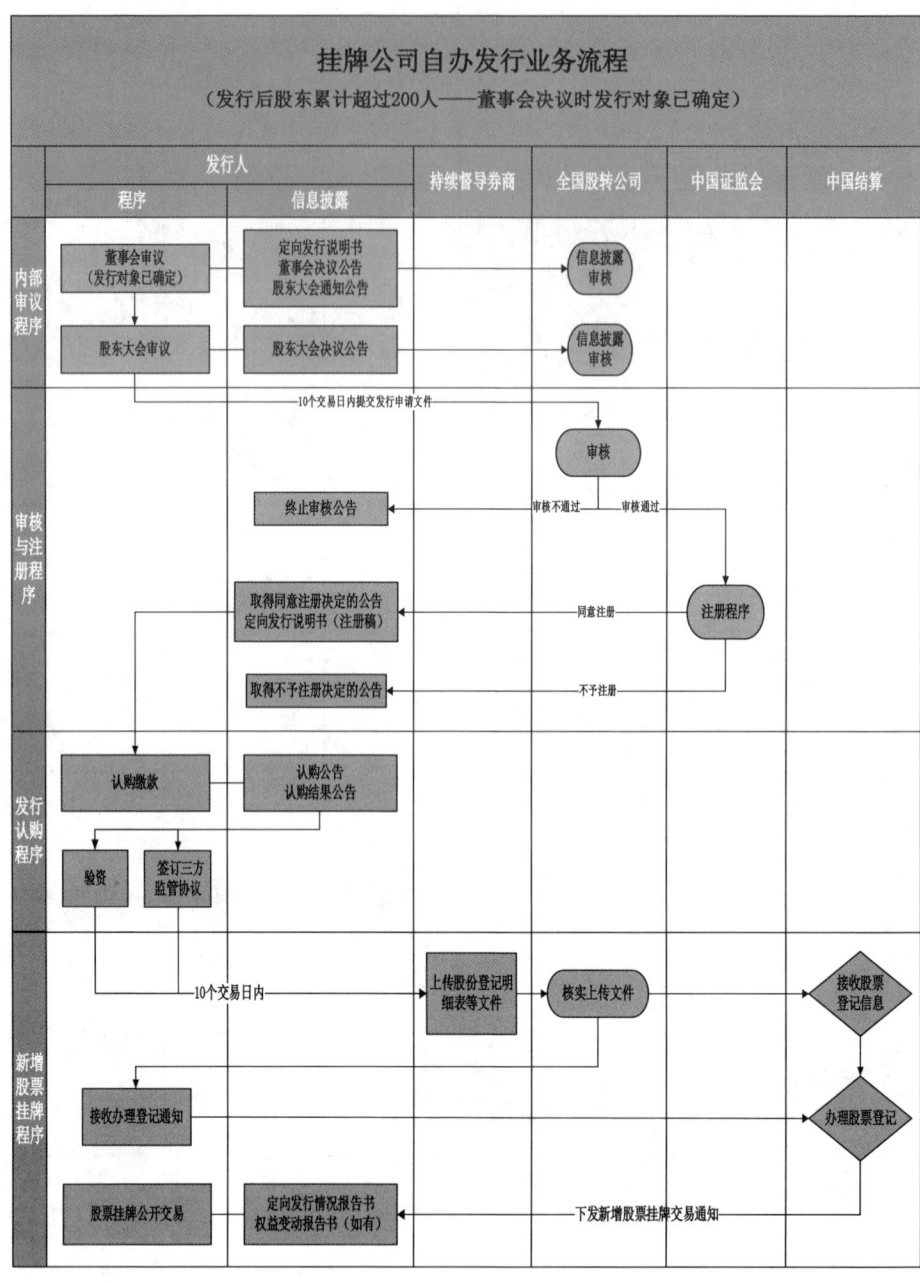

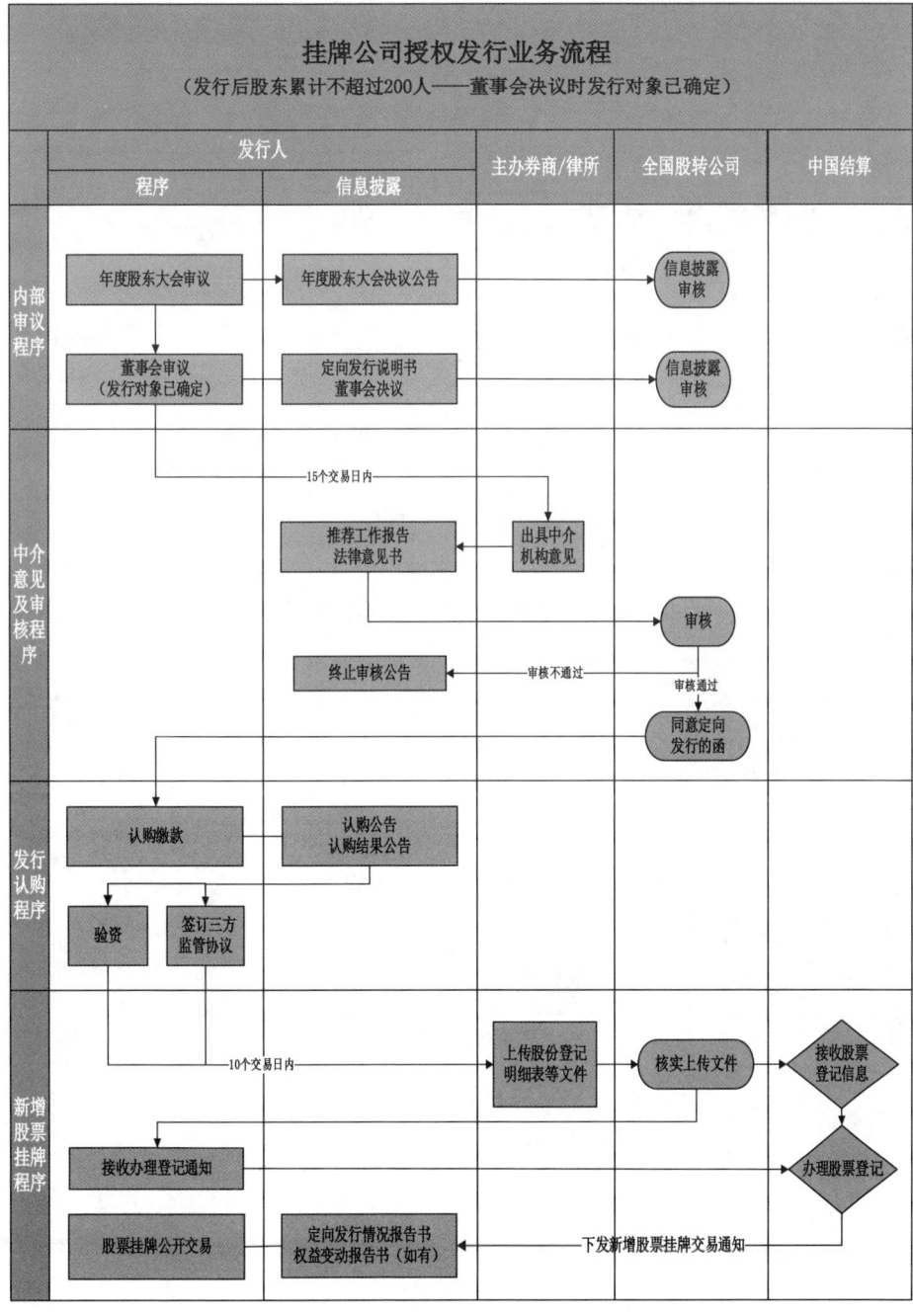

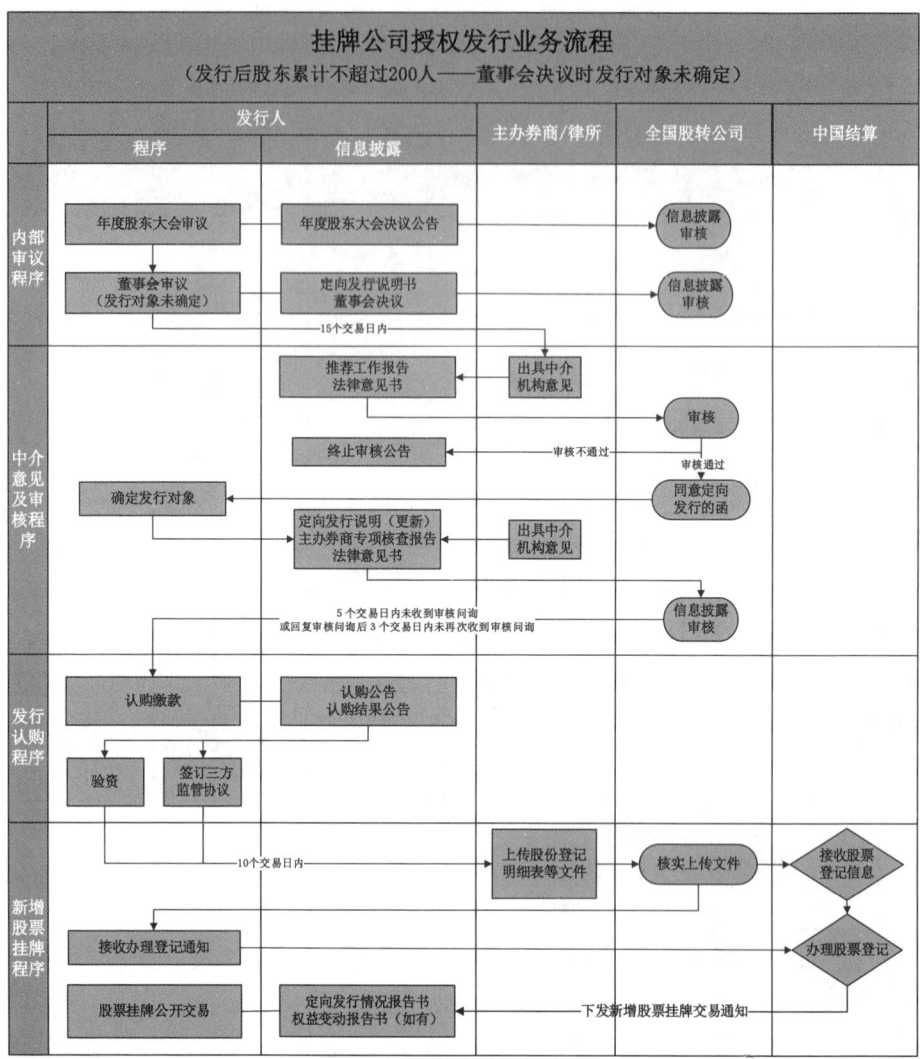

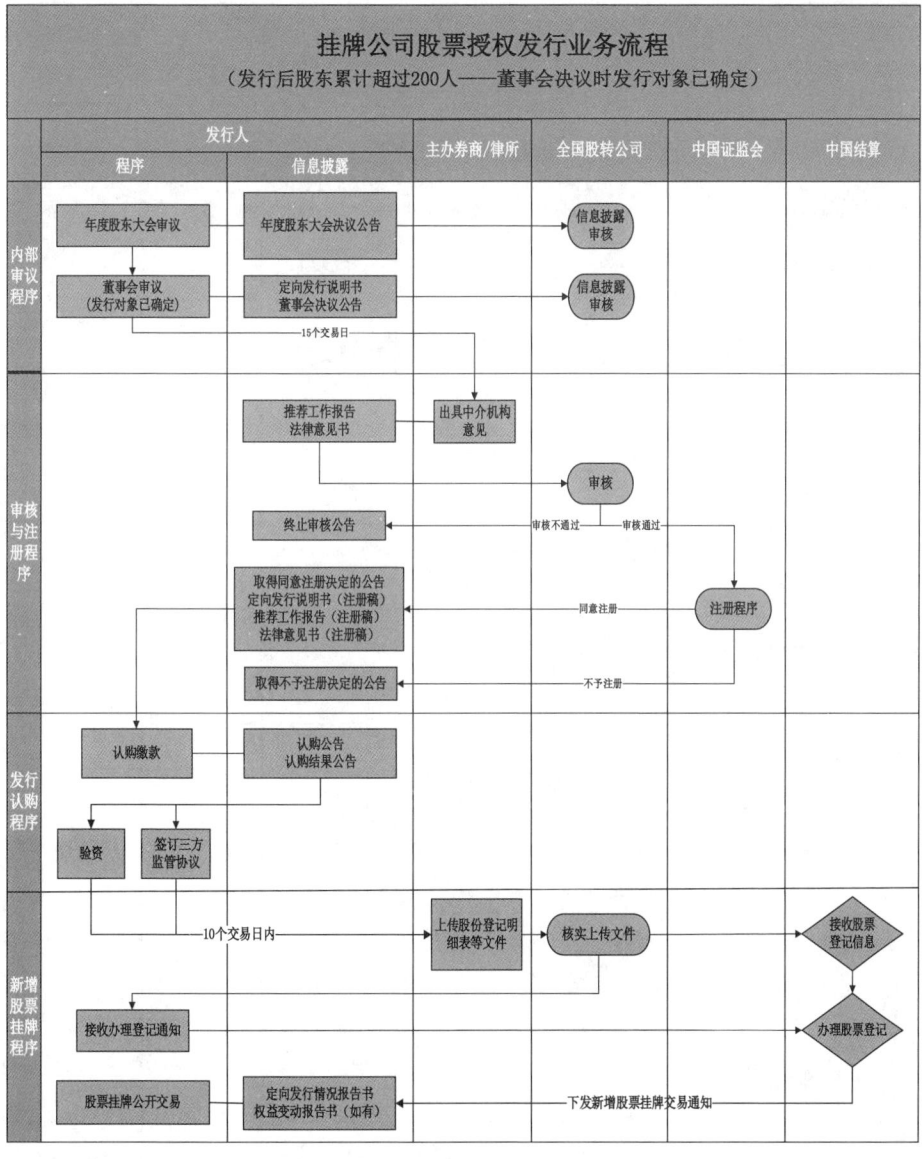

挂牌公司股票授权发行业务流程
（发行后股东累计超过200人——董事会决议时发行对象已确定）

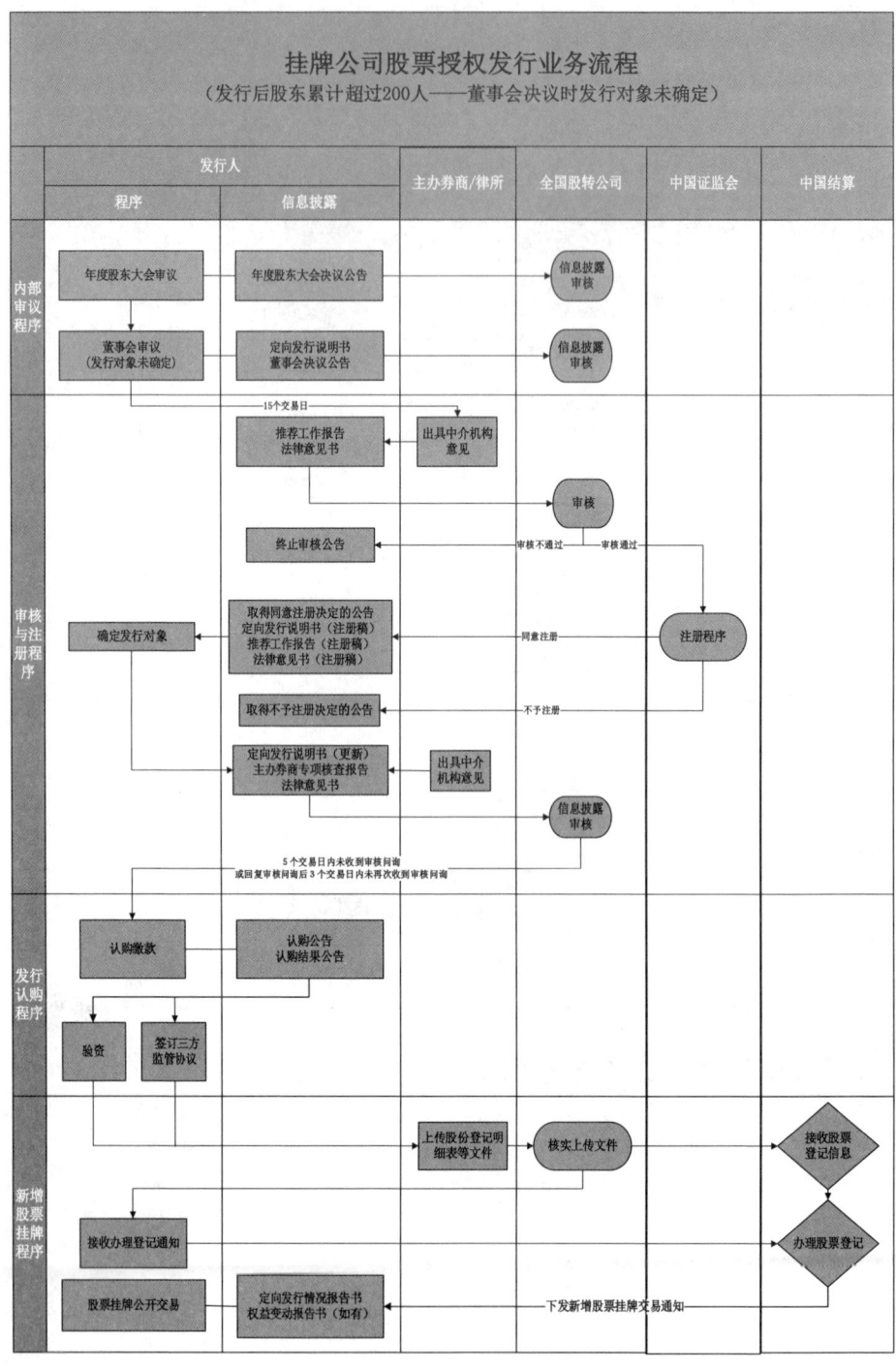

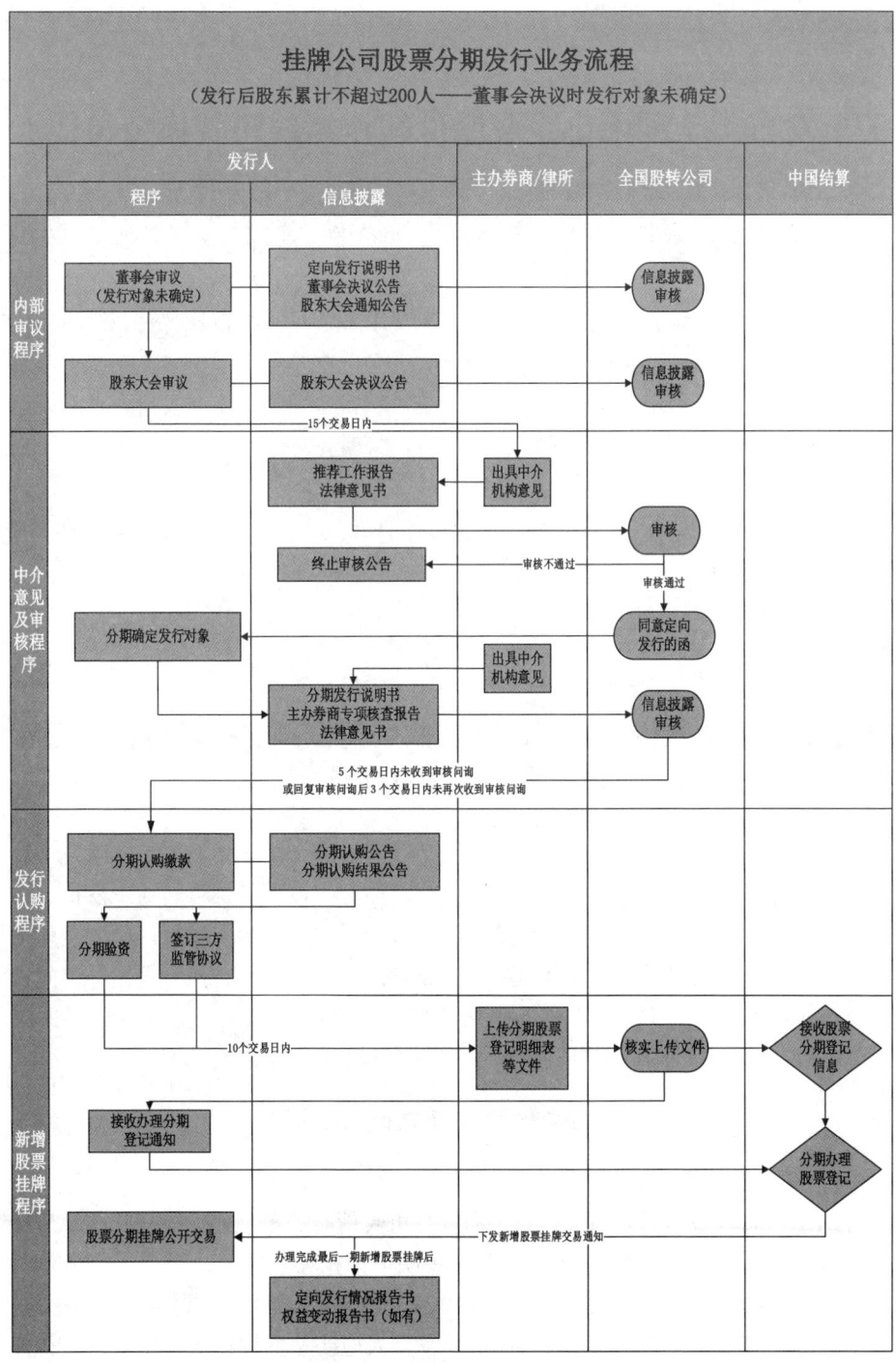

挂牌公司股票分期发行业务流程
（发行后股东累计不超过200人——董事会决议时发行对象未确定）

关于发布《全国中小企业股份转让系统可转换公司债券定向发行业务指南第 1 号——发行和挂牌》的公告

（股转公告〔2023〕50 号　2023 年 2 月 17 日）

为落实全面实行股票发行注册制的有关要求，进一步规范挂牌公司、申请挂牌公司可转换公司债券定向发行和挂牌行为，全国中小企业股份转让系统有限责任公司修订了《全国中小企业股份转让系统可转换公司债券定向发行业务指南第 1 号——发行和挂牌》，现予以发布，自发布之日起施行。

特此公告。

附件：全国中小企业股份转让系统可转换公司债券定向发行业务指南第 1 号——发行和挂牌

附件

全国中小企业股份转让系统可转换公司债券定向发行业务指南第 1 号——发行和挂牌

为了规范全国中小企业股份转让系统（以下简称全国股转系统）挂牌公司和申请挂牌公司（以下合称发行人）可转换公司债券（以下简称可转债）发行、挂牌业务办理流程，根据《全国中小企业股份转让系统股票定向发行规则》（以下简称《定向发行规则》）、《全国中小企业股份转让系统可转换公司债券定向发行与转让业务细则》（以下简称《业务细则》）、《全国中小企业股份转让系统股票定向发行业务规则适用指引第 1 号》等业务规则，制定本指南。

1. 挂牌公司可转债发行业务流程

1.1 董事会审议环节

1.1.1 发行人应召开董事会，对定向发行可转债有关事项作出决议并在 2 个交易日内披露董事会决议及定向发行可转债说明书等相关公告。

1.1.2 董事会就可转债发行事项表决时，董事拟参与认购或与发行对象有关联关系的，应当回避表决；未回避表决的，发行人应当按照回避表决要求重新召开董事会进行审议。

1.1.3 发行人应当与发行对象签订可转债认购合同。认购合同应当载明发行对象拟认购可转债的数量或数量区间、票面金额、票面利率或其确定原则、转股价格及其调整的原则及方式、可转债还本付息期限和方式、保护债券持有人权利的具体安排、债券持有人会议的程序和决议生效条件、回售条款、赎回条款、发行终止后的退款及补偿安排、纠纷解决机制，以及其他必要条款。

董事会决议时发行对象确定的，应当在认购合同中约定，本合同在本次可转债发行经发行人董事会、股东大会批准并经全国中小企业股份转让系统有限责任公司（以下简称全国股转公司）出具同意定向发行可转债的函，或取得中国证监会同意注册的决定后生效。

发行人与发行对象签订的可转债认购合同应当载明风险揭示条款（附件10），向投资者充分揭示可转债投资风险，并在定向发行可转债说明书中充分披露可能存在的条款实施或调整风险。

主办券商应当向首次参与定向可转债转让的投资者全面介绍定向可转债的产品特征和相关制度规则，充分揭示投资风险，并按照风险揭示条款的相关内容，要求投资者签署《风险揭示书》。

1.1.4 发行人监事会应当对董事会编制的可转债定向发行文件进行审核并提出书面审核意见，监事应当签署书面确认意见。

1.2 股东大会审议环节

1.2.1 发行人应召开股东大会，对可转债发行等事项作出决议，并履行回避表决程序，未回避表决的，发行人应当按照回避表决要求重新召开股东大会进行审议。

1.2.2 发行人应当在股东大会审议通过可转债发行有关事项后的 2 个交易日内披露股东大会决议等公告。

1.2.3 发行对象以非现金资产认购的，应当最晚与股东大会通知公告一并披露标的资产涉及的审计报告或评估报告。

1.3 中介机构出具专项意见

主办券商、律师事务所原则上应当在发行人股东大会审议通过可转债发行有关事项后 15 个交易日内，分别出具主办券商推荐工作报告和法律意见书。有特殊情况的，主办券商、律师事务所可以通过审核系统申请延期出具专项意见。

1.4 提交发行申请文件

1.4.1 发行人应当在中介机构出具专项意见后予以披露，并委托主办券商向全国股转公司报送可转债发行申请文件（附件 1-1、附件 2-1）。

发行人在提交发行申请文件的同时，应当向全国股转公司提交本次发行可转债证券简称及证券代码申请书（附件 3），以及经发行人法定代表人或其授权代表签字并加盖发行人公章的可转债转让服务协议（一式四份，模板参见附件 4）。

发行人法定代表人授权他人代为签字的，需同时提供授权委托书原件。

可转债证券代码和证券简称应当符合全国股转系统的有关规定，证券代码为"810×××"，证券简称为"××定转"，其中"××"取自挂牌公司股票简称。

1.4.2 全国股转公司在收到申请文件后2个交易日内作出受理或者不予受理的决定。

申请文件齐备的，出具受理通知书；申请文件不齐备的，告知发行人需要补正的事项。申请文件一经受理，未经全国股转公司同意，发行人不得增加、撤回或变更。

1.4.3 挂牌公司应当在取得受理通知书后2个交易日内披露关于收到全国股转公司可转债定向发行受理通知书的公告。

1.5 发行申请文件审核

1.5.1 全国股转公司对可转债发行申请文件进行审核，需要问询的，通过审核系统向发行人及中介机构发出审核问询。

1.5.2 发行人及其主办券商、证券服务机构应当按照规定回复审核问询事项。原则上应当在10个交易日内按照审核问询要求进行必要的补充调查和核查，及时、逐项回复审核问询事项，补充或者修改相应申请文件。预计难以在规定时间内回复的，发行人等相关主体应当通过审核系统申请延期回复。

1.6 出具审核意见及注册程序的衔接

1.6.1 发行后证券持有人累计不超过200人

1.6.1.1 全国股转公司在受理后20个交易日内形成审核意见，根据审核情况出具同意定向发行可转债的函，或者作出终止审核的决定。

1.6.1.2 可转债的中止审核与终止审核事宜，按照《定向发行规则》中关于中止审核与终止审核的有关规定执行。

1.6.1.3 发行人应当在取得全国股转公司出具的同意定向发行可转债的函或作出中止审核、终止审核决定后2个交易日内披露相关公告。

经全国股转公司审核，发行人及其主办券商、证券服务机构修改申请文件的，发行人还应当同步更新披露修改后的定向发行说明书、主办券商定向发行推荐工作报告、法律意见书等文件。

1.6.2 发行后证券持有人累计超过200人

1.6.2.1 全国股转公司在受理后20个交易日内出具审核意见，或者作出终止审核的决定。

1.6.2.2 全国股转公司审核通过后，向中国证监会报送审核意见、相关审核资料和定向发行可转债申请文件。

中国证监会要求全国股转公司进一步问询的，全国股转公司向发行人及其主办券商、证券服务机构提出反馈问题。相关主体应当按照规定逐项回复。

中国证监会在注册程序中，决定退回全国股转公司补充审核的，全国股转公司对要求补充审核的事项重新审核。审核通过的，重新向中国证监会报送审核意见和相关材料；审核不通过的，作出终止审核的决定。

1.6.2.3 经中国证监会注册，发行人及其主办券商、证券服务机构修改申请文件的，发行人应当在中国证监会作出同意注册的决定后，及时更新披露修改后的定向发行可转债说明书、主办券商推荐工作报告、法律意见书等文件。

1.6.2.4 发行人应当在全国股转公司作出中止审核、终止审核决定以及中国证监会作出中止注册、恢复注册、终止注册、同意注册或不予注册的决定后2个交易日内披露相关公告。

1.7 定价、认购与缴款

1.7.1 董事会决议时发行对象确定的，全国股转公司出具同意定向发行可转债的函或者中国证监会作出同意注册的决定后，发行人可以安排发行对象认购缴款。

1.7.1.1 发行人应当于缴款起始日前披露可转债发行认购公告。认购公告中应当包括股东大会股权登记日、现有股东优先认购安排、发行对象名称、票面金额、认购数量、票面利率、认购方式、缴款账户、缴款时间、转股价格等内容。

1.7.1.2 发行对象应当依据认购公告安排，在缴款期内向缴款账户缴款认购。如需延长缴款期的，发行人最迟应当于原缴款截止日披露延期认购公告。

1.7.1.3 发行人最迟应当于缴款期限届满后2个交易日内披露认购结果公告。认购结果公告中应当包括最终认购对象名称、票面金额、认购数量、票面利率、募集资金总额、转股价格、转股来源等内容。

1.7.2 董事会决议时发行对象未确定的，发行人在全国股转公司出具同意定向发行可转债的函或者中国证监会作出同意注册的决定后应当及时确定具体发行对象，并在确定发行对象后按照以下流程办理：

1.7.2.1 发行人应当及时更新定向发行可转债说明书。主办券商和律师事务所应当对发行对象、认购合同等法律文件的合法合规性发表专项核查意见。

1.7.2.2 发行人应当及时将更新后的定向发行可转债说明书和中介机构专项核查意见一并披露。

1.7.2.3 发行人在披露更新后的定向发行可转债说明书和中介机构专项核查意见后2个交易日内未收到审核问询的，可以按照本指南第1.7.1条的规定安排认购事宜。

发行人在披露相关文件后2个交易日内收到审核问询的，发行人及其主办券商、律师事务所原则上应当在10个交易日内及时、逐项回复审核问询事项，补充或者修改相关文件。发行人在回复全国股转公司审核问询后2个交易日内未再次收到审核问询的，应当根据审核问询情况更新信息披露文件，并可以按照本指南第1.7.1条的规定安排认购事宜。

1.8 签订募集资金专户三方监管协议与验资

1.8.1 发行人应当在认购结束后，与主办券商、存放募集资金的商业银行签订募集资金专户三方监管协议（附件 5）。

1.8.2 发行人应当在认购结束后 10 个交易日内，聘请符合《证券法》规定的会计师事务所完成验资。

1.8.3 发行人在验资完成且签订募集资金专户三方监管协议后可以使用募集资金，但是存在不得使用募集资金情形的，在可转债完成登记前不得使用募集资金。

1.9 申请可转债登记及挂牌

1.9.1 发行人应当在验资完成且签订募集资金专户三方监管协议后 10 个交易日内，通过审核系统向全国股转公司报送可转债登记明细表（附件 6）、验资报告、募集资金专户三方监管协议、发行情况报告书、自愿限售申请材料（如有，附件 7）以及重大事项确认函（附件 8-1）等文件。

全国股转公司核实无误后出具可转债登记函，送达发行人并送交中国证券登记结算有限责任公司北京分公司（以下简称中国结算）和主办券商。

1.9.2 发行人在领取可转债登记函之前，应当按规定缴纳可转债挂牌费用（如需）。发行人在领取可转债登记函的同时，应当一并领取本次发行可转债的证券代码和证券简称、可转债转让服务协议。

1.9.3 发行人在取得中国结算出具的可转债登记证明文件后，办理可转债挂牌手续，通过审核系统提交《可转债挂牌转让申请表》（附件 9），并确定可转债挂牌转让日期。

发行人在可转债挂牌转让前，应当披露可转债挂牌转让公告，挂牌转让公告应当明确本次可转债的挂牌转让日。发行人在披露可转债转让公告的同时，应当披露发行情况报告书。

2. 申请挂牌公司可转债发行业务流程

2.1 董事会审议环节

2.1.1 发行人应当按照《业务细则》的规定召开董事会对定向发行可转债相关事项作出决议。董事会应当审议确定本次可转债发行后证券持有人累计是否超过 200 人。

发行人监事会应当对董事会编制的可转债定向发行文件进行审核并提出书面审核意见，监事应当签署书面确认意见。

2.1.2 董事会就可转债发行事项表决时，董事拟参与认购或与发行对象有关联关系的，应当回避表决；未回避表决的，发行人应当按照回避表决要求重新召开董事会进行审议。

2.1.3 发行人应当与发行对象签订可转债认购合同。认购合同应当载明发行对象拟认购可转债的数量或数量区间、票面金额、票面利率或其确定原则、转股价格及其调整的原则及方式、可转债还本付息期限和方式、保护债券持有人权利的具体安排、债券持有人会议的程序和决议生效条件、回售条款、赎回条款、发行终止后的退款及补偿安排、纠纷解决机制，以及其他必要条款。

董事会决议时发行对象确定的，应当在认购合同中约定，本合同在本次可转债发行经发行人董事会、股东大会批准并履行相关审批程序后生效。

发行人与发行对象签订的可转债认购合同应当载明风险揭示条款（附件10），向投资者充分揭示可转债投资风险，并在定向发行可转债说明书中充分披露可能存在的条款实施或调整风险。

主办券商应当向首次参与定向可转债转让的投资者全面介绍定向可转债的产品特征和相关制度规则，充分揭示投资风险，并按照风险揭示条款的相关内容，要求投资者签署《风险揭示书》。

2.2 股东大会审议环节

发行人应按照《业务细则》等相关规定召开股东大会，对可转债发行等事项作出决议，并履行回避表决程序，未回避表决的，发行人应当按照回避表决要求重新召开股东大会进行审议。

2.3 中介机构出具专项意见

主办券商、律师事务所应当在发行人股东大会审议通过定向发行可转债相关事项后，针对本次可转债发行事项分别出具主办券商推荐报告和法律意见书。

2.4 提交发行申请文件

2.4.1 发行人应当委托主办券商向全国股转公司报送发行可转债申请文件（附件1-2、附件2-2）。发行人可在报送公开转让并挂牌申请文件时一并提交发行可转债申请文件，也可在挂牌申请文件受理后至全国股转公司出具同意其股票挂牌的审核决定（发行后证券持有人累计不超过200人适用）或审核意见（发行后证券持有人累计超过200人适用）前报送发行可转债申请文件。

发行人在提交发行申请文件的同时，应当向全国股转公司提交本次发行可转债证券简称及证券代码申请书（附件3）。可转债证券代码和证券简称应当符合全国股转系统的有关规定，证券代码为"810×××"，证券简称为"×× 定转"，其中"××"取自申请挂牌公司股票简称。

2.4.2 发行人应当在公开转让说明书中对发行可转债事项进行专章披露，主要包括定向发行可转债的审议程序、发行对象、发行价格、发行数量、募集资金金额及用途、票面利率、赎回条款（如有）、回售条款（如有）、转股价格或其确定方式、转股期限等内容的简要介绍。

2.4.3 全国股转公司收到申请文件后，对申请文件的齐备性进行核对。申请文件齐备的，出具受理通知书；申请文件不齐备的，告知发行人需要补正的事项。

申请文件一经受理，发行人应当在符合《证券法》规定的信息披露平台予以披露，未经全国股转公司同意，不得增加、撤回或变更。

在挂牌申请文件受理后至全国股转公司出具同意股票挂牌的审核决定（发行后证券持有人累计不超过 200 人适用）或审核意见（发行后证券持有人累计超过 200 人适用）前，发行人报送发行可转债申请文件的，全国股转公司在收到申请文件后 2 个交易日内作出受理或者不予受理的决定。

2.5 发行申请文件审核

2.5.1 全国股转公司对可转债发行申请文件需要提出审核问询的，通过挂牌审核系统向发行人、主办券商、律师事务所、会计师事务所等证券服务机构发出审核问询。

2.5.2 发行人及其主办券商、律师事务所、会计师事务所及其他证券服务机构原则上应当在 20 个交易日内按照审核问询要求进行必要的补充核查，及时、逐项回复审核问询，补充或者修改申请文件。有特殊情况的，发行人等相关主体可以通过挂牌审核系统向全国股转公司申请延期回复。

发行人及其主办券商、律师事务所、会计师事务所等证券服务机构根据审核问询要求或者相关业务规则规定修改可转债定向发行说明书、主办券商推荐报告、法律意见书等申请文件的，应当将修改后的文件上传至挂牌审核系统对应的文件条目内。发行人应当在取得全国股转公司同意其股票及可转债挂牌的决定后，及时披露修改后的前述文件。

2.6 审核意见或审核决定与注册程序的衔接

经全国股转公司审核，发行人符合挂牌相关规定及《业务细则》要求的，根据可转债定向发行后证券持有人累计是否超过 200 人区分处理：

2.6.1 发行后证券持有人累计不超过 200 人

2.6.1.1 全国股转公司在进行挂牌审核的同时对可转债的发行事项进行审核，符合股票挂牌相关规定和《业务细则》要求的，由全国股转公司出具同意股票挂牌及可转债发行的函，并确定本次发行可转债的证券代码和证券简称。发行人应当自同意股票挂牌及可转债发行的函出具之日起 12 个月内完成股票及可转债挂牌。

2.6.1.2 经全国股转公司审核，发行人不符合可转债发行相关要求的，全国股转公司对其可转债定向发行作出终止审核决定；若申请挂牌公司仍符合股票挂牌相关规定，经全国股转公司审核同意，其股票可以在全国股转系统挂牌。

2.6.2 发行后证券持有人累计超过 200 人

2.6.2.1 全国股转公司在挂牌审核的同时对可转债的发行事项进行审核，符合股票挂牌相关规定和《业务细则》要求的，由全国股转公司出具同意其股票挂牌及可转债发行的审核意见，并将同意的审核意见、注册申请文件及相关审核材料报送中国证监会。中国证监会作出同意注册决定后，全国股转公司出具同意股票及可转债挂牌的函。

中国证监会要求全国股转公司进一步问询的，全国股转公司向发行人及其主办券商、律师事务所、会计师事务所及其他证券服务机构提出反馈问题。中国证监会在注册程序中，决定退回全国股转公司补充审核的，全国股转公司对要求补充审核的事项重新审核。审核通过的，重新向中国证监会报送审核意见及相关资料；审核不通过的，作出终止发行审核的决定。

中国证监会作出同意注册决定后，全国股转公司出具同意股票及可转债挂牌的函，并确定本次发行可转债的证券代码和证券简称；发行人及其主办券商、律师事务所、会计师事务所及其他证券服务机构修改可转债定向发行说明书、主办券商推荐报告、法律意见书等申请文件的，发行人应当在取得中国证监会同意注册文件及全国股转公司同意股票及可转债挂牌的函后，及时披露修改后的申请文件。

2.6.2.2 经全国股转公司审核，发行人不符合可转债发行相关要求的，全国股转公司对其可转债定向发行作出终止审核决定；若申请挂牌公司仍符合股票挂牌相关规定，经全国股转公司或中国证监会同意，其股票可以在全国股转系统挂牌。

2.7 认购与缴款

2.7.1 董事会决议时发行对象确定的，发行人在取得全国股转公司同意股票挂牌及可转债发行的函（发行后证券持有人不超过 200 人）或中国证监会同意注册文件和全国股转公司同意股票及可转债挂牌的函（发行后证券持有人超过 200 人）后，应当按照以下要求安排发行对象认购缴款：

2.7.1.1 发行人最迟应当在缴款起始日前 1 个交易日通过挂牌审核系统提交可转债定向发行认购公告，经全国股转公司确认后披露。认购公告中应当包括股东大会股权登记日、现有股东优先认购安排、发行对象名称、票面金额、认购数量、票面利率、认购方式、缴款账户、缴款时间、转股价格等内容。

2.7.1.2 发行对象应当依据认购公告安排，在缴款期内向缴款账户缴款认购。如需延长缴款期的，发行人最迟应当于原缴款截止日披露延期认购公告。延期认购公告应当通过挂牌审核系统提交，经全国股转公司确认后披露。

2.7.1.3 发行人最迟应当在缴款期限届满后 2 个交易日内通过挂牌审核系统提交认购结果公告，经全国股转公司确认后披露。认购结果公告中应当包括最终认购对象名称、票面金额、认购数量、票面利率、募集资金总额、转股价格、转股来源等内容。

2.7.2 董事会决议时发行对象未确定的，发行人在取得全国股转公司同意股票挂牌及可转债发行的函（发行后证券持有人不超过 200 人）或中国证监会同意注册文件和全国股转公司同意股票及可转债挂牌的函（发行后证券持有人超过 200 人）后，应当及时确定具体发行对象，并在确定发行对象后按照以下流程办理：

2.7.2.1 发行人应当更新可转债定向发行说明书。主办券商和律师事务所应当对发行对象、认购合同等法律文件的合法合规性分别出具专项核查意见。

2.7.2.2 发行人应当将更新后的可转债定向发行说明书以及主办券商的补充核查意见、律师事务所的补充法律意见书通过挂牌审核系统一并提交，经全国股转公司确认后由发行人披露。

发行人更新披露前述文件后，即可按照前述"董事会决议时发行对象确定情形"规定的程序安排认购缴款事宜。

2.8 签订募集资金专户三方监管协议与验资

2.8.1 发行人应当在认购结束后，与主办券商、存放募集资金的商业银行签订募集资金专户三方监管协议（附件5）。

2.8.2 发行人应当在认购结束后10个交易日内，聘请符合《证券法》规定的会计师事务所完成验资。

2.9 提交登记材料并披露发行情况报告书

发行人应当在验资完成且签订募集资金专户三方监管协议后10个交易日内，通过挂牌审核系统上传定向发行可转债登记明细表（附件6）（与股票初始登记申请表同时提交），以及验资报告、募集资金专户三方监管协议、自愿限售申请材料（如有，附件7）、可转债定向发行重大事项确认函（附件8-2）等文件。

发行人在提交股票及可转债初始登记文件的同时，应当通过挂牌审核系统上传发行情况报告书，经全国股转公司确认后披露。

2.10 办理可转债登记和可转债挂牌

全国股转公司对发行人提交的可转债登记文件及相关附件予以确认后，按照挂牌股票、可转债情况为发行人生成缴费通知单；并将挂牌股票及可转债登记相关信息送达中国结算，通知发行人和主办券商办理股票及可转债登记手续。

主办券商应当协助发行人及时缴费，并按照全国股转系统股票挂牌业务的相关要求办理挂牌前信息披露、初始登记（股票与可转债一并登记）。发行人在取得中国结算出具的股票及可转债登记证明文件后，办理股票及本次发行可转债挂牌手续，确定股票及本次发行可转债的挂牌转让日期，并在挂牌转让日的前1个交易日披露股票挂牌交易及可转债挂牌转让的提示性公告等文件。

发行人签订挂牌协议的同时，应当与全国股转公司签订可转债转让服务协议（一式四份，模板参见附件4）。可转债转让服务协议应当由发行人的法定代表人或其授权代表签字，并加盖发行人公章。发行人的法定代表人授权他人代为签字的，需同时提供授权委托书原件。

2.11 募集资金的使用

发行人在完成股票及可转债挂牌后，可以按照《业务细则》的规定使用募集资金。

3. 附　则

3.1 定向发行可转债的其他事宜，本指南未作规定的，参照定向发行股票的有关规定办理。

3.2 本指南由全国股转公司负责解释，自发布之日起施行。

附件：1. 可转债发行申请文件目录

　　　2. 定向发行可转债申请报告

　　　3. 可转债证券简称及证券代码申请书

　　　4. 全国中小企业股份转让系统可转债转让服务协议

　　　5. 募集资金专户三方监管协议

　　　6. 定向发行可转债登记明细表

　　　7. 自愿限售申请材料

　　　8. 定向发行可转债重大事项确认函

　　　9. 定向发行可转债挂牌转让申请表

　　　10. 可转债投资风险揭示必备条款

　　　11. 定向发行可转债业务流程图

附件 1：

可转债发行申请文件目录

1-1 挂牌公司可转债定向发行申请文件目录

第一部分　要求披露的文件

1. 定向发行可转债说明书

2. 发行人关于可转债发行的董事会决议

3. 发行人关于可转债发行的股东大会决议

4. 发行人监事会的审核意见

5. 主办券商定向发行可转债推荐工作报告

6. 法律意见书

7. 本次定向发行可转债购买资产相关的最近 1 年及 1 期（如有）的财务报告及其审计报告、资产评估报告（如有）

8. 要求披露的其他文件

第二部分　不要求披露的文件

1. 发行人关于定向发行可转债的申请报告

2. 可转债证券简称及证券代码申请书

3. 全国中小企业股份转让系统可转债转让服务协议

4. 全体董事对定向发行可转债申请文件真实性、准确性和完整性的承诺书

5. 签字注册会计师、律师或者资产评估师的执业证书复印件及其所在机构的执业证书复印件

6. 资产权属证明文件（如有）

7. 资产生产经营所需行业资质的资质证明或批准文件（如有）

8. 国资、外资等相关主管部门的审批、核准或备案文件（如有）

9. 发行人最近 2 年的财务报告和审计报告及最近 1 期（如有）的财务报告

10. 资信评级机构为本次定向发行可转债出具的资信评级报告（如有）

11. 本次定向发行可转债的担保合同、担保函、担保人就提供担保获得的授权文件（如有）

12. 关于申请电子文件与预留文件一致的鉴证意见

13. 主办券商关于定向发行可转债申请文件受理检查要点的落实情况表

14. 发行人及中介机构联系方式

15. 要求报送的其他文件

1-2 可转债定向发行申请文件目录

（申请挂牌公司适用）

第一部分　要求披露的文件

1. 定向发行可转债说明书

2. 主办券商定向发行可转债推荐报告

3. 定向发行可转债法律意见书

4. 要求披露的其他文件

第二部分　不要求披露的文件

5. 发行人关于可转债发行的董事会决议

6. 发行人关于可转债发行的股东大会决议

7. 发行人关于可转债发行的监事会审核意见

8. 发行人关于定向发行可转债并在全国股转系统挂牌转让的申请报告

9. 全国中小企业股份转让系统可转债转让服务协议

10. 可转债证券简称及证券代码申请书

11. 全体董事对定向发行可转债申请文件真实性、准确性和完整性的承诺书

12. 为发行人可转债发行提供服务的签字注册会计师、律师或者资产评估师的执业证书复印件及其所在机构的执业证书复印件

13. 国资、外资等相关主管部门关于可转债发行的审批、核准或备案文件（如有）

14. 资信评级机构为本次定向发行可转债出具的资信评级报告（如有）

15. 本次定向发行可转债的担保合同、担保函、担保人就提供担保获得的授权文件（如有）

16. 关于申请电子文件与预留文件一致的鉴证意见

17. 发行人及中介机构联系方式

18. 要求报送的其他文件

附件2：

可转债定向发行申请报告

2-1 挂牌公司可转债定向发行申请报告

××××股份（有限）公司定向发行可转债申请报告

全国中小企业股份转让系统有限责任公司：

××××股份（有限）公司经××××证券股份有限（或有限责任）公司推荐，于××××年××月××日在全国中小企业股份转让系统挂牌，证券简称：××××，证券代码：××××。

××××于××××年××月××日召开董事会，审议通过了拟进行定向发行可转债的决议。××××年××月××日公司召开股东大会，经出席会议的有表决权股东所持表决权2/3以上通过，决议批准本次定向发行可转债事项。

（情形一，发行后证券持有人累计不超过200人的发行适用）截至本次定向发行可转债股权登记日××××年××月××日，我司共有×名普通股股东、×名优先股股东及×名可转债持有人。本次定向发行可转债完成后，证券持有人人数合计×人/预计×人。因本次定向发行可转债完成后，证券持有人累计不超过200人，依据《非上市公众公司监督管理办法》的规定，豁免向中国证监会申请注册。

本次定向发行可转债总计不超过××××万张。

现特就本次定向发行可转债事项向贵公司提出申请。

（情形二，发行后证券持有人累计超过200人的发行适用）截至本次定向发行可转债股权登记日××××年××月××日，我司共有×名普通股股东、×名优

先股股东及×名可转债持有人。本次定向发行可转债完成后，证券持有人人数合计×人／预计×人。因本次定向发行可转债完成后，证券持有人累计超过 200 人，依据《非上市公众公司监督管理办法》的规定，须向中国证监会申请注册。

本次定向发行可转债总计不超过××××万张。

现特就本次定向发行可转债事项向贵公司提出申请。

（以下无正文）

××××股份（有限）公司（加盖公章）

年　月　日

2-2 可转债定向发行申请报告

（申请挂牌公司适用）

××股份（有限）公司定向发行可转债并在全国股转系统挂牌转让的申请报告

××字〔20××〕第××号　　　　签发人：×××

全国中小企业股份转让系统有限责任公司：

××股份（有限）公司（以下简称公司、本公司）经公司董事会和股东大会审议通过，董事会编制的可转债发行文件已经监事会审核并提出书面审核意见。公司拟在向贵公司申请股票挂牌期间定向发行可转债，发行后的可转债将在全国股转系统挂牌转让。现将有关事项报告如下：

公司于××××年××月××日召开董事会，审议通过了拟进行定向发行可转债的决议。××××年××月××日公司召开股东大会，经出席会议的有表决权股东所持表决权 2/3 以上通过，决议批准本次定向发行可转债事项。

（情形一，定向发行可转债后证券持有人累计不超过 200 人的发行适用）截至本次定向发行可转债发行前，公司共有×名在册股东、×名优先股股东。本次定向发行可转债完成后，证券持有人人数合计×人／预计×人。本次定向发行可转债募集资金总额不超过××××万元。因本次定向发行可转债完成后，公司证券持有人累计不超过 200 人，依据《非上市公众公司监督管理办法》的规定，豁免向中国证监会申请注册。

现特就本次定向发行可转债事项向贵公司申请出具同意函。

（情形二，定向发行可转债后证券持有人累计超过 200 人的发行适用）截至本次定向发行可转债股权登记日××××年××月××日，公司共有×名在册股东、×名优先股股东。本次定向发行可转债完成后，证券持有人人数合计×人／预计

×人。本次定向发行可转债募集资金总额不超过××××万元。因本次定向发行可转债完成后，证券持有人人数累计超过 200 人，依据《非上市公众公司监督管理办法》的规定，须向中国证监会申请注册。

现特就本次定向发行可转债事项向贵公司提出申请。

（以下无正文）

××××股份（有限）公司（加盖公章）

年　月　日

附件 3：

可转债证券简称及证券代码申请书

_____股份有限公司可转债证券简称及证券代码申请书

全国中小企业股份转让系统有限责任公司：

我公司可转债拟在全国中小企业股份转让系统挂牌转让。特向贵公司申请可转债证券简称及证券代码。可转债证券简称拟定为 _____。

请予核定。

申请公司经办人签名：

联系电话：

传真：

_____股份有限公司

（公章）

年　月　日

附件 4：

全国中小企业股份转让系统可转债转让服务协议

甲方：全国中小企业股份转让系统有限责任公司

法定代表人：

住所：

联系电话：

乙方：_____股份有限公司

法定代表人：

住所：

联系电话：

第一条　甲方是全国中小企业股份转让系统（以下简称"全国股转系统"）的运营管理机构，负责组织、监督挂牌公司可转债转让及相关活动，实行自律管理。

乙方是申请发行可转债的挂牌公司或申请挂牌公司，已取得甲方出具的同意定向发行可转债的函或同意股票及可转债挂牌的决定或中国证监会同意注册决定，并已向甲方提交了申请可转债挂牌的相关文件。

第二条　为规范乙方可转债在全国股转系统的挂牌转让行为，明确双方权利与义务，甲乙双方根据《民法典》《公司法》《证券法》《非上市公众公司监督管理办法》《全国中小企业股份转让系统有限责任公司管理暂行办法》《全国中小企业股份转让系统股票定向发行规则》《全国中小企业股份转让系统可转换公司债券定向发行与转让业务细则》等规定，签订本协议。

第三条　甲方的权利：

（一）甲方有权在有关法律、行政法规、中国证监会相关规定授权范围内对乙方实施日常监管；甲方有权依据全国股转系统业务规则、细则、指引、通知等规定（以下简称"甲方业务规则"）对乙方的可转债挂牌、转让、终止挂牌等行为进行管理。

（二）甲方有权依据经中国证监会批准的收费标准收取挂牌费。

第四条　甲方的义务：

（一）甲方应当依据有关法律、行政法规及中国证监会相关规定制定甲方业务规则并及时公布，为乙方及其他市场主体参与市场活动提供制度保障。

（二）甲方负责运营、管理全国股转系统，发布市场信息，为乙方及其他市场参与主体提供正常的信息环境。

（三）甲方负责提供可转债转让平台及相关设施，安排乙方可转债挂牌，组织乙方可转债转让活动。

（四）甲方负责提供信息披露服务平台，安排乙方首次挂牌信息披露及日常信息披露。

（五）甲方应当接受乙方的咨询，对其可转债挂牌转让等操作提供必要的指导。

第五条　乙方的权利：

（一）乙方有权向甲方咨询可转债挂牌转让等操作事宜，并获得甲方的指导。

（二）乙方有权获得甲方提供的可转债转让、信息披露平台及相关设施服务。

第六条　乙方的义务：

（一）乙方同意接受甲方的日常监督及管理。

（二）乙方承诺遵守法律、法规、规章等规范性法律文件。乙方进一步承诺遵守甲方业务规则，履行包括但不限于规范公司治理、信息披露等义务。乙方应保证并责成其包括董事、监事、高级管理人员在内的全体员工理解并遵守本协议内容。

（三）乙方及其董事、监事和高级管理人员在其可转债挂牌时和挂牌后作出的承诺文件为本协议不可分割的一部分，是本协议的附件。乙方应保证其董事、监事和高级管理人员签署该等承诺文件。

（四）乙方应按本协议约定向甲方缴纳挂牌费。

（五）乙方应按要求参加甲方组织的业务培训。

（六）乙方应当以书面形式及时通知甲方任何导致乙方不再符合可转债挂牌要求的公司行为或其他事件。

第七条　挂牌费：

（一）可转债挂牌费包括挂牌初费和挂牌年费，由甲方依据经中国证监会批准的收费标准收取。

（二）乙方每次发行可转债，应按次缴纳可转债挂牌初费。每次可转债挂牌日前，乙方应当缴纳按照该次挂牌的可转债计算的挂牌初费。

（三）乙方应当在每年 7 月 15 日以前一次性缴纳按照公司上一年度末的可转债总量计算的本年度挂牌年费。

（四）每次发行的可转债，挂牌当年的挂牌年费，按照该次发行的可转债股本和实际挂牌月份（自挂牌日的次月起计算）予以折算，与挂牌初费一并缴纳。

（五）乙方逾期缴纳挂牌费，甲方有权每日按应缴纳金额的 3‰收取滞纳金。

（六）经甲方催告后，乙方于 10 个工作日内仍未缴纳的，甲方有权对乙方采取监管措施，并保留向乙方主张其违约造成之全部损失的权利。

（七）乙方可转债终止挂牌后，已经缴纳的挂牌费不予返还。

第八条　本协议的执行与解释适用中华人民共和国法律。

第九条　本协议未尽事宜，双方应依照有关法律、法规、规章及甲方业务规则执行。

第十条　与本协议的解释或执行有关的争议及纠纷，应首先由甲乙双方通过友好协商解决。若自争议或者纠纷发生之日起的 30 天内未能通过协商解决，任何一方均可将该项争议提交中国国际经济贸易仲裁委员会按照当时适用的仲裁规则进行仲裁，仲裁地点为北京。仲裁裁决为最终裁决，对双方均具有法律约束力。

第十一条　双方一致同意，本协议生效后，如因适用的法律、法规、规章等规范性法律文件及甲方业务规则发生变化，导致本协议相关条款内容与修订或新颁布的上述法律、法规、规章、甲方业务规则等内容相抵触，本协议该部分条款将自动变更并以修订或新颁布的相关法律、法规、规章、甲方业务规则内容为准。

尽管有前款内容，本协议其他不与有关法律、法规、规章、甲方业务规则内容相抵触的条款持续有效。

第十二条 乙方申请终止或被甲方终止其全部批次可转债在全国股转系统挂牌的，本协议自终止挂牌之日自动解除。本协议解除不影响甲方依法向乙方主张本协议项下未结费用、滞纳金支付的权利。

第十三条 本协议自双方签字盖章之日起生效。双方可以以书面方式对本协议作出补充，经双方签字盖章的有关本协议的补充协议是本协议的组成部分，与本协议具有同等法律效力。

第十四条 本协议一式肆份，双方各执贰份。

（以下无正文）

（本页无正文，为甲乙双方及其法定代表人或授权代表签字盖章页）

甲方（公章）：＿＿＿　　　　乙方（公章）：＿＿＿

法定代表人＿＿＿　　　　　　法定代表人＿＿＿

或授权代表（公章）：＿＿＿　或授权代表（公章）：＿＿＿

＿＿ 年 ＿＿ 月 ＿＿ 日　　　＿＿ 年 ＿＿ 月 ＿＿ 日

附件 5：

募集资金专户三方监管协议

甲方：＿＿＿＿＿＿＿＿＿ 公司（以下简称"甲方"）

乙方：＿＿＿＿ 银行 ＿＿＿＿ 分行 ＿＿ 支行（以下简称"乙方"）

丙方：＿＿＿＿＿＿＿＿＿（主办券商）（以下简称"丙方"）

注释：协议甲方是实施募集资金投资项目的法人主体，如果募集资金投资项目由发行人直接实施，则发行人为协议甲方，如果由子公司或者发行人控制的其他企业实施，则发行人、子公司或者发行人控制的其他企业为协议共同甲方。

本协议以全国中小企业股份转让系统可转债发行相关业务规则中相关条款为依据制定。

为规范甲方募集资金管理，保护投资者合法权益，根据有关法律法规及全国中小企业股份转让系统可转债发行相关业务规则的规定，甲、乙、丙三方经协商，达成如下协议：

一、甲方已在乙方开设募集资金专项账户（以下简称"专户"），账号为 _____，专户金额为 _____。该专户仅用于甲方 _____（募集资金用途），不得用作其他用途。

二、甲乙双方应当共同遵守《中华人民共和国票据法》《支付结算办法》《人民币银行结算账户管理办法》等法律、行政法规、部门规章。

三、丙方应当依据有关规定指定主办券商负责人或者其他工作人员对甲方募集资金使用情况进行监督。丙方应当依据全国中小企业股份转让系统可转债发行相关业务规则要求履行持续督导职责，并有权采取现场核查、书面问询等方式行使其监督权。甲方和乙方应当配合丙方的核查与查询。丙方对甲方现场核查时应当同时检查募集资金专户存储情况。

四、甲方授权丙方指定的主办券商负责人 _____、_____ 可以随时到乙方查询、复印甲方专户的资料；乙方应当及时、准确、完整地向其提供所需的有关专户的资料。

主办券商负责人向乙方查询甲方专户有关情况时应当出具本人的合法身份证明；丙方指定的其他工作人员向乙方查询甲方专户有关情况时应当出具本人的合法身份证明和单位介绍信。

五、乙方按月（每月 __ 日之前）向甲方出具对账单，并抄送丙方。

乙方应保证对账单内容真实、准确、完整。

六、甲方一次或者十二个月以内累计从专户中支取的金额超过 ____ 万元或募集资金净额的 ____%（具体金额由甲方与丙方协商确定）的，乙方应当及时以传真方式通知丙方，同时提供专户的支出清单。

七、丙方有权根据有关规定更换指定的主办券商负责人。丙方更换主办券商负责人的，应将相关证明文件书面通知乙方，同时按本协议第十一条的要求向甲方、乙方书面通知更换后的主办券商负责人联系方式。更换主办券商负责人不影响本协议的效力。

八、乙方连续三次未及时向丙方出具对账单或者向丙方通知专户大额支取情况，以及存在未配合丙方调查专户情形的，丙方有权提示甲方及时更换专户，甲方有权单方面终止本协议并注销募集资金专户。

九、本协议自甲、乙、丙三方法定代表人或其授权代表签署并加盖各自单位公章之日起生效，至专户资金全部支出完毕后失效。

十、本协议一式 ____ 份，甲、乙、丙三方各持一份，向全国股转公司报备一份，其余留甲方备用。

十一、联系方式：

1. _____ 公司（甲方）

地址：_____

邮编：＿＿＿＿＿＿＿

传真：＿＿＿＿＿＿＿＿

联系人：＿＿＿＿＿＿＿＿

电话：＿＿＿＿＿＿＿＿

手机：＿＿＿＿＿＿＿＿

Email：＿＿＿＿＿＿＿＿

2. ＿＿＿＿＿＿银行＿＿＿＿＿＿＿＿分行（乙方）

地址：＿＿＿＿＿＿＿＿＿＿＿＿＿＿＿＿＿＿＿

邮编：＿＿＿＿＿＿＿

传真：＿＿＿＿＿＿＿＿

联系人：＿＿＿＿＿＿＿＿

电话：＿＿＿＿＿＿＿＿

手机：＿＿＿＿＿＿＿＿

Email：＿＿＿＿＿＿＿＿

3. ＿＿＿＿＿＿＿（主办券商）（丙方）

地址：＿＿＿＿＿＿＿＿＿＿＿＿＿＿＿＿

邮编：＿＿＿＿＿＿＿

主办券商负责人 A：＿＿＿＿＿＿

电话：＿＿＿＿＿＿＿＿

手机：＿＿＿＿＿＿＿＿

Email：＿＿＿＿＿＿＿＿

传真：＿＿＿＿＿＿＿

主办券商负责人 B：＿＿＿＿＿＿

电话：＿＿＿＿＿＿＿＿

手机：＿＿＿＿＿＿＿＿

Email：＿＿＿＿＿＿＿＿

传真：＿＿＿＿＿＿＿＿

协议签署：

甲方：＿＿＿＿＿＿＿＿股份（有限）公司（盖章）

法定代表人或授权代表：＿＿＿＿＿＿＿

20＿ 年 ＿月 ＿日

乙方：＿＿＿银行＿＿＿分行＿＿＿支行（盖章）

法定代表人或授权代表：＿＿＿＿＿＿＿

20＿ 年 ＿＿月 ＿＿日

丙方：＿＿＿＿＿证券股份有限（或有限责任）公司（盖章）

法定代表人或授权代表：_____

20__ 年 ___ 月 ___ 日

附件 6：

定向发行可转债登记明细表

公司全称：×× 股份（有限）公司（盖章）　　　可转债证券简称：　　可转债证券代码：

主办券商：×× 证券　　　单位：张

序号	可转债持有人姓名或名称	身份证号或统一社会信用代码	本次发行可转债认购数量	本次限售可转债数量	不予限售的可转债数量
1					
2					
3					
合计					

附件 7：

自愿限售申请材料

7-1×××× 股份（有限）公司及相关股东关于提请协助办理限售可转债登记的申请书

全国中小企业股份转让系统有限责任公司：

　　×××× 股份（有限）公司（证券简称：××××；证券代码：××××）×× 等 ×× 名可转债持有人自愿锁定其持有 ×××× 股份（有限）公司的可转债（具体锁定可转债数量详见附表），经与 ×××× 股份（有限）公司协商一致，现向全国中小企业股份转让系统有限责任公司申请协助办理限售可转债登记，以便于在中国证券登记结算有限责任公司办理上述限售可转债登记手续。

　　　　　　　　　　　申请人：×××× 股份（有限）公司（加盖公章）

　　　　　　　　　　　股东 ××（自然人签字、法人及其他经济组织盖章）

　　　　　　　　　　　　　　　　　　　年　月　日

附表

发行人可转债持有人所持可转债限售明细表

公司全称：××××股份（有限）公司　　可转债证券简称：　　可转债证券代码：　　单位：张

主办券商　加盖公章

序号	可转债持有人姓名或名称	身份证号或统一社会信用代码	本次发行可转债认购数量	本次限售可转债数量	本次不予限售的可转债数量
1					
2					
3					
合计					

××××年××月××日

7-2　××证券关于××××股份（有限）公司自愿限售可转债申请限售登记的审查意见

全国中小企业股份转让系统有限责任公司：

经核查，××××股份（有限）公司（公司简称：××××；证券代码：××××）××、××等××名可转债持有人与××××股份（有限）公司协商一致，承诺自愿锁定其持有××××张股份（有限）公司的可转债，××××股份（有限）公司于××××年××月××日向贵司提交的《××××股份（有限）公司及相关股东关于提请协助办理限售可转债登记的申请书》真实、准确、完整，××、××等××名股东在《××××股份（有限）公司及相关股东关于提请协助办理限售可转债登记的申请书》上的签字或盖章为其本人自愿、真实签署。

项目负责人（签名）

××证券（加盖公章）

年　月　日（提交日期）

附件8：

8-1 定向发行可转债重大事项确认函
（挂牌公司适用）

由我司推荐的 _____ 公司定向发行可转债申请已经全国中小企业股份转让系统有限责任公司同意/中国证监会注册，取得了同意定向发行可转债的函/同意注册的决定，且该公司已按规定完成了可转债的定向发行，现申请新增可转债登记。

截至该确认函提交之日，我司确认：

1. 该公司及发行对象符合《公司法》《可转换公司债券管理办法》《非上市公众公司监督管理办法》《全国中小企业股份转让系统可转换公司债券定向发行与转让业务细则》等法律法规、部门规章和业务规则关于定向发行可转债的相关规定。

2. （情形一）该公司不存在《全国中小企业股份转让系统可转换公司债券定向发行与转让业务细则》规定的在完成新增可转债登记前不得使用募集资金的情形。

（情形二）根据《全国中小企业股份转让系统可转换公司债券定向发行与转让业务细则》有关规定，该公司存在×××等不得在完成新增可转债登记前使用募集资金的情形，并承诺在完成新增可转债登记前不使用募集资金。经我司核查，发行人不存在提前使用募集资金的情形。

3. 该公司不存在《全国中小企业股份转让系统股票定向发行规则》等规定的终止审核情形以及其他影响本次发行的重大事项。

4. 该公司本次发行不存在涉嫌违反国家产业政策或全国股转系统定位的情形，不存在重大敏感事项、重大无先例情况、重大舆情、重大违法线索。

5. 该公司不存在严重损害投资者合法权益和社会公共利益的其他情形。

项目负责人（签名）

×× 证券（加盖公章）

年 月 日（提交日期）

8-2 定向发行可转债重大事项确认函
（申请挂牌公司适用）

由我司推荐的 _____ 公司定向发行可转债申请已经全国中小企业股份转让系统有限责任公司同意/中国证监会注册，取得了全国股转公司同意股票挂牌及可

转债发行的函 / 同意股票及可转债挂牌的函，且该公司已按规定完成了可转债的定向发行，现申请新增可转债登记。

截至该确认函提交之日，我司确认：

1. 该公司及发行对象符合《公司法》《可转换公司债券管理办法》《非上市公众公司监督管理办法》《全国中小企业股份转让系统可转换公司债券定向发行与转让业务细则》等法律法规、部门规章和业务规则关于定向发行可转债的相关规定。

2. 该公司不存在《全国中小企业股份转让系统可转换公司债券定向发行与转让业务细则》规定的在完成可转债挂牌前使用募集资金的情形，并承诺在完成挂牌前不使用募集资金。

3. 该公司不存在《全国中小企业股份转让系统股票定向发行规则》等规定的终止审核情形以及其他影响本次发行的重大事项。

4. 该公司本次发行不存在涉嫌违反国家产业政策或全国股转系统定位的情形，不存在重大敏感事项、重大无先例情况、重大舆情、重大违法线索。

5. 该公司不存在严重损害投资者合法权益和社会公共利益的其他情形。

项目负责人（签名）

×× 证券（加盖公章）

年　月　日（提交日期）

附件 9：

定向发行可转债挂牌转让申请表

可转债代码		可转债简称	
发行公司代码		发行公司简称	
发行公司全称			
发行数量（张）		每张面值（元）	
票面利率（%） 转股价格（元）			
可转债挂牌日期：			
××× 股份（有限）公司（签章处） 20×× 年 × 月 × 日			

附件 10：

可转债投资风险揭示必备条款

发行人与发行对象签订的可转债认购合同应当明确载明风险揭示条款，发行人、主办券商应当向可转债投资者充分揭示风险，风险揭示条款至少应当包括以下内容：

一、【条款复杂多样】定向可转债条款复杂多样，不同定向可转债之间条款存在较大差别，且不排除后续存在条款变更或实施的相关风险。投资者需要认真阅读定向可转债的重组报告书或者定向发行说明书，了解具体条款。

二、【价格波动的风险】定向可转债价格受发行人股票价格、转股价格、赎回及回售条款、市场利率、票面利率、市场预期、交易机制等多重因素影响，可能出现价格大幅波动、与投资价值相背离，甚至价格低于面值的情况。

三、【赎回的风险】当定向可转债满足重组报告书或者定向发行说明书约定的赎回条件时，发行人可以行使赎回权，按约定的价格赎回定向可转债。定向可转债赎回价格可能与市场价格差异较大，投资者需关注重组报告书或者定向发行说明书中约定的赎回条款及赎回有关风险。

四、【强制转股的风险】部分发行人重组报告书或者定向发行说明书约定了强制转股条款，当发行人股价持续高于转股价格某一幅度，发行人有权将满足解锁条件的定向可转债按照当时有效的转股价格强制转化为发行人普通股股票，投资者需关注重组报告书或者定向发行说明书中约定的强制转股条款有关风险。

五、【错过回售期的风险】当定向可转债满足重组报告书或者定向发行说明书约定的回售条件时，投资者可在回售期内回售部分或者全部未转股的已解除限售的定向可转债。投资者应当关注定向可转债的回售期限，以免错过回售期。

六、【本息兑付风险】发行人按约定向到期未转股的定向可转债投资者还本付息，或者承兑投资者的回售要求，公司经营情况、财务状况可能影响发行人兑付本息、承兑回售的能力，定向可转债可能发生不能偿还本金、利息等情形，导致重大投资损失。

七、【转股期限风险】定向可转债不能在存续期内随时申请转股，进入转股期后，投资者方可通过转股申报将定向可转债申请转换为发行人股票。转股期由发行人根据定向可转债的存续期限、发行人的财务状况等确定。投资者需关注转股价格、转股期限等有关安排。

八、【摊薄回报的风险】如转股期间较短时间内发生大规模转股，可能导致发行人当期每股收益和净资产收益率被摊薄。如发生转股价格向下修正，可能导致发行人股本摊薄程度扩大。

九、【转股价格调整的风险】定向可转债的转股价格在定向可转债存续期内可能发生调整。因配股、增发、送股、派息、分立、合并及其他原因引起发行人股份变动的，发行人将同时调整转股价格。投资者需关注重组报告书或者定向发行说明书中约定的转股价格调整原则及方式。

十、【转股价格向下修正未实施及修正幅度不确定的风险】当股票价格在一定期间持续低于转股价格某一幅度，可能触发转股价格向下修正条款。但定向可转债存续期内转股价格是否向下修正及转股价格向下修正幅度存在不确定性。投资者需关注重组报告书或者定向发行说明书中约定的转股价格向下修正条款及相关公告。

十一、【公司股价低于转股价格的风险】如发行人股价持续低于转股价格，且未及时进行转股价格向下修正，或者向下修正后，发行人股价仍低于转股价格的，可能导致定向可转债转股后获得的股票价值低于用于转股的定向可转债的本息和，投资者利益可能受到不利影响。

十二、【转股价格向上修正的风险】部分发行人重组报告书或者定向发行说明书约定了转股价格向上修正条款，当股票价格在一定期间持续高于转股价格某一幅度，可能触发转股价格向上修正条款。转股价格可能在触发条款后的约定生效日上调，若后续股票价格下跌不再满足转股价格向上修正条件时，转股价格可能在约定生效日恢复原转股价格。投资者需关注重组报告书或者定向发行说明书中约定的转股价格向上修正条款的具体内容、发行人股价变动情况和相关公告。

十三、【利率风险】因定向可转债附有转股权利，定向可转债的利率可能低于评级及期限相同的一般公司债券利率。

十四、【未提供担保的风险】根据相关法律、行政法规、部门规章、规范性文件（以下合称法律法规），部分发行定向可转债的发行人可能不提供担保，可能因未设定担保增加兑付风险。

十五、【信用评级风险】定向可转债可能不进行信用评级和跟踪评级，也可能因发行人经营管理或者财务状况等因素导致信用评级出现下调，继而影响定向可转债的市场价格。投资者需关注定向可转债的评级情况。

十六、【投资者适当性要求】投资者参与定向可转债转让应当符合股票投资者适当性管理的相关规定。

十七、【及时关注相关公告】投资者应当特别关注发行人发布的定向可转债相关公告，及时从全国股转公司网站、发行人网站或者其他符合中国证监会规定条件的信息披露媒体、证券公司网站等渠道获取相关信息。

十八、【及时关注相关法律法规的更新】定向可转债相关法律法规、全国股转系统和登记结算机构业务规则，可能根据市场情况进行制定、修改和废止，投资者应当及时予以关注和了解。

十九、【不可抗力风险】在定向可转债的存续期间，如果出现火灾、地震、瘟疫、社会动乱等不能预见、避免或者克服的不可抗力情形，可能会给投资者造成经济损失。

二十、【技术、操作风险】在定向可转债的存续期间，可能因为证券公司、全国股转公司或者登记结算机构等的系统故障或者差错而影响定向可转债转让、转股、回售、赎回等业务的正常进行或者使投资者利益受到影响。

由于投资者或者证券公司未按规定进行各项申报、申报要素填报错误、证券公司或者结算代理人未履行职责等原因，可能导致操作失败的风险。

参与可转债转让的投资者，应当按照上述必备条款内容，签署《风险揭示书》。

上述各项条款仅为风险揭示的必备条款，揭示事项仅为列举性质，未能详尽列明定向可转债业务的所有风险，投资者在参与定向可转债业务前，应当认真阅读有关法律法规和全国股转系统、登记结算机构业务规则等相关规定和本《风险揭示书》的全部内容，对定向可转债所特有的规则必须了解和掌握，自愿遵守，对其他可能存在的风险因素也应当有所了解和掌握，并确信自己已做好足够的风险评估与财务安排，避免因参与定向可转债交易遭受难以承受的损失。

各证券公司还可以根据具体情况对定向可转债业务存在的风险做进一步列举。应当要求定向可转债投资者签署认购合同或签署《风险揭示书》时，确认已知晓并理解风险揭示的全部内容，愿意承担参与定向可转债业务的风险和损失。

附件11：

定向发行可转债业务流程图

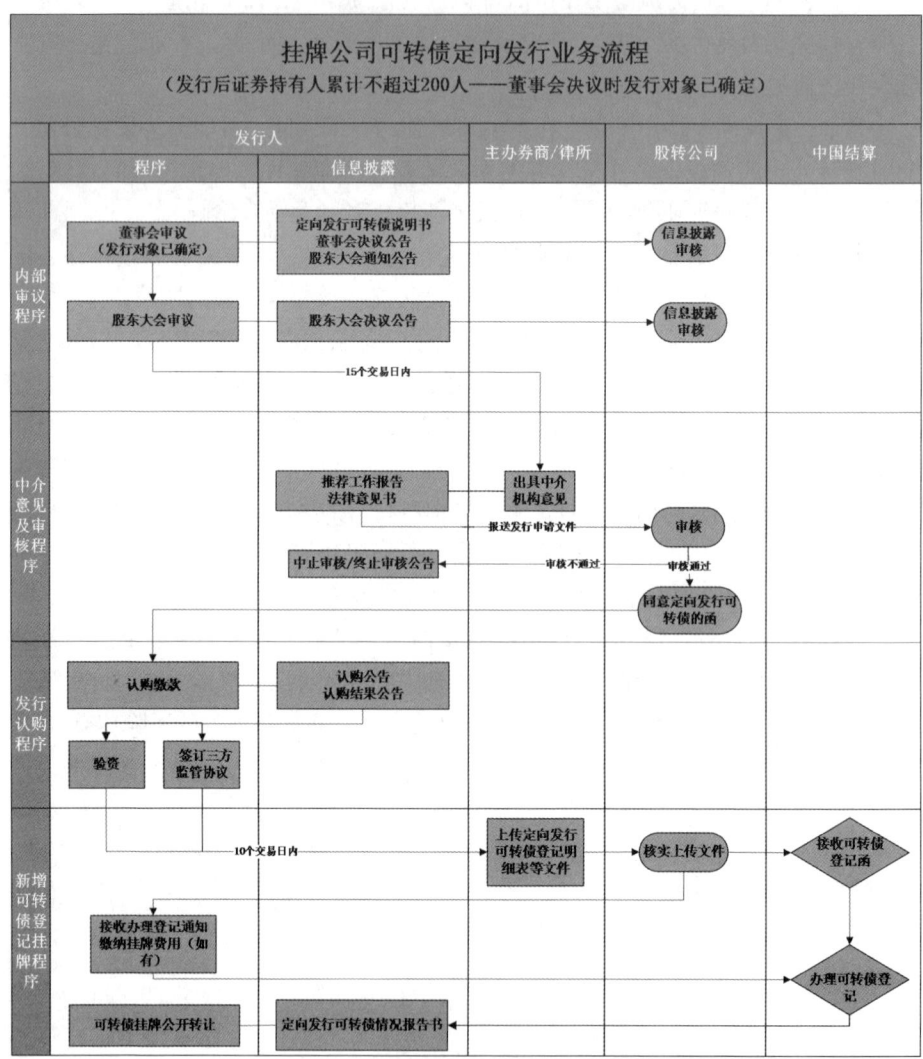

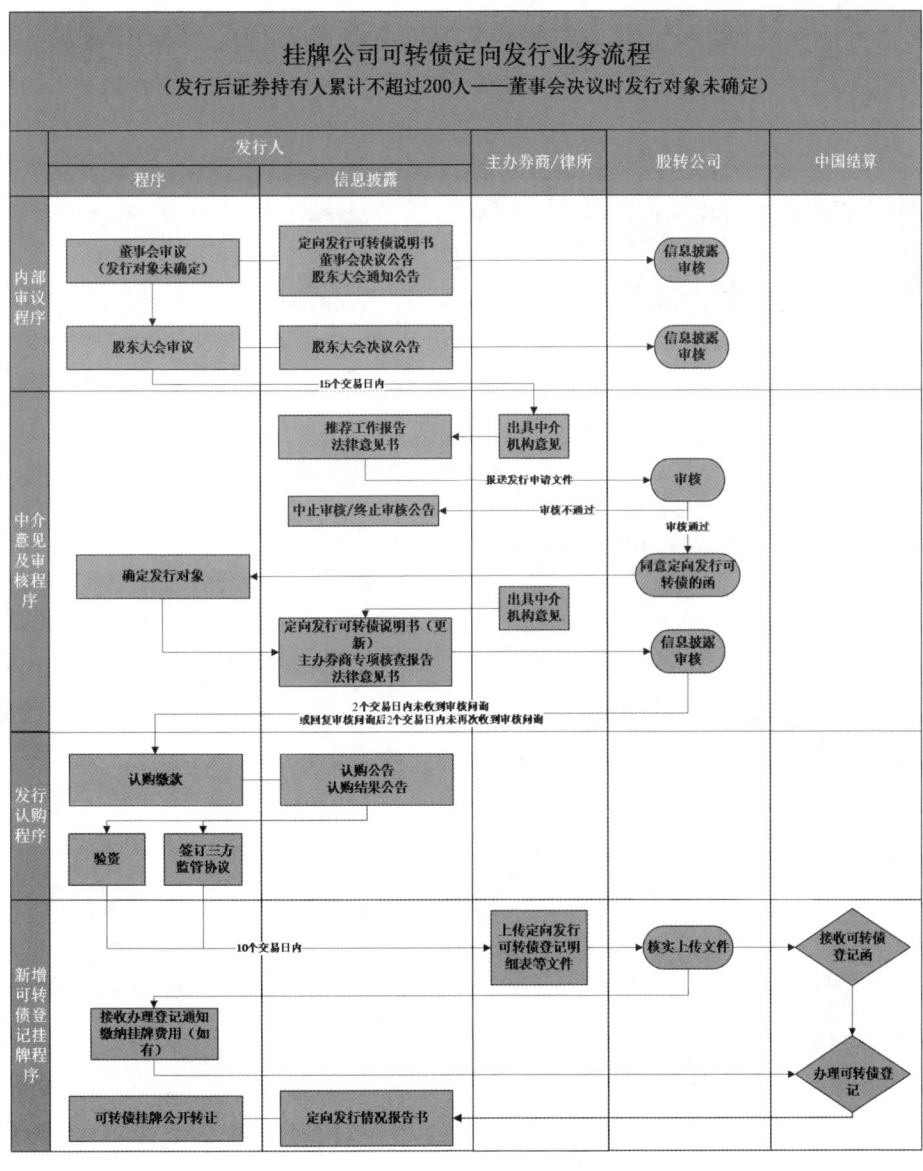

挂牌公司可转债定向发行业务流程
（发行后证券持有人累计不超过200人——董事会决议时发行对象未确定）

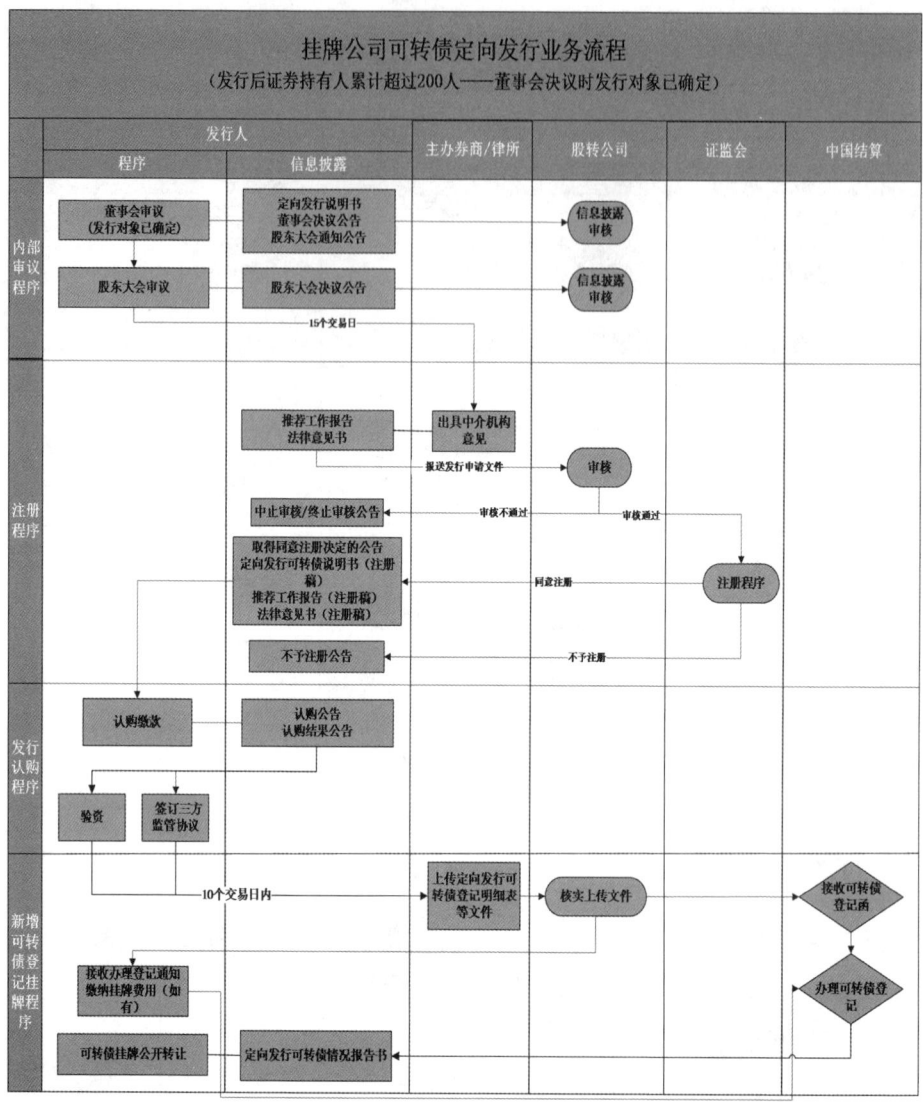

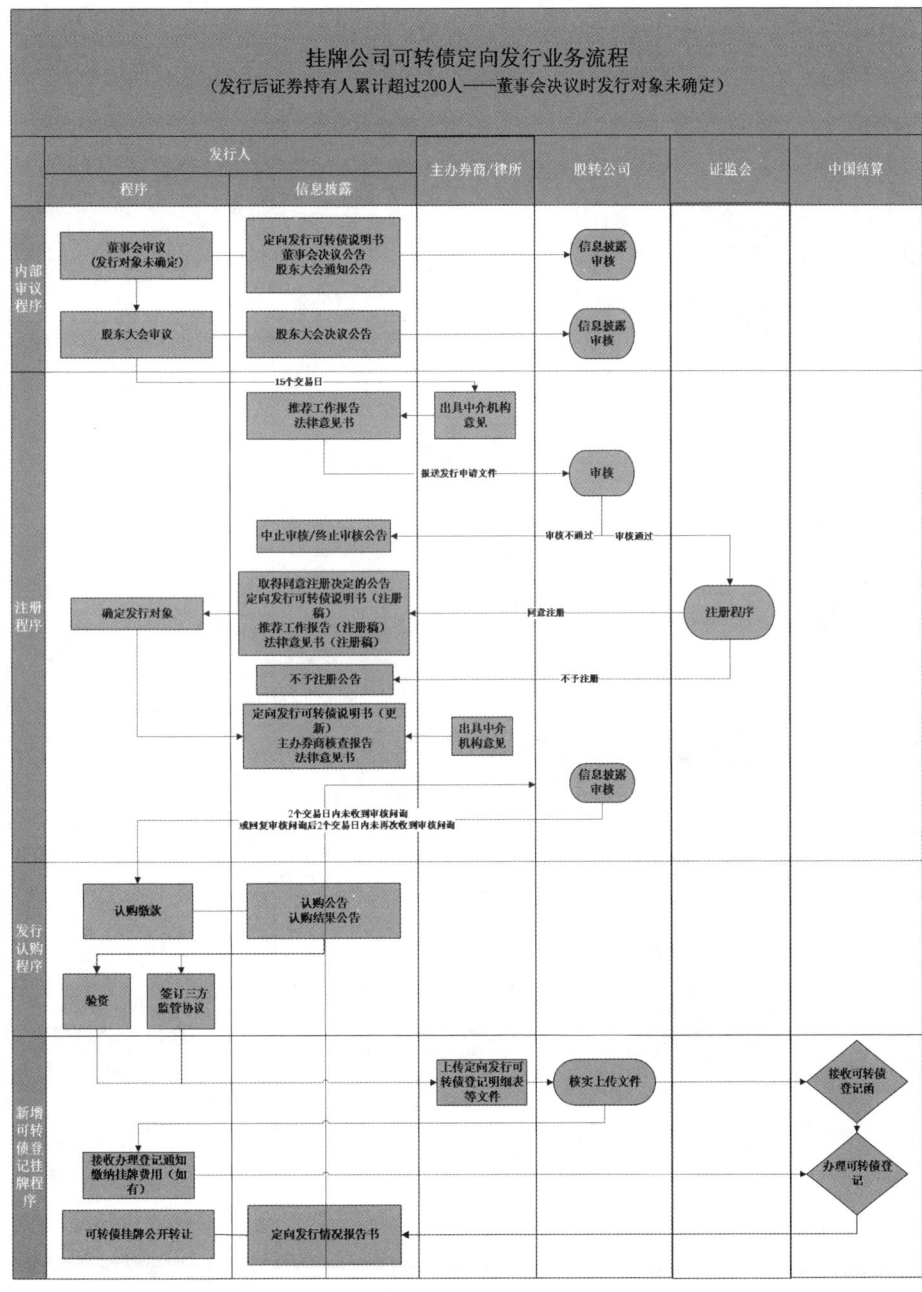

挂牌公司可转债定向发行业务流程
（发行后证券持有人累计超过200人——董事会决议时发行对象未确定）

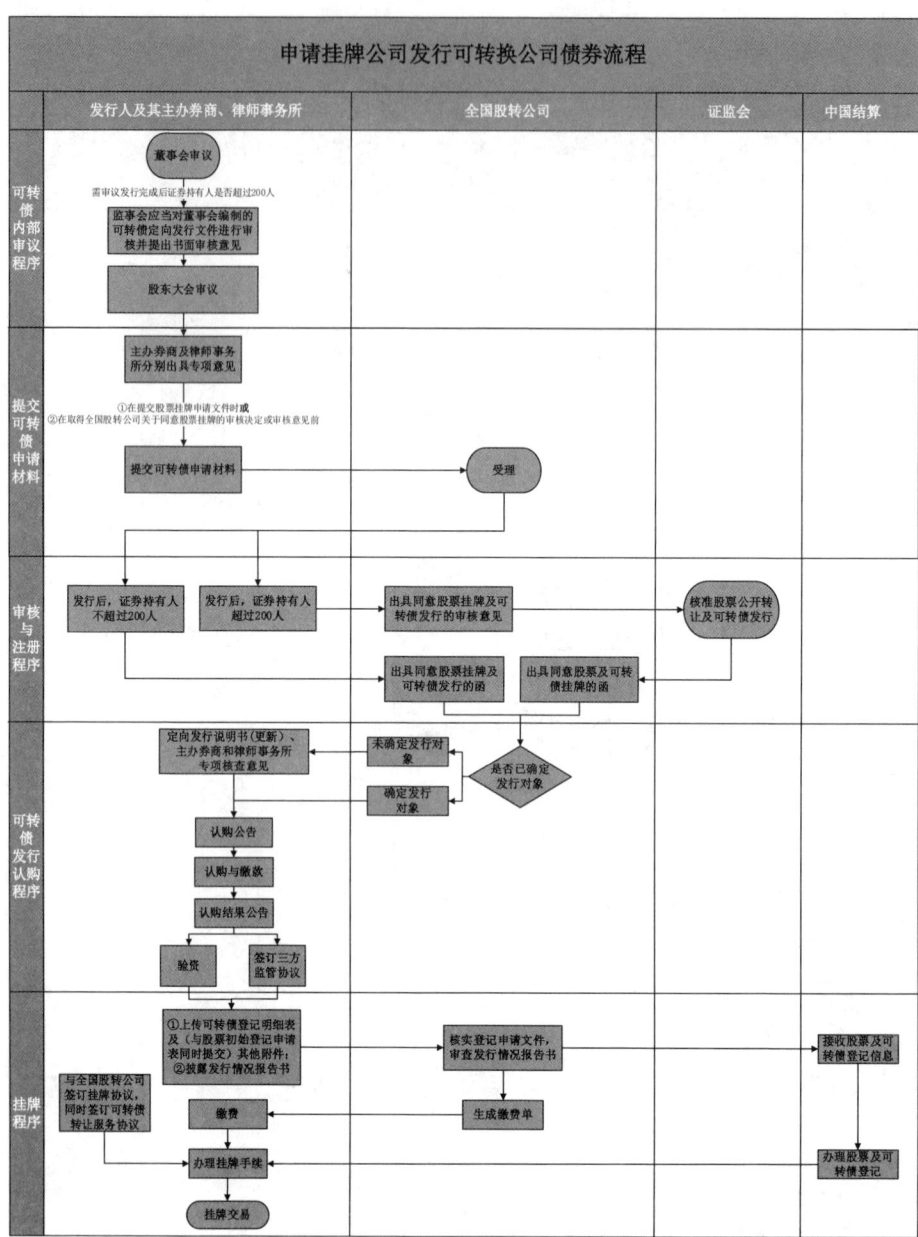

关于发布《全国中小企业股份转让系统优先股业务指引第 1 号——发行和挂牌的申请文件与程序》的公告

（股转公告〔2023〕45 号 2023 年 2 月 17 日）

为落实全面实行股票发行注册制的有关要求，进一步规范优先股发行和挂牌行为，全国中小企业股份转让系统有限责任公司修订了《全国中小企业股份转让系统优先股业务指引第 1 号——发行和挂牌的申请文件与程序》，现予以发布，自发布之日起施行。

特此公告。

附件：全国中小企业股份转让系统优先股业务指引第 1 号——发行和挂牌的申请文件与程序

附件

全国中小企业股份转让系统优先股业务指引第 1 号——发行和挂牌的申请文件与程序

第一条 为了规范办理优先股发行和挂牌业务的申请文件与程序，根据《全国中小企业股份转让系统股票定向发行规则》《全国中小企业股份转让系统优先股业务细则》（以下简称《业务细则》）等业务规则，制定本指引。

第二条 发行人办理申请优先股发行和挂牌手续，适用本指引的规定。

第三条 发行人应当在披露中介机构专项意见后，向全国中小企业股份转让系统有限责任公司（以下简称全国股转公司）报送优先股发行及挂牌申请文件（附件 1、附件 2）。

全国股转公司收到申请文件后，对申请文件的齐备性进行核对，并于 2 个交易日内作出受理或者不予受理的决定。申请文件齐备的，出具受理通知；申请文件不齐备的，一次性告知发行人需要补正的事项。申请文件一经受理，未经全国股转公司同意，发行人不得增加、撤回或变更。

第四条 发行人在提交发行申请文件的同时，应当向全国股转公司申请本次发行优先股的证券代码和证券简称（申请书模板参见附件 3），并提交经发行人法定代表人或其授权代表签字和加盖发行人公章的优先股转让服务协议（一式四份，模板参见附件4）。发行人法定代表人授权他人代为签字的，需同时提供授权委托书原件。

优先股证券代码和证券简称的申请、编制和分配等应当按照《北京证券交易所 全国中小企业股份转让系统证券代码、证券简称编制指引》等相关规定办理。

第五条　全国股转公司对提交文件的审核程序参照《全国中小企业股份转让系统股票定向发行业务指南》等规定办理。

第六条　发行人董事会决议时发行对象确定的，发行人在全国股转公司出具同意定向发行优先股的函或中国证监会作出同意注册的决定后，即可安排认购与缴款事项。

发行人董事会决议时发行对象未确定的，发行人在全国股转公司出具同意定向发行优先股的函或中国证监会作出同意注册的决定，并确定发行对象后，应当按照《非上市公众公司信息披露内容与格式准则第7号——定向发行优先股说明书和发行情况报告书》等规定更新定向发行优先股说明书，主办券商和律师事务所应当按照相关规定对发行对象、认购合同等法律文件的合法合规性分别出具专项核查意见。发行人应当将更新后的定向发行优先股说明书和中介机构专项核查意见一并披露，全国股转公司在2个交易日内未提出审核问询的，发行人可安排认购与缴款事项。

第七条　发行人完成缴款验资且签订募集资金专户三方监管协议后的10个交易日内，向全国股转公司申请办理优先股登记手续，并提交优先股登记明细表（附件5）、验资报告、募集资金专户三方监管协议（附件6）、发行情况报告书、自愿限售申请材料（如有，附件7）以及重大事项确认函（附件8）等文件。

全国股转公司核实无误后出具优先股登记函，送达发行人并送交中国证券登记结算有限责任公司北京分公司（以下简称中国结算）和主办券商。

发行人在领取优先股登记函之前，应当按规定缴纳挂牌费用。发行人在领取优先股登记函的同时，可一并领取本次发行优先股的证券代码和证券简称、优先股转让服务协议。

第八条　发行人按照中国结算的要求向其申请办理优先股登记。

发行人在取得中国结算出具的优先股登记证明文件后，办理优先股挂牌手续，向全国股转公司提交《定向发行优先股挂牌登记表》（附件9）并确定优先股挂牌转让日期。

发行人在优先股挂牌转让前，应当披露优先股挂牌转让公告。挂牌转让公告应当明确本次登记优先股的挂牌转让日。

发行人在披露优先股转让公告的同时，应当披露发行情况报告书。

第九条　股票未公开转让的非上市公众公司、注册在境内的境外上市公司，其优先股申请在全国股转系统挂牌转让的相关流程，参照本指引的相关规定办理。

第十条　优先股发行的其他事宜，本指引未作规定的，参照定向发行股票的有关规定办理。

第十一条　本指引由全国股转公司负责解释。

第十二条　本指引自发布之日起施行。

附件：1. 优先股发行及挂牌申请文件目录

2. 关于优先股在全国股转系统定向发行及挂牌的申请报告

3. 优先股证券简称及证券代码申请书

4. 优先股转让服务协议

5. 定向发行优先股登记明细表

6. 募集资金专户三方监管协议

7. 自愿限售申请材料

8. 定向发行优先股重大事项确认函

9. 定向发行优先股挂牌登记表

10. 优先股投资风险揭示必备条款

附件1：

优先股发行及挂牌申请文件目录

第一部分　要求披露的文件

1. 定向发行优先股说明书

2. 公司关于定向发行优先股的董事会决议

3. 公司关于定向发行优先股的股东大会决议

4. 公司监事会的审核意见

5. 主办券商关于定向发行优先股的推荐工作报告

6. 律师事务所关于定向发行优先股的法律意见书

7. 本次定向发行优先股收购资产相关的最近1年及1期的财务报告及其审计报告、资产评估报告或资产估值报告（如有）

8. 要求披露的其他文件

第二部分　不要求披露的文件

1. 公司关于本次优先股发行及挂牌的申请报告

2. 全体董事对股票定向发行申请文件真实性、准确性和完整性的承诺书

3. 签字注册会计师、律师或资产评估师的执业证书复印件及其所在机构的执

业证书复印件

4. 发行人最近 2 年财务报告和审计报告及最近 1 期（如有）财务报告

5. 特定行业主管部门出具的监管意见（如有）

6. 资信评级机构为本次定向发行优先股出具的资信评级报告（如有）

7. 本次定向发行优先股的担保合同、担保函、担保人就提供担保获得的授权文件（如有）

8. 关于申请电子文件与预留文件一致的鉴证意见

9. 主办券商关于定向发行优先股申请文件受理检查要点的落实情况表

10. 要求报送的其他文件

附件 2：

关于优先股在全国股转系统定向发行及挂牌的申请报告

全国中小企业股份转让系统有限责任公司：

××××股份（有限）公司经××××证券股份有限（或有限责任）公司推荐，于××××年××月××日在全国中小企业股份转让系统挂牌，普通股证券简称：××××，证券代码：××××。

××××于××××年××月××日召开董事会，审议通过了拟进行优先股发行的决议。××××年××月××日公司召开临时股东大会，经出席会议的有表决权普通股股东所持表决权 2/3 以上通过【已发行优先股的，同时经出席会议的优先股股东（不含表决权恢复的优先股股东）所持表决权的 2/3 以上通过】，决议批准本次优先股发行。

（情形一，发行后证券持有人累计不超过 200 人的发行适用）截止审议本次优先股发行的股东大会股权登记日××××年××月××日，我司共有 × 名普通股股东、× 名优先股股东及 × 名可转债持有人。本次优先股发行完成后，证券持有人累计不超过 200 人，依据《非上市公众公司监督管理办法》的规定，豁免向中国证监会申请注册。

本次优先股发行总计不超过××××万股。现就本次优先股发行及挂牌转让事项，特向贵公司申请出具同意定向发行优先股的函，并于发行完成后，请予出具优先股登记函。

（情形二，发行后证券持有人累计超过 200 人的发行适用）截止审议本次优先股发行的股东大会股权登记日××××年××月××日，我司共有 × 名在册普通股股东、× 名优先股股东及 × 名可转债持有人。本次优先股发行完成后，证券

持有人人数合计 × 人 / 预计 × 人。因本次优先股发行完成后，证券持有人累计超过 200 人，依据《非上市公众公司监督管理办法》的规定，须向中国证监会申请注册。

本次优先股发行总计不超过 ×××× 万股。现就本次优先股发行及挂牌转让事项，向贵公司提出申请，并于中国证监会同意注册且发行完成后，请予出具优先股登记函。

（以下无正文）

×××× 股份（有限）公司

（盖章）

×××× 年 ×× 月 ×× 日

附件 3：

＿＿＿＿＿ 股份有限公司优先股证券简称及证券代码申请书

全国中小企业股份转让系统有限责任公司：

我公司优先股拟在全国中小企业股份转让系统挂牌转让。特向贵公司申请优先股证券简称及证券代码。优先股证券简称拟定为 ＿＿＿＿＿。

请予核定。

申请公司经办人签名：

联系电话：

传真：

＿＿＿＿＿ 股份有限公司

（加盖公章）

年　　月　　日

附件 4：

全国中小企业股份转让系统优先股转让服务协议

甲方：全国中小企业股份转让系统有限责任公司

法定代表人：

住所：

联系电话：

乙方：＿＿＿＿＿＿＿＿＿＿股份有限公司

法定代表人：

住所：

联系电话：

第一条　甲方是全国中小企业股份转让系统（以下简称全国股转系统）的运营管理机构，负责组织、监督非上市公众公司和注册在境内的境外上市公司的优先股转让及相关活动，实行自律管理。乙方是【选填以下一项】。

（一）申请发行优先股的挂牌公司，已向甲方提交了申请优先股发行及挂牌的相关文件；

（二）经中国证监会注册发行优先股的股票未公开转让的非上市公众公司，已取得中国证监会同意注册的决定，并已向甲方提交了申请优先股挂牌的相关文件；

（三）经中国证监会注册发行优先股的注册在境内的境外上市公司，已取得中国证监会同意注册的决定，并已向甲方提交了申请优先股挂牌的相关文件。

第二条　为规范乙方优先股在全国股转系统的挂牌转让行为，明确双方权利与义务，甲乙双方根据《民法典》《公司法》《证券法》《国务院关于开展优先股试点的指导意见》《优先股试点管理办法》《非上市公众公司监督管理办法》《全国中小企业股份转让系统有限责任公司管理暂行办法》《全国中小企业股份转让系统业务规则（试行）》《全国中小企业股份转让系统优先股业务细则》等规定，签订本协议。

第三条　甲方的权利：

（一）甲方有权在有关法律、行政法规、中国证监会相关规定授权范围内对乙方实施日常监管；甲方有权依据全国股转系统业务规则、细则、指引、通知等规定（以下简称甲方业务规则）对乙方的优先股挂牌、转让、终止挂牌等行为进行管理。

（二）甲方有权依据经中国证监会批准的收费标准收取挂牌费。

第四条　甲方的义务：

（一）甲方应当依据有关法律、行政法规及中国证监会相关规定制定甲方业务规则并及时公布，为乙方及其他市场主体参与市场活动提供制度保障。

（二）甲方负责运营、管理全国股转系统，发布市场信息，为乙方及其他市场参与主体提供正常的信息环境。

（三）甲方负责提供优先股转让平台及相关设施，安排乙方优先股挂牌，组织乙方优先股转让活动。

（四）甲方负责提供信息披露服务平台，安排乙方首次挂牌信息披露及日常信息披露。

（五）甲方应当接受乙方的咨询，对其优先股挂牌转让等操作提供必要的指导。

第五条　乙方的权利：

（一）乙方有权向甲方咨询优先股挂牌转让等操作事宜，并获得甲方的指导。

（二）乙方有权获得甲方提供的优先股转让、信息披露平台及相关设施服务。

第六条　乙方的义务：

（一）乙方同意接受甲方的日常监督及管理。

（二）乙方承诺遵守法律、法规、规章等规范性法律文件。乙方进一步承诺遵守甲方业务规则，履行包括但不限于规范公司治理、信息披露等义务。乙方应保证并责成其包括董事、监事、高级管理人员在内的全体员工理解并遵守本协议内容。

（三）乙方及其董事、监事和高级管理人员在其优先股挂牌时和挂牌后作出的承诺文件为本协议不可分割的一部分，是本协议的附件。乙方应保证其董事、监事和高级管理人员签署该等承诺文件。

（四）乙方应按本协议约定向甲方缴纳挂牌费。

（五）乙方应按要求参加甲方组织的业务培训。

（六）乙方应当以书面形式及时通知甲方任何导致乙方不再符合优先股挂牌要求的公司行为或其他事件。

第七条　挂牌费：

（一）优先股挂牌费包括挂牌初费和挂牌年费，由甲方依据经中国证监会批准的收费标准收取。

（二）乙方每次发行优先股，应按次缴纳优先股挂牌初费。每次优先股挂牌日前，乙方应当缴纳按照该次挂牌的优先股股本计算的挂牌初费。

（三）乙方应当在每年7月15日以前一次性缴纳按照公司上一年度末的优先股总股本计算的本年度挂牌年费。

（四）每次发行的优先股，挂牌当年的挂牌年费，按照该次发行的优先股股本和实际挂牌月份（自挂牌日的次月起计算）予以折算，与挂牌初费一并缴纳。

（五）乙方逾期缴纳挂牌费，甲方有权每日按应缴纳金额的3‰收取滞纳金。

（六）经甲方催告后，乙方于10个工作日内仍未缴纳的，甲方有权对乙方采取监管措施，并保留向乙方主张其违约造成之全部损失的权利。

（七）乙方优先股终止挂牌后，已经缴纳的挂牌费不予返还。

第八条　本协议的执行与解释适用中华人民共和国法律。

第九条　本协议未尽事宜，双方应依照有关法律、法规、规章及甲方业务规则执行。

第十条　与本协议的解释或执行有关的争议及纠纷，应首先由甲乙双方通过友好协商解决。若自争议或者纠纷发生之日起的 30 天内未能通过协商解决，任何一方均可将该项争议提交中国国际经济贸易仲裁委员会按照当时适用的仲裁规则进行仲裁，仲裁地点为北京。仲裁裁决为最终裁决，对双方均具有法律约束力。

第十一条　双方一致同意，本协议生效后，如因适用的法律、法规、规章等规范性法律文件及甲方业务规则发生变化，导致本协议相关条款内容与修订或新颁布的上述法律、法规、规章、甲方业务规则等内容相抵触，本协议该部分条款将自动变更并以修订或新颁布的相关法律、法规、规章、甲方业务规则内容为准。

尽管有前款内容，本协议其他不与有关法律、法规、规章、甲方业务规则内容相抵触的条款持续有效。

第十二条　乙方申请终止或被甲方终止其全部批次优先股在全国股转系统挂牌的，本协议自终止挂牌之日自动解除。本协议解除不影响甲方依法向乙方主张本协议项下未结费用、滞纳金支付的权利。

第十三条　本协议自双方签字盖章之日起生效。双方可以以书面方式对本协议作出补充，经双方签字盖章的有关本协议的补充协议是本协议的组成部分，与本协议具有同等法律效力。

第十四条　本协议一式肆份，双方各执贰份。

（以下无正文）

（本页无正文，为甲乙双方及其法定代表人或授权代表签字盖章页）

甲方（公章）：＿＿＿　　　　乙方（公章）：＿＿＿

法定代表人 ＿＿＿　　　　　　法定代表人 ＿＿＿

或授权代表（公章）：＿＿＿　　或授权代表（公章）：＿＿＿

＿＿ 年 ＿＿ 月 ＿＿ 日　　　　＿＿ 年 ＿＿ 月 ＿＿ 日

附件 5：

定向发行优先股登记明细表

发行人全称：×× 股份（有限）公司（加盖公章）　　优先股证券简称：　　　　　单位：股

序号	优先股股东名称	身份证号或统一社会信用代码	本次发行优先股数量（股）	本次限售优先股数量（股）	本次不予限售优先股数量（股）
1					
2					
3					
合计					

附件6：

募集资金专户三方监管协议

甲方：_____ 公司（以下简称"甲方"）

乙方：_____ 银行 _____ 分行 ___ 支行（以下简称"乙方"）

丙方：_____（主办券商）（以下简称"丙方"）

注释：协议甲方是实施募集资金投资项目的法人主体，如果募集资金投资项目由发行人直接实施，则发行人为协议甲方，如果由子公司或者发行人控制的其他企业实施，则发行人、子公司或者发行人控制的其他企业为协议共同甲方。

本协议以全国中小企业股份转让系统优先股发行相关业务规则中相关条款为依据制定。

为规范甲方募集资金管理，保护投资者合法权益，根据有关法律法规及全国中小企业股份转让系统优先股发行相关业务规则的规定，甲、乙、丙三方经协商，达成如下协议：

一、甲方已在乙方开设募集资金专项账户（以下简称"专户"），账号为_____，专户金额为_____。该专户仅用于甲方_____（募集资金用途），不得用作其他用途。

二、甲乙双方应当共同遵守《中华人民共和国票据法》《支付结算办法》《人民币银行结算账户管理办法》等法律、行政法规、部门规章。

三、丙方应当依据有关规定指定主办券商负责人或者其他工作人员对甲方募集资金使用情况进行监督。丙方应当依据全国中小企业股份转让系统优先股发行相关业务规则要求履行持续督导职责，并有权采取现场核查、书面问询等方式行使其监督权。甲方和乙方应当配合丙方的核查与查询。丙方对甲方现场核查时应当同时检查募集资金专户存储情况。

四、甲方授权丙方指定的主办券商负责人 _____、_____ 可以随时到乙方查询、复印甲方专户的资料；乙方应当及时、准确、完整地向其提供所需的有关专户的资料。

主办券商负责人向乙方查询甲方专户有关情况时应当出具本人的合法身份证明；丙方指定的其他工作人员向乙方查询甲方专户有关情况时应当出具本人的合法身份证明和单位介绍信。

五、乙方按月（每月 ___ 日之前）向甲方出具对账单，并抄送丙方。

乙方应保证对账单内容真实、准确、完整。

六、甲方一次或者十二个月以内累计从专户中支取的金额超过 ____ 万元或募

集资金净额的 _____%（具体金额由甲方与丙方协商确定）的，乙方应当及时以传真方式通知丙方，同时提供专户的支出清单。

七、丙方有权根据有关规定更换指定的主办券商负责人。丙方更换主办券商负责人的，应将相关证明文件书面通知乙方，同时按本协议第十一条的要求向甲方、乙方书面通知更换后的主办券商负责人联系方式。更换主办券商负责人不影响本协议的效力。

八、乙方连续三次未及时向丙方出具对账单或者向丙方通知专户大额支取情况，以及存在未配合丙方调查专户情形的，丙方有权提示甲方及时更换专户，甲方有权单方面终止本协议并注销募集资金专户。

九、本协议自甲、乙、丙三方法定代表人或其授权代表签署并加盖各自单位公章之日起生效，至专户资金全部支出完毕后失效。

十、本协议一式 _____ 份，甲、乙、丙三方各持一份，向全国股转公司报备一份，其余留甲方备用。

十一、联系方式：

1. _____ 公司（甲方）

地址：_____

邮编：_____

传真：_____

联系人：_____

电话：_____

手机：_____

Email：_____

2. _____ 银行 _____ 分行（乙方）

地址：_____

邮编：_____

传真：_____

联系人：_____

电话：_____

手机：_____

Email：_____

3. _____（主办券商）（丙方）

地址：_____

邮编：_____

主办券商负责人 A：_____

电话：_____

手机：_____

Email：_____

传真：_____

主办券商负责人 B：_____

电话：_____

手机：_____

Email：_____

传真：_____

协议签署：

甲方：_____ 股份（有限）公司（盖章）

法定代表人或授权代表：_____

20__ 年 __ 月 __ 日

乙方：____ 银行 ____ 分行 _____ 支行（盖章）

法定代表人或授权代表：_____

20__ 年 ___ 月 ___ 日

丙方：_____ 证券股份有限（或有限责任）公司（盖章）

法定代表人或授权代表：_____

20__ 年 ___ 月 ___ 日

附件 7：

自愿限售申请材料

7-1　××××股份（有限）公司及相关股东关于提请协助办理限售优先股登记的申请书

全国中小企业股份转让系统有限责任公司：

　　××××股份（有限）公司（公司简称：××××；证券代码：××××）×× 等 ×× 名优先股股东自愿锁定其持有 ××××股份（有限）公司的优先股（具体锁定优先股简称、数量详见附表），经与 ××××股份（有限）公司协商一致，现向全国中小企业股份转让系统有限责任公司申请协助办理限售优先股登记，以便于在中国证券登记结算有限责任公司办理上述限售优先股登记手续。

申请人：××××股份（有限）公司（加盖公章）

股东××（自然人签字、法人及其他经济组织盖章）

年 月 日

附表

发行人优先股股东所持优先股限售明细表

公司全称：××××股份（有限）公司（加盖公章）　　　优先股证券简称：　　　单位：股

序号	优先股股东姓名或名称	任职	身份证号或统一社会信用代码	本次发行优先股认购数量	本次限售优先股数量	本次不予限售的优先股数量
1						
2						
3						
合计						

××××年××月××日

7-2　××证券关于××××股份（有限）公司自愿限售优先股申请限售登记的审查意见

全国中小企业股份转让系统有限责任公司：

经核查，××××股份（有限）公司（公司简称：××××；证券代码：××××）××、××等××名优先股股东与××××股份（有限）公司协商一致，承诺自愿锁定其持有××【优先股简称】的优先股，××××股份（有限）公司于××××年××月××日向贵司提交的《××××股份（有限）公司及相关股东关于提请协助办理限售优先股登记的申请书》真实、准确、完整，××、××等××名股东在《××××股份（有限）公司及相关股东关于提请协助办理限售优先股登记的申请书》上的签字或盖章为其本人自愿、真实签署。

项目负责人（签名）

××证券（加盖公章）

年 月 日（提交日期）

附件8：

定向发行优先股重大事项确认函

由我司推荐的＿＿＿＿＿公司定向发行优先股申请已经全国中小企业股份转让系统有限责任公司审核通过／中国证监会注册，取得了同意定向发行优先股的函／同意注册的决定，且该公司已按规定完成了优先股定向发行，现申请新增优先股登记。

截至该确认函提交之日，我司确认：

1. 该公司及发行对象符合《公司法》《优先股试点管理办法》《非上市公众公司监督管理办法》《全国中小企业股份转让系统优先股业务细则》等法律法规、部门规章和业务规则关于定向发行优先股的相关规定。

2. （情形一）该公司不存在《全国中小企业股份转让系统股票定向发行规则》规定的在完成新增股份登记前不得使用募集资金的情形。

（情形二）根据《全国中小企业股份转让系统股票定向发行规则》有关规定，该公司存在×××等不得在完成新增股份登记前使用募集资金的情形，并承诺在完成新增股份登记前不使用募集资金。经我司核查，发行人不存在提前使用募集资金的情形。

3. 该公司不存在《全国中小企业股份转让系统股票定向发行规则》规定的终止审核情形以及其他影响本次发行的重大事项。

4. 该公司不存在严重损害投资者合法权益和社会公共利益的其他情形。

项目负责人（签名）

×× 证券（加盖公章）

年 月 日（提交日期）

附件9：

定向发行优先股挂牌登记表

优先股代码：		优先股简称：	
挂牌公司代码：		挂牌公司简称：	
挂牌公司全称：			
发行方式：		初始计息日期：	
发行价格（单位：元）：		发行数量（单位：股）：	

续表

优先股挂牌日期：		每股面值（单位：元）：	
初始票面股息率：		股息类型：	
股息说明：			
每年股息支付次数：		股东大会是否有权取消股息支付：	
股息是否可累积：		是否可回售：	
回售条款：			
是否可赎回：		是否有权参与剩余利润分配：	
赎回条款：			
是否可转换为普通股：		是否计入权益：	
其他：			
		×××股份（有限）公司（公章） 20××年××月××日	

附件 10：

优先股投资风险揭示必备条款

发行人与发行对象签订的优先股认购合同应当明确载明风险揭示条款，发行人、主办券商应当向优先股投资者充分揭示风险，风险揭示条款至少应当包括以下内容：

一、【条款复杂多样】优先股条款复杂多样，不同优先股之间条款存在较大差别，且不排除后续存在条款变更或实施的相关风险。投资者需要认真阅读优先股的定向发行说明书或者重组报告书，了解具体条款。

二、【业务规则特殊】优先股发行、挂牌、转让、披露、转换等业务规则与普通股、债券等产品存在差别，投资者参与优先股投资之前，应当了解和熟悉《国务院关于开展优先股试点的指导意见》《优先股试点管理办法》《全国中小企业股份转让系统优先股业务细则》等法规、规章和业务规则。

三、【与普通股差异】投资者应充分关注优先股与普通股的差异。优先股股份持有人优先于普通股股东分配公司利润和剩余财产，但参与公司决策管理等权利受到限制。根据发行文件约定，商业银行向特定对象发行的优先股在触发事件发生时可能被强制转换为普通股。

四、【与债券差异】投资者应充分关注优先股与债券的差异。优先股具有固定收益证券的特征，但并不代表债权债务关系。一般而言，发行人无到期归还本金的义务，可分配税后利润不足以足额支付股息的并不构成违约。

五、【赎回的风险】当优先股满足定向发行说明书或者重组报告书约定的赎回条件时，发行人可以行使赎回权，按约定的价格赎回优先股。优先股赎回价格可能与市场价格差异较大，投资者需关注定向发行说明书或者重组报告书中约定的赎回条款及赎回有关风险。

六、【强制转股的风险】商业银行优先股发行人的定向发行说明书或者重组报告书约定了强制转股条款，投资者需关注定向发行说明书或者重组报告书中约定的强制转股条款有关风险。

七、【错过回售期的风险】当优先股满足定向发行说明书或者重组报告书约定的回售条件时，投资者可在回售期内回售部分或者全部未转股的已解除限售的优先股。投资者应当关注优先股的回售期限，以免错过回售期。

八、【回购款项风险】发行人按约定向优先股投资者赎回优先股，或者承兑投资者的回售要求，公司经营情况、财务状况可能影响发行人回购款项的支付能力，优先股可能发生不能支付回购款项情形，导致重大投资损失。

九、【股息支付风险】部分优先股约定发行人在有可分配税后利润的情况下，可以结合自身经营情况决定是否支付约定的优先股股息。即使约定发行人在有可分配税后利润时应当支付优先股股息，仍存在发行人受经济形势、经营发展等因素影响，无足额可分配税后利润以供股息支付，均可能导致优先股投资者无法足额收到优先股股息。

十、【股息累计风险】部分优先股约定发行人之前年度未向优先股股东足额派发的股息的差额部分不累计到下一计息年度，可能导致优先股投资者无法足额收到优先股股息。

十一、【表决权受限风险】在未发生表决权恢复的情形下，优先股股东仅对修改公司章程中与优先股相关内容、一次或累计减少公司注册资本超过 10% 等特定事项享有表决权，公司章程可对特定事项予以约定，优先股投资人可能面临表决权受限的风险。

十二、【清偿顺序风险】发行人因解散、破产等原因进行清算时，公司财产在按照《公司法》《破产法》有关规定进行清偿后的剩余财产，将优先向优先股股东支付未派发的股息和公司章程约定的清算金额，可能导致因清偿顺序在债权人之后而剩余财产不足以清偿导致的投资损失风险。

十三、【未提供担保的风险】根据相关法律、行政法规、部门规章、规范性文件（以下合称法律法规），部分发行优先股的发行人可能不提供担保，可能因未设定担保增加兑付风险。

十四、【信用评级风险】优先股可能不进行信用评级和跟踪评级，也可能因发行人经营管理或者财务状况等因素导致信用评级出现下调，继而影响优先股的市场价格。投资者需关注优先股的评级情况。

十五、【价格波动的风险】优先股价格受发行人赎回及回售条款、市场利率、票面股息率、市场预期、交易机制等多重因素影响，可能出现价格大幅波动、与投资价值相背离，甚至价格低于面值的情况。

十六【转让人数限制】向特定对象发行的优先股在全国股转系统的转让只能在不超过 200 名合格投资者之间进行。当转让导致优先股投资者超过 200 人时，优先股转让将无法成交。

十七、【投资者适当性要求】投资者参与优先股转让应当符合《优先股试点管理办法》关于投资者适当性管理的相关规定。

十八、【及时关注相关公告】投资者应当特别关注发行人发布的优先股相关公告，及时从全国股转公司网站、发行人网站或者其他符合中国证监会规定条件的信息披露媒体、证券公司网站等渠道获取相关信息。

十九、【及时关注相关法律法规的更新】优先股相关法律法规、全国股转系统和登记结算机构业务规则，可能根据市场情况进行制定、修改和废止，投资者应当及时予以关注和了解。

二十、【不可抗力风险】在优先股的存续期间，如果出现火灾、地震、瘟疫、社会动乱等不能预见、避免或者克服的不可抗力情形，可能会给投资者造成经济损失。

二十一、【技术、操作风险】在优先股的存续期间，可能因为证券公司、全国股转公司或者登记结算机构等的系统故障或者差错而影响优先股转让、转股、回售、赎回等业务的正常进行或者使投资者利益受到影响。

由于投资者或者证券公司未按规定进行各项申报、申报要素填报错误、证券公司或者结算代理人未履行职责等原因，可能导致操作失败的风险。

参与优先股转让的投资者，应当按照上述必备条款内容，签署《风险揭示书》。

上述各项条款仅为风险揭示的必备条款，揭示事项仅为列举性质，未能详尽列明优先股业务的所有风险，投资者在参与优先股业务前，应当认真阅读有关法律法规和全国股转系统、登记结算机构业务规则等相关规定和本《风险揭示书》的全部内容，对优先股所特有的规则必须了解和掌握，自愿遵守，对其他可能存在的风险因素也应当有所了解和掌握，并确信自己已做好足够的风险评估与财务安排，避免因参与优先股交易遭受难以承受的损失。

各证券公司还可以根据具体情况对优先股业务存在的风险做进一步列举。应当要求优先股投资者签署认购合同或签署《风险揭示书》时，确认已知晓并理解风险揭示的全部内容，愿意承担参与优先股业务的风险和损失。

关于发布《全国中小企业股份转让系统优先股业务指引第 2 号——主办券商推荐工作报告的内容与格式》的公告

（股转公告〔2023〕46 号　2023 年 2 月 17 日）

为落实全面实行股票发行注册制的有关要求，进一步规范主办券商优先股推荐工作报告的编制与披露行为，全国中小企业股份转让系统有限责任公司修订了《全国中小企业股份转让系统优先股业务指引第 2 号——主办券商推荐工作报告的内容与格式》，现予以发布，自发布之日起施行。

特此公告。

附件：全国中小企业股份转让系统优先股业务指引第 2 号——主办券商推荐工作报告的内容与格式

附件

全国中小企业股份转让系统优先股业务指引第 2 号——主办券商推荐工作报告的内容与格式

第一章　总　则

第一条　为了规范全国中小企业股份转让系统（以下简称全国股转系统）主办券商优先股推荐工作报告的编制与披露，根据《全国中小企业股份转让系统优先股业务细则》（以下简称《业务细则》）等业务规则，制定本指引。

第二条　主办券商向全国股转系统推荐优先股发行或挂牌的，应当按照本指引的要求编制和披露推荐工作报告。

第三条　本指引对主办券商推荐工作报告的格式未明确规定的，可参照《非上市公众公司信息披露内容与格式准则第 3 号——定向发行说明书和发行情况报告书》的相关规定。

第四条　主办券商出具推荐工作报告，应建立在充分了解发行人经营状况、财务状况和风险因素等相关信息的基础之上，切实履行尽职调查职责，保证报告相关内容的真实、准确、完整及报告结论的客观性。

第五条　主办券商应在推荐工作报告中对照本指引及有关规定逐项发表明确的结论性意见，并载明得出每项结论的查证过程及事实依据。

第二章　推荐工作报告必备内容

第六条　主办券商推荐工作报告应当包括以下内容：

（一）本次优先股发行是否符合豁免申请注册的条件；

（二）发行人是否符合《优先股试点管理办法》（以下简称《试点办法》）规定的发行条件；

（三）发行人是否存在《试点办法》规定的不得发行优先股的情形；

（四）发行人的财务状况、偿付能力；

（五）发行人的对外担保情况、未决诉讼或仲裁事项；

（六）本次发行优先股决策程序的合法合规性；

（七）本次优先股发行的规模、募集金额、票面股息率或发行价格的合法合规性；

（八）本次发行优先股具体条款设置的合法合规性；

（九）本次优先股发行对象的投资者适当性；

（十）本次发行优先股的风险因素；

（十一）本次发行优先股对发行人、普通股股东、其他优先股股东（如有）的影响；

（十二）本次发行涉及公司章程修改的事项；

（十三）本次发行优先股的会计处理方法，以及相关税费政策和依据；

（十四）非现金资产认购的相关事项（如有）；

（十五）主办券商认为需要说明的其他事项。

第七条　主办券商应当对本次优先股发行是否符合豁免申请注册的条件发表明确意见。

第八条　主办券商应当对发行人是否符合《试点办法》规定的发行条件逐项发表明确意见：

（一）发行人是否符合合法规范经营的条件。包括但不限于：发行人及其控股股东、实际控制人、董事、监事和高级管理人员最近12个月内是否受到刑事处罚，或因重大违法行为受到行政处罚，或受到全国中小企业股份转让系统有限责任公司(以下简称全国股转公司)的纪律处分。发行人及其控股股东、实际控制人、董事、监事和高级管理人员是否涉嫌犯罪正被司法机关立案侦查，或因重大违法行为受到行政机关的立案调查。重大违法行为的标准参照《全国中小企业股份转让系统股票挂牌审核业务规则适用指引第1号》的相关规定；

（二）发行人是否符合公司治理机制健全的条件。包括但不限于：发行人是否按照《公司法》《非上市公众公司监督管理办法》的规定，建立股东大会、董事会、监事会和高级管理层组成的公司治理架构，是否制定相应的公司治理制度，并有效实施。董事会是否对公司治理的有效性进行讨论、评估；

（三）发行人是否符合依法履行信息披露义务的条件。包括但不限于：发行人是否按照相关规定，真实、准确、完整、及时、公平地披露了本次优先股发行应当披露的信息。发行人在申请普通股挂牌及挂牌期间是否规范履行了信息披露义务；是否曾因信息披露违规或违法，被全国股转公司依法采取纪律处分、被中国证监会采取监管措施或给予行政处罚。

第九条　主办券商应当对发行人是否存在《试点办法》规定的不得发行优先股的情形发表明确意见。

第十条　主办券商应根据发行人最近两个完整会计年度的财务报表和审计报告，以及最近一期（如有）的会计报表，重点分析发行人的盈利能力、偿债能力及现金流等各项财务指标。各项财务指标及相关会计科目有较大变动或异常的，应分析其原因。

第十一条　主办券商应对发行人是否真实、准确、完整地披露了以下内容发表明确意见：

（一）发行人最近一期末的对外担保情况；

（二）对发行人财务状况、经营成果、声誉、业务活动、未来前景等可能产生较大影响的未决诉讼或仲裁，可能出现的处理结果或已生效法律文书的执行情况。

第十二条　主办券商应当对本次优先股发行的董事会、股东大会决策程序的合法合规性，是否执行了《试点办法》规定的表决权回避、分类表决（如有）等制度发表明确意见。

第十三条　主办券商应当对本次优先股发行的规模、募集金额、票面股息率或发行价格是否符合《试点办法》的规定发表明确意见。

第十四条　主办券商应当对本次发行优先股的具体条款设置的合法合规性发表明确意见，包括：

（一）优先股股东参与分配的股息率或其确定方式、股息发放的条件、股息支付方式、股息是否累积、是否参与剩余利润分配等安排是否符合《试点办法》的规定；

（二）优先股设置的赎回、回售、转换为普通股（如有）等特殊条款是否符合《试点办法》的规定；

（三）优先股股东参与分类表决、优先股股东表决权的限制与恢复等安排是否符合《试点办法》的规定；

（四）优先股的清偿顺序是否符合《试点办法》的规定。

第十五条　主办券商应当对优先股发行对象的人数和投资者适当性发表意见，包括但不限于：

（一）优先股的发行对象是否符合《试点办法》规定的投资者人数限制；

（二）优先股的发行对象是否符合《试点办法》规定的投资者适当性的要求；

（三）发行人的董事、高级管理人员及其配偶是否参与认购本公司发行的优先股。

第十六条　主办券商应当对发行人是否真实、准确、完整地披露了优先股的风险因素发表意见。

第十七条　主办券商应对发行人是否真实、准确、完整地披露了发行优先股对发行人、普通股股东、其他优先股股东（如有）的影响发表意见。

第十八条　本次优先股发行须修改公司章程的，主办券商应当对发行人是否履行了相应的修改程序，公司章程修改内容是否与定向发行优先股说明书和发行情况报告书的相关内容一致发表明确意见。

第十九条　主办券商应对本次发行优先股相关会计处理与税费政策的适用是否准确发表明确意见，包括：

（一）本次发行优先股的会计处理；

（二）本次发行优先股的股息是否在所得税前列支及其政策依据；

（三）投资者与本次发行的优先股转让、股息发放、回购等相关的税费、征收依据及缴纳方式。

第二十条　发行对象以非现金资产认购优先股的，主办券商应当就所涉及资产是否权属清晰、定价公允，本次交易是否有利于提升发行人资产质量和持续经营能力发表意见。

第二十一条　若主办券商认为公司尚有未披露或未充分披露且对本次优先股发行有影响的重大信息或事项，可以进行补充披露，并提示该信息或事项对本次优先股发行可能造成的影响。

第二十二条　主办券商法定代表人或法定代表人授权的代表、项目负责人应在推荐工作报告上签字，并加盖主办券商公章，注明报告日期。

主办券商法定代表人授权他人代为签字的，需同时提供授权委托书原件。

第三章　附则

第二十三条　本指引由全国股转公司负责解释。

第二十四条　本指引自发布之日起施行。

关于发布《全国中小企业股份转让系统优先股业务指引第 3 号——法律意见书的内容与格式》的公告

（股转公告〔2023〕47 号 2023 年 2 月 17 日）

为落实全面实行股票发行注册制的有关要求，进一步规范优先股法律意见书的编制与披露行为，全国中小企业股份转让系统有限责任公司修订了《全国中小企业股份转让系统优先股业务指引第 3 号——法律意见书的内容与格式》，现予以发布，自发布之日起施行。

特此公告。

附件：全国中小企业股份转让系统优先股业务指引第 3 号——法律意见书的内容与格式

附件

全国中小企业股份转让系统优先股业务指引第 3 号——法律意见书的内容与格式

第一章　总　则

第一条　为了规范全国中小企业股份转让系统（以下简称全国股转系统）优先股法律意见书的编制与披露，根据《全国中小企业股份转让系统优先股业务细则》（以下简称《业务细则》）等业务规则，制定本指引。

第二条　律师事务所根据《业务细则》为优先股发行出具的法律意见书应当包括本指引第二章规定的内容。

第三条　本指引对法律意见书的格式未明确规定的，可参照《非上市公众公司信息披露内容与格式准则第 3 号——定向发行说明书和发行情况报告书》的相关规定。

第四条　公司聘请的律师事务所及其委派的律师（以下"律师"均指签名律师及其所任职的律师事务所），应在尽职调查基础上，按本指引的要求出具法律意见书，对照本指引及有关规定逐项发表明确意见或结论。

本指引仅是对法律意见书内容的一般性要求，本指引未明确要求，但律师认为对优先股发行有重大影响的法律问题，律师应当发表意见。

第五条　律师应在法律意见书中详尽、完整地阐述所发表意见或结论的依据、进行有关核查验证的过程、所涉及的必要资料或文件。

第六条　对不符合有关法律、法规和中国证监会、全国中小企业股份转让系统有限责任公司（以下简称全国股转公司）有关规定的事项，或已勤勉尽责仍不能对其法律性质或其合法性作出准确判断的事项，律师应发表保留意见，并说明相应的理由。

第七条　法律意见书应由2名以上（含）经办律师和其所在律师事务所的负责人签名，并经该律师事务所加盖公章、签署日期。

第二章　法律意见书的必备内容

第八条　律师应在进行充分核查验证的基础上，对本次优先股发行的下列（包括但不限于）事项明确发表结论性意见。所发表的结论性意见应包括是否合法合规、是否真实有效、是否存在纠纷或潜在风险；不存在下列事项的，也应明确说明：

（一）关于发行人是否符合《优先股试点管理办法》（以下简称《试点办法》）第四十一条规定的发行条件；

（二）发行人是否存在《试点办法》第二十五条规定的不得发行优先股相关情形；

（三）本次优先股发行是否符合豁免申请注册的条件；

（四）优先股发行规模和募集金额的合法合规性；

（五）优先股股东的表决权、分配权等条款设置，以及优先股的赎回、回售和转股（如有）等特殊条款的合法合规性；

（六）发行优先股的决策程序和定价结果的合法合规性；

（七）发行对象是否符合投资者适当性和投资者人数限制的规定；

（八）认购合同、公司章程等法律文件是否真实、合法、有效；

（九）本次优先股发行涉及的公司章程修改内容是否与定向发行优先股说明书和发行情况报告书的相关内容一致；

（十）律师事务所认为需要说明的其他事项。

第三章　附则

第九条　本指引由全国股转公司负责解释。

第十条　本指引自发布之日起施行。

关于发布《全国中小企业股份转让系统并购重组业务规则适用指引第 1 号——重大资产重组》的公告

（股转公告〔2023〕48 号　2023 年 2 月 17 日）

为落实全面实行股票发行注册制的有关要求，进一步明确挂牌公司重大资产重组监管要求，全国中小企业股份转让系统有限责任公司修订了《全国中小企业股份转让系统并购重组业务规则适用指引第1号——重大资产重组》，现予以发布，自发布之日起施行。

特此公告。

附件：全国中小企业股份转让系统并购重组业务规则适用指引第 1 号——重大资产重组

附件

全国中小企业股份转让系统并购重组业务规则适用指引第 1 号——重大资产重组

为规范挂牌公司重大资产重组行为，根据《非上市公众公司重大资产重组管理办法》（以下简称《重组办法》）、《全国中小企业股份转让系统非上市公众公司重大资产重组业务细则》（以下简称《重组业务细则》）等有关规定，制定本适用指引。

1. 部分交易的重大资产重组认定标准

1.1 购买或出售土地、房产及机械设备

挂牌公司购买与生产经营相关的土地、房产、机械设备等，充分说明合理性和必要性的，可以视为日常经营活动，不纳入重大资产重组管理；如涉及发行证券的，应遵守全国股转系统的其他相关规定。

挂牌公司出售土地、房产、机械设备等，若达到《重组办法》第二条规定的标准，构成重大资产重组。

1.2 设立子公司或向子公司增资

挂牌公司新设全资子公司或控股子公司、向全资子公司或控股子公司增资，不构成重大资产重组。但挂牌公司新设参股子公司或向参股子公司增资，若达到《重组办法》第二条规定的标准，则构成重大资产重组。

2. 重大资产重组标准计算时的财务资料与财务数据

2.1 财务资料有效期

挂牌公司披露的重大资产重组报告书（以下简称重组报告书）中引用的标的资产财务资料有效期应当符合《非上市公众公司信息披露内容与格式准则第6号——重大资产重组报告书》第四条的相关规定，标的资产审计报告应当在相应的财务资料有效期之内披露。对于发行股份购买资产且发行后股东人数超过200人的重大资产重组，挂牌公司在向全国中小企业股份转让系统有限责任公司（以下简称全国股转公司）提交申请文件时，重组报告书中引用的经审计的最近1期财务资料的剩余有效期应当不少于1个月。

2.2 挂牌公司非标准审计意见

原则上，挂牌公司最近一个会计年度财务报告被出具非标准审计意见，造成挂牌公司财务报告被出具非标准审计意见的原因已消除的，相关财务数据可以作为判断重大资产重组的依据。但独立财务顾问应当就审计机构出具非标准审计意见的原因以及该原因是否已消除作出专项说明，并予以披露。

2.3 净资产额的认定

挂牌公司根据《重组办法》第二条、第四十条的规定，计算购买、出售的资产净额占挂牌公司最近一个会计年度经审计的合并财务会计报表期末净资产额的比例时，前述挂牌公司净资产额不应包括少数股东权益。

2.4 连续购买或出售时重大资产重组标准的计算

挂牌公司在12个月内连续对同一或者相关资产进行购买、出售的，在计算相应指标时，应当以第一次交易时最近一个会计年度挂牌公司经审计的合并财务会计报表期末资产总额、期末净资产额作为分母；在计算分子时，最近一次交易标的资产相关财务数据应当以最近一期经审计的资产总额、资产净额为准。

3. 内幕信息知情人报备

挂牌公司及交易对方的所有董事、监事、高级管理人员及其直系亲属，无论是否知情，均应当纳入重大资产重组内幕信息知情人的报备范围。

挂牌公司因重大资产重组事项申请股票停牌后，无论是否继续推进重大资产重组事项，均需要进行内幕信息知情人报备。

4. 停牌日前证券异常交易的处理

根据《重组业务细则》第十五条的规定，全国股转公司对挂牌公司重大资产重组停牌日前 6 个月的证券交易情况进行核查。发现异常交易情况的，全国股转公司将告知挂牌公司，由挂牌公司书面答复，并根据不同情形分情况处理：

（1）拟继续推进重大资产重组进程

挂牌公司拟继续推进重大资产重组进程的，需单独披露《关于××××公司与重大资产重组相关证券异常交易情况的说明》，对证券异常交易是否属于内幕交易及判断的理由进行说明，并同时对挂牌公司重大资产重组事项可能因内幕交易被中国证券监督管理委员会（以下简称中国证监会）或司法机关立案查处而暂停或终止的风险进行单独揭示。

挂牌公司聘请的独立财务顾问及律师应当对证券异常交易是否属于内幕交易发表核查意见并公开披露，同时应对挂牌公司重大资产重组事项可能存在因内幕交易被中国证监会或司法机关立案查处而暂停或终止的风险进行单独揭示。

挂牌公司聘请的独立财务顾问或律师无法发表意见，或认为存在内幕交易且不符合恢复重大资产重组进程要求的，挂牌公司应当终止本次重大资产重组。

（2）暂停重大资产重组进程

挂牌公司因与挂牌公司重大资产重组相关证券异常交易被中国证监会或司法机关立案的，应暂停重大资产重组进程，并披露被相关机构立案的临时公告，挂牌公司聘请的独立财务顾问应当同时发布风险提示公告。

挂牌公司因被中国证监会或司法机关立案暂停重大资产重组进程的，在影响重大资产重组审查的情形消除后可以申请恢复重大资产重组进程。

关于影响重大资产重组审查的情形消除的标准，参照中国证监会《上市公司监管指引第 7 号——上市公司重大资产重组相关股票异常交易监管》。

（3）终止重大资产重组进程

挂牌公司因自愿选择终止重大资产重组、独立财务顾问或律师对异常交易无法发表意见或认为存在内幕交易且不符合恢复重大资产重组进程要求等原因终止本次重大资产重组的，挂牌公司应当召开董事会审议终止重大资产重组的相关事项，并及时发布终止重大资产重组公告，披露本次重大资产重组的基本情况及终止原因，挂牌公司证券同时申请复牌。重组方案已经股东大会审议通过的，还应召开股东大会审议终止重大资产重组的相关事项。

挂牌公司被中国证监会要求终止本次重大资产重组的，挂牌公司应当及时发布终止重大资产重组公告，披露本次重大资产重组的基本情况及终止原因，挂牌公司证券同时申请复牌。

5. 重组方案重大调整认定标准

5.1 变更交易对象

增加交易对象的，应当视为构成重组方案重大调整；减少交易对象，交易各方同意将该交易对象及其持有的标的资产份额剔除出重组方案，且剔除后按照下述"5.2变更交易标的"的规定未构成交易标的重大调整的，可以视为不构成重组方案重大调整。对于调整交易对象所持标的资产份额的情形，如交易各方同意交易对象之间转让标的资产份额，且转让份额的作价不超过标的资产总交易作价20%的，可以视为不构成重组方案重大调整。

5.2 变更交易标的

如同时满足以下两个条件，可以视为不构成重组方案重大调整：一是拟增加或减少的交易标的的交易作价、资产总额、资产净额占原标的资产相应指标总量的比例均不超过20%；二是变更标的资产对交易标的的生产经营不构成实质性影响，包括不影响交易标的的资产及业务完整性等。

5.3 变更交易价格

如同时满足以下两个条件，可以视为不构成重组方案重大调整：一是交易价格调整幅度不超过20%；二是交易价格的调整具有充分、合理的客观理由，独立财务顾问应当对交易价格调整的合理性出具专项意见。

5.4 变更支付手段

变更支付手段应当视为重组方案重大调整。

5.5 变更配套募集资金

调减或取消配套募集资金、调增配套募集资金的比例不超过原募资规模20%的，不构成重组方案重大调整；新增配套募集资金或调增配套募集资金的比例超过原募资规模20%的，应当视为重组方案重大调整。

6. 重组方案实施完毕认定标准

对于购买资产构成重大资产重组的情形，如涉及挂牌公司发行股份，"实施完毕"以挂牌公司披露新增股份在全国股转系统挂牌并公开转让的公告为准；如不涉及挂牌公司发行股份，"实施完毕"以标的资产完成过户为准。

对于出售资产构成重大资产重组的情形，"实施完毕"以标的资产过户完毕且交易对价支付完毕为准。

7. 200 人计算标准

涉及发行股份购买资产的重大资产重组中，重组方案及配套募集资金方案中确定或预计的新增股东人数（或新增股东人数上限）与审议重大资产重组事项的股东大会规定的股权登记日在册股东人数之和不超过200人的（含200人），视为重大资产重组完成后挂牌公司股东人数不超过200人。

计算前款股东人数时，在中国证券登记结算有限责任公司登记的普通股、优先股以及可转换公司债券持有人数合并计算。

8. 与前次重大资产重组、证券发行程序的衔接

挂牌公司如存在尚未完成的重大资产重组事项，在前次重大资产重组实施完毕并披露实施情况报告书前，不得筹划新的重大资产重组事项，也不得因重大资产重组申请停牌。除发行股份购买资产构成重大资产重组并募集配套资金的情况外，在重大资产重组实施完毕并披露实施情况报告书前，挂牌公司不得启动证券发行。

挂牌公司如存在尚未完成的证券发行，在前次证券发行完成新增证券登记前，不得筹划重大资产重组事项，也不得因重大资产重组申请停牌。

9. 实现利润的计算依据

《重组办法》第三十四条规定的挂牌公司重大资产重组"购买资产实现的利润"，以扣除非经常性损益后归属于母公司股东的净利润为计算依据。

10. 具有金融属性的挂牌公司重大资产重组要求

除中国人民银行、中国银保监会、中国证监会批准设立并监管的金融机构外，小额贷款公司、融资担保公司、融资租赁公司、商业保理公司、典当公司等其他具有金融属性的企业以及私募基金管理机构，在相关监管政策明确前，应当暂停重大资产重组业务。

关于发布《全国中小企业股份转让系统重大资产重组业务指南第 1 号——非上市公众公司重大资产重组内幕信息知情人报备指南》的公告

（股转公告〔2023〕51 号　　2023 年 2 月 17 日）

为落实全面实行股票发行注册制的有关要求，进一步规范全国中小企业股份转让系统非上市公众公司重大资产重组内幕信息知情人报备工作，全国中小企业股份转让系统有限责任公司修订了《全国中小企业股份转让系统重大资产重组业务指南第 1 号——非上市公众公司重大资产重组内幕信息知情人报备指南》，现予以发布，自发布之日起施行。

特此公告。

附件：全国中小企业股份转让系统重大资产重组业务指南第 1 号——非上市公众公司重大资产重组内幕信息知情人报备指南

附件

全国中小企业股份转让系统重大资产重组业务指南第 1 号——非上市公众公司重大资产重组内幕信息知情人报备指南

为规范全国中小企业股份转让系统非上市公众公司（以下简称公司）重大资产重组内幕信息知情人报备，根据《全国中小企业股份转让系统非上市公众公司重大资产重组业务细则》《全国中小企业股份转让系统并购重组业务规则适用指引第 1 号——重大资产重组》等有关规定，制定本指南。

1.公司应当在股票重大资产重组停牌之日起 10 个交易日内，通过内幕信息知情人文件报备系统向全国中小企业股份转让系统有限责任公司（以下简称全国股转公司）提交重大资产重组内幕信息知情人登记表、相关人员买卖公司证券的自查报告、公司重大资产重组交易进程备忘录及公司全体董事对内幕信息知情人报备文件真实性、准确性和完整性的承诺书。

公司股票停牌日距离首次董事会召开之日不足 10 个交易日的，应当在申请停牌的同时报送上述材料。

公司股票自挂牌以来未进行过交易的，无需根据本条第一款的规定报送相关文件，但应当在股票停牌之日起 10 个交易日内，提交关于公司股票交易情况的书面说明。

2. 内幕信息知情人的范围包括但不限于：

（1）公司及其董事、监事、高级管理人员；

（2）持有公司 5% 以上股份的股东和公司的实际控制人，以及其董事、监事、高级管理人员；

（3）公司控股或者实际控制的公司及其董事、监事、高级管理人员；

（4）由于所任公司职务或者因与公司业务往来可以获取公司本次重组相关内幕信息的人员；

（5）本次重大资产重组的交易方及其控股股东、实际控制人、董事、监事、高级管理人员；

（6）为本次重大资产重组提供服务以及参与该事项的咨询、筹划、论证、审批等各环节的相关单位和人员；

（7）前述自然人的直系亲属（配偶、父母、子女及配偶的父母）；

（8）可以获取内幕信息的其他人员。

3. 公司重大资产重组内幕信息知情人登记表应当加盖公司公章或公司董事会公章，并写明填报日期。

4. 内幕信息知情人应对其在公司停牌日前 6 个月买卖公司证券的情况进行自查。

自然人的自查报告应当列明自然人的姓名、职务、身份证号码、股票账户、有无买卖股票行为，并经本人签字确认；机构的自查报告中应当列明机构的名称、统一社会信用代码、股票账户、有无买卖股票行为并盖章确认。

5. 相关人员存在买卖公司股票行为的，当事人应当书面说明其买卖股票行为是否利用了相关内幕信息；公司及相关方应当书面说明与买卖股票人员相关事项的动议时间，买卖股票人员是否参与决策，买卖行为与该事项是否存在关联关系以及是否签订了保密协议书等。

6. 交易进程备忘录应当详细记载筹划过程中每一具体环节的进展情况，包括商议相关方案、形成相关意向、签署相关协议或者意向书的具体时间、地点、参与机构和人员、商议和决议内容等。参与每一具体环节的所有人员均应在备忘录上签名确认。

7. 公司提交的全体董事对内幕信息知情人报备文件真实性、准确性和完整性的承诺书，应由全体董事签字并加盖公司公章。

8. 报备文件所有需要签名处，均应为签名人亲笔签名，不得以名章、签名章等代替。

9. 本指南规定的报备文件是全国股转公司对内幕信息知情人报备文件的最低要求。根据审查需要，全国股转公司可以要求公司、独立财务顾问、律师事务所、其他证券服务机构以及相关的自然人、法人和其他组织补充材料。

附表：

重大资产重组内幕信息知情人登记表

证券简称：
                                                                            证券代码：

内幕信息事项：

序号	姓名或名称	证件类型	证件号码	证券账户	联系方式	所在单位／部门	职务／岗位	与公司关系	知悉内幕信息时间	知悉内幕信息方式	内幕信息内容	内幕信息所处阶段	登记时间	登记人

注：

1. "证件类型"一栏填写身份证号码、统一社会信用代码等。

2. "与公司关系"一栏应结合本指南第2条的要求具体说明与公司的关系，如公司董事（名称）的直系亲属（配偶、父母、子女及配偶的父母）。

3. "知悉内幕信息的时间"一栏填入内幕信息知情人获取或应当获取内幕信息的第一时间。

4. "知悉内幕信息方式"一栏填写会谈、电话、传真、书面报告、电子邮件等。

5. "内幕信息所处阶段"一栏填写商议筹划，论证咨询，合同订立，公司内部的报告、传递、编制、决议等。

6. 如为公司登记，填写公司登记人姓名；如为公司汇总，保留所汇总表格中原登记人姓名。

7. 应当分为以下四部分填报：（一）公司及其董事、监事、高级管理人员，以及前述自然人的直系亲属；（二）交易对方及其董事、监事、高级管理人员（或主要负责人），以及前述自然人的直系亲属；（三）本次重大资产重组聘请的证券服务机构，以及前述自然人的直系亲属；（四）其他知悉本次重大资产重组内幕信息的法人和自然人，以及前述自然人的直系亲属。

（加盖公章或董事会章）

填报日期：

附表：

交易进程备忘录

证券简称：　　　　　　　　　　　　　　　　　　证券代码：

所涉重大事项简述：

关键时点	时间	地点	参与筹划决策人员	筹划决策方式	商议和决议内容	签名

注：1.本表所列项目为必备项目，公司可根据自身内幕信息管理的需要增加内容。

　　2.交易进程备忘录涉及的相关人员应当在备忘录上签名确认。

　　　　　　　　　　　　　　　　　　　　法定代表人签名：

　　　　　　　　　　　　　　　　　　　　公司公章或董事会章：

关于发布《全国中小企业股份转让系统重大资产重组业务指南第 2 号——非上市公众公司发行股份购买资产构成重大资产重组文件报送指南》的公告

（股转公告〔2023〕52 号 2023-02-17）

为落实全面实行股票发行注册制的有关要求，规范全国中小企业股份转让系统非上市公众公司发行股份购买资产构成重大资产重组有关文件报送行为，全国中小企业股份转让系统有限责任公司修订了《全国中小企业股份转让系统重大资产重组业务指南第 2 号——非上市公众公司发行股份购买资产构成重大资产重组文件报送指南》，现予以发布，自发布之日起施行。

特此公告。

附件：全国中小企业股份转让系统重大资产重组业务指南第 2 号——非上市公众公司发行股份购买资产构成重大资产重组文件报送指南

附件

全国中小企业股份转让系统重大资产重组业务指南第 2 号——非上市公众公司发行股份购买资产构成重大资产重组文件报送指南

为规范全国中小企业股份转让系统非上市公众公司（以下简称公司）发行股份购买资产构成重大资产重组的申请文件报送，根据《全国中小企业股份转让系统非上市公众公司重大资产重组业务细则》（以下简称《重组业务细则》）等规定，制定本指南。

1. 发行股份购买资产构成重大资产重组的，公司应在股东大会决议后 10 个交易日内，委托独立财务顾问向全国中小企业股份转让系统有限责任公司（以下简称全国股转公司）报送审核申请文件（附件 1、2）。

2. 公司发行股份购买资产构成重大资产重组且发行后股东人数累计超过 200 人的，全国股转公司审核通过后，向中国证监会报送同意发行股份购买资产的审核意见、相关审核资料及公司申请文件。

3. 公司取得全国股转公司出具的同意发行股份购买资产的函或收到中国证监

会作出的同意注册的决定后，应当及时实施重大资产重组，在验资完成后 20 个交易日内，向全国股转公司报送股票登记申请文件（附件 3—附件 6）。

4. 公司出现《重组业务细则》第三十二条第（二）项的终止审核情形时，应向全国股转公司提交终止审核的相关文件（附件 7）。

5. 公司应当按照本指南的要求，通过重组业务系统向全国股转公司报送审核申请、股票登记申请等文件。

6. 本指南规定的报送文件是全国股转公司对相关文件的最低要求。根据审核或股票登记需要，全国股转公司可以要求公司、独立财务顾问、律师事务所及其他证券服务机构补充相关材料。

7. 报送文件所有需要签名处，均应为签名人亲笔签名，不得以名章、签名章等代替。

附件：1. 发行股份购买资产审核申请文件目录

2. 发行股份购买资产申请报告

3. 股票登记申请文件目录

4. 发行股份登记明细表

5. 股份限售申请

6. 发行股份购买资产重大事项确认函

7. 终止发行股份购买资产申请文件

附件 1：

发行股份购买资产审核申请文件目录

一、重大资产重组报告书

1-1 发行股份购买资产申请报告

1-2 重大资产重组报告书

1-3 重大资产重组的董事会决议、监事会书面审核意见和股东大会决议

二、独立财务顾问和律师出具的文件

2-1 独立财务顾问报告

2-2 法律意见书

三、本次重大资产重组涉及的财务信息相关文件

3-1 本次重大资产重组涉及的拟购买、出售资产的财务报告和审计报告（确实无法提供的，应当说明原因及相关资产的财务状况和经营成果）

3-2 本次重大资产重组涉及的拟购买、出售资产的评估报告及评估说明，资产估值报告（如有）

3-3 交易对方最近1年的财务报告和审计报告（如有）

3-4 拟购买资产盈利预测报告（如有）

四、本次重大资产重组涉及的有关协议、合同和决议

4-1 重大资产重组的协议或合同

4-2 涉及本次重大资产重组的其他重要协议或合同

4-3 交易对方内部权力机关批准本次交易事项的相关决议

五、本次重大资产重组的其他文件

5-1 有关部门对重大资产重组的审批、核准或备案文件

5-2 关于股份锁定期的承诺

5-3 交易对方的营业执照复印件

5-4 拟购买资产的权属证明文件

5-5 与拟购买资产生产经营有关的资质证明或批准文件

5-6 公司全体董事和独立财务顾问、律师事务所、会计师事务所、资产评估机构等证券服务机构及其签字人员对重大资产重组申请文件真实性、准确性和完整性的承诺书

5-7 公司与交易对方就重大资产重组事宜采取的保密措施及保密制度的说明，并提供与所聘请的证券服务机构签署的保密协议及交易进程备忘录

5-8 本次重大资产重组前12个月内公司购买、出售资产的说明及专业机构意见（如有）

5-9 独立财务顾问关于公司发行股份购买资产构成重大资产重组审核申请文件受理检查要点的落实情况表

5-10 关于申请电子文件与预留文件一致的鉴证意见

5-11 中国证监会或全国股转公司要求提供的其他文件

附件2：

发行股份购买资产申请报告

××××股份（有限）公司发行股份购买资产审核申请报告

全国中小企业股份转让系统有限责任公司：

××××股份（有限）公司经××××证券股份有限（或有限责任）公司推荐，于××××年××月××日在全国中小企业股份转让系统挂牌，证券简称：

××××，证券代码：××××。

（情形一，发行后股东累计超过 200 人的发行适用）

××××于××××年××月××日召开董事会，审议通过了拟发行股份购买资产构成重大资产重组的决议。××××年××月××日公司召开股东大会，经出席会议的有表决权股东所持表决权 2/3 以上通过，决议批准本次发行股份购买资产事项，其中持股比例 10% 以下的股东表决情况为：××××。

截至本次发行股权登记日××××年××月××日，我司共有×名普通股股东、×名优先股股东及×名可转债持有人。本次发行完成后，证券持有人人数合计×人/预计×人。因本次发行完成后，证券持有人累计超过 200 人，依据《非上市公众公司重大资产重组管理办法》的规定，须向中国证监会申请注册。

本次发行股份总计不超过××××万股。

现特就本次发行股份购买资产事项提出申请。

（情形二，发行后股东累计不超过 200 人的发行适用）

××××于××××年××月××日召开董事会，审议通过了拟发行股份购买资产构成重大资产重组的决议。××××年××月××日公司召开股东大会，经出席会议的有表决权股东所持表决权 2/3 以上通过，决议批准本次发行股份购买资产事项。

截至本次发行股权登记日××××年××月××日，我司共有×名普通股股东、×名优先股股东及×名可转债持有人。本次发行完成后，证券持有人人数合计×人/预计×人。因本次发行完成后，证券持有人累计不超过 200 人，依据《非上市公众公司重大资产重组管理办法》的规定，豁免向中国证监会申请注册。

本次发行股份总计不超过××××万股。

现特就本次发行股份购买资产事项提出申请。

××××股份（有限）公司

（盖章）

××××年××月××日

附件 3：

股票登记申请文件目录

1-1 重大资产重组实施情况报告书及独立财务顾问、律师专业意见

1-2 发行股份登记明细表

1-3 自愿限售申请

1-4 验资报告

1-5 标的资产权属完成转移的证明文件

1-6 发行股份购买资产重大事项确认函

1-7 要求报送的其他文件

附件4：

××股份（有限）公司发行股份登记明细表

公司全称：××××股份（有限）公司（盖章）　证券简称：××××　证券代码：××××　独立财务顾问：××证券　　单位：股

序号	股东姓名或名称	是否为董事、监事、高级管理人员	身份证号或统一社会信用代码	投资者类型（基础层投资者／创新层投资者／受限投资者）	是否为做市股份	本次发行股份数量（股）	限售的股份数量（股）	不予限售的股份数量（股）
1								
2								
合计								

附件5：

××××股份（有限）公司及相关股东关于提请协助办理限售股票登记的申请书

全国中小企业股份转让系统有限责任公司：

　　××××股份（有限）公司（公司简称：××××；证券代码：××××）××等××名股东自愿锁定其持有××××股份（有限）公司的股票（具体锁定股票数量和锁定时间详见附表），经与××××股份（有限）公司协商一致，现向全国中小企业股份转让系统有限责任公司申请协助办理限售股票登记，以便于在中国证券登记结算有限责任公司办理上述限售股票登记手续。

　　　　　　　　　　申请人：××××股份（有限）公司（加盖公章）

　　　　　　　　　　股东××（自然人签字、法人及其他经济组织盖章）

　　　　　　　　　　　　　　　　　　　年　月　日

附表

公司股东所持股票限售明细表

公司全称：××××股份（有限）公司（盖章）　　证券简称：××××　　证券代码：××××

序号	股东名称	任职	是否为控股股东、实际控制人	身份证号或统一社会信用代码	本次发行新增的股票数量（股）	本次发行新增的无限售股票数量（股）	本次申请限售登记股票数量（股）			自愿限售股票时间
							法定限售数量	自愿限售数量	限售数量合计	
1										
2										
合计										

附件 6：

发行股份购买资产重大事项确认函

由我司推荐的 _____ 公司发行股份购买资产申请已经全国中小企业股份转让系统有限责任公司审核通过／中国证监会注册，取得了同意发行股份购买资产的函／同意注册的决定，且该公司已按规定完成了资产过户，现申请新增股票登记。

截至该确认函提交之日，我司确认：

1. 该公司及发行对象符合《公司法》《非上市公众公司重大资产重组管理办法》《全国中小企业股份转让系统非上市公众公司重大资产重组业务细则》等法律法规、部门规章和业务规则关于发行股份购买资产的相关规定。

2. 该公司不存在《全国中小企业股份转让系统非上市公众公司重大资产重组业务细则》规定的终止审核情形以及其他影响本次发行股份购买资产的重大事项。

3. 该公司不存在严重损害投资者合法权益和社会公共利益的其他情形。

项目负责人（签名）

××证券（加盖公章）

年　月　日（提交日期）

附件 7：

7-1 ××××股份（有限）公司关于终止发行股份购买资产的申请

全国中小企业股份转让系统有限责任公司：

××××股份（有限）公司（公司简称：××××；证券代码：××××）已按照《非

上市公众公司重大资产重组管理办法》《全国中小企业股份转让系统非上市公众公司重大资产重组业务细则》的规定，履行了内部审议程序，并于××××年××月××日向全国中小企业股份转让系统有限责任公司提交了《××××股份（有限）公司发行股份购买资产审核申请报告》及相关文件。

现因×××（请详细说明终止原因），本公司决定终止本次发行股份购买资产，并于××××年××月××日召开董事会，××××年××月××日召开股东大会，审议通过了终止本次发行股份购买资产的议案，上述董事会决议、股东大会决议和终止发行股份购买资产的公告已及时披露。

现特向贵公司申请终止本次发行股份购买资产审核。

法定代表人（签名）

××××股份（有限）公司（加盖公章）

年　月　日

7-2 ××证券公司关于××××股份（有限）公司终止发行股份购买资产的核查意见

全国中小企业股份转让系统有限责任公司：

经核查，××××股份（有限）公司（公司简称：××××；证券代码：××××）已按照《非上市公众公司重大资产重组管理办法》《全国中小企业股份转让系统非上市公众公司重大资产重组业务细则》的规定，履行了内部审议程序，并于××××年××月××日向全国中小企业股份转让系统有限责任公司提交了《××××股份（有限）公司发行股份购买资产审核申请报告》及相关文件。

现因×××（请详细说明终止原因），××××公司决定终止本次发行股份购买资产，并于××××年××月××日召开董事会，××××年××月××日召开股东大会，审议通过终止本次发行股份购买资产的议案。

经核查，××××公司终止发行股份购买资产程序合法合规，并已及时履行了信息披露义务。××××公司已与全部交易对方就终止发行股份购买资产等事宜达成一致意见，《××××股份（有限）公司关于终止发行股份购买资产的申请》及相关文件真实、准确、完整。

项目负责人（签名）

××证券（加盖公章）

年　月　日

关于发布《全国中小企业股份转让系统挂牌公司股票停复牌业务指南》的公告

（股转公告〔2023〕56 号　2023 年 2 月 17 日）

为落实全面实行股票发行注册制的有关要求，全国中小企业股份转让系统有限责任公司修订了《全国中小企业股份转让系统挂牌公司股票停复牌业务指南》，现予以发布，自发布之日起施行。

特此公告。

附件：全国中小企业股份转让系统挂牌公司股票停复牌业务指南

附件

全国中小企业股份转让系统挂牌公司股票停复牌业务指南

一、制定依据

为了规范挂牌公司股票停复牌业务办理，根据《全国中小企业股份转让系统挂牌公司股票停复牌业务实施细则》（以下简称《停复牌细则》）等有关规定，制定本指南。

二、一般规定

（一）正常申请

挂牌公司申请办理股票停复牌业务，应当在按照《停复牌细则》等有关规定履行相应程序后，通过主办券商向全国股转公司提交下列申请文件：

1. 加盖公司公章的《停牌/复牌申请表》（附表 1）、《重大资产重组停牌/复牌申请表》（附表 2）、《延期复牌申请表》（附表 3）、《变更停牌事项申请表》（附表 4）。

2. 停牌公告、复牌公告、延期复牌公告、停牌事项变更公告。

3. 全国股转公司要求的其他文件。

（二）事前审查与事后督导

主办券商应当对挂牌公司停复牌业务申请文件进行事前审查，审查无误后在交易日的 15:30—16:30 通过日常业务系统提交申请文件，经全国股转公司同意后，督导挂牌公司在停复牌业务生效前披露相关公告。

主办券商应当密切关注挂牌公司停复牌业务办理进度，如发现信息披露与业务办理进度不一致的，应当及时向全国股转公司报告。

（三）紧急申请停牌

挂牌公司未能在 T-1 日（T 日为停牌生效日，下同）15:30—16:30 向全国股转公司提出停牌申请，但确需 T 日停牌的，应当在非交易时段向全国股转公司报告。经全国股转公司同意后，挂牌公司向主办券商报送《停牌申请表》、停牌公告以及相关证明文件（如有），主办券商审查无误后，在 T-1 日 16:30—T 日 9:00，T 日 11:30—12:30 通过日常业务系统"紧急停牌"通道，按本指南上传停牌申请文件，如需协助进行线下信息披露，应将《信息披露业务流转表》（附表 5，无需加盖主办券商公章）随停牌申请文件一并上传。

挂牌公司原则上不得在盘中申请紧急停牌。确需盘中停牌的，经全国股转公司同意后，将本指南要求的申请文件和《信息披露业务流转表》发送至指定邮箱，根据全国股转公司要求进行线下办理。

三、停牌

挂牌公司发生《停复牌细则》及有关业务规则规定的停牌事项，需要停牌一个交易日的，应当按照本指南的规定在 T-1 日向全国股转公司提交停牌申请并披露停牌一天的公告，股票停牌一个交易日后自动复牌。

挂牌公司因重大事项、重大资产重组申请股票停牌的，应当按照本指南规定，在 T-1 日向全国股转公司提出申请，并应当在申请中明确预计复牌日期。

挂牌公司向境内证券交易所申请公开发行股票并上市的，应当按照本指南规定，在向证券交易所报送申报材料的当日申请公司股票于次一交易日起停牌。

挂牌公司发生中国证监会或全国股转公司规定的其他停牌情形，应当及时根据本指南的规定向全国股转公司申请股票停牌。

四、延期复牌

挂牌公司停牌情形不能在预计复牌日期前消除的，应当在不晚于 T-2 日（T 日为原预计复牌日期届满日）按照本指南规定向全国股转公司申请股票延期复牌。

挂牌公司申请重大事项延期复牌的，除《延期复牌申请表》、延期复牌公告外，还应当向全国股转公司提交所筹划事项需经有权部门事前审批的书面证明文件（如有）、属于重大无先例的情况说明（如有）、主办券商核查意见等，并说明股票预计复牌时间。

挂牌公司申请重大资产重组延期复牌的，除《延期复牌申请表》、延期复牌公告外，还应当向全国股转公司提交董事会决议等证明文件、所筹划事项需经有权部门事前审批的书面证明文件（如有）、属于重大无先例的情况说明（如有）、主办券商核查意见等，并说明股票预计复牌时间。

五、变更停牌事项

挂牌公司股票停牌期间，停牌事项发生变化、新增停牌事项或停牌事项减少的，应在上述事实发生后，按照本指南规定，在停牌期限届满前及时向全国股转公司提出申请，并披露停牌事项变更公告。

六、复牌

挂牌公司股票所有停牌情形消除后，应当及时按照本指南规定，在不晚于T-1日（T日为复牌生效日）向全国股转公司提出复牌申请。

挂牌公司重大事项停牌情形已消除、停牌情形未消除但已按规定充分披露或停牌期限届满的，应当申请股票于上述事实发生后的次两个交易日复牌，并提交相应的证明文件（如有）。

挂牌公司披露经董事会审议通过的重组预案或重组报告书，或披露终止筹划重组事项后，应当申请股票于披露后的次两个交易日复牌，并提交相应的证明文件（如有）。

因《停复牌细则》第十二条规定事项停牌的，挂牌公司应当在收到中国证监会不予注册决定，或境内证券交易所不予受理决定、终止上市审核决定、不同意上市决定等文书后，申请于收到上述文件的次两个交易日复牌，并提交相应的证明文件。

在收到中国证监会注册文件后，挂牌公司发生终止发行或者注册文件到期等情形的，应当申请股票于披露终止发行公告或者注册文件到期后的次两个交易日复牌，并提交相应的证明文件。

挂牌公司在中国证监会或者全国股转公司规定的其他停牌情形消除后，应当及时按照本指南的规定申请股票复牌。

附表1：

停牌／复牌申请表

业务申请类型：	□停牌	□复牌		
公司名称		证券简称		证券代码
公司是否发行其他证券品种 □是（□优先股　□双创债　□H股　□其他　　）　□否				
申请停牌的事由	□1.重大事项 □（1）持续经营能力存在重大不确定性 □（2）出现重大风险事件 □（3）筹划控制权变动 □（4）涉及要约收购 □（5）全国股转公司认定的其他重大事项，具体内容：　　　　（必填） □2.挂牌公司向境内证券交易所申请公开发行股票并上市 □3.其他事项停牌： □（1）向全国股转公司主动申请终止挂牌 □（2）其他合理理由，具体内容：　　　　（必填）			

续表

上述所选事项是否已消除或已充分披露（申请复牌填写）				
停牌生效日期		预计复牌日期（停牌规则依据为第1项时适用）		复牌生效日期(申请复牌或停牌一天填写）	
申请人：×××股份有限公司（加盖公章） 联系电话： 　年　　月　　日				

附表 2：

重大资产重组停牌／复牌申请表

业务申请类型：	□停牌　　　□复牌				
公司名称		证券简称		证券代码	
公司是否发行其他证券品种 □是（□优先股　□双创债　□H股　□其他　　　　）　□否					
申请停牌的事由	□1.交易各方初步达成实质性意向 □2.交易各方虽未达成实质性意向，但相关信息已在媒体上传播或者预计该信息难以保密或者公司股票交易出现异常波动 □3.本次重组需要向有关部门进行政策咨询、方案论证				
申请复牌的事由	□1.公司完成首次信息披露 □2.公司决议终止重组事项或确认不构成重大资产重组 □3.其他合理理由（需单独说明）				
交易类型	□1.现金购买、出售资产或资产置换 □2.发行普通股、优先股、债券或其他证券购买资产 □3.其他类型				
交易对手方类型	□1.公众公司控股股东、实际控制人 □2.（潜在）收购人 □3.其他关联方 □4.非关联第三方 □5.其他				

续表

是否涉及控制权变动	□ 1. 是 □ 2. 否		
支付方式	□ 1. 现金 □ 2. 本公司发行的证券（包括但不限于普通股、优先股、债券等） □ 3. 其他		
停牌生效日期 / 复牌生效日期		预计复牌日期 （停牌时填写）	

申请人：×××股份有限公司（加盖公章）　　　　　　独立财务顾问：（加盖公章）

　　　　　　　　　　　　　　　　　　　　　　　　（仅复牌适用）

　　　　　经办人签名：

　　年　　月　　日　　　　　　　　　　　　　　年　　月　　日

联系电话：　　　　　　　　　　　　　　　　　　联系电话：

传真电话：　　　　　　　　　　　　　　　　　　传真电话：

附表 3：

延期复牌申请表

公司名称		证券简称		证券代码	
公司是否发行其他证券品种 □ 是（□ 优先股　□ 双创债　□ H 股　□ 其他　　　　　）　□ 否					
导致申请停牌的触发事由	□ 1. 持续经营能力存在重大不确定性 □ 2. 出现重大风险事件 □ 3. 筹划控制权变动 □ 4. 要约收购 □ 5. 筹划重大资产重组 □ 6. 全国股转公司认定的其他重大事项，具体内容：　　　　　　（必填）				
上述所选事项目前进展情况					
申请延期复牌的原因	□ 1. 所筹划事项涉及按照有关规定需经有权部门事前审批 □ 2. 所筹划事项属重大无先例 □ 3. 其他，具体内容：　　　　　　　　　　　（必填）				
已履行程序（重大资产重组延期申请适用）	□ 已经董事会审议通过并披露（停牌满 1 个月申请延期时适用）				

续表

当前预计复牌日期		延期后预计复牌日期	
申请人：×××股份有限公司（加盖公章） 联系电话： 　年　　月　　日			

附表4：

变更停牌事项申请表

公司名称		证券简称		证券代码	
公司是否发行其他证券品种 □是（ □优先股　□双创债　□H股　□其他　　　　） □否					
变更停牌事项的情形	□1.停牌事项发生变化　□2.增加停牌事项　□3.减少停牌事项				
原停牌事项是否申请过延期复牌	□是　　　　　　　　　　　　　　　　□否				
原停牌事项目前进展情况					
变更后停牌触发事项	□1.重大事项 □（1）持续经营能力存在重大不确定性 □（2）出现重大风险事件 □（3）筹划控制权变动 □（4）涉及要约收购 □（5）全国股转公司认定的其他重大事项，具体内容：　　　　　　（必填） □2.重大资产重组 □3.向境内证券交易所申请公开发行股票并上市 □4.其他事项停牌： □（1）向全国股转公司主动申请终止挂牌 □（2）其他合理理由，具体内容：　　　　　　　　　　　（必填）				
原停牌生效日		原预计复牌日期			
变更停牌事项生效日		变更后停牌事项预计复牌日期			

申请人：×××股份有限公司（加盖公章）
联系电话：
年　　月　　日

附表5：

信息披露业务流转表

证券代码			证券简称	
主办券商				
经办人			座　机	
手　机			电子邮箱	
披露时间		年　　　月　　　日 非交易时段		
公告类型		○ 挂牌前信息披露　　○ 持续信息披露		
公告处理		○ 新发　　　　○ 替换　　　　○ 修改标题		
	序号	公告标题		
中介机构公告	1			
2				
公司公告	1			
2				
3				
4				
5				
6				
7				
公告份数				
是否停牌			停牌期限	
主办券商经办人（签字）：				
主办券商部门负责人（签字）：				
加盖主办券商公章 （紧急停牌不适用）				
日期：　　　年　　　月　　　日				

关于发布《全国中小企业股份转让系统挂牌公司持续监管指引第 1 号——筹备发行上市》的公告

（股转公告〔2023〕55 号　2023 年 2 月 17 日）

为落实全面实行股票发行注册制的有关要求，全国中小企业股份转让系统有限责任公司修订了《全国中小企业股份转让系统挂牌公司持续监管指引第 1 号——筹备发行上市》，现予以发布，自发布之日起施行。

特此公告。

附件：全国中小企业股份转让系统挂牌公司持续监管指引第 1 号——筹备发行上市

附件

全国中小企业股份转让系统挂牌公司持续监管指引第 1 号——筹备发行上市

第一章　总　则

第一条　为进一步明确挂牌公司筹备公开发行股票并到境内证券交易所上市（以下简称筹备发行上市）的监管要求，根据挂牌公司信息披露、公司治理等相关业务规则，制定本指引。

第二条　挂牌公司在筹备发行上市过程中的信息披露、审议程序、股票停复牌、股份限售等，适用本指引。

第三条　挂牌公司筹备发行上市，应当做好保密工作，严格控制知情人范围。挂牌公司控股股东、实际控制人、董事、监事、高级管理人员和其他内幕信息知情人在相关信息披露前，不得买卖本公司证券，不得泄露内幕信息，不得建议他人买卖本公司证券。

挂牌公司筹备公开发行股票并在北京证券交易所上市（以下简称公开发行并在北交所上市），同时应当按照北京证券交易所相关规定做好内幕信息知情人登记管理和报备工作。

第四条　挂牌公司筹备发行上市相关信息，应当在符合《证券法》规定的信息披露平台（以下简称规定信息披露平台）发布。挂牌公司在其他媒体披露相关信息的时间不得早于在规定信息披露平台披露的时间。

挂牌公司筹备发行上市涉及的时间安排、工作进展、财务数据等重大信息，未在规定信息披露平台公开披露的，挂牌公司及其控股股东、实际控制人、董事、监事、高级管理人员或相关信息披露义务人不得对外发布或泄露。

挂牌公司应当同时向所有投资者公开披露筹备发行上市相关信息，确保所有投资者可以平等地获取同一信息，不得向单个或部分投资者提供或透露相关信息。

第五条　上市公司与挂牌公司存在控制关系的，其信息披露涉及挂牌公司筹备发行上市的，应当及时告知挂牌公司。挂牌公司应当同步披露相关信息，确保披露信息的一致性。

挂牌公司未能与上市公司同步披露筹备发行上市相关信息的，应当立即申请股票停牌，并在及时完成披露后复牌。

第二章　信息披露

第六条　挂牌公司拟自愿披露筹备发行上市相关信息的，应当审慎评估披露信息的必要性和对公司股票价格的影响，不得利用无实质进展信息或非必要信息误导投资者。自愿披露的信息应当真实、准确、完整，有利于投资者作出价值判断和投资决策。

主办券商应当切实履行持续督导职责，对挂牌公司拟自愿披露的筹备发行上市相关信息严格进行事前审查，审慎评估披露此类信息的必要性、合理性，督促挂牌公司规范履行信息披露义务。

第七条　挂牌公司和主办券商经审慎评估，认为确有必要自愿披露筹备发行上市相关信息的，应当在公告中充分披露已实际开展的筹备工作具体情况，对照中国证监会和境内证券交易所的相关规定，说明是否符合发行上市的财务及其他要求，以及是否与辅导机构签订辅导协议，向投资者充分揭示风险。

第八条　挂牌公司与辅导机构签订辅导协议，应当及时披露辅导机构名称及辅导协议签订情况等信息。

第九条　进入辅导程序后，挂牌公司应当及时披露辅导进展情况，包括提交辅导备案材料、完成辅导备案、变更辅导机构、终止或撤回辅导备案、变更拟上市场所或上市板块、辅导验收通过或终止等。

第十条　对于本指引第九条规定的披露事项，根据相关监管要求，无法及时披露的，挂牌公司可以延期披露，但应当及时向全国中小企业股份转让系统有限责任公司（以下简称全国股转公司）报告并说明情况。

第十一条　挂牌公司应当及时披露发行上市进展情况暨停牌进展公告，说明发行上市工作取得的重大进展情况，包括受理或不予受理，收到中国证监会反馈意见或境内证券交易所审核问询，提交反馈意见或审核问询的回复，中止审核、恢复审核或终止审核，境内证券交易所公告审核结果，中国证监会作出注册或不予注册决定等。

挂牌公司收到中国证监会反馈意见或境内证券交易所审核问询，提交反馈意见或审核问询的回复，应当在临时报告中载明相关函件的网址，便利投资者查询。

发生可能对公司符合发行条件、上市条件或者信息披露要求产生重大影响的事项，挂牌公司及相关信息披露义务人应当及时披露临时报告。

第十二条　挂牌公司应当密切关注媒体关于本公司筹备发行上市的新闻报道。媒体传播的消息可能或者已经对公司股票价格或投资者决策产生较大影响的，挂牌公司应当立即了解核实情况并向全国股转公司报告，并针对传播信息内容及时发布澄清或说明公告。

第三章　审议程序

第十三条　挂牌公司董事会应当依法就公开发行股票的具体方案、募集资金使用的可行性及其他必须明确的事项作出决议，并提请股东大会批准。

挂牌公司应当在董事会审议后两个交易日内，披露董事会决议、股东大会通知、关于董事会审议通过或审议未通过发行上市事项的提示性公告等临时报告。

董事会审议公开发行事项时，挂牌公司尚未进行辅导备案的，应当单独编制相关风险提示公告，并同前款董事会决议等临时报告一并披露。

第十四条　挂牌公司审议公开发行并在北交所上市，应当在董事会决议中向投资者作出提示，明确挂牌公司股票于上市当日即在全国中小企业股份转让系统终止挂牌。

第十五条　监事会应当对董事会编制的公开发行股票并上市的具体方案进行审核并提出书面审核意见。

第十六条　独立董事应当就挂牌公司发行上市事项发表独立意见。

第十七条　挂牌公司股东大会就发行上市事项作出决议，必须经出席股东大会的股东所持表决权的三分之二以上通过，并于股东大会审议后两个交易日内披露股东大会决议等临时报告。

第十八条　挂牌公司召开股东大会审议公开发行并在北交所上市事项，应当通过网络投票等方式为股东参加股东大会提供便利，并聘请律师对股东大会的召集、召开程序、出席会议人员的资格、召集人资格、表决程序和结果等会议情况出具法律意见书。

第十九条　挂牌公司召开股东大会审议公开发行并在北交所上市事项，应当对出席会议的持股比例在5%以下的中小股东表决情况单独计票并予以披露。

第二十条　挂牌公司决定终止发行上市的，应当再次召开董事会、股东大会审议终止发行上市事宜，并及时披露临时报告说明终止原因。

挂牌公司决定撤回发行上市申请的，应当召开董事会审议撤回发行上市申请事宜，并及时披露临时报告说明撤回原因。

第四章　其他事项

第二十一条　挂牌公司控股股东、实际控制人、董事、监事、高级管理人员应当严格遵守敏感期交易规定，在《全国中小企业股份转让系统挂牌公司治理规则》第七十六条第三项规定的期限内不得买卖公司股票。

第二十二条　挂牌公司申请公开发行并在北交所上市的，公司控股股东、实际控制人及其亲属，上市前直接持有 10% 以上股份的股东或虽未直接持有但可实际支配 10% 以上股份表决权的相关主体，董事、监事、高级管理人员以及其他自愿限售主体，应当在审议公开发行并在北交所上市的股东大会股权登记日的次两个交易日内，通过挂牌公司披露自愿限售公告并于公告披露当日办理股份限售。自愿限售应当按照《全国中小企业股份转让系统挂牌公司股票限售及解除限售业务指南》的相关规定办理。

前款所称"亲属"是指挂牌公司控股股东、实际控制人的配偶、子女及其配偶、父母及配偶的父母、兄弟姐妹及其配偶、配偶的兄弟姐妹、子女配偶的父母以及其他关系密切的家庭成员。

第二十三条　挂牌公司向境内证券交易所申请发行上市的，应当申请股票于向证券交易所提交申报材料的次一交易日停牌。

第二十四条　挂牌公司应当在收到中国证监会不予注册决定，或境内证券交易所不予受理决定、终止上市审核决定、不同意上市决定等文书后，申请股票于收到上述文件的次两个交易日复牌。

挂牌公司在境内证券交易所作出受理或不予受理的决定前撤回申请的，应当申请股票于撤回的次两个交易日复牌。

在收到中国证监会注册文件后，挂牌公司发生终止发行或者注册文件到期等情形的，应当申请股票于披露终止发行公告或者注册文件到期后的次两个交易日复牌。

第五章　附则

第二十五条　挂牌公司筹备公开发行并在香港联合交易所上市的，信息披露及审议程序等事宜参照本指引办理。

第二十六条　本指引由全国股转公司负责解释。

第二十七条　本指引自发布之日起施行。

中国结算规则

中国证券登记结算有限责任公司证券登记规则

（中国结算发〔2023〕28 号）

第一章　总则

第一条　为规范证券登记及相关服务业务，防范证券登记风险，保护投资者合法权益，根据《证券法》《公司法》《证券登记结算管理办法》等有关法律、行政法规和部门规章的规定，制定本规则。

第二条　证券交易所和国务院批准的其他全国性证券交易场所（以下统称证券交易场所）上市或挂牌和已发行拟上市或挂牌证券及证券衍生品种（以下统称证券）的初始登记、变更登记、退出登记及相关服务业务适用本规则；中国证券监督管理委员会（以下简称中国证监会）另有规定的，从其规定。

境内上市外资股以及经中国证监会批准纳入中国证券登记结算有限责任公司（以下简称本公司）证券登记簿记系统的其他证券的登记及相关服务业务参照本规则执行。

第三条　本公司依法受证券发行人的委托办理证券登记及相关服务业务，证券发行人应当与本公司签订证券登记及服务协议。

第四条　本公司设立电子化证券登记簿记系统，根据证券账户的记录，办理证券持有人名册的登记。

电子化证券登记簿记系统的记录采取整数位，记录证券数量的最小单位为壹股（份、元）。

第五条　证券应当登记在证券持有人本人名下，本公司出具的证券登记记录是证券持有人持有证券的合法证明。

符合法律、行政法规和中国证监会规定的，可以将证券登记在名义持有人名下。名义持有人依法享有作为证券持有人的相关权利，同时应当对其名下证券权益拥有人承担相应的义务，证券权益拥有人通过名义持有人实现其相关权利。名义持有人行使证券持有人相关权利时，应当事先征求其名下证券权益拥有人的意见，并按其意见办理，不得损害证券权益拥有人的利益。

本公司有权要求名义持有人提供其名下证券权益拥有人的相关明细资料，名义持有人应当保证其所提供的资料真实、准确、完整。名义持有人出具的证券权益拥有人的证券持有记录是证券权益拥有人持有证券的合法证明。

第六条　证券登记实行证券登记申请人申报制，本公司对证券登记申请人提供的登记申请材料进行形式审核，证券登记申请人应当保证其所提供的登记申请材料真实、准确、完整。

前款所称证券登记申请人包括证券发行人、证券持有人或其证券托管机构以及本公司认可的其他申请办理证券登记的主体。前款所称证券登记申请人提供的登记申请材料包括证券登记申请人直接向本公司提供或通过证券交易场所及本公司认可的其他机构间接向本公司提供的书面文件和电子文件。

第七条　本公司证券登记簿记系统内的证券登记信息包括但不限于以下内容：证券持有人姓名或名称、证券账户号码、有效身份证明文件号码、证券持有人通讯地址、持有证券名称、持有证券数量、证券托管机构以及限售情况、司法冻结、质押登记等证券持有状态。

第二章　初始登记

第八条　已发行的证券在证券交易场所上市或挂牌前，证券发行人应当在本公司规定的时间内申请办理证券的初始登记。

第九条　证券初始登记包括股票首次公开发行登记、权证发行登记、基金募集登记、企业债券和公司债券发行登记、记账式国债（以下简称国债）发行登记以及股票增发登记、配股登记、基金扩募登记等。

第十条　证券发行人申请办理证券初始登记，应当根据本公司有关规定提交证券登记申请、证券登记数据及中国证监会同意注册的决定等申请材料，对于符合法律法规规定，由中国证监会豁免注册的，应提供证券交易场所出具的相关文件。

第十一条　国债通过招投标或其他方式发行后，本公司根据财政部和证券交易场所相关文件确认的结果，建立证券持有人名册。国债在证券交易场所挂牌分销或场外合同分销后，本公司根据证券交易场所确认的分销结果，办理国债登记。

第十二条　本公司对证券发行人提供的证券登记申请材料审核通过后，根据其申报的证券登记数据，办理证券持有人名册的初始登记。通过证券交易场所交易系统发行（以下称网上发行）的证券，证券交易场所向本公司传送的认购结果视为证券发行人向本公司提供的初始登记申请材料之一，本公司根据网上发行认购结果，将证券登记到其持有人名下；通过网下发行的证券，本公司根据证券发行人提供的网下发行证券持有人名册，将证券登记到其持有人名下。本公司完成证券持有人名册初始登记后，向证券发行人出具证券登记证明文件。

第十三条　由于证券发行人提供的申请材料有误导致初始登记不实所致的一切法律责任由该证券发行人承担，本公司不承担任何责任；证券发行人申请对证券初始登记结果进行更正的，本公司依据生效的司法裁决或本公司认可的其他证明材料办理更正手续。

第三章　变更登记

第一节　证券过户登记

第十四条　证券过户登记包括证券交易场所集中交易过户登记（以下简称集中交易过户登记）和非集中交易过户登记（以下简称非交易过户登记）。

第十五条　证券通过证券交易场所集中交易的，本公司根据证券交易的交收结果，办理集中交易过户登记。

第十六条　证券因以下原因发生转让的，可以办理非交易过户登记：

（一）股份协议转让；

（二）司法扣划；

（三）行政划拨；

（四）继承、捐赠、依法进行的财产分割；

（五）法人终止；

（六）上市或挂牌公司的收购；

（七）上市或挂牌公司回购股份；

（八）上市或挂牌公司实施股权激励计划；

（九）相关法律、行政法规、中国证监会规章及本公司业务规则规定的其他情形。

第十七条　股份协议转让或行政划拨双方取得证券交易场所对股份转让的确认文件后，应当向本公司提出股份转让过户登记申请，本公司对过户登记申请材料审核通过后，办理过户登记手续，并向申请人出具过户登记证明文件。

第十八条　当事人因继承、捐赠、依法进行财产分割（如离婚、分家析产等情形）、法人终止的，资产承继人申请办理过户登记时，应当向本公司提供有效的证券归属证明文件及本公司要求的其他材料，本公司对过户登记申请材料审核通过后，办理过户登记手续，并向申请人出具过户登记证明文件。

第十九条　在证券公司等机构托管的证券的司法扣划，由托管的证券公司等机构协助办理。证券公司等机构受理司法扣划要求后，应当对相关证券实施交易冻结，并在协助司法扣划当日将协助司法扣划的相关数据发送本公司，本公司根据证券公司等机构发送的数据办理过户登记。

第二十条　未在证券公司等机构托管的证券的司法扣划，由本公司协助办理。本公司受理司法扣划要求后，在受理日对应的交收日清算交收程序完成后对司法扣划涉及的持有人名下的证券进行核查，根据核查结果办理过户登记手续。

第二十一条　上市或挂牌公司收购、回购股份以及实施股权激励计划引起的非交易过户登记按照相关业务规定办理。

第二节　其他变更登记

第二十二条　其他变更登记包括证券司法冻结、质押、权证创设与注销、权证行权、可转换公司债券转股、可转换公司债券赎回或回售、交易型开放式指数基金（以下简称 ETF）申购或赎回等引起的变更登记。

第二十三条　证券因被司法冻结、质押等原因导致其持有人权利受到限制的，本公司在证券持有人名册中予以相应标识。

债券质押式回购业务涉及的变更登记按本公司相关业务规定办理。

第二十四条　在证券公司等机构托管的证券的司法冻结，由托管的证券公司等机构协助办理。证券公司等机构受理司法冻结要求后，应当对相关证券实施交易冻结，并在协助司法冻结当日将协助司法冻结的相关数据发送本公司，本公司根据证券公司等机构发送的数据办理司法冻结登记。

第二十五条　未在证券公司等机构托管的证券的司法冻结，由本公司协助办理。本公司受理司法冻结要求后，在受理日对应的交收日清算交收程序完成后对司法冻结涉及的持有人名下的证券进行核查，根据核查结果办理司法冻结登记。

第二十六条　投资者证券质押，应当按照本公司证券质押登记业务相关规定办理证券质押登记。证券质押合同在质押双方办理质押登记后生效。证券一经质押登记，在解除质押登记前不得重复设置质押。已办理司法冻结登记的证券不得再申请办理质押登记。

第二十七条　权证创设人创设或注销权证的，本公司根据有效的创设或注销申报，办理权证创设或将相应权证予以注销。

第二十八条　权证行权期内，本公司根据有效的行权申报和交收结果办理权证行权的变更登记。

第二十九条　可转换公司债券转股期内，本公司根据有效的转股申报结果，办理转股登记，将相应股份登记到其持有人名下，同时注销其持有人名下的相应可转换公司债券。

第三十条　可转换公司债券发行人向本公司申请办理可转换公司债券赎回或回售登记的，本公司根据其申请以及公告约定的赎回方式或有效的回售申报，在确认其用于赎回或回售的资金已划至本公司指定银行账户后，将赎回或回售的可转换公司债券予以注销，并按照本公司有关业务规定办理资金划付手续。

第三十一条　申购或赎回 ETF 份额的，本公司根据有效的申购或赎回申报以及交收结果，办理 ETF 份额申购或赎回的变更登记。

第四章　退出登记

第三十二条　股票终止上市或终止挂牌后，股票发行人或其代办机构应当及时到本公司办理证券交易场所市场的退出登记手续，按规定进入退市板块挂牌转让的，应当办理进入退市板块的有关登记手续。

第三十三条　本公司在结清与股票发行人的债权债务或就债权债务问题达成协议后，与股票发行人或其代办机构签订证券登记数据资料移交备忘录，将股份持有人名册清单等证券登记相关数据和资料移交股票发行人或其代办机构。

前款所称持有人名册清单包括但不限于证券代码、持有人姓名或名称、证券账户号码、有效身份证明文件号码、持有人通讯地址、持有股份数量、股份托管机构、限售情况、司法冻结状态、质押登记情况、未领现金红利金额等内容。

第三十四条　股票发行人或其代办机构未按规定办理证券交易场所市场退出登记手续的，本公司可将其证券登记数据和资料送达该股票发行人或其代办机构，并由公证机关进行公证，视同该股票发行人证券交易场所市场退出登记手续办理完毕。

第三十五条　股票发行人证券交易场所市场退出登记办理完毕后，本公司对终止为股票发行人提供证券交易场所市场登记服务予以公告。

第三十六条　债券提前赎回或到期兑付的，其证券交易场所市场登记服务业务自动终止，视同债券发行人交易所市场退出登记手续办理完毕。

第三十七条　其他证券的退出登记手续参照第三十二条至第三十六条的规定办理。

第五章　证券登记相关服务

第一节　证券持有人名册服务

第三十八条　本公司定期向证券发行人提供证券持有人名册。

发生证券初始登记、召开股东大会、召开基金持有人大会、权益分派、股权结构发生重大变化、证券交易异常波动等情形时，本公司根据证券发行人的申请提供相应的证券持有人名册。

第三十九条　本公司提供的证券持有人名册主要内容包括证券持有人姓名或名称、证券账户号码、持有证券数量、证券持有人通讯地址等。如证券发行人还需本公司提供与证券持有人名册相关的增值服务，可以向本公司提出申请，本公司审核同意后予以提供。

第四十条　同一持有人持有多个证券账户的，本公司在提供证券持有人名册时，对该持有人通过多个证券账户持有的同一证券可以予以合并统计后再行提供。

第四十一条　证券发行人可以通过本公司提供的网络服务系统、邮寄、现场办理等方式获取证券持有人名册。

第四十二条　证券发行人应当妥善保管证券持有人名册，并在法律、行政法规和部门规章许可的范围内使用。因证券发行人不当使用证券持有人名册导致的一切法律责任由证券发行人承担，本公司不承担任何责任。

第四十三条　上市公司监事会或股东自行召集股东大会的，召集人可以持召集股东大会通知的相关公告，向本公司申请获取其公告的股权登记日的证券持有人名册。召集人不得将所获取的证券持有人名册用于除召开股东大会以外的其他用途。

第二节　权益派发服务

第四十四条　证券发行人委托本公司派发股份股利及公积金转增股本，应当向本公司提供派发股份股利及公积金转增股本申请、股东大会决议以及本公司要求的其他材料。

本公司对证券发行人的申请材料审核通过后，根据其申请派发相应股份。

第四十五条　证券发行人委托本公司派发股票或基金的现金红利或债券本息，应当向本公司提出申请，并在本公司规定的时间内将用于派发现金红利或债券本息的资金划至本公司指定银行账户；本公司确认证券发行人的相应款项到账后，根据本公司有关业务规定办理资金划付手续。

第四十六条　国债派息兑付的，本公司根据财政部关于国债派息兑付的有关规定，办理本息划付手续。

第四十七条　证券发行人委托本公司派发现金红利或债券本息，不能在本公司规定期限内划入相关款项的，应当及时通知本公司，并在证券交易场所的网站和符合中国证监会规定条件的媒体上公告，说明原因。因证券发行人未履行及时通知及公告义务所致的一切法律责任由该证券发行人承担，本公司不承担任何责任。

第三节　查询服务

第四十八条　证券发行人和证券持有人可以通过本公司提供的电子网络服务系统、现场办理等方式向本公司申请查询证券登记信息。

证券持有人通过本公司网络查询服务系统获得的查询结果不作为其持有证券的法律依据，证券持有人如需取得具有法律效力的证券持有及变动记录证明，应当按本公司有关业务规定申请办理。

第四十九条　证券发行人可以向本公司申请查询关联人、董事、监事和高级管理人员等知悉内幕信息当事人持有该证券及变更登记等情况。

第五十条　证券持有人可以向本公司申请查询持有人本人证券持有及变更登记等情况。

第五十一条　证券交易场所等依法履行职责，可以向本公司查询证券登记相关数据和资料。

第五十二条　人民法院、人民检察院、公安机关和中国证监会等依照法定条件和程序，可以向本公司查询证券登记相关数据和资料。

第四节　网络投票服务

第五十三条　本公司设立证券持有人大会网络投票系统（以下简称网络投票

系统），为证券发行人及持有人提供网络投票服务。

第五十四条　证券发行人使用本公司网络投票系统，应当向本公司提出申请，经本公司审核通过后，可以按照本公司网络投票业务操作程序的规定办理网络投票业务。

第五十五条　证券持有人通过网络投票系统进行投票，应当按照本公司投资者身份验证业务操作程序的规定办理身份验证后，方可进行网络投票。

第五节　股份持有人类别标识服务

第五十六条　本公司根据国家有权部门的相关规定，提供有限售条件股份的持有人类别标识服务。

第五十七条　前条所称持有人类别包括"国家"、"国有法人"、"境内非国有法人"、"境内自然人"、"境外法人"、"境外自然人"等。

第五十八条　本公司根据证券发行人或持有人的申报，进行必要的形式审核后，加设、变更相应持有人类别标识。证券发行人或持有人申报加设、变更"国家"、"国有法人"标识的，应当提供国有资产监督管理部门的界定文件。

第五十九条　本公司以证券账户为单位加设、变更持有人类别标识。同一持有人持有多个证券账户且持有人类别标识存在不一致的，本公司有权要求相关证券发行人、持有人重新核定。

第六节　其他服务

第六十条　证券发行人具有表决权差异安排的，本公司根据证券登记申请人的申请，按照规定程序，对特别表决权股份进行登记并加以标识，或办理特别表决权股份转换为普通股份等登记业务。

第六十一条　上市或挂牌公司股权激励计划涉及的证券登记相关服务，按照本公司有关业务规定办理。

第六十二条　本公司依法提供与证券登记服务有关的信息、咨询和培训服务。

第六章　附则

第六十三条　证券登记申请人应当按照本公司规定的收费标准缴纳证券登记及相关服务费用。证券登记及相关服务业务涉及税收的，按国家有关规定执行。

第六十四条　证券登记申请人违反本规则以及本公司相关业务细则、指引等规定的，本公司可以暂停或终止为其提供证券登记及相关服务。

第六十五条　证券登记申请人向本公司申请办理证券登记及相关服务过程中，存在违反国家法律、行政法规和部门规章行为的，应当对其行为所产生的后果承担责任；本公司有权暂停或终止为其提供证券登记及相关服务。

第六十六条　本规则要求提供的材料以中文文本为准，凡用外文书写的，应当附有经公证的中文译本。

第六十七条　本规则经中国证监会批准后生效，修订时亦同。

第六十八条　原由本公司颁布的涉及证券登记及相关服务的规则、细则、指南、指引及通知等，内容与本规则相抵触的，以本规则为准。

第六十九条　本规则由本公司负责解释。

第七十条　本规则自发布之日起实施。

中国证券登记结算有限责任公司存托凭证登记结算业务规则（试行）

（中国结算发〔2023〕28号）

第一章　总则

第一条　为规范存托凭证登记结算业务，根据《中华人民共和国证券法》《关于开展创新企业境内发行股票或存托凭证试点的若干意见》《证券登记结算管理办法》《存托凭证发行与交易管理办法（试行）》等法律法规、部门规章、规范性文件规定，以及中国证券登记结算有限责任公司（以下简称"本公司"）相关业务规则，制定本规则。

第二条　证券交易所上市和已发行拟上市的存托凭证涉及的证券登记、存管、结算相关业务，适用本规则。

本规则未作规定的，原则上适用本公司关于人民币普通股票（以下简称"A股"）的相关规定，本公司另有规定的除外。

第三条　存托人、投资者、结算参与人等主体参与本公司存托凭证登记结算相关业务的，应当遵守相关法律法规、部门规章和本公司业务规则。

本公司对存托凭证登记结算业务实行行业自律管理。

第二章　证券账户、登记与存管

第四条　投资者参与存托凭证的认购和交易等，应当使用A股证券账户。

第五条　存托凭证在证券交易所上市交易时应当全部存管在本公司。

本公司设立电子化证券登记簿记系统，根据证券账户的记录，办理存托凭证持有人名册的登记。

第六条　存托凭证登记实行登记申请人申报制，本公司对登记申请人提供的登记申请材料进行形式审核，登记申请人应当保证其所提供的登记申请材料真实、准确、完整。

前款所称登记申请人包括存托凭证的存托人、持有人，或本公司认可的其他申请办理存托凭证登记的主体。

第七条　存托凭证应当登记在持有人本人名下。本公司出具的存托凭证登记记录，是持有人持有存托凭证的合法证明。

符合法律、行政法规和中国证券监督管理委员会（以下简称中国证监会）相关规定的，可以将存托凭证登记在名义持有人名下。

本公司有权要求名义持有人提供其名下存托凭证权益拥有人的相关明细资料，名义持有人应当保证其所提供的资料真实、准确、完整。名义持有人出具的权益拥有人的存托凭证持有记录是权益拥有人持有存托凭证的合法证明。

第八条　存托人在申请办理存托凭证初始登记前，应当与本公司签订证券登记及服务协议，明确双方的权利义务关系。

第九条　存托凭证在证券交易所上市交易前，存托人应当按照本公司相关规定提交初始登记材料，并在规定时间内申请办理存托凭证初始登记。

第十条　存托人申请办理存托凭证初始登记的，应当提供以下申请材料：

（一）存托人与境外基础证券发行人签订的存托协议；

（二）中国证监会同意存托凭证发行的注册文件；

（三）证券登记申请；

（四）本公司要求提供的其他材料。

第十一条　对于通过证券交易所集中交易的存托凭证，本公司根据存托凭证交易的交收结果办理集中交易过户登记。

对于协议转让、继承、离婚、法人终止、向基金会捐赠等情形涉及的非交易过户登记业务，以及因协助执行等引起的其他变更登记，按照本公司相关业务规则的规定办理。

对于存托凭证与基础证券之间的转换业务涉及的存托凭证份额变更登记，按照中国证监会及本公司有关规定办理。

第十二条　本公司根据存托人的申请，按照相关规定和证券登记及服务协议的约定，提供存托凭证现金红利派发、送股、配股、网络投票等服务。

除本公司另有规定外，公司行为涉及存托人与本公司之间的资金收付以人民币完成。

第十三条　本公司根据相关业务规则规定，向存托人提供持有人名册服务。

本公司根据相关业务规则规定，向存托人和存托凭证持有人提供存托凭证登记信息查询服务。

第十四条　存托凭证终止上市后，存托人应当及时到本公司办理证券交易所市场的退出登记手续。

本公司在结清与存托人的债权债务或就债权债务问题达成协议后，与存托人签订证券登记数据资料移交备忘录，将存托凭证持有人名册清单等证券登记相关数据和资料移交存托人。

退出登记手续办理完毕后，存托凭证持有人名册维护等相应职责由存托人直接承担，存托凭证持有人应当通过存托人主张相应权利。

存托人未按规定办理退出登记，本公司将其登记数据和资料送达存托人，并由公证机关进行公证的，视同退出登记手续办理完毕。

第十五条　本公司办理存托凭证初始登记业务时，如出现发行失败的情况，存托人应当向本公司申请办理存托凭证份额注销以及协助募集资金的退款等相关事宜。

第三章　清算交收

第十六条　存托凭证通过本公司进行结算的，应当以人民币作为结算货币。

第十七条　本公司作为结算参与人的共同对手方，为存托凭证的交易提供多边净额结算服务。

第十八条　存托凭证的证券和资金结算，实行分级结算原则。

本公司根据清算结果，按照相关结算业务规则，办理与结算参与人之间的存托凭证和资金交收。结算参与人应当就交易达成时确定由其承担的交收义务，对本公司履行最终交收责任。

结算参与人负责办理与其客户之间的存托凭证和资金清算交收。结算参与人与其客户之间的证券划付，应当根据有关规定，委托本公司代为办理。

第十九条　结算参与人未能按照规定履行证券或资金交收义务的，本公司参照 A 股相关规定进行违约处置。

第二十条　结算参与人应当通过在本公司开立的 A 股结算备付金账户与本公司完成存托凭证交易等业务的资金交收。

第二十一条　对于存托凭证交易，结算参与人应当按照本公司《结算备付金管理办法》《证券结算保证金管理办法》等规定，缴纳结算备付金和证券结算保证金。

存托凭证涉及的最低结算备付金限额按照债券以外其他品种的比例计收，涉及的证券结算保证金按照权益类证券品种的比例计收。

第四章　附则

第二十二条　存托凭证登记结算业务相关费用，按照本公司费用标准收取。中国证监会、证券交易所、存托人等单位授权或委托本公司代为收取费用的，本公司按照相关规定或委托办理。

存托凭证相关税收安排和证券结算风险基金计提，按照国家有关规定执行。

第二十三条　因不可抗力、交易登记系统技术故障、人为差错等原因导致存托凭证登记结算数据发生错误的，本公司与相关机构核对一致后进行更正。

因不可抗力、不可预测或无法控制的系统故障、设备故障、通信故障、停电等突发事故给有关当事人造成损失的，本公司不承担责任。

第二十四条　本规则要求提交的材料应当为中文文本。提交外文文本的，应当同时提交符合相关公证、认证要求的中文译本，并以中文译本为准。

第二十五条　以集中登记、存管在本公司的股票为基础，在境外发行存托凭证涉及的账户开立以及基础股票登记结算事宜，适用本公司有关规定。

境内证券交易所与境外证券交易所之间就存托凭证发行、交易进行的互联互通业务中涉及的存托凭证登记结算事宜，本公司另有规定的，从其规定。

第二十六条　本规则报中国证监会批准后生效，修改时亦同。

第二十七条　本规则由本公司负责解释。

第二十八条　本规则自二〇一八年六月十五日起施行。

中国证券登记结算有限责任公司优先股试点登记结算业务实施细则

（中国结算发〔2023〕28 号）

第一条　为规范优先股试点登记结算业务，保护投资者合法权益，根据《公司法》《证券法》《国务院关于开展优先股试点的指导意见》（以下简称《指导意见》）《优先股试点管理办法》（以下简称《管理办法》）《证券登记结算管理办法》等法律、行政法规、部门规章的规定，以及中国证券登记结算有限责任公司（以下简称本公司）相关业务规则，制定本细则。

第二条　符合《指导意见》《管理办法》规定的上市公司、非上市公众公司（以下统称发行人）所发行优先股的登记结算业务，适用本细则。本细则未规定的，适用本公司其他相关业务规定。

第三条　本公司通过电子化证券簿记系统办理优先股的集中登记存管。

本公司根据投资者证券账户的记录办理优先股持有人名册登记。

第四条　投资者参与优先股的认购、交易和转让等活动，应当通过本公司开立的 A 股证券账户进行，本公司另有规定的除外。

第五条　发行人向本公司申请办理优先股初始登记前，应当与本公司签订证券登记及服务协议，明确双方的权利义务关系。

第六条　发行人申请办理优先股初始登记时，应当提交以下申请材料：

（一）优先股登记申请；

（二）中国证券监督管理委员会（以下简称中国证监会）同意优先股发行的注册文件，对于符合法律法规规定，由中国证监会豁免注册的，应提供证券交易场所出具的相关文件；

（三）承销协议（如有）；

（四）符合《证券法》规定的会计师事务所出具的关于发行人全部募集资金到位的验资报告，包括资产、负债转移手续已完成的证明文件（如有）等；

（五）通过证券交易所或全国中小企业股份转让系统（以下简称全国股转系统）的交易、转让系统以外的途径发行（以下称网下发行）优先股的，还需提供网下发行的优先股持有人名册，持有人名册应当包括但不限于证券代码、证券账户号码、优先股持有人有效身份证明文件号码、本次登记的持有数量等内容；

（六）涉及向外国战略投资者定向发行优先股的，还需提供有权部门的批准文件；申报国有股东、外国投资者（含外国战略投资者）持股情况的，发行人需提供有权部门对上述股东持有人类别认定的批准文件及相关申请；

（七）涉及司法冻结或质押登记的，还需提供司法协助执行、质押登记相关申请材料；

（八）发行人法人有效营业执照副本原件及复印件（或加盖法人公章的复印件）、法定代表人证明书（加盖法人公章）、法定代表人身份证明文件复印件（加盖法人公章）、法定代表人对指定联络人（董事会秘书或证券事务代表）的授权委托书；

（九）指定联络人有效身份证明文件原件及复印件；

（十）本公司要求提供的其他材料。

第七条　本公司对发行人提交的申请材料是否完整、齐全、符合法定形式等进行形式审核。审核通过后，根据证券交易所或全国股转系统传送的通过交易、转让系统发行的结果，以及发行人提供的网下发行结果，办理初始登记，并向发行人出具证券登记证明文件。

由于发行人提交的申请材料不真实、不准确、不完整或其他因发行人原因导致登记不实所产生的一切法律责任由发行人承担。

第八条　优先股持有人通过证券交易所、全国股转系统进行交易、转让的，本公司依据优先股交易、转让的交收结果，办理相应的变更登记。

第九条　优先股发生以下情形的，可以申请办理变更登记：

（一）协议转让；

（二）司法扣划及司法冻结；

（三）行政划拨；

（四）继承、捐赠、依法进行的财产分割；

（五）法人终止；

（六）质押；

（七）优先股转换为普通股；

（八）优先股回购（含赎回、回售，下同）；

（九）公司收购；

（十）相关法律、行政法规、中国证监会规章及本公司业务规则规定的其他情形。

第十条　优先股转换为普通股，通过本公司登记结算系统办理投资者资金划付的，按照以下规定办理：

（一）优先股转换完成后的普通股最小单位为一股。

（二）发行人应在优先股转换起始日五个交易日前，向本公司提出办理优先股转换为普通股的申请，并提供有权部门出具的通过审查的文件。

（三）在优先股转换前，发行人应公告明确，对于投资者持有的优先股转换后剩余不足转换为一股普通股部分的资金（以下简称偿还资金），由本公司代为划付，并在公告的偿还资金发放日两个交易日前将足额资金存入本公司指定的银行账户。

（四）本公司确认发行人偿还资金足额到账后，将根据发行人的申请在优先股持有人证券账户中记减优先股余额，记增相应的普通股数额，并将偿还资金划付至优先股托管的证券公司、托管银行等结算参与机构的结算备付金账户。结算参与机构于结算备付金账户收到偿还资金当日，将相应偿还资金划入优先股持有人资金账户。

第十一条　优先股发生回购，通过本公司登记结算系统办理投资者资金划付的，按照以下规定办理：

（一）发行人应在回购条件满足后的两个交易日内，向本公司提出办理有关优先股回购业务的申请。

（二）在优先股回购前，发行人应公告明确回购资金由本公司代为划付，并在公告的回购资金发放日两个交易日前将足额资金存入本公司指定的银行账户。

（三）本公司确认发行人回购资金足额到账后，于发行人公告的回购资金发放日前一交易日闭市后，相应记减优先股持有人证券账户中的优先股余额，并于回购资金发放日将回购资金划付至优先股托管的证券公司、托管银行等结算参与机构的结算备付金账户。结算参与机构应于发行人公告的回购资金发放日将相应回购资金划入优先股持有人资金账户。

第十二条　本公司定期向发行人提供优先股持有人名册。

发生优先股初始登记、召开股东大会、权益分派、股权结构发生重大变化、证券交易（转让）异常波动等情形时，本公司根据发行人的申请提供相应的持有人名册。

发行人应当妥善保管优先股持有人名册，并在法律、行政法规和部门规章许可的范围内使用。因发行人不当使用持有人名册导致的一切法律责任由发行人承担，本公司不承担任何责任。

第十三条　发行人、投资者可以通过本公司提供的电子网络服务系统、现场办理等方式向本公司申请查询其发行或持有的优先股登记信息。

对通过网络查询服务系统等非现场办理方式获得的查询结果有异议的，应以本公司确认的查询结果为准。

第十四条　发行人委托本公司派发优先股股息时，应当向本公司提供派发股息的申请、股东大会决议以及本公司要求的其他材料。

本公司对发行人的申请材料审核通过后，根据其申请派发相应股息。

发行人应在本公司规定的时间内将用于派发股息的资金划至本公司指定银行

账户，本公司确认发行人的相应款项到账后，根据有关业务规定办理优先股股息派发手续；不能在本公司规定期限内划入相关款项的，应当及时通知本公司，并按规定进行信息披露，说明原因及后续安排等事项。

因发行人未在规定期限内划入相关款项、未履行及时通知及公告义务所致的一切法律责任由该证券发行人承担，本公司不承担任何责任。

第十五条　对于通过集中竞价方式达成的优先股交易、转让，本公司根据证券交易所、全国股转系统发送的成交结果，提供多边净额结算服务。

对于通过其他方式达成的优先股交易、转让，本公司根据证券交易所、全国股转系统确认的成交结果，可提供净额结算或逐笔全额结算服务。

第十六条　对于优先股交易、转让，本公司根据成交结果，按照相关结算业务规则，与结算参与机构进行证券和资金的交收。结算参与机构负责办理与其客户之间的证券和资金的清算交收。结算参与机构与其客户之间的证券划付，应当依据有关法律法规，委托本公司代为办理。

第十七条　对于纳入本公司多边净额结算范围的优先股交易、转让，计入各结算参与机构最低结算备付金限额和证券结算保证金的计收范围。

最低结算备付金按照债券以外的其他证券品种的比例计收，证券结算保证金按照固定收益类证券品种的比例收取。

第十八条　优先股登记结算相关服务费用，按照本公司规定的收费标准执行；涉及印花税、股息红利个人所得税等税种征收及结算风险基金计提的，按国家有关规定执行。

第十九条　优先股发生终止上市等情形，参照普通股办理相关的登记存管手续，本公司另有规定的除外。

第二十条　注册在境内的境外上市公司在境内发行优先股涉及的登记结算业务，参照上述业务规则申请办理。

第二十一条　本细则由本公司负责解释，自发布之日起实施。

中国证券登记结算有限责任公司证券非交易过户业务实施细则（适用于继承、捐赠等情形）

（中国结算发〔2023〕28号）

　　第一条　为进一步规范继承、捐赠、依法进行的财产分割、法人终止、私募资产管理等情形涉及的证券非交易过户业务，保护投资者合法权益，根据《证券法》《公司法》《证券登记结算管理办法》《证券期货经营机构私募资产管理业务管理办法》等法律法规、部门规章的规定，以及中国证券登记结算有限责任公司（以下称本公司）《证券登记规则》等有关业务规则，制定本细则。

　　第二条　本细则所称证券是指登记在本公司开立的证券账户（不含开放式基金账户）中的股票（不含非流通股）、存托凭证、债券、基金等在证券交易所、全国中小企业股份转让系统交易的证券品种。

　　第三条　本细则规定的证券非交易过户业务包括以下情形：

　　（一）继承所涉证券过户；

　　（二）捐赠所涉证券过户，指向基金会捐赠所涉证券过户，且基金会是在民政部门登记并被认定为慈善组织的基金会（不含境外基金会代表机构）；

　　（三）依法进行的财产分割所涉证券过户，暂仅指离婚情形；

　　（四）法人终止所涉证券过户；

　　（五）私募资产管理所涉证券过户；

　　（六）中国证券监督管理委员会（以下简称中国证监会）认定的其他情形。

　　第四条　继承、法人终止所涉证券过户的，由过入方作为申请人提交过户业务申请；捐赠、离婚、私募资产管理所涉证券过户的，由过出方、过入方作为申请人共同提交过户业务申请。

　　第五条　继承所涉证券过户的，申请办理过户业务时需提交以下材料：

　　（一）过户业务申请；

　　（二）被继承人有效死亡证明；

　　（三）证券权属证明文件（任意一项）：

　　1.通过人民法院确认证券权属的，需提交人民法院出具的生效法律文书；

　　2.通过人民调解委员会达成调解协议的，需提交调解协议和人民法院出具的确认文书；

　　3.通过公证机构公证的，需提交确认证券权属变更的公证文书；

4.本公司认可的其他证明文件；

（四）过入方有效身份证明文件；

（五）本公司要求的其他材料。

第六条　捐赠所涉证券过户的，申请办理过户业务时需提交以下材料：

（一）过户业务申请；

（二）捐赠协议；

（三）已在民政部提供的统一信息平台——全国慈善信息公开平台完成公示的证明材料；

（四）过出方、过入方有效身份证明文件；

（五）本公司要求的其他材料。

第七条　离婚所涉证券过户的，申请办理过户业务时需提交以下材料：

（一）过户业务申请；

（二）婚姻关系解除证明文件；

（三）证券权属证明文件（任意一项）：

1.通过人民法院确认证券权属的，需提交人民法院出具的生效法律文书；

2.通过公证机构公证的，需提交确认证券权属变更的公证文书；

3.就财产分割作出明确约定且经婚姻登记机关确认的生效离婚协议；

4.本公司认可的其他证明文件；

（四）过出方、过入方有效身份证明文件；

（五）本公司要求的其他材料。

第八条　法人终止所涉证券过户的，申请办理过户业务时需提交以下材料：

（一）过户业务申请；

（二）法人状态证明文件：

1.原法人已完成注销的，需提交登记机关出具的注销证明文件；

2.法人未完成注销的，需提交证明法人已处于待注销状态的文件；

（三）证券权属证明文件（任意一项）：

1.通过人民法院确认证券权属的，需提交人民法院出具的生效法律文书；

2.通过公证机构公证的，需提交确认证券权属变更的公证文书；

3.本公司认可的其他证明文件；

（四）过入方有效身份证明文件；

（五）本公司要求的其他材料。

第九条　私募资产管理所涉证券过户的,申请办理过户业务时需提交以下材料:

（一）过户业务申请；

（二）中国证券投资基金业协会出具的私募资产管理计划备案证明文件；

（三）资产管理协议，如资产管理协议未明确过户证券信息的，需补充提交证券过户协议；

（四）聘请托管人的产品（含私募资管计划）为过出方的，托管人需出具知晓并同意办理证券过户的材料；

（五）私募资产管理计划委托人、管理人有效身份证明文件；

（六）本公司要求的其他材料。

私募资产管理所涉证券过户的股票应为无限售条件流通股。

第十条　本细则规定的过户业务涉及以下情形的，申请人还需提交以下材料：

（一）过户股份涉及国有股东须履行国有资产监督管理机构批准或备案程序的，需提交国有资产监督管理机构或者国家出资企业出具的批准或备案文件；

（二）银行保险业上市公司、挂牌公司的股东持股变动达到或者超过总股本5%的，需提交中国银行保险业监督管理委员会的批准文件；

（三）过户股份涉及证券业上市公司、挂牌公司须履行中国证监会核准程序的，需提交中国证监会的核准文件；

（四）其他需行政审批或备案后方可办理的过户业务，需提交有关主管部门的批准或备案文件。

法律法规、部门规章以及规范性文件另有规定的，从其规定。

第十一条　申请人可以委托代理人办理。委托代理人办理的，还需提交经公证的授权委托书、代理人有效身份证明文件。

第十二条　申请人可以通过代理机构或直接向本公司申请办理，本细则规定的过户业务情形具体办理方式由本公司相关业务指南予以明确。

第十三条　申请人申请办理过户业务时，如《公司法》和其他法律对其申请过户证券转让期限有限制性规定的，从其规定。

如过出方为上市公司持有百分之五以上股份的股东、实际控制人、董事、监事、高级管理人员，以及其他持有发行人首次公开发行前发行的股份或者上市公司向特定对象发行的股份的股东，过户证券为其持有的本公司股份的，不得违反法律、行政法规和中国证监会关于持有期限、卖出时间、卖出数量、卖出方式等的规定。

第十四条　过户证券涉及特别表决权股份的，申请人应按照证券交易场所及本公司要求，申请将特别表决权股份转换为普通股份，证券交易场所另有规定的除外。

第十五条　申请人申请办理过户业务时，根据有关规定信息披露义务人需履行信息披露义务的，申请人应当在信息披露义务人履行完成信息披露程序后，再向本公司申请办理。

第十六条　申请人应当确保所提交申请材料的真实、准确、完整、合法，因申请人提交的申请材料不符合本细则要求所引起的一切法律责任由申请人自行承担。

第十七条　本公司对申请材料审核通过后办理过户、特别表决权股份转换为普通股份等手续。因交易、司法执行等情形导致申请过户的证券数量不足的，数量不足的该只证券整笔过户业务处理失败，申请人可重新申请。

第十八条　申请人申请办理过户业务时，如过入方不具备证券账户开立资格，该过入方需向本公司申请开立证券账户，并承诺所开立证券账户只用于处置通过继承、离婚或法人终止等情形受让的证券，不进行其他证券买卖，法律法规另有规定的除外。

第十九条　合伙企业等非法人组织办理过户业务的，比照本细则中法人相关规定办理。

第二十条　自然人死亡、法人及非法人组织主体终止、产品到期或因其他原因终止的，所涉证券过户完成后过出方证券账户无证券余额的，申请人还应申请办理证券账户注销手续。

第二十一条　申请人申请办理过户业务应当按照本公司规定的收费标准缴纳过户费。过户业务涉及税收的，按国家有关规定执行。

第二十二条　本细则要求提交的材料应采用中文；申请人所提交的材料为外文的，还需提交经我国驻该国（地区）使、领馆认证或境内公证机构公证的与外文一致的中文译本。

第二十三条　本细则由本公司负责解释。

第二十四条　本细则自发布之日起实施。

中国证券登记结算有限责任公司证券出借及转融通登记结算业务实施细则

（中国结算发〔2023〕28号）

第一章　总则

第一条　为了规范证券出借及转融通相关登记结算业务，防范登记结算风险，根据中国证券监督管理委员会（以下简称中国证监会）《转融通业务监督管理试行办法》以及本公司相关业务规则，制定本细则。

第二条　在证券交易所进行的证券出借交易及在证券金融公司进行的转融通业务的登记结算，适用本细则；本细则未做规定的，适用本公司其他相关规定。

第三条　本公司根据证券交易所发送的转融通证券出借交易及转融券的成交结果，以及证券金融公司和证券公司向本公司发送的证券和资金划转指令，进行证券和资金的划转处理。

第四条　证券金融公司开展转融通业务，应当申请成为本公司的结算参与人。

第二章　账户

第五条　证券金融公司开展转融通业务，应当以自己的名义，向本公司申请开立转融通专用证券账户，用于记录证券金融公司持有的拟向证券公司融出的证券和证券公司归还的证券。

第六条　证券金融公司开展转融通业务，应当以自己的名义，向本公司申请开立证券交收账户和资金交收账户，用于办理证券和资金的划转处理。

第七条　证券金融公司申请开立相关证券账户和资金账户时，应当提交以下材料：

（一）中国证监会关于设立证券金融公司的批复原件及复印件，或加盖单位公章的复印件（在复印件上注明与原件一致）；

（二）营业执照原件及复印件，或加盖单位公章的复印件（在复印件上注明与原件一致）；

（三）法定代表人证明书、法定代表人有效身份证明文件复印件和法定代表人对经办人的授权委托书；

（四）经办人有效身份证明文件及复印件；

（五）证券资金结算申请表、机构账户注册申请表等；

（六）结算参与人批复文件；

（七）本公司要求提供的其他资料。

第八条 转融通专用证券账户持有证券的，以"中国证券金融股份有限公司转融通专用证券账户"的名义列示在持有人名册上。

第九条 本公司于每个交易日日终，向证券金融公司发送转融通专用证券账户和转融通资金交收账户的余额及变动明细数据。

第三章 证券出借及转融通的证券和资金的划转

第一节 证券出借及转融通的证券划转处理

第十条 出借人向证券金融公司出借证券的，进行以下处理：

对于约定申报，本公司根据证券交易所发送的成交数据，以多边净额结算方式进行清算交收。

对于非约定申报，本公司根据证券交易所发送的成交数据，将相应证券从出借人证券账户划转至证券金融公司转融通专用证券账户。

第十一条 证券金融公司向证券公司出借证券的，进行以下处理：

对于约定申报，证券交易所完成可交易余额实时调整的，本公司根据证券交易所发送的证券金融公司该部分转融券约定申报成交数据，以多边净额结算方式进行清算交收。

对于非约定申报，以及证券交易所未完成可交易余额实时调整的约定申报，本公司根据证券金融公司向本公司提交的证券划转指令，将相应证券从证券金融公司转融通专用证券账户划转至证券公司融券专用证券账户。

第十二条 证券公司向证券金融公司归还证券的，本公司根据证券公司向本公司提交的证券划转指令，将相应证券从证券公司融券专用证券账户划转至证券金融公司转融通专用证券账户。

第十三条 证券金融公司向出借人归还证券的，本公司根据证券金融公司向本公司提交的证券划转指令，将相应证券从证券金融公司转融通专用证券账户划转至出借人证券账户。

第十四条 本公司根据证券出借成交结果和证券划转指令，按照以下顺序分类办理证券划转手续：

（一）出借人向证券金融公司出借证券；

（二）证券金融公司向证券公司出借证券；

（三）证券公司向证券金融公司归还证券；

（四）证券金融公司向出借人归还证券。

同属转融通证券出借成交结果，或属于同一类证券划转指令的，本公司按照转融通证券出借成交结果的成交序号或证券划转指令序号依次进行证券划转处理。

办理证券出借及转融通的证券划转手续当日，同时需要办理融资融券业务和充抵转融通保证金证券的证券划转处理的，本公司首先依次办理融资融券业务和充抵转融通保证金证券的证券划转手续，之后再依次办理证券金融公司向证券公司出借证券、证券公司向证券金融公司归还证券、证券金融公司向出借人归还证券的证券划转手续。

第十五条　证券金融公司将自有证券用于转融券券源的，本公司根据证券金融公司向本公司提交的证券划转指令，将相应证券从证券金融公司普通证券账户划转至证券金融公司转融通专用证券账户。

证券金融公司划回用于转融券券源的自有证券的，本公司根据证券金融公司向本公司提交的证券划转指令，将相应证券从证券金融公司转融通专用证券账户划转至证券金融公司普通证券账户。

第十六条　出现证券金融公司向证券公司实际划付证券数量多于应付数量等差错情形需要调账的，由证券公司向本公司提交证券划转指令，本公司根据指令，将相应证券从证券公司融券专用证券账户划回至证券金融公司转融通专用证券账户。

出现证券公司向证券金融公司实际划付证券数量多于应付数量等差错情形需要调账的，由证券金融公司向本公司提交证券划转指令，本公司根据指令，将相应证券从证券金融公司转融通专用证券账户划回至证券公司融券专用证券账户。

第十七条　证券公司向证券金融公司交付转融券权益补偿证券的，应当向本公司发送证券划转指令，本公司根据指令，将相应证券从证券公司融券专用证券账户划转至证券金融公司转融通专用证券账户。

第十八条　证券金融公司向出借人交付权益补偿证券的，应当向本公司发送证券划转指令，本公司根据指令，将相应证券从证券金融公司转融通专用证券账户划转至出借人证券账户。

第十九条　证券金融公司或证券公司应当在本公司截止接受证券划转指令的规定时间前发出证券划转指令。

在截止接受证券划转指令的规定时间前，证券金融公司或证券公司可以撤销已经发出的证券划转指令。

第二十条　本公司在收到成交结果和证券划转指令的当日日终，对符合要求的证券划转指令进行划转处理，且只对已完成证券交收或净应付证券交收锁定之后的证券进行划出处理。如果委托划出的证券数量大于该证券账户中可划出的该种证券的数量，则对该笔证券划转指令不做划转处理。

第二节　证券出借及转融通的资金划转处理

第二十一条　证券金融公司向证券公司融出资金的，本公司根据证券金融公司向本公司提交的资金划转指令，将相应资金从证券金融公司转融通资金交收账户划转至证券公司信用交易资金交收账户。

第二十二条　证券公司向证券金融公司归还转融资资金、支付转融资费用、支付转融券费用和权益补偿资金、支付转融通违约金以及调账划转资金的，应当向本公司发送资金划转指令，本公司根据指令，将相应资金从证券公司信用交易资金交收账户划转至证券金融公司转融通资金交收账户。

第二十三条　证券金融公司向出借人支付借券费用和权益补偿资金、支付违约金以及调账划转资金的，应当向本公司发送资金划转指令，本公司根据指令，将相应资金从证券金融公司转融通资金交收账户划转至出借人资金交收账户或其对应结算参与人的资金交收账户。

第二十四条　证券金融公司或证券公司应当在本公司截止接受资金划转指令的规定时间前发出资金划转指令。资金划转指令发出后不可撤销。

第二十五条　本公司在收到资金划转指令的当日日间，对符合要求的资金划转指令进行实时划转处理，且只对对应资金交收账户中可划出的资金进行划出处理。如果委托划出的资金大于该资金交收账户中可划出的资金，则对该笔资金划转指令不做划转处理。

第四章　附则

第二十六条　转融通专用证券账户中的证券涉及的权益处理，按照本公司现有普通证券账户的业务规则处理。

第二十七条　证券金融公司进行自营证券交易的，按照本公司现有业务规则处理。

第二十八条　本公司为证券金融公司向证券公司收取的转融通保证金提供担保品管理服务，适用本公司担保品管理相关实施细则。

第二十九条　本公司根据附件"证券出借及转融通登记结算业务收费项目和标准"收取相关费用；未特别列示的，适用现有收费标准。

本公司可以根据证券出借及转融通业务发展状况，暂免收取"证券出借及转融通登记结算业务收费项目和标准"相关收费项目的费用。

第三十条　本细则由本公司负责解释。

第三十一条　本细则自发布之日起实施。

附件：

证券出借及转融通登记结算业务收费项目和标准

收费项目		收费标准
开户	转融通专用证券账户开户	免费。
	转融通证券交收账户开户	免费。
	转融通担保证券账户的开户、销户、注册资料查询、变更注册资料、余额及变动记录查询，以及配发转融通担保证券明细账户号码	免费。
证券出借及转融通证券划转	出借人向证券金融公司出借证券	本公司按照每笔10元的标准，向出借人收取手续费。
	证券金融公司向证券公司出借证券	本公司按照每笔10元的标准，向证券金融公司收取手续费。
	证券公司向证券金融公司归还证券	本公司按照每笔10元的标准，向证券公司收取手续费。
	证券金融公司向出借人归还证券	本公司按照每笔10元的标准，向证券金融公司收取手续费。
券源划转	证券金融公司将自有证券用于转融券券源	本公司按照每笔10元的标准，向证券金融公司收取手续费。
	证券金融公司划回转融券券源的自有证券	本公司按照每笔10元的标准，向证券金融公司收取手续费。
调账划转	证券金融公司向证券公司划付证券差错的调账划转	本公司按照每笔10元的标准，向证券公司收取手续费。
	证券公司向证券金融公司划付证券差错的调账划转	本公司按照每笔10元的标准，向证券金融公司收取手续费。
权益补偿划转	证券公司向证券金融公司交付转融券权益补偿证券	本公司按照每笔10元的标准，向证券公司收取手续费。
	证券金融公司向出借人交付权益补偿证券	本公司按照每笔10元的标准，向证券金融公司收取手续费。

续表

收费项目		收费标准
可充抵保证金证券划转	可充抵保证金证券交存	本公司按照 10 元 / 指令的标准，向证券公司收取手续费。
	可充抵保证金证券提取	本公司按照 10 元 / 指令的标准，向证券金融公司收取手续费。
	证券金融公司处分划转可充抵保证金证券	本公司按照 10 元 / 指令的标准，向证券金融公司收取手续费。
	证券金融公司有偿使用可充抵保证金证券的划转	本公司按照 10 元 / 指令的标准，向证券金融公司收取手续费。
	证券金融公司归还有偿使用可充抵保证金证券的划转	本公司按照 10 元 / 指令的标准，向证券金融公司收取手续费。
	证券金融公司因有偿使用证券向证券公司交付权益补偿证券	本公司按照 10 元 / 指令的标准，向证券金融公司收取手续费。

中证金融规则

中国证券金融股份有限公司转融通业务规则（试行）

（2023 年修订）

第一章 总 则

第一条 为稳健开展转融通业务，防范转融通业务风险，根据《证券公司监督管理条例》《转融通业务监督管理试行办法》等有关规定，制定本规则。

第二条 转融通业务包括转融资业务和转融券业务。转融资业务是指中国证券金融股份有限公司（以下简称本公司）将自有或者依法筹集的资金出借给证券公司，供其办理融资业务的经营活动。转融券业务是指本公司将自有或者融入的证券出借给证券公司，供其办理融券业务的经营活动。

本公司通过转融通业务平台向证券公司集中提供资金和证券转融通服务，通过信息交互平台向证券公司、出借人提供转融通信息交互服务。

战略投资者在承诺的持有期限内，可以按规定向本公司借出获得配售的股票。本公司可以根据市场需求，将借入的战略投资者配售股票出借给证券公司，供其办理融券等业务。

经中国证监会批准，本公司可将自有或依法筹集的证券出借给证券公司，供其用于做市、风险对冲等，相关事项另行规定。

第三条 参与转融通业务应当遵循平等、自愿、公平和诚实信用原则，遵守法律、行政法规、部门规章及本公司规定，禁止任何形式的利益输送。

第二章 转融通借入人

第四条 符合下列条件的证券公司可以成为转融通借入人：

（一）具有融资融券业务资格，且业务运作规范；

（二）业务管理制度和风险控制制度健全，具有切实可行的业务实施方案；

（三）技术系统准备就绪；

（四）参与转融通业务应当具备的其他条件。

第五条 为便于本公司提供转融通服务，证券公司参与转融通业务前应向本公司提供如下材料：

（一）公司基本情况、业务范围及融资融券业务开展情况的说明；

（二）参与转融通业务实施方案、风险控制措施和业务管理制度；

（三）相关业务技术系统建设情况说明；

（四）公司财务状况的报告及相关材料；

（五）公司最近两年内是否发生债务违约、重大诉讼、对外担保及其他可能导致公司承担重大责任事项的说明；

（六）本公司要求的其他材料。

第六条　本公司与符合要求的证券公司签订转融通业务合同，约定双方权利、义务及转融通业务的相关事项。

第七条　本公司对证券公司基本情况、业务范围、财务状况、诚信记录、风险控制能力等进行调查，并以书面和电子方式记载、保存相关情况及材料。

第八条　本公司建立授信管理决策机制，对证券公司的信用和风险状况进行分析评估，确定授信额度。

第九条　本公司持续跟踪评估证券公司信用和风险状况，定期或者不定期对其授信额度进行调整。

证券公司可以根据自身业务需要，向本公司申请调整授信额度。

第十条　证券公司有以下情形之一的，本公司可以暂停或者终止对其提供转融通服务：

（一）违反本公司业务规则或者转融通业务合同，影响转融通业务正常运行；

（二）被依法取消融资融券业务资格或者撤销、关闭、解散或者宣告进入破产程序；

（三）发生重大风险事件的；

（四）本公司认定的其他情形。

第三章　转融通账户

第十一条　本公司以自身名义在中国证券登记结算有限责任公司（以下简称结算公司）开立转融通专用证券账户、转融通证券交收账户、转融通资金交收账户、转融通担保证券账户、转融通担保资金账户，在商业银行开立转融通专用资金账户，用于开展转融通业务。

第十二条　证券公司参与转融通业务，应当向本公司申请开立转融通担保证券明细账户和转融通担保资金明细账户，用于记载其交存的担保证券和担保资金的明细数据。

证券公司申请开立前款所述账户，需向本公司提交以下材料：

（一）转融通担保证券/资金明细账户开户申请表；

（二）加盖公章的营业执照复印件；

（三）加盖公章的法定代表人证明书及法定代表人有效身份证明文件复印件；

（四）加盖公章和法定代表人签章的法定代表人授权委托书；

（五）经办人有效身份证明文件及复印件；

（六）预留业务印鉴卡一式两份；

（七）本公司要求提供的其他材料。

证券公司应当保证其开户申请材料的合法、真实、准确、完整。

第十三条　证券公司提交的开户申请材料齐备后，本公司为其开立转融通担保资金明细账户和转融通担保证券明细账户，并提供开户证明。

第十四条　证券公司在参与转融通业务前，需将其融券专用证券账户、融资专用资金账户、信用交易资金交收账户、自营证券账户、自营资金交收账户向本公司报备，并在上述账户发生变更时，及时向本公司申请办理变更手续。

证券公司转融通担保证券明细账户和转融通担保资金明细账户的注册资料发生变更的，需及时向本公司申请办理注册资料变更手续。

第十五条　证券公司向本公司借入证券或者资金的，本公司通过结算公司从转融通专用证券账户将出借证券划付至证券公司融券专用证券账户，或者从转融通资金交收账户将出借资金划付至证券公司信用交易资金交收账户。

证券公司向本公司提交保证金的，需通过结算公司从其自营证券账户将可充抵保证金证券划付至转融通担保证券账户，从其自营资金交收账户将保证金资金划付至转融通担保资金账户。

第十六条　本公司向证券公司提供其转融通担保证券明细账户和转融通担保资金明细账户的余额、变动记录、账户资料等信息的查询服务。

第十七条　证券公司向本公司申请注销其转融通担保证券明细账户、转融通担保资金明细账户的，需事先了结其全部转融通债权、债务，并提取全部保证金。

第四章　转融通标的证券

第十八条　本公司根据融券卖出标的证券相关管理规则和市场状况，合理确定转融通标的证券名单，在每一交易日开市前公布。

第十九条　出现以下情形时，本公司可以对转融通标的证券名单进行调整：

（一）转融通标的证券价格出现异常波动的；

（二）转融通标的证券对应的上市公司经营管理状况发生重大变化的；

（三）转融通标的证券对应的上市公司出现合并、收购或者重大资产重组的；

（四）融券卖出标的证券被证券交易所临时调整的；

（五）本公司认为其他需要调整的情形。

第二十条　本公司根据市场状况，可以暂停单只或所有转融通标的证券的转融券交易，以及采取本公司认为必要的其他措施。

第五章　转融通申报与成交

第二十一条　本公司开展转融通业务的交易日为每周一至周五，国家法定节假日和证券交易所公告的休市日除外。

本公司接受证券公司转融资申报指令的时间为每个交易日 9:30 至 11:30、13:00 至 15:00，申报指令当日有效，在 15:00 前可撤销。

本公司接受证券公司转融券申报指令的时间为每个交易日 9:15 至 11:30、13:00 至 15:00，申报指令当日有效。申报指令未成交的，在 15:00 前可撤销。

经中国证监会同意，本公司可以调整交易日期和交易时间并向市场公告。

第二十二条　转融资期限分为 7 天、14 天、28 天、91 天、182 天五个档次。本公司根据市场需求和业务发展需要，可以对转融资期限档次进行调整。

第二十三条　本公司按照不同期限档次设置相应的转融资费率，在每一交易日开市前公布，当日固定，次一交易日可以调整。

本公司根据市场资金供求情况公布每一交易日转融资费率。

第二十四条　证券公司可以向本公司提交转融资申报指令，指令应当包括证券公司的证券账号和交易单元代码、期限、费率、金额等要素。

第二十五条　证券公司转融资单笔申报金额应当为 100 万元的整数倍。

本公司可以根据市场情况或者业务发展需要调整申报条件，并可根据资金头寸和风险管理需要调整当日拟出借资金总量。

第二十六条　本公司按照下列原则生成转融资成交结果：

（一）所有证券公司资金借入申报的总额不超过本公司资金出借总额的，按证券公司申报的时间顺序依次成交；

（二）所有证券公司资金借入申报的总额大于本公司资金出借总额的，根据不同期限档次申报总额按比例分配可出借的资金数额，按比例分配后有剩余金额的，按期限从长到短的次序分配剩余金额。各期限档次资金分配完成后，同一期限档次下，根据各证券公司申报总额按比例分配可出借的资金数额。按比例分配后仍有剩余金额的，按借入申报金额从大到小的次序、申报金额相同的按申报时间先后次序分配剩余金额，最小成交单位为 10 万元。

第二十七条　本公司接受证券公司下列类型的转融券申报：

（一）非约定申报；

（二）约定申报。

第二十八条　证券公司转融券申报指令应当符合以下规定：

（一）单笔申报数量应当为 100 股（份）的整数倍；

（二）单笔申报数量不得低于 1000 股（份），不得超过 1000 万股（份）。

第二十九条　非约定申报指令应当包括证券公司的证券账号和交易单元代码、证券代码、期限、交易方向、费率、证券数量等要素。

第三十条　非约定申报的转融券期限分为 3 天、7 天、14 天、28 天、182 天五个档次。本公司根据市场需求和业务发展需要，可以对上述期限档次进行调整。

本公司根据转融通标的证券供求情况等因素，按照非约定申报的不同期限档次设置相应的转融券费率，在每一交易日开市前公布，当日固定，次一交易日可以调整。

第三十一条　本公司按照下列原则生成非约定申报的转融券成交结果：

（一）每一期限档次下单只标的证券所有证券公司借入申报总数量不超过本公司出借数量的，按证券公司申报指令的时间顺序依次成交。

（二）每一期限档次下单只标的证券所有证券公司借入申报总数量大于本公司出借数量的，按比例分配方式成交；按比例分配成交后有剩余股份的，按证券公司借入申报数量从大到小的次序、申报数量相同的按申报时间先后次序分配剩余股份，最小成交单位为 100 股（份）。

第三十二条　约定申报指令应当包括证券公司的证券账号和交易单元代码、证券代码、期限、交易方向、费率、证券数量、对手方的证券账号和交易单元代码、约定号等要素。

第三十三条　通过约定申报方式参与转融券业务的，转融券期限可在 1 天至 182 天的区间内协商确定。

第三十四条　通过约定申报方式参与转融券业务的，转融券费率可以协商确定。证券公司申报的转融券费率不得低于或等于本公司公布的转融券费率差。

本公司可以根据市场供求等因素调整转融券费率差。

第三十五条　本公司按照一一对应原则，对转融券约定申报实时撮合成交，生成转融券约定申报成交数据，并实时发送证券交易所。

第三十六条　本公司接受证券交易所发送的证券公司账户可交易余额调整结果后，实时向证券公司发送转融券约定申报成交结果和账户可交易余额调整结果。

第三十七条　证券公司的账户可交易余额完成调整的，本公司通过证券交易所将该部分转融券约定申报成交数据发送结算公司。

因特殊原因，导致证券公司的账户可交易余额未做实时调整的，当日交易结束后，本公司就该部分转融券约定申报成交数据，向结算公司发送证券划转指令。

第三十八条　标的证券全天停牌的，本公司不接受借入申报。

标的证券在当日开市后停牌的，停牌期间本公司不接受借入申报，已提交但未成交的申报可以撤销。停牌后当日复牌的，本公司恢复接受借入申报。

标的证券在当日开市后停牌至 15:00 的，本公司对该证券当日非约定申报不进行成交确认。

第三十九条　转融通业务期限自成交之日起按自然日计算，归还日为到期日的下一日。归还日为非交易日的，顺延至下一个交易日。归还日转融通标的证券全天停牌或停牌至收市的，顺延至该证券复牌日。

第四十条　证券公司和出借人协商一致，可申请转融券约定申报交易的展期、提前了结，经本公司同意后可以展期或提前了结。

证券公司和出借人应在同一交易日向本公司提交展期指令；在商定的归还日前的同一交易日提交提前了结指令。

提交展期或提前了结指令的时间为每个交易日 9:15 至 11:30、13:00 至 15:00，申报指令当日有效，在 15:00 前可撤销。

第四十一条　转融券展期的，展期数量、期限、费率由证券公司和出借人按照本规则协商确定。转融券期限累计不得超过 6 个月，182 天期的转融券交易不得展期。

证券公司和出借人协商提前了结的，应一次性全部提前了结该笔转融券交易。提前了结时，双方可以协商调整原费率，协商确定的费率应符合本规则有关规定。

第四十二条　转融通交易归还日顺延不超过 30 个自然日的，证券公司按原费率和顺延后合计自然日天数支付转融券费用。顺延超过 30 个自然日的，本公司自第 31 个自然日起不再向证券公司收取转融券费用。

归还日顺延超过 30 个自然日的，本公司也可以与证券公司协商采取现金方式了结转融券债务。

第四十三条　本公司与证券公司采取现金方式了结转融券债务的，根据证券交易所或者证券交易所认可的指数编制机构编制发布的股票行业指数计算该证券的公允价值。

公允价值的计算公式为：公允价值 = 转融通标的证券停牌前一交易日收盘价 ×（现金了结日前一交易日该转融通标的证券对应的股票行业指数 / 停牌前一交易日该转融通标的证券对应的股票行业指数）× 证券数量。

第四十四条　转融通标的证券对应的上市公司因可能出现证券交易所规定的交易类强制退市情形而首次发布该证券可能被终止上市的风险提示公告，以该证券为标的的转融券交易归还日在该公告之日起第 3 个交易日之后的，该笔交易提前至该公告之日起的第 3 个交易日了结。

第四十五条　转融通标的证券对应的上市公司被以终止上市为目的进行收购，以该证券为标的的转融券交易归还日在收购公告之日起第 3 个交易日之后的，该笔交易提前至收购公告之日起的第 3 个交易日了结。

第四十六条　转融通标的证券终止上市，以该证券为标的的转融券交易归还日在终止上市公告之日起第 3 个交易日之后的，该笔交易提前至终止上市公告之日起的第 3 个交易日了结。

第四十七条　转融通标的证券涉及终止上市的，本公司可以与证券公司协商提前了结、以现金或其他等价物了结相关转融券交易。

第六章　清算与交收

第四十八条　转融通业务交易日日终，本公司根据结算公司发送的资金和证券划付结果、权益分派数据及转融通业务平台的转融资、转融券成交数据等进行转融通资金和证券的清算，计算转融资和转融券归还日、费用和违约金及转融券的权益补偿资金和证券，生成转融资、转融券清算数据。

第四十九条　本公司按照实际出借资金、转融资费率和实际占用天数计算应当向证券公司收取的转融资费用。

转融资费用的计算公式为：单笔转融资费用 = 出借资金金额 × 转融资费率 × 实际占用天数 /360。

转融资交易了结时，本公司按照先偿还转融资本金，再偿还转融资费用的顺序认定。

第五十条　本公司按照出借证券当日或者展期日（即原转融通交易归还日）收市后市值、转融券费率和实际占用天数计算应当向证券公司收取的转融券费用。

转融券费用的计算公式为：单笔转融券费用 = 出借证券收盘价 × 证券数量 × 转融券费率 × 实际占用天数 /360。

第五十一条　转融通费用自成交之日起按自然日计算，于归还日支付，归还日当日不计算费用。转融通归还日顺延的，顺延期间转融通费用照常计算，但归还日顺延超过 30 个自然日的情形除外。

第五十二条　转融资或者转融券成交当日，本公司将转融通业务平台日终清算生成的转融资和转融券数据发送相关证券公司、出借人及其指定的托管人等。

转融资成交数据包括结算机构代码、合约编号、转融资金额、期限、起始日期、归还日期、费率、费用等要素。

转融券成交数据包括结算机构代码、证券账户、合约编号、证券代码、证券名称、证券数量、转融券金额、期限、起始日期、归还日期、费率、费用等要素。其中，转融券金额为出借证券按照成交当日该证券收盘价计算的市值。

第五十三条　本公司于每一交易日日终向证券公司、出借人及其指定的托管人等发送下一交易日应当了结的每笔转融资数据、转融券数据，作为下一交易日应当归还资金或者证券，以及应支付费用、权益补偿资金、权益补偿证券和违约金的交收通知。

证券公司应当于下一交易日，按交收通知逐笔向结算公司提交相应的资金和证券划付指令，归还或者支付相应的资金和证券，但本规则第三十九条规定的转融通标的证券停牌的情形除外。

第五十四条　转融资成交当日，本公司向结算公司发送转融资成交数据，通过结算公司将出借资金划付证券公司。

转融资归还日，证券公司向结算公司提交归还本金和支付费用的资金划付指令，通过结算公司将相应资金划付本公司。证券公司归还资金时所使用的信用交易资金交收账户原则上应当与其借入资金时所使用的信用交易资金交收账户相同，确有需要变更信用交易资金交收账户的，须事先征得本公司同意。

第五十五条　转融券成交当日，本公司向结算公司发送转融券成交数据，通过结算公司将出借证券划付证券公司。

转融券归还日，证券公司向结算公司提交归还证券的证券划付指令和支付费用的资金划付指令，通过结算公司将相应证券和费用划付本公司。

第五十六条　转融券涉及权益补偿的，本公司生成相应权益补偿数据，发送相关证券公司、出借人及其指定的托管人等。证券公司应当于权益补偿日向结算公司提交证券划付指令或者资金划付指令，通过结算公司向本公司支付权益补偿证券或者权益补偿资金。

第五十七条 转融券展期的，证券公司应当于展期日向结算公司提交资金划付指令，通过结算公司向本公司支付原转融券费用。展期转融券的费率执行约定的费率，展期转融券金额为按展期日该证券收盘价计算的市值。

第五十八条 转融券提前了结的，证券公司应当于提前了结日（即商定的归还日）向本公司归还证券并支付费用。费用按照证券公司和出借人协商调整后的转融券费率重新计算。

第五十九条 转融资或者转融券归还日，证券公司未向本公司按期足额划付所借资金、证券或者权益补偿资金、证券以及相关费用的，证券公司应当在下一交易日内补足相关资金或者证券，并向结算公司提交资金划付指令，向本公司按日支付费用及所欠债务金额 0.05% 的违约金。

证券公司未在归还日的下一交易日补足的，本公司有权按照转融通业务合同的约定暂停对其提供转融通服务。证券公司未在归还日后两个交易日内补足的，本公司有权按照转融通业务合同的约定处分其保证金，用于清偿其所欠的转融通负债。

第六十条 证券公司错还证券或资金的，应与本公司协商处理，由此产生的费用及其他损失，由证券公司承担。

第七章 保证金管理

第六十一条 证券公司向本公司借入资金或者证券，应当向本公司提交保证金。证券公司可以自有资金交纳或者以自有证券充抵保证金。本公司仅对保证金资金部分支付利息。

第六十二条 本公司与结算公司签订转融通保证金委托管理协议，委托结算公司代为管理证券公司交存的保证金，包括保证金存管、本公司保证金账户及证券公司保证金明细账户的数据维护及日终盯市等事项。

第六十三条 本公司按审慎原则选取并确定可充抵保证金证券的名单，对可充抵保证金证券确定不同的折算率，向市场公布。

本公司可根据市场情况，调整可充抵保证金证券的名单和折算率。

第六十四条 本公司根据证券公司风险管理能力、持续合规状况等确定和调整保证金比例档次。

保证金比例的计算公式为：保证金比例 =(保证金资金 + Σ 可充抵保证金证券数量 × 当前市价 × 折算率)/{ 转融资金额 + Σ [（出借证券数量 + 权益补偿证券数量）× 当前市价]+ 转融通费用 + 权益补偿资金 + 违约金 } × 100%。

第六十五条 证券公司可以向结算公司提交指令，申请交存、提取、替换保证金，也可以通过本公司转融通保证金专用交易单元申报卖出交存的证券或者申报买入可充抵保证金证券。

证券公司申请交存、提取、替换、交易保证金的指令，均需通过本公司审核。

第六十六条　证券公司交存、提取、替换保证金或者通过本公司保证金专用交易单元买卖可充抵保证金证券，应当符合保证金比例、现金占应缴保证金比例及可充抵保证金证券余额占该证券总市值比例的规定。

第六十七条　本公司委托结算公司对证券公司交存的保证金进行逐日盯市。当日终证券公司保证金比例或者现金占应缴保证金的比例不符合本公司规定时，证券公司应当在其后的 2 个交易日内补足保证金，逾期未补足的，本公司有权按转融通业务合同约定处分保证金，并按日收取未补足保证金金额 0.05% 的违约金。

第六十八条　证券公司到期未足额偿还转融通债务的，本公司可以按照转融通业务合同约定处分其保证金，用于偿还其所欠债务。

本公司处分违约证券公司的保证金仍不足以偿还其所欠债务的，可以按照转融通业务合同约定有偿使用其他证券公司交存的保证金进行资金或者证券的交收。本公司有权依法追缴违约证券公司所欠资金和证券，并归还借用的保证金。

第六十九条　本公司可以根据转融通业务合同的约定，有偿使用证券公司交存的保证金。

第八章　权益处理

第七十条　证券出借期间发生证券权益分派的，由证券公司对本公司进行权益补偿。需补偿的权益类型包括派发现金红利或者利息、送股或者转增股、发行证券持有人有优先认购权的新股或者可转换债券等证券、派发权证、配股等。

第七十一条　权益类型为派发现金红利或者利息的，权益补偿日为原转融券交易归还日；权益类型为送股、转增股的，权益补偿日为权益证券上市日和原转融券交易归还日两者较晚日期；权益类型为发行证券持有人有优先认购权的新股或者可转换债券等证券、派发权证的，权益补偿日为权益证券上市首日的下一交易日和原转融券交易归还日两者较晚日期；权益类型为配股的，权益补偿日为配股除权日的下一交易日和原转融券交易归还日两者较晚日期。

转融券交易提前了结的，相关权益补偿一并提前了结，权益补偿日需按照前款规则重新计算，其中原转融券交易归还日为提前了结日。

第七十二条　证券出借期间证券发行人派发现金红利或者利息的，出借证券应得的现金红利或者利息由证券公司在权益补偿日补偿本公司。

第七十三条　证券出借期间证券发行人送股、转增股的，出借证券应得的送股、转增股份由证券公司在权益补偿日补偿本公司。

第七十四条　证券出借期间证券发行人发行证券持有人有优先认购权的新股或者可转换债券等证券的，由证券公司以现金形式在权益补偿日补偿本公司。本公司按照以下公式计算补偿金额：

补偿金额＝（优先认购证券上市首日成交均价－发行认购价格）× 可优先认购证券数量

根据前款公式计算的补偿金额大于零时，实施补偿；小于或者等于零时，不作补偿。

第七十五条　证券出借期间证券发行人派发权证的，由证券公司以现金形式在权益补偿日补偿本公司。本公司按照以下公式计算补偿金额：

补偿金额＝权证上市首日成交均价 × 派发权证数量

第七十六条　证券出借期间证券发行人实施配股的，由证券公司以现金形式在权益补偿日补偿本公司。本公司按照以下公式计算补偿金额：

补偿金额＝（出借证券股权登记日收盘价－配股除权参考价）× 出借证券数量

根据前款公式计算的补偿金额大于零时，实施补偿；小于或者等于零时，不作补偿。

第七十七条　证券出借期间，证券公司无需就所借入证券的表决权对本公司补偿。

第九章　信息披露

第七十八条　本公司建立转融通业务信息披露机制，通过本公司网站、转融通业务平台等途径对外披露转融通业务相关信息。

第七十九条　本公司在每个交易日开市前公布转融通业务前一交易日以下相关信息：

（一）前一交易日转融资各期限档次的成交金额；

（二）截至前一交易日的转融资余额；

（三）前一交易日每只转融通标的证券的成交数量、期限和费率；

（四）截至前一交易日每只转融通标的证券的转融券余量；

（五）本公司认为需要披露的其他信息。

第八十条　本公司在每个交易日开市前发布以下转融通业务相关信息：

（一）当日转融资期限与费率；

（二）当日转融通标的证券名单、期限与费率；

（三）当日转融通可充抵保证金证券的名单和折算率；

（四）本公司认为需要披露的其他信息。

第八十一条　发生影响或者可能影响转融通业务正常开展的重大事件，本公司及时向市场公告相关情况及处理措施。

第十章　风险控制

第八十二条　本公司建立风险控制指标体系和防火墙制度，明确转融通业务流程和操作规程，对转融通业务信用风险、合规风险、操作风险和技术系统风险等进行识别、评估和控制。

第八十三条　本公司净资本与各项风险资本准备之和的比例降至100%时，暂停转融通业务，并向市场公布。

该比例升至120%以上时，本公司可在次一交易日恢复转融通业务，并向市场公布。

第八十四条　单只转融通标的证券转融券余额达到该证券上市可流通市值的10%时，本公司暂停该证券的转融券业务，并向市场公布。

该比例降至8%以下时，本公司可在次一交易日恢复该证券的转融券业务，并向市场公布。

第八十五条　本公司接受单只充抵保证金证券的市值达到该证券总市值的15%时，暂停接受该证券作为担保证券，并向市场公布。

该比例降至12%以下时，本公司可在次一交易日恢复接受该证券作为担保证券，并向市场公布。

第八十六条　单一证券公司转融通余额达到本公司净资本的50%时，本公司暂停向其出借资金或者证券。

该比例降至40%以下时，本公司可在次一交易日恢复向其出借资金或者证券。

第八十七条　转融通业务出现下列异常情况之一的，本公司可以暂停全部或者部分转融通业务并公告：

（一）不可抗力；

（二）意外事故；

（三）技术故障；

（四）交易活动出现异常，已经或者可能危及市场稳定；

（五）本公司认定的其他异常情况。

第十一章　附　则

第八十八条　本规则所称"超过"、"低于"不含本数，"以上"、"以下"含本数。

第八十九条　本规则所称"出借人"是指符合有关规定的参与转融通证券出借交易的证券持有者。

第九十条　存托凭证转融券相关事宜，按照本规则有关股票的规定执行。

第九十一条　本规则由本公司负责解释。

第九十二条　本规则经报中国证监会备案后生效。

中国证券金融股份有限公司转融通业务保证金管理实施细则（试行）

（2023 年修订）

第一章　总　则

第一条　为规范转融通业务保证金管理，防范转融通业务风险，根据中国证券监督管理委员会（以下简称证监会）《转融通业务监督管理试行办法》（以下简称《试行办法》）、《中国证券金融股份有限公司转融通业务规则（试行）》（以下简称《业务规则》），制定本细则。

第二条　本细则所称保证金是指参与转融通业务的证券公司向中国证券金融股份有限公司（以下简称本公司）交存的、担保本公司因向证券公司转融通所生债权的担保物。保证金包括资金和可充抵保证金证券。

第三条　本公司对证券公司的保证金行使如下管理职责：

（一）为证券公司开立转融通担保资金明细账户和转融通担保证券明细账户，并对上述账户进行管理；

（二）确定转融通业务可充抵保证金证券的名单和折算率；

（三）审核证券公司交存、提取、替换、交易保证金的申报指令；

（四）代证券公司行使对证券发行人的权利；

（五）对保证金进行盯市、追缴、处分和有偿使用；

（六）其他保证金管理职责。

第四条　本公司与中国证券登记结算有限责任公司（以下简称结算公司）签订保证金委托管理协议，委托结算公司为转融通保证金存管、账务处理、交存、提取、替换、交易、日终盯市、处分、有偿使用、权益处理等提供相关服务。

第二章　保证金账户

第五条　本公司向结算公司申请开立转融通担保证券账户和转融通担保资金账户，用于记录证券公司交存的担保证券和担保资金。

第六条　证券公司参与转融通业务，可以按照《业务规则》的规定向本公司提交相关材料，申请开立转融通担保证券明细账户和转融通担保资金明细账户，用于记载其交存的担保证券和担保资金的明细数据。

本公司对证券公司的开户申请材料审核通过后，为其开立转融通担保证券明细账户和转融通担保资金明细账户，并向证券公司提供账户的开户证明。

第七条　证券公司的统一社会信用代码、法定代表人及其身份证明文件号码或者预留业务印鉴等信息发生变更的，需及时向本公司报备。

第八条　证券公司向本公司申请注销其转融通担保证券明细账户和转融通担保资金明细账户的，应当先了结其全部的转融通债权、债务，并将其保证金全部划出。

第九条　本公司对证券公司的转融通担保证券明细账户和转融通担保资金明细账户进行检查，发现以下情形之一的，可以将相关账户予以注销：

（一）开户资料不真实；

（二）违规使用他人身份资料开户；

（三）其他经监管机构或者本公司认定的违规账户。

本公司注销证券公司转融通担保证券明细账户和转融通担保资金明细账户的，证券公司应当先了结其全部的转融通债权、债务，并将其保证金全部划出。证券公司未及时划出的，本公司可以通过结算公司将剩余保证金划回证券公司的自营证券账户及自营资金交收账户。

第十条　本公司向证券公司提供其转融通担保证券明细账户和转融通担保资金明细账户的余额、变动记录和账户资料等信息的查询服务。

第十一条　司法机关依法对证券公司转融通担保证券明细账户或者转融通担保资金明细账户记载的权益采取财产保全或者强制执行措施的，本公司在处分证券公司保证金，实现因向其转融通所生债权后，协助司法机关执行。

第十二条　本公司按照证券公司交存的担保资金实际产生的利息计入相应证券公司的保证金。

第十三条　证券公司不得通过其转融通担保证券明细账户进行定向增发、证券投资基金申购及赎回、债券回购交易、预受要约、现金选择权申报等。

第三章　可充抵保证金证券及其折算率

第十四条　本公司于每个交易日开市前向市场公布转融通业务可充抵保证金证券的名单和折算率。

第十五条　本公司按照下列标准，确定转融通业务可充抵保证金证券的折算率：

（一）融资融券标的股票的折算率不超过 65%，其他上市股票折算率不超过 60%，连续停牌达三十个交易日以上的 A 股股票的折算率为 0%；

（二）交易所交易型开放式指数基金（ETF）折算率不超过 85%；

（三）国债折算率不超过 90%；

（四）其他上市证券投资基金和债券的折算率不超过 75%；

（五）权证的折算率为 0%。

第十六条 本公司可以根据市场状况、证券所在行业情况、公司情况及风险管理的需要等对转融通业务可充抵保证金证券的名单及折算率进行调整。

第四章 保证金的交存、提取、替换及交易

第十七条 证券公司申请交存、提取、替换保证金的，应当于规定时间内向结算公司发送申报指令，结算公司将申报指令转发本公司审核通过后，办理担保资金和担保证券的划转。

第十八条 证券公司交存的证券应当在转融通业务可充抵保证金证券名单内，且交存后本公司转融通担保证券账户内该证券余额占其总市值的比例应当符合《试行办法》的规定。

第十九条 证券公司的保证金比例超过其保证金比例档次时，可以向本公司申请提取超出部分的保证金。申请提取担保资金的，应当符合本公司关于现金占应缴保证金比例的规定。

证券公司申请提取不在转融通业务可充抵保证金证券名单内或折算率为0%的证券的，应满足其保证金比例档次的要求。

第二十条 本公司将证券公司交存的担保资金分别存放在本公司在结算公司开立的多个转融通担保资金账户内，证券公司可以申请从任一转融通担保资金账户内提取资金。

第二十一条 证券公司申请替换保证金的，需满足以下条件：

（一）换入的保证金价值不低于换出的保证金价值；

（二）换入的证券在转融通业务可充抵保证金证券名单内，且换入后本公司转融通担保证券账户内该证券余额占其总市值的比例符合《试行办法》的规定；

（三）换出担保资金后，现金占应缴保证金比例符合《试行办法》的规定。

第二十二条 证券公司进行保证金交易的，应当于交易时间内向本公司提交申报指令，本公司审核通过后，将申报指令提交证券交易所。

第二十三条 证券公司申报买入证券的，需满足以下条件：

（一）申报买入的证券在转融通业务可充抵保证金证券名单内；

（二）保证金比例和现金占应缴保证金比例符合本公司的规定；

（三）申报成交后，本公司转融通担保证券账户内该证券余额占其总市值比例符合《试行办法》的规定。

第二十四条 证券公司交存、提取、替换保证金的，对于资金的划入、划出及证券的划出，本公司在日间计算证券公司保证金余额时予以增加或者扣除；对于证券的划入，日终计入证券公司的保证金余额。

证券公司进行保证金交易的，本公司在日间按成交回报实时计算其保证金比例及现金占应缴保证金的比例。

第五章　保证金盯市、追缴、处分及有偿使用

第二十五条　本公司在日间按照可充抵保证金证券的当前市价以及本公司确定的折算率计算证券公司可充抵保证金证券的价值，在日终按照可充抵保证金证券当日收盘价以及折算率进行计算。

可充抵保证金证券当日无交易的，当前市价取最近一个交易日的收盘价；可充抵保证金证券连续停牌超过十个交易日的，当前市价按照结算公司提供的该证券的公允价值计算。

本公司将可充抵保证金证券的在途权益纳入可充抵保证金证券的价值计算。

第二十六条　证券公司日终保证金比例、现金占应缴保证金比例不符合本公司规定的，应当根据本公司发送的追缴通知在其后的两个交易日内补足保证金，证券公司未在规定时间内补足保证金的，本公司有权按转融通业务合同的约定处分其保证金，并每日收取未补足保证金金额 0.05% 的违约金。

第二十七条　证券公司未按期足额偿还转融通负债，超过两个交易日的，本公司有权按照转融通业务合同的约定处分其保证金，用于清偿其所欠转融通负债。

第二十八条　因证券公司未按时足额偿还转融通负债而导致本公司在办理转融通交收时证券、资金不足，在处分该违约证券公司保证金后仍无法清偿其到期转融通债务的，本公司可以有偿使用其他证券公司交存的保证金，用于转融通业务资金、证券的交收。

有偿使用保证金的费用由本公司与被有偿使用保证金的证券公司约定，并由违约证券公司承担。本公司有权依法追缴违约证券公司所欠资金和证券，并归还借用的保证金。

第二十九条　本公司可以根据转融通业务合同的约定，有偿使用证券公司交存的保证金。

第三十条　本公司根据转融通业务合同的约定有偿使用证券公司保证金的，有偿使用部分仍纳入该证券公司保证金比例和现金占应缴保证金比例的计算。

第六章　权益处理

第三十一条　担保证券涉及表决权行使的，本公司委托结算公司代为征集证券公司的意愿，并由本公司按照证券公司的意愿进行表决。

第三十二条　证券发行人派发现金红利、派发利息、送股、转增股或者派发权证的，由结算公司按照《试行办法》第三十四条的规定处理。担保证券发行人配售股份、发行证券持有人有优先认购权的新股或者可转换债券等证券时，证券公司可以根据其担保证券明细账户所记载的认购权通过本公司提交申报，并办理认购手续。

第三十三条　担保证券进入终止上市程序的，证券公司应当申请将该证券划回。证券公司未及时办理的，本公司可以主动通过结算公司将该证券划回证券公司的自营证券账户。

证券公司未及时划回导致终止上市后本公司担保证券账户内仍存在相关担保证券的，证券公司需凭担保证券明细账户的明细数据通过本公司向证券发行人主张权利。

第三十四条　有偿使用担保证券期间，证券发行人派发现金红利或者利息、向证券持有人配售或者无偿派发证券、发行证券持有人有优先认购权的证券的，本公司按照转融通业务合同的约定向被有偿使用担保证券的证券公司进行权益补偿。

第七章　附　则

第三十五条　本细则所称"超过"、"低于"不含本数，"以上"含本数。

第三十六条　本细则由本公司负责解释。

本细则经报中国证监会备案后生效。

证券业协会规则

首次公开发行证券承销业务规则

第一章　总则

第一条　为规范证券公司承销行为，保护投资者合法权益，根据《证券发行与承销管理办法》《北京证券交易所向不特定合格投资者公开发行股票注册管理办法》等相关规定制定本规则。

第二条　证券公司开展首次公开发行证券的发行承销业务、北京证券交易所（以下简称"北交所"）股票向不特定合格投资者公开发行与承销业务适用本规则，交易所另有规定的除外。

第三条　中国证券业协会（以下简称"协会"）对承销商及其从事承销业务的人员实施自律管理。

第四条　承销商应当按照《证券发行与承销管理办法》《证券公司投资银行类业务内部控制指引》等相关规定的要求，建立健全承销业务制度和决策机制，制定严格的风险管理制度和内部控制制度。承销商应当充分发挥三道内部控制防线的作用，防范道德风险，加强定价和配售过程管理，落实承销责任，有效控制发行风险，确保合法合规开展承销业务。

未经内核程序，承销商不得就首次公开发行证券以及公开发行股票并在北交所上市的发行承销业务对外披露相关文件或对外提交备案材料。

承销商应当对参与承销业务决策相关人员、执行人等信息知情人行为进行严格管理，不得泄露相关信息。

第五条　承销商及其工作人员在开展证券承销业务活动中，应当严格遵守廉洁从业相关规定，不得谋取不正当利益或者向其他利益关系人输送不正当利益。承销商应当对其股东、客户等相关方做好辅导和宣传工作，告知相关方应当遵守廉洁要求。

第六条　承销商不得自行或与发行人及与本次发行有关的当事人共同以任何方式向投资者发放或变相发放礼品、礼金、礼券等，不得通过承销费用分成、签订抽屉协议或口头承诺等其他利益安排诱导投资者或向投资者输送不正当利益。

第七条　承销商在开展证券承销业务时，应当在综合评估项目执行成本基础上合理确定报价，积极承担社会责任，支持中小企业发展，维护行业良好形象，不得存在违反公平竞争、破坏市场秩序等行为。承销商应当和发行人及拟公开发售股份的发行人股东合理确定本次发行承销费用分摊原则，不得损害投资者的利益。

第八条　主承销商应当聘请律师事务所对发行及承销全程进行见证，并出具专项法律意见书，对战略投资者和网下投资者资质及其与发行人和承销商的关联关系、路演推介、询价、定价、配售、资金划拨、信息披露等有关情况的合规有效性发表明确意见。

第九条　主承销商应当对律师事务所的独立性和专业性进行审慎调查，避免发生利益冲突，主承销商依法应当承担的责任不因委托律师事务所而免除。

第十条　证券发行由两家以上证券公司联合主承销的，所有担任主承销商的证券公司应当共同承担主承销责任，履行相关义务。

第二章　路演推介

第十一条　发行人和主承销商可以采用现场、电话、视频会议、互联网等合法合规的方式进行路演推介。采用公开方式进行路演推介的，应当事先披露举行时间和参加方式。

路演推介期间，发行人和主承销商与投资者任何形式的见面、交谈、沟通，均视为路演推介。

第十二条　首次公开发行证券以及公开发行股票并在北交所上市申请文件受理后至发行人发行申请经交易所审核通过、并获中国证券监督管理委员会（以下简称"证监会"）同意注册、依法刊登招股意向书前，主承销商不得自行或与发行人共同采取任何公开或变相公开方式进行与证券发行相关的推介活动，也不得通过其他利益关联方或委托他人等方式进行相关活动。

第十三条　在首次公开发行证券以及公开发行股票并在北交所上市申请文件受理后，发行人和主承销商可以与拟参与战略配售的投资者进行一对一路演推介，介绍公司、行业基本情况，但路演推介内容不得超出证监会及交易所认可的公开信息披露范围。

路演开始前，发行人和主承销商应当履行事先告知程序，向战略投资者说明路演推介的纪律要求及事后签署路演推介确认书的义务，战略投资者对此无异议的，方可进行路演推介。路演结束后，发行人和主承销商应当与战略投资者签署路演推介确认书，确认路演推介内容符合相关法律法规、监管规定及自律规则的要求。路演推介确认书应由各方分别存档备查。

第十四条　首次公开发行证券以及公开发行股票并在北交所上市招股意向书刊登后，发行人和主承销商可以向网下投资者进行路演推介和询价。发行人和主承销商应当根据项目实际发行情况，预留充裕时间并合理安排路演推介工作。

发行人管理层路演推介时，可以介绍公司、行业及发行方案等与本次发行相关的内容，但路演推介内容不得超出招股意向书及其他已公开信息范围，不得对证券二级市场交易价格作出预测。

证券分析师路演推介应当与发行人路演推介分别进行，帮助网下投资者更好地了解发行人基本面、行业可比公司、发行人盈利预测和估值情况。证券分析师路演推介内容不得超出投资价值研究报告及其他已公开信息范围，不得对证券二级市场交易价格作出预测。主承销商应当采取有效措施保障证券分析师路演推介活动的独立性。鼓励主承销商结合发行人特点，开展多次分析师路演。

第十五条　发行人和主承销商应当至少采用互联网方式向公众投资者进行公开路演推介，并事先披露举行时间和参加方式。

路演时不得屏蔽公众投资者提出的与本次发行相关的问题。路演推介内容不得超出证监会及交易所认可的公开信息披露范围。

发行人和主承销商向公众投资者进行推介时，提供的发行人信息的内容及完整性应当与向网下投资者提供的信息保持一致。

第十六条　发行人和主承销商在路演推介时，除发行人、主承销商、投资者及见证律师之外，其他与路演推介工作无关的机构与个人不得进入会议现场，不得参与发行人和主承销商与投资者的沟通交流活动。

第十七条　主承销商应当对面向两家及两家以上投资者的路演推介过程进行全程录音。主承销商对网下投资者一对一路演推介的，应当记录路演推介的时间、地点、双方参与人及主要内容等，并存档备查。

第十八条　主承销商应当聘请参与网下发行与承销全程见证的律师事务所在路演推介活动前对发行人管理层、参与路演的工作人员和证券分析师等进行培训，强调发行人对外宣传资料的口径，包括宣传材料与发行人实际情况的一致性、不允许透露公开资料以外的信息、不允许存在夸张性描述等。主承销商应当要求律师事务所出具培训总结，并督促律师事务所勤勉尽责。

发行人和主承销商的相关路演推介材料应当由律师事务所进行事前审核，确保宣传材料的合法合规性，不能超出相关规定限定的公开信息的内容及范围。主承销商应当要求律师事务所对路演推介材料出具明确审核确认意见。

第十九条　主承销商在推介过程中不得夸大宣传，或者以虚假广告等不正当手段诱导、误导投资者；不得以任何方式发布报价或定价信息；不得口头、书面向投资者或路演参与方透露未公开披露的信息，包括但不限于财务数据、经营状况、重要合同等重大经营信息及可能影响投资者决策的其他重要信息。

主承销商工作人员出现上述情形的，视为相应机构行为。

第三章　发行与配售

第一节　发行定价

第二十条　首次公开发行证券以及公开发行股票并在北交所上市采用直接定

价或询价方式、公开发行股票并在北交所上市采用网上竞价方式确定发行价格的，应当符合证监会和交易所的相关规定。

第二十一条　主承销商在与发行人协商制定网下投资者具体条件时，应当遵守协会相关自律规则，并在发行公告中预先披露。首次公开发行证券的，网下投资者报价时应当持有一定市值的非限售股份或存托凭证（合并计算），参与询价的网下投资者可以为其管理的不同配售对象分别报价，网下投资者持有的市值应当以其管理的各个配售对象为单位单独计算。

主承销商应当对网下投资者是否符合公告的条件进行核查，对不符合条件的投资者，应当拒绝或剔除其报价。主承销商无正当理由不得拒绝符合条件的网下投资者参与询价。

第二十二条　承销商及其他知悉报价信息的工作人员不得出现以下行为：

（一）投资者报价信息公开披露前泄露投资者报价信息；

（二）操纵发行定价；

（三）劝诱网下投资者抬高报价，或干扰网下投资者正常报价和申购；

（四）以提供透支、回扣或者证监会和交易所认定的其他不正当手段诱使他人申购证券；

（五）以代持、信托持股等方式谋取不正当利益或向其他相关利益主体输送利益；

（六）直接或通过其利益相关方向参与认购的投资者提供财务资助或者补偿；

（七）以自有资金或者变相通过自有资金参与网下投资者配售；

（八）与网下投资者互相串通，协商报价和配售；

（九）接受投资者的委托为投资者报价；

（十）收取网下投资者回扣或其他相关利益；

（十一）未按事先披露的原则剔除报价和确定有效报价。

第二十三条　主承销商应当对网下投资者的报价进行簿记建档，记录网下投资者的申购价格和申购数量，并根据簿记建档结果确定发行价格或发行价格区间。主承销商不得擅自修改网下投资者的报价信息。

第二十四条　主承销商应当勤勉尽责，做好网下投资者核查、监测和风险提示等工作，对网下投资者是否存在禁止参与询价情形、拟申购金额是否超过配售对象总资产、现金资产金额是否符合申购要求等进行实质核查，对网下投资者是否存在协会禁止性行为进行监测，对网下申购和缴款等重要业务操作违规风险等进行提示。对于不符合要求的网下投资者，应当拒绝或剔除其报价，确保不向相关法律法规、监管规定以及自律规则禁止的对象配售证券。

第二十五条　主承销商应当选定专门的场所用于簿记建档。簿记场所应当与其他业务区域保持相对独立，且具备完善可靠的通讯系统和记录系统，符合安全保密要求。

第二十六条 主承销商应当对簿记现场人员进行严格管理，维持簿记现场秩序：

（一）簿记建档开始前，主承销商应当明确可以进入簿记现场的工作人员范围，工作人员进入簿记现场应当签字确认。

（二）簿记建档期间，除主承销商负责本次发行簿记建档的工作人员、合规人员及对本次网下发行进行见证的律师外，其他人员不得进入簿记场所。除簿记场所专用通讯工具外，簿记建档工作人员不得使用任何其他对外通讯工具，不得对外泄露报价信息，并应当向合规人员报备手机通讯号码。

簿记建档期间，投资者咨询工作应当集中管理，咨询电话应当全程录音。负责咨询工作的工作人员不得泄露报价信息。

（三）询价期间，簿记场所应当全程录音录像。簿记建档工作人员应当使用簿记专用电脑，其他人员不得携带电脑进入簿记现场，簿记专用电脑上不得安装任何通讯软件。

（四）主承销商应当每年定期对发行簿记工作是否存在违规行为等情况进行自查自纠，对自查发现的问题和隐患及时整改。

第二节 配售

第二十七条 主承销商应当建立健全组织架构和配售制度，加强配售过程管理，在相关制度中明确对配售工作的要求。配售制度包括决策机制、配售规则和业务流程，以及与配售相关的内部控制制度等。

第二十八条 主承销商可以设置负责配售决策的相关委员会（以下简称"委员会"）。委员会具体职责应当包括制定战略配售、网上与网下投资者配售工作规则，确定配售原则和方式，履行配售结果审议决策职责，执行配售制度和程序，确保配售过程和结果合法合规。

主承销商未设置委员会的，应当建立科学合理的集体决策机制。集体决策机制参照委员会的相关要求执行。

第二十九条 委员会应当以表决方式对配售相关事宜做出决议。表决结果应当制作书面或电子文件，由参与决策的委员确认，并存档备查。委员会委员应当依照规定履行职责，独立发表意见、行使表决权。

第三十条 委员会组成人员应当包括合规负责人。主承销商的合规部门应当指派专人对配售制度、配售原则和方式、配售流程以及配售结果，特别是战略投资者和网下投资者的选取标准、配售资格以及是否存在相关法律法规、监管规定及自律规则规定的禁止性情形等进行合规性核查，其他内控部门应当与合规部门共同做好配售过程的内控管理。主承销商合规部门应当对合规性核查事项出具明确意见并提交委员会审议。

第三十一条　　网下投资者应当以其管理的配售对象为单位参与申购、缴款和配售。

第三十二条　　在网下配售时，除满足相关规则确定的基本条件外，发行人和主承销商可以结合项目特点，合理设置配售对象的具体条件。配售对象条件应当在发行公告中事先披露。

第三十三条　　在网下配售时，主承销商对配售对象进行分类的，应当明确配售对象分类机制，并按照相关规定事先披露。

第三十四条　　在网下配售时，发行人和主承销商应当根据证监会及交易所的规定，并结合以下因素确定清晰、明确、合理、可预期的配售原则：

（一）投资者条件，包括投资者类型、独立研究及评估能力、限售期安排和长期持股意愿等；

（二）报价情况，包括投资者报价、报价时间等；

（三）申购情况，包括投资者申购价格、申购数量等；

（四）行为表现，包括历史申购情况、网下投资者与发行人和主承销商的战略合作关系等；

（五）协会对网下投资者的评价结果。

第三十五条　　主承销商应当按照事先披露的配售原则和配售方式，在有效申购的网下投资者中审慎选择证券配售对象。

第三十六条　　向网下投资者配售证券时，发行人和主承销商应当保证发行人股权结构符合交易所规定的上市条件，并督促和提醒投资者确保其持股情况满足相关法律法规及主管部门的规定。

第三十七条　　发行人和主承销商应当对获得配售的网下投资者进行核查，确保在网下发行中不向下列对象配售证券：

（一）发行人及其股东、实际控制人、董事、监事、高级管理人员和其他员工；发行人及其股东、实际控制人、董事、监事、高级管理人员能够直接或间接实施控制、共同控制或施加重大影响的公司，以及该公司控股股东、控股子公司和控股股东控制的其他子公司；

（二）主承销商及其持股比例百分之五以上的股东，主承销商的董事、监事、高级管理人员和其他员工；主承销商及其持股比例百分之五以上的股东、董事、监事、高级管理人员能够直接或间接实施控制、共同控制或施加重大影响的公司，以及该公司控股股东、控股子公司和控股股东控制的其他子公司；

（三）承销商及其控股股东、董事、监事、高级管理人员和其他员工；

（四）本条第（一）、（二）、（三）项所述人士的关系密切的家庭成员，包括配偶、子女及其配偶、父母及配偶的父母、兄弟姐妹及其配偶、配偶的兄弟姐妹、子女配偶的父母；

（五）过去六个月内与主承销商存在保荐、承销业务关系的公司及其持股百分之五以上的股东、实际控制人、董事、监事、高级管理人员，或已与主承销商签署保荐、承销业务合同或达成相关意向的公司及其持股百分之五以上的股东、实际控制人、董事、监事、高级管理人员；

（六）通过配售可能导致不当行为或不正当利益的其他自然人、法人和组织。

本条第（二）、（三）项规定的禁止配售对象管理的公募基金、社保基金、养老金、年金基金不受前款规定的限制，但应当符合证监会和国务院其他主管部门的有关规定。

第三十八条　主承销商应当对参与战略配售的投资者的资质以及证监会、交易所规定的有关战略投资者配售禁止性情形进行核查，并要求发行人、参与战略配售的投资者就以下事项出具承诺函：

（一）其为本次配售证券的实际持有人，不存在受其他投资者委托或委托其他投资者参与本次战略配售的情形（符合战略配售条件的证券投资基金等主体除外）；

（二）其资金来源为自有资金（符合战略配售条件的证券投资基金等主体除外），且符合该资金的投资方向；

（三）不通过任何形式在限售期内转让所持有本次配售的证券；

（四）与发行人或其他利益关系人之间不存在输送不正当利益的行为。

第三十九条　保荐人相关子公司参与战略配售的，主承销商应当在本次发行的公告中披露保荐人相关子公司参与战略配售的具体安排，并要求其就以下事项出具承诺函：

（一）依法设立的保荐人另类投资子公司或者实际控制该保荐人的证券公司依法设立的另类投资子公司，为本次配售证券的实际持有人，不存在受其他投资者委托或委托其他投资者参与本次战略配售的情形；

（二）其资金来源为自有资金（证监会另有规定的除外）；

（三）不通过任何形式在限售期内转让所持有本次配售的证券；

（四）与发行人或其他利益关系人之间不存在输送不正当利益的行为。

保荐人通过证监会和交易所认可的其他方式参与战略配售的，应当按照上述规定出具承诺函。

第四十条　发行人和主承销商可以在发行方案中采用超额配售选择权。主承销商采用超额配售选择权，应当勤勉尽责，建立独立的投资决策流程及相关防火墙制度，严格执行内部控制制度，有效防范利益输送和利益冲突。主承销商及其工作人员不得利用内幕信息谋取任何不正当利益。

第三节　信息披露

第四十一条　发行人和承销商在证券发行过程中，应当按照证监会和交易所的相关规定编制信息披露文件，履行信息披露义务，确保披露的信息，应当真实、准确、完整、及时，不得有虚假记载、误导性陈述或者重大遗漏。首次公开发行证券以及公开发行股票并在北交所上市过程中发布的公告应当由主承销商和发行人共同落款。

第四十二条　公开披露的信息应当在交易所网站和符合证监会规定条件的媒体发布。通过其他途径披露信息的，披露内容应当完全一致，且不得早于前项披露时间。

第四章　投资价值研究报告

第四十三条　采用询价方式确定发行价格的，主承销商应当于招股意向书刊登后的当日向网下投资者提供投资价值研究报告，但不得以任何形式公开披露或变相公开投资价值研究报告或其内容，证监会及交易所另有规定的除外。

股票公开发行并在北交所上市，采用网上竞价方式确定发行价格的，主承销商应当公开披露投资价值研究报告。

主承销商不得提供承销团以外的机构撰写的投资价值研究报告。

主承销商不得在刊登招股意向书之前提供投资价值研究报告或泄露报告内容。

第四十四条　作为保荐人的主承销商的证券分析师应当独立撰写投资价值研究报告并署名。采用联合保荐的，应当至少由其中一家机构的证券分析师撰写投资价值研究报告。承销团其他成员的证券分析师可以根据需要撰写投资价值研究报告，但应保持独立性并署名。

因经营范围限制，作为保荐人的主承销商无法撰写投资价值研究报告的，应委托具有证券投资咨询资格的母公司或子公司撰写投资价值研究报告，双方均应当对投资价值研究报告的内容和质量负责，并采取有效措施做好信息保密工作，同时应当在报告首页承诺本次报告的独立性。

作为保荐人的主承销商无相关资质母公司或子公司的，可委托一家具有证券投资咨询资格和较强研究能力、研究经验的承销团成员独立撰写投资价值研究报告。

第四十五条　投资价值研究报告撰写机构应当根据《发布证券研究报告暂行规定》以及本规则等相关规定制定投资价值研究报告专项内部制度，明确投资价值研究报告撰写要素、质量审核、合规审查等事项的细化标准，以及出具流程等要求，并指定分管研究部门的高级管理人员负责相关工作。未经质量审核和合规审查，承销商不得对网下投资者提供投资价值研究报告。

质量审核应当保持审慎原则，参照发行人细分行业、业务与商业模式、公司经营和财务特点等因素制定严格的投资价值研究报告审核标准，明确和细化发行人可比公司选择标准、盈利预测假设条件、估值方法、主要估值参数（包括但不限于无风险收益率、永续增长率、加权平均资本成本）的选择依据。质量审核和合规审查过程中形成的所有工作底稿应当存档备查。

第四十六条　投资价值研究报告撰写应当遵守以下原则：

（一）合规、客观、专业、审慎；

（二）资料来源具有权威性；

（三）无虚假记载、误导性陈述或重大遗漏。

第四十七条　投资价值研究报告所依据的与发行人有关的信息不得超出招股意向书及其他已公开信息的范围。

第四十八条　投资价值研究报告撰写机构应当从组织设置、人员职责及工作流程等方面保证证券分析师撰写投资价值研究报告的独立性。参与投资价值研究报告撰写相关人员的薪酬不得与相关项目的业务收入挂钩。

第四十九条　证券分析师撰写投资价值研究报告应当秉承专业的态度，采用专业、严谨的研究方法和分析逻辑，基于合理的数据基础和事实依据，审慎提出研究结论，分析与结论应当保持逻辑一致性。数据的来源应具有权威性，并注明出处。

第五十条　投资价值研究报告使用的参数和估值方法应当客观、专业，并分析说明选择参数和估值方法的依据，调整参数和估值方法的，应当充分说明原因，解释调整的合理性，并实施留痕管理。

第五十一条　投资价值研究报告应当对影响发行人投资价值的因素进行全面分析，至少包括下列内容：

（一）发行人的行业归属、行业政策，发行人与主要竞争者的比较及其在行业中的地位；

（二）发行人商业模式、经营状况和发展前景分析；

（三）发行人盈利能力和财务状况分析；

（四）发行人募集资金投资项目分析；

（五）发行人与同行业可比上市公司（如有）的投资价值比较；

（六）与发行人相关的风险因素；

（七）其他对发行人投资价值有重要影响的因素。

第五十二条　投资价值研究报告应当合理确定发行人行业归属，并分析说明行业归属的依据，不得随意选择行业归属。

第五十三条　投资价值研究报告应当对影响发行人投资价值的行业状况与发展前景进行分析与预测，可以包括：发行人的行业归属、行业的生命周期分析及其对发行人发展前景的影响、行业供给需求分析、行业竞争分析、行业主要政策分析、行业的发展前景预测以及证券分析师认为行业层面其他的重要因素。

第五十四条　投资价值研究报告应当对影响发行人投资价值的公司状况进行

分析，可以包括：公司治理的分析与评价、公司战略的分析与评价、经营管理的分析与评价、研发技术的分析与评价、财务状况的分析与评价、募集资金投资项目分析以及证券分析师认为发行人层面其他的重要因素。公司分析必须建立在行业分析的基础上进行。

第五十五条　撰写投资价值研究报告应当制作发行人的盈利预测模型，包括但不限于资产负债表、利润表以及现金流量表三张报表的完整预测以及其他为完成预测而需要制作的辅助报表，从而预测公司未来的资产负债、利润和现金流量的相对完整的财务状况。在进行盈利预测前，证券分析师应当明确盈利预测的假设条件，并对假设条件进行清晰、详细的阐述，说明其合理性。盈利预测应谨慎、合理。

第五十六条　投资价值研究报告选择可比公司应当客观、全面，原则上应当与招股意向书中披露的可比公司保持一致，不得随意选择，并说明选择依据；如存在不一致的情形，应当充分、详细、客观地说明不一致的原因及选择依据。

可比公司分析应当列举可比公司的市盈率，不适用的可列举其他估值指标。

第五十七条　证券分析师应当在投资价值研究报告中显著位置进行充分的风险提示，并特别说明如果盈利预测的假设条件不成立对公司盈利预测的影响以及对估值结论的影响。

证券分析师应当按照重要性原则，按顺序披露可能直接或者间接对发行人生产经营状况、财务状况和持续经营能力产生重大不利影响的主要因素，列出发行人经营过程中所有可能存在的潜在风险。

证券分析师应当对所披露的风险因素做定量分析，无法进行定量分析的，应当有针对性地作出定性描述。

证券分析师应当在投资价值研究报告醒目位置提示投资者自主作出投资决策并自行承担投资风险。

第五十八条　投资价值研究报告估值结论可以合理给出发行人上市后远期整体公允价值区间。提供发行人估值区间的，应当分别提供至少两种估值方法作为参考。

投资价值研究报告应当列出所选用的每种估值方法的假设条件、主要参数及选择依据、主要测算过程。采用相对估值法的，估值分析应当按照充分提示风险的原则客观地列示相关行业市盈率、市净率或市销率等反映发行人所在行业特点的估值指标。采用绝对估值法的，主要估值计算过程应包含进入永续增长率之前现金流折现计算过程、参数及选择依据，展示详细的现金流折现预测和各变量之间的勾稽关系，加强论证的严谨性。

投资价值研究报告不得对证券二级市场交易价格作出预测。

第五十九条　证券分析师参与撰写投资价值研究报告相关工作，需事先履行跨墙审批手续。

（一）承销商实施跨墙管理时，应当保证跨墙人员的相对稳定，维护跨墙工作流程的严肃性，保证信息隔离制度的有效落实。参与跨墙的证券分析师一经确认，不得随意调整。

跨墙期间，证券分析师应当严格遵守信息保密的要求，将跨墙参与的工作与其他工作有效隔离。

（二）证券分析师撰写的投资价值研究报告，需事先经研究部门质量审核并经合规审查后方可提供给网下投资者。

证券分析师可以就投资价值研究报告涉及发行人的相关事实性信息向发行人及投资银行业务部门人员进行真实性、准确性的核实。相关需要核实的事实性内容应提交给公司专门负责证券发行与承销的业务部门或团队（以下简称"证券发行与承销部门"）人员，抄送合规审查人员，由证券发行与承销部门人员转给投资银行业务部门人员或发行人进行核实。

证券分析师在进行事实性信息的核实时，不得向发行人及投资银行业务部门人员提供包括估值、盈利预测等投资分析内容的章节。

证券分析师应当保持独立性，除对事实性信息的真实性、准确性核实外，证券公司内部相关利益人员和部门、发行人等不得对投资价值研究报告的内容进行评判。

（三）承销商应当对投资价值研究报告事实性信息核实、质量审核、合规审查进行留痕存档管理。

第六十条　证券分析师参与撰写投资价值研究报告相关工作，应当参照《发布证券研究报告暂行规定》《发布证券研究报告执业规范》等规则执行，并符合《证券分析师执业行为准则》《证券公司信息隔离墙制度指引》等相关规定，本规则另有规定的，从其规定。

第五章　自律管理

第六十一条　协会建立证券发行与承销观察员机制，不定期抽取发行承销项目，通过采取列席会议、实地察看、谈话了解、调取录音录像等方式对其路演过程、发行簿记过程、询价过程、定价与配售、撰写和出具投资价值研究报告等全部或部分业务环节进行观察，了解主承销商执业过程的合规情况，督导主承销商切实履行工作职责。

第六十二条　协会建立投资价值研究报告跟踪分析机制，督促引导承销商提高投资价值研究报告质量。

第六十三条　协会建立证券发行与承销示范实践推广机制，总结发行承销业务创新、投资价值研究报告撰写、路演推介等方面的示范实践，履行相应程序后向行业予以推广。

第六十四条　协会可以对发行人和承销商的路演过程、发行簿记过程、询价过程进行抽查，发现发行人和承销商在工作中存在违反相关规定的，协会将对其采取自律措施或移交有权机关处理。

第六十五条　承销商应当向协会报送以下材料，并保证报送的信息真实、准确、完整。

（一）在刊登招股意向书之前，报送路演推介活动的初步方案；

（二）证券上市之日起十个工作日内，报送发行承销总结报告、投资价值研究报告。如本次发行实施了超额配售选择权，则在超额配售选择权实施完成后十个工作内，报送获授权的主承销商超额配售选择权实施情况报告；

（三）每年5月31日之前，报送上一年度提供的新股投资价值研究报告的总结情况。内容包括但不限于投资价值研究报告第一个年度业绩预测期实际归母净利润占盈利预测的比例，盈利预测实现比例低于80%（如有）的说明，新股发行价格与投资价值研究报告估值区间偏离度（如有）等情况。

第六十六条　承销商应当保留承销过程中的相关资料并存档备查，相关资料至少保存三年，证监会及交易所另有规定的除外。

承销过程中的相关资料包括但不限于以下资料：

（一）路演推介活动及询价过程中的推介或宣传材料、投资价值研究报告、路演推介确认书、路演记录、路演录音、律师事务所出具的培训总结及路演推介材料审核确认意见书等；

（二）定价与配售过程中的投资者报价信息、申购信息、获配信息，获配信息包括但不限于投资者名称、获配数量、证券账户号码及身份证明文件等；

（三）战略投资者承诺函、跟投机构承诺函等；

（四）确定网下投资者条件、发行价格或发行价格区间、配售结果等的决策文件；

（五）信息披露文件与申报备案文件；

（六）其他和发行与承销过程相关的文件或承销商认为有必要保留的文件。

第六十七条　协会采取现场检查、非现场检查等方式加强对承销商询价、定价、配售行为的自律管理。检查内容包括：

（一）路演推介的时间、形式、参与人员及内容；

（二）询价、簿记、定价、配售的制度建立与实施；

（三）投资价值研究报告的撰写、提供及其信息隔离制度的建立与实施；

（四）信息披露内容的真实性、准确性、完整性和及时性；

（五）存档备查资料的完备性；

（六）协会认为有必要的其他内容。

承销商应当配合协会进行检查，不得以任何理由拒绝、拖延提供有关资料，或者提供不真实、不准确、不完整的资料。

第六十八条　承销商及其工作人员在承销证券过程中，存在下列情形的，协会可以对其采取自律管理措施，情节较重的，可以采取行业内告诫、公开谴责的纪律处分，情节严重的，可以对个人采取认定不适合从事相关业务的纪律处分，并记入证券行业执业声誉信息库，被采取纪律处分的，按规定记入证监会证券期货市场诚信档案：

（一）信息披露不符合相关规定；

（二）未按本规则的规定提供投资价值研究报告；

（三）未按本规则要求保留推介、配售、定价等承销过程中相关资料；

（四）向投资者提供除发行人公开信息以外的其他信息；

（五）夸大宣传，或者以虚假广告等不正当手段诱导、误导投资者；

（六）以不正当竞争手段招揽承销业务；

（七）从事本规则第二十二条禁止行为；

（八）向不符合要求或禁止配售的投资者配售证券；

（九）违反本规则规定的其他情形。

第六十九条　承销商、发行人、战略投资者、律师事务所及其直接负责的主管人员和其他直接责任人员涉嫌违反法律、法规或有关主管部门规定的，协会依法将相关线索移交证监会、交易所等有关部门处理，涉嫌构成犯罪的，由司法机关依法追究刑事责任。

第六章　附　则

第七十条　公民、法人或者其他组织发现承销商及其工作人员违反本规则的，可向协会举报或投诉。

第七十一条　本规则由协会负责解释。

第七十二条　本规则自发布之日起施行。《首次公开发行股票承销业务规范》《注册制下首次公开发行股票承销规范》《北京证券交易所股票向不特定合格投资者公开发行与承销特别条款》《首次公开发行股票配售细则》同时废止。

附件：1. 投资价值研究报告负面行为清单

　　　2. 投资价值研究报告撰写要求

附件1：

投资价值研究报告负面行为清单

承销商在撰写和出具投资价值研究报告过程中不得出现以下情形：

一、参与撰写投资价值研究报告的所有人员均没有在中国证券业协会登记为证券分析师，或承销商不具有投资咨询业务资格。

二、承销商撰写和出具投资价值研究报告不客观、不审慎、不独立。

三、证券分析师路演推介内容超出投资价值研究报告及其他已公开信息范围。

四、证券分析师考核制度中未剔除利益冲突部门和人员，将外部评选结果纳入证券分析师薪酬激励的指标。

五、证券分析师及承销商违反静默期要求。

六、证券分析师在跨墙期间，泄露跨墙后获知的敏感信息，利用该信息获取非法利益。

七、在投资价值研究报告内容方面：

（一）行业分析中，缺乏定量分析，主观夸大行业空间和增速；

（二）公司分析中，未充分考虑影响公司发展的政策因素；

（三）盈利预测分析中，缺乏客观性和审慎性，对核心假设缺乏合理论证，公司未来的资产负债、利润、现金流量等预估值与基本面相悖；

（四）采用相对估值法的，估值模型未能客观选取可比公司，选取的可比公司依据不充分；

（五）采用绝对估值法的，估值模型假设条件、主要参数及选择依据不合理、不充分、不完整，估值参数过于乐观；主要测算过程缺失；在市场未发生重大变化的情况下，同一承销商采用的可比估值参数存在重大差异；

（六）引用的数据来源不具有权威性，未注明出处；

（七）报告内容不完整，存在计算错误；

（八）风险提示方面，缺少对所披露风险因素的定量分析，未说明发行人经营中可能存在的风险，未说明如果盈利预测的假设条件不成立对公司盈利预测的影响以及对估值结论的影响；

八、存在损害投资者合法权益的其他情形。

附件2:

投资价值研究报告撰写要求

类别	具体要求		
基本原则	独立、审慎、客观		
	资料来源具有权威性		
	无虚假记载、误导性陈述或重大遗漏		
	主承销商的证券分析师独立撰写报告并署名		
	与发行人有关的信息不得超过招股说明书及其他已公开信息的范围		
	专业、严谨的研究方法和分析逻辑		
	基于合理的数据基础和事实依据,审慎提出研究结论		
	分析过程与结论保持逻辑一致性		
行业和公司状况分析	行业归属与依据,不得随意选择		
	行业政策、发行人与主要竞争者的比较、行业地位		
	行业状况与发展前景分析与预测		
	发行人的商业模式、经营状况、发展前景分析		
可比上市公司分析(如有)	与可比公司投资价值比较		
	可比公司选择及依据 原则上应与招股说明书中的可比公司保持一致,不得随意选择		
	同时列举两个口径的可比上市公司市盈率	可比上市公司市盈率1 如:收盘价＊当日总股本／发行前一年经审计的扣除非经常性损益前的归属于母公司股东的净利润	
		可比上市公司市盈率2 如:收盘价＊当日总股本／当年年度预测归属于母公司股东的净利润	
募投项目	募集资金投资项目分析		
盈利能力分析和预测	盈利能力和财务状况		
	盈利预测假设条件完整		
	盈利预测模型,包括但不限于资产负债表、利润表、现金流量表的完整预测以及需要的辅助报表预测		

续表

类别	具体要求
估值方法和参数选择（如提供发行人估值区间）	估值方法客观专业，至少两种，说明选择依据，有调整的，应当充分说明原因，解释调整的合理性，并实施留痕管理 （估值方法可适当参照《私募投资基金非上市股权投资估值指引（试行）》）
	假设条件完整
	参数选择客观专业，说明选择依据，不得随意调整 1）无风险收益率，建议采用十年期国债收益率三个月或六个月的区间平均值； 2）永续增长率，建议证券分析师按照专业审慎原则基于合理假设给出，不能过于乐观； 3）加权平均资本成本中市场平均风险收益率，建议采用沪深 300 收益率过去五年或十年或更长的区间复合增长率。
	列出主要测算过程 采用相对估值法的，估值分析应当按照充分提示风险的原则客观地列示相关行业市盈率、市净率或市销率等反映发行人所在行业特点的估值指标。 例如：合理确定发行人行业归属，并选取中证指数有限公司发布的最近一个月静态平均市盈率为参考依据 采用绝对估值法的，主要估值计算过程应包含进入永续增长率之前现金流折现计算过程、参数及选择依据，展示详细的现金流折现预测和各变量之间的勾稽关系，加强论证的严谨性
估值结论	可以合理给出发行人上市后远期整体公允价值区间；不得对证券二级市场交易价格作出预测 建议提供发行人上市后 6-12 个月远期整体公允价值区间
风险警示	显著位置进行充分的风险提示
	盈利预测假设条件不成立对公司盈利预测影响
	盈利预测假设条件不成立对公司估值结论影响
	所有可能存在的潜在风险
	风险因素定量分析（无法定量分析的，作出针对性的定性分析）
	显著位置提示投资者自主决策

注：协会可在符合相关法律法规的前提下根据实际情况对报告撰写要求予以调整。

首次公开发行证券网下投资者管理规则

第一章 总则

第一条 为规范首次公开发行证券（以下简称首发证券）网下投资者自律管理工作，维护网下发行秩序，净化网下发行生态，根据《证券发行与承销管理办法》等相关法律法规、监管规定，制定本规则。

第二条 网下投资者参与证券交易所首发证券网下询价和配售业务，证券公司开展首发证券网下投资者推荐工作，担任首发证券主承销商的证券公司开展网下投资者选定和管理工作等，适用本规则。

上述主体开展境内首次公开发行存托凭证相关业务时，参照适用本规则。

第三条 中国证券业协会（以下简称协会）依据《证券发行与承销管理办法》以及本规则的有关规定，对网下投资者进行自律管理。

协会建立网下投资者跟踪分析和评价体系，由协会另行规定。

第二章 网下投资者注册管理

第一节 注册条件

第四条 投资者及其所属的自营投资账户或者直接管理的证券投资产品参与首发证券网下询价和配售业务，应当符合协会规定的条件，并在协会完成网下投资者和证券配售对象（以下简称配售对象）注册。

证券公司、基金管理公司、保险公司及前述机构资产管理子公司、期货公司、信托公司、财务公司、合格境外投资者、符合一定条件的私募基金管理人等专业机构投资者，在协会完成注册后，可参与首发证券网下询价和配售业务。期货资产管理子公司参照私募基金管理人进行管理。

符合一定条件在中国境内依法设立的其他法人和组织（以下统称一般机构投资者）以及个人投资者，在协会完成注册后，可参与主板首发证券网下询价和配售业务。

协会可根据市场情况，对网下投资者和配售对象的注册条件进行调整。

第五条 机构投资者注册网下投资者，应满足以下基本条件：

（一）具备丰富的上海市场和深圳市场证券投资交易经验，应依法设立、持续经营时间达到两年（含）以上，从事证券交易时间达到两年（含）以上，且具有上海市场和深圳市场证券交易记录。经行政许可从事证券、基金、期货、保险、信托等金融业务的专业机构投资者可不受上述限制；

（二）具有良好的信用记录，最近十二个月未受到刑事处罚、未因重大违法违规行为被相关监管部门采取行政处罚、行政监管措施或者被相关自律组织采取纪律处分措施，最近三十六个月内被相关自律组织采取书面自律管理措施不满三次。投资者能够证明所受处罚业务与证券投资业务、受托投资管理业务互相隔离的除外；

（三）具备专业证券研究定价能力，应具有科学合理的估值定价模型、完善的定价决策制度，能够自主作出投资决策。从事首发证券研究和投资的人员应具备两年（含）以上权益类资产研究或权益类、混合类产品投资管理经验；

（四）具备必要的合规风控能力，应依法合规展业，将参与首发证券网下询价和配售业务纳入整体合规风控体系，并指定专门人员加强合规管理和风险控制。首发证券网下询价和配售业务合规管理人员应具备两年（含）以上金融合规管理工作经验，并具备法律、金融等相关专业本科以上学历或通过国家统一法律职业资格考试；

（五）具备较强的风险承受能力，能够独立承担投资风险。一般机构投资者的风险承受能力等级应为 C4 级（含）以上；

（六）具有开展首发证券网下询价和配售业务独立性，能够独立开展首发证券研究定价、网下询价与申购业务；

（七）建立完善的参与首发证券网下询价和配售业务制度和机制，包括但不限于内部控制、投资研究、定价决策、报价申购、通讯设备管控等制度机制；

（八）监管部门和协会要求的其他条件。

第六条　除第五条规定的基本条件外，私募基金管理人注册网下投资者，还应满足以下条件：

（一）在中国证券投资基金业协会（以下简称基金业协会）完成登记，且持续符合基金业协会登记条件；

（二）具备一定的资产管理实力，其管理的在基金业协会备案的产品总规模最近两个季度应均为 10 亿元（含）以上，且近三年管理的产品中至少有一只存续期两年（含）以上的产品；

（三）监管部门和协会要求的其他条件。

第七条　个人投资者注册网下投资者，应满足以下基本条件：

（一）应为中国公民或者具有中国永久居留资格的外国人；

（二）具备丰富的上海市场和深圳市场证券投资交易经验，包括但不限于投资者从事证券交易时间达到五年（含）以上，且具有上海市场和深圳市场证券交易记录，最近三年持有的从证券二级市场买入的非限售股票和非限售存托凭证中，至少有一只持有时间连续达到 180 天（含）以上；

（三）具有良好的信用记录，最近十二个月未受到刑事处罚、未因重大违法违规行为被相关监管部门采取行政处罚、行政监管措施或者被相关自律组织采取纪律处分措施，最近三十六个月内被相关自律组织采取书面自律管理措施不满三次；

（四）具备专业证券研究定价能力，应具有科学合理的估值定价方法，能够自主作出投资决策；

（五）具备较强的风险承受能力，能够独立承担投资风险，其风险承受能力等级应为C4级（含）以上；

（六）具有开展首发证券网下询价和配售业务独立性，能够独立开展首发证券研究定价、网下询价和申购业务；

（七）监管部门和协会要求的其他条件。

第八条　网下投资者所属的自营投资账户注册配售对象，应具备一定的投资实力，其从上海证券交易所和深圳证券交易所二级市场买入的非限售股票和非限售存托凭证截至最近一个月末总市值应不低于6000万元。

第九条　网下投资者直接管理的证券投资产品注册配售对象，应满足以下条件：

（一）应为社保基金、养老金、年金基金、保险资金、合格境外投资者账户；金融机构权益类和混合类资产管理产品；权益类和混合类私募证券投资基金，且其直接投资于非公开募集的金融机构资产管理产品和私募投资基金的资产不得超过20%；

（二）应依法完成产品的注册、登记、备案手续以及份额销售、托管等事宜。私募证券投资基金应当委托第三方托管机构独立托管基金资产；

（三）具备一定的资产管理实力，从上海证券交易所和深圳证券交易所二级市场买入的非限售股票和非限售存托凭证截至最近一个月末总市值应不低于6000万元。公募基金、社保基金、养老金、年金基金、保险资金、合格境外投资者申请注册的配售对象除外；

（四）产品投资经理应具备两年（含）以上权益类资产研究或权益类、混合类产品投资管理经验。

申请注册的配售对象不得为信托资产管理产品，也不得以博取证券一、二级市场价差为主要投资目的参与首发证券网下询价和配售业务。

第二节　注册程序

第十条　证券公司、基金管理公司、保险公司及前述机构资产管理子公司、期货公司、信托公司、财务公司、合格境外投资者等专业机构投资者可自行在协会注册。

除前款所述专业机构投资者外，私募基金管理人等符合一定条件的机构投资者以及个人投资者应由具有证券承销与保荐业务资格的证券公司向协会推荐注册。

第十一条 向协会申请网下投资者和配售对象注册，应通过协会网下投资者管理系统提交基本信息及相关资质证明文件。投资者应当保证其提交的注册信息和资料真实、准确、完整。

证券公司应对推荐注册的网下投资者和配售对象进行核查，保证其符合本规则规定的基本条件以及公司内部规则和程序。

投资者应当配合证券公司网下投资者适当性管理工作，如实提供信息及相关证明文件，不得通过提供虚假信息材料等手段规避投资者适当性管理要求。投资者提供的信息资料发生重大变化、可能影响证券公司对其适当性管理的，应及时告知证券公司。

第十二条 协会自受理网下投资者注册申请文件之日起，原则上应在十个工作日内完成注册工作，符合注册条件的，在协会网站予以公示；不符合注册条件的，应书面告知投资者不予注册的理由。

协会受理日期自受理回执发出之日起计算，协会要求投资者补充相关材料的期限不计算在注册办理期限内。

第十三条 网下投资者或其管理的配售对象注册信息发生变更时，应及时向协会提交注册信息变更申请。证券账户和银行账户一经注册，不得随意变更。

协会受理注册信息变更申请文件后，应及时完成信息变更；不予变更注册信息的，应书面告知网下投资者不予变更的理由。

第十四条 网下投资者或其管理的配售对象发生以下重大事项的，网下投资者应自行或者通过推荐其注册的证券公司及时向协会报告，主动申请暂停或者注销网下投资者或配售对象账户：

（一）网下投资者依法解散、被依法撤销或者被依法宣告破产；

（二）网下投资者受到刑事处罚，或因首发证券网下询价和配售业务重大违法违规行为被相关监管部门采取行政处罚、行政监管措施或者被相关自律组织采取纪律处分措施；

（三）网下投资者所管理的配售对象提前终止或者已到期清盘；

（四）网下投资者所管理的配售对象的产品类型、投资标的、投资策略、投研能力等不符合首发证券网下询价和配售业务要求；

（五）其他影响网下投资者或配售对象持续符合注册条件的重大事项。

协会收到重大事项报告后，或者在自律管理过程中发现前款规定情形的，应及时暂停或者注销网下投资者或配售对象账户。

第十五条 网下投资者或其管理的配售对象因不符合适当性管理要求、存续期到期未及时展期等情形被暂停账户后，申请重新参与首发证券网下询价和配售业务的，应按照注册程序向协会提交注册申请，并符合网下投资者或配售对象注册条件。

网下投资者或其管理的配售对象被列入限制名单期满后，可按照注册程序向协会提交注册申请，并符合网下投资者或配售对象注册条件。

第三节　账户管理

第十六条　首发证券项目的发行人和主承销商可以设置网下投资者的具体条件，并在相关发行公告中预先披露。具体条件不得低于本规则规定的基本条件。

发行人和主承销商应要求参与该项目网下询价和配售业务的网下投资者指定的配售对象，以该项目初步询价开始前两个交易日为基准日，其在项目发行上市所在证券交易所基准日前二十个交易日（含基准日）的非限售股票和非限售存托凭证总市值的日均值应为 6000 万元（含）以上。科创和创业等主题封闭运作基金与封闭运作战略配售基金，在该基准日前二十个交易日（含基准日）的非限售股票和非限售存托凭证总市值的日均值应为 1000 万元（含）以上。

主承销商应在已完成协会注册的网下投资者和配售对象范围内，对其是否符合首发证券项目预先披露的网下投资者条件进行核查，选定可参与该项目网下询价和配售业务的网下投资者和配售对象。对于不符合条件的网下投资者和配售对象，应当拒绝或剔除其报价。

第十七条　网下投资者所管理的配售对象账户在一个自然年度内未参与首发证券网下询价的，协会将该配售对象账户作为休眠账户管理，该年度新增注册配售对象账户除外。网下投资者所管理的配售对象账户均为休眠账户的，该网下投资者账户作为休眠账户管理。

网下投资者或其管理的配售对象账户休眠期间，不得参与首发证券网下询价和配售业务。休眠账户重新参与首发证券网下询价和配售业务的，应按照注册程序向协会提交休眠账户激活申请，并符合网下投资者或配售对象注册条件。

第三章　网下投资者行为规范

第一节　基本要求

第十八条　网下机构投资者参与首发证券网下询价和配售业务的，应建立完善的内部控制制度和业务操作流程，对业务开展情况进行全面管理，确保业务开展符合本规则的有关规定：

（一）建立首发证券研究机制、研究报告撰写和审批机制，坚持科学、独立、客观、审慎的原则开展首发证券研究和研究报告撰写工作，采用严谨的研究方法和分析逻辑，建立必要的估值定价模型，对发行人投资价值等进行深入分析，基于合理的数据基础和事实依据撰写首发证券研究报告，审慎提出研究结论，合理确定首发证券价格或价格区间，并严格履行研究报告审批机制；

（二）应建立健全必要的投资决策机制，通过严格履行决策程序确定最终报价；

（三）制定完善的合规管理制度，对参与首发证券网下询价和配售业务情况进行合规审查，对是否与项目发行人或主承销商存在相关规则规定的关联关系、报价与申购行为等是否合规进行审查，并定期或不定期进行合规检查，确保业务开展合法合规；

（四）制定完善的风险管理制度，对业务各环节可能出现的风险进行监测、分析和识别，并采取必要的风险控制措施及时有效防范化解风险，确保业务风险可测、可控、可承受；

（五）制定完备的专项业务操作流程，明确操作程序、岗位职责与权限分工。报价、申购、缴款等重要操作环节应设置 A、B 角和复核机制；

（六）应制定申购资金划付审批程序，根据申购计划安排足额的备付资金，确保资金在规定时间内划入结算银行账户；

（七）加强工作人员管理，规范相关工作人员的执业行为，避免在开展业务过程中发生谋取或输送不正当利益的行为。建立健全业务培训机制，定期或不定期组织开展有针对性的业务培训，持续提升工作人员的执业水平；

（八）建立完善的通讯工具管控制度，询价当天交易时间对研究、投资、决策、交易等报价知悉人员的通讯设备、通讯软件等进行统一管控，避免泄露价格信息，确保相关工作人员在询价过程中独立、客观；

（九）建立完善的工作底稿存档制度，将参与首发证券网下询价和配售业务相关工作底稿存档备查。

第十九条　网下投资者应当根据自身管理能力、人员配备数量、产品投资策略、产品风险承受能力等情况，合理确定参与首发证券网下询价和配售业务的产品范围及数量。

网下投资者及其管理的配售对象参与首发证券网下询价和配售业务的，还应当符合监管部门和其他相关自律组织的要求，遵守相关规定。

第二十条　网下投资者应对每次报价的定价依据、定价决策过程形成的定价报告或定价决策会议纪要、报价知悉人员通讯工具管控记录等相关资料存档备查。网下投资者参与首发证券网下询价和配售业务有关文件和资料的保存期限不得少于二十年。

网下投资者存档备查的定价依据、定价决策过程等相关资料的系统留痕时间、保存时间或最后修改时间应为询价结束前，否则视为无定价依据或者无定价决策过程相关资料。

第二十一条　网下投资者在参与首发证券网下询价和配售业务前，应认真阅读本规则及相关业务规则、操作指引，熟悉操作流程，并对报价前准备工作进行自查，确保在协会注册的信息真实、准确、完整，在网下询价和配售过程中相关配售对象处于注册有效期、缴款渠道畅通，且证券交易所网下申购平台 CA 证书、注册的银行账户等申购和缴款必备工具可正常使用。

网下投资者所管理的配售对象即将到期需进行展期的，应及时向协会提交配售对象展期申请。网下投资者在参与首发证券网下询价和配售业务期间，不得随意变更名称（姓名）、证券账户、银行账户等注册信息，并应做好停电、网络故障等突发事件应急预案，避免报价后无法申购或缴款。

网下投资者因未做好报价准备工作或未做好应急预案导致发生违规情形的，协会将按照有关规定采取处理措施。

第二十二条　自行注册的网下专业机构投资者，应每年定期开展适当性自查，及时更新网下投资者及其管理的配售对象注册信息。发现自身或所管理的配售对象不符合本规则规定的注册条件，应及时向协会报告并申请暂停或注销账户。

第二十三条　网下投资者应按照协会要求，向协会报送网下投资者及其管理的配售对象关联方和出资方信息、财务情况、投资运作及其他参与首发证券网下询价和配售业务等情况。网下投资者应确保报送信息真实、准确、完整、及时。

协会可建立网下投资者关联方信息查询平台供主承销商和网下投资者使用。

第二节　研究定价

第二十四条　网下投资者在参与首发证券网下询价业务时，应审慎选择参与项目，认真研读招股资料，深入分析发行人信息，发挥专业定价能力，在充分研究及（或）严格履行定价决策程序的基础上理性报价，不得存在不独立、不客观、不诚信、不廉洁等行为，不得由投资顾问或者其他机构、个人作出投资决策或直接执行投资指令。

第二十五条　网下机构投资者的定价依据应当至少包括内部独立撰写完成的研究报告，研究报告包括但不限于以下内容：

（一）发行人基本面研究。对行业发展规律和趋势、对发行人商业模式、业务前景和管理层的运营管控能力等进行研究，分析发行人核心竞争优势；

（二）发行人盈利能力和财务状况分析。包括但不限于对发行人未来会计期间的重要财务事项作出谨慎合理的预计和测算，并对重要假设条件和参数进行清晰详细的阐述；

（三）合理的估值定价模型。网下投资者应至少采用一种合理的估值定价方法。采用绝对估值法的，应包括估值定价模型、模型假设条件、主要估值参数设置的详细说明、严谨完整的逻辑推导过程。采用相对估值法的，应包括可比公司选择以及选择依据、严谨完整的逻辑推导过程；

（四）对有老股转让安排的首发证券发行进行敏感性分析（如有）；

（五）具体报价建议或者建议价格区间等。

第二十六条　网下机构投资者应建立首发证券定价小组，对定价依据给出的具体报价建议或者建议价格区间进行集体研究决策，确定首发证券的最终报价。定价小组成员包括但不限于首发证券研究人员和投资决策人员。

定价小组应当通过首发证券定价报告或定价决策会议纪要等形式记录最终报价的决策依据和过程。

首发证券定价报告或定价决策会议纪要应充分有力地支持最终报价结果，并由参与首发证券项目的定价小组全体成员以书面形式签字或签章。

第二十七条　网下个人投资者应具有独立撰写完成的定价依据，定价依据应当至少包括合理的估值定价方法、假设条件和主要估值参数的说明、逻辑推导过程以及具体报价建议或者建议价格区间。采用绝对估值法的，定价依据还应包含估值定价模型和发行人未来三年盈利预测、假设条件。盈利预测应当谨慎、合理。

定价依据给出建议价格区间的，网下个人投资者还应当对建议价格区间进行研究决策，确定首发证券的最终报价。网下个人投资者应将定价决策依据存档备查。

第二十八条　网下投资者定价依据提供的报价建议为价格区间的，最高价格与最低价格的差额不得超过最低价格的20%。

第三节　报价申购

第二十九条　参与询价的网下投资者应当按照首发证券项目主承销商的要求提供相关信息及材料，确保所提供的信息及材料真实、准确、完整。网下机构投资者应当履行合规审核程序后，向主承销商提供相关信息材料。

第三十条　网下投资者在首发证券项目网下询价开始前，应通过证券交易所网下申购平台提交定价依据及其给出的建议价格或价格区间。未提交定价依据、建议价格或价格区间的网下投资者，不得参与询价。网下机构投资者提交定价依据前，还应当履行内部审批流程。

第三十一条　网下投资者应按照定价依据给出的建议价格或价格区间进行报价，原则上不得修改建议价格或者超出建议价格区间进行报价。

首发证券项目通过累计投标询价确定发行价格的，网下投资者的申购报价和询价报价应当逻辑一致。

第三十二条　网下投资者报价后原则上不得修改价格。确需修改价格的，网下投资者应充分说明改价理由、改价幅度的逻辑计算依据、之前报价是否存在定价依据不充分及（或）定价决策程序不完备等情况，并将改价依据及（或）重新履行定价决策程序等资料存档备查。

网下机构投资者应加强报价后撤单修改价格的内部管理，确需修改价格的，应当重新履行定价决策程序。

第三十三条　受同一实际控制人控制或者存在其他关联关系的网下投资者之

间应当独立开展网下询价与申购业务。

网下投资者所管理的同一配售对象只能使用一个证券账户参与首发证券网下询价，其他关联账户不得参与，中国证监会和协会另有规定的除外。

已参与网下询价的配售对象及其关联账户不得参与网上申购。关联账户的认定以证券交易所的规定为准。

第三十四条　在首发证券初步询价环节，参与询价的网下投资者可以为其管理的不同配售对象账户分别填报一个报价，每个报价应当包含配售对象信息、证券价格和该价格对应的拟申购数量。同一网下投资者全部报价中的不同拟申购价格不超过 3 个，且最高价格与最低价格的差额不得超过最低价格的 20%。

第三十五条　网下投资者原则上应当向首发证券项目主承销商如实提供配售对象最近一月末资产规模报告及相关证明文件，并符合主承销商相关要求。在首发证券初步询价环节，网下投资者应当根据实际申购意愿、资金实力、风险承受能力等情况，为配售对象合理确定拟申购数量和拟申购金额。

网下投资者为配售对象填报的拟申购数量不得超过网下初始发行总量，也不得超过主承销商确定的单个配售对象申购数量上限。网下投资者应确保其拟申购数量和未来持股情况等符合相关法律法规及监管部门的规定。

网下投资者为配售对象填报的拟申购金额原则上不得超过该配售对象最近一个月末总资产与询价前总资产的孰低值，配售对象成立时间不满一个月的，原则上以询价首日前第五个交易日的产品总资产计算孰低值。网下一般机构投资者和个人投资者所管理的配售对象在证券公司开立的资金账户中最近一月末的资金余额还应不得低于其证券账户和资金账户最近一个月末总资产的 1‰，询价前资金余额不得低于其证券账户和资金账户总资产的 1‰。

首发证券项目通过累计投标询价确定发行价格的，网下投资者在询价和配售环节为配售对象填报的申购金额应符合前款规定。

第三十六条　提供有效报价的网下投资者，应按照公告要求在申购时间内进行申购。初步询价确定发行价格区间的，网下投资者应在发行价格区间内为提供有效报价的配售对象填报一个申购价格及申购数量，同一网下投资者全部报价中的不同申购价格不超过 3 个。配售对象填报的申购数量，不得低于初步询价时有效报价对应的拟申购数量。

第三十七条　网下投资者应当根据拟申购金额，预留充足的申购资金，确保能够按时足额缴付认购资金。配售对象应当按照公告要求的时间、使用在协会注册有效的银行账户办理认购资金划转。

配售对象用于网下申购的资金来源以及获配后持股数量等情况应当符合相关法律法规和监管规定的要求。

第四节　合规风控

第三十八条　网下投资者应根据配售对象的投资策略、投资范围和比例、风险承受能力、资金规模、锁定期限等因素确定其是否参与首发证券网下询价，审慎选择参与首发证券项目。

第三十九条　网下投资者应对其是否与项目发行人或主承销商存在相关规则规定的关联关系、报价与申购行为是否违反本规则规定以及公司内部制度要求等进行合规审查，确保业务开展合法合规。

第四十条　网下机构投资者在首发证券初步询价环节为配售对象填报拟申购数量前，应结合该配售对象询价前资产规模数据、当日确认的申购赎回等因素确保拟申购金额不超过配售对象总资产以及现金资产符合申购要求，并通过测算获配后单只产品和所有产品的持仓集中度、流动性受限资产占比等风控指标，确保其拟申购数量和未来持股情况符合法律法规及产品合同约定。

第五节　禁止性行为

第四十一条　网下投资者或其管理的配售对象在参与首发证券网下询价和配售业务时，不得存在下列行为：

（一）报送信息存在虚假记载、误导性陈述或者重大遗漏的；

（二）使用他人账户、多个账户报价的；

（三）委托他人开展首发证券网下询价和申购业务，经行政许可的除外；

（四）在询价结束前泄露本机构或本人报价，打听、收集、传播其他网下投资者报价，或者网下投资者之间协商报价的；

（五）与发行人或承销商串通报价的；

（六）利用内幕信息、未公开信息报价的；

（七）故意压低、抬高或者未审慎报价的；

（八）通过嵌套投资等方式虚增资产规模获取不正当利益的；

（九）接受发行人、承销商以及其他利益相关方提供的财务资助、补偿、回扣等；

（十）未合理确定拟申购数量，其拟申购数量及（或）获配后持股数量不符合相关法律法规或监管规定要求的；

（十一）未合理确定拟申购数量，其拟申购金额超过配售对象总资产的；

（十二）未履行报价评估和决策程序，及（或）无定价依据的；

（十三）网上网下同时申购的；

（十四）获配后未恪守限售期等相关承诺的；

（十五）未严格履行报价评估和决策程序，及（或）定价依据不充分的；

（十六）提供有效报价但未参与申购或未足额申购的；

（十七）未按时足额缴付认购资金的；

（十八）未及时进行展期导致申购或者缴款失败的；

（十九）向主承销商提交的资产规模报告等数据文件存在不准确、不完整或者不一致等情形的；

（二十）向协会提交的数据信息存在不准确、不完整或者不一致等情形的；

（二十一）其他以任何形式谋取或输送不正当利益或者不独立、不客观、不诚信、不廉洁等影响网下发行秩序的情形。

第四章　证券公司责任

第四十二条　证券公司应当建立网下投资者适当性管理制度，设定明确的网下投资者和配售对象推荐标准，建立审核决策机制、日常培训机制和定期复核机制，确保网下投资者和配售对象的甄选、确定和调整符合协会规定的基本条件以及公司内部规则和程序。

证券公司设定推荐网下投资者和配售对象的具体条件，应当包括但不限于投资交易经验、信用记录、定价能力、合规风控能力、风险承受能力、投资实力或资产管理实力、投资者教育培训时限、投资策略、产品性质等条件。

第四十三条　证券公司应对投资者是否符合推荐条件、注册填报信息、所推荐网下投资者申请注册的配售对象数量与其管理能力是否匹配等进行审慎核查，确保投资者提供的信息真实、准确、完整，所推荐的网下投资者和配售对象符合协会规定的基本条件和公司规定的推荐条件。

第四十四条　证券公司应当至少每半年开展一次网下投资者适当性自查，形成自查报告。证券公司发现推荐的网下投资者或其管理的配售对象存在以下情形之一的，应当及时向网下投资者进行书面提示，告知其未持续符合网下投资者适当性管理要求情况及后续拟采取措施，向协会报告并申请暂停或注销网下投资者或配售对象账户：

（一）网下投资者不再具有主体资格；

（二）网下投资者在最近十二个月内受到刑事处罚、因首发证券网下询价和配售业务重大违法违规行为被相关监管部门采取行政处罚、行政监管措施或者被相关自律组织采取纪律处分措施；

（三）网下投资者所管理的配售对象提前终止或者已到期清盘；

（四）网下投资者所管理的配售对象的产品类型、投资标的、投资策略、投研能力等与首发证券网下询价和配售业务不匹配；

（五）连续两个适当性自查期内，网下投资者的资产实力或其管理的配售对象的资产规模不满足协会规定的基本注册条件；

（六）网下投资者或其管理的配售对象连续两次未接受适当性自查，证券公司无法核实其是否符合适当性要求；

（七）其他不满足协会规定的基本注册条件或者证券公司认定的其他不符合适当性管理要求的情形。

协会在网下投资者自律管理过程中发现网下投资者或其管理的配售对象不符合前款规定的，应及时暂停或者注销该网下投资者或配售对象账户。

第四十五条　证券公司应采取有效措施开展网下投资者教育，充分揭示首发证券网下询价和配售业务风险，引导网下投资者依法合规参与首发证券网下询价和配售业务，告知其违反本规则的行为将被协会采取处理措施。

证券公司推荐的网下投资者被协会纳入关注名单、异常名单等名单管理，因不符合协会规定的基本条件或不具备网下投资者适当性被暂停或注销账户，或者发生违规行为被采取处理措施等情形，证券公司应及时将网下投资者或其管理的配售对象被采取措施情况告知网下投资者，并做好网下投资者教育和服务工作。

第四十六条　证券公司应当按照协会要求，为其经纪业务投资者及其托管的配售对象参与首发证券网下询价和配售业务出具资产规模报告等证明材料，并保证出具的证明材料真实、准确、完整。

第四十七条　担任首发证券项目主承销商的证券公司应当勤勉尽责，做好网下投资者核查、监测和风险提示等工作，对网下投资者是否存在禁止参与询价情形、拟申购金额是否超过配售对象总资产、现金资产金额是否符合申购要求等进行实质核查，对网下投资者是否存在本规则第四十一条所列禁止性行为进行监测，对网下申购和缴款等重要业务操作违规风险等进行提示。对于不符合要求的网下投资者，应当拒绝或剔除其报价，确保不向相关法律法规、监管规定以及自律规则禁止的对象配售证券。

第四十八条　担任首发证券项目主承销商的证券公司开展网下投资者资产规模核查，应在询价相关公告中明确资产规模核查的执行口径，对网下投资者资产规模报告数据和填报的资产规模数据进行比对，并对资产规模报告等证明文件的合法性和齐备性等进行核查：

（一）公募基金、社保基金、养老金、年金基金、保险资金、合格境外投资者证券投资账户、专业机构投资者自营投资账户等配售对象，拟申购金额不得超过最近一个月末产品资产规模报告中的总资产金额。配售对象成立时间不满一个月的，拟申购金额原则上不得超过询价首日前第五个交易日的产品资产规模报告中的总资产金额；

（二）证券期货经营机构私募资产管理计划、保险资产管理产品、私募证券投资基金等配售对象，拟申购金额原则上不得超过托管机构出具的最近一个月末产品资产规模报告中的总资产金额；

（三）一般机构投资者和个人投资者管理的配售对象，拟申购金额原则上不得超过证券公司出具的最近一个月末资产规模报告中的总资产金额（证券账户和资金账户合计金额），其中资金账户资金余额应不低于总资产的1‰。主承销商可以根据市场情况，提高前述账户现金资产的比例要求。

第四十九条 证券公司应切实履行信息报送责任，按要求做好核查、询价、配售、监测等信息报送工作，确保报送信息真实、准确、完整、及时。

配售对象资产规模等信息，证券公司应于首发证券上市之日起十个交易日内向协会报送；证券公司发现网下投资者存在本规则第四十一条第（十三）项、第（十六）项至第（十八）项规定情形的，应分别于申购日和缴款日的次日前向协会报告；发现网下投资者存在本规则第四十一条第（十九）项规定情形的，应于询价日的次日前向协会报告；发现网下投资者存在其他违反本规则规定情形的，应于发现之日的次日前向协会报告。

第五章　自律管理

第一节　措施类型

第五十条 协会可以采取的工作措施包括：

（一）发送监管工作函；

（二）约谈；

（三）要求回应；

（四）要求作出声明；

（五）列入网下投资者关注名单；

（六）列入网下投资者异常名单；

（七）临时暂停网下投资者或配售对象账户；

（八）其他工作措施。

第五十一条 协会可以采取的自律管理措施包括：

（一）谈话提醒；

（二）要求提交承诺；

（三）要求参加合规教育；

（四）不得参与网下询价和配售业务一个月至十二个月；

（五）警示；

（六）责令改正；

（七）责令所在机构给予处理；

（八）责令进行合规检查；

（九）暂停新增配售对象注册；

（十）列入网下投资者或配售对象限制名单一个月至三十六个月；

（十一）不接受网下投资者或配售对象注册一个月至三十六个月；

（十二）不接受网下投资者或配售对象推荐注册一个月至三十六个月；

（十三）其他自律管理措施。

前款第（一）项至第（四）项列举的自律管理措施为非书面自律管理措施，第（五）项至第（十二）项列举的自律管理措施为书面自律管理措施。

第五十二条　协会可以采取的纪律处分措施包括：

（一）行业内告诫；

（二）公开谴责；

（三）协会规定的其他纪律处分措施。

本规则所称自律管理措施和纪律处分措施为协会自律措施。

协会工作措施和自律措施可以单独或者合并适用。

第二节　违规行为处理

第五十三条　网下投资者或其管理的配售对象不符合本规则规定的基本条件，提供的注册信息和资料存在虚假记载、误导性陈述或重大遗漏等情形，协会将该网下投资者或其管理的配售对象予以注销，并可视情节轻重，同时采取不接受网下投资者或配售对象注册十二个月至三十六个月、行业内告诫、公开谴责等自律措施。

第五十四条　网下投资者或其管理的配售对象出现本规则第四十一条第（一）项至第（十四）项规定情形的，协会采取以下自律措施：

（一）网下投资者所管理的配售对象一个年度内出现上述情形一次的，协会将该配售对象列入配售对象限制名单六个月并在协会网站公告；出现上述情形两次的，协会将该配售对象列入配售对象限制名单十二个月并在协会网站公告；出现上述情形三次（含）以上的，协会将该配售对象列入配售对象限制名单三十六个月并在协会网站公告；

（二）网下投资者一个年度内出现上述情形一次的，协会将该网下投资者列入网下投资者限制名单六个月并在协会网站公告；出现上述情形两次的，协会将该网下投资者列入网下投资者限制名单十二个月并在协会网站公告；出现上述情形三次（含）以上的，协会将该网下投资者列入网下投资者限制名单三十六个月并在协会网站公告。

第五十五条　网下投资者或其管理的配售对象出现本规则第四十一条第（十五）项至第（十七）项规定情形，且未造成明显不良影响或后果的，协会采取以下自律措施：

（一）网下投资者所管理的配售对象一个年度内出现上述情形一次的，该网下投资者应在规定时间内参加合规教育并提交合规承诺；出现上述情形两次的，协会将该配售对象列入配售对象限制名单六个月并在协会网站公告；出现上述情形三次（含）以上的，协会将该配售对象列入配售对象限制名单十二个月至三十六个月并在协会网站公告；

（二）网下投资者一个年度内出现上述情形一次的，该网下投资者应在规定时间内参加合规教育并提交合规承诺；出现上述情形两次的，协会将该网下投资者列入网下投资者限制名单六个月并在协会网站公告；出现上述情形三次（含）以上的，协会将该网下投资者列入网下投资者限制名单十二个月至三十六个月并在协会网站公告。

未在规定时间内完成合规教育或提交合规承诺，或有关违规行为造成明显不良影响或后果的，协会可视情节轻重，采取警示、责令改正、列入网下投资者或配售对象限制名单等自律措施。

因不可抗力或者托管机构、银行、证券公司等第三方业务机构过失导致发生违规情形，网下投资者或其管理的配售对象自身没有责任，且能够提供有效证明材料的，可向协会申请免责处理。

第五十六条　网下投资者或其管理的配售对象出现本规则第四十一条第（十八）项至第（二十）项规定情形的，协会采取以下自律措施：

（一）网下投资者所管理的配售对象一个年度内出现上述情形一次的，该网下投资者应在规定时间内参加合规教育并提交合规承诺；出现上述情形两次的，协会向其发送监管工作函，同时该配售对象不得参与网下询价和配售业务六个月；出现上述情形三次（含）以上的，协会将该配售对象列入配售对象限制名单六个月至十二个月并在协会网站公告；

（二）网下投资者一个年度内出现上述情形一次的，该网下投资者应在规定时间内参加合规教育并提交合规承诺；出现上述情形两次的，协会向其发送监管工作函，同时该网下投资者不得参与网下询价和配售业务六个月；出现上述情形三次（含）以上的，协会将该网下投资者列入网下投资者限制名单六个月至十二个月并在协会网站公告。

因不可抗力或者托管机构、银行、证券公司等第三方业务机构过失导致发生违规情形，网下投资者或其管理的配售对象自身没有责任，且能够提供有效证明材料的，可向协会申请免责处理。

第五十七条　网下投资者或其管理的配售对象在证券交易所各市场板块相关项目的违规次数合并计算。

配售对象被列入限制名单期间，该配售对象不得参与证券交易所各市场板块相关项目的网下询价和配售业务。

网下投资者被列入限制名单期间，其所管理的配售对象均不得参与证券交易所各市场板块相关项目的网下询价和配售业务。

第五十八条　网下投资者及其管理的配售对象、工作人员，证券公司及其工作人员违反本规则的有关规定，协会可综合考量市场情况、违规性质、危害后果、社会影响、过错程度等主客观因素采取工作措施或者自律措施，并可对违规主体从轻、减轻、从重或者加重采取处理措施。

违规情节显著轻微，未造成明显不良影响，且积极有效整改的，协会可从轻或者减轻采取处理措施。

存在下列情形之一的，协会从重或者加重采取处理措施：

（一）拒不配合案件调查或者自律检查，不如实提供相关材料，篡改、伪造、隐匿、毁灭证据材料的；

（二）对投诉人、举报人、调查人员、检查人员等进行威胁恐吓、打击报复的；

（三）拒不整改或者敷衍整改、虚假整改的；

（四）造成较大不良影响的；

（五）多次发生违规行为的；

（六）协会认定的其他情形。

第五十九条　协会可根据网下投资者或其管理的配售对象参与首发证券网下询价和配售业务日常监测情况，对其进行口头或书面风险提示。

网下投资者或其管理的配售对象违规行为可能对市场产生重大不利影响，为防止不利影响的发生，协会可对其采取临时暂停网下投资者或配售对象账户等工作措施并通知网下投资者。

第六十条　证券公司违反本规则第四十二条至第四十九条等条款规定，协会将视情节轻重，采取发送监管工作函、约谈、要求回应、作出声明等工作措施，或者谈话提醒、要求提交承诺、要求参加合规教育、警示、责令改正、责令进行合规检查、一定期限内不接受网下投资者或配售对象推荐注册等自律措施。

证券公司工作人员违反本规则第四十二条至第四十九条等条款规定，协会将视情节轻重，采取发送监管工作函、约谈、要求回应、作出声明等工作措施，或者谈话提醒、要求提交承诺、要求参加合规教育、警示、责令改正、责令所在机构给予处理等自律措施。

第六十一条　网下投资者、证券公司及其工作人员在发行承销业务或者询价配售过程中涉嫌违法违规的，协会将相关线索移交中国证监会查处，涉嫌构成犯罪的，移交司法机关依法追究刑事责任。

第三节　实施程序

第六十二条　违规线索来源包括但不限于：

（一）证券公司根据本规则第四十九条的有关规定，向协会报送的违规线索；

（二）协会在自律管理工作中发现的违规线索；

（三）协会受理的相关投诉、举报；

（四）中国证监会或者证券交易所等相关单位向协会移交的违规线索；

（五）其他违规线索来源。

前款第（一）项和第（四）项列举的违规线索来源，协会审核通过或者接收移交即视为立案。

前款第（二）项、第（三）项以及第（五）项列举的违规线索来源，经协会负责人批准后予以立案。

第六十三条 网下投资者及其管理的配售对象、工作人员，证券公司及其工作人员违反本规则规定的案件适用特别程序，由协会网下投资者自律管理部门负责案件的调查和初审。特别程序审理的案件不适用听证程序。

网下投资者自律管理部门应自立案之日起三十个工作日内完成案件调查、形成初审意见并提交审批。网下投资者自律管理部门办理案件，可由一名工作人员独立完成案件的非现场调查，并可由一名工作人员独任审理。同一案件的调查人员和审理人员不得相互兼任。

第六十四条 案件经初审拟采取纪律处分措施的，由协会自律处分与内审专业委员会（以下简称自律处分委员会）进行复审。

网下投资者自律管理部门应自立案之日起三十个工作日内完成案件调查、形成初审意见并提交自律处分委员会复审。

自律处分委员会应自收到案件初审报告及相关材料之日起三十个工作日内完成复审并提交审批。

自律处分委员会复审程序参照《中国证券业协会自律措施实施办法》（以下简称《自律措施实施办法》）等有关规定实施。

第六十五条 案件经审理拟采取纪律处分措施的，提交协会负责人审批后，应向当事人送达自律措施意向告知书；拟采取工作措施或者自律管理措施的，可根据实际需要予以事先告知。

当事人可自收到事先告知书之日起五个工作日内提交书面陈述申辩意见。协会收到陈述申辩意见后，审理人员应在十个工作日内审核完毕，提出是否采纳的意见和理由。

当事人未在规定时间内提交陈述申辩意见的，视为放弃相关权利，并对协会拟采取的处理措施无异议。

自律措施意向告知或事先告知、当事人陈述申辩意见审核时间等不计入案件调查、审理期限。

第六十六条 案件经审理并完成事先告知程序（如有）后，拟采取工作措施或作出自律管理措施决定的，应提交协会负责人审批；拟作出纪律处分措施决定的，原则上应提交协会会长办公会集体讨论决定。

案件审理结束，协会通过发送工作通知、监管工作函、发布公告或发送自律措施决定书等方式，将处理决定送达当事人。

第六十七条 当事人对协会采取的自律措施决定不服的，可在协会发布相关公告或收到自律措施决定书后的五个工作日内书面申请复核。复核申请书应当有明确的请求、事实和理由。

网下投资者自律管理部门原则上应自收到复核申请之日起十五个工作日内进行复核、形成复核意见并提交审批。网下投资者自律管理部门可指定一名工作人员独立完成案件复核工作，复核人员不得由同一案件的调查人员或审理人员兼任。

采取纪律处分措施的案件由自律处分委员会进行复核。自律处分委员会应自复核申请受理之日起三十个工作日内完成复核并提交审批。自律处分委员会复核程序参照《自律措施实施办法》等有关规定实施。

协会通过自律复核决定书等方式，将复核结果送达当事人。

第六十八条 案件情况复杂或有其他客观原因确需延长调查、审理或复核等期限的，经协会负责人批准，可予以适当延长。

网下投资者或其工作人员、证券公司或其工作人员、投诉人或者举报人等补充说明或提供证明材料的时间不计入案件的调查、审理、复核等期限。

第六十九条 协会可根据自律管理工作需要，对网下投资者、证券公司及其工作人员开展首发证券网下询价和配售业务等情况进行现场或非现场自律检查。自律检查可采取以下方式：

（一）要求检查对象进行自查或者作出书面说明、承诺；

（二）进入检查对象办公场所或者营业场所进行检查；

（三）要求提供与检查事项有关的制度、文件和资料，查看与检查事项有关的信息系统等；

（四）通过发送问询函或者直接询问相关工作人员等方式，要求对检查事项作出说明；

（五）查阅、复制与检查事项有关的制度、文件、资料，或者进行录音、录像等；

（六）其他合法方式。

网下投资者、证券公司及其工作人员应当配合协会自律检查，不得以任何理由拒绝、拖延或者提供不真实、不准确、不完整的资料。

第七十条 协会可通过邮寄、传真、公告、电子系统、即时通讯工具等方式送达工作通知、监管工作函、自律措施意向告知书、自律措施决定书、自律复核决定书、自律检查通知书及其他相关文件。

送达对象为网下投资者的，协会可通过其参与首发证券项目的主承销商或者推荐其注册的证券公司送达。送达对象为网下投资者或证券公司工作人员的，协会可通过网下投资者或者证券公司送达。证券公司、网下投资者等相关主体应当及时向送达对象进行送达并取得送达回执。

向送达对象进行电子送达的，送达信息到达送达对象常用或预留的电子邮箱、即时通讯账号等电子地址所在系统时即为完成送达，送达对象事先明确提出相关电子地址无法接收的除外。电子送达相关证明可以作为送达回执。

第六章 附 则

第七十一条 本规则实施前已注册的网下投资者及其管理的配售对象，可按原业务权限依照本规则规定参与首发证券网下询价和配售业务。

第七十二条 本规则由协会负责解释，并自发布之日起施行。《首次公开发行股票网下投资者管理细则》（中证协发〔2018〕142号）、《注册制下首次公开发行股票网下投资者管理规则》（中证协发〔2021〕212号）、《关于首次公开发行股票网下投资者自律规则相关条款说明的通知》（中证协发〔2020〕223号）同时废止。

附表1：

首发证券网下投资者注册文件明细表

网下投资者资质证明文件	
机构投资者	
1	工商营业执照副本
2	经营金融业务许可证/私募基金管理人备案证明（如适用）/期货资产管理子公司登记证明（如适用）/自有资金具备A股投资资格证明等（如适用）
3	网下投资者须知及承诺函
4	首发证券研究和投资人员相关证明材料
5	首发证券合规管理人员相关证明材料
6	参与首发证券网下询价和配售业务制度
7	最近资本市场违法违规失信记录以及中国执行信息公开网信用信息查询证明
8	首次交易日期查询记录（中国结算，如适用）
9	证券公司出具的网下投资者证券投资经验其他证明材料
10	证券公司出具的网下投资者风险承受能力等级的证明材料（一般机构投资者）
11	托管人出具最近两季度末管理产品总规模10亿元（含）以上证明（私募基金管理人、期货资产管理子公司适用）
12	最近三年管理的产品中至少有一只存续期两年（含）以上的产品证明（私募基金管理人、期货资产管理子公司适用）

续表

13	证券公司关于网下投资者符合推荐注册条件的情况说明及核查材料清单（推荐投资者适用）		
个人投资者			
1	身份证明文件复印件（中国居民身份证、港澳居民往来内地通行证、台湾居民往来大陆通行证、外国人永久居留证）		
2	网下投资者须知及承诺函		
3	最近资本市场违法违规失信记录以及中国执行信息公开网信用信息查询证明		
4	首次交易日期查询记录（中国结算）		
5	证券公司出具的网下投资者证券投资经验其他证明材料		
6	证券公司出具的网下投资者风险承受能力等级的证明材料		
7	证券公司关于网下投资者符合推荐注册条件的情况说明及核查材料清单		
配售对象资质证明文件			
1	以公开募集方式设立的证券投资基金产品	1	产品募集设立批复
		2	产品备案确认函
		3	产品合同
		4	证券账户证明
2	全国社会保障基金	1	社保基金组合资产规模说明函
		2	社保基金组合投资管理合同
		3	证券账户证明
3	基本养老保险基金	1	基本养老保险基金投资组合设立确认函
		2	基本养老保险基金投资组合资产规模说明函
		3	基本养老保险基金投资管理合同
		4	证券账户证明
4	年金基金	1	年金确认函复印件
		2	年金计划资产规模说明函
		3	年金计划投资管理合同
		4	证券账户证明
5	保险资金证券投资账户	1	保险产品的批复或备案回执（如适用）
		2	保险资金账户资产规模说明函
		3	委托代理合同（属于受托代理投资业务）
		4	证券账户证明

续表

6	合格境外投资者管理的证券投资账户（QFII/RQFII）	1	投资账户资产规模说明函
		2	证券账户证明
		3	委托代理合同（属于受托代理投资业务）
7	保险资管产品	1	保险资管产品注册登记证明文件
		2	符合配售对象注册条件的情况说明
		3	证券账户证明
		4	资产管理产品合同复印件
		5	产品托管人出具的最近一月末的资产估值报告
		6	主要投资策略、投资标的和比例、投资方式等情况说明
		7	产品投资经理投资管理经验的情况说明
		8	出资方信息表
8	证券期货经营机构私募资产管理计划（含QDII）	1	私募资产管理计划备案证明
		2	符合配售对象注册条件的情况说明/证券公司关于配售对象符合推荐注册条件的情况说明（推荐投资者适用）
		3	证券账户证明
		4	产品合同复印件
		5	产品托管人出具的最近一月末的资产估值报告
		6	主要投资策略投资标的和比例、投资方式等情况说明
		7	产品投资经理投资管理经验的情况说明
		8	出资方信息表
9	私募证券投资基金	1	私募投资基金备案证明
		2	证券公司关于配售对象符合推荐注册条件的情况说明
		3	产品合同复印件
		4	证券账户证明
		5	产品托管人出具的最近一月末的资产估值报告
		6	主要投资策略投资标的和比例、投资方式等情况说明
		7	产品投资经理投资管理经验的情况说明
		8	出资方信息表

续表

10	机构投资者的自营账户	1	首次交易日期查询记录（中国结算）
		2	证券账户证明
		3	符合配售对象注册条件的情况说明/证券公司关于配售对象符合推荐注册条件的情况说明（推荐投资者适用）
		4	最近一月末的证券账户对账单及相关证明材料
11	个人投资者自有资金投资账户	1	首次交易日期查询记录（中国结算）
		2	证券账户证明
		3	证券公司关于配售对象符合推荐注册条件的情况说明
		4	最近一月末的证券账户对账单及相关证明材料

附表2：

网下投资者及配售对象信息变更材料表

网下投资者信息变更材料	
机构投资者	
机构名称变更	工商营业执照复印件、行业主管部门的批复或备案证明（如有）（提示：名称变更需同步变更证券账户名称、银行卡名称、卡号等信息）
新增板块权限	拟申请新增板块要求的材料（补充产品总规模、产品存续期证明等）
推荐券商变更（适用于推荐类机构投资者）	与新增注册材料一致
联系方式变更	/
个人投资者	
姓名、身份证明变更	身份证或其他身份证明文件复印件（提示：个人投资者名称变更需同步变更证券账户名称、银行卡名称、卡号等信息）
推荐券商变更	与新增注册材料一致
联系方式变更	/
配售对象信息变更材料	
配售对象名称变更	配售对象名称变更证明、行业主管部门的批复或备案证明（如有）、证券账户资料变更办理确认单
股东账户信息变更（包括名称变更与账户号码变更）	证券账户资料变更办理确认单
银行账户变更	银行账户变更证明（如有）
配售对象产品类型变更	投资管理合同或其他相关说明材料

续表

配售对象期限变更	修订、续签的投资管理合同或补充协议（附带展期条款），或关于临时展期的说明文件
新增板块权限	拟申请新增板块要求的材料（产品估值表等）
推荐券商变更（适用于推荐类投资者管理的配售对象）	与新增注册材料一致
注：若有在途项目，请避免对投资者及配售对象进行关键信息变更。	

附表 3:

证券公司关于网下投资者符合推荐注册条件核查材料清单

网下投资者推荐注册条件情况		
机构投资者		
序号	基本条件	符合情况
1	具备丰富的上海市场和深圳市场证券投资交易经验，应依法设立、持续经营时间达到两年（含）以上，从事证券交易时间达到两年（含）以上，且具有上海市场和深圳市场证券交易记录。	是 □ 否 □
2	具有良好的信用记录，最近十二个月未受到刑事处罚、未因重大违法违规行为被相关监管部门采取行政处罚、行政监管措施或者被相关自律组织采取纪律处分措施，最近三十六个月内被相关自律组织采取书面自律管理措施不满三次。（投资者能够证明所受处罚业务与证券投资业务、受托投资管理业务互相隔离的除外）	是 □ 否 □
3	具备专业证券研究定价能力，具有科学合理的估值定价模型、完善的定价决策制度，能够自主作出投资决策。从事首发证券研究和投资的人员应具备两年（含）以上权益类资产研究或权益类、混合类产品投资管理经验。	是 □ 否 □
4	具备必要的合规风控能力，依法合规展业。参与首发证券询价和配售业务纳入整体合规风控体系，并指定专门人员加强合规管理和风险控制。	是 □ 否 □
5	首发证券网下询价和配售业务合规管理人员应具备两年（含）以上金融合规管理工作经验，并具备法律、金融等相关专业本科以上学历或通过国家统一法律职业资格考试。	是 □ 否 □
6	具备较强的风险承受能力，能够独立承担投资风险。一般机构投资者的风险承受能力等级应为 C4 级（含）以上。	是 □ 否 □
7	具有开展首发证券网下询价和配售业务独立性，能够独立开展首发证券研究定价、网下询价与申购业务。	是 □ 否 □

续表

8	建立首发证券研究机制、研究报告撰写和审批机制，坚持科学、独立、客观、审慎的原则开展首发证券研究和研究报告撰写工作，采用严谨的研究方法和分析逻辑，建立必要的估值定价模型，对发行人投资价值等进行深入分析，基于合理的数据基础和事实依据撰写首发证券研究报告，审慎提出研究结论，合理确定首发证券价格或价格区间，并严格履行研究报告审批机制。	是 □ 否 □
9	建立健全必要的投资决策机制，通过严格履行决策程序确定最终报价。	是 □ 否 □
10	制定完善的合规管理制度，对参与首发证券网下询价和配售业务情况进行合规审查，对是否与项目发行人或主承销商存在相关规则规定的关联关系、报价与申购行为等是否合规进行审查，并定期或不定期进行合规检查，确保业务开展合法合规。	是 □ 否 □
11	制定完善的风险管理制度，对业务各环节可能出现的风险进行监测、分析和识别，并采取必要的风险控制措施，及时有效防范化解风险，确保业务风险可测、可控、可承受。	是 □ 否 □
12	制定完备的专项业务操作流程，明确操作程序、岗位职责与权限分工。报价、申购、缴款等重要操作环节应设置 A、B 角和复核机制。	是 □ 否 □
13	制定申购资金划付审批程序，根据申购计划安排足额的备付资金，确保资金在规定时间内划入结算银行账户。	是 □ 否 □
14	加强工作人员管理，规范相关工作人员的执业行为，避免在开展业务过程中发生谋取或输送不正当利益的行为。建立健全业务培训机制，定期或不定期组织开展有针对性的业务培训，持续提升工作人员的执业水平。	是 □ 否 □
15	建立完善的通讯工具管控制度，询价当天交易时间对研究、投资、决策、交易等报价知悉人员的通讯设备、通讯软件等进行统一管控，避免泄露价格信息，确保相关工作人员在询价过程中独立、客观。	是 □ 否 □
16	建立完善的工作底稿存档制度，将参与首发证券网下询价和配售业务相关工作底稿存档备查。	是 □ 否 □
17	符合监管部门和协会要求的其他条件。	是 □ 否 □
个人投资者		
序号	基本条件	符合情况
1	中国公民或者具有中国永久居留资格的外国人。	是 □ 否 □
2	具备丰富的上海市场和深圳市场证券投资交易经验，包括但不限于投资者从事证券交易时间达到五年（含）以上，且具有上海市场和深圳市场证券交易记录，最近三年持有的从证券二级市场买入的非限售股票和非限售存托凭证中，至少有一只持有时间连续达到 180 天（含）以上。	是 □ 否 □

续表

3	具有良好的信用记录，最近十二个月未受到刑事处罚、未因重大违法违规行为被相关监管部门采取行政处罚、行政监管措施或者被相关自律组织采取纪律处分措施，最近三十六个月内被相关自律组织采取书面自律管理措施不满三次。	是 □ 否 □
4	具备专业证券研究定价能力，应具有科学合理的估值定价方法，能够自主作出投资决策。	是 □ 否 □
5	具备较强的风险承受能力，能够独立承担投资风险。风险承受能力等级应为C4级（含）以上。	是 □ 否 □
6	具有开展首发证券网下询价和配售业务独立性，能够独立开展首发证券的研究定价、网下询价和申购业务。	是 □ 否 □
7	符合监管部门和协会要求的其他条件。	是 □ 否 □

网下投资者推荐注册配售对象条件情况		
网下投资者自营投资账户注册配售对象		
序号	基本条件	符合情况
1	具备一定的投资实力，从上海证券交易所和深圳证券交易所二级市场买入的非限售股票和非限售存托凭证截至最近一个月末总市值不低于6000万元。	是 □ 否 □

网下投资者管理证券投资产品注册配售对象		
序号	基本条件	符合情况
1	应为金融机构权益类和混合类资产管理产品；权益类和混合类私募证券投资基金，且其直接投资于非公开募集的金融机构资产管理产品和私募投资基金的资产不得超过20%。	是 □ 否 □
2	依法完成产品的注册、登记、备案手续以及份额销售、托管等事宜。私募证券投资基金应当委托第三方托管机构独立托管基金资产。	是 □ 否 □
3	具备一定的资产管理实力，从上海证券交易所和深圳证券交易所二级市场买入的非限售股票和非限售存托凭证截至最近一个月末总市值不低于6000万元。	是 □ 否 □
4	产品投资经理应具备两年（含）以上权益类资产研究或权益类、混合类产品投资管理经验。	是 □ 否 □
5	申请注册的配售对象不为信托资产管理产品，也不以博取证券一、二级市场差价为主要投资目的参与首发证券网下询价和配售业务。	是 □ 否 □

附表 4：

网下配售对象资产规模报告范本

编号	网下投资者全称	配售对象全称	在中国证券业协会注册的配售对象代码	托管机构全称（如有）	估值/资产日期（举例：20210831）	最近一月末账户估值表总资产金额①②③④	最近一月末资金账户资金余额（一般机构和个人适用）⑤
1							
2							
3							
...							

出具机构盖章：　　　　　　　　　机构投资者盖章：

　　　　　　　　　　　　　　　　个人投资者签字：

经办人：　　　　　　　　　　　　经办人：

复核人：　　　　　　　　　　　　复核人：

联系电话：　　　　　　　　　　　联系电话：

日期：　　　　　　　　　　　　　日期：

填报说明：

（一）公募基金、全国社会保障基金、基本养老保险基金、年金基金、保险资金证券投资账户、合格境外投资者证券投资账户等配售对象，应由网下投资者自行出具资产规模报告并加盖公章，或者由托管机构出具资产规模报告并加盖估值或托管业务专用章。

①出具机构原则上应填写最近一月末（最后一个自然日）配售对象账户的资产估值表中总资产金额，单位（元），精确至小数点后 2 位，金额添加千位分隔符。配售对象账户成立时间不满一个月的，出具机构原则上应填写询价首日前第五个交易日配售对象账户资产估值表中总资产金额。示例 8,125,254,000.00。

（二）专业机构投资者自营投资账户类配售对象，应由网下投资者自行出具资产规模报告并加盖公章。

②出具机构原则上应填写最近一月末（最后一个自然日）配售对象证券账户和资金账户中的总资产金额，单位（元），精确至小数点后 2 位，金额添加千位分隔符。示例 8,125,254,000.00。

（三）证券期货经营机构私募资产管理计划、保险资管产品、私募证券投资基金等配售对象，应由托管机构出具资产规模报告并加盖估值或者托管业务专用章。如银行等托管机构无法出具资产规模报告，应由托管机构出具基金估值表并加盖估值或者托管业务专用章，以及网下投资者自行出具资产规模报告并加盖公章，**基金估值表和资产规模报告数据应保持一致**。

③出具机构原则上应填写最近一月末（最后一个自然日）配售对象账户的资产估值表中总资产金额，单位（元），精确至小数点后 2 位，金额添加千位分隔符。示例 8,125,254,000.00。

（四）一般机构投资者和个人投资者的投资账户，应由证券公司出具资产规模报告并加盖证券公司分支机构业务专用章（包括但不限于柜台业务专用章）。

④证券公司原则上应填写最近一月末（最后一个自然日）配售对象证券账户和资金账户中的总资产金额，单位（元），精确至小数点后2位，金额添加千位分隔符。示例8,125,254,000.00。

⑤证券公司原则上应填写最近一月末（最后一个自然日）配售对象资金账户中资金余额，单位（元），精确至小数点后2位，金额添加千位分隔符。示例8,125,254,000.00。

（五）资产规模报告填写内容须清晰打印，不得手写、不得涂改。

附表5：

网下投资者须知及承诺函（范本）

一、网下投资者在参与首发证券网下询价和申购业务前，应认真阅读《首次公开发行证券网下投资者管理规则》及其他相关业务规则、操作指引，熟悉相关操作流程。

二、网下投资者应确保在协会注册的信息真实、准确、完整。在参与网下询价和申购期间，不得随意变更名称、银行账户、证券账户等信息，否则可能造成无法申购或缴款。

三、机构投资者应当建立完善的内控制度和专项业务操作流程，主要操作环节应设置A、B角，重要操作环节设置复核机制，避免因操作失误造成违规。

四、网下投资者或其管理的配售对象不符合《首次公开发行证券网下投资者管理规则》规定的基本条件，提供的信息和资料存在虚假记载、误导性陈述或重大遗漏等情形的，协会将按照《首次公开发行证券网下投资者管理规则》有关规定采取自律措施。

五、网下投资者在参与首发证券网下询价和申购业务中违反《首次公开发行证券网下投资者管理规则》有关规定的，协会按照有关规定采取自律措施。

六、网下投资者或配售对象在证券交易所各市场板块相关项目的违规次数合并计算。配售对象被列入限制名单期间，不得参与证券交易所各市场板块相关项目的网下询价和配售业务。网下投资者被列入限制名单期间，所管理的配售对象均不得参与证券交易所各市场板块相关项目的网下询价和配售业务。

本机构（本人）自愿参与首次公开发行证券网下询价和网下申购业务，并作出以下承诺：

1、已认真阅读并理解《网下投资者须知》相关内容。

2、已对相关法律、法规、规章及《首次公开发行证券网下投资者管理规则》等自律规则的规定进行了深入学习，并自觉遵守法律、法规、规章及《首次公开发行证券网下投资者管理规则》等自律规则的要求；

3、符合《首次公开发行证券网下投资者管理规则》规定的基本条件，相关注册文件和证明资料真实、准确、完整；

4、以专业知识和投资经验为基础参与首发证券询价和网下申购业务，坚持合规、专业、独立、客观、审慎、诚信等原则；

5、自愿接受中国证券业协会的自律管理，积极配合中国证券业协会就首发证券网下询价和申购业务有关事宜进行的调查、检查，并接受中国证券业协会的自律处罚决定。

如违反上述承诺，愿意承担由此引起的相关责任，并接受相关处罚。

特此承诺！

承诺人：

签字／签章：

日期：

首次公开发行证券网下投资者分类评价和管理指引

第一章　总则

第一条　为加强首次公开发行证券（以下简称首发证券）网下投资者管理，引导网下投资者发挥专业能力，进一步规范网下投资者报价行为，维护首发证券发行秩序，构建优胜劣汰的网下投资者生态环境，根据《证券发行与承销管理办法》《首次公开发行证券网下投资者管理规则》（以下简称《管理规则》）等相关法律法规、监管规定和自律规则，制定本指引。

第二条　首发证券网下投资者分类评价和管理相关工作适用本指引。本指引未作规定的，适用《管理规则》及其他业务规则的规定。

第三条　网下投资者分类评价和管理是指中国证券业协会（以下简称协会）建立网下投资者跟踪分析机制，根据网下投资者参与首发证券网下询价和配售业务的合规性、专业性、独立性、审慎性，在网下投资者分类评价的基础上，对网下投资者采取差异化的自律管理方式加强管理。

第四条　协会根据本指引对网下投资者进行分类评价，发布网下投资者关注名单、异常名单、限制名单、精选名单，并对不同名单投资者采取相应的自律管理方式。

第二章　关注名单

第五条　存在下列情形之一的，网下投资者被列入关注名单：

（一）监测期内参与询价的项目中，最终报价超出定价依据给出的建议价格区间的项目数量达到三个（含）以上，或与定价依据给出的建议价格不符的项目数量达到三个（含）以上；

（二）监测期内参与询价的项目中，报价后修改报价的项目数量达到三个（含）以上，或同一个项目改价次数达到三次（含）以上；

（三）监测期内参与询价的项目，报价与其他部分投资者报价一致性显著较高；

（四）监测期内参与询价的项目，报价偏离"四个值"孰低值程度显著较高；

（五）网下投资者的报价行为或报价结果引发负面舆情关注，对首发证券网下发行秩序造成一定不良影响；

（六）其他可能存在报价不专业、不独立、不审慎以及可能影响发行秩序的情形。

协会会同证券交易所，共同确定网下投资者报价一致性显著较高、报价偏离"四个值"孰低值程度显著较高的认定标准和投资者比例，并根据市场情况进行适时调整。

第六条　协会以两个月为一个监测期，根据证券交易所定期提供的监测结果、协会舆情监测线索等，形成网下投资者关注名单，并通过网下投资者管理系统予以发布，有效期为两个月。

第七条　网下投资者应自被列入关注名单之日起 10 个工作日内，通过网下投资者管理系统向协会提交自查报告，对自身参与首发证券网下询价和配售业务的合规性、专业性、独立性、审慎性等方面情况进行自查，并重点对被列入关注名单的原因进行说明。

第八条　被列入关注名单期间，网下投资者未再次发生第五条所列情形的，关注名单期限届满时，协会将其移出关注名单。

第三章　异常名单

第九条　存在下列异常情形之一的，网下投资者被列入异常名单：

（一）连续两次进入关注名单，或一个年度内累计进入关注名单三次（含）以上的；

（二）未按照本指引的有关规定或协会相关要求按时提交自查报告、整改报告等材料，或报送的信息、材料不真实、不准确、不完整的；

（三）未按照要求配合监管部门、行业自律组织开展监督检查，或存在其他明显异常行为的情形。

第十条　协会根据关注名单情况，定期将相关网下投资者列入异常名单，并将存在其他异常情形的网下投资者及时列入异常名单。异常名单通过协会网站予以发布，有效期为两个月。

第十一条　网下投资者应自被列入异常名单之日起 10 个工作日内，通过网下投资者管理系统向协会报送整改报告，认真查找自身出现异常情形的原因，并制定有针对性的整改措施进行整改。

首发证券项目的发行人和主承销商，在网下询价中不得接受被列入异常名单的网下投资者报价，也不得向被列入异常名单的网下投资者配售证券。

第十二条　被列入异常名单的网下投资者，协会和证券交易所等相关单位可将其作为重点监管对象，通过增加抽查或检查频次等方式加强监督管理。

第十三条　被列入异常名单期间，网下投资者采取有效措施积极整改，异常名单期限届满时，协会将其移出异常名单。

第四章　限制名单

第十四条　网下投资者违反《管理规则》的有关规定且情节严重的，协会将网下投资者列入限制名单。限制名单通过协会网站予以发布。

网下投资者在证券交易所各市场板块相关项目的违规次数合并计算。协会可视违规情节轻重，对网下投资者从轻、减轻、从重或者加重处理。

第十五条　被列入限制名单期间，网下投资者所管理的配售对象均不得参与证券交易所各市场板块相关项目的网下询价和配售业务。

第十六条　被列入限制名单期限届满后，网下投资者拟继续参与首发证券网下询价和配售业务的，应按照注册程序向协会提交注册申请，并符合网下投资者注册条件。

第五章　精选名单

第十七条　符合下列条件的专业机构网下投资者，可申请进入精选名单：

（一）最近连续两个季度偏股类主动管理型资产管理规模或二级市场股票持仓规模应达到300亿元（含）以上；

（二）具有两年以上研究经验的权益类研究人员以及权益类基金经理、投资经理数量，应合计达到30人（含）以上；

（三）最近十二个月内，网下投资者未因首发证券网下询价和配售业务违法违规行为被采取行政处罚、行政监管措施或证券交易所、行业自律组织的纪律处分、书面自律管理措施，未被列入异常名单或者被列入关注名单不满两次，所管理的配售对象未被列入配售对象限制名单；

（四）协会要求的其他条件。

第十八条　协会每年定期组织开展网下投资者精选名单申报工作。符合本指引第十七条规定条件的网下投资者可按照自愿原则申请进入精选名单。精选名单有效期为十二个月。

第十九条　申请进入精选名单的网下投资者，应按照协会的要求提交申请材料，并提交承诺函，保证申请材料真实、准确、完整。

申请材料包括公司基本情况介绍、最近一年经审计的年度报告、最近一年参与首发证券网下询价和配售业务基本情况、公司投研人员配置情况、最近两个季度末的偏股类主动管理型资产管理规模或二级市场股票持仓规模、协会要求提供的其他材料等。

第二十条　协会对网下投资者的申请材料进行复核后，对于符合精选名单条件的网下投资者，将其基本信息在协会网站进行公示，接受社会公众监督。公示期不少于10个工作日，公示期满无异议的，通过协会网站正式发布。

第二十一条　协会对网下投资者精选名单进行动态调整。列入精选名单的网下投资者存在以下情形之一的，协会将其移出精选名单：

（一）因首发证券网下询价和配售业务违法违规行为被采取行政处罚、行政监管措施；

（二）因首发证券网下询价和配售业务被证券交易所、行业自律组织采取纪律处分、书面自律管理措施；

（三）被列入异常名单或最近十二个月被列入关注名单两次（含）以上，或所管理的配售对象被协会列入配售对象限制名单；

（四）其他不符合协会要求的情形。

网下投资者出现前款第（一）项、第（二）项情形的，应于 5 个工作日内向协会报告。

第二十二条　协会在日常管理中，可以通过对精选名单网下投资者开通注册绿色通道、减免信息报送要求等方式，激励其积极发挥专业定价能力，持续规范参与首发证券网下询价和配售业务。

第六章　附则

第二十三条　协会按照突出问题导向、行业认可度高、客观可量化的原则，结合市场发展情况，适时调整网下投资者分类标准。

第二十四条　本指引第五条规定的"四个值"，是指首发证券项目剔除最高报价后网下投资者报价的中位数和加权平均数以及公募基金、社保基金、养老金、年金基金、保险资金和合格境外投资者资金报价的中位数和加权平均数。

第二十五条　本指引由协会负责解释，并自发布之日起施行。《注册制下首次公开发行股票网下投资者分类评价和管理指引》（中证协发〔2021〕212 号）同时废止。

北京证券交易所股票向不特定合格投资者公开发行并上市网下投资者管理特别规定

第一条　为规范网下投资者参与北京证券交易所股票向不特定合格投资者公开发行并上市（以下简称股票公开发行并上市）网下询价和配售业务，根据《北京证券交易所向不特定合格投资者公开发行股票注册管理办法》等相关法律法规、监管规定，制定本规定。

第二条　网下投资者参与股票公开发行并上市网下询价和配售业务，证券公司开展股票公开发行并上市网下投资者推荐工作，担任股票公开发行并上市项目主承销商的证券公司开展网下投资者选定和管理工作等，适用本规定；本规定未作出特别规定的，参照适用《首次公开发行证券网下投资者管理规则》的规定。

第三条　证券公司、基金管理公司、保险公司及前述机构资产管理子公司、期货公司、信托公司、财务公司、合格境外投资者、符合一定条件的私募基金管理人等专业机构投资者，符合一定条件在中国境内依法设立的其他法人和组织（以下统称一般机构投资者）、个人投资者，以及前述机构投资者和个人投资者所属的自营投资账户或者直接管理的证券投资产品参与股票公开发行并上市网下询价和配售业务，应当符合中国证券业协会（以下简称协会）规定的条件，并在协会完成网下投资者和证券配售对象（以下简称配售对象）注册。

协会可根据市场情况，对股票公开发行并上市网下投资者和配售对象的注册条件进行调整。

第四条　机构投资者注册股票公开发行并上市网下投资者，应满足以下基本条件：

（一）私募基金管理人应当在中国证券投资基金业协会（以下简称基金业协会）完成登记，且持续符合基金业协会登记条件；

（二）具备丰富的证券投资交易经验，应依法设立、持续经营时间达到两年（含）以上，从事证券交易时间达到两年（含）以上，且具有证券交易记录。经行政许可从事证券、基金、期货、保险、信托等金融业务的专业机构投资者可不受上述限制；

（三）具有良好的信用记录，最近十二个月未受到刑事处罚、未因重大违法违规行为被相关监管部门采取行政处罚、行政监管措施或者被相关自律组织采取纪律处分措施，最近三十六个月内被相关自律组织采取书面自律管理措施不满三次。投资者能够证明所受处罚业务与证券投资业务、受托投资管理业务互相隔离的除外；

（四）具备专业证券研究定价能力，应具有科学合理的估值定价模型、完善的定价决策制度，能够自主作出投资决策。从事股票公开发行并上市研究和投资的人员应具备两年（含）以上权益类资产研究或权益类、混合类产品投资管理经验；

（五）具备必要的合规风控能力，应依法合规展业，将参与股票公开发行并上市网下询价和配售业务纳入整体合规风控体系，并指定专门人员加强合规管理和风险控制。股票公开发行并上市网下询价和配售业务合规管理人员应具备两年（含）以上金融合规管理工作经验，并具备法律、金融等相关专业本科以上学历或通过国家统一法律职业资格考试；

（六）具备较强的风险承受能力，能够独立承担投资风险。一般机构投资者的风险承受能力等级应为 C4 级（含）以上；

（七）具有开展股票公开发行并上市网下询价和配售业务独立性，能够独立开展股票研究定价、网下询价与申购业务；

（八）建立完善的参与股票公开发行并上市网下询价和配售业务制度和机制，包括但不限于内部控制、投资研究、定价决策、报价申购、通讯设备管控等制度机制；

（九）监管部门和协会要求的其他条件。

第五条　个人投资者注册股票公开发行并上市网下投资者，应满足以下基本条件：

（一）应为中国公民或者具有中国永久居留资格的外国人；

（二）具备丰富的证券投资交易经验，包括但不限于投资者从事证券交易时间达到五年（含）以上，且具有证券交易记录，最近三年持有的从证券二级市场买入的非限售股票和非限售存托凭证中，至少有一只持有时间连续达到180天（含）以上；

（三）具有良好的信用记录，最近十二个月未受到刑事处罚、未因重大违法违规行为被相关监管部门采取行政处罚、行政监管措施或者被相关自律组织采取纪律处分措施，最近三十六个月内被相关自律组织采取书面自律管理措施不满三次；

（四）具备专业证券研究定价能力，应具有科学合理的估值定价方法，能够自主作出投资决策；

（五）具备较强的风险承受能力，能够独立承担投资风险，其风险承受能力等级应为 C4 级（含）以上；

（六）具有开展股票公开发行并上市网下询价和配售业务独立性，能够独立开展股票研究定价、网下询价和申购业务；

（七）监管部门和协会要求的其他条件。

第六条　网下投资者所属的自营投资账户注册股票公开发行并上市配售对象，应具备一定的投资实力，其从证券二级市场买入的非限售股票和非限售存托凭证截至最近一个月末总市值应不低于 1000 万元。

第七条　网下投资者直接管理的证券投资产品注册股票公开发行并上市配售对象，应满足以下条件：

（一）应为社保基金、养老金、年金基金、保险资金、合格境外投资者账户；金融机构权益类和混合类资产管理产品；权益类和混合类私募证券投资基金，且其直接投资于非公开募集的金融机构资产管理产品和私募投资基金的资产不得超过 20%；

（二）应依法完成产品的注册、登记、备案手续以及份额销售、托管等事宜。私募证券投资基金应当委托第三方托管机构独立托管基金资产；

（三）具备一定的资产管理实力，从证券二级市场买入的非限售股票和非限售存托凭证截至最近一个月末总市值应不低于 1000 万元。公募基金、社保基金、养老金、年金基金、保险资金、合格境外投资者申请注册的配售对象除外；

（四）产品投资经理应具备两年（含）以上权益类资产研究或权益类、混合类产品投资管理经验。

申请注册的配售对象不得为信托资产管理产品，也不得以博取证券一、二级市场价差为主要投资目的参与股票公开发行并上市网下询价和配售业务。

第八条　股票公开发行并上市项目的发行人和主承销商可以设置网下投资者的具体条件，并在相关发行公告中预先披露。具体条件不得低于本规定的基本条件。

主承销商应在已完成协会注册的网下投资者和配售对象范围内，对其是否符合股票公开发行并上市项目预先披露的网下投资者条件进行核查，选定可参与该项目网下询价和配售业务的网下投资者和配售对象。对于不符合条件的网下投资者和配售对象，应当拒绝或剔除其报价。

第九条　网下投资者参与股票公开发行并上市网下询价和配售业务的，应当按照协会的要求向有关单位报送相关信息及材料，并确保所提供的信息及材料真实、准确、完整、及时。

第十条　网下投资者原则上应当向股票公开发行并上市项目的主承销商如实提供配售对象最近一月末资产规模报告及相关证明文件，并符合主承销商相关要求。在初步询价环节，网下投资者应当根据实际申购意愿、资金实力、风险承受能力等情况，为配售对象合理确定拟申购数量和拟申购金额。

网下投资者为配售对象填报的拟申购数量不得超过网下初始发行总量，也不得超过主承销商确定的单个配售对象申购数量上限。网下投资者应确保其拟申购数量和未来持股情况等符合相关法律法规及监管部门的规定。

网下投资者为配售对象填报的拟申购金额原则上不得超过该配售对象最近一

个月末总资产与询价前总资产的孰低值。配售对象成立时间不满一个月的，原则上以询价首日前第五个交易日的产品总资产计算孰低值。

第十一条　证券公司应加强交易系统运营管理和维护，建立健全应急处理机制，保证交易系统安全稳定运行，保障网下投资者能够正常参与股票公开发行并上市网下询价和配售业务。

第十二条　证券公司应当勤勉尽责，做好网下投资者核查、监测和风险提示等工作，对网下投资者是否存在禁止参与询价情形等进行实质核查，对网下投资者是否存在《首次公开发行证券网下投资者管理规则》第四十一条所列禁止性行为进行监测，对网下申购和缴款等重要业务操作违规风险等进行提示。对于不符合要求的网下投资者，应当拒绝或剔除其报价，确保不向相关法律法规、监管规定以及自律规则禁止的对象配售股票。

第十三条　证券公司及其工作人员，在股票公开发行并上市网下询价和配售业务中，不得出现以下行为：

（一）网下投资者报价信息公开披露前泄露网下投资者报价信息的；

（二）操纵发行定价，或者篡改、删除网下投资者报价信息的；

（三）劝诱网下投资者抬高报价，或者干扰网下投资者正常报价和申购的；

（四）以提供透支、回扣或者中国证监会、北京证券交易所认定的其他不正当手段诱使他人申购股票的；

（五）以代持、信托持股等方式谋取不正当利益或向其他相关利益主体输送利益的；

（六）与网下投资者互相串通，协商报价或配售的；

（七）接受网下投资者的全权委托为其报价或申购的；

（八）收取网下投资者回扣或其他不当利益的；

（九）直接或通过其利益相关方向参与认购的网下投资者提供财务资助或者补偿；

（十）以自有资金或者变相通过自有资金参与关联方项目网下投资者配售；

（十一）未按事先披露的原则剔除报价和确定有效报价；

（十二）其他影响或者扰乱股票公开发行并上市网下发行秩序的行为。

第十四条　网下投资者或其管理的配售对象在证券交易所各市场板块相关项目的违规次数合并计算。

配售对象被列入限制名单期间，该配售对象不得参与证券交易所各市场板块相关项目的网下询价和配售业务。

网下投资者被列入限制名单期间，其所管理的配售对象均不得参与证券交易所各市场板块相关项目的网下询价和配售业务。

第十五条　协会对股票公开发行并上市网下投资者进行分类评价和管理，通过发布关注名单、异常名单、限制名单、精选名单，采取差异化的自律管理方式，加强网下投资者报价行为管理，引导网下投资者发挥专业定价能力，规范参与网下询价和配售业务，维护网下发行秩序。

股票公开发行并上市网下投资者分类评价和管理，参照适用《首次公开发行证券网下投资者分类评价和管理指引》的有关规定。

协会可根据市场发展情况，适时调整股票公开发行并上市网下投资者分类评价指标和标准。

第十六条　本规定由协会负责解释，并自发布之日起施行。《北京证券交易所股票向不特定合格投资者公开发行并上市网下投资者管理特别条款》（中证协发〔2021〕259号）同时废止。

附表1：

股票公开发行并上市网下投资者注册文件明细

网下投资者资质证明文件	
机构投资者	
1	工商营业执照副本
2	经营金融业务许可证/私募基金管理人备案证明（如适用）/期货资产管理子公司登记证明（如适用）/自有资金具备A股投资资格证明等（如适用）
3	网下投资者须知及承诺函
4	研究和投资人员相关证明材料
5	合规管理人员相关证明材料
6	参与股票公开发行并上市网下询价和配售业务制度
7	最近资本市场违法违规失信记录以及中国执行信息公开网信用信息查询证明
8	首次交易日期查询记录（中国结算，如适用）
9	证券公司出具的网下投资者证券投资经验其他证明材料
10	证券公司出具的网下投资者风险承受能力等级的证明材料（一般机构投资者）
11	证券公司关于网下投资者符合推荐注册条件的情况说明及核查材料清单（推荐投资者适用）
个人投资者	
1	身份证明文件复印件（中国居民身份证、港澳居民往来内地通行证、台湾居民往来大陆通行证、外国人永久居留证）
2	网下投资者须知及承诺函
3	最近资本市场违法违规失信记录以及中国执行信息公开网信用信息查询证明
4	首次交易日期查询记录（中国结算）
5	证券公司出具的网下投资者证券投资经验其他证明材料
6	证券公司出具的网下投资者风险承受能力等级的证明材料
7	证券公司关于网下投资者符合推荐注册条件的情况说明及核查材料清单

续表

配售对象资质证明文件			
1	以公开募集方式设立的证券投资基金产品	1	产品募集设立批复
		2	产品备案确认函
		3	产品合同
		4	证券账户证明
		5	产品投资策略、投资品种等情况符合本规定及协会注册要求的承诺函
2	全国社会保障基金	1	社保基金组合资产规模说明函
		2	社保基金组合投资管理合同
		3	证券账户证明
3	基本养老保险基金	1	基本养老保险基金投资组合设立确认函
		2	基本养老保险基金投资组合资产规模说明函
		3	基本养老保险基金投资管理合同
		4	证券账户证明
4	年金基金	1	年金确认函复印件
		2	年金计划资产规模说明函
		3	年金计划投资管理合同
		4	证券账户证明
5	保险资金证券投资账户	1	保险产品的批复或备案回执（如适用）
		2	保险资金账户资产规模说明函
		3	委托代理合同（属于受托代理投资业务）
		4	证券账户证明
6	合格境外投资者管理的证券投资账户（QFII/RQFII）	1	投资账户资产规模说明函
		2	证券账户证明
		3	委托代理合同（属于受托代理投资业务）
7	保险资管产品	1	保险资管产品注册登记证明文件
		2	符合配售对象注册条件的情况说明
		3	证券账户证明
		4	资产管理产品合同复印件
		5	产品托管人出具的最近一月末的资产估值报告
		6	主要投资策略、投资标的和比例、投资方式等情况说明
		7	产品投资经理投资管理经验的情况说明
		8	出资方信息表

续表

8	证券期货经营机构私募资产管理计划（含 QDII）	1	私募资产管理计划备案证明
		2	符合配售对象注册条件的情况说明／证券公司关于配售对象符合推荐注册条件的情况说明（推荐投资者适用）
		3	证券账户证明
		4	产品合同复印件
		5	产品托管人出具的最近一月末的资产估值报告
		6	主要投资策略投资标的和比例、投资方式等情况说明
		7	产品投资经理投资管理经验的情况说明
		8	出资方信息表
9	私募证券投资基金	1	私募投资基金备案证明
		2	证券公司关于配售对象符合推荐注册条件的情况说明
		3	产品合同复印件
		4	证券账户证明
		5	产品托管人出具的最近一月末的资产估值报告
		6	主要投资策略投资标的和比例、投资方式等情况说明
		7	产品投资经理投资管理经验的情况说明
		8	出资方信息表
10	机构投资者的自营账户	1	首次交易日期查询记录（中国结算）
		2	证券账户证明
		3	符合配售对象注册条件的情况说明／证券公司关于配售对象符合推荐注册条件的情况说明（推荐投资者适用）
		4	最近一月末的证券账户对账单及相关证明材料
11	个人投资者自有资金投资账户	1	首次交易日期查询记录（中国结算）
		2	证券账户证明
		3	证券公司关于配售对象符合推荐注册条件的情况说明
		4	最近一月末的证券账户对账单及相关证明材料

附表2：

网下投资者及配售对象信息变更材料表

网下投资者信息变更材料	
机构投资者	
机构名称变更	工商营业执照复印件、行业主管部门的批复或备案证明（如有）（提示：名称变更需同步变更证券账户名称、银行卡名称、卡号等信息）
推荐券商变更（适用于推荐类机构投资者）	与新增注册材料一致
联系方式变更	/
个人投资者	
姓名、身份证明变更	身份证或其他身份证明文件复印件（提示 个人投资者名称变更需同步变更证券账户名称、银行卡名称、卡号等信息）
推荐券商变更	与新增注册材料一致
联系方式变更	/
配售对象信息变更材料	
配售对象名称变更	配售对象名称变更证明、行业主管部门的批复或备案证明（如有）、证券账户资料变更办理确认单
股东账户信息变更（包括名称变更与账户号码变更）	证券账户资料变更办理确认单
银行账户变更	银行账户变更证明（如有）
配售对象产品类型变更	投资管理合同或其他相关说明材料
配售对象期限变更	修订、续签的投资管理合同或补充协议（附带展期条款），或关于临时展期的说明文件
推荐券商变更（适用于推荐类投资者管理的配售对象）	与新增注册材料一致
注：若有在途项目，请避免对投资者及配售对象进行关键信息变更。	

附表 3：

证券公司关于网下投资者符合推荐注册条件核查材料清单

网下投资者推荐注册条件情况		
机构投资者		
序号	基本条件	符合情况
1	具备丰富的证券投资交易经验，应依法设立、持续经营时间达到两年（含）以上，从事证券交易时间达到两年（含）以上，且具有证券交易记录。	是 □ 否 □
2	具有良好的信用记录，最近十二个月未受到刑事处罚、未因重大违法违规行为被相关监管部门采取行政处罚、行政监管措施或者被相关自律组织采取纪律处分措施，最近三十六个月内被相关自律组织采取书面自律管理措施不满三次。（投资者能够证明所受处罚业务与证券投资业务、受托投资管理业务互相隔离的除外）	是 □ 否 □
3	具备专业证券研究定价能力，具有科学合理的估值定价模型、完善的定价决策制度，能够自主作出投资决策。从事股票公开发行并上市研究和投资的人员应具备两年（含）以上权益类资产研究或权益类、混合类产品投资管理经验。	是 □ 否 □
4	具备必要的合规风控能力，依法合规展业。参与股票公开发行并上市询价和配售业务纳入整体合规风控体系，并指定专门人员加强合规管理和风险控制。	是 □ 否 □
5	股票公开发行并上市网下询价和配售业务合规管理人员应具备两年（含）以上金融合规管理工作经验，并具备法律、金融等相关专业本科以上学历或通过国家统一法律职业资格考试。	是 □ 否 □
6	具备较强的风险承受能力，能够独立承担投资风险。一般机构投资者的风险承受能力等级应为 C4 级（含）以上。	是 □ 否 □
7	具有开展股票公开发行并上市网下询价和配售业务独立性，能够独立开展股票公开发行并上市研究定价、网下询价与申购业务。	是 □ 否 □
8	建立股票公开发行并上市研究机制、研究报告撰写和审批机制，坚持科学、独立、客观、审慎的原则开展股票公开发行并上市研究和研究报告撰写工作，采用严谨的研究方法和分析逻辑，建立必要的估值定价模型，对发行人投资价值等进行深入分析，基于合理的数据基础和事实依据撰写股票公开发行并上市研究报告，审慎提出研究结论，合理确定股票公开发行并上市价格或价格区间，并严格履行研究报告审批机制。	是 □ 否 □
9	建立健全必要的投资决策机制，通过严格履行决策程序确定最终报价。	是 □ 否 □
10	制定完善的合规管理制度，对参与股票公开发行并上市网下询价和配售业务进行合规审查，对是否与项目发行人或主承销商存在相关规则规定的关联关系、报价与申购行为等是否合规进行审查，并定期或不定期进行合规检查，确保业务开展合法合规。	是 □ 否 □

续表

序号	基本条件	符合情况
11	制定完善的风险管理制度，对业务各环节可能出现的风险进行监测、分析和识别，并采取必要的风险控制措施，及时有效防范化解风险，确保业务风险可测、可控、可承受。	是 □ 否 □
12	制定完备的专项业务操作流程，明确操作程序、岗位职责与权限分工。报价、申购、缴款等重要操作环节应设置 A、B 角和复核机制。	是 □ 否 □
13	制定申购资金划付审批程序，根据申购计划安排足额的备付资金，确保资金在规定时间内划入结算银行账户。	是 □ 否 □
14	加强工作人员管理，规范相关工作人员的执业行为，避免在开展业务过程中发生谋取或输送不正当利益的行为。建立健全业务培训机制，定期或不定期组织开展有针对性的业务培训，持续提升工作人员的执业水平。	是 □ 否 □
15	建立完善的通讯工具管控制度，询价当天交易时间对研究、投资、决策、交易等报价知悉人员的通讯设备、通讯软件等进行统一管控，避免泄露价格信息，确保相关工作人员在询价过程中独立、客观。	是 □ 否 □
16	建立完善的工作底稿存档制度，将参与股票公开发行并上市网下询价和配售业务相关工作底稿存档备查。	是 □ 否 □
17	符合监管部门和协会要求的其他条件。	是 □ 否 □

个人投资者		
序号	基本条件	符合情况
1	中国公民或者具有中国永久居留资格的外国人。	是 □ 否 □
2	具备丰富的证券投资交易经验，包括但不限于投资者从事证券交易时间达到五年（含）以上，且具有证券交易记录，最近三年持有的从证券二级市场买入的非限售股票和非限售存托凭证中，至少有一只持有时间连续达到 180 天（含）以上。	是 □ 否 □
3	具有良好的信用记录，最近十二个月未受到刑事处罚、未因重大违法违规行为被相关监管部门采取行政处罚、行政监管措施或者被相关自律组织采取纪律处分措施，最近三十六个月内被相关自律组织采取书面自律管理措施不满三次。	是 □ 否 □
4	具备专业证券研究定价能力，应具有科学合理的估值定价方法，能够自主作出投资决策。	是 □ 否 □
5	具备较强的风险承受能力，能够独立承担投资风险。风险承受能力等级应为 C4 级（含）以上。	是 □ 否 □
6	具有开展股票公开发行并上市网下询价和配售业务独立性，能够独立开展股票公开发行并上市的研究定价、网下询价和申购业务。	是 □ 否 □
7	符合监管部门和协会要求的其他条件。	是 □ 否 □

续表

网下投资者推荐注册配售对象条件情况		
网下投资者自营投资账户注册配售对象		
序号	基本条件	符合情况
1	具备一定的投资实力，从证券二级市场买入的非限售股票和非限售存托凭证截至最近一个月末总市值不低于 1000 万元。	是 □　否 □
网下投资者管理证券投资产品注册配售对象		
序号	基本条件	符合情况
1	应为金融机构权益类和混合类资产管理产品；权益类和混合类私募证券投资基金，且其直接投资于非公开募集的金融机构资产管理产品和私募投资基金的资产不得超过 20%。	是 □　否 □
2	依法完成产品的注册、登记、备案手续以及份额销售、托管等事宜。私募证券投资基金应当委托第三方托管机构独立托管基金资产。	是 □　否 □
3	具备一定的资产管理实力，从证券二级市场买入的非限售股票和非限售存托凭证截至最近一个月末总市值应不低于 1000 万元。	是 □　否 □
4	产品投资经理应具备两年（含）以上权益类资产研究或权益类、混合类产品投资管理经验。	是 □　否 □
5	申请注册的配售对象不为信托资产管理产品，也不以博取证券一、二级市场差价为主要投资目的参与股票公开发行并上市网下询价和配售业务。	是 □　否 □

附表 4：

网下配售对象资产规模报告范本

编号	网下投资者全称	配售对象全称	在中国证券业协会注册的配售对象代码	托管机构全称（如有）	估值 / 资产日期（举例：20210831）	最近一月末账户估值表总资产金额①②③④
1						
2						
3						
...						

出具机构盖章：　　　　　　　机构投资者盖章：
　　　　　　　　　　　　　　　个人投资者签字：

经办人：　　　　　　　　　　经办人：
复核人：　　　　　　　　　　复核人：
联系电话：　　　　　　　　　联系电话：
日期：　　　　　　　　　　　日期：

填报说明：

（一）公募基金、全国社会保障基金、基本养老保险基金、年金基金、保险资金证券投资账户、合格境外投资者证券投资账户等配售对象，应由网下投资者自行出具资产规模报告并加盖公章，或者由托管机构出具资产规模报告并加盖估值或托管业务专用章。

①出具机构原则上应填写最近一月末（最后一个自然日）配售对象账户的资产估值表中总资产金额，单位（元），精确至小数点后2位，金额添加千位分隔符。配售对象账户成立时间不满一个月的，出具机构应原则上填写询价首日前第五个交易日配售对象账户资产估值表中总资产金额。示例8,125,254,000.00。

（二）专业机构投资者自营投资账户类配售对象，应由网下投资者自行出具资产规模报告并加盖公章。

②出具机构原则上应填写最近一月末（最后一个自然日）配售对象证券账户和资金账户中的总资产金额，单位（元），精确至小数点后2位，金额添加千位分隔符。示例8,125,254,000.00。

（三）证券期货经营机构私募资产管理计划、保险资管产品、私募证券投资基金等配售对象，应由托管机构出具资产规模报告并加盖估值或者托管业务专用章。如银行等托管机构无法出具资产规模报告，应由托管机构出具基金估值表并加盖估值或者托管业务专用章，以及网下投资者自行出具资产规模报告加盖公章，基金估值表和资产规模报告数据应保持一致。

③出具机构原则上应在资产规模报告中填写最近一月末（最后一个自然日）配售对象账户的资产估值表中总资产金额，单位（元），精确至小数点后2位，金额添加千位分隔符。示例8,125,254,000.00。

（四）一般机构投资者和个人投资者的投资账户，应由证券公司出具资产规模报告并加盖证券公司分支机构业务专用章（包括但不限于柜台业务专用章）。

④证券公司原则上应填写最近一月末（最后一个自然日）配售对象证券账户和资金账户中的总资产金额，单位（元），精确至小数点后2位，金额添加千位分隔符。示例8,125,254,000.00。

（五）资产规模报告填写内容须清晰打印，不得手写、不得涂改。

附表5：

网下投资者须知及承诺函（范本）

一、网下投资者在参与北京证券交易所股票向不特定合格投资者公开发行并上市（以下简称股票公开发行并上市）网下询价和申购业务前，应认真阅读《首次公开发行证券网下投资者管理规则》《北京证券交易所股票向不特定合格投资者公开发行并上市网下投资者管理特别规定》及其他相关业务规则、操作指引，熟悉相关操作流程。

二、网下投资者应确保在协会注册的信息真实、准确、完整。在参与网下询价和申购期间，不得随意变更名称、银行账户、证券账户等信息，否则可能造成无法申购或缴款。

三、机构投资者应当建立完善的内控制度和专项业务操作流程，主要操作环节应设置A、B角，重要操作环节设置复核机制，避免因操作失误造成违规。

四、网下投资者或其管理的配售对象不符合《北京证券交易所股票向不特定合格投资者公开发行并上市网下投资者管理特别规定》规定的基本条件，提供的信息和资料存在虚假记载、误导性陈述或重大遗漏等情形的，协会将按照《首次公开发行证券网下投资者管理规则》《北京证券交易所股票向不特定合格投资者公开发行并上市网下投资者管理特别规定》有关规定采取自律措施。

五、网下投资者在参与股票公开发行并上市网下询价和申购业务中违反《首次公开发行证券网下投资者管理规则》《北京证券交易所股票向不特定合格投资者公开发行并上市网下投资者管理特别规定》有关规定的，协会按照有关规定采取自律措施。

六、网下投资者或配售对象在证券交易所各市场板块的违规次数合并计算。配售对象被列入限制名单期间，不得参与证券交易所各市场板块相关项目的网下询价和配售业务。网下投资者被列入限制名单期间，所管理的配售对象均不得参与证券交易所各市场板块相关项目的网下询价和配售业务。

本机构（本人）自愿参与北京证券交易所股票向不特定合格投资者公开发行并上市（以下简称股票公开发行并上市）网下询价和网下申购业务，并作出以下承诺：

1、已认真阅读并理解《网下投资者须知》相关内容。

2、已对相关法律、法规、规章及《首次公开发行证券网下投资者管理规则》《北京证券交易所股票向不特定合格投资者公开发行并上市网下投资者管理特别规定》等自律规则的规定进行了深入学习，并自觉遵守法律、法规、规章及《首次公开发行证券网下投资者管理规则》《北京证券交易所股票向不特定合格投资者公开发行并上市网下投资者管理特别规定》等自律规则的要求；

3、符合《首次公开发行证券网下投资者管理规则》《北京证券交易所股票向不特定合格投资者公开发行并上市网下投资者管理特别规定》规定的基本条件，相关注册文件和证明资料真实、准确、完整；

4、以专业知识和投资经验为基础参与股票公开发行并上市询价和网下申购业务，坚持合规、专业、独立、客观、审慎、诚信等原则；

5、自愿接受中国证券业协会的自律管理，积极配合中国证券业协会就股票公开发行并上市网下询价和申购业务有关事宜进行的调查、检查，并接受中国证券业协会的自律处罚决定。

如违反上述承诺，愿意承担由此引起的相关责任，并接受相关处罚。

特此承诺！

承诺人：

签字／签章：

日期：

附　录

附录1：

中国证监会就全面实行股票发行注册制主要制度规则 向社会公开征求意见 [1]

以习近平同志为核心的党中央高度重视股票发行注册制改革。党的十九届五中全会提出，全面实行股票发行注册制。党的二十大强调，健全资本市场功能，提高直接融资比重。近日，党中央、国务院批准了《全面实行股票发行注册制总体实施方案》（以下简称《总体方案》）。为抓好《总体方案》的落实，中国证监会就全面实行股票发行注册制涉及的《首次公开发行股票注册管理办法》等主要制度规则草案向社会公开征求意见。

2018年11月5日，习近平总书记在首届中国国际进口博览会开幕式上宣布，在上海证券交易所（以下简称上交所）设立科创板并试点注册制，标志着注册制改革进入启动实施阶段。2019年7月22日，首批科创板公司上市交易。此后，党中央、国务院决定推进深圳证券交易所（以下简称深交所）创业板改革并试点注册制，2020年8月24日正式落地。2021年11月15日，北京证券交易所（以下简称北交所）揭牌开市，同步试点注册制。总的来看，经过4年的试点，市场各方对注册制的基本架构、制度规则总体认同，资本市场服务实体经济特别是科技创新的功能作用明显提升，法治建设取得重大突破，发行人、中介机构合规诚信意识逐步增强，市场优胜劣汰机制更趋完善，市场结构和生态显著优化，具备了向全市场推广的条件。

全面实行股票发行注册制的指导思想是，深入贯彻习近平新时代中国特色社会主义思想和党的二十大精神，落实党中央、国务院决策部署，紧紧围绕"打造一个规范、透明、开放、有活力、有韧性的资本市场"的总目标，完整、准确、全面贯彻新发展理念，坚持稳中求进工作总基调，坚持建制度、不干预、零容忍，坚持市场化、法治化的改革方向，坚持尊重注册制基本内涵、借鉴全球最佳实践、体现中国特色和发展阶段特征的原则，突出把选择权交给市场这一注册制改革的本质，同步加强监管，推进一揽子改革，健全资本市场功能，提高直接融资比重，更好促进经济高质量发展。全面实行股票发行注册制的主要标志是：制度安排基本定型，覆盖全国性证券交易场所，覆盖各类公开发行股票行为。在改革思路上，把握好"一个统一"、"三个统筹"。"一个统一"，即统一注册制安排并在全

---

[1] 中国证监会官方网站2023年2月1日发布（网址：http://www.csrc.gov.cn/csrc/c100028/c7047626/content.shtml）。

国性证券交易场所各市场板块全面实行。"三个统筹"：一是统筹完善多层次资本市场体系。二是统筹推进基础制度改革。三是统筹抓好证监会自身建设。

这次改革将总结试点注册制经验，推广实践证明行之有效的制度，进一步完善注册制安排。一是优化注册程序。坚持交易所审核和证监会注册各有侧重、相互衔接的基本架构。进一步压实交易所发行上市审核主体责任，交易所对企业是否符合发行条件、上市条件和信息披露要求进行全面审核。证监会基于交易所的审核意见依法作出是否同意注册的决定。二是统一注册制度。整合上交所、深交所试点注册制制度规则，制定统一的首次公开发行股票注册管理办法和上市公司证券发行注册管理办法，北交所注册制制度规则与上交所、深交所总体保持一致。交易所制定修订本所统一的股票发行上市审核业务规则。三是完善监督制衡机制。证监会加强对交易所审核工作的统筹协调和监督考核，督促交易所提高审核质量。改革完善上市委、重组委（以下简称"两委"）人员组成、任期、职责和议事规则，对政治素质、专业背景、职业操守提出更高要求，提高专职人员比例，加强纪律约束，切实发挥"两委"的把关作用。另外，全国中小企业股份转让系统（以下简称全国股转系统）同步实行注册制，有关安排与交易所保持总体一致。其中，对股东人数未超过200人的股份公司申请在全国股转系统挂牌，或者全国股转系统挂牌公司定向发行股票后股东人数不超过200人的，全国中小企业股份转让系统有限公司（以下简称全国股转公司）审核通过后，证监会豁免注册（目前豁免核准）。

注册制改革的本质是把选择权交给市场，强化市场约束和法治约束。说到底，是对政府与市场关系的调整。与核准制相比，不仅涉及审核主体的变化，更重要的是充分贯彻以信息披露为核心的理念，发行上市全过程更加规范、透明、可预期。一是大幅优化发行上市条件。注册制仅保留了企业公开发行股票必要的资格条件、合规条件，将核准制下的实质性门槛尽可能转化为信息披露要求，监管部门不再对企业的投资价值作出判断。二是切实把好信息披露质量关。实行注册制，绝不意味着放松质量要求，审核把关更加严格。审核工作主要通过问询来进行，督促发行人真实、准确、完整披露信息。同时，综合运用多要素校验、现场督导、现场检查、投诉举报核查、监管执法等多种方式，压实发行人的信息披露第一责任、中介机构的"看门人"责任。三是坚持开门搞审核。审核注册的标准、程序、内容、过程、结果全部向社会公开，公权力运行全程透明，严格制衡，接受社会监督，与核准制有根本的区别。

这次改革的重中之重是上交所、深交所主板。经过30多年的改革发展，我国证券交易所市场由单一板块逐步向多层次拓展，错位发展、功能互补的市场格局基本形成。基于这一实际，改革后主板要突出大盘蓝筹特色，重点支持业务模式成熟、经营业绩稳定、规模较大、具有行业代表性的优质企业。相应的，设置多元包容的上市条件，并与科创板、创业板拉开距离。主板改革后，多层次资本市场体系将更加清晰，基本覆盖不同行业、不同类型、不同成长阶段的企业。主板主要服务于成熟期大型企业。科创板突出"硬科技"特色，发挥资本市场改革"试验田"作用。创业板主要服务于成长型创新创业企业。北交所与全国股转系统共同打造服务创新型中小企业主阵地。

这次改革将进一步完善资本市场基础制度。主要包括：完善发行承销制度，约束非理性定价；改进交易制度，优化融资融券和转融通机制；完善上市公司独立董事制度；健全常态化退市机制，畅通多元退出渠道；加快投资端改革，引入更多中长期资金。同时，支持全国股转系统探索完善更加契合中小企业特点的基础制度。

注册制改革是放管结合的改革。证监会将充分考虑我国资本市场发展尚不充分、中小投资者占比高、诚信环境不够完善的现实国情，加大发行上市全链条各环节监管力度。坚持"申报即担责"原则，压实发行人及实际控制人责任。督促中介机构归位尽责，加强能力建设。加强发行监管与上市公司持续监管的联动，规范上市公司治理。以"零容忍"的态度严厉打击欺诈发行、财务造假等违法违规行为，切实保护投资者合法权益。

注册制改革是一场涉及监管理念、监管体制、监管方式的深刻变革。证监会将坚持把政治建设摆在首位，旗帜鲜明讲政治，主动适应新的形势和任务，深化"放管服"改革，加快监管转型，把工作重心转变到统筹协调、规则制定、监督检查、秩序管理、环境创造上来，切实提高监管能力，加强事中事后监管。

证监会高度重视防范注册制下的廉政风险。建立健全覆盖发行、上市、再融资、并购重组、退市、监管执法等各环节全流程的监督制约机制。强化关键岗位人员廉政风险防控，加强行业廉洁从业监管。中央纪委国家监委驻中国证监会纪检监察组对沪深证券交易所实行驻点监督，对资本市场领域腐败"零容忍"，一体推进不敢腐、不能腐、不想腐，持之以恒正风肃纪，切实形成严的氛围。

这次公开征求意见的制度规则包括《首次公开发行股票注册管理办法》等证监会规章及配套的规范性文件，涉及注册制安排、保荐承销、并购重组等方面。沪深证券交易所、全国股转公司（北交所）、中国结算、中证金融等同步就《股票发行上市审核规则》等业务规则向社会公开征求意见。

欢迎社会各界提出宝贵意见。证监会将根据公开征求意见的情况对上述制度规则草案做进一步修改完善，履行程序后发布实施。

附录2：

证监会有关部门负责人就全面实行股票发行注册制答记者问 [1]

问：如何评价试点注册制取得的成效？

答：根据党中央、国务院决策部署，证监会采取试点先行、先增量后存量、逐步推开的改革路径，先后在科创板、创业板和北京证券交易所（以下简称北交所）试点注册制，推进一揽子改革，打开了资本市场改革发展的新局面。在试点过程中，我们探索形成了注册制改革三原则：尊重注册制基本内涵、借鉴全球最佳实践、体现中国特色和发展阶段特征。总的看，试点注册制是符合中国国情的，是成功的，主要制度安排经受住了市场检验，给市场各方带来了实实在在的获得感，向全市场推广水到渠成。

主要成效：一是探索形成了符合我国国情的注册制架构。特别是以信息披露为核心，引入更加市场化的制度安排，对新股发行的价格、规模等不设任何行政性限制，显著改善了审核注册的效率、透明度和可预期性。二是提升了对科技创新的服务功能。科创板、创业板均设立了多元包容的发行上市条件，允许未盈利企业、特殊股权结构企业、红筹企业上市，契合了科技创新企业的特点和融资需求。特别是一批处于"卡脖子"技术攻关领域的"硬科技"企业登陆科创板，在集成电路、生物医药、高端装备制造等行业形成产业集聚，畅通了科技、资本和实体经济的高水平循环。三是推进了交易、退市等关键制度创新。科创板、创业板新股上市前5个交易日不设涨跌幅限制，此后日涨跌幅限制由10%放宽到20%，同步优化融资融券机制，二级市场定价效率显著提升。建立常态化退市机制，简化退市程序，完善退市标准，退市力度明显加大。四是优化了多层次市场体系。注册制改革是以板块为载体推进的。在此过程中，上交所新设科创板，深交所改革创业板，合并主板与中小板，新三板设立精选层进而设立北交所，建立转板机制。改革后，多层次资本市场的板块架构更加清晰，特色更加鲜明，各板块通过IPO（挂牌）、转板、分拆上市、并购重组加强了有机联系。五是完善了法治保障。新证券法、刑法修正案（十一）出台实施，从根本上扭转了违法违规成本过低的局面。中办、国办印发《关于依法从严打击证券违法活动的意见》，"零容忍"执法司法体制机制不断健全。首例证券集体诉讼"康美案"判决赔偿投资者24.59亿元，

---

[1] 中国证监会官方网站2023年2月1日发布（网址：http://www.csrc.gov.cn/csrc/c100028/c7047624/content.shtml）。

成为资本市场法治史上的标志性事件。六是改善了市场生态。在一系列改革措施的推动下，资本市场的优胜劣汰机制更加完善，上市公司结构、投资者结构、估值体系发生积极变化，科技类公司占比、专业机构交易占比明显上升，新股发行定价以及二级市场估值均出现优质优价的趋势。市场秩序更加规范，发行人和中介机构对市场的敬畏之心显著增强。

问：本次改革在优化发行上市审核注册机制方面有哪些安排？

答：审核注册机制是注册制改革的重点内容。在试点注册制阶段，我们探索建立了交易所审核、证监会注册两个环节的审核注册架构，总体上是符合我国实际的。在充分听取市场意见的基础上，此次改革对发行上市审核注册机制做了进一步优化。总的思路是，保持交易所审核、证监会注册的基本架构不变，进一步明晰交易所和证监会的职责分工，提高审核注册的效率和可预期性。同时，加强证监会对交易所审核工作的监督指导，切实把好资本市场入口关。

在交易所审核环节：交易所承担全面审核判断企业是否符合发行条件、上市条件和信息披露要求的责任，并形成审核意见。审核过程中，发现在审项目涉及重大敏感事项、重大无先例情况、重大舆情、重大违法线索的，及时向证监会请示报告。证监会对发行人是否符合国家产业政策和板块定位进行把关。

在证监会注册环节：证监会基于交易所审核意见依法履行注册程序，在 20 个工作日内对发行人的注册申请作出是否同意注册的决定。

证监会将转变职能，加强对交易所审核工作的统筹协调和监督。一是统一审核理念、标准，保持审核尺度一致。二是在交易所审核过程中，按标准选取或按一定比例随机抽取在审项目，关注交易所审核理念、标准的执行情况。三是督促交易所建立健全"防火墙"、加强质控部门和上市委、重组委（以下简称"两委"）把关责任等内部制衡机制。四是对交易所发行上市审核工作定期或不定期开展检查。

问：本次改革在改进主板交易制度方面有哪些重要举措？

答：本次改革借鉴科创板、创业板经验，以更加市场化便利化为导向，进一步改进主板交易制度。主要措施：一是新股上市前 5 个交易日不设涨跌幅限制。二是优化盘中临时停牌制度。三是新股上市首日即可纳入融资融券标的，优化转融通机制，扩大融券券源范围。

需要说明的是，这次改革从主板实际出发，对两项制度未作调整。一是自新股上市第 6 个交易日起，日涨跌幅限制继续保持 10% 不变。主要考虑是，从实践经验看，主板存量股票及新股第 6 个交易日起波动率相对较低，10% 的涨跌幅限制可以满足绝大部分股票的定价需求。二是维持主板现行投资者适当性要求不变，对投资者资产、投资经验等不作限制。

这里提请广大投资者注意，主板改革后，发行上市条件更加包容，发行定价和交易制度也有变化，希望大家充分了解这些制度变化和风险点，审慎作出投资决策。

问：全面实行股票发行注册制后，在放管结合方面有哪些措施安排？

答：放管结合是注册制改革的题中应有之义。总的思路是，加强事前事中事后全过程监管，在"放"的同时加大"管"的力度，督促各市场主体归位尽职，营造良好市场生态。

在前端，坚守板块定位，压实发行人、中介机构、交易所等各层面责任，严格审核，严把上市公司质量关。实行注册制并不意味着放松质量要求，不是谁想发就发。特别是要用好现场检查、现场督导等手段，坚持"申报即担责"的原则，发现发行人存在重大违法违规嫌疑的，及时采取立案稽查、中止审核注册、暂缓发行上市、撤销发行注册等措施。同时，科学合理保持新股发行常态化，保持投融资动态平衡，促进一二级市场协调发展。

在中端，加强发行监管与上市公司持续监管的联动，规范上市公司治理。强化上市公司信息披露监管，进一步压实上市公司、股东及相关方信息披露责任。畅通强制退市、主动退市、并购重组、破产重整等多元退出渠道，促进上市公司优胜劣汰。严格实施退市制度，强化退市监管，健全重大退市风险处置机制。

在后端，保持"零容忍"执法高压态势。认真贯彻《关于依法从严打击证券违法活动的意见》，建立健全从严打击证券违法活动的执法司法体制机制，严厉打击欺诈发行、财务造假等严重违法行为，严肃追究发行人、中介机构及相关人员责任，形成强有力震慑。

证监会将适应全面实行注册制的要求，加快监管转型，推进科技监管建设，切实提高监管能力。

问：注册制下对公权力运行的监督制衡有哪些安排？

答：注册制改革的本质是把选择权交给市场，强化市场约束和法治约束。这有利于公权力规范透明运行，从制度上铲除滋生腐败的土壤。要看到，伴随着注册制下公权力链条的延伸，也产生了新的廉政风险。证监会党委、驻会纪检监察组对此高度重视，坚持同题共答、同向发力，通过一系列制度安排和有力举措，把严的要求贯彻到底，用严的纪律为注册制改革保驾护航。

在审核注册流程方面，建立分级把关、集体决策的内控机制，防范权力过于集中。特别是要求交易所牢固树立公权力意识，强化质控部门对审核工作的跟踪监督和决策制衡，改革完善"两委"人员组成、任期、职责和议事规则，对政治素质、专业背景、职业操守提出更高要求，提高专职人员比例，加强纪律约束，切实发挥"两委"的把关作用。突出抓好透明度建设，审核注册的标准、程序、内容、过程、结果全部公开，接受社会监督，让权力在阳光下运行。

在业务监督方面，完善交易所权责清单，建立健全交易所内部治理机制。证监会加强对交易所审核工作的监督和考核，督促交易所提高审核质量。证监会内部也将强化内审部门对发行注册的业务监督。

在廉政监督方面，坚持和完善对交易所的抵近式监督和对发行审核注册的嵌入式监督，从严管理审核注册人员、"两委"委员，坚决整治政商"旋转门"。一体推进不敢腐、不能腐、不想腐，对资本市场领域腐败"零容忍"，持之以恒正风肃纪。

在此，我们也提醒发行人、中介机构等市场主体，证监会和交易所坚持开门搞审核，全程公开，全程接受监督，不存在"特殊通道"，与市场主体的正常沟通渠道是敞开的，没有必要请托、找"门路"，更不能搞利益输送、充当"掮客"。下一步，将建立发行人廉洁承诺机制，深入推进中介机构廉洁从业建设，坚持受贿行贿一起查，让行贿人"一处违法、处处受限"。在这方面，不要有任何侥幸心理，否则会付出惨痛代价。

问：本次改革制定修订的制度规则较多，主要有哪些考虑？

答：全面实行注册制不仅涉及沪深交易所主板、新三板基础层和创新层，也涉及已实行注册制的科创板、创业板和北交所。在制度规则层级方面，既有证监会规章、规范性文件，也包括证券交易场所、证券登记结算机构等方面的业务规则，以及规则适用指引、业务指南等具体操作性文件。在规制内容方面，除了IPO，还有再融资、并购重组，也涵盖了交易、信息披露、投资者保护等方面。在产品方面，不仅包括股票，还包括可转换公司债券、优先股、存托凭证等。

本次改革基于试点注册制经验对相关制度规则做了全面梳理和系统完善，主要是对试点阶段行之有效的做法进行优化和定型，统一规则表述，取消"试点"字样等。

附录 3：

一场牵动资本市场全局的改革 [1]

——全面实行股票发行注册制观察

新华社北京 2 月 1 日电　中国证监会就全面实行股票发行注册制涉及的《首次公开发行股票注册管理办法》等主要制度规则草案公开征求意见。继上海证券交易所科创板、深圳证券交易所创业板、北京证券交易所试点注册制后，全面实行股票发行注册制正式启动。在中国经济转型升级、爬坡过坎的关键节点，启动这一基础制度改革，寄托着市场各方的热切期盼。

亮点突出　注册制实现全覆盖和基本定型

全面实行股票发行注册制的关键词是"全面"，主要是完成"两个覆盖"，一是覆盖上交所、深交所、北交所和全国中小企业股份转让系统各市场板块；二是覆盖所有公开发行股票行为。另外，根据证券法的要求，优先股、可转换公司债券、存托凭证也实行注册制。

主板改革是这次全面实行股票发行注册制的重点，主要是充分借鉴试点注册制的经验，以更加市场化便利化为导向，精简公开发行条件，设置多元包容的上市条件，放开新股发行定价和上市前 5 个交易日涨跌幅限制。

全面实行股票发行注册制不是试点制度体系简单的复制推广，而是在总结试点经验基础上的全面优化和完善。本次改革呈现出四大亮点。

亮点一：优化审核注册机制。

审核注册机制是注册制改革的重点内容。这次改革保持交易所审核和证监会注册各有侧重、相互衔接的基本架构不变，重点是进一步明晰了交易所和证监会的职责分工。

具体来看，交易所承担发行上市审核的主体责任，对企业是否符合发行条件、上市条件和信息披露要求进行全面审核。证监会同步关注发行人是否符合国家产业政策、板块定位，对交易所审核中遇到的重大问题及时指导，并基于交易所的审核意见依法注册。同时，着重强化证监会统筹协调和监督指导的责任。

市场人士认为，这次审核注册机制的优化将提高审核注册效率和可预期性，进一步增加市场获得感。

亮点二：完善多层次资本市场体系。

---

[1] 新华网 2023 年 2 月 1 日报道（网址：http://www.news.cn/2023-02/01/c_1129329133.htm）。

试点注册制 4 年来，先后设立科创板、改革创业板、合并深市主板与中小板、设立北交所，板块布局有了明显改进。全面实行股票发行注册制后，错位发展、相互补充的多层次资本市场格局将更加完善，基本覆盖不同行业、不同类型、不同成长阶段的企业，多层次资本市场体系建设将迈出新步伐。

具体来看，沪深交易所主板将突出大盘蓝筹定位，主要服务于成熟期大型企业，在上市条件方面与其他板块拉开差距。科创板将突出"硬科技"特色，提高对"硬科技"企业的包容性。创业板主要服务于成长型创新创业企业，允许未盈利企业到创业板上市。北交所和全国股转系统将探索更加契合创新型中小企业发展规律和成长特点的制度供给，更加精准服务创新型中小企业。

亮点三：进一步完善监管和执法。

注册制改革是一场放管结合的改革，加强监管执法是基本保障。这次改革，充分总结试点阶段的经验，对事前事中事后全过程监管执法进行了系统化安排。

在前端，坚守板块定位，加大发行上市全链条监管力度，压实发行人、中介机构、交易所等各层面责任，严格审核，严把上市公司质量关。在中端，加强发行监管和上市公司持续监管的联动，规范上市公司治理，加大退市力度，促进优胜劣汰。在后端，保持"零容忍"执法高压态势，形成强有力震慑。

亮点四：全面整合制度规则体系。

注册制试点是按板块逐步推进的，这次改革的一个基本思路是统一注册制安排，对制度规则进行了全面梳理和系统完善，减少交叉重复，实现体系化、规范化、简明化。主板、科创板和创业板适用统一的注册制度，沪深交易所制定修订本所统一的股票发行上市审核业务规则，北交所与上交所、深交所总体保持一致。

立足国情　带动资本市场全面改革

证监会有关负责人表示，注册制改革坚持三个原则：尊重注册制的基本内涵、借鉴全球最佳实践、体现中国特色和发展阶段特征。为此，必须抓住把选择权交给市场这一本质，突出改革的系统性和渐进性，坚持放管结合，更加注重质量。

从试点情况看，注册制改革是一揽子改革。业内人士指出，在注册制改革的带动下，中国资本市场经历了一场系统性的制度机制重塑，市场结构、生态和功能出现了一系列可喜的变化：发行上市条件的包容性明显增强，新股发行定价的市场化程度大幅提高，多层次市场板块架构和功能更加完善，"零容忍"执法的威慑力正在显现，优胜劣汰的市场生态加速形成，对实体经济特别是科技创新的服务功能显著提升。

从科创板到创业板，从增量到存量，试点在逐步推进中也遇到不少新情况新问题：发行承销定价机制、科创属性评价、成长型创新创业企业评价标准、现场检查辅导验收标准、审核的内部制衡机制……通过改革发现问题，解决问题，正是试点的意义所在。

注册制改革是资本市场的深层次变革，又是"牵一发而动全身"的重大改革，必然有一个持续探索和完善的过程。这就需要市场各方珍惜改革成果，给予必要的理解和包容，积极参与、共同推动。

监管体系如何更好适应注册制改革的要求，对于改革平稳落实落地尤为重要。证监会人士表示，注册制改革是一场涉及监管理念、监管体制、监管方式的深刻变革，证监会将加快监管转型，深化"放管服"改革，推进科技监管建设，切实提高监管能力。

"逢山开路、遇水搭桥。"改革试点的积极成效增强了全面实行注册制的信心，也奠定了基础。试点的成功经验表明，前进中的问题要用继续改革的办法来破解。这也正是探索中国特色资本市场发展之路应有的坚定与从容。

守住初衷 把改革进行到底

市场各方必须深刻理解注册制的基本内涵，把握好前进的方向和路径。

"以信息披露为核心，发行上市全过程更加规范、透明、可预期"，这是试点注册制4年来给人们留下的深刻印象，也是全面实行股票发行注册制的核心要义。

从核准制到注册制，看似一个名称的改变，背后却蕴含着从理念到制度的巨大变革。如果把企业上市比作一场赶考，注册制不仅是把主考机构从证监会变成了交易所，更重要的是主考理念和考试方式变了。

"注册制改革的本质是把选择权交给市场，审核全过程公开透明，接受社会监督，强化市场约束和法治约束。"证监会有关部门负责人说。

历史上，股票发行领域的腐败问题并不鲜见，究其根本原因就是不透明。注册制下，审核注册的标准、程序、内容、过程、结果全部向社会公开，公权力运行全程透明，严格制衡，接受社会监督，与核准制有根本的区别。"阳光是最好的防腐剂。开门审核，这有助于公权力规范透明运行，从制度上铲除滋生腐败的土壤。"证监会有关部门负责人说。

该负责人介绍，证监会还刀刃向内，用严的纪律为注册制改革保驾护航。在审核注册流程方面，建立分级把关、集体决策的内控机制。在业务监督方面，完善交易所权责清单，建立健全交易所内部治理机制。在廉政监督方面，坚持和完善对交易所的抵近式监督和对发行审核注册的嵌入式监督……

注册制改革是建设中国特色现代资本市场的重要探索，全面实行股票发行注册制的落地并不是改革的终点。

我们有理由相信，随着注册制改革的深入，中国资本市场不仅将给科技创新增添更多助力，为实体经济注入澎湃动力，也将给投资者带来新的机遇。

附录4：

全面实行股票发行注册制改革正式启动 [1]

——访中国证监会有关负责人

以习近平同志为核心的党中央高度重视股票发行注册制改革。党的十九届五中全会提出，全面实行股票发行注册制。党的二十大报告提出，健全资本市场功能，提高直接融资比重。近日，党中央、国务院批准了《全面实行股票发行注册制总体实施方案》。2月1日，中国证监会就《首次公开发行股票注册管理办法》等规章、规范性文件草案向社会公开征求意见。全面实行股票发行注册制重点内容是什么，如何扎实推进这项重大改革，记者采访了中国证监会有关负责人。

问：当前全面实行股票发行注册制的主要考虑是什么？

答：全面实行股票发行注册制，是贯彻落实党的二十大精神、全面深化资本市场改革的重大举措。2018年11月5日，习近平总书记宣布在上海证券交易所设立科创板并试点注册制，标志着注册制改革进入启动实施阶段。此后，科创板、创业板、北交所试点注册制相继平稳落地，为全面实行股票发行注册制奠定了基础。总的看，经过4年来的试点，市场各方对注册制的基本架构、制度规则总体认同，向全市场推广的条件已经具备、水到渠成。

全面实行股票发行注册制的主要任务是解决制度安排的完善定型和推广问题。通过这次改革，注册制的制度安排将得到优化和统一，适用范围将覆盖包括上交所、深交所、北交所和全国股转系统在内的全国性证券交易场所，覆盖各类公开发行股票行为。这对于完善资本市场功能、落实创新驱动发展战略、更好服务高质量发展都具有重要意义。

问：注册制与核准制的实质区别是什么？

答：注册制改革当然不是仅仅把审核主体从证监会搬到了证券交易所，实质上是对政府与市场关系的调整，通过充分贯彻以信息披露为核心的理念，使发行上市全过程更加规范、透明、可预期。一是大幅优化发行上市条件。改革后，仅保留了企业公开发行股票必要的资格条件、合规条件，将核准制下的实质性门槛尽可能转化为信息披露要求，审核部门不再对企业的投资价值作出判断。二是切实把好信息披露质量关。实行注册制，绝不意味着放松质量要求，审核把关更加严格。审核工作主要通过问询来进行，督促发行人真实、准确、完整披露信息。

---

[1] 原载于《人民日报》2023年2月2日要闻2版。

同时，综合运用多要素校验、现场督导、现场检查、投诉举报核查、监管执法等多种方式，压实发行人的信息披露第一责任、中介机构的"看门人"责任。三是坚持开门搞审核。审核注册的标准、程序、内容、过程、结果全部向社会公开，公权力运行全程透明、严格制衡，接受社会监督，与核准制有根本的区别。

问：这次改革在完善以信息披露为核心的注册制安排方面有哪些优化？

答：审核注册机制是注册制改革的重点内容。此次改革将总结试点注册制经验，统一和完善以信息披露为核心的注册制安排。总的思路是，保持交易所审核、证监会注册的基本架构不变，进一步明晰交易所和证监会的职责分工，提高审核注册的效率和可预期性。

优化注册程序。在交易所审核环节，进一步压实交易所发行上市审核主体责任，交易所对企业是否符合发行条件、上市条件和信息披露要求进行全面审核。证监会同步对发行人是否符合国家产业政策和板块定位进行把关，并对交易所审核中遇到的重大问题及时指导。在证监会注册环节，证监会基于交易所审核意见依法履行注册程序，在 20 个工作日内对发行人的注册申请作出是否同意注册的决定。

统一注册制度。整合上交所、深交所试点注册制制度规则，制定统一的首次公开发行股票注册管理办法和上市公司证券发行注册管理办法，北交所注册制制度规则与上交所、深交所总体保持一致。交易所制定修订本所统一的股票发行上市审核业务规则。

完善监督制衡机制。证监会加强对交易所审核工作的统筹协调和监督考核，督促交易所提高审核质量，把好资本市场入口关。建立健全覆盖发行、上市、再融资、并购重组、退市、监管执法等各环节全流程的监督制约机制。对腐败"零容忍"，一体推进不敢腐、不能腐、不想腐，持之以恒正风肃纪。

问：如何推动股票发行注册制改革行稳致远？

答：证监会将坚持尊重注册制基本内涵、借鉴全球最佳实践、体现中国特色和发展阶段特征的原则，并贯彻到制度设计和具体执行中，确保改革取得实实在在的成效。

第一，牢牢把握注册制改革的本质。注册制改革的本质是处理好政府与市场的关系，把选择权交给市场，审核全过程公开透明，接受社会监督，加强市场约束和法治约束。为此，要坚持市场化法治化的改革方向，适应实体经济特别是科技创新的需要，提升发行上市制度的包容性和投融资的便利性。

第二，坚持放管结合。注册制改革不是"一放了之"，而是要充分考虑中国国情、诚信环境和资本市场所处的发展阶段，严把上市公司质量关。这次改革在总结试点经验的基础上，对加强事前事中事后全过程监管进行了系统优化和安排。同时，科学合理保持 IPO 常态化，保持一二级市场协调发展。

第三，加强改革统筹。注册制改革是全方位、系统性的改革，必须坚持系统观念，统筹完善多层次资本市场体系，统筹推进发行、上市、交易、退市等基础制度改革，统筹抓好证监会自身建设。

问：这次改革将如何增强多层次资本市场服务实体经济的功能？

答：经过30多年的改革发展，我国证券交易所市场由单一板块逐步向多层次拓展，错位发展、功能互补的市场格局基本形成。试点注册制4年来，交易所板块架构更加清晰，特色更加突出，加强了板块间的有机联系，显著提升了资本市场对实体经济特别是科技创新的服务功能，有力支持了实体经济高质量发展。全面实行股票发行注册制后，将在完善多层次资本市场体系方面迈出新的步伐。

沪深交易所主板将突出大盘蓝筹定位，精简主板公开发行条件，综合考虑预计市值、净利润、收入、现金流等因素，设置多元包容的上市条件，与科创板、创业板拉开距离。新股上市前5个交易日不设涨跌幅限制，此后日涨跌幅限制保持10%不变。维持主板现行投资者适当性要求不变，对投资者资产、投资经验等不作限制。

通过这次改革，多层次资本市场体系将更加清晰，基本覆盖不同行业、不同类型、不同成长阶段的企业。主板主要服务于成熟期大型企业。科创板突出"硬科技"特色，发挥资本市场改革"试验田"作用。创业板主要服务于成长型创新创业企业。北交所与全国股转系统共同打造服务创新型中小企业主阵地。

附录 5:

全面实行股票发行注册制正式启动 [1]

——把企业上市选择权交给市场

2月1日，中国证监会就全面实行股票发行注册制涉及的《首次公开发行股票注册管理办法》等主要制度规则草案公开征求意见。继上海证券交易所科创板、深圳证券交易所创业板、北京证券交易所试点注册制后，全面实行股票发行注册制正式启动。在中国经济转型升级、爬坡过坎的关键节点，启动这一基础制度改革，寄托着市场各方的热切期盼。

发行上市条件大幅优化

注册制改革实质上是对政府与市场关系的调整，旨在充分贯彻以信息披露为核心的理念，把企业上市及定价的选择权交给市场。与核准制相比，注册制下发行上市全过程各环节更加规范、透明、高效，上市关键靠企业质量，企业的上市预期更加明确。

注册制大幅优化了发行上市条件。中国人民大学中国资本市场研究院联席院长赵锡军告诉经济日报记者，证券法将发行条件中"财务状况良好"和"具有持续盈利能力"的要求调整为具有"持续经营能力"，注册制仅保留了企业公开发行股票必要的资格条件、合规条件，将核准制下的实质性门槛尽可能转化为信息披露要求，监管部门不再对投资价值作判断，这是注册制与审批制、核准制的一个重大区别。

从全球看，注册制没有统一模板，但共同特点是监管部门不对发行人的投资价值或未来盈利能力作判断。"把选择权交给市场，特别是政府不对股票投资价值作判断，重点督促市场主体提高信息披露质量。这是股票发行注册制的核心要义，基本内涵是处理好政府与市场的关系，强化市场约束和法治约束。"银河证券首席经济学家刘锋表示。

实行注册制，绝不意味着放松质量要求，审核把关更加严格。"实行注册制要充分考虑我国市场主体尚不成熟、诚信法治环境还不完善的现实情况，发挥好政府应有的作用。"赵锡军说。注册制下审核工作更加严格，主要通过问询来进行，督促发行人真实、准确、完整披露信息。同时，综合运用多要素校验、现场督导、

---

[1] 原载于《经济日报》2023 年 2 月 2 日第 3 版。

现场检查、投诉举报核查、监管执法等多种方式，压实发行人的信息披露第一责任、中介机构的"看门人"责任。

坚持开门搞审核，这是试点注册制以来不少业内人士的突出感受。审核注册的标准、程序、内容、过程、结果全部向社会公开，接受社会监督。券商人士表示，证监会、交易所与市场主体的正常沟通渠道是敞开的，专业沟通、有效沟通不断增多。简言之，注册制下，公权力运行全程透明，严格制衡，与核准制有本质区别。

本次改革的一大亮点，是对审核注册机制作了优化。在试点过程中，交易所审核和证监会注册的分工在不断磨合调试，市场上出现了"二次审核"的声音。此次改革在交易所审核、证监会注册的架构上，进一步压实交易所发行上市审核主体责任，证监会主要对发行人是否符合国家产业政策和板块定位等重要问题进行把关，全面提高审核注册的效率和可预期性。相应地，证监会发行监管部门将加快职能转变，把工作重心转到统筹协调、规则制定、监督检查、秩序管理、环境创造上来，加强事中事后监管。

主板改革成重中之重

这次改革将整合形成统一的注册制安排，并在上交所、深交所、北交所和全国中小企业股份转让系统各市场板块全面实行。其中，主板改革是重中之重。

经过30多年的砥砺奋斗，我国证券交易所市场由单一板块逐步向多层次拓展、错位发展、功能互补的市场格局基本形成。主板改革涉及面更广、挑战更大。沪深两市的主板上市公司近 3200 家，占 A 股市场的 65%，主板投资者有 2 亿人。改革前，主板的发行上市条件已经多年未作修订，相关财务指标已经不符合经济社会发展实际，也不利于体现主板定位。改革后，主板将突出大盘蓝筹特色，重点支持业务模式成熟、经营业绩稳定、规模较大、具有行业代表性的优质企业。为此，主板将提高上市条件，与科创板、创业板拉开距离。相比改革前主板刚性的持续盈利上市标准，综合考虑预计市值、净利润、收入、现金流等因素，设置4 套上市标准，增加了"预计市值＋收入＋现金流""预计市值＋收入"，以及适用红筹股的"市值＋收入"标准，更好满足不同类型成熟企业的上市需求。

主板的交易制度也将更加市场化。新股上市前 5 个交易日不设涨跌幅限制。新股上市首日即可纳入融资融券标的，优化转融通机制，扩大融券券源范围。

这次改革从主板实际出发，对两项制度未作调整。一是自新股上市第 6 个交易日起，日涨跌幅限制继续保持 10% 不变。主要考虑主板股票波动率相对较低，10% 的涨跌幅限制可以满足绝大部分股票的定价需求。二是充分考虑主板存量投资者的权益和交易习惯，维持主板现行投资适当性要求不变，对投资者资产、投资经验等不作限制。

与此同时，继续深化科创板、创业板、北交所和全国股转系统改革。突出科创板的"硬科技"特色，提高对"硬科技"企业的包容性，允许未盈利企业在创业板上市，增加北交所和新三板对创新型中小企业精准服务的制度供给。

主板发行上市条件更加包容，发行定价和交易制度也有变化，投资者要充分了解主板改革后的制度变化和风险点，审慎作出投资决策。有市场人士表示，市场分化会逐渐展现，这是注册制下新股定价市场化改革的必然结果，也是 A 股市场估值定价和资源配置效率提升的标志。过去那种"上市即赚钱"的投资理念不符合经济规律和市场化趋势。将来，股票优质优价、低质低价甚至无人问津将成为常态，这就要求投资者练好内功，提高价值发现能力，投资真正有价值的企业，而不是简单地在一二级市场之间进行套利。

加强全过程全链条监管

注册制改革的本质是把选择权交给市场，放得开的前提是管得住，"放"的同时必然要加大"管"的力度。这次改革，监管部门充分考虑中国国情、诚信环境和资本市场所处的发展阶段，加强了全过程、全链条监管。

在前端，要压实发行人、中介机构、交易所等各层面责任，严把上市公司质量关，坚持"申报即担责"的原则，发现发行人存在重大违法违规嫌疑的，及时采取立案稽查、中止审核、暂缓发行上市、撤销发行注册等措施。

在中端，进一步规范上市公司治理，加大退市力度。落实好注册制，核心是增强信息披露，要进一步压实上市公司、股东及相关方信息披露责任。从某种意义上讲，退市常态化和注册制是"一体两面"，要畅通强制退市、主动退市、并购重组、破产重组等多元退出渠道，促进上市公司优胜劣汰。严格实施退市制度，强化退市监管，健全重大退市风险处置机制。

在后端，保持"零容忍"执法高压态势。严厉打击欺诈发行、财务造假等严重违法行为，严肃追究中介机构及相关人员责任，形成有力震慑。

全面实行注册制，投资者保护怎么做？证监会有关部门负责人表示，将与有关方面共同打好投资者民事权益救济"组合拳"。一是健全"中国式集体诉讼制度"，即推进证券纠纷代表人诉讼常态化开展。二是用好罚没款优先用于民事赔偿制度。2022 年 7 月，证监会、财政部联合发布《关于证券违法行为人财产优先用于承担民事赔偿责任有关事项的规定》，解决了民事赔偿责任优先落实难问题。三是欺诈发行责令回购制度将尽快落地。证券法规定，发行人在证券发行文件中隐瞒重要事实或者编造重大虚假内容的，如果已经发行上市，证监会可以责令发行人或负有责任的控股股东、实际控制人买回证券。

附录6：

全面实行股票发行注册制制度规则发布实施 [1]

2023年2月17日，中国证监会发布全面实行股票发行注册制相关制度规则，自公布之日起施行。证券交易所、全国股转公司、中国结算、中证金融、证券业协会配套制度规则同步发布实施。

全面实行注册制是涉及资本市场全局的重大改革。在各方共同努力下，科创板、创业板和北交所试点注册制总体上是成功的，主要制度规则经受住了市场检验，改革成效得到了市场认可。这次全面实行注册制制度规则的发布实施，标志着注册制的制度安排基本定型，标志着注册制推广到全市场和各类公开发行股票行为，在中国资本市场改革发展进程中具有里程碑意义。

此次发布的制度规则共165部，其中证监会发布的制度规则57部，证券交易所、全国股转公司、中国结算等发布的配套制度规则108部。内容涵盖发行条件、注册程序、保荐承销、重大资产重组、监管执法、投资者保护等各个方面。主要内容包括：一是精简优化发行上市条件。坚持以信息披露为核心，将核准制下的发行条件尽可能转化为信息披露要求。各市场板块设置多元包容的上市条件。二是完善审核注册程序。坚持证券交易所审核和证监会注册各有侧重、相互衔接的基本架构，进一步明晰证券交易所和证监会的职责分工，提高审核注册效率和可预期性。证券交易所审核过程中发现重大敏感事项、重大无先例情况、重大舆情、重大违法线索的，及时向证监会请示报告。证监会同步关注发行人是否符合国家产业政策和板块定位。同时，取消证监会发行审核委员会和上市公司并购重组审核委员会。三是优化发行承销制度。对新股发行价格、规模等不设任何行政性限制，完善以机构投资者为参与主体的询价、定价、配售等机制。四是完善上市公司重大资产重组制度。各市场板块上市公司发行股份购买资产统一实行注册制，完善重组认定标准和定价机制，强化对重组活动的事中事后监管。五是强化监管执法和投资者保护。依法从严打击证券发行、保荐承销等过程中的违法行为。细化责令回购制度安排。此外，全国股转公司注册制有关安排与证券交易所总体一致，并基于中小企业特点作出差异化安排。

证监会党委和中央纪委国家监委驻证监会纪检监察组将以强有力监督打造廉洁的注册制。在制度规则层面，健全覆盖发行、上市、再融资、并购重组、退市、监管执法等各环节全流程的监督制约机制，强化关键岗位人员廉政风险防范，加

---

[1] 中国证监会官方网站2023年2月17日发布（网址：http://www.csrc.gov.cn/csrc/c100028/c7123213/content.shtml）。

强行业廉洁从业监管。完善对证券交易所、全国股转公司的抵近式监督和对发行审核注册的嵌入式监督，对资本市场领域腐败"零容忍"，持之以恒正风肃纪。

全面实行注册制度规则公开征求意见期间，证监会通过邮件、信函、网络留言等多种渠道广泛听取市场机构、专家学者、社会公众等方面的意见建议。证监会对社会各界提出的意见建议高度重视，逐日汇总整理，逐条认真研究。截至2月16日，共收到意见447条，采纳89条，主要涉及加大违法违规行为惩戒力度、明确独立财务顾问的履职范围、完善非上市公众公司控股股东和实际控制人在重大资产重组中的法律责任规定等方面。未采纳的意见中，有的属于操作层面的问题，将在具体工作中予以落实；有的属于规则理解问题，将通过宣传解读、行业培训等方式予以明确；有的存在较大争议，需要进一步研究论证；还有的缺乏上位法依据，已在相关立法说明中做了解释。